이원택 책임 집필
〈한국어 살리기〉

상생 영-한 「신세대」 사전
Win-Win English-Korean 「Newbie」 Dictionary

written by Won T. Lee, MD

새 술은 새 부대에—

앞으로 30년 후에는 영어를 바탕으로 하고 각 지역의 특성을 살린 〈지구촌어〉들이 언어시장을 석권할 것이다. 이 책은 국제 엑스포나 세계 잼버리 대회 등에 참석할 차세대 젊은이들이 알아 두어야 할 말들을 엄선해서 편찬한 [세계화 사전]의 입문서이다.

이원택의 영-한 [신세대] 사전
Win-Win English-Korean 「Newbie」 Dictionary

초판 1쇄 발행 2024년 3월 29일

지은이 이원택
펴낸이 장길수
펴낸곳 지식과감성#
출판등록 제2012-000081호

디자인 및 편집 지식과감성#
교정 이미영
타이핑 유성은
마케팅 김윤길, 정은혜

주소 서울시 금천구 벚꽃로298 대륭포스트타워6차 1212호
전화 070-4651-3730~4
팩스 070-4325-7006
이메일 ksbookup@naver.com
홈페이지 www.knsbookup.com

ISBN 979-11-392-1727-8(11740)
값 30,000원

• 이 책의 판권은 지은이에게 있습니다.
• 이 책 내용의 전부 또는 일부를 재사용하려면 반드시 지은이의 서면 동의를 받아야 합니다.
• 잘못된 책은 구입하신 곳에서 바꾸어 드립니다.

지식과감성#
홈페이지 바로가기

머리말

편자는 욕심이 많다. 2021년 영국어 대신 미국어 전통사전 대신 변형사전을 출판한 지 1년 만에 변형사전 대신 원형사전을 출판했으나 몇 권 못 팔았다. 그래, 그럼 세상에서 제일 친절한 사전을 펴내자고 해서 2024년에 《이원택의 영-한 [지구촌] 사전》이 나왔는데 너무 무거워서 들고 다닐 수가 없지 않은가.

문화가 발달할수록 지식이 넓어지는 것은 당연하다. 그러나 우리의 대뇌는 담을 그릇이 제한되어 있다. 정보가 난무하는 세상에서는 그것을 통솔해 주는 교통순경이 필요하다. 우리가 선호하는 전자사전-자동번역기-AI 등은 산만하게 벌려만 놓았지 아직까지 일목요연하게 정리하지는 못하고 있다.

역시 사람의 손이 가야 되는구나 하고 《지구촌 사전》중에서 꼭 필요한 말-시사용어-전산망용어-신조어 등을 취사선택해서 바쁘기 짝이 없는 현대의 직장인들을 위해 '촌철살인'의 정신을 십분 발휘해서 〈첨단-정예사전〉을 편찬해 보았다.

좀 구질구질한 감이 있으나 속담이나 격언을 빼지 않은 이유는 사전을 읽는 지루함을 덜어 주기 위한 편자의 배려심과 가끔 문자를 써야 사람이 유식하게 보인다는 처세술에 기인한 것이다.

현대는 모든 것이 쉽고 편리한 쪽으로 바뀌어 가기 때문에 간단한 것이 제일 친절한 것이다. 그래서 '읍참마속'의 심정으로 〈부록〉도 대폭 삭제해 버렸다. 이만하면 편자의 욕심은 많이 버린 셈이다. 〈그러나 싸구려는 안 된다!〉

아무쪼록 대한민국의 젊은 세대들이 세계시장에서 경쟁할 때 영어 때문에 쫄리는 일이 없기를 바라면서 비록 〈날라리 사전〉일망정 애정과 긍지를 가지고 숙독해 주기를 부탁한다.

도표

포용 등급

수1 한국어로 대체할 수 없는 말
수2 부분적으로 한국어로 대체할 수 없는 말

우1 편자의 능력으로는 한국어로 번역할 수 없었던 말
우2 한국어 번역이 부적절하거나 부자연스러운 말

미1 이미 한국어로 자리 잡은 말
미2 국제 감각을 살릴 수 있는 말

양1 쉽게 한국어로 대체할 수 있는 말
양2 좋은 한국어가 있으나 과시용으로 쓰는 말

가1 한국 문화를 손상시킬 수 있는 말
가2 한국어를 파괴할 수 있는 말

일러두기

표제어

1. 표제어의 선정은 한국 사람들 구미에 맞게 하였다.
2. 어원은 직접적인 것은 앞에, 간접적인 것은 뒤에 수록하였다.
3. 기본어는 동사·명사 중 익숙한 말을 선호하였다.
4. 파생어는 기본어에서 빗나간 것을 위주로 수록하였다.
5. 생략어는 빈도와 난이도에 따라 정리하였다.
6. 기존의 알파벳 대신 음절에 따라 순서를 정리하였다.
7. 분철은 · (가운뎃점)을 써서 음절을 강조하였다.
8. 혼성어의 처리는 (·)로 표시된 '합성어'와 (-)로 표시된 '복합어'는 어간 바로 다음에, (뭉치말)인 숙어는 띄어서 나중에 배열하였으니 표제어를 찾을 때 '제자리'에 없으면 '어원'을 염두에 두기 바란다.
9. 표제어 중 미국에서 사용 빈도가 낮은 것은 흐리게 표시하였다.
10. 표제어를 빨간 활자로 한 것은 기본 단어를 뜻하고 앞에 ∗로 표시한 것은 정보화 시대에 알아 두어야 할 것, ★로 표시한 것은 신조어나 편자가 특히 강조하고 싶은 단어들이다.

발음

1. 국제 음성기호 대신 가장 비슷한 한글로 표시하였다.
2. 한국 사람에게 쉽지 않은 발음은 과장하였다.
3. 강조발음은 진한 활자로 표시하고, 복합어나 연어는 주 액센트만 표시하였다.
4. 발음과 다른 '한국어'는 외래어 표기법에 따라 정리하였다.

해설

1. 한글 해석을 원칙으로 하였다.
2. 부단한 사실 확인(fact check)으로 기존의 틀린 해석을 바로잡아 주었다.
3. 어려운 말은 〈의무교육을 받은 자〉가 이해될 만한 때까지 풀이하였다.

4 주관이란 '주요 관심사'란 뜻이다.
5 글자 한 자 한 자를 곱씹어 보았다.
6 잡소리는 다 뺐다(?).

부호·기호

1 : (쌍점)은 대전제를 나타낸다.
2 ; (쌍반점)은 소전제를 나타낸다.
3 , (쉼표)는 쉬고 가라는 얘기다.
4 · (가운뎃점)은 나열이나 음절의 분철을 나타냈고,
  - (hyphen)은 두 개 이상의 '낱말'을 연결하는 데 사용하였다.
5 ~ 는 귀찮거나 비스무레하다는 뜻이다.
6 ← 는 앞으로 나아가라는 표시이다.
7 → 는 뒤로 물러나라는 표시이다.
8 ↔ 는 한번 맞짱을 떠 보라는 표시이다.
9 ⇒ 는 '낑낑대지 말고' 변소로 가 보시라는 표시이다.
10 .(마침표)는 〈사전풀이는 끝이 없기 때문에〉 일부러 안 썼다.
11 ( )는 수식이나 설명을 나타낸다.
12 〈 〉는 ( )와 같으나 좀 튀라고 사용했다.
13 { }는 달에서는 {미국의 원주민이 부르던 이름}, 미국의 주에서는 {주도-연방하원 의석}, 세계 각국에서는 {형용사형-공용어-화폐단위-수도}를 표시하는 데 사용하였다.
14 《 》는 미국 각 주의 주화(꽃)를 표시하는 데 사용했다.
15 ' '는 어원이나 편자가 제안하는 대체어에 사용했다.
16 \ (역빗금)은 편자의 음흉한 뜻이 있으나 공개하기 어려운 '묻지마표'이다.
17 남의 말을 인용할 때 신빙성이 있는 것은 '설', 없는 것은 '썰'로 써서 구별하였다.

부록

본문에서 충분히 다루지 못한 것 중 이 사전의 취지에 맞는 항목들을 도표 식으로 따로 수록하였다.

사족

이 책은 어르신네들은 보지 마세요.

써서 엮은이 이원택

목차

A ⋯ 10	H ⋯ 250	O ⋯ 385	V ⋯ 607
B ⋯ 46	I ⋯ 276	P ⋯ 404	W ⋯ 617
C ⋯ 91	J ⋯ 298	Q ⋯ 464	X ⋯ 637
D ⋯ 149	K ⋯ 306	R ⋯ 468	Y ⋯ 638
E ⋯ 179	L ⋯ 313	S ⋯ 499	Z ⋯ 642
F ⋯ 199	M ⋯ 336	T ⋯ 565	
G ⋯ 229	N ⋯ 370	U ⋯ 601	

부록 목차

부록1	세계의 인구 추세	646
부록2	〈순서로 본〉 세계의 대도시	647
부록3	그리스와 로마 신들의 대조표	648
부록4	운명과 운수	651
부록5	인체	653
부록6	의류 크기의 대조표	655
부록7	도량형 환산표	657
부록8	세계의 언어	661
부록9	기호문자	666
부록10	전산망 약자	668
부록11	법정 용어	676
부록12	불규칙 동사표	686
부록13	불규칙(복수) 명사표	692
부록14	미어와 영어의 차이	698
부록15	한국식 영어(Konglish)	712
부록16	미국의 사증(Visa)	722
부록17	위대한 발명품들(great inventions)	724

1. **A \ a** [에이]: 이집트의 상형문자, 소의 머리 모양을 딴 3번째 정도로 많이 쓰이는 알파벳, 첫째, C장조 음계의 6번째 음, 음 이름 '가(라)', 하나, 〈어쩐지 가까이하고 싶은 글자〉, 컴퓨터의 anchor, 혈액형의 일종, ante·adjective·alto·ampere 등의 약자 ㉔

2. **a** [어 \ 에이]: (어떤) 하나, an\one, ~이라는 것, ~마다, 〈정해지지 않은 것〉, 〈↔the〉 ㉑

3. **AA²** (Al·co·hol·ic A·non·y·mous): 금주 동맹, (익명의) 주정중독 자주 치료자 협회 ㉑

4. **AARP**: ⇒ American Association of Retired Persons ㉒

5. **ab·a·cus** [애버커스]: 〈← abax(counting table)〉, 〈그리스어〉, '판자〈flat-board〉', 대접받침, 둥근 기둥의 머리판, 주판(籌板), 〈~\computer〉 ㉑

6. ★**a bad work·man (al·ways) blames his tools**: 서툰 일꾼이 연장 탓한다, 선무당이 장구 나무란다, 〈~↔a bad-worker can never find good tools〉 ㉒

7. **ab·a·lo·ne** [애벌로우니]: 〈← awlun(a mollusk)〉, 〈북미 원주민어〉, a mother-of-pearl, 전복, '귀조개', '보지조개', 〈~ ear shell\ormer〉, ⇒ sea·ear ㉒

8. **a-ban·don·ment** [어밴던먼트]: a(to)+bannan(proclaim)+ment, 〈게르만어에서 연유한 라틴어〉, 포기, 유기, 기권, 방종, 폐기, 〈~ ban〉, 〈술·담배를 끊는 것처럼 강한 의지가 내포되었던 말〉, 〈~ abdication\revocation\abolition〉, 〈↔adoption\maintenance\procure-ment〉 ㉒

9. **a-bate** [어베이트]: ad(to)+battuere(beat), 〈라틴어〉, beat down, 수를 줄이다, 값을 낮추다, 중지, 무효, 〈~ remit\rescind〉, 〈↔intensify\fester〉 ㉒

10. **ab·bey** [애비]: 〈← abba〉, 〈아랍어 → 라틴어〉, 대수도원, 대성당, 〈~ monastery\cathedral〉, 〈↔un-holy place〉 ㉑

11. **ab·bot** [애벝]: 〈← abba〉, 〈아랍어 → 라틴어〉, 대수도원장, 〈~ bishop\prelate〉, 〈↔lay-person〉 ㉒

12. **ab·bre·vi·a·tion** [어브리이뷔에이션]: ad+brevis(short), 〈라틴어〉, '짧게 만들기', 생략, 약어, 〈~ abridge〉, 〈~ truncation〉, 〈↔expansion\lengthen〉 ㉒

13. **ab·do·men** [애브더먼 \ 애브도우먼]: 〈ab(away)+dere(to put)?〉, 〈불분명한 어원의 라틴어〉, 배, 〈숨겨진〉 복부, 〈~ ventral〉, 〈↔back〉 ㉒

14. **ab-duct** [애브덜트]: ab(away)+ducere(lead), 〈라틴어〉, 유괴하다, 탈취, 밖으로 돌리다, '떨어져 이끌다', 〈~ kidnap\snatch〉, 〈↔deliver\rescue\hook-up〉 ㉒

15. *****ABEND** [아벤드] (ab-nor·mal end of task): 작업의 비정상 종료 ㉒

16. **ab-hor** [애브허얼]: ab(from)+horrere(shudder), 〈라틴어〉, 혐오하다, 질색하다, '떨어져서 떨다', 〈~ horror〉, 〈~ abominable\detest〉, 〈↔enjoy\adulate\admire\sanctify\savor〉 ㉒

17. **a-bide** [어바이드]: a(to)+bidan(remain), 〈영국어〉, 〈← bide〉, 머무르다, 기다리다, 감수하다, 변치 않다, 참다, 견디다, 〈~ obey\tolerate〉, 〈↔disappear\leave\reject〉 ㉒

18. ★**a bien·tot** [아 비앙또]: 〈프랑스어〉, see you soon, 곧 봅시다, 다시 뵙기를!, 〈~ au revoir〉, 〈↔bon-jour〉 ㉒

19. **a·bil·i·ty** [어빌리티]: 〈← habere(hold)〉, 〈라틴어〉, 능력, 솜씨, 기량, 〈~ capacity\skill〉, 〈↔dis(in)-ability\incapacity〉 ㉒

20. ★**a bird in the hand (is) worth two in the bush**: 남의 돈 천 냥이 내 돈의 푼만 못하다, 〈~ hang on to what you have〉 ㉒

21. **ab-ject** [애브췔트]: ab(to)+jacere(throw), 〈라틴어〉, 〈reject 당해〉 비참한, 버려진, 비굴한, 〈~ ignoble\mean〉, 〈↔arrogant\proud〉 ㉒

22. **a·ble** [에이블]: 〈← habere(hold)〉, 〈라틴어〉, 유능한, 훌륭한, 해낼 수 있는, 〈~ habile\capable〉, 〈↔dis(in-un)-able〉 ㉑

23 **a-board** [어보어드]: 〈영국어〉, 배를 타고 (떠나다), 탑승하여, 출루하여, 〈~ off\a-broad〉, 〈↔a-shore〉 **양2**

24 **a·bol·i·tion** [애벌리션]: ab(off)+olere(grow), 〈라틴어〉, 폐지, 철폐, A~; 미국 노예제도 폐지, 〈~ abdication\revocation〉, 〈↔retention\enactment〉 **양2**

25 **a·bom·i·na·ble** [어바미너블]: ab(from)+ominari(omen), 〈라틴어〉, 지긋지긋한, 가증스러운, 지독한, 〈omen에서 떨어지고 싶은〉, 〈~ abhor\detest〉, 〈↔innocuous\delightful\admirable〉 **양2**

26 **a·bort** [어보얼트]: ab(from)+oriri(to rise), 〈라틴어〉, '태어나지〈born〉못하다', 중지시키다, 유산시키다, 중단, 취소(명령), 〈~ terminate\halt〉, 〈↔begin\engage\continue〉 **양2**

27 **a·bound** [어바운드]: ab(to)+undare(surge), 〈라틴어〉, 많이 있다, 풍부하다, 〈~ abundant\full\teem〉, 〈↔meager\scanty〉 **양2**

28 **a·bout** [어바웉]: 〈영국어〉, a+be+out, '주위에', ~에 대하여, ~ 여기저기에, 대략, 지금 막, 〈두리뭉실한 말〉, 〈~ regarding\around〉, 〈↔exactly\entirely〉 **가1**

29 **a·bove** [어버브]: a(on)+bufan(over), 〈게르만어〉, 위에, 앞에, 이상, 하늘에, 〈군림하는 말〉, 〈~ over〉, 〈↔below\less than\under〉 **가1**

30 ★**ab·ra·ca·dab·ra** [애브뤼커대브뤼]: abbada+ke+dabra, 〈아버지·아들·성령이란 뜻의 히브리어〉, 〈말씀대로 되게 해 드리리다〉, 아브라카다브라, (카발라에서) 병을 낫게 해달라는 주문, 횡설수설, 〈~ hocus-pocus〉 **근2 양2**

31 **a·bra·sion** [어브뤠이쥔]: ab(away)+radere(scrape), 〈라틴어〉, 찰과상, 마모, 침식, 연마, 〈~ erosion\scraping〉, 〈← abrade〉 **양2**

32 **a·bridge** [어브뤼쥐]: ad(to)+brevis(short), 〈라틴어〉, 단축하다, 생략하다, 요약하다, 빼앗다, 〈~ abbreviate\truncate〉, 〈↔extend\lengthen\exaggerate\billow\stretch-out〉 **양2**

33 **a·broad** [어브뤼어드]: 〈영국어〉, a(on)+broad, 해외로, 외국으로, '널리', 〈~ a-board\over-seas〉, 〈↔here\at home〉 **양2**

34 **ab-rupt** [어브뤞트]: ab(to)+rumpere(break), 〈라틴어〉, '찢어 없애다', 느닷없이, 가파른, 무뚝뚝한, 〈~ sudden\blunt〉, 〈↔gradual\smooth〉 **양2**

35 *__abs__ [앱스 \ 앺스]: 〈라틴어들〉①절대〈absolute〉치를 계산하는 기능 ②[앱즈] 복근(abdominal muscles) **우1**

36 **ab·sence** [앱센스]: ab(away)+esse(be), 〈라틴어〉, 부재, 〈떨어진 곳에 존재하는〉 결석, 방심 상태, 〈~ lack\dearth〉, 〈↔presence\sufficiency〉 **양1**

37 ★**ab·sence makes the heart grow fond-er**: ①숨어 하는 장난이 더 재미있다, 윗사람이 없으면 아랫사람이 살판난다, 〈~ when the cats away the mice will play〉 ②서로 떨어져 있으면 그리움이 더 해진다, 〈↔out of sight, out of mind〉 **미2**

38 ★**ab·so·lete** [앱써리이트]: 〈아마도 철자를 잘못 쓰다가 생겨난 말〉, absolute+obsolete, 확실히 구식인, 한물간, 〈~ out of date〉, 〈↔state of the art〉 **미2**

39 **ab·so·lute** [앱썰루우트]: ab(off)+solvere(loosen), 〈라틴어〉, '완전히 풀어져 분리된', 절대적, 순수한, 무조건, 〈→ assoluta〉, 〈~ complete\infinite〉, 〈↔relative\partial〉 **양2**

40 *__ab·so·lute ad-dress__ [앱쌀루우트 어드뤠스]: 절대번지 (전산망 기억력의 고정〈fixed〉된 자리), 〈↔relative address〉 **미2**

41 *__ab·so·lute URL__ (u·ni·form re-source lo·ca·tion): 〈전산망에서 완벽한 자료를 찾기 위한〉'절대 공용 자원 탐색기' **우1**

42 **ab·solve** [앱잘브]: ab(from)+solvere(loosen), 〈라틴어〉, 〈죄로부터〉'느슨하게 하다', 면제하다, 사면하다, 방면하다, 〈~ acquit\exonerate〉, 〈↔accuse\blame〉 **양2**

43 **ab-sorb** [앱쏘얼브]: ab(from)+sorbere(suck in), 〈라틴어〉, '다 마셔 비우다', 흡수하다, 빨아들이다, 열중하다, 부담하다, 〈→ sorb\adsorb〉, 〈~ soak up\captivate〉, 〈↔de·sorb\exude\eject\evaporate〉 ^{양1}

44 ★**ab-squat·u-late** [앱스콰출레이트]: abscond+squattle+perambulate, 〈1840년에 라틴어에서 조작된 미국어〉, 뺑소니치다, 종적을 감추다, 〈~ abscond\depart〉, 〈↔stay\appear〉 ^{양2}

45 **ab·stain** [앱스테인]: ab(off)+tenere(hold), 〈라틴어〉, 끊다, 삼가다, '떨어져서 잡다', 〈~ abnegate\curb〉, 〈↔indulge\partake〉 ^{양2}

46 **ab·stract²** [앱스트랙트]: 〈← abstract¹〉, 〈라틴어〉, 추상적, 관념적, '추출', 요약, 분리된 자료, 〈보다 많은 효능을 간직하는 소량〉, 〈~ synopsis\out-line〉, 〈↔actual\concrete〉 ^{양2}

47 **ab-surd** [앱써얼드]: ab(away)+surdus(deaf), 〈라틴어〉, '귀가 아주 먹은', 불합리한, 터무니없는, 어리석은, 〈~ preposterous\ridiculous〉, 〈↔reasonable\sensible\axiomatic〉 ^{양2}

48 ★**A/B switch** [에이 비 스위치]: (평행배선에서) 쌍방향 변환기, (단면으로 보기 위해) 2주파를 1주파로 바꾸는 TV 부속품 ^{명2}

49 **a·bun·dant** [어번던트]: ab(to)+unda(wave)〈라틴어〉, over-flow, 풍부한, 남아돌아 가는, 〈~ ample\abound〉, 〈↔scarce\sparse\hand-to-mouth\meager\mendicant〉 ^{양2}

50 ★**a burnt child dreads the fire**: 한번 덴 아이는 불을 무서워 한다, 자라 보고 놀란 가슴 솥뚜껑 보고 놀란다, 〈~ once bitten, twice shy〉 ^{양2}

51 **a·buse** [어뷰우즈]: ab(away)+uti(use), 〈라틴어〉, '떨어져서 쓰는', 남용, 악용, 학대, 욕설, 〈~ exploit\mis-treat〉, 〈↔care\look after\compliment〉 ^{양1}

52 **a-byss** [어비쓰]: 〈← a(without)+byssos(depth)〉, 〈그리스어〉, 무저갱, 〈바닥이 없는〉 심연, 나락, 혼돈, 지옥, 〈~ abaddon\inferno〉, 〈↔welkin\heaven\Elysium〉 ^{양2}

53 **AC²** [에이 씨]: alternating current (교류), air conditioning ('공기 조절'의 냉방장치), ac; academy(학술기관을 나타내는 전산망 주소 ^{명2}

54 **a·ca·cia** [어케이셔]: 〈← akakia ← ake(thorn)〉, 〈그리스어〉, '가시달린 이집트 나무', 아카시아, 〈줄기에 가시가 돋고 꽃향이 짙은 콩과의 상록교목〉(보통 흰색이나 노란색이 피나 북한에는 보라색이 피는 것도 있음), 〈~ thorn tree\sweet wattle〉 ^{양2}

55 **ac·a·demy** [어캐더미]: 〈그리스의 영웅 이름(Akademos)에서 유래한〉 학원, 학회, 학교, 학술원, 연구소, 〈A~; 플라톤이 가르치던 학원 이름〉, 〈~ learning center\seminary〉, 〈↔arcade\entertainment center〉 ^{양1} ^{우1}

56 **ac·cel·er·a·tor** [엑쎌러레이터]: ad(to)+celerare(hasten), 〈라틴어〉, '빠르게 만드는 것', 가속(발판), 추진자, 가속장치, 〈~ advance\expedite〉, 〈↔de-celerator\brake\curtailer〉 ^{양1}

57 **ac-cent** [액쎈트]: ad(to)+canere(sing), 〈라틴어〉, '~에 덧붙인 노래', 강음, 강조, 사투리, 요점, 〈기원전 2세기경 아리스토파네스가 도입했다는〉 강조 부호, 〈~ acute〉, 〈~ intonation\stress〉, 〈↔de-emphasis\mask〉 ^{양1}

58 **ac-cept** [액쎈트]: ad(to)+capere, 〈라틴어〉, 'take', 받아들이다, 승낙하다, '내 쪽으로 취하다', 〈~ receive\consent〉, 〈↔reject\decline〉 ^{양1}

59 ★**AC·CESS** [액쎄스] (au·to·mat·ic com·put·er con·trolled e·lec·tron·ic scan·ning sys·tem): 전산기 조정 자동 전자 주사 체계 ^{명2}

60 **ac-cess** [액쎄스]: ad(to)+cedere(go), 〈라틴어〉, '~으로 가다', 접근, 면접, 출입, 입구, 개방, 입·출력, 〈~ entry\in-gress〉, 〈↔prohibition\removal〉 ^{양1}

61 **ac-ces·sa(o)-ry** [액쎄서뤼]: ad(to)+cedere(go), 〈라틴어〉, '다가가서 붙은 것', 부속(품·물), 방조자, 부대장치, 부수품목, '곁들이', 〈~ accouterment\attachment〉, 〈↔essential\deletion〉 ^{양1} ^{우1}

62 **ac-ci·dent** [액씨던트]: ad(to)+cadere(fall), 〈라틴어〉, '갑자기 떨어진 일', '일어난 일', 사고, 재난, 우연(성), 우발사고, 〈~ mishap\coincidence〉, 〈↔certain\miracle〉 ^{양2}

63 **ac-claim** [어클레임]: ad(to)+clamare(cry out), 〈라틴어〉, a+claim, 갈채, 환호, 인정(하다), '~를 향해 외치다', 〈~ praise\applaud〉, 〈↔blame\slam\slander〉 양2

64 **ac-com-mo·da-tion** [어커머데이션]: ad(to)+com+modus(measure), 〈라틴어〉, 수용(숙박)시설, 편의, 적응, '척도에 완전히 맞추기', '적합하게 하기', 〈~ reconciliation\adjustment〉, 〈↔non-conformity\refusal〉 가1

65 **ac–com-pa·ny** [어컴퍼니]: ad(to)+con(together)+panis(bread), 〈라틴어〉, '함께 빵을 먹으러 다니다', 동반하다, 수반하다, 반주하다, 〈~ attend\escort〉, 〈↔abandon\desert〉 가1

66 **ac–com·plish-ment** [어캄플리쉬먼트]: ad(to)+complere, 〈라틴어〉, 성취, 수행, 업적, 〈~쪽으로〉 '완전히(completely) 채우기', 〈~ achievement\tour de force〉, 〈↔failure\forfeit〉 가1

67 **ac-cord** [어코어드]: ad(to)+cor(heart), 〈라틴어〉, '마음을 합치다', 일치, 조화(하다), 화음, 협정, 〈~ concord〉, 〈→ achord〉, 〈↔dis-cord\contrast〉 양1

68 **ac-cord-ing** [어코어딩]: 〈14세기에 등장한 라틴어에서 연유한 영국어〉, ~에 따라서, ~ 나름으로, 〈~ as stated\conforming with〉, 〈↔un-like/different〉 가1

69 **ac-cor·di-on** [어코어디언]: 〈라틴어〉, accord+clarion, 아코디언, (19세기 유럽에서 개발된) 손풍금, squeeze-box 예1

70 **ac-count** [어카운트]: ad(to)+computare(reckon), 〈라틴어 → 프랑스어〉, 셈, 계산, 계좌, 답변, 고객, '계산에 넣다', 간주하다, 차지하다, 〈↔worthlessness\inapplicability〉 양2

71 **ac-count-a·ble** [어카운터블]: 책임이 있는, 해명할 수 있는, 〈↔blame-less\innocent〉 양2

72 **ac-cu·mu·la-tion** [어큐우뮬레이션]: ad(to)+cumulare(to heap), 〈라틴어〉, 축적, 누적, 축재, 누산, 〈~ aggregation\back-log〉, 〈↔amortize\decrease\reduction〉 가1

73 **ac-cu·rate** [애큐뤼트]: ad(to)+curare(care), 〈라틴어〉, 정확한, 정밀한, '주의를 기울인', 〈~ precise〉, 〈↔in-accurate\obscure\wrong〉 가1

74 **ac-cursed** [어커얼시드 \ 어커얼스트]: a(to)+cursian, 〈라틴어 → 영국어〉, 〈← curse〉, 저주받은, 운수 사나운, 〈↔blessed\lucky〉 양2

75 **ac-cu·sa-tion** [애큐제이션]: ad(to)+causa(reason), 〈라틴어〉, '상대에게 원인을 돌리기', 비난, 죄, 고소, '해명 요구', 〈↔approval\commendation〉 양2

76 **ac-cus·tomed** [어커스텀드]: ad(to)+con(complete)+suecere(used to), 〈라틴어〉, 〈← custom〉, 습관의, 익숙한, 〈↔un-accustomed\unusual\wean off〉 가1

77 ★**AC/DC²**: 양성애의(bi-sexual), 어정쩡한 양2

78 **ace** [에이스]: 〈← as(one)〉, 〈라틴어〉, '점 하나를 찍은 주사위', 최고(점), 명수, 멋쟁이, 비법, 〈↔amateur\novice〉 예2

79 **a·cer** [에이서]: 〈← ak(sharp)〉, 〈라틴어〉, 〈'날카로운' 잎을 가진〉 단풍나무의 총칭 양2

80 **ac·e·tone** [애서토운]: acet(vinegar)+one, 〈라틴어+그리스어〉, 〈← acetic acid〉, 아세톤, 독특한 〈식초〉 냄새가 나고 휘발성이 있는 무색투명한 용액, 〈→ ketone〉 중2

81 **ache** [에이크]: 〈← akhos(pain)〉, 〈그리스어에서 연유한 영국어〉, 〈의성어?〉 아프다, 쑤시다, 가슴 태우다, '아이구', 〈↔comfort\ease〉 양2

82 **a-chieve** [어취이브]: ad+caput(head), 〈라틴어〉, 달성하다, 획득하다, '절정에 이르다', 〈~ accomplish\conquest〉, 〈↔abandon\fail〉 가1

83 **ac·id** [애시드]: 〈← ak(sharp)〉, 〈라틴어〉, '신', 산(성), 신랄한, 언짢은, LSD 〈마약의 일종〉의 약어, 〈~ acrid〉, 〈↔alkaline\sweet〉 양1 중2

84 ★**ac·id jazz** [애시드 쟤즈]: '혼성 광악' 〈블루스·솔·재즈·힙합 등이 혼합된 광란의 음악〉, psychedelic jazz 유1

A 13

85 **★ac·id test** [애시드 테스트]: 〈1850년대 캘리포니아의 금점꾼들이 금을 가려내기 위해 산성물질을 쓰던 데서 연유한 말〉, 엄밀한 검사, 엄격한 검증, 혹독한 시련, 〈~ fool's gold〉, ⇒ quick ratio 미2

86 **★ACK** [액크] (ac-knowl·edged): 알았어!, 받았어!, 고마워! 미2

87 **ac-knowl·edge–ment** [액크날리쥐먼트]: 〈영국어〉, recognize+knowledge, 〈그것에 대해 알고 있다는〉 승인, 자백, 사례, 영수증, 〈↔denial\disavowal〉 양2

88 **ac·ne** [애크니]: 〈← akme(sharp point)〉, 〈그리스어〉, 여드름, 좌창, '뾰루지', comedo〈라틴어〉 양2

89 **a-corn** [에이코언]: 〈게르만어〉, oak+corn, 도토리, 떡갈나무류의 열매 미2

90 **a·cous·tic** [어쿠우스틱]: 〈← akouein(hear)〉, 〈그리스어〉, 청각의, 음파의, 방음의, 〈~auditory〉, 〈↔visual〉 양2

91 ***ACPI** (ad·vanced con·fig·u·ra·tion and pow·er in·ter·face): 고급 구성과 전원 상호 접속, 연성기기와 강성기기 간에 전원을 조정하는 기능을 연결한 장치 미2

92 **ac-quaint–ance** [어퀘인턴스]: ad(to)+con(completely)+gnoscere(know), 〈라틴어 → 프랑스어〉, 익히 앎, 면식, 아는 사람, 〈↔detractor\stranger〉 양2

93 **ac-qui·es–cence** [애퀴이에슨스]: ad(to)+quiescere(rest), 〈라틴어〉, 〈← quiet〉, 묵종, 묵인, 말 없는 동의, 〈~ submision\yielding〉, 〈↔refusal\dissident〉 양2

94 **ac-quire** [어콰이어]: ad(to)+quaerere(seek), 〈라틴어〉, '~쪽으로 구하다', 손에 넣다, 얻다, 습득하다, '덧붙여 구하다', 〈↔for-sake\heredit〉 양2

95 **ac-quit** [어퀼]: ad(to)+quietare(set free), 〈라틴어〉, 석방하다, 취하다, 무죄로 하다, 〈~ quit〉, 〈~ absolve\exonerate〉, 〈↔convict\arraign〉 양2

96 **a·cre** [에이커]: 〈← ajra(field)〉, 〈산스크리트어 → 그리스어 → 라틴어 → 게르만어〉, '야지', 밭, 약 4,046.8㎡, 4단 24보, 1,224.2평, 넓은 땅 중2

97 ***Ac·ro·bat** [애크뤄뱉]: 애크로뱉, 어도비사가 개발한 호환성 PDF문서 공유(조작) 연성기기 중1

98 **ac·ro-bat** [애크뤼뱉]: okron(tip)+bainein(walk), 〈그리스어〉, 곡예사, 묘기꾼, '줄타기 광대', '발가락 끝으로 걷는 사람', 〈~(↔)aerobat〉 미2

99 **a-cross** [어크뤼어스]: en(in)+croix, 〈라틴어에서 유래한 프랑스어〉, a(to)+cross, 가로질러, 엇갈리어, 지름으로, 〈돌아올 기약이 없는 말〉, 〈↔beside\by〉 중1

100 **ac·ryl** [애크륄]: 〈← ak(sharp)〉, 〈라틴어〉, '톡 쏘는 냄새', 아크릴, (아크릴산에서 유도되는) 반투명한 합성수지의 일종 중2

101 **act** [액트]: 〈← agein(to do)〉, 〈그리스어 → 라틴어〉, 짓, 소행, 행동, 법령, 막, 시늉, 〈움직인 결과〉, 〈~ behave\move\deed〉, 〈↔inertia\rest\failure〉 중1

102 **★ac·tions speak loud·er than words**: 〈1200년 포르투갈 신부가 도입한 말〉, 말보다 행동(실천), 〈~ well done is better than well said: B. Franklin〉, 〈~(↔)saying is different-thing from doing: M. Montaique〉, 〈↔the pen is mightier than the sword〉, 〈↔but not nearly as often; M. Twain〉 양2

103 ***ac·tive ma·trix** [액티브 매트뤽스]: 능동적 모형, (LCD)의 〈화면이 선명하게 나타나는〉 '신식' 활동성 행렬 액정 표시 장치, 〈↔passive matrix〉 미2

104 **★Ac·tive X** [액티브 엑스]: 마이크로소프트사가 1996년 출시한 다차원 문서 관련 기술 중2

105 **act-or** [액터]: (남)배우, 주인공, 〈독자적으로 자료를 처리할 수 있는〉 (전산기의) '행자', 〈↔actress〉, 〈politician의 유사어는 actor이지만 actor의 유사어는 politician이 아님〉 기2 미2

106 **act-ress** [액트뤼스]: 여배우, 〈↔actor〉 양1

107 **ac·u-punc·ture** [애큐펑춰]: acus(needle)+punctura(pricking), 〈라틴어〉, 침술, 침치료, '예리한 찌름' 양2

108 **a·cute** [어큐우트]: ⟨← acus(needle)⟩, ⟨라틴어⟩, ⟨← acuere⟩, 날카로운, 민감한, 격렬한, 모진, 급성의, (90도 이하의) 예각의, ⟨~ accent⟩, ⟨→ cute⟩, ⟨↔obtuse\chronic⟩ 기2

109 ***A·da** [에이더]: ⟨히브리어·게르만어·터키어⟩, ⟨← adel(nobility)⟩, ⟨게르만어⟩, '고귀한 자', ⟨초기 전산기 개발에 공헌한 Augusta Ada Byron의 이름을 딴⟩ 1970년대 후반에 미 국방부가 개발한 전산기 용어 중1

110 **Ad·am** [애덤]: ⟨← adamah(earth)⟩, ⟨히브리어⟩, 아담, ⟨쇠가 아닌·어병한⟩ '흙으로 만든 사람', 최초의 인간, 남자 이름 중1

111 **ad·a·mant** [애더먼트]: a(not)+daman(subdue), ⟨그리스어⟩, ⟨tame할 수 없이⟩ 철석같은, 굳은, 완강한, diamond⟨가장 단단한 금속⟩, ⟨~ feral\wilful⟩, ⟨~ determined\resolute⟩, ⟨↔amenable\unsure⟩

112 **a·dapt·er** [어댑터]: ad(to)+aptare(fit), ⟨라틴어⟩, 연결관, 접속기, 적응인자, (안건을 뒤집는) 변안자, ⟨↔alienation\aversion⟩ 양1

113 **add** [애드]: ad(to)+dare(put), ⟨라틴어⟩, 더하다, 보태다, 추가하다, ⟨↔remove\substract⟩ 양2

114 ★**add fu·el to fire**: 불난 데 부채질(fan the flames), 설상가상, ⟨~ add insult to injury\bad to worse⟩, ⟨↔douse the flames\icing on the cake⟩ 양2

115 **ad-dic-tion** [어딕션]: ad(to)+dicere(speak), ⟨라틴어⟩, 중독, 탐닉, 열중, '한 가지만 말하기', ⟨↔indifference\sobriety⟩ 양1

116 ★**add·ing in-sult to in-ju·ry** [애딩 인썰트 투 인줘뤼]: 나쁜 상황을 더 악화시키는 것, 설상가상, ⟨~ add fuel to the fire⟩, ⟨↔icing on the cake⟩⟨↔healing\alleviation⟩ 양2

117 ***add noise** [애드 노이즈]: '난조추가', 그림이나 사진을 점으로 나타내는 기법 무2

118 **ad-dress¹** [어드뤠스]: ad(to)+dis(apart)+regere(direct), ⟨라틴어⟩, '~에게 향하게 하다', 연설하다, 보내다, 이름을 부르다, 인사말, 연설, ⟨~ speech\lecture⟩, ⟨↔receive\abstain\distract⟩ 양1

119 **ad-dress²** [애드뤠스]: ⟨← address¹⟩, ⟨라틴어⟩, ⟨← direct⟩ ⟨~에게 갈 때 필요한⟩ 주소, 번지, 받는 이의 주소 성명, ⟨↔annex\hiding\neglect⟩ 기1

120 ★**add-ware** [애드 웨어]: '가산기기', 날짜나 메뉴 제한은 없으나 돈을 내고 광고를 집어넣는 연성기기 중1

121 **ad-e·quate** [애디쿼트]: ad+aequare, ⟨라틴어⟩, ⟨동등(equal)하게 하다⟩, ⟨기준과 같아⟩ 알맞은, 충분한, 적당한, ⟨↔in-adequate\in-sufficient⟩ 양1

122 **ad-here** [애드히어]: ad(to)+haerere(stick), ⟨라틴어⟩, '들러붙다', 고수하다, 정착하다, ⟨↔detach\abandon⟩ 기1

123 ★**ad hoc** [애드 학]: ⟨라틴어⟩, for(to) this, 특별, 임시, ⟨↔post hoc(after this)⟩ 양2

124 ★**ad·hoc·ra·cy** [애드하크뤼시]: ad hoc(for the purpose)+cracy(rule), ⟨1970년대에 등장한 말⟩, 임시기구, (융통성과 혁신성이 높은) 유연한 정치 조직, ⟨↔bureaucracy⟩ 양2

125 ★**ad ho·mi·nem** [애드 하아미넴]: ⟨라틴어⟩, ⟨감성에 호소하는⟩ 인신공격, against person, ⟨↔ad rem(to+matter); relevant⟩ 양2

126 ★**a di·a·mond on a dung-hill is still a di·a·mond**: 썩어도 준치, ⟨~ an old eagle is better than a young crow⟩ 양2

127 ★**a dime a doz·en** [어 다임 어 더즌]: ⟨미국어⟩, ⟨10센트로 12개를 살 수 있는⟩ 흔해 빠진, 싸구려의, ⟨↔rare\expensive\unique⟩ 양2

128 **ad-ja·cent** [어줴이슨트]: ad(to)+jacere(lie down), ⟨라틴어⟩, 접근한, 부근의, '가까이에 가로놓인', ⟨↔separated\remote⟩

129 **ad-jec·tive** [애쥑티브]: ad(to)+jicere(throw), ⟨라틴어⟩, ⟨명사에 덧붙여진⟩ 형용사, ⟨그림씨⟩, 부수적인, '~을 향해 던져진', ⟨~(↔)adverb⟩ 기1

130 **ad-journ** [어줘언]: ad(to)+diurnus(daily), 〈라틴어 → 프랑스어〉, 휴회하다, 폐회하다, 연기하다, '일정한 날로 옮기다', 〈↔continue\expedite〉 양2

131 **ad-junct** [애정트]: ad(to)+jungere, 〈라틴어〉, 〈← join〉, 부속물, 보조자, 부가어, 〈↔essential\foe〉 가1

132 **ad-just-ment** [어줘스트먼트]: ad(to)+juxta(near), 〈라틴어〉, 〈가까이 가져와서 하는〉 조정, 정리, 정산, 적응, '바르게 하기', 〈~ modification\re-construction〉, 〈↔maladjustment\maladaption〉 가1

133 **ad-min·is·ter** [어드미니스터]: ad(to)+ministrare(serve), 〈라틴어〉, 〈작은 일을〉 관리하다, 집행하다, 투약하다, 〈~ minister〉, 〈↔withhold\deny〉 양2

134 **ad·mi·ral** [애드머럴]: 〈← amir(ruler)〉, 〈아랍어에서 연유한 영국어〉, '바다의 지배자', 해군 장성, 제독, 〈crew-man〉, 화려한 색채를 가진 네발나비 양2 미2

135 **ad-mire** [애드마이어]: ad(to)+mirari(wonder), 〈라틴어〉, '~에 놀라다', 감복하다, 경탄하다, 칭찬하다, 〈↔contempt\disdain\hate〉 양1

136 **ad-mis-sion** [어드미션 \ 애드미션]: 입장, (입회)허가, 승인, 자백, 〈↔denial\repudiation〉 가1

137 **ad-mit** [애드밑]: ad(to)+mittere(send), 〈라틴어〉, '보내주는 것', 받아들이다, 승인하다, 인정하다, 〈↔deny\expel〉 양2

138 **ad-mon-ish** [애드마이나쉬]: ad(to)+monere(warn), 〈라틴어〉, 타이르다, 충고하다, '경고하다', '제대로 된 마음을 심어주다', 〈~ expound\declaim\pontificate〉, 〈↔approve\praise〉 양2

139 **a·do·be** [어도우비]: al(the)+tub(bricks), 〈아랍어에서 연유한 스페인어〉, dried brick, 아도베, 진흙과 지푸라기를 섞어 햇볕에 말려 만든 벽돌(제조용 찰흙), 〈~terra cotta〉 생2

140 **ad·o·les·cent** [애덜레슨트]: ad(to)+alere(nourish), 〈라틴어〉, '어른으로 자라나는', 청춘기의, 미숙한, 젊은이, (12세부터 18세까지의) 성장기, 〈~ young adult〉, 〈↔infant\elderly〉 양1

141 **a·dop-tion** [어닾션]: ad(to)+optare(choose), 〈라틴어〉, 〈자기 쪽으로 선택('option')하여 고르는〉 채용, 채택, 양자(녀) 결연, 〈↔abandon-ment\re-jection〉 양1

142 ★**a·dorbs** [애도얼브스]: 〈신조어〉, adorable(존경할 만한)의 줄임말, 〈↔hateful〉 양2

143 **a·dore** [어도어]: ad(to)+orare(speak), 〈라틴어〉, 숭배하다, 경모하다, 받들다, 〈신을 향하여〉 '기도로 말하다(oration)', 〈↔hate\loathe〉 양2

144 ★**a·dork·a·ble** [어도얼커블]: 〈2001년 미국 전산망 신조어〉, adorable+dorky, 존경할 만하지만 뭔가 어색하고 부족한, 귀여우면서도 바보같은 양2

145 ★**a drop in the buck-et**(o·cean): 새 발의 피, practically nothing, 〈↔much\plenty〉 양2

146 ★**a drown-ing man will clutch at a straw**: 물에 빠지면 지푸라기라도 잡는다, 〈~ desperation〉, 〈↔hopelessness〉 양2

147 ★**ADSL** (a-sym·met·ric dig·i·tal sub-scrib-er line): (기존의 전화선을 이용해서 〈오는 속도와 가는 속도가 다른〉 고속 정보를 전송하는) 비대칭 숫자형 전산망 가입자 회선 미2

148 **ad-sorb** [애드써얼브]: ad(to)+sorbere(suck), 〈'absorb'란 라틴어를 변형시킨 게르만어〉, 흡착(접착)하다, 〈속으로 들어가지 않고〉 겉에 달라붙다, 〈absorb는 속속들이 빨아들인다는 뜻〉, 〈↔abstain\dissipate〉 양2

149 ★**ADT²** (ab·stract da·ta type): '추상적 자료 유형', 전산기기보다 고안자의 생각에 좌우되는 정보 형태 생2

150 **a·dult** [어덜트]: ad(to)+alere(nourish), 〈라틴어〉, 〈adolescent를 거친〉 어른의, 성숙한, 성인, 〈↔child\kid〉 가1

151 ★**a·dul·ter-ated food** [어덜터레이티드 후우드]: 불량식품, (유해물질을) 섞인질한 식품, '간통 음식', Franken food, GMO 가1

152 **a·dul·ter·y** [어덜터뤼]: 간통, 불의, 부정, '어른이 하는 〈오염된〉 짓', 〈fornication 보다 인간적이고 지속적인 말〉, 〈~ socio-sexual〉, 〈↔fidelity\puppy love〉, 〈↔status offender〉 가2

153 **ad·vanced** [어드뵌스트 \ 애드뵌스트]: ab(toward)+ante(before), 〈라틴어〉, 앞으로 나온, 진보한, 상급의, 사전의, 〈~ avant〉, 〈↔primitive\backward\post-poned〉 양2

154 **ad·van·tage** [어드뵌티쥐]: ab(toward)+ante(before), 〈라틴어 → 프랑스어〉, 〈앞에 서 있는〉 '우위', 유리, 이득, 우세, 장점, 혜택, 〈→ vantage〉, 〈↔dis-advantage〉 양1

155 **ad·vent** [애드벤트]: ad+venire(come), 〈라틴어〉, '~에 옴', 도래, 출현, Advent; 예수의 강림(재림), 〈↔disappearance\departure〉 양1 수2

156 ★**ad-vent-ure game** [어드뵌쳐 게임]: '모험놀이'(사용자가 자신의 역할을 설정하고 다양한 선택을 하면서 모험하는 놀이) 양2

157 **ad-verb** [애드뷔어브]: ad(to)+verbum(word), 〈라틴어〉, 〈동사를 수식하는〉 부사, 〈~(↔)adjective〉, 〈verb〉 가1

158 **ad·ver·se** [애드뷔얼스]: ad(to)+vertere(turn), 〈라틴어〉, 거스르는, 반대의, 해로운, 불리한, 〈↔favorable\supportive〉 가1

159 ★**ad-ver-si-ty score** [애드뷔얼시티 스코어]: 역경 점수, SAT에서 2019년부터 실시하는 〈불리한〉 학생의 성장 과정을 고려한 점수 덧보태주기 제도 미2

160 **ad·ver·tise \ ad-ver·tize** [애드뷔타이즈]: ad(to)+vertere(to turn), 〈라틴어〉, '~쪽으로 관심을 돌리다', '에 주의하다', 광고하다, 선전하다, 공시하다, 〈↔conceal\suppress〉 가2

161 *****ad·ver·to·ri·al** [애드뷔토우뤼얼]: advertisement+editorial, 광고성 기사, 기사처럼 보이는 광고, 〈~informercial〉 양2

162 **ad·vice** [어드봐이스]: ad(to)+videre(see), 〈라틴어〉, '~으로 보다', 충고, 조언, 보고, 통지, 〈~ recommend\advocate〉, 〈↔obstruction\mislead〉 2회

163 **ad·vo·cate** [애드뷔케이트 \ 애드뷔커트]: ad+vocare(call), 〈라틴어〉, '~으로 부르다', 용호하다, 주창하다, 대변자, 변호사, 〈~ exponent\proponent\up-stander〉, 〈↔adversary〉 양1

164 ★**ad-ware** [애드 웨어]: 광고기기 〈광고를 위해 공짜로 배포되는 연성기기〉 양1

165 **aer·i·al** [에어뤼얼]: 공기의, 기체의, 공중에 솟은, 항공의, 공중 곡예, 안테나(영국), 〈↔low\sunken\marine〉 양1

166 **aer·i·al view** [에어뤼얼 뷰]: 공중조망, 비행기에서 본 경치, 〈~ bird's-eye〉, 〈↔worm's(frog's)eye〉 양1

167 **aer·o·bics** [에어로우 빅스]: 유산소운동, 산소소비량 증가 운동, 〈↔an-aerobics〉 양1

168 **aer·o·space** [에어뤄 스페이스]: 우주 공간, 대기권 내외, 〈~(↔)atmosphere\troposphere〉 양2

169 ★**aer·o·train** [에어뤼 트뤠인]: 공기부상식 열차, 〈~bullet train〉 미2

170 **aes·thet·ic** [에스쎄틱]: 〈← aisthema(sensation)〉, 〈1735년에 주조된 그리스어〉, 〈감수성이 예민한〉, 미의, 심미안이 있는, 좋은 취미의, 〈↔in(un)-aesthetic\grotesque〉 양2

171 ★**AF**(as fuck): 틀림없는, 진짜 진짜의, 〈↔fib\hot air〉 양1

172 ★**AFAIK** [어훼잌] (as far as I know): 내가 아는 한 미2

173 ★**AFAIR** [어훼어] (as far as I re-mem·ber): 내 기억으로는 미2

174 **af-fair** [어훼어]: ad(to)+facere(do), 〈라틴어 → 프랑스어〉, 일, 용건, 관심사, 정사, 상황, 〈↔avocation〉 양2

175 **af-fect**¹ [어훼트]: ad(to)+facere(do), 〈라틴어〉, '~에 작용하다', 영향을 주다, 감동시키다, 침범하다, 〈↔dis-similate〉 가1

176 **af·fect·a·tion** [애훽테이션]: ⟨← affect²⟩, ~은(는) 체함, 가장, 허식, 으스댐, ⟨↔sincerity\shyness⟩ 양2

177 **af·fi·da·vit** [애휘데이빝]: ad(to)+fidare(trust), ⟨라틴어⟩, 선서, 보증서, 진술서, ⟨↔contradiction⟩ 가1

178 ★**af-fil·i·ate pro-gram** [어휠리에이트 프로우그램]: 제휴품목 (판매촉진을 위해 고객을 소개하는 자에게 짜배기로 넣어 주는 프로그램) 미2

179 **af·fil·i·a·tion** [어휠리에이션]: ad(to)+filius(son), ⟨라틴어⟩, ⟨← filial⟩, 가입, 제휴, 결연, ⟨↔detachment⟩ 가2

180 **af·fin·i·ty** [어휘니티]: ad(to)+finis(end), ⟨'접속'이란 뜻의 라틴어⟩, 인척(관계), 유사(점), 친화(력), 접촉성, ⟨~ empathy\rapport⟩, ⟨↔unrelatedness\aversion\allergy⟩ 양1

181 **af·firm·a·tive** [어훠머티브]: ad(to)+firmare, ⟨라틴어⟩, ⟨← firm⟩, ⟨확실히 말하는⟩ 긍정의, 확언, 찬성의, ⟨↔negative\veto⟩ 가2

182 ★**af·firm·a·tive ac·tion** [어훠머티브 액션]: '긍정적 조치', 차별 철폐 조치(미국), ⟨~(↔)legacy admission⟩ 미2

183 **af·fix** [어휙스]: ad(to)+fixare, ⟨라틴어⟩, ⟨← fix⟩, 붙이다, 첨부하다, 찍다, 접(붙임)사, ⟨↔detach\remove⟩ 양2

184 **af·flic-tion** [어훌릭션]: 고통, 고뇌, 역경, 재해, '다침', ⟨↔relief\solace\wind-fall⟩ 양2

185 **af·flu-ent** [애플루언트]: ad(to)+fluere(flow), ⟨라틴어⟩, '흘러넘치는', 풍부한, 유복한, 거침 없는, ⟨← flow⟩, ⟨~ abundant\rich⟩, ⟨↔poor\impoverished⟩ 가2

186 ★**af·flu-en·za** [애플루우엔져]: affluence+influenza, 부독, 풍요병, 부유층 자제의 '무기력'증, ⟨↔low-cashism⟩ 미1

187 **af·ford-a·ble** [어훠더블]: ge+farthian(farther), ⟨영국어⟩, ⟨← forward⟩, '전진할 수 있는', 줄 수 있는, 입수 가능한, 알맞은, ⟨↔un-affordable\ex-orbitant⟩ 가2

188 ★**afk** (a-way from key-board): '자판에 없어!', '부재중' 미2

189 **a-float** [어훌로읕]: ⟨영국어⟩, ⟨← float⟩, 떠서, 해상에, 범람하여, 유통하여, ⟨↔a-ground\sinking⟩ 양1

190 **a·fraid** [어후뤠이드]: ⟨← exfridare(out of peace)⟩, ⟨라틴어에서 유연한 프랑스어⟩, ⟨← fear⟩, 두려워하는, 겁내는, 걱정하는, ⟨↔un-afraid\brave⟩ 가1

191 **Af·ri·ca** [애후뤼카]: ⟨← afar(dust)?⟩, 아프리카, ⟨'먼지'라는 아랍말에서 따왔다는 썰이 있고⟩ (최초의 인류가 살았다고 사료되는) 적도를 기준으로 남북으로 나뉘어지는 구대륙이 남쪽으로 돌출된 땅덩어리 수1

192 ★**a friend in need is a friend in-deed**: ⟨고대 그리스 격언⟩, 어려울 때 친구가 정말 친구다, ⟨~ a sure friend is known when in difficulty⟩ 양1

193 ★**af·ro** [애후로위]: (1970년대에 유행했던) 흑인의 부픈 둥근 머리 모양 수2

194 ★**af·ro-beat** [애후로우 비이트]: 아프리카 장단, 아프리카의 여러 음악의 율동을 따서 만든 음악 우1

195 **af·ter** [애후터]: ⟨← apotero(further off)⟩, ⟨그리스어 → 게르만어⟩, 뒤에, 늦게, 불구하고, 따라서, (~을) 하고 나서, ⟨겸양의 말⟩, ⟨~ off⟩, ⟨↔before⟩ 양1

196 **af·ter all** [애후터 어얼]: 결국에는, 어쨌든, 하지만, ⟨↔then\therefore\accordingly⟩ 양1

197 **af·ter-noon** [애후터 누운]: 오후, ⟨↔morning\night⟩ 가2

198 ★**af·ters** [애후터즈]: (식사 끝나고 먹는) 후식들, ⟨↔hors d'oeuvre⟩ 양2

199 ★**af·ter the feast comes the re·ckon-ing**: 질탕하게 놀고 나서 본전 생각난다, 호사다마, ⟨~ laugh on Friday, cry on Sun-day\lights are followed by shadows⟩ 얭2

200 ★**af·ter the storm comes the calm**: 폭풍 후의 고요, 격동기가 지나면 평화가 찾아 온다, 고생 끝에 낙, 고진감래, ⟨~ April showers bring May flowers⟩ 얭2

201 **af·ter-ward** [애after 워어드]: 후에, 나중에, ⟨↔before-hand\earlier⟩ 갸2

202 ★**af·ter you** [애after 유]: 당신 먼저(양보하기) 얭2

203 **a-gain** [어겐 \ 어게인]: on+gean(back), ⟨게르만어⟩, 또, 다시, 본디로, 더, ⟨미련과 욕심이 담긴 말⟩, ⟨→ against⟩, ⟨↔once\never⟩ 갸1

204 **a-gainst** [어겐스트 \ 어게인스트]: ⟨게르만어⟩, on+gean(back) +es, ⟨← again⟩, '거슬러서', 향하여, 대해서, 반대하여, 기대어, ⟨경각심을 자아내는 말⟩, ⟨↔pro\for⟩ 갸1

205 **a·ga·pe**[1] [아가가아페이]: ⟨어원 불명의 그리스어⟩, love between man and God, 초기 기독교의 회식(feasts), 비타산적인 사랑⟨love⟩, 형제애, ⟨↔apathy\enmity⟩ 얭1

206 **age** [에이쥐]: ⟨← aion(period of existance)⟩, ⟨그리스어 → 라틴어⟩, ⟨시간이 모인⟩ 나이, 연령, 햇수, 시대, 노년, ⟨숫자로 표시되는 인생⟩, ⟨~ aeon \ era⟩ 갸1

207 ★**age break** [에이쥐 브뤠잌]: 나이보다 적은 골프 타수, 연령 돌파 얭1

208 **a·gen·cy** [에이줜씨]: ⟨← agere ← agein(drive)⟩, ⟨그리스어 → 라틴어⟩, ⟨agent가 하는⟩ 기능, 작용, 대리점, 중계사무소, ⟨↔idleness\main⟩ 얭1

209 **a·gen·da** [어줸더] \ a·gen·dum [어줸덤]: ⟨← agere(act)⟩ ⟨라틴어⟩, 안건(들), 의제(들), ⟨↔mess\disorder⟩ 얭2

210 **a·gent** [에이줜트]: ⟨← agere ← agein(drive)⟩, ⟨그리스어 → 라틴어⟩, '행하는 자', 대행자, 알선업자, 공작원, 약품, 병원체, 자율적 조직체, (반독립적) 관리자, ⟨↔client\customer\recipient⟩ 갸1 미2

211 ★**age shoot·er** [에이쥐 슈우터]: '나이 타수', (노인 골퍼가) 파 70·길이 6천 야드 이상의 18홀 라운드에서 자신의 나이나 그 이하의 득점을 하는 ⟨기적⟩, 실현되기 어려운 일 얭2

212 **ag-gra·va·tion** [애그뤄베이션]: ad(to)+gravis, ⟨라틴어⟩, ⟨← grave²⟩, '무겁게 하기', 악화시킴, 화남, 짜증, ⟨↔alleviation\healing\palliation⟩ 얭2

213 **ag-gre·ga·tion** [애그뤼게이션]: ad(to)+grex(herd), ⟨라틴어⟩, '떼 짓게 하기', 집합, 집성, 집단, ⟨~ gather\collection\accumulation⟩, ⟨↔separation\division\region⟩ 얭2

214 **ag-gres·sion** [어그뤠션]: ad(to)+gradi(step), ⟨라틴어⟩, ⟨먼저 나가는⟩ 공격, 침범, 돌격(성), ⟨~ fierce-ness\truculence⟩, ⟨↔meek-ness\pacifism⟩ 얭1

215 ★**ag·gy** [애기]: agitated 또는 aggravated의 준말, 짜증나, 속상해, ⟨↔gladdened\softened⟩ 얭2

216 **ag·i·ta·tion** [애쥐테이션]: ⟨← agere(move)⟩, ⟨라틴어⟩, '끊임없이 움직임', 동요, 선동, 흥분, 휘저음, ⟨↔calmness\relaxation⟩ 갸1

217 ★**ag-nail** [애그네일]: ⟨영국어⟩, 손거스러미, 표저, hang·nail 얭2

218 **a-gnos·tic** [애그나스틱]: a(not)+gnoskein(know), ⟨그리스어⟩, ⟨신이나 영적 존재를 알 수 없다는⟩ 불가지론자(의), 얼굴을 안 가리는, 호환성이 좋은, '기생 체질의', ⟨↔gnostic⟩ 얭2

219 **a-go** [어고우]: ⟨영국어⟩, gone away, 전에, 지난, ⟨회한이 담긴 말⟩, ⟨↔future⟩ 갸2

220 **ag·o·ny** [애거니]: ⟨← agon(struggle)⟩, ⟨그리스어⟩, 고민, 고통, 아픔, '승리를 위한 발악', ⟨~ antagonize⟩, ⟨~ torment\throe⟩, ⟨↔comfort\ease⟩ 갸2

221 ★**a good spi·der is a dead spi·der**: 죽은 자는 말이 없다, ⟨~ dead men tell no tales⟩ 얭2

222 ★**a good start is half the bat·tle**: 시작이 반이다, 첫 단추를 잘 끼워라, ⟨~ well begun is half done\a good beginning sets the tone⟩ 얭2

223 **a·gree·ment** [어그뤼이먼트]: ad(to)+gre(good will), 〈라틴어〉, '기꺼이 받아들임', 동의, 협정, 합치, 〈↔dispute\dissension〉 가1

224 **ag·ri·cul·ture** [애그리컬춰]: ager+cultura, 〈라틴어〉, field cultivation, '밭 경작', 농업, 농경, 농학, 〈천하지대본〉, 〈~(↔)horti-culture\silvi-culture〉, 〈↔industry\pasturage〉 가1

225 **a-head** [어헤드]: 〈영국어〉, '머리 쪽으로', 전방에, 앞으로, 앞서서, 〈↔be-hind〉 가1

226 ★**a heav·y purse makes a light heart**: 돈이 있어야 마음이 편하다, 돈이 날개다, 〈~(↔)a light purse makes a heav·y heart; 돈이 없으면 침울하다〉 영2

227 *****AI²** ⇒ artificial intelligence, 〈~(↔)BI²〉 미2

228 **aid** [에이드]: ad(to)+juvare(help), 〈라틴어〉, 돕다, 원조, 보조, 〈↔hinder\harm〉 가2

229 *****AIDS²** [에이즈] (an in·fect·ed disc syn·drome): (전산기 바이러스) 오염 원반 증후군 미2

230 **ail-ment** [에일먼트]: 〈← eglan(afflict)〉, 〈영국어〉, '괴로움', 우환, (가벼운) 병, 불안정, 〈↔health\wellness〉 가2

231 **aim** [에임]: 〈← estimare(estimate)〉, 〈라틴어〉, 겨냥하다, 목표 삼다, 조준, 〈↔avert\miss〉 가2

232 ★**ain't** [에인트]: 〈영국어〉, is not·have not 등의 간략형으로 부정을 나타내는 영문법의 암적인 존재나 ain't I? (안 그래?) 등으로 끈질기게 쓰여지는 말 미2

233 **air** [에어]: 〈← aein(breathe)〉, 〈그리스어〉, 공기, 하늘, 풍채, 방송, 항공, 바람, 허품, 〈무로 충만한 것〉, 바람에 쐬다, 환기하다, (불평을) 털어놓다, (소문을) 퍼뜨리다, 〈~ aero〉, 〈↔water\earth〉, 〈↔calm\modesty〉 영2

234 **air bag** [에어 배그]: 공기 완충장치, 공기 주머니, 〈~(↔)safety belt\seat belt〉 미1

235 ★**air-borne** [에어 보언]: 공중 수송, 공기 전염, 〈~(↔)water-borne〉 영2

236 **air-con** [에어 컨] (air con·dition-er): 공기 온도 조절 장치, 냉방 시설, 〈↔heater〉 미1

237 **air-craft** [에어 크래후트]: 항공기, 비행기, 〈↔surface-ship〉 가1

238 **air-fare** [에어 훼어]: 항공 운임, 〈↔sea-fare〉 가1

239 **air-field** [에어 휘일드]: 비행장 가2

240 **air force** [에어 훠어스]: 공군, 〈~(↔)army\navy\marine crops〉 가1

241 **air-freight** [에어 후뤠잍]: 항공 화물(요금), 〈~air cargo〉, 〈↔ship-freight〉 가1

242 ★**air fry·er** [에어 후라이어]: 에어 프라이어, (순환하는 뜨거운 공기로 음식을 튀기는) 공기 튀김기 영1

243 ★**air-head** [에어 헤드]: ①바보, 멍청이, 〈↔genius\egg head〉 ②낙하산 부대가 차지한 적지 영2 우1

244 **air-line** [에어 라인]: 항공로, 항공회사, 최단 거리, 〈↔sea-way\sea route〉, 〈↔shipping company〉 가1 영1

245 **air-mail** [에어 메일]: 항공우편, 〈↔ground(surface) mail〉 가1

246 **air-plane** [에어 플레인]: 비행기, 〈↔car\ship〉 가2

247 **air-port** [에어 포오트]: 공항, 〈↔harbor\sea-port〉 가2

248 **air raid** [에어 뤠이드]: 공습, 공중습격, 〈↔air defence〉 가1

249 ★**air right** [에어 롸잍]: 공중권 (땅이나 건물 상공의 소유권) 영1

250 **air-ship** [에어 쉽]: 비행선 ②①

251 **air-way** [에어 웨이]: 항공로, 항공사, 기도, 방송 주파수대 ③① ①②

252 **aisle** [아일]: 〈← ala(wing)〉, 〈라틴어에서 연유한 프랑스어〉, '날개', 통로, 복도, 통로 측 좌석, 측랑, 〈↔middle\window-side〉 ③②

253 ★**aka** [아카 \ 에이 케이 에이] (al·so known as): 별칭, 별명, 〈~ nick-name\alias〉 ①②

254 **a-kin** [어킨]: 〈게르만어〉, 〈← kin〉, 혈족의, 동족의, 유사한, 〈↔alien\un-like〉 ③②

255 ★**a kite breeds a hawk**: 〈일본 속담〉, 솔개미 부모에서 매가 나온다, 개천에서 용난다, 〈~ rag to riches〉, 〈↔fall from grace〉 ③②

256 ★**a la carte** [알 러 카알트]: 〈프랑스어〉, 'according to the menu〈card〉', 알 라 카르트, (메뉴에 따른) 일품요리, 〈↔a table d'hote(fixed price meal)〉, 〈↔buffet〉 ③②

257 ★**a la king** [알 러 킹]: 〈어원에 대해 학설이 분분한 미국어〉, 〈king의 격식에 따른〉 고추·버섯·삶은 닭고기·어육·피망 등을 넣고 크림소스로 끓인 요리 ②②

258 **al·bum** [앨범]: 〈← albus(white)〉, 〈라틴어〉, '백지', 방명록, 첩, 철, 음반, 〈↔erase\remove〉 ③①

259 **al·bu·min** [앨뷰우민]: 〈← albus(white)〉, 〈라틴어〉, '흰자위', 알부민, 단순(필수) 단백질의 일종, 〈↔yolk〉 ①①

260 **al·che·my** [앨커미]: al(to)+cheein(pour)〈그리스어〉, 연금술, (평범한 물건을 비범하게 만드는) 마력, 〈→ chemistry〉 ③②

261 **al·co·hol** [앨커호얼]: al(the)+kohl(antimony powder), 〈아랍어〉, '안티몬 가루', 주정, 술, 〈↔non-intoxicant〉 ①①

262 **al·der** [어얼더]: 〈← alnus(brown)〉, 〈'갈색'이란 라틴어에서 유래한 영국어〉, 얼더, (이정표로 5리마다 심었던) 오리나무, 습지에서 자라는 톱니잎을 가진 자작나뭇과 갈매나뭇속의 낙엽활엽관목 또는 (재목으로 쓰는) 교목, 〈~ vernon〉 ①①

263 ★**al-des·ko** [앨 데스코우]: 〈신조어〉, 책상에서 (먹는 식사), 사무실 식사 ①②

264 **ale** [에일]: 〈← ealu ← aluth ← alum(bitter)?〉, 〈라틴어에서 연유한? 게르만어〉, 저장맥주보다 독하고 흑맥주보다 약한 맥주, 〈~(↔)lager〉 ①①

265 ★**a·le·a jac·ta est** [알 러아 약 타 에스트]: 〈라틴어〉, the die is cast, 주사위는 던져졌다, 돌아갈 수 없는 강, 〈시저가 Rubicon 강을 건너며 했다는 말〉 ③②

266 ★**a·le·a·to·ry** [에일리어토우뤼]: 〈←alea(die²)〉, ~〈라틴어〉, 도박적인, 우연을 노리는, 우연성의, 사행적인, 〈~random\chance〉, 〈↔planned\choice〉 ③②

267 **al·ec(k)** [앨릭]: 〈뉴욕의 Alec Hoag란 뚜쟁이 이름에서 연유한〉 바보, 멍청이, 〈↔brain-box\clever clog\smart alec〉

268 **a·lert** [얼러어트]: 〈← erigere(raise)〉, 〈라틴어〉, 〈all erta란 이탈리아어에서 연유한 프랑스어〉, '망을 보는', 방심 않는, 기민한, 경계(경보), 〈~ awake〉, 〈↔daze〉 ①①

269 ★**Al·ex·a rank** [앨릭서 뢩크]: 알렉사 등급, (1996년 이집트의 Alexandria 도서관의 이름을 따서 설립되어) 1999년 Amazon에 인수된 미국의 전산망지기 이용(숫자) 등급평가표 ②②

270 **al·fal·fa** [앨횔훠]: al(best)+facah(fodder), 〈아랍어 → 스페인어〉, '최고의 말먹이', 알팔파, 〈신선한 사료〉, 일팔자, 자주개자리, 〈말이 좋아하는〉 콩과의 다년생 목초, 〈~ lucern〉 ①①

271 **al·ga** [앨거] \ al·gae [앨쥐이]: 〈'해초(seeweed)'란 뜻의 라틴어〉, 말, 조류, 엽록소를 가진 아주 작은 부유생물 ①①

272 **al·ge·bra** [앨쥐브뤄]: al(the)+jabara(reunite), 〈아랍어〉, '조각 잇기', 대수학, 숫자 대신 문자 기호를 사용하여 수의 성질이나 관계를 연구하는 학문, 〈~ algorism〉, 〈↔geometry〉 ③②

273 ***ALGOL** [앨거얼 \ 앨가알] (al·go·rithm·ic lan·guage): 알골, 과학·기술 계산용 프로그램 언어 ⓢ2

274 **al·go·rithm** [앨거리듬]: 〈페르시아의 Kwarizm에 살던 수학자가 개발한〉 알고리듬, 알고리즘과 비슷한 말, 풀이셈법, 연산법, 식이 나타낸 규칙에 따른 계산법, '계단식 도표' ⓨ1

275 **a·li·as** [에일리어스]: 〈← alius(other)〉, 〈라틴어〉, 가명, 별명, 통칭, 대체, '다른 때에는', 〈~ nick-name\aka〉, 〈~ pseudonym\pen name〉, 〈↔real name〉 ⓚ2

276 ***a·li·as·ing** [에일리어싱]: 〈← alias〉, 〈파장의 오류로 화상이 흔들리거나 소리가 고르지 못한〉 위신호(음), 〈↔good reception\anti-aliasing〉

277 **al·i·bi** [앨러바이]: 〈← alius(other)〉, 〈라틴어〉, 알리바이, 현장 부재 증명, 변명, '다른 곳에서', 〈~ excuse〉, 〈↔presence\evidence〉 ⓜ2

278 **al·ien** [에일리언]: 〈← alius(other)〉, 〈라틴어〉, 외국(이국)의, 이질적, 외계(우주)인, '다른', 〈→ alienate〉, 〈↔native\kin〉 ⓨ2

279 **a-lign-ment** [얼라인먼트]: 〈← align(a+ligne)〉, 〈프랑스어〉, 〈← line〉, 일렬 배열, 정렬, 조절, 단결, 〈↔mal-alignment\dis-arrange\mis-match〉 ⓨ1

280 **a-like** [얼라이크]: 〈게르만어 → 영국어〉, 아주 같게, 동등하게, 비슷하게, 〈↔different〉 ⓨ2

281 **al·i·mo·ny** [앨리모우니]: 〈← alere (nourish)〉, 〈라틴어〉, 알리모니, 이혼(별거) 수당, 〈영양 보충용〉 위자료, 〈~ alms〉, 〈~ palimony〉, 〈↔neglect\fun〉 ⓨ2

282 ★**A line** [에이 라인]: 허리가 좁고 아래로 내려올수록 폭이 넓어지는 치마, '나팔 치마' ⓚ2

283 ★**A line bob** [에이 라인 밥]: 〈Covid-19 후에 유행하는〉 옆머리가 턱 아래까지 내려오는 (간편하고 여러 얼굴 모양에 무난한) 여성의 단발머리, A형 단발 ⓨ1

284 ★**a lit·tle go a long way**: 천리 길도 한 걸음부터, 〈~ step by step one goes long way〉 ⓨ2

285 ★**a lit·tle leak will sink a great ship**: 개미 구멍으로 공든 탑 무너진다, 가랑비에 옷 젖는 줄 모른다, 〈~ big trouble comes in small packages\a stitch in time saves nine〉

286 **a-live** [얼라이브]: 〈게르만어 → 영국어〉, 살아있는, 생생한, 활발한, 〈→ live°〉, 〈↔dead\extinct〉 ⓚ2

287 ★**a live nag rath·er than a dead thor·ough·bred**: 죽은 경주마보다 산 비루먹은 늙은 말이 낫다, 죽은 정승이 산 개만 못하다, 〈~ better a living dog than a dead lion〉 ⓨ2

288 **al·ka·li** [앨컬라이]: al(the)+galay(roast), 〈아랍어〉, '타고 남은 재', 알칼리, (리트머스에 청색 반응을 나타내는) 물에 녹는 염기의 총칭, ⇒ kalium, 〈↔acid〉 ⓢ2

289 **all** [얼]: 〈← alanc(entire)〉, 〈게르만어〉, 모든, 전부, 막대한, 완전한, 〈'네 껏도 내 것·내 껏도 내 것'〉, 〈↔none〉 ⓚ2

290 **al-lay** [얼레이]: a(out)+lecgan(lay), 〈영국어〉, 가라앉히다, 진정시키다, 경감하다, 〈↔provoke〉 ⓚ1

291 ★**all bark and no bite**: 입만 살아있다, 이빨만 깐다, 짖는 개는 물지 않는다, 〈~ a barking dog seldom bites〉 ⓨ2

292 ★**all-ears** [어얼 이얼즈]: (모든 귀를 기울여) 귀담아듣다, 귀 기울이기, 〈↔im-attentive〉 ⓨ2

293 **al-lege** [얼레쥐]: ex(out)+liligare(dispute at law), 〈라틴어〉, '증거로 끄집어내다', 단언하다, 우겨대다, 〈↔deny\withdraw〉 ⓚ1

294 **al·le·giance** [얼리이줜스]: al(to)+ligare(bind), 〈라틴어 → 프랑스어〉, 충성, 충실, 헌신, 〈~ alliance〉, 〈↔treason〉

295 **al·le·go·ry** [앨리고우뤼]: allos(other)+agoria(speaking), 〈그리스어〉, 〈metaphor보다 폭이 넓은〉 풍유, 〈어떤 일을 다른 형식으로 말하는〉 비유, 〈simile보다 간접적인〉 상징, 〈↔real\literal〉 ⓨ2

296 **al·ler·gy** [앨러쥐]: allos+ergon, 〈'other energy'란 뜻의 그리스어〉, 알레르기, 과민성(반응), 혐오, 〈↔affinity\attraction〉 중1

297 **al·ley** [앨리]: 〈← aler ← ambulare(walk)?〉, 〈라틴어? → 프랑스어〉, 뒷골목, 소로, 통로, 〈↔blockade\main road〉 왕2

298 ★**all-fired** [어얼 화이어드]: 겁나는, 굉장한, 〈↔calm\collected〉 중1

299 ★**all flash and no sub-stance**: 빛 좋은 개살구, 겉만 번쩍인다, 〈~ all sizzle and no steak\unsubstantial〉 왕2

300 ★**all good things must come to an end**: 모든 좋은 일에도 끝이 있는 법이다, 화무십일홍, 〈~ nothing lasts forever\every flow has it's ebb〉 왕2

301 **al-li-ance** [얼라이언스]: ad(to)+ligare(bind), 〈라틴어 → 프랑스어〉, 동맹, 결연, 제휴, 〈~ allegiance〉, 〈↔antagonism\detachment〉 기2

302 **al-li·ga·tor** [앨리게이터]: 〈← lacertus(lizard)〉, 〈라틴어에서 연유한 스페인어〉, el lagarto, gator, 〈도마뱀같이 생긴〉 (넓은 주둥이) 악어, 악어 모양의 물건, 〈crocodile보다 색깔이 더 진하고 주둥이가 넓음〉 왕2

303 ★**all in all** [어얼 인 어얼]: 대체로, 전반적으로, 〈↔strictly\literally〉 왕2

304 ★**all in one** [어얼 인 원]: 전부가 하나로 된, 단숨에, 통틀어, 한 벌, 일습, (모두 합쳐진) 일체형, '통짜', 〈↔just one\loose〉 미2

305 ★**all looks and no sub-stance**: 겉만 요란하다, 속빈 강정, 〈~ empty wagon makes the most noises\still waters run deep〉 왕2

306 ★**all noise and no sub-stance**: 소문난 잔치에 먹을 것 없다, 〈~ great cry and little wool〉 왕2

307 **al·lo·ca·tion** [앨러케이션]: ad(to)+locare(place), 〈라틴어〉, 할당, 배당, 배치, '다른 장소에 챙겨놓기', 〈← locus〉, 〈~ allowance〉, 〈↔retain\deprive of〉 중1

308 **al·lot·ment** [얼랏먼트]: ad(to)+hloz(share), 〈게르만어 → 프랑스어〉, 배당, 할당, 몫, '제비 뽑기로 가른 것', 〈↔total\sum〉 왕2

309 ★**all out** [어얼 아웉]: 전면적, 전력을 다한, 〈↔half-hearted\lackadaisically〉 왕2

310 **al-low-ance** [얼라우언스]: ad(to)+locare(place), 〈라틴어〉, 수당, 급여, 한도, 공제, 오차, 〈~ allocation〉, 〈↔forbiddance〉 왕2

311 **al·loy** [앨러이]: ad(to)+ligare(bind), 〈라틴어〉, 합금, 혼합물, 〈~ ally〉, 〈↔purity\genuineness〉 기1

312 **all right** [어얼 롸잍]: 좋아, 틀림없이, 무사히, 〈↔unsatisfactory\wrong〉 기2

313 ★**all roads lead to Rome**: 모든 길은 로마로 통한다, 모로 가도 서울만 가면 된다, 〈↔there is no alternative〉 왕2

314 ★**all talks but no ac·tions**: 말 잘하는 놈치고 일 잘하는 놈 없다, 입만 번지르하다, 이빨만 까다, 〈~ talk's cheap〉 왕2

315 ★**all that grit·ters is not gold**: 반짝인다고 다 금이 아니다, 갓 썼다고 다 양반이 아니다, 〈~ clothes do not make the man〉, 〈fine feathers make fine birds〉 왕2

316 ★**all that's fair must fade**: 아름다운 것은 반드시 시든다, 화무십일홍, 권불십년(십 년 가는 세도 없다), 〈~ nothong lasts forever〉, 〈↔it keeps going\there is no end〉 미2

317 ★**all things to all men**: 〈사도 바울이 고린도서에서 한 말〉, (주님을 믿으면) '나는 너희들의 충복이 되리라', 너희가 원하는 모든 것을 다 주어 너희 모두를 행복하게 할지니라, 〈~ praise the lord〉 왕1

318 ★**all thumbs** [어얼 썸즈]: (손가락이 모두 엄지로 생겨서) 서툴고 어색한, 손이 무딘, 손재주가 없는, 〈~ten thumbs〉, 〈↔handy\dexterous〉 왕2

319 **al-lude** [얼루우드]: ad(to)+ludere(play), 〈라틴어〉, 〈놀리듯〉 언급하다, 암시하다, 넌지시 말하다, 〈~ ludicrous〉, 〈↔explain\declare〉 양2

320 **al-lure** [얼루어]: ad(to)+luere, 〈라틴어 → 프랑스어〉, 〈← lure〉, 꾀다, 유혹하다, 매혹, 〈~ tempt\cajole\entice〉, 〈↔deter\repulse〉 양2

321 **al-lu-sion** [얼루우젼]: ad(to)+ludere(play), 〈라틴어〉, 〈← allude〉, 암시, 언급, 인유, 〈~ reference\quotation〉, 〈↔disregard\ignoring〉 가1

322 **al-ly** [앨리 \ 얼라이]: ad(to)+ligare(bind), 〈라틴어에서 연유한 프랑스어〉, 동맹, 결연, 결합(하다), 〈→ rally〉, 〈~ alloy〉, 〈↔foe\split\xenos〉 양2

323 ★**al-ly-ship** [앨리 쉽 \ 얼라이 쉽]: 알리십, (억압 받거나 처벌받은 사람들의) 결연, 〈동병상련〉, 〈↔adversary\foe〉 양2

324 **al-ma ma·ter** [앨머 마아터]: almus(← alere(nourish)+mater(mother)〉, 〈라틴어〉, 모교, 출신교, 〈인자한〉 '수양 어머니' 양1

325 **al-ma-nac** [어얼머낵]: al(the)+manakh(calendar), 〈스페인계 아랍어〉, 달력, 연감, 책력, 〈↔a-periodic〉 가1

326 **al·mond** [아알먼드]: 〈← amygdala〉, 〈어원 불명의 그리스어〉, 아몬드, 편도, tonsil, 복숭아 비슷한 열매를 맺는 장미과의 교목으로 과일은 먹고 씨는 식용·약용으로 쓰임, 연한 황갈색 미1

327 **al-most** [어얼 모우스트]: 〈← ealmaest〉, 〈게르만어〉, all+most, 거의, 대체로, …에 가까운, 하마터면, 〈↔entirely\quite〉 가2

328 **alms** [아암즈]: 〈← eleos(pity)〉, 〈그리스어〉, 자선품, 의연금, 구호품, 〈~ alimony〉, 〈~ zakat〉, 〈↔hindrance\malevolence〉 양2

329 ★**a loaf of bread is bet·ter than the song of man·y birds**: 금강산도 식후경, 〈~ the belly has no eyes\eat first!〉 양2

330 **a-loft** [얼러어후트]: a(on)+lopt(sky), 〈북구어〉, up in the air, 위에, 공중에, 높이, 〈↔a-down〉 양2

331 **a-lone** [얼로운]: 〈영국어〉, 'all one', 다만, 홀로, ~뿐, 〈외로운 말〉, 〈→ lone〉, 〈↔accompanied〉 가1

332 **a-long** [얼러엉]: 〈영국어〉, and+long, 따라, ~ 동안에, 앞으로, 잇달아, 함께, '~ 향해 길게〈long〉', 〈외롭지 않은 말〉, 〈↔a-part〉 가1

333 **a-loof** [얼루우후]: a(on)+luff(wind·ward), 〈네덜란드어 → 영국어〉, 〈해변에서〉 멀리 떨어져, 무관심한, 냉담히, 〈외로움 따위는 상관없다는 말〉, 〈~ indifferent\reserved〉, 〈↔familiar\friendly\intimate〉 가1

334 **a-loud** [얼라우드]: 〈영국어〉, a(in)+loud, 큰소리로, 소리를 내어, 〈↔silently〉 가1

335 ★**Al·pha and O·me·ga** [앨훠 앤드 오우미이거]: 알파와 오메가, 처음과 끝, 영원한, 〈↔non-existence\partiality〉 우2

336 ★**Al·pha-bet** [앨훠벹]: 알파벳, 'alpha+benchmark', 〈복합적 의도를 가지고〉 2015년 재편성된 미국 굴지의 전산기 업체 Google의 '모듬' 총괄회사 수2

337 **al·pha-bet** [앨훠벹]: 'alpha+beta', 알파벳, 자모, 초보 우2 양2

338 *al·pha chan·nel** [앨훠 채늘]: '추가 도관', 사진의 화상을 처리할 때 추가로 전계(전기장)를 만들어서 특수효과를 나타내는 것 미1

339 ★**al·pha fe·male** [앨훠 휘이메일]: (사회활동이 왕성한) 우량녀, '여두목', 〈↔alpha male\beta male\beta female〉, 〈↔sigma female〉 미1

340 ★**al·pha gen·er·a·tion** [앨훠 줴너뤠이션]: 알파세대, 2010년 이후 태생으로 어떻게 될지 두고 보아야 할 세대 수2

341 ★**Al·pha Go** [앨훠 고우]: 알파고, 구글사의 인공지능 프로그램의 하나, 첫째가는 '바둑기사' 〈수1〉

342 ***al·pha nu·mer·ic** [앨훠 뉴우메릭]: 〈부호를 뺀〉 문자와 숫자의, 〈↔non-digital\analog〉 〈앙1〉

343 ★**al·pha test·ing** [앨훠 테스팅]: '첫 조사', 주로 종업원을 대상으로 한 새로 나온 전산기 연성기기의 호감도 조사, 〈↔beta testing〉 〈우2〉

344 **al·pine** [앨파인]: 〈← Alps〉, 〈그리스어 → 라틴어〉, 높은 산의, 〈↔low-land〉, Alpine; 알프스산맥의 〈미1〉 〈수1〉

345 **al-ready** [어얼뤠디]: 〈영국어〉, all+ready, 이미, 벌써, 〈죽은 자식 불알 만지는 말〉, 〈↔after-ward\later〉 〈기2〉

346 **al-so** [어얼소우]: 〈영국어〉, all+so, 또한, 역시, 〈너도 기여!〉, 〈↔other-wise\how-ever〉 〈기2〉

347 ★**al-so-ran** [어얼소우 랜]: 〈경마·선거 등에서〉 실패자, 낙선자, 등외자, 〈victor\winner〉, 〈↔shoo-in〉 〈앙2〉

348 ***Alt** [앨트] (al·ter-nate key): 교체 단자, 대체 단추 〈미1〉

349 **al·tar** [어얼터]: 〈← alta(high)〉, 〈라틴어〉, 〈높은〉 제단, 성찬대, 계단, 〈↔secular〉 〈앙1〉

350 ★**al·ta·sia** [얼테이시아]: alternative+Asia, 〈2023년 초에 영국 경제지에 등장한 말〉, 〈제조업의 중심을 중국이외의 다른 나라에서 찾아보려는〉 탈 중국 현상, 〈정확한 표현은 alternative supply chain to China임〉 〈미2〉

351 *****AltaVis·ta** [앨터 뷔스터]: 알타 비스타, '고급 전망대', 각종 포도주의 이름, 1995년에 설립되었다가 2013년 Yahoo에 통합된 미국 전산망 검색 기지의 하나 〈수1〉

352 *****alt-coin** [앨트 코인]: alternative coin, 대체 전자(암호) 화폐, 〈이더리움·리플·라이트 코인 등〉 비트코인을 제외한 모든 암호 화폐, 〈잠코인〉 〈우2〉

353 **al·ter** [어얼터]: 〈라틴어〉, 〈← other〉, 바꾸다, 변경하다, 개조하다, 〈↔fix\set〉 〈기1〉

354 **al·ter·ca·tion** [어얼터케이션]: 〈← alter+cari(dispute)〉, 언쟁, 말싸움, 격론, 〈↔con-cord\agree-ment〉 〈기1〉

355 **al·ter·na·tion** [어얼터네이션]: 〈← alternare(exchange parts)〉, 〈라틴어〉, 교대, 〈다른 것으로〉 대체, 하나 걸러, 〈↔maintenence\stabilization〉 〈기1〉

356 **al-though** [어얼도우]: 〈영국어〉, all+though, ~일지라도, ~하지만, ~임에도 불구하고, 〈기도 기지만〉, 〈~ albeit〉, 〈↔thus\there-fore\consequently〉 〈기1〉

357 **al·ti·tude** [앨티튜우드]: 〈← altus(high)〉, 〈라틴어〉, 높이, 고도, 수위, 고지, 〈↔lati-tude\depth〉 〈앙1〉

358 ★**Alt-left** [얼트 레후트]: alternative left, 〈무력도 불사하는〉 대안 좌파, 〈극단적〉 진보주의, 〈~anti-fa〉, 〈↔Alt-right〉 〈미2〉

359 **al·to** [앨토우]: 〈이탈리아어〉, 〈← alta〉, 알토, 중고음, (남성 고음·여성 저음), 〈↔contra-alto\counter-tenor〉 〈미2〉

360 **al-to-geth·er** [어얼 투게더]: 〈영국어〉, 아주, 전혀, 전부, 요컨대, 〈만사 제쳐 놓고〉, 〈↔partly\in-complete〉 〈기1〉

361 ★**Alt-right** [얼트 롸읻]: alternative right, 〈잘 정리되지 않은〉 대안 우파, 〈극단적〉 보수주의, 〈↔Alt-left\anti-fa〉 〈미2〉

362 **al·u·min·i·um** \ **a·lu·mi·num** [앨류미니엄 \ 얼루미넘]: 〈라틴어 alum에서 연유한 프랑스어·영국어〉, 알루미늄, 금속원소(기호 Al·번호13), 은백색의 가볍고 연한 금속, 〈~ bauxite〉 〈수2〉

363 **al-ways** [어얼웨이즈]: 〈영국어〉, all+way, 늘, 항상, 〈변함없는〉, 〈~ forever\sempre〉, 〈↔never\seldom〉 〈기2〉

364 ***AM** (am·pli·tude mod·u·la·tion): 증폭 조정, 진폭변조, ⟨↔FM⟩ 우1

365 **am** [앰]: ⟨게르만어⟩, ~이다, be의 1인칭 단수·직설법·현재형 기2

366 **a.m.** (an·te me·rid·i·em): 오전, ⟨↔p.m.⟩ 알2

367 ★**AMA**: ①American Medical Association, 미 의학협회 ②ask me anything, 무엇이든 물어봐 미2

368 **a·mal·gam** [어맬갬]: a(to)+malassein(soften), ⟨그리스어⟩, '연하게 하는 물질', 아말감, 수은에 다른 금속을 섞은 것, 혼합물, ⟨~ fusion\mixture⟩ 우2 미1

369 ★**a man is known by the com·pa·ny he keeps**: 친구들을 보면 그 사람의 됨됨이를 알 수 있다, ⟨~ BOF⟩ 알2

370 **a-mass** [어매스]: ad(to)+massa(heap), ⟨라틴어⟩, ⟨← mass⟩, (긁어)모으다, 축척하다, ⟨↔dissipate\scatter⟩ 알1

371 **am·a·teur** [애머춰]: ⟨← amare(love)⟩, ⟨라틴어에서 유래한 프랑스어⟩, '애호가', 아마추어, 직업적이 아닌, 미숙한, ⟨↔pro\expert⟩ 우2

372 **a-maz·ing** [어메이징]: a(to)+masen(perplex), ⟨어원 불명의 영국어⟩, 놀랄 정도의, 굉장한, 어처구니없는, '아주 혼잡한', ⟨→ maze⟩, ⟨↔boring\mundane⟩ 알2

373 ★**Am·a·zon Go** [애머잔 고우]: 2016년에 Amazon On·line이 창립한 ⟨자가계산⟩의 off·line 편의 연쇄점 우2

374 ***am·a·zon-i-fi·ca–tion** [애머자니휘케이션]: '아마존 화', ⟨전산망을 통한 거래에서⟩ 당신이 원하는 것을 당신이 원하는 시간에 당신이 원하는 곳으로 배달해 주는 상술 우2

375 **am·bas·sa·dor** [앰배서더]: ⟨← ambactus(helper)⟩, ⟨라틴어⟩, '봉사자', 대사, 사절, 대표, ⟨↔lay-man\un-official⟩ 알2

376 **am·ber** [앰버]: ⟨← anbar(brownish yellow)⟩, ⟨아랍에서 향수로 썼던 고래의 정액에서 유래한⟩ 호박(색), 황갈색, succinic, ⟨↔red\green⟩ 알1

377 **am·big·u-ous** [앰비규어스]: ambi+agere(drive), ⟨라틴어⟩, 애매(모호)한, 알쏭달쏭한, ⟨↔definite\obvious⟩ 알1

378 **am·bi·tion** [앰비션]: ⟨← ambire(go about)⟩, ⟨라틴어⟩, 야심, 대망, 큰 뜻, 의욕, ⟨가만히 못 있고⟩ '걸어 돌아다니기', ⟨↔indolence\apathy⟩ 가1

379 **am·bu·lance** [앰뷸런스]: ⟨← ambulare(walk)⟩, ⟨라틴어⟩, 구급차, 병원차, ⟨걷는(이동) 병원⟩ 알2

380 **am-bush** [앰부쉬]: in+boscus(wood), ⟨라틴어에서 유래한 프랑스어⟩, ⟨덤불(bush) 가운데에 숨는⟩ 잠복, 매복, 복병, ⟨↔show\free⟩ 알1

381 **a·me·ba** [어미이버]: ⟨← ameibein(change)⟩, ⟨그리스어⟩, ⇒ amoeba 우2 알1

382 **a·men** [에이멘]: 아멘, 히브리 말로 "그렇게 되어지이다"(so be it), 좋다, 그렇다, 진실로, 확실히, ⟨a-women⟩ 우2

383 **a-mend–ment** [어멘드먼트]: ex(without)+mendum(fault), ⟨라틴어⟩, '개선', 변경, 수정, 정정, 교정, ⟨~ mend⟩, ⟨~ alteration\revise⟩, ⟨↔fixation\un-changing⟩ 기2

384 **a·men·i·ty** [어메니티]: ⟨← amaenus(pleasant)⟩, ⟨라틴어⟩, 쾌적한, 상냥함, 위락시설, ⟨↔austerity⟩ 알2

385 **A·mer·i·ca** [어메리커]: 아메리카, ⟨한국의 현대화에 지대한 공헌을 한⟩ 미국, (1501년경 남쪽 대륙의 동해안을 탐사한 Amerigo⟨가장⟩ Vespucci의 이름을 딴) 미대륙, ⇒ United States of America 미1

386 **a·mi·a·ble** [에이미어블]: ⟨← amicus ← amare(love)⟩, ⟨라틴어⟩, '친구 같은', 호감을 주는, 붙임성 있는, 친절한, ⟨↔un-friendly\dis-agreeable\bilious\splenetic⟩ 알1

387 **am·i·ca·ble** [애미커블]: 〈← amare(love)〉, 〈라틴어〉, 우호적인, 유쾌한, 〈↔rude\hostile〉 암2

388 **a-midst** [어미드스트]: a-mid, 〈영국어〉, 한가운데의, 에워싸여, 〈← middle〉, 〈↔out-side a-way from〉 암2

389 ★**am-i-rite** [애미라이트]: 'am I right?'의 수사학적 표현, 내가 맞을걸? 암2

390 **a-miss** [어미스]: 〈북구어〉, 〈← miss〉, 적합하지 않은, 부적당한, 어긋난, 〈↔in order\proper〉 암1

391 **am·i·ty** [애미티]: 〈← amicus(friend)〉, 〈라틴어에서 유래한 프랑스어〉, '친구 관계', 우호, 친선, 친목, 〈↔en-mity\animosty\feud〉 가1

392 **am·mo·ni·a** [어모우니어]: 〈낙타를 놓아두고 그것의 향을 태우면서 좋은 'omen'을 기도했던 시리아의 사원이름 Ammon을 따서 1982년 스웨덴의 화학자가 주조한 말-그래서 어원학이 어렵다는 것이여!〉, 암모니아, 질소와 수소의 화합물로 악취가 나는 기체 숙2

393 **am-mu·ni·tion** [애뮤니션]: 〈← munire(fortify)〉, 〈라틴어 → 프랑스어〉, 〈← munition〉, 탄약, 병기, '실탄', '군수품', 〈↔preserve\save〉 암1

394 **am·nes·ty** [앰너스티]: 〈← amnesia〉, '망각', 은사, 특사, 사면, 〈~ exoneration\parole〉, 〈↔penalty\retribution〉

395 **a·mong** [어멍]: in+gemang(crowd), 〈영국어〉, amongst, (셋 이상의 것에 대하여) ~ 사이에서, ~ 가운데서, ~에 둘러싸여, ~에 섞여서, 〈어중이떠중이 속에서〉, 〈~ mingle\amidst〉, 〈↔between〉, 〈↔out-side\a-way from〉 가1

396 ★**a·mor fa·ti** [애머 화아티]: 〈니체가 합성한 말〉, 'love fate', 아모르 파티, 숙명애, '운명을 사랑하라', 〈사는 게 다 그런 거지〉, 〈↔odium fati(hate fate)〉 암2

397 ★**a moth·er with a large brood nev·er has a peace·ful day**: 가지 많은 나무에 바람 잘 날 없다, 〈~ no rest for a mother with many children〉, 〈↔don't worry, after three the olders will take care of the youngers; 저출산 시대를 맞이해서 편자가 만들어 낸 반의어〉 암2

398 **a-mount** [어마운트]: ad(to)+mons(mountain), 〈라틴어〉, 〈← mount〉, ~이 되다, 총계, 귀결, '쌓아 올린 양', 〈~ sum\quantity〉, 〈↔recede\deficit〉 가1

399 ★**A-mov·ie** [에이 무우뷔]: big budget high-class motion picture, 고 예산 대형(예술)영화, 〈↔B(\C)-movie〉

400 **am·pere** \ amp [앰피어]: 암페어, 매초 1 쿨롬(6.24×10의 18승 전자들의 모임) 전기량이 흐를 때 전류의 세기 숙2

401 *****am·per·sand** [앰퍼샌드]: 〈영국어〉, and per se and, '&' 등의 약자를 나타내는 부호, per se(by itself) 숙2

402 **am·ple** [앰플]: ambi+plenus(full), 〈라틴어〉, amplus, 넓은, 충분한, 넉넉한, 〈~ abundant〉, 〈↔insufficient\meager〉 암2

403 **am·pli·fi·er** [앰플리화이어]: amplus(plenty)+facere(make), 〈라틴어〉, 증폭기, 확대기, 〈↔attenuator〉 암2

404 **am·poule \ am·pul** [앰퓰]: 〈← amphora?〉, 〈어원 불명의 라틴어〉, (1회용) 작은 주사 약병, 〈~ vial〉 우1

405 **am·pu·ta·tion** [앰퓨테이션]: amb(about)+putare(prune), 〈라틴어〉, 〈주위에 있는 가지를 자르기〉, 절단(수술), 〈~ prune\resection〉, 〈↔re-attachement\joining〉 가2

406 **a-muse–ment** [어뮤우즈먼트]: ad(to)+muser(gaze at), 〈프랑스어〉, 〈← muse〉, 〈심취하는〉 즐거움, 오락, 놀이, 〈~ regalement\entertainment〉, 〈↔boredom\sadness〉 가2

407 **an** [언 \ 앤]: 〈영국어〉, 모음의 앞의 부정관사 a(하나), 〈↔the〉 가1

A 27

408 **★an·a-dam·a** [애너대머]: 〈미국어〉, 〈고된 일과 후 돌아온 남편이 항상 그것을 내놓는 부인 Anna한테 'Anna, damn her!'라고 외친 것에서 유래한〉 아나다마, 미국 동북부 Cape Ann에서 개발된 (밀·옥수수가루·폐당밀을 섞어 발효시켜 구운) 거친 빵 미2

409 **★an·a-gram** [애너그램]: ana(back)+graphein(write), 〈그리스어〉, 〈time~emit같이〉 뒤로 쓴 글자, (반대로) 철자를 바꾼 말, 〈~ palindrome〉, 〈↔anti-gram〉 양2

410 **an·a-log(ue)** [애널러그]: ana(upon)+logos, 〈그리스어〉, 〈비율에 따른〉 연속(형), 계량형, 유사물, 연속으로 변하는, 〈한국의 이어령 선생에 의하면〉 (언덕 위의 집을 갈 때 비탈길로 가는 일), 〈↔digital〉 미2

411 **a·nal·o·gy** [애널러쥐]: ana(upon)+logos(ratio), 〈그리스어〉, 유사, 유추, 비유, 〈↔dis-similarity〉 가1

412 **a·nal·y·sis** [어낼리시스]: ana(back)+lyein(loosen), 〈'풀다'라는 뜻의 그리스어〉, 분석, 분해, 해석, '해방시킴', 〈↔synthesis〉 기2

413 **an-ar·chy** [애널키]: an(without)+archos(ruler), 〈그리스어〉, 아나키, 〈지도자가 없는〉 무정부 상태, 〈↔order\rule〉 양2

414 **★ana-tain-er** [어나테이너]: 'announcer+entertainer', '방송 흥행가', 발표와 여흥을 같이 하는 〈방송 연예인〉이란 뜻의 콩글리시, 'studio host' 미2

415 **a·nat·o·my** [어내터미]: ana(up)+temnein(cut), 〈그리스어〉, 해부학, 정밀분석, '완전히 자름', '위로 자름', 〈↔physiology\chemistry〉 기1

416 **an·ces·tor** [앤세스터]: ante(before)+cedere(go), 〈라틴어〉, '선구자', 조상, 선조, 〈~ fore-bear〉, 〈↔descendant\posterity〉 가1

417 **an·chor**¹ [앵커]: 〈← ankyra(hook)〉, 〈'갈고리'란 뜻의 그리스어에서 연유한〉 닻, 묶어두다, 주요 거점, (전산망에서 문서를 연결해 주는) '연결점', 〈~ angle〉, 〈↔loosen\un-fasten〉 양1 우2

418 **★an·chor**² [앵커]: 〈← anchor¹〉, 〈영어〉, 〈차림표에 닻을 묶어주는〉 종합 사회자, 뉴스를 진행하다, anchorman (계주 달리기의 마지막 주자), 〈↔guest\audience〉 우2

419 **an·chor-age** [앵커뤼쥐]: '닻을 내리는 곳', 정박지, 〈↔un-dock\embarkation〉 양1

420 **an·cho·vy** [앤쵸우뷔]: 〈← anchua(dry)〉, 〈바스크어 → 포르투갈어〉, 〈작은 짠 물고기〉, 앤초비, (지중해 등 온·난류에 서식하는 140여 종의) 멸치류 미2

421 **an·cient** [에인션트]: 〈← ancianus〉, 〈라틴어〉, 〈← ante〉, 옛날의, 고대의, 구식의, 〈↔recent\contemporary〉 가1

422 **àn·cil·lar·y** [앤설러뤼]: ambphi(around)+kwel(revolve), 〈그리스어 → 라틴어〉, 〈← ancilla〉, '주의에서 움직이는', 보조의, 부수적인, 조력자, 〈↔essential\primary〉 가1

423 **and** [앤드 \ 언드]: 〈게르만어〉, there upon, 그리고, 또, 〈허전할 때 쓰는 말〉, 〈↔but〉 기2

424 ***and gate** [앤드 게이트]: '통합문', '2입 1출문', 두 개가 들어갔다 한 개가 나오는 〈모든 전산기의 모태가 되는〉 논리 회로의 하나, 〈↔or gate〉 우2

425 **an·droid** [앤드뤄이드]: 〈← andros〉, 〈그리스어 → 영국어〉, 안드로이드, (인간(man) 모습을 한) 로봇, 인조 인간, 〈~ know-bot\hot-bot〉, 〈↔human\person〉 미2

426 **an-ec-dote** [애닉도우트]: an(not)+ek(out)+didonai(give), 〈그리스어〉, 일화, 비화, 기담, '아직 밝혀지지 않은 일', 〈↔non-fiction\documentary〉 양2

427 **a·ne·mi·a** [어니이미어]: an(without)+haima(blood), 〈그리스어〉, 〈피(heme)가 없는〉 빈혈증, 무기력한, 〈↔poly-cythemia\vitality〉 가1

428 **an·e·mo·ne** [어네머니]: 〈← anemos(wind)〉, 〈그리스어〉, 아네모네, wind·flower, '바람의 딸', 바람꽃 〈생명이 짧은 꽃-아도니스와 아프로디테의 사랑같이〉, 말미잘 미1

429 ★**an en·vi·ous man grows lean with the fat·ness of his neigh·bor**: 사촌이 땅을 사면 배가 아프다, 〈~ one's prosperity makes another jealous〉 양2

430 **an-es·the·sia** [애너스띠이줘]: an(without)+aisthanein(feel), 〈그리스어〉, 〈감각을 없애는〉 마취(법), 마비, 〈~analgesic〉, 〈↔painful\sensitive〉 양1

431 ★**an e·vil deed will be dis-cov·er-ed** [애너스띠이줘]: 꼬리가 길면 밝힌다, 〈~ misbehavior eventually catches up with one〉 양2

432 **an·gel** [에인절]: 〈← angelos(messenger)〉, 〈그리스어〉, 천사, 수호 여신, (하나님의) 사자, 〈~ saint\cherub〉, 〈↔devil\monster\scoundrel\satan〉 양2

433 ★**an·gel ba·by** [에인절 베이비]: 〈유산·사산·신생아 사망으로 잃은〉 천사가 된 아이, 〈↔rainbow baby〉 미2

434 ★**an·gel dust** [에인절 더스트]: 합성 헤로인, PCP(phencyclidine-〈분말을 흡입하면 천사가 보이는〉 마약의 일종) 양2

435 **an·ger** [앵거]: 〈← anchein(strangle)〉, 〈그리스어 → 라틴어 → 게르만어〉, 화, 노염, 성, 〈~ rage\furor〉, 〈↔calm\pleasure〉 양1

436 **an·gle** [앵글]: ①〈← ankylos(bent)〉, 〈그리스어 → 라틴어〉, 〈굽은〉, 각, 각도, 모(퉁이) 〈→ angular\ankle〉 ②〈← onkos(hook)〉, 〈그리스어 → 게르만어〉, 〈고기 잡는 갈고리〉 낚시, 〈~ anchor〉, 〈↔straight〉 양1

437 **an·gler** [앵글러]: 〈← angle〉 ①낚시꾼(fisherman) ②〈암컷의 이마에 낚싯대 같은 촉수가 있는〉 아귀, 〈전 세계의 심해에서 서식하나 유독 남한에서 즐겨 먹는〉 뼈가 많고·먹성이 좋고·'주동이가 크고'·중대가리같이 못생긴 바닷물고기, monkfish, stargazer 양2 미2

438 **an·gry** [앵그뤼]: 〈← anger〉, 〈그리스어 → 북구어〉, 성난, 화난, 격심한, 〈~ furious\mad〉, 〈↔calm\pleasant〉 양1

439 **an·guish** [앵귀쉬]: 〈← angere(choke)〉, 〈라틴어〉, 외로움, 번민, 까다로운, 〈~ anxiety〉, 〈↔content-ment\happiness〉 양2

440 **an·gu·lar** [앵규럴]: 〈← angle¹〉, 모난, 각도의, 딱딱한, 수척한, 〈↔rounded\curving〉 양1

441 **an·i·mal** [애니멀]: 〈산스크리트어 → 라틴어〉, '숨 쉬는 자', 'anima (혼)가 있는 물건', 살아있는 것, 움직이는 자, 〈백만 종이 넘는〉 동물, 짐승(같은 인간), 〈사람을 칭할때는 양면성이 있는 말〉, 〈↔human\plant〉 양1

442 **an·i·ma·tion** [애니메이션]: 생기, 고무, 동영상, 극화, 〈~ liveliness\excitement〉, 〈↔inertia\lethargy〉 양2

443 **an·i·mos·i·ty** [애니마시티]: 〈← anima(soul)〉, 〈라틴어〉, 〈← animus〉, 원한, 적의, 증오, 〈↔amity\good-will\fetish〉 양2

444 **an·kle \ an·cle** [앵클]: 〈← ankylos(bent)〉, 〈그리스어 → 라틴어 → 게르만어〉, 〈← angle〉, 발목, 복사뼈, 〈↔wrist〉 양1

445 **an·nals** [애늘즈]: 〈← annus(year)〉, 〈라틴어〉, yearly books, 연대기, 연보, 사료, 실록, 〈↔diary〉, 〈↔ignorance\disarray〉 양1

446 **an-nex** [어넥스 \ 애넥스]: ad(to)+nectere(tie), 〈라틴어〉, 〈~에 맨〉, 추가, 합병, 부속건물, 별관, 〈↔detach(ment)〉 양2

447 **an·ni·ver·sa·ry** [애니붜어서뤼]: annus(year)+versum(turn), 〈라틴어〉, 〈← annual〉, 기념일, 주기, 연례, '해마다 (돌아오는)', 〈↔birthday\funeral〉 양1

448 **an-nounce** [어나운스]: ad(to)+nuntius(messenger), 〈라틴어〉, 〈다른 사람에게〉 알리다, 발표하다, '~에게 소식을 가져다주다', 〈→ annunciation〉, 〈↔conceal\refrain〉 양1

449 **an·noy** [어너이]: in+odio(hatered), 〈라틴어〉, 괴롭히다, 속태우다, '미워하게 하다', 〈~ irritate\rankle\maddening〉, 〈↔please\gratify〉 가1

450 **an·nu-al** [애뉴얼]: 〈← annus(year)〉, 〈라틴어〉, 연례, 연차, 매년의, '해마다', 〈→ annals\anniversary\annuity〉, 〈↔biannual\semiannual\perennial〉 가1

451 **an·nu·i·ty** [어뉴이티]: 〈← annus(year)〉, 〈라틴어〉, 〈← annual〉, 연금, 연간 배당금, 〈~ installment〉, 〈↔lump-sum〉 가1

452 **a·noint** [어너인트]: in+ungere(smear), 〈라틴어〉, 기름(연고)을 바르다, (머리에 성유를 부어) 성직에 임명하다, 〈~ ointment〉, 〈~ unctuous\ordain〉, 〈↔curse\desecrate〉 우2

453 ★**an old ea·gle is bet·ter than a young crow**: 썩어도 준치, 〈~ a diamond on a dunghill is still a diamond〉, 〈↔a young chick is better than an old hag〉 우2

454 **a·nom·a·ly** [어나멀리]: an(not)+homos(same), 〈그리스어 → 라틴어 → 영국어〉, 변칙, 예외, 이형, 이례, 〈↔norm〉 양2

455 ★**a-non** [어난]: 〈사회 전산망에 난무하는〉 anonymously(익명으로)의 약자 미2

456 **a-non·y-mous** [어나너머스]: a(without)+onyma, 〈그리스어〉, name-less, 익명의, 불명의, 〈↔named\known〉 양2

457 ***a-non·y-mous var·i·a·ble** [어나너머스 붸어뤼어블]: '무가치변수', (논리형)인공지능 개발 차림표에서 아무거나 붙어먹을 수 있는 〈동가식 서가숙하는〉 문자나 기호, 〈↔dependent(response) variable〉, 〈변수에 대한 용어는 각 분야마다 변화무쌍함〉 우2

458 **an-oth·er** [어너더]: 〈영국어〉, one+other, '또 하나의', 별개의, 〈나하고는〉 다른, 〈↔the same〉 가1

459 ★**an ounce of pre·ven·tion is worth a pound of cure**: 예방이 치료보다 중요, 유비무환, 〈~ lay up for rainy days\fore warned is fore armed〉 양2

460 **an-swer** [앤서]: and+swaran(swear), 〈게르만어〉, 대답, 해답, 맞이하다, 응하다, '~에 대해서 맹세(swear)하다', 〈~ reply\respond〉, 〈↔question\query〉 가1

461 **ant** [앤트]: 〈← ameize ← ai(off)+mai(cut)〉, 〈게르만어〉, '싹둑이', 〈뭉치면 사자도 잡아먹는〉 개미, 자신의 몸무게의 10배 이상을 들어 올릴 수 있는 〈허리가 잘록해서 얄미운〉 사회적 곤충 가2

462 **an·tag·o·nist** [앤태거니스트]: anti(against)+agonizesthai(struggle), 〈그리스어〉, 〈고통(agony)을 이겨내야 하는〉 적대자, 맞상대, 반대자, 길항근(제), 〈↔assistant\protagonist〉 양2

463 **ant-arc·tic** [앤타아크틱 \ 앤타아크틱]: anti(against)+arktos, 〈그리스어〉, 〈북극(artic)과 정반대 쪽에 있는〉 남극(지방의) 양1

464 **an·te·ced·ent** [앤티씨이든트]: ante(before)+cedere(go), 〈라틴어〉, '앞에 지나간', 앞서는, 선행의, 선례, 가정의, 〈↔later\subsequent〉 양1

465 **an·te·lope** [앤털로우프]: 〈← antholops(deer)〉, 〈어원 불명의 그리스어〉, 영양, 산양 〈다리가 가늘고 목이 긴 솟과의 초식 동물〉 미2

466 **an·ten·na** [앤테너]: ana(up)+teinein(stretch), 〈그리스어 → 라틴어〉, 안테나, 공중선, 촉각, 더듬이, '돛대 위에 가로 댄 활대', 〈~ aerial\receiving wire\tentacle〉, 〈↔sender〉 우2

467 **an·te·ri·or** [앤티어뤼어]: 〈← ante(before)〉, 〈라틴어〉, 전방(전면)의, 앞의, 〈↔posterior〉 가2

468 ★**Ant Group** [앤트 그루우프]: 개미집단, 2014년 중국 Ali Baba 회사가 창립한 세계적 전산망 금융 유통업체 수2

469 ★**An·them** [앤썸]: 2004년부터 2014년간 1940년대부터 있었던 Well Point사를 병합하여 Blue Cross&Blue Shield 연합회 내에서 영업하는 미국 굴지의 건강보험회사 수2

470 **an·them** [앤썸]: anti(in return)+phone(voice), 〈그리스어에서 연유한 영국어〉, 성가, 축가, 송가, '대탕하다', 〈↔cacophony\discord〉 양2

471 **an·thol·o·gy** [앤쌀러쥐]: anthos(flower)+legein(gather), 〈그리스어〉, 〈anther(꽃밥)만 모아둔〉 선집, 명문집, 〈↔dispersal〉 양2

472 **an·thra·cite** [앤쓰러싸이트]: 〈← anthrax(burning coal)〉, 〈그리스어〉, stone(hard) 'coal', (탄소 함유량이 많고 화력이 센) 무연탄, 〈↔brown coal\lignite〉 양2

473 **an·thro·pol·o·gy** [앤스러팔러쥐]: 〈← anthropos(human)〉, 〈그리스어 → 라틴어〉, (문화)인류학, '인간'학, 〈↔zoology〉 가1

474 *****an·ti–a·li·as·ing** [앤티 에일리어싱]: 〈그리스어+라틴어〉, 반위신호, '위신호 지우기', 흔들리는 화상이나 고르지 못한 소리를 교정하는 방법, 〈↔aliasing〉 유1

475 **an·tic·i·pa·tion** [앤티시페이션]: anti(against)+capere(take), 〈라틴어〉, 기대, 예감, 예상, '먼저 취하는 생각', 〈~ prospect\fore-thought〉, 〈↔regret\retrospect〉 가1

476 **an·ti·dote** [앤티 도우트]: anti(against)+didonai(give), 〈그리스어〉, 해독제, 〈대항할 수단을 주는〉 대책, 방어수단, 〈↔poison\venom〉 가1

477 ★**an·ti·fa** [앤티 화]: anti·fascicism(← fascicle〈bundle〉), 반전체주의, 〈1970~80년대에 재등장한〉 극우파에 맞선 〈무력을 불사하는〉 극좌파, 〈Alt-left〉, 〈↔Alt-right〉 예2

478 ★**an·ti·gram** [앤티 그램]: (Santa~Satan과 같이) 〈본래의 의미와 반대되는〉 철자의 순서를 바꿔 쓴 단어나 어구, 철자를 바꾼 반대말, 〈↔ana-gram〉 양2

479 ★**an·ti·grid·lock zone** [앤티 그리드락 죠운]: '교통 원활 지역', (원래는 주차로선이나 주로 출퇴근 시간에는 주차를 금지하는) 정차 금지구역, no parking during rush-hour 양2

480 **an·tique** [앤티이크]: 〈← antiquus〉, 〈라틴어〉, 〈← ante〉, 골동품, 고대의, 구세대의 유물(인물), '낡은', 〈→ antic〉, 〈↔modern\new〉 양2

481 ★**an·ti·site** [앤티 싸이트]: 개인이나 특정 집단을 공격하는 전상망 기지, 공격(증오)기지, hate·site, 〈↔fan-site〉 예1

482 ★**an·ti·vax·xer** [앤티 백써]: anti·vaccinationist, 〈공중보건을 해치는 10대 위협요소라는〉 예방 접종 거부자, 〈↔pro-vaxxer〉 양2

483 ★**an·ti·work** [앤티 워얼크]: (2013년에 태동해서 Reddit를 통해 번지고 있는 좌파성향의) 반 노동운동, (특히 자본가의 이익에 기여하는 직장 생활을 반대하는) '반 자본주의 파업', 〈~ anti-capitalism〉 예2

484 **an·to·nym** [앤터님]: anti(against)+onoma(name), 〈그리스어〉, 반대말, 반의어, 〈↔synonym〉 가1

485 ★**ants in (one's) pants**: 안달복달하다, 안절부절 못하다, 〈~ fidgeting\fretful〉, 〈↔calm\peaceful〉 양2

486 **ant·sy** [앤씨]: 〈1838년에 등장한 미국어〉, 〈ants가 pants 안에 있듯이〉 안절부절못하는, 좀이 쑤시는, 〈↔relaxed\controlled〉 유1

487 **an·vil** [앤빌]: on+fealdan(fold), 〈게르만어〉, 모루, 철침, (망치로 두들길〈on·beat〉 수 있는) 쇠받침대, 〈~ black-smith〉, 〈↔assail\hammer〉 가1

488 **anx·i·e·ty** [앵쟈이어티]: 〈← angere(choke)〉, 〈라틴어〉, 〈좁은〉, 걱정, 불안, 염원, 〈성취의 어머니〉, 〈~ anguish\fret\worry〉, 〈↔calmness\serenity\equanimity〉 가2

489 **an·y** [에니]: 〈← anig〉, 〈게르만어〉, 〈← one〉, 무언가(누군가)의, 어떤 ~ 것도, 아무도, 얼마간, 〈귀찮다는 말〉, 〈↔none\neither〉 가1

490 **an·y·way** [에니 웨이]: 어쨌든, 뭐라 해도, 그래서, 그것은 그렇고, 〈매우 주관적인 말〉, 〈↔formally\intentionally〉 가2

491 ★**A-ok** [에이 오우 케이]: 더할 나위 없는, 완벽한, 〈↔complete mess\total disaster〉 예2

492 ★**AOL¹** [ab·sent o·ver leave/ab·sence with-out leave]: 휴가 기간을 초과한 결근, 무단결근, 땡땡이 관2

493 ★**AOL²** (A·mer·i·ca On-line): 1983년에 창립되어 현재 Verizon에서 운영하는 미국의 세계적 전산망 '접속 업체' 관2

494 ★**A-one¹** [에이 원]: 제1등급의, 우수한, ⟨↔last\worst\bottom⟩ 관2

495 **a-pace** [어페이스]: ⟨프랑스어⟩, ⟨← pace⟩, ~와 발 맞추어, 빨리, ⟨↔slowly⟩ 관2

496 **a-part** [어파아트]: ad(to)+pars(side), ⟨라틴어⟩, 떨어져서, 따로따로 ⟨나누어진⟩, ⟨~ segregation⟩, ⟨↔joint\accompanied⟩ 기2

497 ★**a-part–el** [어파아텔]: apartelle, apartment+hotel, (필리핀 등지에 있는) 간단한 주거용 시설이 있는 호텔, ⟨한국에 있는 오피스텔보다 주거용적이 커서 2명이 살 수 있는 전용면적 60m²-85m² 사이의 아파트를 말함⟩, ⟨~ efficiency apartment⟩ 관2

498 **a-part-ment** [어파아트먼트] \ APT: ⟨1645년에 이탈리아에서 도입된 영국어⟩, 공동주택 내 한 가구, 별거 군집주택, 셋방, '격리된 곳', ⟨~(↔)condominium\town-house⟩, ⟨↔single-house\mansion⟩ 무2

499 **ape** [에이프]: ⟨← apa⟩, ⟨어원 불명의 게르만어⟩, 원숭이, 유인원 ⟨꼬리가 퇴화된·인간과 가장 유사한 동물⟩, 흉내쟁이, 얼간이, ⟨~ monkey⟩ 가1

500 ★**a pearl is worth·less as long as it is in its shell**: 구슬이 서 말이라도 꿰어야 보배, 부뚜막의 소금도 집어 넣어야 짜다, ⟨~ nothing is complete unless you put it in final shape⟩ 관2

501 ★**a pen·ney saved is a pen·ney earn-ed**: 푼 돈을 모아 부자된다, 돈은 하늘에서 떨어지지도 않고 땅에서 솟아나지도 않는다, ⟨~ money doesn't grow on tree⟩, ⟨그런데 이원택 박사는 왜 쪽박을 차야만 하는가⟩ 관2

502 **ap·er-ture** [애퍼츄어]: ab(off)+perire(cover), ⟨라틴어⟩, ⟨열린⟩ 틈, 구멍, 구경, 천공, ⟨~ opening\window⟩, ⟨↔seal\plug⟩ 관1

503 **a·pex** [에이펙스]: ⟨라틴어⟩, point, 꼭대기, 정상, 절정, ⟨↔bottom⟩ 관2

504 **Aph·ro·di·te** [애흐뤄다이티]: ⟨Cronus가 아비인 Uranus의 자지를 잘라 바다에 버렸을 때 올라온 거품(aphros:foam)이 그리스어에서 유래한⟩ 아프로디테, ⟨모든 사내들이 '5족(4족+alpha)'을 못 쓰는⟩ 그리스신화의 정욕과 미의 여신, ⟨↔Gorgon\Medusa\Tartar⟩ 관1

505 *__API__ (ap-pli·ca-tion pro·gram in·ter·face): 응용체제 상호 접속, 전산기 운용을 위한 여러 함수의 집합 관2

506 ★**a pic·ture is worth a thou·sand words**: ⟨아마도 중국 속담에서 20세기 초에 미국으로 흘러 들어온 말⟩, 천마디 말보다 한번 보는 것이 낫다, 백문이 불여일견, ⟨~ seeing is believing⟩, ⟨↔hearing is believing⟩ 관2

507 **a-piece** [어피이스]: ⟨영국어⟩, ⟨← piece⟩, 하나에 대하여, 각자에게, ⟨↔together\colletive⟩ 관2

508 *__APL__ (A pro·gram lan·guage): (회화용) 전산체제 언어, ⟨자판기 문자 대신 특정 부호를 써서 주로 배열을 위한 연산에 사용하는⟩ '고단계 차림표 언어' 무1

509 **A·pol·lo** [어팔로우]: apo(off)+ollynai(destroy), '파괴할 수 없는 자', ⟨그리스어에서 연유한 라틴어⟩, 아폴로, ⟨음악·시·건강·예언 등을 주관하는⟩ 태양신, 미국의 우주선, a~: 굉장한 미남, ⟨~ phoebus⟩ 관1 관2

510 **a·pol·o·gy** [어팔러쥐]: apo(off)+legein(speak), ⟨그리스어⟩, ⟨logic하지 않은⟩ '변명', 사과, 사죄, (자기) 변호, ⟨↔accusation\insult⟩ 가1

511 **a·pos·tle** [어파슬]: apo(from)+stelein(send), ⟨그리스어⟩, ⟨앞으로 보낸⟩ 사도, 최초의 기독교 전도자, 선구자, ⟨↔apostate\renouncer⟩ 관2

512 **a·pos·tro·phe** [어파스트뤄휘]: apo(from)+strephein(turn), 〈'돌아 나오다'란 뜻의 그리스어〉, 〈'〉, 생략·소유격·복수를 나타내는 부호, 〈↔strophe〉 🔵2

513 *__app__ [앺]: application·applet·aparatus·appendix 등의 약자, ⇒ application program \ apps 🔵2

514 **ap-pall-ing** [어퍼얼링]: ad(to)+pallere 〈라틴어〉, '창백〈pale〉하게 하는', 섬득하게 하는, 질색인, 형편없는, 〈↔acceptable\comforting〉 🔵1

515 **ap-pa·ra·tus** [애퍼뢔터스]: ad(to)+parare(prepare), 〈라틴어〉, 〈준비된〉 장치, 기구, 기관, 〈~ tool\utensil〉, 〈↔disorganizer\destroyer〉 🔵1

516 **ap-par-el** [어패뤌]: ad(to)+parere(prepare), 〈라틴어〉, 〈준비된〉 의복, 기성복, 장식, 〈↔unclothe\strip〉 🔵2

517 ★**ap-par-el makes the men**: 옷이 날개다, 〈~ fine feathers make fine birds〉, 〈↔clothes do not make the man〉 🔵2

518 **ap-par-ent** [어패륀트]: ad(to)+parere, 〈라틴어〉, 〈← appear〉 또렷한, 명백한, 겉치레의, 〈↔obscure\unclear〉 🔵2

519 **ap-pa·ri·tion** [애퍼뤼션]: ad(to)+parare, 〈라틴어〉, 〈← appear〉, 유령, 환영, 불가사의한 것 (일), 〈↔reality\certainty〉 🔵1

520 **ap-peal** [어피일]: ad(to)+pellere(drive), 〈라틴어〉, '다른 쪽으로 끌어당기다', '다가가다', 호소하다, 항의하다, 상소하다, 마음에 들다, 〈→ peal\appellate〉, 〈↔repulsion\defend〉 🔵2

521 **ap-pear** [어피어]: ad(to)+parere(come forth), 〈라틴어〉, 나타나다, 출현하다, ~인 듯하다, 〈→ apparent〉, 〈↔dis-appear\vanish〉 🔵1

522 ★**ap-pear-ances are of·ten de·cep·tive**: 겉만 번지르르하다, 뚝배기보다 장맛이다, 〈~ you can't tell a book by its cover〉 🔵2

523 **ap-pease** [어피이즈]: ad(to)+pax, 〈라틴어〉, at peace, '평화롭게 하다', 달래다, 풀다, 가라앉히다, 〈~ assuage〉, 〈↔provoke\frustrate\hawk\rock\vex\nettle²〉 🔵2

524 **ap-pen·dix** [어펜딕스]: 〈라틴어〉, 〈← append〉, 〈매달린〉 부속물, 부록, 추가, 충수, 맹장, 〈→ pent·house〉, 〈↔preface\main body〉 🔵1

525 **ap-pe·tite** [애퍼타이트]: ad(to)+petere(seek), 〈라틴어〉, '추구하는 의욕', 식욕, 욕구, 기호, 〈↔aversion\distaste〉 🔵1

526 **ap-plause** [어플러어즈]: ad(to)+plaudere(strike), 〈라틴어〉, 〈상대에게 손뼉을 치는〉 박수갈채, 칭찬, 〈← applaud〉, 〈~ plaudits\plausible〉, 〈↔booing\hissing\badger\invective\criticism\sarcasm〉 🔵2

527 **ap·ple** [애플]: 〈← aplaz(fruit)〉, 〈게르만어〉, 〈중앙 아시아 원산의〉 사과(나무), 〈모래를 씹는 것같이 퍼석퍼석하나 달고 신 방둥이 같은 열매를 맺는〉 7,500여 종의 장미과의 낙엽활엽교목 🔵1

528 *__Ap·ple Talk__ [애플 터어크]: (애플사가 매킨토시를 위해) 다른 전산기와 통신하기 위해 개발한 근거리 통신망 🔵2

529 ★**ap·ple of (one's) eye**: 〈성경의 시편에 나오는 말〉, 눈 안의 보배, 눈동자, 눈에 넣어도 안 아픈 것, 금지옥엽, 장중보옥(most precious treasure), 〈↔foe\cur\ass〉 🔵2

530 **ap·ple pie** [애플 파이]: 조린 사과·설탕·달걀·버터 등이 섞인 밀가루 구이 🔵2

531 ★**ap·ples and or·an·ges** [애플즈 엔 오어륀쥐즈]: 서로 전혀 다른, 천양지차, 〈↔same·same\alike〉 🔵2

532 *__ap·plet__ [애플럿]: '꼬마사과', 주로 Java 체계 내에서 작은 일을 하기 위해 고안된 간단한 응용체제 🔵2

533 **ap-pli-ance** [어플라이언스]: 〈라틴어〉, 〈← apply〉, 가구, 설비, 비품, 〈↔essential\furniture〉 🔵1

534 **ap·pli·ca·tion** [애플리케이션]: ⟨← apply⟩, 적용, 응용, 신청, 지원, ⟨↔dis-regard\reply⟩ 기1

535 *****ap·pli·ca·tion pro·gram** [애플리케이션 프로우그램]: 응용체제, 특정 운영체제 이외에 ⟨단어·도안·부기·공학 등⟩ 여러 가지 실무 처리도 할 수 있는 전산체계 미2

536 **ap·ply** [어플라이]: ad(to)+plicare(fold), ⟨라틴어⟩, ~에 꼭 붙이다, 대다, 적용하다, 사용하다, 신청하다, '원하는 곳으로 접다', ⟨→ ply¹\appliance\application⟩, ⟨~ implement\utilize⟩, ⟨↔misapply\misuse⟩ 기1

537 **ap·point·ment** [어포인트먼트]: ad(to)+pungere(prick), ⟨라틴어 → 프랑스어⟩, ⟨← point⟩, '지점에 놓기', 임명, 지명, 약속, 예약, ⟨↔dismissal\rejection⟩ 기2

538 **ap·po·si·tion** [애포지션]: ad(to)+ponere(place), ⟨라틴어⟩, ⟨← position⟩, 병렬, 동격 (관계), 적절함, ⟨↔discord\imbalance⟩ 기2

539 **ap·prais·al** [어프뤠이절]: ad(to)+pretiare(value), ⟨라틴어⟩, ⟨← praise⟩, 평가, 사정, 감정, 견적, ⟨↔discard\misappreciate⟩ 기1

540 **ap·pre·ci·a·tion** [어프리쉬에이션]: ad(to)+pretiare, ⟨라틴어⟩, ⟨← praise⟩, 감사, 감상, 존중, '평가', ⟨↔depreciation⟩ 기1

541 **ap·pre·hen·sion** [애프리헨션]: ad(to)+prehendere(take hold), ⟨라틴어⟩, '파악', 염려, 불안, 이해(력), ⟨파악하기 위한⟩ 체포, ⟨~ perception\angst\grasp⟩, ⟨↔confidence\peace⟩ 기1

542 **ap·pren·tice** [어프뤤티스]: ad(to)+prehendere(take hold), ⟨라틴어⟩, '배우는 자', 도제, 초심자, 견습, 실습생, ⟨→ prentice⟩, ⟨~padawan⟩, ⟨↔veteran\smith⟩ 기1

543 *****app ride** [앺 롸이드]: 전산망을 통한 운송수단, (Uber나 Lyft같이) 전산망을 통해 영업하는 개인택시 우2

544 **ap·proach** [어프로우취]: ad(to)+propius(near), ⟨라틴어⟩, '가까워지다', 접근, 다가가다, ⟨↔leave\retreat⟩ 기2

545 **ap·pro·ba·tion** [애프뤄베이션]: ad(to)+probare(prove), ⟨라틴어⟩, 허가, 인가, 찬동, 칭찬, ⟨~ approve⟩, ⟨↔dis-approval\criticism⟩ 기2

546 **ap·pro·pri·ate** [어프로우프뤼에이트]: ad(to)+proprius(one's own), ⟨라틴어⟩, (공용물을) ⟨자기것으로⟩ 착복하다, 충당하다, (예산에) 분배하다, 경우에 어울리는, 적당한, 고유한, ⟨↔in-appropriate\improper⟩ 기1

547 **ap·prove** [어프루우브]: ad(to)+probare, ⟨라틴어⟩, ⟨← prove⟩, 시인, 찬성, '증명된 것으로 여김', 승인, ⟨~ approbation⟩, ⟨↔denial\refusal\chide⟩ 기1

548 **ap·prox·i·mate** [어프롹시메이트]: ad(to)+prope(near), ⟨라틴어⟩, ⟨가장 가까운 곳으로⟩ 접근하다, 가깝다, 비슷하다, 대강의, ⟨← proximity⟩, ⟨↔precise\exact⟩ 기1

549 *****apps** [앺스]: applications, (특정 작업을 할 수 있는) 전산망의 ⟨연성기기⟩ 응용체계 미2

550 **ap·ri·cot** [애프뤼캍]: ⟨← al(the)+praecox(early-ripe)⟩, ⟨← al·birquq⟩, ⟨라틴어·아랍어 → 스페인어 → 프랑스어 → 영국어⟩, ⟨빨리 익는 과일⟩, 살구, (씨에는 독성이 있으며) '금방 흐물흐물해지는' 과일, 황적색 미1

551 **A·pril** [에이프릴]: ⟨← aperire(open)⟩, ⟨고대 로마력의 '두번째' 달⟩, 에이프릴, (정염의 여신 Aphrodite에서 따왔다는 '썰'이 있는) ⟨그래서 처녀 총각이 마음 설레는⟩ 4월, {분홍색의 달} 기1

552 ★**A·pril show·ers bring May flow·ers**: 사월 장마는 오월 개화를 가져온다, 고진감래, ⟨~ after the storm comes the calm⟩ 우2

553 **a·pron** [에이프런]: ⟨← mappa(cloth)⟩, ⟨라틴어⟩, 앞치마, 행주치마, 무릎 덮개, ⟨~ napkin\(n)apron\pinafore\smock⟩ 기2

554 ★**a·pron park·ing** [에이프런 파아킹]: '앞치마 주차', 인도에 걸쳐서 하는 ⟨불법⟩ 주차행위 우2

555 **apt** [앺트]: 〈라틴어〉, appropriate, 적절한, ~에 능한, ~하는 경향이 있는, 〈↔inept〉 양2

556 **ap‑ti–tude** [앺티튜우드]: 〈← ap(reach)〉, 〈산스크리트어 → 라틴어〉, 경향, 습성, 기질, 적성, 〈~ attitude〉, 〈↔in‑aptitude\un‑fitness\aversion〉 양1

557 **aq·ua‑cul·ture** [애쿠어 컬춰]: 수산 양식, 수경 재배, 양어, 〈~(↔)agriculture〉, 〈↔plantation\industry\animal breed〉 양2

558 **aq·ua·ri·um** [어쿠에어뤼엄]: 〈라틴어〉, 수족관, 유리 수조, 양어지, 〈↔zoo\botanic garden(arboretum)〉 양1

559 **aq·ue‑duct** [애쿠에덕트]: aquae(water)+ductus(duct), 〈라틴어〉, 〈물을 끄는〉 도수관, 수도, 물 수송관, 맥관 양1

560 ***AR**: ⇒ augmented reality 양2

561 **Ar·ab** [애뤕]: 〈← arabah(desert)〉, 아랍, '사막 거주자', 아라비아반도를 떠돌던 유목민의 일파, Arabian 생1

562 **Ar·a·bic nu·mer·als** [애뤠빅 뉴머뤌스]: (1·2·3 등 〈힌두에서 유래해서 15세기 중반부터 유럽에 널리 보급된〉) 아라비아 숫자, 〈↔Roman numerals〉 수2

563 **ar·beit** [알바잍]: 〈← arbeiten(labor)〉, 〈게르만어〉, '고역', 아르바이트, 노동, 일, 부업, '알바' 〈콩글리시〉, 〈↔hobby〉, 〈요즈음 한국에서는 '외주'라고도 부르는 것 같음〉 양2

564 **ar·bi·trar·y** [아알비트뤠뤼]: 〈← arbiter(witness)〉, 〈라틴어〉, '정해지지 않은', 임의의, 멋대로의, 〈↔regular\limited〉 양2

565 **ar·bi·tra·tion** [아알비트뤠이션]: 〈라틴어〉, 〈← arbitrary〉, 중재, 〈중재자의 결정을 받아들여야 하는〉 조정, 〈↔dis‑agreement〉, 〈~(↔)mediation〉 양2

566 **ar·bor \ ar·bour** [아알버]: 〈← herba(grass)〉, 〈라틴어〉, 나무, 수목, 나무 그늘, 정자, 〈~ herb〉 가1

567 **ar·bo·re·tum** [아알버뤼텀]: 〈← arbor〉, 식물원, 수목원, 〈↔zoo\aquarium〉 양1

568 **arc** [아아크]: 〈← arcus(bow)〉, 〈라틴어〉, 〈활 모양의〉 호, 궁형, 둥근 모양, 〈→ arch〉, 〈↔straight〉 가1

569 **ar·cade** [아아케이드]: 〈라틴어〉, 〈arc형 천장을 가진〉 유개 상점가. 아치형 화랑·오락실, 〈~ mall\plaza〉, 〈↔academy\institute\arena〉 양2

570 **arch¹** [아아취]: 〈라틴어〉, 〈← arc(bow)〉, 홍예, 호, 궁형, 활 모양의, 〈↔straight\square\pyramid〉 양1

571 **arch²** [아아취]: 〈← archein(rule)〉, 〈그리스어〉, chief \ first, 첫 번째, 주요한, 〈↔least\minor〉 양1

572 **ar·cha·ic** [아알케잌]: 〈← archaios(old)〉, 〈그리스어〉, 초기의, 형태가 오래된, 고풍스러운, 〈~ atavistic\out‑moded〉, 〈↔modern\up‑to‑date〉 양2

573 **arch‑bish·op** [아아취 비셥]: arch(chief)+episkopos(over·seer), 〈그리스어〉, 대주교, 대감독, 〈~(↔)bishop〉, 〈↔lay‑person〉 양2

574 **ar·ch·(a)e·ol·o·gy** [알키알러쥐]: arch(first)+legein(speak), 〈그리스어〉, 〈화석을 물고 나온 사람들이나 하는〉 고고학, 고대를 연구하는 인류학의 한 분야, 〈↔computer science\robotics〉 가1

575 **ar·cher·y** [아아춰뤼]: 〈라틴어〉, 〈← arch¹〉, 궁술, 궁도, 〈~ toxophilite〉, 〈~(↔)artillery\missile〉 가1

576 **ar·chi·tect** [아아키텍트]: archi(chief)+tekton(worker), 〈그리스어〉, 〈← arch²〉, 〈주된〉 건축사(가), 〈primary〉 고안자, 설계자, 〈↔abolisher\destroyer〉 양2

577 **ar·chive** [아알카이브]: 〈그리스어〉, 〈← arch²〉, 〈중요한〉 (보관된) 기록, (문서) 보관소, (자료) 보존, 〈↔delete\non‑depository〉 양2

578 **arc·tic [아크틱]**: 〈그리스어〉, 〈곰(arktos)이 사는〉 북극의, 극한의, 냉담함, 〈↔antarctic〉 영1

579 **★ARD [얼드]**: 'all right'의 발음이 둔갑해서 만들어진 전산망 문자, 됐어, okay 양2

580 **ar·dent [아아든트]**: 〈← ardere(burn)〉, 〈라틴어〉, 〈불같이〉 열렬한, 격렬한, 〈~ fervent\passionate\vehement〉, 〈↔cold\dis-passionate\bored〉 영1

581 **ar·dor \ ar·dour [아아더]**: 〈← ardere(burn)〉, 〈라틴어〉, 〈불타는〉 열정, 열의, 충정, 〈~ passion\zeal〉, 〈↔cold-ness\a-pathy〉 영1

582 **ar·du·ous [아알쥬어스]**: 〈← arduus(steep)〉, 〈라틴어〉, 고된, 험한, 끈기 있는, 〈~ onerous\ball-buster〉, 〈↔easy\effort-less\hands-down\riding a bike〉 양2

583 **are [아알]**: 〈← aron〉, 〈게르만어〉, 이다, be의 복수·2인칭 단수의 직설법 현재형 가1

584 **ar·e·a [에어뤼어]**: 〈← arena(sand)?〉, 〈라틴어〉, 지역, 영역, 면적, 빈터, 〈→ aerie〉, 〈↔emptiness\vacuity〉

585 **a·re·na [어뤼너]**: 〈← harena(sand)〉, 〈라틴어〉, 아레나, 무대, 경기장, 투기장, '모래를 깔아 놓은 곳', 〈~ stadium〉, 〈↔theater\arcade〉 무1

586 **ar·gu·ment [아알규먼트]**: 〈← arguere(make clear)〉, 〈라틴어〉, 〈← argue〉, '분명히 하기', 논의, 논쟁, 주장, 요점, 계략, 독립변수(인수), 〈↔agree-ment\peace〉 영1 미1

587 **a·ri·a [아아뤼어]**: 〈← aer〉, 〈라틴어 → 이탈리아어〉, 〈'air'를 진동하는〉 아리아, 〈서술보다 가락을 중요시하는〉 영창, 가곡, 선율, 〈↔cacophony\discord〉, 〈↔recitative〉 영1

588 **ar·id [애뤼드]**: 〈← arere(dry)〉, 〈라틴어〉, 건조한, 불모의, 새로운 게 없는, 〈↔wet\fertile〉 양2

589 **a·ri·rang [아뤼랑]**: 〈한국어〉, 아리랑 타령, 〈'나는 순리적 사내'라는 한자에서 온 말이라는 썰이 있는〉 약 600년 전부터 내려온 300여 종의 한국의 〈민속 국가〉 라1

590 **a-rise [어롸이즈]**: 〈영국어〉, 〈← rise〉, 일어나다, 생기다, 솟아오르다, 〈↔descend\sit down〉 가1

591 **ar·isto-crat [어뤼스터 크뢥]**: aristos(best)+kratein(rule), 〈그리스어〉, 귀족, 최고의 것, 〈~ upper-crust〉, 〈↔commoner\peasant\lumpen\NEET〉 가1

592 **a·rith·me·tic [애뤼스머틱]**: 〈'arithmos(숫자;number)'란 그리스어에서 연유한〉 산수, 산술, 셈, 계산, 〈~math〉, 〈~(↔)geometry〉 영1

593 **ark [아아크]**: 〈← arkein(keep off)〉, 〈그리스어 → 라틴어〉, (노아의) 방주, 평저선, 피난처, '상자〈chest〉', 〈↔booby trap\disaster area〉 미1

594 **arm¹ [아앎]**: 〈← harmos(joint)〉, 〈그리스어 → 라틴어 → 게르만어〉, 〈'받아' 지치는〉 팔, 〈동물이 손쉽게 무기로 사용할 수 있는〉 앞다리, 팔(모양)의 물건, 소매, 가지, 지부, 〈↔leg\body〉 영1

595 **arm² [아앎]**: 〈라틴어 'arma(arm'의 복수형)'에서 유래한 영국어〉, 무기, 무력, 〈↔dis-arm\weakness\civil〉 양2

596 **ar·ma·ment [아알머먼트]**: 〈← arm²〉, 장비, 무기, 병기, 포, 군사력, 〈~ordnance\weapon〉, 〈↔dis-armament\peace〉 영1

597 **★arm and leg [아앎 앤 레그]**: an arm and a leg, 상당한 가치, 많은 돈, 〈↔worth-less\moderate〉 양2

598 **arm-chair [아앎 췌어]**: 안락의자, 탁상공론의, 〈↔practical\useful〉 영1

599 **ar·mi·stice [아알미스티스]**: arma(arms)+stare(stand-still), 〈라틴어〉, 〈무기를 세워두는〉 휴전, 정전, '무력 정지', 〈↔war\hostilites〉 영1

600 **ar·mor \ ar·mour [아알머]**: 〈← arma〉, 〈라틴어〉, 〈← arm²〉, '무장', 갑주, 갑옷과 투구, 기갑부대, 〈↔attack\offense〉 영1

601 ★**arm-twist·ing** [아암 트위스팅]: 〈게르만어〉, 〈팔을 비틀어서〉 강요하는, 강제적인, 〈↔dissuasion\agreement〉, 〈bear hug〉 관1

602 **ar·my** [아알미]: 〈← arma ← arm²〉, 〈라틴어 → 프랑스어 → 영국어〉, 군대, 육군, 떼, 〈~(↔)air-force\navy〉, 〈↔civilian\individual〉 기1

603 *****A-roll** [에이로울]: 주 두루마리, (영상물에서 중요 내용을 담은 본 목록), 〈↔B-roll〉 매2

604 ★**a roll·ing stone gath·ers no moss**: 〈1526년에 등장한 영국 속담〉, 구르는 돌에는 이끼가 끼지 않는다, 한 우물을 파라, you can't gain wealth if you don't settle down 양2

605 **a·ro·ma** [어로우머]: 〈그리스어〉, sweet smell, 향기, 풍취, 방향, 기품, 〈~ balm\fragrance\scent〉, 〈↔dorlessness\mal-odor〉 기2

606 **a-round** [어롸운드]: 〈영국어〉, 〈← round〉, '둘레에', 빙 돌아, 여기저기에, 돌아와, 대충, 〈사면에서 추가가 들린다는 말〉, 〈↔squarely\precisely\straight\far-away〉 양2

607 **a-rous-al** [어롸우절]: 〈영국어〉, 〈← rouse〉, 각성, 환기, 격려, 흥분, 〈~ stimulation\enchant-ment〉, 〈↔a-sleep\depression\dormant〉 양1

608 *****ARPANET** [아알파넽] (ad·vanced re·search pro·ject a·gen·cy net·work): 알파넷, 1969년부터 시작된 (미 국방부가 개발한 세계 최초의 정보 다발 변환형) 고급 연구단체 전산망 매2

609 **ar-range** [어뤠인쥐]: 〈영국어〉, 〈← range〉, '늘어놓다', 정돈하다, 조성하다, 미리 정하다, 〈↔de-range\disturb\re-voke〉 양2

610 **ar-ray** [어뤠이]: ad(to)+res(thing), 〈라틴어〉, trim, 치장하다, 배열하다, 소집하다, 정렬, 일정한 체계로 배열된 자료군, 배심원 소집, (고슴도치 등의) 떼, 〈↔dis-array\dis-order\shuffle\entity〉 양1

611 **ar-rest** [어뤠스트]: ad(to)+restare(remain), 〈라틴어 → 영국어〉, 〈← rest¹〉, '멈추게 하다', 체포하다, 막다, 억제하다, 구류, 정지, 〈↔start\release〉 양2

612 **ar-riv·al** [어롸이블]: ad(to)+ripa(bank), 〈라틴어 → 프랑스어〉, 도착, 등장, 입하, '배가 강가에 닿음', 〈↔departure〉 기1

613 **ar-ro·gant** [애뤄건트]: ad(to)+rogare(claim), 〈라틴어〉, 거만한, 건방진, 오만한, 〈~ audacity\bold-ness〉, 〈↔humble\meek〉 기1

614 **ar·row** [애로우]: 〈← arcus(bow)〉, 〈라틴어 → 북구어〉, 화살, 화살표, 화살자리, 'bow(활)에 딸린 것', 〈~ arc〉, 〈~(↔)sword\spear\artillery\missile〉 기1

615 ★**ars lon·ga, vi·ta brev·is** [아알즈 렁거-봐이터 브뤼이뷔스]: 〈히포크라테스의 금언을 라틴어로 바꾼 말〉, 예술은 길고 인생은 짧다, art is long-life is short, 〈~(↔)to be or not to be〉 매2

616 **art¹** [아알트 \ 아트]: 〈← artunein(arrange)〉, 〈그리스어〉, 〈인생보다 긴〉 예술, 미술, 인문학, 기교, 〈맞추는〉 '기술', 〈↔in-eptitude\science〉 기1

617 **ar·te·ry** [아알터뤼]: 〈← aeirein(lift up)〉, 〈그리스어〉, 동맥, 간선, 〈올라가는〉 '공기의 통로', 〈↔vein〉, 〈소동맥은 arteriole이라 함〉 기1

618 **ar·thri·tis** [알쓰롸이티스]: 〈← arthron(joint)〉, 〈그리스어〉, 관절염 기1

619 **ar·ti·cle** [아아티클]: 〈← arthron(joint)〉, 〈그리스어 → 라틴어〉, '관절로 갈라진 개개의 것', 품목, 기사, 논문, 조항, 관사, 정관, 〈~ essay\unit\theme〉, 〈↔whole\notion\abstract\story〉 기1

620 **ar·tic·u·late** [아아티큘레이트]: 〈← arthiculare(to join)〉, 〈라틴어〉, '관절로 나눈', 정연한, 발음이 분명한, 뚜렷이 구별된, 관절이 있는, 〈~ coherent\jointly connected〉, 〈↔in-articulate\un-intelligible〉 양1

621 **ar·ti·fact** [아아티홱트]: art¹(arrange)+facere(make), 〈라틴어〉, 인공물, 가공품, 인조 결함, 〈손때〉, 흠집 난, 쓸데없는, 〈↔natural object\matrix〉 양1 매1

622 **ar·ti·fice** [아알티휘스]: 〈라틴어〉, 〈'art'를 만드는(facere)〉 기술, 기교, 술책, 〈↔ineptness〉 양2

623 **ar·ti·fi·cial** [아알티휘셜]: art+facere(make), 〈라틴어〉, 인공의, 모조의, 부자연스런, 〈~man made〉, 〈↔natural\genuine〉 기1

624 *****ar·ti·fi·cial in·tel·li·gence \ AI**: 〈작업 능률보다는 창의력에 중점을 둔〉 인공지능, 〈찬양해야 할지 경외해야 할지 두고 봐야 할〉 사고력 증진을 위해 전산기를 이용하는 일, ⇒ machine learning 미2

625 ★**ar·ti·fi·cial sun** [아알티휘셜 썬]: 인공태양, ⇒ nuclear fusion 중2

626 **ar·til·ler·y** [아알틸러뤼]: 〈← artis(skill)〉, 〈라틴어에서 연유한 프랑스어〉, 〈artful해야 쏠 수 있는〉 포, 〈단계적으로 발사하는〉 대포, 포병, 〈~\↔archery\missile〉, 〈↔infantry〉 양1

627 **ar·ti·san** [아알티젼]: 〈라틴어〉, 〈← art¹〉, 기술공, 숙련공, 〈생계를 위해 일하는〉 직공, 〈↔clumsy person〉 양1

628 **art-ist** [아알티스트]: 예술가, 미술가, 〈↔in-expert\scientist〉 기1

629 ★**art·(s)y-fart·(s)y** [아알치 화알치]: 예술가인 척하는, 예술가 〈냄새〉를 풍기는, 〈↔natural\sincere〉 양2

630 **as** [애즈 \ 어즈]: 〈영국어〉, all+so, 마찬가지로, 같은 정도로, ~ 같이, ~이므로, ~지만, '모두 그렇다' 〈all so의 단축형〉, 〈↔although\despite\unlike〉 기1

631 ★**a saint's maid quotes Latin**: 서당개도 삼년이면 풍월을 읊는다, 〈~ experience is the best teacher\the sparrow near a school sings the primer〉 양2

632 **ASAP** (as soon as pos·si·ble): 즉시, 신속히 미1

633 **as·bes·tos** [애스베스터스]: a(not)+sbennynai(extinguish), 〈그리스어〉, 〈불이 잘 안 붙으나 한번 붙으면 끄기 힘든〉 석면, 〈절연성이 강해 건축자재로 많이 썼다가 중피종을 유발한다는 이유 등으로 사용 금지된〉 유수규산 양1

634 **as·cend·ing** [어쎈딩]: ad(to)+scandere(climb), 〈라틴어〉, 오르는, 상승의, 상향, 〈~ bottom-up\increasing〉, 〈↔descending\plunging〉 양1

635 **as·cer·tain** [애썰테인]: ad(to)+certus(fixed), 〈라틴어〉, '확실하게(certain) 하다', 확인하다, 규명하다, 찾아내다, 〈↔invalidate\ignore\disregard〉 양1

636 *****ASCII** [아스키] (A·mer·i·can Stand-ard Code for In·for·ma·tion In·ter·change): (1967에 제정되어 1986년에 개정된) 미국 정보교환 표준기호 미2

637 ★**as cold as stone**: 돌처럼 차가운, 냉혹한, 비정한, 〈↔as hot as fire\boiling〉 양1

638 **as·cribe** [어스크라이브]: ad(to)+scribere(write), 〈라틴어〉, 〈← scribe〉, ~에 돌리다, ~ 탓으로 삼다, '~에 적어두다', 〈↔absolve\delegate〉 양2

639 ★**ASDF**: ①Air Self-Defense Force, (일본의) 항공자위대 ②angry·sullen·depressed·frustrated, 기분 더러운, '아더메치' 양1

640 ★**as gen·u·ine as a three dol·lar bill**: 100% 진품, 거짓말 같은 순종, 진짜 진짜, 〈3달러짜리 지폐를 본 분 계십니까?〉, 〈↔bogus\fake〉 양2

641 **ash** [애쉬]: ①〈← asce ← as(to burn)〉, 〈게르만어〉, solid remnants of fire, 재, 회, 유골, 은회색 ②〈← aesce(spear)〉, 〈게르만어〉, 〈창같이 뾰족한 잎새를 가진〉 서양물푸레나무, ⇒ ash-tree 기1

642 **a-shamed** [어쉐임드]: 〈영국어〉, 〈← shame〉, 부끄러워하는, 수줍은, 딱한, 〈멸종 위기에 처해진 말〉, 〈↔un-ashamed\im-penitent\proud〉 양1

643 **a-shore** [어쇼얼]: 〈영국어〉, 〈← shore〉, 물가에 (도달하다), 해변에, 〈~ in〉, 〈↔a-board〉 기1

644 **A·sia** [에이줘 \ 에이셔]: 〈← akkadian(to rise)?〉, 〈그리스어〉, 아시아, land of sun-rise, 세계에서 가장 넓고 다양하고 인구가 많은 〈대륙〉 중1

645 ***ASIC** (ap·pli·ca·tion spe·cif·ic in·te·grat·ed cir·cuit): 응용 주문형 집적회로, 아무 데나 쓰지 못하게 특정 전자기기의 완제품을 위해 특별히 만든 반도체 조각 미2

646 **a-side** [어싸이드]: ⟨영국어⟩, ⟨← side⟩, 곁에 (으로), 옆에, 제쳐 놓고, 잊어버리고, ⟨별 볼 일 없다는 말⟩, ⟨↔close\adjacent⟩ 앙2

647 **ask** [애스크 \ 아스크]: ⟨← acsian ← ish(seek)⟩, ⟨게르만어 ← 산스크리트어⟩, '구하다', 묻다, 요구하다, 부탁하다, ⟨부담이 가는 말⟩, ⟨↔ignore\answer⟩ 기2

648 **a-sleep** [어슬리프]: ⟨영국어⟩, ⟨← sleep⟩, 잠들어, 느슨한, 정지한, 마비한, ⟨↔a-wake⟩ 기1

649 ***ASMR** (au·ton·o·mous sen·sory me·rid·i·an re·sponse): 자율감각 쾌락반응, ⟨명상이나 요가 등으로 주는⟩ 머리부터 발끝까지 흐르는 짜릿한 쾌감, 'head orgasm' 미1

650 ★**a snow-ball's chance in hell**: 전혀 가망이 없는 희망, 불가능한 일, ⟨↔most likely\fat chance⟩ 앙2

651 ★**a soft an-swer turns a-way wrath**: 웃는 낯에 침 뱉으랴, 말 한마디에 천 냥 빚도 갚는다, ⟨~ with mirth comes fortune\good words are good cheap⟩ 앙2

652 ***ASP** [애슾] (ac·tive serve pa·ges): '능동적 봉사란', 웹 페이지를 만들 때 헤매지 않고 한 장 안에서 계산에 의해 완성시키는 체제 쉬1

653 **as·par·a·gus** [어스패뤄거스]: ⟨← asparag(sprout)⟩, ⟨페르시아어 → 그리스어⟩, 아스파라거스, 노순(갈대의 싹), 호라지(홀아비) 좆, ⟨두릅⟩ (잎은 퇴화하여 갈색의 비늘처럼 되고 줄기가 잎을 대신하여 어린순을 식용으로 하는 천문동과의 속씨식물) 미2

654 **as·pect** [애스펙트]: ad(to)+specere(look), ⟨라틴어⟩, ⟨← spectrum⟩, 양상, 모습, 국면, 견지, 성위(별의 위치), '~을 보기', ⟨↔whole\glimpse\non-feature⟩ 앙1

655 ***as·pect ra·tio** [애스펙트 뤠이쇼우]: ⟨화면이나 비행기 날개의⟩ 종횡비, ⟨보통 가로·세로로 표시하는⟩ 형상비 미2

656 **as·pen** [애스펀]: ⟨← aespe(a poplar tree)⟩, ⟨게르만어⟩, 아스펜, 사시나무, 당버들, 백양 (흰 줄기에 노란 단풍이 들고 미풍에도 나뭇잎이 떠는 포플러 나무) 미2

657 **as·phalt** [애스월트]: ⟨← asphaltos(secure)⟩, ⟨어원 불명의 그리스어⟩, ⟨안정시키는⟩ 아스팔트, 역청, ⟨포장 재료로 쓰는⟩ 석유 중에 포함된 반고체 탄화수소 쉬2

658 **as·pi·ra·tion** [애스퍼뤠이션]: ⟨← aspirein(pant for breath)⟩, ⟨그리스어 → 라틴어⟩, ⟨← spirit⟩, 열망, 포부, 동경, '호흡', ⟨↔apathy\un-ambition\dis-passion⟩ 앙1

659 **as·pi·rin** [애스퍼륀]: a(acetyl)+Spiraea(salicine producing tree)+in, ⟨독일어⟩, 아스피린, 2400년 이상 버드나무에서 추출하여 해열·진통·소염제로 써 오다 1897년 독일의 Bayer사가 합성한 아세틸살리실산 쉬2

660 **ass** [애쓰]: ①⟨← asinus (a quadruped animal)⟩, ⟨어원 불명의 라틴어⟩, 당나귀, 바보, 고집쟁이, ⟨~ burro\donkey⟩ ②⟨← orrhos(buttocks)⟩, ⟨그리스어 → 영국어⟩, 엉덩이, 궁둥이, ⟨~ arse⟩, ⟨↔brain\genius⟩ 미2

661 **as·sail** [어쎄일]: ad(to)+salire(leap), ⟨라틴어⟩, '~에 덤벼들다', 습격하다, 추궁하다, 괴롭히다, ⟨~ assault⟩, ⟨↔retreat\compliment\surrender\shield⟩ 앙1

662 ★**as·sa·lam-o-a·lai·kum** [어쌜러 뮬러이쿰]: 'peace be upon you'란 뜻의 아랍어, 평온하소서, 안녕하세요 쉬2

663 **as·sas·si·na·tion** [어쌔시네이션]: 암살, 'hashish' 마약 복용 후 적군 죽이기, ⟨셰익스피어가 조작한 말⟩, ⟨↔life\mercy⟩ 기1

664 **as·sault** [어쎠얼트]: ad(to)+saltare(leap), ⟨라틴어⟩, 강습, 습격, 폭행, 돌격, '덤벼들기', ⟨~ assail⟩, ⟨↔defend\avoid\run away⟩ 앙1

665 **as·say** [애쎄이 \ 애쎄이]: ex(out)+agere(drive), 〈라틴어 → 프랑스어〉, 분석(평가), 시험, 평가, 〈~ essay〉, 〈↔consolidation\aggregation〉 가1

666 **as-sem·bly** [어쎔블리]: ad(to)+simul(together), 〈라틴어 → 프랑스어〉, 모임, 집회, 의회, 조립, 짜맞춤, 〈↔dismantling〉, 〈↔synthesis\integration〉 가1

667 *****as-sem·bly lan·guage** [어쎔블리 랭귀쥐]: (1949년에 선보인) 전산기에 따라 〈한 문장이 한 부호로 입·출력되는〉 '초보적' 차림표 언어, '조립식 언어', 〈~(↔)machine\language〉 유2

668 **as-sent** [어쎈트]: ad(to)+sentire(feel), 〈라틴어〉, 동의하다, 찬성하다, 인정, 〈'동일하게 느끼다〈sense〉'〉, 〈↔dissent\refuse\shrug〉 양1

669 **as-sert** [어써얼트]: ad(to)+serere(bind), 〈라틴어〉, 단언하다, 역설하다, 주장하다, '~에 참가하다', 〈↔withhold\reject\suppress〉 양1

670 **as-sess·ment** [어쎄스먼트]: ad(to)+sedere(sit), 〈라틴어〉, 〈판사의 옆에 앉아서('sit') 하는〉 사정, 부과, 평가액, 회비, 〈↔abstention\neglect\remittance〉 양1

671 **as-set** [애쎌]: ad(to)+satis(enough), 〈라틴어〉, 자산, 재산, 미점, 인재, '충분히 가지고 있는 것', 〈~ good-ness\credit\virtue〉, 〈↔handicap\debt\penalty〉 양1

672 ★**ass-hat** [애쓰 햅]: 〈라틴어+게르만어〉, 멍청이, 지겨운 놈, 〈ass·hole보다 약한 표현〉 미2

673 ★**ass-hole** [애쓰 호울]: 〈라틴어+게르만어〉, 똥구멍, 지겨운 놈, 멍텅구리, 고집쟁이, 〈~ arse-hole〉, 〈↔saint\star〉 미2

674 **as-sign-ment** [어싸인먼트]: ad(to)+signare, 〈라틴어〉, 〈'sign'을 해서 주는〉 할당, 지정, 지령, 임무, 과제, 〈↔abandon-ment\dis-missal〉 양1

675 **as-si·mi·la-tion** [어씨밀레이션]: ad(to)+similis(like), 〈라틴어〉, 〈← similar〉, 동화(작용), 소화(흡수), 융화, '비슷하게 하기', 〈↔dissimilation〉 양1

676 **as-sist** [어씨스트]: ad(to)+sistere, 〈라틴어〉, 조력, 원조, 보조, '옆에 서서〈stand〉 거들기', 〈↔hinder\blockage〉 가1

677 **as-sis·tant** [어씨스턴트]: 조수, 보좌역, 〈~ adjutant〉, 〈↔antagonist\chief〉 양2

678 **as-so·ci-ate** [어쏘우시에이트]: ad(to)+sociare(unite), 〈라틴어〉, 〈← share〉, '한 패에 끼다', 연합시키다, 연상하다, 어울리다, 동료, 〈↔foe\opponent〉 양2

679 **as-sort-ed** [어쏘올티드]: ad(to)+sortir, 〈라틴어〉, 〈← sort〉, 분류된, 다채로운, 조화를 이룬, 〈↔same\homogeneous〉 양2

680 **as-sump-tion** [어썸션]: ad(to)+sub+emere(take), 〈라틴어〉, 〈← assume〉, 〈밑에서 취해서〉 '자기 것으로 하기', 사취, 인수, 가정, 횡령, 소전제, 〈↔proof\reality〉 양1

681 **as-sure** [어슈어]: ad(to)+se(without)+cura(care), 〈라틴어〉, 〈← sure〉, '확실하게 하다', 보증(보증)하다, 확보하다, 납득하다, 〈↔discourage\distress〉 양1

682 **as·ter** [애스터]: 〈그리스어〉, 〈← star〉, 성상체, '별꽃', 과꽃, 개미취, 탱알 〈국화나 데이지 비슷한 여러 색깔의 꽃을 피우는 까실 쑥부쟁이속의 식물〉 미2

683 ★**as the twig is bent, so grows the tree**: 될 성 부른 나무는 떡잎부터 알아본다, 〈~ a straw shows which way the wind blows〉 양2

684 **asth·ma** [애즈머]: 〈← azein(breathe hard)〉, 〈그리스어〉, '숨찬 병', 해수병, 〈주로 유전성 과민반응으로 오는〉 천식 양1

685 ★**a stitch in time saves nine**: 호미로 막을 것 가래로 막는다, 문제를 즉각 처리해야 뒤가 깨끗하다, 〈~ big trouble comes in small packages〉, 〈↔take your time〉 양2

686 **as-ton·ish** [어스타니쉬]: ad(to)+tonare(thunder), 〈라틴어〉, 〈벼락 맞은 듯〉 놀라게 하다, 경악하게 하다, 〈~ stun\astound〉, 〈↔silent\pacify\assure〉 양1

687 **as-tound** [어스타운드]: ⟨← astonen(ad+tonare)⟩, ⟨라틴어 → 영국어⟩, ⟨← stun⟩, 놀라게 하다, 망연자실하게 하다, ⟨~ astonish⟩, ⟨↔bore\un-ruffled\non-chalant⟩ 양2

688 ★**a straw shows which way the wind blows**: 될 성 부른 나무는 떡잎부터 알아본다, ⟨~ as the twig is bent, so grows the tree⟩ 양2

689 **a·stray** [어스트뤠이]: extra(out)+vagare(wander), ⟨라틴어⟩, 길을 잃고, 타락하여, ⟨~ stray⟩, ⟨↔well\fine\un-puzzled⟩ 기2

690 **as·trol·o·gy** [어스트랄러쥐]: astron(star)+legein(speak), ⟨그리스어⟩, ⟨영적⟩ 점성학(술), ⟨↔ignorance⟩ 기1

691 **as·tro-naut** [애스트뤄 너어트]: 우주비행사, ⟨↔aqua-naut⟩ 양2

692 **a-sund·er** [어썬더]: on+sunder(apart), ⟨영국어⟩, 따로따로 떨어져, 산산이 흩어져, ⟨↔join\together⟩ 양2

693 **a-sy·lum** [어싸일럼]: a(without)+syle(right of seizure), ⟨그리스어⟩, 수용소, 피난처, 보호시설, 정신병원, 망명, '체포할 수 없는 곳', ⟨↔inferno\peril⟩ 양1

694 *****a–sym-me·try of in-for·ma·tion** [에이씸메트뤼 어브 인휘메이션]: ⟨그리스어⟩, (모든 종류의 거래에서 정보가 부족한 편이 진다) 정보의 비대칭, ⟨현대의⟩ '눈물의 씨앗' 미2

695 **at** [앹 : 얼]: ⟨← ad⟩, ⟨라틴어 → 게르만어⟩, ~(어떤 한 점)에, ~에서, ~ 때에, ~로, ~ 중에, ~을 향해, ⟨집중하라는 말⟩, ⟨~on⟩, ⟨↔by⟩ 기1

696 ★**at a loss** [앹 어 러스]: ① 원가 이하로 ② 어쩔 줄을 모르다, 당황하여, at one's wit's end, ⟨↔un-daunted\composed⟩ 양2

697 **ate** [에이트]: eat (먹다)의 과거 기1

698 **at·el·ier** [애틀리에이]: ⟨← astula(thin stick)⟩, ⟨라틴어에서 연유한 프랑스어⟩, 아틀리에, 제작실, 화실, (조그마) 공방, ⟨~studio⟩, ⟨↔farm\factory⟩ 미2

699 ★**ath-lei·sure** [애쓸레져]: athletic+leisure, '운동용 평상복', 일상에서도 입을 수 있는 가벼운 운동복 미2

700 **ath·lete** [애쓸리이트]: ⟨그리스어⟩, ⟨'athlon(상금)'을 추구하는⟩ 운동가, 경기자, 육상 선수, 활발한 사람, ⟨↔loafer\fan⟩ 양2

701 ★**a time for eve·ry·thing and eve·ry·thing in its time**: ⟨구약의 '전도서'에 나오는 말⟩, 메뚜기도 한 때가 있다, ⟨~ there is right time for everything⟩ 양2

702 ★**at large** [앹 라아쥐]: ①전반적인, 대체적인, ⟨↔particular⟩ ②잡히지 않은, 행방이 묘연한, ⟨~ on the loose⟩, ⟨↔confined\on-the-run⟩ 양2

703 **at·las** [애틀러스]: ⟨← Atlas¹⟩, ⟨그리스어⟩, '견고한', '움직일 수 없는' 지도책, 도감, Atlas; ⟨지구를 받치고 있는 Atlas의 그림을 표지로 쓴⟩ 1636년에 간행된 지도책, ⟨↔feeble\debilitated⟩ 양1 숙2

704 **ATM¹** (au·to·ma·ted tel·ler ma·chine): 자동 금전출납기, ⟨~ cash machine⟩, ⟨↔reverse ATM⟩ 미1

705 ★**ATM²** (at the mo·ment): 지금, 바로 지금 미2

706 *****ATM³** (a-syn-chro·nous trans-fer mode): (정보를 미세입자로 쪼개서 하는) 비동기 전송 방식 미1

707 **at·mo-sphere** [애트머 스휘어]: atmos(vapor)+sphaira(sphere), ⟨그리스어⟩, 대기, 분위기, 운치, 기압, '증기가 둘러싼 곳', ~ ric; (근래에) ⟨기상에 대해서⟩ '거대한'이란 뜻으로 쓰여지고 있음, ⟨↔emptiness\earth⟩ 양1

708 **at·om** [애텀]: a(not)+temnein(cut), ⟨그리스어⟩, ⟨분할할 수 없다고 생각했던⟩ 원자, 미분자, 극소량, ⟨~(↔)molecule⟩, ⟨↔whole\mass⟩ 양2

709 **a·tone-ment** [어토운먼트]: at+one, 〈영국어〉, 보상, 속죄, 〈'one'이 되는〉 화해, agreed, 〈~ Yom Kippur〉, 〈↔im-penitence\in-dictment〉 가1

710 **a-top·y** [애터피]: a(not)+topos(place), 〈그리스어〉, 〈장소가 어긋난〉 선천적 과민성 체질의 원2

711 **a·tri-um** [에이트뤼엄]: 〈← atro(enterence)〉, 〈라틴어〉, 아트리움(현대식 건물 중앙 높은 곳에 보통 유리로 지붕을 한 넓은 공간, 고대 로마 대저택의) 안마당, 안뜰, (심장의) 심방, 〈↔ventricle〉 우1 원1

712 **a·troc·i·ty** [어트롸시티]: 〈← ater(black)〉, 〈라틴어〉, 〈← atrox(cruel)〉, 포악, 극악무도, 〈↔benignity\compassion〉 가1

713 *****at sign** [엩 싸인]: @, 단가, 전산망 주소, elephant's ear, cinnamon bun 원2

714 **at-tack** [어탴]: ad(to)+tach(nail), 〈라틴어 → 게르만어〉, 공격하다, 덮치다, 착수하다, 〈~ attach〉, 〈~ blast\prang〉, 〈↔defend\guard〉 가1

715 **at-tain-ment** [어테인먼트]: ad(to)+tangere(touch), 〈라틴어〉, '손을 댄 것', 도달, 달성, 재간, 〈↔loss\forfeit〉 원1

716 **at-tempt** [어템프트]: ad(to)+tentare(try), 〈라틴어〉, 〈← tempt〉, 꾀하다, 시도하다, 공격, 미수, 〈~ try\endeavor〉, 〈↔decline\rebuff〉 가1

717 **at-tend-ing** [어텐딩]: ad(to)+tendere(stretch), 〈라틴어〉, 주치의, 수행의사, 시무(시중꾼), 〈↔house officer〉 원1

718 **at-ten·tion** [어텐션]: ad(to)+tendere(stretch), 〈라틴어〉, 〈← attend〉, 주의, 집중, 배려, 차려 자세, 〈↔in-attentiveness\heedlessness〉 가1

719 **at-tes·ta·tion** [어테스테이션]: ad(to)+testis(witness), 〈라틴어〉, 증명, 증거, 인증, 증언, 〈~ testimony〉, 〈↔disproof\refutation〉 원2

720 **at·tic** [애틱]: 〈그리스 Attica(Athens의 근교) 지방에서 유행했던〉 더그매, (고미) 다락(방), 낮은 이 층, 〈↔basement\cellar〉 원2

721 ★**at the drop of a hat**: 〈19세기 초에 등장한 말〉, 경기 시작!, 즉시, 빨리, 〈↔stop!\take your time〉 원2

722 **at-tire** [어타이어]: ad(to)+tire(dress), 〈라틴어 → 프랑스어〉, 차려입다, 옷차림새, 복장, 성장, 〈→ tire²〉, 〈↔under-dress\informal\casual〉 원2

723 **at·ti-tude** [애티튜우드]: 〈← aptus(fit)〉, 〈라틴어〉, 태도, 자세, 의견, 심정, 〈~ aptitude〉, 〈↔apathy\insouciance〉 가1

724 **at-tor·ney** [어터어니]: a+torner, ad(to)+tornare(turn), 〈라틴어 → 프랑스어〉, 〈이익을 타인에게 'turn'하는〉 대리인, 변호사, 검사, 〈↔client\judge〉 원2

725 **at-trac-tion** [어트랙션]: ad(to)+trahere(draw), 〈라틴어〉, 〈← tract〉, '끌어당김', 매력, 유혹, 인기거리, 인력, 〈~ allure\magnet\load-stone〉, 〈↔repulsion\neutral\allergy〉 원1

726 **at-tri·bu·tion** [애트뤼뷰우션]: ad(to)+tribuere(assign), 〈라틴어〉, 〈← tribute〉, 돌림, 귀속, 직권, 속성, 〈~ feature\quality〉, 〈↔dis-regard\dereliction〉 원1

727 **au·burn** [어어번]: 〈← albus(white)〉, 〈라틴어〉, 고동색, 적갈색, 황갈색, 다갈색, 〈원래는 흰색을 지칭하다 둔갑이 된 말〉 우1

728 **auc·tion** [어억션]: 〈← augere(increase)〉, 〈'올리다'란 뜻의 라틴어에서 유래한〉 경매, 공매, 〈~ augment〉, 〈↔boycott\retail〉 원2

729 **au·dac·i·ty** [어어대시티]: 〈← audere(bold)〉, 〈라틴어〉, 대담함, 무모함, 뻔뻔스러움, bodacious, 〈~ temerity\effrontery\arrogant\balls〉, 〈↔timidity\politeness〉 가1

730 **au·di-ence** [어어디언스]: 〈← audire(hear)〉, 〈라틴어〉, 〈← audio〉, 청중, 시청자, 관객, 〈↔speech-maker\lecturer\viewer〉 원1

731   **au·di·o** [어어디오우]: 〈라틴어〉, hearing, 음성(통신), 음악, 들림, 〈~acoustic〉, 〈~(↔)vocal〉, 〈↔video〉 양1

732   **au·dit** [어어딭]: 〈← audire(hear)〉, 〈라틴어〉, 감사, 결산, 검사, '청문', 〈↔ignore\discard〉 양2

733   **au·di·tion** [어어디션]: 청각, 연기심사, 청강, 〈↔deaf〉, 〈↔exempt\conclusion〉 양2

734   **au·di·to·ri·um** [어어디토어뤼움]: 청중석, 강당, 공회당, 〈↔back-stage\arcade〉 개1

735   **aug-men·ta·tion** [어어그멘테이션]: 〈← augere(increase)〉, 〈'올리다'란 뜻의 라틴어에서 유래한〉 증가, 첨가 확대, 〈~ auction〉, 〈↔diminishing\abatement〉 양1

736 *****aug-ment-ed re·al·i·ty** [어어그멘티드 뤼알리티] \ AR: 〈전산기 기술로 조작된〉 증강 현실, 〈↔actual(manifest) reality〉 양2

737   **Au·gust** [어어거스트]: 어거스트, 〈8월 19일에 사망한 Gaisus Augustus를 기념하는〉 8월, 〈철갑상어의 달〉 개1

738 ★**auld lang syne** [오울드 랭 씬(쟈인)]: 〈스코틀랜드어〉, 'old long since', good old times, (추억의) 좋았던 예전 양2

739   **aunt** [앤트 \ 아안트]: 〈← amita(father's sister)〉, 〈라틴어〉, 아주머니, 여삼촌(이모·고모), 삼촌댁(백모·숙모), 〈감싸주는 여인〉, 〈↔uncle〉 개1

740 ★**au pair** [오우 페어]: 〈프랑스어〉, 'equal terms', 입주 가정부, 〈외국 가정에 입주하여 약간의 보수를 받고 가사를 도우며 외국어를 배우는 (여성) 유학생〉

741   **Au·ro·ra** [어어로어뤄]: 〈라틴어〉, 오로라, 새벽의 여신(그리스 신화의 Eos), a~: 서광, 〈알래스카에서는 흉조로 받아들여지는〉 여명, 〈태양의 핵융합 반응과 자기 폭풍에 의한 빛의 질량 소실에 의해 일어나는〉 극광, 〈← aura〉 수1 미2

742   **aus·pice** [어어스피스]: avis(bird)+specere(look), 〈라틴어〉, 〈새의 나는 모양을 보고 점을 치는〉 전조, 길조, 원조, 〈~ propitious〉, 〈↔un-prophetic\in-auspicious\ominous〉 양2

743   **aus·ter·i·ty** [어어스테뤄티]: 〈← austeros(harsh)〉, 〈그리스어 → 라틴어〉, 엄격, 준엄, 간소, 고행, 긴축, 〈↔amenity\super-fluity〉 양1

744   **au·then·tic** [어어쎈틱]: autos(self)+entea(tools), 〈그리스어〉, 확실한, 진정한, 인증된, 〈← auto〉, 〈~ definitive\reliable〉, 〈↔bogus\fake\spurious\trope〉, 〈↔apocrypha〉 양1

745   **au·thor** [어어썰]: 〈← augere(grow)〉, 〈라틴어〉, '만들어 내는 사람', 저자, 작가, 창조자, 〈← auto〉, 〈↔imitator\eliminator〉, 〈↔reader\audience〉 양1

746   **au·thor·i·ty** [어쏘어뤼티]: 〈← author〉, 〈라틴어〉, '개인의 영향력', 권위, 위신, 권한, 당국, 근거, 〈← auto〉, 〈↔incompetence\non-expert〉 양1

747 ★**Au·thor-ware** [어어썰 웨어]: 오소 웨어, (Adobe사가 2003년부터 출시하기 시작한) 〈다중매체 창출을 위해 만든〉 '통합적' 저작 연성기제 양2

748   **au·to** [어어토우]: 〈그리스어〉, self, 자신의, 자동의, 자동차의 양2

749   **au·to·bi·og·ra·phy** [어어토우 바이아아그뤄휘]: auto(self)+bios(life)+graphein(write), 〈그리스어〉, 자서전, 자전문학 개1

750   **au·to·crat** [어어토우 크뢭]: auto(self)+kratein(rule), 〈그리스어〉, 전제군주, 독재자, mono·crat, 〈↔democrat〉

751   **au·to·graph** [어어토우 그래후]: 자필, 친필(서명), 육필(원고) 양1

752   **au·to·mat·ic** [어어토우 매팈]: autos(self)+matenein(strive), 〈그리스어〉, 자동의, 기계적인, 자동장치, 〈↔deliberate\manual\stick〉 양2

753 **au·to·mo·bile** [어토우 머비일 \ **어**어토우 모우비일]: 차, 차량, 승용차, 자동차 〈기2〉

754 ★**au·ton·o·mous pri·vate high-school**: 자(율형)사(립)고(등학교), 정부의 보조금과 간섭을 받지 않으나 〈대한민국의 헌법에 위배되는〉 특수고등학교 〈应2〉

755 **au·ton·o·my** [어어**타**너미]: autos(self)+nomos(law), 〈그리스어〉, 자율성, 자극성, 자치성, 〈↔dependence〉 〈应2〉

756 ★**au·to-walk** [**어**어토우 워어크]: 자동 진행로, moving walkway, ⇒ travelator 〈叫2〉

757 **au·tumn** [**어**어텀]: 〈← autumnus(drying-up season?)〉, 〈불투명한 어원의 라틴어〉 가을, 추계, 성숙기, 초로기(autumn years), 〈~ fall; 미국어〉, 〈~ harvest〉, 〈↔spring〉 〈기1〉

758 **aux·il·ia·ry** [어어그**질**리어뤼]: 〈← auxanein(grow)〉, 〈그리스어 → 라틴어〉, 〈augment 하는〉 보조의, 예비의, 지원군, 조동사, 〈↔adversary〉 〈기1〉

759 **a·vail·a·ble** [어**붸**일러블]: ad(to)+valere(strong), 〈라틴어 → 영국어〉, '가치 있는', 이용할 수 있는, 가능한, 비어 있는, 〈un-available\use-less〉 〈응2〉

760 **av·a·lanche** [**애**붤랜취]: 〈← labi(slip)〉, 〈라틴어 → 프랑스어〉, '미끄러져 내리다', 눈사태(snow-slide), 쇄도, 〈~ volley〉, 〈↔mud-slide\land-slide〉 〈응2〉

761 **av·a·rice** [**애**붜뤼스]: 〈← avere(desire)〉, 〈라틴어〉, 탐욕, 허욕, 〈~ avid\pleonexia〉, 〈↔generosity\frugality〉 〈기1〉

762 ★**av·a·tar** [**애**붜타알]: ava(down)+tarati(passes beyond), 〈산스크리트어〉, 아바타, '화신', 권화, 구체화, 새로 태어남, 구현, 가상현실에서 자신을 나타내는 〈주인공〉, 〈↔mortal\earth-ling〉 〈응1〉

763 **a·venge** [어**붼**쥐]: ad(to)+vincare(punish), 〈라틴어〉, 〈← vindicate〉, 복수하다, 앙갚음하다, 〈→ revenge〉, 〈↔forgive\pardon〉 〈응1〉

764 **av·e·nue** [**애**붜뉴우]: ad(to)+venire(come), 〈라틴어〉, 〈← venue〉, '진입로', 가로수길, 한길, 도로, 수단, 〈~ boulevard〉 〈응1〉

765 **av·er·age** [**애**붜뤼쥐]: 〈← awar(load)〉, 〈아랍어 → 이탈리아어〉, ('have'가 어원이라는 설도 있으나) 〈'손해'를 소유주들이 균등히 분담하는〉 평균, 보통, 대체로, 〈↔exceptional\aberrant〉 〈기1〉

766 **a·ver·sion** [어**붜**얼전]: ad(to)+vertere(turn), 〈라틴어〉, 〈← avert〉, 혐오, 반감, 회피, 〈↔affinity\appetite\liking\inclination\urge\animal magnetism〉 〈응1〉

767 **a·vi·a·tion** [에비에이션 \ 에이비에이션]: 〈← avis(bird)〉, 〈라틴어〉, 비행, 항공, 〈↔navigation〉 〈기1〉

768 **av·id** [**애**붜드]: 〈← avidus(covetous)〉, 〈라틴어〉, greedy, '탐욕'스런, 갈망하는, 열정적인, 〈~ avarice〉, 〈↔apathetic\indifferent\luke-warm〉 〈응2〉

769 **av·o·ca·do** [애붜**카**아도우]: 〈← ahuacatl(testicle)〉, 〈'불알'이란 뜻의 아즈텍어에서 유래한〉 아보카도, 〈비타민·무기질·불포화지방산이 많은〉 (아)열대 녹나무과의 과실, 〈~ butter fruit〉 〈수2〉

770 **a·void** [어**뷔**이드]: ex(out)+viduare(deprive of), 〈라틴어 → 프랑스어〉, 〈← void〉, '비우다', 피하다, 취소하다, 〈↔encounter〉 〈기1〉

771 **a·wait** [어**웨**잍]: 〈← guetter(watch)〉, 〈프랑스어〉, 〈← wait〉, 기다리다, 대기하다, 〈↔move\proceed\reject〉 〈기1〉

772 **a·wake** [어**웨**이크]: 〈← aweccan〉, 〈영국어〉, 〈← wake〉, 깨우다, 불러일으키다, 〈↔asleep\doze〉 〈기1〉

773 **a·ward** [어**워**어드]: 〈← warten(guard)〉, 〈프랑스어〉, 주다, 수여하다, 상, 심사, 〈~ ward〉, 〈↔deprive\revoke\non payment〉 〈기1〉

774 **a·ware** [어**웨**어]: 〈게르만어〉, 〈← ware(cautious)〉, 깨닫고, 의식이 있는, 〈↔un-aware\oblivious〉 〈기1〉

775 ★**a watch·ed pot nev·er boils**: ⟨B.Frabklin이 등장시킨 말⟩, 기다림의 지겨움, ⟨~ the more you wait, the longer it takes⟩ 양2

776 **a-way** [어웨이]: on+weg, ⟨영국어⟩, ⟨← way⟩, ⟨길에서⟩ 떨어져서, 사라져, 부재하여, ⟨별 볼 일이 없다는 말⟩, ⟨↔close\around⟩ 기1

777 **awe** [어]: ⟨← achos(fear)⟩, ⟨그리스어에서 연유한 영국어⟩, 경외, 두려움, ⟨~ wonder\miracle⟩, ⟨↔apathy\contempt\assure⟩ 기1

778 ★**awe walk** [어어 워어크]: ⟨신조어⟩, '경외로운 산책', 주위에 있는 사물을 자세히 관찰하면서 하는 ⟨의식적⟩ 산책 미2

779 **aw-ful** [어훌]: ⟨← awe⟩, 두려운, 경외심을 일으키는, 굉장한, 대단한, ⟨↔acceptable\innocuous⟩ 양2

780 **a-while** [어와일]: ⟨영국어⟩, ⟨← while⟩, 잠깐, 잠시, ⟨↔always\forever⟩ 기2

781 **awk-ward** [어어쿼얼드]: off+ward, ⟨북구어⟩, '틀린 방향의', 서투른, 어줍은, 어색한, 곤란한, gauche, ⟨~ weird\bungling⟩, ⟨~ clumsy\mal-adroit⟩, ⟨↔relaxed\stright-forward\savoir faire⟩ 양1

782 ★**awk-ward tur·tle** [어어쿼얼드 터어틀]: ⟨수화에서 연유한 미국어⟩, '어색한 거북이', 뒤집혀진 거북이가 발버둥 치는 모습, 손을 포개 놓고 두 엄지를 흔드는 짓, 거북스러움 미2

783 **awn-ing** [어닝]: ⟨← awan(suspended)⟩, ⟨페르시아어 → 프랑스어⟩, ⟨창에 댄⟩ 차일, 천막, 차양, ⟨↔expose\un-cover⟩ 미2

784 **AWOL** [에이워얼] (ab·sent with-out leave): 무단이탈(결석), ⇒ AOL¹, ⟨↔attending\formal leave⟩ 미2

785 ★**a-wom·en** [에이위민]: 아우멘, '그리해 주소서'(so it be)의 여성형, 여권옹호자들이 ⟨amen⟩ 대신 쓰는 '꽁글리시'(공갈영어), ⇒ wimmin 우2

786 **ax \ axe** [액스]: ⟨← axine(mattock)⟩, ⟨그리스어 → 라틴어 → 게르만어⟩, 도끼, 손도끼, 참수, 해고, 삭감 양1

787 **ax·is** [액씨스]: ⟨← aksah(straight line)⟩, ⟨산스크리트어 → 그리스어 → 라틴어⟩, 축, 굴대, 차축, ⟨~ axle\axon⟩, ⟨↔annex\edge\auxiliary⟩ 양1

788 **ax·le** [액슬]: ⟨← axis⟩, 굴대, 축, ⟨→ axon⟩ 양2

789 ★**ax to grind** [액스 투 그롸인드]: 갈아야 할 도끼, (무슨 일을 벌이려는) 꿍꿍이 속, 속셈, ⟨복수의⟩ 칼을 갈다(has a strong vendetta) 양2

790 ★**AYB \ AYBABTU** (all your base are be·long to us): 1992년 일본의 video game을 번역할 때 적군들이 쳐들어와서 "너희들의 모든 기지가 우리 소속이 됐어"를 일본식 영어로 번역했더니 서양놈들이 "우리가 너희들의 모든 기지를 차지했다"라고 해야 된다면서 아직도 broken English의 표어·나아가서는 ⟨사면초가⟩를 뜻하는 우스갯말로 쓰임 우2

791 **a·zal·ea** [어제일리어]: ⟨← azein(dry)⟩, ⟨그리스어⟩, ⟨편자가 어원을 몰라 물을 너무 많이 줘서 몽땅 죽여버린⟩ 아잘리아, ⟨다양한 색깔과 탐스러운 꽃의 재배종이 많은⟩ '마른 땅 꽃', ⟨서양⟩진달래, ⟨철쭉은 royal azalea라 함⟩, ⟨~ rhododendron⟩ 미2

792 **az·ure** [애쥬얼 \ 애절]: ⟨페르시아어 'lapis lazuli'에서 유래한 프랑스어⟩, 하늘색, 단청의, 남빛, 맑은, sky blue, ⟨→ sapphire⟩ 양2

1. **B \ b [비]**: 이집트의 상형 문자, 집 모양을 딴 20번째 정도로 자주 쓰이는 알파벳, B자형의 물건, 음 이름 '나(시)', 제2의, B 혈액형, block·book·bass·bachelor·bishop·barium·babe·bitch·brother 등의 약자 ⓒ2

2. **bab·ble [배블]**: 〈게르만어〉, 〈의성어·의태어〉, 떠듬거리다, 저저귐, 허튼소리, 〈~ chatter\ramble〉, 〈~ cajole\palaver〉, 〈↔enunciate\tacit〉 ⑨1

3. **babe [베이브]**: 〈영국어〉, 〈의성어〉, 젖먹이, 철부지, 계집애, 아가씨, '자기', '봉', 〈~ baby\sweet-heart〉, 〈↔Gorgon\Tartar〉 ⓒ2

4. **ba·boon [배부운]**: 〈←baboue(grimace)〉, 〈'얼굴을 찡그리다'란 프랑스어〉, 비비, 개코원숭이, 아프리카에 사는 긴꼬리원숭이, 추악한 인간, 〈~ an ape\oaf〉 ⑨1

5. **ba·by [베이비]**: 〈영국어〉, 〈의성어〉, 〈임신 6개월부터?〉 18달 이전의 갓난아이, 젖먹이, 애인, '자기', 관심사, 소관, 〈~ babe\little\dear〉, 〈↔grown-up\large〉 ⑨2

6. ★**ba·by blues [베이비 블루즈]**: 출산 후 우울 상태, 산후 우울증, 〈~ post-partum depression〉 ⑨2

7. ★**ba·by boom·er [베이비 부우머]**: 고출산 세대인, '1946~1964년' 태생으로 고난을 겪고 부를 축적한 일벌레들, 〈↔baby buster〉 ⓜ1

8. ★**ba·by bust·er [베이비 버스터]**: 저출산 세대인, 1965~80년 사이에 태어난 사람들, (풍요롭게 자라 사명감이 부족한) 출생률 격감기에 태어난 사람, X 세대라고도 함, 〈↔baby boomer〉 ⓜ1

9. ★**ba·by dad·dy [베이비 대디]**: '애기 아빠', 〈연속극 이름에서 유래한〉 어쩌다 만난 여자가 낳은 아이의 아버지, 〈~(↔)putative father〉 ⑨2

10. ★**ba·by fe·ver [베이비 휘붜]**: 애기를 갖고 싶은 갈망, 〈~ intense desire to have a baby〉 ⑨2

11. ★**ba·by-moon [베이비 무운]**: 〈honey-moon을 본따서 1990년대 초에 여행업계에서 조작한 말〉, 아이를 낳기 전에 가는 부부여행, 태교여행, 〈~ prenatal trip〉 ⓜ2

12. **ba·by show·er [베이비 샤워]**: 출산 축하회, 출산할 아이를 위해 선물을 주는 파티, 〈↔post baby-shower〉, 〈↔dad-chelor party\man shower\baby stag\diaper shower〉 ⓜ1

13. **ba·by sit·ter [베이비 씨터]**: 애 지킴이, 애 보기, 집을 지키며 아이를 돌봐 주는 사람, '어린이 돌보미' ⓜ2

14. ★**ba·by stag(par·ty) [베이비 스태그(파아티)]**: 〈곧 아비가 될 사람을 위해〉 (남자친구들이 주선해 주는) 예비 아빠 축제, 〈~ dadchelor party\man shower\diaper shower〉, 〈↔baby shower〉 ⓜ1

15. **bach·e·lor [배철러]**: 〈←baccalarius〉, 〈라틴어→프랑스어〉, 〈행랑살이 하는〉 독신 남자, 암컷을 차지 못한 수컷, '기사 후보자', 학사, 〈~ un-wed\graduate〉, 〈↔spinster〉 ⑨2

16. **ba·cil·lus [버씰러스]**: 〈baktron(staff)→baculus〉, 〈그리스어→라틴어〉, 바실루스, 〈막대기 모양의〉 간균, 간상세균, 〈~ bacteria〉, 〈~ rhabdo〉, 〈↔sphere\circle\spiral〉 ⓒ2

17. **back [백]**: ①〈←baec〉, 〈12세기 전에 'spinal column'이란 뜻으로 등장한 게르만어〉, 등, 뒤, 속, 배경, 후위, 거꾸로, 〈~ aback\rear\hind〉, 〈↔front\forward\belly〉 ②〈게르만어→프랑스어〉, 〈←bac〉, 〈뒷물이 아니라〉 독주를 마시면서 (vat에서 꺼내) 함께 드는 '곁들이 물'이나 소다 ⓖ1 ⓒ2

18. ★**back-and-forth [백 앤드 훠어쓰]**: 왔다 갔다 하는, 서로 간의, 끝없는, 〈~ to and fro〉 ⑨1

19. ★**back-bite [백 바이트]**: 뒤에서 험담하다, 중상하다, 〈~ calumniate\denigrate〉, 〈↔cheer\praise〉 ⑨1

20. **back-bone [백 보운]**: 등뼈, 척추, 중추, 간선, 〈~ spine\main-stay〉 ⓖ1

21. ★**back chan·nel [백 채늘]**: 비공식 경로, 비밀 매개, 〈~ off-the record\closed-door〉 ⑨2

22. ★**back-coun·try [백 컨트뤼]**: 오지, 두메, 〈~ back-land\boondocks〉 ⓖ1

23. ★**back down [백 다운]**: 후회하다, 양보하다, 포기하다, 내려오다, 〈~ give in\concede〉, 〈↔adhere (to)\comply (with)\advance〉 ⑨1

24. ★**back-drop [백 드뢉]**: (사건의) 배경, (극장의) 배경막, back·cloth〈영국어〉 ⓜ2

25 ***back-end** [백 엔드]: 후미, 후위, (사용자가 직접 이용하는 것이 아니라) 전산기 차림표가 이용하는, ⟨~ postern\server-side⟩, ⟨↔front-end⟩ 응2 응1

26 **back-ground** [백 그라운드]: 배경, 이면, 경력, 배우 상황, ⟨~ surrounding\circumstances⟩, ⟨↔fore-ground\absence⟩ 기2

27 ***back-ground proc·ess·ing** [백 그라운드 프라쎄씽]: 배경 처리, 전산기에서 우선순위가 높은 체계가 사용되지 않으면 자동으로 우선순위가 낮은 체계로 이행되는 것 미2

28 **back-lash** [백 래쉬]: 뒤틈, 반동, 반격, 역회전, 얽힘, ⟨~ back-fire⟩, ⟨↔re-treat\support⟩ 양1

29 ***back-log** [백 로어그]: ⟨오래 타게⟩ 난로 안쪽에 넣어두는 큰 장작, 잔고, 잔품, 미처분 상품(주문), 밀린 일, 가중 부담, ⟨~ accumulation\excess⟩, ⟨↔decrement\lack⟩ 양1

30 ***back of the en·ve·lope cal·cu·la·tion** [ ]: ⟨상담 시⟩ 편지 봉투 표면에 대충 써서 하는 어림셈 (견적), ⟨~ an informal math computation⟩ 양2

31 ★**back one** [백 원]: 하나 물러서서, 한 단계 낮추서, ⟨~ back-track\recede⟩ 양1

32 **back or·der** [백 오어더]: 이월주문, 처리 못 한 주문, ⟨~ delayed shipment\out of stock⟩ 우1

33 ★**back out** [백 아웉]: 뒷걸음질 쳐 나오다, 후퇴시키다, 취소하다, ⟨~ withdraw\retreat⟩, ⟨↔continue\keep up⟩ 양1

34 ★**back scratch-ing** [백 스크뢔칭]: 등 긁기, 가려운 데 긁어주기, 아첨, ⟨처남 좋고 매부 좋은 것⟩, ⟨~ carry favor\boot-lick\tit-for-tat⟩ 기1 양2

35 ★**back-seat driv-er** [백 씨이트 드라이버]: 뒷좌석에서 운전을 지시하는 사람, 잔소리꾼, ⟨~ butt-in-sky\inter-meddler⟩ 양2

36 ***back-spang** [백 스팽]: ⟨스코틀랜드어⟩, 뒤튀기, 역타, 협상(교섭)에서 발뺌을 할 수 있게 하는 허점이나 계교, ⟨~ back-spin⟩ 양1

37 ★**back-stage** [백 스테이쥐]: 뒤무대, 무대 뒤쪽, 비밀의, ⟨~ behind the scenes⟩, ⟨↔front(open)-stage⟩ 양1

38 ★**back-street** [백 스트뤼이트]: 뒷거리, 뒷골목, ⟨~ back road\alley⟩, ⟨↔main-street\high-way⟩ 기1

39 ★**back-stretch** [백 스트뢔취]: (뒤로 뻗어도 되는) 종반부, 최종단계, ⟨~ lower-back rotation\before the finish-line⟩, ⇒ home·stretch 양2

40 ★**back-talk** [백 터어크]: 말대꾸, 말대답, ⟨~ rude-ness\insolence⟩ 기1

41 ★**back to the draw·ing board(room)** [ ]: ⟨1941년 미국 만화에서 연유한 숙어⟩, (원점으로 돌아가서) 다시 시작하다, ⟨~ begin again\start from scratch⟩ 양1

42 **back·ward** [백 워어드]: 뒤로, 거꾸로, 거슬러 올라가서, 퇴보, ⟨~ rear-ward\regression⟩, ⟨↔forward\ahead⟩, ⟨↔one on one⟩

43 ***back·ward-a·tion** [백 워데이션]: ①(증권 인도 연기를 위해 매도자가 매수자에게 지불하는) 수도 연기(금), 인도지체금, ⟨~ deferred payment⟩ ②⟨미리 약정한⟩ 선물 가격과 ⟨인도할 때의⟩ 현물 가격이 역전한 (높은) 현상, ⟨선물 가격이 현물 가격보다 낮아지는⟩ 역전현상, ⟨~ over-turn⟩, ⟨↔contango\forwardation⟩ 양2

44 ***back·ward com-pat·i·bil·i·ty** [백 워어드 컴패터빌리티]: (구형기기와 서로 바꿔 쓸 수 있는) 역방향 호환성. downward c~ (하위 호환성)는 부적절한 말임, ⟨↔forward compatibility⟩ 양1

45 ★**back-wash** [백 워쉬]: 뒷물결, 역류, 여파, 후유증, ⟨~ repercussion\consequence⟩, ⟨↔swash⟩, ⟨↔progress\cause⟩ 양1

46 ★**back-wrap** [백 뢮]: 뒤에서 겹치거나 잠그게 된 옷, ⟨↔front-wrap⟩ 우1

47 **back-yard** [백 야아드]: 뒤뜰, 뒷마당, ⟨~ court yard\garden⟩, ⟨↔front-yard⟩ 기2

48 **ba·con** [베이컨]: 〈←bacho〉, 〈게르만어〉, 돼지의 옆구리나 등〈back〉의 살을 소금에 절이거나 훈제한 것, 〈~ flitch\side-pork\back meat\sow-belly〉 **유2**

49 ★**ba·con law** [베이컨 러어]: '돼지법', (2023년 7월부터 시행된) 〈임신한 돼지에게 운동 공간을 제공하라는 캘리포니아 주민 발의안〉, = pork law **유2**

50 ★**bac(k)-ro-nym** [배크러님]: 〈←acro-nym〉, '역두성어', 후속 두문문자, (SAD가 seasonal affective disorder의 약자인것 처럼) 〈기억하기 쉽게〉 기존의 어휘에 짝을 맞춰 만들어진 약성어, 〈~ litch\reverse acronymy〉 **유2**

51 **bac·te·ri·a** [백티어뤼어]: bacterium의 복수형, 〈←baktron(staff)〉, 〈그리스어〉, 세균(성), 〈단세포로 된〉 균, '작은 막대', 〈~ bacillus〉, 〈↔virus\rickettsia〉 **양1**

52 **bad** [배드]: 〈←badde(worthless)〉, 〈어원이 다양한 영국어〉 나쁜, 심한, 서투른, (음식들이) 상한, 〈~ poor\inferior\vicious〉, 〈↔good〉 **기2**

53 ★**bad ap·ple** [배드 애플]: 썩은 사과, 악인, 불량배, 인간쓰레기, 〈~ punk\rascal〉, 〈↔good egg〉 **양1**

54 ★**bad-ass** [배드 애쓰]: 〈1995년에 등장한 미국 흑인 속어〉, 질이 안좋은, 거친, 공격적인, 매우 좋은, 〈~ kick-ass\tough guy〉, 〈↔good guy〉, 〈↔wimp\baby〉 **양2**

55 **bade** [밷 \ 베이드]: bid(입찰하다)의 과거 **양1**

56 ★**bad egg** [배드 에그]: 상한 달걀, 악당, 나쁜 놈, 망나니, 〈~ bad apple\villain〉, 〈↔good egg〉 **양1**

57 **badge** [뱆쥐]: 〈←bagia(a mark)〉, 〈불명의 라틴어에서 연유한 영국어〉, 표지, 휘장, 기장, 상징, 〈~ breast-pin\emblem〉 **양1**

58 **badg-er** [뱆쥐]: 〈영국어〉, 〈머리에 뚜렷한 badge(표시)가 있는〉 오소리, brock, 너구리 비슷한 족제빗과의 동물, 괴롭히다, 조르다, 〈↔aid\deter\applaud〉 **양1**

59 **bad·min·ton** [배드민톤]: 〈2천년 전부터 중국·그리스에서 비슷한 놀이가 시작되었으나〉〈1873년에 이 경기가 정식으로 처음 시작된 영국의 지명을 딴〉 내린 그물을 가운데 두고 공채로 깃털 공을 상대방 영역으로 쳐올리는 경기, ⇒ shuttle-cock **유2**

60 ★**bad mon·ey drives out good**: 악화가 양화를 구축한다, 굴러온 돌이 박힌 돌 뺀다, ⇒ Gresham's law **양2**

61 ★**bad mouth** [배드 마우쓰]: 욕, 비방, 험담, 〈~ asperse\be-little〉, 〈↔applaud\sweet talk〉 **양2**

62 ★**bad news has wings**: 나쁜 소문은 빨리 퍼진다, 발 없는 말이 천리 간다, 〈~ bad news tra·vels fast〉 **양2**

63 ★**bad to worse** [배드 투 워얼스]: 나쁜 것에서 더 나쁜 것으로, 악화, 설상가상, 〈~ add insult to injury〉, 〈↔improve\icing on the cake〉 **양2**

64 ★**BAE** (be-fore any-one-else): '누구보다 먼저', 첫 번째로, 네게만, '애인' **양2**

65 ★**bae-ca·tion** [베이케이션]: 〈←bae(baby)〉, 〈미국 흑인사회 방언〉, 애인과 같이가는 여행, romantic getaway, 〈↔stay-cation〉 **미2**

66 **baf·fle** [배플]: 〈프랑스어〉, 〈의성어?〉, 좌절시키다, 곤란케 하다, 헛수고하다, 〈~ perplex\frustrate〉, 〈해충이 기어오르지 못하게 나무의 밑둥에〉 금속판을 씌우다, 〈↔enlighten\unfold〉 **양1**

67 **bag** [배그]: 〈←baggi〉, 〈북구어〉, 〈bundle로 묶은〉 자루, 부대, (손)가방, 지갑, 봉투, 봉지, 추녀(hag), 〈↔baggage〉 **양1**

68 ★**bag-bit-ing** [백 바이팅]: 〈전산망 속어〉, 쓸모없는, 잘 작동되지 않는, 〈~ bite the scrotom〉, 〈~ loser\cretin〉 **미2**

69 **bag·gage** [배기쥐]: 〈←baguer(tie up)〉, 〈프랑스어〉, 〈bag에 담을 수 있는〉 수하물, 행낭, '짐 꾸러미', luggage, 〈~ bundle\bags〉 **양2**

70 **ba·guette** [배게트]: ⟨←baculum(rod)⟩, ⟨라틴어에서 유래한 프랑스어⟩ 바게트, '막대기⟨bacillus⟩' ①(겉은 파삭하고 안은 부드러운) 가늘고 긴 프랑스 빵, ⟨~ French stick⟩ ②가느다란 직사각형으로 깎은 보석, ⟨~ slice gem⟩, ⟨~(↔)cabochon⟩ 仝1

71 **bail** [베일]: ⟨←bajulare(bear a burden)⟩, ⟨라틴어⟩, ⟨책임지는⟩ 보석(금), (보석금을 내고) 구제하다, (일찍) 자리를 뜨다, ⟨~ security\collateral⟩, ⟨↔confine\stay⟩ 왕1

72 ★**bail-ing out a sink-ing ship with a spoon**: (물이 차서) 가라 앉는 배를 숟가락으로 구제하기, 손바닥으로 하늘 가리기, ⟨~ stop a flood with a sponge⟩ 왕2

73 **bait** [베일]: ⟨←bita(to bite)⟩, ⟨북구어⟩, ⟨물게 하는⟩ 미끼, 먹이, 유혹물, 낚싯밥, ⟨~ abet⟩, ⟨~ lure\bribe⟩, ⟨↔deterrent\repulsion⟩ 仝1

74 ★**BAK** [백] (back at key-board): 자판으로 돌아가기, '임무 재개', '준비 완료' 미2

75 **bake** [베이크]: ⟨←bacan(cook by dry heat)⟩, ⟨게르만어⟩, 굽다, 태우다, ⟨~ roast⟩, ⟨↔cool\freeze⟩ 仝2

76 **bak·er-y** [베이커뤼]: 빵집, 제과점, ⟨~ confectionery\pastry shop⟩ 仝2

77 **bal·ance** [밸런스]: bis(two)+lanx(dish), ⟨라틴어⟩, '두 접시' 저울, 평형, 조화, 잔액, 우수리, ⟨~ equilibrium\stability\scale\remainder⟩, ⟨↔im(un)balance\instability\difference⟩ 왕1

78 **bal·co·ny** [발코니]: ⟨←balkon(beam)⟩, ⟨게르만어→이탈리아어⟩, '들보', 노대, 이 층 좌석, 전망대, ⟨~ deck\terrace⟩, ⟨~(↔)mezzanine\patio⟩ 왕2

79 **bald** [버얼드]: ⟨←ball?⟩, ⟨어원 불명의 영국어⟩, 노골적인, ⟨흰 점으로⟩ 벗어진, 대머리의, 털이 없는, 꾸밈없는, 닮은, ⟨~ hair-less\barren⟩, ⟨↔hairy\covered\full⟩ 왕1

80 ★**bal·der·dash** [버얼더 대쉬]: ('시끄러운 소리로 뺨을 때리는 짓'이란 덴마크어에서 유래했다는 설도 있으나) ⟨어원 불명의 영국어⟩, '거품이 일어나는 액체', 횐소리, 허튼소리, ⟨~ amphigory\burlesque\macaronic⟩, ⟨↔formal\truthful⟩ 왕2

81 **balk \ baulk** [버어크]: ⟨←balka(ridge)⟩, ⟨게르만어⟩, ⟨실수로⟩ '갈다 남겨둔 이랑', 보크, 장애, 좌절, 멈춰 서다, 꺼리다, 피하다, ⟨~ bilk⟩, ⟨~ eschew\resist⟩, ⟨↔uncover\accept\incentive⟩ 왕1

82 **ball¹** [버얼]: ⟨←ballo(blow)⟩, ⟨게르만어⟩, 공, 구기, 불알, ⟨→bale¹ \ bowl¹⟩, ⟨~ sphere\gonad⟩, ⟨↔square\cube\block\un-roll\bat²⟩ 왕2

83 **ball²** [버얼]: ⟨←ballizein(dance)⟩, ⟨그리스어⟩, '춤추기', ⟨몸을 던져 춤추는⟩ 무도회, 유쾌한 시간, ⟨ballad⟩, ⟨↔chore\labor⟩ 왕1

84 ★**ball-a** [바알러]: ⟨'ball·er'의 속어⟩, (구기의) 우수 선수, 날고 기는 운동선수, 탁월한 뚜쟁이, '큰손', '강자', ⟨~ player\champ⟩ 미2

85 **bal·lad** [밸러드]: ⟨←ballizein(dance)⟩, ⟨그리스어→라틴어→프랑스어⟩, 발라드, 민요, 속요, 민속 가요, ⟨←ball²⟩, ⟨~ madrigal\poesy\troubadour⟩, ⟨↔cacophony\discord⟩ 왕1

86 ★**ball-bust-er** [버얼 버스터]: ①⟨불알이 터지는⟩ 매우 힘든 일 ②남자의 기를 죽이는 여자, ⟨~ arduous\onerous⟩, ⟨↔chore\loser⟩ 왕2 미1

87 ★**ball cul·ture** [버얼 컬취]: '무도회 문화', (20세기 중반 성소수자 흑인 및 남미 계통이 주축이 되어 뉴욕에서 시작된) 무도회에서 어기적어기적 걸어 가면서 각종 묘기를 보여 주는 경연대회, drag ball culture 왕2

88 ★**ball-er** [버얼러]: 공 만드는 사람(기구), 농구 선수, 재주꾼, (호화 생활을 유지하는) 능력가, 여자들과 자주 성관계를 맺는 남자(난봉꾼), ⟨↔martinet\failure⟩, ⇒balla 왕1

89 **bal·le·ri·na** [밸러뤼너]: ⟨←ballare(dance)⟩, ⟨라틴어→프랑스어→이탈리아어⟩, 발레리나, 무희, ⟨ballet⟩, ⟨↔ballerino⟩ 왕2

90 **bal·let** [밸레이]: ⟨←ballizein(dance)⟩, ⟨그리스어→라틴어→프랑스어⟩, ⟨←ball²⟩, 발레, 무용극, 무용, ⟨~ concert dance⟩, ⟨↔hip hop dance⟩ 왕2

91 ★**Ball-is-life** [버얼 이즈 라이후]: 농구 경기 중계 목적으로 2005년에 창립된 미국의 운동경기 전산망, 〈~ basket-ball web-site〉 **왕1**

92 **bal·lis·tic** [벌리스틱]: 〈←ballein(throw)〉, 〈그리스어→라틴어〉, 탄도의, 탄환이 포물선을 그리면서 목적지에 도달하는 길의, 격노한, 〈~ projectile\furious〉, 〈↔placid\accepting〉 **왕1**

93 **bal·loon** [벌루운]: 〈프랑스어〉, '큰 공〈ball〉', 기구, 풍선, 젖통, 부풀리다, 〈~ swell\inflate〉, 〈↔sag\flap\collapse〉 **왕1**

94 ★**bal·loon ef·fect** [벌루운 이훼트]: 풍선효과, 어떤 현상이나 문제를 억제하면 다른 현상이나 문제가 새로 불거져 나오는 현상, 〈~ when you squeeze a latex ballon other part will bulge out〉 **왕1**

95 ★**bal·loon-juice** [벌루운 쥬우스]: 〈19세기 말에 등장하여 2022년에 전산망 blog으로 떠오른 미국어〉, 헛소리, 귀찮은 수다, 술, hot air, 〈~ bunkª\hokum\hooey〉 **왕2**

96 *****bal·loon loan** [벌루운 로운]: 풍선식 융자 (융자의 일부를 월부로 갚고 많은 금액을 마지막에 일괄 변제하는 융자 방식), 〈~ bullet loan〉, 〈↔amortized loan〉 **미1**

97 **bal·lot** [밸럿]: 〈←ballotta(e)〉, 〈이탈리아·프랑스어, 투표(용지), 〈희거나 검은 작은 공('little ball')으로 찬·반을 결정하던〉 제비뽑기, 〈~ poll\vote〉, 〈↔dis-enfranchisement〉 **왕2**

98 ★**ball park** [버얼 파아크]: 야구장, 활동 분야, 〈야구장 관객을 계산하던〉 근사치, 어림, 〈~ base-ball field\approximation〉, 〈↔accurate\exact〉 **왕1**

99 **ball-point pen** [버얼 포인트 펜]: 볼펜, 〈20세기 초에 발명된〉 공알(작은 금속구)을 굴려 유성 먹물이 나오게 하는 필기 기구, 〈~ ball-pen\roller-ball〉, 〈↔fountain pen\pencil〉 **왕1**

100 *****ball print·er** [버얼 프륀터]: (활자가 박힌 작은 금속 공을 돌려 인쇄나 타자를 치는) '공 인쇄기', 〈↔line printer〉, 〈↔band printer〉 **왕2**

101 **ball-room** [버얼 루움]: 무도장(실), 댄스홀(dance-hall) **왕1**

102 ★**balls** [버얼스]: 공들, 용기, 대담함, '불알들', 〈~ arrogance\bold-ness〉, 〈↔humility\meekness〉 **왕2**

103 **balm** [바암]: 〈←basham(spice)〉, 〈아랍어→그리스어→라틴어〉, 〈발삼('balsam') 성분이 있는〉 향료, 방향성 수지, 서양 박하 〈약초〉, 부드럽게 하다, 상처를 아물게 하다, 〈↔em·balm〉, 〈~ aroma\fragrance〉, 〈↔stench\thorn〉 **왕1**

104 ★**ba·lo·ney** [벌로우니]: 〈이태리 사람들이 먹다 남은 육류 찌꺼기를 끼운 샵입빵('bologna')에서 유래한 미국어〉, 잠꼬대, 허튼수작, 〈~ bullª\bunkª\non-sence\bosh〉, 〈↔mot juste\rationality〉 **왕2**

105 ★**ba·lo·ney is flat·ter·y laid on so thick**: 좋은 말도 자주 하면 듣기 싫다, 칭찬도 자주 하면 아첨이다, 〈~ even flattery can wear thin〉, 〈~(↔)baloney is the lie laid on so thick〉 **왕2**

106 **bal·sam** [버얼썸]: 〈←basham(spice)〉, 〈아랍어→그리스어〉, 〈←balsamos〉, 발삼, 방향성 수지, 향고(향내 나는 고약), 진통제, 봉숭아, 〈~ an aromatic and resinous substance\impetiens〉 **수2**

107 **bam·boo** [뱀부우]: 〈←mamboo·bamboo←bam·bam(sound of air explosion when heated)〉, 〈의성어?〉, 〈말레이어?〉, 대(나무), 죽(재), 〈~ a woody plant with hollow stem〉 **주1**

108 **ban** [밴]: 〈←bhan(speak)〉, 〈산스크리트어→그리스어→라틴어→게르만어〉, 금지(령), 압박, 반대, 추방, 파문, '불러내기', 〈↔banish\abandon\banal\bandit〉, 〈~ prohibit\forbid\veto〉, 〈↔permit\allow\writ〉 **왕1**

109 **ba·nan·a** [버내너]: 〈어원 불명의 서아프리카어에서 유래한 아랍어〉, 〈←banan(fingertip)?〉, 〈'손가락(finger)'같이 생긴?〉 바나나(나무·열매·색깔), 열대·아열대 지방에서 〈개량종은〉 씨가 없으며 연한 살을 가진 길쭉한 〈손가락 같은〉 과실을 맺는 파초과의 식물, 백인문화를 지향하는 동양인, ⇒ plantain² **왕2 왕2**

110 ★**ba·nan·a ham·mock** [버내너 햄먹]: 〈남성기(penis)의 윤곽이 드러나는〉 꽉 낀 남성 내복·운동복, 〈~ speedo〉 **왕1**

111 ★**ba·nan·aian** [버내너이언]: 바나나족, 백인문화가 몸에 밴 황인종을 빚대어 부르는 말, ⟨~ Orangese⟩ 명❶

112 **band** [밴드]: ⟨←bandh⟩, ⟨산스크리트어→게르만어⟩, ⟨←bind⟩, '묶는 것', 끈, 띠, 굴레, 무리, 악단, (고릴라 등의) 떼, ⟨~ bend⟩, ⟨←banner\bond⟩, ⟨~ lace\tie\circle\conjoin⟩, ⟨↔split\singleton\disband⟩ 기❶

113 **band-age** [밴디쥐]: 붕대, 안대, 테, 띠, ⟨~ dressing\strap⟩, ⟨↔un-bandage\break⟩ 기❶

114 ★**b and b** (bed and break·fast \ bread and but·ter): 조반이 딸린 1박 \ 일용할 양식 영❷

115 **ban·dit** [밴딭]: ⟨←bandire(banish)⟩, ⟨라틴어→이탈리아어⟩, '무법자', 산적, 노상강도, 악한, 떼강도, ⟨←ban⟩, ⟨~ brigand\desperado⟩, ⟨↔police\protector⟩ 영❶

116 *****band print-er** [밴드 프륀터]: (활자가 박힌 금속 띠를 돌려 인쇄하는) '피대 인쇄기', ⟨↔ball printer⟩ 우❷

117 **band-wag·on** [밴드 왜건]: 악대차, 우세한 세력, 편승하다, ⟨~ campaign\push\hitch-hike⟩, ⟨↔hesitation\compunction⟩ 미❷

118 ★**band-wag·on ef-fect** [밴드 왜건 이휄트]: 편승 효과, ⟨장·단점을 따져보지 않고⟩ 유행에 따라가는 풍조, '친구따라 강남가기', ⟨~ tendency to follow trends\consensus fallacy⟩, ⟨↔snob effect⟩ 영❷

119 *****band width** [밴드 윘쓰]: 띠 너비, 대역 너비, 통신기기의 전송 용량, ⟨~ bit rate\through-put⟩ 미❷

120 **bang¹** [뱅]: ⟨의성어⟩, ⟨북구어⟩, 쾅, 탕, 쿵, 강타, '떡치기(요란한 성교)', 원기, 흥분, !(느낌표), ⟨~ whang\pow⟩, ⟨↔quiet\loss\tap\tick'⟩ 영❷

121 ★**bang²** [뱅]: ⟨←bang-tail⟩, ⟨미국어⟩, fringe, 가지런히 잘라 앞이마를 가린 머리 형태 우❶

122 ★**bang-er** [뱅거 \ 뱅어]: ⟨bang 소리가 나는 물건·사람⟩, ⟨1차 대전 때 물을 많이 넣어 구우던 '펑' 소리가 나는⟩ 소시지, 고물차, 폭죽, 강타, 자동차 앞 범퍼, (마약용) 피하주사기, ⟨떡치기 선수⟩, ⟨~ sausage\awesome⟩ 영❶

123 ★**bang some-one's head a-gainst the wall**: 무모한 짓을 하다, 계란으로 바위치기, ⟨~ be baffling\all Greks to someone⟩ 영❷

124 **ban-ish** [배니쉬]: ⟨←bannum⟩, ⟨라틴어→프랑스어→영국어⟩, ⟨←ban⟩, '금지하다', 추방하다, 멀리하다, 떨쳐버리다, ⟨~ exile\deport⟩, ⟨↔admit\accept⟩ 영❶

125 **ban·jo** [밴죠우]: ⟨←pandoura(a lute)⟩, ⟨그리스에서 연유한 흑인 미국어⟩, 밴조 (재즈 음악의 초창기에 흑인들이 즐겨 썼던) 목이 길고 몸통이 둥근 4~5현의 현악기, bandore, pandore 영❶

126 ★**ban·jo string** [밴죠우 스트륑]: frenulum, 포경의 귀두 밑에 붙어있는 주름 띠, '자지끈' 우❶

127 **bank¹** [뱅크]: ⟨게르만어⟩, '둔덕(hill)', 둑, 모래톱, 강기슭, 좌판(상품을 진열할 탁자), ⟨~ bench⟩, ⟨~ edge\slope⟩, ⟨↔level\gully⟩ 영❶

128 **bank²** [뱅크]: ⟨←bank¹⟩, ⟨게르만어⟩, ⟨←bench⟩, ⟨'책상' 위에 돈을 꺼내놓고 장사하던⟩ 환전상, 은행, 저금통, 저장소, 물주, ⟨~ financial institution⟩, ⟨~↔savings and loan⟩, ⟨↔withdraw\spend⟩ 기❷

129 *****bank dis-count** [뱅크 디스카운트]: (은행이 만기일까지의 이자를 미리 제하고 사들이는) 은행 어음 할인 양❷

130 *****bank rate** [뱅크 뤠이트]: (중앙) 은행 할인율, 중앙은행이 시중 은행에 융자해 줄 때의 이자율, ⟨↔prime rate⟩ 양❷

131 **bank-rupt–cy** [뱅크 륖시]: bank+rumpere(break), ⟨게르만어+라틴어⟩, ⟨금전거래업자가 갚을 돈이 없을 때 책상을 깨서 알리는⟩ 파산, 도산, 실추, ⟨~ insolvency\default⟩, ⟨↔fund-raising⟩ 기❶

132 *****bank switch-ing** [뱅크 스위칭]: 구좌 전환, 엇바꾸기, (여러 개의 기억력 단자를 사용해서) ⟨덤으로 주는⟩ 추가 선택, ⟨~ bank-convert⟩, ⟨~ a method to increase usable memory⟩ 미❷

133 **ban·ner** [배너]: ⟨←bandwa(sign)⟩, ⟨게르만어⟩, 기, 기치, 주장, 표제, ⟨←band⟩, ⟨~ placard\poster⟩, ⟨↔nonstandard\subordinate⟩ 미1

134 *__ban·ner ad__ [배너 애드]: '띠 광고', 웹 사이트에 띠 모양으로 게시되는 광고 미1

135 **ban·quet** [뱅큇]: ⟨←banc⟩, ⟨프랑스어⟩, 연회, 향연, ⟨탁자(bench)에 앉아 먹다가 점점 거창해진⟩ 대성찬, ⟨~ formal dinner\festivity⟩, ⟨↔fast¹\snack⟩ 양2

136 **Bap·tist** [뱁티스트]: ⟨←baptizein(dip)⟩, ⟨그리스어⟩, 침례교도, 세례자, 유아세례에 반대하고 선택된 자만이 하는 침례(물에 담그는 의식)를 중요시하는 기독교의 일파, ⟨~ a protestant⟩ 미2

137 **bar** [바아]: ⟨←barra(rod)⟩, ⟨라틴어⟩ ①막대기(모양), (막대) 비누, 창살, 장애, 모래톱, ⟨긴 탁자로 주인과 손님을 갈라놓은⟩ 주보, '술 방', 가로줄, (악보의) 마디⟨measure⟩, ⟨재해석을 막대기로 막아 놓은⟩ 법정, 법조계 ②빗장을 지르다, 방해하다, 금하다, ⟨~ pub\court⟩, ⟨~ rod\bolt\prohibit⟩, ⟨↔un-bar\admit\accept⟩ 미1 양2

138 **barb** [바브]: ⟨←barba⟩, ⟨라틴어⟩, 가시, 미늘, (새 날개의) 깃가지, 수염⟨beard⟩, 날카로운 비판, ⟨↔barber⟩, ⟨~ prickle\thorn⟩, ⟨↔blunt\praise⟩ 양1

139 **bar·bar·i·an** [바아베어뤼언]: ⟨←barbaros(foreign)⟩, ⟨그리스어⟩, ⟨의성어⟩, 바바리안, '바바바' 하고 떠드는 족속, 야만인, 속물, 이방인, ⟨↔rhubarb⟩, ⟨~ savage\yahoo⟩, ⟨↔civil\genteel⟩

140 **bar·be·c(q)ue** [바알비큐우]: ⟨하이티어⟩, 바비큐, '고기 굽는 나무틀, 통구이(화덕)', ⟨↔freeze\stew⟩ 미1

141 **bar·ber** [바아버]: ⟨←barba⟩, ⟨라틴어→프랑스어⟩, ⟨←barb⟩, 이발사, '수염 깎는 사람', ⟨~ hair-dresser⟩, ⟨↔manicurist⟩ 기2

142 *__bar code__ [바아 코우드]: 막대 부호, 광학 판독용 기호, ⟨~ UPC⟩, ⟨QR code보다 소량의 정보를 저장함⟩ 미2

143 **bare** [베어]: ⟨←bazaz(naked)⟩, ⟨게르만어⟩, 벌거벗은, 드러낸, 적나라한, 부족한, ⟨~ naked\mere⟩, ⟨↔clothed\adorned⟩ 양1

144 **bare-ly** [베일리]: 간신히, 겨우, 드물게, 빈약하게. ⟨~ almost\hardly⟩, ⟨↔significantly\substantially⟩ 양2

145 **bar·gain** [바아건]: ⟨←borgan(borrow)⟩, ⟨게르만어⟩, '값 깎기', 매매, 거래 약속, 싸게 사기, 떨이, ⟨~ deal\good buy⟩, ⟨↔dis-agreement\rip-off⟩ 양1

146 **barge** [바아쥐]: ⟨←baris(raft)⟩, ⟨그리스어⟩, 거룻배, 바닥이 평평한 짐배, 유람선, ⟨~ punt\scow⟩ 양1

147 ★**barge in** [바아쥐 인]: ⟨거룻배가 끼어들듯⟩ 난입하다, 끼어들다, 참견하다, 새치기하다, ⟨~ butt in\intrude⟩, ⟨↔linger\dis-embark⟩ 양2

148 **bar·i·tone** \ bar·y·tone [배뤼토운]: ⟨←barys⟩, ⟨그리스어⟩, 'heavy tone', 바리톤, 테너와 베이스 사이의 남성 음역, 놋쇠로 만든 색소폰 비슷한 관악기의 하나, ⟨↔contralto⟩ 숲2

149 **bark¹** [바아크]: ⟨게르만어⟩, ⟨의성어⟩, 짖다, 고함치다, ⟨~ woof\growl⟩, ⟨↔silence\hush⟩ 양1

150 **bark²** [바아크]: ①⟨←barc⟩, ⟨게르만어⟩, ⟨←birch?⟩, 나무껍질, 수피, ⟨~ hull⟩, ⟨↔core⟩ ②⟨←barca(small boat)⟩, ⟨라틴어⟩, ⟨←barge⟩, 작은 범선, 돛단배 양1

151 ★**bark·ing up the wrong tree**: ⟨곰 사냥때 개가 다람쥐가 탄 나무에 대고 짖는 것처럼⟩ 헛다리 짚다, 엉뚱한 사람을 비난하다, ⟨~ erroneous\misleading⟩, ⟨↔accurate\valid⟩ 양2

152 **barn** [바안]: ⟨영국어⟩, 광, 헛간, ⟨barley를 넣어두던⟩ 곳간, ⟨~ hut\shed⟩, ⟨↔marn house\dispensary⟩ 미1

153 **ba·rom·e·ter** [버롸미터]: ⟨그리스어⟩, ⟨'baros'(무게)를 재는⟩ 바로미터, 기압계, 척도, 표준, ⟨~ pressure indicator⟩, ⟨~(↔)anemo-meter\hygro-meter\thermo-meter⟩ 양2

154 **bar·on** [배런]: 〈←baro(man)〉, 〈게르만어〉, 남작, 최하위의 귀족, '용사', 〈~ thane\lord〉 ❸

155 **bar·on·et** [배뤄닡 \ 배뤄넽]: 준 남작, 기사의 위 계급(귀족은 아니나 세습이 인정됨), 〈~ commoner Sir〉 ❸

156 **ba·roque** [버로우크]: 〈←barroco(rough)〉, 〈포르투갈어〉, '흠있는 진주', 〈이탈리아 화가 Barocci에서 따온〉 바로크, 기이한, 17~18세기에 유럽에서 유행했던 〈장식이 많은〉 예술 양식, 저속한, 〈~ decorated\gilded〉, 〈↔plain〉

157 **bar·rack** [배뤸]: ①〈←barraca(tent)〉, 〈이탈리아어→프랑스어〉, 바라크, '목조 오두막집', 막사, 병영, 크고 엉성한 건물, 막사에 수용하다, 〈~ camp\garrisom〉, 〈↔mansion\pleasure dome〉 ②〈아일리시어〉, 〈←brag〉, 야유하다, 성원하다, 〈~ shout\boo〉, 〈↔praise\discourage〉 ❸

158 **bar·rel** [배뤨]: ①〈←barile〉, 〈라틴어〉, 〈막대(bar)로 만든〉 통·원통·총이나 포의 몸통, 양을 재는 단위(석유 1배럴은 미국에서는 42갤런·영국에서는 35갤런), 〈~cask〉, 〈↔lack\handful〉 ②〈미국어〉, 〈barrel이 굴러가듯〉 질주하다, 〈↔walk\tread〉 ❼ ❸

159 **bar·ren** [배뤈]: 〈←baraigne(sterile)〉, 〈어원 불명의 프랑스어〉, 메마른, 불모의, 애를 못 낳는, 황량한, (노새 등의) 떼, 〈↔fertile\plush\pregnant\prolific〉

160 **bar·ri·cade** [배뤼케이드 \ 배뤼케이드]: 〈←barrica〉, 〈프랑스에서 물통(barrel)을 늘어놓아 만들었던〉 바리케이드, 통행 차단물, 장애물, 방책으로 막다, 〈~ blockade\obstacle〉, 〈↔passage\open〉 ❸

161 **bar·ri·er** [배뤼어]: 〈←barra〉, 〈라틴어→프랑스어〉, 〈막대기(bar)로 만든〉 울타리, 장벽, 방해물, 요새, 〈~ fence\hurdle〉, 〈↔entry\aid〉 ❸

162 **bar·ter** [바아터]: 〈←bareter(trick)〉, '속이다'란 뜻의 프랑스어에서 유래한 영국어〉, 물물교환, 구상무역, 교역하다, change, 〈~ trade\retail〉, 〈↔keep\forfeit〉 ❸

163 **base¹** [베이스]: 〈←beinein(walk)〉, 〈그리스어〉, '토대', 기초, 기지, 기준, 〈산성을 중화시키는〉 염기, 〈~ boss〉, 〈~ stand\foundation〉, 〈↔dis-assembly\superior\extra\acid〉 ❸

164 **base²** [베이스]: 〈←basis(low)〉, 〈라틴어〉, '낮은', 천한, 치사한, 가짜의, 〈~bass⁵〉, 〈~ bottom\cheap〉, 〈↔top\pole〉 ❸

165 **base·ball** [베이스 버얼]: 〈1839년 미국에서 고안된〉 ('기지'를 도는) 야구, 〈~ ball-game〉 ❼

166 ***base-band** [베이스 밴드]: 기저대, 기본 주파수대 (변조되지 않은 단일의 주파수대를 사용하여 정보를 전송하는 방식), 〈~ un-modulated signal〉 ❷

167 **base·ment** [베이스 먼트]: 〈토대에 면한〉 지하층, 최하부, 〈~ cellar〉, 〈↔attic\vertex〉 ❼

168 ★**bas·er** [베이설]: 원초적, 기본적, 이기적, 〈free-base를 사용하는〉 마약 사용자, 〈~ supporting\subordinate\based²〉, 〈↔superior\lofty〉 ❸

169 ★**bash** [배쉬]: 〈의성어〉, 〈영국어〉, 〈bang+smash〉, 세게 때리다, 강타하다, 부딪히다, 소동, (큰) 잔치, '대박', 〈↔miss\skirt〉 ❸

170 **bash·ful** [배쉬훨]: 〈영국어〉, 수줍어하는, 부끄러워하는, 〈~ abash〉, 〈~ shy\coy〉, 〈↔bold\confident〉 ❸

171 ***BASIC** [베이싴] (be·gin·ner's all-pur·pose sym·bol·ic in·struc·tion code): 다목적 초보 상형용어 지침, 초보자를 위해 쉽게 전산기를 이용하도록 만든 간이 차림표 언어 ❷

172 **ba·sic** [베이싴]: 〈←base¹〉, 기초적인, 근본적인, 필수적인, 〈~ fundamental\principal〉, 〈↔secondary\un-important〉

173 ★**bas·ic bitch** [베이싴 빝취]: 〈미국어〉, 〈←base²+base¹〉, 〈골빈녀, 날라리, (생각없이) '상투적'으로 사는 여자, 〈↔bro〉, 〈~ average girl; 편자가 간택한 말이 아님〉, 〈↔prima donna〉 ❸

174 **ba·sin** [베이슨]: ⟨←bacca(water vessel)⟩, ⟨라틴어⟩, 물동이, 대야, 세면대, 웅덩이, 분지, ⟨~ bowl\valley⟩, ⟨↔mound\hill⟩ 양1

175 **ba·sis** [베이시스]: ⟨←base¹⟩, ⟨그리스어⟩, 기초, 원칙, 근거, 주성분, 근거지, ⟨~ foundation\cornerstone⟩, ⟨↔irrelevance\auxiliary⟩ 양1

176 **bask** [배스크 \ 바아스크]: ⟨북구어⟩, ⟨←bath⟩, ⟨햇볕을⟩ 쬐다, 은혜를 입다, 총애를 받다, ⟨일광욕을 하는⟩ (거북·악어 등의) 떼, ⟨~ sun-bath\laze⟩, ⟨↔eschew\slave\stride⟩ 양2

177 **bas·ket** [배스킽]: ⟨←bascat(a wooden vessel)⟩, ⟨어원 불명의 프랑스어⟩, 바구니, 조롱, 광주리, (농구의) 득점 주머니, ⟨~ box\case⟩, ⟨~(↔)tray⟩, ⟨↔receptacle⟩ 양1

178 **bas·ket·ball** [배스킽 벌]: ⟨1891년에 미국에서 고안된⟩ (언덕을 넘어 바구니에 공을 넣는) 농구, ⟨~ hoops\round-ball⟩ 가1

179 ★**bas·ket·ball head** [배스킽 벌 헤드]: ⟨큰 대갈통을 가진⟩ '마음씨 좋은 아저씨', ⟨~ (big headed) sucker⟩ 미2

180 ★**bas·ket case** [배스킽 케이스]: ⟨일차대전 때 생긴 미국어⟩, ⟨바구니에 갇혀있는⟩ 사지 절단 자, 쓸모없는 일(사람), ⟨~ whack-job\invalid⟩, ⟨↔composed\self-sufficient⟩ 미2

181 **bass¹** [배스]: ⟨←bears(perch)⟩, ⟨게르만어⟩, 농어, (전 세계적으로 온·난류의 민물·짠물에 서식하며) 0.5~230kg까지 다양한 크기를 가진 (등지느러미가 날카롭고⟨bristle ass⟩ 옆으로 납작한 누리끼리한 색깔의 물고기, ⟨~ ray-finned fish⟩ 미2

182 **bass²** [베이스]: ⟨라틴어⟩, ⟨←base²⟩, 낮은 음(가수·악기), ⟨~ deep\grave⟩, ⟨↔high\treble⟩ 양2

183 **bas·tard** [배스터드]: ⟨라틴어⟩, (호나라 병사같이 pack·saddle(bastum)을 벗어놓고 겁탈하고 도망가서 생긴) '호래(노)자식', 사생아, 서자, 잡종, ⟨pack·saddle(말 안장)을 훔쳐 달아나는⟩ 개자식, 새끼, ⟨어원에 대한 다른 학설 중에 결혼하지 않은 남녀가 'barn(헛간)'에서 교접해서 낳은 놈이란 것이 제일 솔깃함⟩, ⟨~SOB⟩, ⟨↔legitimate\genuine⟩ 미1

184 **bat¹** [뱉]: ⟨←bakke(flapper)⟩, ⟨북구어⟩, '퍼덕거리는 것', 박쥐, (손 갈퀴로 날아다니는 야행성 포유동물⟨포유류 중 유일하게 날 수 있는 동물⟩), ⟨~(↔)flying fox⟩ 가2

185 **bat²** [뱉]: ⟨←batre(cudgel)⟩, ⟨라틴어→프랑스어⟩, '때리는 것', 타봉, 곤봉, (야구)방망이, ⟨~ club'⟩, ⟨↔ball⟩ 양1

186 ★**bat a thou·sand** [뱉 어 싸우전드]: ⟨1920년대에 일반화된 야구 용어⟩, 만사형통, (칠 때마다 안타가 나는) 승승장구, ⟨~ a perfect record⟩, ⟨↔striking out\failing epically⟩ 미2

187 ★**BAT + B** [뱉 플러스 비이]: ⟨미국의 GAFA 같이⟩ 중국의 전산망 시장을 석권하고 있는 Baidu·Alibaba·Tencent + Byte Dance의 두 문자를 딴 '박쥐군단' 중2

188 **batch** [배취]: ⟨←bacan(bake)⟩, ⟨영국어⟩, ⟨한꺼번에 구워진⟩ 빵, 한 묶음, 한 떼, 일괄 배치, ⟨~ cluster\bunch⟩, ⟨↔individual\dispersal⟩ 양1

189 *****batch file** [배취 화일]: 묶음 철, 일괄 처리 기록부, ⟨↔individul file⟩ 미2

190 *****batch proc·ess·ing** [배취 프롸쎄씽 \ ~ 프로우쎄씽]: (자동) 일괄 처리, 전산기의 일방적 사용 (일일이 시키지 않아도 전산기가 알아서 일정 시간마다 한데 모아 일괄 처리하는 방식), ⟨↔contineous processing⟩ 양1

191 ★**bat flip** [뱉 훌맆]: (야구에서) 투수가 홈런을 치고 나서 상대편을 조롱하려고 타봉을 공중제비로 던지는 짓, 방망이 뒤집기, '빠던'(빳다⟨bat⟩ 던지기), ⟨↔bean-ball⟩ 미2

192 **bath** [배쓰]: ⟨←badan(warm)⟩, ⟨게르만어⟩, 목욕, 흠뻑 젖음, ⟨~bask⟩, ⟨~ wash\soak⟩, ⟨↔parch\shower⟩ 가1

193 **bath-room** [배쓰 루움]: 욕실, 화장실, ⟨~ rest (or wash) room\lavatory\toilet⟩, ⟨↔bed-room\kitchen⟩ 가1

194 **ba·ton** [배탄]: ⟨←bastum(stick)⟩, ⟨라틴어→프랑스어⟩, 사령장, 지팡이, 지휘봉, 릴레이 봉, 바통, ⟨~ rod\wand⟩, ⟨↔spread\divide⟩ 유2

195 **bat·tal·ion** [버탤리언]: ⟨←battuere(beat)⟩, ⟨라틴어⟩, ⟨←battle⟩, (2개 중대 이상으로 편성된) 대대, 대군, (전투) 집단, ⟨~ unit\troop⟩, ⟨~(↔)platoon⟩, ⟨↔civilian⟩ 유1

196 **bat·ter·y** [배터리]: ⟨←battuere(beat)⟩, ⟨라틴어⟩, ⟨←bat²⟩, (모여서 힘을 내는) 건전지, 포열, 포대, 종합시험, '구타', ⟨~ array\power unit\assault⟩, ⟨↔individual\defence⟩ 미1

197 **bat·ting** [배팅]: ⟨←bat²⟩, 때리기, 타격, 걸기, 내기, ⟨~ hitting\endeavor⟩, ⟨↔defence\deal⟩ 유2

198 **bat·tle** [배틀]: ⟨←battuere⟩, ⟨라틴어⟩, ⟨←beat⟩, ⟨서로⟩ '때림', 전투, 싸움, 투쟁, ⟨~ fight⟩, ⟨→battalion\combat⟩, ⟨↔give in\truce\peace⟩ 기1

199 ★**bat·tle rope** [배틀 로우프]: (굵고 긴 밧줄을 양손에 쥐고) ⟨지랄발광을 하는⟩고강도 간격 운동, ⟨~ tabata⟩ 유2

200 ***baud** [버어드]: ⟨프랑스의 전신 기술자 이름(Baudot)에서 연유한⟩ 보드, 정보 전달 속도의 단위, 1초에 전달할 수 있는 최대 문구 수, ⟨~ unit of transmission speed⟩ 유1

201 **bawl** [버어얼]: ⟨←baulare(bark)⟩, ⟨라틴어⟩, ⟨의성어⟩, 소리치다, 울부짖다, ⟨~ boom\roar⟩, ⟨↔whisper⟩ 기1

202 ★**bay¹** [베이]: ⟨←badare(gape)⟩, ⟨라틴어⟩, 교각 사이, 칸, 격실, 기둥과 기둥 사이, 전산기의 원반 저장소, ⟨~ compartment\hole⟩, ⟨↔solid\whole⟩ 유1 유1

203 **bay²** [베이]: ⟨←bahia(inlet)⟩, ⟨어원 불명의 이베리아어⟩, 만, 내포(육지로 둘러싸인 어귀가 넓은 바다), 3면이 산으로 둘러싸인 평지, ⟨~ gulf\inlet⟩, ⟨↔bulge\closure⟩ 유1

204 **bay·o·net** [베이어닡]: '좋은 마을'이란 뜻의 (프랑스 남서부의 도시 이름⟨Bayonne⟩을 딴) 대검, flat dagger, (총 끝에 낀) 총검, 무력, 전기를 꽂는 장치의 일종 유1 유1

205 **bay win·dow** [베이 윈도우]: oriel(전망대), ⟨baee(공간)가 있는⟩ (벽에 칸을 만들어 주는) 돌출된 창, 내닫이창, 퇴창, 올챙이배, ⟨~ bow window⟩ 미1 유2

206 **ba·zaar \ ba·zar** [버자알]: 'market', 바자, ⟨이란의⟩ 저잣거리, 특매장, 자선시장, ⟨~ store\emporium⟩, ⟨↔factory\farm⟩ 미2

207 **BBC**: ⇒ British Broadcasting Corporation 미1

208 ★**bbfn** (bye-bye for now): '안녕', '잠깐만', '나중에' 유2

209 ★**bbl** (be back lat·er): '다시 오마', '잠시 쉬고', '나중에' 유2

210 **BBQ \ bar·be·que \ bar·be·cue** [바아비큐]: 바베큐, 통구이, '숯불구이' 유2

211 *BBS (bul·le·tin board sys·tem): 게시판 체계 유1

212 *BCC (blind car·bon cop·y): 신원 불명의 복사본, 전자우편에서 수신인에게 알리지 않고 다른 사람에게 송부되는 사본 유1

213 *BCD (bi·na·ry cod·ed dec·i·mal): 2진화 10진수, 10진수의 각 자리를 각기 4비트의 2진수로 나타낸 것, bad conduct discharge(불명예제대), '북창동' 순두부 유1 유2

214 **BCE \ be·fore com·mon(cur·rent) e·ra**: BC, 기원전, '현세기 전', ⟨↔AD\CE⟩ 수2

215 **be** [비]: ⟨←beon(to exist)⟩, ⟨게르만어에서 연유한 영국어⟩, 이다, 있다, 되다, ⟨영어에서 가장 흔하고·불규칙하고·복잡하고·의미심장한 말⟩, ⟨~ live\occur⟩, ⟨↔non-existent\not to be⟩ 기2

216 **beach** [비이취]: ⟨←bakiz(stream)⟩, ⟨게르만어→영국어⟩, ⟨자갈이 있는⟩ 해변, 물가, 해수욕장, ⟨~ seaside\shore⟩, ⟨~(↔)tidal flat⟩, ⟨↔depths\mountain⟩ 유2

217 **bea·con** [비이컨]: ⟨←becn(signal)⟩, ⟨게르만어⟩, '신호등', 햇불, 봉화, 교통표지, 지침, ⟨~ beckon⟩, ⟨↔blacken\dull⟩ 왕1

218 **bead** [비이드]: ⟨←biddan(pray)⟩, ⟨게르만어⟩, ⟨기도용⟩ 구슬, 염주알, 방울, 멀구슬나무, ⟨~ bid⟩, ⟨~ pellet/drop-let\China berry⟩, ⟨↔spread\unfold⟩ 왕1

219 **beak** [비이크]: ⟨←beccus(bill)⟩, ⟨라틴어→켈트어⟩, ⟨날카로운⟩ 부리, 주둥이, 매부리코, ⟨~ snout\nose⟩, ⟨↔stern²\tail⟩ 왕1

220 **beam** [비임]: ⟨←bhu(grow)⟩, ⟨산스크리트어→그리스어→게르만어⟩, (대) 들보, ⟨체조의⟩ 평균대, 저울, 빛, 광선, 전파, 전자통화, ⟨~ shaft\ray⟩, ⟨↔crooked\darken⟩ 왕1

221 **bean** [비인]: ⟨←bauno(legume)⟩, ⟨게르만어⟩, 작두(까치 콩), 강낭콩, 잠두콩(누에콩), ⟨pea는 완두콩⟩ 왕1

222 ★**bean-ball** [비인 버얼]: 야구에서 타자의 머리를 겨눈 공, ⟨↔bat-flip⟩ 왕2

223 **bean curd** [비인 커얼드]: 두부, tofu 가1

224 ★**bean-head** [비인 헤드]: 바보, 멍텅구리, ⟨~ noodle⁵⟩, ⟨↔egg-head⟩ 왕2

225 **bear¹** [베어]: ⟨←bera⟩, ⟨게르만어⟩, '갈색⟨brown⟩ 동물', 곰, 난폭한 사람, 못생긴 여자, 열성가, ⟨↔smoothie\bunny⟩ 가1 왕2

226 **bear²** [베어]: ⟨←bhar(carry)⟩, ⟨산스크리트어→그리스어→게르만어⟩, '몸에 지니다', 나르다, 지니다, 품다, 버티다, 떠맡다, 낳다, 맺다, 참다, ⟨~bore\born\birth⟩, ⟨↔lose\reject\dis-own⟩ 왕1

227 **beard** [비어드]: ⟨←barba⟩, ⟨라틴어→게르만어⟩, (턱) 수염, 아가미, 깃털, 미늘, ⟨~ barb\barbel⟩, ⟨~ goatee⟩, ⟨~(↔)mustashe⟩ 왕1

228 *****bear hug** [베어 허그]: 힘찬 포옹, 대상 기업의 이사회에 ⟨거절할 수 없는⟩ 매력적인 인수 가격을 제시하는 일, , ⟨↔side-hug⟩, ⟨↔inverted bear hug\arm-twisting⟩ 왕2

229 *****bear mar·ket** [베어 마아킽]: ⟨곰이 앞발을 내리치듯 하는⟩ 하향세, 하락 장세, ⟨~ death cross⟩, ⟨↔bull market⟩ 미2

230 **beast** [비이스트]: ⟨←bestia(brutal animal)⟩, ⟨라틴어⟩, 짐승, 금수, 네발 동물, 짐승 같은 놈, ⟨→bestial⟩, ⟨~ yahoo\savage⟩, ⟨↔man⟩, ⟨↔beauty⟩ 왕2

231 ★**beast mode** [비이스트 모우드]: '짐승행태', 경기에서 ⟨초인적⟩ 능력을 과시하는 상태, ⟨~demon mode⟩, ⟨↔piece of cake⟩ 왕2

232 **beat** [비이트]: ⟨←beatan(strike)⟩, ⟨게르만어⟩, 치다, 때리다, 두드리다, 지치다, '꺼지다', ⟨진하게⟩ 화장하다, 고동, 박자, 특종 기사, cheat의 은어, ⟨~ abate⟩, ⟨↔battle⟩, ⟨↔defend\block⟩ 왕2

233 ★**beat around the bush**: ⟨1440년 영국시에 등장한 말⟩, 변죽만 울리다, 넌지시 둘러대다, 요점을 피하다, ⟨↔get to the point⟩, ⟨↔come to the point\hit the nail on the head⟩ 왕2

234 ★**beat-ing a dead horse**: 버스 떠난 뒤 손 흔들기, 죽은 자식 불알 만지기, ⟨영국에서는 flogging a dead horse라고 함⟩, ⟨↔getting off the ground⟩ 왕2

235 ★**beat the clock** [비이트 더 클랔]: '시간을 이기다', 시간 내에 끝내다, ⟨↔don't hurry⟩ 왕2

236 ★**beats me** [비이츠 미]: 모르겠는데요, 금시초문이다, ⟨↔understandable\clear as mud⟩ 왕2

237 **beau-ti-ful** [뷰우티훌]: 아름다운, 예쁜, 훌륭한, 멋진, ⟨~ beauteous⟩, ⟨↔homely\awkward⟩ 가2

238 **beau-ty** [뷰우티]: ⟨←bellus(fair)⟩, ⟨라틴어에서 유래한 프랑스어⟩, 아름다움, 미모, 좋은 점, ⟨↔ugliness\hag⟩, ⟨↔beast⟩ 가1

239 ★**beau-ty is as beau-ty costs**: 예쁜 여자는 인물 값을 한다, ⟨~ beauty and good seldom go together⟩ 왕2

240 ★**beau-ty is in the eye of the be-hold-er**: 아름다움은 보는 이의 생각에 달렸다 왕2

241 ★**beau·ty is on·ly skin-deep**: 미모는 피상적일 뿐, 마음(성격)이 더 중요하다, 〈~ judge a book by it's cover〉 하2

242 **bea·ver** [비버]: 〈←behruz(brown)〉,〈'갈색'이란 뜻의 게르만어에서 유래한〉 비버, 해리(바다이리), 나무를 갉아 먹는 재주와 윤기 나는 모피를 가진 커다란 쥐 모양의 수변 동물 유2

243 *****be-bug-ging** [비 버깅]: 전산기 차림표 작성자의 오류 방지 능력〈'이 잡기'〉을 측정하기 위해 일부러 잘못된 정보를 삽입하는 일, '이 뿌리기' 유1

244 **be-cause** [비 커즈]: 〈영국어〉, 'by cause', 왜냐하면, ~때문에, ~이니까, 〈말이 많은 사람들이 말을 만들 때 쓰는 말〉, 〈↔despite〉 기2

245 **beck·on** [베컨]: 〈←beacen(sign)〉,〈게르만어〉, '신호하다', 손짓으로 부르다, 유혹하다, 〈~ beacon〉, 〈↔deter\dismiss〉 양1

246 ★**Beck·y** [베키]: ①Rebecca의 약어 ②〈여러 소설에 등장하는〉 분수를 모르는 백인 아줌마, '빙충 어멈', 〈~(↔)Karen〉 유1 양1

247 **be-come** [비 컴]: by+cuman(to come), 〈영국어〉, ~이 되다, ~에 어울리다, 〈↔remain\stay〉 가1

248 **bed** [베드]: 〈게르만어〉, bedstead, 침대, 모판, 하상, (강·바다 등의) '바닥', 층, 〈↔surface\rise〉 양1

249 ★**bed-fel·low** [베드 휄로우]: 동거인, 동료, 불륜의 상대, '잠짝', '기둥서방', 〈~ roommate〉, 〈↔enemy\foe〉 양1

250 ★**bed-head** [베드 헤드]: ①침대 머리 판 ②잠자고 나서 헝클어진 머리, '새 둥지 머리' 양2

251 **bed-pan** [베드 팬]: 침대용 변기, 〈~chamber pot〉, 〈~(↔)urinal〉 양1

252 **bed rest** [베드 뤠스트]: 침대 요양, 누운 자세의 휴양, 〈↔difficulty\erect〉 미2

253 **bed-room** [베드 루움]: 침실, 〈↔bath-room〉 가1

254 **bed-sore** [베드 쏘어]: 욕창, pressure sore, decubitus 양2

255 **bed-spread** [베드 스프뤠드]: 침대보 가1

256 ★**bed-strike** [베드 스트롸이크]: 잠자리 파업(양탈), 합환 거부, 〈그 이유가 궁금하도다!〉 양2

257 **bed-time** [베드 타임]: 취침 시간, 〈↔wake-up time〉 양1

258 ★**bed town** [베드 타운]: 잠만 자는 도시, 대도시 주변 주택지구, 〈↔business center\downtown〉 미2

259 **bee** [비이]: 〈←beo〉,〈게르만어〉, (세계적으로 서식하며 1만 종에 달하는) 별, 꿀벌, 일꾼, 암벌, 시인, 몹시 바쁜 사람, 〈↔drone은 수벌〉 기1 양2

260 **beech** [비이취]: 〈←bece(edible oak)〉,〈게르만어〉, 너도밤나무, 참나뭇과의 낙엽활엽교목〈식용 도토리를 제공하며 나뭇결이 단단하여 건축·가구재로 많이 쓰임〉 양1

261 **beef** [비이후]: ①〈'bous(ox)'란 그리스어에서 온 프랑스어〉,〈먹는 사람의 입장에서 쓰던 말〉, (쇠)고기, 살집, 알맹이, 근육, 체력, 살찌우다, 도살하다, 〈↔impotence\praise〉 ②〈놀랄 때 쓰던 'hot beef!'라는 외침에서 유래한 영국어〉, 다툼 양1

262 ★**beef cur·tains** [비이후 커튼스]: '쇠고기 보지', 성교를 너무 많이 해서 너덜너덜해진 대음순, 〈~roastie"〉 유2

263 **beef-steak** [비이후 스테잌]: 두껍게 저민 쇠고기(요리), 〈↔ground beef\hamburger〉 유1

264 ★**beef up** [비이후 엎]: (체력을) 증진하다, 보강하다, 강화하다, 〈~ strengthen\under-gird〉, 〈↔diminish\weaken〉 양2

265 **bee-hive** [비이 하이브]: 꿀벌 통, 벌집, 붐비는 장소, 〈~ honey-comb〉 양1

266 ★**bee-line** [비이 라인]: 직선, (벌집으로 돌아오는 꿀벌의 행로 같은) 최단 거리, ⟨~ crow line\short-cut⟩, ⟨↔detour⟩ 영2

267 **beep-er** [비이퍼]: ⟨영국어⟩, ⟨의성어⟩, 삐삐, 무선 호출 장치, radio pager, ⟨주머니 종⟩ 영2

268 **beer** [비어]: ⟨←bibere(drink)⟩, ⟨'마시다'란 뜻의 라틴어에서 연유한 게르만어⟩, ⟨1만여년전에 중동지방에서 개발된⟩ (어원에 대해 3가지 학설이 있는) 맥주(곡류·홉 열매·효모와 물로 된 약한 술), ⟨세계에서 제일 많이 소비되는 주류⟩ 기1

269 ★**beer and skit·tles** [비어 앤 스키틀즈]: 맥주와 오뚜기 놀이, ⟨1839년 C. Dickens의 글에 등장한 말⟩, ⟨마시고 노는⟩ 편안한 생활, 향락, 유흥, ⟨~primrose path⟩, ⟨↔hell\misery⟩ 영2

270 ★**bee's knees** [비이스 니이즈]: 월등한 것(일), 최적임자, ⟨꿀벌이 화분을 무릎에 담아 나르듯⟩ 기똥찬 기술을 가진 자, ⟨↔failure\turkey⟩ 영2

271 **beet** [비이트]: ⟨←beta(a chard)⟩, ⟨켈트어→라틴어⟩, (남적색의 뿌리를 가진) 남당무, 근대, 사탕무, remolacha⟨스페인어⟩ 미2

272 **bee·tle** [비이틀]: ⟨←bitan⟩, ⟨영국어⟩, ⟨bite하는⟩ 딱정벌레, 투구벌레, 단단한 입을 가진 벌레, 근시 영1

273 **be-fall** [비 훨얼]: ⟨안 좋은 일이⟩ 일어나다 (생기다), ⟨~ occur\happen\take place⟩, ⟨↔miss\pass⟩ 기1

274 **be-fit** [비 휠]: 적합하다, 알맞다, ⟨↔unsuitable\improper⟩ 기1

275 **be-fore** [비 호어]: be+foran(front), ⟨영국어⟩, ~전에, 앞서, 먼저, ⟨김이 샜다는 말⟩, ⟨↔after⟩ 기2

276 **be-fore-hand** [비 호어 핸드]: '앞서 손을 쓴', 미리, 벌써, 앞질러, 지레, ⟨↔after-wards⟩ 기1

277 **beg** [베그]: ⟨←beggen(be seech)⟩, ⟨게르만어⟩, 빌다, 청하다, 구걸(비럭질)하다, ⟨~ bid⟩, ⟨~ entreat\implore⟩, ⟨↔demand\suggest⟩ 기1

278 **be-get** [비 겔]: ⟨영국어⟩, 낳다, 얻다, 생기게 하다, ⟨이탈리아 양반들은 'pro·geny'라 함⟩, ⟨↔perish\prevent⟩ 기1

279 **beg-gar** [베거]: 거지, 비링뱅이, 걸인, 간청하는 자, ⟨↔rich\donor\sponsor⟩ 영2

280 ★**beg-gar my neigh·bor** [베거 마이 네이버]: ①상대편의 패를 모두 뺏을 때까지 둘이서 하는 놀이 ②(남의 손실로 이익을 얻는) 자기중심적, 근린궁핍화, ⟨↔mercantist⟩ 미2

281 ★**beg-gars can-not be choos-ers**: 빌어먹는 놈이 콩밥을 마다하랴, ⟨~ don't look a gift horse in the mouth⟩ 영2

282 **be·gin** [비긴]: on+ginnan(start), ⟨게르만어⟩, 시작(착수)하다, 일으키다, ⟨↔cease\end⟩ 기1

283 **be-half** [비 해후 \ 비하아후]: on+healf(half⟨side⟩), ⟨영국어⟩, ~를 위하여(대신하여), 이익, 지지, 원조, ⟨↔despite\blockage⟩ 기1

284 **be-hav·ior \ be-hav·iour** [비 헤이뷔어]: be+habban(have), ⟨게르만어→영국어⟩, 행동, 태도, 작용, 습성, ⟨←have; 돈을 갖고 있을 때와 없을 때에 따라 행동이나 태도가 달라지기 때문⟩, ⟨↔mis-behavior\mis-conduct⟩ 영1

285 **be-hind** [비 하인드]: by+hindan, ⟨←hind⟩, 뒤 (배후)에, 늦어, ~보다 떨어져서, 엉덩이, '꽁무니', ⟨↔a-head\in front of⟩ 기1

286 **be-hold** [비 호올드]: be+healdan(to keep), ⟨영국어⟩, (바라)보다, 주시하다, ⟨↔un-seen\dis-regard⟩ 영2

287 ★**beige flag** [베이쥐 훌래그]: ⟨Tik Tok 용어⟩, 밋밋한 깃발, '중립 신호', (동영상 교신에서) 좋지도 않고 싫지도 않은 교감, 두고 볼 일, ⟨↔red\green flag⟩ 무2

288 ★**beige prose** [베이쥐 프로우즈]: (짧고 단순한) 간결체 문장, ⟨↔purple prose⟩ 양2

289 ★**be in the same boat**: 같은 배를 탄 처지이다, 똑같은 곤경에 처해있다, 운명을 같이 한다, ⟨~ on a par\joined at the hip⟩ 양2

290 **be-lated** [비 레이티드]: ⟨영국어⟩, (뒤) 늦은, 구식의, ⟨↔premature\early⟩ 양2

291 **belch** [벨취]: ⟨영국어⟩, ⟨의성어?⟩, 트림하다, 분출하다, 내뱉다, ⟨↔contain\bottle up⟩ 양1

292 ★**bel-fie** [벨휘]: ⟨미국어⟩, 'bottom selfie', ⟨사회 전산망에 올리기 위해⟩ 본인의 엉덩이를 찍은 사진, ⟨↔dick-pic⟩ 위2

293 **be · lieve** [빌리이브]: be+gelefan(faith), ⟨게르만어→영국어⟩, 믿다, ~라고 생각하다, ⟨→belief⟩, ⟨↔dis-believe\doubt⟩ 가1

294 **bell** [벨]: ⟨←belle(ring⁹)⟩, ⟨게르만어⟩, ⟨의성어⟩, 종 (소리·모양), 방울, 초롱꽃, ⟨↔silence\murmur⟩ 가1

295 **belle** [벨]: ⟨라틴어에서 연유한 프랑스어⟩, beautiful의 여성형, 미인, 가인, ⟨↔bag\hag⟩ 양2

296 **bell-flow · er** [벨 훌라워]: 초롱꽃, 도라지, 여름에 종 모양의 담자색 꽃을 피우는 여러해살이풀, campanula 미2

297 ★**bell-hop** [벨 핳]: ⟨종이 울리면 깡충깡충 뛰어다니는⟩ (호텔이나 클럽의) 사환, bell·boy의 더 속된 표현 양2

298 **bel · lig · er · ent** [벌리줘뤈트]: ⟨←bellum(war)⟩, ⟨라틴어⟩, 호전적인, 교전 중인, 기어오르는, ⟨~ bellicose⟩, ⟨↔peace-able\friendly⟩ 양1

299 **bel·lows** [벨로우즈]: ⟨←belg(bag)⟩, ⟨영국어⟩, blowing bag, '바람을 불어넣는 자루', 풀무, 송풍기, 바람통, 주름상자 양1

300 **bell pep · per** [벨 페퍼]: sweet pepper, 사자고추, '방울 고추', ⟨중미 원산의⟩ 맵지 않은 각각 녹·황·적 색깔로 된 종 모양의 열매를 맺는 가짓과의 '과일', ⟨~ sweet bell⟩, ⟨↔hot pepper⟩ 미1

301 *****bells and whis·tles** [벨즈 언드 위쓸스]: ⟨무성 영화 시대 때 주의를 환기하려고 쓰던 음향 효과에서 유래한⟩ 전산기에 멋으로 덧붙이는 부가 기능 위2

302 ★**bell the cat** [벨 더 캩]: ⟨쥐들이 모여서 안전을 위해 고양이 목에 방을 달 지원자를 모집하듯⟩ (남을 위해서) 위험한 일을 떠맡다, (스스로) 난국에 처하다, ⟨↔push one's luck⟩ 양2

303 ★**bell-weth · er** [벨 웨더]: (양 떼를 이끄는) 방울 달린 숫양, 선도자, 주모자, ⟨↔follower\imitator\Johnny-come-lately⟩ 양2

304 **bel · ly** [벨리]: ⟨←belg⟩, ⟨게르만어⟩, 'bag(자루)', 배, 불룩한 부분, ⟨~ bulge⟩, ⟨~ bowel\paunch⟩, ⟨↔back⟩ 가1

305 **bel · ly but · ton** [벨리 버튼]: 배꼽, tummy button, navel, ⟨~ umbilicus⟩ 양2

306 ★**bel · ly-up** [벨리 엎]: ⟨물고기처럼⟩ 죽어자빠진, 결단난, 파산한, ⟨↔back-up\straighten\succeed\solvent⟩ 양2

307 ★**bel · ly-wash** [벨리 워어쉬]: ⟨19세기 중반에 등장한 미국 속어⟩ ①(조잡한) 음료, ⟨~hog-wash⟩ ②허튼소리, ⟨↔axiom\mantra⟩ 양2

308 **be-long** [비러엉]: be+langian(go along), ⟨게르만어→영국어⟩, 속하다, ~의 것이다, 잘 맞는다, ⟨↔avoid\abandon\unrelated⟩ 양1

309 **be-loved** [비 러브드]: 사랑하는, 소중한, 여보, 당신, ⟨↔despised\hated⟩ 양2

310 **be-low** [빌로우]: be+logh(low), ⟨영국어⟩, ~보다 아래에, '하바리', ⟨↔above\over⟩ 가1

B 59

311 ★**be-low the belt** [빌로우 더 벨트]: 허리띠 아래, 반칙, (남들이 상관할 바가 없다는) 남녀상열지사 〈박정희 대통령의 말〉, 〈↔legal\just〉 양2

312 **belt** [벨트]: 〈←balteus(girdle)〉, 〈라틴어〉, (허리)띠, 혁대, 지대(zone), 줄, 고리, 〈↔ungird\untie〉 중1

313 ★**belt-way** [벨트 웨이]: 순환도로, 〈~ ring road〉, 〈↔direct link\main road\zigzag〉 가1

314 **bench** [벤취]: 〈←benc(long seat)〉, 〈게르만어〉, 긴 의자, 재판관석, 작업대, 선수석, 품평회, 〈←bank¹〉, 〈↔chair〉 중1

315 **bench-ing** [벤칭]: ①벤치를 만들다(배치하다) ②〈미국어〉, 대기발령, (선수를) 벤치에 쉬게하다, (연애에서) 〈혹시 모르니까〉 그럭저럭 관계를 유지하다, 〈↔promote\enhance〉 양2 미2

316 ★**bench mark** [벤취 마아크]: 수준기표, 수준점, 기준, 견주기, 〈↔triviality\irrelevance〉 양2

317 *****bench mark-ing** [벤취 마아킹]: '요령사업', 쉽게 아이디어를 얻어 새 상품 개발로 연결시키는 기업 무1

318 ★**bench warm-er** [벤취 워어머]: ①의자 가온기 ②〈미국 속어〉, 후보선수, 〈~ substitute〉, 〈↔starter\first string〉 양2

319 **bend** [벤드]: 〈←bendon(curving)〉, 〈게르만어〉, 구부리다, 접다, 굴복시키다, '묶다', (도로·강의) 굽이, 〈~ band〉, 〈↔straight(en)〉 중1

320 ★**bend o·ver back·ward** [벤드 오우붜 뻭워드]: (몸을) 뒤로 젖히다, 힘들며 일하다, 최선을 다하다, 〈~ do the best〉 양2

321 **be-neath** [비니이쓰]: be+neothan(below), 〈영국어〉, ~의 밑에, ~보다 낮은, ~할 가치가 없는, 〈~ nether\below〉, 〈↔above\over〉 가1

322 **ben·e·fit** [베니휠]: 〈라틴어〉, '좋게 만드는 것', 이익, 은혜, 혜택, 〈↔detriment\disadvantage〉 양2

323 ★**ben·e·fit of the doubt** [베니휠 어브 더 다울]: '불확실의 은사', 불확실한 경우에 상대에게 유리하게 해석하는 것, 〈↔assume the worst〉 중1

324 **be·nev·o·lent** [버네뷜런트]: bene(well)+velle(wish), 〈라틴어〉, '잘 지내기를 바라는', '호의의', 자비로운, 인자한, 자선의, 〈~ magnanimous\charitable〉, 〈↔malevolent\execrate\cruel\blackmail\spite〉 양2

325 ★**ben·ny** [베니]: ①〈어원 불명의 미국어〉, 남자 외투 ②〈어원 불명의 미국어〉, 챙이 넓은 밀짚모자 ③benzedrine (중추신경 자극제) 중1

326 ★**be not the first to quar·rel, not the last to make it up**: 싸움은 말리고 흥정은 붙여라, 솔선수범하라, 〈~ lead by example〉 양2

327 **bent** [벤트]: ①bend의 과거·과거분사, 굽은, 뒤틀린, 열중한, 경향, 좋아함, 굴곡, 〈↔straight\even〉 ②〈←beonet(rush)〉, 〈게르만어〉, 골풀, 거이삭 양1 미2

328 ★**bent out of shape**: 형태가 찌그러진, 고주망태가 된, 몹시 화난, 격노한, 〈↔agreeable\pleased〉 양2

329 **be-queath** [비 퀴이쓰]: be+cwethan(say), 〈영국어〉, '진술하다', 유언으로 증여하다, 후세에 남기다, 〈~ bestow\legate²〉, 〈←quote〉, 〈↔withhold\decline\receive〉 양2

330 **be-rate** [비뤠이트]: 〈영국어〉, '철저히 'rate'(평가)해서' 몹시 꾸짖다, 야단치다, 〈~ scold\disparage\reprove\vilify〉, 〈↔praise\evaluate〉 중2

331 **be-reave** [비뤼이브]: be+reafian(rob), 〈영국어〉, (근친을) 앗아가다, ~을 잃게 하다, 〈~ be·reft〉, 〈↔replenish\benefit〉 양2

332 **ber·ry** [베뤼]: 〈←beri(grape)〉, 〈게르만어〉, '송이', 딸기류의 과실, 많은 작은 씨를 가진 액즙성 소과일 미1

333 **berth** [버얼쓰]: bear(carry)+th, 〈영국어〉, 〈←bear?〉 〈(층)침대, 숙소, 정박지, 선착장, 〈~ quay\wharf〉 왕1

334 **be-seech** [비 씨이취]: be+sechen(seek), 〈영국어〉, 간청 (탄원)하다, 〈~ beg\require\claim〉, 〈↔refuse\reject〉 가1

335 **be-set** [비 쎌]: be+settan(put), 괴롭히다, 에워싸다, 〈사면초가〉, 〈↔assist\relieve〉 가1

336 **be-side** [비 싸이드]: be+sidan(siege), 〈영국어〉, ~곁에, ~와 나란히, ~와 떨어져서, 〈~ along with\next to\together〉, 〈↔away\within\except〉 가1

337 **be-sides** [비 싸이즈]: 〈←beside〉, 외에, 밖에, ~말고는, 게다가, 또한, 〈~ apart from\in addition to〉, 〈↔including\entirely〉 왕1

338 ★**be slow in choos-ing (a friend) but slow-er in chang-ing**: 〈B. Franklin이 한 말〉, (친구를) 고를 때 신중히 하고 바꿀 때는 더 심사숙고 하여라, 〈~ changing is harder than choosing; 결혼에도 적용되는 말〉 왕2

339 **best** [베스트]: 〈어원 불명의 게르만어〉, super, good·well의 최상급, 최고, 최선, 몹시, 〈↔worst\least〉 왕2

340 ★**best of both worlds** [베스트 어브 보우쓰 워얼즈]: 상반되는 것의 장점만 합쳐 취하는 것, 〈worst of both worlds〉 왕1

341 ★**best of the bunch**: 가장 뛰어난, 군계일학, 〈~ cream of the crop\swan among ducks〉, 〈↔bottom of the barrel〉 왕2

342 **be·stow** [비스토우]: be+stowe(place), 〈영국어〉, 주다, 부여하다, 이용하다, 〈→stow〉, 〈~ bequest\donate〉, 〈↔arrogate\deprive\rob〉 왕1

343 ★**best thing since sliced bread**: 〈역사상〉 제일 좋은 것(잘된 것), 〈인류〉 최고의 발명품, 〈↔rubbish\awful〉 왕1

344 **bet** [벹]: (~ing), 〈어원 불명의 영국어〉, 내기, 걸기, 방책, 단언, 보증, you bet (문제없어)의 준 말, 〈~ abet〉, 〈↔certainty\reject\bust〉 왕1

345 *****be·ta test** [베이터 테스트]: 베타 검사, '2차 검증', 컴퓨터 생산품을 시판하기 전에 (사내에서 하는 알파 검사를 거친 후) 특정 사용자들과 하는 사전검사, 〈↔alpha test〉 왕1

346 ★**betch** [벹취]: 〈미국 신조어〉, 귀여운 bitch(암캐), 야한 치장의 젊은 백인 여자, 귀여운 년 왕2

347 ★**béte noir(e)** [베이트 느와알]: 〈프랑스어〉, black beast (검은 짐승), 역겨운 자, 징그러운 놈, 혐오의 대상, 〈↔favorites\minion\mink〉 왕2

348 **be·tray** [비트뤠이]: be+tradere(hand over), 〈라틴어〉, 배신하다, 속이다, 누설하다, 〈→traitor〉, 〈~ desert\renegade〉, 〈↔protect\defend\be faithful〉 왕1

349 **bet·ter** [베터]: 〈←bhadra(excellent)〉, 〈산스크리트어→게르만어〉, good\well의 비교급, 보다 나은, 더 좋은, 〈↔worse\inferior〉 왕2

350 ★**bet·ter a liv·ing dog than a dead li·on**: 죽은 정승이 산 개만 못하다, 〈~ a live nag rather than a dead thorough-bred〉 왕2

351 ★**bet·ter be the head of an ass than the tail of a horse**: 용의 꼬리보다 뱀의 머리가 낫다, 〈~ better walk before a hen than behind an ox〉 왕2

352 ★**bet·ter half** [베터 해후]: 배우자, (소중한) 자기, 〈나보다 나은〉 당신, 〈↔worse-half\dark-side〉 가1

353 ★**bet·ter late than nev·er**: 늦더라도 않는 것 보다 낫다, 않느니 늦는 게 낫다, 〈↔better early than late\the early bird catches the worm〉 왕2

354 ★**bet·ter na·ture** [베터 네이춰]: 양심, 좋은 쪽의 인격, 〈↔evil\wicked〉 왕2

355 ★**bet·ter off** [베터 어어후]: (형편이) 더 나은, 유복한, ~보다 더 낫다, ⟨↔worse-off⟩ 양2

356 ★**bet·ter safe than sor·ry**: ⟨1837년경에 등장한 영국어⟩, 아는 길도 물어가라, 나중에 후회하는 것보다 안전한 것이 더 낫다, 안전제일, ⟨~ look before you leap⟩, ⟨↔skate on thin ice\ride a tiger⟩ 양2

357 ★**bet·ter to starve than live with the in-laws**: 겉보리 서 말만 있으면 처가살이 하랴, 처가와 뒷간은 멀수록 좋다, ⟨~(↔)in-laws are no better than Buddha's cousins⟩ 양2

358 ★**be·tween** [비튄인]: be+twa, ⟨게르만어⟩, ⟨둘('two')⟩ 사이(의·에서·에), 중간(의·에서·에), ⟨튀어 나갈 수 없다는 말⟩, ⟨↔among⟩, ⟨↔apart\outside⟩ 개1

359 ★**be·tween a rock and a hard place**: ⟨1940년대부터 유행 했으나 Homer가 이미 *between Scylla and Charybdis란 말을 쓴적이 있음⟩, 곤란한 상황에 처해 있다, 진퇴양난 양2

360 ★**be·tween the dev·il and the deep blue sea**: ⟨←devil(배 바다의 틈새)⟩, (배 밑 바다에 난 틈새를 때우는 일처럼) 위험하나 하지 않으면 안되는 일, 진퇴유곡, ⟨~ between a rock and a hard place⟩ 양2

361 **bev·er·age** [베붜뤼쥐]: ⟨←bibere(drink)⟩, ⟨라틴어⟩, 마실 것, 음료, ⟨↔food\victual⟩ 양2

362 **be·wail** [비 웨일]: be+wailen(woe), ⟨북구어→영국어⟩, 비탄하다, 애통하다, ⟨↔joy\glory⟩ 개1

363 **be·ware** [비 웨어]: be+wara(caution), ⟨게르만어→영국어⟩, 조심하다, 경계하다, ⟨↔disregard\ignore⟩ 양2

364 **be·wil·der** [비 윌더]: be+wilde(wild), ⟨게르만어⟩, 당황하게 하다, 어리둥절하다, ⟨↔clarify\enlighten⟩ 양1

365 **be·yond** [비여언드]: by+geond(across), ⟨게르만어→영국어⟩, ⟨←yonder⟩, ~의 쪽에, ~의 범위를 넘어, ⟨넘보지 못함⟩, ⟨↔close\nearby⟩ 개2

366 ★**BFF**: best friend forever, 영원한 절친, 언제나 가장 친한 친구 미2

367 ★**BG**: big grin, 하하, 싱글벙글, 큰 미소 미2

368 ★**bhang** [뱅]: ⟨산스크리트어⟩, (3천 년 전부터 복용해 온) 인도 '대마(hemp)'⟨를 말린 마리화나⟩ 미2

369 ***BI** [비이 아이]: ①bi-sexual(양성), ⟨↔mono-sexual(단성)⟩ ②business intelligence(사업지능), ⟨~(↔)AI(인공지능)⟩ 미2

370 **bi·as** [바이어스]: ⟨←biais(slope)⟩, ⟨프랑스어⟩, 사선, 엇갈림, 편견, 선입관, 치우침, ⟨~ pre·judice⟩, ⟨↔fairness\impartial⟩ 양2

371 **Bi·ble** [바이블]: ⟨종이(papyrus)를 수입하던 페니키아의 항구 이름(Byblos)에서 연유한 그리스어⟩, '책', 성서, 성경, 경전, ⟨~ Holy Scripture⟩ 개1

372 **bi·cy·cle** [바이 씨클]: ⟨←kyklos(wheel)⟩, ⟨그리스어→라틴어⟩, 이륜차, 자전거, ⟨~ tricycle⟩, ⟨↔walk\truck\car\motor-cycle⟩ 개1

373 **bid** [비드]: ⟨←biddan(ask)⟩, ⟨게르만어⟩, (인사) 말하다, 명하다, 입찰하다, 값을 매기다, ⟨→forbid⟩, ⟨~ bead⟩, ⟨↔cancel\annul⟩ 양1

374 **bi·det** [비이데이]: ⟨←bider(trot)⟩, ⟨어원 불명의 프랑스어⟩, 작은 승용마, ⟨아마도 '작은 말 안장'에서 연유한 듯한⟩ 국부아 항문 세척기 미1

375 **big** [비그]: ⟨byg(strong)⟩, ⟨14세기에 등장한 어원 불명의 영국어⟩, 큰, 중요한, 넓은, 연상의, ⟨↔little\small⟩ 양2

376 ★**Big Ap·ple** [비그 애플]: 뉴욕시, '대박'(재즈 음악가들의 선망의 대상도시) 수1

377 ★**big-ass** [비 개쓰]: 엉덩이가 큰, 터무니없는, 거드름쟁이, ⟨↔baby\bijou⟩ 미2

378 ★**big boot·y** [비그 부우티]: big bottocks, 엉덩이가 큰 여자, '풍선 엉덩이' 〈양2〉

379 ★**big buck** [비그 벅]: 큰돈, 〈~ guap\pretty penny〉, 〈↔pretty cash\pittance〉 〈양2〉

380 ★**big cheese** [비그 취이즈]: big bug, 대빵, 거물, 유력 인사, 얼빠진 자, 〈~top dog〉, 〈↔no body〉 〈양2〉

381 ★**big deal** [비그 디일]: 대단한 것(보통 반어적으로 쓰임), 사업체 바꾸기, 〈↔trivial\bagatelle〉 〈양2〉

382 ***big–end·ian** [비 겐디언]: 《갈리버 여행기》에서 연유한 영국어〉, '큰 끝편' (삶은 달걀을 까먹을 때 끝이 큰 곳부터 깨트려야 한다는 사람들), 사소한 문제로 싸우는 사람, 여러 비트의 기억을 저장할 때 전반·상위부부터 수록하는 〈번거로운〉 기억력 체계, 〈↔little endian〉 〈위1〉

383 ★**Big Game** [비그 게임]: '대 경기', ⇒ Super Bowl 〈요2〉

384 ★**big·ger fish to fry**: 〈1660년에 등장한 영국어〉, 더 중요한 일(사람), 〈남녀 관계에서는 better-fish(더 좋은 상대)라고 하기도 함〉 〈양2〉

385 ★**big house** [비그 하우스]: 큰 집, 교도소, 형무소(jail), 〈↔small house\out-side〉 〈양2〉

386 ★**big-ly** [비글리]: 큰 폭으로, 〈트럼프 대통령이 감세 폭을 말하면서 쓴〉 '대규모로', 〈↔hardly\barely〉 〈양2〉

387 *‌**Big Mac In·dex** [비그 맥 인덱스]: (각국에서 팔리는 빅맥의 가격을 기준으로 각국의 환율을 측정하는) 구매력 평가지수 〈요2〉

388 ★**big-mouth** [비그 마우쓰]: 수다스러운 (사람), 입이 가벼운 사람, 허풍쟁이, 촉새, 〈↔quiet\laconic\decent〉 〈양2〉

389 ★**big pic·ture** [비그 픽춰]: 조감, 총괄적 전망, 〈↔limited\detailed〉 〈양2〉

390 ★**big shot** [비그 샽]: 큰 인물, 거물, 〈~ big gun〉, 〈↔small fry〉 〈양2〉

391 ★**Big Tech** [비그 텤]: 거대 기술 기업, GAFA+Microsoft 〈미2〉

392 ★**big time** [비그 타임]: 최고, 일류, 대박, 〈↔mediocre〉 〈양2〉

393 ★**big trou·ble comes in small pack·ages**: 조그만 문제들을 방치하면 걷잡을 수 없이 커진다, 가랑비에 옷 젖는 줄 모른다, 〈~ a stitch in time saves nine〉 〈양2〉

394 ★**big wheel** [비그 위일]: 대형 관람차, 거물, 두목, 수단꾼, 인기 있는 사람, 〈↔trivial\subordinate〉 〈양2〉

395 ★**big word** [비그 워어드]: (공식적인) 격식언어, 〈↔chit-chat〉 〈미2〉

396 **bike** [바이크]: 〈그리스어→라틴어→영국어→미국어〉, bicycle의 단축형, 자전거, 소형 오토바이(자동륜), 〈~(↔tricycle〉

397 **bi·ki·ni** [비키이니]: 〈원주민어→유럽어〉, 〈그 옷이 폭발적으로 잘 팔리라고 프랑스의 자동차 기술자가 미국이 원자폭탄 실험을 한 태평양의 Bikini(코코넛으로 덮힌'이란 뜻의 원주민어) 섬이름을 따서 만든 상표명〉, 두 부분으로 된 여성 수영복, 〈~(↔top-less\bottom-less\mono-kini〉, 〈↔long sleeve\tank suit〉 〈양1〉

398 *‌**Bil·bao ef·fect** [빌바오 이훽트]: billa(stacking)+vaho(steam), 〈바스크어+스페인어〉, 빌바오 효과, 〈제철·조선업이 유명했던 스페인 북부 소도시 Bilbao(river cover)가 1980년대 후 쇠퇴하기 시작했으나 1997년 괴상한 모양의 구겐하임 미술관을 설립해서 관광명소로 거듭난 것에서 유래한〉 건축물에 의한 도시의 중흥 효과 〈요2〉

399 *‌**bil·dungs-ro·man** [빌둥즈 로우마안]: 〈독일어〉, educational novel, 교양소설, 주인공의 정신적·정서적 성장과정을 다룬 소설

400 **bile** [바일]: 〈←bilis(anger)〉, 〈라틴어〉, 담즙, 역정(울화), 〈↔sympathy\kindness〉 〈양2〉

401 **bill** [빌]: ①〈←bulla(knob)〉, 〈라틴어〉, '도장 찍힌 교서'〈bull²〉, 청구서, 계산서, 표, 전단지, 지폐, 장전, 법안, 〈↔asset\receipt\coin\acquittal〉 ②〈←bil(ax)〉, 〈영국어〉, 부리, 길고 납작한 주둥이, (군모 등의) 챙, 〈~ beak〉, 〈↔stern²\tail〉 〈양1〉

402　**bill-board** [빌 보어드]: 광고(게시)판, 안내판, bulletin board, 〈~ placard\poster〉, 〈↔conceal\mass media〉 **왕1**

403　**bil·liards** [빌리어즈]: 〈←billus〉, 〈라틴어→프랑스어〉, 〈billet²로 치는〉 당구, 〈pool²과는 달리 옆에 주머니가 없음〉 **왕2**

404　**bil·lion** [빌리언]: bis(twice)+million, 〈프랑스어〉, 'million의 천배', 10억(1,000,000,000), 10의 9승, 무수, '만만', 〈번역할 때 조심해야 될 말〉 **미1**

405　★**bill of fare** [빌 어브 훼어]: 식당 차림표, 음식 목록(가격표) **왕2**

406　**bil·low** [빌로우]: 〈←bylgja(great wave)〉, 〈북구어〉, 큰 물결, 소용돌이치는 곳, 놀(너울), 〈↔abridge\contract〉 **왕2**

407　**bin** [빈]: 〈←benna(cart)〉, 〈켈트어〉, 궤, 저장 통, 큰(저장) 통, 쓰레기통, garbage can, **미1**

408　**bi·na·ry** [바이너뤼]: 〈←bini(two by two)〉, 〈라틴어〉, 둘(쌍)의 두 성분으로 된, 2진법, 양성 연애자, 〈↔unary\non-binary\singular\ternary\Boolean〉 **왕2**

409　*****bi·na·ry ad·di·tion** [바이너뤼 어디션]: 2진법 덧셈, 2진 가산 〈큰 숫자만 선택하여 이월시키면서 단계적으로 더해 나가는 계산법〉 **왕2**

410　*****bi·na·ry chop** [바이너뤼 챂]: 2분할법 〈목적하는 자료가 중간 점의 위 또는 아래에 있는지를 따져 찾아내는 방법〉 **왕2**

411　*****bi·na·ry dig·it** (num·ber) [바이너뤼 디짙]: 2진 숫자 〈0과 1〉 **왕2**

412　*****bi·na·ry file** [바이너뤼 화일]: 2진 기록철〈인쇄하지 않아도 좋은 부호들을 간직한 (숨은) 장부〉 **왕2**

413　*****bi·na·ry search** [바이너뤼 써어취]: 2진 검색〈자료를 검색할 때 두 부분으로 나누어 한쪽을 골라내는 절차를 반복해서 목표물을 찾아내는 방식〉 **왕2**

414　*****bi·na·ry sub·trac·tion** [바이너뤼 썹트랰션]: 2진법 뺄셈, 2진 감산 〈작은 숫자를 0으로 만들어서 단계적으로 더해 나가는 계산법〉 **왕2**

415　*****bi·na·ry syn·chro·nous trans·mis·sion** [바이너뤼 씽크뤄너스 트랜스미션]: 2진적 (자료) 동기 전송〈2진 부호화된 자료를 공통된 시간 기호로 제어시켜서 전송하는 방식〉 **미2**

416　*****bi·na·ry sys·tem** [바이너뤼 씨스템]: 이원계, 이진 체계, 〈삼라만상을 있는 자(I)와 없는 자(o)로 구분해서 생각하는 수학적 사고방식으로 전산기의 기본 원리로 유용하게 써먹고 있음〉 **왕2**

417　*****binch** [빈취]: ①〈전산망어〉, (bit과 bunch의) 중간 크기 ②〈전산망어〉, bitch의 점잖은 표현 ③〈한국어〉, 〈한국의 롯데 제과에서 제시한〉 'biscuit in chocolate', 초콜릿을 바른 둥근 비스킷 (양과자) **왕2 미2**

418　**bind** [바인드]: 〈←binden(tie)〉, 〈게르만어〉, 묶다, 동이다, 두르다, 구속하다, 계약하다, 〈→band〉, 〈↔un-tie\separate\release〉 **왕1**

419　★**bind-pose** [바인드 포우즈]: '묶음 자세', (3-D 동영상 시작 전에 나오는) 팔을 벌린 자세, T·pose, '허깨비상' **왕2**

420　★**bing bong** [빙 봉]: 〈전산망어〉, 〈의성어〉, 딩·동, 장난감 탁구 경기, 〈짧은 말을 되풀이 하는〉 트럼프 대통령의 어투 **왕2**

421　**binge** [빈쥐]: 〈1848년에 등장한 'soaking'이란 뜻의 영국어〉, 〈나무로 만든 배가 새지 않게 물에 푹 적시는 일〉, 폭식, 법석, 떠들고 마시기, 〈↔abstain\nibble〉 **미2**

422　★**bin·go card** [빙고우 카아드]: 〈1985-90 사이에 생겨난 말〉 ①독자 카드, (독자가 광고물에 대한 정보를 얻을 수 있도록 잡지 등에 삽입된) 부호를 사용한 '공짜' 우편 엽서, reader's service card ②예상 극본(likely scenario) **미2**

423　**bin·o·cle** [비 너클]: bini(two by two)+oculus(eye), 〈라틴어〉, 쌍안경, 〈↔monocle〉 **주1**

424 **bi·o** [바이오우]: ⟨←bios(life)⟩, ⟨그리스어⟩, 생명, 인물, ⟨↔thanato(death)⟩ 미2

425 ***bi·o-chip** [바이오우 칩]: 생물화학소자, 생체에 집어넣는 실리콘 조각 우2

426 ***bi·o-com·put·er** [바이오우 컴퓨터]: '생명전산기', 뇌 비슷한 성능을 가진 전산기 유1

427 **bi·og·ra·phy** [바이아 그뤄휘]: 전기, 일대기 ⟨자신이 쓴 것은 auto-biography\남이 쓴 것은 hetero-biography⟩ 왕1

428 **bi·ol·o·gy** [바이알러쥐]: 생물학, ⟨~(↔)eugenics\dysgenics\physiology\physics⟩ 기1

429 ★**bi·on·ic** [바이아닉]: 생체공학적, 초인적인 힘을 가진, ⟨↔earthly\natural⟩ 미1

430 ***BIOS** [바이어스] (bas·ic in·put/out·put sys·tem): 바이오스, 기본 입출력체계 ⟨모든 출입기능을 읽기 전용 기억장치에 담아 놓은 것으로 경성기재를 바꿔도 그대로 쓸 수 있음⟩ 미2

431 ***bi·o-tron** [바이오 트뤈]: ⟨1970년도 후반에 그리스어에서 주조된 미국어⟩, '생명 소립자', 환경 조건을 조절해서 생물을 기르는 장치 유1

432 ★**birb** [버브]: ⟨'bird'의 고의적 오타⟩, 조그만 새, ⟨인간 위에 군림하는⟩ 애완조 양

433 **birch** [버어취]: ⟨←bhereg(white)⟩, ⟨게르만어⟩, ⟨흰 수피를 가진⟩ 버치, 박달나무, 자작나무(회초리), (북반구에 40여 종이 존재하며) 가구의 목재로 많이 쓰이는 큰 키의 낙엽활엽교목

434 **bird** [버어드]: ①⟨←brid(nestling?)⟩, ⟨어원 불명의 영국어⟩, 새, 엽조, (8,600여 종의) 깃털과 날개를 가진 짐승, 괴짜⟨새들은 사람을 보고 이상하게 생겼다고 할 것임⟩, 명랑한 자, 승리한 자 ②⟨영국어⟩, ⟨←burd(noble birth)⟩ 여자 애인, ⟨~(↔)fish⟩, ⟨새들이 그 가는 다리로 어떻게 몸통을 지탱할 수 있나를 연구하는 해부공학(anatomical engineering)이란 학문도 있다 함⟩ 기1

435 ***"Bird Box" ef·fect**: '새상자 효과', 2018년 개봉된 ⟨눈을 가리고 돌아다니는 장면에 나오는⟩ 영화 "Bird Box"같이 영화 내용보다 그것을 둘러싼 일화의 유행으로 시청률이 올라가는 현상 유2

436 ★**bird-brain** [버어드 브뤠인]: '새 대가리', ⟨골이 작은⟩ 바보, 얼간이, ⟨↔genius\egg-head⟩ 양

437 **bird-ie** [버어디]: 작은 새, (골프에서) 기준 타수보다 하나 적은 '날르는' 타수, 깃털공(shuttle-cock), ⟨↔bogey⟩ 미2 수2

438 ★**bird-lime** [버어드 라임]: (새 잡는) 끈끈이, 유혹(하다), 감언이설, ⟨↔extricate\disengage⟩ 유1

439 ★**birds and bees** [버어즈 앤드 비이즈]: 기본적인 성 상식, ⟨어린이에게 해주는⟩ 성교육(sex education) 유2

440 ★**bird's-eye** [버어드자이]: 위에서 내려다본, 객관적인, 새 눈 무늬, ⟨~ aerial view\vantage point⟩, ⟨↔worm's(frog's) eye⟩ 양

441 ★**birds of a feath·er \ BOF**: 깃털이 같은 새들, 같은 성향의 사람들, 유유상종, '초록은 동색', ⟨~ like attracts like\like father like son⟩, ⟨↔dis-similarity\un-liken-ness⟩ 양

442 **birth** [버얼쓰]: ⟨←bhriti⟩, ⟨산스크리트어→북구어⟩, ⟨←bear²⟩, 출생, 태생, 신생, ⟨아무도 알 수 없는⟩ 원초적 운명, ⟨↔death⟩ 기2

443 ★**birth-er** [버얼써]: ⟨오바마 대통령의 출생지 시비에서 나온 말⟩, ⟨미국⟩ 태생이 아니라고 물고 늘어지는 사람 유1

444 **birth-right** [버얼쓰 롸잍]: 생득권, 장자 상속권 양

445 **bis·cuit** [비스킽]: bis(twice)+coquere(cook), ⟨'두번 굽다'란 뜻의 라틴어에서 유래한⟩ 비스킷, 밀가루에 설탕·버터·우유를 섞어 구운 소형의 과자, 담갈색, 푼돈, 하찮은 물건 유1

446 ***B-ISDN** (broad-band in·te·grat·ed ser·vice dig·i·tal net-work): 광대역 종합 정보 통신망 미2

447 ★**bish** [비쉬]: ①⟨←bis(murky)⟩, ⟨영국어⟩, drab, 실수, 잘못, ⟨↔all right\fine⟩ ②⟨주로 미국 흑인들이 on-line 검색을 피하려고 쓰는⟩ bitch의 점잖은 표현 양

448 **bish·op** [비셥]: epi(upon)+skopein(look), 〈그리스어〉 ①〈위에서 내려다보는〉 주교, 교회 '감독', 〈~ abbot\prelate〉, 〈↔lay-person\secular〉 ②〈bishop의 예모를 닮은 잔에 담아 먹는〉 적포도주에 오렌지 등을 넣은 따뜻한 음료 ③〈bishop의 예복같이 선홍색과 검은색의 깃털을 가진〉 〈아프리카산〉 금란조 ⑨1 ⑨2

449 **bi·son** [바이슨]: 〈←wisand(weasel)〉, 〈'냄새나는 동물'이란 뜻의 슬라브어에서 유래한 게르만어〉, '야생소', (buffalo보다 뿔이 짧고 예리하며 어깨 혹과 머리가 더 큰) 들소 ⑨1

450 *__BIST__ [비스트]: (built-in self-test): 붙박이 자체 검사〈전기기구를 켰을 때 자동으로 고장 여부를 가르쳐 주는 장치〉

451 *__bit__ [빝]: ①〈←bitan〉, 〈게르만어〉, 〈←bite〉, 〈물어 뗀〉 조각, 소량, 잠시, 끝(날), 재갈, 정보량의 최소 단위, 〈~ speck\tittle〉, 〈↔heap〉 ②binary digit, 2진 숫자 〈2진법에서 0이나 1〉 ⑨1 ⑨1

452 *__bit-ang·er__ [빝 뱅어 \ 빝 뱅어]: '전산기 선수', '전산 실장(주 조작자)', (전산기 차림표 작성의) 중심적 조작자, 〈~ computer nik〉, 〈↔computer illiterate\com-maeng〉 ⑨1

453 *__bit-buck·et__ [빝 버킽]: '전자 정보 쓰레기통', 없어졌거나 지워진 정보가 가는 곳, 〈~trash〉 ⑨2

454 **bitch** [빝취]: 〈←bicce(female dog)〉, 〈게르만어〉, '암캐', 암컷, 음란한 여자, 불평하다, 망쳐놓다, 〈~ brat〉, 〈↔angel\gentleman\praise〉 ⑪2

455 *__bit-coin__ [빝 코인]: 비트코인, crypto·currency, 암호화폐, digital money, 전자화폐, 〈잠적해 버린 한 일본인에 의해 2009년에 고안된 중앙은행의 통제를 받지 않는〉 통신회선을 통해 거래하는 〈각 국가마다 규제가 다른〉 '가상화폐', 〈↔physical (real) coin〉 ⑨2

456 **bite** [바이트]: 〈←bitan〉, 〈게르만어〉, 물다, 물어뜯다, 쏘다, 자극하다, 맞물리다, 속이다, 〈→bitter\beetle\bit〉, 〈→(↔)chew〉, 〈↔gobble\gorge〉 ⑨1

457 ★**bite in the words**: 말에 가시가 있다, 언중유골, 〈~ implicit bitterness〉 ⑨2

458 ★**bite off more than you can chew**: 욕심부리다, 무리하다, 뱁새가 황새 따라가다, 〈~ grasp all, lose all〉, 〈↔be modest\constrain〉 ⑨2

459 ★**bite the bul·let**: 〈마취제가 없을 때 수술받는 부상병에게 물게 했던 총알〉, (싫지만 피할 수 없는 일을) 이를 악물고 하다, 울며 겨자먹기, 〈↔avoid\refuse〉 ⑨2

460 ★**bite the dust** [바이트 더 더스트]: (결투나 전투에서) 고꾸라져 흙을 깨물다, face down in the dirt, 죽다, 뒈지다, 〈~ die\kick the bucket〉 ⑨2

461 ★**bite the hand that feeds one**: 주인을 물다, 배은망덕하다, 은혜를 원수로 갚다, 〈↔carry one's gratitude beyond the grave〉 ⑨2

462 *__bit map__ [빝 맾]: (화면의 명암을 흰색은 0·검은색은 1로 대응시켜 선명도를 나타내는 방식의) '화상지도' ⑨2

463 *__bit-ness__ [빝네스]: 전산기가 사용할 수 있는 기본적 정보 단위의 구조 (용량) ⑨1

464 *__BITNET__ [빝 넽] (be-cause it's time net-work): '때가 됐다 전산망', '떴다방 전산망', 대학 간에 널리 쓰이는 광역 전산망 ⑨2

465 *__bit stream__ [빝 스트뤼임]: '소량 유출', 바이트 단위가 아닌 그의 1/8인 비트 단위로 보내는 자료 ⑨2

466 **bit·ter** [비터]: 〈←bitan←bheid(to split)〉, 〈게르만어〉, 〈←bite〉, 〈깨물렸을 때 느끼는〉 쓴, 호된, 쓰라린, 원한을 품은, 쓴 맥주, 고미제, 〈↔sweet\content〉 ⑨1

467 ★**bit·ter en·e·mies in the same boat**: 불구대천의 원수라도 (풍랑을 피하려고) 한 배에 탄다, 정적끼리도 (이해 관계에 따라) 같은 정책을 지지한다, 오월동주, 〈~ sleeping with the enemy〉 ⑨2

468 **bi·zarre** [비쟈알]: 〈←bizar(beard)〉, 〈바스크어〉, 기괴한, 색다른, 변덕스러운, 〈↔ordinary\normal〉 ⑨1

469 **black** [블랙]: 〈←blaec(darkest color)〉, 〈게르만어〉, 〈모든 빛을 빨아들이기만 하고 되돌려주지 않는〉 검은, 엉큼한, 흑자, 소동하다, 〈↔white\red〉 영1

470 ★**black and white** [블랙 앤드 와이트]: 묵화, 흑백, 명백한, 미-경찰차, 〈↔non-dichotomous\ equivocal〉 영2

471 ★**black-ball** [블랙 벌얼]: (검은 공을 던져 하는) 반대투표, 배척하다, 징계하다, 〈↔confirm\pass〉 영2

472 **black-board** [블랙 보어드]: 칠판, 흑판, 〈↔white-board〉 개1

473 ★**black box** [블랙 밖스]: 기록 장치 보관 상자, 〈안을 볼 수 없는〉 '흑 상자', 복용 약 주의 사항, 〈↔clear box〉 영2

474 ★**black eye** [블랙 아이]: 멍든 눈, '검은 눈언저리', 수치(망신), 〈검은 눈동자는 dark-brown eye라 함〉 영1

475 ★**Black Fri·day** [블랙 후라이데이]: 블 푸, '검은 금요일', 예수가 처형된 요일, 불길한 금요일, 추수감사절 다음 (대대적 염가판매를 하는) 금요일 〈은행 잔고가 바닥이 나는 날〉 영2

476 ★**black hat** [블랙 햍]: 검은 모자, (서부극 따위의) 악한, 악당, (전산망의) 악질적 hacker, 〈↔white hat〉 미2

477 ★**black-head** [블랙 헤드]: ①머리가 검은 새(짐승) ②흑여드름, (주로 얼굴에 나는) 위가 검은 여드름, comedo 미2

478 ★**black hu·mor** [블랙 휴우머]: 빈정거리는 해학, '흑색 농담', 〈↔gentle humor〉 영1

479 ★**black ice** [블랙 아이스]: 도로 면에 얇게 형성되어 검게 보이는 살얼음 영1

480 **black-jack** [블랙 잭]: 〈스페이드 A에 검은 잭이 붙으면 건 돈의 10배를 주던 관습에서 유래한〉 21점을 맞추는 카드놀이, 검은 가죽으로 싼 곤봉 (맥주통), 검은 껍질 떡갈나무 영2

481 ★**black knight** [블랙 나잍]: 흑기사, (경쟁업체의 도산·인수를 위해 그곳에 침투하여 꼼수를 쓰는) 적대적 투자가·인수자, 〈한국에서 2023년에 개봉된 '택배기사(?)'의 영어 제목〉, 〈↔white knight〉 영2

482 ★**black-list** [블랙 리스트]: 〈19세기 후반 미국 노동계에서 시작된〉 요시찰인 명부, 〈1660년 찰스 2세가 영국 왕이 된 후 부왕의 시해에 참여한 자들을 처형하기 위해 만든〉 '흑 명단', '살생부', '죽일 놈들', 〈~ bozo-list\block-list〉, 〈↔white-list\allow(pass)-list〉 영1

483 ★**black-mail** [블랙 메일]: 등치기, 공갈 편지, 스코틀랜드에서 소작인들이 사통하는 것을 눈감아 준다고 지주가 갈취했던 조세, 〈~ threat\intimidation〉, 〈↔benevolence\donation〉 미2

484 ★**black mar·ket** [블랙 마아킽]: 〈1931년 미국 경제지에 처음 등장한 말〉, 암시장, 〈↔white market\ grey market〉 개1

485 ★**Black Mon·day** [블랙 먼데이]: '검은 월요일', 1987년 10월 19일 월요일에 발생한 뉴욕 증시 대폭락; 연휴로 쉰 후 첫 월요일 대매출 영2 영1

486 **black pep·per** [블랙 페퍼]: (껍질째 빻은) 후춧가루, 〈~(↔)white pepper〉 영1

487 ★**black sheep** [블랙 쉬이프]: 〈흰 양 떼 중의〉 검은 양, 희생양, 두통거리, 〈~ ugly-duckling〉, 〈↔favorite〉 미2

488 **black-smith** [블랙 스미쓰]: 대장장이, 〈검은 쇠를 다루는〉 제철공, iron·smith, 〈~ anvil〉, 〈↔carpenter\white-smith〉 개1

489 ★**black swan** [블랙 스완]: '검은 백조', (오스트레일리아산) 흑고니, 예측할 수 없는 돌발 상황, 귀한 물건(일), 〈~(↔)grey swan〉 미2

490 *****Black Twit·ter** [블랙 트위터]: (2010년대 초반부터 시작된) 주로 흑인 사회를 위한 미국의 사회 전산망 영2

491 **blad·der** [블래더]: 〈←blodram(something inflated)〉, 〈게르만어〉, 방광, 부레, 공기주머니, 허풍선이, 〈←blow〉, 〈~ blather\vesicle〉 영1

492 **blade** [블레이드]: ⟨←bladaz(leaf)⟩, ⟨게르만어⟩, 잎(사귀), 칼날, 날개, 깃, ⟨↔core\blunt(dull) edge⟩ 영①

493 **blame** [블레임]: ⟨←blasphemein(speak ill of)⟩, ⟨그리스어⟩, 나무라다, 죄를 씌우다, 책임을 추궁하다, '불경스러운 말을 하다', ⟨~ blaspheme⟩, ⟨↔praise\forgive⟩ 영①

494 ★**blame one's own mis-takes on oth·ers**: 방귀 뀐 놈이 성낸다, ⟨~ pass the buck\dump the shame⟩ 영②

495 **blanch** [블랜취]: ⟨←blanc(white)⟩, ⟨프랑스어⟩, ⟨←blank⟩, 희게 하다, 살짝 데치다, ⟨~ bleach\white-wash⟩, ⟨↔darken\deepen\tincture⟩ 영①

496 **bland** [블랜드]: ⟨←blandus(mild)⟩, ⟨라틴어⟩, 온후한, 순한, 입에 맞는, 재미없는, ⟨↔acrid\salty\spicy\pungent⟩ 영①

497 **blank** [블랭크]: ⟨←blanch(white)⟩, ⟨게르만어⟩, blanc, 공백의, 백지의, 빈, 명청한, 지우다, 표적의 중심부, ⟨↔expressive\lively\filled\bullet\stuffed⟩ 영①

498 **blan·ket** [블랭킽]: ⟨게르만어→프랑스어→영국어⟩, blanc, '의복용 흰털', 담요, 덮개, 이불, 포괄적인, ⟨~ serape⟩, ⟨↔un-cover\in(non)-comprehensive⟩ 기① 영②

499 ★**blar·ney** [블라아니]: ⟨←bhlarna(little field)⟩, ⟨Blarney Stone에서 연유한⟩ 아양, ⟨아일랜드 B~('작은 평야'란 뜻의 켈트어)성에 있는 돌에 입맞춤하면 누구든 설득할 수 있다는 전설에서 연유한⟩ 감언, 사탕발림, ⟨~ blandish·ment\flattery\taffy⟩ 영②

500 **blas-pheme** [블래스휘임]: blastikos(hurtful)?+pheme(tell), ⟨←blasphemein⟩, ⟨그리스어⟩, evil·speaking, '욕하다' 모독하다, 불경스러운 말을 하다, ⟨~ blame⟩, ⟨↔adoration\pious⟩ 영②

501 **blast** [블라스트\블래스트]: ⟨게르만어⟩, ⟨의성어·의태어⟩, 돌풍, 폭발, 맹타, 대마족, 대실패, ⟨폭발력이 있는 배아의⟩, ⟨↔collapse\implode⟩ 영①

502 **blaze** [블레이즈]: ⟨←blase(flame)⟩, ⟨게르만어⟩, '횃불', 불길, 번쩍거림, 격발, 지옥, 포고(하다), 흰 표적, ⟨~ out-burst\wild-fire⟩, ⟨↔darkness\peace\shadow\umbra⟩ 영①

503 ★**blaze a trail** [블레이즈 어 트뤠일]: 새로운 길을 열다, 창시하다, 새로운 길을 열다, ⟨~ pioneer\trail-blazer⟩ 영①

504 ★**blaz-er** [블레이져]: ⟨←blaze⟩, ⟨1952년 영국 조정선수가 입고 나온 붉은 깃이 달린⟩ 화려한 운동용 상의, 보온 접시, 선전하는 사람 영①

505 **bleach** [블리이취]: ⟨←blac(pale)⟩, ⟨게르만어⟩, 희게 하다, 표백(제), ⟨→bleak⟩, ⟨~ blight\blanch⟩, ⟨↔blacken\dye\tincture⟩ 영① 미①

506 **bleak** [블리이크]: ⟨←blican(whiten)⟩, ⟨게르만어→북구어→영국어⟩, ⟨←bleach⟩ ①쓸쓸한, 냉혹한, 암담한, 창백한, ⟨↔lush\cheerful\verdant⟩ ②⟨낚싯밥으로나 쓰며⟩ ⟨pale한 비늘을 가진⟩ 잉엇과의 물고기 영① 우①

507 **bleed-ing** [블리이딩]: ⟨게르만어⟩, ⟨←blood⟩, 출혈, 유혈, ⟨~transfuse\healing⟩ 기①

508 ★**blei·sure** [블레져]: business+leisure(travel), ⟨사업도 하고 여행도 하는⟨꿩도 먹고 알도 먹는⟩⟩사업여행 미②

509 ★**blem** [블렘]: ⟨영국 속어⟩, ⟨Caribbean 대마초에 취한 듯⟩ ⟨노래 가사에서 연유한⟩ 도취, (마약에 의한) 째지는 기분, ⟨~cloud nine⟩, ⟨↔miserable⟩ 영②

510 **blem·ish** [블레미쉬]: ⟨←blesmir(make pale)⟩, ⟨프랑스어⟩, 흠, 오점, 더럽히다, ⟨↔ornament\trappings\benefit\praise⟩ 영①

511 **blend** [블렌드]: ⟨←blanda(mix)⟩, ⟨북구어⟩, 섞다, 혼합하다, 조화시키다, ⟨↔separate\clash\unmix⟩ 영①

512 **★blep** [블렢]: 〈전산망 속어〉, 〈의성어·의태어〉, 고양이나 강아지가 혀를 내미는 행동, 약 오르지, 엿 먹어라, '낼름', 〈↔roar\laugh〉 무2

513 **bless-ing** [블레씽]: 〈←blod〉, 〈영국어에서 연유한 라틴어〉, 〈←blood〉, '피로 정화함', 축복, 〈제단에 피를 뿌리며 내려주던〉 신의 은총, 고마움, 찬성, 〈~ bliss〉, 〈↔anathema\condemnation\disaster\doom〉 일1

514 **★bless-ing in dis-guise** [블레씽 인 디스가이즈]: 처음에는 나쁜 것처럼 보였던 좋은 것, 새옹지마, 〈↔curse in disguise〉 일1

515 **★blick** [블릭]: 〈영국 속어〉, 〈블랙(black)을 블릭으로 발음하는〉 진짜 깜둥이, 원조 흑인, 〈original black〉 일2

516 **blight** [블라잍]: 〈←blinka(became pale)?〉, 〈북구어〉, (식물의) 마름병, 동고병(세균·곰팡이·바이러스 등에 의해 줄기가 마르는 병), 손상자, 황폐 지역, 말라 죽게 하다, 〈~ bleach\bleak〉, 〈↔blessing\boon\bounty〉 미2

517 **blind** [블라인드]: 〈←blindaz(sightless)?〉, 〈게르만어〉, 눈먼, 시각장애의, 분별없는, 맹목적인, 〈눈을 어둡게 하는〉 덧문, 발, 〈가리개〉, 〈~ blunder〉, 〈↔sighted\observant\open\mindful〉 일1

518 **blind-fold** [블라인드 호울드]: 눈가리개, 〈↔sighted\uncover〉, 〈↔mirror\speculum〉 일1

519 **★blind fol·low** [블라인드 활로우]: (줏대없이) 남을 맹목적으로 좇아감, 부화뇌동, 〈↔independent\critical〉 양2

520 *****blind trust** [블라인드 트뤄스트]: 〈정치용어〉, '백지 신탁', (직권 남용의 여지가 있는) 공직자의 자산을 일정 기간 동안 이해관계가 없는 제3의 관리인에게 맡기는 일, 〈맹목위임〉, 〈↔deceit\perjury〉 미2

521 **★bling** [블링]: 〈미국 rap 속어〉, 〈'짤랑짤랑'대는 보석의 소리에서 연유한〉 허세, 지나친 치장, 〈↔frumpy\humble〉 일2

522 **blink** [블링크]: 〈←blican(shine)〉, 〈영국어〉, 깜작이다, 깜박이다, 섬광, 한순간, 쇠퇴하다, 〈~ shut and open\flash〉, 〈↔dull\pause\resist〉 일1

523 **★blink-er** [블링커]: 눈 깜짝이, 추파를 보내는 여자, 먼지 막는 안경, 점멸등, 방향지시등, 깜빡이, 새끼 고등어, 낚시찌 일1

524 **★blip** [블맆]: 〈현대 영어〉, 〈의성어〉, 일시적 상황 변화, 삐~소리, 깜박 신호, 〈↔stet〉 무2

525 **bliss** [블리쓰]: 〈←bliths(joy)〉, 〈게르만어〉, 더없는 기쁨, 천상의 기쁨, 〈~ bless\blithe〉, 〈↔misery\woe〉 일2

526 **blis·ter** [블리스터]: 〈←blestre(swelling)〉, 〈프랑스어〉, 물집, 수포, 기포, 발진, 부품, 〈~ bleb〉, 〈↔bump\scar〉 일1

527 **bliz-zard** [블리저드]: bliz(lightning?이란 뜻의 독일어?)+ard, 〈1870년에 등장한 어원 불명의 미국어〉, '폭설', 강한 눈보라, 쇄도, 돌발, 〈↔calm\drizzle〉 일1

528 **bloat** [블로읕]: 〈←blautr(soaked)〉, 〈북구어〉, 부풀게 하다, 헛배가 부르다, 훈제하다, (하마 등의) 떼, 〈↔deflate\empty〉 일1

529 *****bloat-ware** [블로읕 웨어]: '팽창기기', 잘 사용하지 않는 기능이 많은 비대화된 연성기기 무2

530 **bloc** [블랔]: 〈←bloh(log)〉, 〈게르만어→프랑스어〉, 블록, (세력) 권, 연합, '나무토막', 〈↔separation\disunion〉 미2

531 **block** [블랔]: 〈←blok(trunk of a tree)?〉, 〈어원 불명의 네델란드어〉, 블록, 큰 덩이, 받침(나무), 구획, 구역, 장애, 막아, 방해하다, 〈~ clog〉, 〈↔whole\opening\assistant\bolster〉 일1

532 **block-ade** [블라아케이드]: 봉쇄, 폐색, 두절, 〈↔opening\passage\stepping stone〉 일1

533 ***block-bust-er** [블락 버스터]: 〈도시의 한 구역을 폭파시킬 수 있는〉 대형 고성능 폭탄, 유력자, 대광고, 초대작, 대성공, 악성 소문 유포자, 〈↔failure\fiasco〉 미2

534 ***block-chain** [블락 췌인]: '덩어리 사슬', (자료를 변경할 수 없는) 휴면 상태의 전산기에서 과거에 사용했던 공유 기록 우2

535 ***block chain** (chair) [블락 췌인 (췌어)]: 〈네모난 자료 탑을 쌓아 올리는 식으로〉 bit·coin 등을 찾아내기 위한 전산기의 탐색기 우1

536 ***block deal** [블락 디일]: '덩어리 거래', 일괄거래, 상당량의 주식을 시가의 1% 변동이내에서 한꺼번에 사고 파는 일, 〈~ bulk deal〉 미2

537 ★**block-head** [블락 헤드]: 멍텅구리, 얼간이, '통대가리', 〈~ log-head\idiot〉, 〈↔genius\egg-head〉 영1

538 ***block move** [블락 무우브]: 구역 이동(한 기록철 안에서 한 구역을 다른 구역으로 옮기는 일) 미2

539 ***block pro-tect** [블락 프로텍트]: 구역 보호 (인쇄할 때 다음 장으로 넘어가지 않게 구획 표시를 해주는 일) 미2

540 ***blog** [블라아그]: 〈전산망어〉, 블로그, web log의 약어, 개인 일지 전산망 우1

541 **blond(e)** [블란드]: 〈←blondus(yellow)〉, 〈라틴어에서 연유한 프랑스어〉, 블론드, 금발의, 아마빛, blondie(금발미녀), 〈~(↔)brunet〉 미2

542 **blood** [블러드]: 〈←blowan(to bloom)〉, 〈←blod〉, 〈게르만어〉, 〈생기를 넣어주는〉 피, 혈액, 혈기, 혈통, 생명, 활기, 진짜, 〈→bleed〉, 〈~body\mind\non-relative\posterity〉, 〈↔bone\muscle〉 거1

543 · **blood pres·sure** [블러드 프뤠셔]: 혈압, 〈~(↔)heart rate〉 거1

544 ★**blood-shot** [블러드 샽]: (눈이) 충혈된, 핏발이 선, 〈↔pale (eye)〉 영1

545 **bloom** [블루움]: 〈←blowan(blow)〉, 〈북구어〉, 꽃이 피는 것, 개화기, 한창때, 홍조, 괴철(강철편), 〈~ blossom〉, 〈↔wither\fade〉 영1

546 ★**bloop** [블루우프]: 〈1920년대에 등장한 미국 속어〉, 〈의성어〉, 〈두개의 라디오가 가까이 있을 때 나는〉 삑삑 소리, 불쾌한 잡음, 큰 실수, 회전시킨 높은 (야구) 공〈bloop·er〉, 〈↔accuracy\correction〉 영2 미1

547 **blos·som** [블라썸]: 〈게르만어〉, 꽃, 개화, 만발, 번성(하다), 〈~ bloom〉, 〈←blow〉, 〈↔wither\fade〉 영1

548 **blot** [블랕]: 〈←bletir(spot)〉, 〈북구어〉, 얼룩, 때, 더러움, 오점, 번지다, 더럽히다, 〈→blotch〉, 〈~ pollute\taint〉, 〈↔purity\honor\exude\cleanse〉 영2

549 **blouse** [블라우스]: 〈어원 불명의 프랑스어〉, (여성용) 덧옷, (가벼운) 작업복, 〈↔pants\trousers〉 미2

550 **blow** [블로우]: 〈←blowan(bloom)〉, 〈게르만어〉, 불다, 바람에 날리다, 숨을 내쉬다, 꽃이 피다, 폭발하다, 낭비하다, (기회를) 날리다, 광풍, 강타, 코 풀기, 〈→bladder\bloviate\bolster〉, 〈~ gust\blast\thwack\waste〉, 〈↔droop\perish\wangle〉 영1

551 ★**blow job** [블로우 잡]: 〈1891년에 등장 했으나 1948년 미국의 만화에서 현재의 뜻으로 쓰여진 말〉, fellatio, (음경에 대한) 구강성교, '풍선 불기', '좆 빨기', 〈↔connilingus〉 미2

552 ★**blow off steam** [블로우 어어후 스티임]: 증기를 뿜어내다, 울분을 터뜨리다, 〈↔bite back\bottle up〉 영2

553 ★**blow smoke** [블로우 스모우크]: 과장하다, 뻥까다, 〈↔minimize\shrug off〉 영2

554 ★**blow (one's) top**: 발끈하다, 불같이 화를 내다 영2

555 ★**blow up a break(chance)**: 하던 짓도 명석 펴 놓으면 않한다, 〈~ you can lead a horse to water but can't make it drink〉 영2

556 **blue** [블루우]: 〈←blao(sky-color)〉, 〈게르만어〉, 푸른, 남빛, 〈←blue devil; 알콜 금단현상 때 보이는 괴로운 표정의 푸른 악마에서 연유한〉 우울한, 〈↔orange\cheerful〉 엥1

557 ★**blue blood** [블루우 블러드]: 〈흰 피부에 푸른 정맥이 돋보이는〉 귀족 계급, 명문 출신, 〈↔bourgeois\low\plebeian〉 엥2

558 ★**blue book** [블루우 북]: 정부 간행물, 중고 자동차 시세표, (표지가 파란색인) 시험 답안지 엥1

559 ★**blue chip** [블루우 칩]: 고액 소자, 우량주, 노름에 쓰는 고액 모조 경화, 〈↔white chip〉 엥2

560 ★**blue-col·lar** [블루우 칼러]: (청색 작업복을 입는) 육체노동자, 〈↔white-collar\gray-collar〉 멍1

561 ★**blue comes from in·di·go**: 쪽에서 뽑아낸 푸른 물감이 쪽보다 더 프르다, 청출어람, 제자가 스승보다 낫다(excelling one's master) 엥2

562 ★**blue jack·ing** [블루우 잭킹]: 블루투스 기능을 이용하여 (근거리에서) 익명으로 메시지를 보내는 〈일종의 해킹〉, 〈깜짝 통신〉 엥1

563 ★**blue o·cean** [블루우 오우션]: 〈신조어〉, '청해', 〈창창한 대양〉 〈무궁무진한 기회〉란 뜻의 경제·시사 용어, 〈↔red ocean〉 멍1

564 ★**blue-print** [블루우 프린트]: (빠르고·정확하고·많은 복사를 위해) 〈1842년 영국에서 빛에 예민한 청색 종이에 그리기 시작한〉 청사진, (상세한) 계획, 〈~draft〉, 〈↔mess\fake〉 멍1

565 *****blue screen of death**: BSOD, 푸른 바탕에 흰색으로 심각한 오류가 발생했다고 알리는 경구, Stop error 엥1

566 ★**blue-sky** [블루우 스카이]: 비현실적인, 공상, 억측, 엉터리, 〈↔pragmatic\matter-of-fact〉 엥2

567 ★**blue state** [블루우 스테이트]: (전통적으로) 미 대통령 선거에서 민주당〈Democratic Party〉이 승리하는 주, 〈↔red state〉 멍2

568 **Blue·tooth** [블루투쓰]: (이빨이 썩어서 검푸른색을 띠었다는 썰도 있으나) 〈'Blatann'이란 북구어에서 유래한〉 블루투스, 무선 귀전화(상품명), (인접 국가)들을 정복했던 중세 덴마크 왕 엥2

569 ★**blue waf·fle** [블루우 와플]: 〈난잡한 성교로 인하여〉 질이 푸른색으로 변한다는 가상적 성병, '정보지', 〈↔healthy vagina\virgin〉 엥2

570 **blues** [블루즈]: ①(blue devil에서 유래한) 슬픈 곡, 〈↔jubilee〉 ②(악보에 푸른색으로 표시했던 음계의 제3·5·7도 음보다 반음 낮은 음으로 된) 서행 춤, 〈↔cha-cha-cha〉 ③〈영국 해군 장교들이 입던 진청색의 제복을 본 딴〉 미 해군 제복, 〈여름에는 white uniform을 선호함〉 엥2

571 **bluff** [블러후]: 〈←blaffen(frighten)〉, 〈게르만어·네덜란드어〉, 절벽의, 단애(의), 허세 부리다, '뻥까네', 〈~ deception\red herring〉, 〈↔cape\headland\gulf〉, 〈↔diplomatic\polite〉 엥1

572 **blun·der** [블런더]: 〈←blunda(shut the eyes)〉, 〈북구어〉, 큰 실수, 머뭇거리다, 서툰 짓 하다, '눈 감고 더듬기', 〈~ blind\blunt〉, 〈~ botch\under-shoot〉, 〈↔handy〉 엥1

573 **blunt** [블런트]: 〈←blunda(shut the eyes)?〉, 〈어원 불명의 북구어〉, dull, 무딘, 무뚝뚝한, 짧고 굵은 것, 〈~ blunder\abrupt\terse〉, 〈↔sharp\edgy\trenchant〉 엥1

574 **blur** [블러어]: 〈←blear(ill defined)〉, 〈영국어〉, 얼룩, 흐림, 희미해지다, 부옇게 보이다, 〈↔sharp\focused〉 엥1

575 ★**Blurs-day** [블러스 데이]: 〈신조어〉, '아무날', (코비드 등으로) 〈출근할 필요가 없어서〉 무슨 요일인지 잘 모르는 요일 멍2

576 **blush** [블러쉬]: 〈←bliscan(shine)〉, 〈게르만어〉, 얼굴을 붉히다, 부끄러워하다, 홍조, 일견 (언뜻 봄), 〈↔pallor〉 엥1

577 **blus·ter** [블러스터]: 〈영국어〉, 〈의성어〉, 거세게 몰아치다, 고함 지르다, 〈~ rant\hector-ing\tempest〉, 〈↔under-state\refrain〉 엥2

578 **blvd**: ⇒ boulevard 미1

579 ★**B-mov·ie** [비이 무우뷔]: low budget commercial motion picture, 저 예산 상업용 영화, 기록 영화 등 단편물, 〈광고를 목적으로 한〉 염가 부속 영화, 〈↔A(\C)-movie〉 우2

580 ***BMP** (ba·sic mul·ti·lin·gual plane): (컴퓨터의) 기본 다중언어판 미2

581 ★**BMX** (bi·cy·cle mo·tor-cross): trick bike, '건너뛰기 자전거', 작은 바퀴에 몸체가 아주 튼튼하게 만들어져 흙길에서 경주하거나 재주를 부리는 〈묘기 자랑〉 자전거 우1

582 ***BNC con-nec-tor**: Bayonet Neill-Concelman 연결기, (동축 강삭을 빨리 끼고 빼기 위해) 1951년에 특허가 난 〈밀어서 돌리는〉 전선 연결기 세2

583 ***boa** [보우어]: bova, (big water serpent), 〈어원 불명의 라틴어〉 ①〈큰 물뱀〉, 〈먹이를 졸라 죽이는〉 보아, 구렁이, 왕뱀, (모피로 만든) 〈boa같이 목에 칭칭감는〉 여성용 긴 목도리 ②(보통 환시세〈snake〉보다 변동 폭이 큰) 증폭 변동 환시세제 미2

584 **boar** [보어]: 〈←bar(uncastrated hog)〉, 〈어원 불명의 게르만어〉, (거세하지 않은) 수퇘지, 멧돼지, 〈~ pig〉, 〈↔barrow³\sow²〉 왕1

585 **board** [보어드]: 〈←bred(plank)〉, 〈게르만어〉, 〈나무〉판자, 탁자, 식탁, 기판, 〈긴 나무 탁자에 앉아서 하던〉 중역회, (명)위원회, 부처, 〈식탁에 앉을 수 있는〉 하숙, 〈나무판자를 깔고 땅에서 배로 올라가던〉 탑승대, 전기회로가 편성되어 있는 〈회로판〉, 〈→border〉, 〈↔individual\get off〉 왕1

586 **board and care** [보어드 앤 케어]: '양호 하숙', 숙식과 일반 간호를 제공하는 합숙소, 〈~(↔)group home〉 우2

587 **board-box** [보어드 박스]: 〈거리 낭인들이 덮고 자는〉 판자 상자 양2

588 **board·ing card(pass)** [보어딩 카아드(패쓰)]: 〈기판에 올라갈 수 있는〉 탑승권 양2

589 **board·ing-house** [보어딩 하우스]: 〈식탁이 있는〉 하숙집, 기숙사, 〈~ dorm\room and board〉, 〈↔office〉 왕1

590 **board·ing school** [보어딩 스쿠울]: 기숙사제 학교, 〈↔day school〉 왕1

591 **board-room** [보어드 루움]: 〈탁자가 있는〉 중역(회의)실, 〈칠판이 있는〉 임원회의소, 〈↔compartment\back-stage〉 왕1

592 **board-walk** [보어드 워어크]: 판자길, 널을 깐 보도, 발판, 〈↔concrete walkway〉 왕1

593 **boast** [보우스트]: 〈←bost(brag)〉, 〈게르만어〉, 자랑하다, 떠벌리다, 〈~ brag\vaunt〉, 〈↔modest\pudent〉 가1

594 **boat** [보웉]: 〈←bat(water craft)〉, 〈게르만어〉, 작은 배, 단정, 선박, 선, 정, 〈~(↔)ship〉 미1

595 ★**boat an·chor** [보웉 앵커]: '작은 배의 닻', 쓸모없는 기계, 무용지물, 〈개 발에 편자〉, 〈~ use-less\cumber-some〉, 〈↔necessity\mandate〉 우2

596 **boat peo·ple** [보웉 피이플]: 〈작은 배로 탈출한〉 표류 난민, sea refugees, 〈↔native\citizen〉 미2

597 **boat-yard** [보웉 야아드]: 소형 선박 수리소(보관소), 〈~(↔)ship-yard〉 미2

598 **bob** [밥]: 〈어원 불명의 영국어〉, 〈의태어?〉, 까닥거리다(up and down), 일렁거리다, 낚시찌, 단발, '깡충머리', 〈~(↔)pendulum〉, 〈↔tail\elongate〉 양2

599 **bob-cat** [밥 캩]: 'short-haired cat', 〈1859년에 등장한 미국어〉, mountain cat, cougar, puma, 북아메리카산 〈꼬랑지가 짧은〉 살쾡이(스라소니), Bobcat: 소형 굴착기(상품명), 1947년에 미국에서 창립되어 2007년 한국의 두산산업에 인수된 건설장비 제조회사 우2 세2

600 ★**bob cut** [밥 컽]: 〈1909년 프랑스 조발사가 선보인〉 앞·뒤 머리를 직선으로 짧게 깎은 간편한 여성의 머리모양, 단발머리, 〈↔long hair-cut〉 미2

601 ★**BOBOS** [보우보우스] (Bo·he·mi·an Bour·geois): 보보스, '낭만적 중산층', 자유로운 사고를 하면서도 물질적 풍요를 추구하는 속족 미2

602 **bod·y** [바디]: 〈←bodig(frame\trunk)〉, 〈어원 불명의 영국어〉, 몸, 신체, 몸'통', 주요 부분, 떼, 〈↔mind\limb\branch〉 영1

603 ★**bod·y-cam** [바디 캠]: (주로 경찰이 전개되는 상황을 녹화하기 위해) 몸에 부착하는 소형 동영상 촬영기 우2

604 ★**bod·y-con** [바디 콘]: body conscious (나체를 의식하는), 몸매 노출형 영2

605 **bod·y-guard** [바디 가아드]: 호위원, 경호원, 〈↔attacker\boss〉 영1

606 ★**bod·y pro-file** [바디 프로우파일]: 바디 프로필, 신체 모습, 근래 MZ 세대들이 〈영정사진〉 용으로 거금을 들여 미리 찍어 놓는 반나체 '몸매사진', 〈영어 번역을 공모하고 있는 콩글리시〉 미2

607 ★**bod·y sham-ing** [바디 쉐이밍]: 몸매 비판, 타인의 용모를 조롱하는 짓, 〈↔body pride〉 미2

608 **bod·y shop** [바디 샵]: 차체 공장, 유곽(매춘업소), '알몸관람소', 〈↔mechanical shop\holy place〉 미2

609 ★**bod·y-wash** [바디 워어쉬]: 전신의 피부를 잿빛으로 칠함, 공작중 사망을 사고사로 위장하다 우2

610 ★**boff** [바후]: 〈네덜란드어〉, 〈의성어·의태어〉, 대성공, 폭소, 일격, '번개 씹', 〈↔sob\wail\fiasco〉 영2

611 **bog** [바그]: 〈'soft'란 뜻의 켈트어〉, 수렁, 습지, 수렁에 빠지다, 〈~ marsh\slew²〉, 〈↔desert\upland〉 영2

612 ★**BOGOF** [바아가아후]: buy one·get one free; 하나 사면 하나는 공짜, two for one 미2

613 **Bo·he·mi·a** [보우히이미어]: Boia(warriors)+haimaz(home), 〈프랑스어〉, boheme, 〈켈트어의 Boii족이 사는〉 보헤미아, 체코의 서부지방, 〈Roma 풍의〉 자유분방한 세계, 〈프랑스에서는 gypsy란 뜻으로 사용함〉, 〈~ conventional\conforming〉 유1

614 ★**boi** [버이]: 〈영국어→미국 속어〉, butch, 남자 모습을 한 여자 동성연애자, '숏년', 〈←boy〉, 〈↔gal〉 우1

615 **boil** [보일]: 〈←bullire〉, 〈라틴어〉, '거품(bubble)을 일으키다', 끓다, 솟아오르다, 삶다, 핏대 내다, 종기, 〈↔freeze〉, 〈↔ulcer〉 영1

616 **boil·er** [보일러]: 끓이는 기구(기관), 급탕기, 〈↔freezer〉 미1

617 ★**boil·er suit** [보일러 쑤우트]: 〈증기선의 탄부가 연통 청소를 할 때 입던〉 (상하가 붙은) 작업복, ⇒ over all 미1

618 **bois·ter·ous** [버이스터러스]: 〈←bwystus(wildert 웨일즈어)?〉, 〈어원 불명의 영국어〉, 시끄러운, 거친, 사나운, 〈~ rambunctious\rowdy〉, 〈↔quiet\restrained\whist〉 영1

619 *__bo·keh__ [보케\보케이]: '흐림(blur)'의 일본말, 초점이 맞지 않아 뿌옇게 보이는 사진 효과 유1

620 **bold** [보울드]: 〈←bald(brave)〉, 〈게르만어〉, 뚜렷한, 대담한, 굵은, 뻔뻔스러운, 〈~ gothic〉, 〈↔timid\pale\serif\wussy〉 영2

621 ★**bol·lec·tion** [벌렉션]: 〈미국 연예인 Cardi B의 이름에서 연유한〉 철따라 갈아입는 옷가지, 여벌옷 미2

622 **bol·ster** [보울스터]: 〈게르만어〉, head-rest, 덧받침, 가로대, 보강하다, 〈~ blow〉, 〈~ re-inforce\strengthen〉, 〈↔block\undermine〉, 〈pillow는 부드러운 베개\bolster는 딱딱한 베개〉 영1

623 **bolt** [보울트]: 〈←bolzen(arrow)〉, 〈게르만어〉, 〈화살 모양의〉 나사, 쇠 못, 수나사〈↔nut〉, 걸쇠, 빗장, 번개, 뺑소니, 〈~ dart\zap〉, 〈↔creep\drag〉 영1

624 **★bolt from the blue** [창공에서 번개 치듯] 뜻밖에, 기상천외의, 예기치 못한, 아닌 밤중에 홍두깨, ⟨~ out of the blue⟩, ⟨↔expected\foreseen⟩ **양2**

625 **bomb** [밤] ⟨←bombos(deep hollow sound)⟩, ⟨그리스어⟩, ⟨의성어⟩, 폭탄, 분무식 용기, 돌발사건, 대성공, 대실패, ⟨~ boom⟩, ⟨↔calm\succeed⟩ **양1**

626 **bom·bard** [밤바아드] ⟨←bombos(deep hollow sound)⟩, ⟨그리스어⟩, 폭격하다, 공격하다, 퍼붓다, ⟨↔defend\protect⟩ **양1**

627 **★bom·bast** [밤배스트] ⟨←bombyx(silk-worm)⟩, ⟨그리스어→라틴어→프랑스어⟩, ⟨'비단'처럼 번드르르하게⟩ 과장하다, 호언장담하다, tall talk, ⟨~ bragadocio⟩, ⟨↔humble\unassuming⟩ **양2**

628 **bomb-er** [바머] 폭격기, 폭파범, 대단한 사람, '통뼈', 마리화나, ⟨↔civilian aircraft\peanut\drag⟩ **양2**

629 **★bomb-shell** [밤 쉘] 포탄, 돌발사건, 매혹적 여인⟨1931년 영화에서 연유한 미국어⟩, 총아, ⟨↔silence\plain'⟩ **양2**

630 **★bombed out** [밤드 아웉] 폭격으로 완전히 파괴된, 큰 타격을 입은, (술·마약으로) 만취된, '떡이 된', ⟨1956년에 등장한 영국어⟩, ⟨↔fresh\brand-new⟩ **양2**

631 **bo·na fide** [보우너 화이드] ⟨라틴어⟩, 'in good faith', 진실한, 선의의, 진정코, 절대적, ⟨↔ma·la fide⟩ **양2**

632 **bo·nan·za** [버낸저] ⟨←bonus(good)⟩, ⟨라틴어→스페인어⟩, 보난자, 노다지, 보고, 뜻밖의 행운, 대성공, ⟨~ bonus⟩, ⟨↔big loss\forteiture\mis-fortune⟩ **미2**

633 **bon·bon** [반 반] ⟨←bon(good)⟩, ⟨'사탕'이란 뜻의 프랑스어⟩, 봉봉 과자, 사탕 속에 과즙이나 술을 넣은 과자, sugar·plum **미2**

634 **bond** [반드] ⟨←bindan(bind)⟩, ⟨영국어⟩, ⟨←band⟩, 묶음, 끈, 띠, 결속, 속박, 계약, 채권, 담보, 보세창고 유치, ⟨↔detachment\severance⟩ **미2**

635 **bond-age** [반디쥐] 속박, 굴종, 노예의 신세, ⟨↔liberty⟩ **양1**

636 **bone** [보운] ⟨←ban(skeleton)⟩, ⟨게르만어⟩, 뼈, 뼈대, 해골, 핵심, 틀, ⟨↔fluid\loose⟩ **양1**

637 **★bone tired** [보운 타이어드] 뼛골 빠진, 아주 지친, ⟨↔energized\invigorated⟩ **양1**

638 **bon-fire** [반 화이어] ⟨악귀를 쫓기 위해 동물 '뼈'를 태우던 습관에서 유래한⟩ 축제의 노천 화톳불, 모닥불, 큰 횃불, ⟨↔wild-fire⟩ **미2**

639 **bon·net** [바닡\바넽] ⟨←abonnis(head·gear)⟩, ⟨라틴어⟩, 보닛, 턱 밑에서 매는 아녀자용 모자, 자동차 엔진 뚜껑, hood, ⟨~(↔)beret⟩ **우2**

640 **bon·ny\bon·nie** [바니] ⟨←bonus(good)⟩, ⟨라틴어→프랑스어⟩, '예쁜' 처녀, 기분 좋은(여자), ⟨↔ugly\rotten⟩

641 **bo·nus** [보우너스] ⟨'good'이란 뜻의 라틴어⟩, ⟨위메! 좋은 것⟩, 상여금, 특별수당, 특별배당금, ⟨→bounty⟩, ⟨↔dis-incentive\penalty⟩ **미2**

642 **★boo** [부우] ①⟨유럽 공통어⟩, ⟨의성어⟩, 우우!, 피이!, 으악!, ⟨↔yippee\bravo\cheer\standing ovation⟩ ②⟨20세기 말에 등장한 미국 속어⟩, ⟨↔beautiful⟩, '애인'의 속어 **양1**

643 **★boob** [부우브] ①⟨영국어⟩, ⟨←booby⟩, 얼간이, 실수, ⟨↔precision\smart⟩ ②⟨1929년 재등장한 미국어⟩, ⟨↔breast를 발음 못하는 자들이 쓰는 말⟩, 젖통 **양1**

644 **★boob job** [부우브 좝] 유방 확대 수술, breast augmentation, ⟨~(↔)nose job⟩ **미2**

645 **★boob tube** [부우브 튜우브] ⟨1965년에 등장한 미국어⟩, 바보상자, TV, ⟨↔smart-phone⟩ **양2**

646 **★boo·by prize** [부우비 프라이즈] ⟨1881년 미국 신문기자가 만든 말⟩, (장난삼아 주는) 꼴찌 상, ⟨~ consolation prize⟩, ⟨↔grand prize⟩ **미1**

647 ★**boo·by trap [부우비 트랩]**: 〈17세기 말에 굶주린 선원들이 가마우지를 잡으려고 놓았던 덫〉, 위장폭탄, 은폐된 폭발물 장치, 〈~(↔)land-mine〉, 〈↔aerie〉 미2

648 ★**boof·ing [부휭]**: 〈영국어〉, 〈의성어〉, 비역, 뼉〈분비물이 적어 '퍽-퍽' 소리가 나는 항문성교〉, (마약 등을) 항문으로 주입하기 양2

649 ★**boog·er [부거]**: 〈1890년대에 등장한 영국어〉, 코딱지, 눈꼽, 상놈, 도깨비〈bogey〉, 이름이 없거나 이름을 붙일 수 없는 상품, 〈↔runny nose\decent〉 양1 우1

650 **book [북]**: 〈←bece(beech)〉, 〈게르만어〉, 책, 저술, 권, 한 묶음, 기준, 장부, 입건, '고대 문자를 새겼던 beech 나무', 〈↔samrt-phone?〉 기2

651 ★**book·ing [부킹]**: 장부 기입, 예약, 발매, 입건, 수감, 〈↔cancelling\rescheduling〉 양2

652 **book-keep·ing [북 키핑]**: 부기, '상업기록' 기1

653 **book·let [북클릿]**: 소책자, 〈↔tome〉 기1

654 ★**book-worm [북 워엄]**: 책에 붙는 좀벌레, 독서광, '책벌레', 〈~ nerd〉, 〈↔punk\nallari〉 양1

655 ★**bool·ing [부울링]**: ①bowling의 속어 ②〈미국의 깡패조직 Bloods에서 적수인 Crips가 쓰는 'cooling'에 대항해서 주조한 말〉, 〈대마초 피기 등〉 재미있는 나쁜 짓, 〈↔boring〉 양2

656 **boom [부움]**: 〈네덜란드어〉, 〈의성어〉, '쿵', '꽝', '우르르', 벼락경기, 팽창, 고조, 〈~ bomb〉, 〈~ rumble\roar〉, 〈↔murmur\decline\slump〉

657 **boom·er [부우머]**: 부추기는 사람, 결꾼, 따리꾼, 상승세를 타고난 사람, 〈↔withholder\loser〉 미2

658 **boom·er·ang [부우머랭]**: 〈←bou-mar-rang(returning throw-stick)〉, 부메랑, 〈호주 원주민이 사냥 도구로 만든 missile weapon〉, 한쪽은 평평하고 한쪽은 둥근 원반으로 던진 사람에게 되돌아오는 기구, 되돌아오기, 자업자득, 역효과, 〈~ back-lash\re-bound〉, 〈↔meet\thrive〉 우1 우1

659 *****boom-fla·tion [부움 홀레이션]**: boom+inflation, 과다소비로 인한 물가 상승으로 야기된 통화팽창(Konglish), 'over·spending inflation', 〈↔shrinkflation〉 우1

660 **boon [부운]**: 〈bonus라는 라틴어에서 유래한 북구어〉, 혜택, 이익, 유쾌한, 친절한, 〈↔curse\harm\blight〉 기1

661 **boost·er [부우스터]**: 〈←boost(lift)〉, 〈19세기 초에 등장한 어원 불명의 미국어〉, 후원자, 증폭기, 촉진제, 야바위꾼, 들치기, 〈↔adversary\antagonist〉 양1

662 *****boot(s)² [부우츠]**: 〈←botta(a shoe)〉, 〈어원 불명의 라틴어〉, 장화, 목이 긴 구두, (차의) 짐칸, 〈불법 주차한 차 바퀴에 걸어놓은〉 바퀴 잠금쇠, 새롭게 전산기를 가동시키는 방법(bootstrap;시동 걸기·띄우기), 〈↔hat\organizer〉, 〈↔shut-down〉 기1 우2

663 ★**boot-camp [부우트 캠프]**: 신병훈련소, (엄격한) 소년·소녀원, 〈↔head-quarter\spa〉 미2

664 **booth [부우쓰]**: 〈←buan(dwell)〉, 〈북구어〉, 매점, 칸 막은 좌석, 칸막이, 아주 작은 밀실, 〈↔castle\citadel〉 미1

665 ★**boot-leg [부우트 렉]**: 〈장화 속에 물건을 숨겨와서〉 밀매(밀수·밀조)하다, 〈↔permitted\licensed〉 양2

666 *****boot-strap [부우트 스트랩]**: 장화끈, 장화를 신을 때 쓰는 가죽 손잡이, 혼자의 힘, 예비명령에 의해 전산기 체제를 띄우기, 〈↔together\idle〉 양1 우1

667 ★**boot·y [부우티]**: ①〈'군화'로 짓밟고 약탈한〉 전리품·노획품, 〈↔fine\penalty〉 ②〈미국 흑인 속어〉, 〈←buttock〉, 여자 엉덩이, 〈↔groin\face〉 양2

668 ★**boot·y·li·cious [부우틸리셔스]**: 〈hip·hop 속어〉, booty+delicious, 〈빼앗아서〉 갖고 싶은, 성적 매력이 있는, 〈↔ugly\un-attractive〉 양2

669 **booze** [부우즈]: ⟨←busen(drink to excess)⟩, ⟨네델란드어⟩, ⟨풍부한⟩ 술, 독주, 주연, 술을 많이 마시다, ⟨~ woozy⟩, ⟨↔soft-drink\abstain⟩ 왕2

670 **bor·der** [보어더]: ⟨←bordus(edge)⟩, ⟨라틴어→게르만어⟩, ⟨←board⟩, 테두리, 경계, 변두리, 국경, ⟨↔center⟩ 개1

671 **bor·der·line** [보어더 라인]: 경계선, 결정하기 어려운, 중간의, ⟨↔inner\secure⟩ 개1

672 **bore·dom** [보어덤]: ⟨←bear⟩, 지루한 것, 권태, ⟨↔excitement⟩ 개1

673 *****bork** [보어크]: ⟨←bor(pine conifer)⟩, ⟨슬라브어⟩, 보크, (1987년 Robert Bork⟨소나무 숲에 사는 자⟩의 미 대법관 지명이 저지되었던 것처럼) 대중 매체를 통해 후보자를 체계적으로 공격하는 일, ⟨↔give the chance⟩ 수2

674 **born** [보언]: bear의 과거분사, 태어난, 타고난, 생겨난, ⟨→abort⟩, ⟨↔dead⟩ 개1

675 **bor·ough** [버어로우 \ 버로우]: ⟨←beorgan(protect)⟩, ⟨게르만어⟩, 자치도시, 자치구, '성채로 둘러싸인 도시', ⟨↔bourgeois⟩, ⟨↔rural\back-woods⟩ 왕1

676 **bor·row** [바로우]: ⟨←borg(pledge)⟩, ⟨게르만어⟩, 빌리다, 꾸다, 차용하다, ⟨↔lend\give⟩ 개1

677 **bos·om** [부점]: ⟨←boh(shoulder)⟩, ⟨게르만어⟩, 가슴, 유방, (가슴) 속, 품, 소중한, ⟨↔outside\detached⟩ 왕1

678 ★**bos·om bud·dy** [부점 버디]: ⟨연속극에서 연유한⟩ (속마음을 털어 놓을 수 있는) 남성 간의 '불알 친구'·여성 간의 '속 친구', ⟨~ chum⟩, ⟨↔enemy(stranger)⟩ 왕2

679 *****bo·son** [보우산]: (양자 물리학에서) ⟨Bose(인도의 물리학자)-Einstein 통계를 따르는⟩ 회전이 정수인 소립자·복합 입자 수2

680 **boss** [보스]: ⟨네델란드어 bass에서 연유한⟩ 보스, ⟨master라는 어감이 나빠 1653년 미국에서 만든 말⟩, 두목, 우두머리, 상관, 주인, 왕초, (비디오나 보드게임에서 쳐 부셔야 할) 적장, (장식의) 돌기, 좌우지하다, ⟨~ base⟩, ⟨↔subordinate\aid⟩ 왕2

681 ★**bos·sa no·va** [바서 노우붜]: bossa(trend)+nova(new), ⟨포르투갈어⟩, '새로운 경향', 보사노바, 브라질 기원의 재즈풍 삼바춤(음악) 수2

682 *****bot** [밭]: robot, 특정 작업을 반복 수행하는 차림표, 'daemon' 우1

683 **bot·a·ny** [바터니]: ⟨←boskein(feed)⟩, ⟨그리스어⟩, 식물학, 식물생태, ⟨동물계보다 더 질서정연한⟩ 식물계, ⟨↔fauna\zoology⟩ 개1

684 **both** [보우쓰]: ⟨←bathir(two)⟩, ⟨북구어⟩, 양자의, 쌍방의, 둘 다, ⟨어차피 한 몸이 됐다는 말⟩, ⟨↔each\every\none⟩ 개1

685 **both·er·some** [바더 썸]: ⟨←buaidhrim(trouble)⟩, ⟨아일랜드어⟩, 귀찮은, 성가신, ⟨↔agreeable\reassuring⟩ 왕2

686 *****bot-net** [밭 넡]: robot+network, '말파리 전산망', 사용자가 모르게 바이러스 같은 악성 차림표의 통제를 받는 전산망, crypto-worm 우2

687 **bot·tle** [바틀]: ⟨←butta(flask)⟩, ⟨라틴어⟩, 병, 술병, 젖병, 병에 넣다 왕1

688 *****bot·tle ep·i·sode** [바틀 에피쏘우드]: ⟨genie가 병에서 나오듯⟩ 싼값으로 뚝딱 제작한 한 편의 방송물, 일회용 삽화 수2

689 *****bot·tle·neck** [바틀 넥]: 병목, 좁은 입구, 장애, 교통체증, 너무 많은 차림표와 자료가 한군데 축적되어 전산기 기능이 저하되는 일, 손가락에 ⟨병목⟩ 파편을 끼고 현을 뜯는 활주법 ⟨slide guitar⟩, ⟨↔opening\facilitate⟩ 왕1 수2

690 *****bot·tle·neck in·fla·tion** [바틀 넥 인홀레이션]: (일부 생산요소 부족으로 생기는) '병목' 통화 팽창 수2

691 **bot·tom** [바텀]: 〈←budhna(ground)〉, 〈산스크리트어→그리스어→게르만어〉, 밑바닥, 기초, 아랫부분, 〈↔top\peak〉 기1

692 **bough** [바우]: 〈←bahu(arm)〉, 〈산스크리트어→게르만어〉, '어깨', '윗팔', (나무의) 큰 가지, 〈~ bow³〉, 〈twig은 잔가지 branch는 보통 가지〉, 〈↔trunk〉 기1

693 ★**boughs that bear most hang low-est**: 열매 많은 가지는 밑으로 처진다, 벼는 익을수록 고개를 숙인다, 〈~ the nobler, the humbler〉 양2

694 ★**bou·jee** [부지이]: 〈1960년대에 등장한 미국어〉, '일류병', 〈상류층에 끼어들려고 발버둥 치는〉 천박한 중산층(bourgeois), 〈↔indigence\low-class〉 우2

695 **boul·der** [보울더]: 〈←buldre(thunder)〉, 〈영국어〉, 〈커다란〉 둥근 돌, 호박돌, 빙하가 녹은 뒤 그대로 남아 있는 바윗돌, 〈~ big rock\large stone〉, 〈↔pebble〉 미2

696 **bounce** [바운스]: 〈게르만어〉, 〈의태어?〉, 되튀다, 뛰어오름, 뛰기 놀이, 부도나다, 반송되다, 〈↔trudge〉 양2

697 ★**bounc·er** [바운서]: 튀는 사람(것), 허풍선이, 〈극장·클럽 등에서〉 (사고가 나면 뛰어나가 진압하는) 경비를 맡은 덩치가 큰 사람, 부도 수표, 〈↔refrainer\go-to guy\square shooter〉 미2

698 ★**bounc·y house** [바운시 하우스]: 도약통(대), (애들이 뛰기 놀이를 하는) 고무풍선 우리 미2

699 **bound** [바운드]: ①bind의 과거·과거분사, 묶인 ②〈←bombus(buzzing)〉, 〈라틴어〉, 뛰다, 약진하다, 〈↔un-bound\release\separate〉 ③〈←butina(limit)〉, 〈라틴어〉, 경계(선), 범위, 〈↔inside\minimum〉 ④〈←bowan(dwell)〉, 〈게르만어〉, …행 〈가는 길〉, 〈↔landing〉 양1

700 **bound·ary** [바운더뤼]: 〈bound⁴〉, 경계선, 영역, 〈↔center\hub〉 양2

701 ★**bound-er** [바운더]: 〈bound²〉 ①(상식에서 벗어난) 버릇없는 놈, 비열한, 〈↔role model\hero〉 ②(야구에서) 도약이 큰 땅볼 양2

702 * **bound-ing box** [바운딩 박스]: 〈bound³〉, (화상에서 물체의 크기를 어림잡기 위해 그것을 둘러싼) 〈보이지 않는〉 경계 상자 미2

703 **boun·ty** [바운티]: 〈←bonus(good)〉, 〈라틴어〉, 박애, 관대함, 하사금, 상여금, 좋은 것, Bounty: 종이수건의 상품명, 〈↔penalty\scarcity\poverty\blight〉 양1 수2

704 **bour·geois** [브어즈와]: 〈←bourg(town)〉, 〈프랑스어〉, 〈농사짓지 않고 '성안'(borough)에 사는〉 부르주아, 도시 거주자, 유산자, 중산계급의 시민(상인), 물질주의자, 〈↔proletarian〉 우2

705 **bout** [바웉]: 〈←bugan(bend)〉, 〈영국어〉, 한차례 발작, 일시적 기간, 한판 승부, 〈↔relief\stagnation\truce〉 양1

706 **bou·tique** [부우티이크]: 〈←apotheke(store-house)〉, 〈그리스어에서 유래한 프랑스어〉, 부티크, '구멍가게', 명품점, 양품점, (주로 여성용) 고급 유행복이나 장신구를 파는 상점, 〈특수층을 위한〉 소규모 나이트클럽, 〈~ bodega〉, 〈↔agora\rialto〉 미2

707 **bow¹** [바우]: 〈←boga(arch)〉, 〈게르만어〉, 〈구부러진〉 뱃머리, 이물, 기수, 경고, 〈↔stern²〉 양1

708 **bow²** [바우]: 〈←bugan(bend)〉, 〈게르만어〉, 절, 머리 숙임, 인사(경례)하다, '굽히다', 〈~ kow-tow\obeisance〉, 〈↔stand (up)\resist〉 양1

709 **bow³** [보우]: 〈←bugan(bend)〉, 〈게르만어〉, 활, 만곡, 활 모양, 나비매듭, '구부러진 것', 〈~ bough〉, 〈↔straight〉 양1

710 **bow·el** [바울]: 〈←botulus〉, 〈'sausage'란 뜻의 라틴어〉, 창자, 내장, 내부, 〈~ belly\paunch〉, 〈↔exterior〉 양1

711 **bow·er** [바우어]: 〈← buan(build)〉, 〈게르만어→영국어〉, 나무 그늘, 휴식처, 정자, 거처, 침실, '둥지', 〈~ build〉, 〈↔bare\strip〉 양2

712 **bowl¹** [보울]: 〈←bulla(bubble)〉, 〈라틴어→게르만어〉, 〈←ball'〉, 나무공, 공을 굴리다, 〈↔overthrow\flounder〉 미2

713 **bowl²** [보울]: 〈←bolla(round vessel)〉, 〈게르만어〉, 〈←blister〉, 사발, 공기, 보시기, 단지, 수세식 변기, 야외 원형 경기장, 〈↔bulge\hump〉 미2

714 **bowl-ing** [보울링]: 〈←bowl¹〉, 볼링, 지름 약 20cm의 공을 한 손으로 굴려 약 18m 앞에 있는 10개의 목표물을 되도록 많이 쓰러뜨려서 승부를 결정하는 실내경기 유1

715 **box²** [박스]: 〈←pyxos〉, 〈그리스어〉, 'box wood로 만든 그릇', 상자, 칸, 초소 유2

716 ★**box-boy** [박스 보이]: 매장 심부름꾼, 상품을 상자에 넣어 꾸려주는 점원 유1

717 **box-er** [박서]: 권투선수, '권투견'(도베르만과 불독의 잡종으로 꼬리가 짧고 앞발로 권투 시늉을 하는 경찰견이나 맹인 인도견) 유2

718 **box-ing** [박싱]: 권투, 〈↔kicking\wrestling〉 개1

719 *****box pat·tern** [박스 패턴]: 상자권, 상자 모형, (주가가) 일정 가격 안에서만 오르내리는 현상, 〈↔no pattern〉 미2

720 ★**box score** [박스 스코어]: 시합결과표, 출전 선수 적요, 〈↔discrete part\seperate component〉 유1

721 **boy** [보이]: 〈←boi〉, 〈어원 불명의 영국어〉, 〈15세기 초에 프랑스에서 빌려온 말〉 '남자 종자', 사내, 소년, 청년, 아들, 사환, 친구 (야), 〈↔girl〉 개1

722 **boy·cott** [보이캍]: 〈어원 불명의 영국계 이름〉, 보이콧, 배척하다, 거부하다, 불매 동맹, 왕따, 〈Boycott: 19세기 영국의 악덕 토지 관리인〉, 〈↔support\approval〉 유2 유1

723 **boy scout** [보이 스카웉]: 〈미국에서는 1910년에 창단된〉 소년단(원), 〈↔girl scout〉 미1

724 ★**boy-toy** [보이 토이]: toyboy, 나이 먹은 여자가 데리고 노는 젊은 남자, '소년 장남감', 〈↔sugar daddy〉 유1

725 *****bp** (basis point): 만분율, 1%의 ¹⁄₁₀₀, 〈~(↔)%\percentage point〉 미2

726 *****bpi** (bits per inch): (전산기 회선의) 인치당 정보 기억 밀도 단위 유1

727 *****bps** (bits per sec·ond): (전산기 회선의) 초당 정보 전달량 속도의 단위 유1

728 **brace** [브레이스]: 〈←brakhion(arm)〉, 〈'팔'이란 뜻의 그리스어에서 유래한 프랑스어〉, 버팀대, 지주, 거멀못, 꺾쇠, 중괄호, 부목, 치열 교정기, (정렬된 오리 등의) 떼, 〈↔detach\disconnect〉 미2

729 ★**brace for** [브레이스 훠어]: (불쾌한 상황에) 대비하다, (위험에) 대처하다, (전열을) 가다듬다, 〈↔dampen\undermine〉 왕1

730 **brace-let** [브레이슬맅]: 팔찌, 가구의 다리 장식, 〈↔unclasp\unfasten〉 왕1

731 **brack-et** [브래킽]: 〈←bracae(breeches)〉, 〈라틴어〉, 선반받이, 까치발, 모난 괄호([ ]·〈 〉), 동류, 계층, 〈↔contrast\separate〉 미2

732 *****brack-et-ing** [브래킽팅]: 모둠형성(구매) ①동류의 사진을 모아서 비교하기 ②동류의 제품을 여러개 배달시켜 마음에 드는 것만 구매하는 짓, 〈↔disjoin\disperse〉 미2

733 ★**brack-et-ol·o·gy** [브래킽탈러쥐]: 〈1995년 한 미국 대학 연감 편집자가 고안한〉 (NCAA등에서 함께 묶인 조편성을 분석해서 승부를 예측 할수 있다는) '모둠예측학'으로 98%의 정확도가 있다함(?) 유2

734 **brag** [브래그]: 〈←braguer(flaunt)〉, 〈어원 불명의 프랑스어〉, 자랑하다, 허풍 떨다, 〈→barrack²〉, 〈~ boast\vaunt〉, 〈↔humble\modest\under-state〉 왕2

735 **braid** [브레이드]: 〈←bredan(weave)〉, 〈게르만어〉, 끈 끈, 노끈, 땋은 머리, 엮어서 만든 전선, 〈~ bridle\plait〉, 〈↔un-braid\un-bind〉 왕1

736 **brain** [브레인]: 〈라틴어 'cerebrum'에서 연유한 게르만어〉, 골, 뇌, 두뇌, 뇌수, 지력, 지혜, 중추, 골통, 〈~(↔)mind〉, 〈↔ignorance\idiot〉, 〈↔bottom\penis?〉 기1

737 ★**brain-burp** [브레인 버얼프]: '뇌 트림', 상관없는 말이 튀어나오는 것, '헛소리', 〈↔brain-fart〉 영2

738 ★**brain-fart** [브레인 화알트]: '뇌 방귀', 두뇌 착오, 깊은 생각 없이 튀어나온 말, '망언', 〈↔brain-burp〉 영2

739 ★**brain-storm** [브레인 스토엄지]: 정신착란, 묘안, 영감, 머리 짜기, 골 때리기, 신선한 자극, 〈~ head-storm〉, 〈↔ignore\neglect〉, 〈↔shit-storm〉 영2

740 **brake** [브레이크]: 〈←flax breaker(crushing instrument)〉, 〈알송달송한 어원의 영국어〉, 제동기, 정지 장치, 〈소의 코를 꿰는〉 고삐 꿰기, 덤불, 써레, 〈~break〉, 〈↔accelerator〉 영1

741 **bran** [브렌]: 〈←bren(scurf)〉, 〈어원 불명의 프랑스어〉, 밀기울, (왕)겨, 〈~ semolina〉 기1

742 **branch** [브랜취]: 〈←branca(paw)〉, 〈라틴어〉, '다리', 가지, 〈가지처럼 여러 개로 나누어진〉 분파, 〈본점에서 가지 친〉 지점, 〈작은〉 시내, 분기, 〈큰길에서 갈라진〉 지로, 〈bough보다 작고 twig보다 큰 것〉, 〈↔trunk\body〉 영2

743 **brand** [브랜드]: 〈←beornan(burn)〉, 〈게르만어〉, 소인하다, 낙인을 찍다, 〈불로 달궈 만든〉 칼, '불꽃', 상표, 품질, 〈↔un-sign\generic〉, 〈자기 소유의 가축에 낙인을 찍어 소유권을 나타내던 관례에서 유래한 말〉 미2

744 **bran·dish** [브랜디쉬]: 〈게르만어〉, 〈←brand(sword)〉, (창·칼 등을) 휘두르다, 과시하다, 〈~ wield〉, 〈↔conceal\protect〉 영2

745 ★**brand-new** [브랜드 뉴우]: 〈제철소에서 바로 꺼낸〉 신품, 아주 새로운, 〈↔out of date\old fashioned〉 영2

746 **bran·dy** [브랜디]: 〈←branden〉, 〈네덜란드어〉, 증류주, '포도주를 태워서〈burn〉 만든 술', 〈↔soft drink〉 우2

747 **brass** [브래스]: 〈←brasa(solder)〉, 〈게르만어〉, 〈불로 달궈 만든〉 놋쇠, 황동, 금관악기, 담황색, 〈황동 표장을 달았던〉 고관, 〈~ brazen\bronze〉 영1

748 ★**brass tacks** [브래스 택스]: 〈예전에 영국에서 재봉사가 옷감을 잴 때 쓰던 황동압정에서 연유한〉 정확한 지점, 자세한 사항, 실질적 문제, 〈→ get down to brass tacks〉, 〈~ ins and outs\nuts and bolts〉, 〈↔big picture〉 영2

749 ★**brat** [브랱]: 〈켈트어→프랑스어〉, rag, '넝마', 말썽꾸러기, 버릇없는 놈, 후레자식, 〈~ bitch〉, 〈↔mature person\grown-up〉 미2

750 **brave** [브레이브]: 〈←barbarus〉, 〈'야만'이란 라틴어에서 유래한〉 〈외면적으로〉 용감한, 멋진, 훌륭한, 〈~ bold〉, 〈↔courageous〉, 〈↔cowardly\pusillanimous\chicken\wussy〉 영2

751 **bra·vo** [브라보]: 〈원래는 청부살인업자(hired killer)를 일컫던 말〉, 〈이탈리아어〉, 〈←brave〉, 좋다!, 잘한다!, 〈↔boo\jeer\oy vey〉 미2

752 **brawl** [브뤄얼]: 〈영국어〉, 〈의성어〉, 말다툼, 시끄러운 소리, 소란, 〈~ quarrel\rough and tumble〉, 〈↔calm\harmony〉 영2

753 ★**bra·zen** [브레이즌]: 〈영국어〉, 〈←brass〉, 놋쇠로 만든, 놋쇠 빛갈의, 뻔뻔스러운, 철면피의, 소란한 금속음의, 〈↔timid\shy\demure〉 영2

754 ★**bra-zy** [브레이지]: Crips와 대결하고 있는 미국의 갱 단체 Blood가 사용하는 'bravely crazy(용감하게 미친)'란 뜻의 말 우1

755 ★**brb**: (I will) be right back, 곧 돌아올게 우2

756 **breach** [브리이취]: 〈←brecan(break)〉, 〈게르만어〉, '깨뜨림', 어김, 파괴, 위반, 절교, 〈↔agreement\promise\guarantee\observance\treaty\vow〉 영1

757 **bread** [브뤠드]: 〈↔breowan(brew)〉, 〈게르만어〉, 빵, 〈'깬' 가루로 된〉 식량, 양식, 생계, 돈(money), 〈↔break?〉, 〈~ loaf\roll\bun〉, 〈↔(steamed) rice〉 가1

758 ★**bread al·ways falls but·ter·ed side down**: 재수없는 놈은 뒤로 넘어져도 코가 깨진다, 〈~ toast lands jelly side down〉, 〈~ if anything can go wrong, it will(Murphy's law)〉 일2

759 ★**bread-and-but·ter** [브뤧든버터]: 빵과 우락, 일용할 양식, 생계를 위한, 돈이 되는, 평범한, 〈↔ancillary\inessential〉, 〈↔버터를 우락이라거나 bread-and-butter를 bread-and-milk라 하지 않는 것은 말이 예술이기 때문임〉 일2

760 ★**bread-crumb-ing** [브뤠드 크뤔잉]: 변죽 울리기, (연애에서) 심심풀이로 깐죽거리는 짓, 〈심심풀이 땅콩〉, 〈↔real dating〉 일2

761 **breadth** [브뤠드쓰]: 〈↔brad(broad)〉, 〈영국어〉, 너비, 나비, 폭, 넓이, 여유, 〈~ width〉, 〈↔length〉 일1

762 **break** [브뤠잌]: 〈↔brekanan(divide by force)〉, 〈게르만어〉, 깨뜨리다, 고장 나다, 어기다, 잔돈 바꾸다, (일시)정지, 〈일을 깨고 하는〉 휴식, 바지 끝이 구두 위에까지 길게 내려오는 것, 〈↔breach\brake\bread\brittle\brick〉, 〈↔keep\repair\mend〉 일1 위1

763 ★**break a leg** [브뤠잌 어 렉]: 〈열광한 관중들이 다리가 부러지도록 의자를 바닥에 굴려 환호하던 데서 연유한〉 행운을 빌어!, 열심히 잘해!, 〈~ good luck!\bravo〉, 〈↔boo!〉 일2

764 ★**break-e·ven** [브뤠잌 이븐]: 수입과 지출이 맞먹는, '본전치기', 〈↔profit\loss〉 미2

765 **break-fast** [브뤸 훠스트]: brecan(break)+fasten(fasting), 〈영국어〉, 아침, 아침 식사, 조반(조식), '단식 끝', 〈↔fast\abstain〉 일2

766 ★**break-in** [브뤠잌 인]: 가택 침입, 길들이기, 시운전, 〈↔protect\terminate〉 일2

767 ★**break-ing news** [브뤠이킹 뉴우스]: 긴급 뉴스, 속보 일2

768 ★**break-ing point** [브뤠이킹 포인트]: 한계점, 파괴점, 극단(상황), (일시) 정지점, 〈↔lower end\bottom limit〉 일2

769 ★**break-off** [브뤠잌 어후]: 갑자기 멈춤, 떼어 놓기, 결별, 〈↔carry on\connect\union〉 일2

770 ★**break-out** [브뤠잌 아웉]: 돌파, 탈주, 부스럼, 〈↔confinement〉 일2

771 ★**break the bank** [브뤠잌 더 뱅크]: 〈원래는 은행을 파산시킬 만큼 거액을 일컫는 도박용어였으나〉 감당하기 힘든 돈(이 들다), 무일푼이 되게하다, 〈~ hit the jack-pot〉, 〈↔decline\back down\go bankrupt〉 일2

772 ★**break the ice** [브뤠잌 더 아이스]: 어색한 분위기를 깨다, 침묵을 깨다, 실마리를 찾다, 〈↔cease\retract〉, ⇒ ice-breaker 일2

773 ★**break-up** [브뤠잌 엎]: 와해, 이별, 파탄, 청산, 〈~ separation\part ways〉, 〈↔join\integration〉 일2

774 **breast** [브뤠스트]: 〈↔brust(swelling)〉, 〈'부품'이란 뜻의 게르만어〉, 가슴, 마음속, 유방, 젖통, boob, tit, 〈~ oppai〉, 〈~(↔)buttock?〉 가1

775 **breath** [브뤠쓰]: 〈↔brodem(vapor)〉, 〈게르만어〉, 숨, 호흡, 미풍, 생기, 〈~(↔)perspiration〉 일1

776 ★**breath-tak·ing** [브뤠쓰 테이킹]: 숨 막히는, 아슬아슬한, = breath catching, 〈↔un-impressive〉 일2

777 **breech-es** [브뤼취즈]: 〈게르만어〉, 〈엉덩이를 가리는〉 승마용 바지, 짧은 바지, (무릎 바로 아래서 여미게 되어 있는) 반바지, 〈↔longs〉 미2

778 **breed-ing** [브뤼이딩]: 〈↔brod〉, 〈게르만어〉, 〈brood·produce〉, 번식, 사육, 양식, 품종개량, '껴안기', 〈↔uncouple\perish〉 일1

779 **breeze** [브뤼이즈]: ⟨←briza(north-east wind)⟩, ⟨포르투갈어·스페인어⟩, 서늘한 '북동풍', 산들바람, 미풍, 순풍, ⟨상급한 일⟩, 아주 쉬운 일, ⟨↔gust\cyclone\tornado\whirl-wind⟩ 기1 양1

780 **brev·i·ty** [브뤠뷔티]: ⟨←brevis(short)⟩, ⟨라틴어⟩, 간결, 요약, 짧은 시간, ⟨~ brief⟩, ⟨↔longevity\verbosity⟩ 양1

781 **brew** [브루우]: ⟨←brauen(boil)⟩, ⟨게르만어⟩, 양조하다, 조합하다, 달이다, 끓이다, ⟨~ broth\concoct⟩, ⟨↔chill\dry⟩ 양1

782 **brib·er·y** [브라이버뤼]: ⟨←briba(scrap of bread)⟩, ⟨라틴어⟩, '거지에게 주던 작은 빵 덩어리', 뇌물, 증회, 수회, ⟨↔honesty\virtue⟩ 기1

783 ★**bric·a·brac** [브릭 어 브랙]: ⟨프랑스어⟩, ⟨무의미어⟩, ⟨아무렇게나 오래된 것⟩, (자그마한) 장식품들, 골동품, 고물, ⟨↔commonality\familiarity⟩ 미2

784 **brick** [브뤽]: ⟨←bricke(tile-stone)⟩, ⟨게르만어⟩, '깨진 조각', 벽돌, 네모난 물건, 보도, ⟨↔break\briquette⟩, ⟨↔wood-block⟩ 기1

785 ★**brick-wall** [브뤽 워얼]: 벽돌담, 넘기 어려운 벽, (문자 통화에서 간단하고 무뚝하게 대답하는) '먹통', ⟨~stone-wall⟩, ⟨↔catalyst\incentive⟩

786 ★**BRICS** [브뤽쓰]: 2009년부터 연례 정상회담을 하고 (세계 인구의 40%·GDP의 23% 차지하는) Brazil·Russia·India·China·South Africa가 참가해서 급부상하는 경제·정치단체 수2

787 **bride** [브롸이드]: ⟨←bryd(brew)?⟩, ⟨게르만어⟩, ⟨be-trothed⟩, 새색시, 신부, ⟨↔groom⟩ 기2

788 **bride-groom** [브롸이드 그루움]: 신부의 남자, 신랑, '새색시 다듬이', ⟨↔bride⟩ 기2

789 **bridge**¹ [브뤼쥐]: ⟨←biritch(Russian whist)?⟩, ⟨교량과는 다른·불투명한 어원의 영국어⟩, 브리지, 16세기 영국에서 시작된 카드 게임으로 52장의 카드를 2조로 된 4명의 경기자가 패를 맞춰 가는 화투 놀이 유1

790 **bridge**² [브뤼쥐]: ⟨←brucca(pier)⟩, ⟨게르만어⟩, '나무 둑길', 다리, 교량, 교락, 연결, 연락, (안경의) 코걸이, 전산망 연결 장치, ⟨↔detach\separate⟩ 양1 유1

791 *****bridge loan** [브뤼쥐 로운]: 교량융자, 파는 부동산에 쌓인 순수가격을 사는 부동산으로 옮기는 단기융자로 이자율이 보통 2% 포인트 가량 높음, swing loan, caveat loan 미2

792 **bri·dle** [브라이들]: ⟨←britel(restraint)⟩, ⟨게르만어⟩, ⟨말의 머리를 'braid'(노끈)로 잽싸게 잡아채는⟩ '말 굴레', 속박, 견제물⟨편자는 bride의 진짜 어원이라고 봄⟩, ⟨~ curb⟩, ⟨~ team⟩, ⟨↔loosen\liberate⟩ 양2

793 **brief** [브뤼후]: ⟨←brachys(short)⟩, ⟨그리스어→라틴어⟩, ⟨←brevis⟩, 짧은, 적요, 지령, 아주 짧은 아랫속내복, ⟨~ brevity⟩, ⟨↔long⟩ 양2 유2

794 **brief-case** [브뤼후 케이스]: 서류 가방, 손가방, ⟨↔trunk⟩ 양1

795 **brief·ing** [브뤼휭]: 요약 보고, 상황 설명, ⟨↔prolonging\misleading⟩ 양1

796 **brier \ briar** [브롸이어]: ⟨어원 불명의 영국어⟩, prickly bush, 찔레(가시), '야생장미', ⟨~ bramble\thistle⟩ 미2

797 **bri·gade** [브뤼게이드]: ⟨←briga(strife)⟩, ⟨'전투'란 뜻의 이탈리아어⟩, '경보병', 여단(연대와 사단의 중간 규모), 조, ⟨~ brigand⟩, ⟨~ unit\band⟩ 양2

798 **bright** [브롸잍]: ⟨←bhraj(shine)⟩, ⟨산스크리트어→게르만어⟩, 빛나는, 화창한, 밝은, 영리한, ⟨~ brilliant⟩, ⟨↔dim\dumb\saudade⟩ 양1

799 ★**bright be·gin·ning and dull fin·ish** [브롸잍 비기닝 앤 덜 휘니쉬]: 왕성하게 시작해서 부진하게 끝남, 용두사미, (~ start with a bang and end with a whimper\went up like a rocket and came down a stick), ⟨↔unswerving consistency⟩ 양2

800 **bril·liant** [브릴리언트]: ⟨←berillus(a precious stone)⟩, ⟨라틴어⟩, 찬란하게 빛나는, 두뇌가 날카로운, ⟨~ bright⟩, ⟨↔dark\stupid⟩ 양1

801 **brim** [브림]: ⟨←bhram(whirl)⟩, ⟨산스크리트어→그리스어→게르만어⟩, 언저리, 가장자리, 넘칠 정도로 차다, ⟨~ berm\brink\visor⟩, ⟨↔center\empty⟩ 양1

802 **bring** [브링]: ⟨←bringen(fetch)⟩, ⟨게르만어⟩, 가져오다, 데려오다, 오게 하다, ⟨↔distribute\carry off⟩ 양1

803 ★**bring home the ba·con**: 밥벌이를 하다, 생활비를 벌다, ⟨~ earn a living\bread winner⟩, ⟨↔fool around\idle away⟩ 양2

804 **brink** [브링크]: ⟨←brekka(hill)⟩, ⟨북구어⟩, (벼랑의) 가장자리, 물가, 직전, 고비, ⟨~ brim⟩, ⟨~ edge\fringe⟩, ⟨↔center⟩ 양1

805 *****brink-man-ship** [브링크 먼 쉽]: 벼랑 끝 정책, ⟨↔static policy⟩ 양2

806 **brisk** [브리스크]: ⟨←brusque(lively)⟩, ⟨프랑스어⟩, 팔팔한, 상쾌한, 기운찬, ⟨~ brusk⟩, ⟨~ frisk⟩, ⟨↔sluggish\lethargic⟩ 양1

807 **bris·tle** [브리쓸]: ⟨←bhrshti(point)⟩, ⟨산스크리트어→게르만어⟩, (돼지의) 뻣뻣한 털, 털을 곤두세우다, 화를 내다, ⟨↔placate\pacify⟩ 양1

808 **Brit·ain** [브리튼]: ⟨'몸에 색칠을 한 자(tattooed man)'라는 켈트어에서 유래한?⟩ 브리튼 섬, 잉글랜드·웨일스· 스코틀랜드를 포함한 대영제국 샤1

809 **brit·tle** [브리틀]: ⟨←breotan(break)⟩, ⟨게르만어⟩, 깨지기 쉬운, 과민한, 덧없는, ⟨↔flexible\resilient\maleable⟩ 양1

810 ★**bro** [브로우]: ⟨미국어⟩, ⟨←brother⟩, 친구, 녀석, 골빈놈, (생각없이) '상투적'으로 사는 남자, ⟨↔basic bitch⟩ 양2

811 **broach** [브로우취]: ⟨←brog(spur)⟩, ⟨켈트어→라틴어⟩, ⟨←brocca⟩, (버드렁니를 한) (쇠) 꼬챙이, 송곳, (꼬챙이로 술통에 구멍을 뚫듯) (힘든) 말을 꺼내다, 핀으로 꽂는 장식용 단추(brooch), ⟨~ brochure\brocade⟩, ⟨↔drop\close\dissuade⟩ 양1 무2

812 ★**broad** [브뤄드]: ⟨←braids(wide)⟩, ⟨켈트어→게르만어⟩, ⟨←bred⟩, 광대한, 폭넓은, 대체로, 관대한, ⟨↔breadth⟩, 헤픈, 음탕한, (엉덩이와 마음이 넓은) 여자, ⟨~wide⟩, ⟨↔narrow\limited⟩ 양1

813 *****broad-band** [브뤄드 밴드]: (넓은 대상 지역의 많은 화상 신호를 다른 주파수를 사용해서 한꺼번에 보내는) 광대역 회선, ⟨↔restricted band⟩ 미2

814 **broad-cast** [브뤄드 캐스트]: 방송(방영), 퍼뜨리다, 중계하다, '널리 던지다', ⟨↔hold\hide⟩ 양2

815 **bro·chure** [브로우슈어]: ⟨←brocher(stitch)⟩, ⟨프랑스어⟩, ⟨broach된(꼬맨)⟩소책자, 가제본 책, 안내서, 간단한 설명서, ⟨↔text edition\trade edition⟩ 미2

816 **broil** [브뤄일]: ⟨←bruen(scald)⟩, ⟨게르만어→프랑스어⟩, 불에 '굽다', 쩽쩽 내리쬐다, 타는 듯이 덥다, ⟨~ embroil⟩, ⟨~ roast⟩, ⟨↔freeze⟩ 양2

817 ★**broke** [브로우크]: ⟨게르만어⟩, break의 과거·과거분사, 파산한, 무일푼의, 깡통찬, 깨진, ⟨↔rich⟩ 양2

818 **brok·er** [브로우커]: ⟨프랑스어⟩, 중개인, 중매인, 거간, ⟨'broche'로 포도주 통에 구멍을 내는⟩ 감정인, ⟨↔customer\consumer⟩ 가1

819 *****B-roll** [비이로울]: 부(차적) 두루마리, (영상물에서 A-roll에 수반되는 내용을 담은) 꼬투리 목록, ⟨↔A-roll⟩ 미2

820 ★**bro-maide** [브로우마이드]: ⟨미국 속어⟩, bro(brother)+mermaid, 단조로운, 진부한, ⟨취소(bromide)처럼⟩ 악취를 풍기는, ⟨↔fancy\aromatic⟩ 양2

821 ★**bro-mance** [브로우맨스]: brother+romance, '형제 관계', 성적 관계 없이 친밀한 남자 친구 사이, ⟨↔womance⟩ 무2

822 **★bro-ny** [브뤄니]: bro(brother)+pony, 〈연속극 my little pony를 좋아하는〉 천진난만한 남자, 〈↔pegasister〉 양2

823 **bronze** [브란즈]: 〈←birinj(brass)〉, 〈페르시아어〉, 청동(색), 구리와 주석의 합금 양1

824 **brooch** [브로우취]: 〈←brocca (spit*)〉, 〈라틴어〉, broach, 〈버드렁니를 한〉 양복 깃이나 앞가슴에 다는 (핀과 몸통으로 된) 장신구, 꼬챙이 양1

825 **brood** [브루우드]: 〈←bruot(hatched by heat)〉, 〈게르만어〉, 한배 새끼, 무리, 알을 품다, 곰곰이 생각하다, 〈~ breed\litter〉, 〈↔parent\ignore〉 양1

826 **brook** [브룩]: ①〈←bruch(marsh)〉, 〈어원 불명의 게르만어〉 시내, 개울, 〈~ beck〉, 〈↔river〉 ②〈←bhuj(enjoy)〉, 〈산스크리트어→켈트어→게르만어〉, 참다, 견디다, 〈너무 즐기는 것도 고역이라는 철학적인 말〉, 〈↔resist\resent〉 양1

827 **broom** [브루움]: 〈←bhram(whirl)〉, 〈bramble과 같은 산스크리트 어원의 게르만어〉 ①〈동·서양을 막론하고〉 〈원래 '싸리나무'로 만들었던〉 비, 자루가 달린 털이 긴 빗자루 ②금작화(나비 모양의 샛노란 꽃이 피는 관목) 양1 양2

828 **★broque** [브롴 \ 브로우취]: 〈broke의 프랑스어〉, '가난한', (무일푼은 아니지만) 〈네게 빌려줄〉 돈이 없다, 〈↔rich〉 미2

829 **★bro-sci·ence** [브뤼 싸이언스]: 〈미국어〉, bro(brother)+science, steroid가 근육질 형성에 좋다는 터무니없는 주장 양1

830 **★bro-tch** [브롿취]: brother+bitch, 수컷, 〈흘레를 너무 붙여서 불알을 까야할〉 수캐, (행실이) 지저분한 놈, 〈↔angel\darling〉 양2

831 **broth** [브뤄어쓰]: 〈←brod(brew)〉, 〈게르만어〉, 고깃국, 고기류를 삶아 우려낸 국물, bree, 〈~ brew〉 양1

832 **★brothe** [브로쓰]: 〈게르만어→발음하기 힘든 breathed 대신 2003년경에 등장한 미국어〉, breathe(숨쉬다)의 〈새로운〉 과거형 양2

833 **broth·er** [브뤼더]: 〈←bhratar(born of the same womb)〉, 〈산스크리트어→그리스어→게르만어〉, 〈피를 나눈〉 남자 형제, 친구, 동료, 동포, '녀석', 〈~ pal〉, 〈↔bro〉, 〈↔sister〉 양1

834 **brow** [브롸우]: 〈←bhru(eye-brow)〉, 〈산스크리트어→게르만어〉, 이마, 눈썹, 눈살 양1

835 **brown** [브롸운]: 〈←brun←bhru(tanned)〉, 〈게르만어←산스크리트어〉, '거무스름한', 〈홍차 색깔의〉 다갈색, 갈색, 〈~ brunet〉 미1

836 **brown-bag** [브롸운 배그]: (점심 지참용) 누런 봉지〈종이 가방〉 양1

837 **★brown eye** [브롸운 아이]: 〈1960년대에 등장한 오스트레일리아 속어〉 〈자신의 치부(anus)를 타인에게 보여주는〉 지겨운 놈, '벽안의 미녀', 〈↔frat-hole〉 양2

838 **★brown-nose** [브롸운 노우즈]: 〈미군의 속어〉, (상관의 항문에 쳐 박아서) 똥칠을 한 코, 아첨꾼, 〈~flatterer〉, 〈↔cool(proud)-guy〉 양2

839 **★brown-out** [브롸운 아웉]: 등화관제, 전력 저하, 〈↔light\brightness〉 양1

840 **brown rice** [브롸운 롸이스]: unpolished (닦지 않은) 쌀, 현미, 〈↔polished rice〉 미2

841 **browse** [브롸우즈]: 〈←broust(sprout)〉, 〈게르만어〉, 새싹, 어린잎, 〈어린 잎을 찾아〉 여기저기 들춰보다, 방목하다, 〈~gaze\peruse〉 양1 미2

842 *****brows-er** [브롸우저]: '일별기', '탐색기', 초본문을 읽을 수 있게 만든 전산체계, 〈~search engine\web crawler〉 양1

843 **bruise** [브루우즈]: 〈←bruiser(break)〉, 〈프랑스어→영국어〉, 타박상, 흠집, 멍, 상처, 〈~ brioche〉, 〈↔healthy\cured〉 양1

844 **brunch** [브뤈치]: 〈1895년에 등장한 미국어〉, breakfast+lunch, 조반 겸 점심, 이른 점심, 〈↔night snack〉 미2

845 **brunt** [브뤈트]: 〈←bruna(rush)〉, 〈어원 불명의 영국어〉, 예봉, 큰 타격, 〈↔ease\relaxation〉 영2

846 **brush** [브뤄쉬]: 〈←bruscia(shoot)〉, 〈라틴어→프랑스어→영국어〉, 솔, 붓, 숲, 잡목, 긁힌 상처, 닦다, 털다, 〈~ thicket\sweep(er)〉, 〈↔clearing\scrub〉 영1

847 ★**brush cut** [브뤄쉬 컷]: buzz cut, military cut, 〈전기이발기로 머리를 치켜 올려 깎는〉 상고머리 미1

848 **brush fire** [브뤄쉬 화이어]: 〈소규모의〉 산불, 들불, 〈~ bush-fire〉, 〈~(↔)wild(forest) fire〉 영1

849 ★**brush-up** [브뤄쉬 엎]: 다듬기, 다시 닦기(치장하기), 다시 공부하기, 〈↔worsen\forget〉 미2

850 **bru·tal** [브루우틀]: 〈←brutus(dull)〉, 〈라틴어〉, 잔인한, 짐승 같은, 대단한, 〈~ cruel\ferocious〉, 〈↔gentle\humane〉 영1

851 **brute** [브루우트]: 〈←brutus(dull)〉, 〈라틴어〉, '둔중한', 짐승같은 (사람), 육욕적인, 〈~ yahoo\bestial〉, 〈↔benign\benevolent〉 영1

852 ★**bs** (bull shit): '쇠똥', 허풍, 거짓말 영2

853 *****B-spline** [비이 스플라인]: base spline, 기본 운형선, 두 점을 연결할 때 중간에 있는 여러 점을 대충 연결한 '원만한 곡선' 무2

854 ★**BTW** (by the way): '아 참!', '말이 난 김에-', 우연한, 무심히 미2

855 ★**B2B** (busi-ness to busi-ness): 기업 간 전자 상거래, 〈↔C2C〉 미2

856 ★**B2C** (busi-ness to cus·tom·er): 기업과 소비자 간 전자 상거래, 〈~(↔)B2B\C2C〉 미2

857 ★**bub·ble** [버블]: 〈영국어〉, 〈의성어·의태어〉, 거품, 기포, 허풍, 야심, 환상, 말풍선, (사회적 거리두기로 인한) 소규모의 모임, 〈~ bullet\bleb\blubber\bowl³\boil〉, 〈↔be flat\stream〉 영2

858 ★**bub·ble brain(head)** [버블 브레인(헤드)]: 바보, 멍청이, 골빈 놈, 〈↔genius\egg-head〉 영1

859 ★**bub·ble butt** [버블 벝]: '풍선 엉덩이', '볼록 방둥이', 〈~ apple hip〉, 〈↔pancake butt\snace〉 미2

860 **bub·ble gum** [버블 검]: 풍선껌, 어린이 취향의 미1

861 ★**bub·ble pack(wrap)** [버블 팩(뢥)]: 기포가 든 투명 재료를 쓴 포장, 기포 포장, 뽁뽁이로 포장 미1

862 *****bub·ble sort** [버블 쏘올트]: (거품이 올라가듯) 여러 단계를 거쳐 자료를 솎아내는 〈느리나 비교적 정확한〉 연산법, 〈↔selection sort〉 무2

863 ★**bub·ble up** [버블 엎]: 거품이 일다, 끓어 오르다, 번영하다, 〈↔dive in\descend〉 영2

864 **buck** [벜]: 〈←bukka(goat)〉, 〈산스크리트어→게르만어〉, 수사슴, 멋쟁이, 뽐내다, 돌진하다, 반항하다, 발로 차다, 불로 받다, 톱질하다, 〈빨리 달아나는 사슴처럼 빨리 번 돈은 빨리 없어진다는〉 달러, 〈Buck knife를 들여대며 묻는〉 책임, (포커에서) 패를 돌릴 차례가 된 사람 앞에 놓는 표시, 〈↔doe〉, 〈↔slob\submit〉 영1 미1

865 **buck·et** [버킽]: 〈←buc(water pot)〉, 〈영국어〉, 〈belly 모양의〉 바께쓰, 양동이, 들통, 두레박, (다량의 정보를 한꺼번에 옮길 수 있는) 전산기의 기억 단위, 〈↔dram\bit〉 영1 우1

866 ★**buck·et list** [버킽 리스트]: kick the bucket (사망·결혼) 하기 전에 꼭 해야 할 것을 적어 놓은 '필수 목록', 〈~ wish list〉, 〈↔reverse bucket list〉 우2

867 **buck·le** [버클]: 〈←bucca(cheek)〉, 〈라틴어〉, '방패의 도드라진〈bulge된〉 부분', 장식 쇠, (혁대) 고리, 〈↔un-fasten\straighten〉 우2

868 ★**buck·le up** [버클 엎]: 쇠클로 잠그다, 안전띠를 메다, 〈↔un-buckle\ease up〉 우2

869 **bud** [벋]: 〈어원 불명의 영국어〉, seed pod, 싹, 눈, 봉오리, 아이, 음핵, 발아하다, 〈↔grown-up\wither〉 영1

870 **Bud·dhism** [부우디즘]: 불도, 불교, 석가모니의 가르침을 받아 고통과 죽음을 열반의 경지와 생명의 윤회로 극복하려는 〈다분히 철학적인〉 종교, 〈~Stoicism〉 양2

871 **bud·dy** [버디]: 〈아마도 brother가 변형되어 1852년경에 등장한 미국 흑인 속어〉, 동료, 친구, 자네, 〈↔enemy\foe〉 양1

872 ★**budge an inch** [벋쥐 언 인취]: 한 발짝 물러서다, 조금 움직이다, 갱신하다, 양보하다, 〈↔hold fast'\stick to your guns〉 양2

873 **budg·et** [버쥗]: 〈←bouge(bag)〉, 〈갈리아어〉, '조그만 가죽 주머니', 예산, 경비, 가계, 값싼, 〈~ economy〉, 〈↔expensive\premium〉 양1

874 **buff¹** [버후]: 〈라틴어〉, 〈소(buffalo)가죽을 무두질한〉 담황색 가죽, 황갈색의 부드러운 천, 애호가, ~팡, 부드럽게하다, 〈↔carper\critic〉, 〈↔detract\clothed〉 미1

875 **buf·fa·lo** [버휄로우]: 〈←boubalos(wild ox)〉, 〈아프리카어에서 연유한(?) 그리스어〉, '야생소' 들소, 물소, ⇒ bison 미2

876 **buff·er** [버훠]: 〈←buff〉, 〈영국어〉, 〈의성어·의태어?〉, 완충기(물), 보호물, 완화제, 완충 구역, 〈↔intensify\disassemble〉 양2

877 **buf·fet¹** [버훼이]: side-board, 〈'선반'을 뜻하는 프랑스어에서 유래한〉 뷔페, 찬장, 간이 식당, 자의 선택·자기 봉사 음식점, 〈~ all you can eat〉, 〈↔chair\snack〉, 〈↔a la carte〉 우2

878 **bug** [버그]: 〈←bwgan(specter)〉, 〈어원 불명의 영국어〉, 귀찮게굴다, 괴롭히다, 〈짧은 날개의〉 곤충(insect), 벌레, 해충, 세균, 열광자, 명사, 도청기, 소형 자동차, 전산기 체제의 오류, 〈↔please\non-fan〉 양1 미2

879 **bug·gy** [버기]: ①귀찮게 하는 ②〈18세기에 등장한 어원 불명의 영국어〉, (2인승) 4륜 경마차, 유모차, (지붕·문이 없는) 4륜차, 〈~ palanquin〉, 〈↔limo〉 우2

880 ★**bug-house** [버그 하우스]: 〈해충들이 들끓는〉 정신병원, 〈~ bedlam\mad-house〉 양2

881 ★**bug-out** [버가웉]: 〈벌레처럼 밟히기 전의〉 전선이탈, 〈생존을 위해〉 위험한 상황을 피하는 짓, 〈↔confront\remain〉 미2

882 ★**bug-out bag** [버가웉 배그]: (위급 탈출 시 생존에 필요한 최소 물품을 담은) 응급 가방, 구급낭, 〈~evacuation kits\72-hour kit〉 미2

883 **build** [빌드]: 〈←buan(dwell)〉, 〈게르만어〉, 짓다, 쌓아 올리다, 조립하다, 〈~ bower〉, 〈↔destroy\demolish〉 기1

884 **build·ing** [빌딩]: 건축(물, 술), 건설, 골격, 〈↔dismantling\wreckage〉 기1

885 ★**build·ing block** [빌딩 블랔]: 건축용 덩이 (토막), 기초 요소 (성분), 〈↔whole\compound〉 미2

886 *****built frac·tion** [빌트 후랰션]: 조립분수, (분수를 숫자와 기호를 따로 써서) 숫자와 기호가 같은 활자체, 〈등분표가 같은〉'동등분표', 〈↔un-even fraction〉 미1

887 ★**buk·ka·ke** [버카키 \ 부케이크]: 〈'홑 뿌리다(splash)'의 일본어〉, 여러 가지 고물을 얹어놓은 찬 우동, 여러 남자의 정액을 여성에게 뿌리는 짓 양2

888 **bulb** [벌브]: 〈←bolbos(underground bud)〉, 〈그리스어〉, 구근(알뿌리), 구경(알줄기), 전구 (전기'다마), 둥근 물건, 〈↔square\angular〉 양1

889 **bulge** [벌쥐]: 〈←bulga(wallet)〉, 〈라틴어〉, '자루', 부품, 팽창, 강세, 〈~ budget\bulk〉, 〈↔cavity\hole〉 양2

890 **bulk** [벌크]: 〈←bulki(cargo of a ship)〉, 〈북구어〉, 뱃짐, 크기, 부피, 대부분, 대량, 〈포장하지 않은〉 '낱상품', 〈~ bulge〉, 〈↔few\handful〉 양2

891 *****bulk deal** [벌크 디일]: 대량거래, 〈증권거래소에 신고해야 하는〉 전체 주식의 0.5% 이상을 매매하는 거래, 〈~ block deal〉, 〈↔minor deal〉 미2

892 **bull** [불]: ①⟨←bul(ox)⟩, ⟨북구어⟩, 황소, ⟨큰 짐승의⟩ 수컷, 돌진하다, ⟨~ bull·ock⟩, ⟨~ ox⟩, ⟨↔cow⟩ ②⟨←bulla⟩, ⟨라틴어⟩, ⟨bubble같이 생긴⟩ 교황의 도장 ③⟨←bulla(bubble)⟩, ⟨라틴어→프랑스어→아일리시어→미국어⟩, ⟨←lie⟩, 허풍, ⟨↔fact\sense⟩ 영1

893 **bull-dog** [불 더어그]: ⟨묶어논 황소의 코를 물어 뜯는 경기에 쓰인⟩ 영국 원산의 괴상한 모양을 한 중간 크기의 사나운 개, 완강한 사람, ⟨↔compliant(docile) person⟩ 우2 미2

894 **bull-doz·er** [불도우저]: ⟨황소같은 힘으로⟩ 땅을 고르는 기계 차, ⟨1876년 미국의 대선에서 처럼⟩ 우격다짐으로 시키다, ⟨assister\easy shot⟩ 영2

895 ★**bul·let** [불릳]: ⟨←bulla(small ball)⟩, ⟨라틴어⟩, ⟨←bubble⟩, '작은 공', 탄알, 총탄, ⟨광고용⟩ 큰 점, 강타, ⟨↔blank⟩ 영1

896 **bul·le·tin** [불러틴]: ⟨←bull²⟩, ⟨라틴어⟩, '공지 사항', 게시, 공고, 보고, ⟨↔withhold\recall⟩ 영2

897 ****bul·let loan** [불릳 로운]: 만기 전액 일괄 상환형 융자, ⟨~ balloon loan⟩, ⟨↔non-amortizing loan⟩ 미2

898 ★**bull-head** [불 헤드]: 둑중개, 긴 수염들이 달리고 머리가 큰 메기, 고집 센 사람, ⇒ miller's thumb, ⟨~ bull-neck⟩, ⟨~ bull-neck\pig-head⟩, ⟨↔obedient\flexible⟩ 미2

899 ****bull mar·ket** [불 마아킽]: (황소가 뿔로 치켜 올리듯 하는) 상향세, 상향시장, ⟨~ golden cross⟩, ⟨↔bear market⟩ 미2

900 ★**bull-neck** [불 넼]: 굵은 목(을 가진 북미산 들오리), 고집 센 사람, ⟨~ bull-head⟩, ⟨↔willing\managable⟩ 미2 영2

901 ★**bull pen** [불 펜]: '황소를 가둬 두던 곳', 구치소, 합숙소, 예비실, 대기실, 구원투수 영2

902 ★**bull's-eye** [불즈 아이]: '황소 눈', 정곡, 급소, 과녁의 흑점, 눈깔사탕, ⟨~ target\goal⟩, ⟨↔careless\in-correct⟩ 미2

903 ★**bull·shit** [불 슅]: ⟨←bole(deceit)⟩, ⟨프랑스어⟩, ⟨bull¹+bull²의 뜻이 합쳐진 오묘한 말⟩ 쇠똥, 허풍⟨2차대전 중 영·미군에게 주던 '영양가 없는 부푼 빵'에서 유래한 말⟩, 거짓말, 멍청한, '뻥', ⟨~ baloney\horse-shit⟩, ⟨↔truth\sense\not juste⟩ 미2

904 **bul·ly \ bull-y** [불리]: ⟨원래는 boel(친애하는 brother)라는 네덜란드어에서 연유했으나 나중에 bull(황소)이란 뜻이 가미된 말⟩, (약한 자를 못살게 구는) 불량배, 심술패기, 들볶다, 뽐내다, ⟨~ oppressor⟩, ⟨↔protector\softy⟩ 미2

905 ★**bum** [범]: ⟨←buttocks⟩, ⟨영국어⟩, 엉덩이, 게으름뱅이, 부랑자, ⟨할 일 없이 바라졌다 오므라졌다 하는⟩ 발락구니, 쓸모없는 녀석, bummer, business unit manager(사업부장), ⟨혹자는 bummeln(waste time)이 어원이라 하나 bum이 더 오래된 말⟩, ⟨↔excellent\superior\mover and shaker⟩ 미2

906 ★**bum·ba clot** [범바 클롵]: ⟨자메이카어⟩, 밑닦개(Spanglish), 씨발놈, ⟨↔gentle-man\saint⟩ 영2

907 ★**bum-med** [범드]: ⟨←bummer⟩, ⟨영국어→미국어⟩, bummed out, 실망(낙담)한, 상심한, ⟨↔cheered (up)\hustled⟩ 영2

908 ★**bum-mer** [버머]: ⟨←bummler(drifter)⟩, ⟨독일어→영국어⟩, ⟨빈둥거리는⟩ 게으름뱅이, 기대에 어긋난 경험, ⟨~ loafer⟩, ⟨←bum⟩, ⟨↔excellenter\winner⟩ 미1

909 ★**Bump** [범프]: bring up my post, (내가 단 댓글을 ⟨자꾸 밀리게 하지 말고⟩) 끌어올려, '끌올' 미1

910 **bump** [범프]: ⟨북구어⟩, ⟨의성어⟩, 부딪치다, 밀어내다, 올리다, 융기, 재치, 동요, ⟨↔miss\skirt⟩ 영1

911 **bump-er** [범퍼]: (자동차 앞뒤의) 완충장치, 가득 찬, ⟨~ bumper year(풍년)⟩, ⟨↔shabby\meager⟩ 우2

912 ★**bump-er ta·ble** [범퍼 테이블]: ⟨사회적 거리를 두기 위해 고안된⟩ (주위를 직경 약 2m의 고무 바퀴로 둘러싼) 1인용 완충 식탁 미2

913 ★**bump·kin** [범프킨]: 〈←boom(a tree)〉, 〈네덜란드어〉, '작은 나무', '똥자루', 시골뜨기, '시러베아들', 〈호박같이 뚱하고 땅딸막한 네덜란드인을 일컫던 말〉, 〈~ hick\yokel〉, 〈↔slicker〉 ❸2

914 ★**bump-stock** [범프 스탁]: '용기된 개머리판', (반자동을 자동으로 바꿔 1분에 200발까지 쏘게 만들어서) 〈2019년 2월 4일부로 민간인이 소유 못 하게 된〉 대량 살상용 탄창 ❼2

915 **bump-y** [범피]: 울퉁불퉁한, 험난한, 〈↔smooth\level〉 ❸2

916 **bun** [번]: 〈←bunne(small loaf)〉, 〈어원 불명의 영국어〉, 둥그런 빵, 쪽(찐)머리, 엉덩이, 〈궁둥이를 보이고 도망가는?〉 토끼 ❸2

917 **bunch** [번취]: 〈←boud(heap)〉, 〈프랑스어〉, 다발, 송이, 떼, 혹, 〈~ bundle〉, 〈↔individual\disarrange〉 ❸2

918 **bun·dle** [번들]: 〈←bindan(bind)〉, 〈게르만어〉, 묶음, 꾸러미, 무리, 큰돈, 〈~ bunch\baggage〉, 〈↔disarrange\handful〉 ❸2

919 **bun·ga·low** [벙걸로우]: 〈'Bengal 족에 속한'이란 뜻의 힌디어에서 유래한〉 방갈로, '단층집', 지붕이 뾰족하고 높은 인도 뱅골식의 주택, 유원지에서 별장이나 야영용으로 지은 건물, 〈↔palace\skyscraper\citadel〉 ❺2

920 **bun·gee jump·ing** [번쥐 쥠핑]: 〈1979년에 등장한 영국어〉, bouncy+spongy, 신축성 있는 끈을 매고 뛰노는 일, '고무 밧줄'의 한끝을 물체에 고정한 뒤 높은 곳에서 뛰어내리는 야외 활동 ❼2

921 ★**bun in the ov·en** [번 인 더 오븐]: 화덕에 있는 빵, 임신 중인 태아, 〈↔not preggo〉 ❸1

922 **bunk**¹ [벙크]: 〈←bench?〉, 〈bunker의 줄임말?〉, 〈1758년에 등장한 어원 불명의 북구어〉, sleeping birth, 잠자리, 침낭, 여물통, 가로대 ❸1

923 **bunk bed** [벙크 베드]: 2단 침대, 시렁〈두 개의 긴 나무를 가로질러 만든 물품 저장소〉 침대 ❶1

924 **bun·ker** [벙커]: 〈←bench?〉, 〈1758년에 등장한 어원 불명의 북구어〉, 연료 창고, 지하엄폐호, 장애물, 푹 파인 모래땅, 모래 웅덩이, sand trap, 〈↔free\eject〉 ❶1

925 **bun·ny** [버니]: 〈←bun(rabbit)〉, 〈켈트어→영국어〉, 어린 토끼, 매력적인 젊은 여자, 〈~ rabbit\coney〉, 〈↔beast\dog〉, 〈↔traipse〉 ❶2

926 ★**bun·ny fuck** [버니 훨]: 토끼씹, 번개씹, 조급한 성교, 〈~ premature ejaculation〉, 〈↔delayed ejaculation〉 ❶2

927 **bunt** [번트]: 〈영국어들〉 ①〈←butt〉, 연타, 살짝 밀기, 가볍게 갖다 대기, 뿔로 받다, 〈↔swing away〉 ②〈←bundle〉, 주머니 모양의 중앙부 ③〈어원 불명의〉 깜부깃병 ❶2

928 **bu·oy** [부우이]: 〈←boeye(fetter)〉, 〈네덜란드어?〉, 찌, 부표, 부대, 부낭, '뜰개', 띄우다, 받쳐주다, 〈~ beacon〉, 〈↔sink\undermine〉 ❶2

929 **bur·den** [버어든]: 〈←burthin(load)〉, 〈게르만어〉, 〈←bear〉, '운반되는 것', 짐, 부담, 책임, 고생, 적재량, 〈~ weight\encumbrance〉, 〈↔advantage\relief〉 ❸2

930 **bu·reau** [뷰어로우]: 〈←purros(red)〉, 〈그리스어〉, 〈'검붉은' 천을 깔은 책상〉, 사무소, 부서, 옷장, 책상 ❸1

931 **bu·reau-cra·cy** [뷰어뢔 크뤄시]: office+rule, 관료제도(주의), 번잡한 절차, 〈↔adhocracy〉 ❸2

932 **bur·gla·ry** [버얼글뤄뤼]: burgus(town)+latro(thief), 〈라틴어에서 연유한 프랑스어〉, '틈입', 주거침입, 강도(의사), 〈~ break-in〉, 〈~(↔)theft〉, 〈↔law\police〉, ⇒ robbery ❸2

933 **bur·i·al** [베뤼얼]: 〈←byrgan〉, 〈게르만어〉, 〈←bury〉, 매상, 매상식, 〈~ sepulcher〉, 〈↔exhumation\cremation〉 ❼1

934 **bur·lesque** [버얼레스크]: 〈←burla(jest)〉, 〈어원 불명의 이탈리아어에서 연유한 프랑스어〉 해학극, 익살극, 익살스러운 문학작품, 〈~ revue\amphigory\parody〉, 〈↔formalism\tragedy〉 ❸2

935 **burn** [버언]: ①⟨←brennen(on fire)⟩, ⟨게르만어⟩, 타다, 눕다, 빛을 내다, 불끈하다, 정보를 입력하다, ⟨↔freeze\extinguish⟩ ②⟨스코틀랜드어⟩, stream, 개울, ⟨~(↔)river⟩ 기1 미2

936 ★**burned-out** [버언다웉]: 타 없어진, (신경 피로에 의해) 지친, 약효가 떨어진, ⟨↔unwearied\rejuvenated⟩ 양2

937 **burn-er** [버어너]: 연소기, 연소실, 난로, ⟨↔extinguisher⟩ 기1

938 ★**burn-er phone** [버어너 호운]: ⟨미국어⟩, '말소 전화', (주로 범죄 집단에서) 잠깐 쓰고 폐기하는 c-phone, ⟨일회용 휴대 전화⟩ 미2

939 ★**burn-ing the bridges** [버어닝 더 브뤼쥐스]: (요긴한 것을) 청산하다, 배수진을 치다, 되돌아 갈 수 없는 강, ⟨↔going back⟩ 양2

940 **burp** [버얼프]: ⟨미국어⟩, ⟨의성어⟩, '꺽', 트림(하다) 양1

941 **burr**¹ [버얼]: ⟨←bhars(rough)⟩, ⟨북구어⟩, 껄쭉껄쭉한 부분, 거친 숫돌, 거친 송곳, 가시, ⟨~ bristle\bur⟩, ⟨↔smooth\blunt⟩ 양1

942 **bur·ri·to** [버뤼토우]: ⟨스페인어⟩, ⟨나귀(burro)의 짐처럼 잡다한 것이 들어간⟩ 버리토, 브리또, 육류나 치즈를 토르티야(옥수수 누름적)에 싸서 구운 멕시코 요리 중2

943 **bur·row** [버어로우]: ⟨←borur(hole)⟩, ⟨영국어⟩, 굴, ⟨borough로 둘러싸인⟩ 은신처, 숨다, 파고들다, ⟨↔mound\cover\emerge⟩ 양1

944 **burst** [버얼스트]: ⟨←brestan(sudden break)⟩, ⟨게르만어⟩, 폭발하다, 터지다, 연속 사격, 절단, ⟨↔bust⟩, ⟨~ rip\rupture⟩, ⟨↔implode\recede⟩ 양1

945 **bur·y** [베뤼]: ⟨←byrgan(shelter)⟩, ⟨게르만어⟩, 묻다, 매장하다, (덮어서) 숨기다, 찔러 넣다, 전념하다, ⟨~ borrow⟩, ⟨↔burial⟩, ⟨↔exhume\expose⟩ 기1

946 ★**bur·y (one's) head in the sand**: 머리는 감춰도 꼬리는 보인다, 눈감고 아웅하다, 얕은 꾀를 쓰다, ⟨~ avoid⟩, ⟨↔attend\achieve⟩ 양2

947 ★**bur·y the hatch·et** [베뤼 더 햍췥]: (북미 원주민들이 전쟁을 끝내고 도끼를 묻는 관습에서 유래한) 화해하다, ⟨~ hold out an olive branch⟩, ⟨↔war-path⟩ 양1

948 **bus** [버스]: ⟨라틴어에서 유래한 영국어⟩, omnibus ('만인을 위한' 합승차), 승합 대형 자동차, 단거리 왕복 여객기, 여러 장치를 연결하기 위한 공통로, ⟨↔street car\tram⟩ 양1

949 ★**bus boy** [버스 보이]: 웨이터(사환)의 남 조수, ⟨손수레로 접시를 나르는⟩ 남자 심부름꾼, ⟨↔manager\bus girl⟩ 양1

950 ★**bus girl** [버스 거얼]: 웨이터(사환)의 여 조수, ⟨손수레로 접시를 나르는⟩ 여자 심부름꾼, ⟨↔manager\bus boy⟩ 양1

951 **bush** [부쉬]: ⟨←busca(thicket)⟩, ⟨라틴어에서 유래한 게르만어⟩, 덤불, 수풀, 관목, 미개간지, ⟨↔ambush⟩, ⟨~ bouque⟩, ⟨↔scantness\city⟩ 양1

952 **bush·el** [부셸]: ⟨←bosta(palm-handful)란 갈리아어에서 연유했다는 설도 있으나⟩, ⟨←pyxis(box)⟩, ⟨라틴어⟩, 약 2말, 약 36리터, 대량 양1

953 **busi·ness** [비즈니스]: ⟨영국어⟩, busy+ness, 사람을 바쁘게 하는 것, 장사, 사업, 용건, 업무, 일, (족제비 등의) 떼, ⟨↔avocation\hobby⟩ 양2

954 **busi·ness card** [비즈니스 카아드]: 업무용 명함 양1

955 **busi·ness class** [비즈니스 클래스]: '사업가 계급', 중간등급, 이등, ⟨↔first class\cabin class\economy class⟩ 양1

956 **busi·ness park** [비즈니스 파아크]: 상업 단지, 기업 단지, ⟨~(↔)industrial park⟩ 양2

957 ★**busk** [버스크]: ⟨←bhudh(seek)-sko(win)⟩, ⟨스페인어→영국어⟩, ⟨←buscar (추구하다)⟩, (거리에서) 연기하다, (통행인을 상대로) 공연하다, ⟨~ play⟩, ⟨↔inactivity⟩ 예1

958 ★**bus ride** [버스 라이드]: 버스 타기, 동전(약소한) 팁(사례금), ⟨↔walk\large tip⟩ 예1

959 ★**bus·sin'** [버씬]: ⟨2019년 노래에서 유래한 미국 속어⟩, 아주 좋아, '왔다다', '짱이다', ⟨↔stay\hang⟩ 예2

960 **bus stop** [버스 스땊]: 버스 정류장, ⟨↔train stop⟩ 예1

961 **bust¹** [버스트]: ⟨1639년에 등장한 영국어⟩, ⟨←burst⟩, 부수다, 파괴하다, 급습하다, 파산, 검등, ⟨~ break\crash⟩, ⟨↔fix\restore\bet\success⟩ 예1

962 **bust²** [버스트]: ⟨←bustum(trunk of the body)⟩, ⟨라틴어⟩, 상반신, ⟨무덤 위에 세워진⟩ 흉상, 앞가슴, 가슴둘레, ⟨~ torso⟩, ⟨↔back\limb⟩ 예1

963 ★**bust-ed** [버스티드]: ⟨←bust¹⟩, 부서진, 체포된, 못생긴, ⟨↔fixed\repaired⟩ 예2

964 **bus·tle¹** [버쓸]: ⟨←bustle(turmoil)?⟩, ⟨어원 불명의 북구어⟩, 부산 떨다, 북적거리다, 소동 치다, ⟨~ fuss⟩, ⟨↔hush\quiet⟩ 예1

965 **bus·y** [비지]: ⟨←besig(occupied)⟩, ⟨게르만어→영국어⟩, 바쁜, 틈이 없는, 부지런한, 사용 중인, 통화 중인, ⟨↔idle\lazy⟩ 기1

966 **but** [벝]: ⟨영국어⟩, by+out, ~을 제외하고, 그러나, 단지, ~이 아니고, 그런데, ⟨공지가 달린 말⟩, ⟨↔and⟩, ⟨↔including⟩ 기1

967 ★**butch** [부취]: ⟨미국어⟩①butcher's knife, ⟨보통 긴 직사각형의⟩ 푸줏간 칼 ②boy+bitch, boi, '사내 같은', 남자역의 여자 동성연애자(dike), 상고머리, ⟨↔feminine⟩ 예2

968 ★**butch·er** [부취]: ⟨프랑스어⟩, ⟨수양(bouc)을 죽이는⟩ 도살업자, 푸줏간 주인, 서툰 외과 의사, ⟨↔remedy\expert⟩ 예1

969 **but·ler** [버틀러]: ⟨←bouteille⟩, ⟨프랑스어⟩, ⟨포도주 bottle을 관리하던⟩ 집사, 관리자, ⟨~ major-domo\steward⟩, ⟨↔master\boss⟩ 예1

970 **butt** [벝]: ⟨어원이 다양한 영국어⟩, thick end, 개머리, 밑둥, 꽁초, 궁둥이, 표적, 들이받다, 참견하다, ⟨←re·buttal⟩, ⟨↔top\favorite\tattletale⟩ 예2

971 **but·ter** [버터]: bous(cow)+tyros(cheese), ⟨그리스어⟩, 우락⟨소의 치즈⟩, 우유 지방 응고체, 아첨, ⟨cheese보다 지방이 더 많음⟩, ⟨~(↔)margarine보다 saturated fat이 더 많음⟩ 우1

972 ★**but·ter body** [버터 바디]: but her body, ⟨'안몸'(안생긴 몸통)⟩, '부젓가락', '통나무', '절구통', 얼굴은 예쁜데 몸매는 ⟨아니옵시다⟩인 여자, ⟨↔butter face⟩ 예2

973 ★**but-ter-face** [버터 훼이스]: but her face, ⟨'안면'(안생긴 상판)⟩, 두리뭉실한 얼굴, '세수대야', 몸매는 좋은데 얼굴은 안 예쁜 여자⟨'몸짱'⟩, ⟨↔chiseled face\butter body⟩ 예2

974 ★**but·ter·fly** [버터 훌라이]: ⟨영국어⟩, ⟨나비로 변장한 마녀가 버터를 훔쳐 먹었다는 전설에서 따왔다는 썰이 있는⟩ 나비, 멋쟁이, 변덕쟁이, 조바심, ⟨~(↔)moth⟩, ⟨↔ennui⟩ 예1

975 ***but·ter·fly ef·fect** [버터 훌라이 이휄트]: 나비효과, (혼란 학설에서) ⟨처음에는 나비가 날개치듯⟩ 미미한 변화가 급기야 폭풍을 몰아오는⟩ 증폭성 선풍, ⟨~domino effect⟩, ⟨↔insignificant⟩ 예2

976 ★**but·ter·fly kiss** [버터 훌라이 키쓰]: 나비 입맞춤, 속눈썹으로 상대방 얼굴을 쓰다듬는 짓, ⟨↔deep throat⟩ 예2

977 ★**but·ter·ing** [버터링]: 버터나 모르타르 바르기, 아첨 떨기, ⟨↔dissuade\blame⟩ 예2

978 **but·ton** [버튼]: ⟨←boter(push out)⟩, ⟨게르만어⟩, 단추, 봉오리, 휘장, 기장, '누름'단추, ⟨~ butt⟩, ⟨↔unfasten\loosen⟩, ⟨↔zipper⟩ 예2

979 ***but·ton bar** [버튼 바아]: '누름 막대', 전산기 화면 머리에 나타나는 조그만 그림 문자들 예2

980 ★**but·ton it (!)** [버튼 잍]: 입닥쳐(!), 집어치워(!), ⟨↔speak up!\keep on!⟩ 유2

981 ★**butt out** [벝 아웉]: 끼어들지마, 참견(상관) 마, ⟨~ mind your own business⟩ 유2

982 ★**butt plug** [벝 플러그]: ⟨항문성교 때 보조나 대용으로 쓰는⟩ 항문 마개 유2

983 **buy** [바이]: ⟨←bycgan(acquire)⟩, ⟨어원 불명의 게르만어⟩, 사다, 채택하다, ⟨↔sell⟩ 기1

984 ★**buy cheap and waste your mon·ey**: 싼 게 비지떡, ⟨~ cheap is cheap\you get what you pay for⟩ 유2

985 ★**buy-down** [바이 다운]: 구매자가 주택 융자금의 이율을 낮춰 보려는 ⟨저율 담보⟩, ⟨↔accelerated (lump-sum) amortization⟩ 미2

986 ★**buy in·to** [바이인투]: 매입하다,주식을 사들이다, (~을) 믿게 되다, ⟨↔reject\contradict⟩ 유1

987 **buzz** [버즈]: bizz, ⟨영국어⟩, ⟨의성어⟩, 벌이 내는 소리, 윙윙거리다, 와글거리다, 잡음, 호출, 전화(울림), 취한 쾌감, ⟨↔quiet\boredom\wusah⟩ 유1

988 ★**buzz cut** [버즈 컽]: '호출 머리', '군대 머리', 주로 번호가 붙은 ⟨윙윙 소리가 나는⟩ 바리깡(bariquant)을 사용해서 깎는 짧은 머리, ⟨~military cut⟩ 동1

989 ★**buzz off** [버즈 어우후]: ⟨영국 속어⟩, 꺼져(버려), go away, ⟨↔welcome\show-up⟩ 유2

990 ★**buzz-word** [버즈 워어드]: (전문적 어감의) 유행어, (언론에 풍자되는) 전문어, ⟨~ jargon⟩, ⟨↔standard word⟩ 미2

991 **by** [바이]: ⟨←bi(about)⟩, ⟨게르만어⟩, ~의 곁에, ~에 의하여, ~까지, ~만큼, ~을 통해서, ~때문에, ⟨가깝고도 껄끄러운 말⟩, ⟨↔away\after\further⟩ 기1

992 ★**by a neck** [바이 어 넼]: ⟨경마에서 말들이 결승점에 도달할 때 목부터 내미는 데서 유래한⟩ 머리만큼, 간발의 차이, ⟨↔by a land-slide⟩ 유2

993 **by·by \ bye·bye** [바이 바이]: ⟨1570년경에 등장한 영국어⟩, ⟨good-bye의 어린이 용어⟩, 안녕, 이별, '잘 가', ⟨↔hello⟩ 유2

994 ★**bye, Fe·li·cia** [바이 휠리쉬어]: 안녕-펠리샤, '꺼져줄래', ⟨영화에서 성가시게 구는 여자 이름에서 유래한⟩ 전자통신으로 귀찮게 구는 상대를 따돌릴 때 쓰는 완곡한 표현 동2

995 **by-gone** [바이 가안]: (옆으로) 지나간, 과거의, ⟨↔present\recent⟩ 유2

996 **by-law** [바이 러어]: 정관, 내규, 조례, 준칙, ⟨↔illegal\illicit⟩ 기1

997 **by-lines** [바이 라인즈 \ 바이 리인즈]: 기명 기사, (서두·말미에 쓰인) 기사 작성자 이름, ⟨~credit-line⟩, ⟨↔anonymous⟩ 유2

998 ★**BYOB** (bring your own bot·tle<booze>): 술은 각자 지참, ⟨↔open(host)bar⟩ 유2

999 **by-pass** [바이 패쓰]: ⟨빙 둘러서 가는⟩ 두름길, 보조관(측관), (옆으로 돌아가는) 우회로, 측로, 피하다, 앞지르다, ⟨~ circumvent\work-around⟩, ⟨↔meet\follow\cross⟩ 유1

1000 **by-prod·uct** [바이 프뤄덕트]: 부산물, 부작용, ⟨↔source\determinant⟩ 유2

1001 **by-stand·er** [바이 스탠더]: ⟨옆에 서 있는⟩ 방관자, 구경꾼, 국외자, ⟨~ spectator⟩, ⟨↔up-stander\participant⟩ 유2

1002 *****byte** [바이트]: 8비트로 된 정보 단위, ⟨~ bit⟩ 수2

1003 ★**Byte Dance** [바이트 댄스]: 개인에 의해 2012년에 설립되어 Tik Tok을 소유하고 있는 중국의 ⟨세계적⟩ 전산기·전산망 기업체 수2

1004 **by-way** [바이 웨이]: 샛길, 옆길, 뒤안길, 부차적 측면, ⟨~ by-road\back road⟩, ⟨↔free-way\high-way⟩ 유2

1. **C \ c** [씨이]: G와 같이 이집트의 상형문자 낙타의 등에서 따 왔다는 설이 있는 10번째 정도 많이 쓰이는 알파벳, 셋째, 음 이름 '다(도)', 10진법의 12, (직경이) AA 보다 크고 D 보다 적은 건전지, centi(100)·carat·carbon·circa·cent·center·copyright·Celsius 등의 약자 〈수2〉

2. **cab** [캡]: 〈영국어〉, cabriolet, 승합자동차(마차), 영업용 소형 자동차, taxi, 〈↔bus〉 〈우2〉

3. **cab·a·ret** [캐버레이]: 〈'작은 방(cabinet)'이란 프랑스 방언에서 유래한〉 카바레, 춤추는 사교장, 춤 술집, night-club, 〈↔soup kitchen〉 〈우2〉

4. **cab·bage** [캐비쥐]: 〈아마도 'caput'이란 라틴어에서 유래한 프랑스 방언〉, '머리 부분(caboce)', (영국 및 프랑스 북서부 원산의) 양배추, 여성 성기, 〈~(↔)raddish〉 〈가1〉 〈왕2〉

5. **cab·bie** [캐비]: 〈1848년에 등장한 말〉, 〈← cab〉, 택시운전사, 마차의 마부, 〈↔passenger〉 〈우2〉

6. **cab·in** [캐빈]: 〈← capanna(small room)〉, 〈라틴어〉, 오두막, 선실, 조종실, 객실, 〈~ cottage\box〉, 〈↔hotel〉 〈미2〉

7. **cab·i·net** [캐비닡]: 〈라틴어 → 영국어·프랑스어〉, cabin+et, 캐비닛, 상자, 장, 선반, 내각, '작은 방', 〈~ cabaret〉, 〈↔door\president\mansion〉 〈왕2〉

8. **ca·ble** [케이블]: 〈← capere(take hold)〉, 〈라틴어〉, 피복 전선, 굵은 밧줄, 꼬임 줄, 강삭, 〈~ rope〉, 〈↔dislodge\arc〉 〈우2〉

9. **ca·ble car** [케이블 카아]: 〈1873년 SF에서 발명된〉 강삭차, 공중 승강차, 〈↔street car〉 〈수2〉

10. ***ca·ble mo·dem** [케이블 모우뎀]: 강삭 변복조장치, (cable T.V.의 빈 대역을 이용한 전산망 연결 장치), 〈↔DSL modem보다 10배 정도 빠름〉 〈우2〉

11. **ca·ble TV** [케이블 티뷔이]: 유선 화상방송, 〈↔broadcast TV〉 〈우2〉

12. ***cache** [캐쉬]: 〈← cogere(collect)〉, 〈라틴어 → 프랑스어〉, 〈← cacher(hide)〉, 캐시, 은닉처, 저장물, (전산기의) 고속기억장치, 〈~ trove\inventory〉, 〈↔display〉 〈왕1〉 〈우2〉

13. **cack·le** [캐클]: 〈게르만어〉, 〈의성어〉, 꽥꽥대다, 깔깔대다, 수다 떨다, 재잘대다, (하이에나 등의) 떼, 〈↔sob\lament〉 〈왕1〉

14. **cac·tus** [캑터스]: 〈← kaktos(prickly)〉, 〈그리스어〉, 선인장, 〈신선의 손바닥으로나 만질 수 있는〉 '가시 달린 식물', 〈가1〉

15. ***CAD** [캐드]: ①computer aided design; 전산기 보조 설계 〈컴퓨터의 도움을 받은 설계〉 ②coronary artery disease; 관상동맥질환 〈미2〉

16. **cad·die \ cad·dy** [캐디]: 〈← cadet〉, 〈라틴어 → 프랑스어 → 스코틀랜드어〉, '심부름꾼', 차통(차를 담아 두는 그릇), 작은 손수레, 〈↔adversary〉 〈우1〉

17. **ca·dence** [케이든스]: 〈← cadere(fall)〉, 〈라틴어〉, 카덴스, 〈내려가는〉 억양, 운율, 박자, 종지(법), 〈→ cadenza〉, 〈~ rhyme\tune〉, 〈↔still\ascent〉 〈왕1〉

18. **ca·den·za** [커덴자]: 〈이탈리아어〉, 〈← cadence〉 카덴차 ①협주곡에서 독주자의 기교를 나타내기 위한 〈마지막〉 장식부, melisma, 〈↔stroll\fail〉 ②C~: 한국의 기아 자동차가 2014년부터 출시하는 소형 승용차 〈수2〉

19. **ca·det** [커뎉]: 〈← caput(head)〉, 〈라틴어〉, '꼬마 가장', 사관생도, 간부후보생, 수습생, 〈↔tenured〉 〈왕1〉

20. ★**Cae·sar cut** [씨이져 컽]: 〈로마의 2대 황제 Tiverius Caesar같이〉 앞머리를 길게 나눈 군대식 머리 〈수2〉

21. ★**Cae·sar·e·an sec·tion** [씨이져뤼언 쌕션]: 〈← caedere〉, ('cut'이란 뜻의 라틴어에서 유래한) 〈Julius Caesar가 이 수술로 탄생되었다는 어원은 신빙성이 없는〉 제왕절개 수술, 〈↔natural birth〉 〈왕1〉

22. ★**Cae·sar·ize** [씨이져 롸이즈 \ 카에져 롸이즈]: 영웅화 시키다, 〈미국 대학가에서 운동경기 용어로 등장한 말〉 〈우2〉

23 **ca·fé** [캐훼이]: 〈프랑스어〉, 경식당, 다방, 주점, '커피를 파는 집(coffee house)', 〈~ bistro〉 미1

24 **ca·fé au lait** [캐훼이 오우 레이]: milk coffee, '우유커피', 여과된 커피에 우유를 넣은 커피, 엷은 갈색 유1 미2

25 **caf·e·te·ri·a** [캐후티어뤼어]: 〈남미계 스페인어〉, coffee shop, 자기봉사 대중음식점, '커피를 파는' 소형식당 미1

26 **caf·fé A·mer·i·ca·no** [캐훼 어머뤼카노우]: 미국식 커피, 〈이탈리아 주둔 미군들이 즐기던〉 진한 커피에 뜨거운 물을 부은 '연한 커피' 미2

27 **caf·feine** [캐휘인]: 〈← café〉, 〈프랑스어〉, 〈차의 요소인〉 다소(커피의 주성분) 유2

28 **caf·fé mo·cha** [캐훼 모우커]: mocaccino, 〈예멘에 있는 Mocha 지명을 딴〉 커피 진액에 찐 우유와 초콜릿 시럽을 넣어 모카 향이 나게 만든 것 유2

29 **cage** [케이쥐]: 〈← cavea〉, 〈라틴어〉, 〈← cave〉, '우묵한 곳', 새장, 우리, 칸, 수용소, 얇은 겉옷(껍질), 〈→ jail〉, 〈↔free〉 양2

30 **cake** [케이크]: 〈게르만어에서 연유한 북구어〉, 〈← kaka〉, 양과자, 덩어리, '납작한 빵', '맛있는 것(여자)' 유1

31 **cal·a·mar·y \ cal·a·mar·i** [캘러머뤼 \ 캘러마뤼]: 〈← kalamos(reed)〉, 〈그리스어 → 라틴어 → 이탈리아어〉, '〈갈대같은 뼈대를 가진〉 오징어(squid)'로 만든 이탈리아 〈전채〉 요리 유1

32 **cal·a·mine** [캘러마인]: 〈← kadmos(Cadmus)〉, 〈그리스어〉, 칼라민, '아연'의 일종, 피부염 치료제, 〈← cadmium〉 유1

33 **cal·ci·um** [캘씨엄]: 〈← calci(lime)〉, 〈라틴어〉, 칼슘, 〈동물의 뼈·시멘트·합금을 만들 때 쓰는〉 금속원소 (기호 Ca·번호20) 유2

34 **cal·cu·la·tor** [캘큘레이터]: 〈← calculus〉, 〈lime stone을 이용해서 숫자를 세던데서 유래〉 계산기, 계산인, 타산적인 사람 유1

35 **ca(u)l·dron** [커얼드뤈]: 〈← calere(끓이다)〉, 〈라틴어〉, 가마솥, 큰 냄비, 〈→ chowder〉 양2

36 **cal·en·dar** [캘린더]: 〈← kalendae(account book)〉, 〈라틴어〉, 달력, 일정표, 목록, '금전출납부', 〈↔disarray〉 유1

37 **calf** [캘후 \ 카얄후]: 〈← clab-kalbam(swollen)?〉, 〈게르만어〉, 송아지, 〈볼록한 배에서 나온〉 (짐승의) 새끼, 얼간이, 〈볼록 튀어나온〉 장딴지, 〈↔ox\abort\tibialis anterior\thigh〉 양1

38 **cal·i·ber | ~bre** [캘리버]: 〈← qalib(mold for casting)〉, 〈아라비아어 → 라틴어〉, '주물의 형틀', 직경, 구경, 국량(qua libra), 품질, 〈↔inability〉 유2

39 **cal·i·brate** [캘리브뤠이트]: 〈← caliber〉, 눈금을 긋다, 구경을 측정하다, 서로 맞추다, 조정하다, 〈↔disarrange〉 양2

40 **cal·i·co** [캘리코우]: 캘리코, muslin, (인도의 원산지명〈Calicut〉에서 따온) 옥양목, 사사사(얼룩무늬 옷), 계집아이 미2

41 **cal·i·pers** [캘리퍼스]: 〈라틴어〉, 〈← caliber〉, 측경기, 두께를 재는 양각 기구 유1

42 **Ca·liph \ Ka·lif** [케이리후]: 〈← khalafa(successor)〉, 칼리프, 모하메드의 '후계자' (1924년에 공식적으로 폐지된 칭호) 유2

43 ★**cal·is·then·ics** [캘리스쎄닉스]: kallos+sthenos, 〈그리스어〉, 'beauty+strength', 미용 조, 유연 체조, 〈↔inertia〉 양2

44 ***CALL** (com·put·er aid·ed lan·guage learn·ing): 전산기 보조 언어 학습 미2

45 **call** [커얼]: 〈← callian(speak)〉, 〈게르만어〉, 부르다, 소집하다, 일컫다, 외침, 통화, 방문, 초대, 요구, 판정, 결정권, (주식을) 살 권리, 〈→ cite〉, 〈↔listen\answer〉 양1

46 ★**call boy** [커얼 보이]: 호출 담당자, 연락 담당자, 전화로 영업하는 남창, '호출남', ⟨↔call girl⟩ 유2

47 ★**call drink** [커얼 드륑크]: brand drink, (well drink의 반대 개념으로) 혼합주의 주 독주를 명품 술로 ⟨주문해 마시는⟩ 특별 주, '지명 주류', ⟨↔house drink⟩ 유1

48 ★**call-ed on the car·pet**: ⟨예전에 주인방에는 양탄자가 깔려 있던데서 유래한 말⟩, (하인이) 양탄자 위로 불려와서 ⟨꾸중을 듣다⟩, ⟨↔praised⟩ 유2

49 ★**call-er ID** [커얼러 아이디]: 발신자 번호표시, 발신자 신원 유1

50 ★**call girl** [커얼 거얼]: 전화로 영업하는 매춘부, '호출녀', ⟨↔call boy⟩ 유2

51 **cal·lig·ra·phy** [컬리그뤄피]: kalos(beautiful)+graphein(write), ⟨그리스어⟩, 서도, 서예, 달필, '아름다운 서법', ⟨~ pen-man-ship⟩, ⟨↔type\print⟩ 유1

52 ★**call-ing card** [커얼링 카아드]: 전화신용증, 방문용 명함, '통화증' 미2

53 ★**call it a day(night)**: 그만두자, ~ 일과 끝!, (그만 자야겠다) 유2

54 *****call mar·ket** [커얼 마아킽]: '단자 시장', '호출 시장', 미리 정해진 간격마다 거래가 이루어지는 증권 시장, ⟨↔contineous market⟩ 미1

55 *****call mon·ey** [커얼 머니]: 단자, '요구불', 단기 차입금 ⟨청구 시 즉시 반환한다는 조건이 붙은 빌린 돈⟩ 미1

56 ★**call-off** [커얼 어어프]: 취소(하다), 중지(하다), ⟨↔keep-up⟩ 유1

57 ★**call on(upon)** [커얼 언(어펀)]: 요구하다, 호소하다, ~을 방문하다, ⟨↔give\suggest\call off⟩ 유1

58 *****call op·tion** [커얼 아앺션]: '매수 선택권', ⟨주식을 살 때 일정주식을 일정기간내 일정가격에⟩ 살 권리, ⟨~ put option⟩ 미2

59 ★**call out** [커얼 아웉]: 소집하다, 동원하다, 출동하다, 돌입하다, 호출하다, 외치다, (전화로) 결근을 알리다, ⟨↔call in⟩ 유1

60 *****call rate** [커얼 뤠이트]: 단기(융자) 이율, (inter bank) overnight rate 미2

61 ★**call the shots** [커얼 더 샤츠]: 발사명령을 내리다, 중요한 결정을 짓다, ⟨~ wear the pants⟩ 미2

62 ★**call the tune** [커얼 더 튜운]: (음색을) 조정하다, (세부 사항을) 결정하다, ⟨pay the pipe and call the tune; 비용을 대는 사람에게 결정권이 있다⟩ 유2

63 ★**call time** [커얼 타임]: 종료 시각, 그만두어야(포기해야) 할 때, ⟨↔open ended⟩ 유2

64 **calm** [카암]: ⟨← kaiein(burn)⟩, ⟨그리스어⟩, ⟨햇볕이 따가워서 아무것도 움직이지 않는⟩ 고요한, 온화한, 침착한, 무풍지대, ⟨↔agitated\panic\stormy⟩ 유1

65 **cal·o·rie \ cal·o·ry** [캘러리]: ⟨← calor(heat)⟩, ⟨라틴어⟩, 칼로리, 1g의 물을 1도 올리는 데 필요한 '열량' 수2

66 *****CALS** [캘스] (com-merce at light speed): 광속 상거래 ⟨상거래의 모든 과정을 '눈 깜짝할 사이에' 전산기로 처리하는 체계⟩ 미2

67 *****CAM** [캠] (com-put-er aid-ed man·u·fac·tur-ing): 전산기 이용 제조 미2

68 ★**cam–cord-er** [캠코어더]: camera+recorder, 촬영기와 녹음기를 갖춘 소형 녹화 기계 수2

69 **came** [케임]: come의 과거형, 왔다, 갔다 유1

70 **cam·el** [캐멀]: ⟨← gamal(docile)⟩, ⟨유대어⟩, 낙타, 등에 1~2개의 지방으로 된 봉오리 혹을 가지고 있고 발가락이 가지런한 사막지대의 ⟨끈기 있는⟩ 반추동물, 엷은 황갈색, ⟨히브리어의 gamla(낙타)와 gamta(밧줄)의 발음이 비슷해서 ⟨낙타가 바늘 귀에 들어간다⟩는 오역이 생겼다 함⟩ 유1

71 **ca·mel·lia** [커밀리어]: 동백나무, ⟨처음으로 자세히 서술한 사람의 이름(Kamel)을 딴⟩ (동남아시아 원산의) 이른 봄에 여러 겹의 조촐한 꽃을 피우는 노각나무속의 관목 유1

C 93

72 ***cam·el no·ta·tion** [캐멀 노우테이션]: 낙타(쌍봉) 표기법, (문구·합성어를 쓸 때) 의미가 다른 음절을 〈뛰어나오게〉 붙여쓰는 관행, 〈예를 들면-YouTube\ iPhone\eBay〉, 〈~(↔)Pascal notation〉 우1

73 **cam·er·a** [캐머뤄]: 〈← kamara(vaulted chamber)〉, 〈그리스어 → 라틴어〉, 카메라, 사진기, 촬영기, '둥근 천장'(을 가진 공간), 〈~ chamber〉 가1

74 **cam·ou·flage** [캐머훌라아쥐]: 〈← camoufler(disguise)〉, 〈19세기 말에 등장한 프랑스어·이탈리아어〉, '담배 연기를 뿜어 가리다', 변장, 속임, 위장, 〈~ conceal\white-wash〉, 〈↔uncover\expose〉 가2

75 **camp** [캠프]: 〈← campus(field)〉, 〈라틴어〉, '들판', 주둔지, 수용소, 오두막(사), 진영, 야영, 〈↔house〉 미2

76 **cam·paign** [캠페인]: 〈라틴어에서 연유한 프랑스어〉, 〈들판(campus)에서 전개되는〉 군사행동, 유세, 조직 운동, 출정, 〈↔retreat\dissuade〉 가2

77 **cam·phor** [캠훠]: 〈← karpura←kapur(a lime)〉, 〈산스크리트어←말레이어〉, 장뇌, 녹나무를 증류해서 얻는 물질로 냄새가 독특하고 화약·필름·강심제·방충제 등을 만듦 미2

78 **cam·pus** [캠퍼스]: 〈라틴어〉, 교정, 대학, 학원, '들판(field)에 있는 막사' 우2

79 **can¹** [캔 \ 컨]: 〈← cunnan(know)〉, 〈게르만어〉, ~하는 방법을 알다, 할 수 있다, 해도 좋다, ~일 수 있다, 〈정중해야 할 때는 may를 쓸 것〉, 〈→ canny〉 가1

80 **can²** [캔]: 〈← canne(mug)〉, 〈게르만어〉, 깡통, 양철통, 그릇, 버리다, 해고하다, 밀봉하다, 투옥하다 알2

81 **ca·nal** [커낼]: 〈← canna(reed)〉, 〈라틴어〉, 운하, 수로, 〈'cane'(대나무)같이 속이 빈〉 도관, 홈, 〈관처럼 생긴 통로〉, 〈~ channel〉, 〈↔closure\hill〉 알1

82 **ca·na·ry** [커네뤼]: 〈카나리아 제도산의〉 카나리, 주로 노란색 한 부리가 짧은 조그만 방울새 종류, 여자가수, 샛노랑 수2

83 **can·cel** [캔슬]: 〈← cancellare(to delete)〉, 〈라틴어〉, 지우다, 취소하다, 소인 찍다, '격자 꼴로 줄을 긋다', 〈~ in·carcerate〉, 〈~ rescind\revoke\abrogate〉, 〈↔continue\start〉 알2

84 ***can·cel-bot** [캔슬 밭]: cancel+robot, '자동지우개' (개인이 제시한 정보를 추적하여 원치 않는 통신을 삭제하는 장치) 미1

85 **★can·cel cul·ture** [캔슬 컬춰]: '취소문화', (유명인사가 비행을 저질렀을 때) 사회전산망에서 지워버리는 조류 미2

86 **can·did** [캔디드]: 〈← candere(whiten)〉, 〈라틴어〉, 〈← candor〉, '희게 빛나는', 정직한, 노골적인, 공평한, 〈↔secretive\deceitful〉 알2

87 **can·di·date** [캔디데이트]: 〈← candidus(white)〉, 후보자 〈고대 로마에서 '흰옷을 입고' 출마하는 남자〉, 지원자, 〈↔spectator\incumbent〉 알2

88 **can·dy** [캔디]: 〈← khand(break)〉, 〈산스크리트어 → 아랍어〉, 〈← khanda〉, '결정된 설탕', 사탕과자, 〈↔fruit〉 미1

89 **cane** [케인]: 〈← ganeh(reed)〉, 〈유대어〉, 〈예전에는 대나무로 만들었던〉 지팡이, 단장, 매, 〈속이 빈〉 줄기, 〈→ canal\canna\canister\cannula〉 알1

90 **★can·kle** [캥클]: 〈전산망 신조어〉, 〈calf와 ankle이 붙어 있는〉 장딴지가 밋밋한 다리, '무다리' 알1

91 **can·na** [캐너]: 〈라틴어〉, 칸나, '지팡이〈cane〉 갈대', 담화, (구근으로 자라며 나리 같은 현란한 꽃이 피는) 다년생 관상용 화초의 하나 우1

92 **can·ni·bal** [캐니벌]: 〈← kalingo(brave ones)〉, 〈원래는 '용감한 자'란 카리브어였으나 콜럼버스가 canis(dog)란 말을 접목시켜 왜곡시킨〉 식인자, 서로 잡아먹는, 만행의, 〈↔civilized\humane〉 알1

93 **can·non** [캐넌]: ⟨← kanne(reed)⟩, ⟨그리스어 → 라틴어 → 이탈리아어⟩, '커다란 관', 대포, 기관포, (종의) 용두머리, 충돌하다, '연타(당구)', ⟨~ canyon⟩ 영1 유2

94 **ca·noe** [커누우]: ⟨카리브어⟩, 카누, 마상이, 독목주, 가죽 배, '거룻배', ⟨~ kayak⟩, ⟨~(↔)barge⟩ 예1

95 ★**can of worms** [캔 어브 워엄즈]: '구더기 깡통', 복잡하고 골치아픈 상황, 난처한 입장, impossible to put them back, ⟨~ Pandora's box⟩, ⟨↔solution\panacea⟩ 영2

96 **can·o·la** [캐널러]: Canada+ola, ⟨1970년대에 등장한 영국어+라틴어⟩, 카놀라, 개량종 서양 유채, ⟨불포화 지방산이 많은⟩ '캐나다 기름' 유1

97 **can·on** [캐넌]: ⟨← kanon(rod)⟩, ⟨그리스어⟩, ⟨지배(rule)하는⟩ 교회법, 규범, 정전, 수사, 참사 영2

98 ★**ca·noo·dle** [커누우들]: ⟨← noodle(fool)?⟩, ⟨1859년에 등장한 어원 불명의 영국어⟩, 껴안다, 애무하다, (남녀 7세 부동석이었던 중세 영국에서 사랑하는 청춘 남녀가 카누를 타고 멀리 떨어져 나와 '은밀히 하는 짓'이라 하는 ⟨그럴듯한 어원을 갖고 있는 말⟩) 영2

99 **can·o·py** [캐너피]: ⟨← konops(mosquito gnat)⟩, ⟨이집트어 → 그리스어⟩, 닫집, 차양, 덮개, '모기장', ⟨→ canape⟩, ⟨~ awning⟩ 영1

100 **can't** [캔트]: can not의 축약형 기1

101 **can·ta·loupe** [캔털로우프]: ⟨프랑스어⟩, 이탈리아 Cantaluppi 지방 원산으로 미국에 많은 퍼석퍼석한 참외의 일종, ⟨~ honey-dew⟩ 유1

102 **can·ta·ta** [컨타아터]: ⟨← cantare(sing)⟩, ⟨이탈리아어⟩, 칸타타, 교성곡, 소규모 악극에서의 성악곡, ⟨~(↔)sonata⟩ 예1

103 ★**can't help** [캔트 헬프]: 하지 않을 수 없다, 해야만 한다 영2

104 ★**can't see the for·est for the trees** [캔트 씨이 더 포어리스트 포어 더 츄리이즈]: 세부적인 것에 집착하면 전체 상황을 파악하지 못한다, see the big picture, ⟨~ penny wise, pound foolish⟩, ⟨↔see the trees through the forest⟩ 영2

105 **can·vas** [캔붜스]: ⟨← kannabis(hemp)⟩, ⟨그리스어⟩, 덮개, 화포, 범포, '삼베', ⟨↔mural⟩ 예1

106 ★**can·vass** [캔붜스]: ⟨영국어⟩, ⟨canvas로 걸러내듯 일일이⟩ 부탁하고 다니다, 유세하다, ⟨canvas로 걸러내듯⟩ 자세히 조사하다, ⟨↔ignore\go along⟩ 영2

107 **can·yon** [캐넌]: ⟨← canna(reed)⟩, ⟨라틴어⟩, ⟨커다란 관같이 파인⟩ 협곡, 계곡, ⟨~ cannon⟩, ⟨~ arroyo\ravine⟩, ⟨↔mountain\plain⟩ 기1

108 **can·zo·ne** [캔죠우니]: ⟨← canere(sing)⟩, ⟨라틴어에서 유래한 이탈리아어⟩, 칸초네, 민요풍의 가곡 유2

109 ★**cap** [캪]: ①⟨라틴어⟩, ⟨머리(caput)에 쓰는⟩ 테 없는 모자, 두건, 뚜껑, 마개, 정상, 상한, ⟨→ cape⟩ ②⟨1940년대에 등장한 미국 속어⟩, 허풍, 거짓말, ⟨↔no·cap⟩ 영2

110 **ca·pa·ble** [케이퍼블]: ⟨← capere(seize)⟩, ⟨라틴어⟩, '잡을 수 있는', 할 수 있는, 유능한, ⟨~ capacity⟩, ⟨↔incompetent\inept⟩ 영2

111 **ca·pac·i·ty** [커패시티]: ⟨← capere(seize)⟩, ⟨라틴어⟩, 수용량(력), 용량(적), 능력, 자격, ⟨~ capable⟩, ⟨~ caliber\volume⟩, ⟨↔in-capacity\in-ability⟩ 영1

112 **cape¹** [케이프]: ⟨← caput(head)⟩, ⟨라틴어⟩, 곶, 갑, 봉, ⟨'머리' 모양으로⟩ 뾰족하게 나온 곳, ⟨~ cabo⟩, ⟨~ foreland\headland⟩, ⟨↔bluff\cave\blanket\gulf⟩ 영2

113 **cap·i·tal** [캐피털]: ⟨라틴어⟩, 캐피털, '머리(caput)가 되는 것', 수도, 대문자, ⟨가축의 머릿수로 계산하던⟩ 자본금, 기둥머리, 원천적, ⟨→ chattel\cattle⟩, ⟨↔village\debt\commodity\minuscule⟩

114 ★**cap·i·tal sin** [캐피털 씬]: ⟨caput(head)를 잘라야 할⟩ 죽을죄, 대죄, ⟨↔cardinal virtue\good deed⟩ 영2

115 **cap·puc·ci·no** [캐푸취이노우]: 〈색깔이 Capuchin의 옷과 비슷한〉 카푸치노, 에스프레소 커피에 거품이 나는 뜨거운 밀크를 탄 것, 럼이나 브랜디를 가한 뜨거운 코코아 **우2**

116 *__cap__·(·i·tal·i·za·tion)-rate** [캡 뤠이트]: (보통 부동산의 현시세 대비 일년 간 순수익의 백분률로 따지는) 임대 수익률, 〈↔yield〉 **미2**

117 **ca·pri·cious** [커프뤼셔스]: 〈이탈리어〉, 〈capriccio와는 어원이 다른 말〉, 변덕스러운, 일시적인, 〈놀라서 뛰는〉 '염소(caper), 같은', 〈↔regular\steady\even tempered〉 **양2**

118 **cap·sule** [캡쓸]: 〈← capsa〉, 〈라틴어〉, '작은 상자(case)', 교갑, 깍지, 쌈지, 꼬투리, 덧싸개, 박막 제품, 환약, 포, 포자낭, 소형의, 요약된, 〈↔expansion\diffuse\tablet〉 **우2**

119 ★**cap·sule ho·tel** [캡쓸 호텔]: 교갑 여관방, (일본에서 유행하며) 〈변기와 열쇠가 없고 꼬투리 모양을 한〉 아주 작은 숙박시설, 〈↔penthouse〉 **미2**

120 **cap·tain** [캡틴]: 〈← caput(head)〉, 〈라틴어〉, '우두머리', 장, 선장, 기장, (육군) 대위, (해군) 대령, 〈~ capo〉, 〈↔subordinate\pawn〉 **양1**

121 **cap·tion** [캡션]: 〈← capere(seize)〉, 〈라틴어〉, 표제, 자막, 설명문, '제목', 〈↔footer〉 **미1**

122 **cap·ture** [캡취]: 〈← capere(seize)〉, 〈라틴어〉, 포획(물), 포로, 붙잡다, '사로잡다', 〈갈무리〉(자료를 전산기에 보관하는 일), 〈~ catch〉, 〈→ cop〉, 〈↔release\escape〉 **양1**

123 **car** [카아]: 〈← carrus←currere(run)〉, 〈'길'이란 라틴어에서 유래한〉 차, 자동차, 'carriage'의 현대어, 〈~ career\chariot〉 **가1**

124 **ca·rafe** [커뤠후]: 〈← ghiraf(vessel)〉, 〈아랍어 → 프랑스어〉, 〈식수를 '따라(나눠)주는'〉 유리물병, (식탁용) 포도주병 **우2**

125 **car·a·mel** [캐러멜]: 〈canna(cane)+mellis(honey)?〉, 〈어원 불명의 스페인·프랑스어〉, burnt sugar, 우유·초콜릿·커피 등을 넣고 '구운 설탕'(과자), 〈기름 사탕〉, 담갈색 **우1**

126 **car·at \ kar·at** [캐맅]: 〈← keras(horn)〉, 〈그리스어〉, 캐럿, 보석류의 무게 단위 (200mg), ⇒ karat **수2**

127 **car·a·van** [캐뤄밴]: 〈← karwan←ker(army)〉, 〈페르시아어〉, 대상, 여행대, 마차대, 이동주택, (낙타의) 떼, 〈→ van〉 **양2**

128 **car·bon** [카아번]: 〈← carbo(coal)〉, 〈라틴어〉, 카본, 〈다이아몬드 등의 무기질이나 모든 유기물에 들어 있으며 열에 아주 강한〉 탄소, 비금속원소(기호 Co·번호6), 묵직, '숯' 〈coal〉 **양2**

129 *__car·bon trad·ing__** [카아번 트뤠이딩]: 탄소교역, ⇒ emissions trading **미2**

130 **car·bu·re·tor** [카아뷰뤠이터]: 〈← carbure〉, 〈프랑스어〉, 〈carbide가 나가는 조그만 도관〉, 탄화장치, (내연기관의) 기화기 **우2**

131 **card** [카아드]: 〈← charte(leaf of paper)〉, 〈그리스어〉, '파피루스의 한 잎으로 된' 판지, 증, 명함, 구입권, 놀이딱지, 〈기록판〉, 수단, 영향력, 〈~ carton\cartoon\cartridge\chart〉 **미2**

132 **card-board** [카아드 보어드]: 판지, 마분지, '골판지' **양1**

133 **car·di·nal¹** [카아디널]: 〈← cardo(hinge)〉, 〈라틴어〉, 주요한, 〈항상 피를 흘릴 준비가 되어있는〉 심홍색의, 〈돌쩌귀 역할을 하는〉 추기경, 〈↔least\minor〉 **양1**

134 **car·di·nal num·ber** [카아디널 넘버]: 기(본)수, 계량수(순서를 따지지 않은 1에서 9까지의 정수), 〈~ integer〉, 〈↔decimal number\ordinal number〉 **양2**

135 **car·di·ol·o·gy** [카아디알러쥐]: 〈← kardia(heart)〉, 〈그리스어〉, 심장(병)학 **양2**

136 ★**card punch** [카아드 펀취]: 전산기 조작을 위한 부호가 찍힌 판지, 〈정확한 말은 punched card임〉, 〈~ key punch〉 **우1**

137 ★**card swipe** [카아드 스와이프]: (신용) 전자카드 판독기, '카드 긁개', 〈~(↔)card insert\card slot〉 **우1**

138   **care** [케어]: ⟨← karo(sorrow)⟩, ⟨게르만어⟩, 걱정, 조심, 관심, 돌보기, 보호, ⟨↔neglect⟩ 영1

139   **ca·reer** [커뤼어]: ⟨← carrus(wagon)⟩, ⟨라틴어⟩, ⟨← car⟩, 캐리어, '마차가 지나간 길', 경력, 이력, 직업, 출세, ⟨→ curriculum⟩, ⟨↔avocation⟩ 영2

140   ★**CARES Act** [케어스 앤트]: Coronavirus Aid·Relief and Economic Security Act, 코로나바이러스 보조·구제 및 경제안정법, Covid-19으로 인한 재해를 복구하기 위해 2020년 3월 27일부터 실시된 미국의 연방법 수2

141   **ca·ress** [커뤠스]: ⟨← kam(love)⟩, ⟨산스크리트어 → 라틴어⟩, ⟨'경애'해서⟩ 껴안다, 달래다, ⟨귀여워서⟩ 쓰다듬다, ⟨↔hit\strike⟩ 영1

142   ★**care-ware** [케어 웨어]: 선심용 (공짜) 연성기기 미2

143   **car·go** [카아고우]: ⟨← carrus(wagon)⟩, ⟨라틴어⟩, ⟨수레에 싣는⟩ 화물, 적화물, 짐, ⟨↔conveyance⟩ 영1

144   **car·i·ca·ture** [캐뤼커춰]: ⟨← carricare(load)⟩, ⟨라틴어⟩, 'carrus(수레)'가 꽉 찬, '과장된', ⟨풍자⟩만화, 풍자예술, 만화인물화, ⟨↔homage\reality\solemnity⟩ 미2

145   ★**car-jack** [카아 잭]: 자동차 강탈, ⟨~(↔)hi-jack⟩ 영2

146   **car jack** [카아 잭]: (바퀴를 교체할 때 차체를 들어 올리는) 자동차 양력기 미1

147   ★**car·ma·ged·don** [카아마아게든]: car+Armageddon, 자동차 혼잡, C~; 1997년에 나온 자동차 경기 비디오 놀이 수2 미2

148   **car·na·tion** [카아네이션]: ⟨← carnal⟩, '동물의 고기 색깔 같은' 꽃, 남유럽 원산 석죽과의 ⟨담홍색⟩ 꽃, ⟨꽃잎이 무성하고 색깔이 현란한⟩ 어버이날 다는 꽃 우1

149   **car·ni·val** [카아니벌]: ⟨라틴어⟩, ⟨← carnal←canis(flesh)⟩, 카니발, ⟨육식을 끊기 전의⟩ 사육제, 사순절(Lent) 전의 축제, 제전, ⟨↔solitude\funeral⟩ 미2

150   **car·ol** [캐럴]: choros(chorus)+aulos(flute), ⟨그리스어에서 유래한 프랑스어⟩, 축가, 찬가, 성탄 하곡, '돌아가며 추는 춤', ⟨↔chide\lament⟩ 영2

151   **car·o·tin** [캐뤄티인]: ⟨그리스어⟩, 'carrot'(당근) 따위에 들어 있는 탄수화물로 생체에서 비타민A로 바뀜 우1

152   **car·(r)ou·sel** [캐뤄쎌]: ⟨← carro(chariot)⟩, ⟨이탈리아어⟩, 회전목마, 회전식 수화물 수취대, baggage claim 미2

153   **carp¹** [카아프]: ⟨← carpa(Cyprinus(학명))⟩, ⟨라틴어 → 프랑스어⟩ 잉어, 잉엇과의 커다란 물고기, ⟨large clade of ray-finned fresh water fish⟩ 미2

154   ★**car·pe di·em** [카알페 디이엠]: ⟨라틴어⟩, 'seige (enjoy) today', 오늘을 붙잡아라(즐겨라), ⟨~ tempus fugit⟩ 영2

155   **car·pen·ter** [카아펜터]: ⟨← carpentum(cart)⟩, ⟨라틴어⟩, 목수, 목공, '마차⟨carriage⟩ 만드는 사람', ⟨↔mason⟩ 가1

156   **car·pet** [카아핕]: ⟨← carpere(pluck)⟩, ⟨라틴어⟩, 카펫, 양탄자, 융단, (mat보다 넓고 부드러운) 깔개, '거칠고 보풀이 인 천', ⟨~ rug⟩, ⟨↔shelf⟩ 가1

157   ★**car·pet–bag·ger** [카아핕 배거]: ⟨한몫 보려고 전 재산을 '융단으로 만든' 여행용 가방에 넣고 다니는⟩ 뜨내기 정상배, 철새정치인 미2

158   ★**car·pool** [카아 푸울]: 자동차 합승 이용, ride-share, ⟨~ HOV⟩ 미2

159   **car·port** [카아 포오트]: ⟨벽이 없고 지붕만 있는⟩ (간이) 차고, 차 정박소, ⟨~ garage⟩ 영1

160   **car·riage** [캐뤼쥐]: ⟨← carrum(chariot)⟩, ⟨라틴어⟩, 탈것, 차, 마차, 운반대, 수송, ⟨↔coach⟩ 영2

161   **car·ri·er** [캐뤼어]: ⟨← carrum(chariot)⟩, ⟨라틴어⟩, ⟨← carry⟩, '운반자', 운반기, 보균자(물), 항공모함 가2 미2

162 *car·ri·er tone [캐뤼어 토운]: (모뎀의) 〈수신음보다 높은〉 변조 신호음 예2

163 *car·ri·er wave [캐뤼어 웨이브]: 반송파, '동반파' (다른 신호가 끼어든 신호) 예2

164 car·rot [캐륕]: 〈← karoton ← ker(horn)〉, 〈그리스어〉, 〈뿔 모양의〉 캐롯, (수용성 비타민이 풍부한) 당근, 붉은 머리털 기1 앙1

165 ★car·rot-and-stick [캐륕 앤드 스틱]: 당근과 몽둥이, 회유와 위협 앙1

166 car·ry [캐뤼]: 〈← carrum(chariot)〉, 〈라틴어〉, 〈carriage로〉 나르다, 운반하다, 전하다, 지탱하다, 휴대하다, 〈↔leave\reject〉 앙1

167 ★car·ry back [캐뤼 백]: 환급, 매도자 담보, 판 사람의 저당권 설정 예2

168 ★car·ry-on [캐뤼 언]: 휴대할 수 있는 수하물, 가지고 탈 수 있는 짐 예2

169 ★car·ry one's grat·i·tude be·yond the grave: 은혜는 죽은 뒤에라도 (풀을 묶어서) 보답하라, 결초보은, 백골난망, 〈↔save a thief from the gallows, and he will cut your throat\bite the hand that feeds one〉, 〈↔ingrate〉 앙2

170 ★car·ry-out [캐뤼 아웉]: 사가지고 나가는 물건(음식) 예2

171 car·ry-o·ver [캐뤼 오우붜]: 이월품(거래), 나머지 앙1

172 ★car·ry the can [캐뤼 더 캔]: 〈← cannee(옛날 프랑스 군대에서 화약을 쌓아둔 곳을 덮는 천막)〉, 비난을 뒤집어 쓰다, (잘못이 없어도) 책임을 지다, 〈~ carry the ball; 미식축구에서 나온 말〉, 〈~ face the music〉

173 ★car·ry the day [캐뤼 더 데이]: 하루를 버티다, 잘 싸우다, 성공하다 앙2

174 cart [카아트]: 〈← kartr(wagon)〉, 〈북구어 → 영국어〉, 〈짐승이 끄는〉 짐수레, 손수레, 달구지, 골프차, 조그만 차, 〈~(↔)back-pack\truck〉 예1

175 car·tel [카아텔]: 〈← 'carta'(종이장)〉, 〈라틴어에서 유래한 독일어〉, kartell, 카르텔, 기업연합, 교전국 간의 협정서〈'문서'〉, 〈↔separation\mistrust〉 예2

176 car·ti·lage [카알틸리쥐]: 〈← cartilago(gristle)〉, 〈라틴어〉, 연골(조직), 〈~ chondro〉, 〈~(↔)collagen\bone〉 앙2

177 car·ton [카알튼]: 〈← carta(paper)〉, 〈라틴어〉, 상자, (운송용) 판지, ('종이') 용기, 한 상자(10갑), 〈~ card〉, 〈→ cartoon〉, 〈↔unbox〉 앙1

178 car·toon [카알투운]: 〈← carta(paper)〉, 〈라틴어 → 이탈리아어〉, 〈← card〉, 풍자화, 만화(영화), 밑그림, 〈→ toon〉, 〈↔tribute〉 앙1

179 car·tridge [카알트뤼쥐]: 〈← carta〉, 〈라틴어 → 이탈리아어〉, 〈'card'(종이)로 만든〉 통, 탄약통, '보관통', 끼우개, 〈~(↔)cassette〉, 〈↔blank〉 예1

180 ca·sa [카사]: 〈라틴어〉, cabin, 집, 가옥, 〈~ cottage〉, 〈→ casino〉, 〈↔office〉 예2

181 cas·cade [캐스케이드]: 〈← cascare(fall)〉, 〈라틴어〉, '떨어지는', 작은 폭포, 계단 폭포, 층계형, 종속접속, 〈~ chute\slide〉, 〈↔ebb\sink〉 앙2

182 case¹ [케이스]: 〈← cadere(fall)〉, 〈라틴어〉, 〈하늘에서 떨어진〉 경우, 사례, 상황, '일어난 일', 〈→ casual〉, 〈↔fiction〉 기2

183 case² [케이스]: 〈← capere(hold)〉, 〈라틴어〉, 상자, 그릇, 주머니, 갑, 집, 통, 함, 뚜껑, '활자 뭉치', 〈~ casket\cassette〉, 〈↔content〉 예1

184 *case frac·tion [케이스 후뢕션]: 〈← case²〉,뭉치 분수 (분수를 따로 떼어 쓰지않고 한 단위로 쓰는) 단위 활자체, 〈등분표가 작은〉 '소동분수', 〈예를 들면 1/2 대신 ½〉, 〈↔continued fraction〉 예1

185 *case-sen·si·tive [케이스 쎈시티브]: 〈← case²〉, 활자체에 민감한 (전산기에서 대문자를 쓰느냐, 소문자를 쓰느냐에 따라 분류가 달라지는 연성기기 체제) 우1

186 **cash** [캐쉬]: ⟨← caspa⟩, ⟨라틴어⟩, 'case에서 꺼내쓸 수 있는' ⟨수표보다 더 좋은⟩ 현금, 맞돈, ⟨~ mazuma⟩, ⟨↔check\credit card\digital money⟩ 기2

187 ★**cash and car·ry** [캐쉬 앤드 캐뤼]: 즉석 현금 판매, 배달 없는 현금거래, ⟨↔credit sale\delivery sale⟩ 엄2

188 ★**cash-back** [캐쉬 백]: 현금상환, 대금의 일부를 고객에게 되돌려 주는 제도, 현금으로 물러주는 제도, ⟨↔additional charge\penalty⟩ 엄2

189 ★**cash burn·ing** [캐쉬 버닝]: ⟨경제용어⟩, '현금소각', (경쟁업체를 죽이기 위한) 의도적 출혈 투자 미2

190 ★**cash cow** [캐쉬 카우]: 농촌에서 손쉽게 현금화할 수 있는 물건, 고수익 사업, 수지 맞는 장사, '효자 상품', ⟨↔cash drain⟩ 미2

191 **cash-ier** [캐쉬어]: 현금출납원, 회계원, 출납계, 점원, ⟨~ teller⟩, ⟨↔collector⟩ 암1

192 ***cash-ier's check** [캐쉬어스 췔]: (자기앞)보증수표, ⟨~ bank(certified) check\money order⟩, ⟨↔charge card\wired money⟩ 암1

193 **cash ma·chine** [캐쉬 머쉬인]: 현금자동인출기, ⟨↔reverse ATM⟩ 암1

194 **cash·mere** [캐쉬미어] goat: ⟨힌디어⟩, 티베트나 북인도산 털물승이 염소로 한 마리가 한 번에 85그램 정도의 양모를 생산함 수2

195 ★**cash-out** [캐쉬 아울]: 현금 지불, 현금 찾기, ⟨장례식 때 들어오는 조위금으로 인생을 청산하는⟩ 죽음, ⟨~(↔)cash-in⟩ 암1

196 **ca·si·no** [커씨이노우]: ⟨← casa(house)⟩, ⟨라틴어⟩, 카지노, 도박장, 오락장, 소별장, '작은 집', ⟨↔race-track⟩ 암1

197 ★**ca·si·no war** [카씨노우 워어]: '도박 전쟁', (1993년에 특허를 낸) 도박꾼과 도박사 사이에 높은 패가 판돈을 먹고 동점인 경우 도박꾼이 절반을 뺄어내고 항복하거나 두 배로 올려 다시 붙는 ⟨편자 수준에 딱 맞는⟩ 노름 엄2

198 **cas·ket** [캐스킽]: ⟨← cassette⟩, ⟨프랑스어⟩, ⟨← case⁶⟩, 작은 상자, 손궤, ⟨사각형의⟩ 관, ⟨~(↔)coffin⟩ 암1

199 **cas·sette** [커쎝]: ⟨프랑스어⟩, ⟨← case⁶⟩, 카세트, '작은 상자', 통, 갑, 자기를 입힌 녹화·녹음용 필름, ⟨~ casket⟩, ⟨~(↔)cartridge⟩ 수2

200 **cast** [캐스트]: ⟨← caste(throw)⟩, ⟨북구어⟩, '던지다', 발하다, 버리다, ⟨투표함에 쪽지를 던져서⟩ 투표하다, ⟨거푸집에 쇳물을 부어서⟩ 주조하다, ⟨물건의 모형을 뜨는⟩ 거푸집, ⟨역할을 던져서⟩ 배역하다, 출연진, (매 등의) 떼, ⟨~ emit\player⟩, ⟨↔retract\catch⟩ 암1

201 **cas·ta·nets** [캐스터네츠]: ⟨← castanea⟩, ⟨라틴어⟩, 손가락에 끼워 맞부딪쳐서 소리를 내게 하는 나무나 상아로 만든 ⟨밤알(chestnut)만 한⟩ 타악기 암1

202 **caste** [캐스트]: ⟨← castus(chaste)⟩, ⟨라틴어⟩, 카스트, '부족', ⟨순수한⟩ 혈족, 인도(힌두교)의 세습적인 계급, 4성 제도, 사회적 지위, ⟨~ chaste⟩, ⟨↔praise\flummery⟩ 미1

203 **cas·te·la** [카스텔라]: ⟨포르투갈 Castile 지방산⟩ sponge bread, 밀가루·설탕·달걀·물엿 등을 넣고 반죽하여 구운 '부풀 빵'(일본어) 수2

204 ★**cast·ing vote** [캐스팅 보우트]: 찬부 동수인 경우 의장이 던지는 결정적 투표권, 제3자 결정권 미2

205 **cas·tle** [캐슬]: ⟨← castrum(fort)⟩, ⟨라틴어⟩, '(작은) 성', 대저택, 누각, ⟨~ chateau⟩, ⟨↔hovel\hut\shed⟩ 기1

206 ★**cas·tle in the air** [캐슬 인 더 에어]: 공중누각, 사상누각, 터무니 없는 공상, 백일몽, ⟨~ pie in the sky\chasing rainbows⟩, ⟨↔fact\reality⟩ 암1

207 ★**cast pearls be·fore swine**: 돼지 앞에 진주를 던지다, 돼지목에 진주 목걸이 (달기), 개발에 편자, 〈성경에서는 don't give dogs what's sacred라고 했음〉 **왕2**

208 **cas·tra·tion** [캐스트뤠이션]: 〈← castrare(prune)〉, 〈라틴어〉, 〈칼로 도려내는〉 거세, 정소 제거, '불알 까기', 〈~ (↔)vasectomy〉, 〈↔invigoration〉 **왕2**

209 **cas·u·al** [캐쥬얼]: 〈라틴어〉, 〈← case¹〉, 우연한, 임시, 무관심한, 평상복, 〈↔formal\permanent\black tie〉 **왕1**

210 **cat** [캩]: 〈← katas·gadi〉, 〈힌디어·터키어 → 라틴어〉, 〈← catus〉, a carnivorous mammal, 고양이, 〈귀여워하면 재롱을 떠나 천대하면 할퀴는〉 고양잇과의 동물, 〈→ kitten〉 **기1**

211 **cat·a·log \ cat·a·logue** [캐털로그]: kata(down)+legein(say), 〈그리스어〉, 목록, 〈등록된〉 열람표, 〈↔anti-type〉 **기1**

212 **cat·a·lyst** [캐털리스트]: kata(down)+lyein(loose), 〈그리스어 → 영국어〉, 촉매 (역할을 하는 사람), 촉진제, 〈↔inhibitor〉 **왕1**

213 **cat·a·ract** [캐터뢬트]: kata(down)+regnymai(break), 〈그리스어〉, 〈아래로 내려치는〉 큰 폭포, 호우, 〈호우 속에서 물체를 보는 듯한〉 백내장 (수정체 혼탁), 〈↔dribble\drought〉 **왕1**

214 **ca·tas·tro·phe** [커태스트뤄휘]: kata(down)+strephein(turn), 〈그리스어〉, '뒤엎음', (비극의) 대단원, 큰 재해, 대변동, 〈↔salvation\blessing〉 **왕2**

215 **catch** [캐취]: 〈← capere(take)〉, 〈라틴어〉, 잡다, 붙들다, 받다, 걸리다, 관람하다, 이해하다, 걸쇠, 함정, 부산, 어획량, 대어, 술래잡기, 〈~ capture\chase〉, 〈↔drop\release〉 **왕1**

216 ★**catch-phraise** [캐취 후뤠이즈]: 표어, 이목을 끄는 문구, (짧은) 유행어 **왕2**

217 ★**catch the bear be·fore you sell his skin**: 너무 서두르지 말라, 일에는 순서가 있다, 〈~ don't cross the bridge² untill you come to it\don't count chickens before they are hatched〉 **왕2**

218 ★**catch two pi·geons with one bean**: 콩 한 알로 비둘기 두마리 잡기, 님도 보고 뽕도 따기, 도랑치고 가재잡기, 일거양득, 일석이조, 〈~ kill two birds with one stone\two for one〉 **왕2**

219 **catch·up** [캐첲]: 〈말레이어〉, kaychup(토마토 국물·번개장·'한 게이징 양'), ketchup(토마토를 으깨 양념을 한 맛난이)의 미국식 철자 **중2**

220 ★**cat·e·go·ry** [캐테거뤼]: kata(against)+agora(assembly), 〈그리스어〉, 〈모두 동의할 수 있는〉 범주, 부류, 부문, 예외 없는, 〈↔whole\individual〉 **왕2**

221 **ca·ter** [케이터]: 〈← capere(take)〉, 〈라틴어 → 프랑스어〉, 음식물을 조달하다, 요구에 응하다, '사다', 〈↔neglect\deprive〉 **왕1**

222 **cat·er·pil·lar** [캐터필러]: catus+pilus, 〈라틴어에서 유래한 영국어〉, cat+pile, '털 많은 고양이', 모충(나비나 나방의 유충), 털벌레(12마디와 12개의 눈을 가진 털 쐐기), 무한궤도차, 착취자 **왕1**

223 **cat-fish** [캩 휘쉬]: '고양이 수염을 가진 물고기', (민물·짠물에 다 살며 비늘이 없고 가시 달린 지느러미를 가지고 있는) 2천 종이 넘는 메기류, mud cat **미2**

224 ★**cat-fish·ing** [캩 휘슁]: '메기낚시', 〈『메기』란 기록물에서 연유한〉 타인을 가장해서 상대를 유혹하는 전산망 사기, sad·fishing **우2**

225 ★**cat got your tongue(?)**: 〈중세에 왕에게 거짓말을 하면 그놈의 혀를 뽑아 왕의 고양이한테 던져주었다는 고사에서 연유한?〉 왜 말을 못하니(?), 왜 꿀 먹은 벙어리가 되었어(?), 〈↔speak up!〉 **왕2**

226 **ca·thar·sis** [커싸알시스]: 〈← kathairein(purify)〉, 〈그리스어〉, 카타르시스, 변통(배변), 정화, '세척', 〈↔repression\dirtying〉 **왕2**

227 **ca·the·dral** [커씨드뤌]: 〈← kathedra(seat)〉, 〈그리스어〉, (주교가 '앉을 자리'가 있는) 주교좌 성당, 〈권위 있는〉 대성당, 〈→ chair〉, 〈↔small church\secular〉 **왕1**

228 **cath·e·ter** [캐쎄터]: kata(down)+hienai(send), 〈그리스어〉, 〈아래로 내리는〉 도(뇨)관, 구멍이 뚫린 가늘고 긴 줄 **일1**

229 **cath·o·lic** [캐썰릭]: kata(throughout)+holos(whole), 〈그리스어〉, 가톨릭, 천주교, 구교의, 광범위한, '포괄적인' **미2**

230 ★**cat-nap** [캩 낻]: 〈고양이 졸듯이 자는〉 선잠, 노루잠, 〈↔awake\dead sleep〉 **일2**

231 ★**cats and dogs** [캩츠 앤드 더어그즈]: 맹렬하게, 억수같이, 앙숙, 투기적인 유가증권, 〈↔mist\calm\bland〉 **일2** **미2**

232 **cat·tle** [캐틀]: 〈← caput(head)〉, 〈라틴어 → 프랑스어〉, 소, 축우, '자산 동물', chief asset, 〈~ chattel〉, 〈← capital〉, 〈편자 같은 시골 태생들은 송아지를 팔아 등록금을 대곤 했기 때문에 한국에서는 한때 상아탑을 '우골탑'이라 한 적이 있음〉 **가1**

233 **Cau·ca·sian** [커어케이젼]: 〈kroy-khasis(white mountain)?〉, 〈원주민에서 유래한 그리스어〉, 〈← kaukasis〉, 캅카스 (흑해와 카스피해 사이의 한 지방) 사람의, '백인종'의, 〈캅카스산맥에서 뻗쳐 나갔다는〉 코카소이드 인종, 〈~ Caspian〉, 〈1795년 독일의 인류학자가 백인의 기원이라고 했으나 유전학적으로 보면 인도나 이집트인들도 다 Caucasian임〉 **주2**

234 **cau·cus** [커어커스]: cau-cau-asu(adviser), 〈미국어〉, 정당 대표(간부), 실력자(실무자) 모임, 〈'장로'란 뜻의 북미 원주민어?〉, 〈↔dissociate〉 **일2**

235 **caught** [커어트]: catch의 과거·과거분사 **일1**

236 **cau·li·flow·er** [커얼리훌라워]: 〈라틴어 → 프랑스어〉, cole(cabbage)+flower, (지중해 연안 원산의) 〈우유 덩어리 같은 머리 부분만 먹는〉 꽃양배추 **미2**

237 **cause** [커어즈]: 〈← causa(a reason)〉, 〈라틴어〉, 원인, 동기, 주장, 소송, 초래하다, 야기하다, 〈↔effect〉 **일1**

238 **cause-way** [커어즈 웨이]: 〈라틴어〉, causey(calcis)+way, 둑길, 제방도로, (lime으로 덮은) 포장도로, 간선도로, 〈↔hidden path\back-road〉 **일2**

239 **cau·tious** [커어셔스]: 〈← cavere(on guard)〉, 〈라틴어〉, 〈Confucius같이??〉 주의 깊은, 신중한, 조심하는, 〈~ careful〉, 〈↔in-cautious\reckless\slack〉 **일1**

240 *****CAV** [캐브] (con·stant an·gu·lar ve·loc·i·ty): 항상성 각속도 (트랙의 길이에 상관없이 같은 속도로 돌아가는 원반), 〈↔CLV〉 **미1**

241 **cave** [케이브]: 〈← cavus(hollow)〉, 〈라틴어〉, '우묵한 곳', 굴, 동굴, 함몰시키다, 굴복하다, 〈~ cage\cavern\cavity〉, 〈→ excavate〉, 〈↔swell\resist〉 **일1**

242 **ca·ve·at** [케이뷔앹]: 〈← cavere(on guard)〉, 〈라틴어〉, be aware, 경고, 제지, 소송절차 정지 통고, 단서, 〈↔carelessness\delinquency\clearance〉 **일2**

243 *****ca·ve·at loan** [케이뷔앹 로운]: 보류융자, ⇒ bridge loan **미2**

244 ★**cave man** [케이브 맨]: 동굴 주거인, 동굴 탐험가, (여성에게) 난폭한 사람 **일1**

245 **cav·ern** [캐뷘]: 〈← cavus(hollow)〉, 〈라틴어〉, 〈← cave〉, (큰) 동굴, (땅) 굴, 공동, 〈↔mound\bulge〉 **가1**

246 **cav·i·ty** [캐뷔티]: 〈← cavus(hollow)〉, 〈라틴어〉, 〈← cave〉, 구멍, 공동, 강, 충치, 〈↔projection\closure〉 **일1**

247 *****C band** [씨이 밴드]: conventional band, (전력 소모가 적고 악천후에도 쓸 수 있는 인공위성용) 주파 39,000~64,250 M(mega) HZ의 〈초극초단파〉, super-high frequency, 〈↔L band\S band〉 **주2**

248 ★**CBDC** (cen·tral bank dig·i·tal cur·ren·cy): 중앙은행화폐, (현재 80% 이상의 중앙은행들이 고려하고 있는) 〈불편한 현금 대신〉 중앙은행이 보증하는 전자화폐, 〈crypto-currency의 방법을 본 땄으나 이것은 100% 진짜 돈 임〉 **미2**

249 **★CBP** (Cus·toms and Bor·der Pro·tec·tion): (미) 관세 국경 보호청, 2003년에 창립되어 국제 통상·관세·이민 업무를 총괄하는 국토 안전부의 산하기구 미2

250 **CB** (cit·i·zens band) **ra·di·o**: '시민 연대 무선방송' 〈운전하면서 근거리에 있는 사람들과 대화할 수 있는 무선방송〉, 〈~ packet(ham) radio보다 훨씬 적은 전력을 소비함〉 영2

251 **CBS** (Co·lum·bi·a Broad·cast·ing Sys·tem): 1927년에 라디오·1939년에 TV 방송을 시작한 미국의 3대 대중매체 회사의 하나 주1

252 **CC** (car·bon cop·y): '사본', 참조, 전자우편을 참조로 받을 사람들 앞에 쓰는 문자 미2

253 *****CCD** (charge cou·pled de·vice): 전자 결합 소자 (화상 탐색기에 쓰는 고속반도체) 미1

254 **CCTV** (closed cir·cuit TV): 〈제한된 장소를 제한된 기구로 조정하는〉 패쇄 회로 영상 화보, 영상감시(video surveillance) 미2

255 **CCU** (cor·o·nar·y care u·nit): 심장병 치료 병동, 〈~(↔)ICU〉 미2

256 **★C cup** [씨이 컵]: 'C 잔', 〈bra의 사이즈가 아니라〉 끈으로 조였을 때 직경 3인치가 되는 가슴살, 유방 성형 시 시술자가 지켜야 하는 마지노선, 이상적인 젖'통' 〈무덤이라고 썼다가 여성단체들한테 고소를 당할까 봐 고쳤음〉 영2

257 **CD** (cer·tif·i·cate of de·pos·it): (양도성) 정기예금증서, 〈↔running account〉 미1

258 **CD** (com·pact disc): 압축 원반(1980년대에 도입된 광학적 판독이 가능한 합성수지 제품) 영1

259 **CDC** (Cen·ter for Dis·ease Con·trol): 〈1946년에 창설된 보건복지부 산하의〉 (미국) 질병 통제국 미2

260 *****CDR** (com·pact disc re·cord–a·ble): 개인용 (1회용) 녹음(녹화) 압축 원반 미1

261 *****CD-ROM** (com·pact disc re·cord only mem·o·ry): 압축 원반 판독 전용 기억장치 (숫자형으로 된 대량의 광학 판독 전용 자료를 저장할 수 있는 압축 원반) 미1

262 *****CD-RW** (com·pact disc re·writ·a·ble or e·ras·a·ble): 〈원반의 표면이 열처리로 변하는 합성수지 혼합물로 된〉 재기록 가능 (지울 수 있는) 압축 원반 미1

263 **CE**: common era (현세기), christian era (기독 연도·기원 후), 〈~ AD〉, 〈↔BC〉 영2

264 **cease** [씨이스]: 〈← cedere(withdraw)〉, 〈라틴어〉, 그만두다, 중지하다, 끝내다, '우물거리다', 〈→ cessation\cede〉, 〈↔start\continue〉 영1

265 **ce·dar** [씨이더]: 〈← kedros(juniper)〉, 〈어원 불명의 그리스어〉, 삼나무, 향나무, 측백나무, 등 삼나무, 참죽나무, 개잎갈나무 등으로 불리며 (연필) 향기가 나는 단단한 목재를 제공하는 상록침엽교목 미2

266 **cede** [씨이드]: 〈← cedere(withdraw)〉, 〈라틴어〉, 양도(인도)하다, 포기하다, 〈~ cease〉, 〈↔keep\gain〉 영2

267 **ceil·ing** [씨일링]: 〈← koilos(hollow)〉, 〈그리스어 → 라틴어 → 영국어〉, 〈← celestial?〉, 천장, 상한, 고도, '덮는 것', 〈~(↔)vault\roof〉, 〈↔bottom\nadir〉 관1

268 **cel·e·bra·tion** [쎌레브뤠이션]: 〈← celeber(frequented)〉, 〈어원 불명의 라틴어〉, 축하, 축전, 찬양, 〈~ ceremony〉, 〈↔solitude\condemnation〉

269 **★cel·e·bra·tion of life** [쎌레브뤠이션 어브 라이후]: 〈요즘 미국에서 유행하는〉 비격식 장례, 가족장 후에 친지들이 모여 즐거운 마음으로 고인의 업적을 찬양하는 모임, '삶을 기리는 모임', '일생 축전', 〈삶을 받들어 모시는〉 봉생제, 〈~ memorial service〉, 〈↔birthday celebration〉 영2

270 **cel·e·ry** [쎌러뤼]: 〈← selinon〉, 〈어원 불명의 그리스어〉, 셀러리, 깃꼴 잎새에 파삭파삭한 줄기를 가지고 있어 생채 요리로 즐겨 먹는 미나릿과의 두해살이식물, ⇒ parsley 영1

271 **ce·les·tial** [썰레스춸]: ⟨← koilos(sky)⟩, ⟨그리스어 → 라틴어⟩, ⟨← caelum⟩, 하늘의, '천국의', 거룩한, 영원한, ⟨↔terrestrial\earthly\flesh⟩ 영1

272 **cell** [쎌]: ⟨← cella(small room)⟩, ⟨라틴어⟩, 작은방, 독방, 세포, 전지, 낱 칸, '저장실', ⟨↔camber\thinness⟩, ⟨↔ranch house⟩ 영1

273 **cel·lar** [쎌러]: ⟨← cella(small room)⟩, ⟨라틴어⟩, 지하실, 움, (포도주) 저장실, ⟨~ basement⟩, ⟨↔attic\sky-lounge⟩ 영1

274 **cel·lo** [첼로우]: ⟨라틴어에서 유래한 영국어⟩, little violone, violon cello (비올론 첼로), 바이올린보다 1옥타브 낮은 커다란 네 줄 현악기 우1

275 **cel·lo·phane** [쎌러훼인]: cellulose+phanein(appear), ⟨라틴어+그리스어⟩, (섬유질⟨cellulose⟩로 만든 투명하고 얇은 막질로 공기·물·열에 강해 포장용으로 주로 쓰이는) 셀로판 우1

276 *****cel·lu·lar mo·dem** [쎌룰러 모우뎀]: ⟨← cell⟩, 분할 중계식 무선 변복조장치, ⟨↔a-cellular modem⟩ 미1

277 **Cel·si·us scale** [쎌시어스 스케일]: centigrade, ⟨1948년 창안자의 이름으로 개칭한⟩ 섭씨, (물이 0도에서 얼고 100도에서 끓는) C=5/9(F-32), ⟨↔Fahrenheit(scale)⟩ 영1

278 **Celt \ Kelt** [쎌트 \ 켈트]: ⟨← celu(hide)⟩, ⟨그리스어 → 라틴어⟩, 켈트족(어), 영국의 고산지대에 ⟨숨어⟩ 살던 아리안 인종의 한 분파, celt; 돌 도끼 영1

279 **ce·ment** [시멘트]: ⟨← caedere(cut)⟩, ⟨라틴어⟩, '돌가루', 양회, 결합체, ⟨~(↔)mortar⟩ 영1

280 **cem·e·ter·y** [쎄미테뤼]: ⟨← koiman(put to sleep)⟩, ⟨그리스어⟩, 묘지, 공동묘지, '잠자는 곳', ⟨~ dormitory⟩ 가1

281 **cen·sor** [쎈서]: ⟨← censere(tax)⟩, ⟨라틴어⟩, '평가', 검열, 비평, 감찰관, ⟨↔disclose\proponent⟩ 영2

282 *****cen·sor-ware** [쎈서 웨어]: '검열 기기', (일부 웹 사이트를 남이 볼 수 없게) 차단하는 데 사용하는 연성기기 우2

283 **cen·sure** [쎈셔]: ⟨← censere(tax)⟩, 비난, 견책, (부정적) 평가, ⟨↔praise\approval\tribute⟩ 영2

284 **cen·sus** [쎈서스]: ⟨← censere(tax)⟩, ⟨라틴어⟩, 통계조사, 인구조사, '재산 평가' 영1

285 **cent** [쎈트]: ⟨← centum(a hundred)⟩, ⟨라틴어⟩, 1달러의 1/100, '백'(단위), 페니, 푼돈 수2

286 **cen·ten·ni·al** [쎈테니얼]: ⟨← centum⟩, 100년마다, 백년제 미2

287 **cen·ter \ cen·tre** [쎈터]: ⟨← kentein(prick)⟩, ⟨그리스어⟩, '뾰족점', ⟨원을 그리는⟩ 중심(지), 중추, 종합시설, (장)소, ⟨~ core⟩, ⟨↔border\brink\edge\fringe⟩ 영2

288 **cen·ter-piece** [쎈터 피이스]: 중심물, 중앙부 장식 미1

289 **cen·ti** [쎈티]: ⟨← centum⟩, ⟨라틴어⟩, hundred-fold, 100분의 1 우2

290 **cen·tral** [쎈트뤌]: ⟨← centrum(center)⟩, ⟨중앙, 중심부, 중추의, ⟨↔peri·pheral⟩ 가2

291 *****Cen·tro·nics in·ter·face** [쎈트롸닉스 인터훼이스]: 쎈트로닉스 회사가 개발한 전산기와 인쇄기 간의 병렬 자료 교환 접속 장치 수1

292 **cen·tu·ry** [쎈춰뤼]: ⟨← centum(a hundred)⟩, ⟨라틴어⟩, 쎈추리, 백 년, 1세기, 100개, ⟨↔millenary⟩ 영2

293 ★**Cen·tu·ry 21** [쎈춰뤼 트웬티원]: 1972년에 세워져 9,400여 개의 독립 점포를 관할하고 있는 미국의 세계적 부동산 중개업 총판 유한 책임회사 수2

294 **CEO**: ①chief ex·ec·u·tive of·fic·er); 최고 경영자, 수반 ②(christmas & Easter only); 성탄절과 부활절에만 교회에 나가는 사이비(나이롱) 신자, Chreaster, Chreastian 미2

295 **ce·ram·ic** [써뢔믹]: ⟨← kramos(clay)⟩, ⟨그리스어⟩, 세라믹, 도자기의, 요업 제품의, pottery 영1

296 **ce·re·al** [씨어뤼얼]: 〈라틴어〉, 〈풍작의 여신〉 Ceres가 준 선물, 곡물, 곡식, 〈아침 식사용〉 곡물 식품 유2 미1

297 **cer·e·mo·ny** [쎄뤼모우니]: 〈← caerimonia〉, 〈라틴어〉, sacred rite, 〈성스러운〉 의식, 의전, 예법, '로마 근교 Caere 마을의 의식', 〈↔impropriety〉 유2

298 **cer·tain** [써어튼]: 〈← cernere(distinguish)〉, 〈라틴어〉, 'settled', 확신하는, 자신하는, 확실한, 반드시, 〈→ ascertain\certify〉, 〈↔doubious\perhaps\questionable〉 기2

299 **cer·tif·i·cate** [써어티휘커트 \ 써어티휘케이트]: certus(certain)+facere(make), 〈라틴어〉, 〈← certain〉, 〈~ permit\document\license〉, 〈확신을 심어주는〉 증명서, 자격증, 등록증 기2

300 **cer·vix** [써어뷕스]: 〈라틴어〉, neck, '목', 경부, 자궁경부 유2

301 **ces·sa·tion** [쎄쎄이션]: 〈← cessare(yield)〉, 〈라틴어〉, cease, 정지, 중지, 소멸, 〈↔move(ment)\ start\resumption〉 유1

302 **cess·pit(pool)** [쎄스 핕(푸울)]: 〈← sospirer(breathe)〉, 〈라틴어〉, cess-pool, 〈'air hole'로 찬〉 septic tank, 구정물 구덩이, 분뇨통, 시궁창 유1

303 ★**cf** (con-fer): compare, 비교, 참조, 〈~(↔)vs(versus)〉 미2

304 **CFO** (chief fi·nan·cial of·fic·er): 최고 재무 담당자, 총괄 회계관 미2

305 ***CGI¹** (com·put·er graph·ic in·ter·face): 도안용 전산 접속기 (각종 화상 작업을 위한 여러 가지 접속 장치) 미1

306 ***CGI²** (com·mon gate·way in·ter·face): (표준 처방에 따라 웹 페이지를 만들 수 있는) 상용 통로 접속기

307 ***CGI³** (com·put·er gen·er·ated im·age): 전산기 창출 화상 (3차원의 물체를 2차원의 화상으로 처리하는 동영상 방법) 미1

308 **cha-cha-cha** [촤아-촤아-촤아]: 남미에서 시작된 빠른 가락의 춤곡, 〈↔blues⁹〉 유1

309 ★**chad** [채드]: 〈← chat(dry twig)?〉, 〈어원 불명의 영국어〉, 차드, 천공 밥(펀치카드〈천공판〉로 구멍을 뚫을 때 생기는 종이 부스러기), 여자를 〈쪽이는〉 남자 미1

310 **chaff** [채후 \ 챠후]: 〈← chafe〉, 〈라틴어 → 게르만어〉, 〈갈아놓은〉 겉껍질, 왕겨, 여물, 놀리다, 〈↔treasure\gem〉 유2

311 **chain** [췌인]: 〈← catena(binder)〉, 〈라틴어〉, 사슬, 목걸이, 연속, 연쇄점, 계통, 〈~ catenary〉, 〈↔un-chain\dis-join〉 기2

312 **chain-link fence** [췌인 링크 휀스]: 철사를 파도 모양으로 엮은 울타리, '사슬 고리 담' 미1

313 **chair** [췌어]: 〈← kathedra(seat)〉, 〈그리스어〉, 의자, 의장, 회장, 바퀴 의자, '좌석', 〈← cathedral〉, 〈↔table\sofa〉 기1

314 ★**chair warm·er** [췌어 워머]: 의자를 덥히는 사람, 자리를 뜨지 않는 사람, 게으름뱅이 미1

315 **chaise longue \ ~ lounge** [쉐이즈 러엉 \ 쉐이즈 라운쥐]: 〈프랑스어〉, long chair, '긴 의자', (등받이가 뒤로 젖혀지는) 침대 의자 미2

316 **cha·let** [섈레이]: 〈라틴어 'casa'에서 유래한 프랑스어〉, '양치기 집', 샬레, (스위스풍) 산장, 오두막, 별장, 〈↔castle\mansion〉 미2

317 **chalk** [취어크]: 〈← khalix(lime)〉, 〈그리스어〉, 초크, '돌가루', 분필, 백악, 덜 응고된 흰 석회암, lime, 〈~ calcite\soap-stone\talc〉 유1

318 **chal·lenge** [챌런쥐]: 〈← calumnia(false accusation)〉, 〈라틴어에서 유래한 프랑스어〉, 도전, 과제, 공격, 요구, '중상모략', 〈법망을 피하는〉 기피, 〈↔acceptance\rejoinder\agree〉 기2

319 **cham·ber** [췌임버]: ⟨← kamara(vault)⟩, ⟨그리스어⟩, 방, 회관, 실내, '궁형 천장이 있는 방', ⟨~ camera⟩, ⟨↔mound\bulge⟩ 양2

320 **cha·me·le·on** [커미일리언]: chami(ground)+leon(lion), ⟨그리스어⟩, '땅 사자', 카멜레온, 주위 환경에 따라 잘 변하는 파충류의 일종, 별자리의 하나, 변덕쟁이 양2

321 **cham·ois** [섀미]: ⟨← gamz(a goat like antelope)⟩, ⟨어원 불명의 게르만어에서 유래한 프랑스어⟩, 섀미, 샤모아, 남유럽·서남아시아에 사는 영양류의 일종, 섀미 가죽 제품, 담황갈색, ⟨→ gemsbok⟩ 수2

322 **cham·pagne** [섐페인]: ⟨← campus(field)⟩, ⟨라틴어 → 프랑스어⟩, '들판', 샴페인, 프랑스의 북동부 샴페인 지방에서 생산되는 거품이 나는 (황록·황갈색의) 고급 백포도주, 사치한 수1 양2

323 **cham·pi·on** [챔피언]: ⟨라틴어⟩, '들판⟨camp⟩에서 싸워 이긴 자', 우승자, 투사, 선수권 보유자, ⟨↔loser\villain\under-dog⟩ 양1

324 **chance** [챈스 \ 촤안스]: ⟨← cadere(fall)⟩, ⟨라틴어⟩, '우발적인 사건', 우연, 기회, 운, 가망, 모험, ⟨~ fate⟩, ⟨↔choice⟩ 가2

325 **chan·cel·lor** [챈슬러]: ⟨← cancelli(cross bar)⟩, ⟨모든 문자를 통괄하는 자⟩, ⟨라틴어⟩, ⟨가로장 안에 앉아있는⟩ 대법관, 대학 총장, (독일) 수상, (재무) 장관, 법정의 관리 양2

326 **chan·de·lier** [섄들리어]: ⟨← candela⟩, ⟨라틴어⟩, a branching fixture, 샹들리에, 장식용 '촛대'걸이, 매달린 호화 전등, ⟨← candle⟩ 양2

327 **change** [췌인쥐]: ⟨← cambiare(exchange)⟩, ⟨라틴어⟩, barter, 바꾸다, 고치다, 환전하다, 변경, 교환, 잔돈, ⟨~ convert\transform\petty cash⟩, ⟨↔sameness\fixation⟩ 가2

328 ★**change sides read·i·ly** [췌인쥐 싸이즈 뤠딜리]: 편을 쉽게 바꾸다, 간에 붙었다 쓸개에 붙었다 하다, 동가식서가숙, ⟨↔stay\loyal⟩ 양2

329 **chan·nel** [채늘]: ⟨← canalis(water pipe)⟩, ⟨라틴어⟩, '수도관', 해협, 수로, 경로, 통신로, 주파대, (반도체 회로에서) 전자가 공급되는 곳과 빠져나가는 곳을 연결하는 통로, ⟨~ canal⟩, ⟨↔closure\denial⟩ 양1

330 **chan·son** [섄선]: 샹송, (프랑스풍) '노래', (달콤한) 가요, ⟨← song⟩ 양1

331 **chant** [챈트]: ⟨← cantare(sing)⟩, ⟨라틴어⟩, 노래, 성가, 영창, 단조로운 말투, 염불(하다), ⟨↔cacophony\discord⟩ 미2

332 **cha·os** [케이아스]: ⟨← chainein(gape)⟩, ⟨그리스어⟩, 카오스, 혼돈, '무질서', 대혼란, '심연', ⟨↔order\peace\calm\cosmos⟩ 미2

333 **chap** [챕]: ①⟨영국어⟩, ⟨← chapman⟩, 놈, 녀석, 동무, 단골, '자네', 어린애, ⟨↔gentleman⟩ ②⟨어원 불명의 영국어⟩, 썰다, 균열, 아래턱, 주둥이, ⇒ chop 양2

334 **chap·el** [채플]: ⟨← cappa(cape)⟩, ⟨라틴어⟩, 예배당, ⟨St. Martin의 'cloak'이 걸려있는⟩ 교회당, ⟨↔secular⟩, ⟨→cathedral\minster\mosque\temple⟩ 양2

335 **chap·er·one** [섀퍼로운]: ⟨← cappa←caput(head)⟩, ⟨프랑스어⟩, ⟨미혼 여성을 'cape'를 씌워 덮어주는⟩ 샤프롱, 보호자, 후원자, ⟨↔abandon\desert⟩ 양2

336 **chap·lain** [채플린]: ⟨← capella⟩, ⟨라틴어⟩, ⟨← chapel⟩, 예배당 목사, 군목, 지도신부, ⟨~ pastor\priest⟩, ⟨↔layman\church-woman⟩ 양1

337 **chap-man** [챔프먼]: cap(bargain)+man, ⟨영국어⟩, ⟨물건을 'cheap'하게 파는⟩ 행상인, 도붓장수, ⟨↔buyer\user⟩ 양2

338 **chap-stick** [챕스틱]: ⟨상품명에서 따온⟩ (균열⟨chap⟩ 방지용) 입술 연고, ⟨~ lip-balm⟩ 양1

339 **chap·ter** [챕터]: ⟨라틴어⟩, '머리⟨caput⟩', 장, 시기, 지부, (파산법) 조항, ⟨↔whole\article⟩ 양2

340 **char(r)** [촤알]: ⟨영국어⟩, char·coal, 숯, 잡역부, 곤들매기, 가어(길이가 30cm가량의 가늘고 긴 ⟨전혀 예쁘지 않은⟩ 시커먼 연어과의 물고기) 양1 미2

341 **char·ac·ter** [캐릭터]: ⟨← charassein(engrave)⟩, ⟨그리스어⟩, '글자를 새기는 도구', ⟨물건에 새겨진⟩ 특성, ⟨사람에 새겨진⟩ 성격, ⟨각판에 새겨진⟩ 문자, ⟨명패에 새겨진⟩ 신분, 걸물, 등장인물, ⟨한국에서는 mascot란 뜻으로도 쓰임⟩, ⟨↔conformist\follower⟩, ~ personality보다 형이하학적 표현⟩ 영1

342 **cha·rade** [셔뤠이드]: ⟨프랑스어⟩, ⟨의성어·의태어?⟩, '말'수수께끼, 샤레이드, 몸짓(속임수)놀이, ⟨~ facade\disguise⟩, ⟨↔candor\directness⟩ 우2

343 **char-coal** [촤코울]: charren(turn)+cole(coal) ⟨영국어⟩, ⟨'coal'로 변하는⟩ 숯, 목탄 기1

344 **chard** [촤아드]: ⟨← carduus(thistle)⟩, ⟨라틴어 → 프랑스어⟩, 근대, 군달, 부단초(굵고 흰 줄기와 넓은 잎을 가진 시금치와 비슷한 채소), ⟨~ artichoke⟩, ⟨~ beet⟩ 미2

345 **char·don·nay** [샤아더네이]: ⟨'chard'(부단초)가 많은 지방⟩, 샤르도네, ⟨동프랑스 지명을 딴⟩ 희고 쌉쌀한 포도주 수2

346 **charge** [촤아쥐]: ⟨← caruus(car)⟩, ⟨라틴어 → 프랑스어⟩, '가득 채우다', 충전, ⟨총에 실탄을 채우는⟩ 장전, ⟨짐을 가득⟩ 지우다, 씌우다, 짐, ⟨마차에 짐을 올리다⟩, ⟨짐을 채워 넣는⟩ 부과, ⟨짐을 다른 사람에게 채워 넣는⟩ 고소, ⟨~ fix a price\accuse of⟩, ⟨↔absolve\retreat⟩ 영2

347 **charge card** [촤아쥐 카아드]: credit card, 외상증, 신용증 영2

348 **charg-er** [촤아져]: 충전기, 습격자, 돌격자, ⟨↔absolver\retreater⟩ 영2

349 **char·i·ot** [쵀뤼엇]: ⟨← carrus(two wheeled wagon)⟩, ⟨라틴어⟩, 4륜 마차, ⟨BC 3천년경 메소포타미아에 있었던⟩ 꽃마차, ⟨고대의⟩ 전차, ⟨~ car⟩, ⟨~ cariole⟩, ⟨↔motor couch⟩ 미2

350 **cha·ris·ma** [커뤼즈머]: ⟨← charis(favor)⟩, ⟨그리스어⟩, 카리스마, '성령의 은사', 비범한 통솔력(개성), 대중을 현혹시키는 재능, ⟨↔repulsion\deterrence⟩ 우1

351 **char·i·ty** [쵀뤼티]: ⟨← carus(dear)⟩, ⟨라틴어⟩, 자선, 자비, 동정, 구호, 기부, ⟨↔selfishness\meanness\vindictiveness⟩ 영2

352 ★**char·i·ty be·gins at home**: ⟨찰스 디킨즈가 한 말⟩, 자선은 집에서 시작된다, 타인을 돕기 전에 가족부터 보살펴라, ⟨~ blood is thicker than water\justice begins next door⟩, ⟨그런데 어떤 애들은 자기를 친할머니는 치매가 걸려서 벽에 똥칠을 하고 다녀도 양로원 봉사활동으로 남의 할머니 똥·오줌 뒤치닥거리 해주느라고 너무너무 바빠요⟩ 영1

353 **char·la·tan** [샤알러턴]: ⟨← ciarlare(prate)⟩, ⟨이탈리아어⟩, 떠벌이, 허풍쟁이, 협잡꾼, 돌팔이 의사, ⟨~ quackery\swindler⟩, ⟨↔honesty\justice⟩ 영1

354 **char·ley horse** [촤알리 호얼스]: ⟨장판지에 잘 오는⟩ 쥐, ⟨시카고 곡마단의 늙고 비루먹은 말 Charley 같은 사람에게 잘 오는⟩ 근육경련(muscle cramp), ⟨~ claudication보다는 일반적인 현상⟩ 영2

355 ★**Char·lie Fox-trot** [촤알리 황스트홭]: cluster·fuck(떼씹)의 군대용어, 대혼란 영2

356 **charm** [촤암]: ⟨← carmen(song)⟩, ⟨라틴어 → 프랑스어⟩, 매력, 미덕, 마력, 요염함, '마법의 노래', ⟨피리사 등의⟩ 떼, ⟨↔disgust⟩

357 **chart** [촤아트]: ⟨← charte(leaf of paper)⟩, ⟨그리스어 → 라틴어 → 프랑스어⟩, 도표, 해도, 그림, 병력지, '종이 한쪽', ⟨~ card⟩, ⟨~ diagram⟩ 영2

358 **char·ter** [촤아터]: ⟨← chart⟩, ⟨종이에 쓰여진⟩ 헌장, 강령, 특권, 전세, ⟨↔prohibition\duty⟩ 영2

359 **chase** [췌이스]: ⟨← capere(take)⟩, ⟨라틴어 → 프랑스어 → 영국어⟩, 잡다, 쫓다, 추격, 추적, 사냥, ⟨→ sashay⟩, ⟨~ catch\pursue⟩, ⟨↔retreat\run away⟩ 가2

360 ★**chase the wild goose**: 야생거위를 추적하다, 오리무중을 헤매다, 헛수고, ⟨↔effective\fruitful⟩ 영2

361 ★**chas-er** [췌이서]: 추격자, 마지막 공연 (음악), 섞지 않은 독주를 마신 후 새로운 맛을 얻기 위해 마시는 ⟨맥주나·소다 등⟩ '입가심 음료', ⟨~ wheep⟩ 우1

362 ★**chas-ing rain-bows** [췌이싱 뤠인보우즈]: 뜬구름 잡기, 허황된 생각, ⟨~ castle in the air⟩, ⟨↔achieve the goal\hit the target⟩ 영2

363 **chas·se** [샤쎄이]: ⟨← chase⟩, ⟨'사냥'이란 뜻의 프랑스어⟩, 샤세 ①빠른 박자로 '쫓아가듯' 발을 끄는 춤, sashay ②⟨상대방을 '따라가기' 위해⟩ 입가심으로 마시는 술 우1

364 **chat¹** [챁]: ⟨영국어⟩, ⟨의성어⟩, ⟨← chatter⟩ '재잘대다', 잡담하다, 한담, 수다, ⟨↔silence\articulate⟩ 영2

365 *__chat-bot__ [챁 밭]: 챗봇, chatter+robot, artificial spy, 시청각 또는 문자를 이용해서 대화를 유도하는 인공지능 차림표, ⟨때로는 신분을 도용당할 수 있는⟩ '인공 소통 접속기', ⇒ GPT 우1

366 **cha·teau** [섀토우]: ⟨← castellum⟩, ⟨라틴어 → 프랑스어⟩, 샤토, 대저택, 성(castle), 별장, ⟨~ villa\hacienda⟩, ⟨↔shack\cabin⟩ 미2

367 ★**chat-room** [챁 루움]: (전산망상의) ⟨약자와 신조어가 판치는⟩ 대화방 영2

368 **chauf·feur** [쇼우훠]: ⟨← chafe(make warm)⟩, ⟨프랑스어⟩, (자동차 발동기에) 불 지피는 자, (자가용) 운전사, ⟨↔passenger⟩ 영2

369 **chau·vin-ism** [쇼우뷔니즘]: 쇼비니즘, (나폴레옹 숭배자 Nicolas Chauvin⟨'대머리'⟩의) 맹목적 애국주의, (남성) 우월주의, 머지않아 '여성우월주의'를 뜻하게 될 것임, ⟨↔internationalism\feminism⟩ 미1

370 **cheap** [취이프]: ⟨← caupo(small trader)⟩, ⟨'소매상'이란 라틴어에서 유래한 영국어⟩, '좋은 가격의', 싼, 싸구려, 천한, 인색한, ⟨→ chapman⟩, ⟨↔expensive\precious⟩ 가2

371 ★**cheap-jack** [취이프 잭]: 값싼 물건, '비지떡', 싸구려 (행)상인, ⟨~ duffer⟩, ⟨↔excellent\superior⟩ 영2

372 ★**cheap shot** [취이프 샽]: ⟨수비 준비가 안 된 상대방에 공을 차 넣는⟩ 비열한 놈(말), ⟨싸게 성과를 얻으려는⟩ '약삭빨이', ⟨↔compliment\exaltation⟩ 미2

373 ★**cheap-skate** [취이프 스케이트]: ⟨늙어 빠진 말⟩, 구두쇠, 인색한, 노랭이, '짠돌이', ⟨↔generous\liberal⟩ 가2

374 **cheat** [취이트]: ⟨← cheten⟩, ⟨영국어⟩, 속이다, 기만하다, 사기, 협잡(질), ⟨← escheat⟩, ⟨↔enlighten\undeceive⟩ 가2

375 **check \ cheque** [췍]: 'king', ⟨산스크리트 → 페르시아 → 라틴어 → 영국어⟩, ⟨'장군'/명군의 장군에서 유래한 말⟩, 저지, 대조, 검사, 수표, 계산서, ⟨→ chess⟩, ⟨↔advance\release\cash⟩ 가1

376 *__check-box__ [췍 밬스]: ⟨원하는 것을 독립적으로 골라잡을 수 있는⟩ (전산기의) 점검란 미1

377 **cheer** [취어]: ⟨← ciras(head)⟩, ⟨산스크리트어 → 그리스어⟩, ⟨← kara(face)⟩, ⟨환한⟩ '얼굴', 환호, 갈채, 격려, 활기, cheers! (건배), ⟨↔dismal⟩, ⟨↔boo\jeer⟩ 영2

378 **cheer–lead-er** [취어 리더]: (여성) 응원단장 영2

379 **cheese** [취이즈]: ⟨← caseus←kwat(to ferment)⟩, ⟨라틴어⟩, 치즈, 우유에서 카세인(건락소)을 '발효'·응고시킨 식품, '우유 더껑이', '유지', ⟨butter보다 지방이 적음⟩, ⟨~(↔)margarine⟩ 우1

380 **chef** [쉐후]: ⟨프랑스어⟩, 주방장, '주' 요리사, ⟨← chief⟩, ⟨↔diner\devourer⟩ 영2

381 **chem·i·cal** [케미컬]: alchemy, 화학의, 화학약품, ⟨↔organic⟩ 가1

382 **chem·is-try** [케미스트뤼]: ⟨라틴어⟩, 'alchemy(연금술)', 화학, ⟨성적으로 끌리는⟩ 불가사의한 힘, chemi; '궁합'을 뜻하는 콩글리시, ⟨↔physiology\psychology⟩ 가1 영2

383 ★**che·moc·ra·cy** [키마크뤼씨]: '화학세상', (식품을 비롯한 모든 물질적 수요가) 화공학적 처리로 마련되는 ⟨가공천국⟩, ⟨↔naturacracy⟩ 우2

384 ★**cher·chez la femme** [쉘 쉐이 라 훼]: ⟨프랑스어⟩, look for the woman, ⟨듀마의 소설에 나오는 문구⟩, 여자를 찾아라⟨사건 뒤에는 여자가 있다⟩ 미2

385 **cher·ish** [췌뤼쉬]: 〈← carus(dear)〉, 〈라틴어〉, 〈친애하여〉 소중히 하다, 귀여워하다, 〈↔despise\hate〉 영1

386 **cher·ry** [췌뤼]: 〈← kerasos〉, 〈터키의 지명(Kerasous)에서 따온 그리스어〉, 버찌, 벚나무, 초심자, 새것, 〈~ rosy\mint〉 영1

387 ★**cher·ry boy** [췌뤼 보이]: (버찌같이 싱싱한) 숫총각, 동정남, 일본말 〈와세이아이고〉의 미국식 표현, 〈↔gigolo〉 영2

388 ★**cher·ry con·di·tion** [췌뤼 컨디션]: 〈통통한 버찌 같은〉 완벽한 상태, 온전한 상태, mint condition, 〈↔junk\stale〉 영2

389 ★**cher·ry pick·er** [췌뤼 피커]: 버찌를 따는 사람, 물건을 하나씩 오르내리는 이동식 크레인, 젊은 여성을 좋아하는 남자, 〈↔jettison〉 미2

390 **chess** [췌스]: 〈← shah(king)〉, 〈페르시아어 → 프랑스어〉, 〈영국 상인들이 프랑스어 esches를 잘못 발음한 말〉, 서양 장기, ⇒ check 미2

391 **chest** [췌스트]: 〈← kiste(box)〉, 〈그리스어〉, 궤, (뚜껑 달린) 대형상자, 흉곽, 가슴, 〈→ cistern〉, 〈~ thorax\pectus〉 영1

392 ★**cheu·gy** [츄우기이]: 〈어원 불명의 미국 전산망 속어〉, 〈무의미어〉, 골동품인, 시대에 뒤떨어진, 촌스러운, 〈↔trendy〉 미2

393 **chev·a·lier** [쉐빌리어]: 〈← caballus(horse)〉, 〈라틴어 → 프랑스어〉, horse·man, 기사, 훈작사, 의협심이 많은 남자, 〈↔peasant\boor〉 영2

394 ★**chic** [쉬이크]: 〈← schicken(form)〉, 〈게르만어 → 프랑스어〉, 세련된, 멋진, 매력적인, skillful, 〈↔un-fashionable〉 영2

395 **Chi·ca·no** [취카아노우]: 〈← Mejicano〉, 〈스페인들이 '멕시코'인을 부르던 말〉, 치카노, 멕시코계 남자 미국인(노동자), 'Mexican boy' 속2

396 ★**chi·chi** [취이취이 \ 쉬이쉬이]: 〈프랑스어〉, 〈← chick?〉, 〈의성어?〉, 멋진 (것), 섹시한 것(여자), 젖퉁이(멕시코 속어) 미2

397 **chick** [췩]: 〈← cock(rooster)〉, 〈영국어〉, 〈← chicken〉, 병아리, 어린애, 계집애, 귀여운 처녀, 〈~ pigeon*〉, 〈↔hen\dame\guy〉 영1

398 **chick·en** [취큰]: 〈← cock(rooster)〉, 〈게르만어〉, 치킨, 새 새끼, 병아리, 〈얼마나 백성들에게 유익했는지 프랑스 왕이 칙령을 내려 일요일에는 온 국민이 빠짐없이 먹으라던〉 닭(고기), 〈볏이 있는 유일한 새〉, 애송이, 겁쟁이, 〈↔brave\hero\warrior〉 미1 영2

399 ★**chick·en game** [취큰 게임]: '닭 경기', 〈하찮은 일로〉 힘 겨루기, 한국에서는 '벼랑 끝 내기'라 번역하기도 하나 어폐가 있음, (원래 경기 이론에 나오는 말로) 〈겁쟁이란 말이 듣기 싫어 버티는 일〉, 바른 표현은 'the game of chicken' 임 영2

400 ★**chick·en out** [취큰 아웃]: (두려워서) 그만두다, 기죽다, 꽁무니를 빼다, 〈↔follow through\take the bull by the horns\throw caution to the wind〉 영2

401 **chick·en pox** [취큰 팍스]: 〈마치 닭이 쪼아 놓은 것 같이 생긴?〉 수두, 작은 마마 영1

402 ★**chick·en-shit** [취큰 쉿]: 겁쟁이, 하찮은 일, 까다로운 규칙, 사기, 〈↔ass-kicker\bratty\word-class〉 미2

403 **chic·o·ry** [취커리]: 〈← kichora(endive)〉, 〈어원 미상의 그리스어〉, 치커리, '남색 꽃 상추' (푸른 꽃이 피는 국화과의 상추로 잎은 샐러드로 뿌리는 커피대용으로 쓰임), endive, 〈→ succory〉 속2

404 **chief** [취이후]: 〈← caput(head)〉, 〈라틴어〉, 우두'머리', 장, 두목, 추장, 최고의, 주요한, 〈→ chef〉, 〈↔minor\subordinate〉 영1

405 **child \ chil·dren** [촤일드 \ 췰드뤈]: 〈← cild\cildru〉, 〈게르만어〉, (음모가 나기 전의) 아이, 어린이, 자식, 아동, 〈↔adult〉 영1

406 **chil·i \ chill·e \ chiil·li [칠리]**: 칠레 고추, 남미에서 시작해서 전 세계로 퍼진 대표적인 고추로 인도에서 제일 많이 생산됨, piment 〈수2〉

407 **chill [칠]**: 〈← celan〉, 〈게르만어〉, 냉기, 오한, 냉담, 전율, 땀을 식히다, 〈~ cold〉, 〈↔warm\comfort〉 〈양1〉

408 ★**chil-lax [칠랙스]**: chill+relax, '냉방휴식' 〈냉방장치가 잘된 곳에 가서 휴식을 취하는 것〉, 침착하게 진정하다 〈미2〉

409 **chime [차임]**: 〈← kymbalon(bell)〉, 〈그리스어 → 라틴어 → 영국어〉, cymbal, 〈한 벌의〉 소종, 관종, 현관종, 조화(일치), 〈↔conflict\discord〉 〈양1〉

410 ★**chime in [차임 인]**: 맞장구치며 끼어들다, 가락을 맞추다 〈양2〉

411 **chim·ney [침니]**: 〈← kaminos(oven)〉, 〈그리스어〉, 굴뚝, 등피, '난로', 〈↔fire-place〉 〈양1〉

412 **chim·pan·zee [침팬지]**: 〈← kivili-chimpenze(mock-man)〉, 〈콩고어〉, 침팬지, anthropoid ape, 적도 부근 아프리카에 사는 유인원의 일종(고등 유인원), '꼬리 없는 원숭이' 〈양1〉

413 **chin [친]**: 〈← cin(jaw)〉, 〈게르만어〉, 아래턱, 턱 끝, 잡담, 오만방자, 지껄이다, 참견하다 〈양2〉

414 **chi·na [차이나]**: 도자기, 자기, 〈중국에서 온〉 사기그릇 〈양2〉

415 ★**Chi·nese fire-drill [차이니즈 화이어 드릴]**: 〈20세기 초에 등장한 비속어〉, 중국식 소방 훈련, 대혼란, 〈↔order\calm〉 〈양2〉

416 ★**Chi·nese puz·zle [차이니즈 퍼즐]**: 〈1815년에 등장한 숙어〉, 난문, 매우 복잡한 상황, 〈~ brain teaser〉, 〈↔easy-ness\simple-ness〉 〈양2〉

417 **chink [칭크]**: ①〈1901년에 등장한 'Chinese'를 뜻하는 속어〉, 중국놈, 되놈, '짱꼴라' ②〈← chine(crack)〉, 〈영국어〉, 틈새 ③〈영국어〉, 〈의성어〉, 짤랑짤랑 〈양1〉

418 **chip [칩]**: 〈← cippus(stake)〉, 〈라틴어 → 영국어〉, 토막, 조각, (snack으로 먹는) 튀김 조각, 반도체, 집적회로, 모조 화폐, 〈↔lump\chunk〉, 〈↔vacuum tube〉 〈미2〉

419 ★**chip a·way [칩 어웨이]**: 조금씩 잘라내다, 서서히 사라지다, 〈↔give in\give up〉 〈양1〉

420 ★**chip in [칩 인]**: 나서다, (돈을) 기부하다, 추렴하다, (골프에서) 낮게 굴린 공이 그대로 컵에 들어가다, 〈~ pitch in〉, 〈↔take away〉 〈양1〉 〈미1〉

421 ★**chip on the shoul·der**: 〈19세기에 미국 건달들이 나무 조각을 어깨에 얹고 다니면서 자신을 건드려고 그것이 떨어지면 한판 붙는데서 연유한〉 시비조의, 적의에 찬, 반감을 가진, 〈↔agreeable\friendly〉 〈양2〉

422 *__chip·ping__ **[취핑]**: 내려찍기, 전지하기, 쩍쩍 우는, 지저깨비, 위장 반도체를 적국의 병기 체제에 잠입시키는 일, 〈↔fix\join〉 〈양1〉 〈우1〉

423 *__chip-set__ **[칩 셑]**: 반도체 쌍 (쌍이 되어 자료처리를 행하는 반도체의 편성) 〈미2〉

424 *__chip war__ **[칩 워어]**: 반도체 전쟁(경쟁) 〈양2〉

425 **chi·ro·prac·tic [카이뤄 프랰팈]**: cheir(hand)+pteron(wing), 〈그리스어〉, 〈생명의 기운을〉 '손으로 시술하는' 척추 조정(지압) 요법, 〈~(↔)acupuncture\osteopathy〉, 〈↔podiatry\moxibustion〉 〈미2〉

426 **chis·el [취즐]**: 〈← cedere(cut)〉, 〈라틴어〉, 〈조각으로 '잘라내는'〉 끌, 조각칼, 정, 〈~ scissors〉 〈양1〉

427 ★**chis·eled face [취즐드 훼이스]**: 〈조각칼로 깎아 낸 듯〉 윤곽이 뚜렷한 얼굴, 이목구비가 준수한 얼굴, 〈↔butter face〉 〈미2〉

428 **chiv·al·ry [쉬뷜뤼]**: 〈← caballus(horse)〉, 〈라틴어에서 연유한 프랑스어〉, 기사도(정신), 여성에 정중한 남자, 〈~ cavalry〉, 〈↔dis-courtesy\cowardly〉 〈양2〉

429 **chive [차이브]**: 〈← cepa(onion)〉, 〈라틴어〉, 〈밑둥이 마늘 조각같이 붙고 여러 폭의 잎을 가진〉 쪽파, 부추, 〈산에 나는〉 산파, 〈~ leek\scallion〉 〈미2〉

430 **chlo·rine** [클러어뤼인]: ⟨← chloros(green)⟩, ⟨그리스어+영국어⟩, ⟨연초록색을 띤⟩ 클로르, 염소, ⟨산화력이 아주 강한⟩ 비금속원소(기호 Cl·번호17) 미2

431 **choc·o·late** [촤아컬맅]: ⟨아즈텍어⟩, choco(cacao)+latl(water), 코코아 가루에 향료·버터·설탕수를 넣고 굳혀서 만든 과자, 갈색(흑인) 유1

432 ★**choc·o·late sol·dier** [촤아커맅 쏘울줘]: 실전을 싫어하는 군인, 비전투원 유2

433 ★**chode** [쵸우드]: ⟨← chide의 과거형\나바호 원주민어 chodis(penis)\힌디어(have sex)⟩, ⟨편자가 어원에 관심이 많은 영국어⟩ ①몸에 작은 옷을 입은 통보 ②⟨여성에게 인기 없는⟩ 굵고 짧은 몽땅 자지, ⟨↔pencil dick\cunt⟩ 유2

434 **choice** [쵸이스]: ⟨← choisir(discern)⟩, ⟨게르만어⟩, ⟨← choose⟩, 선택 ⟨chance의 반대⟩, 범위, 정선, (prime과 good의 중간인) 상등품, (~ will), ⟨↔mediocre\fate⟩ 기2

435 **choir** [콰이어]: ⟨← choros⟩, ⟨그리스어⟩, chorus, 합창단, 성가대, ⟨↔quiet\solo⟩ 기1

436 **cho·les·ter·ol** [컬레스테로울]: chole(bile)+stereos(solid)+ol, ⟨그리스어+영국어⟩, 콜레스테롤, ⟨현대인에게 '무지하게' 스트레스를 주는⟩ 담즙산, 지방산 유2

437 **chop-sticks** [촾 스틱스]: ⟨영국어⟩, ⟨'찹'찹하면서 음식을 집어 먹는⟩ 젓가락, ⟨↔spoon⟩ 기2

438 **chop suey** [촾 수우이]: taap(mixed)+sui(bits), ⟨중국어⟩, mixed bits, ⟨다진 고기와 야채를 볶아 밥과 함께 내는⟩ '잡채' 비슷한 미국식 중국요리, '잡다한 남은 음식을 볶은 것' 유2

439 **chord** [코어드]: ⟨← chorde(string)⟩, ⟨그리스어⟩ ①⟨영국어⟩, ⟨← accord⟩, cord, 코드, 감정, 심금, 화음, ⟨↔disharmony⟩ ②⟨의학에서⟩ cord를 승화시킨 말, ⟨↔straight line⟩ 유2

440 **chore** [초어]: ⟨← cerran(turn)⟩, ⟨영국어⟩, 잡일, 가사, 지루한 일, ⟨↔fun\break⟩ 양1

441 **cho·rus** [코어뤄스]: ⟨← choros(dance in a ring)⟩, ⟨그리스어⟩, 합창곡(단), 이구동성, ⟨~ vocal group\carol⟩, ⟨→ choir⟩, ⟨↔discord\cacophony⟩ 미2

442 **chose** [쵸우즈]: ⟨게르만어⟩, choose(고르다)의 과거 양2

443 **cho·sen** [쵸우즌]: ⟨게르만어⟩, choose(고르다)의 과거분사, 선택된, 좋아하는 양2

444 **chow·der** [촤우더]: ⟨← calidus(warm)⟩, ⟨라틴어에서 연유한 프랑스어⟩, 잡탕, ⟨생선·조개·야채·우유·크림 등을 섞어 커다란 냄비⟨cauldron⟩에 넣고 끓인⟩ 걸쭉한 국물 미1

445 **chow-mein** [촤우 메인]: stir-fried+noodles, 초면, 밀가루를 잘게 다진 고기와 야채에 넣어서 '기름에 볶은' 미국식 중국 요리 미2

446 **Christ** [크롸이스트]: ⟨← chriein(anoint)⟩, '성유를 바른 자', 그리스도, ⟨그리스어⟩, Jesus of Nazareth, 구세주, 절대로, 제기랄 미1 유2

447 **Chris·tian name** [크뤼스천 네임]: (기독교인의) 이름, 세례명 (baptismal name), '지어준 이름', given name, first name, ⟨↔sur-name\family name\last name⟩ 양2

448 **Chris·tian Sci·ence** [크뤼스천 싸이언스]: ⟨19세기 후반부터 보스턴을 중심으로 태동한⟩ 약품을 쓰지 않고 주로 신앙요법을 주장하는 신교 기독교의 일파, '기독교학' 유2

449 **Christ-mas** [크뤼스머스]: 크리스마스, 성탄절, 그리스도에게 미사(mass)를 드리는 날, ⟨~ Noel⟩ 미1

450 **chrome** [크로움]: ⟨← chroma(color)⟩, ⟨'색깔'이란 뜻의 그리스어⟩, 크롬, 은백색의 광택이 나는 단단한 금속, 황연, '유색' 화합물 미1

451 ★**chrome-cast** [크로움 캐스트]: 2013년부터 구글이 출시하는 계수형 영상물 재생기 유2

452 **chron·ic** [크롸닉]: ⟨← chronos(time)⟩, ⟨그리스어⟩, '시간이 지난', 만성의, 오래 끄는, 상습적인, '연대순의', ⟨~ inveterate\habitual⟩, ⟨↔acute\brief⟩ 양1

453 **chron·i·cle** [크롸니클]: 연대기, 역대지, 의사록 양1

454 **Chro·nos** [크로우노스]: 크로노스, ⇒ Cro·nos 수1

455 **chry·san·the·mum** [크리쌘시멈]: chrysos(gola)+anthemon(flower), 〈그리스어〉, '황금꽃', 국화(속), (잎이 깃꼴로 갈라지고 줄기 끝에 다양한 두상화가 피는) 〈동양의 꽃〉 기2

456 **chub** [첩]: 〈어원 불명의 영국어〉, 유럽산 잉엇과 황어속의 〈통통한(short\thick) 몸통에〉 노란빛을 띤 작은 담수어(river fish) 양1

457 **chuck** [췰]: 〈영국어〉 ①〈← chock(block)〉, 목과 어깨의 살 ②〈← chuck(toss)〉, 가볍게 치다, 〈↔hit〉 ③〈의성어〉, 이랴! 껄껄! (말을 부를 때), 구! 구! (닭을 부를 때), 〈↔hold\stay〉 양1

458 **chum** [첨]: 〈영국어〉, 〈'chamber'를 같이 쓰는 자〉, 단짝, 짝, 친한 친구, 소꿉동무, 〈~ bosom buddy〉, 〈↔enemy\stranger〉 양2

459 ★**chung·us** [쳥거스]: 〈2012년 영국 기자가 주조한 말〉, chunky+ass, 〈동영상놀이에 나오는〉 배불뚝이 토끼, 통통한 자 양2

460 **chunk** [쳥크]: ①〈← chuck¹〉, 〈영국어〉, 큰 나무토막, 두꺼운 조각, 튼실하게 생긴, 상당한 양의, 〈~ chuck〉, 〈↔ hump〉, 〈↔whole\entirety〉 ②〈미국어〉, 〈의성어〉, 탕, 꽝, 덜커덩, 내던지다, 불을 지피다, 〈↔dab\nip〉 양1

461 **church** [춰어취]: 〈← kyriake(Lord's house)〉, 〈그리스어에서 연유한 게르만어〉, '주님의 집', 교회, 성당, 예배당, 회중, 신도들, 교회로 인도하다, 〈↔evil place\agnosticism\ex-communicate〉, 〈↔de-church〉 기1 양1

462 *****churn rate** [춰언 뤠이트]: 고객 이탈률, 해지율, 〈↔retention rate〉 양2

463 ★**chutz·pah** [허츠퍼 \ 처츠퍼]: 〈히브리어〉, 뻔뻔스러움, 철면피, 대담함, 당돌함, 〈↔timidity\modesty〉 양2

464 *****CI**: ⇒ collective intelligence 양1

465 **CIA**: ⇒ Central Intelligence Agency 미2

466 **ci·ca·da** [시케이더 \ 시카아다]: 〈라틴어〉, 〈학명〉, jar-flies, 매미, 7~17년간 땅속에 살다가 승천하여 여름 내내 짝을 찾아 목메어 우는 얇은 날개에 통통한 몸집을 가진 곤충, '나무 귀뚜라미(tree cricket)', balm cricket 기1

467 **cic·e·ly** [씨슬리]: 〈← seselis(hart-wort)〉, 〈그리스어〉, 고사리 같은 잎에 '향내 나는' 자잘한 흰 꽃이 뭉텅이로 피는 미나릿과 긴사상자속(뱀도랏)의 초본, C~; Ceily, 사람 이름, '장님' 양2 속1

468 *****CICS** (cus·tom·er in·for·ma·tion con·trol sys·tem): 고객정보 관리체계, 1968년경 IBM에서 창안한 고객들의 각종 전자거래를 활성시키기 위해 혼합용어를 사용해서 만든 전산기 운영체계 미2

469 ★**~cide** [~싸이드]: 〈← caedere(to cut)〉, 〈라틴어〉, '~죽임\살해'를 뜻하는 접미사, 〈↔create\embrace〉 양1

470 **ci·der** [싸이더]: 〈← shakar(to be intoxicated)〉, 〈히브리어〉, '독한 술', 사이다, (모조) 사과즙, 탄산수 양1

471 **ci·gar** [씨가아]: 〈← sikar(smoking)〉, 〈마야어 → 스페인어〉, 여송연, 엽궐련, 명품, 훌륭한 것 양1

472 **cig·a·rette** \ cig·a·ret [씨거뤨트 \ 씨거뤨]: 〈스페인어 → 프랑스어〉, 담배, 궐련, 작은 cigar 기1

473 *****CIM** (com·put·er in·te·grat·ed man·u·fac·tur·ing): 전산기 이용 통합 생산 미2

474 **Cin·co de May·o** [씽코 데 마이오우]: 씽코(5) 데 마요(5월), 5월 5일, 1862년 소수의 멕시코 군대가 푸에블로에서 다수의 프랑스 군대를 무찌른 날 속2

475 **Cin·der·el·la** [신더뤨러]: 〈← cinis(ashes)〉, 〈라틴어에서 연유한 프랑스어〉, '재투성이의 소녀', 신데렐라, 동화 속의 착한 소녀, 숨은 재원 속1 양2

476 ★**Cin·der·el·la com·plex** [신더뤨러 캄플렉스]: 남성에 의지하고 싶은 욕구, 유명해지고 싶은 욕구, '공주병', 〈↔reversed Cinderella complex\now-nowism〉 속2

477 **cin·e·ma** [씨너머]: ⟨← kinema(motion)⟩, ⟨'움직이다'라는 뜻의 그리스어에서 유래한 프랑스어⟩, 시네마, 영화(관), ⟨↔stand-still\natural⟩ 양2

478 **cin·na·mon** [씨너먼]: ⟨← qinnamon(fragrant spicy plant)⟩, ⟨히브리어⟩, 계피, 육계, 황갈색, ⟨~ cassia⟩ 미2

479 *__cin·na·mon bun__ [씨너먼 번]: ⟨달팽이 모양의⟩ '둥근 계피빵', @(골뱅이 표)의 속어 양2

480 ★**CIO** (chief in·for·ma·tion of·fic·er): ⟨점점 역할이 중요해지는⟩ 최고 정보책임자 미2

481 **cir·ca·di·an** [써일케이디언]: 24시간 주기의, ⟨↔irregular\ultradian⟩ 양2

482 **cir·cle** [써어클]: ⟨← kirkos(string)⟩, ⟨그리스어 → 라틴어⟩, 원, 환, '고리', 범위, 집단, 주기, ⟨~ search⟩, ⟨↔line\square⟩ 가1

483 ★**cir·cle game** [써어클 게임]: ⟨손가락으로 원을 만들어 허리 밑으로 내린 것을 쳐다보면 상대방에게 벌을 주는⟩ 동그라미 놀이, ⟨여자가 같은 동작을 하면⟩ 한판 뛰자는 몸짓 미2

484 ★**cir·cle jerk** [써어클 줘어크]: ⟨3명 이상의 남성이 돌아가며 하는⟩ 상호수음 양2

485 **cir·cuit** [써얼킷]: ⟨← circum(around)+ire(go)⟩, ⟨라틴어⟩, ⟨원을 도는⟩ 순회, 회전, 우회, 회로, 배선, ⟨~ wheel\orbit⟩, ⟨↔line\center⟩ 양1

486 *__cir·cuit break·er__ [써얼킷 브뤠이커]: (전기) 회로 차단기, (금융) 거래 일시중지, (재산세) 공제, ⟨~ fuse\circuit clincher⟩ 양1

487 *__cir·cu·lar share-hold·ing__ [써얼큘러 쉐어호울딩]: ⟨투입자본으로 회사 간에 고리를 만들어 돌아가며 주식을 사는⟩ 순환출자거래 미2

488 **cir·cu·la·tion** [써얼큘레이션]: ⟨← circulari(form a circle)⟩, ⟨라틴어⟩, ⟨원 모양으로 도는⟩ 순환, 유통, 보급, 발행부수, ⟨↔suppression\collection⟩ 양1

489 **cir·cum·fer·ence** [써얼컴훠뤈스]: circum(around)+ferre(carry), ⟨라틴어⟩, ⟨주위를 나르는⟩ 원주, 주변, 경계선, 영역, 범위, ⟨↔center\boundlessness⟩ 양2

490 **cir·cum·stance** [써얼컴스탠스]: circum(around)+stare(stand), ⟨라틴어⟩, ⟨주위에서 서서 본⟩ 상황, ⟨서 있는 곳을 둘러싼⟩ 환경, 사정, 우연, ⟨~ situation⟩, ⟨↔non-event\plan⟩ 양1

491 **cir·cus** [써어커스]: ⟨← kirkos(circle←string)⟩, ⟨그리스어⟩, 서커스, 곡예, 곡마단, ⟨원 모양의⟩ 흥행장 미1

492 **cir·rho·sis** [씨로우시스]: ⟨← kirrhos(tawny)⟩, ⟨그리스어⟩, ⟨간이 '황갈색'으로 변하며 딱딱해지는⟩ 경화증, 간경변 양2

493 *__CISC__ [씨스크] (com·plex in·struc·tion-set com·put·er): ⟨다양한 문자 명령 체계를 갖춘⟩ 복잡 명령 집합 전산기 미2

494 **cit·a·del** [씨터델]: ⟨← civitas⟩, ⟨라틴어⟩, ⟨← city⟩, ⟨도시를 통제하는⟩ 성채, 요새, 보루, 거점, ⟨↔weak-point\cabin\ bungalow⟩ 양2

495 **ci·ta·tion** [싸이테이션]: ⟨← cite⟩, 인용, 인증, 언급, 표창장, 소환장, 경고문, '딱지', ⟨↔conceal\abjure⟩ 양2

496 **cite** [싸이트]: ⟨← citare(summon)⟩, ⟨라틴어⟩, ⟨← call⟩, '불러오다', 인용하다, 언급하다, 소환하다, ⟨↔ignore\dissent⟩ 양2

497 **cit·i·zen** [씨티즌]: ⟨← civis(city dweller)⟩, ⟨라틴어⟩, ⟨그리스의 도시 국가에서 자율권을 행사했던⟩ 공민, 주민, '도시에 사는 사람' (시민), ⟨~ denizen⟩, ⟨↔alien\non-citizen⟩ 가2

498 **cit·rus** [씨트뤄스]: ⟨← kitron(citron tree)⟩, ⟨그리스어 → 라틴어⟩, ⟨향기 좋은 꽃에 비타민 C를 흠뻑 담은 열매를 맺는⟩ 감귤류 과일, ⟨오로지 열매를 맺는 가지와 가시가 달려 외적의 침입을 막는 가지가 부챗부수로 자라나는⟩ 밀감 미2

499 **cit·y** [씨티]: ⟨← civis(citizen)⟩, ⟨라틴어⟩, 도시, '시민 공동체', ⟨→ citadel⟩, ⟨↔country⟩ 가2

500 **cit·y hall** [씨티 허얼]: 시청, 〈싸워서 이길 수 없는〉 시 당국 〈기1〉

501 **civ·et** [씨빝]: 〈← zabbad(civet perfume)〉, 〈아랍어〉, '사향(musky scent)'고양이, 나무를 잘 타고 사타구니에서 독특한 냄새를 풍기며 회갈색 몸통에 흑색 반점이 있는 족제비와 고양이의 중간 모양을 한 동물, 〈~ lin-sang〉 〈미2〉

502 **civ·il** [씨블]: 〈← civis〉, 〈라틴어〉, 시민의, 문명의, 민간의, 〈시민으로 갖춰야 할〉 정중한, 〈시민 간의 분쟁에 관한〉 민사의, 내국인의, 〈↔military\religious\rude〉 〈양1〉

503 **civ·il law** [씨블 러어]: 민법, 〈대개 51%의 증거만 대면 이길 수 있는〉 민사법 〈양1〉

504 **civ·il mar·riage** [씨블 매뤼쥐]: 민법상 결혼, (종교의식 없는) 신고결혼, 〈↔putative marriage〉 〈무1〉

505 **civ·il ser·vice** [씨블 써어뷔스]: 문관업무, 행정사무, 민사업무, 〈↔military service〉 〈미1〉

506 **claim** [클레임]: 〈← clamare(cry out)〉, 〈라틴어〉, '부르짖음', 요구, 청구, 주장, 필요한 일, 손해배상, 〈→ aclaim〉, 〈~ beseech\require〉, 〈↔disburse〉 〈양1〉

507 ★**clam** [클램]: 〈← clam-shell〉, 〈게르만어〉, 〈← clamp〉, 대합조개, 퉁한 사람, 보지, 다물다, 〈역경 속에서도〉 굳건한 〈미2〉

508 **clam chow·der** [클램 촤우더]: 대합을 넣은 야채 국물 〈우2〉

509 **clamp** [클램프]: 〈← clom(bond)〉, 〈게르만어〉, 꺾쇠, 쥠쇠, 집게, 거멀장, 〈→ clam〉, 〈↔loosen\unfasten〉 〈미2〉

510 ★**clam up** [클램 엎]: (갑자기) 입을 다물다, 침묵을 지키다, (꿀먹은) 벙어리가 되다, (조동아리를) 닥치다, 〈↔open up〉 〈양2〉

511 **clan** [클랜]: 〈← clann(off-spring)〉, 〈'싹'이란 뜻의 켈트어〉, 씨족, 일문, 파벌, 대가족, 〈↔individual\loner〉 〈양1〉

512 ★**clap-back** [클랲 뱈]: 맞받아치기, 〈비평에 대한〉 재치있는 반격, 〈↔quiet\pipe down〉 〈미2〉

513 **clar·i·fy** [클래뤼화이]: clarus(clear)+facere(make), 〈라틴어〉, 뚜렷하게 하다, 명백히 설명하다, 맑게 하다, 〈← clear〉, 〈~ purify\refine〉, 〈↔confuse\obscure〉 〈양2〉

514 **clar·i·net** [클래뤼녵]: 〈← clario(trumpet)〉, 〈라틴어 → 프랑스어〉, 클라리넷, 음색이 다양한 목관악기의 하나, 〈작은 트럼펫〉, 〈← clarion〉 〈우2〉

515 **clar·i·ty** [클래뤼티]: 〈라틴어〉, 〈← clear〉, 명확, 명료, 명석, 맑고 깨끗함, 〈↔confusion\obscurity〉 〈기1〉

516 **clash** [클래쉬]: 〈게르만어〉, 〈의성어〉, '땡땡 울리는 소리', '덜그렁덜그렁 부딪히는 소리', 충돌, 격돌, 불화, 〈↔match\agreement〉 〈기1〉

517 **clasp** [클래슾]: 〈영국어〉, 〈← clap'〉, 걸쇠, 쥠쇠, 악수, 포옹, 〈~ latch\fasten\embrace〉, 〈↔separate\release〉, 〈→ tendril〉 〈양1〉

518 **class** [클래쓰]: 〈← kalein(call)〉, 〈그리스어 → 라틴어〉, 〈로마에서 세금을 매기기 위해 만든〉 클래스, 강(생물 분류의 4번째 단위-문 아래·목 위), 종류, 계급, 등급, 고급, 학급, 수업 〈양2〉

519 ★**class ac·tion** [클래쓰 액션]: 〈13세기부터 있던 'group litigation'이란 영국어를 1909년 미국에서 개조한 말〉, (공동 피해자들이 하는) 집단소송, 〈~ mass torts〉 〈양2〉

520 **clas·sic** [클래씩]: 〈← class〉, '최고 등급의', 일류, 고전, 전형적, 전통적, 〈쩔어서〉 진부한, 〈↔poor\atypical\modern〉 〈미1〉

521 **clas·si·fied** [클래씨화이드]: 항목별, 분류된, 기밀로 지정된, 〈↔open\public〉 〈양2〉

522 **clause** [클러어즈]: 〈← claudere〉, 〈라틴어〉, 조목, 절, 약구, '닫기(close)', 〈↔whole\conclusion\paragraph〉 〈기1〉

523 **claw** [클러어]: ⟨← clawu(hoof)⟩, ⟨게르만어⟩, ⟨갈고리⟩ 손톱, ⟨날카로운⟩ 발톱, 집게발, 갈고랑쇠, 마수, ⟨~ crab⟩, ⟨~ paw\talon⟩, ⟨↔smooth\retreat⟩ 양1

524 **clay** [클레이]: ⟨← kliwa(bran)⟩, ⟨게르만어⟩, ⟨끈적끈적한⟩ 찰흙, 점토, ⟨죽으면 흙이 되는⟩ 육신, ⟨→ clammy⟩, ⟨↔friable⟩ 기1

525 **clean** [클리인]: ⟨← klainja⟩, ⟨게르만어⟩, ⟨← clear⟩, 깨끗한, 순수한, 새로운, 단정한, 멋진, '빛나는', ⟨~ 'green'⟩, ⟨↔dirt\filthy\immoral⟩ 양1

526 ★**clean bill** [클리인 빌]: 무병증명서, 적격증명서, 보증, ⟨↔disease\illness⟩ 미2

527 ★**clean hands** [클리인 핸즈]: 결백, 정직, 무죄, ⟨↔crime\guilt⟩ 양2

528 **clear** [클리어]: ⟨← clarus(bright)⟩, ⟨라틴어⟩, 맑은, 깨끗한, 분명한, 맑게 하다, 청소하다, ⟨→ clarify\clarity\clean⟩, ⟨↔hazy⟩ 기1

529 ★**clear as mud** [클리어 애즈 머드]: 진흙같이 '혼탁한', 전혀 맑지 않은, 불분명한, '아주 명백한' ⟨반어적 표현⟩ 양2

530 **cleave** [클리이브]: ⟨게르만어⟩, ⟨두 개의 반대 의의 가진 Janus word '양면 어'⟩ ①⟨← cleofan(split)⟩, 쪼개다, 가르다, 트다, 찢다, ⟨~ crack\rend⟩, ⟨↔unite⟩ ②⟨← clifian(stick)⟩, 부착하다, 결합하다, 고수하다, ⟨↔remove⟩ 양2 양2

531 **clef** [클레후]: ⟨← clavis⟩, ⟨라틴어⟩, key, 음자리표 (음계에 따라 F⟨bass-낮은⟩·G⟨treble-높은⟩ 등이 있음) 미2

532 **cleft** [클레후트]: cleave의 과거·과거분사, 갈라진 틈, 터진 금, 오목한 곳, 여성 외음부 ⟨살틈새⟩, ⟨~ fissure\rabbet⟩, ⟨↔united\closure⟩ 양1

533 **cler·gy** [클러얼쥐]: ⟨← clericus(learned man)⟩, ⟨라틴어⟩, '배운 자', 성직자, 목회자, ⟨← clerk⟩, ⟨~ church-men\priest⟩, ⟨↔laity⟩ 기1

534 **clerk** [클러얼]: ⟨← clericus(learned man)⟩, ⟨⟨라틴어⟩, 사원, 사무원, 행원, 점원, 서기, 수습생, '목사처럼' 배워서 글을 쓸 수 있는 자, ⟨→ clergy⟩, ⟨~ office worker\book-keeper⟩, ⟨↔employer\lay-person⟩ 기1

535 **clev·er** [클레붜]: ⟨← cleave'?⟩, ⟨게르만어⟩, '눈치 빠른', ⟨머리는 잘 돌아가나 깊이가 없이⟩ 똑똑한, 영리한, 솜씨 좋은, ⟨↔stupid\dumb\woo-woo²⟩ 양2

536 ★**clev·er-clev·er** [클레붜-클레붜]: 똑똑한 체하는, 실속이 없는, ⟨↔clever⟩ 미2

537 ★**clev·er clogs** [클레붜 클락스]: 똑 떨어진, 너무 영리한, 뺀돌이, 제 잘난쟁이, '얌채', ⟨~ clever-clever\clever dick⟩ 미2

538 **clew** [클루우]: ⟨← cleowan(ball of thread)⟩, ⟨그리스 신화에서 연유한 게르만어⟩, ⟨미궁의⟩ 길잡이 실, 실꾸리, 실톳, ⟨배의⟩ 돛귀, ⟨~ clue⟩, ⟨↔direct evidence\un-wind\dead-end⟩ 양1

539 **cli·che** [클리이쉐이]: ⟨← cliquer(clap)⟩, ⟨프랑스어⟩, ⟨인쇄에서 click하면 떠오르는⟩ 미리 묶어 놓은 글자, 진부한 표현, 상투적 표현, 격언, ⟨~ trope\platitude⟩, ⟨↔fresh\novel⟩ 미2

540 *click rate [클맄 뤠이트]: 조회율 ⟨웹사이트를 일정 시간에 방문한 회수⟩ 미2

541 *click-stream [클맄 스트뤼임]: 일시 조회목록, (연속적으로) 사용자가 자료 탐색을 하는동안 방문한 전산망 기지목록 미2

542 *click-work·er [클맄 워얼커]: '짤까닥쟁이', (비숙련) 전산기 노동자, 깊은 지식이 없이 지루한 자료처리를 하는 사람 우2

543 *cli·ent [클라이언트]: ⟨← cluere(obey)⟩, ⟨라틴어⟩, '추종자', 고객, 단골손님, 소송의뢰인, ⟨다른 전산기의 도움을 받는⟩ '예속 전산기', ⟨↔producer\owner\dealer⟩ 양2 우1

544 *cli·ent-a·re·a [클라이언트 에어뤼어]: '고객창', 고객 활동영역 〈실제로 편집이나 도안을 하는 화면의 일부〉 미1

545 ★cli·ent state [클라이언트 스테이트]: (강대국의 지원과 보호에 기대는) 의존국, 종속국, 손님나라 〈중국에 대한 한국의 완곡한 표현〉 영2

546 cliff [클리후]: 〈← clif(steep slope)〉, 〈게르만어〉, 낭떠러지, 절벽, 〈↔slope\plain〉 기1

547 ★cliff-hang·er [클리후 행어]: 연속 모험물, 손에 땀을 쥐게 하는 경기, 〈↔ease\peace〉 미2

548 cli·mate [클라이미트]: 〈← klima(region)〉, 〈그리스어〉, 〈햇살의 '기울기'에 따른〉 기후, 풍토, 풍조, 분위기, '지대', 〈→ acclimate〉, 〈weather보다 넓은 의미〉 영2

549 cli·max [클라이맥스]: 〈← klinein(slope)〉, 〈그리스어〉, 절정, 최고조(의 흥분), 점층법, '사닥다리의 끝', 〈↔anti-climax\nadir〉 기2

550 climb·ing [클라이밍]: 〈← climban(ascend)〉, 〈영국어〉, 등반, 기어오르기, 〈→ climber〉, 〈↔descend〉 영1

551 cling [클링]: 〈← clingen(adhere)〉, 〈게르만어〉, 달라붙다, 매달리다, 집착하다, 〈→ clench〉, 〈↔detach〉 영2

552 clin·ic [클리닉]: 〈← kline(bed)〉, 〈그리스어〉, 임상 진료소, 병원, '침대가 있는' 진찰실 영1

553 cli·ni·cian [클리니션]: 〈← clinic〉, 임상의, 진료의, 〈↔academician\researcher〉 영2

554 clip¹ [클맆]: 〈← klippa(shear)〉, 〈북구어〉, 〈의성어〉, 자르다, 베다, 깎다, 오리다, 〈↔extend〉 우2

555 clip² [클맆]: 〈← clyppan(embrace)〉, 〈게르만어〉, '꼭 껴안기', 종이(서류) 집게(끼우게), 끼움쇠, 장식 핀, 출판 이력, 딴죽치기(축구의 반칙) 우2

556 clip-board [클맆 보어드]: 종이 끼우개판, 오려둠 판, 회람판 우2

557 *clip-ped word [클맆트 워어드]: 〈점점 씀씀이가 많아지는〉 (잘라도 뜻이 변하지 않는) 단축어, 줄임말 영2

558 clit·o·ris [클리터리스 \ 클라이터뤼스]: 〈← kleiein(hide)〉, 〈그리스어〉, 클리토리스, 음핵, 〈덮개로 씌워진〉 공알, '기쁨 단추(joy button)', 〈↔penis\phallus〉 영2

559 clock [클락]: 〈← cloca(bell)〉, 〈라틴어〉, 〈의성어〉, '종', 〈여러 사람이 보는〉 (괘종·탁상·벽) 시계, 계측기, 전기 회로의 일정한 주기, 갓타하다, 〈→ o'clock〉 영1 미1

560 clock-wise [클락 와이즈]: 시계방향으로, 오른쪽으로, 〈↔counter-clock wise〉 영2

561 clone [클로운]: 〈← klon(a twig)〉, 〈1903년 생물학자들이 '접붙이다(klon)'란 뜻의 그리스어를 주조한 말〉, 영양계〈개체에서 성행위 없이 영양분만으로 재생산된 자손들〉, 복제 생물, 무성 생식, 똑 닮음, '쌍둥이', 〈~ carbon copy\dead ringer〉, 〈↔different\contradictory〉 미2

562 close¹ [클로우스]: 〈← claudere(shut)〉, 〈라틴어 → 프랑스어〉 '닫혀있는', 가까운, 친밀한, 근소한, 밀폐된, 정밀한, 〈→ cloister〉, 〈↔far\far-off〉 영1

563 close² [클로우즈]: 〈← claudere(shut)〉, 〈라틴어〉, 닫다, 감다, 막다, 마치다, 끝다, 〈↔open\loose\yawn〉 영1

564 ★close call [클로우스 커얼]: 〈너무 가까이 온 면도칼 같은〉 위기일발, 구사일생, 〈결정할 수 없이〉 아슬아슬한, 〈~ cliff-hanger\near miss〉, 〈↔failure\miss-fire〉 영2

565 ★close-crop·ped [클로우스 크뢒트]: 〈이삭을 잘라내듯〉 (잔다나 머리칼 등을) 짧게 깎은, 바싹 자른, '단발머리', clipped short, 〈~ short-cut〉, 〈↔long-cute\shaggy〉 영2

566 *closed cap·tion [클로우즈드 캪션]: (청각장애자나 언어미숙자를 위한) 무성자막, 〈~ sub-title〉, 〈↔open caption〉 영1

567 *closed cir·cuit [클로우즈드 써얼킽]: 닫힌 회로, 단일회로, 순회, 우회, 〈↔open circuit〉 영1

568 ***closed loop** [클로우즈드 루우프]: 폐회로, (되먹이기 원리로 조작되는) 자동제어 기구의, (폐기물을 처리하여) 재이용하는 장치의, ⟨↔open loop⟩ 양2

569 ★**close–fist·ed** [클로우즈 휘스티드]: (돈을 않내려고) 주먹을 꽉 쥔, 인색한, 구두쇠의, ⟨~ stingy\cheap⟩, ⟨↔generous\magnanimous⟩ 양2

570 ★**close run** [클로우스 뤈]: 막상막하, 간발의 차이로(이긴), ⟨↔land-slide\far-fetched⟩ 양2

571 **clos·et** [클라짙]: '닫힌 곳(enclosed place)', 벽장, 찬장, 사실, ⟨↔open\out⟩ 가1

572 ★**clos·et drink·er** [클라짙 드륑커]: 숨은 음주가, 몰래 술 마시는 사람 미2

573 ★**close the barn door af·ter the horse is sto·len**: 소 잃고 외양간 고치기, 사후 약 방문, ⟨~ call the doctor after the patient died⟩ 양2

574 ★**clos·et ho·mo·sex·u·al** [클라짙 호우모우쎅슈얼]: (공표 전의) 동성연애자, 동성연애자임을 숨기는 사람 미2

575 ★**clos·ing cred·it** [클로우징 크뤠딭]: '후원자 소개', (영화 등이 끝나고) ⟨제작비를 조달한 자들을 소개하는⟩ '물주들', ⟨↔opening credit⟩ 양2

576 **clot** [클랕]: ⟨← clott(round mass)⟩, ⟨게르만어⟩, 엉기다, 응고(시키다), 엉긴 덩어리, 멍청이, ⟨→ clod\cloud\cluster⟩, ⟨~ cretin\lout⟩, ⟨↔thin\boil\brain⟩ 양1

577 **cloth** [클러쓰]: ⟨← clath(a texture)⟩, ⟨영국어⟩, 천, 피륙, 헝겊, 모직물, 식탁보, 행주, the cloth; (군인·법관·성직자 등) 제복을 입는 사람 양2

578 ★**clothes do not make the man**: 갓 썼다고 다 양반은 아니다, ⟨~ the beard doesn't make the philosopher\all that glitters is not gold⟩, ⟨↔apparel makes the man⟩ 양2

579 ★**clothes-horse** [클로우즈 호얼스]: ⟨말에 물건을 실을 때 처럼⟩ (접었다 폈다 할 수 있는) 빨래 건조대, 옷 자랑하는 사람 양2

580 ***cloud** [클라우드]: ⟨← clud⟩, '바윗덩어리', (clot), ⟨영국어⟩, 구름, 연무, 흐림, 어둠, ⟨메뚜기 등의⟩ 떼(다수), (전산망의) '구름 창고', ⟨엄청난 정보를 저장할 수 있는⟩ '전자 구름', ⟨↔un-fog\clear\handful⟩ 양2 양2

581 ★**cloud nine** [클라우드 나인]: ⟨10층짜리 구름에서 9층에 뜬 것 같이⟩ 아주 기분 좋은, blem, ⟨~ over the moon\walking on air⟩, ⟨~ dog with two tails⟩, ⟨↔miserable\depressed⟩ 양1

582 ★**cloud on the ho·ri·zon** [클라우드 어언 더 호어롸이즌]: 떠오른 한 조각 먹구름, 불길한 조짐, 암운, 위기, ⟨↔bright future⟩ 양2

583 **clo·ver** [클로우붜]: ⟨← clafre(a low leguminous herb)⟩, ⟨어원 불명의 게르만어⟩, 클로버, ⟨단백질과 무기물이 풍부한⟩ 토끼풀 미1

584 **clown** [클라운]: ⟨← klonne(clumsy fellow)⟩, ⟨게르만어⟩, 어릿광대, 뒤뜸바리, 익살꾼, 시골뜨기, ⟨~ pierrot\jester⟩, ⟨↔gentleman\smarty⟩ 양2

585 **club** [클럽]: ①⟨← klubba(cudgel)⟩, ⟨북구어⟩, 타봉, ⟨뭉쳐진⟩ '혹이 있는 막대', ⟨~ bat'⟩ ②⟨영국어⟩, ⟨← clump'⟩, ⟨타봉을 한군데 모아놓고 만나는⟩ 동호회, 사교회, 구락부, ⟨↔dis-band\break up⟩ 양2

586 **club-house** [클럽 하우스]: 사교회관, 동호회관, 특별회원 집합소 미2

587 ★**club sand·wich** [클럽 쌘드위치]: ⟨1889년 NY의 Union Club에서 처음 선보인⟩ 빵 사이에 고기와 야채를 삽입한 '푸짐한' 간이음식, '구락부 삽입빵' 양2

588 ★**club steak** [클럽 스테잌]: ⟨보통 New York Steak 라고 하는⟩ 소의 허릿살로 만든 작은 저민 고기(요리)

589 **clue** [클루우]: ⟨← clew⟩, ⟨게르만어 → 영국어⟩, '실뭉치', 실마리, 단서, 길잡이, ⟨↔solution\misinformation⟩ 양1

590 **clum·sy** [클럼지]: 〈← clumsen(be numb)〉, 〈북구어〉, '무딘', 서투른, 솜씨 없는, 꼴사나운, 순한, 〈↔dextrous\skillful〉 기1

591 **clus·ter** [클러스터]: 〈← clyster〉, 〈영국어〉, 〈← clot〉, 송이, 한 덩어리, 뭉치, 집단, 떼, 〈→ group〉, 〈↔individual\scatter〉 일2

592 ★**clus·ter-fuck** [클러스터 훸]: 떼씸, 대혼란, Charlie Foxtrot, 〈↔order\blessing〉 일2

593 **clutch** [클러취]: 〈← clucchen〉, 〈게르만어〉, 〈← clench'〉, 잡다, '움켜쥐다', 〈평형을 유지하기 위한〉 버팀 장치, 〈자동차의 기어(변속단)를 바꾸기 위한〉 전동장치, (결정적) 강타, 〈↔release\anti-clutch〉 미2

594 *****CLV** (con·stant lin·e·ar ve·loc·i·ty): 〈원반의 가장자리는 빨리 돌고 중심부는 천천히 도는〉 접선형 속도(방식), 〈원반의 가장자리나 중심부나 항상 같은 속도로 읽을 수 있는〉 등선속도, 〈~ variable angular velocity〉, 〈↔CAV〉 미2

595 *****CM** (com·mer·cial mes·sage): 상업 선전, 광고 방송 일2

596 ★**CME**: 〈미국어〉, 〈Chrismas·Mother's Day·Easter 3일만 교회에 나가는〉 사이비 교인, 나이롱 신자, ⇒ CEO² 미2

597 *****CMOS** (com·ple·ment·a·ry me·tal-ox·ide sem·i·con·duc·tor): 〈서로 보완하는〉 상보형 금속 산화막 반도체 (1963년에 특허를 받은 소량의 전류로 유지되는 기억력 저장단자) 미1

598 ★**C-mov·ie** [씨이 무우뷔]: 학생이나 개인이 소규모로 만든 amateur movie, 〈↔A(\B)-movie〉 일2

599 *****CMS** (con·ver·sa·tion·al mon·i·tor sys·tem): 대화형 감독체계 (IBM에서 개발한 대형전산기에 속한 가상 전산기를 대화로 조정하는 운영방식) 미1

600 *****CMYK**: '감산 혼합', cyan(옥색)·magenta(자홍색)·yellow(황색)·black(검은색)의 4가지 기본 key(색조)로 된 인쇄용액 수2

601 **CNN** (Ca·ble News Net·work): '강삭 소식망', '유선 방송망', 1980년에 창립된 미국의 뉴스전문 유선(지금은 무선도 짱!) TV방송국 일1

602 **c/o**: ①care of, (남의 집에 머무는 사람에게) 전교, ~방 ②cash order, 현금주문 ③certificate of origin, 원산지 증명서 ④carried over, 이월 ⑤class of, 졸업 연도의 미1

603 **coach** [코우취]: 코치, 〈이 마차가 처음 선보인 형가리의 지명(Kocs)에서 연유된〉 대형 4륜 마차, 〈마차같이 엉성한〉(객차·자동차·버스의) 보통석, 〈마차 끄는 조랑말을 길들이듯 선수를 훈련시키는〉 지도원, 〈↔carriage\first class\trainee\mis-lead〉 미1

604 **coal** [코울]: 〈← col(charred wood)〉, 〈게르만어〉, 석탄, 숯, 〈타다 남은〉 잉걸불, 〈~ carbon〉, 〈↔gas\oil〉 기1

605 **co·a·li·tion** [코우얼리션]: 〈라틴어〉, 〈← coalesce←co(together)+alere(nourish)〉, 연합, 제휴, 연립, (치타의) 떼, 〈↔division\partition〉 일2

606 **coarse** [커얼스]: 〈← course(common)〉, 〈영국어〉, '세련되지 않은', 조잡한, 거친, 야비한, 추잡한, 〈~ gross〉, 〈↔soft\refined〉 일2

607 **coast** [코우스트]: 〈← costa(rib)〉, 〈라틴어〉, 〈바다'곁'의〉 연안, 해안, 늑골(갈비; rib), 비탈, 연안을 항행하다, 미끄러져 내려가다, 타성으로 나아가다, 수월하게 해 내다, 〈~ costa〉, 〈↔interior〉 일1

608 ★**coast-er** [코우스터]: 연안 항해자(선), 비탈용 탈 것, 받침 접시, (필요 없으면 커피 받침용으로 쓰라는) 선전용 〈쓰레기〉 CD 일2

609 **coat** [코울]: 〈← cota(tunic)〉, 〈라틴어 → 프랑스어〉, 상의, 외투, 껍질, 막, 표식 문장, 〈↔strip\bore〉 일1

610 **co-ax** [코우 액스] \ co-ax·i·al ca·ble: 동축 전선줄, 같은 축을 가진 피복 전선 꼬임줄, 〈↔straight line〉 일2

611 **coax** [코옥스]: ⟨← cock?⟩, ninny, ⟨어원 불명의 영국어⟩, 설득하다, 꾀다(fool), 달래다, 따라붙게 하다, ⟨~ lure\tempt⟩, ⟨↔squash\bully⟩ 양2

612 **co·balt** [코우벌트]: ⟨게르만어⟩, ⟨은을 분리할 때 Kobalt(작은 악마)같이 걸리적거리는 코발트, ⟨비타민 B12의 모체가 되며 합금용으로도 사용되는⟩ 금속원소(기호 Co·번호27), 암청색 중2

613 **co·bra** [코우브러]: ⟨← colubra(snake)⟩, ⟨라틴어 → 포르투갈어⟩, colubra de capello (hood), ⟨성이 나면 목을 '두건같이' 부풀리는⟩ 인도·아프리카산의 기다란 독사, ⟨~(↔)mamba⟩ 양1

614 **co·ca** [코우커]: ⟨← koka⟩, ⟨잉카어⟩, 콩알만 한 빨간 열매를 가졌고 길쭉한 잎에서 코카인(cocaine)을 뽑아내는 남미 원산의 약용 관목으로 8천 년 전부터 사용했던 흔적이 있음, ⟨cocoa와는 다른 식물임⟩ 중2

615 **co·caine** [코우케인]: ⟨← coca⟩, ⟨라틴어 학명⟩, 코카인, 코카의 잎에서 채취하는 마취제 중2

616 **cock** [칵]: ⟨의성어⟩, ⟨인도 유럽어 → 영국어⟩, 수탉(rooster), ⟨수탉같이 걷는⟩ 두목, 마개,음경(자지), ⟨교미할 때 수탉의 볏이 빨갛게 부풀어 오는 데서 연유함⟩ 좆, ⟨자지같이 생긴⟩ 꼭지, 당기다, 굽히다, 위로 젖히다, ⟨~ penis⟩, ⟨~(↔)cockerel⟩, ⟨↔hen⟩ 양3 기2

617 ★**cock and bull sto·ry** [칵 앤드 불 스토우리]: ⟨영국의 한 마차역에 있던 'The Cock'이란 여관과 'The Bull'이란 여관 사이에서 오간 풍문들에서 연유한⟩ 터무니없는 말, 황당무계한 이야기 양2

618 ★**cock-eyed** [칵 아이드]: ⟨'수탉이 암탉 고를 때 같은'⟩ 사시의, 사팔뜨기의, 비뚤어진, 취한, ⟨중국 시안에 있는 벽화에서 시아버지 당태종이 며느리 양귀비를 쳐다보는 그 눈길⟩ 양2

619 ★**cock-on** [칵 언언]: ⟨'수탉이 암탉에 사정하듯'⟩ 정확한, 분명한 양1

620 ★**cock-pit** [카악 핏]: '투계장', ⟨초기에는 비행사가 마치 닭싸움하듯 손발을 놀려야 했던⟩ 조종실, '수컷들이 다투면서 ⟨요트를 조종하는 움푹한⟩ 운전실 기1

621 ★**cock-ring** [칵 링]: '좆 반지', ⟨혈액 역류를 방지하기 위해 남근의 기저에 끼는 고무나 금속고리 유2

622 **cock-roach** [카악크로우취]: ⟨← cucus(butterfly)⟩, ⟨라틴어 → 스페인어⟩, cucaracha, ⟨빛나는 벌레(blatta)⟩, roach, 바퀴(벌레), ⟨대기업에 빌붙어 먹는⟩ 소실업가, ⟨유명한 노래의 제목⟩ 미2

623 ★**cock-suck-er** [칵 써커]: 좆 빠는 놈, 더러운 놈, 비열한, 여자 호모, ⟨↔saint⟩ 기2

624 **cock-tail** [칵테일]: 전채, 과일주스, ⟨증류주에 설탕·물·고미제 등을 섞어 '수탉 꼬리(tail) 깃털'로 저어 마시던⟩ 혼합주, 잡탕 양2

625 ★**cock-teas-er** [칵 티이저]: 아슬아슬하게 유혹하면서 몸은 허락하지 않는 여자, ⟨미꾸라지 조련사⟩, ⟨↔nymphomaniac⟩ 미2

626 ★**cock-wom·ble** [카악웜블]: ⟨⟨편자가 섭렵한 바에 의하면⟩ 2004년에 등장한 영국 속어⟩, 바보, 얼치기, '좆삐리', ⟨남성에게 최고의 모욕적인 말⟩, ⟨~ womble⟩, ⟨↔gentleman\knight⟩ 양2

627 ★**cock-y** [카악키]: ⟨수탉이 뽐내듯⟩ 자만심이 센, 건방진, ⟨↔sissy\timid⟩ 미2

628 **co·co(a)·nut** [코우코넛]: ⟨아즈텍어에서 유래한 스페인어⟩, cocoa(코코아), ⟨초콜릿의 원료로 쓰는⟩ 코코야자 열매(음료), 다갈색, ⟨coca와는 다른 식물임⟩, ⇒ cacao(카카오) 중2

629 **COD** (cash col·lect on de·liv·er·y): 현금상환, 현금결제, ⟨↔prepaid\credit sale⟩ 미2

630 ★**cod·di·wom·ple** [카디웜플]: ⟨2017년에 등장한 어원 불명의 영국 관광 속어(인공 조작어)⟩, ⟨목적은 있지만⟩ 목적없이 여행하다, 정처없는 여행 미2

631 *****code** [코우드]: ⟨← codex(stem of a tree)⟩, ⟨라틴어⟩, ⟨체계적으로 정리한⟩ 법전, 약호, 규칙, 암호, 부호, ⟨↔de-code\disorder\decipher⟩ 양2

632 ★**code blue** [코우드 블루이]: 슬픈 상황, ⟨병원 내⟩ 사망경보, ⟨~(↔)code red⟩ 미2

633 *****co-dec** [코우덱]: 부호기(coder-decoder), 복호기(compressor-decompressor) ⟨시청각 신호의 빠른 전송을 위해 자료를 숫자형 방식으로 압축하거나 완화시키는 연성기기 전자회로⟩ 미2

634 ★**code red** [코우드 뤠드]: 급박한 상황, 화재경보, 〈~(↔)code blue〉 **예2**

635 **cod fish** [카드 휘쉬]: 〈어원 불명의 영국어〉, 대구, 머리와 입이 큰 한대성 바닷물고기 **양1**

636 **co‧erce** [코우어얼스]: co(together)+arcere(confine), 〈라틴어〉, 〈함께〉 강요하다, 압력을 가하다, '가두어 넣다', 〈~ duress〉, 〈↔free-will\persuade〉 **양2**

637 **COEX** [코우엑스]: 코엑스, convention & exhibition (대회와 전시), 종합 전시장 **양2**

638 **cof‧fee** [커어휘]: 〈에티오피아 Kaffa(non believer) 지방 원산의〉 커피나무 열매로 만든 음료, 고희(일본말) **수2**

639 ★**cof‧fee talk** [커어휘 터어크]: 〈커피를 마시지 않고도 하는〉 이런저런 얘기, 일상생활 얘기, 시시한 얘기, 〈↔business talk〉 **예2**

640 **cof‧fin** [커휜]: 〈그리스어〉, 〈← coffer〉, 〈육각형의〉 관, 널, 고물차(비행기·선박), 〈~(↔)casket〉 **양2**

641 *****COFIX** [코우휙쓰]: 코픽스, 〈은행 연합회가 발표하는〉 (대출) 은행권 자금조달비용지수, (기준 금리의 영향을 받는) 시중 은행이 돈을 빌려줄 때 비용이 얼마나 들었는지를 나타내는 지표 **예2**

642 **co‧gnac** [코우냌]: 〈← Cominius(a Roman name)〉, '협동체〈commune〉', 코냑, 프랑스 코냑 지방 포도주를 증류해서 만든 독한 술, conac **수2**

643 **cog‧ni‧tion** [카그니션]: co(together)+noscere(know), 〈라틴어〉, '알아보는 것', 인지, 지식, 구체적인 사물의 지각, 〈← quaint〉, 〈↔dis-regard\ignorance〉 **양1**

644 **co–her‧ent** [코우히어뤈트]: co(together)+herere(stick), 〈라틴어〉, '서로 엉겨 붙은', 분명히 말할 수 있는, 시종일관의, 〈↔in-coherent\muddled〉 **양1**

645 **co–he‧sion** [코우히이젼]: co(together)+herere(stick), 〈라틴어〉, 응집력, 밀착, 단결, 〈↔dis-harmony\separation〉 **양2**

646 **co–hort** [코우호얼트]: co(together)+hortus(garden), 〈라틴어〉, 무리, 집단, 동료, 300~600명으로 구성된 로마의 보병대, 〈← cahoot〉, 〈↔individual\adversary〉 **양2 우1**

647 **coil** [코일]: 〈← colligere(take)〉, 〈라틴어〉, 〈← collect〉, 사리, 고리, 끈이나 철사를 〈똘똘〉 감은 것, 〈~ wind\twist〉, 〈← tendril〉, 〈↔un-coil\straighten\line〉 **예1**

648 **coin** [코인]: 〈← cunneus(wedge)〉, 〈라틴어〉, 경화, 쇠돈, 〈형틀에 찍어낸〉 주화, 잔돈, 〈↔bill\cash〉 **예2**

649 **co–in‧ci‧dence** [코우 인씨던스]: co(together)+in+cadere(fall), 〈라틴어〉, (우연의) 일치, 〈함께 안에 떨어지는〉 동시 발생, 부합, 〈↔divergence\certainty〉 **기1**

650 **cold** [코울드]: 〈← calan(frigid)〉, 〈게르만어〉, 찬, 냉정한, 쌀쌀한, 식은, 한랭, 감기, 〈코에 불(열)이 나는〉 고뿔, 〈~ chill\cool〉, 〈↔hot〉 **양1**

651 **cold cream** [코울드 크뤼임]: 냉 유지, 얼굴을 닦거나 마사지하는 데 쓰는 기초화장품, 〈수분이 증발할 때 시원한 느낌을 주는〉 세안제 **우2**

652 ★**cold feet** [코울드 휘이트]: 불안, 겁먹음, 꽁무니 빼려는 태도, 〈~ cowardice〉, 〈↔gut〉 **양2**

653 ★**cold fish** [코울드 휘쉬]: 냉담한 사람, 인기없는 사람, 〈~ ice-berg〉, 〈↔passionate\sweetie〉 **양2**

654 ★**cold fix** [코울드 휙스]: '지연수정', 〈전산망의〉 오류를 수정할 때 사용을 중단하고 차근차근 고친 후 재가동시키는 일, 〈↔hot fix〉 **우1**

655 ★**cold o‧pen** [코울드 오우픈]: '생략 개막', (영화 등을 시작할 때) 〈구질구질한〉 출연진의 소개없이 바로 본론으로 들어가는 〈시원한 시작〉, 〈~ in medias res〉, 〈↔warm open〉, 〈↔opening credit〉 **우2**

656 **cold pack** [코울드 팩]: 냉습포, 냉찜질, 저온처리, 〈↔hot pack〉 **우2**

657 ★**cold shoul‧der** [코울드 쇼울더]: (식은 양고기를 내놓듯) 냉대하기, 무시하기, 〈~ snub〉, 〈↔hobnob\red carpet〉, 〈↔wine and dine〉 **양2**

658 **cold sore** [코울드 소어]: 〈감기 후에 잘 나타나는〉 냉창, 입가에 나는 발진(헌데) 미2

659 ***cold swab** [코울드 스왑]: '식힌 후 바꾸기', 전기 부품을 전원을 끄고 나서 교체하는 것, 〈↔hot swap〉 유1

660 ★**cold tur·key** [코울드 터키]: 〈미국어〉, 〈아편을 갑자기 끊을 때 (칠면조의 그것같이) 피부에 소름이 끼치는 것에서 연유한〉 급격한 마약(술) 끊기, 갑작스런 중단, 냉정한 결단, 담담한 사람, 〈~ goose-bumps〉 〈↔carry on\sweet-heart〉 유1

661 **cole·slaw** [코울 슬러워]: cabbage salad, 평지(cole) 전채, 콜슬로, 〈네덜란드 원산의〉 (양배추·당근·양파 등을 채를 썰어 식초·마요네즈에 버무린) 양배추 전채 유1

662 **col·ic** [칼릭]: 〈그리스어〉, ('colon'에 오는' 심한 경련의) 복통 기1

663 **col·i·se·um** [칼리씨이엄]: 〈라틴어〉, 〈← colossus(huge)〉, '거대한' 체육관, 대경기장, 〈~(↔)arena〉 미2

664 **col·lab·o·ra·tion** [컬래버뤠이션]: col(together)+laborare(work), 〈라틴어〉, '함께 일하기', 협력, 협작, 제휴, 〈↔resistance〉 양2

665 ★**col·lab·o·ra·tion is the key to suc·cess**: 도둑질도 손발이 맞아야 한다, 〈~ it takes two to tango〉 양2

666 **col·la·gen** [칼러젠]: kolla(glue)+gen, 〈그리스어 → 프랑스어〉, 콜라젠, 〈접착성〉 교원질, 결합조직을 구성하는 단백질의 하나, 〈↔cartilage\bone〉 미1

667 **col·lapse** [컬랩스]: col(together)+lapsi(fall), 〈라틴어〉, 〈함께〉 무너지다, 부서지다, 내려앉다, 실패하다, 〈↔hold up\succeed〉 양2

668 **col·lar** [칼러]: 〈← collum(neck)〉, 〈라틴어〉, 칼라, 〈목을 둘러 앞에서 만나는〉 (웃옷의) 옷깃, 목깃, 목달개, 〈↔sleeve〉 양2

669 **col·lat·er·al** [컬래터뤌]: col(together)+latus(side), 〈라틴어〉, 평행한, 부수적인, 방계의, 담보물, 〈~ parallel〉, 〈↔perpendicular\chief\forfeiture〉 유1

670 **col·league** [칼리이그]: col(together)+legare(depute), 〈라틴어〉, 〈함께 모이는〉 동료, 동업자, 〈→ college〉, 〈↔antagonist\foe〉 양2

671 **col·lect call** [컬렉트 커얼]: col(together)+legere(gather), 수신자부담 전화, 〈↔calling party pay〉 미1

672 **col·lec·tion** [컬렉션]: col+legere(gather), 〈라틴어〉, '한곳에 모으기', 수집(품), 모금, 퇴적, 수금, 〈↔dissipation\distribution〉 유1

673 **col·lec·tive** [컬렉티브]: 집단적, 단체적, 〈↔individual\solitary〉 양2

674 **col·lege** [칼리쥐]: col+legare(depute), 〈라틴어〉, 〈← colleague〉, (단과) 대학, 학부, 전문학교, 협회, '동료들이 모인 곳', 〈↔kindergarten\university〉 유1

675 **col·lide** [컬라이드]: col(together)+ledere(strike), 〈라틴어〉, '함께 부딪히다', 충돌하다, 상충(저촉)되다, 〈↔fix\agree〉 양2

676 **col·lie** [칼리 | 컬리]: 〈세가지 학설 중에 머리와 다리가 'coal'같이 검은이란 학설이 제일 신빙성이 있는〉 스코틀랜드 원산 〈양과 비슷하게 생긴〉 (coal 색깔의) 양 지키는 개 수2

677 **col·li·sion** [컬리젼]: col(together)+ledere(strike), 〈라틴어〉, 〈같이 부딪치는〉 충돌, 격돌, 대립, 파손, 〈↔avoidance\construction〉 유1

678 **col·loid** [칼로이드]: kolla(glue)+oid(like), 〈그리스어〉, 〈아교 같은〉 콜로이드, 〈접착성의〉 교질, 반투막을 통과할 수 없을 정도의 입자, 〈↔solution\clot〉 미1

679 **col·lo·qui·al** [컬로우퀴얼]: col(together)+loqui(speak), 〈라틴어〉, 〈대화용의〉구어의, 회화체의, 일상 어구의, 〈↔literary\formal〉 **영2**

680 **col·lum** [칼럼]: 〈라틴어〉, neck, 목의 앞부분, 경부, collar **영2**

681 **Co·logne** [컬러운]: 〈'colony'란 라틴어에서 연유한〉 쾰른, 독일 라인강 변에 있는 도시, Eau de Cologne; '쾰른에서 온 물', 1709년부터 출시된 연한 향수·화장수 상품명 **수1**

682 **co·lon** [코울런]: 〈← kolon〉, 〈그리스어〉 ①〈어원 불명의〉 결장, 대장 ②'일부분', 구두점의 하나-쌍점(:) **영2** **미1**

683 **colo·nel** [커어늘]: 〈라틴어〉, 대령, 연대장, 단장, '대열(column)을 정돈하는 자' **영2**

684 **col·o·ny** [칼러니]: 〈← colonus〉, 〈라틴어〉, 〈← colere〉, 〈cultivate 해야 할〉 콜로니, 식민지, 취락, 거류민, 군락, 〈↔non-resident\in-dependence〉 **영2**

685 *****col·o·ny col-lapse dis-order**: 〈인간 세계에도 닥쳐올지 모르는〉 벌떼 폐사 장애, (영양물질이 풍부한데도 여왕벌·간호벌·유충만 남기고 대부분의 일벌이 〈원인 모르게 사라지는〉 벌집군집 붕괴현상 **영2**

686 **col·or \ col·our** [컬러]: 〈← celare(cover)〉, 〈라틴어〉, 색, 빛깔, 색조, 물감, 안색, 유색 **영1**

687 *****col·or in-dex** [컬러 인덱쓰]: 색지수, 〈흔히 쓰이는 것은 1925년 미국에서 제안한 '국제 색지수'로 이것은 1만 3천 개의 색깔명을 화학 성분에 따라 5 숫자로 된 2만 7천 개의 산물로 분류한 아주 복잡한 체계임

688 ★**col·or·ism** [컬러뤼즘]: 〈1964년에 등장한 말〉, 색차별주의, (같은 인종이라도) 피부 색깔이 검은 사람을 멸시하는 풍조 **미2**

689 **co·los·sal** [컬라설]: 〈← kolossos(huge)〉, 〈그리스어 → 라틴어〉, 거대한, 엄청난, 훌륭한, 〈↔tiny\petty〉 **영2**

690 **colt** [코울트]: 〈영국어〉, a young male horse, 〈수〉망아지, 〈수놈〉애송이, 〈~ foal〉, 〈↔filly\heifer〉 **영1**

691 **col·umn** [칼럼]: 〈← columna(pillar)〉, 〈라틴어〉, 기둥, 단, 난, 열, 특별기고란, 논고, 〈부문별〉 '종론', 〈→ colonel〉, 〈↔horizontal\angularity〉 **영2** **미2**

692 *****COM** (com-po·nent ob-ject mod·el): 구분 대상 방식 (마이크로소프트사가 대상별 연성기기 구성요소를 구축하기 위해 만든 설계도) **미1**

693 *****.com** [닽 캄]: 원래는 전산망 주소가 상업적(commercial)임을 나타냈으나 〈어감이 산뜻해서 그런지·의의가 communication으로 바뀌어서 그런지〉 나중에는 아무나 사용하게 된 접미사 **우1**

694 **co·ma** [코우머]: 〈← koiman(stupor)〉, 〈그리스어〉, 〈침대에 골아 떨어진〉 '깊은 잠', 혼수(상태), 〈↔alertness\consciousness〉 **영2**

695 **comb** [코움]: 〈← camb〉, 〈게르만어〉, 〈이(tooth)같이 생긴〉 빗, 볏, 벌집 **영1**

696 **com-bat** [캄 뱉]: com(together)+battere(beat), 〈라틴어〉, 전투, 싸움, 격투, 논쟁, '서로 때리다', 〈~ battle\fight〉, 〈↔agreement\surrender〉 **영1**

697 **com-bi·na·tion** [캄비네이션]: 〈라틴어〉, '둘을 함께 합치기', 짝맞추기, 결합, 연합, 조합, 〈↔division\separation〉 **영1**

698 ★**com·bo·bu·late** [컴바뷸레이트]: 〈라틴어 → 영국어〉, 〈← compose〉, (마음을) 가다듬다, 진정시키다, '정돈하다', 〈↔dis·combobulate〉 **영1**

699 ★**comb·o·ver-fade** [코옴 오우붜 훼이드]: 뒷머리는 fade(점약)로·윗머리는 옆으로 또는 뒤로 빗어 넘기게 깎는 머리 모양 **우1**

C 121

700 **com·bus·tion** [컴버스쳔]: com(complete)+burere(burn), 〈라틴어〉, 〈완전히 태우는〉 연소, 산화, 소동, 〈↔extinguished\damped〉 **양1**

701 **come** [컴]: 〈← cuman(forward)〉, 〈게르만어〉, 오다, 가다, 이르다, 도착하다, 나타나다, 생기다, 되다, 〈→ become〉, 〈↔go〉 **기1**

702 **co·me·di·an** [커미이디언]: 익살꾼, 만담가, 〈↔tragedian\tear-jerker\kill-joy\mud-nik\weeper〉 **유2**

703 **com·e·dy** [카미디]: komos(festival)+odos(singer), 〈그리스어〉, 코미디, 희극, 재미있고 익살스러운, 〈← comic〉, 〈↔tragedy〉 **매1**

704 ★**come in (some-thing)** [컴 인 (썸씽)]: (~의 형태로) 나오다 **양2**

705 ★**come-ly** [컴리]: 〈← cuman(forward)〉, 〈영국어〉, becoming, (얼굴이) 예쁜, 반반한, 알맞은, 〈homely한 사람은 집에 있고 comely한 사람만 밖으로 나오라는 말〉, 〈↔ugly〉 **기1**

706 ★**com-er** [커머]: 오는 사람 (전부), 참가자, 유망주, 신상품, 〈↔goer\bummer\trifler〉 **양2**

707 **com·et** [카밑]: 〈← kome(hair)〉, 〈그리스어〉, 〈긴 머리털같이 생긴〉 혜성, 〈바로 사라져버리는〉 살별 **상2**

708 ★**come to think of it**: 생각해 보니, 그러고 보니 **양2**

709 **com·fort** [컴훨트]: com(together)+foris(strong), 〈라틴어〉, 〈함께 힘을 돋우는〉 위로, 위안, 안락, '완전히 건강한 상태', 〈↔dis-comfort\afflict〉 **기1**

710 ★**com·fort food** [컴훨트 후우드]: 향수 젖은 음식, 고향 음식, 〈~ soul food〉 **양1**

711 ★**com·fort girl(wom·an)** [컴훨트 거얼(우먼)]: (종군) 위안부 **양2**

712 **com·ic** [카밐]: 〈← komos(festival)〉, 〈그리스어〉, 익살스러운, 우스운, 해학적, 〈→ comedy〉, 〈↔tragic\serious〉 **유2**

713 ★**com·ing e·vents cast their shad·ows be·fore**: 방귀가 잦으면 똥 싸기 쉽다, 개미가 거동하면 장마진다, 〈~ clue\hint〉 **양2**

714 ★**com·ing-out** [커밍 아웉]: 젊은 여성의 사교계 출현, 동성애자의 공표 **매2**

715 **com·ma** [카머]: 〈← koptein(cut off)〉, 〈그리스어〉, 〈← cut〉, 콤마, 쉼표(,), 〈↔period〉 **매1**

716 **com·mand** [커맨드]: com(complete)+mandare(commit), 〈라틴어〉, 〈강하게〉 명하다, 요구하다, 지배하다, 내려다보다, 명령, 통제, 〈↔plea\obey〉 **기1**

717 **com·mand-ment** [커맨드먼트]: 율법, 계율 **양2**

718 *****com·mand prompt** [커맨트 프럼프트]: '즉시 대령'(했나이다), '명령(지시) 하십시오', 전산체계가 명령을 받을 수 있는 준비가 되어 있다는 기호 〈C:/TEMP, Unix % 등〉 **우1**

719 **com·mence-ment** [커멘스먼트]: com(together)+initiare(begin), 〈함께 하는〉 시작, 〈합동 훈련이 끝나고 각개전투가 시작되는〉 졸업식, 〈↔conclusion\completion〉 **기2**

720 **com·men·da·tion** [커먼데이션]: com(complete)+mandare(commit), '위탁'〈완전히 맡기면서 잘 부탁하는 말〉, 칭찬, 추천, 상장, 〈↔criticism\blame\rebuke〉 **기2**

721 *****com·ment** [카멘트]: com(complete)+meminisse(remember), 〈라틴어 → 프랑스어〉, 코멘트, 논평, 견해, 해설, 풍문, 〈기계는 읽지 못하고 사람이 읽을 수 있는〉 주석 부호(C · : · REM · /∗∗/ 등)로 표시된 정보, remark, 〈↔silence\un-comment\confound〉 **매2**

722 **com·mer·cial** [커머어셜]: com(together)+mercis(merchandise), 〈라틴어〉, 〈서로 교환하는〉 상업의, 무역의, 영리적, 상업용, 〈↔non-profit\charitable〉 **기1**

723 **com·mis·sion** [커미션]: com(with)+mitere(send), 임무, 직권, 위탁, 현역, 위원회, 수수료, 〈↔dismission\non-performance\penalty〉 **양2**

724 **com-mit** [커밑]: com(together)+mitere(send), 〈라틴어〉, (일할 사람을) '함께 보내다', 약속하다, 저지르다, 전념하다, 헌신하다, 〈↔refrain\defend\abandon〉 영1

725 **com-mit-tee** [커미티]: 위원회, 수임자, '권한을 위임받은 자', 〈옹기종기 모여있는〉 (독수리 등의) 떼, 〈↔individual\division〉 기1 영2

726 **com-mode** [커모우드]: com(with)+modus(measure), 〈라틴어〉, 〈← convenient〉, 낮은 장, 찬장, (의자식) 변기 미2

727 **com-mod·i-ty** [커마더티]: 일용품, 물자, 상품, '척도에 맞는 것', 〈~ goods\ware〉, 〈↔junk\capital〉 기2

728 **com-mo-dore** [카머더얼]: (해군) 준장, 제독, 〈commander의 프랑스식 말〉 영2

729 **com-mon** [카먼]: com(together)+munis(share), 〈라틴어〉, '공유하는', 공동의, 일반적인, 보통의, 흔한, 저속한, 〈↔unique\unusual\rare\extra-ordinary〉 영1

730 **com-mo·tion** [커모우션]: com(together)+movere(move), 〈라틴어〉, 〈모두가 움직이는〉 동요, 소동, 흥분, 소란, 〈~ turmoil\up-roar〉, 〈↔calm\harmony〉 영2

731 **com-mu·ni-ca·tion** [커뮤우니케이션]: 〈← communion〉, com(together)+munis(share), 〈라틴어〉, 전달, 통신, 교신, 교통, 교제, '소통', '공동으로 알게 하기', 〈↔silence\secret\sensor-ship〉 기2

732 **com-mun·ion** [커뮤우니언]: 〈← communis(common)〉, (영적) 친교, 간담, 성찬, 영성, 〈함께 나누어 가지는〉 교감, 〈~ sacrament〉, 〈↔alienation\exclusion〉 미2

733 **com-mu-nism** [카뮤우니즘]: 코뮤니즘, (인간도 한 기계에 불과하다는 〈단순한〉 사고방식에 기초를 둔) 공산주의, 〈편자가 어렸을 때 동네 머슴방에서 들었던 이야기 한토막; "김일성 그 새끼 하루에 암소 한 마리씩 잡아 먹으라고 그래!, 우리 영감탱이 지는 매일 옆계 백숙을 삶아 먹으면서 내겐 국물 한 숟갈 먹어 보란 말이 없네."〉, 〈~(↔)socialism〉, 〈↔capitalism〉 〈20대에 도취하지 않으면 '바보', 50대까지 빠져 나오지 못하면 '천치'〉, 〈인간의 적성에 맞지 않는 사상〉 기2

734 **com-mu·ni-ty** [커뮤우니티]: 집단(지역)사회, '공동체', 군락, 마을, 〈↔solitude\isolation〉 영1

735 **com-mut-er** [커뮤우터]: 〈돈을 표로 바꿔서 타는〉 통근자, 통학생, 〈↔transient〉 영1

736 **com-pact** [컴팩트]: com(complete)+pangere(fasten), 〈라틴어〉, '꽉 죄어진', '함께 단단히 묶은', 빽빽하게 찬, 촘촘한, 압축한, 〈~ tight\dense〉, [캄팩트]: 소형, 분말을 꾹꾹 눌러 놓은 화장품, 계약, 협정, 〈↔loose\prolix\spongy〉 미1

737 ★**Com-pact Flash** [컴팩트 홀래쉬]: '압축된 순간 장면' (디지털 사진기로 촬영된 사진을 저장해 두는 딱딱한 카드-상품명) 수2

738 *__com-pand__ [컴팬드]: compress+expand, 압신, (음성 신호를) 압축·신장(복원)시키다 영2

739 **com-pan·ion** [컴패니언]: '빵을 같이 먹는' 동료, 벗, 동반자, 상대역, 짝, 〈↔foe\opponent〉 영2

740 **com-pa·ny** [컴퍼니]: com(together)+panis(bread), 〈함께 빵을 먹는〉 떼, 동아리, 교제, 〈밥벌이하러 가는〉 회사, 〈함께 식사할 만한 규모의〉 중대, 〈↔individual\solitude〉 영1

741 ★**Com-paq** [컴팩]: 〈어원 불명의 상호〉, 〈compatibility+quality는 나중에 붙여진 말〉, 1982년에 세워졌다가 2002년 휴렛팩커드사에 인수된 미국의 개인용 전산기 회사 (휴렛팩커드제 노트북 상품명) 수1

742 **com-pare** [컴페어]: com(with)+par(equal), 〈라틴어〉, '동등한지 보다', 견주다, 비교하다, 대조하다, '대등하게 하다', 〈↔contrast\distinguish〉 기1

743 **com-part-ment** [컴파아트먼트]: com(with)+partiri(divide), 칸막이, 구획, 칸막이 방, 〈↔whole〉 영1

744 **com·pass** [컴퍼스]: ⟨← compas(circle)⟩, ⟨프랑스어⟩, (바늘이 항상 북극을 향한) 나침반, 범위, 둘레, 모두 통과하는 데 필요한 거리, ⟨같이 벌리는⟩ 양각기, '에워싸다', ⟨↔core⟩ 미1

745 **com·pas·sion** [컴패션]: com(together)+pati(suffer), ⟨라틴어⟩, 동정(심), 자비(심), ⟨함께 괴로워하는⟩ 연민의 정, ⟨↔indifference\animosity⟩ 양2

746 **com·pat·i·ble** [컴패터블]: com(together)+pati(suffer), ⟨라틴어⟩, 양립하는, 조화되는, 호환성, '서로 이해할 수 있는', ⟨↔in-compatible\un-suitable⟩ 양2

747 **com·pel·ling** [컴펠링]: com(complete)+pellere(drive), '세게 누르는', '완전히 끌어내는', 강제적인, 강력한, 하지 않을 수 없는, ⟨↔optional\boring⟩ 양2

748 **com·pen·sa·tion** [캄펜쎄이션]: com(together)+pensare(weigh), ⟨라틴어⟩, 배상, 보상(금), 수당, 벌충, '무게를 같이 하다', ⟨↔non-payment\repudiation⟩ 양2

749 **com·pe·ten·cy** [컴피턴시]: ⟨함께 겨룰 수 있는⟩ 자격, 능력, 적성, 관할권, ⟨↔in-competency\disability⟩ 양2

750 **com·pe·ti·tion** [컴피티이션]: com(together)+petere(seek), ⟨라틴어⟩, 경쟁, 시합, ⟨함께⟩ 겨루기, '함께 추구하기', ⟨~ match²\tournament⟩, ⟨↔compromise\co-existence⟩ 양2

751 **com·pile** [컴파일]: com(together)+pilare(snatch), ⟨라틴어⟩, '빼앗다', '함께 한 군데 쌓아놓다', 편집하다, 수집하다, 장만하다, 다른 부호로 번역하다, ⟨↔dis-assemble\dis-mantle⟩ 양1 우1

752 ★**com·pile time er·ror** [컴파일 타임 에뤄]: (전산망 차림표 작성에서) 편찬·구성 과정에서 일어나는 오류, ⟨~ syntax error⟩, ⟨↔runtime error⟩ 미1

753 **com·plain** [컴플레인]: com(with)+plangere(strike), ⟨라틴어⟩, 불평하다, ⟨가슴을 치며⟩ 호소하다, 투덜대다, ⟨↔praise\rejoyce\crow⟩ 양2

754 **com·ple-ment** [캄플러먼트]: com(complete)+plere(fill), ⟨라틴어⟩, 보충물(숫자), 보어, 보체, ⟨완전하게⟩ 보완하다, 서로 돕다, 반대 색깔, ⟨↔insult\pejoration⟩ 양2

755 **com·plete** [컴플리이트]: com(complete)+plere(fill), ⟨라틴어⟩, 완전한, 철저한, 전부 갖춘, 흠 없는, 끝마치다, '완전히 채우다', ⟨~ absolute\infinite⟩, ⟨↔partial\unfinished⟩ 기2

756 **com·plex** [캄플렉스]: com(together)+plectere(weave), ⟨라틴어⟩, 콤플렉스, (모든 것이) '함께 접혀 있는', 복잡한, 복합, 미묘한, 복합심리, ⟨↔simple\plain\ease⟩ 양2

757 **com·plex·ion** [컴플렉션]: ⟨변화 무쌍한⟩ 안색, 피부색, 양상, ⟨체액의 배합에 따른⟩ 기질, ⟨↔concealment\colorlessness⟩ 양2

758 **com·pli-ance** [컴플라이언스]: com(complete)+plere(fill), ⟨라틴어⟩, ⟨← comply⟩, 응낙, 수락, 준수, 유연성, ⟨↔non-compliance\defiance\violation⟩ 양2

759 **com·pli·cat·ed** [캄플리케이티드]: com(together)+plicare(fold), ⟨라틴어⟩, ⟨함께 접혀 있어⟩ 복잡한, 까다로운, 번거로운, ⟨↔simple\easy⟩ 양2

760 **com·pli-ment** [캄플리먼트]: com(complete)+plere(fill), ⟨완전히 채우는⟩ 칭찬, 경의, 치하, 우대, 증정, 무료, 인사, 촌지, ⟨↔insult\affront⟩ 양2

761 **com·ply** [컴플라이]: com(complete)+plere(fill), ⟨라틴어⟩, '기준을 채우다', '완전하게 하다', 응하다, 따르다, 준수하다, ⟨↔ignore\disobey⟩ 양2

762 **com·po·nent** [컴포우넌트]: com(together)+ponere(place), ⟨라틴어⟩, 구성성분, ⟨함께 놓인⟩ 요소, ⟨↔whole\compound\emulsion⟩ 양2

763 **com·pos-er** [컴포우저]: ⟨여러 요소를 함께 놓는⟩ 구성자, 작곡가, 조정자, 작사, ⟨↔demolisher\analyzer⟩ 양1

764 **com·pos-ite** [컴파짙]: com(together)+ponere(place), ⟨라틴어⟩, 혼성의, 혼합의, 합성물, 합성사진, ⟨줄기에서 꽃이 피는⟩ 국화과의, 여러 개의 꽃잎과 많은 씨를 가져 번식력이 강한 3만 종 이상의 다양한 초본, ⟨↔simple\uniform⟩ 양2

765 *com-pos-ite in-dex [컴파짙 인덱스]: 복합지수, (여러 경제 지표를 통합해서 계산해낸) 선행 경기지수, ⟨↔simple index⟩ 상2

766 com-po·sure [컴포우저]: com(together)+ponere(place), ⟨라틴어⟩, 냉정, 침착, 태연, 자제, ⟨↔discomposure\agitation⟩ 기1

767 com-pound [컴파운드]: com(together)+penere(place), ⟨라틴어⟩, 합성(물), 혼합, 복합, '함께 놓여 굳어진 것', ⟨↔component\factor\alleviation⟩ 영1

768 com-pre·hen-sive [컴프리헨시브]: com(together)+pre+p(h)endere(seize), ⟨라틴어⟩, 포괄적인, 이해력이 있는, 내포적인, '함께 잡을 수 있는', ⟨↔limited\narrow⟩ 영2

769 com-pres-sor [컴프뤠써]: com(together)+premere(press), ⟨라틴어⟩, 압축자(기), ⟨함께 누르는⟩ 압박기, ⟨↔expander⟩ 영1

770 com-prise [컴프롸이즈]: ⟨← comprehendere⟩, ⟨라틴어⟩, 포함하다, 구성되다, 의미하다, '함께 쥐다', ⟨↔exclude\omit⟩ 영2

771 com-pro·mise [캄프뤄마이즈]: com(together)+promittere(send forth), ⟨라틴어⟩, 타협, 양보, 절충(하다), '함께 약속하다', ⟨↔denial\contest⟩ 영2

772 com-pul-so·ry [컴펄서뤼]: com(together)+pellere(strike), ⟨라틴어⟩, ⟨억제할 수 없는⟩, 강제적, 의무적, 필수의, '함께 돌진하는', ⟨↔optional\voluntary⟩ 영2

773 com-put-er [컴퓨우터]: com(together)+putare(reckon), ⟨라틴어⟩, 컴퓨터, (전자) 계산기, ⟨함께 생각하는⟩ 전산기, 전산 정보처리기, ⟨↔abacus\brain⟩, ⟨이원택 박사의 연구에 의하면 미쳐버릴 확률은 인간과 거의 비슷함⟩ 미2

774 ★com-put-er junk-ie [컴퓨터 쩡키]: 전산기광, 전산기 중독자, ⟨~ propeller head⟩ 미2

775 ★com-put-er nik [컴퓨터 닉]: 전산기 전문가, 전산기 애호가, ⟨~ bit banger⟩, ⟨↔computerphobia\computer illiterate\com-maeng\mouse potato⟩ 미2

776 ★com-put-er vi·rus [컴퓨터 봐이뤄스]: 전산망 파괴체(계) 영2

777 com·rade [캄래드]: ⟨← camera⟩, ⟨라틴어⟩, chmber mate, 동지, 동료, ⟨같은 방의⟩ 친구, 벗, ⟨↔foe\adversary⟩ 영2

778 con [칸]: ⟨라틴어⟩ ①반대의(contra), ⟨↔pro⟩ ②사기⟨confidence⟩ ③범죄자 ⟨convict⟩ 영2

779 ★con art-ist [칸 아아티스트]: ⟨미국어⟩, confidence man, 사기꾼, 똑똑한 아이, ⟨↔honest man⟩ 영2

780 con-cave [컨케이브]: ⟨라틴어⟩, ⟨안으로 curve된⟩, 옴폭한, 요면의, ⟨↔convex\gibbous⟩ 영2

781 con-ceal [컨씨일]: com(together)+celare(hide), ⟨라틴어⟩, ⟨함께⟩ 숨기다, 감추다, 비밀로 하다, ⟨~ camouflage\white-wash⟩, ⟨↔reveal\discover\display⟩ 영1

782 con-cede [컨씨이드]: com(together)+cedere(go), ⟨라틴어⟩, 인정하다, 양보하다, 부여하다, '함께 가다', ⟨~ accept\recognize⟩, ⟨↔retain\deny\try⟩ 영1

783 con-ceit [컨씨이트]: ⟨'conceive'가 왜곡된 영국어⟩, ⟨faulty concept⟩, 자부심, 자만감, 난 체, ⟨~ vanity\narcissism⟩, ⟨↔modesty\humility⟩, ⟨↔soul searching⟩ 영2

784 con-ceive [컨씨이브]: com(together)+capere(take), ⟨라틴어⟩, 상상하다, (생각을) 품다, 느끼다, 착상하다, 임신하다, '함께 가지다', ⟨→ concept⟩, ⟨↔misunderstand\misread⟩ 영2

785 con-cen·tra-tion [컨쎈트뤠이션]: com(complete)+centrum(center), ⟨라틴어⟩, 집중, 집결, 농축, '함께 중심에 모으기', ⟨↔dilution\distraction⟩ 영1

786 con-cept [칸쎞트]: com(together)+capere(take), ⟨라틴어⟩, 개념, 착상, 생각, ⟨← conceive⟩, ⟨↔fact\reality⟩ 영2

787 **con-cern [컨써언]**: com(together)+cernere(sift), 〈라틴어〉, 관심, 관계, 염려, 일거리, 장사, 재벌(konzern), '같이 이해하기', '같이 체로 걸러 보기', 〈↔indifference\disregard〉 양2

788 ★**con-cern troll [컨써언 트로울]**: '염려하는 댓글', false flag(위장 깃발), 상대방의 취지에 동조하는 척하면서 은근히 훼방 놓는 짓 수2

789 **con-cert¹ [카안써트]**: com(together)+certare(strive), 〈라틴어에서 유래한 이탈리아어〉, 콘서트, 합주, 연주회, 음악회, 〈↔solo〉 가1

790 **con-ces-sion [컨쎄션]**: con(together)+cedere(go), 〈라틴어〉, 〈← concede〉, 양보, 용인, 허가, 영업권, 조차지, 〈↔dissent\denial\invocation〉 가1

791 ★**conch [캉크 \ 칸취]**: ①〈← konche(a mussel)〉, 〈그리스어〉, cockle, 소라, 고동, 바다의 나팔, 귓바퀴, 반원형 지붕, 〈고동 색깔을 한〉 보지 ②〈미국 속어〉, 양심적(conscientious)으로 공부하는 학생 미2

792 ★**con-chie \ con-chy [칸취]**: 〈영국어〉, 양심적(종교적) 병역 거부자, conscientious objector 미2

793 **con-cise [컨싸이스]**: com(complete)+cedere(cut), 〈라틴어〉, 간결한, 명백한, 축소된, '완전히 자른', 〈↔lengthy\prolix〉 양1

794 **con-clu-sion [컨크루우쥔]**: com(complete)+claudere(shut), 〈라틴어〉, 결말, 끝, 결론, '완전히 닫기', 〈↔beginning\start〉 양1

795 **con-cord [칸코어드]**: com(together)+cor(heart), 〈라틴어〉, 일치, 화합, 어울림, 〈↔discord\disagreement〉 양1

796 **con-crete [캉크리이트]**: com(together)+crescere(grow), 구체적, 명확한, 함께 만든, 〈굳어진〉 응고물, 〈↔loose\liquid〉, 〈↔abstract\theoretical〉 양2 우1

797 **con-cur [컨커어]**: com(together)+currere(run), 〈라틴어〉, 일치하다, 동의하다, '함께 달리다', 〈↔disagree\dissociate〉 양2

798 **con-demn [컨뎀]**: com(complete)+damnare(harm), 〈라틴어〉, 나무라다, 매도하다, 운명 지우다, '완전히 파멸시키다', 〈↔encomium\praise\vindicate〉 양1

799 **con-dense [컨덴스]**: com(complete)+densus(compact), 〈라틴어〉, 응축하다, 모으다, 요약하다, '아주 짙게 하다', 〈↔dissolve〉 양1

800 **con-di·tion [컨디션]**: com(together)+dicere(speak), 〈라틴어〉, 〈같이 이야기하는〉 조건, 상태, 처치, 요건, 〈↔effect\dependent〉 미2

801 **con-do·lence [컨도올런스]**: com(together)+dolere(grieve), 〈라틴어〉, 애도, 조사, 〈함께 아픔을 나누는〉 위로, 〈↔heartlessness\congratulations\hostility〉 양2

802 **con-dom [칸덤]**: 〈그것을 발명했다는 영국의사 Conton에서 유래했다는 썰도 있으나 아마도 condus(수용기)라는 라틴어에서 유래한 것 같은〉 콘돔, 〈남·녀〉 피임용 얇은 고무주머니, rubber, 〈↔intra-uterine device〉 수2

803 **con-duct¹ [카안덕트]**: com(together)+ducere(lead), 〈라틴어〉, '이끌기', 행위, 품행, 지도, 경영, 〈↔mis-conduct\mis-manage〉 가1

804 **con-duc-tor [컨덕터]**: 전도체, 안내자, 관리인, 차장, 지휘자, 〈↔insulator\player〉, 〈~(↔)super-conductor〉 양2

805 **cone [코운]**: 〈← konos(wedge)〉, 〈그리스어〉, 콘, 원뿔, '뾰족한' 물건, 〈→ conifer〉, 〈↔plateau\round-shape〉 양1

806 **con-fed·er·a·tion [컨훼더뤠이션]**: com(together)+fedus(league), 〈라틴어〉, 동맹, 연합, 음모자, 〈↔dissociation\segregation〉 양1

807 **con-fer [컨훠어]**: com(together)+ferre(bring), 〈라틴어〉, 〈함께 가져와서〉 수여하다, 베풀다, 의존하다, 〈↔withhold\remove〉 양2

808 **con-fer-ence** [칸훠뢴스]: 콘퍼런스, 〈함께 참여하는〉 회의, 회담, 연맹, 수여, 〈↔division\withhold〉 양2

809 **con-fes-sion** [컨풰션]: com(complete)+fateri(aknowledge), 〈라틴어〉, 〈강하게 사실을 인정하는〉 자백, 실토, (신앙) 고백, 참회, 〈↔concealment\denial〉 양1

810 ***con-fi-dence fac-tor** [칸휜던스 홱터]: 신뢰 요소, 신용도 (어떤 정보가 믿을 만한가를 알아보는 데 필요한 요소) 양1

811 **con-fi-dent** [칸휘던트]: com(complete)+fidere(trust) ①〈라틴어〉, 확신하고 있는, 자신만만한, 〈↔diffident〉 ②〈라틴어 → 미국어〉, 속이다, 사기, 〈↔dis-trust〉 양2

812 **con-fi-den-tial** [컨휘덴셜]: 은밀한, 기밀의, 친밀한, 〈↔public\open〉 가1

813 **con-fir-ma-tion** [컨훠메이션]: com(complete)+firmare(strengthen), 〈라틴어〉, '완전히 확실하게 하기', 확정, 인가, 추인, (머리 위에 손을 얹는) 안수, 〈↔disproof\contradiction〉 양1

814 ***con-fir-ming loan** [컨훠밍 로운]: 보증 융자, (Fannie Mae·Fredie Mac 등 국책 주택융자 기관이 보증하는) 정식 대부, 〈↔jumbo loan〉 양2

815 **con-fis-cate** [컨휘스케이트]: com(complete)+fiscus(wicker basket), 〈라틴어〉, 〈돈궤짝으로 옮겨놓다〉, 몰수하다, 압류하다, 〈↔return\restore〉 가1

816 **con-flict** [칸홀릭트]: com(together)+figere(strike), 〈라틴어〉, 〈서로 치는〉 다툼, 투쟁, 마찰, 충돌, 갈등, 〈↔agreement\harmonious〉 양1

817 **con-form** [컨훰]: com(together)+formare(fashion), 〈라틴어〉, 따르게 하다, 순응하다, 준봉하다, '함께 만들다', 〈↔disrupt\distort\bohemian〉 양1

818 **con-found** [컨화운드]: com(together)+fundere(pour), 〈라틴어〉, 〈함께 쏟아부어〉 혼란시키다, 당황케 하다, 반박하다, 〈↔enlighten\educate〉 양2

819 **con-fron-ta-tion** [컨후뤈테이션]: com(together)+frons(forehead), 〈라틴어〉, 대결, 〈서로 이마를 맞대는〉 대면, 조우, 〈↔agreement\peace〉 가1

820 **Con-fu-cius** [컨휴우셔스]: Kong Fuzi〈공부자〉, large hole, '속이 크고 깊은 자', 공자, (BC552-479), 도덕심과 의무감을 강조한 중국 최대의 철학자,〈편자가 종교로 간주하는〉 유교의 시조,〈~(↔)Socrates〉, ⇒ Kongzi 슈1

821 **con-fu-sion** [컨휴우전]: com(together)+fundere(pour), 〈라틴어〉, 혼동, 당황, 착잡, 〈이것저것〉 '함께 붓기', 〈↔certainty\clarity〉 가1

822 **con-gen-ial** [컨쥐니이얼]: com(with)+genus(kind), 〈라틴어〉, 같은 성질의, 취미가 같은, 친근한, 알맞은, 〈↔disagreeable\incompatible〉 양2

823 **con-gen-i-tal** [컨줴니틀]: com(with)+genitus(birth), 〈라틴어〉, 타고난, 선천적인, 〈↔hereditory〉 양2

824 **con-ges-tion** [컨줴스춴]: com(together)+gerere(bring), 〈라틴어〉, 〈한꺼번에 운반할 때의〉 혼잡, 붐빔, 밀집, 충혈, 〈↔flow\opening\diffusion\clearance〉 양1

825 **con-grat-u-la-tion(s)** [컹그래츌레이션(스)]: com(together)+gratulari(wish joy), 〈라틴어〉, 축하, 경하, 〈함께 기뻐하는〉 축원, 〈↔blame\curse〉 가2

826 **con-gre-ga-tion** [컹그뤼게이션]: com(together)+gregare(assemble), 〈라틴어〉, 〈함께 무리를 이루는〉 모임, 집합, 집회, 회중, 〈↔dis-mantling\separation〉 양2

827 **con-gress** [캉그뤠스]: com(together)+gradus(step), 〈라틴어〉, 콩그레스, 회합, 〈함께 나가는〉 대회, 국회, C~; 미국의 의회(상·하원), 〈↔dissociation\isolation〉 양2

828 **con-jec-ture** [컨줵춰]: com(together)+jicere(throw), 〈라틴어〉, 〈함께 던지는〉 추측, 억측, 판독, 〈~ guess〉, 〈↔fact\experiment〉 가1

829 **★con·ju·gal har·mo·ny** [칸쥬걸 하아머니]: 부부일치, 부창부수, 금슬, a harp and a lute, ⟨↔conjugal discord⟩ 활2

830 **con·ju·gate** [칸쥬게이트]: com(together)+jugum(yoke), ⟨라틴어⟩, 활용시키다, 교미하다, 접합하다, (두 소에) '함께 멍에를 메우다', ⟨↔un-yoke\detach⟩ 가1

831 **con·junc·tion** [컨정크션]: com(together)+jungere(join), ⟨라틴어⟩, ⟨함께 잇는⟩ 결합, 관련, 접속사, ⟨↔division\separation⟩ 가1

832 **con·jure** [칸줘]: com(together)+jurare(swear), ⟨라틴어⟩, 요술 (마술) 부리다, 생각해내다, 탄원하다, 음모하다, '함께 맹세하다', ⟨↔repel\yield⟩, ⇒ witch 활2

833 **★conk** [캉크]: ①⟨영국 속어⟩, ⟨conch를 닮은⟩ 코, 대갈통, 두뇌, ⟨코를 때리는⟩ 강타, 기절하다 ②⟨영국어⟩, ⟨의성어⟩, 망가지다, to strike 활2

834 *****con·lang** [컨 랭]: constructed language, 인공어, ⟨Esperanto같이⟩ 조작된 언어 활2

835 **★con man** [칸 맨]: con artist, confidence man ⟨킹께, 너무 자신만만해하는 사람은 믿덜 말어!⟩, 사기꾼, 협잡꾼, ⟨↔honest man\trill²⟩ 매2

836 **con·nec·tion** [커넥션]: com(together)+nectere(bind), ⟨라틴어⟩, ⟨함께 묶기⟩, 연결, 접속, 관련, 연줄, 교제, ⟨↔dis-union\break up⟩ 활1

837 **con·quer** [캉커]: com(complete)+guaerere(seek), ⟨라틴어⟩, 정복하다, 획득하다, 이기다, '열심히 추구하다', '완전히 구하다', ⟨~ over-throw\quell⟩, ⟨↔lose\give up\wash-out⟩ 가1

838 **con·science** [칸션스]: com(together)+scire(know), ⟨라틴어⟩, ⟨함께 느끼는⟩ 양심, 도의심, 의식, 자각, ⟨↔disdain\ignorance⟩ 활1

839 **con·scious** [칸셔스]: com(together)+scire(know), ⟨라틴어⟩, ⟨함께 알고 있는⟩ 의식, 자각, 지각, ⟨↔un-conscious\un-aware⟩ 활2

840 **con·se·crate** [칸씨크레이트]: com(together)+sacrare(make holy), ⟨라틴어⟩, ⟨함께⟩ 신성하게 하다, 바치다, 봉헌하다, ⟨↔desecrate⟩ 활2

841 **con·sec·u·tive** [컨쎄큐티브]: com(with)+sequi(follow), ⟨라틴어⟩, ⟨바짝 따른⟩, 잇따른, 연속적인, 병행의, ⟨↔separate⟩ 가1

842 **con·sen·sus** [컨쎈서스]: com(together)+sentire(feel), ⟨라틴어⟩, 합의, 일치, 여론, ⟨함께 느끼는⟩ 교감, ⟨↔disagreement⟩ 활2

843 **con·sent** [컨쎈트]: com(together)+sentire(feel), ⟨라틴어⟩, 동의하다, 승인하다, 허가, 승낙, '함께 느끼다, ⟨↔dissent\reject⟩ 가1

844 **con·se·quence** [칸씨퀀스]: com(with)+sequi(follow), ⟨라틴어⟩, ⟨함께 따라오는⟩ 결과, 귀결, 필연, 중대성, ⟨~ back-wash\repercussion⟩, ⟨↔cause\origin⟩ 활2

845 **con·ser·va·tion** [컨써웨이션]: com(together)+servare(maintain), ⟨라틴어⟩, 보호, 유지, ⟨철저히 지키는⟩ 관리, ⟨↔destruction\neglect⟩ 가1

846 **con·serv·a·tive** [컨써어붜티브]: 보수적인, ⟨함께 지키는⟩ 전통적인, 신중한, ⟨↔radical\liberal⟩ 가1

847 **con·sid·er** [컨씨더]: com(with)+sidus(star), ⟨라틴어⟩, ⟨별을 관찰하듯⟩ 숙고하다, 검토하다, 간주하다, 존중하다, ⟨↔disregard\ignore⟩ 가1

848 **con·sign·ment** [컨싸인먼트]: 위탁(판매), 탁송, 공탁, ⟨봉인하여 건네주기⟩, ⟨~ assignment\relegation⟩, ⟨↔mis-consignment\return⟩ 가1

849 **con·sist·ent** [컨씨스턴트]: com(together)+sistere(stand), ⟨라틴어⟩, 일치하는, 조화된, 모순 없는, ⟨함께 버티고 서있는⟩, ⟨↔discrepant⟩ 가1

850 **con·sole¹** [컨쏘울]: com(together)+solari(soothe), 〈라틴어〉, 〈함께〉 위로하다, 위문하다, 〈~ solace\soothe〉, 〈↔upset\distress〉 **기1**

851 ***con·sole²** [칸쏘울]: 〈← consolodate?〉, 〈어원 불명의 프랑스어〉, 콘솔, bracket, 〈네발 대신 선반 받이로 완화시킨〉 까치발로 장식한 장(상자), 전기 단말 장치, 제어반, 계기판 **2**

852 **con·sol·i·da·tion** [컨솔리데이션]: con(complete)+solidare(make solid), 〈라틴어〉, '견고하게 하기', 터 닦기, 강화, 합병, 정리 통합, 〈~ amalgamation\conflation〉, 〈↔segregation\weaken〉 **2**

853 **con·so·nant** [칸서넌트]: com(together)+sonare(sound), 〈라틴어〉, '함께 소리내는', 일치하는, 협화음의, 공명하는, 자음(닿소리- 걸리어 나는 소리), 〈↔dissonant〉, 〈↔vowel〉 **양2**

854 **con·spic·u·ous** [컨스피큐어스]: com(complete)+spicere(look), 〈라틴어〉, '완전히 보이는', 눈에 띄는, 특징적인, 과시적, 〈~ bodacious\kenspeckle〉, 〈↔in-conspicuous\obscure〉 **기2**

855 **con·spir·a·cy** [컨스피뤄시]: com(together)+spirare(breathe), 〈라틴어〉, 음모, 모반, 작당, 공모, '함께 호흡하기', 〈~ plot\team-up〉, 〈↔honesty\loyalty〉 **양2**

856 **con·stant** [칸스턴트]: com(together)+stare(stand), 〈라틴어〉, '함께 서는', 변치 않는, 부단한, 충실한, 상수, 〈↔in-constant\fitful\varying〉 **기1**

857 **con·sti·pa·tion** [컨스티페이션]: com(together)+stipare(cram), 〈라틴어〉, 〈마음과 근육이 함께 contraction된〉 변비, 침체, 〈→ obstipation〉, 〈↔diarrhea〉 **기2**

858 **con·sti·tu·tion** [컨스티튜우션]: com(together)+statuere(set), 〈라틴어〉, 구성, 〈함께 서 있는〉 조직, 정체, 헌법, 체질, 소질, 〈↔disarrangement\disorganization\lawlessness\acquirement〉 **기2**

859 **con·straint** [컨스트뤠인트]: com(together)+straindre(draw tight), 〈라틴어〉, 강제, 〈함께 묶는〉 구속, 압박, 〈↔disinhibition\liberty〉 **양2**

860 **con·stric·tion** [컨스트륌션]: com(complete)+stringere(draw tight), 〈라틴어〉, 〈강하게 조이는〉 압축, 수축, 〈↔dilation〉 **기1**

861 **con·struc·tion** [컨스트뤽션]: com(together)+struere(pile up), 〈라틴어〉, 건설, 구성, 〈함께 세우는〉 공사, 구문 (문장의 구성), 〈↔destruction〉 **기1**

862 **con·strue** [컨스트루우]: 〈라틴어〉, '만들어 내다', 해석하다, 추론하다, 〈↔obscure\confuse〉 **양2**

863 **con·sul** [칸설]: com(with)+sulere(deliberate), 〈라틴어〉, 〈counsel하는〉 영사, 집정관 **양2**

864 **con·sul·ta·tion** [컨설테이션]: com(with)+sultare(deliberate), 〈라틴어〉, 〈← counsel〉, 상담, 자문, 진찰, 참조, 〈↔deceit\misleading〉 **양2**

865 **con·sum·er** [컨슈우머]: com(complete)+sub+emere(take), 〈라틴어〉, 콘슈머, 〈완전히 써 버리는〉 소비자, 수요자, 〈↔producer\merchandiser〉 **양2**

866 ***con·sum·er price in·dex** \ CPI [컨슈우머 프롸이스 인덱스]: 소비자 물가지수 〈일정 기간 소비자가 소비재를 사들인 가격의 변동률〉, 〈↔producer price index〉 **양2**

867 **con·sump·tion** [컨썸프션]: com(complete)+sub+emere(take), 〈라틴어〉, 〈완전히 취하는 〈'쓰는'과 같은 말〉〉 소비, 소모, 폐병(tuberculosis), 〈↔conservation\replenishment〉 **양2**

868 **con·tact** [칸택트]: com(together)+tangere(touch), 〈라틴어〉, 접촉, 연결, '맞닿음', 〈→ contiguous〉, 〈↔un·tact〉 **양2**

869 **con·ta·gious** [컨테이줘스]: com(together)+tangere(touch), 〈라틴어〉, 〈← contact〉, 〈접촉〉 전염성의, 옮기 쉬운, '함께 접촉하여 전해지는', 〈↔non-contagious\non-infectious〉 **양2**

870 **con·tain** [컨테인]: com(together)+tenere(hold), 〈라틴어〉, '함께 잡다', 함유하다, 포함하다, 억누르다, 〈↔exclude\lose〉 **양1**

871 **con·tam·i·na·tion** [컨태미네이션]: com(together)+tangere(touch), 〈라틴어〉, 〈contact로 오는〉 오염, 더러움, 혼합, 〈↔purification\cleansing〉 **기2**

872 **conte** [칸트]: ①〈← computare〉, 〈라틴어 → 프랑스어〉, 콩트, 〈computate된〉 단편, 촌극 ②〈← count¹〉, 〈라틴어 → 프랑스어 \ 이탈리아어〉, 코온테이, 백작 **중2**

873 **con-tem·pla-tion** [컨템플레이션]: com(with)+templum(temple), 〈라틴어〉, 〈'사원'에서 점을 칠 때 하는〉 '관측', 주시, 숙고, 명상, 관조, 정관, 〈↔avoidence\rejection〉 **영1**

874 **con-tem·po-rar·y** [컨템퍼뤠뤼]: com(with)+tempus(time), 〈라틴어〉, '시간을 함께하는', 동시대의, 당대의, 현대의, 〈↔old fashioned\out of date〉 **고1**

875 **con-tempt** [컨템프트]: com(complete)+tennere(despise), 〈라틴어〉, 〈강하게 꾸짖다〉, 경멸, 모욕, 멸시, 〈↔respect\honor〉 **고1**

876 **con-tend** [컨텐드]: com(together)+tendere(stretch), 〈라틴어〉, '함께 뻗다', 겨루다, 투쟁하다, 주장하다, 〈↔agree\deny〉 **영2**

877 **con-tent¹** [칸텐트]: com(together)+tinere(hold), 〈라틴어〉, 〈놓치지 말고 함께 잡아야 할〉 알맹이, 내용, 목록, 함유량, 〈↔cover\emptiness〉 **중2**

878 **con-tent²** [컨텐트]: com(together)+tinere(hold), 〈라틴어〉, 〈마음에 가득 찬〉 만족하는, 불평 없는, 찬성하는, 〈↔dis-satisfied〉 **중2**

879 *****con-tent in·dus·try** [칸텐트 인더스트뤼]: '내용물 산업', 대중매체·응용 정보의 내용을 창출하는 각종 사업 **어1**

880 **con-ten-tion** [컨텐션]: com(together)+tendere(stretch), 〈라틴어〉, 싸움, 투쟁, 논쟁, 주장, 〈~ contest〉 **고1**

881 **con-test** [칸테스트]: con(together)+testare(witness), 〈라틴어〉, 논쟁, 경쟁, 경연, '함께 증언하기', 〈~ con·cours〉, 〈~ match²\competition〉, 〈↔accord\surrender〉 **고1**

882 **con-text** [칸텍스트]: com(together)+texere(weave), 〈라틴어〉, 문맥, 경위, 배경, 상황, '함께 짜 맞추기', 〈~(↔)sub-text〉, 〈↔exterior\meaninglessness〉 **영2**

883 **con-ti·nen-tal** [컨티넨틀]: 콘티넨탈, 〈끝없이 이어진〉 대륙(성), 대륙식, 유럽 대륙풍, 북아메리카식, 〈↔inter-continental\domestic〉 **고1 미2**

884 **con-tin·gen-cy** [컨틴줜시]: com(together)+tangere(touch), 〈라틴어〉, 우발성, 가능성, 부수적, 수반성, 조건부, 분담금, 분견대, 파견단, 〈↔certainty\necessity〉 **영1**

885 ★**con-tin·gen-cy fee** [컨틴줜시 휘이]: (미국에서) 〈변호사가 일을 성사 시켜야만 주는〉 성사 사례금 **영2**

886 **con-tin·ue** [컨티뉴우]: com(together)+tenere(hold), 〈라틴어〉, 계속하다, 지속하다, 〈함께 잡고 있어서〉 '이어지다', 〈→ continental〉, 〈↔dis-continue\halt\stop〉 **고1**

887 **con-tour** [칸투어]: com(complete)+tornare(turn), 〈라틴어에서 유래한 이탈리아어〉, 〈빙 둘러싼〉 윤곽, 외형, 형세, 등고선, 〈↔inside\mid point〉 **영1**

888 **con·tra** [칸트뤄]: 〈라틴어〉, against \ opposite, 반대로, 대하여, 〈→ contrary〉, 〈↔pro\for〉 **영1**

889 **con·tra-band** [칸트뤄 밴드]: contra(against)+bandum(proclamation), 〈라틴어〉, 밀수품, 금지품, (병영이나 병실의) 관물함, 〈~ un-authorized\under-the-counter〉, 〈↔permitted\legal〉 **영2**

890 **con·tra-cep·tion** [컨트뤄 쎕션]: 〈1886년에 contra(against)+conception(pregnancy)을 축약해서 만든 말〉, 〈라틴어 → 영국어〉, 〈받아들이지 않게 하는〉 피임(법), 〈↔conception\assisted reproduction\insemination〉 **고1**

891 **con-tract** [칸트뤡트]: com(together)+tahere(draw), 〈라틴어〉, 〈서로 끄는〉 계약, 약정, 첨부, 〈병과 계약을 해서〉 병이 들다, 〈↔dispute\conflict〉 **영1**

892 **con-trac-tion** [컨트뤡션]: 〈한 점으로 끄는〉 수축, 위축, 축소, 〈↔expansion〉 **영1**

893 **con·tra·dic·tion** [컨트뤄 딕션]: contra(opposite)+dicere(speak), '반대로 말하기', 부인, 반박, 모순, 〈~ refutation\disproof〉, 〈↔affidavit〉 **양1**

894 **con·trar·y** [칸트뤠뤼]: 〈← contra(opposite)〉, 〈라틴어〉, 반대의, 역의, 거꾸로, 〈↔congruous\compatible〉 **기1**

895 ★**con·tra·sex·u·al** [칸트뤄 쎅슈얼]: 〈전통적인 여성상의 반대로〉 (사회적 성공을 중요시하는) 반대성 이성애 여자, '반항녀', 〈↔metro sexual〉 **양1**

896 **con·trast** [칸트래스트]: contra(opposite)+stare(stand), 〈라틴어〉, '반대로 세우기' 대조, 대비, 상이, 〈↔similarity\match〉 **기1**

897 **con·tri·bu·tion** [컨트뤼뷰우션]: com(together)+tribuere(grant), 〈라틴어〉, 기부, 기증, 기고, 〈함께 내는〉 분담금, 공헌, 〈↔substraction\debit〉 **양2**

898 **con·trive** [컨트롸이브]: com(complete)+trover(find), 〈라틴어〉, '발견해 내다', 고안하다, 꾸미다, 저지르다, 〈~ elaborate\wangle〉, 〈↔dissuade\destroy\imitate\rubble〉 **양2**

899 **con·trol** [컨트로올]: contra(against)+rotula(roll), 〈라틴어〉, 지배, 통제, 단속, 대조 표준, 제어, '두루마리를 펴서 적어 놓은 자료를 확인하기', '등록부에 올림', 〈~ restrain\rein〉, 〈↔freedom\neglect\subjugation〉 **양1**

900 *__con·trol box__ [컨트로올 박스]: 제어 상자 (화면의 표제 왼쪽에 있는 화면 조정용 칸) **매2**

901 *__con·trol key__ [컨트로올 키이]: 변종 단추(Ctrl \ Cntl; 다른 단추와 같이 눌러서 새로운 작업을 할 때 쓰는 단자) **매2**

902 *__con·trol men·u__ [컨트로올 메뉴]: 제어(작동) 차림표〈제어 상자를 누를 때 화면에 나타나는 작동 항목들〉 **매2**

903 **con·tro·ver·sy** [칸트뤄붜어시]: contra(opposite)+vertere(turn), 〈라틴어〉, 말다툼, 〈반대로 돌리는〉 논쟁, 반박, 물의, 〈↔accord\concurrence〉 **양1**

904 **con·tu·sion** [컨튜우전]: com(together)+tundere(beat), 〈라틴어〉, 〈함께 부딪쳐서 생긴〉 좌상, 타박상, 〈~(↔)concussion〉 **양2**

905 ★**co·nun·drum** [커넌드뤔]: quonundrum, 〈어원 미상의 16세기 영국 대학생 속어〉 수수께끼, 재치문답, '말장난', 〈~ enigma\puzzle〉, 〈↔answer\solution〉 **양1**

906 **con·va·les·cent** [컨뷀레쓴트]: com(together)+valere(be strong), 〈라틴어〉, 〈함께 힘내는〉 회복기의, 차도를 보이는, 〈↔deteriorating\failing〉 **기1**

907 **con·ven·ience** [컨뷔이니언스]: 〈함께 맞춰진〉 편리, 편의, 〈↔in-convenience\trouble-some〉 **기1**

908 **con·vent** [칸벤트]: com(together)+venire(come), 〈라틴어〉, 수녀원, 수도원, '모이는 곳', 〈↔brothel?〉 **기1**

909 **con·ven·tion** [컨뷀션]: 컨벤션, 대회, 총회, 전당대회, (상·하원) 합동회의, 관례, 〈↔dissociation\discord〉 **양2**

910 **con·verge** [컨붜얼쥐]: com(together)+vergere(bend), 〈라틴어〉, 한 점에 모이다, 집중하다, 수렴하다, 〈↔diverse\separate〉 **양1**

911 *__con·verge-nom·ics__ [컨붜얼쥐 나믹스]: convergence+economics, 융합 경제 **매2**

912 **con·ver·sa·tion** [컨붜쎄이션]: com(together)+vertere(turn), 〈라틴어〉, 〈말할 차례를 함께 돌리는〉 대화, 회담, 좌담, 〈↔muteness\listening〉 **기1**

913 **con·ver·sion** [컨붜얼전]: com(together)+vertere(turn), 〈라틴어〉, 〈방향을 완전히 돌리는〉 변환, 전환, 개종, 환산, 〈↔retain\deter〉 **양1**

914 *__con·ver·sion the·o·ry__ [컨붜얼전 씨어뤼]: 전환이론, 〈끈질긴〉 소수의견이 끝내 다수의견을 바꾼다는 학설 **양2**

915 **con·vert·i·ble** [컨붜어터블]: 바꿀 수 있는, 개조되는, 전환 가능한, 전환 지붕 자동차, ⟨↔fixed\unexchangeable⟩ 영2

916 ★**con-verts are the worst**: 개종자들이 극성맞다, 늦게 배운 도둑이 날 새는 줄 모른다, ⟨~ zeal of the convert⟩ 영2

917 **con-vex** [컨붸스]: com(with)+vehere(bring), ⟨라틴어⟩, ⟨위로 vaulted(올라온) 된⟩, 볼록한, 철(凸)면의, ⟨↔concave⟩ 영1

918 **con-vic-tion** [컨뷕션]: com(complete)+vincere(conquer), ⟨라틴어⟩, ⟨완전히 이긴⟩ 신념, 확신, 설득(력), 유죄판결, ⟨↔acquit⟩ 영2

919 **con-vince** [컨뷘스]: com(complete)+vincere(conquer), ⟨논쟁에서⟩ '완전히 이기다', 확신시키다, 납득시키다, ⟨↔dissuade\discourage⟩ 영2

920 ★**con·vo** [칸 보]: conversation+o, ⟨1982년에 등장한 전산망 약어⟩, 대화, 회담 미2

921 **con-voy** [칸붜이]: com(together)+via(way), ⟨라틴어⟩, ⟨← convey⟩, ⟨같이가는⟩ 호송, 호위, ⟨↔betrayal\capture⟩ 영2

922 *__con-voy sys·tem__ [칸붜이 시스템]: 선단식 경영, ⇒ fleet·style management 영2

923 **con-vul-sion** [컨뷜젼]: com(complete)+vellere(pluck), ⟨라틴어⟩, ⟨강하게 쥐어뜯는⟩ 경련, 진동, 동란, 발작, ⟨↔calm\harmony⟩ 영1

924 ★**cooch** [쿠우취]: ⟨1991년에 'vagina'란 뜻으로 발전된 미국어⟩, hootchy-kootchy의 단축형, 여성이 선정적으로 추는 동양풍 무용, '은근짜', '보지' 영2

925 **cook** [쿡]: ⟨← coquere(ripen)⟩, ⟨라틴어⟩, ⟨열(heat)을 이용해서⟩ 조리하다, 요리사, 날조하다, ⟨↔freeze\neglect\clarify⟩, ⟨↔seamstress⟩ 기2

926 **cook·ie¹** [쿠키]: ⟨← koke⟩, ⟨네덜란드어⟩, little cake, 밀가루를 주재료로 하여 구운 과자류, 귀여운 애, 애인, ⟨↔bag\hag⟩ 미1

927 *__cook·ie²__ [쿠키]: ⟨장난치기 웹사이트 Cookie Monster에서 유래한⟩ 전산망 접속 시 하드 드라이브에 저장되는 사용자의 개인신상명세 미2

928 ★**cook·ie crum·bles** [쿠키 크럼블스]: '과자가 부서지는 대로', (세상만사) 그저 그런대로 미2

929 ★**cook·ie scene** [쿠키 씨인]: '사탕 발림', ⟨마치 중국 음식 후에 나오는 fortune cookie 같이⟩ 본 영화가 끝난 후 ⟨예고나·미끼용으로⟩ 짧게 추가된 '부록 영상', ⟨콩글리시⟩, ⇒ stinger, post credits scene 영2

930 ★**Cook's tour** [쿡스 투어]: ⟨19세기 영국의 Thomas Cook 여행사가 하듯⟩ 수박 겉 핥기식 여행, 점찍기 여행, 주마간산, ⟨~ a cursory glance\a whirl-wind tour⟩ 영2

931 **cook-top** [쿡 탑]: 조리대, 가열 요리판, ⟨~(↔)oven⟩ 영1

932 **cool** [쿠울]: ⟨← calan(frigid)⟩, ⟨게르만어⟩, ⟨cold보다 약한⟩ 시원한, 식은, 냉정한, 근사한, 침착한, ⟨↔warm\friendly\agitated\bake⟩ 영2

933 ★**cool as a cu·cum·ber**: ⟨1732년 영국의 시에 등장한 말⟩, 아주 침착한, 태연자약한, 냉정한, ⟨↔clamorous\agitated⟩ 영1

934 ★**cool ba·nan·as**(beans)!: 와! (대단하다) 영2

935 ★**cool-sculp-ting** [쿠울 스컬프팅]: 냉동 조각술, (지방을 얼려 녹여 군살을 빼는) ⟨미국 FDA에서 눈감아주는⟩ 냉동 지방 제거술 영2

936 ★**coon** [쿠운]: 너구리(raccoon)의 일종, 교활한 녀석, 멍청이, '흑인노예' ⟨쓰면 안되는 말⟩, ⟨↔cosmopolitan⟩ 미2

937 ★**cooped up** [쿠웊트 엎]: 닭장(좁은 공간)에 갇혀있다, 칩거하다, ⟨↔free\liberated⟩ 영2

938 **co-op·er·a-tion** [코우아퍼뤠이션]: co(together)+opus(work), 〈라틴어〉, '함께 일하기', 협력, 제휴, 협조, (협동) 조합, 〈↔hindrance\antagonism〉 기2

939 *****co-op·er·a-tive mul·ti-task·ing** [코우아퍼뤄티브 멀티태스킹]: 〈함께 일해야 하는〉 협력식 다중작업(다중작업 중앙 처리에서 응용 체제 간에 서로 도와주는 일), 〈↔pre-emptive multi-tasking〉 미2

940 **co-or·di·na-tor** [코우어얼디네이터]: co(together)+ordo(order), 〈라틴어〉, 〈함께 순서를 맞추는〉 협조자, 조정자, 등위 접속사, 〈↔disorganizer\disintegrator〉 왕2

941 ★**cop** [캎]: 〈← capere(seize)〉, 〈라틴어에서 유래한 영국어〉, '포획〈capture〉하는 자(?)', 순경, 체포, 〈사람을 잡으러 다니는〉 '짭새'(잡쇠), 포졸, 〈~ police\sheriff〉, 〈↔civilian\criminal〉 왕2

942 ★**co·pa·cet-ic** [코우퍼쎄틱]: 〈← coupersetigue(that which can be coped with)?〉, 〈Creole 프랑스어〉, 〈어원 불명의 미국어〉, 만족스러운, 훌륭한, 〈1919년에 등장해서 최근에 씀씀이가 많아지는 말〉, 〈~ hunky-dory〉, 〈↔bad\poor〉 왕2

943 **cope** [코우프]: 〈← kolaptein(peck¹)〉, 〈그리스어 → 프랑스어〉, '때리다', 대처하다, 극복하다, 그럭저럭해 나가다, 〈~ coup〉, 〈~ endure\with-stand〉, 〈↔lose\fail〉 왕1

944 **cop·ier** [카피어]: 복사기, 모방자 기2

945 **co·pi·ous** [코우피어스]: 〈← copia(abundance)〉, 〈Ops에서 연유한 라틴어〉, 매우 많은, 풍부한, 자세한, 〈→ copy〉, 〈↔meager\sparse〉 기2

946 ★**cop out** [캎 아웉]: 구실, 회피하는 짓(사람), 도피, 《(1960년대부터 씀씀이가 많아진) 어원에 대해 말이 많은 미국 속어》, 〈↔adhere\comply〉 왕2

947 **cop·per** [카퍼]: 〈라틴어〉, 'Cyprus 섬의 금속', 구리, 동, 〈고대부터 건축·생활용품·합금으로 널리 사용했던〉 금속원소 (기호 Cu·번호 29), 적갈색, 〈→ chalcid\chalco〉 미2

948 **cop·y** [카피]: co(together)+opes(abundance), 〈라틴어〉, 사본, 모방, 권, 〈풍족하게 쓴〉 초고, 〈← copious〉, 〈↔orignal\difference〉 기1

949 ★**cop·y-cat** [카피 캩]: 모방하는 사람, 흉내쟁이, 〈발음하기 좋아서 만들어진 말〉 왕1

950 ★**cop·y-left** [카피 레후트]: '판권유예' 〈작가가 저작권(copy·right)을 '떠났다'는 선언〉 미2

951 **cop·y ma·chine** [카피 머쉰인]: 복사기 기2

952 *****cop·y-pas·ta** [카피 파스타]: copy and pasta, 복사해서 붙여 놓기, 성의없는 작업, (전산망 정보를 이곳저곳 옮겨 놓는) 무책임한 짓 미2

953 **cop·y-right** [카피 롸읱]: 판권, 저작권 왕2

954 ★**cop·y-writ-er** [카피 롸이터]: 원고 쓰는 사람, 광고 문안 작성자, '글 튀기는 작가' 미2

955 **cor·al** [커뤌]: 〈← korallion(small pebble)〉, 〈그리스어〉, 〈수많은 미세동물들이 석회화된〉 산호, 〈'자갈' 같은〉 산호층, 산호빛 기1

956 *****CORBA** [컬바] (com·mon ob·ject re·quest bro·ker ar·chi·tec·ture): 〈전산기 회사 연합체에서 고안한〉 다른 전산기 체제와 상호 통신을 가능케 하는 구조 왕2

957 **cord** [코어드]: 〈← chorde(string)〉, 〈그리스어〉, chord, 〈창자같이 생긴〉 새끼, 끈, (밧)줄, 128 입방 피트, 〈↔straight line〉 왕1

958 **cor·dial·ly** [코어쥘리]: 〈← cordus〉, 〈라틴어〉, '마음(cor)에서 우러나는', 진심으로, 여불비례, 〈↔rudely\un-friendly〉 왕1

959 **core** [코어]: 〈어원 불명의 라틴어 cor에서 연유한 영국어〉, '심장', 응어리, 속, 핵심, 고갱이, 정수, 〈뱃살〉, 〈↔exterior\husk〉 왕1

960 **Co·rin·thi·an** [코륀씨언]: 코린트식의, 우아한, 화려한, 방탕한 미1 수2

961 **cork** [코얼크]: 〈← quercus〉, 〈라틴어〉, 지중해 연안에서 나는 참나뭇과('oak')의 상록교목, (그 줄기의 해면질로 만든 보온·방음·절연제) 기1

962 ★**cork it** [코얼크 잍]: 입 다물어, 아가리 닥쳐, 〈↔open up〉 양2

963 ★**cork-screw** [코얼크 스크루우]: 〈라틴어〉, 코르크 마개뽑이, 나사 모양의, (권투에서) 비틀어 때리는 강타 유1

964 **corn**¹ [코언]: 〈← cornu(horn)〉, 〈라틴어〉, (발바닥의) '각질'로 된) 못, 티눈 양1

965 **corn**² [코언]: 〈← kaurn(grain)〉, 〈게르만어〉, '낱알', 알갱이, 곡식, 옥수수, 하찮은 것 양1

966 **cor·ner** [코어너]: 〈← cornu(horn)〉, 〈라틴어〉, 모퉁이, 구석, 궁지, 〈~ kerning〉, 〈~ horn〉, 〈↔side\center〉 양1

967 ★**cor·ner-stone** [코어너 스토운]: 초석(주춧돌), 귓돌, 토대, 기본적인(긴요한) 것, 〈↔edge\margin〉 양2

968 ★**corn-row** [코언 로우]: 옥수수 밭이랑(처럼 머리털을 땋아 머리에 붙인 흑인 머리 모양), ~ dread-locks 우2

969 **co·ro·na** [커로우너]: 〈← korone(wreath)〉, 〈그리스어 → 라틴어〉, 코로나, 관, 광관, '해무리', Corona; 〈이름을 바꿀줄 알았더니 그대로 버티고 있는〉 (레몬이나 라임을 병 입에 발라먹는) 멕시코산 세계적 저장맥주 〈→ crown〉 양1 수2

970 **cor·o·nar·y** [커러너뤼]: 화관의, 관상동맥의 양2

971 **cor·o·na·tion** [커어러네이션]: 대관식, 즉위식, 〈↔removal\ousting〉 기1

972 **cor·o·ner** [커뤄너]: 〈← corona〉, 〈라틴어〉, 〈'crown(제왕)'의 징표를 지녔던〉 검시관, 매장물 조사관 양1

973 **cor·po·ral**¹ [커얼퍼뤌]: 〈← corpus(body)〉, 〈라틴어〉, 육체의, 물질적인, 〈↔spiritual〉 기2

974 **cor·po·ral**² [커얼퍼뤌]: 〈← capo(head)〉, 〈라틴어〉, '상등병', 병장, 하사, 〈↔general〉 양1

975 **cor·po·ra·tion** [커얼퍼뤠이션]: 〈← corpus(body)〉, 〈라틴어〉, 코퍼레이션, 〈법적으로 인격이 주어진〉 법인, 협회, 상사, 주식회사, 〈한 몸 같은〉 조합, 〈→ .coop〉, 〈↔LLC〉 양1

976 **corps** [커어]: 〈← corpus(body)〉, 〈라틴어〉, 군대, 부대, 〈2개 사단 이상으로 편성된〉 병단, '한 몸과 다름없는 단체', 〈↔individual〉 양2

977 **corpse** [코올프스]: 〈← corpus(body)〉, 〈라틴어〉, 시체, 송장, 〈몸만 남은〉 유해, 〈↔artifact〉 기1

978 **cor·ral** [커뤨]: 〈← currere(run)〉, 〈라틴어에서 유래한 포르투갈어〉, 울타리, 축사, 가축무리, 수레로 둥글게 친 진, 〈~ paddock\enclosure〉 양1

979 **cor·rec·tion** [커뤡션]: com(together)+regere(direct), 〈라틴어〉, 〈같이 고친〉 정정, 수정, '바로잡기', 〈↔fixation\approval〉 기1

980 **cor·re·spond·ent** [코뤠스판던트]: com(together)+respondere(answer), 〈라틴어〉, '함께 응답하는', 통신자, 특파원, 일치하는 것, 〈correspondent하고는 비슷하나 다른 말〉 양1

981 **cor·ri·dor** [코리더]: 〈← currere(run)〉, 〈라틴어〉, 〈길게 뻗어있는〉 복도, 회랑, 통로, 〈↔field\chamber\blockade〉 기1

982 **cor·ro·sion** [커로우젼]: com(complete)+rodere(gnaw), 〈라틴어〉, 〈갉아먹어 치우는〉 부식, 침식, 소모, 〈↔growth\build up〉 양1

983 **cor·rup·tion** [커뤞션]: com(complete)+rumpere(break), 〈라틴어〉, 타락, 부패, 독직, 〈도덕적으로〉 '완전히 깨진', 〈~ turpitude\vice〉, 〈↔honesty\clearness〉 양2

984 **cor·set** [코올싵]: 〈라틴어 → 프랑스어〉, 〈몸(corpus)에 꼭끼는〉 코르셋, 죄다, 허리를 졸라매는 여성용 속옷, 〈~ a waist shaper〉, 〈~(↔)panty-waist〉 양1 우1

985 **cor·tex** [코얼텍스]: 〈라틴어〉, bark of a tree, (대뇌) '껍질', 수피, 피층, 〈↔medulla〉 **양2**

986 **cor·vette** [코올벳트]: 〈← corbis(wicker basket)〉, 〈라틴어 → 네덜란드어〉, 〈고리버들 바구니같이 생긴〉 소형 쾌속 호위함(초계함), 범장함(대포 한 대를 단 돛단배) **양1**

987 **co-sine** [코우싸인]: complementi(completing)+sinus(curve), 〈라틴어〉, 〈삼각형을 완성시키는〉 여현, 삼각함수 (삼각형에서 밑금의 길이를 빗금의 길이로 나눈 것), 〈~(↔)sine〉 **양2**

988 **cos·met·ic** [카즈메틱]: 〈← kosmetikos ← kosmos(order)〉, 〈그리스어〉, 〈질서를 잡아주는〉 화장품, (겉에 나타나는) 표면적, 〈↔functional\un-aesthetic〉 **양1**

989 **cos·mo·pol·i·tan** [카즈모팔리튼]: 국제적인, 전 세계적인, 국제도시, 〈↔provincial\parochial〉 **양2**

990 **cos·mos** [카즈머스]: 〈그리스어〉, 우주, 천지만물, 질서와 조화, 멕시코 원산 국화과의 꽃〈스페인 선교사들이 '우리는 하나'라는 뜻으로 심어준 포교용 식물〉, 〈↔chaos〉 **양2 수2**

991 ★**cos-play** [카스프레이]: 코스프레, ⇒ costume play **예2**

992 **cost** [코어스트]: com(together)+stare(stand), 〈라틴어〉, 〈제품과 함께 서 있는〉 가격, 원가, 비용, 희생, 〈↔profit\gain〉 **가1**

993 ★**cost push in-fla·tion** [코어스트 푸쉬 인홀레이션]: (임금과 원자재 가격 상승으로 인한) 비용 상승 통화팽창 **양2**

994 **cos·tume** [카스튜움]: 〈← consuetudo(habit)〉, 〈라틴어〉, 〈customary(전통적)〉 복장, 의상, 차림새, 〈↔disarray\unclothe〉 **양2**

995 **cot** [캍]: 〈← khatva(narrow bed)〉, 〈산스크리트어 → 힌디어〉, '잠자리', 우리, 오두막집, 간이침대, 보조침대, 〈→ cottage〉, 〈↔castle\manor\villa〉 **양2**

996 **cot·tage** [카티쥐]: 〈영국어+프랑스어〉, 〈← cot(hut)〉, 시골집, 오두막, 작은집, 소별장, 〈~ casa〉, 〈↔mansion\pleasure dome〉

997 **cot·ton** [카튼]: 〈← qutn(a soft staple fiber)〉, 〈아랍어〉, 솜, 면화, 무명, 목면, 〈~(↔)nylon\wool〉 **가1**

998 ★**cot·ton mouth** [카튼 마우쓰]: 입이 타는 (바싹 마른), 〈↔wet\moisten〉 **가1**

999 **couch** [카우취]: com(together)+locare(place), 〈라틴어〉, 〈나란히 놓은〉 침상, 긴 의자, 휴식처, sofa, 〈↔stand\chair〉 **양1**

1000 ★**couch po·ta·to** [카우취 퍼테이토우]: 소파에 앉아 TV만 보는 사람, 안방군수, 〈~ mouse potato〉, 〈↔go-getter\busy bee〉 **양1**

1001 ★**couch-surf** [카우취 써얼후]: ①(이곳저곳) 잠자리를 빌어 다니다 ②앉아서 하는 일로 소일하다 **예2**

1002 ★**cou·gar** [쿠우거]: suusu(deer)+rana(false), 〈Tupi어〉, mountain·cat, puma, panther, 아메리카산 산표범, 〈청소년을 농락하는〉 '얌체범', 〈~ painter²〉, 〈↔boy-toy〉 **예2**

1003 **cough** [커어후]: 〈게르만어〉, 〈의성어〉, 기침하다, 기침하여 내뱉다, 마지못해 털어 놓다, 〈~ hiccup〉, 〈↔inhale\conceal〉 **가1**

1004 **could** [쿠드]: can의 과거형, 할 수가 있었다, 할 수 있다면(을 텐데) **가2**

1005 ★**Coul·ter's law** [코울터스 러어]: cul(back)+tir(land), 〈스코틀랜드어〉, (미국의 극우 논평가 Ann 쿨터('후진 곳에 사는 자')가 주장한) 〈증오범죄〉에서 인종차별을 부각시키지 말아야 한다는 주장, 〈↔hate crime\racial discrimination〉 **수2**

1006 **coun·cil** [카운실]: com(together)+calare(call), 〈라틴어〉, 〈함께 호출된〉 '집회', 회의, 심의회, 자문회, 지방의회, 〈↔individual\dissociation〉 **양2**

1007 **coun·ci·lor** [카운실러]: 의원, 평의원, 참사관 **양1**

1008 **coun·se·lor** [카운슬러]: 고문, 상담역, 법률고문, 변호사 〈양1〉

1009 **count¹** [카운트]: 〈← comilis(companion)〉, 〈라틴어에서 연유한 프랑스어〉, '동료', (영국 이외의) 백작, 후작과 남작의 중간 작위, 〈~(↔)countess〉 〈미1〉

1010 **count²** [카운트]: com(together)+putare(prune), 〈라틴어에서 유래한 프랑스어〉, 〈함께〉 세다, 계산하다, 〈그럴 것으로〉 간주되다, 〈함께 셀 만큼〉 가치가 있다, 〈빼지 않고〉 포함시키다, 〈~ compute〉, 〈↔dis-count\estimate\subtract〉 〈양1〉

1011 ★**count-back** [카운트 백]: 동점인 경우 후반 성적에 따라 승자를 결정하는 방식 〈양1〉

1012 ★**count (one's) chick·ens be·fore (they're) hatch·ed**: 부화하기도 전에 병아리 세기, 〈떡 줄 사람은 마음도 없는데〉 김칫국부터 마신다, 경거망동(rashy¹ act) 〈양2〉

1013 ★**count-down** [카운트 다운]: 초읽기, 최후 점검, 거꾸로 세기, 〈↔count-up〉 〈양1〉

1014 **coun·te·nance** [카운터넌스]: com(together)+tenere(hold), 〈라틴어 → 프랑스어〉, 〈← contain〉, 표정, 안색, 용도, 침착, 지지, 호의, 〈~ visage\expression〉, 〈↔block\censure〉 〈양1〉

1015 **count-er¹** [카운터]: com(together)+putare(reckon), 〈라틴어〉, 〈← compute〉, 계산대, 계기, 판매대, 조리대, 〈↔station〉, 〈↔vending machine〉 〈가1〉

1016 **count·er-act** [카운터 액트]: 방해하다, 저항하다, 중화하다, 〈↔aid\establish〉 〈양1〉

1017 **count·er-feit** [카운터 휠]: contra(opposite)+facere(make), 〈라틴어〉, 〈반대로 만든〉, 모조의, 가짜의, 위조품, 위조지폐, 〈↔genuine\original〉 〈양1〉

1018 **count·er-part** [카운터 파아트]: 부본, 사본, 상대, 대용, 동격자, 짝, '마주 보는 부분', 〈↔difference\opposite〉 〈양2〉

1019 ★**count·er-top** [카운터 탚]: 조리대의 상부 평면, 작업대의 갑판 〈미1〉

1020 ★**count-out** [카운트 아웉]: 정원 미달로 인한 유회, 제외표, (권투·레슬링에서) 10초가 지나도 못 일어남 〈미1〉

1021 **coun·try** [컨트뤼]: 〈← contrata〉, 〈라틴어〉, 〈← contra〉, 〈쳐다보는 이의 '반대쪽'〉 지역, 시골, 전원, 고국, 나라, 국토, 〈↔city\urban〉 〈양1〉

1022 **coun·ty** [카운티]: 〈← count'〉, 〈라틴어〉, 군(미), 주(영), '백작의 관할 지역' 〈양1〉

1023 **coup de tat** [쿠우 데이 타아]: 〈프랑스어〉, 'stroke of state', (국가 타도) 무력 정변, 국가 변란, 〈↔counter-insurgency〉 〈양2〉

1024 **cou·ple** [커플]: 〈← copula(bond)〉, 〈라틴어〉, 둘, 〈copulate하는〉 한 쌍, 〈맺어진〉 부부, 〈↔single\several〉 〈양2〉

1025 **cou·pon** [큐우판 \ 쿠우판]: 〈← couper〉, 〈프랑스어〉, 〈cut된〉 상품권, (고객이 직접 구입할 수 있는) 할인권, 이표, 〈~(↔)voucher〉 〈미1〉

1026 **cour·age** [커어뤼쥐]: 〈← 'core'(heart)〉, 〈라틴어〉, 〈마음에 가득 찬〉 용기, 〈안에서 우러나오는〉 담력, 배짱, bravery, 〈~ boldness\valor〉, 〈↔cowardice\timidity〉 〈양1〉

1027 **cour·i-er** [커어뤼어]: 〈← currere(run)〉, 〈라틴어〉, 쿠리어, 〈빨리 '달리는' 말〉, 특사, 급사, 밀사, 시중꾼, 택배원, 여행안내원, 정기적인 전달자, 〈↔sender\receiver〉 〈양1〉 〈양2〉

1028 **course** [코어스]: 〈← currere(run)〉, 〈라틴어〉, 달리는 행로, 진행, 과정, 〈→ re·course〉 〈양1〉

1029 **court** [코어트]: 〈← cohors(enclosed place)〉, 〈라틴어〉, Ct, 코트, 〈둘러싸인〉 뜰, 안뜰, 궁전, 법정, 할당 구역, 고리 모양으로 끝나는 길 〈꼬부랑 길〉, 〈궁정에서 춤추자고〉 구애하다, 〈뜰로 나와 xx하자고〉 유혹하다 〈양2〉 〈우2〉

1030 **cour·te·ous** [커얼티어스]: 〈궁정의 예법을 따른〉 예의바른, 친절한, 〈↔dis-courteous\rude〉 〈양1〉

1031 **cour·te·sy [커얼터시]**: 〈궁정에서 행하듯〉 공손한, 정중한, 호의, 우대, 〈→ curtsy〉, 〈↔dis-courtesy\rude-ness〉 **유1**

1032 ★**cour·te·sy light [커얼터시 라잍]**: 자동식 자동차 차내 등 **미1**

1033 **court house [코어트 하우스]**: 법원, 군청 **가1**

1034 **cour·ti·er [코얼티어]**: 정신(궁정 신하), 조신(조정 신하), 따리꾼, 〈↔leader〉 **미1**

1035 ★**court-ship [코어트 쉽]**: 구애, 구혼(기간), 〈침실에는 못 가고 정원에서만 하는〉 연애, 〈break-up\dissolution\marriage〉 **미1**

1036 **court-yard [코어트 야아드]**: 안뜰, 안마당, 〈↔indoors〉 **가1**

1037 **cous·in [커즌]**: con(together)+sobrinus(← soror(sister)), 〈라틴어〉, '이모의 자녀', 사촌, 종형제(자매), 〈가깝고도 먼〉 일가친척 **유1**

1038 ★**Co·vax [코우백쓰]** fa·cil·i·ty: Covid-19 백신의 효과적인 구매·분배를 위해 WHO가 주동하고 있는 〈코로나 백신 설비 기구〉 **유1**

1039 **cove [코우브]**: 〈← kove(closet)〉, 〈게르만어〉, 〈← cave〉, 후미, 작은 만, 골짜기, 한구석 **유1**

1040 **cov·e·nant [커뷔넌트]**: com(together)+venire(come), 〈라틴어〉, 〈← convene〉, 계약, 서약, 신과 인간 사이의 약속, 〈↔condemn\renounce〉 **유2**

1041 **cov·er [커뷔]**: co(complete)+operire(hide), 〈라틴어〉, '덮다', 씌우다, 가리다, 〈공백을〉 메우다, 〈손실을 덮어〉 보상하다, 〈지면을 덮어〉 보도하다, 〈문제를 덮어〉 다루다, 뚜껑, 표지, 담보, 가리개, 〈~ covert〉, 〈↔reveal\expose〉 **가2**

1042 ★**cov·er-girl [커뷔 거얼]**: 표지 미녀, 잡지 표지에 나오는 여인 **양2**

1043 **co·vert [코우뷔트]**: 〈← couvrir〉, 〈라틴어 → 영국어〉, covered, 숨은, 덮인, 은밀한, 암암리의, 〈↔overt〉 **유2**

1044 **cov·et [커뷑]**: 〈← cupidus(eager)〉, 〈라틴어〉, 〈← cupidity〉, 몹시 탐내다, 갈망하다, 〈~ avid〉, 〈~ greedy〉, 〈↔dislike\despise〉 **유2**

1045 ★**CO·VID [코뷔드]-19 (Co·ro·na vi·rus dis·ease-2019)**: 2019년 변종 코로나 바이러스 감염증으로 전세계를 흔들었으나 2023년에 수그러진 〈역사적인 질병〉 ⇒ Corona 19 **중2**

1046 ★**Co·vi·di·ot [코뷔디얼]**: Covid+idiot, 코비디엇, '코비드 바보' ①Covid 예방을 위한 안전 수칙을 무시하는 자 ②Covid 공포로 물건을 사재기 하는 자 **미2**

1047 ★**Co·vi·di·vorce [코뷔디뷔얼스]**: 〈Covid-19 대공황의 후유증에서 온 사회·정신·경제적불안에서 의한 이혼〉이란 뜻이나 함부로 사용되지 말아야 하는 말 **가2**

1048 **cow [카우]**: ①〈← go(ox)〉, 〈산스크리트어 → 페르시아어 → 게르만어 → 영국어〉, 〈기르는 사람 입장에서 쓰던 말-영국 상놈들이 cow를 기르면 프랑스 양반들은 beef를 먹었음〉, 암소, 젖소, 쇠고기, 화를 잘 내는 동물, 〈↔bull〉 ②〈← cow¹〉, 〈어원 불명의 북구어〉 위협하다, 으르다, 골내다 **유1**

1049 ★**cow·a·bun·ga [카우어벙거]**: 〈1954년 미국에서 만화가가 조작한 말〉, (surfer가) 간다! 자!, 해냈다!, 만세! **양2**

1050 **cow·ard [카우얼드]**: 〈라틴어, 〈꼬리(cauda)를 사리는〉 겁쟁이, 비열한, 소심한, 〈↔courageous〉, 〈↔prow²〉, 〈↔brave\bodacious〉 **유1**

1051 ★**cow-bell [카우 벨]**: 소의 목에 다는 방울(워낭), 실마리, 작업수단, 요령, 여성의 젖가슴에 파묻힌 고함 **미2 양2**

1052 **cow-boy [카우 버이]**: 목동, 난폭한 운전사, 두목, 노무자, 〈오스트레일리아에서는 'herd man(driver)'이라고 해야함〉, 〈↔cow-girl〉, 〈↔horse jockey〉 **미1**

1053 **cow-catch-er** [카우 캐쳐]: 〈들소 등 장애물을 밀어내기 위해 기관차 앞에 붙이는 뾰족한〉 배장기, 본론으로 들어가기 전에 나오는 짧은 삽입 광고 〈양2〉

1054 ★**cow-girl** [카우 거얼]: female cowboy (여자 목동), 끈질긴 여자, '또순이', 여자가 가랑이를 벌리고 앞으로 남자를 올라타는 성교자세, 〈↔cow-boy〉 〈미1〉

1055 **coy** [커이]: 〈← quietus(calm)〉, 〈라틴어〉, 〈← quiet〉, 수줍어하는, 부끄러운 체하는, 과묵한, 〈~ shy\bashful\reserved〉, 〈↔brazen\extraverted〉 〈기1〉

1056 **co·zy** [코우지]: 〈← cos(hollow)〉, 〈어원 불명의 스코틀랜드어〉, 아늑한, 포근한, 은밀한, 〈남몰래 짜고 하는〉 짬짜미한, 차양 달린 2인용 의자, 보온용 주전자 덮개, 〈↔disturbed\uncomfortable〉 〈양2〉〈기1〉

1057 *__CP__: commercial papers, (단기) 기업어음, 기업체가 발행하는 약속어음, 〈경제부 기자님들~약을 쓸 때는 편자같이 무식한 사람들도 배려해 주세요~ CP의 본래 말은 열개도 넘어요〉 〈양2〉

1058 **CPA**: ⇒ certified public accountant 〈미2〉

1059 *__CPTED__ [쎘테드]: crime prevention through environmental design, 환경 설계를 통한 범죄 예방, 주위 환경을 범죄가 발생하기 어렵게 설계하는 예방책 〈미1〉

1060 *__CPU__ (cen·tral proc·ess·ing u·nit): 중앙처리장치 (정보를 기록·해독하고 수학적·논리적 문제를 푸는 전산기의 부품), 〈~ vector processor〉 〈양2〉

1061 **crab** [크랩]: 〈← chrapfo(hook)〉, 〈게르만어〉, 〈claw(집게발)를 가진〉 게, 게자리, 심술쟁이, 사면발이(증) 〈기1〉

1062 **crack** [크랙]: 〈게르만어〉, 〈의성어〉, 찰싹 때리다, 우두둑 까다, 깨뜨리다, 분해하다, 금, 틈, 깨지는 소리, 정제된 코카인(마약), 〈~ split\rend〉

1063 ★**crack ba·by** [크랙 베이비]: 코카인 중독자 어머니에게서 태어난 신생아, 〈~ heroin baby〉 〈양2〉

1064 *__crack-er__ [크랙커]: 〈깨지기 쉬운〉 크래커, 얇고 바삭바삭한 과자, 딱총, 폭죽, 허풍쟁이, 전산망 파괴자, 〈~ biscuit\boaster\hacker〉

1065 ★**crack·ing a joke** [크래킹 어 죠우크]: 농담하나 빠개볼까, 재미있는 농담 한마디 해줄까, 〈telling a joke는 진부한 농담을 뜻함〉 〈양2〉

1066 ★**Crack·le** [크래클]: 크래클, 2007년에 창립되어 근래에 Sony사와 제휴한 〈탁 치면 떠오르는〉 미국의 〈무료〉 분야별 영상물 공급업체 〈c-2〉

1067 ★**crack·pot** [크랙 팟]: 〈깨진 '대갈통'〉, 이상한, 괴상한 짓, 미친놈 〈미1〉

1068 **cra·dle** [크래이들]: 〈← creathall(a grade)〉, 〈켈트어 → 게르만어〉, 요람, 소아용 침대, 대(덧판), cot 〈양1〉

1069 **craft** [크래후트]: 〈← craeft(art)〉, 〈게르만어〉, 기능, 솜씨, 재간, 〈솜씨가 좋아야 만드는〉 선박, 항공기, 〈↔ineptness\clumsiness〉 〈양1〉

1070 **cram** [크램]: 〈← crimman(press)〉, 〈게르만어〉, 억지로 채워 넣다, (빽빽하게) 밀어 넣다, 주입하다, 벼락치기로 하다, 〈~ cramp〉, 〈↔vacate\empty〉 〈양1〉

1071 ★**cram course** [크램 코어스]: 집중 보충 수업 (과정) 〈미1〉

1072 **cramp** [크램프]: 〈← crampe(confine)〉, 〈게르만어〉, 〈crooked〉 꺾쇠, 쥠쇠, 속박(물), 쥐(contraction), 경련, 〈~ cram〉, 〈→ crampon〉, 〈↔comfort\ease〉 〈양1〉

1073 **cran-ber·ry** [크랜 베뤼]: 덩굴월귤 〈수술이 학(crane)의 부리와 비슷해서 불려진 이름이라 함〉, 넌출(덩쿨)월귤 〈북미 원산 진달랫과의 관목에서 열리는 신맛이 나는 붉은 색의 작은 열매들로 비타민 C가 많고 변비에 좋다고 함〉 〈미1〉

1074 **crane** [크레인]: 〈← cran〉, 〈게르만어〉, 〈의성어?〉, 〈쉰 목소리로 우는(cry hoarsely)〉 학, 두루미, 왜가리, 갈고리(모양의) 기중기 〈양1〉〈미1〉

1075 ★**crank call** [크랭크 커얼]: 장난 전화, 협박 전화 〈양2〉

1076 ★**crank·y** [크랭키]: 〈← krank(sick)〉, 〈게르만어〉, 까다로운, 변덕스러운, 〈~ touchy\irritable〉, 〈↔pleasant\patient〉 양2

1077 ★**crap** [크뢥]: 〈← crappa(siftings)〉, 〈라틴어〉, 〈잘라버린〉, 2개의 주사위를 굴려 나온 숫자, 쓰레기, 허풍, 〈~ bull-shit\hog wash〉, 〈↔assets\sense〉 우1 def2

1078 **crape** [크뤠이프]: 〈← crispare(curl)〉, 〈라틴어 → 프랑스어 → 영국어〉, 〈헝겊을 오려내서 만든〉 (검은) 상장, 축면사(표면에 요·철 감이 있는 얇은 명주), 곱슬곱슬한, crepe 양1

1079 **crash** [크뢔쉬]: 〈← crasshen(break)〉, 〈영국어〉, 〈의성어〉, '쨍그랑', '와르르', 충돌, 추락, 붕괴, 취침, 난입, 속성, 홀파 반함, 전산기 붕괴, (코뿔소 등의) 떼, 〈↔silence\avoidance\peace〉 def2

1080 ★**crash cart** [크뢔쉬 카아트]: 응급처치용 손수레, 구급 손수레 def2

1081 **cra·ter** [크뤠이터]: 〈← krasis(mixing bowl)〉, 〈그리스어〉, 〈주발같이 생긴〉 분화구, 폭탄 구멍, 〈↔solid\bulge\water-hole〉 양1

1082 **crav·ing** [크뤠이빙]: 〈← crafian(demand)〉, 〈게르만어〉, 〈~ crave〉, 갈망, 열망, 〈↔disgust\dislike〉 def기1

1083 **crawl** [크뤼얼]: 〈← krafla(to creep)〉, 〈북구어 → 영국어〉, 네발로 기다, 천천히 가다, 득실거리다, 〈← crab〉, 〈→ scrawl〉, 〈↔straighten\run〉 def2

1084 *****crawl·er** [크뤼얼러]: 파충류, 게으름뱅이, '지렁이' 〈자동으로 전산망을 기어 다니면서 정보를 물어오는 차림표〉, 〈↔runner\sprinter〉 양1 def1

1085 **cray·fish \ craw-fish** [크뤠이 휘쉬 \ 크뤄어 휘쉬]: 〈게르만어〉, 〈crab fish〉, mud(clay) bug, 가재, 꽁무니 빼는 자 def기1 def2

1086 **cray·on** [크뤠이안]: 〈← creta(Crete Island)〉, 〈라틴어〉, 〈크레타섬의 흙으로 만든〉 크레용, 〈기름을 가미한〉 탄소봉, 색연필, 〈← chalk〉, 〈↔pencil〉 def1

1087 **cra·zy** [크뤠이지]: 〈← crasen(break)〉, 〈영국어〉, 〈full of cracks〉, 미친, 얼빠진, 열렬한, 〈↔sane\apathetic〉 양2

1088 ★**cra·zy-shits** [크뤠이지 쉳츠]: 미친 지랄, 꼴값 def2

1089 **cream** [크뤼임]: 〈← cramum(anoint)〉, 〈켈트어? → 라틴어〉, '우유연고', 유지, 연고, 정수, 담황색, 〈↔dreg〉, 〈~(↔)lotion\paste〉 우2

1090 ★**cream of the crop(pie)** [크뤼임 어브 더 크뢉(파이)]: 최상의 것(사람), 군계일학, 〈~ the best of the bunch\head and shoulders〉, 〈↔bottom of the barrel\goat in the sheep〉 양1

1091 **crease** [크뤼이스]: 〈← kriza(wrinkle)〉〈영국어〉, 주름(살), 접은 자국, 여성의 음문, 〈~ crest〉, 〈↔smooth\flat〉 양1

1092 **cre·a·tion** [크뤼에이션]: 〈← kar(make)〉, 〈산스크리트어 → 라틴어〉, 〈← creare〉, 창조(물), 창작(품), 〈↔destruction\removal〉 def기2

1093 *****cre·a·tive a·gen·cy** [크뤼에이티브 에이쥔씨]: '창작 대리점', 〈회사의 사활이 걸린〉 (광고) 제작업체 def2

1094 **cre·a·tor** [크뤼에이터]: 창조자, 창안자, (광고나 유행의) 고안자 양2

1095 **cre·a·ture** [크뤼이취]: 〈신에 의해〉 창출된 것(자), 피조물, 생물, 산물, 연놈(들), 예속자, 〈~ critter〉, 〈↔deity(god)\immortal〉 def기1

1096 **cre·den·za** [크뤼덴저]: 〈← credere(believe)〉, 〈라틴어〉, 쪽책상, 반탁자, 〈믿을 만한〉 귀중품 진열 탁자, 〈귀족에게 음식을 주기 전에 시험해 보려고 놓아두는〉 식기 진열장 우1

1097 **cred·it** [크뤠딭]: 〈← credere(believe)〉, 〈라틴어〉, 크레디트, '믿고 인정한 것', 신용, 명예, 대변 〈'큰 것'이 아니라 빌려줄 수 있는 영역〉, 〈↔dis-credit〉, 〈↔debit〉 양2

1098 ★**cred·it-car** [크뤠딭 카아]: 신용차, 만능차, 오락시설이 갖춰진 차 <예2>

1099 **cred·it card** [크뤠딭 카아드]: charge card, 신용증, 〈약속 기간 내에 지불하면 이자가 없는〉 외상구매증, (구입 시 신용회사에게 상당 금액의 지불을 약속하는) 신용구입권, 〈↔debit card〉 <예2>

1100 **cred·i-tor** [크뤠디터]: 채권자, 대변('큰 것'이 아니라 복식부기에서 통상 오른쪽에 기입하는 ⊕ 계정) <예2>

1101 **cred·u·lous** [크뤠쥴러스]: 〈← credere(believe)〉, 〈라틴어〉, 잘 믿는, 속기쉬운, 경솔한, 〈↔in-credulous\hard-headed〉 <왕1>

1102 **creed** [크뤼이드]: 〈← credere(believe)〉, 〈라틴어〉, 교리, 〈자신이 믿는〉 신조, (the Creed; 그레도, 사도신경〈기독교의 교리를 요약한 신앙고백〉), 〈~ faith\religion〉, 〈↔atheism\agnosticism〉 <기1> <중2>

1103 **creek** [크뤼이크]: 〈← krik(bend)〉, 〈어원 불명의 북구어〉, '굽이' 시내, 샛강, 작은 만, 〈brook 보다는 크고 stream 보다는 작은 것〉, 〈↔ocean\head-land〉 <왕1>

1104 **creep** [크뤼이프]: 〈← krupen(crawl)〉, 〈게르만어〉, 〈의태어〉, 기다, 포복하다, 살금살금 걷다, 징그럽게 굴다, 섬뜩하게 하다, (소름끼치게) 싫은 사람, 비열한 자, 〈~ weasel\wretch〉, 〈↔gallop\fly〉 <왕1>

1105 ★**creep-er** [크뤼퍼]: 기는 것, 파충류, 덩굴식물, 나무발바리(참새보다 작은 딱따구리의 일종), 땅볼, 아첨꾼, 〈~ crawler〉, 〈↔climber\hustler〉 <예2>

1106 ★**creep-shot** [크뤼이프 샽]: 신체의 성적부위를 몰래 사진 찍는 짓, 포복 촬영, spy camera, '몰카(몰래 카메라)' <예2>

1107 **cre·ma·tion** [크뤼메이션]: 〈← cremare(burn)〉, 〈라틴어〉, 소각, 화장, 〈↔extinguish\burial\interment\sepulcher〉 <기1>

1108 **Cre·ole** [크뤼이오울]: 〈← creare(produce)〉, 〈라틴어〉, 〈새로 'create'된 인종〉, 〈현지에서 태어난〉 크리올, 프랑스·스페인계의 미 남부 사람(흑인과의 튀기) <중1>

1109 **crepe** [크뤠이프]: 〈← crispare(curl)〉, 〈라틴어 → 프랑스어〉, crape, 오글오글한 (직물), (잔주름이 있는) 빈대떡, 〈~ pancake\bin-dae-tteok〉 <왕2>

1110 **cres·cent** [크뤠슨트]: 〈← crescere(increase)〉, 〈라틴어〉, 〈앞으로 더 커질 수 있는〉 초승달, 상현달, (the C~; 회교〈아주 의미심장한 말〉), 〈↔straight\angular\full moon〉 <왕1> <중2>

1111 **crest** [크뤠스트]: 〈← crista(tuft)〉, 〈라틴어〉, 볏, 벼슬, 관모, 도가머리, 꼭대기, 투구 장식(털), 용마루, 극치, 〈↔bottom\base〉 <왕2>

1112 ★**crest-fall-en** [크뤠스트 훠얼런]: 풀이 죽은, 맥빠진 <왕2>

1113 **crev·ice** [크뤠뷔스]: 〈← crepare(break)〉, 〈라틴어 → 프랑스어 → 영국어〉, 갈라진 틈, 균열, 〈~ crevasse〉, 〈↔plain\closing〉 <왕2>

1114 **crew** [크루우]: 〈← crescere(increase)〉, 〈라틴어〉, 〈← recruit〉, 〈증가시키는〉 '보충병', 승무원, 탑승원, 패거리, 〈↔individual\pariah〉 <왕2>

1115 ★**crew cut** [크루우 컽]: 〈아이비리그의 조정선수들같이〉 앞머리를 가로로 자르고 바리캉(bariquant)으로 뒷머리를 짧게 깎아 각지게 만든 〈군대식〉 머리 <중1>

1116 ★**crew-neck** [크루우 넼]: '승무원 목깃', 높고 둥근 목깃의 웃옷 <예2>

1117 **crib** [크맆]: 〈← cryb(manger)〉, 〈게르만어〉, 구유(여물통), 시렁, 곳간, 유아 침대, 〈↔pleasure dome〉 <왕1>

1118 **crick·et**[1] [크뤼킽]: 〈프랑스어〉, 〈의성어〉, a creaker, 귀뚜리, 귀뚜라미, 촉수가 몸보다 길며 수컷이 〈크뤼킷~크뤼킷~ 하며 우는〉 곤충 <예2>

1119 **crick·et**[2] [크뤼킽]: 〈← criquet(stick)〉, 〈프랑스어에서 연유한 영국어〉, 11명씩 된 2조가 하는 〈야구 비슷한〉 (영국식) '막대기' 공치기 <중2>

1120 ★**cri-ed wolf too man·y times**: 콩으로 메주를 쑨다 해도 곧이 듣지 않는다, 〈~ don't believe a word〉

1121 **crime** [크롸임]: 〈← krinein(decide)〉, 〈그리스어 → 라틴어〉, 〈의도적인〉 죄, 범죄, 위법, 〈체로 쳐서 골라낸〉 죄악, 〈↔virtue\good deed〉

1122 **crim·i·nal** [크뤼미널]: 〈← crime〉, 범죄자, 범인, 〈~ convict\malefactor〉, 〈↔legal\legitimate〉

1123 **crim·son** [크륌즌]: kymi(worm)+jan(produce), 〈산스크리트어 → 아랍어〉, 〈물감을 빼어내던 곤충에서 유래한〉 심홍색, 연지색

1124 **crip·ple** [크뤼플]: 〈← creopan(creep)〉, 〈게르만어〉, 불구자, 장애자, 절뚝발이, 〈↔aid\heal〉

1125 **cri·sis** [크롸이시스] \ cri·ses: 〈← krinein(decide)〉, 〈그리스어〉, 〈결정적〉 위기, 갈림길, 고비, 난국, '구별되는 지점', 〈↔peace\stability〉

1126 **crisp** [크륏슾]: 〈← crispare(curl)〉, 〈라틴어〉, 바삭바삭한, 부서지기 쉬운, 상쾌한, 뚜렷한, 〈↔soggy\flexible\tough〉

1127 **cri·te·ri·on** [크롸이티어뤼언] \ **cri·te·ri·a** [크롸이티어뤼어]: 〈← krinein(decide)〉, 〈그리스어〉, 〈← critic〉, 기준, 척도

1128 **crit·ic** [크뤼틱]: 〈← crinein(judge)〉, 〈그리스어〉, critique(프랑스어), 비평가, 감정가, 비난자, '구별해 주는 자', 〈↔ criterion〉, 〈↔complimentor\praiser〉

1129 *****CRLF** [커얼에후] (car·riage re-turn and line feed): 〈되돌아가서 다시 시작하라는〉 복귀와 개행 (인쇄기나 단말기에 줄의 시작 부분으로 되돌아가라는 문자나 숫자 부호; 13·10·CRLF 등), '처음부터 다시 쓰기'

1130 **croak** [크로욱]: 〈← chrockezan〉, 〈게르만어 → 영국어〉, 〈의성어〉, 〈개구리·까마귀 등이〉 깍깍(우는 소리), 쇳소리, 불평, 〈whistle\rejoice〉

1131 **cro·chet** [크로우쉐이]: 〈← krohr〉, 〈북구어 → 프랑스어〉, 〈← croc(hook)〉, 코바늘 뜨개질, '작은 갈고리'

1132 **crois·sant** [크뤄싸앙]: 〈프랑스어〉, 버터를 많이 넣은 'crescent'(반달) 모양의 부푼 빵

1133 *****cro·ma key** [크로우머 키이]: chroma key, '채도 열쇠', 〈일기예보 등에서와 같이〉 전경은 그대로 두고 배경 화상만 바꾸는 기술, green screen effect

1134 ★**crom·u·lent** [크뤼뮤런트]: crom(어원 불명의 어간)+ulent, 〈1996년 미국 TV 연속극에 등장한 말〉, 합법적인, 만족스러운, 괜찮은, (겉만) 번드르한, 〈↔un-acceptable\ir-relevant〉

1135 ★**cron** [크롼]: 〈신조어〉, Omicron (virus)의 약자

1136 **crook** [크룩]: 〈← krokr(hook)〉, 〈북구어〉, 굽은 물건, 갈고리, (악기 등의) 만곡부, 사기꾼, 〈~ crumple〉, 〈↔straight〉

1137 **crop** [크뢉]: 〈← croppe(top)〉, 〈게르만어〉, 〈식물의 꼭대기〉 '이삭', 수확(물), 곡물, 농작물, 한 떼, 잘라내기, 모이주머니, 스크랩북(오림책)을 만드는 동아리, 〈→ group〉, 〈↔ close cropped〉

1138 ★**crop out(up)** [크뢉 아웉(엎)]: 〈꼭대기를 잘라내다〉, 노출하다, (갑자기) 나타나다, 생기다

1139 ★**crop top** [크뢉 탑]: midriff, 배꼽티, '상체 노출형 옷', 복부가 드러나는 짧은 여성용 윗옷

1140 **cross** [크뤄스]: 〈← crux〉, 〈라틴어〉, X표, †표, 십자(가), 넘다, 건너다, 교차된, 까다로운, 수난, 교배, 혼선, 〈→ crucial\cruise\crusade\crutch〉, 〈↔animated\pleasant〉

1141 **cross-coun·try** [크뤄스 컨트뤼]: 전국적인, '평지횡단' (스키)

1142 **cross-cut** [크뤄스 컽]: 가로 켜기, 횡단, 지름길

1143 ***cross-grade** [크뤄스 그뤠이드]: (타사의) 동종 제품 관2

1144 **cross-o·ver** [크뤄스 오우붜]: (입체) 교차로, 육교, 교환, 혼합, 절충형 자동차(차대가 통짜로 된 SUV) 관1

1145 ***cross-o·ver net-work** [크뤄스오우붜 네트워얼크]: 교차 회로망, 주파수 분할용 회로망 관2

1146 ***cross-plat-form** [크뤄스 플랱훠엄]: 〈한 종류 이상의 전산기에 적용할 수 있는〉 '교차 좌대' 관1

1147 ***cross-post** [크뤄스 포우스트]: 교차 게시, '동시' 게시 (하나의 게시물을 여러 개의 게시판에 같이 게재하는 것) 관2

1148 **cross-road** [크뤄스 로우드]: 네거리, 십자로, 갈림길, 교차도로, 〈↔rotary\traffic circle〉 관1

1149 ***cross share-hold·ing** [크뤄스 쉐어 호울딩]: (가족이나 계열사 간의) 상호출자 관2

1150 ★**cross the Ru·bi·con** [크뤄스 더 루우비칸]: (되돌아 갈 수 없는) 루비콘 강을 건넜다, 결단을 내렸다, 〈~ the dice is cast〉, 〈1954년에 미국에서 'River of No Return'이란 영화가 나왔음〉 관2

1151 **cross-walk** [크뤄스 워어크]: 횡단보도 가1

1152 **cross-ways** [크뤄스 웨이즈]: cross·wise, 십자형으로, 엇갈리게, 비스듬히 관2

1153 **cross-word puz·zle** [크뤄스 워어드 퍼즐]: 십자말풀이 관2

1154 **crotch** [크롸취]: 〈← croc(hook)〉, 〈프랑스어〉, 〈← cruth〉, 가랑이, 분기점, 〈서로 갈라진〉 아귀, 음부, 샅 관1

1155 **crouch** [크롸우취]: 〈← croche(hook)〉, 〈프랑스어〉, 〈← crotch〉, 쪼그리다, 몸을 구부리다, 웅크리다, 〈~ cower〉, 〈~ hunker〉, 〈→ scrooch〉, 〈↔stretch\straighten〉 관1

1156 **crow** [크로우]: 〈← chrawa〉, 〈의성어〉, 〈게르만어〉, 까마귀, 흑인, 해병대령 계급장, 추녀, (수탉·까마귀 등이) 깍깍대다, 환성을 지르다, 〈→ sparrow〉, 〈↔complain\whine〉 관1 관2

1157 **crowd** [크롸우드]: 〈← creodan(push)〉, 〈게르만어〉, 〈손수레를 밀려고 '다투며' 앞으로 몰려온〉 군중, 붐빔, 다수, 청중, 〈어중이 떠중이〉, 〈~ throng〉, 〈↔individual\disperse〉 관1

1158 *crowd-fund·ing [크롸우드 훤딩]: '군중 자금 조달', 특정 사업비를 일반 시민에게서 염출하는 〈다수 부담〉, 〈한국에서 많은 U-tuber들이 활용하는〉 '시민 기금', 〈~ crowd sourcing〉, 〈↔boot-strapping〉 관2

1159 *crowd-ing-out ef·fect [크롸우딩 아웉 이휄트]: (정부가 시장의 일부에 관여할 때 다른 분야에 영향을 미친다는) 구축효과 관2

1160 *crowd sour·cing [크롸우드 쏘오싱]: '군중 해결책', 대중을 통해 돈과 자원을 모으는 방식, ⇒ crowd-funding 관2

1161 **crown** [크롸운]: 〈← korone(tip of a bow)〉, 〈그리스어 → 라틴어〉, 〈← corona〉, 왕관, 왕권, 영광, 절정, 정수리, (상한 치아를 덮어씌우는) 치관, (watch 등의) 태엽감개, 〈~ culminant〉 관1 관2

1162 **cru·cial** [크루우셜]: 〈← crux(cross)〉, 〈라틴어〉, 결정적인, 중대한, 〈도로 분깃점 표시용〉 '십자형' 부호의, 〈↔minor\non-crucial〉 관1

1163 **cru·ci·fy** [크루우시화이]: crux(cross)+figere(fasten), 〈라틴어〉, 십자가에 못 박히다, 몹시 괴롭히다, 혹평하다, 〈↔approve\praise〉 관1

1164 **crude** [크루우드]: 〈← crudor(raw)〉, 〈라틴어〉, 가공하지 않은, '생짜의', 조잡한, 노골적인, 〈← rude〉, 〈→ cruel〉, 〈↔refined\decent〉 관1

1165 **cru·el** [크루우얼]: 〈← crudor(raw)〉, 〈라틴어〉, 잔혹한, 무자비한, 냉엄한, 〈~ truculent\cold\ruthless〉, 〈← crude〉, 〈↔compassionate\merciful〉 관1

1166 **cruise** [크루우즈]: 〈라틴어〉, 〈← cross〉, 〈가로지르는〉 순항, 〈돌아다니는〉 만유, 선박여행, 답사, 〈↔flounder\hover〉, 〈↔whistle-stop tour〉 관1

1167 ★**cruis·er** [크루우저]: 순양함, 대형 발동선, 만유자, 순찰자, 손님을 찾아 돌아다니는 택시, (거리의) 매춘부 ㉮1

1168 **crumb** [크럼]: 〈← crimman(break into pieces)〉, 〈게르만어〉, 〈← crumble〉, 작은 조각, 빵가루, 소량, 잔돈, 싫은 놈〈 ← dumb?〉, 〈↔crust\mass\chunk\gentlman〉 ㉮1

1169 **crunch** [크뤈취]: 〈영국어〉, 〈crush+munch〉, 우두둑, 우지끈, 부족, 곤궁, 위기, 붐빔, 쇄도, 〈↔calm\peace〉 ㉮1

1170 **cru·sade** [크루우쎄이드]: 〈← crux〉, 〈라틴어〉, 〈십자가를 단〉 십자군, 성전, 개혁 운동, 〈↔retreat\surrender\deconvert〉 ㉮1

1171 **crush** [크뤄쉬]: 〈← crusciere(break)〉, 〈라틴어 → 프랑스어〉, 짓밟다, 뭉개다, 으깨다, 진압, 홀딱 반함, 〈함께하는 (강한) rush〉, 〈 ~ squash\trample〉, 〈↔inspire\uplift〉 ㉮2

1172 **crust** [크뤄스트]: 〈← crusta(shell)〉, 〈라틴어〉, 〈rind〉, (딱딱한) 껍질, 더께, 갑각, 철면피, 〈↔core\interior\mucus〉 ㉮1

1173 **crutch** [크뤄취]: 〈← crycc〉, 〈게르만어〉, 〈겨드랑에 끼는 cross·piece(가로장)에서 연유한〉 목다리, 의지, 버팀, 지주, 〈↔handicap\disability〉 ㉮1

1174 **cry** [크롸이]: 〈← queri(lament)〉, 〈라틴어〉, 아우성치다, 소리치다, 울다, 짖다, 큰 소리로 말하다, 〈↔laugh\whisper〉 ㉮1

1175 ★**cry-ing wolf** [크롸이 울후]: 〈이솝 우화에 나오는 말〉, '짖는 늑대', 허위 신고, 관심을 끌기 위해 계속 소란을 피우다 나중에는 외면당한다, 〈↔be frank\be open\tell the truth〉 ㉮2

1176 ★**cry over spilt(spilled) milk**: 엎지른 물은 도로 담을 수 없다, 후회해도 소용없다〈그러니 앞으로나 잘해〉, 만시지탄, 〈↔don't cry, just wipe it out: 이원택 박사가 만든 반대말〉 ㉮1

1177 ★**Cryp·to.com Are·na**: 〈싱가포르의 가상화폐 회사가 이름만 700 million $에 사들인〉 미국 LA Staples Center의 2022년 부터의 명칭 ㉮1

1178 *****cryp·to·cur·ren·cy** [크륍터 커어뤤시]: 암호 화폐 (통화), 가상 화폐, 〈국가마다 규제가 다른〉 bitcoin 등 '전산망상에서만 존재하는 화폐', digital money ㉮2

1179 *****cryp·tog·ra·phy** [크륍터 그래휘]: 〈고유의〉 암호작성(해독)법, 암호문 ㉮2

1180 **crys·tal** [크뤼스틀]: 〈← kryos(cold)〉, 〈그리스어〉, '얼음', 수정, 결정체, 투명한, 〈↔clouded\opaque\foggy〉 ㉮1

1181 *****C-space**: 현재 여러 의미로 쓰이나 통상 connected space 〈연결된 공간〉란 뜻으로 앞으로 귀추가 주목되는 말 ㉮2

1182 ★**C-suite** [씨이 스위이트]: (CEO·CFO·COO·CIO 등이 모이는) 중역실 ㉮2

1183 ★**CTO** (chief tech·ni·cal of·fic·er): 최고 기술 경영자 ㉮2

1184 *****CT scan** [씨티이 스캔]: 전산기 단층 주사 촬영 ⇒ CAT ㉮2

1185 ★**C2C**: customer to customer, 고객 대 고객, 개인간의 거래, 〈~(↔)B2C〉, 〈↔B2B〉 ㉮2

1186 ★**CU** (see you): 또 봐…, 그만…, CU L8R: (see you later) ㉮2

1187 **cub** [컵]: 〈← cuib(whelp)〉, 〈아일랜드어?〉, 〈어원 불명의 영국어〉, (곰·사자·여우 등의) 새끼, 애송이, 풋내기, 〈↔parent\veteran〉 ㉮2

1188 **cube** [큐우브]: 〈← kybos(die)〉, 〈그리스어〉, 〈주사위〉, 입방체, 정육면체, 세제곱, 〈↔ball\cube root〉 ㉮2

1189 ★**Cube-Sat** [큐우브 쌭]: cube + satellite, (한 면의 길이가 10cm 정도에 무게는 1kg 정도인) 초소형 인공위성 ㉮2

1190 **cu·bi·cle** [큐우비클]: 〈← cubare(lie down)〉, 〈라틴어〉, 〈눕기 위한〉 작은 침실, (칸막이한) 작은 공간, 개인용 열람석, 탈의실, 〈~ concubine〉, 〈↔open space\mansion〉 미2

1191 ★**cuck** [쿡]: ①cuck·servative(cuck·old conservative), 〈오쟁이 진 남편처럼〉 의지 약한 〈보수〉 정치인 ②cuck·old, 오쟁이 진 남편 양2

1192 **cuck·oo** [쿠우쿠우]: 〈← cucu〉, 〈프랑스어〉, 뻐꾹, 〈의성어〉, 뻐꾸기, 〈쿠~쿠~ 하며 우는〉 뻐꾹새 (딴 새의 둥지에 알을 낳아 까게 하는 두견이와 비슷하나 훨씬 큰 명금류), 얼간이, 미친 사람, 〈~ silly\crazy〉, 〈↔reasonable\sane〉 양2

1193 **cu·cum·ber** [큐우컴버]: 〈어원 불명의 그리스어 kukuos에서 연유한 라틴어〉, 〈← cucumis〉, 〈땅에 나는 과일〉, 오이, 〈인도에서 전래된〉 박과의 넝쿨식물 및 그 '과일', 〈~ gourd\zucchini〉, 〈최근 연구에 의하면 중동지방의 ukush→quissu(wander-wort)가 어원이라 함〉 양2

1194 **cud·dle** [커들]: 〈← cunnan(struggle)?〉, 〈불확실한 어원의 영국어〉, 꼭 껴안다, 귀여워하다, 아첨하다, 〈↔let go\push away〉 양1

1195 **cue¹** [큐우]: 〈quando(when)라는 라틴어에서 나왔다는 설도 있으나 어원 불명의 영국어〉, 대사의 마지막 장, (연주의) 지시악절, 신호, 실마리, 계기, 〈↔solution\disarray〉 미2

1196 **cue²** [큐우]: 〈← cauda(tail)〉, 〈라틴어〉, 변발(queue), 줄(대기행렬), 당구채 양2 미1

1197 ★**cue¹ card** [큐우 카아드]: '단서 판지', (출연자가 말 할 내용을 읽을 수 있게 카메라 뒤쪽에서 들어 보여주는) 보조 문자판, 〈~ idiot card〉 미2

1198 **cuff** [커후]: 〈← cuffie(cap)?〉, 〈게르만어〉, 〈불확실한 어원의 영국어〉, 소맷부리, 손목 윗부분, 수갑, 접은 바짓단, '장갑', 〈↔belt\sock〉 미2 양1

1199 ★**cuff·ing** [커핑]: 수갑 채우기, (연애에서) 모임에 참석할 짝을 미리 정해 놓는 짓 미2

1200 **cui·sine** [퀴지인]: 〈← coquere〉, 〈라틴어 → 프랑스어〉, 〈cook 하는 곳〉, 쿠징, 〈부엌〉 요리법, 일품요리 미2

1201 ★**cul de sac** [컬 더 쌕]: 〈프랑스어〉, bottom of a bag, 막힌 길, 막다른 골목, 곤경, '자루 밑', 〈↔break-through\solution〉 양2

1202 **cu·li·nar·y** [큐울리네뤼 \ 컬리너뤼]: 〈← culina(kitchen)〉, 〈라틴어〉, 부엌의, 요리(용)의, 〈~ coquens〉, 〈↔distasteful\inedible〉 양2

1203 **cul·mi·nate** [컬미네이트]: 〈← culmen(top)〉, 〈라틴어〉, 〈끌어올려〉 '정점'(절정)에 이르다, 완결시키다, 〈~ crown〉, 〈↔start\begin〉 기2

1204 **cul·pa·ble** [컬퍼블]: 〈← culpare (←culpa〈crime〉)〉, 〈라틴어〉, 〈벌 받아 마땅한〉 죄 있는, 비난할 만한, 괘씸한, 〈~ guilty\red handed〉, 〈↔innocent\blameless〉 양2

1205 **cul·prit** [컬프륕]: cul(crime)+praestus(ready), 〈라틴어〉, 〈← culpable〉, 범죄자, 형사 피고인, 〈~ offender〉, 〈↔plaintiff\accuser\myrtyr〉 양2

1206 **cult** [컬트]: 〈← colere〉, 〈라틴어〉, 〈cultivated된〉 예배(식), 예찬, 〈새로 경작된〉 이교, 사이비 종파, 〈↔secularism\mainstream〉 양2

1207 **cul·ti·vate** [컬티붸이트]: 〈← colere(till)〉, 〈라틴어〉, (땅을) 갈다, 경작(재배)하다, 신장(장려)하다, 기르다, 〈→ culture\till²〉, 〈↔inhibit\discourage\abandon〉 양2

1208 *****cul·tur·al ap·pro·pri·a·tion** [컬춰뤌 어프로우프뤼에이션]: 문화 전유, 한 전통문화를 딴 문화권에서 〈슬쩍〉 갖다 쓰는 일, 〈↔cultural repudiation〉 양2

1209 *****cul·tur·al dis·so·nance** [컬춰뤌 디써넌스]: 문화적 불협화음 (문화의 각 부분이 골고루 발달되지 못한 현상), 〈↔cultural consonance〉 양2

1210 **cul·ture** [컬춰]: 〈← colere(cultivate)〉, 〈라틴어〉, '자라난 것', 문화, 정신문명, 교양, 재배, 〈농경 사회의 산물〉, 〈↔ignorance\inability〉 기2

1211 *cul·ture(ral)-lag [컬춰(뤌) 래그]: 문화지체(지연) 〈물질적 변화에 정신적 변화가 못 따라가는 현상〉 **영2**

1212 cu·mu·la·tion [큐우뮬레이션]: 〈← cumulare(pile up)〉, 〈라틴어〉, 〈증가〉, 축적, 퇴적, 누적, 〈↔decreasing\subtracting\depletion〉 **영2**

1213 cun·ning [커닝]: 〈← cunnian(try)〉, 〈영국어〉, 〈알아서〉 교활한, 약삭빠른, 교묘한, '시험 부정' 〈컨닝구〉, 〈~ sly\wily〉, 〈↔honest\sincere〉 **가1**

1214 cup [컾]: 〈← cupa(cask)〉, 〈라틴어〉, 잔, 찻종, 운명의 잔, 오목한 것, 〈← tub〉 **데1**

1215 cup-board [커벌드]: 〈cup 등을 올려놓는〉 찬장, 벽장, 〈~ larder\pantry〉 **영1**

1216 Cu·pid [큐우피드]: 큐피드, Eros, 비너스의 아들, cupid: 〈라틴어〉, '열망(desire)', 사랑의 사자, 미소년, 〈↔match-breaker〉 **수2 양2**

1217 cu·ra·tor [큐뤠이터]: 〈← curare〉, 〈라틴어〉, 〈care 하는〉 감독, 관리자, 후견인 **데2**

1218 curb [커얼브]: 〈← curvare〉, 〈라틴어〉, 〈← curved〉, 〈구부러진〉 재갈, 고삐, 틀, 구속, 가장자리 장식, '도로막이'(가두), 〈가두〉 장외시장, 영국에서는 'kerb'라고 씀, 〈~ bridle\dandori〉, 〈↔drive\ release〉 **영1**

1219 *curb mar·ket [커얼브 마아킽]: 〈길거리에서 열리는〉 장외시장, 사채시장 **영2**

1220 curd [커얼드]: 〈← crudan(press)?〉, 〈어윈 불명의 영국어〉, 엉겨 굳어진 것, 응고물, 응유, 〈~ coagulation〉, 〈↔melt\liquify〉 **영1**

1221 cure [큐어]: 〈← cura(care)〉, 〈라틴어〉, 치료(법), 교정(법), 영혼 구원, 양생, '조리', 'care', 〈↔ curette〉, 〈↔harm\injure〉 **영1**

1222 cur·few [커얼휴우]: cooperire(hide)+focus(hearth), 〈라틴어 → 프랑스어〉, 〈불을 덮는〉 소등, 만종, 통행 금지(시작), 〈↔all-nighter\unlimited time〉 **데2**

1223 cu·ri·os·i·ty [큐어뤼아써티]: 〈← curiosus(careful)〉, 〈라틴어〉, 〈관심에 가득 찬〉 호기심, 진기함, 〈→ curio〉, 〈↔in-curiosity\dis-interest〉 **영2**

1224 ★cu·ri·os·i·ty killed the cat: 〈1598년에 등장한 영국 속담〉, 호기심이 지나치면 위험하다, 〈↔but satisfaction brough it back〉 **양2**

1225 curl [커얼]: 〈← crull(windy)〉, 〈게르만어〉, 곱슬곱슬하게 하다, 비틀다, 뒤틀다, 고수머리, 〈↔flatten\ smooth〉 **데2**

1226 cur·ren·cy [커어뤈시]: 〈← current〉, 유통, 통용, 통화, 화폐, 유포, 〈↔infrequency\suppression\ poverty〉 **가1**

1227 *cur·ren·cy swap [커어뤈시 스왚]: 〈환율 변동이나 수수료를 배제하려고〉 두 차입자가 다른 통화로 빌린 자금의 통화를 서로 교환하여 채무를 이행하는〉 통화교환 **양2**

1228 cur·rent [커어뤈트]: 〈← currere(run)〉, 〈라틴어〉, '달리고 있는', 현행의, 지금의, 유행하는, '흐름', 추세, 〈→ currency〉, 〈~ present\stream\tide〉, 〈↔old\past\future〉 **영1**

1229 *cur·rent ra·tio [커어뤈트 뤠이쇼우]: 유동비율, 은행비율, 현재 자산을 현재 채무로 나눈 숫자, 〈~ quick ratio\acid-test ratio\broker's ratio〉 **양2**

1230 cur·ric·u·lum [커뤼큘럼]: 〈← currere(run)〉, 〈라틴어〉, 〈← career〉, 〈진행하는〉 교육(교과)과정, 이수 과정 **가1**

1231 cur·ry¹\ cur·rie [커어뤼]: 〈← kari(sauce)〉, 〈Tamil어〉, 카레(가루 요리), 주로 인도 음식에 쓰는 종합 향신료(맛난이) **수2**

1232 curse [커얼스]: 〈← corruptiare(to corrupt)〉, 〈라틴어 → 영국어〉, 저주하다, 악담하다, 파문하다, 〈~ anathema\malediction〉, 〈↔blessing\benediction〉 **영1**

1233 ★**curse in dis·guise** [커얼서 인 디스가이즈]: 처음에는 좋은 것처럼 보였던 나쁜 것, 〈↔blessing in disguise〉 영1

1234 ★**curses(, like chick·ens,) come home to roost**: 누워서 침 뱉기, 〈~ cut off one's nose to spite one's face〉 영2

1235 ***cur·sor** [커얼서]: 〈← currere(run)〉, 〈라틴어〉, '뛰는 놈', 계산자, 측량기, 깜빡이, 〈~ pointer〉 영1 미2

1236 **cur-tail** [커얼테일]: 〈← curt(shorten)〉, 〈라틴어〉, 〈꼬리를 잘라〉 짧게 줄이다, 삭감(하다), 박탈(하다), 〈~ reduce\re-trench〉, 〈↔increase\extend\spin out〉 영2

1237 **cur·tain** [커튼]: 〈← chortos(yard)〉, 〈그리스어〉, 〈둘러서 'court'를 만드는〉 〈고대 그리스에서 court로 나가는 문에 걸던〉 휘장, 막, 칸막이, 배후, 〈↔expose\uncover〉 미1

1238 ★**cur·tain call** [커어튼 커얼]: 배우를 무대로 다시 불러내기, (공연이 끝난 후 박수를 받으러 나오는) 폐막 전사 〈전에 일어나는 일〉 미2

1239 ★**cur·tain lec·ture** [커어튼 렉처]: 베갯머리 잔소리, 베갯밑송사 미2

1240 ★**curve** [커어브]: 〈← kyrtos(bent)〉, 〈그리스어 → 라틴어〉, 〈← curvare〉, 만곡, 굽음, 곡선, 속임, 물러나다, 사라지다, 〈↔straighten\stay〉, 〈↔arpeggio〉 가1 영2

1241 ★**curve-ball** [커어브 버얼]: '만구', 책략, 속임수(헛점 찌르기), 〈↔straight-ball〉 미2

1242 **cush·ion** [쿠션]: 〈← culcita(pillow)〉, 〈라틴어〉, 〈엉덩이를 받치는〉 완충물, 방석, 받침, 완화, 〈↔intensify\exacerbate〉 우2

1243 **cusp** [커슾]: 〈← cuspis(point)〉, 〈라틴어〉, 뾰족한 끝, 첨단, 꼭짓점, 돌출점, 〈↔bottom\edge〉 영1

1244 **cuss** [커스]: 〈1768년에 등장한 미국어〉, 〈← curse〉, 저주, 욕설, '새끼', 〈↔respect\bless〉 가1

1245 **cus·tard** [커스터드]: 〈← crustare(to crust)〉, 〈라틴어 → 프랑스어〉, 우유·계란·설탕 등을 넣고 찌거나 구운 과자 (crust) 우1

1246 **cus·to·dy** [커스터디]: 〈← keuthein(hide)〉, 〈그리스어 → 라틴어〉, 〈← custos(guardian)〉, 보관, 관리, 구금, 양육권, 보호 감독, 〈↔liberation\emancipation〉 영2

1247 **cus·tom** [커스텀]: com(complete)+suere(used to), 〈라틴어〉, 관습, 풍습, 관례, 〈수입품에 의례적으로 내는〉 관세, 〈~ accustom〉, 〈→ costume〉, 〈↔deviation\divergence〉 영1

1248 **cus·tom·er** [커스터머]: 고객, 단골, 〈습관적으로 오는〉 손님, 〈↔merchant\vendor〉 가2

1249 *__cus·tom-ized med·i·cine__ [커스터마이즈드 메디슨]: '주문형 의학', '개체 의학', 개인의 유전정보를 바탕으로 질병을 예방·치료해 주는 일 우2

1250 **cut** [컽]: 〈← cyttan(shear)〉, 〈영국어〉, 베다, 끊다, 줄이다, 중단하다, 가로지르다, 결말짓다, 성사시키다, 패떼기, 몫, 한 장면, 땡땡이, 〈~ carve〉, 〈↔unite\sew\restore〉 영1

1251 ★**cut and dry** [컽 앤 드라이]: 미리 준비된 대로, 간결한, 틀에 박힌, 〈↔vague\confused〉 미2

1252 ★**cut cor·ners** [컽 코어너스]: 모서리를 자르다, 지름길로 가다, 생략하다, (일을 쉽게 하려고) 절차나 원칙을 무시하다, 〈~ skimp\economize〉, 〈↔extra measure\top-up〉 영2

1253 **cute** [큐우트]: 〈← acutus(sharp)〉, 〈라틴어 → 영국어〉, 〈← acute〉, 날렵한, 귀여운, 멋진, 〈↔ugly\disgusting〉 가2

1254 ★**cut-fit** [컽 휱]: ①머리 자른 모양 ②(조련사와 같이) 운동해서 살을 빼는 일 영2

1255 **cut·let** [커틀맅]: 〈← costa(rib)〉, 〈라틴어〉, 얇게 저민 갈비살, '썬 고기', 〈↔whole\chunk〉 미1

1256 *__cut-line__ [컽 라인]: ①삽화나 사진의 설명문 ②(squash 경기에서) 벽에 표시된 서브공의 하한선, 〈한국에서 자격이나 입시의 성·패를 가를 때 쓰는 '분리선'은 'cut-off line'이 적절한 표현임〉 미1

1257 ★cut off one's nose to spite one's face: 누워서 침 뱉기, 빈대 잡으려고 초가삼간 태운다, ⟨~ curses(, like chickens,) come home to roost⟩ 양2

1258 *cut rate [컽 뤠이트]: 할인한, 싸구려의, 할인 가격, ⟨~ bargain⟩, ⟨↔expensive\premium⟩ 양1

1259 ★cut the mus·tard [컽 더 머스터드]: ⟨1891년경에 텍사스에서 등장한 '어원 불명'의 숙어라고 하나 편자는 '겨자씨를 쪼갤 수 있는 사람이 있으면 한 번 나와봐!'라고 말하고 싶다⟩, 불가항력, 기대치 이상의, 아주 성공적인, ⟨↔fail\struggle⟩ 양2

1260 ★cut·ting cor·ners [커팅 코너쥐]: 대충하는 것, 지름길, ⟨~ short-cut⟩, ⟨↔following the rules⟩ 양1

1261 ★cut·ting edge [커팅 엪쥐]: 칼(날), 날카로움, 신랄함, 최첨단, ⟨~ state of the art\up-to-date⟩, ⟨↔conventional\customary⟩ 양2

1262 cut·tle·fish [커틀 휘쉬]: ⟨← koddi(testicle)⟩, ⟨게르만어⟩, ⟨주름잡힌⟩ (갑·뼈) 오징어 (두 개의 왕눈에 두 개의 커다란 촉수와 여덟 개의 손을 가지고 먹물을 토해내는 ⟨codd(불알)를 가지고⟩ 비늘도 없고 뼈도 없는 바닷물고기), 한치, ink·fish 미2

1263 *cut to the chase: ⟨1930년에 등장한 미국 영화계 용어⟩, (질질 끌지 않고) 단칼에 베다, (거두절미하고) 요점만 말하다, 본론으로 들어가다, ⟨↔beat around the bush\talk in circles⟩ 양2

1264 CV [씨이뷔이]: ⇒ curriculum vitae 양2

1265 ★c-ya [씨이야]: see you, 또 봐…, 그만… 미2

1266 cy·a·nide [싸이어나이드]: ⟨← cyan(dark blue)⟩, ⟨그리스어⟩, ⟨푸른 빛의⟩ 시안화물, 청산칼리, ⟨산소를 빼앗아가는⟩ 맹독 탈 산소물

1267 *cy·ber [싸이버]: ⟨← kybernetes(steersman)⟩, ⟨'pilot'라는 뜻의 그리스어에서 1948년에 조작한 영어⟩, ⟨기계로 조작된⟩ 조타, 인공두뇌, 전자 통신망과 가상현실, ⟨↔real\physical⟩ 중2

1268 ★cy·ber bowl·ing [싸이버 보울링]: ①고강도 유흥시설이 있는 보울링장 ②(인터넷에 올려 이놈 저놈에게 얻어맞게 하는) '인터넷 돌림빵' 미2

1269 ★cy·ber-café [싸이버 캐풰이]: 전산망 응접실, 전산망 회합소 미2

1270 *cy·ber·ne·tics [싸이버네틱스]: ⟨← kybernetes(steersman)⟩, ⟨그리스어⟩, 인공 두뇌학 (전산망을 통해 정보처리를 하는 학문) 미2

1271 *cy·ber·plus [싸이버 플러스]: (멀티프로세서의 하나로 1초에 2.5억 회의 계산 처리가 가능한) 조타 다중 처리기 양1

1272 ★cy·ber punk¹ [싸이버 펑크]: 전산망을 통해 파괴적·반사회적 행동을 하는 인간 미2

1273 *cy·ber punk² [싸이버 펑크]: 전신기가 지배하는 (폭력적) 세상을 풍자한 공상·과학소설 미2

1274 *cy·ber-safe·ty [싸이버 쎄이후티]: 전산망 안전, (전산망 사용시) 범죄나 인권침해를 방지하기 위한 대책

1275 *cy·ber-sa·pi·ens [싸이버 쌔피언스]: '조타인간', '전산망 인류', (머리에는 이어폰을 끼고 가슴에는 스크린을 달고 손에는 마우스를 쥐고 있는) 괴상망측한 인간, ⟨편자가 2014년에 조제한 말인데 어쩐지 아직까지 널리 쓰이지 않고 있음⟩ 양2

1276 ★cy·ber sex [싸이버 쎅쓰]: 전산망을 통한 성적 행동 양1

1277 *cy·ber-space [싸이버 스페이스]: (전산망으로 둘린) 가상공간, ⟨~ meta·space⟩, ⟨↔meat-space⟩ 미2

1278 *cy·ber-squat·ting [싸이버 스콰팅]: 전산망 불법점거 (전산망 영역을 불법으로 취득·전매·투기하는 행위) 미2

1279 ★cy·ber war [싸이버 워어]: 가상현실 전쟁 양1

1280 ***cy·ber wreck·er** [싸이버 뤡커]: '전산망 난파자', 전산망 〈사고 견인차〉, 사건이 터지면 재빨리 짜집기 영상을 만들어 조회수를 올리는 유튜버 예2

1281 ★**cy·bur·bia** [싸이버비어]: cyber+suburbia, 가상공간 교외주민 (가상공간에서 전산기에 매달린 지역주민) 예2

1282 **cy·cle** [싸이클]: 〈← kyklos〉,〈그리스어〉,〈← circle〉, '원', 순환, 주기, 한 바퀴, 주파, 자전거, 〈↔interruption\derangement\car〉 일1

1283 *cy·clic re·dun·dan·cy check** (CRC): 순환 중복검사 (자료 전송 시 〈쓸데없는〉오류를 검출하는 방법) 예2

1284 ★**cy·clo-cross bike** [싸이클로우 크뤼스 바이크]: C×B, 평지 횡단 경기용 자전거, 아래로 굽은 손잡이와 혹이 난 바퀴를 가지고 흙길에서 장애물 경기를 할 수 있도록 만들어진 다목적 자전거 예1

1285 **cy·clone** [싸이클로운]: 〈← kyklos(circle)〉,〈그리스어〉, tornado, '돌다', 큰 회오리바람, 선풍, 열대성 〈저기압으로〉 (비를 동반하는) 대폭풍, 〈~ hurricane\white squall\wind-storm〉,〈↔serenity\breeze〉 일2

1286 **cyl·in·der** [씰린더]: 〈← kylindein(roll)〉,〈그리스어〉,〈구르는〉 원통, 원기둥, 기통, 탄창, 〈~ duct\tube〉,〈~(↔)piston〉 일1

1287 **cym·bals** [씸벌즈]: 〈← kymbe(hollow vessel)〉,〈그리스어〉, 쇠붙이를 둥글고 넓게 만든 〈cup 모양의〉 타악기의 일종, 〈→ chime〉 예1

1288 **cyn·i·cal** [씨니컬]: 〈← kynos(dog)〉,〈그리스어〉,〈개같이〉 냉소적인, 비꼬는, Cynics: 견유학파, 〈↔credulous\optimistic〉 일1 수2

1289 **cy·press** [싸이프러스]: 〈← Kyparissos(young-man loved by Apollon)〉,〈그리스어〉,〈바람이 불면 옆에서 팔랑대는 야자수의 치마를 보고 괜히 껄떡대는〉 관상용 삼나무의 일종, 편백나무과의 각종 침엽수, 〈~ juniper〉 주1

1290 **cyst** [씨스트]: 〈← kyein(be pregnant)〉,〈그리스어〉, 포낭, 낭종, '물주머니', 〈~(↔)tumor〉 일2

1291 **czar** [자알]: 〈← caesar〉,〈라틴어 → 러시아어〉, 차르, (러시아) 황제, 전제군주, 대가 예1

1. **D \ d** [디이]: 고대 이집트의 문(door) 모양에서 따온 상형문자, 인쇄물에서 12번째 정도로 자주 사용되는 영어의 알파벳, 네 번째, 최하위, 음 이름 '라(레)', 'D' 사이즈, (직경이) C보다 크고 E보다 적은 건전지, 1/10, day·density·depth·diameter·displacement·diopter·deuterium 등의 약자

2. **DA**: ①district attorney, (미국의 행정구역 군에 소속된) 지방 검사 ②drug addict, 마약 중독자

3. **dab** [댑]: 〈←dabben〉, 〈영국어〉, 〈의성어·의태어?〉 ①가볍게 두드리다, 토닥거리다, 지문채취, 한 방울, 소량, 〈↔splash〉 ②작은 가자미(flat fish)

4. **★dab·bler** [대블러]: 〈←dab〉, 〈영국어〉, 물장난하는 사람, (일을) 취미로 하는 사람, 애호가, 〈↔oracle\expert\sooth-sayer\zealot〉

5. **★DACA** [다아카이]: Deferred Action for Childhood Arrivals, 불법체류 청년 추방 유예제도, (2012년 오바마 정부가 시행한) 어려서 불법 입국한 사람들에게 2년간 일할 수 있는 비자 및 추방을 유예하는 이민정책

6. **★da ca·po** [다아 카아포우]: 〈이탈리아어〉, 'from the head', 처음부터 반복하여

7. **dad** [대드] \ **dad·dy** [대디] \ da·da [다다]: 〈영국어〉, 〈의성어?〉, 아빠, 아버지, 중요 인물

8. **dad-ch·e·lor par·ty** [대철러 파아티]: 〈←bachelor party〉, 〈곧 아버지가 될 사람을 위해〉 (주로 친구들이 주선해 주는) '예비 아빠 축하연', 〈~man shower\baby stag\diaper shower〉, 〈↔baby shower〉

9. **★dad-flu·ence** [대드 홀루언스]: 〈Instagran등 전산망으로 돈을 벌어 자녀 교육을 시키는〉 아빠 영향, 〈~ mom-fluence〉, 〈콩글리시 father-chance를 대체시킬 말로 편자가 일부러 이 사전에 쓰셔 넣는 말〉

10. **daf·fo·dil** [대퍼딜]: 〈←asphodelos(king's spear)〉, 〈어원 불명의 그리스어에서 연유한 영국어〉, 〈←asphodel(a lily)〉, 나팔수선화, 선명한 노란색, 여자 같은 남자, 〈~ narcissus〉

11. **dag·ger** [대거]: 〈←dagr(stab)〉, 〈켈트어→영국어〉, (양날의) 단도, 칼 표(†)

12. **dahl·ia** [댈리어]: 〈스웨덴 식물학자의 이름(Dahl)을 딴 라틴어〉, 달리아, 멕시코 원산의 알뿌리가 많은 국화과의 풀(꽃), 옅은 보라

13. **dain·ty** [데인티]: 〈←dignitas(worth)〉, 〈라틴어〉, 〈←dignus〉, 〈품위가〉 우아한, 섬세한, 가냘픈, 까다로운

14. **dair·y** [데어뤼]: 〈←deija〉, 〈게르만어에서 유래한 영국어〉, 〈dough+lady〉, 낙농장, 유제품, 우유 판매점

15. **dai·sy** [데이지]: 〈영국어〉, day's eye, '낮에 눈 뜨는 꽃', 이탈리아 국화, 국화과의 여러해살이 관상용 화초, 일품, 귀여운 여자

16. **★dai·sy chain** [데이지 췌인]: 여러 기기를 전산기에 연쇄적으로 연결하는 방식, 집단 성교

17. **dale** [데일]: 〈←dael〉, 〈게르만어〉, (vale보다 넓은) 골짜기, 〈~ dell〉

18. **dam** [댐]: 〈←fordemman(stop up)〉, 〈게르만어〉, 〈무덤을 파고 난 흙더미〉, 둑, 장애물

19. **dam·age** [대미쥐]: 〈←damnum(injury)〉, 〈라틴어〉, 손해, 손상, 손해액, 피해, 〈→damn〉

20. **dame** [데임]: 〈←domina(lady)〉, 〈라틴어→프랑스어→영국어〉, 귀부인, 중년 여자(가정주부)

21. **damn** [댐]: 〈←damnare(injure)〉, 〈라틴어〉, 〈←damage를 주는〉, 비난하다, 파멸시키다, 저주하다, 제기랄

22. **★damn·ed if I do and damn·ed if I don't**: 어찌할 바를 모르겠다, 진퇴양난, 〈~ too sweet to spit, too bit·ter to swal·low³〉

23. **★damn, Gi·na**: 〈상황 희극의 아내 이름에서 유래한〉 그렇고 말고, 맞다 맞어

24 **damp** [댐프]: 〈←dampen(extinguish)〉, 〈게르만어〉, 〈비가 소멸된〉, 〈기분 나쁘게〉 축축한, 습기 찬, 좌절시키다, 〈~ dank〉 영2

25 ***damp-er** [댐퍼]: 기를 꺾다, '축축한', (난로의) 통풍조정기, 질량(양량)감쇠기 영1

26 **dance** [댄스]: 〈←danson(drag)〉, 〈게르만어→프랑스어〉, 〈팔·다리를 뻗치며〉 춤추다, 날뛰다, 무용 영2

27 ★**dan·cer·cise** [댄썰싸이즈]: dance+exercise, '춤 운동', 건강을 위한 춤추기 미2

28 **dan-de-li·on** [댄덜리언]: dens+de+leo, 〈라틴어〉, (잎이 '사자 이빨〈teeth of lion〉'을 닮은) 민들레 〈번식력이 강해 퇴치하기 힘든 잡초〉, 〈~ taraxacum〉 미2

29 **dan·dy** [댄디]: 〈←Andy〉, 〈영국어〉, 〈Andrew 같은〉 멋쟁이, 일품, 굉장한 영2

30 **dan·ger** [데인저]: 〈←dominus(ruler)〉, 〈라틴어〉, 〈힘으로 위협하는〉 위험(상태), 위태로운, 〈~ risk\peril〉 영2

31 **dan·gle** [댕글]: 〈의성어·의태어?〉, 〈어원 불명의 북구어〉, 매달리다, 붙어 다니다 영1

32 **dare** [데어]: 〈←dhrs(be bold)〉, 〈산스크리트어에서 유래한 게르만어〉, 감히 ~하다, 무릅쓰다, 〈대담하게〉 도전하다 영1

33 ★**dare-devil** [데어 데블]: 덤비는, 저돌적인, 무모한 (자), 〈↔cautious\coward〉 영2

34 **dark** [다아크]: 〈←deorc〉, 〈게르만어〉, 〈←dull〉, 어두운, 거무스름한, 밤, 〈~ dusk〉, 〈↔light\bright\pale〉 영1

35 ★**Dark Bran·don** [다아크 브랜던]: 〈2021년 신조어〉, '검은 안경의 얼간이', (검은 안경을 즐겨쓰는) 바이든 대통령을 조롱하는 말이었으나 민주당에서 2024년 트럼프와 다시 대결할 것을 예상하고 〈dark horse의〉 강한 이미지를 부각시키려고 노력하고 있음, 〈↔(Dark) MAGA〉 수2

36 ★**dark-est be-fore the dawn** [다아케스트 비호어 더 더언]: 〈1650년 영국의 신학자가 만든 숙어〉, 동트기 전이 가장 어둡다, (세상만사가) 좋아지기 전에 아주 나빠지다, 〈그러니 희망을 버리지 말라!〉, '비 온 뒤에 땅이 굳어진다', 〈↔descent into chaos\nose-dive〉 영2

37 ★**dark horse** [다아크 호얼스]: 뜻밖에 유력한 경쟁자 영1

38 *__dark__ (com·mer·cial) **pat·tern**: '어둠의 상술', 다크 패턴, 전산망에서 사용자를 속이기 위한 〈기만적〉 사용자 접속으로 12가지 유형이 있다 함 미2

39 **dar-ling** [다알링]: 〈영국어〉, dear+ling, 귀여운 사람, 소중한 그대, 여보 영2

40 **darn** [다안]: ①〈어원 불명의 게르만어〉, mend, 꿰매다, 짜깁다 ②〈미국어〉, 젠장할!, 전혀, damn이 순화된 말 영1

41 **dart** [다아트]: 〈←darothuz(javelin)〉, 〈게르만어〉, 던지는 창(살), 돌진, 송곳 던지기(놀이), 〈몸에 달라 붙도록〉 솔기를 차츰 좁게 하기, 〈상대방에게 던져주는〉 낱 담배, 〈↔stay\dawdle〉 영2

42 **dash** [대쉬]: 〈←daska(strike)〉, 〈북구어〉, 〈다시가 아니라〉 [대시], 던지다, 돌진하다, (장음) 부호; — 〈하이픈(붙임표)보다 긴〉 연결 부호 미2

43 **dash-board** [대쉬 보어드]: 계기판, 충돌 방지판 영1

44 *__dash-cam__ [대쉬 캠]: '계기판 촬영기', '차량 감시 촬영기', '도로 촬영 사진기' (계기판에 부착되어) 차량 주변을 녹화하는 사진기 미2

45 ★**DASH diet** [대쉬 다이얼]: dietary approaches to stop hypertension, 고혈압 정지식품, 저지방 단백질·통곡물·채소·저당분으로 구성된 식이요법 미2

46 **dash light** [대쉬 라잍]: 계기판 등 영1

47 **da·ta** [데이터]: 〈라틴어〉, datum의 복수형, 자료, 정보 미1

48 ***da·ta·base man·age·ment sys·tem** \ DBMS: 자료틀 (자료기지) 관리체계 미2

49 ***da·ta com·mu·ni·ca·tion** [데이터 커뮤우니케이션]: 자료 통신, (한 전산기에서 다른 전산기로 정보를 이송하는) 정보 이전 영1

50 ***da·ta com·pres–sion** [데이터 컴프레션]: (여러 개의 서류철을 줄여 하나로 만드는) 자료 압축 영1

51 ***da·ta con·ver–sion** [데이터 컨뷔어쥔]: (자료 표기 방법을 바꾸는) 자료 변환 영1

52 ***da·ta glove** [데이터 글러브]: '자료 장갑', 가상현실이나 원격 자동기계 조작에서 손가락의 움직이는 것을 포착하는 감지기가 부착된 장갑 모양의 입력장치 우1

53 ***da·ta·gram** [데이터 그램]: '자료보', 전산망에 의해 전달되는 정보의 묶음 우1

54 ***da·ta link** \ D/L [데이터 링크]: 자료 연결, 자료전송에서 복수의 장치를 묶은 접속로 영1

55 ***da·ta·ma·tion** [데이터메이션]: data+automatic, 자료 자동 처리(회사) 영1

56 **date¹** [데이트]: ⟨←dare(give)⟩, ⟨라틴어⟩, ⟨신이 주신⟩ 날짜, 시일, 연대, 약속, 교제, '만남', '후보애인' 미1

57 **date²** [데이트]: ⟨←daktylos(finger)⟩, ⟨그리스어⟩, date palm, 대추야자, ⟨발가락을 닮은⟩ 서양 대추, (중동 지방에서 오랫동안 재배해 온) 커다란 야자수에 뭉텅이로 주렁주렁 달려 있는 엄지손가락만 한 핵과 영1

58 **daub** [더어브]: de+albus(white), ⟨라틴어⟩, ⟨마구 희게⟩ 칠하다, 바르다, 더럽히다, ⟨~ paint⟩, ⟨↔wipe\clean\striate⟩ 영1

59 **daugh·ter** [더털]: ⟨←dohtor(a girl)⟩, ⟨게르만어⟩, 여성 출산물, 딸, 여식, 부녀자, 'dough같이' ⟨말랑말랑한 것⟩, ⟨부모를 기쁘게 하는 자⟩, ⟨duhitar(milk maker)⟩라는 산스크리트어가 어원이라는 설도 있음), ⟨~(↔)son⟩, ⟨↔mom\ancester⟩ 가2

60 ***daugh·ter-board** [더털 보오드]: 딸(소) 회로판, 어미(대) 회로판에 삽입되는 교환기(판), ⟨↔mother-board⟩ 미1

61 **daunt** [더언트]: ⟨←domare(tame)⟩, ⟨라틴어⟩, ⟨dominant한 힘으로⟩ 기죽이다, 위압하다, 겁먹다, 주춤하다, 벅차다, 아찔해지다, ⟨~ tame⟩ 영1

62 ***daw** [더어]: ①digital audio workstation (계수형 음향 작업 접속소) ②dawn의 고어 ③jack·daw(갈까마귀)의 축소형 미2 영1

63 **dawn** [더언]: ⟨←dagian⟩, ⟨영국어⟩, day+gleam, 새벽, 여명, 시작, 점점 분명해지다, (생각이) 떠오르다, ⟨~ morning⟩, ⟨↔dusk\gloaming\vesper\night-fall⟩ 영1

64 **day** [데이]: ⟨←dyeu(to shine)?⟩, ⟨라틴어?→게르만어⟩, ⟨←daeg(time from sun-rise to sun-set)⟩, 일광, ⟨해가 지평선 위에 있는⟩ 낮, 24시간, 하루, 날, 시대, 기념일, 축제, 특별한 날, 일진(날의 운세), ⟨↔night⟩ 가1

65 ★**day out** [데이 아웃]: 당일치기 여행(소풍) 영2

66 ★**day-te** [데잍]: daytime date, 낮에 하는 연애(밀애), '낯거리' 우2

67 ***day trad·ing** [데이 트뤠이딩]: 일일 교역, ⟨주식을 샀다가 당일로 파는⟩ 하루거리 ⟨전산⟩거래 영1

68 **daze** [데이즈]: ⟨←dasen(stupefy)⟩, ⟨북구어⟩, ⟨닮아서⟩ 피곤해지다, 멍하게 하다, 눈부시게 하다, ⟨~ stupor\trance⟩ 영2

69 **daz·zling** [대즐링]: ⟨←daze⟩, 눈부신, 현혹적인, ⟨~ glitzy\flashy⟩ 가2

70 *****dba**: doing business as (at), ⟨~으로(에서)⟩ 사업 중 우2

71 *****DBMS**: ⇒ data base management system 미2

72 ***DBS**: ⇒ direct broadcasting satellite 〈미2〉

73 **DC¹**: ⇒ direct current 〈미1〉

74 **DC²**: ⇒ District of Columbia 〈수2〉

75 ***DDE**: ⇒ dynamic data exchange 〈미2〉

76 ***DDR¹**: ⇒ double data rate 〈미2〉

77 **DDS**: ⇒ doctor of dental surgery 〈양2〉

78 ★**DDT²**: ⇒ drop dead twice 〈양2〉

79 ***DDT³**: ⇒ dynamic debbugging tool 〈미1〉

80 **DEA**: ⇒ Drug Enforcement Administration 〈우2〉

81 **dea·con** [디이컨]: 〈←diakonos(servant)〉, 〈그리스어〉, (가톨릭) 부제, (개신교) 집사, 조합장, '섬기는 자' 〈미2〉

82 **dead** [데드]: 〈게르만어〉, 죽은, 생명이 없는〈life-less〉, 기력이 없는, 폐기된, 아주, 〈삼라만상의 절정〉, 〈←die〉, 〈↔alive〉 〈가1〉

83 ★**dead-ass** [데드 애스]: 심각한, 완전한, 진정코, 〈죽어도 확신하는〉 〈양2〉

84 ★**dead-beat** [데드 비이트]: 〈쇠부리는 병사〉, 게으름뱅이, 부랑자, 빚 떼어 먹는 자, cheat하는 자, 〈↔golden boy\spark plug〉 〈양2〉

85 ★**dead duck** [데드 덕]: 끝장난 사람, 가망 없는 일 〈양2〉

86 ★**dead-head** [데드 헤드]: 무용지물, 빈 차, 무료 입장객 〈양2〉

87 **dead-line** [데드 라인]: 마감 시간, 최종 기한, 〈죄수가 넘으면 총살당하는〉 생사 경계선 〈양2〉

88 *dead link [데드 링크]: 폐기된 연결 수단, 이미 없어진 web page를 지시하는 hyperlink 〈미2〉

89 **dead-lock** [데드 락]: 막힘, 〈잘 움직이지 (쉽게 열리지)〉 않는 이중 자물쇠, 교착 상태, 동점, 〈~ dead-bolt〉, 〈↔continuance\break-through〉 〈미2〉

90 ★**dead men tell no tales**: 죽은 자는 말이 없다, 〈~ a good spider is a dead spider〉 〈양2〉

91 ★**dead-name** [데드 네임]: 〈2010년에 등장한 말〉, 죽은 이름, (성 전환자가 새로운 이름을 공표해서 더이상 사용되지 않는) 사명 〈미2〉

92 ★**dead-pan** [데드 팬]: '죽은 얼굴', 〈농담할 때〉 무표정한 얼굴 〈우2〉

93 ★**dead ring·er** [데드 륑거]: 〈19세기에 영국의 경마장에서 바꿔치기한 말을 일컫던 말〉, dead(complete)+ringer(duplicate), 100% 닮은 꼴, 진짜 가짜, 〈~ clone\carbon copy〉 〈양2〉

94 ★**dead spot** [데드 스팟]: 난청 지역, 사각점, (활동이 중지된) '죽은 자리' 〈양2〉

95 ★**dead time** [데드 타임]: 불감 시간, 대기 시간 〈양2〉

96 ★**dead-weight** [데드 웨잍]: (자력으로 움직일 수 없는) 중량, 사하중, (움직임이 없는 때의 무게), 부담 〈양2〉

97 **deaf** [데후]: 〈게르만어〉, inability to hear, 귀머거리, 귀가 먼, 〈~ dumb〉, 〈↔duffer〉 〈가1〉

98 **deal** [디일]: 〈←dailaz(part)〉, 〈게르만어〉, 거래, 분배, 취급[하다], 분량, '나누다(divide)' 〈양1〉

99 ★**deal a blow** [디일 어 블로우]: 한 대 먹이다, 타격을 주다, 강타를 날리다, 〈↔surrender\make happy〉 〈양2〉

100 **dean** [디인]: 〈←decem〉, 〈라틴어〉, 〈ten을 거느리는〉 수석 사제, 학장, 최고참자 명2

101 **dear** [디어]: 〈←deore(precious)〉, 〈게르만어〉, '비싼', 친애하는, 귀여운, 여보, 아 참!, 〈→darling〉 **형2**

102 ★**Dear John let·ter**: 〈통상 Dear John으로 시작하는〉 (병사에게 부친 아내의) 이혼 요구서, (애인·약혼자가 보낸) 절연장, 〈↔love letter\billet-doux〉 양1

103 ***death cross** [데쓰 크뤼스]: '죽음의 십자로', ① 〈주식 시장에서〉 주가 단기(50일) 이동 평균선이 장기(200일) 이동 평균선보다 하향하는 '약세장 전환', 〈~ bear market〉 ② 〈인구통계에서〉 사망자가 출생자보다 많은 '인구의 자연감소', 〈한국에서 쓰는 dead cross는 콩글리시임〉, 〈↔golden cross〉 명2

104 **de·bate** [디베이트]: dis(completely)+batre(beat), 〈라틴어〉, 〈완전히 치는〉 토론, 논쟁, 검토 명2

105 ★**Debbie Down·er** [데비 다우너]: 〈연속극의 인물 Debbie(Deborah의 애칭)에서 연유한〉 항상 부정적 표현을 해서 남을 우울하게 하는 여성 숙2

106 **deb·it** [데빝]: 〈←debere(owe)〉, 〈라틴어〉, 〈←debt〉, 차변(빌려온 영역), 출금, 단점, 〈↔credit〉 명2

107 ★**deb·o·nair**(e) [데보네어]: de(of)+bon(good)+aire(mien), 〈프랑스어〉, 'good breed', 유쾌한, 사근사근한, 공손한 형2

108 **debt** [뎉]: de(from)+habere(have), 〈라틴어〉, '지불해야 할 것', 빚, 부채, 채무, 〈→debit〉 명2

109 ★**de-bug** [디이 버그]: '벌레잡기', 오류 수정 명2

110 ★**de-bunk** [디이 벙크]: 〈침낭(bunk')을 뒤집어서〉 정체를 폭로하다, 가면을 벗기다, 〈↔hood-wink\bamboozle\leg-pull〉 양1

111 **de-but** [데이뷰우]: de(reverse)+but(end), 〈프랑스어〉, 〈끝을 반대로 하기〉, 첫발 디디기, 초연, 등단 명1

112 **de·cade** [데케이드]: 10년간, 열 개의, 〈~ decennium〉 명1

113 **de·cal** [디캘]: decalcomania, 전사(옮겨 찍음)하다, 판박이 그림, 부착물 동1

114 *de·cal·co·ma·ni·a** [디캘커 메이니아]: 〈←decalquer(counter-draw)〉, 〈프랑스어〉, 무늬 전사술, 종이에 그린 그림을 금속·유리·도자기·나무 등에 〈압박해서〉 그대로 옮기는 기술, 좌우 대칭 그림(사진), 〈뜻밖의 효과를 기대하는〉 우연 기법, ⇒ cockamamie 우1

115 **de·cay** [디케이]: de(down)+cadere(fall), 〈라틴어〉, '떨어져 나가다', 썩다, 부패하다, 감퇴하다, 〈→decadent〉 자1

116 **de·ceased** [디씨이스트]: de(from)+cedere(go), 〈라틴어〉, 죽은, 고, 고인, 〈~ dead〉 양2

117 **de·ceive** [디씨이브]: de(from)+capere(take), 〈라틴어〉, '나쁘게 취하다', 속이다, 기만하다, 사기 치다, 〈↔aid\be honest〉 동1

118 **De·cem·ber** [디쎔버]: 〈←decem(ten)〉, 12월(고대 로마달력으로는 '10월'), 〈설이 드는〉 섣달, (추운 달) 명1

119 **de·cent** [디이쏜트]: 〈←decere(fit)〉, 〈라틴어〉, '꼭 맞는', 버젓한, 품위 있는, 알맞은 양1

120 **de·cep·tion** [디쎕션]: 속임, 사기, 〈↔honesty\openness〉 양1

121 **de·ci·sion** [디씨젼]: de(off)+caedere(cut), 〈라틴어〉, '잘라서 떼어내기', 결심, 결의, 해결, 판결, 〈~ determination〉 명2

122 **deck** [뎈]: 〈←decken(to hide)〉, 〈네덜란드어〉, 갑판, 지붕, 층, 한 벌, 바닥, 꾸미다, 입히다, 〈~ decorate\cover〉, 〈~ balcony\terrace〉, 〈↔spoil\simplify〉 양1

123 ★**deck·ed out** [덱트 아웉]: be-decked, 치장하다, 차려입다, 〈~ dressed up〉, 〈↔dress down\underdress〉 양2

124 **dec·la·ra·tion** [데클러뤠이션]: de+clarus, 〈라틴어〉, 〈의견을 명확히(clearly) 하는〉 선언, 포고, 진술, 고백, 〈명세서를 밝히는〉 신고, 〈~ abdicate〉 갼1

125 **de-cline** [디 클라인]: de(down)+clinare(bend), 〈라틴어〉, 〈떨어져〉 기울다, 감퇴하다, 쇠퇴기, 〈고개를 숙여〉 사양(하다), 〈↔increase\accept〉 양1

126 **dec·o·ra·tion** [데커뤠이션]: 〈←decere(be·fit)〉, 〈라틴어〉, 〈안정되게 하는〉 장식, 꾸밈, 훈장 양2

127 ★**de-coy** [디이코이]: de(from)+cavea(cage), 〈라틴어→네덜란드어〉, 미끼, 〈야생오리를 우리로 인도하는 훈련된 집오리〉, 후림새, 교란용 물체 양2

128 **de-crease** [디 크뤼이스]: de(down)+crescere(grow), 〈라틴어〉, '아래로 자라다', 감소하다, [디이크뤼이스]; 감소, 축소 갼1

129 **de-cree** [디크뤼이]: de(from)+cernere(judge), 〈라틴어〉, 〈공적인〉 포고, 법령, 천명, 〈decide된〉 선고, 〈~ fatwa〉 양1

130 **ded·i·cate** [데디케이트]: de(from)+dicare(proclaim), 〈라틴어〉, 바치다, 헌납하다, 헌신하다, 〈신물으로〉 '떼어내서 바치다' 양2

131 **de-duc·tion** [디 덕션]: de(from)+ducere(lead), 〈라틴어〉, 뺌, 공제, 추론, 연역(법), 〈삼단논법〉, '아래로 이끌기', 〈~ substraction\abstraction〉, 〈↔addition\induction〉 갼1

132 **deed** [디이드]: 〈←don(do)〉, 〈게르만어〉, 〈←done〉, 행위, 공적, 증서 갼1

133 **deem** [디임]: 〈←dom(judgement)〉, 〈게르만어〉, ~로 생각하다, 간주하다, '판단하다', 〈~ doom〉 양1

134 **deep** [디이프]: 〈←deop(far down)〉, 〈게르만어〉, 깊은, 심한, 짙은, 〈~ profound〉, 〈→dip〉, 〈↔superficial\shallow\high〉 갼1

135 ★**deep-end** [디이프 엔드]: (수영장 등의) 수심이 깊은 곳, 막중한 책임, 궁지 양2

136 ***deep-fake** [디이프 훼이크]: deep learning + fake, 딥 페이크, 〈편자는 일부 여성의 잠자리 묘기로 알았으나〉 (주로 인물을 바꿔치기한) 인공지능의 영상 조작기술, '심층 왜곡', 감쪽같이 속이기 〈연애할 때의 조심사항〉 미2

137 ***deep learn·ing** [디이프 러어닝]: 심층 학습, 〈복잡하게 연결된 신경원처럼〉 자료의 고단계 대수 축출법을 이용한 고단계 기계학습 양1

138 ★**deep pock·et** [디이프 파킽]: 부, 두툼한 돈주머니, 자꾸 나오는 돈 미2

139 ★**deep throat** [디이프 쓰로우트]: '깊은 목구멍' ①〈1972년에 개봉된 미국 영화 제목〉, 목 깊숙이 넣는 구강성교, 〈↔butterfly kiss〉 ②〈1972년 Watergate 사건의 단서를 제공했던 자의 암호명〉, 내부고발자 양2

140 **deer** [디어]: 〈←deor(small animal)〉, 〈게르만어〉, '작은 짐승', 사슴, (수컷은) 뼈로 된 가지뿔을 가지고 먹이를 반추하는 초식동물 갼2

141 ★**deez nuts** [디즈너츠]: these nuts, 불알 두 쪽, 남자의 전 재산 양2

142 **de-fault** [디 훠얼트]: de(from)+fallere(fall), 〈라틴어〉, '실패하며 떨어짐', 불이행, 태만, 부족, 부도, 내정, (이용자가 지정하지 않았을 때) 자동으로 선택하다, 〈~ insolvency\bankruptcy〉 양1

143 ***de-fault cur·ren·cy** [디훠얼트 커어뤤시]: 불이행통화, (국가간의 금융거래에서 부도를 낸) 불량화폐, 〈↔payable currency〉 미2

144 **de-feat** [디 휘이트]: dis(from)+facere(do), 〈라틴어〉, 쳐부수다, 패배시키다, 꺾다, '아래가 되게 만들다' 갼1

145 **de-fect** [디이훼트 \ 디훼트]: de(from)+facere(do), 〈라틴어〉, 〈반대로 행하는〉 결점, 단점, 흠, 탈주하다, 변절하다, 〈↔deficit〉 양①

146 **de-fend** [디훼드]: de(from)+fendere(strike), 〈라틴어〉, '격퇴하다', 지키다 방어하다, 〈↔attack\offend\strike a chord〉, ~ant; 피고 〈↔plaintiff〉 양②

147 **de-fense \ de-fence** [디훼스]: de(from)+fendere(strike), 〈라틴어〉, '떨어져 때리기', 방위, 수비, 저지, 항변, 〈최상의 공격〉, 〈↔offense〉 기①

148 **de-fer** [디휘어]: de(from)+ferrere(bring)〉, 〈라틴어〉, '나중에 가져오다', 늦추다, 연기하다, 양보하다 양②

149 **de-fer-ence** [데훠륀스]: 〈←de·fer〉, 〈자신을 늦추는〉 복종, 경의, 공손함 양②

150 **de-fi-ant** [디화이언트]: dis(from)+fidus(faithful), 〈라틴어〉, 도전적, 반항적, 무례한, 〈믿지 못하는〉, 〈↔docile〉 양①

151 **de-fi·cient** [디휘션트]: de(from)+facere(do), 〈라틴어〉, 불충분한, 불완전한, 결함이 있는, 〈↔enough\sufficient〉 양②

152 **def·i·nite** [데휘니트]: de(from)+finire(bound), 〈라틴어〉, 〈←define〉, 확실한, 분명한, 확정된 양②

153 **def·i·ni-tion** [데휘니션]: '경계를 분리하기', 한정, 정의, 설명 양②

154 **de-formed** [디 휘옴드]: de(from)+forma(shape), 〈라틴어〉, '원래 형태에서 멀어진', 볼품없는, 불구의, 기형의 양①

155 **de-fraud** [디 후뤄드]: de(completely)+fraus(deceit), 〈라틴어〉, 사취하다, 속이다, 〈~ bilk〉 양①

156 **de-fy** [디화이]: dis(from)+fidus(faith), 〈라틴어〉, dis·faithful, '믿음에서 멀어지다', 도전하다, 반항하다, 무시하다, 〈↔obey\truckle\surrender〉 양①

157 **de-gen-er-a-tion** [디 제너뤠이션]: de(from)+generare(be-get), 〈라틴어〉, '태생에서 멀어지는', 퇴보, 악화, 퇴락, 변질 기①

158 **de-grade** [디 그뤠이드]: de(down)+graddare(←gradus〈step〉), 〈라틴어〉, '아래 단계로 내려가다', 지위를 낮추다, 격하하다, 타락시키다 기①

159 **de-gree** [디그뤼]: de(from)+gradi(steps), '분리된 단계', 정도, 계급, 학위, 도 양②

160 **de-i·ty** [디어티]: 〈라틴어〉, 〈←deus〈god〉〉, (여)신, 신성, 신격 양②

161 **de-ject-ed** [디 쳌티드]: de(down)+jacere(throw), 〈라틴어〉, 낙심한, 풀죽은, 〈~ long faced\chap-fallen〉, 〈↔charmed\cheerful〉 양②

162 **de-lay** [딜레이]: de(from)+laier(leave), 〈프랑스어〉, '떨어져 느슨하게 하다', 지연, 미루다, 〈~ stall²\temporize〉 기①

163 **de-le·gate** [델리게이트]: de(down)+legare(send), 〈라틴어〉, '법적으로 내보낸', 대표자, 대리인, 대의원, 위임하다 양②

164 **de-lete** [딜리이트]: de(from)+linere(wipe), 〈라틴어〉, 〈←delere〈destroy〉〉, 지우다, 삭제하다, 없애다, 제거하다, 〈~ cancel〉, 〈↔de·lible〉, 〈↔stet〉 양②

165 **de-lib·er·ate** [딜리버뤠트]: de(completely)+librare(weigh), 〈라틴어〉, 계획적인, 고의의, 〈저울을 재듯〉 신중한 양①

166 **del·i·cacy** [델리커씨]: de(completely)+lacere(allure), 〈라틴이〉, 섬세, 정교, 우아, 맛있는 것, 진미, 〈←delicate〉 양②

167 **del·i·cate** [델리커트]: de(completely)+lacere(allure), 〈라틴어〉, 섬세한, 우아한, 미묘한, 맛있는, '떨어진 곳으로 꾀어내는', 〈←delicacy〉 양②

168 **del·i·ca·tes·sen** [델리커테쓴] \ del·i: 〈라틴어→프랑스어〉, 〈←delicate〉, 조제 식품(식당), 미리 요리한 식품 미②

169 **de-li·cious** [딜리셔스]: de(completely)+lacere(allure), 〈라틴어〉, '꾀어내는 맛이 나는', 맛있는, 상쾌한, 〈~ delicate\de·light〉, 〈↔insipid〉 기①

170 ★**de·li-couse** [딜리쿠우스]: 〈delicious를 명사로 만든 미국어〉, 조미료, 맛난이, 진미, '맛짱' 양②

171 **de-light** [딜라잍]: de(completely)+lacere(allure), , 〈라틴어〉, 기쁨, 즐거움, 〈→delectable\ dilettante〉, 〈↔dismay\enrage\horror〉 기②

172 *__de-lim·i·ter__ [딜리미터]: de(completely)+limitare,〈라틴어〉, 〈limit를 정하는〉 구분문자, 경계 기호, 전산기에서 시작과 끝을 나타내는 기호, 〈*~*〉 등 미②

173 **de-lin·quent** [딜링퀀트]: de(from)+linquere(leave), 〈라틴어〉, 〈동떨어진〉 태만한, 비행(자)의, 죄진, 〈↔deligent〉 양②

174 **de-lir·i·um** [딜리어뤼움]: de(from)+lira(ridge), 〈라틴어〉, 〈뇌의 주름이 헝클어진〉 정신착란, 섬망증 미②

175 **de-liv·er·y** [딜리뷔뤼]: de(from)+liberare(set free), 〈라틴어〉, '떨어뜨려 자유롭게 하기', 인도, 배달, 방출, 〈세상 밖으로 풀어주는〉 분만, 〈말을 행동으로 풀어서〉 결과를 내놓다, 〈말을 자유롭게 풀어〉 연설하다 양①

176 **dell** [델]: 〈←daljo(hollow)〉, 〈게르만어〉, (초목이 우거진) 작은 골짜기, 〈~ dale〉 양②

177 **del·ta** [델타]: 〈영어의 D에 상당하는〉 그리스 알파벳의 넷째 글자(*Δ*, *δ*), 삼각주 수②

178 ★**Del·ta blues** [델타 블루스]: (20세기 초 미국의 미시시피 삼각주에서 시작된) 블루스의 영향을 받은 컨트리 음악 수②

179 **de-lude** [델루우드]: de(down)+ludo(play), 〈라틴어〉, '잘못해서 행동하다', 착각하게 하다, 속이다, 〈~ ludicrous〉, 〈↔delusion〉, 〈↔edify〉 양②

180 **de-luge** [델우우쥐]: dis(from)+lucere(wash), 〈라틴어〉, 〈모두 씻겨 내려가는〉 대홍수, 호우, 범람, 〈↔(rain) shower〉 양①

181 **de-luxe** [딜럭스]: 〈프랑스어〉, luxurious, 호화로운, 사치스런 양②

182 **de-mand** [디맨드]: de(completely)+mandare(mandate), 〈라틴어〉, '명령을 강요하다', 요구(하다), 청구, 수요, 조회 기①

183 **de-mean-or \ de-mean-our** [디미이너]: de(down)+minari(threaten), 〈라틴어→프랑스어→영국어〉, 〈←mien〉, 태도, 표정, 품행, 〈동물을 길들일때 나타나는〉 '완전한 행동' 양②

184 **dem·i** [데미]: dis(apart)+medius(middle), 〈라틴어〉, 반, 부분적, 〈↔whole\total〉 미②

185 **de-mise** [디마이즈]: de(down)+mittere(send), 〈라틴어〉, 〈←dismiss〉, 붕어, 소멸, 서거, 사망, 권리양도 양②

186 **dem·o** [데모우]: 〈영국어〉, demonstration, 시위 운동, 시범, 선전용 실물 미②

187 **de·moc·ra·cy** [디마크뤄씨]: demos(people)+kratein(rule), 〈그리스어〉, '국민에 의한 통치', 민주주의, 민주정치, 서민정치, 〈~(↔)mobocracy〉, 〈↔monarchy\totalism〉 기①

188 **de-mo·lish** [디 말리쉬]: de(down)+moliri(build), 〈라틴어〉, '짓기를 반대로 하다', 부수다, 분쇄하다, 뒤엎다, 〈↔construct\mend〉 기①

189 *__de·mon \ dae-mon__ [디이먼]: 〈←daimon(evil spirit)〉, 〈그리스어〉, (반신반인의) 악마, 〈유령〉, 귀신, 사탄, 명인(거장), (토지·사람의) '수호신', UNIX에서 배경에 계속해서 나타나는 목록 양① 우②

190 **dem·on·stra·tion** [데몬스트뤠이션]: de(completely)+monstrare(show), 〈라틴어〉, 증명, 시범, 〈주의를 끌기 위한〉 시위운동 @2

191 ★**de-mo·tion-al** [디 모우셔늘]: ①detached+emotional, 속은 끓지만 태연한 척하는 일 ②de·motivational, 동기가 없어진 @2

192 **den** [덴]: 〈←denn(lair)〉, 〈게르만어〉, 〈대개 down에 있는〉 굴, 우리, 밀실, 사실, 소굴, 〈~ warren\nest〉 @1

193 **de·ni·al** [디나이얼]: de(completely)+negare(refuse), 〈라틴어〉, 〈←de·ny〉, 부인, 거부, 자제, 〈~ disclaim\rejection〉 @2

194 **de-nom·i·na-tion** [디 나미네이션]: de(complete)+nomen(name), 〈라틴어〉, 명칭, 종파, 종목, 화폐단위 가르기 @1

195 **de-note** [디 노우트]: de(down)+nota(mark), 〈라틴어〉, 나타내다, 표시하다 @1

196 ★**de-noue–ment** [데이뉴우마앙]: de(un)+nouer(tie), 〈프랑스어〉, 〈매듭을 푸는〉 데누망, 대단원, 결말, 고비 @2

197 **de-nounce** [디 나운스]: de(down)+nuntius(messenger), 〈라틴어〉, '아래로 알리다', '깎아내려서 말하다', 비난하다, 탄핵하다, 고소하다, 〈↔praise\bloviate〉 @1

198 ★**de no·vo** [디이 노우 보우]: 〈라틴어〉, from the new, 처음부터, 새로(이) @2

199 **den·si·ty** [덴시티]: 〈←densus(thick)〉, 〈라틴어〉, 〈←dense〉, 밀집 상태, 조밀도, 농도, 〈두께〉 @1

200 **dent** [덴트]: 〈←dens(tooth)〉, 〈라틴어〉, 〈이빨 자국〉, 움푹 팬 곳, 눌린 자국, 흠집, 감소 @1

201 **dent-ist** [덴티스트]: 치과의사, 치과 진료소 @2

202 **den·ture** [덴쳐]: 틀니, 의치 @2

203 **de-nun·ci·a-tion** [디넌씨에이션]: de(complete)+nuntiare(announce), 〈라틴어〉, 〈←denounce〉, 탄핵, 고발, 공공연한 비난, 〈~ philippic\reproach〉, 〈↔praise\endorsement\eulogy\toast²〉 @2

204 **de-ny** [디나이]: de(completely)+negare(나가리; refuse), 〈라틴어〉, '떨어져서 아니라고 말하다', 부정하다, 취소하다, 물리치다, 〈→de·nial〉 @1

205 ★**De·o·gra·ti·as** [디오우 그롸아티아스]: 〈라틴어〉, thanks to God, 신의 도움으로 @2

206 ★**De·o·vo·len·te** [디오우 뷜렌티]: 〈라틴어〉, God being willing, 신의 뜻이라면 @2

207 **de-part** [디 파아트]: dis(from)+pars(share), 〈라틴어〉, 떠나다, 출발하다, 이탈하다, '떨어져 나뉘다', 〈~ go off\separate\retire〉, 〈↔arrive〉, 〈↔dwell\enter〉 @1

208 **de-pend** [디 펜드]: de(down)+pendere(hang), 〈라틴어〉, '아래에 매달리다', 의지하다, 달려 있다, 종속되다, 믿다, 〈~ rely\lean¹〉 @1

209 **de-pict** [디 픽트]: de(completely)+pingere(paint), 〈라틴어〉, 그리다, 묘사하다, 〈~ sketch\descrive\narrate〉 @1

210 **de-ple-tion** [디 플리이션]: de(from)+plere(fill), 〈라틴어〉, 고갈, 소모, 결핍, 수분감소, '채우기를 반대로 하기', 〈↔augmentation\re-pletion〉 @1

211 **de-plore** [디 플로어]: de(completely)+plorare(weep), 〈라틴어〉, 개탄하다, 뉘우치다, 애도하다, '몹시 울다', 〈~ ex·plore〉, 〈~ deprecation〉 @1

212 **de-ploy** [디 플로이]: dis(un)+plicare(fold), 〈라틴어〉, 〈접지 않고 펼쳐서〉 배치하다, 분산하다, 전개하다, 〈↔with-hold〉 @2

213 **de-port-ment** [디 포오트먼트]: 태도, 거동, 행동거지 〈양2〉

214 **de-pose** [디 포우즈]: de(from)+ponere(place), 〈라틴어〉, 면직하다, 폐하다, 진술하다 〈양1〉

215 **de-pos·it** [디 파아짙]: de(from)+ponere(place), 〈라틴어〉, 〈아래에 내려〉 놓다, 넣다, 맡기다, 예금하다, 비축하다, 〈놔뒀다 나중에 찾아가는〉 보증금, 〈아래에 쌓인〉 침전물, 〈↔depot〉 〈가1〉

216 **de-po·si-tion** [데 퍼지션 \ 디이 퍼지션]: 퇴직, 면직, 선서 증언, 조서, 진술 〈미2〉

217 **de-pos·i-tory** [디 파지토어뤼]: 창고, 보관소, 보고, 〈~ repository\store-house\ware-house〉 〈양1〉

218 **de-pot** [디이포우]: de(from)+ponere(place), 〈라틴어→프랑스어〉, 정거장, 〈deposit 하는〉 창고, 보급소 〈미2〉

219 **de-pre·ci·a-tion** [데 프뤼쉬에이션]: de(down)+pretium(price), 〈라틴어〉, '가격을 아래로 정하기', 가치 저하, 하락, 경시, 감가상각, 〈↔appreciation〉 〈미2〉

220 **de-pres-sion** [디 프뤠션]: de(down)+premere(press), 〈라틴어〉, 의기소침, 우울증, 불경기, 저하, '아래로 누르기', 〈~ melancholia\black dog〉, 〈↔mirth\mania〉 〈양1〉

221 **de-prive** [디 프롸이브]: de(completely)+private(perverse), 〈라틴어〉, '완전히 떼어놓다', 빼앗다, 박탈하다, 〈~ private〉, 〈↔educe〉 〈가1〉

222 **depth** [뎊쓰]: 〈←deop〉, 〈영국어〉, 〈←deep〉, 깊이, 깊은 정도, 깊은 곳, 〈↔height〉 〈가1〉

223 **dep·u·ty** [데퓨우티]: de(from)+putare(think), 〈라틴어→프랑스어〉, 대리인, 부관, 대의원, '떨어져서 생각하는 사람' 〈미2〉

224 **de-ride** [디롸이드]: de(complete)+ridere(laugh), 〈라틴어〉, 비웃다, 조롱하다, 〈아래로 웃다〉, 〈~ ridicule\mock〉, 〈↔respect\praise〉 〈양2〉

225 **de-rive** [디롸이브]: de(from)+rivus(stream), 〈라틴어〉, 〈강에서 물을〉 끌어내다, 비롯되다 , 각색하다, 〈다른 곳에서〉 즐거움을 찾다, 〈↔stay\forfeit\originate〉 〈양1〉

226 **der·ma·tol·o·gy** [더얼머탈러쥐]: 〈←derma(skin)〉, 〈그리스어〉, 피부과, 피부 의학 〈가2〉

227 **de-rog·a·to-ry** [디롸거토어뤼]: de(from)+rogare(ask), 〈라틴어〉, 무시하는, 경멸적인, 〈힘을 abrogate해서〉 손상시키는, 〈↔complimentary\flattering〉 〈양1〉

228 **de-scend** [디 쎈드]: de(down)+scandere(climb), 〈라틴어〉, '아래로 오르다', 내리다, 내려오다, 유래하다, 〈~ fall\top-down〉, 〈↔ascend\climb〉 〈가1〉

229 **de-scent** [디 쎈트]: 〈←descend〉, 하강, 추락, 내리받이(길), 가계, 혈통, 〈밑으로 나는〉 (딱따구리 등의) 떼, 〈↔ascent\climb〉 〈양2〉

230 ★**de-school-ing** [디 스쿠울링]: 탈학교화, ①제도화된 기존의 틀을 깨고 자유로운 분위기에서 적성에 맞는 것을 배우는 것 ②〈학교에 가지 않고〉 통신으로 하는 수업 〈양1〉

231 **de-scrip-tion** [디 스크륎션]: de(down)+scribere(write), 〈라틴어〉, 〈적어 내려가는〉 기술, 묘사, 열거, 품목 〈양1〉

232 **de-sert¹** [디저얼트]: de(from)+serere(join), 〈라틴어〉, 버리다, 돌보지 않다, 도망하다, 사라지다, 〈~ ran-away\betray〉, 〈~ keep\stand by〉 〈양1〉

233 **des·ert³** [데저트]: de(from)+serere(join), 〈라틴어〉, 〈버려진 곳〉, 사막, 황무지, 불모의, 〈↔wood-land\marsh\swamp〉, 〈↔fertile\rich〉 〈가1〉

234 **de-serve** [디 저얼브]: de(completely)+servire(serve), 〈라틴어〉, 〈완전히 섬길〉 가치가 있다, ~할 만하다 〈양2〉

235 **de-sign** [디자인]: de(to)+signum(mark), 〈라틴어〉, 〈별도로 표시하는〉 도안, 무늬, 구상, 의도, 〈~ dessin〉 **예2**

236 **de-sire** [디자이어]: de(from)+sidas(star), 〈라틴어〉, 바라다, 원하다, 〈별이 아래로 떨어질 때 갖는〉 욕망, 〈한국에서도 별을 세면서 기원하는 관습이 있음〉 **가1**

237 *****desk** [데스크]: 〈←diskos(round plate)〉, 〈그리스어→라틴어〉, 책상, 〈글을 쓰기 위한〉 탁상, 문갑, 사무직, 편집부 **양1**

238 *****desk-top pub·lish·ing** [데스크탑 퍼블리쉥]: 탁상출판, 개인 전산기와 레이저 인쇄기를 써서 출판사 못지않은 인쇄 대본을 작성하는 일, '개인 출판' **예1**

239 **des·o·late** [데썰레이트]: de(completely)+solus(alone), 〈라틴어〉, 황폐한, 〈전적으로 격리되어〉 쓸쓸한, 우울한 **양2**

240 **de-sorb** [디이쏘얼브 \ 디죠얼브]: 〈1924년에 라틴어를 변형시킨 영국어〉, de(completely)+adsorption(suck), 흡수물을 제거하다, 탈착되다, 〈↔absorb〉 **양1**

241 **de-spair** [디스페어]: de(from)+spes(hope), 〈라틴어〉, 절망, 자포자기, 〈희망으로부터 멀리 떨어져〉 단념하다, 〈→desperate〉 **양2**

242 **des·per·ate·ly** [데스퍼릿틀리]: de(from)+spes(hope), 〈라틴어〉, 필사적으로, 절망적으로, 자포자기〈despair〉하여, 'without prosperity' **양2**

243 **de-spise** [디스파이즈]: de(down)+spicere(look), 〈라틴어〉, '내려다보다', 얕보다, 경멸하다, 혐오하다, 〈↔respect\like\truckle\worship〉 **양2**

244 **de-spite** [디스파이트]: de(down)+spicere(look), 〈라틴어〉, 불구하고, ~를 무릅쓰고, 멸시, 〈~ despise〉, 〈→spite〉, 〈↔because of\respect〉 **양2**

245 **de-spon·dent** [디스판던트]: de(down)+spondere(promise), 〈라틴어〉, 〈결혼하겠다는 약속을 어겨서〉 낙담한, 〈sponsor를 잃어〉 의기소침한 **양2**

246 **des·ti·na·tion** [데스티네이션]: de(complete)+stare(stand), 〈라틴어〉, 목적지, 도착지, 보낼 곳, 용도 **양1**

247 **des·ti·tute** [데스티튜우트]: de(down)+statuere(set), 〈라틴어〉, 빈곤한, 결핍한, 가난한, '버려진', 〈~ needy\impoverished〉, 〈↔lavish\plush\rich\fortunate〉 **양1**

248 **de-stroy** [디스트뤄이]: de(down)+struere(build), 〈라틴어〉, '세우는 짓을 반대로 하다', 부수다, 파괴하다, 말소시키다, 훼손하다, 〈~ ruin\ravage〉, 〈↔protect\preserve〉 **가1**

249 **de·tach** [디 태취]: des(un)+attacher(attach), 〈프랑스어〉, 〈분리하여〉 '따로 묶다', 떼어내다, 분리하다, 파견하다, 〈↔engulf\affiliate\fasten〉 **양1**

250 **de-tail** [디테일]: dis(from)+talea(cut), 〈라틴어→프랑스어〉, 세부, 사소한, 구체적, '조각낸' **양2**

251 **de-tain** [디테인]: de(from)+tenere(hold), 〈라틴어〉, 붙들어 두다, 억류하다, '따로 떼어 놓다', 〈~ retain\reserve〉 **가1**

252 **de-tec-tive** [디텍티브]: de(un)+tegere(cover), 〈라틴어에 연유한 영국어〉, 〈덮지 않고 벗기는〉 탐정의, 형사, 조사관 **가1**

253 **de-ten-tion** [디텐션]: de(from)+tinere(hold back), 〈라틴어〉, 〈←detain〉, 붙들음, 저지, 구류, 유치 **가1**

254 **de-ter·gent** [디터얼쥔트]: de(from)+tergere(wipe), 〈라틴어〉, 세제, 청정제, '닦아 버리는 것' **가1**

255 **de-te·ri·o·rate** [디티어뤼어뤠이트]: 〈←deterior(worse)〉, 〈라틴어〉, 악화되다, '나빠지다', 〈↔improve\rehabilitate〉 **양2**

256 **de-ter·mine** [디터얼민]: de(completely)+terminare(to bound), 〈라틴어〉, 결심하다, 정하다, 결론짓다, '경계를 지어 떨어뜨리다', 〈~ decide\resolve〉, 〈↔hesitate\refute〉 **가1**

257 **de-test** [디 테스트]: de(down)+testis(witness), 〈라틴어〉, 혐오하다, 질색하다, '아래로 증언하다', 〈~ abhor\abominable〉, 〈↔adulate\admire〉 알2

258 **de-tour** [디이 투얼]: dis(from)+tourner(turn), 〈프랑스어〉, 우회, 돌아가다, 도는 길, 〈↔short-cut\bee-line〉 미2

259 **det·ri·men·tal** [데트뤼멘틀]: de(from)+terere(rub), 〈라틴어〉, 〈deteriorate 되어〉 유해한, 손해인, 치명적, 불리한, 〈↔benign\beneficial〉 알2

260 ★**deuce** [듀우스]: ①〈←duo(two)〉, 〈라틴어→프랑스어〉 (주사위의) 2점 ②〈←Deus(god)〉, 〈라틴어→프랑스어→영국어〉, '하느님 맙소사', 불운, 재난, 제기랄!, 〈~ God's sake \ heaven's sake〉 미2

261 ★**de·us ex ma·chi·na** [데이어스 엑쓰 마아키너]: 〈라틴어〉, God from the machine, '기계적인 신', a power event, 신적인 해결책, 신통방통한 방법 알2

262 **dev·as·tate** [데뷔스테이트]: de(completely)+vastare(lay waste), 〈라틴어〉, 유린하다, 황폐시키다, 참담하게 하다, '몽땅 버리다' 알2

263 **de-vel·op** [디벨롶]: 〈de(from)+volvere(roll)〉, 〈라틴어→프랑스어〉, 〈포장을 풀다〉, 발전, 개발, 〈펼쳐서〉 현상(하다), 〈~ envelop〉 기1

264 **de·vi·a·tion** [디이뷔에이션]: de(from)+via(way), 〈라틴어〉, 〈길에서〉 벗어남, 일탈, 편향, 편차, 탈선, 〈~ devious〉 기1

265 **de-vice** [디봐이스]: dis(from)+videre(separate), 〈라틴어에서 연유한 프랑스어〉, 〈←divide〉, 고안(물), 장치, 〈devide해서 만든〉 설비, 의장, 〈~ di·vise〉, 〈~ tool\utensil〉 기1

266 *de-vice con-ten-tion [디봐이스 컨텐션]: 장치 경쟁, 한 장치를 두고 여러 전산 차림표가 다투어 사용하려는 상황 미1

267 *de-vice driv-er [디봐이스 드롸이붜]: 장치 구동기, 장치 조정 간(막대), 입출력장치를 제어하는 역할을 하는 차림표 미1

268 **dev·il** [데블]: dia(across)+ballein(throw), 〈뿔이 두 개 달린〉 (그리스 어원의) 악마, 〈모함하는〉 (히브리 어원의) 사탄, 못된 놈(일), 애물단지, 〈↔angel\god\saint〉 기1

269 ★**dev·il and deep sea**: 곤란한 처지, 진퇴양난, 사면초가, 〈~ dilemma\catch-22\rock and hard-place〉, 〈↔certain\secure〉 알2

270 ★**dev·il is in the de-tail(s)**: 자세히 보면 악마가 있다, 〈너무 따지지 말고〉 대충대충 해라, 〈↔God is in the details〉 알2

271 ★**dev·il's ad-vo·cate** [데블스 애드붜케이트]: 악마의 변호인, 일부러 반대 의견을 말하는 사람, 트집쟁이 미2

272 **de-vise** [디봐이즈]: dis(from)+videre(separate), 〈라틴어〉, 〈←dividere〉, 궁리하다, 고안하다, 유증하다, 〈고민 끝에〉 유언으로 증여(상속)하다, 〈~ de·vice〉 알1

273 **de-void** [디붜이드]: des(from)+voidier(make empty), 〈프랑스어〉, ~이 없는, 〈뽑아내서〉 결여된, 〈↔promissory〉 알2

274 **de-vo-tion** [디붜우션]: de(from)+vovere(vow), 〈라틴어〉, 〈세속적인 것에서〉 떨어져 있기로 하는 서약, 헌신, 전심, 열애, 예배 알1

275 **de-vour** [디봐우어]: de(completely)+vorare(swallow whole), 〈라틴어〉, 게걸스럽게 먹다(eat), 〈꿀꺽꿀꺽〉 삼켜버리다, 〈~ voracious〉, 〈~ monopoloze\corner the market〉 알1

276 **de-vout** [디붜웉]: de(completely)+vovere(vow), 〈라틴어〉, devoted, 믿음이 깊은, 독실한, 열렬한 알2

277 **dew** [듀우]: 〈←deaw〉, 〈게르만어〉, 이슬, 방울, 상쾌함, 〈↔frost〉 알1

278 **dex·ter·i·ty** [덱스테러티]: 솜씨 좋음, 기민함, 오른손잡이 알1

279 ★**DHL** (Dal·sey-Hill·blom and Lynn) : 1969년 미국에서 세워져서 2002년 독일의 Deutsche Post가 주도권을 잡은 세계적 급송 항공 택배회사 〈수①〉

280 ★**dhy·a·na** [디야너]: 〈산스크리트어〉, meditation, 선, 선정, 정려, '고요한 생각', 〈~ mantra〉, 〈~(↔)yoga〉 〈우②〉

281 **di·a·be·tes** [다이어비이티스]: dis(through)+bainein(go), 〈그리스어〉, 당뇨병(달콤한 오줌-mellitus), 요붕증(맛없는 오줌-insipidus), '빠져나가는 병' 〈양①〉

282 **di·ag·no·sis** [다이아그노우씨스]: dia(through)+gignoskein(know), 〈그리스어〉, 진단, 식별('차이를 가려내는 일'), 분석, '관통하여 알아보기' 〈기②〉

283 **di·ag·o·nal** [다이애거널]: dia(through)+gonia(corner), 〈그리스어〉, '모서리를 가로지르는' 대각선의, 비스듬한, 〈~ cross-wise\transverse〉 〈개①〉

284 **di·a·gram** [다이어그램]: dia(through)+graphein(write), 〈그리스어〉, 그림, 도표, 일람표 〈양②〉

285 **di·al** [다이얼]: 〈←dies〉, 〈라틴어〉, 〈day(해) clock의 지침〉, 문자판, 눈금판, 지침반, 숫자판, 전화 걸기 〈우②〉

286 **di·a·lect** [다이얼렉트]: dia(across)+legein(talk), 〈그리스어〉, '가로지르는 말', 방언, 사투리, 말씨, 파생어, 〈~ dialog〉 〈미②〉

287 **di·a·log** \ di·a·logue [다이얼러그]: dia(across)+legein(talk), 〈그리스어〉, 대화, 문답, 의논, 회답, '가로질러 하는 말', 〈~ dialect〉, 〈↔mono-log\soliloquy〉 〈양①〉

288 ★**di·al-up** [다이얼 엎]: 전화 호출, 전화회선으로 전산기의 단말기와 연락하는 일 〈양②〉

289 **di·al·y·sis** [다이앨리시스]: dia(apart)+lyein(loose), 〈그리스어〉, 투석, 희석, '분리해서 걸러냄' 〈양①〉

290 **di·am·e·ter** [다이애미터]: dia(through)+metron(measure), 〈그리스어〉, 〈가로질러 재는〉 지름, 직경, 배율, 〈반지름은 radius〉 〈개①〉

291 **di·a·mond** [다이어먼드]: 〈←adamas〉, 〈그리스어→라틴어〉, (아주 '단단한(adamant)' 탄소로 이루어진) 금강석, 귀중한, 마름모꼴, 야구장, 4월의 탄생석, 〈~ lozenge\rhombus\parallelogram〉 〈우②〉

292 ★**di·a·mond hand** [다이어먼드 핸드]: '단단한 손', 보유 주식을 일시적 변동에 반응 않고 오래 가지고 있다 파는 〈끈질긴 투자가〉, 장기 투자자, 〈↔paper hand\meme stock〉 〈미②〉

293 ★**di·a·mond lane** [다이어먼드 레인]: 다수인 이용 전용 차량 도로, 〈~ car pool lane\hov lane〉 〈미②〉

294 **di·a·per** [다이어퍼 \ 다이펄]: dia(across)+aspros(white), 〈그리스어〉, 마름모 무늬, 〈흰 천으로 만든〉 기저귀, 생리대 〈양①〉

295 ★**di·a·per show·er** [다이어퍼 샤워]: 〈곧 아빠가 될 사람을 위하여〉 (주로 친구들이 기저귀·밑닦개 등을 선사하는) 예비 아빠 위로연, 〈~ dadchelor party\man shower\baby stag〉, 〈↔baby shower〉 〈미①〉

296 **di·ar·rhe·a** [다이어뤼어]: dia(through)+rheein(flow), 〈그리스어〉, '가로지르는 흐름', 설사, 묽은 똥 〈기②〉

297 **di·a·ry** [다이어뤼]: 〈←dies〉, 〈라틴어〉, 〈day마다 적는〉 일기, 일지, 〈↔annals〉 〈기①〉

298 ★**di-ca** [디카]: ⇒ digital camera 〈우②〉

299 **dice** [다이스]: 〈라틴어→프랑스어〉, die²의 복수, 주사위(노름), 도박, 깍둑썰기를 하다 〈기①〉

300 **dick²** [딕]: 〈영국어〉, 녀석, 형사(detective), 잘난 체하는 〈deceitful?〉 놈, 〈dig하는?〉 자지, 〈Richard(지배자)→Dick; 그것으로 여성을 '지배'한다는?〉 좆 〈기②〉

301 ★**dick ap·point·ment** [딕 어포인트먼트]: '자지 예약', 〈애정이 없는 남자와의〉 성교 약속 〈양②〉

302 ★**dick chick·en** [딕 취큰]: 두 남성 동성연애자가 자지를 내놓고 서로 쳐다보다가 먼저 움직이는 놈이 지는 〈닭 자지까기 놀이〉 유2

303 ★**dick·head** [딕 헤드]: 〈1960년대에 등장한 영국어〉, '자지 대가리', 병신 새끼, 멍청이 유1

304 ★**dick·pic** [딕 픽]: dick picture, (다른 사람에게 보내는 자신의) 음경 사진, 〈~ bel-fie〉 유2

305 ★**dick·print** [딕 프린트]: '자지 자국', 꼭 끼는 내복을 입었을 때 돌출되는 음경 부위 유2

306 **dic·ta·tion** [딕테이션]: 〈←dicere(speak)〉, 〈라틴어〉, 받아쓰기, 구술, 지시, 청음 유1

307 **dic·ta·tor** [딕테이터]: 〈←dicere(speak)〉, 〈라틴어〉, 독재자, 절대권력자, 〈편자가 제일 부러워하는〉 받아쓰게 하는 사람, 〈↔liberator\democrat〉 유1

308 **dic·tion·ar·y** [딕셔너뤼]: 〈←dicere(speak)〉, 〈라틴어〉, 사전, 옥편, 〈악화가 양화를 구축하는〉 '말에 관한 책' 유1

309 **did** [디드]: 〈게르만어〉, do의 과거형, (행) 했다

310 ★**did·dle** [디들]: 〈영국어〉, 속이다〈duddle〉, 만지락거리다, 빈들빈들하다, 빨리 걷다〈trotter〉, 낭비하다, 자지로 방귀뀌다(수음하다) 유1

311 ★**did·dy·bop** [디디 밥]: 〈1940년대 처음 나왔을 때는 '백인을 동경하는 흑인'이란 뜻이었으나 1950년대에 '거리의 폭력배'란 뜻으로 쓰이다가 1960년대에 베트남에서 유행한 미국 속어〉, 갈지자로 걸어가다, (춤추듯) 가볍게 걸어가다 미1

312 **die¹** [다이]: 〈←dawjan(expire)〉, 〈게르만어〉, 죽다, 사라지다, 〈→death\dying\pass away〉, 〈↔live〉 유1

313 **die²** [다이]: 〈←dare(throw)〉, 〈라틴어→프랑스어〉, 철인, 형판, 주사위, 나사틀로 자르기, 〈→dieing〉 미2

314 ★**die-hard** [다이 하아드]: 완강한 저항자, 고집불통, 〈~ dead set〉, 〈↔shuttle-cock〉 유1

315 **Die·sel** [디이절 \ 디즐]: 〈←theud(people)〉, 〈'인류'란 뜻의 게르만어〉, 디젤, 〈1894년 독일의 기계공 Rudolf Diesel의 이름을 딴〉 고온압축점화기관, 사람 이름, 연료 이름, 〈↔gasoline〉 유1

316 **di·et** [다이얼]: 〈←diaita(manner of living)〉, 〈그리스어〉, 〈day에 적절한〉 음식물, 규정식, 식이요법, 〈살 까기〉 유1

317 ★**di·et with-out grace** [다이얼 위다웉 그뤠이스]: 혼전 성교 유2

318 **dif-fer·ence** [디풔륀스]: dis(apart)+ferre(carry), 〈라틴어〉, 다름, 차이, 〈나중에 가져와서(defer) 비교하는〉 구별 유1

319 **dif·fi·cult** [디휘컬트]: dis(away)+facilis(easy), 〈라틴어〉, 쉽지 않은, 힘든, 어려운, 곤란한, 까다로운 유1

320 **dif-fi·dent** [디휘던트]: dis(away)+fidere(trust), 〈라틴어〉, 수줍은, 자신 없는, 머뭇거리는, 〈믿을 수 없는〉, 〈↔confident\arrogant\self-poised〉 유1

321 **dif·fu·sion** [디휴우젼]: dis(apart)+fundere(pour), 〈라틴어〉, 발산, 유포, 보급, 확산, '떨어진 곳까지 퍼지는 것' 유1

322 *****dif·fu·sion in-dex** [디휴우젼 인덱스]: 확산지수, (경제가 얼마나 잘 돌아가는지를 나타내는) 경기 동향 지수 유2

323 **dig** [디그]: 〈영국어〉, 〈ditch를 만들려고〉 파다, 채굴하다, 탐구하다 유1

324 ★**dig·e·ra·ti** [디줘롸아티]: digital literati, 전산기 달인, '컴퓨터 도사' 유1

325 **di·gest** [다이줴스트 \ 디줴스트]: dis(apart)+gerere(carry), 〈라틴어〉, '떨어뜨려 운반하다', 삭히다, 소화하다, 이해하다, 참다, 요약하다 무2

326　★**dig·i-log** [디쥐라그]: digital+analog, 계수형(머리)와 계량형(가슴)의 융합, 한국의 석학 이어령 선생이 신 문명론에서 주장한 말이나 미국에서는 신제품(digital)인 줄 알고 샀는데 뜯어보니 구식(analog)이라는 속어로 더 많이 쓰임 ⓐ2

327　**dig·i·tal** [디쥐틀]: 〈←digitus(finger)〉, 〈라틴어〉, (손가락) 숫자의, 계수형, 수치형, 증폭형, 〈이어령 선생에 의하면〉 (언덕 위의 집을 계단으로 올라가는 일), 〈↔analog〉 ⓢ2

328　***dig·i·tal cam·e·ra** [디쥐틀 캐머뤄]: (1988년에 대중화된) 필름 대신 감지기와 미세처리기로 화상을 계수자료로 보관하는 〈수치형 사진기〉 ⓐ2

329　***dig·i·tal deals** [디쥐틀 디일스]: '증폭형 거래', 종이쪽지 대신 전산기에 찍혀 나온 할인권을 사용해서 장을 보는 방식 ⓐ2

330　***dig·i·tal de·tox(i·fi·ca·tion)** [디쥐틀 디탁]: 디지탈 해독, 디지탈 거리두기, 계수기로부터 휴식, 〈문명탈피〉 ⓜ2

331　***dig·i·tal mon·ey** [디쥐틀 머니]: 전자 화폐, crypto·currency, ⇒ bit·coin ⓐ2

332　***dig·i·tal nerv·ous sys·tem \ DNS**: '증폭식 신경 체계', 모든 구성원이 고성능 개인용 컴퓨터를 통해 동시에 쉽게 정보를 공유할 수 있는 체계 ⓐ1

333　***dig·i·tal print·ing** [디쥐틀 프륀팅]: '전자식 인쇄', 〈인쇄형판 없이〉 영상을 직접 인쇄 매체에 투사·복사하는 것, 〈off-set printing에 비해 빠르고 편하나 질과 양에서 떨어짐〉, 〈~ thermal printing〉 ⓐ1

334　***dig·i·tal sig·na·ture stand·ard \ DSS**: 디지털 서명 기준 ⓐ1

335　***dig·i·tal sub·scrib–er line \ DSL**: (일반 전화선에 고속 숫자형 신호를 보낼 수 있는 장치를 제공하는) 디지털 전화 가입자 회선 ⓐ1

336　***dig·i·tal ver·sa·tile disc \ DVD** [디쥐틀 붜얼서틀 디스크]: 증폭형 가전성('다능력') 원반 ⓜ1

337　***dig·i·tal vid·e·o disc \ DVD** [디쥐틀 뷔디오우 디스크]: 증폭형 영상 원반 ⓜ1

338　***dig·i·tal zoom** [디쥐틀 쥬움]: 증폭형 초점 맞추기, (화상의 일부를 크게 하기 위해) 숫자형 확대기를 사용해서 해상도를 높여주는 사진 촬영 방식, 〈optical zoom은 대상을 포착하기 전에 가까이 오게 하고 이것은 화상의 일부를 포착하고 나중에 확대시킴〉 ⓐ2

339　**dig·ni·ty** [디그니티]: 〈←dignus(worthy)〉, 〈라틴어〉, 존엄, 품위, 자존감, 고위, '가치' ⓐ2

340　★**dike \ dyke** [다이크]: 〈←dijk〉, 〈11세기에 등장한 네덜란드계 게르만어〉, 〈←ditch〉, levee², 둑, 제방, 방벽, 작은 변소, 〈어원이 모호한〉 남자역 레즈비언(butch) ⓐ1

341　**di-late** [다일레이트]: dis(apart)+latus(wide), 〈라틴어〉, '넓히다', 팽창시키다, 〈↔constrict〉 ⓖ1

342　★**dil·do \ ~doe** [딜도우]: 〈←delight?〉, 〈어원 불명의 영국어〉, 음경 모양의 자위용 기구, '각촛', '각 선생', 멍청이 ⓢ2

343　**di-lem·ma** [딜레마]: di(two)+lamboanein(take), 〈그리스어〉, 궁지, 〈빼자니 허하고 박자니 아픈〉 진퇴양난, '이중의 가정' 〈짬뽕? 짜장면?〉, 〈~ catch-22\tri·lemma〉, 〈↔certain\clear〉 ⓢ2

344　★**dil·et·tante** [딜리타안티]: 〈←dilectare(charm)〉, 〈라틴어→이탈리아어〉, 딜레탕트, 비전문적, 어설픈, 〈난 체하는〉 아마추어 애호가, '짐짓' 'delighted'된 척하는〉, 〈↔oracle\zealot〉 ⓐ1

345　**dil·i·gent** [딜리줜트]: dis(apart)+legere(choose), 〈라틴어〉, 〈선택의 여지가 없는〉, 근면한, 부지런한, 〈↔idle\delinquent〉 ⓐ1

346　**dim** [딤]: 〈게르만어〉, 〈←dark〉, 흐릿한, 어둑한, 둔한, 〈↔bright〉 ⓐ1

347　**dime** [다임]: 〈←decem(ten)〉, 〈라틴어〉, '십분의 일', 10센트짜리 동전, 푼돈 ⓢ2

348 **di‧men‧sion** [디멘션]: dis(from)+metiri(measure), 〈라틴어〉, 〈측량한〉 치수, 차원, 용적, 규모 영1

349 **di‧min‧ish** [디미니쉬]: de(from)+minus(small), 〈라틴어〉, 〈완전히〉 줄이다, 낮추다, 감소하다, 완화되다, (~ lessen), 〈↔augment\grow〉 영1

350 *__di‧min‧ish‧ing re‧turn__ [디미니싱 뤼터언]: (적정선 이상의 노력을 해 봐야 그만큼 효과가 나타나지 않는다는) 수익체감 미2

351 **dim‧ple** [딤플]: 〈←dump〉, 〈게르만어〉, 보조개, 〈연못(tumpel)같이〉 음폭 들어간 곳, 잔물결 영1

352 **dim-sum** [딤썸]: dot+heart, 〈중이 배고플 때 배를 채우는 것이 아니라 마음을 달래려고 먹는 음식〉, 〈주로 '점심'때 드는〉 (중국식) 작은 만두 미2

353 ★**din‧a‧tion** [다이네이션]: dine+donation의 합성어, 기부 식사, 자선 식사 영2

354 **dine** [다인]: de(complete)+cena(dinner), 〈라틴어〉, 〈단식을 깨고〉 식사하다, 음식을 구강에 투여하다 기1

355 ★**dine and dash** [다인 언 대쉬]: 무전취식, (식당에서) 식사 후 돈 안 내고 도망치기, 〈먹고 튀는〉 '먹튀', 〈dish and dash는 콩글리시임〉 영2

356 ★**ding‧dong‧ditch** [딩덩 디취]: 초인종 누르고 도망치기 미2

357 **din‧gy** [딘쥐]: 〈←dung?〉, 〈어원 불명의 영국어〉, 거무스름한, 음침한, 멍청한 영1

358 **din‧ing** [다이닝]: 식사, 정찬 기1

359 ★**DINK** [딩크]: double‧income‧no‧kids, 애 없는 맞벌이 가정 〈얌체족의 신세대어〉 미2

360 **din‧ner** [디너]: 〈라틴어→프랑스어→영국어〉, 〈←dine〉, 정찬, 만찬, (저녁) 식사, 〈~ supper〉, 〈↔breakfast\lunch〉 기1

361 **di‧no‧saur** [다이너쏘일]: deinos(terrible)+sauros(lizard), 〈그리스어〉, '무서운 도마뱀', 공룡, 무서운 짐승, 고루한 사람 영2

362 **dip** [딥]: 〈←deop(plunge)〉, 〈게르만어〉, 담그다, 적시다, 뜨다, 담그다, 성교하다, 가라앉다, 감광하다(dim), 사라지다, 〈~ deep〉 영1

363 ★**dip in‧to** [딮인투]: (~에) 담갔다 꺼내다, 적시다, 맛보다, (~을) 축내다 영2

364 **di‧plo‧ma** [디플로우머]: 〈←diploun(double fold)〉, 〈그리스어〉, 〈양쪽으로 펼쳐지는 판지에 끼워주는〉 졸업증서, 학위수여증, 상장, 면허장, 〈→diplomat〉 영1

365 **dip‧lo‧mat** [디플러맽]: 〈그리스어→라틴어〉, 〈양쪽에서 다 자격을 인정해 주는〉 외교관, 자격증 수여자, 수완가, 〈←diploma〉 영2

366 **dip‧per** [디퍼]: 〈게르만어에서 연유한 미국어〉, 국자, 〈담가서〉 퍼내는 기구, 〈~ ladle\scoop〉, 잠수하는 새(water ouzel), 북두칠성 영2 우2

367 ★**dip-shit** [딮쉩]: 〈영국어〉, dippy(foolish)+shit, 굼벵이, 쓸모없는 자, 한심한 놈, 〈동물에 튀길 놈〉 영2

368 ★**dip-stick** [딮 스틱]: (용기 안에 있는 액체의 양을 재는) 가늘고 긴 계량봉, 자지 영2

369 **dire** [다이어]: 〈←dirus(dreadful)〉, 〈그리스 신화의 Furies에 상당하는 Dirae(분노의 여신들)에서 연유한 라틴어〉, 〈공포에 떠는〉, 무서운, 음산한, 지독한 영2

370 **di‧rect** [디렡트 \ 다이뤹트]: dis(apart)+regere(←rectus), 〈라틴어〉, '떨어져 똑바로 가다', 향하게 하다, 지도하다, 똑바른, 직접의, 솔직한, 〈←address\dirigible〉, 〈↔evasive\inverse〉 영1

371 *__di‧rect ad-dress__ [다이뤹트 어드뤠스]: ①직접 호칭 ②직접(지정) 번지, (전산망에서) 하나 밖에 없는 자료를 쓰는 '직통' 기억장치 번지, 〈↔indirect address〉 미2

372 *__di‧rect broad‧cast‧ing sa‧tel‧lite \ DBS__: 직접 방송 위성, (1980년대에 상품화된) 〈중계소를 거치지 않고〉 시청자의 수신기로 digital 파장을 보내는 통신 위성 미2

373 **di·rec·tion** [디뤡션 \ 다이뤡션]: 방향, 방위, 지시, 목표, 감독 〈암1〉

374 *__di·rect mem·o·ry ac-cess \ DMA__: 기억장치 직접 접근, 전산기 본체를 조작하지 않고 지엽 장치에서 직접 기억장치로 연결하는 일 〈암2〉

375 ★**di·rect mes·sage** [다이뤡트 메시쥐]: DM, 〈은밀히〉 직접전문, (전산망을 통해서) 고객에게 1:1로 보내는 〈친밀한 선전〉, 〈~ private message〉, 〈↔bulk(mass) message〉 〈암2〉

376 **di·rec·to·ry** [디뤡터뤼]: 인명부, '안내판', 자료방 (기억장치에 들어 있는 목록) 〈암1〉

377 **dirt** [더얼트]: 〈←drit(soiling matter)〉, 〈북구어〉, 진흙, '오물', 먼지, 〈똥 묻은 개가 겨 묻은 개를 나무라는〉 추문, 〈~ filth〉, 〈~ grubby〉, 〈↔clean\pure\immaculate〉 〈암1〉

378 **dis·a·bil·i·ty** [디써빌리티]: 〈능력을 갖추지 않은〉 무능, 불구, 무기력, 무자격, 〈↔ability\capacity〉 〈암1〉

379 **dis·ad·van·tage** [디스 어드밴티쥐]: '이점이 아닌 것', 불리, 손해, 불명예, 〈↔advantage\high ground〉 〈암2〉

380 **dis·ap·pear** [디써피어]: 사라지다, 소멸하다 〈암2〉

381 **dis·ap·point·ed** [디써포인티드]: 실망한, 낙담한, 어긋난, '자리에서 떨어진', 〈↔satisfied〉, 〈편자가 노벨문학상에 응모하고 싶으나 아무나 추천해 주지 않을 때 느끼는 바로 그 심정〉 〈암1〉

382 **dis·as·ter** [디재스터]: dis(from)+astron(star), 〈그리스어〉, 〈별이 정상상태에서 떨어져 있으면 나타난다는〉 재해, 참사, 천재, 큰 실패, 비참, 〈~ catastophe\tragedy〉, 〈↔blessing〉 〈암1〉

383 **disc \ disk** [디스크]: 〈←diskos(dish)〉, 〈그리스어〉, 〈해나 달 모양의〉 원반, 음반, 측간 연골(통), 저장판 〈암1〉

384 **dis·card** [디스 카아드]: 버리다, 처분하다, throw away, '패 버리기', 〈~ dispose〉, 〈↔re-claim〉 〈암2〉

385 **dis·cern** [디써언]: dis(apart)+cernere(separate), '떨어져서 구별하다', 알아차리다, 식별하다, 〈~ read〉, 〈~ skill〉, 〈↔ignore〉, 〈↔sucker〉 〈암2〉

386 **dis·charge** [디스 촤아쥐]: dis(from)+carrus(car), 〈라틴어〉, 부리다, 〈짐을〉 내리다, 퇴원하다, 면제, 석방, 해임, 방출, 〈~ release\fire〉, 〈↔absorb\enlist\load〉 〈암1〉

387 **dis·ci·ple** [디싸이플]: 〈←discipulus(pupil)〉, 〈라틴어〉, 〈배우는 자〉, 제자, 문하생, 사도, 〈→desciplene〉 〈암2〉

388 **dis·ci·pline** [디써플린]: 훈련, 〈채찍질로 배우는〉 수양, 규율, 징계, 교파, 〈←desciple〉 〈암1〉

389 **dis·claim** [디스 클레임]: dis(apart)+clamare(cry out), 〈라틴어〉, 포기(하다), 기권(하다), 부인(하다), 〈~ disavow\refuse\waive〉, 〈↔emulate\plead\adjure\sue〉 〈암1〉

390 **dis·clo·sure** [디스 클로우져]: dis(apart)+claudere(close), 〈라틴어〉, '닫지 않고 열기', 드러남, 발각, 폭로, 발표, 〈~ revelation\exposure〉, 〈↔en-closure〉 〈암1〉

391 **dis·co** [디스코우]: discotheque, 명쾌한 레코드음악 〈암2〉

392 ★**dis·com·bo·bu·late** [디스 컴바뷸레이트]: 〈라틴어를 흉내낸 미국어〉, 혼란시키다, 방해하다 〈암2〉

393 **dis·con·cert** [디스 컨써얼트]: dis(apart)+con(together)+certare(contend), 〈라틴어〉, 〈협조하지 않아〉 당황하게 (쩔쩔매게) 하다 〈암2〉

394 *__disc op·er·at·ing sys·tem \ DOS__: 도스, 〈1983년 이후에는 주로 마이크로소프트사의 것을 지칭하는〉 원반운영체제 〈암2〉

395 **dis·cord** [디스 코어드]: dis(apart)+cor(heart), 〈라틴어〉, 〈마음이 동떨어지는〉 불화, 불일치, 알력, 소음, 〈↔harmony\accord〉 〈암2〉

396 **dis·count** [디스 카운트]: '계산에 넣지 않기', 할인, 에누리, 참작, 무시, 〈↔add\believe〉 〈암1〉

397 **dis-cour-age** [디스 커어뤼쥐]: '용기에서 멀어지다', 낙담시키다, 좌절시키다, ⟨↔en-courage\strike a chord⟩ 영2

398 **dis-course** [디스 코어스]: ⟨과정을 통달하는⟩ 강연, 설교, 화법, 이야기, 담화, ⟨~ discursion⟩, ⟨↔silence⟩ 영2

399 **dis-cov·er·y** [디스 커붜뤼]: 발견, 발굴, '덮개 치우기', ⟨↔conceal\hide⟩ 영1

400 **dis-creet** [디스크뤼이트]: dis(apart)+cernere(separate), ⟨라틴어⟩, ⟨~ discrete⟩, 분별 있는, 신중한, ⟨↔careless\showy⟩ 영2

401 **dis-crete** [디스크뤼이트]: dis(apart)+cernere(separate), ⟨라틴어⟩, ⟨~ doscreet⟩, 별개의, 분리된, 불연속의, 추상적인 영1

402 **dis-crim·i·na-tion** [디스크뤼미네이션]: dis(apart)+crimen(verdict), ⟨라틴어⟩, 구별, 판별, ⟨구별하여 떨어뜨리는⟩ 차별, ⟨↔fairness⟩ 영2

403 **dis-cus·sion** [디스커션]: dis(apart)+quatere(shake), ⟨라틴어⟩, 토론, ⟨떨어져서 흔들어 보는⟩ 검토, 심의 영2

404 **dis-dain** [디스 데인]: dis(opposite)+dignus(worthy), ⟨라틴어⟩, 경멸, 모멸, 무시, ⟨무가치한 것⟩, ⟨~ contempt⟩, ⟨↔admiration\baksheesh\compunction\mercy⟩ 영2

405 **dis-ease** [디지이즈]: dis(opposite)+esse(to be), ⟨라틴어⟩, 병, 질병, 고질, 불건전, 변질, ⟨~ illness\malady⟩ 강1

406 **dis-guise** [디스가이즈]: dis(away)+guise(fashion), ⟨라틴어+프랑스어⟩, ⟨외관을 바꾸는⟩ 변장, 위장, ⟨겉다르고 속다른⟩ 기만, ⟨~ facade\charade⟩, ⟨↔expose⟩ 영1

407 **dis-gust** [디스거스트]: des(away)+gustus(taste), ⟨라틴어⟩, 실증, 혐오, 구역질, 불쾌한, ⟨맛이 없는⟩, ⟨↔charming\delicious\enchanting⟩ 영2

408 **dish** [디쉬]: ⟨←diskos⟩, ⟨그리스어⟩, ⟨←disc⟩, 접시, 푼주, 요리, 포물면(접시형) 반사기 영1 미2

409 ★**dish-the-dirt** [디쉬 더 더얼트]: '오물 설거지', 뒤에서 남의 얘기를 하다, 험담을 하다, ⟨↔play dumb⟩ 미2

410 *__dis-in-fla·tion__ [디스 인홀레이션]: 일시적 통화 수축, 경기 침체가 잠시 소폭으로 향상되는 것, ⟨~(↔)inflation⟩, ⟨de-flation은 폭이 크고 장기적임⟩ 미2

411 *__dis-in·for·ma·tion__ [디스 인훠메이션]: ⟨고의적⟩ 오보, ⟨정부기관 등에서 잘못인 줄 알지만 이차적 목적을 위해 유포한⟩ 허위 정보, ⟨왜곡된 정보⟩, ⟨misinformation 보다 질이 나쁜 잘못⟩ 미2

412 **disk** [디스크]: disc(dish), ⟨그리스어⟩, 디스크, (납작한) 원반, 음반, 화반 우1

413 **disk-ette** [디스케트]: ⟨←disk⟩, (저장) 판, 자료를 수록할 수 있는 '조그만' 전자 원반 우1

414 **dis-mal** [디즈멀]: dies(days)+mali(evil), ⟨라틴어⟩, 음울한, 쓸쓸한, 비참한, 불길한, ⟨한 달에 두 번씩 오는⟩ 마귀가 든 날의, ⟨↔cheerful⟩ 영1

415 **dis-may** [디스메이]: dis(opposite)+magan(power), ⟨게르만어⟩, 당황, 경악, ⟨may라고도 하지 않아서 오는⟩ 낙담, ⟨↔relief\encourage\pleasure⟩ 영1

416 **dis-miss** [디스미쓰]: de(from)+mittere(send), ⟨라틴어⟩, 떠나게 하다, 해산시키다, 해고하다, '멀리 보내다', '해산!', ⟨↔de-mise⟩, ⟨↔retain⟩ 영1

417 **dis-or·der** [디스 오어더]: dis(apart)+ordo(arrangement), ⟨라틴어⟩, 무질서, 혼란, 장애, 질환 영1

418 **dis-patch** [디스패취]: dis(away)+pactare(fasten)/pedicare(entrap), ⟨라틴어→스페인어·이탈리아어⟩, '급히 보내다', 급파, 특송, 속달, ⟨↔remain⟩ 미2

419 **dis-pel** [디스펠]: dis(away)+pellere(drive), ⟨라틴어⟩, '멀리 끌어내다', 쫓아버리다, 떨쳐내다, ⟨↔collect\gather⟩ 영2

420 **dis-pens-er** [디스펜서]: dis(apart)+pendere(weigh), 〈라틴어〉, 분배자(기), 자동판매기, 〈→spend〉, 〈↔collector\receiver〉 영1

421 **dis-perse** [디스퍼얼스]: dis(apart)+pergere(scatter), 〈라틴어〉, '흩뜨리다', 해산시키다, 쫓아 버리다, 〈→diaspora〉, 〈↔gather\edit\file〉 영1

422 **dis-play** [디스플레이]: dis(apart)+plicare(fold), 〈라틴어〉, 〈펼쳐서〉 보이다, 전시, 과시, 표현(하다), 〈~ disperse\deploy〉, 〈↔conceal\ensconce〉 영1

423 **dis-pos-a-ble** [디스포우저블]: dis(apart)+ponere(place), 〈라틴어〉, '떨어뜨려 놓을 수 있는', 처치할 수 있는, 사용 후 버릴 수 있는, 일회용 미1

424 **dis-po-si-tion** [디스퍼지션]: dis(apart)+ponere(place), 〈라틴어〉, '배열', 처분, 양도, 성벽, 경향 영1

425 **dis-proof** [디스 프루우후]: 〈라틴어〉, 〈←disprove〉, 반박, 반증, 〈~ contradiction\refutation〉, 〈↔attestation〉 영1

426 **dis-pute** [디스퓨우트]: dis(apart)+putare(reckon), 〈라틴어〉, 말다툼, 논쟁, 논의, 논박(하다), '따로 생각하다', 〈↔agreement〉 영2

427 **dis-re-gard** [디스 뤼가아드]: 〈라틴어+프랑스어〉, '관심 쓰지 않는다', 무시하다, 경시하다, 〈~ exclude\rule out〉, 〈↔emphasis\envision〉 영1

428 **dis-rup-tion** [디스뤕션]: dis(apart)+rumpere(break), 〈라틴어〉, 분열, 〈나쁘게 깨는〉 붕괴, 혼란, 파괴, 〈↔confirmity〉 영1

429 ★**diss** [디쓰]: dis·respect, 불경, 무례 영2

430 **dis-sec-tion** [다이쎅션 \ 디쎅션]: dis(apart)+secare(cut), 〈라틴어〉, 〈조각으로 자르는〉 해부, 절개, 분석, 〈~ autopsy\parse〉 영1

431 **dis-sen-sion \ ~tion** [디쎈션]: dis(apart)+sentire(think), 〈라틴어〉, 의견의 차이, 불화, 알력, 〈~ dispute\heresy〉, 〈↔agreement〉 영2

432 **dis-si-pate** [디씨페이트]: dis(apart)+supare(throw), 〈라틴어〉, 〈펼쳐 던져〉 흩뜨리다, 방산하다, 탕진하다, 〈~ run through\melt away〉, 〈↔collect\adsorb\agglutinate\a-mass〉 영1

433 **dis-solve** [디잘브]: dis(apart)+solvere(loosen), 〈라틴어〉, '떨어져 느슨하게 하다', 녹이다, 용해하다, 해산시키다, 결말짓다, 〈↔condense〉 영1

434 **dis·tance** [디스턴스]: dis(apart)+stare(stand), 〈라틴어〉, 거리, 간격, 차이 영2

435 **dis·till** [디스틸]: de(down)+stilla(drop), 〈라틴어〉, 〈물방울을 떨어뜨려〉 증류하다, 순화하다, 추출하다, 〈~ purify\refine〉, 〈↔infuse\pollute〉 영1

436 **dis·tinct** [디스팅트]: dis(separate)+stinguere(put out), 〈라틴어〉, 〈~ distinguished〉, 다른, 별개의, 뚜렷한, 드문, 〈↔similar〉 영2

437 **dis·tin·guished** [디스팅귀쉬트]: dis(separate)+stinguere(put out), 〈막대기로 잘라 놓은 듯〉 현저한, 출중한, 고귀한, 〈↔obscure〉 영2

438 **dis·tor·tion** [디스토얼션]: dis(apart)+torquere(twist), 〈라틴어〉, 일그러짐, 왜곡, '비틀어' 떨어뜨림, 〈↔conformity〉 영1

439 **dis·tress** [디스트뤠스]: dis(apart)+stringere(draw tight), 〈라틴어〉, 〈일이 빡빡하게 당겨져서 받는〉 심통, 고민, 가난, 고난, 조난, 〈→stress〉, 〈↔relief〉 영1

440 **dis-tri-bu-tion** [디스트뤼뷰우션]: dis(apart)+tribus(trive), 〈라틴어〉, '따로 나누어 주기', 분배, 배당, 분포, 분류, 유통, 〈↔collection〉 영1

441 **dis·trict** [디스트륏트]: dis(apart)+stringere(draw tight), 〈라틴어〉, '따로 묶인 곳', 지역, 지구, 교구, 선거구, 지방 영1

442 ★**dis·tro** [디스트로우]: 〈←'distribution'〉, (Linux의) 배포판, 무료로 주는 연성기기 미2

443 **dis-turb** [디스터어브]: dis(completely)+turbare(tumult), 〈라틴어〉, '완전히 어지럽히다', 방해하다, 혼란시키다, 침해하다, 〈~ perturb〉, 〈↔compose〉 영1

444 ★**dis-turb-ia** [디스터얼비어]: 〈라틴어에서 유래한 미국어〉, disturbed+suburbia, '문제아', 〈많은 고민을 안고〉 교외에 사는 중산층의 자녀 미2

445 **ditch** [디취]: 〈←dic〉, 〈게르만어〉, 〈~ dike〉, 도랑, 개천, 해자, 시궁창, 버리다, 고무신을 거꾸로 신다, 결석하다, 농땡이치다, 〈~ trench\drain\dispose of〉, 〈↔elevation〉, 〈↔keep\stick\ream²\tag〉 영1

446 ★**dith·er·ing** [디더링]: 〈1640년에 등장한 영국어〉, 〈dodder (떠는 소리)〉, 당황함, '중화 (중간색의 표현을 기준의 화소〈pixel〉와 짜맞추어 실현하는 일) 미2

447 **dive** [다이브]: 〈←dyfan〉, 〈영국어〉, 〈deep 곳으로〉 뛰어들다, 잠수하다, 급강하하다, 갑자기 안 보이게 되다, 〈↔hike〉 영1

448 ★**dive bar** [다이브 바아]: 〈다른 사람이 눈치채지 못하게〉 재빨리 들어갔다 나오는 '비격식' 술집, sports bar, seedy bar 영1

449 **di-verge** [다이뷔얼쥐]: dis(apart)+vergere(incline), 〈라틴어〉, 〈두 방향으로〉 갈리다, 벗어나다, 빗나가다, 〈↔converge\merge〉 영2

450 **di-verse** [다이뷔얼스 \ 디뷔얼스]: dis(apart)+vertere(turn), 〈라틴어〉, '떨어진 방향으로 돌려보는', 다양한, 가지각색의, 다채로운, 〈↔uniform〉 영2

451 ★**Di-ver·si·ty (Im-mi·grant) Vi·sa**: green-card lottery, 〈이민의 다양화를 위해〉 (1990년부터 이민자 수가 적은 나라 출신 신청자 중에 뺑뺑이를 돌려 영주권을 주는) 다양성 이민 정책 미2

452 **div·i·dend** [디뷔덴드]: de(from)+videre(separate), 〈라틴어〉, 배당금, 분배금, 몫, 예금이자 영1

453 **di-vid-er** [디봐이더]: dis(from)+videre(separate), 〈라틴어〉, 〈←dividere〉, (갈라놓는) 분할자, 분할기, 칸막이, 가름 쪽 영1

454 **di·vine** [디봐인]: 〈←deus(god)〉, 〈라틴어〉, 〈←divus〉, 신의, 신성한, 거룩한, 성직자 영1

455 **di·vi·sion** [디뷔젼]: de(apart)+videre(separate), 〈라틴어〉, 〈←divide〉, 문〈식물을 나타내는〉 생물분류의 3번째 단계-계 아래·강 위), 분할, 구획, 경계, 사단, 반, 급, 나눗셈, 〈↔coalition\unity〉 영1

456 **di-vorce** [디뷔얼스]: di(apart)+vertere(turn), 〈라틴어〉, 〈←divert〉, 이혼, 분리(하다·시키다), 〈주의를 딴 데로 돌리게 하는 일〉, 〈↔marriage〉 영1

457 ★**DIY**: ⇒ do it yourself 미2

458 **diz·zy** [디지]: 〈←dysig〉, 〈게르만어〉, 어찔어찔하는, 현기증 나는, 핑핑 도는, 〈~ giddy\vertigo〉, 〈~ doz\drowsy〉, 〈↔clear-headed〉 영1

459 ★**DJ**: ⇒ disc jockey 영2

460 ★**DLL Hell** [딜 헬]: 한 가지 이상의 같은 DLL 이름으로 인한 혼란 우1

461 **DMV**: ⇒ Department of Motor Vehicles 미2

462 **DNA**: ⇒ deoxyribonucleic acid 우1

463 ★**DNC (do not call) list**: 〈말로 해서는 잘 안 통하는〉 통화 제외목록, 전화 사절명단 영2

464 ★**DNR (do not re·sus·ci·tate)**: 소생불요, 억지로 살리지 말 것, no code, 〈↔Full Code〉, 〈↔living will〉 우2

465 **do¹** [두우]: 〈게르만어〉, (행)하다, 베풀다, 지내다, 충분하다, 〈give란 뜻이 강한 경동사〉 기1

466 ★**DOA (dead on ar·riv·al)**: 도착 시 이미 사망, 도착 시 불량 영1

467 **DOB**: ⇒ date of birth 기1

468 **doc·ile** [다쓸 \ 도우싸일]: ⟨←docere(teach)⟩, ⟨라틴어⟩, ⟨가르쳐서⟩ 온순해진, 유순한, 다루기 쉬운, ⟨↔defiant\head-strong\fiery⟩ 양1

469 *__dock²__ [닥]: ⟨←ductio(leading away)⟩, ⟨라틴어⟩, 선창, 부두, 잔교, 하역장, 정비소, 전산기에서 통상 화면 밑에 깔린 상형 표지물 집단, ⟨~ aqueduct\pier⟩, ⟨↔air-terminal⟩ 양1 공1

470 **doc·tor** [닥터]: ⟨←docere(teach)⟩, ⟨라틴어⟩, '가르치는 사람', 박사, 의사, 진료하다, ⟨↔patient⟩ 양2

471 **doc·trine** [닥트륀]: ⟨←docere(teach)⟩, ⟨라틴어⟩, '가르치는 내용', 교리, 주의, 신조, 정책, ⟨~ creed\tenet\principle⟩ 양1

472 **doc·u·men·ta·ry** [다큐멘터뤼]: ⟨←docere(teach)⟩, ⟨라틴어⟩, ⟨가르친 것을 기록한⟩ 문서의, 기록의, 사실을 기록한, 기록물 양2

473 **dodge** [닫쥐]: ⟨←dud(to move)?⟩, ⟨어원 불명의 영국어⟩, 피하다, 빨리 움직이다, ⟨↔follow⟩, ⟨↔jab⟩ 양1

474 ★**do·do** [도우도우]: ⟨포르투갈어⟩, '바보(fool)', ⟨1681년경까지 인도양의 한 섬에 살았던⟩ 멸종된 큰 타조만 한 새로 날개가 작아 날지 못했다 함, 시대에 뒤떨어진 사람, ⟨~ ki-wi'⟩, ⟨↔wizard\intellect⟩ 유2 우2

475 ★**doe** [도우]: ⟨어원 불명의 영국어⟩, '아무개'(이름을 모를 때 부르는 말), ⟨사슴·토끼·염소 등 귀여운⟩ 동물들의 암컷, ⟨파티에서⟩ 남자 파트너가 없는 여자 우1

476 **does** [더즈]: do의 3인칭 단수 현재형 것1

477 **dog** [더어그]: ⟨←docga(a canine)⟩, ⟨어원 불명의 영국어⟩, 개, 수캐, 망나니, 배반자, ⟨~ hound⟩ 가1 양1

478 ★**doga** [더어가]: dog+yoga, 애완견과 같이 하는 요가 우1

479 ★**dog day** [더어그 데이]: (너무 더워서 일할 수 없는) 찜통 더위 날들, 복날(들) 양2

480 ★**dog-eat-dog** [더어그 이이트 더어그]: '이전투구', 냉혹한 생존경쟁, 아귀다툼, 동족상잔, ⟨~ cut-throat\every-man for him-self⟩, ⟨~ red ocean⟩ 양2

481 ★**Doge-coin** [더기 코인]: 2013년에 도입된 (개 모양이 그려진) 전자화폐의 하나 것2

482 ★**dog-ged per·se·ver·ance** [더어기드 퍼얼서뷔어뤈스]: 끈덕진 인내심, 칠전팔기(fall seven times, stand up eight), ⟨↔laziness\giving up⟩

483 ★**dog-go** [더어고우]: ①중간 크기의 개 ②꼼짝않고 숨어있다 ③불품없는 ④연상으로 파생되는 전산망 언어, '개소리' 미2

484 **dog·ma** [더어그마]: ⟨←dokein(think)⟩, ⟨그리스어⟩, 교의, 신조, 독단적 주장, 정설, ⟨좋은 말⟩ 양1

485 ★**dog-pile** [더어그 파일]: 미식 축구 선수들이 겹쳐서 덮지는 모양, 전산망에 무더기로 쏟아지는 ⟨항의성⟩ 댓글 우2

486 ★**dog's lot in the hap·piest gall**: 개의 운명에는 괴로움이 없다, 개는 고민하지 않는다, 개팔자가 상팔자, ⟨~ dog's life is easier than human's⟩ 양2

487 ★**dog-walk** [더어그 워어크]: (끈에 맨 개를 끌고 가듯) 압도하는, 한 수 높은 미2

488 ★**dog whis·tle** [더어그 위쓸]: '개 휘바람', '개 길들이기', '특수층 회유법', (개에게만 들리는 주파수를 사용해서) 개를 부를 때 쓰는 호각으로 특정 단체에서만 소통되는 표현이나 진술, 정치인이 자신의 논란의 여지가 많은 진술을 지지층에게만 전달하려는 짓 미2

489 **dole** [도울]: ⟨←dal(part)⟩, ⟨게르만어⟩, 시주, 구호품, 분배물, ⟨~ deal⟩ 양2

490 **dole-ful** [도울훌]: ⟨←dolere(feel pain)⟩, ⟨라틴어⟩, 슬픈, 서글픈, 음울한, ⟨←dolor(고통)을 주는⟩ 양2

491 **doll** [달]: ⟨영국어⟩, 인형, ⟨Dorothy 같이⟩ 귀여운 어린이, 깜찍한 것(여자) 미2

492 **dol·lar** [달러]: ⟨게르만어⟩, 100센트, 미국·캐나다 등의 화폐단위, 독일 은화 thaler가 변형된 말 것2

493 **dol·ly** [달리]: 〈영국어〉 ①〈←doll〉, 인형의 유아어, 매력적인 여성 ②〈←trolley〉, 〈무거운 것을 나르는〉 바퀴 달린 손수레, 〈~ wheel-barrow〉, 〈↔A-frame〉 유1

494 **dol·phin** [돌핀 \ 돌핀]: 〈←delphin←delphus(womb)〉, 〈그리스어〉, '자궁을 가진 물고기', 돌고래, 만새기, 황새치, 흰색이 점철된 몸통에 이빨이 많은 영리한 작은 고래 미1

495 **do·main** [도우메인]: 〈←dominus(master)〉, 〈라틴어〉, 〈주인에게 속한〉 영토, 영역, 분야, 범위, 소유지, 역(비세포성과 세포성으로 나누는 생물 분류의 최상위 단위), 〈~un-occupied〉 양2

496 ***do·main name** [도우메인 네임]: (등록된) 특정 명칭, 전산망 주소 〈명칭 소유권〉 유1

497 ***do·main name serv·er \ DNS**: '특정명칭 봉사기', 부호로 된 측정 주소를 인터넷 숫자로 바꿔주는 장치 유1

498 **dome** [도움]: 〈←domus(house)〉, 〈라틴어에서 연유한 이탈리아어〉, 둥근 천장, 반구형, 〈↔bridge\cave\bottom\steeple〉 미1

499 **do·mes·tic** [더메스틱]: 〈←domus(house)〉, 〈라틴어〉, 가정의, 가사상의, 길든, 국내의, 하인, 〈↔foreign〉 양1

500 **dom·i·nant** [다미넌트]: 〈←dominus(master)〉, 〈라틴어〉, 〈주인에 의해〉 지배적인, 우세한, 유력한, 〈↔subservient〉 양1

501 **do·min·ion** [더미니연]: 〈←dominus(master)〉, 〈라틴어〉, 통치(권), 주권, 소유권, (영연방의) 자치령, 〈~ realm\sovereignty〉 미2

502 **dom·i·no** [다미노우]: 〈←dominus(master)〉, 〈라틴어에서 연유한 프랑스어〉, 〈흑·백색을 한 축제의장(sir)에서 연유한〉 머리 씌우개가 붙은 겉옷, 28개의 패로 하는 점수 맞추기 수2

503 **don¹** [단 \ 던]: ①〈←dominus(master)〉, 〈라틴어〉, '주인', 님, 신사, 두목, 귀인, 수령, 학감 ②〈게르만어〉, do on, (옷을) 입다, (모자를) 쓰다 양1

504 **do·na·tion** [도네이션]: 〈←dare(give)〉, 〈라틴어〉, '주기', 기부, 증여, 〈↔withholding〉 양1

505 **done** [던]: do의 과거분사, 끝난, 마친 개1

506 ***don·gle** [다응글 \ 더엉글]: 〈1980년에 등장한 전산망 용어〉, 〈아마도 '대롱대롱 매달린(dangle)'이란 뜻의 북구어에서 유래한〉 동글, '보호 단자', (부정 사용 방지 목적으로) 〈전산기 접속기에 평행으로 설치하는〉 연성기기 보호 장치 유1

507 **don·key** [덩키]: 〈dwn(dull gray-brown)이란 뜻의 웨일스어에서 유래한듯 한 영국어〉, (당)나귀, 말보다 작고 귀가 길며 병에 대한 저항력이 강한 유용한 동물, 바보, 고집쟁이, 〈~ ass \ burro〉, 〈Andrew Jackson의 별명('Jackass')에서 연유한〉 미국 민주당의 상징 양1

508 **do·nor** [도우너]: ①〈←donare←dare(give)〉, 〈라틴어〉, 기증자, 제공자, 시주, 〈↔donee〉 ②〈터키어〉, 〈돌려서 구운〉 doner kebab 양2 유1

509 ★**don't back(paint) some·one in-to a cor·ner**: (~를) 궁지에 몰아넣지 말아라, 개도 나갈 구멍을 보고 쫓아라, 〈~ burnig the bridges\leave someone no option〉 양2

510 ★**don't bother try·ing im-pos·si·ble**: 않되는 것은 않되는 것이다, 오르지 못 할 나무는 쳐다 보지도 마라, 〈~ pie in the sky〉 양2

511 ★**don't count chick·ens be-fore they are hatch·ed**: 알도 까기 전에 병아리를 세지 말라, 김치국부터 마시지 말라, 〈↔don't look a gift horse in the mouth〉 양2

512 ★**don't cross the bridge² un-till you come to it**: 너무 서두르지 말라, 〈~ catch the bear before you sell his skin\don't count chickens before they are hatched〉 양2

513 **don't hide the ob·vi·ous**: 손바닥으로 하늘 가리기, 〈~ stop flood with a sponge〉 양2

514 ★**don't look a gift horse in the mouth**: 뻔할 뻔 자, 〈선물 받은 말은 항상 늙은 말이라는 뜻〉, 〈↔don't count the chikens before they are hatched〉 유2

515 ★**don't tell me** [도운트 텔 미이]: 말 안해도 뻔해, 설마, 당찮은 소리 마라, 〈~ you're kidding\no way!〉 유2

516 **do-nut** (dough-nut) [도우널]: 〈1809년에 등장한 미국어〉, 고리 모양의 빵(물건), '가락지 빵' 유1

517 ★**do-nut hole** [도우널 호울]: 고리 공간, 보험으로 보상 안 되는 것(기간) 유2

518 ★**doo·fus** [두우훠스]: 〈←doof(simpleton)〉, 〈1960년대에 스코틀랜드어에서 파생된 미국 대학생 속어〉, 〈~ goof\tit"\dolt〉, 바보, 얼간이, 괴짜 유2

519 **doom** [두움]: 〈←dom(judgement)〉, 〈게르만어〉, '심판', 숙명, 파멸, (불리한) 판결, 〈~ deem〉, 〈↔bless〉, 〈↔rapture"〉 유1

520 ★**doom-scrol·ling** [두움 스크로울링]: 〈신조어〉, '파멸 두루마리질', 불은 목록찾기, (전산망에서) 〈Covid 등〉 불길한 소식만 연달아 검색하는 짓 미2

521 **door** [도어]: 〈←thyra〉, 〈그리스어에서 유래한 영국어〉, '문', 입구, 관문 기초

522 ★**do or die¹** [두우 오어 다이]: 죽기 아니면 까무러 치기, 필사적, 〈~ desperate〉, 〈↔uncertain\giving up〉 유2

523 ★**door-step-ping** [도어 스테핑]: 〈영국 영어〉, ①호별 방문(사업) ②(사전 준비 없이 '계단에서' 하는) 약식 회견 미2

524 **dope** [도우프]: 〈←doopen〉, 〈네덜란드어〉, 〈dip(적셔서)해서 흡입하는〉 진한 액체, 마약, 비밀정보, 얼간이, 〈아주 좋은〉 유2

525 ★**dork** [도얼크]: 〈1967년에 등장한 미국어〉, 얼간이, 자지, 〈←dick?〉, 〈~ nerd\geek\twit〉, ⇒ dweeb 유2

526 **dorm** (dor·mi·to·ry) [도옴 (도어미터어뤼)]: 〈←dormire(sleep)〉, 〈라틴어〉, '잠자는 곳', 기숙사, 공동 침실, 주택단지, 〈~ cemetery〉, 〈↔office〉 유1

527 **dor·mant** [도어먼트]: 〈←dormire(sleep)〉, 〈라틴어〉, 잠자는, 정지한, 고정적인, 〈~ abeyance\suspended〉, 〈↔awake\active\animated〉 유2

528 **dose** [도우스]: 〈←didonai(give)〉, 〈그리스어〉, 1회분 복용량, 〈꿀꺽 삼키는〉 한 첩, 〈빛을 쬐는〉 조사량, '주어진 양' 미2

529 **dot** [닽]: 〈←dyttan(plug)〉, 〈영국어〉, 점, 소량, .com (통신점), 반점, 꼬마, 물방울 무늬, (아내의) 지참금 유1

530 ★**dot-bomb** [닽 밤]: '점 폭탄', (갑자기) 파산한 인터넷 사업 미2

531 ★**dot-com-post** [닽 캄포우스트]: '점 시체', 망한 인터넷 사업의 잔해 미2

532 ★**dot-con** [닽 칸]: '점 야바위꾼', 인터넷을 통한 사기꾼 (con·man) 미2

533 ★**dot-gone** [닽 가안]: '점 소멸', 사라진(실패한) 인터넷 사업 미2

534 **do time** [도(두)우 타임]: 감옥살이를 하다 유2

535 ***dot ma·trix** [닽 메이트뤽스]: '점모체', 점 행렬, 통신점의 집합에 의하여 희망하는 문자나 도형을 형성하는 방법 미2

536 ***dot pitch** [닽 피취]: 점 문자 밀도, 화점 간격, 화면 표시 스크린 위의 인접하는 그림낱(pixel) 간의 거리-0.3mm 정도 미2

537 ★**dot plot** [닽 플랕]: 〈점의 갯수로 양이 많고 적음을 나타내는〉 점도표, (금융 위원들이) 향후 금리를 예측한 것을 점으로 표시해서 만든 일종의 막대도표 유2

538 ***dots per inch \ dpi**: 1인치당 나타나는 점의 숫자, 인쇄기의 해상도의 척도 영1

539 **dou·ble [더블]**: duo+plere, two+fold, 〈라틴어〉, 두 배, 갑절, 이중, '두 겹으로 접은' 가1

540 **dou·ble cross [더블 크뤄어스]**: 배신, 기만(하다), 이중 교잡, 〈~ betray\defect〉 영1

541 ***dou·ble da·ta rate \ DDR**: 2배속 자료 처리 속도, 시간 신호의 양극으로 자료를 보내 전송 속도를 2배로 늘리는 기술 예2

542 ***dou·ble dip [더블 딮]**: ①아이스크림을 하나 더 얹은 것, 연금과 급료의 이중 소득 ②(일시적 회복기를 거쳐 더 심각한 하강이 일어나는) 이중 경기침체 예1

543 **dou·ble door [더블 도어]**: 양쪽으로 여닫는 문, 양쪽문, 〈~Frenchdoor\casement〉, 〈↔sliding door〉 예1

544 **dou·ble-park [더블 파아크]**: 이중 주차, 병렬 주차 영1

545 **dou·blet [더블맅]**: ①아주 닮은 물건의 한쪽, 쌍둥이, 〈같은 어원에서 갈라진〉 이중어 ②허리가 잘록한 남자의 상의(가벼운 옷차림) 영1 예1

546 **★dou·ble-talk [더블 터어크]**: 애매한 이야기, 겉 다르고 속 다르다는 말, 일구이언 예2

547 ***dou·ble text·ing [더블 텍스팅]**: 이중 문본보내기, 즉답이 없을 때 5분 이후에 다시 전문 보내는 일 예2

548 **doubt [다웉]**: 〈←duo(two)〉, 〈라틴어〉, 〈양쪽 생각을 하는〉 의심, 회의, 곤란, 결정, 〈→dubious〉, 〈↔certainty〉 영1

549 **douche [두우쉬]**: 〈←ducere(conduct)〉, 〈라틴어〉, 〈←duck〉, (주입해서 세척하는) 관주, (물을 주입하는) 주수, 질 세정, 〈↔mouth-wash\touche〉 수1

550 **dough [도우]**: ①〈←dag(paste)〉, 〈게르만어〉, 가루'반죽', 굽지 않은 빵 ②〈1850년에 등장한 미국 속어〉, 돈[미국 남북전쟁 전에 돈을 받고 남부를 위해 일한 북부의 민주당원들을 dough-face라고 부르던 데서 연유한 말] 영1

551 **dough-nut [도우 넡]**: donut, 〈원래는 돼지기름에 튀긴 호두만 한 과자를 나중에 크게 만들어서 구멍을 낸〉 고리 모양의 빵 우1

552 **★do un·to oth·ers as you would have them do un·to you**: 〈예수가 한 말이라고 누가복음·마태복음에 나옴〉, 대접받고 싶은대로 대접하라, 가는 말이 고와야 오는 말이 곱다, ⇒ golden rule 영2

553 ***do ut des [도우 웉 디즈]**: 〈라틴어〉, something for something, I give (you) that you may give (me), 〈쌍무계약 때〉 나는 당신이 주기 때문에 준다, 〈~ tit for tat\quid pro quo〉, 〈↔pro bono〉 영2

554 **dove [더브]**: ①〈←dufa(a pigeon)〉, 〈북구어〉, (작은) 비둘기, 평화의 상징, 〈~ colombo〉 ②dive의 과거 가1

555 **★dow·dy [다우디]**: 〈←doude(poorly dressed woman)〉, 〈영국어〉, (의복이) 시대에 뒤떨어진, 누추한, 촌스러운, 〈~ shabby〉, 〈↔fashionable\hip²〉 영1

556 **down [다운]**: ①〈←dun(hill)〉, 〈게르만어→영국어〉, 떨어지다, 내려가다, 타도하다, 고장나다, 바닥으로, 줄어져, 침몰, 작동 중지, 〈↔up〉 ②〈←dunn(first feathers)〉, 〈어원 불명의 북구어〉, 첫 번 〈떨어트려〉 가는 깃털, 솜털, 관모 영1

557 **★down-cast [다운 캐스트]**: 기가 꺾인, (눈을) 아래로 향한 영1

558 **★down-doot [다운 두우트]**: down·vote(하향 투표)의 전산망 속어, 〈↔up-doot〉 영2

559 **down-fall [다운 훠얼]**: 낙하, 몰락, 〈↔hey-day〉 가1

560 **down-hill [다운 힐]**: 내리받이, 후반부, 내리막길 영2

561 ★**down in the dumps**: 몹시 울적하다, 쓰레기 통에 처박힌 기분이다, 죽을 맛이다, ⟨↔over the moon\cloud nine⟩ 영2

562 ★**down-load** [다운 로우드]: 상위에서 하위로 자료를 전송함, 내려받기, 하재, ⟨↔up-load⟩ 미1

563 **down-pay-ment** [다운 페이먼트]: 착수금, (할부금의) 첫 지불액 영1

564 ★**down-play** [다운 플레이]: 경시하다, ~을 얕보다, ⟨↔exaggerate⟩ 영2

565 ★**down-right** [다운 롸잍]: 명백한, 솔직한, 완전한, 철저한 영2

566 ★**down-sell** [다운 쎌]: '하향 판매', (처음 고려한 상품을 사지 않은 고객에게) 가격이 낮은 대체용품을 제시하는 상술, ⟨↔up-sell⟩ 미2

567 **down-stairs** [다운 스테어즈]: 아래층, 일 층, ⟨↔up-stairs⟩ 가2

568 **down-stream** [다운 스트뤼임]: 하류, 후반 석유산업(수송·정제·판매), ⟨↔up-stream⟩ 영1 무1

569 ★**down (in) the dumps** [다운 더 덤쓰]: (기분이) 쓰레기장에 처박힌, 침울한, ⟨뜻과 운이 맞아 떨어져서 생겨난 말⟩ 영2

570 ★**down-the-line** [다운 더 라인]: 끝까지, 전면적, 완전한 영2

571 ★**down-tick** [다운 틱]: 하향기운, (주식 등의) 약세, ⟨↔up-tick⟩ 영2

572 ★**down-to-earth** [다운 투우 어얼쓰]: 실제적인, 현실적인, 더할 나위 없는, ⟨↔idealistic\dreamy⟩ 영2

573 **down-town** [다운 **타운**]: (주로 주택가보다 낮은 곳에 자리 잡은) 도심지, 중심가, city center, ⟨↔up-town⟩

574 ★**down-ward** [다운 워어드]: 아래쪽으로 내려가는, 이후의, ⟨↔up-ward⟩ 영1

575 *****down-ward com-pat·i·bil·i·ty** [다운 워어드 컴패터빌리티]: ⟨구형 기기와 서로 바뀌 쓸 수 있는⟩ 하위 호환성, back·ward compatibility, ⟨↔up·ward compatibility⟩ 영1

576 ★**down-with** [다운 위드]: (~을) 없애라·타도하라 영2

577 **down-y** [다우니]: ⟨←down²⟩, '솜털 같은', 포근한, 구름의, 구릉의, 기복이 많은 (땅) 영1

578 *****Dow the·o·ry** [다우 씨어뤼]: ⟨Dow Chemical의 창립자가 주장한⟩ (주가의 변동은 여러 가지 지표에 의해 예측할 수 있다는) '안보 이론', ⟨↔random walk theory⟩ 무2

579 ★**dox(x)** [닥쓰]: ⟨←document⟩, ⟨2009년에 등장한 전산망 속어⟩, (나쁜 마음으로) 전산망 기록을 은밀히 검색하다, 개인 정보를 빼내다, 정보도용 미2

580 ★**dox·y link** [닥씨 링크]: ⟨←doxy²⟩, '접대부 접속', ⟨화상 진료 시⟩ 환자와 의사를 동영상으로 연결시켜 주는 연성 기재 무1

581 **doze** [도우즈]: ⟨북구어⟩, 꾸벅꾸벅 졸다, 겉잠 들다, ⟨←drowzy(너무 졸려서 drowsy란 철자도 제대로 못씀)⟩, ⟨~ dizzy⟩, ⟨↔awake⟩ 영1

582 **doz·en** [더즌]: duo(two)+decem(ten), ⟨라틴어⟩, 다스 ⟨12개를 나타내는 일본어⟩, '12개', 수많은, '타'(친 횟수) 미2

583 **Dr.**: ⇒ doctor 영2

584 ★**Drac·u·la sneeze** [드래큘러 스니이즈]: ⟨Covid-19 후에 부상한⟩ (팔의 안쪽으로 입을 가리고 하는) 드라큘라 재채기 무2

585 **draft \ draught** [드래후트]: ⟨←dragan(drag)⟩, ⟨영국어⟩, ⟨←draw⟩, 도안, 초안, 징집, 어음 발행, 틈새 바람, ⟨술통에서 끌어내어⟩ (한 번에) 마시기, 견인(량), 적재 흡수량 미2

586 *****drag and drop** [드래건 드뢒]: '끌어서 떨어뜨리기', 마우스 조작으로 목표물을 원하는 곳에 빨리 옮겨 놓기 미2

587 ★**drag ball cul·ture** [드랙 버얼 컬춰]: '견인 무도 문화', ⇒ ball culture 우2

588 *__drag·ging__ [드래깅]: 〈←dragan(draw)〉, 〈게르만어〉, 매우 지친, 느릿느릿한, '질질 끄는', 전산기 마우스를 이용해서 표적물 움직이기, 〈↔linger〉, 〈↔thrust\hie〉 양1

589 __drag·on__ [드래건]: 〈←drakon(serpent)〉, 〈그리스어〉, '큰 뱀', 드래곤, 용, 상서로운 사람(물건), 군왕 가1

590 ★**drag queen** [드랙 퀴인]: 〈속치마를 질질 끌면서〉 여성 역할을 하는 (동성애) 여장 남자 미2

591 __drain·age__ [드뤠이니쥐]: 〈←dryge〉, 〈게르만어〉, 〈dry 시키려는〉 배수(로·법), 하수(로·도), 〈↔filling〉 양1

592 __drake__ [드뤠이크]: 〈←draco(dragon)〉, 〈라틴어→게르만어〉, '수오리(male duck)', 〈제물낚시용〉 하루살이의 일종, 소형 대포 미2

593 __dra·ma__ [드롸아마 \ 드뢔머]: 〈←dran(to do)〉, 〈그리스어〉, 〈do(행)하는〉 연극, 희곡 양1

594 ★**dra·ma queen** [드롸아마 퀴인]: 〈1923년에 등장한 영국어〉, 호들갑을 떠는 여자, 엄살부리는 여자, '무대체질' 미2

595 __drank__ [드뢩크]: drink의 과거 가1

596 __drap·er·y__ [드뤠이퍼뤼]: 〈←drap(cloth)〉, 〈프랑스어〉, 휘장, 주름진 직물, 포목류, 〈~ drab'〉, 〈~ valance\screen〉 미2

597 __dras·tic__ [드뢔스틱]: 〈←dran(do)〉, 〈그리스어〉, 격렬한, 철저한, 〈약의 효과가〉 뛰어난, 〈~ extreme〉, 〈↔mild〉 양2

598 __draught__ [드뢔후트]: ⇒ draft(beer) 미2

599 __draw__ [드뤄어]: 〈←dragan(drag)〉, 〈게르만어〉, 끌다, 당기다, 제비뽑기, 추첨, 〈작대기로 끌면서〉 그리다, 빨다, 뽑다, 인출하다, 한 모금, 비김, 인기물, 〈→draught\withdraw〉, 〈↔push〉 양1

600 ★**draw·back** [드뤄어 뱈]: 결점, 장애, 철회, 환부금, 물러서다, 손을 떼다 양1

601 __draw·er__ [드뤄어일]: 제도사, 어음 발행인, 서랍, 장롱, '끌어당겨 열 수 있는 보관함' 양1

602 ★**draw·ing board** [드뤄잉 보어드]: 화판, 제도판, 〈~ drafting board〉 양1

603 __draw·ing room__ [드뤄잉 루움]: 응접실, (손님을 위한) 객실, 〈숙녀들이 식사 후 철수(withdraw)하는〉 '밀실', '접견실', 제도실 양1

604 __drawn__ [드뤄언]: draw의 과거분사 양1

605 *__draw pro·gram__ [드뤄어 프로우그뢤]: '그리기 체제', 전산기에 형상을 그릴 때 '방향선'을 이용하여 부분적 특성을 살릴 수 있는 기법

606 ★**draw shot** [드뤄어 샽]: '끌어치기', 목표한 공을 맞히고 자기 앞으로 되돌아오도록 공의 밑부분을 치는 짓 우1

607 __dread·ful__ [드뤠드훌]: 〈a-draedan(to fear)〉, 〈게르만어〉, 〈삼손의 머리칼이 곤두섰을 때처럼〉 무서운, 두려운, 지독한, 〈~ formidable〉, 〈↔comforting\reassuring〉 양2

608 ★**dread·locks** [드뤠드 랔스]: 레게머리, 〈삼손의 7갈래 머리털 같이〉 다발로 묶어 곱슬곱슬하게 한 (자메이카식) Reggae 〈최신유행〉 머리 모양, 〈→loctician〉, 〈~ locs\corn-row〉 우1

609 __dream__ [드뤼임]: 〈←traum(illusion)〉, 〈게르만어〉, 〈다시 만나는 '기쁨'이란 뜻에서 있을 수 없는 '망상'이란 뜻으로 변질된 말〉, 꿈, 환상, 공상 가1

610 __drear·y__ [드뤼어뤼]: 〈←dreorig(bloody)〉, 〈게르만어〉, 황량한, 울적한, 비참한, 〈여러 어원이 융합된 말〉, 〈~ drowsy〉, 〈↔scenic〉 양2

611 **drench** [드렌취]: 〈←drencan(to drown)〉, 〈게르만어〉, (흠뻑) 적시다, 담그다, 채우다, 〈↔drink〉 양1

612 **dress** [드뤠쓰]: 〈←dirigere(arrange)〉, 〈라틴어→프랑스어→영국어〉, 가지런히 하다, 준비하다, 옷을 입히다, 의복, 의상, 정장 양1

613 **dress-er** [드뤠써]: 장식가, 마무리꾼, 잘 차려입은 사람, 조리대, 찬장, 〈서랍층 위에 거울이 부착된〉 화장대, 경대 양1

614 **dress-ing** [드뤠싱]: 〈라틴어에서 유래한 프랑스어〉, 옷치레, 붕대 감기, 요리 첨가물 우2

615 **drift** [드뤼후트]: 〈←drifan(drive)〉, 〈북구어〉, 〈←driven〉, 표류(물), 밀어 보냄, 경향 양1

616 **drill** [드륄]: ①〈←drille(hole)〉, 〈네델란드어〉, 송곳, 천공기, 〈실수 없이 수행해야 하는〉 훈련, 꿰뚫다, auger, gimlet, wimble, 〈↔fill\plug〉, 〈기성사회의 약점을 찌르는〉 trap music의 일종, ②〈어원불명의 영국어〉, 파종골, 이랑에 씨를 뿌리다 ③〈←trilix〉, 〈라틴어〉, 능직의 튼튼한 무명 ④〈서아프리카 원주민어를 영국인들이 '털가죽을 가진 인간'이라고 각색한 말〉, 개코원숭이, man·drill 미2

617 **drink** [드륑크]: 〈←drinc↔drincan(swallow liquid)〉, 〈게르만어〉, '마시다', 흡수하다, 음료, 술 양2

618 **drip** [드륖]: 〈←dryppan〉, 〈게르만어〉, 〈←drop〉, 똑똑 떨어지다, 젖다, 물방울(소리), 적하, 매력이 넘치다〈2000년대 초에 등장한 미국 속어; cool\fashionable〉, 〈↔dribble〉

619 **drive** [드롸이브]: 〈←drifan(compel to go)〉, 〈게르만어〉, '몰다', 쫓다, 운전, 돌진, 의도, 티샷 치기, 구동장치, Dr: (지세를 따라) 휘어 감듯이 형성된 도로, 〈↔curb〉 양1 우2

620 *****drive-bay** [드라이브 베이]: '주행대', '원반첩' (개인용 전산기 케이스에 디스크 드라이브를 넣을 수 있는 자리) 우1

621 **drive-by** [드라이브 바이]: 주행, 운전 중 미2

622 **drive-in** [드라이브 인]: 자동차를 탄 채로 들어가는, 〈↔mall〉 우2

623 **driv-er** [드라이붜]: 나사돌리개, 운전사, 치는 부분이 나무로 된 골프채, 〈↔passenger\walker〉 우2

624 ★**drive-up** [드라이브 엎]: 차를 타고 일을 볼 수 있는, 〈~drive-in〉,〈↔roll-back\depart〉 미2

625 ★**drive up** [드라이브 엎]: 차를 몰고 올라가다, (값 등을) 끌어올리다, 〈↔go off\bring down〉 양1

626 **drive-way** [드라이브 웨이]: (집앞) 차도, (도로에서 집·차고까지의) 진입로 우2

627 **driv-ing range** [드롸이빙 뤠인쥐]: 골프 연습장, golf range 미2

628 ★**driv·ing some-one cra·zy(nuts)**: 미치게(환장하게) 만들다, 〈↔making someone comfortable(relaxed)〉 양2

629 **driz·zle** [드뤼즐]: 〈←dreosan(fall)〉, 〈게르만어〉, 〈small drops〉, 이슬비, 보슬비, 가랑비, 〈~ dribble\mizzle〉, 〈↔thunder-storm\blizzard〉 가1

630 **drone** [드로운]: 〈←draen〉, 〈게르만어〉, 〈의성어?〉, '수벌', (특히) 꿀벌의 수컷, 게으름뱅이, 윙윙하는 소리, 무인 비행기, 〈차세대에 각광을 받을 것으로 사료되는 물건〉, 〈↔bee는 암벌〉 양1 미2

631 **droop** [드루우프]: 〈←drupa(sink)〉, 〈북구어〉, 〈←drop〉, 수그러지다, 시들다, 축 처지다, 〈~ sag〉, 〈↔up-right\sprout〉 양1

632 **drop** [드뢒]: 〈←tropfen(drip)〉, 〈게르만어〉, 방울, 소량, 낙하, 쓰러지다, 낙오되다, 〈↔droop〉, 〈↔heave\hoist\lift〉 양1

633 *****Drop-box** [드뢉 박스]: 2007년 MIT의 두 학생에 의해 고안된 〈나중에 쓰기 위해〉 다량의 정보를 따로 저장할 수 있는 연성기기 차림표 (회사), drop-box: 우편물(서류) 투입함 우2 미2

634 **drop-by** [드뢉 바이]: 잠깐 들르기, 얼굴 보이기, 〈~ swing by\stop-by〉, 〈↔reside\dwell〉 미2

D 175

635 *__drop-cap__(·i·tal) [드롭 캡]: '대문자 낙하', 글을 시작할 때 쓰는 첫 글자를 크게 부각시키는 것 영1

636 ★__drop-dead twice__ \ DDT: 우라질, 천만에 양1

637 *__drop-down men·u__ [드롭 다운 메뉴]: '하향식 차림표', 전산기 메뉴바에서 아래로 펼쳐지는 메뉴 표시 형식 영1

638 ★__drop-kick__ [드롭 킥]: '튕겨 차기', 공을 땅에 떨어뜨려 튀어 오를 때 차는 짓 영1

639 ★__drop-off__ [드롭 어어후]: 낭떠러지, 하락, (차에서) 내려주기 영1 미1

640 ★__drop-out__ [드롭 아웃]: 탈락, 결락, 중퇴(자), 소리나 화상이 원반에 낀 먼지나 결함으로 지워지는 일, ⟨↔continue\excel\valedictorian⟩ 영1 유1

641 ★__drop-shot__ [드롭 샷]: '낙타', 네트를 넘자마자 공이 떨어지게 하는 타법 미2

642 ★__drop the ball__ [드롭 더 버얼]: 책임을 못하다, 실수하다, ⟨↔do well\succeed⟩ 영2

643 __drought__ [드라웉]: ⟨←dryge(lack of water)⟩, ⟨게르만어⟩, ⟨←dry⟩, 가뭄, 한발, 결핍, ⟨↔flood\spate⟩ 가1

644 __drown__ [드라운]: ⟨←drincan(swallow liquid)⟩, ⟨북구어⟩, '물에 drunken 되다', 물에 빠뜨리다, 흠뻑 젖게 하다, 익사하다 영1

645 __drow·sy__ [드라우지]: ⟨←dreosan(fall)⟩, ⟨게르만어⟩, 졸음이 오는, 활기 없는, ⟨잠에 빠지는⟩, ⟨~ doze\dizzy⟩, ⟨↔alert⟩ 영2

646 __drug__ [드러그]: ⟨←droog⟩, ⟨네덜란드어⟩, ⟨dry 된⟩ 약, 마약 가2

647 __drug store__ [드러그 스토어]: '약방', '잡화상', 위생용품·일용품 판매점, '구멍 약국' 미2

648 __drum__ [드럼]: ⟨←trumpa(trump)⟩, ⟨게르만어⟩, ⟨의성어⟩, 북(소리), (원통형) 통 가1

649 __drunk-ard__ [드렁커드]: 술고래, 모주꾼, ⟨~ wino⟩, ⟨↔teetotaler⟩ 가2

650 ★__drunk·o·rex·i·a__ [드렁커 렉시아]: ⟨2008년에 등장한 미국어⟩, drinking+anorexia, 음주 소식증, (대학생들 간에 유행하는) 밥 대신 술을 먹는 살 빼기 증세 미2

651 __dry__ [드라이]: ⟨←dryge(lack of water)⟩, ⟨게르만어⟩, ⟨수분이 없는⟩, 마른, 쌀쌀한, 쓴, 무미건조한, 술이 없는, ⟨↔wet⟩ 영1

652 __dry-clean__ [드라이 클리인]: 건조세탁, ⟨↔water-wash\hand-wash⟩ 미1

653 __dry-er__ [드라이어]: 건조기, drier 미1

654 ★__dry hump·ing__ [드라이 험핑]: '건조한 엉덩이 타기', 삽입하지 않고 치부를 서로 부비는 ⟨유사 성교⟩, outer·course, heavy petting 영2

655 __dry-wall__ [드라이 워얼]: 건식 벽체, 석고 판지 미1

656 *__DSL mo·dem__ [디에스엘 모우뎀]: 숫자형 전화 가입자 변복조 장치, (전화선의 대역을 이용한 전산망 연결장치), ⟨~ DSL broad-band⟩, ⟨↔cable modem⟩ 미1

657 *__DSLR__(dig·i·tal sin·gle lens re·flex) __cam·er·a__: (2000년부터 대중화된) 증폭형 일안 반사식 사진기 미1

658 *__DSR__(debt ser·vice ra·tio): 총부채원리금상환비율, 1년에 버는 소득 대비 갚아야 할 모든 대출의 원금과 이자를 합친 금액의 비율 미2

659 ★__D2C__ (di·rect to con·sum·er): (중간 유통 없이) 소비자와 직거래 미2

660 __du·al__ [두얼 \ 듀우얼]: ⟨←duo(two)⟩, ⟨라틴어⟩, 둘의, 이중의, 이원적인 영1

661 *__du·al in-line pack·age switch__ \ DIP switch [딥 스위취]: (통합회로에서) 이중직석 포괄단주, 통합 회로와 똑같은 전환 장치 영1

662 **dub** [덥]: ①⟨←aduber(adorn)⟩, ⟨어원 불명의 프랑스어⟩, 찌르다, 기름을 치다, 둥 하는 소리, 모방하다, 실수하다, 서투른 놈 ②⟨←double⟩, ⟨1929년에 등장한 방송 용어⟩, 재녹음하다, 음향효과를 넣다. ⇒ dubbing 미2

663 ★**dub·bing** [더빙]: ⟨←double⟩, 새로이 녹음함, 재녹음, 재취입 영1

664 **du·bi·ous** [두우비어스]: ⟨←duo(two)⟩, ⟨라틴어⟩, ⟨←doubt⟩, 의심스러운, 수상한, 모호한, ⟨↔certain⟩ 영1

665 **duck** [덕]: ⟨←tuchen⟩, ⟨게르만어⟩, diving bird, (집) 오리, 암오리, 귀여운 사람, 괴짜, 무자맥질하다, 범포(천), 수륙양용 버스(트럭), ⟨↔drake⟩, ⟨↔hyena?⟩ 영1

666 **duct** [덕트]: ⟨←ducere(lead)⟩, ⟨라틴어⟩, '이끄는 도구', 관, 도관, 수송관, 통로 통, ⟨~ pipe\cylinder\tube⟩ 영1

667 ★**dude-bro** [두우드 브뤄]: 겉으로는 남자답게 보이려 하나 속으로는 자신이 없는 (백인) 청소년, '어설픈 싸나이' 우2

668 **due** [듀우]: ⟨←debere(owe)⟩, ⟨라틴어⟩, 만기가 된, 도착 예정인, 마땅한, 탓으로, 요금, 회비, 공과금, ⟨owed·debt⟩, ⟨→duly\duty⟩, ⟨↔un-due⟩ 영1

669 **du-el** [듀우얼]: ⟨←duo(two)⟩, ⟨라틴어⟩, (양자 간의) 결투, ⟨'신의 뜻으로' 생사람 많이 잡은⟩ '재판 결투' (잘못 가리기 싸움), ⟨↔law suit⟩ 영1

670 **du-et** [듀우엩]: ⟨←duo(two)⟩, ⟨라틴어⟩, 이중창(주), 한 쌍 미1

671 **dug** [더그]: dig의 과거·과거분사 영1

672 **dug-out** [더그 아웉]: 방공호, 참호, 마상이(카누\piragua), 퇴역 장교, 냉장고 양2

673 **DUI**: ⇒ driving under the influence 미2

674 **duke** [듀우크]: ⟨←dux(leader)⟩, ⟨라틴어⟩, 공작, 공, '이끄는 사람', ⟨~ duchy⟩ 영1

675 **dull** [덜]: ⟨←dol(stupid)⟩, ⟨게르만어⟩, 무딘, 둔한, 활기 없는, 지루한, '어리석은', ⟨→dark⟩, ⟨~ blunt\boring\lack-luster⟩, ⟨↔sharp\poignant\trenchant\vivacious⟩ 기1

676 **du·ly** [듀울리]: ⟨←debere(owe)⟩, ⟨←due⟩, 정식으로, 정당하게, 충분히, 지체 없이 영1

677 **dumb** [덤]: ⟨←dum(dull)⟩, ⟨게르만어→영국어⟩, ⟨←mute⟩, 말 못하는, 무딘, 둔한, 활기 없는, 지루한, 멍청이, ⟨→dummy⟩, ⟨↔bright⟩ 영2

678 **dum-my** [더미]: ⟨영국어⟩, ⟨←dumb←dum(dull)⟩, 모조품, 동체 모형, 마네킹, 가짜 젖꼭지, 바보 영2

679 **dump** [덤프]: ⟨←dimpa(sudden fall)⟩, ⟨북구어⟩, ⟨아마도 갑자기 물건이 떨어지는 소리에서 연유한 듯한⟩ 내버리다, 부리다, 떨구다, 더미, 쓰레기장, 투매(떨이), ⟨~ thump⟩, ⟨↔hide⟩ 영1

680 **dump-ling** [덤플링]: ⟨어원 불명의 영국어⟩, ⟨←lump?⟩ ①고기 만두, 과일 경단, ⟨~ mandu⟩ ②땅딸보, 촌놈 영2

681 **dune** [듀운]: ⟨←duin(rounded hill)⟩, ⟨네덜란드어⟩, ⟨←down⟩, ⟨저지대⟩ (해변의) 모래언덕 영1

682 **dun·geon** [던쥔]: ⟨←dominus(lord)⟩, ⟨라틴어⟩, ⟨처박아 두는⟩ 토굴 감옥, ⟨견고한⟩ 지하 감옥, ⟨↔sanctuary\tower⟩ 미1

683 ★**dunk on** [덩크 어언]: ⟨특히 사회 전산망에서 많이 쓰이는 말⟩, (dunk-shot을 하듯) 높이 공격하다, 혼내주다, 질타하다, ⟨↔praise\throw bouquets⟩ 양2

684 **du-plex** [듀우플렉스]: duo(two)+plicare(fold), ⟨라틴어⟩, 이중의, 두 배의, 양방 (통화), 복식(2세대용) 주택, 양면 인쇄 미1

685 **du·pli·ca·tion** [듀우플리케이션]: duo(two)+plicare(fold), 〈라틴어〉, 중복, 목제, 복사, 이중, '접어서 두 개로 만들기' 왕1

686 **du·ra·ble** [듀어뤄블]: 〈←durus(hard)〉, 〈라틴어〉, 〈단단한〉, 오래 견디는, 튼튼한, 내구력이 있는, 〈↔flimsy〉 왕1

687 **du·ra·tion** [듀뤠이션]: 〈←durus(hard)〉, 〈라틴어〉, 지속(시간), 존속 시간, 내구 왕1

688 **dur·ing** [듀어링]: 〈←durus(hard)〉, 〈라틴어〉, 동안(duration)내내, ~사이에 가1

689 **dusk** [더스크]: 〈←dox(dark)〉, 〈게르만어〉, 어둑어둑함, 땅거미, 박명, 황혼, 〈~night-fall〉, 〈↔dawn〉 왕1

690 **dust** [더스트]: 〈←tunst(storm)〉, 〈게르만어〉, '(흙)먼지', 티끌, 가루, 입자, 분말 마약, 유해, 〈↔bulk\mass〉 왕1

691 ★**Dutch pay** [더취 페이]: 〈영국인들이 네덜란드인들을 비하해서 사용했던〉 각자 부담, 각추렴, 'going dutch' 또는 'Dutch treat'의 일본·한국식 영어, 〈~ self pay〉, 〈~ warykkang〉 추2

692 **du·ty** [듀우티]: 〈←debere(owe)〉, 〈라틴어〉, 〈당연히 해야 할〉 의무, 본분, 직무, 순종, 조세, 관세, 〈←due〉 〈↔exemption〉 왕2

693 **dwarf** [드워얼후]: 〈←dweorh(midget)〉, 〈게르만어〉, '난쟁이', 왜소 생물, 좀생이, 꼬마, 〈↔giant〉 왕1

694 ★**dweeb** [드위이브]: 〈1964년에 등장한 어원 불명의 미국 학생속어〉, 공부벌레, 풋생원, 샌님, 얼간이, nerd, ⇒ dork 왕2

695 **dwell** [드웰]: 〈←dwelian(delay)〉, 〈게르만어〉, 〈머므르다〉, 살다, 거주하다, 머무르다, 곰곰이 생각하다, 〈↔depart〉 왕2

696 **dwin·dle** [드윈들]: 〈←dwinen(die)〉, 〈게르만어〉, 줄다, 점점 작아지다, 감소하다, 〈여위어 가다〉, 〈↔expand\proliferate〉 왕2

697 **dye** [다이]: 〈←deag(color)〉, 〈영국어〉, 물감, 염료, '색깔', 염색(하다), 진행형은 dyeing, 〈~ tinge\raga〉, 〈↔streaking'〉 가1

698 *****dye sub·li·ma·tion print·er** [다이 써블리메이션 프륀터]: 염료 순화 인쇄기, 미세한 점들로 구성된 고속도 천연색 인쇄기 미1

699 **dy·nam·ic** [다이내믹]: 〈←dynamis(power)〉, 〈그리스어〉, 동력의, 동적인, '힘 있는', 활동적인, 〈powerful〉, 〈↔apathetic\lethargic〉 왕2

700 *****dy·nam·ic da·ta ex·change** \ DDE: 〈프로그램 간의 호환상을 높이기 위해 MS사가 개발한〉 역동적 자료 교환 미2

701 *****dy·nam·ic de·bug·ging tool** \ DDT: 동적 오류 수정기 미1

702 *****dy·nam·ic link li·brar·y** \ DLL: '역동적 연계 자료실', 독립된 항목을 하나로 묶은 화상용 자료 목록 왕1

703 *****dy·nam·ic ran·dom ac·cess mem·o·ry** \ DRAM: 역동적 막기억 장치, (보낼 신호를 주기적으로 새롭게 하는) 무작위 접근 기억 장치, 기억 보존 동작을 필요로 하는 수시 기입과 읽기를 동시에 하는 기억력 미2

704 *****dy·nam·ic range** [다이내믹 뤠인쥐]: 역동 범위, 증폭기가 표현할 수 있는 음(신호)의 최대와 최소 폭(비율) 미2

705 **dy·na·mite** [다이너마이트]: dynamic(powerful)+ ite, 남포, 1866년 노벨이 나이트로글리세린을 주원료로 해서 만든 폭약, 굉장한, 최고의 왕1 왕2

706 **dy·nas·ty** [다이너스티]: 〈←dynasthai(strong)〉, 〈그리스어〉, (역대) 왕조, 명문, 〈power의 승계〉 왕2

1. **E \ e** [이이]: 환호하는 사람 모양의 이집트 상형문자에서 따온 영어 인쇄물에서 첫 번째로 자주 쓰이는 알파벳, 다섯째, 제2등급, 낙제점, 음 이름 '미(미)', (직경이) D보다 큰 건전지, e: electric·electronic·east·energy 등의 약자, 2.71828(초월함수의), 이메일을 주고받기 ⑥②

2. **each** [이이취]: a(ever)+gelic(like), 〈게르만어에서 연유한 영국어〉, 〈전체와 관계없는〉 '각각', 제각기, 저마다, 〈~ every〉, 〈↔neither〉 ⑦①

3. **ea·ger** [이이거]: 〈← acris(sharp)〉, 〈라틴어〉, 〈← acer〉, 〈단내가 나도록〉 열망하는, 〈칼날을 세우듯〉 열심인, 〈~ yearn〉, 〈↔indifferent\luke-warm〉 ⑦②

4. ★**ea·ger-bea·ver** [이이거 비이붜]: 〈운이 맞아 만들어진 말〉, '의욕적인 해리', 항상 일거리를 찾아내는 사람, 열성분자, 〈↔lurker〉 ⑧②

5. **ea·gle** [이이글]: 〈← aquilus(dark colored)〉, 〈'검은 새'란 뜻의 라틴어〉, 독수리, 미 육군 대령 계급장, 표준 타보다 둘이 적은 〈bird위의〉 타수, 〈↔tiger\lion?〉 ⑦① ⑥①

6. **ear** [이어]: 〈← ous(organ of hearing)〉, 〈그리스어 → 라틴어 → 게르만어〉, 〈← auris〉, 〈혀보다 맛에 더 예민한〉 귀, 청각, 경청, 귀 모양의 물건, 손잡이, 이삭, 옥수수알, (상단) 귓통이 정보란 ⑦① ⑥①

7. *****ear-con** [이어 칸]: 음성 아이콘, 전산기가 발하는 음성신호, 특정 사항을 알려주는 독특한 소리 ⑪②

8. **earl** [어얼]: 〈← eorl(noble birth)〉, (영국의) 백작〈후작 아래·자작 위〉, (유럽 대륙의) count〈'백작'-중간 귀족 계급, '군'의 영주〉, 〈영국 양반들은 cunt와 음이 비슷한 count란 말을 쓰지 않음〉 ⑧②

9. **ear-ly** [어얼리]: ear(before)+lice(-ly), 〈영국어〉, '이전에', 일찍이, 초기에, 늦지 않게, 머지않아, 〈↔late〉 ⑦①

10. ★**ear-ly bird** [어얼리 버어드]: 이른 아침의, 부지런한 새〈사람〉, 일찍 일어나는(도착하는) 사람, 〈↔night owl〉 ⑪②

11. **earn** [어언]: 〈← earnan(merit)〉, 〈게르만어〉, 〈노동해서〉 벌다, 얻다, 〈↔spend〉 ⑧②

12. **ear·nest** [어어니스트]: 〈← eornost ← ern(pledge)〉, 〈게르만어〉, 〈심각한〉, 성실한, 열심인, 담보, 〈사람들이 honest와 혼동해서 쓰고 있으나 어원이 다르고 뜻도 약간 다른 말임〉, 〈↔frivolous〉 ⑧①

13. ★**ear·nest money** [어어니스트 머니]: 계약을 성실히 이행하겠다고 담보로 맡기는 돈, 보증금, 〈honest money는 정직하게 번 돈을 뜻함〉, 〈~ front money\hand money〉 ⑧②

14. *****EAROM** [이어럼] (e·ras·a·ble and al·ter·a·ble read-on·ly mem·o·ry): 소거·재기입 읽기 전용 기억 장치 〈기억시킨 자료를 전기적으로 다시 쓸 수 있는 롬〉 ⑪②

15. **ear-ring** [이어 륑]: 귀고리, 귀걸이 ⑦①

16. ★**ears are burn-ing** [이어즈 아알 버어닝]: (누가 욕을 하는지) 귀가 간지럽다, (병으로) 귀가 아프다 ⑧②

17. ★**ears are flap-ping** [이어즈 아알 흘래핑]: (엿듣느라고) 귀가 퍼덕거리다, (병으로) 귀가 윙윙거리다 ⑧②

18. **earth** [어얼쓰]: 〈← airtha(the ground)〉, 〈'땅바닥'이란 뜻의 게르만어-고로 그리스·로마 신의 이름을 따지 않은 유일한 행성임〉, 지구, 대지, 흙, 이승, 속세, 〈모든 생물이 살다 묻히는 곳〉, 〈↔heaven\sky〉 ⑦②

19. **earth-quake** [어얼쓰 퀘이크]: 지진, 큰 변동 ⑦①

20. **earth-worm** [어얼쓰 웜]: 지렁이, 땅속에 사는 벌레, rain·worm ⑦①

21. **ear-wax** [이어 왝스]: 귀지, cerumen ⑦②

22. **ease** [이이즈]: 〈← adjacere(lie near)〉, 〈라틴어〉, 쉬움, 편안, 늦춤, 덜다, 〈→ easy〉, 〈· alleviate〉, 〈↔difficulty〉 ⑧②

23. **ea·sel** [이이즐]: 〈← ezel(an ass)〉, 이젤(네덜란드 말), 〈'노새'에 짐을 얹듯 그림을 걸어두는〉 화가, 칠판걸이 ⑥②

24 **east** [이이스트]: ⟨← heos(dawn)⟩, ⟨그리스어 → 라틴어 → 게르만어⟩, ⟨해가 뜨는⟩ 동쪽, 동방, 동부, ⟨~ orient⟩, ⟨↔west⟩ 〈기1〉

25 **Eas·ter** [이이스터]: ⟨← eastran(dawn)⟩, ⟨게르만어⟩, ⟨만물이 '소생' 하는⟩ 부활절(주일), 3월 21일 이후 만월 다음에 오는 첫 일요일, ⟨원래는 다신교의 봄의 여신 Eastre를 축복하는 날⟩ 〈일2〉

26 ★**East·er·lin par·a·dox** [이이스털린 패뤄닥스]: 이스털린의 역설, 1974년 Richard Esterlin⟨'동쪽에 사는 자'⟩이 주창한 "소득과 행복은 어느 수준까지만 비례한다"는 ⟨논란이 많은⟩ 학설 〈근2〉

27 ★**easy** [이이지]: ⟨라틴어 → 프랑스어⟩, ⟨← ease⟩ 편한, 쉬운, 용이한, 낙낙한, 알맞은, 관대한, ⟨↔difficult\hard\strict⟩ 〈기1〉

28 ★**easy come easy go**: 쉽게 쉽게 식는다, '나이롱 뽕', ⟨~(↔)no pain, no gain⟩ 〈일2〉

29 ★**easy street** [이이지 스트뤼이트]: (주로 경제적인) 탄탄대로, ⟨↔tough road⟩ 〈일2〉

30 ★**easy to give, not so easy to get back**: 앉아 주고 서서 받는다, ⟨~ lending is easier than collecting⟩ 〈일2〉

31 **eat** [이이트]: ⟨← etan(devour)⟩, ⟨게르만어⟩, '먹다', 파괴하다, 감수하다, 잠식하다, 괴롭히다, ⟨→ etch⟩, ⟨↔fast'⟩ 〈기1〉

32 **eaves** [이이브즈]: ⟨← yfese(edge)⟩, ⟨게르만어⟩, ⟨지붕의 가장자리⟩, 처마, 차양, 낙숫물받이 〈일1〉

33 ★**eaves-drop** [이이브즈 드뢉]: ⟨처마 밑에서⟩ 엿듣다, 도청하다, ⇒ wire-tap 〈일2〉

34 *★**e-Bay** [이이 베이]: 인터넷 경매 사이트, '전자 경매장' 〈일2〉

35 **ebb tide** [엡 타이드]: ⟨← ebba(flow back)⟩, ⟨게르만어⟩, ⟨멀어지는⟩ 썰물, 간조, 쇠퇴(기), ⟨~ low tide⟩, ⟨↔high tide⟩ 〈기2〉

36 *★**EBCDIC** [엡씨딕] (ex·tend·ed bi·na·ry cod·ed dec·i·mal in·for·ma·tion code): 확장 2진화 10진 부호 ⟨8비트로 한 문자를 나타내는 전산기 부호의 하나⟩ 〈무2〉

37 *★**e-bite** [이이 바이트]: '전자 맛보기', (전산기로 하는) '빠르고 정확한', E-Bite; 전자책 중 (특정) 요점을 정리한 것 〈일1〉 〈근2〉

38 **eb·on·y** [에버니]: ⟨← hbnj(a stone)⟩, ⟨이집트어⟩, 에보니, 흑단⟨속에 검고 ⟨돌같이⟩ 단단한 목재를 가지고 있는 아열대성 교목⟩ 〈미2〉

39 *★**e-book** [이이 북]: 전자책 〈기2〉

40 ★**e-boy** [이이 버이]: electronic boy, 전자 소년, 전자 문화에 깊숙이 빠진 소년 〈일2〉

41 ★**EBS**: ①educational broadcasting system(한국 교육방송공사) ②estimated balance sheet(견적 대차대조표) ③explosive bottle syndrome: ⟨신조어⟩, 현재는 괜찮지만 나이가 들면 살이 찔 것이 분명한 ⟨비만 지향성⟩ 증후군 〈미2〉

42 *★**EC** (e·lec·tron·ic com·merce): 전자상업(행위), 전산기를 이용하는 장사 〈일2〉

43 *★**e-cash** [이이 캐쉬]: 전자돈 〈기2〉

44 *★**ECC** (er·ror cor·rect·ing code): (조기 자동) 오류 교정 부호 〈미2〉

45 **ec·cen·tric** [잌쎈트뤽]: ek+kentron(center), ⟨그리스어⟩, 괴상한, 괴짜의, '중심을 벗어난' 〈근2〉

46 **ech·o** [에코우]: ⟨← echein(sound)⟩, ⟨그리스어⟩, 메아리, 반사파, 되풀이, 초음파, (정보) 돌려보내기, ⟨↔lull⟩ 〈미1〉

47 ★**ech·o-boom·er** [에코우 부우머]: '반등 출산세대', ⇒ Z-generation 〈주1〉

48 *★**e-cig·a·rette** [이이 씨거뤹]: 전자 (electronic) 담배, ⟨1963년에 시작해서 중국에서 개량되어 2003년부터 폭발적 인기를 끌고 있으나 니코틴 이외에 다른 부작용이 있다고 말들을 하는⟩ 니코틴을 건전지 동력으로 증기화시켜 피우는 다양한 형태의 ⟨신세대 담배⟩ 〈기2〉

49 **e·clipse** [이클립스]: ek(out)+leipein(leave), 〈그리스어〉, '버리다', 엄폐, 가림, (일·월)식, 〈↔effulgence〉 일1

50 **e·col·o·gy** [이칼러쥐]: oikos(house)+logy, 〈그리스어〉, 생태학, 인류생태학, 생태환경 일1

51 ★**ec·o-mark** [이코우 마아크]: (환경에 대한 부하가 적은 제품에 부착하는) 친환경 표시, green mark 일1

52 ***e·co-net** [이커넽]: economy+network, '기업 전산망' '경제 전산망' 일2

53 **ec·o-nom·ic** [이코나밐]: oikos(house)+nemein(manage), 〈그리스어〉, '집안 살림살이의' 경제상, 재정적, '절약형의', 〈↔lavish〉 가1

54 ***e·con·o·my of scale** [이카너미 어브 스케일]: (대량생산을 하면 〈개당〉 원가가 줄어든다는) 대규모·소경비 미2

55 ***e·con·o·my of scope** [이카너미 어브 스코우프]: (다종 〈유사〉 품목을 생산할 때 〈개당〉 원가가 줄어든다는) 다범위·소경비 미2

56 ***ECP** (ex·tend·ed ca·pa·bil·i·ties port): '연장된 능력 단자' 〈EPP에다 속도 조절과 연결된 다른 장비를 제어할 수 있는 능력을 추가한 출입 단자〉 우1

57 ***ECPA** (e·lec·tron·ic com·mu·ni·ca·tions pri·va·cy act): '전자통화 비밀보호법' 〈1996년에 보강된 전자통화에서 사생활을 보호하기 위한 미국의 법률〉 우1

58 **ec·sta·cy \ ex·ta·sy** [엑스터시]: ek(out)+histanai(place), 〈그리스어〉, 〈범위 밖에 서 있는〉 무아경, 황홀(경), 법열, 강력한 자극제의 마약(MDMA), 〈~ rapture\rhapsody〉, 〈↔misery\woe〉 수2

59 **ed·dy** [에디]: ed(back)+ea(water), 〈게르만어〉, 〈다시 돌아오는〉 소용돌이, 역류, 회오리바람, 〈↔stream〉 일1

60 **E·den** [이이든]: 〈히브리어〉, pleasure, '기쁨'의 에덴동산, 낙원, 사람 이름 수2

61 **edge** [엗쥐]: 〈← akis(point)〉, 〈그리스어에서 연유한 영국어〉, 〈뾰족한〉 끝머리, 테두리, 모서리, 경계, 〈칼날 위에 있는 것 같은〉 위기, 〈칼의〉 날, 효력, 〈상대에게 칼날을 겨누고 있는〉 우세, 〈~ verge\rim\brink\fringe〉, 〈↔center〉 일1

62 ***edge de·tect** [엗쥐 디텤트]: '모서리 탐지' 〈'사진그림'에서 사물의 윤곽을 드러내게 하는 여과장치〉 우1

63 ***edge ef·fect** [엗쥐 이훽트]: 〈생태학 용어〉, 〈어느정도 인간 세계에도 적용되는〉 다른 종의 생물이 주종을 이루는 경계 부분에 더 다양한 생물이 서식한다는 '경계효과' 일2

64 ★**edge-lord** [엗쥐 로어드]: '모서리 영주', 〈인기를 끌려고〉 전산망에서 일부러 능청을 떠는 (곡예사) 미2

65 **ed·i·ble** [에더블]: 〈← edere(eat)〉, 〈라틴어〉, 먹을 수 있는, 식용에 알맞은 가1

66 **ed·i·fice** [에디휘스]: aedis(dwelling)+facere(make), 〈라틴어〉, 〈지어는 집〉, 건물, 구성물, 체계, 〈~ edify〉 일2

67 **ed·it** [에딭]: e(out)+dare(give), 〈라틴어 → 프랑스어〉, 〈출판하다〉, 편집하다, 손질하다, 교정하다, 〈↔disperse〉 가1

68 ***EDO** [이도] (ex·tend·ed da·ta out): '연장(급행)자료송출' 〈빠른 기억력 회복을 위해 자료 송출을 다음번 승합 주기가 올 때까지 기다리게 하는 역동적 막기억 장치의 한 종류〉 우1

69 ★**EDR** (end-point de·tec·tion re·sponse): (전산망 보안장치에서) 최종적 위협 탐지 및 대응, 〈anti-virus 보다 더 진전되고 포괄적 대응책〉, 〈~mal ware〉 미2

70 **ed·u·ca·tion** [에쥬케이션]: e(out)+ducere(draw), 〈라틴어〉, 〈능력을 밖으로 이끌어내는〉 교육, 양성, 지식, 교양, 훈련, 〈~ instruction\teaching〉, 〈↔ignorance〉 가1

71 ★**ed·u·tain–ment** [에쥬테인먼트]: education+entertainment, '오락성 교육' 〈재미로 교육 효과를 노린 학과 과정〉, 〈~(↔)health-tainment〉 미2

72 ★**eel-y** [이일리]: 미끈미끈한, 요령부득의, 붙잡을 수 없는 영1

73 *****EEPROM** [이이프롬] (e·lec·tri·cal·ly e·ras·a·ble and pro·gram·ma·ble read on·ly mem·o·ry): 전기로 소거 가능한 가변성 판독 전용 기억칩 〈전기로 입력한 것을 자외선 대신 전기로 지우고 재생해서 쓸 수 있는 반도체 조각〉 우1

74 ★**ee·rie \ eer·y** [이어뤼]: 〈← eri(timid)〉, 〈게르만어〉, 〈겁나게〉 섬뜩한, 기괴한, 기분 나쁜, 〈~ eldritch\un-canny〉, 〈↔normal\reassuring〉 영1

75 **ef-fect** [이휄트]: ex(out)+facere(make), 〈라틴어〉, 〈만들어진〉 결과, 효과, 영향, 취지, 실행(하다), 〈→ efficacy〉, 〈↔cause〉 영2

76 *****ef-fec·tor key** [이휄터 키이]: '수행자 열개', '변환 열개' 〈다른 key들의 역할을 바꿔 주는 key; Shift·Ctrl·Alt 등〉 우1

77 **ef-fi·ca·cy** [에휘커시]: ex(out)+facere(make), 〈라틴어〉, 〈성공해서 얻은〉 효능, 유효, 〈← effect〉, 〈↔inefficacy〉 영2

78 **ef-fi·cien-cy** [이휘션시] a-part-ment: ex(out)+facere(make), 〈라틴어〉, 능률적(간이) 아파트 〈작은 부엌+화장실+침실 겸 거실〉, 〈원룸〉, 〈nano-apartment〉, 〈~ office-tel\apart-el〉, 〈↔inefficiency〉 영1

79 ★**ef-flu·en·cer** [에홀루언서]: 〈최신 신조어〉, 〈← influencer〉, (사회 전산망에서) 장황하게 (개소리를) 떠벌려서 자기 주가를 내리는 '초치는 영향력자', '폐수방출자' 미2

80 **ef-fort** [에훨트]: ex(out)+fortis(strong), 〈라틴어〉, '밖으로 힘쓰기', 노력, 수고, 작용력, 〈↔laziness〉 2I1

81 *****E-fit** [이 휠] (e·lec·tron·ic fa·cial i·den·ti·fi·ca·tion tech·nique): 전자(전기) 안면 판독 기술 영2

82 *****E-for·mat** [이 휘맽]: electronic format, 전자(전기) 형식 영2

83 **egg** [에그]: 〈← ovum ← oion〉, 〈그리스어 → 라틴어 → 북구어〉, 〈새(avi)의〉알, 달걀, 계란, 놈, 녀석, 충동(선동)하다, 실패하다 2I2 영2

84 ★**egg-corn** [에그 코언]: 〈2003년에 등장한 언어학 용어〉, 〈acorn을 egg corn으로 발음하듯〉 발음이 비슷한 다른 말 때문에 잘못 쓰여졌으나 어느 정도 원래 표현을 나타내는 말, 비슷한 발음으로 오는 혼돈 미2

85 ★**egg-head** [에그 헤드]: ①대머리 ②〈공부하느라 대머리가 된〉 지식인, 똘뱅이, 〈↔goon\bird-brain\block-head〉 영2

86 ★**egg on** [에그 언언]: 〈북구어〉, 〈알하고는 무관한 말〉, 〈'창 끝'으로 툭툭치며〉 부추기다, 꼬드기다, 〈모서리(edge)로 내몰다〉 영2

87 ★**egg-plant** [에그 플랜트]: 〈18세기에 등장한 미국어〉, 〈유럽 원산의〉 〈뭉뚝한〉 가지, 진한 보라색, aubergine 2I2

88 **egg roll** [에그 로울]: 중국식 달걀(계란)말이 〈야채·해산물·고기 등을 잘게 다져 넣고 기름에 튀긴 기다란 만두〉, (미국에서 개발된) 〈계란하고는 별로 관계가 없는〉 춘권 우1

89 ★**egg wrap**[에그 뢥]: ①계란말이 ②(유황 냄새가 나는) 살인적인 방귀 미2

90 ★**e-girl** [이이 거얼]: electronic girl, 전자 소녀, 전자 문화에 깊숙히 빠진 소녀 영2

91 **e·go** [이이고우 \ 에고우]: 〈라틴어〉, self, 〈I〉, 자기, 자아, 자만, 자존심, 〈↔id\super-ego〉 영1

92 ★**e·go-surf·ing** [이고우 써얼휭]: 자아 탐색, '자기 파도타기' 〈자기 이름을 탐색기에 넣어 보는 일〉 영1

93 ★**e·go-trip** [이이고우 트륖]: 자기 도취 행위, 이기적 행동, 〈~(↔)head-trip〉 영2

94 **eight** [에잍]: ⟨← ashta⟩, ⟨산스크리트어 → 그리스어 → 라틴어 → 게르만어⟩, 8, 여덟, 팔, (발기하다라는 발자와 발음이 비슷하여 중국인들이 제일 좋아하는 숫자⟩, ⟨otto → ocho → oit → eight⟩ 가1

95 **ei·ther** [이이더 \ 아이더]: a+ge+hweader(which of two), ⟨게르만어⟩, 어느 한쪽의, ~거나 ~거나, 각각의, ~도 또한, ⟨둘 중의 하나만⟩, ⟨~ whether⟩, ⟨↔neither⟩ 가1

96 **e-jec·tion** [이젝션]: e(out)+jacere(throw), ⟨라틴어에서 연유한 프랑스어⟩, ⟨밖으로 내뿜는⟩ 방출, 배설, 추방, ⟨~ exile⟩ 영1

97 ★**e-juice** [이이 쥬우스]: (니코틴과 향료 등이 들어 있는) 전자 담배 원액 영2

98 *****e-lang·uage** [이 랭귀지]: eletronic language,전자언어 (1990년대부터 시작되어 폭발적으로 팽창하는 전자망언어) 영2

99 **e-lapse** [일랩스]: e(out)+labi(glide), ⟨라틴어⟩, '미끄러져 가다', 경과하다, 지나다 영2

100 **e·las·tic** [일래스틱]: ⟨← elaunein(drive)⟩, ⟨그리스어⟩, ⟨팽창하는⟩, 탄력(성) 있는, 유연한, 신축성 있는 영1

101 **e·la·tion** [일레이션]: ex(out)+ferre(bear), ⟨라틴어⟩, 의기양양, ⟨기가 올라가는⟩ 상기, 우쭐댐 영1

102 **el-bow** [엘보우]: eln(forearm)+boga(bow), ⟨게르만어⟩, ⟨팔의 활⟩, ⟨팔이 굽는⟩ 팔꿈치, 굴곡, 후미, L자 모양, ⟨↔knee⟩ 영1

103 **el·der¹** [엘더]: ⟨← ellen⟩, ⟨어원 불명의 영국어⟩, ⟨'땔감'으로 쓰던⟩ 딱총나무 무리, ⟨~ alder⟩, ⟨→ elder·berry⟩ 영2

104 **eld·er²** [엘더]: ⟨← eald⟩, ⟨영국어⟩, old의 비교급, 손위의, 연장의, 원로, 장로, 조상, ⟨↔youth⟩ 영1

105 *****e-learn·ing** [이이 러어닝]: 전산망 학습, 원격 수업, ⟨이것은 traditional learning에 비해 성과가 좋지 못해서 스웨덴 같은 나라에서는 초등학교에서 computer를 철거하는 운동이 일어나고 있음⟩ 영1

106 **e-lec·tion** [일렉션]: e(out)+legere(choose), ⟨라틴어⟩, '밖으로 선택하기', 선거, 선임, 표결, 투표 가1

107 **e·lec·tric** [일렉트릭]: ⟨← elektron(amber)⟩, ⟨그리스어⟩, ⟨호박(amber)을 마찰하면 일어나는⟩ 전기의, 전기로 움직이는, 전격적, 긴장된 가1

108 *****e·lec·tric eye** [일렉트릭 아이]: '전기눈', ⟨빛을 모아 전기를 만드는⟩ 광전관, 광전지, 자동 노출 사진기 영2

109 **e·lec·tron** [일렉트란]: ⟨그리스어⟩, 'amber', 전자, (고체에서 전기를 전달하는) 음극을 가진 원자의 소립자, ⟨↔anti-electron\proton\positron⟩ 가1

110 **el·e·gant** [엘리건트]: e(out)+legere(choose), ⟨라틴어⟩, 기품있는, 품위 있는, 우아한, 세련된, ⟨선택된('elected')⟩ 가1

111 **el·e·ment** [엘러먼트]: ⟨← elementum(first principle)⟩, ⟨라틴어⟩, ⟨제1의 원리⟩, 요소, 성분, 원소, 기초 영2

112 **el·e·phant** [엘러훤트]: ⟨← elephas⟩, ⟨그리스어⟩, '상아(ivory)', 코끼리, 거대한 것(사람), ⟨링컨의 대선 때 '힘'을 나타낸다고 문장으로 삼았으나 그랜트 때는 '멍치 큰 겁쟁이'라고 놀림을 당했던⟩ 미 공화당의 상징 영1

113 ★**el·e·phant in the room**: 거추장스러운 것, ⟨누구나 알고있으나⟩ 말하기를 꺼리는 주제(taboo topic), 예민한 문제, ⟨~ skeleton in the closet⟩ 영2

114 *****el·e·phant's ear** [엘러훤츠 이어]: ⟨at⟩ sign, @, '코끼리 귀', '골뱅이', '시나몬빵'⟨단가나 전자우편 주소를 나타내는 기호⟩ 영1

115 **el·e·va·tor** [엘리붸이터]: e(out)+levare(lighten), ⟨라틴어⟩, lift, 승강기, ⟨밖으로 들어 올리는⟩ 기중기, 양수기, ⟨~ escalator⟩, ⟨↔stair\dropper⟩ 영2

116 *****el·e·va·tor bar** [엘리붸이터 바아]: '승강기 지레' ⟨한꺼번에 보여주기에 너무 큰 물건을 상하좌우로 이동시키는 화면 가장자리의 지침대⟩ 영1

117 **e·lev·en** [일레븐]: an(one)+lif(remainder), 〈게르만어〉, 11, 십일, 열하나 〈10을 세고 '나머지' 하나〉 ㊥2

118 ★**e·lev·ens-es** [일레뷘지즈]: 오전 11시경에 먹는 가벼운 식사 ㊥2

119 ★**e·lev·enth hour** [일레븐쓰 아우어]: 마지막 순간, 막판, last·minute ㊧2

120 **elf** [엘후] \ elves [엘브즈]: 〈← albus(white)〉, 〈'흰'이란 뜻의 라틴어에서 유래한? 영국어〉, 꼬마 요정(들), 장난꾸러기(들), leprechaun, pixie, 〈↔jugger-naut〉, 〈⇒ oaf〉 ㊧2

121 **el·i·gi-ble** [엘리쥐블]: e(out)+ligere(choose), 〈라틴어〉, '밖으로 골라낼 수 있는', 적격의, 적당의, 자격이 있는, 〈~ elect〉 ㊧2

122 **e-lim·i·na-tion** [엘리미네이션]: e(out)+limen(door), 〈라틴어〉, 〈경계선 밖으로 내보내는〉 배제, 제거, 소거, 예선, 〈↔legislation\establishment\suffusion〉 ㊧2

123 ★**ELINT** \ **elint** [엘린트 \ 일린트] (e·lec·tron·ic in·tel·li·gence): 전자정찰, 고성능 전자 정찰 장비를 갖춘 정보 수집 기구 ㊨1

124 **e-lite** [엘리트]: e(out)+ligere(choose), 〈라틴어〉, 〈← elect〉, '선발된 것(사람)', 선량, 정예, 명사, 〈→elitism〉, 〈↔herd〉 ㊤2

125 **e·lix·ir** [엘릭썰]: el(the)+xeros(dry)〉, 〈그리스어〉, 〈원래는 가루로 된〉 (영묘한 효험이 있는) 영약, 불로장생(만병통치)약, 용액, 〈금속을 금으로 바꿀 수 있는〉 시약, 〈~ liquid\solution〉 ㊤2

126 ★**ELIZA** [엘리쟈 \ 일라이저]: 〈Pygmalion이란 희곡에 나오는 근로 여성의 이름을 딴〉 '일라이저 현상' 〈전산기에 판에 박은 대답만 집어넣어 다른 것을 알아보지 못하게 막는 기만행위로 인공지능의 한계를 나타내는 예〉

127 **elk** [엘크]: 〈← elho(a deer) ← el(reddish-brown)〉, 〈게르만어〉, 현존하는 사슴 중 가장 큰 '적갈색' 사슴 〈일부다체제의 선수권 쟁탈 동물〉 ㊥2

128 **el-lip-sis** [일맆시스]: en(in)+leipein(leave), 〈그리스어〉, 〈떠나서 멀어지는〉 줄임표, 생략(부호), …, ―, 또는 ***, 〈→ elliptical〉 ㊤2

129 **elm** [엠]: 〈← ulmus ← el(reddish-brown)〉, 〈라틴어 → 게르만어〉, 느릅나무〈우산형으로 자라서 좋은 그늘이 되어주고 '적갈색'의 목질이 단단해서 좋은 목재로 쓰이는 낙엽활엽교목〉 ㊤2

130 **e-lope** [일로우프]: ont(away)+loopen(run), 〈영국어〉, 〈딴 놈과 배가 맞어 남편으로부터〉 가출하다, 〈뛰어〉 도망가다, 〈~ leap〉, 〈↔stay\face〉 ㊧1

131 **el·o·quent** [엘러퀀트]: e(out)+loqui(speak), 〈라틴어〉, 웅변(elocution)의, 달변의, 설득력 있는, '말하고 있는', 〈~ grandiloquent\fluent〉, 〈↔hesitant\inarticulate〉 ㊧2

132 **else** [엘스]: 〈← elles(other-wise)〉, 〈게르만어〉, 그 밖의, '다른', 그렇지 않으면 ㊦2

133 **e-lude** [일루우드]: e(out)+ludere(play), 〈라틴어〉, 〈교묘하게 몸을 돌려〉 회피하다, 벗어나다, 면하다, 〈~ evade\flee〉 ㊧2

134 ★**E mac·s** [이이 맥스]: Editor Macros, 모듬 명령 편집기, 〈크기와 문본의 종류에 상관없이 자유자재로 편집할 수 있는 기구〉 ㊨1

135 ★**e-mail** [이이 메일] (e·lec·tron·ic-mail): 전자우편, 〈↔snail mail〉 ㊤2

136 **e-man·ci·pa-tion** [이맨서페이션]: e(out)+manus(hand)+capere(take), 〈라틴어〉, '〈노예〉해방', 이탈, 부권(주인)으로부터의 해방, 〈~ abolition\liberation〉 ㊧2 ㊤2

137 **em-bar·go** [임바아고우]: in+barra, 〈라틴어〉, 〈안에 막대기(bar)를 치는〉 출(입)항 금지, 통상 금지, 선박억류 ㊧1

138 **em-bar·ka-tion** [임바아케이션]: in+barca(bark ← barge), 〈라틴어 → 프랑스어〉, 승선, 탑승, 출항, 적재, 작은 '배(bark)에 태우기', 〈↔disembarkation\sailing\landing〉 ㊧1

139 **em·bar·rass** [임배뤄스]: in+barra, ⟨라틴어에서 연유한 포르투갈어⟩, ⟨막대기(bar)로 가로 막아⟩ 당황하게 하다, 난처하게 하다 ⓨ1

140 **em·bas·sy** [엠버씨]: ⟨← ambactus(vassal)⟩, ⟨라틴어⟩, ⟨봉사하는 곳⟩, 대사관, 사절단, ⟨← amnassador⟩ ⓨ1

141 ★**em-big-gen** [엠비건]: em+big+en, ⟨1996년에 조작된 미국어⟩, 크게 하다, 확대하다, ⟨↔be-little\shrink⟩ ⓨ2

142 **em-blem** [엠블럼]: in+ballein(throw), ⟨그리스어⟩, ⟨박아 넣는⟩ '상감세공', 표상, 문장, 기장, ⟨~ symbol\logo\token'⟩, ⟨↔reality\fact\stigma⟩ ⓨ1

143 **em-brace** [임브뤠이스]: in+brakhion, ⟨그리스어⟩, ⟨팔(brace) 안으로⟩ 포옹하다, 얼싸안다, 둘러싸다, 포함하다, ⟨~ hug\take-in⟩ ⓨ2

144 **em-broi·der-y** [임브뤄이더뤼]: in+bordus(border), ⟨라틴어 → 프랑스어⟩, ⟨← embellish⟩, 자수, 수놓기, 자수품, ⟨~ braid⟩ ⓨ1

145 **em-bry·o** [엠브뤼오우]: in+bryein(swell), ⟨그리스어⟩, 찔러서 자라나는⟩ 배(아), ⟨보통 임신 8주까지의⟩ 태아, 유충, 초기 ⓨ1

146 **em·er·ald** [에머뤌드]: ⟨← baraq(shine)⟩, ⟨히브리어 → 그리스어⟩, ⟨← smaragdos⟩, ⟨'영롱'하나 부서지기 쉬운⟩ 취옥, 선녹색, 5월의 탄생석 ⓨ2

147 **em·i·grant** [에미그뤈트]: e(out)+migrare(move), ⟨라틴어⟩, (타지로) 이주하는, ⟨밖으로 이동·하는⟩ 이민, ⟨↔inmigrant⟩ ⓨ2

148 **em·i·nence** [에미넌스]: ⟨← e-minere(stand out)⟩, ⟨라틴어⟩, 높음, 고귀함, 전하(추기경의 호칭) ⓨ2

149 **em·i·nent** [에미넌트]: ex(out)+minere(project), ⟨라틴어⟩, 저명한, 유명한, 뛰어난, 두드러진, '밖으로 올라온', ⟨~ famous\renowned⟩ ⓨ2

150 **e-mis·sion** [이미션]: ⟨라틴어⟩, ⟨← emit⟩, ⟨밖으로 내보내는⟩ 방사, 발산, 발행, 방출, 배설 ⓨ1

151 *__e-mis·sions trad-ing__ [이미션스 트뤠이딩]: (한 기업이 허용량 이내로 오염을 배출하는 경우 그 여분을 딴 기업에 팔아먹을 수 있는) 배출권 거래 제도, carbon trading ⓨ2

152 **e-mit** [이밑]: e(out)+mittere(send), ⟨라틴어⟩, '밖으로 보내다', 내뿜다, 방출하다, ⟨→ emission⟩, ⟨~ ejaculate⟩, ⟨↔refrain⟩ ⓨ1

153 ★**e-mo·ji** [이모지]: picture+letter, e(그림) moji(문자), emoticon의 일본식 표현 ⓨ1

154 *__e-mon·ey__ [이이 머니]: 전자화폐 ⓨ2

155 *__e-mo·ti-con__ [이모우티칸]: ⟨1982년 미국의 한 대학 게시판에 처음 등장한⟩ '감정 부호' (감정 표현상), 전자우편에서 감정을 표현하는 얼굴 모양(기호) ⓨ2

156 **e-mo·tion** [이모우션]: e(out)+movere, ⟨라틴어⟩, ⟨← move⟩, ⟨밖으로 움직이는⟩ 감동, 감정, 흥분, emo, ⟨~ apathy⟩ ⓨ1

157 **em-per·or** [엠페뤄]: in+perare(prepare), ⟨라틴어⟩, ⟨전쟁을 준비하는⟩ 황제, ⟨최고의 지배권을 가진⟩ 제왕, ⟨→ empire⟩, ⟨~ imperial⟩, ⟨~ monarch\czar\pharaoh\caliph⟩, ⟨~ Your Majesty⟩ ⓨ1

158 **em-pha·sis** [엠훠씨스]: in+phainein(show), ⟨그리스어⟩, '안에서 보이게 하기', 강조, 강세, 역설, ⟨↔disregard⟩ ⓨ1

159 **em-pire** [엠파이어]: in+parare(order), ⟨라틴어⟩, ⟨← emperor⟩, 지배, 통치, 제국, 제정, 절대군주권 ⓨ2

160 **em-pir·ic** [엠피뤽]: in+peira(trial), ⟨그리스어⟩, '경험의', (이론보다) 실험·관찰에 의한, 경험(실험)주의, ⟨↔theoretic⟩ ⓨ2

161 **em-ploy** [임플로이]: in+plicare(fold), ⟨라틴어⟩, 고용하다, ⟨안으로 감싸서⟩ 쓰다, 부리다, ⟨~ hire\imply⟩, ⟨↔un·employ\dismiss⟩ ⓨ1

162 **em·po·ri·um** [임포어륌엄]: in+poros(way), 〈그리스어〉, 〈행상들이 모이는〉 중앙시장, 큰 상점, 백화점, 〈~bazaar\market-place〉 ⑱2

163 **emp·ty** [엠프티]: 〈← oemetig(leisure)〉, 〈영국어〉, '한가한', 빈, 공허한, 헛된, 배고픈, 〈~ vacant\vain〉, 〈↔full\stuffed〉, ⇒ umpty ⑲2

164 ★**emp·ty wag·on makes the most noise**: 빈 수레가 요란하다, 무식할수록 목소리가 크다, 〈~ still waters run deep〉, 〈~↔the nobler, the humbler〉 ⑱2

165 *__EMR__ (e·lec·tron·ic med·i·cal re·cord): 전자 의무기록 ⑲2

166 *__EMS¹__ (ex·pand·ed mem·o·ry spec·i·fi·ca·tion): '확장 기억력 명세' 〈원반 운영체제에서 1MB 이상의 기억력을 쓰기 위해 여러 개의 기억 단자를 함께 묶어 활용하는 규범〉 ⑫

167 *__EMS²__ (en·hanced mes·sage sys·tem): '증강 전송 체계', (emergency medical service): 응급의료봉사, (express mail service): 속달우편, (European Monetary System): 유럽통화제도 ⑲1

168 *__em·u·la·tion__ [에뮬레이션]: 〈← aemulari(rival)〉, 〈라틴어〉, 〈내부 구조는 다를지언정 결과는 똑같이 나오는 다른 프로그램을 그대로 실행할 수 있는 기술과 기능을 가진〉 모방, '따라잡기', 경쟁, 〈~ copy-cat\reproduction\reverse engineering〉, 〈↔dis-claim〉 ⑲1

169 **e·nam·el** [이내멀]: 〈← smaltjan(smelt²)〉, 〈게르만어에서 유래한 영국어〉, (광물을 원료로 하여 만든) 유약, 범랑, 광택제 ⑪

170 **en·chant·ing** [인 챈팅]: 〈← in+cantare(sing)〉, 〈라틴어〉, 매혹적인, 황홀한, '노래를 불러서 마법에 거는', 〈↔dis-enchanting\disgusting〉, ⇒ witch ⑲2

171 **en·chi·la·da** [엔칠라아다]: in+chile+ada, 〈남미계 스페인어〉, 엔칠라다, 〈옥수숫가루·고기·치즈를 원료로 하여〉 고추(chili)로 양념한 멕시코 요리의 일종 ⑫

172 **en·close** [인 클로우즈]: in+claudere(shut), 〈라틴어〉, 둘러싸다, 에워싸다, 봉해 넣다, '안에 넣고 닫다', 〈↔disclose〉 ⑲1

173 *__en·code__ [인 코우드]: 〈라틴어〉, 암호(부호)화하다, 〈↔de-code〉 ⑫

174 **en·core** [앙코얼]: in(to)+hanc(this)+horam(hour), 〈라틴어 → 프랑스어〉, 앙코르, 재창, 재연주, '한번 더' (공연)!, 〈~ repetition\iteration〉, 〈↔pas encore(not yet)〉 ⑲2

175 **en·coun·ter** [인 카운터]: in+contra(against), 〈라틴어〉, 〈반대쪽에서 오는 것을〉 (우연히) 만남, 마주치다, 조우하다, 〈↔avoid〉 ⑲1

176 ★**en·coun·ter one's en·e·my at the worst place and at the worst time**: 원수는 외나무 다리에서 만난다, 〈~ meet bad luck one can't escape〉 ⑲2

177 **en·cour·age** [인 커어뤼쥐]: 〈라틴어〉, '용기 있게 만들다', 격려하다, 촉진하다, 권하다, 〈↔dis-courage\out-guess〉 ⑲1

178 *__en·cryp·tion__ [인 크륍션]: en(in)+kryptein(hide), 〈그리스어 → 미국어〉, 〈숨은 곳으로 들어가서〉 부호 매김 풀이법 〈정보누출에 대비해 문자를 수학적으로 기술한 후 나중에 고유의 암호를 써서 해독하는 일〉, 〈↔de-cryption〉 ⑲2

179 **en·cum·brance** [인 컴브뤈스]: in+cumulus(hill), 〈라틴어〉, 〈방책으로 만든〉 방해물, 장애물, 저당(권), 〈~ burden\hindrance〉, 〈↔advantage〉 ⑲1

180 **en·cy·clo·pe·di·a** [인 싸이클러피이디어]: enkyklios(circle)+paideuein(educate), '모두 둘러싼' 〈전반적인 교육용〉 백과사전, 전문사전 ㉑1

181 **end** [엔드]: 〈← anta(limit)〉, 〈산스크리트어 → 게르만어〉, 끝, 멸망, 한도, 목적, 몫, 〈항상 여운이 남는 것〉, '시작(start)'의 다른 말, 〈↔begin-ning〉 ⑫2

182 **en·dan·ger** [인 데인줘]: 〈라틴어〉, 위태롭게 하다, 위험에 빠뜨리다, 〈↔guard\ensure\protect〉 ⑲2

183 **en-deav·or** \ ~our [인 데붜]: in+debere(to owe), 〈라틴어〉, 〈본분을 다해〉 노력하다, 애쓰다, 〈~ attempt\try〉, 〈↔idle-ness\neglect〉 유①

184 **en-dem·ic** [엔 데미]: in+demos(people), 〈그리스어〉, 〈특정인들에게 파고 들어간〉 풍토성의, 특정 지방의 고유한, 〈↔epi-demic\pandemic〉 유①

185 ★**end-ing cred·it** [엔딩 크뤠딭]: 〈게르만어+라틴어〉, '기여자', (영화가 끝나고 마지막에 나오는) 참여 인원 명단 유②

186 **en-dorse** [인 도얼스]: in+dorsum(back), 〈라틴어〉, 〈뒷면에 써서〉 지지하다, 승인하다, 배서하다, 〈↔reject\prohibit〉 유①

187 ★**en·do-sex** [엔도우쎅쓰]: 〈homo\bisexual 등에 대항해서 등장한 신조어〉, 〈인간의 본성을 따르는〉 '본성', 〈신체적으로 타고나서 바꿀 수 없는 성적 취향〉, 〈↔inter-sex〉 유②

188 **en-dow** [인 다우]: in+dotare(give), 〈라틴어〉, 〈dower(지참금)를〉 주다, 부여하다, 증여하다, 〈~ subsidize\under-write〉, 〈↔dis-endow\divest\deplete〉

189 ★**ends and sods** [엔즈 앤 싸즈]: 〈영국어〉, 꼬트러기, 잡동사니, odds and ends, bits and ends, 〈음운에 맞춰진 말〉, 〈↔most\mass〉 유②

190 **en-dure** [인 듀어]: in+durare(harden), 〈라틴어〉, 〈딱딱하게〉 '굳히다', 견디다, 지탱하다, 참다, 〈~ cope\with-stand〉, 〈↔succumb\yield〉 유②

191 ★**end us-er** [엔드 유우저]: 최종 사용자, 소비자, 〈↔developer\producer〉 유①

192 **en-e·my** [에너미]: in(not)+amicus(friend), 〈라틴어〉, 적, 원수, 유해물, '친구가 아닌 사람' 기②

193 **en-er·gy** [에너쥐]: in+ergon(work), 〈그리스어〉, 〈일할 때 필요한〉 힘, 정력, 기력, 활기, 〈안에서 일하는〉 동력, 〈↔lethargy〉 유①

194 ★**en-fla·tion** [앤훌레이션]: environment+inflation, 환경성 폭등, 환경오염 규제에따른 통화팽창 유①

195 **en-force** [인 휘얼스]: in+forciare(strengthen), 〈라틴어〉, '힘을 들이다', 실시(집행)하다, 강행하다, 강요하다, 〈↔deter〉 유①

196 ★**ENFP**: MBTI 성격 분류에서 〈extraverted·intuitive·feeling prospect 성향의〉 외향적이고 이기적인 유형, 유세가·선동가 유②

197 **en-gage** [인 게이쥐]: in+vadium(pledge), 〈라틴어〉, 약속하다, 〈저당(gage) 잡고〉 약혼하다, 〈책임지고〉 맡다, 〈맹세하고〉 참여하다, 〈↔dis-engage\eschew〉 유①

198 **en-gine** [엔쥔]: in+gignere(produce), 〈라틴어〉, 〈← ingenious〉, 〈타고난 재능에 의해 생긴〉 발동기, 기관, 기계, 도구, 작동기 유①

199 **en-grave** [인 그뤠이브]: in+graver(impress), 〈라틴어〉, 조각하다, 〈파서〉 새겨두다, 〈~ inscribe〉, 〈↔erase\expunge〉 유①

200 **en-hance** [인 핸스]: in+altus(high), 〈라틴어〉, '불리다', 높이다, 더하다, 늘리다, 보강하다, 〈~ improve\upgrade〉, 〈↔reduce\mar\smash〉 유①

201 *****ENIAC** [에니액] (e·lec·tron·ic nu·me·ri·cal in·te·gra·tor and cal·cu·la·tor): '전자 숫자 적분기와 계산기' 〈1940년대 미국 UPenn에서 만든 면적 167m²에 30톤이나 나가며 약 18,000개의 진공관을 가진 최초의 본격적 전산기〉 유②

202 **en-join** [인 죠인]: in+jungere(fasten), 〈라틴어〉, '부과시키다', 과하다, 명하다, 금하다, 〈↔allow\yield〉 유②

203 **en-joy** [인 죠이]: in+joie(pleasure), 〈라틴어〉, 즐기다, 재미 보다, 누리다, 〈↔abhor\loathe〉 기②

204 **en-list** [인 리스트]: 〈게르만어〉, 편입하다, 징모하다, 입대하다, 〈↔discharge〉 유①

205 **en·mi·ty** [엔머티]: in+amicus, 〈라틴어〉, 〈← enemy〉, 적의, 원한, 〈↔friendship\good will\amity\agape\gesell-schaft〉 유②

206 **e-nor·mous** [이너얼머스]: e(out)+norma(rule), 〈라틴어〉, '규범을 벗어난', 거대한, 엄청나게 큰, 〈~ gigantic〉, 〈↔tiny〉 양2

207 **e·nough** [이너후]: 〈← geneah(sufficient)〉, 〈게르만어〉, '충분한', 족한, 필요 이상의, '이제 그만!', 〈↔deficient\meager〉 양2

208 **en-quete** [아앙 케트]: in+querere(seek), 〈← inquest(seek after)〉, 〈라틴어→프랑스어〉, 〈← inquiry〉, 앙케트, 질문서, 설문조사, 여론조사 미1

209 **en-rage** [인 뤠이쥐]: 〈라틴어〉, 성나게 하다, 격노시키다, 〈↔delight\pacify〉 양2

210 **en-roll** [인 로울]: 〈라틴어〉, 등록하다, 기재하다, 입회하다, '두루마리 안에 기입하다', 〈↔dis-enroll\expel〉 양1

211 **en-sem·ble** [아안 싸암블]: in+simul(same time), 〈라틴어→프랑스어〉, 앙상블, 총체, 〈동시에 일어나는〉종합적 효과, 한 벌, (공연자) 일단, 함께, 합주곡, 〈~whole〉, 〈↔fraction〉 우2

212 **en-sign** [엔 싸인]: 〈라틴어〉, (선박의 국적)기, 기장, 표시, 기수(해군 소위), 〈~ insignia〉, 〈~ pennant〉

213 **en-sue** [인 슈우]: in+sequi(follow), 〈라틴어〉, 〈sequence(순서)에 따라〉 뒤를 잇다, 뒤이어 일어나다, 계속되다, 〈→persue〉, 〈↔halt\precede〉 양2

214 **en-sure** [인 슈어]: '확실하게 하다', 책임지다, 보증하다, 확보하다, 〈→insurance〉, 〈↔endanger〉 양1

215 **en-tail** [인 테일]: en(to)+tailler(cut), 〈라틴어→게르만어〉, 〈자르고 나서 꼬리를〉 남기다, 수반하다, 과하다, 확보하다, (상속인을 〈잘라서〉) 한정하다, 〈↔leave-out〉 양1

216 **en-tan·gle** [인 탱글]: 〈북구어〉, 얽히게 하다, 혼란시키다, 함정에 빠뜨리다, 〈↔dis-entangle\release〉 양2

217 **en·ter** [엔텐]: 〈← intrare(go into)〉, 〈라틴어〉, 〈← intro〉, '안으로 가다', 시작하다, 참가하다, 넣다, 〈→entrance\entree\entry〉, 〈↔exit〉 기1

218 **en·ter-prise** [엔터프라이즈]: entre(within)+pre(before)+hendere(under-take), 〈라틴어〉, 〈임무수행을 위한〉 기획, 기업, 진취적 정신, 〈→ entrepreneur〉 양2

219 **en·ter-tain**-(ment) [엔터테인(먼트)]: inter(between)+tenere(hold), 〈라틴어〉, 대접, 연회, 〈사람들 사이에 관심을 사로잡는〉 여흥, 위락, 〈~ amuse\regale〉, 〈↔reject\bore〉 양1

220 **en-thu·si·asm** [인 쑤우지애즘]: en(in)+theos(god), 〈그리스어〉, '신들린 상태', 열심, 열광, 열의, 광신, 〈↔apathy〉 양1

221 **en-tire** [엔타이어]: in(not)+tangere(touch), 〈라틴어〉, 〈손상되지 않은〉 전부의, 완전한, 〈↔partial\episode〉 양2

222 **en·ti·ty** [엔터티]: 〈← esse〉, 〈라틴어〉, 'being', 실재, 존재, 통일체, 독립체, 본질, 〈↔nullity〉 양2

223 ★**en-tout-cas** [아안 투우 카아]: 〈프랑스어〉,앙투카 (청우 겸용 양산), 'in any case (어떤 경우든지)' 소2

224 **en-trance**¹ [엔 트랜스]: 〈← trance(trans+ire)〉, 〈라틴어→영국어〉, 〈가면에 빠져〉 넋을 잃게 하다, 황홀하게 하다, 〈↔dis-enchant〉 양2

225 **en·trance**² [엔트런스]: 〈← intrare(to the inside)〉, 〈라틴어→프랑스어〉, 〈← enter〉, 들어감, 입장, 입구, 〈~ door-step\ingress〉, 〈↔exit\egress〉 기1

226 **en-tree** [아안트뤠이]: 〈← intrare〉, 〈라틴어→프랑스어〉, 〈← enter〉, 입장(권), 주요 요리(원래는 〈본 식사의 처음에 나오는〉 앙트레), 전주곡, 〈↔starter(hors d'oeuvre)\dessert〉 미2

227 **en·tre-pre·neur** [아안트뤄프뤼너어]: entre(within)+prendre(undertake), 〈라틴어→프랑스어〉, 실업가, 기업가, 흥행주, 〈~ enterprise〉, 〈↔pawn?〉 미2

228 **en·try** [엔트뤼]: 〈← intro〉, 〈라틴어〉, 〈← enter〉, 들어감, 참가, 기재, 점유, 입구, 〈↔departure〉 양2

229 **e·nu·mer·ate** [이 뉴우머뤠이트]: e(out)+numerare(count), 〈라틴어〉, '세기 시작하다', 열거하다, 세다, 세목, 〈↔estimate\generalize〉 **양2**

230 **en·ve·lope** [앤 뷀로우프]: 봉투, 싸개, 덮개, 덧붙임, 부풀리기 **기1 미2**

231 **en·vi·ous** [엔뷔어스]: in+videre(look), 〈라틴어〉, 〈← envy〉 부러워하는, 샘내는, 시기하는, 〈반대어는 generous가 아니라 indifferent임〉 **양2**

232 **en·vi·ron·ment** [인 봐이어뤈먼트]: en(in)+viron(circut), 〈프랑스어〉, 〈주위〉 환경, 상황, 사정, 여분, 〈전산기로 할 수 있는〉 영역, 〈↔indoors〉 **양2 미2**

233 **en·voy** [엔붜이]: in+via(way), 〈라틴어〉, 〈길 위로 나서서 가는〉 특사, 외교사절, 〈→invoice〉, 〈↔non-delegate〉 **기1**

234 **en·vy** [엔뷔]: in+videre(see), 〈라틴어〉, '곁눈으로 보다', 질투, 선망, 〈→envious\invidious〉, 〈↔sympathy〉 **양2**

235 **en·zyme** [엔자임]: en(in)+zyme(leaven), 〈그리스어〉, 〈안에서 들어 올리는〉 효소(화학반응의 촉매〈catalyst〉로 작용하는 고분자 물질), 〈↔inhibitor〉 **기2**

236 ★**Epcot** [엪캍]: experimental prototype community of tomorrow, 〈Walt Disney가 창안한〉 실험적 원형 미래 공동체(Disney World의 표어) **양2**

237 **ep·ic** [에픽]: 〈← epos(word)〉, 〈그리스어〉, '노래', 서사시, 장시, 대작, 웅장한, 〈↔trifle〉 **미2**

238 **ep·i·dem·ic** [에피 데믹]: epi(upon)+demos(people), 〈그리스어〉, 〈사람들 위에 퍼진〉 유행성, 전염병, 〈~ pandemic〉, 〈↔en-demic〉 **양1**

239 **ep·i·log \ -logue** [에퍼러그]: epi(beside)+legein(speak), 〈그리스어〉, '매듭', 발문, 끝맺음말, 종막, 〈~ postlude〉, 〈↔pro-log\preface〉 **양2**

240 **e·pis·co·pal** [이피 스커펄]: epi(upon)+skopein(look), 〈그리스어〉, 〈위에서 내려다보는〉 감독제도, 감독파 **기2**

241 **ep·i·sode** [에피 쏘우드]: epi(beside)+eis+hodos(way), 〈그리스어〉, 삽화, 〈덧붙어 일어난〉 일시적인 사건, 삽입곡, 〈↔entire〉 **양1**

242 **e·pis·tle** [이피 슬]: epi(upon)+stellein(send), 〈그리스어〉, 〈앞으로〉 '보내는 물건', 사도서간, 훈화적 편지, 서한체의 시, the Epistle: (신약성서 중의) 사도행전 **미2**

243 **ep·i·taph** [에피 태후]: epi(on)+taphos(tomb), 〈그리스어〉, '묘 위에', 비명, 비문, 〈~ epi-graph〉 **양2**

244 **ep·i·thet** [에피 쎄트]: epi(on)+tithenai(put), 〈그리스어〉, '부가된 것', 형용어구, 별명, 통칭, 모욕적인 어구, 욕, 〈~ obscenity\vulgarism〉, 〈↔accolade\compliment\valentine〉 **양2**

245 **ep·och** [에펔]: epi(upon)+ekhein(stay), 〈← epechein(hold in)〉, 〈그리스어〉, 〈멈춰진〉 중요한 시대, 획기적 사건, 신기원, 〈↔continuation〉 **미2**

246 *****Epp** [엪] (en-hanced par·al·lel port): '보강된 병렬단자' 〈빠른 쌍방향 자료 교환을 가능케 한 전산기의 병렬 접합부의 개량판〉 **양1**

247 *****EPROM** [이프롬] (e·ra·sa·ble pro·gram–ma·ble read only mem·o·ry): 이프롬, 소거 가능한 가변성 판독 전용 기억칩 〈일단 기억시킨 내용을 자외선으로 지우고 다른 자료를 집어넣을 수 있는 반도체 조각〉 **양1**

248 *****EPS** (en·cap·su·lated post-script): 보호된 문서철 〈문자뿐만 아니라 어떻게 인쇄하라는 지침까지 새겨둔 추신〉 **양1**

249 **e·qual** [이이퀄]: 〈← aequus(even)〉, 〈라틴어〉, 〈모두에게〉 같은, 적당한, 충분한, 평탄한, 〈↔un-equal\different〉 **기1**

250 **e·qua·tor** [이퀘이터]: 〈← aequare(make equal)〉, 〈라틴어〉, 적도, 〈밤·낮의 길이가 equal이 되는〉 주야 평분선, 〈→Ecuador〉, 〈↔prime meridian〉 **양1**

251 **e·que·stri·an** [이퀘스트뤼언]: ⟨← equus(horse)⟩, ⟨라틴어⟩, ⟨마부에 속한⟩ 마술의, 기마의, 승마의 양1

252 **e·qui·lib·ri·um** [이퀼리브뤼엄]: aequus+libra, ⟨라틴어⟩, 'equal balance', 균형, ⟨양팔 저울의⟩ 평형상태, 안정, ⟨↔dis-equilibrium\im-balance⟩ 양1

253 **e·quip·ment** [이큅먼트]: ⟨← skip(ship)⟩, ⟨북구어→프랑스어⟩, ⟨← esquiper(put in order)⟩, ⟨ship(배)가 떠날수 있는⟩ 장비, 설비, 준비, 능력, ⟨~ tool\gear⟩ 양2

254 **eq·ui·ty** [에쿼티]: ⟨← aequus(even)⟩, ⟨라틴어⟩, ⟨← equal⟩, 공평, 형평법, 재산의 순수 가격, 지분, ⟨↔in-equity\im-balance⟩ 미1

255 *****eq·ui·ty linked se·cu·ri·ty**: ELS, 주가 연계 증권, 주가가 일정 수준 이하로 떨어지지 않으면 고정된 수입을 주는 채무 구조 미2

256 **e·quiv·a·lent** [이퀴이벌런트]: aequus+valere, ⟨라틴어⟩, 'equal value', '같은 가치', 동등한, 맞먹는, ⟨↔different\dissimilar⟩ 양2

257 **e·ra** [이어뤄\에뤄]: ⟨← aes(brass)⟩, ⟨라틴어⟩, 기원, 연대, 중대한 시간, ⟨숫자를 셀 때 구리돈을 사용한데서 연유한⟩ '계산된 수', ⟨~ age\aeon\epoch⟩, ⟨~ ore⟩, ⟨→continuation⟩ 미2

258 **e·rad·i·cate** [이뢔디케이트]: e(out)+radix(root), ⟨라틴어⟩, '밖으로 뿌리를 꺼내다', 뿌리째 뽑다, 근절하다, 박멸하다, ⟨~ anihilate\eliminate⟩, ⟨↔preserve\resurrect⟩ 양1

259 **e·rase** [이뤠이즈]: ex(out)+radere(scrape), ⟨라틴어⟩, 지우다, 말소하다, 소거하다, '깎아내다', ⟨↔engrave\preserve⟩ 양1

260 **e·rec·tile** [이뤡타일 \ 이뤡틀]: ⟨← regere(make straight)⟩, ⟨라틴어⟩, 똑바로 세울 수 있는, 꼿꼿이 선, 발기성의, ⟨↔lower\bent\flat⟩ 양1

261 *****er·go·nom·ics** [어얼거 나믹스]: ergon(work)+nomos(natural law), ⟨그리스어⟩, 인간(을 위한) 공학, '작업(환경)연구' ⟨인간이 편하게 '일하기' 위한 도구나 작업환경을 조성하는 일⟩ 미2

262 ★**er-mah-gerd** [어어마이거어드]: ⟨2012년 미국의 Reddit에 치열 교정기를 끼고 나온 소녀가 말한⟩ ⟨oh my god⟩의 어눌한 발음문자, '하느님 맙소사' 미2

263 **e·rode** [이로우드]: e(out)+rodere(gnaw), ⟨라틴어⟩, '밖으로 갉아먹다', 좀먹다, 부식하다, 침식하다, ⟨~ rodent⟩, ⟨→erosion⟩ 양1

264 **E·ros** [이어라스]: ⟨← eran(love)⟩, ⟨어원 불명의 그리스어⟩, 에로스, 사랑의 신, 아프로디테의 아들, ⟨로마의 Cupid⟩, e~: 성애, 열망, 갈망 수1 미1

265 **er·rand** [에륀드]: ⟨← earende(message)⟩, ⟨어원 불명의 게르만어⟩, 심부름, 용건, 볼일, '전언', ⟨↔rest\break⟩ 양1

266 **er·ror** [에뤄]: ⟨← errare(wander)⟩, ⟨라틴어⟩, 잘못, 실수, 죄, 오차, 오류, '헤메다', ⟨→erratic⟩, ⟨↔accuracy\truth\correction⟩ 양2

267 **e·rup·tion** [이뤕션]: e(out)+rumpere(break), ⟨라틴어⟩, ⟨밖으로 깨지는⟩ 폭발, 분출, 발진, ⟨↔implosion\cease⟩ 양1

268 **es·ca·la·tor** [에스컬레이터]: ⟨라틴어→미국어⟩, scala(ladder)+elevator, 자동식 계단, 단계적 '오름'(내림)길, ⟨← scala('계단'이란 뜻의 라틴어)⟩, ⟨~ conveyer⟩, ⟨↔stair-way⟩ 양2

269 **es·cape** [이스케이프]: ex(out)+capa(cloak), ⟨라틴어⟩, 달아나다, 탈출하다, ⟨망토 밖으로⟩ 벗어나다, 피하다, ⟨~ escapade\scape⟩, ⟨↔remain\hide⟩ 양1

270 *****es·cape char·ac·ter \ ~ code** [이스케이프 캐뤽터 \ ~ 코우드]: '변환 문자, ~ 부호' ⟨전산기에서 문자 대신 부호를 타자 쳐야 하거나 그 반대의 경우⟩ 양1

271 *****es·cape key** [이스케이프 키이]: esc, '되돌이 건반'⟨선택된 프로그램을 취소하고 전 메뉴로 돌아가게 하는 키⟩ 양1

272 ***es-cape rou·tine** [이스케이프 루우티인]: '일상적 탈출' 〈하나의 명령열이 끝나기 전에 다른 명령열을 시작하기 위한 시도〉 주1

273 **es-cort** [에스코올트]: ex(out)+corrigere(correct), 〈라틴어〉, 호송(자), 호위(자), 동반자, [이스코얼트]; '밖에서 안내하다', 호위하다, 수행하다, 〈↔abandon\desert〉 알2

274 **es·crow** [에스크로우]: 〈← escroue〉, 〈프랑스어〉, 〈← scroll(족자)〉, 조건부 날인증서, 제삼자 기탁금, 〈↔debt\arrears〉 위1

275 ***ESG** (en·vi·ron·men·tal so·cial and gov·er·nance): 환경·사회·통치, 현대기업이 살아남기 위한 세가지 요소(즉, 환경을 파괴하지 말고·사회적 책임을 지며·체계적 기업운영을 하라는 얘기다. 알긋냐?) 미2

276 ★**e-621**: ①MSG(미소)의 별칭 ②〈2017년 'MSG같이 맛이 있다'며 유럽에서 창설된〉 〈엽기적〉 의인 동영상을 다루는 전산망 기지 속2

277 **Es·ki·mo** [에스키모우]: 〈원주민어〉, 에스키모, '눈 신발을 매는 사람(snowshoe-netter)?', 북극해 연안에 살았던 황인종 숙1

278 ★**Es·ki·mo broth·er** [에스키모우 브뤼더스]: 〈2009년에 부상한 미국 속어〉, 같은 여자와 성교를 한 남자, 구멍 동서

279 **es·pa·ñol** [에스파뇨로]: 스페인(어)의 숙2

280 **es·pe·cial** [이스페셜\에스페셜]: 〈← specialis ← species(particular)〉, 〈라틴어〉, 〈← special〉, '특별한', 각별한, 유별난, 〈↔standard\common〉 알2

281 **es·pi·o·nage** [에스피어나아쥐]: 〈← espion ← spehon〉, 〈게르만어→프랑스어〉, 간첩(spy) 행위, 첩보활동, 〈↔neglect\default〉 알2

282 **es-pres·so** [에스프뤠쏘우]: ex(out)+primere(press out), 〈라틴어〉, '쥐어짠', 검게 구운 진한 커피, 커피 가루에 고온·고압의 물을 부어 단시간에 뽑아낸 진한 커피 숙2

283 ★**es-pres·so sex** [에스프뤠쏘우 쎅쓰]: 〈어쩌다 만난 남녀가〉 짧고 '찐하게' 벌이는 성행위, 〈번개씹〉 숙2

284 **es·quire** [에스콰이어] \ Esq: e(of)+scutum, 〈라틴어〉, 〈shield를 지키는〉 향사, 기사지원자, 님, 변호사님, 〈~ squire〉 미2

285 **es·say** [에쎄이]: ex(out)+agere(drive), 〈← exagion(weighing)〉, 〈그리스어→라틴어→프랑스어〉, 수필, 소론, 평론, '시도', 〈~ assay〉, 〈↔poem\quit〉 위1

286 **es·sence** [에쎈스]: 〈← esse(to be)〉, 〈라틴어〉, 〈항상 존재하는〉 본질, 진수, 실체, 핵심, 〈↔essential〉, 〈↔in-essence\abstract\un-importance〉 알2

287 ★**es·skee·tit** [에스키이트]: 〈2018년에 출시된 노래 가사에서 연유한〉 'let's get it'(갓자·해보자)의 속어

288 **es·tab·lish** [이스태블리쉬]: e(of)+stabilire, 〈라틴어〉, 〈← stable〉, '안정되게 세우다', 설립하다, 확립하다, 제정하다, 〈↔abolish\dis-prove〉 알1

289 **es·tate** [이스테이트]: e(of)+stare(stand), 〈라틴어〉, 토지, 재산, 유산, 신분, '서 있는 상태', 〈↔barrier\poverty〉 알1

290 **es·teem** [이스티임]: 〈← aestimare(to value)〉, 〈라틴어〉, 존경하다, 높이 '평가하다', 간주하다, 〈← estimate〉, 〈↔condemn\despise〉 알1

291 **es·ti·ma·tion** [에스티메이션]: 〈← aestimare(to value)〉, 〈라틴어〉, '평가', 의견, 견적, 추정, 〈~esteem〉, 〈↔computation\enumeration〉 알1

292 **es·tu·ar·y** [에스츄에뤼]: 〈← aestus(tide)〉, 〈라틴어〉, 〈'조수'가 드나드는〉 넓은 강어귀, 후미, river mouth, 〈↔lake\high-sea〉 알2

293 ***ET** (ex·tra ter·res·tri·al): 외계인, 〈큰 머리·큰 눈·큰 배를 가진-괴상망측하게 생긴〉1982년 출시된 공상 영화에 나오는 '외로운 아이' 유2

294 ★**eta** (ex·pect·ed time of ar·ri·val): 도착 예정 시간 미2

295 ***e-tail** (e·lec·tron·ic re·tail): 전자 소매업 〈전산망을 통한 소매상업〉 앙2

296 **etc** \ et·cet·er·a [엩쎄터라]: and+others, 〈라틴어에서 연유한 영국어〉, 기타…, 등등…, 따위 〈사물을 나타냄〉 미1

297 */**etc** [엘씨]: Unix에서 체계구성에 대한 정보를 담은 목록 유2

298 **e·ter·ni·ty** [이터니티]: 〈← aeternus ← aevtum(age)〉, 〈라틴어〉, 〈시작과 끝이 없는〉 영원, 무궁, 불멸, 내세, 〈↔instant\mortal\finite〉 양1

299 ***ETF** (ex-change trad·ed fund): 상장 지수 자금, 주식거래에 필요한 투자 자금이나 자산 미1

300 **e·ther** [이이써]: 〈← eithein(kindle\shine)〉, 〈그리스어〉, 에테르 (마취제·용매로 쓰이는 '발화성이 강한' 알코올 추출물), upper air(sky), 창공, 하늘, 대기, 〈↔earth\ground〉 유1 앙2

301 ***Eth·er·net** [이이써넽]: 이더넷, '광선망' 〈Xerox사가 개발한 라디오 주파를 동축 케이블에 실어 보내는 유선 전산망으로 현재는 지역방송 등에서 사용하고 있음〉, '창공망', 〈↔internet〉 유1

302 **eth·ics** [에씩스]: 〈그리스어〉, 〈'ethos(normal state)'를 연구하는〉 윤리학, 도덕론, 도의, 〈~ righteousness\virtue〉, 〈↔im-morality\corruption〉 양1

303 **eth·nic** [에쓰닉]: 〈← ethnos(custom)〉, 〈그리스어〉, 〈민속의〉, 인종의, 민족의, 이방인의, 〈↔non-ethnic\non-racial\global〉 양2

304 **e·ti·quette** [에티켙]: 〈프랑스어〉, 〈ticket(표)에 열거된〉 예절, 범절, 불문율, 〈↔dis-courtesy\rudeness〉 유2

305 **et·y·mol·o·gy** [에티말러쥐]: etymos(true)+logia, 〈그리스어〉, '진실을 공부하는' 어원(학) 〈말의 본뜻을 연구하는 학문〉, 〈~ etiology〉, 〈↔conclusion\consequence〉 가1

306 **eu·lo·gy** [유울러쥐]: eu(well)+logos(← legein〈speak〉), 〈그리스어〉, '찬미', 송덕문, 조사, 〈↔condemnation\denunciation〉 가1

307 **Eur·a·sia** [유레이줘]: 〈1858년 독일에서 합성된 그리스어〉, Europe+Asia, 유라시아, 구·아 대륙 미1

308 **eu·re·ka** [유뤼이커]: 〈← heuriskein(discover)〉, 〈그리스어〉, 아르키메데스가 왕관의 순금도를 재는 방법을 발견했을 때 지른 소리, "발견했다!" "이제 됐다!", 〈↔elathoman(I forgot)〉 미2

309 **Eu·ro** [유로우]: 유로, 유럽의, 유럽 사람, 유럽 공통 화폐 단위 생1

310 **eu·tha·na·sia** [유우써네이쥐]: eu(well)+thanatos(death), 〈그리스어〉, '평온안 죽음', 안락사, 안사술, 〈~ well-dying〉, 〈↔assisted suicide〉 양2

311 ★**EV** (e·lec·tric ve·hi·cle) [일렉트릭 뷔히클]: e~ car, 전기 자동차, 1827년 헝가리의 한 신부에 의해 개발되어 21세기에 리튬 축전지의 발달로 보편화 되었으며 캘리포니아에서는 2035년부터 배기를 방출하는 새 차의 판매가 금지되어 차세대의 교통수단이 될 〈청정차〉 미2

312 **e·vac·u·a·tion** [이배큐에이션]: e(out)+vacuus(empty), 〈라틴어〉, 〈← vacate〉, 〈밖으로〉 비움, 배출, 소개, 철수, 피난, 〈~ exodus〉, 〈↔retention\influx\coming〉 가1

313 **e·vade** [이붸이드]: e(out)+vadere(go), 〈라틴어〉, '밖으로 나가다', 회피하다, 모면하다, 〈↔evasion〉, 〈~ avoid\elude〉, 〈↔accept\confront〉

314 **e·val·u·ate** [이밸류에이트]: e(out)+valere(worthy), 〈라틴어〉, '밖으로 가치〈value〉를 드러내다', 평가하다, 사정하다 〈국어사전의 7개 뜻 중 2번째 것〉, 〈~ assess〉, 〈↔ignore\berate〉 가1

315 **e·van·gel·i·cal** [이이밴젤리컬]: eu(good)+angelos(messenger), 〈그리스어〉, 이반젤리칼, '복음'(서)의, 복음주의 교회, 〈↔indifferent\secular〉, 〈~ revivalism〉 미2

316 **Eve¹** [이이브]: ⟨← hawwah(life)⟩, ⟨히브리어⟩, '삶', ⟨늑골로 만든⟩ (정이 많은) 이브, 하와 ⟨아담의 아내·카인과 아벨의 어머니⟩ 유1

317 **eve** [이이브]: ⟨영국어⟩, evening, 저녁, 이른 밤⟨대략 오후 6시부터 자정까지⟩, ⟨↔morn\day⟩ 양2

318 **e·ven** [이이븐]: ⟨← efan(smooth)⟩, ⟨게르만어⟩, '똑같은', 조차, 한층, 꼭, 평평한, 정연한, 동일, ⟨돌로 똑같이 나눌 수 있는⟩ 짝수, ⟨↔un-even\un-equal⟩ 양1

319 ★**e·ven a worm will turn**: ⟨1546년에 등장해서 셰익스피어가 [헨리 6세]에서 사용해서 유명해진 말⟩, 지렁이도 밟으면 꿈틀한다, 참새가 죽어도 짹한다, ⟨~ a needy mouse confronts a cat⟩ 양2

320 ★**e·ven cross-ing paths is an act of prov·i·dence**: ⟨불교 담⟩, 옷깃만 스쳐도 인연이다, ⟨~ meeting each other is a karma fate\we are meant to meet⟩ 양2

321 ★**e·ven flat-ter-y can wear thin**: 좋은 말도 세 번 하면 듣기 싫다, ⟨~ baloney is flattery laid on so thick⟩, ⟨~(↔)baloney is the lie laid on so thick you hate it⟩ 양2

322 ★**e·ven good thins wear thin**: 좋은 말도 세 번 하면 듣기 싫다, 콧노래도 한 두 번 (잔소리 그만하라는 말), ⟨~(↔)a long stay wears out his welcome⟩ 양2

323 ★**e·ven-hand-ed** [이이븐 핸디드]: 공평한, 공정한 양1

324 ★**e·ven Ho·mer nods** [이이븐 호우머 나즈]: 호메로스도 잘못을 인정할 때가 있다, 원숭이도 나무에서 떨어질 때가 있다, ⟨~ no man is infallible⟩ 양2

325 **eve·ning** [이이브닝]: ⟨영국어⟩, ⟨낮과 밤을 even하게 하려는⟩ 저녁, 말기, [Eve(아내)가 잠자리로 들어오는?] '해가 저물 때', ⟨↔morning\night⟩ 양1

326 ★**e·ven odds** [이이븐 아즈]: 반반의 승률(가능성), ⟨~ fifty-fifty⟩, ⟨↔un-equal\un-just⟩ 양2

327 *__e·ven smalls__ [이이븐 스머얼즈]: '모두 고른 대문자들' ⟨타자 칠 때 대문자를 전부 작고 낮은 글자로 치는-EVEN SMALLS같이⟩ 유1

328 **e-vent** [이벤트]: e(out)+venire(come), ⟨라틴어⟩, ⟨밖으로 나오는⟩ 사건, 결과, 종목, 경우, 흥행, 행사, ⟨~ vent⟩, ⟨~ occaison⟩, ⟨↔rest\cessation⟩ 양2

329 *__e-vent-dri·ven pro-gram-ming__ [이벤트 드뤼븐 프로우그래밍]: '사건 주도형 차림표' ⟨사용자가 선택하는 항목에만 반응하는 체계⟩ 유1

330 ★**e·ven the great-est makes mis-takes**: 원숭이도 나무에서 떨어질 때가 있다, ⟨~ even Homer nods⟩ 양2

331 **e·ven·tu-al** [이벤츄얼]: 종국의, 결과적으로, 우발적인, ⟨↔immediate\unlikely⟩ 양1

332 **ev·er** [에붜]: ⟨← aefre⟩, ⟨어원 불명의 영국어⟩, ⟨a+in+feore(life)란 설이 있는⟩ '영원한', 언젠가, 일찍이, 결코(~않다), 늘, 도대체, ⟨긴지~ 아닌지~⟩, ⟨↔never⟩ 양2

333 **eve·ry** [에브뤼]: ⟨영국어⟩, ⟨← ever(늘)⟩, 다, 어느 ~이나, 온갖, ~마다, ⟨전체에서 빠뜨리지 말고⟩ 하나하나, ⟨~ each⟩, ⟨↔neither⟩ 기2

334 ★**eve·ry child is dear to his(her) par·ents**: 열 손가락을 깨물어 안 아픈 손가락이 없다, ⟨~ can't choose one over another\they are all apples in my eye⟩ 양2

335 ★**eve·ry cloud has a sil·ver lin·ing**: ⟨영국 속담⟩, 안 좋은 상황에서도 긍정적인 면이 있다, 고난 뒤에는 희망이 있다, ⟨새옹지마⟩, 쥐구멍에도 볕들 날 있다, ⟨고진감래⟩, ⟨↔every rainbow has it's rain⟩ 양2

336 ★**eve·ry dog has its day**: ⟨전부터 있었으나 셰익스피어가 'Hamlet'에서 사용해서 유명해진 말⟩, 귀뚜라미도 한 때가 있다, 쥐구멍에도 별 들 날 있다, fortune knocks at every door 양2

337 ★**eve·ry flow has its ebb**: 밀물이 있으면 썰물도 있다, 달도 차면 기운다, 화무십일홍, ⟨~ what comes up must come down\nothing lasts forever⟩ 양2

338 ★**eve·ry Jack has his Jill**: 짚신도 짝이 있다, ⟨~ there are plenty of fish in the sea⟩ 응2

339 ★**eve·ry lit·tle bit helps** [에브뤼 리틀 헬프스]: 티끌모아 태산(진합 태산), 십시일반, ⟨~ many a little makes a nickle⟩ 응2

340 ★**eve·ry man for his own trade**: 누구나 한가지 특기가 있다, 굼벵이도 구르는 재주가 있다, ⟨~ there is no tree but bears some fruit⟩ 응2

341 ★**eve·ry·man's goose is a gan·der**: 장중보옥, 고슴도치도 제 새끼는 함함하다고 한다, ⟨~ the beetle is a beauty in the eyes of it's mother⟩ 응2

342 ★**eve·ry·one has dirt laun·dry**: 털어서 먼지 않나는 사람 없다, ⟨~ no man is infallible⟩ 응2

343 ★**eve·ry·thing de·mands some work**: 부뚜막의 소금도 집어 넣어야 짜다, 구슬이 서말이라도 꿰어야 보배, ⟨~ nothing is complete unless you put it in final shapes⟩ 응2

344 ★**eve·ry why hath a where·fore**: 핑계없는 무덤 없다, 처녀가 애를 배도 할 말이 있다, ⟨~ there is an excuse for everything⟩ 응2

345 **e·vic·tion** [이빅션]: e(out)+vincere(conquer), ⟨라틴어⟩, 퇴거시킴, ⟨이겨서 밖으로⟩ 쫓아냄, ⟨← evince⟩, ⟨↔admittance\receiving⟩ 가1

346 **ev·i·dence** [에비던스]: e(out)+vindere(see), ⟨라틴어⟩, 증거, 증언, 흔적, ⟨← evident⟩, ⟨↔disproof\rebuttal⟩ 가1

347 **e·vil** [이블]: ⟨← yfel(ill)⟩, ⟨게르만어⟩, '나쁜', 사악한, 불결한, ⟨이불 밑에서 하는⟩ 못된, ⟨↔good\virtuous⟩ 가1

348 **e·voke** [이보우크]: e(out)+vocare(call), ⟨라틴어⟩, '밖으로 불러내다', 둘러 일으키다, 자아내다, 환기하다, ⟨↔discourage\dissuade⟩ 응1

349 **ev·o·lu·tion** [에볼루션]: e(out)+volvere(roll), ⟨라틴어⟩, ⟨← evolve⟩, 전개, 발전, 진화(론), 방출, ⟨↔reduction\regression\involution⟩ 가1

350 **e·volve** [이볼브]: e(out)+volvere(roll), ⟨라틴어⟩, '밖으로 펴다', 서서히 전개시키다, 도출하다, 발전하다, ⟨→evolution⟩, ⟨↔absorb\decline⟩ 응1

351 **ex·ac·er·ba·tion** [이그재설베이션]: ex(thorough)+acerbus(bitter), ⟨라틴어⟩, ⟨거칠게 하는⟩ 악화, 격화, 격분, ⟨↔alleviation\mitigation⟩ 응2

352 **ex·act** [이그젝트]: ex(out)+agere(drive), ⟨라틴어⟩, '밖으로 드러난', 정확한, 엄밀한, 꼼꼼한, 엄격한, ⟨↔in-exact\im-precise\in-accurate\circa⟩ 응2

353 **ex·ag·ger·ate** [이그재줘뤠이트]: ex(thorough)+agger(heap), ⟨라틴어⟩, ⟨모두 쌓아 올려⟩ 과장하다, 떠벌리다, 악화시키다, ⟨↔down-play\under-state\abridge⟩ 응2

354 **ex·al·ta·tion** [에그저얼테이션]: ex(out)+altus(high), ⟨라틴어⟩, 높임, 찬양, 교양, 우쭐함, '들어 올리기', (종달새 등의) 떼, ⟨↔lowering\sadness⟩ 응2

355 **ex·am** [이그잼]: ex(out)+aminare(weighing), ⟨라틴어⟩, examination, ⟨밖으로 끄집어내 보이게 하는⟩ 시험, 고사, 검사, ⟨~ screen\vetting⟩, ⟨↔negligence\findings⟩ 가2

356 ★**ex·am·ine your zip·per** [이그재민 유어 지퍼]: 당신의 '남대문'이 열렸어요, ⟨~ your fly' is open\ XYZ⟩ 응2

357 **ex·am·ple** [이그잼플]: ex(out)+emere(buy), ⟨라틴어⟩, ⟨밖으로 빼놓은⟩ 예, 보기, 모범, 본때, ⟨→sample⟩, ⟨↔contrary\opposite⟩ 가2

358 **ex·as·per·ate** [이그재스퍼레이트]: ex(thorough)+asper(rough), ⟨라틴어⟩, '거칠게 하다', 화나게 하다, 격앙시키다, ⟨↔ensorcel⟩ 응2

359 **ex·ca·vate** [엘쓰커베이트]: ex(out)+cavare(← cavus⟨hollow⟩), ⟨라틴어⟩, ⟨← cave⟩, '굴을 파서 밖으로 꺼내다', 굴착하다, 발굴하다, ⟨~ Poclain⟩, ⟨↔fill\cover⟩ 응2

360 **ex-ceed** [익씨이드]: ex(beyond)+cedere(go), 〈라틴어〉, 〈경계를 넘어 달리다〉, 넘다, 초과하다, 낫다, 〈→excess〉, 〈↔standing still\fall behind〉 **왕1**

361 ***EX-CEL** [엑쎌]: 엑셀, 1985년 Microsoft가 개발한 산열형 연성기기의 상표명 **중1**

362 **ex-cel** [익쎌]: ex(beyond)+cellere(rise high), 〈라틴어〉, 〈맨 위층을〉 능가하다, 탁월하다, 낫다, 〈↔fail\lose〉 **왕2**

363 **ex-cept** [익쎕트]: ex(out)+capere(take), 〈라틴어〉, ~제외하고, ~을 생략하고, '~을 밖으로 끄집어내고', 〈↔accept\include〉 **왕2**

364 **ex-cess** [익쎄스]: ex(beyond)+cedere(go), 〈라틴어〉, 〈← exceed〉, 과다, 초과, 지나친, 심한, 〈↔lack\insufficient〉 **왕2**

365 **ex-change** [익쓰췌인쥐]: ex(out)+cambiare(barter), 〈라틴어〉, 교환, 교역, 〈↔keep\withhold\return〉 **가1**

366 **ex-cit-ing** [익싸이팅]: ex(out)+ciere(call), 〈라틴어〉, 〈감정을 '밖으로 불러내서'〉 흥분시키는, 자극적인, 조마조마하게 하는, 〈~ thrilling\animating〉, 〈↔boring\dull〉 **왕2**

367 **ex-cla·ma·tion** [엑쓰클러메이션]: ex(out)+clamare(cry), 〈라틴어〉, 〈← exclaim〉, 〈밖으로 소리치는〉 외침, 감탄(사), 영탄(법), 〈↔quiet\science〉 **왕2**

368 **ex-clu-sive** [익쓰클루시브]: ex(out)+claudere(shut), 〈라틴어〉, 〈← exclude〉, 〈밖으로 내쫓고 닫아버리는〉 배타적, 제외적, 독점적, 최고급, 〈↔in-clusive\all around\open〉 **왕2**

369 **ex-crete** [익쓰크뤼이트]: ex(out)+cernere(sift), 〈라틴어〉, 〈← secrete〉, 배설하다, 분비하다, 〈체로 쳐서〉 방출하다, 〈→excrement〉, 〈↔absorb\ingest〉 **왕1**

370 **ex-cur-sion** [익스 커얼젼]: ex(out)+currere(run), 회유, 소풍, 유람, 답사, '밖으로 달려 나가는 것', 〈~ expedition〉, 〈↔stagnation\stay〉, 〈↔motif〉 **왕2**

371 **ex-cuse** [익쓰큐우즈]: ex(from)+causa(charge), 〈라틴어〉, 〈원인(cause) 밖으로 빠져나가게〉 용서하다, ~을 면하다, 실례하다, 변명하다, 〈↔accuse\charge〉 **가1**

372 **ex·e·cute** [엑씨큐우트]: ex(out)+sequi(follow), 〈라틴어〉, '명령을 밖에서 따르다', 실행하다, 집행하다, 〈바깥까지 쫓아가서〉 처형하다, 〈↔inertia\neglect〉 **왕2**

373 ***EXE file** [엑싸일] (ex·e·cut·a·ble file): '실행(가능) 서류철' 〈실행할 수 있는 기계언어를 포함한 서류철〉 **중2**

374 **ex·em·pli·fy** [이그쳄플리화이]: exemplum(example)+facere(make), 〈라틴어〉, 예(example)를 만들다, 예시하다, 〈↔conceal\distort〉 **가2**

375 **ex-empt** [이그쳄트]: ex(out)+emere(buy), 〈라틴어〉, '밖으로 빼다', 면제하다, 제외하다, 〈↔due〉 **가1**

376 **ex·er·cise** [엑써싸이즈]: ex(out)+arcere(keep away), 〈라틴어〉, 〈가축을〉 '밖으로 풀어 놓기', 운동, 체조, 연습, 발휘, 행사, 〈↔rest\idleness〉 **가2**

377 ★**ex·er·cise in fu·til·i·ty** [엑써싸이즈 인 휴우틸리티]: 쓸데없는 운동(지랄), 달밤에 체조하기, 헛고생, 닭 쫓던 개 지붕 쳐다보듯, 〈↔beneficial activity\fruitful pursuit〉 **왕2**

378 **ex·ert** [이그져얼트]: ex(out)+cerere(bind), 〈라틴어〉, 뻗치다, 발휘하다, 노력하다, 휘두르다, 〈→exsert〉, 〈↔conceal\relax〉 **왕1**

379 **ex-haust** [이그져어스트]: ex(out)+haurire(drain), 〈라틴어〉, '밖으로 끌어내다', 뻗다, 고갈시키다, 소모하다, 배기하다, 〈~ pooped\tire out〉, 〈↔invigorate\replenish〉 **가1**

380 **ex-hib·it** [이그지빝]: ex(out)+habere(have), 〈라틴어〉, '가진 것 내놓기', 전시, 진열, 공개, 노출, 〈↔conceal\mask〉 **가2**

381 **ex-hort** [이그져얼트]: ex(out)+hortari(incite), 〈라틴어〉, 〈용기를 북돋아 주다〉, 간곡히 타이르다, 권고하다, ~er; (교회의) 권사, 〈↔discourage\restrain〉 **왕2**

382 **ex·ile** [엑싸일]: ⟨← exsul(banished one)⟩, ⟨라틴어⟩, 망명, ⟨밖에서 떠도는⟩ 타향살이, 유배, ⟨~ ejection⟩, ⟨↔return\repatriate⟩ 🈔

383 **ex·ist** [이그지스트]: ex(out)+sistere(set), ⟨라틴어⟩, ⟨← existence⟩, 존재하다, 실존하다, 나타나다, '밖에 서 있다', ⟨↔extinct⟩ 🈓

384 **ex·it** [엑씰 \ 에그짙]: ex(out)+ire(go), ⟨← exire(go out)⟩, ⟨라틴어⟩, 출구, 퇴장, '밖으로 나가기', ⟨↔enter⟩ 🈔

385 **ex-o·dus** [엑써더스]: ex(out)+hodos(way), ⟨그리스어⟩, 엑소더스, '밖으로 나가는 길', 대이동, 이스라엘인들의 이집트 탈출, E~: (구약 성서의) 출애굽기, ⟨↔in-flux⟩ 🈚

386 **ex-or·cism** [엑쏘얼씨즘]: ex(out)+horkos(oath), ⟨그리스어⟩, ⟨기도로⟩ 귀신 부리기, 액막이, 주술, ⟨~ shamanism⟩, ⟨↔science⟩ 🈴

387 **ex·ot·ic** [이그쟈틱]: ⟨← exotikos(outsider)⟩, ⟨그리스어⟩, '밖에서 온', 이국적인, 외래의, 색다른, 진기한, ⟨↔native\boring⟩

388 **ex·pand** [익쓰팬드]: ex(out)+pandere(spread), ⟨라틴어에서 연유한 영국어⟩, '⟨밖으로⟩ 펴다', 넓히다, 팽창하다, 확장하다, ⟨~spandex⟩, ⟨↔dwindle\shrink⟩ 🈴

389 **ex·pan·sion** [익쓰팬션]: ⟨라틴어⟩, ⟨← expanse ← expand⟩, 확장, 팽창, 발전, ⟨↔reduction\shrinkage⟩ 🈴

390 **ex·pect** [익쓰펙트]: ex(out)+spectare(look), ⟨라틴어⟩, ⟨밖을 바라보며⟩ 기대하다, 예정되어 있다, 추측하다, ⟨↔un-expect\doubt\dis-believe⟩ 🈓

391 ★**Ex·pe·di·a** [엑쓰피디어]: 익스피디아, exploration+speed, 2001년에 출범한 미국의 전산망 여행사 🈚

392 **ex·pe·di·tion** [엑쓰퍼디션]: ⟨← expedite⟩, ⟨밖으로 발을 내미는⟩ 탐험, 원정, 장정, 신속, ⟨~ excursion⟩, ⟨↔halt\hindrance⟩ 🈴

393 **ex·pel** [익쓰펠]: ex(out)+pellere(thrust), ⟨라틴어⟩, '밖으로 밀어내다', 쫓아내다, 추방하다, 방출하다, ⟨→ex·pulsion⟩, ⟨↔admit\en-roll⟩ 🈚

394 **ex·pend** [익쓰펜드]: ex(out)+pendere(weigh), ⟨라틴어⟩, '⟨쌀·소금을⟩ 밖에서 매달다', 돈을 쓰다, 소비하다, ⟨~ spend⟩, ⟨↔save\conserve⟩ 🈓

395 **ex·pense** [익쓰펜스]: ⟨← expend⟩, ⟨라틴어⟩, 지출, 비용, 손실, 희생, ⟨↔proceeds\earnings⟩ 🈓

396 **ex·pen·sive** [익쓰펜시브]: 비용이 많이 드는, 값비싼, 사치스러운, ⟨↔cheap\economical⟩ 🈓

397 ★**Ex·pe·ri·an** [엑쓰페뤼언]: 엑스페리온, 1968년 미국의 TRW 자회사로 설립되어 1996년 현재 이름으로 영국으로 팔려 나가 아일랜드 더블린에 본부를 두고 있는 신용 평가 회사 🈚

398 **ex·pe·ri·ence** [익쓰피어뤼언스]: ⟨← experiri(ex(out)+peritus⟨tested⟩)⟩, ⟨라틴어⟩, ⟨밖에 나와서 겪은⟩ 경험, 체험, 경력, ⟨~ expert⟩, ⟨↔in-experience\ignorance⟩ 🈓

399 ★**ex·pe·ri·ence is the best teach·er**: 경험이 스승이다, 서당개도 삼년이면 풍월을 읊는다, ⟨the sparrow near a school sings primer\a saint's maid quotes latin⟩ 🈴

400 **ex·pert** [엑쓰퍼얼트]: ⟨← experiri(try)⟩, ⟨라틴어⟩, '밖에서 시도해 본 사람', 숙달자, 전문가, 달인, ⟨~ experience⟩, ⟨↔in-expert\incompetent\amateur⟩ 🈓

401 **ex·pire** [익쓰파이어]: ex(out)+spirare(breathe), ⟨라틴어⟩, 내쉬다, '숨이 밖으로 다 나오다', 끝나다, 죽다, ⟨↔in-spire\begin\persist⟩ 🈚

402 **ex·pla·na·tion** [엑쓰플러네이션]: ex(out)+planare(← planus⟨plain⟩), ⟨라틴어⟩, '평평하게 하기', 설명, 해석, 진상, ⟨↔concealment\question⟩ 🈓

403 **ex·plic·it** [익쓰플리시트]: ex(out)+plicare(fold), ⟨라틴어⟩, 뚜렷한, 숨김없는, 명시적, '접은 것을 밖으로 꺼낸', ⟨~ absolute\clear-cut⟩, ⟨↔im·plicit\vague\tacit⟩ 🈴

404 **ex-plode** [익쓰플로우드]: ex(out)+plaudere(clap), 〈라틴어〉, 〈밖으로 끌어내어〉 폭발(파멸)시키다, 분격하다, 〈→ex·plosive〉, 〈↔implode\bottle up〉 **양1**

405 **ex-ploit** [익쓰플로이트]: ex(out)+plicare(fold), 〈라틴어〉, '밖으로 꺼내다', 개발하다, 활용하다, 착취하다, [엑쓰플러이트]; 활용, 이용, 착취, 공적, 위업, 〈~ manipulate\abuse〉, 〈↔neglect\failure〉 **양1**

406 **ex-plore** [익쓰플로어]: ex(out)+plorare(cry out), 〈라틴어〉, 〈사냥꾼들이〉 '크게 외치며' 탐험하다, 개발하다, 탐구하다, 〈~ de·plore〉, 〈↔implore\ignore\dismiss〉 **양1**

407 **ex-plo·sive** [익쓰플로우시브]: ex(out)+plaudere(to clap), 〈라틴어〉, 〈← ex·plode〉, 폭발성(의), 격정적인, 〈↔calm\controlled〉 **양2**

408 ★**ex-plo·sive bot·tle syn·drome**: '폭발병 증후군', 살이 찔 조짐들, ⇒ EBS³ **미2**

409 **ex-po·nent** [익쓰포우넌트]: ex(out)+ponere(put), 〈라틴어〉, 〈← expound〉, 해설자, 옹호자, 〈밖으로 내놓는〉 표시물, 지수, 〈~ advocate\proponent〉, 〈↔opponent\critic〉 **양2**

410 *__ex-po·nen·tial no·ta·tion__ [엑쓰포우넨셜 노테이션]: 지수 표기법 〈아주 많거나 적은 숫자를 전자 형식으로 표시하는 것, i.e. 2,500,000=2.5×10^6=2.5E+6〉 **양2**

411 **ex-port** [익쓰포오트]: ex+portare(carry), 〈라틴어〉, '밖으로 운반하다', 수출하다, 보내다, (서류철의) 이송 보관, 〈↔im·port〉 **가1** **미2**

412 **ex-po·sure** [익쓰포우저]: ex(out)+ponere(put), 〈라틴어〉, 노출, 쬠, 탄로, 공개, '밖으로 내놓은 것', 〈↔disguise\hide\cover\envelope〉 **양1**

413 *__ex-po·sure val·ue__ [익쓰포우저 밸류]: 노출가치(값) -사진 찍을 때 〈찍는 속도와 f-ratio (초점 길이를 렌즈의 최대 구경으로 나눈 것)를 고려한 조명 측정단위〉 **양2**

414 **ex-press** [익쓰프뤠스]: ex(out)+primere(squeeze out), 〈라틴어〉, 〈밖으로 밀어내는〉 표현, 명백한, 지급, 급행, 〈↔re-press\slow〉 **가1**

415 **ex-pul·sion** [익쓰펄션]: ex(out)+pellere(drive), 〈라틴어〉, 〈← expel〉, 추방, 배제, 제적, 〈↔admission\return〉 **가1**

416 **ex-quis·ite** [익쓰퀴지트]: ex(out)+querere(ask), 〈라틴어〉, 〈구해서 밖으로 빼놓은〉 절묘한, 정교한, 예민한, 까다로운, 〈↔crude\rugged〉 **양2**

417 **ex-sert** [엑써얼트]: ex(out)+cerere(bind), 〈라틴어〉, 〈← exert〉, 〈밖으로〉 내밀다, 드러내다, 돌출하다, 〈↔in-sert\conceal〉 **가2**

418 **ex-ta·sy** [엑스터시]: ex(out)+histanai(place), 〈그리스어〉, 〈범위 밖에 서 있는〉 황홀경, (MDMA계통의) 강력한 자극성 마약, extacy ⇒ ecstacy, 〈↔misery〉 **수2** **양1**

419 **ex-tend** [익쓰텐드]: ex(out)+tendere(stretch), 〈라틴어〉, 〈밖으로〉 뻗다, 펴다, 주다, 늘어나다, 연장하다, 〈↔extension\extent〉, 〈↔shorten\reduce〉 **가1**

420 *__ex-tend-ed mem·o·ry__ [익쓰텐디드 메머뤼]: 연장 기억장치, bank(저장소)를 통하지 않고 직접 연결되는, 〈expanded memory보다 개량된〉 **양1**

421 *__ex-tend-ed pre-ci·sion__ [익쓰텐디드 프뤼씨젼]: 연장 정밀도 〈계산기가 본래 다루는 자릿수의 2배 이상의 자릿수를 다룰 수 있음〉 **양1**

422 **ex-ten·sion** [익쓰텐션]: ex(out)+tendere(stretch), 〈라틴어〉, 〈← extend〉, 연장, 확대, 증축(물), 〈↔shortening\abbreviation〉 **가1**

423 **ex-tent** [익쓰텐트]: 〈라틴어〉, 〈← extend〉, 넓이, 크기, 범위, 〈~ magnitude〉, 〈↔diminution\limitation〉 **양2**

424 **ex-te·ri·or** [익쓰티어뤼어]: 〈← exter〉, 〈라틴어〉, 〈더〉 바깥쪽, 외부의, 외모, 야외, 〈↔in-terior〉 **가1**

425 **ex-ter·mi·nate** [익쓰터어미네이트]: ex(out)+terminus(boundary), 〈라틴어〉, '근절'하다, 박멸하다, 몰살하다, 〈↔protect\save〉 **가1**

426 **ex·ter·nal** [잌쓰터어늘]: 밖의, 외부의, 형식상의, 〈↔in·ternal〉 영1

427 **ex·tinc·tion** [잌쓰팅션]: ex(thorogh)+stinguere(quench), 〈라틴어〉, 소멸, 전멸, 〈완전히 꺼진〉 진화, 〈↔extant\survival〉 영1

428 **ex·tin·guish** [잌쓰팅귀쉬]: ex(out)+stinguere(quench), 〈라틴어〉, 〈막대로 찔러〉 '밖으로 끄집어내다', 〈불을〉 끄다, 끝내다, 〈↔en-kindle〉 영2

429 **ex·tor·tion** [잌쓰토어션]: ex(thorough)+torquere(twist), 〈라틴어〉, 강요, 강탈, 금품 강요 행위, '비틀어 밖으로 빼기', 〈~ exaction\usurp\racketeering〉, 〈↔fairness\reparation〉 고2

430 **ex·tra** [엑쓰트뤄]: 〈← exter(outside)〉, 〈라틴어〉, 임시의, 특별한, 추가된, 보조 출연자, 호외(신문), 〈↔intra\ordinary\included〉 영2

431 **ex·tract** [잌쓰트뤡트]: ex(out)+trahere(draw), 〈라틴어〉, '밖으로 끌어내다', 뽑아내다, 빼내다, [엑쓰트뤡트]; 초록, 진액, '엑기스', 〈~ excerpt\abstract〉, 〈↔insert\install〉 영2

432 *****ex·tra-net** [엑쓰트뤄 넽]: 〈라틴어+게르만어〉, '추가망', 전산망을 한정된 부서 이외의 사람에게도 사용할 수 있게 한 것 우1

433 **ex·tra-or·di·nar·y** [엑쓰트뤄 오어디네뤼]: 〈라틴어〉, 〈보통 밖의〉 대단한, 비범한, 놀라운, 특별한, 〈↔ordinary\usual\common〉 영2

434 **ex·trav·a·gan·za** [엑쓰트뤄 붜갠저]: extra(beyond)+vagari(wander), 〈라틴어→이탈리아어〉, 〈정도를 넘어 헤매고 다니는〉 사치, 낭비, 호화찬란한 연예물, 광태, 〈↔frugality\moderation〉 미2

435 **ex·treme** [잌쓰트뤼임]: 〈← exter(beyond)〉, 〈라틴어〉, 최고의, 심한, 극도의, 맨 끝, '가장 바깥에 있는', 〈↔slight\medium\near〉 고1

436 *****ex·treme-sports** [엑쓰트뤼임 스포얼츠]: '한계 운동', '위험한 운동', 〈스케이트보드를 시작으로 BMX·인라인스케이트·퀵보드 등〉 〈신세대 스포츠〉 우2

437 **ex·trude** [잌쓰트루우드]: ex(out)+trudere(thrust), 〈라틴어〉, 밀어내다, 내밀다, (그림자를 써서 그림이나 문자를 입체적으로 보이도록) 돌출시키기, 〈↔in-trude\suck in〉 영1

438 **ex·ul·ta·tion** [에그절테이션]: ex(out)+salire(leap), 〈라틴어〉, 〈밖으로 뛰어오르는〉 환희, 광희, 기뻐 날뜀, 〈↔gloom\depression\moan〉 고1

439 **eye** [아이]: 〈← eage(hole)〉, 〈게르만어〉, 〈당신에게 경외를 선사하는〉 '눈', 눈동자, 관찰력, 탐정, 눈길, 주시, 목표, 중심, 싹 고1

440 *****eye-bag** [아이 배그]: 부풀은 아랫눈꺼풀(가죽), 눈밑 물주머니 미2

441 **eye-brow** [아이 브롸우]: 눈썹 고1

442 **eye-lash** [아이 래쉬]: 속눈썹 고1

443 **eye-lid** [아이 리드]: 눈꺼풀 고1

444 *****eye open-er** [아이 오프너]: 놀랄 일, 눈이 번쩍 뜨이게 하는 것, 대단한 새로운 사실, 해장술 영2

445 *****eyes are big-ger than stom·ach**: 음식에 욕심이 많은, 식탐하는, 〈~ the belly has no eyes\bite more than you can chew〉 영2

446 **eye-sight** [아이 싸잍]: 시력, 시각 고1

447 *****eye sore** [아이 쏘어]: 눈엣가시, 눈 아픔, 눈에 거슬리는 것, 꼴불견, 〈~ visual pollution\ugly sight〉, 〈↔beauty\clarity〉 영2

448 *****e-zine** \ ezine [이이 지인]: electronic magazine, 전자잡지, on·line magazine 영2

1. **F \ f** [에후]: 이집트의 상형문자, 갈고리 모양을 딴 15번 정도로 많이 쓰는 알파벳, 음 이름 '바(파)', 가(낙제점), 10진법의 15, 가는 연필심(fine), Fahrenheit(화씨)·February·female·fluorine·frequency·function 등의 약자 ⓒ2

2. **FAA**: ⇒ Federal Aviation Administration 미2

3. ★**FAANG** [횅]: Facebook·Apple·Amazon·Netflix·Google의 〈미국 전자산업을 대표하는〉 다섯개 기업 ⓒ2

4. **fa·ble** [훼이블]: 〈← fari(speak)〉, 〈라틴어〉, 우화, 교훈적 이야기, 설화, 꾸며낸 '이야기', enigma, 〈~ story\tale〉, 〈→ affable\fabulous〉, 〈↔non-fiction\truth〉 양2

5. ★**fab·less** [홰블리스]: fabrication+less, 팹리스, 〈연구·개발 중심의〉 설계만 하고 공장이 없는 (반도체) 회사, 〈~(↔)foundry〉 양1

6. **fab·ric** [홰브릭]: 〈← faber(crafts man)〉, 〈라틴어〉, 〈작업장에서 짠〉 천, 직물, 짜임새, 구조, 〈→ fabricate〉 양1

7. **fab·ri·cate** [홰브리케이트]: 제조하다, 조립하다, 꾸며내다, 날조하다, 〈→ forge〉, 〈~ concoct〉, 〈↔dis-assemble\dis-mantle〉 양2

8. **fab·u·lous** [홰빌러스]: 전설(fable)적인, 엄청난, 황당무계한, 〈↔ordinary\tiny〉 기2

9. **face** [훼이스]: 〈← facies(figure)〉, 〈라틴어에서 연유한 프랑스어〉, 〈사십 대까지는 선천적이고 그 후는 후천적으로〉 'form'(형성)되는 얼굴, 상판, 낯짝, 표면, 액면, (시계 등의) 문자반, 대하다, 인상쓰다, 〈↔back\avoid\smile\wince〉 기1

10. **face lift** [훼이스 리후트]: 안면 주름 제거 수술 (nip and tuck), 겉치레, 소규모 재단장 미2

11. ★**face-palm** [훼이스 파암]: '당혹스러워 손으로 얼굴을 가리는 일', '차면' ⓒ2

12. **fac·et** [홰씰]: 〈← facies(face)〉, 〈라틴어〉, '작은 얼굴', 면, 상, 낱눈, 〈↔rear〉 양1

13. ★**face the mu·sic** [훼이스 더 뮤우짘]: 〈1830년대에 북동부에 등장한 미국어〉, 사건(운명의 선율)을 받아들이다, 현실에 부딪히다, 〈~ carry the can〉 양1

14. ★**face up to** [훼이스 엎 투우]: (~을) 인정하다, (~에) 용감히 맞서다, 〈↔avoid\evade〉 양1

15. **face val·ue** [훼이스 밸류우]: 액면가격, 표면상 가치(뜻), 〈↔market value\cash value〉 양2

16. ★**fach-idi·ot** [홰취디오트 \ 화키디오트]: 〈1960년대 후반에 미국어로 재등장한 독일어〉, 〈전공 분야 이외에는 먹통인〉 '전문(fach) 바보', 〈~ nerd〉 ⓒ2

17. **fa·cial** [훼이셜]: 〈← facies(face)〉, 〈라틴어〉, 안면의, 표면상(의) 양1

18. **fa·cil·i·tate** [훠씰리테이트]: 촉진하다, 돕다, '쉽게' 하다, 〈↔impede\thwart〉 기1

19. **fa·cil·i·ty** [훠씰리티]: 〈← facere(make)〉, 〈라틴어〉, '쉬움', 능숙함, 솜씨, 편의, 시설, 설비 양1

20. **fact** [홱트]: 〈← facere(make)〉, 〈라틴어〉, 사실, 진상, 현실, 실제, '행한 것', '엎질러진 물', 〈↔lie\fiction〉 기2

21. **fac·tion**¹ [홱션]: 〈← facere(make)〉, 〈라틴어〉, 〈← fact〉, 〈함께 행동하는〉 도당, 당파, 파벌, 내분 기1

22. **fac·tor** [홱터]: 〈← facere(make)〉, 〈라틴어〉, 요인, 인자, 중계인, '만드는 것', 〈↔compound〉 기1 미2

23. **fac·to·ry** [홱터뤼]: '만드는 장소', 공장, 제조소 기2

24. **fac·tu·al** [홱츄얼]: 〈← fact〉, 사실의, 실제의, 〈↔fictitious〉 기2

25. **fad** [홰드]: 〈영국어〉, 〈faddle(장남감) 같은〉 일시적 유행, 변덕, 도락, 까다로움, 〈~ fashion\vogue〉, 〈↔standard\sanity〉 양2

26. **fade** [훼이드]: 〈← fatuus(silly)〉, 〈라틴어〉, 흐릿해지다, 꺼져가다, 시들다, 사라지다, 〈김이 새다〉, 〈↔brighten\grow〉 양1

27 ★**fade cut** [훼이드 컽]: '점약 머리', 뒷머리를 점점 짧게 깎아 내려가서 목 부분에서는 피부에 닿을 정도의 짧은 머리 ⑨1

28 **Fahr·en·heit** [훼륀하잍]: 〈← fahren(to travel)〉, 〈독일어〉, '경험이 많은 자(experienced)', 화씨(온도), 1724년 독일의 물리학자 다니엘 파렌하이트가 제안한 온도 측량 단위, F=C x 9/5+32, 〈↔Celsius(scale)〉 ⑪2

29 **fail** [훼일]: 〈← fallere(deceive)〉, 〈라틴어〉, '일이 잘못되다', 실패하다, 부족하다, 고장 나다, 〈~ fault〉, 〈↔pass\succeed\work〉 ⑪2

30 *fail·o·ver** [훼일 오우붜]: 대체작동, 주 작동기가 고장 나면 예비 작동기가 즉시 역할을 대신해 주는 것 ⑪2

31 *fail soft** [훼일 써후트]: '안전보장 연성기기'(전산기 기계가 고장이 나더라도 주기능을 유지시켜 주는 연성기기) ⑪1

32 **faint** [훼인트]: 〈← fingere(touch)〉, 〈라틴어 → 영국어〉, 〈← feign〉, 어렴풋한, 가냘픈, 어찔한, 약한, 〈↔distinct\obvious〉 ⑦1

33 **fair**¹ [훼어]: 〈← faeger(beautiful)〉, 〈게르만어〉, '고운', 공평한, 정당한, 상당한, 맑은, 〈~ fine\jannock〉, 〈↔dark\biased〉 ⑦2

34 **fair**² [훼어]: 〈← feriae(feast days)〉, 〈라틴어〉, '공평하게 거래하는' 장, 박람회, 전시회 ⑪1

35 ★**fair and square** [훼어 앤 스퀘어]: 〈← fair¹〉, 〈1604년 Francis Bacon의 수필에 등장한 말〉, 올바른, 정정당당한, 공평한 ⑦1

36 **fair-ground** [훼어 그라운드]: 〈← fair²〉, 장터, 박람장, 전시장 ⑨2

37 **fair-way** [훼어 웨이]: 〈← fair¹〉, 1580년대에 해양용어로 시작되어 1898년 경에 골프 용어로 확대된 영국어〉, 〈장애물이 없는〉 항로, 잔디 구역(fairway green) ⑨1

38 ★**fair·y** [훼어리]: 〈← fatum(fate)〉, 〈라틴어 → 프랑스어〉, 〈운명의 여신〉, (이야기 속에만 존재하는) '요정', 아름다운, 상상의, 여자역 동생애남 남자, 〈~ fay¹〉, 〈↔devil\bogie〉 ⑨1

39 ★**fait ac·com·pli** [훼이트 어컴플리 \ 훼타컴플리]: 〈프랑스어〉, 'accomplished fact', 〈받아들일 수밖에 없는〉 기정사실, '엎질러진 물', done deal ⑨2

40 **faith** [훼이쓰]: 〈← fidere(trust)〉, 〈라틴어〉, '굳건한 믿음', 확신, 신앙, 신용, 약속, 〈→ fidelity〉, 〈↔dis-trust\doubt〉 ⑪1

41 ★**faith hill·ing** [훼이쓰 힐링]: 〈연속극에 나오는 가수 이름에서 연유한 미국 속어〉, 남자가 셔츠의 가슴을 뽑아내 보이는 동작, 가식, '뻥까기' ⑦1

42 **fake** [훼이크]: 〈← fegen(sweep)?〉, 〈어원불명의 게르만어〉, 속이다, 위조하다, 〈자기도 좋은〉 체하다, 〈~ false\malinger〉, 〈~ quasi\pseudo〉, 〈↔real\genuine〉 ⑦2

43 **fal·con** [휄컨]: 〈← falx(sickle)〉, 〈라틴어〉, 매, (암)송골매(강하고 '날카로운' 부리와 발톱을 가지고 공중투하 하여 먹이를 잽싸게 낚아채는 주행성 맹금) ⑨1

44 **fall** [휘얼]: 〈← sphallein(fail)〉, 〈그리스어 → 라틴어 → 게르만어〉, 〈← feallan〉, '떨어지다', 내리다, 무너지다, 넘어지다, 〈나뭇잎이 떨어지는〉 가을, 〈나무를 기어오르다 자꾸 떨어지는〉 (땅다람쥐 등의) 떼, 〈~ autumn(영국어)〉, 〈↔rise〉 ⑦1 ⑨2

45 **fal·la·cy** [휄러시]: 〈← fallere(deceive)〉, 〈라틴어〉, 〈← false〉, 잘못된 생각, 오류, 〈남을 속이는〉 궤변, 허위, 〈~misconception\factoid〉, 〈↔truth\verity〉 ⑨2

46 ★**fall off the wag·on**: (나쁜 습성이) 재발하다, (작심삼일), 〈~ relapse〉, 〈↔continue\develop〉 ⑨2

47 ★**fall short** [휘얼 쑈얼트]: (화살이 과녁에) 이르지 못하고 떨어지다, 못미치다, 부족하다, 〈↔succeed\exceed〉 ⑨2

48 **false** [휘얼스]: 〈← fallere(deceive)〉, 〈라틴어〉, 틀린, 그릇된, 〈남을 속이는〉 거짓의, 가짜의, 부당한, 〈~ fail\fraud〉, 〈→ fake〉, 〈↔true\correct〉 ⑦2

49 **fame** [풰임]: ⟨← phanai(speak)⟩, ⟨그리스어 → 라틴어⟩, ⟨입 밖으로 내는⟩ 명성, 평판, ⟨공공연한⟩ 풍문, ⟨→ famous⟩, ⟨↔obscurity⟩ 가1

50 **fa·mil·iar** [풔밀리어]: 친밀한, 가까운, 익숙한, 낯익은, 가족⟨family⟩의, ⟨↔un-familiar\un-acquainted⟩ 가1

51 ★**fa·mil·i·ar·i·ty breeds con·tempt**: 잘 알면 무례해지기 쉽다, 친할수록 예의를 지켜라, ⟨↔knowledge is the key\love conquers all⟩ 양2

52 **fam·i·ly** [홰밀리]: ⟨← famel(servant)⟩, ⟨라틴어⟩, '봉사자', 가족, 가정, 일족, 종족, 족, 과(생물 분류의 6번째 단위-목 아래-속 위), ⟨↔non-relatives⟩ 가2

53 *fam·i·ly brand** [홰밀리 브랜드]: 통일 상표, 같은 상품의 제품군 미2

54 ★**fam·i·ly-moon** [홰밀리 무운]: ⟨새로 결혼한 부부가 각자의 자녀들과 함께 가는⟩ 가정 ⟨단합⟩ 신혼여행, ⟨~↔honeymoon⟩ 미2

55 **fam·ine** [홰민]: ⟨← fames(hunger)⟩, ⟨어원 불명의 라틴어⟩, 기근, 식량 부족, '굶주림', 기아, 부족, ⟨→ famish⟩, ⟨↔abundance⟩ 양2

56 **fa·mous** [풰이머스]: ⟨← fama⟩, ⟨라틴어⟩, ⟨← fame⟩, 이름난, 유명한, 훌륭한, 멋진, 기막힌, ⟨↔unknown\obscure⟩ 가1

57 **fan¹** [홴]: ⟨← vannus ← ventus(wind)⟩, ⟨라틴어⟩, ⟨곡식을 까부리는 키⟩, 부채(꼴), 환풍기, 삼진 아웃⟨야구⟩, ⟨vane(깃발)⟩ 미2

58 **fan²** [홴]: ⟨1889년에 등장한 미국어⟩, 열렬한 지지자(애호가), ⟨← fanatic⟩, ⟨↔adversary⟩ 미2

59 **fa·nat·ic** [풔내틱]: ⟨← fanum(temple)⟩, ⟨라틴어⟩, 광신자, 열광자, ⟨신이 들린 자⟩, ⟨~ feast⟩, ⟨→ fan²⟩, ⟨↔moderate\pragmatic⟩ 가1

60 **fan·cy** [홴시]: ⟨← phainein(shine)⟩, ⟨그리스어 → 라틴어 → 영국어⟩, '상상', 공상, 장식적인, ⟨공상의 세계에나 있을 듯한⟩ 멋진, 변덕스러운, ⟨자주 상상할 정도로 끌리는⟩ 애호, ⟨← fantasy⟩, ⟨↔plain\ugly⟩ 양2

61 ★**fan·cy girl** [홴시 거얼]: 첩, 정부, 창녀 양2

62 ★**fan·cy man** [홴시 맨]: 기둥서방, 내기(pay)를 좋아하는 사람 양2

63 ★**fan·cy-pants** [홴시 팬츠]: ⟨19세기에 광고용으로 등장한 말⟩, 멋쟁이, 건달, 거드름쟁이 양2

64 ★**fan-dom** [홴 덤]: ⟨1889년 야구계에서 주조된 미국어⟩, 애호가 층(전체), ⟨열렬한⟩ 지지자 세력 미2

65 ★**fan-fic** [홴 휙]: fan이 쓴 fiction ⟨'지지자 창작'⟩, TV나 영화에서 기존 작품에 팬들이 덧붙여 쓴 이야기 우1

66 ★**fan-i·mal** [홰니멀]: fan+animal, 광신적 지지자 ⟨극장이나 경기장에서 미쳐 날뛰는 극성 후원자⟩ 미2

67 ★**fan·tab·u·lous** [홴태뷸러스]: fantastic+fabulous, ⟨1953년에 등장한 미국어⟩, 환상적이고 전설적인, 아주 바람직한, 기가막힌, '짱'한, ⟨↔lousy\wretched⟩ 양2

68 **fan·tas·tic** [홴태스틱]: ⟨그리스어⟩, ⟨← fantasy⟩, '환상'적인, 굉장한, 이상한, ⟨트럼프가 애용하던 말⟩, ⟨↔ordinary\realistic⟩ 가2

69 **fan·ta·sy** [홴터시]: ⟨← phantasia ← phainein(shine)⟩, ⟨그리스어⟩, '환상', 공상, 백일몽, ⟨→ fancy⟩, ⟨~ day-dream\reverie⟩, ⟨↔reality\fact⟩ 양2

70 ★**fa·pu·sa·tion** [홰퓨제이션]: fap+accusation, ⟨편자처럼⟩ 신조어를 만드는 놈들을 '딸따리꾼'으로 매도하는 일 우1

71 ★**FAQ** [홱]: ①frequently asked questions (자주 묻는 질문들) ②fair average quality (중등품) 미2 양2

72 **far** [화아]: ⟨← fear(distant)⟩, ⟨게르만어⟩, 멀리(에), 아득히, 훨씬, 극단적, ⟨붙잡을 수 없는 것⟩, ⟨↔near\slight⟩, ⟨↔nigh⟩ 가1

73. **fare** [훼어]: ⟨← faran(go)⟩, ⟨게르만어⟩, '가는 비용', 운임, 통행료, 승객, (살아)가다, 지내다, 진척되다, ⟨~transport-cost\passenger\proceed⟩, ⟨↔remain\store⟩ 기1 양2

74. **fare-well** [훼어 웰]: '잘 가세요', 안녕, 고별, 송별회, 작별 인사, ⟨~ valediction⟩, ⟨↔welcome\salutation\reception⟩ 기2

75. ★**far-fetched** [화아 훼치드]: 무리한, 억지의, 빙 둘러서 말하는, ⟨↔likely\probable⟩ 양2

76. **farm** [화앎]: ⟨← farmus(stable)⟩, ⟨라틴어⟩, ⟨세금이나 소작료를 내는 땅⟩, ⟨임대료를 받는⟩ 농장, 농원, 사육장, 저장소, ⟨← firm = fixed payment⟩, ⟨↔urban\mill\industrial⟩ 기1

77. **farm-er's mar·ket** [화아머스 마아킽]: 농산물 직판장 기1

78. **fart** [화알트]: ⟨← ferzen⟩, ⟨게르만어⟩, ⟨의성어⟩, 방귀 (소리), 지겨운 놈, ⟨~ flatulence\wind\stink⟩ 양2

79. **far-ther** [화아더]: ⟨실제적인⟩ far의 비교급, 더 멀리, 더욱더, 그 이상의, ⟨요새 젊은이들은 (법을 무시하고 특히 구어에서) more far라고 하는 경향이 있음⟩ 기1

80. **fas·ci·nate** [홰씨네이트]: ⟨← baskainein(bewitch)⟩, ⟨그리스어 → 라틴어⟩, 황홀케 하다, 흥미를 끌다, 홀리다, '주술'에 걸리다, ⟨~ beguile\be-witch⟩, ⟨↔bore\repel⟩ 기2

81. **fash·ion** [홰션]: ⟨← facere(make)⟩, ⟨라틴어⟩, ⟨'만들어 낸'⟩ 방식, 유행, 풍조, ⟨~ fad\vogue⟩, ⟨↔dis-relish\un-popularity⟩ 미2

82. **fast¹** [홰스트]: ⟨← faestan⟩, ⟨게르만어⟩, ⟨← firm⟩, (굳은 의지가 필요한) 단식, 절식, 금식(일), 굶다, 견디다, ⟨~ tight⟩, ⟨↔eat\loose⟩ 양1

83. **fast²** [홰스트]: ⟨← faestan⟩, ⟨게르만어⟩, ⟨← firm⟩, (두 주먹을 굳게 쥐고 뛰는), 빠른, 날쌘, 헤픈, 손쉬운, 방탕한, ⟨~ quick\swift⟩, ⟨↔slow\lazy⟩ 미2

84. ★**fast buck** [홰스트 벅]: ⟨20세기 중반에 등장한 말⟩, 쉽게 번 돈, 폭리, ⟨~ quick buck\easy money⟩ 미2

85. ★**fast-cas·u·al** [홰스트 캐쥬얼]: '편의 식당', '날랜 식당'보다 다소 질이 좋은 봉사와 분위기를 제공하는 식당 양2

86. **fas·ten** [홰쓴]: ⟨← faest(fixed)⟩, ⟨게르만어⟩, 묶다, 죄다, 매다, 잠그다, 고정하다, ⟨~ fast\fix⟩, ⟨~ clasp\latch\lock⟩, ⟨↔un-fasten\de-tach⟩ 양1

87. ★**fast fash·ion** [홰스트 홰션]: '단기 유행(품)', 짧은 주기로 생산하는 '싸구려' 유행품, ⟨↔slow fashion\sustaining fashion⟩ 무2

88. ★**fast food** [홰스트 후우드]: 간이음식, 즉석요리, '날치기 식품', finger food, 나쁜 음식, ⟨~ finger food\junk food⟩, ⟨↔slow food\whole-some food\good food\health food⟩ 미2

89. ★**fast life** [홰스트 라이후]: 방탕한 삶, 짧은 인생 미2

90. **fat** [홷]: ⟨← faett(plump')⟩, ⟨게르만어⟩, '부푼', 살찐, 뚱뚱한(obese), 지방이 많은, 풍부한, ⟨~ lipid\plump⟩, ⟨↔lean\skinny\slim⟩ 기2

91. **fa·tal** [훼이틀]: ⟨← fatum⟩, ⟨라틴어⟩, ⟨← fate⟩, 치명적인, 중대한, 숙명적인, 흉악한, ⟨~ lethal\virulent⟩, ⟨↔harm-less\whole-some⟩ 기1

92. ★**fat-berg** [홷 버어그]: (주로 하수구에서 발견되는) 지방과 물에 녹지 않는 쓰레기가 엉켜 생긴 ⟨빙산 모양의⟩ 기름 덩어리, ⟨이에 편자는 꼬리곰탕·닭도리탕 등을 먹고 나서 국물을 하수로 버리지 않고 냉동했다가 봉지에 싸서 쓰레기로 버리고 있음⟩ 미2

93. ★**fat chance** [홷 챈스]: ⟨1905년에 등장한 말⟩, 가망 없음, 그럴 리 없음, 꿈 깨!, 인경 꼭지가 말랑말랑하거든, ⟨반어적 표현⟩, ⟨~ impossible\when pigs fly⟩, ⟨~(↔)slim chance⟩ 미2

94. **fate** [훼이트]: ⟨← fatus(speak)⟩, ⟨라틴어⟩, ⟨이미 정해진⟩ 숙명, 최후, '신의 말씀', ⟨→ fatal⟩, ⟨→ 태초에 말씀이 있었나니라⟩, ⟨↔choice⟩ 기1

95 **fa·ther** [화아더]: ⟨← pitar(male parent)⟩, ⟨산스크리트어 → 그리스어 → 라틴어 → 게르만어⟩, ⟨← pa(da)⟩, ⟨아이를 생기게 하는⟩ 아빠, ⟨거리를 두고 대해야 하는⟩ 아버지, 부친, 선조, 신부, 하나님, 창시자, Pa, 수꼰대, ⟨↔mother\girl\descendant⟩ 가1

96 ★**fa·ther chance** [화아더 챈스]: 아빠운, (입시·취직 등) 일반경쟁에서 사회적으로 영향력 있는 아버지의 덕을 보는 일 ⟨콩글리시⟩, paternal influence, ded·fluence, ⟨~ mother chance⟩ 미2

97 **fa·ther-in-law** [화아더 인 러어]: 법적 아버지, 장인, 시아버지, ⟨↔mother-in-law⟩ 가2

98 **fa·tigue** [훠티이그]: ⟨← fatigare(weary)⟩, ⟨라틴어 → 프랑스어⟩, 피로, '지침', 노고, 노역, ⟨↔vigor\refresh⟩ 가1

99 ★**fat shot** [홴 샽]: (골프에서) '뒷땅 파기', ⇒ chunk shot, ⟨↔chip shot⟩ 중2

100 ★**fat-so** [홴소우]: fat+so, (뚱)뚱보, ⟨1944년에 조립된 말⟩, ⟨↔skinny⟩ 양1

101 **fault** [훠얼트]: ⟨← fallere(deceive)⟩, ⟨라틴어⟩, '잘못', 과실, 결함, 장애, 누전, 단층, ⟨~ fail⟩, ⟨↔innocent\merit\virtue⟩ 양1

102 ★**faux-hawk cut** [호우허억 컽]: 가짜 모호크 머리, Mohawk 머리보다 중앙 머리를 더 길게 땋아 멋을 낸 머리 모양, ⟨영국의 직업 축구선수 David Beckham의 이름을 딴⟩ 베컴 머리 중2

103 ★**fave** [훼이브]: favorite(좋아하는 사람·인기인)의 준말 미2

104 ★**fa·vi·con** [훼이뷔칸 \ 홰뷔칸]: ⟨미국어⟩, favorite icon, ⟨즐겨 찾는⟩ '인기성상', '단축성상' ⇒ shortcut icon 중1

105 **fa·vor** \ **fa·vour** [훼이붜]: ⟨← favere(well dispose)⟩, ⟨라틴어⟩, ⟨좋게 생각해 주는⟩ 호의, 친절, 찬성, 편애, '친애', ⟨~ fond\free\friend⟩, ⟨→ Faun⟩, ⟨↔dis-favor\oppose⟩ 양1

106 *fa·vor-ites [훼이붜뤼츠]: 인기 주소록(전산망에서 전체 주소를 칠 필요 없이 몇 자 안 쳐도 찾아내는 흔히 쓰이는 주소 목록), ⟨↔bête noir(e)⟩ 미2

107 **fawn** [훠언]: ⟨← fetus(bearing)⟩, ⟨라틴어⟩ ①새끼 사슴, 어린 염소, 엷은 황갈색, ⟨~ beige⟩ ②아양 떨다, 아첨하다, ⟨~ adulate\flatter⟩, ⟨↔defy\confront⟩

108 **fax** [홴쓰]: facsimile의 단축형, 팩스, 모사, 복사전송(장치) 미2

109 *fax mo·dem [홴쓰 모뎀]: 모사전송 변복조 장치(전산기로 팩스의 송수신을 할 수 있는 장치) 미1

110 **FBI**: ⇒ Federal Bureau of Investigation 미2

111 **FDA**: ⇒ Food and Drug Administration 미2

112 **FDIC** (Fed·er·al De·pos·it In·sur·ance Cor·po·ra·tion): (미) 연방 예금 보험 공사, (1933년 추락한 은행의 신뢰도를 만회하기 위해 창설된) 정부가 일정 액수까지 예금한 돈을 지불 보장하는 제도 미1

113 **fear** [휘어]: ⟨← faer(terror)⟩, ⟨게르만어⟩, ⟨위험을 느끼는⟩ 두려움, 공포, 경외, ⟨→ afraid⟩, ⟨↔assurance\courage⟩ 가1

114 ★**fear and greed in·dex**: (2012년 CNN Money가 창안한) ⟨주식시장에서 공포 분위기는 주가를 떨어뜨리고 탐욕 분위기는 주가를 올린다는 가설 아래 7개의 지표를 인용해서 0이 최고의 공포·100이 최고의 탐욕을 나타낸다는⟩ 두려움과 탐욕 지수 미2

115 **fea·si·ble** [휘이져블]: ⟨← facere(make)⟩, ⟨라틴어⟩, 가능한, '실행할 수 있는', 적합한, ⟨↔in-feasible\im-plausible\im-practical\expedient⟩ 중2

116 **feast** [휘이스트]: ⟨← festum(holiday)⟩, ⟨라틴어⟩, ⟨← fete⟩, 축제(일), ⟨기쁜⟩ 잔치, 진수성찬, 환락, ⟨→ fiesta\festival⟩, ⟨↔fast¹\snack⟩ 양2

117 **feath·er** [훼더]: ⟨← patra(wing)⟩, ⟨산스크리트어 → 그리스어 → 라틴어 → 게르만어⟩, ⟨← fether⟩, ⟨날개⟩ 깃, 깃털, 조류, 기분, 가벼운 것, ⟨→ fin⟩ 양1

118 **fea·ture** [휘이춰]: ⟨← facere(make)⟩, ⟨라틴어⟩, '만들어진 모양', 용모, 얼굴 생김새, 지형, 특징, 특집 기사, 장편, 기능, ⟨~ attribute\quality⟩, ⟨↔omit\dis-regard⟩ 양2

119 **Feb·ru·ar·y** [훼브루에리 \ 훼뷰어뤼]: ⟨← februum(purification)⟩, ⟨라틴어⟩, 페브러리, '깨끗하게 하는 달', ⟨원래 30일이었으나 Julius 시저가 하루를 떼어 July에 Augustus 황제가 또 하루를 떼어 August에 갖다 붙여 28일이 되었다가 4년에 한 번씩 남아 돌아가는 날을 덤으로 얻는⟩ 2월, (눈의 달) 가1

120 **fed·er·al** [훼더뤌]: ⟨← foedus(league)⟩, ⟨라틴어⟩, ⟨믿는 관계에 있는⟩ 동맹의, 연방제의, 연방정부의, ⟨↔individual\unitary\regional\state⟩ 양1

121 **Fed-ex** [훼덱스]: 페덱스, Federal Express, 1973부터 사업을 시작한 미국의 택배 운송업체 유1

122 ★**fed up** (with) [훼드 엎 (위드)]: ⟨실컷 먹어서⟩ 질리다, 물리다, 신물 나다, ⟨↔satisfied\over-joyed⟩ 양1

123 **fee** [휘이]: ⟨← feoh(cattle)⟩, ⟨게르만어 → 라틴어⟩, ⟨fate에 따라 정해지는 ?⟩ 요금, ⟨서로 feud 하는 ?⟩수수료, ⟨충성에 대해 feudum으로 주는⟩ 보수, ⟨→ feudalism⟩, ⟨어원에 대해 박사학위 논문을 쓸 수 있는 말⟩, ⟨↔payment\remission⟩ 미2

124 **fee·ble** [휘이블]: ⟨← flere(weep)⟩, ⟨라틴어⟩, '울고 있는', 연약한, 힘없는, 저능의, ⟨~ debility⟩, ⟨↔strong\magnificent⟩ 양2

125 **feed** [휘이드]: ⟨← foda(food)⟩, ⟨게르만어⟩, '먹이를 주다', 기르다, 공급하다, 입력하다, ⟨~ fodder⟩, ⟨↔abstain\fast⟩ 양1

126 **feed-back** [휘이드 백]: 귀환, 반응, '되먹이기', 반전 현상⟨마이크 잡음 등⟩, ⟨잘못을 고치기 위해⟩ 출력의 일부를 되돌리는 조작, ⟨↔non-response\in-difference⟩ 우1

127 **feel** [휘이일]: ⟨← felan(perceive)⟩, ⟨게르만어⟩, '만지다', 더듬다, 느끼다, ⟨↔think⟩ 가1

128 ★**feel-ings are meant to be ex-pressed**: 벙어리 냉가슴 앓지 말라, 고기는 씹어야 맛이요\말은 해야 맛이다, ⟨↔speech is silver\silence is golden⟩ 양2

129 **feet** [휘이트]: ⟨산스크리트어⟩, foot(발)의 복수, ⟨~(↔)hands⟩ 양1

130 **feign** [훼인]: ⟨← fingere(shape)⟩, ⟨라틴어⟩, 가장하다, 꾸며대다, ~체하다, simulate, ⟨→ faint\feint\ fiction⟩, ⟨~ accismus⟩, ⟨↔sincere\heart-to-heart⟩ 양2

131 **fell** [훼일]: ①fall의 과거 ②⟨← feld(skin)⟩, ⟨북구어⟩, 모피 ③⟨← fel(cruel)⟩, ⟨프랑스어⟩, 잔인한 가1 양2

132 **fel·low¹** [훼로우]: fe(property)+lag(laying together), ⟨북구어⟩, ⟨재산을 같이 쌓는⟩ 동무, 한패, 녀석, 동지, ⟨↔enemy\foe\girl\gal⟩ 양1

133 **fel·low²** [훼로우]: ⟨영국어⟩, ⟨← fellow¹⟩, 특별연구원, 특별회원, ⟨전문의 과정 후 2~3년간 특수 분야에 치중하는⟩ 전임의, ⟨↔pupil⟩ 유1

134 **fel·low-ship** [훼로우 쉽]: 우정, 동료의식, 특별연구원 연구비, 특별회원 자격, ⟨↔aloof-ness\ antagonism⟩ 양2

135 **fel·o·ny** [훼러니]: ⟨← felo(rebel)⟩, ⟨사악한⟩ 중죄, 중범죄, ⟨~(↔)misdemeanor⟩ 양1

136 **felt** [훼일트]: ①feel의 과거·과거분사 ②⟨← filz(compressed wool)⟩, ⟨게르만어⟩, 펠트, 미세 깃털 군, (섬유 가락을 합친) 모전 제품 미2

137 **fe·male** [휘이메일]: ⟨← femina(woman)⟩, ⟨라틴어⟩, ⟨젖을 먹이는⟩ 여성(의), ⟨⟨male⟩⟩에 의해 수정⟨fertile⟩되는 생물, 암컷(의), 계집, ⟨~ feminine⟩, ⟨어원학적으로 male과 무관한 말⟩ 가2

138 ★**fem-cee** [휄 씨이]: female+emcee, 여성 사회자 양2

139 ★**fem·i·na·zi** [훼미나치]: ⟨1980년대에 조작된 미국어⟩, feminist+Nazi, 과격한 여성 (권력) 확장론자, ⟨↔anti-feminist\masculinism⟩ 우2

140 **★femme fa·tale** [훼 휘탤]: 〈1880년대에 프랑스에서 건너온 영국어〉, 팜므 파탈, 'woman decreed by fate', 요부, 사내 잡아먹을 여자(man eater), 쥐어주는 여자, 색녀, '어우동', 〈↔ingenue〉 (일2)

141 **★fe·moid** [훼 머이드]: female humanoid, '유사여성', '무성여성', 성관계를 원하지만 응하는 사람이 없어서 순결을 지키는 여성, 〈~ in-cel\forever alone〉 (우2)

142 **★fen** [휀]: ①〈← fenn(boggy land)〉, 〈게르만어〉, 늪, 소택지, marsh, 〈~morass\mire〉 ② ⇒ fentanyl (일2)(초2)

143 **fence** [휀스]: 〈영국어〉, (de)fence, 울타리, 담, 장애물, 검술, 장물아비, '방어하다', 〈~ fend〉, 〈~ barrier\hurdle〉, 〈↔opening\release〉 (일1)

144 **fenc·ing** [휀싱]: ①울타리(재료) ②〈방어용〉 검술 (일1)(미1)

145 **fend·er** [휀더]: 방호물, 바퀴 덮개, 흙받기(mud-guard), 완충기 (미2)

146 **★fend-er-bend-er** [휀더 벤더]: 가벼운 자동차 접촉 사고 (미2)

147 **★fend for one-self** [휀드 훠어 원쎌후]: 혼자 힘으로 꾸려 나가다, 자활(자립)하다, 〈↔fail\give up〉 (미2)

148 **fen·ta·nyl** [휀터닐]: 〈Janssen 제약사가 1959년에 주조한 말〉, 펜타닐, phenyl·ethyl·anilide, 〈모르핀보다 백배 정도 강해서 소량으로 안락사를 유도할 수 있는〉 강력한 마약성 진통제, fen, 〈zombie drug〉 (초2)

149 **fer·men·ta·tion** [훠어멘테이션]: 〈← fervere(boil), 라틴어〉, 〈'끓어 일어나는'〉 발효(작용), 소동, 흥분, 〈↔respiration\tranquility〉 (일2)

150 **fern** [훠언]: 〈← fearn ~ porno(wing)?〉, 〈게르만어〉, (고사리·고비 등) 양치식물 〈잎줄기가 깃털 같기도 하고 양의 이빨 같기도 한 꽃이 피지 않아 씨 없이 포자로 번식하는 한때 지구를 뒤덮었던 다양한 토질에서 자라는 다양한 크기의 원시식물〉, 〈~ feather〉 (미2)

151 **★fern-weh** [훠언웨]: 'far-woe'의 독일어, 어딘가 멀리 떠나가고 싶은 충동(home·sickness의 반대어), '역마살', 〈↔nostalgia〉 (우1)

152 **fe·ro·cious** [휘로우셔스]: 〈← ferus(wild)〉, 〈라틴어〉, 〈← fierce〉, 사나운, 지독한, 모진, 〈~ brutal\violent〉, 〈↔tame\gentle〉 (일2)

153 **fer·ry** [훼리]: 〈← faran(go)〉, 〈게르만어〉, 나루터, 도선장, 〈fare(요금)를 받는〉 나룻배, (사람·차량 등을 운반하는) 연락선, 정기 항공기(발착장), 〈~(↔)air-taxi〉 (일1)

154 **fer·ti·liz·er** [훠어타일라이저]: 〈← ferre(bear)〉, 〈많은 열매를 맺게 하는〉 거름, 비료 (가1)

155 **fer·vor \ -vour** [훠얼버]: 〈← fervere(boil)〉, 〈라틴어〉, 열화, 열정, 〈fever에 감정이 들어간 말〉, 〈~ fever\fervid〉, 〈→ fervent〉, 〈↔apathy〉 (일2)

156 **★fes·ti·na len·te** [훼스티이너 렌테이]: 〈라틴어〉, haste slowly, 천천히 서둘러라, 급할수록 돌아가라 (일2)

157 **fes·ti·val** [훼스티벌]: 〈← festivas〉, 〈라틴어〉, 〈← feast〉, 〈먹고 마시는〉 잔치, 축제, 향연, 〈~ fiesta〉, 〈↔solitude\funeral〉 (일2)

158 **fetch** [휄취]: 〈← feccan(bring)〉, 〈게르만어 → 영국어〉, 〈움켜줘서〉 가져오다, 자아내다, 꺼내다, 〈↔lose\squander〉 (가1)

159 **fet·ter** [휄터]: 〈← feter(shackle)〉, 〈게르만어〉, 'foot lace', 족쇄, 차꼬, 속박 (일2)

160 **feud** [휴우드]: ①〈← fah(hostile)〉, 〈게르만어〉, 〈← foe〉, (특히 씨족 간의 대를 이은) 불화, 숙원, 반목, (대대로 내려오는) 원한, 〈↔amity\friendship〉 ②〈← feoh(cattle)〉, 〈라틴어〉, 〈feudalism〉의 영지 (일1)

161 **feu·dal·ism** [휴우덜리즘]: 〈← feoh(cattle)〉, 〈라틴어〉, 〈← fee〉, 봉건제도, (왕에게 충성·세금·군사를 바치는 대신 자치권을 인정하는) 영주제도, 〈↔independence\popular sovereignty〉 (가1)

162 **fe·ver** [휘이붜]: ⟨← febris(heat)⟩, ⟨라틴어⟩, pyrexia, '열', 발열, 열광, ⟨~ fervent \ fervid⟩, ⟨← febrile\fervor⟩, ⟨↔chill\calm⟩ 기1

163 **few** [휴우]: ⟨← pauros(small)⟩, ⟨그리스어 → 라틴어 → 켈트어 → 게르만어⟩, '조금', 소수의, 약간의, ⟨↔many\horde\host⟩ 기2

164 ★**few and far be·tween**: 흔치 않은, 아주 적은, 가뭄에 콩 나듯, ⟨~ once in a blue moon⟩ 유2

165 ★**FF**: ⟨전산망 약자⟩ ① friends forever(영원한 친구) ② flash-back Firday(회상의 금요일) 유2

166 **fi·ber \ fi·bre** [화이버]: ⟨← fibra(filament)⟩, ⟨어원 불명의 라틴어⟩, 내장의 칸막이, 섬유질, 섬유조직, 소질, 근성, 강도 일1

167 *fi·ber dis·trib·ut·ed da·ta in·ter·face \ FDDI: ⟨정보의 빠른 전달을 위한⟩ 광섬유 분산 자료 접속 방식 우2

168 **fi·ber glass** [화이버 글래스]: 섬유유리(유리 광석을 전자 용광로로 가열시킨 후 가늘게 뽑아 윤활유를 친 섬유로 쇠보다 강하고 썩지도 타지도 바래지도 늘어지지도 않는 세상에서 제일 질긴 물질) 유2

169 **fi·ber op·tics** [화이버 앞틱스]: 섬유광학(속이 빈 가늘고 긴 광학섬유를 통해 빛을 굴절시켜 전달하는 기술) 유2

170 **fic·tion** [휙션]: ⟨← fingere(form)⟩, ⟨라틴어⟩, '꾸민 이야기', 소설, 허구, 가정, ⟨~ feign⟩, ⟨↔fact\non-fiction⟩ 일1

171 **fic·ti·tious** [휙티셔스]: ⟨← fingere(form)⟩, ⟨라틴어⟩, 거짓의, 가짜의, 허구의, 가공의, 지어낸, imaginary, ⟨← fiction⟩, ⟨~ factitious⟩, ⟨↔factual⟩ 유2

172 **fid·dle** [휘들]: ⟨라틴어⟩, ⟨← Vitula(환희·승리의 여신) ?⟩, 피들, 비올속의 현악기, 바이올린, 조작하다, 빈둥대다, 사기, 하찮은 일, ⟨↔compound\significance⟩ 매2 유2

173 **fi·del·i·ty** [휘델러티 \ 화이델러티]: ⟨← fides(faith)⟩, ⟨라틴어⟩, '믿음', 충실, ⟨생명보다 소중한⟩ 정절, 신빙성, 충실도, ⟨~ fealty\troth⟩, ⟨← fideism⟩, ⟨↔in-fidelity\dis-loyalty⟩ 유2

174 **fidg·et** [휘짙]: ⟨← fikja(hurry about)⟩, ⟨영국어⟩, 안절부절못하다, '불안'해하다, 조바심 나다, ⟨~ antsy\fistful⟩, ⟨↔at ease\relax\calm⟩ 일2

175 **field** [휘일드]: ⟨← feld(pasture)⟩, ⟨게르만어⟩, ⟨flat land⟩, 들(판), 벌판, 싸움터, 분야, 농경지, 경기장, 현장, 무대, 기록란, 배치하다, 수비하다 매2

176 ★**field day** [휘일드 데이]: 야유회(날), 운동회(날), ⟨남들이 질투하는⟩ 신나는 날 유2

177 **field hock·ey** [휘일드 하아키]: 막대기로 공을 쳐서 득점 대에 넣는 속전속결의 야외 경기, ⟨~(↔)ice hockey⟩ 6-2

178 **fierce** [휘어스]: ⟨← ferus(wild)⟩, ⟨라틴어⟩, 흉폭한, 사나운, 맹렬한, ⟨길들여지지 않은⟩, ⟨~ feral\aggressive\truculent⟩, ⟨← ferocious⟩, ⟨↔gentle\pacific⟩ 가1

179 **fier·y** [화이어뤼]: ⟨영국어⟩, ⟨← fire⟩, 불같은, 열렬한, 폭발하기 쉬운, ⟨↔cool\docile⟩ 기2

180 **fi·es·ta** [휘에스타]: ⟨← festa(feast)⟩, ⟨라틴어⟩, 피에스타, 축제, 제례, 휴일, 잔치, ⟨← fete⟩, ⟨~ festival⟩, ⟨↔la solemnidad(solemnity)⟩ 유2

181 ★**fi·fi** [휘이휘이]: ⟨프랑스 복슬개⟩ ①⟨1940년대에 등장한 말⟩, ⟨남자⟩ '색시' ②⟨1972년에 미국 형무소에서 시작된 말⟩, ⟨헝겊으로 만든⟩ 장난감 질(vagina)

182 *FIFO [화이호우] (first in-first out)=LILO: 선입 선출, 처음 먼저 내기(자료가 저장된 순서대로 끌어내기) 유2

183 *fifth gen·er·a·tion com·put·er: ⟨아주 넓은 회로망을 통합·연결해서 인간의 두뇌에 버금가는 기능을 발휘할 수 있는⟩ 제5세대(인공지능) 전산기 기2

184 ★**fifth wheel** [휩쓰 위일]: '5번째 바퀴', 견인차와 연결할 수 있는 독립된 생활공간을 가진 이동주택, 예비 바퀴, 사족, 무용지물, 어색한 자(처지), 꿔다 놓은 보릿자루, '촌닭', white elephant ㉡1

185 **fig** [휘그]: ⟨← pagh(a half-ripe fruit)⟩, ⟨페니키아어 → 라틴어⟩, ⟨← ficus⟩, 무화과, '꽃 가리개 과일' (여름에 과일 속에 수백 개의 담홍색의 미세한 꽃이 피고 과실은 가을에 암자색으로 익는 뽕나뭇과의 낙엽활엽관목), ⟨익은 무화과가 벌어지는 모양에서 연유한⟩ 보지, ⟨씹는 모양의⟩ 두 손가락 사이에 엄지를 끼워 넣는 모양의 상스러운 표현 ㉢2

186 **fight** [화잍]: ⟨← feohtan(to strive)⟩, ⟨게르만어⟩, ⟨서로 머리 끄덩이를 뽑으려고⟩ '싸우다', 분투하다, ⟨← battle\combat⟩, ⟨↔accord\truce\flight²⟩ ㉠1

187 ★**fight fire with fire** [화잍 퐈이어 위드 퐈이어]: 맞불을 놓다, 이열치열, 해장술, 이이제이, ⟨~ meet evil with evil\like cures like⟩

188 ★**fight or flight** [화잍 오어 흘라잍]: 공격\도피(반응), (심리학에서) 상대방이 만만하면 싸우고 무서우면 도망하려는 심보, ⟨~ stress response⟩, ⟨~ sink or swim\all or none\kill or cure\go or broke\do or die⟩ ㉡2

189 **fig·u·ra·tive** [휘규어뤄티브]: ⟨← figurare ← fingere(form)⟩, ⟨라틴어⟩, ⟨'figure'에서 실체를 뺀⟩ 비유적인, 상징적인, ⟨↔literal⟩ ㉡2

190 **fig·ure** [휘규어]: ⟨← fingere(form)⟩, ⟨라틴어⟩, '형태', 숫자, 계수, 모양, 인물, 표상, 도형, ⟨↔deformity\soul\letter⟩ ㉠1

191 **fil·a·ment** [휠러먼트]: ⟨← filum(thread)⟩, ⟨라틴어⟩, '가는 실', 홑섬유, 꽃실, 사상체 ㉠1

192 *__file¹__ [화일]: ⟨← filum(thread)⟩, ⟨라틴어⟩, 서류꽂이, ⟨'실'로 묶은⟩ 서류철, 종렬, 철하다, 한 단위로 취급되는 관련 기록, ⟨↔disperse\muss⟩ ㉢2

193 **file²** [화일]: ⟨← feol ← fihalo(cutting tool)⟩, ⟨게르만어⟩, 줄, 손질, ⟨'깎아'⟩ 다듬기, 퇴고, ⟨↔roughen\coarsen⟩ ㉠1

194 *__file ac·cess meth·od__ [화일 앸쎄스 메써드]: 기록철 접근법(보조 기억 장치에 수용된 기록철에서 목적하는 기록을 읽거나 써넣는 방법) ㉢2

195 *__file al·lo·ca·tion ta·ble__ \ FAT: 서류철 할당표(서류철의 크기나 장소에 대한 정보를 담은 원반 부분)

196 *__file for·mat__ [화일 훠어맽]: 기록철 체제, 기록철 틀잡기(기록철 내에 있는 정보를 정돈하는 방법) ㉢2

197 *__file serv·er__ [화일 써어붜]: '기록철 도우미', 지역 전산망을 통해 다른 전산기에 자신의 기록을 이용할 수 있게 하는 전산기 ㉡1

198 *__file trans·fer pro·to·col__ \ FTP: 서류철 전송 교범(전산망에서 서류철 전송을 위해 정한 기술적인 사항들) ㉢2

199 **fil·i·al** [휠리얼]: ⟨← filitus(son) \ filia(daughter)⟩, ⟨라틴어⟩, '자식'의, 효성스러운, 대대의, ⟨← affiliate⟩, ⟨↔parental⟩ ㉢2

200 ★**fil·i·bus·ter·ing** [휠러버스터륑]: 의사 방해(장시간 연설을 함으로써 상대방의 법안 통과 등을 무산시키는 전술), ⟨↔cloture⟩ ㉢2

201 **fill** [휠]: ⟨← fyllan⟩, ⟨게르만어⟩, ⟨'full'이 되게⟩ 채우다, 메우다, 충만하다, 물건의 색채, ⟨↔drain\empty⟩ ㉠1 ㉢2

202 **fil·let** [휠맅]: ⟨← filium(thread)⟩, ⟨라틴어⟩, 머리띠, '가는 끈', 연한 허리 고기, 저민 고기, 살을 발라내다, ⟨~ tape⟩, ⟨→ tender-loin⟩ ㉡1

203 **film** [휠]: ⟨← fylmen(membrane)⟩, ⟨게르만어⟩, 얇은 '막', 피막, 감장막, 영화, 현상용 음화 ㉡2

204 *__film-og·ra·phy__ [휠마그뤄휘]: 필모그래피, 영화 관계 문헌, 영화 작품 해설 ㉢2

205 ***FILO** [화일로] (first in-last out)=LIFO: 선입 후출, 처음 나중 내기(자료가 저장된 반대 순서대로 끌어내기) 〈주2〉

206 **fil·ter** [휠터]: 〈← feltrum〉, 〈게르만어〉, 〈felt(모직물)를 통해〉 거르다, 여과하다, 스미다, 여과기, 여과용 자재, 〈↔dilute\pollute〉 〈양1〉

207 **filth·y** [휠씨]: 〈← ful(foul)〉, 〈영국어〉, 불결한, '더러운', 추잡한, 지독한, 〈~ dirty〉, 〈↔clean\decent〉 〈양2〉

208 **fin** [휜]: 〈← pinna(wing)〉, 〈라틴어 → 게르만어〉, 〈feather가 변한〉 지느러미, 물갈퀴, 어류 〈기1〉

209 **fi·nal** [화이늘]: 〈← finis(end)〉, 〈라틴어〉, 〈끝내는〉 마지막, 결정적, 결승전, 학기말 시험, 〈~ finish\terminal〉, 〈↔initial\first〉 〈기2〉 〈미2〉

210 **fi·na·le** [휘낼리]: 〈← finis(end)〉, 〈라틴어 → 이탈리아어〉, 피날레, 대미, 대단원, 종막, 〈↔beginning\opening\prelude〉 〈양2〉

211 **★fi·nal fron·tier** [화이늘 후뤈티어]: 〈19세기 중반에 등장했으나 Star Trek에서 유명해진 말〉, 최후의 개척지, 최종 한계, 마지막의, 〈~ last frontier\ultimatum〉 〈양2〉

212 **fi·nance** [화이낸스]: 〈← finis(end)〉, 〈라틴어 → 프랑스어〉, 〈빚을 '끝내는(finish)'〉 재정, 금융, 자금, 소득, 〈↔defund\draw〉 〈주2〉

213 **finch** [휜취]: 〈← finc〉, 〈게르만어〉, 〈지저귀는 소리에서 비롯된〉 피리새, 콩새, 멋쟁이새, 농조(조류의 1/7을 점거하고 짧고 큰 부리로 씨앗을 까먹으며 마치 피리를 부는 듯 곱게 우는 참새과의 되새류), 〈~ towhee〉, 〈~ bunting\warbler〉 〈미1〉

214 **find** [화인드]: 〈← findan(discover)〉, 〈게르만어〉, 〈우연히〉 '찾아내다', 발견하다, 깨닫다, 알아내다, 〈↔lose\misplace〉 〈기1〉

215 **★find a nee·dle in a hay-stack**: 건초 더미(모래밭)에서 바늘 찾기, 서울 가서 김서방 찾기, 헛수고, 〈↔as easy as ABC〉 〈양2〉

216 **★find-ers keep-ers** [화인더즈 키이퍼즈]: 〈고대 로마의 어린이 속어〉, (개통참외는) 먼저 본 놈이 임자다, 〈~ habeas ut manctu's(he may keep that finds)〉, 〈↔losers weepers〉 〈양1〉

217 **★find one's feet** [화인드 원즈 휘이트]: 〈연대·출처 불명의 속어〉, 제자리를 잡다, 자립하다, 안정되다, 〈↔un-settle\fall\fail〉 〈양2〉

218 **fine¹** [화인]: 〈← finis(end)〉, 〈라틴어〉, 훌륭한, 멋진, 순수한, 가는, 세련된, 좋은, '끝내주는〈finish〉', 〈↔poor\coarse〉 〈양1〉

219 **fine²** [화인]: 〈← finis(end)〉, 〈라틴어〉, 〈우아하게 끝내려고 내는〉 벌금, 과료, '종납금(최종 납부금)', 〈↔reward\indemnity〉 〈양2〉

220 **fine feath·ers make fine birds**: 옷이 날개다, 〈~ ap-par-el makes the men〉, 〈↔all that glitters is not gold〉

221 ***fine-grained se·cu·ri·ty** [화인 그뤠인드 씨큐어뤼티]: 정밀 보안장치 (전산기의 특정 목록에 접근하기 위한 조건을 강화한 보안책) 〈양2〉

222 **fin·ger** [휭거]: 〈게르만어〉, a digit, 〈끝에 눈이 달려 있으면 얼마나 좋을까 하고 어리석은 생각도 했던〉 '손의 말단 행동 대원', 손가락, 지침, 고발자(전산기에 접속한 사용자 정보를 알아내는 방법으로 근래에는 쓰지 않는 추세임), 〈~(↔)toe〉 〈기1〉 〈미1〉

223 **★fin·ger fuck** [휭거 휙]: 손 애무(문지르기), (여자의) 자위행위, 수음, 〈~ masturbation〉 〈미1〉

224 **★fin·gers cross-ed** [휭거즈 크뤼스트]: 〈두 손 모아〉 행운을 빌다, 잘되길 바라다, 〈↔sticking middle finger〉 〈양2〉

225 ***fin·ger synch** [휭거 씽크]: finger synchronization (synching·miming), '손가락 맞춤', '손가락 흉내', 녹음된 음악에 맞춰 악기를 연주하는 것처럼 놀리는 손동작 〈주2〉

226 ★**fin·ger trou·ble** [휭거 트뤄블]: '손가락 실수'(건반이나 자판을 잘못 눌러 생기는 문제) 미2

227 **fin·ish** [휘니쉬]: ⟨← finis(end)⟩, ⟨라틴어⟩, '끝내다' 마치다, 마무르다, 없애 버리다, ⟨→ final\finance\fine\finite⟩, ⟨↔start\in-complete⟩

228 **fi·nite** [화이나이트]: ⟨← finis(end)⟩, ⟨라틴어⟩, 유한의, 정형의, ⟨~ finish\limited⟩, ⟨↔in-finite\end-less\eternal\wall-to-wall⟩, ⟨→ terminism'⟩ 영2

229 ★**fink** [휭크]: ⟨← finch?⟩, ⟨1902년에 등장한 어원 불명의 미국 속어⟩, 배반자, 밀고자, 형사, ⟨~ rat\nark⟩, ⟨↔ally\loyalist⟩ 영2

230 ★**finl** [휘늘]: finish+line, 여성에게 구강 성교를 해 주다가 ⟨'finally'⟩ 음수가 터져 나오는 일, 씹 빨다 코에 풀칠하기 영2

231 ★**fin·na** [휘너]: ⟨fixing to\gonna to⟩의 속어, 고치겠다, 하고 말겠다 영2

232 *****fin·sta** [휜스타]: fake instagram, (특정 사람들에게만 연결되는) 인스타그램의 위장 구좌 속2

233 **fir** [훠얼]: ⟨← fyri(pine-wood)⟩, ⟨북구어⟩, (서양) 전나무, 소나무보다 삼나무에 더 가까운 약 50여종의 온·한대성 ⟨솟아오른⟩ 침엽수 기1

234 ★**FIRE** [화이어]: 파이어, financially independent·retire early, (30대에) 자립하고 (40대에) 퇴직한다는 ⟨그리고 그 후에는 부동산 투기를 하겠다는⟩ (현대 20대 한국인의) '꿈' 영2

235 **fire** [화이어]: ⟨← fyr(burning)⟩, ⟨게르만어⟩, 불, '화염' 점열, 발사, 발포, ⟨총을 발사(fire!; 'discharge')하라란 뜻에서 연유한⟩ 파면, 아주 멋져, 짱이다, ⟨→ fiery⟩, ⟨↔water\hire⟩ 기2 영2

236 **fire-arm** [화이어 아암]: (소총·단총 등 조그만) 화기 영2

237 ★**fire-ball** [화이어 버얼]: 불덩이, 태양, 속구, 특급열차, 정력적인 활동가, ⟨~ meteor falling into the atmosphere\shooting star⟩ 미2

238 ★**fire-brand** [화이어 브랜드]: 횃불, 불 타는 나뭇조각, 선동자 영2

239 ★**fire-bug** [화이어 버그]: 개똥벌레(반딧불이), 방화범, ⟨~ lantern fly\lightning beetle⟩ 영2

240 **fire-crack-er** [화이어 크래커]: 폭죽, 딱총 기1

241 ★**fire-crotch** [화이어 크롸취]: '붉은 음모', ⟨성깔이 있다는⟩ 빨강머리를 한 사람의 별명, ⟨이는 거시기도 화끈하게 해준다는 심오한 뜻이 내포된 말임⟩ 영2

242 **fire-door** [화이어 도어]: ①연료 주입구 ②불이 퍼지는 것을 막는) 방화문 미2

243 **fire-drill** [화이어 드릴]: 방화 훈련, 소방 연습 영2

244 **fire-en·gine** [화이어 엔쥔]: 소방차, 불자동차, fire·truck 기1

245 **fire-man** [화이어 맨]: 소방관, 화부, 구원 투수 기1 미2

246 **fire-place** [화이어 플레이스]: (벽) 난로 기2

247 **fire-proof** [화이어 프루후프]: 내화의, 불연성의, 타지 않는, ⟨↔water-proof⟩ 기1

248 ★**fire-sale** [화이어 쎄일]: 타다 남은 물건의 방매, ⟨파산을 앞두고 하는⟩ 헐값 매각 속2

249 **fire-side** [화이어 싸이드]: 난롯가, 노변, 가정적인 영2

250 **fire-sta·tion** [화이어 스테이션]: 소방서, 소방 대기소 기2

251 *****fire-wall** [화이어 워얼]: 방화벽, 전산기 체제에서 엄격하게 통제된 정보만 전달하는 연결로 기1 미1

252 *****fire-wire** [화이어 와이어]: '번개회로' (1초에 최소 207미트를 전달할 수 있는 통화창), ⇒ IEEE 1394 미2

253 **fire-wood** [화이어 우드]: 땔나무, 장작, 불쏘시개 기1

254 **fire-work** [화이어 워얼크]: 불꽃(놀이), 봉화, 흥분, 소동 영2

255 **firm¹** [훨엄]: ⟨← firmus(strong)⟩, ⟨라틴어⟩, '확실한', 굳은, 단단한, 고정된, ⟨→ affirmative⟩, ⟨↔soft\yielding⟩ 2대

256 **firm²** [훨엄]: ⟨← firma(signature)⟩, ⟨라틴어⟩, ⟨철저히 약속을 지키는⟩ 상사, ⟨서명으로 'confirm'된⟩ 회사, ⟨~ company⟩ 2대

257 **fir·ma·ment** [훠머먼트]: ⟨← firmus⟩, ⟨라틴어⟩, ⟨firm(견고한)⟩ '받침', 창공, ⟨무너지지 않는⟩ 하늘, ⟨↔earth\hell⟩ 양2

258 **first** [훨스트]: ⟨← fyrst⟩, ⟨게르만어⟩, 'fore·most', 첫째(의), 최초(의), 우선, ⟨↔last\second⟩ 2대

259 **first-aid** [훨스트 에이드]: 구급(용), 응급처치 2대

260 ★**first dog** [훨스트 더그]: 원래는 약 31,700년전⟩ 인간이 길들이기 시작한 늑대 ⟨최초의 개⟩를 뜻하나 근래 각국 정상들이 애완견을 기름으로 생겨난 무엄한 말, '견 각하', '개통령?' 2대

261 **first floor** [훨스트 훌러어]: 첫째 층, 1층(미국), 2층(영국), ⟨↔second floor\basement⟩ 2대

262 **first-hand** [훨스트 핸드]: 직접의, 타인의 손을 거치지 않은, ⟨~ straight from the horse's mouth⟩, ⟨↔second-hand⟩ 2대

263 **first name** [훨스트 네임]: given name, (지어준) 이름, 세례명, ⟨↔last(sur) name⟩ 2대

264 ★**first-string** [훨스트 스트링]: 첫째줄, 일급선수, 정규선수, ⟨↔second-string\bench-warner⟩ 양2

265 **fis·cal** [휘스컬]: ⟨← fiscus(basket)⟩, ⟨라틴어⟩, '바구니', 국고의, 재정상의, 회계의, ⟨↔non-financial⟩ 양2

266 **fish** [휘쉬]: ⟨← fisc(an aquatic animal)⟩, ⟨어원 불명의 게르만어⟩, 물고기, 어류, 생선 (21,000종이 넘는 물에 사는 등뼈동물), ⟨~(↔)bird⟩ 2대

267 ★**fish can't live in pure wa·ter**: ⟨중국속담⟩, 맑은 물에 고기 안 논다, 수지청즉무어, 너무 강직하면 친구가 없다, 좋은 게 좋은 것이다, ⟨~ lotus bloom in dirty water⟩ 양2

268 **fish-er-man** [휘셔 먼]: 어부, 낚시꾼, 어민 2대

269 **fish-er-y** [휘셔뤼]: 어업, 수산업, 어장, 수산학 2대

270 ★**fish for com·pli·ments** [휘쉬 훠어 캄플리먼츠]: 옆구리 찔러 (엎드려) 절 받기, ⟨~ beg for praise⟩ 양2

271 ★**fish in trou·bled wa·ter** 어지러운 물 속의 생선, 어부지리, 혼란한 상황에서 이득을 취하는 일, ⟨↔go with the flow\play by the rules⟩ 양2

272 ★**fish out of wa·ter**: 끈 떨어진 갓, 어색한, 불편한, ⟨~ ugly ducking\square peg in round hole⟩, ⟨↔winner⟩ 양2

273 ★**fish·y** [휘쉬]: 물고기 같은, 비린내 나는, 의심스러운, ⟨뒤가 구린⟩, ⟨↔honest\open⟩ 양2

274 **fist** [휘스트]: ⟨← fyst⟩, ⟨게르만어⟩, ⟨'five' 손가락으로 된⟩ 주먹, 움켜쥠, 파악 2대

275 ★**fist bump** [휘스트 범프]: 주먹 부딪치기, (코비드19 이후에 행해졌던) ⟨악수대신⟩ 서로 주먹을 맞대면서 하는 인사, ⟨별로 친하지 않은 사이에서는 elbow bump(팔꿈치 부딪치기)를 이용함⟩, ⟨~ hand-shake⟩ 양2

276 **fit¹** [휫]: ⟨← fytte(meet)⟩, ⟨어원 불명의 영국어⟩, 꼭 맞는, 적합한, 튼튼한, 어울리는, out·fit(의상)의 준말, ⟨↔un-fit\un-suitable⟩ 2대

277 **fit²** [휫]: ⟨어원 불명의 영국어⟩, ⟨← fight⟩, 발작, 경련, 변덕, ⟨~ tantrum\seizure⟩, ⟨↔calm\containment⟩ 2대

278 ★**fit as a fid·dle**: ⟨운이 맞아서 만들어진 말⟩, 아주 잘 맞는다, 아주 건강하다 양2

279 **fit-ful** [휫 훌]: ⟨← fit²⟩, 변하기 쉬운, 간헐적, 발작적, ⟨↔constant⟩ 양2

280 **fit-ness** [휱니스]: ⟨← fit'⟩, 적절, 건강, 타당성, 체력 단련, ⟨↔un-fitness\ill-ness⟩ 미2

281 ★**fit–spi·ra·tion** [휱츠피뤠이션]: fitness+inspiration, 체력단련 영감, 살 빼기 의욕 미2

282 *****fit to path** [휱 투 패쓰]: '길 따라가기' (글자의 행렬이 틀에 맞게 곡선을 그리는 수법) 우2

283 ★**fit-(ness) watch** [휱니스 워치]: '신체 단련용 시계', 운동 시 각종 생체지수를 알려주는 '똘똘이 시계' (smart watch), fitness tracker, fit band 미2

284 **five** [화이브]: ⟨← pancha⟩, ⟨산스크리트어 → 그리스어 → 라틴어 → 게르만어⟩, '5', 다섯, pent(a), cinco 기1

285 ★**five and five** [화이브 앤드 화이브]: 작고 뚱뚱한, '똥자루'⟨높이와 넓이가 5피트짜리인 사람⟩ 양2

286 ★**five-fin·ger dis-count** [화이브 휭거 디스카운트]: ⟨1970년대 뉴욕의 도둑들이 만든 우아한 말⟩, '오손 할인', 절도, 들치기, (손으로 쥘 만한 작은 물건의) 도둑질, ⟨~ theft⟩ 양2

287 *****five(5) G**: fifth generation (telecommunication), ⟨새로운 방사파를 사용해서 4G에 비해 전달속도가 20배 이상 빨라진 ⟨21세기⟩ '개량된 무선 통신' 우2

288 **fix** [휙스]: ⟨← figere⟩, ⟨라틴어⟩, ⟨← fasten⟩, 고정시키다, 정하다, 고치다, 처리하다, 거세하다, ⟨↔ affix⟩, ⟨~ set⟩, ⟨↔alter\adjust⟩ 영1

289 *****fixed disc** [휙스트 디스크]: 하드 ⟨전산기에서 뺄 수 없는⟩ 디스크, 고정(자기) 원반 미2

290 *****fixed-pitch type** [휙스트 피취 타이프]: 고정 간격 형식 [타자에서 모든 글자가 동일한 간격을 차지하는 모양새] 영1

291 ★**fix·er-up-per** [휙써 어퍼]: 잘 고치는 사람, 고쳐 팔면 ⟨짭짤한⟩ 건물 미2

292 **fix-ture** [휙스처]: 정착물, 내부 시설, 정기 대부(금), ⟨↔movable\loose-ness\furniture⟩ 영1

293 ★**fix-up** [휙스 엎]: 수리, 개량, (남녀를) 붙여주다, (금단 증세를 완화시키는) 마약 1회분, ⟨~ furnish\spruce up⟩, ⟨↔break\mess-up⟩ 양2 미1

294 ★**fiz·zle** [휘즐]: ⟨북구어⟩, ⟨의성어⟩, (약한) 쉿소리, 쉿 하며 꺼지다, 실패하다, ⟨좋았다 말았다⟩, ⟨↔woosah⟩ 양2

295 *****F(func·tion) key**: (연성기기 조작을 위한) 기능 단자 미2

296 **flag** [홀래그]: ⟨어원 불명의 영국어⟩, ⟨의태어?⟩, 기, 깃발, 표시 문자, 신호, drooping 영1

297 ★**flag-ship** [홀래그 슆]: 기함, 본사, 본교 미2

298 ★**flag store** [홀래그 스토어]: 본점 미2

299 ★**flag wav-er** [홀래그 웨이붜]: 선동가, 역동적 맹신자 미2

300 **flake** [홀레이크]: ⟨어원 불명의 게르만어⟩, flat piece, 얇은 조각, 박편, 불꽃, 지저깨비, 괴짜, 야바위꾼, ⟨~ flag\flaw⟩, ⟨↔lump\conformer⟩ 영1

301 **flame** [홀레임]: ⟨← flagrare(burn)⟩, ⟨라틴어⟩, '불길', 불꽃, 정열, 격정, ⟨~ flare⟩, ⟨↔ flambe\flamboyant\flamingo\flare?⟩, ⟨↔extinguish\cold-ness⟩ 기1

302 **fla·min·go** [훌러밍고]: ⟨← flama⟩, ⟨라틴어에서 연유한 스페인어⟩, ⟨'flame'(불꽃) 색깔을 한⟩ 플라밍고, 홍학⟨일 년에 한 번 교접하고 한 번에 한 개의 알만 낳고 새끼한테 소화액을 투입해 주는 멀리서 보면 우아하나 가까이서 보면 징그러운 새⟩ 수2

303 **flank** [홀랭크]: ⟨← hlanka(loin)⟩, ⟨게르만어⟩, '옆구리'(살), 양지, 측면 기1

304 **flan·nel** [홀래늘]: ⟨← gwlan(wool)⟩, ⟨웨일즈어⟩, 플란넬, 평직으로 짠 보풀보풀한 '털'이 일어나는 모직물 수2

305 **flap** [홀랲]: ⟨영국어⟩, ⟨의성어⟩, 퍼덕거리다, 딱 때리다, 나부끼다, 펄럭임, 늘어진 것, 축 늘어진 물건, (주머니·봉투 등의) 뚜껑, ⟨~ flab\lobe⟩, ⟨~ flop\beat⟩ 영2

306 ★**flap-drag·on** [훌랩 드래건]: ①〈만지면 금붕어 입처럼 뻐끔뻐끔 꽃이 열리는〉 금어초, ⇒ snap·dragon ②〈씹을 많이 해서〉 너널너덜해진 대음순, '걸레보지' ③독주에 불을 붙인 건포도를 삼키는 장난 ⑲② ㉾②

307 ★**flap-jack** [훌랩 잭]: 〈번철에서 잽싸게 flap해서 구워〉 (따끈한) 빈대떡, 두껍고 딱딱한 양과자, 압축분말 화장품, 〈~ griddle-cake\pan-cake〉 ㉾②

308 ★**flap-per** [훌래퍼]: 퍼덕거리는 것, 새끼 새, 폭넓은 지느러미, 〈1920년대의〉 왈가닥 (건달)아가씨, 〈1990년대의〉 '날라리' ⑲② ㉾②

309 **flare** [훌레어]: 〈← flear(flutter)〉, 〈어원 불명의 영국어〉, (넘실대는) 불길〈flame〉, 격발, 조명탄, 섬광, 나팔바지(flares\bell-bottoms), 〈↔dark\doldrums〉 ⑲①

310 **flash** [훌래쉬]: 〈← flasa(sparkle)〉, 〈북구어 → 영국어〉, (의태어), 번쩍이다, 타오르다, 발끈하다, 번개처럼 스치다, '번쩍이' 〈순간적으로 자료를 훑어볼 수 있는 연성기기들〉, 〈~ flush〉, 〈↔dark\dim\dull〉 ⑲①

311 ★**flash-back** [훌래쉬 백]: 〈순간적으로 '번쩍 떠오르는'〉 과거 회상, 환각의 재현, 화염의 역류, 〈↔flash-forward\fore-thought〉 ⑲①

312 *****flash-back Fri-day** [훌래쉬 백 후라이데이]: 〈운이 맞아 만들어진 말〉, '회상의 금요일', 〈주로 #TBT를 사용해서〉 그리운 과거 사진을 전산망에 올리는 금요일, 〈~ throw back Thursday〉 ㉾②

313 *****flash-card** [훌래쉬 카아드]: 순간적으로 보여주는 (소거되지 않는) 학습용 카드 ㉾①

314 *****flash drive** [훌래쉬 드라이브]: 비휘발성 '구동 장치', 〈회전 자력을 이용하는 Zip drive 대신 flash memory chip을 사용하는〉 반도체 기억형 대체 장치, ⇒ USB ㉾②

315 ★**flash-er** [훌래셔]: 자동 점멸기, (극장에서) 자리를 안내하는 사람, (성기)노출광 〈한국어로 바바리맨(Burberry-man)이라고 함〉, 〈~(↔)arson?〉 ⑲②

316 **flash-light** [훌래쉬 라일]: 〈번쩍이는〉 섬광, 회중전등 ㉾①

317 *****flash mem·o·ry** [훌래쉬 메머뤼]: (뭉텅이로만 지울 수 있어서) 재편성 속도가 빠른 전산기의 저장장치, 단전 후에도 지워지지 않는 정보, 비휘발성 기억용 저장장치 ㉾①

318 ★**flash-mob** [훌래쉬 마우브]: 번개 소동, (전산망 사교 매체를 통해) 모월 모시 모처에서 모행동을 하고 튀어버리자는 약속 ⑲②

319 **flask** [훌래스크 \ 훌라스크]: 〈← flasco(bottle)〉, 〈라틴어〉, 납작한 '병', 휴대용 병, 거푸집, 〈~ flagon〉 ⑲①

320 **flat¹** [훌랱]: 〈← flaz(even)〉, 〈게르만어에서 연유한 북구어〉, '펼쳐진', 평평한, 〈바람이 빠져〉 납작한, 〈김이 빠져〉 맛없는, 〈돛이 팽팽한〉 전면적, 〈결심이 펼쳐진〉 단호한, 〈경기가 평평한〉 침체, 〈빛이 안 나서〉 단조로운, 〈~ plat〉, 〈↔vertical\bumpy\exciting〉 ⑲①

321 **flat²** [훌랱]: 〈← flat¹〉, 〈게르만어에서 연유한 영국어〉, 1층 1가구 아파트(영국의 공동 주택), (손)바닥, (악보의) 내림표〈b〉, 〈↔high-rise apartment\condominium〉 ㉾②

322 ★**flat ad-verb** [훌랱 애드붜어브]: 〈미국에서 점점 증가하는〉 (형용사를 부사로 사용하는) 단순형 부사 ⑲②

323 *****flat bed scan-ner** [훌랱 베드 스캐너]: (피주사물을 평면에 올려놓는) 평판 주사기 ⑲①

324 *****flat-file da·ta·base** [훌랱 화일 데이타베이스]: (한 자료틀에 한 기록철만 내장되어 있는) 평면 서류철 자료틀 ⑲②

325 ★**flat-ter-y** [훌래터뤼]: 〈← flatar(stroke)〉, 〈게르만어〉, 〈← flat〉, 〈손바닥으로 상을 치며 하는〉 빌붙임, 치렛말, 아첨, 〈~ blarney\taffy〉, 〈↔criticism\disparaging\sarcasm\sneer〉 ㉾②

326 **flaunt** [훌러언트]: 〈← flanka(wave의 스웨덴어)?〉, 〈어원 불명의 영국어〉, '펄럭이다', 과시하다, (규칙을) 무시하다, 〈↔cover\hide〉 ⑲②

327 **fla·vor \ fla·vour** [훌레이붜]: flatus(blow)+foetor(stench), 〈라틴어+게르만어〉, '냄새', 맛, 풍미, 양념, 〈~ fragrance〉, 〈~ taste\savor\scent〉, 〈↔blandness\tastelessness〉 기1

328 **flaw** [훌러어]: 〈← flage(flake)〉, 〈어원을 이해하기 힘든 북구어〉, 흠, 결점, 하자, 흠집, 〈↔advantage\strength〉 기2

329 **flax** [훌랙스]: 〈← flex(bend)〉, 〈게르만어〉, 〈줄기에서 실을 뽑아 '꼬아서' 삼베를 만드는 중앙아시아 원산의〉 아마, 아마섬유(담청색의 자잘한 꽃이 피는 메밀 비슷한 곡류로 씨는 기름을 짜서 염료나 유약의 용매로·줄기는 실을 뽑아 린넨을 만들었으나 근래에는 씨와 줄기를 갈아 인간의 건강식으로도 쓰임) 예2

330 **flea** [훌리이]: 〈← fleon(fly)〉, 〈게르만어〉, 〈'flee'(도망가다)에서 나왔다는 썰이 있는〉 벼룩(날개가 없고 배가 통통하고 피를 먹어야만 하는 곤충), 귀찮은 놈, 듣기 싫은 소리 가1

331 ★**flea mar·ket**(fair) [훌리 마아킽 (훼어)]: 〈중고품이 많아 벼룩이 꼬이는〉 벼룩시장, 〈뉴욕의 Fly market에서 연유했다는 썰이 있는〉 도떼기시장, 고물 시장, 〈~ swap-meet〉 양2

332 **fled** [훌레드]: flee의 과거·과거분사 기2

333 **flee** [훌리이]: 〈← fleon〉, 〈게르만어〉, 〈'fly'해서 (날아서)〉 달아나다, 도망가다, 사라져 없어지다, 〈~ escape〉, 〈↔appear\persist〉 기2

334 **fleece** [훌리이스]: 〈← fles(coat of wool)〉, 〈어원이 불확실한 게르만어〉, 플리스, (한 마리에서 한 번 깎는) 양털, 더부룩한 백발, 흰 구름, 부드러운 보풀이 있는 직물 양2

335 ★**fleek** [훌맄]: 〈2014년 시카고의 한 소녀가 파티에 가기 전에 내뱉은 말〉, 눈썹이 올라가며 놀래는 모양, 꼭대기, 놀라운, 아주 완벽한, 〈↔defective\trashy〉 양2

336 **fleet¹** [훌리이트]: 〈← fleotan〉, 〈게르만어 → 영국어〉, 〈← 'float'〉, 〈뗏목같이 함께 float 하는〉 함대, 선대, 전차량 양1

337 **fleet²** [훌리이트]: 〈← fleotan〉, 〈게르만어〉, 〈'flow'(흐름)이 〈flee 하듯〉 빠른, 잠시 동안의, 덧없는, 얕은, 〈↔sluggish\laggard〉 양1

338 *****fleet-style man·age·ment** [훌리이트 스타일 매니쥐먼트]: convoy system, 선단식 경영, 계열사끼리 밀접하게 연결되어 하나의 기업처럼 활동하는 집단 경영 형태 양2

339 **flesh** [훌레쉬]: 〈← fleisk(meat)〉, 〈게르만어〉, 〈고기덩어리〉, 육체, 살집, 육욕, 골육, 중생, 〈~ flay〉, 〈↔celestial\slim〉 예2

340 *****fleu-ron** [훌러뤈]: 〈← fleuer(flower)〉, 〈프랑스어〉, 꽃 모양 장식, '꽃무늬 꾸밈 표' 〈전산기 타자에서 문단의 머리나 그냥 장식용으로 쓰는 각종 꽃무늬〉, 〈← flower〉 예2

341 **flew** [훌루우]: fly의 과거

342 ★**Flex A·lert** [훌렉스 얼러어트]: '융통 경보', (고온으로 전기 사용량이 급증할 때) flexible cord' 〈유연한 전선〉처럼 절전을 해달라는 신호, 절전 경보 예2

343 **flex·i·ble** [훌렉써블]: '구부리기 쉬운', 융통성 있는, 〈~ pliable\yudori〉, 〈↔rigid\fixed\brittle〉 양2

344 ★**flex·i·tar·i·an** [훌랙씨테어뤼언]: 융통성 있는 채식주의자, 재치 있는 잡식주의자, 〈~ demi-vegetarian〉

345 **flick** [훌맄]: 〈영국어〉, 〈의성어〉, 찰싹 때리기, 탁 치기, 홱 움직이기, 〈flicker로 켜는〉 영화 한 편, 〈↔hang\float\hover〉 양1

346 ★**Flickr** [훌리커]: 플리커, '깜빡이는 자', 2002년 캐나다에서 출범한 후 그동안 여러 손을 거쳐 2018년부터 미국의 Smug Mug사가 소유하는 세계적 영상공유·수주업체 소2

347 **fli-er \ fly-er** [훌라이어]: 나는 것, 비행사, 날개, 도약, 전단, 광고 쪽지, 〈~air traveler\leaflet〉, 〈↔tome〉 양1

348 **flight¹** [훌라이트]: 〈← fly¹〉, 〈영국어〉, 날기, 비행(편) 비약, 층계, (새·나는 곤충 등의) 떼, 〈↔stay\arrival〉 양1

349 **flight²** [홀라잍]: 〈← flee〉, 〈영국어〉, 〈날쌔게 도망가는〉 도주, 탈출, 도피, 〈↔stay\fight〉 가2

350 **flim-sy** [홀림지]: 〈← llymsi(sluggish)란 Wales어에서 유래?〉 〈영국어〉, 무른, 얄팍한, 하찮은, 얇은 종이, sleazy, 〈← flim·flam?〉, 〈↔durable\sound³\stout\tough〉 양1

351 **fling** [홀링]: 〈← flengen(hurl)〉, 〈북구어〉, 〈채찍질 하듯〉 (내)던지다, 처넣다, 뿌리다, 날뛰다, 〈갑작스러운〉 외출, 〈↔bring\hold〉, 〈한국어 '바람 피우다'를 fling으로 번역했더니 한 여성 독자가 'cheating'이라고 해야 한다고 바로잡아 주었음〉 양1

352 **flint** [홀린트]: 〈게르만어〉, 〈돌을 'split'(쪼개듯) 하듯 부딪치는〉 부싯돌(fire·stone), 단단한 물건, 냉혹한 것, 〈↔soft-boiled\gentle〉 양2

353 **flip** [홀맆]: 〈영국어〉, 〈의성어〉, 〈flap보다 약하게〉 튀기다, 툭 치다, 뒤집다, 공중제비, 〈~ roll over\turn over〉, 〈↔earnest\authentic〉 양1

354 *****flip chart** [홀맆 촤아트]: 한 장씩 넘길 수 있는 도표 우2

355 *****flip chip** [홀맆 췹]: 다른 부품에 붙일 수 있게 된 미세 회로판 우1

356 *****flip-flap (flop)** [홀맆 홀랲 (홀롶)]: 돌변, 회전, 접속식〈전류가 왔다 갔다 하면서 양쪽 상태를 함께 유지하고 있는〉, 〈끈이 X자로 달린〉 고무 slipper(thongs) 미2

357 *****flip hor·i·zon·tal** [홀맆 호어뤼잔틀]: (도표 도안에서 사용되는) 〈물체를 거울에 비친 모양으로 바꿔서 좌우로 표시하는〉 '수평 경상 회전' 우1

358 *****flip-o·ver sale** [홀맆 오우붜 쎄일]: 단기 차익 매입 미2

359 ★**flip phone** [홀맆 호운]: 튀김 전화, 뚜껑이 위로 열리는 소형 휴대 전화 미2

360 *****flip-py** [홀리피]: 꼬마 플로피(floppy) 디스크(유연성 원반) 미2

361 ★**flirt** [홀러얼트]: 〈← fleard(triffle)〉, 〈영국어〉, 〈코를 킁킁대며〉 농탕치다, 〈남녀가〉시시덕거리다, 꼬리치다, 〈~ coquettish〉, 〈↔dissuade\repulse〉, 〈남자는 '껄떡대다'·여자는 '발랑대다'〉 양2

362 ★**fliv·ver** [홀리붜]: 〈20세기 초에 등장한 어원 불명의 미국 속어〉, 싸구려 물건, 소형 탈 것, 고물 자동차, '털털이', 〈~ jalopy〉, 〈↔good quality〉 미2

363 **float** [홀로웉]: 〈← fleotan(flow)〉, 〈게르만어〉, '뜨다', 떠다니다, 퍼지다, 부유물, 구명대, 변동 환율제, 〈→ afloat〉, 〈~ fleet¹〉, 〈↔sink〉 양1 미2

364 *****float·ing il·lus·tra·tion** [홀로우팅 일러스트뤠이션]: 〈도표 등이 정확한 위치에 있지 않고 그 부근에 있는〉 유동 삽화 양2

365 *****float·ing point op·er·a·tions per sec·ond** \ FLOPS: 초당 떠돌이 소수점 연산 횟수〈과학기술 계산에서 전산기의 연산속도의 단위〉 양1

366 *****float·ing point u·nit** \ FPU: 부동 소수점 장치(전산기의 계산 처리 장치) 미2

367 ★**flob·bing** [홀로우빙]: 〈2010년에 등장한 영국 속어〉, 대화 중에 음료수를 마시려고 〈무심히〉 혀로 빨대를 찾아 헤매는 짓, 〈← flop?〉 우1

368 **flock** [홀랔]: 〈← flocc(band)〉, 〈어원 불명의 영국어〉, 떼, 무리, 집단, 더미, 털뭉치, 〈~ herd\troop〉, 〈↔disperse\scatter〉 양1

369 **flog** [홀라그]: 〈← flagellare(whip)〉, 〈라틴어〉, 〈채찍질하는 소리?〉, 매질하다, 마구 던지다, 혹평하다, 〈~ flagellum〉, 〈↔un-strap\praise〉 가1

370 **flood** [홀러드]: 〈← flod ← flowan〉, 〈게르만어〉, 〈← 큰 'flow'〉, 홍수, 큰물, 밀물, 범람, 〈~ deluge\torrent〉, 〈↔drought\trickle〉 양2

371 **flood-light** [홀러드 라읻]: 투광 조명(등)〈홍수 때 쓰는 강력 방수 전등〉 미1

372 **floor** [홀러어]: 〈← flor〉, 〈게르만어〉, 마루, 층, '바닥(bottom)', 회의장, 최저(가), 〈↔ceiling\roof〉 미1

373 **flop** [플랖]: 〈영국어〉, 〈flap보다 둔한 의성어〉, 탁 때리다, 쿵 떨어지다, 펄럭이다, 홱 변하다, 〈↔success\blockbuster〉 일1

374 *__flop-py disk__ [플라피 디스크]: 유연성 원반(쉽게 뺄 수 있는 자기 원반) 미2

375 *__flop-py disk drive__ \ FDD: ' 헐거운 원반' 구동 장치(플로피 디스크를 회전시키는 기계장치와 디스크에 자료를 기록하고 판독하는 일을 수행하는 전자회로 제어장치) 주2

376 **flo·ral** [플로어뤌]: 〈← floris(flower)〉, 〈라틴어〉, 꽃의, 꽃 같은 기2

377 ★**Flor·i·da man** [플러뤼더 맨]: 〈가상하고 어설픈 범죄를 저지르는〉 플로리다형 범법자, '엽기범' 수2

378 **flo·rist** [플러뤼스트]: 화초 재배자, 화초 연구자, 꽃장수 일2

379 **floss** [플로어스]: 〈← fluxus(tuft of wool)〉, 〈라틴어 → 프랑스어〉, 치실, '비단실', 명주솜, 수염, 까끄라기 미1

380 **floun·der**¹ [플라운더]: 〈← founder¹〉, founder(fail)+blunder(clumsy), 〈라틴어 → 영국어〉, 버둥거리다, 몸부림치다, 당황해하다, 〈~ flounce\squirm\wriggle〉, 〈↔idle\slink\bowl'〉 일1

381 **flour** [플라우어]: 〈1830년에 개조된 영국어〉, 〈밀의 'flower'(정수)〉, 곡분, 분말, 밀가루, 가루 가1

382 **flour-ish** [플러어뤼쉬]: 〈← florere(blossom)〉, 〈라틴어〉, 꽃이 피다, 번영하다, 우거지다, 과장하다, 〈↔die\wither〉 일1

383 **flow** [플로우]: 〈← flowan〉, 〈게르만어〉, '흐르다', 나오다, 나부끼다, 넘치다, 〈→ flood\affluent\fluid〉, 〈↔diminish\dribble〉 일1

384 *__flow chart__ \ **~ sheet** [플로우 차아트 \ ~ 쉬이트]: 작업 공정도, 순서도, 흐름도(문제를 풀기 위한 문자나 부호를 단계적으로 표시한 도표) 미2

385 **flow·er** [플라워]: 〈← floris〉, 〈라틴의 별〉, '식물의 별', '꽃', 화초, 개화, 정수, 번영하다, 〈~ flour\flourish〉 일1

386 ★**flow·er child** [플라워 촤일드]: 〈1960년대 미국에서 꽃을 나누어주던〉 히피, 비현실적 사람 미2

387 ★**flow·er swal·low** [플라워 스왈로우]: '꽃제비', 먹을 것을 찾아 이곳저곳 돌아다니는 북한 어린이 우1

388 **flown** [플로운]: fly의 과거분사 가1

389 **Floyd Square** [플로이드 스퀘어]: 플로이드 광장, 2020년 5월 25일 20불짜리 위조 지폐를 쓴 혐의로 백인 경찰에 목 눌려 죽은 흑인 George Floyd를 기념하는 미국 미니애폴리스의 한 구역으로 앞으로 관광명소가 될지 폐허가 될지 주시할 만한 곳 수2

390 **flu** [플루우]: 〈라틴어〉, influenza, 독감, 유행성 감기 일2

391 **fluc·tu·ate** [플럭츄에이트]: 〈← fluere〉, 〈라틴어〉, 〈흐름('flow')이〉 변동하다, 오르내리다, 동요하다, 〈~ falter\whiffle〉, 〈↔steady\stabilize〉 기2

392 **flue** [플루우]: 〈← fluere(flow)〉, 〈라틴어 → 영국어〉, 연통, 수송관, 도관, (올림판이 있는) 순관 일1

393 **flu·ent** [플루우언트]: 〈← fluere〉, 〈물 흐르('flow')듯〉 거침없는, 유창한, 완만한, 유동하는, 〈↔un-fluent\in-articulate〉 가1

394 ★**fluf-fer** [플러풔]: 〈← flue(soft mass)+puff〉, 〈프랑드르어에서 유래한 미국 속어〉, 도색 영화 촬영 시 남우의 좆을 '솜을 들듯' 세워주는 〈연봉 약 3만 불짜리〉 '기술자' 우1

395 **flu·id** [플루우이드]: 〈← fluere〉, 〈라틴어〉, 〈← flow〉, '흐르는 물체', 액체, 유동체, 분비물, 유동적인, 유창한, 〈↔solid〉 기1 일1

396 **flung** [플렁]: fling(내던지다)의 과거·과거분사, 〈↔laid up〉 일1

397 ★**flunk** [플렁크]: 〈← funk¹?〉, 〈1823년에 등장한 미국 대학생 속어〉, 실패(낙제)하다, 그만두다, 〈↔succeed\work out〉 양2

398 ★**flun·key·ism** [플렁키즘]: 〈어원 불명의 영국어〉, 하인 근성, 아부주의, 사대주의, toadyism, 〈↔blame\criticism〉 양2

399 **flu·o·res·cent light** [플루어뤠슨트 롸잍]: 〈← fluere(flow)〉, 〈'fluorine'에서와 같이〉 (알칼리에 녹아 강한 녹색을 발하는 물질로 만든) 형광, 〈↔incandescent light〉 양2

400 ★**flu-ro·na** [플루우 로우너]: 〈신조어〉, influenza와 corona virus에 함께 감염된 독감겸 코로나 양1

401 **flush¹** [플러쉬]: 〈← fluschen(fly up)〉, 〈영국어〉, 분출하다, 넘치다, 상기하다, 붉게 물들다, 물로 씻어 내리다, 〈blush+flash?〉, 〈~ flux〉, 〈↔ebb\pale\wan〉 양1

402 **flush²** [플러쉬]: 〈← flush¹〉, 〈의성어·의태어?〉, 〈영국어〉, 푸드덕 날아오르다 (날아오르게 하다), 〈~ sudden fly〉 양1

403 **flush³** [플러쉬]: 〈← fluxus(flow)〉, 〈라틴어 → 프랑스어〉, 〈강물이 차 올라와서〉 같은 높이의, 같은 평면의, 그림이 같은 5장의 패, 〈← full?〉, 〈↔uneven\bottom out〉 미2 양1

404 *__flush left__ [플러쉬 레후트]: 좌측 정렬(타자 시 행의 왼쪽 끝을 상하로 '가지런히' 함) 양2

405 *__flush right__ [플러쉬 롸잍]: 우측 정렬(타자 시 행의 오른쪽 끝을 상하로 '가지런히' 함) 양2

406 **flute** [플루우트]: 〈← flare(blow)〉, 〈라틴어 → 프로방스어〉, 〈flageolet+lute?〉, 플루트, 〈입으로 부는〉 저, 피리, 홈(파기), 길쭉한 빵(술잔) 미2

407 **flut·ter** [플러터]: 〈← fleotan(float)〉, 〈영국어〉, 〈← fleet²〉, 퍼덕거리다, 펄럭이다, 두근거리다, 떨다, (나비의) 떼, 〈↔calm\halt〉 양1

408 **flux** [플럭스]: 〈← fluere〉, 〈라틴어〉, 흐름, 유출, 쏟아져 나옴, 〈갑작스런 다량의 'flow'〉, 〈↔stagnation\stability〉 양1

409 **fly¹** [플라이]: 〈← fleogan ← fluere(flow)〉, 〈라틴어 → 게르만어〉, '날다', 비행하다, 급히 가다, 없어지다, 〈대화가〉 통하다, 바지의 단추(zipper의 영국어), 〈↔remain\linger\fall\pause\drag〉 가1 양1

410 **fly²** [플라이]: 〈← fly¹〉, 〈게르만어〉, 파리, ('두 개의 날개'를 가진) 날벌레, (깃털로 만든 모기 모양의) 제물낚시 가1 미2

411 ★**fly-by-night** [플라이 바이 나잍]: (1796년에는 'witch'라는 뜻으로 등장했으나 1823년에 뜻이 바뀐 말), 야반도주, 〈~ gone to Texas〉, 〈↔glorious return〉 양2

412 ★**fly-o·ver** [플라이 오우붜]: 고가횡단 도로, 입체교차로, 공중분열식, 〈↔under-ground〉 양2

413 *__fly-sheet__ [플라이 쉬이트]: 〈흩날리는〉 광고지, 전단(간단한 전달문), 취지서 양2

414 *__fly-wheel__ [플라이 위일]: 속도 조절 바퀴(처음 시작할 때는 큰 힘이 필요하나 속도가 붙으면 관성으로 계속 돌아가는 묵직한 회전판), 장래를 바라보고 하는 초기 거액 투자 미2

415 *__FM__ (fre·quen·cy mod·u·la·tion): 빈도 조절, 주파수 변조(신호를 진폭을 일정하게 한 채 주파수의 변화로 변환해 송신하는 방법), 〈↔AM〉 무2

416 *__FMD__ (face mount·ed dis·play): 〈원래는 공군에서 개발된〉 안면 부착 표시(장치), goggle처럼 얼굴에 쓰고 대형 영상을 감상하는 〈증강현실 체험 도구〉, 〈~ HMD〉 미2

417 ★**FOAD** [호오드] (fuck off and die): '쓰발 놈(년)아! 뒈져버려' 미1

418 ★**FOAF** [호어후] (friend of a friend): 친구의 친구〈불확실한 정보의 출처〉 미2

419 **foam** [호움]: 〈← fam(spume)〉, 〈게르만어〉, '거품', 발포, 포말, 〈← froth〉, 〈↔powder〉 가1

420 ★**FOBI** [호우비이]: fear of being included, 산입공포증, 사회공포증, 사회 생활에 끼어드는 것을 두려워하는 증후군, 〈~ social phobia〉, 〈↔FOMO〉 미2

421 **fo·cus** [호우커스]: 〈라틴어〉, 〈가정에서 제일 중요한 hearth(화덕)를 비유해서 1604년에 조작된 수학용어〉, 초점(렌즈에서 빛이 반사·굴절하여 한곳으로 모이는 점), 중심(점), 집중, 진원, 병소, '대기소'〈대화창에서 다음번 타자를 기다리는 곳〉 가1

422 **fod·der** [화더]: 〈← fodus(food)〉, 〈게르만어〉, 사료, 꼴, 가축의 먹이, 〈~ feed〉, 〈~ poa〉 일2

423 **foe** [호우]: 〈ge+fah(enemy)〉, 〈게르만어〉, 적, 원수, 경쟁자, 장애, 〈→ feud〉, 〈↔friend\partner〉 일2

424 **fog** [휘어그]: 〈어원 불명의 영국어〉, spray, 안개, 혼미, 흐림, 〈~ mist〉, 〈→ foggy〉 기1

425 **foil** [훠일]: ①〈← folium(leaf)〉, 〈라틴어〉, '잎', 박, 금속 판지, 은박지, 잎 새김 장식, 연습용 칼 ②〈← fullo〉, 〈라틴어 → 프랑스어〉, 뒤엎다, 좌절시키다, 〈← full²〉, 〈↔assist〉 미2

426 **fold** [호울드]: 〈← fealden(wrap up)〉, 〈게르만어〉, '주름', 층, 접다, 감다, 안다, 싸다, 덮다, 〈~ crease\bend\over-lap〉, 〈↔un-fold\open\straighten\expand〉 일1

427 **fold-er** [호울더]: 접는 것(사람), 종이 끼우개, 접책, 칸막이 저장소 미2

428 **fo·li·age** [호울리이쥐]: 〈← folium(leaf)〉, 〈라틴어〉, (무성한) 잎, 엽질의 , 잎 장식 일2

429 **folk** [호우크]: 〈← folc(people)〉, 〈게르만어〉, 〈생활양식을 같이하는〉 '사람', 서민, 친척, 민속의, 〈↔classic\elite〉 일2

430 **folk-lore** [호우크 로일]: 〈영국어〉, 민속(학), 민간전승, 〈↔fact\truth〉 일2

431 **folk song** [호우크 써엉]: 민요 기2

432 **fol·low** [할로우]: 〈← folgian(go after)〉, 〈게르만어〉, '쫓다', 따르다, 이해하다, 응원하다, 〈↔dodge\pre-cede\lead\fore-go\guide〉 일1

433 ★**fol·low suit²** [할로우 쑤으트]: (방금 나온 패와) 같은 짝의 패를 내다, 남이 한 대로 따라 하다, 선례를 따르다, 〈~ emulate〉, 〈↔(be) creative\innovative〉 일2

434 **fol·low-up** [할로우 엎]: 뒤따름, 속행, 추적, 계속, 〈↔shorten\curtail〉 일2

435 *****fo·ma** [휘머]: 〈인공어〉, 〈Bokononism에서 얘기하는〉 '인간이 만들어 낸 믿음', (어쭙잖은 공상 소설에서 연유한) 〈모든 종교의 근간이 된다는〉 유익한 거짓말, 쌍둥이 우2

436 ★**FOMO** [호우모우] syn-drome: fear of missing out, 소외공포증, 〈↔FOBI〉 미2

437 **fond** [환드]: 〈← fonnen(act like a fool)〉, 〈영국어〉, 좋아하는, 다정한, 애정 있는, '어쭙잖은'〈말되네〉, 〈~ fun〉, 〈↔indifferent\averse〉 일2

438 **font** [환트]: 〈라틴어들〉 ①〈← fons(spring)〉, 〈'fountain'에서 받아 온 물을 담아 썼던〉 세례반, 석유통, 원천 ②〈← fundere(melt)〉, 〈주조된〉 활자체(문자·숫자·기호 등을 포함한 동일한 활자체의 한 벌), 〈~ type face\glyph〉 미1

439 *****font car·tridge** [환트 카아트뤼쥐]: 여러 가지 글꼴을 가진 인쇄용 ROM카드를 담고 있는 플라스틱 용기

440 **food** [후우드]: 〈← foda(nutriment)〉, 〈게르만어〉, 〈← feed〉, 식품, 양식, 영양물, 〈마시지 않는〉 먹이, 〈→ fodder〉, 〈~ nourishment\diet〉, 〈↔poison\drink〉 기2

441 ★**food-ba·by** [후우드 베이비]: 〈1990년대 말에 등장한 말〉, (밥을 많이 먹어서 볼록 솟아난) 똥배, 〈~ pot-belly〉 미2

442 **food court** [후우드 코어트]: 〈1956년 미국 미네소타에 처음 등장한〉 음식점 집합소, 식당 구역 미2

443 ★**food for thought** [후우드 훠어 쏘어트]: 〈1825년 영국 시인이 도입한 말〉, (깊이) 생각할 거리, 〈↔non-sense〉 일2

444 **fool** [후우울]: ⟨← follis(idiot)⟩, ⟨라틴어⟩, 바보, 멍청이, 허풍장이, 광대, ⟨골빈 놈⟩, ⟨↔wise\clever⟩ 가1

445 ★**fool's gold** [후우울즈 고울드]: ⟨노란색 때문에 금과 혼동되는⟩ '얼짜금', 황철석, (유황이 많이 포함된) 황동광, ⟨~ pyrite⟩, 빛 좋은 개살구, ⇒ acid test 양2

446 ★**fools rush in where an·gels fear to tread**: 천사들이 밟기를 꺼리는 곳에 바보들이 몰려든다, 하룻강아지 범 무서운 줄 모른다, ⟨↔look before you leap⟩ 생2

447 **foot** [훝]: ⟨← pad(go)⟩, ⟨산스크리트어 → 그리스어 → 게르만어⟩, ⟨몸통을 받쳐주는⟩ 발, '밑바닥', 걸음, 자, 30.3cm, 지면의 하단, ⟨(↔) hand⟩ 가1 우2

448 ★**foot-ball** [훝 버얼]: 미식축구, 럭비(영), 돌림빵, 함부로 취급되는 사람(물건) 미1 생2

449 **foot-hold** [훝 호울드]: 발판, 근거지, 기반, ⟨~ beach(bridge)-head⟩ 가1

450 **foot-ing** [훝팅]: 발밑, 발판, 기초, 발디딤, 터전, 기반, 뿌리내리기, 입회, 자격 양2

451 ★**foot-job** [훝 좝]: '족욥', 발가락으로 남성기를 애무해 주는 짓, ⟨↔hand-job⟩ 우2

452 **foot-lights** [훝 라이츠]: 각광, 밑 조명, ⟨~(↔)real light⟩, ⟨↔head-light⟩ 생2

453 ★**Foot Lock·er** [훝 라커]: 풋라커, 1974년에 설립되어 2001년 Woolworth사를 완전 인수한 미국의 ⟨세계적⟩ 신발·의류 판매업체 생2

454 **foot-man** [훝 먼]: 종복, (난로 앞 주전자를 받치는) 삼발이, 보병 양2

455 **foot-mark** [훝 마아크]: 발자국, 발자취, ⟨~ foot-print⟩ 가1

456 ★**foot-note** [훝 노우트]: 각주, 주석, ⟨↔header\head-line⟩ 가1

457 ★**foot-print** [훝 프린트]: 발자국, 흔적, 집기가 차지하는 영역, 지상수신 범위, ⟨↔hand-print⟩ 가1 미1

458 **foot-step** [훝 스탭]: 걸음걸이, 발소리, 발자국, 보폭, 층계 가1

459 **foot-work** [훝 워얼크]: 발놀림, 발 기술, 발로 뛰는 일 가1

460 *__for__ [훠어]: ⟨← pra(before)⟩, ⟨산스크리트어 → 리스어 → 게르만어⟩, ~을 위한, ~을 향하여, ~때문에, ~에 대해서, ~동안, ~만큼, ~대신에, 한 종류의 순환 고리를 나타내는 자판어 양1 우1

461 ★**for a song** [훠어 어 써엉]: ⟨노래 한 곡에 팔 듯⟩ 아주 싸게, 헐값으로 양2

462 **for-bear-ance** [훠어베어런스]: for(to)+beran⟨영국어⟩, ⟨← bear(참다)⟩, 삼감, 자제, 관용, 보류, 부도, 인내, 용서, ⟨~ endurance\tolerance⟩, ⟨↔agitation\impatience⟩ 생2

463 **for-bid** [훠비드]: for(against)+beodan(command)⟨영국어⟩, ⟨'bid'(입찰)로부터⟩ 금하다, 허락하지 않다, 방해하다, ⟨~ verboten⟩, ⟨~ veto⟩, ⟨↔allow\permit⟩ 미1

464 **force** [훠얼스]: ⟨← forlis(strong)⟩, ⟨라틴어⟩, '힘', 세력, 폭력, 무력, 영향력, 지배력, 병력, ⟨↔weakness⟩ 양1

465 **for-ceps** [훠얼셉스]: formus(hot)+capere(take), ⟨라틴어⟩, ⟨'뜨거운' 것을 집기 위한⟩ 족집게, 겸자, pincette, ⟨~ pincers\tongs⟩ 양1

466 *__force quit__ [훠얼스 퀴]: 강제 중지 ⟨얼어붙은 전산체제로부터 탈출하여 새로 시작하는 편이 나은 경우⟩ 미2

467 **ford** [훠어드]: ⟨게르만어⟩, '여울', 얕은 물, ⟨~ shallow⟩, ⟨→ fjord⟩ 양2

468 **fore** [훠어]: ⟨← foran(front)⟩, ⟨게르만어⟩, 앞의, 전방에, "공 간다!", ⟨~ before⟩, ⟨→ forth⟩, ⟨↔aft⟩ 생2

469 **fore-cast** [훠어 캐스트]: 예상, 예보, ⟨주사위를 던져서⟩ 미리 짐작해 보다, ⟨↔hind-sight⟩ 가2

470 **fore-clo·sure** [훠어 클로우져]: ⟨실체가 흘러가 버린⟩ 유질, 저당권 상실, 따돌림, ⟨~ short-sale⟩, ⟨↔allow⟩

471 **fore·fin·ger** [훠어 휭거]: 〈앞에 있는〉 집게손가락, 검지, index finger 〈기1〉

472 **fore-front** [훠어 후뤈트]: 최전방, 최전두, 〈↔back\rear-ward〉 〈기1〉

473 *****fore-ground** [훠어 그롸운드]: 전경, 최전면, 동시에 몇 개의 프로그램이 실행될 때 우선순위가 높은 프로그램이 먼저 실행되는 상태, 〈↔back-ground〉 〈영2〉〈미1〉

474 **fore-head** [훠어 헤드]: 이마, 앞부분, 〈↔back\rear\end〉 〈기1〉

475 **for·eign** [훠어륀]: 〈← foris(out of doors)〉, 〈라틴어〉, 〈문밖의〉, 외국의, 대외적, 관계없는, 낯선, 〈~ forest〉, 〈↔domestic〉 〈영2〉

476 **fore-man** [훠어 먼]: 〈선봉〉, 십장, 감독, 배심장, 공장장, 〈↔inferior\junior〉 〈영1〉

477 **fore-most** [훠어 모우스트]: '가장 앞에 있는', 최초의, 수위의, 선두의, 〈→ first〉, 〈↔last\minor〉 〈영2〉

478 **fo·ren·sic** [훠어뤤직]: 〈라틴어〉, 법정('forum')의, 법의학의, 변론적인, 〈↔un-rhetorical\ theoretical〉 〈영2〉

479 **fore-see** [훠어 씨이]: 예견하다, 내다보다, 미리 알다, 〈↔reflect\over-lock〉 〈영2〉

480 **fore-sight** [훠어 싸잍]: 선견, 예지, 선견지명, 조심, 〈~ long-sight〉, 〈↔hind-sight〉 〈영2〉

481 **for·est** [훠어뤼스트]: 〈← foris(out of doors)〉, 〈라틴어〉, 〈문밖에 있는〉 숲, 산림, 수목, 다량, 사냥터, 〈~ foreign〉

482 **fore-tell** [훠어 텔]: 예언하다, 예고하다〈~ predict\omen〉, 〈~ bode\presage〉, 〈↔conceal\ withhold〉 〈기1〉

483 **for-ev-er** [훠어뤠붜]: 〈영국어〉, 영구히, 언제나, 〈~ always\sempre〉, 〈↔never\seldom〉 〈기2〉

484 ★**for-ev-er chem·i·cal** [훠어뤠붜 케미컬]: (염료·세제·천·방부제 등 수백가지 상품에 포함되어) 〈인체나 환경에서 분해되지 않는〉 영구 화학물질, 〈~ PFAS\synthetic chemical〉 〈영2〉

485 ★**fore–warn-ed is fore–arm-ed**: 미리 경계하는 것이 미리 무장하는 것, 유비무환, 〈~ lay up for rainy days\one once of prevention is worth a pound of cure〉 〈영2〉

486 **for-feit** [훠어휱]: foris(out of doors)+facere(do), 〈라틴어〉, 〈문밖으로 빠져나간〉 상실, 박탈, 벌금, 몰수, 〈↔entreat\pre-empt\attain\proceeds〉 〈기1〉

487 **forge** [훠얼쥐]: 〈← faber(artisan)〉, 〈라틴어〉, 〈← fabric〉, 용광로, 제철소, (쇠를) 불리다, 꾸며대다, 안출하다, 날조하다, 〈← fabricate〉, 〈~ feign\adulterate〉, 〈↔remain\original〉 〈영1〉

488 **for-get** [훠겥]: forgot, forgotten, for(away)+gietan(get), 〈게르만어〉, 잊다, 생각이 안 나다, 빠뜨리다, 〈잡지 못하다〉, 〈↔remember〉 〈기1〉

489 **for-give** [훠기브]: for(away)+gifan(give), 〈게르만어〉, 용서하다, 탕감하다, '포기하다', 〈↔punish\ resent\reprise〉 〈기2〉

490 **fork** [훠얼크]: 〈← furca(branch)〉, 〈어원불명의 라틴어〉, 〈pitch·fork (쇠스랑)〉, 삼지창, 갈퀴, 갈래, 찍어 먹는 식탁 용구, 분기로, 지선, 〈↔spoon\join\inter-section〉 〈영2〉

491 ★**fork ball** [훠얼크 버얼]: 갈퀴공(야구에서 타자 가까이에 갑자기 떨어지는 공) 〈영1〉

492 ★**fork-ed-tongue** [훠얼크트 텅]: '갈라진 혀', 일구이언 〈영1〉

493 ★**fork-lift** [훠얼크 리후트]: 지게차(앞부분에 나와 있는 철판으로 짐을 들어 올리는 차) 〈무1〉

494 *****form** [훠엄]: 〈← forma(shape)〉, 〈라틴어〉, 〈만드는〉 틀, 모양, 형상, 형식, 모형, 격식, 사용자가 정보를 타자 치기 위해 비워 놓은 화면, 〈~ frame〉, 〈→ format\formula〉, 〈↔substance\disorder〉 〈영1〉〈무1〉

495 *****for·mat** [훠어맽]: 〈← formare(to shape)〉, 〈라틴어〉, 〈← form〉, 형, 체제, 형식, 틀 잡기(저장이나 현시하기 위한 정보를 정렬하는 방법), 〈↔disorder\mess〉 〈영1〉

496 **for·mer** [훠머]: ⟨← fore(before)⟩, ⟨영국어⟩, ⟨foremost+er⟩, 앞의, 이전의, ⟨↔future\prescent⟩ 기2

497 ***form fac·tor** [훠엄 훼터]: 형수(물체의 불균형을 막기 위한 형식 인자), 전산기 강성기기의 크기와 모양 중1

498 ***form feed** [훠엄 휘이드]: 서식이송(인쇄기에서 인쇄용지를 소정의 위치로 보내는 동작이나 그 단자) 미1

499 **for·mi·da·ble** [훠어미더블]: ⟨← formidare(to dread)⟩, ⟨라틴어⟩, ⟨← fear⟩, 무서운, 만만찮은, 굉장한, ⟨↔easy\weak⟩ 양2

500 **for·mu·la** [훠어뮤얼러]: ⟨라틴어⟩, ⟨← form⟩, '만들어진 원리', 식, 공식, 방식, 규격, 제조법, 관용 표현, ⟨↔deform\deviation⟩ 양1

501 **for-sake** [훠쎄이크]: for(away)+sacan(to strive), ⟨게르만어⟩, ⟨목적을⟩ 내버리다, 버리고 돌보지 않다, ⟨~ abandon\leave\quit⟩, ⟨↔acquire\hold out⟩ 양2

502 **fort** [호올트]: ⟨← fortis(strong)⟩, ⟨라틴어⟩, '힘이 집중된 곳', 보루, 성채, 요새, ⟨→ forte⟩, ⟨↔weak spot⟩ 기1

503 ***forth** [훠얼쓰]: fore(before)+th, ⟨게르만어⟩, 앞으로, 밖으로, 이후, 강성기기를 직접 조정하는 고수준 차림표 언어, ⟨↔behind\backward⟩ 양1 우1

504 ★**for the time be·ing**: 당장은, 당분간(은), ⟨↔then\before\permanently⟩ 미2

505 **forth-right** [훠얼쓰 롸잍]: 똑바로 앞으로, 단도직입적인, 솔직한, ⟨↔dishonest\furtive\secretive⟩ 양2

506 **for·ti·fy** [훠얼티 화이]: ⟨← fortis(strong)⟩, 강하게 하다, 요새화하다, ⟨↔weaken\dilute⟩ 양2

507 **for·ti·tude** [훠얼 티 튜우드]: ⟨← fortis(strong)⟩, '강함', 꿋꿋함, 강건함, 불요불굴, ⟨↔apathy\weakness⟩ 양2

508 **fort-night** [훠어트 나잍]: ⟨영국어⟩, fourteen nights, 2주일간 양2

509 **for·tress** [호올 트뤼스]: ⟨← fortis(strong)⟩, ⟨라틴어 → 프랑스어⟩, 요새(지), 성채, 견고한 곳 기1

510 ***For-tran** [훠얼트뢘]: ⟨영국어⟩, 포트란, formula translation, '전문 구절 해석', 과학·기술·계산용으로 쓰는 고급 전산기 언어 중2

511 **for·tune** [호어춘]: ⟨로마 신화의 'Fortuna'(운명의 여신)에서 유래한⟩ 운, 우연, 숙명, 행운, 재산, ⟨↔mis-fortune\destitution⟩ 양1

512 **for·tune cook·ie** \ ~ **cooky** [호어춘 쿠키]: 운수(점괘) 과자 미2

513 ★**for·tune knocks at eve·ry door**: 쥐구멍에도 볕들 날 있다, ⟨~ every dog has his day\every cloud has a silver lining⟩ 양2

514 **for·tune tell-er** [호어춘 텔러]: 점쟁이, 운명 철학가, ⟨~ augur\prophet⟩ 기1

515 **for·ty** [훠얼티]: feower(four)+tig(ten), ⟨게르만어⟩, 40, 사십 기1

516 **fo·rum** [훠어뤔]: ⟨← forus(gaming board)⟩, ⟨라틴어⟩, ⟨문밖의⟩ 공회장, 공개토론(회), 법정, ⟨→ forensic⟩, ⟨↔division\disunion⟩ 미2

517 **for·ward** [훠어워어드]: ⟨영국어⟩, forth+ward, 앞으로 (가!), 밖으로, 장래, 앞당겨, '전진'⟨전자우편을 잘 받아 보냈음⟩, ⟨↔back-ward⟩ 미1

518 ***for·ward com·pat·i·bil·i·ty** [훠어워어드 컴패터빌리티]: (신형기기와 서로 바꿔 쓸 수 있는) 순방향 호환성, up ward ~(상위 호환성)와 같은 말, ⟨↔backward compatibility⟩ 양1

519 ***for·ward one** [훠어워어드 원]: 한 단계 전진(어떤 항목을 추적하는 순서에서 한 단계 앞으로 나오게 하는 명령) 미1

520 ★**fo'shiz·zle** [훠어쉬즐]: 〈1996년 rap 음악에 등장한 미국어〉, for shizzle, 'for sure'를 힙합의 혼을 담아 발음한 말, 진짜!, 꼭! 영2

521 **fos·sil** [화씰]: 〈← fodere(dig)〉, 〈라틴어〉, 〈파서 얻은〉 화석, 시대에 뒤진, 〈↔modern\hipster〉 기1

522 **fos·ter** [훠스터]: 〈← foda〉, 〈게르만어〉, 〈'food'로〉 기르다, 양육하다, (수)양 ~, 〈↔neglect\suppress〉 영2

523 **fought** [훠어트]: fight의 과거·과거분사 기1

524 **foul** [화울]: 〈← ful(rotten)〉, 〈게르만어〉, 〈~ filth〉, 더러운, 비열한, 불쾌한, 나쁜, 반칙, 충돌, 〈↔fragrant\righteous〉 영1

525 **found** [화운드]: ①〈게르만어〉, find의 과거·과거분사, 〈↔lost〉 ②〈← fundus(bottom)〉, 〈라틴어〉, 기초를 세우다, 설립하다, 〈↔demolish\abolish〉 기1 영2

526 **foun·da·tion** [화운데이션]: 〈← fundus(bottom)〉, 〈라틴어〉, '기반 다지기', 창설, 기초, 기금, 재단, 기초 화장품, 〈↔dissolution\liquidation〉 영2

527 ★**found·ry** [화운드뤼]: 〈← fundare(lay the bottom)〉, 〈라틴어〉, 〈기본틀을 찍어내는〉 주물 (주조)소, 설계는 하지 않고 생산·실험만 하는 (반도체) 회사, fabricating plant, 〈~(↔)fab-less〉 영1 유1

528 **foun·tain** [화운튼]: 〈← fontis(spring)〉, 〈라틴어〉, 분수, '샘', 원천, (잉크나 기름의) 통, fontana(스페인어), 〈~ spring〉, 〈↔influx\drip〉

529 **foun·tain pen** [화운튼 펜]: '만년필', '샘 붓', 〈↔pencil\ball point pen〉 기2

530 **four** [훠어]: 〈← feower〉, 〈게르만어〉, 넷, 4, 사(한문으로 죽을 사 자가 연상되어 동양권의 건물에는 4층이 표시 안 된 곳이 있음), 〈quad〉 기1

531 **four-plex** [훠어 플렉스]: quad plex, 4중의, 4배의, 4가구용 공동주택 미1

532 *fourth gen·er·a·tion com·put·er: 〈대규모의 통합 회로를 이용한〉제4세대 전산기 기1

533 *fourth gen·er·a·tion lan·guage: 제4세대 언어(기계어어, 변환언어, 편찬언어에 이어 작업처리를 비절차적으로 기술하는 즉 인간이 하는 말과 더 비슷한 언어체계) 기1

534 ★**Fourth World** [훠어쓰 워얼드]: 제4세계, 자원이나 자본·기술도 없는 후진(발전도상)국 기1

535 **fowl** [화울]: 〈← fuglaz(bird)〉, 〈게르만어〉, 닭, 가금, '새', 〈flyer〉 영1

536 **fox** [확스]: 〈← fuhsaz(thick haired tail)〉, 〈게르만어〉, 〈'털이 많은 꼬리를 가진'〉 (수)여우〈잡히지 않으려고 갖은 꾀를 쓰는 것을 잡는 재미로 하는 사냥감〉, 〈(곰)을 가지고 노는〉 (암)여우, 교활한 사람, 속이다, (색깔·맛)을 변하게 하다 영2

537 ★**fox guard·ing the hens**: 고양이한테 생선 맡기기, 〈~ wolf guarding the sheep〉 영2

538 ★**fox-hole** [확스 호울]: '여우 굴', 1인용 참호, 은신처 영1

539 ★**fox-y** [확시]: 여우 같은, 적갈색의, 변색한, 매력적인, 〈↔innocent\guile-less〉 영2

540 *frac·tal graph·ics [후뤡틀 그래휙스]: '미세 도안'(복잡하거나 아름다운 무늬를 나타내는 기법) 유1

541 **frac·tion** [후뢕션]: 〈← frangere(break)〉, 〈라틴어〉, '쪼개진 수', 파편, 소량, 우수리, 분수, 〈↔entirety\whole\ensemble〉, 〈진분수는 proper fraction\가분수는 improper fraction〉 영1

542 **frac·ture** [후뢕춰]: 〈← trangere(break)〉, 〈라틴어〉, '부서짐', 분쇄, 좌절, 갈라진 금, 분열, 골절, 〈↔fix\bind〉 영1

543 **frag·ile** [후래쥘 \ 후래좌일]: 〈← frangere(break)〉, 〈라틴어〉, 망가지기 쉬운, '깨지기 쉬운', 허약한, 덧없는, 〈~ friable\frail〉, 〈↔in-frangible\sturdy〉 영2

544 **frag·ment** [후래그먼트]: 〈← frangere(break)〉, 〈라틴어〉, 파편, 〈깨진〉 조각, 부스러기, 〈↔total\whole〉 영1

545 **fra·grant** [후뢰이그륀트]: ⟨← fragrare(emit an ondor)⟩, ⟨라틴어⟩, '향기로운', 유쾌한, ⟨~ flair\flavor⟩, ⟨~scent\perfume⟩, ⟨↔fetid\smelly\noi-some⟩ 영2

546 **frail** [후뤠일]: ⟨← fragilis(brittle)⟩, ⟨라틴어⟩, 무른, 부서지기 쉬운⟨fragile⟩, 약한, ⟨↔solid\strong⟩ 영2

547 **frame** [후뤠임]: ⟨← fram(strong)⟩, ⟨게르만어⟩, 뼈대, 구조, 체력, 틀, 기분, (한) 화면, 짜임, 테, ⟨~ form⟩, ⟨↔inside\dismantle⟩ 영1 미2

548 *****frame-grab·ber** [후뤠임 그래버]: '화상 잡이'(연속적으로 흘러가는 화상 중 한 장면을 잡아내는 장치) 영1

549 *****frame-HTML** (hy·per-text mark-up lan·guage): (화면에서 독립적으로 움직일 수 있는) '초문본 표지 언어 틀' 영1

550 *****frames per sec·ond** \ FPS: frame rate, 초당 나타나는 화면(동영상이 나타나는 속도-미국 TV는 보통 30fps로 나타남), ⟨~(↔)re-fresh rate⟩ 영1

551 ★**fram·ing** [후뤠이밍]: 구성, 획책, 어떤 사건이나 인물을 정형(상투)적 틀에 짜맞추기, (흉계) 꾸미기 미2

552 *****fram·ing er·ror** [후뤠이밍 에뤄]: '틀짜기 오류'(주로 속도 조절 미숙으로 인한 불필 전송에 따른 오자가 나타나는 현상) 영1

553 **franc** [후뢩크]: ⟨← francus(free)⟩, ⟨라틴어⟩, 프랑(프랑스·벨기에·스위스·룩셈브루크 등에서 쓰던 화폐 단위) 수2

554 **fran·chise** [후뢘챠이즈]: ⟨← franc(free)⟩, ⟨프랑스어⟩, ⟨자유로운⟩ 참정권, 특권, 관할권, 총판권, ⟨자치권⟩, ~ frank\free⟩, ⟨↔dis-enfranchise-ment\dis-agree-ment\duty⟩ 영1

555 **frank** [후뢩크]: ⟨← francus(free)⟩, ⟨라틴어⟩ ①⟨Frank족이 자유민이었던 것에서 연유한⟩ 솔직한, 숨김 없는, 명백한, ⟨~ straightforward\point-blank⟩, ⟨↔dis-honest\secretive⟩ ②출입의 자유를 허가하다, 무료로 수송하다, 무사통관 ③Frankfurt 소시지 가1 수2

556 ★**Frank·en food** [후뢩큰 후우드]: Frankenstein+food, '괴물 식품', 유전자 조작 식품, GMO, ⟨~ novel food⟩, ⟨↔natural food⟩ 영1

557 **Frank·en-stein** [후뢩컨스타인]: ⟨독일어⟩, free stone, '강철 같은 자유인', 프랑켄슈타인, 자기가 만든 괴물에 의해 파멸된 동명의 소설 속의 주인공(과학자) 영1

558 **fran·tic** [후뢘틱]: ⟨← phrenitis(inflammation of mind)⟩, ⟨그리스어 → 프랑스어⟩, '광란의', 미친, 굉장한, 멋진, ⟨~ frenetic\frenzy⟩, ⟨↔calm\collected⟩ 가1

559 *****frap-puc·ci·no** [후뢔푸취이노우]: frappe(milk shake)+cappuccino, 1995년 Starbucks사가 출시한 병에 든 냉우유 커피(상품명) 수2

560 **fra·ter·ni·ty** [후뢔터어니티], **frat**: ⟨← frater(brother)⟩, ⟨라틴어⟩, '형제' 사이, 우애, 남학생 사교 단체, ⟨↔sorority⟩ 미2

561 ★**frat-hole** [후뢭 호울]: fraternity+asshole, ⟨미국 대학생 속어⟩, ⟨너무 난체해서⟩ 보기 싫은 놈, 지겨운 놈, ⟨~ brown-eye⟩ 영1

562 *****f-ra·tio** [에후 뤠이쇼우]: ①(통계학에서) R. 'Fisher'가 주장한 두 평균 자승치의 비율로 1에 가까울수록 정확함, ②(사진 촬영에서) ⟨명암을 조정하기 위해⟩ 사진기 렌즈의 초점거리('focal' length)를 열린 조리개의 지름(lense diameter)으로 나눈 숫자 수2

563 **fraud** [후뢰어드]: ⟨← fraudis(cheating)⟩, ⟨어원 불명의 라틴어⟩, 사기, 협잡, 부정 수단, ⟨~ false⟩, ⟨↔honesty\genuine⟩ 가2

564 **fraught** [후뢔어트]: ⟨← vracht(load)⟩, ⟨게르만어 → 네덜란드어⟩, ⟨'freight'로⟩ 충만한, 고민하는, 난처한, 위험한, ⟨↔void\calm⟩ 영2

565 **fray** [후뤠이]: ⟨라틴어⟩ ①⟨← fricare(rub)⟩, ⟨문질러⟩ 닳게 하다, 비비다, 소모시키다, ⟨→ fry²⟩, ⟨~ worn\thread-bare⟩, ⟨↔renew\strengthen⟩ ②⟨← affray(noisy quarrel)⟩, ⟨티격태격하는⟩ 싸움, 난투, 공포, ⟨↔truce⟩ 영2

566 **FRB**: ⇒ Federal Reserve Bank(Board) 미2

567 ★**freak** [후뤼이크]: ⟨← frican(dance)?⟩, ⟨1560년대에 등장한 어원 불명의 영국어⟩, 변덕스러움, 기형의 인간, 열중한 사람, ⟨↔nomal\average⟩ 영2

568 ★**freak flag** [후뤼이크 훌래그]: '요상한 깃발', 독특한 개성, 귀재 영2

569 **freck·le** [후뤠클]: ⟨← fraken(scattered)⟩, ⟨북구어⟩, 주근깨⟨까맣게 죽은 깨⟩, ⟨흩어진⟩ 반점, 기미, ⟨~ sun-spot⟩ 영1

570 ★**freak out** [후뤼이크 아웉]: (환각제로) 마비되다, 이성을 잃다, 지랄 떨다, ⟨↔balanced\calm⟩ 영2

571 **free** [후뤼이]: ⟨← priya(own)⟩, ⟨산스크리트어 → 게르만어⟩, ⟨← frig(unbonded)⟩, '속박되지 않은', 자유로운, 무료의, 한가한, ⟨미국인들이 두 번째로 좋아하는 단어⟩, ⟨~ friend\favor\fond⟩, ⟨↔captive\expensive⟩ 영2

572 ★**free-bie** [후뤼이비]: ⟨1920년대에 등장한 미국어⟩, 공짜, 덤, 경품, 우대권 미2

573 ★**free-boot-er** [후뤼이 부터r]: filibuster, ⟨돈 내지 않고 가져가는⟩ 약탈자, 해적, ⟨공짜로⟩ 전산망을 갈취하는 자 영2 미2

574 **free-dom** [후뤼이덤]: 자유, 자주, 해방, ⟨나이가 들면서 바람직한 것만은 아니라는 생각이 드는 말⟩, ⟨↔duress⟩ 영1

575 ★**free-gan** [후뤼이 건]: free+vegan, ⟨식품을 사지 않고⟩ 폐기될 음식만 구해 먹는 '무료 채식주의자' 영1

576 **free-lance** [후뤼이 랜스]: free+lance(spear), 자유로운 창잡이, 무소속, 자유계약의, 독자적인, (중세기의) 용병, ⟨잘못하면 물주도 찌를 수 있는⟩ 영주에 소속되지 않은 기사, ⟨~ freeter⟩, ⟨↔employed⟩ 미1

577 ★**free-mi·um** [후뤼이미엄]: free+premium, '무료할증', 기본은 무료로 추가는 유료로 받는 ⟨눈 가리고 아웅하는⟩ 판매전략 영2

578 ★**free ride** [후뤼이 롸이드]: 무임승차, 공짜, 힘들지 않게 얻은 이익 영1 미2

579 ★**free-ter** [후뤼이터r]: free+arbeiter, 자유 노동자, 비정규 할부 근로자, ⟨~ free-lance⟩, ⟨원래는 일을 하다 말다 하는 일본의 젊은이를 일컫던 말⟩ 미2

580 **free trade** [후뤼이 트뤠이드]: 자유무역, 무통제 교역, ⟨↔protectionism\tariff barriers⟩ 영1

581 ★**free-ware** [후뤼이 웨어r]: '무료 기기', 무료로 배포되는 누구나 쓸 수 있는 연성기기 미2

582 **free-way** [후뤼이 웨이]: Fwy, 고속도로, 무료 간선도로, '자유도로', ⟨~ high-way⟩, ⟨↔back-road\by-way⟩ 영1

583 **freeze** [후뤼이즈]: ⟨← freosan(turn to ice)⟩, ⟨게르만어⟩, ⟨← frost⟩, 얼다, 동결하다, 붙박아 놓다, ⟨꼼짝 말아!⟩, ⟨↔boil\furnace\bake⟩ 영2

584 *****freeze date** [후뤼이즈 데이트]: 동결 날짜(전산기에서 연성기기 과제의 명세 조건을 바꿀 수 있는 마지막 날) 미2

585 **freight** [후뤠잍]: ⟨← vracht(cargo of a ship)⟩, ⟨게르만어 → 네딜란드어⟩, ⟨배에 싣는⟩ '화물', 운송료, 화물 수송기(차·배), ⟨→ fraught⟩, ⟨~(↔)truck⟩, ⟨↔retain\unload⟩ 영2

586 **French** [후뤤취]: ⟨← Frank⟩, 프랑스(사람·말)의, (영국의 입장에서 본) ⟨천한 말⟩, 상소리, 구강성교, ⟨~ profane(vulgar) language⟩, ⟨~ oral sex⟩ 영2 미2

587 **French doors(win·dows)** [후뤤취 도어즈(윈도우즈)]: ⟨르네상스시대 집 안에 빛을 많이 들이려고 고안한⟩ 프랑스풍 좌우 여닫이문(창), ⟨~ double door\casement⟩ 영2

588 **French dress·ing** [후뤤취 드뤠싱]: 〈미국에서 개발한〉 올리브유·식초·소금·향료를 섞은 야채 양념, 〈프랑스에서는 vinaigrette라 함〉 **중2**

589 **French fries** [후뤤취 후롸이즈]: 〈1차 대전 시 벨기에 주둔 미군이 겨울식품으로 개발한〉 개비 모양의 감자튀김, 프랑스에서는 그냥 pommes frites(potato fries)라 함 **중2**

590 ★**french·ing** [후뤤 췽]: '프랑스식'으로 〈과장하는〉 ① 혀키스 ②〈자동차 부품의〉 때빼기·광내기 ③〈접시에 놓을 때 예쁘게 보이려고 하는〉 〈갈비살의〉 뼈 다듬기 **양2**

591 ★**French leave** [후뤤취 리이브]: 인사 없이 떠나기, 살짝 자리 뜨기, 〈싸가지 없는 프랑스 연놈들처럼 계산도 안 하고〉 증발해 버리기 **유1**

592 ★**French tick·ler** [후뤤취 티클러]: 〈색을 밝히는 프랑스 놈이나 사용하는〉 돌기물이 붙은 콘돔 **중2**

593 ★**fren·e·my** [후뤠너미]: 〈1953년에 소련과 미국의 관계를 빗대어서 미국 기자가 만든 말〉, friend+enemy, 친구 겸 적, 나쁜 친구, 가끔 미운 짓을 하는 친구, '오월동주', '웬수' **양2**

594 **fren·zy** [후뤤지]: 〈← phrenitis(inflamation of mind)〉, 〈그리스어〉, '제정신이 아닌', 열광한, 격앙한, 격분한, 〈~ frantic\frenetic〉, 〈↔sane\still\tranquility〉 **고2**

595 **fre·quent** [후뤼이퀀트]: 〈← frequens(crowded)〉, 〈어원 불명의 라틴어〉, 빈번한, 상습적인, 수많은, 자주, 〈↔rare\seldom〉 **가1**

596 **fresh** [후뤠쉬]: 〈← frisc(lively)〉, 〈게르만어〉, '깨끗한', 마실 수 있는, 새로운, 싱싱한, 생기 있는, 경험 없는, 소금기 없는, 건방진, 〈→ fresco〉, 〈↔putrid\stale〉 **가1**

597 **fresh·man** [후뤠쉬 먼]: 1학년생, 신입생, 신입자, 〈~ green-horn〉, 〈↔senior\veteran〉 **가1**

598 ★**fresh·man 15** [후뤠쉬맨 휘후티인]: '신입생 비만'〈대학 초년생들이 기숙사 생활을 하면서 속성음식을 많이 먹어 15파운드 정도 몸무게가 증가함을 비유함〉 **미2**

599 **fret**¹ [후뤹]: 〈← fricare(rub)〉, 〈라틴어〉, 〈← friction〉, 초조하게 하다, 안달이 나다, 짜증이 나다, 〈~ anxiety\worry〉, 〈↔appease\pacify〉 **가1**

600 **fric·tion** [후뤽션]: 〈← fricare(rub)〉, 〈라틴어〉, '마찰', 알력, 불화, 〈→ fret'〉, 〈↔accord\harmony〉 **가2**

601 **Fri·day** [후롸이 데이]: 프라이 데이, 금요일, 〈부부애의 여신 Frigg(북구신화에서 goddess of love)의 날〉, '사랑의 날', 〈교수형 집행일〉, 예수가 십자가에 못 박힌 날, 아담이 만들어진 날 **가1**

602 **friend** [후뤤드]: 〈← freogan(love)〉, 〈게르만어〉, 벗, 친구, 지지자, 자기편, 동반자, 〈적을 사랑으로 감화시킨 자〉, 〈free·favor·fond 등이 내포된 말〉, 〈↔enemy\foe〉 **가2**

603 ★**friend·ca·tion** [후뤤드케이션]: 친구(들)과 같이 가는 여행 **미2**

604 *****friend-ly name** [후뤤들리 네임]: 친근한 이름(전산망에서 한 가지를 지칭하는 여러 개의 의미 있는 이름들) **미2**

605 ★**friend-ly re·mind-er** [후뤤들리 뤼마인더]: 친절한 상기(조언), 〈친구로서의〉 최후통첩 **미2**

606 ★**Friends–giv·ing** [후뤤즈 기빙]: 〈가족 대신〉 친한 친구들과 보내는 Thanks·giving(추수 감사절), '친구 감사절' **미2**

607 ★**friend zone** [후뤤드 죠운]: 친구 사이, (연애하는 사이가 아닌) '친구 지대', 〈선을 넘으면 안 되는〉 우정 구역 **미2**

608 **fright·en** [후롸이튼]: 〈← faurhtei(terror)〉, 〈게르만어〉, 두려워하게 하다, 놀라게 하다, 〈← fright ← fear〉, 〈↔reassure\comfort〉 **가1**

609 **frig·id** [후뤼쥐드]: 〈← frigere〉, 〈'cold'의 라틴어〉, '추운', 냉담한, 딱딱한, (여성) 불감증인, 〈↔hot\passionate〉 **중2**

610 **frill** [후륄]: 〈← fraise(ruff)〉, 〈어원 불명의 플랑드르어〉, 〈앞가슴의〉 주름 장식(jabot), 목털, 지나친 멋, 겉치레, 순수함, 〈↔essential\necessity〉 **양1**

611 **fringe** [후륀쥐]: ⟨← fimbria(threads)⟩, ⟨라틴어⟩, ⟨fiber로 만든⟩ 술(장식), 가장자리, 이마에 드린 앞머리, 더부룩한 털, 초보적 지식, 과격파 단체, ⟨~ tassel\trim⟩, ⟨~ brink\edge⟩, ⟨↔middle⟩ 양2 미2

612 ★**fringe ben·e·fit** [후륀쥐 베니휠]: ⟨2차대전 때 미국 정부가 주조한 말⟩, 부가 급부(본급 외에 유급휴가·건강보험·연금 따위의 혜택) 양2

613 ★**fringe time** [후륀쥐 타임]: ⟨1971년 미 연방 통신 위원회가 제정한⟩ '외변 시간'(황금 시간대 전후의 방송 시간대), ⟨↔prime(golden) time⟩ 미2

614 **friv·o·lous** [후뤼벌러스]: ⟨← frivolus(silly)⟩, ⟨라틴어⟩, '바보 같은', 경솔한, 들뜬, 시시한, ⟨~ trifle¹\light⁵⟩, ⟨~ fraiable\giddy⟩, ⟨↔earnest\august\solemn\stately⟩ 2가

615 **fro** [후로우]: ⟨← fra(backward)⟩, ⟨북구어⟩, 저쪽으로, 저리, ⟨← from⟩, ⟨↔to⟩, ⇒ to and fro 2가1

616 **frock** [후롹]: ⟨← froc(cloak)⟩, ⟨어원 불명의 게르만어 → 라틴어 → 프랑스어⟩ 상하가 붙은 여성복, 작업복, 성직자의 옷 양1

617 **frog** [후뤄어그]: ⟨← frogga⟩, ⟨게르만어⟩, ⟨frog ~ frog 하고 우는⟩개구리, 맹추, 홈이 있는 것, 가슴 장식(단추), ⟨산스크리트어 provate(hops)에서 연유했다는 설도 있음, ⟨~ toad⟩ 2가1 미1

618 **frol·ic** [후롤릭]: vro(happy)+lijc, ⟨← vroolijk⟩, ⟨네덜란드어⟩, ⟨개구리(frog?)같이⟩ 떠들며 놀다, 장난치다, 까불다, ⟨~ jump around\romp⟩, ⟨↔refrain\seriousness⟩ 양1

619 **from** [후륌]: ⟨← fram(forth)⟩, ⟨북구어⟩, ~에서(부터), ~으로(인하여), ⟨→ fro⟩, ⟨↔to⟩ 2가1

620 ★**from bad to worse**: 갈수록 태산, ⟨~ get worse and worse\out of frying pan into the fire⟩ 양2

621 ★**fron·king** [후롼킹]: ⟨2014년에 등장한 미국 속어⟩, ⟨'fart+drinking'⟩, '방귀 깨물기', 물 속에서 방귀를 뀌고 그 거품을 깨물어 먹는 ⟨아주 고상한⟩ 장난 유1

622 **front** [후륀트]: ⟨← frontem(brow)⟩, ⟨라틴어⟩, ⟨← frons⟩, ⟨얼굴의⟩ 앞, 이마⟨fore·head⟩, 전선, 전반(의), 현저한, ⟨→ affront⟩, ⟨↔back\rear⟩ 2가1

623 **front desk** [후륀트 데스크]: 접수대, 안내대 양2

624 *__front-end__ [후륀트 엔드]: 전단⟨앞으로 나온 단자⟩, 중간 주파수 변환부(수신기로부터 전파를 선택·증폭하여 중간 주파수로 바꾸는 부분), '접근 기기'(사용자가 다른 전산기기와 통신할 수 있게 도와주는 기기), ⟨↔back-end⟩ 미2

625 **fron·tier** [후륀티어]: ⟨← frontis(front)⟩, ⟨라틴어⟩, 국경, 변경, 전방지역, 미개척지, ⟨↔center\interior⟩ 양2

626 **fron·tis·piece** [후륀티스피이스]: 정면, 장식 벽, 권두 삽화, 얼굴 양2

627 **front-line** [후륀트 라인]: 최전선, 최첨단, 제1선 양2

628 ★**front mon·ey** [후륀트 머니]: 착수금, 전도금, ⟨~ earnest money\hand money⟩ 2가2

629 **frost** [후뤄어스트]: ⟨← freosan(freeze)⟩, ⟨게르만어⟩, '서리', 강상, 동장군, 냉담, ⟨→ freeze⟩, ⟨↔dew⟩ 2가1 양1

630 **frost-bite** [후뤄어스트 바이트]: 동상, ⟨↔heat rash⟩ 2가2

631 **froth** [후뤄어쓰]: ⟨← frotha(spume)⟩, ⟨게르만어에서 유래한 북구어⟩, 거품, 시시한 것, 객담, '게거품'(full of 'foam'), ⟨↔powder⟩ 양2

632 **frown** [후롸운]: ⟨← froigne(surly look)⟩, ⟨켈트어⟩, 눈살을 찌푸리다, 난색을 표시하다, 우거지상, ⟨찌푸린 표정⟩, ⟨↔smile⟩ 2가1

633 ★**fro-yo** [후로우 요우]: frozen yogurt, 냉동 요구르트 제품 유2

634 **froze** [후로우즈]: freeze의 과거 양2

635 **fro·zen** [후로우즌]: freeze의 과거분사, 언, 냉동한, 차가운, 움츠린, 동결된 양2

636　**fru·gal** [후루우걸]: ⟨← frux(virtuous)⟩, ⟨라틴어⟩, ⟨'fruit'이 익어 가듯⟩ 검약한, 소박한, ⟨~ thrift\prudent⟩, ⟨↔extra vagant\avarice\prodigal⟩ 기2

637　**fruit** [후루우트]: ⟨← fructus(enjoyment)⟩, ⟨라틴어⟩, 과일, ⟨즐길 만한⟩ 수확물, 성과, 수익, 자손, ⟨프랑스에서는 [후뤼이]라고 발음함⟩, ⟨← frugal⟩ 기1

638　★**fruit-cake** [후루우트 케이크]: 마른 과일이 들어간 양과자, 골빈 놈, 미친 놈, 얼뜨기, 남자 동성 연애자, ⟨↔sane\conformist⟩ 미2

639　**frus·tra·tion** [후뤼스트뤠이션]: ⟨← frustra(in vain)⟩, ⟨라틴어⟩, '실망', '속상함', 좌절, 실패, 욕구불만, 계약의 불이행, ⟨~ baffle-ment\annoyance⟩, ⟨↔satisfaction\pleasure⟩ 기1

640　**fry¹** [후롸이]: ⟨← bhraji(roast)⟩, ⟨산스크리트어 → 그리스어 → 라틴어⟩, ⟨← frigere⟩, (기름에) '튀기다', 볶다, (햇볕에) 타다, ⟨↔freeze\dampen⟩ 기1

641　**fry**(ing)**-pan** [후롸이(잉) 팬]: 튀김 냄비, 튀김 철판, 튀김 석쇠, ⟨↔sauce-pan⟩ 영2

642　★**FS (for sale)**: 판매용, 매물 미2

643　★**FSB**: Federalnaya Sluzhhba Bezopashosti (Federal Security Service), (러시아의) 국가안전국, KGB의 1993년부터의 새로운 명칭 미2

644　**FTA**: ⇒ Free Trade Agreement 미2

645　★**fu·bar** [휴우바알]: ⟨1943년 이차대전에 참전한 미군이 만든 군사용어⟩, 'fouled(fucked) up beyond all recognition(repair), 뒤죽박죽, 대혼란, ⟨↔functional\operating⟩ 양2

646　**fuck** [휄]: ⟨게르만어⟩, ⟨의성어?⟩, 씹할다, 실패하다, 망치다, 우라질, ⟨1795~1965년간 영어사전에서 빠졌던 단어⟩, ⟨미국인들이 세 번째로 좋아하는 단어⟩, ⟨~ screw⟩, ⟨↔un-fuck\self-denial(이 말은 편자가 접립한 200여개의 반대말 중에 제일 맘에 드는 이의어임-thank God이란 말을 제치고-)⟩ 양2

647　★**fucked out** [훨트 아웉]: ⟨너무 씹을 많이 해서⟩ 지친, 늙어 빠진 양2

648　★**fucked up** [훸트 엎]: ⟨조준을 잘 못해서⟩ 실패하다(당하다), 망치다, ⟨사실은 fucked down이라고 해야 되는 것이 아닌지(?)⟩, ⟨↔tango down⟩ 양2

649　**fuck you** [훸큐우]: '쓰발놈아!', '네미씨발!', '뒈져버려!', ⟨↔God bless you\hotep⟩ 양2

650　★**FUD (fear-un·cer·tain·ty-doubt) fac·tor**: ⟨잘 모르는 상대한테 데이트 신청을 받았을 때⟩ 공포·불확실성·의문(요소), ⟨경쟁 상품을 취득하려는 고객에게 쓰는 작전⟩ 미2

651　★**fudge fac·tor** [훨쥐 훽터]: 오차(범위), 실패를 예상하고 여유를 두는 일 양2

652　**fu·el** [휴우얼]: ⟨← focus(hearth)⟩, ⟨라틴어⟩, 연료, '기름', 장작, 자극하다, 부추기다, ⟨↔un-energize\stifle⟩ 기1

653　★**fu·ga·zi** [휴게이쥐이]: ⟨미국 속어⟩ ①⟨이탈리아계 뉴욕인들이 즐겨 쓰던⟩ fake(가짜)의 우아한 말 ②'fucked-up-got ambushed-zipped in', (숲속에 포위되어) 꼼짝달싹 못하는 상태, ⟨한국전·월남전에서 미군이 사용하던 말⟩ 영2

654　**fu·gi·tive** [휴우쥐티브]: ⟨← pheugein(flee)⟩, ⟨그리스어 → 라틴어⟩, ⟨← fugere⟩, 도망치는, 일시적인, 덧없는, 도주자, 망명자, ⟨~ escapee\refugee⟩, ⟨~ flee\flight⟩, ⟨↔confronting\lasting\leader⟩ 기2

655　**ful-fil**(l) [훌휠]: ⟨게르만어⟩, full+fill, 이행하다, 마치다, 충족시키다, ⟨↔fail\neglect⟩ 기1

656　**full¹** [훌]: ⟨← ful(entire)⟩, ⟨게르만어⟩, '가득 찬', 충만한, 최대한의, 완전한, 같은 (친) 부모의, ⟨~ fill⟩, ⟨↔empty⟩ 기2

657　*****full add·er** [훌 애더]: ⟨3개의 한자리 2진법 숫자를 받아들여 2개의 출력을 내는 논리회로의⟩ 전(체)가산기 미2

658　**full-blown** [훌 블로운]: 만발한, 성숙한, ⟨↔partial\young⟩ 기2

659 ★**full-fledged** [훌 훌렡쥐드]: 깃털이 다 난, 충분히 성숙한, 어엿한, ⟨↔young\juvenile⟩ 영2

660 ★**full house** [훌 하우스]: 만원, 이기게 되는 패의 짝 맞춤, (포커에서) 같은 등급이 3장·2장씩 모아진 패 가2 우2

661 ★**full of one-self** [훌 어브 원쎌후]: 자신만만한, 거만한, ⟨~ arrogant\put on airs⟩, ⟨↔humble\modest⟩ 영2

662 **full-scale** [훌 스케일]: 실물 크기의, 전면적인, 본격적인, ⟨↔empty\small scale⟩ 가1

663 *****full-screen mode** [훌 스크린 모우드]: 전 화면 방식(화면 전체를 사용하는 형태로 응용체제가 실행되는 방식) 영2

664 ★**full send** [훌 쎈드]: ⟨1990년대에 등장한 등산 용어에서 연유한 전산망 속어⟩, 강력한, 아낌없는, 죽기살기, ⟨~ full-throttle\hard-core⟩ 영2

665 **full-size** [훌 싸이즈]: 보통(표준) 규격의, 등신대의, ⟨~ normal size⟩ 영1

666 *****full-text search** [훌 텍스트 써어취]: 전문 탐색(필요한 자료를 찾기 위해 모든 문구를 검색하는 일) 미2

667 **fum·ble** [훰블]: ⟨← fommelen(grope)⟩, ⟨게르만어⟩, '더듬다' 만지작거리다, 서투르게 다루다, 더듬질, 헛잡기, ⟨↔manage\succeed⟩, ⟨↔handle⟩ 영2

668 **fume** [휴움]: ⟨← fumus(steam)⟩, ⟨라틴어⟩, 증기, 연무, 노여움, ⟨~ smoke⟩ 영1

669 **fu·mi·ga·tion** [휴우미게이션]: fumus(steam)+agere(do), 훈증(소독), 그을림 영1

670 **fun** [훤]: ⟨← fonnen(gay play)⟩, ⟨영국어⟩, 즐거움, 재미, 장난, ⟨fool과 fond의 중간쯤 되는⟩ 우스개, ⟨↔bore-dom\misery⟩ 영1

671 **func·tion** [훵션]: ⟨← fungi(perform)⟩, ⟨라틴어⟩, '기능', 구실, 의식, 직무, 함수, 기능의 기본적 조작(명령), ⟨↔mal-function\cause⟩ 가1 미2

672 **fund** [훤드]: ⟨← fundus(bottom)⟩, ⟨라틴어⟩, '기초' 자금, 기금, 축적, ⟨~ foundation⟩, ⟨↔de-fund\debt⟩ 가2

673 **fun·da·men·tal** [훤더맨틀]: ⟨← fundus(bottom)⟩, ⟨라틴어⟩, '기반을 이루는', 기초의, 근본적, 필수의, 원칙, 바탕, ⟨↔secondary\advanced⟩ 영2

674 **fu·ner·al** [휴우너뤌]: ⟨← funus(burial)⟩, ⟨라틴어⟩, ⟨시체를 처리하는⟩ 장례(식), 영결(식), ⟨↔ex-humation\birth⟩ 영2

675 ★**fun-fla-tion** [훤 훌레이션]: (공연·놀이동산 등) 오락 비용의 급등으로 인한 통화 팽창, '즐기는 물가상승' 미2

676 **fun·gus \ fun·gi** [훵거스 \ 훤쟈이]: ⟨라틴어⟩, mushroom, ⟨해면체의⟩ 곰팡이, '버섯', 균류(뿌리·줄기·잎·엽록소가 없는 단순 식물들) 미1

677 ★**funk²** [훵크]: ⟨17세기 말에 등장한 프랑스어?⟩, (퀴퀴한) '악취(tobacco smoke)', ⟨소박한 블루스풍의 재즈에서 강력한 음률의 록으로 바꾸어 온⟩ '펑크' 음악(1959년 funky에서 떨어져 나온 말)' 가1 수2

678 **fun·nel** [훠늘]: in+fundere(pour), ⟨라틴어⟩, ⟨속으로 따르는⟩ 깔때기, 굴뚝, 통풍통, 채광통, ⟨~ tunnel⟩ 영1

679 ★**fun-sum-er** [훤 슈우머]: fun+consumer, 'pleasure buyer', '도락 소비꾼', 재미로 물건을 사는 사람(콩글리시) 우2

680 ★**fun-ter·ven·tion** [훤 터뷀션]: fun+intervention, '재미 삽입', 사회생활의 차단으로 오는 지루함우울증 치료로 새로운 취미를 추구하는 ⟨재미 찾기⟩, ⟨Covid-19 후에 떠오르는 말⟩ 영2

681 ★**fun-ware** [훤 웨어]: 오락용 연성기기 미2

682 **fur [훠얼]**: ⟨← fodr(sheath)⟩, ⟨게르만어⟩, ⟨피부를 덮는⟩ 모피(제품), 모피 동물, 솜털 모양의 물건, ⟨~ hair⟩, ⟨↔flesh⟩ 기1

683 **fu·ri·ous [휴어뤼어스]**: ⟨← furere(be mad)⟩, ⟨라틴어⟩, 성난, 맹렬한, 무서운, ⟨~angry\enragea⟩, ⟨↔calm\placid⟩ 기2

684 ***furl² [훨얼]**: forward URL, 상용정보 모임창 보내기(전자우편으로 필요한 웹 주소를 보내주기) 유1

685 **fur·nace [훠니스]**: ⟨← furnus(oven)⟩, ⟨라틴어⟩, 아궁이, '화덕', 용광로, 혹독한 시련, (~ oven), ⟨↔freezer⟩ 양1

686 **fur·nish [훠어니쉬]**: ⟨← furnir(provide)⟩, ⟨게르만어⟩, 공급하다, 비치하다, 갖추다, ⟨설치하다⟩, ⟨~ supply\provide⟩, ⟨↔un-furnish\deprive\waste⟩ 기1

687 **fur·ni·ture [훠어니춰]**: ⟨게르만어⟩, ⟨furnish 된⟩ 가구, 세간, 부속품, 알맹이, ⟨↔fixture\appliance⟩ 기2

688 **fur·row [훠어로우]**: ⟨← furh(trench)⟩, ⟨게르만어⟩, 밭'고랑', 바퀴 자국, 깊은 주름, 이마의 주름, ⟨~ groove⟩, ⟨↔un-fold\elevation⟩ 양2

689 ★**fur-ry fan-dom [훠어뤼 홴덤]**: 털 짐승 애호가, 인간 모습을 한 털 짐승에 매료된 특수문화 미2

690 **fur·ther [훠더어]**: ⟨게르만어⟩, ⟨추상적인⟩ far의 비교급, 게다가, 더욱이, 그 위에, 추후에, ⟨↔nearer\closer⟩ 기1

691 **fu·ry [휴어뤼]**: ⟨그리스 신화의 Furies에서 연유한⟩ 격노, 열광, 광포, 표독, ⟨↔calm\peace⟩ 기1

692 **fuse [휴우즈]**: ⟨← fundere(pour)⟩, ⟨라틴어⟩, 신관, 도화선, 녹이다, 융합하다, '녹여서 합치다', ⟨→ fusion⟩, ⟨↔separate⟩ 우2

693 **fu·sion [휴우쥔]**: ⟨← fundere(pour)⟩, ⟨라틴어⟩, ⟨← fuse⟩ 용해, 합병, 연합, 핵융합, ⟨↔fission\separation⟩ 미2

694 **fuss [훠스]**: ⟨17세기에 등장한 아일랜드어⟩, ⟨의성어?\의태어?⟩, 공연한 소란, 안달복달, 법석, 불평, 말다툼, ⟨~ bustle¹\ado\commotion⟩, ⟨↔agreement\harmony⟩ 양2

695 **fu·tile [휴우틀 \ 휴우타일]**: ⟨← fundere(pour)⟩, ⟨라틴어⟩, ⟨정액이 '새 나가서'⟩ 쓸데없는, 하찮은, 무익한, 헛된, ⟨↔fertile⟩ 기2

696 **fu-ton [휴우타안 \ 후우타안]**: 보단(cattail mass)⟩, ⟨중국어 → 일본어⟩, '포단(calico mass)', 요(bed), 이부자리, (일본식) 침대 겸용 의자 미2

697 **fu·ture [휴우춰]**: ⟨← futurus(about to be)⟩, ⟨라틴어⟩, ⟨신만이 알 수 있는⟩ 미래, 앞날, 내세, 선물(매매), '아직 일어나지 않은', '앞으로 일어날', ⟨↔history\past⟩ 기1

698 ★**fux [훨스]**: ⟨전산망 속어⟩, fuck and fix, 노력해서 고쳐 볼게 유2

699 ***fuzz·y log·ic [훠지 라쥑]**: 애매모호한 논리(논리 값이 0과 1로 나뉠 수 없는 중간적 '애매한' 요소를 가진 수학 이론), ⟨↔accurate logic⟩ 미2

700 ★**FWIW [휘 이브]**: for what it's worth, '적당한 가격', '알아서 주십시오', '그것은 그것으로서', '정말인지 몰라도 중요한 거야' 미2

701 ★**fya [화이아]**: ⟨흑인 영어⟩, fye, fire의 강한 표현(흑인 용어), 열화, 격렬함 양2

702 ★**FYI**: ⇒ for your information, 참고로 (알려주면), 이를테면 미2

1. **G \ g [쥐이]**: 곡선을 그리고 던진 이에게 되돌아오는 막대기 모양을 딴 이집트의 상형문자에서 유래한 영어에서 16번째 정도로 자주 쓰이는 알파벳, 음 이름 '사(솔)', grand·gravity·gauge·gender·general·gold·grain·gram·good·German 등의 약자 ②

2. **gab·ble [개블]**: gab(무엇이나 삼키는 mouth)+ble, 〈네덜란드어〉, 〈의성어〉, 빨리 지껄이다, 재잘대다, 잘 알아듣지 못하는 말, 〈~ blabber〉, 〈↔articulate\eloquence〉 ①

3. **ga·ble [게이블]**: 〈← gaff(head)〉, 〈게르만어〉, 〈건물의 '전면'을 치장하기 위해 썼던〉 박공널(지붕의 석가래 끝을 가리기 위한 판자), 맞배지붕, 'ㅅ' 자 모양(의 두꺼운 널) ①

4. ★**GAFA [가화]**: Google·Apple·Facebook·Amazon('전산망을 통한' 거대 기업 집단)의 약칭 ②

5. **gag [개그]**: 〈영국어〉, 〈목이 막힐 때 나는 소리〉, 재갈, 발언 금지, 왝왝거리다, 익살, 농담, 〈~ jest\wisecrack〉 ②

6. **gage \ gauge [게이쥐]**: 〈← gager(measure)〉, 〈게르만어→영국어→미국어〉, 〈재는 막대〉, 표준치수, 자, 범위, 측정기, 〈~ wage〉 ①

7. **gai·e·ty [게이어티]**: 〈← gaiete〉, 〈프랑스어〉, 〈← gay〉, 유쾌, 쾌활, 환락, 화려함 ①

8. **gain [게인]**: 〈← weide(pasture)〉, 〈게르만어〉, 〈← gaaigner〉, 〈경작해서 \ 약탈해서〉 얻다, 벌다, 늘리다, 이득, 증가, 〈↔loss〉 ①

9. **gait [게일]**: 〈← gata〉, 〈북구어→스코틀랜드어〉, 〈'gate'(관문)를 통과하는〉 걸음걸이, 진행, 〈↔crawl\block〉 ①

10. ※**ga·la·pa·go·za·tion [걸라파고제이션]**: ~ syndrome, '고립화', 〈일본같이〉 내부만 바라보다 주변과 단절된 독특한 문화를 형성하는 현상 ②

11. **gal·ax·y [갤럭씨]**: 〈← gala(milk)〉, 〈그리스어〉, 'milky way', 은하, 기라성, 화려한 것 ①

12. **gale¹ [게일]**: 〈← gaile(wind)〉, 〈어원 불명의 유럽어〉, 〈← gol\yell?〉, 강풍, 폭풍, 폭발, 〈광적인〉 환희, 외치다, 노래하다, 〈→ gala\gallant〉, 〈~ cyclone\wind-storm〉, 〈↔breeze\quiet〉 ①

13. ★**gal·en·tine [갤렌타인]**: gal(girl)+ valentine(여성 정인)가 축하하는 2월 13일, 〈친한 여자 친구들끼리 모이는 날〉, 동성애를 하지 않는 여성끼리 부르는 '애인', 〈미국의 직장 연속물에 등장한 말〉, 〈↔malentine〉 ②

14. **gall¹ [거얼]**: 〈← khole(greenish yellow)〉, 〈그리스어→라틴어→게르만어〉, '담즙', 쓸개즙, 쓴 것, 원한, 철면피, 담황색, 〈~ bile〉 ②

15. **gal·lant [갤런트]**: 〈프랑스어〉, 〈← gale(rejoyce)〉, '즐거운', 씩씩한, 화려한, 활량(한량), 장부, 〈~ valiant\virile\musculine〉, 〈↔un-gallant\cowardly\rude〉 ①

16. **gal·ler·y [갤러리]**: 〈← Galilee?〉, 〈라틴어〉, 〈갈릴리 교회의 현관을 닮은〉 화랑, 미술관, 좁고 긴 방, (경기의) 관람석, (골프 시합 등의) 구경꾼, 〈교회당의 입구〉, 〈~ museum〉 ①

17. **gal·lon [갤런]**: 〈← galleta(pail)〉, 〈켈트어→라틴어〉, '사발', 4quarts, 미국-3.785L, 영국-4.546L ①

18. **gal·lop [갤럽]**: 〈프랑스어〉, 〈의성어〉, 최대 속도의 구보, 질주하다, 활발한 춤, 〈~ wallop〉, 〈↔stroll\creep\rack\amble〉 ①

19. **gal·lows [갤로우즈]**: 〈← galga(stake)〉, 〈게르만어〉, 〈galy 나무로 만들었던〉 교수대, 2개의 기둥에 지름대를 댄 것 ①

20. **gal·va·nize [갤붜나이즈]**: 〈← Galvani〉, 전기를 통하다, 활기를 띠게 하다, (아연)도금하다 ②

21. ★**gam [갬]**: ①〈영국어〉, 〈뱃사람들의 환성에서 연유한?〉 (고래 등의) 떼, (고래잡이 선원들의) 교제, 자랑하다 ②〈프랑스어〉, (여자의) 날씬한 다리, 〈~ gamba\gammon〉 ①

22. ★**gam·bit [갬빝]**: 〈← gamba(leg)〉, 〈라틴어→이탈리아어〉, 〈레슬링에서 판지(gamba) 걸기로 경기를 시작한 데서 유래한〉 행동의 시작, 초반 첫수, 선수, 책략, 실마리, 〈~ ploy\ruse\power play〉, 〈↔un-dock\frank-ness〉 ①

23 **gam·ble [갬블]**: ⟨← gamenien(play)⟩, ⟨영국어⟩, ⟨← game⟩, 도박(하다), 노름, 모험, 투기, ⟨↔guarantee\abstain⟩ 기2

24 **game [게임]**: ⟨← gamenien(play)⟩, ⟨게르만어⟩, ⟨← back·gammon?⟩, 놀이, 장난, 경기, 승부, 수법, ⟨기쁨을 위한⟩ 사냥감, ⟨→ gamble⟩, ⟨↔idle-ness\labor⟩ 영2

25 ★**game-cast [게임 캐스트]**: 스포츠 실황 중계방송 미2

26 ★**game-chang-er [게임 체인쥐]**: ⟨1982년 운동경기 용어로 등장한⟩ 판을 바꿔 놓을 수 있는 획기적인 일이나 사람, 전환점, 승부수, 변수 영2

27 ※**game the·o·ry [게임 씨어뤼]**: 경기이론, 불확정한 요소 중에서 승리하기 위한 수학이론 ⟨상대가 믿어주면 자기도 믿고 상대가 속이면 자기도 속이면 결국 '또이또이'가 된다는 가설이나 처음부터 속일려고 작정한 놈들은 당할 재간이 없다는 오류가 있음⟩ 영2

28 ★**gam·mon [개먼]**: ①⟨라틴어에서 유래한 프랑스어⟩, 햄, 돼지다릿(gamba)살 ②⟨영국 정치 용어⟩, ⟨얼굴이 ham같이 붉으락푸르락 해 지면서 하는⟩ 억설, 허튼소리, 사기, ⟨↔un·deceive\expose⟩ 영2

29 ★**gan·der par·ty [갠더 파아티]**: 남자만의 모임, ⟨~ stag party⟩, ⟨↔hen party⟩ 영2

30 **gang [갱]**: ⟨← gangan⟩, ⟨게르만어⟩, ⟨앞으로 'going'하는⟩ 한 떼, 일당, 패거리, 폭력단, (들소의) 떼, ⟨loner\coterie⟩ 미2

31 ★**gang bang [갱 뱅]**: ⟨← gangan(go)⟩, ⟨함께 나가서 조지는⟩ 윤간, 몰매 미2

32 ★**gang-bust-er [갱 버스터]**: 폭력단 단속 경찰관, 강력계 경찰, 대성공 미2

33 **gang-ster [갱스터]**: ⟨영국어⟩, 폭력배, 악한, ⟨← gang⟩, ⟨↔police\citizen⟩ 영1

34 **gang-way [갱 웨이]**: gangan(go)+way, ⟨영국어⟩, 출입구, ⟨'going'하는⟩ 통로, 갱도, 현문 영1

35 ★**gank [갱크]**: ⟨1987년에 등장한 영국어⟩, 훔치다, (소형 무기로) 처형하다, 영상 경기에서 약자 죽이기, ⟨← gangster?⟩ 영1

36 **gap² [갭]**: ⟨← gapa(yawn)⟩, ⟨북구어⟩, ⟨← gape⟩, 금, 틈, 짬, 간격, 차이, 협곡, ⟨→ gate⟩, ⟨↔continuity\blockage⟩ 영2

37 **ga·rage [거롸아쥐]**: ⟨← waron(protect)⟩, ⟨프랑스어⟩, ⟨비·바람을 피하는⟩ 차고, 자동차 정비소, ⟨↔parking lot⟩ 기2

38 **gar·bage [가아비쥐]**: ⟨← garba(곡초의 다발; sheaf)?⟩, ⟨게르만어→프랑스어⟩, 쓰레기, 폐기물, 잡동사니, ⟨↔treasure\assets⟩ 기2

39 ★**gar·bage time [가아비쥐 타임]**: 쓰레기 시간, (운동 시합 때 이미 판세가 결정된 후) ⟨정예 선수·바쁜 사람은 다 떠나고⟩ '쓰레기'들만 남아있는 시간 미2

40 **gar·den [가아든]**: ⟨← gartin(yard)⟩, ⟨게르만어⟩, ⟨울타리를 두른⟩ 뜰, 정원, 공원, 화원, 채소밭, G~: '정원사', ⟨↔building\indoor⟩ 영1 수1

41 **gar·land [가아런드]**: ⟨← wiara(wire)?⟩, ⟨어원 불명의 프랑스어⟩, 화환, 영관, 꽃 장식, 명구집, 시가선, 피부 미용에 쓰이는 영양추출물, ⟨~ festoon\lei⟩ 영1

42 **gar·lic [가아릭]**: gar(spear)+leek, ⟨영국어⟩, '창' 모양의 쪽구근으로 된 (중앙 아시아 원산의) 마늘, '쪽부추', ⟨~ mustard⟩ 기2

43 **gar·ment [가아먼트]**: ⟨← garnir(adorn)⟩, ⟨프랑스어⟩, ⟨'garnish'된⟩ 의복(한 벌), ⟨몸을 덮어주는⟩ 옷, 외관, ⟨~ garnish⟩, ⟨↔strip\dis-array⟩ 영2

44 **gar·nish [가아니쉬]**: ⟨← garnir(adorn)⟩, ⟨게르만어⟩, ⟨꾸며는⟩ 장식, 수식, (음식 위에 얹는) 고명, 압류하다, 호출하다, 지키다, ⟨→ garment⟩, ⟨↔divestment\uglify⟩ 영2

45 **gar·ret [개륏]**: ⟨← werian(protect)⟩, ⟨프랑스어⟩, '망루', 다락방, 초라한 작은방, 사람의 머리, ⟨~ garrison⟩, ⟨↔basement⟩ 영1

46 **gar·ri·son** [개뤼슨]: ⟨← garnir(adorn)⟩, ⟨게르만어⟩, 수비대, 요새, 주둔병, '지킴이'(guard), ⟨~ garret⟩, ⟨↔empty\un-guarded⟩ 👨1

47 **gar·ter** [가아터]: ⟨← garet(shank)?⟩, ⟨어원에 대해 말이 많은 켈트어⟩, '장딴지', '무릎 끈', 양말(스타킹) 대님, 셔츠 소매를 올리는 끈 👩2

48 ※**Gart-ner hype cy·cle** [가아트 하이프 싸이클]: ⟨1990년대에 전산망에 뜬 말⟩, 미국의 정보기술 연구·자문회사인 가트너⟨인명 ← gardner⟩사가 제시한 (기술 촉발→기대→환멸→각성→생산 안정의 5단계의) 기술 혁신 곡선, ⟨← Dunning-Kruger effect⟩ 👦2

49 **gas** [개스]: ⟨17세기 중반에 벨기에 화학자가 주조한 말⟩, ⟨그리스어→네덜란드어⟩, ⟨chaos에 가득찬⟩ 기체, 연료, 휘발유(gasoline), 방귀, ⟨↔liquid\solid\electric⟩ 👨1

50 ★**gash** [개쉬]: ⟨← charassein(engrave)⟩, ⟨그리스어⟩, 깊이 베인 상처, '갈라진' 틈, 여성의 성기('살틈새')⟨18세기 중반에 등장한 영국 속어⟩, ⟨↔fanny\honey-pot⟩, ⟨→prick\wang⟩ 👨1

51 **gas·ket** [개스킽]: ⟨← garcette(rope end)?⟩, ⟨어원 불명의 프랑스어⟩, 틈 메우는 물건, (욕조나 수채 등의) 틈막이 액체 마개, 돛 묶는 밧줄 👩2

52 ★**gas–light·ing** [개스 라이팅]: ⟨1944년 미국의 영화제목에서 유래한⟩ (기체) '연소 작전', 점화, (심층 연애학에서) 상대방의 열등의식을 부추겨서 종속적 인간관계를 형성하게 만드는 ⟨정신적 학대⟩, ⇒ play cat and mouse 👩2

53 **gas·o·line** [개설리인 \ 개설리인]: gas+oleum(oil), ⟨그리스어+라틴어⟩, 휘발유, '기체로 변하는 액체 연료', petrol의 미국식 용어, ⟨↔bunker (c) oil\diesel⟩ 👨1

54 **gasp** [개슾]: ⟨북구어⟩, ⟨의성어·의태어⟩, ⟨입을 벌리고⟩ 헐떡거리다, 숨이 차다, 갈망하다, ⟨~ wheeze\pant⟩, ⟨↔relax\life-less\whoops⟩ 👨1

55 ★**gas up** [개스 엎]: ①휘발유를 채우다 ②기고만장하다 ③더 재미있게 하다, ⟨~ gear up⟩ 👦2

56 **gate** [게이트]: ⟨← geat(door)⟩, ⟨게르만어⟩, ⟨열려있는⟩ 문, 탑승구, 통로, 추문의 발생처, 하나의 논리식 기능, (반도체 회로에서) 전류의 흐름을 통제하는 기구, '관문', ⟨→ gait⟩, ⟨~ gap⟩, ⟨↔barricade\blockade⟩ 👨1

57 ※**gate-way** [게이트 웨이]: 문, 출입구, 통로, 수단, 서로 다른 전산망을 연결하는 장치 👨1 👦2

58 **gath·er·ing** [개더륑]: ⟨← gader⟩, ⟨게르만어⟩, ⟨함께('together')⟩ 모임, 집회, 채집, ⟨열매를 모으는⟩ 수확, ⟨정보를 모아 하는⟩ 추측, ⟨~ aggregation⟩, ⟨↔disperse⟩ 👦2

59 ★**ga·tor** [게이터]: ⟨영국어⟩ ①악어(alligator) ②악어같이 입을 벌리고 환호하는 재즈 열광자 ③경쟁사 전산망 기지를 들어가 자사의 광고를 게시하는 자, ⟨그 밖에도 여러 속어로 쓰이는 말⟩ 👩2

60 **gaud·y** [거어디]: ⟨← gaudere(rejoyce)⟩, ⟨라틴어→영국어⟩, ⟨커다란 장식용 빵⟩, 화려한, 번지르르한, 야한, ⟨↔modest\plain⟩ 👨1

61 **gauge \ gage** [게이쥐]: ⟨← gage(pledge)⟩, ⟨게르만어→영국어⟩, ⟨← gager(measure)⟩, 표준치수, 자, 범위, 방법, 계기, (철로의) 궤간, ⇒ gage 👨1

62 **gaunt** [거언트]: ⟨← gand(thin pole)⟩, ⟨북구어→영국어⟩, 수척한, 황량한, ⟨↔chubby\plump'⟩ 👨1

63 **gauze** [거어즈]: ⟨← gaze⟩, ⟨프랑스어⟩, ⟨'Gaza' 지방에서 처음 생산된⟩ 사, 성기고 엷은 천, 가는 철망, ⟨~ cloth\bandage\filament⟩ 👩2

64 **gave** [게이브]: give의 과거 👨2

65 **gav·el** [개블]: ⟨1795년에 등장한 어원에 대해 말이 많은 미국어⟩, 망치, 의사봉, 사회봉, ⟨← gafol(tribute)?⟩ 👨1

66 **gay** [게이]. ⟨← gai(lively)⟩, ⟨어원 불명의 프랑스어⟩, '명랑한', 화려한, 방탕한, ⟨환희에 중독된⟩ 동성애(자)의⟨1950년대에 정립된 말⟩, ⟨→ gaiety⟩, ⟨~ queer\homosexual⟩, ⟨↔gloomy\straight\lesbian⟩ 👨1

67 **gaze** [게이즈]: ⟨← gasa(stare)⟩, ⟨북구어→영국어⟩, '뚫어지게 바라보는' '응시', 주시, 시선, (너구리 등의) 떼, ⟨↔glance\ignore⟩ 기2 양2

68 ※**ga·zelle** [거젤]: ⟨← ghazal(a small antelope)⟩, ⟨아랍어⟩, 동아프리카산의 예쁜 영양, ⟨~ goa⟩, ⟨영양처럼 도약하는⟩ 성장주의 중소기업 수2

69 **ga·zette** [거제트]: ⟨← gazzetta(magpie)⟩, ⟨이탈리아어⟩, 가제트, '수다쟁이?', 신문, 공보, 학보, 정기간행물, ⟨신문 한 부 값에 해당되었던 옛 베니치아의 소액 화폐⟩, ⟨↔suppressed\withheld⟩ 미1

70 **GDP**: ⇒ gross domestic product 미2

71 **gear** [기어]: ⟨← gearu(ready)⟩, ⟨북구어⟩, '장비', 진동장치, 변속기, 요구, 조정하다, ⟨~ tool\apparatus⟩, ⟨↔dis-arrange\dis-order⟩, ⇒ sleeping gear 미2

72 ★**geek** [기이크]: ⟨← geck(fool)⟩, ⟨게르만어⟩, '얼간이', 엽기적인 것을 보여주는 흥행사(1916), 지겨운 녀석, 성실한 학생(1950), 외골수, '전산기 도사', ⟨~ nerd\dork\twit\otaku⟩, ⟨↔hep⟩ 미2

73 **geese** [기이스]: goose의 복수형 미2

74 ★**ge·kyume** [게큐움]: (암살당한 미국 연예인이 만들어 낸) ⟨내세·이상·3차원 등의 뜻을 가진⟩ 조어류 양2

75 **gel·a·tin(e)** [젤라틴]: ⟨← gelare(freeze)⟩, ⟨라틴어⟩, gel, 갖풀, 정제한 아교, 한천, 우무, ⟨↔rugged\non-adhesive⟩ 미1

76 ※**gel·a·tin sil·ver-print** [젤라틴 실붜 프린트]: ⟨교질과 은가루를 바른 박막을 현상한⟩ 흑백사진 기1

77 **gem** [젬]: ⟨← gemma(bud)⟩, ⟨라틴어⟩, ⟨꽃봉오리 같은⟩ 보석, 주옥, 귀중품, 일품, ⟨↔dregs\junk⟩ 양2

78 **gen·der** [젠더]: ⟨라틴어⟩, ⟨← genus → gene(origin)⟩, 성, 성별, ⟨세 가지가 있는⟩ '인간의 종류', ⟨→ genre⟩, ⟨↔non-gender\un-sex⟩ 기1

79 **gene** [쥐인 \ 쥔 \ 젠]: ⟨← gen(produce)⟩, ⟨그리스어⟩, 유전(인)자, '생물을 발생시키는 것', ⟨→ genus\gender\genre⟩ 기1

80 **gen·er-al** [줴너뤌]: ⟨그리스어→라틴어⟩, 일반, ⟨어떤 종('genus')의 대부분이 가진⟩ 대체적, 전반, 총, ⟨집단 전반에 걸쳐 권위를 가진⟩ 장성, ⟨~ ordinary⟩, ⟨↔special\particular\restricted⟩ 기2

81 ★**gen·er·a·tion Al·pha** [줴너뤠이션 앨퐈]: ⟨그리스어→라틴어⟩, ⟨← genus⟩, Alpha 세대, '미래 세대', 2010년 이후에 태어나서 아직 정의 내리기가 어려운 세대 (⇒ Alpha generation) 수2

82 ★**gen·er·a·tion X**: X 세대, 삐삐세대, 1960년대 중반부터 1970년대 중반에 태어난 세대 (⇒ X generation) 수2

83 ★**gen·er·a·tion Y**: Y 세대, cell·phone 세대, millenials, 1990년도에 teenager가 된 세대 (⇒ Y generation) 수2

84 ★**gen·er·a·tion Z**: Z 세대, 1995년 이후에 태어난 세대(⇒ Z generation) 수2

85 ※**gen·er·a·tive** [줴너뤠티브] **AI**: (2022년에 개발된) 생성형 인공지능, (기존의 자료를 합성하여) 사용자의 요구에 따라 다른 결과물을 생산하는 '맞춤형' 인공지능 미2

86 ※**gen·er·a·tive pre-trained trans·form·er(GPT)**: 총체적 숙련 변환기, 인공기능(AI)을 사용해서 다양한 언어를 인간어와 비슷하게 변형시켜주는 ⟨인공소통 변환기⟩, ⇒ chat-bot 수2

87 **gen·er·a·tor** [줴너뤠이터]: 발전기, 생성기, '발생기', ⟨↔destroyer\imitator⟩ 기2

88 **ge·ner·ic** [쥐네뤽]: ⟨어떤 종류⟩ 속의, 속명, 일반적, 미등록 상표, ⟨↔specific\brand⟩ 미2

89 **gen·er·os·i·ty** [줴너롸시티]: 관대, ⟨좋은 태생의 특징인⟩ 야량, 고귀, 풍부, ⟨↔mean-ness\malevolence\niggard⟩ 양1

90 **gen·e·sis** [줴너시스]: ⟨← gene(produce)⟩, ⟨그리스어⟩, 발생, 기원, 창세기, ⟨~ creation⟩, ⟨↔end\extirpation⟩ 기2

91 **ge·net·ic** [췌네틱]: 〈그리스어〉, 발생의, 유전의, 기원의, 〈↔extrinsic\learned〉 가2

92 **gen·i·al** [쥐이니얼]: 〈라틴어〉, 온화한, 쾌적한, 다정한, 〈← genius(특성)〉, 〈↔pervert〉 양1

93 **gen·ius** [쥐이니어스]: 〈← gignere(produce)〉, 〈라틴어〉, 〈특별히 타고난〉 천재, 〈창조력이〉 비범한 재능, 천성, 특질, '수호신, 〈~ genial\genie〉, 〈↔idiot\moron〉, 〈쉬운 일은 잘 못해도 어려운 일을 잘하는 사람〉 양2

94 **gen·re** [좌안뤄]: 〈← gene(kind)〉, 〈그리스어→라틴어→프랑스어〉, 장르, 유형, 양식, 풍속화, 〈← genus〉, 〈~ gender〉, 〈↔whole\individual〉 미2

95 **gen·teel** [젠티일]: 〈프랑스어〉, 품위 있는, 고상한, 멋진, 〈~ gentle〉, 〈↔rough\rude〉 양1

96 **gen·tile** [젠타일]: 〈← gentilis(clan)〉, 〈라틴어〉, (유대인의 입장에서 본) 이방인, 기독교도, '씨족', 〈↔Jew\believer〉 미2

97 **gen·tle** [젠틀]: 〈← gentilis(good birth)〉, 〈라틴어〉, '좋은 태생다운', 온화한, 점잖은, 고상한, 〈~ genteel〉, 〈~ meek\lithe〉, 〈↔harsh\brutal\wild〉 가2

98 ※**gen·tri·fi·ca·tion** [젠트뤼휘케이션]: (빈민가의) 고급화, 도심 내 낙후 지역이 재개발로 중산층 이상이 유입되어 기존의 저 소득층을 대체하는 현상 양2

99 **gen·try** [젠트뤼]: 〈← gentilis(noble)〉, 〈라틴어→프랑스어→영국어〉, (귀족 다음의) 신사 계급, 상류 사회, 한통속, 〈↔plebeian\hoi polloi\snob〉

100 **gen·u·ine** [쥐뉴인]: 〈← gignere(produce)〉, 〈라틴어〉, '태생 그대로의', 진짜(의), 성실한, 순종, 〈↔bogus\pseudo\factitious\spurious〉 양2

101 **ge·nus \ gen·e·ra** [쥐이너스 \ 췌너뤄]: 〈← gene(produce)〉, 〈그리스어→라틴어〉, 종류들, 부류, 속(생물 분류의 7번째 단위-과의 아래·종의 위), 〈← genre〉 양1

102 **ge·og·ra·phy** [쥐아그뤄휘]: 지리, 지세, 지형, 〈~ topography〉 가1

103 **ge·ol·o·gy** [쥐알러쥐]: 지질학, 〈~ topology〉 가1

104 **ge·om·e·try** [쥐아메트뤼]: geo(earth)+metron(measure), 〈그리스어〉, 〈땅을 재는〉 기하의, 기하도형적, 결합 구조, 〈~(↔)arithmetic〉, 〈↔algebra\logarithm〉 양1

105 ★**ge·o·tag** [쥐이오우 테그]: 측지꼬리, 자료나 문서에 첨부된 〈GPS로 연계된〉 위치 확인 정보 미2

106 **ger·i·at·ry** [제뤼애트뤼]: geras(old)+iatrics(healing), 〈그리스어〉, 〈의학의 한 분야인〉 노인병학, '노인병' 치료법, 〈↔pediatrics〉 가1

107 **germ** [줘엄]: 〈← germen(sprig)〉, 〈라틴어〉, 미생물, 세균, 병균, 기원, 배종, '싹'트다, 〈↔antidote\conclusion\outcome〉 가1

108 **ger·on·tol·o·gy** [줴뤈탈러쥐]: geron(old man)+logy, 〈그리스어〉, 〈사회학의 한 분야인〉 '노인'학, 노년학, 〈~ geriatry〉, 〈↔pedagogy〉 양2

109 **ger·und** [줴뤈드]: 〈← gerere(carry)〉, 〈라틴어〉, 동명사 (명사의 성질을 띤 동사의 변형), 〈행하기〉, 〈↔infinitive〉 가1

110 ★**ge·sell·schaft** [게젤샤후트]: 〈독일어〉, 'companion·ship', 동지애, 교우, 이익 사회, 〈↔alienation\enmity〉 양2

111 **ges·ture** [줴스춰]: 〈← gerere(carry)〉, 〈라틴어〉, '의미를 전달하는 움직임', 몸짓, 손짓, 태도, 거동, 〈~ body language〉, 〈↔repose\speech〉 양1

112 **get** [겥]: 〈← agitan(obtain)〉, 〈게르만어→북구어〉, 손에 넣다, 얻다, 받다, 잡다, ~을 당하다, ~이 되다, 이해하다(understand), 〈~ be·get〉, 〈편자가 미국에 처음와서 'did you get it?'를 'did you give me something?'으로 응답해서 하마트면 병원에서 쫓겨날 뻔한 일이 있었음〉 가1

113 ★**get bent out of shape**: 성나다, 몹시 화를 내다, 고주망태가 되다, 〈↔calm\sober〉 양2

114 ★**get crack·ing** [겥 크랩킹]: (일을) 깨뜨리다, 서둘러 일을 시작하다, 착수하다, 〈~ get going〉 영2

115 ★**get it o·ver with**: 빨리(대충) 끝내다, 그냥 마무리 짓다 영2

116 ★**get off on the wrong foot**: 첫 발을 잘못 디디다, 출발이 순조롭지 못하다, 첫 단추를 잘못끼다, 〈↔get off on the right foot; 출발이 순조롭다〉 영2

117 ★**get out of here**: 썩 꺼져, 입 닥쳐, 설마, 웃기지 마, 〈~ give me a break〉 영2

118 ★**get the worst out of the way first**: 어려운 문제부터 해결하다, 매도 먼저맞는 놈이 낫다, 〈~ the sooner the better〉 영2

119 **gey·ser** [가이저]: 〈← josa(gush)〉, 〈아이슬란드어〉, '분출구', 간헐천, 온수 분출 장치, 〈↔dribble\gurgle〉 미2

120 **ghast·ly** [개스틀리]: 〈← gasten(freighten)〉, 〈게르만어→영어〉, '깜짝 놀란', 무시무시한, 소름끼치는, 지독한, 〈~ ghost〉, 〈~ eerie\eldritch〉, 〈↔pleasant\trivial〉 영1

121 **ghet·to** [게토우]: 〈← borgo(borough)〉, 〈게르만어→이탈리아어〉, borghetto, 〈주물소가 많았던 Venice 근처의〉 빈민굴, 고립집단, 유대인 강제 거주지, 〈↔rich(wealthy) area〉 미2

122 **ghost** [고우스트]: 〈← gast(spirit)〉, 〈게르만어〉, 〈말 없이 움직이는〉 유령, 망령, 혼, 환영, 사라지는 영상, 전산망 통화에서 이름을 지우다, 〈~ aghast\ghastly〉, 〈~ specter〉, 〈↔person\angel〉 가1 미2

123 ※**ghost·ing** [고우스팅]: 허상화, 희미하게 하기, 〈글자를 넣기 위한〉 영상의 명암 조정, 〈사회 전산망에서〉 슬그머니 사라져 버리는 것, 〈~(→)R-bomb〉 미2

124 **gi·ant** [좌이언트]: ge(earth)+genes(born), 〈그리스어〉, '흙에서 태어난' 거인, 대가, 대기업, '거대한 것', 〈~ titan\colossus〉, 〈→ giga〉, 〈↔midget\homunculus\dwarf〉 가2

125 ★**gibs·me·dat** [깁스미 댙]: Gib-Me-Dat, give me that, 〈미국을 불 태워 버리지 않는다는 암묵 아래〉 소수 민족에게 주는 혜택 우1

126 **gid·dy** [기디]: 〈영국어〉, 〈God에 사로잡혀〉 어지러운, 아찔한, 경솔한, 〈~ faint\frivolous〉, 〈↔steady\sober〉 영1

127 ※**GIF** [쥐이후]: graphic interchange format, '도안 교환 규격', 전산망에서 빠른 속도로 영상을 주고받기 위해 [1987년 미국에서 개발된] 정지화상을 압축하기 위한 규격, 〈~ PNG〉 우2

128 ★**gif·fy** [쥐휘 | 기휘]: ①곧 〈giraffe〉가 될 미끈한 십대 소녀 ②gay in five fucking years, (동성애자가) 겉으로 공표하기 전에 참고 살은 5년 우1

129 **gift** [기후트]: 〈← gifan〉, 〈게르만어→북구어〉, 〈← give〉, 선물, 증여, 은혜, 천부의 재능, 〈~ present²\talent〉, 〈↔reject\inability〉 가1

130 **gift·ed** [기후티드]: (타고난) 재능이 있는, 뛰어난 지능을 가진, 〈↔inept\hapless〉 영2

131 **gi·gan·tic** [좌이갠틱]: 〈← giant〉, huge, 아주 큰, 거대한, 〈~ enormous〉, 〈↔tiny〉 가1

132 ※**gig e·con·o·my** [기그 이카너미]: 일용직 경제, (1920년대 미국 재즈 악단에서 단기로 고용된 연주자들로 구성된 공연에서 유래된) 임시직 선호 경제 미1

133 **gig·gle** [기글]: 〈영국어〉, 〈의성어〉, 킥킥 웃다, 웃기는 것(사람), 〈~ titter〉, 〈↔cry\wail〉 영1

134 **gild·ed** [길디드]: 〈게르만어〉, 〈gold로〉 금박을 입힌, 귀족의, 부유한, 금빛 나는 미2

135 **gill** [길]: 〈← gjornar(jaw)〉, 〈어원 불명의 북구어〉, '아가미', 주름, 턱 밑의 처진 살 영1

136 **gim·chi** [김치]: 〈한국어〉, ⇒ kim·chi의 표준 표기법 2

137 ★**gim·me** [기미]: 〈영국어〉, give+me, 〈1929년에 등장한 비공식 골프에서 치지 않아도 되는 짧은 최종 공 넣기〉, '식은 죽 먹기', 횡재, 강요 우2

138 **gim·mick** [기밐]: 〈1908년에 등장한 어원 불명의 미국어〉, 〈← magic?〉, 속임수, 비밀장치, 새 고안물, 〈~ bogus\sham〉, 〈↔frankness\honesty〉 영1

139　**gin** [쥔]: 〈영국어〉 ①〈← genever(juniper)〉, 〈네덜란드어〉, 진, 두송주, 옥수수·보리·호밀의 주정에 노간주나무('juniper') 열매의 향료를 섞은 양주(한때 영국에서 유행했음) ②덫, 기계('engine'), 씨아(조면기) 유2

140　**gin·ger** [쥔줘]: 〈← sringavera(horn body)〉, 〈드라비다어〉, '혹 뿌리', (동남아 원산으로 열대 지방에서 잘 자라는) 생강, 원기, 자극, 연한 황갈색 양1

141　**gin·ger ale** [쥔줘 에일]: 생강 맛을 곁들인 탄산 청량음료 유1

142　★**gi-nor·mous** [좌이노어머스]: 〈2차 대전 때 군대 속어로 등장한 영국어〉, 〈gigantic+enormous〉, 턱없이 큰, 어마어마하게 큰, 〈~ humongous〉, 〈↔tiny\minuscule〉 양2

143　**gin-seng** [쥔셍]: ren(man)+shen(herb), 〈중국말〉, 인삼(뿌리), 〈뿌리가 처녀 가랑이를 닮아서 그런지〉 많은 사람들이 각종 약효가 있다고 믿어 마지않는 두릅나뭇과의 여러해살이풀 양2

144　**Gip·sy** [쥡시]: 집시, ⇒ Gypsy 수2

145　**gi·raffe** [쥐래후]: 〈← zarafa(fast walker)〉, 〈페르시아어〉, '발 빠른 동물', 기린, 아프리카의 사바나 지역에서 서식하며 〈움직이는 생명은 먹지도 밟지도 않는다는〉 반추 동물, 기린(별)자리, 〈camel+leopard〉

146　**gird** [거얻드]: 〈← gyrd(rod)〉, 〈게르만어〉 ①(허리띠로) 매다, 둘러싸다, 〈허리띠를 조여 매고〉 대비하다, 〈↔weaken\let go〉 ②〈곁에 있는 사람 옆구리를 찌르며 다른 사람을〉 흉보다, 조롱하다, 〈↔praise\respect〉 양1

147　**gir·dle** [거어들]: 〈← gyrdan(bind)〉, 〈게르만어〉, '휘감는 것', 띠, 허리띠, 둘러싸다, 〈↔un-girdle\un-wrap〉 양2

148　**girl** [거얼]: 〈← gore ← gor(child)〉, 〈어원 불명의 게르만어에서 유래한 영국어〉, '어린애', 소녀, 계집아이, 처녀, 여자, 딸, 여직원, 〈초서가 처음 쓰기 시작한 말〉, 〈↔boy〉 기1

149　★**girl-boss** [거얼 보스]: 〈전부터 있었으나 2017년 Netflix 연재물로 뜬 말〉, (자수성가 해서 남성들 위에 군림하는) 여장부, 여사장, 여두목, '여짱', 〈↔home-maker〉 매2

150　★**girl crush** [거얼 크뤄쉬]: (성 감정 없이) 여성 간에 홀딱 반하는 일, '여녀 매료' 무2

151　**girth** [거얼쓰]: 〈← gyrdan(bind)〉, 〈게르만어→영국어〉, 끈, 띠, 〈말의〉 허리띠, (허리) 둘레, 〈~ gird(le)〉, 〈↔height\slim-ness〉 양1

152　**gist** [쥐스트]: 〈← jacere(lie)〉, 〈라틴어→프랑스어〉, gesir, 요점, 골자, 동기, 〈늪혀논〉 '근거' 양1

153　★**git gud** [깉 굳]: 〈2009년 전산망에 등장한 말〉, get good(더 잘해봐·착실해져)의 어눌한 표현 양1

154　**give** [기브]: 〈← giefan(hand over\yield)〉, 〈게르만어〉, (건네)주다, 부여하다, 가하다, 나타내다, 개최하다, 〈→ gift〉, 〈↔take\receive〉 기2

155　★**give a peck and get a bush·el** [ ]: 되로 주고 말로 받는다, 〈~ sow¹ the wind, reap the whirl-wind〉 양1

156　★**give a run** [기브 어 뤈]: 힘들게 하다, 괴롭히다 양2

157　★**give cred·it where cred·it is due** [ ]: 인정할 건 인정하라, 입은 비뚤어져도 말은 바로 해라, 〈~ tell the truth〉 양1

158　**giv·en** [기븐]: give의 과거분사, 주어진, 지정된, 당연한, 감안하면 기2

159　★**give some·one a break** [ ]: (~를) 잠시 쉬게하다, 너그럽게 봐주다, give me a break; 웃기지 마, 말도 안돼, 〈~ get out of here〉 양1

160　★**give the devil his due** [ ]: 〈셰익스피어의 「헨리 5세」에 나오는 말〉, 악마도 할 일(말)이 있다, 악마에게도 그의 몫을 주어라, 처녀가 아이를 낳아도 할 말이 있다, 〈~ every evil-doers has his reasons〉, 〈한국의 누군가는 '내 무덤에 침을 뱉아라'라고 했음〉, 〈↔no excuse to offer〉 양2

161 **★give them an inch and they will take a mile**: 적반하장, 물에 빠진 놈 건져주니까 내 보따리 내놓으라고 한다, ⟨~ the guilty criticizing the innocent⟩ 알2

162 **gla·cier** [글래이셜]: ⟨← glacies(ice)⟩, ⟨라틴어⟩, 빙하, '얼음하천', ⟨~lava\fire\water⟩ 2가1

163 **glad** [글래드]: ⟨← glaed(bright)⟩, ⟨게르만어⟩, ⟨밝은⟩, 기쁜, 반가운, 기꺼이, ⟨↔dis-mayed\reluctant⟩ 2가1

164 **★glam·a·zon** [글래머잔]: ⟨1943년에 등장한 영국어⟩, glamorous+Amazon, 미녀 여장부, 여걸 미인 미2

165 **glam·or \ glam·our** [글래머]: glam, 성적 매력, 황홀미, ('gramarye⟨마법⟩'에 홀린 것 같은) 마력, ⟨grammar라는 말 뜻을 잘 모르던 스코틀랜드 사람들이 만든 말?⟩, ⟨↔repulsion\ugliness⟩ 알2

166 **★glamp·ing** [글램핑]: ⟨2005년에 등장한 영국어⟩, 'glamorous camping', (침대·수도·전기가 있는) 호화 야영 미2

167 **glance** [글랜스]: ⟨← glacies(ice)⟩, ⟨라틴어→프랑스어⟩, ⟨glacier에 미끌어지듯⟩ 흘긋 봄, 일별, 눈짓, 섬광, ⟨↔gaze\scrutiny⟩, ⇒ ichi-maku 알1

168 **gland** [글랜드]: ⟨← glans(corn)⟩, ⟨라틴어⟩, ⟨'도토리' 모양의⟩ (분비)선, 샘 2가1

169 **glare** [글레어]: ⟨← glarem(glow)⟩, ⟨게르만어⟩, 섬광, 현란함, 노려봄, ⟨~ gleam\glow\glass⟩, ⟨↔shade\darkness\smile⟩ 알1

170 ※**glas-nost** [글래스나스트]: 'public openness', 글라스노스트, ⟨고르바쵸프가 제창한⟩ (구소련의) 정보 공개 수2

171 **glass** [글래스]: ⟨← glasam(shine)⟩, ⟨게르만어⟩, 유리(제품), 유리잔, ⟨기원전에 중국에서 발명된 것으로 사료되는⟩ 안경, '빛나는 물건', ⟨~ glare \ gleam⟩, ⟨→ glaze⟩, ⟨↔plastic⟩ 2가1

172 ※**glass ceil·ing** [글래스 씨일링]: 유리 천장, ⟨여성·소수 민족이 깨뜨리지 못하는⟩ 보이지 않는 상승 한도 (차별) 미2

173 ※**Glass-pock·ets** [글래스 파킽츠]: '투명한 지갑', 1956년에 태동해서 2010년에나 정립된 자선단체의 투명성 인증기구 수2

174 **glass-ware** [글래스 웨어]: 유리 제품, 유리 식기 2가1

175 **glass-y eyed** [글래시 아이드]: 흐리멍텅한(개풀린) 눈, ⟨↔clear eyed⟩ 알1

176 **glaze** [글레이즈]: ⟨영국어⟩, ⟨← glass⟩, 판'유리'를 끼우다, 유약을 칠하다, 윤이 나게 하다, ⟨↔roughen\scumble⟩ 알1

177 **gleam** [글리임]: ⟨← glimmen(glow)⟩, ⟨게르만어⟩, 어렴풋한 빛, 미광, 한 줄기 빛, shimmer, ⟨~ glare\glass\glimmer⟩, ⟨→ glint⟩, ⟨↔darkness\dullness⟩ 알1

178 **glean** [글리인]: ⟨← glan(clean)⟩, ⟨켈트어→라틴어⟩, ⟨← glennare(collect)⟩, ⟨편자가 이 사전 쓰듯⟩ ⟨추수 끝에 떨어진 낟알('grain')을⟩ 주워 모으다, 수집하다, ⟨~ reap⟩, ⟨↔disperse\spread⟩ 알1

179 **glee** [글리이]: ⟨← gleo(joy)⟩, ⟨게르만어⟩, ⟨자신에게 좋은 일이 일어났을 때 느끼는⟩ 기쁨, 환희, ⟨남한테 나쁜 일이 일어났을 때 느끼는⟩ 고소함, ⟨환호하는 음성의⟩ 무반주 합창곡, ⟨↔gloom\disappointment\out-rage⟩ 알1 미2

180 **glen** [글렌]: ⟨← gleanu(narrow valley)⟩, ⟨스코틀랜드어⟩, 산골짜기, 협곡, ⟨↔hill\mound⟩ 알2

181 **glid·er** [글라이더]: ⟨← glidan(slip)⟩, ⟨영국어⟩, 활공기, '미끄러지는' 사람(물건), ⟨~ slider⟩, ⟨↔sink\flounder⟩ 알1

182 **glim·mer** [글리머]: ⟨← gleomu(brightness)⟩, ⟨게르만어⟩, '깜박이는' 빛, 희미한 빛, 명멸하다, ⟨~ gleam\glimpse⟩, ⟨↔darkness\dullness⟩ 알1

183 **glimpse** [글림스]: ⟨← gleomu(brightness)⟩, ⟨게르만어⟩, 흘끗 봄, 일별, 섬광, ⟨~ glimmer⟩, ⟨↔stare\disregard⟩ 알1

184 **glis·ten** [글릿슨]: 〈← glisnian(shine)〉, 〈게르만어〉, '반짝이다', 빛나다, 〈~ glitter \ gleam〉, 〈↔dimness\dullness〉 왕2

185 ※**glitch** [글릿취]: 〈1940년대 초에 방송 속어로 등장한 아마도 glide에서 연유한 듯한 미국어〉, 글리치, 결함, 급격한 고장, 순간적으로 나타나는 잡음이나 화면 정지 왕1 미1

186 **glit·ter** [글릿텉]: 〈← glitra(shine)〉, 〈북구어〉, 〈의태어〉, 빛남, '반짝임', 화려하다, 〈~ glisten〉, 〈→ glitzy〉, 〈↔darkness\dullness〉 왕1

187 ★**glitz·y** [글릿찌]: 〈← glitzern(sparkle)〉, 〈게르만어에서 연유한 1966년도산 미국어〉, 야한, 현란한, 〈~ glitter〉, 〈~ dazzling\flashy〉, 〈↔in-conspicuous\modest〉 왕2

188 **glob·al** [글로우벌]: 〈라틴어〉, 공〈globus〉 모양, 지구의, 전 세계적, 총체적, 〈↔local\national〉 왕2

189 ※**glob·al po·si·tion·ing sys·tem \ GPS**: 범지구 족위체계, 인공위성으로 항해(로)법을 설명해 주는 장치, 위성 위치확인 체계, 위성 항법 체계 왕2

190 **globe** [글로우브]: 〈← globus(ball)〉, 〈라틴어〉, 공, '구체', 지구, 지구의, 〈~ lobe〉, 〈↔triangle\sphere〉, 〈↔nadir\zenith〉 왕2

191 ※**glo·cal** [글로우컬]: global+local, 세계와 지역을 합친(병행하는), 범세계적이면서 지역 실정도 참조하는, '지구촌', '세계 마을', 〈~ hyper-local〉, 〈이 단어는 한국어로 '세방'이라고 번역하기도 하나 편자는 '지구촌'이란 말이 더 포괄적이라고 생각함〉 왕1

192 ★**glomp** [글람프]: 〈1993년 미국 만화영화에 등장한 의성어·의태어〉, 와락 안기다(의성어), 〈여자가〉 엉겨붙다, '앵기다', tackle hugging 왕2

193 **gloom·y** [글루미]: 〈← glom(twilight)?〉, 〈어원 불명의 영국어〉, 어두운, 음울한, 암흑의, 암담한, '얼굴을 찌푸린', 〈↔bright\sunny\win-some〉 왕1

194 ★**glo·ri·ous re·turn** [글로어리어스 뤼터언]: 영광스러운 귀향, 금의환향, honorable comeback, 〈↔fly-by-night\gone to Texas〉 왕2

195 **glo·ry** [글로어뤼]: 〈← gloria(fame)〉, 〈라틴어〉, 영광, 칭찬, 찬미, 번영, 훌륭함, 〈→ Cleo·patra〉, 〈↔disgrace\shame\modesty〉 왕1

196 ★**glo·ry hole** [글로어뤼 호울]: 〈영국어·미국 속어〉①용용 유리 가열로 〈밑 구멍〉②잡동사니 서랍 ③〈공중변소 칸막이에 뚫린〉 구강 성교용 구멍 왕2

197 **gloss** [글러어스 \ 글라아스]: 〈← gloa(shine)〉, 〈게르만어〉, 윤, 광택, 허식, '빛남', 〈윤택이 나는〉 입술연지, 〈~ glow〉, 〈~ varnish〉, 〈↔dull-ness〉 왕1

198 **glos·sa·ry** [글러어써뤼]: 〈← glossa(tongue)〉, 〈그리스→라틴어〉, 주석, '용어' 풀이, 술어, 소사전 미2

199 **glove** [글러브]: 〈← glof(cover for the hand)〉, 〈게르만어〉, '손덮개', 장갑, 〈방어 장비를 갖춘〉 수비 능력, (야구에서) 공을 받다, 〈~ condom〉, 〈~(↔)mitten〉, 〈↔sock\shoe\miss\hat〉 왕2

200 **glow** [글로우]: 〈← glowan(be bright)〉, 〈게르만어〉, 타다, '빛을 내다', 백열, 홍조, glow watch(야광시계), 〈~ glitter〉, 〈↔shadow\twilight\umbrage\dark\pallor\chill〉 왕1

201 **glu·cose** [글루우코우스]: 〈← glykys(sweet)〉, 〈그리스어〉, (포도에서 처음 추출된 단맛이 나는 물질로 모든 생체의 가장 중요한 동력원이 되는) 포도당 왕2

202 **glue** [글루우]: 〈← glia(gum)〉, 〈그리스어→라틴어〉, '끈끈이', 풀, 아교, 접착제, 꼭 붙이다, 〈~ glia〉, 〈↔separate\dis-connect〉 왕1

203 ※**glue log·ic** [글루우 라쥘]: '접착논리', 전산기의 한 부분을 다른 부분과 연결시킬 때 쓰는 비교적 단순한 논리 회로 왕1 미1

204 **glyc·er·ine** [글리서륀]: 〈← glykys(sweet)〉, 〈그리스어〉, 글리세린, 지방이 가수분해할 때 생기는 〈'달콤한'〉 끈끈한 액체, '당액' 수2

205 **glyph** [글리후]: ⟨← glyphein(carve)⟩, ⟨그리스어⟩, ⟨'조각된'⟩ 그림문자, 모형문자, 돌을새김 상, ⟨~ character\font\symbol⟩ 미2

206 ※**G-mail** [쥐이 메일]: 2004년 구글⟨'Google'⟩이 출시해서 2023년에 18억명 이상이 가입하고 있는 미국의 세계적 전자우편 기지 수2

207 **gnarl** [나알]: ⟨← knurren(make knotty)⟩, ⟨게르만어→영국어⟩, (나무) 마디, '옹이', 혹 양1

208 ★**gnash one's teeth in rage**: 절치부심, 이가 갈리고 속이 쓰린 원한, 와신상담, ⟨~ licking the wounds\strong desire to take revenge⟩ 양2

209 **gnat** [낻]: ⟨← gnattaz(biting insect)⟩, ⟨영국어⟩, '깨무는 곤충', (습지에 서식하며 통통한 작은 모기 모양을 한) 각다귀, 사소한 일, ⟨← gnaw⟩, ⟨~ culex⟩ 미2

210 **gnaw** [너어]: ⟨← gnagan⟩, ⟨게르만어→북구어⟩, ⟨의성어⟩, 갉다, 쏠다, 침식하다, 좀 먹다, ⟨~ nag⟩, ⟨~ trogon\trout⟩, ⟨↔construct\restore⟩ 양1

211 **GNP**: ⇒ gross national product 미2

212 ※**GNU** [뉴 \ 누우]: 그뉴, ⟨GNU's not unix⟩, 1986년에 시작된 공짜 연산기기 공급망으로 E mac·C compiler 등을 고안했음 수1

213 **go²** [고우]: ⟨← gan(depart)⟩, ⟨게르만어⟩, '떠나가다', 가다, 지나다, 사라지다, 움직이다, 도달하다, 놓이다, 쓰이다, ⟨~ wend⟩, ⟨↔stay\come\arrive⟩ 양1

214 **goal** [고울]: ⟨← gal(boundary)⟩, ⟨어원 불명의 영국어⟩, 결승점, 득점, 목표, '경계선', ⟨~ target\bull's eye⟩, ⟨↔start\pointlessness\means⟩ 양1

215 ★**go ape** [고우 에이프]: (원숭이처럼) 골을 내다, 화를 내다, 어쩔 줄 몰라 하다, ⟨1950년대 초 한국전 참전 주한 미군들이 한국인들이 성내는 모습을 비하해서 만들어진 말 같음⟩, ⟨~ go bananas⟩ 양2

216 ★**GOAT** [고울]: ⟨1996년에 등장한 미국 속어⟩, (the) greatest of all time, 역대 최고 미2

217 **goat** [고울]: ⟨← haedus(kid)⟩, ⟨라틴어에서 유래한 게르만어⟩, ⟨← capricorn⟩, '새끼', ⟨정력이 세다는⟩ 염소(가죽), (늙은) 호색한, 제물⟨원래는 악마를 뜻하는 히브리어 azazel을 ez ozel로 오독한데서 나온 말⟩ 양1

218 ★**goat in the sheep**: ⟨마태복음에서 따온 말⟩, 순종자 무리의 불순종자, '미운 오리', ⟨↔swan among ducks\cream of the crop⟩ 양2

219 ★**goat ro·de·o** [고울 로우디오우]: '염소 몰이', '염소 경연', ⟨통제할 수 없는⟩ 대혼란, 뒤죽박죽 양2

220 ★**go ba·nan·as** [고우 버내너즈]: ⟨← go ape⟩, ⟨바나나를 주면 흥분해서 날뛰는 원숭이처럼⟩ 골을 잘내는, 제 정신이 아닌, 흥분된, 미쳐버린, ⟨~ freak out⟩, ⟨↔be quiet\be sane⟩ 양2

221 ★**gob·lin mode** [가블린 모우드]: ⟨2009년부터 있었으나 2022년 Covid-19 후에 떠오른 말⟩, '도깨비 생활양식', (사회규범을 떠나) 게으르고 단정치 못한 삶을 사는 유형 미2

222 ※**go·bo²** [고우보오우]: ⟨1930년대부터 쓰여오는 어원 불명의 영국어⟩, ⟨go+between?⟩, (카메라 렌즈 근처의 산광이 입사되는 것을 막는) 차광판, 차음판(음파 흡수판) 미2

223 ★**go bust¹** [고우 버스트]: 파산(파멸)하다, ⟨~ go bankrupt⟩, ⟨↔hit the jack-pot\make a fortune⟩ 양2

224 ★**go-cup** [고우 컵]: 포장 잔, (식당 밖으로 가지고 나갈 수 있게) 뚜껑이 달린 종이컵 우2

225 **god** [갇]: ⟨← guthan(invoked)⟩, ⟨어원 불명의 게르만어⟩, 신, 천주, 조물주, 우상, '좋은 사람?', ⟨↔devil\evil⟩ 양1

226 **god-damn** [갇 댐]: ⟨신이 저주할⟩, 빌어먹을, 제기랄, 염병할, 육시랄, 전혀, ⟨~ bigot⟩, ⟨↔god-bless⟩ 양2

227 **god-dess** [가디스]: 여신, 숭배하는 여인, ⟨'wife'의 미래어⟩ 양1

228 ★**God helps those who help them-selves**: 하늘은 스스로 돕는 자를 돕는다, 〈~ self-help is the best help〉 영2

229 ★**God is in the detail(s)**: 하느님은 세세한 것까지 챙기신다, 성공은 작은 일에 달려 있다, 〈↔devil is in the details〉 영2

230 ★**go far-ther fare worse**: 멀리 간 만큼 많은 비용이 든다, 과유불급, 〈~ too much is as bad as too little〉, 〈↔the more the better〉 영2

231 ★**go for wool and come home shorn**: 모직 얻으러 갔다가 양털 깍인채 집에 오다, 혹 떼러 갔다가 혹 붙이고 오다, 〈~ when it rains, it pours〉 영2

232 **gog·gle** [가아글]: 〈영국어〉, 〈의태어〉, 눈알을 굴리다, 보호 안경, 둥근 안경 미2

233 **go-go** [고우 고우]: 〈1960년에 등장한 프랑스어〉, 고고, 활동적인, 자유분방한 유형의, 강세인, 몸을 격렬하게 흔드는 로큰롤 춤, free-wheeling, 〈↔dull\worn〉 우2

234 ★**go home and kick the dog**: 종로에서 뺨 맞고 한강에서 눈 흘긴다, 〈~ a coward vents his anger on a third person〉 영2

235 ★**go-ing a-long with the crowd**: 친구따라 강남가다, 망둥이가 뛰면 꼴뚜기도 뛴다, 〈~ follow the crowd〉, 〈↔ignore\oppose〉 영2

236 **go-ing back to the draw-ing board**: 백지로 돌리다, 처음부터 다시 시작하다, 〈~ start from scratch〉, 〈↔finish up〉 영2

237 **gold** [고울드]: 〈← ghel(shine)〉, 〈게르만어〉, '노란색(yellow)', '흔히 않고 화려하고 부드럽고 변하지 않아 가치가 있는〉 금, 금속원소(기호 Au·번호.79), 금화, 부, 고가품 기1

238 ★**gold-col·lar** [고울드 칼러]: 〈짱구를 굴려 돈을 많이 버는〉 (정보·통신·관리 등에 종사하는) 두뇌 노동자, 〈~(↔)yellow-collar〉 미2

239 ★**gold dig-ger** [고울드 디거]: 금 캐는 사람, 황금광, 돈을 우려내는 여자 영1

240 **gold-en age** [고울든 에이쥐]: 황금시대, 노년(인생), 〈↔dark age〉 영2

241 ★**gold-en boy** [고울든 보이]: 인기 있는 남자, 총아, 〈↔born loser\dead-beat〉 영2

242 ※**gold-en cross** [고울든 크뤄스]: '황금의 십자로', 〈주식 시장에서〉 주가 단기(15일) 이동 평균선이 장기(50일) 이동 평균선보다 상향하는 '강세장 전환', 〈~ bull market〉, 〈↔death cross〉 미2

243 ※**gold-en par·a·chute** [고울든 패뤄슈트]: 고액 퇴직금, 경영진이 교체되면 고액의 보상금을 지불해야 된다는 규정을 만들어 회사를 팔기 어렵게 만드는 전략 우2

244 ★**gold-en rule** [고울든 룰]: 황금률, 금과옥조, '당신이 대접받기 바라는 대로 타인을 대접하시오', 〈호혜의 윤리〉, do unto others as you would have them do unto you, 〈~ silver rule〉 영1

245 ★**gold-en years** [고울든 이어스]: 노후(65세 이후), 〈~(↔)silver years〉, 〈↔infancy〉 영1

246 ※**gold-i-locks** [고울디락스]: ①〈영국의 동화에서 유래한〉 '금발'의 미인 ②〈로마 금화 같은 꽃머리를 가진〉 미역취 비슷한 미나리 아재빗과의 초본 ③(물가 상승이 없는) 완만한 경제 성장 미2

247 ※**gold stand-ard** [고울드 스탠더드]: ①(화폐가치가 일정하여 경제가 어려워지면 노동 가치는 떨어지고 소유 가치는 올라가서 못 가진 자에게 불리하고 가진 자에게 유리한) 금본위제, 〈미국이 1976년에 철폐한〉 통화 단위와 금의 일정량이 일치되는 화폐제도, 〈~(↔)silver standard〉 ②황금기준, 최적기준, 표준, 〈↔atypical\dis-array〉 미2

248 ★**gold star** [고울드 스타아]: 월등한, (전사자의 가족에게 주는) 미국의 금성장 미2

249 **golf** [거얼프]: 〈← kolf(club)〉, 〈네덜란드어에서 유래한 스코틀랜드어〉, '공치기', 18개의 hole에 공을 넣어서 타수가 적은 사람이 이기는 구기 중2

G 239

250 **gon·do·la** [간덜러]: ⟨← dond(to rock)⟩, ⟨이탈리아어⟩, ⟨노로 젓는⟩ 곤돌라, 평저 유람선, 양 끝이 뾰족하고 바닥이 평평한 배 **주1**

251 **gone** [거언 \ 간]: go의 과거분사 **영1**

252 ★**gone to the dogs**: 엉망이 되다, 죽쒀서 개 주었다, 허사로 돌아가다, 만사휴의, ⟨~ I did all the work and somebody-els got the credit⟩ **영2**

253 **gong** [거엉]: ⟨← gun⟩, ⟨말레이어⟩, ⟨의성어⟩, 공, 징, 놋쇠로 만든 타악기, tam·tam **영1**

254 **good** [굳]: ⟨← god(suitable)⟩, ⟨게르만어⟩, '좋은', 훌륭한, 친절한, 유효한, 충분한, 족히, 이익, ⟨↔bad\wrong\poor⟩ **7l1**

255 ★**good and quick·ly sel·dom meet**: 급할수록 돌아가라, ⟨~ slow and steady wins the race⟩ **영2**

256 **good-by**(e) [굳 바이]: 안녕, 작별인사, 'God be with ye', ⟨↔hello\salute⟩ **영2**

257 ★**good egg** [굳 애그]: ①좋은 녀석, 명랑한 사람, ⟨↔bad apple⟩ ②~!; 좋다!, 근사하다! **영2**

258 ★**good med·i·cine tastes bit·ter**: 좋은 약은 입에 쓰다(양약고구), 충언은 귀에 거슬린다, ⟨~ flattering is poisonous⟩ **영2**

259 ★**good neigh·bors are bet·er than dis·tant cou·sins**: 먼 사촌보다 가까운 이웃이 낫다, ⟨~ out of sight, out of mind⟩, ⟨~(↔)the squeaky wheel gets the grease⟩ **영2**

260 **goods** [굳즈]: ⟨← god(suitable)⟩, ⟨게르만어⟩, 물건, 상품, 재산, 소비재, ⟨~ commodities\ware⟩, ⟨↔capital\service⟩ **영1**

261 **good-will** [굳 윌]: 호의, 친선, 적선, 신용, 단골, 영업권, ⟨↔hostility\bad-will⟩ **영1**

262 ★**good yard** [굳 야아드]: (취했을 때) good night의 오타, '잘 꺼져' **영2**

263 ★**good-y-good-y** [구디구디]: 착한 사람, 선한체하는, 잘난체하는, ⟨~ goodie⟩ **영2**

264 ★**goof** [구우후]: ⟨← goofish(foolish)⟩, ⟨어원에 대해 말이 많은 영국어⟩, 바보, 멍청이, 실수하다, 빈둥거리다, ⟨→ doofus⟩, ⟨~ error\un-fuck⟩, ⟨↔accuracy\serious-ness⟩, ⟨↔jockey⟩ **7l2**

265 ★**go off half-cock·ed** [고우 어어후 해후칵트]: ⟨총의 공이 치기를 다 세우기도 전에 발사하다⟩, 성급하게 굴다, 덤비다, ⟨↔go off full-cocked⟩ **영2**

266 ※**Goo·gle** [구우글]: 구글, 한 어린애가 만든 무한대를 일컫는 말(googol)에서 유래해서 1998년에 창립된 미국의 ⟨인기 있는⟩ 인터넷 검색대 **소1**

267 ★**goo·gle-gang·er** [구우글 갱어]: google+doppelganger, '구글 분신', 구글로 인명을 검색할 때 ⟨정보가 뒤섞여 있는⟩ 같은 이름을 가진 상대방 **영1**

268 ★**goo·gle it** [구우글 잍]: ⟨무엇이든지 다 있으니까⟩ 구글에서 찾아봐 **유1**

269 ★**goo·gle whack·ing** [구우글 왜킹]: '구글 안타', 어려운(이상한) 말 찾아내기 **영1**

270 **goose** [구우스]: ⟨← gos(swan)⟩, ⟨게르만어⟩ ①'거위, 오리보다 크고 고니보다 작은 갈퀴발을 가진 기러기의 변종 ②⟨뒤뚱뒤뚱 못나게 걷는⟩ 얼간이 ③⟨거위가 구애할 때 처럼⟩ 엉덩이 꼬집기 **미2**

271 ★**goose-bumps** [구우스 범프스]: 닭살, 소름, 소름 끼친 피부, ⟨~ horripilation⟩, ⟨↔ae-gyo⟩, ⇒ cold turkey **영2**

272 ★**goose-neck lamp** [구우스 넼 램프]: '거위 목 전등', 기다란 전선줄 목이 자유롭게 굽는 받침대에 달린 전구, ⟨~ angle-poise⟩ **유2**

273 ※**Go·pher** [고우훠]: 고퍼, 'go for', 1990년대에 쓰였던 ⟨목록에 따른⟩ 정보 검색 체계 **소2**

274 **gore** [고어]: ⟨← gor(dirt)⟩, ⟨게르만어⟩, ⟨오물⟩, 핏덩이, 엉킨 피, 유혈 싸움, ⟨↔thinning\heal\peace⟩ **영1**

275 **gorge [고올쥐]**: ⟨← gurges(whirlpool)⟩, ⟨라틴어⟩, 게걸스레 먹다, 가득 채우다, 골짜기, '목구멍(throat)', 분통, ⟨~ pig out\ravine⟩, ⟨↔fast'\nibble⟩, ⟨↔bite\chew⟩ 왕1

276 **gor·geous [고올줘스]**: ⟨어원 불명의 프랑스어⟩, ⟨아마도 gorge(throat)를 둘러싼 주름잡힌 장식(ruff)처럼⟩ 호화로운, 찬란한, 매력적인, 멋진, ⟨↔drab\ugly⟩ 기2

277 **go·ril·la [거륄러]**: ⟨카르타고 때부터 써오는 아프리카어⟩, 고릴라, hairly being, '털이 많은 여자', (적도 부근 아프리카에 서식하며 생긴 것과는 달리 수줍음을 잘 타는) 대성성, 유인원과의 큰 짐승, 악한 왕1

278 **gosh [가쉬]**: ⟨영국어⟩, 아이쿠, 기필코, 야단났군, ⟨하느님(God) 맙소사!⟩ 왕1

279 **gos·pel [가스플]**: good+spell', ⟨영국어⟩, 좋은 소식, 가스펠, 복음, 신약성서의 전반 4편, 기독교의 교의, 진리, 신조, ⟨↔un-belief\lie\false-hood⟩ 왕1

280 **gos·sip [가씹]**: god(God)+sib(related)⟨영국어⟩, ⟨'God'하고 하는⟩ 한담, ⟨하느님만 알아야 할⟩ 험담, 만필, 뒷소문, ⟨친한 사람끼리의 한담⟩, ⟨~ rumor\scuttle-butt⟩, ⟨↔facts\reticent⟩ 왕2

281 ※**go-stop [고우 스탑]**: 재정의 확대·수축을 되풀이하는 정책, ⟨일본에서 전래된⟩ 화투 놀이의 하나 무1

282 **got [같]**: get의 과거·과거분사, have의 변형 기1

283 ★**got·cha [가얄춰]**: ⟨1974년부터 쓰여지는 영국어⟩, 'got you', '요놈아', '몰랐지', 함정 왕2

284 ★**goth [가쓰]**: 1970년대 영국에서 시작된 ⟨신비하고 계시적인⟩ 강렬한 ⟨난폭한⟩ 록음악 속2

285 ★**go the ex·tra mile**: 한층 더 노력하다, 특별히 애를 쓰다, ⟨↔fail\under-do⟩ 왕2

286 **Goth·ic [가씩]**: 'Goth'인 같이 야만적인, ⟨비 고전적인⟩, 고딕, 굵기가 같고 네모진 활자체, 13~15세기에 걸쳐 유럽에서 유행한 직선적이고 창과 입구의 위가 뾰족한 아치에 특색이 있는 건축양식, 중세의, 촌스러운, 음산한, ⟨~ bold⟩, ⟨↔normal\modern\serif⟩ 속1 왕2

287 ★**go-to [고우 투우]**: ⟨문제가 있을 때⟩ 찾아가는, 기댈 수 있는, 믿음직한 왕2

288 ★**go-to guy [고우 투우 가이]**: ⟨미국 속어⟩, ⟨단체를 이끄는⟩ 기둥, ⟨믿음직한⟩ 주력선수, ⟨~(↔)bouncer⟩ 왕2

289 ★**go to pie·ces [고우 투우 피이시스]**: 산산 조각이 나다, 바스러지다, 자제심을 잃다 왕2

290 ★**go to the dogs [고우 투 더 더어그즈]**: 나빠지다, 퇴화하다, ⟨예전에 상한 음식을 개한테 던져 주던 관습이 있었음⟩ 왕2

291 **got·ten [가튼]**: get의 과거분사 기1

292 ★**gouge [가우즈]**: ⟨← gulbia(hollow beveled chisel)⟩, ⟨라틴어⟩, 둥근끌(로 구멍을 파다), 도려내다, 부정 착취, 바가지 씌우기, 시험을 통과하는데 도움이 되는 비법, ⟨↔dis-arrange\under-charge⟩ 왕2

293 **gourd [고얼드]**: ⟨← cucurbita(cucumber)⟩, ⟨어원 불명의 라틴어?→프랑스어⟩, 조롱박, 호리병박, 표주박, 수세미오이, ⟨기기묘묘한 색깔과 모양을 한⟩ 박, ⟨~ zucchini\squash⟩ 왕2

294 **gour·met [구얼메이\골메이]**: ⟨← groumet(wine taster)⟩, ⟨프랑스어⟩, '포도주에 밝은 사람', 미식가, 미식가를 위한 요리, ⟨↔humble food\hog-wash\street food\TV dinner⟩ 왕1

295 ⟨← gutta(drop)⟩, ⟨라틴어⟩, 돌아가면서 아픈 통풍, 유전성이 강하고 관절이 붓고 아픈 ⟨불치의⟩ 요산 (과다)성 관절염, ⟨나쁜 피가 관절에 drop되어 생기는 병⟩ 왕2

296 **gov·ern [거뷘]**: ⟨← kybernan(steer a ship)⟩, ⟨그리스어⟩, 다스리다, 통치하다, 누르다, '배의 조종간을 잡다', ⟨↔neglect\surrender⟩ 왕1

297 ★**gov·ern-ment is·sue [거뷘먼트 이슈우] \ GI**: 정부 발행의, (미국) 군인 왕1 미1

298 ★**go with (some·thing) [고우 위드 썸씽]**: (~과) 어울리다, (~과) 짝이 맞다 왕2

299 **gown** [가운]: ⟨← gunna(leather garment)⟩, ⟨라틴어⟩, 긴 웃옷, 잠옷, 수술복, 겉옷, 법복, 학위복, '모피 의복', ⟨한국에서는 의사·간호사들이 입는 '백의(white coat)'를 칭하기도 함⟩ 중2

300 ※**GPGP** [쥐피이 쥐피이]: Great Pacific Garbage Patch, 태평양 거대 쓰레기 지대, 플라스틱을 비롯한 바다 쓰레기가 소용돌이에 밀려 하와이와 캘리포니아 중간 지점에 쌓여진 '인공 섬' 미1

301 ※**GPS**: ⇒ global positioning system 중2

302 ※**GPT**: ⇒ generative pre-trained transformer 중2

303 **grab** [그랩]: ⟨← grabben(seize)⟩, ⟨게르만어⟩, ⟨← grip⟩, 움켜잡다, 가로채다, 빼앗다, 덮치다, ⟨~ grasp\grope⟩, ⟨↔free\release⟩ 양1

304 ★**grab a bite** [그랩 어 바이트]: 한입 깨물다, 간단히 먹다, 요기하다, ⟨~ eat snack⟩, ⟨↔have a feast⟩ 중2

305 ★**grab-bag** [그랩 배(그)]: ⟨잡동사니⟩ 보물 뽑기 주머니(상자) 미2

306 **grace** [그레이스]: ⟨← gratus(pleasing)⟩, ⟨라틴어⟩, 우미, 기품, 은총, '신이 베푼 기쁨', ⟨~ grateful⟩, ⟨↔cruelty\vengeance⟩ 양2

307 ★**grace pe·ri·od** [그레이스 피어리어드]: 보험료 납입 유예기간, 거치기간 미1

308 **grade** [그레이드]: ⟨← gradi(steps)⟩, ⟨라틴어⟩, 등급, 학년, 성적, 경사(도), '계단', ⟨↔level\deviation\de-grade⟩ 기1

309 **grad·ing** [그레이딩]: 등급 매기기, 땅고르기, ⟨↔scrambling\lumping\mixing⟩ 양1

310 **grad·u·al** [그래쥬얼]: 단계적인, 완만한, ⟨↔abrupt\sudden⟩ 양1

311 **grad·u·ate** [그래쥬에이트]: ⟨← gradus(step)⟩, ⟨라틴어⟩, '단계를 밟다', 졸업하다, 학위 취득, 졸업생, ⟨↔under-graduate\drop-out\regress⟩ 기2

312 ★**grad·u·at·ed hair-cut** [그래쥬에이티드 헤어컷]: 점진 이발, 머리의 길이를 단계적으로 길거나 짧게 깎는 이발술 양1

313 **graf·fi·ti** [그뤄휘이티]: ⟨← graphein(write)⟩, ⟨그리스어→이탈리아어⟩, ⟨← graph⟩, 낙서, 공공물에 대한 낙서, graffito의 복수형 중2

314 **graft** [그랩후트]: ⟨← graphein(write)⟩, ⟨그리스어⟩, ⟨graph를 그리는 철필 같은 기구를 써서 나뭇가지를 다른 나무에 찔러넣는⟩ 접붙이기, 이식(편), 수회, ⟨빌붙어서 취하는⟩ 부정 이득, ⟨↔remove\deduct⟩ 기1 중2

315 **grain** [그레인]: ⟨← granum(seed)⟩, ⟨라틴어⟩, '낟알', 0.065gram, 곡물, 조직, 잔디 결, 살결, ⟨→ granite\granola\gravy⟩, ⟨↔lot\whole⟩ 기1

316 ★**grain of salt** [그레인 어브 썰트]: ⟨원래는 음료에 독이 들어있는지 소금을 넣어 시험해 보던 관습에서 유래한 말이라 함⟩ 좀 께름칙하지만, ⟨좀 떫지만 참고 먹는⟩, 감안하여, 에누리하여, pinch of salt 양2

317 **gram \ gram·me** [그램]: ⟨그리스어⟩, small weight, '적은 무게', 질량의 기본 단위, 4°C의 물 1㎤의 무게 중2

318 ★**gram·ma·ble** [그래머블]: instagram+able, '즉석 사진'에 올릴만 한 중2

319 **gram·mar** [그래머]: ⟨← graphein(write)⟩, ⟨그리스어⟩, '문자를 쓰는 기술', 문법, 초급 교본, ⟨↔details\trivia⟩ 양1

320 ★**Gram·mar Na·zi** [그래머 나아치]: (부사를 써야 하는데 형용사를 쓰는) ⟨깡패⟩ 문법, ⇒ flat adverb 중2

321 ★**gram-ping** [그램핑]: 할아버지·할머니와 손주들이 같이 가는 ⟨조부모 등반⟩ 캠핑이나 여행 미1

322 **gra·na·ry** [그뤠이너뤼 \ 그뤠너뤼]: ⟨← granum(seed)⟩, ⟨라틴어⟩, ⟨← grain⟩, 곡물 창고, 곡창 지대, ⟨↔junk\trash⟩ 양1

323 **grand¹** [그랜드]: ⟨← grandis(great)⟩, ⟨라틴어⟩, '큰', 웅대한, 총괄적, 당당한, 거만한, 고위의, ⟨↔minor\modest⟩ 양1

324 **grand-eur** [그랜쥐]: ⟨프랑스어⟩, 웅대, 장엄, 위대, 위풍, ⟨↔dull-ness\simplicity⟩ 양1

325 **grand prix** [그롸앙 프뤼이]: ⟨프랑스어⟩, grand prize, 대상, 국제 경마 대회, 국제 자동차 경주, ⟨↔consolation prize⟩ 우1

326 ★**grand-stand** [그랜드 스탠드]: ⟨박수를 노린⟩ 정면 특별관람석, ⟨↔back-seat\hide-away⟩ 양2

327 **gran·ite** [그래니트 \ 그래나이트]: ⟨← granum(seed)⟩, ⟨라틴어⟩, ⟨'낟알 모양의'⟩ 쑥돌, 화강암, 견고함, ⟨↔lime-stone\sand-stone⟩, ⟨↔ash\doubt⟩ 양2

328 **gran·ny \ gran·nie** [그래니]: ⟨영국어⟩, grand mother, 할머니, 할멈, 노파, (미국 남부) 유모, ⟨~ nanny⟩, ⟨↔grandpa⟩ 양1

329 **grant** [그랜트]: ⟨← credere(believe)⟩, ⟨라틴어⟩, '신용하다', 주다, 부여하다, 허가하다, 하사금, 보조금, 양도, ⟨↔deny\refuse⟩ 양2

330 **grape** [그뤠이프]: ⟨← chrapho(clasp)⟩, ⟨게르만어⟩, 포도(나무), 포도주, 8천 년경 전부터 재배되어 온 단위 면적당 최대의 과일을 맺어주는 ⟨'hook'(갈고리)를 가진⟩ 덩굴식물, uva, ⟨→ grapple⟩ 가1

331 **grape-fruit** [그뤠이프 후루우트]: 자몽, ⟨맛이 포도와 비슷하다⟩ 귤보다 크나 껍질이 엷은 과실, 큰 유방, toronja 양1

332 **graph** [그래후]: ⟨← graphein(write)⟩, ⟨그리스어⟩, ⟨써서 만든⟩ 도표, 도식, 그림, ⟨→ graffiti\graft⟩, ⟨↔phonetics⟩ 양2

333 ※**graph·i·cal us-er in·ter-face \ GUI**: 도표 사용자 접속기, 그림문자를 활용해서 전산기와 통화하는 방법 양2

334 **graph-ics card** [그래휙스 카아드]: 정보를 화상으로 바꾸는 부품 양1

335 **graph-ics tab·let** [그래휙스 태블맅]: 도표명판, 마우스 대신 철필로 그릴 수 있게 만든 압력에 민감한 판 양1

336 ※**graph-o-scope** [그래휘 스코우프]: ①도표(사진) 확대경 ②화면에 나타난 자료를 light pen 등으로 수정할 수 있는 장치 양2

337 **grap·ple** [그래플]: ⟨← chrapho(clasp)⟩, ⟨게르만어⟩, ⟨← grape·hook의 변성어⟩, 잡다, 쥐다, 드잡이, 분투, ⟨↔release\loosen⟩ 양1

338 **grasp** [그래슾]: ⟨← grapian(seize)⟩, ⟨영국어⟩, 붙잡다, 움켜쥐다, 납득하다, 점유, ⟨~ grip\grab\ grope⟩, ⟨~ uptake\understand⟩, ⟨↔lose\let go⟩ 양1

339 ★**grasp all, lose all**: 모두 잡으려다 모두 놓친다, 소탐대실, ⟨~ penny-wise, pound-foolish⟩, ⟨~(↔)don't bite off more than you can chew⟩ 양2

340 **grass** [그래스]: ⟨게르만어⟩, herbage, ⟨푸르게 자라는⟩ 풀, 목초, 잔디, (가장 흔하고 가장 다양한) 잎이 가는 볏과의 식물, ⟨~ green\grow⟩, ⟨~(↔)tree⟩ 양1

341 **grass–hop-per** [그래스 하퍼]: ⟨풀에서 튀어나오는⟩ 메뚜기, 여치, ⟨메뚜기를 닮은⟩ 소형 정찰기 양1

342 ★**grass is green-er on the oth-er side**: ⟨그리스 시인 Ovid가 도입한 말⟩, 남의 떡이 더 커 보인다, ⟨~(↔)only if you water it⟩, ⟨↔a bird in the hand is worth two in the bush⟩ 양2

343 ★**grass roots** [그래스 루우츠]: 민초, 근본, 일반 대중의, ⟨↔accessory\in-essential⟩ 양1

344 ★**grass-weed** [그래스 위이드]: 마리화나 양2

345 ★**grass wid·ow(er)** [그래스 위도우(워)]: 생과부, 별거 중인 아내(남편), ⟨잡초처럼⟩ 버림받은 여자, ⇒ barrel widow 양2

346 **grate** [그뤠이트]: ①⟨← chrazzon(scrape)⟩, ⟨게르만어⟩, 비비다, 문지르다, 갈다, 삐걱거리다, ⟨↔build\assuage⟩ ②⟨← cratis(hurdle)⟩, ⟨라틴어⟩, 쇠살대, 벽난로, 쇠격자, ⟨~ grill⟩ 웹1

347 **grate-ful** [그뤠이트풀]: ⟨라틴어 gratus(pleasing)에서 연유한 영국어⟩, 고마워하는, 기분 좋은, ⟨← grace⟩, ⟨↔mean\rude\un-grateful⟩ 웹2

348 **grat·i·fi·ca·tion** [그래티휘케이션]: ⟨← gratus(pleasing)⟩, ⟨라틴어⟩, 만족(감), 희열, ⟨~ gratitude\give⟩, ⟨↔dis-content\dis-satisfaction⟩ 웹1

349 **grat·i·tude** [그래티튜우드]: ⟨← gratus(pleasing)⟩, ⟨라틴어⟩, 감사하는 마음, 사의, 보답, 팁, ⟨↔in-gratitude\un-appreciation⟩ 웹2

350 **grave** [그뤠이브]: ①⟨← grafan(dig)⟩, ⟨게르만어⟩, '굴', tomb, 무덤, 죽음, ⟨↔birth-bed⟩ ②⟨← gravis⟩, ⟨라틴어⟩, '무거운', 엄한, 중대한, 조심스러운, 조각하다, ⟨→ aggravation⟩, ⟨↔trivial⟩ 웹1

351 **grav·el** [그뢔블]: ⟨← greve(coarse sand)⟩, ⟨프랑스어⟩, ⟨← grave(무거운)⟩ 자갈, 곤란케 하다, ⟨↔rock⟩, ⟨↔liquid\smoothen⟩ 웹1

352 **grave-yard** [그뤠이브 야아드]: 묘지, 산소, 묏자리 웹1

353 ★**grave-yard shift** [그뤠이브 야아드 쉬후트]: '무덤 조', 자정부터 오전 8시까지의 근무, ⟨별로 할 일은 없으나 으스스한⟩ 야간 근무, night·shift, ⟨↔day shift\swing shift⟩ 웹2

354 **grav·i·ty** [그래뷔티]: ⟨← gravis(heavy)⟩, ⟨라틴어⟩, 진지함, 중대함, ⟨무게를 끌어당기는⟩ 중력, 중량, ⟨↔anti-gravity\levity\parity⟩ 웹1

355 ★**grav·i·ty bong** [그래뷔티 방]: 마리화나를 증류시키는 ⟨수제⟩ 침전 물대롱 웹2

356 **gra·vy** [그뤠이뷔]: ⟨← granum(seed)⟩, ⟨라틴어⟩, ⟨grain처럼 처리되어⟩ 걸쭉한 고깃국물, 진국, ⟨gravy train에서와 같은⟩ 횡재 웹1

357 **gray \ grey** [그뤠이]: ⟨게르만어⟩, mixture of black and white, '회색', 잿빛, 음산한, 백발의, 애매한, 어중간한 웹1

358 ★**gray-col·lar** [그뤠이 칼러]: ⟨white와 blue collar의 중간층인⟩ 기술노동자(수리공·정비공) 웹2

359 ★**gray lie** [그뤠이 라이]: 모호한 거짓말, (예를 들면) "이원택 사전은 불후의 명작이다" 하면 친구지간에 듣기 좋겠지만 독자들은 피해를 볼 수도 있는 ⟨대부분의 거짓말⟩, ⟨↔blue lic⟩ 웹2

360 **graze** [그뤠이즈]: ⟨← grasian(feed with grass)⟩, ⟨게르만어에서 연유한 영국어⟩, 풀(grass)을 뜯어 먹다, 방목하다, 간식을 먹다, 스쳐 벗겨지게 하다, 찰과상, ⟨↔refrain\man-handle\impinge⟩ 웹1

361 **grease** [그뤼이스]: ⟨← crassus(fat)⟩, ⟨어원 불명의 라틴어⟩, 지방, 수지⟨짐승의 기름⟩, 기름기, 뇌물, 기름치기⟨아첨⟩, ⟨↔rough\parch⟩ 웹1

362 **great** [그뤠잍]: ⟨← grautaz(big)⟩, ⟨게르만어⟩, '큰', 중대한, 많은, 위대한, 굉장한, 건방진, ⟨~ gross⟩, ⟨↔small\little\ordinary⟩ 웹1

363 ★**great cry and lit·tle wool**: ⟨돼지는 털 깎을 때 소리만 질렀지 양모는 보잘 것 없다는 뜻⟩, 소문난 잔치에 먹을 것 없다, ⟨~ all noise and no substance\much ado about nothing⟩ 웹2

364 ★**greed-fla-tion** [그뤼이드 훌레이션]: ⟨2023년에 등장한 신조어⟩, greed+inflation, 탐욕성 통화 팽창, ⟨Covid-19 이후에 원자재와 임금의 인상을 훨씬 상회하는⟩ ⟨수익을 극대화 하려는 욕심이 물가 상승을 부추기고 있다는⟩ 과욕에 의한 물가 폭등 웹2

365 **greed·y** [그뤼이디]: ⟨← gredus(hunger)⟩, ⟨게르만어⟩, ⟨돈을 사랑하는⟩, 욕심 많은, 탐욕스러운, 게걸스러운, ⟨한 목사는 인간에게 제일 힘든 말이라 정의했음⟩, ⟨↔altruistic\generous\abstemious⟩ 웹2

366 ※**greek·ing** [그뤼이킹]: ⟨1980년대 부터 쓰여진 영국어⟩, ⟨Greek 문자로 된 글을 보듯⟩ 대충 보기, 본문을 열지 않고 일부만 떠올려서 화면 상태를 알아보는 일 웹2

367 **green** [그뤼인]: ⟨← growan(grow)⟩, ⟨게르만어⟩, ⟨식물이 자라면서 띄우는⟩ '녹색', 야채, 초원, 청춘, 풋내기, (불쾌해서) 푸르죽죽함, (질투로) 파르스름함, 골프 구멍 주위 잔디, 미국 지폐, ⟨~ grass⟩, ⟨점점 'clean'이란 뜻으로도 쓰이고 있음⟩ 기1 미1

368 ★**green-back** [그뤼인 백]: ⟨초창기에는 한쪽만 녹색이었던⟩ 미국의 지폐 양2

369 **green bean sprouts** [그뤼인 비인 스프롸웉츠]: ⟨삶아 익혀 먹는⟩ 숙주나물, mung bean sprouts 미2

370 **green belt** [그뤼인 벨트]: (도시 주변의) 녹색지대, 개발 제한 지역 우2

371 **Green Be·ret** [그뤼인 버뤠이]: ⟨원래는 이차대전 중 1942년에 영국에서 시작되었으나 1949년 미국에서 본 딴⟩ 미 육군의 대게릴라전 특수부대, 녹색 베레모, (US) Special Forces 수2

372 **green card** [그뤼인 카아드]: 초록색 신분증, 노동 허가증 미1

373 ★**green-horn** [그뤼인 호언]: '뿔이 나기 시작한 소', 풋내기, 얼간이, ⟨~ novice⟩, ⟨↔veteran\expert⟩ 양2

374 **green-house** [그뤼인 하우스]: 온실, hot·house, ⟨~ vinyl house⟩ 기1

375 ※**green-house ef-fect** [그뤼인 하우스 이휄트]: 온실효과, 폐기 기체의 증가로 인한 지구의 온난화 양2

376 ※**green mail** [그뤼인 메일]: 주식 매점, 대상 기업의 주식을 대량 매입 후 경영권이 약해진 대주주에게 높은 가격에 되팔아먹는 행위, ⟨green(지폐)+black·mail⟩ 미2

377 ★**green-mark** [그뤼인 마아크]: 친환경 표시, ⇒ eco·mark 양1

378 ※**green mar·ket·ing** [그뤼인 마아키팅]: 친환경적 상업(활동) 미2

379 ※**Green P.C.** [그뤼인 피이씨이]: 녹색(절약형) 개인 전산기, 켜놓아도 소량의 전류만 소모하는 개인용 전산기 우1

380 ★**green thumb** [그뤼인 썸]: 원예 재능, 재배 솜씨, 돈벌이 재주, ⟨↔brown thumb⟩ 미2

381 ★**green–wash·ing** [그뤼인 워어쉥]: '초록 세탁', 친환경 위장술, 친환경적(무공해) 제품이라고 속여서 광고하는 상행위 미2

382 **Green·wich** [그뤼니쮜 \ 그뤼니취]: green settlement, '초록기지', 영국 런던의 동남쪽에 있는 본초 자오선의 기점 수1

383 ★**green with en·vy** [그뤼인 위드 엔뷔]: ⟨시샘으로⟩ 파르르 떨다, 시퍼렇게 질리다, ⟨↔comfortable\contend⟩ 양2

384 **greet·ing** [그뤼이팅]: ①⟨← gretan(salute)⟩, ⟨고대 영국어⟩, ('다가가며' 하는) 인사, 환영, ⟨↔adieu\goodbye⟩ ②⟨← grata⟩, 슬픔, 비탄, ⟨~ regret⟩, ⟨↔laugh\happy⟩ 양1

385 **gr8** [그뤠이트]: great, 와따다, 대단해, 잘했어 양2

386 **gre·nade** [그뤼네이드]: ⟨← granum(grain)⟩, ⟨라틴어→프랑스어⟩, ⟨'pomegranate'(석류) 모양의⟩ 수류탄, 최루탄, 소화탄 미2

387 ※**grep** [그뤱]: global regular expression print, ⟨총체적 보편 표현 인쇄⟩, 보편적 표현을 전반적으로 인쇄한 것, 탐색 기준에 맞는 것은 전부 전시한 것 수2

388 **grew** [그루우]: grow의 과거 기1

389 ★**grey mar·ket** [그뤠이 마아킽]: ⟨1980년도 말에 떠오른 말⟩, 생산 회사의 판매망을 벗어난 상행위, 회색 시장, ⟨black market\white market⟩ 양2

390 ★**grey swan** [그뤠이 스와안]: '회색 백조', (Tundra 지방 등의) 어린 백조⟨나중에 흰색으로 변함⟩, 예측 가능한 돌변상황, ⟨~(↔)black swan⟩ 미2

391 ★**grid** [그뤼드]: 〈영국어〉, 〈← griddle〉, 쇠창살, 쇠그물, 석쇠, 망상조직, 전산기로 도형을 그릴 때 일정한 위치로만 금을 그을 수 있게 한 장치, 〈~ lattice〉, 〈↔mish-mash\jumble〉 미2

392 ★**grid-lock** [그뤼드락]: 〈영국어에서 연유한 미국어〉, 〈석쇠 모양의 도로망에서 모든 교차로가 막힘으로 오는〉 교통 정체(마비), 교착 상태, 〈↔open\free〉 미2

393 **grief** [그뤼이후]: 〈← gravis(heavy)〉, 〈라틴어→프랑스어〉, 〈← grieve〉, 슬픔, 비탄, 재난, 〈↔joy\cheer〉 영2

394 **grieve** [그뤼이브]: 〈← gravis(heavy)〉, 〈라틴어에서 연유한 프랑스어〉, '무겁게 하다', 몹시 슬프게 하다, 마음 아파하다, 〈~ grief〉, 〈↔rejoice\delight〉 영1

395 ★**grift** [그뤼후트]: 〈← graft〉, 〈영국어에서 연유해서 20세기 초에 미국 갱들이 만든 말〉, 사기, 야바위, 협잡, 〈빌붙어서(graft) 버는〉 '삥땅', 〈↔honesty\square deal〉 영2

396 **grill** [그릴]: 〈← cratis(hurdle)〉, 〈라틴어→프랑스어〉, 석쇠, 〈grate로〉 굽다, 구이, 구이집, 엄하게 심문하다, (자동차의 앞면) 창살, 〈~ griddle\grate〉 영1 우1

397 **grim** [그림]: 〈게르만어〉, fierce, '엄격한', 냉혹한, 완강한, 움직일 수 없는, 지겨운, 〈↔amiable\pleasant〉

398 **grim-ace** [그뤼메이스 \ 그뤼머스]: 〈← grime(vexed)〉, 〈프랑스어〉, 얼굴을 '찡그린', 짐짓 꾸민 표정, 〈~ frown\mow(e)〉, 〈↔smile\grin\laugh〉 영1

399 **grin** [그륀]: 〈← grennian(show the teeth)〉, 〈게르만어〉, 씩 웃음, 싱글거리다, '이빨을 드러내다', 〈↔frown\scowl\grimace〉 영1

400 **grind** [그라인드]: 〈← grindan(crush into bits)〉, 〈게르만어〉, (곡식 등을) 갈다, '으깨다', 빻다, 혹사하다, 〈~ hustle〉, 〈↔solodify\aid\idle〉 영1

401 ★**grin·go(a)** [그륑고(가)]: 〈Greek인처럼〉 스페인 말을 못하는 외국인, 〈남미인들이 부르는〉 북미 놈(년) 우2

402 ★**grin-ning from ear to ear**: 입이 귀에 걸리도록 활짝 웃다, 입이 찢어지도록 싱글벙글하다, 〈↔make a face〉 영2

403 **grip** [그륖]: 〈← gripan(seize)〉, 〈게르만어〉, 〈← gripe〉, 꽉 쥠, 파악, 악력, 통제력, 〈→ grab〉, 〈~ grasp〉, 〈↔release\slip〉 영1

404 **griz·zly** [그뤼즐리]: 〈← gris〉, 〈게르만어→영국어〉, 회색〈grey〉의, 잿빛을 띤 영1

405 **groan** [그로운]: 〈← granian(lament)〉, 〈게르만어〉, 신음하다, 괴로워하다, 〈~ grin\moan〉, 〈↔rejoicing\giggle\simper〉 영1

406 **gro·cery** [그로우서뤼]: 〈← grossus(wholesale)〉, 〈라틴어→프랑스어→영국어→미국어〉, 〈'gross'(다량)로 파는〉 식료품류, 식품점 기1

407 ★**grod-y** [그로우디]: 〈영국어→미국어〉, 〈← grotesque〉, 불쾌한, 메스꺼운, 비열한, 열등한, 〈1982년 미국 노래 가사로 떠오른 말〉, 〈↔wonderful\magnificent〉 미2

408 ★**grok** [그랔]: 〈1961년 과학 소설에서 조작된 미국 속어〉, 완전히 이해하다, 공감하다, 〈↔misunderstand\dis-believe〉 미2

409 ★**grom·met** [그라밑]: 〈← gourmer(curb)?〉, 〈어원 불명의 프랑스어〉 ①덧테쇠, 밧줄 고리 ②〈파도탈 때 밧줄이 필요한〉 애송이, 치삼, 〈위험한〉 한계운동을 시작하는 젊은이 영1

410 **groom** [그루움]: 〈← guma(man)〉, 〈어원 불명의 영국어〉, '소년', 말구종, 신랑, 돌보다, 훈련하다, 〈↔bride\damage〉 영1

411 ★**groom-ing** [그루밍]: 몸치장, 몸단장에 광적인, 상위자가 하위자를 〈다듬어 주는〉 성폭행 미2

412 **groove** [그루우브]: 〈← groba(ditch)〉, 〈게르만어→네덜란드어〉, 〈← groef〉, 홈, 바퀴 자국, 관례, 판에 박다, 〈~ grave\cave〉, 〈~ furrow〉, 〈↔ridge\deviation〉 영1

413 **grope** [그로우프]: ⟨← gripan(seize)⟩, ⟨게르만어⟩, 더듬다, 모색하다, ⟨~ grab\grasp⟩, ⟨~ fumble\turn stones⟩, ⟨↔expose\seize⟩ 열1

414 **gross** [그로우스]: ⟨← grossus(big)⟩, ⟨라틴어⟩, 큰, 총체적, 거친, 무딘, 고약한, ⟨~ coarse\great⟩, ⟨↔net\minor\decent⟩ 열2

415 **gro·tesque** [그로우테스크]: ⟨이탈리아어·프랑스어⟩, ⟨← grotto⟩, 기괴한, 괴상한(무늬), ⟨동굴의 그림⟩, ⟨→ grody⟩, ⟨↔ordinary\aesthetic⟩ 개2

416 **ground** [그롸운드]: ⟨← grund(bottom)⟩, ⟨게르만어⟩ ①땅, 지면, 운동장, 기초, ⟨바닥⟩, ⟨↔air\sky\float⟩ ②grind의 과거·과거분사 열1

417 ★**ground-swell** [그롸운드 스웰]: 큰 파도, 여파, (여론의) 고조 열2

418 ★**ground ze·ro** [그롸운드 지어로우]: 폭심지, 폭탄의 낙하점 미1

419 **group** [그루우프]: ⟨← groupe(bunch)⟩, ⟨게르만어⟩, 떼, 집단, 회합, '덩어리', ⟨~ cluster\crop⟩, ⟨~ assemble\squad⟩, ⟨↔individual\disperse⟩ 열2

420 ★**group grope** [그루우프 그로우프]: ⟨1965년경 등장한 미국 속어⟩, 난교 파티, 집단 접촉, ⟨뜻과 운이 맞아 생긴 말⟩ 열1

421 ※**group-ware** [그루우프 웨어]: 집단 (연성)기재, 한 종류의 일을 하는 사람들에게 효율적인 작업환경을 제공하는 연성기기 열1

422 **grouse** [그롸우스]: ①⟨gruta(crane)라는 라틴어 또는 grue(crane)라는 프랑스어가 어원이라 함⟩, 뇌조, 멧닭, 어미 닭만 한 들꿩과의 사냥감, ⟨~ ptarmigan⟩ ②⟨← grouchier(murmur)⟩, ⟨프랑스어⟩, ⟨의성어⟩, '투덜대다', 불평하다, ⟨~ crane⟩, ⟨~ grouch\grudge\grumble⟩ 미2 열2

423 **grove** [그로우브]: ⟨← graf(small forest)⟩, ⟨게르만어⟩, '작은 숲', 과수원 열1

424 **grow** [그로우]: ⟨← growan(sprout)⟩, ⟨게르만어⟩, '커지다', 성장하다, 자라다, 기르다, 재배하다, ⟨~ grass\green⟩, ⟨~ increase\thrive⟩, ⟨↔shrink\destroy⟩ 개1

425 **growl** [그롸울]: ⟨← grouler⟩, ⟨프랑스어→영국어⟩, ⟨의성어⟩, 곰의 울음소리, 으르렁 소리, 고함치다, 투덜대다, ⟨~ howl\snarl⟩, ⟨↔delight\rejoice⟩ 열1

426 **grown** [그로운]: grow의 과거분사 개1

427 **growth** [그로우쓰]: 성장, 발육, 재배, 종양, ⟨↔decline\withering⟩ 개1

428 ★**grow the beard**: ⟨신조어⟩, 괄목할 만한 발전, (Star Trek 제 2편에서 수염을 기르고 나온 주인공의 연기가 향상된 것에서 연유한) 재도약, ⟨↔jump the shark⟩ 열2

429 ※**growth fund** [그로우쓰 훤드]: 성장형 기금, 수익보다 주가 상승에 기대를 거는 신탁기금 미2

430 ※**GRP**(gross rate point): 종합 시청률, 광고 횟수를 실제 시청자 백분율로 곱한 것 열2

431 **grub** [그뤕]: ⟨← grafan(dig)⟩, ⟨게르만어→영국어⟩, ⟨'grave'(무덤)을 만들려고 나무를⟩ 뿌리째 뽑다, 개간하다, 개간지에 남은 그루터기, 땅벌레, 굼벵이, 끼니, ⟨↔plant\bane⟩ 열2

432 **grudge** [그뤄쥐]: ⟨← grouchier(murmur)⟩, ⟨어원 불명의 프랑스어⟩, 싫어하다, 투덜대다, 유감, 원한, 뒤끝, ⟨~ grouch\grumble⟩, ⟨↔amity\forgiving⟩ 열1

433 **grum·ble** [그뤔블]: ⟨← grumme(matter)⟩, ⟨게르만어→네덜란드어⟩, ⟨← rumble⟩, 불평하다, 툴툴대다, 끙끙대다, ⟨~ grudge\grunt⟩, ⟨~ grouse²⟩, ⟨↔compliment\praise⟩ 개1

434 ★**grun·dy·ism** [그뤈디즘]: ⟨1798년 영국에서 공연된 희곡 주인공(Grundy)의 이름에서 연유한⟩ 고상한 체하는 여자, 인습주의, '내숭', ⟨~ prudery⟩ 우2

435 ★**grunge** [그뤈쥐]: ⟨1965년에 등장한 미국 속어⟩, 그런지 패션(grubby+dingy?), 오물, 쓰레기, 넝마, ⟨↔clean-ness\luminous-ness⟩ 미2

436 **grunt** [그륀트]: ⟨← grunnire⟩, ⟨라틴어→게르만어⟩, ⟨의성어⟩, ⟨~ grumble\grump⟩, 꿀꿀거리다, 투덜대다, '돼지물고기', 미국 동쪽 해안에 사는 벤자리과의 식용 물고기, ⟨~ gurnard⟩, ⟨~ pig-fish⟩ 영1 초2

437 ★**GSOMIA** [쥐쏘미아]: General Security of Military Information Agreement, 포괄적 군사정보협정, (군사기밀 보호를 위해 미국이 시작해서 한국과 일본은 2016년에 조인한) 첨단기술의 판매에 대한 규약 미2

438 ★**GTG \ g2g** (I've got to go) [갈 투고우]: '가야만 해', '총총히', '그만!' 미2

439 **guar·an·ty** [개륀티]: ⟨← warjan(protect)⟩, ⟨게르만어⟩, 보증(물), 담보(인), ⟨↔un-surety\in-certitude⟩ 기2

440 **guard** [가아드]: ⟨← warten(watch)⟩, ⟨게르만어⟩, '망보기', 보초, 경호인, 방호물, ⟨← ward⟩, ⟨↔offensive\neglect\abandon⟩ 기1

441 ★**guc·ci!** [구우취!]: 'good'의 변형어, 아주 좋아!, 짱!, ⟨↔awful\ugly⟩ 미2

442 **guer·ril·la** [거륄러]: ⟨← guerra(war)⟩, ⟨스페인어⟩, 게릴라, 유격대, 비정규병, '작은 전쟁', ⟨↔civilian\armed forces⟩ 우2

443 **guess** [게스]: ⟨← gissen(conjecture)⟩, ⟨네덜란드어⟩, 추측, 어림짐작, 억측, 알아맞히다, '판단하다', ⟨← get?⟩, ⟨↔fact\certainty⟩ 기2

444 **guess-ti·mate** [게스티메이트]: guess+estimate, 어림짐작, 억측, ⟨↔certification\convict⟩ 영2

445 **guest** [게스트]: ⟨← giest(visitor)⟩, ⟨게르만어⟩, '낯선 사람', 손님, 하숙인, 초빙된 귀빈, ⟨↔host'⟩ 영2

446 ※**GUI**: ⇒ graphical user interface 우1

447 **guide** [가이드]: ⟨← witanan(know)⟩, ⟨게르만어⟩, 안내, '길잡이', 지침, 지도, ⟨↔follow⟩ 영1

448 **guild \ gild** [길드]: ⟨← gieldan(pay)⟩, ⟨게르만어⟩, 동업조합, 장인·상인의 협동조합, ⟨~ yield⟩ 영2

449 **guile** [가일]: ⟨← wigila(trick)⟩, ⟨게르만어→프랑스어⟩, 교활, 엉큼, 음흉, ⟨~ wile⟩, ⟨↔honesty\candor⟩ 기1

450 **guilt·y** [길티]: ⟨← gylt(culpable)⟩, ⟨어원 불명의 영국어⟩, 죄를 범한, 유죄의, 떳떳하지 못한, ⟨↔innocent\right\sin-less⟩ 영2

451 ★**guilt·y con-science needs no ac-cu·ser**: ⟨소크라테스가 했다는 말⟩, 도둑이 제 발이 저리다, ⟨~ unexamined life is not worth living⟩

452 **guin·ea** [기니]: ⟨Guinea 지방산 금⟩, 영국에서 1663~1813년간 발행한 (pound보다 1실링이 더 많은) '금'으로 된 화폐(=1.05 파운드·21 실링) 초2

453 **guise** [가이즈]: ⟨← wisa(way)⟩, ⟨게르만어→프랑스어⟩, 외관, 겉치레, 변장, 가장, ⟨~ wise\way⟩, ⟨↔frankness\honesty⟩ 영1

454 **gui·tar** [기타아]: ⟨← kithara(lyre)⟩, ⟨그리스어⟩, (5천 년 전 이집트에서 개발된 것으로 사료되는) 여섯 줄 공명 현⟨string⟩악기, ⟨~ zither⟩ 우1

455 **gulf** [걸호]: ⟨← kolpos(fold)⟩, ⟨그리스어⟩, 만, 심연, 큰 간격, 소용돌이, 바다가 ⟨'유방' 모양으로⟩ 육지로 쑥 들어온 곳, ⟨~ bay⟩, ⟨↔closure\open-sea⟩, ⟨↔cape\cave⟩ 미2

456 **gull** [걸]: ⟨← gwylan⟩, ⟨켈트어⟩, mew, ⟨아무거나 '삼키는(gullet)'⟩ 갈매기, 미 해군 상대의 매춘부, 속이다, 잘 속는 사람, 숙맥, 멍청이, ⟨~ pigeon°⟩, ⟨↔kite⟩ 영1

457 **gulp** [걸프]: ⟨← gulpen(gob)⟩, ⟨네덜란드어⟩, ⟨의성어⟩, 꿀꺽꿀꺽 마시다, 삼켜 버리다, 억제하다, ⟨~ gobble⟩, ⟨↔sip\pick⟩ 영1

458 **gum** [검]: ⟨← kemai(resin)⟩, ⟨이집트어⟩, 껌, 고무질, 진, '수지'⟨나무기름⟩, 수액, 잇몸 우2

459 ★**gump** [검프]: 〈1825년에 등장한 어원 불명의 미국 속어〉, (여자) 멍청이, (키 큰) 얼간이, 겁쟁이, 〈↔serious\wise\brave〉 상2

460 **gun** [건]: gunnr(war)+hildr(war), 〈북구어〉, 〈전쟁에 쓰는 기관〉, 대포, 총, 분무기, 거물, 〈↔knife\disarmament〉 상2

461 **gun-ite** [거나이트]: 〈← gun〉, 〈1909년 상표로 등장한 영국어〉, 시공 면에 가압 주입기로 '쏘아 붙이는' 회반죽 모르타르(모래와 시멘트의 혼합물) 중2

462 ★**gunk** [겅크]: 〈미국어〉, 〈1932년에 출시된 '끈적끈적한' 비누 이름에서 따온〉 오물, '찐득기', 놈, 화장품, 〈↔clean-ness\purity〉 상2

463 ★**gun·sel** [건설]: 〈1910년경에 등장한 유대계 미국 속어〉, 'young goose', 남색의 어린 짝, 교활한 놈, 젊은 얼간이, 배신자 상2

464 ★**gunt** [건트]: 〈영국 속어〉, (여성의) 뱃살, 삼겹살, 〈gut+cunt?〉 상2

465 ★**Gup·pie** [거피]: 동성연애 yuppie, gay urban professional 〈도시에 사는 젊은 전문직 동성연애자〉 중2

466 **gur·gle** [거어글]: 〈영국어〉, 〈의성어〉, 콸콸하다, 꼴딱꼴딱하는 소리, 〈~ gullet〉, 〈↔stream\geyser〉 상1

467 ★**gurl-friend** [구울 후뤤드]: (여성끼리 또는 gay가 쓰는) 〈sex 없는〉 여자 친구 중2

468 **gur·ney** [거어니]: 〈'small is land'란 뜻의 지명에서 연유한〉 〈영국어→미국어〉, 〈1883년에 고안자의 이름(Gurney)을 딴〉 바퀴 달린 들것, 양쪽에 형겊을 댄 소형 수레, 〈~ stretcher는 바퀴가 없음〉 중2

469 **gush** [거쉬]: 〈← guysen〉, 〈네덜란드어→영국어〉, 〈의성어〉 분출, 복받침, 〈~ gust\rush〉, 〈↔ebb\sink〉 상1

470 **gust** [거스트]: 〈← giosa〉, 〈아이슬란드어→영국어〉, 〈← gush〉, 돌풍, 소나기, 격정, 〈↔calm\trickle〉, 〈↔breeze〉 상1

471 **gut·ter** [거터]: 〈라틴어〉, 〈'gutta'(방울)가 모이는〉 낙수 홈통, 물받이, 도랑, 빈민굴, 여백, 행간, (볼링에서 레인 양쪽에 있는) 홈〈허방〉, 〈↔rise\decent\whole-some〉 상1

472 **guy** [가이]: ①〈Guido(guide)〉, 〈이탈리아어→영국어〉, '녀석', 사내, 친구, 〈1605년 영국 의사당을 폭파하려다 체포되어 처형된 Guy Fawkes에서 따온〉 밉살스러운 놈, 〈↔chick〉 ② [구이]: 〈프랑스어〉, 〈← guide〉, 밧줄, 〈↔snare〉 상1

473 **gym**(·na-si·um) [쥠(네이지엄)]: 〈← gymmos(naked)〉, 〈그리스어〉, 〈벌고벗고 단련하는〉 체육관, 연무장, 실내 체육장, 〈~ sports(fitness) center〉, 〈↔library〉, 〈↔idleness\academy〉 기2

474 ★**gyp·po** \ gy·po [쥐포우]: 〈← gypsy〉, 〈집시 같은〉 떠돌이 일꾼, 날품팔이꾼 상2

475 **Gyp·sy** \ Gip·sy [쥡씨]: 〈영국어〉, 집시, 〈처음 영국에 나타났을 때 'Egyptian'으로 착각했던〉 집시, 방랑자, 코카서스 유랑민족, 개인 영업, 〈~ Bohemian〉, 〈↔resident\inhabitant〉 중2

476 ★**gyp·sy cab** [쥡씨 캡]: 떠돌이 택시, 〈면허가 없는〉 암택시 상1

477 ★**gyp·sy schol·ar** [쥡씨 스칼러]: 방랑학자, 〈박사학위를 가지고도 전임 자리를 찾아다니는〉 떠돌이 강사 중2

1. **H \ h** [에이취]: 이집트의 상형문자 울타리 모양을 딴 인쇄물에서 8번째 정도로 자주 쓰이는 알파벳의 여덟 번째 글자, hydrogen, hour, harbor·hard·height, hundred, husband 등의 약자 ⓒ

2. **hab·it** [해빝]: ⟨← habere(have)⟩, ⟨라틴어⟩, ⟨늘 가지고 있는⟩ 버릇, 습관, 기질, ⟨← have⟩, ⟨↔occasion⟩ ⓒ

3. **hab·i·tat** [해비탙]: ⟨라틴어⟩, ⟨영역을 가지고 있는⟩ 서식지, 산지, 거주지, ⟨↔alien terrain\foreign environment⟩ ⓒ

4. ★**hab·it is sec·ond¹ na·ture**: 습관은 제 2의 천성이다, 세살 버릇 여든까지 간다, 제 버릇 개 못 준다, ⟨~ we are all creature of habits\old habits die hard⟩ ⓒ

5. *****HACCP** [하쎕] (haz·ard a·nal·y·sis and crit·i·cal con·trol point): 식품 유해 요소 중점 관리 기준, (원래 우주 비행사들의 음식물 안전성을 점검하기 위해 고안되었던) 음식물 유해 요소를 관리하는 국제적 기준 ⓒ

6. **hack** [핵]: ①⟨← haccian(hew)⟩, ⟨게르만어⟩, '난도질하다', 난폭하게 다루다, 불법 침입하다, ⟨↔yield\give up⟩ ②⟨영국어⟩, hackney, 세놓는 말, 늙은 말, 품팔이 ③⟨← hatch²⟩, ⟨게르만어⟩, ⟨큰 가지를 쳐서 만들었던⟩ 구유, 건조대 ④⟨영국어⟩, 마른 기침(소리) ⓒ

7. ★**hack·a·thon** [핵어싼]: ⟨신조어⟩, hack+marathon, (전산기 도사들끼리) 정해진 시간 동안 전력을 다해 함께 작업하는 일, 전산망 폭주 ⓒ

8. *****hack·ing** [해킹]: ⟨← hack¹⟩, ⟨미국어⟩, 전산 체계 무단침입, 광적인 전산망 조작, ⟨↔aid\fix⟩ ⓒ

9. **hack·saw** [핵 써어]: ⟨← hack¹⟩, ⟨게르만어⟩, ⟨거칠게 잘라지던⟩ (금속 절단용) 쇠톱 ⓒ

10. **had** [해드 \ 허드]: have의 과거·과거분사, ⟨↔lacked\denied⟩ ⓒ

11. **Ha·des** [헤이디이즈]: ⟨← a+idein(see)?⟩, ⟨어원 불명의 그리스어⟩, ⟨보이지 않는?⟩ 하데스, 저승신, ⟨원래는 나중 나왔으나 자식들이 자신을 거세시킬 것을 두려워 한 크로노스가 레아의 자궁 속으로 밀어 넣었다가 다시 나와 순서가 바뀐⟩ 제우스의 아우(형), 황천(의 지배자), 지옥 ⓒ

12. **hag·gard** [해거드]: ⟨← hag¹⟩, ⟨게르만어에서 유래한 프랑스어⟩, 야윈, 초췌한, 사나운, ⟨↔burly⟩, ⟨↔fresh\healthy⟩ ⓒ

13. **hail¹** [헤일]: ⟨← hagol(frozen rain drops)⟩, ⟨게르만어⟩, '싸락눈', 우박, 퍼붓다, ⟨↔drip\trickle⟩ ⓒ

14. **hail²** [헤일]: ⟨← heill(healthy)⟩, ⟨북구어⟩, '완전한', 만세!, 환호하며 맞이하다, ⟨~ applaud\welcome\salute\toast²⟩, ⟨↔criticize\condemn\lash out\slap\ward off\wound⟩ ⓒ

15. **hair** [헤어]: ⟨← har(fur)⟩, ⟨게르만어⟩, ⟨솟아난⟩ 털, ⟨암컷이 놀다간 자리에 수북히 빠지는⟩ 머리카락, 간발, 일촉즉발, ⟨↔nail⟩ ⓒ ⓒ

16. **hair·cut** [헤어 컽]: 이발, 머리형 ⓒ

17. **hair·line** [헤어 라인]: 이마의 머리선, 털의 결, 가는 선 ⓒ

18. ★**hair of the dog(that bit you)**: ⟨미친 개에게 물렸을 때 그 개의 털을 태워 상처 바르면 낫는다는 스코틀랜드 미신에서 연유된 격언⟩, 해장술, 이열치열, 이이제이, ⟨~ fight fire with fire\meet evil with evil\like cures like⟩ ⓒ

19. ★**hair-rais·er** [헤어 뤠이저]: (머리끝이 쭈뼛해지는·끔찍한) 모골이 송연한 사건, 엽기물, ⟨~ thriller\spine-chiller⟩, ⟨↔blow-out\yawn-er⟩ ⓒ

20. **hair·style** [헤어 스타일]: 머리 모양, 머리 차림 ⓒ

21. ★**ha·ku·na ma·ta·ta** [하쿠너 마타터]: hakuna(no)+matata(trouble), ⟨괜찮아·걱정하지마⟩란 뜻의 중앙아프리카 말 ⓒ

22 **hale** [헤일]: 〈게르만어〉 ①〈← heil〉, 〈영국어〉, 〈← whole〉, 건강한, 노익장의, 정정한, 〈~ healthy\well〉 ②〈← holian〉 〈바람에 의해〉 끌려나가다, 세게 당기다, haul away, 〈↔feeble〉 **영2**

23 **half** [해후]: 〈← healf(part)〉, 〈게르만어〉, 〈소인은 비었다고·대인은 찼다고 생각하는〉 반(쪽), 〈분할된 몫〉, 〈↔whole\full〉 **가1**

24 *****half add·er** [해후 애더]: 반덧셈기, 반가산기〈이진법의 한 자릿수 두 개를 더해 두 자릿수를 출력하는 이론 체계, 전산기의 기본 원리; 0+1=01, 1+0=10〉 **미2**

25 ★**half a loaf is bet·ter than none**: 빵 반쪽이라도 없는 것보다 낫다, 꿩 대신 닭이다, 이가 없으면 잇몸으로, 〈↔whole nine yards〉 **양2**

26 **half-back** [해후 백]: 중간 위치, 반후방 **미2**

27 **half broth·er** [해후 브뤄더]: 의붓(배다른) 형제 **가1**

28 **half sis·ter** [해후 씨스터]: 의붓(배다른) 자매 **가1**

29 ★**half-staff** [해후 스태후]: half-mast, 반기, 조기, mourning flag **영2**

30 **half-way** [해후 웨이]: 중간의, 거지반, 불충분한, 〈↔fully\all the way〉 **영1**

31 **hall** [허얼]: 〈← helan(conceal)〉, 〈게르만어〉, 현관, 〈지붕이 있는 넓은〉 집회장, 회관식당, 〈↔exit\office〉 **미1**

32 **hal·low** [핼로우]: 〈← halig〉, 〈게르만어〉, 〈← holy〉, 신성(거룩)하게 하다, 신에게 바치다, 〈↔un-hallow\de-secrate〉 **영1**

33 **Hal·low-een** [핼로우윈]: 〈영국어〉, hallow(holy)+evening, 핼러윈, 10월 31일, 제 성도일 전야, 공포절, ⇒ All Saint's Day **수1**

34 ★**hall pass** [허얼 패쓰]: '현관 통과', 혼외 정사를 위해 자리를 비켜 주는 일, 〈성 개방 행위〉 **미2**

35 **hall-way** [허얼 웨이]: 복도, 현관, 입구, 〈↔field\chamber〉 **가1**

36 **hal·o·gen** [핼러쥔]: hals(salt)+gen, 〈그리스어+영국어〉, 할로겐, 금속과 섞이면 염〈salt〉을 생산하는 물질의 총칭(조염소) **수2**

37 **halt** [허얼트]: 〈← halten〉, 〈게르만어〉, 〈← hold〉, 멈춰서다, 중지하다, 망설이다, 멈춤, 〈↔move\continue\ensue〉 **영1**

38 **halves** [해브즈 / 하아브즈]: half의 복수 **가1**

39 **ham** [햄]: 〈← hamm(crooked)〉 ①〈게르만어〉, 〈무릎으로 구부러진〉 넓적다리, 돼지고기를 소금에 절여 훈제한 식품, 〈~ thigh〉, 〈~(↔)drum-stick〉 ②〈미국어〉, 〈삼류 배우들이 화장을 지울 때 햄의 기름을 쓰던 데서 연유한〉 서투른, 엉터리, 〈↔under-play〉 **무2 영1**

40 **ham-let** [햄맅]: 〈← ham(home)〉, 〈게르만어→프랑스어→영국어〉, 작은 마을, 촌락, 〈~ village\townlet〉, 〈↔city\rural〉 **영2**

41 **ham·mer** [해머]: 〈← hamor(stone head)〉, 〈게르만어〉, 〈처음에는 '돌'로 만들었다가 바뀐〉 (쇠)망치, 두드리개, 망치로 때리다, 못을 두들겨 박다, 〈↔anvil〉 **가2**

42 ★**ham·mer out** [해멀 아웉]: (망치로 두들겨서) 펴내다, 머리를 짜서 생각해 내다, 타결하다, 〈~ work out〉, 〈↔un-settle\destroy〉 **영2**

43 **ham·mock** [해먹]: 〈← hamaka(fish net)〉, 〈카르브어→스페인어〉, 〈공중침대〉, 기둥이나 나무에 달아매는 '그물' 모양의 침상, 인기 프로그램 사이에 끼워 넣는 흥행물 **수2**

44 **ham·per** [햄퍼]: ①〈← hanaperium(basket)〉, 〈라틴어→게르만어〉, 〈큰 잔을 싸는〉 바구니 ②〈← hamelian(mutilate)〉, 〈영국어〉, 방해하다, 어지럽히다, 〈~ hinder〉, 〈↔hasten\lubricate〉 **영2**

45 **hams·ter** [햄스터]: ⟨← hamaestro(oppressor)⟩, ⟨이란어→슬라브어⟩, 비단털쥐, 동유럽·아시아 건조지방 원산의 통통한 (뺨에 큰 주머니가 달렸으며) 꼬리가 짧은 애완용·실험용 쥐 수2

46 ★**hams·ter an·gle** [햄스터 앵글]: ⟨햄스터처럼 뺨이 부각되게⟩ 얼굴 앞쪽 가까이에서 찍은 자가 사진, 근거리 안면 자가 촬영 수2

47 ★**HAND** [핸드]: have a nice day, 좋은 하루 보내세요 미2

48 **hand** [핸드]: ⟨← hinthan(seize)⟩, ⟨게르만어⟩, ⟨뇌기능 분포도에서 제일 넓은 영역을 차지하는⟩ 손, 앞발, 수공, 수단, 박수, 주다, 돕다, 잡다, '쥐다', 일꾼, 재주꾼, 숙련공, ⟨↔foot⟩ 일1

49 **hand-book** [핸드 북]: 편람, 안내서 가1

50 **hand-cuff** [핸드 커후]: ⟨손에 채우는⟩ 수갑, 손족쇄, 수갑을 채우다 가1

51 **hand·ful** [핸드 훌]: 한 줌, 한 움큼, 소량의, ⟨↔plenty⟩ 일2

52 **hand·i·cap** [핸디캡]: ⟨영국어⟩, ⟨손을 모자 안에 넣고 다루는⟩ 불이익, 장애, 불구, ⟨↔head-start⟩ 미2

53 ★**hand-in-hand** [핸딘 핸드]: 손에 손을 잡은, 친밀한, 알맞은, ⟨↔alone\separately⟩ 일2

54 ★**hand-job** [핸드 잡]: 수음, wank, jack-off, jerk-off, masturbation, ⟨hand-play는 콩글리시⟩, ⟨↔head job\foot-job⟩ 일2

55 **hand-ker·chief** [행거칩]: hand+kerchief, ⟨영국어⟩, 손수건, ⟨~(↔)neck·er·chief⟩ 가1

56 *****hand-le** [핸들]: ⟨영국어⟩, ⟨손을 댈 수 있는⟩ 손잡이, 다루다, '다룸테', '지시표' (전산기의 화면 조작을 위한 화살표나 네모난 점), ⟨↔pedal\mis-handle\release⟩ 미1

57 ★**hand mon·ey** [핸드 머니]: 계약금, 착수금, front money, ⇒ earnest money 가1

58 ★**hand(s)-on** [핸즈 어언]: 손을 댄, 직접해 보는, 실천하는, 실무의, ⟨↔hands-off⟩ 일2

59 ★**hand-phone** [핸드 호운]: ⟨애인보다 더 소중한⟩ '손 전화', '주머니 전화'(북한어), ⟨cellular phone \ mobile phone의 인도네시아·말레이·싱가포르·한국어⟩, ⟨↔land-line phone⟩ 가1

60 ★**hands-down** [핸즈 다운]: ⟨19세기 중반에 영국의 경마장에서 경쟁자들을 많이 앞선 기수가 결승선에 가까이 오자 고삐를 늦추고 손을 내렸다는 고사에서 연유한 말⟩, '손을 내리고 할 수 있는', 거뜬한, 용이한, 확실한, ⟨↔arduous\hardly⟩ 일2

61 ★**hand-set** [핸드 쎘]: ①손으로 조판한 ②(송)수화기, (전)화기, 휴대전화, 원격조정기, ⟨↔head-set⟩ 일1

62 ★**hand-shake** [핸드 쉐이크]: 악수, '짱'⟨전산기끼리 정보교환이 이루어졌다는 신호⟩, ⟨↔dis-agreement\mis-understanding⟩, ⇒ fist bump\elbow bump 가1

63 **hand-some** [핸썸]: ⟨영국어⟩, '다루기 쉬운', 잘생긴, 단정한, 매력 있는(남성), 알맞은, ⟨↔meager⟩ 가2

64 ★**hand-to-mouth** [핸드 투 마우쓰]: 그날그날 살아가는, ⟨↔abundant⟩ 일2

65 ★**hand-writ·ing** [핸드 라이팅]: 손으로 씀, 육필, 필사물, ⟨↔type-writing⟩ 일1

66 **hand-y** [핸디]: 편리한, 능숙한, '손으로 잘하는', ⟨↔inept⟩ 일1

67 **hang** [행]: ⟨← hangian(suspend)⟩, ⟨게르만어⟩, '매달다', 걸다, 늘어뜨리다, 목매달다, 공중에 뜨다, 기다리다, ⟨→ hinge⟩, ⟨↔detach\release⟩ 일1

68 ★**hang a right(left)** [행 어 라이트]: ⟨가다가⟩ 오른쪽(왼쪽)으로 꺾어 돌다 일2

69 ★**hang-down** [행 다운]: (늘어진) 자지, (고개 숙인) 좆, ⟨↔rising⟩ 일2

70 ★**hang-ing in there**: 잘 버티다, 그럭저럭 지내다, 〈~ surviving〉, 〈↔giving up〉 양2

71 ★**hang-loose** [행 루우즈]: 느긋한, 긴장이 풀린, 〈↔hang-tight\tense (up)〉 기2

72 ★**hang-out** [행 아울]: 〈예전에 손님을 끌기 위해 상점 앞에 '매달았던'〉 깃발, '단골집', 〈빈둥대며 소일하는〉 소굴, 외출, 회동, 〈↔dis-lodge\stay in place\break〉 미2

73 ★**hang-o·ver** [행 오우붜]: 여파, 숙취〈①만취한 선원이 잠자는 허리에 매달린 밧줄 ②과음하고 몸을 굽혀 변기에 토하는 모습에 연유했다는 그럴듯한 '썰'이 있음〉, 〈↔advance\sobriety〉 양1

74 ★**han·gry** [행그뤼]: hunger+angry, 배가 고파서 짜증 난 상태, '배고파 죽겠다' 우2

75 ★**hang-up** [행 엎]: 〈허공에 매달린〉 약점, 정신적 혼란, 몰두함, 〈통화기를 벽에 달린 고정판에 매다는〉 단절, 〈↔take-down\pick-up〉 미2

76 ★**hank·y-pank·y** [행키 팽키]: 〈1841년 만화잡지에 등장한 영국어〉, 〈무의미어〉, 속임수, 사기, 떳떳하지 못한, 간통, 〈↔sincerity\fidelity〉 기2

77 **hap-pen** [해펀]: 〈← hap¹(luck)〉, 〈북구어〉, 생기다, '우연히' 일어나다, 〈~ occur\take place〉, 〈↔stand-still\cease〉 기2

78 **hap-pen-ing** [해프닝]: 사건, 사고, 즉흥 공연(즉석 연극), 우발사고, 〈↔certainty\necessity\plan〉 기2

79 *****hap-pi-ness in-dex** [해피니스 인덱쓰]: 행복지수, (설문 조사에서) 행복한 자와 불행한 자의 비율에서 200을 더한 숫자, 〈↔misery index〉 용2

80 **hap-py** [해피]: 〈← hap¹(luck)〉, '운이 좋은', 기쁜, 행복한, 만족한, 〈↔miserable\whiny〉 기1

81 ★**hap-py trail** [해피 트뤠일]: 〈구강성교에서〉 배꼽에서 음모로 연결되는 '행복선' 우2

82 ★**ha·rangue** [허뺑]: 〈← hring(long → ring)〉, 〈게르만어→라틴어→프랑스어〉, '긴' 연설, 장광설, 열변, 질책, 〈~ tirade\rant〉, 〈↔panegyric〉 양2

83 **ha·rass·ment** [허뢔쓰먼트]: 〈← hier(개를 부추기는 의성어)〉, '쉭! 쉭!', 〈게르만어→라틴어〉, 〈반복적으로〉 괴롭히기, 애먹이기, 희롱, 〈~ vex〉, 〈↔aid\comfort〉 기2

84 **har-bor** \ har-bour [하아버]: herr(arm)+bjarga(save), 〈게르만어〉, 항구, 선착장, 〈군대의〉 피난처, 〈보호된〉 은신처, 〈→ haven〉, 〈↔airport〉 기1

85 **hard** [하아드]: 〈← heard(firm)〉, 〈게르만어〉, '단단한', 굳은, 〈남성(기)의 질을 좌우하는〉 딱딱한, 힘든, 맹렬한, 〈↔soft\easy〉 미1

86 ★**hard-ass** [하아드 애쓰]: 융통성 없는 사람, 꼴통, 〈↔milk-sop\ponce〉 기2

87 ★**hard-ball** [하아드 버얼]: 경구, 경식 야구, 강경책, 〈↔soft-ball\back-less〉 미2

88 ★**hard-boiled** [하아드 보일드]: 단단하게 삶은, 완숙, 냉철한, 억센, 〈↔tender\sentimental〉, 〈↔half-boiled\soft-boiled〉 미1

89 ★**hard-bound** [하아드 바운드]: 두꺼운 표지의, 특제 장정의, 〈↔paper-back\soft-cover〉 미1

90 *****hard-cod-ed** [하아드 코우디드]: '강 부호화된', 자료를 변경하지 못하게 단단히 짠, 〈↔soft-coded〉 우2

91 *****hard cop·y** [하아드 카피]: 종이에 복사한 글(문서), 복사본, 〈↔soft copy〉 양1

92 ★**hard core** [하아드 코어]: 핵심적, 강한, 고집 센, 〈↔docile〉 기1

93 *****hard cur·ren·cy** [하아드 커어뤈씨]: '경통화', 각국의 화폐와 늘 바꿀 수 있는 화폐, 〈↔soft currency〉 미2

94 *****hard disk** [하아드 디스크]: 경성 저장판, 금속 원판으로 된 자기 저장반 〈전산기에 붙어 있어 뺄 수 없고 '바늘'이 공중에 뜬 전자파를 감지해서 작동함〉, 〈↔soft disk〉 미1

95 ***hard drive** [하아드 드라이브]: hard disc drive, 경성 저장판 구동장치, ⟨↔soft disc drive⟩ 미1

96 ***hard edge** [하아드 엗지]: '또렷한 모서리', 선명한 윤곽을 가진 형상, ⟨↔soft edge⟩ 우1

97 ***hard goods** [하아드 굳즈]: 내구재, 장기간 사용에 견디는 물건, ⟨↔soft goods⟩ 가1

98 ★**hard hat** [하아드 햍]: 안전모, 보수주의자, ⟨↔open-mined⟩ 가1

99 ***hard key** [하아드 키이]: '강성건', (전산기의 외부에 나타나 있어 손으로 조작할 수 있는) 자판 건반, ⟨↔soft-key⟩ 우1

100 ***hard launch·ing** [하아드 러언칭]: ⟨미국 신조어⟩, 강(어려운) 이륙, 흥행물을 대중의 이용을 위해 공개·출고하는 ⟨쉽지 않은⟩ 제품 출시, ⟨↔soft launching⟩ 미2

101 **hard-line** [하아드 라인]: 강경 노선의, ⟨↔flexible⟩ 가1

102 **hard liq·uor** [하아드 리커]: 독주, 증류주, ⟨↔soft drink⟩ 가2

103 **hard-ly** [하아들리]: 거의 ~ (하지) 않다, 거의 없다, 맹렬히, ⟨↔fully\frequently⟩ 가1

104 ★**hard nut** [하아드 넡]: 다루기 어려운 것(사람), 고집쟁이, '꼴통', ⟨↔molly-coddle⟩ 잉1

105 ★**hard-on** [하아드 어언]: (남성 성기의) 발기, ⟨↔weak\impotent⟩ 가1

106 ★**hard rock** [하아드 롴]: 강한 흔들 음악, ⟨~ punk rock⟩, ⟨↔bland(gentle) music⟩ 미2

107 ***hard sec·tor·ed** [하아드 쎅터드]: '강성 칸막이 방식', 플로피 디스크의 섹터 공간을 눈에 보이게 광학적으로 분리한 것 우2

108 **hard-ship** [하아드 쉽]: 곤경, 고난, 어려운 일, ⟨↔ease⟩ 가1

109 ***hard space** [하아드 스페이스]: '사용불가 공간', 타자 조율에서 단순히 낱말이 끝나는 곳이 아니라 문자와 마찬가지로 취급되는 공간 - (" ") 등, fixed space 우2

110 ★**hard times are soon for·got·ten**: 곤경은 곧 잊어버린다, 개구리 올챙이 적 생각 못한다, ⟨~ danger past, God forgotten⟩ 잉2

111 ***hard-ware** [하아드 웨어]: 철물, 가시적 기계설비, '강성기기', ⟨↔soft-ware\soft goods⟩ 잉1

112 ***hard-ware cache** [하아드 웨어 캐쉬]: '강성기기 저장물', 원반의 제어 단자 안에 있는 고속기억장치 우2

113 ***hard-wire** [하아드 와이어]: '고정배선', 사용자가 바꿀 수 없게 짠 전산기 체계, ⟨↔flexible-wire⟩ 우2

114 ★**hard work al·ways pays off**: 공든 탑이 무너지랴, ⟨~ hard work is never wasted\keep the grind strong⟩ 잉2

115 **hare** [헤어]: ⟨← haswaz(grey)?⟩, ⟨게르만어⟩, ⟨← hara⟩, ⟨땅굴에 사는⟩ 산토끼, 소심한 자, 변덕쟁이, 경솔한 자, 질주하다, ⟨↔crawl⟩ 가1 잉2

116 **harm** [하암]: ⟨← hearm(injury)⟩, ⟨게르만어⟩, 해, 손상, 위해, 상해, ⟨고통을 주는 것⟩, ⟨~ hurt⟩, ⟨↔benefit⟩ 가1

117 **har·mon·i·ca** [하아마니커]: ⟨← Harmonia⟩, ⟨그리스어⟩, 하모니카, 입에 대고 불거나 빨아들여 소리를 내는 악기의 하나, mouth harp 우1

118 **har·mo·ny** [하아머니]: ⟨← harmos(fitting) ← Harmonia⟩, ⟨그리스어⟩, 조화, '화합', 일치, ⟨↔dissonance⟩ 가2

119 **har·ness** [하아니스]: herr(army)+nest²(provisions), ⟨북구어⟩, 마구, ⟨마차를 끌기 위한⟩ 장비, 견인줄, 직무, ⟨~ yoke⟩ 잉1

120 **harp** [하아프]: ⟨← hearpe(pluck)⟩, ⟨게르만어⟩, '거문고자리', 수금, 세모꼴 틀에 여러 개의 현을 세로로 걸어 ⟨손으로 퉁겨⟩ 연주하는 현악기의 하나 ㉮1

121 **harp·si·chord** [하앞시코어드]: ⟨라틴어⟩, harp+chorda, cembalo, (16~18세기에 쓰던) 건반악기, 피아노의 전신, ⟨~ virginal⟩ ㉯2

122 **har·row** [해로우]: ⟨← hearge(harry)?⟩, ⟨어원 불명의 영국어⟩, ⟨추수용 갈퀴⟩, 써레, 쇄토기, 약탈하다, ⟨~ plow\till\besiege⟩, ⟨↔help\protect⟩ ㉰1

123 **har·ry** [해뤼]: ⟨← here(army)⟩, ⟨게르만어⟩, ⟨무력으로⟩ 약탈하다, 유린하다, 괴롭히다, ⟨~ harass⟩, ⟨~ army⟩, ⟨↔redeem⟩ ㉯2

124 **harsh** [하아쉬]: ⟨← harsk(rusty)⟩, ⟨게르만어⟩, ⟨'hair'(털)이 많아⟩ 거친, '껄껄한', 가혹한, 거슬리는, ⟨↔mild\lenient\mellow⟩ ㉮1

125 **hart** [하아트]: ⟨← heorot(stag)⟩, ⟨게르만어⟩, '수사슴', (다섯 살 이상이 되고 뿔이 무성한) 붉은 수사슴, ⟨~ red deer⟩, ⟨↔hind⟩ ㉯2

126 **har·vest** [하알뷔스트]: ⟨← haerfest(autumn)⟩, ⟨게르만어⟩, (작물의) 수확, '추수', 거두어들이다, ⟨↔sow\plant⟩ ㉮1

127 **has** [해즈 \ 허즈]: have의 3인칭 단수·직설법·현재형, ⟨↔abandon\lose⟩ ㉰1

128 **hash** [해쉬]: ⟨← hacher(chop)⟩, ⟨프랑스어⟩, ⟨'hatchet'(자귀)으로⟩ 잘게 썬 고기요리, 뒤범벅, 불필요한 자료, 대마초(hashish·cannabis) ㉯2

129 ***hash-ing** [해슁]: ⟨인접전파와 뒤범벅된⟩ 혼신, '혼신분리', 간추려서 자료를 찾아내는 방법, ⟨↔harmonizing⟩ ㉯2

130 ***hash-tag** [해쉬 태그]: ⟨프랑스어+게르만어⟩, #, 우물 정자, 숫자 표시, 주제 표시, ⟨잡동사니 표⟩, ⟨~ octothorpe\pound key\number sign⟩, ⟨~(↔)star\☆⟩, ⟨↔array\order⟩ ㉯2

131 ***hash to·tal** [해쉬 토우틀]: '항목 합계', 계산 처리된 결과들을 점검하기 위해 특정 항목을 누산한 합계 수치

132 **has·sle \ has·sel** [해쓸]: ⟨어원 불명의 영국어⟩, squabble, 말다툼, 옥신각신, 귀찮은 문제, 번거로운 일, ⟨~ hustle⟩, ⟨↔calm⟩ ㉮1

133 **haste** [헤이스트]: ⟨← haest(violence)⟩, ⟨게르만어⟩, '급함', 신속, 서두름, 허둥댐, ⟨↔hamper\hinder⟩ ㉮1

134 ★**haste makes waste** [헤이스트 메이크스 웨이스트]: 급할수록 돌아가라, 급히 먹는 밥이 체한다, ⟨~(↔)slow and steady wins the race\good and quickly seldom meet⟩, ⟨↔time and tide wait for no man⟩ ㉯2

135 ***hat** [햍]: ⟨← haetas(head-dress)⟩, ⟨게르만어⟩, (테가 있는) 모자, 제모, 직함, '모자표', ˜ ⟨문자 위에 쓰는 부호⟩, ⟨~ hood⟩, ⟨↔shoe\socks⟩ ㉮1 ㉰1

136 **hatch**¹ [햍취]: ⟨← hacken(mate)⟩, ⟨어원 불명의 게르만계 영국어⟩, (알을) 까다, 부화시키다, 생각해내다, ⟨↔ruin\finish⟩ ㉮1

137 **hatch**² [햍취]: ⟨← hecke(trap-door)⟩, ⟨네덜란드계 영국어⟩, '격자', 승강구, 창구, 쪽문, 통발 ㉮1

138 **hatch·et** [햍쳍]: ⟨← happa(sickle)⟩, ⟨게르만어⟩, 자귀, 전투용 손도끼(전부), ⟨→ hash⟩, ⟨~ fighting ax\tomahawk⟩ ㉮1

139 **hate** [헤이트]: ⟨← hatigian(dislike)⟩, ⟨게르만어⟩, ⟨← hate·red⟩, 미워하다, 증오(혐오)하다, ⟨~ heinous⟩, ⟨↔love⟩ ㉰1

140 ★**hate mail** [헤이트 메일]: 증오 우편, 매도성·협박성 서신, ⟨↔love letter⟩ ㉮1

141 ★**hate watch** [헤이트 워취]: '증오 시청', 욕하는 재미로 계속 보는 대중매체 ㉯2

H 255

142 ★**hat-ter** [해터]: 모자공(상), 〈예전에 모자를 만들 때 수은을 써서 그 중독으로 오는〉 '핏대쟁이', 〈↔calm\sane〉 밉2

143 **haugh·ty** [허어티]: 〈← altus〉, 〈라틴어〉, 〈'high'한데서 내려다 보는〉 오만한, 건방진, 〈~ naughty〉, 〈↔humble\low·ly〉 가1

144 **haunt** [허언트]: 〈← haunten(frequent)〉, 〈게르만어〉, '자주 가다', 무상출입하다, 출몰하다, 서식지, 소굴, 〈~ home〉, 〈↔in-frequent\un-common〉 잉1

145 ★**haute cou·ture** [오우트 쿠우투어]: 〈프랑스어〉, 오트 쿠튀르, 'high sewing', 고급 재봉, 최신 유행의 고급 여성복(제조업) 잉2

146 **have** [해브]: 〈← habban(hold)〉, 〈게르만어〉, 소유하다, 〈움켜줘서〉 손에 넣다, 경험하다, ~을 당하다, 얻다, 〈↔abandon\lose〉 가1

147 ★**have a ball²** [해브 어 버얼]: 유쾌한 시간을 가지다, 즐거운 시간을 보내다, 〈~ have a good time\have fun〉, 〈↔go to hell\fuck you〉 잉2

148 ★**have a cow²** [해브 어 카우]: 〈20세기 초에 미국에서 등장한 숙어〉, 놀라다, 갑자기 흥분하다, 몹시 화를 내다, 〈↔ease\relax〉 밉2

149 ★**have a lot on (one's) plate**: '접시에 아주 많은 음식이 있다', 할 일이 아주 많다, 몹시 바쁘다, 〈~tied up\un-available〉 잉2

150 ★**have had it**: (지겹게 해서) 짜증 나다, 모처럼 발기가 되어 X-mas 전 날 유곽에 간 90대 할아버지한테 아가씨가 (그동안) "실컷 했잖아요" 했더니 할아버지 왈 "그래, 그럼 얼마를 내야 하나?" 했다는 일화가 있음, 〈기존의 사전들이 너무 권위주의적이어서 편자가 일부러 쓴 말〉 잉2

151 **ha·ven** [헤이번]: 〈← hofn〉, 〈북구어〉, 〈← harbor〉, 항구, 정박소, 안식처, 피난처, 〈~ shelter\retreat〉, 〈↔peril〉 잉2

152 ★**have no stone un-turn-ed**: 샅샅이 뒤지다, 이 잡듯이 하다, 〈~ in-depth\full scale〉, 〈편자가 어려서 가재 잡던 일을 서양 사람들이 어찌 알았을까〉 잉2

153 **hav·oc** [해벅]: 〈← havot(loot)〉, 〈어원 불명의 프랑스어〉, 대황폐, 대파괴, '약탈하라!', 〈~ chaos\pandemonium〉, 〈↔order\regimen〉 가2

154 **hawk** [허억]: 〈게르만어〉, 〈의태어·의성어?〉 ①매, 탐욕가, 강경론자, 명외야수, 〈↔dove〉 ②외치며 돌아다니다, 행상하다, 〈↔appease〉

155 **haw-thorn** [허어쏘언]: haga(hedge)+thorn, 〈영국어〉, may bush, 산사나무, 아가위나무 (주로 산어귀에서 자라고 〈hedge용으로도 쓰이는〉 '줄기에 가시'가 있으며 여름에 흰 꽃이 피고 가을에 작은 사과 같은 빨간 열매를 맺는 장미과의 낙엽활엽관목), white·thorn 밉2

156 **hay** [헤이]: 〈← hig(cut grass)〉, 〈게르만어〉, 건초(말린 풀), 〈'hew'된〉 꼴, 푼돈, 반 각성 상태, 대마초, 〈~ hedge〉 잉1

157 ★**hay-wire** [헤이 와이어]: 〈20세기 초에 등장한 영국어〉, 건초를 동여매는 철사, 〈철사가 쉽게 망가져서 건초가〉 엉클어진, 미친, 〈~ berserk〉, 〈↔calm〉 잉2

158 **haz·ard** [해저드]: al(the)+zar(die²), 〈아랍어→프랑스어→영국어〉, '우연', 위험, 장애지역, 〈↔shelter〉 가2

159 **haze** [헤이즈]: 〈← hasu(gray)〉, 〈영국어〉, 아지랑이, '안개', 흐릿함, 〈→ hazy〉, 〈↔clarity〉 잉1

160 **ha·zel·nut** [헤이즐 넡]: 〈← hasal(light brown)〉, 〈게르만어〉, 〈'엷은 갈색'의〉 개암, 〈모양은 도토리 비슷하고 맛은 밤과 비슷한〉 진자(개암나무의 열매) 밉2

161 ★**haz·ing** [헤이징]: 〈← haser(tease)〉, 〈프랑스어→미국어〉, 못살게 굴기, (신입생) 괴롭히기, 〈~ bullying〉, 〈↔praise\sooth·ing〉 잉2

162 ★**haz-mat** [해즈맽]: hazardous material, 위험 물질, 환경 파괴 물질 양2

163 ***HBM** (high band-width mem·o·ry): (2013년 한국의 SK Hynix가 개발한) 폭이 넓고 속도가 빠른 기억소자, 대역폭 기억력, 〈앞으로 AI시장에서 각광을 받을〉 '차세대 반도체' 우2

164 ***HDTV** [에이취 디이 **티**이비이]: high definition TV, 고품질(화질) 텔레비전 미1

165 **he** [히이]: 〈← hiz(this)〉, 〈게르만어〉, 그는(가), 〈내가 그를 얻을 때 행복해진다는〉 (그) 남자, 〈she에서 soft가 빠진〉 수컷, 남성적인 것을 나타내는 대명사 기1

166 **head** [헤드]: 〈← heafod(top)〉, 〈게르만어〉, '꼭대기', 머리, 두뇌, 두부, 대가리, 꼭지, 단자, 접촉부, 마리(수), 〈여자가 이것이 나쁘면 3대가 고생한다는〉 지능, 〈↔bottom\tail〉 기1

167 **head-ache** [헤데이크]: 두통, 골칫거리, '아내' 기1

168 ★**head and shoul·ders** [헤드 앤 쇼울더즈]: (머리와 어깨만큼) 위에 우뚝선, 단연 뛰어난, 돋보이는, 군계일학, 〈↔cream of the crop〉 양2

169 ★**head-desk** [헤드 데스크]: (너무 골치가 아파) 이마를 책상에 대는 일, 골 때리기 미2

170 ★**head-hunt-er** [헤드 헌터]: 사람 사냥꾼, 인재 발굴 담당자 양2

171 **head-ing** [헤딩]: 두부, 표제, 진로, (초목의) 순치기, 마구리를 밖으로 하여 벽돌 쌓기, 머리받기 기1 미1

172 ★**head job** [헤드 좝]: 머리 디밀기, 구강성교, fellatio, 〈↔hand-job〉 미2

173 **head-light** [헤드 라잍]: '머릿불', 장등, 전조등, 〈↔foot-light\rear light〉 우2

174 **head-line** [헤드 라인]: 표제, 주요 제목, 〈~ caption\title〉, 〈↔foot-note〉 가2

175 ★**head-long** [헤드 러엉]: 〈게르만어→영국어〉, 'head·ling', 〈머리가 먼저 내려오는〉 곤두박이로, 신속하게, 무모하게, 〈↔feet first\cautious〉 양2

176 ★**head or·gasm** [헤드 오얼개즘]: '뇌 극치', '황홀경', '정신적 극치감', (명상이나 요가로 오는) 자율 감각 쾌락 반응, ⇒ ASMR 미2

177 ★**head o·ver heels** [헤드 오우붜 히일즈]: 〈'heels over head'가 '곤두박질'된 말〉, 곤두박이로, 거꾸로, 정신을 못 차리는, 강렬한, 〈↔indifferent\apathetic〉 양2

178 **head-quar·ters** [헤드 쿼어터즈]: 〈우두머리들이 모여있는〉 본부, 사령부, 본사, 〈↔annex\office〉 기1

179 **head-start** [헤드 스타아트]: 한발 앞선 출발, 지능 개발, 유치원, 〈↔handicap〉 미2

180 **head-stone** [헤드 스토운]: 〈무덤의 앞부분에 세우는〉 묘석, 초석, 토대, 〈↔foot stone〉 양2

181 ★**head-storm** [헤드 스토엄]: '두뇌 강타', '지적 격동(자극)', 〈↔shit-storm〉 미2

182 ★**heads up** [헤즈 업]: 〈머리 들어〉 조심해라, 〈고개를 쳐들어〉 빈틈없는, heads-up; 〈머리를 들게 하는〉 귀뜀, 〈↔absent\distracted〉 양2

183 ★**head-to-head** [헫 투 헫드]: 대접전의, 근접전의, 〈~ neck and neck\back to back\toe to toe\mano a mano〉 양1

184 ★**head-trip** [헤드 트륍]: 심리 탐색, '짱구 굴리기', 〈↔ignore\neglect〉 미2

185 **head-way** [헤드 웨이]: 전진, 진행 속도, '머릿길', '선출발', 〈↔retrogress\stagnate〉 양2

186 **heal** [히일]: 〈← hal(whole)〉, 〈게르만어〉, '완전하게 하다', 고치다, 낫게 하다, 무마하다, 〈↔aggravate\wound〉 양2

187 **health** [헬쓰]: 〈← hal(whole)〉, 〈게르만어〉, '완전한 상태', 건강, 위생, 번영, 〈↔illness〉 기1

188 **health spa** [헬쓰 스파아]: 건강 온천장, 건강관리 시설, 〈~ jjim-jil-bang〉 무2

189 ★**health span** [헬쓰 스팬]: '건강 기간', 일생 중 비교적 건강한 기간, 〈~(↔)life span〉 무2

190 ★**health-tain-ment** [헬쓰 테인먼트]: health+entertainment, 건강 위락, 건강을 염두에 둔 놀이, 〈~(↔)edutainment〉 양2

191 **heap** [히이프]: 〈게르만어〉, pile, '더미', 퇴적, 다량, 쓸데없이 덩치만 큰 것, 〈사상누각〉, 〈↔bit〉 양1

192 **hear** [히어]: 〈← hieran〉,〈게르만어〉,〈주의를 끌기 위한 외침〉, 듣다, 들리다,〈들어서〉 알다, 승낙하다, 〈~ ear\here〉 가1

193 ★**heard it through the grape-vine**: 바람결에(풍문으로) 들었다, 〈2015년 판 한국 T.V. 연속극 제목〉, 〈~ heard it as a rumor〉 양2

194 ★**heard too** [허어드 투우]: '나도 들었어', 남의 비리를 폭로하지는 못하고 쉬쉬하면서 옮기는 말, 〈~me too(나도 당했어)〉 미1

195 **hear-ing aid** [히어륑 에이드]: (휴대용) 보청기, 〈↔eye glass〉 가1

196 ★**hear on the grape-vine**: (포도덩굴로 된 전신) 〈풍문·미확인 정보·'카드라' 소식〉으로 듣다, 〈~ hear-say〉, 〈↔formal hearing〉 양2

197 ★**hear-say** [히어 쎄이]: 소문(에 의하면), '자고로', 〈~ rumor〉, 〈↔fact\truth〉 양1

198 **heart** [하아트]: 〈← heorte(core)〉, 〈게르만어〉, 〈순정이 머문다는〉 심장,〈털이 날 짬이 없는〉 염통, 마음, 심정, 가슴, 애정, 핵심, '고갱이', 〈← cord ← cor(azon) ← kardia〉, 〈↔heart-less〉 가2

199 **hearth** [하알쓰]: 〈← heorth(fire-place)〉, 〈게르만어〉, (집)난로, 화덕, 용광로, 가정(home), 〈~ heat〉, 〈→ focus〉 양1

200 ★**heart-strings** [하아트 스트륑스]: 심장에 매달린, 심금(을 울리는), 깊은 감정, 〈↔malevolence\mercilessness〉 무2

201 ★**heart-throb** [하아트 쓰랍]: 심한 고통, 정열적 마음, 동경의 대상, (가슴 두근거리게 하는) 연인, 〈~ idol〉, 〈~ res-feber〉, 〈↔mediocrity\commoner\rogue〉 미1

202 **heat** [히이트]: 〈← hat〉, 〈게르만어〉, 〈← hot〉, 열, 더위, 〈여성이 배란기 전에 느끼는〉 열기, 가열하다, 〈~ hearth〉, 〈~ thermo\warmth〉, 〈↔cold〉 가1

203 ★**heat dome** [히이트 도옴]: '열 천장', 더운 고기압이 대기중에 자리잡고 지표면 상부의 열기를 가두는 〈폭염〉현상, 〈~ dog days〉, 〈↔cold dome〉 미2

204 **heat-er** [히이터]: 가열기, 난방기, 〈↔cool-er\air-con〉 양1

205 **heath-en** [히이던]: 〈게르만어〉, 〈'heath'(황야)에 사는 자〉, 이방인, 이교도, 불신자, 야만인, 〈~ pagan〉, 〈↔believer\Christian〉 양2

206 **heath-er** [헤더]: 〈영국어〉, 얼룩무늬의, 히스 (heath; 특히 자주색의 '황량초'·〈모래 땅에 잘 자라는〉 모래석남), H~;〈황량초를 닮은〉 여자 이름 쉬1 미2

207 **heave** [히이브]: 〈← hebban(lift)〉,〈게르만어〉, '들어(치켜) 올리다', 부풀리다, 토하다, 〈→ heaven\heavy〉, 〈↔drop〉 양1

208 **heav-en** [헤븐]: 〈게르만어〉, 〈← heave(lift)〉, 〈치켜 올려진〉 하늘(나라), 〈돈이 있으면(없어도) 갈 수 있는〉 천당, 천국, 낙원, 하느님, 〈~ paradise\Shangri-la\utopia〉, 〈↔hell〉 가2

209 **heav-y** [헤뷔]: 〈← heave(lift)〉, 〈치켜 올리기〉 무거운, 속이 찬, 대량의, 힘든, 둔한, 〈↔light〉 양1

210 **He·brew** [히이브루]: 〈← ibri(one from the other side)〉, '강 건너 온 사람', 헤브라이〈히브리〉어(사람), 유대인의, 이해 못할 말 무2

211 ★**hec·tic** [헥틱]: ⟨← echein(have)⟩, ⟨그리스어⟩, ⟨지속적(habitual)으로⟩ 열이 있는, 흥분한, 매우 바쁜, ⟨↔serene⟩ 양1

212 **hedge** [헷쥐]: ⟨← hegga(fence)⟩, ⟨게르만어⟩, '울타리', 장벽, 손실 방지, ⟨~ hawthorn⟩, ⟨↔expose to risk⟩ 양1

213 ***hedge fund** [헷쥐 훤드]: (위험 방지용으로 다양한 상품에 분산 투자하는) 유한책임 신탁투자, ⟨~(↔)mutual fund⟩ 미2

214 **hedge-hog** [헷쥐 허어그(하악)]: 고슴도치, 철조망, 심술쟁이, ⟨~ urchin⟩ 양1

215 **heed** [히이드]: ⟨← hedan(mind)⟩, ⟨게르만어⟩, 조심('주의')하다, 유념(배려)하다, ⟨~ attention\notice⟩, ⟨↔ignore⟩ 양1

216 **heel** [히일]: ⟨← hela(back of the foot)⟩, ⟨게르만어⟩, 뒤꿈치, 뒷굽, 뒷발, 말단, '말짜', ⟨~ hock⟩, ⟨↔front\toe⟩ 양1

217 **height** [~하일]: ⟨← heathu⟩, ⟨게르만어⟩, ⟨← high⟩, 높이, 키, 고도, 고지, 언덕, 절정, ⟨~ zenith⟩, ⟨↔depth⟩ 양1

218 **heir** [에어]: ⟨← heres(successor)⟩, ⟨라틴어⟩, '상속인', 후계자, ⟨→ inherit⟩, ⟨~ heredity\heritage⟩, ⟨↔predecessor\heiress⟩⟩ 가2

219 ★**heist** [하이스트]: ⟨1927년에 등장한 미국 속어⟩, ⟨← hoist(raise)⟩, 강탈하다, 훔치다, shop-lifting, ⟨범죄자의 입장에서는 'let's face it'⟩, ⇒ robbery, ⟨↔purchase\contribute⟩ 가1

220 ***he laughs best who laughs last**: ⟨중국의 한신이 동네 깡패들 가랑이 사이를 기어가면서 한 말?⟩, 나중에 웃는 자가 최후의 승자, ⟨~ be patient\endure redicule⟩, ⟨↔fortune favors the brave⟩ 양2

221 **held** [헬드]: hold의 과거·과거분사 양1

222 **Hel·en** [헬런\헬린]: ⟨← helenos(bright one)?⟩, ⟨그리스어⟩, 헬렌, '횃불', 제우스와 레다의 딸, (절세미녀로 트로이의 파리스 왕자에게 납치되어 트로이 전쟁의 발단이 되었던) 스파르타 왕 메넬라오스의 아내 수1

223 **he·li·cop·ter** [헬리캅터]: helix+pteron(wing), ⟨그리스어⟩, '나선형 날개', '잠자리 비행기', 공중에서 한 번 비틀기, 회전식 브레이크 댄스 우1

224 **he·li·um** [히일리엄]: ⟨1868년 '태양(sun)'의 광관에서 최초로 검출된⟩ 헬륨, ⟨끓는 온도가 가장 낮고 아주 가벼워서 냉각제·풍선용으로 쓰이는⟩ 비활성 기체 원소(기호 He·번호 2) 수1

225 **hell** [헬]: ⟨← helan(cover)⟩, ⟨게르만어⟩, '덮혀진 곳', (죽어서 '서민'들이 가야 하는) 지옥, 저승, 마굴, 염병할, ⟨~ inferno\perdition⟩, ⟨↔heaven\oasis⟩, ⟨↔hog heaven⟩ 가1

226 ★**hel·la·cious** [헬레이셔스]: 뛰어난, 만만치 않은, 멋진, ⟨hell+acious:1929년에 등장한 대학생 은어⟩, ⟨~ awe-some⟩, ⟨↔feeble\rotten⟩ 양2

227 ★**hell and high wa·ter**: 산전수전, all sorts of hard-ships, ⟨~ rain or shine\at any costs⟩, ⟨↔easy giving-up\not at all⟩ 양2

228 **hel·lo** [헬로우]: ⟨의성어⟩, ⟨게르만어→영국어→미국어⟩, ⟨← hallo⟩, 여보(세요), 이봐~, 어이, 안녕하세요, ⟨~ hola⟩, ⟨↔goodbye\adios⟩, ⇒ wotcha 가2

229 **helm** [헬름]: ⟨← helma(rudder)⟩, ⟨게르만어⟩, '키'(자루), 조타장치, 꽉 쥐다, (초기의) 투구, ⟨~ helmet⟩, ⟨~ steering gear\tiller⟩, ⟨↔push\un-dock⟩ 양1

230 **hel·met** [헬밑]: ⟨← helm(covering)⟩, ⟨게르만어⟩, 투구, 철모, ⟨~ hard-hat\brain bucket⟩, ⟨↔jock-strap⟩ 가1

231 **help** [헬프]: ⟨← helpan(aid)⟩, ⟨게르만어⟩, '돕다', 거들다, 조력자, 도우미, ⟨~ aid⟩, ⟨↔hinder\hurt⟩ 가1

232 **hem·i·sphere** [헤미 스휘어]: 〈그리스어〉, 반구(체), 〈결코 완전할 수 없는〉 영역, 〈↔whole\center〉 **암2**

233 **hem·lock** [헴락]: 〈← hymelic(poisonous plant)〉, 〈어원 불명의 영국어〉, 헴록, 〈소크라테스가 그 즙을 마시고 죽었다는〉 독미나리(당근), 〈재목과 펄프 또는 크리스마스 장식용으로 쓰는 향내가 좋은〉 솔송나무, 〈~ hop²〉 **미2**

234 **hemp** [헴프]: 〈← henep〉, 〈불투명한 어원의 게르만어〉, 삼, cannabis, 〈섬유와 마리화나를 추출하는〉 대마, 교수형 밧줄, 〈~ hashish\marijuana〉 **암1**

235 **hen** [헨]: 〈← henn(female bird)〉, 〈게르만어〉, '암탉', 암병아리, 암새, 암컷, 〈↔cock〉 **가1**

236 **hence** [헨스]: 〈← heonan(away)〉, 〈게르만어〉, 그러므로, 지금부터, ~에서 유래하다, 〈away from 'here'〉, 〈~ therefore〉, 〈↔however\yet〉 **암2**

237 ★**hench·man** [헨취먼]: 〈← hengest(horse)〉, 〈영국어〉, '말구종', 심복, 추종자, 〈오른 팔〉, 〈↔leader\foe\defector〉 **암1**

238 ★**hen-coop** [헨 쿠웊]: 닭장, 병아리집, 여학생 기숙사(girls' dorm) **가1** **암2**

239 ★**hen-par·ty** [헨 파아티]: '암닭 모임', 여자들만의 회합, 〈↔gander party\stag party〉 **미2**

240 ★**hep** [헾]: ①〈영국어〉, hip(허리)의 속어 ②〈영국어〉, 하나(구령소리) ③최신 정보에 밝은, 빠삭한, 〈어원이 분분한 미국 지하세계의 은어〉, 〈↔nerdy\geeky〉 **암2**

241 **her** [허얼 \ 허어]: she의 목적격 **가1**

242 **He·ra** [히어뤄]: 헤라, 제우스의 누이·아내, 결혼과 결혼한 여성의 '수호(protect)'신, 〈~ hero〉, 〈로마의 Juno〉 **상1**

243 **Her·a-cles \ ~kles** [헤뤄클리즈]: 〈Hera의 미움으로 태어난〉 헤라클레스, 제우스와 알크메네 사이에서 나온 반신반인의 그리스 신화 최대의 영웅, (로마에선) Hercules **상1**

244 **her·ald** [헤뤌드]: heri(army)+waltan(rule), 〈게르만어→라틴어〉, 선구자, 사자, 보고자, 안내자, harry+wield, 〈군대를 명령하는 자〉, 〈~ advocate〉, 〈↔adversary〉 **암2**

245 **herb** [어얼브]: 〈← herba(grass)〉, 〈라틴어〉, '풀', 초본, 목초, 약초, 마리화나, 〈~ arbor〉, 〈~(↔)bane〉 **암1**

246 **herd** [허어드]: 〈← heord(flock)〉, 〈게르만어〉, '짐승의 떼', 군중, 다수, 떼를 지어 가다, 〈~ troop〉, 〈~ herds·man(목동)〉, 〈↔elite〉 **암1**

247 **here** [히어]: 〈← her(hear)〉, 〈게르만어〉, 〈달라붙어 있는〉 여기에(서), 〈저곳말고〉 이곳에, 자, 이봐, '내 말 들려?', 〈↔ heither〉, 〈↔there〉 **암1**

248 **here-a·fter** [히어 애후터]: 이후에, 앞으로, 장차, 〈~ future〉, 〈↔past\now〉, 〈↔there-after〉 **암1**

249 **he·red·i·tar·y** [허뤠디터뤼]: 〈← heres(heir)〉, 〈라틴어〉, 〈← heredity〉, 〈달라붙어 내려오는〉 세습의, 대대로, 유전(성)의, congenital, 〈~ heir\inherit〉, 〈↔acquired〉 **암1**

250 **here·sy** [헤뤼씨]: 〈← hairein(take)〉, 〈그리스어〉, 〈선택의 여지가 있는〉 이교, 이단, 이설, 〈~ heretic〉, 〈~ dissension\non-conformity〉, 〈↔orthodoxy〉 **암1**

251 **her·e-tic** [헤뤼틱]: 〈← hairein (take)〉, 〈그리스어→라틴어〉, 이교도, 이단자, 반론자, 〈← heresy〉, 〈↔conformist\believer〉 **암2**

252 **her·it-age** [헤뤼티쥐]: 〈← heres(heir)〉, 〈라틴어에서 연유한 프랑스어〉, 〈달라붙어 내려오는〉 세습재산, 유산, 전통, 선민, 〈← inherit〉, 〈~ tradition\custom〉, 〈↔aquisition〉 **암1**

253 **her·mit** [허얼밑]: 〈← eremos(solitary)〉, 〈그리스어〉, 〈사막에 사는 자〉, 은자, 수행자, 속세를 버린 사람, 〈~ recluse〉, 〈↔socialite〉 **암1**

254 ★**he·ro** [히어로우]: ⟨← heros⟩, ⟨그리스어⟩ ①⟨수호자(protector)⟩, 영웅, 위인, 주인공, ⟨↔villain\chicken⟩ ②⟨남친이 매일 저녁 자신을 만나려고 개울을 헤엄쳐 오다 풍랑에 빠져 죽자 몸을 던져 따라 죽은 그리스의 전설에 나오는 Hero라는 여인의 이름에서 유래⟩ 자살자 ⑫

255 **her·o·in** [헤로우인]: ⟨← heros(hero)⟩, ⟨그리스어⟩, diamorphine, 강력한 아편(opium)으로 ⟨마치 '영웅'이 된 것 같은 기분을 느끼나⟩ 반감기가 짧아 중독성이 강한 마약 ⑨①

256 **her·o·ine** [헤로우인]: ⟨그리스어⟩, ⟨← hero⟩, 여걸, 여주인공, ⟨↔coward\loser⟩ ⑫

257 **her·on** [헤런]: ⟨← heigir⟩, ⟨게르만어⟩, ⟨의성어?⟩, ⟨거무스름한⟩ (청색 다리의) 왜가리, 해오라기 ⟨다리도 길고 목도 길고 부리도 기나 머시기는 그리 길지 않은 백로과의 새⟩, ⟨~ egret\aigret⟩ ⑫

258 **her·ring** [헤링]: ⟨← heri(host)?⟩, ⟨어원 불명의 게르만어⟩, ((떼를 지어 다니며) 등은 암청색 배는 은백색이고 생선은 '비웃' 말린 것은 '과메기'로 불리는) 청어 ⑪

259 ★**her·ring·bone** [헤링 보운]: '청어가시'무늬, 오늬무늬(연속된 V자로 된 줄무늬), 스키에서 다리를 벌리고 비탈 오르기 ⑫ ⑫

260 *****hes·i·fla·tion** [헤지 훌레이션]: hesitation+inflation '정체성 통화팽창' (경제 성장은 정체하면서 통화 팽창은 급격히 진행하는 것) ⑨①

261 **hes·i·ta·tion** [헤저테이션]: ⟨← haerere(stay)⟩, ⟨라틴어⟩, '머무거림', 주저, 망설임, 말더듬, ⟨~ reluctance\vacillation⟩, ⟨↔confidence\resolution⟩ ⑨①

262 **hew** [휴우]: ⟨← heawan(to chop)⟩, ⟨게르만어⟩, ⟨의성어?⟩, 자르다, 토막 내다, 깎아 새기다, ⟨→ haggle\hay\hoe⟩, ⟨↔un-cut\expand\mold⟩ ⑫

263 ★**He who dances must pay the pip·er**: 춤춘자가 피리삯을 내야지, 네가 좋아서 한 짓은 네가 책임져라, 결자해지, ⟨~ you made your bed you lie on it⟩, ⟨~ tort law⟩ ⑱②

264 **hey** [헤이]: ⟨영국어⟩, ⟨의성어⟩, 어이!, 저런, 어머나, ⟨~ ole⟩ ⑪

265 ★**hey-day** [헤이 데이]: high+day, 전성기, 한창때, ⟨↔down-fall⟩ ⑱①

266 ★**hey·hey** [헤이 헤이]: ⟨hey, hey, emo-boy란 노래 가사에서 연유한⟩ 18세 이상의 남성 동성연애자 ⑨①

267 **hi** [하이]: ①⟨영국어⟩, ⟨의성어⟩, 야, 이봐 ②⟨게르만어⟩, high의 약자 ⑪

268 **hick·o·ry** [히커뤼]: ⟨북미 원주민어⟩, 히커리 (목재가 단단하기로 유명한 북미산) 호두나무, Old Hickory; 완고한 노인(Andrew Jackson의 별명) ⑫ ⑫

269 **hid** [히드]: hide의 과거·과거분사 ⑱①

270 **hid·den** [히든]: hide의 과거분사, 숨겨진, 비밀의, 희미한 ⑱①

271 **hide¹** [하이드]: ⟨← hydan(conceal)⟩, ⟨게르만어⟩, 숨기다, '숨다', 덮다, 은신처, 자취, ⟨↔expose\display⟩ ⑱①

272 **hide²** [하이드]: ⟨← hide¹⟩, ⟨몸을 숨기는⟩ (큰 짐승의) 가죽, 몸의 안전, 뻔뻔스러움, ⟨↔lay bare\unmask⟩ ⑫

273 **hid·e·ous** [히디어스]: ⟨← hisda(horror)⟩, ⟨어원 불명의 프랑스어⟩, ⟨숨기고 싶게?⟩ 끔찍한, 섬뜩한, 고약한, ⟨↔innocuous⟩ ⑫

274 **hi·er·ar·chy** [하이어롸키]: hieros(holy)+archos(ruler), 성직자 계급제도, 천사의 9계급, 분류체계, ⟨↔free for all\disordered⟩ ⑫

275 **high** [하이]: ⟨← heh(lofty)⟩, ⟨게르만어⟩, ⟨← hill?⟩, 높은, 고상한, 도취경, ⟨→ haughty\height⟩, ⟨↔low⟩ ⑪

276 ★**high and dry** [하이 앤 드롸이]: 〈1727년에 등장한 영국 해양용어〉 ①(배가) 물 밖에 나와있는, 곤경에 빠진, 버림받은 ②먹고 살 길이 막막한, 무일푼의 ③손에 물 묻히는 짓을 하지 않는, 설거지를 하지 않는 (얌체), 〈↔powerful\efficient〉 양2

277 ★**high and might·y** [하이 앤 마이티]: 콧대가 높다, 건방지다, 높은 양반, 난 척하는 놈, 〈↔humble\modest〉 양2

278 ★**high and tight** [하이 앤 타잍]: 바짝 치켜 깎는 머리, 〈군인 머리〉, 뒷머리는 (점점 약해지는) fade로 옆머리는 면도로 윗머리는 짧게 깎는 머리 모양 유1

279 ***high-ball** [하이 버얼]: 〈높은 잔으로 마시는〉 위스키에 소다수를 섞은 음료, (부동산 거래 등에서) 터무니없이 높은 가격으로 입찰하는 짓, 〈↔tumbler\low-glass\low-ball〉 미2

280 ★**high-boy** [하이 버이]: 높은 발이 달린 옷장, 〈← tall bois(막대의 프랑스어)〉, 〈~high-legged〉, 〈↔low-boy〉 유1

281 ★**high-brow** [하이 브라우]: 높은 이마, 〈골상학에서 따지는〉 지식인(인 체하는 사람), 〈↔low-brow〉

282 *** high con-text** [하이 칸텍스트]: 고 문맥(문화), 대화에서 암시적인 말을 많이 쓰는 (사회), 〈↔low context〉 미2

283 ★**high-end** [하이 엔드]: 최고급의, 고급품 취향의, 〈↔low-end\thrifty〉 양2

284 ★**high-fa·lu·tin** [하이 휠루우튼]: 〈1839년에 등장한 미국 속어〉, 〈높이 날라(flying) 피리(flute) 부는〉, 허풍떠는, 거만한, 호언장담, 〈↔un-pretentious\simple〉 미2

285 ★**high-five** [하이 화이브]: 〈5손가락을 높이 펴서〉 (기쁨을 나누기 위한) 손바닥 맞추기, 〈↔ignore\farewell〉 미2

286 ★**high-fli·er** [하이 훌라이어]: 높이 나는 것, 야심가, 오름세가 빠른 종목, 고급 매춘부, 〈↔crawler\loafer〉 미2

287 ★**high-hat** [하이 햍]: 비단 모자, 거드름 피우는 자, 〈쇠 막대에 높이 매달린〉 심벌(악기)의 일종, 〈~ complacence\holler-than-thou〉, 〈↔humble\modest〉 미2

288 ★**high jinks (jinx)** [하이 쥥크스]: hi·jinks, 〈17세기 말에 스코틀랜드의 술 마시기 시합에서 나온 말〉, 신나게 떠들기, 흥청망청 놀기, 〈↔labor\drudge〉 미2

289 ★**high-key** [하이 키이]: 〈높은음자리의〉 밝고 선명한, 고자세, 격렬함, 〈↔low-key〉 양2

290 ★**high-life** [하이 라이후]: 상류 생활, 사치스러운 생활, 〈↔low-life〉 양2

291 **high-light** [하이 라잍]: 가장 밝은 (중요한) 부분, 요점, 강조하다, 〈↔tone(down)\de-emphasize〉 양1

292 **High-ness** [하이 니스]: 전하 (왕족 등에 대한 경칭) 양2

293 ★**high noon** [하이 누운]: 정오, 한낮, 전성기, 〈↔mid-night\down-fall〉 관1

294 **high-rise** [하이 롸이즈]: 고층 건물, 운전대가 높은, 〈↔low-rise〉 미2 유1

295 **high school** [하이 스쿠울]: 〈미국에서는 보통 2년제 중학교 다음에 다니는〉 〈4년제〉 고등학교 양1

296 ★**high sky and plump¹ horses**: 천고마비, the great season of the year 양2

297 ★**high-strung** [하이 스트렁]: 줄이 팽팽한, 흥분하기 쉬운, 강인한, 〈~ uptight\tense〉, 〈↔easy-going〉 미1

298 ★**high-tail** [하이 테일]: 〈꼬리를 치켜 들고〉 급히 달리다, 바짝 뒤를 쫓다, 〈↔remain\slink¹\ dare〉 양2

299 **high-tech** [하이 텤]: 첨단 공업기술, 고도 과학기술, 〈↔low-tech〉, 〈↔tech-lash〉 미2

300 **high-way** [하이 웨이]: Hwy, '고속도로', 간선도로, 출세가도, ⟨~ thru-way\free-way⟩, ⟨↔by-way\back-road⟩ 기2

301 ★**high wire** [하이 와이어]: 줄타기 곡예의 밧줄, 위험이 큰, 대담한, ⟨~ tight rope⟩, ⟨↔risk free⟩ 영2

302 ★**hi-jack** [하이 젝]: ⟨영국어⟩ ①'여보게!', 복면 강도가 마부를 불러 쎄울 때 쓰던 말 ②'멋쟁이!', 창녀들이 공짜로 줄테니까 배에서 물건 훔치는 것을 눈감아 달라고 선원을 꼬시던 말, ⇒ high·jack 미2

303 **hike** [하이크]: ⟨← heik(walk vigorously)⟩, ⟨어원 불명의 영국어⟩, 올라가다, 인상하다, 도보 여행하다, ⟨~ rise\climb\walk⟩, ⟨↔dive\descend⟩ 영1

304 ★**hi·ki·ko·mo·ri** [히키 코모리]: pulling in ward(shut-in), ⟨Covid-19 이후 일본에서 보고된⟩ 사회격리증후군, 6개월 이상 속세를 등지고 집에 침거하는 '병' 미2

305 **hill** [힐]: ⟨← hyll(prominent)⟩, ⟨게르만어⟩, 언덕, 구릉, 고개, 두덩, ⟨↔plain²⟩ 기1

306 ★**hill peep o'er hills, and Alps on Alps arise!**: ⟨18세기 초 영국의 A. pope가 쓴 시의 마지막 구절⟩, 갈수록 태산, ⟨~ a little learning is a dangerous thing: 선 무당이 사람 잡는다⟩ 영2

307 **hill-side** [힐 싸이드]: 언덕의 중턱, 언덕배기, ⟨~(↔)hill-top⟩, ⟨↔low-land⟩ 영2

308 **hill-top** [힐 탑]: '언덕' 꼭대기, 산봉우리, ⟨→ high?⟩, ⟨↔bottom\nadir⟩ 영2

309 **hilt** [힐트]: ⟨북구어⟩, handle, (칼이나 곡괭이의) 자루, (권총이나 단도 등의) 손잡이, ⟨↔head\blade⟩ 영2

310 **him** [힘]: he의 목적격 기1

311 ★**him-bo** [힘보우]: ⟨영국어⟩, him+bimbo, 멀쑥하게 생겼으나 골이 빈 남자, 천박한 미남, ⟨↔nerd\dweeb⟩ 미2

312 **hind** [하인드]: ⟨어원이 불투명한 게르만어들⟩ ①behind의 생략어 ②⟨← hinta⟩, (세 살 이상의) ⟨뿔이 없는⟩ 붉은 암사슴, ⟨~ red deer⟩, ⟨↔stag\hart⟩ ③⟨← hiwan(house hold member)⟩, 머슴, 농노쯤 기1 미2

313 **hin·der** [힌더]: ⟨게르만어⟩, ⟨'hind'(엉덩이)를 잡아⟩ 방해하다, 늦게 하다, ⟨~ be·hind⟩, ⟨~ hamper impede⟩, ⟨↔hasten\trigger⟩ 영1

314 ★**hind-thought** [하인드 쏘우트]: after thought, 뒷궁리, 재고, 지혜, 염려, 골칫거리, ⟨↔fore-thought⟩ 영2

315 **Hin-du** [힌두우]: ⟨← sindhu(river)⟩, ⟨산스크리트어⟩, ⟨'Indus' 강 유역에서 기원한⟩ 힌두, 아리아족에 속하는 인도 인종(말·종교), 4세기경에 확립된 범신론적 종교 全1

316 **hinge** [힌쥐]: ⟨← hangian⟩, ⟨영국어⟩, ⟨~ hang⟩, 돌쩌귀, 이음매, (쇳조각을 맞물려 만든) 경첩, 요점, ⟨~ handle\hook⟩, ⟨↔sub-lux\slip⟩ 영1

317 ★**hin·ky-pin·ky** [힝키 핑키]: ⟨영국어⟩, '수상한 새끼 손가락', 말의 음절을 맞추는 수수께끼 놀이, '수상한 짓⟨연애놀이⟩', ⟨↔seriousness\honesty⟩ 영2

318 **hint** [힌트]: ⟨← hinten(grasp)⟩, ⟨게르만어⟩, '붙잡다', 암시, 조언, 낌새, tip-off, ⟨~ hunt⟩, ⟨↔answer⟩ 미2

319 **hip** [힢]: ①⟨← hype(haunch)⟩, ⟨어원 불명의 게르만어⟩, ⟨브라질에서 얼굴보다 더 소중히 여기는⟩ '엉덩이', 허리, 추녀마루 ②⟨← hepicat(open-eyed)?⟩, ⟨20세기 초에 서아프리카에서 도입된 미국어⟩, informed, up to date, 정통한, 세련된, ⟨↔unknowing\outmoded\dowdy⟩ 영1

320 **hip-hop** [히팦]: ⟨게르만어→1970년도 말에 등장한 미국어⟩, 음반의 같은 곡조를 반복·역회전시켜서 ⟨엉덩이를 추켜 올리며⟩ 추는 춤, ⟨~ rap⟩, ⟨↔classic\country music⟩ 全2

321 **hip·pie** [히피]: 〈1940년대에 등장한 미국어〉, 〈← hipster〉, 〈긴 머리에 이상한 복장을 하고 마약을 남용했던〉 월남전 전후의 우울한 세대, '진보적'인 젊은이들, 〈~ yippie〉, 〈↔conformist\conservative〉 수2

322 **hip·po·pot·a·mus** [히퍼파터머스]: hippos(horse)+potamos(river), 〈그리스어〉, river horse, 하마, 3톤 정도 나가는 양서류의 야행성 초식 동물, '물을 뿜는 말', 뚱뚱하고 못생긴 여자, 〈↔deer?〉 기2

323 ★**hip-ster** [힙스터]: 〈영국어〉, 바지를 '엉덩이에 걸치고' 다니는 사람, 좀 삐딱한 사고방식을 가지고 노력하지 않은 것 같은 멋을 내는 젊은이들, (Webster 사전에 의하면 미국에서 금주령이 시행됐던 1920년대에 몰래 바지 뒷주머니에다 hip flask〈조그만 납작한 술병〉를 차고 다녔던 사람이 어원이라 함), 〈↔geezer\fossil\kkon-dae〉 우1

324 **hire** [하이어]: 〈← hyr(wages)〉, 〈게르만어〉, 〈임금을 주고〉 '고용'하다, 세내다, 〈↔dismiss\fire〉 양1

325 **his** [히즈]: he의 소유격 기1

326 **His·pan·ic** [히스패닉]: 〈← Hispanicus(Spanish)〉, 〈라틴어〉, 〈차세대에 세력을 떨칠 것으로 예상되는〉 스페인계의 (사람·말), 〈1980년 미국 정부에서 정립시킨 말〉, ⇒ Latina(o) 수2

327 **hiss** [히쓰]: 〈← hyssen〉, 〈영국어〉, 〈의성어〉, 쉿소리, 야유하다, 꾸짖다, 〈~ shush\wist²〉, 〈↔cheer\applause〉 양1

328 **his·to·ry** [히스터리]: 〈← eidenai(know)〉, 〈그리스어〉, 역사, 경력, 옛일, 유래, '과거의 이야기', 〈허구로 점철된 사실들〉, 〈→ story〉, 〈↔future〉 기2

329 **hit** [힡]: 〈← hittan(strike)〉, 〈어원 불명의 북구어〉, (겨누어) 때리다, 명중하다, 타격, 성공, 〈↔fail\miss\stab〉 기1

330 ★**hit a lick** [힡 어 맄]: 〈1991년 범죄사회에 등장한 은어〉, 한탕하다, 한 밑천 잡다, 〈~ make a mint〉, 〈↔down the drain〉 양1

331 **hitch** [히취]: 〈← hytchen(move jerkily)〉, 〈의성어〉, 〈14세기에 등장한 어원 불명의 영국어〉, (움직여) 매다, 걸다, 잡아당기다, 끌어 올리다, 결혼시키다, 〈↔un-hitch\split〉 양1

332 ★**hitch-hike** [히취 하이크]: 〈1923년에 등장한 영어〉, 〈잡아채서 올라타는〉 '무임 편승', 〈엄지를 치켜들면 잘 안 태워주지만 치마를 들어 올리면 어김없는〉 지나가는 차에 거저 편승하는 짓, 짧은 편승 광고, 〈↔walk〉 우2

333 **hith·er** [히더]: 〈← higder〉, 〈게르만어〉, 〈← here〉, 이리로, 여기에, 〈~ whither〉, 〈↔thither〉 양1

334 ★**hit it off** [힡 잍 어어후]: 반하다, (금방) 죽이 맞다, 코드가 통하다, 일면상통, 〈↔unfitting\antagonistic〉 양2

335 ★**hit-man** [힡 맨]: 청부살인자, 난폭한 선수, 〈~ hired gun\wiper〉, 〈↔appeaser\conciliator〉 양1

336 ★**hit the books** [힡 더 붘스]: 책을 보다, 공부하다 양2

337 ★**hit the ceil·ing** [힡 더 씨일링]: 머리 꼭대기까지 화가 나다, 화가 나서 펄펄 뛰다, 〈↔calm(down)\cool(off)〉 양1

338 ★**hit the jack·pot** [힡 더 잭팥]: 땡잡다, 떼돈을 벌다, 〈~ make a killing\break the bank〉, 〈↔go bust〉 양2

339 ★**hit the nail on the head**: 요점(핵심)을 찌르다, 〈~ come to the point\hit the bulls-eye〉, 〈↔beat around the bush〉 양2

340 ★**hit the road** [힡 더 로우드]: (길로) 출발하다, 자동차를 몰다, 〈~ go away\leave〉 양2

341 ★**hit the sack** [힡 더 쌬]: 〈19세기 말에 등장한 미국어〉, 〈hay로 만들어진 침낭으로 들어가다〉, 자다, 잠자리에 들다, 〈~ go to bed〉 양2

342 **★hit the wall** [힡 더 워얼]: 난관에 부딪치다(봉착하다), 체력이 고갈되다, ⟨↔get a second wind⟩ 영2

343 **hive** [하이브]: ⟨← hyfe(ship's hull)⟩, ⟨게르만어⟩, 꿀벌 통, 벌떼, 붐비는 곳, 축적하다, ⟨→ bee·hive⟩ 영1

344 **hives** [하이브즈]: ⟨1500년 경에 등장한 어원 불명의 스코틀랜드어⟩, 두드러기, 발진, urticaria, (~ nettle) 영1

345 *****HMD** (head mount-ed dis-play): ⟨1968년에 등장한⟩ 두부 착용 표시(장치), 안경같이 머리에 쓰고 대형 영상을 감상하는 ⟨가상 현실 체험의 일종⟩, ⟨~ FMD⟩ 영2

346 **hoard-ing** [호어딩]: ⟨← hord(store)⟩, ⟨게르만어⟩, '축적', 사재기, 모으기, ⟨내용물을 보호하기 위해⟩ 임시로 쳐놓은 판자(board)나 울타리, ⟨↔squander⟩ 영1

347 **hoarse** [허어스]: ⟨← has(rough)⟩, ⟨게르만어⟩, '목쉰', 귀에 거슬리는, ⟨↔mellow\soft⟩ 영1

348 **hoar·y** [호어뤼]: ⟨← har(grayish white)⟩, ⟨게르만어⟩, ('늙어서') 흰⟨pepper and salt⟩, 회백색의, 고색창연한, 진부한, ⟨↔modern⟩ 영2

349 **hob·ble** [하블]: ⟨← hoppen(hop)⟩, ⟨네덜란드어→영국어⟩, ⟨의태어⟩, 절뚝거리며 걷다, 더듬거리다, ⟨~ limp¹\falter⟩, ⟨↔stride⟩ 영2

350 **hob·by** [하비]: ①⟨1816년에 등장한 영국어⟩, ⟨← toy horse⟩, 취미, 도락, ⟨~ avocation\recreation\side-line⟩, ⟨↔work\albeit⟩ ②⟨← hobe⟩, ⟨15세기에 등장한 프랑스계 영국어⟩, ⟨아마도 학명(Hypotiorchis Boie)가 속명이 된 듯한⟩ 호비새, 새호리기 새 (병아리 같은 작은 새를 잡아먹는 중형의 송골매⟩, ⟨~ sooty falcon⟩ 영2 미2

351 **★hob-knock-er** [합 나커]: ⟨영국 속어⟩, ⟨건물을 부술 때 쓰는 망치⟩ ①공중 변소에서 수음하는 사람 ②친구의 여자를 따먹는 놈 ③망종, ⟨↔sage\saint⟩ 영2

352 **★hob·nob** [합납\헙닙]: ⟨영국 속어⟩, ⟨have or not·have⟩, 권커니 잣거니, 허물없이 사귀다, 환담, ⟨↔cold shoulder⟩ 영1

353 **★Hob-son's choice** [합슨즈 쵸이스]: ⟨← Robert의 아들⟩, ⟨영국의 말 대여업자가 고안해 낸 마굿간에서 제일 밖에 있는 말부터 빌려주는⟩ 선택이 없는 선택, "싫으면 관둬!"·⟨울며 겨자 먹기⟩식 선택, ⟨~ no choice⟩, ⟨↔option⟩ 영2

354 **★ho-cance** [호우컨쓰]: hotel+vacance, 호캉스, (Covid-19으로 인해 해외여행이 자유롭지 못해) 호텔에서 여유롭게 휴식을 취하며 보내는 휴가, ⟨콩글리시⟩, ⟨~ stay-cation⟩, ⟨~(↔)mall-cance⟩ 미1

355 *****hoe** [호우]: ①⟨← houwan(cut)⟩, ⟨게르만어⟩, ⟨'hew'(깍아 내릴)할 때 쓰는⟩ (자루가 긴) 괭이, (괭이 모양의) 제초기, 긴 호미 ②⟨러시아 전산망 약어⟩, ho, 매춘부⟨whore⟩, ⟨'의리없는'⟩ '썸새끼' 미2

356 *****hoe-down** [호우 다운]: 괭이질 춤, ⇒ square dance 우1

357 **hog** [허어그\하악]: ⟨← hoch(sow)⟩, ⟨'pig'라는 켈트어⟩, (수)돼지, (어린) 가축, 욕심꾸러기, ⟨~ swine\glutton⟩, ⟨↔sheep\share⟩ 기1 영2

358 **★hog hea·ven** [허어그 헤븐]: ⟨1871년에 등장한 미국어⟩, 지상낙원, 아주 행복한 상태, ⟨↔hell\agony⟩ 영2

359 **★hog-tie** [허어그 타이]: 네 발을 묶다, 꼼짝 못 하게 하다, ⟨↔un-strap\release⟩ 영2

360 **★hog-wash** [허어그 워어쉬]: 돼지죽, 가치 없는 것, 헛소리, 졸작, ⟨~ pig-swill\belly-wash⟩, ⟨↔assets\jewel⟩ 영2

361 **hoist** [호이스트]: ⟨← hissen(raise)⟩, ⟨게르만어→네덜란드어⟩, ⟨밧줄로⟩ (끌어) 올리다, 높이 달다, 상승시키다, shop·lifting, ⟨→ heist⟩, ⟨↔drop\lower⟩ 영2

362 **★ho·kum** [호우컴]: ⟨← hocus(mockery)⟩, ⟨어원 불명의 영국 속어⟩, (인기를 노린) 야바위 작품, 엉터리 수작, 아첨, ⟨~ bunk²\balloon juice\hooey⟩, ⟨↔honesty\sincerity⟩ 영2

363 **hold** [호울드]: ⟨← healdon(keep)⟩, ⟨게르만어⟩, '쥐다', 갖고있다, (손에) 들다, 잡다, 담다, 유지하다, 개최하다, ⟨→ halt⟩, ⟨~ grip\cling\carry⟩, ⟨↔release\let go\yawn⟩ 양1

364 **hold-er** [호울더]: 보유자, 버티는 물건, ~잡이, ⟨↔seller\releaser⟩ 양1

365 ★**hold fast¹** [호울드 홰스트]: 꼭쥐다, 고수하다, 견지하다, ⟨~ stick to your guns⟩, ⟨↔detach\loosen⟩ 양2

366 **hold-ing** [호울딩]: 보유(권), 소유물, 껴안기, 방해 행위, ⟨↔release\let go⟩ 양1 무1

367 ★**hold-off** [호울드 어어후]: ⟨말고삐를 떼어내서⟩ 시작하지 않다, 미루다, 연기하다, ⟨↔embrace\proceed⟩ 양1

368 ★**hold-out** [호울다웉]: 저항, 인내, ⟨달리기에서 빠져 나오는⟩ 거부자(행위), ⟨↔give in\forsake⟩ 양1

369 ★**hold out an o·live branch**: 화해의 손길을 뻗다, 평화를 제의하다, ⟨↔rebuff\war-path⟩ 양2

370 ★**hold-up** [호울덮]: ⟨손을 치켜 올려 멈추라는⟩ 권총 강도, 불법 억류, 강탈, 정체, ⟨↔allow\forward\promote⟩ 양1

371 ★**hold up** [호울드 옆]: 들다, 견디다, 지키다, 연기하다, 그치다, ⟨↔speed up\facilitate⟩ 양2

372 ★**hold wa·ter** [호울드 워어터]: 물을 보존하다, 이치에 맞다, 타당하다, ⟨↔absurd⟩ 양2

373 ★**hold your horses** [호울드 유어 호얼시스]: ⟨1939년에 미국에서 등장한 숙어⟩, ⟨껑충대기를 좋아하는 말고삐를 낚아채면서⟩ 잠깐만!, 침착해!, 흥분하지 말라, ⟨미 남부의 어머니가 극성스러운 애들에게 즐겨쓰던 말⟩, ⟨↔make a run for it⟩ 양2

374 **hole** [호울]: ⟨게르만어⟩, ⟨움푹한⟩ 구멍, 함정, 동굴, (골프에서) T에서 cup까지의 여정, ⟨→ hollow⟩, ⟨~ cavity⟩, ⟨↔bulge\seal⟩ 미1

375 ★**hole up** [호울 옆]: holed up, 구멍에 들어가다, 숨겨주다, 숨어있다, 잠복하다, ⟨↔come out\turn up⟩ 양2

376 **hol·i-day** [하알리 데이]: ⟨영국어⟩, 'holy day', ⟨성스러운⟩ 축일, 휴일, 휴가, ⟨↔work-day⟩ 양2

377 ★**ho·li·sto·rex·i·a** [호울리스터 렉시어]: holisto(wellness)+oregein(desire), ⟨2018년에 그리스에서 주조된 신조어⟩, '평안갈구', 완전한 건강을 추구하는 ⟨병적⟩ '안녕 강박증' 무2

378 ★**hol·ler-than-thou** [할러 댄 다우]: '너보다 큰 목소리로', 제 잘난 척하기, 고고한 척하기, ⟨~ sanctimonious\high-hat\virtue signaling⟩, ⟨↔humble\modest⟩ 양1

379 **hol·low** [하알로우]: ⟨← holg⟩, ⟨게르만어⟩, ⟨← hole⟩, 속이 빈, 내실이 없는, 우묵한, 공복의, ⟨↔solid\worth-while⟩ 양2

380 **hol·ly** [하알리]: ⟨← holegn(prick)⟩, ⟨게르만어⟩, ⟨뾰족한 잎을 가진⟩ 호랑'가시'나무, ⟨holy하지는 않지만⟩ 주로 크리스마스 장식용으로 쓰는 녹색 잎에 적색 열매를 맺는 관목, ⟨← holm⟩ 미1

381 **hol·o-caust** [할러 커어스트]: holos(whole)+kaustos(burnt), ⟨그리스어⟩, ⟨짐승을 통째로 구워 바치는⟩ 유대교의 전번제, 대학살, ⟨몽땅 타버린⟩ 큰불, ⟨↔salvation⟩ 양2 미2

382 **hol·ster** [호울스터]: ⟨어원 불명의 네덜란드어⟩, 허리에 찬 권총용 가죽 주머니, '권총주머니(pistol case)', ⟨↔open carry⟩ 양1

383 **ho·ly** [호울리]: ⟨← halig(sacred)⟩, ⟨게르만어⟩, 신성한, 거룩한, 청순한, 독실한, ⟨~ whole⟩, ⟨↔un-holy\evil\cursed⟩ 양2

384 ★**Ho·ly cow (mack·er·el \ Mo·ses)!** : ⟨1905년 미국 미네소타 신문기자가 주조한 말로 야구 선수들이 쌍욕 대신 쓰던 말⟩, 이런!, 아니 그럴 수가!, 젠장!, ⟨~ my gosh!\jack-shit!⟩, ⟨↔so what?⟩ 양2

385 ★**Ho·ly Joe** [호울리 죠우]: 군목, 성직자, 경건한 체하는 녀석, ⟨~ pretender⟩ 양1

386 ★**ho·ly-mo·ly** [호울리 모울리]: 〈1892년 만화에서 연유한 감탄사〉, 아유, 정말, 저런, 〈↔so what\ I don't care〉 양2

387 ★**Ho·ly Roll-er** [호울리 로울러]: 〈성령이 충만하여 마루를 구르는〉 (특히 오순절파의) 광신자 양2

388 ★**Ho·ly Wil·ly** [호울리 윌리]: 〈영국어〉, 독실한 체하는 위선자, 〈↔honest\sincere〉 영1

389 **hom-age** [하미쥐]: 〈← homo(man)〉, 〈라틴어〉, 존경, 공물, 신표, 충성, 〈한국에서는 프랑스식으로 '오마주'라고 함〉, 〈'man'이 갖아야 할 속성〉, 〈~ respect\obeisance〉, 〈↔condemnation\criticism〉 양1

390 **home** [호움]: 〈← ham(dwelling)〉, 〈게르만어〉, '영혼이 모이는 곳', 가정, 집, 고향, 안식처, 결승점, 〈~ haunt〉, 〈~ house〉, 〈↔evict\office〉 가1

391 ★**home-alone dad**: 〈미국 영화 제목에서 따온〉 집 지키는 아빠, '기러기 아빠(goose father)', single-man household 우2

392 ***home bank-ing** [호움 뱅킹]: 〈전산기를 이용한〉 가내 은행(업무) 미2

393 ★**home-bod·y** [호움 바디]: '안방 군수', 집에서만 소일하는 사람, 〈↔social butterfly〉 미2

394 ★**home-boy** [호움 버이]: 'homey', 같은 마을 출신, 동향인, 고향 친구, 〈↔stranger〉 미2

395 ★**home-cance** [호움 컨스]: home+vacance, 홈캉스, (Covid-19이후에 유행하는) 집에서 보내는 휴가, 〈~ 집콕〉, 〈아직은 콩글리시〉, 〈~ stay-cation\ho-cance〉 양2

396 **home care** [호움 케어]: 〈의료인이 방문하는〉 자택 치료(간호·요양), 〈↔hospital care〉 가1

397 ***home di-rec·to-ry** [호움 디렉터뤼]: '본 자료장', 여럿이 공용하는 자료철 중 특정인이 소유하는 목록 우2

398 **home ground** [호움 그롸운드]: 구단 소재지, 친숙한 분야, '본거지', 〈↔alien land\enemy territory〉 양2

399 **home-land** [호움 랜드]: 조국, 모국, 국토, 〈↔foreign country〉 양2

400 **home-less** [호움 리스]: 〈집 없는〉 노숙자·거리 낭인, 가정이 없는 (아이), ⇒ unhoused 가1

401 **home-ly** [호움리]: 가정적인, 수수한, 못생긴, 〈↔comely〉 우2

402 **home-made** [호움 메이드]: 집에서 만든, 국산의, 검소한, 〈↔factory made\foreign made〉 양2

403 **home–mak-er** [호움 메이커]: (가정)주부, 〈↔working woman\career woman〉 가2

404 ***home pa·ge** [호움 페이지]: '모면', '초본', 정보 제공자가 전산망에 정보 내용을 간단히 소개하기 위해 꾸민 안내판, 〈한국에서는 web-site와 혼동해서 쓰는 경향이 있음〉 양1

405 **home-room** [호움 룸]: (전원이 모이는) 생활 지도 교실 양1

406 **home run** [호움 뤈]: 본루타, 타자가 본루까지 살아서 돌아올 수 있도록 친 안타, 〈↔strike-out〉 우2

407 ***home serv-er** [호움 써어붜]: 〈전산기의 Gopher program을 가동할 때 최초로 표시되는〉 '첫 시중꾼' 양1

408 **home-sick** [호움 씩]: 향수병에 걸린, 고향을 그리워하는, 〈~ nostalgia〉, 〈↔fern-weh(far-woe)〉 양1

409 **home-spun** [호움 스펀]: 손으로 짠, 투박한, 소박한, 수직물, 〈↔factory spun\sophisticated〉 양2

410 **home-stead** [호움 스테드]: 집과 대지, 농장이 딸린 농가, 대대의 가옥, 〈↔annex\office〉 우2

411 ★**home-stretch** [호옴 스트뤠취]: 〈경마에서 home으로 되돌아오는〉 최후의 〈무난한〉 과정, 마무리 단계, 종반, , 〈↔beginning\opening〉, ⇒ back·stretch 영2

412 **home-town** [호옴 타운]: 고향, 출생지, 〈↔abroad\death-place〉 영2

413 **home-ward** [호옴 워어드]: 집으로 (본국으로) 향하는, 귀로의, 〈~ home-bound〉, 〈↔de-parting〉 영2

414 **home-work** [호옴 워얼크]: 숙제, 가정학습, 부업, 〈↔class-work\main-job〉 영2

415 **hom-i-cide** [하미 싸이드]: homo(man)+caedere(cut), 〈사람을 죽이는〉 살인(행위), 살인자(범), 〈~ murder〉, 〈↔natural death\suicide〉 기2

416 ★**Ho·mo De·us** [호우모우 디어스]: human+god, 호모 데우스, 신인, (2015년 이스라엘 작가가 쓴 책의 제목에서 유래한) 〈전지전능한〉 〈신과 같은〉 미래인간 미2

417 **ho·mog·e·nous** [호마쥐너스]: homos(the same)+genos(race), 〈그리스어〉 동종(질)의, 균일의, 같은, 〈↔heterogenous〉 기1

418 **ho·mo-sex** [호우모 쎅쓰]: 동성애, 동성 성욕, 〈↔hetero-sex〉 기2

419 **hon·es·ty** [아니스티]: 〈← honor〉, 〈라틴어〉 ①'명예', 정직, 충실, 〈↔lying\deceit〉 ② 합전초 〈'투명한' 종이 질의 작은 동전만 한 씨주머니를 가지고 있어 꽃꽂이에 흔히 쓰이는 겨잣과의 식물-루나리아〉, 〈↔dis-honesty\hoax\hokum\hypocrisy〉 기1 미2

420 **hon·ey** [허니]: 〈← hunig(melit)〉, 〈게르만어〉 '꿀', 벌꿀, 단것, 여보('자기'), 귀염둥이('꿀단지'), 〈↔lemon\bag\turkey〉 영2

421 **hon·ey-bear** [허니 베어]: 〈달콤하고 포근한〉 '애인', 〈~ sweetie〉, 〈↔dog〉 미2

422 **hon·ey-comb** [허니 코옴]: (꿀) 벌집, 벌집망, 벌집무늬, 〈~ bee-hive〉 영2

423 **hon·ey-dew** [허니 듀우]: 꿀물, 감로, '꿀수박' 〈얇은 껍질과 연초록 속살을 가진 수박과 참외의 중간형 과일〉, winter melon, 〈~ cantaloupe〉 영1 우2

424 **hon·ey-moon** [허니 무운]: 밀월, 결혼 첫날, 신혼여행, 〈곧 이지러져 갈〉 행복한 시기, 〈↔calamity\nightmare\catastrophe〉, 〈↔hell-moon〉 영2

425 ★**hon·ey-moon hand-shake** [허니 무운 핸드쉐이크]: 너무 지쳐서 손만 잡고 자는 첫날 밤, 〈너무 바빠〉 용건을 다음으로 미루는 우호적 만남, 〈↔bone-crusher〉 우2

426 ★**hon·ey-pot** [허니 팥]: 〈틈입자를 즐겁게 해주는〉 꿀단지, '꿀함정' 〈전산기 틈입자를 잡아내는 장치〉 영1 우2

427 **honk** [하앙크]: 〈미국어〉, 〈의성어〉, 경적, 기러기 울음소리(같은 소리), 〈~ Klaxon〉, 〈↔quiet\well〉 영1

428 **hon·or** \ **hon·our** [아너]: 〈← honos(esteem)〉, 〈라틴어〉, 〈존경할 만한 것〉, 명예, 영광, 절개, 고위, 〈→ honesty〉, 〈↔dis-honor\shame\humiliation〉 영1

429 **hon·o·rar·i·um** [아너뤠어뤼엄]: 사례금, (관례적) 보수, 〈↔penalty〉 영2

430 **hood** [후드]: 〈← hod(head-cover)〉, 〈게르만어〉, 〈~ hat〉, 두건, 머리 씌우개, 덮개, 갓, (자동차의) bonnet, 〈↔uncover\expose〉 영1

431 ★**hood-wink** [후드 윙크]: 〈두건으로 눈을 가려놓고 못된 짓을 하다〉, 눈가리고 아웅하다, 속이다, 농락하다, 〈~ cheat\swindle\rip-off〉, 〈~ trick\sakura²〉, 〈↔reveal\debunk〉 우2

432 **hoof** [후우후]: 〈← hof(strike)〉, 〈게르만어〉, '발굽', 말굽, 걷다, 〈~ paw〉, 〈↔crest〉 영2

433 **hook** [훅]: 〈← hoc(angle)〉, 〈게르만어〉, '갈고리', 걸쇠, 작은따옴표(' '), 꺾인 공, hoek〈호크-네덜란드어〉, 〈~ hockey〉, 〈↔straight\un-hitch〉 영1 우1

434 **hook-er** [후커]: 갈고리로 걸어서 당기는 사람(배), 매춘부⟨prostitute⟩, 사기꾼, ⟨↔detacher\virgin⟩ 왕1

435 ★**hook or crook** [훅 오어 크룩]: by~, by all means, 무슨 수를 써서라도, ⟨운에 맞춘 말⟩, (~ one way or another) 왕1

436 ★**hook (some-one) up with (some-one)**: 남녀를 소개시켜주다(붙여주다) 왕2

437 ★**hook-y** [후키]: ①⟨게르만어⟩, 갈고리 모양의 ②⟨← hookie(hide and seek)⟩, ⟨네델란드어에서 연유한 뉴욕 속어⟩, (학교·직장을) 꾀부려 빼먹기, '땡땡이', ⟨↔attendance\engagement⟩ 왕2

438 **hoop** [후우프]: ①⟨← hop(band)⟩, ⟨어원 불명의 게르만어⟩, '테', 굴렁쇠, 버팀테, (농구의) 득점 주머니(테두리), ⟨↔angle\mass⟩ ②⟨의성어⟩, 거친 숨소리, 와~, whoop, ⟨↔hush⟩ 왕1

439 **hoot** [후우트]: ⟨영국어⟩, ⟨의성어⟩, 올빼미 우는 소리, 경적, 야유, ⟨~ howl\whoop⟩, ⟨↔murmur\cheer⟩ 왕1

440 **hop**¹ [합]: ⟨게르만어⟩, ⟨의태어⟩, (한발로) 뛰다, 깡충거리다, 뛰다, 뛰어넘다, ⟨~ hobble⟩, ⟨↔halt\trudge⟩ 왕1

441 **hope** [호우프]: ⟨← hopian(expectation)⟩, ⟨게르만어⟩, '희망', 기대, 판도라의 항아리에서 마지막까지 남은 ⟨악령⟩, ⟨↔hope-less\despair⟩ 기2

442 ★**hop to it** [합 투 잍]: ⟨깡충 뛰어⟩ 빨리 해!, 서둘러!, ⟨↔take it easy⟩ 왕2

443 **horde** [호열드]: ⟨← ordi(camp)⟩, ⟨터키어⟩, '천막에 사는 터키 유목민', ⟨야영지에 모인⟩ 떠돌이들, 유목민의 무리, 군중, 집단, (이동하는) 동물의 떼, ⟨→ Urdu⟩, ⟨↔few⟩ 왕1

444 **ho·ri·zon** [호어롸이즌]: ⟨← horos(boundary)⟩, ⟨그리스어⟩, '한계', 시야, 지(수)평선, sky·line, ⟨~zenith⟩ 왕1

445 **hor·mone** [호얼모운]: ⟨← horme(impulse)⟩, ⟨그리스어⟩, ⟨분출하는⟩ 호르몬, 내분비물, ⟨~(↔)neuro-transmitter⟩ 왕2

446 **horn** [호언]: ⟨게르만어⟩, ⟨'head'에 난⟩ 뿔, 뿔피리, 각질, 취주(악기), 나팔, 첨봉, 영광, ⟨~ corn⟩, ⟨~ clarion\trumpet⟩, ⟨↔butt\tail⟩ 왕1

447 ★**horn-swog·gle** [호언 스와글]: ⟨어원 불명의 미국 속어⟩, ⟨소가 멍에에서 뿔을 빼려고 머리를 흔들기?⟩, 속이다, 사기 치다, ⟨~ swindle\bamboozle⟩, ⟨↔debunk\be honest⟩ 왕2

448 ★**horn-y** [호어니]: 뿔의, 뿔로 만든, 딱딱한, (남성기가) 발기한, ⟨↔soften\turned off⟩ 왕1

449 **hor·ri·ble** [호어뤼블]: ⟨← horrere(bristle)⟩, ⟨라틴어⟩, ⟨끔찍해서⟩ '몸이 떨리는', 무서운, 소름 끼치는, 대단한, ⟨↔delightful⟩ 왕2

450 **hor·ror** [호어뤄]: ⟨← horrere(bristle)⟩, ⟨라틴어⟩, ⟨몸을 떨게 하는⟩ 공포, 전율, 참사, 혐오, ⟨→ horrendous\horrible\horrid\abhor⟩, ⟨↔delightfulness\pleasantness⟩ 왕2

451 **hors d'oeu·vre** [어얼 더어브]: ⟨프랑스어⟩, outside of work, ⟨주식과 다른⟩ 오르되브르, 전채(요리), 수프 전에 나오는 가벼운 요리, ⟨↔dessert\entree⟩ 왕2

452 **horse** [호얼스]: ⟨← hors(to run)⟩, ⟨어원 불명의 게르만어⟩, ⟨잘 달리는⟩ 말, ⟨초원의 계집애들이 남자 친구가 생기기 전까지 사랑하는⟩ 미끈하게 빠진 발굽동물, ⟨~ equinus⟩ 기2

453 **horse jock·ey** [호얼스 쟈키]: 기수, '말몰이꾼', ⟨~(↔)cow boy⟩ 기1

454 **horse-pow·er** [호얼스 파워]: H.P., 마력-1초에 75kg을 1m 높이로 올리는 힘, ⟨~ unit of power⟩, ⟨~(↔)joule\watt⟩ 기1

455 ★**horse sense** [호얼스 쎈스]: 'horse'(coarse(equinus의 상징적인 뜻이라 함))+sense, 상식, ⟨common-sense보다 더 본능적인⟩ 직감, ⟨↔stupidity⟩ 왕1

456 ★**horse shit** [호얼스 쉩]: 허풍, 실없는 소리, ⟨~ bull·shit\crap⟩, ⟨↔sense\axiom⟩ 왕2

457 **horse-shoe** [호얼스 슈우]: 〈말〉 편자, U형, 참게 미2

458 **hos·pi·tal** [하스피틀]: 〈← hospes(guest)〉, 〈라틴어〉, '환자 접대소', 병원, 〈~ host'〉 가1

459 **host¹** [호우스트]: 〈← hospes(guest)〉, 〈라틴어〉, 〈손님을 맞는〉 주인, 사회자, 주최, 〈→ hostage?〉, 〈↔guest(접대하기는 주인이나 손님이나 마찬가지)〉, 〈↔hostess〉 가1

460 **host²** [호우스트]: 〈← hostis(stranger)〉, 〈라틴어〉, 〈적의〉 무리, 떼, 다수, 군대, 〈↔few〉 일2

461 **hos·tage** [하스티쥐]: ob(before)+sedere(sit), 〈라틴어〉, 〈← host'?〉, 〈앞에 앉는 신세가 된〉 볼모의, 인질, 담보, '붙잡힌 이방인', 〈~ captive〉, 〈↔captor〉 가2

462 ★**host bar** [호우스트 바아]: 주인접대(무료) 주보, 주인이 내는 술 판매대, 〈~ open bar〉, 〈↔cash bar〉 무2

463 ***host com·put–er** [호우스트 컴퓨터]: 〈여러 개의 개인용 전산기 또는 단말기가 연결된〉 중앙 전산기, 〈↔PC(personal computer)〉 가1

464 **host-el** [하스틀]: 〈라틴어〉, 호스텔, 〈손님을 받는〉 (청년용) 숙박소, '젊은이 여관', 〈~ lodge\pension²〉, 〈↔luxury hotel〉 무2

465 **host-ess** [호우스티스]: 여주인, 여관의 안주인, 여급, 〈↔host〉 가1

466 **hos·tile** [하스타일]: 〈← hostis(stranger)〉, 〈라틴어〉, '이방인을 대하는', 적의 있는, 반대의, 냉담한, 〈↔friendly\hospitable\kind\pacific〉 가2

467 **hot** [핱]: 〈← hat〉, 〈의성어?〉, 〈게르만어〉, '뜨거운', 〈남자가 사정할 때 여자가 느끼는〉 열띤, 매운, 갓 만든, 멋진, 위험한, 〈→ heat〉, 〈한국에서는 cool(시원하다)이란 뜻으로도 쓰임〉, 〈↔cold〉 일1

468 ★**hot ba·by** [핱 베이비]: 화근한 (매력 있고 정열적인) 여자, 〈~ fox\devil\sultry babe\nymphomania〉, 〈↔cold woman\anorgasmia〉 일2

469 ★**hot bar** [핱 바아]: '온실주보', (편의·간이 식품점에서) 〈꼬치·구이·튀김 등〉 뜨거운 음식을 파는 진열대, 〈↔salad bar〉 무2

470 ★**hot bed** [핱 베드]: 〈퇴비를 섞어 열을 내게 하는〉 열압연용대, 온상, 〈범죄의 소굴〉, 근무시간이 다른 두 사람이 번갈아 쓰는 침실, 〈무휴 침대〉, 미1 일2

471 ★**hot but·ton** [핱 버튼]: 사회적 관심사, 쟁점, 결정적 〈갈림길〉, 〈↔un-controversial〉 일1

472 **ho·tel** [호텔]: 〈프랑스어〉, 여관, 공공숙소, '손님을 접대하는 곳', 〈← hostel ← host'〉, 〈↔boot camp\cabin〉 무2

473 ★**ho·tel·ling** [호텔링]: (주로) 외국 직원들이 사무실의 공용 책상을 이용해서 사무를 보는 일, 근무 좌석 공동 이용, '숙박업', 〈↔separate office〉 무1

474 ***Ho·tel·ling's law** [호텔링스 러어]: 1929년 미국의 수학자 H. 호텔링〈어원 불명의 미국 이름〉이 주창한 〈장사를 하려면 소비자가 제일 접근하기 좋은 곳에서·가짜를 만들려면 아주 진짜와 똑같은 것을 만들라는 등의〉 안전 경쟁성 경제이론 수2

475 ★**ho·tep** [하텦 \ 호텦]: '평안하소서'를 뜻하는 이집트어, 〈↔fuck you〉 수2

476 ***hot fix** [핱 휙스]: '즉시 수정', 연성기기 오류를 재빨리 임시로 교체 수정하는 차림표, 〈↔cold fix〉 무1

477 **hot-house** [핱 하우스]: 온상, 온실, green·house, 〈↔barren land〉 가1

478 ★**hot house** [핱 하우스]: 고온실, 증기탕, 갈보집(brothel), 〈↔cold storage\convent?〉 일2

479 ***hot-key** [핱 키이]: 핫키, 단축키(단자), 빠른 작동을 위해 누르는 단추, 〈~ short-cut〉 미2

480 **hot line** [핱 라인]: 긴급(직통)전화, 〈↔switch-board\operator〉 가1

481 ***hot link** [핫 링크]: '빠른 접속', 두 개의 처리기능 중 한쪽의 변화가 즉시 다른 쪽에도 작동하도록 연결하는 일, ⟨~ direct(embedded) link⟩ 무1

482 ★**hot list** [핫 리스트]: 인기품(즐겨찾기) 명단, 취소명단, ⟨~ want list⟩ 쉬1

483 ★**hot mess** [핫 메스]: 엉망, 난장판, ⟨개판으로 사는⟩ '화끈이', 뜨거운 음식, ⟨↔calmness\order\cold meal⟩ 쉬2

484 ***hot mon·ey** [핫 머니]: '뜨거운 돈', ⟨금리변동을 노리고 이동하는⟩ 투기성 국제 단기 금융자금, ⟨↔cold(hard) cash\soft money⟩ 무1

485 ★**hot pants** [핫 팬츠]: '화끈바지' ⟨가랑이가 아주 짧은 여성용 바지⟩, ⟨↔long pants\jeans\longuette\bloomers⟩ 쉬1

486 ★**hot-pot** [핫 팟]: '뜨거운 냄비', ⇒ shabu·shabu 미2

487 ★**hot po·ta·to** [핫 퍼테이토우]: (껍질째 구운) 뜨거운 감자, (겉은 식었지만 속은 뜨거워서) ⟨뱉을 수도 삼킬 수도 없는⟩ 곤란한 처지, 어려운 문제, ⟨↔cold potato\success\bigatelle⟩ 쉬2

488 ★**hot rod** [핫 롸이드]: ①'화끈차', (마력과 속도를 높이기 위해 개조한) 고속 자동차, ⟨↔rat rod⟩ ②'화끈막대', (남자 음경에 고추장을 바르고 하는) 매운 좃 빨기 쉬2

489 ★**hot seat** [핫 씨이트]: 전기의자, 증인석, 어려운 처지(입장), ⟨응급 탈출 시 먼저 뛰어내려야 하는⟩ (비행기의) 사출석, ⟨↔soft seat\advantage\boon⟩ 쉬1

490 ★**hot shit** [핫 쉿]: 대단한 것(놈), 허세꾼, 거물, 잘했군!, ⟨↔bum\black sheep⟩ 쉬1

491 ★**hot shot** [핫 샽]: 능수꾼, 거물, 급행편, 최신 정보, ⟨↔amateur\novice\lazy⟩ 쉬1

492 ***hot spot** [핫 스팥]: 분쟁지대, 환락가, 궁지, 인기 웹사이트, 전산망 기지를 연결하기 위한 Wi-Fi, '열점' ⟨마우스 조작에 의해 영향을 받는 화면상의 정확한 위치⟩, ⟨↔cold area\cool site⟩ 쉬1

493 **hot spring** [핫 스프링]: 온천, ⟨↔cold spring⟩ 자2

494 ★**hot stuff** [핫 스터후]: '열물'(뜨거운 물건), 멋진 것, 뜨거운 음식, 대단한 것(녀석), ⟨↔humble\modest⟩ 쉬1

495 ***hot swap** [핫 스왚]: '즉석 교체', 전기부품을 전원을 켠 채 교체하는 것, ⟨↔cold swap⟩ 무1

496 ★**hot un·der the col·lar** [핫 언더 더 칼러]: 목깃 아래가 뜨거운, 당황한, 화난, '핏대가 선', ⟨↔pleased⟩ 쉬2

497 ★**hot wa·ter** [핫 워어터]: 열탕, 곤경, 고생, 말썽거리, ⟨↔cold water\ease\comfort⟩ 쉬1

498 ★**hot wife** [핫 와이후]: 화냥녀, 서방질하는 아내, cuckoldress, ⟨↔faithful wife⟩ 쉬2

499 ***hot zone** [핫 조운]: '고민대', 단어처리에서 오른쪽 끝으로부터 7자 정도 왼쪽까지의 영역으로 붙임표 (-)를 써서 다음 행으로 연결시키느냐 행을 바꾸느냐의 판단이 요구되는 구역, ⟨↔secure zone⟩ 무1

500 **hound** [하운드]: ⟨← hund(dog)⟩, ⟨게르만어⟩, 사냥개, '개', 비열한, 몰아세우다, 부추기다, ⟨↔soothe\please⟩ 쉬2

501 **hour** [아우어]: ⟨← hora(time)⟩, ⟨그리스어⟩, 한 시간, 시각, 때, 현재, 시간, '시기' 가1

502 **house** [하우스]: ⟨← hydan⟩, ⟨게르만어⟩, ⟨← hide⟩, ⟨몸을 감출 수 있는⟩ 집, 가정, 회관, 의회, 숙박, ⟨~ home⟩, ⟨↔office⟩ 자1

503 ★**house drink** [하우스 드링크]: '주방술', '기본주류', ⟨↔call drink⟩, ⇒ well drink 쉬1

504 **house-hold** [하우스 호울드]: 가족, 세대, 가구, ⟨↔non-domestic\business⟩ 쉬1

505 ★**house–hus·band** [하우스 허즈번드]: (전업) 남편, ⟨전지무능한 남자⟩, (아내가 돈을 벌고) 집안 살림을 하는 가장, ⟨↔house-wife⟩ 쉬2

506 **house-keep-er** [하우스 키이퍼]: (가정)주부, 가정부, 가옥 관리인, 〈~ house-wife〉, 〈↔working woman〉 영1

507 **house-maid** [하우스 메이드]: 가정부, 식모, 〈↔male servant\house boy\mistress〉 영2

508 ★**house poor** [하우스 푸어]: '집거지', (집을 유지하는데 소득의 30% 이상을 써서 가난한) 주택 빈곤층, 〈~ property poor〉 미2

509 ★**house-seat** [하우스 씨이트]: 극장의 특별 초대석, 〈↔ordinary seat〉 영1

510 **house-top** [하우스 탑]: (명) 지붕, 〈↔floor〉 영2

511 **house-wife** [하우스 와이후]: (전업) 주부, 〈전지전능한 여인〉, 〈~ house-keeper〉, 〈↔house-husband〉 영1

512 ★**HOV** [허브] (high oc·cu·pan·cy ve·hi·cle): 다수인 이용 차량, 〈~ car-pool\diamond lane〉 미2

513 **hov·er** [허버]: 〈← hoven(linger)〉, 〈1513년에 등장한 어원 불명의 영국어〉, 맴돌다, 공중에 떠 있다. 주저하다, 〈공중으로 뛰어오르는〉 (송어 등의) 떼, 〈↔rest\settle〉 영1

514 ★**hov·er-board** [허버 보어드]: 공중 부양형 '발 지치개', 전동바퀴가 달린 유선형의 외발판 우2

515 *★**hov·er-box(card)** [허버 박스(카아드)]: 지침판을 표상 위에 갖다 대면 순간적으로 튀어나오는 '창', '맴돌이 칸(판)' 우2

516 ★**hov·er train** [허버 트뤠인]: '공중열차' 〈공기압으로 차체를 띄워 콘크리트 궤도를 달리는 고속열차〉, 〈~ maglev〉 우1

517 **how** [하우]: 〈← hu〉, 〈게르만어〉, 어떻게, 얼마나, 어째서, 〈좀 떫다는 말〉, 〈~ who\why〉 기2

518 ★**how could (some-one) pass up op·por·tu·ni·y like that?**: 참새가 방앗간을 그냥 지나랴, 〈~ no one would want to miss a chance like that〉 영2

519 ★**how-dy** [하우디]: 〈영국어〉, how do you do, 야!, 어때!, 곤란한 입장 기2

520 **how-ev·er** [하우 에붜]: 그렇지만, 아무리 ~할지라도, 〈떫긴 하지만〉, 〈↔hence\therefore〉 기2

521 **howl** [하울]: 〈영국어〉, 〈의성어〉, 짖다, 윙윙거리다, '아우성', '삐이' (주파수가 겹치면서 증폭기 속에서 일어나는 잡음), 〈~ growl\woof〉, 〈↔whisper\mutter\sniffle〉 영1

522 ★**how's by you** [하우즈 바이 유우]: 어떻게 지내?, 별 일 없지?, 〈~ how are you의 어줍잖은 표현〉 영2

523 *★**HTML** (hy·per-text mark-up lan·guage): '초문본 표시 언어' (전산기에서 다차원 문본을 표현하기 위해 사용하는 기술 용어) 우1

524 *★**HTTP** (hy·per-text trans-fer pro·to-col): '초문본 교환 규약' (전산기에서 하이퍼텍스트〈다차원 문본〉를 교환하기 위해 사용하는 통신규약) 우1

525 **hub** [허브]: 〈어원 불명의 영국어〉, center, '중심축', 바퀴통, 표적, 중추 (몇 개의 장치가 접속된 기구), 〈← hob¹?〉, 〈↔periphery〉 영2

526 **hud·dle** [허들]: 〈← hoderen〉, 〈게르만어〉, 〈← hide〉, 뒤죽박죽 주위 모으다, 몸을 '움츠리다', 붐비다, 작전회의, 〈↔disperse〉 영1

527 **hue** [휴우]: 〈← heow(form)〉, 〈게르만어〉, '모양', 색조, 특색, 외침 소리, 〈~ color\tinge〉, 〈↔achromatism〉 기1

528 ★**hu·e·vo** [웨이보우 \ 우에보]: 〈스페인어〉, '달걀(egg) 위를 걷는 것처럼 보이는 춤, 불알(testicle) 응1

529 **hug** [허그]: 〈← hugga(comfort)〉, 〈어원 불명의 북구어〉, 꼭 껴안다, 품다, '포옹', 축복하다, 〈~ embrace\caress〉, 〈↔push\shove〉, 〈↔push\shove〉 영1

530 **huge** [휴우쥐]: ⟨← ahuge(large)⟩, ⟨어원 불명의 프랑스어⟩, 거대한, 무한한, ⟨트럼프식 발음은 [유우즈]⟩, ⟨~ immense\tremendous⟩, ⟨↔tiny⟩ 가2

531 ★**hug·gy-wug·gy** [허기 워기]: (동영상 놀이에 나오는) 엽기적 등장 인물, 으스스한 악당, ⟨~ kissy-missy⟩ 미2

532 ★**hug-me-tight** [허그 미이 타잍]: '껴안아 줘요!', ⟨소매 없이 몸에 꼭 끼는⟩ 깜찍한 여성용 상의, ⟨↔touch-me-not⟩ 위1

533 **hu·man** [휴우먼]: ⟨← humus(soil)⟩, ⟨라틴어⟩, ⟨하늘이 아니고⟩ '땅에 사는 자', 사람, 인간, ⟨신의 걸작⟩, 말을 할 수 있는 동물(원숭이와 유일한 차이점), ⟨↔animal\divine⟩ 가2

534 **hu·man-ist** [휴우머니스트]: 인문(인본)주의자, 인도주의자, 인간성 연구자, ⟨↔anti-humanist⟩ 양2

535 **hu·man·i·ties** [휴우머니티스]: 인문학, ⟨이 책의 뼈대를 이루는⟩ 문학·역사·철학 따위를 연구하는 '인간적인' 학문, ⟨~ liberal arts⟩, ⟨↔in-humanities\sciences⟩ 양2

536 ★**hu·man na·ture is un-fath·om·a·ble**: 열 길 물 속은 알아도 한 길 사람 속은 모른다, ⟨↔every effect has causes ⇒ psychoanalysis⟩ 양2

537 **hum·ble** [험블]: ⟨라틴어⟩, '땅⟨humus⟩처럼 낮은', 천한, 시시한, 겸손한, 조심성 있는, ⟨→ humiliation⟩, ⟨↔arrogant\haughty\high-nosed⟩ 양1

538 ★**hum·ble-brag** [험블 브래그]: '겸손한 허풍', '은근 자랑질', 겸손한 척하면서 자기 자랑하는 것(사람), ⟨↔bashfulness\demureness⟩ 미2

539 **hu·mid** [휴우미드]: ⟨← umere(moist)⟩, ⟨라틴어⟩, '습기' 있는, 눅눅한, ⟨↔arid\dry⟩ 가1

540 **hu·mil·i·a·tion** [휴우밀리에이션]: ⟨← humble⟩, '땅⟨humus⟩으로 낮추기', 굴욕, 수치, 창피, ⟨↔honor⟩ 가2

541 **hum·ming-bird** [허밍 버어드]: ⟨영국어⟩, ⟨의성어⟩, 벌새, (1초에 80번이나 날개를 떨어) 윙윙 소리를 내는 깜찍한 새, ⟨~ bee eater⟩ 미2

542 ★**hu-mon·gous** [휴우멍거스]: huge+monstrous, ⟨1970년 경에 미국에서 조작된 말⟩, 엄청나게 큰, 거대한, ⟨~ ginormous⟩, ⟨↔tiny\bitty\litty⟩ 양2

543 **hu·mor\-mour** [휴우머]: ⟨← umere(moist)⟩, ⟨라틴어⟩, ⟨dry 한 것을 촉촉하게 해주는⟩ '액체', ⟨근심·걱정을 녹여주는⟩ 농담, 해학, 기분, 체액, ⟨↔pathos⟩ 가1 영1

544 **hump** [험프]: ⟨← hemb(bend)??⟩, ⟨어원 불명의 게르만어⟩, 군살, 혹, 둥근 언덕, 고비, 의기소침, ⟨~ bump\lump\hummock⟩, ⟨↔straight\gaiety⟩ 영1

545 ★**hump-day** [험프 데이]: ⟨일주일의 '고비'인⟩ Wednesday(수요일), ⟨그래서 이날 오후에 골프장이 붐빔⟩ 양2

546 **hunch** [헌취]: ①⟨15세기에 등장한 shove란 뜻의 스코틀랜드어에서 감을 잡아?⟩ ⟨1849년에 등장한 어원 불명의 미국어⟩, 예감, 직감, inkling, ⟨↔solution⟩ ②⟨1620년대에 등장한 'bunch'란 뜻의 영국어⟩, 혹(hump), 군살, 일격, ⟨↔straighten⟩ 양2

547 **hunch-back** [헌취 백]: 곱사등(이), 꼽추, ⟨~ hump-back⟩, ⟨~ kyphosis⟩, ⟨↔lordosis(sway back)⟩ 가2

548 **hun·dred** [헌드레드]: ⟨아주 애매한 어원의 게르만어⟩, 백, 100, ⟨~ centum\kekaton⟩ 가1

549 **hung** [형]: hang의 과거·과거분사, ⟨공중에 매달려⟩ 결론이 나지 않은, 짜증나는, 피곤한, 술취한, 반한, 열중한, ⟨↔upright\comfort⟩ 영1

550 ★**hun·ger is the best sauce**: 시장이 반찬이다, ⟨~ a good appetite is a good sauce⟩ 양2

551 **hun·gry** [헝그뤼]: ⟨← hyngran⟩, ⟨게르만어⟩, ⟨← hunger⟩, ⟨속이 비어 아픈⟩ 배고픈, 주린, 갈망하는, 메마른, ⟨↔satiated⟩ 영1

552 **hunt·ing** [헌팅]: ⟨← hentan(seize)⟩, ⟨게르만어⟩, 사냥, 수색, 탐구, '추적', ⟨~ hint⟩, ⟨↔losing\fishing⟩ 가1

553 ★**hunt·y** [헌티]: ⟨미국 속어⟩, honey+cunt, '꿀 보지', '긴 자꾸(조이는 주머니란 뜻의 일본어)' 주2

554 **hur·dle** [허어들]: ⟨← hyrdel⟩, ⟨게르만어⟩, ⟨'herd'(짐승 떼)를 가둬두는⟩ 바자(울타리), 장애물, 곤란, ⟨~ wattle⟩, ⟨fence\barrier⟩, ⟨↔opening\advantage⟩ 양1

555 **hurl** [허얼]: ⟨← hurllen(strike)⟩, ⟨게르만어⟩, ⟨의태어⟩, 집어 던지다, 세게 던지다, 덤벼들다, 추방하다, ⟨~ throw\yeet⟩, ⟨↔catch\hold⟩ 양1

556 **hur·rah \ hur·ray** [허라아 \ 허뤠이]: ⟨영국어⟩, ⟨배를 끌어올릴 때 외치던 소리⟩, 후레이, 만세!, 환성, ⟨~ yahoo\woohoo⟩, ⟨↔boo\hissing\tsk\ouch⟩ 가1

557 **hur·ri·cane** [허어뤼케인]: ⟨카리브 원주민어⟩, 태풍, 싹쓸바람, 격양, '소용돌이 혼합주 ⟨뉴올리언스의 명물⟩', ⟨~ cyclone\white squall⟩, ⟨↔calm\breeze⟩ 양1 주1

558 **hur·ry** [허어뤼]: ⟨← hurren(whirl round)⟩, ⟨영국어⟩, ⟨의태어⟩, 매우 급함, 서두름, 연타, ⟨→ scurry⟩, ⟨↔linger⟩ 양1

559 **hurt** [허얼트]: ⟨← hurten(collide\hit)⟩, ⟨게르만어⟩, ⟨때려서⟩ 상처 내다, 고통을 주다, 해치다, ⟨~ hinder⟩, ⟨↔help⟩ 양1

560 ★**hurt lock·er** [허얼트 라커]: (영화 제목에서 연유한) 극심한 고통을 받는 상태, 고문실, ⟨~ torture chamber⟩ 미2

561 **hus·band** [허즈번드]: hus(house)+bunda(master), ⟨북구어⟩, '집에서 사는 사람', ⟨집을 차지한 자⟩, 남편, 절약하다, 재배하다, ⟨↔wife⟩, ⟨↔squander⟩ 양1

562 **hus·band·ry** [허즈번드뤼]: 농업, 축산, 절약, '장붙이기', '교배', ⟨남편이 해야 할 일들이 꽤 많지요?⟩, ⟨↔wasteful-ness⟩ 양2

563 **hush** [허쉬]: ⟨영국어⟩, ⟨의성어⟩, 쉿, 침묵, 입막음하다, ⟨↔bustle\noise\bally-hoo\wind⟩ 양1

564 ★**hush cut** [허쉬 컽]: '폭포 머리', 앞·옆머리에 비해 뒷머리가 물이 떨어지는 모양으로 길게 내려온 모양새, (한국에서 유행하는) ⟨이리 머리⟩, ⟨~ mullet\octopus cut\shag cut⟩ 미2

565 ★**hush mon·ey** [허쉬 머니]: 입막음 돈(payment for silence) 양2

566 **husk** [허스크]: ⟨← huske(sheath)⟩, ⟨게르만어⟩, '껍질', 깍지, 쌀겨, ⟨~ hull⟩, ⟨~ pod\seed vessel⟩, ⟨~ scale²⟩, ⟨↔core⟩ 양2

567 **husk·y** [허스키]: ①⟨← husk⟩, 껍데기 ②쌀겨같이 메마른, 거친, 목쉰, ⟨↔shrill⟩ ③ ⟨순발력이 강한⟩ 'Huskimo'⟨Eskimo⟩의 개, 건장한 (남자), ⟨↔puny\shrill⟩ 양1

568 **hus·tle** [허쓸]: ⟨← hotsen(jolt)⟩, ⟨네델란드어⟩, '흔들다', 떠밀다, 밀고 나아가다, 밀치락달치락(하는 춤), ⟨~ hassle\grind⟩, ⟨↔peace⟩ 양1 주1

569 **hut** [헡]: ⟨← hutta(cottage)⟩, ⟨게르만어⟩, 오두막, '임시' 막사, ⟨↔castle\mansion\palace\state-room⟩ 양1

570 **hy·a·cinth** [하이어신쓰]: ⟨← hyakinthos(a gem)⟩, ⟨그리스어⟩, ⟨아폴로가 좋아했으나 원반놀이 때 실수로 죽인 미소년의 이름에서 연유한⟩ 하아신스(혁대 같은 잎과 대롱 같은 꽃 뭉치를 가지고 여러 색의 꽃을 피우는 지중해 원산의 백합과의 구근), 보라색, ⟨flower of death⟩ 숭2

571 **hy·brid** [하이브뤼드]: ⟨← hybrida(a mongrel)⟩, ⟨라틴어⟩, ⟨집돼지와 멧돼지의⟩ 잡종, ⟨여종과의 사이에 난⟩ 튀기, 혼혈, 교배종, ⟨~ ainiko\cur\mutt\pooch\ainoko\hapa⟩, ⟨↔pure-bred\thorough-bred⟩ 양2

572 ★**hy·brid com·put·er** [하이브뤼드 컴퓨우터]: (아날로그와 디지털 양쪽의 강성기기를 갖춘) 혼성 전산기 양2

573 **hy·drau·lic** [하이드뤄얼릭]: hydor(water)+aulos(tube), 〈그리스어〉, 수력(수압)의, 물속에서 경화되는, 〈↔non-pressurized\pneumatic〉 양2

574 **hy·dro·gen** [하이드뤄줜]: 〈물을 발생시키는〉 수소 (기호 H·번호1), 우주의 75%를 구성하고 폭발력이 아주 강한 기체원소 기2

575 **hy·e·na** \ hy·ae·na [하이너 \ 하이이너]: 〈← hyaina〉, 〈그리스어〉, 〈목덜미 털이 'hog'의 것과 닮은〉 하이에나, 썩은 고기를 먹는 억센 털을 가진 이리 비슷한 동물, 배신자, 잔인한 자, 〈~(↔)dingo\jackal〉, 〈↔duck?〉 수2 양2

576 *__hy·giene__ [하이쥐인]: 〈← hygies(sound^d)〉, 〈그리스 신화의 청결의 신 Hygeria에서 연유한〉 위생학(법), 위생 상태, 컴퓨터 바이러스에 대한 대항 수단, 〈↔un-sanitary\filth〉 양2

577 **hymn** [힘]: 〈← hymnos(ode)〉, 〈그리스어〉, 찬송가, 성가, '찬가', 〈↔indictment\condemnation〉 기2

578 ★**HYP** [휩]: 〈Harvard·Yale·Prinston 대학〉, (한국의 SKY에 해당하는) 미국의 '명문대학' 수2

579 ★**hype** [하이프]: ①피하〈hypo·dermal〉 주사, 마약꾼 ②〈← hyper-bole?〉, 〈1920년대에 등장한 어원 불명의 미국어〉, 과대 선전하다, 속이다, 〈~ hoopla^a\bally-hoo〉, 〈↔abate\play down〉 양2

580 ★**hype-beast** [하이프 비이스트]: 과대선전된 명품만 쫓아다니는 (짐승 같은) '명품광' 미2

581 ★**hyped** [하이프트]: 흥분된, 과장된, 〈과대 선전에〉 속은, 〈↔pathetic\play down〉 양2

582 ★**hy·per-lo·cal** [하이퍼 로우컬]: 매우 국소적인, 아주 좁은 지역에 제한된, 동네 생활권, 〈↔glocal\global〉 양1

583 ★**hy·per-mar·ket** [하이퍼 마아킽]: (주로 교외에 위치한) 초대형 종합상점, 〈~ soup to nuts〉, 〈↔mini-market〉 미2

584 ★**hy·per-me·di·a** [하이퍼 미이디어]: 다각적(다양한) 정보 제공망, 〈~ multi-media〉 미2

585 **hy·per-ten·sion** [하이퍼 텐션]: 고혈압(증), 긴장항진(증), 〈↔hypo-tension〉 기2

586 *__hy·per-text__ [하이퍼 텍스트]: 〈1965년에 주조된 말〉, 다차원(고차원) 전산기 문본, 총체적(다각적) 표현, 〈↔ordinary text〉 미2

587 **hy·phen** [하이휜]: hypo(under)+heis(one), 〈그리스어〉, 〈'밑으로' 함께 가는〉 연자 부호(-), 짧은 휴식표, 〈~(↔)dash〉 수2

588 **hyp·no·sis** [히프노우시스]: hypnos+osis, 최면술(상태), 〈↔exhilaration\animation〉 기2

589 **hy·poc·ri·sy** [히파아 크뤼시]: hypo(under)+krinesthai(contend), 〈그리스어〉, 〈무대에서 연기하는 듯한〉 위선(적 행위), 〈~ peck-sniff\tokenism〉, 〈↔honesty\pragmatism〉 기2

590 **hy·po-ten·sion** [하이포 텐션]: 저혈압(증), 혈압강하(증), 〈↔hyper-tension〉 기2

591 **hy·poth·e·sis** [하이파아 쎄시스]: hypo(under)+tithenai(put), 〈그리스어〉, 〈밑으로 내려놓는〉 가설, 가정, 추측, 억측, (검증이 필요한) 학설, 〈theory 보다 증명이 덜 된 것〉, 〈↔fact〉 양2

592 **hys·te·ri·a** [히스테뤼어]: 〈← hystera(uterus)〉, 〈그리스어→라틴어〉, 히스테리, 병적 흥분, '자궁발작' 〈의사들이 만들어 낸 의미심장한 말〉, 〈↔calmness〉 기2

1 **I \ i¹** [아이]: 이집트의 상형문자 손 모양에서 나온 알파벳의 9번째 글자, I 모양의 것, iodine·international·interstate·island·indepandent, incomplete 등의 약자 수2

2 **I \ i²** [아이]: 내가, 나는, 〈너가 아닌〉'나', 〈결코 알 수 없는〉 자아, '소 우주', 〈세상에서 가장 중요하나 항상 끝에 붙여야 하는〉 자신 가2

3 ★**IANAL** [이애늘] (I am not a law-yer): 난 변호사가 아닙니다~ 미2

4 ***I-beam** [아이 비임]: 형강보, 〈골격을 더 튼튼히 해 주기 위한〉 I 모양의 철제(대들보), 〈전산기에서 문건 편집용으로 사용하는〉 I 모양의 마우스 포인터 우2

5 **i·bid** [이브드] \ **i·bi·dem** [이비덤]: 〈라틴어〉, in the same place, 같은 장소에, 같은 (쪽·구·장)에, ib, 〈↔contrarily\conversely〉 미2

6 **i·bis** [아이비스]: 〈← hab〉, 〈이집트어→그리스어〉, 황새, (이집트에서 영조〈sacred bird〉로 여겨졌고 습지에 서식하며) 앞으로 굽어진 긴 부리와 긴 다리를 가진 〈따옥~ 따옥~ 우는〉 따오기 (섭금류), 'stork' 우1

7 **IBM**: ⇒ International Business Machines 수2

8 *__i-buy-er__ [아이 바이어]: instant buyer, '즉시 구매자', (집을 보지도 않고) 전산망을 통해 즉시 〈현금〉으로 부동산을 구매하는 방식으로 여러 가지 장·단점이 있을 것으로 사료됨 미2

9 ★**IC¹** (I see): 알았어!, 그만해! 미2

10 ★**IC²** (in char·ac·ter): 본론으로 돌아와서, (다시) 작품 속으로 들어가서 미2

11 *__IC³__ (in·te·grat·ed cir·cuit): 〈1950년도 후반부터 개발되기 시작한 한 반도체 내에 많은 트랜지스터와 회로를 집어넣는 방식으로 된〉 (직접) 통합 회로 미2

12 *__IC Card__ [아이 씨 카아드]: integrated circuit card, (휴대용) 직접 통합 회로 카드, '통합 카드' 미2

13 ★**ice** [아이스]: 〈게르만어〉, frozen water, '얼음', 빙판, 냉담, 결정 암페타민(환각제), 〈↔water\fire\hot〉 가2 미2

14 **ice-berg** [아이스 버어그]: 빙산, 냉정한 사람, 불감증의 여자, 〈~ cold fish〉, 〈↔sweetie\hottie〉 가1

15 *__ice-berg the·o·ry__ [아이스 버그 씨어뤼]: 빙산 이론, (전체 경험에서 확실하게 드러난 10% 정도만 활용하라는) 헤밍웨이의 글쓰기 지침 영2

16 **ice box** [아이스 박스]: '얼음통', 얼음 상자, 휴대 냉장고, 〈~ ice chest\cooler〉 미2

17 ★**ice–break·er** [아이스 블뤠이커]: ①쇄빙기(선) ②어색함을 해소하는 사람(말), 교제에 능한 사람, 사교가 영2

18 **ice cream** [아이스 크뤼임]: '냉유피', 얼음과자, '냉우유 더껑이', '얼음보숭이' 우2

19 **ice hock·ey** [아이스 하키]: 빙구, 19세기 후반에 캐나다에서 개발된 한편 6명의 얼음지치기들이 굽은 막대로 조그만 고무판을 상대편 득점 문에 넣으려는 신속한 근접 경기, 〈~(↔)field hockey〉 미1

20 **ice show** [아이스 쑈우]: 빙상연기 영2

21 ★**ic·ing(cher·ry) on the cake**: 좋은 것 위에 더 좋은 것, 금상첨화, 〈↔adding insult to injury〉 영2

22 **ick·y** [이키]: 〈영국어〉, 끈적끈적한, 불쾌한, 너무 감상적인, 싫은, 〈sickly의 어린애 말〉, 〈↔good\nice〉 영2

23 **i·con** [아이칸]: 〈← eikon(image)〉, 〈그리스어〉, 아이콘, 상(모습), 〈실물보다 좋게 각색된〉 초상, 성상, 우상, 그림문자, 〈~ idol〉, 〈↔fact\no-body〉 일1

24 ★**ICQ** (I seek you): '당신을 찾습니다', 사용자에게 특정 목록과 제목을 알려주기 위해 1996년 이스라엘 회사가 개발했다가 2010년 러시아의 Mail.Ru 그룹으로 넘어간 즉석 통신망 소통 기기 수2

25 **ICU** (in-ten·sive care u·nit): 집중치료실, 중환자(치료)실, ⟨~(↔)CCU⟩ 영2

26 ★**ICYMI**: in case you missed it, 혹시 놓(지나)쳤으면 영2

27 **ID (card)** [아이디 (카아드)]: identification card, 신분증 가2

28 **i·de·a** [아이디어]: ⟨← idein(see)⟩, ⟨그리스어⟩, '보고 떠오른 것', 생각, 개념, 인식, 의견, 착상, 느낌, ⟨~ thought\notion⟩, ⟨↔reality\fact⟩ 영1

29 **i·de·al** [아이디얼]: ⟨생각 속에나 존재하는⟩ 이상, 이념, 규범, 관념, ⟨~ paragon\standard⟩, ⟨↔real\un-suitable⟩ 영1

30 ★**i·de·a-pad** [아이디어 패드]: ⟨일상생활용⟩ 휴대용 전산기 '개념 필기첩' 미1

31 **i·den·ti·cal** [아이덴티컬]: ⟨← idem(the same)⟩, ⟨라틴어⟩, 동일한, 똑같은, ⟨↔different\unlike⟩ 가2

32 **i·den·ti·fy** [아이덴티화이]: idem(the same)+facere(make), ⟨라틴어⟩, 확인하다, 인지하다, 동일시하다, ⟨↔distinguish\differentiate⟩ 가1

33 **i·den·ti·ty** [아이덴티티]: ⟨라틴어⟩, 동일함, 일치, 본체, 주체성, ⟨← id⟩, ⟨↔difference\alterity⟩ 가1

34 ★**i·den·ti·ty theft** [아이덴티티 쎄후트]: 개인정보 도난, 신분 도둑(도용) 영2

35 **i·de·ol·o·gy** [아이디알러쥐 \ 이디얼러쥐]: ⟨그리스어⟩, 이데올로기, 관념학, 공리, 공론, ⟨↔dis-belief\mis-conception⟩ 미2

36 **id·i·om** [이디엄]: ⟨← idios⟩, ⟨그리스어⟩, 숙어, 관용구, 고유어, 말투, '개성적(peculiar)' 특질, ⟨↔antiphrasis⟩, ⟨↔proverb보다 짧고 은유가 적음⟩ 가1

37 **id·i·o-path·ic** [이디어 패씩]: idios+pathos(feeling), ⟨어떤 개인에 특유한⟩ 특발성 (질환), 고유의, ⟨↔functional\organic⟩ 영2

38 **id·i·ot** [이디엍]: ⟨← idiotes(ignorant)⟩, ⟨'상놈'이란 그리스어⟩, 천치, 바보, 백치(IQ 25 이하), ⟨↔genius\brilliant⟩ 영2

39 ★**id·i·ot box** [이디엍 박스]: 바보 상자(텔레비전), ⟨~ boob tube⟩ 영2

40 ★**id·i·ot card** [이디엍 카아드]: '바보 판지', (방송 출연자가 대사를 잊었을 때를 위한) 대형 문자판, ⟨~ cue card⟩ 미2

41 **i·dle** [아이들]: ⟨← idel(vain)⟩, ⟨게르만어⟩, '빈', 한가한, 태만한, 헛된, 정지상태(의), ⟨↔industrious\diligent⟩ 영1

42 ★**I do all the work and some-body else gets the cred·it**: 죽 쒀서 개 준다, 재주는 곰이 넘고 돈은 왕서방이 챙긴다, ⟨~ one man sows and an-oth·er man reaps⟩ 영2

43 **i·dol** [아이돌]: ⟨← idos(form)⟩, ⟨그리스어⟩, 우상, 신상, 숭배되는 대상, 실체가 없는 모습, '형상', ⟨~ heart-throb⟩, ⟨~ icon⟩, ⟨↔loser\rogue⟩, ⟨일본에서는 aidoru라 함⟩ 영2

44 **i.e.** [아이 이이]: ⟨라틴어⟩, id est, that is, 즉, 다시 말하면, ⟨~ viz\namely⟩ 영2

45 *__IEC Pow·er Con·nec·tor__: 개인 전산기에서 흔히 쓰이는 한 방향으로 전류가 흐르는 세 갈래의 접수구가 달린 전선 연결기 수2

46 **if** [이후]: ⟨← gif⟩, ⟨게르만어⟩, 만약 ~이면, ~일 때는, ~인지 어떤지, 비록 ~일지라도, 그렇지 않으면 ~(의 자문용어), ⟨doubt가 어원이라 함⟩, ⟨↔unless⟩ 가1 미2

47 **if-fy** [이휘]: 의심스러운, 불확실한, 조건부의, 'if가 많은', ⟨↔certain\sure⟩ 영2

48 ★**if you can't a·void, en·joy it**: 피할 수 없으면 즐겨라, ⟨~ when life gives you lemons, make lemonade⟩, ⟨~'좆 같아도 참아라'를 돌려 표현한 거지-솔직히 개소리 아니냐\아싸 총알 맞어 뒤진다-우히히히힝; 댓글 중에서⟩, ⟨↔if you can't avoid, run away\if you can't beat them, join them⟩ 영2

49 ★**if you can't stand the head, get out of the kitch·en**: 절이 싫으면 중이 떠나야 한다, ⟨↔good things come to those who wait⟩ 속2

50 ★**if you don't have a dime, use two nick·els**: 이가 없으면 잇몸으로 살아라, ⟨~ you have to do with what you got⟩ 속2

51 **ig·ni·tion** [이그니션]: ⟨← ignire(set on fire)⟩, ⟨라틴어⟩, ⟨← ignite⟩, '불 지르기', 점화, 발화, 연소, ⟨↔extinction\put out⟩ 일1

52 **ig·no·ble** [이그 노우블]: in+nobilis(known), ⟨라틴어⟩, 저열한, 비천한, 하찮은, 무명의, ⟨↔noble\aristocratic⟩ 가2

53 ★**ig·no·rance is bliss** [이그너륀스 이즈 블리쓰]: ⟨1742년 영국 시인 Thomas Gray가 도입한 말⟩, 모르는 게 축복(약)이다, 식자우환, knowledge brings worry, ⟨~ 'tis folly to be wise⟩, ⟨↔why aren't more people happy?⟩ 속2

54 **ig·no·rant** [이그 너륀트]: ⟨← ignore⟩, 무지한, 무식한, 모르는, ⟨↔educated\knowlegeable⟩ 가2

55 **ig·nore** [이그 너어]: in+gnarus(knowing), ⟨라틴어⟩, 무시하다, 모른 체하다, 기각하다, '알아보지 못하다', ⟨↔discern\heed\recognize⟩ 가2

56 ★**IIRC** (if I re·mem·ber cor·rect·ly): '제 기억이 정확하다면' 미2

57 *****IIS** (in·ter·net in·for·ma·tion ser·vice): '전산망 정보 봉사', 전산기가 세계 전산망·서류철 송신기·전자 우편 제공 등을 할 수 있도록 조작한 마이크로소프트 창의 구성요소 일1

58 ★**ijbol** [이즈 보울]: I just burst out laughing, ⟨2009년 미국에서 등장했으나 2021년부터 한국의 K-pop 사회에서 LOL을 대체시킨 말⟩, 아이구 배꼽이야, 요절복통 미2

59 **ill** [일]: ⟨← illr(bad)⟩, ⟨어원 불명의 북구어⟩, 병든, 나쁜, 틀린, 불쾌한, 고약한, 불길한, 서투른, ⟨~ evil⟩, ⟨↔well⟩ 일2

60 **il·leg·al** [일 리결]: ⟨라틴어⟩, 불법(위법)의, ⟨↔legal\lawful⟩ 가2

61 **il·le·gi·ti·mate** [일 리쥐티미트]: in+legitimus(lawful), 불법의, 서출의, 변칙적인, ⟨↔legitimate\lawful⟩ 일2

62 **il·lic·it** [일 리싙]: in+licere(be allowed), ⟨라틴어⟩, 불법의, 부정한, 금지된, ⟨↔licit\legal⟩ 일2

63 **il·lit·er·ate** [일 리터뤼트]: in+litera(letter), ⟨라틴어⟩, 무식한, 문맹의, 교양이 없는, ⟨↔literate\educated⟩ 가2

64 **il·lu·mi·nate** [일루머네이트]: in(on)+luminis(light), ⟨라틴어⟩, 조명하다, ⟨빛을⟩ 비추다, 계몽하다, ⟨← light⟩, ⟨→ illustrate⟩, ⟨↔darken\conceal⟩ 가1

65 **il·lu·sion** [일루우젼]: in+ludere(play), ⟨라틴어⟩, 환영, 환상, 착각, '놀리기', '가상노름', ⟨↔realty\actuality⟩ 가1

66 **il·lus·trate** [일러스트뤠이트]: ⟨← illustris(bright)⟩, ⟨라틴어⟩, ⟨빛을 비춰서⟩ 밝게 하다, 설명하다, 삽화(설명도)를 넣다, ⟨← illuminate⟩, ⟨↔conceal\confuse⟩ 가1

67 ·**il·lus·tri·ous** [일러스트뤼어스]: ⟨← illustris(bright)⟩, ⟨라틴어⟩, 뛰어난, 이름난, 화려한, ⟨↔unknown\obscure⟩ 가1

68 ★**IM¹** (in·stant mes·sage): IM me (즉시 답장 바람) 미2

69 **IM²** (in·tra·mus·cu·lar): 근육 (내로 찌르는) 주사, ⟨↔IV\PO⟩ 일2

70 **im·age** [이미쥐]: ⟨← imago(copy)⟩, ⟨라틴어⟩, 이미지, '모습', 꼴, 상, 영상, 형상, 꼭 닮음, ⟨~ idol\icon\imitation⟩, ⟨↔fact\opposite⟩ 일1

71 ***im·age ad·ver·tis·ing** [이미쥐 애드붜타이징]: '관념' 광고, '표상' 광고, 상품의 특성보다는 풍기는 분위기나 연계된 일화 등으로 소비자에게 접근하는 광고술 ⑩2

72 ***im·age map** [이미쥐 맵]: '영상지도', 여러 가지 연결점(다른 정보로 연결되는 기점)이 내장된 그래픽 웹 페이지 ㈜1

73 ***im·age proc·ess·ing** [이미쥐 프롸쎄씽]: 영상처리, 전산기를 써서 주로 점 단위로 표시된 영상을 조작하는 일 ㉁2

74 ***im·age set·ter** [이미쥐 쎄터]: '영상 감자', '영상 인출기', 레이저 인쇄기에서 고해상도의 작품을 출력하는 장치 ㈜1

75 *****IMAP** [아이맵] (in·ter·net mail ac·cess pro·to·col): 아이맵, 전송문 접근 규약, 주체제가 활동 중인 상태에서 부수로 전자우편을 볼 수 있는 장치 ⑩2

76 **IMF** (In·ter·na·tion·al Mon·e·tar·y Fund): 국제 통화 기금, 유엔으로부터 국제 금융 체제를 감독하는 임무를 위탁받아 1945년에 창립되어 워싱턴 DC에 본부를 두고 189개국이 참여하고 있는 국제기구 ⑩2

77 ★**IMHO** (in my hum·ble o·pin·ion): 소인의 생각으로는~ ⑩2

78 **im·i·ta·tion** [이미테이션]: ⟨← imitari ← imago(copy)⟩, ⟨라틴어⟩, '흉내', 모방, 모조, 가짜, ⟨~ image\emulation\pantomine⟩, ⟨↔original\authentic⟩ ㉁2

79 **im·mac·u·late** [이 매큘러트]: in+maculare(spot), ⟨라틴어⟩, '흠없는', 더러움을 타지 않은, 순결한, ⟨~ un-touched\un-bloodied⟩, ⟨↔dirty\grubby⟩ ㉁2

80 **im·me·di·ate** [이 미디어트]: in+medisus(middle), ⟨라틴어⟩, '중간에 끼어든 것이 없는', 직접의, 즉시의, 바로 옆의, 당면한, ⟨↔slow\delayed⟩ ㉠1

81 **im·mense** [이 멘스]: in+metriri(measure), ⟨라틴어⟩, ⟨측량할 수 없이⟩ 막대한, 무한한, 굉장한, 훌륭한, ⟨↔tiny\minute⟩ ㉁2

82 **im·merse** [이 머얼스]: in+mergere(plunge), ⟨라틴어⟩, '안에 빠지다', 잠그다, 가라앉히다, 빠져들게 하다, ⟨↔relieve\discharge⟩ ㉠1

83 ★**im·mer–sion school** [이 머얼젼 스쿠울]: '몰입 학교', (제2 외국어를 집중적으로 가르치는) 외국어 집중 교육 학교, intensive dual language program ㈜2

84 **im·mi·grant** [이 미그뤈트]: in+migrare(go), ⟨라틴어⟩, (타국에서) 이주하는, (안으로 이동한) 이민, ⟨↔emigrant⟩ ⑩1

85 **im·mi·nent** [이 미넌트]: in+minere(project), ⟨라틴어⟩, '투사하기 직전의', 절박한, 긴급한, ⟨↔distant\remote⟩ ㉁2

86 **im·mu·ni·ty** [이뮤우니티]: in+munus(duty), ⟨라틴어⟩, ⟨← immune⟩, 면역(성), (소추의) '면제', ⟨↔exposure\liability\susceptibility\vulnerability⟩ ㉁2

87 ★**IMO** (in my o·pin·ion): 내 생각으론~ ⑩2

88 **imp** [임프]: ⟨← emphuein⟩, ⟨그리스어⟩, 꼬마 도깨비, ⟨나쁜 짓이 'im·plant'된⟩ 마귀 새끼, '작은 악마', 개구쟁이, ⟨↔angel\cherub⟩ ㉁2

89 **im·pact** [임 팩트]: in+pangere(fasten), ⟨라틴어⟩, ⟨꽉 누른⟩ 충돌, 충격, 영향(력), ⟨~ im·pinge⟩, ⟨↔avoidance\cause⟩ ㉠1

90 **im·pair** [임 페일]: in+pejor(worse), ⟨라틴어⟩, '나쁘게 하다', 해치다, 손상하다, 결함, 장애, ⟨↔improve\enhance⟩ ㉠1

91 **im·part** [임 파아트]: in+partire(divide), ⟨라틴어⟩, (나누어) 주다, 전하다, ⟨↔conceal\keep to oneself⟩ ㉁2

92 **im·pas·sion** [임 패션]: in+passio(feeling), 〈라틴어〉, 깊이 감동(감격)하게 하다, intense+passion, 〈↔calm\subdue〉 **양2**

93 **im·pa·tient** [임 페이션트]: in+pati(suffer), 〈라틴어〉, 성급한, 참을성 없는, 안달하는, 갈망하는, 〈↔patient\calm\indifferent〉 **가1**

94 **im·peach** [임 피이취]: in+pedis(foot), 〈라틴어〉, 탄핵하다, 고소하다, 비난하다, 〈← im·pede〉, 〈↔acquit\confirm〉 **가2**

95 **im·pede** [임 피이드]: in+pedis(foot), 〈라틴어〉, '안에 발을 가두다', 훼살놓다, 방해하다, 막다, 〈→ im·peach〉, 〈~ hinder\lade〉, 〈↔facilitate\invoke\wend〉 **가1**

96 **im·pel** [임 펠]: in+pellere(drive), 〈라틴어〉, '안으로 끌어들이다', 재촉하다, 억지로 시키다, 추진하다, 〈↔expel\let go〉, 〈↔turbine〉 **가1**

97 **im·pend·ing** [임 펜딩]: in+pendere(hang), 〈라틴어〉, 절박한, 박두한, '안으로 매달은', 〈↔gone\never〉 **가2**

98 **im·per·a·tive** [임 페뤄티브]: in+parare(prepare), 〈라틴어〉, 명령적인, 강제적인, 피할 수 없는, '안에서 돌아가는', 〈↔optional\submissive\suppliant〉 **가2**

99 **im·pe·ri·al** [임피어뤼얼]: 〈라틴어〉, 제국(empire)의, 황제의, 최고의, 특대의, 〈~ emperor〉, 〈↔humble\unimposing〉 **가2**

100 **im·per·il** [임 페륄]: 〈라틴어〉, 위태롭게(위험하게) 하다, 〈~ en·danger〉, 〈↔safeguard〉 **가2**

101 **im·per·ti·nent** [임 퍼얼트넌트]: in+per+tenere(hold), 〈라틴어〉, 뻔뻔스러운, 건방진, 당치 않은, 〈not pertaining〉, 〈↔pertinent\polite\relevent〉 **가2**

102 **im·pe·tus** [임 피터스]: in+petere(seek), 〈라틴어〉, 〈안으로 뻗는〉 추진력, 기동력, 관성, (움직이는) 힘, 〈→ im·petuous〉, 〈~ impetigo〉, 〈↔cautious\timid〉 **양2**

103 **im·plant** [임 플랜트]: 심다, 불어넣다, 끼워 넣다, 주입시키다, 이식하다, 〈↔extract\eliminate〉 **가1**

104 **im·ple·ment** [임 플먼트]: in+plere(fill), 〈라틴어〉, 도구, 기구, 수단, 이행하다, 권한을 주다, '안을 채우다', 〈~ utilize\apply〉, 〈↔ignore\disregard〉 **양1**

105 **im·pli·ca·tion** [임 플리케이션]: in+plicare(fold), 〈라틴어〉, 〈안으로 접혀진〉 내포, 함축, 암시, 연계, 〈~ hint\innuendo〉, 〈↔reality\proof〉 **양2**

106 **im·plic·it** [임 플리싵]: 〈← im·ply〉, 은연 중의, 암시적인, 함축적인, 무조건의, 〈↔ex·plicit\direct\obvious\univocal〉 **양2**

107 *****im·plic·it cost** [임 플리싵 코어스트]: (일련의 생산수단으로 현재 상품을 만들지 않고 다른 용도에 사용했을 때 생길 수 있는 이익을 염두에 둔) 잠재 비용, 〈↔explcit expense〉 **양2**

108 **im·plore** [임 플러어]: in+plorare(cry out), 탄원(애원)하다, 간청하다, '안에서 소리치다', 〈~ entreat\beg〉, 〈↔ex·plore\reject\spurn〉 **가2**

109 **im·ply** [임 플라이]: in+plicare(fold), 〈라틴어〉, 함축하다, 암시하다, 의미하다, 내포하다('안에 들어있다'), 〈→ im·plicit〉, 〈~ employ〉, 〈↔explicit\direct\state\supplicate〉 **양2**

110 **im·port** [임 포오트]: '항구 안으로 들여오다', 수입하다, 가져오다, 내포하다, 의미하다, (자료를 다른 전산기나 연성기기에서 읽어오는) 불러들이기, 〈↔ex·port〉 **가1** **예2**

111 **im·por·tant** [임 포얼턴트]: in+portare(bring), 〈라틴어〉, 중요한, 의미있는, 저명한, '결과를 가져오는', 〈↔un-important\paltry\trivial〉 **가2**

112 **im·pose** [임 포우즈]: in+ponere(place), 〈라틴어〉, 지우다, 부과하다, 강요하다, 참견하다, '설치하다', 〈↔lessen\abate〉 **양2**

113 **im·pos·ter** [임 파스터]: in+ponere(place), 〈라틴어〉, 〈설치된〉 가장 인물, 남의 행세를 하는 자, 사기꾼, 협잡꾼, 〈↔honesty\virtuoso〉 양2

114 **im·po·tent** [임 퍼턴트]: in+posse(be able), 〈라틴어〉, 무기력한, 능력이 없는, 효과가 없는, 허약한, 성교불능자(남자 impo-발기부전), 〈↔potent\strong\hard on\stamina〉 기1 양2

115 **im-pound** [임 파운드]: in+pound*(pen), 〈라틴어+영국어〉, 〈우리 안에〉 가두다, 구치하다, 채우다, 압수하다, 〈↔release\unchain〉 양2

116 **im-pov·er·ished** [임 파뷔뤼쉬트]: in+pauper, 〈라틴어〉, 가난〈'poor'〉해진, 힘을 잃은, 자극이 없는, 〈~ destitute\exhausted〉, 〈↔enriched\affluent\lucrative〉 양2

117 **im-pres-sion** [임 프뤠션]: in+primere(press), 〈안으로 눌러진〉 인상, 감상, 감명, 느낌, 효과, 날인, 판, 본, 흉내, 〈↔certainty\reality〉 양2

118 **im-print** [임 프륀트]: in+primere(press), 〈라틴어〉, 찍다, 누르다, 날인(인쇄)하다, 각인(감명)시키다, 〈↔erase\remove〉 양2

119 **im-pris·on** [임 프뤼즌]: in+prehendere(take), 〈라틴어〉, '감옥 안에 넣다', 투옥하다, 감금하다, 〈↔free\release〉 기1

120 *__im-prop·er frac·tion__ [임 프롸퍼 후뢕션]: 가분수, (⅔같이) 분자가 분모보다 더 큰 분수, 〈↔proper fraction〉 양2

121 **im-prove** [임 프루우브]: in+probus(good), 〈라틴어→프랑스어〉, 향상하다, 개량하다, 활용하다, '이익〈profit〉으로', 〈~ enhance\upgrade〉, 〈↔worsen\deteriorate〉 기1

122 **im-pro-vise** [임 프뤼봐이즈]: in+providere(foresee), 〈라틴어〉, 〈예측하지 않고〉 즉석에서 하다 (짓다·연주하다·연설하다), 〈← prepare〉, 〈~ ad lib〉, 〈↔planned〉 양2

123 **im-pu·dent** [임 퓨던트]: in+providence(foresight), 〈라틴어→프랑스어→영국어〉, 〈겸손하지 않고〉 뻔뻔스러운, (앞날을 생각치 않고) 염치없는, 건방진, 〈~ effrontery\audacity〉, 〈↔sensible\expedient〉, 〈↔play dumb〉 기2

124 **im-pulse** [임 펄스]: in+pellere(strike), 〈라틴어〉, 〈안으로 끌어들이는〉 충돌, 자극, 추진력, 욕구, '밀다', 〈↔non-chalance\aversion〉 기1

125 **im-pu·ni·ty** [임 퓨우니티]: in+punire, 〈라틴어〉, 'un·punished', 처벌되지 않음, 무사함, 〈↔conformity\liability〉 양2

126 **im-pute** [임 퓨우트]: in+putare(think), 〈라틴어→프랑스어→영국어〉, '안으로 생각하다', (불명예를) ~에게 돌리다, (죄를) 뒤집어 씌우다, 고발하다, 귀속시키다, 〈↔withdraw\defend〉 양1

127 **in** [인]: 〈그리스에서 연유한 게르만어〉, ~ 안에, ~ 속에, ~하여, ~을 입고, ~ 도중에, 최신 유행의, 〈↔out〉 미2

128 **in-apt** [이냎트]: in+aptus(fit), 〈라틴어〉, inept, 부적당한, 어울리지 않는, 서툰, '맞지 않는', 〈↔capable\competent〉 기1

129 **in-au·gu·ra·tion** [이너우규뤠이션]: in+augur(avis+gar), 〈라틴어〉, 〈길조를 점치는〉 취임(식), 시업, 개업, 〈↔demise\closure〉 양2

130 **in-be-tween** [인 비튀인]: 〈게르만어〉, 중간의, 중개자, 〈↔extreme\outermost〉 기1

131 **in-born** [인 보언]: in+boren(birth), 〈게르만어〉, 〈안에서〉 타고난, 천부의, 〈↔acquired\learned〉 기2

132 *__in-box__ [인 박스]: 〈열어보지 않은〉 미결 서류함, 전자우편 수신함, 〈↔sent〉 미2

133 **Inc.** [잉크]: incorporated, 주식회사(joint stock company), 법인회사(corporate company) 미2

134 **In·ca** [잉카]: ⟨← ynca(king)⟩, '왕족', 1438년경부터 1532년까지 페루를 중심으로 한 서부 남미에서 세력을 뻗었던 무문자의 원주민들 수2

135 **in-car·cer-ate** [인 카알서뤠이트]: in+carcer(prison), ⟨라틴어⟩, ⟨모든 것을 cancel하고⟩ '감옥으로 들어가다', 투옥하다, 유폐하다, ⟨↔free\release⟩ 기2

136 **in-car·nate** [인 카아네이트]: in+carnis(flesh), ⟨라틴어⟩, 화신하다, 육체를 갖게 하다, '육화'하다, 구현하다, 대표하다, ⟨~ personified\manifested⟩, ⟨↔dis-embody\dis-incarnate\immaterial⟩ 왕1

137 ★**in-cel** [인 쎌]: involuntary celibate(celibacy), ⟨라틴어⟩, 타의에 의한 금욕생활자, 성관계를 원하지만 응하는 사람이 없어서 순결을 지키는 사람, ⟨~ femoid(female humanoid)⟩, ⟨~ FA(forever alone)⟩ 우2

138 **in-cense** [인 쎈스]: in+candere(burn), ⟨라틴어⟩, '태우다', 향(냄새), 방향, 분향, 아첨, ⟨~ aroma⟩, ⟨↔stench\please⟩ 기1

139 **in-cen·tive** [인 쎈티브]: in+canere(sing), ⟨라틴어⟩, 고무적인, ⟨축가를 불러⟩ 장려하는, 자극적인, ⟨↔dis(counter)-incentive\deterrent\dis-couraging⟩ 왕2

140 **in-cep·tion** [인 쎕션]: in+capere(take), ⟨라틴어⟩, 처음, ⟨안으로 쥔⟩ 시작, 발단, 학위 취득, ⟨~ commencement\liminality⟩, ⟨↔end\conclusion⟩ 왕1

141 **in-ces·sant** [인 쎄슨트]: in+cesare(cease), ⟨라틴어⟩, 끊임없는, 그칠 새 없는, ⟨↔intermittent\occasional⟩ 기1

142 **in-cest** [인 쎄스트]: in+castus(chaste), ⟨라틴어⟩, ⟨불순한⟩ 근친상간, 상피, ⟨↔heterosis\outbreeding⟩ 기1

143 **inch** [인치]: ⟨← uncia⟩, ⟨라틴어⟩, 2.54cm, '1/12피트', 1/36야드, 소량, 신장(키), 조금씩 움직이(게하)다, 암호화폐의 단위, ⟨~ ounce⟩ 수2 왕2

144 ★**inches** [인취스]: 외환거래에서 ⟨중계상 없이⟩ 최고의 환률을 찾아 결제하는 전자화폐의 기능 왕1

145 **in-ci·dence** [인씨던스]: in+cadere(fall), ⟨라틴어⟩, ~의 범위, 발생(병)률, 빈도, (일정 기간 내에) 새로 발생하는 사건·환자의 인구 대비 숫자, '안에 떨어진 것', ⟨~(↔)prevalance; 의료 통계에서 매우 중요한 개념임⟩, ⟨↔infrequency\standstill⟩ 왕2

146 **in-ci·dent** [인씨던트]: in+cadere(fall), ⟨라틴어⟩, ⟨계획되지 않은⟩ 사건, 삽화, 부수 조건, ⟨↔in-action\non-event⟩ 왕2

147 **in-ci·sion** [인 씨젼]: in+cedere(cut), ⟨라틴어⟩, ⟨안으로⟩ 베기, 째기, 절개, 칼자국, ⟨~ carving\resection⟩, ⟨↔blocking\closing⟩ 왕2

148 **in-cite** [인 싸이트]: in+citare(urge), ⟨라틴어⟩, ⟨안으로부터⟩ 자극하다, 부추기다, 불러일으키다, ⟨~ agitate\whip-up⟩, ⟨↔suppress\deter\quell⟩ 기2

149 **in-cline** [인 클라인]: in+clinare(lean), ⟨라틴어⟩, ⟨안으로⟩ 기울이다, 경사지게 하다, 내키게 하다, (산)비탈, ⟨~ tend'\prone⟩, ⟨↔de-cline\un-likely⟩ 왕2

150 **in-clude** [인 클루우드]: in+claudere(close), ⟨라틴어⟩, 포함하다(시키다), 넣다, '안으로 넣고 닫다', ⟨↔ex-clude\leave out⟩ 왕2

151 **in-come** [인 컴]: ⟨북구어⟩, ⟨안으로 들어오는⟩ 수입, 소득, ⟨↔expenditure\outgoings⟩ 기2

152 **in-con·ti·nent** [인 칸티넌트]: in+com+tenere(hold), ⟨라틴어⟩, 자제할 수 없는, 지키지 못하는, ⟨↔continent\abstinent\restrained⟩ 왕2

153 **in-cor·po·rate** [인 코얼퍼레이트]: 통합(합동·합병·편입)시키다, 구체화하다, 섞다, 짜 넣다, 법인(주식회사)으로 조직하다, '안으로 들여 한 몸이 되게 하다', ⟨↔dis-integrate\separate⟩ 왕2

154 **in-crease** [인 크뤼이스]: in+crescere(grow), ⟨라틴어⟩, '안에서 자라다', 늘리다, 불리다, 강화하다, 증식하다, ⟨→ in·crement⟩, ⟨↔decrease\reduce⟩ 기1

155 **in-cred·i·ble** [인 크뤠더블]: in+credere(believe), 〈라틴어〉, 믿을 수 없는, 거짓말 같은, 엄청난, 〈↔believable\reasonable〉 _{왕2}

156 **in-cre·ment** [인 크뤼먼트 \ 잉 크뤼먼트]: in+crescere(grow), 〈라틴어〉, 증대, 증강, 증액, 이득, 증분, 〈← in·crease〉, 〈↔decrement\reduction〉 _{왕2}

157 ***in-cre-men-tal back-up** [인 크뤼멘틀 백엎]: 증분 보완, 마지막 예비 복사본에서 고친 서류철만 복사하는 작업 _{미2}

158 ***in-cre-men-tal com-pil-er** [인 크뤼멘틀 컴파일러]: 증분 편찬기, 전산기에 새로 타자된 부분만 편찬하는 편찬기 _{미2}

159 ***in-cre-men-tal plot-ter** [인 크뤼멘틀 플라터]: 증분 도형기, 전산기의 출력을 문자와 함께 곡선과 점으로 나타내는 제어장치 _{미2}

160 ***in-cre-men-tal re-cord-er** [인 크뤼멘틀 뤼코더]: 증분식 기록기, 자료를 1열마다 입력하는 자기 테이프 _{미2}

161 **in-cu·bate** [인 큐베이트]: in+cubare(lie), 〈라틴어〉, 〈눕혀〉 부화하다, 배양하다, 숙고하다, (조산아) 보육기로 양육하다, (병균이) 잠복하다, 〈↔inhibit\hinder〉 _{왕2}

162 **in-cur** [인 커얼]: in+currere(run), 〈라틴어〉, '달리게 되다', 당하다, 초래하다, ~에 부딪치다, 〈↔avoid\shun〉 _{왕1}

163 **in-deed** [인 디이드]: 〈영국어〉, 'in+deed(증서에 있는)' 실로, 참으로, 정말로, 과연, 〈↔doubtful\questionable〉 _{왕2}

164 **in-def·i·nite** [인 데휘니트]: in+de+finire(bound), 〈라틴어〉, 불분명한, 막연한, 무기한, 〈↔definite\fixed\limited〉 _{왕1}

165 **in-dem·ni·ty** [인 뎀니티]: in+damnun(damage), 〈라틴어〉, 〈손상되지 않게 하는〉 보호, 보장, 사면, 배상(금), 〈~ reward〉, 〈↔fine²\penalty〉 _{왕2}

166 *****in-dent** [인 덴트]: in+dentis(tooth), 〈라틴어〉, '이로 깨물다', 톱니 모양으로 (움푹 들어가게) 만들다, 발주하다, (첫 행을) 약간 안으로 들이켜서 짜다〈들이켜 쓰기〉, 〈↔out-dent\fill〉 _{미2}

167 **in-de-pend-ent** [인 디펜던트]: in+de+pendere(hang), 〈의존하지 않고〉 독립한, 자주의, 독자적인, 무소속의, 〈↔dependent\subservient\unfree〉 _{왕2}

168 **in-depth** [인 뎊쓰]: 〈라틴어+영국어〉, 면밀한, 철저한, 심도 깊은, 〈↔superficial\deficient〉 _{왕1}

169 **in-dex** [인뎈쓰] \ **in-di·ces** [인디시이즈]: in+dicare(declare), 〈라틴어〉, 찾아보기, 색인, 목록, 지침, 지수, 손가락표, 집게 손가락, 〈~ in·dicate〉, 〈↔disarrange\delete〉 _{왕1} _{미2}

170 *****in-dex file** [인뎈쓰 화일]: 색인 기록철, 색인에 나오는 항목을 용도에 따라 다시 분류해 놓은 서류철 _{미2}

171 *****in-dex fund** [인뎈쓰 훤드]: (증권) 지표채, 정해진 법칙에 따라 추적할 수 있는 상장·상호 기금, 〈~ passive investing〉, 〈~(↔)mutual fund〉 _{미2}

172 **In·di·an** [인디언]: 〈그리스어→라틴어→스페인어→영국어〉, 인도사람(어), 〈콜럼버스가 인도에 왔는 줄 알고 잘못 부친〉 미주 원주민(어) _{중2}

173 ★**In·di·an file** [인디언 화일]: 〈사격하기 좋게〉 (북미 원주민들이 이동할 때 취하는) 한 줄, (행군 시) 〈바보 같은〉 일렬종대, 〈↔zig-zag〉 _{미2}

174 ★**In·di·an gift** [인디언 기후트]: 답례(대가)를 바라고 주는 선물, 〈네놈들도 원주민 찜 쪄 먹을 것이니!〉, 〈↔self-less gift\sincere gift〉 _{왕1}

175 ★**In·di·an wres·tling** [인디언 뤠슬링]: 〈인도인들이 즐겨하던〉 팔씨름, 누워서 하는 발씨름 _{왕2}

176 **in-di·cate** [인 디케이트]: in+decare(declare), 〈라틴어〉, 〈← index〉, 〈선언하기 위해〉 가리키다, 지시하다, 나타내다, 직(접)설(명)하다, 〈↔conceal\misdirect〉 _{왕1}

177 **in-dict-ment** [인다이트먼트]: 〈라틴어〉, 〈← in·dite(accuse)〉, 〈말로 선언하는〉 기소, 고발, 〈↔acquittal〉 기2

178 **In·dies** [인디즈]: 〈동〉인도(제국), 〈서〉인도제도 수1

179 **in-dif·fer-ent** [인 디풔런트]: 〈라틴어〉, 무관심한, 냉담한, 중요치 않은, 평범한, 공평한〈차이를 두지 않는〉, 〈~ aloof\reserved\mediocre〉, 〈↔eager〉 기2

180 **in-di·gent** [인 디젼트]: in+egere(need), 〈라틴어〉, 가난한, 곤궁한, '필요로 하는', 〈~ public charge〉, 〈~ public charge〉, 〈↔rich〉 기1

181 **in-di-ges·tion** [인 디줴스쳔 \ 인 다이줴스쳔]: in+dis+gerere(carry), 〈라틴어〉, 소화불량, 위약, 〈~ dys-pepsia〉, 〈↔digestion〉 기2

182 **in-dig·ni-ty** [인 디그니티]: 〈남의 dignity를 낮추는〉 모욕, 경멸, 무례, 〈↔honor\glory〉 기2

183 **in·di·go** [인디고우]: 〈← India〉, '인도의 염료', 남색, 쪽(물감), 작은 소시지 같은 꼬투리가 주렁주렁 달리고 인도에서 많이 재배되었던 콩과의 한해살이 식물, 〈~ pastel\woad〉 미2

184 *__in-di·rect ad-dress__ [인 디뤨트(인 다이뤨트) 어드뤠스]: 간접 번지, (자료가 어디 들어있는지를 알려주는) 기억장치 번지 〈↔direct address〉 미2

185 **in-dis-creet** [인 디스크뤼이트]: in+dis+cernere(separate), '신중하지 못한', 무분별한, 경솔한, 〈→ in·discretion〉, 〈↔wise\prudent〉 기2

186 **in-dis-cre·tion** [인 디스크뤠션]: 〈← in·discreet〉, 무분별, 경솔, 철없음, 〈↔wisdom\sagacity〉 기2

187 **in-di·vid·u·al** [인 디뷔쥬얼]: in+dividere, 〈라틴어〉, 〈분할할 수 없는〉 개개의, 개인적인, 독특한, 개인, 개체, 〈↔multiple\collective\public〉 기2

188 **In·do-chi·na** [인도우 촤이나]: 〈벵골만과 남중국해 사이의〉 인도차이나, 19세기 후반부터 20세기 중반까지 프랑스가 지배했던 동남아시아의 베트남·라오스·캄보디아 지역 수2

189 **in-do·lent** [인 덜런트]: in+dolens(pain), 〈라틴어〉, 나태한, 무활동의, '무통'(성)의, 〈↔sore\dolent\deligent\industrious〉 앙1

190 **in-door** [인 도어]: 〈라틴어+영국어〉, '문안에', 실내(옥내)의, 〈↔out-deer〉 기2

191 **in-duce** [인 듀우스]: in+ducere(lead), 〈라틴어〉, 〈앞장서서〉 권유하다, 꾀다, 일으키다, 유도하다, '안으로 이끌다', 〈↔dissuade\prevent〉 앙1

192 **in-dulge** [인 덜쥐]: 〈← indulgere(yield)〉, 〈라틴어〉, 〈고삐를 풀어〉 만족시키다, 탐닉하다, 버릇을 잘못 들이다, 〈↔stifle〉 기1

193 **in-dus·try** [인 더스트뤼]: endo+struere(build), 〈라틴어〉, 산업, 제조공업, 근면, 〈쉬지 않고〉 서 있는 상태, 〈← diligence〉, 〈↔agri-culture\indolence〉 기2

194 **in-ept** [이넵트]: in+aptus(fit), 〈라틴어〉, inapt, 부적당한, 부조리한, 어리석은, 서투른, '맞추지 못하는', 〈↔apt\proficient〉 기1

195 **in-ev·i·ta·ble** [이네뷔터블]: in+evitare, 〈un·avoidable〉, 피할 수 없는, 부득이한, 지당한, 〈~ ineluctable〉, 〈↔avertable〉 앙2

196 **in-ex·pli·ca·ble** [이넥스플리커블]: in+explicare(explain), 불가해한, 납득이 안가는, 〈↔understandable〉 기2

197 **in-fal·li·ble** [인 홸러블]: in+fallere(err), 〈라틴어〉, 결코 잘못이 없는, 확실한, 〈실수할 수 없는〉, 〈↔defective\error-prone〉 기2

198 **in-fa·mous** [인 훠머스]: in+fama(fame), 〈라틴어〉, '좋지 않게 유명한', 수치스러운, 악명 높은, 공민권을 박탈당한, 〈~ notorious〉, 〈~(↔)famous〉, 〈↔reputable\honorable〉 앙2

199 **in-fant** [인 풘트]: in+fari(speak), 〈라틴어〉, (7세 미만의) '말을 못 하는' 유아, 유치한, 〈↔adult\elder〉 가2

200 **in·fan·try** [인 풘트뤼] : 〈← infans(child)〉, 〈라틴어〉, '젊은이', 보병(대), 〈↔artillery〉 가2

201 **in-fec-tion** [인 풱션]: in+facere(make), 〈라틴어〉,'안으로 만들다', 전염, 감염, 〈↔noncontagious〉 가2

202 **in-fer** [인 훠어]: in+ferre(carry), 〈라틴어〉, 안으로 운반하여 들여오다, 추측하다, 암시하다, 〈↔misconceive\declare\univcocal〉 양2

203 *__in-fer-ence en·gine__ [인 훠륀스 엔쥔]: 추론기구, 정보로부터 논리적인 절차를 통해 결론을 이끌어내는 인공지능 체계 양2

204 **in·fe·ri·or** [인 휘어뤼얼]: 〈← infra(below)〉, 〈라틴어〉, 아래쪽의, 열등한, 낮은, 조악한, 〈↔superior〉 가1

205 *__in·fe·ri·or cha·ac·ter__ [인 휘어뤼얼 캐뤽터]: '하급 문자', 수학 공식을 쓸 때처럼 기본선 밑으로 타자하는 조그만 글자나 숫자들 양1

206 **in-fest** [인 훼스트]: in+festus(seize), 〈라틴어〉, 만연하다, 떼 지어 몰려들다, ~에 기생하다, 〈안으로 들어와서〉 '못살게 굴다', 〈↔clean\defend\idle〉 가1

207 **in-fi·del·i-ty** [인 휘델리티]: in+fidelis(faith), 〈라틴어〉, 불신(양)의, 불의의, 간통, 〈↔faithfulness\allegiance〉 양2

208 *__INF file__ [아이앤에프 화일]: 인프, (대개 서류철 끝에 ·inf라고 쓰여있는) 강성기기나 연성기기의 특정 부품을 설치하는 방법을 적은 '부록철', setup information file 수2

209 **in-fi·nite** [인 휘니트]: in+finire(limit), 무한한, 막대한, 부정형의, 무궁한, 〈~ absolute\complete〉, 〈↔small\bounded〉 가1

210 *__in-fi·nite loop__ [인 휘니트 루우프]: 무한 순환 회로, 종료시킬 수 없이 한 체계 안에서 계속 반복되는 명령어의 집합, 〈↔quick cycle〉 양2

211 **in-fir·mi-ty** [인 휘어미티]: in+firmus(strong), 〈라틴어〉, 〈단단하지 않은〉 허약, 병, 의지박약, 약점, 〈↔strength\certainty〉 양2

212 *__in·fla·ces·sion__ [인플러쎄션]: inflation+recession 인플러세션, '팽창 후퇴'(통화팽창을 억제하지 못해 발생하는 경기 후퇴) 우1

213 **in-flam·ma-tion** [인 훌러메이션]: 〈← in·flame〉, 〈안에서 불이 붙은〉 염증, 점화, 흥분, 〈↔soothing\ease〉 양2

214 **in-fla-tion** [인 훌레이션]: in+flare(blow), 〈라틴어〉, 〈불어넣어〉 부풀림, 팽창, 통화팽창, 폭등, 〈↔deflation〉 양2

215 *__in-fla-tion-ar·y gap__ [인 훌레이셔네뤼 갶]: 통화팽창 간격(총지출이 순국민생산을 상회했을 때 그 차이) 양2

216 *__in-fla-tion-ar·y hedge__ [인 훌레이셔너뤼 헤쥐]: 통화팽창 방지책(화폐가치 하락에 따른 손실을 막기 위해 부동산·귀금속 등에 투자하는 것) 양2

217 *__in-fla-tion-ar·y spi·ral__ [인 훌레이셔너뤼 스파이어뤌]: 통화팽창 악순환(물가와 임금이 모두 상승하여 통화 팽창이 점점 더 심해지는 현상) 양2

218 **in-flec-tion** [인 훌렉션]: in+flectere(bend), 〈라틴어〉, '안으로 구부리다', 굴곡, 만곡, (어형) 변화, 활용, 억양, 〈↔straight\quiet\monotone〉 양1

219 **in-flict** [인 훌릭트]: in+fligere(strike), 〈라틴어〉, '안으로 때리다', 주다, 가하다, 폐를 끼치다, 〈↔hold\remove〉 가2

220 **in·flu·ence** [인 훌루언스]: in+fluere(flow), 〈안으로 흘러들어온〉 영향(력), 작용, 세력, 감응(력), 〈↔disregard\immunity\inconsequence〉 기1

221 *****in·flu·en·cer mar·ket·ing** [인 훌루언서 마아킽팅]: 유력자 판매술, (사회 전산망에서) 영향력이 많은 사람을 이용해서 상품을 광고하는 일 미2

222 **in·flu·en·za** [인 훌루엔져]: in+fluere(flow), 〈라틴어→이탈리아어〉, flu, 〈안으로 흘러 들어온〉 독감, 유행성 감기, 〈~ grippe〉 기2

223 *****In·fo-bahn** [인호우 바안]: information+autobahn, information superhighway, 초고속 정보 통신망 양2

224 *****in·fo-bit** [인호우 빝]: 정보 단위, 자료철에 넣기 위한 조건을 갖춘 정보 항목 미2

225 *****in·fo-dem·ic** [인호우 데밐]: information+epidemic, 정보 감염병, 〈해결책을 더 힘들게 만드는〉 검증되지 않은 정보가 빠르게 확산되는 상황 미2

226 ★**in·fo-mer·cial** [인훠 머어셜]: information+commercial, 정보 광고, (새로운) 상품을 소개하는 광고, 〈~ advertorial〉 양2

227 ★**in·fo-naut** [인호우 너어트]: 정보 검색 숙달자('도사'), 〈~ inter-naut\cyber-naut〉 미2

228 ★**in·fo-pre·neur** [인호우 프뤄너얼]: information+entrepreneur, 정보통신산업 기업가 양2

229 **in-form** [인 훠엄]: in+formare(shape), 〈라틴어〉,'형태를 부여하다', 알리다, 정보를 주다, 통지하다, 〈↔conceal\obscure〉 양2

230 **in-for·mant** [인 훠얼먼트]: 정보 제공자, 밀고자, 〈~ tell-tale\tipster〉, 〈↔source\listener〉 기1

231 *****in·for-mat-ics** [인 훠매팈스]: 정보 과학, '(유럽의) 정보 전산 과학' 양2

232 *****in·for·ma·tion hid·ing** [인 훠메이션 하이딩]: 정보 감추기, 걸리적대는 쓸데없는 정보를 젖혀 놓은 구조적 장치 양2

233 ★**in·fo·tain·ment** [인호우 테인먼트]: information+entertainment, 정보·오락물, 오락 보도 프로그램 미2

234 *****in·fra-red port** [인후라 뤠드 포오트]: 적외선 단자, 가까이 있는 전산기끼리 적외선을 이용해서 정보를 교환하기 위한 출입구 양2

235 *****in·fra-struc·ture** [인후라 스트뤜춰]: 하부구조(조직), 기반, 토대, (사회의) 기간 시설, (산업) 기반 시설, 〈↔disorder\disarray〉 양2

236 **in-fringe** [인 후륀쥐]: in+frangere(break), '안으로 깨다', 어기다, 위반하다, 침해하다, 〈~ transgress\violate〉, 〈↔fair-use\observance\treaty〉 기1

237 **in-fu·sion** [인 휴우젼]: in+fundere(pour), 〈라틴어〉, '안으로 붓기', 주입, 불어넣음, 우려냄, 주입액, 〈~(↔)transfusion\suffusion〉, 〈↔effusion〉, 〈↔removal\dispersion\distil〉 양1

238 **in-gen-ious** [인 쥐이니어스]: in+gignere(produce), 〈라틴어〉, '안으로 타고난', 독창적인, 교묘한, 정교한, 창의력이 풍부한, 〈→ engine〉, 〈↔uncreative\unimaginative〉 양2

239 **in-grained** [인 그뤠인드]: 〈낱알('grain')에 염료가〉 깊이 스며든, 본래부터의, 상습적인, 〈↔transient\superficial〉 기1

240 **in-gre·di·ent** [인 그뤼디언트]: in+gradi(go), 〈라틴어〉, 성분, 〈안으로 들어간〉 재료, 구성 요소, 요인, 〈↔whole\aggregate〉 기1

241 **in-hab·it·ant** [인 해비턴트]: in+habere(have), 〈라틴어〉, 〈안을 가진〉 주민, 거주자, 서식 동물, 〈↔visitor\outsider〉 기1

242 **in-hale** [인 헤일]: in+halare(breathe), 〈라틴어〉, 〈안으로〉 빨아들이다, 흡입하다, 빨다, 〈↔exhale〉 가1

243 **in-her-ent** [인 히어뤈트]: in+haerere(stick), 〈라틴어〉, '안에 붙어있는', 고유의, 타고난, 선천적인, 〈↔alien\acquired〉 가1

244 **in-her·it-ance** [인 헤뤼턴스]: in+heres(heir), 〈라틴어〉, 〈안으로 물려받은〉 유산, 상속(재산), 계승물, 유전성, 〈↔forfeit\loss\acquisition〉 가2

245 **in-hi·bi-tion** [인 히비션]: in+habere(hold), 〈라틴어〉, 금지, 〈속으로 꾹 참는〉 억제, 정지명령, 〈↔dis-inhibition\promotion〉 가1

246 *__INI file__ [아이앤아이 화일]: 이니, (대개 서류철 끝에 ·ini라고 쓰여 있는) 연성기기에서 '초기화'한 정보를 저장하는 부록철 수2

247 **in-iq·ui-ty** [이니쿼티]: in+aequus, 〈← not equal(fair)〉, 〈라틴어〉, 부정(불법)행위, 사악, 〈↔goodness\virtue〉 가2

248 **in-i·tial** [이니셜]: in+ire(go), 〈라틴어〉, 〈일하러〉 '안으로 들어가기', 처음의, 초기의, 머리글자의, 어두서명, 〈↔final\last\terminal〉 가1

249 *__in-i·tial-ize__ [이니셜라이즈]: (테이프에 있는 자료를 지워서 다시 쓸 수 있게) 초기화하다, 초깃값을 정하다(변수를 최초로 저장하는 일-변수를 초기화하지 않은 자료는 임의로 변하므로 결과를 믿을 수 없음), 〈↔finalize〉 이2

250 **in-jec-tion** [인 젝션]: in+jacere(throw), 〈라틴어〉, 〈안으로 던져 넣는〉 주입, 주사, 투입, 충혈, 〈↔elimination\extract〉 가1

251 **in-junc-tion** [인 쥥션]: in+jungere(join), 〈라틴어〉, 〈안에서 합쳐진〉 명령, 지령, 금지명령, 〈↔request\breach\allowance〉 가1

252 **in-ju·ry** [인 쥬뤼]: in+juris(right), 〈라틴어〉, 〈정당하지 않은〉 상해, 부상, 손해, 훼손, 〈↔health\benefit〉 가2

253 **ink** [잉크]: en+kaiein(burn), 〈그리스어〉, (로마 황제들이 서명할 때) '숯가루'를 개서 썼던〉 먹, 먹물, 〈↔clear\fire〉 우2

254 *__ink-jet__ [잉크 젵]: '먹물 분사', 종이에 정전기로 미세한 점을 뿌려 인쇄하는 기술로 빠르고 선명하고 조용한 것이 특징임, 〈~(↔)laser (print)〉, 〈↔cartridge (print)〉 우1

255 **in-laid** [인 레이드]: 〈← lay¹〉, 〈라틴어+게르만어〉, 〈← inlay〉, 아로새긴, 〈안으로〉 박아 넣은, 상감 세공을 한, 〈↔plain\un-adorned\eliminated〉 가1

256 **in-land** [인 런드 \ 인 랜드]: 〈라틴어+게르만어〉, 내륙의, 오지의, 국내의, 〈↔coastal〉 가1

257 **in-law** [인 러어]: 〈라틴어+게르만어〉, (법률상의) 인척관계, 배우자 쪽의, 〈↔non-relative〉 양1

258 **in-let** [인 렡]: 〈라틴어+게르만어〉, 〈안으로 가게 허락하는〉 입구, 후미, 박아 넣기, 상감물, 〈↔out·let〉 양1

259 *__in-lin-ing__ [인 라이닝]: 즉시 처리, 다른 기능을 불러오지 않고 주어진 과정 자체 내에서 정보를 처리하는 기술, 〈↔linger〉 양1

260 **in-mate** [인 메이트]: 〈라틴어+게르만어〉, 〈← inn mate(동숙자)〉, 피수용자, 수감자, 입원자, 〈↔outsider\non-resident〉 양2

261 **inn** [인]: 〈게르만어〉, 〈여행객을 위한〉 '여인숙', 〈in(안)에 머무는〉 여관, 주막, 〈~(↔)lodge\hostel\motel\hotel\tavern〉 양1

262 **in-nate** [이 네이트 \ 인 에이트]: in+nasci(be born), 〈라틴어〉, 〈안에 지니고〉 타고난, 천부의, 내재적인, 본유적인, 선천적인, 〈↔un-natural\processed〉 가2

263 **in·no·cent** [이 너쎈트]: in+nocere(do wrong), 〈라틴어〉, '상처가 없는', 무구한, 결백한, 순진한, 무지한, 〈~ pure\white-handed〉, 〈↔guilty\fault\sinful\street smart〉 양1

264 ★**in·no-pre·neur-ship** [인 노 프뤄너쉽]: innovative idea+entrepreneurship, 혁신적 가치 창출, 획기적 기업 전략 미2

265 **in·no·va·tion** [이너붸이션]: in+novus(new), 〈라틴어〉, 〈안에서부터 새롭게 하는〉 혁신, 개혁, 개조, 〈~ alteration\upheaval〉, 〈↔stagnation\idle-ness〉 양2

266 ★**in one ear and out the other**: 한 귀로 들어가서 다른 귀로 나오다, 쇠귀에 경읽기(우이독경), 마이동풍, 〈~ talking to a wall〉 양2

267 **in·put** [인 풋]: (자본의) 투입, 입력(하다), 갖고 있는 자료, 〈↔out-put〉 가1

268 **in·quire** [인 콰이어]: in+querere(seek), 〈라틴어〉, 〈← query〉, 〈안에 뭐가 있냐고〉 묻다, 조회하다, 찾다, 〈↔answer\hide〉 가2

269 ***in-quir·y sta·tion** [인 콰이어뤼 스테이션]: 조회 단말기, 조회 체계에서 중앙 전산기에 연결된 말단(연결)부 양1

270 **in·qui·si·tion** [인 퀴지션]: 〈← in·quire〉, 조사, 탐색, 심문, 문초, the I ~ ; (가톨릭의) 이단자 규문소, 〈↔answer\finding〉 가1 중2

271 ***INS** (Im·mi·gra·tion and Nat·u·ral·i·za·tion Ser·vice): (1933년 법무부 산하기관으로 창립되어 2003년 국토 안전부로 흡수된) 미 이민 귀화국 미2

272 ***INS** (in·for·ma·tion net·work sys·tem): (고도) 정보통신체계 양2

273 ★**ins and outs** [인스 앤드 아울츠]: ~의 모든 것, 상세한 것, 〈~ nuts and bolts〉, 〈↔bits and pieces\brass tacks〉 양2

274 **in·sane** [인 쎄인]: in+sanus(sound⁴), 〈라틴어〉, 미친, 광기의, 정신이상의, 비정상적인, 〈↔rational\resonable〉 가2

275 **in·scribe** [인 스크롸이브]: in+scribere(write), 새기다, 파다, 적다, 헌정하다, '안에 쓰다', 〈~ engrave〉, 〈↔expulsion\refusal〉 가2

276 **in·sect** [인 쎅트]: in+secare(cut), 〈라틴어〉, 곤충, 벌레, 벌레 같은 인간, '몸을 자르는' 마디가 있는 벌레, 〈~ bug〉, 〈↔reptile\superstar〉 가2

277 **in·sert** [인 써트]: in+serere(join), 〈라틴어〉, 〈안으로〉 끼워 넣다, 삽입하다, 적어 넣다, 끼우기, 〈↔extract\excise\exsert〉 가2

278 ***in-ser·tion sort** [인 써얼션 쏘얼트]: 삽입 정렬(법), 품목을 위·아래로 움직여서 배열하는 연산법, 〈↔selection sort〉 미2

279 ★**in·sert shot** [인 써얼트 샷]: '삽입촬영', 〈관심을 끌기 위해〉 본 화면을 다른 각도나 초점으로 촬영해서 집어 넣는 장면, 〈~(↔)reacion shot〉 우2

280 **in·side** [인 싸이드]: 안쪽, 내부, 내측, 내심, 속사정, 내밀한, 〈↔out-side〉 가1

281 **in·sid·i·ous** [인 씨디어스]: in+sedere(sit), 〈라틴어〉, 〈앉아서 사냥할〉 틈을 엿보는, 잠행성의, 교활한, 〈↔straightforward\open〉 양2

282 **in·sight** [인 싸잍]: 〈안으로 보는〉 통찰(력), 간파, 〈~ in·tuit〉, 〈↔ignorance\stupidity〉 가2

283 **in·sin·u·ate** [인 씨뉴에이트]: in+sinus(fold), 〈라틴어〉, 은근히 심어주다, 서서히 주입시키다, 넌지시 비추다, 빗대어 말하다, '몸을 굽히고 들어가다', 〈↔declare\explicate〉 양2

284 **in·sist** [인 씨스트]: in+sistere(stand), 〈라틴어〉, 우기다, 고집하다, 강요하다, '(신념이) 안에 서 있다', 〈↔abandon\give up〉 가2

285 **in·so·lence** [인 썰런스]: in+solere(be accustomed), 〈라틴어〉, 오만, 무례, 건방짐, '익숙하지 않음', 〈~ rude-ness\back-talk〉, 〈↔politeness\carefulness\obeisance\savoir faire〉 기2

286 **in·sol·vent** [인 쌀붠트]: in+solvere(dissolve), 〈라틴어〉, 지급 불능의, 파산의, 부실한, 〈해결책이 없는〉, 〈~ bankrupt\default〉, 〈↔prosperous\affluence〉 일2

287 **in·som·ni·a** [인 쌈니어]: in+somnus(sleep), 〈라틴어〉, 불면증, 〈↔hyper-somnia〉 기2

288 *****in·sour·cing** [인 쏘어싱]: 내주, 내부 조달, 부품을 내부에서 조달함, 〈↔out-sourcing〉 기1

289 **in·spec·tion** [인 스펙션]: in+specre(look), 검사, 점검, 시찰, '안을 살펴보기', 〈↔ignore\neglect〉 기2

290 **in·spi·ra·tion** [인 스피뤠이션]: in+spirare(breathe), 〈라틴어〉, 영감, 착상, 〈안으로 호흡을 불어 넣는〉 고취, 감화력, 암시, 〈↔ex-piration\hindrance\dis-incentive〉 일2

291 ★**In·sta-cart** [인스타 카아트]: 'instant cart(즉석 수레)', 2012년에 세워져서 〈Covid-19 이후에 잘나가는〉 미국의 식품 전문 배달업체 기1

292 ★**In·sta-gram** [인스타 그램]: 인스타 그램, '즉석 사진', 2010년기 출범하여 (2012년부터 미국의 FaceBook이 운영하고 있는) 전산망으로 사진이나 동영상을 주고받을 수 있는 〈공짜〉 연성기기, ⇒ grammable 수2

293 **in·stall** [인 스터얼]: 〈라틴어+게르만어〉, '안에 세우다', '~에 놓다', 설치하다, 취임시키다, 〈↔remove\extract\yank〉 기1

294 **in·stance** [인 스턴스]: in+stare(stand), 〈라틴어〉, '눈앞의 사태', 실증, 실례, 보기, 경우, 요구, 소송, 〈↔obscure\dis-regard〉 일1

295 **in·stant** [인 스턴트]: in+stare(stand), 〈라틴어〉, '가까이에 서다', 즉시의, 즉석의, 당장의, 급박한, 순간, 시점, 〈↔delayed\eternity〉 기1

296 **in·stead** [인 스테드]: in+stede(place), 〈라틴어+게르만어〉, 〈장소 안에서〉 그 대신에, 그보다도, ~는커녕, 〈↔as well〉 기2

297 **in·still** [인 스틸]: in+stilla(drop), 〈라틴어〉, (조금씩) 스며들게 하다, (서서히) 주입시키다, 〈↔dis-lodge\up-root〉

298 **in·stinct** [인 스팅트]: in+stigare(incite), 〈라틴어〉, 본능, 〈마음속을 찌르는〉 직감, 천성, '자극하는 것', 〈↔ knowledge\reason〉 기2

299 **in·sti·tute** [인 스티튜우트]: in+statuere(set up), 〈라틴어〉, '〈안에〉 세우다', 만들다, 설치하다, 시작하다, 임명하다, 협회, 연구소, 대학, 〈↔disorganize\dismiss〉, 〈↔arcade〉 기1

300 **in·struc·tion** [인 스트뤽션]: in+struere(build), 〈라틴어〉, 훈련, 지시, 교훈, 명령(어), '쌓아 올리기', 〈이념을〉 '안에 세우기', 〈~ education\teaching〉, 〈↔misdirection\confusion〉 기1

301 **in·stru·ment** [인 스트뤄먼트]: in+struere(build), 〈라틴어〉, 〈안으로 쌓는〉 기계, 도구, 악기, 수단, 〈↔disarrange\disorder\blockage\end〉 기1

302 **in·su·la** [인 썰러]: 〈라틴어〉, island, 섬, 도, 집단 주택, 〈→ insulin〉 기2

303 **in·su·late** [인 썰레이트]: 〈← insula〉, 격리하다, 절연하다, '섬으로 만들다', 〈↔integrate\de-segregate\connect〉 기1

304 **in·su·lin** [인 썰린]: 〈← insula〉, 췌장에서 분비되는 호르몬, 당뇨병 치료제, '작은 섬으로 된 장기에서 나오는 분비물', 〈↔glucagon〉 수2

305 **in·sult** [인 썰트]: in+salire(leap), 〈라틴어〉, 〈마음 안으로 뛰어오르는〉 모욕, 무례, 상해, '덤벼들다', 〈~ jeer\taunt〉, 〈↔compliment\polite〉 기2

306 **in-sur-ance** [인 슈어뢴스]: en+seur(sure), 〈라틴어〉, 〈안전을 위한〉 보험(계약), 보험업, 〈↔breach\endangerment〉 가2

307 **in-sur·rec·tion** [인 써뤡션]: in+surgere(rise), 〈라틴어〉, 〈안에서 일어나는〉 반란, 폭동, 봉기, 〈↔peace\surrender〉 가2

308 **in·tact** [인 택트]: in+tangere(touch), 〈라틴어〉, '손대지 않은', 본래대로의, 완전한, 처녀의, 〈↔broken\injured〉 양2

309 **in-take** [인 테이크]: 〈안으로 받아들이는〉 입구, 끌어 들인 분량, 수입, 〈↔out-put\release〉 가1

310 **in-te·gral** [인 티그뤌]: in+tangere(touch), 〈손대지 않은〉 완전한, 전체의, 통합적인, 필수의, 정수의, 적분의, 〈↔incidental\peripheral〉 양2

311 ***in-te·grat-ed ap-pli·ca·tions pack-age** [인 테그뤠이티드 애플리케이션스 패키쥐]: 통합 응용 꾸러미(흔히 쓰는 연성기기 체제를 한 개로 묶어 놓은 것) 미2

312 ***in-te·grat-ed cir·cuit** [인 테그뤠이티드 써어킽]: IC, 직접회로, 통합회로(한 개의 반도체 조각에 여러 가지 전자회로를 집어 넣은 것) 미2

313 ***in-te·grat-ed da·ta proc·ess·ing** [인 티그뤠이티드 데이터 프롸쎄씽]: IDP, 통합자료처리(공통언어를 사용해서 자동·체계적으로 전산기의 자료를 처리하는 방법) 미2

314 ***in-te·grat-ed soft-ware** [인 티그뤠이티드 쏘후트웨어]: 통합 연성기기(다수의 응용프로그램 사이에 자료 교환과 특정 임무를 병행해 실행할 수 있는 연성기기) 미2

315 **in-teg·ri·ty** [인 테그뤼티]: 〈라틴어〉, 〈← integer〉, 성실, 융합, 통합, 완전무결, 보전, 〈↔division\hypocrisy\deceit〉 양2 미2

316 **in·tel·lect** [인텔렉트]: inter+legere(gather), 〈라틴어〉, 지력, 지능, 지식인(층), 이해력, 〈instinct에 반대되는〉 '식별력', 〈↔emotion\dodo\idiot〉 양1

317 **in·tel·li·gence** [인텔리젼스]: inter+legere(gather), 지성, 이지, 정보, 첩보, 〈여자가 이것이 높으면 남자가 괴롭다는 말도 있는〉 지능, 〈↔ignorance\stupidity〉 가2

318 ***in·tel·li·gent print-er** [인텔리젼트 프륀터]: (편집·연산 등 전산기 기능도 대신할 수 있는) 지능형 인쇄기 미2

319 ***in·tel·li·gent ro·bot** [인텔리젼트 로우벝]: (시·청·촉각을 갖춰 생산공정과 품종 변화에 대응할 수 있는) 지능형 인조인간 미2

320 ***in·tel·li·gent ter·mi·nal** [인텔리젼트 터어미널]: (편집·연산·제어 처리 능력도 가지고 있는) 지능형 단말기 미2

321 **in-tend** [인 텐드]: in+tendere(stretch), 〈라틴어〉, 의도하다, ~할 작정이다, 의미하다, '안으로 늘이다', 〈↔disbelieve\disregard〉 가1

322 **in-tense** [인 텐스]: in+tendere(stretch), 〈라틴어〉, 심한, 진한, 진지한, 격렬한, '팽팽하게 친', 〈↔mild\apathetic〉 가2

323 **in-tent** [인텐트]: 〈← intend〉 ①의지, 취지, 계획, 〈↔undecided〉 ②'집중'된, 열심인, 〈↔reluctant〉 양1

324 **in·ter-ac·tion** [인터 액션]: '서로 주고받기', 상호(교호) 작용, 대화, 〈↔dissociation\disconnection〉 가1 양2

325 ***in·ter-ac·tive sys·tem** [인터랰티브 씨스템]: 쌍방향 체계, (사용자가 자판과 화면을 통해 전산기와 '대화'할 수 있는) 대화식 체계, 〈↔solitary system〉 양2

326 ***in·ter-caps** [인터 캪스]: '사이 대문자', (Post·Script 같이) 〈강조하기 위해〉 단어의 중간에 있는 대문자들, ⇒ studly caps 미2

327 **in·ter·cept** [인터 쎕트]: inter+capere(take), 〈라틴어〉, 가로채다, 도중에서 빼앗다, 차단하다, '중간에서 잡다', 〈↔abet\allow〉 기2

328 **in·ter-change** [인터 췌인쥐]: 〈라틴어〉, '맞바꾸다', 교환하다, 교체하다, 교차점(로), 〈↔incompatible\thoroughway〉 기2

329 *****in·ter-char·ac·ter spac·ing** [인터 캐릭터 스페이싱]: 문자 중간 간격, letter spacing, tracking(단어 안에서 문자 간의 사이 띄기) 미2

330 **in·ter-com** [인터 캄]: inter communication system, 상호통신체계, (각방 간의) 소통장치, 〈~ walkie-talkie\inter-phone〉 미2

331 **in·ter-course** [인터 코어스]: inter+currere(run), 〈라틴어〉, 교제, 교류, 성교, 합환, '사이로 감', 〈↔separation\after-play\outer-course〉 기1

332 *****in·ter-cut** [인터 컽]: 교차 삽입(영상의 두 장면 사이에 다른 장면을 집어넣는 일) 영2

333 **in·ter-est** [인터뤠스트]: inter+esse(exist), 〈라틴어〉, 관심, 흥미, 중요성, 권익, 이자, '사이에 존재하다', 〈↔indifference\boredom〉 기2

334 *****in·ter-face** [인터 훼이스]: 중간면, 접촉면, 접속(정보 교환을 위해 두 매체를 연결하는 일), 〈↔separate\un-mix〉 영2

335 **in·ter-fere** [인터 휘어]: inter+ferire(strike), 〈라틴어〉, 간섭하다, 방해하다, 〈서로〉 충돌하다, 중재하다, 〈↔advance\facilitate〉 기1

336 *****in·ter-girl** [인터 거얼]: 〈낮에는 간호사로 일하고 밤에는 외국 손님을 상대하는 소련 영화에서 유래한〉 외국인(상대) 매춘부 영2

337 **in·te·ri·or** [인 티어뤼어]: 〈라틴어〉, 〈더〉 안쪽, 내부의, 내모(안 모습), 실내, 내륙, 〈↔ex·terior〉 기1

338 **in·ter-jec·tion** [인터 췍션]: inter+jacere(throw), 〈라틴어〉, 감탄, 감탄사, (말 사이에) 저절로 나오는 외침, 〈↔keep quiet〉 기2

339 *****in·ter-lac·ing** [인터 레이싱]: inter+lace, 〈라틴어〉, 섞어 짜기, 엇갈려 짜기, 비월주사(영상을 두 개의 나란한 집단으로 분류해서 한 줄씩 번갈아 주사시키는 방법으로 TV에서는 잘 먹혀들어가나 전산기에서는 신통치 않음), 〈↔divide\un-twisting〉 미2

340 *****in·ter-lock** [인터 랍]: 맞물리다, 양면 짜기, 연동장치(진행 중인 동작이 끝날 때까지 다음 동작의 시작을 미루는 장치), 〈↔dis-engage〉 미2

341 **in·ter-lude** [인터 루우드]: inter+ludus, 〈라틴어→프랑스어→영국어〉, 'inter·play', 〈원래는 의상이나 장치를 바꾸기 위해 단막극을 공연했으나 나중에 그냥 화장실이나 다녀오라고 폐기된〉 막간, 중간 참, 쉬는 참, 〈↔continuance\protraction〉 영2

342 **in·ter-me·di·ate** [인터 미이디어트]: inter+medius(middle), 〈라틴어〉, 〈둘 사이〉 중간의, 중등의, 중개물(자), 〈~ grave\tomb〉, 〈↔disonter\extreme\agitator〉 기2

343 **in·ter-min·gle** [인터 밍글]: 〈라틴어+영국어〉, 혼합하다, 섞다, 〈↔disconnect\separate〉 기1

344 **in·ter-mis·sion** [인터 미션]: inter+mittere(send), 〈라틴어〉, 중지, 〈진행 중에 보내는〉 휴식 시간, 막간, 〈↔continuation\run〉 기1

345 **in·ter-mit·tent** [인터 미턴트]: inter+mittere(send), 〈라틴어〉, 때때로(중단되는), 간헐적인, 〈↔contineous\steady〉 기1

346 **in·tern**(e)² [**인터언**]: 〈라틴어→프랑스어→1879년에 도입된 미국어〉, 〈면허가 없어서 밖에서 일을 못하는〉 인턴, 수련의, 견습생, 수습사원, 〈~ clerk-ship\resident〉 미1

347 **in·ter·nal** [인터어늘]: 〈← internus(within)〉, 안의, 내부의, 내면적인, 국내의, 체내의, 〈↔external〉 기2

348 **in·ter·nal font** [인터늘 홧트]: 내부 활자체(〈연성기기에 나타나는 것과는 다른〉 인쇄기에 영구적으로 박힌 활자체) 영2

349 **in·ter·na·tion·al** [인터내셔널]: '나라와 나라 사이의', 국제적인, 만국의, 국제간에 정해진, 〈↔national\local〉 가1

350 ★**in·ter·naut** [인터 너어트]: 전산망 통(숙달자·'귀신'), 〈~ info-naut\cyber-naut〉 미2

351 **in·ter·net** [인터 넽]: 인터넷, 상호 통신망, (국제적) 전산망, (세계적) 전자 통신망, 〈↔ethernet\off line\wired network〉 우2

352 ★**in·ter·net cam·er·a** [인터 넽 캐머뤄]: 전산망 사진기, ⇒ net cam 미2

353 ★**In·ter·net-2** [인터 넽 투우]: I2, 1997년 창립되어 미시간주 앤아버에 본부를 두고 기업 또는 정부 단체와 연계해서 고성능 전산기 개발을 위해 연구하는 대학 연구 단체 연합 수2

354 **in·ter·nist** [인터어니스트]: 〈1894년에 라틴어에서 파생된 영국어〉, 내과 의사, 〈↔surgeon〉 가2

355 **in·ter-phone** [인터 호운]: 내부(구내) 전화, 〈~ inter-com\walkie-talkie〉 영2

356 **in·ter·pose** [인터 포우즈]: inter+ponere(place), 〈라틴어〉, '사이에 놓다', 삽입하다, 끼우다, 간섭하다, 화면을 겹쳐지게 바꾸다, 〈↔erase\subtract〉 영2 미2

357 *in·ter·pret** [인터어 프륕]: inter+per(sell), 〈라틴어〉, 〈← interpres(agent)〉, '중개인이 되다', 해석하다, 설명하다, 통역하다, (프로그램을) 기계언어로 해독하여 곧 실행하다, 〈↔defer\confuse〉 가1 미2

358 ★**in·ter·ro·bang** [인테뤄 뱅]: 〈영국어〉, 감탄 의문 부호(!? 또는 ?!), 〈← inter·rogation〉 미2

359 **in·ter·ro·ga·tion** [인테 뤄게이션]: inter+rogare(ask), 〈라틴어〉, 질문, 〈꼬치꼬치 깨묻는〉 심문, 의문, 호출 신호, 정보 추구, 〈~(↔)body searching〉, 〈↔reply\retort〉 가1 미2

360 **in·ter·rupt** [인터 뤞트]: inter+rumpere(break), 〈라틴어〉, '사이에서 깨다', 가로막다, 저지하다, 차단다, 가로채기(새 프로그램을 위해 진행 중인 프로그램을 중지시키는 일), 〈↔advance\continue〉 영2

361 **in·ter-sec·tion** [인터 쎅션]: inter+secare(cut), 〈라틴어〉, '중간에 잘린 지점', 교차(점), 횡단, 가로지름, 공통부분, 〈↔connection\fork〉 영1

362 **in·ter·val** [인터 뷀]: inter+vallum(wall), 〈라틴어〉, '〈성벽〉 사이', 간격, 틈, 음정, 〈↔continuity〉 가1

363 **in·ter·ven·tion** [인터 뷀션]: 중재, 방해, 간섭, '사이에 낌', 〈↔non-involvement\withdrawl〉 미2

364 **in·ter·view** [인터 뷔우]: inter+videre(see), 〈라틴어→프랑스어〉, 인터뷰, '서로 보다', 면접, 회견, 〈↔silence\briefing\reply〉 가2

365 **in·tes·tine** [인 테스틴]: 〈← intus(within)〉, 〈라틴어〉, '속에 들어 있는 (것)', 내부의, 국내의, 장(창자), 〈~ guts\innards〉, 〈↔exterior〉 가1

366 **in·ti·mate** [인 티미트]: 〈← intimus(in most)〉, 〈라틴어〉, '가장 내면의', 친밀한, 은밀한, 은근한, 깊은, 〈↔distant\aloof〉 영2

367 **in·tim·i·date** [인 티미데이트]: in+timidus(fearful), 〈라틴어〉, 〈'timid'하도록(겁나게)〉 위협(협박)하다, 접주다, 〈~ threat\black-mail〉, 〈↔assist\comfort〉 가2

368 **in·to** [인투(우)]: 〈게르만어〉, ~안(속)으로, ~으로 (되다·바꾸다), ~에 푹 빠진(관심있는), 〈↔out of〉 영1

369 **in·to·na·tion** [인 토우네이션]: in+tonus(sound), 〈라틴어〉, '안에서 나오는 소리', 억양, 음조, 영창, 발성법, 〈↔mute-ness\in-articulacy〉 가1

370 **in·tox·i·ca·tion** [인 탁시케이션]: in+toxicum, 〈라틴어〉, 취함, 도취, (급성) 중독, 〈'toxin'(독)으로 빨려 들어가기〉, 〈↔sobriety\de-toxification〉 가1

371 **in·trac·ta·ble** [인 트랙터블]: in+tractare(handle), 〈라틴어〉, 〈당길 수 없이〉 고집 센, 제어할 수 없는, 난치의, 〈~ rigid〉, 〈↔pliable〉 **가1**

372 *__in·tra-frame__ [인트뤄 후뤠임]: '내부 화판', (영상 원판을 만들 때) 〈내용을 안으로 쑤셔 넣는〉 압축 화판, 〈~ key-frame〉, 〈~(↔)inter-frame〉 **유1**

373 *__in·tra-net__ [인트뤄 넽]: 내부 전산망(한 단체에서 자기들끼리만 정보를 교환하는 배타적 종합통신망), 〈↔www\extra-net〉 **가1**

374 **in·tran·si·tive** [인 트뤤서티브]: in+trans+ire(go), 〈라틴어〉, 〈변하지 않는〉 비이행성의, 〈목적어를 동반하지 않는〉 자동사(의), 〈↔transitive\ergative〉 **양2**

375 **in·tri·cate** [인 트뤼커트]: in+tricare(entangle), 〈라틴어〉, 〈실타래처럼〉 뒤얽힌, 복잡한, 〈↔simple\straight-forward〉 **가2**

376 **in·trigue** [인 트뤼이그]: in+tricare(entangle), 〈라틴어〉, 흥미를 끌게 하다, ~써서 달성하다, 난처하게 하다, 음모를 꾸미다, '얽히게 하다', 〈← in·tricate〉, 〈~ plot\conspirate〉, 〈↔bore\dull\stodgy〉 **양2**

377 **in·trin·sic** [인 트륀씩]: intra+secus(along), 〈라틴어〉, '안으로 향하는', 본질적인, 고유한, 내인성, 〈↔ex·trinsic〉 **양2**

378 **in·tro·duce** [인트뤄 듀우스]: intro+ducere(lead), 〈라틴어〉, 소개하다, 안내하다, 받아들이다, 〈안으로〉 끌어들이다, 〈↔abolish\remove〉 **가2**

379 **in·trude** [인 트루우드]: in+trudere(thrust), 〈라틴어〉, 강요하다, 침입하다, 방해하다, '(안으로) 밀어넣다', 〈↔ex-trude\respect〉 **가1**

380 **in·tu·i·tion** [인 튜우이션]: in+tueri(look), 〈라틴어〉, 〈안으로 보는〉 직관(력), 직감, '망보기', 〈~ in·sight〉, 〈↔knowledge\reason〉 **가2**

381 **in·vade** [인 웨이드]: in+vadere(come\go), 〈라틴어〉, 침입(침략)하다, 범하다, 퍼지다, '안으로 들어가다', 〈↔withdraw\surrender〉 **가2**

382 **in·va·lid¹** [인 뷜리드]: in+valere(strong), 〈라틴어〉, 병약한, 망가진, 폐질자, 지체부자유자, '강하지 않은', 〈↔healthy〉 **가1**

383 **in·val·u·a·ble** [인 뷀류어블]: in+valere(strong), 〈라틴어〉, 값을 헤아릴 수 없는, 매우 소중한, 〈~ valuable\price-less〉, 〈↔worthless\dispensable〉 **양2**

384 **in·var·i·a·bly** [인 붸어뤼어블리]: in+variare(change)변함없이, 항상, 반드시, 〈↔sometimes\never〉 **가1**

385 **in·vent** [인 붼트]: in+venire(come), 〈라틴어〉, 〈안에서 생각이 나와서〉 발명하다, 고안하다, 조작하다, 꾸며내다, '찾아내다', 〈↔destroy\copy〉 **가1**

386 **in·ven·to·ry** [인 붠토어뤼]: 〈← invent〉, 〈유산을 찾아내기 위한〉 물품 목록, 재고품(조사), 명세서, 〈~ repertoire〉, 〈↔debt\deficit〉 **양2**

387 **in·ver·sion** [인 뷔열전]: in+vertere(turn), 〈라틴어〉, 〈안으로 뒤집는〉 반대, 역, 도치, 역환, 역전, 자리바꿈, 반전, 역산, 역립, 성도착증, 〈~ antimetabole〉, 〈↔upright\approval\summary〉 **양1**

388 **in·ves·ti·gate** [인 붸스티게이트]: in+vestigium(track), 〈라틴어〉, 조사하다, 연구하다, '안에서 흔적을 더듬다', 〈↔ignore\over-look〉 **가2**

389 **in·vest·ment** [인 붸스트먼트]: in+vestis(clothing), 〈라틴어〉, 투자(액), 서임, 포위, 외피, 〈안에〉 '옷 입히기', 〈↔di-vestment\stripping\draining〉 **양2**

390 *__in-vest·ment bond__ [인 붸스트먼트 반드]: (생명보험료 중 일부가 증권 등에 투자되어 절세·투자 효과를 노리는) 투자증권, 〈~ fixed-income securities〉 **가1**

391 **in·vin·ci·ble** [인 뷘저블]: in+vincere(conquer), 〈라틴어〉, '정복할 수 없는', 불굴의, 완강한, 〈↔vulnerable\defense-less〉 **양2**

392 ***in·vis·i·ble hand** [인 뷔저블 핸드]: in+videre(see), 〈라틴어〉, '보이지 않는 손', 〈원래는 아담 스미스가「국부론」에서 개인의 욕구를 추구하는 일이 궁극적으로 경제 발전에 공헌한다는〉 '신의 손', '자연의 섭리' 유1

393 ***in·vis·i·ble wa·ter·mark** [인 뷔저블 워어터마아크]: steganography(암호전달문), 눈에 안 보이는 물 흔적(눈에 보이지 않게 그림에 새겨 넣는 저작권 등 비밀정보) 유1

394 **in-vite** [인봐이트]: 〈← invitare(ask with vigor)?〉, 〈어원 불명의 라틴어〉, 〈기꺼이〉 초대하다, 권유하다, 유인하다, 초래하다, 요청하다, 〈↔reject\repudiate〉 양1

395 **in-voice** [인보이스]: en+via(way), 〈라틴어→프랑스어〉, 〈← envoy〉, 송장, 청구서, 〈~ IOU〉, 〈↔pay\settle〉 가1

396 **in-voke** [인 보우크]: in+vocare(call), 〈라틴어〉, 빌다, 기원하다, 호소하다, 실시하다, 〈안으로〉 '부르다', 〈↔waive\impede〉 양1

397 **in-vo·lu·tion** [인 뷔루우션]: (안으로) 밀어넣기, 복잡, 혼란, 퇴화, 거듭, 제곱법, 〈↔straightening\ evolution〉 양2

398 **in-volve** [인 봐알브]: in+volvere(roll), 〈라틴어〉, 말아 넣다, 연루시키다, 몰두시키다, 수반하다, '안으로 끌어들이다', 〈↔abandon\exclude〉 양1

399 **in-ward** [인 워어드]: in+weard, 〈게르만어〉, 안의, 내적인, 영적인, 본질적인, 〈↔out-ward〉 양1

400 **IOC**: ⇒ International Olympic Committee 미2

401 **i·o·din(e)** [아이어딘\아이어다인]: ion(violet)+eidos(form)+ine, 〈그리스어〉, 〈보라색을 띤〉 요오드, 옥소, 비금속 원소(기호 I·번호53), 1811년 해초에서 처음 추출되었고 갑상선 대사에 필요한 화학물질 미2

402 **i·on** [아이언]: 〈← ienai〉, 〈그리스어〉, 〈'going'하는〉 이온, 양극 원자단(전자를 얻거나 잃을 때 흥분하는 원자나 분자), 〈↔neutral atom\uncharged molecule〉 유1

403 ***IOT** (in·ter·net of thing): 사물 전산망, 감지기가 부착된 사물과 사물이 처리기를 갖춘 전산망을 통해 서로 통화하는 일 미2

404 ★**IOU** (I owe you): '내가 당신께 진 빚', 약식 차용증서, 〈~ invoice〉, 〈↔pay\settle〉 미2

405 ★**IOW** (in oth·er words): 바꿔 말하면 미2

406 ***IP¹** (in·ter·net pro·to·col): 전산망(통신)규약(자료 뭉치를 한 전산기에서 다른 전산기로 옮길 때 사용하는 표준 (통제) 양식) 미2

407 ***IP²** (in·tel·lectu·al prop·er·ty): 지적 재산(특허품·저작권·상표 등) 가2

408 ***IP**(in·ter·net pro·to·col) **ad·dress** (num·ber): 전산망 규약에 의해 정해진 전산기기의 고유 주소(번호) 유1

409 **i-Phone** [아이 호운]: 아이 폰, 2007년부터 Apple이 출시하기 시작한 〈individual·instruct· inform·inspire·Jesus를 뜻하는〉 고성능·다목적 internet (국제 전산망) 똘똘이 전화기 수2

410 ***IPO** (in·i·tial pub·lic of·fer·ing): (주식의) 신규 상장, 〈~(↔)merger\take-over〉 양2

411 ★**ip·so fac·to** [잎소우 홱토우]: 〈라틴어〉, 'by that very fact', 사실 그 자체에 의해, 결과적으로, 〈↔ipso jure〉 양2

412 ★**ip·so ju·re** [잎소우 쥬어뤼]: 〈라틴어〉, 'by the law itself', 법률 자체에 의하여, 법률상, 〈↔ipso facto〉 양2

413 **IQ** (in·tel·li gence quo·tient): 〈연령과 언어·작업·성장·주위 환경을 고려치 못했다는 논란이 있는〉 지능지수, 〈↔EQ〉 미2

414 *__IR__ (in-for-ma-tion re-triev-al): 정보 검색(점검) 영2

415 ★__IRA³__ (in-fla-tion re-duc-tion act): (2022년 8월부터 시행된) 〈적자감소·처방약 가격하락· 청정 열자원을 골자로 하는〉 미국의 통화팽창 감축법 미2

416 ★__IRC__ (in·ter·net re-lay chat): 전산망 중계 현시 교대 통화〈"대화방 수다 떨기"를 고상하게 표시한 말〉 미2

417 __i·ris¹__ [아이뤼스]: '무지개꽃'〈난초 비슷한 줄기에 여러 색깔을 가진 3개의 꽃잎이 밑으로 처지면서 피는 붓꽃속의 관상초〉, 〈→ orris?〉 영1

418 ★__I·rish cof·fee__ [아이뤼쉬 커어휘]: 위스키를 치고 거품 낸 크림을 띄운 설탕을 탄 〈Ireland 풍의〉 뜨거운 커피 수2

419 ★__I·rish good-bye__ [아이뤼쉬 굳 바이]: '아일랜드 사람처럼' 〈술이 너무 취해서〉 모임에서 슬며시 사라지는 일 우2

420 ★__I·rish joke__ [아이뤼쉬 죠우크]: 〈'미련한(stupid)' 아일랜드 사람이 하는〉 어리석은 농담 영2

421 ★__I·rish twin(s)__ [아이뤼쉬 트윈(즈)]: (아일랜드의 가난한 가톨릭 집안에 많았던) 나이 터울이 18개월 이내의 아이(들), 연년생 형제(들) 수2

422 ★__IRL__ (in real life): 현실로 돌아가서~ 미2

423 __i·ron__ [아이언]: 〈← isern〉, 〈게르만어〉, '강한〈strong〉 금속', 아이론, 〈순수한 상태에서는 은백색을 띠는〉 철, 금속원소(기호 Fe·번호26), 다리미, 쇠머리 달린 골프채, 낙인, 철제, 강한, 냉혹한, 〈~ ferrum〉, 〈↔wood〉 영1 우2

424 __i·ron·ic__ [아이롸닉]: 〈← eironeia(dissimulation)〉, 〈그리스어〉, 비꼬는, 빈정대는, 반어의, 풍자적인, '모른 체하는', 〈~ sarcastic\paradoxical\wry〉, 〈↔sincere\straight〉 영2

425 __i·ro·ny__ [아이뤼니]: 〈그리스 희극의 주인공 이름(Eiron)에서 연유한〉 풍자, 비꼬기, 빗댐, 〈↔sincerity\praise〉 영2

426 *__IRQ__ (in·ter·rupt re·quest): 중지 요구(개인 전산기에서 중앙 처리기에 입·출력을 중지해 달라는 신호로 고유번호가 부여되어 있음) 미2

427 __ir-rel·e·vant__ [이 뤨러뷘트]: in+re·levare(re-lift), 〈라틴어〉, 무관한, 부적절한, 당치 않은, 〈↔related\appropriate\meaningful〉 경1

428 __ir·ri·ga-tion__ [이 뤼게이션]: in+rigare(moisten), 〈라틴어〉, '물을 댐', 관개, 씻음, 〈↔drainage\over-flow〉 경1

429 __ir·ri·ta-tion__ [이 뤼테이션]: 〈← irritare(excite)〉, 〈라틴어〉, 안달, 초조, 노여움, 자극, 흥분, 〈~ irate\agitation〉, 〈↔emolloent\delight〉 경1

430 __IRS__: ⇒ Internal Revenue Service, 'income removal service' 미2

431 *__ISBN__ (In·ter·na·tion·al Stand·ard Book Num·ber): 국제 표준 도서 번호(2007년부터 13자리로 정립된 책에 붙이는 고유한 국제적 식별자) 미2

432 *__ISDN__ (inte·grat·ed ser·vices dig·i·tal net·work): 종합 정보 통신망, (문자·그림·음성·영상 등 모든 정보를 숫자형 신호로 바꾸고 전화·팩시밀리 등의 기능도 합쳐서 한 통신망으로 봉사할 수 있는-영상회의 등에서 요긴하게 쓰이는) '종합봉사 숫자형 통신망' 우1

433 __Is·lam__ [이슬라암 \ 이즐라암]: 〈아랍어〉, '순종자(obedience)', 이슬람, 무슬림, 회교, 마호메트교(서기 600년경 아라비아의 예언자 마호메트가 시작하여 한 손에 코란과 다른 손에는 칼을 들고 세력을 팽창하여 온 세계에서 두 번째로 큰 종교), 〈~ muslim〉 미2

434 __is-land__ [아일런드]: ig〈aqua〉+land, 〈라틴어+게르만어에서 연유한 영국어〉, 섬, 도, '물에 둘러 싸인 땅', 부엌의 중간에 있는 조리대, 〈↔main-land\open sea〉 기2

435 **isle** [아일]: 〈라틴어→프랑스어→영국어〉, 작은 섬 〈기2〉

436 **is·let** [아일릿]: 〈← isle〉, 아주 작은 섬, 동떨어진 곳 〈기1〉

437 ★**ISO²** (in search of): 찾고 있는 중~ 〈미2〉

438 **i·so·late** [아이쎌레이트]: 〈← insula(island)〉, 〈라틴어→영국어〉, '섬으로 보내다', 〈섬처럼〉 고립시키다, 분리하다, 격리하다, 〈~ seclude\quarantine〉, 〈↔integrate\unite〉 〈기1〉

439 **i·so-tope** [아이써 토우프]: iso+topos(place), 〈그리스어〉, 동위원소, (양성자의 숫자는 같으나 중성자의 숫자가 다른) 핵종 〈기1〉

440 *__ISP__ (in·ter·net ser·vice pro·vid·er): 전산망(접속) 봉사 제공자(사용자가 전산망을 쓸 수 있는 계좌를 제공하는 회사) 〈미2〉

441 ★#**IStand With** [아이 스탠드 위드]: 〈사회 전산망에서 자신의 주장을 알리는 구호〉, (~을) 굳건히 지키다·지지하다

442 **is·sue** [이슈우]: ex+ire(go), 〈라틴어〉, '밖으로 나가다', 내다, 발행하다, 발포하다, 지급하다, 유출물, 발행물, 논쟁(점), 결과, 지급품, 자손, 〈↔withdraw\agreement〉 〈양1〉

443 ★**ISTR** (I seem to re·call): 이제 생각났는데~ 〈미2〉

444 *__ISV__ (in·de·pen·dent soft·ware ven·dor): 독자적 연성기기 판매상(강성기기하고는 관계없이 연성기기만 개발·판매하는 장사꾼) 〈미2〉

445 ★**IT** (in·for·ma·tion tech·nol·o·gy): 정보공학(기술) 〈양2〉

446 **it** [잇]: 〈← hit〉, 〈게르만어〉, 〈← he의 중성형〉, 그것, 그와 관계되는 것, 술래, 중요 인물, 그 짓(성행위) 〈기2〉

447 **itch** [이취]: 〈← giccan(restless desire)〉, 〈게르만어〉, '가려움', 옴, 참을 수 없는 욕망, 〈↔soothing\frigid〉 〈기1〉

448 ★**itch·y feet** [이취이 휘이트]: 떠나고 싶은 욕망, 여행하고 싶은 욕구, 역마살 〈미2〉

449 **i·tem** [아이텀]: id(it)+tem(same), 〈라틴어〉, 항목, 품목, 조목, 이야깃거리, '마찬가지로', 〈↔whole\heedless-ness〉 〈양2〉

450 **i·tin·er·ar·y** [아이티너뤠리 \ 이티너뤠리]: 〈← iter(going)〉, 〈라틴어〉, 순방(순회)하는 여정(표), 여행 계획서, '가는 길', 〈↔immobility\disorganization〉

451 ★**it's a·bout time** [잇츠 어바웉 타임]: 때가 되었다, (~할 때가) 〈이미〉 지났다, 그러면 그렇지, 〈~ after all\at last〉 〈양2〉

452 ★**it's all looks and no sub·stance**: 속 빈 강정, 〈~ it's a lemon〉 〈양2〉

453 ★**it's all yours**: 그거 모두 네꺼야, 네 마음대로 써(해), 나는 상관하지 않을께, 〈~ at your command (disposal)\I am done with it〉, 〈~ pass the buck\it's your baby〉 〈양2〉

454 ★**it's a mat·ter of how you see it**: 제 눈에 안경, 이현령비현령(귀에 걸면 귀걸이 코에 걸면 코걸이), 〈~ perception is reality〉 〈양2〉

455 ★**it's none of your busi·ness**: 당신이 상관할 바 아냐, 남의 잔치에 감 놓아라 배 놓아라 하지 말어, 〈~ mind your own business\stay out of my business〉 〈양2〉

456 ★**it's not o·ver un·till that fat la·dy sings**: 〈원래는 opera의 마지막 곡을 부르는 소프라노가 대개 풍퉁한 여자였던 데서 연유했으나 1978년 미국의 한 야구단이 첫 승리를 했을 때 기자가 '앞으로 갈 길이 멀다'란 뜻으로 쓰기 시작했음〉, 길고 짧은 것은 대어(재어) 보아야 안다, 좀 더 두고 보자, 〈~ wait and see\it's not over untill it's over〉, 〈↔jump the gun〉 〈양2〉

457 ★**it takes one to know one**: 너도 마찬가지다, 너 자신을 알라, 사돈 남 말한다, 도둑은 도둑이 제일 잘 안다, 누가 할 소리를!, 〈~ look who is talking〉, 〈~(↔)pot calling the kettle blak〉 〈양2〉

458 ★**it takes two to tan·go**: 〈도둑질도〉 궁짝(손·발)이 맞아야 한다, 둘 다 잘못이다, 〈유식한 말로는 고장난명(외손뼉은 울리기 어렵다)라 함〉, 〈↔one is enough〉 양2

459 ★**it was just blind luck**: 소 뒷걸음치다 쥐잡기, 〈~ the net of sleeper catches fish〉 양2

460 ***IUL** :(equity) Indexed universal life insurance, (저축성) 지수형 포괄적 생명보험, 현금 가치가 증식될 수 있는 종신보험 미2

461 **IV** (in·tra·ve·nous): 정맥 내(로), 정맥주사, 〈↔IM\PO〉 가1

462 **i·vo·ry** [아이붜뤼]: 〈← ab(elephant)〉, 〈이집트어→라틴어〉, 〈← eboris〉, '상아', 상앗빛 (제품), 상아탑, (코끼리의) 엄니 양2

463 **i·vy** [아이뷔]: 〈← ifegn(vine)〉, 〈게르만어〉, 〈끈질긴〉 담쟁이덩굴, 〈담쟁이덩굴로 덮힌 건물을 가진〉 명문교의, 학구적인 가1

464 ★**i-way** (in·for·ma·tion su·per-high·way): Infobahn, 정보 초고속 도로 미2

465 ★**I will eat my hat**: 〈1837년 C. Dickens의 소설에 나오는 말〉, 절대 그럴리가 없어, 내 손가락에 장을 지지겠다, 〈~ I will swal·low the buck·le whole〉 양2

466 ★**iydkidkwd**: if you don't know·I don't know who does, 네가 모르면 누가 아는지 모르겠다 미2

1. **J \ j** [줴이]: 10번째, J 모양, 손 모양을 본뜬 이집트의 상형문자에서 나온 〈I(i)와 사촌 간인 문자〉, Jake·James·journal·judge·justice·joule 등의 약자 〈중2〉

2. **jab** [좹]: 〈← jobben(poke), 〈스코틀랜드어〉, 〈의태어〉, 푹 찌르다, 잽싸게 일격을 가하다, 〈~(↔)jolt\upper-cut〉, 〈↔pull\dodge〉 〈예2〉

3. **jack** [좩]: 〈← yaaqob(Jacob)〉, 〈히브리어→그리스어→라틴어→프랑스어→영국어〉, 〈영국어〉, 놈, 친구, 선원, 인부, 수컷, 돈, 개볍, 조기, 송어 새끼, 방어류, 꼬치 돌리는 기구, 무거운 것을 들어 올리는 기구, 전기 기구를 연결하는 장치, 〈뭐라고 불러야 될지 모를 때 아무 데나 쓰는〉 '거시기' 〈양1〉

4. ★**jack·al** [좨클]: 〈← shagal(howler)〉, 〈페르시아어→터키어〉, '울부짖는 짐승', 〈동물의 사체를 치워주는 신세가 처량하여 밤마다 목놓아 우는〉 자칼, 여우같이 생긴 갯과의 작은 동물, 남의 앞잡이로 일하는 사람, 〈~ brush wolf\dingo〉 〈중2〉 〈양1〉

5. ★**jack-ass** [좩 애쓰]: 〈1727년에 등장한 영국어〉, '수 똥꾸멍', 수탕나귀, 얼간이, 고집쟁이, 〈↔sage\wizard〉 〈예2〉

6. ★**jack-boot** [좩 부우트]: (기병이나 나치 군인이 신던) 목이 무릎까지 오는 긴 장화, 〈~(↔)chukka〉, 강압적인 행위〈↔fine touch〉 〈예2〉

7. **jack·et** [좩킽]: 〈← jaquet(short coat)〉, 〈불분명한 어원의 프랑스어〉, (짧은) 웃옷, 외피, 껍질, 〈↔strip\trousers〉 〈양1〉

8. ★**Jack Frost** [좩 후뤄스트]: 서리, 엄동, 동'장군', 〈↔red hot〉 〈양2〉

9. **jack-knife** [좩 나이후]: 〈왜 jack라는 말이 붙었는지 모르나〉 접개 주머니칼, 큰 접칼, 90도나 180도로 펼 수 있는 칼날을 갑에 집어넣을 수 있는 주머니칼(pocket-knife), 굽히기형 잠수(다이빙), 〈~ belly flop〉 〈예2〉

10. ★**jack-off** [좩 어어후]: 〈Jack이 jack(좃)을 jack up(치켜들면)해서 흔들면 jack(거시기)이 나오는〉 용두질('딸딸이'), hand-job, jerk-off, wank, masturbation, 얼간이, 〈↔stifle〉 〈양1〉

11. ★**jack pot** [좩 팥]: 〈1881년에 등장한 미국어〉, 포커에서 승부 패가 나올 때까지 거는 돈, (뜻밖의) 대성공, '장땡', 〈~ bonanza〉, 〈↔big loss\misfortune〉 〈예2〉

12. ★**jack-shit** [좩 쉩]: '똥 같은 놈', 아둔패기, 전혀~, '개뿔', 〈~ holy cow(mackerel)〉 〈예2〉

13. ★**jack stand** [좩 스탠드]: (잭으로 올려진 차를 '받치는) 차 받침대, axle stand 〈예2〉

14. **Ja·cuz·zi** [줘쿠우지 \ 좨쿠우지]: 〈어원 불명의 이탈리아계 이름〉, 자쿠지, (발동선에 쓰는 분류식 펌프를 고안한 Jacuzzi 형제의 이름을 따서 1915년 남가주에 설립된 미국의 연관 제조업체) 제품, jacuzzi, 기포(거품) 욕조, 분류식 기포가 나오는 욕탕, 〈~ whirl-pool〉 〈중1〉

15. **jade** [줴이드]: 〈← piedra de yjada(side); 복통에 효험이 있는 돌〉, 〈1560년대에 등장한 스페인어〉, 비취, 옥(기원전 1400년경부터 중국에서 조각용으로 썼고 서양에서는 배에 대면 복통이 멈춘다고 믿었던 준보석), 녹색(경옥색), 〈~ jadeite\loose-woman〉 〈양2〉

16. **jag** [좨그]: ①〈영국어〉, 〈의태어〉, 뾰족한 끝 ②〈어원 불명의 미국어〉, 〈← rag?〉, 취함, 탐닉, 한바탕 ~하기, 〈↔slump\doldrums〉 〈양2〉

17. *****jag·gies** [좨기즈]: '톱니 영상', 점화상 표시의 오류로 영상이 들쭉날쭉하게 무너진 것 〈양1〉

18. ★**jag-off** [좨그후]: 〈1931년 경에 등장한 미국 속어〉, 만취한, 망나니, 고약한, 〈↔good person\smart ass〉 〈양2〉

19. **jag·uar** [좨그와 \ 좨규어]: 〈← yaguara〉, 〈Tupi어〉, (마야 원주민이 신으로 숭배했던) 아메리카표범, American leopard(tiger) 〈중2〉

20. **jail** [줴일]: 〈cavea→gaole→gaile〉, 〈라틴어→프랑스어→영국어〉, '우리〈cage〉', 감옥, 구치소, 교도소, 〈~ penitentiary\big house\prison〉, 〈↔outside\free〉 〈양1〉 〈예2〉

21. **ja·la·pe·no** [할러페이뇨우]: 할라페뇨, 멕시코 중동부 Jalapa 지방산의 작고 아주 매운 고추 〈중2〉

22 **jam¹** [챔]: ⟨← champ?⟩, ⟨1706년에 등장한 어원 불명의 영국어⟩ 쑤셔 넣다, 채워 넣다, 끼우다, 밀어붙이다, 몰려들다, 혼잡, 고장, 엉킴, 궁지, ⟨↔free\ease⟩ 암❶

23 **jam²** [챔]: ⟨← jam¹?⟩, 잼, 으깬 과일과 설탕을 끓여 ⟨압축시켜⟩ 만든 반고형물, 단조림, 유쾌한 것, ⟨~ preserve⟩ 유❶

24 ★**jane** [줴인]: ⟨미국어⟩, 처녀, 아가씨, 여자 화장실, ⟨↔john⟩ 암❷

25 **jan·gle** [좽글]: ⟨← gangler⟩, ⟨프랑스어⟩, ⟨의성어⟩, 땡땡 울리다, 소란스럽다, 말다툼 암❷

26 **jan·i·tor** [좨니터]: ⟨← janua(door)⟩, ⟨라틴어⟩, '문지기', 청소부, 잡역부, 관리인, ⟨~ Janus⟩, ⟨↔master\owner⟩ 기❶

27 ★**jank-y** [좽키]: ⟨미국 흑인 속어⟩, junk(쓰레기)보다 더 나쁜, 조악한, 싸구려, ⟨↔valuable\precious⟩ 암❷

28 ★**Jan Sport** [좬 스포올츠]: 좬 스포츠, 1967년 창립자 마누라의 이름을 따서 설립되어 견고한 제품으로 세계시장을 석권하고 있는 미국의 두 줄 멜빵 배낭 유❷

29 **Jan·u·ar·y** [좨뉴에뤼]: ⟨← Janus⟩, 재뉴어리, 1월, ⟨마음을 바로잡는⟩ 정월, '출입구'의 수호신 야누스에게 헌납된 달, ⟨늑대의 달⟩ 기❶

30 **jar¹** [좌알]: ⟨← jarrah(vessel)⟩, ⟨아랍어⟩, 항아리, 단지, 병, '토기', ⟨~ jug⟩ 기❶

31 **jar·gon** [좌알건]: ⟨← gergon⟩, ⟨어원 불명의 프랑스어⟩, 허튼소리, 모를 소리, 특수(전문)용어, 혼합 방언, ⟨~ argot⟩, ⟨← jar²?⟩, ⟨~ buzz-word\terminology⟩, ⟨↔standard\sense⟩ 유❷

32 ***Jar·gon File** [좌알건 화일]: '전문어 서류철', 1975년에 시작되어 2003년까지 몇 번 개정된 전산기 언어 해설서, ⟨좋은 의도로 출발했으나, 'hacker culture'를 조장한다는 비난 속에 역사의 뒤안길로 사라짐⟩ 유❷

33 **jas·min(e)** [좨즈민]: ⟨← yasmin⟩, ⟨페르시아어⟩, '신의 선물', 재스민, 향기가 좋은 흰색 내지는 붉은색의 조그만 꽃이 피고 잎에 진한 흰 액체를 가진 관목이나 덩굴 식물 유❷

34 **jas·mine rice** [좨즈민 롸이스]: '태국 향미', '안남미', (인도차이나반도에서 경작하는) 가볍고 길쭉하고 재스민 향이 나는 쌀, ⟨한국의 쌀밥은 Japanese rice의 일종임⟩ 유❷

35 ***Ja·va²** [좌아붜]: 자료뿐만 아니라 계산한 결과를 서로 교환하기 위해 1990년대 중반에 선마이크로가 ⟨자바커피를 마시면서⟩ 개발한 프로그램 언어 유❷

36 ***Ja·va Script** [좌아붜 스크륃트]: ⟨실수를 방지하기 위해⟩ 사용자가 나중에 시킬 일을 미리 써 놓은 언어, '자바 대본' 유❷

37 **jav·e·lin** [좨블린]: ⟨← javelot(forked stick)⟩, ⟨켈트어⟩, ⟨가볍게⟩ 던지는 창, 창 던지기(경기), ⟨~ dart\lance⟩ 유❷

38 **jaw** [줘어]: ⟨← joue(check)⟩, ⟨어원 불명의 프랑스어⟩, (아래) 턱, 주둥이, 좁은 입구, 지껄이다, 구라까다, ⟨~ mandible⟩

39 ★**jawn** [쥔]: ⟨미국 뉴욕 지방 속어⟩, ⟨← jaw?⟩, ⟨← joint?⟩, ⟨턱을 마주치며 하는 말⟩, 거시기, 머시기, ⟨흑인들이 잘 모를 때 얼버무리는 말⟩, ⟨~ anything⟩ 암❸

40 **jay** [줴이]: ⟨← gaius⟩, ⟨라틴어⟩, ⟨짧고 경쾌한 울음소리에서 연유한듯한⟩ 제이, 어치, 언치새(각종 색깔을 가지고 시끄러운 소리를 내며 숲속의 열매나 씨앗을 먹고 사는 까마귀보다 좀 작은 새들), 떠벌이 촌놈, rube, ⟨~ easy mark\fall guy⟩ 암❶

41 ★**jay walk** [줴이 워어크]: ⟨1917년에 등장한 미국 속어⟩, ⟨'jay'(촌놈)처럼⟩(교통 규칙을 무시하고) 무단 횡단 기❷

42 **jazz** [좨즈]: ⟨← jizz(찍 싸다란 뜻의 한국어?)⟩, ⟨아마도 '씹하다(screw)'란 뜻의 콩고어에서 연유한 말⟩, ⟨1895년에 뉴올리언스에서 등장한 미국 속어⟩, 흥분, 소란, '활기', 다채로운, 재즈 음악 (서아프리카와 유럽풍의 음률이 합쳐져서 19세기 후반에 미국 남부를 중심으로 태동한 민간 음악), ⟨어원학자들이 제일 공들여서 탐구한 '20세기의 단어'⟩, ⟨~ ding-bat\fandango⟩, ⟨↔miss²⟩ 암❶ 유❷

43 ★**jazz-ball** [재즈 버얼]: (야구에서) 던진 공이 비틀거려 타수를 당황하게 하는 것 수2

44 ★**jazz-funk** [재즈 휭크]: 1960~1980년대에 유행했던 재즈와 펑크가 합친 음악 수2

45 ★**jazz-fu·sion** [재즈 휘우젼]: 1970년대 발달한 재즈와 록의 혼합 형식, jazz·rock 수2

46 ★**jazz-up** [재즈 엎]: 활기 있게 하다, 다채롭게 하다, 〈~ zhuzh〉, 〈↔kill\dull〉 왕2

47 ★**J/C** [쥐이씨]: ①just checking, 그냥, 별일 없어?, 어떻게 됐지? ②just chilling, (잠시) 쉬고 있는 중이야 미2

48 ***JCL** (job con·trol lan·guage): 작업 제어 언어, (일괄) 배열식 작업에서 전산기에 어떻게 하라고 내리는 명령 미2

49 **jeal·ou·sy** [젤러씨]: 〈← zelos〉, 〈그리스어→라틴어〉, 〈← zeal〉, 〈열이 나는〉 시샘, 〈끓어오르는〉 질투, 경계심, 〈~ envy\resentment〉, 〈↔admiration\appreciation〉 가2

50 **jean** [쥔 \ 쥐인]: 〈프랑스어〉, 진, 올이 가늘고 질긴 능직(건너 짜기) 무명, 〈denim이 처음 제조된 이탈리아 Genoa의 이름을 딴〉 바지, '면포', 〈↔bloomers\hot pants〉 미1

51 ***jed·gar** [쥐드거]: 〈미국어〉, 〈미국의 연방 수사 국장 J. Edgar Hoover의 이름을 딴〉 역 스파이 프로그램(자기 단말의 자료가 타인에게 읽히고 있음을 알리는 체계) 미2

52 ★**Je·di** [쥐다이]: 〈영화 Star Wars에 나오는 신비로운 기사〉, jedi;특출한 자, 초능력자, 〈~ ninja\star-fighter〉 수2 영2

53 ★**jee·bus** [쥐이버스]: 〈미국어〉, 〈연속물에서 연유한〉 Jesus(예수)를 풍자하는 말 영2

54 **Jeep¹** [쥐이프]: 〈1941년에 등장한 미국어〉, 지프, 'general purpose', 1941부터 미국의 크라이슬러에서 군사용으로 만들기 시작한 사륜구동의 경자동차, 〈~ land-rover〉 수2

55 ★**Jeep²** [쥐이프]: 〈미국 속어〉 ①〈의성어·의태어〉, (혓바닥을) 낼름, 〈~ nay〉 ②(성행위를 위해) 짝을 맞추는 일, 〈~ coupling〉 영2

56 ★**jee·pers-(cree·pers)** [쥐이퍼스-(크리퍼스)]: 〈미국어〉, 〈← Jesus Christ〉, 〈공포 영화에서 연유한〉 어머나, 맙소사, 엽기적인 일 영2

57 **jeer** [쥐어]: 〈어원 불명의 영국어〉, 조소, 야유, 놀리다, 〈~ cheer?〉, 〈~ scoff\raspberry〉, 〈↔bravo\flatter〉 가2

58 ★**jeez** [쥐이즈]: 〈영국어〉, geez, Jesus의 속어, 이런, 제기랄, 쳇, 〈~ gosh\goodness〉 영2

59 ★**jeg·gings** [쥐깅즈]: jeans+leggings, 두꺼운 무명으로 된 꼭 끼는 다리바지, 면(포) 다리바지 미2

60 **Je·ho·vah** [쥐호우붜]: 〈← Yahweh(my Lord)〉, 〈히브리 원의의〉 '나의 주인', 야훼, 여호와, 전지전능한 신 수2

61 **jel·ly** [젤리]: 〈← gelare(freeze)〉, 〈라틴어〉, 한천, 우무, 육류·곡식·과일 등을 끓여 설탕과 섞은 흐물흐물한 음식, '얼리다', 〈~ gel〉, 〈↔liquid\solid〉 영1

62 **jel·ly-fish** [젤리 휘쉬]: ephyra, medusa, sea blubber, 해파리(우산 모양의 머리에 밑에 입이 있고 머리에서 늘어진 4개의 손과 수많은 촉수가 있어서 쏘기도 하는 다양한 크기의 강장동물), 기개가 없는 사람(spine-less) 영2

63 ★**jel·ly shoes (san·dals)** [젤리 슈우즈 (샌들즈)]: (1980년대 유행했던) 우무 같은 PVC로 만든 편한 신발, jellies 미2

64 ★**je ne sais quoi** [쥐너 세이 크와이]: 〈프랑스어〉, 'I don't know what', 말로 나타낼 수 없는 일, 말로 할 수 없이 좋은 것, 〈~ allure\charm〉 영2

65 **jeop·ard·y** [쥐펄디]: jocus(joke)+partire(divide), 〈라틴어→프랑스어〉, 위험, 위기, 〈똑같이 분할되어〉 승부를 알 수 없는 경기, 〈↔safety\security〉 영1 우1

66 **jerk** [줘크]: ①〈영국어〉, 〈의태어〉, 반사운동, 경련, 갑자스러운 움직임, 얼간이, 위선자, 용두 치는 자, 〈↔calm\sage\super-woman〉 ②〈← charqui(dried meat)〉, 〈스페인어〉, 육포, 포를 뜨다 미2

67 **jerk·y** [쥐얼키]: ①〈영국어〉, 갑자기 움직이는, 경련하는, 변덕스러운, 〈↔smooth〉 ②'마른 고기'(남미 원주민어), 포를 뜬 고기 (육포), 〈↔fresh meat〉 영1 미2

68 ★**jer·ry-build** [줴리빌드]: 〈영국어〉, 〈Jerry 같은 '얼간이'가〉 아무렇게나 만들다, 날림으로 짓다, 〈↔perfect\refined〉 영2

69 ★**Jer·sey thing** [줘어지 씽]: ①뉴저지 사람들만 이해할 수 있는 풍물 ②〈연속물에서 연유한〉 이러지도 저러지도 못하는 상황, 진퇴양난 미2

70 **jest** [줴스트]: 〈← gerere(carry out)〉, 〈라틴어〉, 〈뽐내는〉 농담, 익살, 희롱, 〈→ jewel〉, 〈~ joke \ juggle〉, 〈~ gag \ wise-erack〉, 〈↔serious-ness\earnest〉 가1

71 **Je·sus** [쥐이저스]: yah(Jehovah)+hoshia(help), 〈히브리어〉, '구세주', (ca. BC6-AD30) 〈세상에서 제일 명언을 많이 남긴〉 예수, (평범한 인간으로 태어나 상당한 'healing power'를 가지고) 〈인간주의와 민주주의의 토대를 쌓은〉 기독교의 창시자, jesus; 제기랄, 우라질 S1 영2

72 **jet¹** [쮗]: 〈← jacere(throw)〉, 〈라틴어〉, 분출(구), 사출, 분사 촉진의, 뿜어져 나오다, 급히 움직이다, '던지다', 〈↔drip\linger〉 우2

73 **jet lag** [쮗 래그]: 〈1965년에 등장한 말〉, 〈라틴어+북구어〉, jet syndrome, 시차증, 비행기 여행에 따른 시차에 적응 못 해 오는 신체·정신 증세, time zone change syndrome 미2

74 ★**jet-ted off** [쮗티드 어어후]: 〈제트기에서〉 방출되다(내려지다), 〈비행기로〉 날아가다(여행하다) 영2

75 **Jew** [쥬우]: 〈히브리어〉, 〈Yehudhah(Judah) 왕국에서 온〉 유대인(교도), 이스라엘 백성 〈오스만 제국의 핍박으로 세계 각처에 흩어지어 6백만 명 이상의 희생자를 내고 일부가 돌아와 생활력이 강하고 이재에 밝은 민족〉 영1

76 ★**jew** [쥬우]: 고리대금업자, 〈유대인 같은〉 수전노, 간상배, 〈↔gentile\pagan〉 영2

77 **jew·el** [쥬우얼]: 〈← jocus(joke)〉, 〈라틴어〉, 〈뽐내어 자랑('jest') 할 만한〉 보석, 보옥, 귀중품, 〈↔scrap\trinket〉 가2

78 **jig** [쥐그]: 〈영국어〉, 〈의태어〉, 지그(3/4 박자의 빠르고 경쾌한 춤), 격한 상하(좌우) 운동, 채낚시, 낚싯봉에 달린 낚시, 농담, 장난, 〈↔rest\honesty〉, ⇒ tap dance 영1 영2

79 ★**jill-strap** [쥘 스트뢥]: 〈'jill'(처녀)이 사용하는〉 여성 국부 보호대, '보지 감싸개', 〈↔jock-strap〉 미2

80 ★**Jilt** [쥘트]: 〈← 바람난 여자 Jillkor럼〉 사내를 걷어차는 년, 남자를 쉽게 버리는 여자, 애인을 dump하는 사람, 〈고무신을 거꾸로 신는 자〉, 〈↔chaste woman〉, ⇒ YODO 미2

81 **jin·gle** [쥥글]: 〈영국어〉, 〈의성어〉, 짤랑짤랑, 딸랑딸랑, 반복음, 후렴, 경쾌한 곡조, 주제곡, 〈↔broken\de-voice〉 미2

82 ★**jin·go** [쥥고우]: '엇·얏', 〈러시아를 쳐부수자는 영국 노래에서 연유한〉 강경론자, 맹목적 애국자, 〈~ guk-ppong〉, 〈↔neutralist\internationalist〉 영1

83 ★**jinx** [쥥크스]: 〈← jynx〉, 〈그리스어→영국어·1911년에 등장한 미국 야구 속어〉, 〈'jynx'(wry·neck)처럼〉 재수 없는 (불길한) 사람(물건), 불운, 〈~ whammy〉, 〈↔amulet\mascot〉 미2

84 *****JIT** [쥍] (just in time) **com·pil·er**: '즉시 편찬기'(나중에 빨리 쓰기 위해) 정보가 들어오자마자 자체 언어로 바꿔 놓는 편찬기 우1

85 ★**jive** [좌이브]: 〈← jibe?〉, 〈어원 불명의 미국어〉, (1950년대에 유행했던) 강한 박자의 빠른 춤 곡, 허튼소리, 흑인영어, 얼짜, 마리화나, 〈↔genuine\sincere〉 S1 영2

86 ★**jizz** [쥐즈]: ①〈어원 불명의 영국어〉, 〈첫인상〉, 〈조류 관찰자가 새를 보고 느끼는〉 외모, 〈~ 'come'〉 ②〈미국어〉, 〈의태어〉, 좆물(을 찍 싸다), 〈~ ejaculate〉 영2

87 ★**J/K** [줴이케이]: just kidding, 농담이야, 아무것도 아니야, 잊어버려 영7

88 ★**Jo** [죠우]: Joel·John·Joseph·Josephine의 애칭, jo; 기쁨(joy)을 주는 사람, 애인, 〈↔agonizer〉 수2 양2

89 **job** [좝]: 〈← gop(mouth)〉, 〈켈트어→영국어〉, '밥벌이', 〈단편적인〉 일, 직무, 직업, 제품, 작업, 〈work\occupation\trade〉, 〈↔avocation\hobby〉 기1

90 **jock·ey** [좌아키]: 〈← Jack〉, 〈영국어〉, '(경마) '기수', 조종자, 졸개, 〈↔bungle\goof〉 미2

91 ★**jock-strap** [좥 스트뢥]: 〈← 'jock'ey〉, 남성 국부 보호대, 〈운동 선수들의〉 '불알 감싸개', 〈↔jill-strap\helmet〉 미2

92 **jo·cund** [좌컨드]: 〈← juvare(help)〉, 〈라틴어→프랑스어→영국어〉, 〈← joke〉, 명랑한, 쾌활한, 〈↔sad\blue〉 양2

93 ★**Joe** [죠우]: 조, Joseph의 애칭, 여보게, 형씨, '녀석', 미국 병사, 커피(~ java?) 수2 양2

94 **jog** [좌그]: 〈← gogi(shake)〉, 〈웨일즈어→영국어〉, 〈의태어〉, 살짝 밀다(당기다), 천천히 달리다, '무거운 물건을 흔들다', 〈↔drag\stroll〉 미1

95 ★**john** [촨]: ①John; 〈← Yohanan(Yahweh is gracious)〉, 〈히브리어→영국어〉, 〈신은 우아하다〉, '신이 총애하는 자' ②창녀의 손님, 사내, 놈, 신병, 자지, (남자용) 변소, 〈↔jane〉 양2

96 ★**John Bull** [촨 불]: (황소 같은) 전형적인 영국인, 〈~ briton〉, 〈~(↔)Uncle Sam〉 수2

97 ★**John-ny \ -nie** [촤니]: John의 애칭, 놈, 녀석, 멋쟁이, 환자용 웃옷, 난봉꾼, 남자 변소, 콘돔 양1

98 ★**John-ny-come-late-ly** [촤니 컴 레이틀리]: 〈1839년에 나온 영국의 해학소설에 등장하는 인물〉, 신출내기, 풋내기, 〈시대에〉 뒤떨어진 자, (우쭐대는) 신참, 〈↔bell-wether\veteran〉 수2

99 ★**John Q Pub·lic** [촨 큐우 퍼블릭]: 〈1930년대 만화에서 연유한 미국어〉, (세금을 잘 내는) 평범한 시민, '민초', 〈~ average Joe〉, 〈↔blue bloods〉 수2

100 ★**john-son** [촨슨]: 'John의 아들', 방랑자, 포주, 거시기, 자지(penis), 〈↔fanny〉 양2

101 ★**joie de vi·vre** [쥬와 더 뷔이브뤄]: 〈프랑스어〉, 'zest for life', 삶의 기쁨, 긍정적 삶, 〈↔depression\melancholy〉 양2

102 **join** [죠인]: 〈← jungere(yoke)〉, 〈라틴어〉, '연결하다', 합류하다, 가입하다, 만나다, 〈~ junction\juncture\junta\juxta\adjunct〉, 〈↔separate\withdraw〉 기1

103 ★**join-ed at the hip**: 한마음 한 몸(일심동체), 굳은 결합, 〈~ on a par\be in the same boat〉 양2

104 **joint** [죠인트]: 〈← jungere(yoke)〉, 〈라틴어〉, 이음매, 접속 부분, 관절(한국 군대에서는 '정강이'), 사람이 모이는 곳, 〈내용물을 종이로 말아 이은〉 마리화나, 공동의, 합동의, 연대의, 〈↔divided\individual〉 기1 양2

105 **joke** [죠우크]: 〈← jocus(jest)〉, 〈라틴어〉, 농담, 익살, 하찮은 일, 웃음거리, 〈~ jest〉, 〈→ jocund〉, 〈↔dullness\solemnity〉 양1

106 **jok-er** [죠우커]: 농담하는 사람, 놈, 녀석, 똑똑한 놈, 무능한 놈, 예기치 않았던 난점, 카드의 '만능패', 〈~ zany〉, 〈↔kill-joy\nud-nik〉 양2

107 **jol·ly** [좌알리]: 〈← jol(yule)〉, 〈북구어→프랑스어〉, 명랑한, 즐거운, 거나한, 엄청난, 잔치 소동, 〈↔gloomy\miserable〉 양1

108 ★**Jol·ly Rog·er** [좌알리 롸아줘]: 〈어원이 분명치 않으나〉 검은 바탕에 흰색으로 해골과 두 대의 뼈를 엇걸어 그린 '해적기', 〈~ skull and cross-bones〉 수2

109 **jolt** [죠울트]: 〈← jowl〉, 〈영국어〉, 〈의태어?〉, 덜렁거리다, 난폭하게 흔들다, 충격, 예기치 않은 실패, 한 모금, 1회분 피하주사, 〈~ jostle〉, 〈~ (↔) jab\upper-cut〉, 〈↔calm\tug〉 양2

110 ★**JOMO** [죠우모우] syn-drome: joy of missing out, 〈FOMO에 대항해서 쓰는〉 (귀찮게 하지 않아서 얻는) 소외의 기쁨, '혼자 최고' 미2

111　**jos·tle** [좌슬]: ⟨← justle(hustle)⟩, ⟨원래는 '씸하다'란 뜻의 영국어⟩, ⟨의태어?⟩, 확 떠밀다, 팔꿈치로 밀다, 서로 다투다, ⟨~ jolt\joust⟩, ⟨↔pull\agree⟩ 웹1

112　**jot** [홭]: ⟨그리스어⟩, ⟨의태어⟩, ⟨가장 작은 알파벳 'i'(iota)에서 유래한⟩ 조금, 약간, 약기하다, 적어두다, 비망록, ⟨↔whole\erase⟩, ⟨↔treatise⟩ 웹1

113　**jour·nal** [쥬어늘]: ⟨← diurnalis ← dies(day)⟩, ⟨라틴어⟩, '일지', 신문, ⟨정기간행⟩ 잡지, 의사록, 분개장, ⟨↔mess\disarray\fiction⟩ 개1

114　**jour·nal·ism** [쥬어늘리즘]: 신문 잡지 방송업, '소식 매체'(소식 중계업), ⟨↔creative writing⟩ 웅2

115　**jour·ney** [쥬어니]: ⟨라틴어⟩, ⟨← diurnal(daily)⟩, ⟨하루의⟩ 여행, 여정, 행로, 편력, ⟨↔stay\retreat⟩ 개1

116　★**jour·ney·man** [쥬어니 먼]: 수습을 끝낸 장인, 날품팔이(떠돌이) 일꾼, ⟨↔master\veteran⟩ 웹1

117　**joy** [죠이]: ⟨← joie⟩, ⟨라틴어⟩, '기쁨', 환희, 행복, ⟨→ re·joice⟩, ⟨← Jove: 점성가들에 의하면 쾌활한 성격을 가진 Jupiter가 어원이라는 설이 있음⟩, ⟨↔ennui\misery\pity⟩ 웹2

118　★**joy boy** [죠이 버이]: 호모의 젊은 사내, ⟨모르긴 몰라도 joygirl은 amateur prostitute를 칭하는 것 같음⟩ 매2

119　★**joy but·ton** [죠이 버튼]: 음핵, 클리토리스(레즈비언 용어), ⟨↔penis\phallus\joy stick⟩ 웹2

120　★**joy-ride** [죠이 롸이드]: (난폭한) 재미 운전, 무모한 행동, ⟨↔walk\sulk\sorrow⟩ 양2

121　★**joy-stick** [죠이 스틱]: '기쁨 막대', 비행기 조종간, 음경(자지), 아편용 파이프, (여러 방향으로 가게 할 수 있어서) 전자 놀이에 도움이 되는 전산기 입력 장치, ⟨↔joy button⟩ 웹2 웅1

122　*****JPEG** [줴이패그] (joint pho·to·graph·ic ex·perts group): '합동 사진 전문가 단체' (자료를 빨리 전송하기 위해 정지 화상 자료를 압축하는 방식의 하나) 웹1

123　*****JPG, for·mat**: =JPEG, (주로 인쇄·편집에서 사용하는) 수천개의 화상을 조그만 공간에 압축시킨 ⟨압축 전자 서류철⟩ 웅2

124　**ju·bi·lee** [쥬우빌리이]: ⟨← yobel(blast of a trumpet)⟩, ⟨히브리어⟩, 희년(환희의 해), 요벨(안식의 해), 가절(아름다운 계절), ⟨숫양의 뿔 나팔을 불어대는⟩ 축제, 대사(면)의 해, (25나 50주년) 기념일, ⟨↔mourning\penitence\blues'⟩ 웹2

125　**Ju·dah** [쥬우더]: ⟨← yehudah(praise)⟩, ⟨히브리어⟩, '찬양 받은 자', 유다, 남자 이름, 야곱의 넷째 아들, 팔레스타인의 고대 왕국 수1

126　★**Ju·das kiss** [쥬우더스 키쓰]: 겉치레만의 호의, ⟨군중 속에 있던 예수에게 키스하여 드러나게 한⟩ 배신행위, ⟨↔faithfulness\honesty⟩ 웅2

127　**judge** [줘쥐]: jus(law)+dicere(say), ⟨라틴어⟩, ⟨바른말만 해야 하는⟩ 재판관, 판사, 감정가, 심판자, 사사(신탁을 받은 지도자), 신, ⟨~ referee\umpire⟩, ⟨↔mistake\guess⟩ 개2

128　★**Judge a book by its cov·er**: 겉모습(만)으로 판단하다, 수박 겉핥기, 장맛보다 뚝배기, ⟨~ beauty is only skin-deep\appearances are often deceptive\all flash and no substance⟩ 웹2

129　★**judg(e)-ment call** [줘쥐먼트 커얼]: 심판의 결정, 주관적 판단, 개인의 의견, ⟨↔doubt\over-turning⟩ 웹2

130　**ju·di·cial** [쥬우디셜]: ⟨라틴어⟩, ⟨← judge⟩, 사법의, 재판의, 분별력 있는, 천벌의, ⟨↔un·lawful\pre-judiced⟩ 웅2

131　**jug** [줘그]: ⟨← Joan(하녀의 이름)?⟩, ⟨1938년에 등장한 어원 불명의 영국어⟩, 주전자, 항아리, 매주를 담는 손잡이가 달린 큰 유리잔(mug), '조끼', 교도소, 금고, 유방, ⟨~ jar⟩ 웹1 웅1

132　★**jug band** [줘그 밴드]: (주전자 등) 악기 대용품으로 연주하는 악단, '풍물패', '젓가락 장단', ⟨~ samul-nori⟩ 웅2

133 ★**jug·ga·lo** [쥬갈로]: 〈라틴어→영국어→미국어〉, 〈← juggle〉, (2000년도 초반에) 얼굴 색칠·미친 차림을 하고 반사회적 음악에 몰입했던 〈괴상한 청년들〉, 〈'열렬한 지지자'를 뜻하는 랩 음악의 가사〉, 〈~ whoop whoop〉 **유1**

134 ★**jug·ger·naut** [줘거너어트]: 〈← Jagannatha(lord of the world)〉, 〈'우주 대왕'이란 힌두어에서 연유한〉 거대한 힘, 〈사람을 희생으로 요구하는〉 염라대왕, 〈시끄러운 소리를 내며 지나다니는〉 대형버스나 트럭, 〈↔elf〉 **유2**

135 **jug·gle** [쥐글]: 〈← jocus(joke)〉, 〈라틴어〉, 곡예를 하다, 솜씨 있게 다루다, 조작하다, 〈~ jest〉, 〈↔neglect\de-bunk〉 **유1**

136 **juice** [쥬우스]: 〈← jus(broth)〉, 〈라틴어〉, 〈약초를 끓여 생긴〉 즙, 액, 분비액, 본질, 실속, 동력, 매력, 기운, 술, 마약, 판돈, 〈↔solid\gas\lethargy〉 **유1**

137 ★**juic-y in-for-ma-tion** [쥬우시 인휘메이션]: '촉촉한 정보', 〈주로 타인의 사생활에 대해 씹어대는〉 재미난 소문, 〈~ juicy gossip〉 **유2**

138 **Ju·ly** [쥬울라이]: 줄라이, 7월(원래는 'Julius' 시저가 태어난 5번째 달이었으나 계절에 맞지 않아 그가 BC 46년 3월 1일을 1월 1일로 만드는 바람에 생겨난 달), 〈수사슴의 달〉 **과1**

139 **jum·ble** [쥠블]: 〈1529년경에 등장한 영국어〉, 〈의태어〉, 뒤범벅으로 해놓다, 난잡하게 하다, 〈~ tumble\mish-mash〉, 〈↔order\system\grid〉 **유2**

140 **jum·bo** [쥠보우]: 〈서아프리카어〉, 〈코끼리의 이름에서 따온〉 거대한, 엄청나게 큰, 크고 볼품없는, 〈~ mumbo·jumbo〉, 〈↔tiny\micro〉 **유2**

141 *****jum·bo loan** [쥠보우 로언]: 초대형 융자, (융자액이 과다해서) 〈국책주택융자기관이 보증하지 않는〉 미보증 대부, 〈↔confirming loan〉 **유2**

142 **jump** [쥠프]: 〈게르만어〉, 〈의성어?〉, 뛰어오르다(내리다), 도약하다, 급등하다, 충전하다, 뛰어넘다, 건너뛰다, 〈~ jerk〉, 〈~ spring\vault〉, 〈↔fall\plummet\crawl〉 **유1**

143 ★**jump blues** [쥠프 블루우즈]: 〈진동음이 사람을 놀라게 하는〉 록·스윙이 가미된 빠른 템포의 블루스 음악, 〈~ boogie woogie〉 **유1**

144 **jump-er²** [쥠퍼]: 잠바, 작업용(응용용) 상의, 소매 없는 원피스, 〈~ sweater〉, jacket의 콩글리시 **유2**

145 ★**jump·ing jack** [쥠핑 책]: 뛰는 인형(꼭두각시), (제자리에서 벌리기 뛰기를 하면서 머리 위로 손뼉을 마주치는) 거수 도약 운동, 〈~ star jump는 더 과장된 운동〉 **의2**

146 *****jump list** [쥠프 리스트]: '접속 목록', 〈건너뛰어〉 다른 웹 페이지로 연결되는 목록을 수록한 웹 페이지 **유1**

147 ★**jump on the (band) wa·gon**: 시세에 편승하다, 우세한 편을 따르다, 기회를 얻다, 〈~ seize the day〉, 〈↔miss the boat〉 **유2**

148 ★**jump scare** [쥠프 스케어]: '도약위협', 깜짝 쇼, (공포영화나 게임 등에서) 〈영상의 급격한 변화로 관객을 놀라게 하는〉 '움찔' 겁주기 **유2**

149 ★**jump ship** [쥠프 쉽]: 배에서 뛰어내리다, 빠져나오다, 파기하다, 〈↔embark\remain〉 **유2**

150 ★**jump the gun** [쥠프 더 건]: 속단하다, 경거망동, 〈육상경기에서 신호탄이 터지기 전에 출발하는 짓〉, 우물에 가 숭늉 찾는다, 〈↔cautious\planned〉 **유2**

151 ★**jump the line** [쥠프 더 라인]: 순서를 뛰어넘다, 새치기하다, 〈~ cut (in) the line\jump the queue〉 **유2**

152 ★**jump the shark** [쥠프 더 샤아크]: (죽기 전에 펄쩍 뛰는 상어처럼) 기진맥진한, 단말마(의), 〈↔grow the beard〉 **유2**

153 **junc-tion** [졍션]: 〈← jungere〉, 〈라틴어〉, 〈← join〉, 연합, '접합점', 교차점, 접합기, 〈↔gap\division〉 **유2**

154 **junc·ture** [형춰]: 〈라틴어〉, 〈← join〉, '접합점', 이음매, 중요한 때, 전기, 위기, 〈↔disconnection\advantage〉 양2

155 **June** [쥬운]: 〈라틴어〉, 준, 여자 이름(6월 탄생), 유월, 6월(혹자는 결혼의 여신 Juno에서 따왔다고 하고 혹자는 청춘이라는 뜻의 juniores에서 따왔다고도 하나 좌우간 젊은 여성이 결혼식으로 제일 선호하는 달), 〈딸기의 달〉 기1

156 ★**June-teenth** [쥬운 티인쓰]: 〈2021년 12번째 미연방 공휴일로 지정된〉 (흑인) 노예해방 기념일, 남부연맹에서 마지막으로 텍사스가 노예 해방을 공포했던 1865년 6월 19일 수2

157 **jun·gle** [헝글]: 〈← jangala(dry)〉, 〈산스크리트어〉, '미개의 삼림', 총림(지), 밀림 습지(대), 혼란, 미궁, 〈~ rain(tropical) forest〉, 〈↔civility\order〉 미2

158 **jun·ior** [쥬우니어]: 〈← juvenis(young)〉, 〈라틴어〉, '젊은', 손 아래의, 연소한, 하급의, 소형의, 〈↔senior〉 양1

159 **ju·ni·per** [쥬우니퍼]: juvenis(young)+parere(produce), 〈라틴어〉, 노간주나무, 향나무, 산록의 양지에서 잘 자라는 향기가 좋은 측백나뭇과의 상록침엽교목·관목, 〈youth(젊음)을 유지하는 나무〉, 〈~ cypress〉 미2

160 **junk¹** [헝크]: 〈← jonke〉, 〈14세기에 등장한 어원 불명의 영국어〉, 〈오래되었거나 동강난 밧줄〉, 쓰레기, 잡동사니, 고물, 마약, 〈~ trash\litter〉, 〈↔treasure\asset〉 양1

161 **Ju·no** [쥬우노우]: 〈← iuvenis(young)〉, 〈라틴어〉, '젊은 여자', 주노, 주피터의 누이 아내, 결혼의 신, 제3 소행성, 품위 있는 여자, 〈~ 그리스 신화의 Hera〉 수1 양2

162 **Ju·pi·ter** [쥬우피터]: Jovis(Jove)+pater(father), '하늘의 아버지', 주피터, (그리스의 제우스에 해당하는) 로마 최고의 신, 목성(별들의 우두머리), 〈~ Zeus〉 수1

163 **ju·ris·dic·tion** [쥬어리스딕션]: jus(law)+dicere(say), 〈라틴어〉, 재판권, 권한, 사법 관할권, 〈~ jury〉, 〈↔incapacity\subordination〉 기1

164 **ju·rist** [쥬어리스트]: 법학자, 변호사, 판사, 〈~ jury〉 양2

165 **ju·ry** [쥬어뤼]: 〈← jus(law)〉, 〈라틴어〉, 배심(원) 〈공리주의에 입각해서 영·미 계통이 채택한 '전근대적'인 제도로 법정에서 사실의 심리·판정을 해서 재판장에게 답신하는 평범한 시민으로 구성된 협의체〉, '선서하다', 〈~ jurat\juror\jurist\abjuration〉 양2

166 **just** [쥐스트]: 〈← jus(law)〉, 〈라틴어〉, 〈법률상〉 '올바른', 당연한, 정확한, 막, 겨우, 다만, 〈→ justice〉, 〈~ barrister\attorney〉, 〈↔un-just\un-fair〉 양2

167 **jus·tice** [쥐스티스]: 〈라틴어〉, 〈← just〉, 정의, 공평, 타당성, 사법, 판사, 〈↔in-justice\un-fairness\lawlessness〉 양2

168 ★**jus·tice be·gins next door**: 〈찰스 디킨즈가 한 말〉, 정의는 (가족은 제쳐놓고) 옆집부터 시작된다, 가정은 사법을 초월한다, 〈~ blood is thicker than water\charity begins at home〉 양2

169 ★**jus·tice will pre·vail** [쥐스티스 윌 프뤼붸일]: 결국은 정의가 이긴다, 사필귀정, 〈↔chaos\lawless〉 양2

170 **jus·ti·fi·ca·tion** [쥐스티휘케이션]: 정당화, 변명, 조정, 정판(화면·타자 용지의 좌우 모서리가 여유 있고 매끈하게 정리되는 체제), (인쇄되는 문본의) 행의 끝을 나란히 맞추기, 〈↔disproof\contradiction〉 양2 미2

171 **jut** [쥩]: 〈영국어〉, 〈← jet(project)〉, 돌출하다, 불룩 나오다, 불쑥 내밀다, 튀어나오다, 첨단, 〈↔pit\hollow〉

172 **ju·ve·nile** [쥬우붜늘 \ 쥬우붜나일]: 〈← iuvenis(young)〉, 〈라틴어〉, '젊은', 어린, 초생의, 아동의, 18세 미만의, 〈↔presby~〉 〈↔senile〉 양2

173 **jux·ta** [쥑스터]: 〈라틴어〉, near, 가까운, 곁에, '~옆에', 〈→ join\joust〉, 〈↔distance\separate〉 기2

1   **K \ k** [케이]: kaph, 펼쳐진 손바닥 모양의 이집트의 상형문자에서 따온 21번째 정도로 자주 쓰이는 영어 알파벳의 11번째 글자, 로마숫자 250, kilo(1000)·kalium(potassium)·karat(carat)·king·kappa·okay 등의 약자 ⑤2

2   ★**"k'** [케이]: 'fuck you'의 〈점잖은〉 전상망 문자 ㉿2

3   **Ka** [카아]: soul, (고대 이집트 인들이 믿었던) 영·혼, 〈~ gi\ki〉, 〈↔shen〉 ㉭2

4   ★**kaf·ka-esque** [카아후커에스크]: 〈카프카의 작품같이〉 부조리하고 절망적인, 암울한, 옴붙은, 〈근래에 전산망에 자주 등장하는 말〉, 〈~ surreal\unusual〉, 〈↔sane\enlightened〉 ㉭2

5   **Kai·ser** [카이져]: 카이저, '황제'(Caesar·Czar의 독일식 표현), 사람 이름 ㉮ ㉠1

6   **kale \ kail** [케일]: 〈스코틀랜드어→영국어〉, cole, 평지(두텁고 곱슬곱슬한 줄기와 잎을 가진 석탄 덩어리 모양의 양배추) ㉮2

7   **ka·lei·do·scope** [컬라이더 스코우프]: kalos(beautiful)+eidos(form)+skopein(view), 〈그리스어〉, 〈아름다운 형상으로 보이는〉 만화경, 변화무쌍한 것(빛의 굴절을 이용해서 형형색색의 모양을 보게 만든 원통 쌍안경), 〈~ phantasmagoria〉 ㉦2

8   **ka·li·um** [케일리엄]: 〈아랍어에서 연유한 라틴어〉, 칼륨, alkali (잿물), 포타슘, 〈세포의 삼투압을 조정해 주고 비료의 원료 등으로 쓰이는〉 금속원소(기호 K·번호 19) ⇒ potassium ⑤2

9   **kan·ga·roo** [캥거루우]: 〈원주민어〉, (암컷은 육아낭을 달고 다니며) 뒷다리가 발달한 호주 지방에만 무리 지어 서식하는 유대목의 초식 동물, '뛰는(leap) 것?', 〈~ wallaby\wallaroo〉 ㉮2

10   ★**kan·ga·roo court** [캥거루우 코어트]: 〈어디로 뛸지 모르는〉 사적 재판, 인민 재판(감정에 치우쳐서 불규칙하고 비약적인 재판), 〈~ monkey trial〉, 〈↔fair justice〉 ㉮2

11   **kar·a·o·ke** [캐뤄우키]: kara(empty)+oke(orchestra), 〈일본어+그리스어〉, 가라오케, (1967년에 일본에서 선보인) 미리 녹음된 반주곡에 따라 노래할 수 있는 음향 장치, '가짜 오케스트라', 〈~ sing-along\videoke〉 ㉮2

12   **Kar·at \ car·at** [캐럴]: 〈qirat(pod)〉, 〈아랍어→그리스어〉, 〈자잘한 씨를 맺는 'carob'(구주콩)의 무게를 기준으로 한〉 캐럿, 금의 순수도(순금=24k), 다이아몬드(보석)의 크기, 보석류의 무게(200mg) ㉭1

13   **ka·ra·te** [커롸아티]: kara(empty)+te(hand), 〈중국어→일본어〉, 〈빈손으로 하는〉 가라테, 공수, 〈당나라에서 들어온〉 당수(손으로 급소를 공격하는 일본식 무술), 〈~(↔)ju-do〉, 〈taekwondo는 발도 사용함〉 ㉭2

14   ★**Ka·ren** [캐륀]: 〈← Katherine〉, 캐런 ①여자 이름 ②〈동영상에 등장하는 인물에서 유래한〉 심술쟁이 백인 아줌마, '뺑덕어멈', 〈~(↔)Becky〉 ㉠1 ㉿1

15   **Kash·mir \ Cash·mere** [캐쉬미어 \ 캐즈미어]: ka(water)+shimira(desiccate), 〈산스크리트어→힌디어〉, '호수가 마른 땅', 카슈미르, (파키스탄과 분쟁이 심한) 인도의 서북부 지방으로 그곳에서 자라는 염소가 고급 모직물(fine downy wool)을 제공함 ㉠1

16   **kay·ak \ kai·ak** [카이액]: 〈← qayaq(small boat of skin)〉, 〈그린랜드 원주민어〉, 에스키모인이 사용하던 '가죽 배', 캔버스를 입힌 카누형 작은 배 ㉮2

17   ★**kay-fabe** [케이 훼이브]: 〈1980년대 미국 레슬링계에 등장한 용어〉, k(code 이름)+fake(?), pro-wrestling에서 선수들 간의 싸움을 진짜인 것처럼 연기하는 것, '연기씨름' ㉮2

18   ★**K-cup** [케이 컵]: ①〈C-cup에 비해〉 무지하게 큰 젖 덮개 ②〈'커피' 등을 끓여 먹게〉 특수 뚜껑을 갖춘 플라스틱 컵 ㉮1

19   **keel** [키일]: 〈← kiel(ship)〉, 〈게르만어〉, '배의 가슴판', 〈용의 뼈 모양을 한〉 용골, (평형을 잡기 위해) 배의 바닥에 댄 판대, 전복하다, 〈↔straighten〉 ㉭2

20   **keen** [키인]: 〈← cunnan(can+know)〉, 〈게르만어〉, 〈칼처럼〉 날카로운, 예리한, 강력한, '영리한', 〈↔blunt\defective\weak〉 ㉦1

21 **keep** [키프]: 〈← kipen(observe)〉, 〈어원이 복잡한 영국어〉, 계속하다, 유지하다, 간직하다, 지키다, 사육하다, 〈~ continue\retain〉, 〈↔lose\break\give〉 {기1}

22 ★**keep-ing-up with the Jone-ses**: 옆집 사람들과 보조 맞추기, 상식적(보편적)인 생활, 〈↔stand alone\opt out\swim against the tide〉 {양2}

23 ★**keep it 100** [키이픹 원 헌드뤠드]: 그대로 해, 더할 나위 없어, 어련할라구, 〈~ perfect!〉 {양1}

24 ★**keep one's head a·bove wa·ter**: (물 위로 머리만 내놓고) 힘들게 숨쉰다, (어려운 상황에서) 버텨내고 있다, 〈↔hinder\hurt〉 {양1}

25 *****keep (some-one) post³-ed**: (~에게) 계속 알려주다, 최신 정보를 전하다, 사정에 정통케 하다, 〈~ keep up to date〉, 〈↔ignore\mislead〉 {양2}

26 **keep-sake** [키이프 쎄이크]: 유품, 기념품, 선물용 장식 책, 〈~ souvenir\token'〉 {양2}

27 ★**keep the grind strong**: 고된 일을 계속하다, 힘내, 조금만 더, 〈~ keep the hustle going〉, 〈↔give up\quit〉 {양2}

28 ★**keep to one·self**: ①자기만 알고 숨겨두다, 〈↔release〉 ②남과 어울리지 않다, 〈↔share〉 {양2}

29 ★**kek** [켘]: ①〈'킼~ 킼~' 대고 웃는 한국의 의성어에서 연유한〉 전산기의 암호 단자 ②〈만국 공통의〉 켘~켘~하고 웃는 소리 ③Kek: 〈이집트어〉, 〈개구리 앉은 모양의〉 (고대) 암흑〈dark-ness〉의 신 {양2} {수1}

30 **kempt** [켐프트]: 〈영국어〉, 〈← comb〉, 빗질한, 말끔한, 깨끗한, 〈↔un-kempt\shabby\foul〉 {기1}

31 **ken** [켄]: 〈← cunnan〉, 〈게르만어〉, 〈can+know〉, 시야, (지식의) 범위, 이해, 〈↔blindness\ignorance〉 {양2}

32 **kept** [켚트]: keep의 과거·과거분사, 유지된, 손질된 {기2}

33 **ker·chief** [커얼치후]: covrir(cover)+chef(head), 〈프랑스어〉, (여자의) 머릿수건, '머리 싸개', 〈~ babushka\scarf〉 {양2}

34 *****Ker·mit** [컬밑]: 〈← 'Dermit' (질투하지 않는 자)의 아들〉, 1955년에 도입된 만화에 나오는 붉은 혀의 초록 개구리 꼭두각시 인형, 변복조장치를 통해 한 전산기에서 다른 전산기로 서류철을 이송하는 통신규약 {양2} {수1}

35 **ker·nel** [커어늘]: 〈← cynel〉, 〈게르만어〉, 〈← corn〉, '씨', 인, 심, 낟알, 요점, 알맹이, 핵심(이것만이 강성기에 즉시 접근할 수 있는 전산기 운영체제에서 가장 중요한 기억장치), 〈~ caryo〉, 〈↔exterior\periphery〉 {양2}

36 *****kern·ing** [커어닝]: 〈프랑스어〉, 〈원래는 글자의 돌출부(corner)를 다듬기 위해 썼던〉 문자 간격의 조정(빈 공간을 메우기 위해 글자 간의 간격을 좁히는 인쇄술·타자술), 〈~(↔)track-ing〉 {우1}

37 **ker·o·sene** \ ~sine [케뤄씨인]: keros(wax)+ene, 〈그리스어+영국어〉, coal oil, paraffin oil, 등유, 등불용 석유, 〈~ wax〉 {양1}

38 **ketch·up** [케쳪] \ **catch·up** \ **cats·up**: ke(salted fish)+chiap(sap), 〈'생선 국물'이란 중국어에서 연유한 말레이어〉, '토마토 맛난이', 케첩(토마토 으깬 것에다 식초·양파·마늘·소금·설탕·겨자·후추를 넣어 끓여 만든 것), 〈~ tomato sauce〉, 〈~(↔)salsa는 매콤한 것〉 {양2}

39 **ket·tle** [케틀]: 〈← catinus(deep vessel)〉, 〈라틴어〉, '깊은 그릇', 솥, 주전자, 탕관, (경찰이 시위 군중을) 좁은 곳으로 몰아 넣는 것, (매 등의) 떼, 〈~(↔)pot〉 {기2}

40 **key** [키이]: 〈← keie(lance)?〉, 〈어원 불명의 영국어〉, 〈비틀어 여는〉 열쇠, 열대, '열개', 관문, 비결, 실마리, 기조, 음조, 나사, 쐐기 못, 단자, 자판, 음판, 〈~ answer\tone\main〉, 중요한, 〈↔minor\trivial〉 {미2}

41 **key·board** [키이 보어드]: 건반(악기), 자판, 〈~ key-pad〉 {기1}

42 **key card** [키이 카아드]: '전자 열쇠', 문을 열거나 현금 지급기 등을 조작할 때 쓰는 자기카드, 〈~ swipe card\prox card〉 {양1}

43 *__key-disk__ [키이 디스크]: '열쇠 원반', (불법 복사 등을 방지하기 위해) 특정 차림표를 실행하기 전에 삽입하는 특수원반 ⑨1

44 ★__keyed__ [키이드]: 건반이 있는, 쐐기가 있는, 분위기에 맞춘, 긴장한, ⟨↔confused\disturbed⟩ ⑨1

45 *__keyed ad·ver·tise·ment__ [키이드 애드뷜타이즈먼트]: 기호 첨부 광고(광고주가 어느 매체로부터 광고 반응이 왔는가를 알아볼 수 있도록 기호를 첨부한 광고) ⑨2

46 *__key-frame__ [키이 후뤠임]: '근간 화판'(동영상 활동사진을 만들 때 화가가 보여주는 첫 토막과 마지막 토막), ⟨~ intra-frame⟩ ⑨1

47 ★__key mon·ey__ [키이 머니]: ⟨거래의 key 역할을 하는⟩ 선불, 보증금, 권리금, security deposit, ⟨↔full payment⟩ ⑨2

48 ★__key-note__ [키이 노웉]: 으뜸음, 바탕음, 기조, 요지, 기본 방침, ⟨~ theme\kernel⟩, ⟨↔exterior\periphery⟩ ⑨2

49 *__key-pad__ [키이 패드]: '누르개', '누름판', 전산기나 TV에 수동으로 정보를 입력하게 하는 작은 상자 모양의 가성기기, ⟨~ key-board⟩ ⑨1

50 *__key-punch__ [키이 펀취]: 천공기, '구멍 뚫기', '자료 입력', ⟨~ card punch⟩ ⑨2

51 ★__key-stone__ [키이 스토운]: 쐐기돌, 이맛돌, 핵심, 중추, ⟨↔un-fasten\un-important⟩ ⑨2

52 *__key-stroke__ [키이 스토로우크]: 글쇠(자판) 누름, 타자 치기, ⟨~ click⟩, ⟨↔relaxed⟩ ⑨2

53 __khak·i__ [캐키 \ 카아키]: ⟨← khak(earth)⟩, '흙색'⟨인도어⟩, 황갈색(군복), ⟨~ light brown⟩ ⑨1

54 __khan__ [카안 \ 캔]: ⟨← kan(lord)⟩, ⟨터키어⟩, '호령하는 자', 몽골·중국·중앙아시아의 주권자 호칭, ⟨~ king⟩, ⟨↔commoner⟩ ⑨2

55 ★__kib·ble__ [키블]: ⟨1902년에 등장한 어원 불명의 영어⟩ ①(광산용) 두레박, well bucket ②(곡식을) 굵게 갈다, 굵게 탄 곡식, (알갱이로 된) 애완동물용 건조식품(dried pellets) ⑨2

56 __kick__ [킥]: ⟨← kiken(bend at the knee)⟩, ⟨영국어⟩, 차다, 속도를 올리다, 반동을 주다, '무릎을 구부리다', 발길질, 쾌감, ⟨↔drag\remain\boredom⟩ ⑨1

57 ★__kick-ass__ [킥 애쓰]: ⟨1970년경에 등장한 미국 속어⟩, (궁둥이를 쌀짝 찰만한) 아주 좋은, 훌륭한, 강렬한, 공격적인, ⟨~ hard-ass\bad-ass⟩, ⟨↔milk-sop\ponce⟩ ⑨1

58 ★__kick ass__ [킥 애쓰]: (궁둥이를 세게 차서) 벌주다, 쳐부수다, 이러쿵저러쿵하지 못하게 하다, ⟨~ blow\defeat\kick butt⟩ ⑨2

59 ★__kick-back__ [킥 백]: 반동, 환불, 중개료, 삥땅, ⟨↔gain\gift⟩ ⑨2

60 ★__kick the buck·et__ [킥 더 버킽]: ⟨'목을 매고 나서 들통을 차버리기'라는 그럴듯한 어원을 가진⟩ 죽다, 뒈지다, ⟨~ die⟩, ⟨~ bite the dust⟩ ⑨2

61 __kid__ [킫]: ⟨← chitzi(young goat)⟩, ⟨게르만어⟩, '새끼 염소', 짐승의 새끼, 아이, 미숙한, 농하다, 조롱하다, ⟨↔adult\experienced\respect⟩ ⑨1

62 ★__kid-ding__ [키딩]: ①(염소의) 분만 ②(아이들처럼) 장난치다, 농담하다, ⟨~ joking\pulling the leg⟩ ⑨2

63 __kid-nap__ [킫 냎]: kid+nab(snatch), ⟨어린이를 잠들여⟩ 꾀어내다, 납치(유괴)하다, ⟨↔protect\release⟩ ⑨2

64 __kid·ney__ [키드니]: ⟨cwid(womb)+ey(egg)?⟩, ⟨어원이 모호한 영국어⟩, 콩팥, 신장, 기질, ⟨~ renal\nephro⟩ ⑨1

65 ★__kid(d)-o__ [키도우]: ⟨1905년에 kid에서 파생된 말⟩, 야, 임마, 너, ⟨↔sir\mam⟩ ⑨2

66 ★__kid-ult__ [키덜트]: ⟨1950년대에 TV계에 등장한 말⟩, kid+adult, 어린이·어른용 모험 영화, 어린이 같은 취미를 가진 성인, ⟨~ adult-escent(adult+adolescent)⟩ ⑨1

67 ★**kid-vid** [킫 뷛]: 〈1970년대 초에 등장한 미국어〉, kid+video, 어린이용 TV・비디오, 〈~ junk video〉 유1

68 **kill** [킬]: 〈← quellan(torment)〉, 〈게르만어〉, 〈때려〉 죽이다, 없애다, 끄다, 삭제, 〈↔save\revive〉 기2

69 *****kill-er ap-p(li・ca-tion)** [킬러 앺]: '살인적 응용기기', 살인적 인기가 있는 연성기기 유1

70 ★**kill-file** [킬 화일]: '살상 목록', 반갑지 않은 전달문을 보내는 자들을 삭제시키는 목록, bozo list, 〈~ black-list〉, 〈↔white list〉 유1

71 ★**kill-ing the dog af·ter hunt·ing**: 토사구팽, 사냥이 끝나면 개를 삶아 먹는다, 〈~ thrown away like an old shoe〉

72 ★**kill two birds with one stone**: 일석이조, 일거양득, 꿩 먹고 알 먹기, 님도 보고 뽕도 딴다, 도랑 치고 가재 잡는다, 〈~ two for one\the best of both worlds〉, 〈~ catch two pigeons with one bean〉 양2

73 ★**kill with kind-ness** [킬 위드 카인드니스]: ①(세익스피어는) '지나친 친절은 부담스럽다'란 뜻으로 썼고 ②(성경에서는) '미운 놈 떡 하나 더 준다'란 뜻으로 썼음 양2

74 **ki・lo** [키일로우\킬로우]: 〈← chilioi(thousand)〉, 〈그리스어〉, 1,000을 나타내는 결합사, 〈~(↔)millenium〉 유2

75 **kim-chi \ kim-chee** [김치]: 〈중국어→한국어〉, salted vegetable, 침채(담근 채소) (야채에 소금・고춧가루・마늘・생강・젓 등을 넣고 절여 발효시킨 반찬으로 재료와 요리 방식에 따라 10가지 이상이 있음), 〈1898년 OED에 등재된〉 한국의 대표적 반찬, 'ghimchi', 〈~(↔)kkakdugi〉 순2

76 **ki·mo·no** [키모우너]: ki(wearing)+mono(thing), 기모노, '덧옷', 긴소매・긴치마에 등덮개를 허리띠로 묶는 일본 여성의 전통의상, 〈~ smock〉, 〈↔yukata〉 수2

77 **kin** [킨]: 〈← cyn(family)〉, 〈게르만어〉, '종족', 친족, 일가, 동류, 동질, 〈→ kind\king〉, 〈↔alien\out-sider〉 기2

78 **kind¹** [카인드]: 〈← cynd(native)〉, 〈게르만어〉, 〈← kin〉, '같은 태생의', 종류, 종족, 본질, 〈~ quality〉, 〈↔dis-agreeable\different\un-natural〉 기2

79 **kind²** [카인드]: 〈← cynde(natural)〉, 〈게르만어〉, 〈← kind¹〉, '본성에 따라', 친절한, 정성 어린, 고분고분한, 〈↔mean\cruel〉 기2

80 **kin·der-garten** [킨더가아튼]: 〈게르만어〉, 〈태어난 애들이 노는〉 유치원, '어린이의 정원', 〈children's garden〉 기2

81 **kin·dling** [킨들링]: 〈북구어〉 ①〈← candle〉 점화, 발화, 선동 ②('kin'(일가)를 이루는〉 (토끼의) 출산, 〈↔douse\extinguish\put out〉 유1

82 **kin·dred** [킨 드렛드]: cynn(kin)+rede(state), 〈영국어〉, '친족 상태', 친척, 혈연, 유사한, 일치한, 〈↔unrelated\different\other〉 유2

83 **ki·net·ic** [키네틱 \ 카이네틱]: 〈← kinein(move)〉, 〈그리스어〉, '운동'의, 활동적인, 〈↔dead\inactive〉 유2

84 **king** [킹]: 〈게르만어〉, 〈'kin'의 우두머리〉, 왕, 군주, 거물, 최상품, 〈↔subordinate\lowly\queen〉 기2

85 **king crab²** [킹 크랩]: (붉은) 대왕게(Alaska hand; 가시 돋친 커다란 게), 〈~ stone crab〉 미2

86 **king-dom** [킹 덤]: 왕국, 신국, 왕정, 영역, (균·원생동물·동물·식물 등으로 나눠진) 분야, 계(생물 분류의 두 번째 단위-역 아래·문 위), 〈~ realm\domain〉 기2

87 **king-dom hall** [킹 덤 허얼]: '신국 회관', 여호와의 증인들(Jehovah's Witness)의 교회 미1

88 **King Kong** [킹 콩]: 〈발음이 거창해서 만들어진 말〉, king komodo, (1932년부터 소설이나 영화에 등장하는) 거대한 고릴라, 거한, 싸구려 독주 소2 양2

89 **kink** [킹크]: 〈네덜란드어〉, curl, 〈밧줄의〉 꼬임, 비틀림, 경련, 변태, 〈↔line\constancy\easiness\normality〉 영1

90 ★**kink-o** [킹코우]: 〈네덜란드어→미국어〉, 곱슬(curl)머리, '비틀린 자'(1830), 변태 성욕자(1965), 〈↔straight\normal〉 미2

91 **kins-man** [킨즈 먼]: 동족인 사람, (남자의) 일가 친척, 〈↔non-relative\stranger〉 미2

92 *****ki·osk \ ki·osque** [키아스크]: 〈← kushk(palace)〉, 〈페르시아어〉, (터키풍의) 벽 없는 '정자〈pavillion〉', 가도에 있는 간이매점, 전산기 탑(이용대)〈공공장소에 소비자가 사용하라고 안내용 전산기를 올려놓는 곳〉, 〈~ gazebo\pavillion〉, 〈↔mansion\castle〉 영1

93 ★**KIS, S** [키이쓰]: keep it simple, stupid: 간단히 해, 멍청아! 미2

94 ★**KISS** [키쓰]: keep it short and simple, 간단명료하게 미2

95 **kiss** [키쓰]: 〈← coss〉, 〈게르만어〉, '입맞춤', 접문, (가벼운) 접촉, 〈↔strike\bump\smash〉 우2

96 ★**kiss and cry** [키쓰 앤 크라이]: 〈2017년 개봉된 캐나다 영화 제목에서 연유한 말〉, 〈figure skater들이 점수가 발표될 때 나타내는〉 감상적인 장면 미2

97 ★**kiss and punch¹** [키쓰 앤 펀취]: 병 주고 약 준다, 〈~ carry fire in one hand and wa·ter in the oth·er\love and hate〉 영2

98 ★**kiss and tell** [키쓰 앤 텔]: (유명인과 과거에 있었던 성관계를) 〈돈을 바라고〉 공개하는 짓, 〈입 맞출 때는 언제고 폭로할 때는 언제인가?〉, '야비한 누설', ⇒ Me Too 미2

99 ★**kiss-ass** [키쌔쓰]: 아첨, 아첨꾼, 〈↔abuse\defy〉 가1

100 ★**kiss-ing un·der the mis·tle·toe**: 〈규율이 엄격했던 빅토리아 시대에 영국 하인들이 하던 버릇에서 비롯된〉 '허가된 입맞춤', 〈~ Christmas kiss〉 영2

101 ★**kiss-me-quick** [키쓰 미 퀵]: ①입술연지 색깔의 조그만 다섯잎꽃이 피는 제비꽃, 〈~ pansy\love-in-idleness〉 ②앞이마에 내려뜨리는 애교머리, 〈~ spit curl〉 ③쇼걸들이 쓰던 챙을 말아 올린 살짝 쓰는 모자, 〈~ bonnet〉 ④노래 제목, 〈~ Johnny-jump-up〉 우2

102 ★**kiss-off** [키쓰 어어후]: 작별, 해고, 사직, 죽음, 〈↔embrace\engage\start〉 영2

103 ★**kis·sy-mis·sy** [키씨 미씨]: (동영상 놀이에 나오는) 나긋나긋한 소녀, '예쁜이', 〈~(↔)huggy-wuggy〉 미2

104 **kit** [킽]: ①〈← kitte(beaker)〉, 〈어원 불명의 네덜란드어〉, 연장통, 도구(일습), 나무통, 배낭, 맞춤 짝, 〈↔un-fit〉 ②〈← kid〉, (토끼·족제비·여우 등의) 어린 짐승, 〈↔un-muzzle〉 영1 미2

105 **kitch·en** [키췬]: 〈← coquere〉, 〈라틴어〉, '요리〈cook〉 하는 장소', 부엌, 취사장, 주방, 천한, 〈~ cookery〉, 〈↔bath-room\bed-room〉 가1

106 **kite** [카이트]: 〈← cyta〉, 〈영국어〉, 〈의성어·의태어?〉, 연, 사기꾼, 솔개(교차된 꼬리와 길고 가는 날개를 가지고 공중을 맴돌다 들쥐나 개구리 등을 번개같이 낚아채는 수릿과에 속하는 중형 새), 〈↔prey\gull〉 가1 미2

107 **kit·ten** [키튼]: kitty, 〈프랑스어〉, 새끼 고양이〈cat〉, (작은) 동물의 새끼, 말괄량이, 〈↔parent\adult〉

108 **ki·wi³** [키이위]: 〈← kiwi'〉, 양다래(남동 중국 원산이나 '뉴질랜드'에서 많이 기르는 갈색 솜털로 둘러싸인 안에 까만 씨까지 먹는 vit C가 풍부한 계란 모양의 과실), 〈~ Chinese goose-berry〉 미2

109 ★**kluge** [클루우쥐]: 〈toilet를 뜻하는 스코틀랜드어에서 연유한〉 너저분한 구성으로 된 전산기 장치나 프로그램, 〈~ clumsy\stop gap〉, 〈↔complete\immaculate〉 영1

110 **knack** [낵]: 〈영국어〉, 〈의성어〉, (똑부러지는 소리), '똑똑한', 숙련된 기술, 요령, 성향, 〈↔inability\incapacity\disinclination〉 가2

111 **knap-sack** [냅 색]: knappen(bite)+zak(sack), 〈게르만어〉, 〈← knob〉, (군인들이 식량을 짊어지고 다니던) 〈'툭 튀어나온'〉 배낭, 바랑, 등짐 주머니(가방), ruck·sack, back·pack 양2

112 **knead** [니이드]: 〈← cnedan(press into)〉, 〈게르만어〉, 〈쥐어짜서〉 반죽하다, 개다, 주무르다, 〈↔destroy\idle\pull〉 양2

113 **knee** [니이]: 〈← cneow〉, 〈라틴어→게르만어〉, 〈← genu〉, 무릎(관절), 굴곡부, 〈↔elbow〉 가1

114 **knee-cap** [니이 캪]: 슬개골, 종지뼈, 무릎받이, patella, 〈↔olecranon〉 가1

115 **knee-jerk** [니이 춰얼크]: 무릎 반사, 자동적인 반응, 〈~ patellar reflex〉 양2

116 **kneel** [니일]: 〈게르만어〉, 〈← knee〉, 무릎을 꿇다, 굴복하다, 간절히 바라다, 〈↔straighen\rise〉 가1

117 **knell** [넬]: 〈← cnyllan〉, 〈게르만어〉, 〈의성어〉, 종소리, 조종(passing bell), 곡하는 소리, 종을 치다, 〈↔silence\detach〉 양2

118 **knew** [뉴우]: know의 과거 가2

119 **knife** [나이후]: 〈← cnif〉, 〈어원 불명의 게르만어〉, '칼', 식칼, 검, 날, 찌르다, 〈↔gun\heal〉 가2

120 **knight** [나잍]: 〈← cniht(attendent)〉, 〈게르만어〉, '하인', 기사, (준남작 밑의 세습권이 없는) 훈작사, 무사, 용사, 〈↔adversary\antagonist〉 가2

121 **knit** [닡]: 〈← cnotta(knot)〉, 〈게르만어〉, '매듭을 만들다', 뜨다, 짜다, 뜨개질하다, 찌푸리다, 〈↔detach\loosen〉 가1

122 **knob** [나압 \ 닙]: 〈← knobbe(knot)〉, 〈게르만어〉, 혹, 마디, 손잡이, 둥근 장식 가1

123 ★**knob-ber** [너버]: ①〈뿔이 나기 시작하는〉 두살짜리 수사슴 ②〈'손잡이'를 입에 넣는〉 구강성교, 〈~ blow job\fellatio〉, 〈↔cunnilingus〉 양2

124 **knock** [낰 \ 닠]: 〈← cnucian(beat)〉, 〈영국어〉, 〈의성어〉, 치다, 두드리다, 부딪치다, 때려눕히다, '손 기척', 〈↔praise\compliment〉 가1

125 ★**knock back** [낰 백]: 〈1931년에 등장한 속어〉, toss down, (술을) 꿀꺽꿀꺽 마시다, 과음하다 양2

126 **knock-down** [낰 다운]: '압도적' 때려눕히기, 값이 싼, 〈↔lost\built\paid〉 양2

127 ★**knock-knock joke** [낰 낰 죠우크]: (두드리기로 시작하는) 문답식 농담, '문 열어라 수수께끼', 〈~ pun-ning joke〉 우2

128 ★**knock-off** [낰 어후]: 중지(해), 때려치워!, 모조품, 〈↔keep on\revived〉 양2

129 *****knock on wood** [낰 언 우드]: 〈여러 학설이 있으나 편자같이 목신을 믿었던 겔트족의 미신에서 연유한 듯한 말〉, 행운을 빌다, 부정타지 않게 기원하다, 〈↔abandon\distrust〉 양2

130 ★**knock-out** [낰 아웉]: KO, '압도적' 때려 혼 빼기, 결정타, 두 조씩 경기를 하면서 한 번이라도 지면 탈락하는 경기 방식, 〈↔knock-in (option)〉 비2

131 **know** [노우]: 〈← jna〉, 〈산스크리트어→그리스어→라틴어→게르만어〉, 〈← gnosis〉, '인식하다', 알다, 면식이 있다, 정통하다, 경험이 있다, 구별할 수 있다, 〈~ cognition\knowledge\quantity〉, 〈↔ notion\ notorious〉, 〈↔confuse\misunderstand〉 가2

132 *****know-bot** [노우 밭]: knowledge+robot (지식 기계 인간), 사용자가 명령하면 자동적으로 전산망을 검색해서 정보를 가져오는 '지적 머슴', '똘똘이', 〈~ hot-bot\android〉 우2

133 ★**know-how** [노우 하우]: 실제적 지식(정보), 요령, 능력, 〈↔ignorance\incompetent〉 양2

134 **knowl·edge** [날리쥐]: knowen+leche 〈영국어〉, 〈← know〉, 지식, 학식, 견문, 인식, 소식, 〈~ cognition\understanding〉, 〈↔ignorance\iliteracy〉 가2

135 *****knowl·edge en-gi-neer-ing** [날리쥐 엔쥐니어륑]: 지식 공학(인공지능의 응용체계를 개발하는 분야) 양2

136 *knowl·edge mod·ule [날리쥐 마쥬울]: 학습 접속기(전산기 학습에서 전화기와 전산기의 접속 장치) 영2

137 known [노운]: know의 과거분사 기2

138 knuck·le [너클]: 〈← knokil(joint)〉, 〈게르만어〉, '조그만 관절', 손가락 관절, 무릎도가니, 돌쩌귀 기1

139 ★knuck·le down [너클 다운]: (~을) 열심히 하기 시작하다, (~에) 본격적으로 착수하다, 〈~ buckle down〉, 〈↔ease up\slacken〉 미2

140 ★KO (knock out): 타도, 때려 기절시키다, 녹초로 만들다, 〈~(↔)TKO〉, 〈↔knock-in〉 미2

141 koi [코이]: nishikigoi, carp, (일본산) '비단잉어', 흔히 연못에 넣어 키우는 〈한 마리에 1만 불짜리도 있는〉 호화롭고 수명이 긴 큰 잉어, 〈~ Japanese carp〉 미2

142 ★kom·pro·mat [캄프뤄말]: 〈러시아어〉, compromising material, 약점(포획)정보, 상대방의 약점을 파고드는 공작 미2

143 ★kook·y \ kook-ie [쿠우키]: 〈영국어→미국 속어〉, 〈← 'cuckoo' (얼간이)〉, 머리가 좀 돈, 괴짜의, 〈↔normal\conventional〉 영2

144 Ko·ran [커롼]: 〈← qaraa(recite)〉, 〈아랍어〉, Quran, 코란, written article, '암송해야 할 것', 〈사실상 진화론과 우상숭배를 금하는〉 이슬람교의 경전, (609~632년에 쓰인) 하느님 말씀 수2

145 ★Ko·re·a dis·count [코뤼어 디스카운트]: '한국 할인', 〈한국 주식시장의 40%를 점유하는 외국 투자자들이〉 회계분식·가족경영 등을 이유로 한국 주식값을 깎아내리는 일 미2

146 ko·sher \ ka·sher [코우셔 \ 카우셔]: 〈← kasher(proper)〉, '정결한', (유대인 율법에 따라 만든) '율식', 상품 유대 요리, 목을 따서 피를 완전히 제거한 육류 미2

147 K-pop [케이 팦]: Korean pop·music, 한국 대중음악 (외국에서 한국의 대중음악을 일컫는 말) 미1

148 krill [크릴]: 〈노르웨이어〉, young fry, '새끼 새우'(배에서 빛을 발사하면서 떼를 지어 다니는 1~15cm 길이의 새우 비슷한 반디곤쟁이과의 '고래 먹이' 갑각류) 우1

149 kryp·ton [크륖탄]: 〈← kryptein(hide)〉, 〈그리스어〉, 크립톤, '숨겨진 것', (대기 중에 아주 소량 존재하며) 〈형광등이나 사진 찍을 때 '번쩍이' 재료로 쓰이는〉 '자동력이 없는' 불활성 희귀 기체 원소(기호 Kr·번호36) 수2

150 *K shaped re·cov·er-y: K형 회복, (불황 후 어떤 분야는 상승하고 어떤 분야는 하락하는) 선택적·점진적 경제회복, '양방 회복' 우1

151 ★Kum·ba·ya [쿰바야]: come by here, 1926년경부터 불려오는 미국 흑인 영가 중의 하나 수2

152 *KWIC (key-word in con-text): '내 문맥 표제어', 표제어가 문맥에 포함된 채 배열된 색인 미2

153 *KWOC (key-word out of con-text): '외 문맥 표제어', 표제어가 문맥 앞에 나와 배열된 색인 미2

1. **L \ l** [엘]: 이집트의 상형문자(가축을 모는 막대기)에서 따온 인쇄물에서 9번째 정도로 자주 쓰이는 영어 알파벳의 12번째 글자, 로마숫자의 50, libra(pound-돈의 단위), L자형, liter·length·left·Latin 등의 약자 수2

2. **lab** [랩]: ⇒ labor, laboratory 미2

3. **la·bor \ la·bour** [레이버]: ⟨라틴어⟩, '일', toil, 노동, 근로, 노력, 고역, 산고⟨분만의 고통⟩, ⟨두더지 등의⟩ 떼, ⟨~ work\child-birth⟩, ⟨↔lazy\rest⟩, ⟨↔hobby\sport⟩ 기2 양2

4. **lab·o·ra·to·ry** [래버뤄터뤼]: ⟨← laborare(strive)⟩, ⟨라틴어⟩, '일하는 장소', 실험실, 연구소, 제조소, ⟨~ work-room\research center⟩, ⟨↔salvage yard\scrap yard⟩ 기2

5. **lace** [레이스]: ⟨← laqueus(string)⟩, ⟨라틴어⟩, 끈 끈, 가장자리 장식, '올가미', ⟨~ lasso⟩, ⟨~ band\tie⟩, ⟨↔un-wined\strengthen⟩ 양1

6. **lack** [랙]: ⟨← lac(defect)⟩, ⟨어원 불명의 영국어⟩, 부족, 결핍, 모자람, ⟨~ abscence\want⟩, ⟨↔abundance\possess⟩ 기2

7. **lac-quer \ lac-ker** [래컬]: ⟨포르투갈어⟩, ⟨lac insect에서 추출한⟩ (옻)칠, 도료, 칠기, ⟨~ varnish\enamel⟩ 양2

8. **la·cu·na** [러큐어]: ⟨← lacus(hollow)⟩, ⟨라틴어⟩, 빈틈, 공백, 작은 구멍, ⟨→ lagoon⟩, ⟨~ lack\hiatus⟩, ⟨↔closure\continuity⟩ 양1

9. **lad·der** [래더]: ⟨← haeder(steps)⟩, ⟨게르만어⟩, ⟨밟고 올라가는⟩ 사다리, 사회적 지위, ⟨~ rate\hierarchy⟩, ⟨↔stitch\closure⟩ 양1

10. **lade** [레이드]: ⟨← hladan(load)⟩, ⟨게르만어⟩, (짐을) 싣다, (책임을) 지우다, 괴롭히다, 떠내다, ⟨~ burden\impede⟩, ⟨↔un-lade\un-load\relieve⟩ 양1

11. **lad·en** [레이든]: lade의 과거분사, 짐을 실은, 충분히 지닌, 괴로워하는, ⟨~ load⟩, ⟨↔empty\light⟩ 양2

12. **la·dy** [레이디]: half(loaf)+dige(knead), ⟨영국어⟩, ⟨빵을 반죽하는⟩ 여성, 여자분, 숙녀, 부인, 마님, ⟨한국에 있던 다방의⟩ '아가씨', ⟨~ woman\signora⟩, ⟨↔lord\gentle-man⟩ 기2

13. **lag** [래그]: ⟨← lagga(go slowly)⟩, ⟨북구어⟩, ⟨last로⟩ 처지다, 뒤떨어지다, 지연, 지체, ⟨~ linger\drag⟩, ⟨↔keep up\hurry⟩ 가1

14. **la·ger** [라거]: ⟨← laager(camp)⟩, ⟨게르만어⟩, ⟨lair된⟩ 저장맥주(저온에서 6주~6개월 저장한 것), ⟨~(↔)ale⟩ 미2

15. **la·goon \ la·gune** [러구운]: ⟨← lacus(lake)⟩, ⟨라틴어⟩, 개펄, '작은 늪', ⟨← lacuna⟩, ⟨~ marsh\shallows⟩, ⟨↔sea\hill⟩ 양1

16. **laid** [레이드]: lay의 과거·과거분사, 눕혔다, 눕힌, 가로놓인, ⟨↔removed\replaced⟩ 양1

17. **lain** [레인]: lie의 과거분사, 눕힌, ⟨↔stand⟩ 가1

18. **lair** [레어]: ⟨← licgan(lie)⟩, ⟨게르만어⟩ ①⟨들어눕는⟩ 은신처, 소굴, ⟨~ den⟩, ⟨↔mansion⟩ ②⟨물건을 가라앉히는⟩ 진창, ⟨~ mire⟩, ⟨↔mound⟩ ③짐승의 깔개, ⟨여자를 눕히려고⟩ 멋 부린 남자, ⟨~ bed\lothario⟩, ⟨↔menace⟩ ④⟨효모를 가라앉힌⟩ lager 양2

19. **lake** [레이크]: ⟨← lacus(hollow)⟩, ⟨라틴어⟩, ⟨강물이 leak된⟩ '호수', 못, 연못, ⟨↔land\sea⟩, ⟨pond보다 큰 water-basin⟩ 가1

20. **lamb** [램]: ⟨← lomb(young sheep)⟩, ⟨게르만어⟩, 어린양(의 고기), 어린 신도, 유순한 사람, 잘 속는 사람, ⟨~ gentle (or simple) soul⟩, ⟨↔wolf\bully⟩ 양2

21. **lame** [레임]: ⟨← lama(crippled)⟩, ⟨게르만어⟩, ⟨다리가 부러져서⟩ 절름발이의, 불구의, 무능력한, 서투른, ⟨→ lamo⟩, ⟨~ limp\impaired⟩, ⟨↔hilarious⟩ 양1

22 **★lame duck** [레임 덕]: 〈1761년 런던의 증권시장에서 주조된 말〉, 불구자, 무능자, 폐물, 임기 말기의 정치인, 〈~ loser\weakling〉, 〈↔conqueror\super-star〉 양2

23 **la·ment** [러멘트]: 〈← lamentum(mourning)〉, 〈라틴어〉, 〈흐느껴 울며〉 슬퍼하다, 애도하다, 비탄, 만가, 〈~ wail\grieve〉, 〈↔celebrate\rejoice〉 가1

24 **lam·i·nate** [래미네이트]: 〈← lamina(thin plate)〉, 〈라틴어에서 연유한 영국어〉, 〈쪼개서〉 얇은 판(조각)으로 만들다, 박판을 씌우다, 〈~ coat\over-lay〉, 〈↔combine\uncover〉 양1

25 **★la·mo** [라모 \ 레이모]: lame-o, 〈1977년경에 등장한 미국 속어〉, 무능력자, 무지렁이, 페인, 〈~ disabled\dunce〉 양2

26 **lamp** [램프]: 〈← lampein(shine)〉, 〈그리스어〉, 남포, 등불, 광명, 횃불, 〈~ lantern\illuminant〉, 〈↔dark-ness\shade〉 양1

27 **★LAN** (lo·cal ar·e·a net-work): 근거리 통신망(근거리에 있는 여러 개의 전산기를 묶어 자료나 기기를 공통으로 사용함), 〈MAE〉, 〈↔WAN(wide area network)〉 미1

28 **lance** [랜스]: 〈← lancea(light spear)〉, 〈라틴어〉, 〈주로 기마병이 쓰는〉 창, 작살, 〈→ launch〉, 〈~ dart\javelin〉, 〈↔sew\close〉 양1

29 **land¹** [랜드]: 〈← landa(ground)〉, 〈게르만어〉, 땅, 뭍, 육지, 토지, 소유지, 지역, 국토, 〈~ terra firma〉, 〈↔sea〉 양1

30 **land²** [랜드]: 〈← land¹〉, 상륙(착륙)시키다, 끌어 올리다, 〈~ come in to land\touch down〉, 〈↔take off\fly off\sail〉 양1

31 **land·ing** [랜딩]: 상륙, 착륙, 착수, 〈~ arrival〉, 〈↔departure〉 양1

32 **land·la·dy** [랜드 레이디]: 여자 집주인, 여관집 안주인, 〈↔land-lord\tenant〉 양1

33 **★land-line** [랜드 라인]: ①지평선, 〈~ horizon〉 ②(공중 〈무선〉통신에 대한) 지상 유선통신, 유선전화, 〈~ telephone (or fixed) line〉, 〈↔hand-phone\mobile phone〉 미2

34 **land-lord** [랜드 로어드]: 남자 집주인, 여관집 바깥주인, 지주, 〈↔land-lady\tenant〉 양1

35 **land-mark** [랜드 마아크]: 경계표, 획기적인 사건, 〈~ indicator\turning point〉, 〈↔insignificant\unhistoric〉 양2

36 **land-scape** [랜드 스케이프]: 풍경, 조망, 조경, 가로 방향(이 긴 종이), 〈~ scenery\terrain〉, 〈↔sky-scape\sea-scape\perpendicular〉 양1 미2

37 **land-slide** [랜드 슬라이드]: (산)사태, 압도적 (승리), 〈~ grand slam\vole^s〉, 〈~(↔)avalanche〉, 〈↔drips\narrow victory〉 양2

38 **lane** [레인]: Ln, 〈← laan(narrow way)〉, 〈어원 불명의 네덜란드어〉, 좁은 길, 골목, 통로, 차선, 〈~ path\track〉, 〈↔blockage\detour〉 양1 미2

39 **lan·guage** [랭귀쥐]: 〈라틴어〉, '혀〈lingua〉를 움직이는 일', 말, 언어, 어법, 용어, 정보전달 수단, 〈→ lingo〉, 〈~ speech\words〉, 〈↔silence\writing〉, 〈인간이 원숭이를 능가하는 유일한 능력〉 가1 미2

40 **lan·guid** [랭기드]: 〈← languere(faint)〉, 나른한, 노곤한, 맥이 없는, 음울한, 〈→ languish〉, 〈~ lethargic\sickly〉, 〈↔energetic\vigorous〉 양1

41 **lan·o·lin** [래널린]: lana+oleum, 〈'wool oil'의 라틴어〉, 라놀린, 양모지(양의 털에서 추출하는 기름으로 화장품의 원료로 쓰임), 〈~ wool fat(wax)〉 무2

42 **lan·tern** [랜턴]: 〈← lampein(shine)〉, 〈그리스어〉, 〈빛이 나는〉 호롱등, 초롱, 등롱, 〈~ luminaria\lamp〉, 〈↔darkness\electric bulb〉 양1

43 **lap¹** [랩]: 〈← lappen(rag)〉, 〈게르만어〉, '내려뜨린 부분', 무릎, 책임, 옷자락, 주로의 한 바퀴, 〈→ lapel\overolap〉, 〈~ knee〉, 〈↔expose\bare〉 양1

44 **lap²** [랲]: ⟨← laptein⟩, ⟨그리스어→영국어⟩, ⟨의성어·의태어⟩, '마시다', 핥아 먹음(그 소리), 철썩철썩 밀려오다, ⟨~ lick⟩, ⟨↔pour\stream⟩ 미1

45 ***LAP-B** [랲-비]: (link access procedure-balanced), 평형 접속 접근 절차(정보전달 시 일어날 수 있는 오류를 발견하여 고치는 절차), ⟨~ error-free and correct sequenced frame⟩ 미2

46 **lapse** [랲스]: ⟨← labi(slip)⟩, ⟨라틴어⟩, 경과, 짧은 시간, 실책, 감소, 소멸, '미끄러져 떨어지다', ⟨~ interval\failing⟩, ⟨↔current\improve⟩ 가1

47 ***lap-top** [랲 탚]: ⟨desk-top에 대항해서 1983년에 주조된 말⟩, (무릎 위에 올려놓을 만한) 휴대용 개인 전산기, ⟨~ mini-computer\notebook⟩, ⟨↔main computer⟩ 미2

48 **lar·ce·ny** [라알써니]: ⟨← latro(robber)⟩, ⟨그리스어⟩, (비폭력) 절도죄, ⟨← 'mercenary' soldier(용병)⟩, ⟨~ theft⟩, ⟨↔compensation\donation⟩ 가2

49 **larch** [라알취]: ⟨← larix(a tamarack)⟩, ⟨어원 불명의 라틴어⟩, '낙엽송'(가을에 잎이 떨어지는 목재용 긴 소나무 종류), ⟨~ a deciduous pine⟩ 미2

50 **lard** [라알드]: ⟨← larinos(fat)⟩, ⟨그리스어에서 유연한 영국어⟩, '지방' 돼지기름, 똥돼지, ⟨기름으로 닦아⟩ 윤색하다, ⟨~ grease\tallow⟩, ⟨↔lean\extract⟩ 가2

51 **large** [라아쥐]: ⟨← largus(abundant)⟩, ⟨라틴어⟩, 큰, 넓은, '풍부한', 과장된, ⟨~ big\wide⟩, ⟨↔small⟩ 가1

52 **lark¹** [라알크]: ⟨← laferce(a small song-bird)⟩, ⟨어원 불명의 영국어⟩, 종다리(뒷발가락의 발톱이 아주 길고 수직으로 비행하며 낭낭한 목소리로 우는 참새보다 좀 큰 새), sky-lark, ⟨↔owl?⟩ 미2

53 ★**LARP** [라아프]: live action role-play, 실연 역할극, 참가자가 특정 인물의 역할을 맡아 여러 상황을 연기해보는 역할극 영2

54 ★**lar·ry sty·lin·son** [래리 스타일린스]: ⟨영국의 대중가요 악단원 Harry Styles와 Louis Tomlinson 간의⟩ '수상스런 형제 관계' 속2

55 **lar·va** [라아붜], lar·vae [라아뷔이]: ⟨'ghost(유령)'란 뜻의 라틴어⟩, ⟨탈을 벗은⟩ 애벌레, 유충, ⟨~ pupa\nymph²⟩, ⟨↔adult\matured⟩ 가2

56 **la·ser** [레이저] (light am·pli·fi·ca·tion by stim·u·la·ted e·mis·sion of ra·di·a·tion): 자극된 방사선 방출로 인한 광선 증폭(분자의 고유진동을 이용하여 ⟨정확한 파장의⟩ 전자파를 방출하는 장치) 속2

57 ***la·ser mem·o·ry** [레이저 메머뤼]: 레저 광선을 이용해서 빛에 예민한 표면에 있는 물체를 기억·저장·판독하는 전산기 연성기기, ⟨~ used to improve short-term memory⟩ 영1

58 ***la·ser mouse** [레이저 마우스]: 레저 지침봐(표면의 움직임을 탐색할 때 기계적 형태가 아닌 레저 광선을 이용하는 '깜빡이'), ⟨~(↔)optical mouse⟩ 영2

59 **lash** [래쉬]: ①⟨← lassche⟩, ⟨영국어⟩, ⟨의태어⟩, 후려치다⟨↔lick⟩, 챗열, (채찍의 휘는 부분), 매도 ⟨↔praise⟩, 꼬리 치기, 속눈썹(eye·lash) ②⟨← lachier⟩, ⟨프랑스어⟩, ⟨lace로⟩ 묶다(매다), ⟨~ strap⟩, ⟨↔lose⟩ 영1

60 ★**lash out** [래쉬 아웉]: (매우) 혼내다, (통렬히) 비난하다, ⟨~ roar\yell⟩, ⟨↔laud\hail²⟩ 미2

61 **LASIK** [레이싴](la·ser as·sist-ed in-situ ker·a·to·mil·eu·sis): 라식, (자극 방사선) 각막 회복 수술, 레이저를 이용한 각막 절색 가공 성형술 미1

62 ***las·so** [래쑈우]: ⟨← laqueus(noose)⟩, ⟨라틴어⟩, (카우보이들이 쓰던) '올가미' 밧줄, 전산기 도형계에서 손보아야 할 곳을 잡아내는 '올가미 표시', ⟨~ lace⟩, ⟨~ lariat\noose⟩, ⟨↔net⟩ 영2

63 **last¹** [래스트 \ 라스트]: ⟨← laggost⟩, ⟨게르만어⟩, ⟨← late⟩, 맨 마지막의, 끝의, 바로 전의, 최근의, ⟨~ rearmost\most recent⟩, ⟨↔first\next⟩ 가1

64. **last²** [래스트 \ 라스트]: 〈← laistjan(endure)〉, 〈게르만어〉, 지속하다, 〈궤도를 따라〉 끝다, 오래 견디다, 〈~ continue\endure〉, 〈↔short-lived\ephemeral〉 **기1**

65. ***last mile** [래스트 마일]: 〈경제 용어〉, '마지막 거리', 물품이 고객에게 배송되기 직전의 〈마지막 손질〉, 〈~ final push〉, 〈↔first mile〉 **미2**

66. ★**last re·sort²** [래스트 뤼져어트]: '마지막으로 찾는 방편', 궁여지책, desperate measure, 〈↔first chance(option)〉 **일2**

67. ★**last straw** [래스트 스트뤄어]: '마지막 지푸라기', 인내의 한계, 〈~ limit\end〉, 〈↔first step\unextended〉 **일2**

68. ★**last straw that broke the cam·el's back**: 낙타의 등을 부러뜨린 마지막으로 얹은 지푸라기 하나, 갈때까지 가다, 조금만 건드려도 폭발할 지경, 〈~ breaking point\coup de grace〉 **일2**

69. **latch** [래취]: 〈← lakkijanan(fasten)〉, 〈게르만어〉, 〈붙잡아 매는〉 걸쇠, 빗장, 〈~ clasp\lock〉, 〈↔split\dissociate〉 **기1**

70. **late** [레이트]: 〈← lata(slow)〉, 〈게르만어〉, 늦은, 더딘, 후기의, 전의, 작고한, 〈← let(놓아준)〉, 〈→ last〉, 〈↔early〉 **기1**

71. ★**late bloom·er²** [레이트 블루우머]: 늦게 피는 꽃(이 오래간다), 대기만성, 〈~ Rome was not built in a day〉, 〈↔soon ripe, soon rotten〉 **일2**

72. **la·tent** [레이튼트]: 〈← latere〉, 〈라틴어〉, 〈'lie'('누어')〉 숨어있는, 잠재적인, 대기하는, 〈~ dormant\potential\quiescent〉, 〈↔active\obvious〉 **기2**

73. ***La-TeX \ LA-TEX** [라텍(스) \ 레이텍(스)]: 〈Lamport가 Tex차림표를 개선한〉 라텍스, 작가의 수고를 덜어주기 위해 출판도안자가 고안해낸 고성능 과학·기술 타자체제 **C2**

74. **la·tex** [레이텍스]: 〈← latax(drop)〉, 〈그리스어→라틴어〉, 〈← liquid〉, 라텍스(원래는 사포딜라 고무나무에서 추출한 유액이나 지금은 합성고무의 작은 분자와 물과의 유탁액으로 각종 고무 제품의 원료로 쓰임), 유액, 〈~(↔)rubber\gum\sap〉

75. **Lat·in** [래틴]: 〈← latus(wide)〉, 〈라틴어〉, 〈기원전 10세기경부터 이탈리아 중부 Latium(flat area) 지방에 살았던〉 라틴 계통의 언어를 하는 사람들〉, (이탈리아·스페인·포르투갈 등) 옛 로마 계통의 로마 문자, 〈~ Romantic〉 **수1**

76. ★**La·tine** [래틴]: = Latinx(중남미인), Latino(a)란 말이 어감이 좋지 않다고 바꾸어진 철자 **미2**

77. **lat·i·tude** [래티튜우드]: 〈← latitudo(width)〉, 〈라틴어〉, '가로로 긴 선', 위도, 씨줄, 폭, 범위, 〈← length〉, 〈~ breadth\parallel〉, 〈↔longitude\altitude〉〉 **기1**

78. ★**lat·te pa·pa** [라떼 파파]: 〈출산율을 높이려는 스웨덴에서 생긴 말〉, (우유병을 들고 유모차를 모는) 유아에 적극적인 아빠, 〈~ an attentive young father〉 **미1**

79. **lat·tice** [래티스]: 〈← latta(plank)〉, 〈게르만어〉, 격자(바둑판이나 석쇠 모양의 물건·창·문장), 〈→ lath〉, 〈~ trellis\grid〉, 〈↔solid\mish-mash〉 **미1**

80. **laud** [로어드]: 〈← laudis(praise)〉, 〈라틴어〉, 칭송하다, 찬미하다, 새벽기도, 〈→ cum laude〉, 〈~ applaud\hail⁵〉, 〈↔lash out\condem〉 **기2**

81. **laugh** [래후 \ 라후]: 〈← hlihhan(rejoice)〉, 〈게르만어〉, (소리 내어) 웃다, 흥겨워하다, 비웃다, 〈→ laughter〉, 〈↔cry\whimper\whine〉 **기1**

82. ★**laugh and the world laughs with you**: 〈1883년 미국 시인이 등장시킨 말〉, 웃어야 복이 온다(소문만복래), 웃는 낯에 침 뱉으랴, 〈~ weep and you weep alone〉 **일2**

83. ★**laugh on Fri·day, cry on Sun·day**: 호사다마, 〈~ lights are followed by shadows\after the feast comes the reckoning〉 **일2**

84 **launch** [러언취]: ①⟨← lancea⟩, ⟨라틴어에서 유래한 프랑스어⟩, '창⟨lance⟩을 던지다', 진수(발전)시키다, 발사하다, 내보내다, 실시하다, ⟨~ cast\embark⟩, ⟨↔conclude\discontinue⟩ ②⟨← lancar(quick)⟩, 큰 발동선(말레이어에서 연유함? 포르투갈어), ⟨~ a large motor-boat⟩ 가1

85 **laun·dry** [러언드뤼]: ⟨← lavare(wash)⟩, ⟨라틴어→프랑스어⟩, 세탁소, 빨랫감, '씻는 것', 세척, ⟨~ cleaning\lavage⟩, ⟨↔dirty\hand-wash⟩ 가1

86 **lau·rel** [러어뤨]: ⟨← laurus(bay tree)⟩, ⟨라틴어⟩, 서양 만병초, 계수나무, 월계수, 월계관, 명예, ⟨→ Lawrence\laureate⟩, ⟨~ accolade\award⟩ 가1

87 **la·va** [라아뷔]: ⟨← lavare(wash)⟩, ⟨라틴어⟩, 용암, 화산암, '씻겨 내린 바위', ⟨~ magma\pumice⟩, ⟨↔glacier\ashes⟩ 가1

88 **lav·a·to·ry** [래붜터어뤼]: ⟨← lavare(wash)⟩, ⟨라틴어⟩, '씻는 장소', 세면소, 화장실, 변소, ⟨~ WC\loo\toilet⟩, ⟨↔예전에는 basket에다 똥을 싸서 내다 버렸음⟩ 양2

89 **lav·en·der** [래븬더]: ⟨← lavare(wash)⟩, ⟨라틴어⟩, ⟨잎을 '우려내서' 향료로 쓰는⟩ 가늘고 긴 잎을 가지고 쑥 냄새 비슷한 향이 나는 연보라색 꽃이 연달아 피는 꿀풀과의 식물(그 향기\향수), ⟨어원이 라틴어 livere(bluish)라는 설도 있음⟩, ⟨~↔violet\periwinkle⟩ ４２

90 **lav·ish** [래뷔쉬]: ⟨← lavare(wash)⟩, ⟨라틴어⟩, 아낌없는, 남아도는, 사치하는, 낭비하는, ⟨몽땅 '씻어내리는'⟩ '폭우', ⟨~ luxurious\deluge⟩, ⟨↔economy\meager\spare⟩ 양2

91 **law** [러어]: ⟨← lican(lie')⟩, ⟨게르만어⟩, ⟨← lay⟩, ⟨결코 공평할 수 없는⟩ 법, ⟨진짜 코에 걸면 코걸이 귀에 걸면 귀걸이인⟩ 법률, 법학, 규칙, '놓인 것', '악법도 법이다', ⟨→ legal\loyal⟩, ⟨~ right⟩, ⟨~ rule\regulation⟩, ⟨↔anarchy⟩ 가1

92 **lawn** [러언]: ⟨← llan(glade)⟩, ⟨켈트어⟩, 잔디(밭), ⟨~ grass\green⟩, ⟨↔street\building⟩ 가2

93 **law·yer** [러어이어]: ⟨← law⟩, 변호사, 법률가, ⟨턱수염이 난⟩ 모캐(민물의 밑바닥에 살면서 미끌미끌하고 ⟨lawyer처럼⟩ 냄새가 고약하며 아무거나 입에 넣는 대구과의 물고기, burbot⟩, ⟨~ attorney\counsel⟩, ⟨↔plaintiff\defendant\judge⟩ 양2

94 **lax**[¹] [랙스]: ⟨laxus⟩, ⟨라틴어⟩, ⟨← loose⟩, 느슨한, 해이한, 애매한, ⟨~ easy\casual⟩, ⟨↔stern'\rigor\careful⟩ 가2

95 **lax·a·tive** [랙서티브]: ⟨← laxus(loose)⟩, ⟨라틴어⟩, ⟨대변을 ⟨lax하게⟩ 나오게 하는⟩ 하제, 설사약, ⟨~ purgative\cathartic⟩, ⟨↔costive⟩ 가1

96 ★**lay**[¹] [레이]: ⟨← lican(lie')⟩, ⟨게르만어⟩, 누이다, 두다, 놓다, 깔다, 쌓다, 씌우다, (알을) 낳다⟨영국어⟩, ⟨눕혀놓고⟩ 성교하다⟨미국어⟩, ⟨~ put down\place⟩, ⟨↔pick up\remove⟩ 양1

97 **lay**[²] [레이]: lie(누이다)의 과거, 누웠다, ⟨↔stood up⟩ 양1

98 **lay**[³] [레이]: ⟨← laos(people)⟩, ⟨그리스어⟩, 인민, 성직자(전문가)가 아닌, 보통패, ⟨~ ordinary\common⟩, ⟨↔professional\ordained⟩ 양1

99 **lay·er** [레이어]: ⟨← lay¹⟩, ⟨차곡차곡 쌓는⟩ 층, 켜, 바르기, 알 낳는 새, 휘묻이(가지 묻어 뿌리 내리기), ⟨~ level\tier⟩, ⟨↔over-head\un-cover⟩ 가1

100 **lay-man** [레이 먼]: ⟨← lay³⟩, 속인, 평신도, 문외한, ⟨↔clergy\expert⟩ 양2

101 **lay-off** [레이 어어후]: 일시 해고, 자택 대기, 활동 중지, ⟨~ cut back\dismiss⟩, ⟨↔re-open\re-employment⟩ 미2

102 *****lay-out** [레이 아웉]: 배치, 설계, 판짜기, 얼개 짓기, ⟨~ array\blue-print⟩, ⟨↔hoard\save\neglect⟩ 양2

103 ★**lay up for a rain·y day**: 궂은 날을 위해 비축하다, 유비무환, ⟨~ forewarned is forearmed\an once of prevention is worth a pound of cure⟩ 양2

104 **la·zy [레이지]**: 〈어원 불명의 게르만어〉, sloth-ful, 게으른, 나태한, 나른한, 굼뜬, 〈~ lacka-daisical〉, 〈↔labor〉, 〈↔industrious\hard-working〉 **기1**

105 **lb \ lbs (li·bra \ li·brae) [라이브뤄 \ 리브뤼 (라이브뤼 \ 리브라이)]**: 파운드, 5,053grains, 16온스, 약 453.6g **실2**

106 *****L band [엘 밴드]**: long band, (위성통신·이동전화 등에 쓰이는 390~1,550M(mega)HZ의) 〈극초단파의〉L(군대 암호 문자) 주파대, 〈↔C(conventional) band\S(short) band〉 **우2**

107 *****LBO (lev·er-aged buy-out)**: 차입합병, (매수 예정 회사의 자산을 담보로 한) 차입금에 의한 기업 매수, 〈~ hostile take-over〉 **우2**

108 *****LCD (liq·uid crys·tal dis·play)**: 액정 소자 표시(자장에 의해 조정되는 양극성 빛에 반응하는 액체성 소립자로 섬세한 것까지 나타낼 수 있는 화면) **미2**

109 **leach [리어취]**: 〈← leccan(moisten)〉, 〈게르만어〉, (액체를) '거르다', 침출되다, 여과수에 담그다, (치료 목적으로) 피를 뽑다, 〈~ leak〉, 〈~ drain\filter〉, 〈↔dilute\thin〉 **환1**

110 **lead¹ [리이드]**: 〈← lidhan(guide)〉, 〈게르만어〉, '이끌다', 인도하다, 거느리다, 유인하다, 지내다, 송전선, 〈~ load〉, 〈~ power-line〉, 〈↔follow〉 **양1**

111 **lead² [레드]**: 〈← lot(weight)〉, 〈어원 불명의 게르만어〉, liquid silver, 납, 〈다루기 쉬우나 독성이 있는〉 연(금속원소; 기호 Pb·번호 82), plumbum(라틴어) **기1**

112 *****lead-time [리이드 타임]**: 〈← lead¹〉, '인도 기간', 제품의 고안에서 완성까지의 시간, 계획에서 실시까지의 준비 기간, 〈~ interval\time-span〉 **우1**

113 **leaf \ leaves [리이후 \ 리이브즈]**: 〈← loub(foliage)〉, 〈게르만어〉, '잎'(들), 낙엽, 한 장, 한 쪽 **양1**

114 **leaf-let [리이훌릿]**: 작은 잎, 어린잎, (낱장의) 전단 광고, 〈~ pamphlet\flier〉 **양2**

115 **league [리이그]**: 〈← ligare(bind)〉, 〈라틴어〉, 리그, 〈함께 묶인〉 연맹, 동맹, 한패, 〈~ ally\band〉, 〈↔dissociation\division〉 **기1**

116 *****leak [리일]**: 〈← leccan(to drip)〉, 〈게르만어〉, '방울져 떨어지다', 샘, 새는 곳, 소변, 누출, 누설, 누전, 누손(전력이 약해질 때 정보의 일부가 소멸되는 일), 〈~ leach\exude〉, 〈~ lack\loss〉, 〈↔influx\blockage〉 **기1 미2**

117 **lean¹ [리인]**: 〈← hlinen(recline)〉, 〈게르만어〉, '기대다', 경사지다, 쏠리다, 〈~ slope\tilt〉, 〈~ depend\rely〉, 〈↔straighten\shun\level〉 **기1**

118 **lean² [리인]**: 〈← hleonian(deficient)〉, 〈게르만어〉, '야윈', 깡마른, 메마른, 기름을 뺀, 〈~ lank\thin〉, 〈~ lean year(흉년)〉, 〈↔fat\thick〉 **기1**

119 **leap [리잎]**: 〈← hleapan(jump)〉, 〈게르만어→영국어〉, (껑충) 뛰다, '도약하다', (표범 등의) 떼, 〈~ elope〉, 〈~ jump\spring\vault〉, 〈↔fall\stay〉 **기2**

120 **learn [러언]**: 〈← leornian(gain knowledge)〉, 〈게르만어〉, '배우다', 익히다, 알다, 〈~ lore\study〉, 〈↔ignore\neglect〉 **기1**

121 ★**learn and earn [러언 앤 어언]**: 아는 것이 힘, 배워서 남주나, 〈~(↔)요놈들아〉 **양2**

122 ★**learn from other's mis-takes**: 남의 실수를 보고 배워라, 타산지석, 〈~ let his failure be a lesson to you〉 **양1**

123 *****learn·ing cur·ve [러어닝 커어브]**: 학습(숙달) 곡선〈일정 시간에 대한 숙달도로 대개 초기에 급상승하고 후로 갈수록 완만함〉 **기2**

124 ★**learn to walk be-fore you run**: 기초부터 배워라, 뱁새가 황새 쫓아가다 가랑이 찢어진다, 〈~ tailor your ambitions to the measure of your abilities〉 **양2**

125 **lease [리이스]**: 〈← laxus(let go)〉, 〈라틴어〉, '토지를 풀어 놓다', 차용 계약, 임차권, 임대 기간, 〈~ lax\let\loose〉, 〈→ leash\lessee\lessor〉, 〈~(↔)rent〉, 〈↔ownership\freehold〉 **양2**

126 **leash** [리쉬]: ⟨← laxus(loose)⟩, ⟨라틴어→프랑스어⟩, 사슬, 가죽끈, 제어, 속박, ⟨← lease⟩, ⟨~ rein\chain⟩, ⟨↔un-tie\liberation⟩ 영1

127 **least** [리이스트]: little의 최상급, 가장 작은(적은), ⟨↔most\sufficient⟩ 기2

128 **leath·er** [레더]: ⟨← lether(tanned animal skin)⟩, ⟨게르만어⟩, (무두질한-가공한) 가죽, 피혁(제품)

129 **leave¹** [리이브]: ⟨← laf(remain)⟩, ⟨게르만어⟩, 남기다, '나를 버리고' '가버리다', 그만두다, 방치하다, 맡기다, ⟨~ depart\go⟩, ⟨↔arrive\come⟩ 영1

130 **leave²** [리이브]: ⟨← leaf(permission)⟩, ⟨게르만어⟩, '허가', 휴가, 작별, ⟨~ waive\for-sake\cease⟩, ⟨↔denial\work-day\start⟩ 영2

131 **leaves** [리이브즈]: leaf의 복수 영1

132 ★**leave well e·nough a-lone**: 잘하면 내버려 두어라, 뛰는 말에 채찍질(하지 말라), 긁어 부스럼 내지 말라, ⟨~ more is not always better⟩ 영2

133 **lec·ture** [렉춰]: ⟨← legere(read)⟩, ⟨라틴어⟩, ⟨선택하여 읽어주는⟩ 강의, 설교, 잔소리, ⟨→ lectern⟩, ⟨~ lesson⟩, ⟨~ speech\address'⟩, ⟨↔silence\listening\compliment⟩ 기2

134 ***LED** (light e·mit·ting di·ode): 발광 2극관(전류가 통과할 때 빛을 발산하는 반도체로 열량의 손실이 미세함), ⟨↔OLED⟩, ⟨TV는 plasma보다 크기와 선명도가 떨어지나 얇아서 값이 비싸다고 함⟩ 미1

135 **led** [레드]: lead의 과거·과거분사형 영1

136 **ledge** [렛쥐]: ⟨← licgan(lie)⟩, ⟨게르만어→영국어⟩, ⟨문을 'lay'(가로 지르는)하는⟩ 턱, 선반, 가로대, 암층, 광맥, ⟨~ shelf\mantel⟩, ⟨→ ledger⟩, ⟨↔cavity\recess⟩ 영2

137 **led·ger** [렛줘]: ⟨← licgan(lie)⟩, ⟨게르만어→영국어⟩, ⟨← ledge⟩, ⟨선반에 놓아두던⟩ 원장, 원부, 대장, ⟨~ log\register⟩, ⟨↔punch out\detach⟩ 기1

138 **lee** [리이]: ⟨← hly(shelter)⟩, ⟨스칸디나비아어에서 연유한 영국어⟩, 바람 불어 가는 쪽, 바람을 받지 않은 쪽, 가려진 곳, ⟨보호된 곳⟩, ⟨~ cover\protection⟩, ⟨↔windward⟩ 미2

139 **leech** [리이취]: ⟨← lyce(blood sucker)⟩, ⟨어원 불명의 영국어⟩, '착취하다', 거머리, 흡혈귀, 고리대금업자, ⟨'의사'의 고어⟩, ⟨~ taker\usurer⟩, ⟨↔supporter\benefactor⟩ 기2 영2

140 **leek** [리일]: ⟨← leac(garlic)⟩, ⟨게르만어⟩, (푸른 녹색의 줄기가 두껍고 잎이 질기며 웨일스 사람들이 좋아하는) ⟨마늘과 사촌쯤 되는⟩ 서양 '부추'(파), ⟨~ chive\scallion⟩ 미2

141 ★**lee-way** [리이웨이]: ⟨영국어⟩, ⟨← lee⟩, (바람이 불어가는 쪽에 생기는) 여유, 여지, 시간적 손실, ⟨~ scope'\room to maneuver⟩, ⟨↔tightness\disadvantage⟩ 기1

142 **left¹** [레후트]: leave의 과거·과거분사, ⟨↔stayed\arrived⟩ 기2

143 **left²** [레후트]: ⟨← lyft(weak)⟩, ⟨게르만어⟩, '약한', 왼쪽, 좌측, 좌파, 좌익, ⟨↔right⟩ 기2

144 ***left-click** [레후트 클릭]: '좌측 선택'(마우스의 왼쪽을 누름), ⟨↔right-click⟩ 미1

145 ★**left¹(out) in the cold**: 무시되다, 찬밥 신세가 되다, 잊혀지다, 돌림쟁이, ⟨~ cold shoulder\black-balled⟩, ⟨↔cherished\red carpet⟩ 영2

146 ***left-jus·ti·fy** [레후트 쥐스티화이]: '좌측 정돈'(왼쪽으로 가지런히 한 타자·인쇄), ⟨~ aligned to the left⟩ 미2

147 ***left on read** [레후트 언언 뤼이드]: 전산망 전문을 읽었지만 대답하지 않는 일, '읽고 무시하기', ⟨~ ignored⟩, ⟨↔reply\forward⟩ 우2

148 **leg** [레그]: ⟨← lagiaz(calf)⟩, ⟨게르만어⟩, '다리', 정강이, 버팀대, ⟨여인의 신체 부분 중 제일 볼만한 곳⟩, ⟨~ lower limb\support⟩, ⟨↔arm\body⟩ 기1

149 **leg·a·cy** [레거시]: ⟨← legare(bequest)⟩, ⟨라틴어⟩, ⟨법적으로 인정된⟩ 유산, 물려받은 것, 기존의, 유품(돈이 없거나 귀찮아서 아직도 쓰고 있는 구닥다리 전산기 기기), ⟨← legate\deligate⟩, ⟨~ bequest\bestowel⟩, ⟨↔discard\castaway⟩ 기2 미2

150 ***leg·a·cy-free** [레거시 후뤼이]: '면유품'(유품 방지용)⟨신형이 나와도 계속 호환·개선해서 쓸 수 있는 기기⟩, ⟨~ not comparable⟩, ⟨~(↔)compatible⟩ 미2

151 **le·gal** [리이걸]: ⟨← legis⟩, ⟨라틴어⟩, ⟨← law⟩, 법률(상)의, 합법적인, ⟨→ loyal⟩, ⟨~ legitimate\licit⟩, ⟨↔illegal\criminal⟩ 가1

152 **le·ga·tion** [리게이션]: ⟨← legare(appoint)⟩, ⟨라틴어⟩, 공사(관), 사절단, ⟨→ delegate⟩, ⟨~ embassy\mission⟩, ⟨↔dis-arrange\dis-allowance⟩ 왕2

153 **leg·end** [레전드]: ⟨← legare(read)⟩, ⟨라틴어⟩, ⟨읽혀야 할⟩ 전설, 설화, 범례, 설명문, ⟨~ folk tale\icon\rubric⟩, ⟨↔non-fiction\narrative⟩ 미1

154 **leg·i·ble** [레저블]: ⟨← legere(read)⟩, 읽기 쉬운, 명료한, ⟨~ readable\clear⟩, ⟨↔illegible\un-intelligible\obscure⟩ 가1

155 **le·gion** [리이쥔]: ⟨← lagere(bequest)⟩, (로마의) 군단⟨레지옹⟩, ⟨골라된⟩ 군대, 군세, 전면전, 다수, 재향군인회, (프랑스) 외인부대⟨레지옹⟩, (분류상의) 속(genus), ⟨~ brigade\company⟩, ⟨↔phalanx\individual⟩ 왕1

156 **leg·is·la·tion** [레쥐슬레이션]: legis(law)+latio(propose), ⟨라틴어⟩, 입법, 법률, '법을 제안함', ⟨~ bill\law-making⟩, ⟨↔repeal\lawlessness⟩ 기2

157 **le·git·i·mate** [리쥐티미트]: ⟨← legis(law)⟩, ⟨라틴어⟩, fixed by law, '법이 허락하는', 합법의, 옳은, 정통의, 합리적인, ⟨~ legal\licit⟩, ⟨↔illegitimate\illegal⟩ 왕1

158 ★**Leg·o League** [레고우 리이그]: '짜맞추기 연맹', 1998년 미국에서 개발된 ⟨내가⟩ (기계인간을 이용해서) 작업을 완성시키는 전산기 경기(집단) 우1

159 ★**leg-pull** [레그 풀]: 못된 장난, 속여 넘기기, ⟨~ caper¹\prank¹⟩, ⟨↔revealing\de-bunking⟩ 왕2

160 ★**L8R** (lat·er): later의 웃기는 표현, 나중에…, 총총히… 미2

161 **lei·sure** [리이져\레져]: ⟨← licere(be allowed)⟩, ⟨라틴어⟩, ⟨← license⟩, ⟨허락된⟩ 틈, 여가, 무위, 느긋한, ⟨~ free(spare) time⟩, ⟨↔work\toil⟩ 가1

162 ★**lem·on** [레먼]: ⟨← laimon(citrus)⟩, ⟨아랍어⟩, 레몬(일 년에 최고 10번까지 수확할 수 있는 인도 원산 운향과의 상록관목), 담황색, 맛이 없는 것⟨시큼털털한 것⟩, ⟨결함을 발견하고 레몬을 씹은 듯한 표정을 짓는다⟩ 불량품(차), ⟨~ lime⟩, ⟨↔prize⟩ 우1

163 **lem·on·ade** [레머네이드]: 레몬수(레몬+물+설탕), ⟨~ citron juice⟩, ⟨~(↔)orange juice⟩ 왕1

164 ★**lem·on law** [레먼 러어]: ⟨교환·환불을 요구할 수 있는⟩ (자동차) 불량품법, ⟨~ a consumer warranty act⟩ 미1

165 **lend** [렌드]: ⟨← lan(loan)⟩, ⟨게르만어⟩, '빌려주다', 제공하다, ⟨~(↔)advance\rent⟩, ⟨↔borrow\withhold\detract⟩ 가1

166 **length** [렝쓰]: ⟨← lengthu⟩, ⟨게르만어⟩, ⟨← long⟩, 길이, 세로, 한도, ⟨→ latitude⟩, ⟨~ extent\distance⟩, ⟨↔width\breadth⟩ 가1

167 **le·ni·ent** [리니언트]: ⟨← lenis(soft)⟩, ⟨라틴어⟩, '순환', 관대한, 가벼운, ⟨~ allowing\forgiving⟩, ⟨↔polar\severe\stiff\strict⟩ 미2

168 ★**Le·no·vo** [레노보]: ⟨new legend(새로운 전설)⟩, '연상유한공사', 1984년에 설립된 중국의 세계적 전산기 계통 기술회사 중2

169 **lens** [렌즈]: ⟨라틴어⟩, ⟨lentil 모양의⟩ 수정체, 곡선을 가진 투명한 물체, ⟨~ pupil⟩, ⟨↔blindfold\diverge\retina⟩ 미2

170 **lent** [렌트]: lend의 과거·과거분사 〈가1〉

171 **len·til** [렌틀]: 〈← lenticula(freckle)〉, 〈라틴어〉, 편두(둥글 납작한 모양을 한 다양한 색깔의 콩으로 기원전 22세기부터 재배됨), 〈→ lens〉, 〈~ legume\pulse²〉 〈미2〉

172 **leop·ard** [레퍼드]: leon+pardos, 〈그리스어〉, 표범(사냥에 도가 트고 표피에 수많은 검은 반점을 가진 고양잇과의 큰 육식동물), lion+panther 〈미2〉

173 ★**leop·ard can't change its spots**: 세 살 버릇 여든까지 간다, 제 버릇 개 못 주는 법, what's learned in the cradle is carried to the tomb

174 **lep·ro·sy** [레프뤄시]: 〈← lepein(to peel)〉, 〈그리스어〉, 〈손·발가락이 '문들어지는'〉 문둥병(피부와 말초신경을 침범하는 저강도의 전염병), 〈피부가 두꺼비 같이 변하는〉 나병, 〈발견자의 이름을 딴〉 한센(Hansen)병, 〈비늘이 벗겨지는〉 부패, 〈→ leper〉 〈가1〉

175 **les·bi·an** [레즈비언]: 〈여성 찬미 그리스 시인이 태어난 섬 이름(Lesbos)에서 유연한〉 여성 동성애의, 호색적인, 〈~ gay woman\queer\butch\dike〉, 〈↔gay man〉 〈양1〉

176 **le·sion** [리이전]: 〈← laedere(injure)〉, 〈라틴어〉, '손상'(부위), 병소, 〈~ wound\damage〉, 〈↔recovery\healing〉 〈양2〉

177 **less** [레스]: little의 비교급, 더 적은(작은), 더 적게(작게), 〈↔more\greater〉 〈가2〉

178 **less·en** [레슨]: 적게(작게) 하다, 줄이다, 경시하다, 〈~ decrease\reduce〉, 〈↔increase\magnify〉 〈가1〉

179 **les·son** [레슨]: 〈← legere(read)〉, 〈라틴어〉, 학과, 〈소리내어 읽는〉 수업, 교훈, 〈~ lecture\session〉, 〈↔mislead\ignorance〉 〈가2〉

180 **lest** [레스트]: 〈← leste〉, 〈영국어〉, 〈← less that〉, ~하지 않도록, ~은 아닐까 하고, 〈~ in case\unless〉, 〈↔so that\in order to〉 〈양1〉

181 **let** [렡]: 〈← leatan〉, 〈게르만어〉, 〈← leave〉, let alone (be), ~시키다, 놓아주다, 내버려 두다, 〈← late〉, 〈~ allow\permit〉, 〈↔prohibit\prevent〉 〈양1〉

182 **le·thal** [리이썰]: 〈← letum(death)〉, 〈라틴어〉, 치사의, 치명적인, 〈~ fatal\virulent〉, 〈↔safe\healthy〉 〈가1〉

183 **leth·ar·gy** [레썰쥐]: lethe(forgetfulness)+algos(pain), 〈그리스어〉, 무기력, 혼미(상태), 〈~ apathy\inertia\listless〉, 〈↔dynamics\energy〉 〈양1〉

184 **let's** [레츠]: let us, ~ 합시다 〈가2〉

185 ★**let sleep·ing dogs lie**: 〈프랑스 격언을 초서가 도입한 말〉, 긁어 부스럼 만들지 말라, 〈~ leave it alone〉 〈양2〉

186 **let·ter** [레터]: 〈← littera(written character)〉, 〈라틴어〉, '글자', 문자, 편지, 자구, 문학, 〈마음의 무늬〉, '레떼르(label)', 〈~ literature\epistolary〉, 〈↔speech\voice mail\number〉 〈양1〉

187 ★**let the cat out of the bag**: (무심코) 기밀을 누설하다, 비밀이 샜다, 〈~ spill the beans〉, 〈↔conceal\hide〉 〈양2〉

188 **let·tuce** [레티스]: 〈← lac〉, 〈라틴어〉, 〈'latte(우유)' 같은 액즙이 나오는〉 (양)상추(칼슘·철분·비타민A를 많이 포함하고 있고 주로 날로 먹는 채소), 〈~ a leaf vegetable〉 〈가1〉

189 **lev·el** [레블]: 〈← libra(balance)〉, 〈라틴어〉, '수준기', 수평, 평원, 동위, 표준, 〈~ flat\equal〉, 〈↔uneven\bumpy\tilt〉

190 **lev·er** [레버 \ 리붜]: 〈← levare(raise)〉, 〈라틴어→프랑스어〉, '위로 올리는 도구', 지레, 방편, 〈~ bar\lifter〉, 〈↔attach\bind〉 〈가1〉

191 ***lev·er·age** [레버뤼쥐 \ 리버뤼쥐]: 지레 작용, 수단, 세력, 차입 자본 이용⟨기업이 타인의 자본을 지렛대처럼 이용해서 자기 자본의 이익율을 높히는 짓⟩, ⟨~ advantage\credit⟩ 유2

192 **lev·y** [레뷔]: ⟨← livare(raise)⟩, ⟨라틴어→프랑스어⟩, '들어 올리다', 거두어들이다, 압류하다, 시작하다, ⟨~ impose\tariff⟩, ⟨↔discharge\diminish\abate⟩ 유1

193 **lewd** [루우드]: ⟨← leawede(non clerical)⟩, ⟨영국어⟩, ⟨← lay?⟩, 추잡한, 음란한, ⟨~ lascivious\obscene\vulgar⟩, ⟨↔decent\clean⟩ 유2

194 ★**lewk** [룩]: ⟨2010년경에 등장한 미국 속어⟩, look의 변형어, unique look, 개성적인 몸치장(장식) 유2

195 ***LGA** (land grid ar·ray): '접촉 밑바닥 격자 배열', 회로판의 단자전극을 납땜으로 연결한 통합 회로 배열 방식, ⟨↔PGA²(pin grid array) 우1

196 ★**LGBT**<Q> (les·bi·an-gay-bi·sex·u·al-trans·gen·der <queer-ques·tion·a·ble>): 성적 소수자, '성적 괴짜' 유2

197 **li·a·bil·i·ty** [라이어빌리티]: ⟨← ligare(bind)⟩, ⟨라틴어⟩, 빠지기 쉬움, 책임, 채무, ⟨책임을 '묶을 수' 있는⟩ 불리한 일, ⟨~ accountability\legal responsibility⟩, ⟨↔asset\immunity⟩ 유2

198 **li·ai·son** [리에이정 \ 리어잔]: ⟨← ligare(bind)⟩, ⟨라틴어→프랑스어⟩, '묶음', 연락, 섭외, 밀통, ⟨~ cooperation\connection⟩, ⟨↔disconnection\separation⟩ 유1

199 **li·ar** [라이어]: ⟨← leogan⟩, ⟨게르만어⟩, ⟨← lie⟩, 거짓말쟁이, ⟨~ deceiver\perjurer⟩, ⟨↔truth-teller\honest person⟩ 기2

200 **li·bel** [라이블]: ⟨← liber(book)⟩, ⟨라틴어⟩, ⟨로마시대 '조그만 책자'를 제출해서 상대방을 헐뜯던 데서 여유한⟩ 모욕, 명예훼손(죄), ⟨~ defamation\calumny⟩, ⟨↔compliment\flatter⟩ 유2

201 **lib·er·al** [리버뤌]: ⟨← liber(free)⟩, 자유주의의, 진보적인, 관대한, 풍부한, ⟨~ un-bigoted\progressive⟩, ⟨↔conservative\narrow minded⟩ 유1

202 **lib·er·a·tion** [리버뤠이션]: '자유롭게 하기', 해방, 석방, ⟨~ abolition\emancipation⟩, ⟨↔confinement\slavery⟩ 기2

203 **lib·er·ty** [리벌티]: ⟨라틴어⟩, 자유, 자립, 해방, 멋대로 함, ⟨~ freedom\autonomy⟩, ⟨↔dependence\restraint⟩ 기2

204 **li·brar·y** [라이브뤄뤼 \ 라이브뤼뤼]: ⟨← liber(book)⟩, ⟨라틴어⟩, ⟨'책'을 모아놓은⟩ 도서관, 서재, 장서, 수집물, 자료실, ⟨~ book room⟩, ⟨↔gym⟩ 기1

205 ★**lib-tard** [립타아드 \ 라입타아드]: ⟨영국어⟩, liberal+retard, 어리석은 진보주의자, 분별없는 자유주의자, ⟨~ moon-bat⟩, ⟨↔ultra-conservative⟩ 미2

206 **lice** [라이스]: louse(이)의 복수 기1

207 **li·cense** [\~cence [라이슨스]: ⟨← licere(be allowed)⟩, ⟨라틴어⟩, ⟨속박된 자유⟩, ⟨'법'에 따라 권리와 책임이 공존하는⟩ 면허(증), 멋대로 함, ⟨~ permit\certificate⟩, ⟨↔ban\forbid⟩ 유1

208 **lick** [릭]: ⟨← liccian(lapⁿ)⟩, ⟨게르만어⟩, '할다', 널름거리다, ⟨짭잘하게⟩ 한탕하다, ⟨곰이 새끼를 핥아 모양을 만들 듯⟩ 해내다, ⟨~ taste\over-come⟩, ⟨↔peck'\lash⟩ 기1

209 ★**lick·ing the wounds**: 상처를 핥으며 재기를 노리다, 와신상담, 절치부심, ⟨~ gnash one's teeth in rage⟩ 유2

210 **lid** [리드]: ⟨← hlidan(cover)⟩, ⟨게르만어⟩, '뚜껑', 딱지, 눈꺼풀, ⟨↔uncover\center⟩ 기1

211 **lie¹** [라이]: ⟨← lektron(bed)⟩, ⟨그리스어에서 유래한 게르만어⟩, '눕다', 기대다, 위치하다, ⟨→ lying⟩, ⟨↔stand⟩ 기1

212 **lie²** [라이]: ⟨← leogan(deceive)⟩, ⟨게르만어⟩, '속이다', 거짓말(하다), 사기, ⟨~ liar⟩, ⟨→ lying⟩, ⟨↔truth⟩ 기2

213 **lien [리인]**: ⟨← ligare(bind)⟩, ⟨라틴어⟩, ⟨묶어진⟩ 선취득권, 담보권, ⟨~ claim\encumberance⟩, ⟨↔arrear\debt⟩

214 ★**lie through one's teeth**: 새빨간 거짓말을 하다, 입에 침도 안바르고 거짓말을 하다, ⟨↔tell the truth⟩ 양2

215 **lieu-ten·ant [루우테넌트 \ 레후테넌트]**: locus(place)+tenens(hold), ⟨라틴어→프랑스어⟩, ⟨자리를 지키는 자⟩, 중위, 부관, 차석, ⟨~ locum tennens⟩, ⟨~ adjunt\deputy⟩, ⟨↔adversary\leader⟩ 양2

216 **life [라이후]**: ⟨← lif(body)⟩, ⟨'신체'란 뜻의 게르마어⟩, ⟨동물적인⟩ 생명, ⟨인생은 미완성-그래도 살아야만 하는⟩ 삶, ⟨돈과도 바꿀 수 없는⟩ 수명, ⟨반드시 'leave'(떠남) 해야 하는⟩ 생애, ⟨흙에서 생겨 흙으로 돌아가는⟩ 생물, 생활, 실물, ⟨~ live⟩, ⟨~ existance\being⟩, ⟨↔death\nonexistence\mortal⟩ 양1

217 ★**life and death are in the hands of prov·i·dence**: 인명은 재천, ⟨~ one's life is one's fate⟩ 양2

218 ★**life hack [라이후 햌]**: (인생문제의) '간편한 해결책', 용단, 기지, '단칼', ⟨~ short-cuts\tips and tricks⟩, ⟨↔complexity\timidity\vacilation⟩ 양2

219 ★**life is but a dream**: 일장춘몽, 남가일몽, ⟨~ a fleeting glory⟩ 양2

220 ★**life is full of ups and downs**: 양지가 음지되고 음지가 양지된다, 쥐구멍에도 볕들 날 있다, ⟨~ turns and twist⟩, ⟨~ fortune knocks at every door⟩ 양2

221 ★**life is half spent be-fore we know what it is**: 철들자 망령이라, ⟨~ grow up with wraiths⟩, ⟨편자가 70이 돼서 깨달은 말⟩ 양2

222 ★**life is just a bowl of cher·ries**: 인생은 즐겁다, ⟨~ YOLO⟩, ⟨↔YODO⟩ 양2

223 ★**LIFO [라이호우]** (last in first out): 후입선출, 나중 먼저 내기(나중에 입력한 자료가 먼저 출력되는 장치), ⟨= FILO⟩ 양2

224 **lift [리후트]**: ⟨← lopt(air)⟩, ⟨게르마어⟩, ⟨공중으로⟩ (들어) '올리다', 향상시키다, 제거하다, 승강기, 편승, ⟨~ loft⟩, ⟨~ heave\boost\raise⟩, ⟨↔drop\put down⟩ 양1

225 **lig·a·ment [리거먼트]**: ⟨← ligare(bind)⟩, ⟨라틴어⟩, ⟨묶는⟩ 줄, 끈, 띠, 인대, ⟨↔detached\unfastened⟩, ⟨이것은 뼈와 뼈를 연결시켜 주고 tendon은 근육과 뼈를 연결시켜 줌⟩ 양1

226 **light¹ [라읻]**: ⟨← leukos(brightness)⟩, ⟨그리스어⟩, 빛, 광선, 낮, 광명, 불꽃, 밝은, 불을 붙이다, 밝게 하다, ⟨← lux⟩, ⟨~ white\lucid⟩, ⟨↔darkness\ignorance⟩, ⟨↔extinguish\put out⟩ 양1

227 **light² [라읻]**: ⟨← elachys(small)⟩, ⟨그리스어⟩, 열은, 가벼운, 경쾌한, 수월한, 약한, 경솔한, ⟨~ little weight\slight⟩, ⟨↔heavy⟩, ⟨↔taxing⟩ 양1

228 **light-en [라이튼]**: ①⟨← light¹⟩, 밝게 하다, 비추다, 점화하다, ⟨~ illume⟩, ⟨↔darken⟩ ②⟨← light²⟩, 가볍게 하다, 엷게 하다, ⟨~ lessen⟩, ⟨↔intensify⟩ 양1

229 **light-er [라이터]**: ①불을 켜는 사람(기기), 점화(등)기, 쏘시개, ⟨~ igniter⟩, ⟨↔extinguisher⟩ ②light²의 비교급, ⟨~ slighter⟩ 양1

230 ★**light-fast [라읻 홰스트]**: 내광성의, 바래지 않는, ⟨~ sun fast\fade-resistant⟩ 양2

231 **light-house [라읻 하우스]**: 등대, ⟨~ beacon\leading light⟩ 가2

232 **light-ing [라이팅]**: 채광, 조명, 점화, ⟨↔darkness\extinguish⟩ 가1

233 **light-ning [라이트닝]**: light¹+en+ing, 번개, 전광, 싸구려 양주, '폭탄주', ⟨~ bolt\flash⟩, ⟨↔slow\leisurely⟩ 가1

234 ★**light pen [라읻 펜]**: 광전 펜(필)⟨화면에 신호를 그려 넣는 펜 모양의 입력장치⟩, 바코드 판독기, ⟨~ electronic stylus⟩ 미2

235 ★**light-proof** [라일 프루우후]: 차광, 빛을 통과시키지 않는, ⟨~ light-tight\opaque⟩, ⟨↔light permeable(porous)⟩ 미2

236 ★**light-skirts** [라일 스커얼츠]: 허튼계집, 계명워리(닭이 우는 소리에도 뛰어오는 강아지), ⟨~ lax woman\hussy⟩, ⟨↔tight-skirt\chaste⟩ 양1

237 **like¹** [라이크]: ge(together)+lic(body), ⟨게르만어⟩, ⟨자신과 닮아서⟩ 좋아하다, 바라다, 맞다, ⟨꼭 맞아서⟩ 마음에 들다, ⟨~ enjoy\want⟩, ⟨↔dis-like\hate⟩ 양1

238 **like²** [라이크]: ge+lic, ⟨게르만어⟩, similar, (형태가) ~닮은, ⟨alike⟩, ~같은, ~다운, ~처럼, 있잖아!, 말이야!, ⟨~ ly⟩, ⟨~ similar\much the same⟩, ⟨↔un-like\different⟩ 양1

239 ★**like a cat on a hot tin roof(bricks)**: 뜨거운 양철 지붕 위의 고양이(같이), 안절부절못하다, 어쩔 바를 모르다, 노심초사하다, ⟨~ on pins and needles⟩, ⟨↔at ease\relex⟩ 양2

240 ★**like a trea·tise on light and col·ors by a blind man**: 맹인이 빛과 색에 대해 논문 쓰듯이, 선무당이 사람잡듯, ⟨~ like a blind man describing an elephant⟩ 양2

241 ★**like at·tracts like** [라이크 어트랙츠 라이크]: 유유상종, 초록은 동색, ⟨~ birds of a feather flock together\like father like son⟩ 양2

242 ★**like fa·ther, like son**: 부전자전, ⟨~ like master\like man⟩, ⟨(↔)mother and daughter⟩, ⟨completely different⟩ 양2

243 ★**like hell** [라이크 헬]: 죽어라하고, 악착같이, ⟨↔piece of cake⟩ 양2

244 ★**like-like** [라이크 라이크]: 아주 좋아하는, (좋아서) 사랑하는, ⟨↔hate-hate⟩ 미2

245 ★**like mas·ter like man**: 용장 밑에 약졸이 없다, 윗물이 맑아야 아랫물이 맑다, 부전자전, ⟨~ like father, like son⟩ 양2

246 ★**like-mind·ed** [라이크 마인디드]: 같은 생각의, 한 마음의, 동지의, ⟨~ agreeable\harmonious⟩, ⟨different\at odds⟩ 양1

247 ★**like-wise** [라이크 와이즈]: 똑같이, 마찬가지로, ⟨~ similarly\also⟩, ⟨↔differently\contrarily⟩ 양2

248 **li·lac** [라일락]: ⟨← nilak(bluish)⟩, '푸른색'이란 페르시아어, 자정향(봄에 진한 향기의 연보라 방울꽃을 층층이 피우는 낙엽활엽관목), ⇒ syringa 미2

249 *****LILO** [라이로우] (last in last out): 후입·후출, '나중들이·나중내기'('천리에 따른' 입·출력 장치), ⟨= FIFO⟩ 양2

250 **lil·y** [릴리]: ⟨← leirion(pure)⟩, ⟨그리스어⟩, (약 4천 종의) 나리, '백합', 순백의, (여러 색의) 은방울꽃, ⟨~ bulbar plant with large prominent flowers⟩ 가1

251 **limb¹** [림]: ⟨← limbus(fringe)⟩, ⟨라틴어에서 유래한 게르만어⟩, 수족, 손발, 갈라진 '가지', 자손, 부하, ⟨~ member⟩, ⟨~ extremity\appendage⟩, ⟨↔whole\trunk⟩ 양1

252 **limb²** [림]: ⟨← limbus(fringe)⟩, ⟨라틴어⟩, (해·달의) '가장자리', 언저리, ⟨~ border\edge⟩, ⟨~ membrane⟩, ⟨↔core\hub⟩ 양2

253 **lime¹** [라임]: ⟨← lim(sticky substance)⟩, ⟨게르만어⟩, ⟨탄산칼슘이 주성분인⟩ (생) 석회, 끈끈이, ⟨~ slime⟩, ⟨↔loose\non-stick⟩ 가1

254 **lime²** [라임]: ⟨← limun(citrus)⟩, ⟨아랍어⟩, 낮은 감귤류의 나무에 뭉텅이로 열리는 레몬보다 작고·푸르고·향기가 짙은 과일, ⟨~ lemon⟩ 수2

255 **lime³** [라임]: ⟨← lind⟩, ⟨영국어⟩, linden(키가 크고 양쪽 균형이 잘 잡힌 참피나무·보리수), ⟨~ teil⟩ 수2

256 ★**lim·er·ence** [리머뤈스]: ⟨← limer ← liemier(leash)?⟩, ⟨프랑스어 → 영국어⟩, ⟨1979년 미국 심리학자가 주조한 말⟩, 사랑받고 싶은 마음, 사랑 강박(집착)증, ⟨~ infatuation\adoration⟩, ⟨↔indifference\repulsion⟩ 양2

257 **lime-stone** [라임 스토운]: 석회암(석), 〈~ chalk〉, 〈↔granite\sand-stone〉 가1

258 **lim·it** [리밑]: 〈← limitare(to bound)〉, 〈라틴어〉, 한계, 경계, 제한하다, 〈~ ceiling\restrict〉, 〈↔no limit\minimum\increase〉 가2

259 **lim·o** [리모우]: 〈프랑스어〉, limousine, 대형 고급 승용차, 〈~ large comfortable car〉, 〈↔buggy\pickup truck\moped\road-ster〉 미1

260 **limp¹** [림프]: 〈← limpan〉, 〈게르만어〉, 〈의태어?〉, 절뚝거리다, 지지부진하다, 〈~ lame\hobble〉, 〈↔lively\active〉 가1

261 **limp²** [림프]: 〈영국어〉, 〈← limp¹〉, 〈미끌어지듯〉 나긋나긋한, 생기 없는, 얇은 표지의, 〈~ floppy\soft〉, 〈↔firm\stiff〉 가2

262 **linch** [린취]: 〈← hlinc(ledge)〉, 〈영국어〉, 가로대, 선반, 봉우리, 둔덕, 〈~ ledger〉, 〈↔cavity\recess〉 영1

263 **lin·den** [린던]: 〈← lind〉, 〈영국어〉, lime (wood), 무성한 잎·가지가 대칭으로 자라 올라가며 연한 목질을 제공하는 참피나무속의 식물, 〈~ teil〉 우1

264 **line¹** [라인]: 〈← linum(flax)〉, 〈라틴어〉, '리넨 밧줄', 줄, 선, 금, 행, 열, 끈, 궤도, 방침, 〈→ lineal\align〉, 〈↔blank\dot\curved\disorder\disarrange〉 영1

265 **line²** [라인]: 〈← linum(flax)〉, 〈라틴어→영국어〉, 〈리넨으로〉 안을 대다(바르다), 〈~ cover on the inside〉, 〈↔un-line\rumple〉 가2

266 *****lin·ear fill** [리니어 휠]: '점진적 메우기'(공간의 색깔이 서서히 고르게 바뀌는 기법), 〈~ linear patterns〉 미2

267 *****lin·ear pro·gram·ming** [리니어 프로우그래밍]: 선행 계획(법), '1차 차례표'〈1차 부등식으로 나타내는 제한 조건 중에서 어떤 목적을 최대화하는 가장 적합한 방법을 찾아내는 수학적 기법〉, 〈~ linear optimization〉 미2

268 *****line cap** [라인 캪]: 선모, '선 끝 모양새'(인쇄에서 굵은 선의 시작과 끝이 생긴 모양), 〈~ style of end cap〉 우1

269 *****line draw·ing** [라인 드뤄어잉]: 선화(흰 배경에 가는 선들을 사용해서 그리는 그림), 〈~ line art〉 미2

270 *****line feed** [라인 휘이드]: LF, 줄 바꿈(첫 글자를 다음 행의 같은 위치에 이동시키라는 명령), 〈~ new-line\carriage return〉 미2

271 **lin·en** [리닌]: 〈← linon(flax)〉, 〈그리스→라틴어→영국어〉, 리넨, 아마포, 아마 줄기에서 뽑아낸 질긴 실(천), 〈→ line〉, 〈~ a textile〉 미1

272 *****line print·er** [라인 프륀터]: 행 단위 인쇄기(한 번에 한 줄 전체를 인쇄하는-최고 1분에 2,500행까지 인쇄할 수 있음), 〈↔ball printer〉 미2

273 **lin·er¹** [라이너]: 정기선(항공기), 〈~ passenger vessel〉, 〈↔disarrange〉 가1

274 **lin·er²** [라이너]: 안을 대는 사람, 안에 대는 것, 〈~ filling\padding〉, 〈↔rumple〉 영1

275 **lin·ger** [링거]: 〈← lang〉, 〈게르만어〉, 〈← long〉, 〈길게〉 오래 끌다, 서성거리다, 남아있다 〈→ loiter〉, 〈~ amble\wamble〉, 〈↔hurry\hie\fly\sashay\skeet〉 가1

276 **lin·ge·rie** [랜줘뤼이 \ 라안줘뤠이]: 〈← linum(flax)〉, 〈라틴어→프랑스어〉, 〈linen으로 만든〉 란제리, 여성의 속옷류, 〈~ women's under-wear〉 미1

277 **lin·gui·ni(e)** [링귀니]: 〈← lingua(tongue)〉, 〈라틴어〉, 〈작은 '혓바닥'같이 생기고〉 (손으로 친) 가느다랗고 납작한 이탈리아의 국수, 〈~(↔)fettuccine\spaghetti〉 수2

278 **lin·guis-tics** [링귀스틱스]: 〈← lingua(tongue)〉, 〈라틴어〉, 〈← language〉 어학, 언어학, 〈↔non-lexical\non-verbal〉 영2

279 **lin-ing** [라이닝]: 안 대기, 안감, 내면, 〈~ liner\filling〉, 〈↔exterior\rumpling〉 양1

280 **link** [링크]: 〈← khlink(joint)〉, 〈게르만어〉, (사슬의) 고리, '연결'된 것, 연결부(로), 〈~ lank〉, 〈~ connection\association〉, 〈↔disengage\separate〉 양2

281 *****linked list** [링크트 리스트]: 연결 목록(각 항목이 자료와 그 인접 항목의 지침표를 갖고 있는 목록), 〈~ a fundamental data structure in computer science〉, 〈↔separate list〉 양2

282 *****link-er** [링커]: 연결어, 연계기(따로따로 편찬된 프로그램을 통합해서 하나의 완전한 기능성 프로그램을 만드는 기기), 〈~ a crucial compiler〉 미2

283 **li·no·le·um** [리놀리엄]: linum(flax)+oleum(oil), 〈라틴어〉, 리놀륨(원래 아마〈linen〉의 씨에서 짠 기름을 원료로 만든 매끈하고 탄력성 있는 마루 깔개), 〈~ lino\sheet vinyl flooring〉, 〈↔tile\wood〉 숙2

284 *****lin·o·type** [라이너 타이프]: 〈영국어〉, 'line casting', 주조 식자기, 묶인 글자들로 된 형판으로 찍어내는 구식 인쇄술 우2

285 **lin-seed** [린씨이드]: 〈← linum(flax)〉, 〈라틴어→영국어〉, 아마인(아마의 씨) 기1

286 **lint** [린트]: 〈← linum(flax)〉, 〈라틴어→프랑스어〉, 실 보푸라기, 아마, 조면, 면화의 건섬유, '천먼지', 〈~ fluff\brush down〉 미2

287 **li·on** [라이언]: 〈← leon〉, 〈그리스어〉, 사자, '대왕 고양이', '만수의 왕', 용맹한 자, 사자궁, 영국 왕실의 문장, 〈~ big cat\king of the beasts〉 기1 미2

288 **li·on-ess** [라이어네스]: 〈실제로 모든 일을 떠맡아서 하는〉 암사자, 〈~ a predatory woman\queen of the beasts〉 미2

289 ★**li·on's share** [라이언즈 쉐어]: 대부분, 가장 큰 배당, 〈~ the majority〉, 〈↔handful\minimum〉 양2

290 **lip** [맆]: 〈← lepjan(droop)〉, 〈게르만어〉, '입술', 가장자리, 입 모양의 물건, '꽃 입', 암술, 〈~ labium〉 기1

291 **lip-balm** [맆 바암]: (균열 방지용) 입술 연고, 〈~ chap-stick〉 양1

292 **li·pid** [리피드]: 〈← lipos(fat)〉, 〈그리스어〉, 지방, 지질, 〈↔protein\carbohydrate〉 기2

293 *****Lips** [맆스]: logical inferences per second, 립스, 초당 추론 연산 회수(문제해결의 속도를 나타내는 척도) 미2

294 ★**lip ser·vice** [맆 써어뷔스]: '입 접대', 입에 발린 말, 말뿐인 칭찬, 공치사, 〈~ empty talk\hollow words\hypocrisy〉, 〈↔earnest words\frankness〉 양2

295 **lip-stick** [맆 스틱]: (막대 모양의) 입술연지, '순봉', 〈~ lip rouge〉 미1

296 *****lip sync** [맆 씽크]: lip+synchronization (miming), '입 맞추기', '입 흉내', 〈병신 육갑 친다고 2005년 투르크메니스탄에서는 법으로 금지됨〉→녹음에 맞추어 말 (노래)하기 우2

297 **liq·uid** [리퀴드]: 〈← liquere(be fluid)〉, 〈라틴어〉, '액체의', 유동하는, 흐르는 듯하는, 맑은, 〈→ liquor〉, 〈~ elixir\solution〉, 〈↔solid\gas\firm〉 기1

298 **liq·ui·date** [리퀴데이트]: 〈깨끗하게〉 청산하다, 정리하다, 파산하다, 〈~ clearance\settle\wind up〉, 〈↔establish\preserve〉 양2

299 *****li·quid·i·ty pref·er·ence** [리퀴디티 프레훠런스]: 유동 재산 선호(재산을 부동산보다 동산으로 소유하려는 경향), 〈↔property preference〉 양2

300 **liq·uor** [리커]: 〈← liquere(be fluid)〉, 〈라틴어〉, 〈← liquid〉 술, 독주, 독한 증류주, 액체, 용액, 〈~ alcohol\strong drink〉, 〈↔solid〉, 〈↔soda\soft drink〉 기1

301 ***LISP** [리숲]: list processor, 목록처리 틀(복잡한 자료들을 괄호를 사용해서 재정리해 줌으로써 자신이 원하는 '길'을 찾아가는 방법으로 인공지능 개발·글쓰기·자연과학 탐구 등에서 유용하게 쓰이는 함수형 언어) 미2

302 **list¹** [리스트]: 〈← liste(strip)〉, 〈게르만어〉, '좁은 종이 쪽지', 표, 목록, 명세서, 명부, 등재, 〈→ roster〉, 〈~ catalog\record〉, 〈↔dis-organization\delete〉 가2

303 ***list box** [리스트 박스]: '목록 상자'((많은) 목록을 정리해 놓은 화상 대화상자의 일부), 〈~ drop down box〉, 〈여기다 편집할 수 있는 text box를 더한 것을 combo-box라 함〉 미2

304 **lis·ten** [리슨]: 〈← hyst(hear)〉, 〈게르만어〉, 〈주의 깊게〉 듣다, 따르다, 경청하다, 〈↔mis-hear\dis-regard〉, 〈이것은 active한 것이고 hear는 passive한 것이다〉 가2

305 **list-less** [리스틀리스]: 〈영국어〉, 〈← list'〉, '의욕이 없는', 힘없는, 무관심한, 게으른, 〈~ lethargic\lackadaisical〉, 〈↔lively\energetic\vital〉 가2

306 ***LIST SERV** [리스트 써어브]: 1986년 L-Soft 회사에서 개발한 전자우편 우송목록 관리체계 중1

307 **lit** [릿]: light의 과거·과거분사, 〈↔un-lit\darkened〉 영1

308 **★"lit** [릿]: 〈← light〉, 〈영국어〉 ①〈알딸딸하게〉 술 취한, 〈↔sober〉 ②〈불이 켜진 것처럼〉 "와!", "짱"이다, 〈↔extinguished\put out\quiet\bored〉 영2

309 **li·ter \ li·tre** [리터]: 〈← litra(a pound)〉, 〈그리스어〉, 〈곡물의 양을 재는〉 정, l, 1,000cc, 0.2642갤런(미), 0.22갤런(영) 미1

310 **lit·er·a·cy** [리터뤄시]: 〈← litera〉, 〈라틴어〉, 〈'letter'를〉 읽고 쓰는 능력, 교양, '문력', 〈~ literature〉, 〈↔il-literacy\ignorance〉 영1

311 **lit·er·ar·y** [리터뤄뤼]: 〈← litera(letter)〉, 〈라틴어〉, 문학의, 학문의, 〈~ written\formal〉, 〈↔non-literary\informal\colloquial〉 영1

312 **lit·er·a·ture** [리터뤄춰]: 〈라틴어〉, 문학, 문예, 문헌, 논문, '글자로 된 작품', 〈~ letter〉, 〈~ written works〉, 〈↔fact\reality〉 가1

313 **lith·i·um** [리씨엄]: 〈← lithos(stone)〉, 〈그리스어〉, '돌', 리튬, (건전지·조울증 치료제 등으로 쓰이는) 〈가장 가벼운〉 알카리성 금속원소(기호 Li·번호 3) 중2

314 **lit·i·gate** [리티게이트]: 〈← legis(law)〉, 〈라틴어〉, 〈← litigare〉, 제소하다, 소송〈law suit〉하다, 〈↔agree\defend〉 가2

315 **lit·ter** [리터]: 〈← lectus(couch)〉, 〈라틴어〉, '침대', 들것, stretcher, (짐승의) 깔짚, 찌꺼기, 쓰레기, 한배 새끼, 〈~ junk'\brood〉, 〈↔clean\purify〉, 〈↔parent〉 영1

316 **lit·tle** [리틀]: 〈← lyt(small)〉, 〈게르만어〉, '적은', 작은, 어린, 사소한, 짧은, 거의 없는, 〈~ tiny\a bit〉, 〈↔big\large〉 가2

317 ***lit·tle-end-ian** [리틀 엔디언]: '작은 끝편'(삶은 계란을 까먹을 때 끝이 작은 곳부터 깨뜨려야 한다는 사람들), (여러 비트의 기억을 저장할 때 후반·하위부터 수록하는 〈big-endian 보다 간편한〉 기억력 체계), 〈↔big-endian〉 우1

318 **★lit·tle strokes fell great oaks**: 〈Ben. Franklin이 써서 유명해진 말〉, 열 번 찍어 안 넘어가는 나무 없다, 〈~ assiduity overcomes all difficulty〉, 〈편자가 사전을 쓰면서 실감한 말〉 영2

319 **★lit·ty** [리티]: 〈2010년대의 노래 가사들에서 연유한〉 ①〈← little〉, 아주 작은(적은), '쬐꼼(조꼼)', 〈↔humongous〉 ②〈← lit〉, 화려한, 휘황찬란한, 〈~ amazing〉, 〈↔shabby\tacky〉

320 **live¹** [리브]: 〈← libban(be alive)〉, 〈게르만어〉, (life가 leave 할 때까지)〈계속해서〉 살다, 〈왠지 모르면서 그냥〉 생존하다, 거주하다, 생활하다, 〈~ reside〉, 〈↔die\expire〉〉 가2

321 **live²** [라이브]: 〈영국어〉, a·live, 〈← live¹〉, 〈살아있는, 생기 있는, 유효한, 실제의, 현장의, 〈~ active〉, 〈↔dead\inactive\mortal〉 영2

322 ★**Live Jour·nal** [라이브 줘어널]: 라이브 저널, '생 일지'(온라인으로 항상 무료로 사용할 수 있는 웹사이트), 〈~ a blog platform〉 수2

323 **liv·er¹** [리붜]: 〈게르만어〉, 〈← live〉, 거주자, ~식으로 생활하는 사람, 〈~ resident〉 개2

324 **liv·er²** [리붜]: 〈← lifer〉, 〈게르만어〉, 〈'lift'해서 (들어올려) 살피는〉 간(장), 적갈색, 〈~ hepatic organ〉 개1

325 **lives** [라이브즈]: life의 복수 양1

326 **live-stock** [라이브 스탁]: 목축, 가축류, 〈~ cattle\farm animals〉, 〈↔wild animals\homo sapiens(children)〉 양2

327 ★**live-stream** [라이브 스트뤼임]: (전산망의) 실시간 방송, 생방송, 〈~ simul(taneous)-cast〉, 〈↔recorded〉 양2

328 ★**live-ware** [라이브 웨어]: 인간 기기, 전산기 조작자(종사자), 〈~ meat-ware\personnel〉 미2

329 ★**liv-ing un·der a rock** [리빙 언더 어 롹]: (동굴에 살아서) 세상 물정을 모르다, 원시시대에 살다, 〈↔up-to-date〉 양2

330 **liz·ard** [리져드]: 〈라틴어〉, 〈← lacertus(a reptile)〉, 〈바다에서 기어 나온 괴물〉, 도마뱀(가죽), 뱀과 악어를 다 닮은 3천여 종이나 되는 파충류(기어 다니는 동물), 〈~ skink〉 개1

331 **LLC** (lim·it·ed li·a·bil·i·ty com·pa·ny): 유한 책임 회사, 소유주의 책임을 줄여주는 〈미국 특유의〉 주식회사와 동업자 회사의 중간형 사업체, LLP(limited liability partnership), 〈↔corporation〉 미2

332 ★**LLM** (large lan·guage mod·el): '광역언어전형', (한국의 SK 텔레콤과 미국의 Anthropic사가 6억불 이상의 돈을 들여 추진하고 있는) AI를 이용한 다국어 세계화 전자사전, 〈~(↔)이원택의 영·한 [Glocal] 사전〉

333 ★**llp** (live long and pros·per): 만수무강, '구구팔팔' 양2

334 ★**LMAO** (laughing my ass off): (1990년에 등장한 전산망 속어), 배꼽빠지게 웃기, 〈~ LMB(butt)O〉 양2

335 ★**LMIRL** (let's meet in real life): (화면으로만 보지 말고) 대면해서 만나자, 한번 보자 양2

336 ★**LN** (like new): '신품과 같은' 미2

337 ★**LN-** (like new mi·nus): '거의 신품과 같은' 미2

338 ★**LNIB** (like new in box): (원래 포장에 든) '조금 사용한' 미2

339 **load** [로우드]: 〈← lad(carry)〉, 〈게르만어〉, (무거운) '짐', 적하, 부담, 하중, 장전, 적재, 싣기, 올리기, 〈~ laden\fill〉, 〈~ lead\charge〉, 〈~ cargo\burden〉, 〈↔un-load\discharge\lighten〉 양1

340 **loaf** [로우후]: ①〈← hlaf(bread)〉, 〈게르만어〉, 덩어리, 〈형태를 갖춘〉 빵 한 덩어리, 〈↔stick〉 ②〈← loafer〉, 〈미국어〉, 어슬렁거리다, 빈둥빈둥하다, 〈↔work\toil〉 양1

341 **loan** [로운]: 〈← lan(grant)〉, 〈게르만어〉, 빌려주기, 대부, 융자, 대차물, 차용, 〈~ lend\advance〉, 〈~ gift\donation\borrow〉 개1

342 ★**loan shark** [로운 샤야크]: 고리대금업자, 〈~ shylock〉, 〈↔donator\bestower〉 양2

343 **loath**(e) [로우쓰\로우드]: 〈← lath(hateful)〉, 〈게르만어〉, '싫어하는', 마음에 내키지 않은, 혐오하는, 〈~ disgust\yucky〉, 〈↔love\enjoy\adore\win-some\worship〉 개1

344 **lob·by** [라비]: 〈← lobia(portico)〉, 〈라틴어〉, 로비, '현관', 넓은 방, 대기실, 압력(청원)단체, 〈~ entrance hall\interest group〉, 〈↔exit\out-door\dissuade〉 개1

328 이원택의 영·한 [신세대] 사전

345 **lobe** [로우브]: ⟨← lobos(globe)⟩, ⟨그리스어⟩, 둥근 돌출부, 갈라진 조각, 열편(찢어진 조각), 엽(잎 모양의 물건), 귓불(귀의 볼알), ⟨~ flap\protuberance⟩, ⟨↔whole\depression⟩ 미2

346 **lob·ster** [랍스터]: ⟨← locusta⟩, ⟨라틴어⟩, '거미', 바닷가재, 대하(대서양과 태평양의 해안바다에 서식하는 ⟨'locust'(메뚜기)같이 생긴⟩ 큰 가재) 생2

347 **lo·cal** [로우컬]: ⟨← locus(place)⟩, ⟨라틴어⟩, '장소에 관한', 공간의, 장소의, 지방의, 국소의, 근거리의, 역마다 정차하는, 울안의, ⟨~ regional\limited⟩, ⟨↔national\global\outsider\mondial⟩ 생1

348 *****lo·cal var·i·a·ble** [로우컬 붸어뤼어블]: 국부적 변수(특정 프로그램 내에서만 의미를 갖는 변수) 미2

349 **lo·ca·tion** [로우케이션]: ⟨← locus(place)⟩, ⟨라틴어⟩, '놓은 자리', 장소, 위치, 지역, 야외 촬영(지), (기억) 자리, ⟨→ allocation⟩, ⟨~ position\site⟩, ⟨↔space\time⟩ 생1 미2

350 **lock** [락]: ①⟨← lucan(fasten)⟩, ⟨게르만어⟩, ⟨구멍 안에⟩ 가두다, 잠그다, 자물쇠, 고정장치, 안전장치, ⟨← latch\bolt⟩ ②⟨어원 불명의 게르만어⟩, 머리채(타래), ⟨~ entwine⟩ 생2 미2

351 **lock-down** [락 다운]: 엄중한 감금, 행동제재, 폐쇄, ⟨~ isolation\detention⟩, ⟨↔open-up\release⟩ 생1

352 **lock-er** [라커]: (자물쇠가 달린) 장, 함, 칸, ⟨~ cabinet\storage⟩, ⟨↔disingager\releaser⟩ 가1

353 ★**lock-ing** [락킹]: 잠금, (1960년대 후반에 미국의 Don Campbell이 고안한) 괴상한 동작을 일시적으로 멈추는 펑크⟨funk⟩ 스타일의 브레이크 댄스⟨break-dance⟩ 가1 미2

354 ★**lock-ti·cian** [락 티션]: locks+beautician, dread-locks, ⟨레게머리⟩를 전문으로 하는 조발 미용사(hair-dresser) 우2

355 **lo·co·motive** [로우커모우티브]: 기관차, ⟨locus에서 locus로⟩ '이동'하는, ⟨힘이 앞으로 나가는⟩ 추진 운동, ⟨~ self-propelled⟩, ⟨↔fixed\immobile⟩ 생2

356 **lo·cus** [로우커스] \ **lo·ci** [로싸이 \ 로키]: ⟨라틴어⟩, place, 장소, 현장, 자리, 중심, 지점, ⟨→ local⟩, ⟨↔no place\border\axis⟩ 가1

357 **lo·cust**¹ [로우커스트]: ⟨← locusta(grass-hopper)⟩, ⟨라틴어⟩, ⟨먹성이 아주 강한⟩ ①메뚜기, 누리, 매미, ⟨→ lobster⟩ ②탐욕적인 사람, 파괴적인 인물, ⟨~ rapacious person\destroyer⟩, ⟨↔contender\constructer⟩ 생2

358 **lodge** [랒쥐]: ⟨← lobia(gallery)⟩, ⟨라틴어→게르만어⟩, ⟨오다가다 쉬는⟩ '오두막집', 산막, 수위실, 집회소, 숙박소, 묵다, 머무르다, ⟨~ cottage\cabin⟩, ⟨↔mansion\hotel⟩, ⟨↔dis-lodge\evict⟩ 생1

359 **loft**¹ [러우후트]: ⟨게르만어⟩, ⟨← air⟩, (고미) 다락, 더그매, 위층, ⟨'공중에' 높이 매달린⟩ 비둘기장, ⟨~ lift\aloft⟩, ⟨↔ tower⟩, ⟨↔basement⟩ 생1

360 *****log** [러그 \ 라그]: ⟨← logge(quadrant of wood)⟩, ⟨어원 불명의 영국어⟩, 통나무, 원목⟨통나무 판에 적어 놓던⟩ (항해), 일지, 경과 기록, 배의 항해 거리를 재는 장치, 전산기 조작, ⟨~ ledger\register⟩, ⟨↔branch\delete⟩ 생1 우1

361 **log·a·rithm** [러어거리덤]: ⟨그리스어⟩, 'logos+arithmos'(숫자의 논리학), 대수(복잡한 곱하기·나누기를 더하기·빼기로 나타내는 수학적 방식으로 2³=8에서 8을 수 2를 기수 3을 지수라 하면 3=log₃8에서 3을 2에 대한 8의 대수라 함), ⟨↔geometry⟩ 생2

362 *****log-ging** [러어깅]: 벌목, 벌채 반출, (전산기의) '출항', ⟨~ cutting down trees\register⟩ 생1 우1

363 **log·ic** [라쥘]: ⟨← logos(reason)⟩, ⟨그리스어⟩, 논리(학), 이치로 따지기, 기본 원칙, ⟨↔absurdity\nonsense⟩ 생2

364 *****log·i·cal de·sign** [라쥐컬 디자인]: 논리적 설계(자료를 같은 특성의 항목으로 묶어 차림표를 짜는 일), ⟨~ user friendly⟩, ⟨~(↔)physical design⟩ 미2

365 ***log·i·cal drive** [라쥐컬 드라이브]: 논리적(분리적) '주행대'(한 원반에 여러 가지 독립된 차림표가 수록되었을 때 각각 다른 드라이브로 취급함), 〈~ virtual drive〉, 〈~(↔)physical drive〉 미2

366 ***log·i·cal op·er·a·tion** [라쥐컬 아퍼뤠이션]: 논리연산(2분법 논리를 따라 결과를 유도하려는 운영방식), 〈~ propositional operation〉 미2

367 ***log·ic an·a·lyz·er** [라짂 애널라이져]: 논리회로가 제대로 작동하냐를 조사하는 분석 장치, 〈~ streaming multiple logic signals〉 우1

368 ***log·ic ar·ray** [라짂 어뤠이]: 논리 배열(대량생산된 반도체 위에 출·입구의 전자회로를 구성한 것), 〈~ configurable digital circuit〉 미2

369 ***log·ic bomb** [라짂 밤]: slag(scum of metal) code, 논리 폭탄, 〈일정 조건하에서 실행되도록 몰래 장치된 명령군-해고당했을 때 분풀이로도 써먹을 수 있는〉 '폭탄 부호', 〈~ code (or cyber)-bomb〉 미2

370 ***log·ic cir·cuit** [라짂 써얼킽]: 논리회로(2가지 정보를 받아 지정된 법칙에 따라 1가지 정보로 만들어 내보내는 전자회로), 〈~ microelectronics\computer-chip〉 미2

371 ***log·ic di·a·gram** [라짂 다이어그램]: 논리 도표(논리적 신호에 영향을 미치는 요소들을 표시한 그림 부호들), 〈~ multidimensional language〉 미2

372 ***log·ic gate** [라짂 게이트]: '논리 관문', (and·or·not·nor 등의) 논리회로가 출·입할 수 있는 '문', 〈~ computer circuit〉, 〈↔negator〉 미2

373 ***log·ic pro·gram-ming** [라짂 프로우그래밍]: 논리적 과정표 짜기(수학적 논리에 따라 전산기 프로그램을 쓰는 방법), 〈~ computer programming〉 미2

374 ***log-in \ log-on** [러어그 인 \ 러어그 언]: 〈항해 일지에〉 접속하다, 〈짱구 굴리기를〉 시작하다, 작동개시, 〈~ start\boot up〉, 〈↔log-out\log-off〉 미1

375 **lo·gis·tics** [로우쥐스틱스]: 〈← logos(reason)〉, 〈그리스어〉, 〈합리적인 사고방식이 필요한〉 물류, 병참 업무(술), 조달계획, 수송계획(관리), 계산법, 기호논리학, 〈~ coordination\planning〉, 〈↔disorganization\mismanagement〉 미2

376 ***log-line** [라그 라인]: ①측정선(배에서 거리를 잴 때 사용하는 밧줄) 〈~ a measuring line〉 ②(영화나 소설 등의 내용을) 한 줄로 축소시킨 '줄거리 줄', 요약선, 〈~ hook\pitching\summary〉 미2

377 ***lo·go** [로우고우]: logotype, '명판', 상표나 집단의 의장 문자나 그림, 〈~ symbol\emblem\trade-mark〉, 〈↔reality\fact\un-brand〉 우1

378 *** log-off \ log-out** [러어그 어후 \ 러어그 아웉]: 작동 끝, 사용 종료, 〈~ exit\turn off〉, 〈↔log-on\log-in〉 미1

379 *** log·o-gram** [러어거 그램]: 〈글자를 기호로 표시하는〉 어표(dollar=$), 약호(pound=lb), 〈~ idio-gram〉, 〈↔letter\alphabet\numeral〉 전1

380 **lo·gos** [로우가스 \ 라가스 \ 러거스]: 〈← legein(speak)〉, 〈그리스어〉, 이성, 이법, 논리(성), 〈말하는 기술〉, 〈~ universal ego\world principle〉, 〈↔ethos\pathos〉 자2

381 ★**LOHAS** [로하스]: lifestyles of health and sustainability 건강하고 지속적인 생활양식, (오래 살려고)환경문제에 예민한 〈미국인의 약 13%에 달하는〉 부유층 장2

382 **loin** [로인]: 〈← lumbus(waist)〉, 〈라틴어〉, '허리'(고기), 요부, 〈~ lower back (or abdomen)〉 일2

383 **loi·ter** [로이터]: 〈← loteren(linger)〉, 〈네덜란드어〉, '빈둥거리다', 늑장 부리다, 서성거리다, 〈경찰이 심문할 수도 있는〉 배회하다, 〈~ drag\idle〉, 〈↔hurry up\keep up〉 영2

384 ★**LOL**: League of Legends, '전설적 연합군', (2009년에 개발된) 자기편 주장을 동원해서 적군을 타파하는 전산망 전쟁 놀음 수2

385 ★**lol**: ①laughing out loud (아이구 배꼽이야), 〈~ in-stiched〉, 〈↔crying out loud〉
②lots of love (많이 사랑해) 미2

386 **lone** [로운]: 〈영국어〉, 〈← alone〉, 혼자의, 외딴, 쓸쓸한, 〈→ lone-some〉, 〈↔accompanied\crowded\sociable〉 기2

387 ***L1 Cache** (lev·el 1 Cache): (중앙처리기구에 부속되어 있는) 1차 고속 기억장치, 〈~ primary cache〉 미2

388 **long¹** [로엉]: 〈← lang ← langien(lengthen)〉, 〈게르만어〉, '긴', 오랜, 큰, 〈좋을 때도 있고 나쁠 때도 있는〉 길이, 〈→ length〉, 〈~ along〉, 〈↔short\brief\bikini〉 기2

389 **long²** [로엉]: 〈← long¹〉, 〈게르만어→영국어〉, 갈망하다, 동경하다, 〈목을 길게(long) 빼고〉 기다리다, 〈~ yearn\pine²〉, 〈↔dismiss\ignore〉 기2

390 ***long¹ ab·sent, soon for·got·en**: 몸이 떠나면 마음도 떠난다, 〈~ our of sight, out of mind〉, 〈↔absence makes the heart grow fonder〉 양2

391 **lon·gev·i·ty** [란줴뷔티]: longus(long)+aevum(age), 〈라틴어〉, 〈긴〉 수명, 장수, 장기근속, 〈~ continuation\durability〉, 〈↔cessation\fragility\impermanence〉 양2

392 **lon·gi·tude** [라언쥐튜우드]: 〈← longus(long)〉, 〈라틴어〉, 〈← length〉, '세로로 긴 선', 경도, 경선, 세로, 길이, 〈~ meridian〉, 〈↔latitude〉 양2

393 **long-run** [로엉 뤈]: 장기간, 장기 흥행, 〈~ elongated\extentive〉, 〈↔short-run\short-time〉 양2

394 **long-shore** [로엉 쇼어]: 'along a shore', 연안(항만)의, 항만에서 일하는, 〈~ steve-dore〉 양2

395 ***long-shot** [로엉 샽]: 원경 촬영, 대담한, 〈과녁이 너무 멀어 맞힐〉 가망 없는, 〈~ chance hit\little chance〉, 〈↔certain\factual\slam dunk〉 양2

396 **look** [룩]: 〈← locian(see)〉, 〈어원 불명의 영국어〉, (바라)보다, 주시하다, 검토하다, 조심하다, 〈~ gaze〉, 〈↔disregard\ignore〉, 〈이것은 focused\see는 un-focused〉, 〈여자를 볼 때는 절대 see하면 안됨〉, 〈↔hear〉 기1

397 ***L@@K**: '보라', '여기 좀 봐'(광고물을 띄우기 위한 문자) 미2

398 ***look be·fore you leap**: 뛰기 전에 살펴라, 돌다리도 두들겨 보고 건너라, 누울 자리 봐가며 발을 뻗어라, 〈~ better be safe than sorry〉, 〈↔skate on thin ice\ride a tiger〉 양2

399 ***look-ism** [루키즘]: 외모 지상주의, 얼굴 생김새로 사람을 판단하는 일, 〈~ prejudice toward un-attractive person〉 양1

400 **look-out** [룩 아웉]: 감시, 조심, 조망, 가망, 〈~ watch\panorama〉, 〈↔neglect〉 기1

401 ***look out for one-self (num·ber one)**: 자기만 알다, 염불에는 맘이 없고 잿밥에만 맘이 있다, 제논에 물대기, 〈↔altruistic〉 양2

402 ***look who is talk·ing**: 누가 할 소리를!, 사돈 남 말한다, 너 자신을 알라, 〈~ pot calling the kettle black〉, 〈~(↔)it takes one to know one〉 양2

403 **loom** [루움]: 〈어원 불명의 영국어들〉 ①〈← geloma(implement)〉, 베틀, 직기 〈~ textile machine〉 ②〈← loam(appear)〉, 어렴풋이 나타나다, 불쑥 나타나다, 몽롱함, 〈~ emerge〉, 〈↔disappear\wane〉 기1

404 **loon** [루운]: 〈영국어〉, '얼간이' ①〈← lomer〉, 〈의성어〉, 〈북구어〉, 아비(북반부에 서식하는 갈매기만 한 물새로 도망갈 때 바보 같은 '웃음'소리를 냄), 〈~ great nothern diver〉 ②〈← loen(lout)〉, 〈네덜란드어〉, 바보, 미친놈, 게으름뱅이, 〈~ fool\nut〉, 〈↔sage\intellect〉 미2

405 ***loop** [루우프]: 〈어원 불명의 영국어〉, fold, 고리, 피임고리(IUD), 만곡선, 도심, 폐(한상)회로, 순환(프로그램 중 반복 사용되는 명령군), 〈~ curve\recursion〉, 〈↔un-loop\straighten out\line〉 양1

406 ***loop-hole** [루우프 호울]: (성벽 등의) 총구멍, 공기 빼는 구멍, 빠져나가는〈peep〉 구멍, 허점, 〈~ gap\means of escape〉, 〈↔blockage\closure\strength〉 양2

407 **loose [루우스]**: ⟨← los(free)⟩, ⟨게르만어⟩, ⟨매여 있지 않은⟩, 풀린, 벗어진, 헐거운, 엉성한, 느슨한, 해방된, 행실이 나쁜, ⟨→ lax⟩, ⟨↔tense\tight⟩ 양1

408 **loot [루우트]**: ⟨← lunt(rob)⟩, ⟨산스크리트어⟩, '약탈'(행위·물), 전리품, 부정 이득, ⟨~ havoc⟩, ⟨↔protect\receive⟩ 가1

409 **lord [로어드]**: ⟨← hlaford⟩, ⟨게르만어⟩, 지배자, 영주, 주인, 경, 주, 하느님, ⟨가족을 위해 빵(loaf)을 확보하는 자⟩, ⟨~ ruler\master⟩, ⟨↔lady\follower⟩ 양2

410 **lore [로어]**: ⟨← lar(teaching)⟩, ⟨게르만어⟩, '가르침', (전승된) 지식, 교훈, ⟨~ learn⟩, ⟨↔ignorance\illiteracy⟩ 양1

411 **lor·ry [로어뤼]**: ⟨← lug(drag)?⟩, ⟨영국어⟩, 화물자동차, 무개화차, 짐차, ⟨~ trolley⟩ 양1

412 **lose [루우즈]**: ⟨← leosan(perish)⟩, ⟨게르만어→영국어⟩, ⟨← loss⟩, 잃다, 지다, 놓치다, ⟨↔win\find\keep\regain⟩ 양1

413 ★**lose one's touch [루우즈 원즈 터취]**: 감촉(솜씨)을 잃다, 무뎌지다, 예전같지 않다, ⟨↔still in touch⟩ 양2

414 **loss [로어스\러스]**: ⟨← leosan(perish)⟩, ⟨게르만어⟩, ⟨← loose⟩, ⟨군대의 대열이 흩어지는⟩ 분실, 손실, 실패, 감소, ⟨→ lose⟩, ⟨↔gain\profit\recovery⟩ 양1

415 **lost [로스트]**: lose의 과거·과거분사, 잃어버린, 빼앗긴, 죽은, 길을 잃은, 헤매는, ⟨↔gained\found⟩ 양1

416 *__lost clus·ter [로스트 클러스터]__: '파손 단말군'(저장장치에서 자료를 보관해주는 부분들이 외부 손상으로 망가진 것), ⟨~ damaged batch⟩ 우1

417 **lot [랕]**: ⟨← hlot(share)⟩, ⟨게르만어⟩, 제비뽑기, '몫', 한 구획의 토지, 다량, 다수, 한 떼, 운명, 배당, ⟨→ lottery\lotto⟩, ⟨~ bunch\deal\plot⟩, ⟨↔bit\choice\whole⟩ 양1

418 **lo·tion [로우션]**: ⟨← lavare(wash)⟩, ⟨라틴어⟩, ⟨← lave⟩, 바르는 물약, 화장수(액), ⟨~ cream\moisturiser⟩, ⟨↔irritant⟩ 미1

419 **lot-tery [라터뤼\로터뤼]**: ⟨네델란드어⟩, ⟨← lot(share)⟩, 복권 뽑기, 추첨, 재수, ⟨↔guarantee\certainty⟩ 양1

420 **lot-to [라토우\로토]**: ⟨이탈리아어⟩, ⟨← lot(share)⟩, 숫자를 맞추는 카드놀이, 복권, ⟨~ lottery\draw\raffle⟩ 미1

421 **lo·tus \ lo·tos [로우터스]**: ⟨지방마다 지칭하는 식물이 달랐던 유대어⟩ ①망우수(그 열매를 먹으면 속세의 시름을 잊는다는 나무), ⟨~ a legendary tree⟩ ②연꽃(더러운 물에서 잘 자라나 우아하고 큰 덩어리 꽃을 피우는 콩과 별노랑이속의 식물), ⟨~ water lily⟩ 양2

422 *__Lo·tus 1-2-3 [로우터스 원-투우-쓰뤼]__: 자료를 짜깁기와 도표 만들기 기능이 통합되어 있는 IBM 개인전산기의 전표식 연성기기 슈2

423 **loud [라우드]**: ⟨← hlud⟩, ⟨게르만어⟩, ⟨뚜렷하게⟩ 소리가 큰, 시끄러운, ⟨→ aloud⟩, ⟨~ blare\roar⟩, ⟨↔quiet\soft⟩ 가1

424 **lounge [라운쥐]**: ⟨← longus⟩, ⟨라틴어→프랑스어⟩, ⟨long하게 lay해서⟩ 빈둥거리다, 안락의자(lounger), 휴게실, ⟨~ parlor\salon⟩, ⟨↔work-shop⟩ 양2

425 *__lounge liz·ard [라운쥐 리져드]__: '사교실 도마뱀', 제비족, 건달, ⟨~ gigolo\scrounger⟩, ⟨↔busy bee\slob⟩ 양2

426 **louse [라우스] \ lice [라이스]**: ⟨← lus⟩, ⟨게르만어⟩, '이'(들), 기생충, 인간쓰레기, ⟨~ cootie⟩ 가1

427 **lous-y [라우지]**: 이투성이의, 천한, 나쁜, 불편한, 서투른, ⟨~ miserable\rotten⟩, ⟨↔fumigated\clean\good\competent⟩ 양2

428 **love** [러브]: ⟨← lubhyati(desire)⟩, ⟨산스크리트어→라틴어→게르만어→영국어⟩, ⟨← 'lubido'(욕망)⟩, ⟨같이 live하거나 아니면 leave해야 하는⟩ '인력', ⟨철학적인 것에서 화학적인 것으로 개념이 바뀌어 가는⟩ 사랑·애정·연애·호의·성교·여보·당신 등 갖은 잡히나 정의하기 힘든 ⟨군맹무상의 단어⟩, ⟨↔hate\loathe\indifference\venom\poison⟩ 영2

429 ★**love-boat** [러브 보웉]: '사랑선', ①남녀 혼성의 해군함정 ②유람선⟨cruise ship⟩의 점잖은 말 미2

430 ★**love-hole** [러브 호울]: '기쁨 구멍', 질, 보지, ⟨~ vagina⟩ 양2

431 ★**love lan·guage** [러브 랭귀지]: ⟨1992년 미국의 침례교 목사이며 결혼 상담가가 쓴 책 제목에서 유래한⟩ '연애 언어', ⟨긍정적 단어·헌신적 행동·선물·의미있는 시간·신체 접촉의 5가지⟩ 사랑의 말, ⟨~ 5 heart-felt commitments⟩, ⟨편지같이 실연을 되풀이 하는 사람을 위해 등재 했음⟩ 양2

432 ★**love life** [러브 라이후]: 연애 인생, ⟨미국 영화 제목에도 있듯이⟩ 연애에 골몰하는 인생살이, ⟨↔no life⟩ 미2

433 ★**love me, love my dog**: 나를 사랑하려면 나의 모든 것을 사랑하시오, 아내가 예쁘면 처갓집 말뚝 보고도 절한다, ⟨↔hate me, hate my dog⟩ 양2

434 ★**lov·ers quar·rel so they can make up**: 부부싸움은 칼로 물베기, ⟨~ don't worry, it's healthy⟩ 영2

435 ★**love-y-dove-y** [러뷔 더뷔]: (비둘기같이) 공개적으로 사랑 행위를 하는 짓, ⟨바이든 대통령이 공개석상에서 부인 대할 때와 비슷한 태도⟩, ⟨~ besotted\infatuated⟩ 우2

436 **low** [로우]: ⟨← lah(lay)⟩, ⟨게르만어⟩, ⟨lie해서⟩ 낮은, 저급의, 적은, 느린, 침울한, ⟨~ short\small\cheap\nadir⟩, ⟨↔high⟩ 기2

437 *****low-ball** [로우 버얼]: 가장 적은 패를 가진 이가 이기는 카드 게임, (부동산 거래 등에서) 터무니없이 낮은 가격으로 입찰하는 짓, ⟨~ under-estimate⟩, ⟨↔high-ball⟩ 우1

438 ★**low-cash-ism** [로우 캐쉬즘]: ⟨affluenza에 대항해서 2016년에 조작된 미국어⟩, 빈독, 가난병, ⟨빈민굴에서 자란 아이들이 지속적으로 범죄에 빠져 버리는⟩ '돈부족'증 미1

439 ★**low con-text** [로우 칸텍스트]: 저 맥락(문화), 대화에서 직접적인 말을 많이 쓰는 사회, ⟨~ lack of context⟩, ⟨↔high-context⟩ 미2

440 ★**low cut top** [로우 컽 탚]: ⟨유방 사이의 골짜기가 보이도록 아래로 자른⟩ 가슴 노출형 여자 윗옷, ⟨~ low-necked⟩ 양2

441 ★**low-key** [로우 키이]: ⟨낮은 음자리의⟩ 옅고 흐린, 저자세의, 삼가는 투의, ⟨~ restrained\modest\low-profile⟩, ⟨↔high-key⟩⟨↔high-key⟩ 양2

442 **loy·al** [로이열]: ⟨← lex(law)⟩, ⟨라틴어⟩, ⟨← legal ← law⟩, ⟨~ faithful\devoted⟩, ⟨법률에 따라⟩ 충성스러운, 성실한, 정직한 기2

443 **loy·al·ty** [로이열티]: ⟨← legal⟩, 충성, 충절, (부동산) 배당금, ⟨~ allegiance\fealty\chung⟩, ⟨↔dis-loyal\faith-less\treacherous\treason\whistle-blow⟩ 기1 미2

444 **loz·enge** [라진쥐]: ⟨프랑스어⟩, (목구멍을 화끈하게 해 주는) '마름모꼴'⟨rhombus⟩, 박하사탕, ⟨~ diamond\parallelogram⟩ 미1

445 *****L2 Cache** [lev·el 2 Cache]: (중앙처리기구 밖의 반도체에 저장되어 있는) 2차 고속 기억장치, ⟨~ secondary (or external) cache⟩ 미2

446 *****L3 \ L4 Cache**: 3차 \ 4차 고속기억 장치(L1 \ L2을 순차적으로 보완해주기 위한 ⟨외부⟩ 연성기기 체제) 미2

447 **lu·bri·cate** [루우브뤼케이트]: ⟨← lubricus(smooth)⟩, ⟨라틴어⟩, 기름을 치다, '미끄럽게' 하다, ⟨~ anoint\grease⟩, ⟨↔obstruct\hamper⟩ 기1

448 **lu·cent** [루우슨트]: ⟨← lucere(shine)⟩, ⟨라틴어⟩, ⟨← light⟩, 빛나는, (반)투명의, ⟨~ beaming\transparent⟩, ⟨↔cloudy\opaque⟩ 양1

449 **lu·cid** [루우시드]: ⟨← lucere(shine)⟩, ⟨라틴어⟩, '밝게 빛나는', 맑은, 투명한, 명료한, 윤이 나는, ⟨~ light⟩, ⟨~ bright\cogent⟩, ⟨↔unclear\dark⟩ 양1

450 **luck** [럭]: ⟨← lucke(good fortune)⟩, ⟨게르만어⟩, 운(수), '행운', ⟨chance가 올 때 lock 해야 하는⟩ 요행, ⟨↔mis-fortune\mis-chance⟩ 가2

451 ★**luck out** [럭 아웃]: 운이 좋다, 운에 뽑히다, ⟨~ hit\pass⟩, ⟨↔un-lucky\deliberate⟩ 가1

452 **lu·di·crous** [루우디크뤼스]: ⟨← ludere(play)⟩, ⟨라틴어⟩, 익살맞은, 바보 같은, 터무니없는, ⟨놀기 위한 도구같이⟩ 우스꽝스러운, ⟨~ allude\de·lude\elude⟩, ⟨~ absurd\laugh-able⟩, ⟨↔sensible\serious⟩ 양2

453 **lug-gage** [러기쥐]: ⟨← lug'⟩, ⟨lug할 수 있는⟩ 수화물, 여행용 휴대품, baggage 가1

454 **lull** [럴]: ⟨← lullen⟩, ⟨만국 공통어⟩, ⟨의성어·의태어⟩, 'lu~ lu~', 잠잠함, 뜸함, 달래다, ⟨let up\respite⟩, ⟨↔echo\bay³⟩ 가2

455 **lull·a·by** [럴러바이]: ⟨영국어⟩, ⟨의성어⟩, 'lu~ lu~'+'bye~ bye~', 자장가(craddle song), 살랑살랑 부는 바람, ⟨↔agitate\dis-compose⟩ 매1

456 ★**LULU** [루울루우](lo·cal·ly un·de·sir·a·ble land use): (화장장·쓰레기 처리장·교도소·무기 설치 등) 지역적으로 바람직하지 않은 토지 이용, lulu; ⟨어원 불명의 미국 속어⟩, 대단한 (여)자, 일품 특별수당 매2

457 **lum·bar** [럼버]: ⟨← lumbus(waist)⟩, ⟨라틴어⟩, 허리 부분의, 요부의 가1

458 **lum·ber** [럼버]: ⟨영국어⟩, 재목, ⟨Lombard 전당포 주인이 모았던⟩ 잡동사니, ⟨~ timber\pile⟩ 가1

459 **lum·ber·jack** [럼버 잭]: 벌채 노동자, ⟨~ logger⟩ 가1

460 **lu·mi·nant** [루우미넌트]: ⟨라틴어⟩, 빛나는, 발광체, ⟨→ lynx⟩, ⟨~ glisten\glow⟩, ⟨↔dim\dull⟩ 가1

461 **lump** [럼프]: ⟨← lumpe(mass)⟩, ⟨영국어⟩, ⟨형태가 없는⟩ 덩어리, 혹, 무더기, ⟨~ chunk\tumor⟩, ⟨↔cavity\ditch⟩ 가1

462 **lump-sum** [럼프 썸]: 일괄적, 일괄 환불, ⟨~ whole amount⟩, ⟨↔installment\annuity⟩ 양2

463 **lu·nar** [루우널]: 달의, 태음의, 달 모양의, ⟨↔solar⟩ 가1

464 **lu·na·tic** [루우너틱]: ⟨라틴어⟩, ⟨월경 때⟩ 미친, 발광한, 괴짜, ⟨~ maniac\cuckoo⟩, ⟨↔sane\rational⟩ 양2

465 **lunch** [런취]: ⟨← lump?⟩, ⟨영국어⟩, ⟨← luncheon⟩, ⟨안 먹자니 헛헛해서 점을 찍고 가듯 먹는⟩ 점심, 경식사, ⟨↔dinner\breakfast⟩ 가2

466 **lunch-eon** [런쳔]: ⟨영국어⟩, ⟨'noon'에 먹는⟩ 점심, 오찬(회), ⟨→ lunch⟩ 양2

467 ★**lunch-fla-tion** [런취 훌레이션]: ⟨신조어⟩, (Covid-19 이후에 온 물가상승으로 인한) 점심값 폭등 양2

468 **lung** [렁]: ⟨← lungen⟩, ⟨게르만어⟩, ⟨← light⟩, 폐, ⟨바람이 들어 있어서 '가벼운'⟩ 허파, ⟨~ pulmonic(respiratory) organ⟩ 가1

469 **lure** [루어]: ⟨← luoder(bait)⟩, ⟨게르만어⟩, 유혹물, '미끼', 매력, ⟨→ allure⟩, ⟨~ tempt\coax⟩, ⟨↔deter\repulse⟩ 가1

470 **lurk** [러얼크]: ⟨← lurken⟩, ⟨영국어⟩, ⟨'lower'(아래로)⟩ 숨다, 남몰래 가다, 잠행(전산기 소식 모임에 선뜻 가입하지 않고 추세를 살펴보는 일), ⟨~ hide\skulk⟩, ⟨↔reveal\bolt⟩ 양1

471 ★**lurk-er** [러얼커]: '잠행자', (전산망에서) 글을 읽지만 댓글을 달지 않는 '눈팅'족, ⟨~ sneaker\skulker⟩, ⟨↔hustler\eager-beaver⟩ 양2

472 **lush** [러쉬]: ⟨← laxare(loosen)⟩, ⟨라틴어에서 연유한 프랑스어⟩ ①'푹 퍼진', ⟨~ lax⟩, ⟨↔stern'⟩ ②푸르게 우거진, 무성한, 관능적인, ⟨~ luxuriant⟩, ⟨↔barren\austere⟩ 양2

473 **lust** [러스트]: ⟨← lascivus(wanton)⟩, ⟨라틴어에서 유래한 게르만어⟩, '욕망', 갈망, 색욕, ⟨→ lascivious⟩, ⟨~ sexual desire\passion⟩, ⟨↔chastity\apathy⟩ 기2

474 **lus·ter \ lus·tre** [러스터]: ⟨← lustrare(to light)⟩, ⟨라틴어⟩, ⟨← illuminate⟩, 광택, 영광, 유약, ⟨~ gloss\sheen⟩, ⟨↔darkness\matte⟩ 기1

475 **lust·y** [러스티]: 튼튼한, 풍부한, ⟨'lust'(욕망)에 찬⟩, 왕성한, ⟨~ strong\robust⟩, ⟨↔feeble\faint⟩ 기1

476 **lux·u·ri·ant** [럭쥐뤼언트]: ⟨← luxus(excess)⟩, ⟨← luxury⟩, 번성한, '풍부한', 화려한, ⟨~ lush\rich⟩, ⟨~ meager\sparse⟩ 양2

477 ★**Lyft** [리후트]: ⟨lift의 Zimbabwe식 표현⟩, 2012년에 출범한 미국의 ⟨주문형⟩ 운송망 매개 업체 수2

478 **ly·ing** [라잉]: lie의 현재분사 ①드러누워 있는, ⟨~ recline⟩ ②거짓말을 하는, ⟨~ deceitful⟩ 양1

479 **lymph** [림프]: ⟨← nymphe(water Godess)⟩, ⟨그리스어→라틴어⟩, ⟨'물'과 비슷한⟩ 진물, 임파(액), '반고형 면역체제', ⟨~ humor\rheum⟩ 양1

480 **lynch** [린취]: L~:사람이름(영국 계통은 '언덕⟨hlinc⟩에 사는 자'·아일랜드 계통은 '선원⟨Loingseach⟩'), 사적 폭행, ⟨미국 독립전쟁 때 치안판사 William Lynch에서 유래한 것 같은⟩ 법적 절차를 밟지 않고 행해지는 형벌 (교수형), ⟨~ mob killing⟩, ⟨↔protect\defend⟩ 수3 미2

481 **lynx** [링크스]: ⟨← leuk(shine)⟩, ⟨그리스어⟩, 살쾡이자리, ⟨눈이 'luminant'한⟩ 스라소니(뾰족한 귀·탄탄한 다리·윤나는 모피를 가지고 쥐나 토끼를 잡아먹는 야행성 산고양이), wild cat, ⟨→ ounce²⟩, ⟨~ caracal\feline\tiger cat⟩ 미2

482 **lyre** [라이어]: ⟨← Lyra⟩, ⟨그리스어⟩, lute, 수금, 칠현금, (서양) 거문고, 서정시 양1

483 **lyr·ic** [리릭]: 서정시, ⟨수금(lyre)에 맞춰서 노래 부르는⟩ 음유문, 노래 가사, ⟨~ choral\libretto⟩, ⟨↔dissonant\cacophonous⟩ 양2

1   **M \ m** [엠]: 이집트의 상형문자 물결 모양에서 따온 인쇄물에서 13번째 정도로 자주 쓰이는 영어 자모의 13번째 글자, 남성(male)·기혼(married)·미터(meter), M(1백만)·m(1천분의 1)·중간 치수(medium) 등의 약자 〈중2〉

2   **MA** (mas·ter of arts): (인)문학 석사, 문학사 취득 후 2~3년간의 인문·사회 계통 대학원 과정을 거친 자에게 주는 학위, 〈↔MS(master of science)〉 〈영1〉

3   **ma'am** [맴 \ 맘]: 〈madam의 축소어〉, 마님, 아주머니, (여) 선생님, 〈미국 북동부에서는 듣기 싫어하는 호칭〉, 〈↔sir\miss〉 〈영2〉

4   *****MAC ad·dress** (me·di·a ac·cess con·trol ad·dress): 대중매체 통제번지(전산망 접속기에 부여된 12자리 고유 숫자) 〈미2〉

5   **mac·(c)a·ro·ni** [매커로우니]: 〈← makaria(food made from barley)〉, 〈어원 불명의 그리스어에 연유한 이탈리아어〉, 〈4천 년 전 중국에서 silk road를 통해 전래된〉 '보리로 만든 음식', 마카로니, 작은 대롱같이 생긴 짧은 국수, 이탈리아 국수(파스타), 이탈리아인, 〈~ spaghetti보다 shorter and thicker〉 〈우1〉

6   ★**mac·a·ron·ic** [매커래닉]: (라틴어를 현대어에 섞은) 혼효체, (두 가지 이상의 언어가) 섞인, 〈~ amphigory\balder-dash〉, 〈↔formal\truthful〉 〈중2〉

7   ★**mac·a·ro·ni wes·tern** [매커로우니 웨스턴]: 이탈리식 서부극, ⇒ spaghetti western 〈우1〉

8   **mace** [메이스]: ①〈← mateola(mallet)〉, 〈라틴어에서 연유한 프랑스어〉, '커다란 망치', 철퇴, 곤봉 모양의 권표(직권의 상징), 〈→ mashie \ masse〉 ②〈← maker〉, 〈그리스어에서 연유한 프랑스어〉, 육두구(nut·meg)의 씨껍질을 말린 향료, Mace; 최루가스(상표명) 〈우2〉 〈중2〉

9   **ma·chine** [머쉬인]: 〈← magush(be able)〉, 〈페르시아어→그리스어〉, 기계('장치'), 기구, 기관, 조직, 재봉틀(미싱), 〈~ magic\mechanic〉, 〈↔human\organ\nature〉 〈가1〉

10   *****ma·chine code** [머쉬인 코우드]: =machine language, machine word, 기계어(부호), 〈~ object code〉 〈양2〉

11   *****ma·chine–de·pend·ent pro·gram**: 특정 기계에 의존하는 차림표, '기계 의존적 차림표', 〈~ soft-ware that runs only on a specific computer〉

12   *****ma·chine–in·de·pend·ent pro·gram**: 특정 기계에 의존하지 않는 차림표, '기계 독립적 차림표', (널리 사용되는 기계어를 사용해서 여러 전산기에 두루 사용할 수 있게 만든 차림표), 〈~ soft-ware that can be used on many types of computers〉 〈우1〉

13   *****ma·chine lan·guage** [머쉬인 랭귀쥐]: 기계어, (2분법 기호로 쓰인) 직접 기계를 조작하는 명령, 〈~ machine code〉, 〈~(↔)assembly language〉, 〈↔human learning〉 〈중2〉

14   *****ma·chine learn·ing** [머쉬인 러닝]: 기계 학습(과거의 경험을 통해 전산기가 자신의 지식을 개선할 수 있는 능력), 〈↔human stupidity?〉, ⇒ artificial intelligence 〈양2〉

15   *****ma·chine–me·di·ated learn·ing**: '기계 중재 학습', 기계를 이용한 학습(사람이 전산기 같은 기계 매체를 사용해서 지식을 습득하는 일), 〈~ computer mediated learning〉 〈미2〉

16   **ma·cho** [마쵸우]: 〈멕시코계 스페인어〉, 〈manly〉, 건장한(늠름한) 남자, 힘이 센, '싸나이', 〈↔hen-pecked\mama's boy\molly-coddle〉 〈양2〉

17   **mack·er·el** [매커륄]: 〈← macarellus〉, 〈어원 불명의 라틴어에서 유래한 프랑스어〉, 〈검은 점(macula)이 박힌〉 〈생선의 특질을 골고루 갖추고 있는〉 (북대서양산) 고등어, 〈~ soba〉, 〈~(↔)saury〉 〈가1〉

18   *****Mac OS** (Mac-in·tosh op·er·at·ing sys·tem): 1984년부터 시작된 (도안자를 위한 접속까지 포함하여) 항목을 찾으면 자동으로 다음 동작이 연결되는 애플사의 연성기기로 그 후 Unix 체계를 병합한 Max OSX(10판)이 나왔음 〈중2〉

19 ***mac·ro** [매크로우]: 대규모 (차림표), 여러 개의 반복적인 명령을 단추 한번 눌러서 시행하게 해주는 〈폭포 명령〉, 〈dru-king같이 조회수나 댓글의 공감 수를 늘리는 데 써먹을 수 있는〉 '뻥튀기' 차림표 언어 〈우2〉

20 ***Mac·ro As·sem·bler** [매크로우 어쎔블러]: 〈Micro soft사에서 나온〉 모둠 짜맞추기(어떤 기호언어로 쓰인 차림표든지 기계어로 변환시킬 수 있는 체제) 〈미2〉

21 ***mac·ro-code (~ in·struc·tion)** [매크로우 코우드 (~ 인스트뤅션)]: 모둠 부호(명령), 사용자가 한 방에 일을 처리할 수 있도록 만든 명령체제 〈미2〉

22 ***mac·ro vi·rus** [매크로우 봐이뤄스]: '모둠 바이러스', 〈초장부터〉 모둠 명령을 삐딱하게 조작하는 행태 (전산기 운영체제), 〈~ imbedded program language〉 〈우1〉

23 **mad** [매드]: 〈← gemad(senseless)〉, 〈게르만어〉, '제 정신이 아닌', 미친, 실성한, 열광적인, 〈~ angry\furious〉, 〈↔calm\sane〉 〈가1〉

24 **mad·am** [매덤]: 〈프랑스어〉, 'my lady', 마남, 부인, 아주머니, 〈귀부인에서 포주에 이르기까지 다양한 의미를 가진〉 주로 기혼 여성에 대한 호칭, 〈→ ma'am〉, 〈↔monsieur\mademoiselle〉 〈가1〉

25 **mad·e·moi·selle** [매더머젤]: 〈프랑스어〉, 'my damsel(청순한 처녀)', ~ 양, 아가씨, 〈~ miss\senorita〉, 〈↔monsieur\madame〉 〈양2〉

26 ★**mad mon·ey** [매드 머니]: 여자의 소액 비상금(남자 친구와 싸워 혼자 귀가할 때의 택시비 따위), 〈~ pocket money〉 〈우1〉

27 ***MAE** [메이] (Met·ro·pol·i·tan A·re·a Ex·change): '대지역 교환대'(전산기 접속을 위한 주요 연결점으로 미국에는 워싱턴 DC·댈러스·산호세에 있음), 〈~ WAN〉, 〈↔LAN〉 〈미2〉

28 ★**Ma·fa** [마화]: 〈2010년도에 등장한 미국어〉, 마파, (인형 이름에서 연유한) 각종 여성용 무료 전산망 놀이, 〈~ an online doll game\baby game〉 〈好2〉

29 ★**ma·fa** [마풔]: 〈1960년대에 등장한 미국 흑인 속어〉, mofo, 'mother fucker(씨발놈)'의 준말, 〈~ SOB〉, 〈↔smart-ass\wise-ass〉 〈양2〉

30 **Ma·f(f)i·a** [마아휘어]: 〈← mafius(swagger)〉, 마피아, 〈1875년 이탈리아 경찰이 쓰기 시작한 말〉, 19세기 중반에 시칠리아에서 시작해서 이탈리아·미국으로 활동 무대를 옮겨 20세기 중반까지 세를 떨쳤던 국제적 비밀결사·범죄조직 유력자 집단, 〈~(↔)yakuza〉 〈多1〉 〈미2〉

31 ★**MAGA** [마가]: 'make America great again' (트럼프 대통령의 구호), 〈↔Dark Brandon〉 〈미2〉

32 **mag·a·zine** [매거지인]: 〈← makhzan〉, 〈아랍어〉, '저장고', 잡지, 탄창, 보고, 〈~ storage\journal〉, 〈↔non-depository\junk-pile〉 〈양2〉

33 **mag·got** [매겉]: 〈← mathek(flesh worm)〉, 〈게르만어〉, '구더기', 〈구더기가 뇌에 들어가 생기는〉 망상, 〈구더기 모양을 한〉 담배꽁초, 〈~ larva\worm〉, 〈↔reality\celebrity〉 〈가1〉

34 **mag·ic** [매쥑]: 〈← Magi〉, 〈페르시아어→그리스어〉, 〈~ magikos〉, 마법, 요술, 매력, '당신이 갖고 있는 기대와 가정이 당신을 배반하게 만드는 것', 〈~ machine〉, 〈~ sorcery\enchantment〉, 〈↔nature\science〉 〈가1〉

35 **mag·is·trate** [매쥐스트레이트]: 〈← magister〉, 〈라틴어〉, 〈~ master〉, 행정 장관, 지사, 치안 판사, 〈~ bailiff\sheriff〉, 〈↔commoner〉 〈가1〉

36 ***mag-lev** [매그렙]: magnetic levitation, 자기 부상(식), 자력의 힘으로 물체를 공중에 뜨게 하는 일, 〈~ hover train〉 〈미2〉

37 **mag·nate** [매그네이트]: 〈← magnus〉, 〈라틴어〉, 'great man', 거물, 실력자, 〈~ mogul¹\tycoon〉, 〈↔pawn\lowly〉 〈기2〉

38 **mag·ne·si·um** [매그니지엄]: 〈그리스의 Magnesia(meander;curved river) 지방에서 발견된〉 〈인체조직에 필요하고 설사약 등으로 쓰이는〉 금속원소(기호 Mg·번호12) 〈수2〉

39 **★mag·net fish·ing [매그넽 휘싱]**: 자석 낚시, 물 속에 있는 자성 물질을 자석으로 낚는 일, 〈미국에서는 불법이나 편자가 군대 생활을 할 때 구급차의 배터리를 뽑아서 시내를 막고 잡은 물고기로 매운탕을 끓여 쏘주 한 잔 하던 맛이라니!〉 **유②**

40 **mag·net·ic [매그네틱]**: 〈Magnesia 지방에서 발견된 돌〉, 〈그리스어〉, '자석'의, 자기의, 매력 있는, 〈~ alluring\fascinating〉, 〈↔repellant〉 **기②**

41 **★mag·net school [매그넽 스쿠울]**: 〈특별히 이끌어주는〉 특수학교, 영재학교, 실력·특기가 뛰어난 학생을 선발하여 특수교육을 하는 (공립)학교, 〈~ school for the gifted〉, 〈↔regular school〉, 〈미국 교육부는 교육 자체를 '자석'에 비유해서 모든 초등·중등학교를 magnet school이라 정의하고 있음- 한국에서도 '특목교'를 폐지해야 할 것임〉 **유②**

42 **mag·nif·i·cent [매그니휘슨트]**: 〈← magnify〉, 〈라틴어〉, 장대한, 당당한, 엄청난, '크게 만든', 〈~ splendid\majestic〉, 〈↔modest\feeble〉 **양②**

43 **mag·ni·fy [매그너화이]**: magnus(great)+facere(make), '크게 키우다', 확대하다, 증대시키다, 〈~ enlarge\maximize〉, 〈↔reduce\lessen〉 **기①**

44 **mag·no·lia [매그노울리어]**: 〈프랑스 식물학자의 이름(Magnol; magnus)에서 따온 말〉, saddle tree, tulip tree, yellow poplar, 목련(큰 잎에 커다란 흰·자주색의 꽃잎과 작은 도토리 모양의 열매를 맺는 낙엽활엽교목) **미②**

45 **mag·pie [매그 파이]**: 〈영국어〉, 〈'Margaret'(수다쟁이) 같은 딱다구리〉, 까치(긴 꼬리에 흰 무늬가 있는 날개를 가지고 시끄럽게 짖어대며 아무거나 잘 먹는 까마귀 사촌으로 한국에서는 길조 미국에서는 흉조로 취급됨), 〈~ pie\pica\blabber-mouth〉

46 **ma·hog·a·ny [머하거니]**: 〈어원 불명의 스페인어〉, 마호가니(단단하고 윤기가 있으며 내수성이 강해 각종 가구로 인기가 있는 열대림), 〈~ a tropical hard-wood〉 **유②**

47 **maid [메이드]**: 〈← maged(virgin)〉, 〈게르만어→영국어〉, 〈← maiden〉, 소녀, 하녀, 여급, 신부의 들러리, '처녀'〈잘못 번역하면 오해를 살 여지가 있는 말〉, 〈~ damsel\female-servant〉, 〈↔bachelor\man-servant〉 **양①**

48 **maid·en [메이든]**: 〈← maid〉, 처녀, 우승 경험이 없는 경주마〈편자가 섭렵한 정의 중에 제일 쌉쌀한 말〉, 점령된 적이 없는, 교미의 경험이 없는, 〈~ virgin〉, 〈↔de·flowered\married\dirty\drab〉, 〈↔lad\guy\wench〉 **양①**

49 **mail [메일]**: 〈← male(wallet)〉, 〈게르만어〉, 우편(물), 우송하다, '부대(자루)', 〈~ dispatch\parcel〉, 〈↔retain\discard〉 **기②**

50 **★mail bomb·ing [메일 밤잉]**: (전자) 우편 폭탄 공격〈꼴보기 싫은 사람에게 단시간에 대량의 전자우편을 보내 겁주는 일〉, 〈~ e-mail flooding〉 **미②**

51 **mail box [메일 박스]**: 우체통, 개인 우편함, 우편함(전자 우편물을 일시 저장해두는 전산기 내의 기억 영역), 〈~ mail-drop\post-box〉 **기①**

52 **★mail-merge [메일 머쥐]**: 우편 융합(같은 내용을 수취인만 달리하여 여러 명에게 보내는 방법), 〈~ bulk(mass)-mail〉, 〈↔private mail\direct mail〉 **유②**

53 ***mail ser·ver [메일 써어붜]**: mail transfer agent, 전자우편, 배송을 관리하는 주 전산기의 연성기기 체제, '우편 봉사기' **미②**

54 **maim [메임]**: 〈← mehain(to injure)〉, 〈어원 불명의 프랑스어〉, 〈← mayhem〉, 불구로 만들다, 손상하다, 〈~ mangle〉, 〈~ mutilate〉, 〈↔restore\mend〉 **양②**

55 **main [메인]**: 〈← magnus(great)〉, 〈라틴어→북구어〉, '힘', 주된, 중요한, 최대의, 〈~ major\principal〉, 〈↔minor\subsidiary〉 **기①**

56 **main-land [메인 랜드]**: 대륙, 본토, 〈~ heart-land〉, 〈↔periphery〉 **기②**

57　**main-stream** [메인 스트뤼임]: 본류, 주류, 대세, 〈~ dominant\prevailing〉, 〈↔minor-stream\tributary〉 **기2**

58　**main-tain** [메인테인]: manus(hand)+tenere(hold), 〈라틴어〉, '손으로 잡고 있다', 지속하다, 유지하다, 보육하다, 주장하다, 〈~ sustain〉, 〈↔abandon\alternate〉 **일1**

59　**main-te·nance** [메인터넌스]: 유지, 지속, 보존, 부양, 주장, 〈~ preservation\continuance\support〉, 〈↔break-down\neglect〉 **일1**

60　**maize** [메이즈]: 〈카리브 원주민어〉, Indian corn, 옥수수, 황색 **기1**

61　**maj·es·ty** [매줘스티]: 〈← magnus(great)〉, 〈라틴어〉, 〈← major〉, 위엄, 권위, 왕, 〈~ sovereignty\stateliness〉, 〈↔subservience\triviality〉 **일2**

62　**ma·jor** [메이줘]: 〈← magnum(great)〉, 〈라틴어〉, '위대한', 큰 쪽의, 보다 중요한, 성년의, 장음계, 전공, 소령, 〈→ majesty〉, 〈↔minor〉 **일1**

63　**make** [메이크]: 〈← macian〉, 〈게르만어〉, 〈match²되게〉 만들다, 짓다, 얻다, 마련하다, ~이 되다, 낳게 하다, '편성'(기계어나 연산법을 단계적으로 창조하라는 명령), 〈~ construct\force\brand〉, 〈↔lose\destroy〉 **일1 우1**

64　★**make a face** [메이크 어 풰이스]: 얼굴을 찌푸리다, 인상쓰다, 〈~ express dislike or disgust〉, 〈↔smile\grin from ear to ear〉 **일2**

65　★**make a killing** [메이크 어 킬링]: 〈19세기 말에 등장한 사냥 용어〉, 한 몫 잡다, 횡재하다, 〈~ hit the jackpot〉, 〈↔go bankrupt〉 **일2**

66　★**make a mint²** [메이크 어 민트]: 떼 돈을 벌다, 한탕하다, 〈~ hit jack pot\hit a lick〉, 〈↔down the drain〉 **일2**

67　★**make a moun·tain out of a mole-hill**: 사소한 문제를 크게 만들다, 침소봉대하다, 〈~ exaggerate\amplify〉, 〈↔abridge\lessen〉 **일2**

68　*****make and break** [메이크 언 브뤠일]: 〈초인종처럼 전류가 자동으로 켜졌다가 꺼지는〉 (개폐식) 회로 단속기의, 〈~ on and off\open and close〉 **우1**

69　★**make (both) ends meet**: 〈1639년 프랑스어에서 차입한 영국어〉, 수입과 지출의 균형(수지타산)을 맞추다, 입에 풀칠하고 산다, 〈~ get by\manage〉, 〈↔fall short\collapse〉 **일2**

70　★**make eyes** [메이크 아이즈]: 곁눈주다, 추파를 던지다, 〈~ flirt〉, 〈↔be shy〉 **일2**

71　★**make hay while the sun shines**: 쇠뿔도 단김에 빼라, 〈~ strike while the iron is hot\seize the moment〉 **일2**

72　★**make-shift** [메이크 쉬후트]: 임시 변통(수단), 미봉책, 〈~ temporary\provisional〉, 〈↔permanent〉 **일2**

73　**make-up** [메이크 엎]: 조립, 마무리, 화장, 분장, 조판, 허구, 〈~ composition\cosmetics〉, 〈↔impromptu\real〉 **일1**

74　★**make waves** [메이크 웨이브즈]: 물결을 일게 하다, 풍파(소동)를 일으키다, cause trouble, 〈↔don't rock the boat〉 **일2**

75　**mal-a·dy** [맬러디]: mal(bad)+habere(hold), 〈라틴어→프랑스어〉, '나쁜 것을 가지고 있는 상태', 병, 질병, 병폐, 〈~ illness\disease〉, 〈↔health\wellness〉 **기2**

76　**mal-aise** [멀 레이즈 \ 말 레이즈]: 〈← malus(bad)〉, 〈라틴어→프랑스어〉, mal+aise(ease), (육체적) '불쾌', 불안, 침체, 〈~ doldrums\weakness〉, 〈↔comfort\well-being〉 **일2**

77　**ma·lar·i·a** [멀레어뤼어]: mal+aria, 〈'bad air'의 이탈리아어〉, (처음에는 늪지에서 나오는 나쁜 공기에 의해 발생한다고 믿었던) 말라리아, 학질(암모기에 기생하는 원생동물에 의해 사람의 혈액이 감염되고 아직도 열대지방에서 기승을 떨치며 치사율이 최고 20%에 육박하는 전염병), 〈~ jungle fever〉 **미2**

78 **male** [메일]: ⟨← mas⟩, ⟨라틴어⟩, ⟨muscle이 있는⟩ 남성, 수컷, ⟨→ masculine⟩, ⟨↔female⟩ 기2

79 ★**mal·en·tine** [말렌타인]: male+valentine(남성 정인)이 축하하는 2월 12일 ⟨친한 남자 친구들이 모이는 날⟩, 동애애를 하지 않는 남성끼리 부르는 '애인', ⟨galentine day에 대항해서 장사속으로 만들어 낸 말⟩ 우2

80 **mal·ice** [맬리스]: ⟨← malus(bad)⟩, ⟨라틴어⟩, 악의, 원한, 범죄 의욕, ⟨vicious\vindictive⟩, ⟨↔benevolence\good-will⟩ 기1

81 **ma·lign** [멀라인]: male+genus(kind), ⟨라틴어⟩, 해로운, 악성의, ⟨~ harmful⟩, ⟨↔beneficial⟩ 기1

82 **ma·lig·nant** [멀리그넌트]: male+genus(birth), ⟨라틴어⟩, '태생이 나쁜', 악의 있는, 악성의, ⟨~ virulent\cancerous⟩, ⟨↔benign⟩ 기1

83 **ma·lin·ger** [멀링거]: mal(ill)+haingre(weak), ⟨19세기 초에 등장한 프랑스어⟩, 꾀병을 부리다, ⟨~ fake⟩, ⟨↔face\work⟩ 기1

84 **mall** [머얼]: ⟨영국어⟩, ⟨'ball-mallet'이란 놀이를 하던 골목 이름에서 연유한⟩ pall-mall, (나무 그늘이 있는) 산책로, (보행자 전용) 상점가, ⟨~ shopping center\arcade⟩, ⟨↔drive-in⟩ 미1

85 ★**mall-cance** [머얼 캉스]: mall+vacance, '상점가 휴가', 쇼핑몰에서 식사나 장보기를 하며 보내는 휴가, ⟨↔stay-cation\ho-cance⟩ 우2

86 **mal·let** [맬릿]: ⟨← malleus(hammer)⟩, ⟨라틴어→프랑스어⟩, 나무매, 작은 나무'망치', 타구봉 양1

87 **mal·low** [맬로우]: ⟨← malva⟩, ⟨어원 불명의 라틴어⟩, ⟨'청록색'의 잎을 가진⟩ 1천여 종이나 되는 당아욱속의 각종 풀이나 관목의 총칭, ⟨~ group of herbacious worts⟩ 우1

88 **malt** [멀트]: ⟨← mealt(melt)⟩, ⟨게르만어⟩, 맥아(보리의 싹), ⟨낱알을 '부드럽게' 만든⟩ 엿기름, ⟨~ grain steeped in water\germ barley⟩ 기1

89 ***mal-ware** [맬 웨어]: malicious software, ⟨컴퓨터 바이러스 등⟩ (전산기·전산망을 손상시키려고 고안된) 악성 연성기기, ⟨~ malicious soft-ware⟩, ⟨↔safe soft-ware\EDR⟩ 미2

90 **mam·bo** [마암보우]: ⟨원주민어→남미계 스페인어⟩, riff, ⟨하이티의 '여자 주술사(voodoo priestess)'가 추었던⟩ 남미에서 전파된 경쾌한 음악(춤), ⟨~(↔)rumba⟩ 수2

91 **mam·ma** [마아마 \ 머마아]: ⟨라틴어⟩, 엄마, 유방, ⟨↔papa⟩ 기2

92 **mam·mal** [매멀]: ⟨← mamma(breast)⟩, ⟨라틴어⟩, 포유(breast-feeding) 동물 기2

93 **mam·moth** [맴머쓰]: ⟨← mansi(earth horn)⟩, ⟨시베리아어⟩, 4백만 년 전부터 1만 년 전까지 살았던 ⟨'땅'을 갈라놓는 뿔을 가진⟩ 거대한 코끼리, 거대한, ⟨↔tiny⟩ 수2 양2

94 ***MAN** [맨]: metropolitan area network, 광역 도시 지역 통신망, ⟨~ MAE⟩, ⟨↔LAN⟩ 미2

95 **man** [맨]: ⟨← manu(human kind)⟩, ⟨산스크리트어→게르만어→영국어⟩, '사람', 남자, 사내, 인간, 하인, ~어이, ⟨이 조식로 나가다간 사장되어 버릴지도 모르는 말⟩, ⟨↔woman\beast⟩, ⟨그러나 woman과 beast가 동의어라는 말은 아님⟩ 기1

96 **man·age** [매니쥐]: ⟨라틴어⟩, ⟨손(manus)으로 만져서⟩ 잘 다루다, 관리하다, 해내다, ⟨~ cope\direct⟩, ⟨↔mis-manage\bungle⟩ 기1

97 **man·ag·er** [매니줘]: ⟨손(manus)으로 조종하는⟩ 지배인, 관리자, 감독, 부장, ⟨~ boss\supervisor⟩, ⟨↔subordinate\aide⟩ 양1

98 ★**man·cel·la·tion** [맨셀레이션]: man+cancellation, (남자 친구를 만나기 위해) 여자 친구와의 약속을 취소하는 일, '남바람' 우2

99 ***M and A**: ①management and administration(관리와 경영) ②mergers and acquisitions(기업 인수 합병) 미2

100 **man·da·rin(e)** [맨더륀]: 〈등황색을 한 중국 원산의〉 밀감(더 알차고 달콤한 오렌지류), 등황색 (청나라의 최고 관리를 표시하는 색깔), 〈~ deep reddish orange color\official〉, 〈↔achromatic\ unoffical〉 미2

101 **man-date** [맨데이트]: manus(hand)+dare(give), 〈라틴어〉, '명령', 지령〈손으로 지시하는 명령〉, 요구, 위임 통치, 〈~ command\authorization〉, 〈↔breach\allowance\liberty〉 양1

102 **man·do·lin(e)** [맨덜린]: 〈← pandura(a lute)〉, 〈라틴어〉, 만돌린, 4백여 년간 스페인 계통에서 즐겨 사용하는 기타 비슷한 조그만 '현악기' 우1

103 **mane** [메인]: 〈← manya(nape)〉, 〈산스크리트어→게르만어→영국어〉, 〈사자 따위의〉 '갈기'(목이나 머리털), 〈↔bottom\baldness〉 가1

104 **ma·neu·ver \ ma·noeu·vre** [머누우붜]: manus(hand)+opera(work), 〈라틴어〉, 〈손을 써서 일하는〉 작동, 기동작전, 기술을 요하는 조작, 책략, 연습, 〈~ manure〉, 〈~ operation\steer〉, 〈↔inactivity\openness〉 양1

105 ★**man-gi·na** [망기너 \ 맨좌이너]: man's vagina, 남성 동성애자의 항문, 여권운동에 동조하는 '쓸개' 빠진 놈, '좃삐리', 〈~ feminist〉, 〈↔chauvinist〉, 〈↔joy-stick\love-pistol〉 우2

106 **man·gle** [맹글]: 〈← mehaigner〉, 〈프랑스어〉, 〈← mayhem〉, 난도질하다, 망가뜨리다, 〈두들겨서 하다가 요즘은 압축으로 하는〉 주름 펴는 기계, 〈~ maim〉, 〈↔repair\build〉 양1

107 **man-go** [맹고우]: 〈← mangga(man\kay)〉, 〈← Tamil어〉, 망고, (주먹만 한 과일이 황색의 달고 수분이 많은 육질로 되어 있는) 동남아 원산 상록교목, 〈~ the king of fruits〉 우1

108 **man-hole** [맨 호울]: 〈짐승이 아니라〉 '사람이 사람을 위해 만든' 잠입구, 대피소, 승강구, 〈~ access (or service) hole〉, 〈↔closure\solid〉 양1

109 **ma·ni·a** [메이니어]: 〈← mainesthai(rage)〉, 〈그리스어〉, 'madness', 조증, 열광, 발광, 〈↔melancholia\depression〉, 〈↔calm\apathy〉 양1

110 **man·i-cure** [매니큐어]: 〈라틴어〉, manus(hand)+cura(care), 미조술(손·발톱 손질 기술), 〈~(↔)pedicure〉, 〈↔barber〉 미1

111 **man·i-fest** [매니훼스트]: manus+fendere(strike), 〈라틴어〉, 〈손에 잡히듯〉 명백한, 〈~ obvious\ display〉, 나타나다, 적하 목록, 〈↔hidden\secret〉 양2

112 **man·i-fold** [매너호울드]: 〈영국어〉, many+fold, 다양한, 용도가 넓은, 사본, 〈~ multiplex〉, 〈↔few\limited\monolithic〉 양1

113 **ma·nip·u·late** [머니퓰레이트]: manus+plere(fill), 〈라틴어〉, 〈손으로 잡아〉 조종하다, 다루다, 처리하다, 조작하다, 속이다, 〈~ maneuver〉, 〈~ handle\control〉, 〈↔fumble\open-ness〉 양2

114 **man-kind** [맨 카인드]: 인류, 인간, 〈~ Homo Sapiens〉, 〈↔wild-life〉 가1

115 **man·ne·quin** [매니킨]: 〈← mannekijn(little man)〉, 〈네덜란드어→프랑스어〉, '소인', (장신구를 걸어 놓기 위한) 모형 인체, 〈~ dummy〉, 〈↔original〉 우1

116 **man·ner** [매너]: 〈← manus(hand)〉, 〈라틴어〉, '손버릇', 투, 방식, 태도, 예절, 풍습, 〈~ skill\mode\ attitude〉, 〈↔absence\rudeness〉 양1

117 ★**ma·no-job** [마너 좝]: hand·job, (타인에 의한) 수음, 〈~ masturbation\wank〉, 〈↔head job\foot-job〉 양2

118 **man·or** [매너]: 〈← manere(remain)〉, 〈라틴어〉, '거주지', 장원, 영지, 소유지, 〈~ mansion〉, 〈↔cabin\cell〉 양2

119 ★**man-o-sphere** [매너 스휘어]: 〈영국어〉, '남성 영역', 남성의 권익을 옹호하는 전산망 기지들, 〈당신의 인생을 망칠려면 가입하세요-편자의 말이 아님〉, 〈~ anti-feminists〉, 〈↔soy boy〉 우2

120 **★man pro·poses, God dis·poses**: 인간은 청원하고 하늘이 처분한다, 운명재천, ⟨~ one's life is one's fate\man plans but God determines⟩ 양2

121 **★man show·er** [맨 샤워]: 예비 아빠 축하회, ⟨곧 아빠가 될 사람을 위해 (주로 친구들이 주선해서) 벌이는⟩ '술판', ⟨~ dad-chelor party\baby stag\diaper shower⟩, ⟨↔baby shower⟩ 미1

122 **man·sion** [맨션]: ⟨← manere⟩, ⟨라틴어⟩, ⟨오래 'remain'할 수 있는⟩ 대저택, 고급 주택, ⟨~ manor⟩, ⟨↔hovel\hut⟩ 갸2

123 **★man-splain** [맨스플레인]: ⟨21세기 초에 등장한 영국어⟩, man+explain, 남자의 해명, 남자가 ⟨잘난 체하며⟩ 여자를 가르치려 드는 짓, '남꼴값', ⟨~ patronising⟩, ⟨↔woman-splain(큰 소리로 말하면 안되는 말)⟩ 주2

124 **★man–spread·ing** [맨 스프뤠딩]: ⟨2013년 N.Y.시 지하철에서 묘사된 미국어⟩, ⟨사람 다리를⟩ 짝 벌리고 앉아있는 자세, 폼 퍼진 자세, ⟨↔woman-spreading(실제로 존재하지 않는 말)-여자가 가랑이를 쫙 벌리고 앉아 있는 자세는 'heavenly posture'라고 함; 이것도 편자의 말이 아님⟩ 미2

125 **man·tel** [맨틀]: ⟨← mantiltre(mantle tree)⟩, ⟨15세기에 등장한 영국어⟩, ⟨← mantle(덮개)⟩, 벽난로 선반, 벽난로의 앞 장식, ⟨~ ledge\shelf⟩, ⟨↔exposure⟩ 갸1

126 **★man·ther** [맨더]: ⟨영국어⟩, panther의 대칭어, 영계(젊은 여자)를 쫓아 다니는 중년 남자, '치한', ⟨~ dirty old man⟩, ⟨↔knight\gentleman⟩ 양2

127 **man·tle** [맨틀]: ⟨← mantelum(cloak)⟩, ⟨라틴어⟩, manteau, 망토, 외투, 덮개, 뚜껑, ⟨↔display\exhibit⟩ 갸1

128 **man·u·al** [매뉴얼]: ⟨← manus(hand)⟩, ⟨라틴어⟩, '손으로 하는', 손의, 인력의, 소책자, 교법, (수동) 안내, ⟨~ physical\hand-book⟩, ⟨↔automatic\mechanical⟩ 양2

129 **man·u·fac·ture** [매뉴팩쳐]: manus(hand)+facere(make), ⟨라틴어⟩, ⟨← manufactum⟩, ⟨손으로⟩ 제조(생산)하다, 꾸며내다, 가공하다, ⟨~ produce\fabricate⟩, ⟨↔break\destroy⟩ 갸1

130 **ma·nure** [머뉴얼]: ⟨← manuoperare(hand operate)⟩, ⟨라틴어⟩, ⟨손으로 주는⟩ 거름, 비료, ⟨~ maneuver⟩, ⟨~ compost\muck⟩, ⟨↔exhaust\impoverish⟩ 갸2

131 **man·u·script** [매뉴스크륖트]: manus(hand)+scribere(write), ⟨라틴어⟩, ⟨손으로 쓴⟩ 원고, 필사본, ⟨~ libretto\scenario⟩, ⟨↔type\print\publication⟩ 갸1

132 **man·y** [매니]: ⟨← manig(numerous)⟩, ⟨게르만어⟩, ⟨← multi⟩ (수가) 많은, 여러, ⟨세기 귀찮은⟩, ⟨↔few⟩ 갸2

133 **★man·y a lit·tle (pick·le) makes a mick·le**: 티끌 모아 태산, 적소성대, 십일조반, ⟨~ little by little⟩ 양2

134 **★man·y hands make light work**: 백지장도 맞들면 가볍다, ⟨~ two heads are better than one⟩, ⟨↔too many cooks spoil the broth⟩ 양2

135 **map** [맾]: ⟨← mappa(napkin)⟩, ⟨라틴어⟩, '천(헝겊)', 지도, 설명도, (기억장치의 각 부분이 어떻게 사용되는지를 보여주는) 사상, ⟨~ chart\plot⟩, ⟨↔letter\unlink\disorder\mess⟩ 양1 미2

136 **ma·ple** [메이플]: ⟨← mapel(acer)⟩, ⟨영국어⟩, 잎이 '뾰족한' 단풍(나무), ⟨당분과 목재를 제공하는 1백여 종이 넘는 냉·온대산 낙엽활엽교목⟩, ⟨~ a soap-berry⟩ 양1

137 **mar** [마알]: ⟨← amyrran(dissipate)⟩, ⟨게르만어⟩, '손상'시키다, 망쳐놓다, ⟨~ spoil\un-do\deface⟩, ⟨↔improve\enhance⟩ 갸1

138 **mar·a·thon** [매뤄싼]: ⟨'fennel'의 그리스어⟩, 마라톤, M~ (아테네 동북쪽의 옛 전쟁터), ⟨전령이 뛰어다녔던 마라톤과 아테네 간 약 22마일의 거리⟩, 장거리(42.195km)달리기, 지구전, ⟨~ long runnung⟩, ⟨↔sprinting\track⟩ 수2 양2

139 **mar·ble** [마아블]: ⟨← marmairein(shine)⟩, ⟨그리스어⟩, '빛나는 돌', 대리석, 공깃돌, 단단한, 냉혹한, ⟨~ crystalline lime stone\statue⟩, ⟨↔soft\warm⟩ 영1

140 ***MARC** [마알크] (ma·chine read-a·ble cat·a·log): 기계 가독 목록(전산기 처리가 가능한 출판물 자료철) 미2

141 **March** [마아취]: ⟨라틴어⟩, 마치, 3월, '군신 Mars의 달', ⟨사자같이 다가와서 양같이 지나가는 달⟩, ⟨청춘의 달⟩, 춘분이 있는 달, (애벌레의 달) 기1

142 **march** [마아취]: ⟨← marcher(to walk)⟩, ⟨어원 불명의 프랑스어⟩, 행군, 전진, 행로, 행진곡, ⟨~ stride\tramp⟩, ⟨↔halt\linger⟩ 영1

143 **mare** [메어]: ⟨← mere(horse)⟩, ⟨게르만어⟩, ⟨성숙한⟩ '암말', (당나귀·노새 따위의) 암컷, ⟨~ mule⟩, ⟨↔filly\colt⟩ 영1

144 ★**mare's nest** [메어즈 네스트]: ⟨노새는 보금자리를 만들지 않고 우리를 온통 허트러 뜨리고 사는데서 연유한 숙어⟩ ①대단해 보이지만 별 볼일이 없는 것 ②대혼란(엉망망창인) 상태, ⟨~ clutter\muddle⟩, ⟨↔order\system⟩ 알2

145 **mar·gin** [마아쥔]: ⟨← margo(edge)⟩, ⟨라틴어⟩, '가장자리', 변두리, 여유, 한계, 이문, 여백, ⟨~ mark⟩, ⟨~ edge\brim⟩, ⟨↔center\core⟩ 영1

146 **mar·gin·al** [마아쥐널]: 변경의, 한계의, 약간의, 최저한의, ⟨~ minimal\insignificant⟩, ⟨↔major\gross\inner\superior⟩ 영1

147 ***mar·gin·al cost** [마아쥐널 코어스트]: ⟨첩 살림을 차려줄 때 같이⟩ (기존 생산체계에서 한 단위를 늘리는데 드는) 한계비용, ⟨~ expense of creating one more item for sale⟩, ⟨↔marginal revenue(한계소득)⟩ 미2

148 ***mar·gin·al prof·it** [마아쥐널 프롸휫]: (⟨첩이 아들을 낳았을 때처럼⟩ 추가 투자로 얻는) 한계수익, ⟨~ profit from the sale of one additional item⟩, ⟨↔gross profit⟩ 미2

149 ***mar·gin·al pro·pen·si·ty** [마아쥐널 프로펜시티] to con·sume: (처분 가능한 소득이 증가해야 소비가 촉진된다는) 한계소비성향, ⟨~ more income, more spending⟩, ⟨↔m~ p~ to save⟩ 미2

150 ***mar·gin·al u·til·i·ty** [마아쥐널 유우틸리티]: (좋은 것도 자꾸 쓰다 보면 쾌감이 떨어지는) 한계효용 ⟨연애도 마찬가지!⟩, ⟨~ added (dis)satisfaction from one more item; 사람에 따라 두명 이상의 애인을 갖는 것이 고역이 되기도 함⟩, ⟨↔negative marginal utility⟩ 미2

151 **ma·ri·a·chi** [마뤼아아취]: ⟨멕시코계 스페인어⟩, ⟨'marriage'때 연주하던⟩ 마리아치, (멕시코) 거리의 악대 수2

152 **mar·i·jua·na** \-hua·na [매뤼와아너]: ⟨1874년에 등장한 어원 불명의 남미계 스페인어⟩, 마리화나, 삼, 대마초(잎이나 꽃봉우리를 말려서 피우면 환각증세가 나타나기도 하는 ⟨입문⟩ 마약), (Mary Jane 의 스페인식 발음에서 따왔다는 설이 있는) ⟨행복초⟩, ⟨~ hemp\hashishi⟩, ⟨~ bhang⟩ 미1

153 **ma·ri·na** [머뤼이너]: ⟨← marinus(sea coast)⟩, ⟨라틴어⟩, ⟨← marine⟩, (해안의) 산책길, (소형 선박의) 계류장, ⟨~ berth\pier⟩, ⟨↔un-dock\embarkation⟩ 미1

154 **ma·rine** [머뤼인]: ⟨← mare(sea)⟩, ⟨라틴어⟩, ⟨← marinus⟩, '바다'의, 해양성의, 선박의, 해상 무역의, ⟨→ marina\maritime⟩, ⟨↔land\air\fresh-water⟩ 영2

155 **Ma·rine Corps** [머뤼인 코어]: (미) 해병대, 1775에 태동하여 1798년 재편되고 1834년 해군성에 소속되어진 약 18만의 병력을 가진 수륙양동 전투부대, ⟨~(↔)navy\merchant marine⟩ 알2

156 **mar·i·tal** [매뤼틀]: ⟨← maritus(husband)⟩, ⟨← marriage⟩, 남편의, 혼인의, 부부간의, ⟨냄편에게 복종하는 것이 결혼이라는 뜻이이⟩, ⟨아농 Virgin Mary님께 '지두 순결을 지키겟다'는 맹세랍께!⟩, ⟨↔non-marital\divorced⟩ 영2

157 **mar·i·time** [매뤼타임]: ⟨← mare(sea)⟩, ⟨← marine⟩, 바다의, 해변의, 해운의, ⟨↔land\terrestrial⟩ 영2

158 **mark** [마아크]: ⟨← margo(margin)⟩, ⟨라틴어→게르만어→영어어⟩, '경계 표시', 표, 기호, 표시, 각인, 흔적, 특징, 평점, 표적, ⟨~ spot\symbol⟩, ⟨↔blank\un-importance⟩ 영1

159 ***mark card** [마아크 카아드]: '각인 딱지', 광학 판독기로 읽을 수 있는 자료가 입력된 판지, ⟨~ an optically readable card⟩ 영1

160 **mar·ket** [마아킽]: ⟨← mercis(wares)⟩, ⟨라틴어⟩, ⟨← merchant⟩, 장, 시장, '거래(처)', 가게, 경기, 출시, ⟨→ mart⟩, ⟨~ store\bazaar⟩, ⟨↔factory\farm⟩ 가1

161 **mar·ket·ing** [마아킽팅]: 매매, 거래, 장보기, 제조에서 판매까지의 과정, ⟨~ retail\vend\sales promotion⟩, ⟨↔non-commercial⟩ 양1 미1

162 **mar·ma·lade** [마알멀레이드]: ⟨← meli-melon⟩, ⟨그리스어⟩, '꿀 사과(marmelo)', 마멀레이드, ⟨보통 아침 식사 때 먹는⟩ 오렌지·레몬 등의 껍질로 만든 잼, ⟨~ a fruit preserve⟩ 우1

163 **mar-mot** [마알멑]: mus+montanus, ⟨라틴어에서 연유한 프랑스어⟩, 'mountain mouse', 마멋, 동면하는 커다란 산다람쥐, ⟨모르모트: guinea pig의 Japlish⟩ (일본식 영어), ⟨~ prairie dog⟩ 우1

164 **ma·roon** [머루운]: ⟨← marron⟩, ⟨'밤(chestnut)'이란 뜻의 프랑스어⟩ ①서인도제도의 산중에 사는 흑색(black people) ②밤색, 고동색(reddish-brown), ⟨↔teal⟩ 우1 미1

165 **mar·quis** [마알퀴스]: ⟨← marchensis(frontier)⟩, ⟨라틴어에서 파생된 말⟩ ①⟨프랑스어⟩, ⟨march하는⟩ '선봉장', 후작(영국에서는 marquess, 공작 아래·백작위), ⟨~ spear-head vanguard⟩, ⟨~(↔)marchioness [마알쉬니스]: 후작 부인 ②⟨스페인 후작의 후손이 칠레에서 개발한⟩⟨역사와 전통에 빛나는⟩적포도주의 일종, ⟨~ berry flavored red-wine⟩ 영2 수2

166 **mar·riage** [매뤼쥐]: ⟨← maritus(husband)⟩, ⟨라틴어⟩, ⟨⟨남자가⟩ Virgin Mary에 '서약'하는⟩ ⟨이밥 같은⟩ 결혼, ⟨송아지와 망아지를 묶어 놓는⟩ 결합, ⟨끝없는 양보⟩, ⟨금 자물쇠⟩, ⟨→ marital \ mariachi⟩, ⟨~ wedding⟩, ⟨↔divorce⟩ 가1

167 **mar·ron·ni·er** [마로우니어]: ⟨프랑스어⟩, '원시 밤(maroon)나무', 마로니에, 서양 ⟨침엽수⟩, conker tree, ⇒ horse chestnut 미2

168 **mar·row** [매로우]: ⟨← mearg(core)⟩, ⟨게르만어⟩, 뼛골, '골수', 알짜, 페포호박, ⟨~ medulla⟩, ⟨↔exterior\cortex⟩ 가1

169 **mar·ry** [매뤼]: ⟨← marius(husband)⟩, ⟨라틴어⟩, ~와 결혼하다, 결혼시키다, ⟨↔divorce⟩ 가2

170 **Mars** [마알즈]: ⟨어원 불명의 라틴어⟩, 마르스, war, ⟨그리스의 Ares에 상당하는⟩ 로마의 군신, ⟨불같이 빨간⟩ 화성, ⟨전쟁하면 연상되는 'blood' 색깔을 한 위성⟩, ⟨~(↔)Thor⟩ 영2

171 **marsh** [마알쉬]: ⟨← mere(lake)⟩, ⟨게르만어⟩, ⟨'호수' 비스름한⟩ 늪, 습지, fen, ⟨~ bog\slew²⟩, ⟨↔solid ground\desert⟩ 가1

172 **mar·shal** [마아셜]: marah(horse)+scalh(servant), ⟨라틴어→프랑스어→영어어⟩, 육군 원수, 최고 사령관, 연방 보안관, 사법관, '말 구종', ⟨~ sheriff⟩, ⟨↔pfc\civilian⟩ 영1

173 ***marsh-mal·low** [마알쉬 맬로우]: ⟨영국어⟩, ⟨← mallow⟩ ①늪아욱, 마시멜로, 양아욱(⟨습지에서 잘 자라며 흰 당근 같은 뿌리를 가진 접시꽃류의 다년생 식물⟩) ②녹말(양아욱 뿌리)·설탕·시럽 등으로 만든 ⟨불에 구워 먹는⟩ ⟨쫄깃쫄깃한⟩ ⟨부푼⟩ 양과자 ③전산기가 작동하지 않을 때 느끼는 ⟨허무한⟩ 좌절감 양1 미2

174 **mart** [마아트]: ⟨← markt⟩, ⟨네델란드어⟩, ⟨← market⟩ 시장, 경매실, 상업 중심지 양2

175 **mar·ten** [마알튼]: ⟨← mearth(weasel)⟩, ⟨게르만어⟩, ⟨털을 제공하는⟩ 담비(모피), 산달(산림에 살며 다람쥐를 잡아먹는 족제빗과의 동물) 미2

176 **mar·tial** [마아셜]: ⟨← Mars⟩, ⟨라틴어⟩, 전쟁의, 군사의, ⟨↔non-military\civilian⟩ 가1

177 **mar·tin** [마알튼]: ⟨프랑스어→영국어⟩, ⟨St. Martin 축제일(11월일)쯤 월동을 위해 떠난다는?⟩ 흰털발제비, 각종 제비류 미2

178 **mar·ti·ni** [마알티이니]: 〈어원이 무성한 말〉, 〈동명의 이탈리아 포도주 회사 이름(Martini and Rossi)을 딴〉 진·베르무트를 섞은 것에 레몬이나 올리브를 곁들인 혼합주 수2

179 **mar·tyr** [마알터]: 〈← martys(witness)〉, 〈그리스어〉, '증인', 순교자(인 척하는 사람), 희생자, 〈↔apostate\culprit〉 양2

180 **mar·vel·ous** \-vel lous [마알뷀러스]: 〈← mirari(wonder)〉, 〈라틴어→프랑스어〉, '놀라운', 불가사의한, 굉장한, 〈↔ordinary\bad〉 가2

181 **mas·car·a** [매스캐뤄]: 〈← maskara(buffon)〉, 〈'어릿광대'란 뜻의 아랍어〉, 마스카라, 속눈썹에 칠하는 물감 우1

182 **mas·cot** [매스캍]: 〈← masco(witch)〉, 〈'집안의 요정'이란 뜻의 프랑스어〉, 마스코트, 행운의 신(부적·상징), 〈한국에서는 character라고도 함〉, 〈~ amulet〉, 〈↔jinxes\spells\hoodoo〉 양2

183 **mas·cu·line** [매스큘린]: 〈← mas〉, 〈라틴어〉, 〈← male〉, 남성의, 힘센, 용감한, 〈↔feminine〉 가2

184 **mash** [매쉬]: 〈← maisk〉, 〈게르만어〉, 〈더운 물에 'mix'해서〉 짓이긴 것, 으깬 것, 뒤범벅, 〈~ masa〉, 〈→ mushy〉, 〈↔de-compress\un-clasp〉 양1

185 *****mash-up** [매쉬 엎]: 혼합물, 여러 내용을 모아 만든 전산망 기지, 여러가지 자료에서 요소를 따와 새로운 노래·영상·서류철 등을 만드는 일 양1

186 ★**mask brace** [매스크 브뤠이스]: 〈Covid-19 이후에 등장한〉 마스크 덧대, mask fitter, mask tape, double mask

187 ★**mask-fish** [매스크 휘쉬]: 〈신조어〉, mask catfish, 복면을 쓰면 봐줄만 하나 실제로는 메기같이 못생긴 얼굴, 〈Covid-19이후에 생겨난 말〉 미2

188 ★**mask-ne** [메스크네]: mask+acne, '복면 여드름', 장시간의 마스크 착용으로 오는 안면 좌창 미2

189 **ma·son** [메이슨]: 〈← macio(brick layer)〉, 〈라틴어→게르만어→프랑스어〉, 〈돌로 물건을 'make'하는〉 석수, 벽돌공, 〈~ brick-layer〉, 〈↔miner\wreker\black-smith\carpenter〉 가1

190 **ma·son-ry** [메이슨뤼]: 석공술, 벽돌 쌓기, 〈↔wood-work\carpentry〉 가1

191 **mas·quer·ade** [매스커뤠이드]: 〈← maskara(buffon)〉, 〈아랍어→라틴어→이탈리아어→프랑스어〉, 〈← mask〉, 〈'어릿광대'가 쓰는〉 허구, 가장(무도회), 〈↔reveal\reality〉 양2

192 **mass¹** [매쓰]: 〈← maza(barley cake)〉, 〈그리스어〉, 〈섞어 '반죽'한〉 덩어리, 모임, 다량(자료), 대중, 질량, 〈~ amass\molecule〉, 〈↔individual\fraction〉

193 **mass²** [매쓰]: 〈라틴어〉, 〈예식이 끝나고 'dis·miss'할 때 드리는〉 미사(missa), 성체성사〈인간의 죄를 사하기 위해 육신으로 나타난 성령을 찬양하는 의식〉, 천주께 드리는 〈엄숙한〉 음악, 〈~ mission〉, 〈↔disperse\disband〉 우2

194 **mas·sa·cre** [매써컬]: 〈← macecle(butchery)〉, 〈어원 불명의 프랑스어〉, 몰살, 대량 학살, 도살, 〈↔spare\rescue〉 가2

195 **mas·sage** [머싸쥐]: 〈← massa(touch)〉, 〈아랍어→포르투갈어→프랑스어〉, 안마, 주무르다, 부추기다, '반죽하다', 〈← mass¹〉, 〈~ rub\knead〉, 〈↔disparage\detract〉 양1

196 **mass com(-mu·ni·ca·tion)** [매쓰 캄]: 대량 전달(수단), 대중 소통, 〈~ mass media〉, 〈↔personal communication〉 양2

197 *****mass cus·tom·i·za·tion** [매쓰 커스터머제이션 (~ 커스터마이제이션)]: 다품종 (주문) 소량 생산 양2

198 **mas·sive** [매씨브]: 〈← massa(lump)〉, 〈라틴어〉, (부피가) 큰, 무거운, 대량의, 힘찬, 〈↔tiny〉 미2

199 **mast** [매스트]: 〈게르만어〉 ①〈← maest(stem of a tree)〉, 돛대, 기둥, 깃대, 〈↔dislodge\suppress〉 ②〈← maest(acorn)〉, 〈동물 사료용〉 각종 도토리 가2

200 **mas·ter¹** [매스터]: ⟨← magnus(great)⟩, ⟨라틴어⟩, '지배자', 주인, 장, 대가, 승리자, 석사, ⟨↔servant\novice⟩ 초1

201 **mas·ter²** [매스터]: ⟨← master¹⟩, ⟨라틴어⟩, 정복(지배)하다, ~에 숙달하다, ⟨↔subordinate\delinquent⟩ 초1

202 **mas·ter piece** [매스터 피이스]: 걸작, 명작, ⟨~ magnum opus⟩, ⟨↔disaster\failure⟩ 고2

203 **mas·tur·ba·tion** [매스터베이션]: ⟨manus(hand)+stupere(stupid)?⟩, ⟨어원 불명의 라틴어⟩, '손장난', 수음, 자위 (행위), onanism, hand-job, wank, jack off, jerk off, ⟨~ finger fuck\number three⟩ 고2

204 **mat¹** [맽]: ⟨← matta(bed)⟩, ⟨페니키아어→라틴어→게르만어⟩, ⟨거칠거칠한⟩ 명석, 돗자리, 깔개, 받침, 포대, ⟨carpet은 대개 부드러운 것임⟩, ⟨↔un-cover\fold⟩ 초1

205 **mat-a·dor** [매터도일]: ⟨← mat(dead)⟩, ⟨페르시아어→스페인어⟩, '죽이는 자', ⟨마지막 숨통을 끊는⟩ 투우사, 으뜸패, '흑색선전', ⟨↔pacifier\victim⟩ 고2

206 **match¹** [매취]: ⟨← myxa(nozzle)⟩, ⟨그리스어→라틴어→프랑스어⟩, 성냥, 도화선, '초의 심지', ⟨↔(gas) lighter⟩ 고2

207 **match²** [매취]: ⟨← gemaca(companion)⟩, ⟨게르만어⟩, 경기, 적수, 어울리다, 짝짓다, ⟨~ make⟩, ⟨~ contest\tournament⟩, ⟨↔mis-match\opposite\separation⟩ 초1

208 ★**match made in heav·en**: 천생연분(의), 천정배필, pre-ordained, ⟨~ bashert⟩ 초2

209 ★**match-making has risks**: 중매는 잘하면 술이 석잔이고 못하면 뺨이 세 대라, ⟨~ don't jump the gun⟩ 중2

210 ★**match play** [매치 플레이]: 득점 경기(이긴 홀의 수대로 점수를 계산하는 것), ⟨~ scratch⟩ 고1

211 **mate¹** [메이트]: ge(together)+mat(food), ⟨게르만어⟩, 상대, 짝, ⟨'meat'를 같이 먹는⟩ 동료, 배우자, ⟨짝을 찾아⟩ 교미하다, ⟨↔enemy\foe⟩ ⟨↔de-couple\un-link⟩ 초1

212 **ma·te·ri·al** [머티어뤼얼]: ⟨라틴어⟩, '모태의', 물질의, 실질적인, 세속적인, ⟨~ matter⟩, ⟨↔spiritual\un-important⟩ 고1

213 **ma·ter·nal** [머터어늘]: ⟨라틴어⟩, 어머니(mother)의, 모성의, 임신부의, 보살피는, ⟨↔paternal⟩ 고1

214 **math·e·mat·ics** [매써매틱스]: ⟨← manthanein(learn)⟩, ⟨그리스어⟩, '배우는 기술', ⟨학문에 적합한⟩ 수학, ⟨모든 학문의 기초가 되는⟩ 수리학, ⟨↔inability\un-learn-ing⟩ 고2

215 **mat·i·nee** [맽네이 \ 매티네이]: ⟨← martin⟩, ⟨프랑스어⟩, 'morning', 마티네 ①낮 흥행, ⟨↔soiree⟩ ②⟨낮에 입는⟩ 여성 실내복의 일종 미1

216 **mat·ri·mo·ny** [매트뤼 모우니]: ⟨라틴어⟩, 결혼(생활), 부부(관계), 짝짓기, ⟨↔divorce⟩ 고1

217 **ma·trix** [매트릭스 \ 메이트뤽스]: ⟨← mater⟩, ⟨라틴어⟩, ⟨← mother⟩, '모체', 자궁, 모형, 행렬(입력도선과 출력도선의 회로망), ⟨~ madrigal\matter⟩, ⟨↔artifact\result⟩ 초1 고1

218 **mat·ter** [매터]: ⟨← mater(mother)⟩, ⟨라틴어⟩, ⟨← matrix⟩, 어머니 같은 물질, 구성체, 제재, 문제, 사태, 중요한 일, ⟨~ material⟩, ⟨↔nothing\void⟩ 초1

219 **Mat·thew** [매씨유], Book of: 마태복음, ⟨이스라엘의 구세주를 죽게한 유대 백성을 심판하고 그리스도교의 구원을 예시하는⟩ ⟨작자 미상의⟩ 신약성서의 첫 편 중2

220 **mat·tress** [매트뤼스]: ⟨← matrah(foundation)⟩, ⟨아랍어⟩, 침대 요, 침상, '물건을 두는 곳', ⟨~ bed\box-spring⟩ 미1

221 **ma·ture** [머츄얼]: ⟨← maturus(ripe)⟩, ⟨라틴어⟩, '익은', 성숙한, 신중한, ⟨↔unripe\young\immature⟩ 고1

222　**mau·so·le·um** [모어설리이엄]: 〈그리스어〉, (고대 7대 불가사의로 꼽히는) 〈터키땅에 묻혀있는 페르시아 총독의 이름(Mausolus)에서 연유한〉 영묘, 능, '장려한 무덤', 〈↔house\residence〉 **양1**

223　★**maw** [머어]: ①〈← maga(stomach)〉, 〈게르만어〉, '밥통', 반추동물의 넷째 위〈abomasum〉, 새의 멀떠구니(모이주머니), 게걸스러운 동물, 〈~ trap〉 ② 엄마('mom')의 어눌한 발음 ③'네미자지'란 뜻의 스코틀란드 비속어, 〈~ fuck〉 **양1**

224　**max·im** [맥씸]: 〈← maxima(axiom)〉, '가장 큰 말씀', 격언, 금언, 좌우명, 공리, 〈~ adage\proverb〉 **양1**

225　**max·i·mum** [맥써멈]: 〈라틴어〉, '가장 큰', 최대(한도), 최고의, 극대값, 〈↔minimum〉 **양2**

226　**May** [메이]: 〈라틴어에서 연유한 영국어〉, 〈성장의 여신 Maia에서 유래한〉 5월, '계절의 여왕', '생산의 달', '가정의 달', (월석: 에메랄드, 월화: 은방울 꽃), '꽃의 달' **가1**

227　**may** [메이]: 〈← magh(be able)〉, 〈게르만어에서 연유한 영국어〉, ~일지도 모른다, ~해도 좋다, 바라건대, 〈상관없다는 말〉, 〈흠·허물이 없을 때는 can을 써도 됨〉, 〈↔may not\shall not〉 **양1**

228　**may·be** [메이비이]: 〈게르만어→영국어〉, 아마, 어쩌면, 〈자신 없다는 말〉, 〈↔absolutely\surely〉 **가2**

229　**may·or** [메이여]: 〈← magnus〉 〈라틴어〉, 시장, 읍장, 〈어른〉, 〈~ major〉, 〈↔mayoress〉 **가2**

230　**maze** [메이즈]: 〈← masian(confuse)〉, 〈영국어〉, 〈← amaze〉, 미로, 혼란, 당황, 〈~ labyrinth〉, 〈↔clarity\simplicity\calm〉 **가1**

231　**MBA** (mas·ter of busi·ness ad·min·is·tra·tion): 경영관리학 석사 **양2**

232　***MBO** (man·age·ment buy-out): 경영 합병, (기업의 경영진이 소속 기업의 지분을 인수하여 기업을 사들이는) 경영인에 의한 기업 매수 **유2**

233　★**MBTI** (My·ers-Briggs Type In·di·ca·tor): MB(성격)유형지표, 칼 융의 심리유형론을 토대로 미국의 모녀가 1962년에 초판을 낸 16가지의 〈주관적〉 성격 분류법으로 큰 신빙성은 없으나 Covid-19 이후 한국에서 떠오르고 있음 **수2**

234　**MC**: (master of ceremony; 사회자, 〈~ toast master〉), (member of congress; 국회〈하원〉의원) **양2**

235　**Mc–Don·ald's** [맥다널즈]: 〈← domhnall; domo(world)+val(rule)〉, 〈켈트어〉, 〈1940년 미국의 캘리포니아주 샌버나디노에서 맥도널드 〈세계를 지배하는 자의 아들〉 부부가 시작해서 세계적으로 하루에 6천8백만 명을 먹이는 햄버거 중심 속성·간이음식 연쇄점, '진궁먼(금색의 궁형 문)' **수1**

236　★**Mc-job** [맥쟙]: (맥도널드 식당 종업원같이) 단조롭고 급료가 낮고 장래성이 없는 직업〈그러나 만족도는 높은 것으로 나와 있음〉, 〈↔executives\professionals〉 **수2**

237　★**Mc-Man·sion** [맥맨션]: 〈맥도널드 햄버거처럼〉 ①대량 건설된 조립식 주택 ②노숙자들이 수도와 전기 등을 도용해서 문화시설을 갖춘 '호화천막', 〈↔nanor\castle〉 **수2**

238　*m(mo·bile)–com·merce: '이동 상업', 무선 전자 상거래 **양2**

239　★**Mc-Pa·per** [맥 페이퍼]: 〈맥도널드 햄버거같이 대충 제작한〉 '저급지'(미국 전국지 USA Today의 별명), 대충 작성된 보고서(논문) **양2**

240　**MD**: Maryland, managing director(감독), medicinae doctor(의사) **수1** **미2**

241　★**MDL**: mobile driver's license, 〈휴대전화에 QR 코드를 삽입한〉 (신분 확인용) 이동 운전면허증, 〈~ MFA〉 **미2**

242　**me** [미이]: 〈← ma〉, 〈산스크리트어에서 연유한 게르만어〉, 나에게, 나를, 접니다(요), 〈↔you〉 **가2** **양2**

243　★**me·a cul·pa** [메이어 컬퍼]: 〈라틴어〉, through 'my fault', 나의 과실로, 내 탓으로, 〈↔impenitence\reject〉, 〈↔impenitence\reject〉 **양2**

244　**mead** [미이드]: 〈← madhu(honey)〉, 〈산스크리트어〉, 〈발효된 꿀물〉, 벌꿀술, 봉밀주 〈양2〉

245　**mead·ow** [메도우]: 〈← mow(hay)〉, 〈게르만어〉, 풀밭, 목초지, 강변의 초원, 〈↔sky\sea〉 〈양1〉

246　**mea·ger** \ ~gre [미이걸]: 〈← macer(lean)〉, 〈라틴어〉, 빈약한, '야윈', 불충분한, 〈~ partly\negligible〉, 〈↔ample\sufficient〉 〈양1〉

247　**meal¹** [미일]: 〈← mela(fixed time)〉, 〈게르만어〉, 〈정해진 시간에 먹는〉 식사(시간), 한 끼(분), 〈~ measure〉, 〈↔snack〉 〈가2〉

248　**meal²** [미일]: 〈← melwan(grind)〉, 〈게르만어〉, 〈'mill'(맷돌)로〉(거칠게 간) 곡식, 거친 가루, 〈↔inedibles\vegetable\fruit\meat〉 〈가1〉

249　**mean¹** [미인]: 〈← meino(intent)〉, 〈게르만어〉, 〈← mind〉, 의미하다, 뜻하다, 〈↔disbelieve\dismiss〉 〈가1〉

250　**mean²** [미인]: 〈← mein(false)〉, 〈게르만어〉, 〈영국 양반이 아니라 미국 상놈(저질)이나 하는〉 비열한, 인색한, 〈인류 공통의〉 하찮것없는, 〈↔kind\generous\nice〉 〈가1〉

251　**mean³** [미인]: 〈← medius〉, 〈라틴어〉, 〈← middle〉 중간의, 평균의, 보통의, 〈↔exceptional〉 〈가1〉

252　★**mean·ing-ol-o·gy** [미닝갈러쥐]: 〈2020년에 등장한 신조어〉, 〈삶에서 사고 방식이 중요하다는〉 의미론(학), 〈앞으로 떠오를지도 모르는 말〉 〈양2〉

253　★**mean-mug·ging** [미인 머깅]: '인색한 낯짝을 짓다', 노려보다, 째려보다, 〈↔smiling〉 〈양2〉

254　**means** [미인즈]: 〈일의 'mean³(도중)'에 사용할 수 있는〉 수단, 방법, 재력, 〈↔purpose\poor-ness〉 〈가2〉

255　★**mean-time(while)** [미인 타임(와일)]: '사건이 벌어지는 중간에', 그동안, 당분간, 한편, 동시에, 〈↔continuity\permanent〉 〈양1〉

256　**mea·sles** [미이즐즈]: 〈← maserlen(little spots)〉, 〈네덜란드어〉, 홍역, 〈수많은 조그마 반점이 생기는〉 마진, 풍진, 공기로 전염되는 바이러스에 의한 호흡기·피부 질환으로 미국에서는 2016년에 박멸된 것으로 발표되었으나 다시 나타나고 있음, 〈~ pustule〉 〈양1〉

257　**meas·ure** [메져]: 〈← metiri(correct understanding)〉, 〈라틴어〉, 재다, 평가하다, ~의 척도가 되다, 치수, (악보의) 마디(bar), 도량형기, 척도, 방책, 〈~ meal\meter〉, 〈↔guess\estimate〉 〈양1〉

258　**meat** [미이트]: 〈← mete(food)〉, 〈게르만어〉, '음식', 고기, 속살, 내용, 좋아하는 것, 〈↔drink\vegetable〉, 〈↔skin\bone\fat〉 〈가1〉

259　★**meat ball** [미이트 버얼]: 〈동그란〉 고기완자, 지겨운 놈, 〈↔steak\smarty pants〉 〈예2〉 〈양2〉

260　★**meat-space** [미이트 스페이스]: 〈meta-space에 대항해서 생겨난 말〉, 실체(생활) 공간, 가상(공상) 세계가 아닌 현실(실재) 세계, 〈↔cyber-space〉 〈예2〉

261　★**meat-ware** [미이트 웨어]: 신체기기, 〈감성·연성기기를 조작하는 인간기기지만 '간혹' 멍청한 짓도 하는〉 '고깃덩어리', 〈↔soft-ware\hard-ware〉 〈예2〉

262　**me·chan·ic** [머캐닉]: 〈← mekhane(device)〉, 〈그리스어〉, 기계공, 정비사, 장인, '기계와 관련된', 〈~ machine〉, 〈↔manual\apprentice\non-mechanic〉 〈가1〉

263　**mech·a·nism** [메커니즘]: 〈그리스어〉, '기계 구조', 기계 장치, 기구, 기법, 과정, 〈~ procedure\technology〉, 〈↔failure\goal〉 〈양1〉

264　**med·al** [메들]: 〈← metallum〉, 〈라틴어〉, 〈← metal〉, 상패, 훈장, 〈→ medallion〉, 〈↔ribbon〉 〈가1〉

265　**med·dle** [메들]: 〈← miscere〉, 〈라틴어〉, 〈← mix〉, (쓸데없이) 참견하다, 간섭하다, 뒤섞다, 〈→ medley〉, 〈↔leave alone\erase〉 〈양1〉

266　**me·di·a** [미이디어]: 〈라틴어〉, 미디어, medium의 복수, 매체(들) 〈양2〉

267 ★**me·di·a lit·er·a·cy** [미이디어 리터뤄시]: 〈점점 중요해지는〉 (대중)매체 문해력, 대중매체로 전달되는 정보를 확인·이해·활용할 수 있는 능력, 〈↔media illiteracy〉, 〈캘리포니아에서는 2024년부터 유치원부터 고등학교까지 필수과목으로 채택했는데 근본적으로 가짜 뉴스를 만들어 유포하는 놈들을 잡아서 처벌해야지 눈 가리고 아웅하는 정책이라고 사료됨〉 일2

268 **me·di·an** [미이디언]: 〈← medius(middle)〉, 〈라틴어〉, 중앙(중간)의, 〈→ mezzanine\mezzo〉, 〈↔extreme\peripheral〉 가2

269 **me·di·a·tion** [미이디에이션]: 〈중간에 자리 잡고 하는〉 중재, 〈중재자의 결정을 안 받아들여도 되는〉 조정, 화해, 알선, 〈~(↔)arbitration〉 가1

270 **med·ic**[1] [메딕]: 〈← mederi(heal)〉, 〈라틴어〉, '의무사', 의사 수련의·간호사·위생병 등 의업에 종사하는 사람들의 총칭 미2

271 **med·i·cal** [메디컬]: 〈← mederi(heal)〉, 〈라틴어〉, 의학(의료)의, 내과의 가1

272 **med·i·ca·tion** [메디케이션]: 약물(치료), 투약(법), 〈↔poison〉 가1

273 **med·i·cine** [메디슨]: 〈← mederi(heal)〉, 〈'의사'라는 뜻의 라틴어〉, (내복)약, 〈병을 고치기 위한〉 의학, 〈적절한 방침을 취하는〉 의술, 내과, 주술, 〈↔disease〉, 〈↔surgery〉 가1 일2

274 **me·di·e·val** [미이디이벌]: medium+aevum(age), 〈라틴어〉, '중간에 있는 시대의', 중세(풍)의, 구식의, 〈↔ancient\modern〉 일2

275 **me·di·o·cre** [미이디오우컬]: 〈← medius(middle)〉, 〈울퉁불퉁한 산의 '가운데'〉, 보통의, 평범한, 이류의, 시시한, 〈↔big time\exceptional〉 가2

276 **med·i·tate** [메디테이트]: 〈← meditari(think)〉, 〈라틴어〉, 명상하다, 숙고하다, 계획하다, 〈~ mete\measure〉, 〈↔disregard\dismiss〉 가1

277 **Med·i·ter·ra·ne·an** [메더터뤠이니언]: medius(middle)+terra(land), 〈라틴어〉, 메디테라니언, 〈육지의 '중간'에 있는〉 지중해(연안)의 일2

278 **me·di·um** [미이디엄]: media(복수형), 〈라틴어〉, '중간', 매체, 생활환경, 용액, 〈↔extreme\biased〉 일1

279 ***me·di·um scale in·te·gra·tion** (MSI): 중규모 집적 회로(10~100개의 논리 기능을 가진 통합 회로) 미2

280 **med·ley** [메들리]: 〈← miscerex(mix)〉, 〈라틴어〉, 〈← meddle〉, 잡동사니, 접속곡, 혼성곡, 잡탕, 뒤범벅, 〈→ melee〉, 〈~ mix〉, 〈↔singularity〉 가1 미1

281 **meek** [미이크]: 〈← miukr(soft)〉, 〈북구어〉, '온화한', 순한, 용기가 없는, 〈~ muck〉, 〈~ un-assuming\modest〉, 〈↔arrogant\aggressive〉 가1

282 **meet** [미이트]: 〈← metan(encounter)〉, 〈게르만어〉, 만나다, '마주치다', 맞서다, 응하다, 〈~ moot〉, 〈↔avoid\separate\wince〉 가1

283 ★**meet e·vil with e·vil**: 악에는 악, 악마를 퇴치하려면 악한 수단을 써야한다, 이이제이, 이열치열, 〈~ fight fire with fire\set a thief to catch a thief〉 일2

284 **meg·a** [메거]: 〈그리스어〉, large(great), '엄청나게 큰', 거대한, 최고의, 10⁶ (백만), 〈↔mini\bitty〉 미2

285 ***meg·a·bit** [메거 빝]: Mb, 10^6비츠(전산기 기억용량 단위) 우1

286 ***meg·a·byte** [메거 바이트]: MB, 10^6바이츠(전산기 기억용량 단위) 우1

287 ***meg·a·cap** [메거 캪]: mega+capitalization, '거대한 모자', (Apple·MS·Alpha-bet 등) 시가 총액이 '2천억불' 이상의 상장주〈large-cap은 1천억불 내외〉 우2

288 ***meg·a·chip** [메거 칲]: 단일소자에 1백만 비트의 정보량을 소장할 수 있는 반도체, 〈~(↔)micro-chip〉 우1

M 349

289 ***meg·a-flop** [메거 훌랖]: 1초당 1백만 번의 떠돎이 소수점 연산, 완전한 실패, 〈↔jack-pot〉 **양1**

290 ★**MEGO** [미이고우]: my eyes glaze over, 지겨운 것, 잘 이해가 안 되는 것 **미2**

291 ★**me-ism** [미이이즘]: 〈2001년에 등장한 영국어〉, me+ism, 자기중심주의, 〈~ egotism\solipsism〉, 〈↔altruism\sonder〉 **양1**

292 **mel·an·cho·li·a** [멜런초울리어]: melas(black)+chole(bile), 〈그리스어→라틴어〉, '검은 담즙증', 우울(증), 〈~ depression\black dog〉, 〈↔mirth\mania〉 **양2**

293 **mel·a·to·nin** [멜러토우닌]: melano+tonic, 〈그리스어+영국어〉, black serotonin, 멜라토닌, '흑색내분비물', (빛의 양에 반비례해서) 생체 주기 조절에 중요한 역할을 하는 송과선의 분비물, 비처방 불면 치료제 **양1**

294 **mel·low** [멜로우]: 〈← melu(soft)〉, 〈영국어〉, '부드러운', 달콤한, 원만한, 거나한, 〈~ meal²?〉, 〈↔harsh\hoarse〉 **양1**

295 **mel·o·drama** [멜러 드라머]: 〈그리스어→프랑스어〉, music+drama, '음악극', 신파극, (주로 경사로 끝나는) 달콤하고 감상적인 통속극, tear jerker, 〈~ soap opera\romance\transpontine〉, 〈↔monotonous\boring\whodunit\tech-noir〉 **양2**

296 **mel·o·dy** [멜러디]: 〈← melos(song)〉, 〈'노래'란 그리스어에서 연유한〉 가락, 선율, 아름다운 곡조, 〈→ melisma〉, 〈↔cacophony\dissonance〉 **가1**

297 **mel·on** [멜런]: 〈← melo-pepon〉, 〈그리스어〉, '사과〈apple〉모양의 박', 참외(musk melon), 수박(water melon), 특별 배당 **가2 양2**

298 ★**mel·on-head** [멜런 헤드]: ①돌대가리 ②흰돌고래, beluga, white whale, ⇒ sea canary **미2**

299 **melt** [멜트]: 〈← meltan(dissolve)〉, 〈게르만어〉, '녹다', 누그러지다, 서서히 사라지다, 〈~ malt\smelt〉, 〈↔coagulate\emerge〉 **양1**

300 *****melt-down** [멜트 다운]: 붕괴, (고체가 액체로 되는) 용융, (주가나 물가의) 폭락, 〈↔melt-up〉 **양2**

301 **melt·ing pot** [멜팅 팓]: 도가니, 각종 인종·문화가 뒤섞인 나라 〈즉, 미국〉, 〈↔closed (homogenous) society〉 **가1 미2**

302 *****melt-up** [멜트 엎]: ①용융(melt-dowm) ②(주가나 물가의) 폭등, (엄청난 가격상승을 초래하는) 시장 과열 상태, 〈↔melt-down〉 **양2**

303 **mem·ber** [멤버]: 〈← membrum(portion)〉, 〈라틴어〉, 〈← limb¹〉, 일원, 회원, 〈팔과 다리 같은〉 구성요소, 동인, 〈한국 술집에서 아가씨들을 거느리던〉 조장, 〈↔entity\out-sider〉 **양1**

304 **mem·brane** [멤브레인]: 〈← membrana(thin skin)〉, 〈라틴어〉, 〈← limb²〉, (얇은) 막, (문서의) 한 장, 〈→ meninx〉, 〈↔medulla\cortex〉 **가1**

305 *****meme** [미임]: 〈← mimoumai(imitate)〉, 〈그리스어〉, mimeme, (비유적적) 문화 구성 요소, 농담이나 장난이 모방('mimic'·확산되는 현상, (대중매체로) 모양을 반복해서 이어지는 사회 관습, '풍자복제', 〈~ imitation\mime〉, 〈↔speaking\non-imitative〉 **양2**

306 ★**me·men·to mori** [머멘토우 모어뤼]: 〈라틴어〉, 죽음을 상기하다, 오만하지 말라, 인생무상, 〈↔memento vivere (remember to live)〉 **양2**

307 ★**meme stock** [미임 스탁]: (전산망에서) '입소문'을 타고 투자자가 몰리는 주식, 〈구전주식〉, 〈↔paper hand\diamond hand〉 **미2**

308 ★**meme vi·rus** [미임 봐이뤄스]: 어떤 문화·사회적 현상이 진·위를 떠나 선풍적(viral)으로 전산기 사용자에게 전파되는 일, 〈↔meme-phobia〉 **양1**

309 **mem·o** [메모우]: 〈← memory〉, memorandum, 비망록, 규약, 회보, 〈~ remember〉, 〈↔omission\exclusion〉 **양1**

310 **mem·oir** [메므와아]: ⟨← memoria(remembering)⟩, ⟨라틴어→프랑스어⟩, 회고록, 전기, 자서전, 논문집, ⟨↔ignorance\forgotten⟩ 영1

311 **me·mo·ri·al** [머모뤼얼]: 기념의, 추도의, 기념물, 각서, ⟨↔oblivation\obliteration⟩ 영1

312 **mem·o·ry** [메머뤼]: ⟨← memoria⟩, ⟨라틴어⟩, 기억(력), ⟨마음('mind')에 새겨진⟩ 추억, 기억장치 (용량), '잊지 않고 있음', ⟨↔forgetfulness\block out⟩ 기1

313 *****mem·o·ry bank** [메머뤼 뱅크]: (전산기의) 기억장치, '자료 은행' 미2

314 *****mem·o·ry chip** [메머뤼 췹]: 기억력을 저장하는 반도체 조각, '기억 소자' 우2

315 ★**mem·o·ry foam** [메머뤼 호움]: '기억포움', 1966년 미국 NASA에서 온도에 민감한 방석으로 개발되어 ⟨체온을 기억해서⟩ 신축성이 강화된 polyurethane제품 우2

316 ★**mem·o·ry lane** [메머뤼 레인]: (과거로) 더듬어가는 기억, '추억의 뒤안길' 우2

317 *****mem·o·ry map-ping** [메머뤼 매핑]: '기억력 지도 제작', 주변 장치를 주 기억장치의 일부처럼 주소로 호출하는 일 우1

318 *****Mem·o·ry Stick** [메머뤼 스틱]: '기억력 꽂개', 1998년 Sony사가 개발한 ⟨전원이 끊겨져도 자료를 상실치 않는⟩ 뺐다 꼈다 할 수 있는 길쭉한 막대 모양의 기억력 저장 장치 수2

319 **men** [멘]: man의 복수, ⟨↔women⟩ 기1

320 ★**MENA** [메나]: Middle East and North Africa, 중동 및 북아프리카, 아시아와 아프리카의 접근지역, (아랍어와 이슬람의 영향권에 있는) 사막성 기후의 약 20개의 국가군 영1

321 **men·ace** [메니스]: ⟨← minari(threaten)⟩, ⟨라틴어⟩, 위협('협박')하다, 공갈치다, ⟨↔friendly\protection⟩ 기1

322 **mend** [멘드]: ⟨← mendum⟩, ⟨라틴어에서 연유한 영국어⟩, ⟨← amend⟩, 고치다, 수선하다, 호전되다, ⟨~ repair⟩, ⟨↔break\tear\smash⟩ 영1

323 **me·ni·al** [미이니얼]: ⟨← mansio(mansion)⟩, ⟨라틴어→프랑스어⟩, ⟨가정에서 일어나는⟩ 시시한, 천한, 비굴한, ⟨↔noble\skilled⟩ 영2

324 **men·o·pause** [메너퍼즈]: meno(month)+pausis(cessation), ⟨그리스어⟩, '달 거르기', 폐경(기), 갱년기, ⟨↔menarche\puberty⟩, ⟨↔meta-pause⟩ 기1

325 **men·or·rhea** \ ~rhoea [메너뤼어]: menos(month)+rhegnynai(flow), ⟨그리스어⟩, 월경, 월경 과다증, ⟨↔amenorrhea⟩ 기1

326 **men's room \ ~ John** [멘즈 루움 \ ~ 좐]: 남자 변소, ⟨↔ladies' room⟩ 영2

327 **men·tal** [멘틀]: ⟨← mentis⟩, ⟨라틴어⟩, 마음('mind')의, 정신의, 지능의, 정신병의, ⟨↔physical⟩ 영1

328 **men·tion** [멘션]: ⟨← mentis(mind)⟩, ⟨라틴어⟩, ⟨생각나게⟩ 말하다, 언급하다, 기재, 진술, ⟨↔conceal\disavow⟩ 영1

329 **men·tor** [멘토얼]: ⟨← man-tar(one who thinks)⟩, ⟨산스크리트어에서 연유한 그리스어⟩, '생각하는 자', 멘토르, 은사, 스승, (오디세우스가 출병 전 아들을 맡긴 친구의 이름(Mentor)에서 딴) 좋은 조언자, ⟨~ rabbi⟩, ⟨↔fool\follower⟩ 영2

330 **men·u** [메뉴우]: menus(복수형), ⟨← minor⟩, ⟨very small이란 라틴어에서 유래한⟩ '명세서', 식단, 차림표, 요리, 예정표, ⟨~ bill of fare\list\table⟩, ⟨~(↔)a la carte⟩ 미1

331 *****men·u-driv·en** [메뉴우 드뤼븐]: 차림표 구동의, 연성기기가 차림표에 따라 조작되는 구조를 한 미2

332 **mer·ce·nar·y** [멀써네뤼]: ⟨← merces(pay)⟩, ⟨라틴어⟩, 돈을 위한, 장사 목적의, 고용된, '임금이 지불된', ⟨↔generous\charitable\altruistic⟩ 영1

333 **mer·chan-dise** [머얼췬다이즈]: ⟨← mercans(merchant)⟩, ⟨라틴어⟩, 상품, 제품, '거래'하다, ⟨↔capital\services⟩ 가1

334 **mer·chant** [머얼췬트]: ⟨← merces(pay)⟩, ⟨라틴어⟩, '거래꾼', 상인, 무역 상인, ⟨→ market⟩, ⟨↔consumer\customer⟩ 가2

335 **mer·cu·ry** [머얼큐뤼]: ⟨라틴어⟩, quick silver, ⟨Mercury 신같이 '빨리 움직이는'⟩ 수은, ⟨뇌·폐·신장에 유독한⟩ 금속원소(기호 Hg·번호80), 수은주(온도계) 가1

336 **mer·cy** [머얼시]: ⟨← merces(pay)⟩, ⟨라틴어⟩, '감사', 자비, 인정, ⟨~ mercedez⟩, ⟨↔disdain\malevolent⟩ 가2

337 **mere** [미어]: ⟨← merus(unmixed)⟩, ⟨라틴어⟩, 단지, 단순한, 전적인, ⟨호숫물같이 pure한⟩, ⟨~ simple\partial⟩, ⟨↔plenty\whole⟩ 가1

338 **merge** [머얼쥐]: ⟨← mergere(dip)⟩, ⟨라틴어⟩, 합병하다, 서서히 ~로 바꾸다, '잠기게 하다', ⟨→ emerge⟩, ⟨↔separate\diverge⟩ 가1

339 *****merge sort** [머얼쥐 쏘얼트]: 합병 정렬, (1945년 Von Neumann에 의해 고안된) 전산기 자료를 부분으로 나눠서 정리하고 나중에 합쳐서 정렬하는 방식, ⟨~(↔)quick sort⟩ 메2

340 **me·rid·i-an** [머뤼디언]: medius+dies, ⟨라틴어⟩, middle+day, '정오', 자오선, 경선, 정점, 경락, ⟨↔bottom\anti-meridian⟩ 가1

341 **mer·it** [메륕]: ⟨← merere(to earn)⟩, ⟨애써 벌은⟩ '보수', 우수함, 장점, 공로, 평점, ⟨↔deficiency\fault\inferiority⟩ 가1

342 **mer-maid** [머얼메이드]: ⟨영국어⟩, mer(바다)+maid, (암) 인어, 수영 잘하는 여자, ⟨~ triton⟩, ⟨↔mer-man(수 인어)⟩ 가1

343 **mer·ry** [메뤼]: ⟨← merige(pleasant)⟩, ⟨게르만어⟩, 명랑한, '유쾌한', 떠들썩한, ⟨~ mirth⟩, ⟨↔miserable\gloomy⟩ 가2

344 **mer·ry-go-round** [메뤼 고우 롸운드]: 회전목마, 급선회, ⟨↔chore\boredom⟩ 가1

345 **mesh** [메쉬]: ⟨← masc(net)⟩, ⟨게르만어⟩, '그물눈', 망사, 올가미, 맞물림, 엉킴, ⟨~ tangle\intertwine⟩, ⟨↔line\order⟩ 영1

346 **mess** [메쓰]: ⟨← mittere(send)⟩, ⟨라틴어⟩, 지저분한 모양, 혼란한 상태, 회식, 혼합식, '음식을 먹고 난 자리', (이구아나 등의) 떼, ⟨↔tidiness\order⟩ 영1

347 **mes·sage** [메씨쥐]: ⟨← mittere(send)⟩, ⟨라틴어⟩, 전갈, 전언, 서신, 축사, 교훈, ⟨↔silence\headless-ness⟩ 가2

348 *****mes·sage board** [메씨쥐 보어드]: '서신판', 전자우편의 글을 올리는 기판 메1

349 *****mes·sage box** [메씨쥐 박스]: '전갈칸', 사용자에게 전달사항을 지시하는 조그만 창 메1

350 *****mes·sage switch·ing** [메씨쥐 스윝칭]: '전갈전환', 한 단말장치에서 보낸 전달을 지정된 다른 단말장치로 보내는 방식 메1

351 **met** [멭]: meet의 과거·과거분사 가1

352 *****met·a-bus** [메터 버스]: ⟨신조어⟩, '통합(공용) 탐색로', (전산망에) 그동안 쌓아왔던 과학적 자료를 총망라해서 정리해 놓은 ⟨전자구름⟩, ⟨차세대의 전산망 탐색창⟩ 우2

353 *****met·a–com·mu·ni·ca·tion** [메터 커뮤니케이션]: '초통화'(말이 아닌 시선·동작·몸짓·태도 등에 의한 대화), ⟨~ non-verbal communication⟩ 우1

354 *****met·a crawl·er** [메터 크뤼얼러]: '후속 탐색기', 많은 자료를 가지고 있는 대형 검색대에 질문을 던져 그들로 하여금 요점정리를 하게끔 하는 응용프로그램 우1

355 *met·a·ta [메터 데이터]: 다른 정보에 정보를 제공하는 정보군, '후속 자료', '연계 자료', 〈↔infra-data〉 미1

356 *met·a·fic·tion [메터 휙션]: '초비구상', 구성 자체를 중요시하는 소설 유1

357 *met·a·file [메터 화일]: '중간 서류철', 본 자료를 만들기 전에 임시로 만드는 여러 체계에서 두루 사용할 수 있는 중간자료철, 〈↔final file〉 무1

358 met·al [메틀]: 〈← metallon(mineral)〉, 〈그리스어〉, '광물', 금속, 금속원소, 〈→ medal\mettle〉, 〈↔non-metal\organic〉 가1

359 *met·a·lan·guage [메터 랭귀쥐]: 분석용 언어, 초언어(언어에 대해 말하거나 언어를 기술하는 데 쓰는 문자나 기호), 〈↔natural language〉 양2

360 met·a·phor [메터 훠어]: meta(beyond)+pherein(bear), 〈그리스어〉, 〈옮겨 바꾼〉 은유, 〈allegory보다 폭이 좁은〉 암유, 〈~(↔)allegory\simile〉, 〈↔literal〉 양2

361 met·a·phys·ics [메터 휘직스]: 〈물리학 뒤의〉 형이상학, 순수철학, 추상론, 〈↔natural\physical〉 양2

362 *met·a sa·pi·ens [메터 쎄이피언스]: 〈신조어〉, '초인간', 전산기 기술과 인간의 상상력이 결합되어 만들어진 세상에서 살아가야할 〈차세대 인류〉 미2

363 ★met·a·space [메터 스페이스]: '초 공간', 가상공간, 가상 물체들에 의해 점거된 공간, 〈~ cyber·space〉, 〈↔meat·space〉 미2

364 me·tas·ta·sis [머태 스터씨스]: meta(beyond)+histanai(place), 〈그리스어〉, 전이, 변질, 〈↔stagnation\remission〉 양2

365 *met·a·verse [메터 붜얼스]: meta+universe, 변형 세계, (Covid-19 이후로 가속도로 달리고 있는 전산거래·화상회의 등) 〈만져볼 수 없는〉 무한한 '가상'세계를 뜻하나 편자는 meta·bus(meta+omnibus)라고 해서 '만인을 위한' '전산망 승합차'라고 하는 것이 더 적절한 표현이라고 봄

366 me·te·or [미이티어]: meta+aeirein(lift up), 〈하늘에 나타나는 현상〉이란 뜻의 그리스어〉, 〈떨어지는〉 유성, 〈하늘 높이 올려진〉 운석, 별똥별, 대기 현상, 〈~ shooting star〉, 〈↔planet\star〉 양1

367 me·ter¹ \ me·tre [미터]: 〈그리스어→프랑스어〉, 1m=100cm=39.37인치, 빛이 진공 속을 1초의 2억 997만 2,458분의 1시간에 달리는 거리 수2

368 me·ter² [미이터]: 〈← metron(measure)〉, 〈그리스어〉, 계량기, 측정기, 박자, 〈~ rhythm〉 양1

369 meth·od [메써드]: 〈그리스어〉, meta(beyond)+hodos(way), '뒤따름', 방법, 방식, 순서, 분류법, 〈↔derangement\goal〉 가1

370 meth·od·ist [메써디스트]: 〈그리스어에서 연유한 영국어〉, 계통적 분류가, 형식 존중가 양1

371 ★Meth·od to some·one's mad·ness: 〈셰익스피어의 [Hemlet]에 나오는 말〉, (~의) 이상한 행동에는 이유가 있다, 엉뚱해 보이지만 나름대로 방법이 있다, 〈↔common\orderliness〉 양2

372 ★Me·thu·se·lah Syn·drome [머쑤우절러 씬드로움]: 〈자신도 므두셀라같이 장수할 것으로 믿는 등〉 과거를 좋은 쪽으로 생각하려는 심리상태 수2

373 me·tic·u·lous [머티큘러스]: 〈← metus(fear)〉, 〈라틴어〉, 세심한, 엄밀한, 소심한, '두려움에 찬', 〈↔careless\sloppy〉 양2

374 ★Me Too [미이 투우]: '저도요', 2006년 인도에서 시작해서 2017년 할리우드에서 불붙기 시작한 성적 학대 폭로 운동, 〈~ heard too〉, 〈⇒ kiss and tell〉 미1

375 met·ric sys·tem [메트릭 씨스템]: metre법, 1200년경 영국에서 개발된 'm' 기본의 도량형 표시법으로 1975년 미 의회에서 채택했으나 '왠지' 아직도 잘 지켜지지 않는 제도, 〈↔imperial system〉 수2

376 **met·ro·pol·i·tan** [메트뤄팔리턴]: '모체가 되는 도시의', 수도권의, 대도시의, 중앙지, 본산의, 대주교 교구의, ⟨↔rural⟩ 형1

377 ★**met·ro·sex·u·al** [매트뤄 쎅슈얼]: '동성애자 같은 도시 거주 이성애자', 도시에 살면서 유행·외모 등에 관심이 많은 이성애 남자 유1

378 **mez·za·nine** [메저니인]: ⟨← medianus⟩, ⟨라틴어에서 연유한 프랑스어⟩, ⟨← median⟩, 메자닌, 1층과 2층 사이, 중(간) 2층, 2층 정면 좌석, en·tresol, ⟨~(↔)balcony\patio⟩ 명1

379 ★**MFA**(mul·ti-factor au·then·ti·ca·tion): 다중요소인증, (얼굴·지문 등 생체 인식 기능을 포함한) ⟨휴대용 전화를 이용한⟩ 다요소 신원 확인, ⟨~ MDL⟩ 명2

380 **mi** [미이]: ⟨← miraculum(miracle)⟩, ⟨라틴어⟩, '하나님의 기적', 미(전 음계적 장음계의 세 번째 소리) 수2

381 **mice** [마이스]: mouse(생쥐)의 복수형 명1

382 ★**Mich·i·gan left turn** [미쉬건 레후트 터어언]: (1960년도 말에 미국의 미쉬건 주에서 시행되어 세계 여러 나라에서 채택된) ⟨연결로가 있는 쌍방도로에서 우회전 다음 U-turn을 하는⟩ 180도 방향 전환, 거꾸로 돌기, ⟨~ P-turn\U-turn⟩ 명1

383 **Mick·ey Mouse** [미키 마우스]: 1928년부터 나타난 디즈니만화의 주인공 수1

384 ★**mi·cro-ag·gres·sion** [마이크로우 어그뤠션]: 미세한 공격, 미묘한 (인종) 차별 명2

385 **mi·crobe** [마이크로우브]: ⟨그리스어⟩, 세균, 미생물⟨small life⟩, ⟨~ micro-organism⟩, ⟨↔host cell⟩ 가1

386 *****mi·cro-beam** [마이크로우 비임]: 미세 선속(흐름), 미세 전자 방사선 형2

387 *****mi·cro-chip** [마이크로우 췹]: 극미 박편, 미세 반도체(전자회로의 구성요소가 되는 미소한 기능 회로), ⟨~(↔)mega-chip⟩ 명2

388 *****mi·cro-cir·cuit** [마이크로우 써얼킽]: 초소형회로, 통합(집적)회로 명2

389 *****mi·cro-cred·it** [마이크로우 크뤠딭]: 소액대부, 영세민들이 소규모의 자영업을 창업하도록 도와주는 단기 자금 대출, ⟨↔large loan⟩ 명2

390 **mi·cro-phone** [마이크로우 호운]: mic(마이크), ⟨작은 소리를 전달하는⟩ (미세) 송화기, ⟨~(↔)mega-phone⟩ 명1

391 *****mi·cro-proc·es·sor** [마이크로우 프롸쎄써]: 소형전산기의 중앙처리장치 명2

392 **mi·cro-scope** [마이크로우 스코우프]: 현미경, 현미경(별)자리, ⟨~ magnifier⟩, ⟨↔telescope\eye glasses⟩ 명2

393 ★**mi·cro-trans·ac·tion** [마이크로우 트뢘잭션]: (특히 video-game에서) 전산망으로 하는 ⟨통상 1,000불 이하의⟩ 소액 거래 명2

394 **mi·cro-wave** [마이크로우 웨이브]: 극초단파, 파장이 1mm~30cm짜리 직선형의 전기 기파로 2차대전 중 레이다에 쓰기 시작해서 현재는 통신 및 가열 장치에도 사용됨 명2

395 **mid** [미드]: ⟨← medius⟩, ⟨라틴어→게르만어⟩, 중앙의, 가운데, ⟨근래에는 mediocre(시시한)이란 뜻으로 쓰이는 경향이 있음⟩, ⟨↔extreme\farthest⟩ 형1

396 ★**MIDAS** [마이더스]: 마이다스, (missile defence alarm system), 탄도탄 경보 방어 체계 명2

397 **mid·dle** [미들]: ⟨라틴어→게르만어⟩, ⟨← mid⟩, '중간'의, 중류의, 중세의, 중간 부분, ⟨~ (a)mid\milieu⟩, ⟨↔side\border⟩ 가2

398 ***mid·dle-ware** [미들 웨어]: '중간기기', 제어프로그램과 응용프로그램의 중간적 기능을 가진 연성기기, 서로 다른 여러 응용프로그램의 중간적 기능을 가진 연성기기, 서로 다른 여러 프로그램을 함께 운용할 수 있는 연성기기 ②

399 **midg·et** [미쥍]: 〈영국어〉, 〈← midge〉, dwarf, 난쟁이, 꼬마(둥이), 초소형의 물건, 〈~ homunculus〉, 〈~ runt\wee〉, 〈↔giant\colossus〉 ①

400 ***MIDI** [미디]: (musical instrument digital interface), 전자악기·전산기 연결장치, 전산기가 여러 가지 악기를 통합해서 연주하는 것 ②

401 **mid-land** [미들런드]: 중부지방, 내륙지방, 〈↔border\coastal〉 ①

402 **mid-night** [미드 나잍]: '밤의 중간지점', 한밤중, 밤 12시, 암흑, 〈↔high-noon〉 ②

403 **midst** [미드스트]: on+middan, 〈게르만어→영국어〉, 중앙, (한)가운데, 한참, 〈~ (a)mid \ middle〉, 〈↔exterior\periphery〉 ②

404 **mid-wife** [미드 와이후]: 조산사, 산파, 〈~(↔)obstetrician〉 ①

405 **might** [마잍]: ①〈← magan(be able)〉, 〈게르만어〉, '힘(strength)', 권력, 우세, 〈→ all·mighty〉, 〈↔weakness〉 ②〈← mihte〉, 〈영국어〉, may의 과거형〈may는 긍정적·might는 부정적〉, 〈~(↔)possible〉 ① ①

406 **mi·graine** [마이그뤠인]: hemi(half)+kranion(ache), 〈그리스어→프랑스어〉, 〈'한쪽 옆머리'에 오는〉 편두통 ②

407 **mi·grate** [마이그레이트]: 〈← ameibein(change)〉, 〈그리스어에서 연유한 라틴어〉, 〈← migrare (move)〉, '장소를 바꾸다', 이주(이동)하다, 퍼지다, 〈↔remain\stay〉 ①

408 ★**mi·gro-naut** [마이그뤄너트]: (받아줄 나라가 없는) '유랑' 난민 ②

409 **mike** [마이크]: 〈1924년에 등장한 약어〉, microphone, 송화기, 〈~(↔)mega-phone〉 ①

410 **mild** [마일드]: 〈← milde(gentle)〉, 〈게르만어〉, '자비스러운', 온순한, 따뜻한, 순한, 관대한, 완만한, 〈↔harsh〉 ①

411 **mile** [마일]: 〈← milia passuum(thousand places)〉, mi, 〈라틴어〉, '천 걸음', 약 1,609km, 5,280피트, 상당한 거리 ②

412 **mile-age** [마일리쥐]: 마일수(에 따른) ②

413 ★**mile a min·ute** [마일 어 미니트]: 아주 빠르게, 속사포로, 〈↔slowly\leisurely〉 ②

414 ★**mile-high club** [마일 하이 클럽]: '고공구락부', (자가용 비행사들이 즐겼으나 여객기의 일등석 손님들도 가끔 이용한다는) 비행기 내 성교를 위한 〈실제로 존재하는〉 친선단체 ②

415 **mile-stone** [마일 스토운]: 이정표, 중대 시점, 〈↔nix\zip〉 ②

416 **mi·lieu** [미일유 \ 미일려]: 〈프랑스어〉, 〈middle place의〉 주위 환경, 생활 환경, 〈↔no place\mess〉 ②

417 **mil·i·tar·y** [밀리테뤼]: 〈← miles(soldier)〉, 〈라틴어〉, 군대의, 전투적인, 〈↔civilian〉 ①

418 **mi·li·tia** [밀리셔]: 〈← miles(soldier)〉, 〈라틴어〉, '병사', 민병대, 국민군, 비정규군, 〈↔civilian〉 ②

419 **milk** [밀크]: 〈← amelgein(to draw)〉, 〈그리스어에서 연유한 게르만어〉, '젖', 우유, 젖을 짜다, 착취하다, 〈~ emulsion〉, 〈↔save\give\help〉 ①

420 ★**milk-er bill** [밀커 빌]: 후원금을 모집할 수 있는 〈젖 짜는〉 법안 ①

421 **milk shake** [밀크 쉐이크]: 우유·얼음과자·향신료·설탕 등을 섞어 흔들어 마시는 냉각 음료 ①

422 ★**milk shake duck** [밀크 쉐이크 덕]: 처음에는 좋게 평가받다가 곧 결함이 밝혀져 대중으로부터 외면 당하는 자, '거품오리', 〈똑 떨어지는 반대말을 제시하는 자에게 상금이 걸려 있는 말〉 **응1**

423 **Milk·y Way** [밀키 웨이]: 〈Hera가 하늘에 milk를 뿌려 만들었다는〉 은하(수), 소우주 **응2**

424 **mill** [밀]: 〈← molere(grind)〉, 〈라틴어〉, '물방앗간', 맷돌, 제분기, 공장, 제작소, 〈~ meal²〉, 〈↔farm〉 **응1**

425 **mil·len·ni·um** [밀레니엄]: mille(thousand)+annus(year), 〈라틴어〉, 천 년간, '천년'왕국(기), 〈~(↔)kilo〉, 〈↔moment\dark age\hell〉 **응2** **수2**

426 **mill-er** [밀러]: 방앗간 주인, 제분업자, 날개에 가루가 있는 나방 **응2**

427 **mil·let** [밀릿]: 〈← milla(a grain)〉, 〈아랍어→라틴어〉, 〈← millium〉, '조', 기장, 황실(노랗고 자디잔 열매를 맺는 5곡의 하나〉, 〈~ miliary〉, 〈~ kaoliang〉, 〈~ panic grass〉 **응1**

428 **mil·lion** [밀리언]: 〈← mille(thousand)〉, 〈라틴어에서 연유한 이탈리아어〉, 백만, 다수, '천의 천', 〈↔bit\handful〉 **개1**

429 **mil·lion-aire** [밀리어네어]: 〈라틴어→이탈리아어→프랑스어〉, 백만장자, 대부호, 〈~ billionaire〉, 〈↔beggar\have-not〉 **개1**

430 **mill-stone** [밀 스토운]: 맷돌, 무거운 짐, 〈↔edge\advantage〉 **응2**

431 ★**milque-toast** [밀크토우스트]: 〈미국어〉, 〈1920년대 미국 만화의 주인공 이름에서 유래한〉 대가 약한 남자, 소심한 사람, 겁쟁이, 〈~ milk·toast〉, 〈~ molly-coddle\namby-pamby〉 **수2**

432 *****MIME** [마임] (mul·ti·pur·pose in·ter·net mail ex·ten·sions): 다목적 전산망 전자우편 확장(전자우편을 보낼 때 ASCII 이외의 시청각·영상·응용프로그램도 포함시키는 광범위한 전달체제) **의2**

433 **mime** [마임]: 〈← mimos(imitator)〉, 〈그리스어〉, 〈← mimic〉, pantomime, 무언극, 몸짓 익살극, 흉내쟁이, 〈~ meme〉, 〈↔speaking\non-imitative〉 **개1**

434 **mim·ic** [미믹]: 〈← mimos(imitator)〉, 〈그리스어〉, 흉내 내는, 모방의, 거짓의, 〈~ mock〉, 〈↔originate\contradict〉 **개1**

435 **mi·mo·sa¹** [미모우싸]: 〈← mimos(imitator)〉, 〈그리스어→라틴어〉, 〈← mime〉, '흉내쟁이', 미모사, 〈간지럼 나무〉, 감응초, 함수초, 깃털 모양의 잎을 건드리면 오므리며 아래로 늘어지는 아카시아 비슷한 아열대성 관목 **의2**

436 **mince** [민스]: 〈← minutus(small)〉, 〈라틴어〉, '작게 하다', 다지다, 잘게 썰다, 조심스레 말하다, 〈↔develop\enlarge〉 **응1**

437 **mind** [마인드]: 〈← manas(to think)〉, 〈산스크리트어→라틴어→게르만어〉, '사고력', 마음, 정신, 지성, 유의하다, 꺼리다, 〈→ mean¹\mental\mood〉, 〈↔body〉, 〈↔care-less〉 **응1**

438 ★**MIND diet** [마인드 다이얼]: Mediterranean-intervention for neuro degenerative delay, 뇌기능 저하 방지용 지중해 식품·저지방 단백질·씨앗·견과류·올리브유로 구성된 〈뇌기능 퇴보 지연〉 식이요법 **의2**

439 ★**mind your own busi-ness**: 네일에나 신경써, 참견(상관)마, 〈~ it's none of your business\butt out〉 **응2**

440 **mine¹** [마인]: 〈← min〉, 〈게르만어〉, 〈← me〉, 나의 것, 〈네~껏도 내 것이고 내 껏도 내 것〉, 〈↔yours〉 **개1**

441 **mine²** [마인]: 〈← minera(ore)〉, 〈라틴어→프랑스어〉, 광산, 갱도, 지뢰, 채굴하다, 〈~ mineral〉, 〈↔bury\entomb〉 **개1**

442 **min·e·ral** [미너뤌]: 〈← minera(ore)〉, 〈라틴어〉, 광물, '광석', 무기물, 〈~ mine〉, 〈~ metal〉, 〈↔organic〉 **개1**

443 **min·gle** [밍글]: ⟨← mengan(mix)⟩, ⟨영국어⟩, 섞다, 첨가하다, 사귀다, ⟨~ among⟩, ⟨← mongrel⟩, ⟨↔divide\separate⟩ 영2

444 **min·i** [미니]: ⟨← miniature(smaller)⟩, ⟨라틴어⟩, 소형의, 짧은, 약간의, ⟨↔maxi~⟩ 영2

445 **min·i·a·ture** [미니어춰]: ⟨← miniare(paint in minimum)⟩, ⟨라틴어⟩, 소형 모형, 꼬마, 축소(된), ⟨↔massive\giant⟩ 영1

446 **min·i·mum** [미니멈]: ⟨← minimus(least)⟩, ⟨라틴어⟩, 최소(한도), 극소(점), ⟨↔maximum⟩ 기2

447 **min·is·ter** [미니스터]: ⟨← minus(less)⟩, ⟨라틴어⟩, '더 작은 사람', 목사, 성직자, 장관, 공사, 대행자, ⟨~ administer⟩, ⟨↔layman\pawn\follwer⟩ 영2

448 **min·is·try** [미니스트뤼]: ⟨← ministrare(administer)⟩, ⟨라틴어⟩, 내각, 부, 성, 목회, 봉사, '근무', ⟨↔disassembly\malfunction⟩ 영1

449 *****min·i-suit** [미니 쑤우트]: ⟨라틴어⟩ ①동일한 직물의 (여성용) 짧은 정장 한 벌 ②호환성이 높은 조그만 전자용품 부속품들 우1

450 **mink** [밍크]: ⟨← minke⟩, ⟨스웨덴어⟩, stinking animal in Finland, '냄새나는 짐승', 부드러운 모피를 자랑하는 수·륙 양서의 족제빗과의 잽싼 육식동물, 매력적인 여자, ⟨↔bête noir⟩ 우1

451 **min·now** [미노우]: ⟨← myne(small)⟩, ⟨게르만어⟩, 황어, 황·백색이 반짝이는 피라미류, 1천여 종이 넘는 잉엇과의 작은 물고기, 송사리, '잔챙이', ⟨~ gudgeon⟩ 미2

452 **mi·nor** [마이너]: ⟨라틴어⟩, less, 보다 작은, 중치도 않은, 부전공, 단조, 소, 미성년자, ⟨↔major\prime\principal⟩ 영1

453 *****Min·sky mo·ment** [민스키 모우먼트]: ⟨미국 경제학자('Minsk에서 온 자') 의 이름에서 연유한⟩ 지속적인 투자수익의 증가로 (사람들이 돈을 빌려 투자하기 때문에) ⟨현금 부족으로⟩ 갑자기 오는 주가나 시장 경제의 폭락 수2

454 **min·strel** [민스트뤌]: ⟨← minister(servant)⟩, ⟨라틴어⟩, '하인', 음유시인, 가수, ⟨가장 흑인⟩ '백인 광대', ⟨↔amateur\stranger⟩ 영2

455 **mint¹** [민트]: ⟨← Mentha(naiad nymph)⟩, ⟨그리스 신화에 나오는 요정의 이름에서 연유한⟩ 박하, 습지에서 잘 자라고 담자색·백색의 봉우리 꽃이 피고 방향이 짙은 윤기나는 쌍떡잎을 가진 3,200여 종의 꿀풀과의 여러해살이 약초 미2

456 **mint²** [민트]: ⟨← Moneta(coin)⟩, ⟨로마의 '돈의 여신' 이름에서 연유한⟩ 화폐 주조소, 조폐국, 거액, 보고, 갓 나온, ⟨따끈따끈한⟩, 아주 새로운, ⟨~ coin\brand new\cherry⟩, ⟨↔stale\ancient⟩ 기1 영2

457 ★**mint con·di·tion** [민트 컨디션]: ⟨신선한 냄새가 나는⟩ 제조직후의 상태인, 양호한 상태, cherry condition, ⟨↔broken\damaged⟩ 영2

458 **mi·nus** [마이너스]: ⟨← minor(less)⟩, ⟨라틴어⟩, '보다 작은', ~을 뺀, 뒤떨어진, 음(수), 부족, 영하, ⟨↔plus⟩ 미2

459 **mi·nute¹** [마이뉴우트]: ⟨← minuere(lessen)⟩, ⟨라틴어⟩, 미세한, 사소한, 정밀한, '작게 한', ⟨↔huge\giant⟩ 기1

460 **min·ute²** [미니트]: ⟨← minuere(lessen)⟩, ⟨라틴어⟩, '작은 부분', 분(기호·', 1/60), 잠깐, 현재, 초고, 의사록, ⟨~ menu⟩, ⟨↔eternity\major\summary⟩, ⟨↔second\hour⟩ 영2

461 *****MIPS** [밒스](mil·lion in·struc·tions per sec·ond): 1초간에 1백만 개의 명령을 내릴 수 있는⟨전산기 연산 속도의 단위⟩ 우2

462 **mir·a·cle** [미뤄클]: ⟨← mirus(wonder)⟩, ⟨라틴어⟩, 기적, 경이, 불가사의한 일, '놀라운 일', ⟨~ walking on water⟩, ⟨↔normalcy\disaster\misfortune⟩ 영2

463 **mi·rage** [미롸쥐]: ⟨← mirare(look at)⟩, ⟨라틴어⟩, ⟨거울로 본⟩ 신기루, 아지랑이, 망상, ⟨↔actuality\reality⟩ 기1

464 **mire [마이어]**: ⟨← myrr(bog)⟩, ⟨게르만어⟩, ⟨moss(이끼) 천지인⟩ 늪, 진창, 수렁, 궁지, ⟨→ quagmire⟩, ⟨↔desert\solution⟩ 기2

465 **mir·ror [미뤄]**: ⟨← mirari(wonder at)⟩, ⟨라틴어⟩, ⟨보면서 신기해하는⟩ '거울', 반사경, 본보기, ⟨~ speculum⟩, ⟨↔dis-embody\conceal⟩ 기2

466 **mirth [머얼쓰]**: ⟨← myrig(joy)⟩, ⟨게르만어⟩, '환희', 희희낙락, 흥청망청, ⟨~ merry⟩, ⟨~ jovial\pickwickian⟩, ⟨↔melancholia\gloom⟩ 일1

467 ***MIS [미스 \ 엠아이에스]** (man·age·ment in·for·ma·tion sys·tem): 경영정보체계(어떤 조직 내에서 정보의 효율적인 개발과 사용을 연구하는 분야) 미2

468 **mis-car·riage [미스 캐리쥐]**: ⟨수송을 잘 못하는⟩ 실패, 불착, 유산, ⟨↔live birth⟩ 기1

469 **mis·cel·la·neous [미설레이니어스]**: ⟨← miscere⟩, ⟨라틴어⟩, 잡다한, 혼합('mix'의, 시시한, 다방면에 걸친, ⟨↔homogeneous\uniform⟩ 기2

470 **mis-chief [미스 취이후]**: minus(less)+caput(head), ⟨라틴어→프랑스어⟩, ⟨나쁜 결과에 도달한⟩ 해악, 손해, 고장, 장난, (쥐 등의) 떼, ⟨↔good behavior\advantage\seriousness⟩ 기1 일2

471 **mi·ser [마이저]**: ⟨라틴어⟩, ⟨가련한⟩ 구두쇠, 노랑이, ⟨~ miserable⟩, ⟨↔spend-thrift\extravagant⟩ 기1

472 **mis·er·a·ble [미저뤄블]**: ⟨← miserari(pity)⟩, ⟨라틴어⟩, ⟨올 데·갈 데가 없어서⟩ 불쌍한, 비참한, 초라한, 야비한, ⟨↔happy\contended⟩ 기2

473 **mis·er·y [미저뤼]**: 불행, 고통, 빈곤, ⟨~ agony\woe⟩, ⟨↔bliss\joy\ecstacy\pleasure⟩ 기2

474 ***mis·er·y in-dex [미저뤼 인덱스]**: ⟨1970년대에 주조된 말⟩, 궁핍 지수, 실업률+통화팽창률⟨일반 서민들의 경제상황을 알아보는 지표⟩, ⟨~ discomfort index(과학용어)⟩, ⟨↔happiness index⟩ 일1

475 ★**mi·ser·y loves com·pa·ny [미저뤼 러브스 컴퍼니]**: 불행은 패거리를 부른다, 동병상련, ⟨~ birds of a feather⟩, ⟨↔홀아비 사정 과부는 모른다⟩ 일2

476 **mis-for·tune [미스 호어츈]**: 불운, 불행, 재난, ⟨↔advantage\blessing⟩ 기2

477 ★**mis-for·tune on top of mis-take**: 실수에다 불운, 설상가상, ⟨~ add insult to injury⟩, ⟨↔icing on the cake⟩ 일2

478 **mis–giv·ing [미스 기빙]**: ⟨잘 배려하지 못해서 오는⟩ 불안, 걱정, 의심, ⟨~ qualm\worry⟩, ⟨↔confidence\ease⟩ 기2

479 **mis–hap [미스 햅]**: ⟨← mescheance(mis-chance)⟩, ⟨프랑스어→영국어⟩, '잘못된 우연', 재난, 불운(한 일), ⟨↔fortune\luck⟩ 기2

480 ***mis-in·for·ma·tion [미스 인후메이션]**: ⟨잘못인 줄 모르는⟩ 잘못된 정보, ⟨비고의적⟩ 오보, ⟨낭설⟩, ⟨disinformation 보다는 순진한 잘못⟩ 일2

481 **miss¹ [미쓰]**: ⟨영국어⟩, ⟨← mistress ← magister(master)⟩, 양, 처녀, 아가씨, ⟨놓친 여자⟩, ⟨↔maam\Mrs.⟩ 미1

482 **miss² [미쓰]**: ⟨← missan(fail to hit)⟩, ⟨게르만어⟩, 놓치다, 못 맞히다, 빼먹다, ⟨→ a·miss⟩, ⟨↔notice\attend\hit\jazz⟩ 기2

483 **mis·sile [미썰 \ 미싸일]**: ⟨← mittere(send)⟩, ⟨라틴어⟩, 미사일, 날아가는 무기, ⟨폭탄을 적에게 '보내기 위한'⟩ 탄도탄, 유도탄, ⟨~(→)archery\artillery⟩, ⟨↔linger\fall⟩, ⟨↔land mine\torpedo⟩ 기1

484 **mis·sion [미쎤]**: ⟨← mittere(send)⟩, ⟨라틴어⟩, 임무, 사명, 사절(단), 전도(사업), 선교(회), ⟨신의 뜻으로⟩ '보내진 것'⟩, ⟨~ mass*⟩, ⟨↔avocation\idleness⟩ 일2

485 ★**miss the boat [미쓰 더 보울]**: 배(기회)를 놓치다, 실패하다, ⟨↔jump on the wagon\ achieve a goal\seize the day⟩ 일2

486 **mist** [미스트]: 〈게르만어〉, darkness, (엷은) '안개', 흐릿함, 분무, 〈~ fog〉 가1

487 **mis-take** [미스 테이크]: mis(wrong)+taka(take), 〈라틴어+북구어〉, 잘못, 착오, 실수, 잘못 받아들이다', '오해하다', 〈↔accuracy\success〉 가2

488 **mis·ter \ Mr.** [미스터]: 〈라틴어→영국어〉, 'master의 변형', 군, 씨, 선생, 나리, 〈↔mistress\Mrs.〉 미1

489 **mis·tle-toe** [미쓸토우]: mistel+tan(twig), 〈게르만어〉, 〈새의 똥에서 발아한다고 믿었던〉 겨우살이, 주로 사과나무에 기생하면서 사과의 어린 열매 대신 새 먹이가 되어주는 사람에게는 유독한 조그만 열매를 크리스마스 장식으로 쓰는 덩굴식물(새의 창자를 통과한 씨에서 나와 고대부터 생산과 장수를 상징하는 식물로 여겨져서 X-mas 장식용으로 쓰였으며 한국의 〈개동쑥〉에 상당하는 수많은 일화를 간직한 식물임) 미2

490 **mis·tress** [미스트뤼스]: 〈← magister〉, 〈라틴어→프랑스어→영국어〉, 〈master의 여성형〉, 여주인, 주부, 여선생, (여자)정부, 첩, 〈→ miss〉, 〈↔mister\Mr.〉 영1

491 **mit·i·gate** [미티게이트]: mitis(soft)+agere(drive), 〈라틴어〉, 'mild'하게 누그러뜨리다, 완화하다, 경감하다, 〈~ modulate\tone down〉, 〈↔aggravate\intensify〉 가1

492 **mit·ten** [미튼]: 〈← medietana〉, 〈라틴어→프랑스어〉, mitt, 〈'middle'(중간)에서 갈라진 장갑〉, 벙어리 장갑, 권투 장갑, 주먹, 〈~ muff〉, 〈~(↔)glove〉, 〈↔sock\shoe〉 가1

493 **mix** [믹스]: 〈← micra(mingle)〉, 〈산스크리트어→그리스어→라틴어〉, 〈← miscere〉, '섞다', 혼합하다, 첨가하다, 교배시키다, 〈~ mash\meddle\miscellaneous〉, 〈↔detach\separate〉 가1

494 ★**mix and match** [믹스 앤 매취]: 〈운이 맞아서 만들어진 말〉, (목적에 따라 다르게) 짜 맞추다, (어울리지 않는 것끼리) 짜 맞추다, 〈↔contrast\differ〉 영2

495 **mix-er** [믹서]: ①(요리용) 혼합기 ②첨가제 ③음량 조정기 ④(전산기의) 혼합기〈둘 이상의 입력신호를 한 출력신호로 하는 장치〉, 〈↔divider\separater〉 미2

496 **mix-ture** [믹스춰]: 혼합(물), 혼방(직물), 착잡한 상태, 〈↔uniformity\consistency〉 영2

497 **MLB** (ma·jor league base-ball): (1903년에 창립된) 북미 직업 야구 대연맹 미2

498 ★**mlem** [멤]: 〈전산망 속어〉, 〈의성어〉, 혀를 내밀었다 들여보낼 때 나는 소리, 혀로 무엇을 핥을 때 나는 소리, '쩝' 가1

499 *****MMC** (mul·ti·me·di·a card): 기억력 저장 장치, 1997년부터 출시된 우표딱지만 한 '다중 매체 명판' 미2

500 *****MMX** (mul·ti·me·di·a ex·ten·sions): '다매체 연장선', 동영상과 음성의 빠른 전달을 위해 Intel사가 개발한 추가 지침들 미2

501 *****MNP¹** (mo·bile num·ber port·a·bil·i·ty): 번호 이식 가능(성), 이동통신 중계 회사를 바꾸더라도 옛 전화번호를 그대로 유지할 수 있는 제도 미2

502 *****MNP²** (mi·cro·com net·work·ing pro·to·col): '축소 전산망 규약', 자료 전송 시 나타날 수 있는 오류를 미리 탐지해서 교정하는 방법 미2

503 **moan** [모운]: 〈← mone(groan)〉, 〈영국어〉, 〈의성어?〉, 신음 소리, 비탄, 불평, 〈~ mourn〉, 〈↔exultation\rejoicing\simper〉 가1

504 ★**moar** [모아]: 〈전산망 속어〉, more+roar, 아주 많이, '빨리 많이', 〈~ much more\very fast〉 미2

505 **mob** [마아브]: 〈17세기 말에 등장한 말〉, 〈라틴어→영국어〉, 〈'mobile'(변하기 쉬운)〉 군중(vulgus), 폭도, 큰 무리, (캥거루 등의) 짐승떼, 〈↔noble-men\aristocrats〉 가1

506 **mo·bile** [모우벌 \ 모우바일]: 〈← movere〉, 〈라틴어〉, 〈← move〉, 움직이기 쉬운, 이동하는, 변하기 쉬운, 〈↔im-mobile\static\fixed〉 영2

507 ★**mo·bile wal·let** [모우바일 왈릳]: '이동 지갑', 전자지갑, (Apple pay·Google pay 등) 이동통신을 통해 상거래를 할 수 있는 장치 미2

508 ***mo·bo** [머우버우]: 〈전산기 용어〉, mother board, 전산기체계의 주요 구성 부품을 넣은 주회로 기판, 〈↔daughter board〉 우1

509 **mock·er·y** [마커뤼]: 비웃음, 놀림감, 모조품, 〈~ ridicule\imitation〉, 〈~ cavil\deception〉, 〈↔tribute\genuine〉 영2

510 ★**mod** [마드]: 모드, 1960년대 보헤미안적 옷차림으로 오토바이를 즐기던 영국의 십대, 최신 유행의, 〈← mode〉, 〈↔old-fashioned\archaic〉 수2 양2

511 **mode** [모우드]: 〈← modus(measure)〉, 〈라틴어〉, 〈← mete(척도)〉, '방법', 양식, 형식, 음계, 유행(형), 〈~ mood〉, 〈↔confusion\derangement\disorder\deformity〉 영1

512 **mod·el** [마들]: 〈← modus(form)〉, 〈라틴어〉, 〈← mold〉, 본, 모형, 본보기, 전형, 〈↔deviation\divergence〉 기1 미1

513 ***mo·dem** [모우덤]: 〈1950년대에 주조된 전산기 용어〉, 모뎀, modulator-demodulator, 변복조 장치(통신회선을 통해 전산기의 상호 정보 전달을 가능케 하는 장치), 〈↔router〉 미2

514 ***mo·dem e·lim·i·na·tor** [모우덤 일리머네이터]: null modem, 변복조 장치 제거기, 모뎀을 통하지 않고 2전산기를 연결하는 장치 미2

515 **mod·er·ate** [마더뤼트]: 〈← modus(measure)〉, 〈라틴어〉, 삼가는, 〈척도를 벗어나지 않은〉 중간 정도의, 알맞은, 온건한, 보통의, '척도(mode)에 맞는', 〈~ modest〉, 〈~ temperate\modulate〉, 〈↔extreme\unreasonable〉 영1

516 **mod·ern** [마더언]: 〈← modus(measure)〉, 〈라틴어〉, '지금 수준의', 현대의, 신식의, 중세 이후의, 세로선이 굵고 가로선이 가는 활자체, 〈↔archaic\past\hoary〉 기1 우1

517 **mod·est** [마아디스트]: 〈← modus〉, 〈라틴어〉, '척도(measure)에 맞는', 겸손한, 삼가는, 온당한, 간소한, 〈~ moderate\un-assuming〉, 〈↔im-modest\excessive\hubris〉 영1

518 ★**mod·es·ty pan·el** [마아디스티 패늘]: (앉은 사람의 다리가 보이지 않게 책상 앞면에 댄)가림판 미2

519 **mod·i·fy** [마아디화이]: modus(measure)+facere(make), 〈라틴어〉, 〈← mode〉, 〈척도에 맞게〉 수정(변경)하다, 개조하다, 수식하다, 〈~ adjust\retro-fit〉, 〈↔preserve\continue〉 미2

520 ***mod·ule** [마쥬울 \ 머울]: 〈← modus(measure)〉, 〈라틴어〉, 〈← model〉, 단위, 기준(치수), 규격, 조립 부품, 구성단위, 특정 기능을 하는 전산기 차림표의 하나, 〈~ width\caliber\section〉, 〈↔whole\unity\monolithic〉 양2 미2

521 **mois·ture** [모이스춰]: 〈← mucus(damp)〉, 습기, 수분, 수증기, 〈↔dehydration\water-less〉, 〈moisturizer; 영양크림〉 기1

522 **mold¹** \ **mould¹** [모울드]: 〈← modulus(measure)〉, 〈라틴어〉, 〈← module〉, (주)형, (규범에 따른) 틀, 형판, 특성, 거푸집, 〈→ model〉, 〈↔deform\hew〉 영1

523 **mold²** \ **mould²** [모울드]: 〈← mildeaw ← molde(earth)〉, 〈게르만어〉, 〈고운 흙 같은〉 곰팡이, 사상균, 부식토, 〈~ mildew〉, 〈↔preserved\be freshy〉 기1

524 **mole¹** [모울]: ①〈← mol(spot)〉, 〈게르만어〉, 사마귀, '점', 모반, 〈~ wart\nodule〉
②〈← moles(mass)〉, 〈라틴어〉, molecule, 질량의 단위(gram 분자) 기1

525 **mole²** [모울]: 〈← molle ← mold-warp(earth-thrower)?〉, 〈어원 불명의 게르만어〉, 〈굴을 파는〉 두더지, 우리가 보통 gopher라고 잘못 부르는 뾰족한 주둥이와 갈라진 부삽 같은 손에 퇴화한 눈을 가진 작은 족제비 모양을 한 짙은 회색 모피에 진한 피를 가진 동물, (잠복해 있는) 첩보원, '두더쥐'(사투리), 〈gopher는 부채모양의 흙무덤을 파고 mole은 gopher보다 훨씬 작으며 화산모양의 흙무덤을 남김〉 양2

526 **mol·e·cule** [말러큐울]: 〈← moles(mass)〉, 〈라틴어〉, 분자, 미분자, 독립성을 가진 화학물질의 최소 단위, 〈~(↔)atom〉, 〈↔whole\lot〉 기1

527 **mo·lest** [멀레스트]: ⟨← moles(trouble)⟩, ⟨라틴어⟩, '괴롭히다', 간섭하다, (성적으로·신체적으로) 추행하다, ⟨↔soothe\molify⟩ 양2

528 ★**Mol·ly** [말리]: ①Mary의 애칭 ②⟨← molecule⟩, 흥분제 MDMA의 속어 수2

529 **mol·ten** [모울튼]: melt의 과거분사, 녹은 양1

530 **mom-and-pop** [마먼팝]: 부부 경영의, 영세 자영업, ⟨↔conglomerate\jae-bol⟩, ⟨↔super-market\mass-market⟩ 미2

531 **mo·ment** [모우먼트]: ⟨← movere(move)⟩, ⟨라틴어⟩, ⟨← momentum⟩, ⟨움직이는⟩ 순간, 찰나, 기회, 요소, 계기, ⟨~ split second\short time⟩, ⟨↔aeon\eternity\halpa⟩ 양1

532 ★**mom-flu·ence** [맘 훌루언스]: ⟨Instagram 등 전산망으로 돈을 벌어 자녀교육을 시키는⟩ 엄마 영향, ⟨~ dad-fluence⟩, ⟨콩글리시 mother-chance를 대체시킬 말로 편자가 일부러 이 사전에 쑤셔 넣는 말⟩ 미2

533 **mon-arch** [마너크]: monos(sole)+archein(rule), ⟨그리스어⟩ ①⟨혼자 지배하는⟩ 군주, 주권자, 제왕, ⟨↔subordinate⟩ ②제왕나비, 제주왕나비과의 나비, (남태평양·북미주산) 가장자리에 점이 촘촘히 박힌 제왕의 날개를 가진 커다란 주행성 나비 가1 미2

534 **mon·as·ter·y** [마너스테뤼]: ⟨← monos(sole)⟩, ⟨그리스어⟩, (주로 카톨릭계통의 남자) 수도원, '혼자서 생활하는 곳', ⟨~ abbey\religious house⟩, ⟨↔convent\minster⟩ 양1

535 **Mon-day** [먼 데이]: ⟨라틴어에서 연유한 영국어⟩, '달(moon)의 날', 월요일, 일주일의 2번째 날 가1

536 ★**Mon-daze** [먼데이즈]: Monday+daze, 월요 졸음증, 월요 짜증 미2

537 **mon·e·tar·y** [마니테뤼]: ⟨← moneta(mint)⟩, ⟨라틴어⟩, 화폐의, 금융의, ⟨~ financial\pecuniary⟩, ⟨↔non-commercial⟩ 가1

538 **mon·ey** [머니]: ⟨← monere(admonish)⟩, ⟨라틴어⟩, ⟨충고의 여신 Juno Moneta의 신전에서 주조된⟩ 돈, 금전, 화폐, 금액, 재산, ⟨~ don^a\okane⟩, ⟨↔debt\poverty\loss⟩ 가2

539 ★**mon·ey doesn't grow on trees**: 돈이 하늘에서 떨어지는 줄 아니, 감나무 밑에 누워 감 떨어지기를 기다려라, 땅을 아무리 파봐라 돈이 나오나, ⟨~ a penny saved is a penny earned⟩ 양2

540 ★**mon·ey makes the mare go**: 돈만 있으면 처녀 불알도 산다, ⟨~ money talks\money is everything⟩ 양2

541 *****mon·ey mar·ket fund** [머니 마아킽 휜드]: 금리연동제(단기) 투자신탁, 금융시장에 1년 이내로 투자하는 (개방형) 상호기금 미2

542 ★**mon·ey on the back**: (한번 붙으면 떨어지지 않는) 찐득이, 거치장스러운 것, 성가신 것, 애물단지, ⟨연애할 때 조심해야 할 상대⟩, ⟨~ white elephant⟩, ⟨↔indifference\neccessity⟩ 양2

543 *****mon·ey-or·der** [머니 오어더]: ⟨보통 1000불 이하의⟩ 송금환, (은행이나 우체국에서 보증하는) 환, ⟨~(↔)cashier's check는 은행만이 발권할 수 있고 고액도 가능함⟩ 양2

544 ★**mon·ey or peo·ple, that's the ques·tion**: 사람나고 돈 났지 돈 나고 사람 났나, ⟨~ to be or not to be, that's the question(자본주의 사회에서의 동의어)⟩ 양2

545 **mon·ger** [멍거]: ⟨← mangonis(merchant)⟩, ⟨라틴어→게르만어⟩, ~장이, ~쟁이, ~장수, 상인, 시시한 일에 바쁜 사람, ⟨장삿꾼⟩, ⟨↔customer⟩ 양1

546 **mon·i·tor** [마니터]: ⟨← monere(warn)⟩, ⟨라틴어⟩, '경고자', 감독자, (학급의) 반장, 감시(조정) 장치, 화면, ⟨↔miss\ignore\swindler⟩ 양1

547 **monk** [멍크]: ⟨← monos(sole)⟩, ⟨그리스어⟩, 수(도)사, 중, '혼자 다니는 사람', ⟨~nun⟩ 가1

548 **mon·key** [멍키]: 〈게르만어〉, 〈ape가 독일 동화에서 둔갑을 한 말?〉, 〈(꼬리 있는) 원숭이, 〈ape는 꼬리가 없거나 아주 짧음〉, 흉내쟁이, 장난꾸러기, 직공, 〈monk와 monkey는 사촌 간이라는 학설도 있음〉 우1

549 ★**mon·key on the back**: (한번 붙으면 떨어지지 않는) 찐득이, 거치장스러운 것, 성가신 것, 애물단지, 〈연애할 때 조심해야 할 상대〉, 〈~ white elephant〉, 〈↔indifference\neccessity〉 우2

550 ★**mon·key see, mon·key do**: 원숭이는 보는 것마다 흉내낸다, 아이 보는 데는 숭늉도 못 마신다, 〈~ kids learn by mimicking their parents〉 일2

551 **mo·nop·o·ly** [머나 펄리]: monos+polein(sell), 〈그리스어〉, 〈혼자서 파는〉 독점, 전매, 주사위를 사용하는 탁상놀이, 〈↔monopsony〉 기2 우1

552 **mo·not·o·ny** [머나 아터니]: monos+tonos(tone), 〈그리스어〉, '한 가지 소리', 단음, 단조로움, 지루함, 〈↔variety〉 기1

553 **mon·sieur** [머씨어얼]: 〈프랑스어〉, 'my lord', 씨, 님, 선생, ~ 귀하, 〈↔madame\mademoiselle〉 일2

554 **mon·ster** [만스터]: 〈← monstrum ← monere(admonish)〉, 〈라틴어〉, '불행의 경고자', 괴물, 요괴, 거대한 생물, 극악무도한 사람, 〈↔angel〉 기1

555 ★**mon·ster jam** [만스터 쨈]: 1992년 미국의 한 흥행업자가 개발된 '괴물 트럭', 달리기·장애물 넘기·상대방 부수기 등의 묘기를 보여주는 〈신나는〉 경기 우2

556 **mon·tage** [만타아쥐]: 〈← monter(mount)〉, 〈프랑스어〉, 몽타주, 합성화, 다른 요소가 모여서 통일적으로 느껴지는 것, 화면(연결)편집, 박아넣기(mounting), 〈판 조립〉, 〈↔separate\disentangle〉 일1

557 **month** [먼쓰]: 〈← mona ← metri(measure)〉, 〈라틴어→게르만어〉, 달, 월, 1개월(달('moon')이 지구를 한 바퀴 도는 기간), 〈↔age\generation〉, 〈↔day\year〉 기2

558 **mon·u·ment** [마아뉴먼트]: 〈← monere(warn)〉, 〈라틴어〉, 〈← remind〉, 〈마음에 떠올려 주는〉기념물(비), 무덤, 유례가 없는 것, 〈↔forgotten\failure〉

559 ★**moob** [무우브]: 〈21세기 초에 등장한 신조어〉, man+boob, (비만이나 운동 부족으로) 지나치게 커진 남자의 유방, '남빨통', 〈~ gynecomastia〉, 〈↔tit〉 우1

560 **mood** [무우드]: 〈← moda(courage)〉, 〈게르만어〉, 〈← mind〉, 〈좋거나 나쁜〉 기분, 분위기, 마음가짐, 서법, 논식, 음계, 〈↔apathy\indifference\tense²〉 기1

561 **moon** [무운]: 〈← men ← mati(measure)〉, 〈그리스어→산스크리트어〉, (물·생명·공기·바람이 없는 지구 직경의 1/4짜리 흙덩어리) 달, 태음년, 위성, 〈지구를 짝사랑하는 미친년〉, 〈→ month〉, 〈↔earth\sun〉 기1

562 ★**moon-shine** [무운 샤인]: 달빛, 〈달빛 아래서 몰래 만든〉 밀주조, 〈↔legitimate liquor〉 일2

563 **moor** [무어]: 〈어원이 아리송한 게르만어들〉 ①〈← mor(waste-land)〉, 황무지, 광야, 〈↔forest\lowland〉 ②잡아매다, 정박시키다, 〈↔loosen\unfasten〉 일2

564 **moose** [무우스]: 〈← mos(bark stripper)〉, 〈원주민어〉, '나무껍질을 벗겨 먹는 자', 말코손바닥사슴, 북반구의 축축한 산림지대에 서식하는 〈나무껍질을 벗겨 먹고 사는 희귀종의〉 큰사슴 우1

565 **mop** [맢]: 〈← mappa(cloth)〉, 〈라틴어〉, '자루'걸레', 걸레질하다, 닦다, 찌푸린 얼굴, 〈우거지상〉, 〈~ napkin〉, 〈↔be-smirch\contaminate〉, 〈↔simil-ing face〉 기1 일2

566 **mor·al** [머어럴]: 〈← moris(manner)〉, 〈라틴어〉, 〈관습에 의한〉 도덕(윤리)의, 교훈적인, '양심'적인, 〈~ morose〉, 〈~ ethical\virtuous〉, 〈↔im-moral\pravitious〉 기2

567 **mo·rale** [머랠]: 〈프랑스어〉, 사기, 의욕, 도의, 〈↔diffidence\dread〉 기2

568 **mor·a·to·ri·um** [머어뤄토어뤼엄]: 〈← morari(delay)〉, 〈라틴어〉, '지연', 지급정지(연기), 일시적 중지, 유예, 합의, 〈↔continuance\permission\conflict〉 양2

569 **mor·bid** [모얼비드]: 〈← morbus(disease)〉, 〈라틴어〉, '병적인', 불건전한, 음침한, 〈↔whole-some\healthy〉 양2

570 **more** [모어]: 〈← magnus(great)〉, 〈라틴어→게르만어〉, 더 많은, 더 큰, 더 높은, 한층 더, (many·much의 비교급), 〈↔less\fewer〉 기2

571 ★**more is not al-ways bet·ter**: 많다고 다 좋은 것은 아니다, 과유불급, 〈~ leave well enough alone〉, 〈↔the more, the better〉 양2

572 **more-o·ver** [모어로우붜]: 그 위에, 또한, 더욱, 〈↔however\without\less〉 양2

573 **Mor·mon** [모얼먼]: mon(more)+mon(good), 〈이집트어→라틴어〉, 〈5세기경 성경의 일부를 썼다는 유대계 예언자 이름에서 유래한〉 모르몬교도, 후기성도교, 1830년 조셉 스미스가 '몰몬서'에 기초를 두고 창립한 한때 일부다처제를 옹호했던 미국 '근본주의' 신교도들 수1

574 **morn·ing** [모어닝]: 〈← morgen(first part)〉, 〈게르만어에서 연유한 영국어〉, [거시기가 딱딱해(horn)지는?] '아침', 오전, 여명, 〈~ dawn〉, 〈↔evening\night〉 기2

575 **mo·ron** [모어뢘]: 〈← moros(foolish)〉, 〈어원 불명의 그리스어〉, 노둔(지능 8~12세 정도), 얼간이, 〈~ sopho·more〉, 〈↔genius\wizard〉 양2

576 **mo·rose** [머로우스]: 〈← morosus(peevish)〉, 〈← 라틴어〉, 까다로운, 침울한, 〈~ moral〉, 〈↔cheerful\friendly\bright〉 기2

577 *****morph-ing** [모얼휭]: 〈전산기 용어〉, 모핑, '형태 변환', 전산기 동영상을 이용해서 한 형상이 전혀 다른 형상으로 자연스럽게 변하게 하는 기법, 〈↔sustain\stagnate〉 미2

578 **mor·tal** [모얼틀]: 〈← mortis(death)〉, 〈라틴어〉, 죽을 운명의, 인간의, 치명적인, '죽음을 면할 수 없는', 〈↔im-mortal\venial〉 양1

579 **mor·tal·i·ty** [모얼탤리티]: (피할 수 없는) 죽음, 사망자(률), 〈↔living\life〉 양2

580 **mor·tar**[1] [모어털]: 〈← mortarium(pounding bowl)〉, 〈라틴어〉, 〈으깨놓은〉 모르타르, 회반죽, 석조결합제, 〈~(↔)cement〉 양2

581 **mor·tar**[2] [모어털]: 〈← mortarium(pounding bowl)〉, 〈라틴어〉 ①절구, 막자사발(마늘·생강·알약 등을 '빻거나' 갈아서 가루나 조각으로 만들 때 쓰는 그릇), 〈↔pestle〉 ②박격포〈짧은 대포〉 기1

582 **mort-gage** [모얼기쥐]: mort(death)+gaige(pledge), 〈라틴어→프랑스어〉, '죽음과의 약속', 저당, 담보, (주택) 융자금, hypothic, 〈↔advanced (cash) payment〉 양2

583 **mor·ti·cian** [모얼티션]: 장의사, 장의업자, 〈~ uunder-taker〉, 〈↔mid-wife〉 기1

584 **mor·ti·fy** [모얼티화이]: mort(death)+facere(make), 〈라틴어〉, '죽게 만들다', 억제하다, (기분을) 상하게 하다, 고행하다, 〈↔build up\soothe〉 양1

585 **mor·tu·ar·y** [모얼츄에뤼]: 〈라틴어〉, 〈죽은 교인이 교구목사에게 남긴 선물〉, 영안실, 시체 임시 안치소, 〈~ morgue〉, 〈↔recovery room\birth-bed〉 기1

586 **mo·sa·ic** [모우제이익]: 〈← Muse〉, 〈그리스어〉, '뮤즈의 세공', 모자이크, 쪽매붙임, 매목세공, 〈쪼가리 맞추기〉, 〈↔plain\homogeneous〉 양2

587 **Mo·ses** [모우지즈(스)]: 〈히브리어〉, pull out (of water), '물에서 건진 아이', 모세, (BC1400-1201??), 〈약속된 땅〉에 도착해서 십계명을 전했다는 전설적인 인물 수1

588 **mos·que** [마스크 \ 머스크]: 〈이집트어〉, masjid(꿇어 엎드려 경배하는 곳), '예배당', 이슬람교 사원, 이슬람 성원(절), 〈~ masjid〉, 〈~ chapel\temple〉 미2

589 **mos·qui·to** [머스키이토우]: ⟨← musca(fly)⟩, ⟨라틴어⟩, '작은 파리', 모기, ⟨암컷만⟩ 바늘로 피를 빨아먹는 2,500여 종의 곤충, ⟨~ culex⟩ 기2

590 **moss** [모어스]: ⟨← mos(swamp)⟩, ⟨게르만어⟩, '습지', 이끼, 지의(땅의 옷)류에 속하는 잎과 줄기의 구별이 분명치 않은 은화 (꽃이 숨겨진) 식물, ⟨~ mush·room⟩ 기2

591 **most** [모우스트]: ⟨← magnus(great)⟩, ⟨라틴어→게르만어⟩, 가장 큰(많은), 대부분, 거의, (many·much의 최상급), ⟨↔least\minimum⟩ 기2

592 **mo·tel** [모우텔]: ⟨영국어⟩, motor+hotel (자동차 여행자 숙박소), ⟨편자가 애용하는⟩ '차인숙', ⟨↔boot camp\luxury hotel⟩ 우2

593 **moth** [머어쓰]: ⟨← moththe(midge)⟩, ⟨게르만어⟩, '나방', 통통한 배를 가지고 털과 가루로 범벅이 된 나비 비슷한 곤충, ⟨~(↔)butterfly⟩ 기2

594 **moth·er** [머더]: ⟨← meter⟩, ⟨그리스어→라틴어→게르만어⟩, ⟨의성어?⟩, ⟨마구 대할 수 있는⟩ 어머니, 모성, 근원, 생산자, 수녀원장, 'ma', ⟨암꼰대⟩, ⟨↔father\boy\destroyer⟩ 기1

595 *****moth·er-board** [머더 보어드]: mobo, 주기판, 기억과 중앙처리장치를 가지고 있는 전산기의 기본 회로판, ⟨↔daughter-board⟩ 미2

596 **moth·er-in-law** [머더 인 러어]: 법적 어머니, 시어머니, 장모, ⟨↔father-in-law⟩ 양2

597 **mo·tif** [모우티이후]: ⟨← movere(move)⟩, ⟨라틴어→프랑스어⟩, ⟨인도하는⟩ 주제, 특색, 동기, 옷의 가슴 무늬, ⟨→ motive⟩, ⟨↔tangent\excursion⟩ 양1

598 **mo·tion** [모우션]: ⟨← motio ← movere⟩, ⟨라틴어⟩, ⟨← move⟩, '움직임', 운동, 이동, 발의, 제안, 시늉, ⟨↔still-ness\paralysis⟩ 양1

599 **mo·tion pic·ture** [모우션 픽춰]: 영화, 동영상, movie 기1

600 **mo·tive** [모우티브]: ⟨라틴어⟩, ⟨← move⟩, ⟨움직이게 하는⟩ 동기, 목적, 주제, 속마음, ⟨↔aside\digression⟩ 양1

601 **mot·ley** [말리]: ⟨← mot(speck)?⟩, ⟨어원 불명의 영국어⟩, 잡색의, 얼룩얼룩한, 다양한, 뒤범벅의, ⟨→ mottle⟩, ⟨↔homogeneous\uniform⟩ 양2

602 **mo·tor** [모우터]: ⟨라틴어⟩, ⟨← move⟩, 발동기, 자동차, '움직이게 하는' 원동력, ⟨~ rotor\turbine⟩, ⟨↔drag\tarry⟩ 양1

603 **mo·tor-cycle** [모우터 싸이클]: 자동 자전거, 오토바이, '이륜자동차', 윤동차, ⟨↔walker\car\bi-cycle⟩ 우2

604 **mo·tor-ist** [모우터뤼스트]: 자동차 운전자(여행자), ⟨↔passenger\pedestrian⟩ 양2

605 **mot-to** [마토우]: ⟨← motus(motion)⟩, ⟨라틴어→이탈리아어⟩, '말', 표어, 좌우명, 금언, ⟨↔action\enigma⟩ 기1

606 ★**mouf** [모우후]: ⟨미국 흑인 속어⟩, ⟨노래 가사에서 연유한⟩ 성행위나 게걸스럽게 먹을 때의 입(mouth), 주둥이, 아가리, ⟨↔politeness\refrain⟩ 양2

607 **mound** [마운드]: ⟨← montis⟩, ⟨라틴어→영국어⟩, ⟨← mount⟩, ⟨살짝 올라온⟩ 둑, 제방, 흙무덤, 작은 언덕, 투수판, ⟨→ mogul⟩, ⟨↔plain\glen⟩ 양1

608 **mount** [마운트]: ⟨← montis⟩, ⟨라틴어⟩, 산, 언덕, '올라가다(타다)', 박아넣다, 장치하다, 끼워넣다, 늘어나다, 탈것, ⟨기어 올라가는⟩ 거미발, ⟨~ mound⟩, ⟨→ amount⟩, ⟨↔descend\decrease⟩ 양1

609 **moun·tain** [마운튼]: ⟨← montis⟩, ⟨라틴어⟩, ⟨꽃이 없을 수도 있는⟩ 산, 산악, 산맥, 더미, 다량, ⟨↔low-land\bit⟩ 기1

610 **mourn** [모언]: ⟨← mauran(grieve)⟩, ⟨게르만어⟩, ⟨죽음을⟩ 슬퍼하다, 애도하다, 한탄하다, ⟨~ moan⟩, ⟨↔delight\joy⟩, ⟨↔hinny\whinny⟩ 기1

611 ***mouse \ mice [마우스 \ 마이스]**: ⟨← mushika(rat)⟩, ⟨산스크리트어→페르시아어→그리스어→라틴어→게르만어⟩, ⟨음식을 훔치는⟩ 생쥐(들), 겁쟁이, 예쁜이, (전산기) 이동간·지침패·깜빡이, ⟨→ muscle⟩, ⟨~ track ball⟩, ⟨~(↔)pointer⟩, ⟨↔cat\man⟩, ⟨~ rat보다 작음⟩ 영1 우1

612 ***mouse·o·ver [마우스 오우붜]**: roll over, 누르지 않고 마우스를 갖다 대기만 해도 설명문이 나오는 것으로 광고 따위가 뜨는 일이 비일비재함 우1

613 ***mouse pad [마우스 패드]**: 마우스(지침패)를 올려놓고 움직이는 판 우1

614 ***mouse point-er [마우스 포인터]**: (전산기) '지침표', 마우스를 움직일 때 화면에 나타나는 화살표 모양의 표시, mouse cursor 우1

615 ★**mouse po·ta·to [마우스 퍼테이토우]**: 컴퓨터광, 전산기 중독자, ⟨~ couch potato⟩, ⟨~ computernik⟩, ⟨↔computer illiterate⟩ 영2

616 ***mouse trap [마우스 트랩]**: 쥐덫, 후림수, 속임수, 함정에 빠뜨리기, 후진(되돌아가기)을 못하게 짜 놓은 웹 페이지로 이것을 이용해서 광고 등을 하는 행위는 불법임, ⟨↔reject\release⟩ 영2

617 **mous·tache \ mus·tache [머스태쉬]**: ⟨← mastax(mouth)⟩, ⟨그리스어→프랑스어⟩, '윗 입술에 난 털', 코 밑 수염, ⟨~(↔)beard⟩ 영2

618 **mouth [마우쓰]**: ⟨← muth(opening)⟩, ⟨게르만어⟩, ⟨여러 가지 일을 하라고 모든 동물의 '맨 앞'에⟩ 튀어나온⟩ 입, 구강, 아가리, 출입구, 식솔, 소문, 말, ⟨↔anus\vagina⟩, ⟨↔conceal polite⟩ 영1

619 **mouth-piece [마우쓰 피이스]**: 부는 구멍, 입에 대는 부분, 대변자, 재갈(mouth guard) 영1

620 *** MOV (met·al ox·ide va·ris·tor)**: 금속 산화물 반도체 저항소자(전자 기구의 순간적 전압이 올라가는 것을 보호하는 장치) 미2

621 **mov·a·ble(move·a·ble) feast [무우붜블 휘이스트]**: (해에 따라 날짜가 변하는) 이동 축제일 개1

622 **move [무우브]**: ⟨← movere⟩, ⟨라틴어⟩, '움직이다', 옮기다, 감동시키다, 제안하다, ⟨→ motive\re·move\motion\emotion⟩, ⟨→ mobile⟩, ⟨→ moment\motor⟩, ⟨~ progress\transfer\act⟩, ⟨↔cease\stop\regress⟩ 영1

623 ★**mov·er and shak·er [무우붜 언 쉐이커]**: 유력자, 거물, ⟨~ wheeler and dealer⟩, ⟨↔bum\withholder\slacker⟩ 영2

624 **mov·ie [무우뷔]**: ⟨미국어⟩, motion picture, 영화(관), ⟨↔music\book⟩ 개2

625 **mow¹ [모우]**: ⟨← muha(pile of hay)⟩, ⟨게르만어⟩, (풀을) '베다', (잔디를) 깎다, ⟨→ meadow⟩, ⟨↔thicken\lengthen⟩ 개1

626 **mow·er [모우어]**: 풀 베는 사람(기계), 잔디 깎는 사람(기계) 개1

627 ★**Mo·zil·la [모질러]**: mosaic+godzilla, 모질러, ⟨만화에 나오는⟩ 도마뱀의 일종, 1998년 Netscape가 사회공용을 위해 개발한 광범위한 자료를 무료로 검색할 수 있는 기기⟨Mosaic Killer⟩ 속2

628 *** MPC (mul·ti·me·di·a per·son·al com·put·er)**: (혼합매체를 소화할 수 있는) 다중매체용 개인 전산기 미2

629 **Mr. [미스터]**: mister, 'master', 씨, 님, 선생, 군, ~귀하, ⟨↔Mrs.\miss⟩ 영2

630 **Mrs. [미시즈]**: misses, mistress, (기혼)부인, 여사, 주부 영2

631 **Ms. [미즈] \ Mses [미저즈]**: ~씨(결혼 상태를 구별하지 않은 여성의 호칭) 영2

632 ★**msg (mes·sage)**: 전언, 서신, 문구 미2

633 *** MSRP (man·u·fac·tur·er's sug·gest·ed re·tail price)**: (생산업자에 의한) 소비자 권장 가격, ⟨~ list price⟩, ⟨~(↔)sticker price⟩ 미2

634 **Mt.** [마운트]: mount, mountain, 산 〈양2〉

635 *****MTBF** (mean time be-tween fail-ure) \ **MTTF** (mean time to fail·ure): 평균 고장 시간(간격), 한 기기의 구입 순간부터 최초 수리 작업까지의 평균 시간 〈미2〉

636 **much** [머취]: 〈← mahat ← megas〉, 〈산스크리트어→그리스어→라틴어→게르만어〉, 〈← magnus〉, (양이) 많은(것), 다량(의), 매우, 대단한, 〈↔little\small〉

637 ★**much a·do a·bout noth·ing**: 쓸데없는 야단법석, 소문난 잔치에 먹을 것 없다, 〈~ all noise and no substance\great cry and little wool〉 〈양2〉

638 ★**muck** [먹]: 〈← myki(dung)〉, 〈북구어〉, '똥', 거름, 퇴비, 쓰레기, 오물, 〈~ meek〉, 〈~ dung\manure〉, 〈↔cleanness〉 〈가1〉

639 ★**muck-a-muck** [머커 먹]: 〈1912년에 '많은 음식'이란 북미 원주민어에서 유래한 미국어〉, 높은 양반, 거물, 〈~ big-wig〉, 〈↔no-body\loser\small fry〉 〈양2〉

640 *****MUD** [머드]: (multi-user domain; 다중 사용자 영역), (multi-user dimension; 다중 사용자 차원), (multi-user dungeon; 다중 사용자 토굴), 머드게임(진흙탕 놀이), 여러 사람이 참여해서 대리 연출을 하는 현실적 가상세계 〈미2〉

641 **mud** [머드]: 〈← mod(mire)〉, 〈게르만어〉, '진흙', 진창, 찌꺼기, 욕설, 〈~ muddle〉, 〈↔sand\purity〉 〈가1〉

642 **mud·dle** [머들]: 〈네덜란드어〉, 혼합하다, 혼란시키다, 망쳐놓다, 〈~ mud〉, 〈~ clutter\mare's nest〉, 〈↔arrange\clear\ease〉 〈양1〉

643 ★**mu·di·ta** [무우디타]: 〈산스크리트어〉, (남을 기쁘게 하는데서 오는) 행복, 〈상호 행복〉, sympathetic joy, 〈~ freuden-freude〉, 〈↔shaden-freude〉 〈양2〉

644 ★**muff**¹ [머후]: 〈← muffula(fur-lined glove)〉, 〈어원 불명의 라틴어〉, 〈손을 마주 끼워 넣는〉 (여성용·방한용) 원통형 '토시', 〈남성기의 보온용 토시-'보지'〉, 〈~ mitten〉 〈우1〉

645 ★**muff cab·bage** [머후 캐비쥐]: 〈2010년 미국 TV 쇼에서 떠 오른 말〉, 'vagina', 음문과 질을 싸잡아 부르는 〈음갱〉, '씹 구멍' 〈우2〉

646 **muf·fin** [머휜]: 〈← moufflet(soft bread)〉, 〈'부드러운'이란 프랑스어〉 ①(밑을 종이로 싼) 옥수숫가루 등을 넣어 살짝 구운 종지 모양의 작고 둥근빵 ②(젊은 여자의) 젖퉁이 〈우1〉 〈양2〉

647 **muf·fle** [머홀]: 〈← muff¹〉, (감)싸다, (소리를) 약하게 하다, 〈↔clear\loud\bright〉 〈양1〉

648 **muf·fler** [머훌러]: 〈'두터운 장갑'-프랑스어〉 ①목도리 ②(소리를 제거하는) 소음기 ③권투 장갑 〈양1〉

649 ★**mu-fo** [뮤우호우]: 〈전산망 용어〉, mutual follower, '상호 추종자', 사회 전산망에서 전문을 '주고받는 사람' 〈우2〉

650 **mug**¹ [머그]: 〈1560년대에 등장한 어원 불명의 게르만어〉, earthern cup, 원통형 찻잔, jug(조끼), 손잡이가 있는 잔, 〈찻잔에 그려 넣은 우스꽝스러운〉 낯짝, 〈우거지상〉, 과장된 표현을 하다, 〈~ face\visage〉, 〈↔glass\smile〉 〈미1〉 〈양2〉

651 ★**mug**² [머그]: 〈1818년에 등장한 영국 속어〉, 〈mug(얼굴)를〉 습격하다, 강탈하다, 〈입에 쑤셔 넣듯〉 벼락치기 하다, 〈↔retreat\protect〉 〈가1〉

652 ★**mug shot** [머그 샽]: 〈1873년에 등장한 경찰용어〉, 범인의 얼굴 사진 〈미2〉

653 ★**mug·wump** [머그 웜프]: 〈'대장(chief)'이란 뜻의 북미 원주민어에서 유래한 미국어〉, 〈당파를 초월한〉 '거물(great)', 중도 정치가, 〈머리는 이쪽·엉덩이는 저쪽으로 담에 앉아 있는 새처럼〉 우유부단한 사람, 〈↔nobody\determinator〉 〈양2〉

654 ★**muh** [머]: me·my의 〈고의적인〉 어눌한 오타 〈양2〉

655 **Mu·ham·mad** \ Mo·ham·med [무해머드]: ⟨← hammada(praise)⟩, ⟨아랍어⟩, Mahomet, '찬양된 자', 마호메트, (570-632), 13명의 부인을 거느리고 유일신·평등·공존 사상을 외치면서 이슬람교를 창시한 아라비아의 ⟨마지막⟩ 예언자 ㉠①

656 ★**mu·la** [물러]: ⟨1930년대에 등장한 미국 속어⟩, ('mule'이란 뜻의 스페인어에서 연유한) money의 속어, ⟨노새처럼 일해서 번 돈?⟩ ㉡②

657 **mul·ber·ry** [멀베뤼]: ⟨← morum(black-berry)⟩, ⟨라틴어+영국어⟩, 뽕나무, 오디⟨검은 딸기⟩, 열매는 식용·잎은 누에치기·껍질은 제지·나무는 가구재로 쓰이는 다용도의 온대지방의 낙엽활엽관목 ㉮①

658 **mulch** [멀취]: ⟨← molsh(soft)⟩, ⟨영국어⟩, ⟨부드러운 것⟩, 까는 짚, 뿌리덮개, 나무뿌리를 보호하거나 잡초 방지용 또는 수분증발 방지용으로 흙 위에 까는 자잘한 나뭇조각들 ㉯①

659 **mule** [뮬로]: ①⟨← mulus(~ hinny)⟩, ⟨라틴어⟩, ⟨생식력이 없는⟩ '노새'(수나귀와 암말 간의 잡종), (동·식물의 잡종), 바보, 고집쟁이, (피리새의 잡종 카나리아, 마약 운반자, ⟨~ ass⟩, ⟨↔thoroughbred⟩ ②⟨← mullus(mullet)⟩, ⟨라틴어⟩, 뒤축 없는 실내화 ㉮① ㉡①

660 ＊**mul·ti-ho·ming** [멀티 호우밍]: (사용자가) 동시에 여러 전산망 기지를 사용하는 일, '다중 기지' ㉯②

661 ＊**mul·ti-play·er** [멀티 플레이어]: ①다수가 참여하는 놀이 ②다중매체를 상연(재생)할 수 있는 기기 ③다수의 원반을 장전할 수 있는 기기 ㉯②

662 **mul·ti·ple** [멀티플]: multus(many)+plus(fold), ⟨라틴어⟩, 복합의, 다수의, 다양한, '여러 번 접힌', ⟨singular\exclusive⟩ ㉮①

663 ＊**mul·ti·plex** [멀티 플렉스]: multus(many)+plicare(fold), 다중 (송신 방식), 입체 지도 작성 (방식), 영화관 센터(집합소), ⟨↔single\simple⟩ ㉯②

664 **mul·ti·ply** [멀티 플라이]: multus(many)+plicare(fold), ⟨라틴어⟩, 늘리다, 곱하다, 번식시키다, ⟨↔divide\originate⟩ ㉮②

665 ＊**mul·ti-point** [멀티 포인트]: (여러 대의 단말기를 하나의 통신 회로로 같이 연결하는) 다지점 방식 ㉡①

666 ＊**mul·ti-scan** [멀티 스캔]: 다중주사, 여러 번 훑기, (화면을 여러 속도로 훑어내는) 다중 검색 ㉡①

667 ＊**mul·ti·ses·sion** [멀티 쎄션]: '다중녹취'(한 개의 원반에 여러 차례로 나누어 녹음·녹화하는 일) ㉡①

668 ＊**mul·ti-task·ing** [멀티 태스킹]: (하나의 중앙처리기구로 동시에 여러 가지 작업을 하는) 다중작업 ㉡①

669 ＊**mul·ti-thread·ed** [멀티 쓰뤠디드]: '다중방직'된, 전산기 중앙처리기가 한 과정을 여러 흐름으로 나누어 제어(작동)할 수 있는 짜임새 ㉡①

670 ＊**mul·ti-track** [멀티 트뤡]: '다중통로(녹음)', 1955년부터 개발된 여러 가지 음대를 서로 다른 주행로에 녹음해서 화합(동조화)시키는 장치 ㉡①

671 **mul·ti·tude** [멀티튜으드]: '다수', 군집, 대중, ⟨↔lack\some\individual⟩ ㉮①

672 ＊**mul·ti-win·dow** [멀티 윈도우]: (화면을 분할해서 동시에 여러 가지 문본을 표시할 수 있는) '다중창' ㉡①

673 **mum·ble** [멈블]: ⟨영국어⟩, ⟨← mum\murmur⟩, 중얼거리다, 우물대다, ⟨~ gibber⟩, ⟨↔enunciation\yak-yak⟩ ㉮①

674 ★**mum·ble-core** [멈블 코어]: '우물쭈물 만든 물건', ⟨무명 배우를 기용하고 즉흥성을 가미한⟩ 저예산 (영화) 제작

675 **mum·my¹** [머미]: ⟨← mum(wax)⟩, ⟨아랍어⟩, 미라(mirra-포르투갈 말), '밀랍인', 목내이, 썩지 않고 굳어진 오래된 시체, 바싹 마른 사람, ⟨~ skeleton⟩ ㉡②

676 **munch** [먼취]: ⟨영국어⟩, ⟨의성어⟩, 우적우적 씹어먹다, 오독오독 먹다, 간단한 식사, ⟨~ crunch⟩, ⟨↔silence\empty⟩ ㉡②

M 367

677 **mu·nic·i·pal [뮤우니시펄]**: munia(official duty)+capere(take), 〈라틴어〉, 시의, '자치도시'의, 지방자치의, 〈↔rural〉 ⑳

678 **mu·ni·tion [뮤우니션]**: 〈← munire(fortify)〉, 〈라틴어〉, 〈군대를 '강화'하기 위한〉 군수품, 탄약, 〈→ ammunition〉, 〈↔disarm〉 ㉑

679 **mur·der [머더어]**: 〈← mori(death)〉, 〈산스크리트어의 '죽음'이란 말에서 유래한 라틴어〉, 살인, (살의가 수반된) 모살, 〈↔save〉, (까마귀의) 떼 ㉑

680 **★Mur·i·ca [뮤우뤼커]**: 〈19세기 초에 등장한 미국어〉, 국수주의자들이 외치는 〈위대한〉 America(미국) ㊷

681 **mur·mur [머어머]**: 〈라틴어〉, 〈의성어〉, 중얼거림, 속삭임, 불평, 잡음, 〈~ mum\mumble\whisper〉, 〈↔shout\yell\whoop\yelp〉 ㉑

682 **mus·cle [머쓸]**: 〈← mus〉, 〈라틴어〉, 〈← mouse〉, 근육, 힘줄, 완력, 진수, '작은 쥐의 동작', 〈~ mussel〉, 〈→ male〉, 〈↔weakness\debility〉, 〈↔bone\blood\nerve〉 ㉑

683 **muse [뮤우즈]** : 〈그리스 신화의 Muse에서 연유한〉 심취하다, 명상하다, 숙고하다, 생각에 잠기다, 〈→ a·muse〉, 〈↔disregard\overlook〉 ⑳

684 **mu·se·um [뮤우지이엄]**: 'Muse의 좌석', 〈그리스어〉, 박물관, 미술관, 기념관, 〈~ gallery〉 ㉑

685 **mush·room [머쉬 루움]**: 〈← mussirio ← mouse(moss)〉, 〈라틴어→프랑스어〉, '버섯', 양송이, 갑자기 출세한, 〈환각 유발 물질을 함유하고 있는〉 마법 버섯', 〈~ moss〉 ㉑ ⑳

686 **mu·sic [뮤우짘]**: 〈← Muse〉, 〈그리스어〉, 음악, 악곡, 음향, 악보, 〈↔book\movie〉 ㉑

687 **mu·si·cal [뮤우지컬]**: 음악의, 소리가 고른, 음악극(영화) ㉑ ㉕

688 **★mu·si·cal chairs [뮤우지컬 췌어스]**: ①〈음악이 끝나면〉 의자에 먼저 앉기 놀이 ②이동이 심한 상황, 〈성교 상대를 돌려가며 바꾸는〉 돌림빵 ㉕

689 **musk [머스크]**: 〈← mushka(testicle)〉, 〈'불알'이라는 산스크리트어〉, 사향〈노리치근하고 고약하나 '신비하게' 정욕을 자극하기도 하는 냄새〉(가 나는 동·식물), 〈~ civet〉 ㉑

690 **mus·ket [머스킽]**: 〈← musca(fly)〉, 〈'날파리'란 뜻의 라틴어〉 ①〈모기 모양을 한〉 총강(총알 통로)에 선조(꼬임줄)이 없는 〈구식〉 보병총, 활강총, smooth·bore, carbine, 〈~(↔)rifle〉 ②새매의 수컷 ㉕

691 **Mus·lim \ -lem [머즐림]**: 〈← aslama(he submitted)〉, 〈아랍어〉, 무슬림, '복종하는 자', 이슬람교도(의), 6세기경 '하느님의 말씀(Quran)'에 기초해서 아라비아의 예언자 무함마드가 일으킨 종교로 현재 세계 인구의 1/4이 추종하고 있음, 〈~ Islam〉 ㉑

692 **mus·lin [머즐린]**: calico, 머슬런, 옥양목, 〈이라크의 지명(Mawsil)에서 유래한〉 부드럽고 올이 느슨해서 속이 거의 다 보이는 면직물 ㉑

693 **mus·sel [머쓸]**: 〈← musculus〉, 〈라틴어〉, 〈'muscle'이 단단한〉 홍합, 털격판담치, 늪말조개 ㉕

694 **must¹ [머스트]**: 〈← moste(had to)〉, 〈게르만어〉, ~해야 한다, ~이 틀림없다, 〈부담이 가는 말〉, 〈↔mustn't\shouldn't\may not〉 ㉑

695 **mus·tache \ mous~ [머스태쉬]**: 〈← mastax(jaw)〉, 〈그리스어→이탈리아어·프랑스어〉, 콧(코 밑)수염, 〈윗 입술에 난 털〉, 〈↔beard\goatee〉 ㉕

696 **mus·tang [머스탱]**: 〈← mesteno(master-less)〉, 〈스페인어〉, '주인 없는 가축', 무스탕, 중·북 미주의 평원에 서식하는 스페인 원산의 작은(반) 야생마 ㉕

697 **mus·tard [머스터드]**: 〈← mustus(must²)〉, 〈라틴어〉, 〈곰팡내가 나는〉 겨자, (쭈글쭈글한 상추 같은 잎〈갓〉을 가진 십자화과의 한해·두해살이 약초로 좁쌀만한 씨에서 매콤한 향신 양념을 추출함), 자극, 〈~ garlic〉 ㉒

698 **mus·ter** [머스터]: ⟨← monstrare(show)⟩, ⟨라틴어⟩, 소집, 검열, 점호, '나타내기', (공작새 등의) 떼, ⟨↔disperse\dismiss⟩ 기1 양2

699 **mute** [뮤우트]: ⟨← mutus(dumb)⟩, ⟨라틴어⟩, 말이 없는, 벙어리의, 묵음, 묵비권, ⟨↔talkative\vocal⟩ 기1

700 **mu·ti·late** [뮤우틸레이트]: ⟨← mutilare(maim)⟩, ⟨라틴어⟩, 절단하다, 훼손하다, ⟨↔intact\flourishing⟩ 기1

701 **mu·ti·ny** [뮤우티니]: ⟨← movere(move)⟩, ⟨라틴어⟩, ⟨← move⟩, 폭동, 반란, 하극상, ⟨↔surrender\submission⟩ 기1

702 **mut·ter** [머터]: ⟨의성어⟩, 중얼거림, 투덜거림, ⟨↔speak out\rejoice⟩ 기1

703 **mut·ton** [머튼]: ⟨← multo(old sheep)⟩, ⟨켈트어⟩, 양고기, '숫양', ⟨→ mutt⟩, ⟨lamb은 young sheep⟩ 기1

704 **mu·tu·al** [뮤추얼]: ⟨← mutare(exchange)⟩, ⟨라틴어⟩, 서로의, 공동의, '서로 바꾸는', ⟨↔exclusive\individual⟩ 기1

705 **muz·zle** [머즐]: ⟨← morsus(bite)⟩, ⟨라틴어⟩, 주둥이, 부리, 입마개, 총구, ⟨↔expose\unmask⟩ 양1

706 **my** [마이]: ⟨← min(mine)⟩, ⟨게르만어→영국어⟩, 나의, 아이고, 저런, ⟨소중한⟩, ⟨↔your⟩ 기2 양2

707 ★**My num·ber Card**: (일본이 2016년부터 많은 예산을 들여 시행하고 있는) 나의 고유번호 신분증, ⟨주민등록증·운전면허증·의료보험증 등을 일원화한⟩ '인간 번호' 양2

708 **myr·i·ad** [미리어드]: 1만의, 무수한, 막대한, ⟨~ smidgen\skerrick⟩, ⟨↔one\few⟩, ⟨↔countable\enumerable\suigeneris⟩ 양1

709 **myr·tle** [머어틀]: ⟨← murd(sprig)⟩, ⟨페르시아어→그리스어⟩, 도금양, 은매화, (관상수·가로수로 쓰이는) 반짝이는 잎에 회거나 분홍색의 ⟨거품 같은⟩ 작은 꽃이 피며 암청색의 열매가 달리는 온대·아열대성 관목⟨벌거벗고 놀던 아프로디테가 갑자기 대중 앞에 나타나야 했을 때 그 꽃으로 음부를 가려 '행운과 사랑'을 상징한다 함⟩ 미2

710 **mys·ter·y** [미스터뤼]: ⟨← myein(shut the eyes)⟩, ⟨그리스어⟩, ⟨← mystic⟩, 신비, ⟨솜씨 좋은⟩ 비결, 요술, 수수께끼, 기적, 추리(괴기)소설, '비밀의 의식', ⟨~ puzzle\enigma\thriller\who-dun-it⟩, ⟨↔blatancy\obviousness⟩ 양1

711 **myth** [미쓰]: ⟨← mythos(legend)⟩, ⟨그리스어⟩, 신화, 전설, 꾸며낸, 근거 없는 (이야기), ⟨→ mystic\mystery⟩, ⟨↔truth\fact⟩ 양1

712 ★**MZ gen·er·a·tion**: millennials+Z generation, (옛날로 돌아가려는 경향이 있는) ⟨한국의⟩ 1980년 이후에 출생한 '구천년 신세대' 미1

1. **N \ n** [엔]: 이집트의 상형문자 snake의 모양과 발음을 딴 영어에서 7번째 정도로 자주 쓰이는 알파벳, N(n)자 모양의 물건, 부정 정수, (직경이) AAA보다 크고 AA보다 적으며 짧은 건전지, nano·nomal·noun·nitrogen·north· neutron·negro 등의 약자 〈수2〉

2. **N/A** [엔 에이]: not applicable(적용 안 됨), not available(통용 안 됨) 〈미2〉

3. **na·cho** [나아초우]: 〈그것을 처음 만들었다는 Ignacio의 별명에서 유래한〉 나초, 치즈를 섞은 옥수수튀김 과자에 매운 맛낭이를 얹어 먹는 멕시코 음식 〈수2〉

4. **nag** [내그]: 〈북구어〉, 〈의성어〉, 잔소리(꾼), 바가지 긁기, 괴롭히기, 늙은 말, 낡은 자동차(jallopy), 〈~ gnaw〉 〈영2〉

5. ★**nag-ware** [내그 웨어]: '찐득이 기기', 사용자 등록이 될 때(돈을 낼 때)까지 매회 경고를 발하는 할당기기(share·ware) 〈우1〉

6. **nail** [네일]: 〈← nagel(spike)〉, 〈게르만어〉, 〈고정시키는 것〉, 〈여자 및 하급 동물들이 공격용 무기로 사용하는〉 손(발)톱, 못, 고정하다 〈가1〉

7. **na·ive** [나이이브]: 〈← nativus(in-born)〉, 〈라틴어〉, 〈← native〉, 〈자연스럽게〉 천진난만한, 순수한, 경험이 없는, 〈~ natural〉, 〈↔artful\wily〉 〈영2〉

8. **na·ked** [네이키드]: 〈← nacod(bare)〉, 〈게르만어〉, '벌거벗은', 드러난, 무담보의, 〈~ nude〉 〈가1〉

9. **name** [네임]: 〈← onoma〉, 〈그리스어→라틴어→게르만어〉, 〈← nama〉, '이름', 성명, 명성, 명칭, ~s; 악명, 욕, 〈~ nominal \ noun〉 〈영1〉

10. *****.name** [닫 네임]: 전산망 주소가 개인에 속한다는 접속어 〈미2〉

11. ★**name and na·ture do of·ten a·gree**: 이름이 밥 먹여준다, 보기 좋은 떡이 먹기도 좋다, 〈~ what looks good also tastes good〉 〈PG15〉

12. ★**name call·ing** [네임 커얼링]: 욕설(퍼붓기), 매도, 비난 〈영2〉

13. ★**name drop·ping** [네임 드롸핑]: '이름 점적(떨이)', 유명 인사를 친구인 양 떠벌리고 다니는 일 〈우1〉

14. ★**names are debts** [네임즈 아알 댙즈]: 〈편자가 '사람은 죽어서 이름을 남기고 호랑이는 죽어서 가죽을 남긴다'를 어떻게 번역할까 하고 전산망 검색을 하다 어렵게 찾아낸 말〉, 이름은 빚이다(사람은 자기 이름에 책임을 져야 한다, 맞습니까?), 〈서양 사람들은 '이 몸이 죽고 죽어 백골이 진토되더라도 내 이름에 x칠은 안 하리라'란 말을 잘 이해하지 못할 겁니다〉 〈영2〉

15. *****name ser·ver** [네임 써어붜]: '이름 도우미', 다른 전산기를 위해 이름을 전산망 규약에 따라 바꿔주는 기기 〈우1〉

16. *****name-space** [네임 스페이스]: name scope, 명칭 공간, 같은 이름의 세부 항목을 위해 여분으로 남겨놓는 공간 〈우1〉

17. *****NAND** [낸드]: not AND, 부정 논리곱, 양쪽이 참(1)인 경우에만 거짓(0)이 되며 다른 모든 조합은 참(1)이 되는 논리연산 〈미1〉

18. **nan·ny** [내니]: 〈← Anna?〉, 〈다양한 어원을 가진 영국어〉, 유모(wet·nurse), 늙은 하녀, 할머니, 암염소, 〈~ granny〉 〈영2〉

19. **nan·(n)o** [내너 \ 네이너]: 〈그리스어〉, dwarf, '난쟁이', n, 10의 -9승, 10억분의 1, 미소(한), 분자 반도체 〈미2〉

20. *****NAP** [냎] (net·work ac·cess point): 통신망 접근점, 인터넷 업자가 상호 통화를 위해 기간 전산망에 연결해 주는 장치, MAE(metropolitan area exchange)와 같은 개념 〈미2〉

21. **nap¹** [냎]: 〈← hnappian(slumber)〉, 〈어원 불명의 게르만어〉, 결잠, 낮잠, 졸기 〈가1〉

22. ★**nap²** [냎]: not a problem의 채팅 용어, 문제없어-, 〈한국에서는 '넵'으로 써서 'yes sir'란 뜻을 추가시켜 사용함〉 〈미2〉

23 **nap·kin** [냅킨]: ⟨← mappa(cloth)⟩, ⟨라틴어→프랑스어→영어⟩, '식탁용 수건', 손수건, (헝겊이나 종이로 된) 작은 수건, sanitary napkin(생리대)⟨영국에서는 식당에서 napkin을 달라면 절대 안 됨⟩, ⟨→ nappy⟩, ⟨~ apron⟩ 참2

24 **nar·cis·sism** [나알씨씨즘]: ⟨← narke(stupor)⟩, ⟨그리스어⟩, 자기'도취'증, 자기중심주의 참2

25 **nar·cot·ic** [나알카틱]: ⟨← narke(stupor)⟩, ⟨그리스어⟩, 마취성(의), 최면약, 마약 참1

26 ★**nark(c)** [나알크]: ⟨← nak(nose)?⟩, ⟨1859년에 등장한 영국 속어⟩, 밀고자, 경찰 앞잡이(끄나풀), nark it!(집어치워!), ⟨~ rat\spy\fink⟩, ⟨↔ally⟩ 참2

27 **nar·rate** [내레이트]: ⟨← narrare(relate)⟩, ⟨라틴어⟩, ⟨아는 것을⟩ 말하다, 서술하다, 해설하다, ⟨~ tell\describe⟩ 기1

28 *nar·ra·tive e·con·o·my [네뤄티브 이카너미]: 서술경제, ⟨2019년 노벨 경제학상 수상자가 쓴 책에서 연유한⟩ ⟨수치보다 대중이 믿는 이야기가 현실이 된다는⟩ '입소문' 경제이론 참2

29 **nar·row** [내로우]: ⟨← nearu(little breadth)⟩, ⟨게르만어⟩, 폭이 '좁은', 옹색한, 부족한, 정밀한, ⟨↔wide⟩ 참1

30 ★**nar·row gath·er·ed, wide·ly spent**: 개같이 벌어서 정승같이 쓴다, ⟨~ work like a dog, live like a king⟩

31 **NASA** [내서 \ 나사] (Na·tion·al Aer·o·naut·ics and Space Ad·mi·ni·str·a·tion): (미) 항공우주국, ⟨소련의 인공위성 개발로 겁먹은 아이젠하워 대통령이⟩ 1958년 서명하여 설치된 수도에 본부를 둔 우주개발을 위한 미국 행정부의 독립기관 미2

32 **na·sal** [네이즐]: ⟨← nasus⟩, ⟨라틴어⟩, 코(nose)의, 비음의 기1

33 **NASDAQ** [내즈댁] (Na·tion·al As·so·ci·a·tion of Se·cu·ri·ties Deal·ers Au·to·ma·ted Quo·ta·tions): 나스닥, 미 증권업 협회 자동정보 제공제도, 거래장소에서 고객에게 증권거래 시세를 알려주는 전산기 정보체제(회사명) 미2

34 **nas·ty** [내스티]: ⟨← nestig(dirty)⟩, ⟨네덜란드어→영어⟩, 불쾌한, 싫은, '더러운', 역한, 추잡한 참1

35 ★**nas·ty-nice** [내스티 나이스]: 은근무례한, 겉으로만 친절한 참2

36 **na·tion** [네이션]: ⟨← natus ← nasci(to be born)⟩, ⟨라틴어⟩, 국민, 국가, ⟨합법적으로 살인을 할 수 있는 유일한 기관⟩, 민족, 종족, '태어난 곳', ⟨~ nature⟩ 참1

37 **na·tion·al·i·ty** [내셔낼리티]: 국적, 국민, 민족 기1

38 **na·tive** [네이티브]: ⟨← nasci(to be born)⟩, ⟨라틴어⟩, '태어난 그대로의', 출생의, 본국의, 토산의, 토착의, 원주민의, 기본적인, 바꿀 수 없는, 타고난, 선천적인, ⟨~ autochthonous\indigenous⟩, ⟨→ naive⟩ 참1

39 ★**na·tive ad·ver·tis·ing** [네이티브 애드붜타이징]: 자연(천연)스런 광고, 영상물의 기조 장비에 어울리는 상품을 사용해서 판매를 촉진시키는 일, ⟨야한 말로는 spon·con이라고도 함⟩ 미2

40 *na·tive file for·mat: 고유 서류철 형식, (서류나 도표를 보존하는) 응용프로그램 위에 군림하는 서류철 형식, (서류철을 조작·편집할 때도 지워지지 않는) 기본 서류철 형식 미2

41 *na·tive meth·od [네이티브 메써드]: '고유 방법', '고정 방식'(사용하고 있는 전산기의 기계언어로 편찬된 차림표) 미2

42 **NATO** [네이토우] (North At·lan·tic Trea·ty Or·ga·ni·za·tion): 나토, 북대서양 조약기구, 1949년 공산 세력의 팽창을 막기 위해 미국이 주도해서 창립한 북미·서유럽 국가들의 국제적 군사동맹으로 각국의 군사적 위협에 공동으로 대처하자는 취지로 28개국이 참여하고 있음 미2

43 **nat·u·ral** [내추럴]: ⟨← natura(birth)⟩, ⟨라틴어⟩, ⟨← nature⟩, 자연(계)의, 가공하지 않은, 타고난, 당연한, 고유의, 친, (악보의) 제자리표(♮) 참1

44 *** nat·u·ral lan·guage proc·ess·ing**: 자연(인간)어로 처리하기(기계어가 아닌 인간의 언어로 전산기를 작동하는 일) 〖미2〗

45 **na·ture [네이춰]**: 〈← natura(birth)〉, 〈라틴어〉, '타고난 성질',(대)자연, 천성, 인간성, 본성, 본능, 〈~ nation〉, 〈~(↔)tabula rasa〉, 〈↔nurture〉 〖가1〗

46 **naught \ nought [너어트]**: ne+wiht(thing), 〈영국어〉, nothing, 영, 무, 존재치 않음, 파멸, 〈~ nil\zero〉, 〈↔all\whole\everything〉 〖주1〗 〖영1〗

47 **naugh·ty [너어티]**: naught+y, 〈쥐뿔도 없이 까부는〉, 장난의, 버릇없는, 되지 못한, 〈~ haughty〉 〖영1〗

48 **nau·se·a [너어지어]**: 〈← naus(ship)〉, 〈그리스어〉, 〈'배'를 타면 나타나는〉 메스꺼움, 욕지기, 멀미, 오심 〖영1〗

49 **nau·ti·cal [너어티컬]**: 〈← naus(ship)〉, 〈'배'라는 그리스어에서 유래한〉 해상의, 뱃사람의, 〈↔terrestrial\aerial〉 〖영2〗

50 **na·val [네이벌]**: 〈← navis(ship)〉, 〈라틴어〉, 〈← navy〉, 해군의, 해군에 의한 〖가1〗

51 **na·vel [네이블]**: 〈← nafela〉, 〈게르만어〉, tummy button, belly button, '배꼽', 중앙, 〈~ umbilicus〉 〖영2〗

52 ★**Na·ver [네이붜]**: 네이버, 'navigate하는 자', 1999년에 세워져서 자율 주행차 개발에도 박차를 가하고 있는 대한민국의 전산망 봉사 단체 〈사업체〉 〖주1〗

53 ★**Nav·i·ga·tor² [내뷔게이터]**: 네뷔게이터, 1994년 미국의 Netscape사가 개발한 세계 전산망 검색기(상품명) 〖주2〗

54 **nav·i·ga·tor [내뷔게이터]**: 〈← navigare(navigate)〉, 〈배를 운전하는〉 항해사, 항공(조종)사, 자동주행 조종 장치, 〈↔aero-naut〉 〖영1〗 〖미2〗

55 **na·vy [네이뷔]**: 〈← naus(ship)〉, 〈그리스어→라틴어〉, 〈← navis〉, 〈배를 타는〉 해군, 〈바다 색깔 같은〉 남색, 〈~(↔)marine corps\merchant marine〉, 〈↔army\air force〉 〖가1〗

56 ★**naw [너어]**: 〈영국어→미국어〉, = no, 아니, 〈~ nah〉, 〈↔shizzle〉 〖영2〗

57 ★**nawf [나후]**: 〈미국어〉, 〈일부 흑인들이 쓰는〉 north(북쪽)의 속어 〖영2〗

58 ★**nay [네이]**: 〈북구어〉, not+ever, 아니, 거절, 반대, 글쎄…, 〈↔aye\yea(h)〉 〖영2〗

59 **Na·zi [나아치]**: 〈독일어〉, 나치, National Sozialist, (독일의) 국가사회당, 히틀러가 일으켜서 1933~45년간 정권을 잡은 사유재산은 인정하나 개인의 자유를 극도로 제한했던 국수주의 정당 〖미2〗

60 ★**NB¹ (new, in box)**: (상자도 뜯지 않은) 신품 〖가1〗

61 ★**NB² (no·ta be·ne)**: 〈라틴어〉, note carefully, 주의(사항), 중요한 정보 앞에 붙이는 표시 〖영2〗

62 **NBA¹ (Na·tion·al Bas·ket·ball As·so·ci·a·tion)**: (미) 프로 농구연맹, 1946년에 창단된 29개의 미국팀과 1개의 캐나다팀으로 구성된 '북미' 남자 직업농구단 연합체 〖미1〗

63 **near [니어]**: 〈← naer(close)〉, 〈북구어〉, '가까이', 곁에, 거의, 비슷한, 밀접한, 〈→ neighbour〉 〖영1〗

64 **near·by [니어 바이]**: 가까운, 곁에(으로), 〈↔far-away〉 〖영1〗

65 **neat [니이트]**: 〈← nitere(shine)〉, 〈라틴어〉, '빛나는', 산뜻한, 단정한, 솜씨 좋은, 적절한, 멋진, 독주를 아무것도 섞지 않고 진액으로 단숨에 마시는 〈원 샷〉(shooter), 〈~ net*〉, 〈↔disheveled\sleaze-core〉 〖영1〗 〖주1〗

66 ★**neat-nik [니이트닉]**: 〈라틴어→프랑스어→영국어〉, 옷차림이 단정한 사람, 〈↔slob\litter bug〉 〖영2〗

67 **neb·u·la [네뷸러]**: 〈라틴어〉, mist, '구름', '안개', 성운, 흐린 눈, 분무제, 〈→ Neptune〉 〖영1〗

68 **nec·es·sary [네써쎄뤼]**: 〈← necesse(unavoidable)〉, 〈라틴어〉, 필요한, '없으면 안 되는', 필수의, 〈~ need〉, 〈↔non-essential\additional〉 〖가1〗

69 ★**ne·ces·si·ty is the moth·er of in·ven·tion**: 〈플라톤이 'need is the real creator'라 함〉, 필요는 발명의 어머니, 궁하면 통한다, 〈~ want makes wit〉 양2

70 ★**ne·ces·si·ty knows no law**: 필요성은 법도 모른다, 사흘 굶어 담 아니 넘을 놈 없다, 〈~ needs must when the devil drives〉 양2

71 **neck** [넥]: 〈← hnecca(collar)〉, 〈게르만어〉, '목'(부분·모양), 잘록한 부분, 경부, cervix, 〈~ nape〉 기1

72 ★**neck and neck** [넥 엔 넥]: 〈경마에서 먼저 결승점에 들어가려고 머리부터 내미는 모습에서 유래한 말〉, 막상막하, 근접전의, 〈~ head to head\back to back\nip and tuck〉 양2

73 ★**neck·ing** [네킹]: ①기둥 목도리(원주 목 부분의 쇠시리(잘록하게 만든) 장식) ②'목키스'(기린처럼)서로 목을 껴안고(비비며) 하는 애무, 〈미국에서는 skin-ship보다 더 찐한 애정의 표시로 쓰임〉 양1

74 ★**neck of the woods**: 〈1555년부터 사용되던 영국어〉, 〈원래는 목같이 돌출된 산림(땅)을 일컬었으나 현재는 '주거지'라는 뜻으로 쓰임〉, 거주지, 본거지, 〈↔whole world\entire region〉 양1

75 **neck-tie** [넥 타이]: '목고리', '목꼬리', 목댕기, 교수형용 밧줄 양1

76 **nec·tar·ine** [넥터뤼인]: 〈그리스어에서 연유한 영국어〉, 승도(중대가리)복숭아, 표면에 털이 없는 작은 복숭아 미2

77 **need** [니이드]: 〈← nyd(compulsion)〉, 〈게르만어〉, 필요, '요구', 결핍, 빈곤, 〈~ necessary〉, 〈~(↔)want〉, 〈↔abundance\optional〉 양1

78 **nee·dle** [니이들]: 〈← nema(thread)〉, 〈그리스어→게르만어〉, stylus, '바늘', 주사, 뾰족한 물건 양1

79 **need-less** [니이들 리스]: 필요 없는, 쓸데없는, 군, 〈↔necessary\essential〉 양1

80 ★**need makes the na·ked man run**: (마가복음에서는 '황급히 도망가다'란 뜻으로 쓰였으나) 〈목마른 놈이 우물 판다〉로 변질된 말, 〈~ thirsty man digs the well\one that would have the fruit must climb the tree\want makes wit〉 양2

81 ★**needs must when the dev·il drives**: 필요에 몰리면 악마가 된다, 사흘 굶어 담 아니 넘을 놈 없다, 〈~ necessity knows no laws〉 양2

82 **need-y** [니이디]: 가난한, 궁핍한, 딱한, 〈↔wealthy\affluent〉 양1

83 ★**NEET** [니이트]: not employed nor in education or training, '빈둥이', 직장과 학업에 종사하지 않는 젊은이, lumpen(독일어), 〈↔upper-crust〉 양2

84 **neg·a·tive** [네거티브]: 〈라틴어〉, 〈← negate〉, '아닌', 부정의, 거부의, 반대의, 음성, 음화, 〈↔positive\affirmative〉 양1

85 ★**neg·ging** [네깅]: 〈전산망어〉, negative feedback(부정적 되먹이기), 〈여자를 꼬실 때 효과가 있다는〉 상대방의 콧대를 '살짝' 깎아내리는 전술, 〈↔pozzing〉 미2

86 **ne·glect** [니글렉트]: nec(not)+legere(together), 〈라틴어〉, 게을리하다, 경시하다, 방치하다, '간택하지 않다' 기1

87 **neg·li·gence** [네글리젼스]: 〈라틴어〉, 태만, 무관심, 과실, 부주의, '고르지 않은', 〈↔care\compliance〉 양2

88 **ne·go·ti·ate** [니고우쉬에이트]: 〈← negotium(business)〉, 〈라틴어〉, 〈놀지 않고 꾸준히〉 협상(협의)하다, 양도(매도)하다, 교섭(절충)하다, 〈~ arrange\transact〉, 〈↔confuse\disagree〉 양1

89 **ne·gro** [니이그로우]: 〈← niger〉, 〈'검정(black)'이란 라틴어〉, 니그로, 흑인, '깜둥이' 기1

90 **neigh·bor** \~bour [네이버]: neah+gebur, 〈영국어〉, near dweller, 이웃(사람·집), 옆, 동료, 〈↔distant/stranger〉 양1

91 **nei·ther** [니더 \ 나이더]: ne+dwther, 〈영국어〉, not either, ~어느 쪽도 아니다, ~도 또한 아니다, 둘 다 아닌, 〈↔each\every〉 기1

92	**ne·on** [니이안 \ 니이언]: ⟨← neos(new)⟩, ⟨그리스어⟩, 네온, 비활성기체 원소(기호 Ne·번호10), '새로운 기체', 대기 중 1백만분의 18 정도로 존재하는 소립자로 전류가 흐르면 강한 빛을 발산해서 간판·광고에 유용하게 쓰임 ⓒ1	
93	**neph·ew** [네퓨우]: ⟨← nepos⟩, ⟨라틴어⟩, ⟨원래는 손자(grandson)를 일컫던 말⟩, '조카', 생질, ⟨가족에게 충성을 해야 할 자⟩, 성직자의 사생아, ⟨~ niece⟩ ⓒ1 ⓒ2	
94	★**nep·o·ba·by** [네퍼베이비]: nepotism baby, '조카 아이', ⟨실력은 별로지만⟩ 유명한 부모의 가업을 이어받아 성공한 자, ⟨↔self-made man⟩ ⓒ1	
95	**Nep·tune** [넵튜운]: ⟨← Neptunus⟩, ⟨라틴어⟩, ⟨← nebula⟩, 넵툰 ①바다의 신(Saturn과 Ops의 아들·Triton의 아버지) ②⟨바다같이 푸른 색깔을 띤⟩ 해왕성(지구의 약 60배에 달하는 태양계를 회전하는 8번째의 행성)	
96	★**nerd** \ **nurd** [너얼드]: ⟨1951년에 Dr. Seuss가 소개한 어원 불명의 미국어⟩, ⟨← nut⟩, 얼뜨기, 촌놈, 공부벌레, 모범생, ⟨~ geek\dweeb\fachidiot\otaku⟩, ⟨↔punk\hep\nallari⟩, ⇒ Poin·dex·ter ⓒ2	
97	**nerve** [너얼브]: ⟨← nervus(tendon)⟩, ⟨라틴어⟩, ⟨← neuron⟩, 신경(조직), 불안감, 용기, 뻔뻔스러움, ⟨↔calmness\timidity⟩ ⓒ1	
98	**nerv·ous break-down** [너얼브스 브뤠이다운]: 신경쇠약(파탄), ⟨↔composure\tranquility⟩ ⓒ2	
99	**nest¹** [네스트]: ⟨← nidah⟩, ⟨산스크리트어→라틴어⟩, ⟨← nidus⟩, ⟨내려앉는⟩ 보금자리, 둥우리, 안식처, 소굴, (보금자리 속에 있는 알이나 새끼들의) 떼, ⟨→ nestle \ niche⟩ ⓒ1	
100	★**nest egg** [네스트 에기]: 저축금, 비상금, 밑알, ⟨↔waste\trash⟩ ⓒ2	
101	**nes·tle** [네슬]: ⟨영국어⟩, ⟨nest(둥지)에⟩ 깃들이다, 편히 눕다, 반쯤 덮이다, ⟨↔shrink\flinch\recoil⟩ ⓒ1	
102	**net¹** [넽]: ⟨← nett(mesh)⟩, ⟨게르만어⟩, '그물', 조직, 어망, 올가미, 거미줄, 통신망, ⟨↔lose\untangle⟩ ⓒ1	
103	**net²** [넽]: ⟨← nitidus(clear)⟩, ⟨라틴어⟩, '깨끗한', 에누리 없는, 순수한, 최종적인, ⟨~ neat⟩, ⟨↔gross⟩ ⓒ2	
104	***.net** [닽 넽]: 원래 일정 전산망에 속한 전자우편 번호를 지칭했으나 요즘은 .com과 함께 ⟨아무 데나 쓰이는⟩ 접속어 ⓒ1	
105	***Net BEUI** [넽 뷰이] (Net BIOS ex-tend-ed us-er in·ter·face): 넷 뷰이, 전산망 기본 입출력체계 확장 사용자 접속기(1985년 IBM이 개발한 Net BIOS보다 좀 더 세밀한 자료 전송 규범이나 같은 전산망체계에 속하지 않은 전산기와는 접속이 불가능함) ⓒ2	
106	***Net BIOS** [넽 바이오스] (net-work ba·sic in-put / out-put sys·tem): 넷 바이오스, 전산망 기본 입출력체계(1983년 Sytek사가 개발한 지역 전산망끼리 서로 소통할 수 있는 연성기기) ⓒ2	
107	★**net ca·fe** [넽 캐훼이]: internet cafe, 전산망 '휴게소' ⓒ1	
108	★**net cam** [넽 캠]: internet camera, web cam, 전산망 사진기(화상회의 등을 할 때 전산기에 연결될 수 있는 사진기로 실시간으로 화상을 전송할 수 있음) ⓒ2	
109	***net-cast** [넽 캐스트]: 휴대용 수신기로 원하는 차림표를 하재해서 볼 수 있는 ⟨전산망 송신⟩, ⇒ pod-casting ⓒ2	
110	★**Net-flix** [넽 훌릭스]: internet+flicks(한 편의 영화), 넷 플릭스, 1997년에 세워진 미국의 동영상 유통회사 ⟨동영상물은 무엇이나 즉시 찾아주는 연성기기 제조·판매·배달업자⟩ ⓒ1	
111	★**net-flix and chill** [넽 훌릭스 앤드 췰]: '라면 먹고 갈래요?', 영화 보고 '놀다' 가세요, (그런데 왜 그런진 모르겠으나 영화만 보거나 라면만 먹고 그냥가면 ⟨개새끼!⟩ 소리를 듣는다 함) ⓒ2	
112	***.NET Frame work** [닽 넽 후뤠임 워얼크]: '전산망 기본 틀', 2001년 마이크로소프트사가 개발한 간편하고 이송 가능한 '새로운' 응용 차림표 접속기 ⓒ2	

113 ***net·i·quette** [네티케트]: 〈영국어〉, network+etiquette 전산망 예의(전산기로 정보를 교환할 때 지켜야 할 예의) 미1

114 ***net·i·zen** [네티즌]: 〈영국어〉, network+citizen, 전산망 시민(전산망 사회에 참여하는 사람), 전산망 애용자 미1

115 ★**net-surf·ing** [넽 써얼휭]: '전산망 훑어보기', 〈심심풀이로〉웹 사이트들을 여기저기 검색해 보는 일 유1

116 **net·tle**¹ [네틀]: 〈← netle〉, 〈어원 불명의 게르만어〉, '쐐기풀'(대부분 잎과 줄기에 가는 가시가 붙어있는 깨 비슷한 식물로 삶거나 말리면 쓴맛이 없어지고 약간 매운맛이 나며 끓여 마시거나 식용이나 〈만병통치〉의 약용으로 쓰임), 〈~ ramie〉 미2

117 ***net-work** [넽 워얼크]: 망, 그물 세공, 연락망, 회로망, 방송망, 전산망(형성), 알짜일, (작업 순서를 기호로 표시한) 망상도, 〈↔dis-organization\separation〉 유1

118 *neu·ral net-work [뉴어럴 넽워얼크]: 신경(통신)망, 인간 두뇌의 신경조직처럼 다수의 신경원의 결합으로 복잡한 업무를 처리할 수 있는 전산망 유2

119 *neu·ro-com·put·er [뉴어로우 컴퓨터]: '신경 전산기', 인간의 뇌 신경의 작용을 모방해서 만든 전산기 유1

120 **neu·ron** [뉴어란]: 〈그리스어〉, '힘줄', 뉴런, 신경원(단위), 〈↔ nerve〉, 〈↔glia〉 유2

121 **neu·ro·sis** [뉴어로우시스]: 〈그리스어〉, 노이로제, 〈현실 감각을 보유하고 있는〉 신경(과민)증, 〈↔psychosis〉 유2

122 *neu·tral [뉴우추럴]: ne(not)+uter(either), 〈라틴어〉, 중립의, 공평한, 중심의, 애매한, '둘 다 아닌'〈~(↔)allied\biased〉 유1

123 **nev·er** [네붜]: 〈영국어〉, not+ever, 한 번도 ~한 적이 없다, 결코 ~하지 않다, 〈→ nary〉, 〈↔ever\always\for-ever〉 유2

124 ★**nev·er say nev·er** [네붜 쎄이 네붜]: 결코 단언하지 말라, 설마가 사람 잡는다, 〈~(↔)nothing is impossible\anything can happen〉 유2

125 **nev·er-the-less** [네붜덜레스]: 그럼에도 불구하고, 그렇지만, non·the·less, 〈↔there-fore\further-more〉 유2

126 ★**nev·er too old to learn**: 배움에는 나이가 없다, 〈↔you can't teach an old dog new tricks〉 유2

127 ★**nev·er un·der·es·ti·mate the lit·tle man**: 작은 고추가 맵다, 〈~ David and Goliath〉 유2

128 **new** [뉴우]: 〈← navas(never existed before)〉, 〈산스크리트어→그리스어→게르만어→영국어〉, '새로운', 싱싱한, 낯선, 갱생한, 현대의, 〈미국인들이 제일 좋아하는 단어〉, 〈→ now〉, 〈↔old\past〉 유1

129 *New Age mu·sic: 신세대 음악, 〈신세대 운동에 발맞추어 나타난〉 고전·민속·록·재즈의 혼성음악에다 동양·남미계통의 신비주의적 요소를 가미한 듣기 편한 음악 미2

130 ★**new-bie** [뉴우비]: 〈영국어·미국어〉, new boy, 신출내기, 미숙자, (전산기 사용의) 초보자, 풋내기, noob, novice, 〈~ avatar〉, 〈↔veteran\geezer\kkon-dae〉 미2

131 ★**new e·con·o·my** [뉴우 이카너미]: 신경제 ①제조업 위주에서 봉사업 위주로 바뀐 경제체제, 〈↔classical economy〉 ②(전산망 사용 이후의) 첨단기술·정보통신 산업이 주도하는 경제, 〈↔old economy〉 유2

132 **New Eng·land** [뉴우 잉글랜드]: '새 영국', 미 북동부에 있는 6개 주의 총칭 유2

133 *New Left [뉴우 레후트]: 신좌익, 1960~70년대 초기에 미국의 대학생들 중심으로 일어났던 반자본·반제도·국수주의 운동으로 〈편자가 언젠가는 되돌아올 것으로 내다보는〉 비폭력적이나 과격한 정치·사회 개혁자들, 〈↔New Right〉 유2

134 *new me·di·a [뉴우 미이디어]: '신매체', 신문과 TV 대신 등장한 인터넷을 통한 웹사이트의 정보 전달 수단 〈우2〉

135 *New Right [뉴우 롸잍]: 신우익, 1970년대부터 세계 각처에서 일어난 자유주의 경제체제와 전통적인 도덕관을 강조하는 정치·사회운동으로 한국에서는 이명박 정부의 성향을 나타낸 것으로 간주됨, 〈↔New Left〉 〈우2〉

136 news [뉴우스]: 〈산스크리트어→그리스어→라틴어→영국어〉, 소식, 기사, 보도, 통신, 신문, 〈← new〉 〈양1〉

137 news·pa·per [뉴우스 페이퍼]: 신문(지), 신문업 〈가2〉

138 New Tes·ta·ment [뉴우 테스터먼트]: 신약 성서, 서기 150년경부터 예수의 추종자들이 그리스어로 쓰기 시작해서 400년까지 골자가 잡힌 예수 및 그의 제자들의 경험적 가르침이 들어 있는 27권으로 되어있는 기독교의 2번째 교범, 〈↔Old Testament〉

139 *New Thoughts [뉴우 써어츠]: 신사상, 19세기 미국에서 태동한 인간의 신성에 따른 올바른 사상이 질병과 죄악을 막을 수 있다고 생각하는 종교철학의 일파 〈우2〉

140 ★new-tro [뉴우트로]: new+retro, 새로운 복고(풍), 예전에 유행했던 것들을 현대 감각으로 각색한 것, 〈앞으로 다가올 복고주의에 대비해서 한국에서 개척해야 할 분야〉, 〈~(↔)ultra-modern〉 〈미2〉

141 *new wave [뉴우 웨이브]: '새 물결' ①예술·사상의 새로운 경향 ②N~ W~;1970년대 말에 유행했던 단순한 리듬·하모니·비트 등을 특징으로 하는 록·펑크록의 음악 〈양1〉 〈수2〉

142 next [넥스트]: 〈← neah(nigh)〉, 〈영국어〉, 다음의, 이웃의, '가장 가까운', 〈↔far\remote〉 〈가1〉

143 NFL (Na·tion·al Foot·ball League): 미 프로(미식)축구연맹, 1920년에 창단되어 각각 16개의 NFC(National Football Conference)와 AFC(American Football Conference) 팀으로 구성된 직업연합 〈미2〉

144 *NFS¹ (net·work file sys·tem): 전산망 자료철 체제, 1984년 Sun사가 개발한 전산기 간의 구동 원반을 공유할 수 있는 운영체제 〈미2〉

145 ★NFS² (not for sale): 비매품, 팔지 않음 〈미2〉

146 *NFT (non-fun·gi·ble-token): 대체불가(징)표, (주로 예술 시장에서 사용하는) 대상에 고유한 암호를 부여한 〈전자자산〉 〈우2〉

147 ★NG (no good): 나쁨, 실패(작), blooper 〈양2〉

148 ★ngl (not go·ing to lie): 거짓없이 (말하자면), 똑바로 얘기하면, 〈↔lying²\joking〉 〈양2〉

149 ★NGO (non-gov·ern·men·tal or·gan·i·za·tion): 비정부 기구, 〈한국에서 막강한 권력을 행사하고 있는〉 민간 공익단체 〈양2〉

150 Ni·ag·a·ra [나이애거뤄]: 〈← onguiaahra(strait)〉, 〈원주민어〉, 나이아가라, '좁은 강' \ '물벼락', 미국과 캐나다 국경에 이리호와 온타리오호를 연결하는 강·폭포·도시 이름 〈수1〉

151 ★nib·ba [니바]: 〈전산망어〉, nigga, nigger, 깜둥이('깜씨') 〈양2〉

152 nib·ble¹ [니블]: nip+le, 〈게르만어〉, 〈의성어·의태어?〉, 조금씩 물어뜯다, 입질하다, 트집 잡다, 〈↔engorge\gobble\guzzle〉 〈양1〉

153 *NIC (net·work in·ter·face card \ ~ con·trol·ler): 전산망 접속판, 전산기를 전산망에 연결시켜 주는 전산기 내의 강성 회로 〈미2〉

154 *NICAM [나이캠]: near instantaneous companded audio multiplex, 거의 즉각적으로 압축·확장된 다중 음향 송신, 고품질의 입체 음향과 함께 시각 신호를 보내는 TV의 수치형 전송방식 〈우1〉

155 nice [나이스]: ne+scire(know), 좋은, 기쁜, 친절한, 미묘한, 훌륭한, 〈원래는 '알지 못하는(no science)'의 라틴어가 둔갑되어진 말〉, 〈↔mean\un-pleasant〉 〈양1〉

156 ***niche mar·ket·ing** [니취 마아키팅]: 특정 시장 분야에의 판매, 틈새시장 공략, ⟨↔mass marketing⟩ 미2

157 **nick** [닉]: ⟨← niche?⟩, ⟨어원 불명의 영국어들⟩, 새김눈, 자른 자리, 철창(감방), 훔치다, ⟨↔outside\disorder\buy⟩ 영1

158 **nick·el** [니클]: koppar(copper)-nickel(demon), ⟨독일어⟩, '악마의 구리' ①니켈, '잘 부식되지 않아 합금용으로 많이 쓰이는' 약간 금빛이 도는 은백색의 '구리 비슷하면서도 구리를 포함하지 않은' 금속원소 (기호 Ni·번호28) ②백통 돈, 잔돈, 미국의 5센트짜리 동전 수2

159 ★**nick·el and dime** [니클 언 다임]: 인색한, 하찮은, 알뜰한, ⟨↔major\important⟩ 영2

160 **nick-name** [닉 네임]: ⟨영국어⟩, 'eke(additional) name', 별명, 애칭, 약칭, ⟨~ by-name⟩ 영2

161 **niece** [니이스]: ⟨← neplis⟩, ⟨라틴어⟩, ⟨원래는 손녀(grand-daughter)를 일컫던 말⟩, '조카딸', 질녀, ⟨당신에게 'nice'하게 대해 주는 여자⟩, ⟨~ nephew⟩ 가1

162 ★**niff** [니후]: ①⟨영국어⟩, ⟨의태어?⟩, 노여움, 반감, ⟨↔absorb⟩ ②⟨영국어⟩, ⟨의성어?⟩, 악취가 나다, ⟨↔ordorless⟩ 영2

163 ★**nif·ty** [니후티]: ⟨Magnificat의 줄임말이라는 설도 있으나⟩ ⟨1868년에 등장한 어원 불명의 미국어⟩, 멋진, 재치 있는, 솜씨 좋은, ⟨↔un-pleasant\clumsy⟩ 영2

164 **night** [나잍]: ⟨← nakti(dark)⟩, ⟨산스크리트어→그리스어→라틴어→게르만어⟩, ⟨중요한 역사가 이루어지는⟩ '밤', 야간, 어둠, 죽음, ⟨↔light\day⟩ 영1

165 **night-fall** [나잍 휘얼]: twilight, 해 질 녘, 황혼, 땅거미, ⟨~ dusk⟩, ⟨↔dawn⟩ 영1

166 **night-gown**(robe) [나잍 가운(로우브)]: (여성·어린이용) 잠옷, ⟨↔work-wear\smock⟩ 영2

167 ★**night-ie** [나이티]: '잠옷'의 신세대어 영2

168 **night·in·gale** [나이팅게일]: niht(night)+galan(sing), ⟨게르만어⟩, '밤에 우는 새', 수컷의 울음소리가 낭랑하고 나르는 방법이 특이하며 숲에서 밤에 벌레를 잡아먹고 사는 유럽산 지빠귀과의 작은 새, ⟨~ oriole⟩ 수2

169 **night-mare** [나잍 메어]: niht(night)+mare(demon), ⟨게르만어⟩, 악몽, 가위눌림, 공포감, ⟨암말하고는 관계가 없는 in·cubus⟩, ⟨↔tranquility\honeymoon⟩ 영2

170 **Nile** [나일]: ⟨← neilos(river valley)⟩, ⟨그리스어⟩, '거대한 강(nile iteru)', 아프리카 중동부의 빅토리아 호수 등에서 시작해서 지중해의 남·동쪽으로 흘러 들어가는 다양한 형태의 6,671km짜리 강 수1

171 **nim·ble** [님블]: ⟨← niman(take)⟩, ⟨게르만어⟩, '재빠른', 영리한, 빈틈없는, ⟨↔stiff\clumsy⟩ 영1

172 ★**NIMBY** [님비] (not in my back-yard): '내 뒤뜰은 안 돼', (자연환경에 좋지 않은 시설물의 설치에 반대하는) 지역 이기주의 영2

173 **nine** [나인]: ⟨← nigon⟩, ⟨게르만어⟩, 9, '아홉' 가1

174 ★**nine out of ten**: 십중팔구, 거의 다, ⟨↔exactly\rarely⟩ 영2

175 **nip¹** [닢]: ⟨게르만어⟩, ⟨의성어·의태어⟩ 물다, 꼬집다, 잘라내다, 저지하다, ⟨~ snip⟩, ⟨↔un-clip\thicken⟩ 영1

176 **nip²** [닢]: ⟨← nip¹⟩, 한 모금(잔), 소량⟨의 독주⟩, ⟨↔lot⟩ 가1

177 ★**nip¹ and tuck¹** [닢 앤 턱]: ①막상막하(neck and neck) ②주름살 제거 수술(face lift) 영2

178 ★**nip in the bud** [∼의] 싹을 없애다, 미연에 방지하다, ⟨↔advance\allow\assist⟩ 영2

179 **nip·ple** [니플]: ⟨← neble(bill²)⟩, ⟨영국어⟩, ⟨톡 튀어나온⟩ 젖꼭지, 유두, teat 가2

180 ★**nit** [닡]: ①⟨← hnitu(egg of louse)⟩, ⟨게르만어⟩, 이의 알, 서캐, 가랑니 ②⟨영국어·전산기 용어⟩, 정보량의 단위(= 1.44 bits) 영3 우1

181 ★**nit-pick** [닡픽]: 〈머리털에 있는 '서캐'를 집어내듯〉 (하찮은 일로) 흠을 잡다, (시시한 일을) 문제 삼다, 〈↔approve\praise〉 영1

182 **ni·tro·gen** [나이트뤄젠]: 〈'초석(salt-peter)'이란 이집트어에서 유래한 그리스어〉, 질소, 〈대기의 78%를 점유하며 비료·화약·냉각제 등으로 쓰이는〉 기체 원소(기호 N·번호7) 영2

183 ★**nit·ty-grit·ty** [니티 그뤼티]: 〈1934년에 등장한 어원 불명의 미국어〉, 사물의 핵심, 엄연한 현실, 평범한, 일상적인, 미주알 고주알, 〈↔exterior\atypical〉 영2

184 ★**nit-wit** [닡윝]: 〈1914년에 등장한 미국 속어〉, 〈지혜없는〉 바보, 〈wit가 nothing인〉 멍청이, 〈~ idiot\pin-head〉, 〈↔brain\genius〉 영2

185 ★**nix** [닉스]: 〈← nichts〉, 〈게르만어〉, nothing(없음), 금지, 거절, 취소, 조심, 퇴짜 놓다, 〈~ zip〉, 〈↔mile-stone〉 영2

186 ★**niz·zle** [니즐]: 〈to shizzle my nizzle〉, 〈1990년도에 노래 가사로 등장한 미국 흑인 속어〉 ①nigga(깜씨) ②틀림없이! '쨔샤', 〈'for sure-nigger'란 말의 힙합 은어〉 영2

187 ★**n/m \ n/t** (no mes·sage \ no text): 끝, 종료 미2

188 **no** [노우]: 〈게르만어〉, ne(not)+a(ever), ~도 없는(아닌, 않는), 금지, 반대, 〈남·녀 간 씀씀이의 어감이 다르다는〉 설마, 〈~ not \ none〉, 〈↔yes\however〉 영1

189 **NO.** [넘버]: number의 약자, 제~번(호) 미2

190 **No·ah** [노우아]: 〈← nukhu(repose)〉, 〈히브리어〉, '편안한 자', 노아, 그 당시에 유일하게 하느님을 두려워하던 아담의 직계 10대손이라는 헤브라이의 족장 수1

191 **No·bel Prize** [노우벨 프라이즈]: 노벨의 유언에 따라 1901년부터 물리학·화학·생리의학·문학·경제학·평화의 6개 부문에 걸쳐 매년 12월 10일(노벨의 기일)에 수여하는 〈정치성이 강한〉 '상 중의 상', 〈↔Ig Nobel Prize〉 상2

192 **no·ble** [노우블]: 〈← gnoscere(know)〉, 〈라틴어〉, 귀족의, 고귀한, 숭고한, 훌륭한, 희귀한, '잘 알려진', 〈↔ig-noble\plebeian\vulgar\snob〉 영1

193 ★**no·blesse o·blige** [노우블레쓰 오블리줴]: 〈프랑스어〉, 노블리스 오블리제, '귀족의 의무', 신분이 높은 사람이 낮은 사람을 도와야 한다는 〈거만한〉 생각 영1

194 ★**no–brain-er** [노우 브뤠이너]: 멍텅구리, 생각할 여지가 없는 것, 당연한 것, 간단한 것, 식은 죽, 〈↔toughie\(real) brainer〉 영2

195 ★**no cause, no ef·fect**: 원인없이 결과 없다, 아니땐 굴뚝에 연기나랴, 처녀가 아이를 배도 이유가 있다, 〈~ where there's smoke, there's fire\no root, no fruit〉, 〈~ smoking gun〉 영2

196 ★**no chil·dren, no prob·lems**: 무자식이 상팔자, 가지 많은 나무가 바람 잘 날 없다, 〈~ a mother with a large brood never has a peaceful day〉 영2

197 **noc·tur·nal** [낰터어늘]: 〈← nocturnus ← nox(night)〉, 〈밤〉의, 야행성의, 〈↔diurnal〉 개1

198 **nod** [나드 \ 너드]: 〈← nodden(to shake)〉, 〈게르만어〉, 〈의태어〉, 끄덕이다(인사하다·승낙하다·졸다), 흔들리다, 〈↔shrug\disagree\quash〉 영1

199 **node** [노우드]: 〈← nodus〉, 〈라틴어〉, 〈← knot〉, 마디, 결절, 혹, 맺힘 점, 전산망의 분기점이나 단말장치의 접속점, 〈~ protuberence\junction〉, 〈↔disjoin\detach〉, 〈↔anti-node〉 영1 미2

200 ★**no ex·cuse to of·fer**: 변명할 말이 없네, 유구무언, 〈~ no word in excuse〉, 〈↔give the devil his due〉 영2

201 ★**no face, no case**: 〈노래 가사에서 연유한〉 얼굴을 안 보곤 말할 수 없어, 〈맛을 봐야 맛을 알지〉 영2

202 ★**no frills** [노우 후륄즈]: 〈1870년에 의상용어로 등장해서 1957년에 미국에서 의미가 확대된 말〉, 첨가물 없음, 순수함, 소박함, '장식 없음', 〈↔auxiliary\extra〉 미2

203 **noise** [노이즈]: ⟨← noxia(injury)⟩, ⟨라틴어⟩, ⟨nausea(구역질)할 때 나오는?⟩ 소리, 소음, 잡음, 수다, ⟨↔silence⟩ 기1

204 ★**noise mar·ket·ing** [노이즈 마아키팅]: '시끄러운 영업술', 소동을 일으켜서 광고 효과를 보는 일 미1

205 ★**no kid·ding** [노우 키딩]: 정말!, 맞아!, 설마!, 그럴 리가, 동감이야, ⟨~ really?\you don't say!⟩, ⟨↔just kidding⟩ 미2

206 ★**no·li me tan·ge·re** [노울라이 미 탠줘리]: ⟨라틴어⟩, do not touch me, 놀리메 탕게레 ①'나를 부정하지 마라'(부활한 예수가 메리 막달레나한테 한 말)②'나를 만지지 마라(접촉을 금하는 경고)③낭창 ④봉선화 양2

207 *****no load** [노우 로우드]: 무부하, 부담이 없는, 판매 수수료 없이 팔아주는 투자신탁 양1

208 ★**no·lo con·ten·de·re** [노로우 컨텐더뤼]: ⟨라틴어⟩, 'unwilling to contend', ⟨다른 경우의 불리를 막기 위한⟩ 불항쟁의 답변, 죄를 인정하지 않고 형을 받아들이는 행위 양2

209 **no·mad**(e) [노우매드]: ⟨← nemlin(distribute)⟩, ⟨그리스어⟩, (초원을 찾아 헤매는) 유목민, 방랑자, ⟨선구자⟩, ⟨탐구자⟩, ⟨↔native\settled⟩ 양2

210 ★**no ma·mes** [노우 마메스]: ⟨no way⟩를 뜻하는 스페인어, (절대) 않됐어, 웃기지마, 까불지마 미2

211 ★**no man is an is·land**: ⟨1624년에 등장한 영국의 싯구⟩, 사람은 사회적 동물이다, 독불장군은 없다, ⟨↔every man is a piece of the continent⟩ 양2

212 ★**no man is in·fal·li·ble**: 잘못이 없는 사람은 없다, 털어서 먼지 안나는 사람은 없다, ⟨~ everyone got dirt laundry⟩ 양2

213 ★**no mat·ter how bad things get, one al·ways man·ag·es to get by some·how**: 궁하면 통한다, 산 입에 거미줄 치랴, ⟨~ there is always a way out⟩ 양2

214 **nom·i·nal** [나미늘]: ⟨← nomen⟩, ⟨라틴어⟩, 이름(name)의, 명목상의, 보잘것없는, ⟨↔real\substantial⟩ 양2

215 *****nom·i·nal val·ue** [나미늘 밸류]: ⟨통화 변동을 계산하지 않은⟩ 명목(숫자)상의 가치, ⟨↔real value⟩ 양2

216 **nom·i·nate** [나미네이트]: ⟨← nominare(to name)⟩, ⟨라틴어⟩, '이름을 부르다', 지명(임명)하다, 추천하다, ⟨↔dismiss\oust⟩ 기1

217 ★**no-mon·ey, no-hon·ey**: '돈 없으면 거시기도 없다', 원래는 미국 창녀들이 쓰는 말인데 동양인들이 '돈 없으면 애정도 없다'로 확대 사용하는 ⟨징글⟩리시 미1

218 ★**no-mo-pho·bi·a** [노모 호우비어]: ⟨영국어+그리스어⟩, no mobile phone phobia, 이동전화 부재 공포증, 휴대전화기가 없을 때 오는 불편한 내지는 불안감 미2

219 **non** [난\넌]: ⟨라틴어⟩, not, ⟨부정·결여⟩란 뜻의 결합사 양1

220 *****non-doc·u·ment mode** [난 다큐먼트 모우드]: 정확치 않은 문서화, 세세한 지침 없이 대충 문본만 쳐주는 단어처리기 방식 양1

221 **none** [넌]: ⟨게르만어⟩, ⟨← no⟩, 아무것도 ~없다(않다), ⟨~ not \ null⟩, ⟨↔all⟩ 양1

222 ★**none are so blind as those who wan't see**: ⟨마태복음에 나오는 말⟩, 보고자 하지 않는 자가 정말 장님이다, 배우지 않고자 하는 자만큼 무식한 자는 없다, ⟨~ none are so deaf as those who won't hear⟩ 양2

223 ★**none of my fu·ner·al** [넌 어브 마이 휴우너뤌]: 내가 알 바 아니다, ⟨~ none of my business⟩ 양2

224 ★**none of your busi·ness**: 네 일이 아니다, 당신이 상관할 바가 아니다, '관심 꺼!', ⟨~ mind your own business\butt out⟩, ⟨↔(please) help me⟩ 양2

225 **none-the-less** [넌더레스]: nevertheless, 그럼에도 불구하고, 그렇지만, 〈↔there-fore\ consequently〉 양2

226 ★**no news is good news**: 무소식이 희소식이다, 〈~ bad news travels fast〉, 〈↔no news is bad news〉 양2

227 **non-fic·tion** [난휙션]: 〈허구가 없는〉 비구상, 소설이 아닌 산문문학 양1

228 *****non-in·ter-laced** [난 인터레이스드]: 비 비월주사의, 섞어 짜지 않은 비혼합성, 흔들림을 최소화하기 위해 한 면을 한방에 주사하는 방법 우1

229 *****non-mem·o·ry** [난 메머뤼]: 비(휘발성) 기억력, non volatile memory, 전원이 꺼져도 지워지지 않는 기억력(반도체) 미2

230 *****non-play-er char·ac·ter** [난 플레이어 캐릭터]: NPC, 〈영상 놀이에서〉 시행자가 마음대로 조정할 수 없는〉 조정불가 등장인물, 〈↔player character〉 양1

231 **non-sense** [난 쎈스]: 무의미, 터무니없는 생각, 허튼 말, 〈~ folderol\trifle〉, 〈~ baloney\bull³\ bunk²〉 미1

232 *****non-vol·a·tile(disk)** [난 뷜러타일 (디스크)]: 전원이 꺼져도 정보가 지워지지 않는 (원반·연성기기) 미2

233 **noo·dle** [누우들]: ①〈← nudel(macaroni)〉, 〈어원 불명의 게르만어〉, 국수(사리), 면 ②〈영국어〉, 〈중세의 가발 모양에서 연유한?〉 머리 ③〈← noddy〉, 〈영국어〉, 멍청이, 〈~ bean-head〉 양1

234 **nook** [눅]: 〈← noc(corner)〉, 〈어원 불명의 영국어〉, 구석, 모퉁이, 쑥 들어간 곳, 은신처 양1

235 ★**NOOMP** [눔프]: not out of my pocket, 필요하다고 하지만 자기 돈은 내지 않는 부류(콩글리시), '꿍꿍이' 우2

236 ★**noomp** [눔프]: 〈← non compos mentis〉, 〈2014년에 등장한 노래 가사에서 연유한 신조어〉, 얼간이, 진실하고 열렬한 (여자)친구 미2

237 **noon** [누운]: nona+hora, 〈라틴어→영국어〉, 〈해가 뜨고 'ninth' hour에 오는〉 정오, 한낮, 낮 12시, 전성기, 〈↔ lunch〉, 〈↔mid-night〉 개1

238 **noose** [누우스]: 〈← nodus〉, 〈라틴어〉, 〈← knot〉, 올가미, 올가미를 씌워 죽이기, 얽매임, 〈~ lariat\ lasso〉, 〈↔un-fasten\free〉 양1

239 ★**noo-tro·pic** [누우트뢔픽]: noos+trope, 〈'mind turning'이란 그리스어〉, (검증되지 않았으나 정신 활동을 증진시킨다는) 인지촉진제, smart drug 미2

240 ★**no-pain, no-gain**: 고통없이는 얻는 게 없다, 뭔가 얻으려면 고생을 해야 한다, 고진감래, 〈~ nothing ventured, nothing gained\the best fish swims near the bottom〉 양2

241 **nor** [노얼 \ 노어]: 〈영국어〉 ①〈neither와 같이〉 ~도(또한) 아니다, 그뿐만이 아니라, 〈↔or\and〉 ②〈게르만어〉, = north 양1

242 *****NOR gate** [노얼 게이트]: 부정논리합 문, 입력에 1이 포함되면 출력이 0가 되는 회로, OR gate가 아닌 것, 〈~ NOT gate〉 미2

243 **norm** [노엄]: 〈← norma(carpenter's square)〉, 〈라틴어〉, 표준, 기준, 일반적인 것, 모범, '목수의 직각자', 〈↔exception〉 양1

244 **nor·mal** [노어멀]: 〈라틴어〉, rule, 정상의, 보통의, 표준적인, 정규직, 〈↔ab-normal\ab-errant〉 양1

245 **Nor·man** [노얼먼]: 〈복구어〉, north-man, '북쪽 사람', 노르만, 10세기경 북부 프랑스 등을 침공한 스칸디나비아 종족 숙1

246 ★**norm-core** [노엄 코어]: 수수한 차림새, 인기없는 평범한 옷을 승화한 치장, 'bland style of fashion' 양2

247 **north** [노얼쓰]: N, n, ⟨← ner(left)⟩, ⟨게르만어⟩, ⟨해가 뜨는 쪽의⟩ '왼쪽', 북방, ⟨해가 '열은'⟩ 북쪽, (the N~) 북풍·북극), ⟨↔south⟩ 〈기〉

248 **North Pole** [노얼쓰 포울]: (자석·하늘의) 북극, ⟨다른 곳보다 4배나 빠르게 온난화하고 있는⟩ 지구의 북극(위도 90·경도 0-360, 자신 위에 남쪽 없고 자신 밑에 북쪽이 없는 지점, 아무도 소유하지 않는 곳, 영원한 깃대를 꽂을 수 없는 곳), ⟨↔South Pole⟩ 〈미2〉

249 **North Star** [노얼쓰 스타아]: Polaris, 북극성, 북극의 바로 위에 보이는 작은곰자리의 ⟨움직이지 않는⟩ ⟨커다란⟩ 별 〈미2〉

250 ★**nos** [나스]: ①(not otherwise specified) 불특정의, 분류되지 않은 ②(network operating system) 전산망 운영체계 ③(new old stock) 새 재고품 〈양2〉

251 **nose** [노우즈]: ⟨← nasa(a snout)⟩, ⟨산스크리트어→라틴어→게르만어→영국어⟩, '코', 돌출부, 뱃머리, 기수, 탄두, 냄새(맡다), ⟨→ nasal\nostril\nozzle⟩, ⟨~ snout\proboscis⟩ 〈기1〉

252 ★**nose job** [노우즈 좝]: 코의 미용 성형, rhinoplasty 〈미2〉

253 ★**nosk** [노우스크]: ⟨신조어⟩, nose+mask, '코 덮개', (미세먼지 등을 막아주는) 코 가리개, ⟨~ kosk⟩ 〈미2〉

254 **nos·tal·gi·a** [나스탤쥐어]: nostos(return)+algos(grief), ⟨그리스어⟩, 집으로 돌아가고 싶은 고통, 향수(병), 회고의 정, ⟨~ home-sick⟩, ⟨↔fern-weh⟩ 〈양2〉

255 **nos·tril** [나스트릴]: nosu(nose)+thyrl(hole), ⟨영국어⟩, ⟨← nose⟩, '콧구멍', nares 〈기2〉

256 ★**no sweat** [노우 스웻]: 별 거 아냐, 문제 없어, 누워서 떡 먹기, 땅 짚고 헤엄치기, ⟨~ piece of cake⟩ 〈양2〉

257 **not** [낱]: ⟨영국어⟩, ⟨← no⟩, ~않다, ~아니다, ⟨~ none\nought⟩, ⟨↔yes⟩ 〈기2〉

258 **no·ta·ble** [노우터블]: ⟨← nota(mark)⟩, ⟨라틴어⟩, ⟨← note⟩, 주목할 만한, 현저한, ⟨↔common\infamous⟩ 〈기1〉

259 **no·ta·ry pub·lic** [노우터리 퍼블릭]: ⟨← note⟩, (미국에서는 주 정부의 승인이 필요한) 공증인 〈양2〉

260 **no·ta·tion** [노우테이션]: ⟨라틴어⟩, ⟨← note⟩, 표시법, 주석, ⟨↔ignore\denotation⟩ 〈양2〉

261 **notch** [낱취]: ⟨← oche(small cut)⟩, ⟨어원 불명의 프랑스어⟩, 새김눈, V자 모양, 골짜기, 단, 급, ⟨↔raise\out-dent⟩ 〈양1〉

262 **note** [노우트]: ⟨← nota(mark)⟩, ⟨라틴어⟩, '표시', 각서, 기록, 문안, 주, 주목, 짧은 편지(쪽지), 표, 어음, 지폐, (악보의) 음표, 어조, ⟨→ annotation⟩, ⟨↔ignore\disregard⟩ 〈기1〉

263 *****note-book** [노우트 북]: 공책, 수첩, 비망록, (공책만한) 전산기, 필기장, '전자수첩', ⟨~ sketch-book\lap-top⟩ 〈기1〉〈우1〉

264 **not·ed** [노우티드]: 이름난, 저명한, 주목할 만한, ⟨↔unknown\obscure⟩ 〈양1〉

265 *****NOT gate** [낱 게이트]: 부정(반전)문, 입력이 1이면 출력이 0·입력이 0이면 출력이 1이 되는 논리연산 회로, ⟨~ NOR gate⟩ 〈미2〉

266 **noth·ing** [너씽]: ⟨영국어⟩, not+one+thing, 아무것(일)도~아님, 무가치, 무의미, 영, nought, ⟨↔(some)thing⟩ 〈양2〉

267 ★**noth·ing is com·plete un·less you put it in fi·nal shape**: 마무리 손질이 관건이다, 구슬이 서 말이라도 꿰어야 보배, 부뚜막의 소금도 집어 넣어야 짜다, ⟨~ a bead is useless if one doesn't thread it⟩ 〈양2〉

268 ★**noth·ing es·capes time** [너씽 이스케이프스 타임]: 시간을 초월하는 것은 없다, 시간만큼 무서운 것은 없다, ⟨~ nothing lasts forever\all mighty Cronos⟩ 〈양2〉

269 **no·tice** [노우티스]: ⟨← noscere(know)⟩, ⟨라틴어⟩, ⟨알아차리게 하는⟩ 주의, 주목, 통지, 예고, ⟨↔over-look\dis-regard⟩ 〈양1〉

270 **no·ti·fy [노우티화이]**: notus(known)+facere(make), 〈라틴어〉, 〈알게〉 통지하다, 공고하다, 〈↔conceal\with-hold〉 가1

271 **no·tion [노우션]**: 〈← noscere〉, 〈라틴어〉, 〈← known〉, 관념, 생각, 이해력, '잘 아는 것', 〈~idea\thought〉, 〈↔article\reality\objct〉 가1

272 ★**not know·ing A from B**: 낫 놓고 기역자도 모른다, totally illiterate, 〈~ ignoramus〉, 〈↔walking dictionary〉 양2

273 ★**not my cup of tea**: 나의 취향(적성)은 아님, 〈상놈들은 그냥 'not my style'이라고 함〉, 〈↔favorite\preference〉 양2

274 **no·to·ri·ous [노우터뤼어스]**: 〈← noscere〉, 〈라틴어〉, 〈← known〉, '잘 알려진', 악명 높은, 평판이 나쁜, 소문난, 유명한, 뛰어난, 〈~ infamous〉, 〈↔reputable\venerable〉 양2

275 **not-with-stand-ing [낱 위쓰 스탠딩]**: in spite of, ~에도 불구하고, 그래도, 역시, 〈↔because of\consequently〉 가2

276 **nought [너어트]**: ne+owiht(aught), 〈영국어〉, naught, nothing, 영, 무, 〈~ nil\zero〉, 〈↔all\something〉 양1

277 **noun [나운]**: 〈← nomen〉, 〈라틴어〉, 〈← name〉, 명사(의), 이름씨, 사물의 이름을 나타내는 품사, 〈↔pronoun\verb〉 가2

278 **nour·ish [너어뤼쉬]**: 〈← nutrire(feed)〉, 〈라틴어〉, 자양분을 주다, 기르다, 육성하다, 〈→ nurse〉, 〈↔starve\repress〉 양1

279 ★**nou·veau riche [누우보우 뤼취(뤼이쉬)]**: 벼락부자, 졸부, 〈~ par-venu\up-start〉 양2

280 **nov·el [나아블]**: 〈← novus(new)〉, 〈라틴어〉, '새로운', 신기한, (장편) 소설, 〈↔traditional\reality〉 양1

281 ★**no·vel food [나블 후우드]**: 'new food', 유전자 조작 식품, 〈~ Franken food\GMO〉, 〈↔natural food〉 미2

282 **no·vel·ist [나아블리스트]**: 소설가(작가), 〈~(↔)poet〉 가2

283 **No·vem·ber [노우뷈버]**: 〈← novem〉, 〈'nine'이란 라틴어에서 온〉 노벰버, 11월, 동짓달, 로마력으로 '9월', 〈바람의 달〉, 〈피(도살)의 달〉, 〈황옥의 달〉, 〈국화의 달〉, {비버의 달} 가1

284 ★**no ven·ture, no gains**: nothing ventured, nothing gained, 〈초서가 프랑스 격언을 번역한 말〉, 모험없이는 얻는 것도 없다, 대범하게 행동하라, 호랑이 굴에 가야 호랑이 새끼를 잡는다, 〈~ you can't make an omelet without breaking eggs〉 양2

285 **nov·ice [나아뷔스]**: 〈← novus(new)〉, 〈라틴어〉, 초심, 풋내기, '새로운 사람', newbie, noob, 〈~ green-horn\tender-foot〉, 〈↔veteran\expert〉 가1

286 **now [나우]**: 〈← nu〉, 〈게르만어〉, 〈← new〉, 지금, 현재, 바로, 당장, 바야흐로, 우선, 자-, 〈↔then\later〉 양1

287 **now-a-days [나우어데이즈]**: 오늘날, 현재에는, 〈↔once\before\far〉 가1

288 *(now)-now-ism [(나우)나우이즘]**: (경제에서) 눈앞의 일만 생각하는 사고방식, 〈↔Cinderella omplex〉 우1

289 ★**now you're talking [나우 유아 터어킹]**: 이제야 말하네, 그거 좋은 생각이야, 〈~ finally\great\you said it〉 양2

290 **nox·ious [낙셔스]**: 〈← nocere(hurt)〉, 〈라틴어〉, 유해한, 유독한, 상한, 〈↔healthy\wholesome〉 양2

291 ★**no young·er broth·er matches his old·er broth·er**: 형만한 아우 없다, 구관이 명관, ⟨↔blue comes from indigo⟩ 양2

292 **noz·zle** [나즐]: ⟨영국어⟩, ⟨← nose⟩, (가는) 주둥이, 대롱, ⟨~ nuzzle⟩ 양1

293 *__NPS__ (net pro·mot·er score): 순 판촉점수, 순 추천 고객 지수, ⟨"이 상품(기업)을 친구에게 추천하겠습니까"에 대한 대답을 토대로 산출해낸⟩ 응답형 고객관리 미2

294 *__NQ__ (net·work·ing quo·tient): 전산망 지수, 사회 전산망을 통해 원만한 대인관계를 유지할 수 있는 능력, '공존지수' ⟨추상적 개념⟩ 미2

295 ★**NRFB** (nev·er re·moved from box): (포장도 뜯지 않은) 신품 미2

296 ★**NSFW** (not safe for work): 직장에 가지고 다니기에 부적절한 ⟨전산망⟩ '음란' 내용물 양2

297 **nu·ance** [뉴우안스]: ⟨← nubes(cloud)⟩, ⟨'구름'이란 라틴어에서 유래한 프랑스어⟩, 색조, 미묘한 차이, '뜻 빛갈', ⟨↔rough·ness\vulgarity⟩ 미1

298 **nu·cle·ar** [뉴클리어]: ⟨라틴어에서 연유한 영국어⟩, ⟨← nucleus⟩, 핵(중심)의, 핵무기의, 원자력의, ⟨↔auxiliary\extra⟩ 가1

299 **nu·cle·us** [뉴클리어스]: ⟨← nux⟩, ⟨라틴어⟩, ⟨← nut⟩, 핵(심), 중심, 요점, ⟨↔edge\periphery⟩ 양1

300 **nude** [누우드 \ 뉴우드]: ⟨← nudus(bare)⟩, ⟨라틴어⟩, 발가벗은, 나체의, 노출된, ⟨~ naked⟩, ⟨↔dressed\covered⟩ 가2

301 **nudge¹** [넏쥐]: ⟨1670년대에 등장한 어원 불명의 영국어⟩, 팔꿈치로 슬쩍 찌르기, 조금 움직이다, 소폭 이동, ⟨↔pull\repress⟩ 양1

302 **nug·get** [너겉]: ⟨← nug(lump)⟩, ⟨어원 불명의 영국어⟩, 금덩이, 뭉치, 한입으로 먹을 수 있는 음식 덩어리, ⟨↔slab\chunk⟩ 가1

303 **nui·sance** [뉴으슨스]: ⟨← nocere(annoy)⟩, ⟨'해치다'라는 라틴어에서 유래한⟩ 폐, 귀찮음, 불법 방해, ⟨~ nudnik\pain in the ass⟩, ⟨↔help\blessing⟩ 양1

304 **null** [널]: ⟨← nullus⟩, ⟨라틴어⟩, 'none', 효력이 없는, 존재하지 않는, 영, 빈, 공백, ⟨→ annulment⟩ 양2

305 *__null mo·dem__ [널 모우뎀]: 무변복조 장치 통신선(모뎀 없이 두 전산기를 연결시키는 강삭), modem eliminator, cross-over cables 미2

306 **numb** [넘]: ⟨← niman(take)⟩, ⟨영국어⟩, '빼앗긴', 감각을 잃은, 저린, 언, 마비된, 곱은, ⟨↔sensitive\responsive⟩ 양1

307 **num·ber** [넘버]: ⟨← numerus(quantity)⟩, ⟨라틴어⟩, 수, 숫자, 번호, 다수, 총수, 운수, ⟨↔letter⟩ 가1

308 *__num·ber crunch·er__ [넘버 크뤈춰]: '숫자 분쇄기', (복잡한 계산을 하는) 대형 전산기 미2

309 ★**num·ber one** [넘버 원]: ①자기 자신 ②제1급 ③소변(urine) 양2

310 ★**num·ber three** [넘버 쓰뤼이]: ⟨소변→대변 다음으로 중요한⟩ 성교, 수음(masturbation) 양2

311 ★**num·ber two** [넘버 투우]: ①제2의 실력자 ②대변(feces) 양2

312 **nu·mer·al** [뉴머럴]: ⟨← numerus(quantity)⟩, ⟨라틴어⟩, ⟨← number⟩, 수(숫자)의, 수사(숫자를 나타내는 품사) 가1

313 *__nu·mer·i·cal in·te·gra·tion__ [뉴우메리컬 인터그뤠이션]: quadrature(네모꼴 만들기), 수치 적분법, 곡선을 수많은 사각형으로 쪼개서 그 높이에 평균 길이를 곱한 것으로 곡선 아래의 면적을 알아내는 계산법⟨손으로 하면 1일 걸릴 것을 전산기는 1분에 해냄⟩ 미2

314 *__nu·mer·ic key·pad__ [뉴우메릭 키이패드]: '숫자 글 쇠판', 숫자판(숫자나 연산부호를 따로 집합 배치한 별개의 자판이나 한 구획) 양2

315 **nu·mer·ous** [뉴우머뤄스]: ⟨← numerus(quantity)⟩, ⟨라틴어⟩, 수많은, 다수의, ⟨↔few\rare⟩ 기2

316 ***Num Lock** [넘 락]: '숫자⟨number⟩ 고정틀', 숫자판을 사용할 때 누르는 건반 우2

317 ★**num·quam con·ce·de·re** [넘쾀 컨쎄드뤠]: ⟨라틴어⟩, 'never concede', 결코 시인하지 못함, 인정불가, ⟨트럼프 대통령 가문의 문장 구호⟩ 일2

318 **nun** [넌]: ①⟨← nana(mother)⟩, ⟨산스크리트어→그리스어→라틴어⟩, 'monk'의 여성형, 수녀, 여승, 비구니(Buddhist nun) ②⟨← monos⟩, ⟨'홀로 다니는'이란 뜻의 그리스어에서 유래된⟩, 독일산 흰집비둘기, 유럽산 파랑박새, 흰비오리, 얼룩(붉은)매미⟨→나방 일1 일2

319 **nup·tial** [넙셜]: ⟨← nubere(to marry)⟩, ⟨라틴어⟩, 결혼(식)의, 혼인의, ⟨↔non-marital\divorce⟩ 기2

320 ★**Nurd Chic** [너얼드 쉬입]: ⟨← nerd⟩, 너드 식, '바보 차림', (1980년대에 유행했던) 일부러 어벙하고 촌티 나게 해서 관심을 끌려는 복장 우1

321 **nurse** [너얼스]: ⟨← nutrire(feed)⟩, ⟨라틴어⟩, '돌보는 자', 유모, 보모, 간호사, 보호수, 보모충, ⟨~ nourish\nurture⟩, ⟨~(↔)doctor⟩ 일1

322 **nurs·er·y** [너얼써뤼]: 아기방, 육아실, 탁아소, 보육원, 신생아실, 온상, 종묘장, 양어장, 동물 사육장, 훈련소, 양성소, ⟨~ hatchery⟩, ⟨↔slaughter-house⟩ 일1

323 ★**nurs·er·y sta·tion** [너얼써뤼 스테이션]: '어린이 정거장', (주로 전철 근처에) ⟨부모가 직장에 가 있는 동안 아이들을 돌보아 주는⟩ 역전 탁아소, ⟨~ day-care center⟩ 일2

324 **nur·ture** [너처뤼]: ⟨← nutrire(feed)⟩, ⟨라틴어⟩, ⟨돌보아 기르는⟩ 양육, 훈육, 영양(물), 생육환경, ⟨~ nurse\nourish⟩, ⟨↔nature\tabula rasa⟩ 일1

325 **nut** [넡]: ⟨← hnyt(kernel)⟩, ⟨게르만어⟩, ⟨딱딱한 씨⟩, 견과, 어려운 일, 괴짜, 광인, 불알, 고정 나사, 암나사, ⟨↔bolt\washer⟩, ⟨민간어원이 무성한 말⟩, ⟨~ nerd\nougat\nucleus⟩

326 **nu·tri·tion** [뉴우트뤼션]: ⟨← nutrire(feed)⟩, ⟨라틴어⟩, ⟨← nourish⟩, 영양, 양분, 음식물, ⟨~ food⟩, ⟨↔starvation\deprivation⟩ 기1

327 ★**nuts** [너츠]: ⟨1785년에 '맛있는 것'으로 등장했으나 1908년 만화에서 '깨기 힘든 것'으로 변질된 말⟩, 쯧쯧, 제기랄, 미친 지랄, ⟨대갈통에 견과들로 차 있는⟩ 또라이, 꽝(미친놈), ⟨↔sane⟩ 일2

328 ★**nuts and bolts** [너츠 앤드 보울츠]: (기계의) 짜임새, ⟨암나사와 수나사로 된⟩ 기본 구조, 요체, ⟨결국은 음·양의 법칙으로 수렴된다는⟩ 요점, ⟨~(↔)ins and outs\bits and pieces\brass tacks⟩ 일2

329 ★**nut-shell** [넡쉘]: 견과의 껍질, 아주 작은 것, 요점, 요약하다, ⟨↔big\large⟩ 일2

330 **nut-ty** [너티]: 견과 같은, 머리가 돈, 홀딱 반한, ⟨↔sane⟩ 일1

331 *****NVRAM** (non-vol·a·tile ran·dom-ac·cess mem·o·ry): 비휘발성 무작위 접근 기억장치, ⟨전원이 꺼져도 지워지지 않는⟩ 전산기의 구성에 관한 정보가 담겨있는 기억력 단자 미2

332 **ny·lon** [나일란]: ⟨NY와 London을 잇는?⟩ 'cotton rayon', 나일론, 1920년대 후반부터 듀퐁사의 Wallace Carothers 등이 개발을 시작해서 1937년 양말로 만들어진 합성섬유로 질기고 변하지 않고 신축성이 좋으나 열에는 약한 편임, ⟨↔cotton\pongee⟩ 중2

333 **nymph** [님후]: '신부(bride)'라는 그리스어 ①요정(자연물의 정령으로 여러 가지 마력을 가진 아름다운 처녀), ⟨↔guy⟩ ②애벌레, 번데기, ⟨~ pupa\larva⟩, ⟨↔adult⟩ 기1

1. **O \ o¹** [오우]: 이집트의 상형 문자 눈 모양에서 따온 영어에서 4번째로 연쇄물에 자주 쓰이는 문자, O자형(원형), 혈액형의 일종, 〈그리스에서 작다는 뜻의 글자〉, oxygen·ohm·zero 등의 약자 〈중2〉

2. **oak** [오욱]: 〈← ac(a typical tree)〉, 〈어원 불명의 게르만어〉, 〈나무의 특성을 골고루 갖추고 있는〉 오크, 참나무, 굴참나무·졸참나무·떡갈나무·가시나무·너도밤나무·상수리나무 등 북반구에 서식하고 들쭉날쭉한 잎에 도토리가 열리며 단단한 목질을 가진 600여 종의 낙엽활엽교목·관목, 〈~(↔)pine〉 〈미2〉

3. **oar** [오얼]: 〈← ar(a wooden lever)〉, 〈어원 불명의 게르만어〉, 노, 노 젓는 사람(기구), 젓는 배, 〈~ row〉, 〈~ 이것은 배의 안과 밖에서 움직이고 paddle은 밖에서만 움직임〉 〈양1〉

4. **o·a·sis** [오우에이씨스]: 〈← ouih(fertile spot)〉, 〈이집트어〉, '주거지', 오아시스, 사막 가운데의 녹지, 휴식처, 안식처, 〈↔inferno\hell-hole〉

5. **oat** [오웉]: 〈← ate〉, 〈어원 불명의 영국어〉, 오트, (메)귀리, 〈영국에서는 가축 사료로 스코틀랜드에서는 사람 사료로 썼던〉 영양분과 섬유질이 풍부한 보리보다 억센 곡물, 〈~ avena; 스페인어〉 〈양1〉

6. **oath** [오우쓰]: 〈← ath(judicial swearing)〉, 〈게르만어〉, 맹세, 서약, 욕설, 〈↔betrayal\deceit〉 〈가1〉

7. **oat-meal** [오웉 미일]: (빻은) 귀리죽, 〈oat porridge〉, 〈~ gruel'\polenta〉 〈미1〉

8. ★**oat milk** [오웉 밀크]: (건강 식품으로 떠오르는) 귀리 우유, 귀리 알갱이에서 추출한 식물성 우유, 〈~ soy milk〉 〈미2〉

9. ★**ob²~** [아브]: 'obligatory', (그만) 본론으로 돌아가자~

10. **o·be·di·ent** [오우비이디언트]: 〈← obedire〉, 〈라틴어〉, 〈← obey〉 고분고분한, 순종하는, 유순한, 〈↔rebellious〉

11. **ob·e·lisk** [아블리스크]: 〈← obelos(spit²)〉, 〈그리스어〉, (끝이 뾰족한) 방첨탑, 단검표(†, 칼표, 의심이나 주의를 나타내는 기호), dagger, long-cross, 〈~ steeple〉, 〈~(↔)tower〉 〈양1〉

12. **o·bese** [오우비이스]: 〈← obesus(stout)〉, 〈라틴어〉, 〈너무 먹어서〉 살찐, 뚱뚱한, 〈~ fat\plump'〉, 〈↔thin\skinny〉 〈가1〉

13. **o·bey** [오우베이]: ob(before)+audire(hear), 〈라틴어〉, 복종하다, 따르다, '~에 귀를 기울이다', 〈~ abide\follow〉, 〈↔defy\contravene\talaq〉 〈가1〉

14. **o·bit·u·ar·y** [오우비츄어뤼]: 〈← obitus(death)〉, 〈라틴어〉, 사망(기록), 사망자의, 기일표, 〈↔birth annoucement〉 〈양2〉

15. **ob-ject¹** [아브젴트]: ob(towards)+jacere(throw), 〈라틴어〉, 〈중간에 걸려있는〉 물건, 대상, 목표, 객관, 객체, 목적(어), 〈↔sub·ject\notion〉 〈양1〉

16. **ob-ject²** [업젴트]: ob(towards)+jacere(throw), 〈라틴어〉, 〈← object¹〉, 〈대상을 던져〉 반대(항의)하다, 이의를 말하다, 〈↔approve\accept〉 〈양2〉

17. *****ob-ject code** [아브젴트 코우드]: 목적 약호, (인간어가 아니라) 실행 가능한 기계어로 출력된 편찬기의 기호, 〈~ machine code〉, 〈↔disarrange\disconnect〉 〈미2〉

18. *****ob-ject file** [아브젴트 화일]: '목적 서류철', 목적 부호만을 보관하고 있는 서류철, 〈~ computer code〉 〈미2〉

19. *****ob-ject lan·guage** [아브젴트 랭귀쥐]: 대상언어, 목적언어(편찬기나 조립기에 의해 기계어로 번역되는 언어), 〈~ target language〉 〈미2〉

20. *****ob-ject mod·ule** [아브젴트 마쥴]: '목적 뜸틀', 이동시킬 수 있는 목적 서류철 방식, 〈~ function call〉 〈미2〉

21. *****ob-ject pro·gram** [아브젴트 프로우그램]: '목적 차림표', 즉시 사용할 수 있도록 기계어로 번역된 차림표, 〈~ target program〉, 〈↔source program〉 〈미2〉

22. **ob·li·gate** [아블리게이트]: ob(before)+ligare(bind), 〈라틴어〉, 〈← oblige〉, 〈법에 따라〉 '결합하다', 의무를 지우다, 무조건의, 필수적인, 〈↔free\release〉 〈양2〉

23. **o-blige** [어블라이즈]: ob(before)+ligare(bind), 〈라틴어〉, '~쪽으로 묶다', 어쩔 수 없이 하게 하다, 은혜를 베풀다, 〈↔release\mistreat〉 영2

24. **ob-lique** [어블리이크]: ob(before)+liquis(awry), 〈라틴어〉, 비스듬한, 빗나간, 바르지 못한, 〈↔direct\right\straight〉 영2

25. **ob-lit·er·ate** [어블리터레이트]: ob(over)+litera, 〈라틴어〉, 〈'letter'를〉 지우다, 감추다, 말살하다, 〈↔establish\preserve\etch\memorize〉 영2

26. **ob-liv·i·on** [어블리뷔언]: ob(over)+livere(become black), 〈그리스 신화의 '망각(forgetfulness)의 강'에서 연유한 라틴어〉, 잊기 쉬움, 인사불성, 특별사면, 〈↔consciousness\awareness〉 영2

27. ★**ob-liv·i·o-naire** [어블리뷔어네어]: 〈신조어〉, oblivious+billionaire, 타인의 고통에 무감각한 억만장자 우2

28. **ob-liv·i·ous** [어블리뷔어스]: ob(over)+livere(become black), 〈라틴어〉, 잘 잊는, 염두에 없는, 못 알아차린, 〈↔fore-warn\memorial〉 영2

29. **ob-long** [아블렁]: ob(over)+longus, 〈라틴어〉, (옆으로 긴) 직사각형의, 타원형의, 〈↔short\non-spherical〉 기1

30. **ob-nox·ious** [어브낙셔스]: ob(against)+nocere(hurt), 〈라틴어〉, 〈독에 노출되어〉 불쾌한, 싫은, 구역질 나는, 〈↔delightful\pleasant〉 영2

31. ★**OBO** [오우보]{or best of·fer): 또는 최고로 부르는 값 미2

32. **o·boe** [오우보우]: 〈← hautbois〉, 〈프랑스어〉, 오보에, '높은 나무', 작지만 아주 높은 음을 낼 수 있는 기다란 목관 악기(피리), 〈~ double reed〉 우1

33. ★**O-bomb** [오우 밤]: ①Bacardi O를 섞은 독한 혼합주 ②snap·chat(즉석환담)에 응답하지 않기, obombanation 우1

34. ★**o·bom·ba·na·tion** [오우밤버네이션]: a nostalgic reminiscence, 〈어느 누군가의 회고록에서 따온〉 '향수에 젖은 추억 만들기', 〈감상적인 문구에 식상해서〉 대꾸하지 않기 우1

35. **ob-scen·i·ty** [업쎄니티]: ob(over)+caenum(filth), 〈라틴어〉, 〈'오물'을 노출시키는?〉 외설, 음란(물), (1973년 미 대법원이 내린 정의에 의하면) 평민이 현 사회의 잣대로 재서 볼 때 색욕을 일으키는 것을 1차적 목적으로 하는 사물·말·행위, 〈↔decency\refined〉 기2

36. **ob-scure** [업스큐어]: ob(over)+scurus(covered), 〈라틴어〉, '뒤덮여 있는', 〈← obscurus(dark)〉, 어두운, 흐린, 모호한, 눈에 띄지 않는, 〈↔distinguished\famous\evident\prominent〉

37. **ob-ser·va·tion** [압저베이션]: ob(before)+servare(keep), 〈라틴어〉, '한쪽 지키기', 관찰, 주시, 준수, 거행, 〈~monitoring\watch〉, 〈↔inattention\disregard\violation〉 영1

38. **ob-serv·a·to·ry** [업저어붜토어뤼]: 〈라틴어〉, 관측소, 전망대, 관상대, 〈~ look-out station〉 영2

39. **ob-ses-sion** [업쎄션]: ob(over)+sedere(sit), 〈라틴어〉, 〈한곳에만 앉아 있는〉 집착, 〈← obsidere (besiege)〉, 사로잡힘, 강박관념, 망상, 〈↔apathy\indifference〉 영1

40. **ob-so·lete** [압설리이트]: ob(over)+solere(use), 〈라틴어〉, 〈너무 써서〉 못 쓰게 된, 쇠퇴된, 진부한, 〈↔contemporary\modern\prosperous〉 영2

41. **ob-sta·cle** [압스터클]: ob(against)+stare(stand), 〈라틴어〉, 〈반대로 서 있는〉 장애(물), 방해(물), 〈↔clearance\advantage〉 기2

42. **ob-sti·nate** [압스터너트]: ob(against)+stare(stand), 〈라틴어〉, '고집하는', 완고한, 끈질긴, 〈~ pervicacious\refractory\stubborn〉, 〈↔agreeable\compliant〉 기1

43. **ob-struct** [업스트뤽트]: ob(against)+struere(pile up), 〈라틴어〉, '대항하여 세우다', 막다, 차단하다, 방해하다, 〈↔open\facilitate\lubricate〉 기1

44 **ob-tain** [업테인]: ob(before)+tenere(hold), 〈라틴어〉, '앞으로 가서 잡다', 얻다, 손에 넣다, 달성하다, 〈~ grasp\acquire〉, 〈↔lose\relinquish〉 ⟨기1⟩

45 **ob-vi·ous** [압뷔어스]: ob(against)+viam(way), 〈라틴어〉, '길에서 마주 보는', 명백한, 빤한, 쉬운, 〈↔obscure\fuzzy〉 ⟨기1⟩

46 **oc-ca·sion** [어케이젼]: 〈ob(towards)+cadere(fall)〉, 〈라틴어〉, '툭 떨어진' 상황, 경우, 때, 일, 기회, 행사, 근거, 〈~ event\time\cause〉, 〈↔issue\development\result\aftermath〉 ⟨영1⟩

47 **oc-ci·dent** [악시던트]: ob(before)+cadere(fall), 〈라틴어〉, 〈태양이 떨어지는〉서양, 서반구, 구미, 〈~ west〉, 〈↔orient〉 ⟨영1⟩

48 **oc-clude** [어클루드]: ob(before)+claudere(shut), 〈라틴어〉, 막다, 폐색하다, 방해하다, 〈↔open\clear〉 ⟨영1⟩

49 **oc-cult** [어컬트]: ob(over)+clare(conceal), 〈라틴어〉, '숨겨진', 신비로운, 심오한, 육안으로 안 보이는, 〈↔exposed\exoteric\plain〉 ⟨영1⟩

50 **oc-cu·pa-tion** [아큐페이션]: ob(before)+capere(seize), 〈라틴어〉, 〈← occupy〉, 직업, 〈시간을 차지하는〉업무, 〈장소를 차지하는〉점유, 종사, 거주, 〈↔avocation\recreation〉 ⟨영1⟩

51 **oc-cu·py** [아큐파이]: ob(before)+capere(seize), '손에 넣다', 차지하다, 점령하다, 사로잡다, 〈→ occupation〉, 〈↔free\empty\abandon〉 ⟨영1⟩

52 **oc-cur** [어커얼]: ob(before)+currere(run), 〈라틴어〉, 일어나다, 생기다, 나타나다, '나를 향해 달려 오다', 〈~ be-fall\happen\take place〉, 〈↔disappear\diminish\stop〉 ⟨영1⟩

53 **oc-cur-rence** [어커뤈스]: 사건, 발생, 산출, 〈↔absence\disappearance\demise〉 ⟨영1⟩

54 **o·cean** [오우션]: 〈← okeanos(sea)〉, 〈그리스어〉, (지구 표면의 70%를 차지하는) 대양, 해양, 바다(무궁무진한 생명·식량의 보고), 〈← Oceanus〉, 〈↔land\sky\welkin〉 ⟨기1⟩

55 **o'clock** [어클락]: 〈라틴어에서 유래한 영국어〉, 시, 시계방향, of the clock의 단축형 ⟨기1⟩

56 *****OCR** (op·ti·cal char·ac·ter read·er \ ~-re·cog·ni·tion): 광학 문자 판독기, (전산기로 다시 타자할 필요도 없이) 종이에 쓰인 문자를 〈어림잡아〉 판독해서 주사기로 보내주는 연성기기로 정확하지 못한 경우가 많음, 〈~ optical scanner〉 ⟨미2⟩

57 **oc·ta-gon** [악터간]: 8변(각)형, 팔각정(당) ⟨영2⟩

58 **oc·tane** [악테인]: 〈8개의 탄소가 든〉옥탄, 석유 중의 무색 액체 탄화수소로 이것이 많을수록 내연기관의 이상 폭발이 적게 일어남 ⟨수2⟩

59 **oc·tave** [악티브]: 〈그리스어→라틴어→프랑스어〉, 옥타브, 8개 한 벌의 물건, 8도 음정, 8일간의 축제 ⟨미1⟩

60 **Oc·to-ber** [악토우비]: 로마력으로 '8월', 옥토버, 〈나중에 1·2월이 추가되어 된〉 10월, 시월, 〈독일 사람들과 참새가 제일 좋아하는 달〉, 〈사냥꾼의 달〉 ⟨기1⟩

61 **oc·to-pus** [악토퍼스]: okto+podos(foot), 8각 해물, (작은 것은) 낙지, (큰 것은) 문어, 〈먹물고기〉, 양쪽 북태평양 연안의 바다에 서식하는 연체동물, 〈~ octopod〉 ⟨영1⟩

62 ★**oc·to-pus hair-style** [악터퍼스 헤어스타일]: '낙지발 머리', 〈2022년에 유행할 것으로 예상되는〉 앞·옆이 짧고 긴 뒷머리 털이 낙지발처럼 흩어진 머리 모양새, 〈~ mullet의 일종〉, 〈한국에서는 hush cut이라 함〉 ⟨미2⟩

63 **odd** [아드]: 〈'모서리(triangle)'라는 뜻의 북구어〉, '하나가 남는', 기수(홀수)의, ~ 남짓의, 짝이 모자라는, 〈신발을 한 짝만 신은 것같이〉기묘한, 우연한, 〈↔normal\usual\regular〉 ⟨영1⟩

64 ★**odd-ball** [아드 버얼]: 별난 사람, 괴짜, 〈↔conformist\follower〉 ⟨영2⟩

65 ★**odds** [아즈]: 차이, 불균등, 다툼, 승산, 유리한 조건, 확률, 〈↔equality\disadvantage\impossibility〉 ⟨영1⟩

66 **★odds and ends** [아아즈 앤 앤즈]: 잡동사니, 자질구레한 것들, 끄트러기, ends and sods, bits and ends, ⟨↔most\mass⟩ 양2

67 **ode** [오우드]: ⟨← aeidein(sing)⟩, ⟨'노래'라는 뜻의 그리스어⟩, 송시, 부(특정 인물이나 사물을 읊은 시), 시경, ⟨~ hymn⟩, ⟨↔prose⟩ 양2

68 **o·di·ous** [오우디어스]: ⟨← odium(hatred)⟩, ⟨'미워하는' 이란 뜻의 라틴어⟩, 싫은, 얄미운, 가증스런, ⟨~ aedes⟩, ⟨↔delightful\charming⟩ 기2

69 **o·dom·e·ter** [오우다미터]: hodos(way)+metron(measure), ⟨그리스어⟩, (자동차 등의) '주행'거리(측정)계, ⟨↔speedometer⟩ 미2

70 **o·dor \ o·dour** [오우덜]: ⟨라틴어⟩, scent, 냄새, 향기, 악취, 낌새, 평판, ⟨↔blandness\dullness\disgrace⟩ 양1

71 *__OEM__ [오이엠](o·rig·i·nal e·quip·ment man·u·fac·tur·er): '본자재 생산자', 주문자 상표 제품 제작자(주문에 의해 진짜로 된 여러 부품을 모아 완전한 제품으로 조립해주는 회사), '원조 장비 제작자'(IBM 등이 자기 회사를 선전하려고 쓰는 완곡한 표현) 양1

72 **of** [어브]: ⟨← apa(from)⟩, ⟨산스크리트어→그리스어→라틴어→게르만어⟩, ~의, ~로부터, ~로 인해, ~에 관해서, ⟨↔after\against⟩ 양1

73 **off** [어후]: ⟨게르만어⟩, ⟨← of⟩, ⟨분리된⟩, 떨어져, 나누어, 쉬어, 빼어, 끊기어, 벗어나, 내리어, ⟨~ after⟩, ⟨↔on\near\lodge\fine⟩ 양1

74 **★off-base** [어후 베이스]: (군사) 기지 밖의, 기습당한, 완전히 틀린, 엉뚱한, ⟨↔accurate\appropriate⟩ 양2

75 **★off-beat** [어후 비이트]: 박자가 맞지 않은, 비정상적인, 색다른, ⟨↔ordinary\run of the mill⟩ 양1

76 *__off-board trans-ac·tion__ [어후 보어드 트랜잭션]: (주식의) 장외거래, ⟨~ over-the-counter transaction⟩, ⟨↔pit trading\transaction on exchange⟩ 양2

77 *__off-by-one er·ror__ [어후 바이 원 에뤼]: 한 끗 차이 실수, 간발의 실수, 하나가 더 많거나 적은 숫자 때문에 오는 잘못, ⟨↔accurate\perfect⟩ 미2

78 **of-fend** [어휀드]: ob(against)+fendere(hit), ⟨라틴어⟩, (해)치다, 성나게 하다, 상처 입히다, 거스르다, 범하다, ⟨↔de·fend⟩ 양1

79 **of-fense \ ~ce** [어휀스]: ob(against)+fendere(hit), ⟨라틴어⟩, 위반, 범죄, 기분 상함, 무례, 공격, '맞서 때리기', ⟨↔defense\obedience⟩ 양1

80 **of-fer** [어어훠]: ob(towards)+ferre(bring), ⟨라틴어⟩, 권하다, 제공하다, 제의하다, 바치다, ⟨→ proffer⟩, ⟨↔withdraw\refuse⟩ 양1

81 **★of-fer an o·live branch**: ⟨그리스 신화에서 유래한 말⟩, 화해를 제안하다, ⟨~ truce⟩, ⟨↔warpath⟩ 양2

82 **★off-hand** [어후 핸드]: 손으로 만든, 즉석의, 준비 없이, 냉담한, ⟨~ casual\sketch\cool⟩, ⟨↔calculated\careful\considered⟩ 양1

83 **of-fice** [어어휘스 \ 어휘스]: opus(work)+facere(make), ⟨라틴어⟩, '일하는 장소', 임무, 관청, 사무소, 직장, 공직, ⟨↔home\avocation⟩ 양1

84 **of-fic-er** [어어휘써]: 장교, 공무원, 경관, 임원, ⟨↔employee\civilian⟩ 양1

85 **of-fi·cial** [어어휘셜]: '일과 관련된', 공무상의, 공적인, 공무원, 임원, ⟨↔personal\informal⟩ 양1

86 **★off-key** [어후 키이]: (곡조가) 고르지 못한, 불규칙한, 비정상의, ⟨↔on-key\concordant⟩ 양2

87 *__off-line__ [어후 라인]: ①경기노선 외의 ②자유 프로그램 체제의 ③(전산기의 중앙처리 장치에서 독립되었거나 직접 연결 않고 작동하는) 따로 잇기 ④연결이 안 된, 작동이 끊긴, ⟨↔on-line⟩ 미2

88 ★**off-put-ting** [어어후 푸팅]: 좋아하기 힘든, 정 떨어지는, '밥맛'인, ⟨~ unpleasant\repellent⟩ 형2

89 **off-sea·son** [어어후 씨이즌]: 한산기(비수기)의, 철이 지난, ⟨↔peak season⟩ 형2

90 **off-set¹** [어어후 쎝]: 상쇄하다, 대조하다, 파생하다, ⟨↔disproportion\unbalance⟩ 형1

91 ***off-set²** [어어후 쎝]: '차감 거리'(전산기 기억력의 두 점 사이의 거리), ⟨↔continuance⟩ 미2

92 ***off-set print-ing** [어어후 쎝 프린팅]: (따로 잉크를 묻힌 원통을 사용해서 용지에 대량 복사를 할 수 있는) '분지식 인쇄', ⟨↔digital printing\thermal printing⟩ 명1

93 ★**off-shoot** [어어후 슈우트]: 갈래, 나뭇가지, 파생물, 분파, ⟨↔trunk\origin⟩ 명2

94 **off-shore** [어어후 쇼어]: 앞바다의, 근해의, 해외의, ⟨↔in-shore\domestic\re-shore⟩ 기1

95 ***off-shore fund** [어어후 쇼어 훤드]: 해외 투자신탁(세부담이나 법규제가 엄하지 않은 외국에서의 투자금융), ⟨↔domestic fund⟩ 명2

96 ***off-shor-ing** [어어후 쇼어링]: 해외 이전, (여러 이유로) 사업 거점을 해외로 옮기는 일, ⟨↔in-shoring⟩ 명2

97 **off-side** [어어후 싸이드]: ①(마차의) 오른쪽, (자동차 도로의) 중앙 쪽 ②(축구나 하키에서) 상대방 득점대 근처에서 자기편의 득점을 위해 '매복'를 떠는 자세(반칙), ⟨↔on-side⟩ 미2 기1

98 **off-spring** [어어후 스프링]: 자식, 후손, 소산, 결과, ⟨↔ancester\fore-runner⟩ 명1

99 **off-stage** [어어후 스테이쥐]: 무대 뒤의, 비공식의, 사생활의, ⟨↔public\open⟩ 형2

100 ★**off-the-chest** [어어후 더 췌스트]: (흥금을) 털어놓다, 속시원히 말해버리다, ⟨↔conceal\protest⟩ 형2

101 ★**off-the-cuff** [어어후 더 커후]: ⟨연설문 없이 소맷부리에 적어 놓은 것을 보고⟩ 준비 없이 하는, 즉흥적인, ⟨~ off the top of one's head⟩, ⟨↔prepared\planned⟩ 형2

102 ★**off-the-grid** [어어후 더 그뤼드]: ⟨아수라장으로 부터⟩ 사라진, 세상을 등진, ⟨↔closely connected\dependant⟩ 형2

103 ★**off-the-hand·le** [어어후 더 핸들]: 손잡이가 빠진, 성 난, 자제력을 잃은, 흥분한, 발끈한, ⟨보통 fly가 앞에 붙어 쓰여지는 숙어⟩, ⟨↔calm\cool⟩ 형2

104 ★**off-the-hook** [어어후 더 훅]: 갈고리를 벗어난, 책임을 면한, 피한, ⟨↔convict\condemn⟩ 형2

105 ★**off-the-re-cord** [어어후 더 뤠코어드]: 비공개의, 비공식의, 기록에 남기지 않는, ⟨↔official\public⟩ 형2

106 ★**off-the-rock-er** [어어후 더 롸커]: 흔들의자에서 튀어나온, 미친, 꼭지가 돌아버린, ⟨~ off the wall⟩, ⟨↔sound\sane⟩ 형2

107 ★**off-the-shelf** [어어후 더 쉘후]: ⟨창고의 선반에서 꺼내오는⟩ 재고품인, ⟨가로대에 맞춰 만든⟩ 기성품의, ⟨↔customized\tailored⟩ 형2

108 ★**off the top of one's head**: ⟨사실 확인 없이⟩ 즉석에서 (말하다), 당장 머리에 떠오르는대로, ⟨↔cautious\discreet⟩ 형2

109 ★**off-the-track** [어어후 더 트랙]: 탈선하여, 궤도를 벗어나서, ⟨↔correct\true⟩ 형2

110 ★**off-the-wall** [어어후 더 워얼]: ⟨공이 벽에서 튀어 나올 때 어데로 갈지 모르듯⟩ 엉뚱한, 즉석의, 흔치 않은, 약간 미친, ⟨~ off-the-rocker⟩, ⟨↔usual\conventional⟩ 형2

111 ★**off to** [어어후 투우]: (~로) 떠나다, 갈 예정이다, (~을) 하러가다, ⟨↔come\get in⟩ 형2

112 ★**O 4(for) O** [오우 훠어 오우]: online for offline, 매장에서 살펴보고 전산망으로 사는 일 ⟨중국에서 만들어져 한국에서 멋으로 쓰는 '끔찍한' 단어⟩ 명2

113 **of·ten** [어어훈]: 〈어원 불명의 영국어〉, oft, frequent, 자주, 종종, 왕왕, 대체로, 〈↔seldom\rarely〉 **가1**

114 **oh** [오우]: 〈만국 공통의 의성어〉, 오~, 아~, 아이고, 어머나, 참, 응 **일1**

115 ★**oh-no-sec·ond** [오우-노우-쎄컨드]: 저런!, 제기랄!, 단추를 순간적으로 잘못 누른 따위의 실수를 깨닫는 순간, 〈~(↔)good grief〉 **일2**

116 ★**oh-shit han·dle** [오우 쉴 핸들]: 〈화정겨했을 때 '염병할' 하면서 잡는〉 승용차 창문 위의 손잡이, 〈따지고 보면 말이 별거 아니랑께!〉 **미2**

117 **oil** [오일]: 〈← elaia(olive)〉, 〈그리스어→라틴어→프랑스어→영국어〉, 기름, 석유, 윤활유, 물에는 녹지 않으나 에테르에 녹는 동·식·광물성의 미끄러운 액체, 〈~(↔)gas〉 **일1**

118 **oil-cloth** [오일 클러쓰]: 유포, (기름을 먹인) 방수포, 〈~ enameled cloth〉 **일2**

119 **oint-ment** [오인트먼트]: 〈← unguere〉, 〈라틴어〉, 〈← anoint〉, 연고, 고약, 〈↔liquid\solid〉 **일2**

120 **OK** [오우케이]: 〈1839년에 미국 신문에 등장한 약어〉, 좋아, 알았어, 됐어, 'Oll Korrect', 〈all correct의 빼딱한 철자〉, 'Okay', 'Okey', 'Old Kinderhook(반 뷰렌 대통령의 별명)', 〈↔no\wrong\bad〉 **일1**

121 ★**OK wal·let** [오우케이 월릿]: 오케이 월렛 ①전산망 금융회사 이름 ②돈만 버는 남자〈돈 삐리〉, 돈 잘 쓰는 사람〈봉〉, 〈~ OK boomer〉 **일2**

122 **old** [오울드]: 〈← eald(long time)〉, 〈게르만어〉, 나이 먹은, 늙은, 오래된, 낡은, 원래의, 노년의, 나이 든, 노련한, 〈↔young\modern\recent\new〉 **일1**

123 ★**old bag** [오울드 배그]: 할멈, 노파, 〈↔diva〉 **일2**

124 *****old e·con·o·my** [오울드 이카너미]: (전산망 사용 이전의) 구 경제, 〈↔new economy〉 **가1**

125 **old-fash·ioned** [오울드 홰션드]: '구식 술', 위스키·설탕·탄산수·비터스·레몬·체리를 넣은 〈느긋한〉 혼합주, 시대(유행)에 뒤처진, 고풍의, 〈↔fresh\current\modern〉 **우2**

126 ★**old flame** [오울드 홀레임]: 〈영국어〉, 지나간 정염, 옛사랑, 〈뱀이 벗어 놓은 허물같은 것〉, '노래 제목', 〈↔new flame〉 **일2**

127 ★**old hab·its die hard**: 세 살 버릇 여든까지 간다, 제 버릇 개 못 준다, 〈~ we are all creature of habits\a leopard doesn't change its spots〉 **일2**

128 ★**old-hand** [오울드 핸드]: 노련한 자, 능숙한 사람, 〈↔new-comer\novice〉 **일2**

129 ★**old king clan·cy** [오울드 킹 클랜시]: 〈캐나다의 연속물에서 연유한〉 여성의 질에 꿀물을 부어 넣고 (넘쳐흐르는 것을) 핥아먹는 성행위 **우2**

130 **old la·dy** [오울드 레이디]: 마누라, 여자 친구, 어머니, 잔소리꾼〈앞 단어들의 공통·함축어〉, 〈↔old man\fiancée〉 **일2**

131 **old man** [오울드 맨]: 부친, 고용주, 두목, 선배, 남편, 지배인〈앞 단어들의 공통·화대어〉, 〈↔young man\old lady〉 **일2**

132 ★**old school** [오울드 스쿠울]: 모교, 보수파, 구닥다리, 〈↔new school〉 **일1**

133 ★**old sto·ry** [오울드 스토오뤼]: 흔한 일, 진부한 이야기, 〈↔breaking news\new story〉 **일2**

134 ★**old tim·er** [오울드 타이머]: 고참, 선배, 꼰대, 〈↔new-comer\freshman〉 **일1**

135 *****OLE** (ob·ject link·ing and em·bed·ding): 객체 연결과 삽입(정보를 공유하기 위해 여러 가지 응용차림표에서 들어오는 정보를 통합해서 언어처리기로 〈기계어로〉 출력시키는 방법) **미2**

136 *****OLED** (or·gan·ic light e·mit·ting di·ode): 유기물(자연산) 발광 2주관, (눈에 유해한 푸른색을 줄이기 위해) 〈광물성 미세판 대신 유기물로 된 판막을 사용하는〉 '차세대' 발광 반도체, 〈~(↔)LED〉 **미1**

137 **o·live** [알리브]: ⟨← elaia⟩, ⟨그리스어⟩, ⟨← oil⟩, 올리브, 감람나무, 지중해 지방 원산의 옹이가 많은 줄기·가늘고 긴 잎⟨그리고⟩ 반 이상이 기름으로 된 땅콩만 한 흑자색의 열매를 맺고 척박한 땅에서도 잘 자라고 고온에도 강하고 오래 사는 "신이 내려준" 나무라고 그리스인들이 ⟨아직도⟩ 감지덕지하고 있는 물푸레나뭇과의 상록교목, ⟨~ blue-green⟩ 유2

138 ★**o·live branch** [알리브 블뢘취]: ⟨성서에 나오는 말⟩, 화해의 말(행동), 평화의 상징, ⟨~ peace pipe⟩, ⟨↔out-bid\refrain⟩ 양2

139 *OLTP** (on-line trans·ac·tion proc·ess·ing): 실시간 전산망 거래처리, 전산망을 통한 상거래를 보좌하는 연성기기 체제 미2

140 **O·lym·pi·ad** [올림피애드]: 올림픽 대회 ①제우스신을 기리기 위해 4년마다 올림피아에서 열렸던 고대 그리스의 거국적 경기 ②세계평화를 기원하면서 1896년부터 4년마다 개최되는 인류 최대의 비직업적 운동 경기대회 수1

141 **om·buds·man** [암버즈맨]: umboth(commission)+mathr(man), ⟨스웨덴어⟩, ⟨법적⟩ '대변자', 고충처리원, 상담역, 행정감찰관, 암행어사, 감찰어사(국가마다 역할과 권한이 다름), ⟨↔be-littler\antagonist⟩ 양2

142 **o·me·ga** [오우미거]: 오메가, Ω, 그리스 알파벳의 24번째(마지막) 글자, 끝, 최후, ⟨대단원⟩, ⟨↔alpha⟩ 수2 미2

143 ★**o·me·ga wolf** [오우미거 울후]: 천덕꾸러기 늑대, ⟨개천에서 용 나듯⟩ 어렵게 출세한 싸나이, ⟨↔alpha wolf⟩ 미2

144 **om·e·let(te)** [암릴]: ⟨← lamella(small plate)⟩, ⟨라틴어→프랑스어⟩, 오믈렛, 치즈·고기·야채 등을 넣고 달걀을 '얇게' 휘저어 구운 판에 싸서 먹는 요리, ⟨~ egg foo young⟩ 유1

145 **o·men** [오우먼]: ⟨어원 불명의 라틴어⟩, augury, 전조, 예언, 조짐, 징조, 예감, ⟨→ ominous\abominable⟩, ⟨~ bode\fore-tell\presage⟩, ⟨↔luck\fortune\doom⟩ 가1

146 *OMG** (ob·ject man·age·ment group): 객체 관리 협의체, (1997년부터 활성화되어) 서로 소통하기 위해 연성기기의 표준화를 개발하고 있는 여러 전산기 회사들의 모임 미2

147 ★**OMG!** (Oh my god! , oh-mi-god): '하느님 맙소사!', 어머나!, 세상에! 미2

148 ★**o-mi-god** [오미가앋]: oh my god, 맙소사, 세상에 미2

149 **om·i·nous** [아머너스]: ⟨← ominari(pressage)⟩, ⟨라틴어⟩, ⟨← omen⟩, 불길한, 나쁜 징조(의), ⟨↔auspicious⟩ 가1

150 **o·mis·sion** [오우미션]: ⟨라틴어⟩, ⟨← omit⟩, 생략, ⟨밑으로 떨어뜨리는⟩ 탈락, 소홀, 태만, ⟨↔addition\inclusion⟩ 가1

151 **o·mit** [오우밑]: ob(before)+mittere(send), ⟨라틴어⟩, ⟨완전히⟩ 빼다, 생략하다, 게을리하다, ⟨↔add\include⟩ 가1

152 *om·ni·bus** [아암니 버스]: ⟨모든 사람을 위한⟩ 승합(마차·자동차), 총칙, 총괄적, ⟨↔limited\specific⟩ 양2

153 *OMR** (op·ti·cal mark read-er \ ~re·cog·ni·tion): 광학표지 판독(인지), 광학적 방법⟨레이저 광선⟩으로 특정한 자료를 읽는 장치 미2

154 **on** [어언 \ 아안]: ⟨← an(above position)⟩, ⟨게르만어⟩, ~에, ~에 붙여, ~에 접하여, ~로, 앞쪽으로, ~몸에 지니고, ~계속해서, 떼지 않고, 즉시, 켜다, 더하다, ~에게 달려있다⟨~의 책임이다⟩, ⟨~ upon⟩, ⟨↔off⟩ 양1

155 ★**on a par** [어언 어 파아]: 동등한, 똑같은, ⟨~ be on the same boat⟩, ⟨↔different\seperate⟩ 양2

156 ★**on a roll** [어언 어(에이) 로울]: 운을 타다, ~세를 타다, ⟨↔unlucky\unfortunate⟩ 양2

157 ★**on (one's) back**: 괴롭히다, 못살게 굴다, ⟨↔aid\soothe⟩ 양2

158 **★on-call** [어언 커얼]: 대기하고 있는, 요구대로, 〈부르면 일해야 하는〉 당직, 〈↔off-call\un-available〉 관2

159 **once** [원스]: 〈← anes〉, 〈영국어〉, 〈← one〉, 〈일생을 좌우할 수도 있는〉 한 번, 일 회, 한 번도~, 일단~, 일찍이, 〈↔twice\always\nowadays〉 관1

160 **★once a thief, al·ways a thief**: 제 버릇 개 못 준다, 세 살 버릇 여든까지 간다, 〈~ a leopard can't change its spots〉 관2

161 **★once bitten, twice shy**: 한번 혼나면 두번째는 겁낸다, 자라 보고 놀란 가슴 솥뚜껑 보고 놀란다, 〈~ a burnt child dreads the fire〉, 〈↔dare-devil\fool-hardy〉 관2

162 **★once (and) for all**: 단 한번만, 이번만, 최종적으로, 〈↔never\any time〉 관2

163 **★once in a great while**: 아주 오랫만에, 가뭄에 콩 나듯, 〈~ once in a blue moon〉 관2

164 **★once on shore, we pray no more**: 똥 누러 갈 적 마음 다르고 올 적 다르다, 〈~ the danger past and God forgotten〉 관2

165 **one** [원]: 〈← on〉, 〈게르만어〉, 하나의, 어떤, 같은, 1, 〈'어떤'이 '같은'이 되는〉 사람, 것, One;하느님, 〈→ only\any\once〉, 〈↔myriad\named〉 관1

166 **★one-armed ban·dit** [원 아앎드 밴딭]: 〈1934년에 등장한 말〉, '외팔잡이 강도', 〈한 손으로 잡아당기는〉 도박용 슬롯머신(자동 도박기기), 〈~ slot machine〉 관2

167 **★one bad ap·ple spoils the bar·rel**: 한 썩은 사과가 궤짝 전체를 망친다, 어물전 망신은 꼴두기가 시킨다, 〈목사들이 설교때 단골로 써먹던 말〉, 〈↔best of the bunch〉 관2

168 **★one beats the bush and an-other catches the birds**: 재주는 곰이 넘고 돈은 되놈이 받는다, 〈↔one sows and another reaps〉 관2

169 **★one hand washes the oth·er**: 한 손은 다른 손을 씻는다, 누이 좋고 매부 좋다, 〈~ what's good for the goose is good for the gander〉 관2

170 **★one has to be full be·fore feed·ing oth·ers**: 제 배가 차야 남을 먹인다(어머니 빼고), 광에서 인심난다, 〈~ charity begins at home〉, 〈~(↔)justice begins next door〉 관2

171 **★one-horse race** [원 호얼스 뤠이스]: '독주', 일방적 승리, 무경쟁 선거, 〈↔challenge\complex task〉 관2

172 **★one ill weed mars the whole pot of pot-tage(por·ridge)**: 검불 하나가 귀리죽 한 그릇을 다 망쳐 놓는다, 미꾸라지 한 마리가 온 웅덩이를 흐려 놓는다, 〈one rotten apple spoils the whole bar·rel(bunch)〉 관2

173 **★one is blind to one's own faults**: 제 밑 구린 줄 모른다, 똥 묻은 개가 겨 묻은 개 나무란다, 〈~ the pot calls the kettle black〉 관2

174 **★one man sows and an-oth·er man reaps**: 재주는 곰이 넘고 돈은 왕서방이 챙긴다, 죽 쒀서 개 준다, 〈~ I do all the work and some-boby else gets the credit〉 관2

175 **★one night stand** [원 나잍 스탠드]: 하룻밤만의 흥행(정사), '일회용 남자(여자)', 〈~ casual hook-up\hit and run〉, 〈↔eternal stand〉 관2

176 **★one-off** [원 어어후]: 일시, 단 한 번 있는 것(일), 1회용, 〈한 번 쓰고 버리는〉 밑닦개, 〈↔repeater\regular〉 관2

177 **one-piece** [원 피이스]: 하나로 된, 위·아래가 붙은 옷, '외동 옷', 〈↔two-piece〉 관1

178 **★one rot-ten ap·ple spoils the (whole) bar·rel (bunch)**: 미꾸라지 한 마리가 온 웅덩이를 흐려 놓는다, 〈~ one ill weed mars the whole pot of pottage(porridge)〉 관2

179 **on·er·ous** [아아너뤄스]: 〈← onus(load)〉, 〈라틴어〉, '짐이 되는', 번거로운, 성가신, 부담이 있는, 〈~ burdensome\taxing\arduous〉, 〈↔easy\effortless〉 관1

180 **one-self** [원 쎌후]: 자기 자신을(에게), 스스로, 〈↔other〉 양2

181 ★**one's true col·ors will al·ways show through**: 안에서 새는 바가지 밖에서도 샌다, 될성부른 나무는 떡잎부터 알아본다, 안봐도 비디오, 〈~ as the twig is bent, so grows the tree〉 양2

182 ★**one that would have the fruit must climb the tree**: 목마른 놈이 우물 판다, 〈~ necessity is the mother of invention\want makes wit〉 양2

183 ★**one top** [원 탑]: '단두' ①(app을 사용해서 용도를 조정하는) 하나의 조리판을 가진 〈자동〉 가열 요리판 ②(축구나 또는 정치판에서) 최전방 공격수를 한 명 두는 일 미2

184 ★**one-trick po·ny** [원 트릭 포우니]: 한 가지만 잘하는 사람, '외패', 〈↔jack of all trades〉 미2

185 **one-way** [원 웨이]: 일방통행의, 편도의, 〈↔two-way〉 양2

186 *__one-way func·tion__ [원 웨이 휭션]: 일반적 기능, 반대로 계산하기가 아주 힘든 함수(기능)〈그러나 남들이 해독하기 힘들므로 '비밀' 부호 매김을 할 때 유용하게 쓰임〉 미2

187 **on-go·ing** [언 고우잉]: 진행(전진)하는, 계속되는, 〈↔finished\abandoned\intermittent〉 가1

188 **on·ion** [어니언]: 〈← unus〉, 〈라틴어〉, 〈← one〉, '양'파, 둥근파, 옥총, 다마네기, 줄기는 골파(green onion) 비슷하나 냄새가 더 고약하며 땅속으로 자라는 비늘이 〈하나로 뭉쳐진〉 공 같은 줄기를 가진 몽골 원산으로 식료로 되는 백합과의 두해살이 식파, 〈~ shallot보다 더 크고 둥금〉 가1

189 **on·ion ring** [어니언 륑]: 고리 모양의 '양파 튀김', 〈~ fried onions〉 우1

190 *__on·ion skin__ [어니언 스킨]: 양파 껍질, 얇은 반투명지, 추적을 위해 화상 위에 까는 투명한 아주 얇은 층(동영상 연성기기), 〈~ membrane〉 가1 우1

191 *__on-line__ [어언 라인]: (직접) 연결된, 작동 중인, 통신 회로(전산망)를 통한, 〈↔off-line〉 미1

192 *__on-line ser·vice__ [어언 라인 써어뷔스]: '전산망〈을 통한〉 용역' (~ banking·gambling·trading 등), 〈↔off-line service〉 미2

193 **on·ly** [오운리]: 〈← anlic〉, 〈영국어〉, 〈← one〉, ~뿐의, 유일한, 최상의, 다만, 결국은, 〈상대가치는 높으나 절대가치는 별로 없는〉, 〈↔all\many\together〉 양1

194 ★**on pins and nee·dles** [온 핀스 앤 니들즈]: 바늘 방석에 앉은 것 같다, 안절부절 못하다, 노심초사하다, 〈~ like a cat on a hot tin roof〉 양2

195 **on-sea·son** [어언 씨이즌]: 성수기의, 철을 만난, 한창때, 〈~ peak season〉, 〈↔off-season〉 양2

196 **on·set** [어언 쎋]: 개시, 시작, 초기, 〈↔end\termination〉 가1

197 **on-site** [어언 싸이트]: 현지(현장)에서, 〈↔off-site\out-side〉 가1

198 ★**on-the-air** [어언 디 에어]: 방송 전파를 타다, 방송에 나오다, 항공편으로 양2

199 ★**on-the-ball** [어언 더 버얼]: 정확하다, 감이 잡혀있다, 만반의 준비가 되어있다, 〈↔asleep\un-fit〉 미2

200 ★**on-the-high-ropes** [어언 더 하이 로우프스]: 높은 밧줄에 매달려, 의기양양하여, 신이 나서, 〈↔depressed\low spirited〉 양2

201 ★**on-the-house** [어언 더 하우스]: 가게에서 내는, 무료의, 공짜의, 〈↔payable\charged〉 미2

202 ★**on the loose** [어언 더 루우스]: 갇히지 않은, 잡히지 않은(탈주 중인), 바쁘지 않은, 행실이 나쁜, 〈~ at large〉, 〈↔on-the run〉 양2

203 ★**on-the-rocks** [어언 더 롹스]: (배가 암석에 얹히듯) 곤경에 처함, 궁지, 〈배가 바위 위에 좌초돼도 아랑곳하지 않고〉 독주나 포도주를 얼음덩어리에 직접 부어 마시는 '막가파 술 마시기', 〈↔secure\safe〉 우1

204 ★**on-the-ropes** [어언 더 로우프스]: 밧줄에 매달려, 패배하기 직전의, 궁지에 몰려, 〈↔activated\strong〉 양2

205 ★**on-the-run** [어언 더 륀]: 총망중, 분주한, 심부름 중, ⟨↔at large\on the loose\escaping⟩ 영2

206 ★**on-the-spot** [어언 더 스팟]: 즉석의, 현장의, ⟨↔tardy\miss⟩ 영2

207 ★**on the wag·on** [어언 더 왜건]: ⟨금주운동을 위해 행진하는⟩ 수레차에 동승하다, (술이나 마약 등을) 끊다, ⟨↔fall off the wagon⟩ 영2

208 **on-to** [어언 투우]: ~위에, ~에 꽉 달라붙어서, ⟨↔below\away⟩ 영2

209 ★**o·nus pro·ban·di** [오우너스 프로우밴다이]: onus(load)+provare(prove), ⟨라틴어⟩, burden of proof, ⟨원칙적으로 원고에게 책임이 있는⟩ 입증의 의무 영2

210 **on-ward** [어언 워어드]: 앞으로, 나아가서, ⟨↔back-ward\behind⟩ 기1

211 **on·yx** [아닉스]: ⟨그리스어⟩, ⟨← nail⟩, '손(발)톱', ⟨손톱 색깔 비슷한⟩ 얼룩마노, 줄마노⟨줄무늬 대리석⟩, 칠흑색⟨어원하고는 거리가 먼 마노의 흔한 색깔임⟩, alabaster 미1

212 ★**OOBE** [우우비] (out of box ex·pe·ri·ence): ⟨판매에 지대한 영향을 끼친다는⟩ 포장을 뜯었을 때 느끼는 ⟨말로 표현할 수 없는⟩ 첫 기분

213 ★**oo·bleck** [우우블랙]: ⟨1949년 Dr. Seus가 출판한 동화에 나오는 말⟩, (옥수수 녹말과 물을 섞어 만든) 액체 상태로 있다가 만지면 굳어지는 혼합물로 놀이용·완충용으로 쓰임 우1

214 ★**OOC** [우우크] (out of char·ac·ter): 안 어울려, ~답지 않아, 본론을 떠나서, 옆길로 빠져서, ⟨↔matched\proper⟩ 영1

215 ★**oo·gle** [우우글]: ⟨1990년대에 등장한 어원 불명의 핑크 용어⟩, 거지, (거리의) 불량배, ⟨↔moble man⟩ 영2

216 **ooze** [우우즈]: ⟨← wos(sap)⟩, ⟨게르만어⟩, ⟨물이⟩ 스며 나오다, 누설하다, 분비물, ⟨~ woozy⟩, ⟨transude\exude⟩, ⟨↔pour\rush\disgorge⟩ 기1

217 **o·pac·i·ty** [오우패시티]: ⟨← opacus(shady)⟩, ⟨'어두어진'이란 뜻의 라틴어⟩, ⟨← opaque⟩, 불투명(도), 통하지 않음, ⟨↔transparency\clarity⟩ 영1

218 **o·pal** [오우펄]: ⟨← upala(precious stone)⟩, ⟨산스크리트어→라틴어⟩, 오팔, ⟨알의 흰자위를 닮은⟩ 단백석, (광선이 산란되는) 함수규산의 광물, ⟨~ opaque gem⟩ 미1

219 **o·paque** [오우페이크]: ⟨← opacus(shady)⟩, ⟨라틴어⟩, 불투명한, 분명치 않은, 부전도성의, ⟨→ opacity⟩, ⟨~blurred\hazy\light-proof⟩, ⟨↔clear\lucent\transparent⟩

220 ★**op-ed** [옵 에드]: opposite the editorial page, (사설 반대쪽) 논평 기사면, 기명 논설면 미2

221 **o·pen** [오우픈]: ⟨게르만어⟩, ⟨← up⟩, 열린, 노출된, 펼친, 트인, 비어있는, 공개된, 열다, 켜다, 시작하다, 전개하다, 통하다, ⟨~ over·ture\overt⟩, ⟨↔shut\close\cork⟩ 기2

222 **o·pen-air** [오우픈 에어]: 야외, 노천, 옥외, ⟨↔inside\indoor⟩

223 ★**o·pen ar·chi·tec·ture** [오우픈 아알키텍처]: 개방형 구조(전산기의 세부 구조를 공개해서 다른 회사에서 호환성 기재를 만들 수 있게 하는 설계 방식), ⟨↔closed architecture⟩ 기1

224 **o·pen bar** [오우픈 바아]: 무료로 음료를 제공하는 (주류) 판매대, ⟨~ host bar⟩, ⟨↔cash bar⟩ 영1

225 *o·pen bus** [오우픈 버스]: '개방식 승합차', 전산기에서 외부기기를 ⟨돈 안 내고⟩ 자유로 접속할 수 있는 공통회로, ⟨~pay bus⟩ 미2

226 ★**o·pen cap·tion** [오우픈 캡션]: 개방(공개형) 자막, ⟨↔closed caption⟩, ⟨closed caption은 시청자가 조작할 수 있으나 open caption은 불박이임⟩ 영1

227 ★**o·pen cir·cuit** [오우픈 써얼킽]: 개(방)회로, (청취자가 조작할 수 없는) 일반 수신자용 TV회로, ⟨↔closed circuit⟩ 영1

228 **o·pen-end(·ed)** [오우픈 엔드(디드)]: 제한 없는, 무작정 제공하는, 변경이 가능한, 자유 해답식의, ⟨↔fixed\strict⟩ 영1

229 ★**o·pen·ing cred·it** [오우프닝 크뤠딭]: '참여자 소개', (영화 등을 시작할 때) 〈제작자·출연진·감독 등을 소개하는〉 '만든 사람들', 〈↔closing credit〉 유2

230 ***o·pen loop** [오우픈 루우프]: 개방(순환) 회로(되먹이기나 자동 수정장치가 있는 전산기의 제어체계), 〈↔closed loop〉 па2

231 ***o·pen of·fer** [오우픈 어어훠]: 공개 제의(제안), 회사가 주주들에게 정가보다 낮은 가격으로 새로운 주식을 매입하라는 회유, 〈↔tender offer〉 유2

232 ★**o·pen plan** [오우픈 플랜]: 개방식 설계, 〈근래에 유행하는〉 (쉽게 고칠 수 있고) 다양한 용도를 위해 낮은 칸막이로 막은 다인용 사무실, 〈↔enclosed plan〉 양2

233 ★**o·pen ses·a·me** [오우픈 쎄서미]: '열려라 참깨', (난국) 해결의 열쇠, 〈~ Ali Baba〉, 〈~ password〉 양2

234 ***o·pen source** [오우픈 쏘오스]: 공개 정보원(공개된 부호로 차림표를 작성하는 일), 〈↔closed source〉 па2

235 **op·er·a** [아프뤄]: 〈← operis(work)〉, 〈라틴어〉, '작품', 오페라, 가극, 말 대신 노래로 하는 연극, 〈구시대의 종합 예술〉, 〈부수음악〉, 〈← operate〉, 〈↔silence\art work〉 양2

236 ***op·er·at·ing sys·tem** [아퍼뤠이팅 씨스텀] \ OS: 운영체제, 자료의 입·출력을 조정하여 전산기를 이용할 수 있게 하는 기본 체계, 〈~ control system〉, 〈↔Oracle〉 па2

237 **op·er·a·tion** [아퍼뤠이션]: 〈← operis(work)〉, 〈라틴어→영국어〉, 작동, 운영, 시행, 수술, 작전, 연산, 〈~ operand\operant〉, 〈~ maneuver\steer〉, 〈↔in-action\idle-ness〉 양2

238 *op·er·a·tion·al re·search [아퍼뤠이셔널 뤼써어취] \ OR: '운영연구', 〈전산망을 통한 다중 모의실험 등〉 과학적 연구에 의한 경영분석이나 작전계획, 〈~ management study〉 па2

239 **op·er·a·tor** [아퍼뤠이터]: 〈← operis(work)〉, 〈라틴어〉, '일하는 자', 조작자, (전화) 교환수, 수술자, 경영자, 운전자, (전산기의) 조작 지시기기, 〈↔adversary\destroyer〉 양1

240 **o·pin·ion** [어피니연]: 〈← opinari(think)〉, 〈라틴어〉, '눈에 보이는' 관점, 의견, 견해, 평판, 소견, 〈~ point of view\perspective〉, 〈↔ambiguity\disbelief〉 가1

241 **o·pi·um** [오우피엄]: 〈← opos(vegetable juice)〉, '(액즙)'이란 뜻의 그리스어〉, 아편, 약 6천 년경부터 중동 지방에서부터 양속의 덜 익은 씨의 즙을 짜서 쓰기 시작한 진통제 생약, 〈~ heroin\morphine〉 가1

242 **op·po·nent** [어포우넌트]: ob(against)+ponere(put), 〈라틴어〉, 〈← oppose〉, 반대하는, 대립하는, 적대하는, 〈↔proppontent\friend\partner\exponent〉 양2

243 **op·por·tu·ni·ty** [아퍼튜우너티]: 〈← ob(towards)+portus(port)〉, 〈라틴어〉, '항구를 향해 부는 바람', 〈항해하기 좋은〉 기회, 호기, 가망, 〈↔adversity\disadvantage〉 양2

244 *op·por·tu·ni·ty cost [아퍼튜우너티 코어스트]: 기회비용, 한 가지 목적으로 투입된 생산수단이 다른 목적으로 사용되었을 때 얻을 수 있으나 포기된 가치, 〈↔sunk-cost〉 па2

245 ★op·por·tu·ni·ty did not knock un·till I built a door: 기회는 내가 문을 만들 때까지 두드리지 않았다, 〈~ God helps those who help themselves〉 양2

246 ★op·por·tu·ni·ty makes a thief: (누구나) 기회가 닿으면 도둑질을 하게 마련이다, 〈~ seeing is wanting〉 양2

247 **op·pose** [어포우즈]: ob(against)+ponere(put), 〈라틴어〉, 반대(대항)하다, 겨루다, 맞대다, '반대로 놓다', 〈→ opponent〉, 〈↔agree\surrender〉 양2

248 **op·press** [어프레스]: ob(against)+primere(press), 〈라틴어〉, 〈← oppose〉 압박(탄압)하다, 학대하다, '대항하여 누르다', 〈↔liberate\emancipate〉 양2

249 **opt** [아앞트]: 〈← optare(choose)〉, 〈라틴어〉, 선택하다, (한쪽을) 고르다, 〈~ option〉, 〈↔abstain\reject〉 양2

250 ***Op-ta-con [옾터칸]**: 옵타콘, optical·to·tactile converter 시각을 촉각으로 바꾸는 기기, 맹인용 점자 해독기〈상표명〉, 특수 인쇄된 문자를 진동으로 변환시켜 손끝으로 감지할 수 있게 하는 장치 ❹②

251 **op·tic [아앞틱]**: 〈← opos(eye)〉, 〈그리스어〉, 눈의, 시력(시각)의, 광학의, '보이는', 〈↔otic〉 ②①

252 ***op·ti·cal com·put-er [아앞티컬 컴퓨터]**: 광 전산기, (전자 대신) 빛을 이용하여 정보를 기억·처리하는 〈차세대〉 전산기 ②①

253 ***op·ti·cal disc [아앞티컬 디스크]**: 광 원반, 플라스틱 원반에 레이저로 미세한 홈을 파서 정보를 저장하는 고밀도 저장장치〈아직까지 흔히 쓰이나 점점 USB 등으로 대체되어 가는 경향이 있음〉, 〈~ CD\DVD〉 ①②

254 ***op·ti·cal fi·ber [아앞티컬 화이버]**: fiber optic, 광학섬유(TV·전화·전산기 등의 전기신호를 빛에 실어 보내는 유리로 만든 섬유), 〈~ glass fiber〉, 〈편자가 1999년 집을 지을 때 앞으로 실내 배선이 이것으로 바뀐다고 해서 거금을 들여 설치했으나 10년 후에 전부 무선으로 바뀌어 무용지물이 되었음; 참, 세상 빠르게 변하네!〉 ①②

255 ***op·ti·cal mem·o·ry [아앞티컬 메머리]**: 광 기억장치(광학적 수단을 써서 정보를 〈광 원반에〉 기록·출력하는 장치), 〈~(↔)laser memory〉 ①②

256 ***op·ti·cal mouse [아앞티컬 마우스]**: 광 지침패(표면의 움직임을 탐지할 때 기계적 형태가 아닌 빛〈LED〉의 굴절을 이용하는 '깜빡이'로 기계 지침패와 일장일단이 있음), 〈~(↔)laser mouse〉 ①②

257 ***op·ti·cal scan-ner [아앞티컬 스캐너]**: 광 주사기(빛을 사용하여 문자·기호·숫자를 판독하는 기기), ⇒ DCR ①②

258 ***op·ti·cal zoom [아앞티컬 쥼움]**: '광 급속 초점 맞추기', (숫자로 화상을 조정하는 대신) 실제로 조리개의 초점거리를 바꿈으로써 해상도〈선명도〉를 높여 주려는 사진 촬영 방식, 〈~(↔)digital zoom〉 ②①

259 **op·ti·mal [아앞티멀]**: 〈← optimus(best)〉, 〈라틴어〉, 최선(최적)의, 〈↔sub-optimal\un-ideal〉 ②②

260 **op·ti·mism [아앞티미즘]**: 〈← optimus(best)〉, 〈라틴어〉, 〈최선을 바라는〉 낙관(천)주의, 무사태평, '상향주의', 〈↔pessimism〉 ②①

261 **★opt-in [아앞트 인]**: '자신가입', 〈자발적으로〉 기어들어 오다, 'e-mail 참여권', 〈↔opt-out〉 ❸②

262 **op·tion [아앞션]**: 〈← optare(choose)〉, 〈라틴어〉, 〈← opt〉, 선택권, 별도, 추가, 〈↔necessity\Hobson's choice〉 ②②

263 ***op·tion but·tons [아앞션 버튼즈]**: '선택 단추'(대화상자에 표시된 까만 점으로 한 번에 한 개씩만 누르게 되어있음), 〈~ radio buttons〉, 〈↔check boxes〉 ②②

264 ***Op·tion key [아앞션 키이]**: 옵션 키, '선택 단자'〈측정 기호들을 빨리 치기 위해 마련된〉 애플 전산기의 '변형 자판'으로 다른 전산기의 ALT나 Shift의 역할을 함 ❸②

265 **★opt-out [아앞트 아웉]**: '자진 퇴출', 〈자발적으로〉 관계를 끊고 나가다, 'e-mail 거부권', 〈↔opt-in〉 ❸②

266 **op·u·lent [아퓰런트]**: 〈← opes(wealth)〉, 〈라틴어〉, '부유한', 풍부한, 화려한, 〈↔poor\sparse〉 ②②

267 **o·pus [오우퍼스]**: opera의 단수형, 〈라틴어〉, 일, 작품 (번호), 저작, 〈→ operate〉, 〈↔idleness\destruction〉 ②②

268 **or [어 \ 오어]**: 〈← oththe(either)〉, 〈어원 불명의 영국어〉, 혹은, 또는, ~이나, ~든, 즉, 아니면, 〈~ but〉, 〈↔and〉, 〈↔nor\neither〉 ②①

269 **or·a·cle [오어뤄클]**: 〈← orare ← oris(mouth)〉, 〈라틴어〉, 〈← oral〉, 신탁, 계시, 예언, 〈↔dabbler\dilettante〉 ②①

270 **o·ral [오어랄]**: 〈← oris(mouth)〉, 〈라틴어〉, 구두의, 구술의, 입을 통한(경구), 〈→ oracle \ orifice〉, 〈↔written\parenteral〉 ②①

271 **or·ange [오어륀쥐]**: 〈← naranga(a citrus)〉, 〈산스크리트어→페르시아어→라틴어→프랑스어〉, 등자, 감귤, 귤, 주황색, 〈↔blue〉 ❶①

272 **or·a·tor** [오어뤄터]: 〈← orare(speak)〉, 〈라틴어〉, 〈← oral〉, 연설자, 웅변가, 〈~ rhetoric〉, 〈↔listener〉 기1

273 **or·a·to·ri·o** [오어뤄토뤼오우]: 〈이탈리아어〉, 오라토리오, 성담곡, 성가극(무대장치나 분장 없이 웅장한 목소리로 대사를 읊는 대형〈종교적〉악극), 〈↔bellow\yell〉 미2

274 *****ORB** [오얼브](ob·ject re·quest bro·ker): 객체 요구 매개자(전산망을 통해서 한 객체와 다른 객체의 연결을 중매하는 연성기기) 미2

275 **orb** [오얼브]: 〈← orbis(circle)〉, 〈라틴어〉, 원, 고리, 구(체), 전체, 〈↔cube\square〉 일2

276 **or·bit** [오어빝]: 〈← orbis(circle)〉, 〈라틴어〉, 궤도, 행로, 안와(eye socket), 〈~ circle\sphere〉, 〈↔stagnation\bee-line\de-orbit〉 기1

277 **or·chard** [오어춰드]: wyrt(wort)+geard(garden), 〈라틴어+영국어〉, garden+yard, 과수(원), 〈↔waste-land\pasture〉 기2

278 **or·ches·tra** [오어키스트뤄]: 〈← orcheisthai(dance)〉, 〈그리스어〉, 오케스트라, 관현악(단), 관악기·현악기·타악기로 구성된 중·대형 연주회, 아래층 무대 전면 좌석, 〈↔dissonant\discordant\soloist\balcony〉 일2 우1

279 **or·chid** [오얼키드]: 〈그리스어〉, 〈뿌리가 '불알'(orchis) 모양을 닮은〉〈6천여 종의〉난초(꽃), 연자주색, 〈~ ballok-wort(testicle plant)〉

280 **or·dain** [오어데인]: 〈← ordo(row¹)〉, 〈라틴어〉, 질서(order)를 바르게 하다, 정하다, 명하다, 서품하다, 〈~ anoint〉, 〈↔lay³〉 일2

281 **or·deal** [오어디일]: 〈← ordal(judgement)〉, 〈게르만어〉, 〈신에 의해 배당된〉호된 시련, 고된 시련, 〈↔comfort\joy\sine-cure〉 일2

282 **or·der** [오어더]: 〈← ordo(row¹)〉, 〈'순서'란 뜻의 라틴어〉, 명령, 지시, 질서, 서열, 주문, 서품, 교단, 제도, 목(생물 분류의 5번째 단위-강 아래·과 위), 〈~ ordain〉, 〈~ rule\dominion〉, 〈↔disorder\chaos\affray〉 일1

283 **or·der·ly** [오어덜리]: 순서 바른, 순종하는, 전령, (병원) 잡역부, 〈↔chaotic\boss〉 일1

284 **or·di·nance** [오어디넌스]: 〈라틴어〉, 〈← order〉, 〈순서가 있는〉법령, 조례, 의식, 성찬식, 〈↔lawlessness\laity〉 일2

285 **or·di·nar·y** [오어디네뤼]: 〈라틴어〉, 〈← order〉, 보통의, 평범한, 정규의, '순서대로 일어나는', 〈~ usual\quotidian〉, 〈↔abnormal\uncommon\unique〉 기1

286 **ore** [오어]: 〈← ora(un-wrought metal)〉, 〈게르만어〉, '놋쇠', 광석, 원광, 〈~ parent rock〉, 〈↔abstract〉 기1

287 *****.org** [닼 오얼그]: 〈← organization〉, 1985년에 도입되어 원래는 비영리 단체를 나타내는 전산망 주소로 쓰였으나 지금은 〈아무〉단체나 다 나타냄 수2

288 **or·gan** [오얼건]: 〈← organon(instrument)〉, 〈그리스어〉, '연장', 〈일하는〉기관, 장기, 오르간(풍금; 자판을 눌러 관을 울리는 크고 작은 악기), 〈~ vital part〉, 〈↔inertia〉 기1 미1

289 **or·gan·ic** [오얼개닉]: 〈장기의〉, 기질적인, 유기체(물)의, 조직적인, 고유의, 자연산의, 화학제품을 쓰지 않는, 〈↔in-organic\accessory\man-made〉 일1

290 **or·gan·ism** [오얼거니즘]: 〈기관으로 이루어진〉유기체(물), 생체(물), 조직체, 〈↔abstract\inanimate〉 기1

291 **or·gan·i·za·tion** [오얼거니제이션]: 조직(체), 단체, 조합, 〈↔discord\conflict〉 기1

292 **or·gasm** [오얼개즘]: 〈← organ(swell)〉, 〈그리스어〉, 〈부풀어 오르는〉격렬한 흥분, 성 쾌감의 절정, 〈자기! 구름 위로 떠가는 기분이야?〉, 〈아니! 그냥 좀 짜릿했어〉, 〈↔anticlimax\failure〉 기1

293 **or gate** [오어 게이트]: 긍정 논리합 문, 입력에 하나라도 1이 포함되면 출력이 1이 되는 논리회로, ⟨↔and gate⟩ 미2

294 **or·gy** \ or·gie [오얼쥐]: ⟨← orge(wrath)⟩, ⟨그리스어⟩, ⟨비밀스런⟩ 주연, 유흥, 방탕, 탐닉, 난교파티, '주지육림', '궁정동 회식', ⟨↔sober\moderation⟩ 앙2

295 **o·ri·ent** [오어뤼엔트]: ⟨← oriri(rise)⟩, ⟨라틴어⟩, '태양이 떠오르는 곳', 동양, 동방, 빛나는, 향하다, 적응하다, ⟨~ east⟩, ⟨↔occident⟩ 건1

296 **o·ri·en·ta·tion** [오어뤼엔테이션]: 방위, 방침, 태도, 성향, 적응, 진로(지도), 예비(교육), ⟨↔dis-orientation\mix-up⟩ 앙2

297 **or·i·fice** [오어뤼휘스]: oris(mouth)+facere(make), ⟨라틴어⟩, ⟨← oral⟩, 구멍, 뚫린 데, ⟨↔seal\closing⟩ 앙2

298 **or·i·gin** [오어뤼쥔]: ⟨← oriri(rise)⟩, ⟨라틴어⟩, '떠오름', 기원, 발단, 태생, 가문, 원점, ⟨↔end\effect⟩ 앙1

299 **or·na·ment** [오어너먼트]: ⟨← ornare(adorn)⟩, ⟨라틴어⟩, ⟨← ornate⟩, 꾸임, 장식(품), 훈장, ⟨↔scar\blemish⟩ 건1

300 ***or·phan** [오얼풘]: ⟨← orphanos(be-reaved)⟩, ⟨그리스어⟩, ⟨근친을 잃은⟩ 고아, (언어처리기의 발달로 거의 없어진) 마지막 문장이 잘려서 다음 장의 맨 위에 나타나는 현상, 제조자에 의해 후속봉사가 되지 않은 전산기 제품, ⟨↔support\adopt\parented⟩ 앙2

301 **or·tho-dox** [오얼써 닥스]: ortho(right)+doxa(opinion), (원형을 존중하고 변형이나 예외를 극히 꺼리는) 정교, 정통파의, 정설의, ⟨↔heresy⟩ 건1

302 **os·cil·la·tion** [아씰레이션]: ⟨← oscillum(swing)⟩, ⟨라틴어⟩, '흔들림', 진동, 요동, 잡음, ⟨~ vibration⟩, ⟨↔stillness\inactivity⟩ 건1

303 ***OSI** (o·pen sys·tems in·ter·con·nec·tion): 개방형 체계 상호 접속(전산기 간에 자유로운 정보 교환을 위해 국제적으로 표준화된 접속 장치) 미2

304 **os·prey** \ ~pray [아스프뤼]: ossi(bone)+fraga(break), ⟨라틴어⟩, ⟨잡아먹는 새⟩, 물수리, ⟨생선 매⟩, 전 세계에 걸쳐 서식하며 민물고기·바닷고기를 가리지 않고 억센 발톱으로 낚아채는 '뼈를 부수는' 힙찬 새, fish eagle 미2

305 **os·trich** [오스트뤼취]: avis(bird)+strouthion(sparrow), ⟨그리스어⟩, '큰 참새', 타조, 예리한 눈과 두 갈래의 발가락을 가지고 말보다 더 잘 달리는 세상에서 제일 크고 제일 세고(정력과 발길질) 제일 오래 사는 일부다처제의 '낙타 비슷한' 새, ⟨~ emu보다 3배 정도 큼⟩ 건1

306 ***os·trich gen·er·a·tion** [오스트뤼취 쥐너뤠이션]: 타조 세대, 현실도피 세대⟨타조는 맹수가 다가오면 모래 땅에 머리를 박지 않고 발 빠르게 도망가거나 지치면 발길질을 하므로 이 말은 잘못된 말임⟩, ⟨주로 X-generation을 지칭하는 말⟩ 앙2

307 ***o·ta·ku** [오타쿠]: ⟨1992년에 등장한 말⟩, o(honorific)+taku(house), palace, '어택'(중국어→일본어), ⟨'이 안에서는 내가 왕이다'란 뜻에서 연유한⟩ 동영상이나 만화에 미친 일본의 젊은 세대, ⟨~ geek\nerd⟩ 앙2

308 ***O·ta·ni syn·drome** [오타니 씬드로움]: ⟨← kotani(small valley)⟩, ⟨일본어⟩, ⟨소곡→대곡(otani)⟩, 욕심 많은 일본의 야구선수 오타니⟨넓은 계곡에 사는 자⟩처럼 투수와 타수를 겸업할 때 생기는 정신적·신체적 이상 현상, ⟨~ hero syndrome⟩ 숭2

309 ***OTC mar·ket**: 장외시장, 증권 거래소를 이용하지 않고 고객 상호 간에 매매가 개별적으로 이루어지는 '제3시장', ⟨↔exchange trading⟩ 미2

310 **oth·er** [어더]: ⟨← anyatara(different)⟩, ⟨산스크리트어→게르만어⟩, ⟨← alter⟩, '다른', ~이외의, 딴, 이전의, 다른 하나, 나머지, ⟨~ another\altruism⟩, ⟨↔same\like-wise⟩ 앙1

311 ★**oth·er fish in the sea**: 기회는 얼마든지 있다, 선택의 여지가 많다, 〈실연당한 사람한테 쓰는 위로의 말〉, 〈편자가 젊은이들한테 꼭 하고 싶은 말〉, 〈↔rejection\obligation〉

312 ★**oth·er half** [어더 해후]: 반대(상대)편, 〈자신의 반쪽인〉배우자, 〈↔self〉

313 **oth·er-wise** [어더 와이즈]: '딴 방법으로', 그렇지 않으면, 〈↔like-wise\similarly〉

314 ★**OTL** [오우티이엘]: ①out to lunch, 점심 먹으러 나감 ②〈사람이 땅에 팔을 대고 무릎을 꿇은 자세〉를 문자로 표현한 것, 얼빠진 모습, 허탈한, 젠장할!

315 ★**O 2(to) O** [오우 투우 오우]: online to offline (전산망으로 살펴보고 매장에서 사는 일), offline to online ('한국의 모루밍족 같이' 매장에서 살펴보고 전산망으로 사는 일) 〈중국에서 만들어 낸 '기똥찬' 영어〉

316 ***OTT** (o·ver the top): '상정목록', 전산망을 통해 흘러나오는 모든 내용물, 〈↔under-stated〉

317 **ot·ter** [아터]: 〈← hydra(water snake)〉, 〈그리스어〉, '물뱀', 수달, 광범위하게 서식하는 야행성 족제비과의 모피가 부드러운 육식 양서동물로 바다에 사는 것은 〈해달〉이라고 함, 〈~ water weasel〉

318 **ought** [어우트]: 〈← agan(possess)〉, 〈영국어〉, 〈← owe〉, 해야만 한다, 하기로 되어있다, 〈↔must not\should not〉

319 **ounce**¹ [아운스]: 〈← uncia(twelfth part)〉, 〈라틴어〉, oz, 온스('1/12') ①무게; 보통 28.3495g이나 금·약제를 잴 때는 31.1035g ②부피; 미국에서는 29.6cc·영국에서는 28.4cc, 〈~inch〉

320 **our** [아우어]: 〈← unsar(we)〉, 〈게르만어〉, 우리(들)의, 짐(과인)의, 〈↔my\your\their〉

321 **oust** [아우스트]: 〈← haurire(expel)〉, 〈라틴어〉, 내쫓다, 빼앗다, 〈↔accept\give〉

322 **out** [아울]: 〈← ud(away)〉, 〈산스크리트어→그리스어→게르만어〉, 밖에(으로), 내밀어, 꺼내어, 나와, 벗어나, 없어져, 끝까지, 바깥쪽, 잘못, 탈락, 〈↔in〉

323 **out-break** [아울 브레잌]: 〈깨져서 밖으로 나가는〉 발발, 분출, 폭동, 〈↔stagnation\suppression〉

324 **out-burst** [아울 버어스트]: 〈밖으로 터지는〉 폭발, 파열, 격발, 〈↔calm\implosion〉

325 ★**out-call** [아울 커얼]: 방문, 출장, 왕진, 방문 매춘, 〈↔not moving\do nothing〉

326 ★**out-cast** [아울 캐스트]: 내쫓긴, 폐기된, 폐물, 꾸어다 놓은 보릿자루, '왕따', 〈개밥에 도토리〉, 〈↔insider〉

327 **out-come** [아울 컴]: '밖으로 나온 것', 결과, 과정, 성과, 〈~ result〉, 〈~ effect\up-shot〉, 〈↔cause〉

328 ★**out-crop** [아울 크롺]: 〈고갱이를 들춰내는〉 노출, 표면이 나타난 것, 돌발사건, 〈↔clear\dissolve〉

329 **out-cry** [아울 크라이]: 부르짖음, 강렬한 항의, 야유, 〈↔quiet\acceptance〉

330 **out-dat·ed** [아울 데이티드]: 구식의, 시대에 뒤떨어진, 〈↔contemporary\up-to-date〉

331 ***out-dent** [아울 덴트]: '밖으로 내기', 문장의 첫 줄을 왼쪽 끝머리로 끌어내는 타자 기법, 〈↔notch\in-dent〉

332 **out-door** [아울 도어]: '문밖의', 집 밖의, 야외의, 옥외의, 〈↔in-door〉

333 ★**out-er–course** [아우터 코어스]: '바깥 애무', (성교전에 하는) 전희, heavy petting, dry humping, 〈~(↔)inter-course\after-play〉

334 **out-field** [아울 휘일드]: 변경, 외야, 〈↔in-field\right-field〉

335 **out-fit** [아울 휕]: 의상, 장비(한벌), 도구(일습), 소양, 집단, 〈↔bare\divest\individual〉

336 ★**out-flank** [아울 훌랭크]: (적의) 옆구리를 찌르다, 허점을 노리다, 계책으로 누르다, 〈↔aid\lose〉

337 **out-flow** [아웉 홀로우]: 〈밖으로 흐르는〉 유출(물), 폭발, 〈↔inflow\influx〉 양2

338 **out-go-ing** [아웉 고잉]: 〈밖으로〉 나가는, 사교적인, 떠나는, 〈↔in-coming\reserved〉 양2

339 ★**out-guess** [아웉 게스]: 미리 짐작하다, 꿰뚫어 보다, 〈↔encourage\abet〉 양2

340 **out-ing** [아우팅]: 소풍, 행락, 유람, 나들이, 〈↔hiding\staying〉 양2

341 ★**out-lay** [아웉 레이]: 경비, 지출, 〈펼쳐 눕힌〉 배치, 〈↔income\collection〉 양1

342 **out-let** [아웉 렡]: 〈게르만어〉, 〈밖으로 나가는〉배출구, 판로, 직판점, (화물이)발산구, 〈↔inlet〉 양2

343 ★**out-line** [아웉 라인]: '바깥 선', 윤곽, 테두리, 개요, 대충 그리기(쓰기), 〈↔center\entirety\details〉 양2

344 **out-live** [아웉 리브]: ~보다 오래 살다(가다), 〈↔die\perish〉 양2

345 ★**out-look** [아웉 룩]: 〈밖으로 보는〉조망, 전망, 예측, 견해, 일기예보, 〈↔blindness\certainty〉 양1

346 ★**out of fry-ing pan in-to the fire**: 갈수록 태산, 〈~ get worse and worse\from bad to worse〉 양2

347 ★**out of sight, out of mind**: 눈에서 멀어지면 마음에서도 멀어진다, 〈long absent, soon forgotten\good neighbors are better than distant cousins〉, 〈~(↔)the squeaky wheel get, the grease〉, 〈↔absence makes the heart grow fonder〉 양2

348 ★**out of the blue**: 〈창공에서 튀어 나오듯〉 불쑥, 느닷없이, 돌연, 뜬금없이 〈~ out of no-where〉, 〈↔as expected\little by little〉 양2

349 ★**out of the woods**: 곤란한 처지를 벗어나다, (위기를 벗어나) 희망이 보인다, 〈↔deteriorate\fail〉 미2

350 **out-put** [아웉 풑]: 산출(량), 생산, 출력, 〈↔in-put〉 양2

351 **out-rage** [아웉 뤠이쥐]: 〈게르만어→프랑스어→영국어〉, 침범, 난폭, 격분, 능욕, 〈↔glee\blessing〉 양1

352 **out-reach** [아웉 뤼취]: 원조 계획, 구제 활동, 도움의 손길, 〈↔retract\fall behind〉 양2

353 ★**out-right** [아웉 롸잍]: 철저하게, 솔직히, 명백한, 당장, 〈↔imperfect\uncertain\in part〉 양2

354 ★**out-run** [아웉 륀]: 앞질러 달리다, 초과하다, 〈↔lose\surrender〉 양2

355 ★**out-set** [아웉 쎝]: 착수, 시작, 〈↔end\conclusion〉 양2

356 **out-side** [아웉 싸이드]: 밖, 외부, 외관, 표면, 〈↔in-side〉 양1

357 **out-sid·er** [아웉 싸이더]: 한때가 아닌 자, 문외한, 승산이 없는 말, 〈↔in-sider〉 양2

358 ★**out-skirts** [아웉 스커츠]: 변두리, 교외, 〈'치마 밖'-별 볼 일이 없는 곳〉, 〈↔center\middle〉 가1

359 ★**out-smart** [아웉 스마아트]: ~보다 약다(똑똑하다), 한 수 높다, 〈↔help\surrender〉 양2

360 ＊**out-sour·cing** [아웉 쏘싱]: 하청, 용역 외주, 부품을 외부에서 조달함, 〈↔in-sourcing〉 가1

361 **out-stand-ing** [아웉 스탠딩]: '밖에 서 있는', 걸출한, 돌출한, 미해결의, 〈↔mediocre\settled〉 양2

362 ★**out-strip** [아웉 스트륖]: 〈행동을〉 앞지르다, 능가하다, 〈여자가〉 '먼저 벗다', 〈~ out-pace〉, 〈↔fail\lose\'surrender〉 양2

363 ★**out-take** [아웉 테이크]: 〈밖으로 꺼내는〉 통기구멍, 촬영 후 자른 장면〈한국에서는 NG라 함〉, 인용(발췌)문, 〈↔advent\fill\whole〉 양2

364 **out-ward** [아웉 워어드]: 밖을 향한, 외관의, 물질적인, 〈↔in-ward〉 양2

365 ★**out-weigh** [아웉 웨이]: 보다 무겁다, 〈능력이〉 보다 낫다, 〈↔under-weigh\lose\fall behind〉 양2

366 ★**out-wit** [아웉 윝]: 선수 치다, 의표를 찌르다, 〈↔succumb\encourage〉 양2

367 **o·val** [오우쁠]: 〈← ovum(egg)〉, 〈라틴어〉, 달걀 모양의, 타원형의, 〈↔square\diamond〉 간1

368 **ov·en** [어븐]: 〈← auhns(furnace)〉, 〈게르만어〉, 오븐, 솥, 화덕, 가마, 〈~ stove〉 양1

369 **o·ver** [오우붜]: 〈← upari(above)〉, 〈산스크리트어→그리스어→라틴어→게르만어〉, 위(의), 온통, ~을 넘어, 저편의, ~동안, 걸쳐, 초과된, 거꾸로, 완전히, 건너서, 끝나, 〈↔under\bellow〉 양1

370 **o·ver-all** [오우붜뤼얼]: '모든 것 위의', 전반적으로, 어느 곳이나, 끝에서 끝까지, [**오우붜뤼얼**]; (보통 가슴받이가 달리고 소매가 짧은) 작업복, 〈cover-all은 소매가 김〉, (영국에서는) boiler suit or dungaree, 〈↔partial\incomplete〉 양2 미1

371 ★**o·ver-board** [오우붜 보오드]: '갑판 너머로', 배 밖으로, 극단적으로, 능력 밖의, 〈↔necessary\reasonable〉 양1

372 ★**o·ver-cast** [오우붜 캐스트]: 구름으로 덮다, 흐린, 휘갑친(가를 얽어서 둘러 감아 꿰맨), 〈bright\clear〉, 〈↔under-cast〉 양2

373 **o·ver-come** [오우붜 컴]: 〈난관을〉'넘어오다', 이겨내다, 극복하다, 압도하다, 〈↔lose to\defeated by〉 양2

374 ★**o·ver-eas·y** [오우붜 이이지]: 달걀을 한쪽은 튀기고 한쪽은 뒤집어 살짝 익힌, 〈↔raw〉 양1

375 **o·ver-flow** [오우붜 홀로우]: 넘치다, 넘쳐흐르다, 〈↔ebb〉 [오우붜 홀로우]; 범람(연산 결과가 전산기 용량보다 커지는 것), 〈↔sink〉 양2 미2

376 ★**o·ver-hang** [오우붜 행]: 쑥 내밀다, 돌출하다, 위협하다, 통화과잉, 예산초과, 〈↔depress\recess〉 양1

377 ★**o·ver-haul** [오우붜 하울]: 〈배에서 위에 매단 밧줄을 늦춰 놓고〉 정밀 검사하다, 분해 수리하다, 〈~ameliorate\reconstruct〉, 〈↔neglect\destroy〉 양2

378 ★**o·ver-head** [오우붜 헤드]: 머리 위에, 고가식의, 경상비, 총경비, 간접비용, 〈~ running cost〉, 〈↔under-gound\under-head\variable cost〉 양2 미2

379 **o·ver-hear** [오우붜 히어]: '벽 너머로 듣다', 어쩌다 듣다, 엿듣다, 〈↔attentive listen\miss〉 양2

380 ***o·ver-laid win·dows** [오우붜레이드 윈도우즈]: (전산기의) 〈층계형 화면 중 제일 간단한〉 겹쳐진 화면, 〈↔task window〉 미2

381 ★**o·ver-lap** [오우붜 랲]: [무릎] '위에 겹쳐 놓다', (부분적으로) 덮다, 겹치다, 중복되다, [오우버 랲]; 병행, 겹치기, 〈~double\fold〉, 〈↔separate\differ〉 양1

382 ★**o·ver-lay** [오우붜 레이]: ~에 들씌우다, 압제하다, (고르게) 통바르기를 하다, 도표 등에 겹쳐 쓰는 (반)투명 피복지, 〈↔under-lay\un-cover〉 미2

383 **o·ver-load** [오우붜 로우드]: 과적재하다(너무 많이 싣다), [오우붜 로우드]; 과부하(너무 많이 부담을 주는 일), 〈↔under-load\dis-burden〉 양2

384 **o·ver-look** [오우붜 뤀]: 〈위에서〉 내려다보다, 빠뜨리고 보다, 감독하다, 못 본 체하다, 〈↔regard\foresee\investigate〉 양2

385 **o·ver-night** [오우붜 나잍]: '밤을 넘어가는', 밤을 새우는, 하룻밤, 전날 밤, 〈↔daily\slow〉 양2

386 **o·ver-pass** [오우붜 패스]: ~을 넘다, 통과하다, 육교, 구름다리, 고가도로, 〈~ sky-bridge〉, 〈↔heed\attend〉, 〈↔under-pass\tunnel\via-duct〉 양2

387 **o·ver–pow·er-ing** [오우붜 파워륑]: 저항할 수 없는, 강렬한, 압도적인, 막대한, 〈↔weak\feeble〉 양1

388 ***o·ver-print** [오우붜 프륀트]: (문자반에 없는 기호를 만들기 위해 하는) 덧인쇄, (다른 판을 겹침) 겹인쇄, 너무 진한 인쇄, 너무 많은 인쇄, (위조를 막기 위한) 거듭 인쇄, 〈↔light-print〉 양1

389 **★o·ver-ride** [오우붜 롸이드]: (말을 타고) 넘다, 무시하다, 뒤엎다, 우선하다, 떼다, 〈↔allow\accept〉 원2

390 **o·ver-run** [오우붜 륀]: 지나쳐 달리다, 초과하다, 들끓다, 압도하다, 범람하다, 〈↔lose\evacuate〉 원1

391 **★o·ver-sea(s)** [오우붜 씨이(즈)]: 해외(외국)의, '바다 너머의', 〈↔native\domestic〉 기1

392 **o·ver-sha·dow** [오우붜 쇄도우]: 그늘지게 하다, 가리다, 짓누르다, 빛을 잃게 하다, 〈↔brighten\illuminate〉 원2

393 **o·ver-shoe** [오우붜 슈우]: (방수·방한용) 덧신, galosh 기1

394 **o·ver-shirt(skirt)** [오우붜 셔얼트(스커얼트)]: (옷단이 바지나 치마 밖으로 나오는) 헐렁한 웃옷, 〈↔under-wear〉 원1

395 ***o·ver-shoot** [오우붜 슈우트]: 초과 사격, (화살이) 지나치게 쏘다, 씨를 말리다, 도를 넘다, 지나친 욕심으로 인한 실패, 물가의 경직성으로 인해 환율이 단기적으로 과도하게 변동하는 현상, 〈~ skeet〉, 〈↔under-shoot\linger〉 원1

396 **★o·ver-sight** [오우붜 싸잍]: 빠뜨림, 못 봄, 단속, 감시, 〈↔accuracy\attention〉 원2

397 **o·ver-take** [오우붜 테이크]: '앞선 것을 잡아넣다', 따라잡다, 추월하다, 압도하다, 현혹시키다, 〈↔miss\lose〉 원1

398 **★o·ver-the-coun·ter** [오우붜 더 카운터]: 〈손쉽게 진열장 위의 시렁에서 꺼내 파는 매매〉, 장외거래, 비처방약, 〈~ non-prescription〉, 〈↔listed\registered〉, ⇒ OTC 원2

399 **★o·ver-the-hill** [오우붜 더 힐]: 한창때를 지난, 내리막길인, 늙은, 〈↔youthful\youngish〉 원2

400 **★o·ver-the-moon** [오우붜 더 무운]: (달 위에 떠 있듯이) 아주 기분 좋다, 대만족, 〈~ cloud nine〉, 〈↔sad\sorrowful〉 원1

401 **★o·ver-the-top** [오우붜 더 탚]: 지나친, 과장된, 초고급(의), 성적 극치에 도달한, 〈↔reasonable\restrained〉 원2

402 **o·ver-throw** [오우붜 쓰로우]: 〈과도하게〉 높이 던지다, 너무 멀리 던지다, 뒤집어엎다, 타도하다, 전복시키다, [오우붜 쓰로우]; 전복, 타도, 〈~(↔)victory\win\establish〉, 〈↔retreat\surrender〉 원1

403 **o·ver-time** [오우붜 타임]: '정해진 시간을 넘어가는', 시간 외 노동, 초과근무, 연장전, 〈↔already\earlier\regular time〉

404 **o·ver·ture** [오우붜 취]: 〈← ovrir〉, 〈라틴어〉, 'open', 신청, 예비교섭, 건의, 서곡, 전주곡, 서장, 〈↔coda\conclusion〉 원1

405 **o·ver-turn** [오우붜 터언]: 뒤집어엎다, 타도하다, 전복하다, 부결시키다, 역전시키다, 〈~ upend〉, 〈↔allow\accept〉 원2

406 **o·ver-view** [오우붜 뷰이]: 〈위에서 전체적으로 보는〉 개관, 개략, 〈↔details\enlargement〉 기1

407 **o·ver-whelm** [오우붜 웰름]: over+whelmen(turn), 〈영국어〉, 〈위에서 내리누르듯〉 압도하다, 기를 꺾다, 〈↔under-whelm\encourage\surrender〉 원2

408 ***o·ver-write** [오우붜 롸이트]: 너무(많이) 쓰다, 다시 쓰다, 겹쳐 쓰기(동명의 서류철에 다른 정보를 입력할 때 이전의 정보는 소멸되는 것이 원칙임), 〈↔under-write\erase〉 원2 미2

409 **owe** [오우]: 〈← agan(own)〉, 〈게르만어〉, 빚지고 있다, 신세를 입고 있다, 의무를 지고 있다, 기인하고 있다, 〈← ought〉, 〈↔incur\settled〉 원1

410 **owl** [아울]: 〈← ulula(howl)〉, 〈라틴어→게르만어〉, 〈의성어〉, 올빼미(전 세계에 퍼져 서식하며 밤에 홀로 다니며 쥐를 잡아먹는 부엉이 비슷하나 귀 모양의 깃털이 없는 매보다는 쏙독새에 더 가까운 새), 밤을 새우는 사람, 〈~ night bird〉, 〈↔lark¹?〉, 〈↔diurnal〉 원2

411 **own** [오운]: 〈← agan(possess)〉, 〈영국어〉, '자신에게 빚진', 자기 자신의, 고유한, 친, 소유하다, 자인하다, 〈↔disclaim\deny〉 원2

412 **own-er** [오우너]: 임자, 소유권자, 주인, ⟨↔employee\tenant⟩ 명1

413 **ox** [악스] \ ox·en [악슨]: ⟨← uksa(bull)⟩, ⟨산스크리트어→게르만어⟩, ⟨← oxa⟩, (거세한) 수소, 소, 소 같은 사람, ⟨↔cow⟩ 가1

414 **ox·y·gen** [악시줜]: oxys(acid)+gennan(generate), ⟨그리스어⟩, ⟨'예리한 (신)맛'이 나는⟩ 산소, ⟨8개의 양성자를 가지고 삶과 죽음에 결정적 역할을 하는⟩ 비금속원소 (기호 O·번호8) 명2

415 **oys·ter** [오이스터]: ⟨← ostrakon(hard-shell)⟩, ⟨그리스어⟩, '뼈조개', 굴, (온·난대의 얕은 해안 바닥에 서식하는 두 개의 껍데기 속에 부드러운 살을 가진 연체동물), ⟨~ huitre⟩ 가1

416 **oz** [아즈]: ⇒ ounce¹(의 필기체 약어) 즉2

417 **o·zone** [오우죠운]: ⟨← ozein(smell)⟩, ⟨그리스어⟩, ⟨'냄새'나는⟩ 오존, O₃(3개의 산소가 단단히 뭉친 기체로) 상큼한 기분을 주며 오물을 청소해주는 신선한 공기지만 너무 많으면 눈에 손상을 주고 식물을 죽임 즉2

1. **P \ p¹** [피]: 이집트의 상형문자 입의 모양을 딴 인쇄물에서 13번째 정도로 자주 쓰이는 알파벳, P자 모양의 물건, piano·power·phosphorus·penny·peso·park·pint·page·pretty 등의 약자 ㉒

2. **pace** [페이스]: ⟨← pandere(stretch out)⟩, ⟨'펴다'라는 뜻의 라틴어⟩, 한 걸음(보폭-약 2½ft), 걸음걸이(속도), (일상생활·행위의) 속도, 고르게 천천히 걷다, ⟨→ pass⟩, ⟨~ speed\tempo⟩, ⟨~ halt\rest⟩ ㉒

3. **pa·chin·ko** [퍼친코우]: ⟨'빠찡~ 빠찡~' 하는 소리를 내는⟩ 빠찡꼬, ⟨pin ball machine 비슷한⟩ 일본식 자동 '놀음'(도박) 기구, P~;(한국 태생 미국 작가가 20세기에 재일 한국인의 삶을 그린) 2017년판 소설의 제목 ㉑

4. **pa·cif·ic** [퍼씨휙]: pax(peace)+ficere(make), ⟨라틴어⟩, ⟨← peace⟩, 평화로운, 잔잔한, P~ Ocean; 태평양(구대륙의 동쪽·신대륙의 서쪽 사이에 있는 간혹 잔잔한 곳도 있는 지표수의 46%를 차지하는 큰 바다), ⟨↔fierce\hostile⟩ ㉒

5. **pac·i·fy** [패써화이]: ⟨라틴어⟩, ⟨← peace⟩, '평화롭게 하다', 달래다, 진정시키다, ⟨~ placate\calm down⟩, ⟨↔provoke\enrage\nettle*⟩ ㉑

6. **pack** [팩]: ⟨← pakken(bundle up)⟩, ⟨게르만어⟩, '타래', 꾸러미, 보따리, 한 떼(벌·갑), 습포, 얼음주머니, 채우다, 꾸리다, 싸다, 찜질하다, 모으다, (자료를) 압축하다, ⟨~ package\packet\carton\herd⟩, ⟨↔un-box\un-wrap⟩ ㉑

7. ***pack-age** [팩키쥐]: (집) 꾸러미, 소포, 포장품(비), 일괄(거래), 반도체 소자를 봉입하는 용기, (단체 교섭에서 획득한) 범용 차림표, ⟨~ bundle\parcel⟩, ⟨↔un-wrap\individual⟩ ㉑ ㉒

8. ***pack-ed like sar·dines** [팩트 라이크 사알다인즈]: ⟨러시아 숙어에서 변조된 영어⟩, 빽빽히 들어찬, (통에) 꽉 채워진, '콩나물 시루', ⟨~ packed like herrings in a barrel⟩, ⟨↔open\un-compressed\release⟩ ㉒

9. ***pack·et** [패킽]: 소포, 한 묶음, 다발(통신에서 전산망을 통해 한 번에 보내는 정보의 묶음), ⟨~ card-board box\collection⟩, ⟨↔peanuts\pittance⟩ ㉑ ㉓

10. ***pack·et ra·di·o** [패킽 뤠디오우]: 다발 무선 통신, 공중파를 통해 소리나 문자 묶음을 주고받는 전산망, ⟨~ ham radio⟩, ⟨CB보다 훨씬 많은 전력을 소비함⟩ ㉓

11. ***pack·et switch·ing net·work** [패킽 스위칭 넽워얼크]: '다발교환망', 통신할 자료를 중계국에 모아 다발로 묶은 후 단말기에 전송하는 전산망 통신체계, ⟨~ amateur radio⟩ ㉒

12. ***pack jour·nal·ism** [팩 줘어널리즘]: (동일 사건을 같이 취재해서 같이 보도하는) 합동 취재 보도, ⟨~ standardized news coverage⟩ ㉒

13. ★**pack rat²** [팩 뤹]: '수집광', 무엇이든 모아 두는 사람, 좀도둑, ⟨~ hoarder⟩ ㉑

14. **pact** [팩트]: ⟨← pacisci(agreement)⟩, ⟨'동의'한다는 라틴어에서 유래한⟩ 계약, 협정, 조약, ⟨~ deal\treaty⟩, ⟨↔dis-enfranchise⟩ ㉑

15. **pad** [패드]: ⟨'발바닥(sole of the foot)'이란 게르만어에서 유래한⟩ 받침, 덧대는 것, 메워 넣는 것, 완충물, 종이철, ⟨~ mat\cushion\bolster⟩ ㉑

16. ★**pad·a·wan** [파더완]: ⟨← padwarn(Martian junior officer)⟩, ⟨1930년에 등장해서 1999년 Star Wars에서 떠오른 말⟩, 견습생, 풋내기, ⟨~ apprentice⟩, ⟨↔master\expert\veteran⟩ ㉒

17. **pad·dle** [패들]: ⟨1620년대에 등장한 어원 불명의 영국어⟩, '주걱노', 짧고 폭넓은 노, 주걱⟨spade⟩ 모양의 물건, 물갈퀴, (물속에서) 철벅거리며 놀다, ⟨~ 이것은 배의 밖에서 움직이고 oar는 배의 안과 밖에서 움직임⟩ ㉑

18. ★**pa·del** [빠델/패들]: ⟨← paddle(tennis)⟩, ⟨영국어 → 스페인어⟩, ⟨아직 올림픽 종목은 아니나 1969년 멕시코에서 시작되어 전 세계로 번지고 있는⟩ ⟨반쯤되는 정구장에서 치는⟩ 테니스와 squash⁴를 통합한 듯한 (복식)정구 ㉒

19. **pa·gan** [페이건]: ⟨← pagus(country)⟩, ⟨라틴어⟩, '소작 농민', 이교도, 우상 숭배자, 다신교도, ⟨~ heathen\infidel⟩ 양2

20. ***page¹** [페이쥐]: ⟨← pangere(fasten)⟩, ⟨라틴어⟩, 페이지, p, 쪽, 면, 기록, 연대기, (한 번에 접근 가능한) 기억 영역의 한 구획(이나 그것을 채우는 정보), '단단히 죄다', ⟨~ folio\sheet⟩ 양2 중1

21. **page²** [페이쥐]: ⟨← paidos(boy)⟩, ⟨그리스어⟩, 페이지, '소년', 급사, 사환, 호출(방송), ⟨~ ring\order⟩ 양2

22. **pag·eant** [패젼트]: ⟨← pangere(fasten)?⟩, ⟨라틴어 → 영국어⟩, (무대가 있는) 야외극, 화려한 행렬, 가장 행렬, ⟨~ parade\celebration⟩ 우2

23. ***page down(up) key** [페이 다운(업) 키]: 쪽 내림(올림) 자판, 깜빡이를 정해진 행수만큼 내리(올리)는 누름단추, ⟨PgUp\PgDn으로 표시된 것⟩ 미2

24. ***page fault** [페이쥐 훠얼트]: PF, 기록 결함(찾고 싶은 정보가 원반에서 떨어져 나간 경우), ⟨~ hard fault⟩ 미2

25. ***page frame** [페이쥐 후웨임]: 쪽틀, 전산기로 나타낼 수 있는 ⟨쓰기 공간⟩ 모서리를 둘러싼 테 미2

26. ***page head·er** [페이쥐 헤더]: (각 page의 상단에 나타나는) 쪽 표제, ⟨~ running head⟩ 미2

27. ***page lay·out** [페이쥐 레이아웉]: 쪽 배정, 전산기 화면의 전부나 일부를 ⟨근사하게⟩ 배열해서 시각적 효과를 노리는 일로 이것만 전문으로 하는 연성기기가 있음 미2

28. ***page view** [페이쥐 뷰우]: '쪽 탐색', (사용-자가) 전산망 기지내 특정면을 조회한 횟수, 조회면 미2

29. ***pag·i·na·tion** [패줘네이션]: ⟨← page¹⟩, 조판, 쪽 매김, 쪽 나누기(인쇄하기 전에 쪽에 맞게 자료를 분리하는 일) 미2

30. ***pag·ing** [페이징]: ①⟨← page²⟩, 호출 ②⟨← page¹⟩, 조판 ③⟨← page¹⟩, '기록교환', 차림표를 몇 개로 나누어 주기억장치와 보조기억장치 사이에서 주고받을 수 있게 하는 기억관리 방법 양2 중1

31. **pa·go·da** [퍼고우더]: but(idol)+kaddh(temple), ⟨페르시아어⟩, 파고다, 탑, ⟨팔각정⟩, ⟨기원 단⟩, ⟨~ gazebo\tower⟩ 가1

32. **paid** [페이드]: pay의 과거·과거분사, 유급의, 지불이 끝난 양1

33. **pail** [페일]: ⟨← patere(lie open이란 뜻의 라틴어)?⟩, ⟨14세기에 등장한 어원 불명의 영국어⟩, 들통, (손잡이가 달린) 들 수 있는 원통형 용기, cylindrical bucket, ⟨~ pan⟩ 가1

34. **pain** [페인]: ⟨← poena(penalty)⟩, ⟨라틴어⟩, '형벌', 아픔, 고통, 노고, 통증, ⟨↔ease\pleasure⟩ 중1

35. ★**pain in the ass(neck)**: 골치거리, 귀찮은 사람, 눈엣가시, ⟨~ nudnik\nuisance⟩ 양2

36. **paint** [페인트]: ⟨← pingere(stain)⟩, ⟨라틴어⟩, 그림물감, 도료, 그리다, '채색'하다, 바르다, ⟨→ pigment⟩, ⟨~ chroma\coloring⟩ 우2 양2

37. ***paint pro·gram** [페인트 프로우그램]: 회화용 연성기기 ⟨나중에 사진 편집용으로 발전해서 어도비의 '뽀샵' (Photoshop) 등이 생겨남⟩, ⟨~ drawing program⟩ 미2

38. ★**paint the town(red)**: ⟨로마 병사들이 정복된 주민들의 피를 벽에 바르면서 승리를 자축했던 데서 연유함⟩ 술집을 순례하며 호기를 부리다, 광란의 밤, ⟨~ reckless debauch⟩, ⟨↔grieve\pray⟩ 양2

39. **pair** [페어]: ⟨← par(equal)⟩, ⟨라틴어⟩, '동등한 것', 한 쌍(벌), 한 짝(패), ⟨~ match\couple⟩, ⟨↔single⟩ 가1

40. **pa·ja·mas** [파좌아머즈]: pay(leg)+jama(clothing), ⟨페르시아어⟩, 파자마, ⟨발이 노출되는 헐렁한⟩ 잠옷, ⟨~ lounge-wear\nightie⟩ 우1

41 ***PAL¹** [팰]: ①peripheral availability list(이용 가능한 주변 장치 목록) ②phase alternation line(위상 교체선); 구미에서 개발된 연속형 천연색 TV 송신 신호로 화면에 625개의 뒤섞인 선을 1/25초 만에 보낼 수 있음 〈미2〉

42 **pal** [팰]: 〈← bhratar(brother)〉, 〈산스크리트어〉, '형제', 단짝, 동료, 자네, 〈~ amigo\chum〉, 〈↔enemy\foe〉 〈양2〉

43 **pal·ace** [팰리스]: 〈← palatium〉, 〈라틴어〉, 〈Palatine Hill에 세워진〉 궁전, 대저택, 〈~ royal residence\castle〉, 〈↔hut\shed〉 〈양2〉

44 **pal·ate** [팰러트]: 〈← palatum(roof of the mouth)〉, 〈라틴어〉, 입천장, 구개, 미각, 기호, 〈~ sense of taste〉

45 **pale** [페일] 〈라틴어들〉 ①〈← pallere(wan)〉, 창백한, 엷쑥한, 희미한, 〈~ light\feeble〉, 〈↔tanned\dark〉 ②pangere(fix), 〈끝이 뾰족한〉 말뚝, 울짱, 〈~ fence\barrier〉, 〈→ im·pale〉 〈기1〉 〈양2〉

46 **Pal·es·tine** [팰러스타인]: 〈그리스어〉, 팔레스타인, 'The land of Philistines', 유대교와 기독교의 발원지이며 회교의 성지로 인구가 밀집되어 분쟁이 그치지 않는 지중해 동쪽 끝에 붙어있는 손바닥만 한 〈쓸모없는 땅〉 〈수1〉

47 **pal·let¹** [팰릿]: 〈라틴어에서 유래한〉 ①〈← pala(spade)〉, 주걱, 흙손(trowel), 배합칼, palette(조판) ②〈← palea(chaff)〉, 짚 요, 화물의 깔판, 〈~ mattress〉 〈무2〉

48 ***pal·let²** [팰릿]: 〈← pallette(a plate)〉, 〈프랑스어〉 ①(여러 개 중에서) 가려낸 색상들, 조색판, 〈~ a color plate〉 ②측정 도구나 제어 부호를 나타내며 흘러가는 전산기의 화면, 〈~ a skid〉 〈우1〉

49 **palm¹** [파암]: 〈← palame(open hand)〉, 〈그리스어 → 라틴어〉, '손바닥', 한 뼘, 손금, 손에 쥐다, 장악하다, 속이다, 〈~ paw\hook〉, 〈↔sole'〉, 〈↔defeat\loss〉 〈양1〉

50 **palm²** [파암]: 〈← palm'〉, 야자, 〈바람이 불면 치마폭을 팔랑대는〉 종려, 잎이 '손가락' 비슷(?)한 약 2,600여 종의 열대 지방산 식용·의류·건축용의 관목·교목, 〈스페인어로는 palmera〉, 〈→ palmetto\palmyra〉 〈미2〉

51 **palm·er** [파알머]: ①〈기념으로 종려잎을 가지고 돌아가면〉 성지 순례자, 〈~ pilgrim\haji〉 ②(palmer-worm〈순례자처럼 떼 지어 방황하며 특히 과일 잎을 갉아 먹는 가종 나방의 유충〉을 미끼로 쓰는) 제물낚시, 〈~ fly-fishing〉 〈미2〉

52 ***palm-top**(com·put·er) [파암 탑(컴퓨우터)]: 손바닥에 올려놓을 수 있는 초소형(전산기), 〈~ micro-computer〉 〈우1〉

53 **pal·sy** [퍼얼지]: 〈그리스어〉, 〈← paralysis〉, 중풍, 마비, 무기력 〈양1〉

54 ***pal·try** [퍼얼트뤼]: 〈← palte(rag)〉, 〈게르만어〉, 얼마 안 되는, 보잘것없는, 싸구려의, 〈~ meager\negligible〉, 〈↔important〉 〈양2〉

55 **pam·per** [팸퍼]: 〈← pamperen(feed too much)〉, 〈게르만어〉, 하고 싶은 대로 하게 하다, '실컷 먹이다', 응석을 다 받아주다, 〈~ spoil\molly-coddle〉, 〈↔restrain〉 〈양1〉

56 **pam·phlet** [팸흘릿]: 〈← Pamphilus('friend of every-one'이란 뜻의 그리스인)〉, 〈'만인의 연인'이란 로마의 통속시에서 연유한〉 작은 책자, 소논문, 〈~ leaf-let\flyer〉 〈양1〉

57 **Pan¹** [팬]: 〈← pusan('nourisher'란 뜻의 산스크리트어)?〉, 〈그리스 신화의〉 목양신(목동·산야의 신) 〈미2〉

58 **★pan²** [팬]: 〈← patane(dish)〉, 〈그리스어〉, 납작한 냄비, 접시 모양의 물건, 얼굴, '냄비질'(전산기 화면을 좌우로 일구어 보는 일, 혹평), 요리하다, 진행되다, 〈~ plate〉, 〈~ skillet\criticism〉 〈미2〉

59 **pan-cake** [팬케이크]: 전병〈쩬병〉, 양빈대떡, 밀가루·달걀·우유를 섞어 〈냄비에 넣어〉 얇게 지진 둥글넓적한 빵, '무쪽'〈얼굴이 쩬병인 여자〉, 〈~ galette\crepe\bin-dae-tteok〉 〈우2〉

60 **★pan-cake make-up** [팬케이크 메이컵]: 〈무대 분장용〉 Pan·Cake 화장품을 쓴 화장, 짙은 화장, 〈~ theatrical make-up〉 〈수2〉 〈양2〉

61 **pan·da** [팬더]: ⟨← ponya(bamboo eater)⟩, ⟨네팔어⟩, 중국 서·서남부 고산지대에서 '대나무를 먹고 사는' ①대 판다(흑·백 색깔을 띤 곰 비슷한 큰 너구리) ②소 판다(적갈색의 몸통에 두껍고 긴 꼬리를 가진 족제비 비슷한 너구리) 유2

62 **pan·dem·ic** [팬데믹]: pan(all)+demos(people), ⟨그리스어⟩, ⟨모든 사람에게 영향을 미치는⟩ 대(광역·거국적)유행, ⟨~ epidemic⟩, ⟨↔endemic⟩ 양2

63 **Pan-do·ra** [팬도어뤼]: pan(all)+doran(gift), 판도라, 프로메테우스가 불을 훔쳐 인간에게 준 죄로 ⟨남자들을 이간시키기 위해⟩ 제우스가 그의 아우 에피메테우스에게 모든 신들의 '축복'을 담아 '선물'로 준 인류 최초의 여자 ⟨골칫덩어리⟩, ⟨'모든 남자가 사랑하는'과 '모든 남자를 사랑하는'의 차이를 아는 사람-손들어 보세요⟩ 유1

64 **pane** [페인]: ⟨← pannus(piece of cloth)⟩, ⟨라틴어⟩, '헝겊', 창유리(한 장), 한 구획, (미닫이의) 틀, ⟨~ sheet\panel⟩ 유1

65 **pan·el** [패늘]: ⟨라틴어⟩, ⟨← pane⟩, 머름(구별된 널 조각), (창)틀, 화판, 토론자 모임, 계기반, ⟨~ board\group⟩ 유1

66 **pang** [팽]: ⟨영국어⟩, ⟨prong으로 찔리듯?⟩ 격심한 통증, 고민, ⟨~ agony\sharp pain⟩ 유가1

67 **pan·ic** [패닉]: '목양신 Pan이 낮잠에서 깨어나서 지른 소리', 공포, 공황, 당황, 낭패, ⟨~ fear\alarm⟩, ⟨↔calm\relax⟩ 양2

68 **pan·o·ram·a** [패너뢔머]: pan(all)+horan(see), ⟨그리스어⟩, 파노라마, 회전 그림, '전경', 연속적으로 변해가는 광경, 사건의 전개, ⟨~ wide view\spectacle\vista⟩ 미1

69 **pan·sy**¹ [팬찌]: ⟨← penser(think)⟩, ⟨'회상'이란 꽃말을 가진 프랑스어⟩, 삼색제비꽃, '안면화', '사색화', '정심화', 물만 주면 아무 데서나 잘 자라며 다양한 색깔의 풍성한 꽃을 피우는 '오랑캐꽃', ⟨~ viola\pansy²⟩, ⟨~ Johnny-jump-up\kiss-me-quick⟩ 미1

70 ★**pan·sy**² [팬찌]: ⟨← pendere(weigh)⟩, ⟨라틴어에서 유래한 프랑스어⟩, ⟨너무 '생각'을 많이 해서⟩ 우유부단한 자, 곰상스럽고 간들거리는 ⟨동성애의⟩ 남자, ⟨~ milksop\sissy⟩ 유1

71 **pant**¹ [팬트]: ⟨← phantasia(nightmare)⟩, ⟨그리스어⟩, 헐떡거리다, 숨차다, 갈망하다, (연기를) 팍팍 뿜어내다, ⟨~ fantacy⟩, ⟨~ gasp\wheeze⟩ ⟨↔relief⟩ 유1

72 **pan·ta·loon** [팬털루운]: ⟨← Pantaloon⟩, ⟨이탈리아어⟩, 판탈롱, (무릎 부위에서 묶은) 홀태바지, ⟨→ pants⟩, ⟨~ knickers\slacks⟩ 수2

73 **pan-the·on** [팬씨안]: pan+theos, ⟨그리스어⟩, all+god, 만신전(temple of all gods), 모든 신을 모신 사원 미1

74 **pan-ther** [팬썰]: pan(all)+ther(beast), ⟨그리스어 → 라틴어 → 프랑스어⟩ 팬서, 표범, 산사자, 퓨마, 쿠거, 재규어 등의 총칭, ⟨늙은 남자를 호리는⟩ 젊은 여성, ⟨꽃뱀⟩, ⟨~ cougar\leopard⟩, ⟨↔sugar daddy\boy-toy⟩ 유1 양2

75 **pant-ies** [팬티즈]: (여성·소아용) 속바지, ⟨~ undies⟩ 미2

76 **pan-to·mime** [팬터마임]: pan+minos(mimic), ⟨그리스어⟩, all+imitator, ⟨모든 것을 흉내내는⟩ 무언극, (몸짓 손짓으로) 시늉하는 연극, mime, ⟨~ play-act⟩ 가1

77 **pan·try** [팬트뤼]: ⟨← panis(bread)⟩, ⟨라틴어⟩, '빵을 두는 장소', 식료품(저장)실, 찬방, ⟨~ larder\cupboard⟩ 미1

78 **pants** [팬츠]: ⟨← pantaloon⟩, ⟨영국어⟩, (속)바지, 아래옷, '허리 밑 가리개', ⟨~ trousers⟩ 미2

79 **pant·y hose** [팬티 호우즈]: tights, '꼭 끼는 얇은 긴 양말 속바지', '바지 양말', 양쪽 다리를 끼는 하나로 된 여성용 얇은 속바지, 허리까지 오는 긴 양말 유1

80 **pa·pa** [파아퍼 \ 퍼파아]: ⟨← papas(father)⟩, ⟨그리스어⟩, 아빠, (연상의) 남자 애인 가2

81 **pa·pal** [페이펄]: 〈← Pope〉, 교황의, 가톨릭교회의 *응2*

82 *****Pa·pan·dreou** [파아판 드뤼모우], pledge: 'bishop Andreas의 자손', 〈근래 한국 정치판을 풍미하는〉 파판드레우 공약, 1981년 "국민이 원하는 것은 다 주겠다"면서 〈퍼주기식 정책으로〉 그리스 총리를 11년간 했으나 결국은 국가 부도 위기를 몰고 온 〈선심공세〉, 〈먹튀전술〉, 〈~ populism〉 *수2*

83 ★**pa·pa·raz·zo** [파파롸쵸우]: 파파라치(복수형), 〈장삿속으로〉 〈유명인사를 쫓아다니는〉 독자적인 사진사 〈이탈리아 영화에 나오는 어원 불명의 사진사 이름〉, 〈~ shooter-bug〉 *수2*

84 **pa·pa·ya** [파파이여]: 〈어원 불명의 원주민어〉, 파파야, 주먹만 한 노란 열매 속에 즙이 많은 과육과 고소한 자잘한 씨앗이 들어 있는 중남미 원산의 열대성 과일, 〈~ paw paw〉 *왕1*

85 **pa·per** [페이퍼]: 〈그리스어 → 라틴어 → 영어〉, 〈papyrus로 만든〉 종이, 신문(지), 벽지, 논문, 증명서, 시험지, 포장지, (종이)돈, sand·paper의 한국식 줄임말, 〈~ writing\news·wall·wrapping) paper\note\essay\document〉 *왕1*

86 ★**pa·per hand** [페이퍼 핸드]: 손 닦는 종이(수건), 보유주식을 소폭의 변동만 있어서도 빨리 팔아버리는 〈성급한 투자가〉, 단기 투자가, 〈~ day-to-day trader〉, 〈↔diamond hand\meme stock〉 *미2*

87 *****pa·per loss** [페이퍼 러스]: (소유물의 시장 가격 인하에 의한) 장부상의 손실, 지상 손해, (미현실의) 가공 손실, 〈~ notional(accounting) loss〉, 〈↔paper profit〉 *왕2*

88 *****pa·per prof·it** [페이퍼 프뢔휘]: (실현성이 별로 없는) 장부상의 이익, 지상이익, 가공이익, 〈~ notional(accounting) loss〉, 〈↔paper loss〉 *왕2*

89 ★**pa·per-rock-scis·sors**: rock paper scissors, 가위-바위-보, '짱-깨미-뻥' *왕2*

90 *****pa·per tape** [페이퍼 테이프]: ①종이(로 만든) 반창고 ②(perforated) paper tape\punched tape; 천공된 종이줄(전산기 기억장치의 출·입력 매체) *미2*

91 **pa·py·rus** [퍼파이뤄스]: 〈그리스어〉, 나일 강가 원산의 종이의 원료로 쓰였던 키가 크고 줄기가 두꺼운 갈대(reed) 비슷한 식물, 〈↔ paper〉 *수2*

92 **par** [파아]: 〈라틴어〉, equal, 동위(가), 액면(가), 평균, 〈매 홀마다 정해진 횟수를 치는〉 기준 타수, 〈→ pair\parity\peer〉 *왕1*

93 **par·a** [패뤄]: ①paragraph(단락) ②paratrooper(낙하산 부대원) ③〈← parere(give birth)〉, 〈라틴어〉, 여성의 출산 상태, 출산 횟수, 〈~(↔)gravida〉 *왕2*

94 **par·a·ble** [패뤄블]: para(beside)+ballein(throw), 〈그리스어〉, 우화, '비유'(담), 속담, 〈~ allegory\moral story〉, 〈→ parabola〉 *왕1*

95 **pa·rab·o·la** [퍼뢔 벌러]: 〈← parable〉, 포물선, 원뿔 곡선, 〈빙 둘러 말하는〉 비유담, 〈→ parlance〉, 〈~ curve\metaphor\hyper-bole〉, 〈↔line\straight〉 *가1*

96 **par·a·chute** [패뤄 슈우트]: 〈프랑스어〉, against+fall, 낙하산, '추락 방지기', 〈천막 지붕〉, 〈~ seat-pack\sky-dive〉 *가1*

97 **pa·rade** [퍼뤠이드]: 〈← parare(set)〉, 〈라틴어 → 프랑스어〉, 〈← prepare〉, 퍼레이드, 열병식, 〈준비된〉 행렬, 과시, (개선식), 〈~ promenade\march〉 *가1*

98 **par·a·digm** [패뤄 딤 \ 패뤄 다임]: para(beside)+deiknynai(show), 〈그리스어〉, 〈옆으로 놓고 보여주기〉, 보기, 범례, 계열 변화, 어형 변화, 〈~ model\prototype〉 *왕2*

99 **par·a·dise** [패뤄다이스]: 〈← pairidaeza(enclosure)〉, 〈'둘러싸인 정원'이란 뜻의 페르시아어에서 연유한 그리스어〉, 파라다이스, 천국, 낙원, 극락, 〈왕들의 유원지〉, 〈~ heaven\Shangri-la\utopia〉 *가1*

100 **par·a·dox** [패뤄 닥스]: para(beyond)+dokein(think), 〈그리스어〉, 〈동 떨어진 의견〉, 패러독스, 〈정설을 거역하는〉 역설, 불합리한 일(말), 틀린 것 같으면서도 옳은 이론, 〈~ contra-diction〉 *왕2*

101 ***par·a·dox of thrift(sav-ing)** [패뤄 닥스 어브 쓰뤼후트(쎄이빙)]: 〈케인즈가 주장한〉〈저축을 많이 하면 생산성이 감소되어 결국은 소득이 줄어들게 된다는〉 절약의 역설, 〈~ making money by spending money〉 **암2**

102 **par·af·fin** \ ~fine [패뤄휜]: parum+affinis, 〈라틴어〉, 〈'low affinity'의 (접착성이 적은)〉 파라핀, 석랍, 석유를 고온에서 증류시켜 만든 찌꺼기로 흰색의 무미·무취한 방수용품, 〈~ kerosene〉 **미1**

103 **par·a-graph** [패뤄 그래후]: para(beyond)+graphein(write), 〈그리스어〉, 〈단락 기호를 찍고 옆에 쓰는〉 문단, (문장이 모인) 단락, 단문, 단평, 〈~ pilcrow〉, 〈~ section〉, 〈↔clause〉 **암1**

104 **par·a·le·gal** [패뤌 리이글 \ 패뤌 리이걸]: '준 법률사', '보조 변호사', 변호사 보조원, 법무사, 〈대체로 법률적 지식은 있으나 자격증·면허증은 없는〉 법률 보조원, 〈~ legal assistant〉 **암2**

105 **par·al·lel** [패륄렐]: para(beside)+allelon(another), 〈그리스어〉, 〈옆에 있는 당신같이〉 '항상 옆에 있지만 서로 부딪치지 않는', 평행의, 대등한, 나란한, 병렬의, 동시에 복수처리를 하는, 〈~ collateral〉, 〈↔convergent\divergent\trans-verse\perpendicular〉 **암1** **미2**

106 ***par·al·lel cir·cuit(con-nec-tion)** [패륄렐 써어킽(커넥션)]: 병렬회로(접속), 동시에 한 개 이상의 전류가 흐르는 것, 〈~ shunt circuit\current dividers〉, 〈↔series circuit〉 **암2**

107 ***par·al·lel col·umns** [패륄렐 칼럼스]: 병렬 열, 〈영어는 왼쪽 한국어 번역은 오른쪽에 나타내는 등〉 오른쪽에 대조해 보도록 다른 언어를 기록하는 배열, 〈~ side-by-side compare〉, 〈↔perpendicular columns〉 **암2**

108 ***par·al·lel com-put-er** [패륄렐 컴퓨우터]: 병렬 전산기, (동시에 한 개 이상의 중앙처리기를 이용해서) 한 번에 한 개 이상의 명령을 내리는 전산기, 〈~ simultaneous processing〉, 〈↔sequential computer〉

109 ***par·al·lel im·port** [패륄렐 임포얼트]: 병렬 수입, 제조사가 승인한 판매 경로 이외의 경로를 통한 수입, 〈~ direct import\counter-trade\gray market〉, 〈↔regular import〉 **암2**

110 ***par·al·lel in·ter-face** [패륄렐 인터훼이스]: 병렬 접속기, 동시에 한 개 이상의 자료값을 전송하는 접속장치, 〈~ multiple streams〉, 〈↔serial interface〉 **암2**

111 ***par·al·lel port** [패륄렐 포오트]: 병렬 나들목, 병렬 접속구, 둘 이상의 자료를 동시에 주고받을 수 있도록 접속시키는 출입구, 〈~ centronic port〉, 〈↔serial port〉 **암2**

112 **Par·a·lym·pics** [패륄림픽스]: Paraplegia+Olympics, 장애인 올림픽, 1948년에 창립되어 1988년 서울 올림픽부터는 하계·동계 모두 본경기 직후에 거행되는 신체·정신 장애자들을 위한 올림픽 경기, Parallel Olympics **암2**

113 **pa·ral·y·sis** [퍼뢜러시스]: para(beside)+lyein(loose), 〈그리스어〉, 〈측면이 약해지는〉 (완전)마비, 무기력, 불수, 불능, 〈→ palsy〉, 〈~ im-mobility〉 **가1**

114 **par·a·med·ic** [패뤄 메딕]: 준의료사, 진료 보조원, 위생병, 〈EMT보다 더 숙련된〉 **암2**

115 **pa·ram·e·ter** [퍼뢔 미터]: para(beside)+metron(measure), 매개변수, 한도, 특질, 인수, 모수, 응용의 실천이나 체계 설정 때 지정할 기본적 사항, 〈~ boundary\frame-work〉, 〈~(↔)perimeter〉 **미2**

116 **par·a·mount** [패뤄 마운트]: par(by)+a+mont(mountain), 〈그리스어 → 라틴어〉, '완전히 꼭대기에 올라간', 최고의, 지상의, 탁월한, 〈~ dominant\cardinal〉, 〈↔minor\trivial〉 **가1**

117 **★par·a·mour** [패뤄무어]: par(by)+amor(love), 〈'곁사랑'이란 프랑스어〉, 애인, (기혼자의) 정인, 〈샛참〉, 〈~ sweet heart\secret lover〉 **암2**

118 **par·a·noi·a** [패뤄 너이어]: para(beyond)+nous(mind), 〈그리스어〉, irregular mind, 편집증, 근거 없이 지나치게 의심하는 병, 〈~ para-phrenia〉 **암2**

119 **par·a·phrase** [패뤄 후레이즈]: para(beyond)+phrasis(phrase), 〈그리스어〉, 바꿔 쓰기(말하기), 의역, 부연, 다시 말하기, '비슷한 말', 〈~ re-state〉, 〈↔original〉 **암1**

120 **par·a·ple·gia** [패뤄 플리이쥐어]: para(beyond)+plessein(smite), 〈'반신불수'의 그리스어〉, (하반신) 쌍마비, 양측 하지 마비, 〈~ paralysis of lower extremities〉, 〈~(↔)quadriplegia〉, 〈~(↔)hemiplegia는 paralysis of one side〉 양2

121 **par·a·site** [패뤄 싸이트]: para(beside)+sitos(food), 〈그리스어〉, 기생물(충), 〈'타인의 식탁'에서 밥을 먹는〉 기식자, 〈~ leech\sponge〉, 〈↔host\altruist〉 기1

122 ★**par·a·so·cial** [패뤄 쏘우셜]: '의사연계', '근접사교', 준 사회적인, 유명 인물에 대해 fan이 일방적으로 느끼는 친밀감(의), 〈~ one sided love(짝사랑)〉 양2

123 **par·a·sol** [패뤄 쏘얼]: parare(ward off)+sol(sun), 〈라틴어 → 프랑스어〉, 양산, '해 가리개', 〈~ umbrella〉 기1

124 **par·a·troops** [패뤄 트루웊스]: 낙하산 부대, 공수단, 〈~ parachute jumpers\sky-divers〉 기1

125 **par·cel** [파아슬]: 〈← partis(part)〉, 〈라틴어〉, 〈작게 나눈〉 꾸러미, 소포, 소화물, 〈~ package〉 기1

126 **parch** [파아취]: 〈← perischen(perish)〉, 〈어원 불명의 영국어〉, 볶다, 바싹 말리다, 굽다, 〈~ dry\desiccate〉, 〈↔wet\soak〉 기1

127 ★**par-course** [파아코어스]: 〈← percurrere(move through)〉, 〈'장애물이 있는 행로'라는 라틴어에서 유래한 프랑스어〉, fitness trail, 건강 산책로, 〈공원 내에〉 운동시설이 배치된 산책로 양2

128 **par·don** [파아든]: per(through)+donare(give), 〈라틴어〉, 용서, 허용, 은사, 관용, 〈'전적으로 풀어주는'〉 사면, 죄송하오나, 실례지만, 〈~ clemency\absolution〉, 〈↔blame\punish\penance〉 양1

129 **pare** [페어]: 〈← parare〉, 〈라틴어〉, 〈'prepare' 하기 위해〉 껍질을 벗기다, 깎다, 잘라내다, 〈~ peel〉, 〈↔extend\elongate〉 양1

130 **par·ent** [페어뤈트]: 〈← parere(beget)〉, 〈라틴어〉, '태어나게 하는 자', 어버이, 부(모), 조상, 후견인, 근원〈어버이가 바뀌면 자식이 바뀌나 자식이 바뀌어도 어버이는 바뀌지 않는다〉, 〈~ begetter\creator〉, 〈↔child\filial〉 양1

131 ★**par-en·tal love of·ten goes un·re·quit·ed**: 내리 사랑은 있어도 치사랑은 없다, 사랑은 내리 사랑, 〈~ even if you know a tenth of your parent's hearts, you are filial〉 양2

132 **pa·ren·the·sis** [퍼뤤써시스]: para(beside)+entithenai(insert), 〈그리스어〉, (영국에서는) round brackets, 〈안으로 끼워 넣는〉 괄호, 소괄호, 삽입구, 삽화, 틈, 짬 기1

133 **pa·re·sis** [퍼뤼이시스]: 〈← parienai(relax)〉, 〈그리스어〉, incomplete paralysis, 부전(경도)마비, 진행마비 양2

134 *Pa·re·to op·ti·mal·i·ty [파뤠토 아얖티말리티]: 파레토 (교환의) 최적성, 〈이탈리아의 경제학자 P~(어원 불명의 이탈리아계 이름)가 주장한〉 모든 시장이 각기 안정을 찾았을 때 자원이 가장 효율적으로 분배된다는 이론, 〈~ a redistribution scheme〉 수2

135 *pa·ri·ah cap·i·tal·ism [퍼라이어 캐피털리즘]: (Max Weber가 사용했고) 〈한국이 지향하고 있는〉 천민 자본주의, (품위 없는) 황금 만능주의, 〈~ mammonism〉 수2

136 **par·ish** [패뤼쉬]: para(beside)+oikos(dwelling), 〈그리스어〉, 교회 주위의 땅, 교구, 지역교회, 담당구역, 〈신도들이 하룻밤 묵어가던 곳〉, 〈→ parochial〉, 〈~ assembly\congregation〉, 〈↔outcast\crew〉 기1

137 *pari·ty [패뤼티]: 〈라틴어〉, 〈← par(equal)〉, 동등, 평형, 등가, (반대 방향으로 바뀌는) 반전성, '등가처리'(정보량의 소립자를 홀수나 짝수로 처리해서 오류를 막는 방법), 〈~ sameness\match〉, 〈↔dis-parity\divergence〉, 〈↔gravity〉 미2

138 **park** [파아크]: 〈← pearroc(enclosed land)〉, 〈게르만어〉, 파크, 〈울로 막은〉 공원, 유원지, 자연 보호 지역, 〈사냥감이나 마차를 가둬두던〉 평지, 주차(장), 〈대기시켜〉 두다, 〈~ public garden\put down〉, 〈↔building\street〉, 〈↔depart\move〉 양2

139 ★**park and ride** [파아크 앤 롸이드]: 환승 주차(장), (자가용과) 대중교통 연계체계, ⟨~ inter-modal trans-portation⟩ 미2

140 ★**park-let** [파아크렡]: ⟨미국 신조어⟩, 파크렛, (2005년 샌프란시스코에서 선보인) ⟨임시로⟩ 주차로를 개조하여 누구나 편히 앉을 수 있도록 마련된 실외 공간, '주차로 쉼터', ⟨~ small recreational area⟩ 미2

141 **par·lia·ment** [파알러먼트]: ⟨← parler(speak)⟩, ⟨라틴어 → 프랑스어 → 영국어⟩, '서로 이야기하는 장소', (영국의) 의회, 하원, 국회, 회랑, (올빼미 등의) 떼, ⟨~ congress\Diet⟩ 양2

142 **par·lor** \ **·lour** [파아러]: ⟨← parler(speak)⟩, ⟨라틴어 → 프랑스어 → 영국어⟩, ⟨이야기하는⟩ 객실, 거실, 응접실, 휴게실, 가게, ⟨~ lounge\salon⟩ 양2

143 **pa·ro·chi·al** [퍼로우키얼]: ⟨← paroikos(restricted area)⟩, ⟨그리스어 → 라틴어⟩, ⟨← parish⟩, 교구의, 지방의, 편협한, ⟨~ local⟩, ⟨↔cosmopolitan⟩ 가1

144 **par·o·dy** [패러디]: para(beyond)+ode(song), ⟨그리스어⟩, 패러디, 모방 시문, 풍자적으로 고친 시(노래), ⟨웃기는 시⟩, ⟨~ amphigory\burlesque\balder-dash⟩, ⟨↔formal\honesty⟩ 예1

145 **pa·role** [퍼로울]: ⟨← parabola ← parable(speech)⟩, ⟨라틴어 → 프랑스어⟩, ⟨← parley⟩, ⟨서약을 하고 풀어주는⟩ 가석방, 집행유예, 선서, ⟨~ amnesty\exoneration⟩, ⟨↔hold\incarceration⟩ 양2

146 **par·quet** [파아케이]: ⟨'small park'란 프랑스어⟩, 나무쪽으로 세공한 마루, 쪽매 마루, ⟨~ floor-boards⟩ 미2

147 **par·rot** [패럴]: ⟨어원 불명의 프랑스어⟩, ⟨'Peter'를 닮은?⟩ 패롯, ⟨뜻도 모르고 말을 따라하는⟩ 앵무새, 열대·아열대에 서식하며 굵고 두껍고 끝이 굽은 부리에 발가락이 전후 두 개로 된 다양한 색깔·다양한 크기의 ⟨사람을 비롯한⟩ 짐승의 흉내를 잘 내는 시끄러운 새, ⟨~ parakeet\popinjay⟩ 양2

148 *****parse** [파아스 \ 파아즈]: ⟨← pars(part)⟩, ⟨라틴어 → 프랑스어⟩, ⟨'part'로⟩ (글을) 분석하다, 뼈를 발라내다, 구문해석(전산기로 자연어나 인공어의 구조를 분석하는 일), ⟨~ dissect\analyze⟩, ⟨↔serialize⟩ 양2 미2

149 *****par·ser** [파아서]: ⟨← parse(part)⟩, 분석계, 해석계(전산기에 입력된 문장을 분석해서 오류를 점검하는 연성기기), ⟨~ analyzer⟩ 미2

150 **par·si·mo·ny** [파알씨모우니]: ⟨← parcere(spare)⟩, ⟨'아끼다'란 라틴어에서 유래한⟩ 인색, 극도의 절약, ⟨~ miserly⟩, ⟨↔generosity⟩ 가1

151 **pars·ley** [파아슬리]: petros(rock)+selinum(celery), ⟨그리스어⟩, ⟨뿌리가 '돌같이 딱딱한' 셀러리⟩, 파슬리, 줄기에서 많은 갈래잎을 만들어 내는 향기가 짙은 남부 이탈리아 원산 미나릿과의 두해살이 식용풀, ⟨~ anise\dill⟩, ⇒ celery 원1

152 **par·son** [파아슨]: ⟨← persona+ecclesiae(church)⟩, ⟨라틴어⟩, ⟨교회를 지키는⟩ 교구 목사, ⟨person이 되게 가르치는⟩ 성직자, (성공회의) 목사, ⟨~ chaplain\pastor⟩ 원1

153 **part** [파아트]: ⟨← pars(portion)⟩, ⟨라틴어⟩, ⟨전체에 대한⟩ '부분', 부품, 일부, 조각, 성분, 부, 편, 역(할), 약수, 품사, 떼어내다, 갈라지다, ⟨→ parse\partner\party⟩, ⟨↔total\full\whole⟩ 원1

154 **par·take** [파아테이크]: ⟨← particeps(participant)⟩, ⟨라틴어⟩, 참여하다, 몫을 받다, ~한 성질이 있다, ⟨~ engage\join⟩, ⟨↔abstain⟩ 가1

155 *****Part 15 de·vice**: 연방통신위원회의 47 CFT 15 조항에 의해 면허 없이도 사용할 수 있는 라디오 주파(를 사용한 기구-무선 전화기·무선 통화기 등), ⟨~ amateur band⟩ 수2

156 ★**Par·thi·an shot** [파알씨언 샽]: ⟨파르티아 기병들이 후퇴하면서 등을 돌려 쓰는⟩ 마지막 화살, 떠나면서 내뱉는 독설, ⟨~ parting shot⟩ 수2

157 **par·tial** [파아셜]: ⟨← pars(portion)⟩, ⟨라틴어⟩, 부분적인, 불완전한, 불공평한, ⟨~ incomplete\biased⟩, ⟨↔entire\total⟩ 가1

158 **par·tic·i·pate** [파아티써페이트]: partis(part)+capare(take), 참가하다, 관여하다, '일부를 차지하다', ⟨~ par-take⟩, ⟨↔abstain⟩ 가1

159 **par·ti·cle** [파아티클]: ⟨← partis(part)⟩, ⟨부분을 조갠 아주 작은⟩ 미립자, 극소(량), 조항, (어형 변화가 없는) 불변화사, ⟨~ fragment\article⟩, ⟨↔anti-particle⟩ 일1

160 **par·tic·u·lar** [퍼티큘럴]: ⟨← particularis(small part)⟩, ⟨라틴어⟩, 특별한, 특정한, 상세한, '작은 부분만 선호하는', ⟨~ specific\exceptional⟩, ⟨↔general\ordinary⟩ 가1

161 **par·ti·san \ ~zan** [파아티즌 \ 파티잰]: ⟨← partis(part)⟩, ⟨라틴어⟩, '분파', 한 아리, 도당, 열성 지지자, 유격병, '빨치산', ⟨~ one-sided\zealot⟩ 일1

162 **par·ti·tion** [파아티션]: 분할, 구획, 칸막이, 전자기 분리(독립)된 원반 돌리개로 취급하는 강성 원반의 일부, ⟨~ division\split⟩, ⟨↔whole\coalition⟩ 일1 미2

163 **part-ner** [파아트너]: ⟨← part⟩, 파트너, ⟨같이 참여하는⟩ 한 동아리, 패거리, 상대, 동무, ⟨일부를 공유하는⟩ 동업자, 조합원, 배우자, ⟨~ ally\companion⟩, ⟨↔foe\opponent⟩ 일1

164 **par·tridge** [파아트뤼쥐]: ⟨← perdix(break wind)⟩, ⟨'공기를 가르는' 뜻의 그리스어⟩, ⟨날개로 쳐대는 소리에서 연유한⟩ 파트리지, 반시, 자고, 메추라기, 목도리뇌조, 들꿩, 구대륙에 서식하는 잘 날지 못하는 중형의 사냥감 새, ⟨~ quail\grouse\pheasant⟩ 미2

165 ★**part ways** [파아트 웨이즈]: 각자의 길을 가다, 헤어지다, ⟨~ break up\separate⟩, ⟨↔merge\join⟩ 일2

166 **par·ty** [파아티]: ⟨라틴어⟩, ⟨← part⟩, ⟨일부만 참석하는⟩ 모임, (연)회, 당(파), ⟨패를 나누어 몰려다니는⟩ 일행, 당사자, ⟨~ social gathering\faction⟩, ⟨↔individual\solitude⟩ 일2

167 *****Pas·cal** [파스칼]: Niklaus Wirth가 ALGOL(과학기술 계산용 연산법 언어)을 1970년대 초에 개선한 ⟨특정 항목을 부각시키기 위한⟩ 고급 전산기 차림표 언어, ⟨~ a programming language⟩ 주1

168 *****Pas·cal no·ta·tion** [파스칼 노우테이션]: 파스칼 표기법, (파스칼 차림표에서 흔히 사용하는) 단어를 모두 대문자로 쓰고 함께 붙여 쓰는 표기법, ⟨~(↔)camel notation⟩ 주2

169 **pass** [패쓰 \ 파쓰]: ⟨← passus(step)⟩, ⟨라틴어⟩, ⟨← pace⟩, 지나다, 건너다, 추월하다, 양도하다, 허가하다, 통과하다, 없어지다, 산길, 고갯길, 수로, 과정(자료처리의 한 주기), ⟨~ go\permit⟩, ⟨↔halt\fail⟩ 일1

170 **pas·sage** [패씨쥐]: ⟨라틴어 → 프랑스어⟩, 통행, 경과, 수송, 통로, 한 줄, ⟨~ through route\thorough-fare⟩, ⟨↔stoppage\retreat⟩ 일1

171 **pas·sen·ger** [패쓴져]: ⟨라틴어 → 프랑스어⟩, 승객, 여객, '통과하는 사람', ⟨~ fare\rider⟩, ⟨↔driver⟩ 가1

172 **pass·er-by** [패써 바이]: 지나는 사람, 통행인, ⟨~ bystander\onlooker⟩, ⟨↔inhabitant\accompanyist⟩ 가1

173 **pas·sion** [패션]: ⟨← pati(endure)⟩, ⟨라틴어⟩, ⟨'고통'을 감내하는⟩ 열정, 격정, 열애, 격분, 열망, 수난, ⟨~ crucifixion\devotion⟩, ⟨↔apathy\calm⟩ 일2

174 **pas·sive** [패씨브]: ⟨← pati(endure)⟩, ⟨라틴어⟩, '고통을 겪는', 소극적인, 수동의, 무저항의, 활기 없는, 비활성의, ⟨~ submissive\yielding⟩, ⟨↔active⟩ 가1

175 *****pas·sive FTP**(file trans·fer pro·to·col): 수동적 전송 교범, ⟨보안 유지를 위해⟩ 모든 연결을 서버('도우미') 대신 사용자가 직접 조정하는 서류철 전송 방법, ⟨이것은 client command\active FTP는 server command⟩ 미2

176 *****pas·sive ma·trix** [패씨브 매트릭스]: 수동적 모형, 단순 모형, 능동적 모형보다 명암의 대조가 덜 뚜렷한 ⟨구식의⟩ LCD(액정표시장치), ⟨↔active matrix는 clearer and wider⟩ 미2

177 *****pass-key** [패쓰 키이]: 곁쇠, 여벌쇠, 맞쇠(master key), '통괄 열쇠', ⟨이 말의 용도가 점점 넓어져서 website나 app을 열거나 출입국 통관대를 빠져나갈 수 있는 지문이나 안면 인식을 사용한 암호나 문자가 필요없는 '통과인증'이란 뜻으로 쓰여지고 있음⟩ 미2

178 **pass-port** [패쓰포오트]: (국적을 가진 나라에서 발급하는) 여권, 〈'항구를 통과'할 때 필요한〉 허가증, 수단, 〈~ travel permit〉, 〈visa는 방문국에 머물 수 있는 체류 허가증임〉 기1 양2

179 ★**pass the buck** [패쓰 더 벅]: 〈buck은 포커에서 패를 돌릴 사람 앞에 놓는 표시물로 예전에는 목숨 걸고 책임지라는 뜻으로 Buck-knife를 꽂았다 함〉, 책임을 전가하다, 〈~ blame own mistakes on others\dump the shame\it's all yours〉 양2

180 *★**pass-word** [패쓰 워어드]: 군호, 암호, 통과 문자, 〈~ open sesame〉 양2

181 **past** [패스트]: 〈영국어〉, 'passed', 지나간, 이미 없어진, 과거(의), 지나친, 〈~ old〉, 〈↔future\new〉 기1

182 **pas·ta** [파스터]: 〈그리스어 → 라틴어〉, 〈← paste ← passein(sprinkle)〉, 1970년대부터 〈널리 쓰여진 말〉, 파스타, 〈4천 년 전에 실크로드를 통해 중국으로부터 그리스로 전래된〉 '밀가루 반죽', 밀가루·달걀·물을 섞어 만든 100가지 이상의 모양과 크기를 가진 이탈리아의 요리(재료), dough of wheat 수2

183 *★**paste** [페이스트]: 〈← passein(sprinkle)〉, 〈'물 뿌리다'의 그리스어〉, 풀, dough, 〈빵〉 반죽, 연고, 점토, 붙이기, '땜질', 보관소에 있던 자료를 사용자가 편찬하는 문안으로 이송하는 일, 〈~ mush\blend\putty〉 기1 미2

184 **pas·tel¹** [패스텔 \ 패스틀]: 〈그리스어 → 라틴어 → 프랑스어〉, 〈← paste〉, 파스텔, '빵 반죽에 색을 넣은 것', 색분필, 색깔이 있는 가루를 굳혀 만든 길쭉한 막대, 만필(짧은 산문), 섬세한, 부드러운, 〈~ soft〉, 〈~ chalk\coloring pencil〉 우2

185 **pas-time** [패스타임]: 〈영국어〉, pass+time, '시간 보내기', 심심풀이, 유희, 소일거리, 〈↔livelihood〉 기1

186 **pas·tor¹** [패스터 \ 파스터]: 〈← pascere(feed)〉, 〈라틴어〉, 〈← pasture〉, shepherd('양치기'), 목사, (영국의) 비국교파의 주임, 〈~ chaplain\minister〉 기2

187 **pas·to·ral** [패스터럴]: 〈← pastor'〉, 목가, 전원곡(시), 목사의, 전원적인, 〈~ idyl〉, 〈↔urban〉 양2

188 **pas·try** [페이스트뤼]: 〈영국어〉, 〈← paste〉, 가루반죽(과자), (밀가루·기름·계란·우유·물 등을 섞어) 구어서 만든 밀가루 과자, 〈~ confectionary〉 미2

189 **pas·ture** [패스춰 \ 파스춰]: 〈← pacere(feed)〉, 〈라틴어〉, 〈풀을 뜯어 먹게 놔두는〉 (방)목장, 목초지, 목초, 〈~ grazing land\ranch〉, 〈↔horticulture〉, 〈↔waste-land\orchard〉 기1

190 **pat** [퍁]: 〈영국어〉, 〈의성어·의태어〉, 가볍게 두드리기, 작은 덩어리, 안성맞춤인, 〈~ pet〉 영1

191 *★**patch** [패취]: 〈'piece'란 뜻의 프랑스어〉, 헝겊 '조각', 판자 조각, 고약, 안대, 반점, 애교점, '땜질', '임시 교정'(차림표나 자료의 오류를 부분적·일시적 교체·수정하는 일), 〈~ speck\repair〉, 〈↔puncture〉 영1

192 ★**pat-down (search)** [퍁 다운 (써어취)]: frisking '더듬어 내리기(소지품 검사)', 몸수색, 〈~ body searching〉 영1

193 **pat·ent** [패튼트 \ 페이튼트]: 〈← patere(to be open)〉, 〈라틴어〉, 〈공개할 수 있는〉 '백지장', 〈미국에서는 17년간 유효한〉 특허(권품), 독특한 (생각을 보호하는), 빤한, 〈~ right\permit〉 기1

194 **pa·ter·nal** [퍼터어늘]: 〈← pater〉, 〈라틴어〉, 〈← pa〉, 아버지(의), 세습의, 친척인, 〈↔maternal〉 기1

195 *★**path** [패쓰 \ 파쓰]: 〈어원 불명의 게르만어〉, 〈← pathos(suffering)?〉, 〈「인생은 나그네 길」이란 한국 노래에서 연유한?〉 (작은) 길, 보도, 통로, 궤도, 경로(한 개 이상의 목록이 있는 원반에서 어떻게 특정 서류철을 찾아내는지 가르쳐 주는 지침), 〈~ track\trail〉 기1 미2

196 **pa·thet·ic** [퍼쎄틱]: 〈← pathos(suffer)〉, '감정적인', 애처로운, 슬픈, 감동적인, 아주 적은, 우스꽝스러운, 〈~ pitful\lamentable〉, 〈↔cheerful\whimsical〉 양2

197 **pa·thos** [페이싸쓰]: 〈'고통(suffering)'이란 뜻의 그리스어〉, 파토스, 〈고민〉, 연민의 정, 비애감, 감성, 〈~ emotion\sorrow〉, 〈↔humor\glee〉, 〈↔ethos\logos〉 양2

198 **path trac·ing** [패쓰 트뤠이싱]: 경로 추적, (1980년대 중반에 개발된) 실제 광원에서 나오는 수많은 광선 다발을 추적하여 각 모양의 형성 과정을 알아보는 〈포괄적이고 신속한〉 방법, 〈~(↔)ray tracing〉 미2

199 **path·way** [패쓰 웨이]: 통로, 작은 길, 경로, 〈~ course\route〉, 〈↔barrier\blockade〉 영2

200 **pa·tience** [페이션스]: 〈← pati(suffer)〉, 〈그리스어〉, 참을성, 인내심, 끈기, '겪어냄', 〈~ pathos〉, 〈~ forbearance\composure〉, 〈↔intolerance\restlessness〉 교1

201 ★**pa·tience can con·quer des·ti·ny**: 참을 인 자 셋이면 살인도 피한다, 〈~ patience is a virtue\all things come to him who waits〉 영2

202 ★**pa·tience is a vir·tue**: 〈성경에도 나오는 말〉, 인내는 미덕이다, 참는 자에게 복이 있다, 〈~ good-things come to those who wait〉, 〈↔impatience is a vice²〉 영2

203 ★**pa·tience is bit·ter but its fruit is sweet**: 〈루소가 한 말〉, 인내는 쓰고 열매는 달다, 고진감래, 〈~ no pain, no gain〉 영2

204 **pa·tient** [페이션트]: 인내(력)심이 강한, 끈질긴, 〈무조건 참아야 하는〉 환자, 〈~ pathos〉, 〈~ tolerant\sick person〉, 〈↔im-patient\agitated\wrath〉, 〈↔doctor〉 교1

205 ★**pa·tient ze·ro** [페이션트 지어로우]: '원조환자', 특정 전염병을 처음 진단받은 환자, 〈~ index case〉

206 **pa·ti·o** [패티오우]: 〈← patere(to be open)〉, 〈라틴어〉, (스페인풍의) 안뜰, '야외 거실', '누대', '횟간', 집에 딸린 야외 휴식처, 〈~ terrace\balcony〉, 〈~(↔)court\gallery〉 영2

207 **pa·tri·ot** [패트뤼엍\페이트뤼엍]: 〈← patris(father)〉, 〈그리스어〉, 〈아버지의 나라를 위하는〉 애국자, 〈~ lover of one's country〉, 〈↔traitor〉, P~: (1976년부터 만 개 이상 만들어진) 미 육군의 지대공 미사일 영2 군2

208 **pa·trol** [퍼트로울]: 〈← patte(paw)〉, 〈프랑스어〉, 〈진창길을 걷는(paddle)〉 순찰, 정찰, 순경, 〈그러나 요즘 경찰님들은 진창에 발을 담그기를 싫어하세요〉, 〈~ beat-pounding\keep-guarding〉, 〈↔ignore\neglect〉 교1

209 **pa·tron** [페이트뤈]: 〈← pater(father)〉, 〈그리스어 → 라틴어〉, 〈아버지 같은〉 보호자, 후원자, 고객, 〈~ sponser\subsidizer〉, 〈↔matron\antagonist\recipient〉

210 **pat·tern** [패턴]: 〈← patron〉, 〈프랑스어〉, 〈아버지가 보여주는〉 모범, 모형, 양식, 도안, 도형, 〈~ model\design〉, 〈↔plain'\misadjust〉 영2

211 **pat·ty** [패티]: ①〈영국어〉, P~: 여자 이름, Patrick의 애칭 ②〈프랑스어〉, 작은 둥근 양과자, 〈~ pastry〉 ③〈프랑스어〉, 간고기 등을 얇게 원형으로 만든 요리, 〈~ pete¹〉 숙1 요1

212 **pause** [퍼어즈]: 〈← pauein(stop)〉, 〈그리스어〉, '멈춤', 중지, 쉼, 늘림, 정지, 〈→ pose\position〉, 〈↔continue\persist〉 교1

213 **pave** [페이브]: 〈← pavire(ram)〉, 〈라틴어〉, '내려치다', 포장하다, 덮다, ~을 쉽게 하다, 〈~ cover\facilitate〉, 〈↔un-pave\dig up〉 영1

214 ★**pave the way** [페이브 더 웨이]: 길을 닦다(내다), 상황을 조성하다, 〈(을) 용이하게 하다, 〈~ break the ice〉, 〈↔hinder\complicate〉 영2

215 **pa·vil·ion** [퍼빌리언]: 〈← papilio(butterfly)〉, 〈라틴어〉, 파빌리언, '나비' 같은 큰 천막, 임시 막사, 누각, 별관, 전시관, 〈~ gazebo\marquee〉 영1

216 **paw** [퍼어]: 〈← patin(clog)이란 프랑스어?〉, 〈어원 불명의 게르만어〉, (짐승의) 발, 거친 손, 앞발로 할퀴다, 〈~ claw\talon〉 교1

217 **pawn** [퍼언]: 〈라틴어〉 ①〈pledge하는〉 전당(물), 인질, 〈~ bond〉 ②〈ped(발)로 걷는〉 보병, (장기의) 졸, 〈~ pioneer〉, 〈~ foot soldier〉 교1

218 **Pax** [팩스]: 〈라틴어〉, 팍스, 평화의 여신, (특정국이 주도하는) 태평성대, p~; 화해, 성상패(예수나 성모상), 〈→ peace\pacific\pay〉, 〈↔chaos\war〉 주1 미1

219 **pay** [페이]: 〈← pax(peace)〉, 〈라틴어〉, '평화'롭게 갚다, 치르다, 지불하다, 표하다, 받다, 급료, 보상, 〈→ pension¹〉, 〈~ reward\penalty〉, 〈↔repudiate\earn〉 유1

220 **pay-off** [페이 어어후]: 청산, 분배, 완전히 갚다, 성공하다, 〈~ pay in full〉 명2

221 ★**Pay-Pal** [페이팰]: 페이팔, 1998년에 송금을 목적으로 출발해서 안전·신속한 〈친구에게 지불하듯〉 신용거래를 위해 〈세계 화폐〉를 목표로 하는 전산망 금융회사, 〈~ on-line money transfer〉 주2

222 **pay-roll** [페이 로울]: 임금 대장, 종업원 명부, 급료 총액, 〈~ salary\emolument〉 명1

223 ★**PAYT** [페잍](pay as you throw): (버리는 쓰레기의 양에 따라 요금이 부과되는) 종량제, trash metering 명2

224 ***pay-wall** [페이 워얼]: '유료 벽', 전산망 기지의 화면을 유료로 지정하는 것, 돈을 내야 들어가 볼 수 있는 전산망 기지, 〈~ payment gate-way\access control〉, 〈↔public\free〉 명2

225 **PBS** (Pub·lic Broad·cast·ing Ser·vice): (미)공공 방송망, 1970년에 교육과 공보를 위해 세워져 350개 이상의 회원 방송국을 가지고 있는 비영리 민간 TV 방송망 미1

226 ***PBX** (pri·vate branch ex·change): 〈내부와 외부 통화가 가능한〉 사설 구내(자동)전화 교환대 미2

227 ★**PCB¹** (please call me back): 다시 전화해 미2

228 ***PCB²** (print·ed cir·cuit board): (같은 계통의 회로판을 인쇄하듯이 찍어내서 층으로 조립하는) 인쇄 배선 회로기판 미2

229 ★**PC bang** [피씨방]: 〈한국어〉, personal computer room, 개인 전산기 방, 각종 LAN(근거리통신망) 놀음을 하러 가는 곳, internet cafe 주2

230 ★**PC card** (par·al·lel com·mu·ni·ca·tion card \ per·son·al com·put·er mem·o·ry card): 병렬 소통 주변 접속판, 개인 전산기 기억력 카드, 1990년경부터 출시된 보조 기억력 장치를 초소형 전산기에 연결시키는 조그만 카드, PCMCIA 확장카드의 새로운 이름 명2

231 ***PC com·pat·i·bil·i·ty** (per·son·al com·put·er com·pat·i·bil·i·ty): 개인 전산기 호환성, 한 개인 전산기가 IBM 제품과 차별표나 부속품을 서로 바꿔 쓸 수 있는 능력 미2

232 ***PCE** (per·son·al con·sump·tion ex·pen·di·tures) price in·dex: 개인 소비 지출 가격지수, (연방 정부가 각종 자료를 이용해서) 개인의 국내 소비가 증·감되는 평균율로 물가의 흐름을 예측하는 종합지표 미2

233 ***PCI** (pe·riph·er·al com·po·nent in·ter·face): '주변 부품 접속기', 1992년 Intel이 출시한 개인용 전산기 간의 호환성을 높이기 위한 공통로

234 ***PCMCIA** (per·son·al com·put·er mem·o·ry card in·ter·na·tion·al as·so·ci·a·tion): 개인 전산기 기억력 카드 규격 국제 협회, 초소형 전산기의 주변 접속판의 규격 통일을 위해 1989에서 2009년까지 활동했던 전산기 강성기기 제조자들의 국제적 모임 유2

235 ★**PCR** (pol·y·mer·ase chain re·ac·tion): 중합효소 연쇄반응, 아주 적은 양의 DNA를 확대해서 정보를 얻어내는 방법, Covid-19 감염 검사 때 주로 비강을 면봉으로 훑어서 판독하는데 경제적이고 무증상 초기 감염도 잡아낼 수 있으나 정확도는 약 80-85% 정도임 미2

236 ***PDA¹** (per·son·al dig·i·tal as·sis·tant): 개인용 휴대 정보 단말기, 스마트폰이 나오기 전에 쓰였던 손바닥에 들어오는 작은 정보처리기 미2

237 ***PDF** (port·a·ble doc·u·ment file \ for·mat): 이동식 서류철 체제, 1993년 어도비사가 개발한 강성·연성·운용기기에 관계없이 온전한(틀림없는) 정보를 보내는 서류철 전송방식 유2

238 ***PDP** (plas·ma dis·play pan·el): 전리 기체 전광판(화면 표시판), 1936년 유럽에서 개발되어 1983~2014년간 세계적으로 쓰였던 전극을 띤 기체를 사용한 〈납작한〉 벽걸이용 TV 영상장치 미2

239 ★**PDQ** (pret·ty damn quick): 아주 빨리, 즉각 생2

240 **pea** [피이]: 〈← pison(legume)〉, 〈어원 불명의 그리스어〉, 완두(콩), 지중해 연안 원산으로 사료되는 백색·자색의 나비 모양의 꽃이 피고 길쭉한 깍지에 4~9개의 알이 들어있는 콩과의 한해살이 덩굴식물, 〈~ pease〉, 〈bean은 잠두콩〉 기2

241 **peace** [피이스]: 〈← pax〉, 〈라틴어〉, 평화, 안녕, 화해, 평정, 〈→ pacific\appease〉, 〈~ tranquility\law and order〉, 〈↔discord\hustle\war〉 기2

242 ★**peace mon·ger** [피이스 멍거]: '평화 맹신자', (굴욕적) 평화 주창자, 〈~ peacenik\conchie〉, 〈↔warrior〉 생1

243 ★**peace-nik** [피이스 닉]: 평화 운동가, 반전 운동가, 〈~ bohemian\pacifist\dove〉, 〈↔war-hawk〉 생1

244 **peach** [피이취]: 〈← persica〉, 〈라틴어〉, 〈Persian apple〉, 복숭아, 즙이 많고 부드러운 과육을 얇은 껍질이 싸고 있고 돌 같은 커다란 씨를 가지고 있는 온대성 과일, 노란빛이 도는 분홍색, 예쁜 소녀, 〈~ a drupe(stone-fruit)〉 기1 미2

245 **pea-cock** [피이칵]: pavo(의성어)+cok 〈라틴어〉, '무조', (수)공작, 수컷이 눈알 같은 반점이 달린 '꽁지깃'을 부채 모양으로 펴고 으스대는 인도 원산 꿩과의 칠면조만 한 새, 〈암·수를 함께 말할 때는 pea·fowl〉 미2

246 **peak** [피이크]: 〈영국어〉, 〈← pike〉, 끝, 산꼭대기, 정상, 돌출부, 절정 하중, (군모 등의) 챙, 〈~ point\project〉, 〈↔bottom\valley〉 생1

247 **pea-nut¹** [피이넡]: 〈라틴어〉, 〈pea도 아니고 nut도 아니지만 둘의 공통점을 두루가진〉 땅콩, 낙화생, 수정 후 꽃이 지면 씨방이 밑으로 내려와 〈땅속에서 열매를 맺는〉 온난한 지방의 모래땅에서 잘 자라는 브라질 원산 콩과의 한해살이 식물, 〈~ ground nut〉, 〈~(↔)wal-nut〉 기1

248 **pear** [페어]: 〈← pirum(a fleshy fruit)〉, 〈어원 불명의 라틴어 → 게르만어〉, 배, 얇고 누런 껍질에 희고 수분이 많은 속살을 가진 과일로 서양 배(common ~ European ~)는 표주박 모양〈동양 배(Asian ~\oriental ~)는 둥근 모양을 하고 있음

249 **pearl¹** [퍼얼]: 〈← perla(little bag)\perna(upper leg)?〉, 〈어원 불명의 라틴어에서 유래한〉 '진기한 구슬', 진주(굴이나 조개에 들어간 이물질을 둘러싸고 층층으로 쌓아 올린 분비물 덩어리로 다른 보석보다 연하고 빛을 흡수하기도 하는 성질이 있음), 〈~ nacre seed〉 생1

250 **peas·ant** [페즌트]: 〈← pagus(country)〉, 〈라틴어〉, '시골에 사는 자', 농부, 소작농, 농민, 촌사람, 〈~ tenant farmer\boor〉, 〈↔aristocrat〉 기1

251 **peat** [피이트]: 〈← peta(piece of turf)〉, 〈어원 불명의 켈트어〉, 토탄, 이탄, 주로 늪지대의 식물이 썩어서 된 석탄의 전 단계 물질로 연료나 비료로 쓰임, 〈~ dirt turf〉 기1

252 **peb·ble** [페블]: 〈← papol(small\smooth stone)〉, 〈어원 불명의 영국어〉, 조약돌, 〈cobble보다 적은〉 자갈, 수정, 마노, 〈↔boulder〉 기1

253 ★**PEBKAC** [페브캑]: problem exists between keyboard and chair, '멍청이 사용자', 자판기와 의자 사이에 있는 '물건'이 문제 즉 기계가 문제가 아니라 사용자의 잘못이라는 뜻 미2

254 **peck¹** [펙]: 〈← picken(pick)〉, 〈어원 불명의 영국어〉, (beak로) 쪼다, 쪼아먹다, 흠을 잡다, 들볶다, 〈~ bite\jab〉, 〈↔lick\dig〉 생1

255 **pe·cu·liar** [피큐울리어]: 〈← pecus(cattle)〉, 〈라틴어〉, '사유 재산', 독특한, 고유의, 두드러진, 별난, 〈~ distinctive\unusual〉, 〈↔common\ordinary〉 기2

256 **ped·al** [페들]: 〈← pedis(foot)〉, 〈그리스어〉, 발판, 발틀, 발의, '발로 밟는' 건반, 〈~ foot lever〉, 〈↔handle〉 생1

257 ★**ped·an·tic** [피댄틱]: 〈그리스어 → 라틴어 → 프랑스어〉, 〈← pedagogue〉, 아는 체하는, 현학적인, 학자라고 뽐내는, 탁상공론의, 〈~ didactic\over-scrupulous〉, 〈↔plain\ignorant〉 가1

258 **ped-dler \ ped-lar** [페들러]: ①노를 젓는 자(rower) ②〈발음을 파는〉 행상, 도부꾼, 마약 판매인, 〈~ traveling salesman〉 양1

259 **ped·es·tal** [페더스틀]: pedis(foot)+stallo(place), 〈그리스어+이탈리아어〉, 〈발이 서 있는〉 대좌, 주각, 받침대, 기초, 〈~ platform\podium〉 양1

260 **pe·des·tri·an** [퍼데스트뤼언]: 〈← ped¹〉, going on foot, 도보의, 〈발로 다니는〉 보행자, 단조로운, 〈~ walker\tedious〉, 〈↔driver\motorist\exciting〉 양2

261 **ped·i·gree** [페더그리이]: ped(foot)+grus(crane), 〈그리스어 → 라틴어 → 프랑스어〉, 〈두루미 발 같은〉 계도, 혈통, 가계, 족보, 〈~ lineage\family tree〉 양2

262 **pee** [피이]: 〈영국어〉, 〈의성어〉, 〈← piss〉, 오줌 누다, 쉬하다, 〈~ urinate〉 가2

263 **peek** [피이크]: 〈← piken(peer² quickly)〉, 〈어원 불명의 영국어〉, 엿보다, 살짝 들여다보다, 전산망 번지 훑어보기, 〈~ peep〉, 〈~ keek〉, 〈↔examine\stare〉 양2 미1

264 **peel** [피일]: 〈← pilare ← pilus(hair)〉, 〈라틴어〉, 껍질(을 벗기다), (옷을) 벗다, 〈→ pillage〉, 〈'눈을 예리하게 하다'·'계란 속 껍질을 까듯 형식에 구애되다'·'편대에서 이탈하다'·'타이어가 벗겨지도록 가속하다' 등 여러 용도로 쓰이는 말이나 '팬티를 벗기다'라는 뜻으로도 쓰이는지는 잘 모르겠음〉, 〈~ pare\rind〉, 〈↔cover\put on〉 가1 양1

265 **peep¹** [피이프]: 〈← pepen(look narrow)〉, 〈의태어〉, 〈영국어〉, 엿보다, 흘끗 보다, 드러나다, 〈~ peek〉, 〈~ keek〉, 〈↔gaze\stare〉 양2

266 ★**Peep-ing Tom** [피이핑 탐]: 나체로 말 타고 가는 귀부인을 훔쳐보다 눈이 먼 친구, p~ T~; 관음증 환자, 엿보기를 즐기는 사람, 〈~ peeper\voyeur〉 수2 양2

267 **peer¹** [피어]: 〈← par(equal)〉, 〈라틴어〉, 동료, 대등한 사람, 귀족〈이 자기들끼리 부르는 말〉, (영) 상원의원, 〈~ colleague\noblemen〉, 〈↔foe〉 가1

268 **peer²** [피어]: 〈← appear?〉, 〈영국어〉, 자세히 보다, 응시하다, 보이기 시작하다, 〈~ pry〉, 〈↔glance〉 가1

269 **peg** [페그]: 〈← pegge(stake)?〉, 〈어원 불명의 게르만어〉, 쐐기, 나무못, 말뚝, 걸이 못, 마개 다리, 집게, 자지, 〈~ spike\secure〉, 〈↔jumble\scramble〉 양1

270 *****PEG**(price/earn-ings to growth), ra·tio: ①(릇가·배당금·성장기대액을 고려한) 연계주가 ②(연계)고정환율제도, fixed exchange rate 우2

271 ★**pe·gan** [페건]: 〈신조어〉, paleo(ancient)+vegan(vegetarian), 원시 채식, 〈구석기 시대 인류가 먹었다던?〉 75%의 채소에 25%의 (기름기 없는) 육류로 구성된 '융합 채식주의', 〈~ a combined diet〉 우2

272 ★**peg·a·sis·ter** [페거 씨스터]: Pegasus+sister, (연속극 my little sister를 좋아하는) 천진난만한 여자, 〈↔brony〉 우2

273 **pe·jo·ra·tive** [피줘러뤼티브]: 〈← pejor〉, 〈'worse'란 뜻의 라틴어〉, 타락하는, 퇴화적인, 경멸적인, 〈~ disapproved〉, 〈↔complimentary〉 양2

274 *****pel** [펠]: pix element, 화소, 회소, 화상정보를 분석했을 때의 최소 단위 미2

275 **pel·let** [펠릿]: 〈← pila(ball)〉, 〈라틴어〉, '쇠로 된 작은 공', 알갱이, 둥글게 뭉친 것, (작은) 돌멩이, 총알, (아주 작은) 공, 알약, 산탄, (토끼 똥 같은) 똥 덩어리, 〈~ small ball〉 양1

276 **pelt** [펠트]: ①〈← pultare(strike)〉, 〈라틴어 → 영국어〉, 내던지다, 쳐붙다, 질주하다, 〈~ bombard〉, 〈↔drag\linger〉 ②〈← pellis(skin)〉, 〈'껍질'이란 라틴어에서 유래한〉 날가죽, 털가죽, 〈~ raw-hide\leather〉 양2

277 **pen¹** [펜]: ⟨← pet(fly)⟩, ⟨산스크리트어 → 그리스어 → 라틴어⟩, 뾰족한 끝, 깃촉(feather), '쓰개', '줄 긋개', (잉크를 사용한) 필기 기구, 필력, 문사, ⟨~ pin⟩ 가2

278 **pen²** [펜]: ⟨← penn(small enclosure)⟩, ⟨어원 불명의 영국어⟩, 우리, 어리(닭장), 축사, 저장실, 농원, 가두다 가1

279 **pe·nal** [피이널]: ⟨← poine(blood-money)⟩, ⟨그리스어 → 라틴어⟩, ⟨'pain'을 주는⟩ 형벌의, 형법상의, 형을 받을 만한 양2

280 **pen·al·ty** [페널티]: ⟨← poena(punishment)⟩, ⟨라틴어⟩, '벌 받음', 형(벌), 처벌, 벌금, 불리한 조건, ⟨→ pain\penology⟩, ⟨↔reward⟩ 양2

281 **pen·ance** [페넌스]: ⟨← paenitere(sorry)⟩, ⟨라틴어⟩, 참회, 회개, 속죄, 고백성사, ⟨~ re·pent⟩, ⟨↔absolution\pardon⟩ 가1

282 **pence** [펜스]: (금액을 말하는) penny의 복수 수2

283 **pen·cil** [펜슬]: ⟨← pen⟩, ⟨라틴어⟩, ⟨가는 'penis' 모양을 한⟩ 연필, 석필, 눈썹먹, 입술연지, '그리개', (연심을 이용한) 필기 기구, 묶음, 기입하다, ⟨~ write\note\black lead⟩, ⟨↔read\erase\crayon⟩ 양1

284 **pen·dant** [펜던트]: ⟨← pendere(hang)⟩, ⟨라틴어⟩, 늘어져 있는 물건(장식), '매달이', 부속(물), ⟨~ suspended\dangling⟩ 우2

285 **pend·ing** [펜딩]: ⟨← pendere(hang)⟩, ⟨라틴어⟩, '매달린', 미결의, 계류 중인, 절박한, ~할 때까지는, ⟨~ un-resolved\waiting for⟩, ⟨↔decided\settled⟩ 양2

286 ★**pen·do·la·re** [펜도라레]: ⟨이탈리아어⟩, ⟨'pendulum'같이 왔다·갔다 하다⟩, 출·퇴근하다, 통근자(commuter) 양2

287 **pen·du·lum** [펜절럼]: ⟨← pendere(hang)⟩, ⟨라틴어⟩, '매달린 것', 흔들이, 추, 진자, ⟨왔다 갔다리 하는 사람⟩, ⟨~ counter-poise\bob⟩ 양2

288 *****pen·e·trate** [페너트레이트]: penes(within)+tra(enter), ⟨라틴어⟩, '들어가다', 꿰뚫다, 관통하다, 삽입하다, 간파하다, 침투하다, (전산기에) 부당한 정보를 넣다, ⟨미국인들이 열 번째 쯤 좋아하는 말⟩, ⟨~ pierce\perforate⟩, ⟨↔leave\yield⟩ 양2

289 **pen-guin** [펭귄]: pen(head)+gwyn(white), ⟨웨일즈어⟩ ①'흰 머리'를 가지고 남반구의 한류에서 무리를 지어 살며 똑바로 서서 걷고 날지 못하는 ⟨지느러미⟩ 날개와 물갈퀴 발로 수영을 잘하는 ⟨바다쇠오리⟩류, ⟨~ fat goose⟩ ②공군의 지상 근무원, ⟨~ flight-simulator⟩ 우1 양2

290 **pen-i·cil·lin** [페니씰린]: ⟨라틴어⟩, 페니실린, 1941년부터 치료제로 쓰기 시작한 푸른곰팡이로부터 축출된 '붓끝(pen) 모양의' 강력한 항생균 물질, ⟨~ an antibiotic⟩ 수2

291 **pen·in·su·la** [퍼닌쉴러]: pene(almost)+insula(isle), ⟨라틴어⟩, '거의 섬이나 다름없는 땅', 반도, 삼면이 바다로 둘러싸인 땅, ⟨~ cape\head-land⟩ 가2

292 **pe·nis** [피이니스]: ⟨라틴어⟩, ⟨pen을 닮은?; 그러나 pen보다 penis가 더 먼저 생겼을 걸요?!⟩ 페니스, '작은 꼬리(tail)', 음경, ⟨영어로 292개의 동의어가 있는⟩ 남근, 자지⟨흥분되면 피가 몰려드는 뼈도 아니고 근육도 아닌 해면체 조직⟩, ⟨~ cock⟩, ⟨~ phallus⟩, ⟨~ bacon bazooka\joy-stick\love-pistol\one eye snake\pink torpedo\purple-headed warrior\yoghurt slinger\wang\willy⟩, ⟨↔vulva⟩, ⟨↔brain?⟩ 가2

293 **pen·i·ten·tia·ry** [페니텐셔뤼]: ⟨← poena(punishment)⟩, ⟨라틴어⟩, 고해 신부, 고해소, 감화원, 고행소, 교도소, 회개의, 징벌의, ⟨~ jail\big house\prison⟩, ⟨↔outside\free⟩ 양2

294 **pen·nant** [페넌트]: ⟨영국어⟩, pendant(suspended rope)+pennon⟨long narrow flag⟩ ⟨창에 달린 깃발⟩, ⟨중세에 기사가 전쟁에 나갈 때 긴 창끝에 달았던⟩ 길고 좁은 삼각기, 기치, 우승기, ⟨~ banner\en-sign⟩ 양1

295 **pen·ny** [페니]: ⟨← pfenning(coin)⟩, pence의 단수형, ⟨게르만어⟩, ①영국의 청동화⟨'1/100'파운드⟩ ②미국의 1센트 '동전' ③잔돈, 푼돈, 금전 수2 양2

296 **★pen·ny for your thoughts**: ⟨500년 전에 영국의 Thomas More가 도입한 말⟩, ⟨무슨 꿍꿍이 속인지⟩ 네 생각을 털어 놓으면 1센트 줄게, ⟨~ what's on your mind?⟩, ⟨↔give my two cents(내 생각을 말해주마!)⟩ 영2

297 **★pen·ny-pinch·ing** [페니 핀칭]: 인색한, 구두쇠의, 긴축 재정의, ⟨↔generous⟩ 영2

298 **★pen·ny-wise** [페니 와이즈]: 푼돈을 아끼는, 소탐, ⟨~ poound-foolish(대실)⟩ 영2

299 **pen pal** [펜 팔] ⟨1919년에 나온 pen-friend가 1931년에 변형된 말⟩, 편지(를 통해 사귀는) 친구 영1

300 **pen·sion¹** [펜션]: ⟨← pendere(weigh)⟩, ⟨라틴어 → 프랑스어 → 영국어⟩, ⟨← pay⟩, 연금, 장려금, 보호금, ⟨소금을 매달아 주는⟩ 수당, ⟨~ annuity\retirement fund⟩, ⟨↔dis-enfranchise⟩ 영1

301 **pen·sion²** [펜션]: ⟨주로 pension을 받는 사람이 거처하던 하숙집, 기숙사, 작은 호텔, '여가용 작은 주택', ⟨미국에서는 주로 노후에 거처하는 곳이란 뜻이나 한국·일본·필리핀에서는 '호텔식 별장'이란 뜻으로 쓰임⟩, ⟨~ hostel\lodge⟩, ⟨↔mansion⟩ 영1

302 **pen·sive** [펜시브]: ⟨← pendere(weigh ← hang)⟩, ⟨라틴어⟩, 생각에 잠긴, 곰곰히 생각하는, 시름에 젖은, ⟨~ preoccupied\absorbed⟩, ⟨↔absent-minded\negligent⟩ 영2

303 **pen·ta·gon** [펜터건]: penta(five)+gonia(corner), ⟨그리스어⟩, 펜타곤, 5각형, 5변형, P~; ⟨미⟩국방부, 1943년에 완공된 포토맥강 변의 대지 29에이커·건평 3백7십만 5천 평방피트·1만 대의 주차장을 가진 대형 건물로 2001년 9월 11일 알카에다의 공격을 받음, ⟨~ US Dept. of Defence⟩ 영2 수2

304 **pent-house** [펜트하우스]: ⟨← pentice(appendage)⟩, ⟨라틴어 → 프랑스어 → 영국어⟩, ⟨← appendix⟩, 차양, 처마, 벽에 붙여 내단 건물, 옥탑, 옥상의 고급 주택(거실), 꼭대기층⟨경치 좋은⟩ 특실, ⟨~ roof-top apartment⟩, ⟨↔basement\lower deck⟩, ⟨↔studio apartment⟩

305 **peo·ple** [피이플]: plebs(common)+polys(many), ⟨라틴어+그리스어⟩, ⟨흔한⟩ '보통사람', 상사람⟨놈⟩, 사람들, 세인, 백성, 국민, 주민, ⟨→ popular\public⟩, ⟨~ person⟩, ⟨↔animal\plants\elite⟩ 영1

306 *****peo·ple me·ter** [피이플 미이터]: 시청률(viewer rating) 조사를 위해 TV에 부착한 측정장치 영1

307 **★pep** [펩]: ⟨← pepper⟩, ⟨영국어⟩, 원기, 기력, ⟨~ energy\spirit⟩, ⟨↔lethargy\subdue⟩ 영2

308 **★pep·per-and-salt** [페퍼 런 썰트]: ①희고 검은 점이 뒤섞인 옷감, ⟨~ black and white⟩ ②희끗희끗한 머리, ⟨~ hoary⟩ 영1

309 **pep·per-mint** [페퍼 민트]: 박하, 온대 지방 습지에서 잘 자라는 꿀풀과의 여러해살이풀로 잎과 씨에서 '입을 화하게 해주는' 향료를 추출함, ⟨~(↔)red gum\eucalypt⟩ 영1

310 **★pep talk** [펩 터어크]: 격려 연설, '부추기는' 말, ⟨~ boost\encouragement⟩, ⟨↔criticism\curse⟩ 영1

311 **per·am·bu·la·tor** [퍼램블레이터]: per+ambulare(walk), ⟨라틴어⟩, pram, ⟨배회하는⟩ 유모차, 순시차, ⟨~ stroller\buggy⟩ 영2

312 **per-ceive** [펄씨이브]: per(thorough)+capere(take), ⟨라틴어⟩, 감지하다, 인식하다, 파악하다, '완전히 감을 잡다'⟨per seize⟩, ⟨~ sense\notice⟩, ⟨↔lose\miss⟩ 영1

313 **per-cent** [퍼 쎈트]: %, 100분의 1, 백분율, percentage point, ⟨~(↔)bp\basis point⟩ 미2

314 **per-cep-tion** [펄쎕션]: per(thorough)+capere(take), ⟨라틴어⟩, 지각, 인지, 직관, 견해, ⟨~ acumen\apprehension⟩, ⟨↔im-perception\mis-conception⟩ 영1

315 **perch¹** [퍼어치]: ⟨← pertica(pole)⟩, ⟨'막대기'라는 라틴어에서 연유한⟩ ⟨새의⟩ 횃대, ⟨야구장의⟩ 좌석, 편한 자리, 높은 지위, ⟨~ resting place\roost⟩ 영1

316 **perch²** [퍼어취]: ⟨← perknos(dark colored)⟩, ⟨그리스어 → 라틴어⟩, ⟨전 세계에 서식하며 '검은 색깔'에 지느러미에 가시가 있고 거친 비늘을 가진⟩ 농어류(bass)의 식용 민물고기 우1

317 **per-en·ni-al** [퍼레니얼]: per(through)+annus(year), 〈라틴어〉, '일년 내내', 연중 끊이지 않는, 다년생의, 〈↔annual〉 양1

318 **per-fect** [퍼어휔트]: per(thorough)+facere(make), 〈라틴어〉, '완전히 만들다', 완전한, 정확한, 우수한, 더할 나위 없는, '안성맞춤', 〈~ absolute\ideal〉, 〈↔im-perfect\defective〉 가2

319 ★**per-fect storm** [퍼어휔트 스토어엄]: '완벽한 폭풍', 최악의 상황, 초대형 종합위기 Frankenstorm 양2

320 **per-fo·rate** [퍼어훠뤠이트]: per(through)+forare(bore), 〈라틴어〉, 구멍을 내다, 꿰뚫다, 천공하다, 〈~ pierce\riddle²〉, 〈↔closure\patch〉 가1

321 **per-form** [펄훠엄]: per(thorough)+furnir(furnish), 〈라틴어〉, '완전하게 제공하다', 실행(수행)하다, 공연(연주)하다, 〈~ carry out\en-act〉, 〈↔fail\omit〉 가1

322 ★**per-form-a·ti-vi-ty** [펄훠어머티뷔티]: (두각을 나타내기 위한) 수행성, (동영상 등에서) 〈돋보이기 위해 행하는〉 과장된 연기, 〈~ show〉 미2

323 **per-fume** [퍼얼휴움 \ 퍼얼휴움]: per(through)+fumus(smoke), 〈라틴어〉, 〈주위에서 연기나는〉 향료, 향수, 향기, 방향, 〈~ scent\fragrance〉, 〈↔mal-odor\stink〉 가1

324 **per-fuse** [펄휴우즈]: per(thorough)+fundere(pour), 〈라틴어〉, '완전히 쏟아' 흩뿌리다, 살포하다, 관류하다, 〈~ flush\suffuse〉, 〈↔stay〉 양1

325 **per-haps** [펄핲스]: 〈by chance란 뜻의 영국 영어〉, 아마 〈일어날지(happen)도 모르는〉, 어쩌면, 〈역시나가 더 많은〉 혹시나, 〈↔certainly〉 가2

326 **per·il** [페륄]: 〈← experiri(try)〉, 〈라틴어〉, 〈시도하는 것에 따르는〉 위험, 모험, 위난, 〈~ risk\danger\experiment〉, 〈↔protection\security〉 가1

327 **pe·rim·e·ter** [퍼뤼미터]: peri(around)+metron(measure), 〈그리스어〉, 둘레, 주변(의 길이), 경계선, 〈~(↔)parameter〉, 〈↔core\within〉 양1

328 **pe·ri·od** [피어뤼어드]: peri(around)+hodos(way), 〈그리스어〉, 피어리어드, '한 바퀴 돌기', 기간, 주기, 시대, 교시, 마침표, 〈~ term\menstruation〉, 〈↔beginning\end〉, 〈↔question mark(?)〉 가2

329 **per-ish** [페뤼쉬]: per(thorough)+ire(go), 〈라틴어〉, '완전히 사라지다', 멸망하다, 사라지다, 죽다, 〈↔exist\live〉 양2

330 **perk¹** [퍼얼크]: 〈← perquer(perch¹)〉, 〈프랑스어〉, 활기(생기)가 나다, 멋을 내다, 거드름 피다, 〈↔despair\washed-out〉 양1

331 *__Perl__ [펄]: practical extraction and report language〈후성어〉, 실질적 추출과 보고언어, 1987년부터 개발된 일련의 일반용 통합성 역동적 고급 차림표 언어 추2

332 ★**perm** [퍼엄]: 파마, permanent(wave)의 약어, 머리를 물결처럼 곱슬곱슬하게 지지는 일 추2

333 ★**per·ma·cri·sis** [퍼어머 크롸이시스]: 〈영국의 Collins 사전이 선정한 2022년도 단어〉, 영구적(permanent) 위기, 총체적 난국

334 **per·ma·nent** [퍼어머넌트]: per(thorough)+manere(remain), 〈라틴어〉, '완전하게 남아있는', 영구한, 불변의, 상설의, 〈~ perpetual〉, 〈↔temporary\ephemeral\transient〉 가1

335 *__Per·ma·nent Vir·tu·al Cir·cuit__ \ PVC: 영구가상회선, 자주 소통하는 두 개 이상의 단말장치를 〈기계적뿐만 아니라 논리적으로도〉 영원히 연결시켜 주는 회로, 〈↔switched virtual circuit(SVC)〉 미2

336 **per·me·a·ble** [퍼어미어블]: per(through)+meare(glide), 〈라틴어〉, '통과할 수 있는', 침투(투과)할 수 있는, 〈↔im-permeable\water tight〉 가1

337 **per·mis·sion** [퍼어미션]: 〈라틴어〉, 〈← permit〉, 허가, 인가, 면허, 〈↔denial\prohibition\refusal〉 가1

338 **per·mit** [퍼어밑 \ 퍼어밑]: per(through)+mittere(send), 〈라틴어〉, 퍼밋, '통과시키다', 허가하다, 허락, 허가(증), 〈↔ban\veto〉 가1

339 **per·ni·cious** [퍼어니셔스]: per(through)+necis(death), 〈라틴어〉, 〈죽음을 초래하는〉 유해한, 파괴적인, 악성의, 〈↔benign\favorable〉 가1

340 **per·pen·dic·u·lar** [퍼어펀디큘러]: per(thorough)+pendere(hang), 〈라틴어〉, 〈매달린〉, 수직의, 직각을 이루는, 〈~ right angle〉, 〈~(↔)square〉, 〈↔horizontal\flat\diagonal\radial\parallel〉 가1

341 **per·pet·u·al** [펄페츄얼]: per(through)+petere(seek), 〈라틴어〉, 영구의, 종신의, '끊임없는', 〈↔temporary\periodic\transient〉 가1

342 **per·plex** [펄플렉스]: per(thorough)+plectere(twist), 〈라틴어〉, 〈← plexus〉, 당혹(난처)게 하다, 혼란에 빠트리다, '완전히 꼬이다', 〈↔calm\un-perplexed〉 가1

343 **per se** [퍼얼 쎄이]: 〈라틴어〉, by itself, 그 자체로(는), 본질적으로(는), 〈↔per quod〉 양2

344 **per·se·cute** [퍼얼시큐우트]: per(thorough)+sequi(follow), 〈라틴어〉, 박해(학대)하다, 성가시게 요구하다, '끝까지 뒤쫓다', 〈~ harass〉, 〈↔abet\relieve〉 가1

345 **per·se·ver·ance** [퍼얼서뷔어륀스]: per(thorough)+severus(severe), 〈라틴어〉, 〈가혹할 정도의〉 인내심, 참을성, 버팀, 〈Covid-19을 참아낸〉(캠브리지 사전의 2021년 단어), (Steve Jobs에 의하면) 〈성공한 사람과 그렇지 않은 사람과의 '단 한 가지 차이점'〉, 〈↔impatience\indolence〉 가1

346 **Per·sia** [퍼얼져 \ 퍼얼셔]: 〈어원이 모호한 아랍어〉, 페르시아 ①BC 900년경부터 러시아 남부에서 내려와 BC 500년경 중동의 대부분을 차지했던 고대왕국 ②1935년까지 이란의 명칭, 〈~ Parthia〉, ⇒ Iran 수1

347 **per·sim·mon** [퍼얼씨먼]: 〈미주 동북부 원주민어〉, '마른 과일', 감, 젊어서는 텁텁한 맛을 내다가 늙어지면 달작지근한 맛을 내는 〈신성한〉 과일, dried p~; 〈곶감〉, 〈이스라엘에서는 Sharon fruit\ 일본에서는 kaki라 함〉 미2

348 **per·sist** [퍼얼씨스트]: per(through)+sistere(stand), 〈라틴어〉, '확고히 서다', 고집(집착)하다, 지속하다, 주장하다, 〈↔abandon\quit〉 가1

349 **per·son** [퍼얼슨]: 〈← persona(face mask)〉, 〈라틴어〉, 〈소통하는〉 사람, 〈항상 가면을 써야 하는〉 인간, 개인, 이성적 존재, 인칭, 〈↔no body\beast〉 가2

350 **per·son·al·i·ty** [퍼얼스낼리티]: 성격, 개성, 인격, 〈동물에게도 있는〉 인간성, 〈~ character보다 형이상학적 표현〉 가1

351 ★**per·so·na non gra·ta** [펄쏘우너 난 그롸아터]: 〈라틴어〉, '기쁘지 않은 자', 불청객, 기피 인물, non pleasing person, 〈↔persona grata〉 양2

352 **per·son·nel** [퍼얼써넬]: 전직원, 요원, 인원, 인사과, 〈~ staff\work fork〉 양2

353 **per·spec·tive** [펄스펙티브]: per+spicere(look), 〈라틴어〉, 〈자세히 내다보는〉 원근법, 투시화, 전망, 시각, 〈~ point of view\opinion〉, 〈↔perspect-less\clue-less〉 양2

354 **per·spire** [펄스파이어]: per(through)+spirare(breathe), 〈라틴어〉, 땀을 흘리다, 증발하다(시키다), '통하여 호흡하다', 〈~ sweat〉, 〈↔inhale〉 가1

355 **per·suade** [펄스웨이드]: per(thorough)+suadere(urge), 〈라틴어〉, 〈끝까지〉 설득하다, 납득시키다, 〈~ dissuade\convince\talk into〉, 〈↔dis-suade\dis-courage〉 가1

356 *****PERT** [퍼얼트] (pro·gram e·val·u·a·tion and re·view tech·nique): 차립표 평가 및 재검토 방식, 각 과정에 소요되는 시간을 분석해서 차립표를 계획·통제·관리하는 방식 미2

357 **per·tain** [펄테인]: per(thorough)+tenere(hold), 〈라틴어〉, '완전히 잡혀 있다', 속하다, 관계하다, 적합하다, 〈→ pertinent\appertain〉, 〈↔exclude\irrelevent〉 가1

358 **per·ti·nent** [퍼얼티넌트]: 〈라틴어〉, 〈← pertain〉 타당한, 적절한, ~에 관한, 〈~ right on\trenchant〉, 〈↔irrelevant\inappropriate〉 **가1**

359 **per-turb** [퍼터얼브]: per(thorough)+turba(turmoil), 〈라틴어〉, 교란하다, 불안하게 하다, '완전히 소용돌이치게 하다', 〈~ disturb〉, 〈↔composed\reassure〉 **가1**

360 **pe·ruse** [퍼루우즈]: per(thorough)+use, 〈라틴어 → 영국어〉, 숙독(정독)하다, 음미하다, '죄다 써 버리다', 〈↔browse\skim〉 **가1**

361 **per-vade** [퍼붸이드]: per(thorough)+vadere(go), 〈라틴어〉, 〈몽땅 보내다〉, 널리 퍼지다, 보급하다, 스며들다, 〈~ Vishnu〉, 〈↔deplete\drain〉 **가1**

362 **per-verse** [퍼뷔얼스]: per(thorough)+vertere(turn), 〈라틴어 → 영국어〉, 외고집의, 비꼬인, 잘못된, 불법의, 〈~ peevish\thrawn〉, 〈↔agreeable\genial〉 **양1**

363 **per-vert** [퍼뷜트 \ 펄뷔어트]: per(thorough)+vertere, 〈라틴어〉, '완전히 돌려지다', 비뚤어지게 하다, 상도에서 벗어남, 타락자, 변절자, 변태, '또라이', 〈↔normal\saint\genial〉 **양2**

364 ★**pes·ca·tar·i·an** [페스커테뤼언]: pescetarian, 〈1991년 신조어〉, piscis(fish)+vegetarian, 〈라틴어+영어〉, 부분채식주의자, 해산물 채식주의자, 채식주의자지만 생선은 먹는 자, 〈↔vegan\omnivore〉 **미2**

365 **pes·si·mism** [페씨미즘]: 〈← pessimus(worst)〉, 〈라틴어〉, 〈최악의 경우만 생각하는〉 비관(론), 염세(주의), (물잔의 반이 〈비었다고 생각하는〉) '하향주의', 〈↔optimism〉 **가1**

366 **pest** [페스트]: 〈← pestis(plague)〉, 〈라틴어 → 프랑스어〉, 유해물, 해충, 골칫거리, '찐드기', 흑사병, pestilence, plague, Black Death, 〈~ plague〉, 〈→ pestilence〉 **양2**

367 **pest·er** [페스터]: 〈← empestrer(encumber)〉, 〈프랑스어 → 영국어〉, 괴롭히다, 고통을 주다, 졸라대다, 〈~ pest〉, 〈~ dun*〉, 〈↔aid\appease〉 **가1**

368 **pet** [펱]: 〈편자가 보기에는 petit(small)란 프랑스어가 어원인 것 같으나 웹지 어원 불명의 영국어라 함〉, 애완동물, 귀염둥이, 귀여워하다, 애무하다, 〈~ pat〉, 〈↔estray〉 **양2**

369 **pet·al** [페틀]: 〈← petalon(leaf)〉, 〈그리스어〉, 〈펼쳐진〉 꽃잎, 화단, 음순 **가1**

370 ★**pet-dom** [펱 덤]: '애완동물의 세계', 애완동물 기르기(한국), 애완동물 취급소(미국) **우2**

371 ★**Pe·ter Pan Syn·drome** [피이터 팬 씬드로옴]: 〈자유분방하게 살면서〉 사회적으로 자립하지 않으려는 현대 남성의 병적 증세, 〈~ man-boy〉, 〈↔Wendy Syndrome〉 **수2**

372 *Pe·ter prin·ci·ple [피이터 프륀시플]: 〈동명의 미국 교육가가 주장한〉 계층사회의 구성원은 각자 능력 이상의 수준까지 출세한다는 원리, 〈~ Dunning-Kruger effect〉, 〈↔Dilbert principle〉 **수2**

373 ★**pet·i·quette** [페티키트]: pet+etiquette, 애완동물을 기르는 데 필요한 예절 **우1**

374 **pe·tite** [퍼티이트]: 〈프랑스어〉, (몸집이) 작은 여성, petit의 여성형 **양2**

375 **pe·ti·tion** [퍼티션]: 〈← petere(seek)〉, 〈라틴어〉, 청원, 탄원(서), (공)소장, '목표를 추구하기', 〈↔accept\reject〉 **가1**

376 ★**pet-nap·(p)ing** [펱 내핑]: (개·고양이 등) 애완동물 유괴 **미2**

377 ★**pet·ri·chor** [페트뤼 컬]: petra(stone)+ichor(golden fluid), 〈1964년 그리스어에서 조작된 영어〉, 첫 비가 와서 〈돌에서 스며 나오는〉 상큼한 냄새, '돌 냄새', 〈~ velle-chor〉 **양2**

378 **pe·tro·leum** [퍼트로울리엄]: petra(stone)+oleum(oil), 〈그리스어 → 라틴어〉, 석유(돌에서 나온 기름), 원유, 중유 **가1**

379 **pet·ti·coat** [페티코욷]: petty+coat, '속치마', 치마 속에 입는 여성복, 〈~ slip\under-skirt〉 **미2**

380 ★**pet·ti·coat af·fair** [페티코욷 어풰어]: 정사, 염문, P~ A~; A. Jackson 대통령의 측근들이 벌인 '정치적' 연애행각 **양2**

381 ★**pet·ti·coat gov·ern·ment** [페티코울 거뷘먼트]: 여성 정권, 여인천하, 내주장, ⟨↔patri-archy⟩ 암2

382 **pet·ty** [페티]: ⟨← petit⟩, ⟨프랑스어 → 영국어⟩, 사소한, 시시한, 쩨쩨한, 소규모의, ⟨petulant⟩, ⟨↔major\serious⟩ 암2

383 **pew** [퓨우]: ①⟨← podos(foot)⟩, ⟨그리스어 → 라틴어⟩, (교회의) 길게 나무로 된 좌석, ⟨~ long bench⟩ ②⟨영국어⟩, ⟨의성어⟩, 좋지 않은 냄새를 맡았을 때 내는 소리, ⟨~ digust⟩ 우1

384 ★**PFAS**(pol·y·flu·o·ro·al·kyl sub·stance): (물·기름·열에 강한) 내구성 화학물질, ⇒ forever chemical 수2

385 ★**PG** (pa·ren·tal guid·ance): (부모의 지도를 요구하는) 미성년 단독 관람 불가, ⇒ bowdlerize, ⟨~(↔)G\PG-13\R\NC-17⟩ 미2

386 ★**PGA¹** (pro·fes·sion·al golfer's as·so·ci·a·tion): 직업 골프 선수 연합, 1916년에 설립되어 1968년 PGA Tour가 떨어져 나간 미국의 남성 직업 골프 선수 연합체 수2

387 ***PGA²** (pin grid ar·ray): '접속 바늘 격자 배열', 회로판에 촘촘이 붙은 바늘이 있는 통합회로 배열방식, ⟨~LGA(land grid ar·ray⟩ 우1

388 ***PGP** (pret·ty good pri·va·cy): 1991년에 출시한 자료 교환 시 비밀보장을 위해 암호를 매기는 전산기 차림표 암1

389 **phan·tom** [훼텀]: ⟨← phantazein(display)⟩, ⟨그리스어⟩, 팬텀, ⟨볼 수 있으나 실체가 없는⟩ 허깨비, 환영, 영상, 모형, 환상, 유령, ⟨↔existing\real⟩ 암2

390 **Phar·aoh** [훼어로우]: ⟨← Pir-aa(great house)⟩, ⟨이집트어⟩, 파라오, '대저택', (고대 이집트의) 왕, 전제군주, ⟨~ emperor\monarch⟩ 수2

391 ★**phar·ma·co·vig·i·lance** [화마코우 뷔질런스]: 약품에 대한 경계심, 약물감시 암2

392 **phar·ma·cy** [화머시]: ⟨pharmakon(drug)⟩, ⟨그리스어⟩, 약학, 제약업, 약국 개1

393 **phase** [훼이즈]: ⟨← phainesthai(appear)⟩, ⟨그리스어⟩, '보여진 모습', 단계, 국면, 위상, (단계적으로) 실행하다, ⟨↔mis-adjustment⟩ 개1

394 ***phase-down** [훼이즈 다운]: 단계적 삭감(축소) 개1

395 ***phase-in** [훼이즈 인]: 단계적 도입(채용) 개1

396 ***phase-out** [훼이즈 아웉]: 단계적 제거(철퇴) 개1

397 ***phase ze·ro** [훼이즈 지어로우]: 준비 단계, 실행 전 단계 암2

398 ★**phat-ass** [퐽 애스]: 'fat ass', 'perfect ass', ⟨몽실몽실·오동통한⟩ 완전한 궁둥이 우2

399 **Ph D** (phil·o·soph·i·ac doc·tor): doctor of philosophy, (신학·법학·의학 이외 분야에서 철학자의 경지에 도달한 분에게 드리는) 박사학위 미2

400 **pheas·ant** [훼즌트]: ⟨그리스어⟩, ⟨그것이 기원했다는 코카서스 지방의 강 이름(Phasis)에서 연유한⟩ 꿩, ⟨산닭⟩, 목도리 뇌조, 아시아 원산으로 세계적으로 270여 종이 퍼져있는 자그마하고 날씬한 닭 모양의 새로 고기가 새콤달콤함, ⟨~ partridge\quail⟩, ⟨grouse보다 목과 꼬리가 김⟩ 개2

401 **phe·nol** [휘이노울]: ⟨프랑스어⟩, 페놀, 석탄산, 물에 녹여 소독제·방부제 등으로 쓰는 유독성 화학물질, ⟨~ benzene⟩, ⟨~ creosol⟩ 암1

402 **phe·nom·e·non** [휘나 미넌] \~m·e·na: ⟨← phainein(show)⟩, ⟨그리스어⟩, '볼 만한 것'(들), 현상, 밖에 나타난 형상, (놀라운) 사건, ⟨↔inactivity\usual-ness⟩ 암2

403 **phi·lan·thro·py** [휠랜쓰뤼피]: philos(love)+andros(man), ⟨그리스어⟩, 인류애, 박애주의, 자선, ⟨↔apanthropy\misanthropy\barbarity⟩ 암2

404 **phil·har·mon·ic** [휠 하아마닉]: philos(love)+harmonia(harmony), 〈그리스어〉, 음악 애호의, 교향악단, 〈~ symphony〉 **미2**

405 *****Phil·lips cur·ve** [휠맆스 커얼브]: 필립스 곡선, (1958년 William P~의 논문에 근거한) 실업률과 통화팽창이 반비례한다는 도표, Phillips trade-off(상쇄) **수2**

406 **Phil·lips head** [휠맆스 헤드]: (미국의 실업가 Henry Phillips가 1935년경에 개량해서 만든) 십자 홈 나사못 대가리, 〈~ cross-head〉 **수2**

407 **phi·los·o·phy** [휠라서휘]: philos(love)+sophos(wise), 〈그리스어〉, '지혜를 사랑하는 학문', 철학, 원리, 개념, 달관, 인생관, 〈~(↔)theology〉, 〈모든 학문의 출발점이자 도착점〉 **가1**

408 ★**phi·shing** [휘슁]: 〈영국어〉, private data+fishing, '전산망 낚시', 전산망을 통해 개인정보를 알아내어 사기 치는 행위, 〈~ phreak〉, ⇒ smishing\vishing **우2**

409 **pho** [훠어]: 〈'납작한 쌀국수'란 뜻의 중국어〉, 포(대 옥편에도 없는 산·나무·껍질·조개가 합쳐진 아주 복잡한 한자), 베트남식 쌀국수, 고기·쌀국수·향료 등을 넣고 끓인 국, 〈~ beef with noodles〉, 〈~(↔)laksa〉 **미1**

410 **pho·bi·a** [호우비어]: 〈← phobos(fear)〉, 〈그리스어〉, 공포증, 병적혐오 **양2**

411 **Phoe·nix** [휘닉스]: 〈← phoinix〉, 〈그리스어〉, 〈검붉은 색깔(redish purple)의?〉 피닉스, 〈화염에 둘러싸여 사는 불사조〉, 〈~ fire bird〉 ①봉황새자리 ②'태양의 계곡', 청명하고 따뜻한 기후로 급성장을 하는 애리조나 중남부의 주도·관광·위락·산업도시 **수1**

412 **phone** [호운]: 전화(기), 수화(기), 전화를 걸다 **가1**

413 **pho·net·ics** [호우네틱스]: 〈← phone(sound)〉, 〈그리스어〉, 음성학, 발음학, 〈phonology보다 구체적임〉, 〈↔graphics〉 **가1**

414 **pho·no·gram** [호우너 그램]: 표음문자, 전화전보, 동음철자, 〈↔ideo-gram〉 **양2**

415 **pho·no·graph** [호우너 그래후]: 축음기, 전축, gramo·phone **가1**

416 **pho·ny** [호우니]: 〈← Forney(name of faked ring maker)〉, 〈1889년 '도금한 금반지'란 뜻의 영국어에서 유래한〉 가짜의, 엉터리의, 속이다, 사기꾼, 〈↔real\genuine〉 **양2**

417 **phos-pho·rus** [화스훠뤄스]: phos(light)+pherein(bring), 〈그리스어〉, '빛을 나르는 것', 포스포러스, 인, 〈유전자의 구성요소·성냥 등 화공품에 요긴한〉 비금속원소(기호 P·번호15) **양2**

418 **pho·to** [호우토우]: 〈← phos(light)〉, 〈그리스어〉, 포토, 사진, '빛'(광), 광전자 **가1**

419 ★**pho·to-bomb** [호우토우 밤]: 다른 사람들의 사진에 끼어들어 사진을 망치는 일 **우2**

420 **pho·to-copy** [호우토우 카피]: 사진 복사(하다) **가1**

421 **pho·to·graph** [호우토우 그래후]: 사진(을 찍다), '빛으로 그리다', 〈~ picture〉 **가1**

422 ★**pho·to-op** [호우토우 앞]: photograph oppertunity의 준 말, 사진 촬영 기회, 기념 촬영 **미2**

423 *****pho·to paint** [호우토우 페인트]: '광학그림', 사진이나 그림을 특수 기구·여과기로 조작하는 〈배우기가 쉽지 않은〉 점상 화면 표시 체계, 〈↔original paint〉 **가1**

424 ★**Pho·to Shop** [호우토우 샾]: '포샵', 1990년 어도비사가 출시한 전산기용 사진 편집·화상처리 연성기기의 등록상표 **수2**

425 ★**pho·to-stat** [호우터 스탵]: (건판을 사용하지 않고 직접 감광지에 찍는) 직접 복사 사진, 〈~ capture on film〉 **양2**

426 **pho·to-syn-the·sis** [호우토우 씬씨시스]: photo(light)+syn(together)+tithenai(put), 〈그리스어〉, 〈모든 유기물이 만들어지는 근본이 되는〉 광합성, 〈↔photolysis\cellular respiration〉 **가1**

427 ***PHP**: ①personal home page tools; '개인 모본 기구', 전산망에 자기 소개란을 만들 때 쓰는 서술언어 ②hypertext pre·processor; '다중 문본(사전) 처리기', 여러 가지 전산망 체계에 사용할 수 있는 서술언어 ③partial hospitalization program; (부분 입원제, 집에서 자고 낮에 병원에 있는) 주간 치료소 **유1**

428 **phrase** [후뤠이즈]: ⟨← phrazein(speak)⟩, ⟨그리스어⟩, 구, 문구, 한 낱말과 같은 구실을 하는 어군, ⟨횡경막('phrenum')에서 울리는⟩ 말씨, (작은) 악절, (춤의) 한 동작, ⟨↔word\morpheme⟩ **미2**

429 **★phreak** [후뤼이크]: ⟨1972년에 등장한 미국 속어⟩, phone freak, 음성신호 조작, 전화 불법 침입 **미2**

430 **phys·i·cal** [휘지컬]: 육체의, 물질의, 자연의, 눈에 보이는, ⟨→ physique⟩, ⟨↔mental⟩ **가1**

431 **phy·si·cian** [휘지션]: ⟨← physis(nature)⟩, ⟨그리스어⟩, ⟨칼을 대지 않는⟩ 치료자, ⟨'체외 조작으로' 자연적으로 낫게 하는⟩ (내과) 의사, ⟨↔surgeon⟩ **가2**

432 **phys·i·cist** [휘지시스트]: 물리학자, 유물론자, ⟨~(↔)biologist\chemist⟩, ⟨↔philosopher\theist⟩ **가1**

433 **phys·ics** [휘직스]: ⟨'자연(nature)'이란 뜻의 그리스에서 유래한⟩ 피직스, 물리학, 물리적 특성(현상), ⟨~(↔)physiology\biology⟩, ⟨↔philosophy\social science⟩ **가1**

434 **phys·i·ol·o·gy** [휘지알러쥐]: ⟨그리스어⟩, '자연철학', 생리학, 생리 기능(현상), ⟨↔psychology⟩, ⟨↔morphology\anatomy⟩ **가1**

435 **phy·sique** [휘지크]: ⟨← physical⟩, 체격, 체형, 지형, ⟨↔mentality\soul⟩ **가2**

436 **pi·an·o** [피애노우]: ⟨← piano-forte(soft and loud)⟩, p, ⟨'약하고 강한'이란 라틴어에서 유래한 이탈리아어⟩, 피아노, 부드럽게, 넓은 폭의 음정을 나타낼 수 있는 커다란 나무통에 든 건반(현)악기 **유2 유2**

437 **pi·az·za** [피애쩌\피아짜]: ⟨← platys(broad)⟩, ⟨그리스어 → 라틴어 → 이탈리아어⟩, 피아짜, 광장, 시장, 화랑, 복도, 현관, plaza **유2**

438 **pick** [픽]: ⟨← pycan(pierce)⟩, ⟨어원 불명의 영국어⟩, 따다, 뜯다, 쪼다, 잡아 뽑다, 골라잡다, 훔치다, '뾰족한 것으로 찌르다', 곡괭이, 이쑤시개, ⟨↔discard\reject⟩ **유1**

439 **pick·et** [피킽]: ⟨← pique(a spike)⟩, ⟨프랑스어⟩, 피켙, (긴) 말뚝, '뾰족한' 막대, 경계초소, 보초, 감시원, 시위용 구호판(막대), ⟨~ pike¹\prick⟩ **유1 미1**

440 **pick·ing** [피킹]: 고르기, 따기, 선발, 채집, 뽑기, 찌르기, 훔치기, ⟨~ gather\pluck\choose⟩ **유1**

441 **pick·le** [피클]: ①⟨← pekel(brine)⟩, ⟨네덜란드어⟩, '톡 쏘는 것', (소금물·식초 등으로) 절인 것, (야채 등을 절이는) 간수, 오이절임, 곤경, '파김치', 술고래, ⟨~ plight¹⟩ ②⟨스코틀랜드어⟩, ⟨← trifle?⟩, 소량, 소액, ⟨~ grain⟩ **미1 유2**

442 **★pick·le-ball** [피클 버얼]: ⟨Pickles라는 애완견 이름에서 연유했다는 설이 더 유력한⟩ 피클볼, ⟨1965년에 미국에서 고안되어 최근에 인기 있는⟩ 비교적 짧은 채를 사용하는 정구와 탁구의 중간쯤 되는 공이나 경기, ⟨whiffle-ball은 연습용 야구공⟩ **유1**

443 **★pick me girl** [픽 미이 거얼]: (사회 전산망에서) ⟨남자들이 관심을 끌기 위해⟩ 난체하거나 재랄떠는 여자, 뽑히고 싶은 여인 **미2**

444 ***pick-pock·et** [픽 파킽]: 소매치기(하다), '주머니털이', ⟨~ sneak thief⟩ **유2**

445 **pick-up** [픽 엎]: 습득물, 횡재, 진보, 정보, 즉석요리, 오다가다 만난 상대, 자동차 편승, (자동차의) 가속 기능, ⟨~ lift\collect\take up⟩ **유1**

446 **★pick-up line** [픽 엎 라인]: 상대방에게 말을 붙일 때 상투적으로 꺼내는 어구, (진부한) 대화 개시 말, ⟨~ flirting line⟩ **미2**

447 **pic·nic** [피크닉]: pique(pick)+nique(trifle), 〈어원 불명의 프랑스어〉, 소풍, (각자 먹을 것을 가지고 가는) 야유회, 즐거운 일, 쉬운 일, 돼지의 어깨판 살코기 ②② ②①

448 **pic·ture** [픽취]: 〈← pingere(paint)〉, 〈라틴어〉, '색칠한 것', 그림, 회화, 사진, 미관, 꼭 닮은 것, 영상, 화상, 사태, 묘사, 영화, 〈~ painting\photograph〉 ②①

449 **pie¹** [파이]: 〈영국어〉, 〈magpai가 수집하듯〉 밀가루·크림·설탕·버터 등을 섞어 반죽하여 과실·고기 등을 넣고 구워서 만든 양과자, '반죽과자', 〈~ tartlet〉 ②①

450 ★**pie²** [파이]: 〈← pie¹〉, 〈양과자같이〉 아주 좋은 것, 지극히 쉬운 것, (부정)이득, 총계, 코카인 1kg, 〈~ sweet-pie〉 ②②

451 **piece** [피이스]: 〈← pecia(part)〉, 〈라틴어 → 프랑스어〉, 조각, 단편, 부분, 작은 물건, 한 개, 견본, 〈↔whole\pool〉 ②①

452 ★**piece de re·sis·tance** [피에스 디 뤼지스타안스]: 〈프랑스어〉, piece+resistance, (쉽게 지나칠 수 없는) 주요한 사건, 주요 작품, 주요리, 〈↔minor\trivial〉, 〈↔worst〉 ②②

453 ★**piece of cake** [피이스 어브 케이크]: 식은 죽 (먹기), 아주 하찮은 것, 〈↔difficult\like hell\challenging〉 ②②

454 ★**piece of shit** [피이스 어브 쉿]: 똥 덩어리, 후진 것, 치사한 놈, 〈↔smart ass〉 ②②

455 ★**piece of work** [피이스 어브 워얼크]: 까다로운 친구, 골칫거리, 귀찮은 것(일), 〈↔milk-sop\piece of cake〉 ②②

456 *****piece rate** [피이스 뤠이트]: ①생산 단가 ②청부율, (시간에 관계없이 생산품의 숫자에 따라 지급받는 일, 〈~ piece work〉

457 ★**piece work** [피이스 워얼크]: 삯일, 일한 분량대로 지급받는 일, 청부일, 도급 ②①

458 **pie chart(graph)** [파이 차아트(그래후)]: 원형 도표, 원 그림표, 각 부분의 크기를 360등분 비율로 표시한 도표, 〈↔bar chart\histo-gram\line graph〉 ②①

459 ★**Pied Pip·er** [파이드 파이퍼]: 〈게르만어 → 영국어〉, '까치(mag·pie) 피리꾼' ①마을 안의 쥐를 퇴치된 사례금을 받지 못한 앙갚음으로 아이들을 피리로 꾀어 내어 산속에 버렸다는 독일의 전설 속 인물 ②p~ p~; 사람들을 선동하여 몰고 다니는 사람, 무책임한 약속을 하는 지도자, ⇒ Hamelin ②① ②②

460 ★**pie-eyed** [파이 아이드]: 〈동공이 파이만큼 크게 개晌린〉 술 취한, 비현실적인, 놀란, 〈~ wide-eyed〉 ②①

461 ★**pie-faced** [파이 훼이스드]: 멍청한 얼굴의, 얼빠진, 〈~ flat face〉 ②①

462 ★**pie-hole** [파이 호울]: 목구멍, 아가리, cake·hole ②②

463 ★**pie-in-the-sky** [파이 인 더 스카이]: 그림의 떡(화중지병), 헛된 기대, 극락 같은, 〈~ castle in the air〉 ②②

464 **pier** [피어]: 〈← pera(pillar)〉, 〈어원 불명의 라틴어〉, '높이 돋은 대', 부두, 잔교, 방파제, 교각, 창 사이의 벽, 〈~ pile\dock²〉, 〈~ berth\quay〉, 〈↔air terminal〉 ②①

465 **pierce** [피어스]: per(thorough)+tundere(thrust), 〈라틴어〉, 꿰찌르다(뚫다), 간파하다, ~에 스며들다, 〈~ perforate〉, 〈↔fill\seal〉 ②①

466 **pi·e·ty** [파이어티]: 〈← pius〉, 〈라틴어〉, 〈← pious〉, 경건, 신앙심, 충성심, 〈→ pity\pittance〉, 〈↔im-piety\un-faith〉 ②①

467 *****PIF** [피후] (pro·gram in·for·ma·tion file): 차림표 정보 서류철, 초기 마이크로소프트 윈도우에서 원반 작동체제를 운용하기 위한 (.pif로 끝나는) 서류철 형식

468 **pig¹** [피그]: 〈← pigge(young hog)〉, 〈게르만어 → 영국어〉, (집)돼지〈저는 몸과 마음을 바쳐 인간을 사랑하나 대부분의 인간들은 그 고기만 좋아하는 애교가 많고 영리한 짐승〉, 〈~ pork\hog\sow\swine〉 ②②

469 **★pig²** [피그]: 탐욕스러운 사람, 불결한 사람, 미련한 사람, 먹보, 뚱보, 〈여러모로〉 나쁜 여자, 〈심술궂은〉 경관, 〈~ slob\glutton\bad person〉 영2

470 **pi·geon¹** [피젼]: 〈← pipire〉, 〈라틴어〉, 〈의성어?〉, '재잘대는 어린 새', 비둘기, 조그만 머리·탄탄한 흉근·매끄러운 깃털을 가지고 장거리 비행을 할 수 있는 일부일처제의 〈말 잘 듣는〉 새, 〈~ colombo\dove〉 영2

471 **★pi·geon²** [피젼]: 〈← pigeon¹〉, 젊은 처녀(chick), 풋나기, 잘 속는 사람, '봉', 〈~ gull\sucker〉 영2

472 **★pi·geon-hole** [피젼 호울]: 비둘기장의 출입 구멍, 정리함, 분류(정리)용 칸막이 선반, 협소한 방, 〈예전에 사전을 쓰시던 어른들이 모든 자료를 분리해서 보관하던〉 구획장, 〈~ compartment〉 미2

473 **★pi·geon's milk** [피젼스 밀크]: 비둘기가 새끼에게 먹이기 위해 토해내는 젖 모양의 액체, 〈~ crop milk〉, 만우절에 앞당기 있지도 않은 것을 아이를 속여 가지러 보내는 것(an imaginary liquid) 영1

474 *****pig·gy-back pro·mo·tion** [피기 백 프로모우션]: (경품이 별도로 포장된) 경품부 판매촉진 미2

475 **pig·gy bank** [피기 뱅크]: 돼지 저금통, 유료 도로의 (무인) 요금 징수함, 〈~ money box〉 영2

476 **★pig–head·ed** [피그 헤디드]: 고집이 센, 성질이 비뚤어진, 〈~ bull-headed\sturbborn〉, 〈↔obedient\flexible〉 가1

477 **pig·ment** [피그먼트]: 〈← pingere〉, 〈라틴어〉, 〈← paint〉, 그림물감, 안료, 색소, 검버섯, 〈~ age spot\liver spot〉 가1

478 **★pig out** [피그 아웉]: 〈1977년에 등장한 숙어〉, 돼지처럼 처먹다, 게걸스럽게 먹다, 〈~ gorge〉, 〈↔fast\taste〉 영2

479 **★pig-tail** [피그 테일]: 돼지 꼬리, 땋아 늘인 머리, (옛 중국인의) 변발, 가늘게 꼰 담배, 접속용 구리줄, 〈~ queue\pony-tail〉 영2 미2

480 **pike¹** [파이크]: 〈← piic(spike)〉, 〈영국어〉, (끝이 2~3가닥으로 갈라진) 미늘창, 17세기까지 보병이 쓰던 자루가 길고 끝이 뾰족한 창, 〈→ peak\pickel\pickerel〉 미2

481 **★pike²** [파이크]: 〈← pike¹〉, 〈창꼬치, 강꼬치, 격렬한 싸움으로 낚시꾼들에게 인기가 있는 먹성이 좋고 창같이 길쭉한 민물고기, 〈pickerel보다 아가리가 더 길게 찢어짐〉 미2

482 **★pike³** [파이크]: 〈영국어〉, turnpike(유료 고속도로)에 설치된 요금 징수소 미2

483 **pile** [파일]: 〈← pila(ball\column)〉, 〈라틴어〉, 더미, 쌓아 올린 것, 대량, 큰 재산, 말뚝, 보물, 〈동글동글한〉 치질, 〈~ pier\pillar〉, 〈~ hemorrhoids〉, 〈↔un-pile\hand-ful〉

484 **pil·grim** [필그림]: per(through)+ager(land), 〈라틴어〉, 필그림, 순례자, 성지 참배자, 신참자, '멀리서 온 사람', 〈~ peregrina〉, 〈~ haji\palmer〉 영1

485 **pill** [필]: 〈← pila(ball)〉, 〈라틴어〉, '작은 공', 환약, 알약(tablet), 공 모양의 것, 경구피임약 영2

486 **pil·lar** [필러]: 〈← pila(column)〉, 〈라틴어〉, 기둥, 대각, 주석, 지주, 중심, 요점, 〈~ pier\pile〉 영1

487 **pil·low** [필로우]: 〈← pulvinus(cushion)〉, 〈어원 불명의 라틴어〉, '방석', 베개, 머리 받침대, 권투용 장갑 가1

488 **★pil·low bit-er** [필로우 바이터]: 〈아픔을 참느라 베개를 악무는〉 여자 역의 남성 동성 연애자, 〈~ passive homosexual〉 우1

489 **★pil·low mon·ey** [필로우 머니]: (여관에서) 베개 밑에 넣어 두는 행하, 〈~ tip for the roommaid〉 우1

490 **★pil·low prin·cess** [필로우 프륀쎄스]: '베개 공주', 잠자리에서 손가락 하나 까닥 않으면서 남자가 다 해주기를 바라는 '통나무', '산 시체', '통녀', 〈~ star-fish〉 우2

491 ★**pil·low talk** [필로우 터어크]: 베개 밑 정담, 잠자리에서 부부간의 다정한 이야기, 〈한국에서 쓰는 베개밑 송사는 내 주장으로 남편을 조정하는 뜻으로 쓰임〉 양2

492 **pi·lot** [파일럿]: 〈← pedon(oar)〉, 〈그리스어〉, '키'(노)잡이, 수로 안내인, 조종사, 안내인, 지표, 〈~ aero-naut\exploratory〉, 〈↔mislead\sucker〉 양2

493 ***PIM** (per·son·al in·for·ma·tion man·ag·er): 개인정보 관리자, (메모·전화번호부·예정표 등) 개인정보 관리를 도와주는 연성기기 미2

494 **pimp** [핌프]: 〈← pimpant(seductive dress란 뜻의 프랑스어?)〉, 〈1607년 연극에 등장한 어원 불명의 영국어〉, 포주, 갈봇집주인, 뚜쟁이, 남창, 악당, ponce, chulo 일1

495 **pim·ple** [핌플]: 〈← piplian〉, 〈영국어〉, 〈← papule〉, 여드름, 뾰루지, 작은 돌기, 〈~ pustule〉 가1

496 ***PIN** (per·son·al i·den·ti·fi·ca·tion num·ber): (전산기 등에서 통과 암호로 쓰이는) 개인 식별 번호, '비밀번호', 〈~ numeric pass-code〉 미2

497 **pin** [핀]: 〈← pinna(feather)〉, 〈'깃 털'이란 라틴어에서 유래한〉 옷바늘, 장식 바늘, 안전 바늘, 압정, 쐐기, 빗장, '꽁개', 표적, (볼링의) 표주, 〈한국에서는 golf hole에 꽂는 flag-stick을 일컬음〉, 〈한국에서는 golf hole에 꽂는 flag-stick을 일컬음〉, 〈→ pine〉, 〈~ pen〉 미1

498 **pi·ña co·la·da** [피녀 코울라다]: 〈스페인어〉, 파인애플〈pine-apple〉 과즙·코코넛 밀크·럼주를 섞어 만든 달콤한 혼합주 중2

499 ★**pin·cette** [팬셑 \ 핀셑]: 〈프랑스어〉, 〈← pinch〉, 핀셋, tweezers, forceps, 족집게, 겸자, 군대에서 의무병을 가리키는 속어, 〈~ tongs〉 일2

500 **pinch** [핀취]: 〈← pincier(pierce?)〉, 〈프랑스어〉, 꼬집다, 집다, 끼다, 죄다, 위축시키다, 인색하게 굴다, 절박, 조금, 〈→ pincers\pincette〉, 〈↔release〉 일1

501 ★**pinch hit·ter** [핀취 힡터]: 〈절박한 상태에서의〉 대리 타자, 대역, 〈~(↔)pinch runner〉 양2

502 ★**pinch of salt** [핀취 오브 쏘얼트]: 가감하여, 에누리하여, grain of salt 양2

503 **pine¹** [파인]: 〈← pinus〉, 〈라틴어〉, 〈잎이 pin 같은〉 솔, 소나무, 방울과 바늘 같은 잎을 가지고 주로 북반구에서 자라는 100여 종의 상록침엽교목·관목, 〈~(↔)oak〉 가1

504 **pine-ap·ple** [파이내플]: 〈영국어〉, '솔사과', 열매가 솔방울을 닮고 과육이 시큼털털한 열대산 과일, 〈~ ananas〉 중1

505 ***PING** [핑] (Pac·ket In·ter·net Gro·pher): 다발 정보 탐색기, 다른 전산기와의 접속을 확인하기 위해 실험용 자료를 보내고 반응을 기다리는 연성기기 미2

506 ★**ping-ers** [핑거즈]: ping(bottle)+er(child), 〈'병'아(작은 병)란 중국어를 오스트레일리아에서 차용한 말〉, MDMA(흥분제), ecstacy의 다른 말 우1

507 *__ping flood·ing__ [핑 훌러딩]: '다발 정보 범람', smurfing('교란작전'), 실험용 다발 정보를 연속 보냄으로 전산기 작동을 방해하려는 행위 우1

508 **ping-pong** [핑 팡]: 〈의성어〉, 〈중국어〉, table tennis, 탁구, 주거니 받거니 가1

509 ★**ping-pong par·ents** [핑 팡 페어뤈츠]: '왔다리 갔다리 부모', 이혼 후 자녀들이 탁구공처럼 자기들 사이를 오가게 하는 부모 일1

510 ★**pin-head** [핀 헤드]: 바늘 대가리, 사소한 물건, 명청이,' 새 대가리', 〈~ idiot\nit-wit〉 양1

511 ★**pink¹** [핑크]: 〈1566년에 'little eye'란 뜻의 꽃이름으로 등장한 어원 불명의 영국어〉, 분홍색, 멋있는, 선정적인, 좌파 쪽, 동성애의, 〈~ pale red〉 일1

512 ★**pink cloud** [핑크 클라우드]: '분홍 구름' ①중독성 물질을 끊고 나서 잠시 오는 기분 좋은 상태 ②(실제로는 괴로우나) 기쁜 척하는 연막전술, 〈~ false(faked) exhilaration〉 우2

513 ★**pink el·e·phant** [핑크 엘리휜트]: 〈실재할 수 없는〉 환상(의 물건), 〈술 취한 사람의〉 환각, 〈~ phantasma\hallucination〉 왕2

514 **pink·ie \ pink·y** [핑키]: 〈← pinkje〉, 새끼('애끼') 손가락, 〈분홍이 아니라 작다는 뜻의 네덜란드 말에서 나온〉 little finger, 〈~(↔)thumb〉, 〈↔little toe〉 왕2

515 ★**pink la·dy** [핑크 레이디]: ①진·브랜디·레몬주스·달걀 흰자위 등에 분홍색의 석류즙을 섞어 만든 오랜 전통의 혼합주 ②분홍색 꽃이 피는 조경용 상록관목 ③창녀 왕1 왕2

516 ★**pink slip** [핑크 슬립]: 〈눈에 잘 보이는 색종이에 인쇄한〉 ①해고 통지, 〈~ termination notice〉 ②자동차 소유 증서, 〈~ certification of title〉 왕2

517 **pin·na·cle** [피너클]: 〈← pinna(feather)〉, 〈라틴어〉, 뾰족탑, 정점, 절정, 〈~ peak\point〉 왕2

518 ★**pin pe obi** [핀 페 오비]: 〈북미 원주민 Tewa어〉, (어려움에 처했을 때) '저 산꼭대기를 보라', 〈태산이 높다 하되 하늘 아래 뫼이로다〉 소2

519 ★**PINS** [핀즈] (per·sons in need of su·per·vi·sion): 감독이 필요한 자들, 문제아들 왕2

520 **pint** [파인트]: 〈← pinte〉, 〈어원 불명의 프랑스어〉, pt., 1/2쿼트, 1/8갤런, 액량·건량의 단위 소2

521 ★**pin-up** [핀 엎]: 벽에 꽂는(거는) 〈미인들의 사진〉, 〈~ sex-pot〉, 〈↔bag\hag〉 왕1

522 **pi·o·neer** [파이어니어]: 〈← pedon(foot)〉, 〈라틴어〉, 〈발로 탐색하는〉 개척자, 선구자, 선도자, 주창자, '보병'(pawn), 〈~ innovator\trail-blazer〉, 〈↔ follower\inheritor〉 왕2

523 **pi·ous** [파이어스]: 〈← pius(devout)〉, 〈라틴어〉, 신앙심이 깊은, 경건한, 훌륭한, 위선적인, 〈→ piety〉 〈~ pitty〉, 〈↔im-pious\fath-less〉 개1

524 *****pipe** [파이프]: 〈← pipare(peef')〉, 〈라틴어〉, (도)관, 통, 피리, 줄기, 담뱃대, '연결통'(전산기의 표준입력을 다른 처리기의 표준출력과 연결시킨 것), 〈~(↔)hose〉 왕1 왕1

525 ★**pipe down** [파이프 다운]: 시끄러워! 입 닥쳐!, 〈~ be quiet〉, 〈↔clap-back〉 왕2

526 ★**pipe dream** [파이프 드리임]: (아연 등을 흡입하면서 생기는) 허황된 공상, '도관몽', 〈~ fantasy\daydream〉 왕1

527 *****pipe-line** [파이프 라인]: 도관, 수송관, 유통경로, '배행계', 〈정체를 방지하기 위해〉 여러 개의 연산장치를 설치해서 명령이 떨어지자마자 다음 명령을 가져다주는 전산기 중앙처리부의 일부 왕1 왕1

528 ★**Pip-er** [파이퍼]: 아카데미 최우수 동영상 상을 수상한 2016년 작 6분짜리 전산기 조작 영화로 배고픈 깝작도요새(sandpiper)가 물에 대한 공포를 극복한다는 내용이라 함 소2

529 **pip-er** [파이퍼]: ①피리 부는 사람, (대중) 선동가 ②중요한 인물 ③성대류의 물고기 ④〈숨이 차서〉 헐떡이는 말 왕1

530 **pip-ing** [파이핑]: 피리 불기, 피리 소리, (배)관, 가두리 장식 왕1

531 ★**pip·pie** [피 피]: 〈← pipi?〉, 〈아리송한 어원의 영국어〉, 삐삐, 〈오줌을 받아 내듯?〉 유산상속으로 부자가 된 사람, '졸부(벼락 부자)', 〈~ par-venu〉 왕2

532 **pi·rate** [파이어뤹트]: 〈← peiran(attempt)〉, 〈그리스어〉, '공격하는 자', 해적(선), 약탈자, 표절자, 〈~ plagiarism〉, 〈↔bandit\brigand〉, 〈↔protector〉 개1

533 ★**piss** [피스]: 〈라틴어 → 프랑스어 → 영국어〉, 〈의성어〉, 소변보다, 흠뻑 적시다, 짜증 나다, 화가 나다, 〈~ pee〉 왕2

534 ★**piss off** [피스 어후]: 짜증나게 하다, 화나게 하다, 꺼져, 〈~ go away〉, ⇒ emmerder 메2

535 **pis·til** [피스틀]: 〈← pistillum('pestle'의 라틴어)〉, (식물의) 암술, 꽃의 중간에서 돋아난 〈절굿공이(pestle) 모양의〉 '난자관', 〈~ receptacle〉, 〈↔stamen〉 왕2

536 **pis·tol** [피스틀]: ⟨← pistal⟩, ⟨'휘파람'이라는 체코어⟩, 피스톨, ⟨'피스~' 소리를 내며 나가는⟩ 권총(hand-gun), 개머리 안에 탄환을 장전하며 한 손으로 쥘 수 있는 짧고 가벼운 총, ⟨~(↔)revolver⟩, 예측 불가한 사람 〔기1〕 〔유2〕

537 **pis·ton** [피스턴]: ⟨← pisere(to pound)⟩, ⟨라틴어 → 이탈리아어⟩, ⟨← pestle⟩, 피스톤, '연타', 원통 안에서 위·아래로 움직여서 압축된 힘을 생산하는 기구, ⟨~ pistil⟩, ⟨~(↔)cylinder⟩ 〔유1〕

538 **pit¹** [핕]: ⟨← puteus(well)⟩, ⟨'우물'이란 라틴어에서 유래한⟩ 구덩이, 구멍, 갱, 움푹 들어간 곳, 동물의 우리, 저질한 곳, 무대 바로 앞 좌석, 묘혈, 함정, 구멍을 내다, 홈질을 내다, 경쟁시키다, ⟨~ ditch\hole\ match against⟩ 〔유1〕

539 **pit²** [핕]: ⟨← pitle(kernel)⟩, ⟨네덜란드어⟩, ⟨← pitch⁵⟩, 씨, 과일의 핵 〔기1〕

540 ★**PITA** [피터 \ 피이아이티이에이] (pain in the ass): 골칫거리, 찌르는 듯한 고통 〔유2〕

541 ★**pit bull** [핕 불]: ⟨구덩이 속에서 싸우게 훈련 시키려고 개량된⟩ (불도그와 테리어의 잡종인) 투견, (공격적이고 무자비한 사람, ⟨~ pibble\rustler⟩ 〔유1〕

542 **pitch¹** [피취]: ⟨← pick(strike)?⟩, ⟨어원 불명의 영국어⟩, '박다', 던지다, 높이를 조정하다, 설치하다, 내어놓다, (골프에서) 곤두박이치다, 이탈, 가락, 정점, (간격) 1인치에 인자할 수 있는 글자수, 발췌문, ⟨~ throw\tone⟩

543 **pitch²** [피취]: ⟨← picis(tar\resin)⟩, ⟨라틴어에서 연유한 영국어⟩, (증시키고 남은) 찌꺼기, 역청물질, 송진, 수지, 중과피(감귤류의 껍질 안쪽에 있는 흰 부분) 〔기1〕

544 **pitch·er¹** [피취]: ⟨← bikos(wine jar)⟩, ⟨그리스어 → 라틴어⟩, 'beaker', jug, (귀 모양의 손잡이와 움푹 파진 주둥이가 있는) ⟨약 1.89리터가 들어가는⟩ '항아리'⟨pot⟩·물 주전자 〔유1〕

545 **pitch·er²** [피취]: 투수, 던지는 사람, pitching wedge; (보통 아이언 9번 다음으로 쓰는) '퍼 던지기' 쇠 골프채, ⟨↔catcher⟩ 〔기1〕 〔유1〕

546 ★**pitch in** [피취 인]: ⟨pitch-fork로 비료를 묻어주다⟩, 나서다, 추렴하다, (같이) 기부하다, ⟨~ chip in⟩, ⟨↔take away⟩ 〔유1〕 〔미2〕

547 **pit·e·ous** [피티어스]: ⟨← pietas⟩, ⟨라틴어⟩, ⟨← pity⟩, 불쌍한, 비참한, ⟨~ piety⟩, ⟨↔joyous⟩ 〔기1〕

548 ★**pit fall** [핕 훠얼]: 함정, ⟨구멍에 빠질 수 있는⟩ 위험, 마수, ⟨~ danger\quick-sand⟩, ⟨↔safe-guard\ shield⟩ 〔기1〕

549 **pith** [피쓰]: ⟨← pitha(kernel)⟩, ⟨게르만어⟩, (골)수, 힘, 요점, 중과피(귤 등의 껍질 안쪽 흰 조직·속껍질) 〔유1〕

550 ★**pit-hole** [핕 호울]: 작은 구멍, 갱, 화갱(불 피는 구덩이), 무덤, ⟨~ pot-hole⟩ 〔기1〕

551 **pith·y** [피씨]: '고갱이(kernel)의', 골수의, 핵심을 찌른, 간단 명료한 〔유2〕

552 **pit·i·ful** [피티휠]: ⟨← pity⟩, 비참한, 딱한, 경멸할 만한, ⟨↔cheerful⟩ 〔유2〕

553 ★**pit-mas·ter** [핕 매스터]: ⟨화갱을 잘 조작하는⟩ 바베큐 도사, 통구이에 숙달된 사람, ⟨~ pit boss⟩ 〔미2〕

554 *****pit trad·ing** [핕 트뤠이딩]: (주식 시장의) 지정된 장소에서 행하는 주식 거래, 장내 시장, ⟨~ transaction on exchange⟩, ⟨↔off-board(over-the-counter) transaction⟩ 〔유2〕

555 **pit·y** [피티]: ⟨← pius⟩, ⟨라틴어⟩, ⟨← piety⟩, 긍휼, 동정, 불쌍히 여김, 유감, 애석한 일, ⟨~ pious⟩, ⟨↔indifference\joy⟩ 〔기1〕

556 **piv·ot** [피벝]: ⟨14세기에 등장한 어원 불명의 프랑스어⟩, hinge pin, 선회축, 중심점, 허리 틀기, (대열이 선회할 때 기준이 되는) 향도, 사업전환, (중앙은행의) 금리가 오르락 내리락하는 현상, ⟨↔stay\ untwist⟩ 〔유1〕

557 *****piv·ot ta·ble** [피벝 테이블]: '요점(focal point) 정리표', 수많은 자료 중에서 필요한 부분만 뽑아 쓰도록 만든 Excel의 전산기 차림표, ⟨~ cross tabulation⟩ 〔유1〕

558 ***pix-el** [픽쎌]: 〈영국어〉, 픽셀, pix+element, 화소, 영상에서 독립적으로 처리할 수 있는 화상의 최소점 미2

559 ***pix-el·ize** [픽쎌라이즈]: pixelate, 화소화, '흐리게 하기', (신분 노출을 방지하기 위해) 화상을 사각형 모양의 화소로 나누어 보여주는 일 미2

560 **★pix·ie mul·let** [픽씨 멀릿]: 〈신조어〉, '뒤범벅 요정머리', 〈전체적으로 형클어지고〉 앞·옆이 짧고 뒷머리가 약간 긴 깜찍한 머리 모양, 〈~ mixie〉 우2

561 **★pix·i-lat·ed** [픽써레이티드]: 〈← pixie〉, 〈미국어〉, 머리가 좀 이상한, 머리가 돈, 술취한, 〈~ prankish\dazed〉 왼2

562 **piz·za** [피이짜]: 〈'pie'의 이탈리아어〉, 피자, 〈먹다 남은〉 고기·야채·치즈 등을 밀가루 반죽에 넣고 구운 이탈리아 원산의 크고 둥글 넓적한 양과자, 〈깨물어 먹는〉 '이태리 빈대떡' 우1

563 ***PKCS** (pub·lic key cryp·tog·ra·phy stand-ards): 공개열쇠 암호화체계, 비밀 보장을 위해 1990년도부터 미국의 RSA사가 개발한 〈공개된〉 암호문 해독 연성기기 미2

564 ***PKzip** [피이케이집]: 1989년 Phil Katz가 개발한 원반운용체제용의 서류철 압축 보관 연성기기 **중2**

565 **plac·ard** [플래카아드]: 〈← placken(plaster)〉, 〈네덜란드어〉, 플래카드, 〈평평하게 놓은〉 간판, 게시(판), 전단, 꼬리표, 현수막, 〈~ plaque\poster〉, 〈~(↔)bill-board〉, 〈↔conceal〉 미1

566 **place** [플레이스]: 〈← platys(broad)〉, 〈그리스어〉, '넓은 길', 장소, 곳, 부분, 지역, 지위, 위치, 순서, pl; 국소도로, 토막길, 〈~ plaza〉 왼1 우2

567 **pla·ce·bo²** [플러씨보우]: 〈라틴어〉, 〈← please〉, 〈약 20%의 효과가 있는〉 위(가짜)약, 밀가루약(sugar pill), 〈↔nocebo〉 왼2

568 ***place–hold·er** [플레이스 호울더]: '장소 보유자' ①〈0.06같이〉 십진법에서 의미 있는 0 ②책 page 모서리에 접어둔 ear-mark ③〈전사망에서〉 빠져있는 다른 것을 대신하는 기호나 문본의 일부〈text할 때 앞에 나오는 기호〉 ④가주어·가목적어〈It is a pity that she left에서 It나 pity는 군더더기 말이고 she left가 요점임〉, 〈이 말은 아주 형이상학적인 말이기 때문에 철학을 하는 분들이 더 자세하게 설명하기를 바람〉 우1

569 **place-ment** [플레이스 먼트]: 설치, 배치, 취업 알선 가1

570 **plac·id** [플래시드]: 〈← placere〉, 〈라틴어〉, 〈please 시키기 위해〉 평온한, 침착한, 매우 만족한, 〈↔temperamental\ballistic〉 가1

571 **plague** [플레이그]: 〈← plege(blow)〉, 〈라틴어〉, 역병, 전염병, 재앙, 천벌, '타격', (메뚜기 등의) 떼, pest, Black Death 미2

572 **plaid** [플래드]: 〈← plaide(blanket)〉, 〈어원 불명의 켈트어〉, '담요', (스코틀랜드 전통의) 격자무늬 어깨걸이 천, 〈~ tartan〉 우1

573 **plain¹** [플레인]: 〈← planus(flat)〉, 〈라틴어〉, '평평한', 〈막힐 것 없이〉 분명한, 〈꾸밈없이〉 간단한, 알기 쉬운, 솔직한, 보통의, 〈얼굴이 평퍼짐해서〉 못생긴, 〈~ pampas〉, 〈↔fancy\ornate\pattern〉 가1

574 **plain²** [플레인]: 〈← planus(flat)〉, 〈라틴어〉, 평원, 광야, 평지, 〈↔hilly\valley〉 가1

575 ***plain-text** [플레인 텍스트]: 평문, 보통 말로 쓰여지는 암호문의 원문 가1 미2

576 **plain·tive** [플레인티브]: 〈← plangere(lament)〉, 〈라틴어 → 프랑스어〉, 푸념하는(complaining), 애처로운, 〈↔joyful〉 왼2

577 **plait** [플레잍 \ 플랱]: 〈← plicare(fold)〉, 〈라틴어〉, '접은', braid, 땋아 늘인 머리, 엮은 밀짚, (천의) 주름, pleat, 〈~ ply²〉, 〈↔unravel〉 미1

578 **plan** [플랜]: 〈라틴어〉, 〈← plane〉, 계획, 안, 〈'평면'상에 그린〉 도면, 모형, 〈↔impulse\disorder〉 가1

579 ***pla·nar** [플레이너]: ⟨← planus(flat)⟩, ⟨라틴어⟩, 평면의, 2차원의, 전산기의 본체기관, ⟨~ two-dimensional\tabular⟩ 양2 미2

580 **plane** [플레인]: ⟨← planus(flat)⟩, ⟨라틴어⟩, '길이와 넓이는 있으나 두께가 없는 점들의 집합체', 평면, 수준, 비행기, 날개, 대패, 판(겹쳐져서 입체적 영상을 만드는 평면도), ⟨→ plan\planar⟩ 양1

581 **plan·et** [플래닡]: ⟨← planan(wander)⟩, ⟨그리스어⟩, '방황하는 것', 행성, 항성의 주위를 도는 대형 천체, 세계, ⟨→ plankton⟩, ⟨~(↔)solar system\cosmos⟩, ⟨↔extra-planet⟩ 양2

582 **plank** [플랭크]: ⟨← planca(board)⟩, ⟨라틴어⟩, ⟨발이 넓은⟩ 널, 두꺼운 판자, 정당강령, 요리판, 바다에 팔과 발을 대고 복부를 단련시키는 등척성 수축운동 양1

583 **plank·ton** [플랭크턴]: ⟨← plazesthai(wander)⟩, ⟨그리스어⟩, ⟨← planet⟩, '방황물', 부유생물, 물속에 떠돌아다니는 미소한 동·식물의 총칭 양2

584 **plant** [플랜트 \ 플라안트]: ⟨← planta(sole)⟩, ⟨라틴어⟩, ⟨발로 심는⟩ 식물, ⟨씨로 퍼지는⟩ 초목, 풀, ⟨제품을 키우는⟩ 공장, 설비, 심다, ⟨↔animal\harvest⟩ 양1

585 **plan·ta·tion** [플랜테이션]: ⟨← plantare⟩, ⟨라틴어⟩, ⟨← plant⟩, 재배지, (대)농원, 식민(지), ⟨~ hacienda⟩, ⟨↔wilderness⟩ 양2

586 **★plant-based** [플랜트 베이스드]: 식물에 기초한, 대부분 식물성 재료를 쓴 식품, ⟨채식주의자들을 겨냥한 상업용 언어⟩ 양2

587 **plaque** [플래크]: ⟨프랑스어⟩, metal plate, 장식판, 기념 명판, 상패, 치석, 혈전, ⟨~ placard⟩ 양1

588 **plas·ma** [플래즈머]: ⟨← plassein(form)⟩, ⟨그리스어⟩, '형태', 혈장, 원형질(vital fluid), 전리기체(원자핵과 전자가 분리된 기체상태) 양2 미2

589 **plas·ter** [플래스터]: en+plassein(form), ⟨그리스어⟩, ⟨바르는⟩ 회반죽, 분말석고, 고약, ⟨~ gypsum\parget\putty⟩

590 **plas·tic** [플래스틱]: ⟨← plassein(form)⟩, ⟨그리스어⟩, 빚어(이겨서) 만든, 유연한, 성형의, 가짜의, 잘 적응하는, 다루기 쉬운, '주물', (1907년에 등장한) 합성수지, ⟨↔rigid⟩ 양1

591 **★plas·tic mon·ey** [플래스틱 머니]: credit card, 신용판 통화, ⟨↔cash\check⟩ 양2

592 **plat** [플랱]: ⟨← platel(plot)⟩, ⟨프랑스어 → 영국어⟩, (칸 막은) 토지, 작은 땅, 한 뙈기의 땅, 도면, 토지 측량도, ⟨~ flat⟩ 양1

593 **plat·a·nus** [플라터너스]: ⟨← platys(broad)⟩, ⟨라틴어⟩, 플라타너스, plane tree, 북미 원산의 가로수로 애용되는 버즘나무과의 ⟨잎이 넓고⟩ 키가 큰 활엽낙엽교목 양2

594 **plate** [플레이트]: ⟨← platys(broad)⟩, ⟨그리스어⟩, 접시, 1인분 요리, 판, 표찰, ⟨갈비 밑의⟩ 얇은 고기, 패, 늘인 쇠, ⟨~ pan\dish⟩, ⟨~ flat\platter⟩, ⟨~ template\tray⟩ 양1

595 **pla·teau** [플래토우]: ⟨프랑스어⟩, ⟨← plat(level)⟩, ⟨평평한⟩ 고원, 대지, 쟁반, 정체기, 위가 평평한 여자 모자 양2 미2

596 **plat-form** [플랱훠엄]: plate-forme, ⟨1535년 그리스어에서 형성된 프랑스어⟩, 단, 연단, 강연, 강령, 기반, 토론회, '기초장비'(전산기체제의 기본이 되는 강·연성기기), (명갑판) 너벅선, ⟨~ podium\policy\scaffold⟩ 양1

597 ***plat-form busi-ness** [플랱훠엄 비즈니스]: 2개 이상의 독립된 집단 간의 이익을 동시에 추구하는 기업형태, '집단 기업', ⟨~ business group⟩

598 **★plat-form em·pire** [플랱훠엄 엠파이어]: ⟨Google·Apple·Facebook·Amazon 등⟩ 집단 기업 왕국, 거대 기업 집단, ⟨~ conglomerate⟩ 양2

599 **plat·i·num**¹ [플래티넘]: ⟨← plata(silver)⟩, ⟨'은'이란 스페인어⟩, 플라티나, ⟨'은보다 못한'⟩ 백금, ⟨아무하고나 붙어먹지 않는 '고귀한'⟩ 금속원소(기호 Pt·번호78), ⟨~ white gold⟩ 양1

600 ★**plat·i·num²** [플래티넘]: 최최상급의, 금강석보다 나은(유연한), 음악 원반이 1백만 장 이상 팔린, ⟨~ premium\prized⟩ 유2

601 ★**plat·i·num hand-shake** [플래티넘 핸드쉐이크]: '백금 악수', 고액의 퇴직금을 받고 (정년 전에) 하는 명예퇴직, ⟨~ golden hand cuffs\retirement pay-out⟩ 유2

602 *****PLATO** [플레이토우] (pro-grammed log·ic for au·to·mat·ic teach-ing o·per·a·tions): 자동학습 운영을 위한 계획된 논리, 전산기를 이용한 개인 교육체제 미2

603 **pla·ton·ic** [플러타닉]: 플라토닉, 이상주의적인, 관념적인, ⟨↔romantic⟩ 미2

604 **pla·toon** [플러투운] [← pelote(ball)], ⟨'작은 공'이란 뜻의 프랑스어⟩, ⟨일제 사격을 할 수 있는 규모⟩ 소대, 일단, ⟨~(↔)battalion⟩, ⟨↔civilian⟩ 유2

605 **plau·si·ble** [플러저블]: ⟨라틴어⟩, ⟨← applaud⟩, 그럴듯한, 말재주가 좋은, '칭찬할 만한', ⟨↔im(un)-plausible⟩ 개1

606 **play¹** [플레이]: ⟨← plegian(move)⟩, ⟨영국어⟩, 놀다, 장난치다, ~한 체한다, 연극하다, 출연하다, 대전하다, 움직이다, 행하다, ⟨↔relax⟩ 왕1

607 **play²** [플레이]: ⟨'운동(game)'이란 뜻의 영국어⟩, 놀이, 장난, 노름, 활동, 연극, 솜씨, ⟨↔work⟩ 왕1

608 ★**play-act** [플레이 액트]: 연기하다, 가장하다, 과장하다, ⟨↔(real) act⟩ 개1

609 ★**play by ear** [플레이 바이 이어]: ⟨악보없이⟩ (귀로 듣고 하는) 비격식 연주, ⟨잘 따져보지 않고⟩ (즉흥적으로 하는) 어림치기, ⟨~ think on your feet⟩ 유2

610 ★**play cat and mouse** [플레이 캣 앤드 마우스]: 변화무쌍한, 양면 작전, ⟨~ hide and seek⟩, ⇒ gas-lighting 유2

611 **play-ground** [플레이 그라운드]: 운동장, 놀이터, 행락지, ⟨↔seminar⟩ 개1

612 ★**play in·no·cent** [플레이 이너센트]: 순진한 척 하다, 내숭떨다, 시치미를 떼다, 닭 잡아먹고 오리발 내민다, (속으로) 호박씨 까다, ⟨~ play dumb⟩, ⟨↔honest\virtuous⟩, ⟨제일 다루기 힘든 상대⟩ 유2

613 ★**play it by ear** [플레이 잍 바이 이어]: ⟨1839년에 등장한 영국 속어⟩, 그때 그때 (사정 봐 가면서) 처리하다, 눈치껏 시행하다, 임기응변, ⟨~ ad-lib\think on one's feet⟩, ⟨↔prepare\rehearse⟩ 왕2

614 **play-mate** [플레이 메이트]: 놀이 친구, 연애 상대, ⟨~ partner⟩ 미2

615 ★**play-off** [플레이 어후]: (동점인 경우) '끝' 결승전, (철이 지난 후) '마무리' 경기, 연장전, ⟨~ play-down⟩ 유1

616 ★**play pos·sum** [플레이 파썸]: ⟨주머니쥐처럼⟩ 자는 척하다, 죽은 체하다, ⟨~ pretend\trick⟩ 유2

617 **pla·za** [플라아저]: ⟨← platys(broad)⟩, ⟨그리스어 → 라틴어 → 스페인어⟩, 'place', 플라자, 광장, 네거리, 거리, 시장, piazza 왕2

618 **plea** [플리이]: ⟨← placere⟩, ⟨라틴어⟩, ⟨← please⟩, '기쁘게 하는 것', 탄원, 청원, 변명, 항변, ⟨→ plead⟩, ⟨~ appeal\request⟩ 유2

619 ★**plea bar·gain** [플리이 바아건]: 유죄 인정 거래, 유죄를 인정하는 대가로 형량을 낮춰주는 흥정, ⟨~ plead guilty⟩ 왕2

620 **plead** [플리이드]: ⟨← plaidier⟩, ⟨라틴어 → 프랑스어⟩, ⟨← plea⟩, '고소하다', 변호하다, 주장하다, 간청하다, ⟨↔dis-claim⟩ 개1

621 ★**plead the fifth** [플리이드 더 휠쓰]: (미 수정 헌법 제5조를 수용해서) 답변을 거부하다, 묵비권 행사, right to silence 유2

622 **pleas·ant** [플레전트]: ⟨← plaisir⟩, ⟨프랑스어⟩, 유쾌한, 즐거운, 호감이 가는, ⟨~ please⟩, ⟨↔un-pleasant\horrendous\whiny⟩ 개1

623 **please** [플리이즈]: ⟨← placere⟩, ⟨라틴어⟩, 만족시키다, 제발, 실례지만, ⟨→ plea\placebo\placid⟩, ⟨~ placade⟩ 가1

624 **pleas·ure** [플레줘] ⟨라틴어 → 프랑스어 → 영국어⟩, ⟨← please⟩, 기쁨, 만족, 쾌락, 욕구, ⟨↔dis-pleasure\misery\wrath⟩ 가1

625 **ple·be·ian** [플리비이언]: ⟨← plebis(common people)⟩, (로마의) 평민, 대중(의), 천한, ⟨↔aristocrat\noble\gentry\blue blood\royal⟩ 양2

626 **pledge** [플레쥐]: ⟨← plebium(proffer)⟩, ⟨라틴어⟩, 서약, 언질, '보증', 축배, ⟨~ pawn¹\plight²\promise⟩, ⟨↔dis-avow⟩ 가1

627 **ple·na·ry** [플리너뤼]: ⟨← plenus(full)⟩, ⟨라틴어⟩, ⟨← plenty⟩, 충분한, 절대적인, 정식의, 전권을 쥔, ⟨~ absolute\complete⟩ 양2

628 **plen·ty** [플렌티]: ⟨← plenus(full)⟩, ⟨라틴어⟩, '가득 '찬, 많은, 충분히, ⟨→ plenary⟩, ⟨↔privation⟩ 가2

629 *__ple·num ca·ble__ [플리넘 케이블]: '환기 강삭', 기류가 있는 곳에서 쓸 수 있는 내화·내연성 전기줄, ⟨↔(폐쇄된 공간에 설치된) riser cable⟩ 전1

630 **pli·a·ble** [플라이어블]: ⟨← plicare(fold)⟩, ⟨라틴어 → 프랑스어⟩, ⟨← ply¹⟩, 휘기 쉬운, 유연한, 적응성 있는, ⟨~ flexible\yudori⟩, ⟨↔in-tractable\rigid⟩ 가1

631 **pli·er** [플라이어]: ⟨← plicare(fold)⟩, ⟨라틴어⟩, ⟨← ply²⟩, 휘는 사람(것), ~s; 집게, '구부리게', ⟨끝에 절단기가 있는 것은 cutting pliers⟩, ⟨~ pincers⟩ 미2

632 **plight** [플라잍]: ①⟨← pleat(plait)⟩, ⟨인생의 '굽이'⟩, 곤경, 궁기, ⟨~ pickle\predicament⟩, ⟨↔advantage\benefit⟩ ②⟨← pledge(promise)⟩, 맹세, 약혼, ⟨↔disengagement\break⟩ 가2

633 *__PLL (phase-lock-ed loop)__: 위상고정고리, (자료의 훼손을 막기 위해) 발신기의 출력신호 위상과 기준신호 위상을 일치시키는(synchronous) 전자회로 미2

634 **plod** [플라드]: ⟨영국어⟩, ⟨의태어⟩, (지쳐서) '터벅터벅' 걷다, 끈기 있게 일하다, ⟨~ trudge\tread\toil⟩, ⟨↔slacken\frisk⟩ 양1

635 *__PL 1__ [피엘 원]: program language 1, 1964년부터 IBM사가 출시하는 처리과정이 '강압적'인 차림표 언어의 하나 우1

636 **plot** [플랕]: ⟨프랑스어⟩ ①음모, 계획, 줄거리, ⟨~ plan⟩ ②소구획, 도면, ⟨~ plat⟩ 양1

637 *__plot-ter__ [플라터]: 음모자, 작성자, 자료를 도면화하는 전산기의 출력장치, ⟨~ planner\intriguer⟩ 양1 미2

638 **plov·er** [플러뷔 \ 플로우뷔]: ⟨← pluere(rain)⟩, ⟨라틴어⟩, ⟨'우기'에 찾아오는⟩ 물떼새, 전 세계적으로 분포된 물가에 떼를 지어 몰려다니는 부리가 짧고 몸이 통통한 작은 철새류, ⟨~(↔)sand-piper보다 부리가 짧고 단단하며 더 통통하게 생겼음⟩ 미2

639 **plow \ plough** [플라우]: ⟨← plowghe⟩, ⟨'땅을 덮는 도구'란 뜻의 게르만어⟩ ①쟁기(류), 제설기, ⟨~ harrow\till⟩ ②⟨경작(지), ⟨~ cultivate⟩ ③⟨쟁기의 손잡이같이 생긴⟩ 북두칠성, 큰곰자리, ⟨~ Big Dipper⟩ 양1

640 ★**plox** [플랔스]: ⟨전산망어⟩, 'please'로 끝마칠 때 쓰는 줄임말, ⟨pls → plz → plx로 변형됨⟩ 양2

641 **pluck** [플렄]: ⟨← plucian(tug)⟩, ⟨게르만어⟩, '끄집어 내다' 뜯다, 잡아뽑다, 빼앗다, ⟨~ pull out⟩ 양1

642 **plug** [플러그]: ⟨어원 불명의 게르만어⟩, bung, 나무못, 마개, '막개', '꽂개', '끼우개', ⟨'이빨대'⟩, 막힘 덩어리, ⟨~(↔)socket\drill⟩, ⟨↔opening\mouth⟩ 양1

643 *__plug and play__ [플러그 앤드 플레이] \ PnP: ①접속과 작동, 주변기기를 본체에 접속하기만 하면 바로 사용할 수 있는 강성기기 ②뛰어난 신입사원, 수련시킬 필요 없이 바로 써먹을 수 있는 신입사원, ⟨~ ready(suitable) to use⟩ 미2

644 ***plug-com-pat·i·ble** [플러그 컴패터블]: 끼우개가 다른 기계와 공통으로 사용할 수 있는, 호환성 마개(의), 〈~ plug-incompatible〉 미2

645 ★**plug·ged-in** [플러그드 인]: 끼우개로 접속된, 통신망으로 연결된, 흥분된, 유행에 앞선, 〈↔disconnected\un-plugged〉 미2

646 ***plug-in** [플러긴]: 추가(부수) 접속(물), 끼우개로 연결시켜 부수적으로 사용할 수 있는 전기제품·연성기기, 〈↔un-linked\detached〉 미2

647 **plum** [플럼]: 〈← prounon〉, 〈그리스어 → 라틴어〉, 〈← prune〉, (서양) 자두, 크고 딱딱한 씨와 두껍고 즙이 많은 과육을 여러 가지 색깔의 껍질이 둘러싼 새콤달콤한 과일, 〈~ testicle\pearl²〉 가1

648 **plum·age** [플루우미쥐]: 〈← plume(feather)〉, 〈프랑스어〉, '깃(털)', 우모, 아름다운 옷 잉1

649 **plumb-er** [플러머]: 〈← plumb〉, 배관공, '납땜장이', 일을 망치는 자, 비밀정보의 누설을 막는 사람, 〈~ pipe fitter\pipey〉, 〈~ stop-leaks〉 잉1 잉2

650 ★**plum book** [플럼 북]: '자주색〈purple〉책', (약 5천 명에 달하는) 미국 대통령이 임명권을 갖는 연방정부 관직 일람, 〈~ presidentially appointed position list〉 우2

651 **plume** [플루움]: 〈← pluma(soft feather)〉, 〈라틴어〉, 깃털(장식), 관모, 〈→ plumage〉, 〈~ calamus\quill〉 가1

652 **plump¹** [플럼프]: 〈게르만어〉, 〈자두(plum)같이?〉 부푼, 불룩한, 포동포동한, 풍만한, 〈~ fat\obese\chubb〉, 〈↔skinny\gaunt〉 잉2

653 **plump²** [플럼프]: 〈게르만어〉, 〈'납(plumb)'덩이처럼〉 털썩 떨어지다, 노골적인, 느닷없이, 〈~ plop\thump〉, 〈↔block\conceal〉 가1

654 **plun·der** [플런더]: 〈게르만어〉, 〈집기(household goods)를〉 약탈하다, 훔치다, 횡령하다, 〈~ strip¹〉, 〈~ ransack\rob〉, 〈↔protect〉 가1

655 **plunge** [플런쥐]: 〈라틴어〉, 〈plummet를〉 던져넣다, 찌르다, 뛰어들다, 감소하다, 떨어지다, 〈~ dip\ram〉, 〈↔ascent\blare\surge〉 가1

656 **plu·ral** [플루어뤌]: 〈라틴어〉, 〈← plus〉, 복수의, 두 개 이상의, 다원적인, 〈↔singular〉 가1

657 **plus** [플러스]: 〈라틴어〉, more, 더한, 덧붙여서, 더하기의, 양수, 양극, 〈↔minus〉 가2

658 **ply-wood** [플라이 우드]: 〈← ply²〉, 합판, 베니어판, 넓고 얇은 나무층을 엇갈리게 겹쳐서 단단히 풀칠한 건축 자재, 〈~ engineered wood〉 잉2

659 **PM \ p.m.** [피이엠]: ①prime minister(수상) ②private message(사신) ③post meridiem; (정오를 지난) 오후, 〈↔a.m.〉 미2

660 ★**PMJI** (par·don me for jump-ing in): 끼어들어 미안해 미2

661 ***PMS¹**: ①Pantone Matching System: 미국의 Pantone(현재 X-Rite)사가 2001년경부터 개발한 Trumatch와 쌍벽을 이루는 〈숫자형〉 '색 배합 방식' ②patch management system: 임시교체 수정관리체계(전산기 차림표의 임시 변동을 위한 각종 연성기기) 쉬1 미2

662 **pneu·mo·nia** [뉴우모우니어]: 〈허파의 기낭(air-sac)에 염증이 오는〉 폐렴, pneumonitis, 〈~(↔)bronchitis는 기도(air-way)에 염증이 오는 것〉 잉2

663 *****PNG** (port-a·ble graph·ics for·mat): (배경을 투명하게 처리할 수 있게) GIF를 개선한 〈간편한 도안 틀 잡기〉, 〈↔installed graphic format〉 우2

664 **POA** (pow·er of at·tor·ney): (판단 능력이 있었을 때 작성하는) 〈대리〉 위임장(자), 〈conservator(보호인)는 무능력자를 관리하라고 법원이 지정해 주는 자임〉 잉2

665 **poach** [포우취]: 〈← puchen〉, 〈게르만어 → 프랑스어〉, 〈← pocket〉, 〈에워싸서〉 침입하다, 도용하다, 짓밟다, 밀렵하다, (달걀을) 〈노른자를 '에워싼' 흰자만 삶아서〉 반숙하다, 〈~ plunder\illegal hunt〉 잉2

666 **PO Box** (post of-fice box): (우편)사서함 영2

667 **pock·et** [파킽]: 〈← poque(pouch)〉, 〈프랑스어〉, 호주머니, 〈작은〉 주머니, 지갑, 쌈지, 오목한 곳, 광석 덩어리, 〈→ poach〉 영2

668 ★**pock·et fi** [파킽 화이]: pocket wi-fi, Mi-Fi, mobile hot-spot, internet dangle, 유심칩(핵심 단자), 휴대용 무선 변복조 장치

669 ★**pock·et·ing** [파킽팅]: ①(금품을) 몰래 주머니에 넣는 짓, 횡령 ②(연애에서) 애인을 공개하지 않는 짓, '꼬불치기', '꿍치기' 영2

670 *****pock·et list·ing** [파킽 리스팅]: '쌈지 등재', (구매자가 많은 주택시장에서) 파는 사람이 연출을 통해 〈비공개적으로〉집을 내놓는 일로 사생활 보호는 되지만 공정거래법에 저촉될 수도 있는 Covid-19 이후에 유행하는 판매 전략 미2

671 **Po·clain** [포클린]: poque a lin(flax pond), 〈프랑스어〉, 〈설립가 농장 근처의 연못 이름〉, 포클레인, 1927년에 설립되어 1977년 미국의 Case사와 연합한 프랑스의 세계적 중장비 제조 업체, p~: 삽차, 수압 굴착기, 〈~ back-hoe\excavator〉 수1 미2

672 **pod** [파드]: 〈← pad?〉, 〈어원 불명의 영국어〉, 꼬투리, 고치, 유선형 공간, 세로 홈, (돌고래·물개 등의) 작은 떼 영1

673 *****pod-cast·ing** [파드 캐스팅]: i-pod+broad·cast·ing, 아이팟 등 휴대용 수신기로 하재할 수 있도록 방송물을 송신하는 일, '휴대 수신기용 방송', 〈~ net-cast\web-cast〉 영2

674 **po·di·um** [포우디엄]: 〈← podos(foot)〉, 〈그리스어〉, 〈발을 올려놓는〉 포디엄, 토대석, 연단, 다리, 잎꼭지, 〈~ lectern\rostrum〉, 〈~(↔)platform\soap-box〉 영1

675 **po·em** [포우엄]: 〈← poiein(make)〉, 〈그리스어〉, '만들어진 것', 시, 운문, 〈감동을 주어야 하는 글〉, 〈~ verse〉, 〈↔prose\essay〉 가1

676 **po·et** [포우잍]: 〈← poiein(make)〉, 〈그리스어〉, '만드는 사람', 시인, 〈상상력이 풍부해야 하는 글쟁이〉, 〈~ versifier\rhymer〉 가1

677 **po·et·ry** [포우이트뤼]: 〈← poiein(make)〉, 〈그리스어〉, 시, 운문, 말의 운과 뜻을 결합해서 생각과 감정을 '창조'하는 문학의 한 부문, 〈~ verse\rhyme〉 가2

678 ★**po·go stick** [포우고우 스틱]: 〈상품명에서 따온〉 기다란 막대기 아래 부분에 용수철이 달린 발판이 있어 콩콩거리며 타고 다닐 수 있는 기구, '스카이 콩콩' 영1

679 **poign·ant** [포이니언트]: 〈← pungere(prick)〉, 〈라틴어〉, 〈찌르는 듯이〉 가슴 아픈, 매서운, 신랄한, 〈↔dull\un-emotional〉 가1

680 ★**Poin·dex·ter** [포인 덱스터]: ①〈영국어〉, right fist, '오른손(잡이)' ②〈1980년 미국 만화에서 연유한 속어〉, 책벌레, 얼짜, 순진빵, ⇒ nerd 수2

681 **point** [포인트]: 〈← pungere(prick)〉, 〈라틴어〉, 뾰족한 끝, 반점, 도, 점수, 요점, 취지, 점(①그림 정보의 가장 작은 단위 ②〈← punctum〉, 활자 크기의 단위로 약 1/72인치), 뾰족하게 하다, 겨냥하다, 가리키다, 〈~ tip\spot〉 영1

682 ★**point-blank** [포인트 블랭크]: (목표물에) 바로 대고 쏜, 정면으로의, 단도직입적인, 〈~ frank\straight-forward〉 영1

683 *****point-er¹** [포인터]: 지시하는 사람(물건), 지시봉, 바늘, 암시, 지표, 원하는 자료를 찾아주는 '주소록', 위치를 가리키는 화살표, 〈~ indicator\needle〉, 〈~(↔)track-ball〉 영1 미2

684 **point-er²** [포인터]: ①'지침견', 사냥감을 향해 똑바로 서 있는 귀가 처지고 털이 짧고 늘씬하게 빠진 개품종의 중·대형 사냥개, 〈~ bird dog〉 ②(북극성의 위치를 지시해 주는) 지극성, 큰곰자리의 α, β의 두 별, 〈~ pointer dog star〉 수1 미2

685 *****point of pres·ence** [포인트 어브 프뤠즌스]: 전산망 접속 거점, 상호 접속 위치, 전산망에 접속하기 위해 전산기가 사용하는 전화번호, 〈이것들이 모인 곳을 edge location이라 함〉 미2

686 **point of sale** [포인트 어브 쎄일]: 점두(매장)의, 판매 촉진용의, 판매 시점, 전산기로 판매한 시점에서 현금 출납기처럼 판매 활동을 관리하는 체계, '판매지표(전략)', 〈~ check-out〉 미2

687 **point re·lease** [포인트 륄리스]: '점 발매', '소폭개선', 연성기기의 극히 일부를 개선한 상품, 〈연성기기의 내용이 바뀔 때마다 개선되는 것을 rolling release라 함〉 유1

688 ★**point-y haired boss**: (만화 인물에서 따온) 멍청한 상관, (업무파악을 못하는) 돌대가리 주인 수2

689 **poise** [포이즈]: 〈← pendere(weigh)〉, 〈라틴어 → 프랑스어〉, '무게를 재다', 평형되게 하다, 자세를 취하다, 준비하다, 〈~ aplomb〉, 〈↔im(un)-balance〉 양2

690 **poi·son** [포이즌]: 〈← potare(drink)〉, 〈라틴어〉, '마실 것', 독(물), 폐해, 망치다, 〈~ potion〉, 〈↔anti-dote\food\ambrosia〉 가1

691 ***poi·son pill** [포이즌 필]: 독약, 〈기업을 매입하려고 주식을 사들이는 경우〉 (나머지 주주들에게 싼 가격으로 신주를 발행하여) 기업을 살리는 전략 유2

692 **po-ke¹** [포키 \ 포케이]: 〈'slice'란 뜻의 하와이어〉, '포키'(일본식 발음은 뽀끼), '잘게 자른 생선'(으로 만든 하와이식 생채요리), 〈한국의 '회덮밥' 같은 것으로 'sashimi rice bowl'이 유사어임〉 수2

693 **poke²** [포우크]: 〈← poken(jab)〉, 〈어원 불명의 게르만어〉, (콕콕) 찌르다, 쪼다, 쑥 넣다, 쑤시다, 굼벵이, 챙이 쑥 나온 여성모자, (자료를) 어느 번지에 입력하다, 찍접거리다, 〈~ prod\jab〉, 〈↔depress\shrink〉 양1 유1

694 ★**Poke·mon Go** [포키몬 고우]: 포켓몬 고, 1996년부터 태동되어 2016년 일본의 닌텐도사와 미국의 Niantic사가 공동 출시해서 돌풍을 일으킨 위성위치 확인체계를 이용해서 가상세계와 현실세계를 여행하는 pocket monster(포켓몬)를 잡으러 쫓아다니는 놀음, ⇒ Squirtle〉 수2

695 ★**poke (stick) one's nose in·to oth·er's busi·ness**: 남의 잔치(제사)에 감 놓아라 배 놓아라 한다, 남의 일에 나서지 마라, 〈~(↔)mind your own business〉 양1

696 **pok·er** [포우커]: ①〈← poke²〉, 찌르는 사람(물건), ②〈← pochen(brag)〉, 〈게르만어〉, 〈허풍을 떨며〉 패에 내기를 거는 여러 가지 서양 화투놀이 양1 유1

697 ★**pok·er face** [포우커 훼이스]: 무표정한, 무관심한 척하는 (얼굴 표정), 〈↔all-over face〉 양2

698 **po·lar** [포울럴]: 〈라틴어〉, 〈← pole²〉, 극지의, 전극의, 정반대의, 중추의, 〈↔lenient\equatorial〉 양1

699 ***Po·lar·oid** [포울러뤼이드]: 폴라로이드, 1937년에 세워져 한때 〈즉석 사진기〉로 재미를 보다 2001년에 〈갱생〉 파산한 후 〈숫자형 사진기〉로 재기를 기도하고 있는 미국의 사진기·전자제품 제조회사 수1

700 **pole¹** [포울]: 〈← palus(stake)〉, 〈라틴어〉, '말뚝', 장대, 막대기, 기둥, 돛대, 낚싯대 가1

701 **pole²** [포울]: 〈← polos(end of axis)〉, 〈그리스어 → 라틴어〉, '축', 극(지), 북극성, 극단, 정반대, 〈→ polar〉, 〈↔base〉 가1

702 **po·lice** [펄리이스]: 〈← polis(city)〉, 〈그리스어 → 라틴어〉, 〈미국에서는 시에 소속된〉 경찰(관), 치안, 단속, 정돈, 〈도시의〉 '질서유지', 〈~ cop〉, 〈~ control\dandori〉, 〈~(↔)sheriff\marshal〉 양2

703 **pol·i·cy** [팔러시]: 〈← polis(city)〉, 〈그리스어〉, '도시 행정', 정책, 방침, 수단, 보험증권, 규정, 〈~ procedure\rule〉 유1

704 ★**po·li·fes·sor** [팔리훼써]: politics+professor, '정치교수', (학문보다) 출세 지향주의 교수, 곡학아세하는 교수 미2

705 **po·lio**(-my·e·li·tis) [포울리오우(마이얼라이티스)]: polios(gray)+myelos(marrow), 〈그리스어〉, 폴리오, 소아마비, (급성) '회백척수'염, 입으로 들어간 바이러스가 주로 척추의 운동신경 세포를 파괴해서 생기는 병 양2

706 **pol·ish** [팔리쉬]: 〈← polire(refine)〉, 〈라틴어〉, '매끄럽게 하다', 〈손으로〉 닦다, 윤을 내다, 다듬다, 세련되게 하다, 〈→ polite〉, 〈~ burnish〉 가1

707 ***Po·lish no·ta·tion** [포울리쉬 노우테이션]: 폴란드식 표기법, 〈영어로 발음하기 힘든 Lukasiewicz란 사람이 발명한〉 〈괄호를 쓰지 않고〉 모든 연산기호를 모든 변수보다 뒤에 위치하도록 표시하는 Boolean algebra의 일종 수2

708 **po·lite** [펄라이트]: 〈← polire〉, 〈라틴어〉, 〈← polisn〉, '닦인', 공손한, 예의 바른, 세련된, 교양 있는, 〈↔im-polite\rude〉 가1

709 **pol·i·tics** [팔리틱스]: 〈그리스어〉, 〈도시(polis) 국가를 경영하는〉 정치(학), 정무, 정략, 책략, 행정, 힘 겨루기, 〈명분을 내세워〉 사리를 꾀하기, 〈양육강식이 철저히 지켜지는 현상〉, 〈~ goverment\jungle〉

710 **pol·ka** [포울커]: 〈← pulka(half step)〉, 폴카 ①〈½ 란 쳌코어에서 유래한〉 〈19세기에 유행했던〉 보헤미안풍의 2박자의 빠른 춤 ②〈폴카가 유행했을 때 동시에 유행했던〉 물방을 무늬가 있는 (여성)옷, 〈~ polka dot〉 주1

711 **poll**¹ [포울]: 〈← polle(head)〉, 〈게르만어〉, '머릿수', 투표(집계), 여론 조사, 정기적 조사, 〈~ straw vote\ballot〉 양2

712 **pol·la(o)ck** [팔럭]: 〈← podlok(cod)〉, 〈켈트어〉, 〈별로 맛이 없는〉 북대서양산 대구류, P~; 〈← pollag(little pool)〉, 폴란드인 성의 하나, '연못가에 사는 자', 미2 수1

713 **pol·len** [팔런]: 〈← pollis(flour)〉, 〈라틴어〉, '분말', 꽃가루, 화분, 〈~ palynology〉 가1

714 **pol·li·nate** [팔러네이트]: 〈라틴어〉, 〈← pollen〉, 수분(꽃가루받이)하다 가1

715 **pol·lu·tion** [펄루우션]: pro+luere(wash), 〈라틴어〉, 오염, 불결, 공해, 모독, 〈↔purification\distillation〉 가1

716 **po·lo** [포울로우]: 〈← pulu(ball)〉, 〈티베트어 → 파키스탄어〉, '공치기', 4명씩 조가 되어 말을 타고 막대기로 공을 쳐서 상대방의 득점대에 몰아넣는 중동 → 인도 → 영국으로 전파된 '귀족적' 경기 우1

717 ★**po·lo-neck** [포울로우 넥]: 〈나왔다 들어갔다(polo) 하는〉 turtle neck(의 '고상한' 영국식 영어), 자라목깃(긴 목 부분을 접게 되어있는 스웨터), 〈↔mock-neck\V-neck〉 미2

718 ***pol·y·graph** [팔리 그래후]: 등사기, (동시)복합기록장치, (부담되는 질문을 하면서) 〈혈압·맥박·호흡수·피부반응 등 다중 생체지표를 측정하는〉 거짓말 탐지기, 〈~ lie detector〉 양2

719 **pol·yp** [팔립]: poly+pous(foot), 〈그리스어〉, '많은 발' ①〈산호 등〉 군체의 객체 ②용종, (점막 등) 외피에 돌출한 종같이 생긴 조그만 혹, 게실, 〈속이 꽉 차 있으면 tumor〉 가1 양2

720 **po·made** \ po·ma·tum [퍼메이드 \ 포우메이텀]: 〈← pomum(apple)〉, 〈'사과'란 뜻의 라틴어에서 유래한〉 포마드, '사과연고', 〈사과향이 나는〉 머릿기름, 머리를 돋보이기 위해 바르는 〈다소 끈끈하고 마르지 않는〉 향유, 〈~ hair-dressing grease〉 미1

721 **pome-gran·ate** [파마그래니트]: pomum(apple)+granatum(grained), 〈라틴어〉, 석류, '씨 많은 사과', 길쭉한 선홍색 꽃이 피는 가시 달린 싸리나무 비슷한 관목에 딱딱한 껍질·핏빛 액즙을 담은 수많은 콩알만 한 씨앗을 가진 정구공만 한 과일, 〈← Granada \ grenade〉 가1

722 **pom·e·lo** [파멀로우]: 〈Pomona에서 유래했다는 설이 있는 네멀란드어〉, 포멜로, 왕귤, 자몽(grape fruit)보다 더 단맛이 나는 커다란 귤, shaddok 미1

723 **pomp** [팜프]: 〈← pempein(send)〉, 〈'보내다'란 뜻의 그리스어에서 연유한〉 화려, 장관, 허세, '엄숙한 행렬', 〈→ pompous〉 가1

724 **pomp-ous** [팜퍼스]: 〈← pempein(send)〉, 〈그리스어 → 라틴어〉, 〈← pomp〉, 거만한, 과장된, 호화로운, 〈↔restrained\modest〉 가1

725 **pon·cho** [판초우]: 〈원주민어〉, 판초, 〈남미 원주민들이 입던〉 한 장의 천으로 된 〈중앙에 머리 구멍이 있는〉 외투·우의, 〈~ mantle\rain-coat〉 우2

726 **pond** [파안드]: 〈영국어〉, 〈← pound¹〉, (im·pound된(가둬진)〉못, 샘물, 늪, 양어지, 〈~ lake와 pool의 중간〉 가1

727 **pon·der** [파안더]: 〈← pendere(weigh)〉, 〈라틴어〉, 〈← pound¹〉, 깊이 생각(숙고)하다, 〈저울에 매달아보듯〉 신중히 고려하다, 〈↔discard\ignore〉 기1

728 **pon·der·ous** [판더뤄스]: 크고 무거운, 육중한, 다루기 힘든, 장황한, 〈~ heavy\clumsy〉, 〈↔light\elegant〉 영2

729 ★**pon·go** [팡고우]: 〈Bantu어〉, 오랑우탄(orangutang), (아프리카산) 유인원, 해군이 '해병대원'을 비하해서 부르는 말(영국 군대 속어) 영2

730 **pon·tiff** [판티후]: pons(bridge)+facere(make), 〈라틴어〉, 〈하느님과 인간을 연결시켜 주는〉 로마 교황, 주교, 제사장, 권위, 〈~ Bishop of Rome〉 영2

731 **pon·toon** [판투운]: 〈← pons(bridge)〉, 〈'교량'이란 뜻의 라틴어〉, (바닥이 넓적한) 너벅선, 거룻배, 부교, 주교(배 다리), 〈~ punt〉 미2

732 **po·ny** [포우니]: 〈← pullus(young animal)〉, 〈라틴어〉, '작은 동물', 조랑(작은)말, 작은 물건(여자) 영2

733 ★**po·ny-tail** [포우니 테일]: '망아지 꼬리', 드리운 머리, 뒤에서 묶어 늘어뜨린 머리 모양, 〈~ pig-tail\queue〉 미2

734 ★**po·ny up** [포우니 엎]: 〈어원에 대한 여러 가설 중 편자가 선호하는 것은 성경 시편에 나오는 'legem pone'(first payday of the year)가 퇴변된 말〉, 지불하다, 결제하다, 〈↔remove\repudiate〉 영2

735 ***Pon·zi** [판지]: 〈어원 불명의 이탈리아계 이름〉 ①1920년대 소설에 나오는 허구를 현실시킨 이탈리아계 미국의 실업가 ②~ scheme: 다단계식 투자사기, 〈자산은 투자하나 물품은 사지 않아도 되고〉 먼저 투자한 사람이 나중에 투자하는 사람의 자금으로 이익을 보는 방식(pyramid scheme) 주1

736 **poo** [푸우]: 〈영국어〉, 〈의성어〉, 똥, 응가, 헛소리, 〈~ shit〉 가2

737 **poo·dle** [푸우들]: 〈← pudein(splash)〉, 〈게르만어 → 독일어〉, 〈물을 튀겨 흩어지게 하는〉 복슬개, 곱슬곱슬한 긴털을 가진 작고 영리한 애완견, 〈~ water-dog〉 미1

738 ★**poo·dle-fak·er** [푸우들 훼이커]: 〈장교로 갓 임명되어 숙녀 앞에서 아양을 떠는〉 '제비', '양의 탈을 쓴 남자', 여자의 비위를 잘 맞추는 남자, 여자를 이용하려는 남자, 〈~ gigolo〉 우1

739 ★**poof** [푸우후]: 〈← puff(braggart)〉, 〈영국어〉, 〈의성어〉, 휙, 휙, 훅, 푸, 〈머리·가슴 등을 부풀리는〉 계집애 같은 남자(동성연애자), 〈~ pansy²\gay bob〉 가1 영2

740 **pool¹** [푸울]: 〈← pol(small pond)〉, 〈영국어〉, 물 웅덩이, 저수지, 수영장 영2

741 **pool²** [푸울]: 〈← pulla(hen)〉, 〈라틴어 → 프랑스어〉, 〈'pullet'(영계)을 추렴하다', 합동하다, 공동출자, 합동관리, (내기)당구'(옆에 주머니가 달려 있는 billiards〉 영1

742 ★**poop¹** [푸우프]: ①〈← puppis(stern of a ship)〉, 〈라틴어〉, 고물(배의 뒤쪽), 선미루 ②〈어원 불명의 미군 속어〉, 내막, 최신정보 ③〈의성어?〉, (개)똥 ④〈← nincompoop〉, 얼간이 영2

743 **poop²** [푸우프]: 〈영국어〉, 〈의성어〉, 숨을 헐떡이다, 지쳐서 그만두다, 똥을 싸다, 〈~ sweat\defecate〉 영2

744 ★**pooped** [푸웊트]: 〈미국 속어〉, (숨이 차서) 지치다, 녹초(똥)가 되다, 〈~ exhausted\collapsed〉 미2

745 **poor** [푸어]: 〈← pauper(lacking)〉, 〈라틴어〉, 가난한, 불쌍한, 부족한, 서투른, 적은, 〈→ poverty〉, 〈~ meager〉, 〈↔rich〉 가2

746 ★**poor-boy** [푸어 버이]: ①〈가난한 소년에 제격인〉 대형 샌드위치, 〈~ sub-marine〉 ②몸에 꼭 끼는 골이 지게 짠 스웨터, 〈~ snug-fitting〉 미1

747 *POP: ①post office protocol; '우체국 규범', 개인전산기로 전자우편을 보내는 표준규범 ②point of purchase; 구매시점 ③point of presence; 전산망 접속점, 전산망 접속을 위해 거는 전화번호 미2

748 ***pop¹** [팦]: 〈popular한〉 대중(가요·문화) 미2

749 **pop²** [팝]: 〈영국어〉, 〈의성어〉, 펑, 뻥, 탕 ①(마개를 따면 펑 소리가 나는) 탄산음료, 〈~ carbonated drink〉 ②발포, 권총, 〈~ explode〉 ③불쑥 나타나다(pop up) ④기억력 더미에서 맨 위에 있는 것을 제거하기〈pop·off〉 **㎝**

750 **pop-corn** [팝 코언]: (뻥튀긴) 옥수수, 평범한(하찮은) 사람, 〈~ corn-pop\light-weight〉 **㎝ ㎡**

751 ★**Pop-corn-flix** [팝 코언 흘릭스]: 2010년에 창립된 미국의 〈무료〉 분야별 영상물 제공업체 **㎡**

752 **pope** [포우프]: 〈그리스어(papas)〉, father, '눈에 보이는 예수님', 총주교, P~; 로마 교황(pontiff) **㎡**

753 ★**pop·er·a** [파프뤄]: pop+opera, operatic pop·songs, 20세기 초반 이태리계 미국 이민자들이 시작한 〈대중가극〉 **㎡**

754 **pop·lar** [파플러]: 〈← populus(common)〉, 〈라틴어〉, '흔한 나무', 포플러, 백양, 사시나무, 미루나무, 부드러운 목재를 가진 북반구산 키가 크고 가늘며 성장이 빠른 낙엽활엽교목 〈북미에는 aspen·cottonwood·balsam poplar가 자생하고 있음〉 **㎡**

755 **pop·lin** [파플린]: 〈프랑스의 주교(papal) 마을에서 만들었던〉 포플린, 골 지게 짠 부드러운 견·면직물, 〈~ a strong fabric with silky surface〉 **㎡**

756 ★**pop-o·ver²** [팝 오우붜]: 머리로부터 입는 헐렁한 평상복, 〈~ pull-over〉 **㎡**

757 **pop·py** [파피]: 〈← papaver(to swell)〉, 〈라틴어〉, '마음을 부풀리는 꽃', 양귀비속의 총칭, 아편(덜 익은 씨방 막에서 짜낸 액즙을 말린 것), 앵속, 〈~ opium\corn-rose〉 **㎡**

758 ★**pop·py-cock** [파피 칵]: pap(soft)+kak(dung), 〈네덜란드어〉, '물찌똥', 허튼소리, 당치 않은 말, 흰소리, 〈~ non-sense\foolish-ness〉 **㎡**

759 ★**pop·sy** [팝씨]: 〈영국어〉, 〈← poppet〉, 선정적인 젊은 여자, 여(자)친(구) **㎡**

760 ★**pop the ques·tion** [팝 더 퀘스춴]: '질문을 터뜨리다', 구혼(청혼)하다, 〈~ propose marriage〉 **㎡**

761 **pop·u·lar** [파퓰럴]: 〈라틴어〉, 〈← people〉, 민중의, 대중적인, 인기 있는, 통속적인, 〈~ liked\trendy〉 **㎡**

762 **pop·u·la-tion** [파퓰레이션]: 〈라틴어〉, 인구, 주민, 집단, 〈~ inhabitants〉 **㎡**

763 **pop·u·lism** [파퓰리즘]: 인민주의, 인민평등주의, '인기우선주의', 풀뿌리 민주주의, ⇒ Papandreou pledge **㎡**

764 *****pop-un·der ad** [팝 언더 애드]: 전산망 문서 아래에 따로 떠오르는 '불청객 광고물', 〈~(↔)pop-up ad〉 **㎡**

765 *****pop-up ad** [팝 엎 애드]: 전산망 문서 위에 따로 떠오르는 '신경질 나는' 광고물, 〈~(↔)pop-under ad〉 **㎡**

766 *****pop-up men·u** [팝 엎 메뉴우]: (단추를 누르면 짤까닥 튀어나오는) 즉시 작업 차림표, 〈~(↔)pull-down menu〉 **㎡**

767 ★**pop-up store** [팝 엎 스토어]: (튀어나온) 임시 매장, (주로 본 상점에 덧붙여서) 빈 상업공간에 일시적으로 운영되는 상점, pop-up retailer **㎡**

768 **por·ce·lain** [퍼얼설린]: 〈← porcellana〉, 〈'cowrie shell(별보배 고둥)'의 이탈리아어〉, china-ware, 〈조개 껍질같이 윤이 나는 (도)자기, 사기그릇(제품)\열과 전기를 차단하나 빛이 통과하고 깨지기 쉬움〉 **㎡**

769 **porch** [포얼취]: 〈← porta(gate)〉, 〈라틴어〉, 〈← portal〉, veranda, (돌출)현관, 문간, 차 대는 곳, 〈↔ portico\veranda\lanai〉, 〈↔exit\egress〉 **㎡**

770 **por·cu·pine** [포얼큐파인]: porcus+spina, 〈라틴어〉, pig+spine, 〈(가시가 있는) 호저(호주 돼지), 방어할 때 수많은 길고 날카로운 깃촉 가시를 세우는 신·구대륙에 두루 사는 고슴도치 비슷한 중형 설치류, 〈~ quill-pig〉 **㎡**

771 ★**por·cu·pine di·lem·ma** [포어큐파인 딜레머]: '고슴도치 양면', (가까워지고 싶으나) 서로 가까워질수록(이기심으로 인해) 상처를 받는 현상 〈유1〉

772 **pore¹** [포어]: 〈← pouren(gaze intently)〉, 〈영국어〉, 곰곰이 생각하다, 열심히 연구하다, 〈~ peruse〉, 〈↔skim〉 〈기1〉

773 **pore²** [포어]: 〈← peran(pierce)〉, 〈그리스어〉, '통로', 털구멍, 공기구멍, 〈→ port²〉, 〈~ passage〉 〈기1〉

774 **pork** [포어크]: 〈← porc ← porcus〉, 〈'pig'란 뜻의 라틴어에서 유래한 프랑스어〉, 〈pig는 그것을 기르는 영국인이 쓰는 말이고 pork는 그것을 먹는 프랑스인이 쓰는 말임〉, 돼지고기〈세계적으로 가장 많이 소비되는 육류〉 〈기2〉

775 ★**pork bar·rel** [포어크 배럴]: 〈노예들에게 나눠 주기 위한〉 돼지고기 보관통, 특정 선거구만 이롭게 하는 정부 사업, 〈~ log-roll\back-scratch〉 〈유1〉 〈유1〉

776 ★**pork-chop·per** [포어크 촤퍼]: '돼지고기 재단사', (돼지고기를 썰듯) 쉬운 일만 하는 사람, 일도 안 하고 보수를 받는 조합 간부·정상배, 〈~ pork chop gang〉 〈유1〉

777 ★**porn-hub** [포언 허브]: 2007년에 창설된 춘화 전문 세계 전산망, 〈~ you-jizz\dirty-time〉 〈유2〉

778 ★**porn-name** [포언 네임]: '춘화명', 도색물 배우들이 짓는 (보통 자신의 중간명과 출생지 거리 이름을 합친) 예명, 〈~ smut name〉 〈유2〉

779 **por·no** [포어르노우]: 〈← porne ← pornai(working women)〉, 〈그리스어〉, 〈'일하는 여자'란 뜻에서 연유한〉 포르노, 도색, 외설, 꼭 집어 뭐라고 할 수는 없으나 누구나 무슨 짓을 하는지 다 아는 것(미국 대법원의 정의), 〈~ prostitute〉, 〈↔chaste\decency〉 〈일〉

780 ★**por·noc·chio** [포어나키오]: porno+Pinnocchio, '외설광대', 자신의 외설적 행동을 미화시키는 놈 〈유2〉

781 ★**porn-stache** [포언 스태쉬]: 도색물에 나오는 남배우의 〈전형적인〉 (짧고 두툼한) 〈구강성교용〉 코 밑 수염, 〈~ mole²-stach〉 〈유2〉

782 **por·ridge** [포얼리쥐]: 〈← porrum(leek)〉, 〈영국어〉, 〈← pottage〉, 귀리죽(귀리에 우유나 물을 부어 걸쭉하게 끓인 음식으로 예전에는 교도소용으로 쓰였으나 현대에는 아침 건강식으로 쓰임), 〈~ oat-meal\cereal〉 〈일2〉

783 **port¹** [포오트]: 〈← portare(carry)〉, 〈라틴어〉, 항구(도시), 공항, 휴식소, '운반하는 곳', 〈→ portable〉, 〈↔star-board〉 〈기1〉

784 *port² [포오트]: 〈← poros ← peran(pierce)〉, 〈그리스어〉, 〈← pore²〉, 포문, 창구, 배출구, 단자(전산기의 본체와 주변기기·외부회선의 자료를 주고받기 위한 본체의 접합부) 〈일1〉

785 **port-a·ble** [포오터블]: 〈라틴어〉, 〈← port¹〉, 휴대용의, 운반할 수 있는, (다른 종류의 전산기들로 전환해서 쓸 수 있는) 이식 가능한, 〈im-mobile\in-convenient〉 〈일2〉

786 *por·tal [포오틀]: 〈그리스어〉, 〈← port²〉, 정문, 문맥(의) 입구, 다른(전산망) 거점으로 연결할 때 찾아보는 전산망 거점, 〈→ porch〉, 〈↔exit\egress〉 〈일2〉 〈미2〉

787 *por·tal site [포오틀 싸이트]: 입문 통신망 기지, 전산망 접속 시 맨 처음 나오는 장면 〈유2〉

788 **por·ter** [포오터]: ①〈← port¹〉, 운반인, 짐꾼, 사환, 잡역부 ②〈← port²〉, 문지기, 수위 〈일1〉

789 **port-fo·lio** [포오트호올리오우]: portare(carry)+folium(leaf), 〈라틴어〉, 종이집게, (서류〈folio〉를 '운반〈port〉하는') 손가방, 장관의 직위, (유가증권) 명세표, (서류) 목록, 〈~ album\registry〉 〈미1〉

790 **por·tion** [포오션]: 〈← partiri(divide)〉, 〈라틴어〉 〈나눈 것의〉 한 조각, 일부, 몫, 지참금, 운명, 〈→ proportion〉, 〈↔whole\total〉 〈일1〉

791 *port num·ber [포오트 넘버]: '거점 번호', 전산망에서 응용 차림표의 자료 입출력 통로를 지정한 번호, 〈~ net-work ID number〉 〈미1〉

792 ★**port of call** [포오트 어브 커얼]: 기항지, 자주 들르는 곳, ⟨↔home port⟩ 영1

793 **por-tray** [포오트뤠이]: pro(forth)+trahere(draw), ⟨라틴어⟩, '앞으로 꺼내다', (초상을) 그리다, 극적으로 표현하다, ⟨↔distort\forsify⟩ 영1

794 *POS¹ [파스 \ 피이오우에스]: ①⇒ point of sale ②programmable option select; '차려진 선택', 전산기의 재작동을 위해 전산기 구성을 미리 입력해 둔 장치 ③product of sums; = sum of products, '합산', 불의 대수(Boolean algebra)에서 최대항의 논리곱 미1

795 ★POS² [파스 \ 피이오우에스]: ①piece of shit, 똥 덩어리 ②parents over shoulder, 감시하는 부모 영2

796 **pose** [포우즈]: ⟨← ponere(place)⟩, ⟨라틴어⟩, ⟨← pause⟩, 자세, 마음가짐, 겉치레, 도미노에서 첫째 내놓기, ⟨→ position⟩ 영1 미1

797 ★**pos·er \ po·seur** [포우저]: ⟨← ponere(place)⟩, ⟨라틴어 → 프랑스어⟩, ⟨← pose⟩, 허식가, 젠체하는 사람, 거들먹거리는 자, ⟨품 잡는 자⟩, ⟨↔non-actor⟩ 영1

798 **po·si·tion** [퍼지션]: ⟨← ponere(place)⟩, ⟨라틴어⟩, '놓은 자리', 위치, 처지, 지위, 입장, 상태, 배치, ⟨↔dis-place\avocation⟩ 영1

799 **pos·i·tive** [파지티브]: ⟨← ponere(place)⟩, ⟨라틴어⟩, '자리⟨place⟩가 확실한', 자신 있는, 단정적인, 긍정적인, 실재하는, 완전한, 양성, 양화, 양수, 양극, 원급, ⟨↔negative⟩ 영1

800 *POSIX [포우식스]: 포식스, portable operating system interface, 휴대용 작동 체제 접속기, 다른 기기와 호환되게 만든 UNIX의 접속 체제 우2

801 **pos·sess** [퍼쮀쓰]: port(toward)+sedere(sit), ⟨라틴어⟩, 소유하다, 갖추다, 자제하다, 점유하다, '앉을 권한이 있다', ⟨↔release\relinquish\yield⟩ 기1

802 **pos·si·ble** [파써블]: ⟨← posse(able)⟩, ⟨라틴어⟩, '해낼 힘이 있는', 할 수 있는, 가능한, 있음 직한, ⟨~ potent⟩, ⟨↔im-possible\un-likely⟩ 영2

803 ★POSSLQ [파쓸큐]: person of opposite sex sharing living quarters, ⟨이성의⟩ 동거인(동서인·동숙인), ⟨미 국제 조사국의 용어⟩ 영2

804 **pos·sum** [파썸]: ⇒ opossum, 쿠스쿠스(cuscus), 주머니쥐 미2

805 *POST¹ [포우스트]: 포스트, point of sales terminal: 판매시점 단말기, 판매 당시 매장의 등록기와 본사의 전산기를 연결해서 자료를 관리하는 방식 미2

806 *POST² [포우스트]: 포스트, power on self-test: 작동 시 자체진단, (전산기의) 전원을 켜는 순간 자동적으로 기계의 고장 여부를 검사하는 것 미2

807 **post¹** [포우스트]: ⟨← ponere(place)⟩, ⟨라틴어⟩, ⟨앞에 서는⟩ 기둥, 말뚝, 푯말, 붙이다, 게시하다, ⟨~ pole\announce⟩ 기1 영1

808 **post²** [포우스트]: ⟨← ponere⟩, ⟨라틴어⟩, ⟨← place⟩, ⟨놓은⟩ 지위, 초소, 주둔지, 교역소, ⟨~ station\position⟩ 영2

809 **post³** [포우스트]: ⟨← ponere(place)⟩, ⟨라틴어⟩, ⟨말이 서는 곳⟩, '역의 파발꾼', 우편(물), 우체국(통), 우송하다, 기입하다, ⟨~ affix\attach⟩ 영1

810 **post-age** [포우스티쥐]: 우편요금, 송료, ⟨~ stamp price\delivery fee⟩ 영1

811 ★**post ba·by show·er** [포우스트 베이비 샤워]: 후 출산 축하회, (보통 산후 1주일 후에) ⟨새로 탄생한 아이를⟩ 친지들에게 소개하는 다과회, ⇒ sip-and-see 미1

812 **post-card** [포우스트 카아드]: 우편엽서, 봉투 없이 보내는 간단한 편지 기1

813 ★**post-cred·its scene** [포우스트 크뤠디츠 씬인]: 'cookie scene', (영화 끝의 참여자 명단 뒤에 나오는) 짧은 예고편 자막, stinger 영2

814 **post-er** [포우스터]: (큰) 전단, 광고 전단, 벽보, ⟨~ placard\bill-board\banner⟩, ⟨↔conceal⟩ 양1

815 **pos·ter·i·ty** [파스테뤼티]: 자손, 후세, ⟨~ descendant⟩, ⟨↔ancestor\fore-bear\progeny⟩ 기1

816 ★**post-hoc** [포우스트 학]: 'after this', 이 이후에, 이 때문에, 그러므로, 전후인과의, ⟨먼저 있었던 일을 이유로 드는 말⟩, ⟨↔before-hand⟩ 양2

817 **post-ing** [포우스팅]: 전기, 등기, 배치, 전산망 토론방에 올리는 글(등재), ⟨~ insertion\registration⟩ 양1 미1

818 **post-man** [포우스트 먼]: mail man, 우체부, 우편물 집배인 기1

819 **post-mark** [포우스트 마아크]: 소인, 지우는 표시로 찍는 인장 기1

820 *__post-mas·ter__ [포우스트 매스터]: 우체국장, 전자우편 총괄자(전산망에서 e-mail을 발송·접수·보관하는 자) 기1 미2

821 ★**Post-mates** [포우스트 메이츠]: 포스트 메이츠, 2011년 SF에서 설립되어 북미 3천여 개 도시 주민에게 식품을 포함한 각종 상품을 배달해 주는 택배회사, '뒷짝' 수2

822 **post of·fice** [포우스트 어어휘스]: 우체국, 우정국, the P~ O~; 1971년 the Postal Service로 개편되기 전까지 미국의 우정청 기1 미2

823 **post-pone** [포우스트 포운]: post+ponere(place), ⟨라틴어⟩, 연기하다, 미루다, '뒤에 놓다', ⟨↔pre-pone\advance\stat⟩ 기1

824 *__post-proc·es·sor__ [포우스트 프롸쎄서]: 후처리기, 다음에 연결되는 기계에 맞게 차림표를 바꿔주는 연성기기, ⟨~ after-treatment⟩

825 *__Post Script__ [포우스트 스크륖트]: '추백', 1997년부터 사용되어 온 Adobe 체계의 도안용·인쇄용 기억영역을 설명하는 언어 양1

826 **post-script** [포우스트 스크륖트]: P.S., '나중에 적은 것', 추신, 단서, 발문, ⟨↔pre-face\introduction⟩ 양2

827 ★**post-truth** [포우스트 트루우쓰]: ⟨1992년 미국 극작가가 도입한 말이라고 하고 2016년 트럼프가 대통령에 당선된 후 부상한 말⟩, 탈 진실, ⟨객관적 사실보다 개인의 감정이나 신념이 여론 형성에 더 큰 영향을 미치는⟩ ⟨왜곡된 진실⟩, ⟨~ shameful truth⟩ 미2

828 **pos·ture** [파스쳐]: ⟨← ponere(place)⟩, ⟨라틴어⟩, ⟨← position⟩, '놓인 상태', 자세, 자태, 태도, 사태, ⟨↔conceal\non-chalance\voice⟩ 양2

829 ★**pot** [팥]: ⟨← pott⟩, ⟨어원 불명의 영국어⟩, 단지, 항아리, 원통형 그릇, 요강, 도가니, 대갈통, ⟨깊고 불룩한 항아리에 꽉찬⟩ 큰돈, ⟨potiguara(대마초 잎을 적셔서 먹던 스페인산 포도주)에서 유래한⟩ 대마초 ⟨스페인어(potijuaya)⟩, ⟨→ putty⟩, ⟨~(↔)kettle\tobacco⟩ 기1

830 **po·tas·si·um** [퍼태시엄]: ⟨영국어⟩, ⟨← potash⟩, kalium, ⟨재를 pot에 넣어 증류시켜 나온 가볍고 연한⟩ (세포의 삼투압을 조정해 주는) 금속원소(기호 K·번호19) 수2

831 **po·ta·to** [퍼테이토우]: ⟨batata(sweet potato)라는 카리브어에서 유래한 스페인어, 감자, 세계에서 가장 널리 재배되는 가짓과의 덩이줄기로 ⟨아마도 가장 많은 요리 방법이 있는 식품임, ⟨일설에는 프랑스어 pommes(apple) de(from) terre(earth)의 준말이라고도 함⟩, ⟨~ tater\tuber⟩ 기1

832 ★**po·ta·to-po·tah·to** [퍼테이토우 퍼타아토우]: 무시할 만한 차이, '그게 그거', ⟨~ negligible\trivial⟩ 양2

833 **pot-bel·ly** [팥 밸리]: 배불뚝이, 올챙이배, ⟨~ beer belly\spare tire\paunch\food-baby⟩ 양2

834 ★**pot call·ing the ket·tle black**: 숯이 검정 나무란다, 똥 묻은 개가 겨 묻은 개 나무라기, 적반하장 양2

P 443

835 **po·tent** [포우튼트]: potis(able)+esse(be), 〈라틴어〉, 〈성교를 할 수 있게〉 힘센, 효능 있는, 설득력 있는, 〈~ possible〉, 〈↔im-potent\weak〉 기1

836 **po·ten·tial** [퍼텐셜]: '힘이 있는', 가능한, 잠재적인, 위치의, 전위의, 가능법의 (문법), 〈↔actual\improbable〉 양1

837 **po·tion** [포우션]: 〈← potare(drink)〉, 〈라틴어〉, (마력이 있는) 마시는 약, 한 잔, 한 포, (물약·독약의) 1회분의 분량, 〈~ poison〉, 〈~ elixir\tincture\dose〉 양2

838 **pot-luck** [팥 럭]: 〈1592년에 등장한 영국어〉, '추렴식사', 각자가 음식을 가지고 와서 나눠 먹는 식사, '무작위 식사', (음식의 양과 질이 여분의 단지(pot)에 의해 결정되는) 〈불청객에게 주면〉 있는 것으로만 내놓는 음식, 〈~ pitch-in〉 우1

839 *****POTS** [팥츠]: plain old telephone service, 〈두루 사용할 수 있었던〉 (유사형 음성 신호를 전달하는) 간단한 재래식 전화 시설 미2

840 ★**pot-shot** [팥 샽]: 〈영국어〉, 〈보여주려는 것이 아니고 그냥 냄비에 넣어 끓여 먹을 사냥감을 향한〉 무분별한 총질(사냥), 무책임한 비평, 〈~ salvo'\bombardment〉 양1

841 **pot-ter** [파터]: 도공, 옹기장이(ceramist), putter(경타자(인)) 양1

842 **pot-tery** [파터뤼]: 도기(제조법)(제조소), 오지그릇, ceramic, crockery 기1

843 ★**pot-ty** [파티]: ①유아용 변기(toilet) ②〈술을 항아리째 마셔서?〉 어리석은, 정신 나간, 교만한, 〈~ insane\deranged〉 양2

844 ★**POTUS** [포우터스]: President of the United States, 미합중국 대통령, 〈~(↔)FLOTUS\SCOTUS〉 양2

845 **pouch** [파우취]: 〈← poque(poke-sack)〉, 〈프랑스어〉, 작은 주머니, 쌈지, 눈밑의 처진 살, 육아낭, 〈~ poke'\purse〉

846 **poul·try** [포울트뤼]: 〈← pulla(hen)〉, 〈라틴어 → 프랑스어 → 영국어〉, 〈← pullet〉, 가금, 닭(새)고기, 고기와 알을 식용으로 제공하는 새 종류 양2

847 **pounce** [파운스]: 〈← pungere(pierce)〉, 〈라틴어 → 영국어〉, 달려들다, 와락 움켜쥐다, 갈고리발톱, (고양이) 떼, 〈→ punch〉, 〈~ pumice〉 양1

848 **pound¹** [파운드] \ lb: 〈← pondus(weight)〉, 〈'무게'라는 뜻의 라틴어〉, 체중 따위는 약 453g(16온스), 제약 등에서는 약 373g(12온스), 〈→ ponder〉 중2

849 **pound²** [파운드] \ £: 〈은으로 만든〉 영국의 화폐단위(=100펜스·종전의 20실링) 중2

850 **pound³** [파운드]: 〈영국어〉, 〈의성어·의태어〉, heavy blow, 탕탕 두드리다, 때려 부수다, 힘차게 나가다, 〈↔tip-toe\dawdle〉 양1

851 ★**pound–fool·ish** [파운드 후울리쉬]: 큰돈을 쓸 줄 모르는, 〈~ penny-wise〉 양2

852 *****pound key** [파운드 키이]: (보통 종료를 나타내는)자판에 #표가 있는 누름단추, 〈~ hash-tag\number sign〉 미2

853 ★**pound the pave·ment** [파운드 더 페이브먼트]: 〈포장도로를 터벅터벅 걸어 다니며〉 일자리를 찾아다니다, 직장을 구걸하다, 〈~ looking for a job〉 양2

854 **pour** [포얼]: 〈← pouren(emit)〉, 〈어원 불명의 영국어〉, 따르다, 쏟다, 붓다, 퍼붓다, 쇄도하다, 〈↔ebb\recede〉 양1

855 ★**pour·ing wa·ter in a sieve** [파우륑 워러 인 어 시브]: 밑 빠진 독에 물 붓기, 헛 일(하기), 〈~ it won't change a thing〉 양2

856 ★**pour oil on (the) trou·bled wa·ters** [포얼 오일 온 더 츄러블드 워러즈]: 거친 바다에 기름을 부어 파도를 진정시키다, 분쟁을 가라앉히다, (언쟁 후) 노여움을 달래다, 〈↔add fuel to the fire〉 양2

857 **pout** [파울]: 〈← puta(be inflated)〉, 〈'부풀리다'란 뜻의 스웨덴어〉 ①입을 삐죽거리다, 토라지다, 〈↔lark²〉 ②(메기·베도라치·대구 등의) 삐죽 주둥이 물고기, 〈~ protruded〉 양1

858 **pov·er·ty** [파벌티]: 〈← pauper(lacking)〉, 〈라틴어〉, 〈← poor〉, 가난, 빈곤, 결핍, 빈약, 열등, 〈↔wealth〉 **가1**

859 **pow·der** [파우더]: 〈← pulvis(dust)〉, 〈라틴어〉, 가루, 분말, 분, 가루약, 화약, 흙'먼지' **양1**

860 ★**pow·der room** [파우더 루움]: 숙녀들이 머리에 향분을 뿌릴 때 사용하던 (욕조·샤워가 없는) 화장실, 〈~ lady's lavatory〉 **미2**

861 **pow·er** [파우어]: potis(able)+esse(be), 〈라틴어〉, 〈← potent〉, 〈할 수 있는〉 힘, 능력, 효력, 동력, 정력, 권력, 전원, 〈편자는 여자가 아니어서 잘 모르겠으나 여성에게 '제일 강력한 최음제'라 함, 맞습니까?〉, 〈↔im-potence\weak-ness〉 **가1**

862 ★**pow·er-ball** [파우어 버얼]: '강타(구)', 두개의 짝패가 맞아 떨어지면 엄청난 상금을 타는 미국의 복권 당첨 제도, 〈~ jack-pot\might-ball〉 **우2**

863 *pow·er cy·cle** [파우어 싸이클]: 동력 순환, 전기기구의 동력을 껐다가 〈자료 소실을 방지하려면 수 초 기다렸다〉 다시 켜야 하는 응급처방, 〈↔automatic reboot〉 **양1**

864 **pow·er line** [파우어 라인]: 송전선, 전력선, 〈~ high-voltage line\lead'〉 **가1**

865 **pow·er of at·tor·ney \ POA**: 〈대리〉 위임장(자), 〈↔conservator〉 **양2**

866 *pow·er pack** [파우어 팩]: 전지, 전원함(전원에서 기기로 전력을 보낼 때 전압을 적절히 변환하는 장치), 〈~ power-supply unit〉 **양1**

867 **pow·er plant** [파우어 플랜트]: 발전소, 동력장치, 〈~ power station〉 **가1**

868 ★**pow·er play** [파우어 플레이]: 실력 행사, 힘의 정책, 공을 가진 선수 앞에 방해자를 보내는 작전, 〈~ gambit\maneuver〉 **양1 미1**

869 *Pow·er Point** [파우어 포인트]: 미국의 마이크로소프트사가 1990년부터 출시하기 시작한 발표용 도표 따위를 작성하는 연성기기 **수2**

870 *pow·er point** [파우어 포인트]: (전기의) 접속기, 동력 접선 장치, 〈~ jack\outlet〉 **양1**

871 **pow·er sta·tion** [파우어 스테이션]: 발전소, 〈~ power plant〉 **가1**

872 ★**pow·er trip** [파우어 트륍]: 힘의 과시, 위세, 〈~ power harassment〉 **양2**

873 **pox** [팍스]: 〈← pocc(vesicle)〉, 〈pock의 복수형〉, 〈게르만어 → 영어〉, 두창, 마마, 곰보, 발진하는 병, 매독, 지긋지긋함, 〈~ pustule〉 **양1**

874 ★**poz** [포오즈]: positive의 속어, 특히 HIV+를 일컫는 말 **양2**

875 ★**poz-zing** [포오징]: ①의도적으로 HIV를 감염시키는 짓 ②(호감을 사기 위해) 상대방의 콧대를 '살짝' 올려주는 전술, 〈↔negging〉 **미2**

876 *PPL (prod·uct place-ment)**: 제품 배치(광고), 영화나 흥행에 소도구로 제품을 끼워 넣는 방식으로 하는 광고 **미2**

877 ★**PPP¹**: People Power Party(국민의 힘), 〈다른 나라들에도 있으나〉 2020년 9월부터 개칭된 (한국의 보수정당) 미래통합당의 새 이름 **미2**

878 ★**PPP²**: paycheck protection program(급여보호정책), Covid-19으로 인해 월급 지불이 어려운 중소기업에게 단기융자를 해주는 Cares법의 일부 **미2**

879 *PPP³**: 구매력 평가지수, ⇒ purchasing power parity(구매력 등가성) **미2**

880 **ppt (pre-cip·i-tate)**: 침전(물), 침강물, (응결되어 가라앉은) 침사 **양2**

881 **PR** [피알]: public relations, 여론 조성, 선전, 홍보 **미1**

882 **prac·ti·cal** [프랙티컬]: 〈← prassein(do)〉, 〈그리스어〉, 실제의, 실용적인, 경험이 많은, 〈↔im-practical\theoretical〉 가1

883 **prac·tice \ prac·tise** [프랙티스]: 〈← prassein(do)〉, 〈그리스어〉, 실행, 연습, 버릇, 영업, 의식 양2

884 ★**prac·tice makes per·fect** [프랙티스 메이크스 퍼어휄트]: 연습하면 완벽해진다, 〈~ practice is the key to success〉 양2

885 **prac·ti·tion·er** [프랙티셔너]: 개업자, 종업자, 〈~ practician\professional〉 양2

886 **prag·mat·ic** [프랙매틱]: 〈← prassein(do)〉, 〈'실천하다'라는 뜻의 그리스어에서 연유한〉 분주한, 실용적인, 〈너무 잘난 체해서〉 독단적인, 〈↔dogmatic〉, 〈↔blue sky〉 양1

887 ***prag·mat·ic com·pe·ten·cy** [프래그매틱 캄피턴시]: 화용능력, 대화에서 사전적 의미보다 문맥상의 의미를 파악하는 〈응용〉 능력 미2

888 **prag·ma·tism** [프랙그머티즘]: 〈20세기 초부터 과학을 철학에 접목시키기 시작한 가장 미국적인〉 실용주의, 실제적인 사고방식, 〈~ realism\utilitarianism〉, 〈↔dogmatism\fanaticism\tokenism〉 양2

889 **prai·rie** [프뤠뤼]: 〈← pratum(meadow)〉, 〈라틴어〉, 프레리, 대초원, 〈특히 북미 중부의〉 대목초지, 〈↔high-land\low-land〉 양2

890 **praise** [프뤠이즈]: 〈← pretium〉, 〈라틴어〉, 〈← price〉, 칭찬, 찬미, 숭배, 〈→ prize\appraisal\appreciation〉, 〈~ kudo\extol〉, 〈↔criticize\condemn\chide\rebuke\revile\sarcasm〉 가1

891 ★**praise the sun** [프뤠이즈 더 썬]: '태양이시여!', 〈해결책이 없을 때〉 '하느님 굽어 살피소서', '하늘나라 만세!', 〈~ hallelujah〉 양2

892 **prance** [프랜스 \ 프롸안스]: 〈← prauncen(assume airs)〉, 〈어원 불명의 영국어〉, 〈말이 proud하게〉 껑충거리며 나아가다, 활보하다, 〈~ caper\jump〉, 〈↔traipse\trudge\relinquish\sashay〉 양2

893 **prank¹** [프랭크]: 〈어원 불명의 영국어〉, 농담, 못된 장난, 비정상적인 동작, 〈~ shtick\practical joke〉, 〈~ picaresque\pixilated〉 양1

894 **prawn** [프뤄언]: 〈← prayne〉, 〈영국 해변에 사는 어원 불명의〉 대하, 참새우 무리, 〈10개의 다리를 가지고〉 수염이 긴 비교적 큰 새우, 〈~ shrimp〉 미2

895 **pray** [프뤠이]: 〈← precis(entreat)〉, 〈라틴어〉, 빌다, 간원하다, 기도하다, 희구하다, 〈↔condemn\deny〉 가1

896 *****PRE** [프뤼]: 미리 틀잡아진 자료(를 뜻하는 HTML의 표시 문자) 미2

897 **preach** [프뤼이취]: pre+dicare(declare), 〈라틴어〉, 〈미리 선언해서〉 '알리다', 전도하다, 설교하다, 타이르다, 〈↔renounce\attack〉 가1

898 ★**preach·ing to the wind**: 마이동풍, 우이독경, 〈~ talk to the wall\in one ear and out the other〉 양2

899 **pre·bi·ot·ics** [프뤼이 바이아틱스]: 〈활생균의 영양제가 되는〉 〈생물 발생 이전의〉 장내에서 소화되지 않는 음식물, 〈food for beneficial bacteria〉, ⇒ pro·biotics 양2

900 **pre·car·i·ous** [프뤼 케어뤼어스]: 〈← precari(pray)〉, 〈라틴어〉, 〈기도〈prayer〉로만 얻어질 수 있는〉 불확실한, 위험한, 근거 없는, 〈↔certain\advantageous〉 양2

901 **pre·cau·tion** [프뤼 커어션]: pre+cavere(take care), 〈라틴어〉, 조심, 경계, 예방책, 〈↔carelessness\neglect〉 가1

902 **pre·cede** [프뤼 씨이드]: pre+cedere(move), 〈라틴어〉, '앞서가다', ~에 앞서다(선행하다), ~에 우선하다, 〈↔ensue\follow\succeed\super-cede〉 양2

903 **prec·e·dence \ ~den·cy** [프뤠 시던스 \ ~던시]: 선행, 전례, 우선순위(공식이 계산될 때 어떤 작업을 먼저 할까를 정하는 일), 〈↔ un-precedented〉, 〈↔subsurvience\posteriority〉 양2

904 **pre·ced·ing** [프뤼 씨이딩]: 이전의, 앞에서 말한, ⟨↔following\succeeding⟩ 양2

905 **pre·cept** [프뤼이 쎕트]: pre+capere(take), ⟨라틴어⟩, ⟨먼저 가르치는⟩ 교훈, 격언, 법칙, 명령서, ⟨~ un-belief\chaos⟩ 양1

906 **pre·cinct** [프뤼이 씽트]: pre+cingere(surround), ⟨라틴어⟩, ⟨미리 둘러싼⟩ 관할구역, 지정지구, 구내, 주변, ⟨~ sector\boundary⟩ 양1

907 **pre·cious** [프뤠셔스]: ⟨← pretium⟩, ⟨라틴어⟩, ⟨price가⟩ 비싼, 귀중한, 소중한, 대단한, 까다로운, ⟨~ valuable⟩, ⟨↔cheap\useless⟩ 양1

908 **pre·cip·i·tate** [프뤼 씨피테이트]: ⟨라틴어⟩, ⟨대가리를 먼저⟩ 내리던지다, 빠뜨리다, 수증기가 엉키다, 촉진시키다, 응결(침전)시키다, 재촉하다, ⟨~ accelerate\trigger⟩, ⟨↔cause\deliberate\mist⟩ 양1

909 **pre·cise** [프뤼 싸이스]: pre+caedere(cut), ⟨라틴어⟩, '짧게 자른', 정밀한, 정확한, 세세한, ⟨~ exact⟩, ⟨↔im-precise\in-acculate\circa⟩ 간1

910 **pre·clude** [프뤼 클루우드]: pre+claudere(shut), ⟨라틴어⟩, 미리 배제하다, 제외하다, 차단하다, ⟨↔add\include⟩ 간1

911 **pre·co·cious** [프뤼 코우셔스]: pre+coquere(cook), ⟨라틴어⟩, ⟨열살에 수염이 나는⟩ 조숙한, 숙성한, 올되는, '미리 삶은', ⟨↔retarded\slow⟩ 양2

912 **pre·cur·sor** [프뤼 커어서]: pre+currere(run), ⟨라틴어⟩, 선구자, 전임자, 선구물질(세포), ⟨↔after-bear⟩

913 **pred·a·to·ry** [프뤠더토어뤼]: ⟨← praeda(prey)⟩, ⟨라틴어⟩, 약탈하는, 착취하는, 육식성의, ⟨↔gentle\tame⟩ 양1

914 **pred·e·ces·sor** [프뤠 디쎄썰]: pre+de+cedere(go), ⟨라틴어⟩, '먼저 내려간 사람', 전임자, 선배, 앞서 있었던 것, ⟨↔successor⟩ 양2

915 **pre·dic·a·ment** [프뤼디커먼트]: pre+dicare(declare), ⟨라틴어⟩, ⟨엄숙히 선언하는⟩ 곤경, 궁지, 범주, ⟨~ dilemma\plight⟩, ⟨↔advantage\agreement⟩ 양2

916 **pred·i·cate** [프뤠디커트]: pre+dicare(declare), ⟨엄숙히 선언하다⟩ ①단언하다, 내포하다 ②서술, 술어, 속성 양1

917 **pre·dict** [프뤼 딕트]: pre+dicare(tell), ⟨라틴어⟩, '미리 말하다', 예언하다, 예측하다, ⟨↔describe\recount\record⟩ 간1

918 **pre·dis·po·si·tion** [프뤼이 디스퍼지션]: pre+dis+ponere(place), ⟨라틴어⟩, 경향, 소질, 소인, ⟨↔disinclination\aversion⟩ 양1

919 **pred·ni·sone** [프뤠디니소운]: ⟨영국어⟩, ⟨합성 cortisone⟩, 프레드니손, (두루두루 쓰이는) 스테로이드계 항염증제 양2

920 **pre·dom·i·nant** [프뤼 다미넌트]: pre+dominare(rule), ⟨라틴어⟩, 뛰어난, 탁월한, 현저한, ⟨↔subsidiary\minor⟩ 간1

921 *****pre-emp·tive mul·ti-task·ing** [프뤼엠티브 멀티태스킹]: ⟨미리 치지하는⟩ 선점형 다중작업(다중작업 중앙처리에서 차례로 제어를 넘겨주는 일), ⟨↔cooperative multitasking⟩ 마2

922 **pref·ace** [프뤠 휘스]: pre+fari(say), ⟨라틴어⟩, '앞서 하는 말', 서문, 머리말, 발단, ⟨~ polog⟩, ⟨↔postlude\epilog⟩ 양2

923 **pre·fec·ture** [프뤼이휄쳐]: (지시가 통지하는) 노, (중앙의 지도를 받는) 현, ⟨~ province\division⟩ 양1

924 **pre·fer** [프뤼휠]: pre+ferre(bear), ⟨라틴어⟩, '앞에 두다', ~을 택하다, ~을 좋아하다, 제기하다, 등용하다, '미리 운반하다', ⟨↔dislike\reject⟩ 양1

P 447

925 **pref·er·ences** [프풰풔뤈시즈]: 더 좋아함, 우선권, 특혜, 차등장치(개별적 차이를 허용하는 전산기 차с표), 〈~ dislikes\aversions〉 영① 미②

926 ***pre-fetch** [프뤼이 풰취]: 〈라틴어+영국어〉, 먼저 가져오기, 미리 읽기, 사전 추출(자료를 주기억장치에서 미리 옮겨 놓는 일), 〈~ store\reserve〉 미②

927 **pre-fix** [프뤼이 쀡스]: pre+figere(fasten), 〈라틴어〉, 접두사, 앞에 덧붙이다, (전화번호의) 국번, 〈↔suf-fix〉 영②

928 ***pre-flight** [프뤼이 훌라읱]: 〈라틴어+영국어〉, 비상 전 (점검), 인쇄하기 직전에 자료를 점검하는 일, 〈~ pre-check〉 미②

929 **preg·nant** [프뤠그넌트]: pre+gnasci(born), 〈라틴어〉, '태어나기 전의', 임신한, 가득 찬, 함축성 있는, 〈~ conception〉, 〈↔barren\aborting〉 영① 미②

930 ★**preg·go** [프뤠고]: 〈← pregnant〉, 〈1942년에 등장한 영국 속어〉, 새끼를 밴, 아이를 가진 영②

931 **prej·u·dice** [프뤠 쥬디스]: pre+judicis(judge), 〈라틴어〉, '미리 판단한 올바름', 편견, 선입관, 침해, 손상, 〈~ bias〉, 〈↔fairness\impartiality\even-mind〉 영① 영②

932 **pre-lim·i·nary** [프릴리미네뤼]: pre+leinen(limit), 〈라틴어〉, '시작하기 전 상태의', 예비의, 임시의, 시초의, 〈↔concluding\final〉 영②

933 **pre-lude** [프뤨루우드]: pre+ludere(play), 〈라틴어〉, 〈미리 연주하는〉 전주곡, 서곡, 서문, 서막, 전조, 〈~ preface\prolog〉, 〈↔postlude\epilog〉 영②

934 **pre-ma·ture** [프뤼이 머츄어]: pre+maturus(ripe), 〈라틴어〉, '전에 성숙한', 조숙한, 시기상조, 조산의, 〈→ preemie〉, 〈↔over-due\mature〉 영②

935 **pre-med·i·tat·ed** [프뤼이 메디테이티드]: pre+meditari(consider), 〈라틴어〉, 미리 생각한, 계획적인, 고의의, 〈↔accidental\unintentional〉 영②

936 **pre·mier** [프뤼미어 \ 프뤼메어]: 〈'prime'이란 라틴어〉, 수상, 국무총리, 수석 영②

937 **prem·ise** [프뤠미스]: pre+mittere(send), '미리 보내서 깔아 놓은 것' ①전제(assumption), 집과 대지 ②premises: 구내, 〈~ bounds\establishment〉 영①

938 **pre·mi·um** [프뤼이미엄]: pre+emere(take), 〈라틴어〉, '보수', 할증금, 포상금, 보험료, 〈매매 전에 미리 떼는〉 수수료, 이자, 덤, 〈↔paucity\cheap\budget〉 영①

939 **pre-mo·ni·tion** [프뤼이 머니션]: pre+monere(warn), 〈라틴어〉, pre+monitor, 예고, 예감, 징후, 전조, 〈~ intuition〉, 〈↔certainty〉 영①

940 **pre-oc·cu·pa·tion** [프뤼이 아큐페이션]: 〈라틴어〉, 선입관, 몰두, 우선할 일, 〈~ pensiveness\fixation〉 영①

941 **prep·a·ra·tion** [프뤠퍼뤠이션]: pre+parare(procure), 〈라틴어〉, 〈미리 차려놓는〉 준비, 대비, 예습, 조제, 조리, 표본, 〈→ parade〉, 〈↔un-preparedness\carelessness〉 영①

942 ***pre-pend** [프뤼펜드]: pre+pendere(weigh), 〈라틴어〉, 고려하다, prefix+append, 접두어를 붙이다, 자료의 앞에 덧붙이는 자료 미②

943 **prep·o·si·tion** [프뤠퍼 퍼지션]: pre+ponere(place), 〈라틴어〉, 전치사, [프뤼 퍼지션]; 사전 (전개) 배치, 〈↔post-position〉

944 ★**prep·per** [프뤠퍼]: 〈영국어〉, 예비 선수(들), (긴급 사태를 위해) 물건을 사서 재두는 '생존주의자' 미②

945 ★**prep·py \ prep·pie** [프뤠피]: 〈미 속어〉, (부유층 자제가 많은) 예비학교 학생, 싸면서도 고급스러운 미②

946 **pre-rog·a·tive** [프뤼 롸거티브]: pre+rogare(ask), 〈라틴어〉, 〈먼저 묻는〉 특전, 특권, (군주의) 통치권, 〈~ entitlement\authority〉, 〈↔ban\repudiation〉 영②

947 **pres·by·te·ri·an** [프레즈비테어뤼언]: ⟨← prebytros(elder)⟩, ⟨그리스어⟩, 장로교회(의), 목사와 장로가 동격으로 행정에 참여하는 개신교 ②

948 **pre-scribe** [프뤼 스크롸이브]: pre+scribere(write), ⟨라틴어⟩, '미리 적다', 규정하다, 지시하다, 처방하다, ⟨↔un-writing\mis-manage⟩ ②

949 **pres·ence** [프레즌스]: pre+esse(to be), ⟨라틴어⟩, 존재, 실재, 출석, 면전, 인품, ⟨↔absence⟩ ①

950 **pres·ent¹** [프뤼 젠트]: ⟨← praesentare(hold out)⟩, ⟨라틴어⟩, 선물하다, 바치다, 제출하다, 나타내다, 소개하다, 상연하다, 고소하다 ①

951 **pres·ent²** [프뤠 즌트]: prae+esse(to be), ⟨라틴어⟩,'앞에 존재하는', 출석하고 있는, 오늘날, 현재의, 당면한, ⟨↔absent\truent⟩, ⟨↔past\future⟩ ①

952 **pres·ent³** [프뤠 즌트]: ⟨← present¹⟩, ⟨라틴어⟩, ⟨앞으로 내놓는⟩ 선물, 예물, ⟨현재 내 앞에 존재하는 물건⟩, ⟨~ gift⟩ ②

953 **pres·en·ta·tion** [프뤼이젠테이션]: 수여, 소개, 제출, 발표, 상연, 표상, (아기의) 태위, ⟨~ PT(아직은 콩글리시임)⟩, ⟨↔concealment\suppression⟩ ①

954 **pre-serve** [프뤼져얼브]: pre+servare(keep), ⟨라틴어⟩, '미리 지키다', 보전하다, 유지하다, 보호하다, 소금(설탕) 절임하다, ⟨~ jam²⟩, ⟨↔destroy\efface⟩ ①

955 **pre-side** [프뤼쟈이드]: pre+sedere(sit), ⟨라틴어⟩, ⟨앞에 앉아서⟩ 사회하다, 관장하다, 연주하다 ①

956 **pres·i·dent** [프뤠지던트]: pre+sedere(sit), ⟨라틴어⟩, '앞에 앉아 있는 사람', 장, 대통령⟨"먹고 살자고 하는 짓"; 김대중-"남의 돈으로 생색내는 자"; 이원택⟩, 의장, 회장, 사장, 총장, 주석, prez, ⟨앞에 나서서 지키는 자⟩ ②

957 **press** [프뤠쓰]: ⟨← premere(squeeze)⟩, ⟨라틴어⟩, '누르다', 꽉 쥐다, 짜내다, 강조하다, 압박하다, 누름 단자, 다림질, 압착기, ⟨활자를 누르는⟩ 인쇄기, 언론인들, 보도진, 언론, ⟨~ news media\journalism⟩, ⟨↔release\loosen⟩ ①

958 **pres·sure** [프뤠셔]: ⟨← premere(press)⟩, ⟨라틴어⟩, 압력, 압박, 곤란, 긴급, 기압 ①

959 **pres·tige** [프레스티이쥐]: ⟨← praestigiosis(deceitful)⟩, ⟨라틴어⟩, ⟨눈을 끄는⟩ 위신, ⟨16세기 중반에 나왔을 때는 '가짜'란 뜻이 강했으나 19세기에 '현란한' → '뛰어난'이란 뜻으로 바뀌어진⟩ 명성, 신망, 고급, 특등, ⟨↔infamy\worthlessness⟩ ②

960 **pre-sume** [프뤼 쥬움]: pre+sumere(take), ⟨라틴어⟩, '미리 취하다', 추정하다, 가정하다, 감히~하다, ⟨↔prove\calculate⟩ ①

961 **pre-tend** [프뤼 텐드]: pre+tendere(stretch), ⟨라틴어⟩, '미리 뻗다', ~체하다, 가장하다, 속이다, ⟨~ be-guile\deceive⟩, ⟨↔reveal⟩ ①

962 **pre-ten·sion** [프뤼 텐션]: pre+tendere(stretch), (근거 없는) 주장, 요구, 허식, 자만, ⟨↔reality\modesty⟩ ①

963 **pre-text** [프뤼이 텍스트]: pre+texere(weave), ⟨앞에 짜놓은⟩ 구실, 핑계, 명목, ⟨↔actuality\candor⟩ ①

964 *****pre-to-post** [프뤼 투우 포우스트]: (광고의) 사전·사후조사, ⟨~ before and after⟩ ②

965 **pret·ty** [프뤼티]: ⟨← praetig(trick)⟩, ⟨게르만어 → 영국어⟩, 예쁜, 귀여운, 멋진, 상당한, '교묘한', ⟨15세기경에 부정적 의미에서 긍정적 의미로 바뀌어진 말⟩, ⟨↔ugly⟩ ②

966 ★**pret·ty pen·ny** [프뤼티 페니]: 꽤 비싼, 거금⟨반의적 표현⟩, ⟨~ big bucks\guap⟩, ⟨↔petty cash⟩ ②

967 ★**pret·ty-pret·ty** [프뤼티 프뤼티]: 지나치게 꾸민, 야한, ⟨~ be-witching⟩ ②

968 **pre-vail** [프리 붸일]: pre+valere(strong), 〈라틴어〉, 〈힘에서〉 우세하다, 널리 보급하다, 설복하다, 효험이 있다, '관통하며 스며들다', 〈↔succumb\relent〉 양1

969 **prev·a·lence** [프뤠 뷜런스]: 〈← prevail〉, '우세', 유행, 보급율, 유병율(일정기간 내 특정 질병을 가진 인구 대 환자 비율), 〈~(↔)incidence; 예방의학 시험의 첫번째 문제〉 양1

970 **pre-vent** [프리뷀트]: pre+venire(come), 〈라틴어〉, 〈먼저 와서〉 막다, 예방하다, 방해하다, 〈↔allow\enable〉 가1

971 **pre-vi·ous** [프뤼비어스]: pre+via(way), '이미 지나간', 앞의, 이전의, 사전의, 〈↔following\next〉 양2

972 **prey** [프뤠이]: 〈← praeda ← prehendere(seize)〉, 〈라틴어〉, 먹이, 밥, 희생, 포획, '전리품(booty)', 잡아 먹다, 〈→ predatory〉, 〈↔predator〉 양1

973 ★**prez** [프뤠즈]: 〈미국어〉, president의 약자 양2

974 **price** [프라이스]: 〈← pretium(value)〉, 〈라틴어〉, '가치', 가격, 대가, 희생, 상금, 〈→ prize\praise\precious〉, 〈↔price-less〉 가1

975 ★**prick** [프뤽]: 〈← prica(point)〉, 〈게르만어〉, 〈바늘 끝으로〉 찌르다, 쑤시다, 바늘, 자지, '살송곳', 비열한 놈, 〈~ pierce\drill〉, 〈~ thistle\bramble〉, 〈↔sew\soothe\fanny〉 양2

976 **pride** [프롸이드]: 〈← prud(conceit)〉, 〈영국어〉, 자랑, 긍지, 자만심, 혈기, 전성기, (사자 등의) 떼, 〈→ proud〉, 〈↔shame\humility〉 가1 양2

977 **priest** [프뤼이스트]: 〈← presbyter(elder)〉, 〈라틴어〉, 성직자, 목사, 사제, 옹호자, 〈↔lay-man\follower〉 가1

978 **pri·ma don·na** [프뤼이머 다너]: 〈이탈리아어〉, first lady, '첫째 숙녀', 프리마 돈나, (가극의) 주역 여배우, 인기 가수, 기분파 여성, 〈↔primo uomo〉, 〈↔basic bitch〉 양2

979 ★**pri·ma fa·cie** [프롸이머 풰이쉬이]: 'at first face', 첫인상의, 명백한, 자명한, 마땅히 해야 할 도리, 〈↔in-apparent\im-possible〉 양2

980 **pri·ma·ry** [프롸이메뤼]: 〈← primus(first)〉, 〈라틴어〉, 첫째의, 주요한, 근복적인, 초등의, 원시적인, 〈↔secondary\subordinate〉 가1

981 *****pri·ma·ry cache** [프롸이메뤼 캐쉬]: 1차 은닉처(고속 기억장치), 미세 처리에 내장된 고속 기억장치, 〈↔secondary cache〉 미2

982 *****pri·ma·ry mouse but·ton** [프롸이메뤼 마우스 버튼]: 1차 '깜박이', 주로 전산기 '조종간'의 왼쪽 누름판으로 목표물을 선택할 때 사용함, 〈↔secondary mouse button〉 미2

983 **pri·mate** [프롸이메이트]: 〈← primus(first)〉, 〈라틴어〉, 〈첫째 서열의〉 대주교(high priest), 영장류(anthropoid) 양2

984 **prime**¹ [프롸임]: 〈← primus(first)〉, 〈그리스어\라틴어〉, 첫째의, 수위의, 최초의, 기초적인, 우수한, 전성기, 초기, 초벌칠, 소수(자연수로 딱 떨어지게 나눌 수 없는 숫자), 부호('), 1도, 제1의(찌르기) 자세, 〈↔minor\secondary\inferior〉 양1

985 **prime**² [프롸임]: 〈영국어〉, 〈← pro(before)〉, 〈미리 챙겨서〉 준비시키다, 애벌칠을 하다 양1

986 **prim·er** [프뤼머\프롸이머]: 첫걸음, 입문서, 도화선, 초벌칠 양2

987 *****prime rate** [프롸임 뤠이트]: (은행이 일류기업에 적용하는) 표준(우대) 금리, 〈↔bank rate〉 양2

988 **prime ribs** [프롸임 륍스]: (소의) 상등품 갈비 양2

989 **prime time** [프롸임 타임]: golden hour, 최대 시청 시간 양2

990 **prim·ing** [프롸이밍]: 뇌관 달기, 초벌칠, 갑작스레 주입하기, 마중물, 〈~ prepare\fill in〉 양1

991 **prim·i·tive** [프뤼머티브]: '최초의', 원시(시대)의, 유치한, 소박한, 초생의, 야성적인, 근본의, 문예부흥 이전의, ⟨↔advanced\modern⟩ 양1

992 ★**prim-rose path** [프륌 로우즈 패쓰]: ⟨Hamlet에 나오는 말⟩, 환락의 길, 쾌락의 추구, 안이하나 위험한 길, ⟨~ hog heaven⟩, ⟨↔hell\misery⟩ 양2

993 **prince** [프륀스]: primus+capere(take), ⟨라틴어⟩, '일인자', 왕자, 황태자, 군주, 제후, 귀공자, ⟨↔princess⟩ 가1

994 **prin·cess** [프륀시스 \ 프륀쎄스]: 왕녀, 공주, 황녀, 왕(자)비, 뛰어난 여성, ⟨↔prince⟩ 가1

995 **prin·ci·pal** [프륀시펄]: ⟨← princeps(chief)⟩, ⟨라틴어⟩, '첫 번째로 취하는', 제1의, 중요한, 장, 교장, 본인, 주역, 주범, 원금, 제1채무자, ⟨↔minor\subsidiary⟩ 양2

996 **prin·ci·ple** [프륀시플]: primus(first)+capere(take), ⟨라틴어⟩, ⟨첫 번째를 차지하는⟩ 원리, 원칙, 근본방침, 본질, 정의, ⟨~ doctrine\tenet\creed⟩, ⟨↔trivia\antithesis\vice⟩ 양2

997 **print** [프륀트]: ⟨← premere(press)⟩, ⟨라틴어⟩, 찍다, 인쇄하다, 출판하다, 인화하다, 활자체로 쓰다, ⟨↔bulge\erase\hide⟩ 양1

998 *__print serv-er__ [프륀터 써어버]: '인쇄 도우미', (보통 인쇄기 안에 들어있는) 전산망을 통해 다른 전산기들의 인쇄를 도와주는 회로판 미2

999 *__print spool-er__ [프륀트 스푸울러]: 인쇄 실패, 인쇄작업을 차례로 풀어주는 연성기기 우1

1000 **pri·or** [프롸이어]: ⟨라틴어⟩, before, ⟨어떤 일보다⟩ 앞의, 전의, 사전의, 우선적인, ⟨↔later\subsequent⟩ 양1

1001 **pri·or·i·ty** [프롸이어뤼티]: 우선권, 앞, 중요사항, ⟨↔last thing\un-importance⟩ 양2

1002 **prism** [프리즘]: ⟨← prizein(saw)⟩, ⟨그리스어⟩, 프리즘, '톱'으로 잘린 분광기 (빛을 분산시켜 그 강도와 파장을 관측하는 장치), 각기둥(한 직선에 평행하는 셋 이상의 평면과 이 직선과 만나는 두 평행 평면을 면으로 하는 다면체), ⟨~ spectrum⟩ 미2

1003 **pris·on** [프뤼즌]: ⟨← prehendere(take)⟩, ⟨라틴어⟩, '잡혀 있는 곳', 감옥, 교도소, 구치소, ⟨~ jail\penitentiary⟩ 가1

1004 **pri·va·cy** [프롸이버시]: ⟨← privus(separate)⟩, ⟨라틴어⟩, 사적 자유, 개인적 공간, 비밀, ⟨~ isolation\confidentiality⟩, ⟨↔publicity\transparency⟩ 양2

1005 **pri·vate** [프롸이븨트]: ⟨← privus(separate)⟩, ⟨라틴어⟩, ⟨공적인 영역에서의 분리된⟩ 사적인, 개인적인, 비밀의, 비공식의, 사설의, 민간의, 남의 눈을 피한, 병졸, 사병, ⟨~ privatee\privilege⟩, ⟨↔public⟩

1006 *__pri·vate bank-ing__ [프롸이븨트 뱅킹]: ⟨부자들을 위한⟩ 개별적(총체적) 자산 관리, ⟨↔public banking⟩ 미1

1007 ★__pri·vate eye__ [프롸이븨트 아이]: private detective, 사설탐정 양2

1008 *__pri·vate key__ [프롸이븨트 키이]: 개인(비밀)열쇠, 전달된 정보를 풀기 위해 개인(만)이 사용하는 고유한 부호문자 미2

1009 **priv·i·lege** [프뤼빌리쥐]: privus(sepatate)+legis(law), ⟨라틴어⟩, ⟨← private⟩, ⟨분리되어 적용되는⟩ 특권, 특전, 명예, 면책, ⟨~ advantage\entitle-ment⟩, ⟨↔handicap\restriction\duty⟩ 양2

1010 **priv·y** [프뤼븨]: ⟨← privus(separate)⟩, ⟨라틴어⟩, 사사로운, 내밀히 관여하는, 숨은, ⟨↔public\open⟩, ⟨옥외⟩ 변소⟨latrine\out-house⟩ 가1

1011 **prize**¹ [프롸이즈]: ⟨← prehendere(take)⟩, ⟨라틴어 → 프랑스어⟩, ⟨← price⟩, 상, 상품, 현상금, 노획물, 입상한, 훌륭한, ⟨↔lemon\second-rate⟩ 가1

1012 ★**PRN \ prn** (pro re na·ta): 〈라틴어〉, 'as needed', 필요에 따라, 임기응변으로, 〈↔routine\standing〉 의2

1013 **pro¹** [프로우]: ← professional, 직업적인, 직업선수, 전문가, 〈↔amateur〉 미2

1014 **pro²** [프로우]: 〈라틴어〉, for, 찬성(투표), 이로운 점, 〈↔con(tra)〉 의2

1015 ★**pro·an·a** [프로우 애너]: 〈2010년도경에 등장한 말〉, 프로아나, pro·anorexia, (신경성) 식욕부진증에 호의적인, 〈↔pro-mia〉 의2

1016 **prob·a·bly** [프롸버블리]: 〈라틴어〉, 아마, 필시, 대개는, '증명(prove)할 수 있는 만큼', 〈↔im-probably\certainly〉 기2

1017 **pro·ba·tion** [프로우베이션]: 〈← probare〉, 〈라틴어〉, 〈← prove〉, 검정, 입증, 수습, 시련, 보호관찰, 근신 시간, 판결유예, 집행유예, 가급제, 〈~ trial period〉

1018 **probe** [프로우브]: 〈← probare(prove)〉, 〈라틴어〉, 시도, 실험, 더듬침, 소식자, 탐사(기), 탐침, 〈증명(prove)하기 위한〉 '증거 찾기', 〈↔avoid\disregard\miss〉 의1

1019 **pro·bi·ot·ics** [프로우 바이아틱스]: 활생균 촉진품, 〈몸에 좋은〉 장내에 상존하는 세균들을 활성화시켜 주는 약품들, 〈chemicals to foster beneficial bacteria〉, 〈↔anti-biotics〉 미2

1020 **prob·lem** [프롸블럼]: pro(before)+ballein(throw), 〈그리스어〉, 〈앞으로 던져진〉 문제, 의문, 골치 아픈 일, 과제, 〈↔ease\solution〉 기1

1021 ★**prob·lem·at·ic fave** [프롸블러매틱 훼이브]: '문제가 있는 인기인(favorite)', 무례한 말을 남발하는 유명 인사 미2

1022 ★**pro bo·no** [프로우 보우노우]: 〈라틴어〉, for good, 선의의, 무료의, 공익의, 〈↔quid pro quo\do ut des\tit for tat〉 의2

1023 **pro·ce·dure** [프뤄씨이저]: 〈← proceed〉, 순서, 절차, 조처, 진행, 방법, 〈↔inactivity\disorderliness〉 의2

1024 **pro·ceed** [프뤄씨이드]: pro+cedere(go), 〈라틴어〉, 〈앞으로〉 나아가다, 전진하다, 진행되다, 처리하다, 고소하다, 〈→ procedure\process〉, 〈↔retreat\cease〉 의1

1025 **pro·ceeds** [프로우씨이즈]: pro(forward)+cedere(go), 〈진행된 성과〉, 수확, 수입, 매상금, 결과, 〈↔expenditure\forfeit〉 의2

1026 **proc·ess** [프롸쎄쓰]: 〈라틴어〉, 〈← proceed〉, 진행, 경과, 공정, 진전, 처리, 〈↔recess\decrement〉 의2

1027 ★**proc·ess art** [프롸쎄쓰 아알트]: conceptual art, 개념예술, 과정예술, (1960년대 중반에 일기 시작한) 결과보다는 창조적 과정을 더 중요시하는 예술운동 미2

1028 ***proc·ess col·or** [프롸쎄쓰 컬러]: '가공된 색조', '인공색깔', '원색', 흑·백 대신 4가지 색깔로 찍은 〈천연색〉 인쇄술, 〈~ full color〉 공1

1029 ★**pro·choice** [프로우 쵸이스]: 〈1975년에 등장한 말〉, 낙태 지지자, '(생명의) 선택을 찬성하는', 임신중절 찬성파, 〈↔pro-life〉 미1

1030 **pro·claim** [프로우 클레임]: pro(before)+clamare(cry out), 〈라틴어〉, '앞에 나가 외치다', 포고(선언)하다, 공포하다, 찬양하다, 분명히 나타내다, 〈~ promote\publicize〉, 〈↔conceal\withhold〉 의2

1031 **pro·cras·ti·nate** [프로우크래스터네이트]: pro(forward)+cras(tomorrow), 〈라틴어〉, 〈내일로〉 지연하다(시키다), 꾸물거리다, 질질 끌다, 〈↔alacrity\prompt-ness\purposeful delay〉 의2

1032 **pro·cure** [프로우큐어]: pro(for)+cura(care), 〈라틴어〉, '미리 돌보다', 획득하다, 조달하다, 주선하다, 뚜쟁이 짓을 하다, 〈↔abandon\surrender〉 기1

1033 **prod·i·gal** [프롸디걸]: pro(forth)+agere(drive), 〈라틴어〉, 낭비하는, 방탕한, 금치산자, 〈↔thrifty\frugal〉 양2

1034 **pro·di·gious** [프뤄디쥬스]: 〈← prodigium(portent)〉, 〈라틴어〉, 거대한, 비범한, 놀라운, 〈↔small\unremarkable〉 양2

1035 **prod·i·gy** [프롸디쥐]: 〈← prodigium(portent)〉, 〈라틴어〉, 〈신이 예언한〉 경이, 비범, 영재, 신동, 〈~ wunder-kind〉, 〈↔imbecile\underachiver〉 양2

1036 **pro·duce** [프뤄듀우스]: pro(forth)+ducere(lead), 〈라틴어〉, '앞으로 이끌다', 산출(생산)하다, 낳다, 제시하다, 연출하다, 농산물, 작품, 성과, 〈↔reduce\destroy〉 가1

1037 **prod·uct** [프롸덕트]: 〈라틴어〉, 〈← produce〉, 산물, 제품, 소산, 생성물, 곱, 〈↔cause\process\base〉 가1 미2

1038 *****prod·uct line** [프롸덕트 라인]: 제품군, 제품계열, 같은 상표로 파는 같은 계열의 상품들 미2

1039 *****prod·uct place-ment** [프롸덕트 플레이스먼트]: 상품 등장 (광고), 자사의 제품을 TV나 영화에 출연시켜 광고효과를 노리는 일 양2

1040 **pro·fane** [프뤄풰인]: pro(before)+fanum(temple), 〈라틴어〉, 불경스러운, 모독적인, 이교의, 더럽혀진, '신전 밖의', 〈↔religious\sacred〉 양2

1041 **pro·fess** [프뤄풰쓰]: pro(before)+fateri(avow), 〈라틴어〉, 공언하다, 〈앞에 나서서〉 주장하다, 교수하다, 고백하다, 〈↔deny\refute\suppress〉 양2

1042 **pro·fes·sion** [프뤄풰쎤]: (지적) 직업, 전문업, 공언, 신앙고백, 〈↔avocation\inexperience〉 가1

1043 **pro·fes·sor** [프뤄풰써] \ **prof.** [프롸후]: 프로페서, 교수, 전문가, 신앙고백자 가2

1044 **prof·fer** [프롸훠]: 〈← offere〉, 〈라틴어〉, 'pre+offer', 제안하다, 제출하다, 봉사하다, 〈↔refuse\withdraw〉 양2

1045 **pro·fi·cient** [프뤄휘션트]: pro(forward)+facere(make), 〈라틴어〉, 숙달된, 능란한, 아주 잘하는, '남보다 앞서 만드는', 〈↔inept\incompetent〉 가1

1046 **pro·file** [프로우화일]: pro(before)+filum(thread), 〈라틴어〉, 프로파일, 옆모습, 〈선을 앞으로 뽑은〉 윤곽, 인물 단평, 종 단면도, 개요, 일람표, 분석철, 〈↔composition\portrait〉 양2 미2

1047 **prof·it** [프롸휫]: pro(forward)+facere(make), 〈라틴어〉, 이익, 소득, 〈앞서 행해서〉 덕을 보다, 〈↔loss\cost〉 가1

1048 ★**pro for·ma** [프로우 훠머]: 〈라틴어〉, 'for form's sake', 형식적인, 임시의, 견적상의, 〈↔in-formal〉 양2

1049 **pro·found** [프뤄화운드]: pro+fundus(bottom), 〈라틴어〉, '앞에 형성된', 깊은, 심오한, 충분한, 정중한, 〈~ deep〉, 〈↔superficial\mild\shallow〉 가1

1050 **pro·fuse** [프뤄휴우즈]: pro+fundere(pour), 〈라틴어〉, 아낌없는, 헤픈, 많은, '앞에 흘러 나오는', 〈↔sparse\lacking〉 가1

1051 ★**pro·gam·er** [프로우 게이머]: professional gamer, (전자 경기를 직업으로 하는) 전문놀이꾼 양2

1052 **pro·gram** \ ~**gramme** [프로우그램]: pro(before)+graphein(write), 〈그리스어〉, 프로그램, 〈앞에다 써 붙인〉 차례표, 계획표, 과정표, 차림표, 편성표, 목록 가1

1053 *****pro·gram·ma·ble func·tion key**: '차림표 수행 단자', (다른 단자들과 결합해서) 특정 업무를 수행할 수 있게 차려진 전산기의 자판 단자 양2

1054 *****pro·gram·ming lan·guage**: computer language, 차림표 언어, 전산기 언어, 전산기에 특정 업무를 지시하기 위해 고안된 고도로 체계화된 기호·문자·단어들 양2

1055 ***pro-gram trad-ing**: '차림표 거래', (일정한 매매 조건을 입력한) 전산기에 의한 자동 주식거래, 〈~ computer-assisted trading〉 양2

1056 **prog-ress** [프롸그뤠쓰]: pro(before)+gradi(step), 〈라틴어〉, '앞으로 나아가기', 전진, 진보, 경과, 발달, 〈↔regress\retreat\retrogress〉 가1

1057 ***pro-gres-sive deal**[프뤄그뤠씨브 디일]: 점진적 거래, (1차 입찰자 중에 일부를 추려서 다시 입찰하게 하거나 입찰의 조건을 변경시키는) 〈호가식 입찰〉 양1

1058 **pro-hi-bi-tion** [프로우히비션]: pro(before)+habere(have), 〈라틴어〉, '앞에서 잡기', 금지, 금제, 〈↔permission\endorse-ment〉, P~ Act; (1920년에 발효해서 1933년에 폐지된) 미국의 금주법 가1 수2

1059 **pro-ject¹** [프뤄젵트]: pro(forward)+jacere(throw), 〈라틴어〉, '앞에 던지다', 입안하다, 설계하다, 발사하다, 투사하다, 예측하다, 나타내다, 삐죽 나오다, 〈↔withdraw\retract〉 양1

1060 **pro-ject²** [프롸줵트]: 〈라틴어〉, 프로젝트, 안, 설계, 사업계획, 과제, '앞에 던져진 것', 〈↔idle-ness〉 양2

1061 **pro-lapse** [프로울랲스]: pro(forward)+labi(slip), 〈라틴어〉, 〈미끌어져 내리다〉, 탈출(탈수)하다, 빠져 쳐지다, 〈↔ascent〉 양2

1062 **pro·le·tar·i·an** [프로울러테어뤼언] [← proles(offspring)], 〈라틴어〉, 〈재산이 아니고 자손으로 국가에 봉사하는〉 무산계급의, 가진 것이라곤 '자식〈불알 두 쪽〉'밖에 없던 로마의 최하급 시민, 〈↔bourgeois〉 양2

1063 **★pro-life** [프로우 라이프]: 〈1975년에 등장한 말〉, 생명 존중의, 임신중절에 반대하는, 〈↔pro-choice〉 예1

1064 **pro·lif·er·ate** [프륄리풔뤠이트]: proles(offspring)+ferre(bear), 〈라틴어〉, 증식(번식)하다, 확산하다, 〈↔dwindle\recede〉 가1

1065 **pro·lif·ic** [프륄리퓍]: proles(off spring)+ferre(bear), 〈'자손'이란 뜻의 라틴어에서 유래한〉 다산의, 열매를 많이 맺는, 많이 생기는, 풍부한, 〈↔unproductive\barren〉 양1

1066 ***Pro-log** [프로울라그]: 프로울라그, programming in logic, 논리형 차림표(언어), (1970년대 초반에 구미에서 시작된) 인간의 사고방식을 따라 설계된 논리형 교육용 전산기 쇠어 예2

1067 **pro-log \ ~logue** [프로울라그 \ 프로울로그]: pro(before)+logos(discourse), 〈그리스어〉, 프롤로그, 〈본문 앞에서 하는〉 머리말, 서언, 서막, 전주곡, 〈~ preface\pre-amble〉, 〈↔epi-log\postlude〉 양2

1068 **pro-long** [프뤌러엉]: pro(forth)+longus(long), 〈라틴어〉, 〈앞으로 길게〉 늘이다, 오래 끌다, 연장하다, 〈↔shorten\curtail〉 가1

1069 ***PROM** [프람]: 프롬, programmable read-only memory, (현장에서 한 번만 재편성할 수 있는 지워지지 않는) 가변성 판독전용 기억장치 예2

1070 **prom** [프람]: 프롬, promenade concert (유보 음악회), (고교) 졸업 무도회 예2

1071 **prom·e·nade** [프롸머네이드]: pro(forth)+minare(drive), 〈라틴어 → 프랑스어〉, 산책, 행진, 뽐내며 걷다, 〈~ march\parade〉, 〈↔stagnation〉 양2

1072 **prom·i·nent** [프롸머넌트]: pro(forth)+minre(jut out), 〈라틴어〉, 현저한, 〈앞으로 올라와〉 두드러진, 돌출한, 〈~ salient\significant〉, 〈↔inferior\obscure〉 양1

1073 **pro-mis·cu·ous** [프뤄미스큐어스]: pro(forth)+miscere(mix), 〈라틴어〉, '뒤섞인', 문란한, 난잡한, 무차별한, 〈← chaste\selective〉 양1

1074 ***pro-mis·cu·ous mode** [프뤄미스큐어스 모우드]: 무차별 방식, 전산망에 떠 있는 모든 정보를 읽을 수 있는 전산기 양식 예2

1075 **prom·ise** [프라미스]: pro(forth)+mittere(send), 〈라틴어〉, 〈하인을 미리 보내서 받아 오는〉 약속, 기약, 희망, 계약, 징후, 〈~ pledge〉, 〈↔breach\conceal\revoke〉 영1

1076 ★**prom·ise (some-one) the earth\moon\stars\world**: 허황된 약속을 하다, 공약(빈 약속)하다, '그대에게 별을 따다 드리리', 〈↔absolutely not\no way〉 영2

1077 **pro-mote** [프뤄모우트]: pro(forward)+movere(move), 〈라틴어〉, 〈앞으로 움직여서〉 진척(진전)시키다, 승진시키다, 선동하다, 사취하다, 〈~ proclaim\tout〉, 〈↔demote\impede\obstruct〉 영1

1078 *****prompt** [프람프트]: pro(forth)+emere(take), 〈라틴어〉, 〈앞으로 내놓아〉 신속한, 즉석의, 촉진(자극)하는, '준비완료'(전산기가 조작자에게 입력을 재촉하는 단말 화면상의 기호나 문자), 〈↔slow\deter\thwart〉 영1 영2

1079 ★**prom-trot-ter** [프람 트라터]: '날라리', '난봉질', (바람기가 있어) 여러 군데 졸업 무도회를 뛰어다니는 (여)학생 영2

1080 **prone** [프로운]: 〈← pro(before)〉, 〈라틴어〉, '앞으로 기운', 수그린, ~의 경향이 있는, 내리받이의, 〈↔supine\resistant〉 영1

1081 **prong** [프뤙]: 〈← prog ← prod ← poke〉, 〈게르만어〉, 갈퀴, 쇠스랑, 가지, 〈pinching 하는〉 뾰족한 끝, 자지 영1

1082 **pro-noun** [프로우나운]: pro(for)+nomen(noun), 〈라틴어〉, '앞에 있는 명사', 대명사, 명사를 대치하는 말, 〈↔noun〉 기1

1083 **pro-nounce** [프뤄나운스]: pro(before)+nuntiare(announce), 〈라틴어〉, '앞에서 소리내어 알리다', 발음하다, 선언하다, 단언하다, 〈↔gainsay\mumble\mis-pronounce〉 영1

1084 **pro-nounced** [프뤄나운스드]: 뚜렷한, 단호한, 〈↔faint\in-conspicuous\un-pronounced〉 영2

1085 **pro-nun·ci·a-tion** [프뤄넌시에이션]: 발음, 발음하는 법, 〈↔spelling〉 영2

1086 **proof** [프루우후]: 〈← probare〉, 〈라틴어〉, 〈← prove〉, 증명, 증거, 시험, ~를 막는, 표준 도수의, 교정쇄의, 〈~ evidence\verification\trial print〉, 〈↔dis-proof\refutation\final〉 영1

1087 **prop** [프랖]: 〈← proppe(support)〉, 〈네덜란드어〉, 지주, 버팀목, 지지자, 동영상 화면에 배치된 물체, 소도구, 〈~ sprag〉 영1

1088 **prop·a·gan·da** [프라퍼갠더]: 〈← propagate〉, 선전, 주장, 포교, 〈↔counter-propaganda\opposition〉 영1

1089 **prop·a·gate** [프라퍼게이트]: pro(forward)+pangere(fasten), 〈라틴어〉, 번식시키다, 전파하다, 전도하다, 〈↔conceal\contradict〉 영1

1090 **pro-pane** [프로우페인]: 〈영국어〉, 〈propionic산이 주성분인〉 프로판, (액화기체를 연료로 쓰는) 메탄계 탄화수소의 일종 영2

1091 **pro-pel** [프뤄펠]: pro(forward)+pellere(drive), 〈라틴어〉, '앞으로 끌고 가다', 추진하다, 몰아내다, 〈↔repress\check〉 영1

1092 ★**pro-pel·ler head** [프뤄펠러 헤드]: (추진기가 달린 모자를 즐겨 쓰는) 전산기 광이나 틈입자, 〈~ computer junkie〉 영2

1093 **pro-pen·si·ty** [프뤄펜시티]: 〈← pro(forward)+pendere(hang)〉, 〈라틴어〉, 〈아래로 매달린〉 경향, 성질, 버릇, 〈↔dis-inclination〉 영1

1094 **prop·er** [프라퍼]: 〈← proprius(own)〉, 〈라틴어〉, 적당한, 타당한, 올바른, 고유의, '자기 자신의', 〈↔ property\appropriation〉, 〈↔im-proper\in-appropriate〉 영1

1095 **prop·er-ty** [프라퍼티]: 〈← proprius(own)〉, 〈라틴어〉, 〈← proper〉, '자기 자신의 것', 재산, 자산, 소유물, 특성, 도구, 〈↔forfeiture〉 영1

1096 **proph·et** [프롸휕]: pro(before)+phanai(speak), 〈그리스어〉, 〈앞서서〉 '외치는 자', 예언자, 신의 뜻을 대변하는 자, 〈~(↔)prophetess〉, 〈↔ignorant〉 기1

1097 **pro-po·nent** [프뤼포우넌트]: 〈← proponere(set forth)〉, 〈라틴어〉, 〈← propound〉, 제안자, 옹호자, 〈~ advocate\exponent〉, 〈↔opponent〉 기1

1098 **pro-por·tion** [프뤼포우션]: 〈← pro(before)+portio(part)〉, 〈라틴어〉, 〈← portion〉, 비(율), 몫, 규모, 균형, 〈↔dis-proportion\in-equality〉 양1

1099 *****pro-por·tion-al pitch (~ spac-ing \ ~ font)**: 비례간격(넓이가 다른 글자의 출력결과를 보기 좋도록 조정하는 인쇄·타자법), 〈↔ill-proportioned〉 미2

1100 **pro-pose** [프뤼포우즈]: pro(forth)+ponere(place), 〈라틴어〉, '앞에 내놓다', 신청하다, 제안하다, 꾀하다, 청혼하다, 〈↔withdraw\rebuff〉 양2

1101 **pro·pri·e-tor** [프뤼프롸이어터]: 〈← proprius(own)〉, 〈라틴어〉, 〈← property〉, 소유자, 주인, 지배자, 독점자, 〈↔tenant\lessee\squatter〉 양1

1102 **pro-pul–sion** [프뤼펄션]: 〈← propellere(propel)〉, 〈라틴어〉, 〈앞으로 몰아나가는〉 추진(력), 〈↔pull\relaxation〉 기1

1103 **pro-rate** [프로우뤠이트]: 비례 배분(할당)하다, 〈↔mis-allocate\combine〉 양2

1104 ★**pro-sage** [프로우 시쥐]: protein+sausage, 식물성(veggie) 단백질 순대 미2

1105 **pro·sa-ic** [프로우제익]: 〈← prosa〉, 〈라틴어〉, 〈← prose〉, 산문적인, 재미없는, 범상한, 〈↔inspired\varied〉 양2

1106 **prose** [프로우즈]: pro(forward)+vertere(turn), 〈라틴어〉, 〈똑바로 쓴〉 산문, 단조로운 문장, 평범한, 상상력이 없는, 〈→ prosaic〉, 〈↔poem\verse〉 양2

1107 **pros·e·cute** [프롸씨큐우트]: pro(before)+sequi(follow), 〈라틴어〉, '앞서 따라가다', 수행하다, 종사하다, 기소하다, 〈↔exonerate\vindicate〉 양2

1108 **pros·pect** [프롸스펙트]: pro(before)+specere(look), 〈라틴어〉, 〈앞을 보는〉, 조망, 전망, 예상, 유망, 답사하다, '앞을 보다', 〈↔unliklihood\hopelessness〉 양1

1109 *****pros·pect the·o·ry** [프롸스펙트 씨어뤼]: 전망이론, 1979년 D.Kahneman과 A. Tversky가 주장한 (인간은 손실을 피하려는 경향이 있다)는 〈준 합리적 경제이론〉 유2

1110 **pros·per** [프롸스퍼]: pro(before)+spes(hope), 〈라틴어〉, 번영하다(시키다), 성공하다(시키다), '희망대로 되다', 〈↔fail\collapse〉 양2

1111 ★**pro-sumer** [프로우슈우머]: producer+consumer, 생산 참여 소비자, 제품개발에 적극적으로 의사를 표시하는 소비자 미1

1112 **pros·ti·tute** [프롸스티튜우트]: pro(before)+statuere(cause to stand), 〈라틴어〉, 매음, 매춘부, 창녀, 〈앞서서 걸어가는〉 '앞선 여자', 절개나 재능을 파는 자, harlot, whore, street-walker, round-heel, 〈~ porn〉, 〈↔chaste\maiden〉 양1

1113 **pros·trate** [프롸스트뤠이트]: pro(before)+sternere(lay flat), 〈라틴어〉, '앞에 펴다', 넘어뜨리다, 엎드리게 하다, 항복시키다, 절하다, 〈↔upright\stalwart〉 양1

1114 **pro·tag·o·nist** [프로우태고니스트]: protos(first)+agonistes(actor), 〈그리스어〉, 〈첫째가는 역할을 하는〉 주역, 주인공, 〈↔antagonist〉 기1

1115 **pro-tect** [프뤼텍트]: pro(before)+tegere(cover), 〈라틴어〉, '앞에서 덮다', 보호하다, 막다, 지키다, 〈→ protege〉, 〈↔attack\plunder\neglect〉 기1

1116 *****pro-tect·ed mode** [프뤼텍티드 모우드]: 보호기제(방식), 전산기가 여러 기능을 발휘할 때 다른 작업이 그 기억력 영역을 침범하지 못하게 막는 연성기제 미2

1117 **pro·tein** [프로우틴]: protos(first)+in, 〈그리스어〉, '최초의 물질', 단백질, 아미노산을 포함하는 분자 덩어리, 〈↔lipid\carbohydrate〉 **얜**

1118 **pro-test** [프뤼테스트]: pro(before)+testari(affirm), 〈라틴어〉, '앞에서 증언하다', 항의하다, 이의를 제기하다, 주장하다, 〈↔approve\support〉 **깨**

1119 **prot·es·tant** [프롸테스턴트]: 프로테스탄트, 항의자, 개신교, 신교도(의), 〈↔catholic\non-complainer〉 **앤**

1120 **pro·to-col** [프로우터 컬]: protos(first)+kolla(glue), 〈그리스어〉, '풀로 부친 첫 장', 원안, 조서, 의전, 규약, 명제, 〈↔disagreement\impropriety〉 **앤**

1121 **pro-tract** [프로우트뢕트]: pro(forward)+tahere(draw), 〈라틴어〉, '잡아 늘이다', 오래 끌게 하다, 연장하다, 내밀다, 〈↔curtail\shorten〉 **앨**

1122 **pro-trude** [프로우트루우드]: pro(forth)+trudere(thrust), 〈라틴어〉, '앞으로 내밀다', 불쑥 나오다, 밀어내다, 〈~ pout〉, 〈↔contract\shrink〉 **앨**

1123 **proud** [프롸우드]: 〈← prud(stately)〉, 〈영국어〉, 〈← pride〉, 당당한, 자랑스러운, 거만한, 뽐내는, 〈↔humble\ashamed〉 **앤**

1124 **prove** [프루우브]: 〈← probus〉, 〈good이란 라틴어에서 유래한〉 증명하다, 시험하다, ~으로 판명되다, 〈↔ probe\proof〉, 〈~ probable〉, 〈↔dis-prove\refute〉 **앨**

1125 **Prov·ence** [프로봥스]: pro(forth)+vincere(conquer), 〈라틴어 → 갈리아어〉, 'province', 프로방스, 프랑스 남동부의 옛 주 **쒠**

1126 **prov·erb** [프롸뷔어브]: pro(before)+verbum(word), 〈라틴어〉, 속담, 격언, 잠언, '앞의 말', 〈~ adage\maxim〉, 〈↔absurdity\nonsense〉, 〈↔idiom보다 길고 은유가 많음〉 **깨**

1127 **pro-vide** [프뤼봐이드]: pro(before)+videre(see), 〈라틴어〉, 〈← provision〉, 주다, 공급하다, 〈앞으로 보면서〉 준비하다, 규정하다, 〈↔refuse\withhold〉 **앨**

1128 **prov·i·dence** [프롸아뷔던스]: pro(before)+videre(see), 〈라틴어〉, '예견', 섭리, 신의 뜻, 선견지명, P~; 하느님, 〈↔im-providence\shortsighted-ness〉 **앨**

1129 **prov·ince** [프롸뷘스]: pro(forth)+vincere(conquer), 〈라틴어〉, '앞으로 나아가 이긴 지역', 지방, 지구, 분야, 시골, 행정구역, 교구, 〈~ territory\prefecture〉 **앨**

1130 **pro·vi·sion** [프뤼뷔줜]: pro(before)+videre(see), 〈라틴어〉, '예견', 예비, 공급, 양식, 규정, 조건, 〈→ provide〉, 〈↔mis-provision\neglect\chance〉 **앨**

1131 ★**pro·vi·ta·min** [프로우 봐이터민]: 전구 '원기소', 체내에서 비타민화하는 물질, 〈~ pre-vitamin〉 **몌**

1132 **pro·voke** [프뤼보우크]: pro(forth)+vocare(call), 〈라틴어〉, '앞으로 부르다', 일으키다, 성나게 하다, 도발하다, 〈~ incite\abet〉, 〈↔allay\placate\pacify〉 **앨**

1133 **prow·ess** [프롸우이스]: 〈← prode(brave)〉, 〈라틴어 → 프랑스어〉, 용기, 역량, 〈proud한〉 용맹, 절묘한 기술, 〈↔cowardice〉 **깨**

1134 **prowl** [프롸울]: 〈← prolen(search about)〉, 〈어원 불명의 영국어〉, 찾아 헤매다, 배회하다, 기웃거리다, 〈↔rush〉 **앨**

1135 ★**prox·a-brush** [프뤽셔 브뤼쉬]: '대리〈proxy〉 칫솔', (이빨 사이에 끼어 있는 음식물을 제거해 주는 뾰족한 모양의) 치간 칫솔 **앤**

1136 ★**prox·e·mics** [프롹씨이믹스]: 〈← proximus(nearest)〉, 〈라틴어〉, 근접학, 공간학, 인간이 타인과의 사이에 필요로 하는 역학관계를 연구하는 학문 **앤**

1137 **prox·im·i·ty** [프롹씨미티]: 〈라틴어〉, 근접, 〈가장〉 가까움, 〈→ approximate〉, 〈↔distance\far〉 **앤**

1138 **prox·y** [프락씨]: pro(for)+cura(care), 〈라틴어 → 영국어〉, 〈← procurator〉, 대리(권), 위임장, 〈↔real\permanent〉 영2

1139 *****prox·y serv·er** [프락씨 써어붜]: '대행 집달리', '대리 봉사기', 다른 전산망에서 절취한 정보를 근접 전산기와 이용할 수 있도록 대행해 주는 장치 우1

1140 **pru·dent** [프루우던트]: 〈라틴어〉, 〈← providence〉, 신중한, 분별있는, 얌전한, 빈틈없는, '앞으로 보는', 〈~ cautious\wary〉, 〈↔im-prudent\care-less\fatuous\brash〉 영1

1141 **prune¹** [프루운]: por(complete)+rooignier(cut), 〈라틴어 → 프랑스어〉, 가지치기, 전지하다, 정리하다, 〈→ preen〉 영1

1142 **prune²** [프루운]: 〈← prounon〉, 〈그리스어 → 라틴어〉, (말린) 서양자두, 서양오얏, 짙은 적자색, 얼뜨기, 〈→ plum〉 미2 영2

1143 **Prus·sia** [프뤄셔]: 'Rusi 강가에 사는 자들', 프로이센, 1701~1918년에 (엄격한 군대체제로 유명한) 독일 북동부에 있던 왕국 숙1

1144 **pry¹** [프롸이]: 〈← prien(peer)〉, 〈어원 불명의 영국어〉, 엿보다, 살피다, 파고들다, 〈~ peep\hunt〉, 〈↔ignore〉 영1

1145 **p s** (post script): 추신, 후기, '뒷줄', 〈↔preface〉 영2

1146 *****PS2**: ①'추백 2호'; 도안·인쇄용 전산기 언어를 설명하는 Adobe 체계의 개정판 ②PlayStation 2; Sony사가 2000년에 출시한 영상놀이기계 ③personal system 2; 1981부터 IBM사가 출시하기 시작한 소형전산기의 개인정보체계

1147 **psalm** [싸암]: 〈← psalmos〉, 〈그리스어〉, 〈harp에 맞춰 부르는〉 성가, 성시, (구약성서의) 시편, (다윗왕 때 많이 쓰여진) 신에 대한 개인적 신앙고백을 노래한 150개의 시가 영2

1148 ★**p's and q's** [피이즈 앤 큐우즈]: 'p와 q를 구별하라', 언행을 신중히 하라 영2

1149 **pseu·do** [쑤우도우 \ 쓔우도우]: 〈← pseudein(deceive)〉, 〈그리스어〉, 가짜의, 모조의, 〈~ fake\quasi〉, 〈↔genuine\real〉 영1

1150 *****pseu·do-code** [쑤우도우 코우드]: 거짓 부호, 의사 암호, (영어와 자림표언어를 혼합해서 써서) 실행 전에 번역을 필요로 하는 부호, 〈~ pidgin code〉 미2

1151 *****pseu·do-lan·guage** [쑤우도우 랭귀쥐]: 의사언어, 전산기 차림표·설계에 사용되는 인공언어, 〈~ artificial language〉 영2

1152 ★**psy·ch** [싸이크]: 〈그리스어 → 영국 속어〉, 〈'짱구'를 굴려〉 한 수 더 뜨다, 혼란시키다, 흥분시키다, 분석하다, 〈~ prank\trick〉 영1

1153 **Psy·che** [싸이키]: 프시케, (영혼을 인격화시킨) 날개 달린 미녀, Eros의 연인, psyche; 나방의 일종, 영혼, 정신, 〈아리스토텔레스가 윤회설을 믿었는지는 모르나 사람이 죽으면 영혼이 나비가 되어 날아간다는 한국의 전설에 따라 나비를 psyche로 불렀다는 '썰'이 있음〉 숙2 영2

1154 **psy·che·del·ic** [싸이키델릭]: psyche(mind)+delein(manifest), 〈그리스어〉, 황홀한, 도취적인, 환각을 일으키는, 〈~ psychotomimetic〉

1155 **psy·chi·a·try** [싸이카이어트뤼]: 정신 의학, 정신병 치료법, psychiatrist; 정신과 의사, head-shrinker, 〈~(↔)neurology〉 영2

1156 **psy·chol·o·gy** [싸이칼러쥐]: 심리학, 심리(상태) 영2

1157 **psy·cho-path** [싸이커 패쓰]: 정신병질자, 반사회적 광인, 〈~ socio-path〉 영2

1158 **psy·cho-sis** [싸이코우시스]: 정신병, (현실 감각이 없는) 정신이상, 〈현실감이 있으면 neurosis〉 영2

1159 ★**P-turn** [피이 터어언]: (교차로에서 좌회전하는 대신) P자 모양으로 돌아 방향을 바꾸는 일, 〈~ U-turn\Michigan left turn〉 미1

1160 **★P2P**: peer to peer(동료 간), person to person(개인 간) 미2

1161 ***P2P(peer to peer) net-work**: '동격 전산망', 각개의 분기점과 접속점이 동등한 전산망 체제 미2

1162 **pub¹** [퍼브]: 〈영국어〉, public house, (서민적) 술집, 목로주점, 대폿집, 〈~ bar/tap-room〉 미2

1163 ***pub²** [퍼브]: 〈전산기 용어〉, '대중목록(public list)', 일반인이 (아무나) 하재(download)할 수 있는 서류철 전송 규약 미2

1164 **pu·ber·ty** [퓨우벌티]: 〈← puber(ripe age)〉, 〈라틴어〉, 〈어른이 되어가는〉 사춘기, 춘기 발동기, 개화기, 〈↔menopause/elderly〉 가1

1165 **pu·bic** [퓨우빅]: 〈← pubis(front arch of pelvis)〉, 〈라틴어〉, 음모(거웃)의, 음부의, '치골'의, 불두덩의, 〈~ pudenda〉 일2

1166 **pub·lic** [퍼블릭]: 〈← populus〉, 〈라틴어〉, 〈← people〉, 공중의, 공적인, 공립의, 공공연한, 〈→ bublish\re·public〉, 〈↔private〉 일2

1167 **pub·li·ca·tion** [퍼블리케이션]: 〈공공연한〉 발표, 출판, 간행물, 〈~ issue\put-out〉 일2

1168 **pub·lic·i·ty** [퍼블리시티]: 명성, 선전, 공표, 널리 알려짐, 〈~ renown\announcing〉 일1

1169 ***pub·lic key** [퍼블릭 키이]: 공개(암호)단자, 개인적인 전달문을 암호로 특정인에게 보낼 때 쓰는 공개된 통과문자로 접수자는 각자의 비밀번호가 있어야 해독이 가능하다, 〈↔private key〉 미2

1170 **pub·lish** [퍼블리쉬]: 〈라틴어〉, 〈← public〉, '사람들에게 알리다', 공표하다, 출판하다, 표시하다, 〈~ issue\announce〉 가1

1171 ***puck** [퍽]: 〈다양한 어원의 영국어〉 ①〈의성어?〉, 아이스하키에서 공처럼 치는 고무원반(rubber disc) ②〈← poke?〉, 전산기도형 제작 때 쓰는 위치 결정장치 ③영국 만화에 나오는 장난꾸러기 요정(elf) 숙2

1172 **pud·ding** [푸딩]: 〈← botellus(sausage)〉, 〈'순대'란 뜻의 라틴어에서 유래한 영국어〉, (밀가루에 우유·계란·과일·설탕·향료 등을 넣고 찌거나 구운) 식후에 먹는 〈달고 연한〉 '연과(연한 여과자)' 우1

1173 **★pud·ding rath·er than praise**: 금강산도 식후경, 수염이 석 자라도 먹어야 양반, 〈~ the belly has no ears\a loaf of bread is better than the song of many birds〉 일2

1174 **pud·dle** [퍼들]: 〈← pudd(ditch)〉, 〈영국어〉, 웅덩이, 이긴 흙, 뒤범벅, 휘젓다, 〈~ pool\splash〉 일1

1175 **puff** [퍼후]: 〈영국어〉, 〈의성어〉, 훅 불기, (담배) 한 모금, 부풀리다, 헐떡이다, poof(남자 동성연애자), 〈~ whiff〉, 〈→ pouf〉 일1

1176 **pug** [퍼그]: ①〈← puck²〉, 〈영국어〉, 불도그 비슷한 발바리, 들창코 ②〈← pound²〉, 〈영국어〉, 이긴 흙 ③〈← pag(foot)〉, 〈힌디어 → 영국어〉, 발자국

1177 **pull** [풀]: 〈← pullian(draw)〉, 〈어원 불명의 영국어〉, 당기다, 끌다, 뽑다, 잡아 당겨치기, 〈끌어내기〉 (사용자가 요청해서 전산망의 정보를 획득하는 일), 〈↔push〉 일1 미2

1178 **★pull a rab·bit out of a hat**: 〈마치 마술사처럼〉 해결책을 끌어내다, 난제를 풀어내다, 〈~ come up with clever solution〉 일2

1179 ***pull-down men·u**: '끌어내린 목록', 내리 펼침 차림표(사용자가 특정 항목을 선택했을 때 화면에 나타나는 일람표) 미1

1180 **pul·ley** [풀리]: 〈← polos(hinge)〉, 〈그리스어〉, 도르래, 피대를 거는 바퀴, 활차, 〈~ pole \ pivot〉, 〈~ winch〉 일2

1181 **★pull·ing the leg** [풀링 더 레그]: 놀리다, 장난치다, 〈~ kidding\practical joke〉 일2

1182 **★pull no punches** [풀 노우 펀취스]: 힘껏 때리다, 인정사정 두지 않다, 〈~ hold nothing back〉 일2

1183 **★pull-off** [풀 어어후]: 간선도로의 대피소, lay-by(영국), 〈~ rest stop〉 미1

P 459

1184 ★**pull-on** [풀 어언]: 잡아당겨 착용하는 (의복), ⟨~ slip (on)⟩ 유2

1185 ★**pull-out** [풀 아웃]: (떼어낼 수 있는) 책속의 책, ⟨~(↔)appendix⟩ 미1

1186 ★**pull-o·ver** [풀 오우붜]: 머리위에서부터 끌어당겨 입는 옷뭇, slip·over, ⟨~ polo(turtle) neck\popover⟩ 미1

1187 ★**pull the rug (out) from un·der you**: (융단을 제쳐내서) 너를 넘어뜨리다, 배신하다, 믿는 도끼로 발등 찍기, ⟨~ stab (someone) in the back⟩ 유2

1188 ★**pull the socks up**: 양말을 걷어 올리다, 단단히 채비하다, ⟨~ roll up the sleeves⟩ 유2

1189 ★**pull the strings be·hind the scenes**: 막후에서 조정하다, 배후에 빽을 쓰다, ⟨~ control secretly⟩ 유2

1190 ★**pull the wool o·ver one's eyes**: wool(가발)을 당겨서 눈을 가리다, 눈을 속이다, 눈 가리고 아웅하다, ⟨~ bamboozle\hood-wink⟩ 유2

1191 ★**pull-through** [풀 쓰루우]: ⟨영국어⟩, (한쪽 끝에 추·다른쪽 끝에 헝겊을 단 총구멍 청소용 줄, 말라깽이, ⟨~ a torque⟩ 미1

1192 ★**pull-up** [풀 엎]: 정지, 휴식, 급상승, 턱걸이(운동), ⟨~ hold-up⟩, ⟨~ chin-up⟩ 유1

1193 **pulp** [펄프]: ⟨← pulpa(flesh)⟩, ⟨라틴어⟩, 과일의 살, 흐물흐물한 덩어리, 제지 원료, 치수, ⟨→ pap²⟩ 유1

1194 ★**pulp fic·tion** [펄프 휙션]: (갱지에 인쇄된) 싸구려 통속소설, ⟨~ dime novel⟩ 유2

1195 **pul·pit** [풀핏 \ 펄핏]: ⟨← pulpitum(scaffold)⟩, ⟨'발판'이란 라틴어에서 유래한⟩ 설교(단), 목사, 종교계, 조종대 유1

1196 **pulse** [펄스]: ⟨← pulsus(beating)⟩, ⟨'때리다'란 뜻의 라틴어⟩ ①'피를 밀어내는 소리', 맥박, 고동, 진동, 경향, 뛰놀이, ⟨→ push⟩ ②(때려서 열매를 꺼내는) 콩과의 총칭, ⟨~ legume⟩ 유1

1197 **pu·ma** [퓨우머]: ⟨잉카어⟩, (미주산) 산사자(고양이), cougar, mountain cat, P~: 1948년에 창립된 독일의 운동복·운동용품 제조회사 미2 ⊂1

1198 **pump** [펌프]: ⟨← pompe⟩, ⟨네덜란드어⟩, ⟨의성어?⟩, 퍼내다(올리다), 솟구치다, 압출기, 흡수기, 양수기, 기운을 내게하는 음식물, ⟨↔deflate\fill⟩ 미1

1199 ★**pump i·ron** [펌프 아이언]: (바벨이나 아령 등으로) 근육 단련을 하다, 역도를 하다, ⟨~ body building⟩ 미2

1200 **pump·kin** [펌프킨]: ⟨← pepon(large melon)⟩, ⟨그리스어⟩, '큰 박', 호박, 대단한 사람(물건), 귀염둥이, ⟨~ squash\gourd⟩, ⟨zucchini는 작고 길쭉함⟩ 가1

1201 ★**pumps** [펌프스]: ⟨어원 불명의 영국어⟩ ①court shoes, (끈·걸쇠가 없는) 가벼운 여성용 구두 ②slip on, 간편한 남자 예장용 구두 ③plimsoll, 운동화, ⟨~ loafer\slipper⟩ 유1

1202 **punch¹** [펀취]: ⟨← pungere(prick)⟩, ⟨라틴어 → 영국어⟩, ⟨← pounce⟩, 천공기, 구멍 뚫는 기구, 타격, 활력, 자판 치기, (전산 기록부에) 출·퇴근 시간을 찍다 유1

1203 **punch²** [펀취]: ⟨← pac(five)⟩, ⟨힌디어⟩, (과즙·설탕·탄산수·포도주·향료 등 ⟨5가지를 섞은⟩) 혼합 음료, '5 미주', ⟨영국의 동인도 회사가 도입한 힌디어⟩, ⟨~ shrub²⟩, ⟨↔water⟩ 유2

1204 **punc·tu·al** [펑츄얼]: ⟨← punctum(point)⟩, ⟨라틴어⟩, 어김없는, 시간을 '찌르듯' 엄수하는, 꼼꼼한, ⟨↔tardy⟩ 유2

1205 **punc·tu·a·tion** [펑츄에이션]: ⟨라틴어⟩, ⟨← point⟩, 구두점(법), 중단 가1

1206 **punc·ture** [펑춰]: ⟨← pungere⟩, ⟨라틴어⟩, ⟨← prick⟩, 찌르기, 찔러서 낸 구멍, ⟨빵꾸⟩, 구멍이 나다, ⟨↔patch⟩ 유1

1207 **pun·ish** [퍼니쉬]: ⟨← punire⟩, ⟨라틴어⟩, ⟨← penalty⟩, 벌하다, 응징하다, 혼내주다, ⟨→ penology⟩, ⟨↔pardon\reward⟩ 기1

1208 ★**punk** [펑크]: ⟨16세기 말에 등장한 어원 불명의 영국어⟩, 빈약한, 보잘것없는, 풋내기, 불량배, 창녀, 반체제적 (표현), (1970년대 말~1980년대 초에 유행했던) 과격하고 정열적인 흔들음악, ⟨~ bully\thug⟩ 장1 수1

1209 ★**pup** [펍]: ⟨← puppy⟩, (개·물개·여우·쥐 등의) 새끼, 강아지, 풋내기, 바가지 쓰다, 강아지를 개로 팔아먹다, ⟨~ whelp\urchin⟩ 생1

1210 **pu·pil** [퓨우플]: ⟨← pupa(girl)⟩, ⟨라틴어⟩ ①(어린) 학생, 제자, 미성년자, ⟨↔teacher\instructor\master⟩ ②⟨사람의 상이 '작게' 비치는⟩ 눈동자, ⟨~ lens⟩, ⟨↔retina⟩ 생2

1211 **pup·pet** [퍼핕]: ⟨← pupa(doll)⟩, ⟨라틴어⟩, 작은 인형, 꼭두각시, 앞잡이, ⟨→ poppet⟩, ⟨↔colossus⟩ 생1

1212 **pup·py** [퍼피]: ⟨← pupa(doll)⟩, ⟨라틴어 → 영국어⟩, ⟨인형 같은⟩ 강아지, ⟨귀여운⟩ 애송이, ⟨→ pup⟩ 생1

1213 **pur-chase** [퍼얼췌스]: pro+capere(take), ⟨라틴어에서 연유한 프랑스어⟩, 사다, 구입하다, 취득하다, '추구하다', ⟨~ buy⟩, ⟨↔sell⟩ 기1

1214 *__pur-chas-ing pow·er par-i·ty__ [퍼얼칭 파우어 패러티]: PPP, 구매력 등가성, (동일한 상품의 나라별 가격을 비교하여 각국 통화의 가치를 나타내는) 구매력 평가지수 미2

1215 **pure** [퓨어]: ⟨← purus(clear)⟩, ⟨라틴어 → 프랑스어⟩, '깨끗한', 순수한, 단순한, 맑은, 섞이지 않은, ⟨~ mere⟩, ⟨↔dirty\mixed⟩ 기1

1216 ★**pure co·in·ci·dence** [퓨어 코우인씨든스]: 순전한 우연의 일치, 오비이락(까마귀 날자 배 떨어진다), ⟨~ casual coincidence\wrong place at the wrong time⟩, ⟨↔smoking gun⟩ 생2

1217 **pu·ree** [퓨어뤠이 \ 퓨어뤼]: ⟨← purus(clear)⟩, ⟨라틴어 → 프랑스어⟩, 야채·고기를 삶아 거른 ⟨purified⟩ 진한 국물 생1

1218 **purge** [퍼얼쥐]: ⟨← purus(clear)⟩, ⟨라틴어⟩, purify, 깨끗이 하다, 제거하다, '토해내다', 추방하다, 속죄하다, ⟨→ spurge⟩, ⟨↔dirtying\swallow⟩ 생1

1219 **pu·ri·fy** [퓨어뤼화이]: ⟨← purus(clear)⟩, ⟨라틴어⟩, 깨끗이 하다, 정화하다, 죄를 씻다, ⟨→ purge⟩, ⟨↔dirtify\pollute⟩ 생2

1220 **Pu·ri·tan** [퓨어뤼턴]: ⟨← purus(clear)⟩, ⟨라틴어⟩, 퓨리턴, 청교도(16~17세기에 영국에서 일어난 설교보다 성경을 더 중요시한 신교도의 한파), p~; 엄격한 사람, ⟨~ victorian⟩ 생1

1221 **pur·ple** [퍼어플]: ⟨← porphyra(crimson dye)⟩, ⟨그리스어⟩, ⟨일종의 조개에서 채취한 염료에서 연유한⟩ 자줏빛, 화려한, 고위의 생2

1222 ★**pur·ple prose** [퍼어플 프로우즈]: (과장된 표현의) 현란한 문장, ⟨↔beige prose⟩ 생2

1223 **pur-port** [퍼얼포오트]: pro(forth)+portare(carry), ⟨라틴어⟩, '앞으로 나르다', 외관을 꾸미다, 주장하다, 의미, 목적, 요지, ⟨↔exterior\insignificance⟩ 생2

1224 **pur-pose** [퍼얼퍼스]: pro+ponere(place), ⟨라틴어⟩, 목적, 의도, 용도, 요점, 취지, '앞에 놓는 것', ⟨↔means⟩ 생1

1225 **purr** [퍼얼]: ⟨영국어⟩, ⟨의성어⟩, 낮고 부드러운 소리, (고양이가) 고롱고롱하다, ⟨~ whisper\murmur⟩ 기1

1226 **purse** [퍼얼스]: ⟨← byrsa(skin)⟩, ⟨'가죽'이란 그리스어⟩, '주머니' 돈 지갑, 손 가방, 금전(돈), ⟨~ pouch⟩ 생1

1227 **pur-sue** [펄쑤우]: pro+sequi(follow), ⟨라틴어⟩, '앞으로 따르다', 뒤쫓다, 추구하다, 종사하다, 소추하다, ⟨~ yacht⟩, ⟨~ chase\solicit\woo⟩, ⟨↔eschew\flee⟩ 생1

1228　**pus** [퍼스]: 〈라틴어〉, 고름, 농즙, 〈→ pustule〉 기1

1229　**push** [푸쉬]: 〈← pellere(beat)〉 〈라틴어〉, 〈← pulse〉, 밀(치)다, 밀고 나가다, 압박(강요)하다, 촉진하다, (자료항목을 기억력 더미에) 밀어 넣다, 밀어치기, 누름단추, 〈~ thrust\poussette〉, 〈↔pull\yank〉 일1

1230　★**push-down** [푸쉬 다운]: 〈1961년에 등장한 전산기 용어〉, '하향성 밀어내기', 목록을 저장된 순서의 반대로 뽑아낼 수 있는 자료체제, FILO, LIFO 우2

1231　★**push·ing the en·vel·ope** [비행기가 대기권을 벗어날 때의 위험 요소에서 연유한 말], '덧붙여 밀어치기', 벼락 끝까지 따라가기, 〈~ rasing the bar\go to the limit〉 우2

1232　*push mon·ey [푸쉬 머니]: (제조업자가 판매 장려로 소매업자에게 주는) 매출 장려금, 〈~ promotional money〉 기1

1233　★**push one's luck** [푸쉬 원스 럭]: 운을 과신하다, (쓸데없이) 위험한 짓을 하다, 만용을 부리다, 〈~ bell the cat〉 일2

1234　*push poll [푸쉬 포올]: (유권자의 투표 행위를 바꾸기 위한) 편향된 여론 조사, 〈~ straw poll〉 일2

1235　*push tech·nol·o·gy [푸쉬 테크날러쥐]: '강압 기술', 〈요청하지 않아도 자동적으로 전산기가〉 알아서 정보를 제공하는 기술, 〈~ continuous data delivery〉 우1

1236　**puss·y²** [푸씨]: 〈← puss〉, 〈미국어〉 ①고양이 ②부드러운 털 ③〈털 있는 부드러운〉 여자의 외음부 ④'은근짜' ⑤나약한 청년 미2

1237　**put** [풋]: 〈← putian(push)〉, 〈어원 불명의 영국어〉, 놓다, 두다, 대다, 붙이다, 얹다, 넣다, 내다, 나아가다, (주식을) 팔 권리, 〈↔take\displace〉 기2 미2

1238　★**put a sock (bung) in it (the mouth)**: 〈1차대전 때 병영에서 심하게 코를 골며 자는 병사의 입에 양말을 쑤셔 넣었다는 데서 유래한 말이라 함〉, 조용히 해, 입 다물어, 입 닥쳐!, 〈~ be quiet\shut up〉 일2

1239　★**put (one's) foot down**: '발을 내려 딛다', (가속판을 밟아) 속도를 내다, (발을 꽉 디디고 서서) 단호하게 말하다(거절하다), 〈~ en-act\declare〉 일2

1240　★**put (one-self) in (an·oth·er's) shoes**: 다른 사람의 신발을 신어 보면, 입장을 바꿔놓고 생각하면, 〈~ empathy〉 일2

1241　★**put-off** [풋 어어후]: 연기, 핑계, 〈↔continue\accomplish〉 일2

1242　★**put-on** [풋 어언]: 거짓의, 속임, 걸치레, 〈↔honesty\truth〉 일2

1243　★**put on airs** [풋 언언 에어즈]: 뽐내다, 젠체하다, 거만 떨다, 〈~ full of one-self\arrogant〉, 〈↔friendly\modest〉 일2

1244　★**put one's foot in one's mouth**: 무심코 말해 버리다, 실언하다, 〈~(↔)watch your tongue\language〉 일2

1245　★**put one's shoul·der to the wheel**: 〈마차가 진흙에 빠졌을 때 바퀴 뒤에서 어깨를 밀어 넣어 마차를 빼내던 고사에서 연유한 말〉, 분발하다, 용쓰다, 〈↔piece of cake〉 우2

1246　★**put (some-thing) on the back burn-er**: 〈예전에 미국에서 쓰던 전기 스토브에는 4개의 버너가 있었는데 뒤쪽에 있는 2개는 열이 약해서 음식을 데우거나 보온용으로 쓰였음〉, 뒷전으로 미루다, 〈~ hold off〉, 〈↔front burner\top priority〉 일2

1247　*put op·tion [풋 아앞션]: 환매(각) 선택권, 〈주식을 살 때 그것을 일정 기간 내 일정 가격에〉 되'팔'권리, 〈~ call option〉 미2

1248　**putt** [퍝]: 〈← put〉, 〈스코틀랜드어〉, (골프에서) 공을 〈구멍에 넣기위해〉 가볍게 치다, 경타, 〈↔tee off〉 미2

1249 ★**put the cart be-fore the horse**: wrong order, 〈로마의 Cicero가 한 말〉, 억지춘향, 본말(주객)이 전도 되다, 〈~ upside down〉, 〈↔proper order〉 영2

1250 ★**putt-ing on oth·er's shoes**: 타인의 신발을 신고 걷다, 역지사지, 처지를 바꾸어 생각하다, 〈~ walk in some-one's boots〉, 〈↔self-centered\egotistic〉 영2

1251 ★**put-up** [풋 엎]: 미리 꾸며낸, 야바위의, 함정, 〈~ arranged secretly〉 영2

1252 ★**put-up-on** [풋 어퍼언]: 이용당한, 혹사당한, 〈~ abused\exploited〉 영1

1253 ★**put up with** [풋 엎 위드]: ~을 참다, ~과 견디다, 〈~ bear\endure〉 영2

1254 **puz·zle** [퍼즐]: 〈← posen(pose)〉, 〈영국어〉, 수수께끼, 난제, 당혹, 곤경, 〈↔defined\assured〉 영2

1255 **PVC**: poly vinyl chloride, 염화 비닐 중합체, 강한 것과 연한 것이 있어 전자는 수도관 후자는 옷감·신발 등의 원료로 쓰임 영1

1256 ★**pwned** [퍼언드]: 〈전산망어〉, ← pawned(인질로 잡히다), (전상망 경기에서) owned의 오타, 패배 당하다, '깨지다' 미2

1257 **PX**: post exchange, '기지 교환소', 군부대 내의 매점 미2

1258 **Pyg·my \ Pig·my** [피그미]: 〈← pygme(distance from the elbow to the knuckles)〉, 〈그리스어〉, 아프리카 적도 부근에 사는 〈친환경적인〉 작은 흑인종, p~; 〈그리스어〉, 난쟁이, 왜인, 아주 작은, 〈팔굼치부터 손가락까지의 거리〉, 〈↔giant\colossus\whale〉 수1 영2

1259 **pyr·a·mid** [피뤄미드]: 〈← pimar(form of a cake)〉, 〈어원 불명의 이집트어〉, 피라미드, (삼)각뿔, 각추, 뾰족한 모양, 〈~ steeple〉, 〈↔stupa\dome〉 영1

1260 ***Py·thon pro-gram-ming**: 파이썬, '구렁이 담넘기 차림표', 1991년 비교적 소형 계획표를 빠르고 쉽게 짜기 위해 개발된 전산기 언어체제 수2

1. **Q \ q [큐우]**: 이집트의 상형 문자 원숭이(ape)의 모양을 딴 인쇄물에서 마지막으로 쓰이는 알파벳, Q자형, 〈대부분 K로 대치할 수 있으므로 영어 알파벳 중에 없어도 되는 문자, 심지어는 남녀 차별을 위해 고의로 만든 문자라는 말도 있으나 사전 편찬자에게는 '한숨 쉬어가는 문자'〉 영2

2. ★**Q-An·on [큐우어난 \ 큐어농]**: Q anonymously, (2017년부터 횡행하는) 트럼프 대통령에 대한 음모론을 퍼뜨리는 극우성향의 사회선망, 미국을 비롯한 전 세계가 아동 성도착증의 악마조직에 의해 점령되리라는 음모론(을 신봉하는 극우 결사 단체), 〈~ conspiracy theorists〉 영2

3. ★**Qa·zaq·stan [카아자악스타안]**: (대통령 령으로) 〈K가 구소련 냄새가 난다고 라틴 냄새가 나는 Q로 바꾼〉 Kazakhstan의 2022년 2월 부터의 명칭 쉬1

4. ***QBASIC (quick be·gin·ners all pur·pose sym·bol·ic in·struc·tion code)**: (1991년에 나온) Quick Basic의 축소판, 초보자를 위한 신속한 다목적·상징적 지침 부호 원1

5. ***QHD (quad high def·i·ni·tion)**: '4배 화질', '고화질', HUD의 반 정도의 선명도를 가진 화질 미2

6. ***Q rate [큐우 뤠이트]**: quantitative ratings estimator, 계량적 평가 추정률, 재정 구조가 신용 평가에 영향을 미치는 비율, TV 프로그램 인기(선호)도 영2

7. ***QR code**: quick respond code, (신속한 상품의 특질을 파악하기 위해) 1994년 일본에서 창안된 격자무늬로 된 광전 판독용 부호, '일별 판독 부호', 〈bar code보다 훨씬 많은 정보를 저장할 수 있음〉 원1

8. ***Q score [큐우 스코어]**: Q rating, quotient factor, 어떤 대상을 좋아하는 사람의 백분율, 선호도, 광고 인기도, 〈↔negative Q score〉 미2

9. ★**QT**: 'cute'(멋져!)의 〈전산망〉 약자 영2

10. **Q tip [큐우 팁]**: cotton swabs, 'quality tips', 면봉(상표명), 면 귀후비개 영1

11. **quack [쾍]**: 〈네덜란드어〉, 〈의성어〉, 오리가 우는 소리, 꽥꽥거리다, 허풍 떨다, 〈근거없이 '꽥꽥'대는〉 돌팔이 의사, 〈~ crow\mountebank〉, 〈↔genuine\certified〉 영2

12. ★**Quad [콰드]**: (각종 4개조·4개국 협의체를 일컬으나 근래에 떠오르는 것은) 〈중국을 견제하기 위한〉 미국·호주·인도·일본의 〈4개국 연합전선〉, 〈~ quartet〉 영1

13. ★**quad-cop·ter [콰드 캅터]**: 네 날개 소형 무인 비행체, 회전 날개가 네 개 달린 드론, 〈~ quad-rotor〉 미1

14. **quad-plex [콰드 플렉스]**: 4배, 4중(의), 4가구 공동주택, 〈~(↔)duplex〉 미1

15. **quad-ri·ple·gi·a [콰드뤼 플리이쥐어]**: 사지 마비, 〈~(↔)paraplegia〉 기1

16. **quad-ru·ple [콰드루우플]**: 4배, 4부, 〈~(↔)double\triple〉 기1

17. **quag-mire [쾌그 마이어]**: 〈영국어〉, 〈← mire〉, bog·mire, 〈'quick'(빨리)하게 빨려 들어가는〉 진창, 진구렁, 수렁, 꼼짝할 수 없는 처지, 〈~ swamp\morass〉, 〈↔desert\solution〉 영1

18. **quail [퀘일]**: 〈라틴어〉, 〈의성어〉, 메추라기, 메추리(꿩과의 날개와 꼬리가 짧은 작은 새), 여학생, 기가 죽다, 〈↔man\confront〉, 〈partridge보다 작고 부리와 발이 약함〉 영1

19. **quake [퀘이크]**: 〈← cwacian(agitate)〉, 〈게르만어〉, (마구) 흔들리다, 전율, 몸을 떨다, 진동하다, quaver, = earthquake, 〈~ shake\tremble〉, 〈↔stand-still〉 일1

20. **Quak·er [퀘이커]**: '말씀에 떠는(shake) 자', (1647년 영국에서 시작된) 세례나 찬송 등 의식을 배척하는 기독교 일파, 〈~ Religious Society of Friends〉 쉬1

21. **qual·i·ty [콸러티]**: 〈'kind'(종류)란 뜻의 라틴어에서 유래한〉 질, 품질, 양질, 속성, 〈~ caliber\feature〉, 〈↔quantity〉 기1

22. **quan·ti·ty [콴터티]**: 〈← quantus(how great)〉, 〈라틴어〉, 〈← 'know'(앎)란 뜻의 라틴어에서 유래한〉 양, 분량, 다량, 〈~ amount\mass〉, 〈↔quality〉 기1

23 **quan·tum [콴텀]** \ quan·ta**[콴터]**: 〈'how much'란 뜻의 라틴어에서 유래한〉 퀀텀, 양자(들), 정량, 몫, 전자가 원자 궤도를 이탈할 때 생기는 힘, 〈→ quantity〉 유2

24 ***quan·tum com·put·ing [콴텀 컴퓨팅]**: 〈생각만 해도 어지러운〉 양자 전산, (1980년대부터 시작되었으나 아직 실용되지 못하는) 〈이진법 대신 0과 1을 함께 담은〉 양자 상태로 정보를 저장할 수 있다는 〈초고속〉 병렬 전산 처리, 〈computer science based on quantum theory〉 유2

25 ***quar·an·teen [쿼어뢴티인]**: 〈신조어〉, quarantine+teen, '봉쇄된 10대', 〈Covid 등으로 인한〉 방역·격리로 인해 불만에 가득한 10대 미1

26 **quar·an·tine [쿼어뢴티인]**: 〈라틴어에서 연유한 이탈리아어〉, 〈'40일(quadraginta) 간'의〉 격리, 〈역병이 돌 때 배에서 40일간 환자가 발생하지 않을 때 입항이 허용되던〉 검역, 남편 사후 그 집에 40일 동안 머물 수 있는 〈권리〉, 〈~ isolation\seclusion〉, 〈↔open\de-segregation〉 유2

27 ***quar·an·ti·ni [쿼어뢴티이니]**: quarantine+martini, '격리주', 격리 기간 중 마시는 마티니 유2

28 **quark [쿠얼크 \ 콰알크]**: ①(1963년 미국 물리학자가 주로 한 말), 쿼크, 〈James Joyce의 문장에서 따온〉 (전자 안에서) 강한 상호 작용을 하는 소립자, 물량의 최소 단위, 〈~ fundamental particle〉 ②〈슬리브어에서 유래한 게르만계어〉, (동유럽에서 즐기는) 발효되지 않은 담백한 우유더껑이, 쿠아르크 치즈, 〈~ curd cheese〉 ③question mark(의문 부호) 수1

29 **quar·rel [쿼어뤨]**: 〈← queri(complain)〉, 〈라틴어〉, '불평하다', 말다툼, 불화, 〈~ brawl\row\ argument〉 네모난〈square〉 화살촉이 달린 화살, 마름모꼴 창유리(바닥재), (수사의) 정, 〈↔agreement\reconcilliation〉 가1

30 **quar·ry [쿼어뤼]**: 〈← quad(four)〉, 〈라틴어〉, 채석장, 출처, 탐구하다, 돌을 '네모'〈square〉로 하다, 〈~ stone pit\delve〉

31 **quart \ qt. [쿠얼트]**: 〈'넷'이란 라틴어〉, 쿼트, 4분의 1갤런, 2파인트, 영국·캐나다에서는 1.14리터, 미국의 0.94리터, 〈quarter of a gallon〉 유2

32 **quar·ter [쿼어터]**: 〈← quad(four)〉, 〈라틴어〉, 쿼터, 4분의 1, 15분, 25센트, 3개월, 〈군기지의 4등분된〉 지역, 〈예전에 25전에 하룻밤을 잘 수 있었던〉 숙박지, 〈~ one fourth\accomodation〉, 〈~(↔)trimester\semester〉 미1

33 **quar·ter·back [쿼어터 백]**: forward(전위)와 half back(중위)의 중간 위치에서 뛰면서 공격을 지휘하는 선수, 〈~ captain\leader〉 유1

34 **quar·ter horse [쿼어터 호얼스]**: 〈1/4 마일 이하의〉 단거리 경주말, (18세기에 미국에서 개발된) 영국에서 들여온 Thoroughbred와 토산종의 잡종마 유1

35 **quar·tet [쿼어텔]**: 4중주(단), 4중창(단), 4인조, 〈~ quadruple〉 가1

36 **quartz [쿼얼츠]**: 〈← tvrd(hard)〉, 〈'단단한'이란 슬라브어에서 연유한〉 쿼츠, 석영〈돌 속에 있는 꽃〉, 이산화규소로 된 유리 광택이 나는 입방체의 광물, 수정의 원석, 압박하면 전류를 생산하는 요상한 물질, 〈~ rock crystal〉 미2

37 **qua·si [퀘이자이 \ 퀘이사이 \ 콰아지]**: 〈라틴어〉, as if, 유사한, 비슷한, 사이비의, 〈준-유사〉란 뜻의 결합사, 〈~ pseudo\seeming〉, 〈↔dis-similar\apparent〉 읭2

38 **qua·ver [퀘이붜]**: 〈영국어〉, 〈← quake〉, 떨리다, 떨리는 소리, 진동음, 8분음표(eighth note), 〈↔stand-still〉 읭1

39 **quea·sy [퀴이지]**: 〈← kveisa(nausea)〉, 〈북구어 → 영국어〉, 역겨운, 불쾌한, 소심한, 〈~ sick\ squeamish〉, 〈↔well\controlled〉 읭1

40 **queen [쿠인]**: 〈'gyne'(암컷)이란 뜻의 그리스어에서 유래한〉 여왕, 왕비, 여신, '아내', 〈~ Her Majesty〉, 〈↔hag\witch\king〉 가2

41 **queer [쿠얼]**: 〈'que'(why)란 라틴 뿌리에서 나온 게르만어〉, 이상한, 야릇한, 괴짜, 동성애자, 〈~ odd\gay〉, 〈↔straight\heterosexual〉 읭1

42 **quell** [크웰]: 〈'kill'의 게르만어〉, 진압하다, 평정하다, 〈~ quale\qualm〉, 〈~ finish\conquer〉, 〈↔build up\incite\surrender〉 가1

43 **quench** [퀜취]: 〈← cwencan(extinguish)〉, 〈게르만어〉, 끄다, 풀다, 누르다, 냉각시키다, 갈증을 풀다, 잃게 하다, 〈~ put out\dampen down〉, 〈↔torch\build\kindle\assist〉 양1

44 **que·ry** [퀴어뤼]: 〈← quaerere(ask)〉, 〈라틴어〉, '물어서 구하기', 질문, 의문, 조회, 〈→ in·quire〉, 〈↔answer\rejoinder〉 양1

45 ★**que se·ra se·ra** [케이 쎄롸아 쎄롸아]: 〈이탈리아어〉, 'whatever will be, will be', 될 대로 되라, 〈1956년 대박을 터뜨렸던 노래 제목〉, 〈~ zero fucks〉, 〈↔better or worse\rain or shine〉 부2

46 **quest** [퀘스트]: 〈← quaerere(ask)〉, 〈라틴어〉, 탐색, 검시, 추구, 원정, 〈~ query〉, 〈~ search\pursuit〉, 〈↔quiescene\goal〉 가1

47 **ques·tion** [퀘스쳔]: 〈라틴어 → 프랑스어〉, 질문, 심문, 의문, 문제, 〈~ asking\inquiry〉, 〈↔answer\response〉 가1

48 **ques·tion mark** [퀘스쳔 마아크]: 물음표, ?, 〈~ interogation point〉, 〈↔period(.)〉 가2

49 **queue** [큐우]: 〈'cauda'(꼬리) 뜻의 라틴어에서 유래한 프랑스어〉, cue, (중국 남자의) 땋아 늘인 머리, 변발, 대기행렬, 대기!, 컴퓨터에서 처리를 기다리는 자료, 〈~ pig-tail\file〉, 〈~ line-up〉, 〈↔center\disorder〉 부2

50 **quick** [퀵]: 〈← quik(living)〉, 〈게르만어〉, 빠른, 잽싼, 급한, '살아있는', 〈~ fast²\swift〉, 〈↔slow\stupid〉 가1

51 ★**Quick BA·SIC** [퀵 베이식]: '신속한 기본(지침)', 1985부터 Microsoft사가 개발한 기본적 차림표 언어를 위한 편찬기 양1

52 ★**quick buck** [퀵 벅]: 쉽게 번 돈, 불로소득, 부당하게 번 돈, 〈~ easy money\fast-buck〉 양2

53 ★**quick fix** [퀵 휙스]: 임시변통, 손쉬운 해결, 〈↔complete\mature〉 양2

54 *quick-ra·tio [퀵 뤠이쇼우]: 당좌비율, 채무를 당장 변제하기 위해 빨리 팔아치울 수 있는 자산의 비율, acid-test ratio, 〈~ current ratio〉 양2

55 ★**quick-sand** [퀵 샌드]: 유사, 흐르는 모래, 헤어나기 힘든(위험한) 상황, 〈~ mire\pit-fall〉, 〈↔solidity〉 양1

56 **quick-sil·ver** [퀵 실붜]: mercury, 수은, 활발한, 변덕스러운, 〈~ erratic\changeful〉, 〈↔constant\stable〉 양1

57 *quick sort [퀵 쏘얼트]: 신속 정렬, (1962년에 처음 발표된) 전산기에서 연산표를 재빨리 분류하는 방식, 〈~(↔)merge sort〉 며2

58 ★**quick time** [퀵 타임]: (1분에 120보 정도의) 속보, 매춘부와의 짧은 성교, 〈한국에서는 short-time이라 함〉, 〈↔long-time〉 며2

59 ★**quid pro quo** [퀴드 프로우 코우]: 〈라틴어〉, 'what for what', '뭔가 가져오면 뭔가를 내놓는다', (대가성) 답례, 뇌물수수, 〈~ tit for tat\do ut des\eye for an eye〉, 〈↔pro bono〉 양2

60 **qui·et** [콰이엍]: 〈← quies(rest)〉, 〈라틴어〉, 〈전쟁이 없어〉 조용한, 정숙한, 평온한, 〈~ quit〉, acquiescence, 〈~ silent\still〉, 〈↔loud\noisy〉 가1

61 ★**qui·et quit** [콰이얼 퀱]: (직장을 그만두는 것이 아니라) 〈자기 맡은 임무를 최소한도로 끝내고〉 조용히 퇴근하는 자, (미국 직장인의 50%를 차지하는) '냉정한 직장인'〈바람직한 현상은 아니라 함〉, 〈↔loud quit(떠벌이 직장인)〉 부2

62 **quill** [퀼]: 〈← quil(hollow stalk)〉, 〈게르만어〉, 깃촉, 찌, 실패, 빨대, 이쑤시개(tooth-pick), 꽁지깃, 〈~ squill〉, 〈~ calamus\plume〉 양1

63 **quilt** [퀼트]: ⟨← culcirra(bed)⟩, ⟨라틴어⟩, 누비다, ⟨푹신한⟩ 누비이불, ⟨~ coverlet\duvet⟩, ⟨↔un-sew\dis-join⟩ 양1

64 **quint** [퀸트]: ⟨← quintus(five)⟩, ⟨라틴어⟩, 다섯(장), 5도(음정), 농구팀, 5도 높은음이 울리는 오르간 음정, ⟨~ cinque⟩ 가1

65 **quin·tet** [퀸텔]: 5중주, 5중창, 5인조, 농구팀, ⟨~ group of five⟩ 가1

66 ★**quirk-y-a-lone** [쿼얼키 얼로운]: ⟨← quirk⟩, (진짜 마음에 드는 상대를 기다리며) 독신을 즐기는 ⟨괴상한⟩ '꾀돌이 독신자', ⟨~ smart loner⟩ 양2

67 ★**Quis·ling** [퀴즐링], Vid·kun: ⟨덴마크의 지명에서 유래한 노르웨이 성⟩, 크비슬링, (1887-1945), 나치 괴뢰 정권의 수반을 지내다가 종전 후 총살당한 노르웨이의 군인·정치가, q~: 매국노, 부역자, ⟨~ betrayer\turn-coat⟩ 수1 양2

68 **quit** [퀼]: ⟨← quietus(rest)⟩, ⟨라틴어⟩, 그만두다, 떠나다, 끊다, 포기하다, 관두다, ⟨~ quiet\acquit⟩, ⟨~ drop\exit\stop⟩, ⟨↔stay\hire⟩ 양1

69 **quit-claim** [퀼 클레임]: 권리 포기, 권리 양도 증서, ⟨~ release\relinquishment⟩, ⟨↔claim\sanction\warranty⟩ 양2

70 **quite** [콰이트]: ⟨quit과 quiet란 뜻을 다 가지고 있는 영국어⟩, completely, 꽤, 아주, 매우, 상당히, 제법, 실로, 완전히, ⟨~ fairly\fully⟩, ⟨↔little\some-what⟩ 가1

71 **quiv·er** [퀴버]: ①⟨← quaver(shake)⟩, ⟨게르만어⟩, 떨리다, 흔들리다 ②⟨← cocer(case)⟩, ⟨게르만어⟩, 전동, (등에 메는) 화살통, ⟨~ arrow holder⟩ 양1

72 **quiz** [퀴즈]: ⟨어원 불명의 영국어⟩, question, 질문, 장난, ⟨~ in·quisitive⟩, ⟨↔answer\reply⟩ 양2

73 **quo·rum** [쿼어룸]: ⟨← qui⟩, ⟨'누구(who)'를'이란 라틴어에서 유래한 영국어⟩, (의결에 필요한) 정족수, 선발된 단체, ⟨~ attendance plenum⟩, ⟨↔lack\insufficiency⟩ 가1

74 **quo·ta** [코우터]: ⟨← quotus⟩, ⟨'몇개(how many)'란 뜻의 라틴어에서 유래한⟩ 몫, 할당, ⟨→ quotient⟩, ⟨~ share\portion⟩, ⟨↔lack\insufficiency⟩ 가1

75 **quo·ta·tion** [코우테이션]: ⟨라틴어⟩, ⟨'숫자를 매겨' 구분하는⟩ 인용, 견적, ⟨~ citation\estimation⟩, ⟨↔conceal\invention⟩ 가1

76 **quo·ta·tion mark** [코우테이션 마아크]: 따옴표, 인용 부호, ⟨~ speech(talking) mark⟩ 가2

77 **quote** [코우트]: ⟨← quotus(what number)⟩, ⟨라틴어⟩, 인용하다, 따다 쓰다, ⟨~ recite\restate⟩, ⟨↔conceal\invent⟩ 가1

78 ★**quote tweet** [코우트 트위이트]: (받은 전문에다 자신의 견해를 더해 타인에게 전송하는) '인용 전달', ⟨~(↔)re-tweet⟩ 양2

79 **quo·tient** [코우션트]: ⟨라틴어⟩, ⟨← quota⟩, 몫, 지수, 지분, 할당, 상, ⟨~ fraction\equation⟩, ⟨↔whole\difference⟩ 양2

80 ★**quo va·dis** [코우 봐디스] Do·mi·ne: ⟨라틴어⟩, where are you going, (주여) 어디로 가시나이까? (요한복음 16:5), 베드로가 로마를 탈출할 때 그리스도의 환영을 보고 한 말 가1

1. **R \ r** [아알]: 이집트의 상형문자 머리 모양을 딴 6번째 정도로 많이 쓰이는 알파벳, R자 모양의 물건, raical·radius·restricted·rate·roentgen·ratio·resistance·right·registered·reserve·are 등의 약자

2. **rab·bi** [래바이]: 라비, 'my master', (유대의) 율법 박사, 유대교의 목사, 선생, 〈~ guru\mahatma\priest\mentor〉, 〈↔fool\follower\lay-person〉

3. **rab·bit** [래빝]: 〈← robbeken〉, 〈네덜란드어〉, 〈손으로 얼굴을 'rub'하는 버릇이 있는〉 (집)토끼, 연한 갈색, 겁쟁이, 〈~ con(e)y\bunny〉, 〈↔lion?\hero〉

4. ★**rab·bit-hole** [래빝 호울]: 《Alice의 모험》에서 연유한〉 비현실의 세계로 들어가는 토끼 굴, 〈동양의 「남가일몽(fleeting glory)」에 나오는 개미 굴과 비슷함〉, 〈~ rabit burrow〉

5. **ra·bies** [뤠이비이즈]: 〈라틴어〉, 〈← rave〉, 광견병, 공수병(동물의 침으로 전염되며 신경마비를 일으켜 물조차 삼키기 힘든 무서운 병), 〈→ rage〉, 〈~ hydro-phobia〉

6. **rac·coon** [래쿠운]: 〈← arathcon〉, 〈원주민어〉, 〈손으로 긁는〉 너구리, '개곰'(미주에서 나무 위에 살며 양질의 모피를 제공하는 야행성 포유동물), 〈→ coon〉, 〈~ trash-panda〉

7. **race¹** [뤠이스]: 〈← ras(current)〉, 〈북구어〉, '흐름', 경주, 경쟁, 급류, (직조기의) 홈, 〈~ chase\run〉, 〈↔walk\tread〉

8. **race²** [뤠이스]: 〈아마도 'generatio'란 라틴어에서 연유한 프랑스어〉, '씨족', 인종, 종족, 민족, 혈통, 부류, 〈~ clan\lineage〉, 〈↔strangers\non-relatives〉

9. ★**race bait·ing** [뤠이스 베이팅]: '인종적 미끼', (주로 정치적 목적으로) 인종적 증오를 부추기는 짓, 〈~ apartheid\bigotry〉, 〈↔anti-racism\integration〉

10. **rack** [뢕]: ①〈← recken(stretch)〉, 〈네덜란드어〉, 〈손을 뻗쳐 닿는〉 선반, 걸이, 시렁, (팔·다리를 잡아당기는) 고문대, 〈↔bed\counter\comfort〉 ②황폐〈wrack〉, 〈↔construct〉 ③(말의) 가볍게 뛰는 걸음, 〈↔gallop〉

11. **rack·et¹** \ **rac·quet** [뢔킽]: 〈← rahat(palm of the hand)〉, 〈'손바닥'이란 뜻의 아랍어에서 유래한 프랑스어〉, 라켙, (구기용) 채, (공채 모양의) 눈신, 〈손바닥 모양의〉 나무신, 〈~ bat\paddle〉

12. **rac·quet-ball** [뢔킽 버얼]: '벽치기 공놀이', 사면이 벽으로 된 경기장에서 2명이나 4명이 채로 공을 벽에 쳐 튀어나오게 하는 경기, 〈~ paddle rackets〉

13. ★**rad²** [뢔드]: 〈radical에서 유래한 미국 캘리포니아어〉, 근사한, 훌륭한, 과격한, 〈~ awesome\fantastic〉, 〈↔bad\ordinary〉

14. **ra·dar** [뤠이다아]: 레이더, radio detecting and ranging(방사선을 이용한 탐사 및 분류), 전파 탐지기, 속도 측정기

15. ★**rad-ass** [뢔대스]: 〈미국어〉, 〈신조어〉, radical+bad-ass, 기막힌, 기똥찬, 〈~ awesome〉, 〈↔pathetic\boring〉

16. **ra·di·al** [뤠이디얼]: 〈← radius(ray)〉, 〈라틴어〉, 광선의, 방사상의, 반지름의, 〈~ centrifugal〉, 〈↔asymetrical\perpendicular\ulnar〉

17. *****ra·di·al fill** [뤠이디얼 휠]: 방사상 충만, (중심으로부터 가장자리로) 완만하게 색깔이 변하는 도형 메우기

18. **ra·di·ate** [뤠이디에이트]: 방사상으로 퍼지다, 빛을 발하다, 복사하다, 〈~ emit\spread out〉, 〈↔collect\darken〉

19. **ra·di·a·tor** [뤠이디에이터]: 방사(복사)체, 〈열을 발산하는〉 방열기, 냉각장치, 〈~ convector〉, 〈↔absorber〉

20. **rad·i·cal** [뢔디컬]: 〈← radix(root)〉, 〈라틴어〉, 기본적인, 급진적인, 철저한, 〈~ extreme\fanatic〉, 〈↔superficial\conservative〉

21. **ra·di·o** [뤠이디오우]: 〈1920년 미국에 처음 등장한〉 라디오, 방송(사업·기), 무선 전신, 방사성의, '전파를 보내는 것', 라지오 〈Japlish〉, 〈~(↔)TV〉

22 ***ra·di·o but·ton** [뤠이디오우 버튼]: '방송기 단추', (옛 무선 방송기에 달려있던 것과 같이) 한 번에 하나만 선택할 수 있는 단추, 〈~ option button〉, 〈↔check boxes〉 예2

23 ***ra·di·o-gram** [뤠이디오우 그램]: 무선 전보, 방사선 사진, 〈~ x-rays\gamma rays〉 양1

24 ***ra·di·o-graph** [뤠이디오우 그래후]: 방사선 사진, 무선 전보 양1

25 ***ra·di·o pa·ger** [뤠이디오우 페이줘]: 무선 호출 수신기, beeper 양1

26 **rad·ish** [래디쉬]: 〈← radix〉, 〈라틴어〉, 〈← root〉, 〈바람이 들면 버려야 할 것 3가지 중의 하나인〉 무('뿌리'), 대근, (중앙아시아 원산의) 트림할 때 고약한 냄새가 나는 십자화과의 채소, 〈~ daikon\Chosun-moo〉 예2

27 **ra·di·us** [뤠이디어스]: 〈← ray〉, 〈라틴어〉, 〈중심부에서 테두리로 뻗어난 방사선의〉 반지름, 범위, 행동반경, 요골(아래 팔의 바깥쪽 뼈), 〈~ radial\radio\ray〉, 〈↔center\curve\end\ulna〉, 〈지름은 diameter〉 양1

28 ***ra·dix sort** [뤠이딕스 쏘얼트]: 기수 정렬법, (2진법에서 효과적으로 쓸 수 있는) 자료를 다른 항목과 비교하지 않고 즉시 분류하는 연산법, 〈~ bucket sort\digital sort〉 예2

29 **raf·fle** [래훌]: 〈← rafler(snatch)〉, 〈어원 불명의 프랑스어〉, 래플, 복권식 추첨, 제비뽑기, 쓰레기, 〈~ draw\lotto〉, 〈↔catch\treasure〉 예2 양2

30 **raft** [래후트]: 〈← raptr(log)〉, 〈북구어〉, 뗏목, 부유물, 부(잔)교, 〈~ flat-boat\float〉 양1

31 **raf·ter** [래후터]: 〈← raft〉, 서까래, (지붕판과 추녀를 구성하는) 가늘고 긴 각재, 〈뗏목을 탄 사람같이 어색하게 걷는〉 (칠면조 등의) 떼, ~ beam〉, 〈~ wall-bird〉 기1 양2

32 **rag** [래그]: 〈← rogg(tuft of hair)〉, 〈북구어 → 영국어〉, 〈← ragged〉, 넝마, 걸레, 누더기, 해진 조각, 생리대, 꾸짖다, 〈~ piece of cloth\berate〉, 〈↔finery\glad-rags\endorse〉 양1

33 **rage** [뤠이쥐]: 〈라틴어〉, 〈← rabies〉, 격노, 분격, 격정, 일시적 대유행, 〈~ anger\fit〉, 〈↔calmness\delight\sanity〉 양2

34 **rag·ged** [래기드]: 〈영국어〉, 누덕누덕한, 텁수룩한, 들쭉날쭉한, 거친, 〈← rag〉, 〈~ battered\tattered〉, 〈↔new\pristine〉 양2

35 **★rags to rich·es** [래그스 투 뤼치스]: 〈아마도 19세기 후반에 등장한 영국어〉, 빈털터리에서 큰 부자로, 개천에서 용남, 〈~ The Great Gatsby(1925년 판 미국소설)〉, 〈~ a kite breeds a hawk〉, 〈↔riches to rags\fall from grace〉 양2

36 **★rag-time** [래그 타임]: 〈1890년경 뉴올리언스에 등장한 미국어〉, (피아노를 칠 때) 빠른 박자로 '들쑥날쑥한' 당김음을 많이 사용한 〈흥분감〉 초기 재즈 음악, 〈~ boogie-woogie\Dixie-land〉 우1

37 **★rag-top** [래그 탑]: 〈헝겊 조각을 댄〉 포장 지붕식 자동차, 전환 지붕 자동차, 〈~ soft top〉, 〈↔hard-top〉

38 ***RAID** [뤠이드]: redundant array of independent disks, 원반들의 효율성을 높이기 위해 여러 강성기기를 한 개로 묶어 버리는 배열 방식, 독자적 원반들의 중복 배열 예2

39 **raid** [뤠이드]: 〈스코틀랜드어〉, 〈말을 ride하고 road를 차단하는〉 급습, 침략, 불시 단속, 공금 유용, 투매, 〈~ surprise attack\foray〉, 〈↔defense\aid\release〉, R~: 가정용 살충제의 상표명 양1 수2

40 **rail** [뤠일]: ①〈← regula〉, 〈rule이란 라틴어에서 유래한〉 가로대, 난간, 철로, 〈↔block\joint〉 ②〈← railler(banter)〉, 〈프랑스어 → 영국어〉, 〈거친 목소리로〉 꾸짖다, 불평하다, 〈↔agree\cheer〉 ③〈← rascula〉, '시끄러운 소리를 내는'이라는 라틴어에서 유래한 흰눈썹뜸부기, 〈~ water-hen〉 기1 예2

41 **rail·road** [뤠일 로우드]: 궤도, 선로, 철도, (잼싸게) 통과시키다, 〈~ rail-way〉, 〈↔disconnect\deter〉 기1

42 **rail·way** [뤠일 웨이]: ①〈영국어〉, 철도 선로(rail-line) ②〈미국어〉, 철도 시설(rail-road), 고가궤도, 〈↔walk-way\road-way〉 가1

43 **rain** [뤠인]: 〈← regn〉, 〈게르만어〉, 비, 강우, 〈~ precipitation\shower〉, 〈↔snow〉 가2

44 **rain·bow** [뤠인 보우]: regn+boga, 〈게르만어〉, 무지개, 가지각색, 헛된 희망, 〈~ light prism〉, 〈↔non-chromatic\actuality〉 가1

45 ★**rain·bow ba·by** [뤠인보우 베이비]: '무지개 아이', 〈폭우 후에 뜨는 무지개마냥〉 사산이나 조산 후에 바로 낳은 아이, 〈↔angel baby〉 미2

46 ★**rain-check** [뤠인 췍]: '우천 교환권', (비가 와서 경기가 연기됐을 때 다음을 보장하는) 차후 입장 보증서, (불가피한 경우) 다음으로 미루는 약속, 〈비가 자주오는 영국에서는 잘 안 통하는 미국어〉, 〈~ assurance\postponement〉, 〈↔refusal\cancellation〉 영2

47 ★**rain dance** [뤠인 댄스]: (북미 원주민들이 기우제 때 추는) '비 바람춤', 성대한 정치적 연회, 〈~ rain invocation〉 미2

48 **rain·drop** [뤠인 드뢉]: 빗방울, 낙숫물, 〈~ droplet〉, 〈↔aridity〉 가2

49 **rain·fall** [뤠인 훨]: 강우(량), 강수(량), 〈~ shower〉, 〈↔dryness〉 가2

50 **rain for·est** [뤠인 훠뤼스트]: 다우림, '비숲', 〈~ jungle\tropical forest〉, 〈↔steppe\desert\savannah\tundra〉 영1

51 **rain-show·er** [뤠인 샤우어]: 소나기, 소낙비, short period of rain, 〈↔drizzle\mizzle\deluge〉 가1

52 **rain-storm** [뤠인 스토엄]: 폭풍(의), 비바람(의), 〈~ down-pour\torrent〉, 〈↔mist\sprinkle〉, 〈↔wind-storm\snow-storm〉 영1

53 **raise** [뤠이즈]: 〈← reisa〉, 〈북구어〉, 〈← rise〉, (끌어) 올리다, (소동을) 일으키다, (일으켜) 세우다, 제기하다, 기르다, 모금하다, 높인 곳, 인상, 〈~ rear°〉, 〈~ lift\increase〉, 〈↔lower\dunk〉 영1

54 **rai·sin** [뤠이즌]: 〈← racemus(cluster of grapes)〉, 〈라틴어〉, 레이진, (적당히 말린) 건포도, 〈~ dried fruit\currant〉 영2

55 ★**rai·son de·tre** [뤠이죠운 데트뤼]: 〈프랑스어〉, reason for being, 존재 이유, 〈↔question\opposition〉 영2

56 **rake** [뤠이크]: 〈← raca(project)〉, 〈게르만어〉, 갈퀴, 고무래, 샅샅이 찾다, 긁어모으다, 〈~ clear\collect〉, 〈↔disperse\scatter〉 영1

57 **ral·ly** [뤨리]: re+allier, 〈프랑스어〉, 〈← ally〉, 다시 모으다, 불러모으다, 집중시키다, 집회, 반격, 〈~ arouse\re-assemble〉, 〈↔disperse\decline〉 영1

58 *__RAM__ [뢤]: random access memory, 막기억장치, (전산기를 사용할 때 그 정보가 자동으로 입력되는) 무작위 접근 기억 장치, 〈↔sequential access memory(SAM)〉 미2

59 **ram** [뢤]: 〈← ramm(male sheep)〉, 〈어원 불명의 게르만어〉, (거세하지 않은) 숫양, 들이받다, 쑤셔 넣다, 쇠메, 자동 양수기, 〈~ thrust\plunge〉, 〈~(↔)sheep〉, 〈↔drag\miss〉 영1

60 **Ram·a·dan** [뢔머다안]: 〈← ramad(hot)〉, 〈아랍어〉, 라마단, '더운 달', 이슬람력의 9월, 〈단식월〉, (해돋이부터 해지기까지 단식하는) 단식 기간, 〈~ fasting〉, 〈↔festival〉 영2

61 **ram·ble** [뢤블]: 〈← rammelen(night wandering)〉, 〈네덜란드어〉, 산책, 꼬부랑길, 만담, 〈정처없이〉 어슬렁거리다, 두서없이 얘기하다, 〈~ roam〉, 〈~ babble〉, 〈원래는 밤에 짝을 찾아 헤매는 고양이에서 연유한 말〉, 〈↔stay\run\focus〉 영1

62 ★**Ram-bus** [뢤버스]: 〈RAM을 취급하는〉 램버스, 1990년에 설립된 미국의 〈지적재산을 보호하는〉 기술 특허 및 고속 기억력 접속장치 제조회사 상1

63 **ra-men [롸아먼]**: pulled noodle, 〈납면(끌어당겨 만든 국수)이라는 중국어에서 유래한 일본어〉, 라면, 〈가늘게 뽑은 수타 국수를 기름에 튀겨 꼬불꼬불하게 만든 것〉, 1660년대 중국에서 일본으로 전파된 '볶은·꼬부랑 국수', 〈~ chuka(Chinese) soba〉, 〈~(↔)u-don〉 유2

64 **ramp² [램프]**: 〈← ramp¹〉, 〈프랑스어〉, 젖혀지게 하다, 경사로를 만들다, 비탈길, 연결용 경사로, 승강대, 나들목, 〈~ slope\grade〉, 〈↔level\ascend\descend〉 양1 미1

65 **ram·page [램페이쥐]**: 〈← ramp¹〉, ramp+rage, 〈프랑스어 → 스코틀랜드어〉, 미쳐 날뛰기, 사납게 돌진하다, 발작적 광포, 〈~ berserk\riot〉, 〈↔still\calm〉 양1

66 **ram·pant [램펀트]**: 〈프랑스어, ← ramp¹〉, 뒷발로 선, 날뛰는, 난폭한, 무성한, 만연하는, 〈~ aggressive\furious〉, 〈↔controlled\gentle〉 양1

67 **ram·part [램파알트]**: re+em+parare, 〈'앞서 prepare(준비)하는'이란 뜻의 라틴어에서 유래한〉 성벽, 방어물, 수비, 〈~ bastion\bulwark〉, 〈↔door\entry〉 가1

68 **ranch [랜취]**: 〈← rancho(small farm)〉, 〈'함께 밥먹는(mess) 사람들'이란 뜻의 스페인어에서 유래한〉 목장, 농장, 사육장, 〈↔waste-land〉 가1

69 **R and D** (re·search and de·vel·op·ment): 연구개발 가2

70 **ran·dom [랜덤]**: 〈← randir(run rapidly)〉, 〈'껑충거리다'란 뜻의 게르만어에서 유래한 프랑스어〉, 임의의, 닥치는 대로의, 되는 대로의, 무작위의, 〈~ sporadic\haphazard〉, 〈↔planned\systematic〉 양1

71 *****ran·dom ac·cess [랜덤 액쎄스]**: 임의 접근의, 비순차적 접근, 〈↔sequential access〉 미2

72 ★**ran·dom box² [랜덤 박스]**: 〈전산망 상업으로 시도 되고있는〉 '임의상자', 일정한 돈을 내고 상자를 사서 배달 후에 가치를 알 수 있는 일종의 도박, 복불복, 〈~ mystery box\surprise box〉 유2

73 *****ran·dom er·ror [랜덤 에뤄]**: 우연 오차, 확률적 오차, 〈↔systemic error〉 양2

74 *****ran·dom file [랜덤 화일]**: (기록 순서에 관계없이 임의로 판독하여 폐기·갱신할 수 있는) 임의 서류철, 〈~ direct access file〉 미1

75 *****ran·dom num·ber gen·er·a·tor**: (우연성 경기나 모조 작품에 유용하게 쓰이는) 난수 조작기 미2

76 *****ran·dom walk the·o·ry [랜덤 워어크 씨어뤼]**: 임의보행 이론, 〈투자에서〉 (주가의 변동을 예측하는 지표는 존재하지 않는다는) 난보 이론, 〈↔Dow theory〉 미2

77 **R and R**: rest and recreation(휴양 휴가), rock 'n' roll 미2

78 **range [뤠인쥐]**: 〈프랑스어〉, array, 정렬시키다, 배치하다, '줄짓다', 〈줄이 이르는〉 범위, '궤도' 조리대, 〈구역을 정해 놓은〉 시사장(시험 삼아 쏘아보는 장소), 〈~ scope\kitchen stove〉, 〈↔extreme\limitations〉 양1 미1

79 **rang·er [뤠인저]**: 〈구역 내를〉 돌아다니는 사람, 순찰대원, 방랑자, 사냥개, 〈~ patrol\watch-dog〉, 〈↔civilian\unofficial〉 양1

80 **rank [랭크]**: 〈← ranc(row)〉, 〈게르만어〉, 열, 행렬, 횡렬, 신분, 지위, 등급, '줄 세워진 순서', 〈~ ring'\line〉, 〈↔disorder\hiatus\commonality〉 양1

81 ★**rank and file [뢩크 앤드 화일]**: (연병장에 늘어선) 횡렬과 종렬, 병졸들, 일반 시민들, 평회원들, 〈~ commoners\plebeians〉, 〈↔upper crust\elite〉 양2

82 **ran·som [랜섬]**: re+emere(buy)〉, 〈라틴어〉, 몸값, 배상금, 속전, 협박, 〈~ re·demption〉, 〈↔harm\forfeit〉, 〈↔payment\release〉 양1

83 *****ran·som·ware [랜섬 웨어]**: '속전기기', (돈을 내지 않으면) 정보를 차단하거나 추문을 공개하겠다고 협박하는 악성 차림표, 〈~ mal·ware\cryto·trojans〉 유2

84 **rap** [뢥]: 〈북구계의 의성어〉, 톡톡 두드림, 비난, 고소, 지껄임, 〈~ flap\clap〉, 〈↔touch\caress\silence〉 **왕1**

85 **rape¹** [뢰이프]: 〈← rapere(seize)〉, 〈라틴어〉, 강탈, 약탈, 겁탈, 강간, 〈~ violation\sexual assault〉, 〈↔respect\civility〉 **왕1**

86 **rape²** [뢰이프]: 〈← rapa(turnip)〉, 〈라틴어〉, 평지, 유채(yu choy), 전 세계적으로 재배되고 노란 꽃이 피며 잎은 무쳐 먹고·뿌리는 겨자로·씨에서는 canola 기름을 짜는 십자화과의 두해살이 채소, 〈~ oil-seed〉 **왕2**

87 **rap·id** [뢔피드]: 〈← rapere(seize)〉, 〈'힘으로 취한'이란 뜻의 라틴어〉, 빠른, 신속한, 민첩한, 가파른, 〈~ fast\quick〉, rapids; 급류, 여울, 〈↔slow\leisurely〉

88 ★**rap-mu·sic** [뢥 뮤우짘]: '지껄 음악', (1970년대 말에 주로 흑인들에 의해 발전된) 음반 조정자가 끼어드는 대중음악의 일종, 〈~ hip-hop〉, 〈↔classic\country-music〉 **왕1**

89 **rap·ture** [뢥춰]: 〈← rapere(seize)〉, 〈라틴어〉, 〈← rapt〉 ①〈거머쥔〉 큰 기쁨, 열중, 황홀케 하다, 〈~ rape¹\rhapsody\ecstacy〉, 〈↔boredom\depression〉 ②〈새 천년 왕국설에서〉 예수가 재림해서 최후의 심판을 통해 '믿는 자'를 하늘로 끌어올릴(휴거) 때 '구원된 자'가 느끼는 〈큰 기쁨〉, 무아지경, 〈~ nirvana\ecstacy\bliss〉, 〈↔misery\doom〉 **왕1**

90 **rare** [뤠어]: ①〈← rarus(thin)〉, 〈라틴어〉, 드문, 진기한, 매우, 희박한, 〈~ sparse〉, 〈↔common\frequent〉 ②〈← hrere〉, 〈어원 불명의 영국어〉, 덜 익은, 〈~ half-cooked〉, 〈↔ripe\well done〉 **왕2**

91 **rar·i·ty** [뤠어뤼티]: 〈← rare〉, 드묾, 진기, 희박, 〈↔commonness\usualness〉 **왕2**

92 **ras·cal** [뢔스클]: 〈← radere(scrape)〉, 〈라틴어 → 프랑스어〉, 악당, 깡패, 철면피, 만무방(막 되어 먹은 놈), 〈~ rabble\scamp〉, 〈↔appeaser\peace-maker〉 **왕1**

93 **rash²** [뢔쉬]: 〈← radere(scrape)〉, 〈라틴어〉, 발진, 홍진, 두드러기, 뾰루지, 〈~ dermatitis\plague〉, 〈↔spot\streak〉 **왕2**

94 **rasp·ber·ry** [뢔즈 베리]: 〈← raspis〉, 〈영국어〉, 〈표면이 rough한〉 나무딸기, 산딸기, '쯧쯧'(조소), 빨간색, 〈~ jeer\scoff〉, 〈↔whisper\cheer〉 **왕1**

95 ***ras·ter** [뢔스터]: 〈'rake'(갈퀴)란 뜻의 라틴어에서 유래한 독일어〉, 화면에 나타나는 주사선의 사각형(점) 화상, 점방식, 〈~ a bit-map〉, 〈↔vector(graphics)〉 **왕1**

96 ★**RAT** (rap·id an·ti·gen test): 신속 항원 검사, 〈Covid-19 이후에 떠오른〉 (단순히 항체의 유·무를 판명할 수 있는) 엉성하나 실용적인 면역 색종 검사 **미2**

97 **rat** [뢭]: 〈어원 불명의 루마니아어〉, (시궁)쥐, 쥐새끼 같은 놈, 파업 불참자, 변절자, 〈~ scoundrel\betrayer〉, 〈↔champion\adherent\confidant〉, 〈~ mouse보다 큼〉 **왕1**

98 **rate** [뤠이트]: 〈← ratus(reckon)〉, 〈라틴어〉, 율, 비율, 요금, 시세, 진도, 등급, 평가하다, 〈~ ratio〉, 〈~ charge\assess〉, 〈↔disproportion\dismiss〉 **왕1**

99 **rath·er** [뢔더 \ 롸아더]: 〈← hrathe(quickly)〉, 〈영국어〉, 오히려, 어느 쪽인가 하면, 다소, 꽤, 도리어, 〈~ by preference\quite〉, 〈↔neither\extremely〉 **왕1**

100 **ra·tio** [뤠이쇼우]: 〈← ratus(reckon)〉, 〈라틴어〉, 비(율), 비례, 〈~ rate〉, 〈~ proportion\correlation〉, 〈↔whole\difference〉 **가1**

101 **ra·tion** [뢔션 \ 뤠이션]: 〈← ratio〉, 정량, 배급(량), 할당, 〈~ reckon〉, 〈~ fixed amount\allocation〉, 〈↔deny\deprive〉 **왕2**

102 **ra·tion-al** [뢔셔늘]: 〈균등하여〉 이성적인, 합리적인, 순이론적인, 〈~ reasonable\cogent〉, 〈↔irrational\illogical〉 **가1**

103 ★**rat-on** [뢭 어언]: 〈← rat〉, (20세기 초에 등장한 속어), 밀고하다, 배신하다, 〈~ betray\squeal〉, 〈↔stick(adhere) to〉 **왕2**

104 ★**rat race** [뢭 뤠이스]: '쥐 다루기', 과당경쟁, 극심한 생존경쟁, 경쟁 사회, 대혼란, 〈~ battle of life\ hamster cage〉, 〈↔relaxation\leisure〉 몡2

105 ★**rat rod** [뢭 롸이드]: '깡통차', 〈멋으로〉 고물로 만든 수제차, 〈~ street rod\roadster〉, 〈~(↔)hot rod\racer〉 톙2

106 **rat·tan** [뢔탠]: 〈말레이어〉, climbimg palm, 등나무(로 만든 가구·지팡이·회초리 등), 〈~ a wicker〉 몡2

107 **rat·tle** [뢔틀]: 〈네덜란드어〉, 〈의성어〉, 달가닥달가닥, 덜걱덜걱, 드르륵, 우르르, 가르랑, 달랑달랑, 재잘재잘, '쾌틀쾌틀', 〈~ clatter\patter〉, 〈↔silence\hush〉 톙1

108 **rat·tle-snake** [뢔틀 스네이크]: '달랑 뱀', 방울뱀(세모꼴의 머리와 비늘이 달린 꼬리를 흔들어 소리를 내는 미주산 독사), 배신자, 〈~ a pit viper〉, 〈↔king-snake; 편자는 이것이 rattle snake를 잡아먹는 것을 본 적이 있음〉 몡2

109 ★**rat u·nit** [뢭 유우닡]: ①쥐 단위, 〈옛날 고려쩍에 사용됐던〉 실험용 쥐들에게서 기대한 효과가 나타나는 최소한의 약물 단위, 〈~ a bioassay unit〉 ②쥐 떼, 2003~4년간 영국의 밤거리에서 〈오기로〉 온갖 비열한 짓을 하고 돌아다니던 학생 떼거지들, 〈~ student hoodlum〉 몡2

110 **rav·age** [뢔뷔쥐]: 〈← ravir(rob)〉, 〈프랑스어〉, 〈홍수에 의한〉 파괴, 황폐, 참해, 〈~ devastate\ruin〉, 〈↔recover\redeem〉 톙1

111 **rave** [뤠이브]: 〈어원 불명의 영국어〉, 고함치다, 외치다, 날뛰다, 헛소리하다, 〈→ rabid\ rabies\rant〉, 〈↔mutter\delighted〉 톙1

112 **ra·ven** [뤠이븐]: 〈← hrefn〉, 〈게르만어〉, 〈의성어?〉, 갈까마귀, 큰 까마귀, 북반구 전역에 서식하는 평균 수명 21년의 〈검고 윤기 나는〉 깃털을 가지고 〈게걸스럽게〉 아무거나 잘 먹는 연작류의 〈성스러운〉 새, 〈~ black crow〉 톙2

113 **ra·vine** [뤄뷔인]: 〈← rapere(seize)〉, 〈라틴어 → 프랑스어〉, 〈← rapina〉, 〈힘차게 물이 흐르는〉 좁은 골짜기, 계곡, 〈~ gorge〉, 〈~ arroyo\canyon〉, 〈→ Cheddar?〉, 〈↔blockage\barrier〉 톙2

114 **raw** [뤄어]: 〈← crudus(crude)〉, 〈라틴어 → 게르만어〉, 생(날)것의, 설익은, 가공하지 않은, 무경험의, 노골적인, 자료가 정리되지 않은, 〈~ fresh\under-done〉, 〈↔cooked\refined\well-done〉 톙1

115 **ray** [뤠이]: 〈라틴어〉 ①〈← radius〉, 빛, 광선, (방사)선, 지느러미의 뼈대, 〈~ beam\shaft〉 ②〈← raia〉, 〈넓적하고 꼬리가 긴〉 가오리, 〈~ sting-ray〉, 〈skate²는 꼬리에 가시가 없음〉 톙1

116 **ray·on** [뤠이안]: 〈라틴어 → 프랑스어 → 미국어〉, 〈'ray'(빛)같은 가는 줄로 된〉 레이온, 인조견사, 〈~ nylon〉, 〈~(↔)silk〉, 〈↔cotton〉 몡2

117 *****ray trac·ing** [뤠이 트뤠이싱]: 광선 추적법, 가상적인 광원에서 나온 빛이 여러 물체의 표면에서 반사되는 경로를 추적하면서 각 물체의 모양을 형성하는 과정을 알아보는 〈시간이 오래 걸리는〉 일, 〈~(↔)path tracing〉 몡2

118 **raze** [뤠이즈]: 〈← radere(scrape)〉, 〈라틴어〉, 남김없이 파괴하다, 무너뜨리다, 지우다, 〈~ bulldoze\ wipe out〉, 〈↔raise\set up〉 톙2

119 **ra·zor** [뤠이져]: 〈← radere(scrape)〉, 〈라틴어 → 프랑스어〉, 〈← raze〉, 면도칼, (전기)면도기, 〈~ shaver〉, 〈↔scraper〉 톙1

120 **RBC** (red blood cell): (붉은 혈색소를 함유하고 산소를 날라주는) 적혈구, 〈~(↔)WBC〉 톙1

121 ★**R-bomb** [아알 밤]: 당신의 전문을 보고도 상대방이 응답(responding)하지 않는다는 것을 알았을 때 느끼는 〈씁쓸한〉 심정, 〈~(↔)ghosting〉 몡1

122 *****RCA plug** (con-nec-tor): phone plug(connector), 1940년대 초에 RCA사가 개발한 시·청각 신호를 연결해주는 접속기 톙2

123 **reach** [뤼이취]: 〈← reccan(stretch)〉, 〈게르만어〉, ~에 도착하다, 뻗치다, 구하다, 건네주다, 구역, 범위, 〈~ arrive\thrust\jurisdiction〉, 〈↔leave\retract\forfeit\limit〉 톙1

124 **re-act** [뤼이 액트]: '행동을 돌려주다', 되튀다, 반응하다, 반항하다, 재연하다, ⟨~ behave\respond⟩, ⟨↔ignore\overlook⟩ 양2

125 ★**re-ac·tion shot** [뤼이 액션 샽]: '반응 촬영', 얼굴에 나타나는 반응을 포착하는 장면, ⟨~(↔)insert shot⟩ 확2

126 ★**re-ac·to-gen·i·ci·ty** [뤼이 액토 줴니씨티]: '⟨정상⟩ 반응성', 예방주사를 맞은 후 나타나는 ⟨과민성 반응이 아닌⟩ 일련의 정신·신체적 현상, ⟨~ expected adverse reactions⟩, ⟨↔allergic reaction⟩ 확2

127 **read** [뤼이드]: ⟨← ratan(discern)⟩, ⟨게르만어⟩, 읽다, 예측하다, 일깨워주다, 해독하다, (정보를) 외부 기억 매체에서 빼내어 주기억 장치에 입력하다, ⟨~ decipher\study⟩, ⟨↔write\listen⟩, ⟨↔ignore\misread⟩ 가1 미2

128 *read-me [뤼이드 미]: '읽어주세용', 어떤 연성기기를 사용하기 전에 꼭 읽어보라는 지침서류 양1

129 *read-out [뤼이드 아웉]: 정보 읽기, 기억장치로부터 정보를 끌어내는 일, ⟨~ recite\deliver⟩, ⟨↔approve\receive⟩ 양2

130 **read·y** [뤠디]: ⟨← reiti(prepared)⟩, ⟨게르만어⟩, 준비된, 당장에, 언제든지, 빨리, ⟨→ already⟩, ⟨↔un-ready\un-prepared⟩ 양1

131 **re·al** [뤼얼]: ⟨← res(thing)⟩, ⟨'실체'란 뜻의 라틴어⟩, 진짜의, 실제의, ⟨손으로 만져 볼 수 있는⟩ 실물의, ⟨~ actual\non-fictional⟩, ⟨↔un-real\fake⟩ 양1

132 **re·al es·tate** [뤼얼 에스테이트]: 부동산, 물적 재산, 전산기가 차지하는 자리, ⟨~ land and buildings⟩, ⟨↔personal property\movable asset⟩ 가1 미2

133 **re·al·i·ty** [뤼이앨리티]: 진짜, 사실, ⟨허벅지를 꼬집어 보면 알 수 있는⟩ 현실, 실재, ⟨~ truth\fact⟩, ⟨↔fiction\fantasy⟩ 가1

134 **realm** [뤨]: ⟨← regalis(royal)⟩, ⟨라틴어⟩, ⟨← regimen⟩, 국토, 영역, 범위, ⟨~ sovereign state\dominion⟩, ⟨↔non-ecumene\unclaimed land\section⟩ 양1

135 *real mode [뤼얼 모우드]: '실제 방식', 노출된 실제 주소를 사용하는 초기 인텔 미세처리기의 작동방식, ⟨↔virtual mode⟩ 확2

136 ★**real soon now** [뤼얼 쑤운 나우] \ RSN: '지금 즉시!', (실제로는) '조만간' 또는 '머지않아'로 쓰임, ⟨~ at once\right away⟩, ⟨↔later\eventually⟩ 미2

137 **real-tor** [뤼얼터]: 부동산 중개업자, '복덕방', ⟨~ agent\broker⟩, ⟨↔owner\buyer⟩ 가1

138 **reap** [뤼이프]: ⟨← reopan(glean)⟩, ⟨고대 영어⟩, ⟨'ripe'한 곡식을⟩ (베어) 거두어들이다, 수확하다, ⟨~ bring in\harvest⟩, ⟨↔forfeit\lose⟩ 가1

139 **rear¹** [뤼얼]: ⟨← retro⟩, ⟨라틴어⟩, back\behind, 뒤, 배후, 후미, ⟨↔front\face\foremost⟩ 가1

140 **rear²** [뤼얼]: ⟨← risan(rise)⟩, ⟨게르만어⟩, 기르다, 육성하다, 일으켜 세우다, ⟨~ raise\up-bring⟩, ⟨↔neglect\destroy⟩ 가1

141 **rea·son** [뤼이즌]: ⟨← ratio ← ratus(reckon)⟩, ⟨라틴어⟩, 까닭, 이유, 동기, 도리, 이성, 지각, ⟨~ rationality⟩, ⟨↔emotion\result⟩ 양1

142 **re-bate** [뤼이 베이트 \ 뤼베이트]: re+batere(beat), ⟨라틴어 → 노르만어⟩, 할인, 깎아준 금액, (금액의) 일부 반례, ('beat back'(뒤로 친)한) 환불, ⟨~ discount\refund⟩, ⟨↔surcharge\penalty⟩ 미2

143 **reb·el¹** [뤠벌]: re+bellum(war), ⟨라틴어⟩, 반역자, 모반자, ⟨~ dissident\insurgent\recusant⟩, ⟨↔loyalist\conformist⟩ 가1

144 **reb·el²** [뤼벨]: ⟨← rebellare(resist)⟩, ⟨라틴어⟩, 반항하다, 화합하지 않다, ⟨진 자가⟩ '전쟁을 다시 하다', ⟨~ revel\revolt\riot⟩, ⟨↔comply\conform⟩ 가1

145 *re-boot [뤼이 부우트]: 재시동하다, 껐다 다시 켜다, ⟨~ re-start⟩, ⟨↔sedate\de-energize⟩ 미2

146. **re-bound** [뤼 바운드]: (공이) 되튀다, 반발, 재기, 메아리, 〈~ bounce back\boomerang\repercussion〉, 〈↔destroy\correct\quieten〉 **웡1**

147. **re-buff** [뤼 버후]: ri+buffo(puff), 〈이탈리아어 → 프랑스어〉, '코방귀를 뀌다', 거절, 퇴짜, 좌절(시키다), 〈~ reject\turn-down〉, 〈↔accept\attempt\embrace\propose\seduce\welcome〉 **웡2**

148. **re-buke** [뤼 뷰우크]: re+bukier(beat), 〈프랑스어〉, 'beat down'해서(내려쳐) 꾸짖다, 비난하다, 징계하다, 〈~ reprehend\reprimand〉, 〈↔praise\commend〉 **웡2**

149. **re-call** [뤼 커얼]: 생각해내다, 되부르다, 소환하다, 철회하다, 〈~ remember\re·move\re·cant〉, 〈↔forget\dissolve〉 **웡1**

150. **re-cap** [뤼이 캡]: 〈라틴어〉, 다시 모자를 씌우다, re·capitulate; 요점을 되풀이하여 말하다, 개괄하다, 〈↔conceal\details〉 **웡2**

151. **re-cede** [뤼 씨이드]: re+cedere(go), 〈라틴어〉, '뒤로가다', 물러나다, 멀어지다, 철회하다, 하락하다, 〈~ re·cess〉, 〈~ move back\retreat〉, 〈↔advance\approach〉 **웡1**

152. **re-ceipt** [뤼 씨이트]: re+capere(take), 〈라틴어〉, 수령, 받음, 영수증, 받은 물건, 증거, 〈~ statement\certification〉, 〈~(↔)invoice〉, 〈~bill\payment〉 〈원래 뜻으로는 14세기부터 쓰였으나 2002년경에 미국 흑인사회에서 proof 란 뜻이 가미된 말〉 **기1**

153. **re-ceiv-a·ble** [뤼 씨이뷔블]: 〈되돌려 받을 수 있는, 믿을 만한, 수취 계정, 〈↔payable〉 **잉1**

154. **re-ceiv-er** [뤼 씨이붜]: 〈← capere(take)〉, 수령인, ~받이, 접대자, 수신기, 재산 관리인, 〈~ recipient\donee〉, 〈↔donor\giver〉 **가1**

155. **re-cent** [뤼이 쓴트]: 〈← recens〉, re(back)+ken(new), 〈산스크리트어 → 라틴어〉, 근래의, 최근의, 새로운, 〈~ current\late〉, 〈↔remote〉 **기1**

156. **re-cep-tion** [뤼 쎕션]: 〈← receive〉, 수령, 응접, 환영회, 입회, 평판, 수신상태, 〈~ acceptance\social event〉, 〈↔dismissal\repulsion\fare-well〉 **웡1**

157. **re-ces-sion** [뤼 쎄션]: 후퇴, 우묵한 곳, (일시적) 경기 후퇴, 〈~ down turn\depression〉, 〈↔boom\up-turn〉 **웡1**

158. **rec·i·pe** [뤠써피이]: re(back)+capere(take), 〈라틴어〉, '처방(전), Rx, 조리법, 비결, 〈~ method\prescription〉, 〈↔ingredient\impropriety〉 **웡2**

159. **re·cip·ro·cal** [뤼씨프뤄컬]: 〈← reciprocus〉, re(back)+pro(forward)+al, 〈라틴어〉, 〈앞·뒤에 같이 존재하는〉, 상호의, 호혜적인, 교환으로 주는, 상반되는, 역의, 〈~ compatible〉, 〈↔unlike\unequal〉 **웡1**

160. **re-cit·al** [뤼싸이틀]: re(again)+citare(call), 〈라틴어〉, '다시 불러보기', 암송, 낭독, (음악) 작품 발표회, 〈~ rehearsal〉, 〈~(↔)aria〉, 〈↔conceal\listen〉 **웡2**

161. **reck-less** [뤡클리스]: 〈← reccan(rule)〉, 〈게르만어〉, care·less, 분별없는, 무모한, 개의치 않는, 〈~ rash¹〉, 〈↔careful\prudent〉 **웡1**

162. **reck-on** [뤠컨]: 〈← reccan(rule)〉, 〈게르만어〉, 세다, 간주하다, 생각하다, 판단하다, 〈~ rate〉, 〈~ calculate\consider〉, 〈↔abandon\disregard\repudiate〉 **웡1**

163. **re-claim** [뤼 클레임]: 〈re+clamere(shout)〉, 〈라틴어〉, 교정하다, 개간하다, 되찾다, 〈~ recover\get back〉, 〈↔discard〉 **웡1**

164. **re-cline** [뤼클라인]: 〈re+clinare(lean)〉, 〈라틴어〉, 의지하다, '뒤로 젖히다', 눕다, 기대다, 〈~ recumbent〉, 〈↔stand\arise〉 **기1**

165. **re-cluse** [뤠클루우스 \ 뤼클루우스]: re(again)+claudere(shut), 〈라틴어〉, 속세를 떠난, 쓸쓸한, 〈꼭 닫은〉 은둔자, 〈~ hermit〉, 〈↔socialite〉 **가1**

166. **re-cog·nize** [뤠 커그나이즈]: re+cognito(know), 〈라틴어〉, (다시) 알아보다, 인지하다, 인정하다, 〈~ acknowledge\concede〉, 〈↔overlook\deny〉 **웡2**

167 **re·col·lect¹** [뤠 컬렉트]: re+colligere(gather), 〈라틴어〉, 〈다시〉 생각해내다, 회상하다, 상기하다, 〈~ remember〉, 〈↔forget〉 **양1**

168 **re·col·lect²** [뤼이 컬렉트]: '다시 〈함께〉 모으다', 진정시키다, 집중하다, 북돋우다, 〈~ retain\rouse〉, 〈↔lose〉 **양1**

169 ★**re·com·bo·bu·la·tion ar·e·a** [뤠 컴보불레이션 에어어뤼어]: 〈~ discombobulate〉, 〈라틴어 → 영국어 → 미국 공항 속어〉, 〈검색대를 통과해서〉 〈수하물을 다시 정리하는〉 재정비 구간, '혼란 방지 구역', 〈~ re-orientation area〉 **우2**

170 **re·com·mend** [뤠 커멘드]: 〈라틴어〉, '다시 명령하다', 추천하다, 권고하다, 위탁하다, 〈~ advice\suggest〉, 〈↔reject\veto〉 **갠1**

171 **re·com·pense** [뤠 컴펜스]: 〈라틴어〉, 보수, 배상, 보답하다, 〈~ reimburse\restitution〉, 〈↔repudiate\dishonor〉 **갠1**

172 **re·con·cile** [뤠 컨싸일]: re+conciliare(bring), 〈라틴어〉, '다시 한자리에 불러 모으다', 화해시키다, 조정하다, 다수결로 해결하다, 단념하게 하다, 〈~ accomodate\adjust〉, 〈↔disharmonize\alienate〉 **양2**

173 **rec·ord¹** [뤠 코어드]: re+cordis(heart), 〈라틴어 → 프랑스어 → 영국어〉, 기록, 이력, 음반, 〈~ document\disc〉, 〈↔omission\speech〉 **양2**

174 **re·cord²** [뤼 코어드]: 〈라틴어〉, '상기하다', 적어두다, 〈'cord'(심장)에〉 등록하다, 녹음하다, 〈~ note\tape〉, 〈↔erase\eliminate〉 **양2**

175 **re·count** [뤼 카운트]: re+computare(sum up), 〈라틴어〉, 다시 세다, 하나하나 열거하다, 자세히 얘기하다, 〈~ describe〉, 〈↔predict\estimate〉 **양1**

176 **re·course** [뤼이 커얼스 \ 뤠이 커어스]: re+currere(run), 〈라틴어〉, 〈뒤로 달려가서 기대는〉 의지, 의뢰, 상환 청구권, 〈~ aid\appeal〉, 〈↔blockage\injury〉 **양2**

177 **re·cov·er** [뤼 커붜]: re+cupere(desire), 〈라틴어〉, 되찾다, 발견하다, 회복하다, 다시 덮다, 〈~ regain\recoup〉, 〈↔deteriorate\lose〉 **양1**

178 **rec·re·a·tion** [뤠 크뤼에이션]: re+creare(a-new), 〈라틴어〉, 재창조, 휴양, 기분전환, 오락, 〈~ avocation\leisure〉, 〈↔work\labor〉 **양1**

179 **re·cruit** [뤼 크루우트]: re+crescere, 〈라틴어〉, re·'grow', '다시 키우다', 〈새 회원을〉 모집하다, 보충하다, 신참자 〈→ rookie〉, 〈~ augment\inductee〉, 〈↔dismiss\veteran〉 **양1**

180 ★**rec·ta fide** [뤨터 화이드]: 〈라틴어〉, 'right faith', 옳은 믿음, 무분별한 믿음이 아니라 정확히 알고 믿는 것, 바른 신앙, 〈↔wrong-faith〉 **양2**

181 **rect·an·gle** [뤨탱글]: 직사각형, 직각, '똑바로 만나는 각도', 〈~(↔)parallelo-gram\quadri-lateral〉, 〈↔sphere\line\oval\triangle〉 **갠1**

182 ★**rec·to ra·tio** [뤨터 뤠이쇼우]: 'right reason', 정확한 이유, 부적절한 용도에 사용하지 않고 알맞은 경우에만 따지는 것, 바른 논리, 〈~ virtue〉, 〈↔vice²〉 **양2**

183 **re·cum·bent** [뤼 컴번트]: re+cumbere(lie), 〈라틴어〉, 기댄, 가로누운, 굼뜬, 〈~ re·cline\horizontal〉, 〈↔erect\upright〉 **양1**

184 *****re·cur·sion** [뤼 커얼션]: 〈← recur〉, 회귀, 귀납, 되부름, 자료나 정보체계에서 자기 자신을 다시 불러내서 새로운 절차를 창출하는 일, 〈~ repetition\looping〉, 〈↔beginning\ending〉 **양2 미2**

185 *****re·cur·sive sub·rou·tine** [뤼 커얼시브 써브 루우틴]: 되부름의 아래 경로, 자기 자신을 되불러냄으로써 차림표를 반복 사용할 수 있는 독립된 명령군, 〈~ circular sub-routine〉 **우2**

186 **re·cy·cle bin** [뤼이 싸이클 빈]: 〈라틴어+그리스어〉, 〈재활용〉 쓰레기통, 휴지통, 〈~ trash can〉, 〈↔treasure trove〉 **양2**

187 **red** [뤠드]: ⟨← rudhira(blood)⟩, ⟨산스크리트어 → 그리스어 → 라틴어 → 게르만어⟩, 빨간, 적색의, 피로 물든, 좌익의, 적자의, ⟨~ ruby\communist\in debt⟩, ⟨↔white\black⟩ 유1

188 **red a·lert** [뤠드 얼러얼트]: 적색경보, 긴급 비상사태, ⟨~ crisis\urgency⟩, ⟨↔calm\stable⟩⟩ 기2

189 ★**red card** [뤠드 카아드]: '적색 딱지', 퇴장 명령 판지, ⟨~ dismiss\penalty⟩, ⟨↔blue(green) card⟩ 미2

190 ★**red car·pet** [뤠드 카아핕]: '붉은 융단', 극진한 예우(환대), ⟨~ honorary treatment⟩, ⟨↔cold shoulder⟩ 영2

191 **Red Cross** [뤠드 크뤄스]: 레드 크로스, The International Movement of the Red Cross and the Red Crescent(적십자와 적신월의 국제운동), 적십자, 1863년 제네바에서 창립되어 1919년 회권의 적신월사와 합쳐져 현재 190개국의 지사와 1천7백만의 자원봉사자를 가진 국제적 ⟨자선사업·인권옹호⟩단체, ⟨↔(↔)Blue Cross⟩ 중2

192 ★**Redd·it** [뤠딭]: 'I read it', 2005년 미국에서 창립된 각종 사회 정보 전산망 게시판 중2

193 **re-deem** [뤼 디이임]: re+emere(purchase), ⟨라틴어⟩, '되사다', 되찾다, 벌충하다, 이행하다, ⟨~ re·demption⟩, ⟨~ recover\regain⟩, ⟨↔abandon\ravage⟩ 영1

194 ★**red-eye** [뤠드 아이]: 붉은 눈 ①눈이 빨간 물고기(fish) ②미국 살무사(copperhead) ③어깨에 메는 지대공 탄도탄, ⟨~ a man portable missile⟩ ④야간 항공편(night-coach), ⟨이외에도 여러가지 뜻을 가진 말⟩ 미2

195 **red flag** [뤠드 훌래그]: 적기, 적신호, 위험(금지) 신호, ⟨~ danger\warning⟩, ⟨↔green flag⟩ 영2

196 ★**red-flag law** [뤠드 훌래그 러어]: '적신호법', ⟨자신이나 타인에게 총기를 사용하는 것이 위험한 사람들한테 내리는⟩ 무기 소지 금지 명령, ⟨캘리포니아에서는 gun violence restraining order라 함⟩ 영2

197 ★**red hand·ed** [뤠드 핸디드]: 손이 빨간, 피투성이 손의, 현행범의, ⟨~ guilty\culpable⟩, ⟨↔immune\blameless\white handed⟩ 미2

198 ★**red her·ring** [뤠드 헤륑]: (여우 사냥 때 던져줘서 개의 주의를 딴 데로 돌리는) 훈제 청어, 엉뚱한 질문으로 토론을 훼방 놓는 일, ⟨~ bluff\deception⟩, ⟨↔naked truth\fact of the matter⟩, ⟨~ Mac Guffin은 subtle함⟩ 영2 우1

199 ★**red lie** [뤠드 라이]: '새빨간 거짓말', (예를 들면) 편자가 "아무개 교수는 저질이다" 했더니 "이원택 박사는 논문을 표절했다" 하는 식의 ⟨앙갚음성 거짓말⟩, ⟨~ black lie⟩, ⟨↔white lie\gray lie⟩ 영2

200 **red-light** [뤠드 라잍]: 붉은 등, ⟨위험을 표시하는⟩ 적색등(신호), ⟨가슴을 뜨겁게 하는⟩ 홍등, ⟨~ red flag⟩, ⟨↔green-light⟩ 영2

201 **red meat** [뤠드 미이트]: ⟨지방과 myoglobin이 많아 맛은 있으나 건강에 좋지 않다는⟩ (포유동물의) 빨간 고기, 적육, ⟨~(↔)dark meat⟩, ⟨↔white meat⟩ 영2

202 ★**red-neck** [뤠드 넼]: '핏대를 잘 올리는 자', ⟨트럼프 정권 창출에 한몫을 한⟩ 편협하고 교양이 없는 (미 남부 시골 출신의) 백인 노동자·보수주의자·인종차별주의자, ⟨~ boor\lout⟩, ⟨↔liberal\cosmopolitan⟩ 우1

203 ★**red o·cean** [뤠드 오우션]: ⟨신조어⟩, '적해', '피바다', ⟨혈투로 점철된 기성기업⟩이란 뜻의 경제 시사 용어, ⟨~ cut-throat competition\dog-eat-dog⟩, ⟨↔blue ocean⟩ 미2

204 **red pep·per** [뤠드 페퍼]: (붉은) 고추, 빨간 피망, ⟨~ cayenne pepper⟩, ⟨↔green pepper⟩ 기1

205 ★**red pill** [뤠드 필]: ⟨영화「Matrix」에서 연유한⟩ (청색 알약을 선택하면 '축복받은 무지'에 머물러 있고) 적색 알약을 선택하면 '괴로운 진실(sad reality)'에 노출될 것이라는 뜻, ⟨↔blue pill⟩ 우2

206 ★**red state** [뤠드 스테이트]: (전통적으로) 미 대통령 선거에서 공화당⟨GOP⟩이 승리하는 주, ⟨↔blue state⟩ 미2

207 ★**red-tape** [뤠드 테이프]: '붉은 끈', (관공서의) 불필요한 요식, 형식적인 절차, 번문욕례, ⟨~ bureaucracy⟩ 영2

208 **re-duce** [뤼 뒤우스]: re+ducere(lead), ⟨라틴어⟩, 줄이다, 내리다, 한정하다, 진압하다, '뒤로 이끌다', ⟨~ lessen\decrease⟩, ⟨↔enhance\enlarge\increase⟩ 암1

209 **red wine** [뤠드 와인]: 적포도주(떫은 맛이 나고 색깔이 짙은 포도를 껍질째 담가 ⟨건강에 좋다는 설이 있는⟩ 술), ⟨↔white wine⟩ 암2

210 **red zone** [뤠드 죠운]: 위험지대, 행동금지 구역, 미식축구에서 상대측 득점선에서 20야드 이내 구역, ⟨↔secure place⟩ 미2

211 **reed** [뤼이드]: ⟨← hreod(arrow)⟩, ⟨어원 불명의 게르만어⟩, 갈대, 갈대 피리, (악기의) 혀, ⟨~ straw\blade⟩ 암1

212 **reef**¹ [뤼이후]: ⟨← rif⟩, ⟨북구어⟩, ⟨갈비뼈(rib) 모양의⟩ 암초, 모래톱, 장애물, 광맥, ⟨~ ridge\rand\brink⟩, ⟨↔stimulus\catalyst⟩ 암1

213 **reel**¹ [뤼일]: ⟨← krekein(weave)⟩, ⟨그리스어 → 북구어 → 영국어⟩, 얼레, 물레, 감개, 실패, 한 타래(두루마리), ⟨~ spinning wheel⟩, ⟨↔disarrange\unwrap\unsnarl⟩ 암1

214 **re-fer** [뤼훠어]: re+ferre(bear), ⟨라틴어⟩, '뒤로' 보내다, 위탁하다, 조회하다, 참조시키다, ⟨~ re·late\apply\pertain⟩, ⟨↔hold back\dissuade⟩ 암1

215 **ref-er-ee** [뤠훠뤼이]: ⟨← refer⟩, 중재인, 조정관, 심판, 신원보증인, ⟨~ umpire\judge⟩, ⟨↔competitor\rabble⟩ 암2

216 **ref-er-ence** [뤠훠륀스]: ⟨← refer⟩, 문의, 조회, 참조, 언급, 지시, 기준, ⟨~ allusion\quotation⟩, ⟨↔ignore\demerit\irrelevance⟩ 암1

217 ***re-fi** [뤠 휘 \ 뤼 화이]: re·finance(재융자·재정재건)의 약어 암2

218 **re-fine** [뤼 화인]: re+finer(pure), ⟨라틴어⟩, 정제(순화)하다, 다듬다, 세련되게 하다, '다시 일을 마치다', ⟨~ clarify\distill⟩, ⟨↔ruin\pollute⟩ 암1

219 **re-flect** [뤼 훌렉트]: re+flectere(bend), ⟨라틴어⟩, '반대로 구부리다', 되튀기다, 반사하다, 나타내다, 반성하다, ⟨~ throw back\think about⟩, ⟨↔dis·regard\fore·see⟩ 암1

220 **re-flex** [뤼이 훌렉스]: re(back)+flectere(bend), ⟨라틴어⟩, 되돌아오는, 반사의, 내향적인, 반성하는, 반영, ⟨~ habitual\automatic⟩, ⟨↔conscious\voluntary\learned⟩ 암1

221 ***re-flex·ol-o·gy** [뤼 훌렉쌀러쥐]: ⟨라틴어+그리스어⟩, 반사학, 반사 요법(발바닥을 주물러서 혈행을 좋게 하거나 근육의 긴장을 풀어주는 치료법), '안마시술소'의 점잖은 표현, ⟨~(↔)acu-pressure\acupuncture\~ zone therapy⟩ 암2

222 **re-flux** [뤼이 훌럭스]: re(back)+fluere(flow), ⟨라틴어⟩, 역류, 썰물, 퇴조, 환류, ⟨~ retreat\ebb⟩, ⟨↔in-flux⟩ 암1

223 **re-form** [뤼이 훠얾]: re+formare(shape), ⟨라틴어⟩, '다시 만들다', 개혁(개량)하다, 교정하다, 쇄신하다, ⟨~ ameliorate\over-haul⟩, ⟨↔preserve\maintain⟩ 암1

224 **re-frac·to-ry** [뤼 후뤡터뤼]: 저항이 있는, 처리하기 힘든, 반응하지 않는, ⟨~ obstinate\stubborn⟩, ⟨↔obedient\manageable⟩ 암2

225 **re-frain** [뤼 후뤠인]: re+frenare(curb), ⟨라틴어⟩, 그만두다, 참다, 반복 구절, ⟨~ re·strain⟩, ⟨↔emit\submit\impinge⟩ 암1

226 **re-fresh-ment** [뤼 후뤠쉬먼트]: re+fraicher(fresh), ⟨프랑스어⟩, 원기 회복, 상쾌해짐, 가벼운 식사, ⟨~ invigoration\snack⟩, ⟨↔exhaustion\poison⟩ 암1

227 ***re-fresh rate** [뤼후뤠쉬 뤠이트]: '되살리기 빈도', 화면의 영상이 계속 보이게 하는 주사 비율, ⟨~(↔)frames per second⟩ 암2

228 **re-frig·er·a-tor** [뤼 후뤼줘뤠이터]: ⟨← frigerare ← frigus(cold)⟩, ⟨라틴어⟩, 냉장고, 냉각장치, 빙고, fridge, ⟨↔warmer\defroster⟩ 암2

229 **ref·u·gee** [뤠 휴쥐이]: re+fugere(flee), 〈라틴어〉, 〈뒤로 도망친〉 피난자, 망명자, 난민, 〈~ escapee\fugitive〉, 〈↔inhabitant\citizen〉 양2

230 **re·fund** [뤼이 훤드]: re+fundere(pour), 〈라틴어〉, 환불(금), 변상(하다), 새로 적립하다, 〈~ repay\rebate〉, 〈↔deprive\forfeit〉 가1

231 **re·fuse¹** [뤼 휴우즈]: 〈← refusare(give back)〉, 〈라틴어〉, 거절하다, 물리치다, 〈따라 준 술을 주전자에 다시 부어서〉 사절하다, 〈~ demur\desist〉, 〈↔accept\take〉 양1

232 **re·fuse²** [뤠휴우스]: 〈← refuse¹〉, 〈라틴어〉, 〈모두 거절하는〉 찌꺼기, 쓰레기, 폐물, 〈~ waste\debris〉, 〈↔prize\treasure〉 양1

233 **re·fute** [뤼 휴우트]: re(back)+futare(beat), (, 〈라틴어〉, 〈뒤로 쳐서〉 논박(반박)하다, 잘못을 밝히다, 〈~ contradict\disprove〉, 〈↔profess\confirm\verify〉 양2

234 **re·gal** [뤼이걸]: ①〈← regere(rule)〉, 〈라틴어〉, 제왕(rex)의, 장엄한, 〈~ royal〉, 〈↔plebeian\humble〉 ②〈영국어〉, 〈16세기에 왕을 위해 만들어졌다는〉 (휴대용) 손풍금의 일종, 〈~ reed organ〉 양1 양1

235 **re·gard** [뤼 가아드]: re(back)+garder(guard), 〈프랑스어〉, '뒤를 지켜보다', 주시(응시)하다, 존중하다, 고려(참작)하다, 안부, 〈~ consider\best wishes〉, 〈↔dis-regard\in-attention〉 양1

236 **re·gard-ing** [뤼 가아딩]: ~에 관하여, ~의 점에서는, 〈~ concernig〉, 〈↔despite\regardless〉 양2

237 **re·gard-less** [뤼 가아들리스]: = irregardless, 괘념치 않는, 무관심한, 여하튼, 〈~ any-way\never the less〉, 〈↔attentive\suitable\proper〉 양1

238 **re·gent** [뤼이줜트]: 〈← regere(rule)〉, 〈라틴어〉, 〈지배하는〉 섭정(kanpaku), (대학의) 평의원(director), 〈~powerless\commoner〉 양2

239 ★**reg·gae·ton** [레게이탄]: 〈← reggae〉, 레게톤, 1980년도에 푸에르토리코에서 개발한 힙합(hip-hop)의 영향을 받은 레게(reggae) 리듬에 스페인어로 된 랩(rap)이 섞인 대중음악 수2

240 **re·gime** \ **ré·gime** [뤼지이임 \ 뤠이 쥐이임]: 〈← regere(rule)〉, 〈라틴어〉, 〈지배하는〉 정권, 〈바르게 이끄는〉 통치(조직), 〈~ authority\government〉, 〈↔disorder\anarchy〉 양2

241 **reg·i·men** [뤠쥐먼 \ 뤠쥐멘]: 〈← regere〉, 〈라틴어〉, 〈규칙적인〉 양생법, 처방 계획, 엄한 훈련, 〈~ rule〉, 〈→ regime〉, 〈~ menu\procedure〉, 〈↔chaos\havoc〉 양2

242 **reg·i·ment** [뤠쥐먼트]: 〈라틴어〉, 〈← rule〉, 〈잘 조직된〉 연대, 큰 무리, 조직화하다, 통제하다, 〈~ realm〉, 〈~ unit\force〉, 〈↔disorganize\disarrange〉 양1

243 **re·gion** [뤼이줜]: 〈← regere(rule)〉, 〈라틴어〉, '통치하는 구역', 지방, 지구, 영역, 부위, 〈~ area\zone〉, 〈↔whole\aggregation〉 양1

244 ★**re·gion·al set·ting** [뤼이줘늘 쎄팅]: (사용자의 위치에 맞는) 〈나라·언어·시간대·화폐단위 등의〉 국부(local) 설정 미1

245 **reg·is·ter** [뤠 쥐스터]: re(back)+gerere(carry), 〈← regerere(record)〉, 〈라틴어〉, 〈언제든지 볼 수 있게〉 '뒤로 운반하는 기록부', 등기부, 목록, 등록기(전산기에서 단편적 정보를 특정 목적으로 쓰기 위해 일시적으로 저장하는 중앙처리장치 내의 고속 기억부), 〈~ list\index〉, 〈↔de-register\remove〉 양1 미2

246 **re·gress** [뤼 그뤠스]: re(back)+gradi(step), 〈라틴어〉, 〈grade를〉 '뒤로가기', 퇴보, 역행, 회귀, 〈~ digress\revert〉, 〈↔progress\improve\evolve〉 양1

247 **re·gret** [뤼그뤨]: re+greter(groan): 〈게르만어〉, 후회, 유감, 미련, 〈~ remorse\ruth\repentance〉, 애도, 〈← greet*〉, 〈↔anticipation〉 양1

248 **reg·u·lar** [뤠귤럴]: 〈← regere〉, 〈라틴어〉, 〈← rule〉, '통치가 잘 되는', 규칙적인, 정기적인, 일상의, 정규의, 완전한, 〈~ orderly\even\constant〉, 〈↔irregular\infrequent\haphazard〉 가1

249 **reg·u·lar ex·pres·sion** [뤠귤럴 익쓰프뤠션]: 정규 표현, 검색 양상을 정해주는 일련의 문자나 기호, 〈~ common term〉, 〈↔or〉 미1

250 **reg·u·la·tion** [뤠귤레이션]: 〈← regere(rule)〉, 〈라틴어〉, 규칙, 법규, 조정, 단속, 〈~ code\order\control〉, 〈↔de-regulation\lax\caprice〉 기1

251 **re·ha·bil·i·ta·tion** [뤼이 허빌리테이션]: re(again)+habilitare(make fit), 〈라틴어〉, 복원, 회복, 부흥, 재활, 〈~ recovery\recuperation〉, 〈↔deterioration〉 양2

252 **re-hears-al** [뤼 허어설]: re+herce(harrow), 〈프랑스어〉, (예행)연습, 시연, 대본 읽기, 〈~ dry-run\practice〉, 〈↔refrain\standstill〉 양2

253 **reign** [뤠인]: 〈← regere(rule)〉, 〈라틴어〉, 〈왕이 이끄는〉 치세, 통치, 군림(하다), 〈→ sovereign〉, 〈↔subservient\yield〉 양2

254 **rein** [뤠인]: re+tenere(hold), 〈라틴어〉, 〈← re·tain〉, 고삐, 구속(력), 통제(권), 〈~ command\control〉, 〈↔release\impotence〉 양1

255 **re-in·car·nate** [뤼이 인카네이트]: re+in+caro(flesh), 〈라틴어〉, 화신(환생)시키다, 재생하다, 〈~ regenerate\resurrect〉, 〈↔degeneration\succumb〉 양1

256 **rein-deer** [뤠인 디어]: hreinn(horned animal)+dyr, 〈'뿔 달린 동물'이란 뜻의 북구어〉, 순록, 북극지방에서 〈소·말·양의 역할을 하며〉 서식하는 중형의 사슴, 〈~ caribou〉 미2

257 ★**rein-deer game** [뤠인 디어 게임]: (성탄절 때 하는) 여자 스타킹 속으로 부푼 풍선을 쑤셔 넣는 경기, 크리스마스 때 남을 골탕 먹이는 장난질, 〈~ bullying activities〉 양1

258 **re-in-force** [뤼이 인휘얼스]: re+en+fortiare(fortify), 〈라틴어〉, '다시 힘을 들이다', 보강(강화)하다, 상을 주다, 〈~ bolster\strengthen〉, 〈↔weaken\topple〉 양2

259 **re·ject¹** [뤼 젝트]: re(back)+jacere(throw), 〈라틴어〉, 거절(거부)하다, 각하하다, 〈뒤로 던져〉 버리다, 게우다, 〈~ abject〉, 〈~ renounce\repudiate〉, 〈↔accept\endorse\entertain\invite〉 양2

260 **re-joice** [뤼 줘이스]: ex+gaudere(glad), 〈라틴어 → 프랑스어〉, re(again)+joir(gladden), 〈다시 만나〉 기뻐하다, 환호하다, 〈~ exult\celebrate〉, 〈↔mourning\lament\gnash〉 기1

261 **re-ju·ve·nate** [뤼 쥬우뷔네이트]: re(again)+juvenis(youth), 〈라틴어〉, 도로 젊어지게 하다, 원기를 회복하다, 〈~ renew\renovate〉, 〈↔destroy\ruin〉 양1

262 **re-lapse** [륄 랩스]: re(back)+labi(slide), 〈라틴어〉, 거슬러 되돌아감, 〈다시 미끄러져 떨어지는〉 퇴보, 재발, 〈~ set-back\recurrence〉, 〈↔recover\improve〉 양1

263 **re-la·tion** [륄 레이션]: re(back)+latum(borne), 〈라틴어〉, 〈되돌려 받는〉 관계, 사이, 연고, 〈~ refer〉, 〈~ connection\link〉, 〈↔separation\antagonism〉 기1

264 ★**re·la·tion·al da·ta·base** [륄 레이셔널 데이터 베이스]: 관계형 자료본, 서로 연관이 있는 자료를 〈가로·세로로〉 결합해서 만든 자료 관리 방식, 〈↔non-relational data base〉 미1

265 **rel·a·tive** [뤨 러티브]: 〈라틴어〉, 상대적(비교적)인, 상호의, 〈끈으로 연결된〉친척, 〈~ relation\kin〉, 〈↔absolute\stranger〉 양1

266 ★**rel·a·tive ad·dress** [뤨 러티브 애드뤠스]: 상대번지(주소), 기준번지로부터 일정한 거리를 두고 떨어진 위치에 있는〈distant 기억력 주소〉, 〈↔absolute address〉 미2

267 **re-lax** [륄 랙스]: re(again)+laxare(loosen), 〈라틴어〉, '다시 느슨하게 하다', 늦추다, 완화하다, 긴장을 풀다, 〈~ ease\soften〉, 〈↔tense\panic\gnash〉 양1

268 **re-lay** [뤼 일레이]: re(back)+laier(leave), 〈라틴어〉, '뒤에서 느슨하게 뛰다', 새로운 공급, 교대반, 중계(기), 이어달리기, 〈~ deliver\transfer〉, 〈↔hold\receive〉 양1

269 **re-lease** [륄 리이스]: 〈← relax〉, 〈라틴어 → 프랑스어〉, '다시 느슨하게 하다', 풀어(떼어)놓다, 방출(해제)하다, 발표(공개)하다, 발매(하다), 양도(포기)증서, 〈~ relish\quit-claim〉, 〈~ liberate\make known〉, 〈↔take\possess\en-snare\hold\entangle\entrap〉 양①

270 **re-lent-less** [륄 렌틀리스]: 냉혹한, 가차없는, 집요한, 〈~ persistent\continous〉, 〈↔compassionate\flexible〉 양①

271 **rel·e·vant** [뤨 러번트]: 〈← relevare(re-lift)〉, 〈라틴어〉, '다시 대화로 올라오는', ~에 관련된, 의미 있는, 타당한, 〈~ accordant\pertinent〉, 〈↔ir-relevant\in-applicable\im-material〉 양②

272 **re-li-a-ble** [륄 라이어블]: 〈라틴어〉, 〈← rely〉, 믿음직한, 의지가 되는, 〈~ well-grounded\authentic〉, 〈↔un-reliable\un-dependable〉 양②

273 **rel-ic** [뤨릭]: 〈← leipein(leave)〉, re+linquere, 〈그리스어 → 라틴어〉, 유물, 유적, 유골, 기념품, 〈~ relinquish\remains〉, 〈↔modern\innovation〉 양①

274 **re-lief** [륄 리이후]: re(again)+levare(raise)〈라틴어〉, '다시 올리기', 경감, 제거, 안심, 다행, 구원, 교체, 두드러짐, 양각, 〈~ relaxation\assistance〉, 〈↔dismay\distress\suffering〉 양①

275 **re-li·gion** [륄 리젼]: re(again)+ligare(bind)〈라틴어〉, 종교, 신앙(심), 신조, '신과 다시 묶기', 〈~ faith\creed〉, 〈↔atheism\non-belief〉 가①

276 **re-lin·quish** [륄 링퀴쉬]: re(back)+linquere(leave)〈라틴어〉, '되돌아가다', 포기(양도)하다, 단념(양위)하다, 〈← relic\remains〉, 〈~ renounce\part with〉, 〈↔retain\possess\obtain\shoulder\stand by\preempt〉 양②

277 **rel·ish** [뤨리쉬]: 〈← relaisser〉, 〈프랑스어〉, 〈're·lease'(방출)된〉 맛, 풍미, 흥미, 양념, 맛보기 음식, 즐기다, 〈~ appetite\condiment〉, 〈~ penchant\taste〉, 〈↔dis-relish\dis-like\repudiate〉 양①

278 **re-luc·tant** [륄 럭턴트]: re(again)+luctari(struggle), 〈라틴어〉, '다시 싸우는', 마음 내키지 않는, 꺼리는, 마지못해하는, 〈~ grudging\hesitant〉, 〈↔willing\eager〉 양②

279 **re-ly** [륄 라이]: re(again)+ligare(bind), 〈라틴어〉, '다시 묶다', 의지(신뢰)하다, 〈~ depend\entrust〉, 〈↔disregard\distrust〉 가①

280 *****REM³** [뤰]: 〈← remark〉, '주목', 전산기에서 연산과 관계없이 주는 차림표 작성의 주의사항 미②

281 **re-main** [뤼 메인]: re(back)+manere(stay), 〈라틴어〉, '뒤에' 남아있다, 머무르다, 잔존물, 유물, 유해, 〈~ left-over\residue\rest²〉, 〈↔dispatch\born-again〉 양①

282 **re-mark** [뤼 마아크]: re(again)+marquer(note), 〈프랑스어〉, ~에 주목하다, (소견을) 말하다, 다시 표지를 달다, 〈~ reflect\comment〉, 〈↔carelessness\disregard〉 양①

283 **rem·e·dy** [뤠미디]: re(back)+mederi(heal), 〈라틴어〉, 치료(약), 구제책, 교정법, '이전 상태로 고치기', 〈re+medi〉, 〈~ cure\treatment〉, 〈↔damage\aggravate〉 양②

284 **re-mem·ber** [뤼 멤버]: re(again)+memorare(be mindful), 〈라틴어〉, 생각해내다, 기억하다, '다시 마음에 새기다', 〈~ educe\recall〉, 〈↔forget\overlook〉 가①

285 **re-mind** [뤼 마인드]: 〈라틴어+게르만어〉, 생각나게(깨닫게) 하다, 다짐하여 말하다, '다시 마음에 떠오르게 하다', 〈~ monument〉, 〈~ advise\educe〉, 〈↔ignore\forget〉 양②

286 **rem·i·nis-cence** [뤠 미니쓴스]: re(again)+memini, 〈라틴어〉, 〈← remember〉, 〈다시 생각하는〉 회상, 추억, 회고담, 〈~ recall\keep-sake〉, 〈↔disregard\repress〉 양②

287 **re-mis-sion** [뤼 미쎤]: 〈라틴어 → 프랑스어〉, 〈← re mit〉, 〈임무를 뒤로 빼주는〉 사면, 완화, 누그러짐, 진정, 〈~ reprive\exuse〉, 〈↔punishment\reprisal\worsening〉 양①

288 **re-mit** [뤼 밑]: re+mittere(send), 〈라틴어〉, 〈되돌려〉 보내다, 납부하다, 송금하다, 면제하다, 조회하다, 연기하다, 누그러지다, 진정, 〈~ abate\rescind〉, 〈↔receive\withhold\expand〉 양①

289 **rem·nant** [렘넌트]: re(back)+manere(stay), 〈라틴어 → 프랑스어〉, 〈← re·main〉, 나머지, 잔여, 잔존물, 유물, 자투리, 〈~ trace\vestige〉, 〈↔whole\core〉 영1

290 **re-morse** [뤼 머얼스]: re(again)+mordere(bite), 〈라틴어〉, 〈입술을 깨물며 하는〉 후회, 양심의 가책, 연민, 〈~ regret\guilt〉, 〈↔indifference\happiness〉 기2

291 **re-mote** [뤼 모우트]: re(back)+movere(more), 〈라틴어〉, 먼, 외딴, 관계가 적은, 희미한, '뒤로 움직여 놓은', 〈~ faraway\unlikely〉, 〈↔recent\close\near〉 기1

292 *****re-mote batch** [뤼 모우트 배취]: remote job entry, 원격 일괄 처리, 원격 일감 입력(먼 단말기에서 입력된 자료를 중앙 전산기가 일괄 처리하는 방식) 미2

293 **re-move** [뤼 무우브]: re(back)+movere(move), 〈라틴어〉, 〈뒤로〉 옮기다, 제거하다, 거리, 등급, 〈~ re·call\separate\with-draw〉, 〈↔attach\accept\ratify〉 영1 영2

294 **re-mu·ne·rate** [뤼 뮤우너뤠이트]: re(again)+muneris(service), 〈라틴어〉, 보수를 주다, '보답하다', 〈~ reimburse\pay〉, 〈↔deny\charge〉 미1

295 **Re-nais·sance** [뤼 네이쌍스 \ 뤼 네싸앙스]: re(again)+nascentia(birth), 〈라틴어 → 프랑스어〉, new birth, 르네상스, (14~16세기 유럽의) 문예부흥(부활), (그리스·로마 문명의) '재생', 〈중세와 근세의 징검다리〉, 〈각국마다 발음이 다양한 말〉, 〈↔dark age〉 미2

296 **rend** [뤤드]: 〈← hrendan(tear)〉, 〈게르만어〉, 째다, 찢다, 떼어놓다, 쪼개다, 〈~ rind〉, 〈~ slit〉, 〈~ rive〉, 〈↔abduct\repair\close〉 영1

297 **ren·der** [뤤더]: re(back)+dare(give), 〈라틴어〉 ~로 만들다, 주다, '갚다', 바치다, 제출하다, 표현하다, 〈→ sur·render〉, 〈~ furnish\supply〉, 〈↔retain\expropriate\misrepresent〉 영1

298 *****ren·der·ing** [뤤더링]: 연출, 번역, 묘사, 초벽칠, '표출'(입체 감각을 나타내기 위해 단계적으로 채색하는 기술), 〈↔misrepresentation\distortion〉 영1 미1

299 **ren·dez·vous** [롸안디부우 \ 뤄언데이브]: rendre(render)+wos(you), 〈프랑스어〉, 〈'vous'(당신)와 만나기로 한 장소〉, 랑데부, (가슴 두근거리는) 만남, 만날 약속(장소), 회합, 〈~ gathering\meeting〉, 〈↔avoidance\cancellation〉

300 **re-nounce** [뤼 나운스]: 〈← nuntius(messenger)〉, re(back)+nuntiare, 〈라틴어〉, 〈자기가 왕이라고 우기다〉 〈뒤로 물러서서〉 '다시 알리다', 포기하다, 부인하다, 관계를 끊다, 〈이만하면 back+again= repeat란 등식을 알겠는가?〉, 〈~ reject\repudiate〉, 〈~ relinquish\give up〉, 〈↔arrogate\preach\ accept\apostle〉 영2

301 **ren·o·vate** [뤠 너붸이트]: 〈← novus(new)〉, re+novare, 〈라틴어〉, 〈다시〉 새롭게 하다, 개선하다, 회복하다, 〈~ refresh\restore\recover\revamp〉, 〈↔demolish\ruin〉 영2

302 **rent** [뤤트]: ①re+dare, reddere(give back), 〈← render〉, 지대, 집세, 사용료, 빌려주다, 세놓다, 〈~ temporary occupancy〉, 〈~(↔)lease〉, 〈~purchase\secure〉 ②〈게르만어〉, 〈← rend〉, 째진 틈, 협곡, 분열, 〈~ crack\cleavage〉, 〈↔closure\filling〉 기1 영1

303 *****re-pag·i·nate** [뤼이 패쥐네이트]: 〈라틴어 → 영국어〉, 페이지를 다시 달다, (용도에 맞춘) 쪽수 재편성 미2

304 *****re-paint-ing** [뤼이 페인팅]: 다시 칠하다. '재도장'(전산기 화면의 일부나 전부를 바꾸는 일) 영1 미2

305 **re-pair** [뤼 페어]: re(again)+parare(make ready), 〈라틴어〉, 수리(수선)하다, 회복(배상)하다, 고치다, '다시 만들다', 〈~ mend\restore〉, 〈↔breaking\damage〉 기1

306 **rep·a·ra·tion** [뤠 퍼뤠이션]: 〈← repair〉, 보상(금), 수선(비), 〈↔repudiation\extortion〉 기1

307 **re-pay** [뤼이 페이]: 〈라틴어〉, (빚을) 갚다, 보답하다, 보복하다, 〈~ re-imburse\re-compense〉, 〈↔deprive\extort〉 영1

308 **re-peal** [뤼 피일]: re(back)+appellare(call upon), 〈라틴어〉, 무효로 하다, 폐지하다, '뒤로 부르다', 〈~ revoke\rescind〉, 〈↔enact\legislation〉 기1

309 **re·peat** [뤼 피이트]: re(again)+petere(seek), 〈라틴어〉, '다시 추구하다', 되풀이하다, 복창하다, 다시 경험하다, 〈~ redo\replicate〉, 〈~ iterative〉, 〈↔quit\take back〉 기1

310 **re·pel** [뤼 펠]: re(back)+pellere(drive), 〈라틴어〉, '뒤로 끌어내다', 쫓아버리다, 저항하다, 불쾌감을 주다, 〈~ ward off\repulse\disgust〉, 〈↔delight\attract\fascinate\tug\seduce\welcome〉 양1

311 **re·pent** [뤼 펜트]: re(again)+penitere(punish), 〈라틴어〉, 후회(회개)하다, 분해하다, 유감으로 생각하다, 〈~ regret\remorse〉, 〈~ penitent\penance〉, 〈↔praise\commend〉 양1

312 **rep·er·toire** [뤠펄트와아 \ 뤠펄트위]: re(again)+paerere(produce), 〈← reperire(discover)〉, 〈'inventory'라는 뜻의 라틴어에서 연유한 프랑스어〉, repertory, 레퍼토리, (공연) 목록, 저장소, 보물고, 특정 명령 체제에서 쓰는 문자·부호의 범위, 〈~ collection\reserve〉, 〈↔debt\litter〉 미2

313 **rep·e·ti·tion** [뤼 퍼티션]: 〈← repetere(re+seek)〉, 〈라틴어〉, 〈← re·peat〉, 반복, 재현, 재청원, 다시 탄원하는, 복창, 복사, 〈~ encore\recursion〉, 〈↔inactivity\discontinuance〉 양2

314 **re·plete** [뤼 플리이트]: re(again)+plere(fill), 〈라틴어〉, 〈다시 채워〉 가득 찬, 충분한, 〈~ full\stuffed〉, 〈↔de·plete〉 기1

315 **re·pli·ca** [뤠 플리커]: re(back)+plica(fold), 〈라틴어 → 이탈리아어〉, 모사, 복제, 도돌이표(반복 기호), 〈~ copy\imitation〉, 〈↔original\genuine (article)〉 양2

316 **re·ply** [뤼 플라이]: re(back)+plicare(fold), 〈라틴어〉, 대답(응답)하다, 응수(응전)하다, '다시 접어 보내다', 〈~ answer\reaction〉, 〈↔inquiry\non-response〉 기2

317 ★**re·ply girl** [뤼플라이 거얼]: '응답녀', 〈자신을 선전하려고〉 새로나온 U-tube 방영에 잽싸게 대답하는 '촉새', 〈연애 대상으로 선호되는 여자〉, 〈~(↔)yes girl〉 우1

318 ★**re·ply guy** [뤼플라이 가이]: 〈주로 여성들의 게시물에 열성적으로 대답하는〉 '댓글남', 〈연애 대상으로 별로 선호되지 않는 남자〉, 〈~(↔)yes man〉 우1

319 ∗**re·po** [뤼포우]: re·possession, repurchase agreement, 회수, (대금 미불로 인한) 상품의 차압, (정부 채권을 팔고) 단기간 후에 약간 덤을 붙여 사들이겠다는 약속 미2

320 **re·port** [뤼 포오트]: re(again)+portare(carry), 〈라틴어〉, '정보를 위로 운반하다', 보고(제출)하다, 통보(신고)하다, 출석하다, 기사, 성적표, 과제물〈영어로는 그냥 'paper'라고 하는 경우가 많음〉, 〈~ descrive\appear〉, 〈↔withdraw\conceal〉 양2

321 **re·pose** [뤼 포우즈]: re(again)+pausare(pause), 〈라틴어〉, 휴식, 수면, 평정, 쉬다, 눕히다, 〈~ rest\inaction〉, 〈↔work\stress〉 양1

322 **re·pos·i·to·ry** [뤼 파저토어뤼]: re(back)+ponere(place), 〈라틴어〉, 용기, 저장소, 박물관, 매점, 납골당, 〈~ container\depository\storage〉, 〈↔distributory\activity room〉 양1

323 **rep·re·hend** [뤠프리헨드]: re(back)+prehendere(hold), 〈라틴어〉, 나무라다, 꾸짖다, 〈~ re·buke\criticize〉, 〈↔approve\bless〉 기1

324 **re·press** [뤼 프레스]: re(back)+premere(press), 〈라틴어〉, 억누르다, 저지(진압)하다, 〈↔ex·press\support\provoke〉, 〈repress는 무의식적이고 suppress는 의식적임〉 기1

325 **rep·ri·mand** [뤠프리맨드]: re(back)+premere(press), 〈라틴어〉, 견책, 징계, 비난, 〈~ re·press\re·prove\up-braid〉, 〈↔praise\commend〉 기1

326 **re·proach** [뤼 프로우취]: re(back)+prope(near), 〈라틴어〉, 〈얼굴을 맞대며〉 나무라다, 비난하다, 추궁하다, 〈~ twit〉, 〈~ philippic\denunciation〉, 〈↔praise\approval〉 기1

327 **re·prove** [뤼 프루우브]: re(back)+probare(prove), 〈라틴어〉, 'dis·approve', 꾸짖다, 비난하다, 타이르다, 〈~ reprobate〉, 〈~ berate\reprimand〉, 〈↔praise\compliment〉 양1

328 **rep·tile** [뤱틸 \ 뤱타일]: 〈← repere(creep)〉, 〈라틴어〉, '기어 다니는 동물', 파충류(양서류)동물, 비열한 인간, 〈~ amphibian\poikilo-therm〉, 〈~(↔)bird\mammal〉, 〈↔hero〉 양2

329 **re·pub·lic** [뤼 퍼블릭]: res(interest)+publica(of the people), 〈라틴어〉, (주권이 국민에게 있는) 공화국, 공동단체, 〈~ democratic\representative〉, 〈↔monarchy\dictatorship〉 기2

330 **re·pulse** [뤼 펄스]: re(back)+pellere(drive), 〈라틴어〉, 쳐물리치다, 퇴박 놓다, 논박하다, 〈~ fight back\revolt〉, 〈↔entice\appeal\attract\bait\take\woo〉 양1

331 **rep·u·ta·tion** [뤠퓨테이션]: re(again)+putare(reckon), 〈라틴어〉, repute, 평판, 〈'다시 생각'하게 할 정도로 대단한〉 명성, 신망, 〈~ fame\honor〉, 〈~ shame\insignificance〉 기2

332 **re·quest** [뤼 퀘스트]: re(again)+querere(seek), 〈라틴어〉, 요구, 의뢰, 소망, '다시 구하기', 〈~ appeal\plea〉, 〈↔refusal\abjuration〉 기1

333 **re·quire** [뤼 콰이어]: re(again)+querere(seek), 〈라틴어〉, '다시 묻다', 요구하다, 규정하다, 필요로 하다, 〈~ beseech\claim〉, 〈↔optional\inessential〉 양1

334 ***re-sam·ple** [뤼 쌤플]: 〈라틴어+프랑스어〉, 재추출, 개찬, 화소의 숫자를 증·감해서 형상을 새롭게 만드는 것, 〈~ re-computing\re-calculating〉 미2

335 **re-scind** [뤼 씬드]: re(back)+sindere(cut), 〈라틴어〉, '뒤로 찢다', 폐지하다, 취소하다, 〈~ rescission〉, 〈~ revoke\repeal〉, 〈↔en-force\en-act〉 양2

336 **res·cue** [뤠스큐우]: re(again)+ex(off)+quatere(shake), 〈라틴어〉, 〈물에 빠진 사람을 다시 'shake'해서〉 구조하다, 탈환하다, 보호하다, 〈~ save\redeem〉, 〈↔en-danger\abandon〉 양1

337 **re-search** [뤼 써얼취]: re(again)+chercher(seek), 〈라틴어 → 프랑스어〉, 〈다시 찾는〉 연구, 조사, 탐색, 〈~ exploration\investigation〉, 〈↔ignore\glance\conclusion〉 기2

338 **re-sec·tion** [뤼 쎅션]: re(again)+secare(cut), 〈라틴어〉, 절제(술), 잘라내기, 〈~ amputation\incision〉, 〈↔fusion\closure〉 양2

339 **re-sem·ble** [뤼 젬블]: re(again)+simulare(imitate), 〈라틴어 → 프랑스어〉, ~와 닮다, ~와 공통점이 있다, 유사하다, '아주 비슷하게 보이다', 〈~ look like\similar to〉, 〈↔differ\contrast〉 기1

340 **re-sent** [뤼 젠트]: re(again)+sentire(feel), 〈라틴어〉, '뒷맛이 씁쓸하다', ~에 분개하다, 〈곱씹으며〉 원망하다, 〈~ bitterness\han〉, 〈↔con-done\pardon\forgive〉 기1

341 **re-serve** [뤼 져어브]: re(back)+servare(keep), 〈라틴어〉, '뒤에 두고 지키다', 떼어두다, 비축하다, 준비해 두다, 예약하다, 사양하다, 은닉하다, 유보하다, 〈~ put aside\stock\aloofness〉, 〈↔use up\out-going\debt\openness〉 양1

342 ***re-served word** [뤼 져어브드 워어드]: 예약어, 차림표언어에서 고정된 뜻을 가지며 임의로 바꿀 수 없는 단어, 〈↔un-reserved word〉 미2

343 ***re-serve price** [뤼 져어브 프라이스]: '보유가격', (그 밑으로는 팔 수 없는 비공개의) 최저 경매 가격, 〈~ cost price\Maginot price〉 양2

344 **res·er·voir** [뤠저브와아]: 〈프랑스어〉, 〈← re·serve〉, 저장소, 저수지, 축적, 보유 숙주, 〈~ pool\storage〉, 〈↔nothingness\zilch〉 양1

345 **re-set** [뤼이 쎌]: 〈라틴어+게르만어〉, 고쳐(다시)놓다, 재가동(하다), 〈~ readjust\re-store〉, 〈↔freeze\keep\fix〉 미2

346 ★**res-fe·ber** [뤼이후버\뤠이스훼이버]: 〈스웨덴어〉, travel fever, (여행 떠나기 전) 설레는 마음, 〈~ heart-throb〉, 〈↔mediocrity\rogue〉 미2

347 ***re-shor-ing** [뤼이 쇼어륑]: 〈라틴어+게르만어〉, '다시 바다 건너기', 해외로 나간 기업이 국내로 되돌아 오는 것, 〈기업 국내 재유치〉, 〈↔off-shoring〉 미2

348 **re-side** [뤼이 자이드]: re(again)+sedere(sit), 〈라틴어〉, 〈다시 주저앉아〉 살다, 주재하다, 존재하다, 〈~ dwell\live in〉, 〈↔depart\visit〉 양1

349 **res·i·dent** [뤠지던트]: 〈라틴어〉, 〈← re·side〉, 거주(주재)하는, 고유의, 전속의, 거주자, 주재원, 전문의 수련자, 상주(기억장치 중에 항상 존재하는 차림표), 〈~ inhabitant\denizen〉, 〈↔non-resident〉 양1 미2

350 **res·i·due** [뤠져듀우]: ⟨← residere⟩, ⟨라틴어⟩, ⟨remaining⟩ 나머지, 찌꺼기, 잔여 재산, ⟨~ dregs\lees\sediment⟩, ⟨↔core\loss⟩ 가①

351 **re-sign** [뤼 자인]: re(back)+signare, ⟨라틴어⟩, '뒤로 물러나겠다고 표시하다', 그만두다, 사임하다, 포기하다, 맡기다, ⟨~ leave\quit⟩, ⟨↔join\remain\fight⟩ 양②

352 **res·in** [뤠진]: ⟨← rhetine(gum of tree)⟩, ⟨그리스어⟩, 수지, (나무의) 진, 송진, ⟨~ sap\sticky substance⟩, ⟨↔wood⟩, ⟨↔solid\liquid⟩ 양①

353 **re-sist** [뤼 지스트]: re(back)+sistere(set), ⟨라틴어⟩, 저항하다, 견디다, 방해하다, '대항하여 서다', ⟨~ confront\with-stand⟩, ⟨↔succumb\yield⟩ 가①

354 **res·o·lu·tion** [뤠 절루우션]: ⟨라틴어⟩, ⟨← resolve⟩, 결심, 결의(문), 해결, 분석, 사그라짐, 해상도(영상의 선명도), ⟨~ decision\determination⟩, ⟨↔ir-resolution\continuation\prolonging⟩ 양①

355 **re-solve** [뤼 쟈알브]: re(again)+solvere(loosen), ⟨라틴어⟩, '다시 느슨하게 하다', 녹이다, 분해하다, 풀다, 결정하다, 해결하다, ⟨세월이 지나며 뜻이 점점 강해진 말⟩, ⟨~ decide\settle⟩, ⟨↔indecision\decline⟩ 양①

356 **res·o·nance** [뤠져넌스]: re(again)+sonare, ⟨라틴어⟩, ⟨re·sound⟩, 공명, 공진, 반향(메아리), ⟨~ ringing\vibration⟩, ⟨↔dis-sonance\silence\relaxation⟩ 양①

357 **re-sort²** [뤼져어트]: re(again)+sortir(go out), ⟨라틴어 → 프랑스어⟩, 리조트, '다시 찾아가다', 호소하다, 의지하다, 휴양지, 유흥지, 유원지, ⟨활력을 찾으려고⟩ 사람이 모이는 곳, ⟨~ recreation(retreat) area⟩, ⟨↔abstain\avoid⟩, ⟨↔center\urban area⟩ 양① 가①

358 **re-source** [뤼이 쏘얼스]: re(again)+sub+regere(go direct), ⟨라틴어⟩, 자원, 물자, 수단, 재료, 재능, ⟨~ assets\means⟩, ⟨↔lack\debt⟩ 가①

359 **re-spect** [뤼 스펙트]: re(back)+specere(see), ⟨라틴어⟩, ⟨뒤로 물러나서 보는⟩ 존경, 경의(를 표함), 관심, 관점, ⟨~ high regard(opinion)⟩, ⟨↔dis-respect\contempt⟩ 양①

360 **res·pi·ra·tion** [뤠 스퍼뤠이션]: re(again)+spirare(breathe), ⟨라틴어⟩, '다시 숨쉬기', 호흡(작용), 한번 숨 쉼, ⟨~ animation\ventilation⟩, ⟨↔asphyxia\suffocation⟩ 가①

361 **re-spond** [뤼 스판드 \ 뤼 스폰드]: re(again)+spondere(pledge), ⟨라틴어⟩, '다시 약속하다', 응답(대답)하다, 반응하다, ⟨~ answer\react⟩, ⟨↔ask\ignore⟩ 가①

362 **re-sponse** [뤼 스판스 \ 뤼 스폰스]: re(again)+spondere(pledge), ⟨라틴어⟩, ⟨다시 보증하는⟩ 대응(응답), 반응, 답장, ⟨~ answer\reply⟩, ⟨↔request\non-response\failure⟩ 가①

363 **re-spon·si·ble** [뤼 스판시블]: 책임 있는(져야 할), 원인이 되는, 신뢰할 수 있는, 책임을 다할 수 있는, ⟨~ dependable\faithful⟩, ⟨↔ir-responsible\un-accountable⟩ 양①

364 **rest¹** [뤠스트]: ⟨← rasta(quiet)⟩, ⟨게르만어⟩, ⟨뒤에서 쉬는⟩ 휴식, 정양, 안정, 정지, 죽음, 무덤, 안식처, ⟨~ relax\be laid⟩, ⟨↔un-rest\stress\work\toil\bally-hoo⟩ 양①

365 **rest²** [뤠스트]: re(back)+stare(stand), ⟨라틴어⟩, ⟨remaining⟩ 나머지, 잔여, 잔류자, 잔액, ⟨↔core\total⟩ 양①

366 **res·tau·rant** [뤠스터뤈트 \ 뤠스터뤙]: re(again)+staurare(store), ⟨라틴어 → 프랑스어⟩, 레스토랑, '원기 회복(restore)소', 요리점, 음식점, 식당, ⟨~ eatery\chop-house⟩, ⟨↔dis-assembly\work-place⟩ 가②

367 **rest home** [뤠스트 호움]: 요양소(원), 보양원, ⟨~ assisted living⟩, ⟨~(↔)SNF¹⟩, ⟨↔work-shop⟩ 양②

368 **rest house** [뤠스트 하우스]: 휴게소, 숙박소, 휴식처, ⟨~ traveler's shelter⟩ 양②

369 **res·to·ra·tion** [뤠 스터뤠이션]: re(again)+staurare(set up), ⟨라틴어⟩, 복구, 회복, 반환, 복원, 부흥, ⟨~ repair\re-institution⟩, ⟨↔abolition\neglect\maim⟩ 양①

370 **re-strain** [뤼 스트뤠인]: re(back)+stringere(draw tight), 〈라틴어〉, '뒤로 묶다', 제지(제한)하다, 억누르다, 〈~ re·frain〉, 〈↔loosen\pamper〉 기1

371 **re-strict** [뤼 스트륄트]: re(back)+stringere(draw tight), 〈라틴어〉, '뒤로 팽팽하게 당기다', 제한하다, 금지하다, 〈~ limit\control〉, 〈↔un-restrict\liberate\abet〉 기1

372 **re-sult** [뤼절트]: re(back)+salire(leap), 〈라틴어〉, '뒤로 튀어나온' 결과, 성과, 답, 성적, 〈~ outcome\effect〉, 〈↔cause\reason〉 기2

373 **re-sume¹** [뤼 쥬움]: re(again)+sumere(take), 〈라틴어〉, '다시 취하다', 되찾다, 다시 차지하다, 다시 시작하다, 〈~ assume〉, 〈↔suspend\abandon〉 양2

374 **re-sume²** [뤠 쥬메이]: 〈← resume¹〉, 〈라틴어 → 프랑스어〉, 적요, 요약, 〈되찾아 적은〉 이력서, 〈~ CV〉 양2

375 **res·ur·rect** [뤠 져뤨트]: re(again)+surgere(rise), 〈라틴어〉, 소생(부활)시키다, 도굴하다, 〈~ back to life\revive\re-incarnate〉, 〈↔suppress\demise〉 양2

376 **re-tail** [뤼 테일]: re(again)+tailler(cut), 〈라틴어+게르만어〉, '다시 작게 자르다' ①소매(의), 세분 판매(의) ②말전주(소문 옮기기), 〈~ individual deal〉, 〈↔wholesale〉 양2

377 ★**re-tail clin·ic** [뤼테일 클리닠]: 소매 진료소, 간단한 검사·치료를 하는 '구멍가게' 치료소, 〈~ private practice〉, 〈↔general hospital〉 미2

378 ★**re-tail ground** [뤼테일 그라운드]: (초등학생도 이해하라고 2016년 미 우정공사에서 parcel post를 바꿔 부른 이름으로) 〈영문학 박사도 이해할 수 없는〉 '세분된 지상 소화물(우편)', 〈↔priority (mail)〉 양2

379 **re-tain** [뤼 테인]: re(back)+tenere(hold), 〈라틴어〉, '뒤에서 잡아두다', 유지(보유)하다, 고용하다, 〈~ detain\keep〉, 〈↔dismiss〉 양2

380 **re-tal·i-ate** [뤼 탤리에이트]: re(back)+talis(such), 〈라틴어〉, 앙갚음(보복)하다, 응수하다, 〈~ fight back\revenge〉, 〈↔pardon\condone〉 기1

381 **re-tard** [뤼 타아드]: re(back)+tardare(slow), 〈라틴어〉, 늦추다, 지체시키다, 저지하다, 〈~ delay\lessen〉, 〈↔accelerate\expedite〉 양2

382 **re-ten-tion** [뤼 텐션]: re(back)+tenere(hold), 〈라틴어〉, 보유, 유지, 억류, 보존(력), 〈~ detention\withholding〉, 〈↔release\relinquishment〉 양1

383 **re-tire** [뤼 타이어]: re(back)+tirer(draw), 〈라틴어 → 프랑스어〉, 'with·draw', 물러가다, 은퇴하다, 회수하다, 자다, 〈~ depart\retreat〉, 〈↔stay\advance〉 양1

384 ★**re-toast** [뤼 토우스트]: 〈라틴어 → 프랑스어 → 영국어 → 미국어〉, 〈다시 게재하는〉 '재게', (사회 전산망에) 다시 한번 올리기, '재탕', 〈~ re-make\re-use〉, 〈↔erase\stay〉 미2

385 **re-tort** [뤼 토얼트]: re(back)+torquere(twist), 〈라틴어〉, 앙갚음(보복)하다, 반박하다, 응수하다, '다시 비틀다', 〈~ return\counter〉, 〈↔ignore\flattery\interrogation〉 양1

386 **re-tract** [뤼 트뢬트]: re(back)+trahere(draw), 〈라틴어〉, '뒤로 끌다', 끌어넣다, 수축시키다, 취소하다, 〈~ abjure\recant〉, 〈↔extend\assert〉 양1

387 **re-treat** [뤼 트루이트]: re(back)+trahere(draw), 〈라틴어〉, '재처리', 퇴각, 퇴거, 은둔(처), 휴양소, 수양회, 〈~ retire\throw-back〉, 〈↔advance\progress\supervene〉 양2

388 **ret·rib·u·tion** [뤠 트뤼뷰션]: re(again)+tribuere(pay), 〈라틴어〉, '앙갚음', 응보, 보복, 징벌, 〈~ reprisal\requital\talion〉, 〈↔amnesty〉 양2

389 ★**re-triev-al** [뤼 트뤼이벌]: re(again)+trouver(find), 〈라틴어〉, 〈도로 찾는〉 만회, 정정, 보상, (정보의) 검색, 〈~ recovery\replenishment〉, 〈↔abandonment\jettison〉 양1

390 ★**ret·ro-com·put-ing** [뤠트로우 컴퓨우팅]: 복고성 전산기 놀음, 오래된 전산기 기술을 사용하거나 모방하는 〈이상한〉 취미, 〈↔current-computing〉, ⇒ new-tro 미2

391 *__ret·ro-fit__ [뤠트로우 휱]: 〈라틴어+영어어〉, 구형 장치의 개조, 원래 물건의 개량 부품을 짜 넣는 일, '역수선', 〈~ back-fit\modify〉, 〈↔dis-mantle\dis-assemble〉 미2

392 **ret·ro-gress** [뤠트로우 그뤠스]: retro+gradi(go), 〈라틴어〉, 뒤로 되돌아가다, 퇴보하다, 쇠퇴하다, 역행하다, 〈↔pro-gress\advance〉 영2

393 *__ret·ro-nym__ [뤠트로우 님]: retro+onoma(name), 〈라틴어+그리스어〉 ①'후속어', 〈Zerox같이〉 일반화된 상품명이나 광고 표기 ②신 복합어〈electric guitar의 등장으로 일반 기타를 acoustic guitar로 표현하는 등〉 (세분하기 위해 수식어가 붙게 된 명사), 〈~(↔)aptronym〉 영2

394 ★**ret·ro-scope** [뤠트로우 스코우프]: 소급 촬영(술), (기존의 영상물을 바탕으로) 〈저작권을 침해하지 범위 내에서〉 짧막한 영상을 만드는 일, '토막 장면' 미2

395 **ret·ro-spect** [뤠트로우 스펙트]: retro+specere(look), 〈라틴어〉, 회고, 회상, '되돌아(소급해)보기', 〈~ recollection\reminiscence〉, 〈↔pro-spect\fore-thought〉 영2

396 **re·turn** [뤼 터언]: re(back)+tornare(turn), 〈라틴어〉, 되돌아가다, 다시 오다, 답하다, 갚다, 보고(서), 반환, 복귀, 〈~ carry back\restitute〉, 〈↔depart\keep\take\ask\expense\exchange〉 가1 영2

397 *__re·turns to scale__ [뤼 터언스 투우 스케일]: 〈크게 벌려 손해를 볼 수도 있는〉 (투자한) 규모에 대한 (되돌아온) 보수, 〈~ scaled profit〉, 〈↔loss to scale〉 미2

398 ★**re-tweet** [뤼 트위이트]: 〈라틴어+영어어〉, 'yes, I agree', 〈바쁜 사람들이 사용하는〉 (맞다) 맞어, 옳코 〈받은 전문을 타인에게 그대로 보내는〉 '재탕', 〈~(↔)quote-tweet〉 영2

399 **re·veal** [뤼 뷔이일]: re(back)+velare(descend), 〈라틴어〉, 〈장막을 젖혀서〉 드러내다, 나타내다, 폭로하다, 〈→ revelation〉, 〈~ disclose\unveil〉, 〈↔conceal\hide〉 영1

400 **rev·e·la·tion** [뤠뷀레이션]: 〈라틴어〉, 〈← re·veal〉, 폭로, 비밀의 누설, 묵시, 계시, the R~; Apocalypse of John, 요한 계시록 (묵시록), (신과 악마와의 지속적인 암투를 예시하는) 〈작자 미상의〉 신약성서의 마지막 편, 〈~ disclosure\surprising fact〉, 〈↔dis-avowal\conceal-ment〉 영2 수2

401 **re·venge** [뤼뷘쥐]: re(again)+vindicare(vengeance), 〈라틴어〉, 〈← avenge〉, 앙갚음, 보복, 원한, 〈~ reprisal\retaliation〉, 〈↔forgiveness\pardon〉 가1

402 **rev·e·nue** [뤠붜뉴우]: re(back)+venire(come), 〈라틴어〉, '되돌아오는 것', 소득, 수입원, 재원, 세입, 〈~ income\proceeds〉, 〈↔out-goings\expenditure〉 영2

403 **rev·er·end** [뤠붜륀드]: 〈라틴어〉, 〈← revere〉, 귀하신, 거룩한, the R~; Rev., 목사, 신부, 성직자, 〈~ pastor\minister〉, 〈↔lay-person\secular〉 영2

404 **re·verse** [뤼붜얼스]: re(back)+vertere(turn), 〈라틴어〉, '반대로 돌리다', 거꾸로 하다, 반대로 하다, 반복하다, 역전하다, 〈~ over-turn\invert\back-ward〉, 〈↔front\same\forward〉 영2

405 *__re·verse ad·ver·tis-ing__: (소비자가 광고하고 공급자가 찾아내는) 역광고, 〈~ backward ad〉 영2

406 ★**re·verse buck·et list** [리뷔얼스 버킽 리스트]: 〈편자가 시도하고 있는〉 지금까지 살아온 중요 인생역정의 목록, (기력이 떨어져서 '필수목록'을 포기한 사람들이 하는) 〈회상목록〉, 〈~ upside-down bucket list〉, 〈↔bucket list〉 영1

407 *__re·verse en·gi·neer·ing__: 역설계(타사의 제품을 분석해서 역으로 탐지하기), 〈~ back engineering\deriving\emulating〉 영2

408 ★**re·verse sex·ism** [리뷔얼스 쎅시즘]: 〈남성에 대한〉 역 성차별주의(태도), 〈~ misandry\feminsm, 〈↔misogyny〉 영2

409 ★**re·verse snob**: 역속물(잘난 척하는 학력이나 지위 있는 자), 〈~ conceit\vain-glory〉 영2

410 ***re·verse take·o·ver**: 역기업 인수(대기업을 중소기업이 매수·합병하는 것), 〈~ reverse merger\ reverse IPO〉 양2

411 **re·vert** [뤼 뷔얼트]: re(back)+vertere(turn), 〈라틴어〉, '되돌아가다', 복귀(귀의)하다, 〈~ return\ regress〉, 〈↔advance\sustain\disappear〉 기1

412 **re·view** [뤼 뷔유]: re(again)+videre(see), 〈라틴어〉, '다시 보기', 재조사(검토), 재고, 논평, 회고, 복습, 〈↔pre-view〉, 〈↔dismiss\overlook〉 양1

413 ★**re·view bomb** [뤼 뷔유 밤]: '평가 폭탄', (상품이나 인물을 매도하기 위해) 〈다수의 사람이나 다수의 계정으로 다수의 부정적인 논평을 전산망에 게시하는〉 폭탄 논평, 〈~ noise marketing\viral marketing〉, 〈경우에 따라서는 긍정적인 효과를 나타내기도 함〉 양2

414 **re·vise** [뤼 봐이즈]: re(again)+videre(see), 〈라틴어〉, '다시 보다', 개정(교정)하다, 바꾸다, 〈~ amend\alter〉, 〈↔preserve\worsen〉 양2

415 **re·viv·al** [뤼 봐이벌]: re(again)+vivere(live), 〈라틴어〉, '다시 살아나기', 소생, 재생, 회복, 부활, 재상연, 〈~ resuscitation\invigoration〉, 〈↔down-turn\decline\death〉 양1

416 **re·voke** [뤼 보우크]: re(back)+vocare(call), 〈다시 말해서〉 취소하다, 폐지하다, 〈~ cancel\rescind〉, 〈↔introduce\continue\initiate〉 양2

417 **re·volt** [뤼 보울트]: re(again)+volvere(turn), 〈라틴어〉, '되돌아가는' 반란, 반항(심), 불쾌감, 폭동, 〈~ repel\repulse〉, 〈↔obey\enchant\counter-insurgency〉 양1

418 **rev·o·lu·tion** [웨 빌루우션]: re(again)+volvere(turn), 혁명, 변혁, 회전(운동), 공전(↔rotation (자전)), 〈~ rebellion\innovation〉, 〈↔stagnation\regression〉 양2

419 **re·volve** [뤼 봐알브]: re(again)+volvere(turn), 〈라틴어〉, '다시 말다', 회전(선회)하다, 순환(운행)하다, 돌다, 〈~ gyrate\spin〉, 〈↔steady\straighten\untwist〉 양1

420 **re·ward** [뤼 워어드]: 〈← regard〉, 〈게르만어 → 프랑스어〉, 〈주의해서 지켜본 후에 주는〉 사례금, 보수, 포상, 응보, 보복, 〈~ prize\recompense〉, 〈↔punish\penalty〉 기1

421 ★**re·ward the vir·tue and pun·ish the vice**: 미덕은 상주고 악덕은 벌하다, 권선징악, 〈↔한 독자는 이것의 반대말을 '대한민국'이라 함〉 양2

422 **re·wind** [뤼이 와인드]: 〈라틴어+게르만어〉, 되감다, 다시 감다, 〈~ back-track\reverse〉, 〈↔fast forward\proceed〉 양2

423 ***RFC¹**: radio frequency choke, 무선 주파 폐색기, 라디오 파장이 전원이나 접속기에 들어오지 못하게 막는 장치 미1

424 ***RFC²**: ①Request For Comment, 세계 전산망의 기준을 정한 〈비공식적〉 약속 부호 ②request for comment, 논평을 요청함 수2 미2

425 ***RFP**: request for proposal, 제안(흥정) 요청 미2

426 **rhap·so·dy** [뢥서디]: 〈← rhaplein(stitch together)〉, 〈그리스어〉, 〈시를 '뜸' 떠 만든〉 랩소디, (음송) 서사시, 광상문(시·곡), 열광적인 문장(시·음악), 〈~ ecstacy\rapture〉, 〈↔misery\woe〉 양2

427 **rhet·o·ric** [뤠터릭]: 〈← rhema(word)〉, 〈그리스어〉, 수사(학), 미사여구, 웅변술(설득력), 〈~ orator\ eloquence〉, 〈↔un-rhetoric\un-pretentious\plain speech〉 양2

428 **rheu·ma·tism** [뤼우머티즘]: 〈← rheuma(flow)〉, 〈그리스어〉, '점액질의 〈흐름〉에 이상이 있어서 오는 병', 흔히 근·관절에 경직과 통증을 수반하는 질환을 가리키는 〈어정쩡한〉 병명, 〈~ rheumatoid arthritis〉 우1

429 **rhyme \ rime** [롸임]: 〈← rhein(흐르다)〉, 〈그리스어〉, 운, (시에서) 반향·반복하는 소리, 〈→ rhythm〉, 〈~ cadence\tune〉, 〈↔dissonance\prose〉 양2

430 **rhythm [리듬]**: 〈그리스어 → 영국어〉, 〈← rhyme〉, 율동, 주기적 반복(순환), 음률, 격조, 〈소박한〉 피움주기, 〈~ flow\tempo\pattern〉, 〈↔stillness\randomness\cacophony〉 영1

431 **rib [립]**: 〈← ribb〉, 〈게르만어〉, '갈빗살', 갈빗대, 늑골, 이랑, 뼈대, (우산의) 살, 〈옆구리를 찌르며〉 놀리다, 〈~ coast〉 기1

432 **rib·bon [리번]**: 〈← riban(band)〉, 〈프랑스어〉, (장식) 띠, 끈, 오라기, 휘장, 〈~ strip\strap〉, 〈↔medal〉 미1

433 *__rib·bon bar²__ [리번 바아]: '띠 막대', (빠른 검색을 위해 전산기 차림표 밑에 늘어선) 그림 문자들의 배열, 〈~ a set of tool-bars〉 우2

434 **rib eye [립 아이]**: 꽃등심, (지방층과 근육층이 꽃 모양이나 눈알 모양을 하고 있는) 〈6번째와 12번째 사이〉 늑골 밖의 큰 고깃덩어리, 〈~ beauty steak〉 미2

435 **rice [롸이스]**: 〈← vrihi〉, 〈산스크리트어 → 이란어 → 그리스어(oryza)〉, 쌀, 벼, 밥, '미', ⇒ bab 기2

436 **rich [뤼취]**: 〈← richi(powerful)〉, 〈게르만어〉, '힘이 있는', 부유한, 부자의, 많은, 풍부한, 짙은, 강한, 〈~ wealthy\affluent〉, 〈↔poor\meager〉 기2

437 *__rich text__ [뤼취 텍스트]: '짙은 문본', 강조하거나 특수효과를 내기 위한 암호를 보유하는 문본, 〈~ formatted (or enhanced) text〉, 〈↔plain text〉 우2

438 **rick·ets [뤼킽츠]**: 〈← rachitis ← rhakhis(spine)?〉, 〈어원 불명의 그리스어〉, 곱사등, (칼슘과 비타민D의 대사장애로 사람의 등이 개의 등같이 굽는) 구루병, 골연화(증), 〈~ vitamin D deficiency〉 미2

439 **rid [뤼드]**: 〈← hrjoda(clear)〉, 〈북구어〉, 해방하다, 면하게 하다, '제거하다', 〈~ clear\free〉, 〈↔keep\retain〉 기1

440 **rid·dle¹ [뤼들]**: 〈← radisle(guess)〉, 〈게르만어〉, 수수께끼, 알아맞히기, 〈read하기 힘든〉 난문제, 〈~ conundrum\puzzle〉, 〈↔revelation\simplicity〉 기1

441 **ride [롸이드]**: 〈← ridan(sit on)〉, 〈게르만어〉, 타다, 타고 가다, 뜨다, 떠오르다, 극복하다, 편승하다, 신발(운동화), 〈~ road〉, 〈~ mount\transport〉, 〈↔settle\discourage\fail〉 미2

442 ★**ride app [롸이드 앺]**: 전산망을 통한 운송수단, (Uber나 Lyft같이) 전산망을 통해 영업하는 개인택시 우2

443 **ridge [뤼쥐]**: 〈← hrycg(back)〉, 〈게르만어〉, 산마루(등성이), 등(마루), 융기, 이랑(두둑), 〈→ rand〉, 〈~ edge〉, 〈↔plain\base\bottom〉 영1

444 **rid·i·cule [뤼디큐울]**: 〈← ridere(laugh)〉, 〈라틴어〉, 비웃음, 조롱, 놀림, 〈~ mockery\derision〉, 〈↔praise\respect〉 영2

445 ★**rid-ing a bike [롸이딩 어 바이크]**: 자전거 타기, 아주 쉬운 일, 익숙해진 일, 식은 죽 먹기, 〈~ no sweat〉, 〈↔arduous\impossible〉 영1

446 **rif·fle [뤼훌]**: 〈← ruffle(entangle)?〉, 〈영국어〉, 잔물결, 얕은 여울, (카드를) 두 묶음으로 나누어 두 손으로 튀기며 엇갈리게 섞기, 〈~ rough\ruffle〉, 〈~ ripple\roil〉, 〈↔calm\arrange〉 영1 우1

447 **ri·fle [롸이훌]**: 〈← rifler(plunder)〉, 〈게르만어〉, 〈약탈용〉 라이플, (1500년경부터 유럽에서 개발된 총열 내부에 '홈이 패어있어' 회전운동이 생기고 정확성이 증가한) 선조총, (강선) 소총, 〈~ musket\smooth-bore〉, 〈~(↔)revolver〉 우2

448 **rift [뤼후트]**: 〈← rifva(cleft)〉, 〈북구어〉 ①쩨진 틈, 균열, 단층, 〈~ crack〉, 〈↔connection〉 ②〈물이 갈라지는〉 여울, 급류, 〈~ falling out〉, 〈↔harmony〉 영1

449 **right [롸잍]**: 〈← riht(just)〉, 〈게르만어〉, 〈우세한 쪽에서 정의하는〉 올바른, 정당한, 곧은, 정확한, 적절한, 오른쪽의, 바로, 권리, 우(보수)파〈프랑스 국왕의 오른쪽에 앉았던 국회의원들〉, 〈~ law\straight〉, 〈↔left²\wrong\oblique〉 영2

450 ★**right as rain** [롸잍 애즈 뤠인]: 〈음이 맞아서 만들어진 말〉, 아주 건강한, 아주 순조로운, 아무 걱정이 없는, 〈~ hunky-dory\tip-top〉, 〈↔false\flawed〉 영2

451 *****right-click** [롸잍 클릭]: 오른쪽 째깍, 우측 선택, 어떤 항목의 2차적·부수적 성질을 검색하는 단추 누름, 〈↔left-click〉 유2

452 *****right-jus·ti·fy** [롸잍 줘스티화이]: '우측 정돈'(오른쪽으로 가지런히 한 타자·인쇄), 〈↔left justify〉 미2

453 **rig·id** [뤼쥗]: 〈← rigere(stiff)〉, 〈라틴어〉, '똑바른', 굳은, 단단한, 완고한, 엄밀한, 〈~ rigor〉, 〈↔flexible\plastic\yudori〉 영1

454 **rig·or \ rig·our** [뤼걸]: 〈← rigere(stiff)〉, 〈라틴어〉, '똑바로 적용한', 엄(격)한, 어려움, 곤궁, 혹독함, 경직, 오한, 〈~ rigid〉, 〈↔calm\flexible\lax〉 영1

455 **rim** [륌]: 〈← rima(edge)〉, 〈영국어〉, 테, 가장자리, 언저리, (농구) 골망을 걸친 둥근 테〈공 바구니테; 한국에서는 '링'이라고 발음하기도 함〉, 〈~ ridge\edge\verge〉, 〈↔center\interior〉 가1

456 **rind** [롸인드]: 〈← rinde(coating)〉, 〈게르만어〉, 껍질, 외피, 외견, 껍질을 벗기다, 〈~ rend\peel〉, 〈~ crust〉, 〈↔core\pulp〉 가1

457 **ring¹** [륑]: 〈← hring(circular band)〉, 〈게르만어〉, 고리, 바퀴, 반지, 원(환), 도당, 경기장, 〈~ rank〉, 〈~ band\circle〉, 〈↔line\square\individual〉 영1

458 **ring²** [륑]: 〈← hringan(bell sound)〉, 〈게르만어〉, 〈의성어〉, 울리다, 부르다, 전화를 걸다, 〈↔silence\thud〉

459 ★**ring a bell** [륑 어 벨]: (어렴풋이) 기억나다, 들은적이 있다, 〈~ bring to mind〉, 〈↔calm\forget〉 영2

460 **ring fin·ger** [륑 횡거]: '반지 손가락', (전통적으로 결혼반지를 끼는) 왼손의 '넷째' 손가락, (약을 젓던) 약손가락, (예전에는 이름이 없던) 무명지, 〈~ third finger(영어에서는 thumb은 손가락으로 쳐주지 않음)〉 유2

461 **ring-lead·er** [륑 리더]: '도당의 우두머리', 단장, 주모자, 〈~ chieftain\master-minded〉, 〈↔follower\pawn〉 영2

462 **rink** [륑크]: 〈← ranc(row)〉, 〈프랑스어〉, (지치기·공치기 등의) 경기장, ('주로 선을 따라 움직이는') 넓고 평편한 운동장, 〈~ row\rank〉 유1

463 ★**RINO** [롸이노우 \ 뤼노]: 〈1990년대 신조 미국어〉, Republican in name only, 〈코끼리가 아닌〉 '코뿔소' 공화당원, 자유주의적 공화당원 미2

464 **rinse** [륀스]: 〈← recens(fresh)〉, 〈라틴어 → 프랑스어〉, 헹구기, 씻어내기, 가시기, 〈~ wash\clean〉, 〈↔dry\dirty〉 가1

465 *****rin·sta** [륀스타]: real instagram(진계정), 〈fake instagram(가계정)에 대항해서 쓰는〉 정상적인 instagram(즉석사진) 유2

466 **ri·ot** [롸이엍]: 〈← rioter(violent)〉, 〈어원 불명의 프랑스어〉, 폭동, 소동, 혼란, 〈~ rebel²\revolt〉, 〈~ up-rising\insurgence〉, 〈↔calm\truce\obedience〉 가1

467 ★**RIP (rest in peace)**: 고이 (평안히) 잠드소서 영2

468 **rip** [륖]: 〈어원 불명의 영국어〉, rough tear, 찢다, 쪼개다, 떼어내다, 군살을 빼다, 〈~ slit\burst〉, 강타하다, 〈↔mend\sew〉 영1

469 **ripe** [롸이프]: 〈게르만어〉, ready for reaping, 여문, 익은, 원숙한, 고령의, 굶은, 〈~ reap〉, 〈↔un-ripe\green\young\rare²〉 영1

470 ★**rip-off** [륖 어후프]: 〈영국어 → 미국 속어〉, 도둑질, 사취, 사기, 바가지 씌우기, 〈cheat\swindle\hood-wink〉, 〈~ over-charge\up-sale〉, 〈↔gift\offering〉 영2

471 **rip·ple** [뤼플]: ⟨← rip?⟩, ⟨영국어⟩, 잔물결, 파문, 굴곡, 작은 여울, ⟨~ riffle⟩, ⟨~ wavelet\undulate⟩, ⟨↔ebb\sink⟩ 영1

472 ***RISC** [뤼스크]: reduced instruction set computer, '감소 명령체계 전산기', (속도를 빨리 내기 위해) 간단한 연산 명령만 설치된 기본 전산기 루1

473 **rise** [롸이즈]: ⟨← risan(get up)⟩, ⟨게르만어⟩, 일어나다, 오르다, 늘다, 생기다, 상승, 발생, 바지의 외솔기와 내 솔기의 길이 차이, ⟨→ raise⟩, ⟨~ rear²⟩, ⟨~ ascend\hike⟩, ⟨↔fall⟩ 영1 루1

474 ***ris-er** [롸이저]: 일어서는 사람, 계단의 수직면, '상승판'(더 상세한 정보를 얻기 위해 모판에 수직으로 끼워 넣는 조그만 회로판), ⟨↔faller⟩ 영1 루1

475 **★ris-ing tide lifts all boats**: ⟨'수장선고'란 중국 속담⟩, ⟨1963년 케네디 대통령의 연설에 사용된 경제용어⟩, 경기 부양은 모두에게 이익을 준다, ⟨↔falling tide sinks all ships⟩ 영2

476 **risk** [뤼스크]: ⟨← riscus(hazard)⟩, ⟨어원 불밀의 라틴어 → 이탈리아어⟩, 위험, 모험, 우려되는 투자(고객), ⟨~ danger\chance\peril⟩, ⟨↔safety\security⟩ 가1

477 **rite** [롸이트]: ⟨← ritus⟩, ⟨라틴어⟩, ⟨re·ligious한⟩ 의례, 의전, 관례, ⟨→ ritual⟩, ⟨↔non-observance\non-celebration⟩ 가1

478 **rit·u·al** [뤼츄얼]: ⟨라틴어⟩, ⟨← rite(formal)⟩, 의식의, 관례의, 판에 박은, ⟨~ ceremonial\habitual⟩, ⟨↔discord\neglect⟩ 영2

479 **ri·val** [롸이벌]: ⟨← rivus⟩, ⟨라틴어⟩, 맞선자, 경쟁자, 대항자, (강⟨river⟩의 물줄기를 두고) 서로 다투는 적수, ⟨~ competitor\opponent⟩, ⟨↔patner\ally⟩ 영2

480 **riv·er** [뤼붜]: ⟨← ripa(bank¹)⟩, ⟨라틴어⟩, 강, 다량의 흐름, 내, 하천, ⟨인류의 젖줄⟩, ⟨~ Riviera⟩, ⟨→ rivulet⟩, ⟨~ water-way\stream⟩, ⟨↔mountain\sea⟩ 가1

481 **riv·et** [뤼뷧]: ⟨← ripa(bank¹)⟩, ⟨라틴어 → 프랑스어⟩, ⟨← ripare(repair)⟩, 대갈못, (2개의 판목을 연결하기 위한) 한쪽은 못·한쪽은 접수구가 있는 쇠붙이⟨screw보다 훨씬 견고함⟩ 미2

482 **★rizz** [뤼즈]: charisma의 줄임말, ⟨2021년에 등장한 말⟩, (이성을 끌어다니는) 매력, 매혹(적인), ⟨~ charm\seduce⟩, ⟨↔repel\L(loss) rizz⟩ 영2

483 **★RL**: real life, 현실, 실생활 활2

484 ***r-log-in** [알로긴 \ 로긴]: remote log·in, '원격 접속', 다른 전산기의 단말기로 쓸 수 있는 전산기 루2

485 **RN** [아알 엔]: registered nurse, 공인 간호사, ⟨~ LVN\CNA⟩ 미2

486 **RNA** [아알 엔 에이]: ribonucleic acid, (오탄당의 하나인) ribose를 함유하는 핵산⟨유전정보를 전달하고 아미노산을 운반함⟩, ⟨~(↔)DNA⟩ 유2

487 **roach** [로우취]: ⟨다양한 어원을 가진 말⟩ ①⟨스페인어 → 영국어⟩, cockroach(바퀴벌레) ②⟨← ruhaz(rough)⟩, ⟨게르만어⟩, 잉엇과(carp¹)과의 물고기 ③⟨어원 불밀의 영국어⟩, 가로ළ 아래쪽을 활등 모양으로 잘라낸 것, 빳빳이 세게 자른 말의 갈기(머리), ⟨~ mane⟩ ④⟨← roach tobacco⟩, ⟨스페인어⟩, 대마초(hashish) 꽁초, 경관 미1

488 **★roach-ing** [로우칭]: ⟨신조어⟩, 여러 사람과 연애하는 것을 숨기는 짓, ⟨암수⟩, ⟨곰수⟩, ⟨~ gimmick\sham\cheating⟩, ⟨자세히 보면 바퀴벌레가 하나뿐이 아니라는 점에서 연유한 말이라 함⟩ 영2

489 **road \ Rd.** [로우드]: ⟨← rade(way)⟩, ⟨게르만어⟩, ⟨로마로 가지 않고 삼천포로 빠질 수 있는⟩ 길, ⟨연결⟩ 도로, 통로, 가, 수단, ⟨~ ride\drive⟩, ⟨→ route⟩, ⟨↔blockade\detour⟩ 가1

490 **★road-hog** [로우드 허어그]: 길 돼지, 차선을 지키지 않고 길을 독점하는 운전자, 욕심쟁이 운전자, ⟨~ monopolist⟩ 미2

491 **road map** [로우드 맵]: 도로 지도, 이정표, (잘 정리된) 지침, ⟨~ ground-plan\blue-print⟩, ⟨↔mess\disarray⟩ 영2

492 **roam** [로옴]: ⟨← raimona(wander)⟩, ⟨게르만어⟩, 거닐다, 배회하다, 방랑하다, ⟨~ ramble\rove⟩, ⟨~ stray⟩, ⟨↔stay\dwell⟩ 양1

493 ★**roam·ing** [로우밍]: 방랑, 계약 지역 이외에서 휴대전화를 사용하는 것, ⟨~ wandering\moving around⟩, ⟨↔standing\stationary⟩ 양1 우1

494 **roar** [로어]: ⟨← rarian(cry out)⟩, ⟨게르만어⟩, ⟨의성어⟩, 사자나 호랑이의 울음소리, 으르렁거리다, 고함치다, 함성을 지르다, ⟨~ bawl\boom⟩, ⟨↔silence\hush\calm(simmer) down⟩ 가1

495 **roast** [로우스트]: ⟨← rost(gridiron)⟩, ⟨게르만어⟩, ⟨석쇠에 올려놓고⟩ 굽다, 볶다, 익히다, 조롱하다, 혹평하다, ⟨~ bake보다 고온을 사용함⟩, ⟨~ criticize\ridicule⟩, ⟨↔freeze\shabu-shabu\praise⟩ 양1

496 ★**roast-ie** [로우스티]: ①⟨독일어⟩, 감자튀김, ⟨~ roast potato; sweet potato에 물엿을 발라 구운 것을 mattang이라 함⟩ ②⟨전산망 속어⟩, ⟨성교를 너무 해서 너덜너덜해진⟩ '불고기 보지', beef curtain 양1 우2

497 **rob** [롸브]: ⟨← roubon(plunder)⟩, 〈게르만어〉, 훔치다, 빼앗다, 강탈하다, ⟨~ reave⟩, ⟨~ ransack\plunder⟩, ⟨↔bestow\return⟩ 가1

498 **rob·ber·y** [롸버뤼]: 강도(질), 약탈, ⟨↔protecting\compensating⟩, ⟨위협해서 물건을 갈취하면 robbery-갈취 할 의사는 있으나 그냥 침입만 하면 burglary⟩, ⇒ heist 가1

499 **robe** [로오브]: ⟨← raub(dressing gown)⟩, ⟨게르만어 → 라틴어⟩, 길고 품이 넓은 겉옷, 관복, 의상, ⟨게르만족이 우선적으로 'rob'하던 물품⟩, ⟨~ clothes\garment⟩, ⟨↔dis-robe\strip⟩ 여2

500 **rob·in** [롸빈]: ①⟨영국어⟩, ~ red breast, 붉은가슴울새, 유럽산은 참새만 하고 미국산은 조금 더 큰 명금류 지빠귓과의 나그네새, ⟨~(↔)thrush\storm-cock⟩ ②R~; Robert의 애칭, '유명한 현자', 로빈 여2 우1

501 ★**Rob-lox** [롸블락]: 'robot+blocks', 로블록스, 2006년 미국에서 출시되어 meta·verse plat·form (가상세계 승강대)를 이용하는 세계적 〈무료〉 전산망 놀음 수2

502 ★**ROBMS** (re·la·tion·al da·ta base man·age·ment sys·tem): (1970년대부터 개발되어 현재 시장을 석권하고 있고 서로 관련된 자료를 함께 묶어 주는) 관계형 자료를 관리체계 여2

503 ★**ro·bo·call** [로우보 커얼]: robot call, (녹음된 전달문을 재생하는) 자동 녹음 전화, ⟨문명의 이기가 문명의 흉기로 변할 수 있는 예⟩, ⟨~ auto-call⟩ 여2

504 **ro·bot** [로우벝]: ⟨'강제노동(servitude)'이란 첵코어에서 유래한⟩ 로봇, 인조인간, 자동장치, '일하는 기계', '일꾼', ⟨~ android\mechanoid⟩, ⟨↔human\manual⟩ 우2

505 **ro·bust** [로우버스트]: ⟨← robus(oak)⟩, ⟨라틴어⟩, '단단한', 튼튼한, 강건한, 활력이 넘치는, 난폭한, ⟨~ strong\vigorous⟩, ⟨↔weak\insipid⟩ 양2

506 **rock**[1] [롹]: ⟨← rocca(stone mass)⟩, ⟨어원 불명의 라틴어⟩, 바위, 암석, 난관, 토대, 헤로인의 결정, ⟨변치 않는 당신⟩, ⟨무뚝뚝한 당신⟩, ⟨~ boulder\foundation\solid⟩, ⟨↔kryptonite\weakness\ appease⟩ 양1 우2

507 **rock**[2] [롹]: ⟨← roccian(pull and push)⟩, ⟨게르만어⟩, 흔들어 움직이다, 진동시키다, '흔들 음악', ⟨~ sway\shake⟩, ⟨↔stay\calm⟩ 양1 우2

508 ★**rock and hard-place** [롹 앤 하아드 플레이스]: 어려운 처지, 사면초가, 곤란한 상황, 진퇴양난, ⟨~ catch-22\dilemma⟩, ⟨~ devil and deep sea⟩, ⟨↔certain\clear⟩ 양2

509 ★**rock-bot·tom** [롹 바텀]: ⟨게르만어 → 영국어 → 미국어⟩, 맨 밑바닥의, 최저의, 가장 근본적인, ⟨~ lower-most\foundational⟩, ⟨↔highest\climax⟩ 양2

510 **rock·et**[1] [롸킽]: ⟨← roccho(distaff)⟩, ⟨게르만어 → 이탈리아어⟩, ⟨'실패'처럼 돌아가는⟩ 로켓, 발사체, 쏘아 올리는 불꽃, 급상승하다, ⟨~ rachet⟩, ⟨↔fall\plummet⟩ 우2

511 ★**rock·et sci·ence** [롸킽 싸이언스]: 로켓 (복잡한) 과학, 난해한 학문, 난제, complex problem, ⟨↔as easy as abc\just like riding a bike⟩ 양2

512 **rock'n'roll** [롹큰로울]: 로큰롤, (1950년대 초에 시작해서 1960년대 엘비스 프레슬리에 의해 널리 퍼진) 블루스와 아프리카 민요조를 가미한 격렬한 박자의 재즈, do it(sex), ⟨~ bang'⟩ 우1

513 **rod** [롸아드]: ⟨← rudis(staff)⟩, ⟨라틴어 → 영국어⟩, 장대, (가늘고 긴) 막대, 간상체, 지팡이, 회초리, 권력, ⟨~ bar\shaft⟩, ⟨↔sphere\vagina\democracy⟩ 일1

514 **ro·dent** [로우든트]: ⟨← rodens(gnawing)⟩, ⟨라틴어⟩, ⟨막대를⟩ '갉는' (앞니가 날카로운) 설치류, ⟨~ gnawer\mammal with growing incisors⟩, ⟨↔raptor⟩ 일1

515 **ro·de·o** [로우디오우]: ⟨← rotare⟩, ⟨라틴어⟩, cattle enclosure, ⟨'rotate'하는⟩ 로데오, 방목한 소 모으기, 말타기 경연(곡예) 미1

516 ★**ROFL**: rolling on the floor laughing, 요절복통, 포복절도 미2

517 ★**rog·er** [롸저]: ①⟨Roger(penis)의 별명에서 연유한⟩ 씹하다 ②⟨군대 통신문에서⟩ received의 암호, 받았다, 알긋다, 그렇게, 10-4⟨경찰 통신문에서 'ok'를 뜻함⟩ 일2

518 **rogue** [로우그]: ⟨← rogare(ask)⟩, ⟨라틴어⟩, ⟨구걸하는⟩ '거지', 악한, 불량배, 부랑자, 개구쟁이, 열성 개체, ⟨~ thug\scoundrel⟩, ⟨↔truthful\normal\above-board⟩ 일1

519 ★**roid rage** [로이드 뤠이쥐]: steroid 제제 복용 후 나타나는 공격성 분노 미2

520 **role** [로울]: ⟨프랑스어⟩, ⟨배우의 대사를 적은 roll(두루마리)⟩, 배역, 역할, 임무, ⟨~ function\part⟩, ⟨↔dereliction\relingquishment⟩ 가1

521 ★**rolf·ing** [랄휭]: ⟨미국 물리치료사의 이름(Rolf)에서 연유한⟩ 근육을 깊숙이 쥐어짜는 물리요법, 토하게 하기, ⟨~ reflexology⟩ 수2

522 **roll** [로울]: ⟨← rota(wheel)⟩, ⟨'바퀴'란 뜻의 라틴어⟩, 구르다, 회전하다, 진행하다, (똘똘) 말다, 울리다, 두루마리, 목록, 통, ⟨~ spin\wind⟩, ⟨↔un-roll\collect\un-fold\set⟩ 일1

523 **roll-back** [로울 백]: 되돌림, 역전, 삭감, ⟨~ push back\reduction⟩, ⟨↔roll-forward\establish⟩ 일2

524 **roll call** [로울 커어얼]: 출석 조사, 점호(나팔), ⟨~ roster\head-count⟩, ⟨↔abstain\disorder⟩ 일2

525 *****roll·er ball** [로울러 버얼]: ①(아주 가는) 수성 볼펜, ⟨~ fine ballpoint pen⟩ ②track ball, '추적공', '길 찾기 굴리개', 조종간의 공을 움직여서 화면상의 요소를 제어하는 장치 우2

526 *****roll-in** [로울 인]: 밀려들어 오다, (측선을 넘은 공을) 되돌리기, 되살리기(우선순위에 밀려 주기억장치에서 보조기억장치로 옮겨 놓았던 차림표를 임무수행 후 원상태로 복귀시키는 것), ⟨~ pour in\turn up⟩, ⟨↔roll-out⟩ 미2

527 *****roll·ing con·tract** [로울링 칸트랙트]: (이의 제기가 없는 한 지속되는) 자동 연장 계약, ⟨~ re-newable(revolving) contract⟩, ⟨↔set contract⟩ 일2

528 *****roll·ing re·lease** [로울링 륄리이스]: '연속 발매', '점진 개선', 연성기기의 차림표가 바뀔 때마다 자동으로 개선되는 상품, ⟨~ agile deployment\continuous delivery⟩, ⟨~(↔)point release⟩ 일1

529 *****roll-out** [로울 아울]: (상품의) 첫 공개, 착륙 후의 활주로, 옮겨 보내기(내부 주기억장치의 내용을 외부 보조기억장치로 옮기는 것), ⟨~ embark\spread-out⟩, ⟨↔roll-in⟩ 미2

530 ★**roll out the red car·pet**: 성대하게 환영하다, 극진히 대접하다, ⟨~ wine and dine⟩, ⟨↔cold shoulder⟩ 일2

531 **roll·o·ver** [로울 오우붜]: (차량의) 전복사고, (부채 상황) 연장, 차환(빚을 갚고 다시 빌림), 다음으로 넘어가는 당첨금, ⟨~ flip\turn over⟩, ⟨↔stay in place\deny\hold\yield⟩ 미2

532 ★**roll-up the sleeves**: 소매를 걷어 올리다, 팔을 걷어 붙이다, prepare for hard work, ⟨~ pull the socks up⟩ 일2

533 *****ROM** [롬]: read only memory, 롬, 읽기 전용 기억장치 미2

534 **ro·maine** [로우메인]: 〈프랑스어〉, 'Roman lettuce', cos·lettuce, 〈배추상추〉, 작고 가는 한국 배추 모양을 한 〈굽거나 날로 먹는〉 양상추 무1

535 **ro·mance** [로우맨스]: 〈라틴어에서 연유한 영국어〉, (로마풍의) 낭만적 사랑, 연애 이야기, 가공적 이야기, 서정적인 기악곡, 환상곡, 〈~ amour\passion〉, 〈↔tragedy\boredom\non-fiction〉, 〈↔tech-noir\who-dun-it〉 무1

536 **ro·man·tic** [로우맨틱]: 〈← romance〉, 공상(환상)적인, 낭만적인, 연애에 빠지는, 〈~ amorous\sentimental〉, 〈↔realistic\practical〉 미2

537 ★**rom-com** [로운 캄]: 〈방송용어〉, romantic comedy, 연애희극 미2

538 ★**Rome was not buit in a day**: 로마는 하루 아침에 이루어지지 않았다, 한술 밥에 배 부르랴, 대기만성, 〈~ late bloomer〉, 〈↔soon ripe, soon rotten〉 양2

539 **romp** [람프]: 〈← ramp¹〉, 〈프랑스어〉, 떠들며 뛰어놀기, 빨리 달리기, 장난꾸러기, 말괄량이, (수달 등의) 떼, 〈~ pixie\tomboy\frolic〉, 〈↔work\seriousness〉 일1

540 ★**ro·na** [로우너]: 〈신조어〉, Corona(19)의 긍정적 · 우화적 표현 수2

541 **roof** [루우후]: 〈← hrof(ceiling)〉, 〈게르만어〉, 지붕, 꼭대기, 〈~ house-top\crown〉, 〈↔bottom\base〉 가1

542 **rook** [룩]: ①〈← hroc〉, 〈게르만어〉, 〈의성어〉, 〈게슬거리운 먹성·시끄러운 소리·떼를 지어 구대륙 온대지방에 서식하는〉 떼(당)까마귀, 〈↔mumble〉 ②〈← rukh(castle)〉, 〈페르시아어〉, (장기의 차에 해당하는) 성장, 〈↔pawn〉 ③〈← rook²?〉, 〈어원 불명의 영국어〉, 야바위꾼, 〈↔honest-man〉 미2

543 **room** [루움]: 〈← rum(space)〉, 〈게르만어〉, 방, 공간, 여지, 능력, 묵다, 유숙하다, 〈~ chamber\capacity〉, 〈↔hall\closure〉 가1

544 **room and board** [루움 앤 보어드]: '침·식 여관', 식사를 제공하는 하숙, 〈~ bed and board\boarding house〉, 〈↔street〉 우2

545 **room-mate** [루움 메이트]: 동숙인, 한 방 쓰는 사람, 〈가깝지만 성가신 사람〉, 〈~ bed-fellow〉, 〈↔stranger〉 미2

546 **roost-er** [루우스터]: 〈목을 위로 젖혀 꼬끼오~하고 우는〉 cock, 〈암탉이 달걀을 만들려고 부지런히 먹이를 쪼는 동안 '홰'에 앉아 느긋이 정력을 기르는〉 수탉, 수새, 잘난 척하는 사람, 〈~(↔)cockerel〉, 〈↔chick\hen\ponce〉 양2

547 **root¹** [루우트]: 〈radix란 라틴어와 wort란 북구어가 합쳐진 영국어〉, 뿌리, 밑동, 근원, 밑바다, 뿌리 뽑다, 뿌리 박게 하다, 지원하다, 〈→ radical\radish〉, 〈~ wort\rhizome〉, 〈~ origin\source〉, 〈↔branch\up-root\eradicate〉 가1

548 **root²** [루우트]: 〈← wrotan(root up)〉, 〈게르만어〉, (주둥이로 땅을) 헤적이다, 찾아내다, 〈~ breed\dig\lodge〉, 〈↔bury\dislodge〉 가1

549 **root beer** [루우트 비어]: '뿌리 맥주', 식물의 뿌리·껍질로 만든 주정성분이 거의 없는 청량음료, 〈~ root tea〉 우1

550 *****root di·rec·to·ry** [루우트 디뤡터뤼]: 뿌리 등록부, 계층별 서류철에서 가장 윗 수준에 있는 등록부, 최상위 자료방, 〈~ root folder〉, 〈↔home(individual) directory〉 미2

551 ★**root-for** [루우트 휘어]: 〈미국어〉, 응원하다, 성원하다, 추천하다, 〈~ back\support〉, 〈↔refrain\put down〉 양2

552 *****root hub** [루우트 허브]: '근원 중추', 다수의 USB 단말기를 접속시킬 수 있는 전산기 내의 연성기기, 〈~ USB adapter(port)〉 우2

553 **rope** [로우프]: 〈← rap(cord)〉, 〈게르만어〉, 새끼, (밧)줄, 한 꿰미(두름), 20피트, 한 엮음, 요령, 〈~ string\bind〉, 〈↔un-tie\repel〉 일1

554 **ro·sa·ry** [로우저뤼]: 〈라틴어〉 ①〈성경 시편에 나오는 'our lady's psalter'의 변형어〉, 〈속으로 기도할 때 쓰는〉 묵주(신공), (염불하며 손으로 돌리는) 염주 ②〈→ rosarium〉, 장미원(꽃밭) 〈유2〉

555 **rose¹** [로우즈]: 〈← rhodon → vrda(flower)〉, 〈페르시아어 → 그리스어 → 라틴어〉, 장미(꽃), 담홍색, 〈예쁘기는 하나 가시가 달리고 벌레가 먹기 쉬운〉 뛰어난 미인 〈관1〉

556 **rose-mar·y** [로우즈 메어뤼]: rasah(juice)+arsanzi(flow), 〈산스크리트어 → 라틴어 → 프랑스어 → 영어어〉, 〈바다 이슬(ros+marinus)〉, 미질향, 푸른 떨기나무, 거친 줄기·바늘잎·푸른 꽃에 진한 향과 톡 쏘는 맛이 나는 지중해 연안 원산의 약초·야채, 〈~ compass plant〉 〈유2〉

557 **ros·ter** [롸스터]: 〈← roosten(roast)〉, 〈네덜란드어〉, 〈종이에 석쇠 모양의 줄을 그어놓고 만든 도표〉, 〈← list〉, 근무표, 등록부, 출석부, 〈~ registry\roll call〉, 〈↔disorder\mess〉 〈유2〉

558 **rot** [랕]: 〈← rotian(decay)〉, 〈게르만어〉, 썩음, 부패, 고사, 허튼소리, 〈→ rotten〉, 〈~ corrosion\rust〉, 〈↔fresh\pure\truth〉 〈유1〉

559 **ro·ta·ry** [로우터뤼]: 〈← rota(wheel)〉, 〈라틴어〉, 회전하는, 윤전기, 환상교차로(traffic circle), 〈~ rodeo\roundabout〉, 〈↔angular\square\cross-road〉 〈유1〉 〈미1〉

560 **ro·ta·tion** [로우테이션]: 〈← rota(wheel)〉, 〈라틴어〉, 바퀴 돌리기, 회전, 자전〈↔revolution(공전)〉, 순환, 규칙적인 교대, 〈↔dextro-rotation\straightening〉 〈관1〉

561 **ro·tor** [로우터]: 〈← rotare(revolve)〉, 〈라틴어〉, 〈← rotate〉, 축차, 회전자, 회전 날개, 회전 원통, 〈~ motor\turbine〉, 〈↔stator\wiper\blower〉 〈미2〉

562 **rot·ten** [롸튼]: 〈게르만어〉, 〈← rot〉, 썩은, 부패한, 불결한, 불쾌한, 〈~ decayed\bad〉, 〈↔fresh\clean\pleasant〉 〈유2〉

563 *****rot 13** [랕 써얼티인]: rotate 13, (본체를 숨기기 위해) 영어 알파벳의 전반 13자와 후반 13자를 바꿔 놓는 암호 표시법 〈유1〉

564 **ro·tund** [로우턴드]: rota+jocus(joke), 〈라틴어〉, 〈← rotate〉, 둥근, 토실토실한, 낭랑한, 화려한, 〈~ chubby\plump〉, 〈↔thin\unimportant〉 〈유1〉

565 **rouge** [루우즈]: 〈← rubeus(red)〉, 〈라틴어 → 프랑스어〉, (입술)연지, ('붉은색'을 띠는) 산화 제2 철, 〈~ a lip-stick〉 〈미1〉

566 **rough** [뤄후]: 〈← ruh(coarse)〉, 〈게르만어〉, 거친, 껄껄한, 험악한, 가공되지 않은, 난폭한, 대강의, 순로 밖의 잘 다듬지 않은 잔디, 〈~ riffle\un-even〉, 〈↔smooth\gentle〉 〈유1〉 〈미1〉

567 **round** [롸운드]: 〈← rota(wheel)〉, 〈라틴어〉, 둥근, 원형의, 통통한, 한 바퀴 도는, 우수리 없는, 대략, 상당한, 풍부한, 순시, 회진, 한판, 범위, 넓적다리(rear leg) 살, 엉덩이 살, 홍두깨살, 〈~ circular\hoop-shaped〉, 〈↔flat\sharp\broken〉 〈유1〉

568 *****round-heel** [롸운드 히일]: '둥근 뒤꿈치', 잘 속는 사람(여자), (하루에도 열두번씩 구두를 신고 벗어서) 〈뒷축이 닳아 빠진〉 창녀, 《힘이 없어서가 아니라》 신발의 뒤꿈치가 미끄러워 넘어지는 약한 권투선수, 〈~ prostitute\push-over〉, 〈↔spike-heel〉 〈유2〉

569 **round off** [롸운더어후]: 반올림, 사사오입〈4 이하는 버리고 5 이상을 올려 쓰는 연산법〉, 〈~ round down〉 〈유1〉

570 *****round rob·in** [롸운드 롸빈]: ← round ribbon, '둥근 오라기', (서명자의 순서를 감추기 위한) 사발통문식 탄원서, 원탁회의, 하나하나 차례로 참가하는, 〈~ rap session\forum〉, 〈↔silence\elimination tournament〉 〈유2〉

571 **round-up** [롸운덮]: 총괄(보고), (일제) 검거, 회합, (반)올림, 〈↔round down〉 〈유1〉

572 **rouse** [롸우즈]: 〈← reuser(stir up)〉, 〈어원 불명의 프랑스어〉, 〈깃털을〉 일으키다, 깨우다, 격려하다, 선동하다, 휘젓다, 〈→ arouse〉, 〈↔pacify\appease〉 〈유1〉

573 **route** [루우트 \ 롸우트]: 〈← ruptus ← rumpere〉, 〈'rough path'란 뜻의 라틴어〉, 〈험난한〉 길, 노선, 수단, 경로, 배달길, 〈→ rut¹〉, 〈~ course\trajectory〉, 〈↔detour\bypass〉 〈유1〉

574 **rout-er** [루우터 \ 롸우터]: 장거리 경주마, 경로기(전산망 사이를 중계하는 장치), 〈속도가 빨라지는〉 홈 파는 기구, 〈~ disperser\carving device〉, 〈↔surrenderer〉, 〈↔modem〉 미2

575 **rou·tine** [루우티인]: 〈← route〉, 〈라틴어 → 프랑스어〉, 〈경로를 따라가는〉, 일상적인, 판에 박힌, (어떤 명령에 의한) 일련의 작업, 〈~ regular\standard〉, 〈↔unusual\special〉 영1 미2

576 **rove** [로우브]: 〈← arafian(set free)〉, 〈어원 불명의 영국어들〉 ①헤매다, 떠돌다, 두리번거리다, 〈~ roam〉, 〈~stray〉, 〈↔run\rush〉 ②거칠게(rough) 짠 실, 〈↔arranged〉 영1

577 **row¹** [로우]: 〈← raw(line)〉, 〈게르만어〉, 열, 줄, 횡렬, 행, 가로줄, 〈~ order\rank〉, 〈~ level\tier〉, 〈↔disorder\disarray〉 가1

578 **row²** [로우]: 〈← rowan(sail)〉, 〈게르만어〉, (노를) 젓다, 배 젓기, 〈~ oar〉, 〈→ vogue〉, 〈↔still\lull〉 가1

579 **row³** [로우]: 〈← rouse?〉, 〈어원 불명의 영국 속어〉, 법석, 소동, 말다툼, 〈~ argument\quarrel〉, 〈↔agreement\reconciliation〉 가1

580 **roy·al** [뤄이얼]: 〈← regix(king)〉, 〈라틴어〉, 왕(족)의, 고귀한, 훌륭한, 보증된, 〈~ regal〉, 〈↔common\plebeian〉 영1

581 **roy·al-ty** [뤄이얼티]: 왕위, 왕권, 특허권, 저작권, 사용료, 〈~ kingship\power〉, 〈↔subservience\expenditure〉 영1

582 ★**RPG¹**: role playing game, 역할경기, 참가자가 독특한 인물을 연출하는 놀음 미2

583 ***RPG²**: report program generator, 보고서 차림표 작성기, 1960년도에 IBM사가 '신삥'들을 위해 만든 차림표언어 미1

584 **RSVP** [아훼스 뷔이 피] \ re·pon·dez sil vous plait [뤠이포운데이 씨일 부우 플레이]: 'reply, if you please', 답장 바람, 〈↔no reply〉 영2

585 **rub** [뤄브]: 〈← rubben(scrub)〉, 〈어원 불명의 게르만어〉, 문지르다, 비비다, 닦다, 애먹이다, 〈~ massage\stroke〉, 〈↔roughen\spoil〉 영1

586 **rub-ber** [뤄버]: 고무(제품), '문지르는' 사람(물건), 고무 지우개〈영국〉, 〈~ eraser〉,condom〈미국의 고무 좃싸개〉, 〈~ latex〉, 〈↔ripper\shalk\marker\IUD〉 영1 우1

587 ★**rub-bing salt in the wound**: 긁어 부스럼 만든다, 염장을 지르다, 불난 집에 부채질하다, 〈~ add fuel to fire\add insult to injury〉 영2

588 **rub·bish** [뤄비쉬]: 〈← rubouses(spoils)〉, 〈어원 불명의 프랑스어〉, 쓰레기, 폐물, 잡동사니, 〈~ rubble\trash〉, 〈~ pablum\garbage〉, 〈↔treasure\trove〉 가1

589 **ru·by** [루우비]: 〈← ruber(red)〉, 〈라틴어〉, 루비, 〈7월 석〉, ((진짜는) 매우 귀중한) 홍옥, '진홍색', 〈~ pigeon blood〉 미2

590 **rud·dy** [뤄디]: 〈← rudu(red)〉, 〈영국어〉, 불그스름한, 혈색이 좋은, 〈~ blooming\florid〉, 〈↔pale\wan〉 영2

591 **rude** [루우드]: 〈← rudis(rough)〉, 〈라틴어〉, 'raw', 버릇없는, 무례한, 조잡한, 거친, 미가공의, 〈→ crude〉, 〈→ rudiment〉, 〈~ ill mannered\blunt〉, 〈↔polite\refined〉 영1

592 **rue** [루우]: ①〈← hreowan(sorrow)〉, 〈게르만어〉, 비탄, 후회, 연민 ②〈← rhyte〉, 〈그리스어 → 라틴어〉, ruta, 〈쑥갓 비슷한〉 운향과의 다년생 상록 초본·약초 영2 우1

593 **ruf·fle** [뤄흘]: 〈← ruffelen(entangle)〉, 〈어원 불명의 영국어〉, 주름살 지게 하다, 뒤흔들다, 쳐서 섞다, 애타다, 〈~ riffle\roil〉, 〈~ pleat\tuck¹〉, 〈↔calm\smooth〉 영1

594 **rug** [뤄그]: 〈← rogg〉, 〈북구어〉, rough+fleece, 깔개, 융단, 양탄자, 〈~ rag〉, 〈↔baldness\roof〉, 〈다른 차이점도 있지만 mat보다 크고 carpet보다 작음〉 영1

595 **Rug·by** [뤅그비]: hroc(rook)+burh(settlement), 〈영국어〉, 럭비, 잉글랜드 중부의 도시(학교), r~; R~ 학교에서 생겨난 15명의 선수로 구성된 두 조가 공을 득점 대에 가져가거나 득점 문에 차 넣어 승부를 가리는 '영국식' 축구, 〈~ mixture of American football and soccer〉 영2

596 **rug-ged** [뤄기드]: 〈북구어〉, 〈← rug〉, 우툴두툴한, 울퉁불퉁한, 소박한, 조잡한, 굳은, 〈~ ragged\rough〉, 〈↔soft\smooth〉 영1

597 **ru·in** [루우인]: 〈← ruere(fall)〉, 〈라틴어〉, 파멸, 몰락, 폐허, '타락', 〈~ destroy\ravage〉, 〈↔rebuild\repair〉 영1

598 **rule** [루울]: 〈← regula(straight stick)〉, 〈라틴어〉, 규칙, 법칙, 통례, 공식, 지배, 명령, 통치, 〈~ regime〉, 〈~ regulation\order〉, 〈↔subordination\lawlessness\deviation〉 영1

599 ★**rule of thumb** [루울 어브 썸]: 일반 원칙, 어림셈, 눈대중, 〈~ modus operandi〉, 〈↔analytical\deductive〉 영2

600 **rum** [뤔]: 〈← rumbullion(kill-devil)〉, '아주 좋다'란 타히티어에서 1650년 경에 전래된 영국어?〉, 사탕수수(sugar-cane)나 당밀(molasses)을 참나무통에서 숙성시켜 만든 술 영2

601 **rum·ba\rhum·ba** [뤔바\룸바]: 〈스페인어〉, 흥청거림, 룸바, '축제(spree)', 쿠바의 흑인들이 즐겨 추던 〈발〉 빠른 음악·춤, 〈~ zumba〉, 〈~(↔)mambo〉 영2

602 ★**rum·ble strip** [뤔블 스트륍]: (도로 표면을 울퉁불퉁하게 만든) 속도 제한 띠, 〈~ road hump〉 영2

603 **ru·mi·nate** [루우미네이트]: 〈← ruminare(chew over)〉, 〈라틴어〉, 되새기다, 곰곰이 생각하다, '반추하다', 〈~ contemplate\chew the cud〉, 〈↔ignore\bypass〉 가1

604 **ru·mo(u)r** [루머]: 〈라틴어〉, '잡음(noise)', 소문, 풍문, 풍설, 〈~ hear-say\urban folk-lore〉, 〈~ gossip\scuttle-butt〉, 〈↔truth\evidence〉 기2

605 **rump** [뤔프]: 〈← rumpr(trunk)〉, 〈북구어〉, 궁둥이, 엉덩이, 둔부, 남은 것(잔당), 〈↔front\head\side〉 영2

606 **rum·pus** [뤔퍼스]: 〈← robust?〉, 〈어원 불명의 영국어〉, 소동, 소음, 말다툼, 〈~ disturbance\commotion〉, 〈↔peace\hush〉 영1

607 **run** [뤈]: 〈← rinnan(flow)〉, 〈게르만어〉, 달리다, 뛰다, 도망치다, 운행하다, 이동하다, '흐르다', 실행하다, (얼마나) 값이 나가다, 경영하다, 계속하다, 퍼지다, 출마하다, 공연하다, run의 과거분사(달린), 〈~ jog\race\operate\cost〉, 〈↔walk\dawdle\stay〉 영1

608 **run-a-round** [뤄너라운드]: '빙빙 돌림', 발뺌, 핑계, 속임수, 〈~ circumvent\stall\evade〉, 〈↔abet\clarify\challenge〉 영2

609 **run-a-way** [뤄너웨이]: 도망(자), 탈주(자), 도피, 일방적 승리, 〈~ escape(r)\desert(er)〉, 〈↔stay\confront\accept〉, 〈↔run into〉 영2

610 *****run-down** [뤈 다운]: 쇠퇴, 감소, 기진맥진한, 항목별 검사, 〈~ decline\review〉, 〈↔increase\praise\miss?〉 영1

611 ★**run for** [뤈 훠어]: (~을 부르러) 달려가다, (~에) 출마하다, (~을 위해) 도망치다, 〈~ go after〉, 〈↔up-hold\idle〉 영2

612 **run-ner-up** [뤄너뤕]: 차점자, 입상자, 〈↔winner\loser〉 미2

613 *****run·ning hand** [뤄닝 핸드]: 〈penmanship(calligraphy)에서〉 흘림체, 필기체, 초서체, 〈~(↔)rounding hand〉 영2

614 *****run·ning head** [뤄닝 헤드]: (각 page의 상단·하단에 나타나는) 난외표제, 〈~ page header〉 미2

615 **run·ning mate** [뤄닝 메이트]: 보조말, 동반(출마)자, 부통령 후보, 〈↔runner〉 영1

616 ★**run·ning on fumes** [뤄닝 어언 휴움즈]: '배기로 달리고 있다', 기진맥진되다, 〈~ almost dead〉, 〈↔full of energy\strong as zeus〉 영2

617 ★**run·ning wa·ter does'nt get fet·id**: 흐르는 물은 썩지 않는다, 〈~ stagnant water is bound to corrupt〉, 〈~(↔)a rolling stone gathers no moss〉 양2

618 ★**run-off** [뤈너어후]: 흘러가 버리는 것, 파치, 연속적 감소, 범람, (동점자의) 결승전, 〈~ wash-out\cast-out〉, 〈↔stand still\give up〉 양1 미2

619 ★**run-of-the-mill**(mine) [뤈너브 더 밀(마인)]: 〈산업혁명 초기에 등장한 말〉, 〈다듬지 않고〉 공장에서 그대로 나온, 선별되지 않은, 평범한, 〈~ ordinary〉, 〈↔exceptional\way-ward\remarkable〉 양2

620 ★**run-ol·o·gy** [뤈날러쥐]: 〈2022년 신조어〉, '뤈슈', 〈이익을 쫓아가는〉 윤학, (Covid-19 여파로 닥친 불황을 피해 중국을 떠나는 방법을 연구하는) 탈출학, 〈~ flee〉, 〈↔stay〉, 〈칭글리시〉 미2

621 **run-out** [뤈나웉]: 도망, 소멸, 소진(타서 없어진) 상태, 〈~ depart\die-off〉, 〈↔create\bear\save〉 양1

622 ★**run some wa·ter o·ver one's face**: 고양이 세수, 콧등에 물만 묻히다, 눈꼽만 떼어내다, 〈~ throw some water on one's face〉 양2

623 *****run time er·ror** [뤈 타임 에뤄]: 실행 시간 오류, 과업 진행 중에 나타나는 잘못, 〈~ exceptions〉, 〈↔syntax error\compile time error〉 미2

624 ★**run train** [뤈 트뤠인]: 윤간, '돌림빵', gang-banging 양2

625 **run-way** [뤈웨이]: 주로, 통로, 활주로, 강줄기, 〈~ route\lane〉, 〈↔narrow platform〉 양1

626 **rup·ture** [뤞취]: 〈← rumpere(break)〉, 〈라틴어〉, 파열, 결렬, 터뜨리다, 찢다, 〈~ rift¹\tear¹〉, 〈↔closure\reconcilement〉 양1

627 **ru·ral** [루어뤌]: 〈← rus(country)〉, 〈라틴어〉, 시골의, 지방의, 전원의, 농업의, 〈~ pastoral\rustic〉, 〈↔urban〉 양1

628 ★**rur·ban** [뤼얼번\루얼번]: 〈미국어〉, rural+urban, 전원도시(교외)의, 〈~ suburban\out-skirts〉 양2

629 **rush¹** [뤄쉬]: 〈← recusare(reject)〉, 〈라틴어 → 프랑스어〉, 〈← reuser〉, 돌진(쇄도)하다, 돌파하다, 달려들, 덤비다, 서두르다, 급히 해치우다, 재촉하다, 구애, 황홀감, 〈~ gush\ruse〉, 〈↔slow (down)\prowl〉 양1

630 **rush hour** [뤄쉬 아우어]: 혼잡시간, 서두르는 시간, 〈~ grid-lock\bottle-neck〉, 〈↔light traffic\easy going〉 미2

631 **rust** [뤄스트]: 〈게르만어〉, 〈← ruddy(red)〉, 〈붉은 색을 띤〉 (금속의) 녹, 적갈색, '때', 부식하다, 못쓰게 하다, 〈~ rot\corride〉, 〈↔build\clear〉 양1

632 **rus·tic** [뤄스틱]: ①〈← rus(country)〉, 〈라틴어〉, 〈← rural〉, 시골(풍)의, 소박한, 〈↔ roister〉, 〈~ pastoral〉, 〈↔fancy〉 ②〈← rust〉, 〈게르만어〉, 조잡한, 거친, 〈~ rough\un-couth〉, 〈↔elaborate〉

633 **ruth-less** [루우쓸리스]: 〈게르만어에서 연유한 영국어〉, 〈rue'가 결여된〉 무정한, 무자비한, 잔인한, 〈~ cruel\cold〉, 〈↔merciful\compassionate〉 가1

634 **RV** [아알 뷔이]: recreational vehicle, (주거용 시설을 갖춘) 여가용 차량, 〈↔sedan\truck〉 양2

635 ***RWD**: rewind(되감기)의 준말, 〈↔fast forward(FFWD)〉 양1

636 **rye** [롸이]: 〈← ruzi〉, 〈슬라브어〉, 호밀, '잉글랜드에선 주로 사료로 썼으나 스코틀랜드에서는 사람도 먹었던' 터키 원산의 보리와 밀의 성격을 가진 곡류, 〈mixture of barley and wheat〉 가1

637 ★**RYFM** [뤼휨]: read your friendly〈fucking〉 manual, (귀찮게 물어보지 말고) 너의 친절한 〈씨부랄〉 지침서를 읽어보렴! 양1

1. **S / s** [에스]: 이집트의 상형문자 엄니(송곳니) 모양을 딴 8번째로 많이 쓰이는 알파벳, S 모양의 물건, south·small·sulfur·singular·soprano·solo·superior·satisfactory·school·state 등의 약자 중2

2. **$** [달러]: (고대 로마의 금화인 Solidus에서 따온 장식 문자로) 화폐의 단위·기호로 쓰임 중2

3. **Sab·bath** [쌔브쓰]: ⟨← shabbath(rest)⟩, ⟨'휴식'이란 히브리어에서 연유한⟩ 사바스, 안식일(유대교는 토요일·기독교는 일요일), 휴식시간 미2

4. **sab·bat·i·cal year** [서배티클 이어]: 안식년, (이스라엘 사람들이 경작을 쉰 7년마다의 해), (교수·선교사 등에) 7년마다 주는) 1년간의 ⟨유급⟩ 안식 휴가 미2

5. **sa·ber** \ ~bre [쎄이버]: ⟨← szabni(cut)⟩, ⟨'자르다'란 헝가리어에서 유래한 프랑스어⟩, 사브르, (날카로운) 군도, 기병(대), 무단정치 양1

6. **sab·o·tage** [쌔버타쥐]: ⟨프랑스어⟩, ⟨sabot로 걷어차는⟩ 사보타주, 고의적인 방해(파괴), 태업, ⟨↔aid\abet⟩ 양2

7. **sac** [쌕]: ⟨← saccus⟩, ⟨라틴어⟩, ⟨← sack⟩, 낭, 주머니 모양의 부분, 소낭, ⟨↔tubercle⟩ 기1

8. **sack¹** [쌕]: ⟨← sakkos(bag)⟩, ⟨그리스어→라틴어⟩, 마대, 자루, 봉지, 헐렁한 옷, (야구의) 누·진, ⟨→ sac⟩ 양2

9. **sa·cred** [쎄이크리드]: ⟨← sacer(holy)⟩, ⟨라틴어⟩, 신성한, 성전의, 신성불가침의, ⟨↔un-holy\ cursed⟩ 기1

10. **sac·ri·fice** [쌔크리화이스]: ⟨라틴어⟩, sacra(sacred)+facere(make), ⟨성스럽게 만들기 위한⟩ 희생, (산) 제물, 헐값에 팔기, 희생타(를 치다), (예수의) 십자가에 못 박힘, ⟨~ victim⟩, ⟨↔retain\save⟩ 기1

11. ★**sac·ri·fice for hu·man·i·ty** [쌔크리화이스 훠어 휴머니티]: 인류를 위한 희생, 살신성인, ⟨~ martyr⟩, ⟨↔infidel\recreant⟩ 휴2

12. **sad** [쌔드]: ⟨'이제 그만(satis)'이란 라틴어에서 유래한 영국어⟩, 슬픈, 통탄할, 불행한, 유감된, ⟨점성가들에 의하면 음울한 성격을 가진 Saturn이 어원이라는 '썰'이 있음, ⟨↔happy\cheerful⟩ 중2

13. ★**sad-cite** [쌔드 싸이트]: sad+excited (sad ending과 exciting beginning이 같이 오는) 희비쌍곡선 양2

14. **sad·dle** [쌔들]: ⟨← sadol(padded leather seat)⟩, ⟨게르만어⟩, 안장 (같은 것), 산등성이, 등심 고기, ⟨→ seat \ sit⟩ 양1

15. **sa·fa·ri** [서화아리]: ⟨'여행(travel)'이란 뜻의 아랍어⟩, 사파리, 조직된 야생동물 사냥, (동아프리카의) 수렵대, 탐험대 미1

16. **safe** [쎄이후]: ⟨← salvus⟩, ⟨라틴어⟩, ⟨← save⟩, 안전한, 무사한, 위험하지 않은, 확실한, 금고, ⟨↔un-safe\in-secure\risky⟩ 기1

17. **safe guard** [쎄이후 가아드]: 보호(물), 호위(병), 보장 조항, 방위 수단, ⟨↔jeopardize⟩ 양1

18. ★**safe space** [쎄이후 스페이스]: ⟨1970년에 등장한 미국 대학생 용어⟩, 안전 공간, 핏대를 내며 언쟁을 벌리지 않아도 되는 도피처, ⟨↔battle field⟩ 양2

19. ★**safe-word** [쎄이후 워어드]: ⟨2023년 OED가 새로 등재한 말⟩, 안전어, (대인·특히 남녀 관계에서) 서로 이해할 수 있어서 ⟨상대방의 기분을 잡치지 않게 하는⟩ code-word, ⟨예를 들면 성교시 'no\stop'대신 'red'-'slow\down'대신 'yellow'-'more\harder'대신 'green'이라 한다는데 이거야 원 편자같이 머리가 나쁜 사람은 사전을 쓰지 말라는 얘기가 아닌가, 옛다! 양2

20. **sag** [쌔그]: ⟨← saggen⟩, ⟨게르만어⟩, ⟨← sink⟩, 축 늘어지다, 휘다, 기울다, 기진하다, 하락, ⟨~ droop\ wilt⟩, ⟨↔puff\soar\up-right⟩ 양1

21. **sa·ga** [싸아거]: ⟨← sagax(wise)⟩, ⟨라틴어에서 유래한 북구어⟩, (현자·영웅을 다룬) 북유럽의 전설·무용담·모험담, ⟨← say⟩, ⟨↔factuality\biography⟩ 미2

22 **sage¹** [쎄이쥐]: 〈라틴어〉, 〈← sapere(be wise)〉, 잘 음미하는, 슬기로운, 현명한, 경험이 많은, 〈~ sap〉, 〈~ savvy〉, 〈↔fool\moron〉 양2

23 **said** [쎄드]: say의 과거·과거분사 가1

24 **sail** [쎄일]: 〈← segl(veil)〉, 〈게르만어〉, '천 조각', (배의) 돛, 돛단배, 항해, (배를) 조종하다, 〈↔disembark\land²〉 가1

25 ★**sail close to the wind**: 비스듬히 바람을 받으며 항해하다, 아슬아슬한 짓을 하다, 〈↔proceed with caution〉 양2

26 **Saint** [쎄인트]: 〈← sanctus(holy)〉, 〈라틴어〉, (죽은 후에 교회에 의해 시성된) 성인, (덕이 높거나 인내심이 많거나 자비심이 깊은) 성자, s~; 위선자, 〈~ angel〉, 〈↔fiend\scoundrel\ass-hole〉 양2

27 **sa·ke** [싸키]: 〈← shu(liquor)〉, 〈중국어→일본어〉, '쌀술(rice wine)', 사케, 일본 정종〈highly refined; 아주 세련된 일본어〉, 청주〈편자가 제일 좋아하는 술〉, 〈~↔mak-geo·li〉 미2

28 **sake** [쎄이크]: 〈← sacu(strife)〉, 〈'사건'이란 게르만어에서 유래한〉 논쟁을 위함, 목적, 이유, 〈↔disadvantage\loss\cause〉 양1

29 **Sa·kya-mu·ni** [싸아키어무니]: 〈산스크리트어〉, 'Sakyas 가문의 현자', 석가모니, Gautama Buddha, 기원전 5세기경 인도 북동부에 살았던 교육자·철학자·중 수1

30 **sal·ad** [쌜러드]: 〈라틴어〉, 〈'salt'를 쳐서 먹었던〉 샐러드, 생채요리, 생야채 뒤범벅 미1

31 **sa·la·mi** [설라아미]: 〈라틴어→이탈리아어〉, 〈← salt〉, 살라미, (커서 얇게 썰어 먹는) 마늘로 양념한 '짠' 이탈리아 순대, 음경, 〈~ pepperoni〉 양1

32 **sa·la·ry** [쌜러뤼]: 〈로마 병사들에게 'salt'로 지급되었던〉 봉급, 급료, 임금, 〈고로 (받는 사람 입장에서) 한국어의 "월급이 짜다"란 말은 "월급이 싱겁다"가 더 정확한 표현임〉, 〈↔bills\debt〉, 〈salary는 정기적으로 wage는 부정기적으로 받는 임금임〉 가1

33 **sale** [쎄일]: 〈← sala(bargain)〉, 〈게르만어〉, 〈← sell〉, 팔기, 판매, 매상, 경매, 염가 매출, 〈↔buying\purchase〉 미2

34 ★**Sales-force.com** [쎄일즈훠얼스 닷 캄]: 세일즈 포스, 판매 인력, 1999년에 연성기기 전문가들이 세운 미국의 세계적 '구름 전산'(cloud computing) 제공 전문회사 수1

35 **Salis-bur·y steak** [써얼즈 베뤼 스테익]: 동명의 미국 의사가 1897년에 개발한 고깃국물과 으깬 감자와 같이 드는 다진 쇠고기 뭉치 수2

36 ★**Sal·ly's law** [쌜리즈 러어]: 샐리의 법칙, (좌충우돌하다 신비하게 모든 일이 잘 풀려 사랑을 성취한 영화의 주인공 이름에서 따온) 〈잘 될 가능성이 있는 것은 꼭 잘 된다〉 낙관적 명제, 반 Murphy's law 수2

37 **salm·on** [쌔먼]: 〈← salire(leap)〉, 〈라틴어〉, 〈← salient〉, 〈써어먼(sermon)과 발음을 구별해야 할〉 연어, 〈'도약'을 잘하고 귀소본능이 유전자에 팍 찍혀있는〉 커다란 방추형의 한대성 바닷물고기, 〈홍황색의〉 살빛 양2

38 **sa·lon** [썰란 \ 쌜런]: 〈← sal(hall)〉, 〈게르만어에서 유래한 프랑스어〉, 살롱, 객실, 응접실, 명사들의 모임, 미술 전시장, 〈~ saloon〉 미1

39 **sa·loon** [썰루우운]: 〈← sal(hall)〉, 〈게르만어→영국어〉, (큰) 객실, 응접실, 〈인도 보고 뽕도 따던 분위기가 있는〉 술집, 무도실, 특실, 〈안락한〉 보통 승용차, 〈~ salon〉 미1

40 **sal·sa** [쌜서]: 〈'sauce'의 스페인어〉, 살사 ①〈곡에다 양념을 치라는〉 쿠바 기원의 맘보 비슷한 춤곡 ②s~ sauce, (토마토 썬 것에다 양파·고추·콩·옥수수·각종 향료를 섞은) 과자 등을 찍어 먹는 매콤한 멕시코풍의 맛난이, 〈~(↔)ketch-up은 별로 맵지 않은 것〉 수2

41 **salt** [써얼트]: 〈← sara〉, 〈산스크리트어→라틴어〉, 〈← sal〉, 소금, 식염, 짠맛, 상식, 의심 양2

42 ★**salt of the earth**: 〈예수가 지어냈다―마태복음에 나오는 말〉, 건전한 자(사회층), 선량하고 훌륭한 (사람), 〈↔bad\poor〉 양2

43 **sa·lute** [썰루우트]: 〈← salus(health)〉, 〈라틴어〉, '건강을 기원하다', 인사하다, 경례하다, 예포를 쏘다, 건배!, 〈~ hailⁿ\toast²〉, 〈↔scorn\rebuff\un-welcome〉 양2

44 ★**sal·u·to·ge·ne·sis** [쌜루우토 줴너시스]: 〈← salutis(health)〉, 〈신조어〉, '건강살리기', (병을 일으키는 요인보다) 〈긴장 관리법 등〉 건강을 유지하는 요인에 중점을 둔 대체의학 유2

45 **sal·va·tion** [쌜붸이션]: 〈← salvare(save)〉, 구조, 구제, 구세, 구원, 〈↔destruction\damnation〉 양2

46 *****SAM** [쌤]: sequential access memory, (전산기에 저장된 정보를 순서대로 읽는) 순차적 접근 기억 장치, 〈↔RAM〉 미2

47 **Sam·ba** [쌤버 \ 쌈바]: 〈← zampapalo(stupid man)?〉, 〈포르투갈어〉, 삼바, 서아프리카에서 유래한 〈모자라는 사람들이 추는〉 브라질의 빠른 무도(곡) 유2

48 **same** [쎄임]: 〈← samr(identical)〉, 〈북구어〉, 같은, 동일한, 마찬가지의, 바로 그, 전술한, 변함없는, 〈~ similar\simultaneous〉, 〈↔another\different\assorted\varying〉 가2

49 **sam·ple** [쌤플]: 〈라틴어→프랑스어〉, (e)xample, 견본, 표본 (추출), 실례, 〈↔whole\atypical\exception〉 가1

50 **sam·son·ite** [쌤슨나이트]: 쌤슨나이트 ①〈그것이 발견된 독일의 탄광명(Samson Vein)에서 유래한〉 은·망간·안티몬 등이 섞인 흑회색의 광물질 ②S~; 1910년부터 제조된 〈삼손같이 강한〉 미국의 국제적 여행용 가방(상표명) 유2

51 **Sa·mu·ra·i** [쌔무라이]: sa(early)+morafu(keep watch), 사무라이, '시종', 7세기경부터 태동하여 1871년까지 〈한때 인구의 10%까지 차지했던〉 일본의 무사계급, 〈↔gei-sha〉, 〈↔ninja〉 유2

52 ★**sa·mu·ra·i** [쌔무라이]: 정당한 이유를 가지고 기업 전산기 체제에 침입하도록 고용된 '전산기 특공대' 유2

53 **sanc·tion** [쌩크션]: 〈← sancire(render sacred)〉, 〈라틴어〉, 〈Saint에 의한〉 재가, 인가, 제재(규약), 징벌, 〈↔reward\ban\quit-claim〉 양2

54 **sand** [쌘드]: 〈← sandam〉, 〈게르만어〉, 모래(알·사장), 사막, 적황색, 사포로 닦다, 〈'sea와 land 사이에 있는 것'이라는 민속어원에 대항해서 'micro-gravel'이란 말도 써 봄직함〉, 〈↔rock\dirt〉 가1 양1

55 **san·dal** [쌘들]: 〈← sandalion〉, 〈어원 불명의 그리스어〉, 짚신 모양의 신발, 운두가 낮은 덧신(의 가죽끈), 〈↔warm boot〉 양2

56 ★**sand-bag** [쌘드 배그]: 사낭(모래 부대), 모래 자루로 때려 눕히다, 매복하다, (포커에서) 내숭을 떨어 상대방을 이기다 미2

57 **sand-wich** [쌘드위치]: 〈영국어〉, '모래촌(sand-village)' ①〈영국의 샌드위치 백작이 노름 중에 시켜 먹었던〉 두 조각의 빵 사이에 육류·야채 등을 끼워 넣은 음식, '삽입 빵' ②삽입하다, 중간에 끼우다, 〈~ hamburger; 미국에서는 햄버거를 시키면 통상 French-fries와 cola가 곁들여 나왔는데 다른 것 다 빼고 '고기를 삽입한 빵'만 달라는 말〉 유2 양2

58 **sane** [쎄인]: 〈← sanus(sound^a)〉, 〈라틴어〉, '건강한', 제정신의, 온건한, 분별 있는, 〈~ sanitary〉, 〈↔in-sane\crazy\mad〉 양2

59 **sang** [쌩]: sing의 과거 가1

60 **san·i·tar·y** [쌔니테뤼]: 〈← sanitus(health)〉, 〈라틴어〉, (공중) 위생의, 깨끗한, 보건상의, 무균의, 〈↔un-sanitary\dirty\polluted〉 양2

61 **san·i·ty** [쌔니티]: 〈← sanus(sound)〉, 〈라틴어〉, 〈← sane〉, 제정신, 건전함, 건강함, 정신이 멀쩡한, 〈↔in-sanity\madness〉 양2

62 ***san·i·ty check(test)** [쌔니티 췍(테스트)]: '청정검검', (자동차·전산기 등의 출고 전에) 〈제정신으로 만들었나 보는〉 부품별 어림잡이 검사, 〈편자가 본 한 마약쟁이는 전투기 날개 조립공이었음〉, 〈~ smoke test〉, 〈↔(→)sobriety test와는 그 용도가 다름〉 **하2**

63 **sank** [쌩크]: sink의 과거, 〈↔rose²\boosted〉 **양1**

64 **San·skrit \ -scrit** [쌘스크륕]: sam(together)+kr(make), 〈함께 만든〉 산스크리트, 범어, 아리안족들이 기원전 1500년경부터 시리아에서 시작해서 서기 1000년경까지 인도에서 썼던 인도-유럽 언어 **미2**

65 **San·ta** [쌘터]: 산타, 성녀, 여자 성인, Saint의 여성형 **하2**

66 **San·ta Claus** [쌘터 클러어즈]: 산타클로스, (아이들의 수호 성도) Saint Nicholas〈10번만 빠르게 발음해 볼 것〉가 전환된 말 **하2**

67 **sap** [쌮]: ①〈게르만어〉, vital juice, 〈서서히 짜내는〉 수액, 액즙, 활력, 〈↔humor-less〉 ②〈← sappe(spade)〉, 〈프랑스어〉, 대호(적을 대항하는 땅굴)를 파다, 서서히 헤치다, 열심히 일하다, 〈↔add\fill〉 ③〈~ sap'〉, 〈게르만어→미국어〉, 곤봉, 〈↔woman; 영국에서 예전에는 말을 안들으면 곤봉으로 여자들을 때렸다 함-믿거나 말거나〉 **양1**

68 **sap·phire** [쌔화이어]: 〈← sappir(deep blue)〉, 〈히브리어→그리스어〉, '청옥', 사파이어, 9월의 탄생석, (여러 가지 색깔이 있을 수 있으나 보라색을 띤 청색이 인기가 있는) 〈산화 알루미늄으로 이루어진〉 강옥의 일종, 〈~ lapis lazuli〉 **미1**

69 **sar·casm** [싸알캐즘]: 〈← sarcos(flesh)〉, 〈'살을 찢다(sarkazein)'란 뜻의 그리스어에서 유래한〉 비꼼, 풍자, 빈정거림, 〈↔flattery\applause〉 **양2**

70 **sar·dine** [사알디인]: 〈영국어〉, 〈지중해의 Sardina 섬에서 많이 잡혔던〉 정어리, 작고 기름기가 많은 청어과의 생선 **미2**

71 **sar·don·ic** [사알다닉]: 〈그리스의 Sardonia 지방산 독초를 먹고 죽기전에 얼굴에 나타나는 경련에서 유래한〉 냉소적인, 빈정대는, 〈↔calm\kind〉 **양2**

72 **sash** [쌔쉬]: 새시 ①〈아랍어〉, '천 조각(strip of cloth)', 장식 띠, 현장(어깨 띠) ②〈프랑스어〉, chassis, (내리닫이 창의) 창틀, 〈↔casement〉 **미1**

73 **sa·shi·mi** [싸아쉬이미 \ 사아쉬이미]: sashi(slice)+mi(meat), 〈일본어〉, '자신', 사시미, (생선회)〈난자질한 고기〉, 〈~(↔)sushi〉 **미1**

74 **sat** [쌭]: sit의 과거·과거분사 **양1**

75 **sa·tan** [쎄이튼]: 〈히브리 어원의〉 사탄, '헐뜯는 자〈adversary〉', 악마, 마왕, 〈추락한 천사〉, 〈↔angel\cherub\savior〉 **양1**

76 **sa·tel·lite** [쌔틀라이트]: 〈← setelles(attendant)〉, 〈라틴어〉, '경호원', 붙어 다니는 사람(물건), 시종, 부수체, 위성, 〈↔main\freed〉 **양2**

77 ***sa·tel·lite pub·lish·ing** [쌔틀라이트 퍼블리슁]: (원판을 위성으로 전송하여 출판하는) 위성 발행 **양2**

78 **sat·ire** [쌔타이어]: 〈← satura(full)〉, 〈라틴어〉, '〈시적인 접속곡〉으로 가득찬', 풍자(문학), 빈정거림, 〈도덕·예의 범절에 대한〉 비꼼, 〈↔frankness\seriousness〉 **양2**

79 **sat·is·fy** [쌔티스화이]: satura(full)+facere(make), 만족시키다, 채우다, 풀다, 이행하다, 〈~ satiety〉, 〈↔disappoint\frustrate〉 **양2**

80 **sat·u·rate** [쌔춰뤠이트]: 〈← satura(full)〉, 〈'가득찬'이란 뜻의 라틴어〉, (흠뻑) 적시다, 침투(포화)시키다, 충만시키다, 〈~ satisfy〉, 〈~ infuse\suffuse〉, 〈↔dearth\dry out〉 **양1**

81 **Sat·ur·day** [쌔터 데이]: 새터데이, 토요일, 로마의 토(농업)신 'Saturn'의 이름을 딴 7번째 주일로 유대교와 안식교의 휴식일 **가1**

82 **Sat·urn** [새턴]: ⟨← serere(to sow)⟩, ⟨라틴어⟩ ①사투르누스, (로마의) 농업신 ②새턴, 토성(수많은 소립자로 구성된 7개의 고리에 둘러싸인 지구의 10배나 되는 행성) 중2 양2

83 **sauce** [쏘어스]: ⟨라틴어⟩, ⟨← salt⟩, 맛난이, 양념(즙), 자극(제), '소금에 절인 음식', 건방짐, 뻔뻔스러움⟨~ salad⟩, ⟨~ salsa⟩, ⟨↔politeness\cordiality⟩ 미2

84 **sau·cer** [쏘어서]: ⟨라틴어→프랑스어⟩, 받침(접시), sauce를 담았던 조그만 접시, ⟨↔inverse saucer\rounded top⟩ 미2

85 **sau·er·kraut** [싸우어 크라웉]: ⟨독일어⟩, sour+cabbage, '새콤한 양배추', (잘게 썬 양배추에 식초를 쳐서 담근) 독일 김치 중2

86 **sau·na** [싸우너]: ⟨'구덩이(earth pit)'란 뜻의 핀란드어⟩, 사우나, ⟨천년 전에 핀란드에서 시작된⟩ 증기욕(탕), ⟨↔cold room⟩ 미1

87 **sau·sage** [쏘어시쥐]: ⟨라틴어⟩, ⟨← salt⟩, 소시지, ⟨짠⟩ 순대, 얼간이, 음경 미1

88 **sav·age** [쌔뷔쥐]: ⟨라틴어⟩, ⟨'silva(wood)에 사는⟩ 야만의, 미개한, 잔혹한, 거친, 멋진, 순진한, ⟨~ bestial\wild⟩, ⟨↔tame\civilized⟩ 양1

89 **sa·van·na(h)** [서밴너]: ⟨← zavana(tree-less plain)⟩, ⟨원주민어→스페인어⟩, 사바나, ⟨나무 없는⟩ 대초원, ⟨강우량이 적은 열대지방의⟩ 평원, 준 초원, ⟨~ steppe⟩, ⟨~(↔)tundra⟩, ⟨↔desert\rain-forest⟩

90 **save¹** [쎄이브]: ⟨← salvare(secure)⟩, ⟨라틴어⟩, 구(출)하다, 건지다, 아끼다, '남겨두다', 저축하다, 모으다, 적게 하다, 면하게 하다, 저장하다, ⟨← safe⟩, ⟨↔harm\limit\waste⟩ 양1

91 **save²** [쎄이브]: ⟨← save¹⟩, ⟨라틴어⟩, ~을 남겨두고, ~을 제외하고, ~이외에, ~이 아니면, ⟨↔including\in addition to\as well as⟩ 양2

92 **★save a thief from the gal·lows, and he will cut your throat**: 물에 빠진 놈 건져 놓으니까 내 봇짐 내라 한다, 배은망덕, ⟨~ give them an inch and they will take a mile⟩, ⟨↔carry one's gratitude beyond the grave⟩ 양2

93 **sav·ior** \ -iour [쎄이뷔어]: ⟨← salvare(save)⟩, ⟨라틴어⟩, 구조자, 구원자 S~; 구(세주), 예수, ⟨→ Salvador⟩, ⟨~ rescuer\white-knight⟩, ⟨↔satan\loser\oppressor⟩ 양1

94 **saw¹** [쏘어]: ⟨← secare(cut)⟩, ⟨라틴어⟩, 톱, 톱니 모양의 부분, 톱으로 켜다, ⟨→ serrate⟩, ⟨↔graft\stitch⟩ 양1

95 **saw³** [쏘어]: see의 과거(보았다) 양1

96 **★saw logs** [쏘어 러어그스]: 재재하다, (드르렁드르렁) 요란하게 코골다, ⟨~ snore⟩ 양2

97 **saw-mill** [쏘어 밀]: 재재소, 나무 재단 공장, (대형) 재재 톱 양2

98 **Sax·on** [쌕슨]: ⟨← seax(short sword)⟩, '칼잡이', 색슨, (5~6세기 영국의 일부를 점령한) 독일 북부 엘베강 하구에 살고 있던 ⟨호전적인⟩ 게르만 민족 중1

99 **sax·o·phone** [쌕서호운]: ⟨그것을 고안한 벨기에 악공이름(Sax)에서 연유한⟩ 색소폰, ⟨입으로 바람을 불어 넣고 손가락으로 음을 조정해서 종으로 증폭시키는⟩ 음계가 다양한 대형 목관·금관 악기 중2

100 **say** [쎄이]: ⟨← secgan(speak)⟩, ⟨게르만어⟩, 말(이야기)하다, 표현하다, 암송하다, 이를테면, 이봐, ⟨→ saga⟩, ⟨↔ask\listen\write⟩ 양기1

101 *****S band** [에스 밴드]: short band, (인공위성이나 가정용품에 두루 쓰이는 1,550~5,200M⟨mega⟩Hz의⟩ ⟨극초단파의⟩ S⟨군대 암호 문자⟩주파대, ⟨↔C band\L band⟩ 중2

102 *****SBC**: ①single board computer; (한 장의 회로판에 인쇄된 자료를 담은) ⟨단순한·소형의⟩ 단기판 전산기 ②small business computer; 사무용 소형 전산기 미2

103 **scab** [스캡]: ⟨← sceb(crust)⟩, ⟨북구어⟩, (헌데나 상처의) 딱지, 옴, 반점병, 썩음병, 배신자, 악당, ⟨→ scar⟩, ⟨~ shabby\scratch\scabies⟩, ⟨↔core\unfold\hero⟩ 양1

104 ***sca·lar proc·es·sor** [스케일러 프라쎄서]: '단편 처리기', 한 번에 하나밖에 처리하지 못하는 전산기의 미세 처리기 양1

105 **scale¹** [스케일]: ⟨← scala(ladder)⟩, ⟨라틴어⟩, 눈금, 저울눈, 척도, 비율, 규모, 등급, 저울, 천평칭, (모양의 변화 없이 모형물의 크기를 조절하는)크기 조정, ⟨↔estimate⟩ 양1 미2

106 **scale²** [스케일]: ⟨← escaille(husk)⟩, ⟨프랑스어⟩, 껍질, 비늘, 얇은 조각, 딱지, 꼬투리, 미늘, 치석, 물때, ⟨~ shell⟩, ⟨↔whole⟩ 양1

107 ***scale trad·ing** [스케일 트뤠이딩]: (주식을 한꺼번에 거래하지 않고 단계적으로 하는) 단계적 매매, ⟨갑작스런 손실을 막기 위한⟩ 점진적 교역, ⟨한국에서는 '물타기'라고 하는데 그 근원지는 룸살롱이라 사료됨⟩ 미2

108 **scal·lop** [스칼렆 \ 스캘렆]: ⟨← escalope(shell)⟩, ⟨프랑스어⟩, (국자) 가리비, 부채 모양의 둥글넓적한 큰 조개, (속이 얕은) 조개 냄비, 부채꼴의 연속무늬 미2

109 **scalp** [스캘프]: ⟨← skalpr(sheath)⟩, ⟨북구어⟩, 머리 가죽, 두피, 전리품, 머리 가죽을 벗기다, 재빨리 팔아넘기다, 암표를 팔다, ⟨~ skull⟩, ⟨↔dock\burden\charge⟩ 양1 미2

110 ★**scam \ skam** [스캠]: ⟨1963년에 등장한 어원 불명의 미국어⟩, 사기, 편취, 협잡, ⟨~ scamp⟩, ⟨↔frankness\honesty⟩ 양2

111 **scam·pi** [스캠피]: ⟨이탈리아어⟩, large shrimp, 가시발새우, 참새우(튀김), ⟨곰사등⟩ 왕새우 미2

112 **scan** [스캔]: ⟨← scandere(climb)⟩, ⟨라틴어⟩, 운율을 고르다, 대충 훑어보다, 주사(하다), 자세히 조사하다, ⟨↔discard\ignore⟩ 미2

113 **scan·dal** [스캔들]: ⟨← skandalon(snare)⟩, ⟨그리스어→라틴어⟩, 추문, 불명예, 악평, 비방, 비리, '튀어 오르는 장애물',⟨~ slander⟩, ⟨↔good deed\commendation⟩ 양2

114 **Scan·di·na·vi·a** [스캔디네이뷔어]: skadin(dangerous)+awjo(island), ⟨게르만어⟩, ⟨위험한 섬?⟩, 스칸디나비아(반도), 북유럽 (원래는 스웨덴·노르웨이·덴마크를 칭했으나 근래는 핀란드와 아이슬란드까지 포함) 중1

115 **scant** [스캔트]: ⟨← skammr(short)⟩, ⟨북구어⟩, 불충분한, 부족한, 빈약한, 인색한, ⟨~ scarce⟩, ⟨↔abundant\sufficient⟩ 양1

116 **scape-goat** [스케이프 고욷]: 'escape+goat', 희생양, 속죄양(사람의 죄를 대신 지고 광야에 버려진 양), ⟨히브리어의 악마와 염소의 발음이 비슷한데서 염소가 희생된 말⟩, ⟨↔exonerate\favorite⟩ 양2

117 **scar** [스카아]: ⟨← eskhara⟩, ⟨그리스어⟩, ⟨← scab⟩, 상처(자국), 흉터, 홈, (식물의 잎자루가 붙어있던) 잎자국, ⟨↔perfection\heal⟩ 양2

118 **scarce** [스케얼스]: ex+carpere(pluck), ⟨라틴어⟩, 적은, 부족한, 드문, 비키다, ⟨~ excerpt\scant⟩, ⟨↔plentiful\abundant⟩ 양1

119 **scare** [스케어]: ⟨← skiarr(shy)⟩, ⟨어원 불명의 북구어⟩, 위협하다, 겁주다, 놀라다, 공황, ⟨↔reassure\courageous⟩ 양1

120 ★**scare buy·ing** [스케어 바잉]: (지진·전쟁 등에 대처하기 위한 ⟨불안성⟩) 비축 구입 양1

121 ★**scare-mon·ger** [스케어 멍거]: 헛소문으로 겁주는 자, 유언비어 유포자, ⟨↔appeaser\chicken little⟩ 양2

122 **scarf** [스카아후]: ⟨← escherpe(sash)⟩, ⟨프랑스어⟩, 스카프, 목도리, 머릿수건, 장식 띠, 씌우개, ⟨~ kerchief\babushka⟩, ⟨↔under-garment⟩ 미2

123 **scar·let** [스카알맅]: ⟨← saqalat(bright-read)⟩, ⟨'진한 색깔'이란 페르시아어에서 유래한⟩ 진홍색, 주홍색, ⟨성경 구절에서 연유한⟩ 매춘의, 간통의, ⟨↔pallor\pure⟩ 양2

124 ★**scat** [스캩]: ①⟨영국어⟩, ⟨cat을 쫓을 때 쓰는 의성어⟩, 쉿! 펑! ②⟨그리스어⟩, 똥 ③⟨어원 불명의 미국어⟩, (루이 암스트롱같이) 재즈에서 목소리로 가사 없이 연주하는 듯 음을 내는 창법 양2 귀1

125 **scat·ter** [스캐터]: ⟨← scateran(disperse)⟩, ⟨게르만어⟩, 흩뿌리다, 산재(해산)시키다, 살포하다, ⟨~ shatter\sparse\sporadic\strew⟩, ⟨↔a-mass\assemble\congregate⟩ 양1

126 **sce·nar·i·o** [시네이뤼오 \ 시나아뤼오]: ⟨← skene(stage)⟩, ⟨그리스어→라틴어⟩, 시나리오, 극본, 각본, 대본, 계획안, ⟨← scene⟩, ⟨~ libretto\manuscript⟩, ⟨↔cessation\certainty⟩ 양2

127 **scene** [씨인]: ⟨← skene(stage)⟩, ⟨그리스어⟩, 신, 무대 장면 (장치), 정경, 사건, 현장, ⟨→ scena⟩, ⟨↔absence\hiding\composure⟩ 양2

128 ★**scene cul·ture** [씨인 컬춰]: '장면 문화', (2010년을 전후해서 등장한) 멋있는 무대 정경을 모방하려는 젊은이들의 경향 양2

129 ★**scene steal-er** [씨인 스틸러]: '정경 도둑', 주역을 무색케하는 조역, 관심을 독차지하는 사람(것) 미1

130 **scent** [쎈트]: ⟨← sentire(to feel)⟩, ⟨라틴어⟩, 냄새, 향기, 후각, 체취, ⟨~ sense\fragrance⟩, ⟨↔stink\stench⟩ 양2

131 **sched·ule** [스케쥬울 \ 쉐쥬울]: ⟨← skhizein(cleave)⟩, ⟨그리스어⟩, 시간표, 일정, 일람표, 조사표, 항목, '갈가리 찢은 것', ⟨↔disorder\cancel\re-schedule⟩ 양2

132 **scheme** [스키임]: ⟨← schema(form)⟩, ⟨그리스어⟩, '형태', 계획, 책략, 조직, 도표, 요강, 약도, ⟨↔disorder\disorganization⟩ 양1

133 **schol·ar** [스칼러]: ⟨← schola(school)⟩, ⟨라틴어⟩, '학교에 다니는 사람', (인문계)학자, (장)학생, 석학, ⟨↔pupil\idiot⟩ 양2

134 **school**[1] [스쿠울]: ⟨← schole⟩, ⟨그리스어⟩, '여가를 이용해서 배우기', 학교 (수업), 강습(연구)소, 과목, 학파, ⟨↔non-academic\extra-curricular⟩ 가1

135 **school**[2] [스쿠울]: ⟨네델란드어⟩, ⟨← shoal[2]⟩, 무리, (물고기 등의) 떼, ⟨↔individual⟩ 가1

136 ★**schwif-ty** [쉬후티]: ⟨2015년에 주조된 미국어⟩, ⟨← swift⟩, 취해서 성적으로 왕창 끌리는, 기분 째지는, 기똥찬, ⟨↔sluggish\clumsy⟩ 양2

137 **sci·ence** [싸이언스]: ⟨← scire(know)⟩, ⟨라틴어⟩, 사이언스, '지식', (자연) 과학, 기술, ⟨알아낸 사실들을 모은⟩ 학문, ⟨↔mystery\art⟩ 양1

138 ★**sci fi** [싸이 화이]: science fiction, ⟨2세기에 쓰여진 「True Story」를 비롯한⟩ '과학적 지식에 기초를 둔' ⟨역사가 깊은⟩ (공상) 과학소설 미2

139 **scis·sors** [씨절즈]: ⟨← scindere(cut)⟩, ⟨라틴어⟩, 시저스, '자르는 도구', 가위, 양다리 펴 닫기, 양다리 죄기, ⟨~ chisel⟩, ⟨~(↔)knife\scythe⟩ 양1

140 **scoff** [스커우 \ 스카후]: ⟨← skaup(mockery)⟩, ⟨북구어⟩, 조롱, 비웃음, 냉소, 경멸(하다), ⟨↔praise\flatter\respect⟩ 가1

141 **scold** [스코울드]: ⟨← skald(rebuke)⟩, ⟨북구어⟩, 꾸짖다, 호통치다, 잔소리하다, ⟨~ tell off⟩, ⟨↔applaud\praise⟩ 양2

142 ★**scoop** [스쿠우프]: ⟨← scaphan(ladle out)⟩, ⟨게르만어⟩, shovel, trowel, 스쿠프, 국자, 주걱, 대형 숟가락 (삽), 퍼내기, 퍼낸 구멍, 최신정보, 특종, (여성복 목깃의) 둥글게 파진 것, (자동차) 편승, ⟨~ ladle\dipper⟩, ⟨↔drop\fill\fail\hear say\outdent\exit⟩ 양1

143 ★**scoot-er** [스쿠우터]: ⟨어원 불명의 영국어→미국어⟩, ⟨'skjota(shoot)'란 북구어에서 유래한?⟩ '빨리 가는 것', 스쿠터, '발 지치개', 외발 굴림판, 활주 범선, 소형 이륜자동차, ⟨씽씽카⟩, ⟨~ skateboard⟩, ⟨↔mass transit⟩ 양2

144 **scope**[1] [스코우프]: ⟨← skopein(see)⟩, ⟨그리스어⟩, '표적', 범위, 영역, 여지, 의도, 유효범위, ⟨~ extent\lee-way⟩, ⟨↔limitation\restriction⟩ 양1

145 **scope**[2] [스코우프]: ⟨← scope[1]⟩, 보는(관찰·관측하는) 기계, 경(거울), ⟨↔overlook\glance⟩ 우2

146 **score** [스코어]: ⟨← skor(twenty) ← sceran(cut)⟩, ⟨게르만어⟩, 득점, 다수, 새김 눈, 악보, 이유, 내막, '20개', 획득하다, ⟨~ shear⟩, ⟨↔few\miss\bungle⟩ 영1

147 **scorn** [스코언]: ⟨← skern(mockery)⟩, ⟨게르만어⟩, 경멸, 비웃음, 냉소, 멸시(하다), ⟨↔admire\respect⟩ 영1

148 **scor·pi·on** [스코어피언]: ⟨← skorpios ← sker(to cut)⟩, ⟨그리스어→라틴어⟩, 스코피온 ①전갈, 독침이 있는 긴 꼬리와 작은 가재 모양의 '끊는 엄지발'을 가진 육식성 절지동물 ②갈고리 달린 채찍 ③음흉한 사나이 미2

149 **Scot** [스캇]: 스코틀랜드 사람, 6세기에 아일랜드에서 스코틀랜드로 이주한 게일족의 한 파 수1

150 **Scotch** [스카치]: 스카치, 스코틀랜드의, 밀이나 호밀로 최소 3년간 참나무통에서 발효시켜 만든 스코틀랜드 원산의 독한 증류술 수1

151 **Scotch tape** [스카취 테이프]: 1930년 미국에서 출시된 셀로판으로 만든 접착용 (반)투명띠(상표명)- '인색한' 스코틀랜드 출신 주인이 직공에서 소량의 접촉제만 공급한 데서 연유함 수2

152 **scout** [스카웃]: ⟨← ausculture(listen)⟩, ⟨라틴어⟩, 스카우트, '주의하다', 정찰(병), 내탐자, 신인 찾기, 소년(녀)단, ⟨↔ignore\over-look⟩ 미1

153 **scram·ble** [스크램블]: ⟨네덜란드어⟩, ⟨의성어·의태어⟩, 기어오르다, 다투다, 긁어모으다, 뒤섞다, 휘저어 익히다, ⟨~ scrabble⟩, ⟨↔arrange\organize⟩ 영1 미1

154 **scrap** [스크랩]: ⟨북구어⟩, 작은 조각, 토막, 소량, 단편, 찌꺼기, ⟨~ shard\tatter⟩, ⟨↔whole\stack⟩ 영1

155 ***scrap book** [스크랩 북]: '발췌 책자', 오려낸 단편들을 정리한 책자 발췌집, 오림책 우1

156 **scrape** [스크레이프]: ⟨← skrapojan(rub)⟩, ⟨게르만어⟩, 문지르다, 닦아내다, 긁어모으다, 스치다, ⟨→ sclaff⟩, ⟨~ scratch\scrabble⟩, ⟨↔slide\soften⟩ 영1

157 ***scratch** [스크래취]: ⟨← scracchen(scrape with nails)⟩, ⟨어원 불명의 영국어⟩, 할퀴다, 긁다, 휘갈겨 쓰다, 지워 없애다, (골프에서 그동안의 불리했던 조건 등을 싹 지워 버리고 실제 친 타수로 맞짱뜨는) 대등한 경기, 일시적으로 사용하는 기억 매체, ⟨~ scrape\scribble\scabies⟩, ⟨~ match play⟩, ⟨↔polish\smooth\soften⟩ 영1 미1

158 ***scratch pad** [스크래취 패드]: ①(낙서용·메모용) 용지철 ②전산기의 고속 작업용 보조 기억력 철 미2 우1

159 ***scratch vid·e·o** [스크래취 뷔디오우]: '토막영상', '동반영상', 사진들과 음악을 넣어 만든 짧은 영상물 우2

160 **scream** [스크륌임]: ⟨← scremen(cry out)⟩, ⟨네덜란드어⟩, 소리치다, 비명을 지르다, 외치다, ⟨~ shriek\Klaxon⟩, ⟨↔whisper\sob\sniffle⟩ 영1

161 **screen** [스크륀인]: ⟨← skirm(shield)⟩, ⟨게르만어⟩, 스크린, 칸(간)막이, 방충망, 막, 가림막, 장지, 눈가리개, 화면 (편집기), 어레미, 선발 시험, ⟨~ shield⟩, ⟨~ drapery⟩, ⟨~ examine\vetting⟩, ⟨↔expose\un-veil⟩ 영1 미1

162 ***screen cast** [스크륀인 캐스트]: 기록 영화에 설명 붙이기, '화면 연출' 우1

163 ***screen dump** [스크륀인 덤프]: 화면에 표시된 내용을 외부 매체에 출력하기, '화면 떠붓기' 우1

164 ***screen face** [스크륀인 훼이스]: 영화에 적합한 얼굴, '사진발'이 잘 듣는 얼굴 우1

165 ***screen golf** [스크륀인 거얼후]: '화면 골프', ⟨한국에서 유행하는⟩ 실내에서 가상 기계 장치를 설치해 놓고 영상을 통해 하는 '가장 골프', golf simulation, ⟨스클(scr)은 콩글리시⟩ 우2

166 ***scree-nome** [스크륀이노움]: ⟨전산망어⟩, screen+genome, (인간의 성격과 생태를 알아보기 위해) 어떤 영상물을 얼마나 보느냐로 따져보는 개인의 유전자에 찍힌 ⟨화면 인자⟩ 미1

167 ***screen-share** [스크륀 쉐어]: 화면 공유, 〈영상 회의 등에서 타인과 같이 한 장면을 볼 수 있는〉 원격 동시 시청 (장치), 〈~ remote display〉 미2

168 ***screen-shot** [스크륀 샽]: 전산기 화면에 나오는 내용을 표출하는 영상, 화면 촬영 미2

169 ***screen-time** [스크륀 타임]: 상연 시간, 출연 시간, 관람 시간, 전자기기의 화면을 응시하는 시간, 〈당신의 삶의 대부분을 잡아먹는 시간〉 미2

170 **screw** [스크루우]: 〈← scrofa(sow)〉〈라틴어〉, 나사(못), 추진기, 마개 뽑기, 비틀기, 압박하다, 조이다, 씹하다, 〈아마도 씨를 땅에 심을 때 (빠지지 않게) 비틀어 넣어야 된다는 뜻인듯 함〉, 〈~ fuck〉, 〈↔unscrew\straighten〉 양1

171 ★**screw-up** [스크루우 엎]: 〈나사를 반대로 돌리듯 하는〉 바보짓, 실패, 엉망, 혼란, 〈↔accuracy\correctness〉 양2

172 **scribe** [스크롸이브]: 〈← scribere(write)〉〈라틴어〉, 서기, 필기사, 저술가, (유대의) 율법학자, 〈→ ascribe〉, 〈~ de·scribe〉, 〈↔dictator\reciter〉 양2

173 **script** [스크륖트]: 〈라틴어〉, 〈← scribe〉, (손으로) 쓴 글, 필기체 활자, 원고, 대본, 답안, 처방(pre·scription), 〈↔read\forge\encumbrance〉 양2

174 ***scroll** [스크로울]: 〈← escrowe(roll of paper)〉, 〈게르만어〉, 족자, 두루마리, 목록, 소용돌이 모양, '두루마리 질' (표시 화면 내용을 차례로 1행씩 올리거나 내리기), 〈~ escrow〉, 〈↔straight line\unravel〉 양2 미2

175 ***scroll bar** [스크로울 바아]: 〈화면에 표시된 문서가 전체의 어느 부분에 있는지를 나타내기 위한〉 화면의 끝이나 하단에 설정된 막대 모양의 영역, 흘림띠, '지침 막대' 우1

176 **scrooge** [스크루우쥐]: 〈← scrounge(take without permission)〉, 〈영국어〉, '슬쩍 집어가는 자', 스크루지, 〈찰스 디킨즈의 소설의 주인공 이름에서 따온〉 수전노, 구두쇠, 자린고비, 〈↔generosity\kindness〉 양2

177 **scrub**[1] [스크뤕]: 〈← schrubben(rub hard)〉, 〈게르만어〉, 비벼 빨다, 문질러 닦다, 깨끗이 하다, 제거하다, 〈↔de-face\spoil〉 양1

178 **scrum** [스크뤔]: 〈영국어〉, scrumage, (럭비에서) 선수들이 원형으로 둘러서서 공을 잡으려고 머리를 들여대는 짓, 밀치락 달치락 하기, 무질서한 무리, 〈~ scuffle〉, 〈↔truce\order〉 우1

179 **scru·ti·ny** [스크루우티니]: 〈← scrutari(careful search)〉, 〈라틴어〉, 음미, 정밀검사, 감시, 면밀한 조사, 〈~ watch\vigil〉, 〈↔glance\peek〉 양2

180 ***SCSI** [스커지]: scuzzy, small computer system interface, 소형 전산기체계 접속법, (1981년부터 시작된) 감성기기 등 주변 장치를 개인전산기에 접속하는 방법·절차를 규정한 규칙 우2

181 **scu·ba** [스큐우버]: 스쿠버, self contained under water breathing apparatus, aqualung, 잠수용 수중 호흡기, 〈~(↔)skin diving〉, 〈↔sky-diving〉 미1

182 **sculp·ture** [스컬프춰]: 〈← sculpere(carve)〉, 〈라틴어〉, '새겨진 것', 조각 (술·작품), 조소, (조각) 무늬, (침식으로 인한) 지형의 변화, 〈↔portrait\colossus〉 양1

183 **scum** [스컴]: 〈← skumaz(foam)〉, 〈게르만어〉, 찌끼, 더껑이, 버캐, 인간쓰레기, 정액, 〈→ scum-bag〉, 〈↔cleanliness\elite\gentry〉 양1

184 ★**scum·bro** [스컴브로]: 〈2018년에 주조된 말〉, '비싼 누더기 의상', (고급 의상으로) 꾸미지 않은 듯 꾸민 차림새 우2

185 **scythe** [싸이드]: 〈← segitho〉, 〈게르만어〉, (자루가 긴) 큰 낫, 〈~ sickle〉, 〈~(↔)knife\scissors〉, 〈↔unite\sew〉 미1

186 **sea** [씨이]: 〈← sava(water)〉, 〈산스크리트어→게르만어〉, 〈← saiwa〉, 바다, 대양, 해양, 〈↔land〉 가2

187 **★sea·crest·ing** [씨이 크뤠스팅]: 〈미국의 TV 사회자 이름(Seocrest; 어원 불명의 독일계 이름)에서 연유한〉 (사실을 모호하게 표현해서) 호기심을 자극하는 짓, 긴장감 조성하기 **미2**

188 **seal**[1] [씨일]: 〈← selah〉, 〈어원 불명의 게르만어〉, 바다표범, 물개, 강치, '녕에', 어뢰 모양의 매끄러운 몸매로 해안선을 따라 이동하며 윤이 나는 암갈색의 모피를 제공하는 육·해 양서의 커다란 포유동물, 〈sea lion에 비해 귓바퀴가 거의 없고 물갈퀴가 작음〉, 〈~(↔)walrus〉 **미2**

189 **seal**[2] [씨일]: 〈← signum〉, 〈라틴어〉, 〈← sign〉, 봉인, 날인, 밀봉, 〈작은〉 인장, 문장, 장식 우표, 입막음, 〈↔open\vacate〉 **미2**

190 **seam** [씨임]: 〈게르만어〉, suture, 솔기, 이음매, 경계선, 봉합선, 주름, 금, 땀, 〈~ raphe〉, 〈↔gap\cleft〉 **양1**

191 **search** [써어취]: 〈← circare〉, 〈라틴어〉, 찾다, 뒤지다, 더듬다, 〈'circle'(둘레)을〉 자세히 살피다, 〈~ pursue\quest〉, 〈↔quit\neglect〉 **양1**

192 **sea·son**[1] [씨이즌]: 〈← serere(to sow)〉, 〈라틴어〉, 〈씨를 심는〉 철, 계절, (제)때, 시기, 활동기, 〈↔decline\wither〉 **가1**

193 **sea·son**[2] [씨이즌]: 〈← seison(inbue)〉, 〈프랑스어〉, 맛을 내다, 간을 맞추다, 완화하다, 길들이다, 〈↔de-salt\ameliorate〉, 〈한국에는 연륜을 일컫는 '짬밥'이란 말이 있음〉 **양1**

194 **seat** [씨이트]: 〈← setl〉, 〈게르만어〉, 〈← sit〉, '앉는 곳', 자리, 좌석, 의석, 소재지, 앉히다, 취임시키다, 골반에서 가장 넓은 부위의 길이, 〈↔stand\oust〉 **양1 우1**

195 **se·cede** [시씨이드]: se(apart)+cedere(go), 〈라틴어〉, 탈퇴(분리)하다, 〈↔advance\join〉 **양2**

196 **se·clude** [시클루우드]: se(apart)+claudere(shut), 〈라틴어〉, '떨어뜨려 가두다', 분리(격리)하다, 은퇴(추방)시키다, 〈~ isolate\quarantine〉, 〈↔integrate\join〉 **양1**

197 **sec·ond**[1] [쎄컨드]: 〈← sequi〉, 〈라틴어〉, 〈첫 번째 뒤에 따라오는〉 둘째 번의, 제2의, 첩(concubine의 Konglish), 버금가는, 종속적인, 후원하다, 지지하다, 〈↔first\prime\oppose〉 **양1**

198 **sec·ond**[2] [쎄컨드]: 〈← second[1]〉, 〈라틴어〉, (60분 진법에서 두번째로) 〈분을 쪼갠〉 초, 매우 짧은 시간, 세슘 133 원자가 발하는 주파수 (약 92억 헤르츠), 〈↔age\aeon〉 **양2**

199 ***sec·ond-ar·y mouse but·ton** [쎄컨데뤼 마우스버튼]: (차림표를 찾아내는 주로 오른쪽에 있는) 2차 탐측 단추, 〈↔primary mouse button〉 **미2**

200 **sec·ond-hand** [쎄컨드 핸드]: 간접적인, 얻어들은, 중고품의, 고물의, 〈↔first-hand〉 **양1**

201 **sec·ond hand** [쎄컨드 핸드]: ①초침 ②(도와주는) 조수 ③중개자, 매개물 **양2**

202 **★sec·ond wind** [쎄컨드 윈드]: 새로운 활력, 원기를 회복하다, 〈↔hitting the wall〉 **양2**

203 **se·cret** [씨크륏]: se(apart)+cernere(sift), 〈라틴어〉, '따로 걸러낸 것', 비밀(기밀)의, 숨겨진, 은밀한, 외진, 신비스러운, 〈↔open\known\overt〉 **양2**

204 **sec·re·tar·y** [쎄크뤄테뤼]: 〈비밀을 지켜주는〉 비서, 서기, 간사, 총무, 장관, 〈↔boss\adversary〉 **양2**

205 **se·crete** [시크뤼이트]: se(apart)+cernere(sift), 〈라틴어〉 ①비밀로 하다, 숨기다, 〈↔exhibit〉 ②〈← secretion〉, 〈따로 걸러〉 분비하다, excrete, 〈↔absorb〉 **양2**

206 **sect** [쎅트]: 〈← secta〉, 〈라틴어〉, 〈← sequel〉, 〈따르는〉 분파, 종파, 당파, 학파, 〈↔non-partisan\un-denominational〉 **양2**

207 **sec·tion** [쎅션]: 〈← secare(cut)〉, 〈라틴어〉, '자른 조각', 절단, 분할, 자르기, 단편, 부문, 단락, 악절, 〈~ segment\division〉, 〈↔whole\ensemble〉 **양1**

208 **se·cure** [씨큐어]: se(apart)+cura(care), 〈라틴어〉, '멀리서 안전하게 돌보는', 안전한, 위험이 없는, 튼튼한, 확실한, 〈~ sure〉, 〈→ assure〉, 〈↔loose\vulnerable〉 **양1**

209 **se·dan** [시댄]: ⟨← sedere(sit)⟩, ⟨라틴어⟩, 세단, ⟨편안한⟩ '의자가마', (영구적 뚜껑이 있고 4명이 탈 수 있는) 보통 승용차, ⟨← saddle ← sit⟩, ⟨↔hatch-back\van\truck⟩ 명1

210 **se-duce** [씨듀우스]: se(apart)+ducere(lead), ⟨라틴어⟩, '멀리 이끌다', 꾀다, 부추기다, 유혹하다, 속이다, ⟨↔rebuff\repel⟩ 양2

211 **see** [씨이]: ⟨← seon(view)⟩, ⟨라틴어에서 연유한 게르만어⟩, ⟨따라가며⟩ 보다, 관찰하다, 면회(방문)하다, 만나다, 인정하다, 조사하다, 이해하다, 생각하다, 배우다, ⟨~ sight⟩, ⟨↔overlook\disbelieve\be blind\pass by⟩ 양1

212 **seed** [씨이드]: ⟨← sediz ← seti(sowing)⟩, ⟨게르만어⟩, 씨(앗), 종자, 열매, (작은) 알, 자손, ⟨~ semen\sperm⟩, ⟨↔harvest\parent\fruit\ancestor⟩ 명1

213 ★**seed-y bar** [씨이디 바아]: ⟨씨가 많은 식물처럼⟩ 너저분한 친구들이 주로 가는 '싸구려' 술집, sports bar, dive bar, ⟨~(↔)night-club⟩ 양1

214 ★**see-ing is be·liev-ing**: 직접보면 안 믿을 수 없다, 백문이 불여일견, ⟨~ a picture is worth a thousand words⟩, ⟨↔hearing is believing⟩ 명2

215 ★**see-ing is want-ing**: 보는 것은 소유욕을 자극한다, 견물생심, ⟨~ opportunuty makes a thief⟩, ⟨↔touching is wanting?⟩ 명2

216 **seek** [씨이크]: ⟨← secan(search)⟩, ⟨게르만어⟩, ⟨냄새로⟩ 찾다, 추구(탐구)하다, 시도(노력)하다, 청하다, ⟨↔conceal\ignore\reply\shun⟩ 양1

217 *seek time [씨이크 타임]: (원반의 한 궤적에서 다른 궤적으로 바꾸는 데 걸리는) 탐색시간 명2

218 **seem** [씨임]: ⟨← soema(fitting)⟩, ⟨'맞다'라는 뜻의 북구어에서 유래한⟩ ~로 보이다, ~인 것 같다, ~같이 생각된다, ⟨↔deny\be real⟩ 양2

219 **seen** [씨인]: see의 과거분사 양1

220 ★**see no e·vil, hear no e·vil, speak no e·vil**: ①길이 아니면 가지 말고 말이 아니면 듣지 말라 ②장님 3년, 귀먹어리 3년, 벙어리 3년: 예전에 시집살이의 어려움을 표현한 말 명2

221 ★**seggs** [섹스]: ⟨2021년에 검열을 피하기 위해 전산망에 등장한⟩ 'sex'의 완곡한 표현 명2

222 **seg·ment** [쎄그먼트]: ⟨← secare(cut)⟩, ⟨라틴어⟩, 조각, 단편, ⟨잘라내어 나눈⟩ 부분, ⟨↔whole\aggregate⟩ 명1

223 *seg·men·ta·tion fault [쎄그먼테이션 휘얼트]: 분절 오류, 맞지 않는 기억력 주소를 접근할 때 생기는 차림표상의 결함 명2

224 **seg·re·gate** [쎄그뤼게이트]: se(apart)+gregis(flock), ⟨라틴어⟩, ⟨무리에서⟩ 분리(격리)하다, 차별하다, 이탈하다, ⟨~ apart⟩, ⟨↔integrate\join⟩ 양2

225 **seize** [씨이즈]: ⟨← sacire(grasp)⟩, ⟨라틴어⟩, (붙)잡다, (움켜)쥐다, 빼앗다, 파악하다, 압수하다, ⟨~ surprise⟩, ⟨↔free\release⟩ 양1

226 ★**sei·ze the mo·ment** [씨이즈 더 모우먼트]: 기회를 낚아채라, 쇠뿔도 단김에, ⟨~ make hay while the sun shines\strike while the iron is hot⟩ 양2

227 **sei·zure** [씨이줘]: ⟨← sacire(capture)⟩, 붙잡기, 몰수, 강탈, 간질, ⟨몸과 마음을 포획당한⟩ 발작, ⟨~ take-over\fit⟩, ⟨↔liberation\restitution⟩ 양2

228 **sel·dom** [쎌덤]: ⟨← selda(rare)⟩, ⟨게르만어⟩, 드물게, 어쩌다, 좀처럼~ 않다, ⟨↔always\often⟩ 양2

229 **se·lect** [씰렉트]: se(apart)+legere(choose), ⟨라틴어⟩, ⟨떨어뜨려⟩ 고르다, 선택하다, 뽑다, 가려내다, ⟨↔indiscriminate\random⟩ 양2

230 *se·lec·tion sort [쎌렉션 쏘올트]: 정렬 선택(분류법), 최대 또는 최소 요소를 연속적으로 솎아내는 ⟨복잡하고 다양한 자료에는 비능률적인⟩ 연산법, ⟨↔bubble sort\insertion sort⟩ 양1

231 **self** [쎌후]: ⟨← selbaz(own)⟩, ⟨게르만어⟩, 자기, 자신, 자아, 본성, 한결같은, 순수한, ⟨연인 사이에 쓰는 '자기'라는 한국어로 번역해도 하나도 어색하지 않은 말⟩, ⟨↔non-self\other⟩ 양2

232 ★**self·ie** [쎌휘이]: 자신의 모습을 직접 찍은 사진, 한국에서는 sel·ca라 함 미1

233 ★**self·ie-cide** [쎌휘이 싸이드]: selfie를 찍다 사고로 죽는 일 미1

234 ★**self-seek·ing** [쎌후 씨이킹]: 자기 이익만 추구하는, 아전인수, look out for himself, ⟨↔altruistic⟩ 양2

235 **sell** [쎌]: ⟨← syllan(give up)⟩, ⟨게르만어⟩, '주다', 팔다, 매도(매각)하다, 선전하다, 설득하다, 추천하다, ⟨→ sale⟩, ⟨↔trade\advertise\persuade⟩, ⟨↔buy\keep\discourage⟩ 가1

236 ★**sell Ko·re·a** [쎌 코뤼어어]: 한국(자산)매도, 외국인 투자자가 한국의 주식을 처분하는 현상, ⟨외국인들이 잘못되어 한국을 떠나면서 하는 "hell (with) Korea"와 어감이 비슷해서 추천하고 싶지 않은 말⟩, ⟨↔buy Korea⟩ 양2

237 ★**sell like hot cakes**: ⟨미 건국 초기에 옥수수가루로 만든 팬케이크가 인기 있던 데서 유래한 말⟩, 날개 돋친 듯 팔리다, ⟨~ block-buster⟩ 양2

238 ★**sell some·one down the riv·er**: ⟨미국에서 노예를 미시시피 하류에 있는 목화농장에 팔아버리듯⟩ 헐값에 넘기다, (부려먹기) 내치다, 궁지로 내몰다, 토사구팽, ⟨~ use as a scape-goat\throw someone under the bus⟩ 양2

239 ★**sell the Brook·lyn Bridge²**: 대동강물 팔아먹기, 팥으로 메주 쑨다(해도 곧이 듣는다), ⟨~ gullible\sucker⟩, ⇒ Barnum effect 양2

240 ★**sell-up** [쎌 엎]: 매진하다, 팔아치우다, 처분하다, ⟨~ sell-out\sell-off⟩, ⟨↔keep\take⟩ 양2

241 **se·man·tics** [시맨틱스]: sema(sign)+ikos(~ic), ⟨그리스어⟩, 어의 (발달)론, 의미론, 기호론, ⟨← significant⟩, ⟨↔non-linguistic\meaning-less⟩ 양2

242 **sem·blance** [쎔블런스]: ⟨← similis(like)⟩, ⟨라틴어⟩, 외관, 모양, 닮음, 유사, ⟨~ seem\similar⟩, ⟨↔reality\difference⟩ 양1

243 **se·men** [씨이먼]: ⟨← serere(to sow)⟩, ⟨라틴어⟩, 정액⟨정이 통하면 나오는 물이 아니라 혈액 중에서 쓸데없는 것을 빼버린 알짜배기란 말⟩, 정충을 함유한 유기물 액체, ⟨~ seed⟩, ⟨→ seminal⟩ 양2

244 **se·mes·ter** [씨메스터]: sex(six)+mensis(month), ⟨라틴어⟩, 시메스터, '반(semi)'기, 1년을 둘로 나눈 중의 한 학기, ⟨~(↔)timester\quarter⟩ 양2

245 **sem·i·co·lon** [쎄미 코울런]: ;, 반두점, 마침표보다 약하고 쉼표보다는 강한 구두점, ⟨~(↔)colon⟩ 미2

246 **sem·i·nar** [쎄미나아]: ⟨라틴어⟩, ⟨← seminary⟩, 세미나, 연구 모임, 연구실, 학술 토론(회), ⟨↔agreement\division⟩, ⟨↔sermon\justice⟩ 미1

247 **Sem-ite** [쎄마이트]: ⟨헤브라이·아라비아인들을 포함한⟩ (노아의 아들) 셈⟨Shem⟩의 자손들, 유대인 주2

248 **sen·ate** [쎄니트]: ⟨← sena(old)⟩, ⟨산스크리트어→그리스어→라틴어⟩, ⟨노인들이 모이는⟩ 원로원, 상원, S~; (미) 상원, 1789년부터 주 의회가 지명하다가 1913년부터 직선제로 한 주에서 2명씩 뽑는 6년 임기의 대표들로 구성된 '최고' 의결기구·⟨미국 제2의 권력 기구⟩, ⟨↔House of Representative⟩ 미2

249 **send** [쎈드]: ⟨← sendan(cause to go)⟩, ⟨게르만어⟩, '가게 하다', 보내다, 발송하다, 파견하다, 주다, 내몰다, ⟨↔receive\obtein⟩ 양1

250 **se·nile** [씨이나일]: ⟨← senex(old)⟩, ⟨라틴어⟩, 나이 많은, 노경의, 노인성, ⟨↔juvenile⟩ 양2

251 **sen·ior** [씨이니어]: ⟨← senex(old)⟩, ⟨라틴어⟩, 손위의, 연상의, 선배의, 상사, (최)상급생, '노인', ⟨↔junior⟩ 양2

252 **sen·sa·tion** [쎈쎄이션]: ⟨← sentire(to feel)⟩, ⟨라틴어⟩, ⟨← sense⟩, 감각, 지각, 기분, 감동, 자극, 대단한 (평판), 선풍적 (인기), 선정적 (매력), ⟨↔apathy\numbness⟩ 영2

253 **sense** [쎈스]: ⟨← sentire(to feel)⟩, ⟨라틴어⟩, 감각 (기관), 관능, 오관, 의식, 의미, '느낌', 분별력, 사려, ⟨~ scent⟩, ⟨→ assent\sensation⟩, ⟨↔non-sense\stupidity⟩ 영1

254 **sent** [쎈트]: send의 과거 과거분사 영1

255 **sen·tence** [쎈턴스]: ⟨← sentire(feel)⟩, ⟨라틴어⟩, ⟨'sense'가 뿌리가 되는 말 들⟩, 문장, 글, 판결, 악구, 격언, ⟨↔word\morpheme⟩, ⟨↔charge⟩ 영2

256 **sen·ti·ment** [쎈티먼트]: ⟨← sentire(feel)⟩, ⟨라틴어⟩, '느끼는 감정', 정서, 정감, 소감, 감회, ⟨↔coldness\reality⟩ 영2

257 *__sen·ti·nel__ [쎈티널]: ⟨'sense'에 뿌리를 둔 이탈리아어⟩, 보초, (특정 정보의 시작이나 끝을 나타내는) 감시 문자, ⟨↔attack\target⟩ 미2

258 **sen·try** [쎈트뤼]: sentinel의 변형, 보초, 파수, 감시, ⟨~ warden\guard⟩ 영2

259 *__SEO__ [씨오우](search en·gine op·ti·mi·za·tion): 검색기 최적화, 전산망 통신의 질적·양적 향상을 위한 조치 미2

260 **sep·a·rate** [쎄퍼레이트]: se+parare, ⟨라틴어⟩, 분리하다, 가르다, 떼어놓다, 별거하다, '각각 준비시키다'⟨apart+prepare⟩, ⟨→ serveral⟩, ⟨↔connected\unite\mix⟩ 영1

261 **Sep·tem·ber** [쎕템버]: 셉템버, (원래는 '7(seven)월'이었다가 카이사르력에서 바뀐) 9월, 구월, ⟨추수의 달⟩ 영2

262 **sep·tic** [쎕틱]: ⟨← sepein(make putrid)⟩, ⟨그리스어⟩, (부패시키는, 부패에 의한, ⟨↔a-septic\sterile\pure⟩ 영2

263 **sep·tum** [쎕텀] \ ~ta: ⟨라틴어⟩, partition, 격벽, 격막, 중격, ⟨↔fusion\merger⟩ 영2

264 **se·quence** [씨이퀀스]: ⟨← sequi⟩, '연달아 일어남', 속발, 연속, 순차, 결과, ⟨↔disorder\disarray⟩ 영1

265 **ser·e·nade** [쎄뤼네이드]: ⟨라틴어→이탈리아어→프랑스어⟩, ⟨← serene(calm)⟩, 세레나데, 소야곡, 남자가 밤에 연인의 창 밑에서 부르는 ⟨고요한⟩ 노래, 다악장으로 된 기악곡, ⟨↔disassemble\break⟩ 미2

266 **ser·en·i·ty** [씨뤠니티]: ⟨← serene(calm)⟩, ⟨라틴어⟩, 고요함, 평온, 차분함, 침착함, ⟨~ stillness\tranquility⟩, ⟨↔hectic⟩ 가1

267 **ser·geant** [싸아줜트]: ⟨'servant'란 뜻의 라틴어⟩,⟨명령을⟩ '섬기는 자', 부사관, 하사관, 병장, 경사, 수위, ⟨↔commander\civilian⟩ 영1

268 **se·ri·al** [씨어뤼얼]: ⟨← series⟩, 계속되는, 일련의, 정기의, 직렬의 (단선을 통해 한 번에 한 정보 단위만 전달하는), ⟨↔inconsecutive\inconsequent⟩ 영1 미2

269 *__se·ri·al__ (se·quen·tial) **ac·cess mem·o·ry**: 직렬 (순차) 접근 기억장치, (임의 접근 기억 장치보다 경제적이나 비효율적인) 저장된 기억을 순차적으로 꺼내는 자료 저장 방식 미2

270 *__se·ri·al bus__ [씨어뤼얼 버스]: '직렬 공통로', 최소의 회로로 전산기 부품 간의 신속한 연결을 해주는 체제 우1

271 *__se·ri·al in·ter-face__ [씨어뤼얼 인터훼이스]: '직렬 접속기', 한 번에 한 정보 단위만 순차적으로 전달되는 통신회로, ⟨↔parallel interface⟩ 영1

272 *__se·ri·al port__ [씨어뤼얼 포오트]: '직렬 출입구', 정보를 직렬로 송·수신하기 위한 접속용 단자, ⟨↔parallel port⟩ 영1

273 ★**se·ries A**: ⟨경제용어⟩, 최초 투자금 미2

274 **★se·ries B**: 〈경제용어〉, 상품화를 위한 자금 조달 미2

275 **★se·ries C**: 〈경제용어〉, 사업 확장을 위한 자금 조달 미2

276 ***se·ries cir·cuit(con·nec·tion)** [씨뤼즈 써어킽(커넥션)]: 직렬회로(접속), 모든 부속품에 일정량의 전류가 흐르는 것, 〈↔parallel circuit〉 미2

277 **★se·ri·o·com·ic** [씨어뤼어 카밐]: serious+comic, 진지한 내용을 해학적으로 표현하는, 우스꽝스러운 것을 심각하게 표현하는 양2

278 **se·ri·ous** [씨어뤼어스]: 〈← serius(grave)〉, 〈라틴어〉, 진지한, 심각한, 중대한, 〈~ severe〉, 〈↔trivial\joking\facetious〉 가1

279 **ser·mon** [써어먼]: 〈← sermo(discourse)〉, 〈라틴어〉, 설교, 잔소리, 〈연어구이가 나온 조찬 기도회에 갔던 편자가 "the salmon was very good" 했다가 옆에 앉은 교장이 "his sermon was terrible" 하는 바람에 어리둥절했던 말〉, 〈~ homily〉, 〈↔taciturnity\seminar〉 양2

280 **ser·pent** [써얼펀트]: 〈← serpere(creep)〉, 〈라틴어〉, 〈기어 다니는〉 뱀, 악마, 유혹자, '꼬부랑 피리', (프랑스에서 개발된) 뱀이 기어가는 모양의 기다란 목관 취주 악기, 〈↔angel\loyalist〉 우1 위1

281 **ser·vant** [써어븐트]: 〈← serve〉, '섬기는 자', 하인, 종복, 고용인, 봉사자, 공무원, 〈↔master\mistress〉 양1

282 **serve** [써어브]: 〈← servus〉, 〈라틴어〉, 〈← slave〉, 섬기다, 봉사하다, 접대하다, 이바지하다, 복무하다, 정비하다, 제공하다, 〈↔refuse\decline〉 가1

283 ***serv·er** [써어붜]: 봉사자, 급사, 쟁반, 〈식탁으로도 사용하는〉 키가 작은 찬장, (분산처리체계에서 〈고객〉의 요구에 따른) '도우미' 처리기 양1 미2

284 **ses·a·me** [쎄서미]: saman(oil)+sammum(plant), 〈고대 아랍어→그리스어〉, '기름씨', 참깨 (씨), 약 1m의 곧은 줄기 옆 겨드랑이에 고소한 잔씨가 많이 든 번데기 같은 삭과를 맺는 한해살이풀, teel, til, benne 가1

285 **ses·sion** [쎄션]: 〈← sedere(sit)〉, 〈라틴어〉, 〈← sessile〉 개회 중, 회기, 학기, 면담 (시간), 작업 시간, 〈↔stagnation\remission〉 양2

286 **set¹** [쎝]: 〈← settan〉, 〈게르만어〉, 〈← sit〉, 두다, 놓다, 심다, 설정하다, 배치하다, 맞추다, 지다, 응고하다, 착수하다, (최소 정보단위에) 값 1을 넣다, 〈↔alter\remove〉 양1 미2

287 **set²** [쎝]: 〈← secta〉, 〈라틴어〉, 〈← sect〉, 한 별, 일물, 집합, 패(거리), 모양(새), 조류, 경사, 한 구획, 무대 장치, 〈↔one\isolation\dispersal〉 양1

288 **★SETI** [씨이터] (search for ex·tra-ter·res·tri·al in·tel·li·gence): 지구 밖 문명(지성) 탐사 미2

289 **★set in stone** [쎝 인 스토운]: 정해지다, 확정되다, 〈↔flexible\movable〉 양2

290 **set·tle** [쎄틀]: 〈← settan〉, 〈게르만어〉, 〈← sit〉, '앉히다', 놓다, 설치하다, 자리 잡다, 안정시키다, 〈사건을 가라앉혀〉 해결하다, 〈마음을 가라앉혀〉 결정하다, 〈→ settee〉, 〈↔un-settle\disturb\wander\stir〉 양1

291 **★set·tle the dust** [쎄틀 더 더스트]: 소란을 진정시키다, 사태를 수습하다, 〈↔disarrange\disturb〉 양2

292 **sev·en** [쎄븐]: 〈게르만어〉, 일곱, 7, 〈하느님이 6일간 만물을 창조하고 7일째 쉬면서 아주 흐뭇했다는〉 행운의 숫자 가1 미2

293 **★sev·en-nine (7×9)**: (가능성이) 99.99999%인 미2

294 **sev·er** [쎄붜]: 〈← seperare(to wean)〉, 〈라틴어〉, 끊다, 절단하다, 떼다, 분리하다, 〈↔attach\join〉 양2

295 **sev·er·al** [쎄브럴]: se(apart)+parare(prepare), 〈라틴어〉, 〈← separate〉, 몇몇의, 각각의, 단독의, 〈↔many\joint〉 가1

296 **se·vere** [씨뷔어]: 〈← severus(harsh)〉, 〈라틴어〉, '친절함과 거리가 먼', 엄한, 모진, 격심한, 가혹한, 엄정한, 〈~ serious〉, 〈↔mild\gentle〉 가1

297 **sew** [쏘우]: 〈← suein(bind)〉, 〈그리스어→게르만어〉, 깁다, 꿰매다, 박다, 바느질하다, 〈~ suture〉, 〈↔tear/cut〉 양1

298 **sew·age** [쑤우이쥐]: 〈영국어〉, 〈← sewer²〉, 오수, 하수 오물, 〈↔treasure\catch〉 양2

299 **sew·er²** [쑤우얼]: ex+aqua, 〈라틴어〉, 〈'물을 빼는'〉 하수구 (관), 배설 구멍, sewage, 〈↔water pipe(faucet)〉 양2

300 **sewn** [쏘운]: sew의 과거분사 양1

301 **sex** [쎅쓰] 〈반드시 쌍시옷으로 발음할 것〉: 〈라틴어〉, 〈← section〉, 섹스, '다른 종자', 성(별), 〈다분히 화학적인〉 성욕, 성행위, 씹, 빠구리(빽), 〈신이 생물에게 준 가장 큰 뇌물〉, 예전에는 〈남녀칠세부동석〉였다가 근래에는 〈개가 핥아주는 것〉으로 정의가 바뀌어 버린 말, 〈'모든 말은 저속화하는 경향이 있다'는 좋은 예〉, 〈동물적이냐 인간적이냐-이것이 문제로다〉, 〈↔chastity\self-denial〉 가1

302 ★**sex-cur·sion** [쎅쓰 커견]: sex+excursion, 성 (유람) 여행, 성행위를 하러 가는 〈쾌락〉 여행 미2

303 ★**sex-it** [쎅씨트]: sex+exit, (남·녀가) 씹하고 도망가기 양2

304 ★**sex-pert** [쎅쓰 퍼어트]: sex+expert, 성 문제 전문가 양2

305 ★**sex-pot** [쎅쓰 팥]: 요염한 여자, 화끈한 여성, '매혹녀', 〈~ pin-up(girl)〉, 〈~ volcano\fuego〉, 〈↔dog\gorgon〉 미2

306 ★**sex-ting** [쎅스팅] 〈신조어〉, sex+texting, 성적문본 주고 받기, (성행위를 도발하기 위해) 음란물을 전산망에서 교환하는 짓 미2

307 *****SGML** (stand·ard gen·er·al·ized mark-up lan·guage): 표준 범용 표시언어, 〈초문본 표시언어(HTML)의 기초가 되는〉 전산기에서 처리되는 문서의 구조를 기술하기 위한 국제 표준화 기구의 규준 우2

308 **shab·by** [쇄비]: 〈← scab〉〈영국어〉, 누더기를 걸친, 초라한, 꾀죄죄한, 〈~ neglected\worn-out〉, 〈↔neat\smart〉 가1

309 **sha·bu-sha·bu** [샤부 샤부우]: 〈일본어〉, 〈의성어〉, 얇게 썬 고기·해산물·야채 등을 끓는 물에 '샤브샤브' 저어 가면서 익혀서 맛난이에 찍어 먹는 나베모노(냄비요리), hot·pot, 〈↔roast〉 우1

310 **shack** [쇅]: 〈← xacalli(wooden hut)〉, 〈아즈텍어?〉, 오두막, 판잣집, 낡은 집, 〈~ jacal\shed\hut\hovel〉, 〈↔palace\manor〉 양1

311 **shack·le** [쇄클]: 〈게르만어〉, 쇠고랑, 족쇄, 수갑, 쇠고리 줄, 〈↔release\free\faciliation〉 양1

312 **shad** [쇄드]: 〈← sceadda ← sgaddan(herring)〉, 〈켈트어→영국어〉, 북미 북대서양 연안에 서식하는 〈맛이 좋은〉 청어·정어리·전어, 〈~ scad〉 수2

313 **shade** [쉐이드]: 〈← sceadu(darkness)〉, 〈게르만어〉, 그늘, 응달, 명암, 색조, 해가리개(영국에서는 roller blind), 약간(의 차이), 미묘함, 엉큼(앙큼)스런 짓, 〈상대적 어둠〉, 〈~ shadow〉, 〈↔light\glare〉 양1

314 **shad·ow** [쇄도우]: 〈← sceadu(dark)〉, 〈게르만어〉, 그림자, 그늘, 어둠, 슬픔, 유령, 미행자, 〈어둠의 결과〉, 〈~ shade〉, 〈↔brightness\glow〉 양1

315 ***shad·ow ban·ning** [쇄도우 배닝]: ghost banning, stealth banning, 음성적 차단, 전산망 공급업체가 사용자가 올린 내용의 일부 또는 전부를 방영하지 않는 짓 미2

316 ★**shad·ow-box·ing** [쇄도우 밮싱]: 혼자하는 권투시합(연습), 적극적 행동을 피하는 짓, 〈근본적 해결책을 미루는〉 미봉책, 〈눈가리고 아옹〉 미2

317 ***shad·ow RAM**: '예비' 무작위 접근 기억 장치, ROM(읽기 전용 기억 장치)의 출·입력체계를 복사한 〈보다 빠른 접속력을 가진〉 RAM 우2

318 **shaft** [쇄후트 \ 샤아후트]: 〈← skaftaz(staff)〉, 〈게르만어〉, 자루, 손잡이, 한 줄기, 축, 지주, 〈기둥으로 받친〉 갱도, 깃대, 자지, 〈↔horizontal/equity〉, 〈↔closure/crooked/cricket〉 양1

319 **shag** [쇄그]: ①〈← skegg(beard)〉, 〈북구어〉, 보풀, 뒤엉킨 거친 털(뭉치), 〈↔bald〉 ②〈영국어〉, 뒤쫓다〈chase〉, 〈↔stroll〉 ③〈영국 속어〉, 〈shake하며〉 성교하다, 〈↔shuffle〉 ④〈미국어〉, 〈하체를 shake하며〉 번갈아 한 발로 뛰는 춤, 〈↔saunter〉 ⑤〈← skegg(beard)〉, 〈북구어〉, 〈텁수룩한 관모를 가진〉 〈유럽산〉 쇠가마우지, 〈↔bald〉 양1

320 **shag·gy** [쇄기]: 텁수룩한, 껄끄러운, 덤불투성이의, 〈↔sleek\bald\close-cropped〉 양1

321 **shake** [쉐이크]: 〈← sceacan(shift)〉, 〈게르만어〉, 흔들다, 휘두르다, 진동하다, 악수하다, 털어 버리다, 〈~ shudder〉, 〈~ quake/tremble〉, 〈↔steady\strengthen\pursue〉 양1

322 **shall** [쉘]: 〈← scal(ought to)〉, 〈게르만어〉, ~일(할) 것이다, ~일(할)까, 꼭 ~한다〈점점 사용도가 줄어가는 단어〉, 〈↔shall not\must not\can not〉 가1

323 **shal·low** [쉘로우]: 〈← sceald(not deep)〉, 〈영국어〉, 얕은, 피상적인, 천박한, 〈~ shoal'〉, 〈↔deep\profound〉 양2

324 **sha·lom** [쉬로움]: 〈← salom(peace)〉, 〈히브리어〉, '평안', 샬롬, 유대인의 인사말, 〈→ Salome〉, 〈↔mihhamah(war)\daagah(trouble)〉 미1

325 **sham** [쇔]: 〈영국어〉, 〈← shame?〉, 가짜, 속임(수), 협잡, 〈~ bogus/gimmick〉, 〈↔real\genuine〉 양2

326 **sha·man** [샤아먼]: 〈← sramana(monk)〉, 〈'중'이란 뜻의 산스크리트어가 Tungus어로 변했다가 1690년대에 영어화된 말〉, 샤먼, 무당, 방술사, 마술사, (우랄-알타이족의) '사제', 〈~ exorcist〉, 〈↔commoner\lay-person〉 양1

327 ★**sha·ma·teur** [쇄머츄우어]: shame+amateur, (돈을 버는) 사이비 비직업선수, semi pro 양2

328 **shame** [쉐임]: 〈← skamo(disgrace)〉, 〈게르만어〉, '홍조', 〈인류가 눈이 밝아짐으로 생겨난〉 부끄럼, 수치, 불명예, 민망함, 아쉬움, 〈~ ashamed\sham?〉, 〈↔pride\honor〉 양1

329 **sham·poo** [쇔푸우]: 〈← champna(rub)〉, 〈힌디어〉, 샴푸, '문지르기', 씻다, (머리를) 감다, 세발(제) 우2

330 ★**Shan·gri-la syn·drome** [쇙그릴라아 씬드로움]: 나이보다 젊게 살려고 노력하는 풍조 소2

331 **shank** [쇙크]: 〈← sceanca(lower leg)〉, 〈게르만어〉, 정강이(뼈·살), 사태, 기둥의 몸체, 구두 밑바닥의 (땅에 닿지 않는) 좁은 부분, 골프공의 뒤축을 쳐서 빗나가게 하다, 〈↔rear\detach\fail〉 미2 우1

332 **shape** [쉐이프]: 〈← scapan(form)〉, 〈게르만어〉, 모양, 외형, 형세, 틀, 〈↔deform\wreck〉 양1

333 **share** [쉐어]: 〈← sceran(cut)〉, 〈게르만어〉 ①몫, 일부분, 할당, 역할, 주식, 나누다, 공유하다, 〈~ shear\associate〉, 〈↔total\hoard\lose〉 ②가랫 날, 보습, 〈~ plow-wedge〉 가1

334 **shark** [샤아크]: 〈어원 오리무중의 영국어〉, 상어, 붕어만 한 것부터 고래보다 더 큰 300여 종의 어릭같이 생긴 〈우아한〉 물고기로 대개 태생이고 난류에 서식하며 다른 생선을 잡아먹는 〈바다의 깡패〉, 탐욕스러운 사람, 악덕업주, 명수, 달인 미2

335 **sharp** [샤아프]: 〈← scearp(fine point\cutting edge)〉, 〈게르만어〉, 날카로운, 예리한, 뾰족한, 신랄한, 명확한, 멋진, (악보의) 올림표(#), 〈↔dull〉 가1

336 **shat·ter** [쇄터]: 〈← scateran(disperse)〉, 〈게르만어〉, 산산이 부수다, 박살 내다, 파괴하다, 〈← scatter〉, 〈↔build\repair〉 가1

337 **shave** [쉐이브]: 〈← schaven(scrape)〉, 〈게르만어〉, 깎다, 면도하다, 벗기다, 스치다, 〈↔covered\shaggy\extend\bump〉 양1

338 **shawl** [셔얼]: (이것이 처음 제조된 인도의 마을 이름〈Shaliat〉에서 유래한) 숄, 어깨걸이(걸치개), 〈~ stole²〉, 〈~ rebozo\long scarf〉 미2

339 **she** [쉬이]: 〈← seo(the)〉, 〈영국어〉, 〈그(he)을 얻을 때 행복해진다는〉 그녀, 〈he에 soft를 더한〉 암컷, 〈국가·도시·선박·차·달 등〉 여성적인 것을 나타내는 대명사 가1

340 **sheath** [쉬이쓰]: 〈← sceadan(divide)〉, 〈게르만어〉, 덮개, (칼) 집, 포피, 콘돔, 〈~ scabbard\shed²〉, 〈↔un-cover\de-nude〉 양1

341 **shed¹** [쉐드]: 〈← sceadan(divide)〉, 〈게르만어〉, 뿌리다, 흘리다, 떨어뜨리다, 발산하다, 껍질을 벗다, 분수령, 틈새, 〈↔keep\cover\fill〉 양1

342 **shed²** [쉐드]: 〈← scead(protect)〉, 〈영국어〉, 광, 헛간, 우리, 창고, hangar, 〈~ shade\shelter〉, 〈↔mansion\palace〉 가1

343 **sheep** [쉬이프]: 〈← sceap(mature lamb)〉, 〈게르만어〉, (면)양, 암양, 양피, 온순한 사람, 신자, 〈↔wolf\bully\beast〉, 〈~(↔)ram〉

344 ★**sheep-le** [쉬이플]: sheep+people, 권위에 맹목적으로 따르는 〈양같이 유순한〉 사람들, 〈↔free-thinkers〉, 〈↔wolf-le(편자가 조작한 말)〉 미2

345 **sheet** [쉬이트]: 〈← scoz(flap)〉, 〈게르만어〉, 시트, 홑이불, 얇은 판, 종이 한 장, 〈↔block\brick〉 양1

346 **shelf** [쉘후] \ **shelves** [쉘브즈]: 〈← scylfe(plank)〉, 〈게르만어〉, 선반, 시렁, 얕은 곳, 대륙붕, 〈↔column\cavity〉 양1

347 **shell** [쉘]: 〈← scal(peel off)〉, 〈게르만어〉, 껍질, 조개(류), 포탄, 차림표 본체는 감춰져 있는 연성기기, 빈 껍데기 기업체, 〈~ scale²〉, 〈↔core\assets〉 양1 우1

348 **shel·ter** [쉘터]: 〈영국어〉, shield(protection)+ure, 피난 장소, 은신처, 엄호물, 〈비·바람을 피하는〉 보호소, 〈~ shed²\shield〉, 〈↔hazard〉 양1

349 **shep-herd** [쉐퍼드]: 〈영국어〉, sheep+herd, 셰퍼드, 양치는 사람(개), 목사(pastor), 〈~ Dalmatian〉, 〈↔hunter\lay-person〉 미2 양2

350 **sher·iff** [쉐뤼후]: shire+gerefa(chief), 〈영국어〉, 셰리프, 보안관, 치안관, 영국의 군(shire)수〈군의 수장〉, 행정관, 〈미국에서는 county 산하의 민선 치안 담당관과 그 대리인(deputy)을 말하며 경찰의 손이 못 미치는 지역·분야에서 사업권·형법을 집행함〉, 〈~ marshal\police〉, 〈↔civilian\criminal〉 양1

351 **shield** [쉬일드]: 〈← sceld(protection)〉, 〈게르만어〉, 방패, 보호물, 차폐물, 〈~ shelter\screen〉, 〈↔assail\un-cover\spear〉 가1

352 **shift** [쉬후트]: 〈← scyftan(drive away)〉, 〈게르만어〉, 이동하다, 바뀌다, 교대하다, 변속하다, 〈~ shake〉, 〈~ veer〉, 〈↔stability\consistency〉 양1

353 *****shift key** [쉬후트 키이]: '치환 건', 건반에서 활자체를 바꾸기 위해 누르는 '단추' 우2

354 *****shil·ling** [쉴링]: ①〈← skiljana(split)〉, 〈게르만의 금화에서 연유한〉 실링, (1971년에 폐지된) 영국의 화폐단위, 1/20파운드 ②〈어원 불명의 영국어〉, 한통속, 전산기 경매장에 판매할 물건을 올려놓고 자신이 타인의 신분번호를 이용해서 입찰하는 〈야바위 짓〉 수2 우1

355 **shine** [샤인]: 〈← scinan(illuminate)〉, 〈게르만어〉, 빛나게 하다, 비추다, 돋보이다, 〈~ sheen\sheer〉, 〈↔dark\dim〉 가1

356 **ship** [쉽]: 〈← scyp(vessel)〉, 〈게르만어〉, 배, 함선, 배로 보내다, 수송하다, 적재하다, 쫓아버리다, 〈→ skiff〉, 〈~(↔)boat\airplane〉 가1

357 ★**ship has sail-ed** [쉽 해즈 쎄일드]: 이미 배는 떠났다, 버스 떠난 후 손든다, 〈↔tomorrow is another day\never give up〉 양2

358 **shirt** [셔얼트]: 〈← skurtjon(short garment)〉, 〈게르만어〉 셔츠, 〈짧은〉 윗옷, (속) 상의, '와이셔츠', 〈~ short\sark〉, 〈↔bottoms\pants〉 미1

S 515

359 **shit** [쉿]: ⟨← seitan(defecate)⟩, ⟨14세기에 등장한 영국어⟩, 똥 싸다, 배설물, 실없는 것(짓), 염병할!, ⟨↔gem\sense\fantastic⟩ 양1

360 ★**shit-lord** [쉿 로어드]: '놀부, '염병할 놈', ⟨관심을 끌거나 피해를 주려고⟩ 전산망에 엉뚱한 내용을 올리는 녀석 유2

361 ★**shit-show** [쉿 쑈우]: 난장판, 엉망진창의 모임 양2

362 ★**shit-storm** [쉿 스토엄]: ⟨1948년에 등장한 속어⟩, '똥벼락', 개판, 엉망진창, 뒤죽박죽, ⟨↔head-storm⟩ 양2

363 **shiv·er** [쉬붜]: ⟨← cheveren(quake)⟩, ⟨영국어⟩, (와들와들) 떨다, 진동시키다, 몸서리, ⟨~ shake⟩, ⟨~ tremble⟩, ⟨↔calm\serene⟩ 가1

364 ★**shiz·zle** [쉬즐]: ⟨미국 rap 가요계의 은어⟩, sure, 꼭, 물론, 확실히, ⟨↔hell no⟩ 양2

365 ★**shlit-ty** [쉴리티]: ⟨미국 속어⟩, shitty+litty, 똥을 뭉갠, 지저분한, 난장판의, ⟨↔clear\sound⟩ 양2

366 ★**shmeg·u·lar** [쉬메귤럴]: ⟨유대계 영향을 받은 미국 rap 은어에서 유래한⟩ '진짜' regular한, 평범한 (보통) 여자, ⟨진짜 무쪽⟩, ⟨↔spectacular⟩ 양2

367 **shoal**¹ [쇼울]: ⟨← sceald(not deep)⟩, ⟨영국어⟩, 얕은 곳, 여울목, (숨은) 함정, ⟨~ shallow⟩, ⟨↔depths\trenches⟩ 양1

368 **shock**¹ [샥]: ⟨← choquer(strike against)⟩, ⟨프랑스어⟩, 충격, 타격, 진동, (자동차·비행기의) 충격완화장치⟨shock absorber⟩, ⟨↔calm\relief⟩ 기2

369 **shoe** [슈우]: ⟨← sceoh(foot cover)⟩, ⟨게르만어⟩, 신, 구두, 편자, 접촉부, (구두를) 신기다, (발에) 편자를 박다, ⟨↔glove\bare foot⟩

370 ★**shoop** [슆]: ⟨신조어들⟩ ①sheep(양)의 신세대 단수형 ②(노래 중에 나오는) 추임새 ③photoshop(뽀샵)의 변형어 ④'떡치기'(성교의 다른말)

371 **shoot** [슈우트]: ⟨← sceotan(eject)⟩, ⟨게르만어⟩, 쏘다, 발사하다, 던지다, 주사 놓다, 촬영하다, ⟨어서 말해봐⟩, ⟨돌진해오는⟩ 급류, ⟨어느날 갑자기 돋아나는⟩ 새싹, 순, shit의 완곡한 표현, ⟨→ shot⟩, ⟨~ shut\shout⟩, ⟨↔pull\hold\sheath\gem⟩ 양1

372 **shop** [샵]: ⟨← sceoppa(a stall)⟩, ⟨게르만어⟩, 가게, 상점, 공장, 작업장, ⟨↔sell\dump⟩ 기2

373 ★**shop-lift** [샵 리후트]: (상점에서) 물건 훔치기, 상점 좀도적 미2

374 **shore**¹ [쇼어]: ⟨← schore(point of division)⟩, ⟨게르만어⟩ ①coast, 바닷가, 해안, 해변, 물가(장자리), ⟨→ ashore⟩, ⟨↔back-land\island⟩ ②⟨침몰을 막기 위한⟩ 지주, 버팀목, prop, ⟨~ shear⟩, ⟨↔branch\release⟩ 가1 양2

375 **short** [쑈얼트]: ⟨← scurz(cut off)⟩, ⟨게르만어⟩, ⟨인생같이⟩ 짧은, ⟨잘라버려⟩ 간단한, ⟨돈이⟩ 모자라는, ⟨번갯불에 콩 튀듯⟩ 갑자기, 부서지기 쉬운, ⟨~ shirt\skirt⟩, ⟨↔long\tall⟩ 가1

376 *****short-cut i·con** [쑈얼트컽 아이칸]: '단축 성상', favicon(favorite icon), 실제 서류철을 나타내지 않고 그 서류철에 대한 연결만 시켜주는 특수 상징부호 유1

377 *****short-cut key** [쑈얼트컽 키이]: '단축 건', '바로가기 단추', 그것을 누르면 언제든지 원하는 기능을 수행하도록 조작된 '열쇠' 유1

378 **short-fuse** [쑈얼트 휴우즈]: short·temper, 성급함, 성마름, 핏대를 잘 올리는 것, ⟨↔calm\easy-going⟩

379 **short-hand** [쑈얼트 핸드]: 속기(의), 빨리 쓰는 방법, stenography, ⟨↔long-hand⟩ 양2

380 ★**short-sale** [쑈얼트 쎄일]: 단기 예측 매각, 공매(빈매매), (주가 하락을 예상하고 금융기관으로부터 주식을 빌려 매도하는) 공매도, 남은 돈으로 빚을 갚을 수 없는 ⟨그래서 채권자가 빚을 깎아주는 조건으로 파는⟩ 부동산 매각, ⟨~ foreclosure⟩ 미2

381 **short-sight** [쑈얼트 싸잍]: 근시, 근시안적 견해, 단순한 생각, 〈~ myopia〉, 〈↔hyperopia\far-sightedness〉 영2

382 **shot** [샽]: 〈← sceotan(eject)〉, 〈게르만어〉, 〈← shoot〉, 발사, 포탄, 겨냥, 추측, 촬영, 주사, (한 번) 마시기·차기, 피곤한, 몹시 지친, 〈↔freeze\failure\back-fire〉 영1

383 **shot-gun** [샽 건]: 산탄총, 〈총열에 홈이 안 파진〉 엽총, (경찰의) 자동차 속도 측정기, 〈엽총을 들고 운전사를 호위하는〉 운전사 옆좌석(death seat), 〈~ hunting rifle〉, 〈↔pistal\machine-gun〉 영2 미2

384 **should** [슈드]: 〈← scal〉, shall의 과거형, ~할 테다, ~하여야 한다, ~이 틀림없다, 만일 ~하면, 〈어감이 좋지 않아 점점 씀씀이가 줄어드는 말〉, 〈↔shouldn't\can't\mustn't〉 영2

385 **shoul·der** [쑈울더]: 〈← sculdor(scapula)〉, 〈게르만어〉, 어깨, 견부, 짊어 (책임)지다, 갓길, 〈↔buttock\trunk\relinquish〉 영2

386 **shout** [샤웉]: 〈← schoute(yell)〉, 〈어원 불명의 영국어〉, 외치다, 큰 소리를 내다, 환호하다, 〈~ shoot〉, 〈↔whisper〉 영1

387 **shove** [셔브]: 〈← scofian(push)〉, 〈게르만어〉, 떠밀다, 처넣다, 밀어제침, '담판(하다)', 〈~ shuffle\scuffle\thrust〉, 〈↔pull\hinder\dissuade\yank〉 영1

388 **shov·el** [셔블]: 〈← shove〉, 〈밀어제치는〉 (부)삽, 숟가락, 〈끝이 넙적한〉 삽, 〈↔fill in\smooth out〉 영1

389 **show** [쑈우]: 〈← sceawian(behold)〉, 〈게르만어〉, 보이다, 나타내다, 시늉, 과시, 출품, 상영, 구경거리, 전시회, 〈↔suppress\hiding〉 영2

390 **show-case** [쑈우 케이스]: 진열장, (선전하기 위한) 특별 공개, '본보기', 〈↔disguise\cover〉 영2

391 **show·er** [샤우어]: 〈← scur(down-pour)〉, 〈게르만어〉, 소나기, 쏟아지다, (빗발처럼) 퍼붓다, 물 뿌려 몸을 씻다, '물발목욕', 〈↔dribble\bath〉 영2 미1

392 **shown** [쑈운]: show의 과거분사 영2

393 ★**show-off** [쑈우 어어후]: 자랑, 과시, '튀어', 〈↔hide\disguise〉 영1

394 ★**show-room-ing** [쑈우 루우밍]: '전시장 순례', 상점에 가서 물품을 살펴보고 전산망을 통해 사는 것, 〈↔web-room-ing〉 우2

395 **shred** [슈뤠드]: 〈← screada(a piece)〉, 〈게르만어〉, 끄트러기, 조각(조각 하다), 갈가리 찢다, 〈~ shroud〉, 〈↔pile\loads\heaps〉 영1

396 **shrewd** [슈루우드]: 〈shrew같이〉 예민한, 빈틈없는, 교활한, 〈↔dull\honest〉 영1

397 **shrimp** [슈륌프]: 〈← scrimman(shrink)〉, 〈게르만어〉, 〈prawn 보다 더 위축하는 재주가 있는〉 (작은) 새우, 등이 딱지로 덮여있고 5쌍의 다리와 7마디의 배를 가지고 있는 수천 종의 수중 절지동물, 왜소한 사람, 〈prawn과는 원산지·학명·다리 모양·마디수가 다르나 그런 것 따져가며 새우 요리를 드시는 분은 이원택 선생 빼고는 없을 것임〉 영1

398 **shrine** [슈롸인]: 〈← scrinium(chest)〉, 〈'서랍'이란 라틴어에서 유래한〉 성골함, (성인들의 유골·유슬〈사리〉을 모신) 사당, 전당, 〈↔cursed (evil) place〉 영2

399 **shrink** [슈륑크]: 〈← scrincan(shrivel up)〉, 〈게르만어〉, 오그라들다, 위축되다, 〈욕심을 축소시키는〉 정신과 의사, 〈→ shrimp〉, 〈↔expand〉 영1 미1

400 ★**shrink·fla·tion** [슈륑크 홀레이션]: 축소성 통화 팽창, 물건을 작게 만들어 〈실질적〉 가격을 올리는 현상, 〈↔boomflation〉 미2

401 *****shrink-no-mics** [슈륑크 나믹스]: shrink+economics, 축소경제, (인구 감소로 인해) 경제 전반이 활력을 잃고 성장이 둔화하는 현상 미2

402 **shrub**¹ [슈뤕]: 〈← scrybb(brushwood)〉, 〈영국어〉, 키 작은 나무, 관목, 떨기나무, 〈~ scrub³〉, 〈↔(tall) tree〉 영2

403 **shrub²** [슈룹]: 〈← sharab(drink)〉, ('마시다'라는 아랍어에서 유래한) 과즙이나 식초에 설탕·럼술을 섞은 혼합주, 〈~ punch²〉, 〈↔water〉 중2

404 **shrug** [슈뤄그]: 〈← shruggen(crouch)〉, 〈어원 불명의 영국어〉, (어깨를) 으쓱하다, 떨쳐 버리다, 무시하다, 짧은 여성용 윗옷, 〈↔nod\assent〉 영1 중2

405 **shuf‧fle** [셔훌]: 〈← schuffeln(walk clumsily)〉, 〈게르만어〉, 질질 끌다, 지척거리다, 뒤섞다, 속이다, 개편하다, 〈~ scuffle\shove〉, 〈↔array\tidy〉 영1

406 **shun** [션]: 〈← scunian(flee away)〉, 〈어원 불명의 영국어〉, 피하다, 비키다, 〈↔seek\accept\obtrude〉 개1

407 ★**shun-pike** [션 파이크]: '샛길', (유료 고속도로를 피해 가는) 뒷길, 〈↔toll road\super-highway〉 미2

408 **shunt** [션트]: 〈← scyndan(hasten)〉, 〈영국어〉, 〈← shun〉, 옆으로 돌리다, 제쳐놓다, 분도(류)를 만들다, 우회로, 단락, 〈↔aid\strengthening〉 영1 미2

409 **shut** [셧]: 〈← scyttan(to bolt)〉, 〈게르만어〉, 닫다, 폐쇄하다, 막다, 덮다, 끄다, 〈~ shoot〉, 〈↔open\un-lock〉 개1

410 **shut-ter** [셔터]: 덧문, 뚜껑, 개폐기, 닫는 사람(물건), 〈↔un-cover\opener〉 영1

411 **shut‧tle** [셔틀]: 〈← sceotan(shoot)〉, 〈북구어〉, (직조기가 올을 앞으로 '쏘아대며' 좌우로 움직이는) 북, (근거리) 왕복 운행 교통수단, 우주 왕복선, 〈~ shot〉, 〈↔stand still\converge〉 미1

412 **shy** [샤이]: 〈← skeukhwaz(afraid)〉, 〈게르만어〉, 부끄럼 타는, 소심한, 조심성 많은, 부족한, 겁 많은, timid, 〈~ eschew〉, 〈↔scare\shun〉, 〈↔bold\daring\sassy〉

413 **sib‧ling** [씨블링]: sibja(blood relative)+ling, 〈게르만어〉, 형제·자매(의), 씨족의 일원, 〈↔dis-affiliation\non-relative〉 양2

414 **sick** [씩]: 〈← seoc(to be ill)〉, 〈게르만어〉, '아픈', 병의, 환자의, 불량한, 메스꺼운, 신물이 나는, 그리워하는, 굉장한, 아주 좋은, 〈↔well\fond\strong〉 개1 중2

415 **sick‧le** [씨클]: 〈← secare(cut)〉, 〈라틴어에서 유래한 게르만어〉, (작은) 낫, 초승달 모양의 물건, 〈~ scythe〉, 〈← kama〉, 〈↔combine\close〉 개1

416 **side** [싸이드]: 〈← sithas(long)〉, 〈게르만어〉, 측(면), 쪽, 옆구리, 변두리, 편, 비탈, 안경다리(미국에서는 temple이라 함), 편들다, 〈→ aside〉, 〈↔center\end〉, 〈↔oppose〉 영1

417 **side-board** [싸이드 보어드]: 측면판, (벽면의) 식기 선반, 찬장 영1

418 ★**side-boo** [싸이드 부우]: (옆에) 끼고 다닐만한 연인, 〈↔clap²〉 양2

419 **side-burns** [싸이드 버언즈]: 〈미 남부전쟁 때의 장군 Everett Burnside에서 유래한〉 짧은 구레나룻(귀밑털), 〈예전에 망건 밑으로 살짝 밀어 넣던〉 살쩍 영1

420 **side-dish** [싸이드 디쉬]: (주요리에) 곁들여 내는 음식, '반찬(ban-chan)', '곁 요리', 〈↔main-dish\entree〉 영1

421 ★**side hus‧tle** [싸이드 허쓸]: (장래를 바라보는) 진취적 부업, 〈↔steady job〉 양2

422 **side job** [싸이드 좝]: (먹고살기 위한) 평범한 부업, 〈↔full-time job〉 양2

423 **side-walk** [싸이드 워어크]: side way, 보도(걸음길), 인도, 〈~영국에서는 pavement라 함〉, 〈↔main-road〉 개1

424 **siege** [씨이쥐]: 〈← sedere(sit)〉, 〈라틴어→프랑스어〉, 포위 공격, 에워싸다, 끈덕진 공격, (바로·학 등의) 떼, 〈~ en-circlement\leaguer²〉, 〈↔relief\arrest〉 영1

425 **sier‧ra** [씨에뤄]: 〈← serra〉, 〈'saw'란 라틴어〉, 뾰족뾰족한, '톱니' 모양의 (산맥), 동갈삼치(꽁치), 〈↔vale\hollow〉 미2

426 **si·es·ta** [씨이에스터]: sexta(six)+hora(hour), 〈라틴어〉, (점심 후의) 낮잠, (해 뜬 후 '6시간' 만에 자는) 오수, 〈↔wake\work〉 양2

427 **sieve** [씨브]: 〈← sife(a strainer)〉, 〈게르만어〉, 〈← sift〉, (작은) 체, 체로 치다, 조리, 소쿠리, 〈~ filter\riddle²〉, 〈↔pollute\put in〉 가1

428 **sigh** [싸이]: 〈의성어〉, 〈영국어〉, 한숨 짓다(쉬다), 탄식하다, (바람이) 살랑거리다, 〈↔appease\delight〉 가1

429 **sight** [싸일]: 〈← specere(look)〉, 〈라틴어에서 유래한 게르만어〉, 봄, 시각, 시력, 시야, 조망, 찾아내다, 겨냥하다, 〈~ see〉, 〈↔blindness\hiding〉 양1

430 **sign¹** [싸인]: 〈← signum(a mark)〉, 〈라틴어〉, 기(부)호, 표시, 신호, 길잡이, 기색, 〈어떤 일이 일어날〉 증후, 흔적, 〈~ seal〉, 〈↔obscurity\headlessness〉 양2

431 **sign²** [싸인]: 〈← sign¹〉, 서명하다, 기명 날인하다, 신호하다, 표시하다, 〈↔dismiss\veto〉 양2

432 **sig·nal** [씨그널]: 〈← sign¹〉, 〈라틴어〉, 신호, 〈감을 못 잡으면 닭대가리 소리를 듣는〉 눈짓, 암호, 신호등(기), 전조, 〈↔inconspicuous\vague〉 양2

433 **sig·nif·i·cance** [씨그니휘컨스]: 〈← sign¹〉, 〈뚜렷이 나타난〉 의미, 취지, 뜻깊음, 중요성, 〈~ salience\prominence〉, 〈↔in-significance\triviality〉 가1

434 **si·lence** [싸일런스]: 〈← silere(be quiet)〉, 〈라틴어〉, 침묵, 무언, 고요함, 묵념, 비밀 엄수, 〈최후의 공격〉, 〈~ quietness\still-ness〉, 〈↔noise\alarm〉 가1

435 ★**si·lence is gold·en** [싸일런스 이즈 고울든]: 〈이집트 격언을 T. Carlyle이 각색한 말〉, 침묵은 금이요(웅변은 은이다), 〈~(↔)speech is silver〉, 〈↔feelings are meant to be expressed〉 양2

436 **si·lent auc·tion** [싸일런트 어엌션]: (밀봉된 매긴 값을 제출하는) 입찰식 경매 양2

437 **si·lent gen·er·a·tion** [싸일런트 줴너레이션]: 침묵세대, 〈이제는 숨쉬기에도 힘들어진〉 1945년 이전에 태어난 '고려장감들', 〈↔active generation〉 양2

438 **si·lent ma·jor·i·ty** [싸일런트 머줘뤼티]: 말 없는 다수, 일반 대중, 〈↔loud minority〉 양1

439 **si·lent vote** [싸일런트 보우트]: (떠나는) 부동표, 침묵의 유권자, 〈↔fixed vote〉 양2

440 **Si·le·sia** [씨일리이줘]: 〈Vandal어〉, '습지(swampy place)?', 실레지아, 체코 북부·폴란드 남서부 지방, S~ 원산의 (호주머니·안감 등에 쓰는) 얇은 천 수1

441 **sil·hou·ette** [씰루우엩]: 〈짧은 임기를 지낸 프랑스의 재무장관 이름에서 연유한〉 실루엣, figure, 그림자 그림, 윤곽(outline), 반면영상, 〈인명의 어원에는 세가지 학설이 있음〉, 〈↔brightness\formlessness〉 미1

442 **sil·i·ca** [씰리커]: 〈← silex(flint)〉, 〈'부싯돌'이란 라틴어에서 유래한〉 실리카, 규토, 무수규산, 이산화규소, 사암(모래 바위) 등의 주성분을 이루는 무색의 단단한 석영 미2

443 **sil·i·con** [씰리컨]: 〈← silex(flint)〉, 〈라틴어〉, 실리콘, 규소, 비금속원소 (기호 Si·번호14), (유리·벽돌·전산기 부품 등을 만드는) 지각의 25%를 차지하는 암회색의 단단한 반도체 미2

444 **Sil·i·con Val·ley** [씰리컨 밸리]: 실리콘 밸리, (전자 산업체가 많이 모여 있고 생활비가 비싼) 미국 캘리포니아주 샌프란시스코 남동부 San Jose 주변 지역

445 **silk** [씰크]: 〈← sericus〉, 〈'sha(thin thread)'란 뜻의 중국어에서 연유한?〉 어원 불명의 라틴어〉, 비단, 명주실, 견직물, 생사, 〈~ seri·culture〉, 〈~(↔)nylon(rayon)〉, 〈↔cotton〉 가1

446 **sill** [씰]: 〈← suelli(base)〉, 〈게르만어〉, 토대, 문턱, 문지방, 창턱 양1

447 **sil·ly** [씰리]: 〈← sealig(happy)〉, 〈'행복하다'라는 뜻의 게르만어에서 연유한 영국어〉, 어리석은, 양식없는, 어이 없는, 바보, 멍청이, 〈바보처럼 사는 것이 행복의 비결이라는데 절대 동감함〉, 〈↔sensible\rational〉 가2

448 **si·lo** [싸일로우]: ⟨← siros(corn pit)⟩, ⟨그리스어⟩, 원탑 모양의 (사료·곡식·위험물) 저장소 우1

449 **sil·ver** [씰붜]: ⟨← silabur⟩, ⟨어원 불명의 게르만어⟩, 은 (제품), argent, ⟨가장 전도율과 반사율이 높은⟩ 금속원소 (기호 Ag·번호47), 은백색 가1

450 **sil·ver in·dus·try** [씰붜 인더스트뤼]: '노년층 산업', 노년층을 겨냥한 각종 산업·사업 우2

451 *****SIM card** [씸 카아드]: subscriber identity module card, '사용자 개별 단위 (인식)증', (휴대전화 속에) 가입자의 개인 정보와 문건을 저장하는 기억력장치 우2

452 *****SIMD** (sin·gle in-struc·tion mul·ti·ple da·ta stream): 단일 명령 흐름 복수 자료 처리, 복수의 자료에 동시에 작동하는 다중처리 능력을 가진 병렬 전산기 우2

453 **sim·i·lar** [씨밀러]: ⟨← similis(like)⟩, ⟨라틴어⟩, 닮은, 비슷한, 유사한, ⟨~ same\semblance\simulate⟩, ⟨→ assimilate⟩, ⟨↔distinct\different⟩ 가1

454 *****SIMM** [심]: single in-line memory module, '단일 입력 기억력 단위', 여러 기억력 단위를 탑재한 작은 회로판 우2

455 **sim·ple** [씸플]: ⟨← simplex(one fold)⟩, ⟨라틴어⟩, '한 번 접힌', 단일의, 단순한, 간소한, 순박한, 하찮은, 무지한, ⟨~ single⟩, ⟨↔difficult\complex\fancy⟩ 가1

456 **sim·u·late** [씨뮬레이트]: ⟨← simulare(feign)⟩, ⟨라틴어⟩, ~ 체하다, 흉내 내다, ~을 가장하다, '비슷하게 하다', ⟨~ similar⟩, ⟨↔dis-resemble\mis-represent⟩ 가1

457 **sin** [씬]: ⟨← sontis(guilty)?⟩, ⟨라틴어?→게르만어⟩, ⟨← synn(evil)⟩, 죄(악), 잘못, 나쁜 짓, ⟨궁극적 진리·죽어야 마땅한⟩, ⟨↔virtue\good⟩ 우2

458 **since** [씬스]: sith(after)+than(that time), ⟨게르만어→영국어⟩, 그 후 (지금까지), ~하므로(이므로), ⟨here-after\prior to⟩ 가1

459 **sin-cere** [씬씨어]: sine(without)+caries(decay), ⟨라틴어⟩, '부패하지 않은', 성실한, 정직한, 진실한, ⟨↔in-sincere\hokum\perfunctory⟩ 가2

460 ★**sin-cer·i·ty moves heav·en** ⟨2013년도 한국 연속극의 부제⟩, 지성이면 감천, 하늘이 무너져도 솟아날 구멍이 있다, ⟨~ there is always a way out\nothing is totally bad⟩ 우2

461 **sine** [싸인]: ⟨← jiba(chord)⟩, ⟨아랍어⟩, 정현, 직각 삼각형에서 한 예각의 대변과 빗변의 비를 나타낸 함수로 연결하면 포물선으로 표시됨, ⟨~(↔)co-sine⟩ 우2

462 **sing** [씽]: ⟨← singan(chant)⟩, ⟨게르만어⟩, 노래하다, 읊조리다, 지저귀다, 찬미하다, ⟨→ song⟩, ⟨↔conceal\be quiet\condemn⟩ 가1

463 **sin·gle** [씽글]: ⟨← singulus(one only)⟩, ⟨라틴어⟩, 단 하나 (홀로)의, 1인용의, ⟨나이 30을 분수령으로 주가가 달라지는⟩ 독신의, 따로따로의, 편도의, 한결같은, 단식 (경기), 단타, 한 자리 숫자로 된, ⟨~ simple⟩, ⟨↔double\multiple\married⟩ 우2

464 *****sin·gle-byte font** [씽글 바이트 환트]: 8 bits 이내로 된 문자로 조합된 글자체 우1

465 *****sin·gle thread** [씽글 쓰뤠드]: '단일 실마리', 처리 중인 자료를 완전히 끝낸 다음 다른 자료 처리를 하는 작업 우2

466 ★**sin·gu·lar·i·ty pro·fes·sor** [씽귤래뤼티 프뤼훼써]: 특정교수, 10~20년간 논문평가를 받지 않고 연구에만 몰두할 수 있는 교수 우2

467 **sink** [씽크]: ⟨← sincan(fall)⟩, ⟨게르만어⟩, 가라 앉다, 떨어지다, 수그러지다, 스며들다, 수채, 하수구, 웅덩이, ⟨→ sag⟩, ⟨↔float\rise\up-lift⟩ 가1

468 ★**Si·no-pec** [씨노우 펙] Group: 시노펙, 중국 석(유) 화(공) 유한 공사, China Petroleum & Chemical Corp, 2000년에 다시 태어난 중국의 ⟨민간이 경영하는⟩ 석유 (제품)·천연가스 공급 재벌 회사 미1

469 ★**Si·no-pharm** [씨노우 화앎]: 시노팜, China National Pharmaceutical Group, 중국의약 집단총공사, 1998년에 세워진 중국 정부의 종합 제약회사 미2

470 **sip** [씹]: 〈게르만어〉, 〈의성어?〉, 한 모금, 홀짝이다, 〈~ sup〉, 〈↔eject\spit〉 기2

471 ★**sip-and-see** [씹 앤 씨이]: '한 모금 마시고 보고, 또 한 모금 마시고 또 보고', (미국 남부에서 시작해서 전국으로 퍼지고 있는) 아기 탄생 축하 다과회, ⇒ post baby shower 미1

472 **sir** [써얼]: 〈← senior(elder)〉, 〈라틴어→영국어〉, 〈← sire〉, 님, 선생, 귀하, 나리, 경, 이봐, 이놈아, 〈↔maam\girl〉 기2

473 **si·ren** [싸이뤈]: 〈← seira(cord)〉, 〈그리스어〉, 사이렌, 호적, 경보기, 마녀, S~; 〈그리스 신화에서〉 매혹적인 목소리로 뱃사람을 유혹해서 파선시킨 인어, 〈→ serin〉, 〈↔dull\un-alert〉 앙1 수1

474 **sir-loin** [써얼로인]: 〈프랑스어〉, (소) 허리〈loin〉 윗부분〈sur〉의 고기, 등심, 채끝, 〈~(↔)tender-loin〉 미2

475 **sis·ter** [씨스터]: 〈← sweoster〉, 〈어원 불명의 게르만어〉, 〈눈물을 나눌 수 있는〉 여자 형제, 자매, 언니(누나), 여자 친구, 수녀, 〈→ sissy〉, 〈↔brother〉 기1

476 **sit** [씰]: 〈← sedere(settle)〉, 〈라틴어→게르만어〉, 앉다, 쭈그리다, 위치하다, 그대로 움직이지 않다, 맞다, 품다, 억누르다, 시중들다, 진을 치다, 〈→ seat\saddle\sedentary\set〉, 〈↔stand\rise〉 앙1

477 ★**sit back and en·joy free ride**: 굿이나 보고 떡이나 먹으면 된다, 〈↔mind your own business〉 앙2

478 ★**sitch** [씨취]: 〈1954년부터 있었으나 2008년 오바마 대통령이 사용해서 떠오른 말〉, situation(상황·입장)의 변형 축소형 앙1

479 *****sit-com** [씰 캄]: situation comedy, 시트콤, 상황희극, 틀에 박힌 성격을 가진 일련의 배우들이 벌이는 TV 연속물 수2

480 *****site** [싸이트]: 〈← sedere(sit)〉, 〈라틴어〉, 위치, 장소, 용지, 유적, website('전산망 거점')의 준말, 〈→ situation〉, 〈↔no where〉, 〈↔remove\displace〉 앙1 미1

481 *****site ad·dress** [싸이트 애드뤠스]: '전산망 거점 주소', 점으로 단락된 문자로 이루어지는 전산망의 특정 주소

482 *****site li·cense** [싸이트 라이슨스]: '전산망 거점 면허', 특정 주소에 있는 정보를 무한정 공유할 수 있게 하는 연성기기 허가증 미1

483 ★**sit on the fence** [씰 언언 더 풴스]: 〈1800년대에 등장한 미국 정치용어〉, 결정을 유보한, 편을 안 드는, 중립적인, 〈↔decisive\moving〉 앙2

484 ★**sit-rep** [씰 뤱]: situation report, 상황보고 앙2

485 ★**sit tight** [씰타일]: 〈꼼짝말고〉 그대로 앉아있다, 참고 기다리다, 딱 버티고 있다, 요지부동, 〈~ awaiting\hold on〉, 〈↔appear\come out〉 앙2

486 **sit·u·a·tion** [씨츄에이션]: 〈← site〉, 위치, 장소, 입장, 정세, 지위, 국면, 부지(터), 〈~ sitch〉, 〈↔resolution\advantage\detachment〉 앙1

487 **sitz bath** [씨츠 배쓰]: 〈독일어〉, seat bath, 앉아서 하는 목욕, 좌욕, 반신욕, 뒷물(하기), hip·bath, 〈↔full bath\shower〉 앙1

488 **six** [씪스]: 〈'sex'란 라틴어가 변형된 게르만어〉, 6, 여섯(의), 〈~ sestet〉 기1

489 **size** [싸이즈]: 〈← assise(ordinance)〉, 〈프랑스어〉, 크기, 넓이, 부피, 치수, 규모, 〈↔insignificance\meagerness〉 기1

490 ★**size-ism** [싸이지즘]: 〈1971년에 등장한 말〉, 〈너무 크거나 뚱뚱한 사람을 차별하는〉 치수 편견(주의) 앙2

491 **siz·zle** [씨즐]: 〈영국어〉, 〈의성어〉, 지글지글 튀기다, 부글부글 끓다, 매우 덥다, 〈~ frizzle〉, 〈↔freeze〉 앙2

492 **skate¹** [스케이트]: ⟨← escache(stilt)⟩, ⟨프랑스어⟩, 쇠 날 부분, 미끄러지듯 빨리 달리다, ⟨~ stilt⟩, ⟨↔scratch\grind⟩, ⟨↔walk\run⟩ 우2

493 **skate²** [스케이트]: ⟨← squatas(flat fish)⟩, ⟨라틴어⟩, '가오리', 넓은 쇠 날 같은 깃이 양옆에 달린 ⟨상어와 연관 있는⟩ 홍어·가오리의 총칭, ⟨ray는 가시꼬리가 있음⟩ 미1

494 **skate³** [스케이트]: ⟨어원 불명의 영국어⟩, 늙어 빠진 말, 멸시할 사람, 녀석, 놈, ⟨↔stud¹⟩ 우2

495 ★**skate-board cul·ture** [스케이트 보어드 컬춰]: (1990년대 후반에 유행했던) 젊은이들의 간편하고 잽싼 문화 우2

496 ★**skel·e·ton in the clos·et**: 어마어마한 비밀, 집안의 수치, 털어서 먼지나는 것, ⟨↔good-deed\honor⟩ 양2

497 **skep·ti·cal \ scep·ti·cal** [스켑티컬]: ⟨← skeptikos(inquiring)⟩, '앎을 부정하는', ⟨그리스어⟩, 의심 많은, 회의적인, 무신론적인, ⟨↔certain\convinced\optimistic⟩ 양2

498 **sketch** [스케취]: ⟨← schedios(sudden)⟩, ⟨그리스어⟩, 사생화, ⟨막 그린⟩ 밑그림, 약도, 초고, 소품, 꼴불견, ⟨~ depiction\off-hand⟩ 양1

499 **ski** [스키이]: ⟨← skith(billet)⟩, ⟨북구어⟩, 스키, ⟨나무 막대로 만든⟩ '지치개', '활주기', 잘 미끄러지는 가늘고 긴 널판지, ⟨→ skid⟩, ⟨~ skate-board⟩ 우1

500 **skid row** [스키드 로우]: ⟨미국어⟩, ⟨← skid road⟩, 사회의 밑바닥, ⟨추락한⟩ 하층 사회, ⟨퇴락한⟩ 우범지대, ⟨↔affluent area\upper-class⟩ 미1

501 **skill** [스킬]: ⟨← skil(discernment)⟩, ⟨북구어⟩, 숙련, 능숙함, 노련한 솜씨, ⟨~ discern\technique⟩, ⟨↔incompetense\ignorance⟩ 양2

502 **skil·let** [스킬릿]: ⟨← scutra(dish)⟩, ⟨라틴어⟩, '자루 냄비', 튀김 냄비, 긴 손잡이와 짧은 발이 달린 튀김용·지짐용 냄비, ⟨~ pan⟩ 미2

503 **skim** [스킴]: ⟨← escumer(remove scum)⟩, ⟨프랑스어⟩, ⟨← skimmer²⟩, (위에 뜬) 찌꺼기를 걷어 내다, 스쳐 지나가다, 표피로 살짝 덮다, 대충 훑어보다, 속여서 신고하다, ⟨↔peruse\pore(over)⟩ 양1

504 *__skim-mer²__ [스키머]: 더껑이를 걷어내는 사람(기구), 피상적으로만 아는 사람, 소득을 숨기는 사람, 신용카드 탐독기에 부착 시켜 정보를 수집하는 불법 장치, ⟨→ skim⟩ 미2 우2

505 ★**skimp-fla·tion** [스킴플레이션]: ⟨← scrimp(stint)⟩, ⟨북구어에서 유래한 영국어⟩, 절약형 통화 팽창, 상품과 용역의 양과 질이 떨어진데 반해 가격이 오르는 현상, ⟨~ shrink-flation⟩ 미1

506 **skin** [스킨]: ⟨← skinn(to peel)⟩, ⟨북구어⟩, 피부, 가죽, 껍질, ⟨주머니가 얇은⟩ 구두쇠, ⟨skin에 skin을 더한⟩ 콘돔, 도안 변경이 가능한 화상, ⟨↔innards\meat⟩ 양1 우1

507 ★**skin a flea for it's hide²**: 벼룩의 가죽을 발리다, 벼룩의 간을 빼먹다, 몹시 인색하다, ⟨↔very generous⟩ 양2

508 *__skin-ny__ [스키니]: 가죽 모양의, 피골이 상접한, 보잘것없는, ⟨살짝 벗겨온⟩ 내부 정보, ⟨↔fat\plump\thick⟩ 양1

509 ★**skin-ny leg·end** [스키니 레쥔드]: ⟨Mariah Carey같이⟩ 허리를 매우 가늘게 조작한 영상물, '말라깽이' 선호경향 우1

510 ★**skin of teeth** [스킨 어브 티이쓰]: ⟨구약성서의 욥기 19장 20절에 나오는 말⟩, 간신히, 간발의 차이로, 억지로, ⟨↔well\easy⟩ 양2

511 ★**skin-ship** [스킨쉽]: (어머니와 아이 사이의 피부 접촉을 나타내는 일본식 영어인) 피부 접촉, (한국에서는 남녀 간의) 신체 접촉, ⟨~ touch-feely⟩, ⟨삽살한 콩글리쉬⟩, ⟨미국에서는 necking이란 더 찐한 말을 쓰고 있음⟩ 양2

512 **skip** [스킵]: ⟨← scuppa(leap)⟩, ⟨북구어⟩, 가볍게 뛰다, 까불다, 스쳐 가다, 거르다, 빼먹다, ⟨~ jump\pass up⟩, ⟨↔attend\catch\face⟩ 양1

513 **skirt** [스커어트]: 〈← skyrta(to border)〉, 〈북구어〉, 스커트, 가장자리, 〈짧은〉 치마, 변두리, 횡경막살, 〈귀중한 부분을〉 둘러싸다, 자락으로 덮다, 가에 있다, 회피하다, 〈~ short\shirt〉, 〈↔center\bash\swipe〉 **왕1**

514 ★**skr(r)t** [스컬(트)]: 〈미국어〉, 〈의성어〉, 〈rap에서 유래한〉 기분이 째지다, 신난다, 끝내주다 **왕2**

515 ★**sk sk sk sk** [슉 슉 슉 슉]: ①〈영국어〉, 〈의성어〉, 고양이를 부르는 소리 ②〈브라질계 포르투갈 전산망어〉, 가만있자, 말이지, 어머나, 'oh my god'과 같은 뜻의 전산망 문자 **왕2**

516 *****SKU** [스쿠 \ 에스케이유우] (stock keep-ing u·nit): 재고 보관 단위, 재고 (상품) 관리를 위한 〈팔아야 할 상품을 부호화 한〉 최소 분류 단위 **미2**

517 **skull** [스컬]: 〈← skalli(bald head)〉, 〈북구어→영국어〉, 두개골, 골통, 해골, cranium, 〈~(↔)brain〉, 〈↔bottom\paw〉 **왕2**

518 **skunk¹** [스컹크]: 〈← segonku ← seka(urinate)〉, 〈북미 원주민어〉, (위험을 받으면 항문에서 고약한 냄새의 분비물을 내뿜으나 여자들이 선호하는 고급 모피를 제공하는) 꼬리가 긴 족제비 비슷한 미주 원산의 육식 포유동물, 〈~ pole-cat\wood pussy〉 **왕1**

519 **skunk²** [스컹크]: 〈← skunk¹〉, 역겨운 놈, 미확인 함선, 완패시키다, 〈↔angel〉, 〈↔collapse\go under〉 **왕2**

520 ★**SKY** [스카이]: 입학하기가 〈하늘의 별 따기라는〉 한국의 Seoul·Korea·Yonsei 대학을 일컬음, '명문대' ⇒ HYP **수2 양2**

521 **sky** [스카이]: 〈← skeujan(cloud)〉, 〈게르만어→북구어〉, 〈구름이 있는〉 하늘, 〈모든 것을 덮어주는〉 천국, 높은 곳, 일기, 〈잡을 수 없이 떠 있는 것〉, 〈↔earth\sea〉 **가1**

522 ★**sky-fa·ri** [스카아 화뤼]: '공중 탐험', 케이블카나 곤돌라를 타고 동물원을 감상하는 것, 〈↔walk-fari(편자가 만든 말)〉 **왕2**

523 ★**sky-lounge** [스카이 라운쥐]: ①〈시내에서 승객을 태운 탈것을 헬리콥터에 매달아 공항까지 운반하는〉 여객 수송 직승기 ②건물의 꼭대기에 있는 휴게소, 〈↔cellar〉 **미1**

524 **slab** [슬랩]: 〈← sclabbe(flat piece)〉, 〈어원 불명의 영국어〉, 석판, 평석, 평판, 납작한 조각, 〈↔whole\thick\nugget〉 **왕1**

525 **slack** [슬랙]: 〈← slakas(sluggish)〉, 〈게르만어〉, 느슨한, 되는 대로의, 꾸물거리는, 기운 빠진, 침체된, 헐거운 바지, 〈~ shirk〉, 〈~ pants\trousers〉, 〈↔cautious\tight〉 **왕2**

526 ★**slack-tiv-ism** [슬랙 티뷔즘]: slack+activism, 느슨한 행동주의, 큰 노력없이 사회 전산망 등을 통해 사회 활동을 하는 〈간단 참여〉, '대충 살기' **미2**

527 **slam** [슬램]: 〈북구어〉, 〈의성어〉, strike down, 탕(꽝) 닫다, 팽개치다, 짓밟다, 혹평하다, 〈↔open\miss\praise〉 **왕1**

528 ★**slam-dunk** [슬램 덩크]: 수직강하식 착륙, 농구 골대 위에서 아래로 공을 내려치는 동작, 반드시 오르는 신 발행주, 〈↔up to par\long shot\miss〉 **왕2**

529 **slang** [슬랭]: 〈← slengjenamn(nick-name)?〉, 〈북구어〉, 속어, 숙어, 전문어, 은어, 〈↔standard\respect〉, 〈'자투리 땅'이란 뜻의 고대 영국어가 어원이라는 설도 있음〉 **왕2**

530 **slant** [슬랜트]: 〈← slenta(fall side ways)〉, 〈북구어〉, 경사, 비탈, 사선, 곁눈질, 찢어진 (눈), 〈↔straight\level〉 **왕1**

531 **slap** [슬랩]: 〈영국어〉, 〈의성어〉, 철썩 (때리기), 덜커덕 (소리), 모욕, 타격, 〈↔applaud\hail〉 **왕1**

532 **slash** [슬래쉬]: 〈← es clachier(to break)〉, 〈프랑스어〉, (쩍) 베다, (화확) 치다, 삭감하다, 깎아내리다, 〈~ cut\lacerate\tear〉, 〈↔raise\whack\praise〉 **왕1**

533 *****Slash-dot** [슬래쉬 닽]: 슬래시 닷, /., 1997년 미국의 대학생들에 의해 설정된 전산기 광들을 위한 사회적·기술적 정보를 제공하는 전산망 체제 **수2**

534 **slate** [슬레이트]: ⟨← slitan⟩, ⟨게르만어→프랑스어⟩, ⟨← slat⟩, '나무 끄트러기', 점판암, 석판, 암청회색, 명부, 예정표 영1

535 **Slav** [슬라브]: ⟨← slove(word); 같은 말을 쓰는 사람들이라는 뜻⟩, (한때 로마인의 '종'살이도 했고 약 5천 년 전부터) 슬라브족를 하며 유럽의 중·동부 ⟨특히 러시아⟩에 사는 민족 주1

536 **slave** [슬레이브]: ⟨라틴어⟩, ⟨Slav에서 데려온⟩ 노예, 종, 남한테 예속된 '물건', ~에 사로잡힌 '사람', ⟨→ serve⟩, ⟨↔free-man\master⟩ 개1

537 **slay** [슬레이]: ⟨← slean(strike)⟩, ⟨게르만어⟩, '치다', kill by violence, 죽이다, 학살하다, 파괴하다, (여성을) 뿅 가게 하다, ⟨→ slanghter⟩, ⟨↔resurrect\animate⟩ 영2

538 *****slay code** [슬레이 코우드]: '폭탄부호', ⇒ logic bomb 미2

539 **SLBM**: submarine-launched ballistic missile, 잠수함 발사 탄도 유도탄 미2

540 *****sleaze-core** [슬리이즈 코어]: sleazy+normcore, 바보스러운 (멍청한) 차림새, 껄렁한 치장, ⟨↔prim\neat⟩ 영2

541 **slea·zy** \ slee·zy [슬리이지]: ⟨어원 불명의 영국어⟩, flimsy, 얄팍한, 흐르르한, 하찮은, 추잡한, ⟨↔good\fine⟩ 영2

542 **sled** [슬레드]: ⟨← sledde(slider)⟩, ⟨게르만어⟩, (소형) 썰매, 목화 따는 기계, ⟨~ slide\sleigh⟩ 영1

543 **sleep** [슬리이프]: ⟨← slepaz(lax)⟩, ⟨게르만어⟩, 잠자다, 동침하다, 활동하지 않다, 무감각하다, 잠, 졸음, 정지, ⟨~(↔)dream⟩, ⟨↔awakening\alertness⟩ 개2

544 **sleet** [슬리이트]: ⟨← sliete(hail)⟩, ⟨게르만어⟩, 진눈깨비, 우빙, 도로의 살얼음, ⟨↔water\ice⟩, ⟨↔rain\snow⟩ 개1

545 **sleeve** [슬리이브]: ⟨← sloufen(slide)⟩, ⟨게르만어→영국어⟩, 소매, 토시, 축음판 씌우개, 팔을 'slip'하는 옷 부분, ⟨↔collar⟩ 영1

546 **sleigh** [슬레이]: ⟨네덜란드어⟩, (말이 끄는) 썰매, ⟨~ sled\sledge⟩, ⟨~ tobogan⟩ 영1

547 **slen·der** [슬렌더]: ⟨← esclendre(thin)⟩, ⟨프랑스어→영국어⟩, 가느다란, 빈약한, 날씬한, ⟨↔fat\abundant⟩ 개1

548 **slept** [슬렙트]: sleep의 과거·과거분사 개2

549 **slice** [슬라이스]: ⟨← slizan(split)⟩, ⟨게르만어⟩, 한 (얇은) 조각, 몫, 얇게 베다, (공을) 깎아치다, (고기 등을) 포를 뜨다, ⟨~ slit⟩, ⟨↔whole\none⟩, ⟨↔aggregate\join⟩ 영1

550 **slid** [슬리드]: slide의 과거·과거분사 영1

551 **slide** [슬라이드]: ⟨← slidan(glide)⟩, ⟨영국어⟩, 미끄러지다, 활주(하다), 비탈길, 미끄럼틀, 사태, 환등판 단상, (현미경의) 받침 유리, ⟨~ sled \ sledge⟩, ⟨→ slither⟩, ⟨↔ascend\struggle⟩ 영1 미2

552 **slight** [슬라일]: ⟨← sleht(trivial)⟩, ⟨게르만어⟩, 적은, 약간의, 가냘픈, 취약한, 경멸, 얕봄, ⟨~ small\smooth⟩, ⟨↔big\sturdy\respect⟩ 영1

553 **slim** [슬림]: ⟨← slimp(slanting)⟩, ⟨게르만어⟩, 호리호리한, 빈약한, 경박한, 교활한, '나쁜'(sly), ⟨나쁜 의미가 좋은 의미로 바뀌어진 말⟩, ⟨↔plump\strong\good\fat⟩ 영1

554 *****slim-nas·tics** [슬림 내스틱스]: slim+gymnastics, 감량(미용)체조 영2

555 **sling** [슬링]: ⟨← slingan(swing to and fro)⟩, ⟨게르만어⟩, 투석기, 고무총, 달아 올리는 기구, 멜빵, 삼각건, ⟨~ keep\receive\finish⟩ 영1

556 *****SLIP** [슬립]: serial line internet protocol, 직렬회로 전산기 통신규약, 사용자가 전화선 같은 직렬 회로를 통해 전산기에 접속될 수 있는 적속체계 영2

557 **slip¹** [슬립]: 〈← slipan(glide)〉, 〈게르만어〉, 미끄러지다, 살짝 떠나다, 벗겨지다, 얼결에 실수하다, 미끄럼, 실수, 〈본인의 의사에 관계없이? 잘 벗겨지는〉 여자의 속옷(petti-coat), 〈~ slippery〉, 〈↔rise\improve〉 양1

558 **slip²** [슬립]: 〈← slippe(cut)〉, 〈게르만어〉, 가는 조각, 종이쪽지, 전표, 꽃이용 가지, 야윈 젊은이, 〈어깨끈이 달린〉 속치마, 〈~ slit〉, 〈↔expand\revolve\success〉 양1

559 **slip-per** [슬리퍼]: 〈← slip¹〉, (가벼운) 실내화, 끈 없이 꿰어 신는 신, 〈~ loafer\pumps〉 양2 우1

560 **slip-on** [슬맆 어언]: 쉽게 입고 벗을 수 있는 옷, (끈 매지 않고) 쉽게 신고 벗을 수 있는 신발, pumps, plimsoll, court shoes 양1

561 **slip-o·ver** [슬맆 오우붜]: pull over, 머리를 꿰어 입는 옷 우1

562 **slit** [슬맅]: 〈← slitan(rend)〉, 〈게르만어〉, 길게 베어진 상처, 아귀, 좁고 기다란 틈, 동전 넣는 구멍, 〈~ split\slice\scape\closure〉 미1

563 ★**sliz·zard** [슬리져드]: 〈미국 속어〉 ①sliz(drink)+blizzard(돌풍), 고주망태 ②slammed blizzard, (곤드레 만드레) 만취된 상태 ③slutty lizzard, (아주 교활한) '쌍년', '꽃뱀' 양2

564 **slo·gan** [슬로우건]: sluagh(host)+gairm(call), 〈켈트어〉, 〈군대의〉 외침, 함성, 표어, 구호, 선전문구, 〈↔silence\action〉 양1

565 **slope** [슬로우프]: 〈← slupan(slip)〉, 〈영국어〉, 비탈, 경사면, (지붕의) 물매, 도피하다, '어깨총', 〈~ lean¹\tilt〉, 〈↔level\straight〉 양1

566 ★**slop-py sec·onds** [슬라피 쎄컨즈]: '질퍽한 순간', 방금 성교한 여자와 다시 성교하는 짓 양2

567 **slot** [슬랕]: 〈← esclot(track)〉, 〈어원 불명의 프랑스어〉, 가늘고 긴 틈, 좁은 통로, (동전·편지 등의) 투입구, 부서, 보직, 〈↔closure\lid\ejection〉 양1

568 **slot ma·chine** [슬랕 머쉬인]: 자동 도박기, 자동판매기, 〈~ one-armed bandit〉 미2

569 **slow** [슬로우]: 〈← slaw(lazy)〉〈게르만어〉, 느린, 더딘, 활기 없는, 지루한, 〈↔fast\prompt〉 기2

570 ★**slow and stead-y wins the race**: 〈이솝의 [토끼와 거북이]에 나오는 말〉, 천리길도 한 걸음부터, 꾸준한 자가 이긴다, 〈~(↔)haste makes waste〉 양2

571 **sludge** [슬러쥐]: 〈← slutch(mud)〉〈어원 불명의 영국어〉, 진흙, 침전물, 찌꺼기, 〈~ slush〉, 〈↔cleanliness\treasure〉 양1

572 **slug** [슬러그]: 〈← slugge(slow)〉, 〈북구어〉, (껍질이 없는) 민달팽이, (보호용) 침을 흘리면서 천천히 기어가는 식물의 해충 미2

573 **slug-gish** [슬러기쉬]: 게으른, 나태한, 부진한, 〈↔brisk\busy〉 양2

574 **slum** [슬럼]: 〈어원 불명의 영국 속어〉, squalid district, 빈민굴, 불결한 장소, 싸구려 물건, 〈↔suburb\benefit〉 양1

575 **slum·ber** [슬럼버]: 〈← sluma(sleep)〉, 〈게르만어〉, (선)잠, 혼수상태, 졸다, 〈~ nap〉, 〈↔awaken\active〉 양1

576 **slump** [슬럼프]: 〈← slumpe(fall)〉, 〈의성어·의태어?〉, 〈북구어〉, 푹 떨어짐, 폭락, 불황, 의기소침, 〈→ schloomp〉, 〈↔rise\success\boom〉 기1

577 **slur** [슬러얼]: 〈← sluren(trail in mud)〉, 〈게르만어〉, 어눌한 발음, 굴려 말하기, 소홀히 하다, 헐뜯다, 이음줄, 〈↔enunciate\praise〉 양1

578 **slush** [슬러쉬]: 〈← slask(sleet)〉, 〈의성어·의태어?〉, 〈북구어〉, 진창 (눈), 연한 진흙, 윤활유, 찌꺼기, 푸념, 아이스크림보다 얼음이 많고 빙수보다 우유가 많은 음료, 〈~ sludge〉, 〈↔treasure\rationality〉 양1

579 **sly** [슬라이]: ⟨← sloegr(cunning)⟩, ⟨북구어⟩, 교활한, 은밀한, 장난스러운, ⟨~ sleight\tricky\wily⟩, ⟨↔honest\art-less⟩ 양2

580 ★**sly rogue in a good dress**: 번지르르한 옷을 입은 불량배, 때리는 시어머니보다 말리는 시누이가 더 밉다, ⟨~ wolf in sheep's cloth⟩, ⟨~(↔)fine feathers make fine birds⟩ 양2

581 ★**smack¹** [스맥]: ⟨← smaak(taste)⟩, ⟨입맛 다시는 소리⟩, ⟨네덜란드어⟩, 맛, 풍미, 낌새, 티(기색), ⟨sniff하는⟩ 헤로인, ⟨↔dullness\insipidity\apathy⟩ 양2

582 ★**smack-er** [스맥커]: ①때리는 사람, 소리나는 입맞춤 ②입맛 다시게 하는 것, 돈, 미국돈(dollar) 양2

583 **small** [스머얼]: ⟨← smal(narrow)⟩, ⟨게르만어⟩, 작은, 비좁은, 적은, 낮은, 가는, 사소한, ⟨~ little\slight⟩, ⟨↔large\much\big⟩ 기2

584 ***small cap(·i·tal)** [스머얼 캡(피틀)]: EVEN SMALLS같이 (강조하기 위해) 작은 글체로 쓰는 대문자, 소형 대문자 미2

585 ★**Small-talk** [스머얼 터어크]: 1970년대 미국의 제록스사에서 개발한 객체 지향형 차림표 언어 수2

586 **smart** [스마아트]: ⟨← smeortan(sharp)⟩, ⟨게르만어⟩, 쿡쿡 쑤시는, 톡쏘는, 날카로운, 재빠른, 약은, 현명한, 산뜻한, ⟨편자가 이 사전을 'smart 사전'이라고 하려다 smart한 사람들이 너무 많아서 자제한 말⟩, ⟨↔normal⟩ 양1

587 **smart car** [스마아트 카아]: 스마트 카, (반)자동 운전 승용차, S~; 1994년부터 독일의 벤츠사가 출시하기 시작한 ⟨때로는 보도로도 다닐 수 있는⟩ '쬐끄만' 승용차 미2 수2

588 ★**smart card** [스마아트 카아드]: '똘똘이 판자', 기억력·미세처리 반도체를 함유하는 조그만 딱지 우2

589 ★**smart drug** [스마아트 드럭그]: ⟨아직 검증된 것이 없는⟩ 지능향상약, ⇒ nootropic 미2

590 ★**smart glas·ses** [스마아트 글래시즈]: '똘똘이 안경', (AR·VR 등을 이용해서) 각종 광선을 조절할 수 있는 ⟨차세대·다목적⟩ 안경, (3D 화면을 보거나 밤운전 등에 유용하게 쓰일 거임) 미1

591 ★**smart med·i·cal home** [스마아트 메디컬 호옴]: '똘똘이 의료용 주거지', 안에 의료지표 감시장치가 부착된 집 미2

592 ★**smart shop·ping** [스마아트 샤핑]: '똘똘이 장보기' ①구글에서 전개하고 있는 예산·취향에 맞춰 장보기를 도와주는 운동 ②스캐너를 들고 바코드를 찍으면 원하는 날짜와 장소로 물건을 배달해 주는 구매방식 미1

593 ***smart ter·mi·nal** [스마아트 터어미널]: '똘똘이 단말기', 대형 전산기와 접속 시 (본체의 부담을 덜어 주기 위해) 독자적으로 운영되는 단말기 터미널 우2

594 ★**smart watch** [스마아트 워치]: '똘똘이 시계', 고성능 손목시계, '지능형손시계' 미1

595 **smash** [스매쉬]: ⟨의성어⟩, ⟨영국어⟩, 분쇄하다, 박살내다, 때려 부수다, ⟨~ thud\thump⟩, ⟨↔enhance\mend⟩ 가1

596 *****SMB**: server massage block, '사용자 전달문 구역', 문서나 장치를 직렬 출입구로 공유하기 위한 통신규약

597 **smear** [스미어]: ⟨← smeru(grease)⟩, ⟨게르만어⟩, ⟨지방질을⟩ 바르다, 문대다, 깎아내리다, 훼손하다, (덧)문지르개, ⟨↔clean\collect⟩ 양1 미1

598 **smell** [스멜]: ⟨← smellen(smoke)?⟩, ⟨어원 불명의 영국어⟩, 냄새 (맡다), 냄새가 나다, 알아채다, 수상쩍다, ⟨~(↔)odor\taste⟩ 가1

599 ★**smell a rat** [스멜 어 뤹]: ⟨고양이가 쥐 냄새를 맡듯⟩ 낌새를 채다, 수상히 여기다, ⟨↔believe\trust⟩ 양2

600 ★**smex·y** [스멕시]: ⟨2004년에 등장한 말⟩, smart+sexy, ⟨brain과 body를 함께 가진⟩ 지적이면서도 성적인, ⟨↔loath-some\off-putting⟩ 양2

601 **smile** [스마일]: ⟨← smayate⟩, ⟨산스크리트어→그리스어→라틴어→게르만어⟩, 미소 짓다, 방긋 웃다, 환히 트이다, ⟨~ smirk⟩, ⟨↔frown\scowl⟩ 가1

602 ★**smish-ing** [스미슁]: SMS+phishing, 평판이 좋은 기관을 사칭해서 문자 메세지를 보내 개인 정보를 갈취하는 짓, ⟨↔phishing은 e-mail을 이용함⟩ 미1

603 **smite** [스마이트]: ⟨← smittan(hard strike)⟩, ⟨게르만어⟩, 강타하다, 쳐부수다, 괴롭히다, 홀리게 하다, ⟨~ smith⟩, ⟨↔fail\repair\amuse⟩ 양1

604 **smith** [스미쓰]: ⟨영국어⟩, ⟨← smite⟩, '강타하는 자', 대장장이, 금속 세공사, ⟨↔novice\apprentice⟩ 양2

605 ★**smize** [스마이즈]: ⟨미국어⟩, smile with eyes, 눈으로 웃다, 눈웃음 치다 양2

606 **smog** [스머그]: ⟨영국어⟩, smoke+fog, 연무, 매연, 연기 섞인 안개, ⟨↔clear\clean\limpid⟩ 양2

607 **smoke** [스모우크]: ⟨← smykhein(smolder)⟩, ⟨그리스어→게르만어⟩, 연기, 매연, 흡연, 실체가 없는 것, 훈제(하다), ⟨↔clarity\limpidity⟩, ⟨smoky: 매캐한⟩ 양1

608 **smoke shop** [스모우크 샵]: 담배(나 마리화나 등)를 파는 가게 우2

609 *****smoke test** [스모우크 테스트]: (혹시 고장 난 것이 아닌가 하고) 기계나 전산기를 처음 시동시켜 보는 일, '연기 시험', ⟨~⟨↔⟩sanity check⟩ 우2

610 ★**smol** [스몰]: ①smile out loud (환한 미소) ②⟨← small⟩, 쪼꼬만, 쬐끄만 양1

611 **smooth** [스무쓰]: ⟨← smothe(even)⟩, ⟨어원 불명의 게르만어⟩, 매끄러운, 부드러운, 평탄한, 순조로운, ⟨↔un-even\rough⟩ 가1

612 ★**smooth-ie \ smooth-y** [스무우디]: 세련된 사람, 멋쟁이, 바나나 등의 과일을 갈아 우유 등에 섞은 부드러운 음료, ⟨↔lout⟩ 양2 우1

613 *****smooth node** [스무우쓰 노우드]: '고른 결절', 갑작스러운 방향의 변화 없이 곡선을 이어주는 ⟨부드러운⟩ 제어점 우2

614 **smoth·er** [스머더]: ⟨← smorian(stifle)⟩, ⟨영국어⟩, suffocate, ⟨smoke로⟩ 숨 막히게 하다, 질식시키다, 덮어 버리다, 억제하다, ⟨↔snort⟩, ⟨↔disperse\encourage⟩ 양1

615 *****SMS**(short mes·sage ser·vice): '단문제공(자)', 전산망의 text message(문본전달)기지, short e-mail 미1

616 *****SMTP**: simple mail transfer protocol, 단일 전자우편 전송 규약, 전산기와 전산망 사이에 우편을 전송하는 데 사용되는 규약 미2

617 **smudge** [스머쥐]: ⟨← smut⟩, ⟨영국어⟩, 얼룩, 오점, 더럽히다, 자국을 남기다, 얼룩 만드는 분무기, ⟨~ grime⟩, ⟨↔sponge\wipe⟩ 양1 미1

618 **smug·gle** [스머글]: ⟨어원 불명의 게르만어⟩, 밀수하다, 밀매매하다, 숨기다, ⟨→ trafficker⟩, ⟨↔expose\reveal⟩ 양2

619 ★**snace** [스네이스]: ⟨미국어⟩, ⟨신조어⟩, snail's face(달팽이 모양)을 닮은⟩ 접힌 궁둥이, ⟨↔bubble butt⟩ 양2

620 **snack** [스낵]: ⟨← snaken(bite)⟩, ⟨네덜란드어⟩, 간식, 가벼운 식사, 소량, ⟨↔fast¹\meal⟩ 양2

621 ★**sna·fu** [스내후우]: ⟨미군 속어⟩, situation normal·all fucked up, 엉망진창, 대혼란 양2

622 *****snag-less** [스내글리스]: '무방해 접속기', 어느 방향으로 연결하든지 ⟨거침없이⟩ 통과하는 접속기 우1

623 **snail** [스네일]: ⟨← sneg(creep)⟩, ⟨게르만어⟩, 달팽이, 고둥, 우렁이, 다슬기, 뚜껑을 가지고 배로 기는 연체동물, 늘보, ⟨~ snake⟩ 가1

624 *****snail mail** [스네일 메일]: (전달 속도가 느린) 재래식 우편, ⟨↔e-mail⟩ 양2

625 ***snake** [스네이크]: ⟨← snican ← sneg(creep)⟩, ⟨게르만어⟩ ①뱀, 밖에 귀가 없고 항상 뜬 눈으로 기다란 몸체를 꿈틀거리며 기어가는 약 2,700여 종의 냉혈 척추동물, 교활한 자, ⟨~ sneak⟩, ⟨~ snail⟩, ⟨↔hero⟩ ②공동 변동 환율제, 특정 통화기간에는 고정 환율제를 채택하면서 그외에는 자유 변동제를 유지하는 ⟨꿈틀대는⟩ 환율체제, ⟨↔boa²⟩ 기1 미2

626 **snap** [스냅]: ⟨← snappen(sudden breaking)⟩, ⟨게르만어⟩, ⟨의성어·의태어⟩, 덥석 물다, 덤벼들다, 찰칵하고 소리를 내다, 딱하고 부러지다, 번쩍 빛나다, 적석, 속성, ⟨→ snatch⟩, ⟨↔hold\calm(simmer) down\difficult⟩ 강1

627 ***snap-chat** [스냅 챁]: 즉석 환답, 10초 이내에 영상을 주고 받을 수 있는 사회 전산망 미2

628 ***snap-shot dump** [스냅 샽 덤프]: 순시상(눈 깜짝할 동안의 영상) 쏟기, 실행 중인 여러 장면에서 한순간의 특정 부분을 인쇄·출력하는 일 주2

629 ***snap to grid** [스냅 투 그맅드]: '순시 격자몰이', 그동안 저장했던 객체들을 순식간에 전산기의 네모난 격자판에 정리해주는 방식 주1

630 **★snap-ware** [스냅 웨어]: '똑딱이 그릇', '똑' 소리가 나면서 뚜껑이 닫히는 플라스틱 용기 미1

631 **snare** [스네어]: ⟨← sneare(a string)⟩, ⟨게르만어⟩, 덫, 올가미, 함정, 유혹, 울림줄, (짐승을 잡을 때 쓰던) '꼬인 밧줄', ⟨↔guy²⟩ 강1

632 **snatch** [스내취]: ⟨영국어⟩, ⟨← snap⟩, 움켜쥐다, 낚아채다, 앗아가다, 넋을 잃어가다, 구출하다, ⟨~ abduct\seize⟩, ⟨↔miss\release⟩ 강1

633 **sneak** [스니이크]: ⟨← snican(creep)⟩, ⟨영국어⟩, 몰래 움직이다, 가만히 내빼다, 굽실거리다, ⟨~ snake⟩, ⟨↔open\overt⟩ 강1

634 **★sneak-er-head** [스니이커 헤드]: 운동화 수집광, 1980년대 미국에서 시작해서 힙합문화에 편승해 온 ⟨국민의 힘 이준석 대표 등⟩ 신세대들 미2

635 ***sneak-er-net** [스니이커 넽]: '전산망 좀도둑', 원반 등 자료저장기를 타인의 전산기에서 빼내어 자기가 사용하는 짓 우2

636 **sneeze** [스니이즈]: ⟨← sneosan(snort)⟩, ⟨영국어⟩, ⟨의성어·의태어⟩, 재채기, 코웃음 치다, ⟨↔reverse-sneeze\respect⟩ 기1

637 **sniff** [스니후]: ⟨영국어⟩, ⟨의성어⟩, (코를) 킁킁대다, 냄새를 맡다, 콧방귀 뀌다, ⟨↔blow out\laugh⟩ 강2

638 **snip** [스닢]: ⟨← snippen(nip)⟩, ⟨게르만어⟩, ⟨의성어·의태어⟩, 가위로 자르다, 싹둑 베다, 끄트러기, ⟨↔extend\chunk⟩ 강1

639 ***snipe** [스나이프]: ⟨← snappa(sand-piper)⟩, ⟨북구어⟩ ①⟨게르만어→영국어⟩, ⟨도요 사냥 때처럼⟩ (숨어서) 저격하다, ⟨↔receive⟩ ②⟨게르만어⟩, (메추라기)도요, 다리와 부리가 길고 꽁지가 짧은 습지대의 철새 ③⟨전산망어⟩, ⟨신조어⟩, 전자매매에서 마감이 임박했을 때 ⟨기습적으로⟩ 남보다 비싼 값을 부르는 짓, ⟨↔give⟩ 강1 우1

640 **snob** [스노브]: ⟨sine(without)+nobilitate(nobility)라는 라틴어에서 나왔다는 고상한 해석도 있으나⟩ ⟨어원 불명의 영국어⟩, (신사연하는) 속물, ⟨구두 수선공같이⟩ 윗사람에게 아첨하고 아랫사람에게 교만한 자, ⟨~ gradgrindian\philistine⟩, ⟨↔gentry\nobility⟩ 강2

641 ***snob ef-fect** [스나브 이훼클트]: '속물효과', (유행에 따른 인기 상품은 너무 흔해져서 구매를 망설이게 된다는) ⟨공지벌레 심보⟩, ⟨↔bandwagon effect⟩ 강2

642 ***SNO·BOL** [스노우 버얼]: string oriented symbolic language, 문자열 성향의 상징적 언어, ⟨인간의 상상력을 따라가지 못해서 현재는 잘 쓰이지 않는⟩ 문자열을 취급하기 위한 전산기 언어 우1

643 **snore** [스노얼]: ⟨영국어⟩, ⟨의성어⟩, 코를 골다, ⟨~ saw logs⟩, ⟨↔quiet\normal breath\sound²\asphyxia⟩ 강2

644 **snor·kel** [스노얼컬]: 〈← schnorkel(spiral)〉, 〈독일어〉, 〈사용시 코 고는 소리가 나는〉 스노클, 잠수함의 환기장치, 잠수 중 호흡하는 관 우1

645 **snow** [스노우]: 〈← snu(to drop)〉, 〈산스크리트어→그리스어→라틴어→게르만어〉, 눈, 하얀 분말, 〈↔rain〉 기2

646 ★**snow-bird²** [스노우 버어드]: ①하얀 분말로 된 마약의 중독자 ②(추울 때 따뜻한 지방으로 이주하며 사는) 피한객 양2

647 **snow-board** [스노우 보오드]: snurfer, 빙설판, 눈썰매 (1980년대부터 젊은 사람들이 선호하는) 눈 위를 달리는 폭넓은 판, 〈~(↔)snow-ski\surf-board〉 우2

648 ★**snow-clone** [스노우 클로운]: '복제어', 〈snow를 나타내는 에스키모 말이 여럿인 것에서 연유한〉 (원래 의미는 살린채 바꿔 쓴) 정형어구 미2

649 **snow-mo·bile** [스노우 모우빌]: snow+automobile, 설상차, (앞바퀴 대신 썰매를 매다) '눈자동차' 미1

650 ★**snow-poc·a·lypse** [스노우 파컬립스]: snow+apocalypse, (종말이 올 것 같은) 극심한 폭설, 강한 눈보라, snow·mageddon, snow·zilla 양2

651 **snow-storm** [스노우 스토엄]: 눈보라, 폭설, 〈~(↔)rain-storm〉 양2

652 *SNS [에스엔에스]: social network service, 사회생활 도우미 회로, 전산망에서 이용자들이 인적 연결망을 형성할 수 있게 도와주는 매체, 〈세금보다 더 무서운 것〉 우2

653 ★**snub** [스너브]: 〈← snubba(cut off)〉, 〈북구어〉, 탁박하다, 급히 멈추다, 들창코, 푸대접, 훔쳐서 가져다 주다, 〈~ cold shoulder〉, 〈↔referral\greet\accept〉 양1

654 ★**snug as a bug in a rug** 〈양탄자 속의 벌레처럼〉 편안하다, 아늑하다, 훈훈하다, 〈속담도 운이 맞아야 제 맛이 나지요?〉, 〈↔pull the rug out from under you〉 양2

655 ★**snug-gies** [스너기즈]: 뜨개질해서 만든 포근하고 헐렁한 여성용 실내복 우2

656 **so** [쏘우]: 〈← suad(himself)〉, 〈라틴어에서 유래한 게르만어〉, 그와 같이, 그렇게, 이대로, 그러므로, 이쯤, 〈시큰둥한〉, 만큼, 무척, 〈~ such〉, 〈↔otherwise\contrarily\however〉 양2

657 **soak** [쏘우크]: 〈← sugere(suck)〉, 〈라틴어→영국어〉, (흠뻑) 젖다, 잠기다, 스며들다, 몰두하다, 〈~ seep\sop〉, 〈↔desiccate\parch〉 양1

658 *SOAP [쏘우프]: 소프, simple object access protocol, 단순 객체 접근 규약, 멀리 떨어진 전산기로 '한방'에 자료를 전송하는 방법을 정한 규정 미1

659 **soap** [쏘우프]: 〈← sapo(salt from fat)〉, 〈라틴어→게르만어〉, 비누, 지방산의 알칼리 금속염 기1 양1

660 **soar** [쏘어]: ex+aura(air), 〈라틴어〉, 〈공중으로〉 높이 날다, 치솟다, 부풀다, 〈↔drop\sag〉 기1

661 ★**SOB**: son of a bitch, 개새끼, 염병할 놈, 〈~ mother fucker(mafa)〉, 〈↔angel\darling〉 양2

662 **sob** [싸압 \ 쏘옵]: 〈게르만어〉, 〈의성어·의태어〉, (흑흑) 흐느끼다, 쉭쉭 소리를 내다, 〈↔rejoice\approve〉 양2

663 **so·ber** [쏘우버]: so+ebrius(drunken), 〈라틴어〉, 술 취하지 않은, 맑은 정신의, 침착한, 수수한, 〈↔drunk\intoxicated〉 양1

664 ★**SOC¹** (so·cial o·ver·head cap·i·tal): 사회 간접 자본, 공공사업에 투자되는 돈 미2

665 *SOC² (sys·tem on chip): '소자 통합 체계', 반도체 조각 하나가 많은 기능을 수행할 수 있게 한 것 우2

666 ★**so-ca** [쏘우커]: soul+calypso, (1970년대에 시작된) '흑인 영가'와 '바다 요정음악'이 융합된 대중음악 우1

667 **soc·cer** [싸커]: 사커, aSSOCiation football, 〈연합〉 축구, 1863년 런던에서 시작된 11명씩의 2조가 공을 발이나 머리로 차서 득점대 안으로 넣는 〈세계에서 제일 인기 있는〉 구기 미2

668 ★**soc·cer mom** [싸커 맘]: (자녀를 축구 등 과외활동에 데리고 다니는) 눈·코 뜰 새 없는 〈1996년 미국 대선에서 클린턴을 선호했던〉 중산층 가정주부, hockey mom 미1

669 **so·cial** [쏘우셜]: 〈← socius〉,〈라틴어〉, '연계된', 사회적인, 사교적인, 사교계의, 군거하는, 사회주의적인, 〈↔un-social\individual\reclusive〉 가1

670 ★**so·cial but·ter·fly** [쏘우셜 버터흘라이]: 사교로 바쁜 사람, 사교적이고 외향적인 사람, 〈한국에서는 인싸(insider)라고 하나 이는 잘못된 콩글리시임〉, 〈↔wall flower²\home-body〉 미2

671 ★**so·cial dis·cov·er·y** [쏘우셜 디스커뷔리]: 사회적 발견 ①사회 전산망을 통해 타인에 대한 정보를 알아내는 일 ②교제를 원하는 사람들끼리 짝을 맺게 도와주는 전산망 기지 우2

672 **so·ci·e·ty** [써싸이어티]: 〈← socius(companion)〉,〈라틴어〉, 소사이어티, 〈인간이 인간답게 (못)살게 하는〉 사회, '〈동료〉 집단', 단체, ~계 (층), 〈↔individual\dissociation〉 강2

673 **so·ci·ol·o·gy** [쏘우시알러지]: 〈라틴어+그리스어〉, 사회학, 군집 생태학, 몰려 사는 집단의 현상과 구조를 연구하는 과학, 〈↔zoology\biology〉

674 ★**so·ci·o·sex·u·al** [쏘우시어 쎅슈얼]: 사회 성적인, 인간세계에서 개인 간의 성생활에 관한, '혼외정사'의 점잖은 표현, 〈~ adultery〉 양1

675 **sock·et** [싸킽]: 〈← sukkos(pig's snout)〉,〈켈트어〉, 꽂는 구멍, 접속구, 〈오직 성행위만 위해 존재하는 여성〉, 〈~(↔)plug〉, 〈↔projection\bulge〉 미1

676 **socks** [싹스]: 〈← sukkhos(light shoe)〉,〈그리스어→라틴어〉, 〈← soccus〉, ('짧은') 양말, 버선, (숨겨둔) 돈주머니, 〈↔hat\glove〉 가1

677 **sod** [싸드]: ①〈← sode(turf)〉, 〈어원 불명의 게르만어〉, 뗏장, 잔디 ②남색자, 비역쟁이, sodomite 왕1

678 **so·da** [쏘우더]: 〈← suwwad(salt-wort)〉,〈아랍어〉, 소다, 탄산수, 중조, 〈sodium을 포함하는 물질〉, 〈↔liquor〉 미1

679 **so·fa** [쏘우퐈]: 〈← soffah(cushion)〉,〈아랍어〉, 소파, 긴 〈거실〉 의자, couch, 〈~ settee〉, 〈↔chair\table〉 미1

680 **so·fa bed** [쏘우풔 베드]: 침대 겸용 긴 의자, 〈↔stool〉 미1

681 ★**so·fa·king** [쏘우풔 킹]: so fucking [쏘우 훠킹]의 점잖은 발음, 〈아주·매우〉를 뜻하는 속어 강2

682 **soft** [쏘후트]: 〈← softe(gentle)〉,〈게르만어〉, 소프트, 부드러운, 〈여성(기)의 질을 좌우하는〉 유연한, 아련한, 온화한, 연약한, 안이한, 〈↔hard〉 가1

683 ＊**soft boot** [쏘후트 부우트]: 연성재가동, warm start, ⇒ warm boot 우2

684 ＊**soft brush** [쏘후트 브뤄쉬]: 부드러운 화필(솔), 광학 그림에서 〈흔적을 남기지 않는〉 솔을 가진 '도구' 양2 우2

685 ＊**soft-cod·ed** [쏘후트 코우디드]: '약 부호화된', (외부에서 얻은 자료를 이용해서) 〈내용을 변경할 수 있도록〉 느슨하게 짠 전산기 차림표, 〈↔hard-coded〉 우2

686 ＊**soft cop·y** [쏘후트 카피]: '연성 사본', 인쇄되지 않고 (전산기에) 저장되어 있는 문본, 〈↔hard copy〉 미1

687 ＊**soft cur·ren·cy** [쏘후트 커어뤈시]: 연화, 불환 통화, 〈비트코인같이〉 환율의 변동이 심한 (불안정한) 돈, 〈↔hard currency〉 양2

688 ＊**soft disk** [쏘후트 디스크]: 연성 (원)반, 얇은 자기층을 이용해서 기억력을 저장하는 〈현재는 잘 쓰이지 않는〉 '유연한' 원반, 〈↔hard disc〉 양2

689 **soft drink** [쏘후트 드륑크]: (주정이 안 들어가 있는) 청량음료, 〈↔hard drink〉 가1

690 ★**soft·en the tar·get**: (전투에서) 지상군 투입 전에 공습으로 목표물을 초토화시키는 작전, scorching, 고양이 쥐 생각, 〈~ soften up for the kill〉 양2

691 ***soft er·ror** [쎠후트 에뤄]: '부드러운 실수', 일시적으로 발생하는 〈재현성이 없는〉 자료 저장기기의 결함 미2

692 ***soft-key** [쎠후트 키이]: '연성 건', 사용자가 차림표에 따라 그 기능을 정의해서 쓸 수 있는 〈마음 좋은〉 '열쇠', 〈↔hard-key〉 영1

693 ***soft land·ing** [쎠후트 랜딩]: 연(부드러운) 착륙, 불경기를 초래하지 않고 경제 성장률을 낮추는 일, 〈↔hard landing〉 영2

694 ***soft launch·ing** [쎠후트 러언칭]: 〈미국 신조어〉, 연(부드러운) 이륙 ①〈흥행물을 일반에 공개하기 전에〉 특정인에게 선보이기 ②티나지 않게 〈은근슬쩍〉 연애를 시작하는 짓, 〈↔hard launching〉 미2

695 ***soft mo·dem** [쎠후트 모우뎀]: '연성 변복조 장치', software modem, 최소한의 강성기만 가지고 전산기를 운영하는 접속장치 미2

696 ***soft-nom·ics** [쎠후트 나믹스]: '연성 경제학', 제조업에서 정보·기술 산업으로의 변화를 다루는 학문

697 ***soft page (break)** [쎠후트 페이쥐 (브뤠잌)]: '연성 면 분단', 〈단어 처리기에서〉 자동적으로 문본의 쪽이 갈라지게 차려진 곳 영1

698 ***soft ro·bot** [쎠후트 로우벝]: '연성 일꾼', 생체와 비슷한 유연성 있는 물질로 만든 일하는 기계 영2

699 ***soft sell** [쎠후트 쎌]: '연성 판매', 〈아우성치지 않고〉 조용한 설득으로 하는 판매전략 영2

700 ★**soft shoul·der** [쎠후트 쇼울더]: 포장하지 않은 갓길, 〈↔paved road〉 영2

701 **soft spot** [쎠후트 스팥]: 약점, 허술한 곳, 감상적 애착, 〈↔strong point〉 영2

702 ***soft tech·nol·o·gy** [쎠후트 테크날러쥐]: '연성 기술', 〈눈에 보이지 않는〉 인간의 두뇌 활동을 위주로 하는 기술 영2

703 ***soft-ware** [쎠후트 웨어]: 연성기기, (1935년부터 태동한) 전산기 차림표 체계의 총칭, 〈↔hardware〉 미1

704 **soft wa·ter** [쎠후트 워터]: 연수, 1리터당 무기물 함량이 1백 mg 이하의 민물, '단물', 〈~ freshwater〉, 〈↔hard water\salt water〉

705 **sog·gy** [싸기 \ 쏘기]: 〈← sog(swamp)〉, 〈어원 불명의 영국어〉, 물에 젖은, 침습한, 생기가 없는, 〈↔dry\firm〉 영2

706 ★**SOHO** [쏘우호우]: 소호, small office home office, 소규모 재택 사무실 미2

707 **soil** [쏘일]: 〈라틴어〉 ①〈← solum(ground)〉, 〈지면의〉 흙, 토양, 땅, 〈→ humus〉 ②〈← sus(pig)〉, 〈'돼지'에서 나오는〉 오물, 분뇨, 거름, 〈↔clean\barren〉 기1

708 **so-ju** [쏘주]: shao(burn)+jiu(wine), 〈중국어→한국어〉, 〈13세기 몽골로부터 고려로 전파된〉 (16도에서 53도까지의 강도를 가진) '불로 증류시킨' 곡주, 〈한국의 국민주〉, 〈~mak-geoli〉 수2

709 **Sol** [쏠 \ 쌀]: 〈라틴어〉, the sun, 솔, (로마의) 태양신, 군인들의 수호신, 〈↔Luna〉 수1

710 **sol·ar** [쏘울럴]: 〈← Sol〉, 솔럴, 태양의, 태양에서 나오는, 태양광선을 이용한, 〈↔lunar〉 기1

711 ★**sol·ar farm** [쏘울럴 화암]: solar park, 태양열 경작지(발전소), 수많은 태양열 흡수판을 설치한 넓은 토지, 〈↔wind-farm〉 영2

712 ★**sol·ar pan·el** [쏘울럴 패널]: 태양 전지판, 〈주로 실리콘으로 만드는〉 태양열 흡수판 영2

713 **sold** [쏘울드]: sell의 과거·과거분사, 팔리다, 강매되다, 설득 당하다(persuaded) 기1

714 **sol·dier** [쏘울져]: 〈← solidus(a piece of money)〉, 〈라틴어〉, '돈을 받고 싸우는 사람', (직업) 군인, 병사, 용사, 병정개미, 소라게(pagurian), 〈↔ruler\civilian〉 영1

715 **sole¹** [쏘울]: ⟨← solus(alone)⟩, ⟨라틴어⟩, 오직 하나의, 유일한, 고독한, 독신의, 단독의, ⟨그대는 나의 '태양'⟩, ⟨~ solo\soli⟩, ⟨~ solitary⟩, ⟨↔assorted\multiple⟩ 양1

716 **sole²** [쏘울]: ⟨← solum(gound)⟩, ⟨라틴어⟩, 발바닥, 신바닥(구두창), 밑부분, ⟨~ soil⟩, ⟨↔palm¹⟩ 양1

717 **sole³** [쏘울]: ⟨← solea⟩, ⟨라틴어⟩, 'sandal(덧신)' 가자미(넙치), 서대기, 일그러진 주둥이와 작은 두 눈이 한쪽에 달린 넓적한 물고기 미2

718 **sol·emn** [쌜럼 ∥ 쏠럼]: ⟨← sole¹⟩, ⟨라틴어⟩, ⟨전적으로⟩ 엄숙한, 근엄한, 장엄한, 진지한, ⟨↔fiesta⟩, ⟨↔silly\frivolous⟩ 양1

719 **so·lic·it** [설리싵]: sollus(whole)+ciere(stir), ⟨라틴어⟩, 간청하다, 졸라 대다, (무엇을) 구하다, 유혹하다, ⟨~ pursue\woo⟩, ⟨↔answer\dismiss⟩ 양2

720 **sol·id** [쌜리드 ∥ 쏠리드]: ⟨← solidus(whole)⟩, ⟨라틴어⟩, '하나의', ⟨한 덩어리로 된⟩ 고체의, ⟨하나로 뭉쳐져서⟩ 견고한, 충실한, 확실한, 연속된, ⟨~ stereo⟩, ⟨↔liquid\gas\un-stable⟩ 양2

721 **sol·i·tar·y** [쌜리테뤼 ∥ 쏠리테뤼]: 고독한, 혼자의, 적막한, 유일한, ⟨~sole¹⟩, ⟨↔together\sociable⟩ 양1

722 **so·lo** [쏘울로우]: ⟨라틴어⟩, alone, 솔로, 독주(곡), 독창(곡), 혼자 하는, ⟨↔grouped\accompanied⟩

723 **sol-stice** [쌜스티스]: sol(sun)+statum(stand-still), 지, '해가 멈추는 점', 정오에 태양이 가장 높거나 낮은 위치에 있는 (적도로부터 남·북으로 가장 멀리 떨어진) 지점, ⟨~(↔)equinox⟩, ⟨↔bottom\nardir⟩ 양2

724 **so·lu·tion** [설루우션]: ⟨라틴어⟩, ⟨← solve⟩, 용해(액), 분해(액), 해결(책), ⟨→ sol²⟩, ⟨↔solid\gas⟩, ⟨↔dilemma\problem⟩ 개1

725 **solve** [쌜브 ∥ 쏠브]: se(apart)+luere(let go), ⟨라틴어⟩, ⟨매듭을⟩ 느슨하게 하다, 풀다, 용해하다, 해명하다, 해결하다, ⟨→ solution⟩, ⟨↔complicate\destroy⟩ 개1

726 **sol·vent** [쌜븐트 ∥ 쏠븐트]: ⟨← solvere(loosen)⟩, ⟨라틴어⟩, 용해력이 있는, 지급능력이 있는, 용매, ⟨↔in-solvent\bankrupt\belly-up⟩ 양1

727 **some** [썸]: ⟨← sumaz(certain one)⟩, ⟨게르만어⟩, 약간의, 다소의, 어떤, 상당한, ⟨없는 것보다 나은⟩, ⟨↔all\few\specified⟩ 양1

728 ***some-one with no bread-ing will try to get a-way with any-thing**: 못 된 송아지 엉덩이에 뿔난다, 될성 부른 나무는 떡잎부터 알아본다, ⟨~ a straw shows which way the wind blows⟩ 양2

729 **son** [썬]: ⟨← sunu⟩, ⟨게르만어⟩, 아들, 자식, 사람, 군, ⟨대를 이을 수 있는 아이⟩, ⟨부모를 자랑스럽게 하는 자⟩, ⟨su(be·get)란 산스크리트어가 어원이라는 설도 있음⟩, ⟨~(↔)daughter⟩, ⟨↔dad\mom\ancester⟩ 개1

730 **so·na·ta** [써나아터]: ⟨← sonare(to sound)⟩, ⟨라틴어→이탈리아어⟩, ⟨소리를 내는⟩ 소나타, 주명곡, 악기를 위해 작곡된 3~4악장으로 된 음악, ⟨~(↔)cantata⟩ 미1

731 ***SONET** [쏘우넽]: 쏘넽, synchronous optical network, 동기식 광 통신망, 광섬유를 사용한 통신회선에서 동시에 정보 뭉칫를 직접 전송하는 일 미2

732 **song** [써엉]: ⟨게르만어⟩, ⟨← sing⟩, 노래, 창가, 가곡, 지저귀는 소리, 졸졸거리는 소리, 하찮은 것, ⟨↔silence\cacophony\fortune⟩ 양2

733 **son·net** [싸넽 ∥ 쏘넽]: ⟨← sonus(sound)⟩, ⟨라틴어에서 연유한 이탈리아어⟩, 소네트, '작은 노래', 단시, 14행시, 문예부흥 때 주로 사랑을 노래하기 위해 쓰인 정형시 미1

734 **soon** [쑤운]: ⟨← sona(at once)⟩, ⟨게르만어⟩, 곧, 이내, 이윽고, 빨리, 기꺼이, ⟨↔later\eventually\unwillingly⟩ 개2

735 ★**soon·er be·gun, soon·er done**: 천리 길도 한 걸음부터, 시작이 반이다, 〈~ well begun is half done〉 영2

736 ★**soon ripe, soon rot·ten**: 빨리 익으면 빨리 상한다, 가인박명, 〈↔late bloomer\Rome was not built in a day〉 영2

737 **soothe** [쑤우쓰]: 〈← soth(truth)〉, 〈영국어〉, 〈진실을 밝혀〉 달래다, 가라앉히다, 완화하다, 안심시키다, 〈↔inflame\provoke〉 영1

738 **sop** [쌉 \ 쑵]: 〈← supan(dip in liquid)〉, 〈영국어〉, 흠뻑 젖게 하다, 담그다, 흠뻑 젖은 빵 조각, 뇌물, 술꾼, 〈~ soak〉, 〈↔dry\empty\honest〉 영1

739 **soph·ist** [싸휘스트]: 〈← sophistes(wise man)〉, 〈그리스어〉, 소피스트, '지식을 갖춘 자', 궤변가, (기원전 4세기경 그리스에서 시작된) 진실에 관계없이 상대방을 설득하는 데만 열을 올리는 '기술자', 〈↔apologist〉 영2

740 **soph·o·more** [싸휘모어]: sophos+moras, 'wise+moron', 〈그리스어에서 연유한 영국어〉, 소퍼모어, '현명해 보이지만 어리석은 자', (4년제 학교의) 2학년생, 논쟁자, 젠체하나 미숙한 자, 〈↔mature\experienced〉 미2

741 **so·pran·o** [서프래노우]: 〈← supra(above)〉, 〈라틴어에서 연유한 이탈리아어〉, 'super voice', 소프라노, (4성 악절의) 최고성부, 〈↔tenor〉 주1

742 **sorb** [쏘얼브]: ①〈게르만어〉, 〈← absorb〉, 흡수하다, 흡착하다, 〈↔eject\repel〉 ②〈← sorbus〉, 〈라틴어→게르만어〉, (유럽산) 마가목류의 나무, service tree 영1 우2

743 **sore** [쏘어]: 〈← sar(painful)〉, 〈게르만어〉, 아픈, 쑤시는, 슬픈, 괴로운, 〈~ sorry〉, 〈↔indolent\painless〉 영2

744 **so·ror·i·ty** [서뤄러뤼티]: 〈← soror〉, 〈라틴어〉, 〈← sister〉, 여성회, 여학생 모임, 자매회, 〈↔fraternity〉 영2

745 **sor·row** [싸로우 \ 쏘로우]: 〈← sorg(grief)〉, 〈게르만어〉, 슬픔, 비탄, 유감, 애도, rue, 〈sorry하고는 무관한 말〉, 〈↔joy\glory〉 기1

746 **sor·ry** [싸뤼 \ 쏘루위]: 〈← sar〉, 〈게르만어〉, 〈← sore〉, '아픈', 유감스러운, 딱한, 빈약한, 미안하지만, 실례지만, ~?; 뭐라고 말씀하셨지요, 〈웃으면서 하면 안 되는 말〉, 〈↔glad\un-repentant〉 가1 미2

747 ★**sor·ry-not sor·ry**: 딴 사람은 몰라도-나는 괜찮아, I'm o.k. 영2

748 **sort** [쏘올트]: 〈← sortis(lot)〉, 〈라틴어〉, 〈운명으로 나눠진〉, 종류, 부류, 품질, 분류, 정렬(자료 항목을 지정된 순으로 가지런히 하는 일), 〈→ assort〉, 〈↔one\difference\disarray\collect〉 영2

749 **SOS** [에스오우에스]: 위급 호출, 조난 신호, 구원 요청, '가장 타전하기 쉬운 Morse 부호의 순서', 〈save our souls/ships의 약자라는 말은 근거가 없음〉, 차라리 si opus sit (if it is necessary)가 더 근사함 영2

750 **sought** [쏘어트]: seek의 과거·과거분사 영1

751 **soul** [쏘울]: 〈← seula(spiritual being)〉, 〈어원 불명의 게르만어〉, 소울, (영)혼, 넋, 정신, 생명, 중심인물, 〈↔body\logic\being\cruelty〉 기1

752 **sound¹** [싸운드]: 〈← sonus(noise)〉, 〈라틴어〉, 소리, 음, 울림, 어감, 〈→ assonance〉, 〈↔silence\cacophony〉 기1

753 **sound²** [싸운드]: 〈← gesund(healthy)〉, 〈게르만어〉, 건전한, 정상적인, 착실한, 견고한, 충분한, 〈↔unhealthy\flimsy\rickety〉 영2

754 ★**sound bar** [싸운드 바아]: '음봉', 여러 개의 스피커를 담고 있는 막대 모양의 〈간편한〉 용기 영2

755 ★**Sound Blast·er** [싸운드 블래스터]: 사운드 블래스터, 1990년 싱가포르 회사가 출시한 〈증폭된〉 음성 전송기 주2

756 ***sound card** [싸운드 카아드]: '음향 회로판', 음향을 재생·기록하기 위해 전산기에 부착된 회로판 〈우1〉

757 ★**sound mind, sound bod·y**: 정신이 건전해야 신체가 건강하다, 심신일체, 〈~ salubrious〉, 〈↔you can't judge a book by it's cover〉 〈양2〉

758 ***sound track** [싸운드 트랰]: (감광막 가장자리의) 녹음대, (영화에) 녹음된 소리, 영화 음악 〈미2〉

759 **soup** [쑤우프]: 〈← seue(liquid)〉, 〈게르만어→라틴어〉, 〈← suppa〉, 수프, 고깃국(물), 국, 짙은 안개, 활기를 불어넣다, 〈~ sup〉, 〈~(↔)stew〉, 〈↔dryness\separation〉 〈미2〉 〈양2〉

760 **sour** [싸우어]: 〈← sur(acid)〉, 〈게르만어〉, 신, 시큼한, 싫은, 까다로운, 졸렬한, 〈↔sweet\pleasant〉 〈양1〉

761 **source** [쏘오스]: 〈← surgere(to rise)〉, 〈라틴어〉, 수원(지), 원천, 근원, 공급원, 출처, '원시', 〈↔result\lack〉 〈양2〉

762 ***source code** [쏘얼스 코우드]: '원시 약호', 기계언어로 전환하는 바탕이 되는 차림표 언어로 쓰여진 신호법 〈우1〉

763 ***source lan·guage** [쏘얼스 랭귀쥐]: ①(번역의 원문이 되는) 기점언어 ②(번역처리의 입력이 되는 차림표의) '원시'언어, 〈↔object(target) language〉 〈미1〉

764 ★**sour grapes** [싸우어 그뤠이프스]: 신포도, 억지, 오기, (이솝우화의) '자기 합리화', 〈↔gracious acceptance\truth〉 〈양2〉

765 **south** [싸우쓰]: 〈← sund(the sun)〉, 〈게르만어〉, sun-side, 사우스, 〈해가 쨍쨍한〉 남쪽, 남부, 남방, 〈↔north〉 〈기1〉

766 **sou·ve·nir** [쑤우붜니이어]: sab(below)+venire(to come), 〈라틴어→프랑스어〉, 〈← remembrance〉, 〈기억하기 위해 사오는〉 '기념품', 선물, 추억이 될 만한 물건, 〈~ keep-sake〉, 〈↔forgotten\give-back〉 〈양2〉

767 **sow¹** [쏘우]: 〈← sawan(scatter)〉, 〈게르만어〉, (씨를) 뿌리다, 파종하다, 퍼뜨리다, 〈~ seed\semen\spore〉, 〈~ Saturn〉, 〈↔remove\extinguish〉 〈양1〉

768 **sow²** [싸우]: 〈← sus ~ hys ~ sukarah〉, 〈라틴어→그리스어→산스크리트어〉, (돼지·곰 등의) 암컷, 추녀, 〈~ swine〉, 〈~ pig\hog〉, 〈~ barrow"\boar〉

769 ★**sow¹ the wind, reap the whirl-wind**: 평지 풍파를 일으키다, 되로 주고 말로 받는다, 남의 눈에 눈물나게 하면 내 눈에 피눈물 난다, 〈~ what goes around comes around〉 〈양2〉

770 **soy \ soy·a** [쏘이 \ 쏘이여]: shi(fermented bean)+yu(oil), 〈중국어→일본어〉, soy·bean; (발효된) 콩, 메주콩, 대두콩, soy·sauce; 간장 〈양2〉

771 ★**soy boy** [쏘이 보이]: 〈콩을 많이 먹어 남성 호르몬이 억제되었다는 미신에서 연유한〉 여자 같은 남자, 연약한 남자, 〈색시〉, 〈~ girly-man〉, 〈↔tough-guy\strong man\manospnere〉 〈우2〉

772 ★**Soy·lent green** [쏘일런트 그리인]: 〈미국어〉, 〈원래는 soy와 lentil이 합친 주조어에서 연유한〉 소일렌트 그린, 〈나중에 공상 영화 제목에서 연유한〉 (순수한 유기농이라고 선전하나) 출처가 의심스러운 농산물 〈우2〉

773 ***SPA** [스파아]: 스파, special retailor of private label apperal, 개별 상표가 찍힌 의류품 소매점, 제조·유통일괄 의류업, 기획·도안·제조·유통을 한 업체가 '해 바르게' 신제품을 출시하는 옷 장사 〈우2〉

774 **spa** [스파아]: 〈 Salus per Aquam(물에서 나오는 건강)이란 라틴어를 딴 벨기에의 온천장〉, 스파, 광천, 온천(장), 건강 증진 휴양시설, 찜질방, 〈↔boot camp〉 〈미1〉

775 **space** [스페이스]: 〈← spatiari(to wander)〉, 〈어원 불명의 라틴어〉, 〈방황할 수 있는〉 공간, 우주, 장소, 간격, 사이, 〈~ sparse\spatial〉, 〈↔crowdedness〉, 〈↔earth\time〉 〈양1〉

776 ***space bar** [스페이스 바아]: space key, (타자기의 어간을 떼는) 간격막대, '간격건'

777 ★**space col·o·ny** [스페이스 칼러니]: 우주 식민지, 우주 기항지

778 **spaced-out** [스페이스트 아울]: spacy, (마약에 취해) 멍한, 현실 감각을 잃은, ⟨↔attentive\oriented⟩

779 ★**Space Force**[스페이스 훠얼스], United States: (미)우주군, 우주의 안전과 cyber 전쟁을 대비하기 위해 2019년 12월에 창설된 약 8,400명 규모의 미공군 산하 단체

780 ***space mark** [스페이스 마아크]: #, 간격기호, 우물정자, ⟨기호 #는 여러가지 용도로 사용됨⟩

781 **spade** [스페이드]: ⟨← spathe(paddle)⟩, ⟨그리이스어→게르만어⟩, 가래, ⟨끝이 뽀족한⟩ 삽, (삽 모양의) 검정 서양 화투패, ⟨~ spoon⟩

782 **spa·ghet·ti** [스퍼게티]: ⟨← spago(small cord)⟩, 스파게티, ⟨12세기 시칠리아에서 유래한⟩ '가는 끈같이 생긴' 국수 (다발), 나선을 싸는 절연관, ⟨~ macaroni보다 longer and thinner⟩

783 ***spa·ghet·ti code** [스퍼게티 코우드]: '스파게티같이' 헝클어진 신호법(전산기 차림표)

784 ***spam** [스패앰]: 스팸 ①SPAM ('sliced ham'), 1937년부터 출시해서 2차대전 때 많이 팔린 돼지고기 통조림 ②1969년부터 방영된 영국 코메디 쇼에 나오는 여급이 식당 메뉴를 소개할 때 모든 음식에 스팸이 들어있어서 '먹기 싫어도 먹어야 하는 것'이 됐다가 ③(1993년 한 전산망 관리자가 실수로 토론회 회원들에게 같은 전문을 200번이나 보낸 데서 유래한) '쓰레기' 전자우편, ⟨반대말로 ham·good mail·ligitimate mail 등이 있으나 'non-spam'이 제일 무난함⟩

785 **span**¹ [스팬]: ⟨← spannana(stretch)⟩, ⟨게르만어⟩, 한 뼘, 보통 23cm, 짧은 거리, 폭, 길이, 범위 (최댓값과 최솟값의 차), (특정) 기간, 한 쌍의 소 (말·나귀), ⟨↔end\moment\break-off\extreme⟩

786 **span**² [스팬]: spin(잣다)의 과거

787 **span·iel** [스패니얼]: (아마도 스페인 원산의) 털 결이 곱고 축 늘어진 큰 귀를 가지고 늪이나 숲에서 오리·꿩·토끼 등을 몰아내는 작은 사냥개·애완견, 추종자, 아첨꾼

788 **spank** [스패앵크]: ⟨의성어⟩, ⟨영국어⟩, 찰싹 때리다, 냅다 갈기다, 볼기치기, ⟨↔surrender\praise⟩

789 ★**spank bank** [스팽크 뱅크]: '몽환은행', 수음하면서 떠올리는 환상의 세계

790 **span·ner** [스패너]: ⟨게르만어⟩, 쵀쇠, (아가리의 크기가 고정된) 고정나사를 죄는 공구, ⟨영국에서는 아가리의 크기를 조정할 수 있는 것은 wrench라 함⟩, ⇒ wrench (미국), ⟨↔un-twist\opener⟩

791 **spar** [스파알]: ①⟨'spear'란 뜻의 영국어⟩, 둥근 목재, 가로 날개 뼈대, ⟨↔disembark⟩ ②⟨'plaster'란 뜻의 게르만어⟩, 섬광석 ③⟨'spring'이란 뜻의 영국어⟩, 다툼하다, (권투에서) 가볍게 치고 덤비다, 티격태격하다, ⟨↔agree\refrain⟩

792 **spare** [스페어]: ⟨← sparona(to save)⟩, ⟨게르만어⟩, '따로 떼놓다', 아끼다, 절약하다, 할애하다, 예비의, 부족한, ⟨↔main\required\lavish⟩

793 **spare-ribs** [스페어 륍스]: ⟨편자는 뼈를 떼어내지 않은 갈빗살인 줄 알았는데⟩ (소금에 절인 뼈가 붙어있는 갈빗살을 spit⟨꼬치⟩에 꿰어 구운) '돼지'갈비 산적

794 ★**spare the rod and spoil the child**: 매를 아끼면 자식을 망친다, 응야응야하면 할애비 수염까지 뽑는다, ⟨~⟨↔⟩no pain, no gain⟩

795 **spark** [스파아크]: ⟨← spargere(scatter)?⟩, ⟨라틴어(?)→영국어⟩, 불꽃, 섬광, 활기, 점화장치, 세련된 젊은이, ⟨↔dullness\lot\extinguisher\dumb⟩

796 **spar·kle** [스파아클]: ⟨← spark⟩, 번쩍임, 불똥, 거품, ⟨↔apathy\matte\lassitude⟩

797 **spar·row** [스패로우]: ⟨← spearwa⟩, ⟨게르만어⟩, ⟨← crow⟩, 참새, (전 세계에서 흔히 볼 수 있는) 갈색·회색의 날개를 가지고 곡식을 먹는 작은 연작류, '벌판에 사는 작은 새', ⟨~ starling⟩, ⟨~ passerine⟩

798 **sparse** [스파알스]: 〈← spargere(to scatter)〉, 〈라틴어〉, 드문드문한, 희박한, 빈약한, 〈~ spaced\scattered〉, 〈↔plentiful\opulent〉 **상1**

799 **spasm** [스패즘]: 〈← span(to pull)〉, 〈그리스어〉, 〈갑자기 땅기는〉 경련, 발작, '쥐', 〈↔relax\unfasten〉 **가1**

800 *****spa·tial com-put–ing** [스페이셜 컴퓨우팅]: '공간전산', 인간이 (AR·VR을 조정하는) 기계와 공동으로 하는 〈차세대〉 전산 기술 **미2**

801 **speak** [스피이크]: 〈← sprecan(talk)〉, 〈게르만어〉, 말(이야기)하다, 지껄이다, 음성으로 표시하다, 〈→ speech〉, 〈↔be quiet〉, 〈↔listen\understand\write〉, 〈say는 목적절을 동반하고 tell은 비격식적 용어임〉 **가1**

802 ★**speak of the dev·il** [스피이크 어브 더 데블]: 〈'devil'이란 말을 함부로 쓰지 말라는 중세 영국어〉, 악마 이야기를 하면 악마가 나타난다, 호랑이도 제 말하면 나타난다, 〈남의 험담을 말라는 뜻〉

803 **spear** [스피어]: 〈← sparus(a hunting tool with sharp head)〉 ①〈라틴어→게르만어〉, 〈← pierce〉, 〈주로 보병이 사용하는〉 (투)창, 작살, 남자의 연장, 〈↔shield\hymen〉 ②〈게르만어〉, 〈← spire〉, (식물의) 눈, 새싹, 〈↔fall\detach〉 **양1**

804 ★**spec** [스펙]: ①명세서(specification) ②투기(speculation) ③구경거리(spectacle) ④전문요원(specialist) ⑤미래를 위해 좋은 학력·학점·자격증 따위를 취득하는 일〈세련된 한국식 영어임〉 **양2**

805 **spe·cial** [스페셜]: 〈라틴어〉, 〈← species(sort)〉, 〈눈에 띄는〉, 특별한, 유별난, 전문의, 전용의, 예외적인, 〈↔common\standard〉 **가1**

806 **spe·cies** [스피이쉬이즈]: 〈← specere(to look at)〉, 〈라틴어〉, 〈생물 분류의 교배 가능의 기본적 종착역인 8번째 단계·속의 아래〉 종(류), 인종, 체제, '눈에 보이는 특징', 〈→ special〉, 〈↔whole\individual〉 **가1**

807 **spe·cif·ic** [스피씨휰]: 〈눈에 보이게 만든〉 구체적인, 분명한, 독특한, 특유한, 〈↔general\obscure〉 **양2**

808 *****spec·i·fi·ca·tion** [스페시휘케이션]: 규격화, 구체화, (사세한) 설명서, 척도, 사양〈중국어: '모양을 섬기는' 세목〉, 〈↔vagueness\uncertainty〉 **양2**

809 **spec·i·men** [스페시먼]: 〈라틴어〉, 견본, 표본, 예, 검사를 위한 재료, '보기만 하는 것', 〈↔whole\atypical\counter-example〉 **양2**

810 **speck** [스펰]: 〈← specca(small spot)〉, 〈어원 불명의 영국어〉, 작은 반점, 얼룩, 흠, 점, 소량, 〈~ speckle〉, 〈~ bit\tittle〉, 〈↔mass\abundance〉 **양1**

811 *****SPECT** [스펰]: single photon emission CT, 단광자 방출 전산기 단층 촬영(법), 혈류에 부착된 방사성 단광자를 추적해서 장기의 활동 상황을 알아보는 '기능성' 영상 검사, 〈~ PET〉 **미2**

812 **spec·ta·cle** [스펙터클]: 〈← specere(to look at)〉, 〈라틴어〉, '볼만한 것', 광경, 장관, 구경거리, ~s: 안경, 〈↔blindness\modesty\eye-sore〉 **양1**

813 **spec·trum** [스펙트륌] \ **spec·tra** [스펙트뤄]: '보는 영역', 분광, 잔상, 범위, 연속체, 〈~ aspect〉, 〈↔narrow\limited〉 **양1**

814 **spec·u·late** [스페큘레이트]: 〈← specere(see)〉, 추측(억측)하다, 숙고하다, 궁리하다, '보면서 생각하다', 〈↔abstain\decide〉 **양1**

815 **sped** [스페드]: speed의 과거·과거분사 **가1**

816 **speech** [스피이취]: 〈← sprecan〉, 〈게르만어〉, 〈← speak〉, 말, 언어, 이야기, 연설, 화법, 음향, 〈↔mute\dumb〉, 〈↔write\print〉 **가1**

817 *****speech bal·loon(bub·ble)** [스피이취 벌루운(버블)]: (만화의) 말풍선 **양2**

818 **speed** [스피이드]: ⟨← spowan(succeed)⟩, ⟨영국어⟩, '성공하다', 급히 가다, 속력, 속도, 변속 장치, 빠름, 중추신경 자극제⟨stimulant\amphetamine⟩, ⟨~ tempo\pace⟩, ⟨↔slowness\drag\rest\stroll\sedative⟩ 가1

819 ★**speed-ball** [스피이드 버얼]: ①손을 사용할 수 있는 축구 비슷한 경기 ②자극제를 섞은 마약 (주사) 예1

820 ★**speed-run** [스피이드 뤈]: '속주', (영상놀이에서) ⟨glitch와 편법을 사용해서 특정 구간을 뛰어 넘거나 가장 효율적 방법으로 최단 시간 내에 경기를 끝내려는⟩ 질주 예2

821 **spell**[1] [스펠]: ⟨← spel(saying)⟩, ⟨게르만어⟩, 철자하다, 판독하다, 의미하다, ⟨~ speech⟩, ⟨↔pronounce⟩ 양1

822 **spell**[2] [스펠]: ⟨← spelian(substitute)⟩, ⟨게르만어⟩, ⟨대신 일을 해주는⟩ 잠시 동안, 한바탕, 순번, (병의) 발작, ⟨↔continuity\relief⟩ 양1

823 **spell**[3] [스펠]: ⟨← spel'(utterance)⟩, ⟨게르만어⟩, ⟨마력을 가진 일련의 단어들⟩, 주문, 마법, 매력, ⟨↔amulet\mascot⟩ 양1

824 **spend** [스펜드]: ⟨라틴어⟩, ⟨← dispend⟩, 쓰다, 소비하다, 낭비하다, 지내다, ⟨~ expend⟩, ⟨↔conserve\save⟩ 가1

825 **spent** [스펜트]: spend의 과거·과거분사 가1

826 **sperm** [스퍼엄]: ⟨← sperma(seed)⟩, ⟨그리스어⟩, ⟨← sow⟩, ⟨흩어 뿌리는⟩ 정충, 정자, seed, ⟨↔ovum⟩, ⟨정자를 화살로 표시한 로마인들의 지혜에 경의를 표함⟩ 가1

827 **sphere** [스휘어]: ⟨← sphaira(ball)⟩, ⟨그리스어⟩, '공', 구, 둥근 모형(물체), 영역, 신분, 천체, ⟨↔line\square\polygon\infinity⟩ 양1

828 **spice** [스파이스]: ⟨라틴어⟩, ⟨← species(sort)⟩, ⟨맛이 '독특'한⟩ 양념, 향신료, 풍미, 정취, ⟨↔insipidity\stench⟩ 양1

829 ★**spice up** [스파이스 엎]: 맛을 더하다, 흥취를 돋구다, ⟨↔bore\discourage⟩ 양2

830 ★**spi·da** [스파이다]: ⟨미국어⟩ ①전산망으로 남자를 낚으려는 여자 '전산망 암거미' ②(Spider-man같이) 농구 득점대까지 뛰어 오르는 선수('거미팔') 예2

831 *__spi·der__ [스파이더]: ⟨← spinnan(to spin)⟩, ⟨게르만어⟩, 'spinner', '실을 내는 자', 거미 ①꽁지에서 실을 잣는 45,700여 종이 알려진 '아주 오래된' 절지동물, ⟨↔ant⟩ ②전산망의 자동 검색기, ⟨↔turtle²⟩ ③계략을 꾸미는 자, ⟨↔follower⟩ 가1 예2

832 ★**Spi·der-man** [스파이더 맨]: '거미 용사', (1962년 상재된 만화에서 이어지는) ⟨거미의 독침을 맞고 공중을 '날아다니는' 괴력을 부여받은 '정의의' 청년을 그린⟩ 연속 흥행물 예2

833 ★**spi·der-man** [스파이더 맨]: steeple jack, 고층 건물 작업원, (줄을 타고 높은 곳에서 일하는) 고소 작업원 양2

834 **spike** [스파이크]: ⟨← spica(ear of corn)⟩, ⟨라틴어→게르만어⟩ ①긴 못, 대못, '구두못', 첨단, 강타(하다), 어린 고등어 ②이삭, 꽃차례, ⟨↔diminish\loosen⟩ 예2

835 ★**spike(d)-heel** [스파이크(트) 히일]: '뾰족(한) 뒤꿈치', 가늘고 긴 뒷굽이 달린 여성용 구두, 콧대가 센, 매서운 여자, ⟨↔round-heel⟩ 양2

836 **spill** [스필]: ⟨← spillan(ruin)⟩, ⟨어원 불명의 영국어⟩, 엎지르다, (자신을) 내던지다, 흩뜨리다, 넘치다, 누설하다, ⟨↔contain\absorb⟩ 양1

837 ★**spill the beans** [스필 더 비인즈]: ⟨고대 그리스의 비밀조직에 가입할 때 찬성자는 흰 콩 반대자는 검정콩을 넣었는데 그만 항아리가 깨져 비밀이 누설되었다는 '썰'이 있으나⟩ ⟨1908년 미국 신문기사에 등장한 말⟩, 기밀을 누설하다, 비밀히 얘기하다, ⟨~ let the cat out of the bag⟩, ⟨↔cover up\shut up⟩ 양2

838 ★**spill the tea** [스필 더 티이]: ⟨미국 남부 속어⟩, ⟨남부의 부인들이 오후에 모여 차를 마시면서 수다를 떨던 데서 연유한 말⟩, 소문을 퍼뜨리다, 비밀을 까발리다, 험담하다, ⇒ the tea 양2

839　**spilt** [스필트]: spill의 과거·과거분사 〈양1〉

840　**spin** [스핀]: 〈← spinnan(draw out and twist)〉, 〈게르만어〉, 잣다, 방직하다, 뱅뱅 돌다, (장황하게) 늘어놓다, 질주하다, 〈~ spindle〉, 〈~ revolve\gyrate〉, 〈↔straighten\un-twist\collect〉 〈양1〉

841　**spin·ach** \ ~age [스피니취]: 〈← aspanakh?〉, 〈페르시아어?〉, 시금치, 속이 빈 줄기·어긋난 세모진 달걀꼴의 잎을 가진 '시큼털털한' 명아줏과의 채소 〈가1〉

842　*****spin but·ton** [스핀 버튼]: '회전 단추', 자판에서 숫자나 항목을 빨리 바꾸기 위해 누르는 단추, 자동 도박기에서 회전판을 빨리 돌아가게 누르는 단추 〈우2〉

843　**spin·dle** [스핀들]: 〈← spin〉, 방추, 굴대, 주축, (물레의) 가락, 가늘고 긴, 〈~ pivot\axle\baluster〉, 〈↔round〉 〈양1〉

844　*****spin doc·tor** [스핀 닥터]: 〈1980년도 초에 등장한 미국의 정치용어〉, 〈두루치기를 잘하는〉 보도 대책 조언자, 〈'드루킹(druid+king)' 같은〉 정보 조작의 달인, 홍보 기술자 〈우2〉

845　**spine** [스파인]: 〈← spina(thorn)〉, 〈라틴어〉, 등뼈, 척추, 가시, 바늘, 〈~ back-bone\needle〉, 〈↔fore-edge\spinelessness〉 〈양2〉

846　**spin·ster** [스핀스터]: 〈물레를 돌리며 님을 애타게 기다리는〉 미혼 여자, 노처녀(old maid, old miss는 Konglish), 〈중세의 영국에서 혼기를 놓친 자작 이하의 딸을 일컫는〉 실 잣는 여자, 〈별 볼일 없는 여자〉, 〈↔bachelor\young lady〉 〈양2〉

847　**spi·ral** [스파이어뤌]: 〈← speira(coil)〉, 〈그리스어에서 연유한 라틴어〉, 〈~ spira〉, 소용돌이치는, 나사 모양의, 나선 운동, 악순환, 〈↔straight\un-winding\rod〉 〈양2〉

848　**spir·it** [스피륏]: 〈← spirare(to breathe)〉, 〈라틴어〉, '숨쉬기', 영, 정신, 마음, 유령, 요정, 활기, 기분, 기질, (20도가 넘는) 주정, 〈~ aspire〉, 〈~ soul\anima\liqueur〉, 〈↔body\flesh〉 〈양1〉

849　**spit**¹ [스핕]: 〈← spittan(eject saliva)〉, 〈영국어〉, 〈의성어〉, (내)뱉다, 토해내다, 뿜어내다, 경멸하다, 침, 거품, 〈~ sputter\sputum〉, 〈↔swallow\absorb〉 〈양1〉

850　**spit**² [스핕]: 〈← spitu(a wooden peg)〉, 〈게르만어〉, 쇠꼬챙이, 모래톱, 갑, 곶(바다로 좁고 길게 뻗어 나간 땅), 〈↔bottom\nadir〉 〈양1〉

851　★**spite-watch** [스파이트 워취]: '증오의 시계', 참을성이 없어서 손해를 본 경우 시계를 원망하는 짓, 〈앞으로 떠오를 가능성이 있는 말〉 〈우1〉

852　**spitz** [스피츠]: 〈← spitze(point)〉, 〈게르만어〉, (북극지방 원산으로 사료되는) 코와 귀가 '뾰족하고' 꼬리를 등으로 말아 올리는 버릇이 있는 복슬개, ⇒ Basenji 〈가1〉

853　**splash** [스플래쉬]: 〈영국어〉, 〈의성어〉, 〈← plash〉, 튀기다, 튀겨 더럽히다, 튀어 흩어지다, 격추하다, 〈↔dab\drain〉 〈양1〉

854　★**splen·da dad·dy** [스플렌더 대디]: sugar daddy보다 영양가는 적으나 조금 젊은 '남성 후견인', 〈↔toy boy〉, 〈↔sugar baby\concubine〉 〈우2〉

855　**splen·did** [스플렌디드]: 〈← splendere(shine)〉, 〈라틴어〉, 빛나는, 훌륭한, 화려한, 멋진, 〈~ magnificient\glorious〉, 〈↔dull\ugly\stupid〉 〈양2〉

856　**splint** [스플린트]: 〈← splitsen(split)〉, 〈네덜란드어→게르만어〉, 얇은 널조각, 나무오리(오라기), (치료용) 부목, 〈~ stent〉, 〈↔chunk\unite〉 〈미2〉

857　**split** [스플맅]: 〈← spitsen(separate)〉, 〈네덜란드어〉, 쪼개다, 찢다, 째다, 분배하다, 분열시키다, 벗기다, 이간시키다, 떠나다, 〈← slat〉, 〈~ slit〉, 〈↔unify\blend\arrive〉 〈양1〉

858　*****split bar** [스플맅 바아]: (양쪽을 비교하기 위해 화면을 쪼개는) 분할 '막대' 〈미2〉

859　*****split key-board·ing** [스플맅 키이보딩]: 분할 입력, 한 단말기에서 나온 자료를 다른 단말기로 떼어내어 입력하는 일 〈미2〉

860 ★**split one's sides** [스플릿 원즈 싸이즈]: (배꼽이 터지게) 박장대소하다, 포복절도하다, 〈~ laugh one's head off〉

861 ***split page** [스플릿 페이쥐]: '분할 쪽', '분할된 화면'이나 제2부의 (고쳐 짠) 첫장, 〈↔whole page〉 미2

862 **spoil** [스포일]: 〈← spoliare(to mar)〉, 〈라틴어〉, 망쳐놓다, 손상하다, 버릇없게 기르다, 〈~ mar\impair〉, 〈↔protect\develope〉 일1

863 ★**spoil a good dish with ill sauce**: 다 된 밥에 코 빠뜨리다, 〈~ blow out at the last minute〉 일2

864 **spoke** [스포우크]: ①speak의 과거 ②바퀴의 살, 바퀴 멈춤대, 디딤대, 〈← spike〉, 〈↔hub\curve〉 가1 일1

865 ★**spon-con** [스판컨]: sponsored content, '후원 품목', (사회 전산망에서 유명 인사의 선호가 추종자들에 의해 모방된다는 전제 아래) 광고비를 받고 특정 상품을 (넌지시) 사용하는 것, 〈유력자를 이용한 판매 전략의 일종〉, 〈점잖은 용어로는 native advertising이라고 함〉 일1

866 **sponge** [스펀쥐]: 〈← spongia(small holes)〉, 〈어원 불명의 그리스어〉, 스펀지, 해면 (동물), 많은 공기 구멍을 가지고 해저에 붙어 사는 다양한 모양의 무척추동물, 해면 모양의 물건, '물 빨아 드리개', 〈↔smudge\be-grime〉 일1 미1

867 **spon·sor** [스판서]: 〈← spondere(promise solemnly)〉, 〈라틴어〉, '지원을 〈엄숙히〉 약속한 사람', 스폰서, 보증인, 후원자, 광고주, 〈↔antagonist\beneficiary〉 일2

868 **spon·ta·ne·ous** [스판테이너스]: 〈← sponte (of free will)〉, 〈라틴어〉, 자발적인, 임의의, 자연스러운, 〈↔forced\calculated〉 일2

869 ★**spoof-ing** [스푸우휭]: 〈1933년 영국의 만담가가 조조한 말〉, 위장(하기), 눈속임, (남의 전자주소를) 도용하는 것, 〈↔exposing\revealing〉 미1

870 **spook** [스푸우크]: 〈← spooc(ghost)〉, 〈어원 불명의 네덜란드어〉, 유령, 괴짜, 비밀 탐정, 떨리게 하다, 위협하다, 〈↔reassure\cheer〉 미1

871 **spool** [스푸울]: 〈← spuola(cylinder)〉, 〈게르만어〉, 실패, 실꾸릿대, 실감개, 〈↔unwind\uncoil〉 일1

872 ***spool-ing** [스푸울링]: 얼레치기, (인쇄하기 전에) 출력자료를 〈실을 감듯〉 서류철에 모아서 순차적으로 처리하는 일, 〈↔defile\un-rolling〉

873 **spoon** [스푸운]: 〈← spon(chip of wood)〉, 〈게르만어〉, 스푼, '평평한 나무 조각', 숟가락, 숟가락 모양의 노, 3번 wood 골프채, 꾀임 낚시의 가짜 미끼, (콩과 보리를 구별 못 하는) 숙맥, 〈~ spade〉, 〈~(↔)fork〉 가1 유2

874 ★**spoon-ing** [스푸우닝]: 〈마치 숟가락을 겹쳐 놓듯〉 상대방을 뒤에서 꼭 껴안은 포옹 자세, 〈~(↔)kissing\embracing〉, 〈↔separating〉 일2

875 **spo·rad·ic** [스퍼뢔딕]: 〈← sporadikos(separate)〉, 〈그리스어〉, 때때로 일어나는, 드문드문한, 산발적인, 〈~ scattered〉, 〈↔frequent\continuous〉 일2

876 ★**Spor-cle** [스포얼클]: 스포클, sports+oracle, 2007년에 미국에서 출시된 질의 응답식 잡동사니 전산망 시험 놀이 숙2

877 **spore** [스포어]: 〈← sporos(seed)〉, 〈그리스어〉, 〈← sow〉, 홀씨, 포자, (꽃이 안 피는 식물의) 배종, 〈↔outgrowth\death〉 일1

878 **sport** [스포올트]: 〈← disport(divert)〉, 〈영국어〉, 스포츠, 〈기분 전환용〉 운동, 경기, 오락, 장난, 놀이, 〈↔work\labor〉 미1

879 ★**sports bar** [스포올츠 바아]: 당구를 치거나 스포츠 중계를 볼 수 있는 간이주점, '경기 주점', '오락주점', seedy bar, dive bar 유1

880 ★**sports cast** [스포올츠 캐스트]: 운동 경기 (중계) 방송 미1

881 ★**Sports Cen·ter** [스포올츠 쎈터]: 스포츠 센터, 1979년부터 시작되어 2018년 현재 5만 회 이상 방영되고 있는 미국 ESPN의 60~90분짜리 운동·경기 보도 기획물 <u>수2</u>

882 ★**sports drink** [스포올츠 드륑크]: '건강 음료', (격한 운동 전·후에 마시는) 〈알콜·카페인 성분이 안 들어간〉 물·전해질·당분으로 된 음료 <u>우2</u>

883 **spot** [스팥]: 〈← spat(speckle)〉, 〈네덜란드어〉, (반)점, 얼룩, 지점, 입장, 위치, 소량, 〈점이 있는〉 현장, 순번, 한 시점, 즉석(의), 〈지점을〉 발견하다, 〈↔spotless\chunk\gap\miss〉 <u>양1</u>

884 **spouse** [스파우스 \ ~즈]: 〈← spondere(promise solemnly)〉, 〈라틴어〉, 배우자, 〈장례를 서약한〉 부부, 〈↔enemy\foe〉 <u>가1</u>

885 **spout** [스파울트]: 〈← spuiten(shoot out)〉, 〈네덜란드어〉, 〈의성어·의태어〉, 내뿜다, 분출하다, 도도히 말하다, 주둥이, 대롱, 〈~ faucet\tap²〉, 〈↔conceal\collect\drop〉 <u>양2</u>

886 ★**SPQR** [에스피큐우아알]: ①Senatus Populusque Romanus, 로마제국 ②small profit and quick returns, 박리다매 <u>양2</u>

887 **sprain** [스프뤠인]: 〈← exprimere(press out)?〉, 〈라틴어?〉, 〈어원 불명의 영국어〉, 〈인대나 박막이〉 삐다, 접질리다, 〈↔untwist\relax〉 <u>양2</u>

888 **spray²** [스프뤠이]: 〈← spraeyen(drizzle)〉, 〈네덜란드어〉, 물보라, 물안개, 분무기, '뿌리개', 〈~ sprinkle〉, 〈↔dry〉 <u>양1</u>

889 **spread** [스프뤠드]: 〈← spreiten(extend)〉, 〈게르만어〉, 펴다, 벌리다, 늘이다, 덮다, 미루다, 폭, 전개, 전파, 식탁보, (원가와 판매가의) 차액, (은행이 빌린 이자율과 빌려주는 이자율의) 가산금리, 〈↔hold\ collect〉 <u>양1</u>

890 *****spread sheet** [스프뤠드 쉬이트]: '전개표', '행렬 정산표', 자료를 가로·세로의 항목으로 나열한 도표, 〈↔delete list〉 <u>우2</u>

891 *****spread spec·trum** [스프뤠드 스펙트륌]: 대역 확산, (혼선을 방지하고 비밀 보장을 위해) 수시로 주파수가 바뀌면서 전송되는 통신기술 <u>예2</u>

892 **spree** [스프뤼이]: 〈← spre(spark)?〉, 〈1804년에 등장한 어원 불명의 스코틀랜드어〉, 흥청거림, 법석댐, 탐닉, 활발한 활동 (기간), 〈↔restraint\temperance〉 <u>양1</u>

893 **spring** [스프륑]: 〈← sprengan(rush out)〉, 〈게르만어〉, 갑자기 움직이다, 튀어 오르다, 〈새싹이 튀어나오는〉 봄, 〈물이 솟아오르는〉 샘, 용수철, 활기, 싹트다, 〈~ fountain\rise〉, 〈~(↔)well²〉, 〈↔decline\fall〉 <u>양1</u>

894 ★**spring back to life**: 죽을 뻔하다 살아나다, 기사회생, resuscitated, 〈↔drop dead〉 <u>양2</u>

895 **sprink·ler** [스프륑클러]: 물 뿌리는 사람(물건), 물뿌리개, 살수차(기), 〈↔drier\collecter〉 <u>양2</u>

896 **Sprint** [스프륀트]: 스프린트, 1899년 전화 회사로 시작해서 1992년 현재 이름으로 개칭되었고 2013년 일본회사가 대주주가 된 미국의 원격 통신회사 <u>수2</u>

897 **sprint** [스프륀트]: 〈← sprenta(run)〉, 〈북구어〉, 단거리 경주, 전력 질주, 전속력으로 '달리기', 〈↔marathon〉, 〈↔stay\walk\dawdle\schlep〉 <u>양1</u>

898 *****sprite** [스프롸이트]: 〈← spiritus〉, 〈라틴어→프랑스어→영국어〉, 〈← spirit〉 (작은) 요정, 도깨비, 화면에서 고속 이동이 가능한 도형, 〈↔angel\devil〉 <u>양1</u> <u>우1</u>

899 **sprout** [스프롸울]: 〈← sprutan(germinate)〉, 〈게르만어〉, 싹이 트다, 발아하다, 내밀다, 눈, 싹, 〈↔droop\wither〉 <u>양1</u>

900 **spruce²** [스프루우스]: 〈영국어〉, 'Prussia에서 온 나무', 가문비나무, 북반구에 광범위하게 서식하며 종이의 원료로 사용되는 원추형의 전나무 비슷한 침엽수 <u>예2</u>

901 **spur** [스퍼얼]: 〈← spurnan(to kick)〉, 〈영국어〉, 〈승마 구두의 뒤축에 댄 뾰족한 쇠〉 박차, 자극, 선동, 돌출부, 가시, 쇠발톱, 며느리 발톱, 즉석, 얼떨결, 〈~ spurn〉, 〈↔disincentive\discouragement〉 <u>양1</u>

902 ★**spur of the mo·ment**: 〈1948년에 등장한 말〉, 〈영국어+라틴어〉, 즉석의, 충동적인, 얼떨결에, 〈~ impromptu〉, 〈↔deliberate\planned〉 양2

903 **spy** [스파이]: 〈← spehon(search out)〉, 〈게르만어〉, 밀정, 간첩, 탐정, 〈~ espionage〉, 〈↔ignore\disregard〉 개1

904 *****SQL**: structured query language, 구조화 질의 (조회) 언어, 대규모의 자료들을 처리하기 위해 〈질문을 던지는 식으로〉 고안된 차림표 언어 미2

905 **squad** [스콰드]: 〈← squadra〉, 〈이탈리아어〉, 〈한 임무를 수행할 수 있는〉 분대, 반, 소집단, 〈방진('square')을 만들 수 있는〉 한 조, 〈~ unit\task force〉, 〈↔whole\one〉 영1

906 **squall** [스쿼얼]: 〈영국어〉〈의성어〉, 스콜, 질풍, 돌풍, 소동, 큰소리로 외치다, 〈↔calm\peace〉 양1

907 ★**Square** [스퀘어]: 2009년 미국에서 설립되어 신용카드 결제를 이동전산기에서 할 수 있게 하는 연성기기를 제조·판매하는 회사 경1

908 **square** [스퀘어]: ex+quadra(four), 〈라틴어〉, 네모진 것, 정사각형, 광장, 평방, 100제곱피트, 직각자, 올바른, 정당한, 〈장방형을 그리는 고전음악 지휘봉을 따라가듯〉 고지식한, 똑바로 하다, 청산하다, 〈→ squad〉, 〈↔line\ring〉 영1

909 **square dance** [스퀘어 댄스]: '사각 춤', '남녀 4쌍이 한 조를 이루어 4각형으로 마주 보고 서서 추는 〈미국의〉 '활발하고 경쾌한' 민속춤, 'hoedown'〈쟁이질 춤〉 우1

910 ★**square deal** [스퀘어 디일]: (화투패를) 공평하게 도르기, 공정 거래, (T.Roosevelt 대통령이 주창한) 공평정책, 〈↔un-fair deal\swindle\grift〉 양2

911 ★**square-head** [스퀘어 헤드]: 사각머리, (북유럽 태생의) 명칭이 양2

912 *****square mat·rix** [스퀘어 매트릭스]: (정)사각형 행렬, 정방 행렬(입력 도선과 출력 도선의 수가 같은 회로망) 미2

913 ★**square meal** [스퀘어 미일]: (영국 해군에서 장교들에게 네모난 나무 쟁반에 바쳐졌다는 터무니없는 주장이 있는) 푸짐하고 알찬 식사 우2

914 ★**square one** [스퀘어 원]: 원점, 시작, (판지놀이〈사방치기〉의) 출발점, 〈↔end\conclusion〉 양2

915 ★**square peg in round hole**: 둥근 구멍에 네모난 쐐기, 부적임자, 끈 떨어진 갓, 꾸어다 놓은 보리자루, 〈~ fish out of water\ugly duckling〉, 〈↔winner〉 양2

916 ★**square shoot·er** [스퀘어 슈우터]: 정직(충직)한, 공정한 사람, 〈↔bouncer〉, 〈↔straw man〉 미2

917 ★**square toed** [스퀘어 토우드]: (구두의) 코가 네모진, 구식의, 고루한 청교도적인, 〈↔improper\indecent〉 양2

918 ★**square-up** [스퀘어 엎]: 똑바로 서다, 맞서다, 셈을 치르다, 〈↔condemn\engage\upset〉 양1

919 **squash**¹ [스콰쉬]: ex+quatere(shake), 〈라틴어→영국어〉, 으깨다, 쑤셔 넣다, 억누르다, 혼잡, 와싹, 철썩, 〈← quash〉, 〈↔coax\support〉 양1

920 **squash**² [스콰쉬]: 〈← askuta-squash〉, 〈북미 원주민어〉, '날로 먹는 것(eaten raw)', 조롱(호리병) 호박, 애호박, 〈~ pumpkin〉 미1

921 **squash**³ [스콰쉬]: 〈19세기 영국의 감옥에서 시작된〉 공채로 조그만 공을 4면의 벽에 〈억눌러〉 치는 라켓볼 비슷한 실내경기 경1

922 **squat** [스콰트]: 〈← cogere(compress)〉, 〈라틴어〉, 웅크리다, 쭈그리다, 숨다, 무단 거주하다, 〈↔sit-up〉 양1

923 ★**squawk box** [스쿼크 박스]: (인터폰 등의) 스피커, 〈불쾌한 소리를 내는〉 구내 통화 장치 미2

924 **squeeze** [스퀴이즈]: 〈← cwisan(crush)〉, 〈어원 불명의 영국어〉, 죄다, 꽉 쥐다, 꼭 껴안다, 짜내다, 밀어 넣다, 끼어들다, 착취하다, 〈↔loosen\release\tickle\decompress〉 양2

925 **squid** [스퀴드]: 〈어원 불명의 영국어〉, sea arrows, ink fish, 오징어, (전 세계에 걸쳐 서식하며) 흡판을 가진 5쌍의 손으로 먹이를 잡고 적이 오면 먹물을 토해내는 연체 동물, 〈← squirt?〉, (1963년에 속초에 갔을 때는 오징어 발이 8개였는데 2003년에 가보니가 10개로 변해있길래 물어봤더니 그때는 제일 긴 앞발은 배에서 몽땅 회감으로 일본으로 팔려 갔는데 이제는 한국의 오징어 값이 일본보다 비싸져서 오징어를 octopus로 오역할 근거가 없어졌다 함) ㉑

926 ★**squid game** [스퀴드 게임]: 〈2022년 에미상 수상작〉, 오징어 놀이, (운동장에 오징어 모형의 금을 그어 놓고 어린이들이 한 발 또는 두 발로 뛰며 몸싸움을 하여 그 대가리를 차지하려는 한국의 골목 놀이에서 나온) 돈에 쪼들리는 수백 명이 거대한 상금을 노리고 벌이는 〈너 죽고 나 살자〉식의 생존경쟁을 그린 괴기성 동영상 연재물로 2021년 9월 넷플릭스에서 출시되어 선풍적 인기를 끌었으나 북한으로 부터는 〈인간성이 암살된 작품〉이란 혹평을 받았다 ㉒

927 **squint** [스퀸트]: 〈← asquinti(look obliquely)〉, 〈영국어〉, strabismus, cross eye, 사시의, 사팔눈의, 엿끗 보기, 곁눈질, 〈~ askance〉, 〈↔straight\gaze〉 ㉒

928 **squire** [스콰이어]: 〈라틴어〉, '(e)squire', shield bearer〈방패지기〉, (시골) 유지, 재판관, 여성에게 친절한 자, 〈↔servant\noble woman〉 ㉒

929 **squir·rel**¹ [스퀴뤌 \ 스퀴뤌]: skia(shadow)+oura(tail), 〈그리스어〉, '그늘 꼬리', 다람쥐, 털이 많은 긴 꼬리·작고 둥근 귀·까만 눈을 가지고 땅이나 나무에서 사는 쥐를 닮은 300여 종의 설치류, 〈~ chipmunk〉 ㉑

930 ★**squir·rel a·way** [스퀴뤌 어웨어]: 숨기다, 꼬불치다, 〈↔throw away\cast〉 ㉒

931 *****SRAM** [에스램업]: static random access memory, 정적 무작위 접근 기억 장치, 정지된 막기억 장치, 정기적으로 재생되지 않아도 〈전원이 꺼질 때까지〉 저장되어 있는 전산기의 기억력 ㉑

932 *****SRC \ src**: 'source', '원천', 영상이나 다중매체의 자료 출전을 밝히는 핵심적 초문본 표시언어(HTML) ㉒

933 *****SSD** (sol·id-state drive): '견고한 구동 장치', (전산기의 기억력 저장에서 주로 2차적으로 사용되는) 〈지워지지 않게 통합 회로를 사용한〉 비휘발성 기억력 저장장치 ㉒

934 **SSI** (Sup·ple·men·tal Se·cu·ri·ty In·come): 1974년부터 실시된 미국의 〈수입이 제한된 65세 이상·맹인·불구자를 위해 최저 생활비와 Medicaid를 제공하는〉 일반 예산으로 충당되는 보조적 사회보장 연금 ㉑

935 *****SSL** (source soc·ket lay·er): '원전 삽입구 계층', (조종 장치의 보안을 위해) Netscape사가 개발한 부호 매김 체계 ㉑

936 **St. \ st.**: Saint, Saturday, street, strait, state 등의 약자 ㉑

937 **stab** [스태브]: 〈← stob(pierce)〉, 〈어원 불명의 스코틀랜드어〉, 찌르다, 꿰다, 해치다, 〈↔hit\dislodge\heal〉 ㉑

938 ★**stab (some·one) in the back**: 〈1918년에 등장해서 히틀러가 '1차 대전은 전쟁보다는 유대인의 배반으로 졌다'고 선동한 말〉, (~의) 뒤통수를 치다, (믿는 도끼에) 발 찍힌다, 〈~ betray\sell out\back-stab〉, 〈~ pull the rug from under you〉, 〈↔protect\defend〉 ㉒

939 **sta·ble**¹ [스테이블]: 〈← stare(to stand)〉, 〈라틴어〉, '계속 서 있을 수 있는', 안정된, 견고한, 착실한, 변동이 없는, 〈→ establish〉, 〈↔alternate\inconsistant\unsteady〉 ㉑

940 **sta·ble**² [스테이블]: 〈← stare(to stand)〉, 〈라틴어〉, 〈말이 서 있는〉 마구간, 외양간, 양성소, 〈↔open space\annex〉 ㉒

941 **stac·ca·to** [스터카아토우]: 〈'분리된(detached)'이란 뜻의 이탈리아어〉, 스타카토, 끊는 음으로, 짧게 끊어지는 소리의, 단음으로, 〈↔legato\sciolto\sostenuto〉 ㉑

942 **stack** [스탴]: 〈← stakon(heap)〉, 〈게르만어〉, 더미, 낟가리, 서고, 다량, 한 가리(108입방피트-볏단·땔나무 등의 스무 뭇), 일련의 굴뚝, 착륙을 기다리는 비행기 떼, 걸어총(stack arms!), (입력한 순서와 반대로 출력되는) 자료의 '가리저장', 〈↔un-pile\disperse\un-stack〉 ㉑ ㉒

542 이원택의 영-한 [신세대] 사전

943 **stack-ing or·der** [스태킹 오어더]: '적립 순서', 전산기의 인출 차림표에 배열된 항목의 순서 **우2**

944 **sta·di·um** [스테이디엄]: ⟨← histanai(to stand)⟩, ⟨그리스의 척도에서 유래한⟩ 스타디움, '192m', (관람석으로 둘러싸인) 경기장, (육상) 경주장, ⟨↔theatre⟩ **양1**

945 **staff** [스태후 \ 스타후]: ⟨영국어⟩, ⟨'support(stabhnati)'란 산스크리트어가 여러번 둔갑을 해서 만들어진 말⟩, 막대기, 지휘봉, ('의지하는') 지팡이, (깃발을 다는) 계양대, 참모, 부원, (악보의) 다섯줄⟨영국에서는 stave라 함⟩, ⟨↔withdraw\hindrance\obstruction⟩, ⟨↔manager\master⟩ **양2**

946 ***stag** [스태그]: ⟨← stegh(prick)⟩, ⟨북구어⟩, '찌르는 자', ⟨뿔이 나서 (다 자란)⟩ 수사슴, ⟨↔hind⟩, 수컷, 홀아비, 새로운 주식을 사서 가격이 오르면 바로 팔아 버리는 ⟨권리주 투기자⟩ **양1**

947 **stage** [스테이쥐]: ⟨← stare⟩, ⟨라틴어⟩, ⟨공연을 위해 서 있는⟩ 무대, 마루, 발판, 역, 단계, 선장, ⟨← stand⟩, ⟨↔conceal\withdraw\continuity\dystopia⟩ **양1**

948 ***stag-fla·tion** [스태그 훌레이션]: ⟨영국어⟩, stagnation+inflation, 경기 정체하의 통화 팽창 **미2**

949 ***stag-ing** [스테이징]: ⟨← stage⟩, 발판, 역마차 여행, 각색, 단계별 작업, 활동무대, 구매자의 관심을 끌려고 (대여 가구로) 집을 다시 꾸미는 것 **양1 우2**

950 ***stag par·ty(night)** [스태그 파아티(나잍)]: 남자들만의 연회(밤), ⟨~ gander party⟩, ⟨↔hen party⟩ **양2**

951 **stain** [스테인]: dis(from)+tingere(to color), ⟨라틴어→프랑스어⟩, 더럼, 얼룩, 녹, 오점, 착색(제), ⟨↔clean\purify\ex-purgate⟩ **양1**

952 **stain-less steel** [스테인리스 스티일]: '무녹철', 녹슬지 않는 강철, 철에 chromium 등 여러 가지 무기물을 섞어 만든 합금 **미1**

953 **stair** [스테어]: ⟨← stigan(climb)⟩, ⟨게르만어⟩, 계단, 층계, (한) 단계, ⟨~ step⟩, ⟨↔elevator\escalator⟩ **가1**

954 **stair-case** [스테어 케이스]: (난간 등을 포함한) 계단, 층계, ⟨↔hoist\crane⟩ **가1**

955 **stair-well** [스테어 웰]: 계단 통(계단으로 이루어진 우물 모양의 공간), ⟨~ stair-case⟩ **양1**

956 **stake¹** [스테이크]: ⟨← steg(pole)⟩, ⟨게르만어⟩, 말뚝, 막대기⟨stick⟩, 화형에 쓰는 기둥, 작은 쇠모루, ⟨→ stockade⟩, ⟨↔branch\wing⟩ **양1**

957 ***stake²** [스테이크]: ⟨어원 불명의 영국어⟩, risk, 내기, ⟨막대기 끝에 걸어 두었던 내기돈에서 유래했다는 '썰'이 있는⟩ 상금, 이해관계, 주식 보유분, ⟨↔forfeiture\loss⟩ **양1**

958 **stake–hold-er** [스테이크 호울더]: (판돈을) 보관하는 사람, 이해 당사자, 투자자, ⟨↔3rd party\non-participant⟩ **양1**

959 ***stake-out** [스테이크 아웉]: ⟨미국어⟩, ⟨← stake¹⟩, ⟨사건의 장소에 말뚝을 박아 놓기 위한⟩ 망 보기, 잠복, 말뚝으로 에운 땅(재산), ⟨↔carelessness\unobservance⟩ **양1**

960 ***stak-ing** [스테이킹]: ⟨crypto⟩·staking, 가상(화폐) 지분 확보, 자산운용사가 암호 화폐를 담보로 대출을 해 주는 일, ⟨↔de-funding⟩ **미2**

961 **stale mate** [스테일 메이트]: ⟨← estale(stand-still)⟩, ⟨1765년에 등장한 영국어⟩, (장기의) 수막힘, 막다름, 교착 상태, ⟨~ stall⟩, ⟨~ grid-lock⟩, ⟨↔advance\head-way⟩ **양2**

962 **stalk¹** [스터어크]: ⟨← steala(stem)⟩, ⟨영국어⟩, 줄기, 대, 잎(꽃)자루, ⟨~ support⟩, ⟨↔straw⟩ **양1**

963 **stalk²** [스터어크]: ⟨← stealcian(walk warily)⟩, ⟨영국어⟩, 성큼성큼 걷다, 활보하다, 몰래 추적하다, 미행하다, ⟨~ steal⟩, ⟨↔creep\flee⟩ **양1**

964 ***stalk-ing horse** [스터어킹 호얼스]: ⟨← stalk²⟩, 위장 마(허수아비 말), (상대의 표를 분산시키기위한) 허수아비 후보, (예비 인수자를 정해놓고 잠재적 후보에게도 입찰 기회를 주는) ⟨반드시 팔겠다는 포석⟩, ⟨↔dark-horse⟩, ⟨↔little chance\long shot⟩ **미2**

965 **stall¹** [스터얼]: ⟨← estale(stand-still)⟩, ⟨게르만어⟩, ⟨짐승이 서 있는⟩ 마구간, 외양간, 매점, 가게, 막이칸, ⟨~ stable⟩, ⟨~ stand⟩, ⟨↔open space\annex⟩ 명1

966 **stall²** [스터얼]: ⟨← estale(stand-still)⟩, ⟨게르만어⟩, ⟨나아가지 못하고⟩ '서' 있다, 시동이 꺼지다, 지연시키다, 발뺌하다, 구실, 속임수, 바람잡이, ⟨~ stand\stale⟩, ⟨~ delay\temporize⟩, ⟨↔expedite\aid⟩ 명2

967 **stal·lion** [스탤리언]: ⟨← stal(horse kept in the stall)⟩, ⟨게르만어⟩, 종마, 씨말, (거세되지 않은) 수말, ⟨~ stall'\steed⟩ 명1

968 **stam·i·na** [스태미너]: stamen의 복수, ⟨'수술'이 여러번 솟아 올라야 하는⟩ 정력, 체력, 끈기, ⟨↔impotency\apathy⟩ 명2

969 **stamp** [스탬프]: ⟨← stampfon(pound with the foot)⟩, ⟨게르만어⟩, ⟨의성어·의태어⟩, 우표, 도(인)장, 인지, 검인, 특질, 유형, 짓밟다, 특징지우다, 진압하다, ⟨→ stomp⟩, ⟨~ seal\signet⟩, ⟨~(↔)print\sign⟩, ⟨↔glide\float⟩ 명1

970 ★**stan** [스탠]: ⟨미국 신조어⟩, ⟨stalker+fan이라는 썰이 있는⟩ 인기 연예인을 끈질기게 쫓아다니는 광신자, '극성 후원자', ⟨↔hater\critic⟩ 우2

971 **stance** [스탠스]: ⟨← stanza(standing position)⟩, ⟨이탈리아어⟩, (발의) 서 있는 상태, (발의) 자세, 발디딤, 태도, 입장, ⟨~ abode⟩, ⟨← stanza⟩, ⟨↔unsteadiness\fake\veto⟩ 명2

972 **stand** [스탠드]: ⟨← stha(set)⟩, ⟨산스크리트어→그리스어→라틴어→게르만어⟩, ⟨← stare⟩, 서다, 일어나다, 움직이지 않다, 위치하다, 견디다, 지속하다, 진행하다, 태도를 취하다, 장소, 노점, 탁자, 정류소, 숙박지, (하룻밤) 정사, (플라밍고 등의) 떼, ⟨estate\standard\stasis\state\static\station\status\statue\stay\statute\stem\stool⟩, ⟨↔sit\lie\reject\oppose⟩ 명1

973 **stand-ard** [스탠더드]: ⟨프랑스어⟩, ⟨← stand⟩, ⟨깃발이 서 있는⟩ 지주, 표준, 모범, 규범, 본위, 상징, 일반적, ⟨~ ideal\paragon⟩, ⟨↔unusual\special⟩ 명2

974 **stand-by** [스탠드 바이]: 예비품(자), 대기자 (신호), 대역, ⟨↔main\primary⟩ 명1

975 **stand-in** [스탠드 인]: 대역, 대리인, 대리물, ⟨~ proxy\back-up\surrogate⟩, ⟨~ stand-by⟩ 명1

976 **stand-out** [스탠드 아웃]: 지론을 굽히지 않는 사람, 뛰어난 사람(것), ⟨↔failure\under-performer⟩ 명2

977 **stand-point** [스탠드 포인트]: '서 있는 지점', 입장, 관점, 견지, ⟨↔opposing-point⟩ 가1

978 **stand-still** [스탠드 스틸]: 막힘, ⟨그대로 서 있는⟩ 정지, 현상 유지, ⟨↔break-through\advancement\retreat⟩ 가1

979 **stan·za** [스탠져]: ⟨← stantia(abode)⟩, ⟨라틴어→이탈리아어⟩, 스탠자, (시의) 연, 보통 4행 이상의 각운이 있는 시구, ⟨→ stance⟩, ⟨↔whole\insert⟩ 명1

980 **sta·ple¹** [스테이플]: ⟨← stapel(support)⟩, ⟨게르만어⟩, ⟨기본이 되는⟩ 주요 산물(식품), 주성분, 주제, 원료, ⟨↔auxiliary\extra⟩ 명1

981 **sta·ple²** [스테이플]: ⟨← stapel(support)⟩, ⟨게르만어⟩, ⟨기둥을 지탱하는⟩ u자 모양의 꺾쇠, 철쇠, 거멀못, ⟨↔loosen\uncrew⟩ 명1

982 **sta·pler** [스테이플러]: '찍개', 제본기, 철사기, 서류철을 철쇠로 박는 기계, ⟨일본식⟩ 호치키스, (1878년 미국의 무기 제조업자 Benjamin Hotchkiss가 발명한) 서류철 찜쇠기, ⟨↔un-stapler⟩ 명1

983 **star** [스타아]: ⟨← satarah(luminary)⟩, ⟨페르시아어→그리스어→라틴어→게르만어⟩, ⟨남에게 잘 보이려고가 아니라 자신의 모든 것을 태우는⟩ 별, 항성, (20018개의) 천체, 별표(*), 인기인, 장성, 운명, ⟨→ aster⟩, ⟨~(↔)hash-tag\#⟩, ⟨↔ass-hole⟩ 가1

984 **starch** [스타아취]: ⟨← stearc(rigid)⟩, ⟨게르만어⟩, 녹말, 전분, '단단하게⟨stark⟩ 하다', 풀을 먹이다, 딱딱한, 어색한, ⟨~ amyloid⟩, ⟨↔lethargy\delicacy\tenderness⟩ 명1

985 **star dot star**: *·*, 〈전산기의〉 '만능패', '모든 기록철 및 그 확장', 모든 DOS와 Window의 기록철 이름에 맞는 '두루치기 기호' 유1

986 **stare** [스테어]: 〈← starian(gaze)〉, 〈게르만어〉, 〈강렬하게〉 쳐다보다, 빤히 보다, 응시하다, 노려보다, 〈↔ignore\glance〉 영1

987 ★**stare at each oth·er blank·ly**: 서로 멍하니 쳐다보다, 소 닭 보듯 닭 소 보듯 하다, 〈~ stare intensely〉 유2

988 ***star key** [스타아 키이]: '별표 단자', 중앙처리기의 연성기기로 연결시킬 때 사용하는 '열음판'의 누름 단추 유2

989 **start** [스타아트]: 〈← styrtan(move suddenly)〉, 〈게르만어〉, 떠나다, 출발하다, 시작하다, 튀어나오다, 깜짝 놀라다, 〈반은 아니나 단추를 잘 끼워야 함〉 시작, 〈→ startle〉, 〈↔end\finish〉 기1

990 **star·tle** [스타아틀]: 〈영국어〉, 〈← start〉, 깜짝 놀라다, 펄쩍 뛰다, 〈↔bore\calm\soothe〉 기1

991 ***star-to·pol·o·gy** [스타아 터팔러쥐]: '성상 위상학 (장치)', 〈전산기 구성 시〉 중심 전산기에 직접 별 모양으로 각종 장치를 접속시키는 방식 유2

992 ★**start-up** [스타아트 엎]: 개시, 시동, 신설 기업, 〈↔close down\wind up〉 기1

993 **starve** [스타알브]: 〈← steorfan(perish with hunger)〉, 〈게르만어〉, '굶어 죽다', 배고프다, 굶주리다, 갈망하다, 〈↔be full\be sated〉 기1

994 ★**stash** [스태쉬]: ①〈어원 불명의 영국어〉, 〈store+cache?〉, 챙겨두다, 감추다, 비축하다, 〈사랑하고 싶은 상대를〉 남들한테 소개하지 않는다, 〈→ stache〉, 〈~ collect\lay up〉, 〈↔dump\discard〉 ②mustache(코 밑 수염) 영1

995 ★**stat** [스탵]: 〈← statim(instantly)〉, 〈19세기 말에 라틴어를 축소한 영국어〉, 즉시, 빨리, 〈↔ignore\postpone〉 영2

996 **state¹** [스테이트]: 〈← stare〉, 〈라틴어〉, 〈← stand〉, 〈서 있는〉 상태, 형편, 신분, 위엄, 국가, 국무, 〈~ estate\status〉, 〈↔degradation\unofficial〉 영2

997 **state²** [스테이트]: 〈라틴어〉, 〈← state¹〉, 〈상태를〉 말하다, 진술하다, 지정하다, 〈↔tacit\mumble\suppress〉 기1

998 **state-ment** [스테이트 먼트]: 〈← state²〉, 성명(서), 진술(문), 문장, 명세서, 명령문, 〈↔silence\request\falsehood〉 영2

999 **stat·ic** [스태틱]: 〈← histanai〉, 〈그리스어〉, 〈← stand〉, 정적인, 고정된, 잠음, 격렬한 반대, 〈전산기에서 재생하지 않아도 기억 내용이 유지되는〉 '정적', '서 있는 상태', 〈↔variable\brinkmanship〉 영1 미2

1000 ***stat·ic mem·o·ry** [스태틱 메머뤼]: static RAM, 정적(막) 기억장치, 기억 내용이 장치 내의 고정위치에 보존되어 전원만 꺼지지 않으면 임의로 접근할 수 있는 기억력 미2

1001 ★**stat·in** [스태튼]: atorvastatin·simvastain 등 ~statin으로 끝나는 각종 콜레스테롤 저하(억제)제 미2

1002 ***sta·tion** [스테이션]: 〈← stare〉, 〈라틴어〉, 〈← stand〉, '멈추는 곳', 정거장, 역, 위치, 부서, 기지, 지위, 국 〈전산망을 구성하는 각 전산기〉, 〈↔mobile unit\counter〉 영1

1003 ***sta·tion break** [스테이션 브뤠잌]: '방송국 휴식시간', 방송국의 이름과 주파수를 알리는 '간이 시간', 주 종목 사이사이에 하는 광고나 공지사항 유2

1004 ***sta·tion·er·y** [스테이셔너뤼]: 〈고정된 장소에 있던〉 문방구, 편지지, '문양' 〈전자우편을 돋보이게 하기 위해 색깔·그림 등으로 꾸미는 형판〉, 〈↔hardware (store)〉 영1 무1

1005 **sta·tis·tics** [스터티스틱스]: 〈← status〉, 〈라틴어〉, 통계(표), 통계학, '국가〈state〉를 운영하는 학문', 〈↔ignorance\hypothesis\falsehood〉 기1

1006 **stat·o-scope** [스태터 스코우프]: statos(standing)+skopein(view), 〈그리스어〉, 〈가슴에 대고〉 공기의 진동을 재는 기구, 미동 기압계, 승강계, 청진기, 〈예전에는 hammer가 대조어이었음〉 미1

1007 **stat·ue** [스태츄우]: 〈← stare〉, 〈라틴어〉, 〈← stand〉, 〈멈춰있는〉 상, 조 (각) 상, 〈찰흙으로 만든〉 소상, 〈↔entity\original〉 양2

1008 **sta·tus** [스테이터스]: 〈← stare〉, 〈라틴어〉, 〈← stand〉, '서 있는 위치', 상태, 정세, 지위, 신분, 작동 상태, 〈~ estate\state〉, 〈↔insignificance\lowliness〉 양2

1009 ★**sta·tus line** [스테이터스 라인]: 상태 표시행, (전산기에서) 현재 처리되고 있는 정보철 미1

1010 ★**sta·tus quo** [스테이터스 쿼오우]: 현상 유지, 〈↔change\aberration〉 양2

1011 **stay¹** [스테이]: 〈← stare〉, 〈라틴어〉, 〈← stand〉, '서다', 머무르다, 남다, 체류하다, ~인 채로 있다, 〈hotel〉의 새로운 명칭, 〈↔leave\advance\yaw〉 양1

1012 ★**stay-ca·tion** [스테이 케이션]: 집에서 보내는 휴가, '방콕', 〈~ home-cance\ho-cance〉 미2

1013 ★**stay put** [스테이 풑]: 〈1883년에 미국에서 등장한 경마용어〉, 끝까지 지켜보다, 꼼짝말고 가만히 있어!, 〈↔cut out\squirm〉 양2

1014 ★**stead fast** [스테드 홰스트]: 확고부동한, 고정된, 〈~ abiding\un-daunted〉, 〈↔disloyal\irresolute〉 가1

1015 **stead-y** [스테디]: '계속 서 있는', 고정된, 확고한, 안정된, 견실한, 〈↔unstable\fluctuating〉 양2

1016 **steak** [스테이크]: 〈← steikja(roast on a spit)〉, 〈북구어〉, 두툼하게 베어낸 살, 두꺼운 고기조각, '꼬치(stick)구이', 〈↔hamberger\brocolli〉 우1

1017 ★**Steak and Blow-job day**: (Valentine day에 대항하여) 〈여자가 남자에게 스테이크를 구워주고 구강성교를 해주는〉 '정남절', 3월14일 우1

1018 **steal** [스티일]: 〈← stelan(take and carry off)〉, 〈게르만어〉, '숨겨 달아나다', 훔치다, 절취하다, 도용하다, 〈~ thieve\rustle〉, 〈↔return\buy〉 가1

1019 ★**steal some-one's thun·der**: 〈(~의) 벼락을 훔치다, 〈오랫동안 써 온 논문을 남이 표절하듯〉 가로채다, 남을 앞지르다, 선수치다, 〈↔support\contribute〉 양2

1020 ***stealth ac·count** [스텔쓰 어카운트]: '비자금 계좌', 가명와 꾸민 정보를 사용한 e-Bay 계좌, 〈~ open account〉 양2 수2

1021 **steam** [스티임]: 〈← steme(vapor)〉, 〈어원 불명의 게르만어〉, 증기, 수증기, 김, 원기, 〈~ stew〉, 〈↔clarity\aridity\sluggishness〉 가1

1022 ★**steamed-up** [스티임드 엎]: 화난, 몹시 흥분한, 〈↔delighted\pleased〉 양2

1023 **steel** [스티일]: 〈← stahal(standing fast)〉, 〈게르만어〉, 〈오래 견디는(standing)〉 강(철), 철강 산업, 〈~ stay〉 가1

1024 **steep¹** [스티이프]: 〈← staupa(prominant)〉, 〈게르만어〉, 가파른, 험한, 과장된, 엄청난, 터무니없는, 〈~ stoop⁵〉, 〈↔gentle\reasonable〉 양1

1025 **stee·ple** [스티이플]: 〈← steep¹〉, 뾰족탑, 첨탑, 〈~ obelisk〉, 〈~(↔)tower〉, 〈↔bottom\dome\stupa〉 가1

1026 **steer¹** [스티어]: 〈← stylos(pole)〉, 〈그리스어에서 유래한 영국어〉, 키를 잡다, 조종하다, 나아가게 하다, 조언하다, 〈~ operate\maneuver〉, 〈↔follow\reverse〉 양1

1027 **steer·ing wheel** [스티어링 위일]: 조타륜, 운전(회전)대 미2

1028 ***steg·a·nog·ra·phy** [스테거나그뤄휘]: steganos(covered)+graphy, 〈그리스어〉, 스테가노그래피, 심층 암호, 서류철 안에서 조그만 정보를 보이지 않게 '숨겨진 글', invisible watermark 미2

1029 ★**STEM** [스템]: 〈전문직의 기초가 되는〉 (Science+Technology+Engineering+Mathmatics의) 이공계통 유2

1030 **stem** [스템]: 〈'stand'에 뿌리를 둔 게르만어〉 ①줄기, 그루터기, 대, 혈통, 유래하다, 생기다, 〈↔root\cause\wend〉 ②막다, 저지하다, 〈↔accelerate\complete〉 양1

1031 **ste·nog·ra·phy** [스터나그뤄휘]: 〈그리스어〉, 스테나그래피, 'narrow+graphy', 속기(술), 기호·약자를 사용해서 평상문을 짧고 간략하게 표시하는 방법, short·hand, 〈↔long-hand〉 양2

1032 **stent** [스텐트]: 〈게르만어〉, splint, 덧대, 도관의 치료나 폐색 완화를 위해 넣는 부자, 1964년 영국의 치과 의사 Charles S~에 의해 고안된 의치를 고정하기 위한 주형 미1

1033 **step** [스텝]: 〈← stephan(strive)〉, 〈'노력하다'란 의미를 내포하는 게르만어〉, 발을 내딛다, (짧은 거리를) 걷다, 걸음, 보폭 (약 1야드), 단계, 〈~ stair\stoop²〉, 〈↔stop\retreat\run\long haul〉 양1

1034 *****step-up ba·sis** [스텝 엎 베이시스]: (단계적) 증대 기저, (상속 시) 양도 소득세를 계산할 때 구입가가 아니라 사망 당일의 가치로 재산의 비용 기준을 조정하는 제도 미2

1035 **ster·e·o** [스테뤼오우]: 〈← stereos〉, 〈'solid'란 뜻의 그리스어〉, 입체 (음향·사진), 3차원, 단단한, 연관의, 〈↔mono-phonic〉 미2

1036 **ster·e·o-type** [스테뤼오우 타이프]: 연판 (인쇄), 고정 관념, 상투수단, 〈↔originality\uniqueness〉 양2

1037 *****ster·ile** [스테뤌 \ 스테라일]: 〈← steira(barren)〉, 〈'새끼를 못 낳는 암소'란 뜻의 그리스어에서 유래한〉 메마른, 불모의, 불임의, 빈약한, 헛된, 무균의, 안전 (기밀) 유지 장치를 취한, 〈~ eunuch〉, 〈↔fertile\septic〉 양1 유2

1038 **stern¹** [스터어언]: 〈← styrne(severe)〉, 〈게르만어〉, 엄격한, 단호한, 가혹한, 근엄한, 황폐한, 〈~ stare〉, 〈↔genial\lax〉 기1

1039 **stern²** [스터어언]: 〈← styra(to guide)〉, 〈북구어〉, 고물, 선미, 뒷부분, 꼬리, 〈~ steer〉, 〈↔prow¹\beak\bow¹〉 양1

1040 **ste·roid** [스테뤄이드 \ 스티어뤄이드]: 〈영국어〉, (sterol분자 비슷한) 지방 용해성 화합물의 총칭 무1

1041 **steth·o-scope** [스태써 스코우프]: 〈그리스어〉, sternum+scope, 청진기, '가슴'을 진찰하는 기구, 〈~ stato-scope〉, 〈예전에는 hammer가 대조어이었음〉 양2

1042 **stew** [스튜우]: 〈← tuphos(steam)〉, 〈그리스어〉, (은근한 불로) 끓이다, 삶다, 마음 졸이다, 찌개, 〈~ steam〉, 〈↔cool\relaxed〉, 〈~(↔)soup〉, 〈↔barbeque〉 양1

1043 **stew-ard** [스튜우어드]: sty(pig pen)+ward, 〈영국어〉, 외양간지기, house keeper, 집사, 사무장, 조달계, 집대역, 승무원, 남자 사환, 〈어원을 알면 왜 flight attendant라고 부르는지 이해가 됨〉, 〈~ butler\major-domo〉 양1

1044 **stew-ard-ess** [스튜우어디스]: 여 집사, 〈돼지들을 먹이는〉 여 승무원, 여자 사환, ⇒ cabin(flight) attendant 양1

1045 **stick¹** [스틱]: 〈← stehho(staff)〉, 〈게르만어〉, 막대기, 지팡이, 방망이, 매질, 순경, 한 자루(개비), 바보, 〈↔praise\commendation〉 양1

1046 **stick²** [스틱]: 〈← stick¹〉, 〈막대기로〉 찌르다, 꿰다, 꽂다, 디밀다, 붙이다, 강요하다, 견디다, 〈↔fall\loosen\drop\remove〉 양1

1047 **stick-er** [스티커]: 찌르는 막대기, 붙이는 사람, 끈덕진 사람, 접착제, 풀 묻은 쪽지, 〈뾰족한 침을 찔러서 붙이는〉 (위반) 딱지, 가시, 팔다 남은 상품, 〈~ label\tag〉, 〈↔unfold\detach〉 양1

1048 ★**stick-ing place** [스티킹 플레이스]: 발판, 발붙일 곳, 교정시킬 수 있는 곳, 나사가 맞는 곳, (도살할 때 찌르는) 동물 목의 급소, 〈↔no place\belly button\tough-spot〉 양1

1049 ★**stick one's fin·ger in the dike**: 〈원래는 네덜란드의 한 소년이 제방이 새자 손가락을 넣어 동네 사람들이 오기까지 둑이 무너지는 것을 막았다는 고사에서 따온 '임시변통'이란 뜻이었으나 현재는 그 반대의 뜻으로〉 patch job(오래 못가는 땜질)\언 발에 오줌누기\헛수고 등의 뜻이 더 강함, 〈~ delay impending disaster〉 양2

1050 ★**stick one's nose in·to oth·er's busi·ness**: 남의 잔치에 감 놓아라 배 놓아라 한다, 〈~ it's none of your business\mind your own business〉 양2

1051 ★**stick-out** [스틱 아웉]: 뛰어난 (물건), 걸출한 (인물), 〈~ stand-out〉, 〈↔lowliness\under-dog〉 양2

1052 ★**stick out (one's) neck**: (죽음을) 무릅쓰다, 위험을 감내하다, 〈↔careful\discreet〉 양2

1053 ★**stick-shift** [스틱 쉬후트]: 막대 변속기, (자동차의) 수동 변속기, 〈~ manual shift〉, 〈↔antomatic shift〉 미1

1054 ★**stick to your guns**: 한 생각에 집착하다, 마음을 바꾸지 않다, 초지일관(하다), 〈~ hold fast¹〉, 〈↔change your mind\budge an inch\vacillate〉 양2

1055 ★**stick-up** [스틱 엎]: (깃이) 서 있는, (불쑥 내미는) 총기 강도, 〈~ up·hold〉, 〈↔surrender\deter\gun-down〉 양2

1056 ★**stick·y fin·gers** [스티키 휭거즈]: 〈19세기 중반에 등장한 영국어〉, '자꾸 돈이 손에 달라붙는 걸 어떻게 합니까?', 나쁜 손 버릇, 도벽, 〈~ larcenous〉, 〈↔honest\trust-worthy〉 양2

1057 **stiff** [스티후]: 〈← sif(firm)〉, 〈게르만어〉, 뻣뻣한, 굳은, 고착된, 완강한, 어려운, 엄청난, 〈↔flexible\lenient〉 양1

1058 **stig·ma** [스티그머]: 〈← stezein(prick)〉, 〈그리스어〉, 〈'뾰족한' 막대로 점찍은〉 스티그마, '낙인', 오점, 흠, 반점, 불명예, 상흔, '약점', 〈~ astigmatism〉, 〈↔honor\credit〉 양2

1059 **still** [스틸]: ①〈← stilli(quiet)〉, 〈게르만어〉, 움직이지 않는, 소리가 없는, 평온한, 아직(도), 여전히, 그럼에도, ~하지만, 〈↔moving\no longer〉 ②〈← distill〉, 증류하다, 밀조하다, 열 교환기, 〈↔infuse\pollute〉 양2

1060 ★**still wa·ters run deep**: 〈로마 때도 있었으나 셰익스피어가 [헨리 6세]에서 재등장시킨 말〉, 깊은 물은 고요히 흐른다, 잔잔한 물은 깊다, 외유내강, 은인자중, 벼는 익을수록 고개를 숙인다, 조용한 사람이 감정이 풍부하다, 〈~ low profile\the nobler the humbler〉, 〈↔shallow brook babbles the loudest〉 양2

1061 **stim·u·late** [스티뮬레이트]: 〈← stimulus(goad)〉, 〈라틴어〉, 〈찔러서〉 자극하다, 활발하게 하다, 흥분시키다, 〈↔sedative\dampen〉 가1

1062 **Sting** [스팅]: (본명 Gordon Sumner), (1951-), 〈성교 시 '오래 찌르기' 위해 열심히 요가를 하는〉 영국의 록 가수 출신 작곡가·배우·17개의 그래미상 수상자 수1

1063 **sting** [스팅]: 〈← stingan(thrust)〉, 〈게르만어〉, 찌르다, 쏘다, 괴롭히다, 자극하다, (독)침, 가시, 함정수사(sting operation), 〈↔aid\protect\relief〉

1064 **stink** [스팅크]: 〈← stincan(to smell)〉〈게르만어〉, 고약한 냄새(악취)가 나다, 불쾌하다, 서두르다, 〈아주 많은 돈을 가지고 있어서〉 동취가 나다, 소동을 일으키다, 〈~ stench\reek〉, 〈↔savory¹\aroma\fragrant\scent〉 양2

1065 ★**stink eye** [스팅크 아이]: 고약한 〈냄새가 나는〉 눈초리, 고약한 〈냄새가 나는〉 째려보는 눈매, 〈~ evil(shit) eye\razor eye〉, 〈↔grin\smile\wink〉 미1

1066 **sti-pend** [스타이펜드]: stips(small coin)+pendere(weigh out), 〈라틴어〉, 수당, 급료, 봉급, 〈~ tip〉, 〈↔expense\debt〉 가1

1067 **stip·u·late** [스티퓰레이트]: 〈← stipulus(firm)〉, 〈라틴어〉, 〈확고하게〉 규정하다, 약정하다, 명기하다, 흥정하다, 〈↔break off\discourage\mix up〉 양2

1068 **stir** [스터얼]: ⟨← styrian(agitate)⟩, ⟨게르만어⟩, 움직이다, 휘젓다, 분발시키다, 자극하다, ⟨~ storm\disturb⟩, ⟨↔separate\un-mix\compose⟩ 영1

1069 ★**stir-cra·zy** [스터얼크뤠이쥐]: ⟨← stariben(prison)?⟩, ⟨라틴어?→영국어⟩, ⟨← stir(prison이란 뜻의 19세기 영국 속어)⟩, ⟨감옥살이로⟩ 돌아버린, ⟨오래 갇혀서⟩ 미쳐버린, 좀이 쑤셔 못견디는, ⟨~ cabin fever⟩, ⟨↔calm\serene⟩ 영2

1070 **stitch** [스티취]: ⟨게르만어⟩, ⟨← stick²⟩, 한 바늘(땀), 한 코(뜸), 솔기, '한번 찌르기', 꿰매다, 쑤시는 통증, ⟨↔saw¹\tear\comfort⟩ 영1

1071 **sto·a** [스토우아]: ⟨그리스어⟩, porch, 스토아, 주랑, 보랑, S~; 금욕주의 철학자 제논이 소요하며 인생을 논했던 아테네의 '유개 보행로', ⟨→ stoic⟩, ⟨↔exit\egress⟩ 영2 수2

1072 **stock¹** [스탁]: ⟨← stocc(stem)⟩, ⟨게르만어⟩, 줄기, 밑동, 그루터기, 종족, 받침, 주식, 가축, 저장, 재고품, 흔한, 상투적인, ⟨↔progeny\debt\lack\fresh\cash\original⟩ 영1

1073 ★**Stock-holm syn-drome** [스탁호올름 씬드로움]: 스톡홀름 증후군, 1973년 Stockholm의 한 은행에서 5일간 억류되었던 인질들이 강도들에게 동화되어 호감과 지지를 나타내게 되는 정신 현상⟨일종의 desensitization(감작) 효과⟩ 수2

1074 **stock-ing** [스타킹]: ⟨영국어⟩, ⟨'stock'(밑동)을 감싸는⟩ 긴 양말, (여성용) '다리 가리개', '살 양말', 상품 비축, ⟨↔stripping⟩ 미1

1075 **stole** [스토울]: ①steal의 과거 ②⟨그리스어⟩, long robe, 길고 헐거운 '여성용' 겉옷 (목도리), ⟨~ shawl⟩ 기1 우1

1076 **sto·len** [스토울런]: steal의 과거분사, 훔친, 은밀한 영2

1077 **stom·ach** [스터먹]: ⟨← stoma(an opening)⟩, ⟨그리스어⟩, ⟨아무거나 잘 삭이는⟩ 위, 배, 복부, 식욕, 삼키다, 소화하다, ⟨↔limb\vagina?⟩ 기1

1078 **stone** [스토운]: ⟨← stan(small rock)⟩, ⟨게르만어⟩, 돌, 돌멩이, 알맹이, 석재, 보석, 비석, 우박, 결석, 완전한, 무감각한 영2

1079 ★**stonk** [스탕크]: ①⟨영국어⟩, ⟨의성어⟩, ⟨군사 용어⟩, 맹폭격 ②stock의 고의적 오타 ③⟨신조어⟩, ⟨때로는 막강한 권리를 행사할 수 있는⟩ 파산 후 잔여지분(stock) 영2 우2

1080 ★**stooge** [스투우쥐]: ⟨어원 불명의 영국어⟩, 연습생('student'), 조연역, 들러리, 앞잡이, 꼭두각시, 끄나풀, ⟨↔leader\assailer\traitor⟩ 영2

1081 **stool** [스투울]: ⟨← stuol(high seat)⟩, ⟨게르만어⟩, (등 없는) 걸상, 발판, 변기, 대변, 문턱, 그루터기, 권좌 ⟨'높은 의자'⟩, ⟨~ stand⟩, ⟨↔sofa bed⟩ 영1

1082 **stoop¹** [스투우프]: ⟨stupian(to bow)⟩, ⟨영국어⟩, 굽히다, 꾸부리다, 낮추다, 덮치다, ⟨~ steep⟩, ⟨~ hunch\slouch⟩, ⟨↔straighten\ascend⟩ 영1

1083 **stop** [스탑]: ⟨← styppe(tow)⟩, ⟨그리스어→라틴어→게르만어⟩, 멈추다, 막다, 그치다, 정거장, 방해물, 제어장치, 멈춰(!), ⟨~ stop!⟩, ⟨↔start\begin\continue⟩ 기1

1084 ★**stop a flood with a sponge**: 손바닥으로 하늘 가리기, 중과부적, ⟨~ bailing out a sinking ship with a spoon⟩ 영2

1085 **stor-age** [스토어뤼쥐]: ⟨라틴어⟩, 저장(소), 창고, 보관료, 기억된 정보량, ⟨~ pool\reservoir⟩, ⟨↔abolition\dump⟩ 영1

1086 **store** [스토어]: ⟨← staurare ← stare(to stand)⟩, ⟨라틴어⟩, 저축, 저장, 다량, 가게, 상점, (기억력) 저장, ⟨~ story²⟩, ⟨↔use\discard\absence\factory⟩ 기1

1087 ★**stored pro-gram** [스토어드 프로우그램]: 내장 차림표, 전산기에 시키고 싶은 일을 미리 주기억장치에 입력시켜 논 연성기기 미2

1088 **stork** [스토어크]: 〈게르만어〉, 〈'stark'(군건한)한 자세를 가진?〉 황새, 긴 다리·긴목·크고 튼튼한 날개·길고 억센 부리를 가지고 〈금실이 좋고 새끼를 잘 보호해서〉 (아기를 물어다 준다는 전설이 있는) 섭금류, 'ibis', 〈~ argala〉 예②

1089 **storm** [스토어엄]: 〈← sturm(to turn)〉, 〈게르만어〉, 폭풍(우), 세찬 비(눈), 소동, 습격(하다), 외치다, 〈~ stir〉, 〈↔calm\tranquility〉 완①

1090 ★**storm is brew·ing** [스토어엄 이즈 브루잉]: 〈셰익스피어가 주조한 말〉, 폭풍우가 올 듯 하다, 한바탕 소동이 일어날 것 같다, 〈↔all is well〉 예②

1091 **sto·ry¹** [스토어뤼]: 〈← historia〉, 〈라틴어〉, 〈← history〉, (옛날) 이야기, (단편) 소설, 내력, 줄거리, 기사, 꾸며낸 이야기, 〈~ fable\tale〉, 〈~ lie\fiction〉, 〈↔actuality\truth〉 가①

1092 **sto·ry²** [스토어뤼]: 〈라틴어〉, 〈예전에 비상시를 대처해서 계단이나 지붕 밑의 공간에 각종 필수품을 'store'한 데서 연유함?〉 층, 계층, 〈~ level\floor〉 가①

1093 **stout** [스타웉]: 〈← stolt(bold)〉, 〈게르만어〉, 단단한, 억센, 뚱뚱한, 〈~ tubby\sturdy〉, 〈↔flimsy\thin〉 가①

1094 **stove** [스토우브]: ex(라틴어)+typhein(to smoke란 뜻의 그리스어), 〈게르만어〉, 〈← stuba(heated room)〉, 난로, 풍로, (요리용) 화로, 건조실, '온실', 〈~ oven〉, 〈↔ice box\freezer〉 완①

1095 ★**stra·da·mus** [스트라다무스]: 〈한국어〉, 〈← Nostradamus〉, (성씨 다음에 붙여) 〈코에 걸면 코걸이\귀에 걸면 귀걸이 식으로〉 말을 자주 에두르는 사람을 일컫는 별명, 〈조 스트라(다)무스=조국 전장관〉 예②

1096 **straight** [스트뤠잍]: 〈← streccan〉, 〈영국어〉, 〈← stretch〉, 잡아 늘린), 곧은, 수직의, 수평의, 연속한, 가지런한, 정직한, 직선의, 외곬의, 〈화투의〉 '연속 패', 〈변태가 아닌〉 '정상인', 〈~ right〉, 〈↔bent\curved\crooked\homo〉 완①

1097 ★**straight as an ar·row**: 〈바이올린 주자가 소리를 낼 때 활을 현에 끌어당기듯〉 팽팽하게, 곧바로, 강직하게, 청렴결백한, 융통성이 없는

1098 ★**straight from the horse's mouth**: 〈경마상에서 어떤 말이 이길까는 말들이 제일 정확히 안다는 뜻에서 나온 말〉, 확실한 소식통(으로 부터), 본인의 입에서 나온 (first-hand) 예②

1099 **strain¹** [스트뤠인]: 〈← strangein(draw tight)〉, 〈그리스어〉, 〈팽팽하게〉 잡아당기다, 꽉 죄다, 긴장시키다, 〈근육이나 힘줄이〉 뒤틀리다, 피로, 부담, 〈↔calm\ease〉 완①

1100 **strain²** [스트뤠인]: 〈← struere(heap up)〉, 〈라틴어〉, 종족, 계통, 소질, 품종, 가락, 〈↔progeny\entirety〉 완①

1101 **strait** [스트뤠잍]: 〈← stringere(draw tight)〉, 〈라틴어〉, 〈'strict'(땡땡)하게 담궈진〉 '좁은 곳', 〈육지 쪽으로 잡아당긴 듯 좁고 긴〉 해협, 곤경, 엄격한, '좁은 문', 〈~isthmus〉 완①

1102 **strand¹** [스트뢘드]: 〈← strandaz(shore)〉, 〈어원 불명의 게르만어〉, 물가, 좌초시키다, 고립되다, 잔루시키다, 발을 묶다, 〈↔reclaim\support\continue〉 완①

1103 **strange** [스트뤠인쥐]: 〈← extraneus(external)〉, 〈라틴어〉, 이상한, 낯선, 생소한, '바깥의', 〈~ estrange〉, 〈↔ordinary\familiar〉 가①

1104 **stran·gle** [스트뢩글]: 〈← strangos(twisted)〉, 〈그리스어〉, 〈비틀어〉 질식시키다, 교살하다, 묵살하다, 억압하다, 〈~ choke\throttle〉, 〈↔loose\release\straddle〉 완②

1105 **strap** [스트뢮]: 〈← strophos(rope)〉, 〈그리스어에서 연유한 영국어〉, 〈비틀어 잡아 맨〉 가죽 끝(손잡이), 고리, 띠, 피대, 혁대, 채찍질, 〈~ strip²〉, 〈↔un-strap\unfasten\brassiere〉 완①

1106 **strat·e·gy** [스트뢔티쥐]: 〈← strategos(general)〉, 〈그리스어〉, 〈넓게 알아도 하는〉 '장군학', (전체) 전략, 용병술, 작전, 〈~ tactics\master plan〉, 〈↔impulse\disorder\ignorance〉 완②

1107 **straw** [스트뤄어]: 〈← strewian(to strew)〉, 〈게르만어〉, 〈흐트러진〉 지푸라기, (밀)짚, 짚(누른) 색, 빨대, 조금, 하찮은, 가짜의, 〈~ cannuccia〉, 〈↔stalk〉 완①

1108 **★straw-ber·ry moon** [스트뤄 베뤼 무은]: 딸기 보름달, 6월 하지쯤 뜨는 〈심홍색의〉 보름달, 〈~ super-moon〉 영2

1109 **stray** [스트뤠이]: 〈← estraier(rove)〉, 〈프랑스어→영국어〉, 옆길로 빗나가다, 처지다, 헤매다, 가끔 나타나다, 〈~ astray〉, 〈~ roam〉, 〈↔stay\dwell〉 영1

1110 **streak** [스트뤼이크]: 〈← strica(line of motion)〉 ①〈게르만어〉, 〈← stroke of a pen〉, 줄(무늬), (광)선, 번개, 광맥, 경향, 〈↔gap\dullness\disarray〉 ②〈게르만어→영국어〉, 〈← stretch〉, 〈질주(하다)〉, 〈↔crawl〉 ③〈호랑이 등의〉 떼 영1

1111 **★streak-ing** [스트뤼이킹]: ①모발 탈색 (줄 염색), 〈~ mottling〉, 〈↔dyeing〉 ②(시선을 끌려고) 벌거벗고 대중 앞을 달리는 '알몸 질주', 〈↔shading away〉 영1

1112 **stream** [스트뤼임]: 〈← rhein(flow)〉, 〈그리스어→게르만어〉, 시내, 개울, '흐름', 조류, 연속, 유출(하다), 〈↔river〉, 〈↔retreat\pull-back〉 기1

1113 ***stream-ing** [스트뤼밍]: 흐름, 연속 처리, 능력별 학급 편성, (지체 없이) 자료를 실시간에 전송하는 일, (전산망에서) 음성이나 동영상 등을 실시간으로 재생하는 기술, 〈↔backing-up\setting〉 영1 우2

1114 **★stream shop-ping** [스트뤼임 샤핑]: 연속 장보기, 동영상을 통해 실시간에 물건을 사는 일 미2

1115 **street** [스트뤼이트]: 〈← sternere(strew)〉, 〈라틴어〉, St., '도시 도로', ~가, 거리, 가로, 차도, '(포장)도로', 거리에 어울리는, 통속적인, 〈~ avenue\boulevard〉, 〈↔blockage\by-pass〉 영2

1116 **street-car** [스트뤼이트 카아]: (시가) 전차, tram, trolly, 〈↔cable-car\bus〉 기1

1117 **★street cul·ture** [스트뤼이트 컬취]: 거리 문화, 대도시의 빈민촌에서 자라는 젊은이들의 공통된 가치관·생활양식

1118 ***street date** [스트뤼이트 데이트]: 〈1979년에 등장한 말〉, (제조자가 일반 시판을 위해) 처음으로 소매상에 출시하는 날, 시판 개시일, 〈간혹 '길거리 연애'라는 뜻으로도 쓰인다고 함〉 영2

1119 **strength** [스트뤵쓰]: 〈게르만어〉, 〈← strong〉, 세기, 힘, 근력, 강점, 세력, 강도, 내구력, 〈↔weakness\frailty〉 영1

1120 **stress** [스트뤠스]: 〈← strictus〉, 〈라틴어〉, 〈← distress〉, 긴장, 〈사람마다 감수성이 다른〉 시련, 압박, 강세, 강조, 압력, 〈↔relaxation\play down〉 영2

1121 **stretch** [스트뤠취]: 〈← streccan(extend)〉, 〈영국어〉, 뻗치다, 늘이다, 펴다, 팽창, 한도, 단숨, '연속', 〈→ straight〉, 〈↔compress\withdraw〉 영1

1122 **★stretch your arm no fur·ther than your sleeve will reach**: 누울 자리 봐가며 발을 뻗어라, 〈~ act in accordance with the circumstance〉 영2

1123 **strict** [스트륕트]: 〈← strictus ← stringere(graw tight)〉, 〈라틴어〉, '팽팽하게 당기는', 엄격한, 정확한, 진정한, 직립의, 〈→ strait〉, 〈↔easy\lenient〉 기1

1124 **strike** [스트롸이크]: 〈← strican(advance)〉, 〈게르만어〉, 때리다, 치다, 부딪치, 공격하다, 생각나다, 느끼게 하다, 체결하다, 충돌하다, 성공하다, 파업하다, '완전 투척', 〈~ stroke\attack\walk-out\bang\hit\thwack\air-attack〉, 〈↔extinguish\pitch〉 영1 미1

1125 **★strike while the iron is hot**: 쇠뿔도 단김에 빼라, 〈~ seize the moment\make hay while the sun shines〉 영2

1126 **★strik-he·don-i·a** [스트뤼케 도니아]: strike+hedone(pleasure), 〈그리스어에서 연유한 신조어〉, 〈다 멀쳐 버리고〉 (여행을) 떠나는 기쁨, 해탈, 〈~ YOLO〉 영2

1127 **string** [스트륑]: 〈← strang(strong)〉, 〈게르만어〉, 끈, 줄, 실, 한 줄(의), 섬유, 현, 문자열(일련의 문자·기호들이 모여서 하나의 자료로 취급되는 것), 줄에 꿰다, 나열하다, 〈일렬로 걸어가는〉 (조랑말 등의) 떼, 〈~ strain¹〉, 〈↔dot\disconnect\whole\individual\disorder〉 영2

1128 ***string op·er·a·tions** [스트륑 아퍼뤠이션스]: 연쇄상 운영법들, (전산기에서) 문자열을 함께 엮는 여러 가지 방법들 미2

1129 **string the·o·ry** [스트륑 씨어뤼]: (노)끈 학설, 끈 이론, (1960년대부터 각광을 받기 시작한) 소립자를 끈으로 다룸으로써 점으로 다루는 경우에 생기는 난점을 극복하려는 물리학설로 1980년대부터 super(초) 노끈학설로 이행하고 있음 미2

1130 **strip¹** [스트륍]: 〈← strypan(plunder)〉, 〈게르만어〉, 벗기다, 까다, 떼다, 제거하다, 해체하다, 〈↔stock\cover\upholster〉 영1

1131 **strip²** [스트륍]: 〈← strippe(strap)〉, 〈게르만어〉, 〈← stripe〉, 스트립, 길고 가는 조각(땅), 연재(연속)물, S~; 〈당신을 발가벗기려고 혈안이 된〉 라스베이거스의 도박장 거리, 〈~ streak¹〉, 〈~(↔)tract〉, 〈↔whole\chunk〉 미1 수2

1132 **stripe** [스트롸이프]: 〈게르만어〉, stripped, 줄(무늬), 가늘고 긴 줄, (소매에 다는) 계급 줄, 유형, 죄수복, 채찍 자국, 〈→ strip²〉, 〈↔dotted line\zigzag line〉 영1 미2

1133 **strive** [스트롸이브]: 〈← estrif(debate)〉, 〈프랑스어〉, 노력하다, 분투하다, 승강이하다, 〈~ strife\take a shot〉, 〈↔neglect\idle〉 영2

1134 **stroke¹** [스트로우크]: 〈← strican(to blow)〉, 〈게르만어〉, 한 번 치기(찌르기), 한 번 젓기, 한 획, 고동, 중풍, 뇌졸중, apoplexy, 총점에 관계없이 이긴 홀의 수로 승부를 결정하는 match play, 〈~ strike〉, 〈↔touch\miss\defence\consciousness〉 미2

1135 **stroke²** [스트로우크]: 〈← stroke¹의 gentle한 표현〉, 〈영국 신사들이 쓰는 말〉, 쓰다듬다, 달래다, 성공하다, 〈~ strike〉, 〈↔poke\ignore\push-away〉 영1

1136 **stroke font** [스트로우크 홴트]: 자획체, 선분〈유한직선〉의 조합으로 만든 글자 모양 미2

1137 **stroll** [스트로울]: 〈← stroyl(idle walk)〉, 〈어원 불명의 게르만어〉, 어슬렁어슬렁 거닐기, 산책, 만보, 순회공연, 〈↔run\tiptoeing\zap\zoom〉 영1

1138 ★**stroll-out** [스트로울 아웉]: 〈오스트레일리아어〉, stroll+rollout, '지연출시', '만보시행', Covid-19 예방접종을 늦게 시작한 정부를 비꼬는 말 미2

1139 **struck** [스트뤅]: strike의 과거·과거분사, 반한, 열중하는, 파업 중인 영1

1140 **struc·ture** [스트뤅춰]: 〈← struere(heap together)〉, 〈'짓다'라는 뜻의 라틴어에서 유래한〉 구조, 조직, 체계, 구성, '건물'〈세워진 물건〉, 〈~ construction\form\texture〉, 〈↔ruin\wreckage〉 영2

1141 **structured pro·gram·ming** [스트뤅춰드 프로우그래밍]: 구조화 차림표 편성, (전산기의 차림표 작성에서) 정확한 논리성·규격화 생산성·오류 방지 및 신뢰성·교정 및 보수성 향상을 위해 개발된 연성기기 미2

1142 **strug·gle** [스트뤄글]: 〈← strogelen〉, 〈영국어〉, 〈의성어·의태어?〉, 버둥거리다, 고투하다, 애쓰며 나아가다, 〈~ conflict\tug of war〉, 〈↔idleness\retreat\sine-cure〉 기1

1143 ★**strung** [스트륑]: string의 과거·과거분사, 줄을 팽팽하게 맨, 예민해진, 신경질적인, (마약이 떨어져) 괴로운 영2

1144 **stub¹** [스텁]: 〈← stybb(stump of a tree)〉, 〈게르만어〉, 그루터기, 토막, 동강, 잘리고 남은 부분, 부표, 꽁초, 〈~ stem〉, 〈↔whole\middle〉 영1

1145 **stub²** [스텁]: 〈← stub¹〉, 〈미국어〉, (아직 쓰지 않은) 임시로 대체된 전산기 차림표의 일부, 다른 곳에서 정해진 차림표를 나타내는 데 사용하는 부호 무1

1146 **stub-born** [스터번]: 〈← stub¹?〉, 〈어원 불명의 영국어〉, 〈나무 그루터기같이?〉 완고한, 고집 센, 단단한, 융통성 없는, 〈~ obstinate\refractory〉, 〈↔compliant\flexible〉 기1

1147 **stuc·co** [스터코우]: 〈게르만어〉, 스터코, 치장 벽토, 치장 회반죽 미1

1148 ★**stud¹** [스터드]: 〈← stod(war horse)〉, 〈게르만어〉, 준마, 종축, '떡대', '변강쇠', 〈~ steed〉, 〈↔state³\wimp\milksop〉 영2

1149 **stu·dent** [스튜우던트]: 〈← studere〉, 〈라틴어〉, 〈← study〉, 학생, 학자, 연구생, 수습생, 〈~ pupil〉, 〈↔teacher\pedagog〉 개1

1150 **stu·di·o** [스튜우디오우]: 〈← study〉, 작업장, 연습장, 방송실, 촬영장, 〈↔rumpus room〉 미2

1151 **stud·ly caps** [스터들리 캡스]: intercaps, Camel Case (관심을 끌거나 장난으로 낙타 등 같이 중간에) 무의미한 대문자 쓰기, 〈i Phone·e Bay등〉 낙타 등 대문자 우1

1152 **stud·y** [스터디]: 〈← studere(to ponder)〉, 〈라틴어〉, 〈남에게 지지 않으려고 열심히 하는〉 공부, 학습, 연구 (분야), 서재, 살피다, '애쓰다', 〈↔un-learn\play〉 양2

1153 **stuff** [스터후]: 〈← stuphein(draw together)〉, 〈그리스어〉, 재료, 자료, 소질, 사물, 잡동사니, 넣다, 채우다, 〈↔real estate\shovel〉 양1

1154 *****stuff-it** [스터휱]: stuff it, 스터핏, (1987년 한 고등학생이 처음 시작한) Macintosh와 Windows의 자료 압축 연성기기 서2

1155 **stum·ble** [스텀블]: 〈← stomblen(trip over)〉, 〈게르만어〉, 〈그루터기(stump)에 걸려?〉 넘어지다, 비틀거리다, 더듬거리다, 우연히 마주치다, 〈~ stammer\tumble〉, 〈↔straighten\get up〉 양1

1156 **stump** [스텀프]: 〈← stompe(lower end of a tree)〉, 〈게르만어〉, 그루터기, 뿌리, (잘리고) '남은 부분', 땅딸보, 〈나무 밑동으로 만든〉 연단, 유세하다, 뿌리 뽑다, 뚜벅뚜벅 걷다, 난처하게 하다, 〈stub'\stumble〉, 〈↔whole\stick\crawl\assure〉 양1

1157 **stun** [스턴]: ex+tonare(thunder), 〈라틴어→프랑스어〉, 기절시키다, 깜짝 놀라게 하다, 충격, 인사불성, 〈~ astonish\astound〉, 〈↔bore\enlighten〉 양2

1158 ★**stun-ner** [스터너]: 충격적인 것, 놀라게 하는 사람, 멋진 사람, 〈기절시킬 만큼〉 굉장한 미인, 〈↔plain'\bag〉 양2

1159 **stunt** [스턴트]: 〈← stintan(hinder)〉, 〈게르만어〉, (갑자기) 정지시키다, 묘기, 곡예(비행), 〈↔advance\failure〉 양2

1160 **stu·pid** [스튜우피드]: 〈← stupere(to be amazed)〉, 〈라틴어〉, 어리석은, 시시한, 무감각한, 끔찍한, 무지무지한, 최상급의, 〈↔bright\sensible\serious\wise〉 양1

1161 *****stut·ter** [스터터]: 〈← staut(thrust)〉, 〈게르만어〉, 〈의성어·의태어〉, 말을 더듬다, 떠듬거리다, 〈~ stammer〉, 〈↔enunciate〉, 전송 복사 시 신호의 진폭이 갑자기 변할 때 생기는 '더듬선', 〈~ sputter\lisp〉 양1 우2

1162 **style** [스타일]: 〈라틴어〉, '첨필(stylus)' 모양의, 필체, 문체, 어조, 방식, 유형, 양식, 품격, (글)자체, 조각칼, (해시계의) 바늘, (식물의) 암술대, 〈↔dullness\variability\stamen〉 양2

1163 *****style sheet** [스타일 쉬이트]: '자체 박판', 문서의 글자 모양이나 배열을 정해주는 형판 우2

1164 *****sty·lus** [스타일러스]: 〈라틴어〉, pointed instrument, 철필, 첨필, 바늘, 전산기 화면에 글을 쓰거나 그림을 그리는 등의 표시를 할 때 쓰는 '필상돌이', 〈→ style〉, 〈~ needle〉 양1 우1

1165 **Sty·ro·foam** [스타이뤄 호움]: poly·styrene+foam, 스티로폼, 1947년 Dow's 실험실에서 개발된 수많은 기포를 함유해서 가볍고 충격과 열·소음에 강한 합성수지, '발포성 합성수지', 〈절연성 건축 자재나 식품 용기로 쓰임〉

1166 **sub** [썹]: 〈← substitute〉, 대리인, 잠수함, 회비, 가볼, 부주필, 대형 샌드위치 양1

1167 *****sub-do·main** [써브 도우메인]: 하위 영역, 전산기 주소의 〈의미 있는〉 일부분 미2

1168 **sub·due** [써브 듀우]: 정복하다, 압도하다, 억제하다, 낮추다, 〈↔liberate\aggravate〉 양2

1169 *****sub-field** [써브 휘일드]: (학문의) 하위 분야, (전산기의) 아래 기록란 미2

1170 **sub·ject** [써브 쥑트]: sub+jacere(to lie), 〈라틴어〉, 속하는, 지배를 받는, 조건으로 하는, 주제, 과목, 원인, 실체, 개체, 대상물(자), 국민, [써브 쥅트]: 당하게하다, 종속시키다, 위임하다, 〈↔object\free〉 양1

1171 **sub·junc·tive** [써브 헝티브]: sub+jungere(to join), '아래에서 합쳐지다', 가정법(의), 〈주로 종속문에 쓰이는〉 가상을 나타내는 동사의 서법, 〈↔indicative〉 영2

1172 **sub·li·mate** [써브 리메이트]: sub+limare(to raise), 〈밑으로부터 올려서〉 승화시키다, 고상하게 하다, 〈↔solidify\degrale\impure\deposition〉 영2

1173 **sub·ma·rine** [써브 머륀인]: 〈라틴어〉, under-water boat, 잠수함, 해저 생물, 둥그렇게 긴 빵을 가르고 냉육·치즈·야채를 낀 〈잠수함같이 생긴〉 큰 샌드위치, 〈~ hero sandwich\poor-boy〉, 〈↔aircraft carrier〉 영2 우2

1174 **sub·mer·ge** [써브 머얼쥐]: sub+mergere(to plunge), 〈라틴어〉, '물 아래로 담그다', 잠수하다, 가라앉히다, 〈↔drain\float\ascend〉 영2

1175 **sub·mis·sion** [써브 미션]: 〈본연의 임무를 내려놓는〉 복종, 항복, 정중, 제안, 〈~ acquiescence\presentation〉, 〈↔contumacy\defiance〉 영2

1176 **sub·mit** [써브 밑]: sub+mittere(to send), '아래로 보내다', 복종시키다, 제출하다, 진술하다, 항복하다, (전산기에서 실행을 명령하는) 처리의뢰, 〈~ trickle\kow-tow〉, 〈↔resist\refrain\buck〉 영1 미1

1177 *****sub-net mask** [써브 넽 매스크]: '부분망 차폐를', 공통된 전산망 체제에서 하부 전산기 고유주소의 일부를 가리기 위해 쓰는 '식별 번호' 우2

1178 **sub·or·di·nate** [써버얼디너트]: sub+ordinare(to order), '아래 순서에 있는', 아래의, 종속된, 부차적인, 중요하지 않은, 〈↔higher\superior\major〉 영2

1179 **sub·poe·na \ ~pe·na** [썹 피이너]: 〈라틴어〉, 'under penalty', ('벌칙이 부가'된) 소환장, 호출장, 〈~ summon\warrant\writ〉, 〈↔dismiss\send away〉 영2

1180 **sub-prime** [써브 프라임]: 〈라틴어〉, 최고급 다음의, 최우대 대출 금리보다 낮은 (준우대), '차 고위' 미1

1181 *****sub-pro-gram** [써브 프로우그램]: 〈라틴어+그리스어〉, '준 차림표', (다른 차림표에서 사용할 수 있도록) 독립된 형태로 구성된 차림표의 일부 미1

1182 *****sub-rou-tine** [써브 루우틴]: 〈라틴어+프랑스어〉, '준 일상업무', (특정 차림표 내에서) 반복 사용할 수 있는 독립된 명령군(기능·과정·방식) 미1

1183 **sub·scribe** [썹 스크롸이브]: sub+scribere(to write), '아래에 적다', 기명 승낙하다, 신청하다, 기부하다, 예약하다, 〈↔dissent\reject\cancel〉 영2

1184 **sub·se·quent** [썹 시퀀트]: sub+sequi(to follow), 뒤의, 다음의, 계속해서 일어나는, '아래에 따라오는', 〈↔previous\former〉 기1

1185 **sub·side** [썹 싸이드]: sub+sedere(to sit), '아래에 앉다', 가라앉다, 내려앉다, 진정되다, 〈↔intensify\rise〉 영2

1186 **sub·si·dize** [썹 씨다이즈]: 보조금을 주다, 보태주다, 매수하다, 〈↔refund\disendow〉 영2

1187 **sub·sist** [썹 씨스트]: sub+sistere(to stand), '아래에 서다', 생존하다, 존재하다, 살아가다, 〈~ exist〉, 〈↔succumb\perish〉 기1

1188 **sub·stance** [썹 스턴스]: 〈← sub+stare(to stand)〉, 물질, 실체, 〈밑바닥에 깔려있는〉 본질, 요지, 자산, 〈↔abstract\debt\form〉 영2

1189 **sub·sti·tute** [썹 스티튜우트]: sub+statuere(set up), 〈라틴어〉, '아래에 대신 세우다', 대체하다, 바꾸다, 대리하다, 치환하다, 〈~ re-place\back-up〉, 〈↔permanent\retain\dismiss\original〉 영2

1190 *****sub-strate** [썹 스트뤠이트]: sub+sternere(spread out), 〈밑바닥에 펼쳐져서〉 (효소에 의해 화학반응을 일으키는) 기질, (전기회로의 접속을 담은) 기판, 〈↔sub-surface\over-head\activator〉 영2

1191 ***sub-string** [써브 스트링]: 〈라틴어+게르만어〉, 아래 문자열, 부분열, (나중에 다시 쓰기 위해) 문자열의 일부를 뽑아 논 것 미2

1192 **sub-tle** [써틀]: sub+tela(web), 〈라틴어〉, '세밀히 짜여진', 미묘한, 희박한, 예민한, 교묘한, 교활한, 〈↔obvious\harsh\blatant〉 왕2

1193 **sub-tract** [썹 트랙트]: sub+trahere(to draw), '아래로 끌어당기다', 빼다, 감하다, 제외하다, 〈↔add\supplement〉 가1

1194 ***sub-tweet** [써브 트위트]: 〈라틴어+영국어〉, subliminal tweet, (잠재의식을 부채질하는) 역하 사회 전산망, (전상망에서) 상대방의 이름을 대지 않고 상대방을 험담(조롱)하는 것 우2

1195 **sub-urb** [써버얼브]: 〈라틴어〉, sub+urban(town), 교외, 근교, (도시) 주변, 〈~ out-skirts\rur-ban〉, 〈↔downtown\center〉 왕2

1196 **sub-way** [써브 웨이]: 〈라틴어+게르만어〉, 지하철(도), underground, underpass, 〈↔overground railway〉 가1

1197 **suc-ceed** [썩씨이드]: 〈← sub+cedere(to go)〉, 〈라틴어〉, 〈밑에서 올라온 욕망을〉 달성하다, 성공하다, 〈밑으로 내려가면서〉 번창하다, 뒤를 잇다, '다음에 가다', '아래에 있는 사람에게 넘어가다', 〈↔precede\fail〉 가1

1198 **suc-cess** [썩쎄스]: 〈← sub+cedere(to go)〉, 달성, 성공, 출세, 〈↔failure〉 가1

1199 **★suc-cess breeds en-vy** [썩쎄스 브리즈 엔뷔]: 성공은 시기의 씨앗, 사촌이 땅을 사면 배가 아프다, 〈~ an envious man grows lean with fatness of his neighbor〉 왕2

1200 **★suc-cess does not hap·pen o·ver night**: 성공은 하루 아침에 이루어지지 않는다, 천리 길도 한 걸음부터, 첫 술에 배부르랴, 〈~ Rome was not built in a day〉 왕2

1201 **suc-cumb** [써컴]: sub+cumbere(cubare; to lie), 〈라틴어〉, 굴복하다, 압도되다, 죽다, '아래에 눕다', 〈~ give-in\yield〉, 〈↔endure\prevail\reincarnation\subsist\out-wit\resist〉 왕2

1202 **such** [써취]: 〈← swylc(so+like)〉, 〈게르만어〉, 그러한, 같은, ~하리만큼, 저토록, 이러이러한, 〈~ so〉, 〈↔un-like\different〉 가1

1203 **suck** [썩]: 〈영국어〉, 〈의성어〉, 빨다, 핥다, 불쾌하다, 흡수하다, ~에 끌어넣다, 착취하다, 〈↔blow\exhale\repel〉 왕2

1204 **suck-er¹** [써커]: 빠는 사람(물건), 잘 속는 사람, 호구, '봉', (막대기에 붙여) 빨아 먹는 사탕, (새싹의) 곁눈, 〈~ gullible〉, 〈→ Barnum effect〉, 〈↔discerning\wise〉 미2

1205 **★suck-er for free-bies** [써커 훠어 후뤼이비즈]: 공짜라면 양잿물도 먹는다, 공짜 좋아하면 대머리 까진다, 〈~(↔)there is nothing free\free lunch〉 우2

1206 **suc-tion** [썩션]: 빨기, 빨아들이기, 흡입, 흡인, 〈↔blower\deflation〉 왕2

1207 **sud·den** [써든]: sub+ire (to go), 〈라틴어→프랑스어→영국어〉, 돌연한, 갑작스런, 느닷없는, 〈~ subito〉, 〈~ abrupt\rapid〉, 〈↔gradual\delayed〉 가1

1208 **suf-fer** [써풔]: sub+ferre(to bear), 〈라틴어〉, '아래에서 참다', 겪다, 고생하다, 참다, 앓다, 〈~ passion\pathos〉, 〈↔alleviate\relieve〉 왕1

1209 **suf-fi·cient** [써휘션트]: 〈sub+facere(make)〉, 〈라틴어〉, 〈아래로 흘러내릴 만큼〉 족한, 충분한, enough, 〈↔inadequate\limited〉 가1

1210 **suf-fix** [써휙스]: sub+figere(to fix), 〈라틴어〉, 접미사, 첨가물, 끝에 붙이다, 〈↔pre-fix〉 왕2

1211 **suf-fo·cate** [써훠케이트]: sub+fauces(throat), 〈라틴어〉, '목구멍 밑에서' 숨을 막다, 질식시키다, 억압하다, 〈~ smother\stifle\choke〉, 〈↔breathe\respire〉 왕2

1212 **★sug** [써그]: 〈전산망어〉 ①selling under guise, '위장 판매', 시장조사를 하는 척하면서 파는 행위 ②straight up gangster, 막바로 총을 들이대는 강도 우1

1213 **sug·ar [슈거]**: 〈← carkara(gravel)〉, 〈아랍어→스페인어→프랑스어→영국어〉, 설탕, 당(질), 감언, 뇌물, 제기랄, '여봉 (꿀단지)', 〈→ sucrose〉 **가1 미2**

1214 **sug-gest [써줴스트]**: sub+gerere(to carry), 〈라틴어〉, '〈의견을〉 '아래에서 가져오다', 암시하다, 시사하다, 제안하다, 권하다, 〈↔deny\gain-say\supplicate〉 **알2**

1215 **★suh [써]**: 〈신조 구어〉, (게으름뱅이가 쓰는) What's up? (무슨 일?·어때?)의 준말, 〈~ sup²〉 **알2**

1216 **su·i·cide [쑤우이 싸이드]**: sui(oneself)+caedere(slay), 〈라틴어〉, 자살 (행위), 자멸, '자기 죽이기', 〈↔homi-cide\murder〉 **가1**

1217 **suit¹ [쑤우트·슈우트]**: 〈← sequi(to follow)〉, 〈라틴어〉, sue, 〈사건에 딸려서 발생하는〉 소송, 고소, 청원, 〈↔approval\sentence〉 **알1**

1218 **suit² [쑤우트·슈우트]**: 〈← sequi(to follow)〉, 〈라틴어〉, '뒤따르다', 적응시키다, 어울리다, 편리하다, 〈딸려 있는〉 옷 한 벌, 갖춤 옷, 정장, 〈항상 정장 차림의〉 간부 사원, 짝패 한 벌, 〈↔rags\bath-robe〉 **알1**

1219 **suit-case [쑤우트 케이스]**: (옷 한 벌을 넣을 만한) 여행 가방(portmanteau), (전산기 운영체계의 자료를 함유하는) 특수 저장 장치 **미2 주2**

1220 **suite [스위이트]**: 〈라틴어→프랑스어〉, 〈← suit²〉, (가구의) 한 벌, 모음곡, 수행원, (거실·응접실 따위가) 붙은 방, '모둠방', (초보자를 위한 다목적용) 응용 꾸러미, 〈↔whole\individual〉 **미1**

1221 **sul·fur [~phur [썰훠]**: 〈라틴어〉, 황, 비금속원소(기호 S·번호16), (지구 중심핵의 15%·지각의 0.05%를 차지하고 상온에서는 냄새가 없으나 섭씨 250°에서 발화하면 이산화황 기체가 되어 고약한 냄새를 내는) 유황, 유황빛 **알2**

1222 **sul·len [썰런]**: 〈← solus(alone)〉, 〈라틴어→프랑스어→영국어〉, 샐쭉한, 부루퉁한, 음울한, 굼뜬, 〈~ sulky〉, 〈← sole¹?〉, 〈↔cheerful\effervescent〉 **알2**

1223 **sul·tan¹ [썰턴]**: 〈아랍어〉, 술탄, '지배자(ruler)', 이슬람교국의 군주(토후) **가1**

1224 **sum [썸]**: 〈← super(above)〉, 〈라틴어〉, 총계, 합계, 개요, 합집합, 〈~ summit\summary〉, 〈↔inverse\difference〉 **알2**

1225 **sum-ma·ry [써머뤼]**: 〈라틴어〉, 〈← sum〉, 요약, 개요, 간략한, 약식의, 재빠른, 〈↔inversion\lengthy\unabridged〉 **알1**

1226 **sum·mer [썸머]**: 〈← sama(half year)〉, 〈산스크리트어→게르만어〉, 여름(철), 더운 계절, 한창때, '1년의 중간', 〈↔winter〉 **가1**

1227 **sum·mit [써밑]**: 〈← super(above)〉, 〈라틴어〉, 꼭대기, 정상, 극치, 수뇌부, 〈~ sum〉, 〈↔base\bottom〉 **가1**

1228 **sum-mon [써먼]**: sub+monere(warn), 〈라틴어〉, 소환(호출)하다, 항복을 요구하다, '아래로 살짝' 상기시키다, 〈~ subpoena\writ〉, 〈↔search warrant〉 **알2**

1229 **sun [썬]**: 〈← sunne(sol)〉, 〈게르만어〉, 해, 태양, 햇빛 (별), (태양계의 중심에 있고 지구의 33만 배가 되는) 3/4이 수소·1/4이 helium으로 된 원형의 전리기체, 〈지구의 생사여탈권을 가진 유일한 자〉 **가1**

1230 **sun-cream(screen) [썬 크뤼임(스크뤼인)]**: 자외선 방지 피부 보호 연고 **미1**

1231 **Sun-day [썬 데이]**: 〈라틴어에서 연유한 영국어〉, '해(sun)의 날', 일요일, 안식일, (예수가 부활했다는) 주일, (일을 않하는) 공일, 7요일의 첫째 날 **가1**

1232 **sun-flow·er [썬 홀라워]**: 해바라기, 긴 줄기에 달린 커다란 원형의 꽃판이 태양을 따라 움직이는 북미 원산의 국화과의 한해살이 초본 **가1**

1233 **sung [썽]**: sing의 과거·과거분사 **가1**

1234 **sun-glasses [썬 글래시스]**: 색안경, 햇빛 가리개 안경 **미1**

1235 *sunk-cost [쌍크 코어스트]: 매몰 비용, 〈이미 지출되어 회수불가한〉 함몰 비용, 〈↔opperturnity cost〉 양2

1236 *sun lamp [썬 램프]: (영화 촬영용) 포물면경이 있는 큰 전등 양2

1237 ★sun-ny side up [써니 싸이드 엎]: 〈1831년 미국에서 등장한 요리용어〉, 한쪽만 익힌, 〈태양의 모양이 훼손되지 않게〉 뒤집지 않은(계란부침), 〈~ over easy\scrambled〉 미2

1238 sun-roof [썬 루우후]: 일광 천장, (자동차 지붕의) 〈개폐식〉 채광창 미1

1239 sun-set [썬 쎌]: 해넘이, 일몰, 말기, 쇠퇴기, 〈↔sun-rise〉 양2

1240 ★sun-set clause [썬 쎌 클러즈]: (일정 기간이 지나면 자동적으로 소멸되는) 일몰 조항 양2

1241 sun-show·er [썬 샤우어]: (맑은 날에 오는) 여우비, 〈↔aridity\thunder-storm〉 양2

1242 sun-vi·sor [썬 봐이줘]: 햇빛 가리개, (자동차의 직사광선을 피하는) 차양판 미2

1243 sup¹ [썹]: 〈게르만어〉, 〈의성어?〉, 조금씩 마시다, 홀짝이다, 〈~ soup \ sip〉 양2

1244 *sup² [썹]: 〈신조 구어〉, what's up, 어때, 어떻게 지내?, 〈~ suh〉 양2

1245 su·perb [쑤우퍼얼 브]: 〈← superbus(grand)〉, 〈라틴어〉, '위에 있는', 훌륭한, 멋진, 당당한, 뛰어난, 〈~ magnificient\wonderful〉, 〈↔inferior\poor〉 양2

1246 *su·per-com·put-er [쑤우퍼 컴퓨터]: (다량의 자료를 고속으로 처리할 수 있는) 초고속 전산기 양2

1247 *su·per-con-duc·tor [쑤우퍼 컨덕터]: 초 전도체, (한국에서 개발에 열을 올리고 있는) 전기 저항이 0이 되면서 전류가 장애없이 흐르는 〈이상적인〉 반도체, 〈~(↔)conductor〉 양2

1248 *su·per class [쑤우퍼 클래스]: 최고 계급 ①초강(생물 분류상 class와 subphylum 사이) ②(객체 차림표 언어에서) 하위부문이 분리되어 나오는 '상위부문' 양1 미1

1249 Su·per-dome [쑤우퍼 도움]: 슈퍼 돔, 미국 뉴올리언스시에 1975년에 개장되어 2011년 Benz사가 이름만 산 New Orleans Saints의 근거지 쏘2

1250 su·per-dome [쑤우퍼 도움]: (둥근 지붕의) 초대형 경기장 양2

1251 su·per-fi·cial [쑤우퍼 휘셜]: super+facies(face), 표면(외면)의, 피상적인, 얕은, 〈~ surface〉, 〈↔deep\profound〉 양2

1252 su·per-flu·ous [쑤우퍼 훌루어스]: super+fluere(flow), '위로 흘러넘치는', 남는, 과잉의, 불필요한, 〈↔necessary\essential〉 가1

1253 ★su·per-food [쑤우퍼 후우드]: 〈라틴어+게르만어〉, 우량 식품, 〈몸에 좋다는〉 '보약 식품', 〈체력을 증진시킨다는〉 '강장식품' 미2

1254 ★Su·per Fri·day [쑤우퍼 후롸이데이]: 슈퍼 프라이데이, '금요' 대매출, 〈요일에 관계없이〉 3일 이상 연휴의 전날, '대박의 날' 쑤2

1255 su·per-in·tend [쑤우퍼륀텐드]: super+intendere(attend to), 〈위에서 마음을 쓰며〉 지휘(감독·관리)하다, 〈↔forget\ignore〉 가1

1256 su·pe·ri·or [수우피어뤼얼]: 〈← superus(above)〉, 위의, 보다 높은, 우수한, 월등한, 초연한, 〈↔inferior〉 양2

1257 su·per-la·tive [쑤우퍼어 러티브]: 〈← superlatus(carried beyond)〉, 최상의, 과도한, 과장된, 〈← relative〉, 〈↔poor\mediocre〉 양2

1258 su·per-mar·ket [쑤우퍼 마아킽]: supermart, 대형 잡화상, 종합 상점, 〈↔mini-mart\mom-and-pop〉 미2

1259 **★su·per-mom** [쑤우퍼 맘]: 〈라틴어+영국어〉, 초인 엄마, (돈도 벌고 가정도 돌보는) '대단한 엄마', 맹렬모, 〈↔hen-peck\super-dad〉 미2

1260 *****su·per Now** [쑤우퍼 나우], ac-count: 〈Now 계좌보다 이자가 높은〉 (시장 금리에 따라 자동으로 이자가 붙는) 초 즉시 (연동) 예금계좌 미2

1261 *****su·per-sca·lar** [쑤우퍼 스케일러]: 〈라틴어〉, super+scale, '초 단계', 한 번에 여러 개의 명령을 수행하게 만들어진 미세처리 (구조) 유1

1262 **su·per-sede** \ ~cede [쑤우퍼 씨이드]: super+sedere(sit), '위에 앉다', ~의 지위를 빼앗다, 대체하다, 경질하다, 폐기하다, 〈↔accept\precede〉 양1

1263 **su·per-sti·tion** [쑤우퍼 스티션]: super+stare(stand), '위에 서는 것', 미신, 〈상식을 뛰어넘는〉 불합리한 고정 관념, 〈↔science\truth〉 양2

1264 *****su·per-twist** [쑤우퍼 트위스트]: 〈라틴어+게르만어〉, 고차 비틀림, 빛을 비틀어서 분극화시킴으로써 LCD(액정표시장치)의 선명도를 높이는 방식 미2

1265 **su·per-vene** [쑤우퍼 뷔인]: 〈라틴어〉, 잇따라 일어나다 (venir), 첨가되다, 〈↔precede\retreat〉 양1

1266 *****su·per VGA**(vir·tu·al graph-ics ar-ray \ vid·e·o graph-ic a·dapt-er): 고차 영상 구현 배열 (접속기), 최고의 해상도와 아주 다양한 색상을 제공하는 영상을 나오게 하는 장치 유2

1267 **su·per-vise** [쑤우퍼 봐이즈]: super+videre(see), 〈라틴어〉, 감독하다, 지도하다, '위에서 보다', 〈↔mismanage\neglect\serve〉 기1

1268 **sup-per** [써퍼]: 〈← soper ← sup ← soup〉, 〈게르만어→프랑스어〉, 저녁 식사, (가벼운) 만찬, '(하루의) 마지막 식사', 〈~ dinner〉, 〈↔(break) fast'〉 기1

1269 **sup-ple** [써플]: sub+plicare(to fold), 〈라틴어〉, 〈밑에서 달라는〉 나긋나긋한, 유연한, 순종적인, 비굴한, 〈↔stiff\un-fit〉 양1

1270 **sup-ple-ment** [써플먼트]: sub+plere(to fill), 〈라틴어〉, 〈아래서부터 채우는〉 보충, 추가, 부록, (합쳐서 180도를 만드는) 보각, 〈← supply〉, 〈↔subtract\reduction〉 양2

1271 **sup-ply** [써플라이]: sub+plere(to fill), 〈라틴어〉, 공급(하다), 보충, 배급(품), 〈아래서부터〉 '충분히 채우다', 〈→ supplement〉, 〈↔withhold\refuse〉 양2

1272 **★sup-ply chain** [써플라이 췌인]: 공급사슬, 연쇄적 공급망, (상품의 생산과 분배에 〈차질없이〉 일사분란한) 일련의 공급 과정 양2

1273 **sup-port** [써포오트]: sub+portare(to carry), 〈라틴어〉, '밑에서 운반하다', 받치다, 지지(지탱)하다, 의지하다, 지원하다, 부양하다, 보좌하다, 〈→ suffrage〉, 〈~ hold-up\under-pin\up-stand\back-up〉, 〈↔oppose\under-mine〉 양2

1274 **sup-pose** [써포우즈]: sub+ponere(place), 〈라틴어〉, 가정(추측)하다, 만약 ~하다면, '아래에 두다', 〈~ what if\imagine〉, 〈↔abstain\deny〉 양2

1275 **sup-press** [써프뤠스]: sub+premere(to press), 〈라틴어〉, 억압(진압)하다, 금하다, '내리 누르다', 〈↔profess\incite〉, 〈suppress는 의식적이고 repress는 무의식적임〉 양2

1276 **su·preme** [슈프뤼임]: 〈라틴어〉, (최)상위의, 최고의, 극도의, 궁극적인, 〈↔inferior\subordinate〉 양2

1277 **★su·pre·mi·um** [쑤프뤼미엄]: supreme+premium, 최고의, 바가지(요금) 양2

1278 **sur-charge** [써얼 촤아쥐]: 과도한 부담 (요금·충전), 추징금, 특별 할증료, 〈↔discount\rebate〉 양2

1279 **sure** [슈어]: 〈← securus ← secure〉, 〈라틴어〉, 틀림없는, 확신하는, 물론, 꼭, 아무렴, 저런, 〈↔un-certain\doubtful〉 기2

1280 **★sure-fire** [슈어 화이어]: 〈라틴어+게르만어〉, 확실한, '실패 없는 발사', 〈~ idiot proof〉 양2

1281 **surf** [써얼후]: 〈영국어〉, 〈← surge〉, 밀려드는 파도(타기), 검색(탐색) 영2

1282 **sur-face** [써얼휘스]: super+facies, 〈라틴어〉, above+face, 표면, 외부, 외양, 떠오르다, 포장하다, 〈↔interior\fundamental〉 영2

1283 *****sur-face map-ping** [써얼휘스 매핑]: 표면 사상, 3차원의 사물을 2차원적 표면으로 나타내는 일 미2

1284 ★**surf and turf** [써얼후 언 터얼후]: 서프 앤드 터프, '해육 정식', 해산물(특히 바닷가재)과 축산물(특히 쇠고기)이 같이 나오는 주요리 무1

1285 ★**sur-fa·ri** [썰화아뤼]: 〈영국어+아랍어〉, surfing+safari, 파도타기에 적당한 곳을 찾아다니는 동아리 무1

1286 **sur-feit** [써얼휕]: super+facere(make), 〈라틴어〉, 폭식, 폭음, (불쾌한) 포만감, '지나치게 하다'(over do), 〈↔lack\dearth〉 영2

1287 **surge** [써어쥐]: 〈← surgere(to rise)〉, 〈라틴어〉, '일어나다', 큰 파도, 급상승, 쇄도, (전류·전압의) 급변동, 〈→ surf〉, 〈↔drop\plunge〉 영1

1288 **sur·geon** [써어줜]: 〈← chirurgia〉, 〈라틴어〉, 〈← surgery〉, 서전, 〈체외 조작으로 치료하는〉 외과의, '손으로 병을 고치는 사람', 〈↔physician\internist〉 개1

1289 **sur·ger·y** [써어줘뤼]: cheiros(hand)+ergein(work), 〈그리스어〉, 외과의술, 〈손으로 하는〉 수술, 〈칼을 대서 하는 치료〉, 〈→ surgeon〉, 〈↔medicine〉 개1

1290 ★**sur·gi-cen·ter** [써어쥐 쎈터]: (입원이 불필요한 작은 수술을 하는) 종합 외과 시술소, 〈~ urgi-center〉 미2

1291 **sur-mise** [써마이즈]: super+mittire(to send), 〈라틴어〉, 추측(짐작)하다, '위로 던지다', 〈↔know\calculate〉 개1

1292 **sur-mount** [써마운트]: 〈← surmonter〉, supra+mounting, 〈프랑스어〉, 〈장애물〉 (위로) 오르다, 타고 넘다, 극복하다, 〈↔un-conquerable\in-domitable〉 영2

1293 **sur-name** [써어네임]: 〈라틴어〉, 'super·name', 〈타고난 이름〉, 성(씨), 가계명, last name, 〈~ family name〉, 〈↔first name〉 개1

1294 **sur-pass** [써얼 패스]: 〈라틴어→프랑스어〉, ~을 능가하다, ~보다 낫다, ~위로 지나가다, 〈↔lost\fell〉 영2

1295 **sur-plus** [써얼 플러스]: 〈라틴어〉, 나머지, 잉여, 흑자, 잔액, 〈↔lack\insufficient\deficit\necessary〉 영2

1296 **sur-prise** [써프롸이즈]: sur+prendre(to take), 〈라틴어〉, 놀라게 하다, 경악하다, '불시에 치다', 〈~ seize〉, 〈↔calm\predictable〉 개2

1297 **sur-ren·der** [써뤤더]: sur+rendre, 〈라틴어〉, 〈← render〉, 〈통치권을〉 내주다, 넘겨주다, 포기하다, 항복하다, '위로 바치다', 〈~ kow-tow\obey〉, 〈↔resist\procure\oppose〉 영2

1298 **sur·ro·gate** [써어뤄게이트]: sub+rogare(to ask), 〈라틴어〉, 〈손을 뻗혀 도움을 청하는〉 대리(인), 대행자, 〈↔original\genuine〉 영2

1299 **sur-round** [서롸운드]: super+undare(← unda〈wave〉), 〈라틴어〉, 에워싸다, 포위하다, 두르다, '위로 넘쳐흐르다', 〈↔un-gird\expose〉 영2

1300 **sur-veil·lance** [써뻬일런스]: super+vigilare(watch), 〈라틴어〉, 〈위에서 망보는〉 감시, 감독, 〈↔ignorance\negligence〉 영2

1301 **sur-vey** [써붸이]: super+videre(see), 〈라틴어〉, 바라보다, 〈위에서〉 살펴보다, 측량하다, 검사하다, 〈↔ignore\disregard〉 영1

1302 **sur-vive** [써봐이브]: super+vivere(live), 〈라틴어〉, 살아남다, 면하다, 견디다, '넘어서 살다', 〈↔die\succumb〉 영2

1303 **sus·cep·ti·ble** [서쎕티블]: sub+capere(to take), 〈라틴어〉, '아래에서 잡을 수 있는', '받아들일 수 있는', 느끼기 쉬운, 민감한, 영향받기 쉬운, 〈↔immune\incapable〉 양1

1304 **su·shi** [쑤우쉬]: 〈일본어〉, sour rice, 스시, 초밥, 초를 친 쌀밥에 생선·야채·해초 등을 섞은 조막밥, 〈~(↔)sashimi〉 미1

1305 **sus·pect** [서스펙트]: sub+spicere(look), 〈라틴어〉, 의심하다, 짐작하다, 눈치채다, '아래로 보다', 용의자, 〈↔known\convict\innocent〉 양2

1306 **sus·pend** [서스펜드]: sub+pendere(hang), 〈라틴어〉, (더 나아가지 못하게) '아래에 매달다', 중지(정지)하다, 보류하다, 뜨게 하다, 〈↔continue\sustain〉 양2

1307 **sus·pense** [서스펜스]: 〈← suspend〉, 〈라틴어〉, '공중에 매달린', 미정, (일시적) 정지, 긴장감, 〈↔certainty\calm〉 양2

1308 **sus·pen·sion** [서스펜션]: 〈← suspense〉, 〈라틴어〉, 매달기, 중지, 보류, 정학(직), 미정, 〈자동차에서 차체의 무게를 받쳐주는〉 걸림(버팀)대, 부유물, 현탁액, 〈↔beginning\continuation\precipitate〉 양1

1309 **sus·pi·cion** [서스피션]: sub+spicere(look), 〈라틴어〉, 〈밑으로 쳐다보는〉 혐의, 의심, 기미, 극소량, 〈↔certainty\confidence\measurement〉 양1

1310 **sus·tain** [서스테인]: sub+tenere(to hold), 〈라틴어〉, '아래에서 잡고 있다', (아래에서) 떠받치다, 유지하다, 견디다, 격려하다, 〈→ sustenance〉, 〈~ sostenuto\maintain〉, 〈↔intermittent\torment\morphing〉 양1

1311 **su·ture** [쑤우쳐]: 〈← suere(sew)〉, 〈라틴어〉, 꿰매어 맞춤, 봉합, 접합, 〈↔un-sew\gap\separation〉 양2

1312 **SUV** [에스유우비이]: sport utility vehicle, 위락용 범용 자동차, (원래 비포장 산길을 달리기 위해 설계된 높고 큰) 다목적 4륜차, short utility vehicle 〈〈중국인들이 만든〉 단형 만능차〉 미1

1313 ★**SW** [에스 더블유우]: 〈전산망어〉, say what? (그래서?), says whom? (누가 그랬어?), so what? (뭡어?)

1314 **swab** [스왑]: 〈← swabber(small mop)〉, 〈네덜란드어〉, (갑판용) 자루걸레, (포신의 안을 닦는) 청소봉, 면봉, 말단 선원, 덴통바리, 〈↔muddy\soil〉

1315 **swag** [스왝]: 〈'bag'이란 뜻의 북구어에서 연유한 다양한 의미의 말〉①꽃다발, 축 늘어짐, 저습지대 ②약탈품, 짐보따리, 방랑자 ③여유, 허풍, 〈↔lack\deficiency〉 양1

1316 ★**SWAK** [스왝]: sealed with a kiss, 뽀뽀로 봉함, '사랑해' 우2

1317 ★**swal·la** [스왈라]: 〈미국 hip·hop 속어〉, 술로 입가심하고 구강성교를 해주는 짓, swallow의 준말 미2

1318 **swal·low**¹ [스왈로우]: 〈← swelgan(to engulf)〉, 〈게르만어〉, 들이키다, 삼키다, 그대로 받아들이다, 감수하다, 〈↔expel\purge\vomit〉

1319 **swal·low**² [스왈로우]: 〈← swalewe〉, 〈게르만어〉, 〈← swallow'?〉, 〈먹이를 '꿀떡' 삼키는?〉 제비, (전 세계에 서식하며) 갈라진 긴 꼬리·긴 날개를 가지고 시속 90km로 나르는 작은 연작류, 〈~ celadine〉 양1

1320 ★**swal·low**¹ **the sweet and spit out the bit·ter**: 달면 삼키고 쓰면 뱉는다, 〈~ it's not that simple〉, 〈~(↔)damned if I do and damned if I don't〉 양2

1321 **swam** [스왬]: swim의 과거형 양1

1322 **swamp** [스왐프]: 〈← sompe(spongy ground)〉, 〈게르만어〉, 늪, 습지, 물에 잠기게 하다, 궁지에 몰아넣다, 〈~ sump〉, 〈~ marsh\morass〉, 〈↔dry\acceptance〉 양2

1323 ★**swamp ass** [스왐프 애쓰]: 〈땀 등의 액체가〉 의복의 항문 부위로 배어 나오는 현상, 습한 항문 미2

1324 **swan** [스완]: 〈← swanaz(singer)〉, 〈게르만어〉, '노래하는 자', 백조(자리), 고니, 목이 길고 주로 흰색의 기러기목 오릿과의 물새, 〈우아한 사람〉 미2

1325 ★**swan a·mong ducks** [스완 어멍 덕스]: 돋보이는 (자), 뛰어난 (사람), 군계일학, 〈~ head and shoulders\cream of the crop〉, 〈↔goat in the sheep〉 양2

1326 ★**swan song** [스완 쎵]: ⟨백조가 죽을 때 부른다는⟩ 아름다운 노래, ⟨절필전⟩ 마지막 작품 영2

1327 ★**swap** [스왚]: ⟨← swappen(to strike)⟩, ⟨영국어⟩, ⟨서로 손바닥을 치는 소리에서 유래한?⟩ 바꾸다, 교환하다, 교체하다, 부부 교환, ⟨↔hold\stay⟩ 미2

1328 *__swap file__ [스왚 화일]: 교체 서류철, 나중에 쓰기 위해 원반에 남겨놓은 서류철 미2

1329 **swap meet** [스왚 미이트]: '교환 시장', (잡동사니를 사고파는) 벼룩시장, ⟨~ flea market⟩ 미1

1330 *__swap space__ [스왚 스페이스]: 교체 공간, 대체나 추가될 기억을 위해 남겨둔 원반 (차림표)의 여분 미2

1331 **swarm** [스워엄]: ⟨← swaram(tumult)⟩, ⟨어원 불명의 게르만어⟩, 떼, 무리, 많이 모여들다, ⟨↔disperse\scatter⟩ 영2

1332 **swarth-y** [스워얼디]: ⟨← sweart(dark)⟩, ⟨영국어⟩, black, 거무스레한, 거무잡잡한, ⟨↔pale\fair\tawny⟩ 영2

1333 *__swash let·ter__ [스와쉬 레터]: '뻐기기 글자', 허세문자, 선단 장식이 있는 이탤릭체 대문자 활자 영1

1334 **SWAT** [스왙]: 스와트, special weapons and tactics, special weapons attack team, (특별 무기와 전략을 갖춘) 특수 기동타격대 영2

1335 **sway** [스웨이]: ⟨← sweyen(move from side to side)⟩, ⟨게르만어⟩, 흔들리다, 기울이다, 조종하다, 빗나가게 하다, ⟨~ swing\wag⟩, ⟨↔hold\rise\dissuade\curb\abandon⟩ 영2

1336 **swear** [스웨어]: ⟨← swerian(take an oath)⟩, ⟨게르만어⟩, ⟨신에게 걸고⟩ 맹세(선서)하다, 말하다, ⟨하느님의 이름으로⟩ 욕설하다, ⟨→ answer⟩, ⟨↔deny\disavow⟩ 영1

1337 **sweat** [스웰]: ⟨← sweten(perspire)⟩, ⟨게르만어⟩, 땀, 발한, 식은땀, 고역, 불안, ⟨↔calmness\unconcern⟩ 영2

1338 ★**sweat and slave** [스웰 앤드 슬레이브]: 목구멍이 포도청, 피땀 흘려 일하다, ⟨~ work like a dog\work one's as(tail) off⟩, ⟨↔idle\laze⟩ 영2

1339 **sweat-er** [스웨터]: 땀 흘리는 사람, 발한제, (주로 털로 짠) 운동복, 노동 착취자, ⟨↔undress\withholder⟩ 영1

1340 ★**sweat shop** [스웰 샾]: 노동 착취소, (여성·어린이를) 하루 12시간 이상 혹사시키는 공장 영2

1341 *__sweat trap__ [스웰 트뢥]: '고역 올가미', (사회 전산망이나 전산망 검색 등에서) 여러 단계를 거친 후에야 결국은 광고가 목적이었다는 것을 깨닫는 것, ⟨↔thirst trap⟩ 영2

1342 **sweep** [스위이프]: ⟨← swepe(clear)⟩, ⟨어원 불명의 게르만어⟩, 쓸다, 털다, 청소하다, 휙 지나가다, 싹쓸이하다, ⟨→ swipe⟩, ⟨~ brush\wipe⟩, ⟨↔conceal\cover\pause⟩ 영1

1343 **sweep-stakes** [스위이프 스테잌스]: '싹쓸이 도박', ⟨물건을 살 필요 없다는 교묘한 전술을 쓰는⟩ 경품 판매술, ⟨~ give-away⟩, ⟨↔defeat\loss⟩ 미1

1344 **sweet** [스위이트]: ⟨← hedys(agreeable)⟩, ⟨'즐거운'이란 뜻의 그리스어에서 유래한 게르만어⟩, 단, 달콤한, 감미로운, 상냥한, 귀여운, 단것, 애인, 좋았어, ⟨→ assuage⟩, ⟨↔sour\tart'\bitter\salty⟩, ⟨↔harsh\fierce⟩ 기1

1345 ★**Sweet Frog** [스위이트 후뤄어그]: ⟨게르만어⟩, 스위트 프로그, '개구리 요그르트', 'fully rely on God' ⟨하나님께 통째로 맡길 단것⟩, 2009년 1.5세의 독실한 한국인 신자가 창업한 (고물의 선택이 다양한) 미국의 냉동 요그르트 제조·판매 연쇄점 중2

1346 **sweet-heart** [스위이트 하아트]: ⟨게르만어⟩, 애인, 연인, 당신, '자기', '귀염둥이', ⟨~ sweetie\honey-bear\babe⟩, ⟨↔foe\cast-off⟩, ⟨↔Gorgon\Tartar⟩ 영2

1347 ★**sweet noth·ings** [스위이트 너씽스]: ⟨게르만어+영국어⟩, ⟨부끄러워서 얼버무리는⟩ 달콤한 말들, 밀어, ⟨↔nasty(rotten) words⟩ 영2

1348 **sweet po·ta·to** [스위이트 퍼테이토우]: 〈게르만어+카리브어〉, 〈부모에게 진상한다는 일본말에서 나온〉 고구마, (중미 원산으로 사료되는) 녹말이 많은 덩이 뿌리를 가진 메꽃과의 식물, 감저, 〈yam보다 맛이 싱겁고 진득진득 함(neutral taste\sticky)〉 ■2

1349 **sweet talk** [스위이트 터어크]: 〈게르만어〉, 달콤한 말, 감언(이설), 아첨, 〈↔ignore\curse\condemn〉 ■2

1350 ★**sweet tooth** [스위이트 투우쓰]: 〈게르만어〉, 단것을 좋아하는 (사람), 마약 상용자, 〈단것이나 마약을 탐닉하는 것을 사람이 아니라 잇빨 때문이라는 핑계〉 ■2

1351 **swell** [스웰]: 〈← swellen(dilate)〉, 〈게르만어〉, 부풀다, 팽창하다, 치밀어 오르다, 꽹장한, 멋진, (기분이) '째지다', (간이) '붓다', 〈↔shrink\decrease\bad〉 ■2

1352 **swept** [스웹트]: 〈게르만어〉, sweep의 과거·과거분사 ■1

1353 **swift¹** [스위후트]: 〈← swifan(move quickly)〉, 〈게르만어〉, 날랜, 빠른, 순식간의, 방탕한, 〈↔sluggish\clumsy〉 ■2

1354 **swim** [스윔]: 〈← swimman(float)〉, 〈게르만어〉, 헤엄치다, 수영하다, 뜨다, 넘치다, 〈swing 해서〉 현기증이 나다, 〈↔settle\sink\fly\run〉 ■1

1355 **swin·dle** [스윈들]: 〈← schwindeln(to cheat)〉, 〈게르만어〉, 속이다, 사취하다, 야바위 치다, 〈← swindler〉, 〈~ fraud\racketeer〉, 〈↔dupe〉, 〈~ hood-wink\rip-off〉, 〈↔frankness\honesty〉, ⇒ sakura² ■2

1356 **swine** [스와인]: 〈← swin(sow²)〉, 〈게르만어〉, 돼지(들), 욕심꾸러기, 비열한, 〈~ hog\pig〉, 〈↔saint\angel〉 ■2

1357 **swing** [스윙]: 〈← swingan(to beat)〉, 〈게르만어〉, 흔들리다, 매달리다, 한 방 먹이다, 빙 돌다, 활개치다, 그네, 주기, '끌고 당기기 (춤·음악)', '왔다리 갔다리 (연애)', 〈~ sway\switch〉, 〈↔stay\straighten\botch〉 ■1 ■1

1358 **swing door** [스윙 도어]: 〈영국어〉, (자동식) 회전문, 자재문, 〈~ revolving door\turn-stile〉, 〈↔case-ment(sliding) door〉 ■2

1359 ★**swing loan** [스윙 로운]: 〈게르만어〉, 회전 융자, ⇒ bridge loan ■2

1360 ★**swing shift** [스윙 쉬후트]: 〈게르만어〉, (보통 16~24시 사이의) 야간 교대 작업, 〈↔day shift\graveyard shift〉 ■1

1361 **swipe** [스와이프]: 〈영국어〉, 〈← sweep〉, 세게 휘두르기, 강타, (화상을 바꿀 때) 바꿔치기, '쌔비다', 〈재빨리〉 훔다, (자기 카드를) 판독기에 넣다 빼다, 〈↔miss\skirt\buy〉 ■1 ■1

1362 **swirl** [스워얼]: 〈← swirlen(to eddy)〉, 〈스코틀랜드어〉, 소용돌이치다, 빙빙 돌다, 〈~ whirl〉, 〈↔straighten\stay〉 ■2

1363 ★**swish** [스위쉬]: 〈의성어〉, 〈영국어〉, (쉘 소리를 내며) 휘두르다, 휙휙 소리, 한번 휘두름, 날씬한, 〈여성역〉 동성애자, 〈~ whistle\rustle〉, 〈↔unfashionable\tacky〉 ■2

1364 **Swiss ar·my knife** [스위스 아알미 나이후]: 다양한 공구와 칼이 접게 되어있는 '다목적 호주머니 칼' ■2

1365 **switch** [스위취]: 〈← zwec(wooden peg)〉, 〈게르만어〉, 스위치, 바꿈, 전환, 회초리, 개폐기, 교환대, 엇바꾸개, (차림표에서) 다수의 선택 경로 중 하나를 선택하는 '분기 명령', 〈~ swing〉, 〈↔sameness\idleness〉 ■1

1366 **switch-board** [스위취 보오드]: (전화) 교환대, 배전반, 〈~ operator〉, 〈↔hot-line〉 ■2

1367 *switched line* [스위취드 라인]: 교환 회선, 교환기가 접속되어 있는 〈임시〉 통신로 ■2

1368 *switch-ing pow·er sup·ply* [스위칭 파우어 써플라이]: 교환 전원 공급 장치, (전력을 효율적으로 사용하기 위해) 개폐기를 사용하는 전력 공급 방식 ■2

1369 **swiv·el** [스위블]: 〈← swifan(revolve)〉, 〈영국어〉, 전환, 회전 고리, 회전 의자의 받침, 〈↔stand\straighten〉 미2

1370 ★**SWMBO** [스윔보]: 〈전산망 약어〉, she who must be obeyed, 복종해야만 하는 여자, 거스르면 무서운 사람, '엄처', '마나님' 우1

1371 ★**swole** [스오일]: 〈클린턴 대통령이 1999년 재생시킨 중세 영국어〉, (역도 등으로) 부풀린〈swollen〉 근육, 역기살, 〈↔collapsed\deflated〉 무2

1372 **swol·len** [스오울런]: 〈게르만어〉, swell의 과거분사, 부은, 부푼 양2

1373 **sword** [스워어드]: 〈← sweord(war knife)〉, 〈게르만어〉, (무기용) 칼, 검, 살육, 무력, 〈↔spear\shield\pen\arrow〉 가1

1374 **swore** [스워어]: 〈게르만어〉, swear의 과거 양1

1375 **sworn** [스워언]: 〈게르만어〉, swear의 과거분사, 맹세(선서)한, 언약한 양1

1376 **swum** [스웜]: 〈게르만어〉, swim의 과거분사 가1

1377 **swung** [스웡]: 〈게르만어〉, swing의 과거·과거분사 양1

1378 **syc·a·more** [씨커모우어]: sykon(a fig)+moron(a black mulberry), '무화과 뽕나무'란 뜻의 그리스어, plane tree, 시카모어, 쥐방울나무, 버즘나무 ①(소아시아산) 무화과 ②(미주산) 〈큰 이빨 모양의 잎·조그만 도토리 같은 열매·시큼한 냄새를 풍기는〉 커다란 단풍나무 미2

1379 **syl·la·ble** [씰러블]: syn(together)+lambanein(hold), 〈그리스어〉, 실러블, 음절, 한 마디 (문자), 〈↔vocabulary\world\word\phrase〉 양2

1380 **sym·bol** [씸벌]: syn+ballein(throw), 〈그리스어〉, 심볼, 상징, 표상, 기호, 부호, 신조, '함께 던지기', 〈~ emblem\logo\token'〉, 〈↔reality\fact〉 양2

1381 ★**sym·bol font** [씸벌 환트]: pi font, ding bats, 〈주의를 끌기 위해〉 (기호나 장식체를 포함하는) 기호 글꼴 미2

1382 ★**sym·bol·ic de·bug·ger** [씸발릭 디버거]: (차림표를 편찬할 때) 〈아무 때나 끼어들어 결함을 수정할 수 있는〉 '기호' 결함 수정 '연성기기' 우2

1383 ★**sym·bol·ic pro·gram·ming** [씸발릭 프로우그래밍]: (항목들의 양이나 위치를 기호로 나타내는) 기호 차림표 미2

1384 **sym·me·try** [씸머트뤼]: syn+metron(measure), 〈서로 치수가 같은〉 좌우 대칭 (상징), 균형, 조화(미), 〈↔asymmetry\irregularity〉 양2

1385 **sym·pa·thy** [씸퍼씨]: syn+pathos(feeling), 동정, 헤아림, 위문, 연민의 정, 교감, 공명, '같이 앓기', 〈empathy는 남의 사정을 이해하는 '혼자 앓기'〉, 〈↔anti-pathy\hostility\envy〉 양2

1386 **sym·pho·ny** [씸퍼니]: syn+phonein(to sound), 심포니, (18세기 초에 대규모 악단용으로 작곡하기 시작한) 교향곡, (협)화음, '함께 소리내기', 〈~ philharmonic'〉, 〈↔cacophony\discordance〉 양2

1387 **sym·po·si·um** [씸포지엄]: syn+pinein(drink), 심포지엄, 토론회, 좌담회, 연찬회, '함께 마시는 자리', 〈↔lecture〉 미2

1388 **symp·tom** [씸텀]: syn+piptein(to fall), 〈그리스어〉, '함께 나타나는 일', 징후, 증세, 조짐, 〈↔obscurity\abnormality〉, 〈↔cause\treatment〉 양2

1389 **syn·a·gog(ue)** [씨너가그]: syn+agein(to drive), 〈그리스어→라틴어→프랑스어〉, '함께 나가기' 시나고그, 유대인 집회, 유대인 교회당, 〈~ chapel\mosque\temple〉 미1

1390 **syn·chro·nize** [씽 크뤄나이즈]: 동시에 발생하다, 동조(일치)시키다, 〈↔de-synchronize\dis-harmonize〉

1391 ★**Syn-com** [씽 컴]: 신콤, synchronous communication satellite, (1961년 처음 발사된) 미국의 전파중계용 '정지통신위성' 우2

1392 **syn-co·pe** [씽커피]: syn+koptein(to cut), 〈그리스어〉, 축약, 가운데 음 소실, 당김음법, 기절, '짧게 자르기', 〈↔consciousness\alertness〉 영1

1393 **syn-di·cate** [씬디커트]: syn+dike(dicare(to censure)), 〈그리스어〉, 신디케이트, 〈대표자를 통한〉 기업연합, 평의원단, 폭력 조합, 〈↔suppress\censor〉 영2

1394 **syn-drome** [씬드로움]: syn+dromos(a course), 증후군, 일정한 행동 양식, '같은 경로를 가는 것', 〈↔wholesomeness\cure〉 양2

1395 **syn-er·gy** [씨널쥐]: syn+ergon(work), 협력 작용, 〈함께 일할 때의〉 상승작용, 〈↔discord\division〉 양2

1396 **syn-o-nym** [씨너님]: syn+onyma(name), 〈그리스어〉, 시너님, 〈이름이 같은〉 동의어, 유의어, 별명, 〈↔antonym〉 양2

1397 **syn-op·sis** [씨낲시스]: syn+opsis(sight), 〈그리스어〉, 시놉시스, 〈함께 모아놓고 보는〉 개관, 개요, 일람 (표), 〈~ abstract\summary〉, 〈↔expansion\details〉 양2

1398 **syn-tax** [씬택스]: syn+taxis(order), 〈같이 배열하는〉 통어(법), 구문(론), (명확한 표현이나 문장 구성에 필요한) '특수 규칙', 〈↔disorder〉 양2 미1

1399 ***syn-tax er·ror** [씬택스 에뤄]: (전산망 차림표 작성에서) 구문·문법상의 오류, 〈~ compile time error〉, 〈↔run time error〉 미2

1400 **syn-thet·ic** [씬쎄틱]: syn+tithenai(put), '함께 모아둔', 종합적인, 합성의, 인조의, 〈↔analytic〉 양1

1401 **syph·i·lis** [씨휠리스]: 〈라틴어〉, 시필리스, 매독〈중국인들, 번역 하나는 기똥차게 했지요?〉, 창병, (신을 모독한 벌로 그 병에 처음 걸렸다는 사람의 이름〈Syphilus〉을 딴~ 〈이름을 남기는 방법도 가지가지〉〉 나선균에 의해 감염되는 성병 양2

1402 **sy·ringe** [씨륀쥐]: syringos, 〈← syrinx(a pipe)〉, 〈가는 관을 사용하는〉 주사기, 주입기, 세척기, 관장기, 〈↔un-cover\gurgle〉 양1

1403 **syr·inx** [씨륑크스]: 〈← syringos(a pipe)〉, 〈그리스어〉, 울대, 명관, Eustachian tube(중이와 비후강을 연결하는 '이관'), S~: 목신 Pan에 쫓기다 갈대 피리가 된 요정, 〈→ syringe〉 양1 수1

1404 **syr·phid** [썰휘드]: 〈← syrphos(biting insect)〉, 〈'깨무는'이란 뜻의 그리스어에서 유래한〉 hover fly, (화분과 화즙을 빨아먹는) 꽃등에 미2

1405 **syr·up** [씨뤕]: sirup, 〈← shariba(to drink)〉, 〈'음료'란 뜻의 아랍어에서 유래한〉 당밀, (연한) 꿀, 〈↔cynicism\tablet〉 미1

1406 ★**Sys-co** [씨스코우]: 시스코, Systems & Service Company, 1969년에 설립되어 60만의 고객을 갖고 있는 미국의 세계적 식품·일용품 배달 회사 수2

1407 **sys·tem** [씨스텀]: syn+histanai(to set), 〈그리스어〉, 시스템, 〈함께 서 있는〉 체계, 계통, 조직(망), 제도, 방식, 우주, 복합적 기계장치, 〈↔chaos\disorder〉 양2

1. **T \ t [티이]**: 이집트의 대조 (점검) 부호 X 모양에서 유래한 두 번째 정도로 영어 인쇄물에 많이 쓰이는 알파벳, T자형의 물건, telephone·temperature·testament·time·ton·tone·town·treatment 등의 약자 유2

2. ***tab [탭]**: 〈1607년에 등장한 어원 불명의 영국어〉, (길게 늘어진) 드림, (옷)고름, 끈, 꼬리표, 색인표, 전표, ~를 달다, 지명하다, (열을 정돈하는) '정렬 자판', '선정'(지정된 장소로 깜빡이를 옮기는 일), tablet, tabloid, ~ tag〉, 〈↔exceed\expand〉 유1

3. **ta·bas·co [터배스코우]**: 타바스코, (멕시코 동남부 타바스코〈Tabasco〉지방 원산의) 작고 붉은 매운 고추로 만든 맛난이 유2

4. ★**ta-ba-ta [타바타]**: 〈1999년 동명의 일본 speed skating 코치가 개발한〉 고강도 간격운동(push-up\battle rope\아령체조 등) 유2

5. ★**tab·by [태비]**: 얼룩 (범무늬)고양이(tiger cat), 〈바그다드의 생산지 이름(Attabi)에서 연유한〉 물결무늬의 견직물, 〈심술궂은 영화 주인공 Tabitha에서 연유한〉 〈수다스러운〈짓궂은?〉 노처녀, 〈~ a striped cat\a spinster〉, 〈↔tom cat〉 유1

6. ***tab char·ac·ter [탭 캐뤽터]**: 인자(타자) 위치나 깜빡이를 다음 〈정거장〉까지 이동시키는 '선정〈select〉 문자' 유1

7. **tab·er·na·cle [태버내클]**: 〈← taberna〉, 〈라틴어〉, 임시로 지은 (천막)집, 유대의 이동식 신전, 〈~ tavern\wigwam²〉, 〈~(↔)synagogue〉 유2

8. ***tab key [탭 키이]**: 선정 문자를 입력하기 위한 자판, '정렬〈arrange〉 자판', '선정 자판' 유1

9. **ta·ble [테이블]**: 〈← tabula(board)〉, 〈라틴어〉, '널빤지', 탁자, 식탁, 평반, 표, 목차, '평면 자료 묶음', 〈~ tablet\tabulate〉, 〈↔chair〉 유1 유2

10. ***tab·let [태블릿]**: 〈라틴어〉, 〈← table〉, 평반, 명판, 패, 정제, 알약(pill), (전산기에) 도면 자료를 입력하는 장치, (휴대용) 평판 전산기, 〈~capsule〉 유1 미1

11. **tab·loid [태블로이드]**: 〈영국어〉, tablet+oid, 알약, 요약(판) 신문, 〈선정적〉 소형 신문, 〈→ yellow journalism〉, 〈~ rag\sketch\sheet〉, 〈↔enlargement\expansion〉 미2

12. **ta·boo \ ta·bu [터부우 \ 태부우]**: 〈1771년에 도입된 Tonga어〉, 금기, 금제, 〈만지면 화를 입는〉 '신성한 것〈sacred〉', 〈~acceptance\encouragement〉 유2

13. ***tab stop [탭 스탑]**: '선정 정지', (선정 문자가 입력되었을 때) 깜빡이가 이동되는 자리 위치 유1

14. ***tab·u·lar [태뷸럴]**: 〈라틴어〉, 〈← table〉, 평반 모양의, 평탄한, 도표로 만든, 표로 산출된, 일람표의, 〈~ planar\two-dimensional〉 유1

15. **tab·u·late [태뷸레이트]**: 〈라틴어〉, 〈← table〉, (도)표로 만들다, 평면으로 하다, 요약하다, 〈~ classify\organize〉, 〈↔disarrange\mix up〉 미2

16. **tack [택]**: 〈← tache(nail)〉, 〈프랑스어〉, 납작한 못, 압정, 주름, 가봉, 방침, 부가 조항, 싸구려, 〈~ affix\pin〉, 〈~split\detach〉 유1

17. **tack·le [태클]**: 〈← takel(grasp)〉, 〈게르만어〉, 〈배의 출발 장비〉, 연장, 도르래 장치, 달려들다, 맞붙다, 도전하다, '딴지걸다', 〈~ attack\block〉, 〈~avoid\resist\lose〉 유1

18. **ta·co [타아코우]**: 〈멕시코 은광에서 폭파용 화약을 넣어 바위 사이에 끼었던 용기 이름(taquito)에서 연유한〉 (고기·치즈·콩·야채 등을 넣고 튀긴) 옥수수부꾸미, 〈간단한 점심용〉 '멕시코 전병' 유1

19. **tact [택트]**: 〈← tangere〉, 〈라틴어〉, 〈← touch〉, 재치, 요령, 예민한 감각, 박자, '촉감', '접촉하는 기술', 〈~ acumen\sensitivity〉, 〈↔indiscretion\rudeness〉 유2

20. **tac·tic [택틱]**: '배열'의, 전술의, ~s; 전술(학), 용병, 작전, '손 보는 것', 〈~ strategy\maneuver〉, 〈↔mistake\failure〉 유2

21 ★**tac·ti·cal shit** [택티컬 쉴]: ①〈원래는 1970년대에 '전술학 나부랭이'란 뜻으로 쓰이다가 2000년도 초에 '군수품 나부랭이'란 뜻의 속어로 바뀜〉 미국어, 〈~ gun parts\ammunition〉 ②(돈 계산할 때 화장실 가기 등) 전술적 용변, 〈편자가 만들어 낸 Konglish〉 유2

22 **tad-pole** [태드포울]: 〈영국어〉, 'toad head', 올챙이, (큰 머리·가느다란 꼬리를 가지고 아가미로 숨 쉬는) 개구리의 수중 유생〈어린 생명〉, 〈~ polliwog〉 가1

23 **tae-kwon-do** [타이 콴 도우]: 〈중국어 → 한국어〉, kick fist art, 태권도, (20세기 중반 한국에서 개발되어 2000년 올림픽 종목으로 채택된) '발로 차고 손으로 치는' 한국식 무술, 〈~(↔)ju-do\kung fu〉, 〈karate는 발을 쓰지 않음〉 수2

24 *****tag¹** [태그]: 〈← tagge(branch)?〉, 〈어원 불명의 게르만어〉, 〈꼬리〉표, 정가표, 늘어진 끈(장식), 후명, 별명, 추적 장치, 낙서, (정보의 처음과 끝을 나타내는) 표시 문자, (진행 중인 내용을 중지하기 위해 서류철 속에 내포된) '가로채기 부호', 〈~ twig\hash·tag\tab〉, 〈~ label\sticker〉, 〈↔un-importance\anonymity〉 유2

25 *****tail** [테일]: 〈← taglaz(hair)〉, 〈게르만어〉, 꼬리, 자락, 말단, 변발, 수행원, (연결 항목 중에서) 마지막에 붙어 다음을 예시하는 '알리개', 상속인 한정(en·tail), 〈~ cauda\hind-part〉, 〈↔front\beak\head〉 가1 유2

26 **tail-gate** [테일 게이트]: 뒷문, 아랫문, '꽁무니 따라붙기', (앞차에) 바싹 붙어 차를 몰다, 〈~ tail-board\bring up the rear〉, 〈↔front-gate\leading〉 미2 유1

27 **tai·lor** [테일러]: 〈← taliare(to cut)〉〈 라틴어 → 프랑스어 → 영국어〉, '자르다', 짓다, 재단하다, 맞추다, 재단사, 〈~ clothier\dress-maker〉, 〈↔disarrange\smith〉 양2

28 ★**tai·lor your am·bi·tions to the meas·ure of your a·bil·i·ties**: 뱁새가 황새를 따라가면 다리가 찢어진다, 〈~ you should cut your coat ac·cord·ing to your cloth〉 양2

29 **taint** [테인트]: 〈← tingere(moisten)〉, 〈라틴어〉, 〈물로 적셔서〉 '색을 칠하다', 더럽히다, 상처 입히다, 오염시키다, 〈~ blot\pollute〉, 〈↔clean\purify〉 〈taint area; perineum〉 양2

30 **take** [테이크]: 〈← taka(grasp)〉, 〈어원 불명의 북구어〉, 〈영어에서 가장 어의가 풍부한 말〉, 쥐다, 잡다, 얻다, 받다, (껴)안다, 빼앗다, 섭취하다, 행하다, 선택하다, 떠맡다, 감당하다, 견디다, 가져가다, 이용하다, 찍다, ~라고 여기다, 〈~ grasp\hold\bear〉, 〈↔give\release〉 양1

31 ★**take cred·it for the good and blame oth·ers for the bad**: 잘되면 제 탓 못되면 조상 탓, 〈~ blame ancestors for failure〉 양2

32 **tak-en** [테이큰]: 〈북구어〉, take의 과거분사 양1

33 ★**take the bull by the horns**: 정면으로 맞서다, 과감하게 대처하다, 〈↔chicken out〉 양2

34 **talc** [탤크]: 〈← talq(mica)〉, 〈아랍어〉, 활석, 운모, (바위에서 떨어져 나온) Mg이 주성분인 가루로 된 광물질, 〈~ chalk\soap-stone〉 미2

35 **tale** [테일]: 〈← talu〉, 〈tell의 변형어〉, 〈게르만어〉, 이야기, 설화, 소문, 거짓말, 꾸민 이야기, 〈~ talk\story¹\fable〉, 〈↔non-fiction\truth〉 양2

36 **tal·ent** [탤런트]: 〈← talanton(weight)〉, weighed amount of money, 〈그리스어〉, '화폐', 재능, 수완, 솜씨, 연예인, 〈~ gift\technique〉, 〈↔ineptness\stupidity〉, 〈~(↔)U-tuber〉 양2 미2

37 ★**tal·i·on** [탤리언]: 〈← talis(such)〉, 〈'같은'이란 뜻의 라틴어에서 유래한〉 lex talionis, 〈눈에는 눈·이에는 이로 갚는〉 동해 복수법, 〈~ chastisement\retribution〉, 〈↔pardon\sympathy〉 양2

38 ★**tal·is·wom·an** [탤리스 우먼]: 〈← talisman에 대항해서 근래에 떠오르는 말〉, '여 마력', 여자 부적, 행운을 가져오는 여자, 〈언론에서 한 북한 여자 축구팀의 주장에게 붙여준 칭호〉 양1

39 **talk** [터어크]: 〈← talian(to reckon)〉, 〈게르만어〉, 지껄이다, 말하다, 강연하다, 상의하다, 〈~ speak\tell\tale〉, 〈↔silence\listen〉 가1

40 ★**talk board** [터어크 보어드]: ⟨1920년에 bulletin board란 뜻으로 등장했으나 근래에는⟩ (전산망) chat-room이란 뜻으로 쓰임, '잡담위원회', 수다방, ⟨~ message board\discussion group⟩ 일2

41 ★**talk·ing to a wall** : 쇠귀에 경읽기(우이동경), 마이동풍, ⟨~ in one ear and out the other\water off a duck's back⟩ 양2

42 ★**talk is cheap** [터어크 이즈 취이프]: 말하기는 쉽다, 말 잘하는 놈 치고 일 잘하는 놈 없다, 입만 번지르르하다, ⟨~ all talks, but no actions⟩ 양2

43 ★**talk tur·key** [터어크 터어키]: ⟨원주민과 같이 잡은 칠면조와 까마귀를 두고 흥정하듯⟩ 솔직히 얘기하다, 터놓고 얘기하다, ⟨~ forth-right\talk frankly⟩, ⟨↔sophisticated\pretentious⟩ 양2

44 **tall** [터얼]: ⟨← gizal(quick)⟩, ⟨게르만어 → 영국어⟩, ⟨← (ge)tael)⟩, 키 큰, 엄청난, 긴, ⟨~ high\long⟩, ⟨↔short\small\low⟩ 가1

45 ★**tall trees catch much wind**: ⟨중국·일본 속담⟩, 높은 나무에 바람이 세다, 모난 돌이 정 맞는다⟨a cornered stone meets the mason's chisel; 한국 속담⟩ 양2

46 ★**tal·ly** [탤리]: ⟨← talea(a stick)⟩, ⟨라틴어⟩, ⟨~ twig⟩, ⟨서로 맞춰 보기 위해⟩ '자른 막대', 일치, 계정, 계산서, 할부 판매, ⟨~ count\proportion\total⟩, ⟨↔disagree\differ\lose⟩ 미1

47 **tam·bou·rine** [탬버뤼인]: ⟨페르시아에서 유래한 프랑스어⟩, ⟨← tambourin⟩, (율동을 돋구기 위해) 주위에 ⟨울렁쇠⟩가 달린 손으로 치는 작은 북 ⑤2

48 **tame** [테임]: ⟨← daman(to subdue)⟩, ⟨그리스어 → 라틴어 → 게르만어⟩, 길든, 유순한, 경작된, 무기력한, 단조로운, ⟨~ daunt⟩, ⟨~ docile\amenable⟩, ⟨↔wild\feral\ adamant⟩ 영1

49 **tam·per** [탬퍼]: ⟨← temprer(mix)⟩, ⟨프랑스어 → 영국어⟩, (진흙을) 주무르다, 간섭하다, 변조하다, 매수하다, ⟨~ temper⟩, ⟨~ alter\interfere⟩, ⟨↔leave alone\improve\straighten⟩ 양1

50 **tam·pon** [탬판]: ⟨← tapon(plug)⟩, ⟨프랑스어⟩, 탐폰, 지혈용 솜뭉치 (마개), (빨리 치기 위해) 양 끝에 머리가 있는 북채, ⟨~ tap⟩, ⟨~ stop up\secure⟩, ⟨↔opening\key⟩ 우1

51 **tan** [탠]: ⟨← tannum(crushed oak bark)⟩, ⟨켈트어 → 라틴어 → 영국어⟩, ⟨← tannare(dye with tawny color)⟩, 무두질하다, 햇볕에 태우다, 황갈색(brown), ⟨~ tannin⟩, ⟨~ pale⟩ ⑤2

52 ★**TANF** (Tem·po·rar·y As·sis·tance for Need·y Fam·i·lies): 어려운 가정을 위한 임시지원, 1997 AFDC를 축소 개편한 (미) 보건복지 사회부가 주관해서 '현금'으로 지급하는 ⟨welfare⟩제도 양2

53 ★**Tang²** [탱]: ⟨'Atlantic'에서 따온 인조어⟩, ⟨우주 비행사들이 마셔서 인기가 있는⟩ 물에 타 먹는 혼합 과일 가루 (음료), ⟨~ a drink mix⟩ ⑤2

54 **tan·ge·lo** [탠젤로우]: tangerine+pomelo, ⟨영국어⟩, 탄젤로, (얇은 껍질과 단맛이 더 나는) 탄제린과 자몽의 교배종 우1

55 **tan·ge·rine** [탠줘뤼인]: 탄제린, ⟨모로코 북쪽 Tangier항에서 영국으로 수입되었던⟩ 귤보다 작고·달고·추위에 강하고·껍질이 잘 벗겨지는 감귤 ⑤2

56 **tan·gi·ble** [탠줘블]: ⟨← tangere(to touch)⟩, ⟨라틴어⟩, '닿는', 만져서 알 수 있는, 실체적인, 유형의, ⟨~ tactile⟩, ⟨~ actual\physical⟩, ⟨↔intangible\abstract\surreal⟩ 양2

57 **tan·gle** [탱글]: ⟨← taggla(dis-arrange)⟩, ⟨북구어⟩, 엉키게 하다, 꼬이게 하다, 혼란에 빠지다, ⟨~ intertwine\mesh⟩, ⟨↔disentangle\unravel⟩ 양2

58 **tan·go** [탱고우]: ⟨'tamgu(dance)'란 아프리카어에서 유연한 남미계 스페인어⟩, ⟨1913년 영·미를 열광시켰던⟩ (남녀가 불규칙한 타음에 맞춰 극적인 동작으로 추는) 선정적인 남미 춤 ⑤2

59 ★**tan·go down** [탱고우 다운]: ⟨← target down의 변형⟩, ⟨원래 1930년대 군대 속어였는데 2008년경 전산망어로 재부상된 말⟩, 적을 격퇴하다 (궤멸시키다), ⟨~ eliminated⟩, ⟨~ fucked up⟩ 양2

60 **tank** [탱크]: ⟨← tadaga(pond)⟩, ⟨산스크리트어 → 라틴어 → 포르투갈어⟩, 수조, 커다란 저장 용기, (물)통, 전차, '지상의 배', ⟨~ container\armored vehicle⟩, ⟨↔out-side⟩ 미2

61 **tank top** [탱크 탑]: 〈← tank suits〉, (소매 없는) 〈어깨 뜨기〉 윗옷, 〈~ sode-nashi〉, 〈↔long sleeves〉 **우1**

62 **tan·ta·lize** [탠털라이즈]: 〈← Tantalus〉, 감질나게 하다, 애먹이다, 〈~ entice\baffle\torment〉, 〈↔help\please〉 **일2**

63 **tan·ta·mount** [탠터마운트]: tam(so)+amonter(amount), 〈라틴어 → 영국어〉, 같은, 동등한, 상당하는, 〈~ equal\aggregate〉, 〈↔different\opposite〉 **개1**

64 **tan·trum** [탠트럼]: 〈1714년에 등장한 어원 불명의 영국어〉, fit, 불끈하기, 화, 부아, 울화통, '지랄발광', 〈~ out-burst\rage〉, 〈↔calm\composure〉 **일2**

65 **tap**¹ [탭]: 〈게르만어〉, 〈의성어〉, 가볍게 (똑똑) 두드리다, 박자를 맞추다, 두드려서 만들다, (전산기에) 입력하다, 〈~ percuss〉, 〈↔lose\release〉 **일1**

66 **tap**² [탭]: 〈← taeppe(a plug)〉, 〈게르만어〉, 주둥이, 꼭지, 꼭지를 틀어서 따르다, 품질, 도청 장치, 〈~ spout\quality of drink\listening device〉, 〈↔tug\miss〉 **일1**

67 **tap dance** [탭 댄스]: 〈미국어〉, (19세기 중반 순회극단에서 시작된) 징을 박은 구두로 바닥을 쳐서 음률을 맞추는 '똑딱 춤', 〈~ clog dance\jigging〉, 〈↔waltz〉 **우1**

68 **tape** [테이프]: 〈← taeppe(fillet)〉, 〈게르만어〉, (납작한) 끈, 줄자, '접착 끈', 자기로 정보를 저장한 끈, '녹음대', '천공 끈', '좁고·가늘고·길고 유연한 천 나부랭이', (끈으로) 묶다·엮다·감다·재다, 녹음(화)하다, 〈↔loosen\detach〉, 〈명사에는 원칙적으로 반대말이 있을 수 없음〉 **우2**

69 *****tape deck** [테이프 덱]: tape player, '자기 끈 구동기구', '자기 끈 주행기구', (확성기와 증폭기가 없는 재생 및 녹음 장치), 테이프 보관대

70 *****tape-de·lay** [테이프 딜레이]: ①(녹음한 것을 방송할 때까지의) 녹음 시차 ②(생방송에서 효과를 높이기 위해 후속되는 연주에 음을 겹치는) '이중' 지연 녹음 **미1**

71 *****tape drive** [테이프 드라이브]: (자기 끈에 정보를 기록하거나 그것을 판독하는) 자기 끈 구동장치, 〈~(↔)disc drive〉 **우2**

72 *****tape play·er** [테이프 플레이어]: (끈을 이용한) 피대형 전자기 재생 장치, 〈↔tape-recorder〉 **미2**

73 **ta·per** [테이퍼]: 〈← tapur(lamp-wick)〉, 〈영국어〉, 끝이 점점 가늘어지다, 점점 줄다, 뾰족해지다, 〈~ fade\narrower〉, 〈↔thicken\swell〉 **일1**

74 *****tape re·cor·der** [테이프 뤼코오더]: (끈을 사용한) 피대형 녹음기·녹화기, 〈↔tape-player〉 **미2**

75 **tap·es·try** [태퍼스트뤼]: 〈← tapete(hangings)〉, 〈라틴어 → 프랑스어〉, 벽걸이 융단, 금수장, 무늬를 융단에 짜 넣다, 〈→ tippet〉 **미1**

76 **tap wa·ter** [탭 워어터]: (수도꼭지에서 받은) 맹물, 수돗물, 〈~ still water〉, 〈↔bottled water〉 **미2**

77 *****TAR** [타알]: tape archiver, 녹화된(저장) 서류철 **우2**

78 **tar** [타알]: 〈← terw(pitch of tree)〉, 〈게르만어〉, 타르, (석탄·목재 등을 건류·증류하여 만든) 검은색의 끈끈한 액체, 〈~ asphalt\black-top〉, 〈↔purify\uplift〉 **일1**

79 **tar·dy** [타알디]: 〈← tardus〉, 〈'slow'의 라틴어〉, 느린, 더딘, 완만한, 마지못해서 하는, 〈↔punctual〉 **개1**

80 *****tar file** [타알 화일]: tape archive, tar ball, 여러 개의 서류철을 한 저장서류철로 모아주는 연성기기 **우1**

81 **tar·get** [타아길]: 〈← targe(a shield)〉, 〈게르만어 → 영국어〉, 과녁, 표적, 목표, 대상, 정보가 복사될 위치, 〈~ goal\bull's eye〉, 〈↔aimlessness\attacker〉 **개2**

82 *****tar·get zone** [타아길 죠운]: ①(국제 통화 안정을 위해 목표로 설정한) 외환 시세 변동폭 ②표적 집중 포격지대 **미1**

83 **tar·iff** [태뤼후]: ⟨← tarif(information)⟩, ⟨'알림'이란 뜻의 아랍어에서 유래한⟩ 관세표(율), 요금표, '고지서', ⟨~ tax\toll⟩, ⟨~ imposition\levy⟩, ⟨↔rebate\penalty⟩ 열2

84 **tar·nish** [타아니쉬]: ⟨← tarnjan(to conceal)⟩, ⟨게르만어 → 프랑스어⟩, 흐리게 하다, 녹슬게 하다, 변색시키다, 더럽히다, ⟨~ diminish\stain⟩, ⟨↔burnish\polish⟩ 열1

85 **tart¹** [타알트]: ⟨← tertaz(sharp)⟩, ⟨어원 불명의 게르만어⟩, 시큼한, 짜릿한, 신랄한, ⟨~ acidic\sour\tear⟩, ⟨↔sweet\bland⟩ 열2

86 **tart²** [타알트]: ⟨← tarte(pie)⟩, ⟨프랑스어⟩, 토르테, '둥근 빵', 과일 등을 얹은 ⟨속이 보이는⟩ 양과자, ⟨싸구려 치장을 한⟩ 야한 여자, '풍치', flan, quiche, ⟨~ slut\prostitute⟩, ⟨↔lady\maiden⟩ 우1 미2

87 **tar·tar sauce** [타아터 써어스]: (생선요리에 찍어 먹는) 절임 오이·겨자·식초·계란 노른자·레몬 등을 섞은 ⟨Tartar 지방에서 들어온⟩ 프랑스 요리의 맛난이, ⟨~ a remoulade sauce⟩ 수2

88 **Tar·zan** [타아전 \ 타아젠]: ⟨'피부가 흰(white skin) 자'란 뜻의 고릴라어??⟩, 타잔, (초인적인 힘을 가진) 정글 모험 소설의 주인공 수1

89 *task** [태스크]: ⟨← texare(to rate)⟩, ⟨라틴어⟩, 임무, 과업, 노역, 전산기로 처리되는 최소 단위의 일, ⟨~ tax⟩, ⟨~ duty\job⟩, ⟨↔idleness\break⟩ 열2 우1

90 *task bar** [태스크 바아]: (현재 작동하는 차림표를 알려주는) 화면 하단에 있는 가로 방향의 얇은 띠 모양의 '작업 표시줄', ⟨~ monu\tool bar⟩ 우2

91 **taste** [테이스트]: ⟨← texare(to rate)⟩, ⟨라틴어⟩, ⟨혀로 'touch'해서 얻는⟩ 맛, 미각, 맛보기, 한입, 경험, 기미, 기호, 양식, 풍취, '만지다', ⟨~ flavor\savor⟩, ⟨~(↔)smell⟩, ⟨↔tastelessness\distaste⟩ 열2

92 ★**taste of your own med·i·cine**: ⟨이솝우화에서 만병통치약이라고 팔던 약을 그 약장수가 병이 났을 때 주었더니 안먹으려 했다는 일화에서 연유한⟩ 자기 꾀에 자기가 넘어가는 일, (앙갚음으로) 너도 쓴 맛을 좀 보렴!, ⟨~ tit for tat⟩ 열2

93 **Ta·ta Mo·tors** [타타 모우터즈]: 1945년 인도의 타타⟨'father'란 뜻의 산스크리트어⟩ 가족이 뭄바이에 설립해서 재규어·대우·히타치 등을 병합하고 있는 ⟨세계적⟩ 자동차 생산업체 수1

94 **tat·ter** [태터]: ⟨← totturr(rags)⟩, ⟨북구어⟩, 넝마, 나부랭이, 무용지물, ⟨~ scrap\torn pieces⟩, ⟨↔caparison\finery'⟩ 열1

95 **tat·too²** [태투우]: ⟨← tatu(puncture)⟩, ⟨폴리네시아어⟩, '상처 내다', 문신(하다), ⟨장식용·상징용·묘사용·분출용 등의⟩ '피부 미술', ⟨~(↔)body paint\ink⟩, ⟨↔add\integrate⟩ 열2

96 **taught** [터어트]: teach의 과거·과거분사 기1

97 **taunt** [터언트 \ 타안트]: ⟨← tantus(so great)⟩, ⟨라틴어⟩, 비웃음, 모욕, 빈정댐, ⟨~ insult\jeer⟩, ⟨~ tit for tat\twit\mock⟩, ⟨↔praise\approval⟩ 기1

98 **tav·ern** [태뷘]: ⟨← taberna(booth)⟩, ⟨라틴어⟩, 선술집, 여인숙, '오두막집', '헛간', 잠도 자고 술도 먹고 했던 편의시설, ⟨~ tabernacle⟩, ⟨~ pub\inn⟩, ⟨↔skyscraper\boutique hotel⟩ 열2

99 **tax** [택스]: ⟨← tangere(touch)⟩, ⟨라틴어⟩, '만져서 평가하다', 세금, 조세, 무거운 부담, ⟨가이사의 몫⟩, ⟨~ task⟩, ⟨~ tariff\toll⟩, ⟨↔exonerate\rebate⟩ 열1

100 ★**tax-fla·tion** [택스 훌레이션]: 높은 세율 때문에 생기는 경기 팽창 우2

101 **tax·i** [택시]: ⟨영국어⟩, ⟨궁극적 어원은 tax(요금)⟩, 영업용 자동차(운송기), cab, 천천히 이동하다, ⟨↔wait\goal⟩ 우2

102 ★**TBA**: to be announced, 발표(공표)될 예정인 열2

103 ★**TBC**: to be confirmed, 확인될 예정인, 세부사항을 나중에 알리겠음 미2

104 ★**TBD**: to be determined, 결정될 예정인, 미정 열2

105 ★**TBH**: to be honest, 진실을 말하자면, 실은 열2

106 ★**TBT** (throw-back Thurs·day): 회상의 목요일, 매주 목요일 SNS에 옛날 사진을 올리고 즐기는 것 미2

107 ***TCL/TK** (to·tal com-mand lan·guage and <graph·i·cal> tool kit): '티클', '전천후 명령어와 도식을 위한 공구', (1988년부터 출시된) 기존의 연성차림표에 각자가 필요한 차림표를 끼워 넣는 〈가려운 데를 긁어주는〉 장치 **연1**

108 ***TC〈I〉P** (trans-mis·sion con·trol 〈in·ter·net〉 pro·to·col): 전송 제어 규약 및 국제 전산망 연결 규약, (〈1960년대 미 국방부가 개발한〉 자료철을 구성해서 다른 전산기로) 전송하는 데 쓰는 표준 격식 **미2**

109 **tea¹** [티이]: 〈차오의 남중국 발음 '테이'에서 유래한 말〉, (홍)차, 엽차, 차나무, (아)열대지방 고산지대에서 잘 자라며 3~5년 후에 잎을 따는 상록관목, 시시한 것, 〈~ herbal drink\trivia〉, 〈~(↔)marijuana\water\liquor〉, 〈↔axiom\authenticity〉 **간1 미2**

110 **★tea²** [티이]: 〈만화 영화 Kermit the Frog에서 연유한 미국 흑인 속어〉, (차를 마시면서) 〈T('truth')를 감추거나 흘려버리는〉 입방아, 뒷공론, 험담, 〈~ gossip〉, 〈↔truth\fact〉 **영2**

111 **teach** [티이취]: 〈← teacan(to show)〉, 〈게르만어〉, 가르치다, 교육하다, 길들이다, 〈~ educate\instruct〉, 〈↔conceal\learn〉 **간1**

112 **★teach a fish(dog) how to swim(bark)**: 공자 앞에서 문자 쓰다, 번데기 앞에서 주름 잡는다, 〈~ teach grandmother how to suck eggs〉 **영2**

113 **★teach grand-moth·er how to suck eggs**: 번데기 앞에서 주름 잡는다, 〈~ teach a fish how to swim〉, 〈↔trying to teach an old dog new tricks〉 **영2**

114 **teak** [티이크]: 〈← tekka〉, 〈원주민어〉, (주로 동남아에 서식하는) 방수의 단단한 목재를 제공하는 활엽낙엽교목, 〈~ Indian oak〉 **중2**

115 **team** [티임]: 〈← zoum(bridle)〉, 〈게르만어〉, 조, 한패, 한 떼, 〈~ teem〉, 〈~ group\squad〉, 〈↔solo\dissociation〉 **간1**

116 **★team up** [티임 엎]: (~와) 한패가 되다, (~와) 조를 짜 일하다, 〈~ collaborate\conspire〉, 〈↔disjoin\dissociate〉 **영2**

117 **tear¹** [티어]: 〈← tahr(drop)〉, 〈게르만어〉, 눈물, (이슬)방울, 비탄, 〈~ crying\lachryma〉, 〈↔saliva\laugh〉 **간1**

118 **tear²** [테어]: 〈← terang(rip)〉, 〈게르만어〉, 찢다, 째다, 쥐어뜯다, 〈~ rupture\break〉, 〈↔reattach\join〉 **간1**

119 **★tear (your) hair (out)**: 머리를 쥐어뜯다, 매우 난감하다, 어쩔줄 모르다, 〈~ angsty\fretful〉, 〈↔relax\rejoicing〉 **영2**

120 **tease** [티이즈]: 〈← taisian(pluck)〉, 〈게르만어〉, '털을 뜯어내다' 집적거리다, 애타게 하다, 약 올리다, (줄 동 말 동 하다), 보풀을 세우다, 〈~ banter\pestering〉, 〈↔appease\reassure〉 **영2**

121 ***tech-lash** [테크 래쉬]: technology+backlash, 기술 반발, 〈다음 세대에 몰아닥칠〉 대형기술 산업의 성장과 영향력에 대한 광범위하고 강한 반감, 〈~ low-tech〉, 〈↔high-tech〉 **미2**

122 **tech·nique** [테크니이크]: (전문) 기술, 기교, 〈사물을 다루는〉 솜씨, 예풍, 〈~ skill\manner〉, 〈↔ineptness\incompetence〉 **영2**

123 ***tech-noir** [테크 느와르]: '암흑 영화(black film)', 테크노 누아르, 범죄와 폭력을 주제로한 행동파 예술, 〈↔romance〉 **미1**

124 ***tech·no-klutz** [테크노우 클럳츠]: 〈그리스어+게르만어〉, '기술적 얼간이〈clumsy〉', 기계 손방(무지렁이), 컴맹, 〈↔techie\cyber-punk\geek〉 **미1**

125 **tech·nol·o·gy** [테크날러쥐]: (과학) 기술, 응용과학, 공예학, 〈점점 거대한 우상으로 변해가는〉 '첨단기술', 〈~ mechanism\machinery〉, 〈↔human\natural〉 **영2**

126 ***tech·no-pop** [테크노우 팦]: '인공 대중음악', 합성 장치(synthesizer)에 의한 전자음악을 기초로 한 대중가요, 〈↔pop'〉 **영1**

127 **ted·dy bear** [테디 베어]: (묶인 곰을 차마 쏘지 못했던) 〈미국의 Teddy Roosevelt 대통령의 일화에서 유래한〉 봉제된 어린 곰, 경찰(순경 아저씨), 〈~ plushie\police-man〉 미1

128 **te·di·ous** [티디어스]: 〈← taedium(wearisome)〉, 〈라틴어〉, 지루한, 장황한, 끈덕진, 〈~ boring\humdrum〉, 〈↔exciting\interesting〉 과1

129 **tee** [티이]: T자형, T자형 표적, (공을 올려놓는) T자형 구좌 (공받침) 수2

130 **teem** [티임]: 〈← tieman(produce)〉, 〈게르만어〉, '아이를 낳다', 비옥하다, 풍만하다, 〈~ bear²\abound〉, 〈~ team〉, 〈↔lack\need〉 영2

131 ★**teen-ior** [티이니어]: teenage+senior, 〈신조어〉 ①노인들한테 첨단 기술을 가르쳐 주는 십대 ②마치 십대인 양 행동하는 노인 우2

132 **teeth** [티이쓰]: 〈게르만어〉, tooth의 복수, 이빨들 가1

133 **teeth-paste** [티이쓰 페이스트]: toothpaste(치약)의 바른 철자라고 우겨봐야 〈부질 없는 짓〉이란 뜻, 〈~ futile(useless) thing〉 우1

134 **Tef·lon** [테훌란]: tetrafluoroethylene, 테플론, (1938년 미국에서 개발된) 섭씨 327℃에서 녹는 합성수지(상품명), t~; 〈레이건 대통령같이〉 실언을 농담으로 돌려서 어물쩍 넘어가는 행위 수2

135 *****tel·e-bank·ing** [텔러 뱅킹]: (전산기나 전화를 통한) 전신 은행 업무, 〈~ e-banking〉 미2

136 *****tel·e·cast** [텔러 캐스트]: '원격 방송', television broadcasting, 텔레비전 방송, 〈↔conceal\receive〉 미1

137 *****tel·e·com·mute** [텔러 커뮤우트]: (전산기로 집에서 근무하는) 원격 재택근무, 〈~ e-commute\remote work〉, 〈↔in-office work〉 미1

138 *****tel·e·con·fer·ence** [텔러 칸훠런스]: (전기 기구를 이용한) 원격 회의, 〈~ virtual meeting〉, 〈↔visit〉 미1

139 **tel·e-gram \ tel·e-graph** [텔리 그램 \ 텔러 그래후]: 전신, 전보, 전신(기), 전기를 통한 문자 통화(법), 〈~ tele-message\tele-cast〉 가1

140 *****tel·e-health** [텔러 헬쓰]: 원격 진료, 원격으로 영상 장비를 이용해서 원거리 환자를 진료하는 행위, 〈~ tele-medicine\tele-care〉, 〈↔house call〉 미2

141 *****tel·e-mar·ket·ing** [텔러 마아키팅]: 전화(를 이용한) 판매, 〈~ tele-commerce\tele-sale〉, 〈↔vendor\direct sale〉 미2

142 *****tel·e-med·i·cine** [텔러 메디슨]: 원격 의료, 원격 통신수단을 이용하여 먼 거리에서 진료하는 행위, 〈~ tele-health\tele-care〉, 〈↔hands-on practice〉 미2

143 **tel·e-phone** [텔러 호운]: 〈멀리까지 소리를 내는〉 전화(기), 전기를 통한 음성 통화(법), 〈~ call\buzz\ring〉, 〈↔conceal\listening\mail〉 가1

144 *****tel·e-port²** [텔러 포오트]: (통신 위성을 조종하는 지상의) 원격 기지, 〈~ dispatch〉 미1

145 *****tel·e-proc·ess·ing** [텔러 프롸쎄씽]: telecomputing, (통신 회선을 통한) 원격 자료 처리, 원격 전산 처리 미2

146 **tel·e-scope** [텔러 스코우프]: 망원경, 원통형 확대경, (망원경의 통처럼) 끼워 넣다, 단축하다, 〈~ spy-glass\slide together〉, 〈~(↔)microscope〉 양1

147 *****tel·e-se·cu·ri·ty** [텔러 씨큐어뤼티]: (전화) 도청 방지, (원격) 방범기, 〈~ IT security〉 미2

148 *****tel·e-type \ tel·e-print** [텔러 타이프 \ 텔러 프륀트]: (문자나 그림을 전신으로 멀리 보내는) 전송식 타자기, 전송식 인쇄기, 〈~ remote type(print)〉, ⇒ telex 미2

149 **tel·e·vi·sion** [텔러 뷔젼] \ **TV**: 텔레비전, 원격 방영 (수상)기, 〈~(↔)radio〉 우2

150 ***tel-ex** [텔렉스]: teletype (print)+exchange, (가입자가 교환 접속에 의해 문본을 주고받는) 전송식 교신 〈예2〉

151 **tell** [텔]: 〈← zalon(reckon)〉, 〈게르만어〉, 말(이야기)하다, 알리다, 명하다, 분간하다, 주장하다, 세다, 〈~ tale\talk〉, 〈↔hide\quiet\write\act〉, 〈speak는 보다 공식적 표현이고 say는 말하는 행위를 나타냄〉 〈기2〉

152 **tell-er** [텔러]: 말하는 사람, 세는 사람, (은행의) 금전 출납원, 〈~ narrator\cashier〉, 〈↔writer\listener〉, 〈↔customer\executive〉 〈일2〉 〈예2〉

153 ★**tell me about it!** [~ 어바웃 잇]: 그러게 말이에요, 누가 아니래!, 〈~ you said it〉 〈일2〉

154 ★**tell off** [텔 어어후]: 야단을 치다, 핀잔을 주다, 〈~ rebuke나 scold보다 약한 꾸중〉 〈일2〉

155 ***Tel-net** [텔 넽]: 텔넷, teletype network, (UNIX 체계에서) 전산망을 통해 개인 단말기를 다른 전산기에 연결해주는 연성기기 〈수2〉

156 **tem·per** [템퍼]: 〈← temperare(regulate)〉, 〈라틴어〉, 기질, 천성, 기분, 성미, 울화, 평정, 진정시키다, 조율하다, '섞다', 〈~ tamper〉, 〈~ character\rage\modulate〉, 〈↔body\calm\aggravate〉 〈일1〉

157 **temp·er·ate** [템퍼뤗트]: '잘 섞인', 온화한, 온대성의, 삼가는, 중용의, 〈~ fair〉, 〈↔extreme〉 〈일2〉

158 **temp·er·a·ture** [템퍼뤄춰]: 〈찬 것과 더운 것이〉 '섞인 정도', 온도, 체온, 〈~ thermal reading〉 〈기1〉

159 **tem·pest** [템피스트]: 〈← tempus(time)〉, 〈라틴어〉, 사나운 비바람, 폭풍의, 폭설, 대소동, 〈~ bluster\storm〉, 〈↔tranquility\harmony〉 〈일2〉

160 *__tem·plate \ tem·plet__ [템프리트]: 〈← templum(plank)?〉, 〈어원 불명의 영국어〉, 형판, 본뜨는 공구, 모형, 보기판, 자주 쓰이는 차림표를 저장해둔 자판의 배치, 〈~ plate〉, 〈~ blue-print\model〉, 〈↔antithesis\counter example〉 〈일2〉 〈예2〉

161 **tem·ple¹** [템플]: 〈← templum(consecrated space) ← plank(board shaped land to take auspices)〉, 〈라틴어〉, '신성한 장소', 신전, 사원, 회당, 전당, 〈~ wat〉, 〈~ synagogue\church\mosque〉, 〈↔evil(cursed) place〉 〈일1〉

162 **tem·po** [템포우]: 〈← tempus(time)〉, 〈라틴어〉, 빠르기, 박자, 속도, 〈~ pace\speed〉, 〈↔space\slowness〉 〈일2〉

163 **tem·po·rar·y** [템퍼뤠뤼]: 일시의, 순간의, 당장의, 임시의, 덧없는, 〈~ interim\short-term〉, 〈↔permanent\lasting〉 〈기1〉

164 **tempt** [템프트]: 〈← tentare(try)〉, 〈라틴어〉, '시험하다', ~의 마음을 끌다, 유혹하다, 꾀다, 〈→ attempt〉, 〈~ allure\cajole〉, 〈↔deter\discourage〉 〈일1〉

165 **tem·pu·ra** [템푸뤼]: 〈포르투갈어 → 일본어〉, 템푸라, 〈16세기 나가사키 근처에 있던 포르투갈인들이 사순제(Quatuor Tempora) 전후해서 만들어 먹던 음식 흉내를 내서 개발한〉 야채나 생선을 밀가루에 발라 돼지기름으로 고온에서 튀긴 일본의 튀김요리, 〈~ bhaji\fritter〉 〈수2〉

166 ★**tem·pus fu·git** [템퍼스 휴우짙]: 〈Virgil의「농경기」에 나오는 라틴어〉, time flies, 세월은 화살 같다, 〈~ carpe diem〉 〈일2〉

167 **ten** [텐]: 〈게르만어〉, 10의, 많은 〈기1〉

168 **ten·ant** [테넌트]: 〈← tenere(to hold)〉, 〈라틴어〉, '거머쥔 자', 차용자, 임차인, 거주자, 소작인, 〈~ tenure\tenement〉, 〈~ occupant\lessee〉, 〈↔owner\land-lord〉 〈일2〉

169 **tend¹** [텐드]: 〈← tendere(stretch out)〉, 〈라틴어〉, '뻗다', '넓히다', 향하다, 경향이 있다, 이바지하다, 〈→ tender¹\tender²\tendon〉, 〈~ inclined〉, 〈↔reduce\end〉 〈일2〉

170 **tend²** [텐드]: 〈영국어〉, 〈← attend〉, 돌보다, 기르다, 시중들다, 관리하다, 〈→ tender³〉, 〈~ take care of〉, 〈↔neglect\abandon〉 〈일2〉

171 **ten·den·cy** [텐던시]: 〈← tend¹〉, 〈라틴어〉, 경향, 풍조, 성향, 버릇, 〈~ propencity\trend\current\likelihood〉, 〈↔disinclination\reluctance〉 **알2**

172 **ten·der¹** [텐더]: 〈라틴어〉, 〈← tend¹〉, '부드러운', 연한, 어린, 상냥한, 예민한, 〈~ kind\soft〉, 〈↔firm\tough〉 **알2**

173 **ten·der²** [텐더]: 〈영국어〉, 〈← tend²〉, 돌보는 사람, 간호인, 감시인, 보급인, 보급선, 연락선, 〈~ attendant\supplier〉, 〈↔predator\attacker〉 **미2**

174 **ten·der³** [텐더]: 〈라틴어〉, 〈← tend¹〉, 제출하다, 제공하다, 입찰하다, 화해를 제의하다, 〈~ bid\submit〉, 〈↔withdraw\resist〉 **알1**

175 ★**ten·der boat** [텐더 보웉]: 〈← tend²〉, 〈영국어〉, '보조선', 부속선, 거룻배, 큰 배의 하선을 돕는 작은 배, 〈~ dinghy〉, 〈↔main ship〉 **미2**

176 ★**ten·der-foot** [텐더 훝]: 〈← tend¹〉, 〈라틴어+게르만어〉, 신참자, 풋내기, 〈~ novice\green-horn〉, 〈↔veteran\expert〉 **알2**

177 ★**ten·der-loin** [텐더 러인]: 〈라틴어〉, 연한 허리(고기), 안심, 〈경찰이 안심을 얻어먹는〉 악덕 환락가, 〈~ fillet\red-light district〉, 〈~(↔)sir-loin〉

178 *****ten·der of-fer** [텐더 어어훠]: 〈라틴어〉, 공개매수, 〈50% 이상의 지분을 확보하려고〉 주주들에게 공개적으로 높은 가격을 제시하여 주식을 매입하는 일, 〈~ take-over bid〉, 〈↔open offer〉 **우2**

179 **ten·don** [텐던]: 〈← tenon ← tenein(stretch)〉, 〈그리스어〉, 힘줄, 건, (밧줄처럼 꼬여진) 뼈에 부착된 단단한 섬유조직, 〈~ tend¹〉, 〈~ sinew〉, 〈~(↔)bone\synovium〉, 〈이것은 근육을 뼈에 붙여주고 ligament는 뼈와 뼈를 연결시켜줌〉 **알2**

180 **ten·nis** [테니스]: 〈← tenir〉, 〈프랑스어〉, '잡다(take)', 정구, '손바닥 놀이', 12세기경에 프랑스에서 시작되어 1877년경에 영국에서 크로켓을 대체시킨 구기, 〈~ game of the palm〉 **가1**

181 **ten·or** [테너]: 〈← tenere(to hold)〉, 〈라틴어〉, '진로(술 이름이 아니라 course)', 방침, 취지, 〈꽉 잡은〉 차중음, 성인 남성의 최고 성량(highest male voice), 〈↔soprano〉 **알1 우1**

182 **tense¹** [텐스]: 〈← tendere(stretch out)〉, 〈라틴어〉, 〈줄이〉 '팽팽한', 긴장된, 부자연한, 절박한, 〈~ tight\stiff〉, 〈↔loose\relaxed〉 **알1**

183 **tense²** [텐스]: 〈← tempus(time)〉, 〈라틴어〉, 시제, 시칭, 〈← temporal〉, 〈~ time of action〉, 〈↔mood〉 **알2**

184 **ten·sion** [텐션]: 〈← tense¹〉, (정신적) 긴장, 팽창력, 〈↔looseness\relaxation〉 **알1**

185 ★**ten spoons make one bowl²** [ ]: 십시일반, 적소성대, 진합태산, 〈~ many a little makes a mickle〉, ⇒ every little helps **알2**

186 **tent** [텐트]: 〈← tendere(stretch out)〉, 〈라틴어〉, 늘려 펴다, (천막을) 치다, 천막(으로 덮다), (새벽에) 자지가 서다, 〈~ a canvas shelter(pavillion)〉, 〈↔uncover\want out(안에 있는 정액이 밖으로 나가고 싶어하다)〉 **알2**

187 **ten·ta·tive** [텐터티브]: 〈← tentare(try)〉, 〈라틴어〉, '시험'적인, 임시의, 모호한, 〈~ provisional\unsure〉, 〈↔definite\complete〉 **알2**

188 **ten·ure** [테뉴어]: 〈← tenere(to hold)〉, 〈라틴어〉, '보유' (권·기간), (종신) 재직권, 〈~ tenant\tenement〉, 〈~ holding\term of office〉, 〈↔inoccupancy\subordination〉 **알2**

189 **tep·id** [테피드]: 〈← tepere(bath)〉, 〈라틴어〉, 미지근한, 시들한, 〈~ luke-warm〉, 〈↔hot\cold〉, 〈↔eager\intense〉 **가1**

190 **Te·qui·la** [터키일라]: tequitl(work)+tlan(place), 테킬라, 멕시코 중부의 지명, t~; 용설란 줄기의 즙을 발효시킨 증류주, 〈~ mescal〉 **수2**

191 *****Ter-com** [테어캄]: terrain contour matching, (목표까지의 지형을 전산기에 입력해서 비행하는) '지형조준' 순항 유도탄 **우2**

192 **te·ri·ya·ki** [테뤼야키]: gloss+grilled, 〈설탕을 많이 넣어 광택이 나는〉 테리야끼, (육류를 간장·정종·설탕 등에 섞어 구운) 일본식 양념구이 〈우2〉

193 **term** [터엄]: 〈← terminus(limit)〉, 〈라틴어〉, '한계', 기간, 임기, 〈한계를 정해주는〉 조건, 관계, 말(투), 〈단어의 경계를 정한〉 용어, 〈→ terminal〉, 〈~ period\word〉, 〈↔open\effect\whole\concept〉 영1

194 **ter·mi·nal** [터어미널]: 〈← term〉, 끝의, 말단의, 종점(의), 학기 말(의), 말기(의), 〈~ final〉, 〈↔first\initial〉 왕2

195 *__ter·mi·nal em·u·la-tion__ [터어미널 에뮬레이션]: 단말기 모방, 전산기 단말기가 다른 기종의 단말기와 같은 동작을 하게 하는 것, 〈~ terminal interface(simulator)〉 미2

196 **ter·mi·nate** [터어미네이트]: '경계 짓다', 끝내다, 종결시키다, 종료하다, 〈~ end\close〉, 〈↔start\initiate〉 왕2

197 **ter·mite** [터어마이트]: 〈← termes ← terere(erode)〉, 〈라틴어〉, wood worm, white ant, '흰'개미', (개미보다는 날개 없는 바퀴벌레에 더 가까운) 나무를 갉아 먹는 곤충, white ant 미2

198 **ter·race** [테뤄스]: 〈← terra(earth)〉, 〈라틴어〉, 테라스, '쌓아 올린 땅', (경사지를 계단 모양으로 깎은) 단지, 대지, 주랑, (계단식) 입석, 연립주택, Ter.; 경사진 길 위쪽에 나 있는 도로, 〈계단 도로〉, 〈→ terrazzo〉, 〈~ balcony\deck〉 미1

199 **ter·rain** [터뤠인]: 〈← terra(earth)〉, 〈라틴어〉, 지대, 지형, 지역, 영역, 〈~ land\area〉, 〈↔sky\sea〉 가2

200 **ter·res·tri·al** [터뤠스트뤼얼]: 〈← terra(earth)〉, 〈라틴어〉, '대지에 관한', 지구상의, 흙으로 된, 세속적인, 〈~ terrene〉, 〈↔aquatic\celestial〉, 〈↔aerial\nautical〉 왕2

201 **ter·ri·ble** [테뤼블]: 〈← terror ← terere(to frighten)〉, 〈라틴어〉, 무서운, 혹독한, 굉장한, 〈~ awful〉, 〈↔slight\calming\lovely〉 가1

202 **ter·ri·er** [테뤼어]: 〈← terra(earth)〉, 〈라틴어〉, '땅개', 〈굴속에 있는 쥐·족제비 등의 짐승을 몰아내는〉 작은 사냥개·애완견, 〈~ a small hunting dog〉 미1

203 **ter·rif·ic** [터뤼휙]: 〈← terror ← terere(to frighten)〉, 빼어난, 대단한, 멋진, '소름 끼치는', 〈~ tremendous\dreadful〉, 〈↔terrible\awful〉 왕2

204 **ter·ri·to·ry** [테뤼토어뤼]: 〈← terra(earth)〉, '통치권이 미치는 땅', 영토, 영지, 지역, 관할구역, 영역, 준주, 〈~ area of land〉, 〈↔no man's land\whole\center\non-ecumene〉 영1

205 **ter·ror** [테뤄]: 〈← terrere(to frighten)〉, 〈라틴어〉, 공포, 두려움, 폭력 (행위), 〈→ terrible\terrific〉, 〈↔calmness\assurance〉 왕2 미2

206 **ter·ry** [테뤼]: 〈← tirer(to draw); 프랑스어?〉, 〈어원 불명의 영국어〉, (수분이 잘 흡수되도록) 보풀을 고리 지게 짠 두꺼운 직물, '터키 수건', 〈a loopy towel〉, 〈→ Turkish towel〉 수2

207 **Tes·la** [테슬러]: 테슬라, 〈교류 전력 공급 장치를 개발한 크로아티아 태생 미국의 공학자 이름을 따서〉 2003년에 창립된 미국의 동력 저장 용품·전기 자동차 전문 회사 수1

208 *__tes·la__ [테슬러]: 〈슬라브어〉, 〈그리스의 Thessaly 지방에서 유래된〉 테슬라, (크로아티아 태생 미국 기술자의 이름을 딴) 자기력선속 밀도, weber/m² 수2

209 **test** [테스트]: 〈← testa(a piece of burned clay)〉, 〈라틴어〉, 시험, 실험, 검사, '귀금속을 재던 조그만 단지', 〈~ check\trial〉, 〈↔question\conclusion〉 가1

210 **tes·ti·cle** [테스티클]: 〈라틴어〉, 〈생식력이 있나 없나 반드시 test해 봐야 할〉 고환, 불알, 〈↔ovary〉, 〈scrotum은 이것을 싸고 있는 주머니〉 왕2

211 **tes·ti·fy** [테스티화이]: 〈← testis(witness)+facere(make)〉, 〈라틴어〉, '증인이 되다', 증언하다, 진술하다, 〈~ attest\bear witness\certify〉, 〈↔conceal\deny〉 왕2

212 **tes·ti·mo·ny** [테스티모우니]: testis(witness)+monium(action), 〈라틴어〉, '증거', 증언, 선언, 고백, 증명, 〈~ attestation〉, 〈↔rebuttal\disproof〉 왕2

213 **tet·a·nus** [테터너스]: ⟨← teinein(stretch)⟩, ⟨그리스어⟩, ⟨뻣뻣해지는⟩ 테타너스, 파상풍(균), (근육의 강직·경련을 가져오는) 세균성 질환, ⟨~ lock-jaw⟩ 미2

214 ★**tête-à-tête** [테이터테이트\테타테일]: ⟨프랑스어⟩, head to head, 마주 앉은, 두 사람만의 (대담·식사), 은밀한, 긴 의자, ⟨~ love seat\banquette⟩ 양2

215 **teth·er ball** [테더 버얼]: ⟨← teudran(rope)⟩, ⟨게르만어⟩, 기둥에 매단 공을 치고 받는 구기, '매단' 공치기, ⟨~ swing ball\pole tennis⟩ 우1

216 *****Tex** [텍스]: ⟨'기술적'이란 뜻의 그리스어의 두 문자를 딴⟩ ⟨정확성과 효율성을 향상시키기 위해⟩ 1978년에 고안된 문자와 기호로 된 전산기의 식자표기법 쇼2

217 **text** [텍스트]: ⟨← texere(to weave)⟩, ⟨라틴어⟩, ⟨천이⟩ '짜인 것', 문본(문자로 된 자료), 원문, 주제, 성서의 구절, ⟨~ written work\main body⟩, ⟨↔nothingness\appendix⟩ 양2

218 *****text bal·loon (bub·ble)** [텍스트 벌루운(버블)]: (문본에 강조나 수정을 위해 풍선꼴 윤곽 안에 글자를 넣는) 글풍선, ⟨~ speech(word) balloon⟩ 양2

219 **text-book** [텍스트 북]: 교과서, 교본, ⟨~ school(work) book⟩, ⟨↔lay-book⟩, ⟨↔auxiliary\reference⟩ 기2

220 *****text-box** [텍스트 박스]: text field, '문본 난', (도형 회로에서) 문자열을 입력하는 칸 우1

221 *****text file** [텍스트 화일]: '문본 서류철', 문서 정보를 수납한 서류철, ⟨~(↔)data file⟩ 우1

222 **tex·tile** [텍스타일]: ⟨← textus(fabric)⟩, '짜인' 천, 방직(물), 옷감, 피륙 양2

223 *****text-ing** [텍스팅]: Txting, '문본 왜래', 문자로 용건을 주고받는 일, ⟨↔voice mail⟩ 우1

224 **tex·ture** [텍스춰]: ⟨← textura ← texere(to weave)⟩, 직물, 짜임새, 결, 기질, 구조, 색조, 질감, ⟨~ cloth⟩, ⟨~ consistency\structure⟩, ⟨↔un-cloth\nude⟩ 양2

225 ★**TF**: ⟨한국에서 발빠르게 도입된⟩ task force(특별 임무단·기동 타결대)의 약어 양2

226 ★**TFW**: that feeling when, (전자망 교신에서) 그때 그 감정, ⟨연상작용을 유도하는 말⟩ 알2

227 ★**TGIF**: Thanks God! It's Friday, 드디어 금요일이구나, 1965년 뉴욕에서 창립⟨되어 금요일에는 술을 싸게 파는⟩ 편안한 분위기의 대중음식 연쇄점

228 ★**Thag·o·mi·zer** [쌔거마이저]: ⟨← thag ← sthaga(scoundrel)⟩, ⟨산스크리트어⟩, ⟨1982년에 만화에서 합성된 말⟩, 공룡의 꼬리에 붙은 4개의 가시뿔(골침) 쇼2

229 **than** [댄]: ⟨영국어⟩, ~보다(도), ~밖에는, 오히려, ⟨다분히 주관적인 말⟩, ⟨~ then⟩, ⟨~ the latter\other-wise⟩, ⟨↔like-wise\similarly⟩ 양1

230 **thank** [쌩크]: ⟨← thancian(appriciate)⟩, ⟨게르만어⟩, '배려하다', 감사하다, 고맙다, 부탁하다, ~의 탓이다, ⟨↔sorry⟩ 기2 양2

231 **that** [댙]: ⟨게르만어⟩, ⟨거리를 두고 지적하는 것⟩, '그것', 저것, 그만큼, ~라는 것, ~때문에, ⟨~ the⟩, ⟨↔this⟩ 양1

232 ★**that ar·gu·ment does·n't hold wa·ter**: 그 말은 이치에 맞지 않는다, 어불성설, ⟨~ illogical\non-sense\absurd⟩ 양2

233 **thatch** [쌔취]: ⟨← thakjan(cover over)⟩, ⟨게르만어 → 영국어⟩, 짚, 풀, 초가지붕, 이엉, '지붕을 이다', ⟨~ hay\rush⟩, ⟨~ roof⟩, ⟨↔un-thatch\un-cover⟩ 양1

234 ★**that's ver·y con·ven·ient** [댙츠 붸뤼 컨뷔니언트]: 아주 편하군!, 꿈보다 해몽이 좋다, ⟨~ aren't you optimistic?⟩, ⟨~ aren't you optimistic?⟩, ⟨↔irrelevant\unreasonable⟩ 양2

235 *****that will be the day**: ⟨'the day'는 종말의 날이란 뜻으로 널리 쓰여 오다가 1971년 미국 노래의 가사에서 '그런 날은 절대 안 온다'라는 뜻으로 쓰임⟩, 그럴 리가 없다, 설마! 그럴수가, ⟨~ in your dreams⟩, ⟨↔certain\good chance⟩ 양2

236 **the** [더 \ 디]: 〈게르만어〉, 〈정해진 것〉, 그, 이, ~라는 것, ~의 사람들, 〈~ that〉, 〈↔a\an〉 가1

237 ★**the ap·pe·tite grows for what it feeds on**: 말타면 경마 잡히고 싶다, 욕망이란 이름의 전차, 〈~ the more you get, the more you want〉 양2

238 **the·a·ter** \ ~re [씨어터]: 〈← thea(view)〉, 〈그리스어〉, '보는 장소', 극장, 영화관, 연극, 현장, 〈~ cinema\movie-house〉, 〈↔arena〉 가1

239 ★**the ball is in your court**: 네가 칠 차례다, 결정권은 네게 있다, 〈~ choose for yourself\it's up to you〉 양2

240 ★**the bea·con does not shine on its own base**: 등잔 밑이 어둡다, 등하불명, 〈~ you can't see (what's) right under your own nose\you must go to the country to hear the news〉 양2

241 ★**the bee·tle is a beau·ty in the eyes of its moth·er**: 장중보옥, 고슴도치도 제 새끼는 예쁘다고 한다, 〈~ every man's goose is a gander〉 양2

242 ★**the bel·ly has no ears**: 수염이 석자라도 먹어야 양반, 금강산도 식후경, 〈~ pudding rather than praise\a loaf of bread is better than the song of many birds〉 양2

243 ★**the best fish swims near the bot·tom**: 호랑이 굴에 가야 호랑이 새끼를 잡는다, 〈~ nothing ventured, nothing gained\no pain, no gain〉 양2

244 ★**The D** [더 디이]: (2012년) Detroit 출신 Derek Stevens가 라스베가스 'Downtown'에 사들인 Fitzgeralds 호텔의 새 명칭 新2

245 ★**the dan·ger past and God for·got·ten**: 똥 누러 갈 적 마음 다르고 올 적 마음 다르다, 개구리 올챙이 적 생각 못 한다, 〈~ once on shore, we pray no more〉 양2

246 ★**the dice is cast**: 주사위는 던져졌다, 이젠 돌이킬 수 없다, 엎어진 물, 〈~ cross the Rubicon〉 양2

247 ★**The dress** [더 드뤠쓰]: '그 옷', 2015년 사회 전산망에 올려진 의상 무늬의 색깔을 놓고 천차만별로 해석되어 인간의 색감에 대한 연구를 촉발시킬 '역사적인 옷' 新2

248 ★**the ear·ly bird catches the worm**: 일찍 일어나는 새가 벌레를 잡는다, 부지런해야 성공한다, 〈↔it's never too late\better late than never〉 양2

249 ★**the end jus·ti·fies the means**: 〈마키아벨리가 했다는 말〉, 모로 가도 서울만 가면 된다, 성공한 모반은 혁명이다, 〈~ all is fair in love and war〉, 〈↔the means justify the end〉, 〈아리스토텔레스는 좀 생각이 달랐음〉 양2

250 ★**the for·tune-tell·er can't tell his own for·tune**: 중이 제 머리 못 깎는다, 〈~ you can't scratch your own back〉, 〈~ everybody has a weak spot〉 양2

251 **theft** [쎄후트]: 〈← theofth(larceny)〉, 〈게르만어〉, 도둑질, 절도, 〈~ thief〉, 〈~ five-finger discount〉, 〈↔gift\bestowal〉 가1

252 ★**the guilt·y crit·i·ciz·ing the in·no·cent**: 똥 묻은 개가 겨 묻은 개 나무란다, 적반하장, 〈~ give them an inch and they will take a mile〉 양2

253 **their** [데어]: 〈게르만어〉, they의 소유격, 그(것)들의 가1

254 ★**the lean weed lifts its head high**: 메마른 잡초가 고개를 높이 든다, 못된 송아지 엉덩이에 뿔 난다, 〈~ a rude man does rude things〉 양2

255 **them** [뎀]: 〈게르만어〉, they의 목적격, 그들에게(을), 〈↔us〉 가1

256 **theme** [씨임]: 〈그리스어〉, thema, subject, 주제, 제목, 어간, '놓는 곳', 〈~ key-note\kernel〉, 〈↔insignificance\impertinence〉 양2

257 ★**the more the bet·ter**: 많을수록 좋다, 다다익선, 〈↔too much is not always good\go farther fare worse〉 양2

258 ★**the more you get, the more you want**: 욕망에는 끝이 없다, 말 타면 경마 잡히고 싶다, ⟨~ the appetite grows for what it feeds on⟩ 양2

259 **then** [덴]: ⟨영국어⟩, 그때에(는), 그다음에(는), 그렇다면, 게다가, ⟨~ than\when⟩, ⟨↔never\earlier\later⟩ 양2

260 ★**the nail that sticks up gets ham·mered down**: 모난 돌이 정 맞는다, ⟨↔the squeahy wheel gets the grease⟩ 양2

261 ★**the net of the sleep·er catches fish**: ⟨그리스 속담⟩, 소 뒷걸음 치다 쥐잡기, ⟨~ it was just blind luck⟩ 양2

262 ★**the no·bler, the hum·bler**: 고귀할수록 겸허하게, 벼는 익을수록 고개를 숙인다, ⟨~ still waters run deep⟩, ⟨~(↔)shallow brook babbles the loudest⟩ 양2

263 **the·o·ry** [씨어뤼]: ⟨← theoria(looking at)⟩, ⟨그리스어⟩, '성찰', (학)설, ⟨hypothesis보다 강한 상당히 증명된⟩ 이론, (반의적인) 억측, ⟨↔fact\reality⟩ 양2

264 ★**the pen is might·ier than the sword**: ⟨1839년 영국의 극작가가 등장시킨 말⟩, 글이 총보다 세다(?), ⟨↔actions speak louder than words⟩ 양2

265 ★**the proof of the pud·ding is in the eat·ing**: 맛을 봐야 맛을 알지(샘표 간장!), ⟨↔apparel makes the man\judge the book by it's cover⟩ 양2

266 **there** [데어]: ⟨게르만어⟩, 거기(그곳)에, 거기서(로), 거봐, 저 봐, ⟨~ where\yonder⟩, ⟨↔here⟩ 양1

267 ★**there are plen·ty fish in the sea**: 기회는 얼마든지 있다, 짚신도 짝이 있다, ⟨~ every Jack has his Jill⟩ 양2

268 **there·fore** [데어 훠어]: for that, 그러므로, 그것에 의하여, ⟨~ thus\so\then⟩, ⟨↔al-though⟩ 양2

269 ★**there is a light at the end of eve·ry tun·nel**: 쥐구멍에도 볕들 날 있다, ⟨~ every cloud has a silver lining⟩ 양2

270 ★**there is al·ways a way out**: 하늘이 무너져도 솟아날 구멍이 있다, 궁하면 통한다, 지성이면 감천, ⟨~ sincerity moves heaven\nothing is totally bad⟩ 양2

271 ★**there is al·ways a way out if you keep your head on straight**: 호랑이에게 물려가도 정신만 차리면 산다, ⟨~ when there is a will, there is a way⟩ 양2

272 ★**there is al·ways some·one a-head of you**: 뛰는 놈 위에 나는 놈 있다, ⟨~ so, don't be so cocky⟩, ⟨'나는 놈 위에 붙어가는 놈'을 영어로 번역할 수 있는 분 있습니까?⟩ 양2

273 ★**there is more than one way to skin a cat**: 이가 없으면 잇몸으로 산다, ⟨~ if the wind will not serve take the oars⟩ 양2

274 ★**there is no time like the pres·ent²**: 오늘은 다시 오지 않는다, ⟨~ don't hurry\YOLO\seize the day⟩ 양2

275 ★**there is no tree but bears some fruit**: 열매없는 나무 없다, 굼벵이도 구르는 재주가 있다, ⟨~ every-man for his own trade⟩ 양2

276 ★**the rich nev·er go flat broke**: 부자는 망해도 삼년 먹을 것이다, ⟨~ deep-rooted trees don't burn completely⟩, ⟨↔the poor struggle forever⟩ 양2

277 **ther·mal** [써어멀]: 열(량)의, 더운, 온도의, ⟨~ heated\warm⟩, ⟨↔cold\freezing⟩ 양2

278 **ther·mom·e·ter** [썰마 미터]: '온도를 재는 기구', 한란계, 체온계, 온도계, ⟨~ temerature gauge⟩, ⟨~(↔)hygro-meter\anemo-meter\baro-meter⟩ 양2

279 **these** [디이즈]: ⟨게르만어⟩, this의 복수, 이것들의, ⟨↔those⟩ 가1

280 **the·sis** [씨이시스]: ⟨← tithenai(to put)⟩, ⟨그리스어⟩, 논제, 명제, 논문, 작품, '배열하기', ⟨~ axiom\theorem⟩, ⟨↔antithesis\fact\dis-belief⟩ 양2

281 ★**the soon·er the bet·ter** [더 쑤너 더 베터]: 빠를수록 좋다, 천리 길도 한 걸음부터, 시작이 반이다, 〈~ sooner begun, sooner done\well begun is half done〉 ⑫

282 ★**the squeak·y wheel gets the grease**: 우는 아이 젖 준다, 〈↔the nail that sticks up gets hammered down〉 ⑫

283 ★**the tail wag·ging the dog**: 개 꼬리가 개를 까불다, 주객전도, 하극상, 〈~ backward order〉, 〈↔the dog wagging the tail\proper order〉 ⑫

284 ★**the tea** [더 티이]: 〈← 'truth'?〉, 〈미 남부 은어〉, 〈진짜라고 우기는〉 뒷소문, 유언비어, 낭설, 〈~ gossip\juicy information〉, ⇒ spill the tea ⑫

285 ★**the wheel of for·tune turns for eve·ry·one**: 쥐구멍에도 볕들 날 있다, 〈~ fortune knocks at every door\every dog has his day〉 ⑫

286 ★**the whip makes a weak·ling of any·one**: 매 앞에 장사 없다, 〈~ whip is the best punishment〉 ⑫

287 ★**the works** [더 워얼크스]: 〈1800년대에 등장한 영국어〉, (만들어진 것) 전부, (차림표에 있는 것) 몽땅, 〈~ all inclusive\full〉 ⑫

288 ★**the world is not your oys·ter**: 네가 깐 굴에는 진주가 없을 것이다, 세상 일이 네 뜻대로 되는 것만은 아니다, 〈↔the world is your oyster〉 ⑫

289 **they** [데이]: 〈게르만어〉, 〈관심이 없는〉 그(것)들, 〈없어도 되는〉 (세상) 사람들, 〈없으면 서운한〉 '그' (성평등론자들이 he·she 대신 쓰는 말), 〈2019년 올해의 단어로 떠오른 말〉, 〈~ others\people〉, 〈↔we〉 ㉮

290 **thick** [씩]: 〈← thicce(greater depth)〉, 〈게르만어〉, 두꺼운, 굵은, 짙은, 빽빽한, 혼잡한, 미련한, 〈↔thin〉 ㉮

291 ★**thick and thin** [씩 앤 씬]: 〈14세기 말 초서의 컨터베리 테일에 등장한 말〉, 두껍거나 얇거나 간에, 어떤 경우든지, 철저히, 〈~ better or worse\rain or shine〉, 〈↔que sera sera〉 ⑫

292 **thick·et** [씨킽]: 〈영국어〉, 〈← thick〉, 수풀, 덤불, 엉킴, 〈~ brush\dense growth〉 ⑫

293 ★**thick-head** [씩 헤드]: 엉겅퀴 비슷한 두툼한 꽃받침을 가진 열대성 식물, 홍머리오리, 흰뺨오리, 휘파람박새(whistler), (머리가 둔한) 뱅충이, 〈~ brain\genius〉, 발모제 이름. ㉯

294 ★**thick girl** [씩 거얼]: thicc, 허리는 가늘고 다른 곳은 다 오동통한 여자, '쭈쭈빵빵', 〈~ plump'(voluptuous) girl〉, 〈↔bony(lanky) girl〉 ㉰

295 **thief** [씨이후]: 〈← theof(larcenist)〉, 〈게르만어〉, (좀)도둑, (폭력에 의하지 않고 훔치는) 절도범, 〈~ theft〉, 〈↔champion\redeemer〉 ㉮

296 **thigh** [싸이]: 〈← theoh('swollen' part of the leg)〉, 〈게르만어〉, 넓적(허벅)다리, 퇴절(곤충의 허벅다리 부분의 마디), 〈~ femur〉, 〈~ ham\drum-stick〉, 〈↔humerus\calf〉 ⑫

297 **thin** [씬]: 〈← thynne(lesser depth)〉, 〈게르만어〉, 얇은, 가는, 성긴, 희박한, 빈약한, 하찮은, 〈~ attenuate〉, 〈↔thick〉 ㉮

298 *__thin cli·ent__ [씬 클라이언트]: '간편한 분산 처리기' 〈1993년에 제조된 말〉, 고객의 요구를 해결해주는 전산망체계에서 원격 조정할 수 있는 '가벼운' 전산기, 〈thick client는 net-work에 연결하지 않아도 자체적으로 작용함〉 ㉮

299 **thing** [씽]: 〈← thinga(assembly\affair)〉, 〈게르만어〉, 것, 물건, 〈~ article\action〉, 〈↔nothing\abstract〉 ⑫

300 ★**things are bet·ter new, 'friends' are bet·ter old**: 친구는 옛 친구가 좋고 옷은 새 옷이 좋다, 〈~ oldies but goodies〉, 〈only friend-friends〉 ⑫

301 **think** [씽크]: 〈← thyncan(to seem)〉, 〈게르만어〉, 생각하다, 예상하다, 〈→ thought〉, 〈↔feel\act〉 ㉮

302 ***think-ing cap** [씽킹 캡]: 생각하는 모자(두뇌), 꾀주머니, (꾀를 짜내는) '짱구', ⟨~ brain⟩ 양2

303 ***think-ing out-side of the box**: 창조적 생각, 상식을 뛰어넘는 '기발한' 착상, ⟨↔no brainer⟩ 미1

304 ★**think on your feet**: 재빨리 대응하다, 임기응변(으로 대처하다), ⟨~ play by ear⟩ 양2

305 ★**think out-side the box**: 고정관념을 깨야 한다, 독창적으로 생각하라, ⟨~ novel(creative) thinking⟩, ⟨↔follow the crowd\play it by the book⟩ 양2

306 ***think-pad** [씽크 패드]: '사고 필기첩', ⟨상업용⟩ 휴대용 전산기, ⟨~ an on-line thesaurus⟩ 미1

307 ***think tank** [씽크 탱크]: 두뇌 집단, (전문가) 종합 연구소, ⟨~ brain trust⟩, ⟨↔bag of wind⟩ 양2

308 **third** [써어드]: ⟨← thridda⟩, ⟨게르만어⟩, 제3의, 3분의 1, 세 번째 개1

309 ***third gen·er·a·tion com·put·er**: 제3세대 전산기, (1964~1971년까지 사용됐던) 처음으로 '집적회로'를 사용한 전산기 양2

310 ***Third Wave** [써어드 웨이브]: 제3의 물결, (농경사회·산업사회에 이어) 1980년대부터 시작된 정보산업이 주도하는 '전자' 사회 미2

311 **thirst** [써어스트]: ⟨← thurs ← ters(to dry)⟩, ⟨게르만어⟩, 목마름, 갈증, 갈망, ⟨↔moist\apathy⟩ 개1

312 ***thirst trap** [써얼스트 트뤱]: '목마른 올가미', 시선을 끌기 위해 사회 전산망에 올리는 성적인 사진이나 글, ⟨↔sweat trap은 사회 전산망에 화끈한 사진이나 글을 올리라고 부추기는 짓⟩ 양2

313 ★**thirst-y man digs the well**: 목마른 놈이 우물 판다, ⟨~ want makes wit⟩, ⟨~ one that would have the fruit must climb the tree⟩ 양2

314 **thir-teen** [써얼티인]: threo(3)+tyne(10), ⟨영국어⟩, 13의, (13명이 같이한 '최후의' 만찬에서 연상된) 불길한 숫자 개1

315 **thir-ty** [써얼티]: ⟨영국어⟩, 30의, (한 번 이기면 15점씩 올라가는) 정구에서 2번째 득점 개1

316 *thir-ty dash [써얼티 대쉬]: 30-, XXX-(10을 나타내는 로마숫자), (아마도 전신부호에서 따온) 끝, ⟨the end of a story(article)⟩ 미2

317 **this** [디스]: ⟨게르만어⟩, ⟨가까이서 지적하는 것⟩, 이것(사람), 여기, 지금, 이만큼, 이렇게, ⟨~ the⟩, ⟨~ thus⟩, ⟨↔that⟩ 개1

318 ★**this food is drop-dead de·li·cious**: 둘이 먹다 하나가 죽어도 모르겠다, ⟨~ this food is awesome⟩ 양2

319 **this·tle** [씨슬]: ⟨← pistilaz ← steyg(to prick)⟩, ⟨게르만어⟩, 엉겅퀴, (전 세계에 걸쳐 서식하며 연자주색 솔로 된 둥근 꽃을 피우고) 식물 전체에 가시가 달린 국화과의 잡초, ⟨~ brier\prick⟩ 미1

320 **thorn** [쏘언]: ⟨← trna(blade of grass)⟩, ⟨산스크리트어 → 게르만어⟩, 가시(털), 육체의 가시, 고통의 원인, 가시 면류관, 산사나무, ⟨~ barb\prickle⟩, ⟨↔aid\delight\balm⟩ 양1

321 **thor·ough** [쏘어로우]: ⟨← through⟩, ⟨영국어⟩, 완전한, 면밀한, 전적인, ⟨↔superficial\partial⟩ 개1

322 **thor·ough-bred** [쏘어로우 브뤠드]: 순종의 동물(말), 출신이 좋은 사람, 기품 있는, 우수한, ⟨~ pure(full) blooded⟩, ⟨↔hybrid\cross\mongrel⟩ 양2

323 **thor·ough-fare** [쏘어로우 훼어]: 통로, 주요 도로, 왕래, 수로, ⟨~ through route\passage⟩, ⟨↔back-road\barrier⟩ 양1

324 **those** [도우즈]: ⟨게르만어⟩, that의 복수형, 그것(사람)들, 저, 그, ⟨↔these⟩ 개1

325 **though** [도우]: ⟨← theah(yet)⟩, ⟨게르만어⟩, ~이지만, ~하더라도, 그래도, 역시, ⟨~ although⟩, ⟨↔and\as well as⟩ 개1

326 **thought** [쏘어트]: ⟨게르만어⟩, think의 과거·과거분사, 생각(하기), 사고, 사상, 고려, 예상, ⟨~ idea\reasoning⟩, ⟨↔blank\emotion\act⟩ 개1

327 **thou·sand** [싸우전드]: ⟨← thusend(ten hundred)⟩, ⟨게르만어⟩, 천, 1,000의, 다수의, ⟨~ k(ilo)\ millenium⟩ 기1

328 **Thou·sand Is-land** [싸우전드 아일런드]: 미국 북동부 캐나다와의 경계에 있는 1,700여 개의 조그만 섬들, 그 곳 원산의 (파슬리·피클·계란·케첩·마요네즈 등을 넣고 버무린) 투박한 맛난이, ⟨Russian dressing보다 달콤함⟩ 수2

329 **thrash** [쓰래쉬]: ⟨← threscan(to beat)⟩, ⟨영국어⟩, ⟨← thresh⟩, 때리다, 채찍질하다, 몸부림치다, 헤치고 나아가다, ⟨~ strike\batter⟩, ⟨↔lose\relax\protect⟩ 영1

330 *****thread** [쓰레드]: ⟨← thredu(twisted yan)⟩, ⟨게르만어⟩, (바느질) 실, 가는 줄, 곤 실, 나사, (전산기 토론 집단에서) 연달아 쓴 댓글, ⟨~ ligature\train of thoughts⟩, ⟨↔hunk\contrary⟩ 영1 미2

331 **threat** [쓰렡]: ⟨← trudere(thrust)⟩, ⟨라틴어 → 게르만어⟩, 으름, 협박, 흉조, ⟨~ intimidation\blackmail⟩, ⟨↔safety\bliss⟩ 영1

332 **three** [쓰리이]: ⟨← thri⟩, ⟨게르만어⟩, 셋, 3의, 삼(아들을 점지해 준다는 삼신할멈과 연계되어 한국인들이 선호하는 숫자), ⟨모나코도 안정됨⟩ 둘보다 하나 더 많은 숫자 기1

333 *****three-D print·ing house**: '3차원 공정 주택', ⟨전산기를 사용해서⟩ 입체적으로 도안된 청사진에 따라 최신 기술로 조립된 ⟨염가 주택⟩, ⟨~ a framed(assembly) house⟩ 미2

334 *****three-fin·ger sa·lute**: '세 손가락 만세', 전산기 자판기의 Ctrl·Alt·Del을 동시에 눌러 작동을 재생·종료시키는 일, ⟨~ reset\interrupt⟩ 주1

335 ★**three-let·ter man**: fag, 남성 동성연애자 영2

336 ★**three-lit·tle-words** [쓰뤼이 리틀 워어즈]: '조그만 3글자', (간절히 바랄때의) yes 영2

337 **thresh** [쓰뤠쉬]: ⟨← threscan(to beat)⟩, ⟨영국어⟩, 도리깨질하다, 타작하다, '밟다', ⟨→ thrash⟩, ⟨→ try⟩, ⟨~ strike\batter\paddle⟩, ⟨↔rest\unwind⟩ 영1

338 **thresh-old** [쓰뤠쇼울드]: ⟨영국어⟩, door-sill, '밟는 점', 문지방, 입구, 발단, 한계, 임곗값, ⟨~ doorstep\entrance⟩, ⟨↔end\exit\midst\distance⟩ 영1

339 **threw** [쓰루우]: ⟨게르만어⟩, throw의 과거, 던졌다 영1

340 **thrift** [쓰뤼후트]: ⟨← thrifa(to grasp)⟩, ⟨북구어⟩ ①검소, 절약, 저축 금융 기관, '번성(thrive)', ⟨~ frugality\prudence⟩, ⟨↔waste⟩ ②(해변가에 촘촘한 잎과 작은 뭉치꽃을 피우며 ⟨끈질기게 번성(thrive)하는⟩) 붉은 갯질경이, ameria, ⇒ sea pink 영1 미2

341 **thrill** [쓰륄]: ⟨← thyrel(perforation)⟩, ⟨영국어⟩, ⟨← thyrelian(to pierce)⟩, ⟨찔릴 때 느끼는⟩ 부르르 떨림, 전율, 괴기, 자릿자릿함, ⟨너무 성적으로 생각하지 말 것⟩, ⟨~ animate\excite⟩, ⟨↔boredom\downer⟩ 영1

342 **thrive** [쓰롸이브]: ⟨← thrifa(to grasp)⟩, ⟨북구어⟩, 번창하다, 무성해지다, ⟨~ thrift⟩, ⟨~ grow\succeed⟩, ⟨↔fail\deteriorate⟩ 영2

343 **throat** [쓰로울]: ⟨← throte(gullet)⟩, ⟨게르만어⟩, 목(구멍), 인후, 목소리, 좁은 통로, ⟨~ pharynx⟩, ⟨→ throttle⟩ 영2

344 **throb** [쓰롭]: ⟨← throbben⟩, ⟨영국어⟩, ⟨의성어⟩, 고동, 진동, 두근거림, ⟨~ beating\pulsation⟩, ⟨↔relaxed\ boring⟩ 영1

345 **throne** [쓰로운]: ⟨← thronos(a seat)⟩, ⟨그리스어⟩, 왕좌, 왕권, '높은 자리', ⟨~ royal seat\authority⟩, ⟨↔contempt\scorn⟩ 영1

346 **throng** [쓰뤙]: ⟨← thringan(to press)⟩, ⟨게르만어⟩, crowd, 군중, 다수, 혼잡, ⟨↔disperse\scatter⟩ 영2

347 **throt·tle** [쓰롸틀]: ⟨영국어⟩, ⟨← throat⟩, (연료 투입을 조절하는) 절기판, 목조르다, 목구멍, ⟨~ choke\strangle⟩, ⟨↔free\release⟩ 미2

348 **through** [쓰루우]: ⟨← thurh(cross over)⟩, ⟨게르만어⟩, ~을 통하여, 꿰뚫어서, 처음부터 끝까지, ⟨→ thorough⟩, ⟨↔incomplete\around⟩ 가1

349 **through-out** [쓰루우 아웉]: ~동안 죽, 내내, 시종, 어디든지, ⟨~ all-over\all the time⟩, ⟨↔partially\nearby\no where⟩ 가1

350 **through-way** [쓰루우 웨이]: ①우선도로(high-way) ②고속도로(express-way), ⟨↔back-street\by-road⟩ 양2

351 ★**throu-ple** [쓰루플]: ⟨1994년 전산망 조작어⟩, three+couple, 세 명의 연인, 삼각연애 양2

352 **throw** [쓰로우]: ⟨← thrawan(twist)⟩, ⟨게르만어⟩, (내)던지다, 팽개치다, 투입하다, 발사하다, 개최하다, 가벼운 담요, 목도리, ⟨~ toss\launch⟩, ⟨↔catch\hold⟩ 양1

353 *****throw-back Thurs-day** [쓰로우 백 써얼즈데이]: ⟨운이 맞아 만들어진 말⟩, '회상의 목요일', (주로 #TBT를 사용해서) 그리운 과거 사진을 전산망에 올리는 목요일, ⟨~ flash-back Friday⟩ 양2

354 ★**throw (cast) cau·tion to the wind(s)**: ⟨17세기 중반에 도입된 숙어⟩, ⟨우려하는 마음을 바람에 던져 버리고⟩ 과감하게 행동하다, 앞뒤(물불) 가리지 않고 나아가다, ⟨↔hesitate\chicken-out⟩ 양2

355 ★**throw-in the tow·el** [쓰로우 인 더 타우얼]: ⟨원투 시합에서 연유된 말⟩, 기권하다, 포기하다, 항복하다, ⟨↔enter\participate⟩ 양2

356 ★**throw-mon·ey** [쓰로우 머니]: 잔돈, 푼돈, ⟨ petty cash\small change⟩, ⟨↔big bucks\guap⟩ 가1

357 **thrown** [쓰로운]: ⟨게르만어⟩, throw의 과거분사, 던진, 개최된, 꼰, ⟨~ launched\propelled⟩ 양1

358 **throw-off** [쓰로우 어어후]: 개시, 출발, 벗어 던지다, 따돌리다, ⟨~ cast off\evade⟩, ⟨↔face\meet⟩ 양1

359 ★**throw some·one un·er the bus**: 누군가를 곤경에 빠드리다, (자신의 이익을 위해 타인을) 궁지에 몰아넣다, ⟨~ use as a scapegoat\sell someone down the river⟩ 양2

360 **throw some wa·ter on one's face**: 콧등에 물만 찍어 바르다, 고양이 세수, 눈꼽만 떼다, ⟨~ run some water over once's face⟩ 양2

361 **thrush¹** [쓰뤼쉬]: ⟨← throstle⟩, (전 세계에 분포하며 개똥 색깔을 하고 숲속에서 지저귀는) 딱새과의 조그만 철새, 개똥지빠귀(직박구리·찌레기르기), ⟨~ a sing bird\a female pro-singer⟩ 미2

362 **thrust** [쓰러스트]: ⟨← trudere(push)⟩, ⟨라틴어⟩, '밀다', 밀어내다, 찌르다, 쫙 펴다, 억지로 시키다, ⟨→ threat⟩, ⟨~ shove\push⟩, ⟨↔drag\plunge⟩ 양1

363 **thumb** [썸]: ⟨← thuma⟩, ⟨게르만어⟩, '부푼' 손가락, ⟨영어에서는 손가락으로 쳐주지 않는⟩ 엄지손가락, 훑어보다, (두루마리 일람표에서) 현재 위치를 나타내는 란, ⟨엄지를 치켜올려⟩ 무임승차하기, ⟨~ thimble⟩ 가1 양1

364 *****Thumbs.db(~ da·ta·base)**: 텀즈, Window에서 thumb·nail(촌묘)을 요약해 놓은 ⟨때로는 거추장스러운⟩ 서류철 체계 양2

365 ★**thumb-up** [썸 앞]: 승인, 찬성, '왔다'다, ⟨↔thumb-down⟩ 양2

366 **thun·der** [썬덜]: ⟨← thunor(resound)⟩, ⟨게르만어⟩, 우레, 천둥, 벼락, 노호, 질책, 수단, 방법, ⟨~ Thor⟩, ⟨~ barrage\boom⟩, ⟨↔silence\peace⟩ 양1

367 **thun·der-bolt** [썬덜 보울트]: 벼락, 천둥번개, 불같은 사람, 청천벽력, ⟨~ burst\flare⟩, ⟨↔calmness\blessing⟩ 양2

368 **thun·der-storm** [썬덜 스토어엄]: '번개 비', 뇌우, 번개를 동반한 (일시적) 폭풍우, ⟨~ lightning storm⟩, ⟨↔mist\drizzle⟩ 양2

369 **Thurs-day** [써얼즈 데이]: ⟨영국어⟩, 썰즈데이, (북구의 뇌신) Thor's day, 목요일 가1

370 **thus** [더스]: ⟨어원 불명의 영국어⟩, 이렇게, 따라서, 이만큼, ⟨~ this⟩, ⟨~ there-fore⟩, ⟨↔although⟩ 가1

371 **thwart** [스워얼트]: ⟨← thvert(transverse)⟩, ⟨북구어⟩, '가로질러서', 훼방 놓다, 좌절시키다, 뒤틀다, ⟨~ baffle\frustrate⟩, ⟨↔facilitate\prompt⟩ 양2

372 ★**thx.**: thanks, 감사, 고마워! 양2

373 **thy·roid** [싸이뤄이드]: ⟨그리스어⟩, 싸이로이드, 갑상선, 'thyreos(large shield)+eides(form)(갑옷 무늬의 방패)' 모양으로 기도의 양쪽에 붙어있는 호대사성 내분비 기관 양2

374 ★**TIA**: ①thanks in advance, 미리 감사(를), 부탁해! ②transient ischemic attack, 일과성 뇌허혈 발작, '통과성 뇌졸중' 양2

375 **tic** [틱]: ⟨이탈리아어⟩, ⟨의태어?⟩, (발작적) 경련, 근육의 반사성 수축, ⟨~ twitch⟩, ⟨↔relax\flaccid⟩ 양2

376 **tick¹** [틱]: ⟨영국어⟩, ⟨의성어⟩, 똑딱 소리, 재깍 소리, 순간, 눈금, ⟨→ tick·tock⟩, ⟨↔bang'\halt\aeon⟩ 양2

377 **tick²** [틱]: ⟨어원 불명의 게르만어⟩, 진드기, 다른 동물의 진을 빨아먹고 한꺼번에 수천 개의 알을 낳는 동글 납작한 기생충, ⟨~ mite⟩

378 *****tick-er sym·bol** [티커 씸벌]: ⟨← tick¹⟩, '똑딱부호', (증권거래에서) 특정증권의 변동을 표시하는 문자·부호, ⟨~ stock symbol⟩ 미1

379 **tick·et** [티킽]: ⟨← estiquer(to stick)⟩, ⟨네덜란드어⟩, '붙이는 것', 표, 딱지, 증명서, 공천 후보자 (명단), (전산기의) 수선목록, ⟨~ etiquette⟩, ⟨~ pass\tag\record⟩, ⟨↔prohibition\heedlessness⟩ 양2

380 **tick·le** [티클]: ⟨스코틀랜드어⟩, ⟨← tick¹⟩, 간질하다, 자극하다, 즐겁게 하다, ⟨~ light touch\titillate⟩, ⟨↔numb\squeeze⟩ 가1

381 **tide** [타이드]: ⟨← tid(time)⟩, ⟨게르만어⟩, '때', 조수, 조류, 흐름, 풍조, ⟨~ current\trend⟩, ⟨↔influx\ebb\retreat⟩ 양2

382 **ti·dy** [타이디]: ⟨← tide⟩, ⟨영국어⟩, 말쑥한, 단정한, 적절한, 상당한, ⟨~ timely⟩, ⟨~ neat\sizable⟩, ⟨↔unkempt\messy\snotty⟩ 양1

383 **tie** [타이]: ⟨← tigan(to fasten)⟩, ⟨게르만어⟩, (끈으로) '매다', 묶다, 잇다, 속박하다, 동점이 되다, (장식) 매듭, (악보의) 붙임줄, 침목, 버팀목, ⟨↔un-tie\detach\win\break\disconnect⟩ 양1 미2

384 ★**tied to wife's a·pron strings**: 아내에게 쥐어 산다, 엄처시하, ⟨↔male dominance\macho⟩ 양2

385 **tied up** [타이드 엎]: (다른 일로) 바쁘다, (단단히) 묶이, ⟨~ tied down⟩, ⟨~ busy\occupied⟩, ⟨↔idle\free⟩ 양2

386 **tier** [티어]: ⟨프랑스어⟩, a row, 줄, 단, 층, 계층, ⟨~ rank\level⟩, ⟨~ rung'⟩, ⟨↔level\disorder⟩ 양1

387 **tie-up** [타이 엎]: 정체, 불통, 휴업, 제휴, 매달아 놓는 곳, ⟨~ bind\engage⟩, ⟨↔break-up\dissolution⟩ 양1

388 *****TIFF** [티후] (tag im·age file for·mat): '꼬리표 화상 서류철 형식', 고도로 압축된 화상을 원반에 담는 틀 잡기 양1

389 **tiff** [티후]: ⟨영국어⟩, ⟨의성어·의태어?⟩, 사소한 말다툼, 언짢음, 술 한 모금, ⟨~ quarrel\tot'⟩, ⟨↔agreement\harmony⟩ 미2

390 **ti·ger** [타이거]: ⟨← tighri ← tighra(sharp)⟩, ⟨페르시아어 → 그리스어⟩, (아시아의 동부·남부에 서식하는 고양잇과의) '잇빨이 날카로운' 호랑이, 범, 강적, 사나운 (맹렬한) 사람, ⟨↔tigress\cub⟩, ⟨↔milquetoast\fraidy-cat⟩, ⟨↔eagle?⟩ 가1

391 **tight** [타잍]: ⟨← thiht(dense)⟩, ⟨게르만어⟩, 단단한, 바짝 쥔, 엄한, 빈틈없는, 곤란한, 인색한, 답답한, 팽팽한, 깔끔한, ⟨~ tense\compact⟩, ⟨↔loose\relaxed\slack\baggy⟩ 양2

392 ★**tight-ass** [타잍 애쓰]: 융통성이 없는 사람, '꼴통', 구두쇠, ⟨~ curmudgeon\miser⟩, ⟨↔benevolent\generous⟩ 양2

393 **til·de** [틸더]: ⟨← titulus(inscription)⟩, ⟨라틴어⟩, 틸데, ~, 물결표, (스페인어 등에서) 철자 위에 붙이는 발음 부호, 생략기호, 전산망 주소에서 사용자의 본 목록을 표시하는 부호, ⟨~ title⟩, ⟨~ twiddle⟩ 수2

394 **tile** [타일]: ⟨← tegere(cover)⟩, ⟨라틴어⟩, '덮다', 기와, '덮개 벽돌', (장식용) 얇은 벽돌, 화면을 겹치지 않게 네모꼴로 분할한 것, ⟨~ earthen or stone-ware⟩, ⟨↔un-cover⟩, ⟨↔wood\linoleum\veneer⟩ 미1 우1

395 **till¹** [틸]: ⟨게르만어⟩, up to, ~까지, ~할 때까지, ⟨~ until⟩, ⟨↔after\beyond\next\since⟩ 기1

396 **till²** [틸]: ⟨← tilian(to labor)⟩, ⟨게르만어⟩, '노력하다', 갈다, 경작하다, 개발하다, ⟨~ plow\harrow⟩, ⟨↔abandon\fallow\sow⟩ 생2

397 **tilt** [틸트]: ⟨← tealt(unstable)⟩, ⟨북구어⟩, 기울기, 경사, 시합, 논쟁, '불안정한 것', ⟨~ tip²⟩, ⟨~ lean¹\slope⟩, ⟨↔straighten\level⟩ 생2

398 ★**til the cows come home**: ①⟨굼뜬 소가 귀가하듯⟩ 아주 시간이 오래 걸리는, 늦은 저녁때까지, ⟨~ late⟩ ②⟨집을 나간 소가 돌아오는 법이 없는 것처럼⟩ 영원히, ⟨~ never⟩ 생2

399 **tim·bales** [팀벌스 \ 팀베일즈]: ⟨아랍어 → 그리스어 → 라틴어⟩, 'timpani', 팀발레스, 좁은 통을 금속으로 싸서 고음을 낼 수 있는 봉고보다 큰 북 수2

400 **tim·ber** [팀버]: ⟨게르만어⟩, building material, ('건축용') 재목, 수목, 대들보 (감), 인품, ⟨~ lumber⟩ 미1

401 **time** [타임]: ⟨← tima ← da(divide)⟩, ⟨게르만어⟩, ⟨무한하고도 유한한⟩ 시간, 때, ⟨아무리 잘라도 끝없이 흘러가는⟩ 세월, 기간, 시대, 시절, 번, 곱, ⟨~ tide⟩, ⟨~ moment\occasion⟩, ⟨↔space⟩ 기1

402 ★**time and tide wait for no man**: 세월은 사람을 기다리지 않는다, 시간을 낭비하지 말아라, ⟨↔haste makes waste\time is money⟩ 생2

403 **time belt(zone)** [타임 벨트(죠운)]: (표준) 시간대 기1

404 **time card(sheet)** [타임 카아드(쉬이트)]: (출퇴근) 시간 기록 용지, (개별) 근로시간 기록표, ⟨~ punch card\pay-roll record⟩ 미2

405 ★**time changes eve·ry·thing** [타임 췌인지스 에브뤼씽]: 십년이면 강산도 변한다, ⟨no body can stop it⟩, ⟨↔time is just time, don't give up⟩ 생2

406 ★**time flies like an ar·row**: 세월은 유수 같다, '시간 파리들은 화살을 좋아한다?'⟨AI번역⟩, ⟨~ fruit flies like a banana(바나나가 빨리 썩는 것에 비유한 말)⟩ 화무십일홍⟩ 생2

407 **time frame** [타임 후뤠임]: 시간의 틀, (소요) 시간, (예측) 기간, ⟨~ time-span\dead-line⟩ 생2

408 ★**time heals all wounds**: 세월(시간)이 약하다, ⟨~ time erases memory⟩, ⟨↔haunted by the memory⟩ 생2

409 *****time ma·chine** [타임 머쉬인]: '시간 조작기', 과거·미래를 여행할 수 있는 상상의 기계, ⟨~ time travel⟩ 생2

410 **tim·er** [타이머]: 시간제 노동자, 시속계, 시간 기록자, 자동 점화 장치, 시간 간격을 측정하기 위한 장치, ⟨~ stop-watch\metronome\chronometer⟩ 미2

411 *****time-share** [타임 쉐어]: 시간 나눠 쓰기, 시 분할 ①한 대의 전산기를 동시에 몇 대의 단말기로 사용하는 방식, ⟨~ co-op⟩ ②휴가 시설의 공동 소유 (임차), ⟨~ vacation ownership⟩ 미1

412 ★**time's up** [타임즈 엎]: time is up, 시간이 다 됐다, "끝", ⟨party is over⟩, ⟨'me too'의 전 단계 표현⟩ 생2

413 **time-ta·ble** [타임 테이블]: 시간표, 예정표, 계획표, ⟨~ schedule\time frame⟩ 생2

414 **tim·id** [티미드]: ⟨← timere(to fear)⟩, ⟨라틴어⟩, 겁 많은, 소심한, 수줍은, '무서워하는', ⟨→ in·timidate\timorous⟩, ⟨~ bashful\feeble⟩, ⟨↔doughty\brave⟩ 기1

415 **tim·ing** [타이밍]: 시간 조절, 속도 조절, ⟨~ schedule\measure\count⟩ 명2

416 **tim·pa·ni** \ tym·pa·ni [팀파니]: ⟨← tympanum ← tuptein(strike)⟩, ⟨그리스어 → 라틴어⟩, 팀파니, '손북', 두 개 이상의 솥 모양의 북이 한 벌로 된 타악기, kettle-drums, ⟨→ timbal⟩ 명2

417 **tin** [틴]: ⟨← zin⟩, ⟨어원 불명의 게르만어⟩, stannum, 주석, 연하고 하얀 금속 원소 (기호 Sn·번호 50), ⟨녹는 온도와 끓는 온도 차이가 크고 유연해서 각종 용기를 만들 수 있는⟩ 양철 명2

418 ★**TINA** [티이너]: there is no alternative, 선택의 여지가 없음, '이판사판' 명1

419 ★**tin·der·el·la** [틴더 뤨러]: ⟨신조어⟩, tinder(kindle)+Cinderella, 전산망 짝짓기 기지⟨Tinder⟩에서 놓치고 싶지 않은 여인, ⟨~ your dream girl⟩ 명1

420 **tinge** [틴쥐]: ⟨← tingere(to dye)⟩, ⟨라틴어⟩, 엷은 색조, 기미, 가미하다, '물들이다', ⟨~ tincture\tint\hue⟩, ⟨↔blacken\whiten⟩ 명1

421 **tin·gle** [팅글]: ⟨영국어⟩, ⟨의성어⟩, 따끔거림, 딸랑거림, 얼얼하다, 안절부절못하다, ⟨~ tinkle⟩, ⟨↔ease\comfort⟩ 명1

422 **tin·kle** [팅클]: ⟨영국어⟩, ⟨의성어⟩, 딸랑딸랑 (소리), 따르릉, 작은 방울, 애 오줌, ⟨~ tingle⟩, ⟨↔silence\hush⟩ 명1

423 **tin·sel** [틴슬]: ⟨← scintilla(a spark)⟩, ⟨라틴어⟩, 반짝거리는 금속 조각, (X-mas 장식용) 금·은사, 싸고 야한 것, ⟨~ glitter\sham splendor⟩, ⟨↔classy\elegant⟩ 명2

424 **tint** [틴트]: ⟨← tingere(to dye)⟩, ⟨라틴어⟩, 엷은 색շ, 색조, 음영, 성질, 머리 염색, 검은 안경, ⟨~ tinge⟩, ⟨↔colorless\bleach\shade⟩ 명1

425 **ti·ny** [타이니]: ⟨← tine⟩, ⟨어원 불명의 영국어⟩, 작은, 조그마한, teeny, ⟨~ bitty⟩, ⟨↔enormous\gigantic\huge\humongous⟩ 명2

426 **tip¹** [팁]: ⟨← typpi(extremity)⟩, ⟨북구어⟩, 끝, 첨단, 정점, ⟨~ top\point\apex⟩, ⟨↔base\nadir⟩ 명가

427 **tip²** [팁]: ⟨← tipte(overturn)⟩, ⟨영국어⟩, 기울이다, 뒤집다, 가볍게 손을 대다, 넘어지다, ⟨~ tilt\tipsy⟩, ⟨↔level\right⟩ 명1

428 **tip³** [팁]: ⟨영국어⟩, ⟨to insure promptness가 아니라 'stips(수당)'에서 유래한⟩ 행하, 사례금, 귀띔, 비밀 정보, ⟨~ hand-out\cue\gratuity\baksheesh⟩, ⟨↔disadvantage\penalty⟩, ⟨원래는 주인이 하인들한테 주는 '촌지'에서 출발했으나 장점보다 단점이 더 부각되고 있는 전근대적인 관례라고 사료됨⟩ 명2

429 ★**tip–fla·tion** [팁 훌레이션]: 사례금(행하)의 급등으로 인한 통화 팽창, ⟨예전에는 15%정도면 후했으나 Covid 이후 25%까지 '요구'하는 데가 있어 소비자의 부담이 가중되고 있음⟩ 명2

430 **tip-off** [팁 어오후]: ①⟨← tip³⟩, 비밀정보, 경고, 암시, hint, warning ②⟨← tip²⟩, 공을 튀겨서 경기 시작하기, ⟨~ tip²-ping off⟩ 명1 명2

431 ★**tip¹ of the tongue** [팁 어브 더 텅]: (혀끝에서 뱅뱅 돌며 생각이 나지 않는) 설단 현상, 익숙한 말이 금방 떠오르지 않는 일종의 치매 현상, ⟨~ senior moment⟩ 명2

432 **tip-toe** [팁 토우]: ⟨← tip¹⟩, 발끝, 살금살금 걷는, 발돋움하는, ⟨~ creep\sneak⟩, ⟨↔pound³\stamp\noisy⟩ 명2

433 **tire¹** [타이어]: ⟨← teorian(fail)⟩, ⟨어원 불명의 영국어⟩, 피로하게 하다, 싫증 나게 하다, 지치게 하다, ⟨~ become fatigued\wear out⟩, ⟨↔refresh\excite⟩ 명가

434 **tire²** \ tyre [타이어]: ⟨← tiren(dress)⟩, ⟨영국어⟩, ⟨~ attire⟩, ⟨차륜을 치장하는⟩ (고무) 바퀴, (19세기 중반에 발명된) 바퀴를 압축된 공기로 둘러싼 원통형 고무 제품, ⟨~ hoop that covers a wheel⟩, ⟨여자의⟩ 머리 장식(head-dress) 명1

435 **tis·sue** [티슈우]: ⟨← texere(weave)⟩, ⟨라틴어⟩, '짠 것', 조직, 직물, 휴지, 화장지, ⟨~ Kleenex⟩, ⟨↔slitting up\check?⟩ 명2

436　**tit¹** [팉]: ⟨← titta(little)⟩, ⟨북구어⟩, '작은 것' ①titmouse, (북미 동부산) 박새류의 동작이 빠른 '작은' 새 ②'발랑 까진 여자', ⟨~ girlie⟩, ⟨↔man⟩ 유2

437　**tit²** [팉]: ⟨← tittaz(nipple)⟩, ⟨게르만어⟩, teat, 젖꼭지, 젖통, 조작 단추, '빨통 (논다니)', 멍청이(doofus), ⟨↔moob(man's boob)\gynecomastia⟩ 일1

438　**ti·tan** [타이튼]: ⟨← tito(sun)?⟩, ⟨중동어? → 그리스어⟩, 거인, 대가, 영향력 있는 사람, ⟨~ giant⟩, ⟨↔dwarf\midget\runt⟩ 유2

439　**ti·ter \ ti·tre** [타이터 \ 티이터]: ⟨← titre(title)⟩, ⟨프랑스어⟩, ⟨표준용액 1ml에 반응하는 상대용액의⟩ 적정량 (농도), 역가, ⟨→ titrate⟩, ⟨↔distribution\disassembly⟩ 미2

440　**tit for tat** [팉 훠어 탵]: 되갚음, 앙갚음, 보복, '주먹에는 주먹으로', ⟨~ quid pro quo\do ut des⟩, ⟨~ taste of your own medicine⟩, ⟨↔pro bono⟩ 일2

441　**ti·tle** [타이틀]: ⟨← titlus(inscription)⟩, ⟨라틴어⟩, 표제, 제목, 직함, 자격, 자막, 선수권, 소유권, '명칭', ⟨~ tilde⟩, ⟨~ name\subject⟩, ⟨↔anoymity\foot-note\sub-title\un-tag\deprive⟩ 일1

442　*****ti·tle bar** [타이틀 바아]: (전산기 화면의) 제목 표시줄, ⟨~ caption bar\header panel⟩ 미2

443　**ti·trate** [타이트레이트]: ⟨← titer(title)⟩, ⟨프랑스어⟩, 적정하다, (농도를) 표준화하다, ⟨~ volumetric analysis⟩, ⟨↔disregard\estimate⟩ 미2

444　★**TKS**: thanks, 고마워, 감사 미2

445　*****TLA**: three letter acronym (abbreviation), 3글자의 두문자어 (약어), ⟨단 17,576개밖에 만들 수 없어 전산업의 발전에 장애가 되는 글자⟩ 유2

446　★**TLC**: tender loving care, 부드럽고 사랑스러운 (다정한) 보살핌, 온정 미2

447　*****TLD**: top level domain, 최고위 전산망 주소, ⟨.org\.com 같은⟩ 전산망 부문의 마지막 부분, (하위 주소의 목적이나 종류를 알아낼 수 있는) '총괄영역' 미1

448　★**TL, DR** [테엘, 데알]: too long, didn't read, 너무 길어서 안 읽었어, ⟨2002년에 나온 신조어·전산망 용어⟩ 미2

449　*****TM**: trade mark (상표), technical manual (기술 편람), transcendental meditation (초월 명상) 등의 약자 미2

450　★**T-mon·ey** [티이 머니]: T-Mobile 사가 제공하는 ⟨경제적인⟩ 전산망 당좌 예금 계좌 중2

451　★**TNXE6**: thanks a million, 10의 6승만큼 고마워, 무진장 고마워, '황공재배' 미2

452　**to** [투우]: ⟨게르만어⟩, toward, ~의 쪽으로, ~까지, ~에게, ~에 맞추어, ~에 대하여, ⟨↔from⟩ 기2

453　**toad** [토우드]: ⟨← tadige⟩, ⟨12세기 전에 등장한 어원 불명의 영국어⟩, 두꺼비, 개구리(frog)보다 더 넓적하고 더 거칠고 더 건조한 몸뚱이에다 더 짧은 다리를 가진 양서류, 징그러운 놈, ⟨~ a reptile\jerk⟩, ⟨↔idol\angel⟩ 미2

454　★**toad·y·ism** [토우디즘]: ⟨toad·eater처럼⟩ 알랑거리는 '사대주의', flunkeyism, ⟨↔blame\criticism⟩

455　**toast¹** [토우스트]: ⟨← torrere(to parch)⟩, ⟨라틴어⟩, '태우다', '말리다', 불을 쬐다, 노르스름하게 굽다, 닦달하다, ⟨~ roast⟩, ⟨↔cool\chill⟩ 미1

456　**toast²** [토우스트]: ⟨← toast¹⟩, ⟨라틴어 → 영국어⟩, ⟨탄 빵가루를 포도주에 타면 풍미가 더하듯 당신이 참석해서 모임이 한결 빛난다는 뜻의⟩건배, 축배, ⟨~ salute\hail*⟩, ⟨↔censure\denunciation⟩ 기1

457　**to·bac·co** [터배코우]: ⟨← tambaku(pipe)?⟩, ⟨카리브어⟩, ⟨도관으로 흡입하는⟩ 담배, 1560년 Jean Nicot에 의해 프랑스에 도입된 신경 흥분제가 들은 넓은 잎과 수많은 씨를 생산하는 가짓과의 약초, 엽연초, ⟨~ nicotine\snuff*⟩, ⟨~(↔)pot⟩ 유2

458 **★to be or not to be, that's the ques·tion**: 〈셰익스피어의 [Hemlet]에 나오는 말〉, 살아야 할까 죽어야 할까, 그것이 문제로다, 〈~(↔)money or people, that's the question〉 **양2**

459 **to-day** [투데이]: 〈영국어〉, 오늘, 현재, 〈~ present day\this day〉, 〈↔yesterday\tomorrow〉 **기2**

460 **toe** [토우]: 〈어원 불명의 게르만어〉, 〈왠지 모르지만 아직도 성감대가 남아있는〉 발가락, 끝의 돌출부, (구두의) 앞 코, 〈~ digiti pedis〉, 〈~(↔)finger〉 **양1**

461 **to-fu** [토우후우]: dou(bean)+fu(rotten), 〈중국어〉, '콩 삭임', bean curd, 〈2천 년 전에 중국에서 만든〉 두부(부드러운 콩) **양2**

462 **to-geth·er** [투게더]: 〈게르만어〉, 〈← gather〉 함께, 같이, 서로, 모두, 협력하여, 통틀어, 착실히, 〈~ jointly\balanced〉, 〈↔separately\apart〉 **양1**

463 **★to-go** [투우 고우]: (음식 등을) 그대로 싸 가지고 가는, take·out **미1**

464 **toil** [토일]: 〈← tudes(hammer)〉, 〈라틴어에서 연유한 프랑스어〉, 〈밧줄을 꼬듯〉 힘든 일, 노고, 〈~ travel〉, 〈~ labor\moil〉, 〈↔rest'\relax〉 **양2**

465 **★toil and moil** [토일 앤 머어일]: 뼈 빠지게 일하다, 억척스럽게 일하다, 〈~ work someone's fingers to the bone〉 **양2**

466 **toil-et** [토일릿]: 〈프랑스어〉, 위생실, 세수간, 화장실, 〈해우소〉, 〈고생간〉, 변소, 변기, 〈위에 앉아 인생을 고민하는〉 똥통, 〈화장 도구 일습〉 〈이발·면도할 때 어깨 위에 걸치는 천(tela: 라틴어)이 둔갑된 말〉, 〈~ WC\lavatory\bath-room〉, 〈~bath-tub〉, 〈~편자가 아주 할 말이 많은 물건: 고생하러 가나\ 쉬러 가나, 인생의 양면성을 적나라하게 보여 주는 말-이것은 인간의 기본적 생리를 처리하는 도구인데 이용하려면 돈을 내거나 비밀번호를 알아야 되며 달나라를 가고 AI가 판을 치는 세상에서 일 년에 한 번씩 고쳐야 한다면 도대체 현대 문명은 어데를 향해서 달리고 있는가? 이만하면 왜 그 머리 좋은 인도 사람들이 화장실 없이 사는지 이해가 가는가!〉

467 **to·ken¹** [토우큰]: 〈← tacn(sign)〉, 〈게르만어〉, 표, 징조, 기념품, 대용화폐, 보잘것없는 (명목뿐인) 물건, 〈~ emblem\symbol\voucher\keep-sake〉, 〈↔stigma\uncertainty\information\big〉 **미2**

468 *****to·ken²** [토우큰]: 〈← token¹〉 ①원시 차림표의 최소 문법 단위, 〈↔absence〉 ②여러 개의 집합 중의 한 개, 〈↔forgottn〉 ③〈고리형 전산망에서〉 번갈아 가며 일을 시키는 '증표', 〈↔non-symbolic〉 **우1**

469 *****to·ken-ize** [토우크나이즈]: (언어를) 조각내다, 문자 고리를 의미 있는 최소 단위로 분리시키다, 〈~ symbolize\minimize〉, 〈~(↔)vectorize〉 **우2**

470 *****to·ken ring** [토우큰 륑]: '뺑뺑이 고리', 돌려가며 일을 시키기 위해 전산기들을 한 고리에 묶어 놓은 전산망 체제, 〈~ net-work specification〉 **우1**

471 **told** [토올드]: 〈게르만어〉, tell의 과거·과거분사 **기2**

472 **tol·er·ance** [타러륀스]: 〈← tolerare(bear)〉, 〈라틴어〉, 관용, 인내력, 내성, 허용한계, 〈~ endurance\ forbearance〉, 〈↔in-tolerance\im-patience\defiance〉 **양2**

473 **toll¹** [토울]: 〈← telos(tax)〉, 〈그리스어〉, 통행세, 사용료, 텃세, 희생, 장거리 전화료, '세금', 〈~ tax\ tariff〉, 〈↔allowance\rebate〉 **양2**

474 **toll-gate** [토울 게이트]: 〈← toll¹〉, 〈그리스어+게르만어〉, 통행료 징수소, toll·booth, 〈~ turn-pike〉 **미2**

475 **to·ma·to** [터메이토우]: 〈← tomatl(swelling fruit)〉, 〈아즈텍어〉, 토마토, (남미에서 16세기 중반에 유럽으로 수입된) 배수가 잘되는 기름진 토양에서 잘 자라는 4천여 종의 채소 같은 〈부풀어 오른〉 과일, 〈~ love apple〉

476 **tomb** [투움]: 〈← tymbos(grave)〉, 〈그리스어〉, '부풀어 오른 땅', 뫼, 무덤, 묘, 〈~ interment〉, 〈↔disinter\exhume\ossuary〉 **기1**

477 **tom-boy** [탐 버이]: 〈1566년부터 쓰기 시작한 영국어〉, 말괄량이, 선머슴, 여성 동성 연애자〈필리핀어〉, 〈~ pixie\romp〉, 〈↔girlish boy\girly girl〉 **양2**

478 **to·mo-gram** [토우머 그램]: 〈← tomos(section)〉, 〈그리스어〉, (방사선) 단층 사진 양2

479 **to-morrow** [터머어로우]: to+morgen(morning), 〈영국어〉, 내일, (가까운) 장래, 〈↔yesterday\yore〉 기2

480 **ton** [턴]: 〈← tunne(barrel)〉, 〈영국어〉, 톤 ①1,000kg (세계적) ②1,016kg (영국) ③907kg (미국) ④40입방피트(나무), 16입방피트(석재), 100입방피트 (선박) 주2

481 **tone** [토운]: 〈← tonos(stretching a tone)〉, 〈그리스어 → 라틴어〉, 〈← tonus(sound)〉, 〈내 뻗치는〉, 음, 음조(소리의 양상), 어조(말투), 색조(색 분위기), 기질, 명암, 〈→ tonic\tune〉, 〈~ accent\quality〉, 〈↔silence\pitch\volume\insensibility\blankness〉 양2

482 **ton-er** [토우너]: 가락(색조)을 조정하는 것(사람), 조색액, 현상액, (쉽게 녹는 주로 검은색의 플라스틱 소립자로 된) 착색 안료, 〈~ ink\dye-stuff〉, 〈↔insulator\whitener\conductor〉 미2

483 **tongs** [터엉즈]: 〈← tange(pincers)〉, 〈게르만어〉, 집게, 부젓가락, (머리 지지는) 인두, 〈~ forceps\pincette〉 양1

484 **tongue** [텅]: 〈← tunge(lingua)〉, 〈게르만어〉, 〈재주가 많은 근육으로 된〉 혀, 〈발등을 덮어주는〉 구두혀, 설, 말, 언어, 맛, 〈~ an organ of speaking and eating〉 기1

485 **ton-ic** [타닉]: 〈그리스어〉, 〈← tone(stretching a tone)〉, 원기를 돋우는, 긴장성의, 강장제, 으뜸음, 〈~ stimulant\refresher〉, 〈↔a-tonic\clonic\stale\debilitating\letnargic〉 양2

486 **to-night** [터나잍]: 〈영국어〉, tonite, 오늘 밤, 〈↔now\never〉 기1

487 **ton·sil** [탄실]: 〈← toles(goiter)〉, 〈라틴어〉, 편도선, 목구멍 양쪽 구석에 쌍으로 있는 편평한 타원형의 림프조직, 〈~ amygdala〉 양2

488 **too** [투우]: 〈영국어〉, 또한, 게다가, 너무, 지나치게, 〈전치사 to의 강조형〉, 〈~ also\overly\besides〉, 〈↔however\without\otherwise\hardly〉 기2

489 **took** [툭]: 〈북구어〉, take의 과거 양1

490 **tool** [투울]: 〈← tol(instrument)〉, 〈게르만어〉, 연장, 수단, 도구, 〈새끼를 만드는〉 자지, (새로운 차림표를 제작하기 위한 깜박이의) '변형판', 〈~ device\utensil〉, 〈↔toy\play-thing〉 양1 주2

491 *****tool bar(box)** [투울 바아(박스)]: 연장 피(통), 자주 사용하는 기능을 일목요연하게 볼 수 있도록 모아 놓은 막대나 상자 모양의 화면, 〈~ menu\taskbar〉 미1

492 *****tool-kit** [투울 킽]: '연장 바구니', (차림표 작성자가 응용해서 쓸 수 있도록 작성해 논) 일련의 명령군, 〈~ equipment\gear〉 주2

493 *****tool-tip** [투울 팊]: 공구선단, 누르지 않고 지침을 갖다대면 바로 뜨는 사용자 접속기, 〈~ hint\infotip\screen-tip〉 미2

494 ★**too man·y cooks spoil the broth**: 사공이 많으면 배가 산으로 간다, 〈↔more the better\many hands make light work〉 양2

495 ★**too sweet to spit, too bit·ter to swal·low**: 어찌할 바를 모르겠다, 진퇴양난, 〈~ demn-ed if I do and damn-ed if I don't〉 양2

496 **tooth** [투우쓰]: teeth, 〈← tanthu〉, 〈게르만어〉, 〈고대인들이 손톱과 함께 무기로 사용했던〉 이, 틀니, 톱니, 식성, 기호, 위력, 〈~ choppers\gnasher〉, 〈~(↔)gum〉, 〈↔distaste\disgust〉 기1 양2

497 **top¹** [탚]: 〈← toppa(tuft of hair)〉, 〈게르만어〉, 꼭대기, 정상, 절정, 윗면, 윗부분, 뚜껑, 〈~ summit\crown〉, 〈↔bottom\minimum〉 양1

498 *****top ba·nan·a** [탚 버내너]: 지도자, 두목, 왕초, 〈~ top dog\big-wig〉, 〈↔nobody\small fry〉 양2

499 *****top dog** [탚 더어그]: 승자, 우세한 쪽, 두목, 〈~ top banana\big-wig〉, 〈↔under-dog\loser〉 양2

500 **top·ic** [타픽]: 〈← topikos(local)〉, 〈그리스어〉, 화제, 논제, 표제, (공통된) 관심, '평범한 장소', 〈← topo〉, 〈~ subject\issue〉, 〈↔non-issue\digression\solution〉 양2

501 **top·i·cal** [타피클]: 화제의, 시사 문제의, 원칙적인, 국부적인, ⟨~ current\relevent\local⟩, ⟨↔general\systemic\out-dated⟩ 양1

502 **top-less** [타플리스]: 토플리스, 윗옷을 입지 않은, 유방이 드러난, 한정이 없는, ⟨~ semi-nude\stripped⟩, ⟨~(↔)bikini⟩, ⟨↔bottom-less⟩ 우2 양1

503 **top-notch** [탑 나취]: 최고점, 최고도, 일류의, ⟨~ A-1⟩, ⟨↔lousy\lowest⟩ 양2

504 **top-ple** [타플]: ⟨← top²⟩, 비틀거리다, 와해하다, 전복시키다, ⟨~ tumble\over-turn⟩, ⟨↔uprise\straighten\reinforce⟩ 양1

505 **top-soil** [탑 쏘일]: 표토, (유기물이 많은) 상층토, ⟨~ humus⟩, ⟨↔sub-soil\under-soil⟩ 미2

506 **torch** [토어취]: ⟨← tortus(twisted)⟩, ⟨라틴어⟩, ⟨(비꼬아서 만든) 햇불, 성화, 손전등, 광명, ⟨~ lamp\lanterm⟩, ⟨↔extinguish\quench\darkness⟩ 양1

507 **tore** [토어]: ⟨게르만어⟩, tear의 과거, 찢었다 기1

508 **tor·ment** [토얼먼트]: ⟨← tormentum(rack)⟩, ⟨라틴어⟩, ⟨비틀 때의⟩ 고통, 고문, 골칫거리, ⟨~ agony\throe⟩, ⟨↔heaven\joy⟩ 양2

509 **torn** [토언]: ⟨게르만어⟩, tear의 과거분사, 찢은, 찢긴 기1

510 **tor·na·do** [토어네이도우]: ⟨← tonare(turn)⟩, ⟨라틴어 → 스페인어⟩, 토네이도, '회전하다', 맹렬한 선풍(회오리바람), 돌풍, cyclone, ⟨↔breeze⟩ 미2

511 **tor·pe·do** [토얼피도우]: ⟨← torpere(numb)⟩, ⟨라틴어⟩, ⟨← torpid⟩, 톨피도 ①(전류를 방출해서 다른 생물을 마비시키는) 시끈가오리, ⟨~ electric ray⟩ ②(시끈가오리같이) 배를 '마비'시키는 유선형의 폭탄, 어뢰, ⟨~ under-water self-propelled explosive⟩, ⟨↔landmine\missile⟩ 미2

512 **tor·pid** [토얼피드]: ⟨← torpere(numb)⟩, ⟨라틴어⟩, 무감각해지다, 마비된, 둔한, 동면 중인, ⟨→ torpedo⟩, ⟨↔active\busy⟩ 양1

513 **tor·que** [토오크]: ⟨← torquere(twist)⟩, ⟨'비틀다'란 뜻의 라틴어⟩, 토크 ①비트는 힘, 회전력, ⟨~ circulatory force⟩, ⟨↔stagnation\repulsion⟩ ②갈리아인들이 쓰던(꼬인 쇠줄로 된) 목걸이, ⟨~ torture\twisted neck-lace⟩ 우2

514 **tor·rent** [토어뤈트]: ⟨← torrens(roaring)⟩, ⟨라틴어⟩, 급류, 격류, 억수, 마구 퍼붓는 욕설, ⟨~ flood\out-burst⟩, ⟨~ down-pour\rain-storm⟩, ⟨↔trickle\drop⟩ 양1

515 **tor·rid** [토어뤼드]: ⟨← torrere(parch)⟩, ⟨라틴어⟩, (햇볕에) 탄, 바싹 마른, 열렬한, ⟨~ hot\sizzling⟩, ⟨↔cold\wet⟩ 양2

516 **tor·sion** [토얼션]: ⟨← torquere(twist)⟩, ⟨라틴어⟩, 비틂, 비틀림, (비틀려 자리가 바뀌는) 염전, ⟨~ cork-screw\torque¹⟩, ⟨↔straightness\attraction⟩

517 **tor·so** [토얼소우]: ⟨← thyrsos(stem)⟩, ⟨그리스어⟩, 토르소, 몸통, 동체, 몸통뿐인 조(각)상, 미완성 작품, ⟨~ trunk\chest⟩, ⟨↔limb\appendage⟩ 미2

518 **tort** [토얼트]: ⟨← torlus(twisted)⟩, ⟨라틴어⟩, (피해자가 손해배상을 청구할 수 있는) ⟨불법 행위⟩, ⟨~ fault\guilt⟩, ⟨↔goodness\behave⟩ 미1

519 **tor·te** [토얼터 \ 토얼트]: ⟨← torta(cake)⟩, ⟨라틴어⟩, 토르테, tart, (오스트리아 원산의) 밀가루·달걀·설탕·호두 따위를 섞어 만든 '둥글고 달콤한' 양과자, ⟨~ tortilla⟩ 우1

520 **tor·til·la** [토얼티이야]: ⟨← torte⟩, ⟨스페인어⟩, 토르티야, '옥수숫가루 부침개', (멕시코 요리에 쓰는) 둥글고 얇게 구운 옥수수 누름적 ⟨과자⟩, ⟨~ an unleavened flat-bread⟩ 우1

521 **tor·toise** [토얼터스]: ⟨← testudo ← testa(shell)?⟩, ⟨라틴어⟩, '껍데기?', 자라, 남생이, 민물 거북, 육지 거북, 느림보, ⟨turtle²은 민물과 짠물에 다 잘 적응되었음 ⟩ 양2

522 **tor·ture** [토얼춰]: ⟨← torquere(twist)⟩, ⟨라틴어⟩, 억지로 '비틀기', 주리틀기, 고문, 심한 고통, 시달림, ⟨~ torque\infliction of pain⟩, ⟨↔relieve\comfort⟩ 양2

523 **toss** [토스]: ⟨← tossa(strew)?⟩, ⟨어원 불명의 북구어?⟩, (가볍게) 던지다, (갑자기) 쳐들다, 동요하다, 뒤치락거리다, 버무리다, (단숨에) 마시다, (동전을) 던져 올리다, ⟨~ throw\cast⟩, ⟨~fling\pull\keep face\put\catch⟩ 양1 미1

524 **to·tal** [토우틀]: ⟨← totus(the whole)⟩, ⟨라틴어⟩, '전체의', 총계의, 전적인, 완전한, ⟨~ sum⟩, ⟨↔partial⟩ 기1

525 **to·tem** [토우텀]: ⟨← doodem(his sibling kin)⟩, ⟨북미 원주민어⟩, '씨족 표상', 토템, (북미·아프리카 원주민 등이) 가족·종족의 상징으로 숭배하는 (나무) 조각상, 우상, 장승, ⟨~ emblem\symbol⟩, ⟨↔corporeal being\bad omen⟩ 우1

526 ★**Totes Mc·Gotes** [토우트 맥고우츠]: ⟨영화 대사에서 유래한⟩ totally를 이상하게 발음한 말, 아무렴, 그렇고 말고 양2

527 **touch** [터치]: ⟨← toccare(to knock)⟩, ⟨라틴어⟩, ⟨의태어\의성어?⟩, ~에 닿다, 만지다, 대다, ~에 접하다, ~에 이르다, 영향을 미치다, 감동시키다, 접촉, 촉각, 필치, 가필, 마무리, 솜씨, 특색, 기미, ⟨~ tact\tactile\taste⟩, ⟨~ contact\palpate⟩, ⟨↔withdraw\lift\unaffect\dismiss\forfeit\ineptness⟩ 양1

528 ★**touch-and-go** [터친 고우]: 민첩한, 아슬아슬한, 일촉즉발의, 누란의 위기, ⟨~ delicate\dangerous⟩, ⟨↔sure\certain⟩ 양2

529 ★**touch off** [터취 어우후]: (손으로 만져) 발사하다, 촉발하다, 야기하다, ⟨~ set-off\start⟩, ⟨↔shut off\cut out⟩ 양2

530 *****touch tab·let** [터취 태블릿]: '접촉식 명판', 화상을 수정하기 위한 부분을 만져서 움직이는 석판 모양의 고형 입력장치, ⟨~ touch-screen\interactive display⟩ 우1

531 *****Touch-Tone** [터취 토운]: 터치 톤, 누름 단추식 전화기(상표명), ⟨~ tone dialing⟩, ⟨↔dial-tone⟩ 수2

532 ★**touch·y** [터취]: 성마른, 까다로운, 다루기 힘든, ⟨~ cranky\irritable⟩, ⟨↔insensitive\laid-back⟩ 양2

533 **tough** [터후]: ⟨← toh(strong but pliant)⟩, ⟨게르만어⟩, 부러지지 않는, 질긴, 강인한, 고달픈, 지독한, 흉악한, ⟨~ sturdy\resilient⟩, ⟨↔soft\weak\fragile\flimsy\sentimental⟩ 양2

534 ★**tough-cook-ie** [터후 쿠키]: 만만치 않은 자, 다루기 힘든 놈, ⟨~ tough-nut\ complexity⟩, ⟨↔amenable\spine-less⟩ 양2

535 **tour** [투어]: ⟨← tornos(turn)⟩, ⟨그리스어⟩, '회전하는 기구', 유람, 관광여행, 순회, 소풍, ⟨~ turm⟩, ⟨~ excursion\journey⟩, ⟨↔stay\work⟩ 기1

536 **tour·na·ment** [투어너먼트 \ 토우너먼트]: ⟨← tornare(to turn)⟩, ⟨라틴어 → 프랑스어⟩, 선수권 쟁탈전, 승자 진출전, ⟨~ contest\match²⟩, ⟨↔cooperation\peace⟩ 양2

537 **tow** [토우]: ⟨← togian(to drag)⟩, ⟨게르만어⟩, (밧줄로) 잡아당기다, 끌다, 견인하다, ⟨~ tug⟩, ⟨↔push\thrust\shove⟩ 양2

538 **to-ward** [트워어드]: ⟨영국어⟩, to, ~쪽으로, ~편에, ~가까이, ~에 대하여, ⟨~ facing\about⟩, ⟨↔away\against\despite⟩ 기2

539 **tow·el** [타우얼]: ⟨← toacula(wiping cloth)⟩, ⟨라틴어 → 게르만어⟩, 타월, 세수 (목욕) 수건, 닦는 물건, 행주, ⟨~(↔)bloom\tissue⟩ 미2

540 **tow·er** [타우어]: ⟨← tyrris(loft')⟩, ⟨그리스어⟩, 타워, 탑, 망루, 누대, 고층 건물, '높은 화면', (기린의) 떼, '솟은 울타리' (가로보다 세로가 긴 전산기 화면), ⟨~ turret⟩, ⟨~ look-out\sky-scraper\steeple⟩, ⟨↔basement\dungeon⟩ 양1 미1

541 **town** [타운]: ⟨← tun(enclosure)⟩, ⟨게르만어⟩, '울타리', 마을, 부락, 시내, ⟨~ borough\urban area⟩, ⟨↔country(side)\metropolitan(area)⟩ 양2

542 **town-house** [타운 하우스]: ⟨시골에 본가가 있는 귀족들이 도시에 가지고 있던⟩ '도시주택', 한 벽으로 연결된 2~3층의 연립 주택, ⟨~ terraced house\row-house⟩, ⟨~(↔)condominium⟩ 미1

543 **tox·ic~** [탁식~]: ⟨← toxic(a bow)⟩, ⟨그리스어⟩, ⟨(원래는 화살촉에 칠하던) 독·중독~⟩이란 뜻의 결합사, ⟨~ poisonous\noxious⟩, ⟨↔harmless\beneficial\nutritious⟩ 양1

544 **toy** [토이]: ⟨← toye(play-thing)⟩, ⟨어원 불명의 영국어⟩, '희롱', 장난감, 완구, 노리개, 하찮은 것(사람), ⟨~ miniature\trinket⟩, ⟨↔work(er)\tool⟩ 양2

545 ★**toy-boy** [토이 보이]: ⟨1980년대 합성된 미국어⟩, (나이 든 여성의) 젊은 '남친', '노리개 남자', ⟨~ boy-toy\sugar boy⟩, ⟨↔sugar daddy\concubine⟩ 미1

546 ★**T-pose** [티이 포우즈]: 발을 모으고 양팔을 벌린 자세, ⟨2006년에 전산망에 등장한⟩ (3D 동영상 시작 전에 나오는) ⟨허깨비상⟩, bind pose(묶음 자세) 우1

547 **trace** [트뤠이스]: ⟨← trahere(to draw)⟩, ⟨라틴어⟩, '끌고 지나간 자국', 발자국, 흔적, 미량, (윤곽) 긋기, 추적, 한 단계씩 차근차근 시행하기, ⟨~ track\tract⟩, ⟨~ remnant\vestige⟩, ⟨↔lead\erase\blockage\loss\by-pass\neglect\gap⟩ 양1 미1

548 **track** [트뢕]: ⟨라틴어 → 게르만어⟩, ⟨← trace⟩, '끌고 간 자국', 지나간 자국, 주로, 궤도, 육상경기, 경마장, (기록 매체의 표면에 자료를 기록·저장하는) 통로, ⟨~ path\lane⟩, ⟨↔retreat\scram\game of ball⟩ 양1 미2

549 ***track ball** [트뢕 버얼]: roller ball, '추적 공', 깜빡이 대신 작은 공을 움직여서 화상 요소를 제어해 주는 ⟨위치지시⟩ 장치, ⟨~ mouse⟩, ⟨~(↔)pointer'⟩ 우2

550 **tract** [트뢕트]: ⟨← trahere(to draw)⟩, ⟨'당기다'란 뜻의 라틴어에서 유래한 영국어⟩, 넓이, 넓은 지면, 토지, 지역, 단지, 계통, 다발, 소책자, ⟨~ attraction⟩, ⟨~ area\belt⟩, ⟨↔strip⁸\mess⟩ 양1

551 ***tract house** [트뢕트 하우스]: 단지를 조성해서 파는 주택, 한곳에 세워진 같은 모양의 주택 중 하나, ⟨조립식 주택⟩, ⟨~ pre-fab house⟩, ⟨↔custom built\mansion⟩ 미1

552 **trac·tion** [트뢕션]: ⟨← trahere(to draw)⟩, ⟨라틴어⟩, 끌기, 견인(력), 수축, 정지 마찰, ⟨~ grip\friction⟩, ⟨↔looseness\slipperiness⟩ 양1

553 **trac·tor** [트뢕터]: (기구를 밀고 당기는) 견인차, '끌차', ⟨~ puller\mover⟩, ⟨~(↔)bull-dozer\fork lift\skidder⟩ 미1

554 ***trac·tor-feed** [트뢕터 휘이드]: '견인 이동식', 종이 구멍에 맞는 톱니바퀴를 이용해서 종이를 진행시키는 (인쇄 방식), ⟨~ automatic roll movement⟩ 우2

555 **trade** [트뤠이드]: ⟨← trada(foot step)⟩, ⟨게르만어⟩, '길', 거래, 교역, 장사, 교환, 매매, (손에 길든) 직업, 생업, ⟨~ track\tread⟩, ⟨~ commerce\job⟩, ⟨↔stocking\disagreement\close down⟩ 양2

556 **trade-mark** [트뤠이드 마아크]: (등록) 상표, 특성, ⟨~ brand\logo⟩, ⟨↔common name⟩ 양2

557 **trade-off** [트뤠이드 어어후]: 타협 거래, 균형 거래, 교환 조건, ⟨~ exchange\swap⟩, ⟨↔disagreement\break-off⟩ 양2

558 **trade-wind** [트뤠이드 윈드]: 무역풍, (무역선의 항해를 도왔던) 북동쪽·남동쪽으로부터 적도를 향해 부는 거센 바람, ⟨~ westerly⟩, ⟨↔easterly⟩ 양2

559 **tra·di·tion** [트뤄디션]: ⟨← tradere(deliver)⟩, ⟨라틴어⟩, '건네줌', 전통, 관례, 전설, 경전, ⟨~ heritage\custom⟩, ⟨↔innovation\aberration⟩ 양1

560 **traf·fic** [트뢔휙]: ⟨아랍어?: tafrig(distribution)⟩, ⟨라틴어?: trans(across)+ficare(to rub)⟩, '가로 마주치다', 왕래, 통행, 교통, 운수, 매매, 교통(량), ⟨~ trade\commerce⟩, ⟨↔idleness\stagnation⟩ 양1

561 ★**traf·fic cone** [트뢔휙 코운]: '교통 원뿔', (도로 공사 등을 할 때 안전표시로 사용하는 고깔 모양의) rubber cone, 안전고깔 미1

562 **trag·e·dy** [트뢔쥐디]: ⟨← tragodia⟩, tragos(he-goat)+oide(song), ⟨그리스어⟩, ⟨희생양이 된⟩ '염소의 노래', 참사, 비극(적인 사건·이야기), 비통한 일, ⟨~ adversity\disaster⟩, ⟨↔comedy⟩ 양2

563 **trail** [트뤠일]: ⟨← trahere(to draw)⟩, ⟨라틴어⟩, '질질 끌다', 추적하다, 꼬리, 단서, 흔적, 오솔길, ⟨~ trawl\track\path⟩, ⟨↔retreat\lead\blockage\abandon⟩ 양1

564 ***trail-er** [트뤠일러]: 끄는 것(사람), 추적자, 덩굴식물, (차로 끄는) 이동 주택, '연결 차', mobil home, (서류철의 맨 나중에 기록되는) 정보 꼬리, ⟨~ laggard⟩, ⟨↔head-er⟩ 양1 미2

565 **train¹** [트뤠인]: ⟨← trahere(to draw)⟩, ⟨라틴어⟩, ⟨trail 하는⟩열차, 기차, 전동차, 긴 줄, 행렬, 연속, 수행원, ⟨~ procession⟩, ⟨↔break\unrelated⟩ 양1

566 **train²** [트뤠인]: ⟨← trahere(to draw)⟩, ⟨라틴어⟩, '당기다', 단련시키다, 훈련하다, 길들이다, ⟨~ instruct⟩, ⟨↔relax\decondition\worsen⟩ 양1

567 **trait** [트뤠잍]: ⟨← trahere(to draw)⟩, ⟨라틴어⟩, ⟨당겨 내려온⟩ 특성, 기미, 소량, 버릇, ⟨~ character\quality⟩, ⟨↔non-feature\dis-inclination⟩ 양2

568 **trai·tor** [트뤠이터]: ⟨← tradere(deliver)⟩, ⟨라틴어⟩, '건네주는 사람', 배신자, 반역자, ⟨~ betrayer\double\crosser⟩, ⟨↔patriot\apparatchik⟩ 양2

569 **tram** [트뢤]: ⟨'beam'이란 뜻의 게르만어에서 유래한 스코틀랜드어⟩, tram-road, 석탄 운반차, 시가 전차, 궤도 전차, 노면 전차, street car, trolley, ⟨~ bus⟩ 미1

570 **tramp** [트뢤프]: ⟨게르만어⟩, ⟨의성어·의태어⟩, 짓밟다, 쾅쾅거리며 걷다, 터벅터벅 걷다, 오락가락하다, 방랑자, 구두 징, ⟨~ foot-step\vagrant\shoe-stud⟩, ⟨↔crawl\run\inhabitant\homesteader⟩ 양1

571 **trance** [트뢘스]: trans+ire(go), ⟨라틴어⟩, '삶에서 죽음으로 가는' 혼수상태, 몽환, 무아지경, 황홀, ⟨~ daze\stupor⟩, ⟨↔awake\conscious⟩ 양1

572 **tran·quil** [트뢩퀼]: trans+quies(quiet), ⟨라틴어⟩, 고요한, 잔잔한, 안정된, 평화로운, ⟨~ still\serene⟩, ⟨↔disturbed\excitable⟩ 양1

573 **tran-sact** [트뢘잭트]: trans+agere(to drive), 집행하다, 처리하다, 거래하다, '가로질러 행하다', ⟨~ perform\negotiate⟩, ⟨↔abandon\neglect\mismanage⟩ 양2

574 **tran-scen-den-tal med·i·ta·tion \ TM**: 초월 명상, (힌두교의 진언을 외며) 마음의 평정을 목적으로 하는 묵상, ⟨~ mantra\dhyana⟩, ⟨yoga는 신체적인 면이 더 중요시 됨⟩ 미2

575 **tran-scribe** [트뢘스크롸이브]: trans+scribere(write), ⟨라틴어⟩, 베끼다, 전사하다, 번역하다, ⟨~ decipher\translate⟩, ⟨↔originate\delete\read⟩ 양2

576 **tran-script** [트뢘스크륖트]: 사본, 등본, 성적표, 전사된 유전 정보, '옮겨 적은 것', ⟨~ record\note⟩, ⟨↔original\recording⟩ 양2

577 **trans-duc-er** [트뢘스 듀우서]: trans+ducere(lead), 변환기, 전류와 기계적 진동을 바꿔치기하는 기계, ⟨~ actuator\converter⟩, ⟨↔inverse transducer⟩ 미1

578 **trans-fer** [트뢘스 훠어]: trans+ferre(to bear), '가로질러 나르다', 옮기다, 전가하다, 이동하다, 대체하다, 갈아타다, ⟨~ move\hand-over⟩, ⟨↔retain\hold⟩ 양1

579 **trans-fer-ence** [트뢘스 훠어뢘스]: 이전, 양도, (감정) 전이, ⟨~ conveyance⟩, ⟨↔counter-transference⟩ 양2

580 **trans-form** [트뢘스 훠엄]: 변형시키다, ⟨형태를⟩ 바꾸다, 변환하다, ⟨~ change\convert⟩, ⟨↔keep\preserve⟩ 양2

581 **trans-fuse** [트뢘스 휴우즈]: trans+fundere(pour), ⟨가로질러⟩ 옮겨 붓다, 스며들게 하다, 수혈하다, ⟨~(↔)infuse\suffuse⟩, ⟨↔catch\take\effuse⟩ 양2

582 **trans-gress** [트뢘스 그뤠스]: trans(across)+gradi(to step), (한계를) 넘다, 범하다, 어기다, 위반, 파계, ⟨~ infringe\violate⟩, ⟨↔obedience\pardon⟩ 양2

583 **tran·sient** [트뢘션트 \ 트뢘지언트]: trans+ire(to go), '다른 장소로 가기 쉬운', 일시적인, 변하기 쉬운, 덧없는, ⟨~ fleeting\ephemeral⟩, ⟨↔permanent\perpetual⟩ 양2

584 **tran-sis·tor** [트뢘지스터]: 트랜지스터, trans+resistor, 상대 저항(체), 전류를 증폭·축소하는 물질, '정류체', (진공관 대신 게르마늄 등을 이용한) 증폭 장치, ⟨semiconductor+amplifier⟩ 양2

585 **tran-sit** [트랜짚]: trans+ire(to go), '가로질러 가기', 통과, 통로, 운송(로), 횡단, 변천, 단기 체재, ⟨~ conveyance\motion\shift⟩, ⟨↔retreat\stay\linger⟩ 영1

586 **tran·si·tion** [트랜지션]: ⟨위치가⟩ 변해 감, 변이, 이행, 변천, 과도기, ⟨~ conversion\change-over⟩, ⟨↔stagnation⟩ 영1

587 **trans-late** [트랜슬레이트]: trans+ferre(to bear), '가로질러 이동하다', 번역(통역)하다, 바꾸어 놓다, 해석하다, 옮기다, ⟨~ transfer\interpret⟩, ⟨↔remove\obscure⟩ 영1

588 **trans-mis·sion** [트랜스 미션]: 전달, 매개, 송신, 전도, 전송, 전동 (변속) 장치, ⟨~ sending\conveyance⟩, ⟨↔retention\suppression⟩ 영1 미2

589 **trans-mit** [트랜스 밑]: trans+mittere(to send), '가로질러 보내다', 전달(전송)하다, ⟨~ pass on\convey⟩, ⟨↔suppress\receive⟩ 기1

590 **trans-par·ent** [트랜스 페어런트]: trans+parere(to appear), ⟨라틴어⟩, ⟨모든 빛을 통과시키는⟩ 투명한, 명료한, 빤히 보이는, ⟨~ clear\see-through⟩, ⟨↔dark\unclear⟩ 영1

591 **tran-spire** [트랜스파이어]: trans+spirare(to breathe), ⟨라틴어⟩, ⟨한계를 넘어⟩ 증발하다, 배출하다, 발생하다, 밝혀지다, ⟨~ happen\occur⟩, ⟨↔cause\cease\continue\resolve⟩ 영1

592 **trans-plant** [트랜스 플랜트]: ⟨가로질러⟩ 옮겨 심다, 이식하다, 이주시키다, [**트랜스 플랜트**]; 이식, ⟨~ tissue-engineering\regenerative medicine⟩, ⟨↔set\freeze\gather\harvest⟩ 영2

593 ***tran-spon·der** [트랜스판더]: ⟨라틴어 → 영국어⟩, transmit+responder, (자동·무선) 응답기, (위성) 중계기, (정해진 주파수 내에서) 무선신호를 송수신하는 기기, ⟨~ repeater\relay station⟩ 미2

594 **trans-port** [트랜스 포트]: 수송하다, ⟨가로질러⟩ 운반하다, 추방하다, ⟨~ convey\carry away⟩, ⟨↔hold\drop-off\receipt\bring back⟩ 영2

595 **trans-verse** [트랜스 붜얼스]: trans+vertere(to turn), 가로지르는 것, 교차하는 것, ⟨~ cross-wise\diagonal⟩, ⟨↔longitudinal\vertical\parallel⟩ 영1

596 ***trap** [트랩]: ⟨← trape(snare)⟩, ⟨어원 불명의 게르만어⟩, 올가미, 덫, 함정, 불법 마약 판매소, (이상을 발견하면) 해결하는) 제거 장치, 사다리, 입, (전신기의 무리한 작동이나 일권 납용 시의) 가로채기 감시장치, (색도 인쇄 시 2가지 색깔을 서로 중복시키는) '속임수', ⟨~ maw\catch⟩, ⟨↔release\loose\advantage\honesty⟩ 영1 우2

597 ★**trap mu·sic** [트랩 뮤우짘]: 1990년대 미 남부에서 시작된 ⟨반 사회적⟩ hip·hop의 일종 영1

598 ★**trap-ping** [트래핑]: ①(전신기의 오류를 잡아내는 일, ⟨~ catch⟩ ②두 색깔이 겹치는 작은 구역을 만들어 내는 술책, ⟨~ duplicity⟩ ③말 장식, ⟨~ tangling⟩ 우2

599 ★**trap queen** [트랩 퀴인]: (산전수전 다 겪어와서) 생활력이 강하며 의리있고 trap 음악을 좋아하는 여자, ⟨~ strong and loyal woman⟩ 영1

600 **trash** [트래쉬]: ⟨← trask⟩, ⟨어원 불명의 영국어⟩, broken pieces of lumber, 쓰레기, 폐물, 지저깨비, 파기하다, 삭제하다, ⟨인간말짜⟩, ⟨~ garbage\waste\scum⟩, ⟨↔treasure\valuables⟩ 영1

601 **trau·ma** [트롸우머]: ⟨'상처(wound)'란 뜻의 그리스어⟩, 트라우마, 참상, 외상, 마음의 상처, 충격적 경험, ⟨~ damage\injury⟩, ⟨↔blessing\healing⟩ 영2

602 **tra·vail** [트뤄붸일 \ 트래붸일]: tria(three)+palus(stake), ⟨라틴어⟩, ⟨3개의 말뚝으로 된 고문 기구⟩, 산고, 진통, 노고, ⟨험난한 여정⟩, ⟨~ suffering\hardship⟩, ⟨↔comfort\relief⟩ 영2

603 **trav·el** [트래블]: ⟨영국어⟩, ⟨← travail⟩, '애써서 가다', 나아가다, 돌아다니다, 여행하다, ⟨~ toil\journey⟩, ⟨↔retreat\crawl\stay\work⟩ 영1

604 ★**trav·el·a·tor \ trav·ol·a·tor** [트래뷀레이터]: 트레뷀레이터, moving walkway, moving sidewalk, 움직이는 보도, 자동 진행로(auto·walk) 미2

605 **trav·erse** [트래붜얼스]: trans+versus(← vertere(to turn)), 가로지르다, 구석구석을 걷다, 방해하다, ⟨~ go across\move over\cover⟩, ⟨↔retreat\stay\advance⟩ 영1

606 **tray** [트뤠이]: 〈← treg(wooden board)〉, 〈게르만어〉, ('나무') 쟁반, (넓은) 접시, 칸막이한 작은 상자, (화면의 아래에 작동할 수 있는 각종 기능을 표시해 놓은) '식판', 〈← tree〉, 〈~ plate\platter〉, 〈~(↔)basket〉, 〈↔receptacle〉 영1 무2

607 **treach·er·y** [트뤠춰뤼]: 〈← tricher(to cheat)〉, 〈프랑스어〉, '속이다', 배반, 반역, 기만, 〈~ treason\betrayal〉, 〈↔loyalty\fealty〉 영2

608 **tread** [트뤠드]: 〈← tredan(to walk on)〉, 〈게르만어〉, 밟다, 걷다, 밟아 으깨다, 박멸하다, 〈~ track\trade\trip\trot〉, 〈~ plod\tramp〉, 〈↔remain\crawl\run〉 영1

609 **tread-mill** [트뤠드 밀]: 밟아 돌리는 바퀴 (운동기구), 쳇바퀴, 〈~ dread-mill\walking machine〉〈↔break\fun〉 무2

610 **trea·son** [트뤼이즌]: trans+dare(to give), 〈라틴어〉, 반역(죄), 모반, 배신, 〈~ betray\treachery〉, 〈↔allegiance\loyalty〉 영2

611 **treas·ure** [트뤠줘]: 〈← tithenai(to put)〉, 〈그리스어〉, 보배, 부, 보물, (꼬불쳐둔) 비장품, 소중한 것, 〈~ thesaurus\valuables\gems〉, 〈→ trove〉, 〈↔dregs\junk\dearth〉 영2

612 **treat** [트뤼이트]: 〈← trahere(draw)〉, 〈라틴어〉, 취급하다, 다루다, 대우하다, 치료하다, 논하다, 간주하다, 거래하다, 한턱, 향응, 큰 기쁨, 〈~ regard\serve〉, 〈↔need\pain\dissatisfaction\depression〉 영2

613 **trea·ty** [트뤼이티] \ **trea·ties** [트뤼이티스]: 〈라틴어〉, 〈← treat〉, 조약, 협정, 약정, 〈~ agreement\settle-ment〉, 〈↔breach\infringement〉 영2

614 **tre-ble** [트뤠블]: tres(three)+plexus(fold), 3배(겹·단)의, 3요소로 된, 최고음부의, 〈~ triple〉, 〈~ shrill\shriek〉, 〈↔bass\grave〉 영2

615 **tree** [트뤼이]: 〈← dru〉, 〈산스크리트어 → 그리스어 → 켈트어 → 게르만어〉, 〈뿌리가 단단한 10피트 이상의〉 나무, 〈여러모로 인간보다 나아서·그래서 편자가 좋아하는〉 수목, 계도, 나무 꼴(나무처럼 편성된 정보구조), 〈~ tray〉, 〈~ woody plant〉, 〈~(↔)grass\shrub〉 기1 미2

616 **trem-ble** [트뤰블]: 〈← tremere(shiver)〉, 〈라틴어〉, 떨다, 전율하다, 진동하다, 조바심하다, 〈~ tremendous\tremor〉, 〈~ shake\quake〉, 〈↔calm\steady〉 영1

617 **tre·men-dous** [트뤼멘더스]: 〈← tremere(shiver)〉, 〈라틴어〉, '떨리는, 무서운, 굉장한, 멋진, 〈← tremble〉, 〈~ huge\immense〉, 〈↔tiny\small\little\minuscule〉 영2

618 **trem-or** [트뤠머]: 〈← tremere(shiver)〉, 〈라틴어〉, 떨림, 전율, 진동, 전진, 불안감, 〈~ tremble〉, 〈↔stillness\calmness〉 영2

619 **trench** [트뤤취]: 〈← truncare(to cut)〉, 〈라틴어〉, '잘라 치운', 도랑, 참호, 해자, 협곡, 〈~ truncate〉, 〈~ ditch\pit〉, 〈↔mound\bulge〉 영2

620 **trend** [트뤤드]: 〈← trinde(ball)〉, 〈게르만어〉, '향하다', 〈공이 굴러가는〉 방향, 추세, 기울기, 유행, 〈~ trundle〉, 〈~ tendency\current〉, 〈↔counter-trend\deviation\fade away〉 영2

621 **tres-pass** [트뤠스패쓰]: 〈라틴어〉, 'trans+pass', '넘어 들어가다', 침입하다, 훼방하다, 폐를 끼치다, 〈↔withdraw\comply\good deed\non-infringement〉 영2

622 **tri·al** [트롸이얼]: 〈← tritare〉, 〈라틴어 → 프랑스어〉, 〈← trier〉, '시험', 재판, 시련, 시도, 예선, 〈~ try〉, 〈~ endeavor\litigation\test〉, 〈↔abstention\idle-ness\fun〉 영2

623 **tri-an·gle** [트롸이 앵글]: 삼각형, 〈잘못 풀면 신세 조지는〉 삼각관계, 3인조, 금속 막대로 된 삼각형의 타악기, 〈~ trigon\tri-lateral〉 영2 군1

624 **tribe** [트롸이브]: 〈← tres(three)〉, 〈라틴어〉, 〈고대 로마인을 3부류로 나눴던 데서 유래한〉 부족, 종족, 일족, 패거리, 품종, (염소 등의) 떼, 〈~ division\kindred〉, 〈↔individual\disunion\non-relative〉 영1

625 **trib-ute** [트뤼뷰우트]: 〈라틴어〉, 〈'tribe'(부족)에 따라〉 '지불되는 것', 공물, 조세, 찬사, 배당, 조공, 감사, 〈→ attribution〉, 〈~ accolade\awards〉, 〈↔censure\disrespect\mockery〉 영1

626 **trick** [트릭]: 〈← tric(deceit)〉, 〈어원 불명의 프랑스어〉, '눈속임', 책략, 버릇, 요령, 착각, 장난, 〈~ wile\ploy\practice〉, 〈↔un-deceive\help\honesty〉 영1

627 **trick·le** [트리클]: 〈영국어〉, 〈의성어·의태어〉, 똑똑 떨어지다, 졸졸 흐르다, 조금씩 이동시키다, 〈~ drip\percolate〉, 〈↔spurt\pour\torrent\tsunami〉 영1

628 *****trick·le down the·o·ry**: (통화) 침투설, 정부가 대기업을 지원하면 중소기업과 소비자에게 침투되어 경제가 좋아진다는 이론, ⇒ Reaganomics 영2

629 **tri·fle** [트롸이훌]: 〈← truffe(gibe)〉, 〈어원 불명의 프랑스어〉, 하찮은 것(사람), 소량, 만지작거리다, 〈~ frivolous\non-sense〉, 〈~ mock〉, 〈↔treasure\epic〉 영1

630 **trig·ger** [트뤼거]: 〈← trekken(to pull)〉, 〈네덜란드어〉, '당기다', 방아쇠, 제동기, 계기, 〈~ provoke\spark off〉, 〈↔sear²〉, 〈↔avert\hinder〉 영2

631 *****tri·lem·ma** [트롸이 레머]: 〈← tri+lambanein(to receive)〉, 〈그리스어〉, 트릴레마, (세 가지 중 택일해야 하는) 3도 논법, 3중의 가정, (경기 부양·물가·금리 중 한쪽을 풀면 다른 쪽이 꼬이는) 삼중고, 〈~ di·lemma〉, 〈~ impasse\dead-lock〉 미2

632 **trill** [트릴]: ①〈← trillare〉, 〈이탈리아어〉, 〈의성어〉, 떨리는 목소리, 진동음, 지저귐, 〈~ yodel\warble〉, 〈↔dissonance\shrill〉 ②〈미국어〉, true+real, 틀림없는 사람, 〈진국〉, 〈↔con man〉 영2 미2

633 **tril-lion** [트릴리언]: 〈프랑스어〉, 조, 만 억, (미국에선) '10의 12승', (유럽에선) 〈million이 세번 나열된〉 10의 18승, 무수 미2

634 **trim** [트림]: 〈← trymian(array)〉, 〈게르만어 → 프랑스어〉, 치다, 손질하다, 잘라내다, 정돈하다, 장식하다, '다듬다', 〈~ cut\decorate〉, 〈↔un-tidy\messy\shabby〉 영1

635 **trin·i·ty** [트뤼 니티]: 〈← trinus(three-fold)〉, 〈라틴어〉, (성부·성자·성령을 일체로 보는) 삼위일체, (신을 구성하는) 신삼위, 3개 한 벌, 3인조, 〈~ ternary\troika〉 영2

636 **tri-o** [트뤼이 오우]: 삼중주, 삼중창, 3인조, 〈~ triad\triple〉 영2

637 **trip** [트륍]: 〈← trippen(tread)〉, 〈네덜란드어〉, '경쾌한 발걸음(light step)', 여행, 소풍, 출장, 헛디딤, 딴죽걸기, 양(떼), 실수, 체험, 도취, 환각 기간, 〈~ excursion\slip\lapse〉, 〈↔stay\sojourn\work\accuracy\drag〉

638 **tri·ple** [트뤼 플]: tres+plus, 〈그리스어〉, 3배 (중)의, 세 겹〈으로 접은〉, 세 개 한 벌, 〈~ trio\treble〉 영1

639 ★**trip·o·pho·bi·a** [트륍포 호우비어]: 〈네덜란드어+그리스어〉, 〈Covid-19 이후에〉 여행〈trip〉을 떠나지 못할까봐 두려워하는 여행 공포증

640 **tri·umph** [트롸이엄후]: 〈← thriambos(hymn to Dionysus)〉, 〈그리스어〉, '개선식', 승리, 정복, 대성공, 위엄, 〈→ trump〉, 〈~ victory\win〉, 〈↔defeat(ed)\lose\fail〉 영2

641 **triv·i·al** [트뤼뷔얼]: tri+via(way), 〈라틴어〉, '세 도로가 만나는(흔히 있는)', 하찮은, 천박한, 〈~ insignificant\minor〉, 〈↔important\egregious〉 영1

642 *****Tro·jan horse** [트로우쥔 호올스]: 〈← Troy〉①(적군을 속인) 트로이의 목마 ②파괴 공작단(saboteur) ③(정한 시간에 지워지는) 파괴기능이 내장된 전산기 차림표, 〈~(↔)malware\ransom-ware〉 수2 V2

643 ★**troll** [트로울]: 〈← trollen(to roll)〉, 〈게르만어〉, 회전, 돌림 노래, (줄을 감았다 풀었다 하는) 견지낚시, 〈스칸디나비아 신화에 나오는 크거나 작은〉 심술쟁이 악마, (관심을 끌기 위해) 부정적·선동적 댓글을 다는 것, 〈~ trawl\ugly dwarf\irate comment〉, 〈↔conceal\arrange\answer\angel〉 영1 V1

644 **trol·ley** [트뢀리]: 〈영국어〉, 〈← troll〉, 촉륜, 전차 위의 가공에 닿은 바퀴, 고가 이동 활차, 전차, street car, 〈~ lorry〉, 〈↔bus〉, ⇒ tram 미1

645 **trom·bone** [트뢈보운]: 〈← tromba(trumpet)〉, 〈이탈리아어〉, 트롬본, ('트럼펫보다 저음을 내는') 활주관으로 음을 조절하는 금관 취주악기, 〈~ a large brass-wind instrument〉 영1

646 ***TRON** [트롼]: 트론, the realtime operation system nucleus, '실시간 작동 핵심', 어느 전산기에나 공통으로 사용할 수 있게 짠 운영체제 〈우1〉

647 **troop** [트루우프]: 〈← troppus(a flock)〉, 〈라틴어 → 게르만어〉, '군중', 떼, 무리, 군대, 일단, 〈~ troupe〉, 〈~ herd〉, 〈↔individual\civilian〉 〈양1〉

648 **tro·phy** [트로우휘]: 〈← tropion(monument of victory)〉, 〈그리스어〉, 트로피, '전승비', 전리품, 상패, 우승배, 〈~ cup\prize〉, 〈↔failure\disaster〉 〈예1〉

649 **trop·ic** [트라픽]: 〈← trope〉, 〈그리스어〉, '회전하는', (무역풍이 반대 무역풍을 만나 무풍이 되는) 적도로부터 남북 23˚~27˚를 지나는) 회귀선, 열대지방, 〈↔arctic\temperate〉 〈예2〉

650 **trot** [트롵]: 〈← trotton(to tread)〉, 〈게르만어〉, 트로트, 빠른 걸음, 총총걸음, 속보, (말의) 활보, (정형화된 선율에 일본의 애잔한 음계를 쓴) '뽕짝', 〈~ quick move(step)〉, 〈↔remain\crawl\stroll〉 〈예1〉

651 **trou·ble** [트러블]: 〈← turba(crowd)〉, 〈라틴어〉, '어지럽게 하다', '흐리게 하다', 괴롭히다, 근심, 걱정, 수고, 폐, 분쟁, 불화, 〈~ turbid〉, 〈~ difficulty\problems〉, 〈↔order\peace〉 〈양1〉

652 **trou·sers** [트롸우절즈]: 〈← triubhas(close-fitting shorts)〉, 〈어원 불명의 켈트어〉, (남자) 바지, 헐렁 바지, 〈~ pants\slacks〉, 〈↔strip\jacket〉 〈예2〉

653 **trout** [트롸웉]: 〈← trogein(gnaw)〉, 〈'갉다'라는 뜻의 그리스어에서 유래한〉 송어, '점박이 연어', 맑고 찬 물에 서식하며 먹성이 좋고 땡기는 맛이 있는 식용 민물·짠물고기, 〈~ a salmon family〉 〈양2〉

654 **tru·ant** [트루우언트]: 〈← truan(wretched)〉, 〈어원 불명의 켈트어〉, 게으름쟁이, 꾀부리는 사람, 무단 결석자, 〈~ skiver\wag\AWL〉, 〈↔present\attending〉 〈예2〉

655 **truce** [트루우스]: 〈← treowe(← true)〉, 〈게르만어〉, 정전 (협정), 일시적 중지, 〈~ faith\pledge〉, 〈↔persistence\disagreement〉 〈양2〉

656 **truck¹** [트뤅]: 〈← trechein(to run)〉, 〈그리스어〉, '바퀴', 화물 자동차, 짐차, 〈~ freighter〉, 〈앞으로 나아가는〉 지르박(jitterbug) 놀림새, 〈← truckle〉 〈우2〉

657 **truck²** [트뤅]: 〈← troquer(to exchange)〉, 〈라틴어〉, '교환', 교역, 교제, 소화물, 잡동사니, 〈↔keep\deny〉, 〈~ prize\treasure〉 〈양2〉

658 **true** [트루우]: 〈← treowe(faithful)〉, 〈게르만어〉, '단단한', 진실한, 사실의, 진짜의, 성실한, 정확한, 정당한, 참된, 〈~ truce\accurate\right〉, 〈→ truth〉, 〈↔un-true\false〉 〈양1〉

659 ***True Type font** [트루우 타이프 홛트]: '진형 서체', (1991년 애플사가 고안한) 유연한 윤곽을 가미할 수 있는 외곽선 글자체 〈예2〉

660 ***Tru-match** [트루우 매취]: '참 조화', (동명의 인쇄사가 개발한) 4가지 색깔을 조정해서 개성적인 색깔을 만드는 체제 〈예2〉

661 **trump** [트럼프]: 〈게르만어〉, 〈← triumph(conquest)〉 '승리 패', 으뜸 패, 승자, 비결, 나팔 (소리), trummer(북 치는 자), 〈↔lose\defeated\block〉 〈양1〉

662 **trum·pet** [트럼핕]: 〈← trompe(trump)〉, 〈프랑스어〉, 트럼펫, 나팔, 관이 원통형으로 감겨있고 울판이 나팔 모양으로 된 취주 금관악기, '자랑스럽게 알리다', 〈~ tuba\clarion\horn〉, 〈~ proclaim\broad-cast〉 〈예2〉

663 **★Trump-ing** [트럼핑]: 〈← Donald Trump〉, 미국의 영혼을 러시아에 팔아먹는 짓 〈예2〉

664 ***trun·ca·tion** [트렁케이션]: 〈← truncare(cut off)〉, 〈라틴어〉, 끝 자름, 끊기, 일련의 문자나 숫자의 시작 또는 끝을 생략하는 일, 〈~ trench〉, 〈~ shortening\abbreviation〉, 〈↔extension\elongation〉 〈양2〉

665 **trunk** [트렁크]: 〈← truncus(main stem)〉, 〈라틴어〉, '본체 부분', 줄기, 몸통, 간선, 여행용 큰 가방, (차의) 짐 칸, 〈~ torso\chest\cargo compartment〉, 〈↔branch\limb〉, 〈↔brief-case\passenger-space〉 〈양1〉 〈예1〉

666 **trust** [트뤄스트]: ⟨← traust(firmness)⟩, ⟨북구어⟩, ⟨단단하여 기댈 수 있는⟩ 신뢰, 확신, 신탁, 수탁자, 기업 합동, 고문단, ⟨~ confidence\faith\credit⟩, ⟨↔dis(mis) trust\doubt\uncertainty⟩ 유①

667 ***trust-ing do·main** [트뤄스팅 도우메인]: '신뢰 영역', 믿을 수 있는 전산기 사용자와 같이 공유할 수 있는 전산망 영역, ⟨~(↔)trusted domain은 사용자의 계좌(account)까지 공유함⟩ 유②

668 **truth** [트루우쓰]: ⟨게르만어⟩, ⟨← true⟩, 참, ⟨믿음에 바탕을 둔⟩ 진리, 진실, 사실, 성실, 현실, ⟨~ verity\fact⟩, ⟨↔falsity\fallacy\superstition⟩ 가①

669 ★**truth-er** [트루우써]: 음모설 신봉자, 어떤 사건이 공식 발표와는 달리 숨겨진 배후가 있다고 믿는 '진실론자', ⟨~ conspiracy theorist⟩ 일②

670 ★**truth·i·ness** [트루우씨니스]: ⟨연애학에서 매우 중요한⟩ (사실에 입각하지 않은) 감정적 믿음, 믿고 싶은 마음, '유사진실', ⟨~ seemingly true\resembling reality⟩, ⟨~ pseudo-truth⟩ 미②

671 **try** [트롸이]: ⟨← tritare(thresh corn)⟩, ⟨라틴어⟩, '주워 올리다', 노력하다, 시험하다, 시도하다, 실패할지도 모른다, 심리하다, 시련을 주다, ⟨~ trial\attempt\endeavor⟩, ⟨↔quit\concede\relent⟩ 일①

672 ★**try-ing to teach an old dog new tricks**: 늙은 개에게 새 기술 가르치기, 세상 버릇 여든까지 간다, ⟨~(↔)teach a fish how to swim⟩, ⟨↔never late to mend⟩ 유②

673 ★**try to pick the best but wind up with the worst**: 모시 고르려다 삼베 고른다, ⟨if anything can go wrong, it will\Murphy's law⟩ 일②

674 **T-shirt** [티이 셔얼트]: 머리로부터 입는 반소매의 T 모양 윗옷, ⟨↔Y-shirt⟩ 유①

675 ***TSO**: time sharing option, 시 분할 선택 기능, (다른 사용자는 모르지만) 한 운영체제를 여러 사람이 같이 쓰는 전산망 조직 미②

676 ***TSR¹**: terminate and stay resident, (주기억장치) 종료 후 상주형 차림표, '기간이 만료돼도 계속 머무는 거주자', 일단 주기억장치에 오르면 계속 남아 있어 수시로 호출할 수 있는 차림표 미②

677 ★**TSR²**: truly stupid rule, 진짜 멍청한 규칙 미②

678 **tsu-na-mi** [츄나아미이]: tsu(harbor)+nami(wave), ⟨일본어⟩, 쓰나미, '항구에 쳐들어온 파도 (일본어)', (지진에 의한) 해일, ⟨~ seismic (or tidal) sea wave⟩, ⟨↔calm weather\trickle⟩ 미①

679 ★**TTFN \ TT4N**: ta ta for now, 그만 끝내자, 그럼 안녕 미②

680 **T-time** [티이 타임]: take off time, 발사 예정 시간 일②

681 ***TTL**: transistor transistor logic, '정류와 증폭 논리', 1963년에 도입된 ⟨느리고 전력이 많이 소모되나 결속력이 강한⟩ '2 극성' 숫자 형 통합회로 유①

682 ★**TTYL**: talk to you later, 다시 얘기하자, 다시 연락할게, 이제 그만 미②

683 **tub** [텁]: ⟨← tubbe(wooden stave)⟩, ⟨게르만어⟩, (물)통, 함지, 욕조, 양동이, ⟨~ barrel\cask⟩ 일①

684 **tu·ba** [튜우버]: ⟨라틴어⟩, 튜바, a large saxophone, '커다란 나팔', 적의 전파 탐지기를 교란하기 위한 고출력 전파 방출기, 최저음의 대형 금관악기, ⟨~ trumpet⟩ 유①

685 **tube** [튜우브]: ⟨← tubus(pipe)⟩, ⟨라틴어⟩, 관, 통, 대롱, 원통, 짜내어 쓰게 된 용기, ⟨~ cylinder\duct⟩, ⟨↔blockage\seal⟩, ⟨↔entry\outlet⟩ 미②

686 **tuck¹** [턱]: ⟨← tucken(pull up)⟩, ⟨게르만어⟩, (옷의) 단, 주름 접단, 쑤셔 넣다, 걷어 올리다, 감싸다, ⟨~ tug\push⟩, ⟨~ pleat\ruffle⟩, ⟨↔take out\pull out\extend\spread⟩ 일①

687 **Tues-day** [튜우즈 데이]: ⟨영국어⟩, 튜즈데이, 화요일, (북구의 전쟁 신 Tyr에서 따온) 일주일의 3번째 날 가①

688 **tuft** [터후트]: ⟨← touffe(bunch of hairs)란 프랑스어?⟩, ⟨어원 불명의 영국어⟩, 깃털, 술, 타래, 덤불, 수염, ⟨~ fringe\tassel\tussock⟩, ⟨↔individual\one⟩ 일①

689 **tug** [터그]: ⟨← tuggen(to pull)⟩, ⟨영국어⟩, 당기다, 끌다, 다투다, 끄집어내다, ⟨~ tow\tuck'⟩, ⟨↔repel\jolt⟩ 양1

690 **tu·i·tion** [튜이션]: ⟨← tuitus ← tueri(to watch)⟩, ⟨라틴어⟩, '돌보는 값', 수업료, 지도(비), ⟨~ tutor⟩, ⟨~ tutorage\fee⟩, ⟨↔incompetence\scholar-ship⟩ 양2

691 **tu·lip** [튜울립]: ⟨← dulband⟩, ⟨페르시아어⟩, 'turban(두건)', 튤립, 터키 지방 원산으로 17세기에 네덜란드에 투자선풍을 일으켜서 현재 2천여 종이 개발된 구근식물, ⟨~ lily like plant⟩ 중2

692 **tum·ble** [텀블]: ⟨← tumbian(stumble)⟩, ⟨게르만어⟩, ⟨의태어⟩, 굴러떨어지다, 넘어지다, 폭락하다, 재주 넘다, ⟨~ tumbrel\wallow⟩, ⟨↔arise\straighten\stand⟩ 양1

693 **tu·mor\-mour** [튜우머]: ⟨← tumere(to swell)⟩, ⟨라틴어⟩, '부은 것', 종양, 돌출부, (양성과 악성이 있는) '신생물', ⟨~ tumid⟩, ⟨~ neoplasm⟩, ⟨↔decrement\non-proliferation⟩, ⟨속에 공간이 있으면 polyp⟩ 양2

694 **tu·mult** [튜우멀트]: ⟨← tumere(to swell)⟩, ⟨라틴어⟩, '부어서 생긴 것', 소동, 소란 법석, 격정, 폭동, ⟨~ tumid\tumor⟩, ⟨~ swarm⟩, ⟨↔rest\peace\calm⟩ 양1

695 **tu·na¹** [튜우너]: tunny, ⟨← thynein(to dart along)⟩, ⟨그리스어⟩, 튜나, 다랑어, 참치, (다양한 크기로 난·온류의 심해에 서식하며 '헤엄치는 속도가 빠른') 꽁칫과의 바닷물고기, ⟨~ chicken of the sea⟩ 매2

696 **tun·dra** [툰드러\턴드뤄]: ⟨← tundar(treeless mountain tract)⟩, ⟨러시아어⟩, 툰드라, 동토대, 너무 추워서 나무가 자랄 수 없는 북극해 주변과 고산지대, ⟨~(↔)savanna⟩, ⟨↔desert\rain forest⟩ 매2

697 **tune** [튜운]: ⟨← tonos(sound)⟩, ⟨그리스어 → 영국어⟩, ⟨← tone⟩, '소리의 연속', 곡(조), 가락, 기분, 조율, 동조, ⟨→ attune⟩, ⟨~ cadence\rhyme⟩, ⟨↔silence\cacophony\conflict\prose\resist⟩ 양1

698 ★**tuned-in** [튜운드 인]: 새로운 감각이 있는, 유행에 앞서가는, 감을 잘 잡는, ⟨~ knowledgeable\observant⟩, ⟨↔un-aware\ignorant⟩ 매1

699 **tu·nic** [튜우닉]: ⟨← tunica(loose\gown like garment)⟩, ⟨라틴어⟩, 소매가 짧고 무릎까지 내려오는 헐렁한 겉옷, 외피, ⟨~ coat⟩, ⟨↔bottoms\pants⟩, ⟨tunic은 평상복이고 toga는 외출복임⟩ 중2 양2

700 **tun·nel** [터널]: ⟨← tonne(large cask)⟩, ⟨프랑스어⟩, 굴, 지하도, 갱도, (멀리 떨어진 전산망들을 연결해주는 사적이고 안전한) '전자 통로', ⟨~ funnel⟩, ⟨~ underground(subterranean) passage⟩, ⟨↔blockage\over-pass⟩ 양2

701 **tur·ban** [터어번]: dur(turn)+band(band), ⟨페르시아어⟩, 터번, 두건, (이슬람이나 힌두교도들이) 햇볕 차단·신분 표시용 등으로 쓰였던 머리에 감는 수건, ⟨~ tulip⟩, ⟨Muslim head-wrap⟩ 양2

702 **tur·bid** [터어비드]: ⟨← turbare ← turba(crowd)⟩, ⟨라틴어⟩, 혼탁한, 흐린, 혼란한, 짙은, ⟨~ trouble\turbulent⟩, ⟨↔clear\filtered⟩ 양1

703 **tur·bine** [터어빈\터어바인]: ⟨← turbo(a whirl)⟩, ⟨라틴어⟩, '회전시키는 것', (운동력을 기계력으로 바꾸는) 회전 원동기, ⟨~ rotor\motor⟩, ⟨↔impeller⟩ 매1

704 *****Tur·bo Pas·cal** [터어보우 패스캘]: 터보 파스칼, (1983년에 고안된) 속도가 매우 빠른 연성기기 편찬기 중2

705 **tur·bu·lent** [터어뷸런트]: ⟨← turbare(to disturb)⟩, ⟨라틴어⟩, 휘몰아치는, 몹시 거친, 소란스러운, 어지럽히는, ⟨~ turbid⟩, ⟨~ stormy\unstable⟩, ⟨↔peaceful\orderly⟩ 양1

706 **turf** [터얼후]: ⟨← turfa(tuft of grass)⟩, ⟨게르만어⟩, 뗏장, 잔디(밭), 토탄, 경마장, 세력권 양1

707 **tur·key** [터어키]: (자라면서 여러 형색으로 변하는) 칠면조, (16세기 신대륙에서 '터키⟨Turkey⟩'를 거쳐 유럽으로 전파된) 퍼석한 맛을 주는 꿩과의 커다란 새, 겁쟁이, ⟨~ Thanks-giving bird\booby\fool⟩, ⟨↔sage\blockbuster⟩ 매2

708 **tur·moil** [터어머일]: ⟨← krumel(tumult)란 프랑스어?⟩, ⟨어원 불명의 영국어⟩, 소란, 소동, 혼란, ⟨~ commotion\up-roar⟩, ⟨↔calm\peace⟩ 양2

709 **turn** [터어언]: ⟨← tornos(lathe)⟩, ⟨그리스어 → 라틴어⟩, ⟨← tornare(rotate)⟩, '돌리다', 뒤집다, 켜다, 틀다, 방향을 바꾸다, ⟨← tour\tourniquet⟩, ⟨→ attorney⟩, ⟨↔remain\straighten⟩ 응1

710 ★**turn-coat** [터어언 코우트]: 변절자, 배반자, ⟨~ betrayer\quisling⟩, ⟨↔adherent\loyalist⟩ 응2

711 ★**turn-down** [터어언 다운]: 접어 젖힌, 거절, 배척, 침체, 낮춤, ⟨~ rejection\re-buff⟩, ⟨↔turn up\accept⟩ 응1

712 ★**turned-on** [터언드 어언]: 유행에 민감한, 멋 부린, 흥분한, ⟨발동이 걸려⟩ '꼴린', ⟨~ aroused\stimulated⟩, ⟨↔tired\bored⟩ 응2

713 **turn-ing point** [터어닝 포인트]: 방향 전환 지점, 전기, 고비, ⟨~ water-shed\critical moment⟩, ⟨↔decline\dead end⟩ 응2

714 **tur·nip** [터어닢]: ⟨← turnen(round ← turned)+nepe?⟩, ⟨어원 불명의 영국어⟩, 순무, ⟨물기가 많아 금방 시드는⟩ 갈라진 넓은 잎과 '둥근 뿌리'를 식용하는 십자화과의 채소, 쓰레기, 바보, nabo⟨스페인어⟩, ⟨~ neep⟩, ⟨~(↔)rutabaga\Swede⟩, ⟨↔holy being\good egg⟩

715 *****turn-key sys·tem** [터언키이 씨스텀]: 준비된 체제, 다른 조작 없이 즉각 특정업무를 수행할 수 있는 맞춤형 전산기기 미2

716 **turn-out** [터어언 아웉]: 동원, 소집, 출석자 (수), 산출량, 분기점, 차 대피소, ⟨~ attendance\pull-off\lay by⟩, ⟨↔drop off\turn in\receive⟩ 응1

717 **turn-o·ver** [터어언 오우붜]: 회전, 전복, 전향, 거래액, 전직률, ⟨~ revolt\transformation⟩, ⟨↔stagnation\agreement\cost\loss⟩ 응1

718 ★**turn over a new leaf**: ⟨새로운 page로⟩ 생활을 다시 쓰다, 마음을 일신하다, 개과천선, 환골탈퇴, ⟨↔preserve\back-slide⟩ 응2

719 ★**turn-pike** [터어언 파이크]: ⟨영국어⟩, Tpke, 유료 고속도로, ⟨돌려서 길을 막는 차단기를 쳐 놓고 돈을 받던⟩ 통행료 징수소, ⟨~ toll road\toll gate⟩ 미2

720 ★**turn-stile** [터어언 스타일]: 회전식 십자문, 회전식 개찰구, ⟨~ revolving door⟩, ⟨↔barricade\sliding door\casement door⟩ 미2

721 ★**turn stones** [터어언 스토운스]: ⟨보석을 찾으려고 모든 돌을 들춰보며⟩ 탐색하다, 궁리하다, ⟨~ grope\search⟩, ⟨↔ignore\neglect⟩

722 **turn-ta·ble** [터어언 테이블]: 회전대(반), 녹음 재생기, 회전식 식탁, ⟨~ record player\gramophone⟩, ⟨↔records'\discs\food⟩ 응1

723 **tur·ret** [터뤹]: ⟨← turris(tower)⟩, ⟨라틴어 → 프랑스어⟩, (본 건물에 달린) 작은 탑, 포탑, 총좌, 선반의 돌출부, ⟨~ minaret\gun bulge⟩ 응1

724 **tur·tle¹** [터어틀]: ⟨← tortue(tortoise)⟩, ⟨프랑스어⟩, (모든 종류의) 거북, ⟨다양한 풍토에서⟩ (몸을 보호하는) 딱딱한 외피를 가지고 장수하는 약 240종의 파충류, ⟨tortoise는 주로 민물에서 살고 turtle은 짠물에도 순화되었음⟩ 기1

725 *****tur·tle²** [터어틀]: (자취를 남기면서) 화면 위로 돌아다니며 그림을 그리는 삼각형의 지침, '거북이', ⟨↔spider"⟩ 미2

726 **tur·tle-neck** [터어틀 넼]: '자라목 셔츠', 긴 목 부분을 접어서 입는 스웨터, polo neck⟨영국 신사들이 쓰는 말⟩, ⟨~ pull-over⟩, ⟨↔mock-neck\V-neck⟩ 우2

727 **tusk** [터스크]: ⟨← tusc(molar)⟩, ⟨영국어⟩, ⟨말의⟩ 엄니, 뻐드렁니, 뾰족한 끝, 모캐(burbot), ⇒ cusk

728 **tu·tor** [튜우터]: ⟨← tueri(to watch)⟩, ⟨라틴어⟩, '보호자', 가정 교사, 개별 지도 교수, 조교, ⟨~ tutelary\educator⟩, ⟨↔student\learner⟩ 응2

729 **tux·e·do** [턱씨이도우]: 〈원주민어〉, '늑대〈wolf〉'\'굽은 강〈crooked river〉', 턱시도, (1889년 뉴욕의 Tuxedo 공원에서 첫선을 보인) 신사복과 연미복의 중간쯤 되는 (약식) 야회복, 〈~ dinner jacket\penguin (or monkey) suit〉, 〈↔casual\in-formal〉 수2

730 **TV** [티이뷔이]: 티비, television, (1800년대부터 여러 사람에 의해 서서히 개발된) 원격 방영기, 〈~(↔)radio〉 우2

731 ***TWAIN** [트웨인]: technology without an interesting name, (여러 기구를 통하지 않고) 영상을 응용기기에 전달하는 방법, '단순한 기술' 우1

732 **★tween** [트위인]: teen+between, 〈8~9세부터 19세까지의〉, 청소년(녀), 〈~(↔)youngster\teen〉 양2

733 **tweet** [트위이트]: 〈영국어〉, 틱틱, 〈의성어〉, 찌르레기 울음 소리, 〈~ chirp\peep〉 ①쨱쨱 (울다), 〈↔woof〉 ②Twitter를 이용해서 보낸 전달문 양2 우1

734 **★tweet-storm** [트위이트 스토어엄]: tweeter storm, 사회 전산망 폭풍, 사회 전산망에 갑자기 연속으로 전문이 들어오는 현상, 〈~ bombard-ment of tweets〉

735 **tweez-ers** [트위이저스]: 〈← etui(small case)〉, 〈프랑스어 → 영국어〉, 족집게, 겸자, pincettes, forceps, 〈수술용 기구를 넣어 두던 조그만 상자에서 연유한 말〉, 〈↔release〉 양1

736 **twelve** [트웰브]: 〈게르만어〉, two more than ten, 12(의), 열둘(의) 가1

737 **twen·ty** [트웬티]: 〈게르만어〉, two times ten, 20(의), 스물(의) 가1

738 **★twen-ty-fifth hour** [트웬티 휘쓰 아우어]: ①지나간 기회, 〈~ disarray〉 ②마지막 기회, 〈~ desperation〉 양2

739 **twice** [트와이스]: 〈← twi(double)〉, 〈게르만어 → 영국어〉, 2배(회), 두 번, 〈↔once〉 가1

740 **twig** [트위그]: 〈← twigga(a fork)〉, 〈게르만어〉, 작은 가지, 〈둘로 갈라지는〉 지맥, 지선, 〈~ tally〉, 〈보통 가지는 branch 큰 가지는 bough〉, 〈~ two〉, 〈↔trunk\main\origin〉 양2

741 **twi·light** [트와일라잍]: 〈영국어〉, 〈← two light, night·fall, 밝음과 어둠의 중간, 여명, 황혼, 쇠퇴기, 어스름, 몽롱한 상태, 〈~ gloaming〉, 〈↔day-light\glow〉 양1

742 **twin** [트윈]: 〈영국어〉, 〈← two〉, 〈둘이 함께 태어난〉 쌍둥이(의 한 사람), 꼭 닮은 것(의 한쪽), 〈~ duplicate\look alike〉, 〈↔single\different〉 양1

743 **★twin-dem·ic** [트윈 데믹]: twin+pandemic, '이중 대유행', Covid-19과 또 하나의 거국적으로 유행하는 상태 미2

744 **twine** [트와인]: 〈← two〉, 〈게르만어〉, twisted thread, 〈두가닥으로〉 꼰 실, 꼬아 합친 것, 뒤얽힘, 꼬불꼬불함, 〈↔un-twine\straighten〉 미1

745 **twin·kle** [트윙클]: 〈← twinclian(to sparkle)〉, 〈게르만어〉, 〈의성어·의태어〉, 반짝이다, 펄럭이다, 깜박이다, 순식간, 〈↔dark\extinguish\eternity〉 양1

746 **twirl** [트워얼]: 〈영국어〉, twist+whirl, 빙빙 돌리다, 휘두르다, 비틀다, 〈~ spin\twist\wind'〉, 〈↔un-twirl\straighten〉 양1

747 **twist** [트위스트]: 〈← twis(in two)〉, 〈게르만어〉, 뒤틀다, 비틀다, 휘감다, 〈두 가닥을〉 꼬다, 〈~ twine\twiddle\twirl〉, 〈↔straighten\conformity\rest〉 양1

748 ***twist-ed pair** [트위스티드 페어]: 비비 꼰 쌍둥이 전선, (경제적이고 소음이 적은) 동량의 반대 신호를 전달하는 두 전선을 싸개 없이 꼬아 놓은 것, 〈~ ethernet cable〉 미2

749 **★twist one's arm** [트위스트 원즈 아암]: 〈20세기 중반에 등장한 속어〉, 팔을 뒤틀다, 강요하다, (거절 못하게) 〈억지로〉 부탁하다, 〈↔let\permit\allow〉 양2

750 ***TwiT** [트윝]: 트위트, this week in tech, 2005년 미국에서 출범한 기술계통의 각종 정보를 제공하는 전산망 차림표 수2

751 **twit** [트윁]: ⟨← atwitan(reproach)⟩, ⟨영국어⟩, 비꼬기, 조롱, 힐책, 얼간이, 안달, ⟨~ mocking\taunting\dork⟩, ⟨↔approve\commend\applaud⟩ 급1

752 **twitch** [트위취]: ⟨← twiccian(to pluck)⟩, ⟨게르만어⟩, 잡아채다, 경련시키다, 가벼운 아픔, (말의 코를) 비트는 기구, ⟨→ tweak⟩, ⟨~ sharp pull\twist⟩, ⟨↔relax\still⟩ 급1

753 ★**Twit·ter** [트위터]: 2006년 미국에서 창립되어 ⟨트럼프 대통령 등⟩ 매달 3억 명 이상이 동시간에 간단한 전문을 주고받고 있는 (보는 것은 공짜지만 돈을 내야 글을 실을 수 있는) 미국의 세계적 사회 전산망체계 급2

754 **twit·ter** [트위터]: ⟨← twiteren(to titter)⟩, ⟨게르만어⟩, ⟨의성어⟩, 지저귀다, 재잘대다, 킥킥 웃다, ⟨~ chirp\cheep⟩, ⟨↔cry\moan⟩ 급2

755 **two** [투우]: ⟨← duo → dyo⟩, ⟨그리스어 → 라틴어 → 게르만어⟩, ⟨1다음의⟩ 2(의), ⟨하나를 자르거나 더한⟩ 둘(의), ⟨~ twain\duo\pair⟩, ⟨→ between⟩, ⟨~(↔)one\three⟩ 급1

756 ★**two cents** [투우 쎈츠]: ⟨1937년 영국의 'two pennies짜리 의견을 제시하면'이란 은어에서 시작된 말⟩, 시시한 것(견해), 청하지 않은 의견, (토론에서) 자신의 의견, ⟨~ peanuts\chicken feed⟩ 급2

757 ★**two heads are bet·ter than one**: 백지장도 맞들면 낫다, ⟨~ many hands make light work⟩ 급2

758 ★**two of a kind**: 닮은꼴, '짝퉁', 그 나물에 그 밥, ⟨~ two peas in a pod⟩ 급2

759 ★**two peas in a pod**: 닮은꼴, 판박이, 붕어빵, ⟨~ clone\carbon copy\dead ringer⟩, ⟨~ two of a kind⟩ 급2

760 **ty·coon** [타이쿠운]: ta(great)+kiun(prince), ⟨중국어 → 일본어⟩, '대군'의 일본어, 막부의 장군이 외국 인사를 부르던 말, ⟨실업계·정계의⟩ 거물, ⟨~ magnate\mogul⟩, ⟨↔no-body\subordinate⟩ 급2

761 **ty·ing** [타잉]: tie 하기, 매기, 묶기, 매듭, ⟨↔un-tying\unfastening⟩ 급2

762 ★**ty·ing the knot** [타잉 더 낱]: 결혼하다, 국수를 먹다, ⟨~ wedding⟩, ⟨↔divorce\separation⟩ 급2

763 **type** [타이프]: ⟨← typtein(to strike)⟩, ⟨그리스어⟩, '치다', '누르다', 형, 본, 유형, 양식, 활자, 타자 (치다), ⟨→ typical⟩, ⟨~ print\sort⟩, ⟨↔release\atypical\deviation\write⟩ 급1

764 **ty-phoon** [타이후운]: tai(great)+fung(wind), 태풍(중국어), (남중국해의) 열대성 폭풍, ⟨↔gentle breeze⟩, ⟨이것은 동양 쪽·hurricane은 북미 쪽·cyclone은 인도양 쪽에서 부르는 이름임⟩ 급2

765 **typ·i-cal** [티피컬]: ⟨그리스어⟩, ⟨← type⟩, ⟨타자로 찍어내듯⟩ 틀에 박힌, 전형적인, 특유의, 상징적인, ⟨~ classic\common⟩, ⟨↔atypical\aberant⟩ 급2

766 **ty·po** [타이포우]: ⟨← type⟩, 인쇄공, 오식, 오타, ⟨~ typographical error⟩ 급2

767 **ty·rant** [타이어뤈트]: ⟨← tyrannos(absolute sovereign)⟩, ⟨그리스어⟩, '절대 군주', 폭군, 압제자, 참주, ⟨~ despot\oppressor⟩, ⟨↔liberator\democrat\softy⟩ 급2

1. **U \ u** [유우]: 이집트의 상형문자 갈고리 모양에서 따온 영문 인쇄물에서 11번째 정도로 자주 쓰이는 여러 가지 발음의 모음 글자, U자 꼴의 물건, uranium·university·union·united·unit·upper·unsatisfactory·you 등의 약자

2. ★**UAM** [유우 에이 엠]: ⇒ urban air mobility

3. ★**UAP** (un·ex·plain·ed aer·i·al phe·nom·e·non): 미확인 공중 현상, 〈UFO가 외계인의 미행접시란 뜻으로 쓰여 왔으나 대기 중에 일어나는 자연현상의 착시일 뿐이라는 주장도 만만치 않아 새로 등장한 용어〉

4. ★**U·ber** [우버]: 〈게르만어〉, over, '최고의', 2009년 미국에서 세워진 동료 간의 운송 배달 매개 업체·개인택시 회사〉, 〈~ above〉

5. ★**U·ber Eats** [우버 이이츠]: 2014년 우버가 출시한 미국의 전산망 식품 배달 집단기업

6. ★**u·bi·qui·nol** [유비퀴놀]: 〈어디에나 존재하는 quinine〉, 전자가 많은 CoQ10

7. *****u·biq·ui·tous** [유우비쿼터스]: 어디에나 존재하는, 편재하는, 아주 흔한, '사용', (시간·장소에 구애받지 않고) 항상 접속할 수 있는 정보 통신 환경, 〈~ omnipresent\wall-to-wall〉, 〈↔limited\finite〉

8. **u·biq·ui·ty** [유비퀴티]: 〈라틴어〉, every where, 'ubigue(도처)'에 있음, 편재, 여기저기 나타남, 자주 만남, 〈↔in-frequency\rare-ness〉

9. ★**uck·ers** [어컬스]: ①〈인도어에서 유래한 듯한〉 영국 군대에서 흔히하는 '고누' 비슷한 경기, 〈~ a board game〉 ②〈억~ 억~ 하면서〉 구강성교를 잘하는 창녀, 〈~ fucker〉

10. **u·don** [우던]: wheat+noodle, 〈중국어→일본어〉, 우동, 굵은 〈밀가루〉 '가락국수'(그것을 간장 등에 섞어서 만든 국), 〈~(↔)ra-men〉

11. **UFO** [유우호우]: ⇒ unidentified flying object

12. **ug·ly** [어글리]: 〈← ugga(to dread)〉, 〈북구어〉, '무서운', 추한, 못생긴, 험악한, 싫은, 심술궂은, 〈↔pretty〉

13. ★**U-Haul** [유우 허얼]: 유홀, you haul, '자가 운반차', 1945년에 설립되어 1만 6천여 개의 지점을 가진 미국의 운송 트럭 및 창고 임대 업체

14. *****UHD** (ul·tra-high def·i·ni·tion): 초고화질, 화소가 아주 촘촘히 들어 박혀서 선명도가 높은 영상

15. *****UHF** (ul·tra-high fre·quen·cy): 극초단파, 300mega Hz부터 3giga Hz까지의 파장

16. *****UI**: ⇒ user interface

17. *****UL¹** (un-num·bered list): 미 숫자 목록, 숫자를 매기지 않은 목록

18. **ul·cer** [얼써]: 〈← helkos(wound)〉, 〈상처'란 뜻의 그리스어에서 유래한 라틴어〉, 궤양, 종기, 병집, 병폐, 〈~ 'open' sore〉, 〈↔tumor\heal〉

19. *****u-lim·it check** [유울리밑 첵]: 〈네가 알아서 자제하라는 뜻의〉 사용자 한계 검사, 한 사용자가 너무 많은 정보를 사용하는 것을 방지하기 위한 UNIX 운영체제

20. **ul·ti·ma·tum** [얼티메이텀]: 최후의 말(통첩), 근본원리, 〈↔offer\permit〉

21. **um·brel·la** [엄브렐러]: 〈← umbra(shade)〉, '작은 그늘', (박쥐)우산, 산하, 포괄적인, 〈~ parasol〉, 〈↔in-complete\perfunctory〉

22. *****UML**: ⇒ unified modeling language

23. **um·pire** [엄파이어]: nom(not)+per(peer), 〈'동료가 없는'이란 프랑스어에서 유래한〉 '제3자', 심판, 판정자, 중재인, 〈~ referee\judge〉, 〈↔litigant\disputant〉

24 **UN**: ⇒ United Nations 민1

25 **u·nan·i·mous** [유내니머스]: unus(one)+animus(mind), 〈라틴어〉, '한마음의', 이의 없는, 만장일치의, 〈↔divided\split〉 양2

26 ***UNC**: ⇒ universal (uniform) naming convention 민1

27 ★**UNCED** [언씨이드] (UN Con·fer·ence on En·vi·ron·ment and De·vel·op·ment): 언세드, (1992년 리우데자네이루에서 처음 열렸던) 유엔 환경 개발 회의 민1

28 **un·cle** [엉클]: 〈← avunculus(mother's brother)〉, 〈라틴어〉, 삼촌, 원래는 '외삼촌', 〈힘들 때 기댈 수 있는 사람〉, 〈~ avuncular〉, 〈↔aunt〉 가1

29 **un·der** [언더]: 〈게르만어〉, below, ~의 '밑'에, ~하에, ~미만으로, ~안쪽에, ~영향을 받아, 〈~ nether〉, 〈↔over\top\higher〉 양1

30 ★**un·der·cast** [언더 캐스트]: (광상 밑의) 통풍도, 비행기 밑에 퍼지는 구름, (배우에게) 낮은 역을 주다, 〈~ down-cast〉, 〈↔over-cast〉 민1

31 ★**un·der·cov·er** [언더 커버]: 보이지 않게 행해지는, 내밀한, 첩보활동, 〈~ hidden\secret〉, 〈↔open\overt〉 민2

32 **un·der·cut** [언더 컷]: '하위 절단', 약화시키다, (가격을) 내리다, 위로 올려치기(깎아치기), (나무 자를 때) 방향 내기, 허리 아래쪽에서 찌며 낸 살코기 (tenderloin), 옆과 뒷머리는 매우 짧게 윗머리는 길게 깎는 머리 모양, 〈~ under-mine\subvert〉 양1

33 **un·der·dog** [언더 더어그]: (투전에서) 진 개, 패배자, 낙오자, 약자, 〈~ loser\victim〉, 〈↔top-dog\prefect\champion\stand-out〉 양1

34 **un·der·hand** [언더 핸드]: 밑으로 던지는, 몰래 하는, 비밀의, 〈~ deceitful\secret〉, 〈↔above board\honest〉 양2

35 ★**un·der·kill** [언더 킬]: 전력 부족, 열세, 〈~ insufficient power〉, 〈↔over-kill〉 양2

36 ★**un·der·mine** [언더 마인]: ~의 밑에 갱도를 파다, 몰래 손상시키다 〈~ under-cut\sub-vert〉, 〈↔up-hold\bolster\support〉 양1

37 **un·der·neath** [언더 니이쓰]: 아래에, 낮은, 표면에 나타나지 않은, 〈~ below\nether〉, 〈↔up\above〉 양1

38 ★**un·der·play** [언더 플레이]: 소극적으로 연기하다, (높은 패를 가지고도) 낮은 패를 내다, 신중히 다루다, 〈~ under-act〉, 〈↔over-play\gag\ham²〉 양2

39 ★**un·der·run** [언더 뤈]: 밑을 지나다, 서서히 흐르다, 견적 이하의 생산량, 기대 이하의 자료 부족, 〈~ under-flow\go under〉, 〈↔over-run〉 양2 민1

40 **un·der·stand** [언더 스탠드]: '아래에 서다', 알아듣다, 이해하다, 해석하다, 〈~ appreciate\conceive〉, 〈↔ignore\mis-understand〉 양2

41 ★**un·der·stud·y** [언더 스터디]: 임시 대역 배우, 후보 선수, 〈~ reserve\stand-in〉, 〈↔permanent\chief〉 양1

42 **un·der·take** [언더 테이크]: 〈아래에서〉 떠맡다, 착수하다, 약속하다, 〈~ agree\contract〉, 〈↔neglect\forgo〉 양1

43 ★**un·der-the-sun** [언더 더 썬]: 천하의 (모든 것), 지상의 (모든 것), 〈~ above the ground〉, 〈↔under-the-sea〉 민1

44 ★**un·der-the-ta·ble** [언더 더 테이블]: ①〈책상 밑에서 행해지는〉 암거래의, 비밀리의 〈현금 박치기〉, 〈~ un-authorized\illicit〉, 〈↔permitted\licensed〉 ②(곤드레만드레 취하여) 뻗어버림, 〈~ very drunk〉, 〈↔sober〉 민2

45 ★**un·der-the-weath·er** [언더 더 웨더]: 〈원래는 기후가 나쁠 때 weather-deck 밑으로 내려가 멀미와 싸우던 데서 연유한 숙어〉, 찝찝하다, 찌뿌드드하다, 〈스트레스나 병 때문이 아니라 날씨 탓이니 걱정하지 말라는 말〉, 〈~ ill/ailing〉, 〈↔strong/healthy/sober〉 **양2**

46 ★**un·der·write** [언더 롸이트]: ~의 아래에 쓰다, 서명하다, 계약하다, 인수하다, 심사하다, 〈~ endow\guarantee〉, 〈↔disapprove/invalidate/veto〉 **양2**

47 **un-due** [언 듀우]: 들어맞지 않는, 부당한, 과도한, 기한이 되지 않은, 〈↔proper/reasonable〉 **양2**

48 **UNESCO** [유우네스코우]: 유네스코, ⇒ United Nations Educational·Scientific and Cultural Organization **미1**

49 **un-fold** [언 호울드]: 펼치다, 전개되다, 털어놓다, 〈~ spread(stretch) out〉, 〈↔prance\relinquish〉 **양2**

50 ★**un-fuck** [언 훡]: 〈미국 군대 속어〉, 〈'씹'하지 못하다〉, 실수하다, 〈~ goof〉, 〈↔fix〉 **양2**

51 **UNICEF** [유우니세후]: 유니세프, ⇒ United Nations International Children's Emergency Fund **미1**

52 *****U·ni-code** [유우니 코우드]: 유니 코드, '단일 부호', (1987년부터 시작된) 〈개인 전산망으로 자료 교환을 원활하게 하기 위해 만든〉 세계 문자 부호 체계 **유2**

53 ★**u·ni-corn²** [유우니 코언]: 〈← unicorn¹〉, 10억 달러 이상의 가치가 있는 신생기업 **유1**

54 ★**u·ni-corn baby** [유우니코언 베이비]: 태어나서 〈잠만 자는〉 신생아, 보통 신생아는 1-4시간마다 깨어나 젖을 찾는데 '외뿔애기'는 4-8시간마다 깨어나는 〈특종〉, 〈유랑아가 되기를 기원하면서 붙여진 이름〉 **유1**

55 **u·ni-form** [유우니 훠엄]: 〈한 형태로 된〉 유니폼, 제복, 균일한, 획일적인, 〈~ homogeneous\invariable〉, 〈↔diverse/sundry〉 **양2**

56 *****U·ni-form** (u·ni-ver·sal) **Re-source Lo·ca·tor \ URL**: 동형 (보편적) 자원 자리, (1994년에 처음 정해진) 대중적 정보를 전산망에 비치하는 일정 방식, '웹 주소' **미1**

57 **un·ion** [유우니연]: 〈← unus(one)〉, 〈라틴어〉, '하나로 하기', 합일, 결합, 조합, 연합, 교직물, 합집합, 한 가지 이상의 가치를 가질 수 있는 정보 단위, 〈~ coalition\league〉, 〈↔division/break-up〉 **양2 유2**

58 **u·nique** [유우니이크]: 〈프랑스어〉, one-of-a-kind, '단일의', 유일무이한, 독특한, 진기한, 〈↔common/ordinary〉 **양2**

59 **u·nit** [유우닡]: 단일체, (구성) 단위, (독립된) 장치, 〈~ component\quantity〉 **양2**

60 **u·nite** [유우나이트]: 하나로 묶다, 결합하다, 통합하다, 〈~ join\combine〉, 〈↔divide/separate\sunder〉 **양2**

61 **u·ni-ver·sal** [유우니붜어설]: 〈라틴어〉, 우주의, 전 세계의, 보편적인, 포괄적인, 〈~ omnipresent\general〉, 〈↔local/particular〉 **양2**

62 *****u·ni-ver·sal** (u·ni-form) **nam-ing con-ven-tion \ UNC**: 보편적 (동형) 명명 협의, UNIX 체계에서 전산망 부속품의 명칭을 통일하기 위해 만든 방침 **미1**

63 **u·ni-verse** [유우니붜얼스]: '하나로 변한', '하나를 향한', 우주, 만물, 전 세계 (인류), 영역, 다수, 〈~ cosmos/totality〉, 〈↔disorganization\micro-cosm/nothingness〉 **양2**

64 **u·ni-ver·si-ty** [유우니붜어시티]: 유니버시티, (종합) 대학교, '공동체', 〈↔specialty school〉 **양2**

65 *****UNIX** [유우닉스]: 유닉스, 1973년 Bell사의 5명의 연구진에 의해 개발된 다중 사용자·다중 사업용 중형 운영체제, 'unified filesystem' **유2**

66 **un-less** [언 레스]: ~하지 않으면, ~이 아닌, ~외엔, 〈~ except/but〉, 〈↔if〉 **가2 양2**

67 *****un-sharp mask-ing** [언 샤아프 매스킹]: '흐린 가장', 흐린 음영을 이용해서 반대로 선명한 영상을 창조하는 기술 **유1**

68 ★**un-swerv-ing con-sist-en·cy** [언 스워얼빙 컨씨스텐시]: 빗나가지 않은 일관성, 초지일관, ⟨↔fluctuating discrepancy\bright beginning and dull finish⟩ 양2

69 ★**un-tact** [언 탵트]: 비접촉 ⟨Covid-19후에 발생한⟩ (사람을 만나지 않고 사업을 하는) 비대면 풍조, ⟨↔contact⟩ 미2

70 **un-till** [언 틸]: ⟨영국어⟩, ~까지, ~때까지 줄곧, ⟨~ up to\as late as⟩, ⟨↔since\after\next⟩ 기2

71 **up** [엎]: ⟨← uppe(above)⟩, ⟨게르만어⟩, 높은 쪽으로, 위에, 올라나, 일어나, 세차게, 완전히, 끝나, ⟨→ open⟩, ⟨↔down⟩ 기2

72 ★**up and a-bout(a-round)** [엎 언 어바웉(어롸운드)]: 일어나 활동하고 있다, ⟨아직 살아있다는 말⟩, ⟨~ awaken\moving⟩, ⟨↔deaden⟩ 양2

73 ★**up-and-com-ing** [엎 언 컴잉]: 정력적인, 진취적인, 유망한, ⟨~ rising\promising⟩, ⟨↔inapt\unlikely\on the way out⟩ 양2

74 ★**up-and-run-ning** [엎 언 륀잉]: 당장 실행 가능한, 현재 진행 중인, ⟨~ operating\functioning⟩, ⟨↔not-working\broken⟩ 양2

75 ★**up-and-up** [엎 언 엎]: 정직하게, 순조롭게, 성공하여, ⟨~ straight-forward\come to terms⟩, ⟨↔deceitful\un-suitable⟩ 양2

76 **up-beat** [엎 비이트]: 지휘봉의 상향 동작, 상승 기조, 명랑한, ⟨~ optimistic\cheerful⟩, ⟨↔down-hearted⟩ 양2

77 ★**up-braid** [엎 브뤠이드]: '노끈을 올려 당기다', 비난하다, 질책하다, ⟨~ rebuke\reprimand⟩, ⟨↔accept\praise⟩ 양2

78 *****UPC** (u·ni·ver·sal prod·uct code): (만국) 공통제품 기호, ⟨상품의 추적을 위해⟩ (1974년부터 실용된) 12자리 숫자의 전산기 판독용 부호, ⟨~ bar code⟩ 미1

79 **up-date** [엎 데이트]: 갱신하다, 최신의 것으로 하다, ⟨~ modernize\renovate⟩, ⟨↔out-dated\archaic⟩ 양2

80 ★**up-doot** [엎 두우트]: up·vote(상향투표)의 전산망 속어, ⟨↔down-doot⟩ 양2

81 **up-front** [엎 후뤈트]: 선불의, 맨 앞줄의, 솔직한, 눈에 띄는, ⟨~ in advance\forth-right⟩, ⟨↔reserved\evasive⟩ 양2

82 **up-grade** [엎 그뤠이드]: 치받이의, 오르막이 되어, 상승, 승진, 개선, ⟨~ improve\enhance⟩, ⟨↔down-grade⟩ 양2

83 **up-hold** [엎 호울드]: (떠)받치다, (들어) 올리다, 지지하다, 확정하다, ⟨~ comfirm\ratify⟩, ⟨↔under·mine⟩, ⟨↔over-turn\en-croach⟩ 양2

84 **up-hol·ster** [엎 호울스터]: ⟨게르만어+네델란드어⟩, (가구를) 설치하다, 겉천을 대다, ⟨~(↔)re-upholster'⟩, ⟨↔expose\strip'⟩ 미1

85 **UPI**: ⇒ United Press International 미1

86 ★**up in the air** [엎 인 더 에어]: 불확실하다, 결정되지 않았다, ⟨~ unknown\unresolved⟩, ⟨↔certain\settled⟩ 양2

87 **up-keep** [엎 키이프]: 유지, 보존, 부양, ⟨~ maintenance\care⟩, ⟨↔destruction\neglect⟩ 양2

88 **up-land** [엎 랜드]: 고지, 고지에 있는 대지, ⟨~ high-land⟩, ⟨↔low-land\valley⟩ 양2

89 **up-lift** [엎 리후트]: 들어 올리다, (사기를) 고양하다, 향상, 용기, 유방을 치켜주는 젖 가리개, ⟨~ boost\raise⟩, ⟨↔lower\depress\sink⟩ 양1

90 *****up-load** [엎 로우드]: '상향 적재', 화물을 운송수단에 채우는 일, 소형 또는 원격 전산기에서 대형 전산기로 전송하는 일, 상재, ⟨~ feeding\posting⟩, ⟨↔down-load⟩ 양2

91 **up-on** [어판]: 〈영국어〉, on의 우아한(거만한) 표현, 〈↔under\beneath〉 영2

92 **up-right** [엎 롸잍]: '정확히 위로 향한', 똑바로 선, 수직의, 곧은, 정직한, 〈~ column\honest〉, 〈↔flat\wicked\crooked〉 영2

93 **up-ris-ing** [엎 롸이징]: (지역적) 반란, 봉기, 폭동, 치받이, 〈~ riot\insurgence〉, 〈↔calm\obedience〉 영2

94 **up-roar** [엎 뤄어]: 소란, 야단법석, 〈~ turmoil\commotion〉, 〈↔calm\order〉 영2

95 **UPS** (U·nit·ed Par·cel Ser·vice): 통합 소화물 용역 회사, 1907년에 세워져서 〈미 우체국의 쇠퇴로〉 잘나가고 있는 미국의 세계적 택배 회사 우2

96 ★**up-sell** [엎 쎌]: '상향판매', (고객에게) 더 많거나 더 비싼 물품을 사도록 꼬드기는 상술, 〈~ hype\puff up〉, 〈↔down-selling〉 미1

97 **up-set** [엎 쎌]: 뒤집어 엎다, 망쳐 버리다, 당황하게 하다, 화가 나다, 〈~ upheaval\disturb〉, 〈↔decent\easy\calm\assuage〉 영2

98 **up-side** [엎 싸이드]: 위쪽, 윗면, 상승, 〈~ top side\gain〉, 〈↔down-side\disadvantage〉 영2

99 **up-side-down** [엎 싸이드 다운]: 거꾸로, 뒤집혀, 뒤죽박죽의, 〈~ up-turned\bottom up〉, 〈↔up-right\orderly\neat〉 영2

100 *****up-source** [엎 쏘얼스]: updated source, 갱신정보, 최신자료, 〈↔out-dated data〉 영2

101 **up-stairs** [엎 스테어즈]: 2층, 위층, 〈↔down-stairs〉 영2

102 **up-take** [엎 테이크]: 들어 올림, 빨아올림, 이해력, 〈~ grasp\understanding〉, 〈↔refusal\incomprehension〉 영2

103 ★**up to par(scratch)** [엎 투 파아(스크랱취)]: 〈골프에서 연유한 말〉, 기대에 부응하는, 수준에 달하는, 액면 가격으로, 〈~slam dunk〉, 〈↔unfit\poor〉 영2

104 ★**up to the ears(neck)**: 내 코가 석자, 눈코 뜰 새 없다, 〈↔un-concerned\un-troubled〉 영2

105 **up-ward** [엎 워어드]: 위(쪽)으로, 올라가는, 〈~ ascending\rising〉, 〈↔down-ward〉 영2

106 **u·ra·ni·um** [유어뤠이니엄]: 우라늄, 방사선 금속원소 (기호 U·번호92), Uranus+~ium, 〈천왕성 발견 8년 후에 발견된〉 핵연료로 쓰이는 은백색 광물질 수2

107 **U·ra·nus¹** [유어뤠너스]: 〈← ouranos(sky)〉, 〈그리스어〉, 우라노스, 〈아들 Cronus에 의해 거세당한〉 지신(Gaea)의 남편이자 아들, 거인들의 아버지인 '천신', Ouranos 수1

108 **ur·ban** [어얼번]: 〈← urbs(city)〉, 〈라틴어〉, 도시의, 도회풍의, 〈↔rural〉 영2

109 **ur·chin** [어얼췬]: 〈← ericius(a military obstacle)〉, 〈라틴어〉, '고슴도치', 성게, ((생식선을 미식가들이 탐하는) 전 세계의 바다 밑바닥에서 서식하는 약 950종의) 극피동물, 개구쟁이, 〈~ hedge·hog〉, 〈~ whelp\pup〉, 〈~ uni〉 미1 영2

110 **urge** [어얼쥐]: 〈← urgere(press hard)〉, 〈라틴어〉, '몰다', 재촉하다, 촉구하다, 역설하다, (강한) 충동, 〈~ desire\comulsion〉, 〈↔aversion\non-chalance〉 영2

111 **ur·gent** [어얼쥔트]: 긴급한, 재촉하는, 강요하는, 〈~ acute\crucial〉, 〈↔laid back\trivial〉 영2

112 ★**ur·gi·cen·ter** [어얼쥐 쎈터]: urgent+center, (입원을 요하지 않는 정도의 준응급 환자가 찾아가는) 외래 긴급 병원, 〈~ surgi-center〉 미1

113 **u·rine** [유어륀]: 〈← ouron〉, 〈그리스어→라틴어〉, 오줌, 소변, 〈~ water\piss\number one〉, 〈~(↔)feces〉 기1

114 *****URL**: ⇒ uniform (universal) resource locator 미1

115 **urn** [어언]: 〈← urere(burn)〉, 〈라틴어〉, burnt clay, 항아리, (납골) 단지, 무덤 양2

116 **us** [어스]: 〈게르만어〉, we의 목적격, 우리를, 우리에게, 〈↔them〉 기1

117 **us·age** [유우시쥐]: 〈← usagium〉, 〈라틴어→프랑스어→영국어〉, 〈← use¹〉, 관습, 관용법, 사용(법), 용도, 유용성, 대우, 〈~ usance〉, 〈↔dis(non)-use\obsoleteness〉 양1

118 *__USB__: ⇒ universal serial bus\flash drive 미1

119 **use¹** [유우스]: 〈← usus〉, 〈라틴어〉, 사용, 용도, 쓸모, 관습, 소비, 이용, 〈→ usance\usage\usual〉, 〈↔abandon-ment\dereliction〉 양1

120 **use²** [유우즈]: 〈← usare ← uti(apply)〉, 이용(사용)하다, 쓰다, 〈→ usury\utensil\utility〉, 〈↔dis(mis)-use〉, 〈↔neglect\conserve〉 양2

121 *__use case__ [유우스 케이스]: 사용 사례, 사용자가 전산기 체계와 상호작용할 때 발생하는 현상, 〈~ example\circumstance〉 미1

122 **used¹** [유우스트]: 익숙한, 버릇이 되어 있는, 〈↔un-accustomed〉 양2

123 **used²** [유우즈드]: 중고의, 써서 낡은, 〈↔new〉 양2

124 *__Use net__ [유우즈 넽]: 유스 넷, user network, (1980년부터 사용한) UNIX 체제 간에 수많은 안건들(토론란)을 교환할 수 있는 방대한 전산망 체계, '사용자 전산망'

125 *__us-er in·ter·face__ [유우저 인터훼이스] UI: 사용자 접속, 사용자와 전산기간에 상호작용이 일어나는 곳, 사용자가 전산기와 소통하기 위한 (음성명령·차림표·그림표 등) 기호나 명령체계, 인간과 기계가 최소한의 노력으로 최대한의 효과를 추구하는 〈처냄 좋고 매부 좋은〉 운영체제, 〈~ program that controls display〉 미1

126 **ush-er** [어셔]: 〈← ostium〉, 〈'door'란 뜻의 라틴어에서 유래한〉 문지기, 수위, 안내인, 신랑의 들러리, 〈~ attendant\escort〉, 〈~(↔)dog〉, 〈↔follower\visitor〉 양2

127 __USPS__: ⇒ United States Postal Service 우2

128 **u·ten·sil** [유우텐슬]: 〈← uti(apply)〉, 〈라틴어〉, 〈← use²〉, 〈쓰기에 알맞는〉 기구, 용구, 유용한 사람, 〈~ tool\apparatus〉, 〈↔destruction\disorganization〉 양1

129 **u·til·i·ty** [유우틸리티]: 〈← use〉, '유익한 것', 쓸모 있음, 유용물, 편의 시설, 효용, 공익사업, 〈~ applicability\efficacy〉, 〈↔useless-ness\dis-advantage〉 미2

130 **ut·most** [어트모우스트]: 〈영국어〉, outer most, '가장 먼', '밖으로', 최대한의, 극도의, 기껏해야, 〈↔least\minimum〉 양2

131 **u·to·pi·a** [유우토우피어]: ou(not)+topos(place), 〈그리스어〉, 유토피아, '어디에도 없는 곳', 이상향, 이상적 체제, 〈~ paradise\heaven〉, 〈↔dys-topia〉 양1

132 **ut·ter²** [어터]: 〈← ut〉, 〈게르만어〉, 입 밖(out)에 내다, 말하다, 털어놓다, 탄식하다, 〈~ express\vent〉, 〈↔whisper\shout〉 양1

133 *__U tube__ [유우 튜우브]: 유튜브 ①U자 관 ②You Tube: 2005년 3명의 기술자가 개발해서 2006년 구글사에 1.65억 불에 판 미국의 세계적 영상 공유 웹사이트 〈돈을 벌려면 이렇게 벌어야지!〉 우2

134 ★**U-turn** [유우 터어언]: U자형 회전, 반전, (교차로 등에서) 거꾸로 돌기, 180도의 방향 전환, 〈망설이다〉 되돌아가기, 〈~ back-tracking\change of plan〉, 〈↔P-turn\Michigan left turn〉 미1

135 ★**U 2** [유우 투우]: you too, 너 또한, 너도 같이, 〈잠자리에서 자주 써야 할 말〉 우2

1. **V \ v** [뷔이 \ 브이]: 페니키아인의 상형문자 갈구리 모양에서 따온 U자와 혼동되는 인쇄물에서 22번째 정도로 자주 쓰이는 영어의 22번째 글자, V자형, 로마숫자 5, verb·volt·velocity·volume·victory·vein·versus·very 등의 약자 〈약2〉

2. **VA** [뷔이 에이]: ⇒ Veterans Affairs 〈미1〉

3. **va·cant** [붸이컨트]: 〈← vacans(emptiness)〉, 〈라틴어〉, 공석인, 텅 빈, 비어 있는, 없는, 공터, 〈~ evacucate\vacances\vacation\vacuity\vacuum\vain〉, 〈↔full\occupied〉 〈기1〉

4. **va·ca·tion** [붸이케이션]: 〈← vacare(be free)〉, 〈라틴어 → 영국어〉, 휴가, 유람, 방학, 공석, 〈~ break\recess〉, 〈↔work\occupation〉 〈양2〉

5. ★**va·cay** [붸이케이]: 〈1991년 미국에서 등장한 신세대어〉, vacation의 약어, 〈↔work\occupation\continuation〉 〈양2〉

6. **vac·cine** [붹씨인]: 〈라틴어〉, 백신, 〈암소(vacca)에서 만든〉 우두, 종두, 예방접종(약), 전산균 예방 차림표, 〈↔infection\immunity〉 〈양2〉

7. ★**vac·cine pass** [붹씨인 패스]: 예방접종 통과(증), (Covid-19 이후에 도입된) 예방접종과 PCR 음성 확인증이 있어야 공용시설에 들어갈 수 있는 허가증 〈미2〉

8. **vac·u·um** [뵈큐옴]: 〈← vacancy〉, '빈공간', 진공, 공백, 부재, 전무, 〈~ absence\lack〉, 〈↔fullness\clutter〉 〈기1〉

9. **vag·a·bond** [뵈거어본드]: 〈← vagari(wander)〉, 〈라틴어〉, '방랑자', 부랑자, 〈↔inhabitant\gentleman〉 〈양1〉

10. ★**vag·an·za** [뷔갠저]: 〈라틴어〉, 〈← extra·vavanza〉, '방황하는', 〈16세기 로마 교황이 법전에도 없는 칙명을 남발한 데서 연유한〉 극적인, 과도한, 굉장한, '대형 vigina'〈넓은 문〉(보통 사전에는 없는 말), 〈~ fantastic\spectacular〉, 〈↔hide\truth\narrow gate〉 〈양2〉

11. **vague** [붸이그]: 〈← vagari(wander)〉, 〈라틴어〉, '방황하는', 막연한, 어렴풋한, 모호한, 희미한, 〈~ indeterminate\un-clear〉, 〈↔precise\firm\vivid〉 〈기1〉

12. *****vague book·ing** [붸이그 부킹]: '모호한 기입', 관심을 끌기 위해 자신의 사회 전산망 계정에 일부러 모호한 상태를 올리는 짓, '연막기재', 〈~ attention seeking〉 〈미2〉

13. **vain** [붸인]: 〈← vanus(empty)〉, 〈라틴어〉, '비어있는', 헛된, 시시한, 보람없는, 허영심으로 생긴, 〈아주 철학적인 말〉, 〈~ vacant\void\vast\vaunt\wane\inane〉, 〈↔modest\productive〉 〈기2〉

14. ★**va·ja·zzle** [뵈자즐]: vagina+be·dazzle, 여성의 음부를 보석 등으로 장식하는 일, '보지 장식', 〈현란한 음부〉, 〈질 치장〉, glitter pubes 〈유2〉

15. **vale** [붸일]: ①〈← vallis〉, 〈어원 불명의 매우 시적인 라틴어〉, 계곡, (dale보다 좁은) 골짜기, 속세, 〈~ valley〉, 〈↔summit\plateau〉 ②〈라틴어〉, farewell, 작별 인사, 〈~ valediction〉 〈양1〉

16. **Val·en·tine** [밸런타인]: 〈← valere(be strong)〉, 〈라틴어〉, '강건한 자', 밸런타인 ①남자 이름 ②St. V; 3세기에 로마에서 순교한 기독교인 ③Valentinus: 9세기의 로마 황제 ④v~; 연인, 〈~ galentine\malentine〉, 〈~ lover\darling〉, 〈↔foe\epithet〉 〈수1〉 〈미2〉

17. **va·let** [밸레이 \ 밸릿]: 〈← vassus(servant)〉, 〈라틴어에서 유래한 프랑스어〉, varlet, 발렛, 시중들다, 〈~ vassal〉, 〈↔boss\host〉, 〈↔idle\neglect〉 〈양2〉

18. **va·lid·i·ty** [뷜리디티]: 〈← validus(strong)〉, 〈라틴어〉, 〈강력한 근거가 있는〉 정당성, 〈여전히 가치 있는〉 유효성, 타당성, 〈~ sound\cogent〉, 〈↔ineffectiveness\incompetence〉 〈기2〉

19. **val·ley** [밸리]: 〈← vallis ← val(down)〉, 〈라틴어〉, 골짜기, 분지, 유역, 〈~ vale〉, 〈↔summit\plateau〉 〈양1〉

20. **val·or** [밸럴]: 〈← valere(be strong)〉, 〈라틴어〉, '힘 있는 상태', 용기, 용맹, 소중함, 〈~ boldness\courage〉, 〈↔cowardice\weakness〉 〈기1〉

21 **val·ue** [밸류우]: 〈← valere(be strong)〉, 〈라틴어〉, 〈강력한〉 가치, 쓸모, 값, 소중함, 〈~ merit\principle〉, 〈↔uselessness\worthlessness〉 **예1**

22 *****val·ue-add·ed net-work** [밸류우 애디드 네트워크] \ VAN: 부가가치 통신망, 공용 통신망이 없는 분야를 탐색해주는 사설 통신망 **미2**

23 *****val·ue-add·ed re·sell·er** [밸류우 애디드 뤼쎌러] \ VAR: 〈전산기를 개조해서 다시 파는〉 부가가치 재판업자 **미2**

24 **valve** [밸브]: 〈← volvere(to roll)〉, 〈라틴어〉, 밸브, 〈돌리는〉 판, 판막, 꼭지, '접게 된 문의 한 짝', 〈~ stop-cock\regulator〉, 〈↔release\pipe〉 **예1**

25 ★**va·moose** [배무우스]: vamose, 〈← vadere(depart)〉, 〈라틴어 → 스페인어 → 1859년에 도입된 미국 속어〉, 〈← vamos(let's go)〉, 내빼다, 뺑소니치다, 〈~ escape\flee〉, 〈~ stay\arrive〉 **알2**

26 **vam·pire** [뱀파이어]: 〈← uber(witch)〉, 〈'마녀'란 뜻의 터키어에서 연유한 헝가리어〉, 〈← vampir〉, 흡혈귀, 고혈 착취자, (남아메리카산) 흡혈박쥐, 요부, 〈~ seducer\charmer〉, 〈↔prey\angel〉 **알2**

27 **van** [밴]: 〈영국어〉, 〈← caravan〉, 밴, 경화물 승용차, 유개 운반차, 여행용 9인승 자동차, 선두(vanguard), 〈↔sedan\truck\back end〉

28 **van·dal·ism** [밴덜리즘]: ①반달족 풍습 ②약탈, 만행, 파괴, 공공기물 파손죄, 〈~ hooliganism\destruction〉, 〈↔protection\conservation〉 **수2** **알1**

29 **vane** [붸인]: 〈← fana(flag)〉, 〈게르만어〉, '깃발', 바람개비, 변덕장이, 〈~ feather\blade\weather cock〉, 〈↔effective\worthy\modest〉 **알2**

30 **va·nil·la** [붜닐러]: 〈라틴어〉, 〈덩굴로 자라며 'vagina(sheath)' 모양의 깍지 열매를 맺는〉 난초과의 열대식물, 〈향기가 없는 듯 담백하고 은은한 맛으로 너도 나도 찾는 통에 요즘은 거의 다 인공으로 만들고 있는〉 바닐라 향, 민짜(추가 기능 없이 기본적 역할만 하는 기기), 〈~ elementary\boring〉 **수2**

31 **van·ish** [봬니쉬]: 〈← evanescere(disappear)〉, 〈라틴어〉, 사라지다, 희미해지다, 〈비워서〉 없어지다, 〈~ vanity〉, 〈~ die out\fade〉, 〈↔appear\materialize〉 **예1**

32 **van·i·ty** [봬니티]: 〈← vanus(vain)〉, 〈라틴어〉, 덧없음, 허무, 허사, 허식, 자만심, 허영심, 방물, 장신구, 〈~ vanish〉, 〈~ futility\conceit〉, 〈↔humility\modesty〉 **알1**

33 ★**van·i·ty card** [봬니티 카아드]: '방물 명패', (영화 등의 흥행물이 시작되거나 끝난 후 잠깐 보여주는) 제작자의 상표(logo) **수2**

34 ★**van-lord** [밴 로어드]: 〈2023년에 등장한 미국어〉, 집이 없는 사람들에게 고물 RV(여가용 차량)를 헐값으로 빌려주는 〈여가용 차량 대여자〉, 〈~ land-lord〉, 〈↔homeless〉 **미2**

35 **van·quish** [뱅퀴쉬]: 〈← vincere(to conquor)〉, 〈라틴어〉, 정복하다, 격파하다, 〈~ beat\defeat〉, 〈↔liberate\surrender〉 **알2**

36 **van·tage** [밴티쥐]: 〈← avantage〉, 〈프랑스어〉, 〈ad〉vantage, 유리한 위치, 우월, 〈↔disadvantage\liability〉 **알2**

37 ★**va·ping** [붸이핑]: 〈← vapor〉, (전자 담배의) 연기 들이마시기, 불연성 흡연, 〈~ inhaling〉, 〈↔smoking〉 **미2**

38 **va·por** \ va·pour [붸이퍼]: 〈라틴어〉, steam, 김, 증기, 공상, 허상, 〈~ vapid〉, 〈↔dryness〉, 〈↔solid\liquid〉 **알1**

39 *****va·por·ware** [붸이퍼 웨어]: 개발되었으나 상품화되지 못한 물건, 〈증기같이 사라진〉 '사산품', 〈~ 'dead-ware'〉

40 **var·i·a·ble** [붸리어블]: 〈← variare(to change)〉, 〈라틴어〉, 〈← vary〉, 변동성, 변덕스러운, 다양한, (작동 중에 변할 수 있는) 가변성의, 〈~ fixed\set\constant\uniform〉, (이 말은 다양한 부문에서 다양하게 쓰이는데 연구 분야에서 예를 들면 비와 나무의 성장을 논할 때 independent v.은 비오는 날과 성장률은 관계가 없고 dependent v.은 강우량과 성장률은 비례한다는 뜻으로 이해하기 바람〉 **예1** **미2**

41 **va·ri·e·ty** [붜**롸**이어티]: ⟨← variare(to change)⟩, ⟨라틴어⟩, 다양성, 가지각색, 변형, ⟨~ diversity\heterogeneity⟩, ⟨↔monotony⟩ 양②

42 ***va·ris·tor** [배**뤼**스터]: variable+resister, ⟨변동성⟩ (반도체) 저항소자 우②

43 **var·nish** [봐**아**니쉬]: ⟨원산지 Berenike(리비아의 고대도시)에서 유래한 gloss?⟩, ⟨어원 불명의 그리스어⟩, 유약, 윤택을 내는 점액질의 도료, 광내기, '니스', ⟨~ lacquer\enamel⟩, ⟨↔roughen\strip⟩ 양①

44 **var·y** [붸**어**뤼]: ⟨← variare(change)⟩, ⟨라틴어⟩, 변화를 주다, 변경하다, 다르다, 벗어나다, ⟨→ various\variant\variety⟩, ⟨↔fix\agree\follow⟩ 가①

45 **vase** [붸이스]: ⟨← vas(dish)⟩, ⟨라틴어⟩, 꽃병, 항아리, '그릇', ⟨~ vessel⟩ 양②

46 **vast** [배스트 \ 봐아스트]: ⟨← vastus(large extent)⟩, ⟨라틴어⟩, 광대한, 꽝장한, ⟨↔narrow\tiny⟩ 가②

47 **Vat·i·can** [봬**티**컨]: ⟨← vates(prophet)⟩, ⟨에트루리아어⟩, ⟨'예언자'가 사는 언덕, 바티칸, ⟨황제가 앉는 자리⟩, ⟨로마⟩ 교황청(세계에서 제일 작으나 제일 막강한 '국가'), ⟨The Holy See-Ita·Lat·Fr-Euro-Vatican City⟩ 미②

48 **vault** [붜얼트]: ⟨← volutus ← volvere(roll)⟩, ⟨라틴어⟩, 둥근 천장, 지하 저장실, ⟨천장 모양의⟩ 뜀틀을 뛰어넘기, ⟨~ arched ceiling\underground chamber\leap vigorously⟩, ⟨↔attic\floor\landing⟩ 양①

49 *****VAX** [봭쓰]: 봭스, 'vivtual address extension', '가상(기억력) 주소 확장 장치', 1977년 미국에서 도입되어 구형 전산기와 호환성을 살리면서 자꾸 기억력 용량을 확장해 나가는 소형 전산기 체제 우②

50 ★**vax·xer** [봭써]: vaccinationist, 예방접종 지지자, ⇒ anti·vaxxer 양②

51 *****v chip** [뷔이 췹]: ⟨violence 또는 viewer control의 약자라는 설이있는⟩ 전산기에서 어린이에게 보이고 싶지 않은 항목을 자동으로 막는 소자 소②

52 *****VCR** (vid·e·o cas·sette re·cord·er): 자기 테이프를 사용한 녹화·재생기 우②

53 *****VDSL \ VHDSL** (ver·y high bit rate dig·it·al sub·scrib·er line): 초고속 숫자형 가입자 회선(보통 전화선으로 연결되는 빠른 속도의 전산망 연결 방식) 미②

54 *****VDT** (vid·e·o dis·play ter·mi·nal): 영상 표시 단말기 ⟨쉬운 말로는 전산기 화면, 더 쉬운 말로는 모니터⟩ 미②

55 **veal** [뷔일]: ⟨← vitlus(calf)⟩, ⟨라틴어⟩, (식용) 송아지고기, ⟨~ meat of young bovine⟩ 양①

56 ★**vec·tor·ize** [붿터롸이즈]: (자료를) 매개체화시키다, (문본이나 도안을) 저장이나 수정 가능한 상태로 변환시키다, ⟨~(↔)tokenize⟩ 우②

57 *****vec·tor graph·ics** [붿터 그래휙스]: '유도 도형 처리' (전산기에 선의 특정 방향을 지시해서 그림을 그리는 방식), ⟨↔raster⟩ 우①

58 *****vec·tor** (ar·ray) **proc·es·sor** [붿터 (얼레이) 프롸쎄써]: '유도 (배열) 처리기' (한 단계로 배열된 모든 항목에 작동할 수 있는 전산기의 중앙 처리기), ⟨~ CPU⟩ 우②

59 ★**veg·an** [붸줜 \ 뷔이건]: ⟨영국어⟩, 비건, (우유·계란 등 동물성 식품을 전혀 먹지 않는) 완전 채식주의자⟨vegetarian⟩ 미②

60 **veg·e·ta·ble** [붸쥐터블]: ⟨← vegere(be alive)⟩, ⟨라틴어⟩, ⟨남새⟩, ⟨활기를 불어넣는⟩ 야채, 식물, 푸성귀, 식물인간, ⟨~ greenery\gork⟩, ⟨↔fish\meat\mineral\animal⟩ 양①

61 **ve·hi·cle** [뷔히클]: ⟨← vehere(carry)⟩, ⟨라틴어⟩, '나르는 것', 탈것, 수송수단, 차, 매개물, ⟨↔inertia\blockage\goal⟩ 양①

62 **veil** [붸일]: ⟨← velum(cover)⟩, ⟨라틴어⟩, 면사포, 장막, '덮개', ⟨~ voile⟩, ⟨~ wimple⟩ 양①

63 **vein** [붸인]: ⟨← vehere(carry)⟩, ⟨라틴어⟩, '혈관', 정맥, 기질, ⟨줄이 있는⟩ 결, ⟨↔artery⟩, ⟨소정맥은 venule이라 함⟩ 가①

64 **ve·loc·i·ty** [뷜라시티]: ⟨← velox(swift)⟩, ⟨라틴어⟩, 속도, 빠르기 (V=meter/second; 움직인 거리를 걸린 시간으로 나눈 것), ⟨~ speed\celerity⟩, ⟨↔slowness\calmness⟩ 영1

65 **vel·vet** [뷀빝]: ⟨← villus(shaggy hair)⟩, ⟨라틴어⟩, 우단, 부드러운, '융모', ⟨↔rough\sharp⟩ 미1

66 **vend·er \ ven·dor** [뷀더]: 매각인, 행상, 판매자, ⟨↔buyer\customer⟩ 미2

67 **vend·ing ma·chine** [뷀딩 머쉰]: 자동 판매기, 자판기, ⟨↔counter'⟩ 영1

68 **ve·neer** [뷔니어]: ⟨← fournir(furnish)⟩, ⟨프랑스어⟩, 베니어판(비닐 장판), ⟨멋을 내는⟩ 화장판, 박판, 단판, 합판, plywood의 콩글리시, (보철용) 각판, 겉치레, ⟨↔reval\uncover⟩, ⟨↔tile⟩ 우2

69 **ven·er·a·ble** [뷔너뤄블]: ⟨← venerari(adore)⟩, ⟨라틴어⟩, 존경할 만한, 덕망 있는, 유서 깊은, ⟨~ respected\revered⟩, ⟨↔disreputable\notorious⟩ 영2

70 **ven·geance** [뷀줜스]: ⟨← vindicare(punish)⟩, ⟨라틴어 → 이탈리아어⟩, 복수, 앙갚음, ⟨~ vendetta\revenge⟩, ⟨↔grace⟩ 기1

71 ★**Ven·mo** [뷀모우]: 뷀모, Vendor Mobile, 2009년에 Pay·Pal에 흡수된 미국의 ⟨신속한⟩ 전산망 금전거래회사 중2

72 **vent** [뷀트]: ⟨← findere(to cleave)⟩, ⟨라틴어⟩, ⟨'바람'이 새는⟩ 구멍, 배출구, 분출하다, 옷이 ⟨길고 넓게⟩ 갈라진 곳, ⟨~ event⟩, ⟨~ air\release\express⟩, ⟨↔closure\entrance\absorb\retract⟩ 미2 우1

73 ★**ven·ti** [뷀티]: ⟨'twenty'의 이탈리아어⟩, (Starbucks의 커피잔으로는 24온스), ⟨~(↔)tall: 12oz\grande: 16oz\trenta: 31oz⟩ 미2

74 **ven·ti·la·tion** [뷀틸레이션]: ⟨← ventus(wind)⟩, ⟨라틴어⟩, 통풍, 환기, 토로, 발산, ⟨~ aeration\freshening⟩, ⟨↔breath-less\suppression⟩ 영1

75 **ven·ture** [뷀춰]: ⟨← adventura⟩, ad(to)+venire(come), ⟨라틴어 → 프랑스어 → 영국어⟩, ⟨ad⟩venture, '다가오는 일', 모험, 투기, 과감한, ⟨↔inaction\assurance\failure⟩ 미2

76 *****ven·ture cap·i·tal** [뷀춰 캐피틀]: ⟨기술은 있으나 자금이 없는 기업에 투자하는⟩ 모험자본, ⟨~(↔)vulture fund⟩, ⟨↔private equity⟩ 중2

77 **Ve·nus¹** [뷔이너스]: ⟨← wen(desire)⟩, ⟨'갈망하다'라는 뜻의 라틴어에서 유래한⟩ 비너스, ⟨정욕의 화신⟩, 로마 신화의 사랑과 미의 여신, 그리스의 아프로디테에 해당함, v~; 미녀, 색정녀, ⟨→ venom\venereal\venial⟩ 중1 미2

78 **Ve·nus²** [뷔이너스]: ⟨← Venus¹⟩, ⟨별중에 제일 반짝이는⟩ 비너스, 금성, 태양에서 두 번째로 가깝고 지구만 한 크기에 고열의 기체로 둘러싸인 행성, 태백성, 샛별(morning star), 저녁별(evening star) 영1

79 **ve·ran·da(h)** [붜뤤더]: ⟨← varanda(balcony)⟩, ⟨인도어에서 유입된 포르투갈어⟩, 베란다, 툇마루, 창마루, ⟨~ patio\lanai⟩ 우1

80 **verb** [붜어브]: ⟨← verbum⟩, ⟨라틴어⟩, ⟨모든 'word'의 모체가 되는⟩ 동사, 언어, 구두의, ⟨~(↔)noun⟩ 영1

81 **verde** [뷀데]: ⟨← vert(green)⟩, ⟨라틴어⟩, 초록색 영2

82 **ver·dict** [붜어딕트]: ⟨← vere dictum(truly said)⟩, ⟨라틴어⟩, ⟨진실을 말하는⟩ 평결, 판단, ⟨~ judgement\ruling⟩, ⟨↔accusation\indecision⟩ 기2

83 **verge** [붜얼쥐]: measuring rod, ⟨'virga(장대)'란 뜻의 라틴어에서 유래한⟩ 가장자리, 모서리, 경계, 범위, ⟨~ edge\rim⟩, ⟨↔center\middle⟩ 기1

84 **ver·i·fy** [붸뤄화이]: ⟨라틴어⟩, ⟨사실을⟩ 입증하다, 확인하다, 검증하다, ⟨~ authenticate\certify\rectify⟩, ⟨↔disprove\refute⟩ 기1

85 **ve·ri·tas** [붸뤼태스]: ⟨← verus(truth)⟩, ⟨라틴어⟩, ⟨그리스의 여신에서 유래한⟩ 진리, 진실, ⟨↔falsity\fantasy⟩ 영2

86 **ver·nac·u·lar** [붜내큘러]: ⟨← verna(a home born slave)⟩, ⟨라틴어⟩, '집에서 태어난 노예', 방언, 지방어, 일상어, 사투리, '신토불이', ⟨~ vulgar\boorish⟩, ⟨↔standard\formal⟩ **가2**

87 **ver·sa·tile** [붜설타틀]: ⟨← versare(to turn)⟩, ⟨라틴어⟩ ⟨방향을 바꾸는 데⟩ 재주가 많은, 다재다능한, 변덕스러운, ⟨~ skillful\flexible⟩, ⟨↔inflexible\broken record⟩ **가1**

88 **verse** [붜얼스]: ⟨← versus ← versare ← vertare(to turn)⟩, ⟨'갈아엎다'란 뜻의 라틴어에서 유래한⟩ 운문, ⟨바꿔서 짓는⟩ 시, 절, (글의) 한 줄, 정통하다, 경쟁하다, ⟨~ vicssitude⟩, ⟨~ poem⟩, ⟨↔prose⟩ **가2**

89 **ver·sion** [붜얼전]: ⟨← versus(turning)⟩, ⟨전환한⟩ 번역, 각색, 변안, 편곡, 변형(판), ⟨~ sort\style⟩, ⟨↔base\fact\quote\abscurity⟩ **가1**

90 ★**ver·sus \ vs** [붜얼서스]: ⟨← vertere(to turn)⟩, ⟨'바뀌친 것'이란 뜻의 라틴어에서 유래한⟩ 대, 대항, ⟨~ averse⟩, ⟨↔cf⟩ **양2**

91 **ver·ti·cal** [붜얼티클]: ⟨라틴어⟩, ⟨← vertex⟩, 수직의, 세로의, ⟨↔horizontal⟩ **가1**

92 **ver·y** [붸뤼]: ⟨'verus(truth)'이란 뜻의 라틴어에서 유래한⟩ 매우, 대단히, 바로, '실로', ⟨~ extreme\precise⟩, ⟨↔little\different⟩ **가2**

93 *****VESA** [뷔서] (Vid·e·o E·lec·tron·ics Stand-ards As·so·ci·a·tion): 베사, 전자 영상 표준화 협회(전산기 방영 기준에 대한 통일을 목표로 1989년 미국의 산호세에 창립되어 2017년 현재 225개 제조업체가 가입된 단체) **미2**

94 **ves·sel** [붸쓸]: ⟨← vas(duct)⟩, ⟨라틴어⟩, 'vase+ship', 그릇, 용기, 배, 도관, ⟨~ vascular\vase⟩, ⟨↔open-ness\solid⟩ **양1**

95 **vest** [붸스트]: ⟨← vestis(a garment)⟩, ⟨라틴어⟩, 조끼, 부여하다, '옷을 입히다', ⟨~ vestry⟩, ⟨~ waist-coat\jerkin⟩, ⟨↔divest\deprive⟩ **양2**

96 **vest·ed** [붸스티드]: 기득의, ⟨교황이 옷을 입혀⟩ 부여된, ⟨~ entrusted\bestowed⟩ **양1**

97 **ves·tige** [붸스티쥐]: ⟨← vestigium(footprint)⟩, ⟨라틴어⟩, '발자국', 자취, 흔적, 표적, ⟨~trace\remant⟩, ⟨↔information\lot\core\neglect⟩ **양1**

98 **vet·er·an** [붸터뤈]: ⟨← vetus(old)⟩, ⟨라틴어⟩, 베테랑, ⟨나이 먹은⟩ 노병, 퇴역군인, 숙련원, 전문가, ⟨~ retired soldier\old-hand\expert⟩, ⟨↔novice\tender-foot\green-horn\neo-phyte⟩ **미1**

99 **vet·er·i·nar·i·an** [붸터뤼네어뤼언]: DVM, 수의사 **가1**

100 **ve·to** [뷔이토우]: ⟨← vetare(forbid)⟩, ⟨라틴어⟩, 거부권, 금지, 'I forbid', ⟨~ verboten⟩, ⟨↔permission\approval\writ⟩ **양2**

101 *****VGA** (vid·e·o graph·ic ar·ray): 영상 도형 배열판(접속기), 1987년 IBM이 개발한 전산기를 투사기나 화면에 연결시켜 주는 연속형 접속 장치이나 점점 숫자형으로 바뀌고 있음 **미2**

102 *****VHF** (ver·y high fre·quen·cy): 초단파, 30~300mega Hz까지의 파장 **양2**

103 *****VHS** (vid·e·o home sys·tem): 가정용 영상 장치(상품명) **웨2**

104 **via** [봐이어 \ 뷔이어]: ⟨라틴어⟩, 경유로, 통하여, '길을 거쳐', ⟨~ way⟩, ⟨~ pervious⟩, ⟨↔without\around\across⟩ **양2**

105 ★**Via-com** [봐이어 컴]: 비아 콤, 2005년에 창립되어 2019년 CBS에 흡수된 미국의 세계적 대중매체 공급회사 **웨2**

106 **vi·al** [봐이얼]: ⟨← phiale(a shallow cup)⟩, ⟨그리스어 → 라틴어 → 프랑스어⟩, 유리병, 물약 병, ⟨~ ampoule⟩ **미1**

107 **vi·bra·tion** [봐이브뤠이션]: ⟨← vibrare(to shake)⟩, ⟨라틴어⟩, 진동, 전율, 동요, ⟨~ oscillation\resonance⟩, ⟨↔stillness\quiet⟩ **양1**

108 **vi·car** [뷔컬]: ⟨라틴어⟩, ⟨← vice⟩, '대리'목사, 교구목사, 전도목사, ⟨~ rector⟩ **미2**

109 **vice¹** [봐이스]: ⟨← vicis(alternation)⟩, ⟨라틴어⟩, 부, 차, '대리', ⟨→ vicar⟩, ⟨↔chief\boss⟩ 영②

110 **vice²** [봐이스]: ⟨← vitium(fault)⟩, ⟨라틴어⟩, 악, 결점, 부도덕, 나쁜 버릇, '결함', ⟨→ vicious⟩, ⟨↔virtue\right⟩ 가①

111 **vi·ce ver·sa** [봐이서 붜얼서]: ricis(alternation)+vertere(to turn), ⟨라틴어⟩, 반대로, 역도 또한 같음, ⟨~ conversely\contrariwise⟩, ⟨↔so\also\like-wise⟩ 영②

112 **vi·cin·i·ty** [뷔씨니티]: ⟨← vicinitas(near-ness)⟩, ⟨라틴어⟩, 가까운, 근처에, ⟨↔distant\far-away⟩ 가②

113 **vi·cious** [뷔셔스]: ⟨라틴어⟩, ⟨← vice²⟩, 사악한, 나쁜, ⟨~ malicious\vindictive⟩, ⟨↔virtuous\gentle⟩ 가①

114 **vic·tim** [뷕팀]: ⟨← victima(sacrifice)⟩, ⟨어원 불명의 라틴어⟩, ⟨대신 받치는⟩ 희생(자), 피해(자), ⟨~ casualty\under-dog⟩, ⟨↔attacker\victor⟩ 가②

115 ★**vic·tim·ol·o·gy** [빅티말러쥐]: 피해자 학, ⟨근래에 각광을 받고 있는⟩ 각종 희생자들에 대한 사회·심리학적 연구, 자신의 잘못이나 불운을 남의 탓으로 돌리는 일 미②

116 **vic·to·ry** [뷕토뤼]: ⟨← vincere(to conquer)⟩, ⟨라틴어⟩, '정복', 이김, 승리, ⟨~ triump\win⟩, ⟨↔defeat\loss⟩ 우①

117 ★**vid** [뷔이디]: ⟨신조어⟩, Covid-19의 약어 수②

118 **vid·e·o** [뷔디오]: ⟨← videre(to see)⟩, ⟨라틴어⟩, ⟨← vision⟩, 영상, 화상, ⟨↔audio⟩ 미①

119 *vid·e·o ar·cade** [뷔디오우 아아케이드]: 영상 오락실 우①

120 *vid·e·o cap·ture** [뷔디오우 캡춰]: 영상 포착, 동영상을 숫자로 바꿔서 전산기에 저장하는 (연성)기기 미②

121 *vid·e·o card \ ~ a·dap·tor** [뷔디오우 카아드 \ ~ 어댑터]: 영상 접속판(기), display card, 전산기 화면에 영상이 나오게 (자료를 화상으로 바꾸는) 하는 전산기 내의 회로판 미②

122 *vid·e·o chat \ ~ con·fer·ence** [뷔디오우 챝 \ ~ 컨훠륀스]: 영상 잡담, ⟨Zoom·Google 등등이⟩ (netcam이나 webcam을 통해 얼굴을 보면서 통화하는) 영상회의 미②

123 *vid·e·o disc** [뷔디오우 디스크]: 영상반 우①

124 *vid·e·o game** [뷔디오우 게임]: 영상 놀이 영②

125 *vid·e·o jock·ey** [뷔디오우 좌아키]: VJ, 영상 방송진행자 미①

126 *vid·e·o on de·mand** [뷔디오우 언언 디맨드] \ VOD: 주문형 영상물, (1994년경 영국에서 개발된) 시청자가 중앙업체가 제공하는 영상을 골라서 볼 수 있는 통신망 체계 미②

127 *vid·e·o phone** [뷔디오우 호운]: 화상 전화 미①

128 *vid·e·o text** [뷔디오우 텍스트]: 화상 자료 미②

129 ★*vid·i·ot** [뷔디엍]: video+idiot, 비디엍, 영상물(영화)팡, 동영상이나 TV에 미친놈 미②

130 **view** [뷔유]: ⟨← videre(to see)⟩, ⟨라틴어⟩, 전망, 경치, 시야, 견해, ⟨~ vision\video\visit\vista⟩, ⟨↔listen\blindness\cloudiness\irrelevance⟩ 영①

131 **vig·i·lant** [뷔질런트]: ⟨← vigere(lively)⟩, '자지 않고' 지키는, 주의 깊은, 방심하지 않는, 경계하고 있는, ⟨~ look-out\scrutiny⟩, ⟨↔negligent\in-attentive⟩ 영①

132 **vig·or·ous** [뷔거뤄스]: ⟨← vigere(lively)⟩, ⟨라틴어⟩, 활발한, 왕성한, ⟨vivid⟩, ⟨↔weak\frail\faint\languorous⟩ 가②

133 **Vi·king** [바이킹]: ⟨← vikingr ← vik(small bay)⟩, ⟨북구어⟩, '내포의 주민?', 바이킹, 북유럽 해적(날렵한 배를 만들어 8~11세기에 남유럽까지 세를 떨친 게르만족) 기1

134 **vile** [봐일]: ⟨← vilis(cheap)⟩, ⟨라틴어⟩, '가치 없는' 야비한, 천한, 지독한, 시시한, ⟨~ reprobate\turpitude⟩, ⟨↔virtuous\honorable⟩ 양1

135 **vil·la** [뷜러]: ⟨라틴어⟩, country house, 별장, 주택, 장원, '시골의 저택', ⟨~ chateau\hacienda⟩, ⟨↔cot\hovel\shack⟩ 양2

136 **vil·lage** [뷜리쥐]: ⟨← villa⟩, 마을, 촌락, ⟨~ hamlet\townlet⟩, ⟨↔city\urban⟩ 기2

137 **vin·di·ca·tion** [뷘디케이션]: ⟨← vindicare(punish)⟩, ⟨라틴어⟩, '청구', 변호, 해명, 입증, 요구, 비난, ⟨~ exoneration\proof⟩, ⟨↔prosecution\condemnation⟩ 양1

138 **vin·dic·tive** [뷘딕티브]: ⟨← vindicta(revenge)⟩, ⟨라틴어⟩, 복수심 있는, 악의 있는, ⟨→ avenge⟩, ⟨~ malicious\vicious⟩, ⟨↔forgiving\charitable⟩ 양2

139 **vine** [봐인]: ⟨← vinea ← vinum(a climbing plant)⟩, ⟨라틴어⟩, 포도나무, 덩굴, ⟨~ wine⟩ ⟨→ vin·e·gar\vin·tage\vint·ner\vi·nyl⟩ 양1

140 **vin-e·gar** [뷔니거]: vin(wine)+aigre(sour), ⟨라틴어 → 프랑스어 → 영국어⟩, '새콤한 포도주', 식초, 원기, ⟨~ acetic acid\energy⟩, ⟨↔sweet\insipid⟩ 양2

141 **vine-yard** [뷘열드]: 포도밭, 포도원 양1

142 **vin-tage** [뷘티쥐]: vinum(wine)+demere(to remove), ⟨라틴어⟩, ⟨포도를 거두어 들이는⟩ 포도 수확(기), 오래된, 귀한, ⟨~ year\old⟩, ⟨↔recent\inferior⟩ 기2

143 **vi·nyl** [바이늘]: ⟨← vinum⟩, ⟨라틴어⟩, ⟨'wine'에 들어있는 ethylene기를 포함한⟩ 비닐, 무명에 가까운 합성섬유, ⟨인류 최고의 발명품이 인류 최대의 재앙으로 떠오르다니, 그것 참!⟩, ⟨~ ethenyl (group)⟩, ⟨↔paper⟩ 수2

144 **vi·o·la** [뷔오울러]: ⟨← vitlus(calf)⟩, ⟨라틴어 → 이탈리아어⟩, ⟨가랑이 사이에 끼는⟩ 비올라, 바이올린과 첼로의 중간 크기의 현악기, ⟨~ fiddle⟩ 수2

145 **vi·o·la·tion** [바이얼레이션]: ⟨← violare(use force)⟩, ⟨라틴어⟩, 위반, 방해, ⟨~ violence⟩, ⟨~ breach\infraction⟩, ⟨↔compliance\obedience⟩ 기2

146 **vi·o·lence** [바이얼런스]: ⟨← violare(use force)⟩, ⟨라틴어⟩, 격렬함, 폭력, ⟨~ violation⟩, ⟨~ brutality\ferocity⟩, ⟨↔gentleness\kindness⟩ 기2

147 **Vi·o·let** [바이얼릿]: ⟨← ivo(purple)⟩, ⟨그리스어 → 라틴어⟩, 바이올렛(여자 이름), v~: '보랏빛', 제비꽃속의 여러해살이풀, 오랑캐꽃, ⟨~ Viola⟩ ⟨~ pansy⟩ 양1 양1

148 **vi·o·lin** [바이얼린]: ⟨← viola⟩, ⟨라틴어 → 이탈리아어⟩, 타원형 통에 4줄로 된 현악기, fiddle 수2

149 **VIP** (ver·y im·por·tant per·son): 요인, 귀빈, 거물, ⟨↔no-body\small fry⟩ 수2

150 **vi·per** [바이퍼]: ⟨← vivipara(producing)⟩, ⟨라틴어⟩, ⟨출산 직전까지 배 속에 알을 간직하고 있다가⟩ '새끼를 까는 뱀', 독사, 북살무사, 악당, 음흉한 사람, ⟨~ adder\apostate⟩, ⟨↔dupe\innocent⟩ 양1

151 ★**vi·ral** [바이어뤌]: 바이러스의, 퍼져나가다, 입소문 나다, ⟨1944년 의학용어로 등장해 1980년대 말에 대중매체어로 확대·변질된 말⟩, ⟨~ spreading\newsy⟩, ⟨↔contained\controlled⟩ 미2

152 ★**vi·ral mar·ket·ing** [바이어뤌 마아키팅]: ⟨1989년 오스트레일리아에서 시작되어 보편화된⟩ '전염성 판매 전략', 기존의 각종 SNS를 이용해서 상품 판매를 촉진시키는 '음흉한' 술책, ⟨↔direct marketing⟩ 미1

153 **vir·gin** [뷔어쥔]: ⟨← Virgo(maiden)⟩, ⟨라틴어⟩, 처녀, 순결한, 동정녀, ⟨~ pristine\brand-new⟩, ⟨↔impure\unchaste⟩ 양2

154 **vir·tu·al** [뷔얼츄얼]: ⟨라틴어⟩, ⟨← virtue⟩, 실질적인, 사실상, '표면상', 가상의, ⟨~ practical\ostensive⟩, ⟨↔real\actual⟩ 양1

155 ***vir·tu·al cur·rency** [뷔얼츄얼 커어뤈시]: 가상 통화, 전산망에서 통용되는 비공식 돈, 숫자형 화폐, bitcoin 미2

156 ***vir·tu·al ma·chine** [뷔얼츄얼 머쉰()]: 가상 기계(장치), '전산기 내의 전산기', '복제 전산기'(1960년대부터 개발되어 온 전산기 흉내를 내는 연성기기), 〈~ on-line machine\cyber-metic machine〉

157 ***vir·tu·al mem·o·ry** [뷔얼츄얼 메머뤼]: 가상(확대) 기억장치 (1956년 독일에서 태동해서 1970년대 활성화 된) 필요할 때 외부의 〈여분〉 자료책에서 정보를 가져오기 전산기의 기억기 용량을 늘리는 장치, virtual storage, 〈~ screen memory〉, 〈↔physical memory〉 미2

158 ***vir·tu·al pri·vate net-work (VPN)** [뷔얼츄얼 프롸이버트 넽워얼크]: 가상 사설 통신망, 개인 전산기에 암호를 써서 전산망에 연결시키는 〈비밀 보장〉 체제, 〈~ internet protpcol security〉 미2

159 ***vir·tu·al re·al·i·ty** [뷔얼츄얼 뤼앨러티]: VR. 가상 현실, 〈3-D 모든 수단을 동원해서 진짜같이 보이게 노력하는〉 '진짜 가짜', '가짜 진짜', 〈~(↔)augmented reality〉, 〈~ natural〉 영2

160 ***vir·tu·al school** [뷔얼츄얼 스쿠울]: '허상 학교', 전산망 학교, 차세대 학교, 〈~ on-line school〉, 〈↔off-line education\face-to-face learning〉 미2

161 **vir·tue** [뷔얼츄우]: 〈← virtus(goodness)〉, 〈라틴어〉, 〈인간적인〉 '우수함', 미덕, 장점, 효능, 〈→ vir·tu·al〉, 〈~ good-ness\asset〉, 〈↔vice\evil\iniquity〉 기2

162 ★**vir·tue sig·nal·ling** [뷔얼츄우 씨그널링]: 미덕 과시, (별 쓸데없는 언행으로) 자신이 도덕적으로 가치있는 사람이라는 것을 나타내는 것, 〈~ complacent\high-hat〉 양2

163 **vi·rus** [봐이어뤄스]: 〈라틴어〉, venom, 〈끈적끈적한 물질(slime)〉, 바이러스, '독', 여과성 병원체, 해독, 균, '기생균', 전산균 (1987년에 〈전산기 운영체계를 파괴하려는 목적으로〉 출현한 자동으로 자신을 복제하게 하는 전산기 차림표), 〈→ viral\virulent〉, 〈↔bacteria\rickettsia〉 양2 미1

164 **vi·sa** [뷔이저]: 〈← videre(see)〉, 〈라틴어〉, 비자, 〈보이는〉 (입국허가)사증, 여권, 〈외국인을 따돌리는 수단〉, 〈↔denial\veto〉, 〈pass-port는 국적을 가진 나라에서 발행하는 여행 허가증임〉 미1

165 **vis·age** [뷔지쥐]: 〈← videre(see)〉, 〈라틴어〉, '보이는 것', 얼굴, 외관, 〈~ countenance\'mug'〉, 〈↔physique\reality〉 양2

166 **vis·cous** [뷔스커스]: 〈← viscum(bird-lime)〉, 〈라틴어〉, 끈적이는 합성수지의 일종, 쩐득쩐득한, 끈기 있는, 〈~ viscera〉, 〈↔waterly\thin〉 양1

167 ***vish·ing** [뷔슁]: 음성사기, ⇒ voice phising 미2

168 ★**Vis·i·o** [뷔지오]: 비지오, (1992년 마이크로소프트사가 출시한) 다양한 기술의 상업용 화면을 볼 수 있는 전산망 체계 소2

169 **vi·sion** [뷔줜]: 〈← videre(see)〉, 〈라틴어〉, '보이는 것', 시력, 광경, 통찰력, 환상, 환영, 〈~ view〉, 〈~ ability to see\creative power〉, 〈→ video〉, 〈↔hearing〉 양1

170 **vis·it** [뷔짙]: 〈← videre(see)〉, 〈라틴어〉, '보러가기', 방문, 시찰, 구경, '주문' (웹사이트에 자료를 요청하는 일), 〈~ view〉, 〈~ go to see\come upon〉, 〈↔avoid\pass〉 양1 미2

171 **vis·ta** [뷔스터]: 〈← videre(see)〉, 〈라틴어〉, 〈← view〉, 비스타, 조망, 전망, 예상, 〈~ panorama\spectacle〉, 〈↔blindness\reality〉 양1

172 **vi·su·al** [뷔쥬얼]: 〈← visus(look)〉, 〈라틴어〉, 시각의, 눈에 보이는, 광학상의, 〈↔sightless\auditory(acoustic)〉 양1

173 ★**vi·ta food** [봐이터 후우드]: 〈라틴어+게르만어〉, 비타식품, '활력식품', 보조식품, 영양약학 식품, 〈~ energy food〉 미2

174 **vi·tal** [봐이틀]: 〈← vita(life)〉, 〈라틴어〉, 생명의, 생생한, 〈사는 데〉 절대로 필요한, 〈~ viable\vivo〉, 〈~ lively\essential〉, 〈↔languorous\listless\unimportant\optional〉 양2

175 **vi·ta·min(e)** [봐이터민]: vita(life)+amine, 〈라틴어〉, 비타민, '원기소', 생명활동에 필요한 유기화학물, 〈~ micro-nutrient\essential supplement〉 수2

176 **viv·id** [뷔비드]: 〈← vivere(to live)〉, '살아있는 듯한', 생생한, 활기찬, 〈~ vivace\vigorous〉, 〈↔dull\vague〉 기2

177 ★**V line** [뷔이 라인]: ①양쪽 귀에서부터 턱끝까지 V자 모양의 갸름한 얼굴, 〈~ narrow jaw line〉, 〈한국 여자들이 선호함〉 ②목이 V자 모양으로 파진 옷, 〈~ V-neck〉 ③비곗살 없이 매끈하게 내려간 사타구니, 〈~ sex line〉, 〈모든 남자들이 선호함〉 위1

178 ★**vlog** [블라아그]: video+blog, 영상물을 수록한 블로그(개인 전산망) 우2

179 ★**VMS (vi·su·al mes·sage sign)**: 〈변하는 교통사정을 알려주는〉 가변 정보 표시판 매1

180 **vo·cab·u·lar·y** [붜우캐블러뤼]: 〈← vocare(to call)〉, 〈라틴어〉, 〈← vocie〉 '부르기 위해 쓰는 단어', 어휘, 용어 수, 단어표, 〈~ lexicon\words〉, 〈↔syllable\phrase〉 영2

181 **vo·cal** [붜우컬]: 〈← vox〉, 〈라틴어〉, 목소리(voice)의, 소리 내는, 시끄러운, 모음, 가창, 〈↔silent\reticent〉, 〈↔auditory\video〉 일1

182 **vo·ca·tion** [붜우케이션]: 〈← vocare(to call)〉, 〈라틴어〉, '신이 부르는 음성', 천직, 소명, 직업, 적성, 〈→ avocation〉, 〈~ profession〉, 〈↔pastime\hobby〉 기1

183 **vo·cif·er·ous** [붜우씨훠뤄스]: vox(voice)+ferre(to carry), 〈라틴어〉, 큰 소리로 외치는, 시끄러운, 집요한, 〈~ too loud\offensive〉, 〈↔silent\quiet〉 일2

184 ★**vod-cast** [봐드 캐스트]: video+broad-casting, 〈전산망 수신기를 위해〉 영상물을 송신하는 일, '영상 방송', 〈~ vlog\web-log\pod-casting〉 우2

185 **vogue** [붜우그]: 〈← voguer(to sail)〉, 〈프랑스어〉, '배의 진로', 유행(하는 형), 성행, 평판, 인기 있는 것, 〈~ fashion\fad〉, 〈↔out-dated\out-moded〉 영2

186 ★**vogu(e)·ing** [붜오깅]: '인기끌기', 〈1980년도 말에 뉴욕에서 등장한〉 fashion model 같은 걸음걸이나 몸짓을 흉내낸 disco-dance, 〈~ a house dance〉

187 **voice** [보이스]: 〈← vox〉, 〈라틴어〉, 목소리, 발언, 음질, 태(동사의 형태), 〈→ vocal\vocabulary\vociferous〉, 〈↔silence\hearing\posture〉 일1

188 ★**voice mail** [보이스 메일]: 음성 우편, 〈~ answering machine〉, 〈↔letter\texting〉 매2

189 ★**voice phis·ing** [보이스 휘싱]: vishing, 음성 사기(개인 정보를 도취해서 비슷한 음성으로 하는 전화나 전산망을 통한 사기), 〈~ phone scam〉, ⇒ phishing\smishing 매2

190 ★**voice proc·es·sor** [보이스 프롸쎄서]: 음성 처리기, 〈~ sound transformer〉, 〈↔word processor〉 매2

191 **void** [보이드]: 〈← viduus(deprived)〉, 〈라틴어〉, 빈, 공허, 쓸모 없는, 〈~ vacant\empty〉, 〈→ avoid〉, 〈↔valid\full\fill〉 일1

192 ★**VOIP** [보잎]: voice over internet protocol (전산망 규제 음성전화), 〈카카오같이〉 전산망 체제를 통해 (무선으로) 통화할 수 있는 기술 매2

193 ★**vo·ken** [보우큰]: 〈영국어〉, virtual token, 화면에 떠다니는 야바위 광고물 수2

194 **vo·la·tile** [봘러틀]: 〈← volare(fly)〉, 〈라틴어〉, 폭발하기 쉬운, 변하기 쉬운, 전원을 끄면 자료가 없어지는, '날고 있는', 〈~ explosive\vaporous〉, 〈↔stable\constant\dependable〉 영2

195 **vol·ca·no** [봘케이노우]: 〈라틴어〉, 볼카노, 〈불의 신 Vulcan에서 연유한〉 화산, 분화구, 화끈한 여자, 〈~ fuego\sex-pot〉, 〈↔fridge〉 기2

196 **vo·li·tion** [보울리션]: 〈← velle〉, 〈라틴어〉, 〈← will〉, 〈바라는〉 의욕, 의지, 결단력, 〈~ voluntary〉, 〈↔antagonism\rejection〉 영2

197 **vol·ley-ball** [발리 버얼]: 〈땅에 떨어지기 전에 받아쳐야 하는〉 배구(공), 〈~ net ball〉 미2

198 **volt** [뷔올트] \ **vol·tage** [보울티쥐] \ V: 〈어원.정체 불명의 인명〉, 〈이탈리아의 전지 발명가 A. 볼트 이름을 딴〉 전압(1볼트는 1옴의 저항을 거쳐 1암페어의 전력을 낼 수 있는 전압) 우2

199 **vol·ume** [뷜류우움]: 〈← volvere(to roll)〉, 〈라틴어〉, '돌돌 말아 놓은 것', 책, 한 묶음, 부피, 음량, 대량, 〈~ capacity\laud·ness〉, 〈↔insignificance\bit\handful〉, 〈↔weight〉 알1

200 **vol·un·tar·y** [봘런테뤼]: 〈← velle(will)〉, 〈라틴어〉, '의지가 있는', 자발적, 임의의, 〈~ volition\optional〉, 〈↔compulsory\obligatory\mandatory〉 가1

201 **vom·it** [봐밑]: 〈← vomere(discharge)〉, 〈라틴어〉, 토하다, 분출하다, 〈~ purge\barf\puke〉, 〈↔swallow\absorb〉 가1

202 ★**vore** [보어]: 〈← vorare(eat greedily)〉, 〈라틴어〉, voraphillia, 자신이 다른 것을 삼켜 먹거나 삼켜 먹히는 것을 상상하면 황홀해지는 '포식성 성도착' 우2

203 **vote** [보우트]: 〈← vovere(to vow)〉, 〈라틴어〉, 투표, 투표권, 표결하다, '지지를 서약하다', 〈~ ballot\poll〉, 〈↔abstain\dismiss〉 가1

204 ★**vote-a-rama** [보우-터-롸머]: 〈1996년 미국 상원의원이 주조한 말〉, vote-orama, '과시'투표, (제한된 시간 때문에) 근본적인 예산안만 토의하고 부수 사항은 일괄 투표하는 방식, 〈~ vote-athon(vote marathon)〉 우2

205 **vouch-er** [봐우쳐]: 증인, 영수증, 상환권, (경영자가 분배하는) 할인권, 〈~ certificate\ticket\token〉, 〈~(↔)coupon〉 미1

206 **vow** [봐우]: 〈← vovere(to promise)〉, 〈라틴어〉, 〈신에 대한〉 맹세, 서약, 〈~ vote\oath\pledge〉, 〈→ a·vow〉, 〈↔dis·avow\breach\condemn〉 가2

207 **vow·el** [봐우월]: 〈← vox(voice)〉, 〈라틴어〉, '방해받지 않는 목소리', 모음(의), 모음자, 〈~ sonant\phonetic〉, 〈↔con·so·nant〉 알2

208 **voy·age** [보이어쥐]: 〈← viaticum ← via(way)〉, 〈라틴어〉, 항해, 긴 여행, '길을 나섰', 〈↔retreat\stay〉, 〈↔ground trip\air travel〉 알2

209 ★**vox pop·u·li vox Dei** [봘쓰 파퓰라이 봘쓰 데이]: people's voice is God's voice, 민심은 천심, 〈↔vox Dei vox populi〉, 〈그런것 같기도 하고 안 그런것 같기도 하고〉 알2

210 **VP** [뷔이 피이]: ⇒ vice president 알2

211 *__VPN__ (vir·tu·al pri·vate net·work): 가상 사설망, 점조직 부호 매김법을 통해 전산망에 연결되어 아무나 들어갈 수 없는 안전 장치 미2

212 *__VR__ [뷔아알]: 가상 현실, → virtual reality 알2

213 *__VRML__ (vir·tu·al re·al·i·ty <mark·up> mod·el·ing lan·guage): 가상 현실 〈표기〉 모형화 언어(사람이 걸어 다닐 수 있다는 착각을 줄 만한 3차원적 도안 전시술) 미2

214 *__VSCO__ [뷔스코]: 비스코, Visual Supply Company, (2011년에 미국에서 설립되어) 전산망에 뜬 사진을 조작·편집하게 도와주는 응용 차림표 수2

215 **vul·gar** [뷜걸]: 〈'vulgus(상놈; common people)'이라는 라틴어에서 온〉 저속한, 통속적, 평범한, '일반 대중의', 〈~ vernacular\rude\un-refined〉, 〈↔noble〉 가1

216 **vul·ner·a·ble** [뷜너뤄블]: 〈← vulneris(wound)〉, 〈라틴어〉, 약점이 있는, '상처'받기 쉬운, 〈~ liable\susceptible〉, 〈↔resilient\immune〉 가2

217 **vul·ture** [뷜쳐]: 〈← vellere(to pluck)〉, 〈'찢다'란 뜻의 라틴어〉, (머리털이 없는) 독수리, 죽은 고기만 먹는 동물, 탐욕스러운 사람, 남을 등쳐 먹고 사는 사람, 모험자본가, 〈bird of prey\predator〉, 〈↔prey\moral〉 알2

1. **W \ w [더블류우]**: uu(double u), 이집트 상형문자 기둥이 4천여 년간 둔갑질을 해서 태어난 인쇄물에서 20번째 정도로 자주 쓰이는 알파벳의 23번째 글자, W자 모양의 것, west·woman·watt·with·wife·weight·width·week·Wednesday 등의 약자 중2

2. **★WADA [와아더]**: World Anti-Doping Agency, 세계 약물 남용 방어 기구, (체육인의 약물 남용을 견제하기 위해) 1999년 국제 올림픽 위원회의 주선으로 결성된 비영리 단체 미1

3. **wade [웨이드]**: 〈←waddan(trudge)〉, 〈라틴어에서 연유한 영국어〉, 걸어서 건너다, 애써서 나아가다, 얕은 물, 〈~ trudge\paddle〉, 〈↔dodge\deep water〉 양1

4. ***wa·fer [웨이훠]**: 〈waffle 같은〉 '얇은 과자', 얇고 납작한 것, (성찬용의) 제병, (전산기) 회로판, 〈한국에서는 '웨하스'라고도 함〉, 〈~ cracker\flake〉

5. **waf·fle¹ [와홀]**: 〈←wabila(web)〉, 〈게르만어〉, '벌집', (밀가루·우유·계란 등을 반죽하여 구워 당밀을 쳐서 먹는) 석쇠무늬의 얇은 과자, 〈땅을 벌집(honey-comb)같이 쑤셔 놓는〉 뒤지, 〈~ weave〉, 〈~ gopher〉 우1

6. **waft [왜후트]**: 〈←waffen←waven(wave)〉, 〈영국어〉, 감돌게 하다, 둥둥 띄우다, 표류하다, 펄럭거림, 흔들림, 풍기는 향기, 〈~ drift\float〉, 〈↔blare\calm〉

7. **wag [왜그]**: 〈←weggen(fluctuate)〉, 〈게르만어〉, 흔들어 움직이다, 나불거리다, 농땡이 부리다, 까불이, 익살꾸러기, 〈~ sway\wheedle\wiggle\skive〉, 〈↔straighten\unfasten\shut-up\kill-joy〉 양2

8. **wage [웨이쥐]**: 〈←wadi(pledge)〉, 〈게르만어〉, '저당', 임금, 죗값, (임무를) 수행하다, 〈~ wed〉, 〈~ gage〉, 〈↔debt\penalty〉, 〈salary는 정기적으로\wage는 부정기적으로 받는 임금임〉 양1

9. **wag·on \ wag·gon [왜건]**: 〈←weg(carry)〉, 〈게르만어〉, 짐 마차, 4륜차, 용달차, 수레차, 〈~ caravan\carriage〉, 〈↔autobi〉 미1

10. **★wag the dog [왜그 더어그]**: 〈1997년에 미국에서 나온 정치풍자 영화의 제목〉, 〈치정문제로 탄핵에 직면한 대통령이 사소한 전쟁을 일으키다〉 (문제를 잠재우기 위해 다른 곳으로 주의를 돌리는) 주객전도, put a cart before the horse 양2

11. **★wag·wan [왜그완]**: What's going on? (무슨 일이야?)의 자마이카식 영어 양2

12. **wail [웨일]**: 〈←vala(lament)〉, 〈북구어〉, 울부짖다, 비탄하다, 구슬프게 표현하다, 〈~ whinge\woe〉, 〈↔giggle〉 양2

13. **waist [웨이스트]**: 〈←weaxan(to grow)〉, 〈게르만어〉, 〈키가 자라는(wax²)〉(잘록한) 허리, 동체 중앙부 양2

14. **wait [웨잍]**: 〈←wahta(watch)〉, 〈게르만어〉, 〈'wake'해서 '망보다'〉, 기다리다, 시중들다, 대기 (시간), 멈춰(!), 〈→ await〉, 〈~ stop!〉, 〈↔start\proceed\rush〉 양2

15. **★wait on [웨잍 언언]**: 계속 기다리다, 시중들다(tend) 양2

16. **★wait out [웨잍 아웉]**: ~때까지 기다리다, 꾹 참아내다(stick out) 양2

17. **waive [웨이브]**: 〈←quever(give back)〉, 〈프랑스어〉, 포기하다, 보류하다, 생략하다, 〈~ delay\disclaim〉, 〈↔claim\persue〉 양2

18. **wake [웨이크]**: 〈←wacan(to arise)〉, 〈게르만어〉, 잠이 깨다, 각성하다, 눈을 뜨다, 배가 지나간 자리(항적), 철야(기도), (말동가리 등의) 떼, 〈~ watch〉, 〈→ awake〉, 〈↔sleep\sedate〉 양2

19. **walk [워어크]**: 〈←wealcan(to roll)〉, 〈게르만어〉, 〈구르다〉, 걷다, 산책하다, 걷게 하다, 〈~ stroll\step\convoy〉, 〈↔stop\run\drive\crawl〉 양2

20. **★walk·ing on air [워어킹 언언 에어]**: 하늘을 날 것만 같다, 무아지경에 이르다, 기분이 째지다, 〈~ cloud nine\over the moon〉, 〈↔depressed\troubled〉 양2

21. **★walk·ing on wa·ter [워어킹 언언 워어터]**: 기적적인, 불가사의한, 〈↔actuality\normacy〉 양2

22 ★**walk in some-one-else's boots**: 타인의 장화를 신고 걷다, 역지사지, 처지를 바꾸어 생각하다, 〈~ putting on other's shoes〉, 〈↔self-centered\egotistic〉 영2

23 ★**walk-up** [워어크 엎]: 승강기가 없는 건물, (건물 밖에서 일을 볼 수 있는) 점외 창구, 〈~ climb\window〉, 〈↔elevator(s)\drive-by〉 미1

24 **wall** [월]: 〈←vallus(stake)〉, 〈라틴어〉, 벽, 담, 칸막이, 장애, 〈~ barrier\partiton〉, 〈↔opening\entrance〉 가1

25 **wal·let** [왈릩 \ 월맅]: 〈←watel(a bag)〉, 〈어원 불명의 게르만어에서 연유한 영국어〉, 지갑, 작은 주머니, 전대, 〈영국에서는 주로 purse라고 함〉, 〈↔trunk\poverty〉 영1

26 ★**walls have ears, doors have eyes**: 낮말은 새가 듣고 밤말은 쥐가 듣는다, 〈~ trees have voices, beasts tell lies〉 영2

27 **wal-nut** [월얼넡]: wealh(foreign)+nutu(nut), 〈게르만어〉, '외국산 개암', 호두 (나무), 〈견과를 중국 사람들이 불알같이 조몰락거리는〉 가래나뭇과의 낙엽활엽교목, 〈~ (↔) pea-nut〉 미1

28 **wal-rus** [워얼뤄스]: wal(whale)+ross(horse), 〈북구어〉, '말고래', 해마, 바다코끼리, (덥수룩한 수염에 기다란 엄니를 가지고) 북극 지역에 서식하는 육중한 해양 포유동물, 〈~ (↔) seal\sea lion〉 미2

29 **waltz** [워얼츠]: 〈←walzen(to roll)〉, 〈게르만어〉, 왈츠, 원무곡, (독일과 오스트리아 민속춤 Weller와 Landler가 합쳐진) 3박자의 재빠르고도 부드러운 음악, 식은 죽 먹기, 〈↔tap dance〉 영1

30 *****WAN** [왠]: 〈←LAN〉, ⇒ wide area network 미2

31 **wand** [완드]: 〈←wanduz(rod)〉, 〈게르만어〉, 막대기, (마술) 지팡이, 지휘봉, 자지, 과녁, 〈~ wend〉, 〈~ cane\walking stick〉, 〈↔box\vagina〉 영2

32 **wan·der** [완더 \ 원더]: 〈←wandian(roam)〉, 〈게르만어〉, 헤매다, 방랑하다, 길을 잃다, 〈~ maunder〉, 〈~ wend\wind¹〉, 〈~ dander〉, 〈↔stay\drive\arrive〉 영1

33 **wane** [웨인]: 〈←wanian(decrease)〉, 〈게르만어〉, 감소하다, 작아지다, 이지러지다, 〈~ vain\diminish〉, 〈↔wax³〉 영2

34 **want** [원트 \ 완트]: 〈←vanta(lacking)〉, 〈북구어〉, '결여되다', 탐내다, 원하다, 필요로 하다, 〈~(↔)need〉, 〈↔abundance\dis-like〉 가1

35 ★**want makes wit** [원트 메이크스 윝]: 욕구는 재치를 낳는다, 궁하면 통한다, 〈~ necessity is the mother of invention〉 영2

36 *****WAP¹** [왚] (wire-less ac-cess point): 무선 접속점, (유선 전산망에 접속되는) 무선 전산망의 중심장치 미2

37 *****WAP²** [왚] (wire-less ap·pli·ca·tion pro·to·col): 무선 (정보) 적용 규약, (1999년에 시작해서 서서히 다른 규약으로 바뀌어 가는) 이동 전산망을 통해 정보를 교환할 때 사용하는 국제적 규격 미2

38 **war** [워어]: 〈←werra(strife)〉, 〈게르만어〉, 전쟁, 전투, 싸움, 〈~ worse\warrior〉, 〈~ fight\struggle〉, 〈↔peace\truce〉 가1

39 **war·ble** [워어블]: ①〈←welbelen(trill)〉, 〈게르만어〉, 지저귀다, 졸졸 흐르다, 떨리는 목소리, 〈~ whirl〉, 〈↔quiet\squeak〉 ②war(pus)+bulde(swelling), 〈북구어〉, 쇠파리의 애벌레가 피부에 들어가 생긴 작은 종양, 안장 때문에 생긴 혹, 〈~ boil〉, 〈↔dent\ulcer〉 미1

40 **ward** [워어드]: 〈←weardian(to watch)〉, 〈게르만어〉, '감시하다', guard의 어원이자 고상한 표현, 보호, 감독, 피보호자, 감방, 병동, 구역, 〈~ award〉, 〈~ protection\compartment〉, 〈↔attack\discharge〉 영1

41 **ward-en** [워어든]: 감시자, 관리인, 감독관, 수위, 〈~ guardian〉, 〈↔prisoner\inmate〉 영2

42 ★**war di·al·ing** [워어 다이얼링]: '전쟁 전화', 〈일부 주에서는 금지된〉 변복조 장치가 장착된 번호를 찾아 수천 개의 전화번호에 자동으로 전화를 걸어 (못된 수작을 하려는) 불법 침입, 〈예전에는 hammer 또는 demon dialing이라 했었음〉 영2

43 ★**ward off** [워어드 어어후]: 피하다, 막다, 물리치다, 〈~ fend-off\repel〉, 〈↔welcome\hail〉 **유2**

44 ★**war driv·ing** [워어 드라이빙]: '전쟁 운전', 무선 전산기를 가지고 혹시 누군가의 Wi·Fi에 연결될까 하고 거리를 헤매는 짓, 〈~ access point mapping〉 **유2**

45 **ward·robe** [워어드 로우브]: 〈프랑스어〉, 〈강탈(rob)을 방지(word)하기 위한〉 옷(양복)장, 의상실, 장롱, 〈~ (clothes) closet\garderobe〉, 〈↔armory〉 **유3**

46 **ware** [웨어]: 〈←warian(cautious)〉, 〈게르만어〉, 주의하다, 조심하다, 〈감시해야 할〉 물품, 제품, 세공품, 기물, 도자기, 〈~ warily〉, 〈~ goods\commodities〉, 〈→ aware〉, 〈↔un-aware\un-worthy〉 **유2**

47 **ware·house** [웨어 하우스]: 창고, 저장소, 대규모 수용소, 〈~ store-house\repository〉, 〈↔producer\field〉 **유2**

48 **war·fare** [워어 훼어]: 전투 (행위), 교전 (상태), 〈~ combat\fighting〉, 〈↔love-affair〉 **유3**

49 **warm** [워어엄]: 〈←wearm(giving off heat)〉, 〈어원 불명의 게르만어〉, 따뜻한, 열렬한, 다정한, 〈~ hot\friendly〉, 〈↔cool\cold\hostile〉 **기1**

50 ***warm boot** [워어엄 부우트]: warm start, soft boot, 온성 (연성) 재가동, 전원을 끄지 않고 다시 작동시키는 일, 〈↔cold boot〉 **유2**

51 ★**warm o·pen** [워어엄 오우픈]: '격식 개막', (영화 등을 시작할 때) 〈제작자·출연진·감독 등을 자세히 소개하는 '친절한 시작', 〈~ opening credit〉, 〈↔cold open〉 **유2**

52 **warn** [워언]: 〈←warin(watchful)〉, 〈게르만어〉, '조심하다', 경고하다, 훈계하다, 통고하다, 〈~ inform\alert〉, 〈↔conceal\allow\commend〉 **유3**

53 **warp** [워얼프]: 〈←weorpan(throw)〉, 〈게르만어〉, 휘게 하다, 뒤틀다, 왜곡하다, (배를) 밧줄로 끌다, 개흙을 비료로 주다, 〈~ malform\twist\deprave〉, 〈↔straighten\upgrade〉 **유1**

54 ★**war·path** [워어 패쓰]: 출정의 길, 싸울 기세, 적개심, 〈~ dove of peace\olive branch〉, 〈↔peace-path\friendliness〉 **유1**

55 **war·rant** [워어뤈트]: 〈←werren(anthorization)〉, 〈게르만어〉, 정당한 이유, 근거, 보증(서), 허가증, 영장, 소환장, 〈~ guarantee〉, 〈→ guaranty〉, 〈↔disqualify\ban〉 **유2**

56 **war·rior** [워어뤼어 \ 와뤼어]: 〈프랑스어〉, 〈←war〉, 전사, 용사, 투사, 〈fighter\combatant〉, 〈↔peace-nik\chicken〉 **유1**

57 **wart** [워얼트]: 〈←wearte(a small protuberance)〉, 〈게르만어〉, 사마귀, 쥐젖, 혹, 옹이, 〈~ mole¹\nodule〉, 〈↔dent\ulcer〉 **유2**

58 **was** [워즈]: 〈게르만어〉, be의 1인칭·3인칭 단수 과거, 〈말짱 황이라는 말〉 **기1**

59 **wash** [워어쉬 \ 와쉬]: 〈←watskan(clean with water)〉, 〈게르만어〉, 씻다, 빨다, 목욕(세탁)하다, 침식하다, 떠내려 보내다, 〈~ water\wet〉, 〈→ a·wash〉, 〈↔soil\dry〉 **기1**

60 **wash·er** [워어셔]: ①씻는 사람, 세탁기, 〈↔drier〉 ②〈어원이 불분명한 영국어〉, (나사의) 똬리쇠, 〈↔nut\bolt〉 **미2**

61 ★**wash (one's) hands** [워어쉬 (원즈) 핸즈]: 손 씻다, 손 떼다, 단념하다, 〈~ give up\finish〉, 〈↔start\step-in\remain〉 **유2**

62 **wash·room** [워어쉬 루움]: 세면소, 화장실, 세척장, 세수간, 〈~ bath-room〉, 〈↔bed-room\kitchen\dining room〉 **유2**

63 **wasp** [와슾]: 〈←vespa〉, 〈라틴어→게르만어〉, 〈←weave〉, 장수말벌, 나나니벌, (개미 모양을 하고 나무를 씹어 종이를 만들며) 여왕벌과 일벌만 (마취용) 침을 가지고 있고 사람에 유익한 곤충, 성깔 있는 사람, 〈~ vespid〉, 〈↔affable\joyful〉, 〈hornet보다 작고 색깔이 짙음〉 **미2 유2**

64 **★was·sup** [와아썹]: 〈미국 속어〉, what's up?, 무슨 일이야? 양2

65 **waste** [웨이스트]: 〈←vastare←vastus(empty)〉, 〈라틴어〉, 〈텅 빈〉, 낭비하다, 헛되게 하다, 황폐하게 하다, 폐물, 쓰레기, 〈~ squander\grow weak\refuse〉, 〈↔conserve\thrive\economy\treasure〉 양2

66 **★waste one's breath** [웨이스트 원즈 브뤠쓰]: 말해봐야 소용없다, 말하면 입만 아프다, 〈~ speak in vain〉 양2

67 **watch** [와취\워취]: 〈←wacian〉, 〈게르만어〉, 〈←wake〉, '자지 않고 있다', 지켜보다, 경계하다, 〈개인이 보는〉 회중 (손목)시계, 파수꾼, (나이팅게일의) 폐, 〈~ observe\stare〉, 〈~(↔)clock〉, 〈↔blink\ignore〉 양1

68 **★wat·cha** [와챠]: 〈미국 속어〉, what are you·what have you·what do you의 〈친근한〉 약어 양2

69 **★watch-word** [워취 워어드]: 암호, 표어, 〈~ password〉 양2

70 **wa·ter** [워어터]: 〈←wed(wet)〉, 〈게르만어〉, 물, 〈정말로 여러모로 사용되는〉 용수, 〈생명의 원천〉, 물을 주다, 물이 나오다, 〈~ vodka\urine〉, 〈↔land\air\parch〉 양2

71 **wa·ter-fall** [워어터 훠얼]: 폭포, (폭포처럼) 쇄도하는, 묶지 않고 길게 늘어뜨린 (여자) 머리, 〈~ cascade\chute〉, 〈↔stream\lake〉 미1

72 **wa·ter-mel·on** [워어터 멜런]: 수박, (아프리카 원산으로 사료되며 열대·아열대 지방에서 재배되는) 수분이 많은 커다란 '딸기류'의 과일을 맺는 덩굴 식물, 〈~(↔)cucumber\honey-dew\Korean melon〉 미2

73 **★wa·ter off a ducks back**: 전혀 효과가 없는, 마이동풍(격언), 우이독경, 〈~ talking to a wall\in one ear and out the other〉 양2

74 **★wa·ter o·ver the dam** [워어터 오우붜 더 댐]: 둑 위의 물, 지나간 물, 과거지사, 돌이킬 수 없는 일, 〈~ water under the bridge〉, 〈↔alive\new〉 양2

75 **wa·ter-proof** [워어터 프루우후]: 물이 새지 않는, 방수의, 〈~(↔)water-fast〉, 〈↔leaky〉, 〈↔air-proof\fire-proof〉 양2

76 **wa·ter-shed** [워어터 쉐드]: wasser(water)+scheiden(to divide), 〈게르만어〉, 분수령, 분기점, 중대한 시기, 〈~ a divide\turning point〉, 〈↔straight line\anticlimactic\insignificant〉 양1

77 **wa·ter-ski** [워어터 스키이]: 수상스키, (끈을 잡고 배에 끌려가며 지치는) 수상 활주, 〈~ aqua-plane\Jet Ski〉, 〈↔snow-ski〉 미1

78 **wa·ter-way** [워어터 웨이]: 수로, 항로, 운하, (갑판의) 배수구, 〈~ aqueduct\canal\conduit〉 양2

79 **watt** [왙]: 와트, w, (James Watt의 이름을 딴) 전력의 단위, 1볼트의 전압을 1암페어의 전류로 전달할 때 소모되는 전력, 〈~ unit of electric power〉, 〈~(↔)joule\horse power〉, 〈↔lumen'〉 주2

80 **wave** [웨이브]: 〈←wafian(fluctuate)〉, 〈게르만어〉, 물결, 파도, 파동, 요동, 고저, (주)파, 흔들기, 〈~ wabble〉, 〈~ tide\ripple\swing〉, 〈↔flat\still〉, 〈↔decline\rise〉 양1

81 **wax¹** [왞스]: 〈←wachs(bee secretion)〉, 〈게르만어〉, 왁스, 밀랍, (밀)초, 귀지, 다루기 쉬운 사람(물건), 윤내는 약, 〈~ kerosene〉 미2

82 **wax²** [왞스]: 〈←weaxan(grow)〉, 〈게르만어〉, 커지다, 길어지다, 변영하다, 분통을 터뜨리다, 노발대발하다, 〈~ waist〉, 〈↔wane〉 양2

83 **way** [웨이]: 〈←weg(move)〉, 〈게르만어〉, (갓)길, 도로, 방향, 수단, 습관, 사항, 상태, 저쪽으로, 〈~ via〉, 〈→ away〉, 〈~ road\method〉, 〈↔block\by-pass\deviance\idleness〉 양1

84 **＊Way-back Ma·chine** [웨이 백 머쉬인]: 웨이 백 머신, 웹기록 보관소, 〈세계산망 자료를 영구 보존하기 위해〉 2001년 미국에서 설립된 비영리 단체 우1

85 **way off** [웨이 어어후]: 한참 떨어진, 완전히 틀린, 〈~ far-away\delusive〉, 〈↔accurate\correct〉 양2

86 ★**way-out** [웨이 아웃]: 첨단을 걷는, 특이한, 새로운, 〈~ very un-usual〉, 〈↔normal\ordinary〉 영2

87 **way-side** [웨이 싸이드]: 길가, 노변, 〈~ road-side〉, 〈↔center\middle〉 가1

88 **way-ward** [웨이 워어드]: 말을 안 듣는, 제 마음대로의, '정도에서 벗어난', 〈~ aberrant\disobedient〉, 〈↔compliant\ordinary〉 영2

89 **WBC**: ⇒ white blood cell, 〈~(↔)RBC〉 영2

90 **WC**: ⇒ water closet 미2

91 **we** [위이]: 〈←vaym〉, 〈산스크리트어→게르만어〉, I and other(s), '나들', 〈me를 버릴 때 생겨나는〉 우리(들), 우리가 (는), 〈나는〉, 〈너는〉, 〈↔they〉 가1

92 **weak** [위이크]: 〈←wac(lacking)〉, 〈게르만어〉, 약한, 불충분한, 희박한, 자신 없는, 저조한, 〈~ power-less\feeble〉, 〈↔strong\potent〉 영1

93 ★**weak at the knee**: 무릎에 힘이 없는, 금방 주저 앉을 것 같은, 허탈한, 얼빠진, 〈↔steady\clear〉 영2

94 **wealth** [웰쓰]: 〈←weal〉, 〈게르만어〉, 〈←well〉, '행복', (풍)부, 재산, 다량, 〈~ abundance\affluence〉, 〈↔poverty\privation〉 영2

95 *****wealth ef-fect** [웰쓰 이훼트]: 〈부가 축적되면 소비성향이 높아진다는〉 부의 (기대소비) 효과, 〈↔inverse wealth effect〉 미2

96 *****wealth test** [웰쓰 테스트]: 〈이민자가 미국의 영주권·시민권을 신청할 때〉 〈경제적으로 정부에 의존하는 것을 배제하기 위해 따지는〉 총체적 재력조사, 〈~ wealth level〉 미2

97 **wean** [위인]: 〈←wanjan(habituate)〉, 〈게르만어〉, 젖을 떼다, 단념시키다, 〈~ commutation\break off〉, 〈↔accustom\reconcile〉 영1

98 **weap·on** [웨펀]: 〈←weipna(a fighting instrument)〉, 〈어원을 알 수 없는 게르만어〉, 무기, 흉기, 공격수단, 자지, 〈~ arms\war-tool〉, 〈↔disarmament\shield〉 가1

99 **wear** [웨어]: 〈←werian(to clothe)〉, 〈게르만어〉, 몸에 걸치고 있다, 써서 낡게 하다, 지치게 하다, 견디다, 의류, 〈~ trite〉, 〈~ dress in\rub away〉, 〈↔undress\remove〉 영1

100 ★**we are all cre·a·ture of hab·its**: 고기도 먹어본 놈이 잘 먹는다, 〈~ old habits die hard〉 영2

101 ★**wear (one's) heart on (one's) sleeve**: 숨기지 않다, 솔직하게 말하다, 〈↔be aloof\poker face〉 영2

102 ★**wear the pants** [웨어 더 팬츠]: 〈옛날 고려적에 남자는 바지 입고 일하러 가고 여자는 치마 입고 집에 있을 때 여자가 바지 입고〉 모든 것을 꾸려가다, 주도권을 쥐다, 내주장하다, 〈~ run the show\call the tune〉 영2

103 **wea·sel** [위즐]: 〈←wisand-bison(stinking animal)〉, 〈게르만어〉, 족제비, 〈전 세계에 서식하며〉 날씬한 몸통에 짧은 다리를 가지고 잽싸게 먹이를 낚아채는 조그만 포유동물, 교활한 사람, 〈~(↔)ferret\mink\ermine〉, 〈~ creep\rogue〉 영2

104 **weath·er** [웨더]: 〈←we(to blow)〉, 〈어원이 잡다한 게르만어〉, 날씨, 기후, 변천, 비바람, 〈~ wind\wither\wizen\winter〉, 〈climate보다 좁은 의미〉 가1

105 **weath·er-board** [웨더 보어드]: 비 막이 판자, 미늘(거스러미)판, 〈~ bevel siding\lap siding〉 영1

106 **weath·er-bound** [웨더 바운드]: 비바람에 갇힌, 악천후로 출항 못 하는, 〈~ confined\weather-constrained〉 영1

107 **weath·er (fore-)cast** [웨더 (후어)캐스트]: 일기예보 가1

108 **weath·er-cock(vane)** [웨더 칵(붸인)]: wind vane, 바람개비, 〈멋으로 수탉 모형을 올려놓은〉 풍향계, 변덕쟁이, 〈~ anemometer〉 영2

109 ★**weath·er the storm** [웨더 더 스토어엄]: 폭풍우를 견뎌내다, 난관을 돌파하다, 고비를 넘기다, ⟨~ endure⟩, ⟨↔fail⟩ 영2

110 **weave** [위이브]: ⟨←weban(to braid)⟩, ⟨게르만어⟩, 짜다, 뜨다, 꾸미다, 비틀비틀하다, '누비듯이 나아가다', ⟨~ wasp⟩, ⟨~ waffle\web\wire\wobble⟩, ⟨↔detach\untangle\steady\buldoze⟩ 영1

111 **web¹** [웹]: ⟨←wabjam(fablic)⟩, ⟨게르만어⟩, 피륙, 직물, 거미집, 뒤얽혀 있는 것, ~망, 망상조직, ⟨~ weave\mesh\net⟩, ⟨↔ waffle¹⟩, ⟨↔open\disentanglement\split\solid⟩ 영1

112 *****web²** [웹]: ⇒ world wide web, www 미1

113 *****web ad·dress** [웹 어드뤠스]: 전산망 주소, 세계전산망에 등록된 일련의 문자로 나열된 고유의 정보 자료원 미2

114 *****web brows·er** [웹 브롸우저]: 전산망 탐색기, 세계전산망에 떠 있는 정보를 검색할 수 있게 꾸며진 연성기기 미1

115 *****web-cam** [웹 캠]: '전산망 사진기', 전산망으로 방송되는 영상을 찍기 위해 만들어진 특수 카메라, internet camera ⇒ net cam 미1

116 *****web-cast** [웹 캐스트]: 전산망 방송, 세계전산망에 올리기, ⟨~ net-cast\pod-cast⟩ 미1

117 *****Web.com** [웹 캄]: 1999년에 설립된 미국의 전산망 기지 등록 및 개발업체 수2

118 *****web·i·nar** [웨비나아]: 웨비나, web+seminar, 전산망을 통한 각종 연구집회, 전산망 토론회 미2

119 *****web-lish** [웹 리쉬]: 전산망 영어, (대문자를 쓰지 않으며 약어가 많은) '신세대 영어', ⟨~ net-work English⟩ 미1

120 *****web-log** [웹 러어그]: blog, '전산망 일지', 특정 주제에 대해 시간순으로 글을 올리고 새로운 정보를 추가하는 전산망 기지, ⟨~ vlog\vod-cast\pod-cast⟩ 우2

121 *****web-mas·ter** [웹 매스터]: 전산망 (총괄) 관리자, ⟨~ web administrator⟩ 미2

122 *****web pa·ge** [웹 페이쥐]: 전산망 문서, 세계전산망을 통해 화면에 나타난 개별적 문안, ⟨web-site 중 하나의 문건⟩, ⟨↔web-ring⟩ 미1

123 *****web ring** [웹 륑]: 전산망 연결고리, 공통의 주제나 목적을 위한 전산망 문서의 모음(집), ⟨↔web-page⟩ 미1

124 ★**web-room·ing** [웹 루우밍]: '전산망 순례', 상품 정보는 전산망 기지를 통해 얻고 구매는 상점에 가서 하는 것, ⟨↔showrooming⟩ 우2

125 *****web search en·gine** [웹 써어취 엔쥔]: 전산망 탐색 '기관차', 세계전산망에 올려진 정보를 찾아내게 고안된 연성기기 우2

126 *****web serv·er** [웹 써어붜]: 전산망 '도우미', 세계전산망을 사용할 수 있게 만들어주는 연성기기, ⟨~ internet server\the host⟩ 우2

127 *****web-site** [웹 싸이트]: (정보를 교환할 수 있는) 전산망 '기지', 전산망 문서들의 집합체, 특정 전산망 목록을 모은 자료철, ⟨한국에서는 home-page와 혼동해서 쓰는 경향이 있음⟩, ⟨~ internet-site⟩ 우2

128 *****web-toon** [웹 투운]: web cartoon, 전산망 만화, ⟨web·comic의 Japlish⟩ 미2

129 *****web traf·fic** [웹 트래휙]: 전산망 교통량, 특정 전산망 기지의 방문자 수, 특정 전산망 기지를 통해 주고받은 자료량, ⟨~ e-business\site-visit⟩ 우2

130 *****web-zine** [웹 지인]: web+magazine, (세계전산망의) 전자 잡지 미1

131 ★**We-Chat** [위이 쳇]: wei-xin, micro-message, ⟨중국어+영어⟩, '조그만 소식', 2011년 Ten Cent가 출시해서 10억 명의 가입자를 둔 중국의 ⟨세계적⟩ 사회 전산망 수2

132   **wed** [웨드]: ⟨←weddian(to pledge)⟩, ⟨게르만어⟩, ⟨거시기를⟩ '저당 잡히다', 결혼하다(시키다), 맺어지다, 집착하다, ⟨~ wage⟩, ⟨~ marry\amalgamate⟩, ⟨↔divorce\separate⟩ 일2

133   **wedge** [웰쥐]: ⟨←wagiaz(cram)⟩, ⟨어원 불명의 게르만어⟩, 쐐기, V자형, 사이를 떼는 것, 끼어들다, 밀어 넣다, 처올리기용의 쇠 골프채, ⟨~ chock\jam⟩, ⟨↔unfasten\dislodge⟩ 일1 우1

134   **Wednes-day** [웬즈 데이]: Woden (Tueton족의 우두머리 신)의 날, 수요일(로마 신들의 사자 Mercury의 날) 기1

135   **weed** [위이드]: ⟨←weud(unwanted grass)⟩, ⟨어원 불명의 게르만어⟩, 잡초, (인간에게 버림받은) '서러운 풀', 엽궐련, 마리화나⟨1920년도에 등장한 속어⟩, ⟨↔cultivated plant⟩ 기1 일2

136   **week** [위이크]: ⟨←wecha(turning)⟩, ⟨게르만어⟩, (일요일에 시작해서 토요일에 끝나는) 주, 7일간, 1주간, ⟨~(↔)day\month⟩ 기2

137   **weep** [위이프]: ⟨←wopian(cry aloud)⟩, ⟨게르만어⟩, ⟨의태어?⟩, 눈물을 흘리다, 울다, (물방울 등이) 스며 나오게 하다, 늘어지다, ⟨↔laugh\rejoice⟩ 일2

138   ★**weep and you weap a-lone**: ⟨1883년 미국 시인이 등장시킨 말⟩, 슬픔은 나눌 수 없다, 찡그린 얼굴은 사람들을 쫓는다, ⟨~ laugh and the world laughs with you⟩

139   **wee·vil** [위이빌]: ⟨←webila(beetle)⟩, ⟨게르만어⟩, 바구미, (작물의 해충으로) '잽싸게 움직이는 작은 딱정벌레', ⟨weaver-beetle은 훨씬 크고 주둥이 대신 촉수가 김⟩, ⇒ snout beetle 미2

140   **weigh** [웨이]: ⟨←wegan(to carry)⟩, ⟨게르만어⟩, '차로 나르다', 무게를 달다, 저울질하다, 검토하다, 압박하다, ⟨~ deliberate\contemplate⟩, ⟨↔ignore\slight⟩ 일1

141   ★**weigh-in** [웨이 인]: (시합 전의) 체중 검사, (휴대품의) 무게, ⟨~(↔)weigh-out⟩ 일2

142   ★**weigh-out** [웨이 아웃]: 달아서 덜어내다, (시합 전의) 체중 검사, ⟨~(↔)weigh-in⟩ 일2

143   **weight** [웨잍]: ⟨←gewiht⟩, ⟨게르만어⟩, ⟨←weigh⟩, 무게, 중량, 압박, 부담, 중요성, ⟨~ heaviness\pressure\influence⟩, ⟨↔slightness\volume⟩ 일1

144   **weird** [위어드]: ⟨←weorthan(fate)⟩, ⟨게르만어⟩, '운명의', 불가사의한, 기묘한, 이상한, ⟨~ awkward\bizarre\eerie⟩, ⟨↔normal\ordinary⟩ 일2

145   *****we·ka²** [웨이커 \ 위이커]: ①(기계학습을 위해 뉴질랜드의 Waikato 대학이 개발한) Waikato environment of knowledge analysis ②what everybody keeps asking(만인의 관심사) 4.2 미1

146   **wel-come** [웰컴]: wil(pleasure)+cuman(come), ⟨게르만어⟩, '호감이 가는 손님', 어서 오십시오, 마음대로 사용하십시오, ⟨~ accept\greet⟩, ⟨↔farewell\rebuff⟩ 일2

147   **weld¹** [웰드]: ⟨←wellen(boil)⟩, ⟨영국어⟩, 용접하다, 결합시키다, ⟨~ fuse\bind⟩, ⟨↔disjoin\separate⟩ 기1

148   **wel-fare** [웰 훼어]: wel(well)+faran(go), ⟨게르만어⟩, '잘 가다', 복지 (사업), 후생 (사업), ⟨~ health\comfort⟩, ⟨↔hardship\ill being⟩ 일2

149   *****wel-fare loss** [웰 훼어 로어스]: deadweight loss, excess burden, 복지사업으로 자연경제시장 흐름을 방해할 때 오는 생산성 감소, 후생의 손실

150   **well¹** [웰]: ⟨←wel(pleasing)⟩, ⟨게르만어⟩, ⟨'will'(뜻)대로 되는⟩, '잘', 만족스러운, 충분한, 적절한, ⟨~ fine\right⟩, ⟨↔ill\bad⟩, 글쎄, 그런데…, ⟨~ yolo⟩ 기2

151   **well²** [웰]: ⟨←weallan(to bubble)⟩, ⟨게르만어⟩, 샘, 우물, 원천, 구멍이 모양의 구조, 분출하다, ⟨~ pool of water⟩, ⟨~(↔)spring⟩ 일1

152   ★**well be·gun is half done**: ⟨아리스토텔레스가 한 말⟩, 천리 길도 한 걸음부터, 시작이 반, ⟨~ sooner begun, sooner done⟩ 일2

153   **well-bing** [웰 비잉]: 안녕, 행복, 건강, ⟨↔ill-being\affliction\suffering⟩ 일2

154 **well-done** [웰 던]: 잘 처리된, 잘 익은, 〈~ superb\profound〉, 〈↔rude\raw〉 양2

155 ★**well drink** [웰 드륑크]: house drink, '양동이 술', '기본 주류', (명품이 아니라) 〈well~ well~ 하다가 아무거나 싸구려로 가져오라니까〉 술 시중꾼이 '보관 통'에서 꺼내 온 저렴한 술, 〈↔call drink〉 우1

156 **well off** [웰 어어후]: 유복한, 잘나가고 있는, 순조로운, 〈~ well-to-do〉, 〈↔poor\needy〉 양2

157 **well-round-ed** [웰 롸운디드]: 풍만한, 균형이 잡힌, 다재다능한, 〈~ balanced\all-around〉, 〈↔narrow\ugly\inexperinced〉 양2

158 ★**Wen·dy Syn-drome** [웬디 씬드로움]: 〈1983년에 등장한 심리학 용어〉, (배우자나 친지에게 '어머니 역'을 하려고 애쓰는) 〈모성애 증후군〉, 〈~ co-dependency〉, 〈↔Peter Pan Syndrome〉 수2

159 ★**we·nis** [웨니스]: 〈미국 속어〉, 팔꿈치 피부, 〈편자가 엎드려서 이 사전을 쓰는 동안 굳은살이 박혀 피부가 wiener.penis 색깔같이 변한〉 olecranal skin 양2

160 **went** [웬트]: 〈게르만어〉, go의 과거, wend의 과거·과거분사 양1

161 **wept** [웹트]: weep의 과거·과거분사 양2

162 **were** [워어]: 〈게르만어〉, 〈어원이 복잡한〉 be의 복수 과거형 또는 2인칭 단수 과거형 가1

163 **west** [웨스트]: 〈←vesper←hesperos(evening)〉, 〈게르만어←라틴어←그리스어〉, '저녁', 〈해가 지는〉 서쪽, 서부, 서양, 〈~ occident〉, 〈↔east〉 가1

164 **wet** [웰]: 〈←wed(moisture)〉, 〈게르만어〉, 젖은, 축축한, 비가 내리는, 오줌을 싼, 술을 마시는, 〈~ moist\soaked\drink\aroused〉, 〈~ wash\water〉, 〈↔dry〉 양2

165 **wet bar** [웰 바아]: 수도 설비가 되어 있는 술 제공대, 〈↔dry bar〉 우1

166 ★**wet blan·ket** [웰 블랭킽]: 〈미주 원주민들이 축제 후 물에 적신 담요를 덮어 모닥불을 끈 관행에서 유래한 말〉, 흥(분위기)을 깨는 자, 〈~ party pooper〉 미2

167 ★**wet par·ty** [웰 파아티]: 〈원래는 해군에서 진급자에게 술을 퍼 먹이던 축하연을 뜻했으나 1999년에 나온 노래 제목으로 인해 장족의 발전을 한 말〉, '사정 연회', (주로 동성애자들이 모여서) 남자들이 구운 빵 위에 사정을 하고 제일 적게 싼 놈이 그것을 먹어야 하는 〈광란의 밤〉 미2

168 *****wet-ware** [웰 웨어]: (연성기기를 만들고·강성기기를 조작하는) '촉촉한' 인간의 두뇌, 〈~ human brain〉, 〈↔computer〉 우2

169 **whack** [왝]: 〈영국어〉, 〈의성어·의태어〉, 세게 치다(beat), 탁 때리다, 이기다, 죽이다, 분패하다〈divide〉, '미쳤어!', back-slash (\), , 〈편자 같은 반항아들이 이용하는〉 역빗금, 〈~ bang\pow\thwack〉, 〈↔revive\fall back\unbelt\praise\slash〉 양1

170 *****Whack(Whac)-A-Mole** [왝커 모울]: '두더지 퇴치', (1975년 일본에서 고안된) 상자구멍에서 튀어나오는 모조 두더지들을 망치로 쳐서 득점하는 오락기구, (한 문제를 해결하면 다른 문제들이 연속적으로 일어나는) 헛수고 우2

171 *****whack-fla-tion** [왝 홀레이션]: 〈신조어〉, '급살팽창', 〈팬데믹 이후처럼〉 호황을 누리다가 급격히 대체적 통화 팽창이 오는 사태, 〈~ unpredictable cycle〉 우2

172 **whale** [웨일]: 〈←hwalaz(large sea fish)〉, 〈게르만어〉, 고래, 뚱뚱한 사람(것), 굉장한, 열심인, 〈~ walrus〉, 〈↔shrimp\pygmy〉 가1 양2

173 **wharf** [워얼후]: 〈←hwarfaz(dam)〉, 〈게르만어〉, 〈북적대는〉 부두, 선창, 〈~ quay\berth〉, 〈↔un-dock\sailing〉 양2

174 **what** [왙]: 〈←hwa(who)〉, 〈게르만어〉, 무엇, 어떤, 〈~ 하는〉 것(바, 일), 참으로, 〈오리무중의 말〉, 〈~ which thing〉 가2

175 ★**what do you say**: (~하는 건) 어때요?, what do you think?, 〈what's your take?〉 양2

176 ★**what goes a-round, comes a-round**: 남에게 한대로 되받게 된다, 인과응보, 가는 말이 고와야 오는 말이 곱다, 자업자득, ⟨~ karma⟩, ⟨~ you reap what you sow\boomerang⟩, ⟨↔choice\autonomy⟩ 일2

177 ★**what goes up must come down**: 달도 차면 기운다, ⟨~ every flow has its ebb⟩ 일2

178 ★**what looks good also tastes good**: 보기 좋은 떡이 먹기도 좋다, 이왕이면 다홍치마, ⟨~ name and nature do often agree⟩, ⟨여성한테는 조심해야 할 말⟩ 일2

179 *****whats-app** [왙츠 앺]: '어쩐 일이니?', ⟨what's up에서 따온⟩ 2009년 출시되어 Facebook이 소유하고 있는 다양한 형태로 전 세계에 소식을 주고받을 수 있는 공짜 차림표 수2

180 ★**what's good for the goose is good for the gan·der**: 내게 좋은 것은 네게도 좋다, 누이 좋고 매부 좋다, ⟨~ one hand washes the other\win-win situation⟩ 일2

181 ★**what's in it for me**: 나한테 무슨 보상을 하나요?, 내 몫은 뭐죠?, ⟨~ what's my benefit?⟩ 일2

182 ★**what's mine is yours**: '내 꺼도 니 꺼', 주머니 돈이 쌈짓돈, ⟨~(↔)what's yours is mine: '니 꺼도 내 꺼'⟩ 일2

183 ★**what's the scoop?** [왙츠 더 스쿠우프]: 무슨 '건더기'라도 있나?, 아무 새로운 소식 없어?, 아무일도 없지?, ⟨~ what's up\how is life?⟩ 일2

184 ★**what's the word?**: 어떻게 지내요?, 어떻게 되어가죠?, ⟨~ how is life?⟩ 일2

185 ★**what's your day like to-day**: 오늘 일정이 어떠신가요, how is your schedule today 일2

186 ★**what's your take** [왙츠 유어 테이크]: 당신 생각은 어떤지요, 당신의 선택은 무엇인지, ⟨~ what do you say⟩ 일2

187 **wheat** [위이트]: ⟨←hwaitjaz⟩, ⟨게르만어⟩, ⟨색깔이 white한⟩ 밀, 소맥, ⟨곡식 중 전 세계적으로 가장 많이 경작되는⟩ 건조한 땅에서도 잘 자라는 볏과의 한해살이 곡초, ⟨~ bread wheat⟩, ⟨~(↔)red wheat⟩, ⟨durum은 딱딱한 밀⟩, ⟨~(↔)barley\rye⟩ 일2

188 **wheel** [위일]: ⟨←hweowol(a solid disk)⟩, ⟨게르만어⟩, ⟨5천 년 전에 발명되어 현대문명이 가능케 한⟩ 수레바퀴, ⟨인류 최고의 발명품이라는⟩ (바퀴 달린) 회전 운전(대), 차륜, 원동력, 세력가, ⟨~ circle\orbit⟩, ⟨↔straighten\un-twist\no-body⟩ 일1

189 **wheel-bar·row** [위일 배로우]: 외바퀴 손수레, 바퀴 달린 화물 운반대, ⟨~ hand-cart\dolly⟩, ⟨↔A-frame⟩ 예1

190 **wheel-chair** [위일 췌어]: 바퀴 달린 의자, (환자용) 바퀴 의자, ⟨~(↔)walker\stroller⟩ 예1

191 **when** [웬]: ⟨←hwonne(at what time)⟩, ⟨게르만어⟩, 언제, 그때, ~할 때, ~하면, ⟨기다려 주지 않는 말⟩ 가1

192 ★**when el·e·phants fight, it's the grass that suf·fers**: ⟨아프리카 속담⟩, 고래 싸움에 새우등 터진다, ⟨~ an innocent bystander gets hurt in a fight⟩ 일2

193 ★**when in Rome, do as Ro·mans do**: 로마에 가면 로마법을 따라라, ⟨~ follow the customs⟩ 일2

194 ★**when it rains, it pours**: ⟨20세기 초에 등장한 미국의 Morton 소금 회사의 광고어⟩, 불운은 한꺼번에 닥친다, 설상가상, ⟨~ bad to worse\add fuel to fire⟩, ⟨↔make hay while the sun shines⟩ 일2

195 ★**when one door shuts, an-oth·er door o·pens**: ⟨A.G.Bell이 한 말⟩, 한 문이 닫힐 때 다른 문이 열린다, 실패는 성공의 어머니, ⟨~ there are plenty fish in the sea\every Jack has Jill⟩ 일2

196 ★**when pigs fly** [웬 피그스 훌라이]: 그런 일은 결코 없어, 꿈 깨!, (그런 일이 있다면) 내 손에 장을 지지겠다, ⟨~ fat chance⟩, ⟨↔any time\soon⟩ 일2

197 **★when the cats a-way the mice will play**: 〈로마 시대부터 전해오는 속담〉, 호랑이 없는 산에 토끼가 왕노릇 한다, 윗사람이 없으면 아랫사람이 살 판 난다, 〈~ absence makes the heart grow fonder〉 영2

198 **where** [웨어]: 〈←hwar(at or in+what place)〉, 〈게르만어〉, 어디에, 어디서, ~하는 (곳), (그리고) 거기에서, 〈방황하는 말〉 영1

199 **★where there is a will, there is a way**: 뜻이 있는 곳에 길이 있다, 〈~ nothing is impossible to a willing mind〉 영2

200 **★where there's smoke, there's fire**: 아니면 굴뚝에 연기나랴, 〈~ no cause, no effect〉 영2

201 **whet** [웰]: 〈←hwatjan(sharpen)〉, 〈게르만어〉, (칼 등을) 갈아서 날카롭게 하다, 자극하다, 〈↔dull\blunt〉 영2

202 **wheth·er** [웨더]: 〈←hweather(which of two)〉, 〈게르만어〉, ~인지 어떤지, ~이든지 아니든지, 〈아리까리한 말〉, 〈~ either\if〉, 〈↔regard-less\no-matter〉 개1

203 **which** [위취]: 〈←hwilc(what one)〉, 〈게르만어〉, 어느 것(사람·쪽), ~하는 한, 그러나(그런데), 〈헛갈리는 말〉, 〈~this\that〉 개1

204 **while** [와일]: 〈게르만어〉, ~하는 동안, ~하지만, 한편(으로는), 〈젖혀놓은 말〉, 〈→ awile〉, 〈~ during\although〉, 〈↔after\before〉 개1

205 **whim** [윔]: 〈←whim-wham(fanciful object)〉, 〈어원 불명의 영국어〉, 변덕, 일시적인 마음(기분), 〈~ whigmaleerie\oddity\quirk〉, 〈↔even\calm〉 영2

206 **whip** [윕]: 〈←wipjan(swing)〉, 〈게르만어〉, 채찍질하다, 격려하다, 돌진하다, (의회등) 등원 독촉서, (정당의) 원내 (부) 총무, 〈~ lash\strap〉, 〈↔dawdle\hold〉 영2

207 **whip-lash** [윕 래쉬]: 채찍끝 충격, 편타성 손상, (충돌로 인한) 목 부분의 심한 손상(통증), 〈~ neck-strain\cerical sprain〉 영1 미1

208 **whirl** [워얼]: 〈←hvirfla(spin)〉, 〈북구어→영국어〉, 빙빙 돌다, 선회하다, 소용돌이치게 하다, 홰치다, 현기증이 나다, 〈~ swirl\whorl〉, 〈↔stay\straighten〉 영1

209 **whirl-pool** [워얼 풀]: 소용돌이, 와류 욕(조), '기포 목욕(탕)', 〈~ vortex\Jacuzzi〉 미1

210 **whirl-wind** [워얼 윈드]: 회오리바람, 소용돌이 침, 격렬한 감정, 〈~ mael-strom\vortex〉, 〈↔breeze\calmness〉 영2

211 **whis·ker** [위스커]: 〈영국어〉, 〈←whisk〉, 구레나룻, 부리 둘레의 털, 턱, 초로의 노인, 매춘부(hooker), 단발의 차이, 〈~ side-burn\a hair of beard〉, 〈↔smoothness\slipperiness〉 영1

212 **whis·key \ whis·ky** [위스키]: 〈←uisge(water)+beatha(life), 〈켈트어〉, '생명의 물'(usquebaugh)', (귀리·밀·옥수수·보리 등을 증류하여 만든) '독한 술' 우1

213 **whis·per** [위스퍼]: 〈←hwisprian(speak softly)〉, 〈게르만어〉, 〈의성어〉, 속삭이다, 수군거리다, 험담(밀담)하다, 〈~ whistle〉, 〈~ murmur\mumble〉, 〈~hiss\thrum〉, 〈↔shout\howl\holler\whoop〉 영1

214 **whis·tle** [위쓸]: 〈←hwistlian(make shrilling sounds)〉, 〈의성어〉, 〈게르만어〉, 〈신날 때 부는〉 휘파람, 호각, 경적, 〈~ pistol\whisper〉, 〈↔quiet\listen〉, 〈↔boo\assurance〉 개1

215 **white** [와이트]: 〈←hweit(shine)〉, 〈게르만어〉, 흰(백)색, 창백한, 순수한, 무색의, 백인, 흰 나비, 코카인(분말), 〈~ wheat〉, 〈~ colorless\bleached\'Caucasian'〉, 〈↔black〉 개1

216 **★white cast-ing** [와이트 캐스팅]: 백인일색의 출연(배역), 〈↔black casting〉 미2

217 **white-col·lar** [와이트 칼라]: (흰색의 깔끔한 속 상의를 입고 일하던) 사무직 종사자, (봉급을 받는) 지적 노동자, 〈~ non-manual〉, 〈↔blue-collar\gray-collar〉 미2

218 ★**white el·e·phant** [와이트 엘러훤트]: (인도·버마 등에서 신성시되는) 흰 코끼리, (옛날 태국왕이 미운 신하에게 하사한) 비용만 들고 쓸모없는 코끼리, 무용지물, 애물단지, 〈~ gye-reuk〉, 〈~ monkey on the back〉, 〈↔necessary(useful) thing〉 영2

219 **white lie** [와이트 라이]: 악의 없는 거짓말, '가짓말', 〈~ fib\petty lie〉, 〈↔black lie\gray lie〉 영2

220 ★**white list** [와이트 리스트]: 〈1842년 black list에 대항해서 등장한 말〉, 바람직한 것들의 목록, (어떤 자격을 획득했거나 제한이 철폐된) '백명단', 우량 품목(인물), 〈~ allow(pass)-list, 〈↔bozo list\black(block)-list〉 미1

221 **white mag·ic** [와이트 매직]: 〈black magic에 대항해서〉 (선의의) 마술, high (natural) magic, 〈↔low-magic〉 영2

222 ★**white mar·ket** [와이트 마아킽]: 〈2차 대전 때 유행했던 말〉, '밝은 시장', 합법적 시장, 허가난 상업, 〈~ legal(authorized) market〉, 〈↔black market\grey market〉 영2

223 **white meat** [와이트 미이트]: (피가 적은) 흰 고기, 낙농 제품, (유색인종의) 백인 성 대상자, 〈↔red meat〉

224 **white-out** [와이트 아웉]: (극지에서) 백색으로 인한 시야 상실〈white night〉, (글자를 지우는) 백색으로 된 수정액(수단), 〈~ correction fluid〉, 〈↔gain\brighten〉 미1

225 ★**white pa·ges** [와이트 페이쥐스]: 인명별 전화번호부, (전산기 사용자에게 기본적 정보를 제공하는) '백지', 〈~ residential listing\individual directory〉, 〈↔yellow pages〉 미1

226 ★**white per·il** [와이트 페릴]: 백화, 백색 위험, 유색인종이 백인종에게서 받는 압박, 〈~ fear of white race〉, 〈↔yellow peril〉 미1

227 **white rad·ish** [와이트 래디쉬]: '흰무', 왜무, 단무지무, ⇒ daikon 미1

228 ★**white-wash** [와이트 워어쉬]: 흰 도료, 회반죽, 겉발림, 속임수, 입가심용 백포도주, 〈~ blanch\camouflage〉, 〈↔black-wash〉 영1 우2

229 **whiz(z)** [위즈]: 〈의성어〉, 〈영국어〉, 윙, 핑, 씽, 수완가, 소매치기, 〈~ wizard〉, 〈↔roar\rookie〉 기1 영2

230 **WHO**: ⇒ World Health Organization 미2

231 **who** [후우]: 〈←wha(what person)〉, 〈게르만어〉, 누구(를·에게), ~하는 사람, 어떤 사람, 〈관심을 자극하는 말〉, 〈~(↔)some-body〉, 〈↔anybody\nobody〉 기1

232 **whole** [호울]: 〈←haila(undamaged)〉, 〈게르만어〉, '완전한', 전체의, 통째로, (분수를 포함하지 않은) 정수의, 〈어미가 같은〉 동복의, 〈~ heal\health〉, 〈~ entire\full〉, 〈↔divided\part〉 일1

233 ★**whole nine yards**: (예전 영국 돛단배의 최고 길이가 9야드였을 때) 〈돛을 9야드까지 풀어올리라는 뜻에서 연유한〉 전심·전력, 전부, 몽땅, whole-heartedly 영2

234 **whole-sale** [호울 쎄일]: 도매(의), 일괄적인, 대대적인, 〈~ bulk(mass) sale〉, 〈↔retail〉 영2

235 **whole-some** [호울 썸]: 건전한, 유익한, 건강한, 완전한, 〈~ hale¹\sturdy\well〉, 〈↔unhealthy\noxious〉 영1

236 **whom** [후움]: 〈←hwam←wha〉, 〈게르만어〉, who의 목적격, 〈영어에서 제일 잘 못 쓰는 관계 대명사〉, 〈~ what-ever person〉, 〈↔whom-ever〉 기1

237 **whoop** [우우프]: 〈영국어〉, 〈의성어〉, 야아 (우아), 후우, 씩씩(거리다), 고함치다, (고릴라 등의) 떼, 〈~ shout\hoot〉, 〈↔murmur\whisper〉

238 ★**w(h)oo·sah** [우우샤]: 〈미국 영화에 나오는 의성어〉, '휴우~' (안심하는 소리), 〈↔buzz\fizzle〉 영2

239 **whore** [호어]: 〈←hore(a harlot)〉, 〈게르만어〉, 〈잡다한 어원을 가진〉 창녀, 갈보, 지조 없는 사람(여자), 〈~ prostitute〉, 〈↔lady\nun?〉 영2

240 **whose** [후우즈]: 〈←hwas←hwa〉, 〈게르만어〉, who나 which의 소유(prossessive)격, 〈~ belonging to what person〉 기1

241 ★**who steals an egg will steal a cow**: 바늘 도둑이 소 도둑 된다, 〈~ steal a penny, steal a pound〉 양2

242 **why** [와이]: 〈←hwi~hwa〉, what reason, 〈게르만어〉, 왜, 어째서, 까닭, 저런, 글쎄요, 〈무엄한 말〉 가1

243 **wick·ed** [위키드]: 〈←wicca〉, 〈영국어〉, 〈←witch〉, 사악한, 심술궂은, 나쁜, 멋진, 대단한, 〈전~전다~절다 (소금에) 절다〉, 〈~ heinous\wretch〉, 〈↔up-right\virtuous〉 양2

244 **wide** [와이드]: 〈←widaz(apart)〉, 〈게르만어〉, 폭넓은, 광대한, 크게 열린, 낙낙한, 〈↪ width〉, 〈~ broad〉, 〈↔narrow〉, 〈↔deep/high〉 양1

245 *****wide-ar·e·a net-work \ WAN**: 광역 통신망, 〈비행기가 항상 만석이 되게 하는〉 광범위하게 산개된 전산기를 연결해주는 체계, 〈~ MAE〉, 〈↔LAN〉 미2

246 *****widg·et** [윗쥩]: 〈'gadget'이 탈바꿈한 영어〉, (하찮은) 작은 도구, 전산기의 도안을 조정하는 작은 장치, 〈~ tool\instrument〉 미1

247 **wid·ow** [위도우]: 〈←vidhuh(lonely)〉, 〈산스크리트어→라틴어→영국어〉, '남편보다 오래사는 〈외로운〉 여자', 미망인, 과부, 〈surviving wife〉, 〈카드를 돌리고 남은 패(extra-hand), 다음 면으로 넘어가지 못하고 남은 단락의 처음이나 끝 행(incomplete line), 〈↔widower〉

248 **width** [윋쓰]: 〈영국어〉, 〈←wide〉, 폭, 너비(넓이), 가로, 〈~ breadth〉, 〈↔length\depth\height〉 가1

249 **wield** [위일드]: 〈←gweldan(to govern)〉, 〈게르만어〉, '지배하다', 휘두르다, 행사하다, 〈~ herald\brandish〉, 〈↔mismanage\neglect〉 양1

250 **wife** [와이후f]: 〈←wif(a woman)〉, 〈게르만어〉, 부인, 아내, ('안해') 안사람, 처, 마누라, 내자, 〈편한 남자가 있는〉 '여자', 〈영어보다 어감이 풍부한 우리말이 너무너무 많아요!〉, 〈~(↔)enemy〉, 〈↔husband〉 가2

251 ★**wi·fey** [와이휘]: 〈신조어〉, '마눌님', 부인 마님(wife를 높여 부르는 말), 곧 wife가 될 애인 양1

252 *****Wi-Fi** [와이 화이]: wireless fidelity, '무선 고충실도 (수신기)', 1998년에 도입된 무선으로 변하지 않은 정보를 제공하는 전산망체계 소2

253 **wig** [위그]: 〈peri-wig의 축소형〉, 〈프랑스어→영국어〉, toupee, 가발, 상투(상식)적인 것, 높은 양반(big-wig), 질책하다(rebuke), 〈↔bald\no-body\cheer〉 가1

254 **wig·gle** [위글]: 〈←wiggelen(cradle)〉, 〈게르만어〉, (뒤)흔들다, 파동치다, 꼬리치다, 〈~ wag〉, 〈↔rest\still\un-wind〉 양1

255 ★**wi·ki** [위키]: 〈하와이어〉 ①wiki wiki(빨리 빨리)의 준말 ②작은 양의 정보, 전산망 사용자들이 내용을 수정·편집할 수 있는 기지, 〈~ collaborative platform〉 미2

256 **wild** [와일드]: 〈←wildia(untamed)〉, 〈게르만어〉, 야생의, 길들지 않은, 거친, 황폐한, 난폭한, 열광적인, 엉뚱한, 〈~ feral\un-farmed\crazy〉, 〈↔tame\gentle〉 양1

257 *****wild card** [와일드 카아드]: 예측할 수 없는 것, 자유패, 만능패, 두루치기, 〈어느 문자 (기호)든지 맞는〉 임의 문자 (기호), 〈~ accident\twist of fate〉 미2

258 ★**wild-cat** [와일드 캩]: 살쾡이, 들고양이, 성급(무모)한 사람, 분방한, 무인가의, 〈~ caracal\lynx\feline〉 양2

259 **wil·der·ness** [윌더니스]: 〈←wild〉, 황무지, 황야, 미개지, 광막한 곳, 〈~ barren(waste) land〉, 〈↔city\establishment〉 양2

260 **wild-fire** [와일드 화이어]: (적의 배에 불을 지르기 위해 쓰던) 연소물, 도깨비불, 들불, (걷잡을 수 없는) 산불, 마른번개, 〈~(↔)blaze\brush-fire〉, 〈↔bon-fire\camp-fire〉 미2

261 **will** [윌]: 〈←willa(intent)〉, 〈게르만어〉, 의지, 의도, 의욕, 유언장, '원하다', 하려고 하다, ~일 것이다, 〈부담이 가는 말〉, 〈~ well\wish\volition〉, 〈↔reluctance\coercion〉 가1

262 ★**will-call** [윌 커얼]: 현장 수령제, 판 물건을 맡아 두는 보관부서 (제도), ⟨~ deposit\reservation⟩, ⟨↔booking\cancellation⟩ 미①

263 **wil·low** [윌로우]: ⟨←wel(revolve)⟩, ⟨게르만어⟩, ⟨'휘어 감기는'⟩ 버들, 버드나무, (전 세계의 습지에 서식하며) 25cm부터 37m의 높이로 자라는 약 400여 종의 섬세하고 우아한 나무, ⟨~ osier\sallow⟩, ⟨~ wicker⟩ 미②

264 **wil·y** [와일리]: ⟨영국어⟩, ⟨←wile¹⟩, 꾀가 많은, 약삭빠른, ⟨~ cunning\sly⟩, ⟨↔naive\guileless⟩ 영①

265 ★**wim·min** [위민]: women이나 female 대신 여성 운동가들이 쓰는 새로운 철자, '여걸', ⟨~ liberated woman⟩, ⟨어쩐지 신식 여성들은 'man'자가 들어가면 다 싫어해요⟩, ⇒ a-woman 우②

266 *****WIMP** [윔프], in·ter·face: (⟨게으른 사람이⟩ 전산기 사용을 쉽게 하기 위해) windows·icons·mouse·pulldown menus۔를 이용하는 사용자 접속 회로 우①

267 ★**wimp** [윔프]: ⟨미국 만화 Popeye에 나오는 인물에서 유래한?⟩ 겁쟁이, 게으름쟁이, 유행에 뒤진 사람, ⟨~ ponce\milk-sop⟩, ⟨↔hero\hunk\mensch⟩, ⟨↔bad-ass\stud¹⟩ 우①

268 ★**wim·py** [윔피]: 햄버거의 일종, (햄버거를 좋아하는) 뽀빠이의 친구, 겁쟁이, 무골충, ⟨~ feeble\forceless⟩ 우②

269 **win** [윈]: ⟨←winnan(to fight)⟩, ⟨게르만어⟩, ⟨'싸워서'⟩ 이기다, (이겨서) 얻다, 달성하다, 사로잡다, ⟨~ triumph\victory⟩, ⟨↔lose\surrender⟩ 영②

270 **wind¹** [와인드]: ⟨←windan(to coil)⟩, ⟨게르만어⟩, 꾸불거리다, 굽이치다, 감다, 돌리다, ⟨→wend⟩, ⟨~ curl\roll\twist⟩, ⟨↔tendril⟩, ⟨↔straighten\untwist⟩ 영①

271 **wind²** [윈드]: ⟨←wint←ventus←vati(blowing)⟩, ⟨게르만어←라틴어←산스크리트어⟩, ⟨신의 숨소리⟩, 바람, 호흡, 낌새, 관악기, 소동, 방귀, ⟨~ weather⟩, ⟨~ air current\breath\fart⟩, ⟨↔calm\hush⟩ 영①

272 **wind-bell** [chime] [윈드 벨(촤임)]: 풍경, 바람이 불면 소리가 나게 처마 끝에 달아 놓은 조그만 종 영②

273 **wind-break·er** [윈드 브뤠이커]: 바람막이, 방풍림, (비바람을 막으려고 손목과 허리 등을 고무줄로 졸라맨) 방풍복, ⟨~ parka\anorak⟩ 영②

274 **wind-fall** [윈드 휠일]: '바람에 떨어진', 굴러들어온 복, 뜻밖의 이윤(손실), ⟨~ bonanza\boom\landfall⟩, ⟨↔affliction\hindrance⟩ 영②

275 **wind-farm** [윈드 화암]: (중국 등에서 성행하나 아직 세계 동력원의 1%도 공급 못 하는) 풍력 발전 지대, ⟨~ wind power plant⟩, ⟨↔solar farm⟩ 미②

276 **wind-mill** [윈드 밀]: 풍차, 바람개비, (방아나 두레박용으로 시작해서 풍력발전으로 진보된) 풍력 동력기, ⟨~ rotating wheel⟩, ⟨~water-mill⟩ 영②

277 **win·dow** [윈도우]: vindr(wind)+auga(eye), ⟨북구어→영국어⟩, ⟨←windoge⟩, 창(문), 진열장, 시간(대), 특수 목적을 위해 남겨둔 화면상의 영역, '전산시야', ⟨~ aperture\case-ment⟩, ⟨↔blockage\closure⟩ 영① 우①

278 **win·dow-pane** [윈도우 페인]: (끼워 넣은) 창 유리, 유리창, ⟨~ pane of glass⟩ 영②

279 ★**Win·dows** [윈도우즈]: 1985년부터 마이크로소프트사가 개발한 (초보자도 화면만 보고 쉽게 조작할 수 있는) 전산기 연성기기의 이름들 우②

280 **win·dow-shop**(·**ping**) [윈도우 샾(샤핑)]: '눈요기 장보기', (사지 않고) 진열창으로 구경만 하며 다니는 일, ⟨~ browzing\eye shopping⟩, ⟨↔deal\bargain⟩ 우②

281 **wind-screen**(**shield**) [윈드 스크뤼인(쉬일드)]: ⟨게르만어⟩, (자동차의 전면에 있는) 바람막이 (유리), ⟨~ front-glass⟩, ⟨↔back-glass⟩ 영②

282 **wind-storm** [윈드 스토엄]: (비를 동반하지 않은) 폭풍, ⟨~ gale¹\cyclone⟩, ⟨↔rain-storm⟩ 영②

283 **wine** [와인]: 〈라틴어→게르만어〉, 〈←vine〉, 〈여러 가지 학설이 있으나 'vinum'이 어원이라는〉 포도주, 과실주, 〈↔non-alcoholic\non-formented drinks〉 유2

284 **wine cel·lar** [와인 쎌러]: (지하의) 포도주 저장실 미2

285 **wine cool·er** [와인 쿨러]: wine chiller, 포도주 저장용 냉각기 (냉장고), 포도주·과일주스·얼음·소다수를 넣어 만든 '혼합주' 미2 유1

286 **win·er·y** [와이너뤼]: vinery, 포도주 양조장 유2

287 **wing** [윙]: 〈←vinge(ala)〉, 〈북구어〉, 날개 (부분·모양), 깃, 한쪽, 진영, 〈~ ala〉, 〈↔body\base\crawl\stay〉 유1

288 **wink** [윙크]: 〈←wincian(blink)〉, 〈게르만어→영국어〉, 눈을 깜박이다, 눈짓하다, ((선척적으로 타고난) 한쪽은 찡그리고 한쪽은 활짝 열며) 눈웃음치다, 못 본 체하다, 눈 깜짝할 사이, 〈~ wince\winch〉, 〈↔evil(stink) eye〉 미2

289 *****win-mo·dem** [윈 모우뎀]: 강성기기의 역할을 해주는 연성 변복조 장치, 〈~ soft-modem〉, 〈↔hard-ware modem〉 유1

290 **win·ner** [위너]: 승리자, 수상자, 성공할 가망이 있는 자, (의외로) 좋은 작품, 〈↔loser\goner〉 유1 미2

291 ★**win-o** [와이노우]: 〈미국어〉, 〈←wine〉, (싸구려) 포도주 애호가, 술꾼, 〈~ drunkard〉, 〈↔teetotaler〉 양1

292 ★**win o·ver (some-one)** [윈 오우버 썸원]: ~가 자기를 좋아하도록 만들다, ~의 마음에 들다, 〈~ bring around\charmed〉 유2

293 ★**Win-tel** [윈 텔]: Windows+Intel, (1980년대 부터 출시된 MS Window와 Intel의 CPU를 탑재한) 개인 전산기 수2

294 **win·ter** [윈터]: 〈게르만어〉, 'wet season', 겨울, 동계, 〈설기〉, 한기, 만년, 월동하다, 동면하다, 〈↔summer〉 기1 유2

295 **wipe** [와이프]: 〈←wipian(to rub)〉, 〈게르만어〉, 닦다, 훔치다, 지우다, 문지르다, 두들기다, 〈~ clean\erase\sweep〉, 〈↔smudge\collect〉 유1

296 ★**wiped out** [와잎트 아울]: 술 취한, 녹초가 된, 기분이 좋은, 〈~ bottled out\exhausted〉, 〈↔rested\refreshed〉 양2

297 *****wipe-out** [와이프 아울]: 전멸, 실패, 다른 전파에 의한 수신 방해, 〈~ eradicate\efface〉, 〈↔sweep victory\uphold〉 양2 미1

298 *****WIPO** [와이포우]: World Intellectual Property Organization, (1967년에 발족된) 유엔의 세계 지적 소유권 기구 미2

299 *****wire** [와이어]: 〈←viere(to plait)〉, 〈라틴어→게르만어〉, 철사, 전선, 전보(를 치다), 조종 끈, 도청기, 〈~ weave〉, 〈~ cable\line\thread〉, 〈↔un-wire\down-load\conceal〉 양1

300 *****wire-frame** [와이어 후뤠임]: '철망 틀', 전산기 도안에서 형상을 3차원적으로 나타내기 위해 쓰이는 철골 형태의 〈엉성한〉 선의 모임, 〈~ blue-print\lay-out〉 유1

301 *****wire fraud** [와이어 후뤄어드]: 전자 통신 수단을 사용한 사기 행위, 〈~ computer scam\e(cyber) fraud〉, 〈↔mail fraud〉 유2

302 **wire-less** [와이얼리스]: 무선의, (방사선·적외선 등을 이용한) 전선이 없는 통신, 〈~ remote\mobile〉 기1

303 *****wire-less cloud** [와이얼리스 클라우드]: '무선 전산층 (범위)', 무선 통신망이 작동할 수 있는 영역이나 그것을 증강시켜주는 장치, 〈~ cloud-based wireless network〉 유1

304 *****wire mem·o·ry** [와이어 메머뤼]: 도금한 기억력 저장 전선, (우주 공학에서 많이 쓰이는) 자기 박막를 도금한 선을 엮어서 만든 기억 장치, 〈1950년도에 개발되었으나 1970년도에 반도체로 보강됨〉 유2

305 ***wire-tap** [와이어 탭]: 〈사법 구역마다 한계가 다양한〉 전화(전신) 도청 장치, 〈~ spy-tap〉, ⇒ eavesdrop 양2

306 ***wire traf·fic** [와이어 트래휙]: (일정 시간 내의) 통신량, 〈~ internet traffic〉 양2

307 ***wire trans-fer** [와이어 트랜스훠]: 전신 송금, 〈~ electronic funds transfer〉 양2

308 **wis-dom** [위즈덤]: wis(wise)+dom(judgement), 〈게르만어에서 연유한 영국어〉, 〈←wise〉, 지혜, 현명함, 슬기로움, 박식, 현자, 금언, 〈↔folly\stupidity〉 양1

309 **wis-dom tooth** [위즈덤 투우쓰]: 지치, 사랑니, 〈사랑의 묘미를 깨닫는〉 17세에서 25세 사이에 이틀의 맨 뒤쪽에 솟아나는 '4개'의 세 번째 어금니로 〈사랑도 반추하면 성가시게 되어〉 1만 년 전부터 퇴화하기 시작한 '애물니', 〈~ third molar〉

310 **wise** [와이즈]: 〈←wis←weid(to know)〉, 〈게르만어〉, '알고 있으나'〈모르는 척하는〉, 현명한, 슬기로운, 분별력이 있는, 교활한, 〈~ sage\wit〉, 〈~ guise\clever〉, 〈↔stupid\silly\foolish〉 양2

311 ★**wise-ass** [와이즈 애쓰]: smart ass, 잘난 체하는 놈, 수완가, 수재, 〈↔sincere guy\honest man\dumb-bell〉 양2

312 ★**wise-crack** [와이즈 크랩]: 신랄한(재치 있는) 말, 경구, 〈~ gag\witty remark〉, 〈↔stupidity\ignorance〉 양2

313 **wish** [위쉬]: 〈←wusc(desire)〉, 〈게르만어〉, 〈win하기를〉 바라다, 희망하다, 원하다, 〈간절히〉 빌다, 〈생각의 아버지라는〉 소망, 〈~ will〉, 〈~ hope\want〉, 〈↔dislike\hate〉 기1

314 **wish-bone** [위쉬 보운]: (새 요리를 먹을 때 이 뼈의 양 끝을 둘이서 당겨 긴 쪽을 가진 사람이 소원을 이룬다고 하는) 새의 가슴뼈 앞에 있는 Y형의 '창사골', 〈~ breast-bone\lucky bone〉 미1

315 **wist·ful** [위스트훌]: 〈←wistly(intently)〉, 〈영국어〉, 〈←wishful〉, 탐내는 듯한, 그리워하는, 갈망하는, 〈~ longing\regretful〉, 〈↔shallow\un-caring〉 양1

316 **wit** [윝]: 〈←witan(to know)〉, 〈게르만어〉, '지식', 지혜, 기지, 〈말 장난의〉 재치, 〈~ wise\witness〉, 〈↔stupidity\humorlessness〉 양2

317 **witch** [위취]: 〈←wiccian(use sorcery)〉, 〈게르만어〉, 마녀, 여자 마법사, 마귀할멈, 매력 있는 여자, 〈~ conjurer\enchanter〉, 〈~ angel\belle amie〉 양2

318 **witch-craft** [위취 크래후트]: 마법, 요술, 마력, 〈~ sorcery\black magic〉, 〈↔science\reality〉 양2

319 **with** [위드]: 〈게르만어〉, ~와 함께, ~을 상대로, ~와 일치되어, ~와 동시에, ~으로, ~을 가지고, ~한 상태로, ~으로써, ~때문에, ~에 대하여, 〈외롭지 않은 말〉, 〈~ along\together〉, 〈↔with-out〉 양1

320 ★**With Co·ro·na** [위드 코로우너]: '코로나(미세균)와 함께', Covid-19를 퇴치하지 못해 2021년에 〈병균과 타협해서 살자〉란 뜻으로 등장한 정치적 용어로 편자가 등급을 매길 때 고민 끝에 양2로 낙착된 말〈대체어는 '화상균과 공생'임〉 양2

321 **with-draw** [위드 드뤼어]: back+draw, (손을) 빼다, 움츠리다, 회수(철수)하다, 철회(박탈)하다, 〈~ remove\retire〉, 〈↔advance\confront\join〉 양2

322 **with·er** [위더]: 〈←wederen(to weather)〉, 〈영국어〉, '바람을 맞히다', 시들다, 바래다, 위축시키다, 〈~ wilt\wizen〉, 〈↔thrive\flourish〉 양1

323 **with-hold** [위드 호울드]: 억누르다, 보류하다, 공제하다, (원천) 징수하다, 〈~ abstain\dis-allow〉, 〈↔release\deploy\donate\entrust〉 양2

324 **with-in** [위딘]: ~의 속에, ~이내에, ~의 범위 안에서, 마음속으로, 〈↔out-side〉 양2

325 ★**with-in a stone's throw**: 엎어지면 코 닿을데, 〈~ only a few feet(minutes) away〉 양2

326 ★**with mirth comes for·tune**: 웃는 자에게 복이 온다, 〈~ laughter brings good luck〉 양2

327 **with-out** [위다웉]: ~없이, ~하지 않고, ~이 없으면, W/O, 〈외로운 말〉, 〈↔with〉 영2

328 **with-stand** [위드 스탠드]: 버티다, 견디어 내다, 저항하다, 〈~ cope\resist〉, 〈↔give in\yield〉 영2

329 **wit-ness** [윝니스]: 〈←witan(to know)〉, 〈영국어〉, '아는 일', 증언, 증인, 증거, 목격자 ('본 사람'), 〈~ wit〉, 〈~ evidence\on-looker〉, 〈↔conceal\contradict〉 기1

330 **wiz·ard** [위저드]: 〈←guischart(knowing)〉, 〈프랑스어→영국어〉, 〈←wise〉, (남자) 마법사, 요술쟁이, 귀재, 재주꾼, (전산기에서) 다른 차림표의 실행·작업을 자동적으로 도와주는 장치, 〈~ bright spark\whiz\wunder-kind〉, 〈↔goon\idiot\moron〉 영2 미1

331 **woe** [오우]: 〈←wa(grief)〉, 〈게르만어〉, 〈우는 소리〉, 비애, 고통, 고뇌, 〈~ wail〉, 〈~ misery〉, 〈→ woe-suck〉, 〈↔bliss〉, 〈↔happiness\joy〉 영2

332 ★**woke-ism** [오우키즘]: '각성주의', (21세기 미국 흑인들이 주도하는) 부당한 인종차별 등에 책임을 추궁하는 좌파 경향의 정치적·사회적 운동, 〈~ wokery\progressive ideology〉 미1

333 ★**wo·la·bal** [월라밸]: work-life balance, '잘 살고 잘 놀기', 직장과 생활의 균형, 일만 하지 말고 놀기도 좀 하자는 신조 콩글리쉬, ⇒ worabal 영2

334 **wolf** [울후] \ **wolves** [울브즈]: 〈편자 생각에는 의성어에서 유래한 듯한 게르만어〉, 이리(들), 늑대 (동양 이리), 인가와 떨어진 곳에 떼 지어 살며 자기보다 크고 센 짐승도 잡아먹는 커다란 야생개, 탐욕스러운 사람, 〈whore가 she-wolf에서 연유한 말이라는데 일리가 있음〉, 〈↔prey\nibble\altruist〉 영2

335 ★**wolf guard-ing the sheep**: 고양이한테 생선 맡기기, 〈~ fox guarding the hens〉 영2

336 **wolf-hound** [울후 하운드]: (유럽 왕족들이 사랑했던) 늘씬하게 빠진 큰 '이리 사냥개', 〈~ a gun-dog〉 유2

337 ★**wolf in sheep's cloth**: 양의 탈을 쓴 늑대, 위선자, 때리는 시어머니보다 말리는 시누이가 더 밉다, 〈~ sly rogue in a good dress〉, 〈~(↔)fine feathers make fine birds〉 영2

338 ★**wolf–war·rior** [울후 와뤼어] di·plo·ma·cy: 전랑 외교, 〈중국의 영화 제목에서 연유한〉 (중국의 시진핑같이) 탐욕스런 외교, 〈미국의 입장에서 보면-〉 미1

339 **wom·an** [우먼] \ **wom·en** [위민]: wif(wife)+man, 〈영국어〉, '여자(들)', 여성, 부인, 아내, 가정부, 〈남자로부터 생겼으나 남자를 하늘에 매달아 놓으려는 사람〉, 〈adult female〉, 〈↔man\men〉, ⇒ wimmin\a-woman 기1

340 ★**wo·mance** [우먼스]: woman+romance, 여성 관계, 성적 관계없이 친밀한 여자 친구, 〈↔bro-mance〉 영2

341 **womb** [우움]: 〈어원 불명의 게르만어〉, uterus, 자궁, 아기집, 〈사물의 발상지〉, 〈↔반대말 없음〉 영2

342 ★**WOMBAT** [왐뱉]: 웜뱃, waste of material-batting and time, 시간 낭비 영1

343 ★**womp** [왐프]: 〈영국어〉, 〈의태어〉, '번쩍'하는 소리, (화면에 갑자기 나타나는) 백섬광, 때려 눕히다, 〈~ white flash\bang¹〉 영2

344 **won** [원]: win의 과거·과거분사 영2

345 **won·der** [원더]: 〈←wundor(awe)〉, 〈어원 불명의 게르만어〉, '기적', 불가사의, 경탄, 불신(감), ~이 아닐까 생각한다, 〈~ awe\doubt〉, 〈↔calmness\dullness〉, 〈↔trust\ignore〉 영2

346 **woo** [우우]: 〈←wogian(to court)〉, 〈영국어〉, 〈아마도 동물의 울음 소리에서 연유한〉 구애하다, 추구하다, 조르다, 〈~ pursue\solicit〉, 〈↔ignore\repulse〉 영2

347 **wood** [우드]: 〈←widu(tree)〉, 〈게르만어〉, 나무, 목재, 숲, 술통, 목관악기, 목제 대가리 골프채, 〈↔iron〉 영1 유1

348 **wood-land** [우들랜드]: 삼림(지대), 〈~ forest\boondocks〉, 〈↔city\desert³〉 영2

349 **wood-plane** [우드 플레인]: 대패, 나무를 평면으로 밀어 깎는 연장, ⟨~ carpenter's plane⟩, ⟨↔saw¹⟩ 영2

350 **woof·er** [우훠]: ⟨영국어⟩, ⟨의성어⟩, 저음 전용 스피커, (숨소리가 마이크를 통해 들리는) 저음 가수, ⟨~ loud-speaker⟩, ⟨↔tweeter⟩ 미2

351 **wool** [울]: ⟨←vellus(fleece)⟩, ⟨라틴어→게르만어⟩, 양털, 털실, 모직물, ⟨~ pashimina(페르시아어)⟩, ⟨↔cotton\nylon⟩ 영2

352 ★**wool-ly bear** [울리 베어]: wooly worm, (각종) 모충, (곰 털 비슷한) 털이 많은 나방이의 유충⟨caterpillar⟩, 여성 (경찰관), ⟨순경 아줌마; police-woman⟩ 영2

353 ★**woo·pie** (~py) [우우피]: ⟨미국어⟩, well off older person, 유복한 노인 영2

354 **wooz·y** [우우지]: ⟨←wooze(be fuddled)⟩, ⟨미국어⟩, 머리가 흐릿한, 기분이 나쁜, 얼빠진 듯한, ⟨~ oozy\boozy⟩, ⟨↔clear-headed\sober⟩ 영2

355 ★**wor-a-bal** [워라밸]: ⟨한국어⟩, work and life balance, 일과 삶의 균형, '일만 하나-놀기도 해야지', ⟨장래성이 있는 말⟩, = wolabal, ⟨~ Homo Ludens⟩ 미2

356 **word** [워어드]: ⟨←verbum←were(to speak)⟩, ⟨라틴어에서 연유한 게르만어⟩, ⟨사물을 설명하는 것이 아니라 사물을 정의한다는⟩ (낱)말, 한 마디, 단어, 표어, 언질, 약속, 기별, 소식, 말다툼, ⟨태초부터 있었던⟩ 복음, ⟨~ term\order\oath\quarrel⟩, ⟨↔verb⟩ 영1

357 ★**word-ie** [워어디]: ⟨전산망어⟩, logophile, ⟨편자 같은⟩ 단어 애호가, 수다쟁이, 입소문을 퍼뜨리다, ⟨~ logorrhea⟩, ⟨↔brief\concise⟩ 영2

358 *****word proc·ess·ing** [워어드 프라쎄씽]: 문서 작성 (처리), (1970년대부터 본격적으로 개발된) ⟨기계로⟩ 각종 문서를 작성·편집하는 일, ⟨↔voice processing⟩, ⟨그런데 편자의 컴퓨터는 virginia를 치면 자꾸 vagina로 찍혀 나와요!⟩ 미1

359 **wore** [오얼]: wear의 과거·과거분사 영1

360 **work** [워얼크]: ⟨←ergon(action)⟩, ⟨그리스어→게르만어⟩, ⟨먹기 위해 하는⟩ 일, 노력, 과업, 공사, 작업, 생업, 직장, 작품, 작동하다, 종사하다, 잘 꾸려 나가다, ⟨~ produce\manage\operate⟩, ⟨~ labor\job\task⟩, ⟨↔hobby\play⟩ 영2

361 **work-a·hol·ic** [워얼커 호얼릭]: work+alcoholic, 일벌레, 일 중독자, ⟨↔idler\loafer⟩ 영2

362 ★**work-ation** [워얼케이션]: work+vacation, 휴양지 근무, (전산망의 발달로) ⟨특히 Covid-19 이후⟩ 집이 아닌 휴양지에서 사무직 일을 하는 '일휴가'

363 **work·ing class** [워어킹 클래쓰]: 임금 (육체) 노동자 계급, ⟨~ blue-collar workers⟩, ⟨↔aristocratic\upper-crust⟩ 영2

364 ★**Work·ing Hol·i·day** [워어킹 하얼리데이]: (학생들이 여행을 하면서 아르바이트를 통해 경비를 충당하는) 관광 취업비자, ⟨미국에서는 J-1 visa에 속해 4개월까지 체류 가능하나 오스트레일리아에서는 1년까지 체류할 수 있음⟩, ⟨~ Erasmus Programme⟩ 미2

365 *****work·ing mem·o·ry** [워어킹 메머뤼]: ①(앞에 나온 의식에 관한 단기) 작동 기억, ⟨~ short-term memory⟩ ②(정보의 처리나 저장 결과를 고속도로 기억하는) 작업 기억 (장치), ⟨~ operant memory⟩ 미2

366 *****work·ing stor·age** [워어킹 스토어뤼쥐]: 작업 기억 장치, 실행 중인 업무의 결과를 일시적으로 저장해 두기 위한 기억장치, ⟨~ a temporary memory repository⟩ 미2

367 ★**work-out** [워얼크 아웉]: 연습, 운동, 시험, 구타, '손 보기', ⟨~ training\fix⟩, ⟨↔rest\laze\abstain⟩ 영2

368 ★**works for me** [워얼크스 훠어 미이]: 내게 맞어, 나야 좋지, ⟨~ fine with me⟩ 영2

369 ★**work–shad·ow·ing** [워얼크 쉐도우잉]: (연구를 목적으로 하는) 작업 관찰, 〈~ apprentice-ship\internship〉

370 **work sheet** [워얼크 쉬이트]: 작업 (계획)표, 조사표, 연습 문제지, 〈~ spread-sheet\questionaire〉 영2

371 **work-shop** [워얼크 샾]: 일터, 작업장, 실습실, 연수회, 〈~ industrial unit\discussion group〉 영2

372 ★**work some-one's ass(butt\tail) off**: 똥줄 빠지게 일하다, 목구멍이 포도청, 〈~ sweat and slave〉, 〈↔idle\laze〉 영2

373 ★**work some-one's fin·gers to the bone**: 뼈(골) 빠지게 일하다, 〈~ work some one's butt off\toil and moil〉 영2

374 *__work-sta·tion__ [워얼크 스테이션]: ①(칸막이한 1인용) 작업장, 〈~ work-room〉 ②독립해서 정보를 처리 할 수 있는 〈강력한〉 단말장치, 〈~ a special computer〉 미2

375 **world** [워얼드]: wer(man)+yldo(an age), 〈게르만어〉, 월드, 〈흘러가는〉 '세월', '사람의 일생', 〈군맹무상의〉 세상, 세계, 천지, 지구, 인류, 분야, 대량, 〈~ micro-cosm\universe\human-kind〉, 〈↔cosmos\local\fantasy\meagerness〉 영1

376 ★**world build·ing** [워얼드 빌딩]: 〈1820년에 등장한 영국어〉, 세계관 형성, (그럴듯한 소설적 이야기에 바탕을 둔) 가상 세계의 창조 영2

377 **World Cup** [워얼드 컵]: 월드컵, 몇 년마다 열리는 (축구를 위시해서 스키·골프 등의) 세계 선수권 대회 미1

378 *__world-wide web__: WWW, 세계전산망, 만유망, 전산망에 존재하는 광범위한 정보 공간 미1

379 *__WORM__ [워엄]: write once read many (times), 자료를 한 번만 써넣을 수 있으나 〈변경시키지 않고〉 여러 번 꺼내 읽어 볼 수 있는 광원반, '일서 백독 원반' 우1

380 *__worm__ [워엄]: 〈'vermis'라는 라틴어에서 온 게르만어〉, 웜, 〈돌고·굽힐 수 있는〉 (땅)벌레, 구더기, 장내 기생충, (전산망을 통해 전염되는) 파괴 차림표, 꿈틀거리며 나아가다, 〈~ creeping or burrowing invertebrate〉, 〈↔vertebrate\stride〉 영1 우1

381 *__worm-hole__ [워엄 호울]: 벌레 먹은 구멍, Einstein-Rosen bridge, 〈검은 구멍과 흰 구멍 사이에 있다는〉 우주 시간 사이에 있는 다양한 거리의 통로, 〈~ an entrance〉 영1 우1

382 ★**worm's eye(video)** [워엄즈 아이(뷔우)]: 충첨도(벌레의 눈으로 본 시야), 앙시도(아래에서 올려다 본 관측), 좁은 소견, 〈~ view from below〉, 〈↔bird's eye(view)\vantage point\sky-line〉 영2

383 **worn** [워언]: wear의 과거분사, 닳아빠진, 초췌한 영1

384 **worn-out** [워언 아웉]: 써서 낡은, 닳아 빠진, 진부한, 〈~ exhausted\shabby〉, 〈↔new\fresh〉 영2

385 **wor·ry** [워어뤼]: 〈←wyrgan(to choke)〉, 〈게르만어〉, 근심, 걱정, 고민, 신경 쓰다, 〈목을 졸라〉 괴롭히다, 〈~ anxiety\fret'〉, 〈↔relaxed\un-troubled〉 영2

386 **worse** [워스]: 〈게르만어〉, ill·bad의 비교급, 더 나쁨, 불리, 악화, 〈~ war〉, 〈~ inferior\poorer〉, 〈↔better〉 영2

387 **wor·ship** [워얼쉽]: 〈영국어〉, worth+ship, 예배, 숭배, 존경, 찬미, 〈~ revere\adore〉, 〈↔loathe\despise〉 영2

388 **worst** [워얼스트]: ill·bad의 최상급, 가장 나쁜, 최악의, 가장 심한, 〈~ lowest\poorest〉, 〈↔best〉 영2

389 ★**worst of both worlds** [워얼스트 어브 보우쓰 워얼즈]: 상반되는 것의 단점만 합쳐 취하는 것, 〈↔best of both worlds〉 영1

390 ★**worst things first** [워얼스트 씽스 훠얼스트]: 매도 먼저 맞는 것이 낫다, 〈~ sooner begun, sooner done〉 영2

391 **wort** [워얼트]: 〈←wyrt(herb)〉, 〈게르만어〉, 맥아즙, ~초본, ~풀, 〈~ root\plant〉 양2

392 **worth** [워얼쓰]: 〈←vartate(roll)〉, 〈산스크리트어→그리스어→라틴어→게르만어〉, 가치가 있는, ~만큼의 재산이 있는, 〈~ 돈은 돌리고 돌려야 재산이 쌓인다는 이치〉, 〈~ merit\wealth〉, 〈↔worthless\valueless〉 양2

393 **worth-while** [워얼쓰 와일]: ~할 가치가 있는, 상당한, 보람 있는, 〈~ valuable\beneficial〉, 〈↔worthless\useless〉 양2

394 ★**wot·cha** [와아취]: What.cha, 'What's up?'의 영국식 표현, 어이, 반갑네, hello 양1

395 **would** [우드]: 〈영국어〉, will의 과거형, ~일 것이다, ~하고 싶다, ~하려고 하였다, ~할 마음만 있으면, 〈소망이 섞인 말〉 양2

396 **wound** [와운드]: wind¹의 과거·과거분사, 감긴, 감겨진 양1

397 **wound** [우운드]: 〈←wund(injury)〉, 〈어원 불명의 게르만어〉, (큰) 상처, 부상, 손상, 상해, 모욕, 〈~ lesion\damage〉, 〈↔heal\hail²〉 양1

398 ★**WP¹**: weather permitting, 날씨가 허락하면 미1

399 *****WP²**: ⇒ word processing 미1

400 **wrack** [랙]: 〈네델란드어〉, ruin, 물가에 밀려온 해초, 난파선, 표착물, 파멸, 〈~ wreck\rack〉, 〈↔construct\repair〉 양1

401 **wrap** [랩]: 〈←wrappen(cover around)〉, 〈어원 불명의 영국어〉, (감)싸다, 덮어싸다, 요약하다, 마치다, 〈~ bandage\bundle up〉, 〈↔reveal\open up〉 양1

402 **wrath** [래쓰]: 〈영국어〉, fury, 격노, 진노, 천벌, 〈~ rage\ire〉, 〈↔pleasure\patience〉 양2

403 **wreath** [뤼이쓰]: 〈←writhan(twist)〉, 〈게르만어〉, 〈비틀어 만든〉 화관, 화환 (장식), 동그라미, 소용돌이, 〈~ lei\garland〉, 〈↔angle\divide\zigzag〉 양1

404 **wreck** [뤡]: 〈←wrek(to push)〉, 〈북구어〉, 난파, 충돌, 파멸, 잔해, 〈~ wreak \wrack〉, 〈↔build\preserve\salvage〉 양2

405 **wrench** [뤤취]: 〈←vrnakti(twists)〉, 〈산스크리트어에서 유래한 영국어〉, 비틀기, 꼬기, 접질림, 왜곡, '비틀개', (고정 나사나 이동 나사를) 비틀어 돌리는 공구, spanner(영국), 〈↔straighten\un-twist〉, 〈아가리를 조정할 수 있는 것은 adjustable wrench라 함〉 양1 무2

406 **wres-tle** [뤠슬]: 〈←wreastan(twist)〉, 〈게르만어〉, 〈~wrest〉, 맞붙어 싸우다, 씨름하다, 넘어뜨리다, 고군분투하다, 〈~ tussle\struggle〉, 〈↔idle\surrender〉 양1

407 **wretch-ed** [뤠취드]: 비참한, 불쌍한, 초라한, 야비한, 〈~ lousy〉, 〈↔fantabulous\cheerful〉 양2

408 **wrig·gle** [뤼글]: 〈←wriggeln(turn)〉, 〈게르만어〉, 몸부림치다, 꿈틀거리다, 우물쭈물하다, (엉덩이를) 흔들다, 〈~ jerk\shake〉, 〈↔relax\un-wind〉 양1

409 **wrin·kle** [륑클]: 〈←wringan(press)〉, 〈게르만어→영국어〉, 주름, 구김살, 결점, 묘안, 유행, 〈~ rumple〉, 〈~ crease\furrow〉, 〈↔smoothness\straight\boredom〉 양1

410 **wrist** [뤼스트]: 〈←wreastan(twist)〉, 〈게르만어〉, 손목 (관절), 〈~ wrest〉, 〈↔ankle〉 양2

411 **write** [롸이트]: 〈←writan(scratch)〉, 〈게르만어〉, '긁다' (글씨를) 쓰다, 저술하다, 기록하다, 기억시키다, 〈↔ writ〉, 〈~ scribble\note\record〉, 〈↔print\type〉, 〈↔speak〉 가1

412 ★**write-off** [롸이트 어어후]: 삭제, 취소, 결손처분, 폐품처리, 실패작, 〈~ dismiss\disregard〉, 〈↔enhance\mark up〉 양1

413 *****write-once** [롸이트 원스]: 기록은 되나 지우기·바꿔 쓰기가 안 되는 우1

414 ***write pro-tect** [롸이트 프뤄텍트]: (가지고 있는 자료를 지우거나 다시 쓰지 못하게 방지하는) 기록 보호 장치 (원반) 미2

415 ★**write-up** [롸이트 엎]: (신문·잡지의) 기사, 보고(report), 평가절상, ⟨↔ignorance\suppress⟩ 양1

416 ★**write up** [롸이트 엎]: (서류를) 작성하다, 상세히 쓰다, ⟨~ describe\expound⟩, ⟨↔neglect\censor⟩ 양1

417 **wrong** [륑]: ⟨←wringan(press)⟩, ⟨게르만어⟩, '비뚤어진', 그릇된, 틀린, 고장 난, 나쁜, 부정한, 악한, ⟨~ erroneous\illcit⟩, ⟨↔right\correct\legal⟩ 가1

418 ★**wrong place at the wrong time**: 운수 사납게, 재수없이, 까마귀 날자 배 떨어진다, ⟨~ un-lucky\hapless\un-fortunate⟩, ⟨↔right place at the right time⟩ 양2

419 **wrote** [로우트]: write의 과거 가1

420 **wrought** [로우트]: work의 과거·과거분사, 두들겨 만든, 꾸민, ⟨~ toil\made⟩, ⟨↔rest\play\fail⟩ 양2

421 ★**WRT**: with respect to, with regard to, ~ 것에 관한 한 미2

422 **wry** [롸이]: ⟨←wrigian(to drive)⟩, ⟨게르만어⟩, 뒤틀린, 비틀어진, 심술궂은, 예상이 틀린, ⟨→ awry⟩, ⟨~ writhe\ironic\disgusted⟩, ⟨↔straight\polite\smooth⟩ 양1

423 ★**WTB**: want to buy, 사고 싶소 미2

424 ★**WTF (what the fuck)**: 씹할, 씨부랄, 염병할 양2

425 **WTO**: ⇒ Word Trade Organization 미2

426 **wurst** [워얼스트]: ⟨←voorsht(saussage)⟩, ⟨게르만어⟩, (독일·오스트리아산의) 순대 수2

427 ★**wuss-y** [우씨 \ 어씨]: ⟨미국 속어⟩, 겁쟁이, 잘 속는 사람, 여자 같은 남자, ⟨~ passy·wussy⟩, ⟨~ cowardly\pusillanimous⟩, ⟨↔bold\brave⟩ 양2

428 **WWW**: ⇒ world wide web 미1

429 ★**wy-pi·po** [위피포우]: ⟨미국 흑인 속어⟩, white people(백인)을 조심해서 쓰는 말 미2

430 **wy-pi·pol-o-gist** [위피팔로지스트]: 백인들의 생태를 연구하는 (흑인) 학자 미2

431 ***WYSIWYG** [위쥐위그]: what you see is what you get, '네가 보는 것대로 나올 것', 화면상으로 본 화상이 그대로 인쇄기로 출력되는 기능 수1

1   **X \ x** [엑스]: 고대 이집트의 물고기 모양을 딴 상형문자에서 유래한 24번째 정도로 인쇄물에서 자주 쓰이는 영어 알파벳의 24번째 글자, X 모양의 것, 로마 숫자의 10, 제1 미지수, 예측할 수 없는, 글자를 못 쓰는 사람의 서명, 무효 가위표, 곱셈표, 성인영화, Christ·cross 등의 약자 ⓒ2

2   ***XAU** [엑스에이유우]: index+aurum(gold), 〈통화기호〉, 금1(troy)온스 ⓒ2

3   ***x cop·y** [엑스 카피]: '다량 복사', '집단복사', '다중기억력 복사', 〈~ extended copy〉 ⓒ2

4   **xen(·o)** [젠 \ 제노]: 〈그리스어〉, foreigh, 외래, 이종, 〈~(↔)homo\allo〉 ⓔ2

5   ***xen·o-bot** [제노 밭]: 제노봇, xenopus(scientific name of an African frog)+robot, 생체 인조인간, 아프리카 개구리의 피부 배아세포를 이용해서 움직임을 복제할 수 있는 〈살아있는 로봇〉, 〈~ living robot〉 ⓒ2

6   **Xe·rox** [지어럭스]: 〈그리스어에서 유래한 미국어〉, '건조인쇄〈dry printing〉', 제록스, 1906년에 시작해서 1960년대에 절정을 이루다가 2016년에 Xerox와 Conduent로 분리된 미국의 서류 복사기 회사·상품명 ⓒ1

7   ★**Xiao-mi** [샤우미]: little+rice, 〈중국어〉, '좁쌀(millet)', 소미(집단), 2010년 북경에서 세워진 중국의 전자제품 제조 및 판매기업 ⓒ2

8   **X-mas** [크뤼쓰머스 \ 엑스 마쓰]: 성탄절(보통 글에서 Christmas를 줄여서 쓴 것), Xpietoe('Christ'의 그리스어)의 생일 ⓔ2

9   ***X MO·DêM** [엑스 모우뎀]: (1977년에 개발된) 〈오류가 났는지 검색할 수 있는〉 서류철 전송 변복조 장치의 일종, '조용한 양식', 〈~ a simple file transfer protocol〉, 〈↔Y Modem\Z Modem〉 ⓒ2

10   **x-ray** [엑스 뤠이]: X-선, Röntgen선, '정체불명의 방사선' ⓜ1

11   ***X serv-er** [엑스 써어붜]: X Window에서 화면·자판·조종간을 운영하는 과정, 〈a display server〉 ⓒ2

12   ★**X-sports** [엑스 스포올츠]: ⇒ extreme sports ⓜ1

13   ***X Win·dow** [엑스 윈도우]: '다목적 창구', (1984년 미국의 MIT에서 개발한) 조종 간의 움직임에 따라 문안이나 도표를 화면에 나타내는 전산식 체제, 〈~ a graphics work-station〉 ⓒ2

14   **xy·lo-phone** [자일러 호운]: 'wood sound', 실로폰, 목금, 두 개의 채로 '나무토막'들을 두드려서 연주하는 타악기, 〈~ marimba〉 ⓜ1

1. **Y \ y [와이]**: 고대 이집트의 받침대 모양을 딴 상형 문자에서 유래한 인쇄물로 19번째 정도로 자주 쓰이는 영어 알파벳, Y 모양의 것, 제2의 미지수, year·yellow·yard·young·Yuan 등의 약자 〈주2〉

2. ★**Y [와이]**: "Why?"의 전산기 통신 줄임말 〈미2〉

3. **yacht [야아트]**: 〈←jagt ←jagen(to pursue)〉, 〈네덜란드어〉, 요트, 놀잇배, 유람선, 〈추격하는〉 호화 패주선, 〈~ sail-boat〉, 〈↔junk³〉 〈유1〉

4. **yam [얨]**: 〈서아프리카어〉 ①〈←inhame〉, 〈포르투갈어〉, 〈각 지방마다 형태가 다른〉 고구마의 일종 (참마), 〈~ tuber〉, 〈sweet-potato는 더 달고 파삭파삭함〉 ②〈의성어〉, 〈자마이카어〉, 〈←nyami(eat)〉, 게걸스럽게 '먹다', 〈~ yammy〉 〈주2〉

5. **yang [앵]**: sun, 〈중국어〉, 양, 태극이 나뉜 두 가지 기운 중 밝은 것을 칭함, 〈↔yin〉 〈기2〉

6. **Yan-kee [앵키]**: John+kaas(cheese), 〈북부 프랑스계 미국인이 네덜란드계 미국인을 폄해서 부르던 말〉, 양키, 〈동북부〉 미국인, 미국 잡놈, '치즈 냄새 나는 놈', 〈↔Dixie〉 〈주1〉

7. **yard¹ [야아드]**: 〈←geard(enclosure)〉, 〈게르만어〉, '울타리', 안마당, 제조소, 저장소, 〈~ court\garden〉, 〈↔building\street〉 〈미2〉

8. **yard² [야아드]**: 〈←gyrd(rod)〉, 〈게르만어→영어어〉, '막대', 헨리 1세의 코끝에서 엄지손가락 끝까지의 거리, 0.914m, 36인치, 3피트, 1 billion dollar (milliard의 변형) 〈주2〉

9. **yarn [야안]**: 〈←gearn(fiber)〉, 〈게르만어〉, 실, 모사, 〈길게 과장된〉 허풍, 〈~ thread\(long) story〉, 〈↔un-weave〉, 〈↔fact\taciturn〉 〈기1〉

10. ★**yas [야스]**: 좋았어, 잘됐군, 〈yes의 야한 말〉, 〈↔nah〉 〈유2〉

11. ★**yass·i·fy [야씨화이]**: 〈여장미남 'yaaas queen'에서 연유한 미국 속어〉, (인공 지능 사진 변조 기술로) 실제보다 과장되게 〈선정적으로〉 사진이나 그림을 조작하기, 〈~ beautify〉

12. **yawn [여언]**: 〈←ghieh(gape)〉, 〈게르만어〉, 하품하다 크게 벌어지다, 〈↔close²\hold〉 〈기2〉

13. **year [이어]**: 〈←yer(season)〉, 〈게르만어〉, 연, 해, 연도, 365일(8,760시간·525,600분·31,536,000초) 〈일1〉

14. **yearn [여언]**: 〈←georn(eager)〉, 〈게르만어〉, 갈망하다, 동경하다. 동경, 〈~ long³\pine²〉, 〈↔ignore\dismiss〉 〈기2〉

15. **yeast [이이스트]**: 〈←yasyati(to boil)〉, 〈'끓이다'란 산스크리트어에서 유래한 게르만어〉, 효모, 누룩, 발효, 〈~ enzyme\fermentation agent〉, 〈↔counter-incentives\unleavened〉 〈주2〉

16. ★**yee-haw [이이 호우]**: 〈목동들이 신났을 때 내는 소리였는데 근래에 다시 유행하는 말〉, 야호, 신난다, 〈~ yoo-hoo\hooray〉, 〈↔nohaw\hawyee〉 〈일2〉

17. ★**yeet [이일]**: 〈1998년에 등재된 영어어〉, 〈춤출 때 던지는 시늉을 하면서 지르는 소리에서 연유한〉 "간다~", "찌구~ 찌구~" 들어간다, 〈~ throw\hurl〉, 〈↔dawdle\crawl〉 〈유2〉

18. **yell [옐]**: 〈←gyllan(cry out)〉, 〈게르만어〉, 소리 지르다, 화내다, 〈~ holler\scream〉, 〈↔mumble\stammer\quiet〉 〈기2〉

19. **yel·low [옐로우]**: 〈←geolo ←ghel(shine)〉, 〈게르만어〉, gold color, 노랑, 황색, 누런, 속된, 〈인천의 Yellow House처럼〉 음란한, 주의를 요하는, 〈~ xantho〉, 〈↔blue\purple〉, 〈↔brave\courageous〉 〈미2〉

20. **Yel·low Book [옐로우 북]**: 예방 접종 증명서, 정식명은 International Certificate of Vaccination 〈미2〉

21. **yel·low card [옐로우 카아드]**: ①반칙 경고장, 〈~ warning〉 ②Y~ C~: 예방 접종 증명서, 〈~ immunization card〉 〈미2〉

22. ★**yel·low col·lar [옐로우 칼러]**: (예술 분야 등) 창의력으로 밥벌이 하는 자, 창조 노동자, 〈~ creative profession〉, 〈~(↔)gold-collar〉 〈미2〉

23 **yel·low flag** [옐로우 훌래그]: ①황색기(검역기·위험 표시기·추월 금지기), 〈~ impediment\hindrance〉 ②노랑꽃창포, 〈~ yellow iris\water-flag〉 미2

24 **yel·low jour·nal·ism** [옐로우 져어늘리즘]: 황색 신문(잡지), 선정주의 '저질' 출판업, 〈~ tabloid\sensationalism〉, 〈↔sincere reporting〉, 〈↔Bible?〉 미2

25 ★**yel·low Pages** [옐로우 페이쥐스]: 직업별 주소록, 업종별 전화번호부, 〈~ business directory〉, 〈↔white pages〉 미1

26 ★**yel·low-per·il** [옐로우 페륄]: 황화(황색 인종이 서양 문명을 압도한다는 백색 인종의 공포심; 19세기 말 독일 황제 Wilhelm II가 중국 침략을 정당화하기 위해 주장한 말), 동양인·황색 인종 두려움, 〈fear of yellow race〉, 〈↔white-peril〉 미2

27 ★**yelp** [옐프]: 〈영국어〉, 〈의성어〉, 캥캥하다, 쨱쨱 짖다, 소리침, yell+help(소비자가 평가한 전 세계의 1억 개 이상의 봉사업체의 등급 목록처), 〈~ yap\yawp〉, 〈↔whisper\murmur〉 영1 우1

28 **yen²** [옌]: 〈←yuan(round)〉, '둥근'이란 뜻의 중국어에서 나온 일본어, ¥; 일본 화폐 단위, = JPY 수1

29 **yes** [예스]: 〈←gose ←gea+si(so it be)〉, 〈게르만어→영국어〉, 네, 그래, 맞다, '아니' 〈나는 긍정적이다〉, 〈나는 좋은 쪽이다〉, 〈~ ay(e)〉, 〈↔no\nah\nay〉 게2

30 ★**yes-n't** [예스트]: 〈2008년 신조어〉, maybe yes · maybe no, 잘 몰라, 생각해 볼게, '51%는 'no'' 영2

31 **yes·ter·day** [예스터 데이]: 〈라틴어+게르만어〉, 어제, 〈되돌아오지 않는〉 지난〈yester〉날〈day〉, 바로 얼마 전에, 〈↔today\tomorrow〉 영1

32 **yet** [옐]: 〈←juta(till now)〉, 〈게르만어→영국어〉, 아직, 다시, 그런데도, 〈더 볼일이 있다는 말〉, 〈~ though〉, 〈↔never\hence〉 게2

33 **yew** [유우]: 〈←iw(a pine)〉, 〈게르만어〉, 주목, 〈활의궁·건축재·붉은 염료·약재로 쓰이는〉 고산에서 자라는 (구대륙의) 상록침엽교목, 〈~ a coniferous tree〉 미2

34 **yield** [이일드]: 〈←geldan(pay)〉, 〈게르만어〉, '내주다', 산출하다, 양보하다, 굴복하다, 수익률, give-way(영국), 〈~ guild〉, 〈~ bend\succumb〉, 〈↔resist\reign\cap rate〉, 〈↔right of way〉 영1

35 **yin** [인]: sbade(moon), 〈중국어〉, 음, 태극이 나뉜 두 가지 기운 중 어두운 것을 칭함, 〈↔yang〉 게2

36 ★**yip·pee** [이피이]: 〈미국어〉, yipee, 야, 만세(구호·외침), 〈~ boom-shaka-laka〉, 〈↔boo\alas〉 양2

37 ★**yip·pie** [이피]: (1960년대) 미 반전 체제 젊은이들, Youth International Party+hippie 수2

38 **YMCA (Young Men's Chris·tian As·so·ci·at·ion)**: 기독교 청년회, 1844년 〈강건한 기독교인을 목표로〉 런던에 세워졌다 1878년 제네바로 본부를 옮긴 기독 청년의 세계적 수양 단체, 〈↔YWCA〉 미1

39 *★**Y Mo·dem** [와이 모우뎀]: (1985년에 X Modem을 개량해서 만든) 서류철 전송 변복조 장치의 일종, 〈~ bulletin board system〉, 〈X-Modem에 비해 여러개의 서류철을 한꺼번에 보낼 수 있음〉, 〈↔X Modem\Z Modem〉 수1

40 **yo·del** [요우들]: 〈게르만어〉, 〈의성어〉, 산사람들 노랫가락, 〈~ shout\trill〉, 〈↔whisper\laugh〉 게2

41 **yo·ga** [요우거]: 〈'결합(union)'이란 뜻의 산스크리트어〉, 〈촛불 아래에서 해야 제맛이 나는〉 요가, 〈체조나 호흡법 등으로 신체를 통어하고 최고 존재와 합일을 달성하려는〉 인도의 신비 철학, 주관객관 일치, 〈몸과 마음의〉 '통일', 〈TM에서는 정신적인 면이 더 중요시 됨〉, 〈~ yogin〉 수1

42 **yo·gurt \ yo·ghurt** [요우걸트]: 요구르트, fermented milk, 터키에서 개발된 (가루 우유·유지방·젖당을) 유산발효로 응고시킨 〈신맛이 도는〉 우유 수2

43 **yoke** [요우크]: 〈←joh ←jugum ←zygon ←yuga(to join)〉, 〈게르만어 ←라틴어 ←그리스어 ←산스크리트어〉, 멍에, 연결, 가로대(에 맨 한 쌍의 소), 이음쇠, 이음목, (옷의) 어깻죽지, 속박, 〈~ harness〉, 〈~ zygote〉, 〈↔freedom\liberty〉 영1

44 **yolk** [요울]: 〈←geolu(yellow)〉, 〈영국어〉, 노른자위, 난황, 〈↔albumin\egg-white〉 개1

45 **★YOLO** [욜로]: 〈영국어→캐나다어〉, you only live once, 될 대로 돼라, '막가파', 〈~ strik-hedonia〉, 〈↔YODO〉 미2

46 **you** [유우 \ 유]: 〈←yuyam(thou)〉, 〈산스크리트어→게르만어〉, 〈내가 아닌〉 너, 〈멀고도 가까운〉 당신, 〈나보다 못한〉 자네, 〈아쉬운〉 여보, 〈항상 부분만 보이는〉 그대, 〈일심이체의〉 '자기', 〈나를 보라는〉 '어이' 양1

47 **★you are out of your league**: 당신의 능력 밖, 오르지 못할 나무는 쳐다보지도 마라, 〈~ don't bother trying the impossible〉 양2

48 **★you bet** [유 뱉]: 틀림없이, 당연하지, 문제없어, 〈~ certainly\by all means〉, 〈↔hell no\no way〉 양2

49 **★you can lead a horse to wa-ter but you can't mke it drink**: 평양 감사도 저 싫으면 그만이다, 〈~ you can buy a toy for a child, but you can't make her(him) play with it〉 양2

50 **★you can run but you can't hide**: 〈1941년경에 미국 권투 선수가 만들어 낸 말〉, 뛰어야 벼룩, 〈~ can't get away from〉 양2

51 **★you can sound wa·ter ten miles fath·oms deep, but you can't sound hu·man heart a single inch**: 열 길 물 속은 알아도 한 길 사람 속은 모른다, 〈~ human nature is un-fathomable〉 양2

52 **★you can't cut cor·ners**: 바늘 허리에 실 매어 쓰랴, 〈~ slow and steady wins the race\haste makes waste〉 양2

53 **★you can't find a po·lice-man when you need one**: 개똥도 약에 쓰려면 없다, 〈~ it's never around when you need one〉 양2

54 **★you can't have your cake and eat it too**: 두 마리 토끼를 잡으려다 둘 다 놓친다, 양다리 걸치려다 허방에 떨어진다, 〈~ between two stools, one falls to the ground〉 양2

55 **★you can't make an om·e·let with-out break-ing eggs**: 중요한 일을 할 때는 사소한 문제가 따르기 마련이다, 대범하게 행동하라, 〈~ no venture, no gains〉 양2

56 **★you can't make some-thing out of noth·ing**: 무에서 유를 만들 수는 없다, 소도 언덕이 있어야 비빈다, 〈↔creatio ex nihilo〉 양2

57 **★you can't scratch your own back**: 제 잔등 제가 못 긁는다, 중이 제 머리 못 깎는다, 〈↔you scratch my back, and I'll scratch yours\tit for tat〉, 〈그래서 등긁개 처가 필요한 것이여〉 양2

58 **★you can't see (what's) right un·der your own nose**: 등잔 밑이 어둡다, 등하불명, 〈~ the foot of the candle is dark〉 양2

59 **★you can't teach an old dog new tricks**: 늙은 개에게 새 재주를 가르칠 수 없다, 〈↔never too late to learn〉 양2

60 **★you don't know what you'v got till it's gone**: 〈1961년 미국의 대박 가요 가사〉, 놓친 고기가 더 커 보인다, 구관이 명관, 〈~ never know the worth of water till the well is dry〉 양2

61 **★you don't say!** [유우 도운트 쎄이]: 설마!, 정말!, 그래요!, 〈~ really?\no kidding\you said it〉 양2

62 **★you get what you pay for**: 싼 게 비지떡, 자업자득, 〈~ you reap what you sow\what goes around comes around〉, 〈↔money well spent〉 양2

63 **★you have to get your hands dirt-y to get the work done**: 손 안 대고 코 풀 수는 없다, 구더기 무서워 장 못 담글까, 〈~ you can't succeed if you are afraid of failure〉 양2

64 **★you know** [유 노우]: 저, 그게, 알잖아, 알다시피, 〈~ like\well〉 기2

65 **★you made your bed, you lie on it**: 네가 판을 벌려 놨으니 (싫어도) 네가 처리해라, 자업자득, 결자해지, 〈~ he who dances must pay the piper〉, 〈tort law〉 양2

66 ★**you nev·er know the true val·ue of any-thing un-till you try it**: 고기는 씹어야 맛을 안다, 〈~ let the beauty of what you love be what you do\work hard, have fun, make history〉 **양2**

67 **young** [영]: 〈←geong(juvenile)〉, 〈게르만어〉, 젊은, 어린, 기운찬, 덜 익은, 새끼, 〈~ youth〉, 〈↔old〉 **일1**

68 **young-ster** [영스터]: 청소년-비하적 표현, 〈~(↔)young blood〉, 〈↔elder〉 **양2**

69 ★**you-plus** [유 플러스]: you+, 〈전망이 밝다는〉(중국에서 시작된) '젊은이들이 교제할 수 있는 시설을 만들어 놓은' 공유 주택, 〈~ sudio complex〉 **우2**

70 **your** [유어 \ 열]: 당신(들)의, 자네(들)의 **양2**

71 ★**you reap what you sow**: 뿌린 대로 거둔다, 콩 심은 데 콩나고 팥 심은 데 팥난다, 인과응보, 자업자득, 〈~ karma〉, 〈~ what goes around, coems around〉, 〈↔autonomy\choice〉 **양2**

72 ★**your fly¹ is o·pen** [유어 훌라이 이즈 오우픈]: 당신의 바지 앞 남대문(zipper)이 열렸네요, 〈~ examine your zipper\XYZ〉, ⇒ dead bird **양2**

73 **yours** [유어즈]: 당신 것, 총총(편지 쓰고 나서), 여불비례, 〈~ your own\sincerely〉 **미1**

74 ★**you said it**: 맞다, 맞아, 〈맞장구치는 말〉, 〈~ you got it〉, 〈~ tell me about it!〉 **양2**

75 ★**you scratch my back, I will scratch yours**: 가는 정이 있어야 오는 정이 있다, 〈~ do me a favor, I will re-turn it\give and take〉 **양2**

76 ★**you see** [유 씨이]: 실은, 있잖아, 보다시피, 〈~ understood\don't you know〉 **가2**

77 **youth** [유쓰]: 〈게르만어〉, 〈지나고 나면 아쉬운〉 젊음, 〈어린이와 어른 사이의〉 젊은이, 〈항상 배고픈〉 청춘(기), 혈기, 〈~ young〉, 〈↔old age\elder〉 **미2**

78 ★**You Tube** [유우 튜우브]: ⇒ U tube **수2**

79 ★**you've got me** [유우브 같 미이]: 네가 나를 낚시로 꿰었구나, 난 그것을 생각 못 했어, 할 말 없군, 손들었네, I have no idea **양2**

80 **Yu·an** [유안]: 〈'으뜸(principal)'이란 뜻의 중국어-편자의 이름에도 하나 들어 있지요〉 ①¥, 원(위안), 중국 화폐 단위, 〈~ Ren-min-bi〉 ②〈1279년 몽골의 쿠빌라이가 남송을 멸망시키고 세웠다가 1368년 한족의 명나라가 세워질 때까지 중국을 지배했던〉 원나라 **중1**

81 ★**yum·pie** [염피] (young up·ward·ly mo·bile pro·fes·sion·als): 출세 지향적 젊은 지적 직업인 **수2**

82 ★**yup·pie** [여피] (young ur·ban pro·fes·sion·als): 젊은 전문 직업인, 여피족(도시에 사는 젊고 세련된 고소득 전문직 종사자) **수2**

83 ★**yut** [윹 \ 옅]: ①〈한국어〉, 윷, 'sticks' board-game, 〈네모난 불붙이는 장작〉, 〈삼국시대부터 내려온〉 한국의 윷놀이, 〈Korean backgammon〉 ②yes(응··그래)의 신세대어 **수2 양2**

84 **YWCA** (Young Wom·en's Chris·tian As·so·ci·a·tion): 기독교 여자 청년회, 1855년 크림전쟁에서 돌아온 간호사들에게 직업 알선을 하기 위해 런던에 세워졌다 나중에 YMCA와 비슷한 성격으로 발전하면서 1930년 제네바로 본부를 옮긴 젊은 기독 여성의 세계적 봉사·수양 단체, 〈↔YMCA〉 **미1**

1. **Z \ z** [지이]: 제트, 고대 이집트의 화살촉 모양을 딴 상형문자에서 유래한 인쇄물에서 24번째 정도로 자주 쓰이는 영어 알파벳의 마지막 글자, 미지수, Z 좌표, zero·zone·zenith의 약자, 잠, 코 고는 소리, 〈어전지 멀리하고 싶은 글자〉 🈷2

2. **zap** [쟵]: 〈미국어〉, 〈의성어〉, 분쇄하다, 일격, 원기, 〈~ destroy\bolt〉, 〈↔establish\amble〉 🈷2

3. ***zap-per** [쟵퍼]: 〈←zap〉 ①강(타하는)적 ②무선 화면 바꾸개 ③해충박멸(전자파) 장치 ④광고 방송을 건너뛰고 보는 시청자 🈷2

4. ***zap-ping** [재핑]: 재생 프로에서 광고 부분을 빼고 빨리 돌림, 〈~ rushing\whacking〉 🈷2

5. **zeal** [지일]: 〈←zeein(to boil)〉, 〈그리스어〉, 열의, 열정, '경쟁', (얼룩말 등의) 떼, 〈→ jealousy〉, 〈~ ardor\passion〉, 〈↔apathy\indifference〉 🈶2

6. ★**zeal of the con-verts** [지일 어브 더 컨붜얼즈]: 개종자들의 (지나친) 열정, 늦게 배운 도둑이 날 새는 줄 모른다, 〈~ converts are the worst〉 🈶2

7. **zeal-ous** [젤 러스]: 〈←zeal〉, 열심인, 열광적인, 〈~ fierce\fervent〉, 〈→ jealousy〉, 〈↔apathetic\indifferent〉 🈶2

8. ★**zeal-ot** [젤러트]: 열중자, 열광자, 광신자, 〈~ partisan〉, 〈↔dilettante\dabbler〉 🈶2

9. **ze·bra** [지이브러]: equus(horse)+ferus(wild), 〈편자는 어원 불명의 원주민어라고 쓰고 싶으나 선상님들이 라틴어가 어원이라 함〉, '야생말', 〈공황발작을 일으켜 사육하기 힘든〉 (아프리카 원산의 흑백 줄무늬가 있는) 얼룩말, wild ass 🈵2

10. **Zen** [젠]: 〈←dhyana(meditation)〉, 〈산스크리트어에서 유래한 중국어〉, '선', 참선, 선종 (명상을 중시하는 일본식 불교) 🈵2

11. **ze·nith** [지니스]: 〈←semt-ar-ras(way of the head)〉, 〈'머리 위'란 뜻의 아랍어에서 유래한〉 천정, 정상, 절정, 〈nadir의 반대〉, 〈↔horizon\equinox〉 🈶2

12. **ze·ro** [지어로우]: 〈←sifr(cipher)〉, 〈아랍어〉, 영(점), 최하점, 없는, 〈~ nought\nil〉, 〈↔zero〉 🈶2

13. ***ze·ro day** [지어로우 데이] at-tack: 0 day, 〈신조어〉, '영일', 전산기 보안 담당자가 고칠 여유가 없게 출품 당일에 정보를 조작하는 짓 🈵2

14. ★**ze·ro fucks** [지어로우 훜스]: 신경 쓰지 않음, 관심 없음, 〈~ que sera sera〉, 〈↔(much) concerned\interested〉 🈶2

15. ★**ze·ro-in** [지어로우 인]: 영점 조준, ~에 초점을 맞추다, 〈~ focus (on)〉 🈶2

16. ★**ze·ro-sum** [지어로우 썸]: '합쳐서 0인', 영합(의), 내가 얻은 것만큼 상대방이 잃는, '또이 또이', 〈~ even〉, 〈↔win-win〉 🈷2

17. **zest** [제스트]: 〈←zeste(piquency)〉, 〈프랑스어〉, 맛, 풍미, 묘미, 풍취, 감귤류의 껍질에서 나는 향내, 〈~ appetite\gusto〉, 〈↔apathy\distaste〉 🈶2

18. **Zeus** [쥬우스]: 〈←dyeu(shine)〉, 〈'빛나다'란 뜻의 산스크리트어에서 유래한〉 제우스, '천신', 그리스 신화의 최고의 신(우두머리), 크로노스와 레아의 아들, 〈~ vajra\Jupiter\Thor〉 🈴1

19. ★**zhuzh** [쥬우즈]: 〈의성어?〉, 〈1970년에 등장한 어원 불명의 속어〉, 멋지게 꾸미다, 마지막 손질, 〈~ jazz-up〉, 〈↔kill\destroy〉 🈶2

20. **zig-zag** [지그 재그]: 〈←zacke(a dentil)〉, 〈게르만어〉, 〈의태어〉, 〈이빨자국 모양〉 꾸불꾸불한, 번개꼴, 'Z자가 연결된 것 같은', 〈~ meander\twist and turn〉, 〈↔straight〉 🈶2

21. ★**zilch** [질취]: 〈아마도 zero 또는 알파벳의 끝글자 z에서 연유한 듯한 미국 대학생 속어〉, 무능한 자, 보잘것 없는 사람, 모씨(무명의 사람), 〈~ nothingness〉, 〈↔some-body\reservoir〉 🈶2

22. **zil·lion** [질리언]: 〈인조 영국어〉, large number, 몇천억, 수천억, 엄청난(수), 억만, 〈~ gazillon〉 🈶2

23 **★Zil·low** [질로우]: 〈←zillion pillows?〉, '억만 채(집)', 2006년에 창립된 북미의 부동산 자료 전문 전산망 회사 ❷

24 **zinc** [징크]: 〈sing(stone)이란 페르시아어에서 연유했다는 학설도 있으나〉 〈어원 불명의 게르만어〉, 아연, 금속원소(기호 Zn·번호30), (주로 합금용으로 쓰이는) 뾰족뾰족한 회백색의 암석에 들어 있는 비교적 유연한 광물질, pseudo-silver ❶

25 **zin·fan·del** [진훤델]: 〈'일찍 익는(the first to ripen)'이란 뜻의 라틴어에서 유래한 이탈리아어?〉, 진판델, (캘리포니아산의) 당분이 많은 흑포도로 적포도주나 '분홍' 포도주의 원료로 쓰임, 〈~ blush-wine〉 ❷

26 **Zi·on** [쟈이언]: 〈←Tsiyon(highest point)〉, 〈히브리어〉, 시온(산), 예루살렘에 있는 성산, 〈이상향〉, 미국 유타주에 있는 〈성령이 내려올 것 같은〉 국립공원 ❶

27 **zip** [집]: 〈영어〉, 〈의성어〉, 핑 하고 지나가다, (신속한) 여닫기, 〈~ speed\fasten〉, 〈↔mile-stone〉 ❷

28 **zip-code** [집 코우드]: zone improvement program, 1963년에 도입된 5자리로 된 (미) 우편번호 제도, 〈~ post code〉 ❷

29 ***Zip drive** [집 드라이브]: 전산기의 신속한 '구동장치', 다량의 자료를 소 원반에 담을 수 있도록 고안한 100이나 250메가바이트짜리 자기기억력 대체 장치, 〈~(↔)flash drive〉 ❷

30 **zo·di·ac** [죠우디액]: 〈←zodion ←zoon(animal)〉, 〈그리스어〉, 황도대, 천궁(12 별자리, '짐승 대'), 〈~ zoo〉, 〈~ cycle\wheel〉 ❷

31 **zom·bie** [잠비]: 〈←nzumbe(ghost)?〉, 〈서아프리카 원주민어〉, 무의지, 무기력, 기인, 〈되살아난 시체같이〉 무력한 사람, 〈~ walking dead〉, 〈↔alive\superhero〉 ❷

32 **★zom·bie drug** [잠비 드뤅그]: 〈2022년에 미국에서 대두한 마약〉, 속칭 tranq라 통하는 동물진정제 xylazine과 fentanyl을 혼합한 강력한 마취제로 호흡곤란과 주사 부위의 근육이 괴사하는 부작용이 있음, '유령마약' ❷

33 **★zom·bie-ing** [잠비잉]: 〈신조어〉, (사회 전산망에서 ghosting) 〈사라졌던〉 자가 태연히 다시 나타나는 짓 ❷

34 **zone** [죠운]: 〈←zonnynai(to gird)〉, 〈그리스어〉, belt, 지대, 지구, 구역, 〈넘지 못할〉 여자의 허리띠, 〈~ area\territory〉 ❷

35 **zoo** [쥬우]: 〈'생물(zoion)'이란 뜻의 그리스어에서 유래한 영국어〉, 동물원, 혼란한 장소, 난장판, 〈~ animal park\mad-house〉, 〈↔aquarium\botanic garden(arboretum)〉, 〈↔tranquility〉 ❶

36 **zoom** [쥬움]: 〈1917년경에 등장한 의성어〉, 붕 소리 내다, 급등, 급격한, 〈~ fly\focus〉, 〈↔amble\stroll〉 ❶

37 **★Zoom-er** [쥬우머]: 〈baby boomer에 대해 'zoom'에 익숙한〉 Z 세대인 ❷

38 **★zoom-tor** [쥬우터]: Zoom+tutor, Zoom을 통해 수업을 하는 개인교사, '원격가정교사' ❷

39 **zouk** [쥬우크]: 〈'to party'란 뜻의 Creole 프랑스어〉, 서인도제도에서 나와 1980년대 프랑스 악단에 의해 전파된 화려한 음조의 강박자 음악, 〈고삐 풀린 연회〉, 〈~ turmoil\jumble〉 ❷

40 **★Z-shit** [지이 쉴]: 〈노래 가사에서 연유한〉 Haiti 후손들, z-shit: '물찌똥' ❷ ❷

41 **zuc·chi·ni** [쥬우키이니]: 〈←zucca(a squash)〉, 〈이탈리아어〉, 서양 호박의 한 품종, 오이 모양의 호박, 애호박, 〈~ gourd〉, 〈pumpkin은 크고 타원형임〉 ❷

APPENDIX

부록

부록1	세계의 인구 추세	646
부록2	〈순서로 본〉 세계의 대도시	647
부록3	그리스와 로마 신들의 대조표	648
부록4	운명과 운	651
부록5	인체	653
부록6	의류 크기의 대조표	655
부록7	도량형 환산표	657
부록8	세계의 언어	661
부록9	기호문자	666
부록10	전산망 약자	668
부록11	법정 용어	676
부록12	불규칙 동사표	686
부록13	불규칙(복수) 명사표	692
부록14	미어와 영어의 차이	698
부록15	한국식 영어(Konglish)	712
부록16	미국의 사증(Visa)	722
부록17	위대한 발명품들(great inventions)	724

부록1

세계의 인구 추세(world population projection)

2020 UN report

나라	인구(millions)			순서		
	2020	2050	2100	2020	2050	2100
China	1,424	1,317	771	1	2	2
India	1,390	1,668	1,533	2	1	1
United States	336	375	394	3	3	6
Indonesia	271	317	297	4	6	8
Pakistan	225	366	487	5	5	4
Brazil	212	231	185	6	7	11
Nigeria	206	375	546	7	4	3
Bangladesh	166	204	177	8	10	13
Russian Federation	146	133	112	9	14	20
Mexico	126	144	116	10	13	18
Japan	126	104	74	11	17	33
Ethiopia	115	213	323	12	9	7
Philippines	111	157	180	13	12	12
Egypt	106	160	205	14	12	10
Democratic Republic of the Congo	91	215	431	16	8	5
Tanzania	61	129	244	24	15	9
Niger	24	66	166	56	24	14
(South) Korea	51.8	46.8	29.5			
World	7,805	9,687	10,335			

부록2

〈순서로 본〉 세계 대도시의 인구 추세(big city population projection)

<pop: millions>

순서	도시	2025	도시	2050	도시	2075	도시	2100
1	Tokyo	36.40	Mumbai	42.40	Kinshasa	58.42	Lagos	88.30
2	Mumbai	26.39	Delhi	36.16	Mumbai	57.86	Kinshasa	83.53
3	Delhi	22.50	Dhaka	35.19	Lagos	57.20	Dar es Salaam	73.68
4	Dhaka	22.02	Kinshasa	35.00	Delhi	49.34	Mumbai	67.24
5	São Paulo	21.43	Kolkata	33.04	Dhaka	46.22	Delhi	57.33
6	Mexico City	21.01	Lagos	32.63	Kolkata	45.09	Khartoum	56.59
7	New York City	20.63	Tokyo	32.62	Karachi	43.37	Niamey	56.15
8	Kolkata	20.56	Karachi	31.70	Dar es Salaam	37.49	Dhaka	54.25
9	Shanghai	19.41	New York City	24.77	Cairo	33.00	Kolkata	52.40
10	Karachi	19.10	Mexico City	24.33	Manila	32.75	Kabul	50.30
11	Kinshasa	16.76	Cairo	24.03	Kabul	32.67	Karachi	49.06
12	Lagos	15.80	Manila	23.55	Khartoum	30.68	Nairobi	46.66
13	Cairo	15.56	São Paulo	22.82	Tokyo	28.92	Lilongwe	41.38
14	Manila	14.81	Shanghai	21.32	Nairobi	28.42	Blantyre	40.91
15	Beijing	14.55	Lahore	17.45	New York City	27.92	Cairo	40.54
16	Buenos Aires	13.77	Kabul	17.09	Baghdad	24.39	Kampala	40.14
17	Los Angeles	13.67	Los Angeles	16.42	Mexico City	24.18	Manila	39.96
18	Rio de Janeiro	13.41	Chennai	16.28	Lahore	23.88	Lusaka	37.74
19	Jakarta	12.36	Khartoum	16.00	Addis Ababa	23.81	Mogadishu	36.37
20	Istanbul	12.10	Dar es Salaam	15.97	Chennai	22.21	Addis Ababa	35.82
21	Guangzhou	11.84	Beijing	15.97	Bengaluru	21.31	Baghdad	34.10
22	Osaka-Kobe	11.37	Jakarta	15.92	São Paulo	21.28	New York City	30.19
23	Moscow	10.53	Bengaluru	15.62	Shanghai	21.05	N'Djamena	28.81
24	Lahore	11.37	Buenos Aires	15.55	Niamey	20.37	Kano	28.28
25	Shenzhen	10.20	Baghdad	15.09	Kampala	20.23	Sana'a	27.21
26	Chennai	10.13	Hyderabad	14.61	Hyderabad	19.94	Lahore	27.05
27	Paris	10.04	Luanda	14.30	Luanda	19.65	Chennai	25.81
28	Chicago	9.93	Rio de Janeiro	14.29	Los Angeles	18.51	Tokyo	25.63
29	Tehran	9.81	Nairobi	14.25	Kano	17.69	Bengaluru	24.77
30	Seoul	9.74	Istanbul	14.18	Jakarta	17.55	Ibadan	23.68

부록3
그리스와 로마 신들의 대조표

그리스	로마	뜻	관계
Achilles	Achilles	용감한 '반신'	펠레우스와 테티스의 아들
Aeolus	Aeolus	"바람"의 신	헬렌과 바이올리스의 족장의 아들
Aether	Aether	(원시) 빛/"창공"의 신	에레보스와 닉스의 아들
Aphrodite	Venus	미/"정염"의 여신, 금성	제우스와 디오네의 딸, 헤파이스토스의 아내, 에로스의 어머니
Apollon	Phoebus	"태양"/활의 신	제우스와 레토의 아들
Ares	Mars	"전쟁"의 신, 화성	제우스와 헤라의 아들
Artemis	Diana	"달"/사냥의 여신	제우스와 레토의 딸
Asteria	Delos	<떨어지며> 빛나는 별	코이오스와 포이베의 딸
Athena	Minerva	"지혜"/전쟁의 여신	제우스와 메티스의 딸
Atlas	Atlas	"지구력"의 신	<지구를 짊어지게 된> 이아페토스와 클리메네의 아들
Clymene	Asia	"명성"의 요정	오케아노스와 테티스의 딸
Coeus	Polus	"의문"의 신	우라노스와 가이아의 아들
Cronos	Saturnus	"천공"의 신, 토성, 거인족의 일원	레아의 남편, 제우스의 아버지
Demeter	Ceres	"땅"의 여신	크로노스와 레아의 딸, 페르세포네의 어머니
Dionisos	Bacchus	"포도주"의 신	제우스와 세멜레의 아들
Eileithyia	Lucina	"출산"의 여신	제우스와 헤라의 딸
Eirene	Pax	"평화"의 여신	제우스와 테미스의 딸
Eos	Aurora	"새벽"의 여신	히페리온과 테이아의 딸, 헬리오스와 셀레네의 형제·자매
Erebus	Scotus	(원시) "어둠"의 신	"혼돈"의 아들, 닉스의 오빠
Eris	Discordia	"불화"의 여신	닉스가 혼자 낳은 딸
Erinyes	Furiae, Oirae	"복수"의 여신들	타알타루스가 범죄자를 처벌하기 위해 보낸 3명의 자매
Eros	Cupid	"사랑"의 신	아레스와 아프로디테의 아들, 프시케의 남편
Gaia	Terra, Tellus	"대지"의 여신	"혼돈"의 딸
Graces	Gratiae	"자비"의 여신	제우스와 에우리노메의 세 딸들
Hades	Pluton	"저승"의 신, (옛)명왕성	크로노스와 레아의 아들, 페르세포네의 남편

그리스	로마	뜻	관계
Harmonia	Concordia	"조화"의 여신	아레스와 아프로디테의 아들딸
Hebe	Juventas	봄/ "청춘"의 여신	제우스와 헤라의 딸
Helen	Helena	"미녀" (반신)	제우스와 레다의 딸
Helios	Sol, Sola	"태양"의 신	히페리온과 테이아의 아들
Hemera	Dies	"낮"의 여신	에레보스와 닉스의 딸
Hephaestos	Vulcanus	불/"대장간"의 신	제우스와 헤라의 <절름발이> 아들
Hera	Juno	"가정"의 여신	크로노스와 레아의 딸, 제우스의 누이 겸 아내
Heracles	Helacules	헤라의 자랑거리, "장사" (반신)	제우스와 알크메네의 아들
Hermes	Mercurius	"전령"의 신, 수성	제우스와 마이아의 아들
Hestia	Vesta	불/"화로"의 여신	크로노스와 레아의 딸
Hyperion	Sun	(원시) "태양"신	우라노스와 가이아의 아들, 테이아의 남편
Hypnos	Somnus	"잠"의 신	에레보스와 닉스의 아들
Iapetus	Iapetus	"송곳"의 신	우라노스와 가이아의 아들
Iris	Arcus	"무지개"의 여신	바다 신과 구름 요정의 딸
Khaos	Chaos	"혼돈"	신이 나오기 전의 '무질서한 상태'
Leto	Latona	"모성애"의 상징	코이오스와 포이베의 딸, 아폴론과 아르테미스의 어머니
Morpheus	Somnia	"꿈"의 여신	히프노스가 <자위로 만든> 아들
Nemesis	Invidia	"징벌"의 여신	닉스가 혼자 낳은 딸
Nereus	Nereus	"바다"의 노인	폰토스와 가이아의 아들
Nike	Victoria	"승리"의 여신	아테나의 육신
Nyx	Nox	(원시) "밤"의 여신	"혼돈"의 딸, 에레보스의 누이
Oceanos	Ocean	<평온한> "바다"의 신	우라노스와 가이아의 아들
Ouranos	Caelus	"하늘"의 신	"혼돈"의 아들
Pandora	Pandora	"악"의 덩어리	<인간을 조정하기 위해> 제우스가 내린 선물
Persephone	Proserpine	"저승"의 여신	제우스와 데메테르의 딸, 하데스의 조카딸 겸 아내
Phobos	Timor	"공포"의 신	아레스와 아프로디테의 아들
Pomona	Pomona	"전원"의 요정	(계절의 신) 베르툼누스의 아내

그리스	로마	뜻	관계
Pontus	Pontus	(원시) "바다"의 신	아에테르와 가이아의 아들
Poseidon	Neptunus	<거친> "바다"의 신, 해왕성	크로노스와 레아의 아들
Prometheus	Prometheus	<인간과 친했던> "불"의 신	우라노스와 가이아의 아들
Psyche	Psyche	"영혼"	에로스의 아내
Rhea	Cybele, Ops	"동물의 안주인"	크로노스의 누이 겸 아내
Satyr	Faun	숲의 요정	디오니소스의 친구
Selene	Luna	"달"의 여신	히포리온과 테이아의 딸
Tartarus	Tartarus	<괴물들이 사는> "암흑계"의 신	"혼돈"과 가이아의 아들
Thaumas		<포세이돈에게 축출된> "바다"의 신	폰토스와 가이아의 아들
Theia	Dione	(지구와 충동한) "거대항성"	우라노스와 가이아의 딸, 히페리온의 누이 겸 아내
Themis	Justia	"정의"의 여신	우라노스와 가이아의 딸
Thetis	Thetis	"바다"의 요정	네레우스의 50명 딸 중 하나(Nereids)
Tyche	Fortuna	"행운"의 여신	헤르메스와 아프로디테의 딸
Uranus	Caelus	"하늘의 신"	가이아의 남편 겸 아들
Zeus	Jupiter	"광명", 목성	크로노스와 레아의 아들, 올림피아 왕국의 시조
	Janus	<얼굴이 앞·뒤에 있는> "출입구"의 수호신	<편자는 "창녀"의 수호신이라 부르고 싶으나 Jupiter의 허가를 못 받았음>

부록4
운명과 운수 (fate and fortune)

<황도대>

간지	동물	생일
Aries	Ram (숫양)	Mar.21~Apr.19
Taurus	Bull (황소)	Apr.20~May 20
Gemini	Twins (쌍둥이)	May 21~June 20
Cancer	Crab (게)	June 21~July 22
Leo	Lion (사자)	July 23~Aug. 22
Virgo	Virgin (처녀)	Aug.23~Sept. 23
Libra	Scales (천칭)	Sept.24~Oct. 23
Scorpio	Scorpion (전갈)	Oct.24~Nov. 21
Sagittarius	Archer (궁수)	Nov.22~Dec. 21
Capricorn	Goat (염소)	Dec.22~Jan.19
Aquarius	Water Bearer (물병)	Jan.20~Feb.18
Pisces	Fish (물고기)	Feb.19~Mar.20

<탄생석과 탄생화>

달	탄생석 (의미)	탄생화
1	**Garnet** (지조)	Carnation (카네이션)
2	**Amethyst** (성실)	Violet (제비꽃)
3	**Aquamarine** (지혜)	Jonquil (노랑 수선화)
4	**Diamond** (순진)	Sweet Pea (사향 연리초), Daisy (데이지)
5	**Emerald** (행복)	Lily of the Valley (은방울꽃)

달	탄생석 (의미)	탄생화
6	**Pearl** (부)	Rose (장미)
7	**Ruby** (자유)	Larkspur (참제비고깔)
8	**Peridot** (우정)	Gladiolus (붓꽃)
9	**Sapphire** (진리)	Aster (과꽃)
10	**Opal** (희망)	Calendula (금잔화)
11	**Topaz** (충절)	Chrysanthemum (국화)
12	**Turquoise** (성공)	Narcissus (수선화), Holly (호랑가시나무)

<주년식 선물>

연차	선물	연차	선물
1st	Paper (종이제품)	13th	Lace (섬세한 옷)
2nd	Cotton (면직물)	14th	Ivory (상아)
3rd	Leather (가죽제품)	15th	Crystal·Glass (수정·유리제품)
4th	Linen·Silk (아마·비단제품)	20th	China (도자기)
5th	Wood (나무제품)	25th	Silver (은제품)
6th	Iron (철제)	30th	Pearl (진주제품)
7th	Wool·Copper (털·구리제품)	35th	Coral·Jade (산호·보석)
8th	Bronze (청동제품)	40th	Ruby (홍옥제품)
9th	Pottery·China (도기류)	45th	Sapphire (청옥제품)
10th	Tin·Aluminum (주석·알루미늄제품)	50th	Gold (금제품)
11th	Steel (강철제품)	55th	Emerald (취옥제품)
12th	Silk (비단)	60th	Diamond (금강석제품)

부록 5-a
인체 부위의 명칭

라틴어	영어	한국어 (한문)
abdomen	abdomen	배 (복-腹)
acromion	shoulder	어깨 (견-肩)
anus	anus (ass)	똥구멍 (항문-肛門)
auris	ear	귀 (이-耳)
axilla	arm·pit	겨드랑 (액와-腋窩)
brachium	arm	팔 (박-膊)
bucca	cheek	뺨 (협-頰)
calcaneus	heel	발꿈치 (종-踵)
capillus	\<head\>hair	\<머리\>털 (두발-頭髮)
carpus	wrist	손목 (완-腕)
cephalon	head	머리 (두-頭)
cervicis	neck	목 (경-頸)
costa	rib	갈비뼈 (늑골-肋骨)
cranium	skull	머리뼈 (두골-頭骨)
crus	leg	다리 (각-脚)
dens	tooth	이\<빨\> (치아-齒牙)
dermis	skin	살갗 (피부-皮膚)
digits	fingers	손가락 (수지-手指)
dorsum	back	등 (배-背)
facies	face	얼굴 (안면-顔面)
facium	throat	목구멍 (인후-咽喉)
femur	thigh	넓적다리 (퇴-腿)
frons	fore head	이마 (액-額)
genu	knee	무릎 (슬-膝)
gingiva	gum	잇몸 (치주-齒周)
gluteus	buttock	볼기 (둔-臀)
hallux	great toe	엄지 발가락 (무-拇)
linguen	groin	고샅, 사타구니 (고간-股間)
lumbus	loin	허리 (요-腰)
mamma	breast	젖 (유방-乳房)
manus	hand	손 (수-手)
mentis	chin	턱 (하악-下顎)
nares	nostril	콧구멍 (비공-鼻孔)
nasus	nose	코 (비-鼻)
oculus	eye	눈 (안-眼)
olecranon	back of elbow	팔꿈치 (주-肘)
oris	mouth	입 (구-口)
patella	knee·cap	무릎뼈 (슬골-膝骨)
pelvis	pelvis	'동이뼈' (골반-骨盤)
penis	cock (penis)	자지·좆 (남근-男根·음경-陰莖)
pes	foot	발 (족-足)
phalanges	toes	발가락 (\<족-足\>지-趾)

라틴어	영어	한국어 (한문)
planta	sole	발바닥 (척-蹠)
polles	palm	손바닥 (장-掌)
popliteus	back of knee	오금 (슬와-膝窩)
pubis	pubis	불두덩 (음부-陰部)
sacrum	sacrum	엉치뼈 (천골-薦骨)
spina	spine	등뼈 (척추-脊椎)
sura	calf	장딴지 (비-腓)

라틴어	영어	한국어 (한문)
tarsus	ankle	발목 (족관절-足關節)
testicle	balls (testis)	불알(음낭-陰囊)
thorax	chest	가슴 (흉-胸)
umbilicus	navel	배꼽 (제-臍)
unguis	nail	<손>발톱 (조-爪)
vagina	vagina	씹주름<구멍> (질-膣)
vulva	cunt (vulva)	씨 입 · 보 지 (음문-陰門)

부록5-b
인체의 구성요소

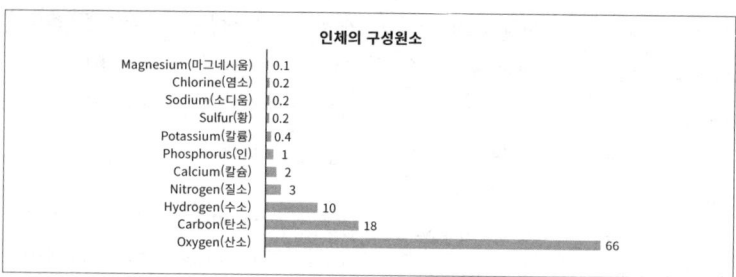

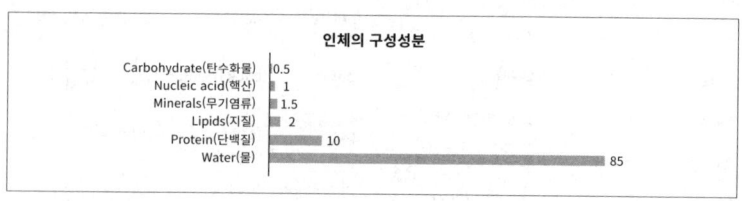

부록6

의류 크기 대조표

남자 정장 및 외투

일반	XXS	XS	S	M	L	XL	XXL	XXXL
한국	80	85	90	95	100	105	110	115
미국·영국	32	34	36	38	40	42	44	46

여성 정장 및 상의

일반	XS	S	M	L	XL	XXL
한국	44	55	66	77	88	110
미국	2	4	6	8	10	12
영국	4-6	8-10	10-12	16-18	20-22	

남자 셔츠

일반	XS	S	M	L	XL	XXL
한국	85	90-95	100-105	110-115	120	125
미국·영국	14	14.5-15	15.5-16	16.5-17	17	18

젖덮개(Bra) 크기

① 젖띠(Band): 밑가슴둘레   ② 젖통(Cup): 윗가슴둘레-밑가슴둘레

한국·일본	미국·영국
(Cm)	(Inches)
60	28
65	30
70	32
75	34
80	36
85	38
90	40

한국·일본	일반	미국·영국
(Cm)		(Inches)
10	A	5
12.5	B	6
15	C	7
17.5	D	8
20	E	9

<뽕을 쓰면 F G H ----로 막 올라갑니다>

남자 신발

한국	240	245	250	255	260	265	275	285	295	300
미국	6	6.5	7	7.5	8	8.5	9.5	10.5	11.5	12
영국	5.5	6	6.5	7	7.5	8	9	10	11	11.5
유럽	37	38	39	40	41	42	43	44	45	46

여자 신발

한국	220	225	230	235	240	245	250	255
미국	5	5.5	6	6.5	7	7.5	8	8.5
영국	2.5	3	3.5	4	4.5	5	5.5	6
유럽	35	35.5	36	37	37.5	38	38.5	40

아동 신발

한국	110	127	144	160	178	195
미국	4	6	8	10	12	13.5
영국	3	5	7	9	11	13
유럽	19	22	24	27	28	31.5

※ 위의 대조표는 국제적으로 공인된 것이 아닙니다.

차 바퀴 압력

Air pressure in automobile tires is expressed in kilopascals. Multiply pound-force per square inch(psi) by 6.89 to find kilopascals(kPa).

24psi=165kPa   28psi=193kPa
26psi=179kPa   30psi=207kPa

〈국제〉 도량형 환산표 (metric conversion table)

길이

1 millimeter (mm)		=0.0394 in
1 centimeter (cm)	=10 mm	=0.3937 in
1 meter (m)	=100 cm	**=1.0936 yd**
1 Kilometer (km)	=1000 m	=0.6214 mi
1 inch (in)		**=25.4 mm**
1 foot (ft)	=12 in	=0.3048 m
1 yard (yd)	=3 ft	=0.9144 m
1 mile (mi)	=1760 yd	**=1.6093 km**

면적

1 sq cm (cm²)	=100 mm²	=0.1550 in²
1 sq meter (m²)	=10,000 cm²	**=1.1960 yd²**
1 hectare (ha)	=10,000 m²	=2.4711 acres
1 sq km (km²)	=100 ha	=0.3861 mi²
1 sq inch (in²)		**=645.16 mm²**
1 sq yard (yd²)	=9 ft²	=0.8361 m²
1 acre (ac)	=4840 yd²	**=4046.86 m²**
1 sq mile (mi²)	=640 acres	=2.59 km²

속도

K'meters/hour	30	40	45	50	60	80	90	110	150	160
miles/hour	19	25	28	31	37	50	56	68	93	100

온도

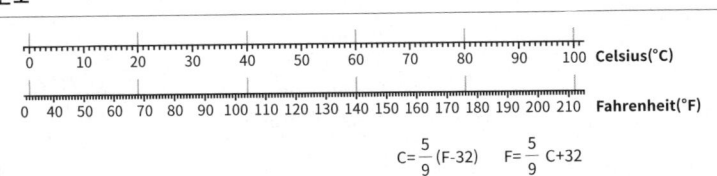

$$C = \frac{5}{9}(F-32) \qquad F = \frac{5}{9}C + 32$$

부피

1 cu cm (cm³)		=0.0610 in³
1 cu decimeter (dm³)	=1000 cm³	=0.0353 ft³
1 cu meter (m³)	=1000 dm³	=1.3080 yd³
1 liter (l)	=1 dm³	**=0.2642 US gal**
1 liter (l)		=0.2200 lmp gal
1 hectoliter (hl)	=100 l	=2.8378 US bu
1 cu foot (ft³)		=0.0283 m³
1 cu yard (yd³)	=27 ft³	**=0.7646 m³**
1 US dry pint (pt)	=0.9689 lmp pt	=0.5506 l
1 US bushel (bu)	=64 US dry pints	=35.239 l
1 US liquid pint (pt)	=0.8327 lmp pt	=0.4732 l
1 US gallon (gal)	=8 US liquid pints	**=3.7854 l**

무게

1 gram (g)	=1000 mg	=0.0353 oz
1 Kilogram (kg)	=1000 g	**=2.22046 lb**
1 ton/tonne (t)	=1000 kg	=1.1023 short tones
1 ton/tonne (t)		=0.9842 long ton
1 ounce (oz)	=437.5 grains	=28.350 g
1 Pound (lb)	=16 oz	**=0.4536 kg**
1 short cwt	=100 lb	=45.359 kg
1 long cwt	=112 lb	=50.802 kg
1 short ton	**=2000 lb**	=0.9072 t
1 long ton	=2240 lb	=1.0161 t

Note: cu=cubic sp=square cwt=hundred weight lmp=british Imperial

〈한·미〉 도량형 환산표

길이	자(척) 〈ja, chok〉	간 (gan)	정 (jung)	리 (ri)	m	inch	feet	yard	mile
1자	1	0.1667	0.0028	0.00008	0.303	11.93	0.099	0.3314	0.0002
1간	6	1	0.0167	0.0005	1.818	71.582	5965	1.9884	0.0011
1정	360	60	1	0.078	109.091	4294.9	357.91	119.304	0.0678
1리	12,960	2,160	36	1	3,927.27	154,619	12,885	4295	2.4403
1미터	3.3	0.55	0.009	0.00025	1	39.7	3.28	1.0936	0.0006
1인치	0.084	0.014	0.0002	0.000006	0.0254	1	0.083	0.0278	0.000016
1피트	1.006	0.1676	0.0028	0.000078	0.3048	12	1	0.333	0.0002
1야드	3.175	0.503	0.0083	0.0002	0.9144	36	3	1	0.0006
1마일	5310.8	885.12	14.752	0.4098	1609.30	63360	5280	1760	1

면적	평방자 (pyung bang ja)	평 (pyung)	단보 (dan bo)	m²	ft²	yd²	ac
1평방자	1	0.028	0.00009	0.09	0.988	0.11	0.00002
1평	36	1	0.00333	3.30	35.583	3.95	0.0008
1단보	10,800	300	1	991.74	10,674.9	1,186.1	0.245
1평방미터	10.89	0.303	0.001	1	10,764	1.196	0.00024
1평방피트	1,012	0.028	0.00009	0.093	1	0.111	0.00002
1평방야드	9,106	0.253	0.00084	0.836	9	1	0.0002
1에이커	44,071	1,224	4.08	4,050	43,560	4,840	1

부피	홉 (hob)	되 (doe)	말 (mal)	m³	ℓ	in³	ft³	yd³	g
1홉	1	0.1	0.01	0.00018	0.18	11	0.0066	0.00023	0.047
1되	10	1	0.1	0.0018	1.8	110	0.66	0.0023	0.47
1말	100	10	1	0.018	18	1100	0.6	0.023	4.7
1입방미터	5544	554.5	55.45	1	1000	61027	35.3	1.308	264
1리터	5.54	0.554	0.055	0.001	1	61.027	0.035	0.13	0.264
1입방인치	0.09	0.009	0.001	0.0001	0.017	1	0.0006	0.00002	0.004
1입방피트	157	15.7	1.57	0.028	28.3	1728	1	0.037	7.48
1입방야드	4238	423.8	42.38	0.765	764.5	46656	27	1	202
1갤론	30	3	0.3	0.004	3.79	231	0.164	0.005	1

무게	돈 (don)	근 (geun)	관 (kwan)	gr	t	grain	once	pound
1돈	1	0.006	0.001	3.75	0.000004	57.87	0.13	0.0083
1근	160	1	0.16	600	0.0006	9,260	21.2	1.32
1관	1000	6.25	1	3750	0.00375	57,872	132	8.267
1그램	0.267	0.0017	0.0003	1	0.000001	15.432	0.035	0.0022
1톤	266,666	1667	267	1,000,000	1	65,000	35,273	2,205
1그레인	0.017	0.001	0.00002	0.065	0.000000065	1	0.002	0.00014
1온스	7.56	0.047	0.0076	28.35	0.000028	437.4	1	0.0625
1파운드	130	0.756	0.12	453.6	0.00045	7,000	16	1

부록8-a

세계의 주요 언어(principal languages)

2024

언어	인구(mil)	언어	인구(mil)	언어	인구(mil)
Chinese	1,346	Turkish	84	Italian	65
Spanish	485	Marathi	83	Gujarati	57
English	380	Telugu	83	Pashto	54
Arabic	373	Malay	82	Bhojpuri	52
Hindi	345	Korean	82	Hausa	52
Portuguese	236	French	81	Yoruba	44
Bengali	234	Tamil	79	Kannada	44
Russian	147	German	75	Indonesian	44
Japanese	123	Urdu	71	Polish	40
Lahnda	103	Javanese	68	Oromo	37
Vietnamese	85	Persian	68	Odia	37

부록8-b
세계의 어족(language family)

단위: million

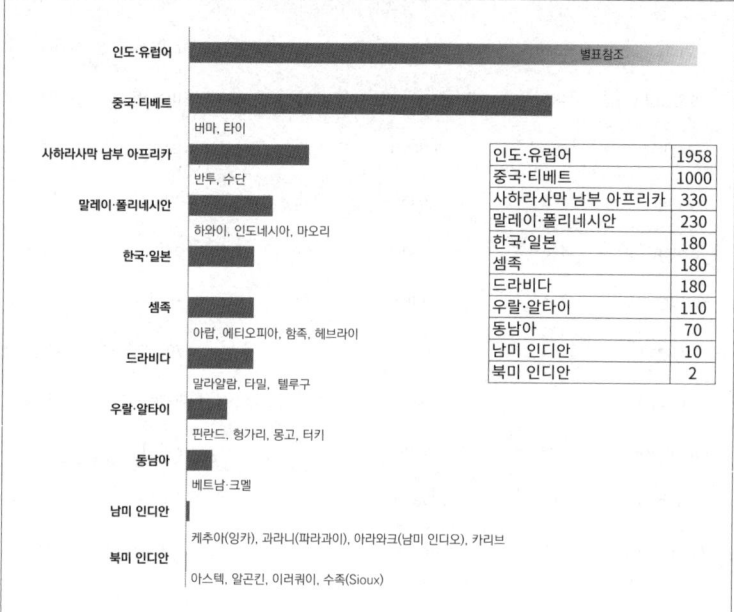

인도·유럽어	1958
중국·티베트	1000
사하라사막 남부 아프리카	330
말레이·폴리네시안	230
한국·일본	180
셈족	180
드라비다	180
우랄·알타이	110
동남아	70
남미 인디안	10
북미 인디안	2

- 인도·유럽어: 별표참조
- 중국·티베트: 버마, 타이
- 사하라사막 남부 아프리카: 반투, 수단
- 말레이·폴리네시안: 하와이, 인도네시아, 마오리
- 한국·일본
- 셈족: 아랍, 에티오피아, 함족, 헤브라이
- 드라비다: 말라얄람, 타밀, 텔루구
- 우랄·알타이: 핀란드, 헝가리, 몽고, 터키
- 동남아: 베트남·크멜
- 남미 인디안: 케추아(잉카), 과라니(파라과이), 아라와크(남미 인디오), 카리브
- 북미 인디안: 아스텍, 알곤킨, 이러쿼이, 수족(Sioux)

부록8-c

인도·유럽어

단위: 100 million

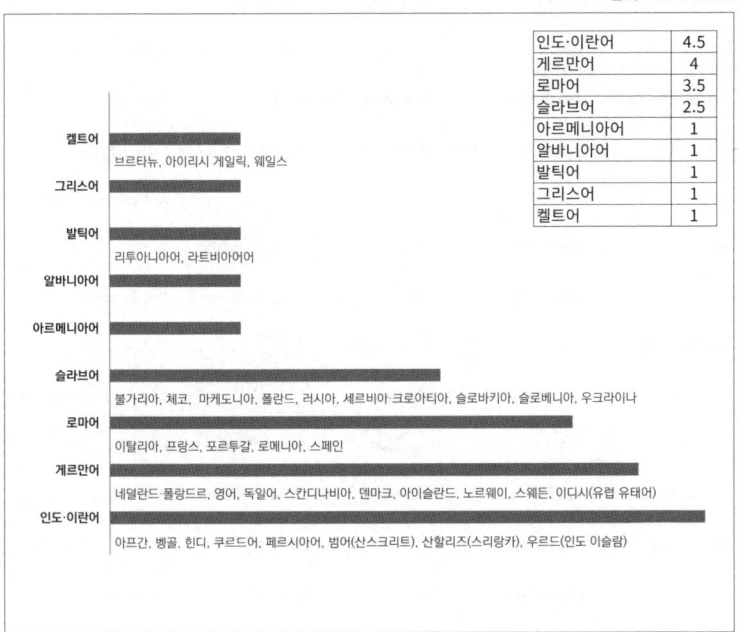

인도·이란어	4.5
게르만어	4
로마어	3.5
슬라브어	2.5
아르메니아어	1
알바니아어	1
발틱어	1
그리스어	1
켈트어	1

켈트어: 브르타뉴, 아이리시 게일릭, 웨일스
그리스어
발틱어: 리투아니아어, 라트비아어어
알바니아어
아르메니아어
슬라브어: 불가리아, 체코, 마케도니아, 폴란드, 러시아, 세르비아·크로아티아, 슬로바키아, 슬로베니아, 우크라이나
로마어: 이탈리아, 프랑스, 포르투갈, 로메니아, 스페인
게르만어: 네덜란드·폴랑드르, 영어, 독일어, 스칸디나비아, 덴마크, 아이슬란드, 노르웨이, 스웨튼, 이디시(유럽 유태어)
인도·이란어: 아프간, 뱅골, 힌디, 쿠르드어, 페르시아어, 범어(산스크리트), 산할리즈(스리랑카), 우르드(인도 이슬람)

부록8-d

순서로 본 오래된 언어들

1. Egptian: 약 4,700년
2. Sanskrit: 약 3,500년
3. Greek: 약 3,500년
4. Chinese: 약 3,300년
5. Aramaic: 약 3,100년
6. Hebrew: 약 3,000년
7. Farsi: 약 2,500년
8. Tamil: 약 2,300년
9. Korean: 약 2,100년
10. Italian: 약 1,900년

각국의 일상언어

English	Arabic	Chinese	French	German
Hello	Salam	Ni hao	Bonjour	Hallo
Good morning	Sabah el kheer	Zao shang hao	Bonjour	Guten Morgen
Good night	Tosbeho 'ala khair	Wan an	Bonne nuit	Gute Nacht
Good bye	Ma'a salama	Zai jian	Au revoir	Auf wiedersehen
Please	Men fadlek	Qing	S'il vous plaît	Bitte
Thank you very much	Shokran jazeelan	Xie xie	Merci beaucoup	Danke schön
You're welcome	Al' afw	Huan ying	De rien/pas de quoi	Bitte schön
How are you?	Kaifa haloka?	Ni hao?	Comment allez-vous?	Wie geht's dir/Ihnen?
I'm fine	Ana bekhair	Hen hao	Je vais bien	Mir geht's gut
I'm sorry	Aasef	Bao qian	Je suis désolé	Entschuldigung
Excuse me	Alma'derah	Bao qian	Pardon	Darf ich mal vorbei?
I love you	ana ahibuk	wo ai ni	je taime	ich liebe dich
yes	na'am	shi [it is so]	oui	ja
no	laa	bu [not]	non	nein
one	wahed	yi	un	eins
two	ithnaan	er	deux	zwei
three	thalatha	san	trois	drei
four	arba'a	si	quatre	vier
five	khamsa	wu	cinq	fünf

Hebrew	Japanese	Korean	Russian	Spanish
Shalom	Konnichiwa	ann yeong ha se yo	Privet (informal)	Hola
Boker tov	ohayo	jal ju mu sot na yo	Dobraye utra	Buenos dias
Layla tov	oyasuminasai	jal ju mu se yo	Spakoynay noci	Buenas noches
Lehitraot	sayonara	an nyeong	Da svidan'ya	Adiós
Bevakasha	onegai shimasu	bu dhi	Pazhalusta	Por favor
Toda raba	arigato	go map seum ni da (gam sa hab ni da)	Spasiba	Muchas gracias
Bevankasha	yokoso	hwan young	Pazhalusta	De nada
Ma shelomkha?	genki desuka	u ttu seyo	Kak dela?	¿Cómo estás?
Tov	watashiwa genki	guen chan seup ni da	Harasho	Estoy bien
Ani mamash mistaer	gomen nasai	mi an hab ni da	Prastite	Lo siento
Selikha	moushiwake arimasen	mi an hae yo	Izvinite	Perdone
ani ohev otakh (otkha)	ai shitero yo	sa rang hae yo	ya lyublyu tebya	te amo
ken	hai	neah	da	si
lo	없음 (iie)	a ni yo	nyet	no
ekhad	ichi	ha na	adin	uno
shenayim	ni	dnul	dva	dos
shelosha	san	sehtt	tri	tres
arbaa	shi	nehtt	chityri	cuatro
khamisha	go	da seot	p'at	cinco

부록 9-a

구두점(punctuation marks)

	marks	English	Korean
1	.	period(full stop)	마침표
2	?	question mark	물음표
3	!	exclamation mark	느낌표
4	,	comma	쉼표
5	;	semicolon	쌍반점
6	:	colon	쌍점
7	—	dash	줄표
8	-	hyphen	붙임표
9	·	mid·dot (inter punct)	가운뎃점
10	'	apostrophe	생략·소유부호
11	/	slash, slant	빗금
12	\	back·slash	역빗금
13	…	ellipsis	줄임표
14	~	swung dash, tilde	물결표
15	( )	parentheses (round bracket)	소괄호
16	[ ]	brackets	대괄호
17	{ }	braces	중괄호
18	' '	single quotation marks	작은 따옴표
19	" "	double quotation marks	큰따옴표
20	「 」	corner brackets	낫표
21	『 』	double corner brackets	겹낫표
22	〈 〉	angle brackets	홑화살 괄호
23	《 》	double angle brackets	겹화살 괄호

부호 문자(character symbol)

	symbol	English	Korean
1	○, ×	hide	숨김표
2	□	skip	빠짐표
3	&	ampersand	그리고
4	@	at sign	골뱅이표
5	©	copy·right	저작권
6	®	resistered	등록상표
7	´	acute accent	예음
8	`	grave accent	억음
9	*	asterisk	별표
10	·	bullet	큰점
11	^	caret, circumflex	삽입기호, 곡절강조
12	†	dagger	칼표
13	°	degree	도
14	"	ditto	같음표
15	◇	diamond	마름모
16	※	reference	참고표
17	%	percent	백분율
18	#	hash tag	우물정자
19	∞	infinity	무한대
20	/	fraction	분수
21	=	equal	같은
22	〉	more than	더 많은
23	〈	less than	더 적은
24	∴	hence	그러므로
25	∵	since	왜냐하면
26	¨	umlaut	모음변이
27	♀	female	암컷
28	♂	male	수컷
29	⚲	neuter	중성
30	§	section	항
31	¶	paragraph	절
32	‽	interrobang	'어찌꾸리?!'
33	+	plus	더하기
34	−	minus	빼기
35	×	multiplication	곱하기
36	÷	division	나누기

부록10

전산망 약자(internet abbreviation)

ABEND: abnormal end of task, 작업의 비정상 종료

ACK: acknowledged, 알았어

ADN: any day now, 언제나

AF: as fuck, 아주, 매우

AFAIK: as far as I know, 내가 아는 한

AFAIR: as far as i remember, 내가 기억하기로는

AFK: away from keyboard, 자판을 떠났어

aggy: agitated, aggravated, 짜증 나, 속상해

AMA: ask me anything, 뭐든지 물어봐

ARD: all right, okay, 됐어

ASAP: as soon as possible, 가능한 한 빨리

ASDF: angry·sullen·depressed·frustrated, 아더메치

ASL: age·sex·location, 나이·성별·장소

ATB: all the best, 행운을 빕니다

ATM: at the moment, 바로 지금

b/c: because, 때문에

b/w: between, 사이에

BAE: before anyone·else, 누구보다 먼저, '애인'

BAK: back at keyboard, 임무재개

bbfn: bye-bye for now, '나중에'

BBIAB: be back in a bit, 금방 돌아올게

BBL: be back later, 나중에 돌아올게

b4: before, 전에

belfie: bottom selfie, (자신의) 엉덩이 사진

BFF: best friend forever, 영원한 친구

BFN: bye for now, 그만 끊자

BG: big grin, 큰 미소

BOGOF: buy one·get one free, 하나 사면 하나는 공짜

BOL: be on later, 나중에 통하자

BRB: be right back, 금방 돌아올게

BTW: by the way, 말이 난 김에

B2B: business to business, 기업 간의 거래

B2C: business to customer, 기업과 개인 간의 거래

Bump: bring up my post, 내 댓글 끌어올려!

CG: computer graphics, 전산기 도형

Convo: conversation, 대화

CTN: can't talk now, 지금 얘기할 수 없어

C2C: customer to customer, 개인 간의 거래

cu(l): see you (later), 나중에 봐

CUNT: see you next Tuesday, 보지

CYA: see ya, 그럼 또

CYE: check your e-mail, 전자우편을 봐

DED: dead의 긍정적 표현

d'fuq [더 풱]: (what) the fuck, 도대체

DIY: do it yourself, 자체해결

dl: download, 하재

DMs: direct messages: (은밀한) 직접 전문

DNC: do not call: 통화 사절

DWBH: don't worry-be happy, 걱정 마 끄고 즐겨

ELI5: 'explain like I'm 5', 쉽게 얘기해

em: them(그들의)의 약자

ETA: estimated time of arrival, 도착 예정 시간

FA: forever alone, 평생독신(자)

F2F or FTF: face to face, 얼굴을 맞대고

face·palm: disappointed, 난 몰라

FAQ: frequently asked questions, 자주 묻는 질문들

fav [풱이브]: favorite, 마음에 드는

FF: friends forever, 영원한 친구

FFFF: find'em, feel'em, fuck'em & forget them, 하룻밤 정사

FOBI: fear of being included, 산입 (사회) 공포증

FOGO: fear of going out, (Covid-19으로 인한) 외출 두려움

FOMO: fear of missing out, (좋은 일에 자기만 빠지는 것 같은) 소외 두려움

4EAE: forever and ever, 아주 영원히

Fr: for real, 사실

FWB: friends with benefits, 성교만을 위한 친구

FWIW: for what it's worth, 실제 가격

FWP: first world problem, 부유한 나라의 문제

FYA: fuck you all, 꺼져버려 \ for your amusement, 웃자고 하는 얘기야

FYEO: for your eyes only, 너만 봐

FYI: for your information, 참고로

GAL: get a life, 현실로 돌아와

GB: goodbye, 안녕

gfnd: girlfriend, 여친

GG: good game, 알찬 경기

GJ: good job, 알찬 직업

GL: good luck, 축하

GLHF: good luck-have fun, 행운을 즐기기를

GMV: got my vote, 내 지지표를 얻었다

GOF: God only knows, 하느님만 알걸

gr8: great, 훌륭해

GTG: got to go, 가봐야 해

GYPO: get your pants off, 발가벗어

HAK: hugs and kisses, (총총히) 사랑해

HAM: hard ass mother·fucker, 고집불통

HAND: have a nice day, 좋은 하루 되세요

head·desk: frustrated, 어쩌면 좋아!

HTH: hope this helps, 도움이 되었으면 \ happy to help, 언제나 기꺼이

HW: homework, 숙제

IAC: in any case, 좌우지간에

IANAL: I am not a lawyer, 난 변호사가 아닙니다만

IC: I see, 알긋다

ICYMI: in case you missed it, 혹시 놓쳤으면

IDC: I don't care, 난 상관 안해

IDGAF: I don't give a fuck, 내가 알 게 뭐야!

IDK: I don't know, 잘 몰라

ight [아이트]: all·right, 그래, 됐어

IIRC: if I remember correctly, 내 기억이 맞다면

ijbol: I just burst out laughing, 요절복통(LOL)

IKR: I know-right?, 그렇지-맞지?

ILY / ILU: I love you, 사랑해

IM: instant message, 즉석 전문

IMHO: in my honest opinion, 터놓고 말하면 \ in my humble opinion, 소인 생각에는

IMO: in my opinion, 내 생각으로는

IRC: internet relay chat, 대화방 수다 떨기

IRL: in real life, 실생활에서

issa: it's a, 이것은 하나의 ~이다

#IStandWith: (~을) 지지한다

IU2U: it's up to you, 네게 달렸다

IWSN: I want sex now, ~하고 싶어

IYDKIDKWD: if you don't know·I don't know who does, 네가 모르면 누가 아는지 모르겠다

IYKWIM: if you know what I mean, 내 말을 알아듣는다면

J/K: just kidding, 농담이야

J4F: just for fun, 장난삼아

JIC: just in case, 만약을 위해서

JIT: just in time, 즉시, 제때

JOMO: joy of missing out, 소외의 기쁨, '혼자 최고'

JSYK: just so you know, 참고로 말하자면

K: ok, 됐어, 알았어

KFY: kiss for you, 뽀뽀-사랑해

KIS-S: keep it simple-stupid, 간단하게 해-멍청아

KISS: keep it short and simple, 간단명료하게

KIT: keep in touch, 연락해

KPC: keeping parents clueless, 부모 몰래-살짝

KRW: Korean Won, 한화, 원

L8: late, 늦은

l8r: later, 나중에

LARP: live action role-play, 실연 역할극

LGHT: let God handle it, 하늘에 맡겨 \ let's get high tonight, 오늘 밤 한잔 빨자

LMAO: laughing my ass off, 배꼽 빠지게 웃기

LMBO: laughing my butt off, 배꼽 빠지게 웃기

LMGTFY: let me google that for you, 구글에서 찾아줄게

LMIRL: let's meet in real life, (실제로) 한번 만나자

LMK: let me know, 알려줘

LN: like new, 신품 같은

LOL: laugh out loud, 요절복통 \ lots of love, 많이 사랑해

LSR: loser, 패배자

MIRL: meet in real life, (화상이 아니라) 실제로 만남

MMB: message me back, 답신 바람

Mnk: mn·hm+OK, 그렇게 하지 (망설이는 OK)

MOS: mom over shoulder, 감시하는 엄마

msg: message, 전달문

MYOB: mind your own business, 네 일이나 챙겨

N/A: not available, 소용없음

NAGI: not a good idea, 좋은 생각이 아니야

nap: not a problem, 문제없어

N/C: no comment, 응답 없음

ne1: anyone, 아무나

NFS: not for sale, 비매품

NG: no good, 실패작

ngl: not going to lie, 거짓 없이

NIFOC: nude in front of computer, 나체 화상

NM: nevermind, 신경 꺼 \ not much, 조금

NMU: not much-you?, 그저 그래-너는?

noob: newbie, 초심자, 초짜

no 1: no one, 아무도

NP: no problem, 문제없어

NRFB: never removed from box, 신품

NTN: no thanks needed, 고맙다고 안 해도 돼

NTS: note to self, 자기에게 보내는 기록

NYMBY: not in my backyard, '내 뒤뜰은 안 돼'

O·bomb: obombanation, snap·chat에 응답 않기

OBO: or best offer, 또는 최고로 부르는 값

OG: original gangster, 원조, 태두

OH: other half, 분신, 배우자

OIC: oh I see, 알굿다

OMG: oh my God(Gosh), 어머나, 맙소사

OMW: on my way, 곧 갈게

143: I love you, <글자수를 세서 만든 문자>, 난 당신을 사랑해요

OOC: out of character, 안 어울려, ~답지 않아

ORB: object request broker, 객체 요구 매개자

ORLY: oh-really?, 정말?, 진짜?

OT: off topic, 주제에서 벗어난

OTOH: on the other hand, 다른 한편으로는

OTP: on the phone, 전화상

PAW: parents are watching, 부모가 지켜보고 있다

PC: personal computer, 휴대용 전산기

PCM: please call me, 전화 주세요

PIR: parent in room, 부모와 같이 있음

PITA: pain in the ass, 골칫거리

Plox: please!, 부탁!, 끝내자!

PLS or PLZ: please, 제발

PM: personal(private) message, 개인(사적) 전문

PMJI: pardon me for jumping in, 끼어들어 미안해

P911: parent alert, 부모에게 보내는 경고

poke: prod, 깍꿍!, 잠깐!

POR: payable on receipt, 화물 상환불

POS: parents over shoulder, 감시하는 부모 \ piece of shit, 똥 덩어리

POV: point of view, 관점

PPE: personal protective equipment, 개인 보호 장비

PPL: people, 사람들

PTB: please text back, 문자로 대답해 주세요

P2P: peer to peer(동료간), person to person(개인 간)

QQ: crying, 울보, 집어치워 \ Quick Question, 신속한 질의응답

qt: cutie, 예쁜이

RAK: random act of kindness, 소소한 선행

re: regarding, 관해서

some 1: some one, 누군가

RIP: rest in peace, 고이 잠드소서

RL: real life, 실생활

ROFL: rolling on the floor laughing, 요절복통

RT: retweet, 다시 tweet 보내기

RUOK: are you okay?, 괜찮아?

RYFM: read your friendly<fucking> manual, 너의 친절한<씨부랄> 지침서를 읽어보렴

SIY: screw it yourself: 네 맘대로 해!

SMH: shaking my head, 워째 그런 일이

SMOL: smile out loud, 환한 미소

SNM: say no more, 그만 말해

som 1: some one, 누군가

SOS: someone over shoulder, 누군가 보고 있다

SRSLY: seriously, 정녕, 진정

Sry: sorry, 미안

SSDD: same stuff-different day, 그날이 그날

sus: suspect, 수상한(자)

suh: what's up?, 무슨 일이야, 요즘 어때?

SWAK: sealed with a kiss, 접문으로 밀봉

SWAMBO: she who must be obeyed, 엄처

SWYP: so-what's your problem?, 어떤 문제야?

SYS: see you soon, 곧 보자꾸나

TBA: to be announced, 발표될 예정

TBC: to be continued, 계속될 것임

TBT: Throwback Thursday, 회상의 목요일

TC: take care, 잘 지내

TDTM: talk dirty to me, 내게 욕을 했어

TFW: that feeling when, 그때 그 감정

thx: thanks, 고마워

TIA: thanks in advance, 미리 고마워

TIME: tears in my eyes, 내 눈에 눈물이

TLC: tender loving care, 다정한 보살핌

TMI: too much information, 너무 많은 정보

2DAY: today, 오늘

2moro: tomorrow, 내일

TMRW: tomorrow, 내일

2nite: tonight, 오늘 밤

TTFN: ta-ta for now, 그만 끝내자

TTYL: talk to you later, 다음에 얘기하자

txt: text, 문본

TY or TU: thank you, 고마워

VSF: very sad face, 아주 슬픈 표정

WB: welcome back, 돌아온 것 환영해

w/e: whatever, 무엇이든

W8: wait, 기다려

w/o: without, ~없이

WFH: work from home, 재택근무

WKND: weekend, 주말

wp: weather permitting, 날씨가 허락하면

WTH: what the heck?, 도대체 무슨 일이야?

WTPA: where the party at?, 어데서 연회가 열리지?

WYCM: will you call me?, 내게 전화할 거야?

X: kiss, 뽀뽀

XOXO: hugs and kisses, (총총히) 사랑해

Y: why, 왜

YGM: you've got mail, 우편을 받았다

YNt: why not, 어째서

YR: your\you're, 너의\너는

YOLO: you only live once, 인생은 일장춘몽

YW: you're welcome, 괜찮아

. ZOMG: oh my God (sarcastic), OMG의 오타, 얼씨구

ZZZ: sleeping, 쿨쿨쿨

부록11

English-Korean Forensic Jargons (영한 법정 용어집)

	단어	뜻
1	a fortiori (from the stonger)	확대유추
2	abandonment	유기, 포기, 위부(위탁)
3	abbreviated trial	약식 재판
4	abjuration	포기 선서
5	absolution	사면
6	accidental	우발적
7	accomplice	공범자, 연루자
8	acquittal	석방, 방면
9	actuary	법정 서기
10	actus reas(guilty act)	범죄 행위
11	ad hominem	인신공격
12	adjudication	판결, 선고, 재정(재결)
13	advocate	옹호자, 대변가
14	affidavit	진술서, 보증서, 선서
15	aid and abet	범행방조
16	alibi	현장 부재 증명
17	allegation	혐의(주장), 의혹, 진술
18	amnesty	사면
19	appeal	상고, 항소
20	appellate court	상고법원
21	arbitration	중재, 조정
22	argument	변론
23	arms trafficking	무기 밀거래
24	arraign(ment)	소환심문, 인정심문
25	arranged birth	원정출산
26	array	배심원 소집
27	arrest	구속, 체포
28	arson	방화
29	article	정관, 조항
30	assailant	가해자
31	assault and battery	폭행(구타)

	단어	뜻
32	attempted murder	살인 미수
33	autopsy	부검
34	bail	보석금
35	bailiff	법정경위, 집달관
36	bar exam	사법고시
37	black-mail	공갈(죄)
38	bona fide (in good faith)	진실한, 선의의, 정당한
39	booking	입건
40	breach	불이행, 위반
41	bribery	수뢰(죄)
42	burden of proof	입증 책임
43	burglary	주거침입, 강도(죄)
44	calumny \ false accusation	무고(죄), 비방, 중상(모략)
45	capacity	수용력, 법적자격, 능력
46	capital punishment	사형
47	case law	판례법
48	caveat (be aware)	경고, 제지, 소송 절차 정지 통고
49	certiorari (certain)	증명, 보증, 사건 이송 명령장
50	challenger	도전자, 기피자
51	charge	소추, 고소
52	class action suit	집단소송
53	clause	조목, 절
54	code	법전, 규약
55	coerce	강요, 압력
56	cognovit	피고 승인서
57	commissioner	판무관, 위원
58	commitment	약속, 강제 치료
59	commutation	대체, 감형
60	compensatory damage	보상적 손해
61	competency	재량, 적격
62	competent court	관할 법원

	단어	뜻
63	complainant	호소(고소)인, (공적) 원고
64	complaint	고소, (민사 소송에서) 원고의 첫 진술
65	compliance	준수, 순종
66	conciliation	조정, 화해
67	confession	자백, 고백(서)
68	confidentiality	비밀 유지
69	confinement	금고, 감금
70	confiscation	몰수, 압류
71	consent	동의
72	conservator	후견인, 보호자
73	conspicuous	눈에 띄는, 과시적
74	conspiracy	음모, 공모
75	conspirator	공모자
76	contempt of court	법정 모독죄
77	contingency	조건부
78	conviction	확신, 유죄판결
79	counsel	변호인
80	counter claim(sue) \ cross suit	맞고소, 반대 소송
81	counter·feit	위조화폐
82	crime ring	조직 범죄, 범죄 고리
83	cross-examination	반대 심문, 대질 심문
84	culprit	용의자, 형사 피의자
85	custody	관할권
86	customary law \ common law	관습법, 보통법
87	de facto	사실상
88	de jure	법률상
89	death roll	사형수 명부
90	decree	포고, 선고
91	defamation	명예훼손
92	default	불이행, 결석
93	defendant	피고
94	delinquency	비행, 태만
95	deliver	언도하다
96	demur	항변하다

	단어	뜻
97	dependent	피부양자
98	deposition	선서 증언, 증인 녹취
99	dereliction	유기, 태만
100	detention	구금, 구치
101	directive	훈령
102	disparity	불평등
103	district attorney	지구 검사
104	district court	지방법원
105	domestic law	국내법
106	dossier	사건 기록
107	drug trafficking	마약 밀거래
108	due process	적법절차
109	DUI (driving under the influence)	취중 (약물 복용) 운전
110	durable	지속적
111	duress	속박, 구속
112	emancipated	자주적인
113	embezzlement	횡령, 도용, 착복
114	escheat	복귀(재산)
115	estopel	금반언
116	ex officio (from office)	직권상의
117	exempli gratia	예를 들면, 예가 허용된다면
118	exhibit	증거물, 제시
119	exonerating	무죄임 [책임이 없음]을 밝혀주다, 면죄
120	exploit	착취, 부당이용
121	extortion	협박, 강탈
122	extradition	인도, 송환
123	false accusation	무고(죄)
124	felony	중범죄
125	file	제소
126	fine	벌금
127	first degree	1급
128	forced prostitution	강제 매춘
129	forgery	위조
130	fraud	사기, 협잡
131	frugality	검약, 검소

	단어	뜻
132	fugitive warrant	지명수배
133	governing low	준거법
134	grand theft (larceny)	중절도죄
135	guardian	보호자, 후견인
136	habeas corpus	인신 보호 (신병인도) 영장
137	harassment	희롱, 괴롭히기
138	hearing	공판, 심리
139	heirloom	법정 상속 재산
140	home alone father	기러기 아빠
141	house arrest	자택 연금
142	human trafficking	인신매매
143	hung jury	정체 배심, 불일치 배심
144	hypothec \ mortgage	저당권, 담보권
145	ICC (International Criminal Court)	국제 형사 재판소
146	impunity	처벌면제
147	in camera \ in chambers	비공개로
148	incarceration	투옥, 감금
149	incitement	교사(죄)
150	indecent exposure	음란공연(죄)
151	indemnity \ compensation	배상, 사면
152	indemnity \ immunity	면책 특권
153	indictment	기소, 고발
154	infamous	(유죄로) 공민권을 박탈당한, 파렴치한
155	informed consent	고지 동의
156	infringement	위반, 침해
157	injunction	지령, 금지 명령
158	inmate	재소자, 수감자
159	innuendo	주석구, 진의 설명
160	inquest	심리, 사문
161	insane	정신이상
162	instance	사례, 경우
163	interdiction	금치산 선고
164	interlocutory	대화 중(의), 중간(판결), 임시(판결)
165	Interpol (International criminal police organization)	국제 형사 경찰기구

#	단어	뜻
166	interrogation	취조, 심문
167	involuntary manslaughter	과실치사, 고살
168	ipso facto	사실 자체에 의해
169	ipso jure	법률 자체에 의해
170	jury verdict	평결
171	justice	재판관, chief justice: 대법원장
172	juvenile	젊은(이), 청소년
173	kidnapping \ abduction	납치
174	larceny	절도죄
175	levy	부과, 압류
176	libel	무고(죄), 명예훼손(죄)
177	lie detector \ polygraph	거짓말 탐지기, 심리 검사기
178	lien	담보권
179	life sentence	종신형
180	littering	쓰레기 투기
181	living will	생전 유서
182	locus	현장
183	loitering	빈둥거리다, 배회
184	mala fide (in bad faith)	불성실한, 악의의
185	manslaughter	치사, (사고)살인
186	mayhem	신체 상해
187	mediation	중재, 알선
188	medical malpractice	의료과실
189	mens rea (guilty mind)	범행의도
190	minor	미성년(자)
191	Miranda Rights	묵비권 및 변호사 위임권
192	misappropriation	배임, 횡령
193	misdemeanor (bad conduct)	경범죄 (minor offense)
194	misprison of felony	범인 은닉
195	money laundering	돈세탁
196	moratorium	지급정지 (유예)
197	murder	살인
198	natural child	사생자, 서자
199	natural guardian	혈연(친족) 후견인
200	negligence	태만, 과실

	단어	뜻
201	next of kin	최근친자
202	non·pros(equitur)	기소불가, (원고의 준비 부족에 의한) 소추 부족 패소
203	non·recourse	수구배제, (상환 청구권이 없는) 무 상환
204	non·refoulement	(망명자의) <강제> 송환금지
205	non·sequitur	불합리한 추론
206	nuisance	불법방해
207	nullify	무효화
208	oath	서약, 선서
209	obstruction	방해, 저지
210	obstruction of justice	공무집행방해(죄)
211	offender	가해자, 범법자
212	ordinance	조례
213	P.O.A (power of attorney)	대리인, 위임자
214	pardon	사면
215	parens patriae (parent of the country)	가부장적 국가, 국가후견
216	parole	가석방, 집행유예
217	passport baby	원정 출산아
218	paternity suit	친자 확인 소송
219	patricide	부모 살해
220	penal code	형법전, 형률
221	penalty	형벌, 벌금
222	per quoa(where-by)	그것으로 인하여, 부수적으로
223	per se (by itself)	그 자체로, 본질적으로
224	perjury	위증
225	perpetrator	가해자, 범인
226	perquisition	철저한 수사
227	petit case (small claims) court	소액 재판소
228	petty theft (larceny)	경 절도죄
229	plaintiff	원고, 고소인
230	plea	탄원, 진술, 항변
231	plea bargain	유죄 인정 (답변) 거래
232	plead	주장, 인정
233	plead the fifth	(미) 묵비권
234	preliminary injunction	가처분 (명령)

	단어	뜻
235	premeditated	계획된, 고의의
236	prima facie (at first face)	자명한, 명백한, 반증이 없는 한 충분한
237	primogeniture	장자 상속권
238	pro forma	형식적인, 임시의, 견적의
239	probable cause	상당한 근거(사유)
240	probation	집행유예, 보호관찰
241	procedure	기소절차
242	proceeding	변론, 심리
243	professional negligence	전문인 태만
244	prosecution	기소
245	prosecutor	검사
246	pro tempore	임시·대행(의)
247	public defender	관선 변호사
248	punitive damage	징계적 보상
249	protege	피보호자
250	putative marriage	사실혼
251	quash	취소, 파기
252	quasi	유사, 준
253	qui tam	시민 (내부) 고발
254	quit claim	권리 포기(양도)
255	quittance	채무면제(증서)
256	racketeering	공갈, 협박
257	raid	기습, 불시단속
258	rebutal	(원고의) 반박
259	recidivism	상습적 범행
260	recuse	(법관·배심원 등을) 기피하다
261	refutation	반박, 반증
262	rejoinder	제2 답변서
263	release with warning	훈방(조치)
264	report	고발, 출두
265	reprieve	집행유예(취소)
266	requisition	요구, 징발
267	requital	보상, 보복
268	rescission	계약해지
269	retainer	선임비

	단어	뜻
270	revocation	폐지, 취소
271	right of silence (plead the fifth)	묵비권
272	ring	고리, 조직
273	robbery	강도
274	searcn warrant	수색 영장
275	second degree	2급
276	sentence	선고, 판결
277	settlement	해결, 처분, 합의
278	sexual exploitation	성착취
279	sexual offender	성범죄자
280	sexual trafficking	성매매
281	shelter	보호소
282	sheriff	보안관
283	sine die	무기한, 무제한
284	slander	비방, 중상(모략)
285	slaughter	참살, 치사
286	smuggling	밀수, 밀매
287	soliciting	유혹, 교사
288	special council	특(별)검(사)
289	special master	특임관
290	stake out	잠복근무, 망보기
291	stand	자리, 담당하다, 당해내다
292	statute	법률, 성문율
293	statute of limitation	공소시효
294	statutory law	성문법
295	subordinate law	하위법
296	subpoena (under penalty)	소환 영장, 호출장
297	subpoena duces tecum (production of evidence)	문서 지참 소환·(영장)
298	subsidiary	보조(금)
299	suit	소송
300	summon	출두 명령, 소환
301	Superior Court	고등법원, high court
302	superior law	상위법
303	Supreme Court	대법원

	단어	뜻
304	surrender	자수
305	surveillance	감시
306	suspect	용의자
307	suspension	유예, 정지
308	suspicion	혐의
309	tariff	조세, 관세
310	tax evasion	탈세
311	testimony	증언
312	threat	협박(죄)
313	tip	제보
314	tort	불법행위, 피해(행위)
315	trail	미행, 단서
316	treaty	조약, 약정
317	trespass	무단침입
318	trial	시도, 공판
319	trial court	예심 법정
320	trial judge	예심 판사
321	trial lawyer	법정 (재판) 변호사
322	tribunal	재정(심판)위원회, 조정위원회
323	vandalism	파괴 후 약탈
324	venire facias (make come)	배심원 소집영장
325	venue	(사건의) 현장
326	verdict	판결, 평결
327	vindication	해명, 입증
328	voir dire	예비심문
329	waive	포기, 보류
330	ward	피보호자, 부랑자
331	warden	교도관
332	warrant	명령, 영장
333	wire tapping	(전화)도청
334	writ	영장
335	writ of certiorari	사건 이송 명령장, '정보 전달' 영장

부록12
불규칙 동사표

현재형	과거형	과거분사	현재형	과거형	과거분사
1 **abide**	abode, abided	abided	17 **bleed**	bled	bled
2 **arise**	arose	arisen	18 **blend**	blended, blent	blended, blent
3 **awake**	awoke, awakened	awoken	19 **bless**	blessed, blest	blessed, blest
4 **be** (am·is·are)	was, were	been	20 **blow**	blew	blown, blowed
5 **bear**	bore	borne, born	21 **break**	broke	broken
6 **beat**	beat	beaten	22 **breathe**	breathed, brothe	breathed, 'breathen'
7 **begin**	began	begun	23 **breed**	bred	bred
8 **bend**	bent	bent	24 **bring**	brought	brought
9 **bereave**	bereaved, bereft	bereaved, bereft	25 **bulid**	built	built
10 **beseech**	besought, beseeched	besought, beseeched	26 **burn**	burned, burnt	burned, burnt
11 **bespeak**	bespoke	bespoken	27 **burst**	burst	burst
12 **bet**	bet, betted	bet, betted	28 **buy**	bought	bought
13 **bid**	bade, bid	bidden, bid	29 **can**	could	-
14 **bide**	bode, bided	bided	30 **cast**	cast	cast
15 **bind**	bound	bound	31 **catch**	caught	caught
16 **bite**	bit	bitten, bit	32 **chide**	chided, chid	chidden, chid

현재형	과거형	과거분사
33 **choose**	chose	chosen
34 **cleave**	cleaved, cleft, clove	cleaved, cleft, cloven
35 **cling**	clung	clung
36 **clip**	clipped	clipped, clipt
37 **clothe**	clothed, clad	clothed, clad
38 **come**	came	come
39 **cost**	cost	cost
40 **creep**	crept	crept
41 **crow**	crowed, crew	crowed
42 **curse**	cursed, curst	cursed, curst
43 **cut**	cut	cut
44 **deal**	dealt	dealt
45 **dig**	dug	dug
46 **dive**	dived, dove	dived
47 **do·does**	did	done
48 **draw**	drew	drawn
49 **dream**	dreamed, dreamt	dreamed, dreamt
50 **dress**	dressed, drest	dressed, drest
51 **drink**	drank	drunk
52 **drip**	dripped, dript	dripped, dript
53 **drive**	drove	driven
54 **dwell**	dwelt, dwelled	dwelt, dwelled
55 **eat**	ate	eaten
56 **fall**	fell	fallen
57 **feed**	fed	fed
58 **feel**	felt	felt
59 **fight**	fought	fought
60 **find**	found	found
61 **flee**	fled	fled
62 **fling**	flung	flung
63 **fly**	flew	flown
64 **forbid**	forbade	forbidden

현재형	과거형	과거분사
65 **forgive**	forgave	forgiven
66 **freeze**	froze	frozen
67 **get**	got	got, gotten
68 **gild**	gilded, gilt	gilded, gilt
69 **gird**	girded, girt	girded, girt
70 **give**	gave	given
71 **gnaw**	gnawed	gnawed, gnawn
72 **go**	went	gone
73 **grind**	ground	ground
74 **grow**	grew	grown
75 **hang**	hung, hanged	hung, hanged
76 **have·has**	had	had
77 **hear**	heard	heard
78 **heave**	heaved, hove	heaved, hove
79 **hew**	hewed	hewn, hewed
80 **hide**	hid	hidden, hid
81 **hold**	held	held
82 **hurt**	hurt	hurt
83 **keep**	kept	kept
84 **kneel**	knelt, kneeled	knelt, kneeled
85 **knit**	knit, knitted	knit, knitted
86 **know**	knew	known
87 **lade**	laded	laden
88 **lay**	laid	laid
89 **lead**	led	led
90 **lean**	leaned, leant	leaned, leant
91 **leap**	leaped, leapt	leaped, leapt
92 **learn**	learned, learnt	learned, learnt
93 **leave**	left	left
94 **lend**	lent	lent
95 **let**	let	let
96 **lie**	lay	lain
97 **light**	lighted, lit	lighted, lit
98 **lose**	lost	lost
99 **make**	made	made
100 **may**	might	-
101 **mean**	meant	meant
102 **meet**	met	met

현재형	과거형	과거분사
103 **melt**	melted	melted, molten
104 **mix**	mixed, mixt	mixed, mixt
105 **mow**	mowed	mowed, mown
106 **must**	must	-
107 **ought**	ought	-
108 **pass**	passed	passed, past
109 **pay**	payed, paid	payed, paid
110 **pen**	penned, pent	penned, pent
111 **plead**	pleaded, pled	pleaded, pled
112 **prove**	proved	proved, proven
113 **put**	put	put
114 **quit**	quitted, quit	quitted, quit
115 **read**	read	read
116 **reave**	reaved, reft	reaved, reft
117 **rend**	rent	rent
118 **rid**	rid, ridded	rid, ridded
119 **reave**	reaved, reft	reaved, reft
120 **ride**	rode, rid	ridden, rid
121 **ring**	rang, rung	rung

현재형	과거형	과거분사
122 **rise**	rose	risen
123 **rive**	rived	riven
124 **run**	ran	run
125 **saw**	saw	sawn, sawed
126 **say**	said	said
127 **see**	saw	seen
128 **seek**	sought	sought
129 **sell**	sold	sold
130 **send**	sent	sent
131 **set**	set	set
132 **sew**	sewed	sewed, sewn
133 **shake**	shook	shaken
134 **shall**	should	-
135 **shave**	shaved	shaved, shaven
136 **shear**	sheared	sheared, shorn
137 **shed**	shed	shed
138 **shine**	shone, shined	shone, shined
139 **shoe**	shod	shod, shodden
140 **shoot**	shot	shot

현재형	과거형	과거분사
141 **show**	showed	shown, showed
142 **shred**	shredded, shred	shredded, shred
143 **shrink**	shrank, shrunk	shrunk, shrunken
144 **shrive**	shrived, shrove	shrived, shriven
145 **shut**	shut	shut
146 **sing**	sang	sung
147 **sink**	sank, sunk	sunk, sunken
148 **sit**	sat	sat
149 **slay**	slew	slain
150 **sleep**	slept	slept
151 **slide**	slid	slid, slidden
152 **sling**	slung	slung
153 **slink**	slunk, slank	slunk
154 **slit**	slit	slit
155 **smell**	smelled, smelt	smelled, smelt
156 **smite**	smote	smitten, smote
157 **sneak**	(snuck)	(snuck)
158 **sow**	sowed	sowed, sown
159 **speak**	spoke	spoken
160 **speed**	sped, speeded	sped, speeded
161 **spell**	spelled, spelt	spelled, spelt
162 **spend**	spent	spent
163 **spill**	spilled, spilt	spilled, spilt
164 **spin**	spun, span	spun
165 **spit**	spit, spat	spit, spat
166 **split**	split	split
167 **spoil**	spoiled, spoilt	spoiled, spoilt
168 **spread**	spread	spread
169 **spring**	sprang, sprung	sprung
170 **squat**	squatted, squat	squatted, squat
171 **stand**	stood	stood
172 **stave**	staved, stove	staved, stove
173 **stay**	stayed, staid	stayed, staid
174 **steal**	stole	stolen
175 **stick**	stuck	stuck
176 **sting**	stung, stang	stung, stang
177 **stink**	stank, stunk	stunk
178 **strew**	strewed	strewed, strewn

현재형	과거형	과거분사
179 stride	strode	stridden
180 strike	struck	struck, stricken
181 string	strung	strung
182 strive	strove	striven
183 swear	swore	sworn
184 sweat	sweat, sweated	sweat, sweated
185 sweep	swept	swept
186 swell	swelled	swollen, swelled
187 swim	swam	swum
188 swing	swung	swung
189 take	took	taken
190 teach	taught	taught
191 tear	tore	torn
192 telecast	telecast	telecast
193 tell	told	told
194 think	thought	thought
195 thrive	throve, thrived	thriven, thrived
196 throw	threw	thrown
197 thrust	thrust	thrust

현재형	과거형	과거분사
198 tread	trod	trodden, trod
199 wake	waked, woke	waked, woken
200 wear	wore	worn
201 weave	wove	woven
202 wed	wedded, wed	wedded, wed
203 weep	wept	wept
204 wend	wended, went	wended, went
205 wet	wet, wetted	wet, wetted
206 will	would	-
207 win	won	won
208 wind	winded, wound	winded, wound
209 work	worked, wrought	worked, wrought
210 wring	wrung	wrung
211 write	wrote	written

부록13
불규칙(복수) 명사표

	단수형	복수형
1	abyss	abysses
2	acarus	acari
3	addendum	addenda or addendums
4	agendum	agenda or agendas
5	aircraft	aircraft
6	ala	alae
7	alga	algae
8	alumna	alumnae
9	alumnus	alumni
10	analysis	analyses
11	ansa	ansae
12	antenna	antennae or antennas
13	antithesis	antitheses
14	anus	ani
15	apex	apices or apexes
16	appendix	appendices or appendixes
17	aqua	aquae
18	aquarium	aquaria
19	axis	axes
20	baby	babies
21	bacillus	bacilli
22	bacterium	bacteria
23	basis	bases
24	beau	beaux or beaus
25	bison	bison
26	brother	brothers or breathren
27	bureau	bureaux or bureaus
28	cactus	cacti or cactus or cactuses
29	calf	calves
30	camera	cameras, camerae
31	château	châteaux or châteaus
32	cherry	cherries
33	child	children
34	cilium	cilia

단수형	복수형
35 **city**	cities
36 **cod**	cod
37 **codex**	codices
38 **colon**	cola
39 **colossas**	colossi *or* colossuses
40 **concerto**	concerti *or* concertos
41 **copy**	copies
42 **corpus**	corpora
43 **crisis**	crises
44 **criterion**	criteria *or* criterions
45 **curriculum**	curricula *or* curriculums
46 **datum**	data
47 **deer**	deer *or* deers
48 **diagnosis**	diagnoses
49 **dictionary**	dictionaries
50 **die**	dice *or* dies
51 **dorsum**	dorsa

단수형	복수형
52 **dwarf**	dwarves *or* dwarfs
53 **elf**	elves
54 **ellipsis**	ellipses
55 **emphasis**	emphases
56 **ephemera**	ephemeras, ephemerae
57 **erratum**	errata
58 **family**	families
59 **faux pas**	faux pas
60 **fez**	fezzes *or* fezes
61 **fish**	fish *or* fishes
62 **fly**	flies
63 **focus**	foci *or* focuses
64 **folium**	folia
65 **fomes**	fomites
66 **foot**	feet *or* foot
67 **formula**	formulae *or* formulas
68 **fungus**	fungi *or* funguses

단수형	복수형
69 ganglion	ganglia
70 genus	genera or genuses
71 goose	geese
72 graffito	graffiti
73 grouse	grouse or grouses
74 gutta	guttae
75 gyrus	gyri
76 half	halves
77 helix	helices
78 hippopotamus	hippopotami
79 hoax	hoaxes
80 hoof	hooves or hoofs
81 hypothesis	hypotheses
82 ileum	ilea
83 ilium	ilia
84 index	indices or indexes
85 knife	knives
86 labium	labia
87 lady	ladies
88 larva	larvae or larvas
89 leaf	leaves
90 lentigo	lentigines
91 libra	librae
92 libretto	libretti or librettos
93 life	lives
94 loaf	loaves
95 locus	loci
96 louse	lice
97 lumen	lumens, lumina
98 malum	mala
99 man	men
100 matrix	matrices or matrixes
101 medium	media or mediums
102 memorandum	memoranda or memorandums
103 meninx	meninges
104 mensa	mensae
105 menses	menses
106 mess	messes

단수형	복수형
107 **minutia**	minutiae
108 **mitochondrion**	mitochondria
109 **mouse**	mice
110 **Ms.**	Mses.
111 **munch**	munchies
112 **nanny**	nannies
113 **nebula**	nebulae *or* nebulas
114 **neurosis**	neuroses
115 **nevus**	nevi
116 **nova**	novae
117 **nucleus**	nuclei *or* nucleuses
118 **oaf**	oaves
119 **oasis**	oases
120 **octopus**	octopi
121 **offspring**	offspring *or* offsprings
122 **onager**	onagri
123 **opus**	opera *or* opuses
124 **ovum**	ova
125 **ox**	oxen *or* ox

단수형	복수형
126 **parenthesis**	parentheses
127 **party**	parties
128 **pea**	pease
129 **pelvis**	pelvus
130 **penis**	penes *or* penises
131 **penny**	pennies, pence
132 **person**	people
133 **phalanx**	phalanges
134 **phenomenon**	phenomena *or* phenomenons
135 **phylum**	phyla
136 **pity**	pities
137 **plateau**	plateaux
138 **pock**	pox
139 **pons**	pontes
140 **poppy**	poppies
141 **pupa**	pupae
142 **quale**	qualia
143 **quantum**	quanta
144 **quiz**	quizzes

단수형	복수형	단수형	복수형
145 **radius**	radii or radiuses	164 **silva**	silvae
146 **raphe**	raphae	165 **solo**	soli
147 **rectum**	recta	166 **son-in-law**	sons-in-law
148 **referendum**	referenda or referendums	167 **sorus**	sori
149 **retina**	retinae	168 **species**	species
150 **runner-up**	runners-up	169 **spectrum**	spectra
151 **salmon**	salmon or salmons	170 **spy**	spies
152 **salpinx**	salpinges	171 **stamen**	stamina
153 **scarf**	scarves or scarfs	172 **stimulus**	stimuli
154 **self**	selves	173 **story**	stories
155 **semen**	semina	174 **stratum**	strata
156 **septum**	septa	175 **struma**	strumae
157 **series**	series	176 **sulcus**	sulci
158 **serra**	serrae	177 **swine**	swine
159 **serum**	serums, sera	178 **syllabus**	syllabi or syllabuses
160 **sheaf**	sheaves	179 **symposium**	symposia or symposiums
161 **sheep**	sheep	180 **synopsis**	synopses
162 **shelf**	shelves	181 **tableau**	tableaux or tableaus
163 **shrimp**	shrimp or shrimps	182 **thesis**	theses

단수형	복수형
183 **thief**	thieves
184 **tibia**	tibias *or* tibiae
185 **tooth**	teeth
186 **torah**	toroth
187 **treaty**	treaties
188 **trout**	trout *or* trouts
189 **try**	tries
190 **tuna**	tuna *or* tunas
191 **umbilicus**	umbilici
192 **vagina**	vaginas *or* vaginae
193 **vertebra**	vertebrae *or* vertebras
194 **vertex**	vertices *or* vertexes
195 **via**	viae
196 **viaticum**	viatica
197 **viscus**	vicera
198 **vita**	vitae
199 **vortex**	vortices *or* vortexes
200 **wharf**	wharves *or* wharfs
201 **wife**	wives

단수형	복수형
202 **wolf**	wolves
203 **woman**	women

부록14
미국 영어/영국 영어

	미국영어	영국영어
1	(absorbent) cotton	cotton wool
2	advice column	agony column
3	air·plane	aero·plane
4	allowance/pocket money	pocket money
5	anemia	anaemia
6	answering machine	answer·phone/answering machine
7	antenna	aerial
8	any·place/any·where	any·where
9	apartment	flat
10	apartment house[building]	block of flats
11	apologize	apologise
12	arbor	arbour
13	ardor	ardour
14	area code	dialing code
15	armor	armour

	미국영어	영국영어
16	ATM	cash·point
17	attorney/lawyer	barrister/solicitor/lawyer
18	automobile/car	motor (car)/car
19	ax	axe
20	back-drop	back·cloth
21	back·up	tail·back
22	back·ward(s)	back to front/back·ward(s)
23	baggage	luggage
24	baked potato	jacket potato
25	balk	baulk
26	ball·point(pen)	Biro
27	Band-Aid	(sticking) plaster
28	bangs	fringe
29	bar	pub/public house
30	basic course	foundation course
31	bath·tub/tub	bath

	미국영어	영국영어
32	be dismissed/be fired	be made redundant/be sacked
33	be traded	be transferred
34	behavior	behaviour
35	bike·way/bicycle lane/bike lane	cycle·way/cycle lane/cycle path
36	billboard	hoarding
37	bobby pin	hairgrip
38	book·store	book·shop
39	box lunch	packed lunch
40	braid	plait
41	bulletin board	notice board
42	bumper to bumper	nose to tail/bumper to bumper
43	bus	coach
44	busy signal	engaged tone/engaged signal
45	button	badge
46	cafeteria	canteen
47	caliber	calibre
48	call/give ~ a ring	ring ~ (up) give ~ a ring/call
49	call-in	phone-in
50	can	tin
51	canceled/canceling	cancelled/cancelling
52	candor	candour
53	candy	sweet
54	car	carriage
55	cart	trolley
56	catalog	catalogue
57	cellphone/cellular phone/mobile (phone)	mobile (phone)
58	center	centre
59	certified	chartered
60	charter member	founder member
61	cheap/stingy	mean/stingy

	미국영어	영국영어
62	check	cheque
63	check/bill	bill
64	check (off·box)	tick (off·box)
65	check in(to)	book in(to)/check in(to)
66	checkers	draughts
67	checking account	current account
68	cigarette butts	cigarette ends
69	cipher	cypher
70	clamor	clamour
71	cleats	football boots
72	clipping	cutting
73	closet	cupboard/wardrobe
74	clothes·pin	(clothes) peg
75	co·ed	mixed/co·ed
76	coffee break	tea break
77	coin purse/change purse	purse
78	collect call	reverse-charge call
79	color	colour

	미국영어	영국영어
80	comforter	duvet/continental quilt
81	conductor	guard
82	continuing education	further education
83	cookie	(biscuit)
84	cooler	coolbox
85	corn	maize
86	corn·starch	corn·flour
87	cot	camp bed
88	cotton candy	candy·floss
89	cotton swab/Q-tip	cotton bud
90	counter(top)	work·top/work-surface
91	counter·clockwise	anti·clockwise
92	cover·ralls	over·alls
93	cozy	cosy
94	crib	cot
95	cross·walk	pedestrian crossing/zebra crossing

미국영어	영국영어
96 cuffs	turn-ups
97 curb	kerb
98 curtains/drapes/draperies	curtains
99 custom-built	purpose-built
100 cutting board	chopping board
101 daylight saving time/daylight savings	summer time
102 deck	pack
103 defense	defence
104 demeanor	demeanour
105 desk clerk	receptionist
106 dessert	dessert/sweets/pudding
107 detour/take a round·about way	divert/take a round·about way
108 dialog	dialogue
109 diaper	nappy
110 diarrhea	diarrhoea
111 dike	dyke
112 dim	dip
113 dining car	buffet car
114 diopter	dioptre
115 direct discourse	direct speech
116 dish towel	tea towel
117 disk	disc
118 divided high·way	dual carriage·way
119 doctor's office	consulting room/surgery
120 doorman	porter
121 dormitory/residence hall	hall of residence
122 downspout	drain pipe
123 draft	draught
124 drain	plughole
125 driver's license	driving license
126 duplex	semi-detached house
127 editorial	leader
128 eggplant	aubergine
129 eighth note	quaver
130 elective	option

미국영어	영국영어
131 elevator	lift
132 emcee	host/compere
133 emergency room (ER)	accident and emergency/casualty
134 endeavor	endeavour
135 energency brake	hand·brake
136 (entrance)ramp/(exit)ramp	slip road
137 epilog	epilogue
138 eraser	ruber
139 esthetics	aesthetics
140 expenses	outgoings
141 expiration date	expiry date/sell-by date
142 face mask/face pack	face pack
143 fall/autumn	autumn
144 far-sighted	long-sighted
145 faucet	tap
146 favor	favour
147 fender	mud-guard

미국영어	영국영어
148 fervor	fervour
149 fetus	foetus
150 fiber	fibre
151 field hockey	hockey
152 fire department	fire service/fire brigade
153 first floor	ground floor
154 first lieutenant	lieutenant
155 fiscal year	finnancial year
156 flash·light	torch
157 flavor	flavour
158 flip-flop/thong	flip-flop
159 flutist	flautist
160 foos·ball	table foot·ball
161 football	American football
162 French fries	(hot) chips
163 front desk	reception (desk)
164 frosted/iced/glazed	iced
165 gabardine	gaberdine

미국영어	영국영어
166 gage	gauge
167 game	match
168 garbage bag/trash bag	bin liner
169 garbage can/trash can	(litter) bin/dustbin
170 garbage collector	dustman
171 garbage disposal	waste disposal (unit)
172 garbage/trash	rubbish
173 gas pedal/accelerator	accelarator
174 gas station/filling station	petrol station/filling station
175 gasoline/gas	petrol
176 gear shift/gear stick	gear lever
177 general of the army	field marshal
178 German shepherd	Alsatian
179 gift certificate	gift token/gift voucher
180 glamor	glamour

미국영어	영국영어
181 go to the movies	go to the cinema[pictures]
182 grade	mark
183 grade crossing/railroad crossing	level crossing
184 grade school/elementary school/primary school	primary school
185 graduate student	post·graduate student
186 grain	grain/corn
187 gram	gramme
188 gray	grey
189 green onion/scallion	spring onion
190 guard/cover	mark
191 half note	minim
192 hang up	hang up/ring up
193 harbor	harbour
194 head·cheese	brawn
195 help wanted	situations vacant
196 hemo~	haemo~

미국영어	영국영어
197 highway/freeway/expressway/interstate	motorway
198 hockey/ice hockey	ice hockey
199 honor	honour
200 hood	bonnet
201 horse·back riding	horse riding
202 humor	humour
203 indirect discourse	indirect(reported) speech
204 industrial park	industrial estate
205 installment plan	hire purchase (HP)
206 instant replay	action replay
207 intermission	interval
208 intern	house·man
209 janitor	care·taker
210 Jell-O/Jello	jelly
211 jump rope	skipping rope
212 jumper	pinafore (dress)

미국영어	영국영어
213 jumping jack	star jump
214 kilometer	kilometre
215 (kitchen) range/stove	cooker
216 labor	labour
217 labor union	trade(s) union
218 lawyer	(solicitor)
219 leukemia	leukaemia
220 levee	dike(dyke)
221 license	licence
222 license plate	number plate
223 line up	queue (up)
224 living room	lounge/sitting room
225 lost and found	lost property
226 love seat	settee
227 luster	lustre
228 mail	post
229 mail slot	letter box/pillar box
230 main street	high street

미국영어	영국영어
231 make-up (test)/retake	resit/retake
232 maneuver	manoeuvre
233 meager	meagre
234 measure/bar	bar
235 median (strip)	central reservation
236 merry-go-round/carousel	round·about/merry-go-round
237 meter	metre
238 miter	mitre
239 modernize	modernise
240 molasses	treacle
241 mold	mould
242 molt	moult
243 mom(my)	mum(my)
244 money order	postal order
245 (monkey) wrench	spanner
246 monolog	monologue
247 movie/film	film
248 (movie) theater	cinema
249 muffler	silencer
250 mustache	moustache
251 mutual fund	unit trust
252 national holiday	bank holiday
253 near·sighted	short-sighted
254 neighbor	neighbour
255 news release/press relese	press relese
256 news·cater/announcer	news·reader/announcer
257 news·stand	book·stall
258 night·stand/night table	bed·side table
259 occupied	engaged
260 odor	odour
261 offence	offense
262 off-season	low-season
263 one-way ticket	single
264 outlet	power point/(wall) socket
265 over·alls	dungarees, boiler suits

	미국영어	영국영어
266	over·pass/elevated highway	fly·over
267	over·time	extra time
268	pacifier	dummy
269	package	parcel
270	packing crate	packing case
271	paddle	bat
272	pajamas	pyjamas
273	panties/underpants	knickers
274	pants	trousers
275	panty·hose	tights
276	parenthesis	(round) bracket
277	parking garage	car park
278	parlor	parlour
279	part	parting
280	passed for	pushed for
281	peddler	pedlar
282	pediatrician	paediatrician
283	pen pal	pen friend

	미국영어	영국영어
284	perfect score	full marks
285	period	full stop
286	permanent/perm	perm
287	pharmacist/druggist	chemist
288	pharmacy/drugstore	chemist
289	phone booth	phone box
290	pitcher	jug
291	play hooky	play truant
292	plow	plough
293	pompon	bobble
294	poser	poseur
295	(potato) chips	crisps
296	power outage	power cut
297	practice	practise
298	practice teaching/student teaching	teaching practise
299	prime time	peak time
300	primeval	premaeval

미국영어	영국영어
301 principal	head·teacher/ head·master/ head·mistress
302 private school	public school
303 professor	lecturer
304 program	programme
305 public school	state school
306 public transportation/ mass transit	public transport
307 pumps	court shoes
308 purse/hand·bag	hand·bag
309 push·up	press-up
310 quarter note	crotchet
311 quotation marks	inverted commas
312 railroad	railway
313 rancor	rancour
314 realtor/real estate agent	real estate agent
315 recess	break
316 recognize	recognise
317 refueled/ refueling	refuelled/ refuelling
318 rent	hire
319 rent (out)	let (out)
320 rental car	car hire
321 Representative/ Congress·person	member of the House of Cmmons
322 required books/ text·books	set books/set texts
323 rest area	service area[station]/ service
324 rest·room/ wash·room	(public) toilet/WC
325 résumé	curriculum vitae (CV)
326 review	revise
327 rigor	rigour
328 rotary/traffic circle	round·about
329 row house/ townhouse	terraced house
330 rubber band	elastic band/rubber band
331 rubber boots	Wellington (boots)

	미국영어	영국영어
332	rubbing alcohol	surgical spirit
333	rubbish	garbage, trash
334	rumor	rumour
335	run for	stand for
336	RV(recreational vehicle)	camper(van)
337	saber	sabre
338	sales clock	shop assistant
339	sanitary napkin/ sanitary pad	sanitary towel/ sanitary pad
340	savings account	deposit account
341	savior	saviour
342	savor	savour
343	scalp	tout
344	scarp	(muffler)
345	scepter	sceptre
346	schedule/ time·table	time·table
347	Scotch tape	Sellotape/sticky tape
348	second floor	first floor

	미국영어	영국영어
349	sedan	saloon
350	Senator	member of the House of Lords
351	sepulcher	sepulchre
352	set the table	lay the table
353	shade	roller blind
354	shift/change	change
355	shoe·lace/ shoe·string	shoe·lace
356	(shopping) cart	trolley
357	shoulder	verge
358	shower stall	shower cubicle
359	shrimp	prawn
360	side·view mirror	wing mirror
361	side·walk	pave·ment
362	signal	indicate
363	silver·ware/ flat·ware	cutlery
364	sister city	twin town
365	sixteenth note	semi·quaver
366	skeptic	sceptic

미국영어	영국영어
367 slingshot	catapult
368 slot machine	fruit machine
369 slow·down	go-slow
370 snap(fastener)	popper/press stud
371 sneakers	trainers
372 snicker	snigger
373 soap powder/ laundry detergent	washing powder
374 soccer	football
375 soccer player	footballer
376 social security	old age pension
377 Social Security number	National Insurance number
378 spare tire	spare tyre
379 specter	spectre
380 spilled	spilt
381 staff	stave
382 stock·holder	share·holder
383 stocking cap	bobble hat
384 story	storey

미국영어	영국영어
385 straight	straight/neat
386 street car	tram
387 street-light	street-lamp
388 stroller/baby carriage	pushchair/pram/buggy
389 subway/metro	the under·ground/the tube/metro
390 succor	succour
391 suspenders	braces
392 sweater	jumper
393 sweat·suit	track·suit
394 swim suit	bathing custume
395 (table) napkin	serviette/(table) napkin
396 tabor	tabour
397 take an exam	sit[take] an exam
398 talk show	chat show
399 taxi stand	taxi rank
400 temple	side
401 the consumer price index (CPI)	the retail price index (RPI)

미국영어	영국영어
402 the House of Representatives	the House of Commons
403 the personals	personal column
404 the polls/polling place/polling station	the polls/polling station
405 the President of the Senate	the Speaker of the House of Lords
406 the Senate	the House of Lords
407 the Speaker of the House	the Speaker (of the House of Commons)
408 theater	theatre
409 thirty-second note	demi·semi·quaver
410 thread	cotton/thread
411 thrift shop/thrift store	charity shop
412 thumb·tack	drawing pin
413 tid·bit	tit·bit
414 tie	draw
415 tire	tyre
416 titer	titre
417 toilet paper	toilet roll/toilet paper

미국영어	영국영어
418 track and field	athletics
419 trash	rubbish
420 trash can	dust bin
421 trade/exchange	exchange
422 trailer/motor home	caravan/motor home
423 train station	rail·way station
424 traveled/traveling	travelled/travelling
425 treddle	treadle
426 truck	van/lorry
427 trunk	boot
428 tumor	tumour
429 turn signal/blinkers	indicator
430 turtle·neck	polo neck (sweater)
431 two weeks	fort·night/two weeks
432 umbra	umbrae
433 under·pants	pants
434 vacation	holiday(s)

	미국영어	영국영어
435	vanity (table)	dressing (table)
436	vapor	vapour
437	VCR	video
438	vending machine	slot machine/vending machine
439	vest	waist·coat
440	wagon	waggon
441	wash up	wash
442	wash·cloth	face·cloth
443	waste·basket/trash(garbage) can	rubbish bin/dust·bin
444	watch your feet	mind the gap
445	welfare/unemployment compensation	benefit/dole
446	whole note	semi·breve
447	willful	wilful
448	(window) shade/blind	blind
449	wind·shield	wind·screen
450	witness stand	witness box
451	work·day/week·day	working day/week·day
452	working group	working party
453	wrench	spanner
454	yard	garden
455	yield	give way
456	zero(oh)/nil/nothing	nought/nil
457	zip code/postal code	postcode
458	zipper	zip, fly[1]
459	zucchini	courgette

부록15
한국식 영어(Konglish)

	콩글리시	잉글리시
1	accel	accelerator, the gas, gas pedal
2	ad·balloon	advertising balloon
3	after service	after sales service, follow up service
4	aggro	aggravation
5	aircon	air conditioner
6	akpler	cyber-bully
7	all back	slicked-back hair
8	all ri	all right, O.K.
9	ama	amateur
10	anatainer	'studio host'
11	angle	angle bar
12	apart	apartment, flat
13	apple hip	bubble butt
14	arbeit	part-time job
15	AS center	customer service center
16	auto	automatic
17	autobi	motorcycle, motorbike
18	back	connections
19	back dancer	back·up dancer
20	back-mirror	rearview mirror
21	back music	background music
22	back number	player's number, jersey number, uniform number
23	back pass	pass back
24	back singer	back·up singer
25	ball pen	ballpoint (pen)
26	band	bandage, dressing, Band Aid
27	'bangkok'	staycation
28	bargain sale	sale
29	barrel widow	barren widow
30	bath gown	bathrobe, dressing gown, robe
31	baton touch	baton pass
32	bbira(삐라)	(bill) leaflet, handbill, flier, flyer
33	beach parasol	beach umbrella
34	beggar	pan·handler

콩글리시	잉글리시
35 black eyes	dark brown eyes
36 blues	(the) blues, slow dance
37 bond	glue, adhesive
38 bongo	van, minibus
39 bonnet	hood
40 book concert	publication ceremony, book signing event
41 boomflation	over·spending inflation
42 bromide	portrait, picture
43 Burberry	trench coat
44 burberry·man	flasher
45 cafe	cafeteria
46 can coffee	canned coffee
47 car center	garage, (car) repair shop[center]
48 car number	license plate number, registration number
49 career woman	working woman
50 carrier	suit case
51 cassette	cassette player
52 castera	sponge cake
53 catch ball	play catch
54 celeb	celebrity
55 centering	cross
56 centi	centimeter
57 CF	commercial (film)
58 CF model	(commercial) model
59 check(s)	checkered pattern
60 chemi	'chemistry'
61 chou cream	custard cream
62 cider	lemon-lime soda, Sprite, Seven up
63 circle	club, society, group
64 classic	classical music
65 clip	paper clip
66 coating	plastic coating, lamination
67 codism	cronyism
68 combi	combination (sports coat + trousers)
69 comdo, condominium	membership resort (hotel)

	콩글리시	잉글리시
70	commaeng	computer illiterate
71	concent	(wall) socket, (electrical) outlet, power point
72	conti	continuity
73	cookie scene	stinger
74	crank in	start filming, roll (the cameras)
75	craypas (crepas)	(pastel) crayon, crayon + pastel stick
76	cream sand	cream sandwich
77	cubic	cubic zirconium (귀금속)
78	cunning	cheating
79	cunning paper	cheat sheet, crib sheet
80	curry rice	curried rice, curry and rice, curry with rice
81	cushion	(throw pillow)
82	cut hair	short hair
83	cutline	cut-off point[score]
84	dash	give it a try, ask somebody out, have a crush on
85	D.B.	data base
86	D.C.	discount
87	dead ball	hit by a pitch[pitched ball]
88	demo	demonstration (protest)
89	diary	schedule book, day planner, appointment book
90	di-ca	digital camera
91	dish and dash	dine and dash, eat and run
92	docu	documentary
93	double date	double cross
94	double jacket	double-breasted jacket
95	driver	screwdriver
96	dutch pay	Dutch treat
97	eletronic range	microwave(oven)
98	enquette	questionnaire, inquiry survey
99	episode	anecdote
100	ero movie	erotic (adult) movie, lewd(porn) movie
101	eye shopping	window shopping
102	fancy	fancy stationery
103	fancy store	gift shop
104	father chance	paternal influence(dadfluence)

콩글리시	잉글리시
105 fighting	go, good luck, cheer up
106 finger size	ring size
107 flash	flashlight, torch
108 four ball	base on balls, walk
109 free size	one-size-fits-all
110 free talking	discussion
111 front	front desk, reception (desk)
112 fry pan	frying pan
113 funsumer	'pleasure buyer'
114 gagman	comedian, comic
115 game room	video game room
116 game room	(video) arcade, amusement arcade
117 game set	game end
118 gang movie	gangster movie[film]
119 gas range	gas stove
120 glamour	voluptuous (buxom) woman
121 goal ceremony	goal celebration, touchdown celebration
122 goal in	goal, make a goal
123 golden	corduroy

콩글리시	잉글리시
124 golden goal	(sudden death)
125 golden time	prime time, peak time
126 'gown'	white coat
127 'graduation album'	year book
128 grand open	grand opening
129 ground	playground, (athletic) field
130 group sound	(musical) band
131 gybbs, gibs	(plaster) cast
132 hair designer	hairdresser, hairstylist
133 half coat	car coat, three-quarter length coat
134 hand·play	hand·job, masturbation
135 handi	handicap (golf)
136 handle	wheel, handlebar
137 handling	hand ball
138 handphone	cellphone, cellular phone, mobile (phone)
139 hanger	clothes rack
140 hard, ice bar	ice-cream bar, Popsicle, ice lolly
141 heading	header

#	콩글리시	잉글리시
142	head-trick	hat-trick
143	health	health club
144	health club	gym, fitness club
145	hearing test	listening (comprehension) test
146	hidden camera	spy camera, creep shot
147	highlighter	underline pen
148	hip	bottom, buttocks, butt
149	histerie	hysteria, hysterics
150	hit item, hit product	best seller, hot item, hit
151	hocance	(hotel) staycation
152	hof	bar, pub
153	home-in	reach home (plate, base)
154	hompi	home·page
155	honest money	earnest money
156	hot dog	(corn dog)
157	hot pl(ace)	(tourist) attraction
158	Hotchkiss	stapler
159	hunting	try and pick up, searching for a date
160	ice cake	ice candy, ice pop
161	insatem	insider item, hot item
162	inssa	insider, social butterfly
163	intelli	intellectual, educated person, the intelligentsia
164	interphone	intercom
165	Italy towel	wash-cloth
166	jack(자크)	zipper
167	jumper	jacket
168	key holder	key chain
169	kick board	kick scooter
170	kitchen towel	paper towel
171	Klaxon	horn
172	knit	knitwear
173	le·ports	leisure sports
174	logo song	jingle, theme song
175	long coat	overcoat
176	long di	long distance
177	loss time	injury time
178	love call	sweet offer
179	love tooth	wisdom tooth
180	L.T.	leadership training

콩글리시	잉글리시
181 machine (미싱)	sewing machine
182 magic pen	Magic Marker, permanent marker
183 maker	brand
184 man to man	one-on-one, one-to-one
185 mania	maniac, buff, enthusiast
186 manicure	nail polish, nail varnish
187 manner	manners
188 mannerism	(habitual behavior)
189 masscom	the (mass) media, mass communication
190 mass-com	mass media
191 meal kit	ready meal
192 meeting	(group) blind date
193 ment	comment
194 mess	scalpel, (surgical) knife
195 mic	microphone, mike
196 milk coffee	coffee with milk and sugar
197 mini-car	compact car
198 miss	mistake

콩글리시	잉글리시
199 mission oil	transmission fluid
200 mixer	blender, food processor, liquidizer
201 molding	skirting
202 morning call	wake-up call
203 morning coffee	(coffee)
204 MT	membership training, (school field) trip
205 muffler	scarf
206 mug cup	mug
207 muscle car	SUV, pick-up truck
208 mustang	leather jacket, sheepskin coat, lambskin coat, suede coat
209 'myuvi'	music video
210 narrator model	promotional model
211 NG	no good, outtake, blooper
212 night	night club
213 nis	varnish
214 no goal	no point
215 no mark chance	unmarked

콩글리시	잉글리시
216 note	notebook, jotter
217 O.A.	office automation
218 O.D.	owner driver
219 officetel	efficiency apartment, studio (apartment), studio flat
220 O.H.P.	overhead projector
221 oil	gas, gasoline, petrol
222 old miss	old maid, spinster
223 omu·rice	omelette + rice
224 one piece	(one-piece) dress
225 one room	studio (apartment), Studio (flat)
226 one shot	bottoms up, down the hatch, slam it
227 one-sided love	(secret) crush, unrequited love, have a (secret) crush (on)
228 open mind	open-hearted, open-minded
229 open-car	convertible, soft-top, cabriolet, ragtop
230 O.T.	orientation
231 over	over·coat, over·do, over·dramatic
232 overeat (오바이트)	vomit, puke, throw up
233 overpass	overhead pass
234 OX quiz	true or false quiz
235 P.C. bang	internet cafe
236 padding	padded down jacket (coat)
237 pama	perm, permanent
238 pantaloon stocking	knee-high stockings, knee-highs
239 pants	underpants
240 panty	underpants, pants, briefs, panties, knickers
241 panty stocking	pantyhose, tights
242 para·chute appointment	spoils system
243 pas	Pain-Relief Patch, medicated patch[pad]
244 PD	producer, program director
245 pench	pliers, pincers
246 pin	(flag-stick)
247 (pincette)	(a pair of) tweezers
248 placard	banner
249 pocket ball	pool, pocket billiards

	콩글리시	잉글리시		콩글리시	잉글리시
250	poclain	Poclain, excavator, backhoe, hydraulic shovel	267	ribbon	bow
251	polar-T	Polar Skate, turtleneck	268	ringer	IV, drip, Ringer's solution
252	pop song	pop (music)	269	rinse	(hair) conditioner
253	press pin	thumbtack, drawing pin	270	room salon	night club
254	prim	cream(er)	271	round-T	crew neck T-shirt
255	print	printout, printed material	272	royal road	short-cut
256	pro	percent	273	running machine	tread·mill
257	PT	presentation	274	running shirt	undershirt, vest
258	punc	puncture, blow out, flat tire	275	sack	backpack, rucksack
259	quick service	express delivery (service), courier service	276	salary man	salaried employee[worker]
260	rear car (리어카)	handcart	277	salty water	saline solution
261	red tea	(black) tea	278	sandbag	punching bag/ punch bag
262	remicon	ready-mixed concrete	279	sandclock	sandglass, hourglass
263	remocon	remote control, remote, zapper	280	scrap	clipping, cutting
264	rent car	rental car	281	screen golf	golf simulator
265	report	paper, essay	282	scriptor	scriptwriter, screenwriter
266	res	resort hotel	283	second	concubine
			284	secret number	password, PIN (number)
			285	sel·ca	self camera, selfie

#	콩글리시	잉글리시
286	self	self-service
287	sense	wit, tact
288	service	service, complimentary, free of charge
289	set menu	combo (meal)
290	SF movie	science fiction movie, sci-fi movie
291	shadow baby	unregistered baby
292	sharp	mechanical pencil, propelling pencil
293	sheet-ji	adhesire sheet
294	short cut	bob cut
295	short pants	shorts
296	show program	variety show, talk show
297	side brake	emergency[parking] brake, handbrake
298	sign	signature, autograph, sign, signal
299	sign pen	marker (pen), Magic Marker
300	silver town	retirement home
301	skin	(skin) toner
302	skin scuba	scuba diving, skin diving

#	콩글리시	잉글리시
303	skinship	physical affection, physical contact, touch·feel
304	slow video	slow motion
305	(S.N.S.)	social networking service, social media
306	soul food	comfort food, traditional food
307	spec	specialist
308	spo·lex	sports complex
309	sports center	health club
310	sports dance	dance sports
311	sports hair-style	crew cut
312	sports man	athlete
313	stain(g)	stain·less steel
314	stand	desk lamp
315	sun cream	sunblock, sunscreen
316	sunglass	sunglasses, dark glasses, shades
317	sunting	window tinting
318	super	supermarket, grocery store, corner shop
319	talent	TV actor (actress), televised drama actor
320	tape cleaner	lint remover

	콩글리시	잉글리시
321	televi	television
322	throwing (attack)	throw-in
323	~ting	meeting
324	T/O	table of organization, job opening
325	T.P.	transparency
326	training (추리닝)	sweatsuit, tracksuit, jogging suit
327	training pants	sweatpants
328	training shirt	sweatshirt
329	trans	transformer, trans·vestite (gender)
330	trot	fox·trot
331	trump, pocker card	playing card
332	tumbling	somersault, flip, handspring
333	turning shoot	turn and shoot
334	two-piece	two-piece suit
335	veneer	plywood
336	villa	townhouse, terraced house, small condominium
337	vinyl bag	plastic bag
338	vinyl house	vinyl greenhouse

	콩글리시	잉글리시
339	VTR, video·tape recorder	VCR (video cassette recorder)
340	walker	military boots, combat boots
341	web·toon	web cartoon, web·comic
342	white	correction fluid, whiteout
343	worabal	work life balance
344	wrap	plastic wrap
345	Y-shirt	dress shirt

부록16

〈종류로 본〉 미국의 사증(Visa)

A. Immigration (이민사증) - 영구사증

(1) 가족

종류	대상자
① IR1, CR1	미국 시민의 배우자
② K-3	I-130 청원의 허가를 기다리는 미국 시민의 배우자
③ K-1	미국에 거주하는 시민의 약혼자
④ IR3, IH3, IR4, IH4	미국 시민에 의한 국가 간의 양 자·녀 입양
⑤ IR2, CR2, IR5, F1, F3, F4	미국 시민권자의 가족
⑥ F2A, F2B	미국 영주권자의 가족

(2) 취업

종류	선호직종
① 필요인력	
-a E1	우선직종 (1위)
-b E2	유능한 학자나 기술자 (2위)
-c E3, EW3	전문직종 (3위)
-d S (many)	특수직종 (4위)
-e C5, T5, R5, I5	직업창출자 (5위)
② SD, SR	종교 종사자
③ SI	이락·아프가니스탄 통역·번역가
④ SQ	미국 정부를 위해 일한 이락인·아프가니스탄인

(3) 기타

① DV	(이민 비중이 낮은 국가 출신을 위한) 추첨제
② SB	(이전의 미국 시민권자로 미국으로 되돌아오는) 귀향민

B. Non-immigrant Visa (비이민사증-여행사증) - 임시사증

종류	목적
A	외국 정부요인 및 외교관
B-1	상금을 건 경기에 출전하는 체육인
	사업차 방문자
	애보기 및 가정부
B-2	치료차 방문자
	여행·휴가·관광자
BCC	멕시코 국경 통과증
C	통과여객
D	비행기·선박의 승무원
E-1	협정을 맺으러 오는 무역인
E-2	협정을 맺으러 오는 투자가
E-3	오스트레일리아의 전문 직업인
F-1	유학생
F-2	유학생 사증 소지자의 부양가족
G1-G5, NATO	나토나 지정된 국제 기구의 외국군인·직원
H-1B1	칠레와 싱가폴의 자유무역조약 협상인
H1-B	특정산업 지식을 가진 의사나 전문가
H2-A	농번기의 일시적 노동자
H2-B	농사 이외에 종사하는 일시적 노동자

종류	목적
H3	취업과 무관한 수련회 참석자
H1-C	인력이 모자라는 지역을 순회하는 간호사
I	신문·방송 등 대중매체의 기자
J	(문화 교류 등을 위한) 교환 방문자
J-1	도우미 교환 방문객
	방문 학자·교사
J-2	J1 사증을 가진 자의 배우자나 미성년 자녀
K-1	미국 시민권자의 약혼자
L	회사 내부의 전근자·지사원
M-1	직업학교 학생
M-2	M1 사증을 가진 자의 부양가족
O-1	예술·과학·교육·체능·사업 등에 특월한 재능이 있는 외국인
P	예능·오락·체육 특기자
Q	국제 문화 교류를 위한 방문자
R	종교계 종사자
TN/TD	멕시코와 카나다의 NAFTA 교역 협상가
T-1	인신매매 피해자
U-1	범죄 피해자

부록17
위대한 발명품들(great inventions)

1. **fire**: 약 2백만 전부터 가치<warming>를 알아보았고 약 125,000년 전에 실용<cooking> 하기 시작
2. **wheel**: BCE 3500년경에 메소포타미아에서 도자기를 만드는 기구로 발명되어 약 300년 후에 수레바퀴로 사용됨
3. **nail**: BCE 3400년경에 이집트에서 발명되어 BCE 1-2세기에 그리스에서 나사(screw)로 발전되었음
4. **optical lenses**: 고대 이집트 메소포타미아에서 발명되어 1290년경에 이탈리아에서 안경으로 제조됨
5. **plow**: 기록상 BCE 4000년경 전에 이집트에서 시작되어 19세기 초에 미국에서 쇠 쟁기가 고안되었다 함(?)
6. **clock**: BCE 3500년경 이집트에서 해시계로 출발해서 CE 1511년경에 독일에서 태엽시계로 태어남
7. **alphabet**: 고대 이집트의 상형문자를 BCE 11세기에 페니키아인들이 개조한 것을 BCE 8-9세기에 그리스에서 모음을 첨가해서 체계화시킴
8. **Arabic numerals**: 6-7세기에 인도에서 태동해서 12세기에 아랍의 수학자들에 의해 유럽으로 전파되어 쓰기 불편한 로마숫자를 대체시킴
9. **calendar**: 고대문명의 발상지에서 제 나름대로 달을 토대로 시도되었으나 BCE 45년에 Julius Caesar가 태양을 토대로 한 1년 12달짜리 달력을 만들었고 그 후 1582년에 Gregory 13세에 의해 현대화됨
10. **compass**: BCE 300-200년경에 중국에서 천연자석으로 만듦
11. **paper**: BCE 100년경에 중국에서 본격적으로 개발됨
12. **printing press**: CE 800년경에 중국에서 목판 활자가 나온 후 1234년 고려에서 금속활자로 개량했으며 1439년 독일의 Gutenberg가 기계화하여 다량의 인쇄가 가능해짐
13. **electricity**: 고대 이집트·그리스에서 연구해 오다가 18세기에 미국에서 재조명되어 1879년 T. Edison이 전구를 고안해 냄으로서 실생활에 이용됨
14. **gun powder**: CE 9세기에 중국에서 발명되어 10세기에 전쟁 때 폭탄으로 사용되고 13세기에 대포와 총기류에 응용되었음
15. **steam engine**: 1763-1775년 사이에 스코틀랜드의 J. Watt에 의해 발명·개발되었음
16. **vaccination**: 1796년 영국의 E. Jenner가 천연두에 대항한 종두법을 개발함
17. **internal combustion engine**: 1859년 벨기에의 E. Lenoir가 발명한 것을 1876년 독일의 N. Otto가 발전시킴
18. **telephone**: 1876년 스코틀랜드 출신 미국인 A. Graham이 전선을 이용한 통화기를 최초로 특허 냄
19. **camera**: 1816년에 프랑스인 J. Niepce가 나무상자로 만든 기구로 사진을 찍어 1826년에 영상을 지워지지 않게 종이에 고정시키는 데 성공함
20. **typewriter**: 1823년에 이탈리아의 P. Cilavegna가 손으로 치는 '타자기'를 고안해서 1868년 미국의 L. Sholes가 상업용으로 개조해 특허를 받음
21. **anesthesia**: 그동안 opium alcohol 식물추출물 등을 써 오다가 1846년 미국의 치과의사 W. Morton등이 기체로 된 ether를 사용해서 전신마취의 길을 열어 줌

22. **battery**: 1800년 이탈리아의 물리학자 A. Volta가 지속적으로 전류를 방출하는 건전지를 발명함
23. **X-ray**: 1895년 독일의 물리학자 W. Roentgen이 두꺼운 물체를 통과하는 <정체 불명의 광선>을 발견함
24. **rocket**: 1232년 중국이 고체로 추진된 '날아가는 불화살'로 몽고군을 격퇴시킨 적이 있고 1926년 미국의 물리학자 R. Goddard가 액체로 추진된 장거리 발사체를 대기권으로 쏘아 올림
25. **robot**: BCE 3000년경에 이집트에서 물시계에 자동으로 종을 치는 목조인형을 만든 후 1950년대 초에 미국의 C. Devol이 미리 입력된 과제를 수행하는 산업용 인조인간을 개발함
26. **car**: 19세기 후반부터 여러 명에 의해 현대식으로 기계화되었는데 1885년 독일의 K. Benz가 3마력짜리 1기통 발동기를 부착시킴
27. **radio**: 1895년에 이탈리아의 G. Marconi가 전선이 없이 전파로 1km 떨어진 곳으로 전보를 쳤음
28. **T.V**: 미국인 P. Farnsworth 보다 1년 먼저 1926년 스코틀랜드인 J. Baird가 런던에서 관중들에게 선을 보였음
29. **airplane**: 1903년 미국의 Wright형제에 의해 개발됨
30. **plastic**: 1907년 벨기에의 L. Baekeland가 스코틀랜드의 J. Swinburn보다 하루 먼저 특허를 냄
31. **refrigerator**: 1913년 미국인 F. Wolf가 최초의 가정용 전기 냉장고를 고안해 냈음
32. **penicillin**: 1928년 스코틀랜드의 A. Fleming이 개발함
33. **computer**: 1822년 영국의 수학자 C. Babbage가 고안해 냈으나 1945년에 미국에서 방 한 칸 크기의 ENIAC이 제조됐고 personal computer는 1973년에 미국에서 최초로 제조됨
34. **nuclear power**: 1930년대에 이탈리아 출신 미국의 물리학자 E. Ferni등에 의해 소모되지 않는 연속적 핵분열 반응이 연구되어 1942년부터 물리학자 J. Oppenheimer가 이끄는 Manhattan Project에 의해 원자탄이 개발되어 1945년 7월 성공적인 실험을 거친 후 한 달이 못 되어서 살상무기로 쓰였고 1951년 미국 최초의 원자력 발전소가 가동됨
35. **semi-conductor**: 1947년 미국의 Bell실험실에서 최초로 제품화시킴
36. **birth control pills**: 과학적인 여성용 경구 피임약은 1950년 5월 미국의 생리학자 G. Pincus 등에 의해 개발되어 1960년 FDA의 승인을 받음
37. **Viagra**: 1989년 영국의 Pfizer제약회사 연구진에 의해 고혈압 협심증치료제로 개발되었다가 부작용으로 인한 음경의 강직이 발견되어 1998년 3월에 FDA에 의해 발기부전 치료제로 승인받음
38. **GPS**: 1960년대에 핵잠수함을 인도하기위해 미 국방성에서 개발했고 1978년부터 인공위성에 부착되어 지구궤도를 돌고 있음
39. **internet**: 1960년대에 미 국방성에서 개발되어 1990년대에 W.W.W로 진전됨
40. **English-Korean <Glocal> Dictionary**: (2015년부터 한국인 이원택이 집필해서 2024년에 출판된) <영어사전을 모태로 한> 미래형 전천후 지구촌 사전

꼬리말

우리는 모두 게으름을 타고났다. 문명의 이기란 모든 것들이 쉽고 편리한 방향으로 바뀌어 가고 있다. 사전도 예외는 아니다. 전자사전·자동 번역가·AI가 사전의 대명사로 떠오르고 있다.

그러나 편한 것은 '날림'이란 허점을 극복할 수 없다. 사전을 찾는 사전과 읽는 사전으로 나눌 때 전자는 양에 후자는 질에 치중해야 한다. [이원택 사전]은 읽는 사전이니 만큼 그 질에 있어서 타의 추종을 불허하려고 노력해 왔다.

질과 양은 서로 이율배반적인 속성을 가지고 있어서 두 마리의 새를 한 손에 움켜쥐기는 불가능하다.
따라서 낡고 무딘 정보는 뒷전으로 밀어 두는 수밖에 없다.
가치의 문제가 아니라 능력의 문제이다. 효율성이라고도 한다.

사전을 보는 일도 결국은 먹고살기 위한 것이다. 최소한의 노력으로 최대한의 효과를 얻으려면 선생님이 필요하다.
편자는 문학을 하면서 인생을 직간접적으로 경험해 왔고 의사 노릇을 하면서 통찰력과 결단력을 쌓아 온 '노병'으로서 '신병'들이 내가 저질렀던 잘못을 되풀이하지 않았으면 한다.

특히 한국의 젊은이들이 지구촌 시대의 세계시장에서 갈팡질팡하지 말고 아킬레스같이 정곡을 향해 창을 찌르기를 바라면서 해외에서 내가 겪은 온갖 수모를 이 책 한권에 담아 권토중래하는 일념으로 집필하였다.

영어를 잘하는 비결은 영어를 자주 사용하는 일 이외에는 없다. 편자는 예전에 《Mad》란 만화책으로 영어에 취미를 붙이게 되었다. 이 사전을 하루에 10페이지씩 6개월간 읽어 보고도 영어와 사랑에 빠지지 않으면 〈안 되는 건 안되는 거〉이다.

2024년 3월 미국의 LA 근교에서
이원택 드림